宋會要輯稿

第二册

禮　原書第二十三至第四十二册

輿服　原書第四十三至第四十五册

儀制　原書第四十六至第五十一册

宋會要 郊祀賞賜

國朝凡郊祀每至禮成頒賚群臣衣帶鞍馬器幣下洎軍校緡帛有差熙寧中始詔編定遂著為式凡郊祀賞賜亞獻三獻皇子加賜銀五百兩孫曾孫三百兩玄孫二百兩舊式皇太子充亞獻銀三千兩帛三十匹加襲衣金帶鞍勒馬文武百官奉祠事宰臣樞密使一千五百兩一千五百匹銀鞍勒馬銀重八十兩樞密使不帶使相重七十兩宰臣充大禮使銀絹各加五百舊式二千兩二千匹親王二千兩二千匹銀鞍勒馬舊式如今數充開封尹即三千兩三千匹使相並同宰臣外任銀絹減半皇親準在京數知樞密院事三師三公參知政事樞密副使同知樞密院事簽書同簽書樞密院事宣徽南北院事千兩千匹銀鞍勒馬如樞密使宣徽使外任銀絹減半舊式三師三公二百兩二百匹參知樞副一千五百兩一千五百匹東宮三師三少僕射觀文殿大學士七百五十兩七

卷五千五百四

百五十匹舊式東宮三師如三公三司使三百五十兩三百五十匹銀鞍勒馬重五十兩權使公事權發遣使公事同舊式使三部使並五百兩五百匹副使百兩百匹權副使權發遣理資序同舊式百五十兩百五十匹學士尚書一百五十兩一百五十匹舊制二百兩二百匹閣直學士丞郎給事中百兩百匹自學士已下充四使者銀絹各加五十舊式丞郎百五十兩百五十匹給事中百兩百匹直學士百五十兩百五十匹諫議大夫舍人知制誥待制四十兩四十匹內充四使者銀絹各加十舊式五十兩五十匹內充四使者加賜金帶亦有特賜者待制減十兩十匹天聖四年加後復減如常數常侍賓客銀絹同待制已上並襲衣腰帶具帶金庫魚袋隨所佩服金帶觀文殿學士已以二十五兩內笏頭者加魚袋二兩五錢餘二十兩大常卿至正言二十兩二十疋舊式太常卿如丞郎宗正卿至正言如今數大常博士至朝官十兩十匹舊式大博至五官正如令數內監察御史著作郎二十以後減京官五兩五匹舊式各寺監丞已上十兩十匹後減如令數幕職州縣官五兩五匹舊式充校勘直講教授刑法直官開封府曹官乃如今數節

度使七百五十兩七百五十匹銀鞍勒馬舊式千兩千匹上將軍二百兩二百匹留後六百兩六百匹餘同節度使舊式五百兩五百匹觀察使三百五十兩三百五十匹自節度使已下並加襲衣金帶二十兩舊式同留後防禦使二百五十兩二百五十匹舊式三百兩三百匹團練使一百五十兩一百五十匹舊式二百兩二百匹遙領者五十兩五十匹刺史百兩百匹已上並加襲衣金帶十五兩舊式刺史比團練使遙減一等遙領者五十兩五十匹皇親上將軍節度使千兩千匹舊式皇子上將軍如令數留後七百兩五百匹舊式若充二獻官加三百兩觀察使防禦使五百兩五百匹團練使五百兩五百匹刺史三百兩三百匹皇親自刺史已上並加銀鞍勒馬上將軍節度使七十兩留後已下五十兩大將軍二百兩二百匹遙領防團者同正刺史遙領刺史者二百五十兩二百五十匹舊式五百兩五百匹後減領團練使各三百領刺史各二百不遙領者如令數將軍百五十兩百五十匹皇親自將軍已上並加襲衣金帶上將軍已上二十五兩節度使至刺史二十兩遙郡至將軍十五兩舊式二百兩二百匹已減如令數率府率副率率百兩百匹副率五

卷五千五百四

十兩五十匹諸司使至殿直舊式使百兩五十匹領刺史者加襲衣金帶副使五十兩五十匹承制四十兩四十匹崇班三十兩四十匹供奉官二十兩二十匹侍禁十兩二十匹殿直十兩十匹駙馬都尉觀察防團刺史將軍三百五十兩三百五十匹銀鞍勒七十兩並加襲衣馬內觀察使金帶二十兩防禦已下十五兩兩使留後已上自從本官樞密都承旨副都承旨五十兩五十匹舊式都承旨百兩百匹副都承旨五十兩四十匹舊式百兩百匹橫行使東班昭宣使已上四十兩四十匹舊式內客省使已下橫班諸司使百兩百匹不掌事橫班諸司使減半橫行副使三十兩三十匹舊式五十兩五十匹不掌事者如令數兩荷都知押班帶御器械諸司副使四十兩四十匹官四撿金束帶十五兩舊式都知押班諸司使充行宮使及青城至郊壇迎撿同押儀仗管勾應奉物色提點酒食管勾大內百兩百匹都知押班不掌事者加五十兩襲衣金帶帶御器械諸司使五十兩五十匹副使五十兩三十匹承副三十兩二十匹自內客省已下仍加襲衣金帶自帶御器械諸司使已下加官祀金束帶大將軍諸司使四十

的四十匹不掌事者銀減半絹減十匹大將軍如勾當
夕、引駕仗者銀絹各加七十五舊式統軍大將軍三
十兩三十匹諸司使儀仗內押當及乗珂馬
五十兩五十匹不掌事減三十兩二十匹
將軍諸司
副使
二十兩三十匹不勾當事減十匹舊式將軍乗珂
馬者五十兩五十匹判金吾者四十兩四十匹副
使儀仗內押當及乗珂馬二
十兩三十匹不掌事減十匹
樞密院諸房副承旨
四十
兩四
十匹逐房副承旨減十兩十
匹舊式逐房副承旨如令數
閤門通事舍人
二十兩二
十五匹不
掌事者減五兩匹匹自都承旨已下至通事舍人如充
行宮使青城至郊壇已來巡檢及同押儀仗駕前編排
日條及御營四面巡檢都大管勾大內公事樞密都承
旨已下至諸司使賜七十五兩七十五匹都大提舉官
勾兩郊一行公事賜百兩百匹副使充者五十兩五十
匹並加襲衣金帶重十五內即官序支賜本應多者自
從多給舊式五十兩五十匹不掌事二十兩二十匹自
令所戴加襲衣金帶舊式並同加金來帶者前後異例
內殿承制
二十兩二十匹帶閤門祇候者同不勾當事
減十兩舊式二十兩二十匹乗珂馬加五匹
不掌事
減十兩
崇班內常侍
十兩二十匹不勾當事減十匹舊
式崇班十兩二十匹乗珂馬加十

卷五十五百四

兩不掌事減十匹內常侍十兩十匹新定承制崇班等
閤門祇候充駕前編排及青城至郊壇四面巡檢等三
十兩三十匹容衣
金來帶十五兩
閤門祇候
崇班供奉官並同崇班掌
事者殿直侍禁並同崇班
不掌事者舊式崇班供奉充者二十兩二十匹
侍禁殿直充者十兩十匹乗珂馬者加十匹
供奉官
至借職
供奉官五兩十匹侍蔡殿直五兩五匹奉職借
職三兩三匹已上內大使臣紋締青城銀絹各
加十三班使臣各加五勾當八作司監修雅飾橋梁道
路各加五攝統軍各二十兩二十匹新定八作司文臣
朗官比大使臣京官以下比三班使臣舊式三班使臣
充諸雜勾當監當在京庫務及庫務門十兩至二兩十
匹至二匹
凡六英
內侍省使臣
史侍扶侍聽宣及當閤分供
奉官殿頭高品高班并挂御
衣供奉官以下至黃門十兩二十
匹前首挂御衣同後省挂御衣從
諸雜勾當
諸雜內當
并道場及
隨駕帶甲等供奉官殿頭高品高班十兩十匹帶點城
帶甲檯實管勾諸閤分當從物諸雜差使黃門至後苑
散內品五兩十匹前省諸雜門當除不管遣場外並同
其隨駕帶甲等供奉官殿頭高品高班並十兩十匹帶
器械帶甲諸雜差使寄班
黃州小黃門五兩十匹
在內及諸處守宿
內自洪奉
宮殿頭五

兩十匹高品高班五兩五匹後省黃門祇候殿頭已下
至後苑散內品前省黃門小黃門祇候高品已下至後
苑散內品三兩三匹後省祇候殿頭
已上在內守宿省加賜二匹二匹
昇壇入室等
後省
并壇
入室徐簾執扇等進食門帶器械祇候殿頭至後苑散
內品前省并壇入室攆簾執扇等及將擎禮衣等祇應
并諸雜差使祇候高品已下
奉後苑散內品並五兩五匹
諸監皇城門權監門
監兩
華無
宣德東華左右掖拱宸門兩省供奉官殿頭高品高班
並十兩十匹黃門並減五兩前省祇候高品已下至後
苑散內品銀
絹各減半
勾當絞縛青城
兩省供奉官二十兩二十
匹殿頭減十兩高品高班
減十兩五匹後省黃門前省門寄班并祇
候高品已下至後苑散內品并十兩十匹
在京監當
任使
後省供奉官殿頭前省供奉官殿頭高品各五兩
十匹後省高品前高班五兩五品前省高班黃門
三兩十匹後省黃門三兩三匹祇候殿頭至後苑散時
品二兩二匹兩省祇候高班已下至後苑散內品三兩
三匹舊式內臣侍聽宣當閤及諸勾當十兩並二兩二
十匹至二匹凡六等內品監當在京庫務及庫務門如
三班使
臣例
三班差使借職權代殿侍在內守宿
錢五
肯
管軍

卷五十五百四

殿前都指揮使副都指揮使
並同
使相
侍衛親軍馬軍步軍
都指揮使副都指揮使
節度使並同殿前內絹減五十
百匹餘金帶減五兩銀鞍減十
兩
殿前侍御親軍馬步軍都虞候
千兩千匹金帶一十
兩銀鞍勒七十兩內
防禦使帶減五兩絹減五百匹舊式管軍都虞候已上
節度使千五百兩十五百匹留後觀察十五百兩十匹
防禦十兩
五百匹
捧日天武龍神衛四廂都指揮使
三百兩三
百匹團練
使減百匹金帶十五兩銀鞍勒五
十兩舊式並三百兩並三百匹
捧日天武龍神衛四
廂指揮使
二百兩二百匹金帶十五兩銀
鞍勒五十兩已上並加襲衣馬
殿前指揮使
都虞候
五十兩百匹窄紫羅
旋襴金束帶十五兩
馬步軍都軍頭副都軍頭
馬軍都軍頭副都軍頭步軍都軍頭副都軍頭
窄衣一
襲銀帶
重十五兩內馬步軍都軍頭帶
遙郡者改賜金束帶十五兩
軍頭指揮使御龍諸直
都虞候充夾輅來及仗內大將軍押隊
百兩百匹窄衣
金束帶十五兩

宋會要輯稿　第二十三冊　禮二五

禮二五之五

諸班都虞候窄紫羅授欄金本帶一十五兩在京諸軍軍頭指揮使諸司同
班都虞候不帶遙郡者銀帶二十兩自都軍頭已下盡從本額賜錢管軍自廂都指揮使以上在外亦給
步軍都軍頭領團練使錢百五十十軍頭指揮使馬步軍都
軍頭百十副都軍頭領刺史百千不滿部九十十馬軍步軍都軍頭
八人副都軍頭七十百十殿前諸殿直殿前指揮使內殿直散員散指揮散都頭祇
候金鎗班東西班散直鈞容直新立內員僚直御龍背嵬承子直御龍弓箭直御龍弩直下茶酒班都
虞候遙領郡東西班不披帶年小守內不守內員百千
至五千凡十七等舊式有殿外直凡十八等捧日擢直至龍神衛日作
鋼直左射揮寬衣天武班直天武左射天武第自軍在京日像直龍衛鐵直龍衛左龍衛神衛捧
日第五軍副指揮使至長行六十千至二十千凡四等
舊式有捧日等于天武第五軍在京員僚神衛水軍軍都指揮使至長行自百十至二十千凡八等拱聖

卷五千五百四

府射至奉節驍騎聖左射大神勇神勇直驍騎弩手上驍騎
雲騎武騎虎翼上龍衛北衛員僚直驍使新立龍捷乞冀虎捷木衛中武上奉節奉節都指揮使遙領郡
至長行自百十至十五千凡十等舊式有五員等直凡十五等步在京
吐渾小底并咸平縣契丹直都指揮使至長行自八十
千至十五千凡七等歸明渤海至步門
龍衛神衛驍猛神騎驍雄歸明神武雄武明勃新立捧中弩手林子騎弩驍雄武飛山雄武歸明神勇雄威廣勇弩手新門立捷中都
指揮使至長行自七十千至十五千凡七等捧日天武
第七軍至定州禁軍散員神捧衛日第天十式第軍第七頭司捧散日員龍歸衛
明驍騎陳中武騎雄武効順殿前都指揮使至長行自六前司廣德忠猛定州禁軍舊式有員陳都中驍捷神
十十至十三十凡七等舊衛第式凡有軍陳中驍數捷同神
至就糧威果揀中雄武雄勇廣德清朔擒戎虎翼渭州員僚直許州員條剌員直龍騎効忠新立川

勇勝歸聖廣捷飛猛驍勝寧翊衛聖威効忠雄直勝歸宣效守威軍宣毅林子弩威淮南州
使至長行自六十千至十千凡七等
路就都指揮使宣效忠同勇弩驍
相州禁軍廳子都虞候至長行五十千至七十千凡六等天武
軍鋭騎相州禁軍
龍神衛剌員至延州青澗
新立雲騎神衛剌員 武神
道新武神衛剌員
武弩手雲騎寧策
契丹衛保寧
立禁軍
手禁江淮

卷五千五百四

州青都虞候至長行自五十千至七千凡七等新龍
剌員五十至十七十千等舊式有騎帶中剌員指揮使
二十千至七十千凡七等舊式有龍衛帶甲剌員指揮使
延州青州至五千凡七等舊武有龍衛帶甲
神虎翼廣南東西路有馬雄
都虞候至長行五十五千至六千凡
七等使舊式至有馬雄
草場神衛剌員并在京看倉草場剌員都虞候至長行
四十千至五千凡六等舊式有衛剌員同神歸明羽林
至歸恩赦罪歸明吐渾
廳子馬在雄武就糧威果
歸遠雄兵
五千凡七等舊式有三部落數州新立廣鋭帶甲剌員至西京奉
都指揮使至長行五十千至

九五七

禮二五之六

國（新立廣銳神銳帶甲剩員新立吐渾剩員直永安奉先用捷中懷愛萬捷馬步軍清塞捷中教駿平塞六軍教駿偹軍懷順帶甲龍騎剩員平塞効恩六軍搭材六軍開封府軍都西京奉國）馬步軍都指
揮使至牢城都指揮使并教駿六軍搭材都虞候自五
十千至三十五千凡四等又自指揮使并廂虞候至長
行自三十千至五十千凡五等（廣武無効忠有驍捷武騎帶甲剩員無効恩西京奉國自指揮使三十千五千凡五等餘數同）至左右金吾巡檢軍指揮使至長
行十千至四千凡三等驍捷剩員至六軍開封府軍都
諸處備事者（驍捷剩員懷恩懷愛新立河清滑事諸處新招雄勇騎射功役廂軍六軍開封府軍都諸處備事者）指揮使至長行十千至三千凡三等（舊式有牽船懷愛捺中塞務數同）
廣捷剩員至懷順剩員（廣捷常寧雄勝効順懷順）指揮使至
長行差出在營自十千至二千凡四等新立騎御馬小

卷五千五百四

底指揮使至長行并備事自四十千至五十千凡六等（舊式指揮使至長行四十千至十五千凡五等）御營喝探軍使至長行自七十至
五千凡三等八作司至宮觀廚子指揮（八作司造船務作坊弓弩院事）
（材場八作司事材場廣德雜役効節効役造船務雜役萬壽觀景靈宮集禧醴泉觀雜役廚子）都虞
候至長行工匠自二十千至三十千凡六等（舊式有看船廣德玉清昭應宮無萬壽觀數同）
店宅務雜役至八作司壯役（店宅修竹本撓無修窑提點修造司雜役街道八作司壯役）
指揮使至長行自六十千至二千凡五等（舊式無街道八作司壯役數同）
太原府就糧嵐軍克戎指揮使至長
行自十千至兩千凡三等新置軍頭司散指揮使至副
兵馬使副都頭自二十五千至十千凡四等軍頭司壯
強副指揮使至都頭副都頭自六十千至五十千凡二等殿

前司軍頭司承局副兵馬使五千延州塞門寨保生指
揮使至長行自七千至三千凡三等諸軍有營剩員指
揮使至副都頭自十千至七千凡二等諸軍馱甲鈞容
直排樂殿前馬步軍諸司承局各三千權管諸軍三班
使臣各依本軍指揮使例支給（諸班直無管諸軍各依權管例與本職名例從多支給）
諸班殿直充河東河北諸處忠烈宣勇權官及權
員僚并俸日天武已下指揮使副使員僚差充川陜諸
州馬步軍都指揮使副都指揮使者並依在京本軍班
支賜諸道本城員僚兵士（諸州本城兵士晉絳慈隰澤潞州等處揀中廂軍及晉隰州揀中保節澤州等廣揀中宣節廣州等處教閱澄海廣南忠敢河北河東陝西保節淮南教閱壯武江南教閱武雄剩湖路教閱節江兩浙教閱崇節福建教閱保節京東教閱忠果）
節鎮馬步軍都指

卷五千五百四

揮使遥領郡至長行不帶甲牢城兵士自二十千至二
千凡八等防團刺史州軍都指揮使至長行自十三千
至二千凡六等（舊式無泰州定功及淮南教閱壯武至京東教閱忠果節鎮自二十千至二千凡七等餘數同）
澧復郢州就糧剩員并永城諸處剩員及諸處
本城剩員指揮使至長行不帶甲自七千至二千凡五
等（舊式同無鄆州）沿河東北面諸處動勇等至保州散員指揮
使員僚（動勇招收捉生報究應州就糧招收及景踏埽化定塞廣信安肅軍保州散員指揮使員僚）
都指揮使至長行自十千至二千凡五等在京排岸司
管轄水軍奉化并廣收及開封府界遞鋪指揮使至長
行自七千至二千凡四等軍器三庫至諸州馬監（軍器三庫軍器什物庫揀選衣甲器械庫弓箭庫左右騏驥院天駟監天廐坊天駉監并諸州牧龍坊養馬務淄州廣平

監相州安陽監衛州淇水監管城原武監澶州鎮寧監軍大名府大名監白馬靈昌監同州沙苑監西京洛陽監鄆州東平監單鎮新置馬盡監北京元城監定州定武監真定府真定監高陽關高陽監太原府太原監指指使至長行工匠七千至二十凡五等陽武無原城監至太原監數同歸化至揀充本指揮剩員歸化新立歸化順化新立順化剩員年老順化并歸化揀充本指揮剩員指揮使至長行十千至二千凡六等廣固指揮使至剩員自七千至一千凡五等川陝武寧指揮使至長行自二十千至四千凡五等諸路不教閱廂軍京東奉化京西莊武河東旌偽河北崇勝淮南寧淮兩浙雄節江南効勇荊湖宣節福建保節廣南清化川陝克寧陝西保寧指揮使至長行自七千至二千凡三等廣濟并新招水軍河清兵士及在京排岸司裝卸軍都虞候至長行自七千至二千凡五等諸州忠烈至新立逐州宣武諸州忠烈宣勇驍直敢勇像直并真定府趙懷衛大名府忠烈宣勇內陵新立邊州宣武都虞候至長行自八千至二千凡六等西京商虢汝州揀造務至河陰窑務西京商虢汝州揀造務閑山員僚兵士并諸州揀造務柴炭務揀斫造船務裹發軍排岸軍并三門務門匠西京河陰窑務指揮使至長行自四千至一千凡四等高陽關忠順指揮使至長行自四千至一千凡四等饒池江建邛嘉梓雅興州鑄錢監指揮使至長行自五千至二千凡四等兗州景靈宮太極觀雜役指揮使至長行自十千至三千凡三等諸營曹司虞候獸醫剩員斟子門門子等各一千自歸化至此將武敎同陝西沿邊等處守把防托功役弓箭手保毅軍寨戶極邊鄜延環慶兩路并鎮戎軍及原州柳泉鎮西壕新門平安等四寨渭川德順軍隆德靜邊得勝水洛等五城寨秦州極邊諸寨新定熙河弓箭

卷五千五百四

手此同軍都指揮使至長行自四千至三百文凡七等稍次近裏原州諸縣及新城開邊截原等三寨渭州潘原縣安國權武定川允亭新寨等五寨秦州榆次近裏城寨依此例若非次勾抽並邊使喚即依極邊本洲支給其秦州下當保教不支軍都指揮使至長行自三千至二百五十文凡七等近裏地分涇儀等州若非次勾抽在極邊武次近裏使喚即依本例支給稍軍都指揮使至長行自二千至二百文凡七等陝西沿邊防秋見今上番義勇軍都指揮使至長行自四千至三百文凡七等堂後官兼提點五房公事二十五兩二十五匹堂後官十五兩十五匹中書職事主事十匹十兩禮房錄事主書守當官各十匹祗應大禮使司省自從各司例支守闕五匹私名二匹專行大禮文字錄事主當守當官各十匹五兩守闕五匹私名二匹大禮使司堂後官加賜十匹五兩主事加賜五匹內兩錄事十匹十五兩主事十五匹十兩崇文院孔目官十五匹十兩編修院書庫官十匹十兩書表司十匹十兩樞密院職掌主事并守闕各十匹十兩禮房主行南鄭司令史書令史各十匹新定加五兩正名貼房五匹守關貼房私名貼房各三匹三司置司行遣排辦職級前後行共錢二百千新定留一百七十三貫充支以二十七貫充將作監押司官等提點閣門承受殿直已上五十兩洪奉官已上加二十匹本色色衣三件閣門承受十一人共絹二十匹行首銀四十兩加綠花衣服又定承受七人共二十匹舊式除行首並如今數御史臺引贊至知班共絹二十匹太常禮院抽差出職禮直官六十太常禮院禮直官至歸司禮生五十匹至十匹有差舊式太常禮直官并寺監職掌金吾勘箭官皇城司勘契贊讀觀事官六軍司由簿儀仗司職掌騏驥院教切部書色長二群牧頭自五十匹至一匹凡八等御書院御書祗候至庫子自二匹八百文至錢二千為差前行加旋欄凡加衣服仍隨本色御藥院自藥童副指揮使至裹幞頭子祗應自二兩五

卷五千五百四

匹至二匹二千為差（除押司官已下及待以造良人並加旋襴）翰林醫官院
手分一匹一千（加旋襴）翰林圖畫院祗候至滌除自二千
至一千一匹為差（庫子加旋襴滌除加旋襴節押頭中節級）大宗正司勾押
官至前後行自二兩一千至一兩一千凡二等（並加旋襴）兩
內侍省前後行至貼司自二匹至一千為差皇城司親
從指揮使至長行自十匹十千至三匹四千凡六等都
下都頭至營門子自五匹五千至一匹一千凡五等親
事官指揮使至軍醫人自十匹十千至一匹一千凡十
一等入內院子指揮使至營門子自十匹十千至一匹
一千凡九等本司勾押押司官至贊聲親事官自二兩
一千至二匹為差（勾押至守闕曹司並加旋襴）行宮司押司官至貼

卷五千五百四

司自六匹至五千凡三等（除貼司並加旋襴）御前忠佐軍頭引
見司勾押官至軍醫人自三匹三千至二匹二千凡三
等內東門司押司官至齋司自三匹二千至一匹二千
凡三等（除曹司並加旋襴）入內內侍省合同憑由司前後行各
一兩一千（加旋襴）都大提舉管勾所勾押官至守闕前行
自十匹至五匹凡三等都大管勾大內公事所押司官
至貼司自七匹至五千凡四等提點管勾頓遞所後行
五匹諸司人（騏驥院教馬官差赴太僕寺祇應六軍儀仗司排通直官教坊二舞部轄色長差赴太常寺祇應太常寺修製寺知官都知等）各五匹（六軍儀仗司排仗大將太常寺掌祭酒都知儀仗代司發勾官行遣手分驅使職掌教坊二舞教頭差赴太常祇應）各三匹（六軍儀仗司喝係頭節級太常寺兩局令丞正副院官錄事排列引禁官都知登歌官祭色長供官職掌府典史副知驗使官內等橋道頓遞

伎行遣手分太僕寺中書省譯僕）各二匹（司天監魁擇官禮生天文院節級鍾鼓院挈壺正節級五官測驗渾儀所節級監生學生翰林天文院節級監生醫生儒生太常寺修製副知）各二千（左右斫司職掌排列官節級花行左右金吾仗司職掌引駕官郎列官都押衙十將副將節級衣行太常寺諸色樂工引文武舞郎教坊差赴太僕寺祇應羊車下童子司天監天文鍾鼓院監生學生守闕學生）各一千（文思院金明池雜於錢錦院院坊東西窯務留營欽造務四園苑牛羊司作坊料物庫西內染院）右都虞
候至押司官自六兩五千至一兩一千凡五等軍頭皇
華醫雜役各一千內兩窯務小分五百文（中書樞密院宣徽院大程官內酒坊都頭副都頭羣牧司左右騏驥院裁造院弓弩院內香藥外物料庫軍器什物按繪出衣紙候內藏左藏南北內弓箭庫內酒坊軍器衣甲弓弩劍箭庫修左右天廄坊左右天駟監管勾往來國信所編標添修弓弩所專管折剝變料不堪弓弩所專一監造弩橋所專副勾押押司官東西作坊寄副勾押官各二兩一千布庫雜庫等下界都茶庫油醋庫皮角庫炭場大通咸豐門東西水磨務雜賣務東西八作司事材場竹木務

卷五千五百四

宣德門太廟南郊家事庫南郊校木庫雜物庫上界修內司在京都大管勾街道司）右專副至杖
直庫子節級等自一兩一千至一千凡二等（內香藥庫外物料庫鞍轡庫尚衣庫祇候庫太廟祭器庫內藏庫左藏庫南北庫內酒坊自十將至杖直左右騏驥院弓箭院草器衣甲弓槍弩劍箭庫軍器什物庫左右天廄坊左右天駟監自兩後行在剩員押官東西作坊押司官生虞候管勾往來國信所編標添修弓弩所專分拆剝變料不堪弓弩所專一監造弩橋所前後行手分學士院院子都大提點內弓箭軍器等庫所押司官前後羣牧司前後通引官庫使提點在京西園苑司寺分集禧觀法從庫前後行手分庫子醞泉龍前後行宜春抗隨龍圖等副捐御使齡轄約谷直所曹司）各一兩一
千（崇政殿御弓前庫專司總等司專副）各一匹一千（都監院兵士）各一千（水井務兵
士）各三千（藤式端司手南郊事務供應自都虞候至諭司庫務專副押司官職掌自五千五兩至一兩一千凡七等八作司專知勾押官尚衣庫祇候至諸門長行工匠雜役自二千至一千凡三等羣牧司次潑）
監賣馬務指揮使至長行自二兩三千至一兩一千凡
四等中書樞密宣徽院大程官都頭至長行自二兩广

千至一兩一千凡二等司天監掌禮生供官并進牌至官及竿車童子節級金吾街司太常教坊少府雜供庭職掌自二千至一千凡六等御輦院都虞候至知糧曹司自十匹至十五千至一匹一千車子院十將將虞候自二匹一千至一千為差除曹司並加旋欄新定車子軍使使三匹四千副兵馬使三匹三千裁造院額外副指揮使至副都頭自二兩二千至一兩二千凡二等儀鸞司指揮使至小分看城壕自七匹七千至一匹一千凡一等各加旋欄翰林司指揮使至長行自七匹七千至一匹一千凡七等專副勾押官二匹二千各加旋欄御廚指揮使至雜役兵士自七匹十千至一匹一千凡六等專副勾押官前後行各二匹三千各加旋欄法酒庫軍使至副都頭自三匹二十至二兩一千凡四等內軍使十將將虞候節級酒炊匠長行並加旋欄鞍轡庫指

卷五千五百四

揮使副都頭自三兩二千至二兩一千凡二等太廟祭器庫專知官尚衣庫供御裹匠人各二兩二千後苑御弓箭庫曹司至招到工匠自一兩一千至一千凡三等曹司加旋欄朝服法物庫專副至曹司自二兩二十至一兩二千凡二等新定給納專副至不給納庫子自一兩五千至一兩二千凡五等奉宸庫專副至庫子自二匹二千至一千凡四等除節級庫子並加旋欄後苑東門藥庫節級至手分以三十五百與一兩為差內弓箭庫給納庫專副及副指揮使至不給納小分長行自十千至一兩一千凡十二等內弓箭南內外庫專副及指揮使至小分自七千至一兩一千凡七等柴炭庫專副各一兩一千手分秤庫子各一千養象所養德將

雜錄

虞候至小分自三千至一十凡二等後苑造作所正副指揮使至秤子自七千至一千凡四等勾押官前後加旋欄後苑化成殿專副至副都頭各一兩一千專副前後行曹司加旋欄景靈宮宮司前後行至庫子自三匹至一兩一十凡四等前後行加旋欄慶寧延福宮前後行書司至副知自一兩一千五百至一十凡四等專副前後行各加旋欄廣聖宮前後至庫子自一兩一十五百至一匹二千凡二等前後行加旋欄龍圖天章寶文閣前後行至庫子自三匹二千至一兩一千凡四等前後行加旋欄資善堂前後行至節級自二匹一千至一匹一千凡二等牧養監指揮使至剩員自二兩三千至一兩一千凡四等奉先資福禪院慶基殿等所曹司一兩

卷五千五百四

一千加旋欄祇候班獸醫內柴炭庫子手分各一千三館秘閣庫子至工匠自二匹八百文至三千凡二等舊式入內內侍省內東門皇城司共別支錢二萬七千餘貫銀八千餘兩絹萬七千餘匹衣物四千餘件充回賜皇城翰林儀鸞司御廚御輦院等處祇應人恩賞　雜錄

仁宗慶歷二年五月詔三司減省司自今南郊支賜皇后及宗室婦各減舊數之半　六月詔三司減省司自今南郊臣僚支賜宰臣樞密使舊銀絹四十叅知政事樞密副使舊三千各減一千三司使舊一千減三百資政殿大學士舊五百翰林學士至樞密直學士舊四百龍圖閣直學士至三司副使舊三百各減一百權御史

中丞給事中諫議大夫知制誥待制舊一百二十減
有司言近制皇后御宗室婦南郊支賜各減其半其臣
僚令亦次第裁減之遂以為定式　皇祐二年二月詔
三司在外禁軍凡郊賞折色並給以實估之直　舊制
在外禁軍郊賞定估八百者為一千以給之故有是命
　九月詔將來大禮畢河陽三城節度使兼侍中夏竦
保靜軍節度使同平章事判澶州王德用武德軍節度
使同平章事判大名府程琳宣徽北院使天平軍節度
使判延州李昭亮並以襲衣金帶器幣鞍勒馬賜之大
臣在外遇大禮有賜特恩也　四年三月詔天下請南
郊軍賞須前一年九月內發衙前上京限次年三月輦

卷五十五百四

至逐州軍先是外處迎郊日始差人請軍賞折支既不
及事又急遽多至破逃河北河東尤苦其役故條約之
十六日知制誥崧穎新除翰林學士未及謝卒詔賜
明堂賚物　十月十六日有司言在京并諸路新招到
兵士纔到營所有今年南郊賞給雖與舊人一例支給
詔應降御札後來新招到禁軍廂軍等賞給並半舊人
之數

接前

神宗元豐二年二月一日詔保州作院募民為工匠其
給銀鞋錢及南郊賞賜視廂軍以諸州軍作院所給為
並係廂軍投換故也　十二月二十八日詔軍士若係
公之人指補及因亡匿首獲在大禮降御札後方賞賜
減半給指補及首獲去肆赦一月內者勿給從知保州
張利一請也　六年八月二十一日陝西轉運司言軍
興後初經郊賞望於本路所管封樁錢并銅錢監本錢
內支見錢二十萬緡既而戶部乞許支永興軍鑄錢監
封樁錫本錢十萬緡如不足貼支華州陝府錢監銅錫
本錢仍不為例從之　哲宗元祐元年五月十六日陝
西路轉運司言將來郊祀賞乞于封樁錢內支撥詔給

卷五十五百四

本路常平錢十萬緡　十月四日詔新授資政殿學士
知鄭州張璪不許辭免明堂大禮支賜以璪為中書侍
郎以疾在告禮畢執政官例賜不與祭者停賜特給之
　十二日詔以大禮特賜左武衛大將軍郭逵銀絹羊
酒以逵嘗任同簽書樞密院事故也　十一月十四日
太師文彥博言明堂大禮以病在假不獲陪祀宿衛其
錫賜乞依例半給從之　四年九月十八日詔觀文殿
大學士知永興軍韓縝觀文殿學士知潁昌府范純仁
並依大禮令賜物外加賜縝器幣三百匹兩純仁半之
　二十二日詔太子太保致仕張方平依大禮令賜器
幣　七年十一月二十七日三省言郊禮畢除王加恩

當賜斂履上殿緣塵文已删去請歲增公使緡錢太后
曰嘗有例耶大防等對曰仁宗時荆王元儼增至五萬
緡徐王昨亦增賜爲之萬緡于是詔許增三千緡　紹
聖二年十月九日詔諸司使以下差新舊城裏都同巡
檢南郊宿衛依大禮令内管勾事加賜銀絹御厨翰林
儀鸞司應奉官武臣諸司使文臣朝奉郎以上諸司副
使通直郎以上内殿承制以下并小使臣宣德郎至承
務郎銀絹有差　徽宗建中靖國元年四月二十六日
户部狀準都省批　下廣西路轉運司奏本路地瘠民
貧賦入微薄邊面闊遠支費浩瀚年計闕錢自來並是
上煩朝廷資助所有今年南郊在近合用賞給錢物乞
于本路提刑提舉司錢内撥賜本司應副詔令本路轉
運司於本路朝廷封樁錢内特借錢一十萬貫應副大
禮賞給支用仍分作五年撥還令借錢司分拘收依舊
封樁　五月二十三日户部狀勘會大禮河北路賞給
見錢并折銀錢依久來條例户部應副一十五萬貫今
來本部除已從京支銀三萬兩計價錢外餘少錢數令
本路先次劃刷收簇上供係省錢貼數應副如不足特
于諸司封樁錢内借支却將向去接續收到上供係省
錢撥還從之　高宗建炎二年二月三日户部言建炎
二年大禮賞給銀十一萬七千兩昨爲金人取去無可
指擬乞依宣和六年以前大禮中降指揮下諸路轉運

司用有額上供和買銀四十萬兩到闕應用詔逐路共
買發銀二十萬兩内江東路九萬荆湖南路六萬福建
路五萬仍限今年五月末到京　三月十九日詔諸路
劃刷今年大禮合用金銀錢帛等或擅行支用依擅支
朝廷封樁錢物法加一等不以去官赦降原減　八月
二十三日端明殿學士黄潛厚言劃刷到諸路合起
錢物樁辦大禮賞給數月江浙淮南福建路計都錢二
十萬四千六百九十八貫金三百七十一兩八錢銀一
十九萬二千四百一兩紬一十四萬二千六百六十二
匹絹四十萬八千四百一十匹綾一千五百四十匹羅
五萬五千二百四十匹絲六萬二千三十一匹綿七十
二萬五千七十九兩布二十疋詔行下諸路監司郡守
催督起發　紹興元年二月六日詔今歲大禮江南東
西路福建荆湖東西路各令提點刑獄司躬親詣所部
州縣劃刷應干合起金銀錢帛疾速計綱起發限七月
以前到行在左藏庫送納從户部侍郎孟庾之請也
七日詔今歲明堂賞給令户部限十日條具諸司今歲
并以應奉起錢物合以何窠名若干數目樁充賞給闕
具申尚書省置籍今後起到合充賞給錢物郊時申賞
勾銷仍令本省不時督責户部如起發違慢去處令户
部按劾聞奏重行貶黜户部有失按劾尚書省覺察取
旨　十五日户部侍郎孟庾言大禮賞賜金銀錢帛等

禮二五之一九

乞特委諸路交通并本路轉運使副同共計置並限今年七月終起發到行在送納限滿具逐州軍已納到錢物從戶部比較最多去處官吏乞行推恩遠慢數少乞行黜責從之　六月二十五日戶部言據諸路糧料院申大禮禮畢支賜本院自來執用宣和重修大禮令格其上件令格昨為揚州渡江散失令批錄到大觀重修大禮令格來執使行執用乞朝廷詳酌降付本部遵執恭照前次大禮合支數目逐旋申請施行詔依大觀格支賜如有該載不盡處令戶部參酌比擬申尚書省　四年二月十九日戶部尚書黃叔敖等言檢會前例越州榷貨物都茶場應收到

卷五千五百四

錢物並樁充大禮使用今年大禮仍欲將都茶場見在及以後收到錢物依例收樁準備至日遣給從之　六月二十九日詔應諸軍班直大禮賞給等並遵用自京抄錄到政和間御筆修定條格令式并禮畢賜外路諸軍賞給格全文施行　七月四日荊湖南路轉運司言本路安撫司見七大軍所管統制統領將佐使臣効用兵民水軍等通計二萬一千七百餘人該遇大禮合支賞給未有降到逐等則例戶部勘當官員使臣將佐大禮賞給外路不合支破其民兵効用遇大禮為條格別無賞給則例行在申降到指揮民兵支犒設錢一貫効用支錢二百其軍兵將校近

禮二五之二〇

據湖南安撫司使申管到各以三貫約支如係三貫以下則例之人乞照應條格則例支給如係三貫以上軍兵乞權以前次體例支給從之　八月二十二日戶部侍郎梁汝嘉言紹興元年大禮七分折色以當時價紬計共一百三十一萬餘貫今年大禮若五分折色以今日價紬計共一百六十三萬餘貫以淛價紬計並無虧損從之　九月九日戶部侍郎梁汝嘉言將來大禮除已降指揮宰執百官諸司等給賜並權行住支外有內外馬步諸軍並合依赦賞給今將紹興元年比例措置下項應行在殿前馬步軍諸班值宿衛親兵御前忠佐忠銳將兵及神武右軍中軍等並係衛扈車駕行禮人

卷五千五百四

依在京例賞給（紹興元年六萬三千餘人賞給三分見錢七分折支將見錢并折支約當年在市價紬計共約支過一百五十六萬六千二百八十餘貫今年七萬二千八百餘人賞給欲五分見錢五分折支將見錢并折支在市價紬計共約支錢二百三十一萬二千五百餘貫）應在外諸軍前次賞給例各不同（紹興元年劉光世軍支過見錢七萬三五千四百餘貫岳飛軍支過見錢一萬五千六百餘貫今年在外諸軍欲依光世先來已得指揮并依忠順軍增倍賞給劉光世韓世忠岳飛王𤫊四軍共一十二萬一千六百餘人賞給約又見錢二十八萬六百餘貫）總計紹興元年支過內外諸軍見錢折支共一百六十餘萬貫今約支內外諸軍見錢折支共二百五十九萬餘貫詔增一分折支（十七日詔特依舊例七分折支三分見錢）　同日戶部言大禮內外諸軍依敷賞給本部先于浙西池州江州吉州各已樁管錢數理合專委官主管給散浙西欲委倉部郎官江東江西

湖南欲妄濟臣如錢不足許于管下不以有無違礙應
諸司朝廷封樁不封樁係省不係省錢内取撥貼數支
給若有剩數仍舊樁管開具已支人數職次錢數帳狀
申尚書省從之　十八日左藏東西兩庫言將來明堂
大禮畢給賜諸軍班等賞給欲分三日遣給從之　七
年正月二十一日尚書省言大禮賞給自軍興以來循
例行行在軍兵依舊例以分數折支其在外屯駐諸軍
並依高陽關忠順則例支給見錢較之今日利害輕重
大段未倫且如在外屯駐軍兵屏捍外寇事体為重其
所得賞給反輕在内軍兵役使優輕賞給反重若不隨
時措置終恐未協詔内外諸軍今年大禮合得賞給並
照高陽關忠順則例令戶部酌度增減並行一等支給
九月二十二日明堂大禮赦應士庶男子婦人九十
以上者進加恩錫仍令戶部勘會則例疾速下所在州
縣就賜或呼名以致煩勞　同日明堂大禮赦應文武
陞朝官以上致仕者賜束帛羊酒有差内曾任太中大
夫觀察使以上官仍從優異　二十二年十一月十二
日同知太正士士錢言行在南班宗室日奉朝恭已得
指揮應住支舊請給支賜全行支破令行司南班宗室
進郡防禦使至大將軍一十員差郊祀大禮行事已到
行在赴朝恭緣逐官被差郊祀大禮行事若稍有不謹
與行在南班宗室被差責任一同其禮畢支賜賞給欲

乞依行在南班宗室已得指揮依舊格全行支破從之
二十八年十一月六日輔臣言近降指揮蠲放蘇湖
常三州被水下戶積欠二稅已捐内帑錢補足大農歲
計以寬民力今大禮金銀錢帛又準處分令減半供進
恐錫賚之間或不足用上曰大禮支賞朕先半年栽為
定格無分毫濫予比減前郊一半何患不足　九日戶
部言郊祀禮成賜行在諸軍班直等全分賞給比照前
郊例卷將官庫所有綫羅紬絹絲綿錢粮等以三分見
錢七分依立定價折支則例自一百五十貫以下至一
貫文例計三十等内有正身合支半分賞給之人于今
來全分中減半勘支其諸路差來行在將官并在營家
亡半分賞給計二十九等内有正身合支全分賞給之
人令將兩半分合為全分勘支從之　十六日詔華容
軍承宣使士洪為病不曾差赴郊祀行事可特與減半
支賜　三十一年九月五日華容軍承宣使士洪蘄州
防禦使士蓁眉州防禦使權知濮安懿王園令士程和
州防禦使士石草工士穆士秀言並係紹興府置司宗
室家貲累重俸給微薄養贍不給今年明堂大禮大臣
攝事皆不及被差昨降指揮大禮畢錫予宗室自節度
使至將軍各減三分之一又紹興十八年大禮畢士洪
不差行事尚蒙聖慈依紹興十三年立定指揮減半給
賜乞降睿旨施行詔依所乞内士穆士秀依居第例支

二十三日皇姪武康軍節度使開府儀同三司判大宗
正事恩平郡王璩言明堂禮成見居紹興府知宗正事
士錢等各已蒙賞賚依舊例三分減一支給獨臣未受
慶賞乞依格例支破從之　孝宗隆興二年二月二十
一日詔大禮賞給行事執事緣祀事差委官可照應紹
興二十八年已支則例內宰執宗室應文武官一百匹
兩已上權令減三分之二餘悉減半五匹兩兩下許令
全支內侍官銀絹並權減半支破乾道三年並同此制
　同日戶部狀大禮賞給內除係軍兵人依已降指揮
依舊外其逐處公吏支賜將不及五十匹兩以上今乞
行下糧料院照應逐次大禮批放則例將見錢并銀絹

並權行減半從之　乾道元年正月一日大禮赦應士
庶男子婦人年九十以上與依格給賜柬帛等令戶部
速下所在州縣就賜不得追擾仍仰監司檢察具就賜
過人數物色名件以聞　三年十一月二日赦六年十
一月六日赦九年十一月九日赦並同　二月二十五
日臣僚言檢準隆興二年二月指揮大禮支賜自宰執
宗室應文武官權減三分之二餘悉減半行在奉朝請
南班官依已降指揮三分減二所有在外南班宗室若
不曾赴行在差充行事執事其支賜即不合批令據士
洪奏昨于紹興三十一年該遇明堂大禮已放行支請
今來宗室不行事士諳等已蒙支賜了當乞依士諳例

放行契勘士洪昨于紹興三十一年係在行在故有支
賜今於紹興府居住不曾陪祠難以引用爲例欲望特
寢所降指揮庶合公議從之　十月八日戶部奏契勘
大禮畢賜諸路差來行在諸軍并在營家口半分賞給
依例合預行攢造進呈本部今比照前次大禮賞給例
卷將官庫所有綾羅絹紬絲綿粮錢等以三分見錢七
分依立定價直折支以多補少逐一攢算到合依則例
自一百五十貫已下至一貫文計二十九等內有正身
合支全分賞給之人將今來兩半分合爲全分批勘支
給今次大禮行在諸軍等賞給例卷二件今照得與前
郊本部例卷已支物色內有折支不同送部子細參照

本部契勘今年郊祀賞給例卷則例並同外所有折支
名色內絲帛并紬取會到粮料院見今批放三衙諸軍
人數職次將已椿數目依指揮品搭以多補少攢造合
依今來已奏例卷則例支給即無差互從之　六年十
一月十九日詔郊祀大禮賞給內宰執依自陳本格減
半外行事執事緣祀事差委官並依本格全支一次九
年並同此制　九年十一月四日戶部言據行在諸司
糧料院申內外諸軍今歲郊祀大禮賞給支賜所降指
揮內未能該載明文即未審依見今祇受敷敷減官資
軍額職次批放如依前項已降前項已降指揮將使臣
充請七人例以上并將校都虞候合得賞給支賜各減

四分之一并七人例敘減作五人例之人與支承信郎支賜其餘使臣將校節級以下並依元承代官資批放若不申明窃恐臨時無以遵執本部除已行下諸司軍糧料院并淮東西湖廣總領所各遵依已降指揮將使臣七人例以上并將校都虞候各得賞給支賜各減四分之一其餘依元承代資支給施行詔依 十九日詔今來郊祀大禮差皇太子充亞獻所有支賜依親王例三分增一分支給 光宗紹熙二年十月二十一日詔宰執拜郊支賜照逐郊體例減半外更依紹熙元年十月二十一日已降指揮三分減去一分 寧宗嘉太三年四月二十七日禮部侍郎吳采奏伏覩今歲郊祀大

卷五千五百四

禮令有司除事神儀物諸軍賞給依舊例外其乘輿服御及中外支費並從省約臣有以見陛下三歲一郊本為親饗天地祖宗百神而設次則犒賞諸軍並遵典制其餘一切煩費悉從省約德至渥也然猶有可言者臣向在州縣每見郊禮年分民間横被科擾不一而足上而銀絹次則車木徵而至於麻皮油糿之類各有名色且如銀絹固有合科之數而州縣故作大數多拋匹兩雖中產下戶亦有不免除合進發外餘皆掩為州縣妄用之數不卹斯民之被害也車木者謂是車輪乃革輅所用非榆即栗民間最為艱得然亦有所產地分今州縣不問有無出產一例科數若以車木言之所用亦合

有數不應諸州皆行於諸縣諸縣皆行於諸鄉有木則輸木無木則輸錢錢不歸官則歸之吏或所用之木數足則將不辦之木官吏高下分為器物之用不卹斯民之被害也至若麻皮油糿等物其為擾亦然所至州縣每遇郊禮則以此經紀民財官吏視為奇貨其行移不曰户部則曰轉運司也户部轉運司若有行下亦必曰朝廷也蓋欲以此塞斯民之口爾深山窮谷之中但見郊禮事大體重惟州縣是應何敢有詞又豈知陛下有乘輿服御中外支費並從省約之文已行於季春之月州縣視為墻壁文具不使斯民先期知之耶然則斯民破家蕩產往往多見於郊祀之歲臣以為朝廷盛典之

卷五千五百四

舉本以斂福錫民顧乃使斯民横被州縣之擾陛下聞之亦必為之惻然也乞下臣此奏令户部遍下諸路轉運司行下諸州縣照大禮年分合解銀絹的實數目於人户稅錢等第科納不得多科匹兩車木合用株數于出產縣分撥錢收買不得將不係出產去處亂行科擾其他雜料並照實數行下不得多作名色妄行抑納户部與轉運司各以實數拘催仍須出榜州縣令人户通知如州縣承此指揮仍前亂擾許被擾人户直經御史臺越訴將違戾官吏重作施行從之十月二十八日户部言今次郊祀大禮諸軍等合用賞給錢物除諸軍宣卷內錢已立定錢會銀兩分數外銀欲全以本色支給

其三衙使臣支賜銀欲以二分本色八分金兩折支百官諸司局所合得禮畢支賜銀欲以二分本色八分金兩支給所是執擎儀仗排立特支防火鋪卷搊設錢內銀全以本色批放其錢從諸軍宣卷分數三分見錢七分會子支給所有不係宣卷合支折羊等錢欲以三分為率一分會子二分金兩折支其合支金欲全以本色支給從之

卷五十五百四

以下複未校

宋會要郊祀賜例

國朝凡郊祀每至禮成頒賚羣臣衣帶鞍馬器幣下洎軍校緡帛有差熙寧中始詔編定遂著為式凡郊祀賞賜亞獻三獻皇子加賜銀五百兩孫曾孫三百兩元孫二百兩舊式皇太子充亞獻銀三千兩帛三十匹加襲衣金帶鞍勒馬文武百官奉祠事宰臣樞密使一千五百兩一千五百匹銀鞍勒馬銀重八十兩樞密使不帶使相重七十兩宰臣充大禮使銀絹各加五百舊式二千兩二千匹親王二千兩二千匹銀鞍勒馬舊式如今數充開封尹即三千兩三千匹使相並同宰臣外任銀絹減半皇親準在京數知樞密院事三師三公參知政

卷一萬三千七百十九

事樞密副使同知樞密院事簽書同簽書樞密院事宣徽南北院使千兩千匹銀鞍勒馬知樞密使宣徽使外任銀絹減半舊式三師三公二百兩二百匹參知樞副一千五百兩一千五百匹東宮三師三少僕射觀文殿大學士七百五十兩七百五十匹舊式東宮三師如三公三司使三百五十兩三百五十匹銀鞍勒馬重五十兩權使公事權發遣使公事同舊式使三部使並五百兩五百匹副使百兩百匹權副使權發遣理資序同式式百五十兩百五十匹學士尚書一百五十兩一百五十匹舊式二百兩二百匹閣直學士丞郎給事中百兩百匹自學士已下充四使者銀絹各加五十舊式丞郎

百五十兩百五十匹給事中百兩百匹直學士百五十
兩百五十匹諫議大夫舍人知制誥待制四十兩四十
匹內充四使者銀絹各加十舊式五十兩五十匹內充
四使者加賜金帶亦有特賜者待制減十兩十匹天聖
四年加後復減如常數常侍賓客銀絹同待制已上並
襲衣腰帶其帶金犀魚袋隨所佩服金帶觀文殿學士
已上二十五兩內笏頭者加魚袋二兩五錢餘二十兩
太常卿至正言二十兩二十匹舊式太常卿如丞郎宗
正卿至正言如今數太常博士至朝官十兩十匹舊式
太博至五官正如今數內監察御史著作郎二十匹後
減京官五兩五匹舊式常寺監丞已上十兩十匹後減

卷一萬三千七百十九

如今數幕職州縣官五兩五匹舊式充校勘直講教授
刑法直官開封府曹官乃如今數節度使七百五十兩
七百五十匹銀鞍勒馬舊式千兩千匹上將軍二百兩
二百匹留後六百兩六百匹餘同節度使舊式五百兩
五百匹觀察使三百五十兩三百五十匹自節度使已
下並襲衣金帶二十兩舊式同留後防禦使二百五十
兩二百五十匹舊式三百兩三百匹團練使一百五十
兩一百五十匹舊式二百兩二百匹遥領者五十兩五
十匹刺史百兩百匹已上並加襲衣金帶十五兩舊式
刺史比團練使遞減一等遥領者五十兩五十匹皇親
上將軍節度使千兩千匹舊式皇子上將軍如今數留

後七百兩五百匹舊式若充二獻官加三百兩觀察使
防禦使五百兩五百匹團練使五百兩五百匹刺史三
百兩三百匹皇親自刺史已上並加銀鞍勒馬上將軍
節度使七十兩留後已上五十兩大將軍二百兩二百
匹遥領防團者同正刺史遥領刺史者二百五十兩二
百五十匹舊式五百兩五百匹後減領團練使各三百
領刺史各二百不遥領者如今數將軍百五十兩百五
十匹皇親自將軍已上並加襲衣金帶上將軍已上二
十五兩節度使至刺史二十兩遥郡至將軍十五兩舊
式二百兩二百匹已減如今數率府率副率率百兩百
匹副率五十兩五十匹諸司使至殿直舊式使百兩五

卷一萬三千七百十九

十匹領刺史者加襲衣金帶副使五十兩五十匹承制
四十兩四十匹崇班三十兩四十匹供奉官三十兩三
十匹侍禁十兩二十匹殿直十兩十匹駙馬都尉觀察
防團刺史將軍三百五十兩三百五十匹銀鞍勒七十
兩並加襲衣馬內觀察使金帶二十兩防禦已下十五
兩兩使留後已上自從本官樞密都承旨承旨副都承
旨五十兩五十匹舊式都承旨百兩百匹副承旨五十
兩四十匹舊式百兩百匹橫行使東班昭宣使已上四
十兩四十匹舊式內客省使已下橫班諸司使百兩百
匹不掌事橫班諸司使減半橫行副使三十兩三十匹
舊式五十兩五十匹不掌事者如今數兩省都知押班

帶御器械諸司使副四十兩四十匹窄四㡌金束帶十
五兩舊式都知押班諸司使充行宮使及青城至郊壇
巡檢同押儀仗管勾應奉物色提點酒食管勾大內百
兩百匹都知押班不掌事者加五十兩襲衣金帶帶御
器械諸司使五十兩五十匹副使五十兩三十匹承制
三十兩二十匹自內容省已下仍加襲衣金帶自帶御
器械諸司使已下加窄袍金束帶大將軍諸司使四十
兩四十匹不掌事者銀減半絹減十匹大將軍如勾當
金吾引駕仗者銀絹各加七十五舊式充軍大將軍三
十兩三十匹諸司使儀仗內押當及乘珂馬五十兩五
十匹不掌事減三十兩二十匹將軍諸司副使二十兩

卷一萬三千七百十九

三十匹不勾當事減十匹舊式將軍乘珂馬者五十兩
五十匹判金吾者四十兩四十匹副使儀仗內押當及
乘珂馬二十兩三十匹不掌事減十匹樞密院諸房副
承旨四十兩四十匹逐房副承旨減十兩十匹舊式逐
房副承旨如今數閤門通事舍人二十兩二十五匹不
掌事者減五兩五匹自都承旨已下至通事舍人如充
行宮使青城至郊壇已來巡檢及同押儀仗駕前編排
臣僚及御營四面巡檢都大管勾大內公事樞密都承
旨已下至諸司使賜七十五兩七十五匹都大提舉管
勾南郊一行公事賜百兩百匹副使充者五十兩四十
匹並加襲衣金帶重十五兩即官序支賜本應多有自

從多給舊式五十兩五十匹不掌事二十兩二十匹凡
今所載加襲衣金帶者舊式並同加金束帶者前後與
制內殿承制二十兩二十匹帶閤門祗候者同不勾當
事減十兩舊式二十兩二十匹乘珂馬加五疋不掌事
減十兩崇班內常侍十兩二十匹不勾當事減十匹舊
式崇班十兩二十匹乘珂馬加十兩不掌事減十匹內
掌侍十兩十匹新定承制崇班帶閤門祗候充駕前編
排及青城至郊壇四面巡檢等三十兩三十匹窄衣金
束帶十五兩閤門祗候崇班供奉官並同崇班掌事者
殿直侍禁並同崇班不掌事者舊式崇班供奉充者二
十兩二十匹侍禁殿直充者十兩十匹乘珂馬者加十

卷一萬三千七百九十

匹供奉官至借職供奉官五兩十匹侍禁殿直五兩五
匹奉職借職三兩三匹已上內大使臣紋綾青城銀絹
各加十三班使臣各加五勾當八作司監修雅飾橋梁
道路各加五　統軍十兩二十匹新定八作司文
臣朝官比大使臣京官以下比三班使臣舊式三班使
臣充諸雜勾當監當在京庫務及庫務門十兩至二兩
十匹至二匹凡六等內侍兩省使臣夾侍扶侍聽宣及
當閤分供奉官殿頭高品高班并持御衣供奉官以至
至黃門十兩二十匹前省挂御衣同後省挂御衣例諸
諸雜勾當諸雜勾當并道場及隨駕帶甲等供奉官殿
頭高品高班十兩十匹帶器械帶甲擡寶管勾諸閤分

禮二五之三三

當從物諸雜差使黄門至後苑散内品五兩十匹前省
諸雜匃當除不管道場外並同其隨駕帶甲等供奉官
殿頭高品高班並十兩十匹帶器械帶甲諸雜差使寄
班黄門小黄門五兩十匹在内及諸處守宿兩省供奉
官殿頭五兩十匹高品高班五兩五匹後省黄門祇候
殿頭已下至後苑散内品前省黄門小黄門祇候高品
已下至後苑散内品三兩三匹後省祇候殿頭已下在
内守宿者加賜二兩二匹昇壇入室等後省昇壇入室
捲簾執扇等進食門帶器械祇候殿頭至後苑散内品
前省昇壇入室捲簾執扇等及將擎禮衣等祇應并諸
雜差使祇候高品以下至後苑散内品並五兩五匹諸

卷一萬三千七百十九

監皇城門權監門監西華東宣德東華左右掖拱宸門
兩省供奉官殿頭高品高班並十兩十匹黄門並減五
兩前省祇候高品已下至後苑散内品銀絹各減半匃
當絞縛青城兩省供奉官二十兩二十匹殿頭減十兩
高品高班減十兩五匹後省黄門前省黄門寄班并祇
候高品已下至後苑散内品並十兩十匹在京監當任
使後省供奉官殿頭前省供奉官殿頭高品各五兩十
匹後省高品前高班五兩五匹前省高班黄門三兩十
匹後省黄門三匹祇候殿頭至後苑散内品二兩二匹
前省祇候高班已下至後苑散内品三兩三匹舊式内
臣侍聽宣當閣及諸匃當十兩至二兩二十匹至二匹

禮二五之三四

凡六等内品監當在京庫務及庫務門如三班使臣例
三班差使借職權代殿在内守宿錢五貫管軍殿前都
指揮使副都指揮所并同使相侍衛親軍馬軍步軍都
指揮使副都指揮使節度使並同殿前内絹減五百匹
餘金帶減兩兩銀鞍減十兩殿前侍衛親軍馬步軍都
虞候千兩千匹金帶二十兩銀鞍勒七十兩内防禦使
帶減五兩絹減五百匹舊式管軍都虞候已上節度使
千五百兩千五百匹[illegible][illegible]觀察千五百兩十匹防禦千
兩五百匹捧曰天武龍神衛四廂都指揮使三百兩三
百匹團練使減百匹金帶十五兩銀鞍勒五十兩舊式
並三百兩三百匹捧日天武龍神衛四廂指揮使二百

卷一萬三千七百十九

兩二百匹金帶十五兩銀鞍勒五十兩已上並加襲衣
馬殿前指揮使都虞候五十兩百匹窄紫羅旋襴金束
帶十五兩馬步軍都軍頭副都軍頭馬軍都軍頭副都
軍頭步軍都軍頭副都軍頭窄衣一襲銀帶重十五兩
内馬步軍都軍頭帶遥郡者改賜金束帶十五兩軍都
指揮使御龍諸直都虞候充夾輅陪乘及仗内大將軍
將軍押隊百兩百匹窄衣金束帶十五兩諸班都虞候
窄紫羅旋襴金束帶一十五兩在京諸軍軍頭指揮使
同諸班都虞候不帶遥郡者銀帶二十兩自都軍頭已
下盡從本頭賜錢管軍自廂都指揮使已上在外亦給
馬步軍都軍頭領團練使錢百五十千軍都指揮使馬

步軍都軍頭百千副都軍頭領刺史百千不領郡九十
千馬軍步軍都軍頭八十千副都軍頭七十五千殿前
諸班直殿前指揮使內殿直散員散指揮散都頭散祗
候金槍班東西班招箭班散直鈞容直新立內員僚直
御龍直御龍骨朶子直御龍弓箭直御龍弩直下茶酒
班都虞候遥領郡至東西班不披帶年小守內不守內
自百千至五千凡十七等舊式有外殿直凡十八等捧
日鑞直至龍神衛捧日鑞直左射捧日寬衣天武鑞直
天武左射天武第五軍在京員僚直龍衛鑞直龍衛左
射龍衛神衛自捧日第五軍副指揮使至長行六十千
至二十千凡四等舊式有捧日弩手天武第五軍在京
卷一萬三千七百十九
員僚神衛水軍軍都指揮使至長行自百千至二十千
凡八第拱聖左射至奉節拱聖左射拱聖上神勇神驍
騎弩手上驍騎驍騎上龍猛北面員僚直驍捷新立驍
捷雲騎武騎宣武上虎翼殿前步軍司虎翼虎翼水軍
步武上奉節奉節都指揮使遥領郡至長行自百千至
十五千凡十等舊式有馬直步直凡十五等在京吐渾
小底并威平縣契丹直都指揮使至長行自八十千至
十五千凡七等歸明渤海至步鬬歸明渤海揀中龍衛
新立揀中龍衛神衛驍猛神騎驍雄歸明神武雄武弩
手新立弩手床子弩雄武飛山雄武雄勇雄威廣勇步
鬬都指揮使至長行自七十千至十五千凡七等捧日

天武第七軍至定州禁軍散員捧日天武第七軍捧日
龍衛神衛第十軍軍頭司散員歸明驍捷揀中武騎雄
武効順殿前司廣德忠猛定州禁軍散員都指揮使至
長行自六十千至十三千凡七等舊式有揀中驍捷神
衛第九軍飛虎數同揀中雄武至就糧威果揀中雄武
雄勇廣德清朔擒戎慶渭州員僚直許州員僚剩員直
龍騎効忠新立川効忠雄勝歸聖廣備飛猛驍勝寧朔
衛聖威虎曹州員僚剩員直勇鬬宣毅奇氣軍宣毅牀
子弩砲手淮南等路就糧威果都指揮使至長行自六
十千至十千凡七等舊式有揀中歸明雄武神射懷勇
順勝無勇鬬宣毅牀子弩砲手就糧威果數同驍銳廣
卷一萬三千七百十九
捷指揮使至長行自四十千至八千凡五等舊式銳捷
廣捷數同廣銳至相州禁軍聽子廣銳驍武武衛禁軍
弩手勁勇飛捷騎捷雲翼驍駿上威猛禁軍有馬勁勇
神銳相州禁軍廳子都虞候至長行五十千至七千凡
六等天武龍神衛剩員至延州青澗天武龍衛神衛日
騎迎檢龍衛揀中神衛歸明神衛剩員新立神衛帶甲
剩員新立雄勇上下第一川忠節川橋道雲捷克勝武
清神威衛州川員僚直勇捷威武靜戎弩手平塞弩手
强猛壯勇忠節横道横塞河北關西振武保寧環慶原
渭延秦州鎮戎保安軍禁軍蕃落慶州禁軍安塞延州
禁軍捉生府州威遠麟州飛騎定州新立禁軍廳子馬

河北新立禁軍無敵招收太原府新立禁軍克戎儀州
新立禁軍蕃落登州禁軍澄海水軍弩手江淮東西荊
湖南北諸州軍就糧禁軍教閱忠節延州青澗都虞候
至長行自五十千至七十千凡七等新定龍衛帶甲剩員
五十千至七千七等雲騎帶甲剩員指揮使至長行二
十千至五千凡七等舊式有龍衛帶甲剩員威寧强猛
無府州威遠至延州青澗數同神虎至廣西東西路有
馬雄畧神虎下威猛武嚴宣効雄畧保捷忠勇揀中選
効寧遠清邊弩手制勝河東新立禁軍建安陝西禁軍
定功太原府騎射登州平海廣南東西路有馬雄畧都
虞候至長行五十五千至六十千凡七等舊式無清邊弩
卷一萬三千七百十九
手至有馬雄畧都指揮使至長行自三十千至六千凡
五等揀中看倉草場神衛剩員并在京看倉草場剩員
都虞候至長行四十千至五千凡六等舊式有看船神
衛剩員數同歸明羽林龕攏至歸恩教罷歸明羽林龕
攏許壽州契丹直太原府代州吐渾安慶直太原府
感聖夏州揀中廳子馬在毅熟就糧來化歸遠雍丘雄
武歸恩拔罷都指揮使至長行五十千至五十千凡七等
舊式有三部落數同新立廣銳帶甲剩員至西京奉園
新立廣銳神銳帶甲剩員新立吐渾剩員直永安奉先
用揀中懷愛驍捷馬步軍清塞揀中教駿平塞六軍教
駿備軍懷順帶甲龍騎剩員平塞効恩六軍搭材六軍

開封府軍都西京奉園馬步軍指揮使至牢城都指揮
使并教駿六軍搭材都虞候自五十千至三十五千凡
四等又自指揮使并廂虞候至長行自三十千至五千
凡五等舊式無効忠有驍捷武騎帶甲剩員無効恩西
京奉園自指揮使三十千至五千凡五等餘數同左右
金吾巡檢軍指揮使至長行十千至四千凡三等驍捷
剩員至六軍開封府軍都諸處借事者驍捷剩員懷恩
懷愛新立河清借事諸處新招雄勇騎射功役廂軍六
軍開封府軍都諸處借事者指揮使至長行十千至三
千凡三等舊式有牽船懷愛揀中窑務數同廣捷剩員
至懷順剩員廣捷常寧雄勝効順懷順指揮使至長行
卷一萬三千七百十九
差出在營自十千至二千凡四等新立騎御馬小底指
揮使至長行并借事自四十千至五千凡六等舊式指
揮使至長行四十千至十五千凡五等御營喝探軍使
至長行自七千至五千凡三等八作司至宮觀廚子指
揮八作司造船務作坊弓弩院事材場八作司事材場
廣德雜役効節効役造船務雜役萬壽觀景靈宮集禧
觀醴泉觀雜役廚子都虞候至長行工匠自二十千至
三千凡六等舊式有看船廣德玉清昭應宮無萬壽觀
數同店宅務雜役至八作司壯役店宅修竹本提點修
倉提點修造司雜役街道八作司壯役指揮使至長行
自六千至二千凡五等舊式無街道八作司壯役數同

太原府就糧苛嵐軍克戎指揮使至長行自十千至五
千凡三等新置軍頭司散指揮使至副兵馬使副都頭
自二十五千至十千凡四等軍頭司强壯副指揮使至
都頭副都頭目六千至五千凡二等殿前司軍頭司承
局副兵馬使五千延州塞門寨捉生指揮使至長行自
七千至三千凡三等諸軍看營剩員指揮使至副都頭
自十千至七千凡三等諸軍䭾甲鈞容直排樂殿前馬
步軍諸司承局各三千權管諸軍三班使臣各依本軍
指揮使例支給諸班直權管諸軍各依權管例與本職
名例從多支給諸班直充河東河北諸處忠例宣勇權
官及權員僚并俸日天武已下指揮使副使員僚差充

卷一萬三千七百十九

川諸州馬步軍都指揮使副都指揮使者並依在京本
軍班支賜諸道本城員僚兵士諸州本城兵士晋絳慈
隰澤潞州等處揀中廂軍及晋隰州揀中保節潭州等
處揀中宣節廣州等處教閲澄海廣南忠敢河北河東
陝西保節淮南教閲壯武江南教閲武雄荆湖路教閲
靜江兩浙教閲崇節福建教閲保節京東教閲忠果節
鎮馬步軍都指揮使遥領郡至長行不帶甲牢城兵士
自二十千至二千凡八等防團剌史州軍都指揮使至
長行自十三千至二千凡六等舊式無秦州定功及淮
南教閲壯武至京東教閲忠果即鎮自二十千至二千
七等餘數同澧復郢州就粮剩員并永城諸處剩員及

諸本城剩員指揮使至長行不帶甲自七千至二千凡
五等舊式同無郢州沿河東北面諸處勁勇等至祿州
散員指揮使員僚勁勇招收捉生報究慈州就粮招收
及景迹歸化定塞廣信安肅軍保州散員指揮使員僚
都指揮使至長行自十千至二千凡五等在京排岸司
管轄水軍奉化并廣牧及開封府界遞鋪指揮使至義
行自七千至二千凡四等軍器三庫至諸州馬監軍器
三庫軍器什物庫揀選衣甲器械庫弓箭庫左右騏驥
院天駟監天廄坊天坰監并諸州牧龍坊養馬務洺州
廣平監相州安陽監衛州淇水監管城原武監澶州鎮
寧監大名府大名監白馬靈昌監同州沙苑監西京洛

卷一萬三千七百十九

陽監鄆州東平監單鎮新賀馬監北京元城監定州定
武監真州府直定監高陽關高陽監太原府太原監指
揮使至長行工匠七千至二千凡五等舊式無原城監
至太原監數同歸化至揀充本指揮剩員歸化新立新
化順化新立順化剩員年老頓化并歸化并歸化揀充
本指揮剩員指揮使至長行千千至二千凡六等廣固
指揮使至剩員自七千至一千凡五等川陝武寧指揮
使至長行自二十千至四千凡五等諸路不教閲廂軍
京東奉化京西壯武河東旌猛河北崇勝淮南寧淮兩
浙雄節江南効勇荆湖宣節福建保節廣南清化川峽
克寧陝西保寧指揮使至長行自七千至二千凡三等

廣濟并新招水軍河清兵士及在京排岸司裝卸軍都
虞候至長行自七千至二千凡五等諸州忠烈至新立
逐州宣武諸州忠烈宣勇廳直散員傔直并真定府趙
懷衛州大名府忠烈宣勇內陳新立逐州宣武都虞候
至長行自八千至二千凡六等西京商號汝州採造務
至河陰窯務西京商號汝州採造務開山員傔兵士并
諸州採造務竊炭務採斫造船務裝發軍并三門務門
匠西京河陰窯務指揮使至長行自四千至一千凡四
等高陽關忠順指揮使至長行自四千至一千凡四等
饒池江建邛嘉梓雅興州鑄錢監指揮使至長行自五
千至二千凡四等兗州景靈宮太極觀雜役指揮使至

卷一萬三千七百十九

長行自十千至三千凡五等諸營曹司虞候獸醫剩員
斟子門子等各一千自歸化至此舊式數同陝西沿邊
等處守把防托功役弓箭手保毅軍寨户極邊鄜延環
慶兩路并鎮戎軍及原州柳泉鎮西壕新門平安等四
寨渭州德順軍隆德靜邊得勝水洛等五城寨秦州極
邊諸寨新定熙河弓箭手同此軍都指揮使至長行自
四千至三百文凡七等稍次近裏原州諸縣及新城開
邊截原等三寨渭州潘原縣安國耀武定州彪亭新寨
等五寨秦州稍次近裏城寨依此例若非次句抽極邊
使喚卽依極邊本例支給其秦州下番保毅不支軍都
指揮使至長行自三千至二百五十文凡七等近裏地

分經儀等州若非次勾抽在極邊或稍次近裏使喚即
依本例支給軍都指揮使至長行二千至二百文凡七
等陝西沿邊防秋見今上番義勇軍都指揮使至長行
自四千至三百文凡七等堂後官兼提點五房公事二
十五兩二十五匹堂後官十五兩十五匹中書職事主
事十匹十兩禮房錄事主書守當官各十匹祇應大禮
使司者自從本司例支守闕五疋私名二匹專行大禮
文字錄事主書守當守各十匹五兩守闕五匹私名二
匹大禮使司當後官加賜十匹五兩主事加賜五匹五
兩錄事十匹十五兩主書十五匹十兩崇文院孔目官
十五匹十兩編修院書庫官十匹十兩書表司十匹十

卷一萬三千八百十九

兩樞密院職掌主事并守闕各十匹十兩禮房主行南
郊司令史書令史各十匹新定加五兩正名貼房五匹
守闕貼房私名貼房三匹三司置司行遣排辦職級前
後行共錢二百千新定留一百七十三貫充支以二十
七貫充將作監押司官等提點閤門承受殿直已上五
十兩供奉已上加二十匹本色色衣三件閤門承受十
一人共絹二十匹行首銀十四兩加綠袍衣服又定承
受七人共二十匹舊式除行首並如今數御史臺引贊
至知班共絹二十匹大常禮院抽差出職禮直官六十
匹大常禮院禮直官至歸司禮生五十匹至十匹爲差
舊式太常禮直官并寺監職掌金吾勘箭官皇城司勘

契聲贊親事官六軍司鹵簿儀仗司職掌騏驥院教坊
部書色長二舞教頭自五十匹至一匹凡八等御書院
御書祇候至庫子自二匹八百文至錢二千為差前行
加旋襴凡加衣服仍隨本色御藥院自藥童副指揮使
至裹幞頭帽子祇應自二兩五匹至二定二千為差除
押司官已下及供御造裹人並加旋襴翰林醫官院手
分一疋一千加旋襴翰林圖畫院祇候至滌除自二千
至一千一匹為差庫子加旋襴滌除加旋襴綿褌頭巾
麻鞋大宗正司勾押官至前後行自二兩一千至一兩
一千凡二等並加旋襴兩內侍省前後行至帖司自二
匹至一千為差皇城司親從指揮使至長行自十匹十

卷一萬三千七百十九

千至三匹四千凡六等都下都頭至營門子自五匹五
千至一匹一千凡五等親事官指揮使至軍醫入自十
匹十千至一匹一千凡十一等入內院子指揮使至營
門子自十匹十千至一匹一千凡九等本司勾押押司
官至贊聲親事官自二兩一千至二匹為差勾押至守
闕曹司並加旋襴行宮司押司官至帖司自六匹至五
千凡三等除貼司並加旋襴御前忠佐軍頭引見司勾
押官至軍大醫人自三匹三千至二匹二千凡三等內東
門司押司官至曹司自三匹二千至一匹二千凡三等
僉曹司並加旋襴入內內侍省合同憑由司前後行各
一兩一千加旋襴都大提舉管勾斷勾押管至守闕前

行自十匹至五匹凡三等都大管勾大內公事所押司
官至貼司自七匹至五千凡四等提點管勾頒遞所後
行五匹諸司人騏驥院教馬官差赴大僕寺祇應六軍
儀仗司排仗通直官教坊二舞部轄色長差赴太常寺
祇應太常寺修製粤知官都知等各五匹六軍儀仗司
排仗大將太常寺掌祭器都知儀仗使司簽勾官行遣
手分催驅職掌教坊二舞教頭差赴太常寺祇應各三
匹六軍儀仗司喝探頭節級太常寺兩局令丞正副院
官錄事排列引樂官都知登歌官架色長供官職事掌
府典史副知驅使官鹵簿橋道頓遞使行遣手分太僕
寺中書省職掌各二匹司天監剋擇官禮生天文院節

卷一萬三千七百十九

級鐘鼓院挈壺正節級直官測驗渾儀所節級監生學
生翰林天文院節級監生學生禮生太常寺修製副知
各二千左右街司職掌排列官節級長行左右金吾仗
司職掌引車駕排列官都押衙十將副將節級長行太
常寺諸色樂工引文武舞郎教坊差赴太僕寺祇應羊
車下童子司天監天文鐘鼓院監生學生守闕學生各
一千文思院金明池雜役綾錦院駝坊東西窰務軍營
致遠務四園苑牛羊司作坊料物庫西內染院右都廂
候至押司官自五兩五千至一兩一千凡五等軍頭至
軍醫雜役各一千內西窰務小分五百文中書樞密使
宣徽院大程官內酒坊都頭副都頭羣牧司左右騏驥

院裁造院弓弩院内香藥外物料庫軍器什物鞍轡尚
衣祇候内藏左藏南北弓箭庫内酒坊軍器衣甲弓槍
弩箭庫左右天廐坊左右天駟監管勾往來國信所編
揀添修弓弩所專管折剥變轉不堪弓弩所專一監造
弩椿所專副勾押押司官東西作坊專副勾押官各二
兩一千布庫雜物庫下界都茶庫油醋庫皮角庫皮場
大通戍豊門東西水磨務雜買務東西八作司事材場
竹木務宣德門太廟南郊家事庫南郊板木庫雜物庫
上界修内司左京都大管勾街道司右專副至杖直庫
子節級等自一兩一千至一千凡二等内香業庫内外
物料庫鞍轡庫尚衣庫祇候庫太廟祭器庫内藏庫左

卷一萬三千七百十九

藏庫南北庫内酒坊自十將至杖直左右騏驥院弓弩
院軍器衣甲弓槍弩劍箭庫軍器什物庫左右天廐坊
左右天駟監自前後行至剩員押營東西作坊押司官
至虞候管勾往來國信所編揀添修弓弩所專管折剥
變轉不堪弓弩所專一監造弩椿所前後行手分學士
院院子都大提點内弓箭軍器等庫所押司官前後行
羣牧司前後通引官虞候提點在京四園苑司手分集
禧觀法從庫前後行手分庫子醴泉觀前後行宜春苑
隨龍養老副指揮使鈐轄鈞容直所曹司各一兩一千
崇政殿御弓箭庫曹司慈孝寺專副各一匹一千都監
院兵士各一千水井務兵士各三千舊式諸司於南郊

事有創應自都虞候至諸司庫務專副押司官職掌自
五千兩至一兩一千凡七等八作司專知勾押官尚衣
庫祇候至諸司長行工匠雜役自二千至一千凡三等
羣牧司牧養監賣馬務指揮使至長行自二兩三千至
一兩一千凡四等中書樞密宣徽院大程官都頭至長
行自二兩一千至一兩一千凡二等司天職掌禮生供
官並進牌直官及羊車童子節級金吾衛司太常教坊
少府雜供應職掌自二千至一千凡六等御輦院虞候
至知糧曹司自十匹十五千至一匹一千車子院十將
將虞候自二匹一千至一千爲差除曹司並加旋襴新
定車子軍使使三匹四十副兵馬使三匹三千裁造院

卷一萬三千七百十九

額外副指揮使至副都頭自二兩二千至一兩二千凡
二等儀鸞司指揮使至小分看城壕自七匹七千至一
匹一千凡七等各加旋襴翰林司指揮使至長行自七
匹七千至一匹一千凡七等專副勾押官二匹二千各
加旋襴御厨指揮使至雜役兵士自七匹十千至一匹
一千凡六等專副勾押官前後行各二匹三千各加旋
襴法酒庫軍使至副都頭自三匹二千至二兩一千凡
四等内軍使十將將虞候節級酒炊匠長行並加旋襴
鞍轡庫指揮使副都頭自三兩二千至二兩一千凡二
等太廟祭器專知官尚衣庫供御裹匠人各二兩二千
後苑御弓箭庫曹司至招到工匠自一兩一千至一千

凡三等曹司加旋欄朝服法物庫專副至曹司自二兩二千至一兩二千凡二等新定給納專副至不給納庫子自一兩五千至一兩二千凡五等奉宸庫專副至庫子自二匹二千至一千凡四等除節級庫子並加旋欄後苑東門藥庫節級至手分以三千五百與一兩爲差内弓箭庫給納庫專副及副指揮使至不給納小分長行自十千至一兩一千凡十二等内弓箭南内外庫專副及指揮使至小分自七千至一兩一千凡七等柴炭庫專副各一兩一千手分秤庫子各一千養象所廣德將虞候至小分自三千至一千凡二等後苑造作所正副指揮使至秤子自七千至一千凡四等均押官前後

卷一萬三千七百九

加旋欄後苑化成殿專副至副都頭各一兩一千專副前後行曹司加旋欄景靈宮宮司前後行至庫子自三匹至一兩一千凡四等前後行加旋欄慶寧延福宮前後行書司至副知自一兩一千五百至一千凡四等專副前後行各加旋欄廣聖宮前後行至庫子自一兩一千五百至一匹二千凡二等前後行加旋欄龍圖天章寶文閣前後行至庫子自三匹二千至一兩一千凡四等前後行加旋欄資善堂前後行至節級自二匹一千至一匹一千凡二等牧養監指揮使至剩員自二兩三千至一兩一千凡四等奉先資福禪院慶基殿等所曹司一兩一千加旋欄祇候班獸醫肉柴炭庫子手分各

以上複

以下襍賜

赦

南郊赦

一千三館秘閣庫子至工匠自二匹八百文至三千凡二等舊式入内内侍省内東門皇城司共別支錢二萬七千餘貫銀八千餘兩絹萬七千餘匹衣物四千餘件充回賜皇城翰林儀鸞司御廚御輦院等處祗應人恩賞

真宗大中祥符元年東封詔東京留守已下令賜節料並令留司就賜其行在羣從官當賜物者俟還京併賜之二年祀汾陰如此例　大中祥符元年十一月詔節度觀察防禦團練使刺史因東封爲諸州駐泊總管鈐轄者並賜襲衣金帶器幣　孝宗淳熙三年十一月十一日南郊赦應文武陞朝官以上致仕者等第賜束帛

卷一萬三千七百十九

羊酒六年九年明堂赦同　乾道九年十月十九日詔郊祀大禮殿前司差充代諸班直并執擎儀仗駁巷使臣效用特與依乾道六年例犒設一次　光宗紹熙二年十二月二十七日南郊赦應士庶婦人年九十以上與依格給賜束帛不得追擾仍仰監司覺察同日赦應内外馬步諸軍將士各等第支賜賞給同日詔馬軍行司官兵連日排立可依淳熙十二年郊祀大禮體例使臣各特支三貫効用軍兵各支二貫令戶部支給　寧宗嘉泰三年十一月十一日南郊赦文應見任及致仕文武官并諸軍將校合加恩者並與加恩應内外馬步諸軍將士各等第支賜賞給以後明堂赦並同

高宗紹興七年九月二十二日明堂赦應文武陞朝官以上致仕者賜粟帛羊酒有差內曾任太中大夫觀察使以上官仍從優異赦應士庶男子婦人九十以上者遞加恩錫仍令戶部勘會則例疾速下所在州縣就賜無或呼名以致煩勞　孝宗乾道元年正月一日大禮赦應士庶男子婦人年九十以上與依格給賜束帛等令戶部速下所在州縣就賜不得追擾仍仰監司檢察具獻賜過人數物色各件以聞　光宗紹熙五年九月十四日明堂赦應內外馬步諸軍將士各等第支賜賞給以後南郊明堂赦並同

太祖建隆元年二月長春節賜群臣衣各一襲

卷一萬三千七百十九

郊祀恭謝

真宗大中祥符五年十月二十四日戊午天尊降延恩殿後四日帝謂宰臣曰朕欲諸宮觀焚香以申恭謝遂以二十八日幸上清宮景德寺玉清昭應宮閏十月十九日壬午詔以十一月三日於朝元殿恭謝玉皇二十四日內出薦饗玉皇大帝聖祖天尊太祖太宗配饗樂章總十六曲文舞曰發祥流慶武舞曰降真觀德祥定所言朝元殿恭謝前二日當先告配帝今祥定告聖祖于玉清昭應宮本殿告太祖太宗于太廟本室其日太宗南郊配座奏告請改用質明從之二十九日癸巳奉天書于文德殿行酌獻之禮十一月三日丙申五鼓奉

卷五十五百三

天書於朝元殿服通天絳紗乘步輦至殿門外大次改服袞冕行事殿上北設玉皇位聖祖配座在東太祖太宗在西以相王元偓舒王元偁為亞終獻羣臣詣崇德殿稱賀賜百官福酒帝作朝謝玉皇觀二鶴神在詩三首近臣畢賀六年八月一日庚申內出御札曰朕以眇躬纘茲大寶荷降康于穹壤膺錫類于祖宗明發之心帶增于勵翼大同之俗獲固于隆平蓋積累之善祥豈涼薄之能致而自欽承瑞命祇奉元符陟東岱而上封款汾脽而大報再臨鞏洛躬祀彼園天監孔章民和旁洽既太宮之歸格乃宣室而凝神屬以上真薦迴嘉貺洪維寶緒然悟于有開後念休期肇隆于無斁故將協

眷春序卜勝神畢恭建坛壝親謝天地彼淌之道既奉于蕭薌在國之陽復薦于圭幣朕以來年春親詣亳州大清宮行朝謁之禮先于東京置壇迴日恭謝天地一如南郊之制其後惟奠玉幣奏萬國朝天之曲亞獻終獻奏平晉之曲餘儀節神位並如南郊之禮　九月戊辰司天監言恭謝天地壇宜于城東汴陽鄉同樂村擇地告從之　十一月九日詔恭謝天地壇青城役卒方在嚴冬尚開野次可給官舍居之　七年正月十三日庚子禮儀院言恭謝壇昊天上帝皇地祇配帝五方帝日月神州天皇地祇及內官五十四中官百三十九外官百六嶽鎮海瀆十八請並供制幣各如方色自今皇

卷五十五首三　二

帝親郊悉用此例又准禮例仲春祀九宮貴神緣已與恭謝天地同日祭于本壇祭不欲數請罷常祀並從之　二月十三日己巳具鹵簿詣昭應宮宿于景禧殿翌日庚午帝服袞冕詣太初明慶殿薦獻又詣二聖殿畢改服通天絳紗袍乘玉輅赴太廟十五日辛未朝享十六日壬申奉天書升壇恭謝天地祖宗並配司天言慶雲繞日祥風襲壇還御乾元門肆赦十七日賜從祀官襲金犀帶鞍馬器幣有差帝作恭謝天地禮成詩賜近臣　九年五月一日內出御札曰朕獲以菲德夙紹慶基法前王昭事之心荷元昊惟新之命秘圖申錫靈祲鴻均封事紹修誠明響答遺仙宗之降格示寶系之綿長

錫祚蕃滋翔祥紛沓爰于前歲特發精虔式瞻霄極之尊虔上帝尊之號仍期奉冊別擇吉年屬鳴律之再更累逾衣而有得今以來歲元日適叶上帝顧同億兆之誠共薦寅崇之稱信辭真迹遐懈于躬親金簡玉文庶垂于永久舉冠絕希行之事報高明洪覆之恩謹以來年正月十一日有事于南郊行恭謝之禮諸軍賞賜並以內藏物充三司勿證從諸路錢帛諸州府軍監無得以修貢助祭為名輒有率斂務從簡約無亟煩勞凡百有司各供其職　十二月九日禮儀院言來年正月恭謝南郊其祀感生帝望權停從之　天禧元年正月十十日辛亥有事南郊行恭謝禮御乾元門肆赦改元壬

卷五十五首五　三

子作七言詩近臣咸和乙卯詣玉清昭應宮恭謝姜殊獻頌　三年十一月辛未郊祀丁丑詣昭應宮行恭謝之禮己卯作大禮慶成五言詩　仁宗天聖五年十一月十七日親郊二十四日以郊祀禮畢恭謝玉清昭應宮啓聖禪院會靈觀祥源觀自是禮成恭謝又幸景靈宮慈孝寺相國寺興國寺率如儀　明道元年十月二十三日詔以十一月六日于天安殿恭謝天地次詣太廟恭謝先是八月十三日大內火由是修宮室成行恭謝禮　二十二日太常禮院請備大駕鹵簿乘輅百官前日宿朝堂其日遣官奏告從之　十一月五日癸酉帝齋于崇政殿翌日甲戌天安殿上設昊天上帝皇地

祇位奉太祖太宗配祭歌宮縣五鼓帝服衮冕行恭謝
之禮以皇兄安德軍節度使允升攝左領軍衛上將軍
蔣國公爲亞獻保静軍節度觀察留後允寧攝右領軍
衛上將軍莒國公爲三獻禮成備大駕玉輅詣太廟禮
畢輦還御正陽門肆赦改元　嘉祐元年五月三日甲
辰內出御札曰執圭璧以事神嚴祖宗而配帝雖有國
之常典亦因時而制宜朕承累聖之丕基撫萬邦之有
衆儉于已思天下之民豐影于心致天下之民逸罔敢
悠忽庶幾治平而首春以來眇躬與調適賴三靈敷佑
百福來臻順以節宣投茲康裕加以邊隅不聳風雨以
時顧庶物之並蕃在眇躬之何力是用稽先朝之成憲
詢故實於有司卽廣殿之祗嚴擇令辰之嘉吉式伸昭
卷五千五百三
四
謝以格靈休宜丞先期俾茲誕告朕取今年九月內於
大慶殿行恭謝之禮權罷冬至親祀南郊其賞給並如
南郊例施行至日朕御宣德門宣敕仍令所司詳定儀
注以聞　十二日太常禮院言擇九月十三日恭謝在
京宮觀祠廟依例差官奏告從之　七月三日太常禮
院言按明道元年天安殿恭謝設太祖宗宗配位皇祐
五年詔南郊三聖並侑今請大慶殿設昊天上帝皇地
祇位以太祖太宗真宗並侑仍前一日饗太廟詔恭依
八月十五日內出御製恭謝樂章下太常肄習之　十
六日宰臣文彥博等上表請罷恭謝前一日謁太廟長

三上從之詔將來特遣大臣詣宗廟攝事　二十三日
太常禮院言恭謝請如明堂故事用鸞駕儀仗從之
二十八日詔太常恭恭謝日用舊樂　九月一日閤門
言將來行恭謝出入文德殿依舊例並契勘從之　七
日詔將來恭謝九月十日內殿致齋十一日文德殿宿
齋其陪臣內殿崇班以上自九日宿齋供奉官以下十
一日宿齋九日百官宿齋于朝堂十日帝齋于內殿十
一日齋于文德殿命宰臣富弼攝事於太廟樞密副使
田況攝事於皇后程戩攝事于奉慈廟十二日恭謝天
地天大慶殿以皇兄寧國軍節度使同平章事北海郡
王允弼攝左衛上將軍允亞獻奉寧軍節度使同平章
卷五千五百三
五
事華原郡王允良攝右衛上將軍允三獻先是命汝南
郡王允亞獻以疾辭改命允良禮成御宣德門肆赦改
元　神宗熙寧元年十二月二日詔南郊禮畢更不詣
諸神御恭謝止命兩府近臣分詣逐處焚香　七年十
二月十二日詣太平興國寺啓聖院萬壽觀神御恭謝
十三日又詣慈孝寺神御殿十四日逐幸集禧醴泉觀
大相國寺　十年十二月十三日詣太平興國寺啓聖
院萬壽觀神御殿十四日詣慈孝寺神御殿恭謝逐幸
中太一宮集禧觀大相國寺　元豐五年二月十七日
詳定編修諸司敕式所言國家大禮曰南郊曰明堂曰
祫饗曰恭謝曰藉田上廟號今若止以明堂祫享南郊

三事共爲大禮式則恐包舉未盡兼明堂祫享南郊難以并合一名須用舊文離修爲式恭謝籍田歷年不講諸司業檢散亡今若此類大禮斟酌修定又緣典禮至重品式或有未具則奉行之際恐致蕨闕牴牾以此未敢修擬詔恭謝籍田據文字可推考者修定　六年十一月十四日詔南郊禮畢以十八日詣景靈宮行恭謝禮每恭謝皆分二日第二日仍宣從臣賜酒五行是日中書省言郊前二日皇帝已詣景靈宮天興殿聖祖位朝獻今來恭謝赴興不赴行禮詔赴行禮二十五日以南郊禮畢詣景靈宮行恭謝禮二十六日仍詣萬壽觀凝祥池中太一宮集禧觀大相國寺　哲宗元符元年

卷五十五百三二　六

十一月二十六日二十七日以南郊禮畢詣景靈宮行恭謝禮二十八日詣上清儲祥宮徽宗建中靖國元年十二月十三日詔南郊禮畢依故事遣宰臣韓忠彥等分詣寺觀景靈宮恭謝時在欽聖憲肅皇后小祥内故也大觀四年九月二十二日至二十四日以冬祀禮成恭謝于景靈宮西宮十一月二十日詔南郊禮畢以二十三日二十四日詣景靈東宮二十五日詣西宮行恭謝禮　十二月一日詔依令格差入内使臣於在京宮觀祠廟焚香仍令添詣太清儲慶宮九成宮誠感殿龍德殿宗寧萬壽觀文昭廟　政和三年十一月十日詔南郊大禮畢以十六日詣景靈東宮十七日詣西宮

行恭謝禮廿〔是〕日恭謝除景靈宮外有慶壽崇因閣感慈塔上清儲祥宮未曾臨幸以見今道路積雪泥濘可令宰相執政官焚香時太師魯國公蔡京少師太宰兼門下侍郎何執中知樞密院鄭居中分詣　二十七日詔冬祀禮畢恭謝燒香除景靈宮行禮畢外有慶壽崇因閣感慈塔上清儲祥宮未曾臨幸以見今道路積雪泥濘可令宰臣執政分詣燒香候來春擇日駕幸　六年十一月二十五日以冬祀大禮畢詣景靈〔宮〕東宮恭謝二十六日駕詣景靈西宮恭謝次詣陽德觀醴泉觀仍徧詣凝祥池中太乙宮佑神觀上清儲祥宮行禮宣臣僚對御作樂賜酒五行　八年十二月八日九日以南

卷五千五百三

郊禮畢詣景靈東西宮行恭謝禮　宣和元年十一月二十七日二十八日以南郊禮畢詣景靈東西宮行恭謝之禮　四年十一月二十六日至二十九日以南郊禮畢詣景靈東西宮行恭謝禮　七年十二月八日九日以南郊禮畢詣景靈東西宮行恭謝禮　高宗建炎元年五月六日車駕詣鴻慶宮恭謝上睠禮祖宗神御大慟羣臣皆哭上即位親行禮焉

宋會要 郊祀 恭謝

紹興二十五年十二月十二日御史臺言郊祀禮畢車駕詣景靈宮太一宮行恭謝燒香之禮舊例在京恭謝陪位立班係用正任刺史以上及御史大夫中丞六曹尚書侍郎左右散騎常侍給事中中書舍人左右諫議大夫起居郎起居舍人開封尹兼權同太常宗正卿秘書監侍御史赴陪位立班外所釐務通直郎以上及行在寺監主簿承務郎以上職事官更不告集赴從之

十二月十六日上詣太一宮恭謝燒香先是太常寺言郊祀禮畢依故事合詣太一宮行恭謝燒香之禮至是進呈上曰兼對御賜茶酒禮例亦可檢舉其後並同此

禮　卷五千五百三

宋會要 郊祀 乾道元年

乾道元年詔十八十九日以郊祀畢詣景靈宮行恭謝禮次日詣太一宮恭謝燒香權免對御其禮畢賜花駕回作樂并陪位立班官並如紹興禮例施行其權免對御三年六年並如之

卷五千五百三

宋會要 郊祀 乾道元年正月
十八日詔以恭謝值雨令别擇日 二十一日 二十二日
上詣景靈宮行恭謝禮 二十三日 太一宮恭謝燒香以
值雨令宰執分詣

卷五千五百三

宋會要 親郊錄冊
真宗景德三年八月九日詳定所又請造正座玉冊玉
匱一副配座玉冊金匱二副及金繩金泥如禪祭社首
之制其配座金匱通禮藏於太廟袷室欲依東封例更
不鑿動壁廟只依尊諡冊寶置神座之側又祀禮畢封
玉冊匱於廟中伏緣前代封禪之外别無祠宇内封玉
冊制度今詳所用石匱并蓋三層方廣五尺下層高二
尺上開牙縫一周濶四寸深五寸中容玉匱處長一尺
六寸闊一尺又南北刻金繩道三周各相去五寸每鞘
金繩處闊一寸深五分上層厚一尺仍於上面四角更
刻牙縫長八寸深四寸每繫金繩處深四寸方三寸五

卷五千四百五十七

分容天下同文之寶先就廟庭規度為掐深五尺闊容
石匱及封固之人先以金繩三道南北絡石匱候祀畢
封玉匱訖中書侍郎奉匱至廟與太尉同置匱石中將
作監加上層蓋訖繫金繩三道畢各填以石泥印以天
下同文之寶印畢皇帝省視後將作監率執事吏加蓋
頂石蓋然後以土封固如法上為小壇如方丘狀詔可
仍命直史館劉鍇攝將作監與入内殿頭郝昭信同領
其事又命三省押當玉冊金玉匱朱允中援護入内供
奉官楊懷玉與判門下省官押當受命寶　初命制置
使定置石匱方位堯叟等據翰林天文邢中和等議置
前殿西閣近北壬地吉或從殿内西閣午地安置亦吉

既而禮儀使丞欽若請依儀注於前殿欄楯之下皇帝
板位之西奉安石匱以藏玉冊詔堯叟覆議請依欽若
所定禮官詳定亦請如堯叟議於正殿直南安置仍別
設欄檻遮護劉鍇又請依東封例增差石匠二十人又
言封固石匱將作監率執事者更加盝頂石蓋然後用
土封固上而壇如方丘之狀若只用土恐未如法欲先
用磚砌後以土封固又小壇元無方廣制度請廣厚皆
五尺飾如丘壇

卷五千四百五十七

宋會要

徽宗崇寧中命鑄景鐘凡親祠用之立於宮架中以維
君惟天子自齋宮詣壇則擊之以召至陽之氣既至聲
閟眾樂乃作禮畢升輦則又擊之至齋宮而止遂為定
制

宋會要

政和四年五月一日禮制局奏每歲夏祭皇地祇及配
位各用冰鑑一今親祀正當暑月所設酒醴牲牢禮料
甚眾欲添置冰鑑四十一正配每位各六第二成從祀
二十九位各一從之

卷五千四百五十七

郊祀祝詞

全唐文

宋會要

眞宗祀汾陰后土冊文曰維大中祥符四年歲次辛亥二月乙巳朔十七日辛酉嗣天子臣某敢昭告于后土地祇恭惟位配穹昊化敷品彙瞻言汾壤是宅景靈備禮覲祠抑惟令典肇啓皇宋混一方輿祖禰紹隆承平茲久眇躬纘嗣勵翼靡遑厚德資生緜區允穆清寧孚祐載履豪休申錫寶符震以珍物虔遵時邁已建天封明察禮均有所未荅櫛沐祇事用致其恭夷夏駿奔壇牲以薦肅然鄰上對越坤元式祈年豐楙昭政本兆民樂育百福蕃滋介祉無疆敢忘祇畏恭以琮幣犧牲粢盛庶品備茲瘞禮皇伯考太祖皇帝皇考太宗皇帝侑神作主尚饗

卷五千四百七十二

全唐文

宋會要　郊祀神位

太宗淳化二年二月八日吏部侍郎兼秘書監李至言伏見立春祀青帝舊以句芒配令以金提氏及句芒配按令式及開寶禮無金提配食之文伏請止以句芒配詔太常禮院參議既而上言曰禮經並無金提氏並配惟祭歷代帝王舊典有金提句芒二神配太昊伏犧氏廟亦猶風后力牧后土俱配軒轅廟其土王祀黃帝止以后土從祭令請祀青帝日去金提配座祭歷代帝王仍舊兼配從之

宋會要

卷五千四百五十三

金唐文

宋會要　郊祀神位

四年十月六日己未詳定郊廟奉祀禮文所言禮運曰
地秉陰播五行於四時五行者天地之間至大之物萬
物之所以生成故有帝以為之主有神以為之佐周禮
小宗伯兆五帝於四郊大宗伯青圭禮東方赤璋禮南
方白琥禮西方黝璜禮北方此五行之帝也左氏傳曰
木正曰勾芒火正曰祝融金正曰蓐收水正曰玄冥土
正曰后土月令曰孟冬之月其神勾芒孟夏之月其神
祝融季夏之月其神后土孟秋之月其神蓐收孟冬之
月其神玄冥周禮曰血祭五祀此五行之禮也祭天以
卷五千四百五十三　一
天從故祀昊天上帝則五帝從於南郊祭地以地從故
祀地祇則五神宜從於北郊五神地類也故曰地秉陰
播五行於四時漢舊儀祠五祀五行官也梁武帝南北
郊皆祀五行之神故許亨以謂五帝主五行隸於地為
陰祀位在北郊是也近世大雩五時迎氣以五人神配
而不設五行之神是遺其大而取其小也伏請祭地祇
以五行之神從以五人神配用血祭從之崇慶元年八
月二十四日禮部尚書黄裳言南郊壇十二龕壝中布
列從享星位具載其名凡三百三十有八至於北郊第
以嶽鎮海瀆山林川澤丘陵墳衍原隰之目別以四方
寘于成壝而不列其名雖從享于祇莫非山澤而何者

宋恪令兹講行北郊大禮尚未論著是為闕典欲乞令
太常寺丞陳暘考其名位取其可以從享者詳具以聞
列于成壝從之　二年十一月十七日禮部員外郎陳
暘奏臣聞天一與地六合而生水於北其神玄冥地二
與天七合而生火於南其神祝融天三與地八合而生
木於東其神勾芒地四與天九合而生金於西其神蓐
收天五與地十合而生土於中其神后土蓋地秉陰氣
播五行於四時當有帝以為之主必有神以為之佐也
五行之帝既從享於南郊第一成則五行之神亦當列
於北郊第一成矣上辛大雩帝及五時迎氣並以五人
神配而不設五行之神是取小而遺大也神宗皇帝嘗
卷五千四百五十三　二
詔地示之祭以五行之神從享以五人神配然尚列嶽
鎮海瀆之間臣今欲陞之第一成又言地示之祭先儒
之說有二或繫於神州皆無所經見惟爾雅曰西北之
美者有崑崙之球琳琅玕焉河圖括象曰崑崙東南萬
五千里曰神州是崑崙不過域於西北神州不過域於
東南也神宗皇帝嘗詔禮官討論北郊祀典位崑崙於
方丘第一成之西北位神州於第一成之東南而其上
設地示位焉崑崙神州之說雖出不經然古人有其舉
之莫敢廢也特降於從享之列爾欲望推明神考詔旨
列崑崙神州於從享之位又言三代而上山川之神有
望秩之祭故五嶽之秩視三公四瀆之秩視諸侯五嶽

不視僕而視公猶未極乎推崇之禮聖朝始帝五嶽而王四瀆竊惟天莫尊於上帝而五方帝次之地莫尊於大示五嶽帝次之神宗皇帝親祠上帝於南郊而五方帝列於第一成然則五嶽帝其可尚與四鎮海瀆而並列乎今欲陞之於第一成並從之

宋會要

政和四年三月一日禮制局言崇寧祀儀崑崙地祇設位於壇之第一成其說出於鄭康成盖康成以崑崙地祇為皇地祇既皇地祇位於壇上則崑崙地祇一位不當重設崇寧四年有司講明已知其非乃復列於西方衆山之首然既有西山位則崑崙在其中矣欲乞除去

卷五千四百五十三　三

從之又言先依崇寧祀儀定方壇神位謹按皇地祇北向盖取荅陰之義故陽祀降神升煙於壇其位在丙以陽祀皆南向故也陰祀降神瘞血於坎其位在壬以陰祀皆北向故也若皇地祇南向則降神在神位之後與陽祀不類歷代沿襲並設南北之位非所謂荅陰也元豐紹聖修定儀注有失釐正今新壇亦於午陛設小次望賜裁定詔設神位北向於北面設小次高宗紹興十三年二月十二日權禮部侍郎王賞言若依五禮新儀冬日祀昊天上帝合稱冬祀大禮合設昊天上帝位太祖皇帝配并從祀共六百九十位若依元豐已前祖宗朝禮例於冬日至就圜壇合祭天地合稱郊祀大禮合設昊天上帝皇地祇位太祖皇帝太宗皇帝配并從祀共七百七十一位所有將來大禮未審行冬祀大禮唯復行郊祀大禮詔行郊祀大禮

宋會要

神宗熙寧四年二月十八日太常禮院言三司乞織造圜壇地衣準詔檢詳典禮以聞今檢到前後典禮并南郊一行儀制即無地衣制度詔圜壇無用地衣　徽宗大觀四年四月二十八日儀禮司局又言祭法曰燔柴於泰壇祭天也瘞埋於泰折祭地也諸儒皆以謂祭天即南郊所祀感生之帝祭地即北郊所祭神州之神歷代崇奉以為天地大祠故席以藁秸其儀必與昊天上帝皇地祇等從之

卷五千四百五十四　四

續宋會要 郊祀神位

光宗紹熙二年八月十四日詔將來郊祀大禮鋪設高宗皇帝御書天地宗廟神位等自今後依禮部祀冊儀範體例迎引赴圜壇太史局條具一圜壇上鋪設御書昊天上帝皇地祇太祖皇帝太宗皇帝神位四位並係朱紅漆腰擧匣罩見在文思院雅飾每位製造迎引朱紅漆獻案一隻銅麻爐花瓶一副羅帛花二十枝點照神位朱漆紅紗燭籠四隻黃絹夾燭籠袋四箇一圜壇十二階龕鋪設上下從祀神位黑腰擧匣共十有二每匣朱紅紗黃夾袋燭籠各二一抬擧御書天地祖宗神位四位乞差抬擧每位天武官八人抬獻案打燭籠每位天武官各四人十二階龕從祀神位腰擧匣一十二每匣乞差打燭籠天武官二人以上共八十八人乞下殿前司前兩月差撥赴局人各製武弁冠緋羅寶花袍白抹帶一撥衛喝引神位合差衛司三十二人乞下金吾街仗司牒步軍司差撥內三十八人衣製如天武官外給黑漆杖子一條將校二人乞製平巾幘紫羅寶花袍銅革帶錦騰蛇二件儀刀二柄其冠幘袍帶等乞下文思院依法製造一今來增置前項抬擧神位獻案燭籠天武官乞破敕入壇殿號八十八道撥衛喝引三十二人乞破黃方號三十二道一圜壇十二階龕合用從祀

卷五千四百五十三

一

在天諸星神位係一十二腰擧匣太廟七祀軟門九宮貴神太社太稷四腰擧匣每一腰擧舊例軍兵四人共用軍兵六十四人管押二人本局依例於殿前步軍司差到七十人除抬擧神位外有四人空閑欲祗備抬擧軍兵不測病患一將來郊祀迎引天地祖宗神位等合用點燭和香乞下兩浙轉運司應辦一天地祖宗神位及從祀神位等至圜壇乞令儀鸞司預行高大絞縛幕屋五間以俟至期安奉神位禮部太常寺看詳內朱紅漆獻案止合添造一隻銅麻爐花瓶止添造一副羅帛花止添造二十枝其抬擧人照合用數裁減餘欲並從所申事理施行詔依禮部太常寺看詳到事理施行

二

寧宗嘉泰三年九月二十五日增太子星庶子星宋星感生帝四神位以張宏圖進南郊辦駁從其言也

卷五千四百五十三

郊祀神位議論

宋會要

神宗元豐元年十一月五日詳定郊廟奉祀禮文所言臣等見親祠南郊儀注並云祀前三日儀鸞司鋪御座黃道褥謹按唐故事郊壇宮廟內壝及殿庭天子步武所及皆設黃道褥壇上立位又施赤黃褥將有事命撤之武德貞觀之制用紫至德以來用黃開元禮開寶通禮郊廟並不設黃道褥太常因革禮曰舊制皇帝升壇以褥藉地象天黃道太祖命撤之設拜於地和峴乞宣付史館天聖二年儀注又增設郊禮壇壝門道北御座黃道褥康定初有司建議謂配帝褥用緋以示損於天地而自小次之前至壇上請位其道褥以黃蓋非典禮是歲有詔自小次至壇下撤黃道臣等伏詳禮記郊祭之日汜埽反道鄭氏注謂剗令新土在上也其藉神席天地尚質則用蒲越藁鞂宗廟尚文則設莞筵紛純加繅席畫純加次席黼純而已天子受胙乃有席周禮司几筵所謂胙席是也今來郊壇黃道褥欲更不設

卷五千四百五十四

五

全唐文

宋會要

郊祀配侑

太宗即位七祭並以宣祖太祖更配太平興國三年親行郊祀始奉太祖升侑　九年禮儀使扈蒙建議引孝經嚴父配天之義請以宣祖配圜丘太祖配大饗是冬罷封禪祀南郊遂行其礼（太祖受周禪追尊四廟親郊以宣祖配天及太宗即位祀官以為舜郊嚳商郊冥周郊后稷王業因之而興也若漢高之太公光武之南頓雖有帝父之尊而無預配天之祭故自再郊並以太祖配天於礼為允及將東封召蒙定礼儀乃奏此議時論非之）淳化四年正月庚寅朔親享五室辛卯合祭天地於圜丘以宣祖太祖升配　真宗至道三年十一月時真宗已即位有司上言冬至祀圜丘孟夏雩祀夏至祭方丘請奉太

卷五千四百五十五　一

宗配上辛祈穀季秋大饗明堂奉太祖配上辛祀感帝孟冬祀神州地祇奉宣祖配其親郊圜丘奉太祖太宗並配詔可　咸平二年十一月丙戌合祭天地於圜丘以太祖太宗配　天禧元年正月十一日奉天書合祭天地於南郊以太祖太宗並配　仁宗乾興元年真宗崩六月詔礼官定遷郊祀配帝乃請孟春上辛祈穀孟冬祭神州地祇以太祖配孟夏雩祀冬至祀昊天上帝夏至祭皇地祇以太宗崇配上辛祀感生帝以宣祖配皇帝親祀郊丘以太祖太宗崇配奏可　景祐二年五月一日詔王者奉宗廟貴功德禋天祀地則有侑神主之尊審諦合食則有百世不遷之重朕以寡昧獲承天

序實賴先烈迄臻治平懼不能揚祖宗之丕休斷前人之懿鑠夙夜惟念弗遑寧居恭以太祖皇帝奮淳耀之精輯樂推之運屬五代屯否中華剖裂英威一震罔不率俾剪僭黜暴皇綱再張革其桀驁納諸軌度規摹閎遠詒萬世法太宗皇帝躬上聖之資膺繼及之運來闓粤復汾晉方夏一統尉候萬里興文教拔羣才思皇政經憂勞庶務惠澤漸漬浹人骨髓真宗皇帝欽明孝熙恢纘鴻緒勤儉以率下哀矜以慎刑撫和二邊兵不復用民靡知役物遂其生因時昭泰憲章考古登封巡祭聲明焯耀享國多載仁恩溥博昔商周之際則長發大禘嚴父配天逮於漢氏亦能尊二宗立廟樂朕甚慕之

卷五千四百五十五　二

肆我藝祖之受天命建大業可謂有功矣二聖繼統重熙累洽可謂有德矣其令礼官稽按典籍辯崇配之序定二祧之位中書門下審加詳閱稱朕意焉　六月九日太常礼院言將來皇帝親祀以三聖皆侑其歲時常祀則至日圜丘仲夏皇地祇配以太祖孟春祈穀夏雩祀冬祭神州配以太宗孟春感生帝配以宣祖季秋大饗配以真宗詔恭依　十一月乙未郊三聖並侑此後迭配還如前議歲時常祀則至日圜丘仲夏皇地祇配以太祖孟春祈穀夏雩祀冬祭神州配以太宗孟春感生帝配以宣祖季秋大享配以真宗

全唐文

宋會要　祖宗配侑

祖宗配侑　國初南郊四祭及感生帝皇地祇神州地祇凡七祭並以僖祖順祖翼祖宣祖迭配太祖建隆四年八月二十七日詔以將親郊祀有司議配座之制請冬至祀昊天上帝夏至祭皇地祇並以僖祖配上辛祈穀孟冬祭神州地祇以順祖配雩祀以翼祖配大享明堂以宣祖配詔恭依

皇祐五年八月八日詔曰祇見天地莫重於親郊崇嚴祖考無先於侑帝朕以紹圖敎治慎祀講儀祖功存定配之規宗德有迭主之序自合宮藏事參變舊文令稽

古奉神特伸廣孝尊列聖以皆侑對三后之在天因自孝心不爲常制令南郊三聖並侑其後當復加舊禮

二十六日詔曰王者因郊反始無大於躬親本孝奉先莫尊於主侑且明堂之配以著定儀而景祐之文蓋存甲令雖協事親之愛猶慎緣情之舉載諏羣議迭考舊典皆以謂祖功宗德宜對越於上靈文昭武穆亦並嚴於祀位息民昭禮定保永圖自今南郊三聖並侑布告內外宜體至懷　初太常禮院言奉詔再詳定三聖並侑事伏以配侑之法前代不同古則一主而後或兼配皆是變禮獨文廣中誠愛也國朝景祐二年曾下詔書令後郊禋三聖並侑其後以太祖定配二宗迭配明

堂大禮亦三聖並侑今陛下濬發德音欽明大孝況是本朝舊禮已再躬行於義無嫌故下是詔　皇祐五年詔南郊三聖並侑今請大慶殿設昊天上帝皇地祇位以三聖並侑仍前一日享太廟詔恭依神宗熙寧元年八月十九日禮儀言將來南郊以太祖皇帝定配詔恭依　五年四月三日中書門下言伏請奉禧祖神主爲太廟始祖每歲孟春配祀感生帝乞詔禮院詳定儀注詔恭依始罷宣祖配位　元豐三年七月二十六日詔朕惟先王制行以起禮孝莫大於嚴父嚴父莫大於配天配天一也而屬有尊親之殊禮有隆殺之别故遠而尊者祖則祀於郊之圜丘而配天邇而親者禰則祀於

國之明堂而配上帝天足以及上帝而上帝未足以盡天故圜丘祀天則對越諸神明堂則上帝而已故其所配如此然後足以適尊親遠近之義昔者周公之所親行而孔子以爲盛者也事載典冊其理甚明而歷代以來合宮所配既紊於經乃至雜以先儒六天之說此皆因陋昧古以失情文之宜朕甚不取其將來祀英宗皇帝於明堂以配上帝餘從祀羣神悉罷五年七月丁未詔以十月丙午有事於南郊乙卯祔孝惠孝章淑德章懷皇后於太祖太宗眞宗廟室孝惠孝明孝章淑德懿德明德元德章懷章穆章獻明肅章懿各以配繼先後爲次　六年十一月五日冬至祀昊天上帝于圜丘以

太祖配 哲宗元祐元年二月二十六日吏部尚書呂
大防等言謹按國朝之制奉僖祖皇帝太祖皇帝太宗
皇帝以配郊丘季秋大享自唐及本朝皆嚴父之義伏
請宗祀神宗皇帝於明堂以配上帝詔恭依 徽宗大
觀四年四月二十八日議禮局言國家崇奉赤帝為感
生帝以始祖僖祖配侑與迎氣之礼不同尊異之也
高宗建炎二年十一月二十二日冬至皇帝祀昊天上
帝圜丘以太祖皇帝配 紹興二年按太常寺每歲常
祀夏日至祭皇地祇以太祖皇帝配 十三年十一月
庚申冬至合祀天地于圜丘以太祖太宗並配元
建隆四年十一月八日吏部尚書張昭獻議曰伏尋漢
卷五千四百五十六 五
魏以來追謚止於一世故郊天祀地即奉以享配惟光
武追立四廟皆在南陽不加帝號而立高祖文帝武帝
三廟于長安又立成哀平三廟號為西廟曹操封魏王
立三廟至文帝始追尊其祖為太皇帝晉武受魏禪追
尊宣景文三廟而立七廟其四廟亦無帝號宋武及南
齊高帝梁武帝陳高祖受禪皆立七廟上追尊其父而
陳氏正月上辛祀南北二郊以皇考配北齊文宣立六
廟止加其父兄帝號隋文帝立四廟亦止追尊其父唐
初立四親廟帝號但及於父祖其後咸亨中又追上上
祖尊號前代追謚不過一世至二世無諸廟徧加帝號
之文故郊祀天地必以皇考作配謹按郊禮用正月梁

天監三年右丞吳操之議曰傳啟蟄而郊當在立春之
後左丞何佟之曰周以建子祀天三月祭地商以建丑
祀天六月祭地夏以建寅祀天七月祭地自近代以來
南北郊為允故梁陳南郊皆以閏歲正月上辛行事用
特牛祀皇天大帝於壇上配以皇考北齊圜丘三年一
祭亦以正月上辛祀昊天上帝以神武升配隋冬至日
祀昊天上帝於圜丘以皇考配唐正觀初以高祖配圜
丘世祖元皇帝配感生帝高宗嘗親祀圜丘方澤明堂
神州以高祖太宗並配中宗即位南北郊神州明堂以
高祖太宗高宗三帝並配梁太祖開平三年郊天以皇
考烈祖文穆皇帝配恭惟宣祖昭武皇帝積累勳伐肇
卷五千四百五十六 六
基王業竊考歷代之禮咸以親廟升配伏請奉宣祖配
享從之 太宗淳化三年十月一日禮儀使蘇易簡上
言曰伏以國朝親祀圜丘以宣祖侑神作主此則符聖
人大孝之道成嚴父配天之義恭以太祖光啟丕圖恭
臨大寶以聖授聖傳於無窮謹按唐永徽中以高祖太
宗同配上帝欲望將來親祀郊丘奉宣祖太祖同配又
按唐永泰中禮儀使杜鴻漸奏冬至祀昊天夏至祀皇
地祇以太祖景皇帝配孟春祈穀孟冬祀神州以高祖
配孟夏雩祀以太宗配季夏大享明堂以肅宗配當時
之議以為得禮欲望自今孟春祈穀孟冬祀神州季秋
大享以宣祖崇配冬至圜丘夏至北郊孟夏雩祀上辛

祀感生帝以太祖崇配詔恭依　仁宗乾興元年十一月四日秘閣校理同判禮院謝絳言伏覩本院與崇文院檢討官詳定以宣祖配感生帝竊尋宣祖非受命開統因循配祀義或未安臣以謂三代兩漢之際經禮雖著而事遠難法請以唐典明之高祖武德初定令每歲圜丘方丘雩祀並以景帝配祈穀大享並以元帝配太宗初奉高祖配圜丘明堂北郊之祀元帝專配感生帝高宗永徽二年祀高祖於圜丘太宗於明堂兼感生帝作主又以景帝元帝稱祖萬代不遷乃停配祀以符古義臣以為景帝厥初受封為唐始祖推於事實蓋與宣祖不侔恭惟宣祖於唐是為元帝之比唐有天下裁越

卷五千四百五十六　七

三世而景元二祖已停配祀之典且有宋受命創業既自太祖垂憲纘緒于茲四聖而宣祖配侑因而未停恐非往典之意請依永徽故事停宣祖配享仍用唐太宗故事宗祀真宗於明堂兼感生帝作主若據鄭康成說則曰五帝迭王王者因所感別祭尊之於南郊以祖配之令若不用武德永徽故事則請以太祖兼配正符鄭說論者以為宣祖配坐亦周配祖之義竊又惑焉詳鄭之意非受命始封之祖不應配故引周后稷配靈威仰之義為證惟太祖始造基業親受符命配侑感生帝擬理甚明如恐太祖既配祈穀與感生帝祠日相妨則當以太宗配祈穀太祖配雩祀亦不失尊嚴之旨臣以為

宣廟非為不遷而迭用配帝於古為疑禮祖有功宗有德但非受命之祖親盡必毀況配享乎事下兩制翰林學士承旨李維等議曰謹按禮記祭法曰有虞氏禘黃帝而郊嚳祖高祖氏而宗堯夏后氏亦禘黃帝而郊鯀祖高陽氏而宗禹商人禘嚳而郊冥祖契而宗湯周人禘嚳而郊稷祖文王而宗武王正義曰郊謂夏正建寅之月祭感生之帝於南郊此則崇配之文也絳所陳以為宣祖非受命開統不當郊配則何以鯀冥非夏商受命之君而皆崇配感帝竊惟感帝比祈穀禮秩差輕宣祖比太祖功業有異請太祖配祈穀宣祖配感生帝稱情立文於禮斯協望依禮官所定從之　景祐二年五

卷五千四百五十六　八

月一日詔欲以太祖太宗真宗並配定崇配之序禮官言臣等聞王者建廟祏之嚴合昭穆之綴祖一而已始受命也宗無豫數待有德也由宗而下等謂之疏戚以為迭毀之制使後嗣雖有顯揚褒大猶不得與祖宗並列所以一統乎尊尊古之道也皇帝陛下躬孝治發德音永惟三后之盛列際天接地而推奉之禮有所未稱明發悼懼圖惟厥終使攸司得稽舊章閱辟議攄懿鑠闡孫謀將聰合靈心垂榮無極非臣等孤陋所能及已竊以太祖皇帝誕受寶命付畀四海鋪敦變伐潛黜不端東澤路之叛兼淮海之昧東焚吳輿右困蜀壘湘楚閩禹請吏入朝當此之時天下之人去大殘蒙更生卜

年長世丕闡洪業太宗皇帝敦受皇圖廣運神武襲天
天之討底定太原由是慎九州之辟藝四方之貢信賞
類能重食勸分官無煩苛人無恫怨又引搢紳諸儒講
道興學炳然右文與三代同風真宗皇帝乾粹日昭執
競維烈重威撫和休寧北方順斗布度先天作聖遂考
夏諺覘虞巡秘牒岱宗育穀冀壤翕受瑞福普浸黎元
肖翹跂行罔有不寧百度已備眷受明辟洪惟一祖二
宗之烈歷選墳語未有高焉者也昔成湯為商之祖太
甲太戊武丁實號三宗后稷為周之祖文王武王肅建
二祧高帝為漢之祖孝文孝武特崇兩廟皆子孫世世
奉承不輟我皇伯祖經綸草昧遂有天下功宜為帝者
之祖皇祖勤勞制作皇考財成治定德宜為帝者之宗
三廟並萬世不遷宣布天下以示後世臣等請如聖詔
至於升侑上帝衷對先謨本之周道堯厥典禮昔太宗
親郊奉宣祖太祖配焉真宗肇祀奉太祖太宗配焉自爾
有司不敢輕議今二祖同躋不祧之位則禮無異等伏
請自今以往太祖為定配二宗為迭配稱情適事理實
無嫌其將來皇帝親祠伏請以三聖皆侑上顯對越之
聖次申適追之感聖人之能事羣臣之大願此後迭配
還如前議昔唐高宗之上封也以太武皇帝文皇帝配
昊天明皇之封也以高祖配天睿宗配地開元之著禮
也高祖配方丘太宗配神州此二宗迭配之典此垂拱

卷五千四百五十六

九

開元之間高祖大宗高宗同配昊天真宗登介丘降社
首並以太祖太宗崇配天地此三聖皆侑之明準其歲
時常祀則至日圜丘仲夏皇地祇配以太祖孟春祈穀
夏雩祀冬祭神州配以太宗孟春感帝配以宣祖季秋
大饗配以真宗伏請嘗如禮典中書門下言准詔及禮
官所議臣等伏以禮之為大則必以宗祏居先德之所
尊則不隨昭穆而毀此有國之丕律而饗親之大猷是
嚴父配天因心之本惟聖饗帝至孝之宗非夫濬哲聰
明曷能舉百王之闕伏恭惟國家膺神明之寶籙馮積
厚之鴻基源深流長本固枝茂祖宗之烈昭淖廟復之
施綿延是以濬哲啟淵衷詳求懿範降發中之詔鼓動
於溫辭戒執事之司諮諏於舊史仍俾丞疑之列重詳
今古之文官抱蕝而協恭物有章而惟允若是則七世
之廟咸一德而可觀三后在天雖百代而不毀至於配
侑之則並申寅奉之崇遠以襲商周之儀近以沿漢唐
之制廣矣大矣無得而名真百王之稱首矣此蓋皇帝
陛下纘承寶緒援席瑤圖推尊於締構之初制禮於治
平之日至德要道時定於祊祧長世善經風行於海域
縣茲而教嚮敢弗祗其禮官所定伏望付外施行詔恭
依
康定二年十月二十六日同判太常寺呂公綽言伏覩
景祐五年南郊儀注設昊天上帝皇帝祇神座於壇南

卷五千四百五十六

十

向西上設太祖皇帝太宗皇帝配座於東方西向北上
又注云准大中祥符元年勅設太祖太宗配座位西北
側向以表祖宗恭事天地之意臣案春秋傳曰自外至
者無主不止詩云思文后稷克配彼天又云對越在天
皆謂以祖宗之靈配順天地侑神作主之義考歷代郊
祀之制設祖考配位無側向之經昔真宗將有事泰山
以封禪壇圜圖宣宗宰臣曰當郊禋日祀昊天上帝不
以正座蓋有皇地祇次之今封禪大礼昊天上帝位當
子位太宗皇帝配位北郊禋日稍斜置之此可明先帝
以告誠報功酌宜變礼之意罔知淵旨非為定規每南
郊撰儀必引著祥符一勅事承先志體越舊章雖後来
卷五千四百五十六　十一
有司相承仍於東方宜設配座不從西北側向之文緣
儀矩兩存未嘗折衷於上在有司藏事之際擇一而從
此又非慎重大事之所宜也請詔有司撰郊儀設太祖
皇帝配座只具東方西向之儀如此則增封建號自存
希潤之文就陽配天不與古先之法詔從之　舊礼配
享神座在昊天上帝之東西向北上東封之歲詔以祖
宗配座皆西北斜向置之用表祖宗恭事天地之意至
天禧元年南郊遂因封禪故事側置配座至是始改焉
嘉祐七年正月二十七日諫官楊畋上言洪範五行
傳曰簡宗廟則水不潤下又曰聽之不聰厥罰常水去
年夏秋之交久雨傷稼澶州河決東南數路大水為災

陛下臨御以来容受直諫非聽之不聰也以孝事親非
簡於宗廟也然而災異數見臣愚殆以為萬機之聽必
有失於審者七廟之享必有失於順者惟陛下積思而
矯正之於是詔太常礼院檢詳郊廟未順之事礼官乃
言按孝經曰郊祀后稷以配天春秋傳曰自外至者無
主不止然則天地之祭必有所配者皆侑神作主之意
也祖一而已始受命也宗無豫數待有德也由宗而下
功德顯著自可崇廟社之制百世不遷垂之無窮至於
對越天地則神無二主所以奉上帝之尊示不敢瀆唐
垂拱中始用三祖同配至開元十一年明皇親享遂罷
之皇祐五年詔書令南郊且奉三聖並侑後復迭配如
卷五千四百五十六　十二
舊礼未幾復降詔三聖並侑以為定制雖出孝思然其
事頗違經礼當時失於講求乃復下兩制議而翰林學
士王珪等議曰推尊以享帝義之至也尊尊不可以瀆
故郊無二主今三后並侑欲以致孝也而適所以瀆乎
享帝推存事亡則非所以寧神也請如礼官所議自今
南郊以太祖定配詔恭依既而太常礼院奏議遷僖祖
神主藏於西夾室乃下詔議定廟祧之序
高帝皇帝紹興元年四月十一日刑部尚書兼權礼部
尚書胡直孺等言謹按百王之礼沿革不同然而祀天
地於丘郊天神地祇無不從祀祀上帝於明堂祫享祖
宗於太廟此三者萬世不易之礼惟仁宗皇帝在位之

二十八年改元皇祐是時元昊納欵王則伏誅四方無
虞萬物盛多神祇祖考無不安樂明年九月辛亥大享
于明堂時則合祭天地並配祖宗偏礼百神故仁祖有
礼緣人情之語而文彦博以仁祖為能達礼之情適礼
之變由是觀之皇祐宗祀本為萬世不易之礼也國朝
配祀而無定制自英宗皇帝始專配以近考司馬光呂
誨爭之以為絀祖進父然卒不能奪王珪孫抃之謟辭
其後神宗皇帝謂周公宗祀在成王之世成王以文王
為祖則明堂非以考配明矣王安石亦對以誤引孝經
嚴父之悅惜乎不能將順上意以辨正其礼今或者曰
后稷為周之祖文王武王是為二祧高祖為漢之祖孝

卷五千四百五十六　十四

文孝武特宗兩廟皆子孫世世奉承不絕太祖功宜為
帝者祖太宗真宗德宜為帝者宗皇祐以二祖二宗並
配議出于此竊惟太祖皇帝削平僭偽混一區宇真宗
皇帝丕承基緒保綏黎元二聖基命定命有德有功而
謂當同為二祧並崇兩廟考之周漢懼不相侔直儒等
聞前漢以高祖配天後漢以光武配明堂蓋古之帝王
自非建邦啟土肇造區夏者皆無配天之祭故雖周之
成康漢之文景明章其德業非不美也然而子孫不敢
推以配天者避祖宗也聖宋崛起非有始封之祖則創
業之君太祖是矣太祖則周之后稷配祭於郊者也太
宗則周之文王配祭于明堂者也此二祭者萬世不遷之法

皇祐宗祀合祭天地固宜以太祖太宗配當時蓋拘於
嚴父故配帝并及于真宗今主上紹膺天統自真宗至
于神宗均為祖宗獨躋則患在于無名並配則幾同於
祫饗又從祀百神在於明堂本非典礼或升或黜慢瀆
為多今參酌皇祐詔書將來請合祭昊天上帝皇地祇
于明堂奉太祖太宗以配天惟礼專而事簡庶幾可以
致力于神明然後中飭攸司各揚乃職犧牲必成粢盛
必潔衣服必備以稱致力於神之意則一朝大典豈特
於艱難之時情文粗稱雖萬代行之可也從之　二年
閏四月二十七日太常少卿王居正等言九月二日季
秋祀昊天上帝前二日奏告神宗皇帝配侑居正等竊

卷五千四百五十六　十五

惟去歲明堂大礼是時礼官仰稽神宗聖順及取司馬
光呂誨王安石等說皆以謂向者明堂配以近考失孝
經本旨遂請以太祖太宗配而朝廷參用侍從臺諫之
議行之矣其九月四日祀昊天上帝實每歲季秋大饗
明堂之礼今既不敢因舊配以神宗而去歲明堂緣奉
詔書參酌皇祐故事有合祭並配之礼與今來每歲季
秋祀上帝礼復不同乞令礼官合議取旨施行從之
已而權礼部侍郎趙子晝等言謹按孝經郊祀后稷以
配天宗祀文王於明堂以配上帝以前漢以高祖配天
後漢以光武配明堂說者謂古之帝王自非建邦啟土
肇造區夏者皆無配天之祭聖宋崛起非有始封之祖

則創業之君太祖是矣太祖則周之后稷配祭于郊者
太宗則周之文王配祭于明堂者仰惟祖功宗德萬世
不遷配帝配天礼無易此項當三歲之親祠爰奉祖宗
而並配雖為舊典其實權宜自今每歲季秋攝事臣等
伏請奉祀昊天上帝以太宗皇帝配侑詔依
英宗治平元年正月二十五日太常礼院言請與兩制
同議大行皇帝當配何祭翰林學士王珪等奏唐代宗
即位用礼儀使杜鴻漸等議季秋大享明堂以考肅宗
配昊天上帝德宗即位亦以考代宗配王涇郊祀錄注
云即孝經周公嚴父之道本朝祀儀季秋大享明堂祀
昊天上帝以真宗配今請以仁宗配循用周公嚴父之

道知制誥錢公輔議謹按三代之法郊以祭天而明堂
以祭五帝郊之祭以始封之祖有聖人之德者配焉明
堂之祭以創業繼體之君有聖人之德者配焉故孝經
曰昔者郊祀后稷以配天宗祀文王於明堂以配上帝
又言孝莫大於嚴父嚴父莫大於配天則周公其人也
以周公言之則嚴父也以成王言之則嚴祖也方是之
時政則周公祭則成王亦安在乎必嚴其父哉我將之
詩是也後世失禮不足考據請一以周事言之臣竊謂
聖宋崛起非有始封之祖也則創業之君遂為太祖矣
太祖則周之后稷配祭于郊者也太宗則周之文王配
祭于明堂也此二配者至大至重萬世不遷之法也真

宗則周之武王宗乎廟而不祧者也雖有配天之功而
無配天之祭未聞成王以嚴父之故廢文王配天之祭
而移于武王也仁宗則周之成王也雖有配天之業而
亦無配天之祭亦未聞康王以嚴父之故廢文王配天
之祭而移於成王也以孔子之心推周公之志則嚴父
也以周公之心攝成王之祭則嚴祖也嚴祖嚴父其義
一也下至于兩漢去聖未甚遠而明堂配祭東漢為得
在西漢時則孝武之世始營明堂而以高帝配之其後
又以景帝配之孝武之後無聞焉在東漢時則孝明始
建明堂而以光武配之其後孝章孝安又以光武配之
孝安之後無聞焉始配之代適符嚴父之說及時異事

遷而章安二帝亦弗之變此最為近古而合礼者有唐
始在神龍時則以高宗配之在明堂時則以睿宗配之
在永泰時則以肅宗配之礼官杜鴻漸王涇輩不能推
明經訓務合古初反雷同其論以惑時主延及于今牢
不可破當仁宗嗣位之初儻有建是論者則配天之祭
常在乎太宗矣當時無一言故使宗周之典礼不明于
聖代而有唐之曲學流蔽乎後人願陛下深詔有司博
謀羣賢使配天之祭不膠於嚴父而嚴父之道不專乎
配天循宗周之典礼替有唐之曲學於是又詔臺諫及
講讀官與兩制礼院再詳定以聞觀文殿學士兼翰林
侍讀學士孫抃等議謹按孝經出於聖述其談聖治之

極則謂人之行莫大於孝舉孝之大則謂莫大於嚴父而配天仲尼美周公以居攝而能行天子之礼尊隆於父故曰周公其人不可謂之妄在乎必嚴其父也又若止以太祖比后稷太宗比文王則宣祖真宗向者皆不當在配天之序推而上則謂明堂之祭真宗不當以太宗配先帝不當以真宗配今日不當以仁宗配必配之以祖也臣等按易豫之說曰先王作樂崇德薦之上帝以配祖考蓋若祖若考並可配天者也茲又符於孝經之說亦不可謂安在乎必嚴其父也祖考皆可配帝郊與明堂不可同位亦不可謂嚴祖嚴父其義一也雖周家不聞廢文配而移於武廢武配而移於成焉然則易

卷五千四百五十六

十七

之配考孝經之嚴父歷代循守固亦不為無說魏明帝宗祀文帝於明堂以配上帝史官謂是時二漢郊祀之制具存魏所損益可知則亦不可謂東漢章安之後配祭無傳遂以為未嘗嚴父也自唐至本朝其間賢哲講求不為少所不敢以異者捨周孔之道無所本統也今以為我將之詩祀文王於明堂而歌者也亦安知非仲尼刪詩存周之全域之頌被於管絃者獨取之也仁宗繼體保成置天下於大安者四十二年德之於人可謂極矣今祔廟之始遂抑而而不得配上帝之享甚非所以宣章陛下為後嚴父之大孝臣等參稽舊典博考公論敢以前所定議為便知諫院司馬光呂誨議竊以孝

子之心誰不欲尊其父者聖人制礼以為之極不敢踰也故祖已訓高宗典祀無豐于昵孔子與孟懿子論孝亦曰祭之以礼然則事親者不以祭為孝貴於得礼而已先儒謂禘郊宗祖皆祭祀以配食也禘謂祀昊天於圜丘也祭上帝於南郊曰郊祭五帝五神於明堂曰祖宗故詩曰思文后稷克配彼天又我將祀文王於明堂此其證也下此皆不見於經矣前漢以高祖配天後漢以光光配明堂以是觀之古之帝王自非建邦啟土及遭有區夏者皆無配天之祭故雖周之成康漢之文景明章其德業非不美也然而子孫不敢推以配天者避祖宗也孝經曰嚴父莫大於配天則周公其人也孔子

卷五千四百五十六

十八

以周公有聖人之德成太平之業制礼作樂而文王適其父也故引之以證聖人之德莫大於孝答曾子之問而已非謂凡有天下皆當尊其父以配天然後為孝也近世祀明堂者皆以其父配五帝此乃誤識孝經之意而違先王之礼不可以為法也景祐二年仁宗詔礼官稽案典籍辨崇配之序定二祧之位仍以太祖為帝者之祖比周之后稷太宗真宗為帝者之宗比周之文武然則祀真宗於明堂以配五帝亦未失古礼今仁宗雖豐功美德洽於四海而不在二祧之位議者乃欲捨真宗而以仁宗配食明堂恐於祭法不合又以人情言之是絀祖而進父也夏父弗忌躋僖公先兄而後弟孔子

猶以為逆祀書於春秋況紐祖進父乎必若此行之不
獨乖違典礼恐亦非仁宗之意也臣等竊謂宜遵舊礼
以真宗配五帝於明堂為便詔從抃等議以仁宗配享
明堂　十月二十五日翰林學士王珪等言殿中侍御
史趙鼎奏謹按本朝祀儀冬至祀昊天上帝夏至祭皇
地祇並以太祖配正月上辛祈穀孟夏雩祀孟冬祭神
州地祇並以太宗配正月上辛祀感生帝以宣祖配季
秋大享明堂舊以真宗配循用周公嚴父之道最為得
礼陛下純孝之誠固已格於上下矣臣聞孝者善繼人
之志善述人之事陛下祇紹大統纂承洪業固當繼先
帝之志而述先帝之事也仁宗臨御四十二年配享真
卷五千四百五十六　十九
宗於上帝者四十一祭今一旦黜真宗之祀廟而不配
非所以嚴崇祖宗尊事神明之義也臣謹按易之豫曰
先王以作樂崇德薦之上帝以配祖考明此稱祖者乃
近親之祖非專謂有功之始祖也考易象之文則一真
宗配天之祭亦不可闕也臣竊詳有唐武德初以元皇
帝配享明堂兼配感生帝至正觀中緣情革礼奉祀高
祖配明堂遷世祖配感生帝此則唐太宗故事已有遞
遷之典最為治古之近有足考驗臣伏請遞遷真宗配
孟夏雩祀以太宗專配上辛祈穀孟冬神州地祇循用
有唐故事如此則列聖恭侑對越於昊天厚澤流光垂
裕於萬祀臣珪等按祀典天地大祭有七皆襲用歷代

故事以始封受命創業之君配神作主至於明堂之祭
用古嚴父之道配以近考故朝廷在真宗則以太宗配
在仁宗則以真宗配今則以仁宗配方仁宗始以真宗
配明堂罷太宗之配而太宗先已配祈穀雩祀神州地
祇本非遞遷今明堂既用嚴父之道則真宗配天之祭
於礼當罷難議更分雩祀之配天章閣待制兼侍讀李
受天章閣侍講傅卞言昨於學士院會議竊有愚見與
衆不同不敢不以聞竊惟自唐末喪亂及五代陵遲中
夏分裂皇綱大壞我太祖太宗以神武英睿一統海内
功業之大上格皇天真宗以盛德大明纂承洪緒恭儉
御物仁恕撫民勤勞萬機哀矜庶獄綏懷二鄙遂偃甲
卷五千四百五十六　廿
兵因宇内之泰寧興曠代典礼登封汾祀烜赫聲明臨
御永年仁恩普洽則是二聖定天下而真宗成之也故
先帝景祐詔書令礼官議定以真宗與太祖太宗並為
為萬世不遷之廟然則侑配之道是宜與國無窮矣豈
可甫及陛下而遂闕其礼乎且礼不由天降不由地出
合乎人情而已矣今若以人情揆之則仁宗臨御四十
二年配享真宗於上帝者四十一祭又定為萬世不遷
之廟者孝道之大可謂著明矣今仁宗神靈在天乃以
配享代真宗之舊而虛真宗之配則仁宗以子而代父
使父不得與於配侑豈神靈之孝心可得安乎議者乃
謂遵用嚴父配天之義臣等謂竊以為所謂嚴父云者

非專謂考也故孝經曰嚴父莫大於配天則周公其人
也下乃曰郊祀后稷以配天宗祀文王於明堂以配上
帝夫所謂天者謂郊祀配天也夫所謂帝者謂五帝之
神也故上云嚴父配天下乃云郊祀后稷以配天則父
者專謂后稷也且先儒謂祖謂王父亦曰大父則知父
者不專謂乎考也議者又引唐制代宗用礼儀使杜鴻
漸等議季秋大享明堂以考肅宗皇帝配昊天上帝德
宗亦以考代宗皇帝配又稱王涇郊祀錄注云即孝經
周公嚴父之道夫杜鴻漸王涇一時之言豈可便爲萬
世不移之議哉臣等竊謂趙鼎之議亦爲得礼若以太
宗配雩祀既久不欲一旦遷侑乞以仁宗與真宗並配

卷五千四百五十六　二十一

明堂亦爲合礼謹考孝經郊祀后稷以配天宗祀文王
於明堂以配上帝又按礼記祭法周人禘嚳而郊稷祖
文王而宗武王文武俱言宗者則知明堂之侑下及乎
武王矣是文武並配於明堂也故鄭氏曰祭五帝五神
於明堂曰祖宗祖宗通言耳國家祭祀既遵用鄭氏之
義固亦當譒鄭氏祖宗之說也又易曰先王以作樂崇
德薦之上帝以配祖考是亦以祖考並配上帝也上帝
之祭正謂明堂宗祀耳昔梁國子博士崔靈恩該通之
士達於礼者也總三礼諸儒之說而評之爲義宗論議
洪博後世蓋解能及其中明鄭義亦謂九月大饗帝之
時以文武二王泛配謂之祖宗祖者始也宗者尊也所

重複

以明祭爲尊始者明一祭之中有此二義稽乎孝經祭
法周易義宗之言則父子並侑可謂明著矣或者謂父
子並座有乖礼制臣等竊謂不然昔唐朝故事已有並
侑之礼況向來本朝祀典太宗親祀昊天奉太祖配真
宗親祀奉太祖太宗同侑歷五六十載之間本朝通儒
不以爲非則於此獨何疑哉如是則太宗既不失雩祀
之配真宗又不遷明堂之舊得周家祖宗之義合鄭氏
九祭之說神明安之祖考享之而孝道盡矣臣等學術
淺薄不足以議祖宗之事謹據前典條茲二義詔從珪
等議神宗治平四年七月四日翰林學士承旨張方平
等言准詔以太祖皇帝神主祔廟畢所有時享并南郊

卷五千四百五十六　二十二

配座下兩制與礼院官同定臣等謹按孝經曰昔者周
公郊祀后稷以配天宗祀文王於堂以配上帝又曰孝
莫大於嚴父嚴父莫大於配天國朝典礼循唐之舊真
宗仁宗皆祀於明堂以配上帝今季秋大享明堂伏請
以英宗皇帝配神作主以合嚴父之議詔恭依

宋會要

高宗皇帝紹興元年四月十一日刑部尚書兼權禮部
尚書胡直孺等言謹按百王之禮沿革不同然而祀天
地於丘郊天神地祇無不從祀祀上帝于明堂祫享祖
宗于太廟此三者萬世不易之禮惟仁宗皇帝在位之
二十八年改元皇祐是時元昊納款王則伏誅四方無

慶萬物咸多神祇祖考無不安樂明年九月辛亥大享于明堂時則合祭天地並配祖宗偏禮百神故仁祖有禮緣人情之語而文彥博以仁祖為能達禮之情適禮之變由此觀之皇祐宗祀奉為萬世不易之禮也國朝配祀而無定制自英宗皇帝始專配以近考司馬光呂誨爭之以為絀祖進父然卒不能奪王珪孫抃之諂辭其後神宗皇帝謂周公宗祀在成王之世成王以文王為祖則明堂非以考配明矣王安石亦對以誤引孝經嚴父之説惜乎不能將順上意以辨正其禮今或者曰后稷為周之祖文王武王是為二祧高祖為漢之祖孝文孝武特宗兩廟皆子孫世世奉承不絕太祖功宜為

卷五千四百五十六　二十三

帝者祖太宗真宗德宜為帝者宗皇祐以二祖二宗並配議出于此竊為太祖皇帝削平僭偽混一區宇真宗皇帝丕承基緒綏撫黎元二聖基命定命有德有功而謂當同為二祧並宗兩廟考之周漢懼不相侔直孺等聞前漢以高祖配天後漢以光武配明堂蓋古之帝王自非建邦啟土肇造區夏者皆無配天之祭故雖周之成康漢之文景明章其德業非不美也然而子孫不敢推以配天者避祖宗也聖宋崛起非有始封之祖則創業之君太祖是矣太祖則周之后稷配祭於郊者也太宗則周之文王配祭於明堂者也此二祭者萬世不遷之法皇祐宗祀合祭天地固宜以太祖太宗配當時蓋

狗于嚴父故配帝并及于真宗今主上紹膺天統自真宗至於神宗均為祖宗獨躋則患在于無名並配則幾同于祫饗又從祀百神在于明堂本非典禮或升或黜慢瀆為多今參酌皇祐詔將來請合祭昊天上帝皇地祇于明堂奉太祖太宗以配天惟禮專而事簡庶幾可以致力于神明然後申飭攸司各揚乃職犧牲必成粢盛必潔祕服必備以稱致力於神之意則一朝大典豈特於艱難之時情文粗稱雖萬代行之可也從之二年閏四月二十七日太常少卿王居正等言九月二日季秋祀昊天上帝前二日奏告神宗皇帝配侑居正等竊惟去歲明堂大禮是時禮官仰稽神宗聖順及取司

卷五千四百五十六　二十四

馬光呂誨王安石等説皆以謂向者明堂配以近考失孝經本旨遂請以太祖太宗配而朝廷參用侍從臺諫之議行之矣其九月四日祀昊天上帝實每歲季秋大饗明堂之禮今既不敢因舊配以神宗而去歲明堂緣奉詔書參酌皇祐故事有合祭並配之禮與今來每歲季秋祀上帝禮復不同乞令禮官合議取旨施行從之已而權禮部侍郎趙子晝等言謹按孝經郊祀后稷以配天宗祀文王於明堂以配上帝以前漢以高祖配天後漢以光武配明堂説者謂古之帝王自非建邦啟土肇造區夏者皆無配天之祭聖宋崛起非有始封之祖則創業之君太祖是矣太祖則周之后稷配祭於郊者

太宗則周之文王配祭于明堂者仰惟祖功宗德萬世不遷配地配天禮無易此須當三歲之親祠爰奉祖宗而並配雖為舊典其實權宜自今每歲季秋攝事臣等伏請專祀昊天上帝以太宗皇帝配侑詔依

卷五千四百五十六

二十五

全唐文

宋會要　郊祀

真宗景德三年十月二十四日內出䏻上后土廟圖令陳堯叟量加修飾仍詔汾陰壇后土黃琮神州地祇兩圭有邸令文思院以美玉製之十二月二十四日詳定所言所用玉幣望下太府寺少府監製造供用又車駕遷舉懸日遍次設幄殿皇帝服鞾袍設香酒時眾牙盤食遙拜諸陵命大臣以香幣酒脯詣致告后陵即別差官並詔恭依　神宗元豐六年十一月五日親郊命吏部尚書奉玉幣從皇帝至昊天上帝神座前奠鎮圭奠玉幣次詣太祖神座前奠圭幣一如元豐四年禮院言儀

卷五千四百五十九

宋會要

高宗紹興元年二月五日詔祀天玉以蒼璧皇地祇以黃琮感生帝以四圭有邸神州地祇太社太稷以兩圭有邸止依方色奠幣權不用玉（時闕玉權宜也）八月七日詔祀神玉令文思院製造蒼璧黃琮尚慮數少更降玉璧一揔可相度添用　八日參知政事張守奏蒙降出蒼玉璞已送文思院上曰所從買家知是大禮所用頓邀厚價朕以祀天不可計費四年四月十六日太常寺言大禮依儀合用禮神真玉除昊天上帝皇地祇已有蒼璧黃琮外其餘五方帝日月等玉依天聖故事用珉從之

以臣僚言明堂大禮如非祀禮賞軍其他冗費每事減節故也

宋會要

紹興十三年十月禮部太常寺修立郊祀禮儀祀日丑前五刻太府卿帥其屬入陳幣於篚少府監陳玉各置於神位前昊天上帝以蒼璧皇地祇以黃琮青帝以青珪赤帝以赤璋黃帝以黃琮白帝以白琥黑帝以黝（即玄）（避聖祖諱）璜神州地祇以兩圭有邸日月以珪璧五嶽以兩圭有邸皆盛於匣昊天上帝配帝幣皆以蒼皇地祇以黃日月內官以下各從其方色祀日質明行事皇帝升壇詣昊天上帝神位前跪奠鎮圭興又跪內侍加玉于

卷五千四百五十九

幣以授吏部尚書吏部尚書以授左僕射左僕射西向跪以進禮儀使奏請受玉幣皇帝受奠訖吏部侍郎東向跪受以興進于昊天上帝神位前次詣皇地祇太祖太宗神位前奠鎮圭玉璧並如上儀配位唯不奠玉皇帝東向受幣左僕射北向進吏部侍郎南向受以奠於配帝神位前至賜胙再拜訖吏部侍郎帥太祝執篚進取幣降諸祡壇升置燎祡諸大祝又以神位幣帛從燎

宋會要

孝宗乾道六年閏五月十四日中書門下省檢正左右司言郊祀事務合歸有司者乞並不申三省其禮部備申朝廷降旨者如檢舉排辦事務依前郊大禮左藏庫

供應幣帛望自今本部俾下太常寺照例報所屬排辦從之

寧宗嘉泰四年十月九日吏部侍郎兼侍讀顏棫等言臣等近因進讀高宗皇帝聖政至紹興元年八月辛未降出蒼玉璞付文思院上曰賣者知是大禮所用頗邀厚價朕以祀天不當計費上喜見玉色臣讀畢因奏曰近者竊聞有以四圭有邸來獻陛下者陛下即以付之奉常其事正與光堯相類陛下顧謂臣曰卿曾見來此中原舊物極大且厚色甚溫潤又顧臣棫等天顏悦甚臣又奏高宗皇帝得蒼璧而喜陛下得圭邸而喜豈以得玉為喜蓋誠於奉天故喜於得祀天之器况又中原故物湮沒七十年間陛下一旦得之正以至誠所感耳乞降付史館書之簡策從之

卷五千四百五十九

宋會要

七年正月十三日禮儀院言南郊合祭天地太府寺供幣七十八段除正位十三段外自餘施於內官則有餘用於中外宮嶽瀆則不足竊尋禮制內外官海嶽幣從方色欲望皇帝親祠昊天上帝皇地祇配帝五方帝日月神州天皇北極及內官五十四中官百五十九外官百六嶽鎮海瀆十八請並供制幣各如方色著為定制從之

宋會要

徽宗大觀四年四月二十八日議禮局言周官肆師立

太祀用玉帛牲牷立次祀用牲幣立小祀用牲牲之有幣致酬酢之義以飲酒之有酬幣也七祀在周官亦祭於宮中蓋屬小祀之比則祀不用幣亦可知矣先儒謂小祭祀王玄冕所祭也今祭七祀用特牲而所服止於玄冕乃有奠幣之儀於禮不稱夫幣之通制一丈八尺大祀次祀小祀無不用焉則祭饗之間何以別之望依開元開寶通禮七祀不設奠幣燔幣之儀他小祀准此以合周官肆師立祀之意從之

宋會要

政和四年四月十四日禮制局言古者祭祀禮神無不用玉周官典瑞掌玉器之藏蓋已事則藏有事則出而復用未嘗有燔瘞之文其說起於鄭氏注與韓詩外傳崔氏義宗三家謬誤鄭氏注周禮大宗伯以槱燎祀司中司命謂玉帛燔燎也又大宗伯以貍沈祭山林川澤鄭氏注謂埋牲玉也則周官本無用玉而燔燎之文又詩稱告祭柴望書稱至於岱宗柴禮記天子適四方先柴又曰燔柴於泰壇皆止謂以柴為燔而韓詩外傳謂天子奉玉升柴加於牲上而燔之意外增加用玉豈有六經止說燔柴如此之詳而無一字及玉者其後崔氏又引雲漢之篇稱圭璧既卒以為燔瘞而盡故至於無其說愈加繆矣蓋古者止有祀天燔帛祭地瘞繒之禮以玉難得故諸侯五玉既覲乃復還之在三代時玉已難

卷五千四百五十九

梓而祭祀用玉之數為多其不燔瘞可知乞依周禮正
經並不燔瘞今後大禮及諸常祀皆以真玉為禮神之
器仍依周官典瑞之職掌其藏時出而用無得燔瘞從
之四月二十六日太常寺言夏祭大禮格皇帝(地)祇玉以
黃琮二神州地祇用兩圭有邸二議禮局降到儀注皇
地祇玉以黃琮神州地祇五嶽以兩圭有邸案周禮典
瑞兩圭有邸以祀地旅四望本寺歲祭四望嶽鎮海瀆
各用兩圭有邸若以(依)大禮格即嶽鎮海瀆皆無用玉之
文若依議禮局儀注并歲祭四望即皆合用兩圭有邸
詔送禮制局議定禮制局言周官旅上帝四望皆謂非
常之祭則嶽鎮海瀆從祭大祇不當用圭邸聖規祀北

卷五千四百五十九

郊儀注皇地祇以黃琮神州地祇以兩圭有邸嶽鎮海
瀆亦不用玉則今來夏祭合依大禮格皇地祇神州地
祇用玉外餘並不用兼看詳周禮圭璧以祀日月星辰
新義云日月星辰以璧為邸則四圭邸璧可知四圭邸
璧則兩圭邸琮可知先儒之說兩圭有邸亦以璧為邸
其禮(理)非是合依新義兩圭邸琮從之　五月五日禮制
局言祭祀始則求神而禮之終則正祭而祀焉大宗伯
以黃琮禮地蓋施於求神之時也與大司樂以函鍾為
宮至地示皆出可得而禮同矣與瑞兩圭有邸以祀地
蓋施於薦獻之時與大司樂奏大蔟歌應鍾舞咸池以
祭地同矣鄭氏乃謂以黃琮禮地神之在崑崙者兩圭

有邸以祀地祇於北郊神州之神且黃琮兩圭有邸同
官特言禮地祀地而已初無崑崙神州之别鄭氏之說
本於讖緯之書前代如長孫無忌輩固嘗辨其非矣又
況皇地示神州地示同位於一壇之上於皇地示則禮
而不祀於神州地示則祀而不禮豈禮意乎晉徐邈唐
顏慶禮皆(以)蒼璧四圭有邸為祀天之玉何獨於黃琮
兩圭有邸而疑之我國朝祀儀祭皇地示以函鍾為宮
而下為降神之樂以奏太蔟歌應鍾為薦獻之樂至於
用玉尚依鄭氏之說未應禮注伏請黃琮兩圭有邸並
施於皇地祇求神則以黃琮薦獻則以兩圭有邸又言
黃琮鄭康成及梁正三禮圖皆謂八方以象地聶崇義

卷五千四百五十九

言黃琮比大琮每角各剡出一寸六分共長八寸厚寸
豈厚寸乃大琮之制而每角各剡出一寸六分共長八
寸於經無見不知崇義何所據而為此說謹案考工記
大琮十有二寸作內鎮宗后守之璧琮有九寸者諸侯
以饗天子有八寸者以頫聘瑑琮八寸諸侯以饗夫人
駔琮有七寸者天子以為權有五寸者宗后以為權其
所用者各異獨不言黃琮廣狹厚薄制度今方澤並用
坤數而黃琮乃禮地之器則其制宜廣六寸厚二寸為
八方而則(不)又言考工記云兩圭五寸有邸以祀地兩圭
之長宜共五寸新義云兩圭並宿一邸則兩圭宜託宿
宗於琮也然琮色黃而圭乃不言色由體以起用恐當

用黄琮之色謹案周官大宗伯以玉作六器以禮天地
四方而繼之以皆有牲幣各放其器之色牲幣且當放
玉之色則圭之色獨可以異於琮邪伏請兩圭並以黄
玉爲之並從之

宋會要

牲牢　古者大祭祀之牲牷先期三月豢養之國朝大
中小祠皆前一日有司供於祠所太僕寺掌供羊牛司
農寺掌供豕太祖建隆四年八月二十九日有司上言
準禮宗廟之牛角握天地之牛角繭栗太廟四室各用
犢一（昊天上帝用犢一皇地祇不配帝用犢一）加羊豕各一五方帝用隨方色犢各一大明赤犢
一夜明白犢一神州地祇黝犢一皆有羊豕從祀中外

官而下共用羊豕各九周顯德元年郊祀太廟四至共
用犢一郊壇用犢羊豕之數如故頗異舊制詔太廟宜
用犢二郊壇宜用犢五羊豕如今　開寶元年十一月
十四日冬至親郊詔有司宗廟共用犢一郊壇用犢牲
如周制二年六月二十九日詔大祀所供犢自今委牛
羊司豢養無得闕事其常祀惟昊天上帝皇地祇用犢
自餘大祀悉以羊豕代之七月二十一日牛羊司上言
本司無犢牛望仍舊委開封府收市詔自今每犢給錢
五千復委開封府祇應　太宗淳化三年九月二十一
日侍御史王洞上言諸祠祭並用少牢其羊並太僕寺
於牛羊司請重二十斤以上者近日供到多是瘦瘠臨

時既難換易供用便爲虧禮況關進胙誠合用心自今
望令本司以肥腯者充如有違慢望行懲責從之四年
正月二日親郊以宣祖太祖並配上帝增用犢四　真
宗咸平二年十一月丙戌南郊正位二配位二每位用
犢一羊一豕一五方帝每位用羊豕一日月神州每位
羊二豕二從祠七百三十七位皆不用牲並以上件羊
豕分充用幣帛七十八段天帝配帝日月五方帝神州
外餘六十六段五年六月上甲始庀牲十月上甲始繫
牲　景德三年十二月二十日詳定所言准禮例后土
地祇用黄牲一配帝二座用黄牲二神州地祇用黝牲
一並繭栗犢及從祀羊豕各五仍各置副使預先滌養

四年十月十二日詔自今應用犧牲歲初委擇純色别
豢養之太常寺察舉在滌無得棲朴一如舊典中小祠
止用肉者並加羊一　大中祥符元年七月四日詳定
所上言南郊正位二配位二每位用犢一羊一豕一五
方帝每位用羊一豕一日月神州每位羊二豕二從祀
七百三十七位皆不用牲並以上件羊豕分充今參詳
准手詔五方帝日月神州並特用方色犢其舊用羊豕
二十二望改充從祀牲從之　八月四日詳定所上言
准光禄寺牒景德二年南郊天皇大帝北極二位升在
第一等與日月五方帝神位同用十籩十豆封禪日未
審用何等禮料今參詳日月五方帝神州地祇准禮用

犢。天皇大帝、北極、元是星座，准禮不用犢。封祀日，欲望
令光祿寺於從祀牲肉薦體，其籩豆禮料依第一等神
座例。從之。三年三月，詔自今十坊監、車營務、乳酪院、
諸園苑、開封縣西郭省莊有孳生純赤黃色牛犢，別置
欄圈餵養，准備揀選供應。如養飼可充用者，每一犢，省
莊人戶支錢三千，坊監二千。逐處有新生犢，即申省簿
記，關太僕寺，逐祭取索供應。四月二十四日，詔自今
祠祭豬羊牢殺，分為四段入房封鎖，至時請出，更不用
火印。仍令監祭常切點檢，稍有怠慢，罪在監祭使。仁
宗天聖元年十二月，詔自今每禁屠牢日限內有祠祭，
據合用肉，依仍牢殺供應，即不得牢過所用數。二年
卷五千四百六十
三月，詔供庖務、牛羊司自今據司農寺合要祠祭豬數
預先收買及式樣純黑長尾肥好豬，破糟食子，眾飼養
供應。如後更供瘦病不完具者，主典當行嚴斷，仍令開
封府每年舉行指揮。景祐五年四月三日，三司言：「祠
祭用犢，預先并毋豢於牛羊司候祭，乞犢支錢五千，毋
給本主。今後乞并毋給錢，免妨耕種。」從之。嘉祐七年
八月一日，翰林學士王珪等言：「准詔詳定秘閣校理裴
煜奏五方及七感生帝皆大祠，其從祀牲用羊一豕一，
禘祭正位、從祀一百九十有三，牲用羊二豕二，釋奠雖
曰中祠，文宣王配位、從祀九十有三，武成王配位、從祀
七十有五，各用羊一豕一，其封割殆不徧。尼禮院請祀

五方感生帝、禘八神、釋奠文宣王、武成王從祀者衆，其
用牲既少，俎實幾不能充。今宜加五方感生帝羊二豕
二，禘百神羊五豕五，文宣、武成王羊三豕三。請如禮官
之議。」詔恭依。
宋會要
十月十二日，詳定郊廟奉祀禮文所言：「熙寧祀儀，正月
上辛祀感生帝，孟冬祭神州地祇，牲用羊豕，宜俱用犢
而去羊豕。」從之。神宗元豐五年二月癸酉，監察御史王柏言：「
祭祀牢醴之具，皆掌於光祿，而寺官未嘗臨莅，失事神
之敬。伏請大祠皆輪光祿卿、少卿朝祭，及中祠輪丞、主
簿監視。」並從之。哲宗元祐六年正月，詔自今祠祭毋
卷五千四百六十一
用羔羊，從禮部請也。紹聖三年，禮部侍郎黃裳言：「北郊
配帝牲用赤，與南郊用牲不同。帝王德配天地，則其牲
幣宜從所配，請皆用黃。」從之。徽宗大觀元年八月七
日，詔京畿轉運司於近畿擇地置官，設徒養牛千頭，以
備祠饗，有餘供他用。故事祭祀用牛，令畿縣科買，言者謂擾民，故有是詔。
宋會要
九月十四日，又言：「禮記曰郊特牲而社稷太牢，又曰祭
天地之牛角繭栗，蓋以覆燾持載之功無物可稱，故至
恭不壇，掃地而祭，以下為貴也。大裘不裼，而冕無旒，陶
匏之器，稾鞂之席，以素為貴也。用繭栗犢取其誠愨，以
小為貴也。特牲而已，不及羊豕，以少為貴也。配坐亦特

牲以其祖遠而尊故以天道而事之書曰用牲於郊牛二春秋傳曰養牲養二卜是也嚴父明堂則有牛羊以其禰近而親故以人道事之詩曰我將我享維羊維牛是也孔安國不原於此乃曰郊以后稷配后稷眡於天有羊豕殊無經據本朝儀注昊天上帝皇地祇太祖皇帝之坐各設三牲祖不獨配位誤用羊豕而正位亦不專用犢非尚質貴誠之義伏請改正親祠圜丘方澤正配位皆用犢不設羊豕祖及鼎七有司攝事准此從之

三年六月十三日詳定郊廟奉祀禮文所言謹按古者祭祀用牲有豚解有體解薦腥則解為七體薦熟則解為十一體記曰腥其俎熟其殽鄭氏曰腥其俎謂豚

卷五千四百六十

解而腥之熟其殽謂體解而爓之孝子不知神之所享故薦腥而薦熟以備古今之食所謂豚解者四鬄去蹄殊其肩髀如解豚然也胖合升蓋吉祭升右胖非吉祭升左胖特豚則左右胖合升士冠禮曰特豚載合升是也周人貴肩而賤髀若薦熟升一胖則髀不升若薦腥左右胖俱載則髀亦升賈公彥曰凡言合升皆并髀升若體解升者髀不升是也故先儒言吉祭薦腥七體謂兩髀兩肩兩胉并脊也其髀與肩胉皆左右胖俱用以其解之如解豚則合載亦當如升豚矣至薦熟俎惟用右胖髀不升而體解為十一體（即用朝踐所薦七體沈於湯而體解之脊分為外其肩胳骨皆解右胖）肩臂臑肫胳正脊一胖脊一橫脊一短脅一

正脅一代脅一皆二骨以並周官內饔辨體名肉物凡宗廟之祭祀掌割亨之事外饔掌外祭祀之割亨陳其鼎俎實其牲體諸子大祭祀正六牲之體謂此也今親祠南郊正配位之俎用牛羊豕之足各一用肉各一大廟每室用羊豕之足各一用牛肉各一至饋熟又嚮三牲之肉各一不殊左右胖不分骨之貴賤無豚解體解之別伏請自今郊廟薦腥之時解其牲兩髀兩肩兩脅并脊為七體左右胖俱用共載于俎則以兩髀在兩端兩肩次之兩脅次之脊居中皆進末至薦熟沈肉於湯止用右胖髀不升前體肱骨離為三曰肩臂臑後體股骨去體離為二曰肫胳（其足附謂之蹢神俎所不用）前脊二骨謂之

卷五千四百六十

正脊其次直者二骨謂之脡脊又其次謂於脡脊者二骨謂之橫脊所謂脊從前為正而脊先前也脅最後二骨為短脅旁中二骨為正脅最前二骨為代脅所謂脅旁中為正脅先後也若升于俎則以肩臑在上端膊胳在下端脊脅在中央其載之次序則肩也臂也臑也正脊也脡脊也橫脊也代脅也長脅也短脅也膊也胳也此十一體在俎之序謂直依此說之少牢禮曰下利升豕其載如羊皆進下鄭氏曰進下變於食生也所以交於神明不敢以食道賈公彥曰公食大夫鄉飲酒牲體皆進腠腠是本是食生人之法此言進末末為終謂骨之終是食鬼神法故云變於食生也今骨體升俎進於神

歷之前伏請依少牢禮皆進下又言古者堂上既朝踐
然後退而合亨亨人以爨若朝踐所薦胜爓牲體更爨
於鑊令熟乃薦今來若俟更爨熟方薦則恐稽緩欲乞
以牲體肩臂臑肫胳正脊脡脊橫脊長脅短脅代脅今
割骨節各以其半為腥俎半為熟俎腸胃膚俎亦然並
從之　元豐元年八月又言請凡天神之祀皆燔牲首
以報陽凡地祇之祭皆瘞牲左髀以報陰凡薦享太廟
皆升首於室從之三月太常寺言郊廟奉祀禮文所言
應大中小祀正配合依禮解牲體腥十一體熟諸祀每
位以羊一豕一方得牲體數足高禖等四位猶例共羊
一豕一犢一解牲體不足今欲諸祀正配位用全體解

卷五千四百六十

割餘從祀位並分毀位神俎內兩師有正配兩位見用
羊一豕一乞各增其一並從之

宋會要

五年二月癸酉監察御史王桓言國朝南郊太廟儀注雖
有太常卿宗正卿省牲之文官惟太祀巡牲而已其省
鑊則以光祿卿而又求嘗視腥熟伏請祭前一日禮部
尚書侍郎省牲光祿卿奉牲告充備禮部尚書省鑊祭
之日禮部侍郎視腥熟之節從之又言應緣親祠告天
地宗廟社稷並依令用牲從之　哲宗紹聖三年六月
二十七日權禮部侍郎黃裳言北郊配帝之牲用犢與
南郊同然其色不同竊以帝王德配天地則其牲幣宜

從所配之色請皆用黃從之　徽宗大觀四年四月二
十八日議禮局言古者天子必有養獸之官遂人授之
牧人牧人授之充人擇其毛而卜之吉然後養之三牢
芻之三月封人歌其肥腯而宗伯省其純全然後用之
欽之至也故記曰帝牛必在滌三月春秋傳曰鼷鼠食
郊牛角過有司也展道盡矣其所以備災之道不盡也
言省牲而知傷是展察之道盡也牢閑不謹傷之者至
是備災之道不盡也古之養牲一月在外牢二月在中
牢三月在明牢天牲成矣然後以為天牲也又其養牲
也必養二帝牛不吉則以為稷牛乃復取稷牛而用之
大祀犧牲其嚴如此今郊廟所用牲牷雖已專置滌宮

卷五千四百六十

然未嘗易牢也乞命有司毛其純色芻之三月月易一
牢以應在滌之義中祀六十日小祀三十日皆考古法
庶協禮經從之　政和四年四月二十一日太常少卿
林震言祠祭用牲未嘗遍省恐失滌養之本意伏請自
今以一祭合用牲數並加省視舉然後告充告腯如常
儀五月九日太常言夏祭親祠升四鎮海瀆十三位於
第二成乞增用牛豕各三今後常祠皇地祇依此從之
　八年十二月國子監丞魚權太常博士王普言國朝
郊祀天地用犢而社稷宗廟與大饗明堂用牛羊豕皆
合於古巡幸以來禮文草創天地之祭止用少牢此權
時之宜非循舊典近因大臣所請乃詔有司依舊制用

太牢緣太牢係牛羊豕，唯大饗當用。所有冬祀、夏祭、祈穀、雩祀正配位，止合用犢，欲乞並依舊制。時太常寺申言：來年正月一日上辛祈穀祀上帝，合用正副牛犢共四頭，并毋係角繭栗純黄色雄犢，欲下兩浙轉運司於臨安府并所隸州縣官買。兼每遇祀天地牲牢，前九十日送牛羊司入滌，仍乞以後依限收買。並從之。

卷五千四百六十

吉禮　郊祀職事　大禮五使

宋會要　大禮五使　卷一萬三千三百二十五

九

祭祀行事官　淳熙三年九月二日，詔：「郊禮在近，合差官行事，所攝官稱其闕，有合沿革，可令禮部、太常寺討論議定，申尚書省。」九月十四日，詔以參知政事龔茂良為大禮使，參知政事李彥穎為禮儀使，同知樞密院事王淮以為儀仗使，簽書樞密院使趙雄為鹵簿使，武泰軍節度使、開府儀同三司、充萬壽觀使曾覿為橋道頓遞使，並以職事為序，更不置司。合行事令三省禮房專行，後同此制。十七日，禮部、太常寺言：「開寶通禮，皇帝冬至祀圜丘，行事所攝官稱，係太尉掌誓百官，侍中進玉幣，并奏請致齋及登輅前奏請，并用侍中。至政和新定官

制以左輔右弼太宰少宰易侍中中書令左右僕射之
名以五禮新儀大禮行事攝官稱用太宰少宰左輔攝
事至靖康元年詔三省長官名可並依元豐官制自紹
興元年至乾道六年大禮行事所攝官稱依舊用左右
僕射侍中乾道八年詔改左右僕射為左右丞相及侍
中中書尚書二令並刪去 乾道九年郊祀大禮以左右
僕射及侍中並改稱左右丞相前項所攝官稱典故沿
革不一令參倣上件禮例掌誓欲依舊例差宰執攝行
禮曰進玉幣爵酒欲依舊差執政攝萬三日奏請皇帝
致齋車駕自太廟詣青城輦輅前奏請進接圭乘進飲
福酒殿中監近降詔旨侍中雖已刪去緣每遇大禮進

卷一萬三千三百二十六

接圭秉進飲福酒殿中監亦差官攝事參倣上件禮例
並用侍中攝事責存舊名以備禮文欲依舊例差侍從
攝禮畢肆赦承旨宣制近降詔旨中書令雖已刪去參
倣殿中監攝事禮例并開寶通禮用中書令攝事貴存
舊名以備禮文欲依舊例差執政或侍從攝從之 四
年十月五日太常少卿齊慶胄言乞照詳國朝典故自
令宗廟祠祭並於宗室使相以下輪次選差非實有疾
不許辭免庶幾祀事益肅班聯可觀乞下大宗正司斟
酌若實年老難於拜跪免差行事其年齒差高可以拜
跪官欲乞並令本司依上件儀制差充五享初獻行禮
其除差亞終獻等官亦合照應儀制指揮輪差從之

十一

同日太常博士章讜言如同日祠祭御史臺報闕監察
御史從本寺申禮部關吏部輪請六曹郎官攝並不許
辭避吏不降敕如在散齋之內闕監察御史除初獻外
如本祭有郎官即請郎官攝監祭行事如無郎官欲從
上請官一員攝行在盤務官浙西安撫司臨安府屬官
差免祠祭行事內無齋舍及無本司者聽於鄰近寺觀
致齋前一日質明赴司所每遇祠祭祇應人前夕須管
於祠所附近寺觀瀑灣赴祠所祇應不得輒離祠所諸
色祇應等人如不嚴肅及違犯約束並令監察御史彈
奏無官人送大理寺內祠祭無察官處委本祭獻官檢
察從之 五年三月二十七日太常寺言每遇祀祭依

卷一萬三千三百二十六

儀制輪請本寺少卿行事今來太常少卿齊慶胄時暫
兼權侍立修注職事乞依已降指揮先趂赴侍立畢徑
赴祠所省饌致齋行事及日後遇祭祀輪請本寺少卿
行事致齋日分內有朝殿亦乞依上件指揮從之先是
國子司業兼太子左諭德兼權起居舍人蕭燧為仲春
上丁釋奠至聖文宣王充初獻行事在致齋內係常朝
日分許趂赴侍立畢徑赴齋故有是命 六年七月五
日詔以右丞相趙雄為大禮使樞密使王淮為禮儀使
參知政事錢良臣為儀仗使少傅保寧軍節度使充醴
泉觀使兼侍講史浩為鹵簿使少保寧武軍節度使充
醴泉觀使曾覿為橋道頓遞使既而良臣言五使之序

十二

止以職事爲定臣偶備員政府濫在第三史語以舊學元老兩登相位令遍下列望改臣所領處浩之次上批大禮五使以職爲序卿見參機政自有前郊體例不須謙辭　六年七月九日詔應被差行事等官如敢依前託故避免申乞改差之人委臺諫密切覺察具名彈奏取旨從中書門下省請也　十三日太常寺言明堂大禮前一日朝饗太廟合差南班宗室乞降敕差官施行從之員數如舊式　同日皇叔祖嗣濮王士輵言將來明堂大禮合差宗室行事士輵見年八十七歲乞免陪位立班詔別廟初獻改差嗣濮王士輵見年八十七歲乞免陪位立班詔別廟初獻改差嗣濮王士輵亞獻改差恩平郡王璩終獻改差保康軍節度使士歆　八月五日皇城司言明堂大禮從駕臣僚袛應人依格將帶外其餘應合行事官許帶一名若過數依闌入法不以大禮赦原從之此中明紹興三十一年已降指揮權依大禮皇城司例十五年八月同此　七年八月二日詔自令吏戶刑三部郎官免差祠祭如遇闕官許於卿監館職通差以中書舍人施師點言考功侍右多使兼二四侍祠祭乞與免差故有是命　九年七月十三日詔今歲明堂大禮少師史浩少保陳俊卿並特令赴闕陪祠令學士院降詔浩俊卿各以疾辭詔免十二年十月同　九年九月二日詔以左丞相王淮爲大禮使右丞相

卷一萬三千三百二十六

十二

梁克家爲禮儀使知樞密院事周必大爲儀仗使參知政事李彥穎爲鹵簿使安德軍節度使開府儀同三司充萬壽觀使伯圭爲橋道頓遞使　十年八月八日臣僚奏仁宗朝已極因監祭九宮貴神見以常朝官充攝行事遂引唐天寶中故事爲言乞攝太尉者差兩制以上所貴差重其禮以申崇奉之意今所祀九宮貴神三獻官類皆用寺監丞簿以下攝行祭事慮其太輕崇奉未至詔禮部同太常寺看詳今檢照遵用政和五禮新儀差官數內初獻係以禮部尚書侍郎如禮部尚書侍郎或闕依次輪別曹長貳充初獻行事先吏部次戶部之類　十年六月十五日臣僚言臣聞禮典有大祀中祀小祀之別主其祀者有宰執侍從卿少博士郎官之異亦曰尊卑隆殺惟其稱而已矣今或大祀而合主以侍從者乃代以寺監丞簿中祀而合主以卿少者乃代以局務官品位邈絶爲禮不稱禮非其禮敬何從生祭而非敬祭何益焉欲望明戒有司自今祭祀委官必當一遵禮法如果拘於職守適有疾病者須自未受齋戒之前報聞當差一等班列充代從之　十二年八月五日太常少卿朱時敏言臣詞祭祀之有齋非虛文也所以致其誠敬之心求於恍惚神明也散齋七日以定之致齋三日以齊之散齋於外致齋於內散齋致齋名言不同在外在內存誠則一蓋使之愈久而愈敬益深而

卷一萬三千三百二十六

十三

益嚴耳禮經所戒祭律所禁莫不皆然而今之所謂齋
者散齋不廢宴集致齋不廢遊觀夫獨不忍數日之不
宴遊舉禮律而棄之乎祖宗郊丘之歲車駕至青城召
侍從觀水嬉登觀警場至神宗以爲非致齋所宜罷之
至今齋日悉止遊幸陛下昭事天地孝饗祖宗禮敬百
神內則盡志外則盡物得其道矣百官有司豈所當忽
望明爾禁戒使各齋心以助精禋祭則受福豈非虛語
從之　九月十四日詔今歲大禮皇孫安慶軍節度使
平陽郡王擴令陪祠　十月十三日宰執進呈起居舍
人李巘奏竊見郊禋之祭命官行事或環列壇垓或分
布營壝或執事登降或陪祠左右皆所以尊天禮神然

卷一萬二千三百二十六　十四

贊導之吏利於速集往往先引就位以俟行禮漏下或
數十刻尚未及期立俟既久筋力有限徙倚疲頓或至
倒側及當行禮多不如儀肅敬之誠何從而生恐未足
以仰承陛下欽崇寅畏之心乞下有司將來祀禮如引
行事等官雖在時前亦須稍近行禮之時方令就位不
將多經時刻使至疲頓務在肅敬無或惰慢庶幾可以
盡事神之禮而不失重祠之意上曰此說甚當朕往日
在潛邸爲亞獻時催班亦早時風緊簾疎頗覺難待況
百官既無幕次又立班太早所謂雖有肅敬之心皆倦
怠矣蓋引班吏只欲早了他事寧顧時之未可今次只
須先二刻催班卿可諭與禮官　十二年十月十三日

詔以左丞相王淮爲太禮使右丞相梁克家爲禮儀使
樞密使周必大爲儀仗使參知政事兼同知樞密院事
施師點爲鹵簿使參知政事黃洽爲橋道頓遞使　十
五年六月十三日權刑部尚書兼侍講兼太子詹事葛
邲言嘗郊之際天地祖宗陛下之所親饗百神從祀遣
官分獻然神有尊卑官有大小不可以不求其稱如天
皇北極神州后土大明夜明與夫五帝五嶽之類居天
地之次爲百神之最尊而國家之所甚重者歿之舊比
乃止遣寺監丞簿分詣無乃不稱歟臣嘗求其故蓋宰
執既爲五使而侍從卿監郎官又皆在應奉執事之列
故分獻例差寺監丞以下初不問其秩之不等而禮之

卷一萬二千三百二十六　十五

不稱也今秋大饗明堂既在諒陰之內太廟景靈宮只
是遣官行事則應奉執事之官自當減省乞差近上官
詣近上神位分獻庶於禮爲稱禮部太常寺看詳今來
明堂大禮所設神位係並依淳熙九年外其兩朵殿分
獻官五員乞差寺監丞以上官充分獻行禮從之　十
五年八月十日詔以左丞相周必大爲大禮使知樞密
院事黃洽爲禮儀使參知政事兼同知樞密院事留正
爲禮衛使參知政事蕭燧爲禮器使少傅榮陽郡王伯
圭爲禮頓使　紹興二年四月十三日太常少卿耿秉
言祀事以敬爲主每祭必用三獻以一獻爲未足則再
獻以再獻爲未足則又獻示誠敬之有加過三則瀆矣

初獻以甲充，亞獻必別以乙充，終獻則別以丙充，各充期齋戒，以達其一時之敬，與神明交，庶或饗之。竊見祠祭行事官自受誓戒之後，或有疾故，則以次官兼攝。如初獻有故，乃以亞獻兼攝初獻；如亞、終獻有故，則以一攝二。適奠爵於神之前者此人，再奠爵於神之前者又此人，慢瀆孰甚焉。乞今後三獻官如有疾故，則於押樂、奉禮、捧爼等官內選擇，以足獻官之員，庶幾三獻各得其人，不至慢瀆。其獻官之外有闕，自從舊例兼攝。」從之。

紹熙二年九月二十五日，詔郊祀大禮以左丞相留正爲大禮使，樞密院事葛邲爲禮儀使，參知政事兼同知樞密院事胡晉臣爲儀仗使，大尉、保大軍節度使、提

卷一萬三千三百二十六　十六

舉萬壽觀郭師禹爲鹵簿使，戶部尚書兼給事中葉翥爲橋道頓遞使。　紹熙五年八月十三日，以明堂命少保、左丞相留正爲大禮使，樞密使趙汝愚爲禮儀使，樞密院事兼參知政事陳騤爲禮衛使，參知政事余端禮爲禮器使，簽書樞密院事羅點爲禮頓使。　慶元元年三月二十三日，臣僚言：「恭遇哲文神武成孝皇帝神主祔廟，陛下親詣重華宮行奠神奉辭之禮，然後迎奉神主即於太廟，千官在列，百執趨事，嚴恭徽恪，無或不虔，亦知宗廟重事、國家大典不敢輕也。然誠之所寓，三獻而已，神之鑒否，惟是之視。今之獻官乃有甚不然者，以錢塘縣尉師邈爲終獻官是也。事莫重於宗廟，官莫卑

於縣尉，以至卑之官行至重之事，何禮敬之不孚、情文之不副也！臣按《政和五禮新儀》，太廟、別廟，親王、宗室使相、節度使并郡王、觀察使以上爲初獻，宗室止任以上爲亞獻。今縱闕官，何至以一尉通攝乎？若以不曾受誓爲嫌，則以亞獻兼終獻可也。今事已無及，但惜以卑官行重禮，不能體陛下孝思之誠，無以慰孝宗降鑒之靈耳。臣求其故，蓋由近上宗室憚於致齋行禮，多以疾辭，臨時倉猝，遂令通攝。乞申飭有司，自今有事於太廟，行事官則依《五禮新儀》定差，有辭疾者，則令內侍省押醫看驗，庶幾官稱其事，實副其名，祀事孔嚴，神明顧享。」從之。　八月二十六日，臣僚言：「竊見近來祠祭，每於受誓

卷一萬三千三百二十六　十七

宿齋之次，所差官以疾辭者率是數人，不免委以次官通攝，至有簿尉、監當而充獻官者，甚不稱陛下咸秩群祀、揭虔妥靈之意。竊原人情縱弛，前後相襲，彈劾未及，得以自肆，固是一說。然吏部所差員數有限，而祠祭無月無之，一旬之間至有三四，又有同時數處者。如職事稍冗，被差頻併，卻有所妨。官清務簡，莫如館學，宜於禮文所不當畧。矧國之大事在祀，若視爲煩冗，不屑爲之，臣子之恭，豈應有此？乞下吏部置籍消注，將館學照前後所差職事體例，與寺監等處一等輪差，除太學私試先期將鎖院、開院日分報部照應外，如所差官託疾推免，當遵承條格彈奏施行。」從之。　三年二月七日，臣僚

言禮莫嚴於祀宗廟祀莫重於奉神主祏室肅開擁侍
出入楊位儼設陟降奉安備盡恪恭罔敢失墜此宮闈
令之職也執事匪輕差官宜擇臣備員分察監祭匪一
竊見所差宮闈令年齒幼小者率居其半其年未長人
物短小者難於攀取易於乖疎進止周章步趨惶遽職
奉神主豈比他官禮或有違臣實懼焉乞日後遇祭宗
廟應差宮闈令必擇長成重厚之人仍不許託疾避免
庶幾謹於執事宜於大體有以仰副陛下寅奉宗廟之
意從之　四月十三日禮部郎官兼實錄院檢討官曾
晱言竊惟禮以誠敬為本而寓於周旋揖遜之容故禮
儀三百威儀至於三千而漢之徐生以善為容世世掌

卷一萬三千三百二十六　十八

禮若夫祀事則尤禮之大者國家嚴於祭祀郊廟百神
無所不盡其敬而奉常贊引之吏比年習玩浸成簡忽
凡見於動容周旋往往僅存文具盥洗之詣水帨及盥
而帨儀已畢滌爵之所芴未暇搢而贊拭已終神位之
前跪方至地幣已代薦酌獻之際爵甫及手奠已至三
其升降拾級之忽遽俛伏興拜之迫促若此類者未易
悉數祠官進趨之節唯贊引是從彼既一於務速此亦
汲汲常若有所弗逮雖欲少加安徐以展誠敬顧何可
得恭惟陛下欽崇禋祀務盡肅恭茲方禮行於郊尤宜
伸飭誠敬願戒奉常舉凡祀事亟革舊習俾諸薦獻執
事之官稍得從容中節詔令太常寺常切覺察遵守如

有違戾令御史臺彈奏　慶元三年八月二十三日以
郊祀大禮命左丞相京鏜為大禮使保寧軍節度使開
府儀同三司充萬壽觀使韓侂胄為禮儀使參知政事
兼知樞密院事謝深甫為儀仗使參知政事何澹為鹵
簿使簽書樞密院事葉翥為橋道頓遞使繼而改韓侂
胄為橋道頓遞使　十二月八日詔朕初郊禮成五使
依例加恩外在法合得增守特許指占下等寺院一次
不以為例　四年八月二十六日侍御史陸峻言祭祀
行於宗廟神祇不可不致其嚴故先事以戒期齋宿而
就列警其職者有誓糾其慢者有官如是而敬事之誠
者今彼差之官多有託疾避免而臨時通攝者幾年至

卷一萬三千三百二十六　十九

如國忌行香有經年勉赴一二者何其敢為慢易若是
耶廢禮玩法莫此為甚謹按御史臺彈奏格應朝宴及
祠祭官或國忌日稱疾不赴者皆牒入內內侍省差人
押醫官診視詐妄者彈奏六參及趁務望參官為朝參
連三次請假一歲通計五六次者與外任差遣欲望申
嚴前項令格以儆有位從之　六年八月二十五日以
明堂命右丞相謝深甫為大禮使知樞密院事兼參知
政事何澹為禮儀使簽書樞密院事陳自強為禮衛使
少師永興軍節度使充萬壽觀使平原郡王韓侂胄為
禮儀器使昭化軍節度使開府儀同三司充萬壽觀使
吳瓌為禮頓使　嘉泰三年八月二十五日以郊祀大

禮命右丞相陳自強為大禮使太師永興軍節度使充萬壽觀使平原郡王韓侂胄為禮儀使知樞密院事兼參知政事許及之為儀仗使參知政事費士寅為鹵簿使同知樞密院事張孝伯為橋道頓遞使　開禧二年七月二十七日以明堂大禮命太師平章軍國事韓侂胄為大禮使右丞相陳自強為禮儀使知樞密院事張巖為儀仗使參知政事李壁為鹵簿使吏部侍郎兼權吏部尚書楊炳為橋道頓遞使　嘉定二年八月四日以明堂大禮命知樞密院事兼參知政事雷孝友為大禮使參知政事婁機為禮儀使參知政事樓鑰為儀仗使同知樞密院事章良能為鹵簿使簽書樞密院事宇文紹節為樓道頓遞使　嘉定五年二月二十八日臣僚言竊見朝廷每遇祠事所差行事官雖本之以朝士然必以在部及寓居雜流之人參焉多至十之五少亦三之一雜然如十指之不齊窺其容貌率皆塵俗視其舉動類多乖野夫食祿於朝仕於京局與府縣之官不為少矣何至乏才究其所以蓋所差非盡出於吏部之手率是符給空名付之游手輩覓寄居等官施行填鑿投之者有定價得之者不過苟微潤而圖餔啜當受誓之日隨衆一來臨期樸被託宿齋宮一夕而去其所謂齋者懵不知為何事國家備犧牲粢盛之屬不敢闕一將以昭假神示以來福祿顧使苟微潤圖餔啜者周旋其

卷一萬三千三百二十六

二十

間禮意失矣望戒吏部今後只從在朝及見任釐務等官差委祠事遇郊祀年分典禮盛大執事者衆方許於在部官內選擇儀狀端正容止可觀者與祭其餘癃老與雜流出身一切住差庶幾禮敬無不足之患矣從之
五年九月二日以郊祀大禮命右丞相史彌遠為大禮使知樞密院事兼參知政事雷孝友為禮儀使參知政事樓鑰為儀仗使同知樞密院事章良能為鹵簿使簽書樞密院事宇文紹節度橋道頓遞使　六年正月六日臣僚言士夫弛慢之弊祠祭率多避免受誓既畢猶復告假丞郎以上罕有被差親故夤緣有終歲而不預臨期通攝或一人而兼數職乞下吏部差官行事以京官選人分置兩簿香自尚左侍左郎官掌管自上而下周而復始繳送御史臺銷注以防不均又其差及到部官良以為苦蓋外方之士裹糧赴調或遇雨雪沾濕寒凜之際大為狼狽兼請出祭服必用付身文字抵當併乞下吏部止就在京職事局務等官內輪流差委不必更及參選待次之人從之　七年十月十三日臣僚言朝廷大祭一歲三十有四中祀九小祀三太廟朔祭薦享奏告不與焉典禮崇重無不備至被差行事官臨時託故請假者過半太常吏綿蕝差見在者通攝一員至攝三兩員職事禮官稀疎極為不肅乞令所屬今後行事官臨時請假者仰御史臺太常寺差到吏人具姓

卷一萬三千三百二十六

二十一

名申臺部不理本月當差人數次月再差行事如實有
病患事故權與給假次日御史臺審實庶幾禮文整肅
仰副陛下至誠感神之意從之　八年八月六日以明
堂大禮命右丞相兼樞密使史彌遠為大禮使參知政
事鄭昭先為禮儀使簽書樞密院事曾從龍為儀仗使
吏部尚書李大性為鹵簿使禮部尚書范之柔為橋道
頓遞使　十年三月七日臣僚言檢御史臺彈奏格應
祠官不恭及器服禮料不如法者彈奏又誓戒云各揚
乃職敢有不恭邦有常刑臣三月三日季春出火祀大
辰適與監祭初據太常寺修寫進胙奏狀係臣與攝光
祿卿大常寺主簿黃民望連銜具奏續因終獻官請假

卷一萬三千三百二十六

二十二

通攝別換奏狀卻係太官令監臨安府都稅院蔡戎攝
光祿卿與臣連銜臣即索上通攝單子點對乃是民望
禮令人吏改請通攝初無公文辭免臣照得民望職隸
容臺豈不知祠祀為國之大事務在嚴肅顧乃規避拜
跪私易一監當選人攝事與臣連銜具奏非惟失事神
之敬抑且失尊君之義臣職當彈奏乞將民望罷黜以
為祠官不恭者之戒從之　十一月二日臣僚言國之
大事在祀配以祖宗又祀之至重者也謹按中興禮書
五禮新儀及太常寺條具祠祭合差行事官窠目格式
照得本朝每歲大祀雖多而以祖宗配饗者有七除正
月上辛祈穀孟夏雩祀季秋合祀上帝并夏日至祭皇

地祇冬日至祀昊天上帝凡此五祀皆以宰執充初獻
其亞獻則差禮部尚書侍郎或闕依次輪差別曹長貳
次給舍諫議外有正月上辛祀感生帝立冬日後祭神
州地祇合差禮部尚書侍郎太常卿少闕聽報祕書省
長貳充初獻其亞獻則差太常卿少禮部郎官或闕差
五曹郎官又闕差太常丞其終獻及執事官皆照班列
以次輪差若局務監當皆不與焉以此可見祀天祭地
為重故以祖宗為配所差獻官必先宰執侍從而後卿
監郎曹伏見今月十二日為立冬日後祭神州地祇前
二日奏告太宗皇帝而所差掌誓涖誓初獻官乃以尚
書侍郎為職有妨互相推避類差郎官及監丞博士攝

卷一萬三千三百二十六

二十三

之尊卑不稱輕重不等甚非所以仰副陛下交神明盡
誠敬之義也乞下太常寺吏禮部今後祠祭合差行事
官寺監丞簿已下從吏部左選依議差攝卿監已下郎
官已上從太常寺具申尚書省點差取有感生帝神州
地祇兩祀係以太祖太宗為配其初獻掌誓涖誓官乞
依前五祀亞獻所差禮部長貳體例如有故或闕即依
次輪差別曹長貳或給舍諫議充攝仍並照卿監體例
具申尚書省一併點差庶免臨期妄有推託而陛下尊
崇祀典之意不為具文從之　十一年七月五日臣僚
言恭惟陛下純誠篤實生於內心嚴恭寅畏俱非外飾
臨御以來於今二紀一歲常祀三歲大祀靡神不舉靡

祀或闕四孟朝享拜跪煩勞而不以為彈烈風驟雨而不以為少止或慶雲翔飛於壇壝之次或陰霾頓散於默禱之餘聖君在上一誠對越如此其至在位百辟奚忍負之乃今有未脣應者可不有以戒敬之已受誓戒或預宴樂齋宿祠宮或至聚飲喧譁笑語無所裁制息情偃蹇見於動容以至脣贊樂工之徒習於褻慢弁歌方作而罇俎之間或竊酒饌燎瘞未終而禮器燈燭為之一空似此不虔何以上荅陛下格於神明之誠欲望下臣此章須爾百司各令尊守自今已後受誓戒不得輒預宴樂齋宿祠宮不得聚飲喧譁隸使不得竊取酒饌瘞燎未畢不得遽撤禮器燈燭如或違戾許御史臺一一彈奏寘之典憲從之 十一年八月四日以明堂大禮命右丞相兼樞密使史彌遠為大禮使參知政事鄭昭先為禮儀使簽書樞密院事曾從龍為儀仗使吏部尚書李大性為鹵簿使戶部尚書薛極為橋道頓遞使 十四年八月十四日以明堂大禮命少保右丞相兼樞密使史彌遠為大禮使知樞密院事兼參知政事鄭[illegible]先為禮儀使同知樞密院事宣繒為儀仗使簽書樞密院事俞應符為鹵簿使吏部尚書兼權戶部尚書薛極為橋道頓遞使

卷二萬三千二百二十六

二十四

全唐文

宋會要 郊祀御札

乾德元年八月一日內出御札曰王者誕膺駿命光啟鴻圖罔不升中於泰壇昭祀於上帝著諸令典是謂彝章朕自撫中區行周四載稼穡既聞於豐稔邦家屢集於休祺豈凉德之升聞感茲多祜蓋上穹之降鑒錫我小康得不祗率前文躬行大禮式展奉先之志虔申報本之誠用荅天麻且符人欲朕以今年十一月十六日有事於南郊宜令所司各揚其職務從省約無至煩勞諸道州府不得以進奉為名輒有率斂庶遵儉德以奉嚴禋中外臣僚當體予意先是有司言通禮以冬至日

全唐文

祀圜丘今歲十一月二十九日冬至國家初行郊祀近晦日乞改用十六日乃從之而下詔是後親郊御劄唯裁制變革則備載二日詔曰中原多故百有餘載禮樂儀制不絕如綫方今天下無事時和年豐神神報本資乎備物執事者所宜講求遺逸遵行典故無或廢墜以副我寅恭之意於是宰臣范質等相與討尋故事時官籍散落舊吏皆物故惟得後唐天成中南郊鹵簿字圖考以今文頗為踈略其相違戾者亦多質等參定新本曰南郊行禮圖質自為序乙未上之凡壇壝牲器玉帛醴饌齋戒之制與祠官定儀以聞

六日太常禮院言皇帝親祀南郊諸司應奉預申嚴辨

城

鹵簿儀仗（兵部）鼓吹樂懸登歌（太常寺）車輅（太僕寺）六軍儀仗（殿中
左右金吾仗（六軍諸衛、左右金吾衛）芳亭鳳輦香蹬腰輿繖扇（殿中
省）立金雞撃鼓（將作監、太常寺）祭器朝〔服〕祭服諸法司物（少府監）皇
帝通天冠絳紗袍衮冕服鎮圭拂翟殿上扇（宣徽院）明德
門外太廟南郊齋宮百官幕次郊壇棘成青板城籸盆
（開封府）昇寶令史贊者牙版位版（門下省）百官班次前資致
仕官諸方客使進奉僧道耆壽蕃客陪位（御史臺、四方館、鴻臚寺）
崇元殿明德樓太廟御幄大次郊壇綵樓席褥蠟燭（儀鸞
司）皇帝位版行事位版（太常禮院）南郊壇衆星位版并刻漏
時辰（司天臺）開啓宮門（皇城司、武德司）仗馬（宮苑司）修撰儀注移牒
諸司詳定儀仗法物殿庭并太廟南郊壇贊引行事（禮儀
全唐文
使司、太常禮院）南郊壇太廟城門外并沿路軷祭供備遞處禮
料粢盛（光祿寺、太常寺、太僕寺、太府寺、將作監、少府監、司農寺、司天臺、宗正寺、衛尉寺、祕書省）從
之十一月二日太常禮院言唐韋縚爲太常卿知禮儀
事又杜鴻漸楊綰並以太常卿爲禮儀使其職一也準
儀注以禮儀使贊導而開元禮合用太常卿令請並置
分左右前引從之十二日命皇弟開封尹匡義充南郊
御營使殿前都指揮使韓重贇爲儀仗都總管殿前都
虞候楊義副之自後親郊增置行宮使四人青城內至
郊壇巡檢及押儀仗新舊城裏權都巡檢使權都同巡
檢使各二人管勾大內
十三日帝宿齋於崇元殿翌日服通天冠絳紗袍執鎮

圜

圭乘玉輅由明德門群臣夾侍鹵簿前導赴太廟五鼓
朝饗禮畢質明乘輅赴郊齋於帷宮十六日甲子服冕
服執圭合祭天地於圜丘奉禧祖配以皇弟開封尹匡
義爲亞獻興元尹光美爲終獻舊制皇帝升壇以褥籍
地象天之黃道帝曰朕潔誠事天不必用此命徹之自
是親郊宿齋朝饗率如儀唯變革則錄
四年七月甲子朔詔冬至郊祀（既平嶺南，行報謝禮）十一月二十
六日戊午親饗太廟始用繡衣鹵簿二十七日己未合
祭圜丘肆赦
四月三日合祭天地於圜丘還御五鳳樓肆赦
六年九月二十一日詔曰并汾平殄吳越來朝萬國封
全唐文
疆盡稟正朔又飛蝗盡瘞霖雨頻霑稼穡咸登黎元大
慶朕以今年十一月十七日親行大禮躬詣圜壇虔伸
告謝之誠用表吉蠲之懇
九年六月二十三日詔權停封禪以其年十一月二十
一日有事於南郊畢肆赦
九月二日詔將以十一月二十日有事於南郊前祀十
日皇子許王薨有司言王薨在未受誓戒之前準禮天
地社稷之祀不廢帝疑禮有未便命宰臣於中書集公
卿詳議吏部尚書宋琪等議曰伏見先王制禮本於人
情垂爲世範匪天降而地出必適變以從宜允叶大中
是爲要道國家以冬至之日皇帝有事於圜丘適值親

從

王堯謝獻議者據禮文云天地社稷之祭並不廢竊以許王堯謝去郊禮纔十餘日詔輟十一日已後五日常朝且至尊成服百寮入慰又以今月十二十三日百僚尚書省受誓戒按令式受誓戒之後不得弔喪問疾決斷刑獄皇帝既輟朝而未成服則全與禮文百僚既受誓戒而入奉慰則又違令式所謂國家之儀盡失吉凶之制相干況在聖明所宜慎重且許王地處親賢望隆磐石於朝廷為世子於昆仲為太宗堯謝已來臣庶泣歎伏想聖情追念其可量也當悲悼慘傷之日行昭升嚴配之儀臣等實慮上帝之不歆下民之斯惑矣今陛下濬發精意親祀昊穹制書既已宣行大禮不可中輟

全唐文

當更祭日庶叶通規臣等按祭天地數歲有四焉載於禮經非有差降伏請移日就來年正月二日上辛行禋祀之禮則許王之喪紀已終郊廟之吉儀獲展以家以國情禮兼申詔俟琪議改用來年正月二日上辛行郊祀之禮其冬饗太廟差公卿攝事漢武以正月上辛祀甘泉圜丘取齋戒自新之義

至道元年十二月十五日詔曰昨降明詔將奉郊丘取來歲之仲春伸大報於上帝載稽方策旁求故實二月初吉蓋是中和之辰獻歲上辛合伸祈穀之典宜從改作庶叶通規朕今用來年正月十日有事於南郊先是帝語近臣凡郊饗必在合祭之日不當違經制故改用

禮二八之四

圜

正月上辛　二年正月己酉親饗太廟辛亥合祭天地於圜丘肆赦

真宗咸平元年八月二日翰林學士承旨宋白等上新畫南郊圖先是至道二年太宗令內侍裴愈石永慶於朝元殿集畫工繪此圖命白總其事至是方畢凡為三幅外幅列儀衛中幅輅車及導駕官人物皆長寸餘又畫圜壇祭器樂架及青城警場悉皆詳備命藏於秘府賜白銀綵一百匹兩愈承慶各錢三萬翰林畫待詔高元吉賜緋餘工追掌事緡錢有差王延德為行宮使為南郊錄

景德二年七月十一日詔向來每因郊祀於京畿近州

全唐文

配率供億念玆氓庶良可矜優宜令三司未得循例施行別俟進止十一月十三日親郊前七日百官習儀於郊壇是日大雪詔改用次日習儀禮成還御乾元門召從官賜酒三行而罷帝自齋即進蔬茹至是始飲酒焉

大中祥符六年八月一日詔以來春親謁亳州太清宮行朝謁之禮先於京城東郊別置壇回日恭謝天地七年二月十六日有事於東郊九年五月一日詔以來年正月一日詣玉清昭應宮與天下臣庶恭上玉皇大天帝聖號寶冊十日有事於南郊行恭謝之禮（三日禮儀院言諸司每行郊禮文字皆指名郊天恐非寅恭之意欲自今凡於郊禮止稱南郊凡言合祭亦不得指名凡字從之）

仁宗天聖二年八月十二日太常禮院言南郊合行薦

禮二八之五

抵　候　飭見下熙寧二年八月詔書

告之禮望降所用日詔將來玉清昭應宮景靈宮太廟同日行禮十六日橋道頓遞使王臻言自太廟赴郊壇日望取舊路向西經景靈宮前過令御街直南由朱雀門青城奏可自景靈宮成真宗饗廟畢赴青城改路由廟南低麗景門街西合御街南出蓋不欲乘輅過景靈宮門至是臻請始復景德舊制仍令至日差官奏告景靈宮九月二十二日太常禮院言將來南郊只自行禮前三日禁止京城裏外喪葬哭泣俟禮畢次日依舊例十一月丁酉祭圜丘御正陽門赦天下天安殿上尊號

五年七月二十八日詔將來南郊除奉天地宗廟自依典禮外其餘供應乘輿服御等物各行雅飾者令三司

全唐文

相度減省務從簡約二十九日禮儀使劉筠言伏詳天聖二年南郊制度皇帝自天安殿一日之內數次展禮萬乘之陟降爲勞百執之駿奔不暇欲乞將來南郊禮畢別定日詣玉清昭應宮景靈宮行恭謝之禮詔送太常禮院禮官言皇帝南郊前宿齋行禮實爲煩併恭詳前三日致齋於天安殿其赴太廟日先詣景靈宮行薦饗之禮如太廟之儀赴太廟致齋俟南郊禮畢別擇日詣玉清昭應宮行禮恭謝之禮從之

景祐二年十一月十四日合祭天地於圜丘三聖並侑降壇如御小次須三獻禮畢復版位望燎還次鼓吹振作先是帝以祖宗功德之大重配侑之典命禮官詳定

禮二八之六

撰　幣

其事有司著儀以太祖定配太宗迭配今歲親郊請以三聖侑至是壇上設太祖太宗真宗三位配祭又親撰歌樂曲章樂以申嚴奉故事郊廟親祀上設更衣幄殿朱有小次至是禮官引周禮之文請設小次於版位少東每獻畢降壇就小次俟三獻行禮畢復就版位詔如所議

八月十六日御大慶殿門觀新南郊儀仗法物宰臣兩制以上預焉十一月十八日親郊以迎江軍節度使允讓爲郊廟亞獻安化軍節度觀察留後允弼爲終獻事畢肆赦

慶曆元年十一月十五日詔免諸蕃太廟陪位其宣德

全唐文

門景靈宮門外及南郊壇立班如故二十日親郊詔郊壇黃道褥改用緋絹奠斝登獻畢朕更不就小次並捲去簾障以表恭事天地之意

十一月二十二日帝齋於大慶殿翌日詣景靈宮行薦饗禮畢次赴奉慈廟行躬謁之禮二十四日齋於郊宮夜四鼓合祭天地於圜丘始至壇下詔太常太樂六變無壇減節不御小次徹黃道褥以盡恭肅之心舊制郊禮黃道褥鋪至一級其第一級榛以緋褥至神位至是盡令徹去

治平二年十一月十六日合祭天地於南郊以太祖配故事皇帝將就版位祠官同班向皇帝須就位乃復待

禮二八之七

臣蹕講册至御名則興至是詔以尊奉祠勿回班及興時吕公著攝太僕卿參乘為上言仁宗親祠徹黄道以登虛小次不入上皆循用之

熙寧元年二月九日翰林學士承旨王珪言準詔令兩制以上至臺諫官與太常禮院同詳定今年冬至當與未當親行郊禮謹上議曰按王制喪三年不祭唯祭天地社稷為越紼而行事傳謂不敢以卑廢尊也是則居喪而得可見天地也春秋僖公三十三年傳凡君薨卒哭而祔祔而作主特祀於主烝嘗禘於廟杜預以謂親主既特祀於寢則宗廟四時常祀自當如舊是則居喪而可得見宗廟也周公稱商高宗諒闇三年不言子張

全唐文

疑之以問仲尼仲尼荅云何必高宗故之人皆然高宗不云服喪三年而云諒闇三年者杜預又謂古者天子諸侯三年之喪既葬而服除諒陰以居心喪不與士庶同禮也然則服除之後郊廟之祭可勿舉乎南齊以前人君嗣位或仍前郊之年或別自為郊下有司議而王儉乃援晉宋以來皆改元即郊而不用前郊之年自漢文以来皆即位而謁廟至唐德以後亦踰年而行郊况本朝景德二年真宗居明德皇太后之喪既易月而服除明年遂饗太廟而合祀天地於圜丘請冬至行郊廟之禮其服冕車輅儀物音樂緣神事者皆不可廢詔用景德故事惟郊廟及景靈宮禮神用樂鹵簿鼓吹及樓

禮二八之八

言字疑誤　告

沿

軏

前宮架諸軍音樂皆備而不作警場止鳴金鉦鼓角仍罷諸軍呈閱騎隊故事齋宿必御樓警言幸後苑觀花作水戲至是悉罷之有司言故事當謁謝於祖宗神御殿獻享用吉禮以禮官攝詔遣輔臣仍罷詣佛寺是後國有故皆遣輔臣

七月四日内出御札曰有天下者莫重上神之報為人子者莫嚴宗廟之承奉躬三歲之祠常候一陽之運緬慕先聖光施冲人載循禋類之期適在諒陰之際大懼不能備飾儀物奉將粢盛於是剌六經之文傳博士之議皆以謂喪有以權而順變祭無以卑而廢尊矧稽參西漢之彝泓用景德之制顧予凉菲賴帝况臨遂卜天

全唐文

正之辰往修郊見之禮方且進祈茂祉以大芘黎元昭格至精以終圖熙事庶幾能饗其敢憚勤朕以今歲十一月十八日有事於南郊咨爾攸司各揚厥職諸道州府不得以進奉為名輒行科率其百司除事神之物並宜仍舊外餘應干供奉所須務令純約以稱朕不忘孝思之義　八月詔將来南郊除祇奉天地宗廟依典禮外其餘供應乘輿服御等事件務從簡約應不須雅飾之物不得妄有申舉枉有勞費十一月十七日上齋於郊宮罷臨觀閲幸苑囿十八日昧爽合祭天地於圜丘帝至壝門却御蓋登壇黄道褥不御小次命侍祠官勿回班以答寅恭報本之意　四年楊傑為禮官識諸司

禮二八之九

之字衍

所職祠事為郊祀總要一卷
七年七月二日內出御札曰王者饗帝圜丘以虔報本
之誼尊宗親廟以將反始之誠人道至隆國章茲重維
五聖之故事謹三歲之親祠朕以不德獲承先憲以時
稱秩其敢怠荒宜卜天正往修郊類庶錄精意之享以
祚蒸民之生且詔先期用孚群聽朕以今年十月己未
有事於南郊咨爾有司各揚厥職相予祀事罔或不恭
十年七月三日內出御札曰燔柴而祭泰壇執幣以事
上帝陟配祖烈靈承天明永惟五聖之謀率用三年之
禮顧朕菲德纘時丕圖烝嘗宗廟之休衆對神祇之
祐屢迪熙典訖登至平是用卜天之正考日之至致精
全唐文
以嚴大報饗福而庇黎元戒以前期告于有衆朕以今
年十一月甲戌有事於南郊咨爾攸司各揚迺職協成
祀事稱朕志焉　十一日提點南郊事務向宗儒言準
式後苑造回鸞花草牡丹一萬朵鑿枝七百五十朵請
如宴式更造新樣依式賜外御營唱探軍別無應奉教
驗只係收馬及檯擎乞罷給從之仍照殿前馬步軍都
副指揮使已下等第益數四廂都指揮使橫行使副兩
省供奉官殿頭舊無例者並特贈給
二年八月詔自今親祀奠而不酹內壝之外衆星位周
環每二步別植笥橛一綳青繩三重以為限域先是提
點南郊事務向宗儒言車駕詣太廟行禮畢焚冊於齋

丘

大字衍

潛

殿門外禁衛於此坐甲地步狹隘而郊壇內壝之外衆
星設位舊無限域乞自今於南神門外少東焚冊以笥
橛綳繩為壝外之限又言冕服器用多參以今禮唯匏
爵獨循古制恐未為稱又酹酒於盤爌於祼獻恐非大
神大不祼之意乞下禮官詳議至是禮院奏以為焚冊
於南神門外壇壝綳繩以限星域及匏爵奠而不酹當
如宗儒議至欲飾匏爵即非古按先儒義說但曰破匏
為爵而不云有飾且取其自然以象天地之性故有是
詔
六年七月四日內出御札曰王者煬煙泰壇以致永天
之義祼鬯清廟以嚴達孝之誠永惟五聖之謨必躬三
全唐文
歲之祀肆惟菲德獲紹丕圖賴帝博臨豐年屢應群生
和而草木茂三光全而寒暑平宜卜天正恭修郊類以
對萬周之祜以展放唐之文特戒先期用孚大號朕以
今年十一月丙午有事於南郊咨爾有司各揚厥職相
予祀事罔或不恭
哲宗元祐七年七月七日內出御札曰萬物皆本於天
顧何以報五經莫重於祭所貴者誠惟本朝郊禘之文
有列聖典章之舊朕勤遵太母之訓祇守丕基之成八
年於茲萬宇以治深惟菲德之及此實由上帝之祐民
宜修親饗之恭以盡欽承之義奠玉以致純潔升煙以
達高明嘉與臣工共圖釐事朕以今年十一月十四日

有事於南郊，洛爾有司各揚厥職，相予禋祀，罔或不恭。
九月十八日，詔今歲圜丘宜依熙寧十年故事，設皇
地祇位，以申始見之禮，候親祠北郊，依元豐六年五月
八日指揮。
時輔臣建言：帝初郊，特設皇地祇位，以合祭。帝至壝外
壝，命徹蓋及內壝，詔百官不回班，自小次歷午階升壇，
不設茵褥，稽首跪奠，禮畢，御史言皇帝親祀南郊，自誓
戒之後，陰晦不常，十二日微雪，十三日郊壇黕䨴，亦有
大風至夜，星月爛然，行事之時，氣和風靜，宣赦之日，天
色澄明，其夜陰風，次日大雪，乃知天地神祇感應歆饗，
以彰盛德，乞宣付史館，從之。是時宰臣至侍從官皆進詩稱賀。　紹聖三
全唐文
年正月二十七日，詔罷合祭。　元符元年七月三日，制
曰：朕纘承聖緒，紹述先猷，以微渺之身，託士民之上，惟
德弗類，荷帝降衷，錫之元符，以申景命，天休滋至，殆弗
克堪，黎民時雍，西戎即叙，協氣來應，豐年屢臻，永惟方
夏之底寧，寔自穹昊之眷祐，若稽大報之義，蓋講宗祈
之文，煬高煙於紫壇，薦嚼鬯於清廟，庶幾祖考之格，且
獲明靈之歆，嘉與臣工，共圖釐事，亶孚有衆，申戒前期，
朕以今年十一月二十日有事於南郊，洛爾有司各揚
乃職。
徽宗建中靖國元年七月五日，內出御札，敕內外文武
臣僚等：祭莫重於天，聖人極郊卯之報，德莫加於孝，王

者嚴宗廟之儀，朕以渺躬，獲嗣丕祚，煢然衘恤，逮茲踰
年，欽惟三歲之郊，每候一陽之應，揩諸禮典，不以卑而
廢尊，越予冲人，亦惟事而師古，刻德弗類，賴帝降康，諸
夏乂安，遠人款附，四時不忒，百穀用成，若稽先王之猷，
祇適列聖之訓，順迎穀旦，躬饗圜壇，以致靈承之心，以
祈右序之貺，用孚大號，誕告前期，朕以今年十一月二
十三日有事於南郊，洛爾有司各揚厥職，相予禋祀，罔
或不恭。　八月五日，詔將來南郊權行合祭之禮，二十
六日，詔罷合祭。（政和會要）誤於崇寧三年十一月二十六日
始載罷合祭，今改正。　十一月四日，詔將來南郊行禮
入壝門，就版位，百官皆不得回班，讀冊至御名勿興，壇
全唐文
陛徹去黃道茵褥，入壝門不張蓋，並如故事。　十八日，
帝將來親郊，初自景靈宮赴太廟，即雪作，聖情憂軫，形
之詞色，乃命太官屏常膳，御素食，以致禱，是夕雪霽，及
宿齋青城，星月爛然，帝升壇行事，凡三登三降，有司請
御小次，終不許，秉圭立於版位，以至禮畢。
崇寧三年七月六日，詔曰：朕欽若昊天，丕釐景命，稽七
聖之彝訓，謹三歲之親祠，粵自纘圖，敢忘繼志，嘗率循
於典禮，已祇見於郊卯，寔賴顧歆，益臻綏靖，故七政靡
忒，三農屢豐，四夷咸賓，九功惟叙，爰念高穹之眷，聿當
大報之時，禮於泰壇，敬稱秩於元祀，侑以烈祖，嚴陟配
之上儀，申戒前期，誕爲衆聽，朕以今年冬至有事於南

郊咨爾有司各揚乃職相予祀事罔或不恭十一月二
十六日祀昊天上帝于圜丘前三日帝發神宗徽號于
寶冊於大慶殿至郊禮畢悉如元豐三年之儀
大觀四年七月五日內出御札曰朕恭典神天嗣膺歷
服永惟七聖之成憲必遵三歲之親祠爰自續承敢忘
祇率嘗緝於曠禮再稱秩於明禋荷帝況臨躋世齊康
人四序咸若三農屢豐邊陲敉寧民俗和豫宜順新陽
之候肆陳大報之儀裸玉以致乎孝思燔柴以達乎精
意配侑烈祖對越上靈庶饗德於昊穹用均釐於寰宇
其予渙號以戒先期朕以今年冬至日祀天于圜丘咨
爾攸司各揚厥職相予肆祀罔或不恭以皇弟燕王俁
全唐文
為亞獻越王偲為終獻（禮成上御端誠殿宰臣以下稱賀遣中使賜御製詩一首許賡
臣和進）十一月十五日宰臣何執中言臣備位近司猥緣
使事陪侍親祀伏見陛下尊精其德齊莊其容靡不盡禮
又如升壇入壝不回班不張蓋不設黃褥讀祝至御名
勿興之類皆已先事頒旨遵為典常其事天事神之禮
凡可以致崇奉之意者亦皆講於平時訓敕無所不盡
宿於端誠遣黃經臣傳旨諭臣以前此風霾器幣禮料
每事務在精潔臣奉詔令遣官屬親臨按視再加潔滌
翌日升壇奠獻俯降跪興皆過于恭退立壇下不御小
次畧無怠容用是神靈歆格乾清坤夷盛德之事足以
示訓乞宣付史館以傳無窮又言臣等伏見涉冬以來

率多陰晦風霾雪霰繼作逮冬祀前期十日而戒天乃
晴霽車駕殿宿之旦陰雲四合抵晚微雨番作中夜風
師盡驅纖翳黎明鑾輿順動杲日東升至朝謁原廟裸
獻太室祇見圜丘熙事備成天景晏溫日星明潤中外
士庶歡呼鼓舞蓋由皇帝陛下有大舜慕親之孝盡文
王事帝之心齊明誠一克舉元祀又比年以來修益政
事求合於天建皇極之道下寬大之書善繼善述無偏
無黨民情和於下天意得於上歲以有年雨暘時若熙
熙庶俗若登春臺斯足以昭聖人之能事驗天神之饗
德矣臣等備位近司親覩盛事竊自欣幸不敢但已伏
望宣付史館傳示無窮詔並從之　政和三年七月五
全唐文
日內出御札曰朕惟乃聖乃神克禋克祀舉三歲之大
典不數不疎得四海之歡心以安以侑肆予菲德遵國
舊章升煙紫壇伸昭事上帝之義裸鬯清廟嚴衍我烈
祖之誠宜卜景長往修郊類俾緝熙于純嘏用敷錫於
庶民誕告前期式孚群聽朕以今年冬至日祀天于圜
壇咨爾攸司各揚乃職相予祀事罔有不恭　九月七
日管幹龍圖天章等閣言舊制大禮圜壇設瑞物十今
來受命玉璽篆字玉印已留禁中更不排設詔以天正
堯瑞石及天下太平瑞木代　九月二十一日詔曰若昔
先王父天母地嚴恭祀事躬行而歲偏朕嗣承丕祚率
循舊章三歲一郊大賚天下祇載郊廟荷天之休罔有

不格率時昭考既草合祭之非牽狃故常尚稽夏至之禮大報天地弗及方仰夙夜以思靡遑寧處夫祭不欲數數則煩不欲疎疎則怠廢而不舉其可乎惟明與察不敢不虔自今每遇冬大禮後祭地於方澤其儀物仗衛應奉事悉從減省從祭臣僚與隨駕衛士量行支賜簡而易行無偏而不舉之失以稱朕意可令禮制局裁定以聞　十月二十一日詔冬祀大禮以道士百人執威儀前引分列兩序立於壇下樂架左右以玉虛殿道官以下及習學法事道士充仍執御前降付道錄院掌管威儀今後準此十一月五日帝躬上神宗皇帝哲宗皇帝徽號寶冊于太廟越翌日祀昊天上帝于圜丘以

全唐文

皇弟燕王俁為亞獻越王偲為終獻九日太師蔡京等言天神降格實為大慶乞宣付史館播告天下仍乞許臣等稱慶內出手詔曰朕德不類獲承至尊永惟天地宗廟之重夙夜惕厲罔或弗祗乃以冬日之至欽修肆祀爰命有司規法三代肇造禮器體兹大道改用元圭祗戒精專以期昭感自宮徂郊顧瞻空際天神降格華輅仗衛現于道左雲剩日出見之顯然衆時之對來止來臨非特影響形聲之應顧朕何德以堪之天人之際夫豈遠哉面稽天若其敢不欽惟爾百辟卿士務齊乃心交修罔怠用荅揚我休應可依所奏止東上閤門拜表御製天真降臨示現記曰朕嗣承祖宗基業永惟萬

事之統有典有則流光垂祚貽厥後裔丕承祗載罔敢墜失率時昭考追法先王休功盛烈布在天下粤自初載於志無所不繼於事無所不述正身以齊家台內以及外序親疎以睦族正名分以審官迪之以學校而人倫以明道之以師儒而士類率服賓興其賢能野無遺材敦尚以行實人不幸進鰥寡有養道無窮丐疾病有醫民鮮橫夭收山海之利商賈阜通施漏澤之惠送死無憾以富備禮以和作樂皆祗修先烈以克用乂紹述之効彰明較著蠲黜邪見僻學之士斥罔上惑衆之言放妨功害賢之姦故詖行不作讒言不興正論以定天道以明是以上當天心荷天之休宗廟之靈告成厥功

全唐文

元圭自至顧惟寡昧豈敢自居推而上之自我神考肇造法度克成康功涓選休辰歸美復命加上徽稱以伸孝思罔極因心則友之義爰以冬日之至燎禋泰壇裒對太室祗率祀事陳鼎罍爵豆新作三代之器改執內赤外黑十有三山之圭奠鞄玉之爵奏大晟之樂以交神明接三靈之歡仲冬之月淑氣溫煦百骸職奔從事以禮前期戒具罔有不虔自宮徂郊出自廟門南至玉津朕祗慄精專無思無為顧瞻東方忽見宮殿臺觀重樓複閣半隱半現須執綏蔡攸曰此是何處攸對以郊外無樓閣惟有齋宮朕須青城在南尚遠攸時面西朕令回視攸奏曰樓去地十餘丈半隱空際朕須雲中人

物湧出持旌持節持寶蓋持幢幡持羽扇持大枝花展轉浸衆所持竿皆高數丈人長丈餘中有若鳳輦狀侍衛周密可千餘人須臾日光穿透人物全體俱現行者趨者側者正者相顧者迴首者或若持簡道流或若垂髻童子或衣朝服或冠道士大冠或黄或青或紫或紅或淡黄杏黄或緋緑淺碧或若繡或若繪畫又有一輅青色不類馬狀若龍虎前後擁約數千人雲氣漸開衣紋眉目歷歷可辨幢幡飛動宛轉人亦輕揚飄舉自東稍南回旋却由東南漸遠漸隱移刻始不見朕問攸及侍臣劉友端張祐所見悉同又諭衛士行門親從等悉皆瞻睹嗟嘆或登御街短垣升高以望俯伏以拜朕考

全唐文

載籍所記高宗之夢得説武王之夢與齡其精誠相感於寤寐怳惚之間陟降在帝左右而已未有示現若此也上天之載無聲無臭知幽明之故通神明之德以贊天地之變化非至神其孰能與於此先是辛卯六月一日夜夢至一宫殿有幢幡羽葆旌節跪受帝訓興隆道教與今所見大槩相類夙夜震慄不敢遑寧今上帝降格來止來臨顧何德以堪之夫天人相與之際其勢若高遠不可及惟德能動惟誠能格朕敢不面稽天若勵精寅畏以荅揚顧諟光顯之訓為宗廟萬民之慶政和癸巳冬至日謹記

六年七月六日内出御札曰朕祗膺駿命嗣守丕圖誕昭報本之誠式廣奉先之孝肆遵成憲專詔親祀大闈彌文寖興墜典萬邦作乂罔圖空虚休祥紛至蕃釐平成之治允資高厚之功永念圜壇敢怠忘於元祀眷言方澤宜修講於盛容昭格二儀陟配烈祖庶告成於熙事庸溥被於鴻休申戒先期具孚群聽朕以今年冬日至祀天于圜壇來年夏日至祭地于方澤洛爾攸司各揚乃職相予肆祀罔敢不恭　十一月八日朝獻景靈宫九日朝享太廟翌日已亥祀昊天上帝於圜壇皇弟燕王俣為亞獻越王偲為終獻

十六詔南郊禮畢以二十五日詣景靈東宫二十六日詣西宫次陽德觀醴泉觀仍徧詣凝祥池中太一宫佑

全唐文

神觀上清儲祥宫行禮禮畢宣臣僚對御作樂賜酒五行　宣和元年七月三日内出御札曰朕席累聖之宏基撫重熙之昌運乾健坤順夙昭眷祐之休時和歲豐兹實敉寧之効布政叶陰陽之序率民同道德之歸遐方慕化而來庭遠寇畏威而款塞霄晨降蝦每從御辨之游日觀迎鑾荐闓升中之請若時報本無越親祠其秉二至之祥載秩一純之薦祓紫陔而事上帝肅方澤以對柔示假于太宫前謹祼將之奉侑我烈祖丕嚴陟配之常用仰遠於精誠庶函蒙於丕貺誕敷文號明戒先期朕以今年冬日至祀天于圜壇來年夏日至祭地於方澤洛爾攸司各揚乃職相予肆祀罔或不恭

十一月二十七日二十八日以南郊禮畢詣景靈東西宮行恭謝之禮　四年七月一日內出御札曰朕寅奉燕謀丕釐景命剸六經而立制誕輯彌文洽百禮以事神用伸美報荷儀之眷祐格四海之乂寧風雨若時日星軌道和氣協頌常之度珍祥示修德之符嘉穀屢豐遠戎卽叙茂集太平之應敢忘奉祀之誠是宜祗見上帝於熒垓躬禮柔示於方澤奠蒼璧黃琮而牲幣各放其色無雲門咸池而鍾律以諧其聲前饗太宮升侑烈祖率循彝憲克廣孝心蘄祉福之函蒙均遍遐而敷錫肆頒渙號明戒先期朕以今年冬日至祀天于圜壇来年夏日至祀地于方澤咨爾攸司各揚乃職相予肆祀罔或不恭

全唐文

二十一日太宰王黼言仰惟陛下以將聖睿智撫御丕圖前烈寖明士風於變休孚旁錫瑞應並臻屢豐之祥薄海内外丙寅以日至將大報圜卽有司先甲惟寅盛容具舉丁卯宿齋大慶冬景晏温戊辰朝獻天興殿陰雲解剝陽景来臨薄午至廟止輦卻蓋步入齋宮已已享於太廟祼鬯神考淚落霑裳祭爵冊告涕泗交墜侍祠之臣皆惻楚感動庚午躬祀蠲吉選休百禮俱洽亞獻既升不御小次已事而退密雪四委御樓肆宥已告盈尺越兩晝来同雲忽霽白日朝鮮惟聖德動天昭格如響實萬世無疆之休乞宣付秘書省許拜表稱賀從

之　七年七月四日内出御札曰朕膺二儀之眷命茂輯純禧奉三歲之親祠式昭美報承惟普率咸底乂寧七政順而四時和九穀登而百嘉遂燕雲沃壤悉還輿地之圖齊魏奥區盡復良農之業宜因南北之至躬款圜方之壇以靈承上帝之休以衷對柔祇之貺假太宮而前饗尊烈祖以配神冀多福之函蒙俾群生而均被肆頒大號明戒先期朕以今年冬日至祀天于圜壇来年夏日至祭地于方澤咨爾攸司各揚乃職相予肆祀罔或不恭

二十四日太宰白時中言伏覩皇帝陛下迨用歲祥躬修大報吉蠲齋祓夙夜惟寅謁款殊庭休氣充塞駿假于廟祖考燕寧暨祼獻神宗佑室涕泗交頤左右之臣靡不感動既乃御于郊次雲陰四集夜漏初下天宇開除爰升紫壇珠璧明潤剝方冬凝凜之候協景氣晏温之符億兆歡呼嘆所未盡蓋陛下道膺親享孝通神明精意感格慶祚無疆乞付宣秘書省手詔荅曰朕躬款陽郊三歲大報荷天降祐景氣晏温先期祗獻清廟既祼之際追念罔極霜露所感人子常情何足書于太史所請不允

全唐文

高宗建炎二年七月七日内出御札曰天子必有尊斯極兩儀之奉聖人能饗帝故膺多福之崇朕以眇躬嗣承鴻業念險阻艱難之未濟常嚴恭寅畏而靡寧乃應

予天維新其命兆民欣戴而無離德大將數起而少凶年遣使交鄰庶底干戈之戢戢出師蕩寇已臻枹鼓之稀鳴頎朝廟社之復安實神祇之並貺惟世祖建武之二載始立郊位之規而肅宗乾元之初年嘗行禋祀之典雖屬羽檄交馳之際豈忘天地祇事之誠在古有稽於今敢怠是用遵累朝之成憲舉三歲之親祠謁欵紫壇升侑烈祖衆萬靈而咸秩洽百禮以精禋列陳嘉薦聿隆大報之誼遵迎善氣均錫函生之休明戒先期誕予群聽朕以今年十一月二十二日郊祀天地咨爾攸司各揚乃職相予肆祀罔或不恭　八月二十八日詔令東京所屬官司般取起發祭器大樂朝祭服儀仗法

全唐文

物赴揚州行在應副郊祀大禮　十月二十二日翰林學士葉夢得言竊見祖宗以來天下承平中外乂安三歲一郊大抵皆以年穀順成兵革不用為辭而主報今者夷狄内侮盜賊尚多二聖在遠四方未寧與祖宗之時不同則當專以寅畏惕厲陳情懇禱為辭而主所祈昨降御札循用舊制未嘗明著此意臣以為未稱恭惟陛下欽崇天道夙夜畏威深憫多虞冀以廓清四海者蓋非止於此臣近因申明昊天上帝皇地祇冊文得旨別撰已為祈辭今來合降赦書謂宜更行推廣歷叙天下艱危之狀深自貶損明示四方無有遠近皆知陛下為民請命以徼福於上下神示之意從之　十一月二

十二日南至皇帝祀昊天上帝圜壇以太祖皇帝配先是有司築壇于揚州南門内江都縣之東南是日駕自常殿朝用細仗二千人詣圜壇行禮如儀禮畢還行宮

十三年正月十九日禮部太常寺言國朝禮制圜壇在國之東南壇之側建青城齋宮以備車駕出郊宿齋今欲令臨安府於行宮東南城外先次踏逐可以修建圜壇并青城齋宮去處從之先是臣寮奏請大禮復用南郊冬祀壇陛之儀尋下有司討論至是上之

六月九日内降御札敕内外文武官寮等朕嗣膺歷服越在東南念初載於維揚嘗肇禮於泰時深惟累聖之成憲必尊三歲之親祠四涓路寢之筵久曠圜壇之禮

全唐文

今日上穹垂祐邊境休兵寇盜弭寧民俗康阜日致慈寧之孝歲收高廩之豐格此多祥敢忘大報見祖禰於諸室合郊澤之一祠嘉與臣工共圖熙事朕以今年冬至日有事於南郊咨爾攸司各揚乃職相予肆祀罔或不恭

八月三日宰執進呈有司檢舉大禮依舊例合用珠子坐褥事上曰事天以誠為主如器用陶匏之類貴其質也若惟事華麗恐非事天之本意　二十三日禮部太常寺言在京大禮前一日差官軷祭利涉門從之其後更名曰嘉會門每遇南郊率用此例　二十八日禮部太常寺言南郊禮例合權罷本季内朝獻從之　九月四

日禮部太常寺言大中祥符五年恭謝玉皇應群官并應奉人如有服制不得升殿預祀事令來郊祀大禮乞依禮例施行從之

十月十六日詔郊祀太禮應行事執事官等務在嚴肅如有懈怠不恭令合閤門取旨送御史臺自是每遇親郊並降此詔二十八日宰執進呈兵部狀為行宮南門低欲於宮門外設次皇帝乘平輦出門升輅上曰郊祀合乘玉輦若乘輦出門恐非禮可令有司措置當乘輅出

十一月八日親郊以安德軍節度知大宗正事士文為亞獻揚州觀察使同知大宗事士太為終獻

全唐文

九日禮部太常言伏見郊祀大禮皇帝前期齋于正殿聖心虔誠令尚食進素膳及朝獻景靈宮朝饗太廟卓駕至逐處欞星門外並卸繖扇既入門即降輦步至齋殿升太廟行禮酌獻詣徽宗室感咽涕泣還版位淚猶未止有司請還小次弗許端立版位直至禮畢迨赴青城更不乘輦步出廟門徑升玉輦逐件事迹望宣付史館以彰聖孝從之其後親郊行禮凡有聖孝事迹與夫有司奏請祥瑞類皆宣付史館十日禮部太常寺言在京遇大禮畢車駕詣宮觀行恭謝燒香之禮緣行在宮觀並未曾修建欲依紹興十年明堂禮例差侍從二員行禮從之

十六年六月一日內降御札勅內外文武臣僚等朕纘承基緒既二十年荷神靈眷祐之休奉祖考典章之舊敢忘大報躬三歲之親祠備舉上儀迎一陽之協氣告虔清廟祇祓紫壇念顯相允賴於群工而助祭率資於四海肆頒孚號明戒前期朕以今年十一月十日謁款於南郊惟爾有官各揚乃職相予祀事毋或不恭

十一月甲戌朝獻景靈宮乙亥享太廟丙子合祀天地於南郊以普安郡王瑗為亞獻恩平郡王璩為終獻禮成大赦天下

十九年六月十一日勅內外文武臣僚等朕荷上天之隆眷紹列聖之宏規蓋嘗夙明求衣夜分乃寐圖所以

全唐文

柔理區夏上當天心者二紀於茲矣比年以來日當虧而雲容護歲或饑而麥有秋囹圄屢空邊境寧謐顧朕菲德獲以鴻休乃卜陽至之辰祇修郊類之禮以荅在天之貺以伸報本之誠大號是孚先期以戒以今年十一月十四日謁款於南郊咨爾攸司各揚乃職相予祀事罔或不欽故茲札示想宜知悉

十二日庚寅朝獻景靈宮十三日辛卯饗太廟十四日壬辰冬至合祭天地於圜丘以普安郡王瑗為亞獻恩平郡王璩為終獻

二十三日禮部太常寺言恭覩皇帝飭精意於郊禋嚴孝思於宗廟大報成禮天人交歡舊儀乘輿直至齋殿

玆者朝獻朝饗皇帝纔至櫺星門降輦步行赴齋殿惟
謹禮設小次用備憩息以須終亞獻行禮玆者太廟圜
壇酌祼畢奏請歸小次皇帝端衮凝立益加嚴恪仍宣
押樂太常卿徐其音奏勿令損節朝饗之夕至獻宗室
皇情感惻泣下沾襟內侍屢進巾帕由是侍祠百執莫
不聳動當大慶殿宿齋之初陰靄彌空垂欲下雨及皇
帝清曉駕出閶闔層陰解駁晨曦赫然逮於太廟圜壇
行事之際不唯皓月流空星宿明潤乃至迥野無風萬
籟收息天氣晏溫樂聲和暢及御端門肆赦有彩雲見
於端門及直於雞竿之上都城士庶觀者如堵萬口一
詞讚嘆歡喜聞有耆老或記戊申南郊之年甫期晴霽
全唐文
氣令如春八十始有今日莫不舉手加額咸慶中興之
盛伏望敷奏宣付史館以垂無窮又太史局令胡平言
今月十二日聖駕詣景靈宮行禮於十一月夜陰雲濃
厚欲將雨降至未明前皇帝登輦出內天氣開晴見帝
座及三台星体明耀是為祥應十三日卯時後陰霧四
垂至辰時後車駕至青城陰霧收斂大陽光盛又登壇
行事晷無風色燭焰不動至禮畢天氣澄爾星月明瑩
逮回鑾肆赦有紅青紅黃彩雲在上皆為祥應之象乞
宣付史館並從之上因是親製嘉霽詩其序曰已巳郊
祭前夕欲雨方次宗廟雲忽開晴皆上相弼亮之勞因
成四韻青城祇謁事郊卯輔相賢勞共欵留初訝密雲

低覆冒遽看霽景上飛浮氣回俎豆群工泰喜入驩躍
萬馬秋赫赫天心允昭格協恭同德賴嘉猷時宰執侍
從而下皆和以進　十二月十四日十五日以郊祀畢
上詣景靈宮行恭謝之禮其後並行此禮二十二年六月一日
內降御札勑內外文武臣僚朕承天地之成命紹祖宗
之燕謀每舉親祀以伸告報益臻隆施茂底丕平綏靖
四方悅豫形于篇句順成百穀芬芳備於粢盛其修三
歲之禮以應一陽之氣上儀將講夙戒是孚朕以今年
十一月十八日有事於南郊咨爾攸司各揚厥職相予肆
祀罔或不恭
十一月十八日親郊以普安郡王瑗為亞獻知太宗正
全唐文
事士太為終獻
二十八年六月一日內出御札勑內外文武臣僚等朕
宅天休命纂國丕圖永惟燕翼之謀尤重欽柴之祭自
紹開於景運累謁款於熙壇祇荷博臨蕃綏隆施五兵
不試既茂迪於民康百穀用成亦屢書於歲有宜候迎
陽之旦載躬類帝之禋合鏘玉之和聲備潔粢之令薦
庶申吉報仰達精誠資肹飭于上儀覬函蒙於多祉特
敷大號明戒先期朕以今年十一月二十三日有事於
南郊咨爾攸司各揚厥職相予肆祀罔或不恭　十月
二十六日太常寺言大禮所用酒齋禮料計物幕次等
並係臨安府應副排辦乞專委知府提領從之　十一

月二十三日親郊以普安郡王瑗為亞獻恩平郡王璩
為終獻
淳熙十二年十一月二十二日南郊禮畢百僚詣端誠
殿稱賀宰執內閣奏賀上曰方登壇時雨點下及奠幣
王使晴此皆上天垂祐王淮等奏陛下聖德格天欲雨
而晴乃所以顯上帝臨饗之意實邦國大慶

全唐文

全唐文

宋會要

孝宗隆興二年正月一日詔曰朕恭覽國史太祖皇帝
乾德元年郊祀詔書有云務從省約無至勞煩御見事
天之誠愛民之仁所以創無疆之業垂萬世之統者在
是朕祇膺慈訓嗣守丕祚今歲冬至日當郊見上帝以
伸奉命用遵皇祖之典崇儉德而戒勞民可令有司除
事神儀物諸軍賞給依舊制外其乘輿服御及中外之
費並從省約限一月條具以聞　六月六日內出御札
曰朕之太上之燕詒宅域中之廣大將迎景至初欽圜
丘念報本反始匪尚乎虛文而交神恩明在類乎誠意
稽皇祖之詔令敕攸司而討論凡粢盛奈典則不改故
常若鹵簿賜式則俱從省約行潦潢汙之可薦斯舉邦
奠駐蹕鸞路之勿修敢勞民力庶函蒙於藥社以大庇
于家榖元豐年無患于虫蝗作候不驚于烽火遂成熙事
用答鴻休大號是肹光明追戒朕以今年十一月二十
九日謁款于南郊咨爾有司各揚厥職相予肆祀罔或
不恭　十二日詔兩浙轉運副使朱夏卿充郊祀大禮
提點一行事務官依已降旨務從省約更不差置屬官
自後遇郊並同　九月五日洪适言今歲郊祀依典故
用驚場鼓吹外所有禮畢駕回導引振作合用軍樂端
門肆赦用宮架雅樂從之時以不作燕樂遣諸軍樂雅

卷五千五百三十九

樂非與樂比故有是命　十月六日詔以禮部太常寺言郊祀行禮并前期獻饗宮廟讀册官請至御名勿興壇殿徹黄道裀褥入壇殿不張蓋百官不回班拜御燎從物繖扇不入壇殿行禮前衛士不起居呼萬歲禮畢御端誠殿受賀登麗正門肆赦並如紹興禮令施行自後遇郊並同　十一日詔郊祀行事執事官等務在嚴肅如有懈怠不恭令閤門取旨送御史臺　二十二日工部言郊祀畢回鑾依禮例賜花令導駕官並用常服全自端誠殿稱賀畢簪花導駕至麗正門權去花俟肆赦立班訖自祥曦殿簪花從駕至德壽宮上壽仍簪花從駕還內從之　乾道元年正月一日親郊以王子鄧王

卷五千四百三十九　二

愭為亞獻慶王愷為終獻　同日執政同班奏事于後幄上宣諭宿齋日大雪及饗景靈宮太廟圜丘幸得晴霽禮成錢端等奏曰斯實陛下誠意格天昨日學士院欲添入赦書蒙批音不許上曰朕正不欲自言端禮等奏曰陛下聖德謙沖非臣等戔局所量容退具奏乞宣付史館上曰可　是日宰臣陳康伯等奏臣等恭覩郊祀大禮皇帝宿齋之日適夕大雪聖心憂恤昭格上下翼日天宇開霽雲物清明正月朔旦有事圜丘星緯粲然和氣充塞上帝濟臨光彰德應尋准學士院咨報欲於赦文內具載其實即具奏聞蒙宸翰批不許宣告仰惟陛下謙沖退託休祥嘉應不以自居小心翼翼根于

誠明至于躬執圭幣自初獻燔燎不還小次扶立惟謹皆人君之至德也臣等叨陪近列獲覩盛事鋪張宏休揚厲顯績乃其職分欲望特許宣付史館以垂示萬世從之　二十一日二十二日以郊祀畢上詣景靈宮行恭謝之禮翼日將詣太一宮恭謝燒香值雨令宰執分詣自後並行此禮。　三年六月五日內降御札曰朕祇紹慶圖躬承睿訓謂天地父母禮莫大于親郊而尊祖敬宗誼尤嚴于陟配載卜一純之薦荐修三歲之祠涓選休成庶幾宴享賴穹昊之貺祐格寰宇之敉寧五穀時熟為大有年丕顯豐登之祐兩國之民若一家予益惇信睦之規務惟並況之多敢後思文之報爰肦渙號

卷五千四百三十九　三

中飭先期朕以今年十一月二日謁款于南郊咨爾攸司各揚乃職相予肆祀毋或不恭　九月六日禮部太常寺言今年郊祀前一日朔祭乞依禮例權停從之　十九日太常少卿王淪等言郊祀大禮并前一日朝獻景靈宮前一日朝饗太廟合用祭器乞依每歲祀司祀要本寺官監視于祠前一日嚴加洗滌監察御史親行檢察其果實等前期令臨安府精擇新好入庫各以祠前一日令光祿丞同太官令監市令司等以香水淨滌烘焙是日圜壇神位七百七十一所其監視收徹禮料等官乞免赴端誠殿稱賀立班並從之　十月一日詔郊祀祭器果實並用香水滌濯令都大提舉主管李綽林

肇盼親蒞視務要嚴潔　二日親郊以皇子慶王愷爲亞獻恭王惇爲終獻　六年六月九日内出御札曰朕欽奉詒謀嗣膺令緒蒙天地之貺顧敢怠于靈承席祖宗之休尤不畏于抑畏思報本反始之道屬持盈守成之時惟三歲之親祠候一陽之應氣款廟室以祇見即郊丘而克禋義取合祛禮嚴陟配念兹熙事當敕攸司要當一純二精務盡吉蠲之饗蓋爲羣黎百姓匪專朕御之華輿惡至懷先期申戒朕以今年十一月六日謁款于南郊咨爾百官各揚乃職相予肆祀罔或不恭　七月一日詔車駕陞玉輅詣青城餘金輅等後從諸色人毋得喧雜令都大提點并幹辦排連法駕鹵簿儀仗官王瑱等専一差人編欄無色號人毋得放入

卷八千四百三十九

四

十一月六日親郊以皇太子慶王愷爲亞獻恭王惇爲終獻　九月臣僚言郊祀前陰雨連日自皇帝致齋酌獻景靈宮天宇澄霽靄煙瑞霧環繞殿楹而鑾太廟又雨已而復霽明日車駕如青城亦猶道旁觀瞻甚盛未幾雲煙霏微東南還作將祭之夜駕幸大次史依數星燁然現于雲表及登壇樂作四郊雲陰尚盛獨歲星中天雲光燭路禮成不雨行禮之次差官巡仗至城門雨大霔燭泰壇無有祥異之幸然實聖上齋恭祇畏格于上下天意昭答乞宣付史館以彰聖德從之　九年三月四日宰執進呈郊祀除事神儀物諸軍賞給外餘並從省約上

曰可戒諭有司前雖有例戒約多是文具今郊須要從實看約可逐一具條聞奏禮部太常寺條具如前郊　六月八日内降御札曰朕紹中興之鴻烈受太上之燕謀謂三歲一郊涓選休成而並況致九州四海丕蒙祉福以常期方做率于舊章將復稱于元祀矧荷兩儀之祐丕承烈聖之休農扈屢豐戎軒載戢崇禮樂而四達嘉風俗之再淳玉卮每奉于親閫美化遂形于海宇矣足食足而百姓足聲和形和而萬物和祇俟新陽虔修大報肆頒于一札庸誕告于百工朕以今年十一月九日謁款于南郊咨爾攸司各揚乃職相予肆祀罔或不恭　十月一日太常寺言郊祀并前二日朝獻景靈

卷五千四百三十九

五

宮前一日朝饗太廟皇太子亞獻參酌典故乞前祀十日質明詣太廟齋坊受誓戒　參照開寶通禮及乾道逐次禮例具曰早二刻開麗正門以俟在巡相一員掌誓依禮例立班及將來宿齋欲依太平興國中典故前一日就本宮聽並從之　六日閤門太常寺言參定皇太子並班稱賀儀制詔依所定施行仍令太常寺參照于儀注内修定聞奏　其儀大慶殿奏請皇帝致齋日宣贊舍人引皇太子結佩入詣大慶殿立班東駕自太廟詣青城入還内皇太子隨駕前方圍子内尊駕端誠殿受賀皇太子于殿下立班舍入通文武百僚皇太子已下起居稱賀若麗正門肆赦皇太子三公三少宰

臣鎬五大武百僚等樓前立班俟放書宣說納三省班首僚横行立定引皇太子出班致詞　十一月四日詔郊祀禮畢端誠殿稱賀令太史局跪奏祥瑞　九日觀郊以皇太子爲亞獻皇兄永陽郡王居廣爲終獻　十一日宰臣曽懷等奏郊祀禮成普天同慶兼以瑞雪應時未明而霽以至青城宿齋圜丘蔵事天氣澄爽此皆聖德昭著故高穹降格靈貺如此上曰如卿等所言然君臣之間正當修飭以答天貺可也　淳熙三年九月二十三日門下後省言將來郊祀大禮奏請守視八寶等篤應奉行禮合道外符寶郎二員依已降指揮前期中朝殿晝宿催攝從之　十一月九日文武百僚赴大

卷五千四百五十九

慶殿奏請皇帝詣齋殿十日皇帝詣景靈宫朝獻禮畢詣太廟宿齋十一日朝饗于太廟禮畢詣青城齋宿十二日親郊于圜壇以皇太子惇爲亞獻永陽郡王居廣爲終獻先是内出御札曰天地有覆載生成之德非精禋無以伸報本之誠祖宗有光明盛大之功非陟配無以展奉先之孝粤若累朝之定制具嚴三歲之親祠既踐數之適中亦情文之備舉自予纂紹旅極當泰四行郊廟之儀久荷神天之况親庭萬壽方開七十載之祥襃晦歲豐幾有再三登之象外則邊陲之綏靖内焉民俗之阜康顧誠感之甚昭曷宗祈之敢怠乃卜陽來之旦載燁躬見之勤庶永祚于家邦且祝釐于夷夏誕孚羣

禮二八之三四

聰明戒克期朕以今年十一月十二日躬款于南郊咨尔攸司各揚乃職相予肆祀罔或不恭　十一月二十二日先是内降御札曰朕纂圖丕慶撫世済亨天神地祇通惟明靈之顧祖功宗德嘉承懿鑠之垂維我命之欽莫重于親祠維思文之報莫崇于陟配舉秩一純之祀順循三歲之儀於顯合宫既荐修于大饗爰恭款禋宜載嚴于宗祈矧農扈之霑登暨邊陲之咸肅庭聞尊奉並衍于壽祺民物協和駢臻于休應敢忘昭事展精禮涓咸陽復之初拜况帝臨之際燕交孚于上下以申右于家邦祇戒先期誕敷明旨朕以今年十一月二十二日躬款于南郊咨尔攸司各揚乃職相予肆祀毋或不恭　十一月二十二日冬至祀昊天上帝車駕詣圜壇行禮訖還青城文武百僚赴端誠殿稱賀宰執内閣奏事上曰方登壇時雨點下及奠幣玉便晴此皆上天垂祐王淮等奏陛下聖德格天欲雨而晴乃所以顯上帝臨饗之意實邦國大慶　二十七日宰臣内閣奏事賜坐上曰前日郊祀行禮時宫中露濕已兩聞北關左右雨尤甚只圜壇無雨王淮等奏陛下至誠感格正登壇時雲氣垂垂分明閣雨在半空天地百神休饗明甚臣等不勝鼓舞　光宗紹熙元年十月十二日户部言諸郡合發大禮錢物已降指揮就委各州通判照應例案名如數起發宿慮内有替移事故及徇情不爲盡

卷五千四百三十九

禮二八之三五

揃剳例有妨給遣之如有皆移事故即交割付後官遵
依施行若日後有闕正官去處令權官主管候正官到
日交割從之　二年三月十三日詔今歲郊祀大禮令
有司除事神儀物諸軍賞給依舊制外其乘輿服御及
中外支費並從省約　以右正言孫逢吉言臣嘗于陛
下初郊之歲乞遵用壽皇隆興詔書除事神儀物諸軍
賞給外凡乘輿服御及中外支費悉從省約陛下開納
且諭臣曰圜壇不尚華飾亦事天簡素之意又曰中外
支賜合從咸省有以見陛下於祀之嚴用物之節然天如
俟命的日未聞施行夫至恭無文大禮必簡遠則藝祖
已行于建國之初近則壽皇又行于初郊之歲乞斷自

卷五千四百三十九　八

淵衷一循隆興之制故有是命　四月二十六日門下
後省言郊祀大禮合以八寶陳于宮架之側禮院以八
寶不係奉神之物係乘輿儀衛請依乾道省約之制更
不排辦從之　六月七日內降御札曰尔外文武臣僚
等朕躬荷詒謀仰膺眷命自纘承于統緒尋祇寅于郊
賓秩禮而懷百神尤重親郊之議飭躬以奉上帝必嚴
初見之儀屬家邦福慶之方臻暨親禱豐穰之荐告備
萬物而報本享及其時爲兆民而祈禔匪爭于己肆求
盛典祇款圜丘遵行三歲之常涓用一陽之吉天地合
祛而臨饗祖宗升侑以綏成庶殫齋宿之心益逆休嘉
之況念惟元祀當戒先期朕以今年十一月二十七日

欵謁于南郊咨尔攸司各揚乃職相予肆祀毋或不恭
十月三日詔郊祀大禮應行事執事官等務在嚴肅
如有懈怠不恭令閤門取旨送御史臺　二十一日詔
宰執拜郊支賜照逐郊體例減半外更依紹熙元年
十月二十一日已降旨揮三分減去一分　二十八日
詔令都大提舉主管黃邈甘昺躬親監視絛壇奈器果
實並要嚴潔　十一月二十七日親郊于圜壇為值雨
望祭殿行禮風雨大至上震懼始感疾存心錄作紹興元年十一月壬
中
寧宗慶元三年三月十三日詔今歲郊祀大禮令
有司除事神儀物諸軍賞給依舊制外其乘輿服御及
中外支費並從省約仍疾速從長條具聞奏嘉泰三年嘉定五年

卷五十四百三十九　九

並詳此論八月二十六日三省言郊祀典禮事體至重竊慮
所屬官司應奉生疎有乖儀制詔令禮部嚴行約束應
奉官司遇有行禮須管預先閱習慣熟務要整肅稍有
違戾重作施行　十月六日禮部太常寺言郊祀大禮
依禮例俟端誠殿稱賀畢皇帝服通天冠絳紗袍乘大
輦還內導駕官並朝服導駕外其餘合簪花應奉官等
並合簪花至麗正門合立班官並常服俟肆赦立班畢
自後殿並簪花從駕至壽康宮上壽次詣慈福宮壽慈
宮朝賀畢簪花從駕還內從之　二十二日禮部太常
寺言郊祀大禮畢皇帝率文武百僚詣壽康宮上壽飲
福稱賀係冬至日之依禮例用黃麾角仗令兵部差辦

于壽康宮默內外排設次諸慈福宮壽慈宮如宮中之禮從之　十一月三日詔馬軍行司官兵連日排立可依紹熙二年郊祀大禮體例使臣各特支錢三百文効用兵各支二貫文令戶部支給嘉泰三年五年亦如之嘉定四日詔今歲郊祀大禮天寒應從駕諸班直親從親事官并諸軍指揮軍兵將校等並特依紹熙二年郊禮增三分給賜柴炭額依例折錢者聽令臨安府疾速施行嘉泰三年嘉定三五年亦如之　十一月五日先是內降御札曰朕遵謀燕翼紹慶鴻基天神地祇日荷陟臨之況祖功宗德世垂啟佑之光紫壇之熙莫大于精禋清廟之祼仍嚴于陟配祓舉卜郊之重順迓步景之長稽攷上之圖普守堂延之

卷五千四百三十九　十

饗奉雲陽之玉今躬鑾輅之陳宮闈茂衍于壽祺衆宇丕蒙于福澤祥占瑞政嘗讓叶以潤明瑞恥金穰邊瑣晏而寧謐恪循孝奏貽益休嘉漢百官侍祠翔言共承于黼黼周四海來祭駿奔宜謹于豆籩益近祉于三靈永綿芳于萬葉輯循舊典宣播先期朕以今年十一月五日謁款于南郊咨尓攸司各揚乃職相予肆祀毋或不恭　六日宰執同班奏事京鏜奏郊祀慶成陛下中宵升壇天宇澄肅星象粲然及御樓宣赦霜日流輝萬姓觀瞻無不歡悅此皆陛下饗帝之誠有此感應上曰是夜登壇風作鏜奏曰是夜二鼓後纔有數點雨得此雨遂晴上曰郊禮之成皆卿等輔贊之力鏜等又奏曰

此是聖德格天感事備成皆再拜賀　嘉泰三年四月二十三日左司諫兼侍講宇文紹節奏伏見近者四郊闕雨上軫宸慮遣官禱祈甫頒明詔旋已感應連日浹洽農事寬憂凡我都人莫不嘆詠以爲陛下聖德感我上格天心益前日肅行大典親閱武事臨幸學宮薦享原廟天日熙晴人情和豫誠所謂曰雨而雨曰暘而暘者豈非政事云爲號令賞罰脩合人心上當天心而致然歟夫以高高在上藐然若不相及而視人心以爲從違其應如響豈不甚可畏哉願陛下念爲君之匪易思終始之難一謹之又謹天下幸甚今歲郊祀大禮僅在數月間已降指揮務從省約且恐有司見爲具文檢舉

卷五千四百三十九　十一

遂郊之例不以加意欲望申飭攸司凡百所須措置隨辦嚴戢捲擾明支物價務革舊弊庶幾人心翕然以副上天之意從之　十一月十一日先是內降御札曰朕以眇躬仰承大統自總萬務于今十年重屋圜丘已迭舉禋燔之禮閟宮大室凡三修祼獻之儀荷天地之畀休賴祖宗之垂佑陰陽順序四時調玉燭之和田疇屢豐百穀應金穰之瑞重闈奉冊以稱慶邊陲寢戈而肅清將因三歲之常式謹一純之報益殫精意匪事虛文大號是頒先朝攸戒朕以今年十一月十一日謁款于南郊咨尓攸司各揚乃職相予肆或不恭　嘉定五年十一月二十日先是內降御札曰朕奄宅庶邦于今七

閔念宗社纘承之重若涉深淵雖宮庭蝗蝝之微如對
上帝祠當禋祀尤極嚴恭罄寰中外之多虞益顯高明
之垂佑銷旱蝗之孽寖格豐年洗戈甲之腥溢爲龢氣
既流小康之效盍從大報之儀況嘗游饗于堂筵茲用
恪修于郊類方將推奠而迎日至壽壇而見雲陽爲百
姓以祈敢云專鄉來諸侯之助其圖弗欽爰戒先期豈
享羣聽朕以今年十一月二十日謁款于南郊咨爾攸
司各揚乃職相予肆祀毋或不恭　太祖開寶元年七
月十七日詔河中府寶鼎縣徙汾陰后土廟于舊廟稍
南　太宗太平興國四年八月十三日詔重修后土廟
命河中府歲時致祭下太常禮院定其儀禮院請依先

卷五千四百三十九

十二

代帝王廟中祠禮　真宗景德三年三月二十七日翰
林學士判太常寺李宗諤上言神州地祇壇壝迫隘不
合禮文中有坑塹及車馬之迹請于黑帝齋宮北別選
壇位依令式封標諸壇外壝禁耕墾樵牧遂命內侍同
禮直官度地徙壇于方丘之西　四年正月十七日以
朝拜諸陵遣工部尚書王化基乘驛詣后土廟致祭用
大祀禮其祭服祭器並自京齋送　大中祥符元年九
月五日以將東封議同日遣官致祭汾陰后土詳定所
上言按西漢祭天于甘泉泰畤祭地于汾陰后土後漢
始定南北郊然則今之汾陰后土本漢祀地之所也將
來既禪社首祀皇地祇則后土不當同日更祭又按唐

開元十二年二十年祀后土于汾陰睢上十三年封禪
不別祀望欲車駕將行遣官告祭封禪日即罷祭從之
乃命給事中馮起致祭及禮成又遣右諫議大夫薛映
祭謝　十一月三十日詔凡祭天地宗廟社稷嶽瀆者
并祭后土著在令式　二年正月十三日詔少府監製
后土廟衣冠遣使奉上仍令禮官詳定制度禮院上言
禮令不載后土衣冠之制今請用皇后禮衣修製從之
三年六月六日河中府言進士薛南及僧道父老千
二百九十人狀欲請車駕躬祠后土詔不允仍不許父
老赴闕　七月十八日南等再請府陳請知府屯田
員外郎楊舉正護國鎮國等軍度河中尹寧王元偓繼

卷五千四百三十九

十三

有陳述詔不允二十四日文武百僚詣東上閤門上表
陳請詔答不允自是繼三上表抗請　八月一日內出
御劄曰王者膺籙受圖保邦纂極必竭誠于明祭期浸
福于蒼黔朕以寡昧之姿紹龐鴻之業丕承先訓在宥
中區欽事上靈協和庶績常勵守成之戒幸丁下武之
期向者寶命自天真符錫祚荷鑒觀之垂祐暨溥率以
家休福應沓臻神祇訢合揚祖宗之盛烈荅蒼旻之眷
懷稽增封廣禪之文追昭姓考瑞之事勤成民衆嚮志
垂鴻交歡三神均恩萬寓以台菲德建茲上儀匪敢遑
寧益思惕勵不謂蒲坂遺耋冀部守臣偕合輿情述宣
舊典且以汾河之曲素嚴后土之祠遂貢封函懇陳勤

請載惟曠絕難議允俞復久佚著之倫和闕屢至以爲運格熙盛俗治阜康野有多稌之謠邊靡羸糧之役奉祠脽壤昭報坤元非得而辭所宜利往奏疏三上羣情益堅恭念席廟社之慶靈祓穹壤之況施陟封喬岳已展于告虔祇穀柔祇理當于親祭爰舉歲巡之典式申母事之誠奧集祺祥永孚黎獻朕取來年春有事于汾陰后土咨爾掌禮之士暨于有位之臣當揚乃職禮神珪幣致饗犧牲並務吉蠲庶伸欽奉其衆與服御供帳羣司勿致勞煩悉從節減應有費用皆以官物致辦不得差擾輒借科率諸司須索非勑命州縣不得供給所經道路無役丁夫廣有修葺仍不用香臺青繩干欄等

卷五千四百三十九　十四

物諸路長吏無擅離本任赴行在仍不得以修貢助祭爲名輒有率斂兩京諸州起居章表附驛以聞　又詔宰臣等曰朕前歲以靈真告期祕文垂貺乃升公岳以展明誠奧受百祥以阜九域而汾陰后土盛典闕焉雖奉祀北郊陰禪社首瞻言脽壤久屬朕懷況元鼎親祠開元蕆事肸蠁所荅方冊具存若尊畀之禮或偏則明祭之報漸廢前史所謂郊天而不祀地失對偶之義也朕恐兹禮未周貽譏後代昨東魯升中除奉神之外察事省約途中次舍務在從儉往復千里絕不擾民今蒲津父老累扣闕庭斯亦人事所啓深符宿意當議潔蠲用荅景貺先是召王旦等曰謂朕覽史書見汾陰祠后土事亦古禮也因勑陳彭年等檢討歷代祀汾陰及廢后土祠事帝曰朕以河中父老再有陳請復以封禪總畢議者得不以地遠勞費爲言耶旦等曰陛下爲民祈福不憚櫛沐聖心既定固已達于神明帝曰但與民穫豐穰于朕躬固無所憚故事有司上言臣等當上表陳請至是既允復下詔是日分遣常參官告天地廟社岳鎮海瀆　四日命翰林學士晁迥楊億龍圖閣學士杜鎬直學士陳彭年知制誥王曾與太常禮院詳定儀注仍命曾與入內高品朱允中同製造玉冊內殿承制李廷訓勾當神位祭器是日陳堯叟等辭于長春殿賜宴及鞍馬對衣金腰帶茶藥令至河中府先詣后土祠祭

卷五千四百三十九　十五

告五日詔汾陰路戈獵不得侵占民田如東封之制增遞鋪卒至八千四百五十八六日以度支判官曹國權通判河中府前知河中府楊舉正判府事祕書丞張纂楊頊簽書節度觀察判官事祕書丞焦敏知寶鼎縣十日三司言輦送汾陰物望令李士衡林特舉京朝官二人分水陸路催督詔止令三門白波發運使河陰都監領其事十一日詔寶鼎縣諸色人有罪並送本府區遣雜戶婦人不得至臨晉寶鼎縣賜汾陰給役將士緡錢自是累賜水陸運挽舟急腳遞鋪卒牛羊司棧圈軍士緡錢茶酒時服綿袍有差十二日詳定所言車駕出京前皇帝親告太廟如東封之禮太祖太宗並告以配神

作主之意告廟前一日命中書門下攝大尉癸告南郊牲幣如祀禮至汾陰復命告后土廟如岱宗告至之禮又自西京以西諸州貢物望並令赴河中府朝覲日列于壇下並從之十七日命王旦撰后土地祇冊文趙安仁撰太祖太宗配座冊文並兼書詳定所言告太廟祀后土並用法駕車駕往還及離祀所行宮經西京並用鸞駕從之　三年八月十七日詳定所言車駕出京告天地自來皇地祇只于南郊望告今緣汾陰專祀后土地祇望別命官于北郊祭告從之十八日詳定所請獻后土地祇樂以博安之曲為名又故事告天地皇地祇止于南郊望告今緣親祀出京前命官癸告南郊日望別命攝太尉于北郊本壇致告又法駕鹵簿三引內賫鼎令河中尹望令太僕寺別遣車上題牓並從之十九日遣入內都知秦翰賫詔書茶藥詣汾陰勞陳堯叟以下仍加宴設九月再命副都知張繼能齎詔勞問宴賜有差二十三日詔如聞汾陰路句當官除州縣供頓外別取索準備物宜禁止王欽若言昨東封車駕到三脊茅除進納外猶有二十五束今汾陰祀事可以充用遣內侍齎置上清宮嚴潔處旋命先送汾陰陳堯叟言陝州硤石縣湫隘不足以駐鑾駕兼衛兵無停止之處其行宮望特遣使臣檢視詔以近硤石寬平之地建行宮仍迎鑾翔鑾之制二十六日陳堯叟等言相度洪流澗

卷五千四百二十九

夫

移稠桑道路自高原經過初上處斗峻尋命工開修今自靈寶縣由虢州路至函谷關卻合漢武帝廟前道路寬平已行修治從之先是往河中有二路一由陝州浮梁歷白徑嶺一由三亭渡黃河司天保章正賈周言二路嚴險為迂不如出潼關過渭洛二水趨蒲津地頗平坦雖興工不過十數里事下堯叟等請如周議而渭河當同州新市鎮多灘磧自此稍南而西緣行十數里小狹處可為梁又洛河上亦為浮梁直抵河中復以稠桑舊路緣崖而行南有峭壁霖淳多摧圮乃請從路自靈寶縣南入虢州路至函谷關口復合漢武前舊路甚平坦三十日河中府遣虞鄉縣令成昭度部送父老僧道進士薛南等奉迎車駕對於崇政殿帝親勞問之賜以緡錢即令辭還近制假日閤門無辭見之例以其衆遠來特引對而遣之九月三日詔西京路行宮宜令儀鸞司止用油幕為屋以備宿衛不須覆以蘆竹五日詳定所言河中府河東縣伏羲神農漢文帝廟河西縣舜廟龍門縣禹廟寶鼎縣湯廟臨晉縣周武王廟望于祀汾陰前七日用中祠禮料致祭開封府中牟縣列子廟陝州靈寶縣老君廟中嶽真君廟望于車駕經過日以香幣酒果致祭鄭州靈顯王廟周嵩陵河南府偃師縣想文帝廟河南府周公廟新安縣後唐莊宗廟陝州湖城縣軒轅廟閿鄉縣女媧陵中嶽啟母少姨廟濟瀆洛水

卷五千四百二十九

七

太行山並望以中祠禮料致祭西海北海舊于河中府益州望祭亦同此例仍請特詔遣官其餘十里內神祠非功德顯赫者止令本州府設祭一品二品墳至西京日遣官以香幣脯醢祭告詔可六日陳堯叟等言河東轉運使陳若拙請以緡前（錢）芻粟十萬由晉絳赴河中以助大禮緣兆奉詔旨不得擾民其緡帛可以輕賚望令輦送其芻粟令絳州以秋稅就輸寶鼎縣從之十日詳定所言禪祭社首壇用三脊茅縮酒藉神后土壇望以三脊茅縮酒香茅為藉從之十一日詳定所言東封前七日祭前代封禪帝王今檢討漢武帝宣帝元帝後漢光武唐明皇並嘗祀汾陰望前七日祀于脽下從之十

卷五千四百三十九　十八

二日詳定所言祀后土奠獻飲福登歌宮架樂章望令學士修撰從之十七日詔有司自車駕離京至汾陰祀前幾衆樂所過州縣不得以樂人迎十八日詳定所上祀汾陰后廟望拜及朝謁諸陵還宮恭謝太廟儀注又言先以祀事畢難于祠宇之旁更行肆覲之禮欲望迴至河中府朝會肆赦今準制置使奏寶鼎縣行宮前可以建壇受朝望令依泰山朝覲壇制度興建從之十九日命王旦撰祀汾陰壇頌王欽若撰朝覲壇頌陳堯叟撰親謁后土廟頌初帝以御筆寫后土廟頌字示宰相命陳堯叟撰此頌王旦曰東封泰山銘是御製御書此銘非臣下可為帝曰朕更不屬文堯叟未有文字不容

如此既而王欽若又上表請令堯叟撰朝覲壇頌遂詔堯叟為親謁頌而帝自製配饗銘焉二十八日詳定所言寶鼎縣行宮去脽上約九里其祠前望帝致齋三日望止就行宮至時赴脽上其行事官前一日宿祀所史不隨駕詔從之二十九日詳定所上寶鼎縣朝覲肆赦儀注詔可十月四日詳定所言祀汾陰畢親謁后土本廟登歌靖安三曲樂章請令學士院別撰從之五日賜寶鼎縣行宮名曰奉祇前殿曰穆清後亭曰嚴慶嚴信行宮前亭曰望雲渭河橋曰著方洛河橋曰迎蹕十九日泉迴上祀汾陰親謁后土廟樂章十首詔付所司二十三日丁謂赴汾陰路計度糧草十一月十日詔奉祀

卷五千四百三十九　十九

官及職掌有朞已上服大功已下未卒哭不得預祀汾陰迴在路振作音樂在偃師近陵一程權止離鞏縣日依舊十二日詳定所言祀汾陰前皇帝親告太廟遣官告后廟元德皇太后廟前一日祭社稷其臘日饗祭望權停告祭日請用常祀之禮獻官祭服御史監祭從之十二月六日詳定所言参詳御史臺所奏告廟日羣臣有服制合立班陪位與否者準職制律廟饗有緦麻已上喪遣充掌事者笞五十陪從者笞三十又準唐郊祀錄緦麻已上喪不預宗廟之祭以明吉事凶人不干也又正元初吏部奏請既葬公除之後得許權改吉服以從宗廟之祭此一時之事非舊典也今請依禮律

不陪廟庭不預祀事文準其禮祭天地之神不禁緦麻
已上喪者亦不敢以卑廢尊也今準詔集閣已上服未
滿餘服未卒哭不得預祭其立班陪位典禮無文禁止
其祀汾陰日望立班如儀從之十日帝齋于朝元殿翼
日備鸞駕至太廟服袞冕朝拜天書酌奠大室行告禮
十二日以寧王元偓爲河中府華州管內橋道頓遞使
資政殿大學士向敏中權東京留守龍圖閣待詔孫奭
權判留司御史臺查道權判留司尚書都省三館丁謂
爲行在三司使林特副之鹽鐵判官陳靖度支判官孔
宗閔爲判官度支副使盧琰戶部副使鮑中桐同句當
留司三司事 二十二日命內侍二人殿直五人管句
卷五千四百三十九
二十
汾陰壇牲牢祭器並須禮畢天明始許收徹仍命內侍
右班副都知竇神寶左藏庫使張景宗都大提點 二
十四日以簽書樞密事馬知節爲行宮都總管客省使
曹利用入內都都知秦翰入內都知鄧永遷東八作使
安守忠帶御器械綦政敏並爲行宮使恪苑副使趙守
倫爲都監二十五日奉祀官習儀於錫慶院二十六日
詔以汾陰展禮有期大官進蔬食宰相百官三上表請
御常膳上曰昔太祖太宗每遇郊禮皆屏葷茹朕三祀
圜丘並遵行而外庭不知耳昨朕東封自戒塗即蔬食
今以羣情懇懇俟至京師即御肉味帝因作奏天庇民
述以示王旦等又詔禁扈從諸色人燔爇道路草木二

十九日侍御史知雜事趙湘言親事汾陰請依國禮置
土訓纂錄所經州縣山川古迹風俗繼日聞奏從之三
十日詳定所言車駕往還至西京並上東五鳳門勘箭
麗景門勘契其金耀門不勘從之四年正月詔應汾陰
行事官及執掌人敢有懈怠者勿以赦原八日詳定所
言后土廟開石匱瘞坎望令於祀前七日內擇日穿土
從之九日賜太常寺少府監升壇職掌衣服有差十日
詔應汾應陪位人並先車駕一日進發十一日帝親習
祀后土儀于崇德殿初有司詳定止習壇上儀帝崇重
大祀乃并廟庭及封石匱儀徧肄習焉十七日命樞密
直學士周起閤門祇候郭盛入內內侍殿頭閻文慶編
卷五千四百三十九
二十一
排駕前貢奉真集賢院錢易直史館陳越祕閣校理劉
筠集賢校理宋綬修所過圖經十五日命入內都都知
秦翰提舉行在御廚翰林儀鸞司其細務悉得裁決不
須申覆二十一日詔沿路程頓官隘處從官量減呵導
仍賜百官休假二日辦裝二十三日儀衛使已下具黃
麾仗道門威儀教坊樂奉天書出乾元門升玉輅扶侍
使翊從前後部鼓吹振作而行少頃帝服鞾袍御大輦
備鑾駕儀仗出京師向敏中等辭于順天門內至瓊林
苑召敏中杜鎬張秉奭及王欽已下賜酒三行京城父
老辭于苑中帝慰諭之遂改常服乘小輦即路從官卽
衣留司文武百官辭于苑門之西沿路止音樂禁扈從

官以網苫鸞輿自隨沿路父老見于行宮賜酒食茶帛
所過賜軍士緡錢自是所至皆然二十四日命王旦鼎迎工部
侍郎馮起分告諸陵又命龍圖閣直學士陳彭年待制
王曉同詳定邀車駕詞狀二十七日帝以道出鞏洛嵩
近陵寢方奉祀事故陳望拜之禮二十八日至西京自
白馬寺西幄次更衣備鑾駕入大內詔常參官自新安
縣先發至陝州迎駕同日如之三十日發西京中路慈
澗頓大官始進素膳二月一日詔禁諸色人以進奉為
名私染御服繒帛及製乘輿服用之物飾以龍鳳行在
總管司凡亡命卒及貧民小竊者不須收捕再犯者準
法二日命薛映造鞏水小車十乘付至三司時山路泉

卷五千四百三十九　三十二

深負汲者勞帝閔之俾運載以代其役四日駐驛陝州
賜扈駕諸班直諸軍緡錢樞密院言沿路群官貢酒食
者望自給諫刺史已上取旨餘悉準直優賜縑帛從之
五日詔執毬仗使臣百餘人如閑鞍馬之弱長路匪易
令日定二十人引駕至州府即如舊仍詔沿路病馬悉
付同州沙苑監養療令群牧司用廄最之法以賞罰之
十日王旦攝太尉誓百官于行在尚書省誓宗室于行
在中書李宗諤先至汾陰誓百官于寶鼎縣是日以馮
起為考制度使趙湘副之十一日命王旦先赴汾陰告
至于后土十三日發永安鎮帝于中路頓更御大輦備
鸞駕至寶鼎縣奉祇宮陳堯叟等奏脽上群臣下馬處

京官已上訖大卿監至脽下路口龍圖閣待制已上至
脽上諸司使已下依比品例從之十四日帝齋于穆清
殿詔赴脽上留行宮都監趙守倫在宮仍權命趙承煦
管勾行宮事以龍衛神衛兵各百人給馬如節自奉祇
宮至后土廟巡警十五日命從祀官諸司職掌濯浴遣
入內都知鄧永遷詣祠上衣服供具先是制置使潔其
室仍遣中使涖之　十六日百官習儀于壇廟是夜一
鼓二籌扶侍使奉天書升玉輅先赴脽上二鼓帝乘金
輅法駕繼進自縣至脽壇夾道設燎火其光如晝遺
詣壓闈以黃麾仗初路出廟南上以未修謁不欲乘輿
輦過其前令鑾路由廟後至是從新路至壇次翼日帝

卷五千四百三十九　三十三

服袞冕登壇祀后土地祇奉天書于右次以太祖太宗
配侑親封玉冊正座于玉匱配座于金匱攝太尉奉之
以降置玉匱于殿庭石匱將作監領徒封固帝還次
少頃改服通天冠絳袍乘輦詣后土廟設登歌奠獻遣
官分奠廟內諸神又至庭中視所封石匱即時還奉祇
宮鈎容樂太常鼓吹始振作　是日詔改上奉祇宮號
曰太寧宮設后土聖母塑像選道士焚修朱翊宗奉一
如舊制賜經度制置使陳堯叟已下襲衣金帶器幣有
差　十八日御朝覲壇受朝賀肆赦有司設宮架仗衛
文武百官諸軍將校州郡長吏蕃夷酋長四方進奉使
舉僧道老等皆在列宴群臣于穆清殿父老于宮門賜

時服䓁帛帝製汾陰二聖配饗銘河瀆顯聖靈源公西海廣潤王賛示輔臣又作七言詩賜向敏中詔以雕壇奉祀官並如二聖配饗銘碑陰刻名五使及天書儀衛使已下法駕內導駕官並于汾陰頌碑陰刻名后土廟行事官並于親謁廟頌碑陰刻名扈從文武升朝官及內殿崇班諸班都虞候已上進奉蕃客並于朝覲壇碑陰刻名謁西嶽廟扈從官刻名廟中　二十日次河中府賜西京河中府陝鄭二州緡錢為宴犒脊酒之費仍賜所過州府長吏襲衣器幣有差　二十三日命周起權知河中府王曉編排貢舉劉鍇同詳定詞狀　三月一日次陝州詔雝州日百官放沿路起居令先赴西六京

卷五千四百三十九

二十四

六日次西京自穀水備鸞駕給從臣假二日　四月一日車駕至自汾陰御乾元門觀甲馬歸營賜中書樞密院休假二日百官三日扈從諸班直諸軍及所經戍兵鋪卒諸司官健緡錢有差道病死者悉給其家帝作西祀還京歌賜近臣繼和　五日詔汾陰后土壇令官吏守奉勿令人至其上　十六日詔脽土后土廟宜令本殿周設欄楯民庶祈賽上拜于庭中官吏非祠祭亦勿升殿以廟主簿張立簡為廟令賜公服銀帶銀絹等以河中府進士薛南為試將作監主簿以首詣闕請祀汾陰故也　十九日命內供奉官郝昭信趙履信增葺太寧宮廟並依修會真宮例仍令周起一月一至檢校　五年七月十四日慶成

軍言太寧宮廟成知河中府周起請自今每年祭熙令河中府預備禮料其后土殿司命天尊殿請如詔官吏民庶有祈賽者無得升殿從之　六年四月六日慶成軍言太寧宮請自清明至四月八日天慶節三元各五日並聽士庶焚香從之仍戒無得以酒肴入宮　七年四月十七日詔太寧宮廟每歲祀祭委慶成知軍行禮

仁宗景祐元年十月六日太常禮院言祀昊天享太廟並中書攝事夏至祭皇地祇于方壇止以郎官行禮天地禮同望差兩制已上臣僚攝事禮官議曰祠令諸大祠中祠有行事須攝者昊天上帝太廟二祀太尉則中書門下攝司徒司空以尚書省五品攝餘大祀太尉以尚書省四品諸司三品攝闕則兼五品宜從令文定制詔自今夏至祭皇地祇遣大兩省以上官攝事其從神州地祇亦遣兩制以工官攝事　二年詔有司孟冬祭神州地祇遣內臣降香春秋朝陵諸祠祈觧亦然

卷五千四百三十九

二十五

皇祐二年八月三日詔以親享明堂罷立冬祭神州地祇初太常禮院以黑帝及神州地祇皆當合祭于明堂請罷立冬之祭帝以四時迎氣不可輟故止罷祠神州地祇　三年九月十七日詔太常寺皇地祇壇舊制狹小宜如唐郊祀錄增廣之　嘉祐八年十月二十八日龍圖閣直學士司馬光言昨以大行皇帝謚號奏告天地宗廟社稷皇地祇止于圓丘望告伏以王者父天母

禮二八之五四

地祇竊于南郊失尊卑之敘欲乞遣宰臣請北郊行事詔太常禮院詳定既而請自今非次奏告差官專請行禮從之　神宗元豐元年二月六日郊廟奉祀禮文所言古者祀天于地上之圜丘在國之南祭地于澤中之方丘在國之北其牲幣器色歌詩奏樂亦皆不同凡以順陰陽因高下而事之以其類也漢元始間以禮樂既各有合而禮又有夫婦共牢之文于是合祭天地以隆一體之誼後漢之光武至魏之黃初與夫東晉元帝及唐武后以來皆因仍之殆非所謂求神以類之意本朝親祀上帝即設黃皇地祇位雖盡恭事之誠而稽之典禮則有未合詔詳定更改禮文以聞禮官又言夏至日祭地方丘乃與禮之正郊祀之歲不及親祀地祇即盛禮容具樂舞遣冢宰設事于禮為宜所有親祀南郊及罷皇地祇并從祀位五月二日詔太常禮院速詳定以聞至六年五月九日尚書禮部言太常寺修定郊祀之歲夏日至皇帝親祭皇地祇于北郊方丘及上公攝事儀盡如南郊其上公攝事唯改樂舞名不及備官其俎豆樂架圭幣之數史官奉竹冊盡如親祀自元豐元年詳定郊廟奉祀禮文命陳襄王存李清臣張璪黃履陸佃何洵直楊完等討論而襄等初議或以當郊之歲冬夏至日分祭南北郊各一日而祀徧或為圜丘之旁別營方丘而望祭或以夏至盛暑天子不可親祭改用十月

卷五千四百三十九　二六

禮二八之五五

或欲親郊圜丘之歲夏至日遣上公攝事於方丘議既不一上獨詔定夏至日親祀北郊并上攝事之禮為宜下禮官議定至是禮部上其儀乃詔定焉是年郊天始罷祭皇地祇并從祀位　二年八月十七日詔夏至日祭皇地祇太尉用中書門下攝以祥定郊廟奉祀禮文所言昊天上帝太廟則中書大臣及宗室親王使相攝事皇地祇則以兩制大兩省行禮在輕重先後之序有所未安請皇地祇之祭太尉用中書門下攝所貴郊廟之禮各得其稱故有是詔　三年六月二十八日詔祭皇地祇祝版與牲幣饌物並瘞于坎更不設燔其燎壇合除去　七月二十五日詔改北郊圜壇為方丘　八月十四日詔皇地祇之祭瘞牲之左髀以報陰庶合禮意　四年十月十六日詔祭地祇以五行之神從以五人神配仍用血祭凡四事皆從詳定郊廟奉祀禮文所請　元豐六年五月八日禮部狀太常寺修定郊祀之歲夏至皇帝親祭皇地祇于北郊方丘及上公攝事儀詔依親祀北郊儀盡如南郊其上公攝事唯改樂舞名及不備官其俎豆樂懸圭幣之數史官奉冊盡如親祠

卷五千四百三十九　二十七

宋會要

十年十一月十四日帝初郊特設皇地祇位于圜丘合祭以輔臣建言故也　紹聖三年正月二十七日詔曰朕惟先王之祀天地其時物器數各以其象類求之故以陽求天祀于冬至之日以陰求地祭于澤中之丘載于典經其義明甚而合祭之論特起于腐儒之臆說歷世襲行未之有改先皇帝以天縱之大智緝熙王度是正百官禮以交神明遂定北郊親祀之儀將舉千載已墜之典雖甚盛德無以復加乃者有司不原本旨尚或因陋肆予沖人嗣有令緒仰惟先志其敢忽忘宜罷合祭令間因大禮之歲以夏至之日躬祭地祇于北郊應

緣祀事儀物及壇壝道路帷宮等宜令有司參酌詳具以聞　六月二十七日權尚書禮部侍郎黄裳等言謹按大禮前三日車駕朝獻景靈宮前一日饗太廟元豐所定北郊親祀儀稱如遇車駕赴景靈宮太廟即依大禮儀注施行其宣德門肆赦亦有已定儀注並係朝廷臨時指揮臣等參酌如不赴景靈宮太廟即親祀前二日齋於大慶殿兩宿然後詣北郊詔景靈宮太廟于三年南郊大祀已有告享之禮今北郊係間行更不躬詣景靈宮太廟前期兩日止齋宿大慶殿并禮成肆赦並如南郊儀注　又言南郊青城至壇所五百一十八步自瑞聖園至皇地祇壇之東壝五百六十六步相去不

遠其地祇壇係國初建神靈顧饗已久元豐間有司請地祇神州並為方壇壇之外為坎詔止改圜壇為方令來親祀請下有司比類南郊增飾制度除治四面稍令低下以應澤中之制詔令禮部再詳具合用典禮深闊高廣丈尺及層級制度工部計度增飾事件以聞又言皇祐中以初行親饗明堂其樂章并鼓吹廟前後部所用歌並詞臣撰進今北郊親祀亦乞詔學士院撰進從之　五月二十五日禮部言太常寺新定到親祀北郊儀注乞頒付有司施行從之　元符元年正月二十五日帝幸瑞聖園觀新城北郊齋宮故事郊宮悉設以幕帟其費不貲上命繕營不日而成時張惇曰齋宮金碧

相照非所以事天地也上曰三歲一郊次舍之費縑帛三千餘萬工又倍之易以屋宇一勞永逸所省多矣且齋明以事天地而為浮侈朕豈不知齋宮近在城外耳目所接何嘗有此至是臨幸引惇偏視上曰有金碧之飾乎惇惶恐謝　二年六月二十七日詔曰致明祭者莫重於郊丘之祀極優薦者莫嚴于祖考之薦乃者奉若猷訓憲章古昔罷合祭之禮修特祀之禮將以夏日之至祇款皇祇之靈比覽有司之陳欲寢前期之告朕惟朝獻于原廟祼將于太室距容曠歲之久不及躬祀之奉豈稱典事天之禮抑未稱饗親之誠怵惕永懷靡遑寧處其欽承于先烈用悉講于多儀匪敢憚勤庶幾

晝志將來親祀北郊前二日躬詣景靈宮朝獻太廟朝
饗並依南郊儀制其紹聖三年六月二十七日朝旨更
不躬詣景靈宮太廟一節更不施行　八月五日詔三
省將來南郊見天地之權合祭天地于圜丘　十日詔
三省俟次大禮親祀北郊　二十六日詔罷合祭　崇
寧二年六月八日試給事中詳定編修大禮勑令鄧洵
仁等言昨修建南北郊齋宿宮殿南郊曰帷宮事體如
一而名稱不同今欲並稱齋宮又言北郊行禮在仲夏
衛士坐甲殿庭自可聽旨給冰或設幕遮映其在外仗
下人馬遇日色盛熱欲令就近更休俟夜凉及車駕經
由即預依行方之道置甕貯水供給人兵等請著為令

並從之　六月十五日編大禮勑令所言將來北郊若依
南郊例百官並宿青城竊恐盛夏幕次逼窄今有廢草
場地與青城及方丘相近請宰執親王使相執政侍從
官六曹尚書侍郎並設次青城內餘就草場設次從之
是日又言崇寧二年五月十五日詔諸司應奉人服纈
單衣等令後苑作依數改造其不可造纈之物代以草
畫乞依已得詔旨從之　十月二日詔差保靜軍節度觀
察留後直睿思殿楊戩提舉修蓋夏齋宮戩畫圖以進
詔依　十一月十五日詔夏祭前一日宿方澤齋宮內殿
致齋更不宿大慶殿太廟景靈宮冬祀已親祀更不行
禮去乘大輦歸就齋宮解嚴故仗回易常服乘輦更不

登樓禁衛支五分衣甲　十二月九日御札朕紹承聖緒
祇述先猷肴受無疆之休茂膺有秩之祐家給人足荐
登康年嶽貢川珍殆無虛月獲履平成之運實資覆載
之功瞻彼圜壇已屢稱于禋祀眷茲方澤未專詣于親
郊是用稽周室之舊章遵神考之貽憲順迎夏日之至
往即國都之陰因卑以求歡詩必類禮用黃琮之器樂
奏函鍾之宮昭格柔祇顯配烈祖天明地察初備講于
弥文河潤山容俾悉從于望秩庶褒諸福之物敷佑烝
民之生播告先期式孚群聽朕以來年夏至祭地于方
澤咨尔攸司各揚厥職相予肆祀罔或不恭　四年三
月十三日詔齋宮至方壇往迴並乘大輦　十八日太

常寺言行禮前十日太宰誓導駕行事陪祀官執事人
于廟堂少宰誓親王宗室于太廟今夏祭不詣太廟別
無行禮執事室宗如有亞獻并陪祀宗室欲乞並赴朝
堂受誓戒從之　五月八日太常寺言天元而地黃除
琮玉牲幣已用黃外欲乞夏祭方澤宮室牆圍器皿並
用黃色從之　是日詔夏祭齋宮添置四角樓著為定
式令後大禮諸班直隊馬不得入齋宮皇城門止于城
外六尚局不許于厚德殿內釘設幕次拘占挾廊唱探
人兵止于厚德殿門外不許入殿　六月一日御製夏
祭禮成神應記曰國之大莫重于祭祭之大莫重于天
地天之高地之厚非高明博厚蓋不足以知之古之聖

人知幽明之故體天地之撰求諸天地必以象類求天
以陽凡麗于陽者屬之天求地以陰凡毗于陰者屬之
地陰陽異道故南北異方冬夏異時圜方異位高卑異
數其器其幣其樂舞其牲牢名既不同禮亦異制冬日
之至祀天以國南之丘日月星辰皆從夏日之至祭地
于郊北之澤山林川澤丘陵墳衍原隰皆從各以其類
雖聖人興不能易也逮德下衰禮廢樂壞無復大全國
時苟簡名存實廢合天地于圜丘黷神害義違禮失正
歷世之主狃習故常因陋就寡曾莫之革昔我神考天
縱大德稽參三代是正百禮乃下明詔釐而正之修墜
典于千載之後萬世允賴未遑以行哲宗嗣興繼體居

卷五千四百四十　五

正紹述先烈命官庀徒作宮待祀于國之北有志弗遂
中外太息惟德不類嗣無疆大歷服夙夜惟勵罔敢怠
忽于志靡不繼于事靡不述興弊起廢黜邪闢正惟古
是若惟大猷是經乃詔攸司舉而行之爲壇澤中其制
已成得地之數廣三十有六丈取坤之成法陰之盛色
以爲黄玉之琮于求神之初因地之利用以奉兩圭之
邸于禮神之後折衷並建一維新金玉之文彝鼎有作
皆稽古尚象之器以五月十有一日乙酉齋明盛服自
宮徂郊董風自南途不過雨而都城之内潦池幾尺越
明日昧爽升輦就次陰雲四興天地變色駿奔執事震
疊大懼朕祇戒精專内盡其志羣位暑服以紗朕不敢

慢被衮冕如冬服束圭陟壇乾蹝煩凉不揮暑奉俎
薦牲人不跛倚洞洞屬屬若在其上告成涖事容雲不
雨而壇壝之外不遠百步帷幄車馬零濛霑濡衮時之
對震于神休而羽衛多士奉輦武夫與陪祝之官顧瞻
中天陰雲開剖電光穿透有形有象若人若鬼持矛執
戟鳥喙獸面列于空際見者駭愕人馬辟易傳曰地上
之圜丘若樂六變則天神降澤中之方丘若樂八變則
地示出朕祇虔祀事冬則衮冕見于道左夏則鬼神駢
於雲表天神降地示出蓋非虚語既事迴鑾萬騎冀從
纖塵不興下與還宮雨遂周溥天地博臨來格來享顧
朕何德以堪之永惟盛德休烈自我神考肇正禮典哲

卷五千四百四十　六

宗繼述克相在天眷我思成罔敢自居歸美以報陵闕
在望不遠伊邇弗獲躬行覲揚表文命使以告用伸孝
思罔極因心則友之意于與訛造訕之人與挾姦幸禍
之忌醜類駭汗緘口結舌莫敢出氣小人于是乎消邪
正于是乎分夫能制俗者不流于俗善用衆者不牽于
衆夏除之禮行于先王而見沮于後世載在方册而不
見信于流俗蓋千有餘歲朕奮于百世之下斷而行之
迄用有成凡厥萬事其視于茲因筆以詔天下後世政
和甲午六月朔日記　七年二月四日詔以王于嘉王
楷爲夏祭郡大提舉行宮使　三月二十五日詔夏至
百官朝祭服用紗　五月十四日皇帝祭地于方澤以

皇弟越王偲為亞獻普安郡王仲忽為終獻　宣和二
年五月十八日皇帝親祭地于方澤　五年五月二十
一日皇帝親祭于方澤程瑀又言每遇祀昊天上帝依
儀用禮神真玉牲牢禮料差三獻官行禮所有祭皇地
祇今欲並依祀昊天上帝禮例所賁祀祭一體從之
閏四月二十日禮部太常寺言夏至日祭皇地祇國朝
禮設神位于壇上北方南向昨政和四年因夏祭方澤
禮制局議定設皇地祇神位于壇上南方北向緣今來
夏至日係于北面望日行禮即難以北向設位欲自今
後夏至日祭皇地祇設位依舊例從之　國朝每歲四
郊迎氣及土王日祀五方上帝以五人帝配五官三辰

卷二千四百四十　七

七宿從祀又于正月上辛祀感生帝　太祖皇帝乾德
元年閏十二月二十八日國子司業兼太常博士聶崇
義上言皇家以火德上承正統應五行之王氣纂三元
之命曆恭尋舊制存于祀典伏請奉赤帝為感生帝每
歲正月別尊而祭之事下尚書省集議請如崇義之奏
有司酌隋制感生帝為壇于南郊高七尺廣四丈奉宣
祖升配牲用騂犢二玉用四圭有邸幣如方色常以正
月上辛奉祀　二年十一月二十五日太常禮院言准
舊禮正月上辛祀昊天上帝以順祖配五方帝從祀又
准敕聶崇義奏請別祀赤帝為感生帝以符火德日用
上辛配以宣祖然則一日之中兩祀赤帝按祭法云祭

不欲褻褻則煩煩則不恭數尚不可況同日乎且祀為
感帝尊而奉之列于從祀降而卑之以此酌詳愈知爭
橋請于上辛日昊天從祀之內不設赤帝一座所貴顯
特尊于感帝符不數之禮文從之　太宗太平興國八
年十月五日詔祀土德于黃帝壇珪幣牢具如大祠制
俾祠官領之　三年十一月二十七日南郊禮儀使不
設赤帝位今緣親行祀禮其祈穀壇備設赤帝位罷感
生之祀從之　至道元年十月十五日太常禮院言來
年正月十日上辛有事于南郊准畫日九日立春祀青
帝緣青帝從祀郊丘望權停祭從之　四年十二月十
六日都官員外郎同判太常禮院孫奭言立冬祀黑帝

卷五千四百四十　八

按禮文以帝高陽氏配元冥辰星三辰七宿從祀今則
配帝以下皆不設席按通禮席以莞且八帝以下無取
掃地之義望依禮設席又所設樽罍散樽二一以盛勺
一以盛酒復不加冪按禮文黑帝配帝各六樽二罍樽
實五齊獻酌之罍實三酒飲福酌之祀樽亦各別皆加
勺冪冪者用御風塵祀天神以疏布為之取其質也今
禮不用五齊三酒皆以酒法代之獻神飲福于禮當有
差降既不加冪恐不吉蠲望自今祠祭量設犧象樽以
獻神山罍以飲福庶人神不擬尊卑有序詔太常寺與
崇文院檢討詳定以聞判太常寺李宗諤上言按郊祀
錄天地日月五方帝九宮並席以藁秸餘以莞唐制天

地日月社稷五方加罇又天地以下罇著罇犧罇象罇壺罇山罍之制凡罇加勺冪坐並依爽奏令光祿寺太府寺少府監自今依禮陳設從之　仁宗皇祐二年八月二十五日太常禮院言今年立冬祀黑帝及祭神州地祇緣近明堂大饗皇帝各行親獻今來皆合輟罷又緣祀黑帝是一時迎氣之祭如從而輟罷比之常歲却闕一祭詔依例祀黑帝罷神州地祇祭　嘉祐元年十一月九日集賢校理丁諷言按春秋文耀勾五帝之名曰靈威仰赤熛怒含樞紐白招拒叶光紀今每歲祭祠而祀文位板皆書其名令有司呼斥非所以恭神之意于是下太常禮院議而去之　元符二年十月二十日

卷五千四百四十　九

太常少卿曾旼言祀黑帝配以帝顓頊字與神宗廟諱同其祝文皆不迴避乞稱帝高陽氏從之　徽宗大觀四年四月二十八日議禮局言國家崇奉赤帝為感生帝以始祖僖祖配侑與迎氣之禮不同尊異之也而乃祀于立夏迎氣之壇甚不稱所以尊異之意謹按禮記郊特牲云兆于南郊就陽位也祭法云燔柴于泰壇祭天也先儒指為圜制感生帝之壇以為王者之興必感五帝之精以生因其所感別祭尊之自曹魏後齊後周與隋皆別壇而祭雖其制不同而各崇奉所感生之帝正合先儒之論請于南郊別立感生帝壇依赤帝高廣之制庶稱國家尊異之禮從之　高宗紹興元年禮部

太常寺論討孟春上辛日祀感生帝以僖祖配于天慶觀設位皇祭幣依方色權不用玉正配二位每位罇爵籩豆各一實以酒脯鹿臡以獻官一員行禮　三年四月十五日司封員外郎鄭士彥言立春立夏季夏之土王立秋立冬祀五方帝于四郊亦祀之大者望詔禮官講求典禮舉而行之從之　時太常寺討論不用牲牢止設一籩一豆差獻官一員依奏告禮例行事其後比擬舊制用禮料祀感生帝

卷五千四百四十　十

真宗景德三年十二月十四日，崇文院檢討龍圖閣待制陳彭年言：「伏覩畫日，來年正月三日上辛祈穀于昊天上帝，至十日始立春。緬尋歷代，雖或相遵，博考禮經，實非舊典。謹按《禮記·月令》：『正月，天子以元日祈穀于上帝。』注云：『為上辛祈穀郊祀昊天上帝。』又《春秋傳》曰：『啓蟄而郊，郊而後耕。』蓋春氣初至，農事方興，郊祀昊天以祈嘉穀，故當在建寅之月迎春之後矣。自晉泰始二年始用上辛，不擇立春之先後。齊永明元年立春前郊，議者欲還日，王儉啓云：『宋景平元年、元嘉六年並立春前郊，遂不還日。』其後吳操之又云：『應在立春後。』然則左氏所

記『啓蟄而郊』，乃三代彝章，百王不易。王儉所啓郊在春前，乃後世變禮，經籍無聞。載詳《月令》『正月元日祈穀』，則明在正月之辛；左氏『啓蟄而郊，郊而後耕』，則明在立春之後。參較其議，煥然無疑。來年正月十日立春，三日上辛祈穀，斯則襲王儉之末議，遺左氏之明文。理有未安，事當釐〔改〕。況陛下式嚴祀典，以迓神休，豈可捨周孔之格言，用齊晉之興說。伏望憲章三古，取則六經，常以正月立春之後上辛行祈穀之祀。」詔吿禮官著為甲令。詔太常禮院詳定以聞。禮院言：「按《月令》云：『正月元日祈穀於上帝。』《左傳》云：『啓蟄而郊。』杜預云：『啓蟄，夏正建寅之月祀天南郊。』又按梁何佟之議云：『今之郊祭，是報昔歲之

功而祈今年之福，故取歲首上辛，不拘立春之先後也。周人冬至於郊丘大報天也，夏正又郊以祈農事，故有啓蟄之說。自晉太初二年并圜丘方澤同於二郊，是以一郊之中有祈有報，不待啓蟄而用上辛，始於此也。』又云：『齊永明元年立春前郊，王儉啓云宋景平元年、元嘉六年立春前郊，則近代明例。』梁吳操之又云：『郊應在立春之後。』本院今詳《禮傳》正文，既言建寅之月啓蟄而郊，則合在正月立春之後。所用上辛，不拘立春先後，則後代相承。今據《禮傳》明文，請依彭年所奏，常於立春之後正月辛日祈穀，祀昊天上帝。」（言者十[illegible]崇文院檢討同詳定[illegible]禘祫[illegible]事[illegible]四月[illegible]五日奏[illegible]）頒下所司，永為定式，從之。

四年四月二十六日，太常禮院：「祀昊天上帝於圜丘

十三日立夏，祀赤帝于南郊。按《月令》：『立夏之日，天子迎夏于南郊。』注云：『迎夏，為祀赤帝于南郊。』又云：『是月也，大雩。』注云：『春秋傳曰：龍見而雩。謂建巳之月，陽氣盛而常旱，萬物待雨而長，故祭天以祈雨。龍星謂角亢也。立夏後昏見于東方。』又按《春秋左氏傳》云：『啓蟄而郊，龍見而雩。』注云：『雩謂建巳之月，蒼龍七宿之體昏見東方，萬物始盛，待雨而大，故祭天，遠為百穀祈膏雨也。』又按《唐書》云：『夏孟之月，龍星見，雩五方上帝于雩壇。』又按《五禮精義》云：『四月大雩，帝圜丘。《傳》云：龍見而雩，東方角亢等七宿昏見南方之時，此即孟夏純陽之月，萬物待雨而長，故必祀天。』《序例》云：『自周已來，歲星差度，今之龍見或在

五月以祈甘雨於時已晚但四月上旬卜日載詳立夏之後蒼龍宿見萬物將蕃陽氣方盛歛雩祀上帝以求甘雨即與啟蟄而郊其義無殊後來唯用改朔不得節祭于立夏之前違顧舊禮之意所云龍見或在五月於時已晚但用四月上旬卜日苟或龍見於仲夏之時雩祀於孟春之節相去遼濶於理未關欲請今後雩祀並於立夏後卜日如立夏在三月則待改朔後卜日庶節氣協于純陽典禮符于舊史又按月令云孟秋之月乃命冢宰農事備收藏帝籍之收于神倉是月也霜始降上丁用樂正入學習吹鄭玄注云為將饗帝也是月也大饗帝正義云四月大雩以祈穀九月大饗以報功也

卷五千四百八十三

則孟秋之月農事既終大饗明堂報成嘉穀苟或猶未得節尚當建酉因而卜日有虧先將欲望自今並遇寒露然後卜日或寒露在八月末則待至九月乃卜仍在上丁之後庶符月令之文自餘諸祠祭皆叶禮令無所改易詔從之　天禧元年十二月一日禮儀院言來年正月十七日辛亥祈穀用立春後辛日前二日奏告太祖一室伏緣其月十五日朝拜玉清昭應宮在致齋日內望改用正月上辛不以立春先後立春爲準即於朝拜無礙從之

隆興二年十二月八日詔郊祀大禮可還至道典故改用獻歲上辛令學士院降詔詔曰朕比以寧輿未還郊

見欲消虔巳之月以戒先庚之期辛消誦於外虞惟稽運於大報敬惟元日正得上辛合曾經啟蟄之文法周室明驛之禮神藏可通循漢帝拜于甘泉祖武是繩蓋太宗行於至道式從改卜虔舉彝章朕今以來年正月一日有事于南郊初以近臘改卜郊日禮官討論用來年孟夏應文武百僚將校文學進士恩例並依前郊赦內外諸軍賞給於今年冬至日支給已令學士院降詔至是從僚言遠陽來安思或親巡勞師乞於近期行禮故有是命

太祖乾德元年十一月十三日宿齋於崇元殿十四日赴太廟五鼓朝饗質明赴南郊齋于帷宮十六日合祭

卷五千四百八十三

天地于圜丘自是親郊宿齋朝饗太廟如儀　開寶元年十一月二十七日九年四月三日並親郊　太宗太平興國三年十一月十五日六年十一月十七日　雍熙元年十一月二十一日　淳化四年正月二日　至道二年正月十日並親郊　真宗咸平二年十一月七日五年十一月十一日　景德二年十一月十三日並親祀南郊　大中祥符元年二月十六日以朝謁太清宮於京城東郊置壇恭謝天地　天禧元年正月十一日南郊　三年十一月十六日奉天書于天安殿齋于殿內翌日奉赴景靈宮薦獻于天興殿禮畢齋于太廟十八日行朝饗之禮扶侍使等奉天書先赴青城帝齋于郊宮十九日奉

天書升壇合祭天地　仁宗天聖二年十一月十三日
五年十一月十七日八年十一月十九日　景祐二年
十一月十四日　寶元元年十一月十八日　慶曆元
年十一月二十日四年十一月二十五日七年十一月
二十八日並親祀南郊　皇祐二年詔以大慶殿為明
堂九月辛亥有事于明堂五年十一月十四日親郊
英宗治平二年十二月十六日祀南郊　神宗熙寧元
年十一月十八日合祭天地于圓丘　七年十一月二
十五日己未十年十一月二十七日並親祀圓丘　元
豐六年十一月五日丙午冬至祀圓丘　哲宗元祐七
年十一月十四日　元符元年十一月二十日並冬至

卷五千四百八十三　五

祀圓丘　徽宗建中靖國元年十一月二十三日　崇
寧三年十一月二十六日　大觀四年十一月廿日政和三
年十一月六日（八年十一月十日）宣和元年十一月三日四年十一月
十五日七年十一月十九日並冬至祀圓丘　夏至祭
方澤（四政和七年宣和二年五年八年先後而來□祭）
八月十八日禮儀使陶穀言享廟郊天兩日行禮從祀
官前七日皆合於尚書省受誓戒自來一日之內受兩
處誓戒有虧虔潔今用十一月十六日行郊禮望依禮
文於八日先受從饗太廟誓戒九日別受郊天誓戒其
日請放朝參從之　十月十五日又言準禮例皇帝當
元殿致齋日至郊祀日京城內及坊市禁斷凶穢不得

聞哭泣之聲禮畢仍舊詔依　十一月十三日帝宿齋
於崇元殿翌日赴太廟五鼓朝饗禮畢質明赴南郊齋
于帷宮十六日合祭天地于圓丘　六年九月十四日
南郊禮儀使言舊制皇帝致齋於崇元殿伏見乾元殿
乃正寢受朝之所宜為齋庭詔宿齋乾元殿　開寶四
年十一月冬至親郊宿齋文明殿　九年三月二十三
日中書門下言皇帝四月四日有事於南郊請前二日
致齋於天福殿詔依　四月二日辛酉京親郊齋于文
明殿　太宗太平興國三年十一月冬至親郊復齋乾
元殿　四年八月十三日詔重修后土廟命河中府歲
時致祭下太常禮院定其儀禮院請依先代帝王用中

六

祠禮行事官以本州長官為初獻上佐官已下為亞獻
三獻諸獻官各散齋二日於正寢致齋一日於廟所散
齋理事如舊唯不弔喪問疾不判刑殺文書不行刑罰
不預穢惡致齋惟祀事得行其餘悉斷其祭官已齋而
闕者通攝行事諸祭官至齋之日各習儀於齋所　九
年十一月十一日禮儀使扈蒙言郊祀受誓戒文武百
僚於尚書省亞獻三獻於中書其諸王如赴尚書省緣
在宮城內慮愆不及又亞獻三獻及諸王隨皇帝宿齋
本審齋於何處詔韓王元休以下三人及皇姪孫惟吉
隨亞獻於中書受誓戒仍於本宮廳內宿齋
神宗熙寧元年十一月上齋於郊宮罷臨觀闕不幸苑

園故事車駕至青城少休即名從臣宴後苑閱水嬉復登端門觀太常警嚴至是上精意奉祠悉罷遊觀遂減儀門閣亭花有草木禽獸千七百餘事至十年又罷去般殿從至寶華門花磚幄遺者為定制元豐
三年六月二十八日詳定郊廟奉祀禮文所言謹按唐
開元禮并本朝開寶通用禮皇帝致齋前一日尚舍奉
御設御座於正殿西序及室內俱東西禮儀注室東西廂謂之序至
日皇帝出自西房即御座東向又唐郊祀錄凡致齋必
東向者變聽政之位也蓋取論語齋必變食居必遷坐
殊為舛誤伏請南郊致齋皇帝自內寢居大慶殿御幄
易服有司請奏中嚴外辦畢即大慶殿御座南向百官北
面再拜奏訖皇帝降就齋所更不設東房西房及御榻
東向位明堂致齋文德殿依此從之四年十月六日又

七

言周禮太宰之職祀五帝則掌百官之誓戒祀大神祇
亦如之享先王亦如之又大司寇煙祀五帝則戒之曰
涖誓百官戒于百族蓋王者奉天地祖宗之神必具百
官以揚其職百官廢職則服大刑非先事聚衆以誓之
使失禮而入刑則亦罔人而已太宰治官所以佐王事
神祇祖考獨掌誓戒者欲人之聽於一也大司寇刑官
戒之日涖誓者失禮乃入刑故也國朝沿唐制以太尉
掌誓戒大尉三公官所謂坐而論道者非掌誓之任未
合禮意伏請親祠命吏部尚書一員掌誓戒刑部尚書
一員涖之詔從之內掌誓戒以左僕射六年正月二十
三日尚書禮部言舊禮大祀前七日平明太尉誓百官

於尚書省近制親祀南郊明堂太尉掌誓戒用左僕射
闕即以右僕射以刑部書涖之今有司攝事大祀即初
獻官掌誓戒前期七日南饗讀誓文無涖誓之官又吏
部刑部官於歲時常祭皆不聯事實為闕誤臣竊惟祭
祀之有誓戒所以要之以刑重失禮也古者掌誓戒有
專官欲人之聽於一也周以大宰掌百官之誓戒謂其
為天官之長且佐王治而以大司寇涖百官戒于百族
蓋言失禮則入刑也唐以太尉掌誓戒亦緣任隆公輔
地居冢司故也周禮三公無官必兼冢宰然後可以佐
王治書曰惟周公位冢宰正百工故以大宰掌百官之
誓戒今以宰相親王執政官宗室使相郡王節度使以

八

上為初獻即掌戒得其職矣蓋與周冢宰唐之太尉同
意自餘初獻止是禮部尚書以下既不為攝太尉而亦
掌誓戒誤矣又按周禮小宰以官府之六聯合邦治一
曰祭祀之聯事謂一官不能獨舉則六官共有事於此
故曰官聯今尚書省六曹乃周六官之任諸祠祭以禮
部為獻官以戶部兵部工部為奉俎官而吏部刑部無
事於其間非所謂官聯也伏請自今大祠宰相親王執政
官宗室使相郡王節度使以上為初獻行事依舊掌誓
戒餘以吏部尚書或侍郎掌之蓋吏部天官之任也仍
用刑部尚書涖誓闕即以侍郎並不致齋不與行事其
掌誓之所別為一班亦南嚮受誓戒者獻官禮官以西

為上奉俎官以東為上分獻官立于獻官之後並北嚮監祭使執事位自如故事親祠即依元豐四年十月六日詔用左右僕射掌誓刑部尚書涖誓從之十一月二日將親郊齋于大慶殿三日齋于大廟四日齋于南郊之青城五日冬至祀天于圜丘

政和三年十一月十五日詔夏祭前一日宿方澤齋宮內殿致齋更不宿大慶殿四年五月十二日皇帝親祭地于方澤前期皇帝散齋七日於別殿致齋七日於內殿一日於齋宮宣和元年十一月二十一日大府卿盧法原言頃者冬祭而天神降夏祭而地祇出圜丘方澤雪應變異萬目咸覩曠古所未聞也國實下詔以其日名天應寧既節且禁刑殺止屠宰所以承神祇之休無所不至竊謂凡遇親祠雖行事等官受誓戒及有司不奏刑殺文書然其餘百司庶府及四方郡縣蓋未嘗有禁也切緣親祠之日各隨冬夏之日至與天應寧既節每日不同伏望凡遇冬祀夏祭親祠之日悉天下並止刑殺屠宰一日著之於令詔令後冬祀夏祭親祠日禁止刑殺屠宰一日高宗紹興十三年三月八日權禮部侍郎王賞等言國朝禮例每遇冬祀大禮依儀皇帝齋宿三日內一日於大慶殿一日於太廟一日於青城令雖復依紹興十年明堂大禮例並於前殿宿齋詔依祖宗禮例即不得輒造齋殿又言已得旨郊祀齋宮更不

修蓋止令計置幕殿檢會在京青城宮殿大內門曰泰禋東偏門曰承和西偏門曰迎禧正東門曰祥曦正西門曰景曜後門曰拱極大殿門曰端誠大殿曰端誠便殿曰熙成將來如車駕前一日赴青城宿齋乞令儀鸞司同臨安府豫先體做青城制度絞縛其行事執事陪祠官宿齋幕次亦乞排辦詔令隨宜絞縛不得侈大二十一日太常寺言大禮依儀前三日皇帝詣大慶殿宿齋前三日皇帝服通天冠絳紗袍乘玉輅詣景靈宮聖祖天尊大帝行禮差侍從官分詣元天大聖后并諸殿神御前行禮畢皇帝服通天冠絳紗袍乘玉輅詣太廟宿齋前一日皇帝詣太廟諸室前行禮畢皇帝服通天冠絳紗袍乘玉輅詣青城宿齋冬至日皇帝詣圜壇行禮禮畢擇日恭謝景靈宮遍詣諸殿行禮從之

十一月九日禮部太常寺言伏見郊祀大禮皇帝前期齋於正殿豎以虔誠今尚食進素膳望宣付史館從之

孝宗乾道三年月行近心大星宰執次日奏對上憂懼天戒形於玉色因言近時祭祀全不嚴肅何以感格天地可令禮官條具措置約束閏七月七日宰執以禮官定郊廟祠祭事進呈上曰訪聞致齋處多飲酒喧笑者可令監察御史須俟祠祭一切了畢方許退五年六月二十四日太常少卿林栗言朝獻行禮前一日欽令宰

執並赴尚書省宿齋或值雨分詣則行事官皆已齋戒於禮為宜從之九年十月一日太常寺言郊祀并前二日朝獻景靈宮前一日朝饗太廟皇太子亞獻參酌典故乞前祀十日質明詣太廟齋坊受誓戒誓文參照開寶通禮及乾道逐次禮例其日早二刻開麗正門以俟右丞相一員掌誓依禮例立班及將來宿齋欲依太平興國中典故第一日就本官廳並從之

光宗紹興二年十一月二十四日應行事執事陪祠官赴大慶殿奏請皇帝詣齋殿二十五日皇帝詣景靈宮朝獻禮畢赴太廟齋宿二十六日朝饗于太廟禮畢詣青城齋宿二十七日親郊于圜壇

十一

國朝親祭祀舉大禮沿唐制置五使以宰臣為大禮使太常卿為禮儀使御史中丞為儀仗使兵部尚書為鹵簿使知開封府為橋道頓遞使是後太常卿中丞兵部尚書或闕乃以學士及他尚書丞郎為之其職掌用禮部御史臺兵部吏如故儀衛名物鹵簿使掌之儀仗使無專掌但以中憲督察諸司如敘司則橋道頓遞使最下國初京尹有親王為之者即升次大禮使或以大禮頓遞併為一使真宗東封西祀皆以輔臣為五使仁宗籍田恭謝大享明堂祫饗明堂並循用故事大中祥符七年上玉皇聖號特宰臣向敏中次當禮儀贊導以年耆不任盤折改命參知政事丁謂以敏中領儀仗後去

差儀仗鹵簿使至和初用賈黯議始改正焉唐自元和以前史籍不載長慶後有禮儀使太常卿為之大禮使御史中丞為之哀帝時中丞為儀仗使而不載大禮使梁以河南尹為大禮使餘二使如舊又有儀仗法物二使以武將為之後唐以宰相為大禮使兵部尚書為大禮儀使御史中丞為儀仗使兵部侍郎為鹵簿使開封尹為頓遞使周唯以禮儀使歸太常餘如之唐有禮儀判官五代有大禮副使判官修裝法物使國朝皆不置頓遞使增橋道之名而命內臣與諸司同修飭法物云

太祖建隆四年八月二十二日以親郊命宰臣范質為大禮使翰林學士承旨陶穀為禮儀使吏部尚書張昭為鹵簿使御史中丞劉溫叟為儀仗使皇弟開封尹為橋道頓遞使　乾德六年八月七日以親郊命宰臣趙普為大禮使翰林學士承旨陶穀為禮儀使翰林學士王著為鹵簿使樞密直學士趙逢為儀仗使皇弟開封尹匡義為橋道頓遞使　開寶四年七月十二日以親郊命宰臣趙普為大禮使參知政事薛居正為禮儀使呂餘慶為鹵簿使太子賓客權判御史臺邊光範為儀仗使皇弟開封尹匡義為橋道頓遞使　九年正月二十六日以西京親郊命皇弟晉王為大禮使翰林學士李昉為禮儀使知制誥扈蒙為儀仗使李穆為鹵簿使彰德軍節度使知河南府焦繼勳為橋道頓遞使

十二

為禮儀使，持進少宰兼中書侍郎王黼為儀仗使，少保知樞密院事鄧洵武為鹵簿使，門下侍郎白時中為橋道頓遞使。　四年七月三日，詔令年冬日至祀天子圜壇，來年夏日至祭地於方澤，以少師太宰兼門下侍郎王黼為冬祀夏祭大禮使，少師威武軍節度使領樞密院事鄭居中為禮儀使，門下侍郎白時中為儀仗使，中書侍郎張邦昌為鹵簿使，尚書左丞王安中為橋道頓遞使。七年七月四日，詔今年冬日至祀天于圜壇，來年夏日至祭地于方澤，以特進太宰兼門下侍郎白時中為大禮使，起復銀青光祿大夫少宰兼中書侍郎李邦彥為禮儀使，太保領樞密院事蔡攸為儀仗使，中書侍郎張邦昌為鹵簿使，尚書左丞趙野為橋道頓遞使。

高宗紹興四年七月一日，禮部、太常寺言：檢會慶曆七年禮院言：郊祀國之重事，百司聯職，僅取濟集，若喪被起之官，揔不與事，則或有妨闕。但不以慘黷之容接於祭次，則亦可行。今後大祭祀，應有丁憂服被起者，依舊不得入宗廟外，其郊壇所聽權吉服行職事，唯不得入壝門底，協禮意，亦不廢官守。詔可。今來大禮使職臣如係被起官，欲依故事自領大禮使職事，唯不得入殿門。其行禮日乞別差以次官通攝大禮使行禮，除奏請致齋自合立班外，其受誓戒立班及致齋雖不合赴，赴又緣受誓戒致齋祀事正隸大禮使所總，所有受誓戒日本官自合入省，及前三日亦合宿省治事。從之。先是起復守尚書右僕射同中書門下平章事秦檜亦奏：自去年四月丁母憂，至八月奉制書起復，竊見九月明堂大禮，軍執例差五使，臣見在服制，竊慮不合陪祠。尋下禮部、太常寺討論，故有是請。

此條原黏在本卷第六十四葉半頁紹興三年前

神宗熙寧十年三月二十二日，中書門下言：檢校每遇大禮後，中書選差官二員通行提點一行事務，派式施行，仍許抽人吏等五人。詔人吏並減半，候降御札即差札即差。

此條原黏在本卷第六十六葉半頁高宗紹興二十二年前

高宗紹興二年十月二十八日，詔令部大提舉主管黃遵甚昜躬親監視滌濯祭器果實，並要嚴潔。

此條原黏在本卷第六十五頁上條下五月一條上

宋會要

孝宗乾道三年十月一日，詔郊祀祭器果實並用香水滌濯，令新大提舉主管李瑩、林機躬親監視，務要嚴潔。

執並赴尚書省宿齋或值雨分詣則行事官皆已齋戒於禮為宜從之九年十月一日太常寺言郊祀并前二日朝獻景靈宮前一日朝饗太廟皇太子亞獻終獻典故之前祀十日質明詣太廟齋坊受誓戒誓文參照開寶通禮及乾道逐次禮例其日早二刻開麗正門以俟右丞相一員掌誓依禮例立班及將來宿齋欲依太平興國中典故第一日就本官廳並從之

光宗紹興二年十一月二十四日應行事執事陪祠官赴大慶殿奏請皇帝詣齋殿二十五日皇帝詣景靈宮朝獻禮畢赴太廟齋宿二十六日朝饗于太廟禮畢詣青城齋宿二十七日親郊于圜壇

十一

國朝親祭祀舉大禮沿唐制置五使以宰臣為大禮使太常卿為禮儀使御史中丞為儀仗使兵部尚書為鹵簿使知開封府為橋道頓遞使是後太常卿中丞兵部尚書或闕乃以學士及他尚書丞郎為之其職掌用禮部御史臺兵部吏如故儀衛名物鹵簿使掌之儀仗使無專掌但以中憲督察諸司如敘司則橋道頓遞使最下國初京尹有親王為之者即升次大禮使或以大禮頓遞併為一使真宗東封西祀皆以輔臣為五使仁宗籍田恭謝大享明堂袷饗明堂並循用故事大中祥符七年上玉皇聖號特宰臣向敏中次當禮儀贊導以年耆不任趨折改命參知政事丁謂以敏中領儀仗後立

差儀仗鹵簿使至和初用賈黯議始改正焉唐自元和以前史籍不載長慶後有禮儀使太常卿為之大禮使御史中丞為之哀帝時中丞為儀仗使而不載大禮使梁以河南尹為大禮使餘二使如舊又有儀仗法物二使以武將為之後唐以宰相為大禮使兵部尚書為大禮儀使御史中丞為儀仗使兵部侍郎為鹵簿使開封尹為頓遞使周唯以禮儀使歸太常餘如之唐有禮儀判官五代有大禮副使判官修裝法物使國朝皆不置頓遞使增橋道之名而命內臣與諸司同修飾法物云

太祖建隆四年八月二十二日以親郊命宰臣范質為大禮使翰林學士承旨陶穀為禮儀使吏部尚書張昭為鹵簿使御史中丞劉温叟為儀仗使皇弟開封尹為橋道頓遞使　乾德六年八月七日以親郊命宰臣趙普為大禮使翰林學士承旨陶穀為禮儀使翰林學士王著為鹵簿使樞密直學士趙逢為儀仗使皇弟開封尹匡義為橋道頓遞使　開寶四年七月十二日以親郊命宰臣趙普為大禮使參知政事薛居正為禮儀使呂餘慶為鹵簿使太子賓客權判御史臺邊光範為儀仗使皇弟開封尹匡義為橋道頓遞使　九年正月二十六日以西京親郊命皇弟晉王為大禮使翰林學士李昉為禮儀使知制誥扈蒙為儀仗使李穆為鹵簿使彰德軍節度使知河南府焦繼勳為橋道頓遞使

十二

太宗太平興國三年八月一日以親郊命皇弟齊王廷美為大禮橋道頓遞使翰林學士李昉為禮儀使扈蒙為儀仗使知制誥李穆為鹵簿使　六年親郊五使闕　九年七月二十四日罷封禪親郊命宰臣宋琪為大禮使翰林學士承旨扈蒙為禮儀使翰林學士宋白為鹵簿使賈黃中為儀仗使右諫議大夫權知開封府事辛仲甫為橋道頓遞使仍令鑄五使印先是郊禮大禮皆權借諸司印記行移文字至是始各鑄印焉　雍熙四年十月二十八日以籍田命宰臣李昉為大禮使開封尹陳王元僖為橋道頓遞使翰林學士宋白為禮儀使賈黃中為鹵簿使御史中丞張宏為儀仗使　淳化三年九月一日親郊命宰臣李昉為大禮使翰林學士承旨蘇易簡為禮儀使尚書戶部侍郎王沔為鹵簿使御史中丞王基為儀仗使開封尹許王元僖為橋道頓遞使　至道元年八月七日以親郊命宰臣呂端為大禮使翰林學士承旨宋白為禮儀使給事中賈黃中為鹵簿使御史中丞李昌齡為儀仗使開封尹壽王德昌為橋道頓遞使

真宗咸平二年七月十六日以親郊命宰臣張齊賢為大禮使翰林學士承旨宋白為禮儀使禮部尚書溫仲舒為鹵簿使御史中丞魏庠為儀仗使工部侍郎權知開封府魏羽為橋道頓遞使　五年七月二日以親郊

命宰臣呂蒙正為大禮使翰林學士承旨宋白為禮儀使翰林侍讀學士夏侯嶠為鹵簿使御史中丞溫仲舒為儀仗使刑部侍郎權知開封府寇準為橋道頓遞使

景德二年七月十四日以親郊命宰臣畢士安為大禮使翰林學士趙安仁為禮儀使資政殿學士王欽若為鹵簿使御史中丞呂文仲為儀仗使戶部侍郎權知開封府張雍為橋道頓遞使　三年八月三日以宰臣王旦為大禮使知樞密院事王欽若為禮儀使參知政事馮拯為儀仗使趙安仁為鹵簿使知樞密院事陳堯叟為橋道頓遞使又以旦為天書儀衛使欽若安仁副之三司使丁謂為扶持使供備庫使藍繼宗為扶侍都監　內侍周懷政皇甫繼明為夾侍發陝西河東兵五千人赴汾陰給役置急腳遞鋪出廐馬增驛傳　五年閏十月三日以恭謝太廟命宰臣王旦為大禮使向敏中為禮儀使樞密使同中書門下平章事王欽若為儀仗使陳堯叟為鹵簿使樞密使馬知節為橋道頓遞使故事每大禮以宰相領大禮使而禮儀等使皆署中狀東封歲上特命中書樞密院領五使汾陰亦如之至是旦言頃歲臣叨備相位欽若以下皆知樞密院參知政事今敏中洎欽若堯叟悉同平章事詢於事體頗似非宜帝曰第依近制可也　六年十月九日以朝謁太清宮恭謝天地命宰臣王旦為奉祀大禮使向敏中為禮

儀使樞密使同中書門下平章事王欽若為儀仗使陳
堯叟為鹵簿使參知政事丁謂為橋道頓遞使　先是
帝謂宰臣曰朕自封岱山祀汾陰再朝陵寢親奉高真
以來已嘗恭謝天地今既謁太清欲別築壇展告謝之
禮如專言太清即不見恭謝之意遂命以奉祀經度制
置使為名又以旦為天書儀衛使欽若為同儀衛使謂
為儀衛副使兵部侍郎趙安仁為天書扶持使　九年
五月三日以恭上寶冊朝饗太廟南郊恭謝命宰臣王
旦為恭上寶冊南郊恭謝大禮使向敏中為儀仗使樞
密使王欽若為禮儀使樞密副使張旻為鹵簿使曹利
用為橋道頓遞使　又以旦為天書儀衛使欽若為同
儀衛使兵部尚書參知政事丁謂為儀衛副使尚書右
丞趙安仁為扶侍使又以謂為修奉寶冊使恭上寶冊
參詳儀制使戶部侍郎林特為修奉寶冊副使翰林學
士陳彭年為參詳儀制副使七月命樞密直學士權知
開封府任中正向當南郊橋道司事九月彭年參知政
事為天書儀衛副使參詳儀制修奉寶冊使秘書監知
禮儀院楊億為參詳儀制副使　天禧三年七月十四
日以親郊命宰臣向敏中為大禮使翰林學士承旨晁
迥為禮儀使樞密直學士王曉為鹵簿使翰林學士錢
惟演為儀仗使給事中權知開封府馬元方為橋道頓
遞使仍命敏中兼天書儀衛使宰臣寇準同儀衛使參

十五

知政事丁謂為儀衛副使李迪為扶侍使自大中祥符
後特命輔臣領五使之職至是復舊制故事三歲一親
郊不郊輒代以他禮慶賞與郊同而五使皆輔臣不以
官之高下天聖二年翰林學士領儀仗御史中丞領鹵
簿始用官次　仁宗天聖二年七月十四日以親郊命
宰臣王欽若為大禮使翰林學士承旨李維為禮儀使
翰林學士晏殊為儀仗使權御史中丞薛奎為鹵簿使
龍圖閣待制權知開封府王臻為橋道頓遞使　故事
御史中丞為儀仗使兵部尚書為鹵簿使是後中丞兵
部尚書或闕乃以學士及它尚書丞郎為之今有中丞
而換使額非舊制也祥符中向敏中次當禮儀贊導以
年耆不任磬折乃改命王欽若與丁謂以敏中領儀仗
遂去差儀仗鹵簿使其胥吏去換頓為非便自後沿誤
而不復改　五年七月十三日以親郊命宰臣王曾為
大禮使翰林學士承旨劉筠為禮儀使翰林學士宋綬
為儀仗使龍圖閣學士馮元為鹵簿使翰林學士權知
開封府陳堯咨為橋道頓遞使八月堯咨知天雄軍以
樞密直學士權知開封府陳堯佐代　八年七月十二
日以親郊命宰臣呂夷簡為大禮使資政殿學士晏殊
為禮儀使翰林學士盛度為儀仗使御史中丞王隨為
鹵簿使翰林學士權知開封府徐奭為橋道頓遞使九
月奭卒以樞密直學士權知開封府寇瑊代　景祐二

十六

年七月九日以親郊命宰臣呂夷簡為大禮使翰林學士承旨章得象為禮儀使翰林侍讀學士馮元為鹵簿使御史中丞杜衍為儀仗使龍圖閣學士權知開封府王博文為橋道頓遞使寶元元年七月七日以親郊命宰臣張士遜為大禮使資政殿大學士朱緩為禮儀使御史中丞晏殊為仗使翰林學士丁度為鹵簿使權知開封府胥偃為橋道頓遞使慶歷元年七月八日以親郊命宰臣呂夷簡為大禮使資政殿學士李若谷為禮儀使權御史中丞柳植為儀仗使翰林學士承旨丁度為鹵簿使龍圖閣直學士權知開封府賈昌朝為橋道頓遞使　十一月植病以翰林學士王堯臣代　四年

七

月七日以親郊命宰臣章得象為大禮使翰林學士承旨丁度為禮儀使翰林學士宋祁為鹵簿使權御史中丞王拱辰為儀仗使翰林學士權知開封府吳育為橋道頓遞使　七年七月六日以親郊命宰臣陳執中為大禮使翰林學士楊察為禮儀使彭乘為鹵簿使權御史中丞魚周詢為儀仗使樞密直學士權知開封府明鎬為橋道頓遞使　五年七月六日以親郊命宰臣龐籍為大禮使翰林學士承旨王拱辰為禮儀使翰林學士趙概為鹵簿使權御史中丞孫抃為儀仗使端明殿學士權知開封府楊察為橋道頓遞使閏七月籍知鄆州以宰臣陳執中代　嘉祐元年五月二十八日以恭

謝天地命宰臣文彥博為大禮使劉沆為禮儀使富弼為鹵簿使樞密使王德用為儀仗使狄青為橋道頓遞使八月青知陳州以參知政事王堯臣代　英宗治平二年七月六日以親郊命宰臣韓琦為大禮使翰林學士王珪為禮儀使范鎮為儀仗使權御史中丞賈黯為鹵簿使端明殿學士權知開封府韓絳為橋道頓遞使是月易黯為儀仗使鎮為鹵簿使故事南郊以御史中丞領儀仗天聖二年誤用中丞薛奎領鹵簿而又以翰林學士晏殊為儀仗使至是用黯言而改之八月絳權三司使以龍圖閣學士權知開封府沈遘代黯知陳州以翰林學士馮京代　神宗熙寧元年七月十八日以親

十八

郊命宰臣曾公亮為大禮使翰林學士承旨王珪為禮儀使翰林學士司馬光為鹵簿使權御史中丞滕甫為儀仗使翰林學士權知開封府呂公著為橋道頓遞使　七年七月十一日以親郊命宰臣韓絳為大禮使翰林學士元絳為禮儀使翰林侍讀學士陳繹為鹵簿使權御史中丞鄧綰為儀仗使天章閣待制知開封府韓縝為橋道頓遞使八月元絳權三司使以右諫議大夫宋敏求代　十年七月五日以親郊命宰臣吳充為大禮使樞密直學士陳襄為禮儀使翰林學士許將為鹵簿使權御史中丞鄧潤甫為儀仗使龍圖閣直學士權知開封府孫固為橋道頓遞使　元豐六年七月十三日

以親郊命宰臣王珪為大禮使，尚書禮部侍郎李常為禮儀使，御史中丞黃履為儀仗使，兵部侍郎許將為鹵簿使，龍圖閣直學士權知開封府王存為橋道頓遞使。哲宗元祐元年五月六日，以明堂復命輔臣為禮儀等使（故事，自郊以宰臣為大禮使，於有司並行劄子，餘四使止差從臣並行劄牒，至是復以輔臣為禮儀等四使，諸廳下省同大字並用劄子）。七年七月二十二日，以親郊命宰臣呂大防為大禮使，禮部尚書胡宗愈為禮儀使，兵部尚書蘇軾為鹵簿使，御史中丞李之純為儀仗使，寶文閣待制權知開封府韓宗道為橋道頓遞使。　元符元年七月七日，以親郊命宰臣章惇為大禮使，權禮部尚書蹇序辰為禮儀使，御史中丞安惇為儀仗使，兵部侍郎黃裳為鹵簿使，寶文閣待制權知開封府路昌衡為橋道頓遞使。　十九日，詔自今大禮自禮儀使以下並命執政官，乃命知樞密院事曾布為禮儀使，中書侍郎許將為儀仗使，尚書左丞蔡卞為鹵簿使，尚書右丞黃履為橋道頓遞使。　徽宗建中靖國元年七月二十九日，以親郊命宰臣韓忠彥為大禮使，曾布為禮儀使，知樞密院事將之奇為儀仗使，門下侍郎李清臣為鹵簿使，中書侍郎許將為橋道頓遞使。　十月八日，清臣知大名府，以將代，命尚書右丞陸佃為橋道頓遞使。　崇寧三年七月十四日，以親郊命宰臣蔡京為大禮使，知樞密院事蔡卞為禮儀使，門下侍郎許將為儀仗使，中書侍郎

趙挺之為鹵簿使，尚書右丞吳居厚為橋道頓遞使。　八月十二日，將知河南府，以挺之代，命居厚為鹵簿使。大觀四年七月十日，以冬祀圜壇命宰臣何執中為大禮使，張商英為禮儀使，知樞密院事鄭居中為鹵簿使，尚書左丞劉正夫為儀仗使，同知樞密院事侯蒙為橋道頓遞使。　十月十四日，居中為太一宮使，以門下侍郎吳居厚代。　政和三年七月六日，以冬祀圜壇命太師魯國公蔡京為大禮使，少傅太宰何執中為禮儀使，知樞密院事鄭居中為儀仗使，門下侍郎余深為鹵簿使，中書侍郎劉正夫為橋道頓遞使。　十二月八日，以明年夏祭方澤命太師魯國公蔡京為大禮使，少師太宰何執中為禮儀使，知樞密院事鄭居中為儀仗使，門下侍郎余深為鹵簿使，中書侍郎劉正夫為橋道頓遞使。　六年七月六日，以今年冬祀圜壇、明年夏祭方澤命太師魯國公蔡京為大禮使，少保太宰鄭居中為禮儀使，少宰劉正夫為儀仗使，知樞密院事鄧洵武為鹵簿使，門下侍郎余深為橋道頓遞使。　十二月二十六日，正夫授開府儀同三司、充安化軍節度使致仕，命中書侍郎侯蒙代為夏祭方澤儀仗使。故事，南北郊宗祀大禮前期半年各降御札及命五使，至是冬夏祭同一御札，五使亦同日命之。　宣和元年七月九日，以太師魯國公蔡京為冬祀夏祭大禮使，少保太宰兼門下侍郎余深

爲禮儀使，持進、少宰兼中書侍郎王黼爲儀仗使，少保、知樞密院事鄧洵武爲鹵簿使，門下侍郎白時中爲橋道頓遞使。四年七月三日，詔令年冬日至祀天子圓壇，來年夏日至祭地於方澤，以少師、太宰兼門下侍郎王黼爲冬祀夏祭大禮使，少師、威武軍節度使、領樞密院事鄭居中爲禮儀使，門下侍郎白時中爲儀仗使，中書侍郎張邦昌爲鹵簿使，尚書左丞王安中爲橋道頓遞使。七年七月四日，詔今年冬日至祀天子圓壇，來年夏日至祭地于方澤，以特進、太宰兼門下侍郎白時中爲大禮使，起復、銀青光祿大夫、少宰兼中書侍郎李邦彥爲禮儀使，太保、領樞密院事蔡攸爲儀仗使，中書侍郎張邦昌爲鹵簿使，尚書左丞趙野爲橋道頓遞使。

高宗紹興四年七月一日，禮部、太常寺言：「檢會慶曆七年禮院言：郊祀國之重事，百司聯職，僅取濟集，若丧被起之官並不與事，則或有妨闕，但不以慘黷之容接於祭次，則亦可行。今後大祭祀應有父母喪被起者，依舊不得入宗廟外，其郊壇所聽權吉服行職事，唯不得入壝門。庶協禮意，亦不廢官守。詔可。今來大禮使臣如係被起官，欲依故事自領大禮使職事，唯不得入殿門，其行禮日乞別差以次官通攝大禮使行禮。除奏請致齋自合立班外，其受誓戒、立班及致齋雖不合赴，赴又緣受誓戒、致齋祀事正隸大禮使所總，所有受誓戒

日本官自合入省，及前三日亦合宿省治事。」從之。先是，起復守尚書右僕射、同中書門下平章事朱勝非奏：「自去年四月丁母憂，至八月奉制書起復，竊見九月明堂大禮宰執例差五使，臣見在服制，勠慮不合隨祠。」尋下禮部、太常寺討論，故有是議。

此條原粘在本卷第七十四頁半頁政和三年前

神宗熙寧十年三月二十二日，中書門下言：「檢校每遇大禮後，中書選差官二員通管提點一行事務，派式施行，仍許抽入吏等五人。」詔入吏並減半，候降御札即差。

此條原粘在本卷第七十六頁末頁光宗紹興二年十月前

光宗紹興二年十月二十八日，詔令部、太提舉主管黃邁嘗、蕭將親監視滌濯祭器、累實並要嚴潔。

此條原粘在本卷第七十五頁五條孝五年一條上

宋會要

孝宗乾道三年十月一日，詔郊祀祭器、粢盛並用香水滌濯，令郊大提舉主管李燾、林栗躬親監視，務要嚴潔。

玉津園南郊家事庫在玉津園後景德四年置掌南郊
家事以本園官兼領　真宗大中祥符六年九月詔朝
物法物每祇應禮畢有損缺者即時申報修飾　仁宗
天聖七年十二月二十七日詔每遇大禮諸軍及行事
定從人等於朝服法物內衣物新衣庫支供出法物儀
注衣服等自今後禮畢日諸軍諸司職掌并太常樂部
並限五日餘限十日送納如違限及損壞官物者令本
庫檢察八年八月詔朝服法物內衣物新衣庫自今大
禮除諸司職掌係應奉祀事及儀仗內祗應人令請儀
注衣服其群臣從人諸色人等並不得支借衣服如有
違犯閤門御史臺覺察以聞　嘉祐八年詔玉津園南
郊庫別差監官專管手分庫子一管句　神宗熙寧五
年詔玉津園南郊庫並本園使臣兼管句係將作監提
轄

續會要

朝服法物庫附太常寺定德樓家事庫附衛尉寺南郊
什物庫附太常寺外餘無此門

禮二八之八八

第易弟

歷代大行喪禮上

宋會要　太祖

開寶九年十月二十日太祖崩於萬歲殿遺制曰修短有定期死生有冥數聖人達理古無所逃朕生長軍戎勤勞邦國艱難險阻實備嘗之定天下之祆塵成域中之大業而焦勞成疾彌留不瘳言念親賢可付後事皇第晉王（太宗舊名）天鍾睿哲神受英奇自列王藩愈彰厚德授以神器時惟長君可於柩前即皇帝位喪制以日易月皇帝三日聽政十三日小祥二十七日大祥諸道節度觀察防禦團練使刺史知州等並不得輒離任赴闕聞哀之日所在軍府三日出臨釋服其餘並委嗣君處分更在將相協力中外同心共輔乃君永光丕構召群臣敘班殿庭宰臣宣制發哀畢移班謁見帝于殿之東楹稱賀復奉慰盡哀而出　二十一日太常禮院言群臣當服布斜巾四腳直領布襴腰經命婦布帽頭裙帔皇弟皇子大武二品以上加布冠斜巾帽首經大袖裙袴竹杖士民縞素婦人素縵諸軍就屯營三日哭請皇帝視事日去杖經服斜巾垂帽小祥日改服布四腳直領布襴腰經布袴二品以上官亦如之大祥日皇帝服素紗軟腳折上巾淺黄衫緅皮黑銀帶群臣及軍校以上皆本色慘服鐵帶鞾笏諸王入內服衰出則服慘從之

二十二日太常禮院言準禮例群臣成服後朝晡臨

卷七千三百四十六

六

庭易廷

三日朝臨三日大小祥禫除朔望並入臨進名奉慰詔恭依是日詔大行皇帝山陵有期準遺詔不得勞擾百姓宜令所司奉承先旨應緣山陵支費一取官物供給工人役夫並先用官錢傭雇　二十三日群臣上表請聽政詔答不允　二十四日大斂成服宰臣薛居正前跪奏請聽政制可之翌日移御長春殿　二十五日命翰林使饒州團練使杜彥圭為山陵按行使武德使王繼恩副之內出遺留物賜近臣有差　二十七日命宰臣薛居正撰陵名哀冊文沈倫撰謚冊文盧多遜書哀謚冊并寶翰林學士李昉議謚號　十一月一日帝不視朝群臣奉慰（自是至祔廟至朔望皆然）冬　二日詔以諸鎮節度在京早欲迎受恩命所有百官服式宜令文班班首與學士舍人同詳議以聞太子太師王溥等言祥禫服式請如舊制其臣僚迎謝恩命殿庭出入候中祥變服之後許吉服至祥禫日並於幕次著孝服入臨奉慰仍於內東門權設次換衣從之　五日命開封府尹齊王廷美為山陵使兼橋道使翰林學士李昉為禮儀使知制誥李穆為鹵簿使侍御史知雜事雷德驤勾當儀仗使事既而又命齊王兼充頓遞使宰臣薛居正上陵名曰永昌詔恭依　六日內出遺留物遣使齎賜藩鎮　八日禮儀使言準禮例中書門下兩省御史臺文班各撰挽歌詞二首送中書省付太常寺教習應奉從之　十五日中書省

卷七千三百四十六

七

李字下增李字

言製造哀謚冊二副用階玉從之每冊條六十四一十係折標四片五十條書冊文冊匣二具長七尺五寸使金鍍銀合稜匙地合羅花盤龍裝紅錦托裹揭搭象鼻鈕鐵鎖鍍鑰各全穿聯冊銀條兩頭銀絲結花二各合一副鈕冊條錦一面可冊匣碗用大紅纈三幅夾帕一條長一丈蓋冊匣紅綾四幅夾帕一條長一丈三尺蓋冊紅四幅夾帕一條長三丈舉冊紅絲板縧兩條各長一大三尺緯冊匣紅條圓條各長一丈五尺紅綫素帶各一副內畫檔床各一張銀裹腳角銅蠟頭全觀攬床紅綾褥各一面行事紫六綾簾褥一副進冊文紅羅夾複一條

十二月一日翰林學士權

判太常卿事晦請上尊謚曰英武聖文神德皇帝廟號

太祖議曰伏以易名之典仰惟舊章所以昭著聖猷傳所來世流芳垂裕永永無窮此百王不易之道也伏惟大行皇帝稟上聖之姿思至尊六位契三靈之瞻命開萬世之共基應乎天而順乎人聲為律而身為度奄宅區宇十有七年以乃神乃聖之功守克勤克儉之德躬決庶務則日旰志庶廣覽辟書則宵分輟寢外戒戚進之樂內無耳目之謨揭進善之旌懸敢諫之鼓解衣推食餬戰士之勳勞籌賦輕徭念農人之兵音嵩古

卷七千三百四十六

八

皇王之道平寬於寶握之中三分僭偽之君生致於闕庭之下成加四海德洽二儀三辰正而矣道無差兆民康而乍殺屢捨功已成矣理乙定矣而猶小以恭已詰旦視朝既動侈以勞心致寒肆而遷處馬歸華嶽方發遽武之翻龍去鼎湖處促山仙之駕今皮遵舊與上易導稱講旋謚法道德庭物曰興除亂靜難曰武窮神知化曰聖經緯天地曰文陰陽不測曰神功成民用曰德若乃坐籌決勝訓卒練兵復吳蜀之上疆西交廣之生聚長六致者不呂而垂恭皇風名室譯而來豈不謂之粲武平又蓄興起學杖搜訪隱淪廣延儒惟之徒樂閑朝豆之享明王聖帝齋不葺其祠宇名山大川靡不燕具經祀豈不謂之聖大乎又若官謀不測府略靡載宅天而天且下道作事而事蕪埏素功併告化曾淵在徽萬靈歸指顧之中六合八牢龍上內豈不謂之洞德乎太者表尊恆之頌祖烈彰聞淑之德洪雅清廟永配基天伏請上尊謚號英武聖文神德皇帝廟號太祖

五日禮儀使言山陵禮畢祔廟準例太常卿撰一室登
歌酌獻歌詞舞名下太常寺教習詔差翰林學士李昉
撰進　十四日鹵簿使言諸司吉凶仗同世宗慶陵及

領易鎮

改卜安陵人數有異未審何從詔並依安陵例用三千
五百三十人吉凶仗帷增鹵簿車及神帛肩輿　太平興國二年三月
十三日禮儀使言靈駕發引請由明德門度御橋出宣
秋門神主回京請由閶闔門出右掖門於近西便殿權
安行九虞之祭詔以大明殿十七日攝太尉齊王廷美
率群臣奉謚號冊寶告于南郊翌日奉主于萬歲殿攝
中書令讀冊冊文曰哀弟嗣皇帝臣太宗廟諱謹再拜稽首上言伏以膺圖受命千年肇歆於洪基表行稱功萬世永言於茂實奉哲王之歆號乃歷代之通規觀敢憑稽古之文慶舉易名之興伏惟大行室帝量包四海道冠百王須事周朝當大任貌虎內播於萬旅千戈外奉於四征由戰伐而立武功歷貔難而翻皇業三靈睒命兆庶樂推既應天以順人乃變家而為國自臨大寶光宅中區端拱九重留心萬務鸞明而治惟道是求公車徵草澤之賢東帛聘邱原之秀勳御民隱叠青化滌秣馬勵兵除師勤旅偏將南征而神中定靈祈兩指而斂外降領表金陵相繼面靖削平匠宇混一車書萬物於是由庚二儀以之正觀然乃無為而旨讓德於天四登園增昔類上帝神功聖德寵絕古令方修捨玉之儀遽趣上仙之鶴訴穹旻而靡及痛弓飾以俄隨因山之陵寢既成之陟罔號慕何以臣受道顧命俾奉宗祧知懷翼翼陟心何纘安以之化旻併舊典上尊稱謚遺攝太尉皇帝撿校太尉兼中書令行開封尹齊王廷美奉寶冊上尊謚曰英武聖文神德皇帝廟號太祖伏惟備瞻至誠冀齊盛禮陵遷容慮長垂不朽之名地久天長永福無疆之祚　二十

卷七千三百四十六

九

日少府監言山陵轀輬車并諸色舉昇共五千九百五
十六人請下步軍司差從之　二十五日以儀鸞副使
段人誨為山陵行宮使二十六日禮儀使言發引日皇
帝服初喪服行啟奠祖奠遺奠之禮啟攢前三日合禁
止在京音樂俟祔廟畢仍舊從之二十九日李昉上太
祖廟室酌獻請舞大定之舞詔恭依　四月四日禮儀

冠

大風下增 杯焉

使言太祖舊尊號寶册欲準禮例祔廟前一日內降列於伏內安置本室詔恭依　五日以武德使王繼恩兼永昌陵使　七日帝以將啓攢宮前三日不御坐神主祔廟日亦然　十日啓攢宮帝與群臣皆服初喪服群臣朝晡臨殿中退易常服出宮城　十三日發引帝服衰服啓奠于梓宮群臣入臨升梓宮于龍輴祖奠徹設次明德門外行遣奠攝中書令讀哀册册文曰維開寶九年歲次丙子十月甲午朔二十日癸丑太祖英武聖文神德皇帝崩于萬歲殿旋殯于殿之西階粤以太平興國二年夏四月辛卯朔二十五日乙卯遷座于永昌陵禮也仙馭將升哀歔暫閟長霞欲晚於東方宿伏初辭於北闕揭升旌以徐進闢素惟而待厭龍轞雖命乎兮留象物於馬而虎設皇帝增孺慕以何極甯天倘之永訣感在原之息重愴陟同之望總臆髣羃兮排徊想龍犇兮鳴咽表銘輔臣式揚徹烈其詞曰惟天有命惟宋膺期始炳靈於五緯咏開祥於二儀誕生人聖俾鯨黔黎作中原之真主啟冀代之不基昔在潛躍屢偽陸危蕭缺既校寅車盛駛并汾盪稀淮泗行師威凌虎呪氣懾能羅功允成兮不伐訟欲歸兮宣知天既答圖人皆載辭乃紡乎乾乃出乎震景日上而六合明膺雲升而萬物潤代心有罪難皆不陣潞冠既夷江都俄爐帝業太是初融皇猷以之克振乃發號令乃奠冢函當動天除風行海闊物無不憲人亦來蘇康哉賓運赫糸瑤圖乃新宮調法乎大壯乃肅郊祀受茲玄既乃竝刑書百工觀象乃正樂章八音爻暢諸僕綠是以駿奔四海固茲而內將大風決決大化以之萬蕩若乃五材並川雖能去央七德既態王于有征爰命將帥戴闕裳瀛湖湘既矜巴啻奇平古尽受焚巢之稠三吳有歸命之行四陝既宅萬物由虔功俾土極道濟遺抵述矣蝸蛾無縲齊名則哉漢披勢寂爭衛方篆玉以紀績仰泥金而昔成俄鑄鼎於荊岫忽乘雲於丕京益萬幾兮久渙逝百疾兮能嬰畏軒姜兮如在過順樂兮無賚鳴呼哀哉有傳之未寓縣分裂運既有開天惟生哲贍萬旅之雄師制八方之餘孽俾保覽以獻琛或表身而就綫四海以之混同伏為之聆淅何慕世之功兮如此何九齡之碁兮舊絕未訪道於峒山已遊神於禹穴鳴呼哀哉鶯翻雞駐賓車已乘想鳥耘於舜葬稽鼈語於堯崩山獻壽兮安可信時所年兮

卷七千三百四十六

十

何足微終顧命於玉几虛納册於金縢鳴呼哀哉同軌斯來因山是卜陪鶴馭於帷宿開倘賤於昧谷悲風空醴乎茗叢宿霧已凝於林麓雖脫徒於人寰永垂芳於帝錄鳴呼哀哉漢塋渭北岡崇岐陽哉四百餘記或三十六玉燭惟鳩烈謀集休祥壽原既謹業祚無禮祔卜年兮卜世與地久兮天長鳴呼哀哉禮畢奉辭釋衰服還宮群臣出都城外奉辭　二十五日永昌陵掩皇堂群臣奉慰　二十九日虞主至京群臣迎拜於都城西門之外奉安于大明殿行虞祭之禮　五月一日賜永昌陵執事官器幣有差諸司職掌流內銓常選人減選加階超資注擬有差　十九日帝奉辭神主于丹鳳門外有司奉導至太廟近臣題謚號行祔饗之祭祔于第五室以孝明皇后王氏升配禮畢群臣奉慰

宋會要　太宗

卷七千三百四十六

太宗至道三年三月二十九日太宗崩於萬歲殿遺制曰朕聞兩曜麗天不能逃虧昃之數四時成歲無以逾代謝之期知寔運之有終乃達人之大觀朕以凉德君臨萬邦二紀于茲庶政咸乂爰從春首寖及勞遘雖藥石之載加奈沈綿而逾劇以至大漸弗瘳弗興皇太子眞御諱克茂温文夙彰孝愛自處前星之位彌光主鬯之賢嗣守丕圖必符昌運宜于柩前即皇帝位爾其任賢去邪克遵于往誥布德施惠深念於烝民更賴中外盡臣文武多一心協佐共致雍熙諸軍賞給並取嗣君處分喪紀以日易月山陵制度務遵儉約應在外臣僚不得擅離治所只於本處舉哀於戲有生必死品物之大

十一

端送往事居前哲之明訓克稱鴻業吾無恨焉召文武
百官叙班殿庭參知政事溫仲舒宣制發哀畢移班謁
見帝于殿之東楹稱賀復奉慰盡哀而退　三十日文
武百官諸軍將校臨於殿中自是二十七日而止　太
常禮院上言皇帝服布斜巾四脚大袖裙袴帽竹杖腰
經首經直領布襴衫白綾襯服諸王皇親以下亦如之
加布頭冠襴服用絹皇太后皇后內外命婦布裙衫帔
帕頭首經絹襯服六宮內人無帔皇帝皇后諸王公主
諸縣主諸王夫人六宮內人並左被髮皇太后全被髮
初有司定散髮之禮言皇帝當聽政更不散髮帝曰豈有易月之喪不盡禮乎朕已散髮矣中書門
下樞密使副使宣徽三司使翰林學士節度使金吾上

將軍文武二品以上布斜巾四脚頭冠大袖襴衫裙袴
腰經竹杖絹襯服自餘百官並布幞頭襴衫腰經兩省
五品御史臺尚書省四品諸司三品以上見任前任防
禦團練使刺史內客省宣政昭宣閤門使前殿及入內
都知押班服布頭冠幞頭大袖襴衫裙袴腰經詔都知
同少府監依所定修製又諸軍人百姓白衫紙帽婦
人素縵不花釵三日哭而止京城內外禁止音樂自四
月三日成服後五日群臣朝晡臨六日至八日朝臨自
後每遇大小祥朔望日入臨殿庭移班近東進名奉慰
從之　四月一日命宣政使王繼恩為按行使入內內
侍都知李神福副之太常禮院言小祥日所司備祭饌

皇帝就殿上御位宰臣文武百官就位哭十五日舉音
再拜皇帝行禮訖就東閤御座百僚移班奉慰訖皇帝
釋衰服文武以上並政服布幞頭布襴衫腰經布袴詔
依　二日群臣上表請聽政詔答不允自是三上表乃
從之　是日內出遺留物賜宗室近臣　三日大斂成
服群臣入臨帝服衰經慟哭群臣奉慰　四日御崇政
殿西序群臣入謁帝號慟以見輔臣以次奉慰詔翰林
學士承旨宋白為禮儀使工部侍郎郭贄為鹵簿使侍
御史知雜事牛冕為儀仗使開寶末閣中丞以知雜御史雷德驤當儀仗使至
是閣中丞冕復充使權知開封府畢士安為橋道使太祖山陵時就命道使齋
王克頗峻使至是命士安兼充發郭贄知大名府命給事中魏庠仁禮儀使請給印詔以奉使印給之邕

州觀察使劉知信為修奉山陵都護入內副都知衛紹
欽為都監五月王繼恩得罪命知信兼充按行使乃充斬草祭后土獻官　六日權攢
宮群臣入臨奉慰賜百官銀帛有差　七日命宰臣呂
端撰陵名哀冊文參知政事王化基書冊寶溫仲舒撰
謚冊文李昌齡書冊翰林學士承旨宋白議謚號　九
日禮儀使言按通典小祥前百官無假每日詣延英門
進名起居不入正衙緣今九日不臨十日旬假詳酌近
禮欲候其日百官並詣崇政殿序班起居令按周太祖
崩百官自止臨後每日入朝不立班五日一詣萬歲殿
立班起居問聖體今請自十一日小祥後除遇假不入
外每日常參官並於崇政序班起居候皇帝禫除畢日

一依舊例朝參從之　十日太常禮院言得御史臺牒
準儀注大祥日百僚改服慘服未審幞頭垂脚以否今
按五禮精義再朞二十五日朝服縞冠祭同吉禮故謂
之大祥又通禮義纂禫者淡也二十七日而禫服玄衣
黄裳綬冠朱纓而祭猶未全吉其貌淡然踰月乃復平
常詳此欲望令百官並隨服色改服慘服素紗垂脚幞
頭鞾笏黑鞓或腊皮鞓腰帶從之（軍馬副都指揮使以上未服慘服）
十二日太常禮院言準禮例山陵前朔望皆不視事羣
臣詣閤門進名奉慰詔群臣朔望並詣萬歲殿哭奠退
詣內東門奉慰（又十月啟猶不以壽寧節亦在是月自朔日不視事至八日始御後殿聽政）
十四日群臣上表請御正殿詔答不允自是三上表
乃從之　十七日修奉都護劉知信等言皇堂請深百
尺方廣八十尺陵臺方二百五十尺詔可　二十三日
太常禮院言準詔問皇弟雍王以下釋服後本宮所服
之服謹按喪服四制云門內之治恩掩義門外之治義
斷恩唐正元中德宗王皇后崩百官釋服惟王太子及
舒王誼以下每詣正內覲謁暫服墨慘歸其院則衰麻
三年本朝皇帝百僚釋慘之後便著常服其皇親出入
朝參請用常服歸至本院並衰麻以終喪制從之　二
十四日大祥帝與群臣皆禫服百官入臨奉慰從之
二十六日釋服群臣入臨奉慰　是日宰臣呂端上陵
名曰永熙詔恭依　二十八日禮儀使言永昌陵儀仗

卷七千三百四十六

十四

間三千五百三十三人考之禮令全不及大駕鹵簿之
半今若全依禮令則用萬八千九百三十六人必慮道
塗往復爲難今請除太僕車輅仍舊止用玉輅一革車
五外凡用九千四百六十八人合大駕鹵簿半數詔恭
依（太僕寺增崇德建賢黄鉞豹尾車司天除舊用相風鳥文龍紐殿十二神輿外亦增鼓樓一告伏內導駕）
（出京時及往來經過州府並服慘褶衣冠在路止公服）　五月二日帝始御正殿
視朝退御後殿閱事如常儀　十五日不視朝群臣入
臨退詣內東門奉慰（自是訖山陵朔望皆然）　六月七日翰林學
士承旨宋白請上尊諡曰神功聖德文武皇帝廟號太
宗（謹曰臣聞一合道義曰皇德象天地曰帝聰明文思行也堯舜禹湯諡也王者膺圖受歷應天順人美盛德而武請雜騰英聲而節一惠生百尊號於受大名無諡簡編如揭日月伏惟大行皇帝允恭克讓容達神武
千年誕聖彤雲紫氣之祥五行鍾秀日角龍顏炎表純
孝因心奉先祖而尊嚴父雍睦悌長翊太祖以肇興王
始書姓室下襄梁王在位謳謌獄訟去周來宋王于出
征帝亦言邁三雲改卜百姓興能陳僑有切諫之言京
邑無敎擴之患市不易肆遂登皇極佐聖之功大也乃
荒魯邦乃建元侯內總熊羆肅清禁衛龍潛邸篤蹈九
五之跡鳳德尹京洽億兆之心泊奄有四海爲天下君
大寶曰位其命維新改元太平符守文之代於鑾軍政
叶下武之詩應運之期至也蕞爾汾晉結緣林胡逆節
亂常兩朝三紀勞人動衆堅不可救帝蘇斯怨定議親
征矢石齊攻金湯不守折識易於撲枯渠魁倏已銜璧
與民更始悉如春陽本封晉王終定成土免天之命光
也漳泉入覲混同文軌抗越獻地一統寰區無思不服
無遠弗屆古城寸關之封大食寓同之圖獻瑞泰賀府
無盡月白鶴紫鵲之異神麟丹鳳之靈嘉未是理史不
絕書中爭之信及也經緯天地克定禍亂政之大者必
躬龍之高臺謀武臨軒選士英儒體閣之鴻博骨騰闕
飛之傑俊天下英雄落吾彀中升之峻紋待以清華不
十數年有發廊廟而定羅場看如〻之瞽精也幽有居
神明有醴樂興典華勞無文威扶五黃南郊之儀一議
東封之禮籍田勤農御懷肆赦釋耆之載崇奉焉光者
山大川靈蹤勝境仙祠仙宇經之營之致恭亦誠貴也）

卷七千三百四十六

十五

求賢審官化民成俗爲政以德惟刑恤哉置詳刑之曹下考課之令官斷不棄涇渭分流時無遺才吏皆守法興廢繼絕矜孤振寡閱民如子使無濫平水旱思穀食爲憂恤遐念饑民無所增加使頒勤恤人隱納隍之言遠也俾仰山谷詳延隱淪修史氏之職改班秩之擣著治化之書貞觀之風也紀範山之石閟元之事也孤大以威天下善射通神樂石以救濟人仙方填委樂正雅頌無相奪倫幸太學以談經名儒臣而侍講畢宮室則斵雕爲樸減尊稱則法天崇道閑理檢以登開升便嚴而崇政立館定社稷文本清心布大庭之妙治化之炯於也在宵天下二十有二年王澤深矣權務詳矣臣下之歸尊至矣黎甿之受賜多矣越書契以無倫盡帝王之能事還淳返古如指諸掌況金檢玉方卜近期而鼎成龍至聖駕上仙萬方編囊九域遏家下臣奉許擿義徽烈丕揚耿光追惟古稽纂縟之際載籍未備神皇已還聲明有章皆乃秉商周之質文總唐虞之雍戲於望乃神乃武乃文敘全功與全德實映後而輝前也帝稽禮大恭擬諡典應變無方不疾而速保不謂之神乎旋爲於民財成萬物得不謂之聖乎萬邦爲寔帝德廣運得不謂之大乎保大定功奄有九域得不謂之武乎太法太初前志謂太上立德宗以宗德禮經有宗祀配式惟十齡應運之君爲百代不遷之主請上尊謚曰神功聖德文武皇帝廟號太宗

卷七千三百四十六

十六

十六日，詔翰林寫先帝服及絳紗袍通天冠御容二，奉帳座列於仗衛大升輦之前至陵所。二十四日，禮儀使言：「靈駕發引，自萬歲殿出長春殿門、西上閤門、朝堂、右昇龍、乾元門。神主回京，入順天門，入右掖門，奉安於含光殿，俟日行祔廟之禮。」詔可。七月七日，禮儀使言：「山陵禮畢，擇日祔廟，準例差太常卿撰一室登歌酌獻歌詞，下太常寺教習。」詔翰林學士承旨宋白撰進。十日卒哭，群臣入臨奉慰，退詣啓聖院行香。十九日，少府監言：「凶仗法物合使擡舁牽駕兵士、力士共一萬一千一百九十三人，數內力士一千七百二十人，請下開封府催募。」從之。八月四日，禮儀使言：

「靈駕發引，五使及從人宜何服？故事，啟攢宮後，百僚並服初喪服，發引日俟皇帝還御殿，五使改常服進名奉辭。今詳舊儀，雖有改服之文，緣既服初喪之服護隨靈駕，其奉辭欲更不改服，從人惟紫衫帽子。」從之。十八日，詔應齋郎並令攝永熙陵挽郎行事。二十二日，詔太尉率百僚奉謚寶冊告於圜丘，親王並令立班。御史臺言：「親王並立班，準舊儀，中書門下對使相樞密使序立。今緣宰臣攝太尉行禮，不歸本位立，今欲請樞密使於中書門下位對親王序立。」從之。二十四日，禮儀使言：「今月二十五日奏告太宗皇帝靈座，十六日赴南郊壇，二十七日赴萬歲殿讀謚冊寶，二日欲望並輟朝參。」

十七

卷七千三百四十六

從之。二十五日，太常寺言：「將來山陵合排鼓吹儀仗及教習挽歌代哭諸色人等，欲於開寶寺大殿前教習。」從人。命入內副都知衛紹欽爲永熙陵使，內殿崇班楊繼銓副之，仍置衛兵五百人守奉。二十六日，攝太尉宰臣呂端率群臣奉謚號冊寶告于南郊。翼日，奉上於萬歲殿，攝中書令李至讀冊。冊文曰哀子嗣皇帝臣真宗御名謹再拜稽首言臣聞天地之大莫能形容聖神之功與所擬議然則圓方太象光取於經名克齊之稱蓋從子節惠伏惟大行皇帝承天立極執象臨人其生也感大電之精其出也應真人之運聲爲律身爲度道德作其舊邦若日月之明無然不測如江海之量無大不容矣自曆數在躬大橫叶共舊鎮來後盡有江吳戎輅親征旋平汾晉出於睿斷運以聖謀繁象不能順其微鬼神不能窺其奧是以總沖宙於雩耀得英雄於戢中宅諸夏以制四維坐明室而覲羣后琴有冒習之類揆武於叢衛景星甘露之祥藏書於冊府旂寓天下二十二年晝晷時也靈臺偃伯家閲圖書臥既矦嚴縣道率化物無疵癘歲有順成積累發於太倉豐財溢乎內帑材官斂容皆六郎之豪俊閫登壇盡萬人之敵自歷代已來未有若斯之盛者也於是賜民酺飲展禮籍田被衮冕於泰壇明俎豆於清廟幸成均而視學慶觀橫經紀延閣以無文書紆慶思若乃生知多藝天縱聰明灑草隸之華得琴棊之絶禮孫夫之妙洞玄祥之徵皆作世楷模出人意表宣力學之攸爻實振古之未闡太哉進乎不可得而論矣然備日慎一日雖休勿休温顏以畫下情盡已以延讓議一夫不覆納隍之慮毋深為邦有罪在予之責尤切至若者去纖號漢后之不言聖也杜絶暇鐘玄元之慮發狂也屏藻井之飾夏為之卑宫也念黃沙之杜成湯之祝綱也有一於此猶謂之聖光兼是數老亦占將鳴寨東貢檢玉介卹而夭禍忽臨仙駕長臣群臣咽絶戲聆以身萬姓秀窮如喪與考衛惟寡味受素玉圖荒庶衣史禪不克斯令因山衛羅同軌成臻敢為大名爰稽截藝詢博士僉官之公議叶宰衡庶尹之衷情定謚於南郊得請於上帝謹遣攝太尉尚書右僕射兼門下侍郎同中書門下平章事監修國史呂端奉寶冊謹上尊謚曰神功聖德文武皇帝廟號太宗恭惟聖靈誕膺洪與錫藏純嘏俾盛業之無疆措欲漁沐無永代而不朽嗚呼哀哉禮畢進名奉慰

十八

卷七千三百四十六

二十九日交州南平王黎桓遣使來貢詔以方物薦於靈座仍許使人行拜奠之禮　三十日禮儀使言舊儀注內事有未便當改正者啟攢宮日皇帝親行奠禮畢近侍扶皇帝至東門南向座候還奉梓宮當工位百僚移班近東奉慰令諸侯行禮畢百僚並退詣內東門外立班候還梓宮當正位訖進名奉慰又靈駕發引前一日之夕晝漏未盡三刻群臣詣萬歲殿哭臨次挽歌作二更嚴警發二更以後群臣遂更哭臨挽歌嚴警並如初更之制今緣遂更出入宮禁甚為喧雜望除晝漏未盡三刻群臣依舊禮哭臨二更以後更不入又未發引前皇帝行啟奠之禮百官立班令緣其日申時發引群臣赴內庭立

班不及又內中難於止宿望令除啟奠行禮公卿宿於內中餘官並止赴乾元門前幕次至時候謁靈駕又諸司職掌元無喪服制度今請應職掌引從贊謁之人止令服本色公裳免有紊亂並從之　九月六日禮儀使言挽郎合服白練寬衫白練裙勒帛絹幘請下少府監製造從之　七日禮儀使言啟攢宮前三日合禁音樂祔廟畢仍舊祔廟儀仗欲只用山陵往來儀仗應奉詔可　十四日命宰臣呂端攝太尉持節導靈駕至山陵及奠謚冊謚寶監鑠玄宮以侍衛步軍都指揮使高瓊為山陵兵馬總管蔡州團練使符昭愿供備庫使賈繼勳為一行巡檢　二十九日太常禮院言來月朔日群臣

十九

卷七千三百四十六

當赴朝臨其日壬辰請用前一日帝謂宰臣曰此出何禮呂端等曰陰陽家流有此避忌帝曰艱疚之中安有此禮第令朔日入臨　十月三日啟攢宮帝與群臣並服初喪服群臣入臨奉慰　四日群臣朝臨五日群臣朝晡臨退於乾元門外　六日帝啟奠于梓宮群臣入臨門梓宮于龍輴祖奠徹帝徒步慟哭與親王宗室從至乾元門外幄次梓宮升轝設遣奠攝中書令參知政事李沆讀哀冊冊文曰維至道三年三月二十九日太宗神功聖德文武皇帝崩於萬歲殿旋殯於殿之西階粵以十月十八日遷座於永熙陵禮也初啟攢塗風陳備物萬國來庭千官執綍殘月檀於素帷列吹生於玄律列天伏以啟行聲宮車而將出哀江嗣皇帝臣真宗御名仁孝純至創鉦溢策攀號還眞惻怛堯心感鉶沭以交繫若哀憂之帝任乃命宰執奉揚徽音詞曰五代已還戰爭交起上天眷命輿民更始皇宋肇

基旋齊繁祉我后重熙灑天養理將泰黎元先制姦宄恢張睿畧震耀武功柔懷越徼親珍并戎四夷奉贄八表覃風神化天下鑑清城中舉教選被車善大同而猶親覽萬機焦勞庶政辨論官材勤卹民病爰念刑章實懸人命務盡哀矜必惟公正九服歸仁百靈防聖兩霈皇思風宣時今文武萬品提封四方一夫之不獲一士之所長必從拯濟亟示明敷天覆地載禮具樂張一耕帝籍五郊上蒼豐年薦瑞群物功兼多能天縱盛德日新飛翰延閣横經上庠草隸垂於世範歌詞播於樂章學究天人之際大膺日月之光神功不宰聖智興古高視前古耀映百王將欲登封岱嶽布政明堂爽怡神於祐射識寢疾於未失成荊山之鑄爲往蒼梧而陟方嗚呼哀哉君臨二紀澤洽四維天崩杞國日隆峰崚終衣在御脫屣如遺草憑几之顧命抱遺弓而永浣鳥耘增感龍去難追萬姓推心從行號而巷哭三辰失色農兩泣而照悲當華渚之凝月晨韞轅之玄時嗚呼哀哉見向軌之咸隱訴上去而水訣雙闕辰儀六飛就列旌旆敢空何色泣藹鞆拂天如韶咽照踏翻分寢日悠揚頡鳳姜兮哀飆淒切嗚呼哀哉薦犧鑾兮已舉嚴龍轜而下來出清景兮顧慕臨馳道兮緒徊莫觀冕旒於祕殿空送鑾斂於定臺宸儀藹肅兮想如在山驭送逶兮去不迴嗚呼哀哉勢樓高峯地連洛崇渦蕭陵邑兮草木寒叙夜寢園兮露白纔停靈駕兮萬邦歸一掩玄扉兮千古隔帷巍赫寶圖巍啟德至王道之一平中皇祇而四塞無萬葉之休光巨百代而爲則嗚呼哀哉 帝俯伏哭踴盡哀，群臣及諸將列校皆慟哭流涕。靈駕既發，帝衰服還宮。先是禮官具儀還奠畢設吉服帝性至孝未忍改故猶服焉 群臣縞素出順天門外，立班於大昇輦前奉辭，號哭盡哀，退改常服，還詣西上閤門進名奉慰。初，靈駕將發，吉凶儀仗務從崇盛。至於太宗平生好玩弓劍、筆硯、琴棊之類，皆蒙以組繡，置之輿輦，陳於大內。

八日，始御崇政殿視事。自九月晦日廢朝，至是復常 九日，以皇太后護從靈駕，遣使奉表起居，及詔撫問雍王元份、寧臣呂端等。

十五日，不視朝，以未掩皇堂，群臣奉慰。

十八日，永熙陵掩皇堂，群臣奉慰。

二十一日，詔神主

卷七千三百四十六

二十

將至京師，顧惟彝章，未盡哀感。今月二十三日神主自右掖門入，將至承天門，朕服鞾袍前導，歸含光殿行禮。十一月三日祔廟，亦服鞾袍，從西上閤門出至乾元門外奉辭。

二十三日，虞主至京，群臣出城敘班奉迎。帝自含光殿門外慟哭迎拜，前導升殿，有司行安神之禮。自是至祔廟，皆不視朝

二十六日，賜山陵使以下休假三日，銀帛有差。

十一月二日，帝齋於長春殿。翌日，奉寧神主，詣前導出乾元門外奉辭。有司奉神主至太廟，近臣題識號祔，祔饗之祭，祔于第六室，以懿德皇后符氏升配。禮畢，群臣奉慰。先是帝謂李至等曰：神主題日，欲親填諱，及拜辭，於禮如何？至曰：此禮代所闕，今陛下行之，誠至孝之德，超於百代，爲萬世法。仰見儀以明

五日，德音：兩京畿內減死刑，釋杖罪。應沿山陵科率蠲復賦役，營奉行事官量與恩澤。

咸平元年三月十五日，詔以小祥忌，京城內外前後各十五日禁音樂，廢朝七日。

二年三月，大祥，群臣進名奉慰。是月，止於長春殿視事，朔望罷朝，百官起居云舞蹈，京城禁樂一月。至是，前後各三日不視事。是月除常祭外，至撤靈筵時，帝又將設祭奠，躬護神御至祭所，別令學士具祭文

五月二十九日，釋祥服，廢朝三日。

六月二十九日，禫除，不視事，群臣進名奉慰，退赴啟聖院行香。帝雖以易月之制，外朝即吉，而內庭實服通喪也。

卷七千三百四十六

走下增聲字

宋會要　真宗
真宗乾興元年二月十九日真宗崩于延慶殿遺制曰
朕嗣守丕基君臨萬宇懼德弗類側身靡寧業業兢兢
倏踰二紀幸賴天地之祐祖宗之靈符瑞薦臻邊鄙不
聳訖乎至治無愧古先而寒暑外侵憂勞內積遘茲疾
疹屢易炎涼雖博訪良醫徧走望遝諸禳禬之法徒竭
精恪之誠弗獲寢興至于大漸皇太子（仁宗御名）予之元子
國之儲君仁孝自天岐嶷成質爰自正名宗嗣毓德春
闈延企隽髦尊禮師傅動遵四術之教誕揚萬善之稱
矧亨昊眷懷寰區系望付之神器式協至公可於柩前
即皇帝位然念方在沖年適臨庶務保茲皇緒屬於母
卷七千三百四十七　一
儀宜尊皇后為皇太后淑妃為皇太妃軍國事權於皇
太后處分必能祗荷慶靈奉若成憲撫重熙之運副率
土之心更賴佐佑宗工文武列辟輔其不逮惟懷永圖
諸軍賞給並取嗣君處分喪服以日易月山陵制度務
從儉約在外群臣止於本處舉哀不得擅離治所於戲
修短之數豈物理之能逃付託之宜諒輿情之增慰咨
爾中外體朕至懷召群臣敘班殿庭輔臣宣制發哀移
班謁見帝於殿之東楹稱賀復奉慰殿上垂簾奉慰皇
太后　二十日禮儀院言準禮例合差官奏告天地社
稷太廟諸陵應祠祭惟天地社稷五方帝諸大祠宗廟
及諸中小祠並權停俟祔廟禮畢仍舊未除服前祭告

祠祀行記官權改吉服禮畢如故應諸道州府官吏舉
哀成服三日而除沿邊州鎮皆以金革從事不用舉哀
京城坊市及外縣禁止音樂軍人百姓等白衫紙帽婦
人素縵不花釵三日而止皇帝服麁布頭冠布大袖布
襴斜巾首經布帽布四腳襴衫腰經布袴竹杖絹襯衫
皇太后太妃麁布蓋頭裙衫帔子絹襯衫首經長公主
親王宗室刺史以上內外命婦內人服式並如至道三
年之制宗室諸司使以下至殿直服布斜巾四腳襴衫
裙袴首經腰經絹襯衫樞密龍圖閣直學士玉清昭應
宮副使並依翰林學士例前後殿都知押班止服布斜
巾四腳襴衫腰經禫服畢服金玉帶者易以犀角無花
卷七千三百四十七　二
繡韉者易以皂上陵畢改純吉服喪制以日易月十二
[illegible]日為小祥二十五日為大祥二十七日為禫除群臣
自今月二十四日成服後至二十五日赴朝晡臨二十
六日後止朝臨至二十八日而止餘至大小祥禫除並
赴殿庭哭臨移班近東進名奉慰並從之（近臣官為製服餘並給布）
是日命閤門使薛貽廓告哀于契丹宣慶使韓守英為
大內都巡檢內侍分領宮殿門衛士屯護閤門使王遵
度為皇城四面巡檢新舊城巡檢各權添差益以禁兵
器仗城門亦設器甲以辨姦詐　二十一日群臣入臨
見帝于東序閤門使宣口敕曰先皇帝奄棄萬國凡在
臣僚畢同號慕及中外將校並加存撫群臣拜舞稱萬

咸盡哀退　是日群臣上表請聽政詔答不允自是表
三上始從之　禮儀院言準禮例成服日有司備祭饌
皇帝就殿上御位宰臣文武百官就位哭十五舉音再
拜皇帝行啓奠之禮太尉進酒近臣讀祝太尉再拜太常
卿贊導禮畢皇帝垂帽即御座群臣奉慰小祥日祭奠
如儀群臣奉慰訖皇帝釋衰服服布幞頭襴衫絝腰絰
宰臣文武二品以上改服布幞頭襴衫絝腰絰詔可
二十二日命宰臣丁謂為山陵使翰林學士承旨李維
為禮儀使御史中丞薛映為儀仗使樞密直學士李及
為鹵簿使龍圖閣直學士權知開封府呂夷簡為橋道
頓遞使後謂貶以宰臣馮拯代及知杭州以翰林學士晏殊代夷簡參知政事以翰林學士權知開封

卷七千三百四十七

三

府李諮代入內內侍省都知藍繼宗為按行使內侍省押班
王承勛副之侍衛步軍副都指揮使夏守恩為山陵修
奉都護西染院副使盧守懃為都監入內都知張景宗
押班雷允恭同管勾一行諸司內出遺留物賜近臣學
士以上軍職都虞候以上襲衣金帶鞍馬器幣有差遣
使分往十六路告諭　二十三日命宰臣丁謂撰陵名
哀冊文馮拯撰謚號冊文參知政事任中正書哀冊王
曾書謚冊寶翰林學士承旨李維議謚號後謂中正罷貶命宰臣馮
拯參知政事呂夷簡代詔兩省御史臺文班各撰挽歌詞二首付
太常寺教習　是日禮儀院言準禮例大祥日祭奠奉
慰訖皇帝釋服裹素紗軟腳幞頭服淡黃衫緅色鞓黑

銀腰帶群臣並隨服色慘服素紗垂腳幞頭黑鞓或腊
皮鞓腰帶靴笏軍員都虞候已上慘服餘常服又按通
典小祥前百官無假每日平明詣延英門進名起居不
入正衙者今月二十九日不臨三十日旬假欲候其日
百官並詣崇政殿序班起居所有三月一日小祥後如
遇假不入外每日常參官並於崇政殿序班起居皇帝
禪除畢即如常例朝參詔可　是日延慶殿陳先帝主
平服玩及珠襦玉匣含襚應入梓宮物召輔臣遍觀
二十四日大斂成服帝行祭奠如儀群臣服衰服臨庭
中俟皇帝垂帽即御座移班稍東奉慰俟殿上垂簾復
慰皇太后次赴內東門拜名祗慰皇太妃詔每七日於

四

觀音啟聖院開寶寺塔設齋會中書樞密院分往行香

卷七千三百四十七

命判少府監楊嵎入內供奉官李懷儼康延讓同管勾
製造凶仗少府監言檢會永熙陵凶仗物比永昌陵凶仗又增辟惡車重車象生輦道子各一刻木殿直供奉各五十八控鶴官馬步軍隊各五百人六尚內人各十人音聲隊白幕象生器物五十床椅二十副駙馬各三十羊群五茶藏食藏屏風換障神御帳宮城園苑各一令請如永熙陵修製從之又添造涼車璽帳引賀象大輦各一瓷瓶添七瓷瓶添十四紗襆大小四百五十聚蓋青黃各十從物白藤擔子駕頭剎筤各一供奉官殿直各五十人六尚門人四十人內豹子控鶴宮殿侍當從物及下茶酒書釣容及西第二班勃樂者帶甲馬步軍各二百人入內院子三十人金甲將軍二二〻五都三十人翰林御廚儀鸞司祇候庫武儀司親事宮內六班各五十人清道四人御馬二十疋散馬五十疋帶甲馬二疋并數鑾控鶴官駝百頭羊五圖圖百口果子穀花各一十珠奩銀器物各一輿金錢酒器各五十食奩二十副九子一十副酒盞二十副茶標四副龍床踏床各二御龍代踏清道蒿里老人飯由名一招幡子六十腰作五十輿衣服三百五十輿柈院各六事

碁局二副入內出大小御侍十人朱漆梢宰各十追遂于平頭輦各一並赴陵下是日命輔臣各還私第自初喪至是皆入宿于中書樞密院及成服乃詔歸二十五日有司設御座垂簾於崇政殿之西廡，簾幕皆縞素。群臣叙班殿門外，帝衰服去杖絰，服布欄衫、腰絰、斜巾、垂帽。侍臣扶升座，通事舍人引群臣入殿庭，西向合班。俟簾捲，群臣再拜，宰臣班首奏聖躬萬福，隨班三呼萬歲，退。宰臣升殿奏事如儀。二十六日，名輔臣至清景殿，拜先帝靈御，至延慶殿梓宮前拜奠，令環繞梓宮，閱視其寶蓋及周絡，皆飾以珠珍雜寶。侍臣咸哭盡哀而退。二十七日，翰林學士承旨李維請上尊謚曰文明章聖元孝皇帝，廟號真宗。議曰伏以古之王者中節惠之大典易名之典取法於天地陳之

卷七千三百四十七

五

禮於郊廟盍所以褒勸成德彰示方來著為令歐歷代
下易者也伏惟大行皇帝誕膺基命誕融實圖康二后
之慶睟接亘精之正統業階富布總代中字端糇庶以
燭明儀躅弋而下武四鄗清定九區率順南內之更歛
向充庶之賁押至豐澤流瀅載詠洋孟熟遠而惠達刻
機石帝浸仍歲嘉孰方川大寧協百志以代熙總萬機
而惟允屬精以足道廣聽而博納刑罰止息品彙卑滋
形忠利以宣斂炯文明而旋化家典禮義谷躋仁壽無
裝物性勤勤氏隱成袛適於成偃乃克務於在寬居無
自我之姚動叶用中之道乃丕慎讀列碑體稱皇像疇
者褒諡之臣以嚴王陽滄發丁寧之札蓋惠哀本一二
之言好問群色之娛不過九攸灼敘百史肅謹講求禮
式著明憲度政禮以之必樂時俗以之於變潔誠而歎
祀致容以事天舉必舉於齊韶春必寶於崇寵精要誠
戒俞習示祥天人之際已茲帝王之衛東勁旋荷昭回
之鑒薦膺與祕之錫示炎期於昭寢振谷御於紫闕至
昭濯濯之靈心階綿綿之緒傳觀品列誕告方國均同
於絺睨歲叢於崇報隆神睿之請字乾端印文降儒紀
節物於令甲總使職於台宋闕紳集虛之道奉延御辯
之務茂謙景儀專致精奠聿詢頁請戴事虞迎祇建天
家之封親款皇后之祀金庭惆拜紹尊於道陛昊壇應
類式報於春祺震耀永章之容紛綸行端之富且天侈

川典別紙核陽禮必歸美於祖宗祈號於北庭然後發
淵汗之號建尊顯之稱昭浸盛之成容騰英茂之聲烈
祿是彬章大之藥翰紀鑄石之信崩鍾律均和鮮亂文
麗建羣厥之慶改積綴緗而彌廣朔乃中禁之地偉以
上帝之府金鎰叢侍細軸相鮮道炎漢之好大成開元
之致治朝建典事皇家多叡寇帝府之祀深咏直由於
沖漢帝微致用晬移居尊體廣蓮於乾九保久觀於欽
文齊皇極以數訓示太宸以御氏國以守丕業之盈成
欽惰生於茂遠豈國時有浸涉疾生服理欲嘉王以大
新儀院庭以上仙冢寧尊年遺音天下共手晏出所以
三靈惕修萬國號慕穆下惟吉同乾起喪列良依於綿
城引龍韶於御遺虔遵禮然上易徽稱講接諡法經綿
天地曰文無繼不祭曰明法度明大曰考通達先如曰
聖主善行德曰元懸思愛親曰孝文以化成明以昭照
章以聖憲聖以廣運元八法天孝以述志惟治也本乎
詩道惟德也所以稱宗明法舊史之明文為來業之懿
鈞者嘉大之所以命矣請上太行皇帝廟
帝尊諡曰文明章聖元孝皇帝朝號真宗

三月一日，小祥，帝行祭奠，釋衰服，群臣入臨奉慰如儀。二日，以大行皇帝喪二十七日，群臣入臨，退赴崇政門進名奉慰。自是每七日皆臨，至四十九日而止。是日，禮儀院言：準禮例，禫除後山陵前，每遇朔望，群臣並入臨進名奉慰。從之。自是凡進名奉慰皇帝於西上閤門，皇太后於內東門。四日，權攢宮，帝行祭奠，群臣入臨奉慰如小祥之儀。是日，群臣拜表請御正殿。十三日，大祥，帝行祭奠，釋服，群臣奉慰，改慘服如儀。十四日，司天監言山陵斬草用四月一日丙時吉。從之。十五日，禫除，帝行祭奠，群臣奉慰如大祥之儀，帝服常服，群臣並吉服。十六日，山陵按行使藍繼宗等言：據司天監定奪到永安縣東北六里以來地名臥龍崗，堪充山陵。詔雷允恭覆按以聞。十七日，禮儀院言：禫除外庭百官已吉服，皇親尚有素白布

卷七千三百四十七

六

緣裹車櫓出入內庭者請令內東門告諭從之自是內人從靈駕至山陵迴日並改吉服　十八日內園副使岑守素言準詔寫大行皇帝聖容其一常服用神御帳其一服通天冠絳紗袍用行殿其帳殿前各設香鑪合燭臺委少府監修製還京日真容止安匣內從之　二十三日五七日以其日值壬辰群臣赴真辭不舉哭　二十六日門下省言太尉持節導梓宮所用旌節請下少府監製造從之　二十七日禮儀院言永熙陵所補挽郎二人餘以齋郎攝事共十九日服白練寬衫帽勒帛絹幘按故事用挽郎六十人望下太常寺差攝所服衣幘亦委少府監製造從之　二十八日詔應緣山陵

卷七千三百四十七　七

一行并逐頓所用錢帛糧草諸般動用物色仰三司轉運司擘畫般撥以官物置辦供給不得科配擾民仍曉示人戶知悉　四月九日入內都知張景宗言山陵西北隅可以創造佛寺就命監修下宮帶御器械皇甫繼明閤門祗候郭延化兼管勾修創後賜名永定禪院是日又命三陵副使郝昭信修上宮　五月二十九日卒哭群臣入臨奉慰　六月五日命龍圖閣直學士呂夷簡魯宗道入內押班岑保正入內供奉官任守忠郎將乘傳詣永安縣相度皇堂地仍選司天監主簿侯道寧同詣隨往又令夷簡召京城習陰陽地理者三五人偕行先是藍繼宗與王承勳按行山陵封域已定又命雷允恭覆按允恭乃與邢中和輩擅移皇堂就東

南地順峻側衆知非便以允恭交結丁謂莫敢言者聞築之際土石相半興作踰月皇堂內東北隅石脈通泉夏守恩倖從上閣丁謂復言雖極見泉水緣已及元料請便修築地基既從之而內侍毛昌達入奏具皇堂為允恭擅移向東南二十步即詔中書審議復請令繼宗承勛與司天監丞往參定又命入內押班楊懷玉同之時謂欽庇允恭擅移之罪衆皆疑懼不決遂請命呂夷簡魯宗道等往視焉未幾懷玉言翰林天文詰難中和等稱新移皇堂不及元按行之地夷簡等奏至請移就元按行處是日旬假即內出其狀令張景宗召馮拯曹利用而下就謂私第參議同否始謂志在黨庇依違群議至是特出中旨謂始與同列請從夷簡等奏仍令王曾往復責衆狀如無同異即與工從曾至審驗明元按行地止占新移處西北一角乃從之即遣內侍羅崇勳就鞏縣劾允恭擅移之狀并得隱盜官物金玉萬計及與謂交攝賄賂之迹詔杖死允恭籍沒其家而謂及於貶去　十一日詔以修奉已來累停役作命參知政事王曾充祭告使張景宗充都監又遣夷簡宗道分告諸陵時曾等受命即行又命皇堂工作並委曾指揮　十六日王曾等上言得司天

卷七千三百四十七　八

監主簿侯道寧狀按由吾葬經天子皇堂深九十尺下通三泉又一行葬經皇堂下深八十一尺合九九之數合請用一行之說舊開上方二百尺今請止百四十尺並從之　是日以內殿承制郝昭信入內供奉官羅自賓代雷允恭修壘兆域藍繼宗充山陵修奉鈐轄內殿承制王克讓同管勾　十九日契丹國遣殿前都點檢崇義軍節度使耶律三隱翰林學士工部侍郎知制誥馬貽謀充大行皇帝祭奠使副左林牙左金吾衛上將軍蕭日新利州觀察使馮延休充皇太后弔慰使副右金吾衛上將軍耶律寧引進使姚居信充皇帝弔慰使副所司預於滋福殿設大行皇帝神御座又於稍東設御座祭奠弔慰使副並素服由西上閤門入陳禮物

於庭中書門下樞密院並立於殿下再拜訖升殿分東西立望直官閤門舍人贊引耶律三隱等詣神御座前階下俟殿上簾捲使副等並舉哭殿上皆哭再拜訖引升殿西階詣神御座前上香奠茶酒貽謀跪讀祭文畢降階復位丈衆哭婦往訖稍東立候皇太后升座中書樞密院起居畢靈外侍立舍人引弔慰祭奠使副朝見殿上舉哭左右皆哭弔慰使副蕭日新等升殿進書訖降座俟皇帝升座中書樞密院起居畢升殿侍立舍人引弔慰祭奠使副朝見皇帝舉哭左右皆哭弔慰使副耶律罩等升殿進書訖賜三隱等襲衣金帶器幣鞍馬隨行舍利弓執等衣服銀帶器幣有差弔慰使副蕭日新等復詣衆明殿俟皇太后升座中書樞密院侍立如儀舍人引蕭日新等升殿進問聖候書畢賜銀器衣著有差仍就客省賜三隱等茶酒又令樞密副使張士遜別會三隱等伴宴於都亭驛

二十五日內降鎮墓法五精石鎮墓法令山陵修奉司委在彼祇應人將陰陽文字看詳如得允當即依逐件事理候至時精潔鎮謝　二十九日詔山陵出京日應皇親并文武百僚及宮觀等處合排

卷七千三百四十七

九

祭令閤門將官品高下分定資次告報皇親及諸臣僚設祭之次請以楚王為先次定王次大長公主次親王夫人以下次曾州觀察使德雍以下次內園使守約以下次洪奉官承顯以下次中書次樞密院次玉清昭應宮次景靈宮次會靈觀次祥源觀次三司使以下次翰林學士以下次文武百官次管軍節度使以下次駙馬都尉以下次團練使以下次宣慶使以下次宣政使以下次閤門使以下並自迎真橋西從宜陳設　七月一日百官當入臨禮儀院言其日戊辰禁哭又當建先天節道場今參詳惟皇親入臨不舉哭宰臣以下上清宮行香畢奉慰其先天節於前一日進表稱賀從之　六

日詔陵名曰永定初丁謂奉詔撰陵名曰鎮陵及諡歟渦遜以二陵名上皆有永字謂不遵光劃故戕馬按宣祖陵以名安陵永安乃雖名也又翼祖陵已名定陵至是定改為靖陵　七日禮儀院言玄宮上字理合迴避請以皇堂為名從之　八日禮儀院言皇親逐程並朝臨宿頓處百官未入前晡臨訖退應行事及從官候奉安靈寶畢朝臨晚候皇親退即入臨從之　十六日中書門下言已經卒哭望令諸州不禁音樂其文武臣僚家即俟終三年之制詔兩京及諸道州府如所奏東京俟山陵畢日許士庶用樂　是日禮儀院言九月十八日啟攢宮前三日及靈駕所過州縣并在京禁止音樂俟祔廟畢依舊從之　十七日禮儀院言山陵儀仗依永熙陵例用九千四百六十八人今請上路後從永昌陵例用三千五百三十三人大升舉力士九百八十四人拔幕婦人一百五十人升行殿三百四十四人封府在召挽龍輴方柄一百二人喪葬作事匠呂撰擎畫另兵士一萬二百三十三人諸色差祔廟日所排仗九千四百六十八人止以山陵出京人充從之時皇姪新婦以下諸喪祔葬永安詔每頓並先靈駕前發下降與大行儀仗相參　二十四日禮儀院言準禮例發引日皇帝服初喪服行啟奠祖奠訖出諸正陽門外行遣奠之禮上哀冊訖詣大升轝前哭盡哀諳絹再拜奉辭退還幕殿侍中請轝前跪奏請靈駕進發山陵使已下近南進名奉辭皇帝向一以辭畢太后如儀吉凶從官即前一日辭靈駕進發皇帝釋衰服改吉服還內群臣詣板橋立班奉辭俟靈駕至皆舉哭再拜辭畢退赴

卷七千三百四十七

十

西上閤門及内東門進名奉慰靈駕經過州縣官吏並服初喪服出城奉迎并辭皆哭十五舉音再拜訖退掩皇堂日群臣常服進名奉慰山陵使并諸行事官等進表奉慰神主回所經州縣及到京日群臣並出城至板橋立班奉迎再拜訖退以俟會慶殿宗正卿安神主訖可　二十九日命入内侍省副都知岑守恩充永定陵使内園副使岑守素充都監　八月六日司天監言太宗梓宫先於丙地内奉安按經書壬丙二方皆為吉地今請靈駕先於上宫神墻外壬地新建下宫奉安俟十月十二日申時發赴丙地幄次十三日申時掩皇堂禮儀院言丙地奉安梓宫處至陵門甚近竊慮儀仗難為施設欲望下儀仗鹵簿使相度若全設不得即量排皷吹香鐙繖扇細仗導引並詔可　八日禮儀院言九月十八日啟攢宫後至二十四日靈駕未發引前百官并赴朝臨緣日數稍遠望令每日於幕次換喪服入臨畢改常服出入又自掩皇堂祭後及設九虞祭皆宗正卿行禮應隨從百官並合陪侍立班神主回日每宿頓亦預先迎拜每靈駕未起發前皇太妃先朝臨次皇親入次外命婦入次山陵使以下入其朔望及掩皇堂畢山陵使以下具名紙外命婦具牓子慰皇太妃從之　十二日禮儀院言靈駕發引前有司進龍輴於延慶殿西階掩士退先請皇太后奉寧龍輴舉哭盡哀退行事官

卷七千三百四十七

十一

入皇帝行奉寧之禮神主至京日皇太后出城奉迎酌奠至會慶殿門皇帝服鞾服前導安神設奠祔廟日皇太后先詣會慶殿行禮次皇帝奠獻訖步導出會慶殿至正陽門外拜辭而還靈駕在路及未祔廟以前每朔望百僚並奉慰啟攢後不進刑罰文書從之每歲下元日朝拜景靈宮令緣神主未祔廟至日只令宮使行禮二十四日降聖節百僚合詣東上閤門拜表稱賀緣神主才經祔廟更不行拜表之禮只令進表稱賀神主至瓊林苑山陵使以下見皇大后于苑中至會慶殿亦於殿東御幄前起居赴殿下陪位立班以俟皇帝行禮次日朝見如儀　十三日禮儀院言神主祔廟日其后廟亦合差官徧行饗禮從之　九月五日攝太尉宰臣馮拯率群臣奉謚號冊寶告于南郊翌日奉上于延慶殿攝中書令宰臣王曾讀冊冊文曰哀子嗣皇帝臣仁宗御名謹再拜稽首言曰夫諡以行成號以功顯法日而明者蓋德之甚盛稱天以誄者為名之至公二五以還何莫由斯道也伏惟大行皇帝業上聖之資粢累仁之祚緝熙嘉靖丕冒傍一生成震露踰於二紀昔者以唯城之圍膺朱器之重班政京室始基風化纘戎在宥路甫善繼清明獨從驛印撫臨研幾而衆志通定以而萬物服奉養長樂極純垂之性協仁几宗隆敦轅六敘有陶唐之恭讓同頒王之抑畏慘怛忠利本於好生伍勞敏給未耆自諭容大慶以省塥詢喜言而不醫豫勤盛幽隱實行給撲重紆刑之任謹勸農之制罰豈而人懋本李廟藤能之路嚴恢材之式官無耶而劍多士余述敦漆以戒郡國之吏東簡策以緝君臣之訓偉天帝以成憲炳人大而化下繹治古之閣論紋舜倫於大中物則昭明政俗紳閩叢以疆事循鑿武節方熘朝以可台欲和戎之利懷乘西鄙納保塞之欣二遺卑異五太鎔戩民用休息物皆茂遂職貴填於尉邲數詩諡於聲曠致謁圜寢孝通乎神明罷去羽獵仁及乎飛走越和炎感休嘉震動寶圖申錫誕恢於景命[illegible]游育接徒知於遐胄講宗報之則振希闕之儀勒成盛宗苾禮醮上卉望群獻祠仙李築宮於神顯薦冊於霄極馨香齋然百祀以修欽翼靜懿萬祥表見休烈淡洽德畢祝感無猶慮謙而歸助不有祺福而俾人太齊覽元極之至妙穆

卷七千三百四十七

十二

遊思於無外巍巍端拱獨訪西玉虛獻躋至之勤儉從白雲之樂華夏懼隔攀號靡及顧旋此宵後嗣丕構克窮迷清懼本臨法方中既祇同歎起嫻考尊名節惠之文合辟公庶尹之議爰遵古訓龍揚鏘鏘讓遺攝太尉司徒兼侍中充玉清昭應宮使昭文館大學士監修國史馮拯奉寶冊上尊謚曰文明章聖元孝皇帝廟曰真宗森惟在天降鑒昭曆式與錫祉流慶與運無極嗚呼哀哉禮畢群臣奉慰　十一日召中書樞密院赴會慶殿觀入皇堂物皆先帝生平服御玩好之具列置兩廡下乃至硯格筆牀書奩詔槧尚衣司飾周身之物一無遺者　十二日帝與皇太后垂簾見輔臣議及前後所降天書皆先帝尊道奉天膺受靈貺刻玉副本已奉安於玉清昭應宮元降真文止於內中供養則先帝意可見矧殊尤之瑞屬于元聖不可留於人間宜於永定陵奉安用符先旨即詔禮儀院

卷七千三百四十七

草定儀注以聞既而請天書乘逍遙輦其小輦并香燈檐子亦合陳列令扶侍都監與夾侍以禁衛五十人陳設靈駕發引前一日奉迎赴大德殿奉安量設細仗并道門威儀迎引帝詣長春殿奉辭至夜量設道場赴文德殿日輔臣迎拜前導奉安畢班首上香俱再拜退將來候梓宮進入皇堂即天書次入合用導引歌詞請下學士院修撰付太常寺教習並依奏　十三日禮儀院言啟攢宮後百僚並服初喪服其間官員有近經轉補或自外代歸未曾給孝服者止以公服陪位山陵使已下至永安並依至道故事更不朝拜三陵並從之　十五日山陵使言館閣校勘李淑已差至永安縣行事欲

禮二九之二九

徵字下增擬字

就差管勾隨行章表從之　十六日命入內內侍押班岑保正充大昇轝前後巡檢山陵一行都大管勾　十八日啟攢宮群臣具衰服序班於延慶殿帝服初喪之服行祭奠之禮俟時梓宮還正位群臣詣內東門進名奉慰自是至發引並日素服入臨班退改常服而出　二十一日召輔臣赴延慶殿東廡觀金字模勒先帝謝天書表及政要十卷皆將納皇堂故也　二十三日帝自內中奉導天書至長春殿權駐上香再拜奉辭訖還內輔臣於殿墀下迎拜前導赴文德殿奉安是日帝詣延慶殿親行祭奠之禮舉哭再拜親王已下赴班　二十四日天書先發既旦帝啟奠于梓宮群臣入臨升梓宮于龍輴祖奠徹步從以出正陽門外梓宮升轝設遣奠攝中書令曹宗道讀哀冊冊文曰維乾興元年歲次壬戌二月庚子朔十九日戊午真宗文明章聖元孝皇帝崩於延慶殿三月庚午朔四日發西祔殯於殿之西階與十月丁酉朔十三日己酉還座于永定陵禮也楹殿殿四遷靈景識齊侍之先遠有攸高服之來寶永訣孝乎嗣皇柩殷仁念御名雲望如疑天曠逮絕號兮之慕山長執綍之寰川咽曹御辯之覺軒攀上嘗之電轢哭戀清光仰懷鴻刱泉申命於宰德奠恭攝於聖哉其詞曰兮昊立梲鑠夏歸憾太祖膺之四海文命慈民時雍太宗紀之三鍊嗣與童熙纘明道大大大幸之作程曰慈曰倫守之乎載號私臨晤得一清寧岐驤安能還恭踈契三義喪寔滋邦以正問寢皇歡疊領帝澳多懿千里袁乃以分哀付歸觀頌洽康莊慕慕硃服光宅爰始物物表斯師歸伊時淵默雷聲風清草靡行式兮之孝以之盛人用爾嫌為心以大致洽事無過樂言心度思對越后帝哉振典紀萬雍陵廟是饗是宜執契虔尊提闡布政百度光聲萬方惟命馭朽為犢棘於金臧京鮮混師庶臻大定哀念於罰心乎在寬恭填出令處于行難是作中興訓於理官爰開三面克宥泰元爲想衛微神惚恍樂天無何假兮

卷七千三百四十七

高

禮二九之三〇

圖象踏拱穆清綿觀昭曠黔處邦本周爰率賓以刀勸
揣如僞視民籌飲思栗全祛莫繩延登夜良秉摧翔秀
盡副樂育無遺英載七德爰武五兵匪作惠養生植荥
悵通遐納書無恨通歡有如成辛餘闕野貴休息表豫
觀風宣條問俗臺賜書文撫存博獨七國之後保其蓋
旋元事之孤歷其賦穰祥心藝學著意典墳際天博達
遐古多闡雅尚立言尊譜蘇訓汗簡光華刻金其潤登
高必賦選物百成琏覽六析絲篁七情五射神傳八法
天縱是鏑啼狼煙毫舞鳳下二妙未正一淵宗與世舉
熙為人指蒙固樺以時燕處以饒出則怡恬居則濟齊
嚴恭真聖宗奉神靈欽明典謝薦德馨懋福蒼黔祈
撫太紫十極鑒歡百嘉致子水發源珠呈循軌溫麥
丙攻問本光穗奇木文詞英遺瑞端命式宸乾文獨
尊錫癡皇祚昊祚帝閣猜德下著殊軌上存薦易可久
澗淨是歎治定功威泰符展宋上儀華降感迪期在景
殺庶邦風古實海黔馭飛龍軒悍娜鶴六嚳遵遙謳歌
接習群后式職衛軸相望清蹕路塔洪息嬪淺秘款郊
年祀事孔蕆鋌蓋治宅山園載沁寺思奔旌容物具秉
犁燎坎蒸蕤體垂大配情祉宗無嚊三載堯樹安樂漢
飲多歡駕肩擇蟬比戶安安盡美升閣至真臨降親視
聆容恭瞻寶仗賜飲陸紫之陪蕭恨琢玉騰文銘金肖
儀猶龍上聖捐孝仙鄉幸增歲編漢谷在神琳館肇新

卷七千三百四十七

十五

瑤函嵩秘玉帝寶冊瑤壇禮類永惟主鬯崇建元良大
本有繫斯人用康風夜寅畏若寢寧處訏謀勤劬遘益
帝豫方垂寰弓移和忽脫屣兮棄去鳴呼哀哉悠悠穹
嗇哀哀父母幅員土宇卿伏兮無龍德兆生聚茫然兮
何怙同軌遝密窮荒縞素慟鷸鳥歘宮車帳衣冠於雲
路鳴呼哀哉太策禁吉容成戒期望喪陵石慘慘登畢
陌以遲遷銘旌露泣國簫風悲慢時巡之仙伏護川近
之宸儀鳴呼哀哉攀鼎龍兮莫皇瞻帳鳳兮何有霜封
空繹麈飄翼柳雲苍梧兮不遲以業兮兮莫號哭象物
以斷弭佯鳥紜而迴有惟武德與大功同天長而地久
鳴呼哀哉

帝哭踊盡哀禮畢歸大次皇太后詣大升轝前奉辭侍中奏請靈駕進發諸司具喪儀仗百官素服赴順天門外至板橋立班奉辭改常服還詣西上閤門內東門進名奉慰先是禮儀院請靈駕既發內外近吉服帝以純孝之性不忍遽易至於左右內臣衰服如初宰臣援引典禮撰奏三四乃詔內侍省翌日釋服　二十七日帝始御崇政殿輔臣奏事如常儀自十七日至是始御便殿十

月七日命樞密副使張士遜馳往永定陵掩皇堂日設祭告之禮　十三日葬永定陵群臣奉慰如儀　十八日虞主至京群臣出郊奉迎皇太后詣瓊林苑迎拜山陵五使就苑朝見帝服鞾袍會慶殿門迎拜涕泣前導奉安殿幄太常贊導行奠獻之禮群臣奉慰　十九日群詣會慶殿行九虞祭至二十二日止是日帝齋于長春殿群臣宿于內庭　二十三日帝奉迎神主訖步導出正陽外奉辭所司先至別廟迎莊穆皇后神主至廟南門之西幄俟神主至知制誥宋綬題謚號行祔饗之祭祔于第七室禮畢群臣奉慰　二十四日德音兩京畿內減死刑釋杖罪沿山陵應奉科率蠲復賦役營奉行

卷七千三百四十七

十六

事官量與恩澤山陵使以下進勳封有差　十一月二日宴群臣於崇德殿酒七行不作樂以山陵禮畢也

天聖元年正月十五日禮儀院言二月十九日小祥忌準禮例京城禁止音樂前各半月忌前後各三日不視事其日群臣進名奉慰詔自正月二十日禁樂至二月晦日忌前後各五日不視事臣僚朝見辭謝並權放其日命婦並詣神御殿前辭酒及奉慰樞密使已下副指揮使已上並赴相國寺行香依太宗小祥日例賜丸香二斤　六月八日永定陵使奏守恩請之　十五日河南府言永定陵占故杜彥珪四十八頃凡估錢七十萬詔特給百萬　二十二日永定陵使奏守恩請從偃師縣遷檢於永定陵從之　八月五日賜永定陵使河南府

官房郛錢日四千十二月二十三日詔來年正月朔日兩府兩制以上節度使駙馬都尉許入內赴神御殿澆奠二年正月二日詔以大祥忌自正月十五日至二月終朔望不坐不御正殿於長春殿視事忌前後各五日不視事百官起居不舞蹈其應見謝辭者並權放自二月一日至月終禁屠宰前後各五日不行刑罰忌日常祭撤饌訖將除靈座朕躬親扶護神御別設一祭如遺奠之禮　十六日太常禮院言謹按禮記喪服制云再周之喪三年也周之喪二年也九月之喪三時也五月之喪二時也三月之喪一時也注云哀節應歲時之氣也三年周喪數歲不數閏也大功已下數月者數閏也鄭玄云三年之喪天下之通喪百王之所同古今之所不可損益故曰無易之道也又禮儀纂云再期之喪二十五月而畢二十七月而禫二十八月始樂此鄭學之所宗也正典云今約經傳求其適中可二十五月終而大祥受以祥服素縞麻衣二十六月終而禫受以禫服二十七月終而吉吉而除從月樂無所不佩夫如是求其情而可合乎禮矣又按禮記間傳云再周而大祥素縞麻衣中月而禫禫而纖無所不佩中猶閒也謂大祥祭後間一月而禫也五禮精義云從祥至吉服凡有六祥祭朝服縞冠一祥訖素縞麻衣二禫祭玄衣黃裳三禫訖朝服綅冠四踰月吉祭玄冠朝服五既祭玄

卷七千三百四十七　十七

端居六令參詳典禮合於三月晦日祥除所云大祥後間月而禫究其意要成二十七月之數今除九月不數外合至四月十九日服禫服至五月十九日禫除即吉又按正禮義纂云三年之喪以為痛極也聖人制禮不以死傷生為之取法四時變易應歲時之氣以殺其情故二十五月除衰裳去杖絰也喪大記云棄杖斷而棄之於隱者鄭注以喪服至重不得褻之按禮祭服弊則焚之衰裳亦當宜焚也今請大祥皇帝皇太后親王以下真宗內宮人衰裳絰杖並焚之又按義纂大祥去杖絰著朝服縞素紕革帶素屨而祭接神告正祭服也既祭反服素縞麻衣哀未忘也近代禮簡唯有素縞無祥祭之冠亦不著朝服但以十五升白布為深衣唐禮因而行之又云祥變之日主人必本其意服祥祭之服受之重其禮也卒事反大祥之服素縞麻衣是也又云縞冠素紕既祥之冠也當祭著朝服卒祭反服素縞麻衣未全吉也今請大祥後比附近儀皇帝服素紗軟腳幞頭白羅衫黑銀腰帶朔望祭奠及內中則服又按開寶正禮云大祥之日設祥祭主人就位哭盡哀畢各還於寢撤饌掌事者除靈座以降自大祥後外無哭者至禫祭設几筵自禫之後內無哭者今請大祥日皇帝祭畢撤饌訖除靈座又按典禮祥日改服素縞麻衣吉屨及禫云白皮兩襠腰帶今請令親王已下除衰絰後只以

卷七千三百四十七　十八

皂絁軟脚幞頭素白服黑鞓腰帶俟釋祥服服素紗軟
脚幞頭淺色慘服黑帶踰月復平常在本宮入內澆奠
至幕次則服入按義纂鄭玄變除云黑經白緯曰緅二
十七月而禫緅冠采纓服玄衣黃裳縞帶吉屨如平常
也今請皇帝四月十九日釋祥服後服素紗軟脚幞頭
淺色黃羅袍黑銀腰帶朔望祭奠及內中則服皇太后
太妃已下禫服請隨服色並以淺慘色為服踰月復平
常詔可　二十五日太常禮院言將來大祥日望依小
祥例樞密使已下副指揮使已上赴行香文武臣僚詣
西上閤門內東門奉慰退亦赴行香外命婦入內奠酹
奉慰並從之　二月十一日入內供奉官羅崇勳言大

卷七千三百四十七　十九

祥日除皇帝祭奠外未見皇太后祭奠儀注詔以問禮
院請俟皇帝祭奠撤饌訖別設香酒時果尚儀詣幃前
奏請釋衰服服常服行禮其釋祥服日亦如此從之
十二日詔大武百官朝臣軍員都虞候以上令十五日
入內奠酹退赴會慶殿燒香十七日十八日十九日輔
臣取長春殿入奠酹十九日百官奉慰退赴啟聖禪院
行香就賜奠筵　二十五日禮院上言四月二十九日
釋祥服五月二十九日禫除欲依咸平二年例並前後
各一日不坐其日不視事文武百僚並詣西上閤門內
東門進名奉慰退赴大相國寺行香樞密使以下悉集
從之

宋會要　仁宗

嘉祐八年三月二十九日仁宗崩於福寧殿遺制曰朕
荷國大統四十有二年常懼菲涼不足以承祖宗之鴻
烈然兵休民靖底于丕平顧朕何德以堪之乃自春以
來積勤爽豫今至大漸恐不得負扆以見群臣皇子英宗
御名以天性之愛朝夕寢門未始少懈況聰知明睿朕素
有承嗣之託夫豈不順天人之望哉可於柩前即皇帝
位皇后以坤儀之尊左右朕躬慈仁端順聞於天下宜
尊為皇太后應諸軍賞給並取嗣君處分喪服以日易
月山陵制度務從儉約在外群臣止於本處舉哀不得
擅離治所成服三日而除應沿邊州鎮皆以金革從事

卷七千三百四十七　二十

不用舉哀於戲死生之際維聖賢為能達其歸矧天之
寶命不墜于我有邦吏賴文武列辟輔其不逮朕何憾
焉咨爾中外體予至懷召文武百官敘班殿庭輔臣宣
制發哀畢移班謁見帝於殿之東楹稱賀復奉慰　四
月一日群臣朝晡入臨諸軍班副指揮使以上臨於宣
祐門外至十一日而朝一臨臨三日而止軍使押班師
其屬哭於其營百官縞素婦人素縵並三日止輔臣宿
資善堂宗室遙郡刺史以上宿崇政殿門之外至成服
止　二日詔喪服制席並如乾興故事又詔大行皇帝
山陵有期所司宜奉承先旨應沿山陵工役先給錢物
雇召諸費一取官物不得差料人戶太常禮院言禮三

年之喪唯祭天地社稷諸大祠而宗廟及中小祠皆廢至祔廟如故從之提舉製造梓宮石全彬進梓宮畫樣詔令務在堅完不得過有華飾三司言乞內藏錢百五十萬貫紬絹二百五十萬疋銀五十萬兩助山陵及賞賚從之　三日命入內內侍省副都知李允恭充按行山陵使帶御器械張茂則副之供備庫副使梁寔為都監引進副使王道恭充契丹告哀使　四日命宰臣韓琦為山陵使翰林學士范鎮為禮儀使權御史中丞王疇為儀仗使龍圖閣直學士周沆為鹵簿使翰林學士權知開封府馮京為橋道頓遞使　五日命宰臣韓琦撰哀冊文及陵名曾公亮撰謚冊文參知政事歐陽修書哀冊謚寶趙槩書謚冊翰林學士王珪議謚號詔兩省御史臺文班各撰挽歌詞二首付太常寺教習又詔哀謚冊條依乾興故事用階玉製造　六日命侍衛親軍馬軍副都指揮使郝質為山陵都護宣慶使石全彬為鈐轄　七日群臣表請聽政事詔答不允自是三上表始從之　八日大斂成服群臣入臨移班奉慰退詣內東門進名奉慰皇太后（自後凡進名奉慰皇帝於兩上閤門皇太后於內東門）　十一日帝同皇太后御內東門小殿垂簾聽政群臣於門外進名起居　十二日小祥群臣入臨奉慰內出遺物賜輔臣近侍金帛器幣有差　十五日發諸路卒四萬六千七百八十人修奉山陵　十七日太常禮院言

卷七千三百四十七

三二

故事皇帝釋慘常服群臣如之宗室出則常服居則衰麻以終喪從之　十九日權三司使蔡襄言山陵一用永定陵制度詔可於是右司諫王陶上言民力方困山陵不當以永定陵為準其後京西轉運使吳充楚建中知濟州田棐繼上疏請遵先帝遺制山陵務從儉約皇堂上宮除明器之外金玉珍寶一切屏去乃詔禮院與少府監議唯省乾興中所增明器而已其他猶一用永定陵制度太常禮院請三京諸路軍民至卒哭東京至祔廟靈駕所過州縣畢山陵文武官至三年乃聽用樂皆從之　二十一日以大行皇帝喪三七日群臣入臨自是每七日皆朝臨四十九日而止二十三日掩攢宮群臣入臨奉慰　二十五日大祥群臣入臨奉慰宰臣韓琦上陵名曰永昭詔恭依　二十七日禫除群臣入臨奉慰　五月九日太常寺言準例代哭一百人於靈轝四面作和聲按周禮挈壺氏凡喪以水火守壺以代哭者禮記君喪官代哭注代更也未殯哭不絕聲為其罷倦既斂可以為刻漏分時而更哭也今來殊乖典故欲請不用從之　十月太常禮院請大祠用乾興故事備樂而不作祔廟畢如故從之　十二日按行使李允恭等上所按地圖命翰林學士賈黯入內內侍省副都知石全育覆按之　十三日命三司戶部判官張靖權兩京轉運使終山陵而罷　十五日賜鄭州公使錢五

卷七千三百四十七

三三

百貫以靈駕所過故也　十九日翰林學士王珪言謹按曾子問曰賤不誄貴幼不誄長禮也唯天子稱天以誄之春秋公羊說以為讀誄制謚於南郊若云受之於天然乾興元年夏既定真宗皇帝謚其秋始告天於圜丘史臣以為天子之謚當集中書門下御史臺五品以上尚書省四品以上諸司三品以上於南郊告天議定然後連奏以聞近制唯詞臣撰議即降詔命庶僚不得參聞頗違稱天之議臣今擬上先帝尊謚欲望明詔有司稽詳舊典先之郊而後下臣之議庶先帝之茂德休烈有以信萬世之傳詔兩制詳議翰林學士賈黯等議如珪奏從之　二十三日橋道頓遞使請以剩員百五

卷七千三百四十七

二十三

十人代雜户婦人把幕從之　二十四日賈黯等言覆定陵地如初按從之　六月七日詔皇后送大行靈駕至山陵既葬三日而返其後以疾不果行又令宗室遥郡團練使以上又出嫁郡縣主隨從　十二日賜西京公使錢千貫以上陵所在故也十三日直秘閣吕夏卿言請定九廟之制及請侯山陵復土百官班迎靈駕還内山陵使先入見日中行始虞之祭虞主不題謚號九虞既畢然後行卒哭之祭明日而祔廟詔兩制及待制以上與禮官議觀文殿學士孫抃等奏夏卿所陳九廟事不經見其言周漢以來九虞之祭皆在十六日外欲俟靈駕還内日中行始虞之禮緣古之葬去國近平旦

而葬日中而虞于寢今之葬遠虞主在塗日還舍不可以無祭其言漢制不題謚虞主及終虞而行卒哭之祭則乞如夏卿所議從之　二十二日山陵使言諸頓所調物過多請選朝臣一員付之計度命權三司鹽鐵判官楚建中往裁其數　七月二日判大宗正司允弼言乞許宗室防禦使以上妻隨靈駕從之　十二日卒哭群臣入臨奉慰　十三日帝始御紫宸殿群臣退御垂拱殿中書樞密以次奏事帝感慟者久之自是隻日御前殿雙日御後殿禮院奏請朔望不御前後殿至祔廟如故從之　十八日大遼皇太后遣林衙左金吾衛上將軍蕭福延觀書殿學士禮部侍郎知制誥同脩國史

卷七千三百四十七

二十四

張嗣復皇帝遣昭德軍節度使蕭遜給事中王籍充祭奠使副皇太后遣左驍衛上將軍耶律達衛尉卿昭文館學士劉霖皇帝遣安東軍節度使耶律衍四方館使韓貽慶充弔慰使副入詣皇儀殿大行皇帝靈座前祭奠如乾興之儀二十八日以入内内侍省副都知甘昭吉充永昭陵使莊宅使嘉州團練使劉保信副之是夕以請謚南郊宿齋群臣于尚書宗室于都亭驛　二十九日攝太尉宰臣韓琦中書樞密及侍從官御史臺五品尚書省四品諸司三品宗室團練使以上請謚于南郊議曰臣聞元精磅礴清萬物而不昭其迹者薦名曰天至德汪洋澤萬世而不有其功者建議于帝伏思在昔帝王生曆大名然紀大行使金齋而王技之以誥聿無窮之聞者帝莫盛於堯舜王莫隆於禹湯也蓋易

名之與下不得誅上古將為至尊之謚必質于郊然後
定之所以推天下之至美明天下之至公雖天子不待
以自專也洪惟大行皇帝躬上主之姿承累聖之序流
大漢之惜悌履放勲之欽明包富有之業而能守以約
攬泰定之勢而弗情以安圖當邈然魁視所未形俛然
積思所不及謂天命之遐易洒嚴恭哉攬忐有以答雪
心之頤謂民懷之靡常洒涵容曉咏庶以陶善類之歸
知括萬慮而不可嘖恩滲四垠而不可形如兩儀之無
不燾載如三辰之無不臨燭於時修發宮繼絕世禮高
年勸力措滅常賦抑末游虛己以遇豪後之材降志以
從忠直之誅振立賞罰而權衛之章明典禮而斷徹之
宥恕刑獄而蕩滌惠哀困窮而衣食之人情莫不欲追
愛其力而不勞人情莫不欲壽輔其生而不傷群公庶
尹周弗恧止相與謀王之朝殊隣絕區周弗德寧相與
慕王之境父父子子兄兄弟弟罔弗順紙相與立王之
塗蓋仁教之施沛然其若是莫之能樂也刻復耕籍於
十啟之田袷祭於先王之廟報天之誠篤則八莫於圖
丘嚴父之志盡則再侑於明堂宗支既善則廣講分王
之愛邦統未紀則豫有主器之屬下講樂之詔以孝鍾
石之和置寫書之官以織經墳上學通英數席圖講藝
也凝機被宇資味道也藻思料發窮聖作也飛毫洒落
肆天縱也知聲色之靡代於德義於是乎屏嶽紀之娛

卷七千三百四十七

二十五

知雄兆之韓禪於精神於是乎絕盤游之欲念組織之
壓則邵服御之華念土木之費則攢宮室之麗西羌阻
命不欲乂戎勞師而遂細玉闕之誓南蚤肆茲不於深
入濤代而自致藻街之襲時則踰沙軌漠阜華之貢委
衆應圖合謀汾涌之瑞叢至四十二年于茲可謂海內
大治矣竊迹義皇之前覽序莫索其詳自詩書之載捨
欧所元終都攸卒表有如茲之盛者也方將勒鴻休受
永祐豈闕神撲獻獻邦禁上延仙鼎已成不返荊山之
御玉衣雖在空陳渭水之游嘉原既新同孰追至下華
蓋於北極引龍輔之而迎此萬圖所以推心三靈為之
變色有司錄是飭舊典冊丕稱皇哉鑠孝幾有以煥王
靈而炳帝烈也謹按讖法一民無為曰神經緯大地曰
文通達光知曰聖保大定功曰武照臨四方曰明慈惠
愛觀曰孝若乃群生嗤唱鼓之舞之不知至化之所自
然非至神序制作禮樂際天接地煥然而大備非至文
序永惟宗廟之奉實發光讖以建大本非至聖孝戴白
之光不識兵草之譬非至武序群黎之情格於聰明而
無所遺非至明序惇序九族以述夫祖先之志非至孝
乎粤廟號之建尚矣維其歷古聖賢之君莫不極所以
尊明令稱又武至于代相龔之夫仁者聖人之盛德豈
獨未有以當之耶抑當時鴻儒鉦學乃畧於禱求將天
之所啟期以克配大行之廟孝詩云維天之命於穆不

已此之謂歟惟功以創業為祖德以守成為宗皆尊尊
之大謚也大行皇帝尊謚宜天錫之曰神文聖武明孝

皇帝廟曰仁宗禮畢還齋宮大尉以下列名上之八月二日命內侍省副都知李允恭為大升轝前後都大巡檢東上閤門使張希一內侍押班李繼和為大升轝防援巡檢

十三日詔置永昭陵奉先指揮兵士五百人初三陵皆置卒五百人唯定陵後以章獻太后故別置一指揮至是昭陵使甘昭吉以定陵為例奏請置守陵奉先兩指揮而京西轉運司請減定陵卒半以奉昭陵詔止令選募一指揮以五百人為額 二十五日詔賜永定院額曰永定昭孝禪院初翰林學士賈黯言永定院去昭陵不遠乞量加葺飾別賜名額兼奉二陵故也

九月二日命侍衛親軍步軍副都指揮使賈逵為靈駕都總管永昭陵使甘昭吉兼大升轝前後編欄儀仗都大巡檢

六日詔自七日不御前

卷七千三百四十七

二十六

殿以修輴車路也

七日以謚號奏告天地宗廟社稷宮觀

八日攝太尉宰臣韓琦率群臣奉謚冊寶上于福寧殿攝中書令讀于靈座冊文曰哀子嗣皇帝臣英宗御名謹再拜稽首曰臣

聞名以實寶謚以表行先王之通憲也究義氏躬法業
正五行故首大餘之稱有能氏建中和存方世敏爵莫
軒之號彰大聖烈義莫北先恭惟大行皇帝粹天之武
純地之大績祖之功鑑貽之勳修恒志利有審堯之至
仁深沉溥博有漢高之大度身先究朴有負王之克儉
躬自柳畏有高宗之無逸旨在潛隱早章於睿問載登
元良益儲於群望天禧之孝永定倦勵是諮監撫乃總
機務九宸奠梳而晏謚四表覆孟而安定若人之量己
表於沖年矣及嗣天宅統紹宣聖職以大公馭群品以
大定域群生以四海倉宗廟以天下養文母於時遐通
砥厲風化景開賓延老成亦舜光叢賞不失勞而忠義
勸罰不遺近而椎倬聲若乃旌用講直聞納誅諱增言
職之選廣所來聞復制策之舉詢及在下士得盡忠矣
播刑之迪所尚在寬開臨便座親應繫獄中欲仗司增
說課法人以不究矣封先代之後錄功臣之世民化而
歸厚矣察育士之行栽入流之乞官修而無邪矣剔復

建觀卯以合族辛學宮而尊教杜斜封之啟寵禁私謁之敗八致後宮之御以遂物情發少府之藏以廣平權制日廢以活毀食賜爵幣以禮高年擒山摭禁論省日報故强之以思下鑄鐵亂幣刑者歲積故平之以利伯加以哉兵而時動得武之義經當貢戎之下恭也謀臣獻渭征之議補念袅時于外卒從歎塞之請償雍之皆誕也上將建遠平之策衛慮勤人於遠遂止深入之戎自是二方之虜冠帶而入朝百越之長梯航而請吏其樂戎徠遠之衛深矣保邦息民之利長矣至于號令信言動法遠聲屏苏士迹英歲啟惟議學之接施文燕告必墳史之玩究禮樂書射之蘊洞陰陽圖緣之與斯文天縱神悟上聖之兼德也故能統一海內四十有二年緝熙求明格于上下三辰軌道群瑞昭錫九萬陽加皆上帝之顯臨再類合宮極聖人之能事矣方當歸勛祖考謝德穹厚大廣特空垂拱無為不圖邦禍奄棄寢極三靈變景萬類摧心顧惟菲薄獲承丕緒充窮荒武懽弗克嗣令考筮廸吉因山有日爰稽節惠之法虔講至郊之文丕承監觀以易稱謂謹遣攝太尉門下侍郎同中書門下平章事臣韓琦奉寶冊上尊謚曰神文聖武明孝皇帝廟號曰仁宗伏惟尊靈昭格允膺大典錫祚流慶與遐無疆嗚呼哀哉禮畢群臣奉慰　十六日啟攢宮群臣以

卷七千三百四十七

二十七

喪服臨自是日一臨臨已易常服出至靈駕發而止

十月五日群臣入臨輔臣宿中書樞密院皇親宿於內東門外　六日帝啟奠于梓宮群臣入臨升梓宮于龍輴祖奠徹與皇太后步哭以從出宣德門梓宮升轝設遣奠　哀冊冊文曰維嘉祐八年歲次癸卯三月癸卯朔二十九日辛未仁宗神文聖武明孝皇帝崩于福寧殿旋殯于殿之西階粵十月戊辰朔六日癸酉遷座于永昭陵禮也龍馳暨天琳梢留殯萬方之軌同臻七月之期前近法仗已嚴靈轜未進風雲慘鬱以生悲臣妾攀號而思殉孝子嗣皇帝臣英宗御名接縱承堯念親睎舜能徊象物辯禁從以如有推慕遷逝致哀誠分必盡躬臨奠以長辭蓋終天之永恨乃命弼臣以文傳信其詞曰惟宋受命與天無疆藝祖以武底寧四方神宗以大萬邦一王真廟紹隆誥然其光達夫仁宗蓋蠖而昌熾生之初上帝惟祐天日之來振古不觀色出珪璋步嚴龍虎其俾真人來綏下土元良之建匕鬯是主寢門之問惕若文武嗣訓之循纂承丕緒左右獻后以蒙自處春還歸乾獨之陶甄進良黜佞始章聖權

其仁如天其度如淵其仁伊何得之自然草芽而茁蟲飛而翔高不畏傷況吾民焉恩澤之霈覃被幅員物無不瀕四十二年將如天分化工則全其度伊何汪然莫際巨細必容以分誠為其存言瞻不知諱忠時肆訴許衆掾狂易聖戰怡然曰此忠義是也吾從過焉何庶猗如瑚分是能致洽明慎庶獄極于哀於惟法所在未嘗妾刑都邑之吏貴之詳平一失入罪無陷顯樂尊為天予以儉為費崇尚清虐屏床紛麗向緣不懌輔臣入覲嚴懼蕭深菌余故鞶李戌縉素了無文縟衆曰嶽嗟上曰何謂吾之售用素上而是此民書血烏戢妾貴恭事天地孝啟祖宗八見圍丘廟祗合宮大祫于廟親籍于東服器精備萊盛潔豐小次不御東圭顯顯何必戶曉民署優果取士之路務存至公十二臨軒策之必躬雋髡盡得歲六幾空有將有相曰功曰膚盼覩三代吾其比崇廿胡之強西夏之御時欽跳梁悠其貪嗜吾以威懷折其光鉞而簡搖尾從我霸解百鑾梯航探賁日至禮樂具修干戈不誠夫惟立嗣天匕之基前世令王哉韋以私事不前定演于亂危我出揭斷撫然不疑來寶于宗唯聖是知神器之重其傳有歸廟社以安生靈以禧迹其大公堯舜之為昔在人上必有偏好或樂馳逐哉喜征討戎務宴游哉專營造哉遍聲色哉元丹寵綦奕之工擊拂之妙有一于此下從而敦噫吾仁宗濟無

卷七千三百四十七

二八

所樂曰吾好者在勤正道日以旰昃惟先之結間時弄翰或隸或草聖筆之揮千奇萬巧去冬之暮清尚之閭再題天閣諸呼從官觀作飛白待臣縱觀二合遺化生成筆端書幅蹁百大均寵頒退坐群王行觴盡歡嗚呼哀哉賜巖尚淑寢車未利植璧斯虔逮有金勝之禱縱衣遠微賤承玉几之言嗚呼哀哉大變之來天傾地裂四海之動風號雨血兆民震駭其無生百辟寬呼而僅絕乘雲之游兮汗漫而自高持舜之幕兮僵仆而徒切因疑前會之非常似與群臣之欽訣嗚呼哀哉候律云禀徽辰協元嚴屢輅以方前視羽幢兮始前池竹撫雄車旗飾鸞背來崔之通達指青龍之吉山闕路長兮去復去宮車挽兮㒳不還痛徹六宮兮莫知逝渙酒重墮兮胡可攀嗚呼哀哉寒日晝昏愁陰夜積卷晴蜺於丹雅蕩霜波於素帝哀紛至咽六州之奏增懷駿嶽前轄蕙戚之聲何聞大隧一扃幽臺未敢人間之恨空長帝所之歡豈極嗚呼哀哉春漢而下御邦子民貫越三紀纜聞數君其間治亂以相駭否亨之不醇如仁宗饗國之久而始終太平兮彼安敢望吾之清塵生而無窮者厚載緣而不息者高昊惟至仁盛德與高厚之俱兮萬世巍然而不民嗚呼哀哉

帝與皇太后奉辭還宮群臣奉辭于板橋易常服而返　十一日詔

給田三十頃房錢日一千賜永定昭孝禪院　十五日奉安大行梓宮于永昭陵之下宮　二十七日永昭陵掩皇堂　十一月二日虞主至京群臣板橋奉迎皇太后詣瓊林苑迎拜帝服鞾袍集英殿門迎拜前導奉安殿幄宗正卿行九虞之祭　七日帝行卒哭之禮群臣奉慰　八日帝齋于垂拱殿　九日帝奉迎神主訖自集英殿導至宣德門外奉辭有司奉神主至太廟端明殿學士蔡襄題謚號行祔饗之祭祔于第八室禮畢群臣奉慰　十二日德音兩京畿内減死刑釋杖罪沿山陵科率蠲復賦役應奉行事官量與恩澤　二十日賜山陵行事官器幣有差　英宗治平元年三月一日詔

卷七千三百四十七

二九

以小祥禁京師樂至四月十五日前後各五日不視事是日三司言内藏庫撥錢三十萬貫修奉永昭陵欲依乾興例蠲其半從之　二十四日以小祥不視事至四月四日禁京師屠十日　二十六日輔臣待制觀察使以上及皇親遥群防禦使入奠于福寧殿三日而止四月十一日增置永昭陵巡檢一員　二年正月九日詔以大祥京師自二月一日府畿自三月一日禁樂至四月十五日諸路禁樂前後各七日沿邊州軍勿禁三月朔以大祥月不御前後殿及望亦如之二十二日太常禮院言近依國朝故事詳定仁宗大祥變除服制以三月二十九日祥至五月二十九日禫以六月二十

九日禫除至七月從吉已蒙詔可臣等謹按禮學王肅以二十五月為畢喪而鄭康成以二十七月通典用康成之說又加至二十七月終則是二十八月畢喪而二十九月始吉蓋失之也祖宗時據通典為正而未經講求故天聖中更定五服年月敕斷以二十七月今士庶所同遵用夫三年之喪自天子達不宜有異請以三月二十九日為大祥五月擇日而為禫六月一日而從吉　二十四日以大祥不御前後殿令開封府停決大辟及禁屠至四月五日是日輔臣待制觀察使以上及宗室管軍奠于福寧殿自是日一奠至二十八日而群臣皆入奠馬端臨文獻通考按自仁宗以來視朝則用易月之制而宮中實行三年之喪故於小祥大祥禫除之時猶行禁音樂及奠祭之禮蓋亦酌禮之變云

卷七千三百四十七

三十

二十九日大祥　五月九日服禫　二十九日除禫服群臣皆奉慰　四年三月九日太常禮院言仁宗大忌準禮例前後各三日皇帝不視事其日百官進名奉慰次詣内東門慰太皇太后皇太后退行香于景靈宮孝嚴殿從之

宋會要 英宗

治平四年正月八日英宗崩於福寧殿遺制曰朕蒙先
帝之遺休荷高穹之眷命獲主大器于茲五年樂與群
公講求至治先身以儉冀臻四海之富康勵志之勤未
嘗一日而暇逸而憂勞積慮疾恙蹐時有加無瘳遂至
大漸皇太子頊神宗諱睿哲之性天姿夙成徽兩之明人望
攸屬可於柩前即皇帝位尊皇太后為太皇太后皇后
為皇太后諸軍賞給並取嗣君處分喪服以日易月山
陵制度務從儉約在外群臣止於本處舉哀不得擅離
治所成服三日而除應沿邊州鎮皆以金革從事不用
舉哀於戲死生之理聖智所同惟賴宗社之靈臣鄰協

卷七千三百四十八　一

德輔我元子永康王家咨爾多方當體予意召文武百
官欽班殿庭輔臣宣制發哀畢移班謁見上於殿之東
廂稱賀復奉慰退輔臣宿于資善堂宗室于殿門外是
日以景福殿使石守彬提舉製造梓宮　九日群臣
朝晡臨於殿庭止小祥　同日詔大行皇帝山陵有煩
準遺命不得勞擾百姓應緣山陵一行合役工人役夫
並須先給錢物雇名諸雜費用一切官物供給不得差
遣人戶科配州縣　同日命入內內侍省副都知石全
育張茂則都大管勾山陵事入內副都知李繼和為山
陵安行使帶御器械李若愚副之東上閤門使馮行己
為大遼國告哀使　十日命宰臣韓琦為山陵使龍圖

閣直學士李東之為禮儀使知制誥韓維為鹵簿使權
御史中丞彭思永為儀仗使龍圖閣學士權知開封府
傅求為橋道頓遞使從思永知太平州以權御史中丞
王陶代陶知陳州以權御史中丞司馬光代東之致仕
以知制誥宋敏求代維知汝州以龍圖閣直學士張掞
代以侍衛親軍步軍副都指揮使宋守約為山陵都監
內侍押班張若水為山陵鈐轄　入辭日守約賜窄衣
金帶銀鞍轡馬若水賜窄衣金束帶　同日太常禮院
言喪服請如嘉祐故事準禮例群臣自成服後朝晡臨
三日止朔望日祭奠即入臨成服後乘布裹鞍韉小祥
臨訖除頭冠方裙大袖大祥臨訖裹素紗軟腳幞頭慘

卷七千三百四十八　二

公服乘皂鞍韉禫除臨訖裹素紗幞頭帶服黑帶二日
改吉服去佩魚從之　十一日群臣拜表請聽政答不
允自是表三上始從之　同日命宰臣韓琦撰陵名及
哀冊文曾公亮撰謚冊文參知政事歐陽修書冊寶翰
林學士承旨張方平議謚號　十二日大斂群臣入臨
奉慰　十三日成服群臣入臨奉慰　同日三司使韓
絳等言竊見赦書其諸軍將校賞給已支散外文武百
官既已轉官加恩德澤已厚其餘賜賚乞檢詳真宗上
僊遺賜仁宗即位頒賚舊事施行其山陵制度遺詔務
從省約乞下三司及經由州縣凡科率所及路分當職
官吏各據的確名數明立期會務在愛惜官司物力諸

遺賜令入内内侍省取旨裁減山陵制度令三司奉行遺制　十四日内出遺留物金器文犀帶寶器衣著賜輔臣宗室兩制雜學士待制御史知雜三司副使修起居注正刺史閤門副使以上夏國主交趾郡王西蕃角廝囉等各遣使賜銀絹袍帶鞍勒馬有差　十七日上服袞絰始見群臣于福寧殿之東序　十八日三司言修奉山陵欲乞依例於内藏庫給見錢三十萬貫充用從之　二十日小祥群臣入臨奉慰　二十二日上始御迎陽門幄殿輔臣奉事詔皇親正任團練使以上并出嫁郡縣主正任防禦使以上新婦令從靈駕至山陵大宗正司具人數以聞　二十三日山陵使言嘉祐八年山陵所役卒四萬六千四百四十二人令又乞差三萬五千人諸路轉運司和雇石匠

卷七千三百四十八

三

四千人從之　二十四日宰臣韓琦上陵名曰永厚詔恭依　是日群臣拜表請御正殿自是表三上乃從之　二十五日按行使李繼和等上所按地圖命翰林學士王珪入内内侍省副都知張茂則覆按之　二月二日大祥群臣入臨改禫服奉慰　三日掩攢宮群臣入臨奉慰　四日禫除群臣入臨奉慰六日上始御崇政殿　九日詔曰大行皇帝身先四方克勤克儉惟勵精於庶政用保惠於兆民故其憑几之言慮及因山之制俾從省約無致煩勞今興役有期庀徒伊始重申末訓且示深懷毋傷遺德之仁成朕奉先之志應山陵一行

并逐頓合用錢帛糧草及凡百動用物色仰三司轉運司並須擘畫般輦及將官物修置供給不得科率差配人民勉思裁辨毋致煩勞咨爾攸司當體朕意　二十一日王珪等言覆定陵地如初按從之　二十四日詔山陵地内有墳墓者並等第給錢遷葬無主者以官錢徙於官地葬之　三月二日駙馬都尉李瑋王師約及德州防禦使李珣乞陪扈靈駕至山陵並從之　四日以入内内侍省副都知石全育爲永厚陵使文思副使王保常副之閏三月五日詔給田十頃房錢日一千賜永定昭孝禪院　七日詔永厚陵别置奉先第七指揮以五百人爲額　十二日永厚陵封山斬草上不御前

卷七千三百四十八

四

後殿　十八日卒哭群臣入臨奉慰　二十八日太常寺言準禮例挽郎六十人以試御前資幕職州縣官充攝從之　四月三日攝太尉宰臣韓琦率群臣請謚號于南郊議曰臣聞惟天爲大在形器而已分惟君而尊仰德名而後顯皇墳帝典玉版金函勒鴻垂休暑見方州我宋受命以祚神主乃武乃文克明克類故七世之廟可以觀德三靈之心懷于有仁保定之眷永錫景祚淳耀之熙炎集治平恭惟大行皇帝濬哲膺期秦清撫運體乾元之則健涵陽精之光爍粵初清明在躬隱而來見則惟尊德性而道問學致廣大而極淵微備思養正而聖功內充處謙自牧而物情已服仁宗皇帝深燭天意知人神之依曰惟汝賢校之宗器乃懷抑畏聖遜歷年不易乎世無然敬義至誠達節天下莫際其量文言曰確乎其不可拔潛龍也歷數謳謠諒非人事業寶圖籙正位凝命景至而冬夏應氣動而風雷從震聲而離明龔齊而允說既已保富有之崇帝嘉靖之治敕人之命嚴恭勵翼率時昭考之道祇奉慈儀之尊肇禋圜丘誠志內盡登祼清廟孝思繼則君道至體大本舉矣若乃勵精庶政收賦群策朝以聽決至于中昊

夕而詣覽道於乙夜稽考典刑綜核名實謹憲度振綱條中處所謂審問謹思篤行周守其自致之悳矣雖其體貌丞弼優遇耆舊辨章才品重惜名器虛懷以將後德前席以盡嘉言納用不專於親近舊揆無間於疎遠惟擇髦秀以充冊府增置學官以訓宗曾惟日孜孜每慎彝及耆老代之清淨則樂行其道貴大易之簡易而書以為言故無有作好用穀乎倦器服繪具玩巧不設來響數慈于觀于遂于將于田害重宛圓無一增飾麦右懷御無一名號爵同及於私既思無做於近習風戒戒里微灌瀧車馬之來哉肯主第靡堂邑山林之像身先處厚以示四方此甘治古之成事哲王之欽錄得其一二足以垂光載牒宣路義問判會受戮徒兵大悉備茲士民之所日見天下之所共聞者矣至于寬仁溫學熙然若春陽之布和莊輕明察稟然若秋霜之肅物其繙古之多識前言往行其御令也有以極深研幾而猶罷朝則數經于外問退食則開秩于內殿惇敘宗屬撫懷戎狄欽恤刑辟蠲薄賦斂惠養鰥獨振卹乏絕凡曰仁政不忘寢察價者日月得天而能久照四時更化而能久成於萬斯年承綏壽愷則雖才大畧足以彌綸於高厚豐功遠列足以輝映於往初以此積德則三代不足企也以此立戚則四足不足議也上儀壯觀龍髯茂實奇偉倜儻行帛不可卑絕異厥世之已早遷參雲而

卷七千三百四十八　五

上寶植璧于壇顧金縢之匱啟遺弓在地悵龍馭之莫攀因山已窆同軌畢會遂稽舊典申詔近臣參考歷代之法崇加懿天之號謹按諡法聖能法天曰實經天緯地曰文剛德克就曰肅保大定功曰武重光奠寓曰宣尊仁安義曰孝若夫惟天聰明惟聖時憲惟臣欽若惟民從乂茲所以為憲典常是師後民用章文用後民以化成天下茲所以為大以善制事以禮制心王道正直周失法度茲所以為肅董正治官威德義設六服八表虞不承德茲所以為武丕顯哉皇祖之謨丕承哉三宗之烈緝熙景訓垂裕後昆茲所以為宣持盈保成當恭戒懼顧諟明命克昌統業茲所以為孝孔子曰大道之行也與三代之英丘未之逮也而有志焉蓋禹湯文武三代之英者維德有以當之不主在乎焉湯文武克專其美也是故繼詔夏建鴻名必本諸事業質諸公論孝諸先聖而不謬垂之萬世而不疑則可以昭告于郊錫命于帝宗廟事之子孫所之言而可為天下信書而可為後王法蓋詩書所有斷自唐虞以下所以發揚盛德詔於無窮者用此大行皇帝尊諡宜天錫之曰憲文肅武宣孝皇帝廟曰英宗禮畢還齋宮太尉而下列名奏上之　十八日殿前都虞候寶舜卿充靈駕都總管入內副都知張茂則內藏庫使楊拯充行宮使都大管勾入內副都知石全育充大升轝前後都大巡檢西京左藏庫副使鄧惟濟內殿崇班謝士元勾當大升轝供備庫副使陳充寧內殿承制張繹壽充大升轝前後巡檢引進使馮行己內殿押班鄧德誠充行宮四面巡檢　五月四日賜修奉山陵兵匠緡錢有差役又賜緋襴巡檢修道路兵士布衫袴韈巡道兵士　六月三日大遼國祭奠弔慰奉使奉寧軍紹錢執議代柴慶等節度使蕭禧永州觀察使蕭餘慶安遠軍節度使蕭䴉并州觀察使蕭福慶副使右諫議大夫知制誥陳覺太常少卿充乾文閣待王言敷咸州團練使柴好問太常少卿充史館修撰劉跣並入奠大行皇帝神御于皇儀

卷七千三百四十八　六

殿是日御殿之東楹禧等進慰書入見如嘉祐之儀

七月十四日太常禮院言將來啟攢升發引前一日輔臣各宿于中書樞密院準禮例自七月二十三日至八月九日不御前後殿八月十一日至九月九日不御前殿其發引掩皇堂祔廟日前後殿不視事發引後一日祔廟前一日不御前殿九月三日虞主至京八日卒哭祭自九月三日至八日前後殿並不視事從之　十六日攝太常宰臣韓琦率群臣奉謚冊寶上于福寧殿攝中書令讀于靈座冊文曰哀子嗣皇帝臣神宗御名謹再拜稽首言曰臣聞號者功之表謚者行之迹王曰則天以為大非號無以立隆法日以為明非謚無以垂遠故要之于終據而後言以詔于無窮之聞者易名之謂也眇觀前聖率循茲範則我昭考之光烈其不可闕已恭惟大行皇帝濬哲自天紹熙有容

得一而清明奮用九而剛健致身自競德蕃房蒞學庠序不釋卷以究先王之道不窺牖而知天下之事此高
宗之宅河洲也仁宗皇帝惟知與世之量遂定主器之託議尊帝嗣控想歷年終迫人神之望勉徇社稷之計
此漢文之纂代即也及夫繼天纂歷正位凝命不過覽六合而視已明不過聽八荒而聰已達總覽萬務而指
諸其掌從用衆智而斷之以獨歲未再開表裏禔福洋洋乎聖謨神化不可度已若乃符仁廟付畀之重盡志
於三年之喪恩慈后鞠育之深竭誠平四海之養譽禮乎郊而萬靈秘始裸在宥而八室酌孝格於人祇矣立
嚴以教政寬故道克無弊循名以核吏理款下皆微職發廪聽戚而流允恙占除籍編員而繫縲一空澤深於
細黔矣至于好問不倦從諫無雖日臨經羃以御議訓閒閑別殿延訪待從其用人也拔于未題其求賢也常
若不及廣崇予之學觀同性也增丹府之員羅遺度也籍兵於咸歐復古數也取才於躋蹕明馭術也姻覆歎
朴以率儉勤勞以訓恭後宮無職御之按外家無封爵之過典馬之跡不涉於苑圓璉鼓之音不流於祖席然
緻克自抑畏逆託不違日畏而聽理夜分而栖桑三上徽擿深撰而來前再詒庶位直言而箴缺于斯之時愿
度清竟品式明備文武各致其用囊工不奪其力軌有悍虜款附而請盟西有黜羌文告而伏皐何其德之隆

治之盛毀夫惟創業之艱固勞守成之功易急令衆大治而慮益深御不乎而精益勉雖崗言武丁周云成康未
有淳風之可謂也宜夫天錫永命以闡圖我祖宗之統業而夏后勤儉志於勞身大王憂民訖至損壽邊棄天
人之寶上從懿敬之篤三辰霧慘兆姓血泣肆及涼菲獲奉遺訓克窮荒惑懼弗克承圖山戒期同軌畢至一
二御老泊百工庶尹相與節大惠稽舊章誥款于郊俾得請于帝仰謀稱謂以對光鑠謹遣攝太尉守司空兼
侍中臨文館大學士監修國史臣琦奉寶冊上尊謚曰憲文肅武宣孝皇帝廟曰英宗伏惟睿靈在天臨監建
下膺是典禮永祚來業嗚呼哀哉

禮畢群臣奉慰十七日大行靈駕將
發治道不御垂拱殿至于祔廟　二十六日啟攢宮群
臣服初喪服入臨奉慰　八月八日上啟奠于梓宮百
官入臨升梓宮于龍輴祖奠徹步哭以從出宣德門梓
宮升轝設遣殿讀哀冊冊文曰維治平四年歲次丁未正月庚戌朔八日丁巳英宗憲
文肅武宣孝皇帝崩于福寧殿旋殯于殿之西階粤八月丁未朔八日甲寅遷座于永厚陵禮也歷在而帝爲

成則仙四海驚推分猶考妣之喪也群臣號慕兮有哀冠之葬馬哀伏初肅靈輴即前孝子嗣皇帝臣神宗御
名永念罔極痛深所天邈兮物分如在撫宮車兮莫旋一奠之訣分既已悲霄壤之隔萬古之信兮又將復文
宇之傳乃命臣琦後之於言其詞曰惟宋之紹祀踰百年聖聖相授前義繼軒以穆英宗其承赫然嗣世惟五
應期則千厥初在蕃潛德固異惟善吾樂惟學吾嗜朝夕詳書宿纂仁義顧心聖賢舉跬孝悌官之否臧民之
病利必詢而得務在康濟明哉仁廟如乎年至推堯之心乃命主器曰非所當驕以聽發敦迫踰於始辭卿第
高世之行資出文帝既紹統業大敝日新於文之道以持以循於母之養以齊以勤欲泰天下儉吾一身衣必
經瓷食皆屏珍府有餘積賜無橫繒積約御周深虞害民不戶而化或歸垂澤壺內之制有妃有嬪位號之等
其肆可閑吾悉不備藹然禁宸侍左右者勣宮幾人為治之本先乎睦親不受苑囿衆居以均大興學校群心
自馴有善之勸于何不臻祈天之休所報惟懇承先文祐其事彌恪始見于郊廟陰憑前作霖靈果句朝位皆惕
謂宜改為言者交錯聖心益監風夜祇若夙躬而記景氣澄廊至誠之應奇稚歌樂庶政思人萬機必躬一令
之細雖當而後下一言之善則沛然是從覽四方之蠢率至於夜艾訪前殿之對動踰日中惰冥辭聰明之

聖盡漢宣綜核之公好文之盛前無比宗藩兵之賓寓之在宸既恢隆於嘉歎又振宣於武功於是西之悍毛
比之強豺威德所加望風奪魄殄繕戎備飭藏充遠奔迭閒者伺吾策畫惟固結於盟誓幸保全於砂礦若紓
天錫洪休壽鍾遐懋則累世之弊不數暮而盡更二屢之賜將一朝而福迹奈何歲術經於再閏年未偕於不
慈帝鄉甚邈遽樂白雲之將路寢斯嚴忽預彤囊之舒得非嗣聖當發興符有開啟宏規於厥後俾太治於洽
東太平之功既遺已而不有億兆之衆徒訴天而盡哀鳴呼哀哉遠豫以來憂民不替黔賦恤哉寬刑需惠魏
揮宸章以定饒位明聖志之在先俾群情之大慰謂勿藥兮宜象何典黔之終庶鳥呼哀哉太簉誠吉舊辰正
秋下廣內以將旦御大升而弗留臣庶攀慟漢雲慘然背紫臺之集業飈丹旒之悠德萬衆衒悲號斜晞之英
返六宮灑泣雜慕雨以難牧鳴呼哀哉凝關霄嚴池遊朝啟疊簫道之縈四馭輦郊而逵遠池魚輕躍於雉堞
蘿露淒流於以耳氣悴綠山陰凝洛水方開篤威之所巳淒諸侯之軌嫁嬙素寂何須銅雀之為玩夫弗藏之
有金鳧之儲唱呼哀哉會聖臨右永湄峙旁傳仙遊之標鄉之帝所以軒翔名素准於真義迹空留於專堂百
年之間自比軒臺之畏肅九疑之下幾睟粒烏大飛揚彼固不朽慶方大昌惟安主之號自我而獨得兮宜輿

天而地長嗚呼哀哉上與皇太后奉辭服衰服還宮百官奉辭于板橋　二十五日詔西京河陽鄭州長吏通判職官中牟管城滎陽汜水永安鞏縣令佐及逐頓管勾京朝官使臣選人各等第賜賚仍令長吏以係省錢編與犒設判河陽當緇降勅書獎諭其諸長吏已下賜銀絹有差　二十七日永厚陵掩皇堂先是為石椁匠人須俟奉宮梓宮後方壁具南而掩之計又延二日而畢高品黃懷信建議令梓四周皆備止留覆石檝定有法故及時而復土　九月三日虞主至言群臣板橋班迎皇太后詣瓊林苑奉迎上服縗袍迎拜于集英殿門外前導奉安于殿內宗正御行九虞之祭　八日上行卒哭之祭群臣奉慰　九日上齋於垂拱殿　十日上奉寧神主詣自集英殿導

卷七千三百四十八

九

至宣德門外奉辭有司奉神主至太廟翰林學士王珪題諡號行祔饗之祭祔于第九室禮畢群臣奉慰　十三日德音兩京鄭州河陽減死刑釋杖罪緣山陵料率蠲復賦役應奉行事官量與德澤　十六日詔河南府撥官房錢日一貫三百充永厚陵酌獻　十月二十六日賜英宗皇帝石記文于昭孝禪院英宗憲文肅武宣孝皇帝生于壬申蓋天聖年之正月三日崩于丁未蓋治平四年之正月八日葬于永厚陵蓋其年之八月二十七日永厚陵南至永定陵七里一百三十一步東至永昭陵九十步其令永定昭孝禪院為二陵追福仍賜良田十頃房錢日一千歲度童行二名僧一人紫衣于院

十一月二十九日太常禮院言將來小祥自正月五日命輔臣至待制以上管軍臣寮正任觀察使皇親遥郡防禦以上日詣福寧殿奠酹準禮例前後各五日不視事從之　熙寧元年十月二十六日詔將來大祥令諸路州府軍監各就寺觀破係省錢請僧道三七人建道場七晝夜罷散日設齋醮一事各賜看經施利錢三十貫道士少處只據人數設醮　二十九日太常禮院言大祥在京自十一月一日府畿自十二月一日禁樂止正月十五日諸州縣前後各七日從之　十二月二十一日太常禮院言將來大祥請三月內擇日而禫祭自此後服禫服至晦而除前一日不坐其日不視事從

卷七千三百四十八

十

之　二年正月三日太常禮院言大祥前後各五日不視事自是日輔臣及侍制觀察使皇親遥郡防禦使以上入奠于福寧殿　元豐四年七月二十四日保章正馮士安魏成象等言臣聞祖宗朝書於永熙陵東西三男位築隄以鎮土已獲感應今可於永厚陵及濮安懿王園東寅卯辰三位夭柱壽山行鎮土之術仍乞於鎮土隄逐方位以珍寶玉石為獸埋之宜因鄆王檕葬祭告諸陵斬草之日興動土工可無妨忌詔送提舉司天監所集官定本所奏於陰陽書及國音別無妨礙從之其鎮土事令衆官詳定申中書

宋會要　神宗

元豐八年三月五日神宗崩于福寧殿遺制曰朕以菲
凉奉承大統獲事宗廟十有九年永惟萬機靡敢暇逸
賴天祐序方內乂寧建茲首春偶至違豫病既益進遂
爾彌留恐不復誓言以嗣慈志皇太子（哲宗廟諱）溫文日就
睿智夙成仁厚孝恭發於天性人望攸屬神器所歸可
於柩前即皇帝位然念方在沖年庶務至廣保茲皇緒
實繫母儀皇太后聖哲淵深慈仁惻隱輔佐先帝擁佑
朕躬誠達幾微聞於四海宜尊為太皇太后皇后為皇
太后德妃朱氏為皇太妃應軍國事並太皇太后權同
處分依章獻明肅皇后故事施行如向來典禮有所闕
失命有司更加討論諸軍賞給並取嗣君處分喪服以

日易月山陵制度務從儉約在外群臣止於本處舉哀
不得擅離治所成服三日而除應緣邊州鎮皆以金革
從事不用舉哀於戲推生知死惟聖人能達其情託重
受遺惟賢者能致其義尚賴左右輔弼文武官師同寅
協恭永底至治召群臣敘班殿庭輔臣宣制發哀於殿
之西階移班於殿之東褊稱賀　同日詔入內內侍省
使臣四十人於內東門內外並被甲殿前指揮使六十
人於內東門之外坐甲增新舊城門皇城司守卒并諸
門各增親從在內監門使臣留宿命如京副使樂士宣
等四人各部親從百人巡檢宮禁內外以供備庫使曹
諮等十二人各部甲士二百人巡檢皇城及新舊城門

至成服罷殿前副都指揮使燕達乞守宿內東門外從
之　同日又命閤門通事舍人朱伯材部禁兵五十人
巡察諸軍副指揮使以上臨於宣祐門外自是至小祥
皆朝晡臨自小祥至禫祭朝一臨軍使押班帥其屬哭
於其營三日宰臣執政官並宿於資善堂宗室遙郡刺
史以上宿於崇政殿門外至成服罷　六日命入內副
都知石得一都大管勾山陵事　同日閤門通事舍人
宋　假西上閤門使告哀于大遼權改名淵　七日命
宰臣王珪為山陵使禮部尚書韓忠彥為禮儀使兵部
侍郎許將為鹵簿使御史中丞黃履為儀仗使龍圖閣
待制權知開封府蔡京為橋道頓遞使　八日郡臣詣

閤門拜表請皇帝聽政又詣內東門拜表請太皇太后聽
聽政並批答不允自是三上表從之九日西京左藏庫
使高州刺史竇仕宣為山陵按行副使（先是宋用臣為按行副使奏陳
以山陵鈐轄相妨故有是命）　十三日大殮帝成服於福寧殿之東
楹群臣成服於垂拱殿門內外次臨慰如儀是日分遣
使臣齎詔告諭諸道　十四日尚書省官權於門下中
書省治事　十七日小祥群臣臨慰如儀　十八日二
七群臣朝臨於福寧殿自是每七日皆朝臨四十九日
而止　十九日禮部言大行皇帝山陵宜依治平四年
故事靈駕所經由地及西京城內湊神主到京日方許
開樂從之　二十一日上御迎陽門聽政見百官畢六

行皇帝像于集英殿宰臣等及文臣御史武臣横行以上以次升殿舉哭盡哀而退　二十二日大行皇帝殿前上行祭奠之禮于福寧殿群臣臨慰如儀　二十六日大行皇帝遺賜西蕃董氊金帶銀衣銀帛茶等令李憲以蕃字書還使臣齎賜　二十九日大祥群臣臨慰如儀　四月一日禫除群臣臨慰如儀　八日禮部言尊太皇太后皇太后皇太妃冊請三年喪畢行禮從之　同日詔内侍省内侍押班劉有方都大管句一行山陵事　十一日禮部言治平故事山陵掩皇堂畢宗正卿行虞祭之禮官制行太廟舊儀悉隷太常寺將來虞祭乞改太常卿行事從之　十二日入内副都知石得

卷七千三百四十八

十三

一等言奉詔按行大行皇帝山陵於永安縣南鳳臺鄉固縣村得地詔遣禮部侍郎李常内侍省押班趙世長覆視　十三日禮部言元豐二年故事三路治遣臣僚祔廟畢許開樂治平四年治遣臣僚以百日有此不同今乞依元豐二年故事從之　十八日中書舍人王震假龍圖閣直學士充大行皇帝遺留北朝禮信使内殿承制騫育假供備庫使副之　五月二日詔西南兩路祔葬西路太常少卿葉均領之南路鴻臚卿陳睦領之仍各差内臣一員　六日宰臣王珪上山陵名曰永裕陵詔恭依　十七日詔右僕射蔡確權領山陵使事以王珪病故也　二十八日命尚書左僕射蔡確為山陵使

仍撰哀冊文右僕射韓縝撰諡冊文　六月一日群臣臨于福寧殿詔再觀大行皇帝畫像于集英殿以前像未肖故也　二十一日兵部尚書王存為山陵園藥使　二十六日詔石得一為永裕使宋用臣副之　七月五日宰臣率中散大夫御監宗室正任團練使已上請諡于南郊翰林學士鄧溫伯請上尊諡曰英文烈武聖孝皇帝廟號神宗議曰臣聞生而不有為而不恃澤然無極而不可強名者天也感而後動迫而後應化育萬物而不可為象者帝也大人君之德得天如此則可以配神明享天地小大精粗無乎不在尚何後乎外之文哉然為之臣子者必列大功紀大行繼詔夏崇號諡刻之玉冊藏之金匱歷之春秋垂之後世宜特貽觀者之耳目也蓋以祖考對天之閎休成業世無疆之大業其事豈小補哉然下不得以隷上古人之道也唯天子制諡於南郊以明受之於天而不敢專也戢周官太史漢官大行實守其事而歷世莫之數已

卷七千三百四十八

十四

恭惟大行皇帝天啟上聖人與成能其英偉之識高明之學微妙之德為縱多功卓乎不可以名象也然非建顯號溥莫名則何以加於萬物之上充塞天地之間以與堯舜文武比隆而專示無極哉惟王者之迹熄久哉綿綿延延至於五代而四方遂分裂不合不公群聖人之道寖以微滅至宋受命真人者出適能合天下於一聖子神孫繼繼承承緝禮興協音樂定制度一新釐正刑辟招儒學之士闢仁義之塗然後先王之道弛而復張藝而復發而天下之治幾於三代及大行踐祚則超然遠覽垂意當世曰天之所以付予育家既全安哉夫如彼而祖宗之積累德業又豐融斷歎如此苟不能紹志述事以底于極治則何以稱神靈之以哉雖然天下之治必以二帝三王為法若秦漢而下局促挾隘紛厖鉤裂蓋不足論也於是咨諏諸儒若稽古昔協禮大正法變以庠序造士以經術取人以法理衰吏以水土理財以免徒息民以考課任子以六典正官以品式欽用以清議善俗推兼并抑末作以一民之業紓浮淫務切實以獄民之治為之師長以教其不及為之醫藥以救其夭死為之政以糾其渝隨為之刑以禁其暴微同度量以一之正歷紀以齊之昭文章比象以示之為等殺度數以穆之夫合祖宗立原廟隆孝至也定郊祀尊一天緝上儀也祀明堂修定配正大典也考鍾石協聲律

復雅樂也剸六經紬百家扶道術也決萬微之務也踰於日昊覽四方之奏也至於夜艾其執士也用其所長而棄其所短其推賞也記人之功而忘人之過尊寬流術篤敞衆候所以為天下興利除害變法易政以戒大功者豈撫數十而已哉故十九年間表裏是經德澤洋溢逢滿原衆雲布霧散符瑞期應聞見晉出做懷窮變若夫守謙挹卻嶽號尚敦樸作修靡内則錄安車肇道以致天下之養外則合同宗遠邇以章天下之騐念英考之烈也則抱終身之戚而致其蒸念光獻之意也則謹四時之祀而極其安罷纖田降之樂首萃蒇弘之娛其道學問也足以并包經術綿絡天地其纖神藻也足以韓轄雲漢陶騷典謨訓鄉日欽勸聖王之述羽於其癸然者矣好復審計策奮威武飭遣備正馬法賓府庫利器械廣倉庾詮平權以兵法檢諸將以什伍獻大民誅彝軍叛卹以作士氣推高爵厚祿以勸有功其所以規恢萬世之策可謂深雄而博大矣然睿聖之以迺存於安疆中國制勝無形而不以顯武事夸遠略為務故遣使者午旋辭飾幣以圖北戎之好而息邊討之嘗出師征誅正名問罪以挺夏人之患而無過時之役是以三垂晏然兵寢不用大牝神明恩施洽與夫勞師遠功快心於狼望之北以圍碑貨以解介易我衣裳者宣同日而諭哉惜于大業未究荊山鼎成遺馬五几尊

卷七千三百四十八

十五

揚休命此四海所以頌心群臣所以法血通相與諸舊常圖徽稱以表衆詩書而與天地相然始也諧按諸法道德應物曰英經緯天地曰文秉德遵業曰烈保大定功曰武窮神知化曰聖繼志述事曰孝夫人用三德以應萬物非至英乎經禮緯樂陶冶群生非至文乎藏用以為神設飾以為業非至烈乎不怒而威不殺而服非至武乎融更制作民莫能名非至聖乎紹述前烈慈惠發翔非聖孝乎皇皇哉真丕天之人律王者之絕業惟備道全美者迺能與於此粵廟號之建久矣其間聖賢之君作而應天下之治多矣然未有以神為號者蓋神者妙萬物以為言而難其稱歟抑天之所以啟大行之廟乎書載蓋稱堯之德曰乃聖乃神乃武乃文蓋聖神所以立道武文所以立事也大行皇帝諡號宜天錫之曰英文烈武聖孝皇帝廟曰神宗　十三日夏國陳慰使丁努嵬名謨鐸副使呂則陳聿精等進慰表于皇儀門外退赴紫宸殿門賜帛有差　十四日遼國遣奉軍國節度使耶律琚起居郎知制誥充史館修撰王師儒來祭奠又遣寧州觀察使蕭傑客省使海州防

禦使韓昭應來弔慰入奠于皇儀殿大行皇帝御前行祭奠之禮移班東幄殿見上進名奉慰如儀　二十二日禮部言大行皇帝虞主回京至瓊林苑權奉安依故事皇太后行奉迎之禮今皇太后已從靈駕回不當行奉迎之禮詔靈駕發引皇太后不從行俟虞主回京依故事於瓊林苑奉迎　二十五日詔領大行皇帝尊謚群臣奉慰如儀　八月四日泰寧軍節度觀察留後李珣為山陵都大管句行宮事入內押班梁從吉同管句行宮巡檢溫州刺史向宗回內侍押班趙世長並為大昇轝編欄儀仗入內副都知石得一為都大巡檢孝州刺史向宗良左藏庫副使石璘為大昇轝巡檢　八日

卷七千三百四十八

十六

遣內侍省押班劉有方代李珣都大管句大行皇帝行宮事　十二日步軍副都指揮使容州觀察使苗授為山陵部護　十七日步軍虞候雄州團練使劉昌祚為靈駕一行都總管　九月八日讀大行皇帝謚號寶冊于福寧殿冊文曰哀孝嗣皇帝臣哲宗御名謹再拜稽首言曰臣聞大象無形孰窺於奧妙至人無己理絕於稱謂然而萬物並作道亦強為之名北姓樂推號焉以表其德自書契所載帝皇相因有見於奉由旋義嗚呼曾求若我聖考道濟天下而未始有其善功籠帝者而不自居其成歸美祖宗屏郤蕆稱雖欲頌次與得而名至於謚行飾終勒崇岳後以詔于嵩世者號不敢已焉惟大行皇帝撫生知之姿席勅與之運尊德性以服仁義道問學而熙光明爰自振齔克黃聖業遠齋寶命無福敘允言動以為法則聲身以為律度文參乎承象吾中乎龍見於以考訓詩書更正禮樂彼教化應鳳俗修樂廢墜劃除弊蠹□紀文章爍然可述而程滌式按之可行並於務農訓兵理財均力急於其先務行之以不倦者要以正心誠意為本且承顏兩宮為溫

清之養，昭逑七世，增悽怵之感，厚天倫之愛，禮同於家人。孟帝妹之貴，首執於婦道，閑新史則，淑落簡冊，享原肅則，衷勤左右，罷郎圍之獻，節苑囿之幸，無歌鍾無進之娛，無田獵馳騁之好，宮室以帑廣池臺，以帑繕府寺。是嚴濤鄂，是圖此自家以刑國也。爵諸王之後，續功臣之世，任宗子以職事，課群吏以法令，蠲減賦租，寬苛徭役，抑兼并，禁游末，修水土之政，增農田之官，聯比閭以寓兵，按什伍以司盜，出使者以問疾苦，舉逸民而振滯淹，廷對草萊，褒表巖穴，蓄秀之長，日真田朝，遺徼窮歐，如附纖句，此自近以及遠也。籍大田，業盛於是乎，潔弛蘖藥，蓄羨於是乎往。哀矜庶獄，閔畧小過，發常平以振之，紀儲義倉以救飢殍，仁無施而不編，物無徽而不格。至於除戎器，班馬政，親程材官，指授將畧，兵習其帥，士華所屯，隱雷霆於軍發，伏龍蛇於陣勢，其靜也淵默，其動也天行，左顧而楚越清，右盼而河湟闢，殊絕之域，徂續之渠，覆其穴巢，搗厥種落，相與裂義裳，斧盤首，頓厎勝田，面而至，請事於鴻臚者相屬不絕，陸陽詛扣符踏湯滿，靈芝產於宮，協慶雲覆於洛水，麒麟至，神龍樓却，而帛奏者距可揮紀。若夫郊以一天，饗以一帝，[illegible]澤有翔廟猨，有制祈常車服，以昭文采，鍾籥度量，以和聲律，省渾儀，定歷象，立五學以造士，成本於經術，復三省以正官，卒迪於古訓。蓋十有九年，覃精於此，構皇質，雕唐文，補帝典，張王綱，熙臨若日月，變化如神明，善政致於累百，大功遍於數十，辦者莫能悉識，智者不可勝計，為之而不有，視之以餘事，洋洋乎旋乾闢而闔坤戶，三代以來未之聞也。祖功宗德，自我光之；文略武稗，自我長之；辟靡明堂，自我章之；幽崖朱垠，自我荒之。穆魏皇皇，何以尚之。當斯時也，天下安於泰山，神器重於九鼎，積勤宵旰，慮爽晦明，生民無祿，昊天不弔，棄我黃屋，歛乘白雲，車轍者猶從乎東與，畏軒臺者不敢以西，蠲末子小子，獲嗣丕訓，覺贊在疚，罔知攸濟，王公卿士，繙合典禮，以謂穆御上宮，升祔清廟，于茲有日矣。罔側六經之文，以眹八宮之號，大聖不可知者，道之妙物無以稱者，名之尊，堯勳舜華，禹文湯武，并包衆美，庶幾萬一，是用滌稼牲幣，有請于郊，人謀天同，錫益定命，鏤以玉簡，櫝之金遺，薦于几筵，告於宗社，於以示至公而彰大信，施罔極而播無窮。謹遣尚書左僕射兼門下侍郎蔡確奉寶冊上尊謚曰英文烈武聖孝皇帝，廟曰神宗。伏惟戚靈在天，對越于下，於皇受之，式時昭鑒，維萬斯年，永裕于後。嗚呼哀哉！

禮畢，群臣奉慰。

十一日，遣國弔慰太皇太后國信使、長寧軍節度使耶律仲，副使太常少卿充乾文閣直學士呂顯浩等見于

卷七千三百四十八

十七

燦下增息字

大行皇帝神座前行祭奠禮畢，皇帝御紫宸殿，引見仲等。十六日，弔慰使副耶律仲等見皇儀殿神御前奉辭。十八日，禮部言：「大行皇帝神主祔廟畢，其時享并明堂祀上帝配座，欲依故事，下待制以上及祕書省長貳、禮官詳定以聞。」從之。二十三日，啟遷前一日，群臣晡臨于福寧殿。二十四日，上行祭奠禮畢，遷梓宮正位，群臣服初喪服入臨于福寧殿，自是日一臨。臨已，易常服出。至十月五日，仍晡臨。十月一日，禮部言：「靈駕發引三日，一遣使宣問於皇太后，以表皇太妃以餞舉臣准此。」從之。三日，夏國遣芭良嵬名濟、賴昂聶張圭正進助山陵馬。六日，啟奠，升梓宮于龍輴，徹祖奠。太皇太后哭送出垂拱殿門，上與皇太后、皇太妃哭以從出宣德門。梓宮升轝，上遣真中書侍郎攝中書令張璪讀哀冊。冊文曰：維元豐八年歲次乙卯三月甲午朔五日戊戌，神宗英文烈武聖孝皇帝崩于福寧殿，旋殯於殿之西陛。粵十月壬戌朔六日丁卯，遷座于永裕陵，禮也。法仗宿陳，柳宮徐引，前翻抗麾，啟車動軫，孝子嗣皇帝臣哲宗弟名奠送大庭，號訣中經，顧瞻象物，眇默光靈，去華日之昭昭，而閟閟之冥冥，紀我光烈，為莊近弼，寥廓登閟，其可弭述，庶彷彿於遺靈，示丕天之大律。其辭曰：皇矣上帝，既厭五季，乃眷藝祖，授之神器，冬旗所指，降王四至，施于太宗，九服會同，真昭仁穆，逕濤審育，既安既久，豈無弊俗，英宗慨然，捄溢扶偏，玉冊方鎮，白雲已仙，神宗烝哉，天之所間，龍顏日角，大略雄村，帝出乎震，其明斤斤，黃屋非心，宅道之深，韜余土苴，以恩天下，建用皇極，威福惟辟，為律為度，人斯觀德，奉親怡怡，睦于宗大，賓禮貢發，登聞旌奇，紹志無競，遹聲有為，俞張消息，注錯設施，顯仁藏用，朴合兩儀，王政之行，民厚厥生，弛除力役，勸相農耕，取陳振乏，視壤征銷，拜浮情推，抑兼并，九功以叙，百室其盈，乃建太學，以迎後覺，發揮道真，雕斲反朴，乃嚴二郊，真璧薦靴，籩盛甘

卷七千三百四十八

十八

摹昌模

泉樂追大詔乃開明堂宗祀孔揚發配一天役周舊事乃作原廟盡物致年館御列聖泣朔遺說乃辨百歲備名考實董正三省綱熙庶績課吏奉章減私僥室化墨為肅以學制食衆言清亂聖學是判講隨蘇成美高虎觀卓矣英藻煥乎寶翰如河出閱如天有漢爛表積詐古稱體貞神武烈烈莫予奸者赦上違營伍符寓野手畫奇正風雲變化黃帝振兵宣王問馬北指天山西澄玉關南收九漢東發三帝聲重譯底貢舊鎮復還汚彼洛水來自能耳清貫三都漕通萬里匯高之迹錄我而始篇害與利修墜起廢規蕃宏遠品式其備下逮百工必善其事和乎兌戈亦足鑄世太平之效斯民韓韓天用降康地無愛寶靈芝燁燁嘉禾方阜澤及肯[illegible]況爾何巍驗功推而不有歲名卻而不受不滿聲色不新館圖十有九載無荒無怠決事日昃覽章夜艾豈積物以盛為將臨俗而嚴代嗟冊祝兮何及惆遠鑾兮安在寢萬圖兮蕃毒修百靈兮震駿己虛望帳六龍嚴徒望鼎湖之晚轗嗚呼哀哉律變星移春還秋去仍凡想以獨新同軌驚其畢起綃幕振於寒飈麻衣迷於皆霧遺遠日以推心指和陵石啟路嗚呼哀哉壺滿上兮燎火微降前殿兮背琉開捧雲蓋兮動圭翣駕金根兮戴龍旂紛千乘兮萬騎翟羽林與欣帳寒清蹕以如音送終天而不歸嗚呼哀哉歷鄭周兮揚纖兮虎牢兮按節蟬旌旆

卷七千三百四十八

十九

兮安蛇流簫笳兮悽咽臨西邑之山川邈淺都之城闕嗚呼哀哉儉遺宋命吉卜新宮金匣不藏於泉下玉衣初幸於方中痛既掩兮大隧愴空四兮六龍神其超兮劍景臺自對兮書篇嗚呼哀哉御寶歷兮有期殆真人兮獨知觴集英而示之以主卷之嗣眺延眷而慫然有凌雲之思託燕謀於文母保與蓮於皇基猗盛德與大業非至神兮孰與於斯嗚呼哀哉帝奉辭畢，還宮。群臣奉辭于板橋，易衰服，退。 八日，詔沿邊禁樂，除民庶軍營已有旨外，餘並俟三年。初太常寺以治平四年禁樂故事沿邊臣僚止百日詔候祔廟畢弗禁至是雄州言故事送迎虜使及館伴北界取接伴人皆不作樂故復有是詔 十八日，于闐國貢奉使為大行皇帝飯僧追福，降敕書獎諭。 二十四日，葬于永裕陵，群臣奉慰如儀。 二十九日，神宗虞主至自永裕陵，群臣、夏國、高麗使迎于板橋，皇太后於瓊林苑上於集英殿門奉迎，前導，升殿，奠于幄殿，安神禮畢，太皇

太后行酌獻，皇帝行奠獻之禮，進名奉慰。 十一月一日，虞祭於集英殿。自復土六虞，在塗，太常卿攝事；三虞行禮於殿。 四日，卒哭，祭權罷。冬至、正旦，御侍以下賀表。 五日，神宗皇帝祔廟，前二日，奏告天地、宗廟、社稷。 七日，群臣班集英殿，行告遷禮，祔神宗皇帝神主于太廟第八室。 十日，德音，應兩京、河陽減死刑，釋杖罪，緣山陵科率蠲復賦役，應奉行事官量與恩澤。元祐元年二月十八日，詔將來三月五日神宗皇帝小祥，京城音樂，合自閏二月五日至三月二十日禁止。 同日，禮部言：合自三月二日宰臣等詣福寧殿奠酹，從之。 二十九日，禮部言：神宗皇帝小祥，欲比附故事，是日外命

卷七千三百四十八

婦並詣神御前奠酹，及奉慰太皇太后、皇太后，訖，退；及三省、樞密院、文武百官等先赴西上閤門奉慰，次赴內東門奉慰太皇太后、皇太后，訖，退赴大相國寺行香。內軍員副指揮使以上赴，仍依例賜乳香二斤。其日，於本寺佛殿上權設神宗皇帝神御，並從之。 三月一日，小祥前不視事。 二日，三省、樞密院及監察御史以上入奠于福寧殿，三日而止。 五日，小祥，群臣進名奉慰如儀。 十二月八日，禮部言：將來大祥，依故事，權住作樂，在京自正月一日，開封府界諸縣自二月一日，並至三月十五日，諸州府縣并沿邊民庶、諸軍營前後各七日。從之。 同日，禮部言：神宗皇帝將來大祥，乞依英宗皇

二十

帝故事諸州府軍監各就一寺觀開啟道場齋醮諸依
熙寧元年十二月十六日故事施行（詳見永厚陵）二年三月
五日大祥群臣詣東上閤門慰自二月二十日不御前
後殿令開封府停決大辟及禁屠至三月十日侍制觀
察使以上及宗室管軍日一奠于福寧殿至三月四日
群臣皆入奠　二十日太師宰臣執政親王宗室自群
玉殿迎神御權奉安於文德殿　二十一日群臣詣文
德殿行告遷禮皇帝行酌獻禮宗室立班前導神御至
景靈宮宣光殿奉安宗室立班如儀迎奉神御鼓吹及
作樂皆吉禮文德殿酌獻皇帝並權易言吉服宗室逐
處立班及前導神御權用吉服鞍韉禮畢如初　五月
十二日禫祭群臣詣東上閤門慰如儀

卷七千三百四十八　二十一

宋會要　哲宗

元符三年正月十二日哲宗崩于福寧殿遺制曰朕嗣
守大業十有六年永惟付託之重夙夜祇懼罔敢遑寧
賴天之休方內乂安蠻夷率服乃自去冬以來數冒大
寒寖以成疾藥石弗效遂至彌留恐不獲嗣言以詔列
位皇弟端王（徽宗御名）先帝之子而朕之愛弟也仁孝恭儉
聞於天下宜授神器以昭前人之光可於柩前即皇帝
位皇太后皇太妃保佑朕躬恩德至厚凡在禮數其議
所以增崇以稱朕欲報無已之意方嗣君踐阼之初應
軍國事皇太后權同處分應諸軍賞給並取嗣君處分

喪服以日易月山陵制度務從儉約在外群臣止於本
處舉哀不得擅離治所成服三日而除應緣邊州鎮皆
以金革從事不用舉哀於戲死生之期理有必至宗社
之奉其永無疆尚賴股肱近臣中外百辟叶輔王室底
綏萬邦咨爾臣民咸體朕志宰臣張惇宣制訖與輔臣
同陞殿奠茶酒綴班于東序稱賀上慟哭久之惇等進
奉慰曰伏願陛下少抑哀情以幸天下降階慰皇太后
復陞殿奏事訖退同日詔諸門增兵防及殿前都副指
揮使守內東門外閤門通事舍人巡察軍器庫並如元
豐八年故事是日至晡百官入臨諸軍副指揮使以上
臨於宣佑門外自是至小祥皆朝晡臨自小祥至禫祭
朝一臨軍使押班師其屬哭於其營三日止宰執並宿
資善堂宗室遙群刺史以上宿崇政殿門外至成服罷

卷七千三百四十八　二十二

十三日命尚書左僕射兼門下侍郎章惇為山陵使
尚書吏部侍郎徐鐸為禮儀使尚書兵部侍郎黃裳為
鹵簿使御史中丞安惇為儀仗使知開封府吳居厚為
橋道頓遞使尚書度支郎中王諮兼權京西路轉運使
應奉山陵　四月二十四日命禮部侍郎趙挺之為山
陵禮儀使代徐鐸御史中丞豐稷為儀仗使代安惇尚
書兵部侍郎陳軒為鹵簿使代黃裳　同日以入內內
侍省副都知吳靖方入內內侍省押班藍從熙為都大
管句山陵事入內內侍省押班馮世寧提舉製造梓宮

兼按行山陵使内侍省内侍押班閤安副之詩曰天武
四廂都指揮使賈嵓内侍省押班宋用臣爲修奉山陵
都護閤門通事舍人宋淵假西上閤門使告哀于大遼
四月二日賈嵓卒以侍衛親軍馬軍都虞候知代州
王崇拯管句馬軍司兗修奉山陵都護仍令乘驛徑赴
山陵所俟事畢赴闕供職十五日宋用臣卒以宣慶使
入内内侍省副都知梁從政爲修奉山陵鈐轄　十四
日詔三省集侍從禮官以太平興國二年所用服紀詳
定聞奏　十五日三省奏行三年之喪詔恭依　同日
命宰臣章惇撰陵名及哀冊文知樞密院曾布撰册文
中書侍郎許將書哀册右丞蔡卞書謚册寶翰林學士
卷七千三百四十八
承旨蔡京撰謚議　十六日群臣請皇帝聽政詔答不
允自是五上表乃從之　十八日大斂成服群臣入哭
于福寧殿下俟皇帝行禮畢移班奉慰又進名慰皇太
后皇太妃皇后于内東門分遣三省官告于天地宗廟
社稷内侍告諸神祠使臣劉安民等告諸路官吏兵民
等　同日命以大行皇帝遺留物賜尚書左僕射章惇
知樞密院曾布中書侍郎許將尚書左丞蔡卞及前宰
執有差　二十一日禮部言檢會故事大行皇帝升遐
内外臣庶軍營至禫除後文武臣僚之家至山陵祔廟
畢並許嫁娶仍不用花綵侯聞樂日依舊三京諸道軍
兵至卒哭東京軍及三路沿邊臣僚至祔廟其餘文武

臣僚至三年仍聽用樂其諸道州府軍監等並合依此
施行從之　二十四日小祥群臣臨慰如儀　二十五
日以二七群臣朝臨于福寧殿自是每七日朝臨四
十九日而止　二十六日群臣赴大行皇帝靈像于集
英殿哭盡哀而出　三十日太史局言山陵合用四
月四日吉從諸山陵制度並依元豐八年例施行　二
月一日群臣臨于福寧殿慰上于東階進名慰皇太后
皇太妃皇后于内東門自是朔望臨慰至靈駕發引而止
二日以皇帝聽政奠告于大行皇帝　三日請皇帝
御正殿詔答不允自是三上表乃從之並御殿于福寧
殿之西階上祭奠群臣臨慰如儀　六日大祥群臣臨
卷七千三百四十八
慰遂易禫服　七日詔東上閤門使知涇州李詳赴闕
供職仍管山陵事務俟靈駕行日分布四面巡警　八
日禫除上行祔獻之禮群臣臨慰如儀　二十六日按
行山陵使馮世寧言於河南府永安縣得地詔侍從官
一人及入内内侍省副都知梁從政覆按　二十九日命
尚書工部侍郎杜常假龍圖閣直學士爲大行皇帝遺
留遼國禮信使閤門通事舍人宋孝孫假西上閤門使
副之　三月二日命梁從政爲山陵使左藏庫使羅允
和副之　九日河北路計定轉運副使吳安憲假寶文
閣待制充大行皇帝遺留北朝禮信使以杜常至澶州
稱疾而回故也　十四日命馮世寧詁斬草所定皇堂

二十三日以檢校司空保靜軍節度使高公繪為山
陵行宮使侍衛親軍步軍副都指揮使曹誦為山陵總
管入內內侍省東頭供奉官李遇裁穴山陵車馬人從
食錢等 四月一日宰臣章惇上陵名曰永泰詔恭依
十九日宰臣率中散大夫卿監宗室正任團練使以
上請謚于南郊 二十三日翰林學士承旨蔡京請上
尊謚曰欽文睿武昭孝皇帝廟號哲宗 議曰臣聞道
有常道名有常名道無乎不在而名亦始有極此道與
名之常也古之聖人得道之常以入於有即其應物之
迹而名隨焉雖所稱異號而道之所謂常名者固存乎
其中矣恭惟大行皇帝以天縱之聖承百年積累之業

卷七千三百四十八

二十五

越在沖幼履帝之位若固有之體道以為德故寂然不動
有以見天下之賾明而用晦蓋不言者九年及南面而聽
天下䟽觀萬物泛應曲當其闔也闢而天而闔也闢而
神雖左右之人莫能察其喜怒之色臨下以簡制動以
靜可謂盛德之至無得而名言者矣然臣考之前載質諸
先王柔外直內謂之欽經天緯地謂之文思以作聖謂
之睿戡定暴亂謂之武無小不見謂之昭繼述事謂之
孝於是竊迹盛德大業著於事為而可以形容者條列
而擬象之蓋外溫恭而內允塞欽天之威遇災而懼惕
帝之則小心翼翼動容周旋必中於禮望之如天之不
可度就之如日之溫而可愛可謂欽矣沉潛剛克高明

柔克剛柔錯綜以濟其用尊欽儒學以緝熙於光明罷
黜章句之小道發明六藝之科指可謂文矣致虛以為
明致一以為思思而後言言簡而切迫而後動動而不
踰擿而先之至於大而能化之聖可謂睿矣不令而威
不嚴而肅偏師裨將授以成算乘邊出塞不煩一戰開
疆闢地列障置守耄人扶杖而請罪酋右稽顙而乞降
可謂武矣吉之先見獨觀乎昭曠之原衡聽萬事而不
惑於是非取捨之際富善人敦有德或自一言而知難
任人堅讒說或由一見而察光被四表不遺微小可謂
昭矣適駿其聲丕承其烈悼法度之掃蕩則當宁太息
憤姦罔之誣詆則斂容出涕政無小大追而復之不奪
於浮言不移於異意熙寧元豐之政得復行於今日可

卷七千三百四十八

二十六

謂孝矣故十有六年海內久安百姓蒙福天地協應妖
宄不作神寶自至祥光屬天時和歲豐物無疵癘遐荒
幽遠氈裘毳服左衽之俗莫不面內而來臣方慨然欲
有為以追迹三代之隆志未就而上賓此萬國所以摧
心三靈為之變色也雖殫天下之美固不足以名而百
辟卿士齊心滌慮合天下之公即南郊之陽以請命于
上帝乃按謚法曰威儀悉備曰欽道德博聞曰文象乃
蓋平曰睿闢境作土曰武聖欽日躋曰昭繼志成事曰
孝合是衆德以為之名垂是後世於是為稱然古之王
天下者考祖有功而宗有德德之可宗者莫大乎哲昔

之稱堯曰知人則哲惟帝其難之稱舜曰濬哲文明稱
成湯至于帝乙曰經德秉哲稱太王至武王曰世有哲
王竊考大行皇帝運量酬酢萬世所得而宗者哲也蓋
帝之所難而王之所繇興非天下之至明其孰能與於
此大行皇帝宜天錫之曰欽文睿武昭孝皇帝廟號哲
宗　二十二日卒哭群臣臨慰如儀　二十四日頒大
行皇帝尊謚廟號群臣詣西上閤門奉慰退詣內東門
進名慰皇太后皇太妃皇后　五月十五日以羅允和
為永泰陵副使代藍從熙　二十二日罷吳靖方山陵
都大管句以馮世寧代之　六月一日遼國遣臨海軍
節度使蕭安世太常少卿乾文閣學士姚企貢來祭奠
卷七千三百四十八　二十七
利州觀察使蕭進忠客省使勝州防禦使耿欽愈來弔
慰入奠于皇儀殿見上于東幄罷赴福寧殿奉慰百官
進名奉慰于皇儀殿門外　三日命權戶部尚書李南
公為修奉太廟使勾當御藥閣守懃為都大管勾以哲
宗神主將祔廟故也　六月九日命內侍省押班樂士
宣為山陵行宮四面巡檢　七月二日遣官以啟菆奏
告天地宗廟社稷及宮觀同日以謚號冊寶奏告天地
宗廟社稷　三日夏國主乾順遣使進奉山陵同日攝
太尉守尚書左僕射章惇率群臣奉玉冊玉寶于福寧
殿攝中書令許將讀冊寶　冊文曰哀弟嗣皇帝臣徽宗
御名謹再拜稽首言臣聞神妙萬物故民莫能名尊無二

上故下不得誄然有迹者固名之所歸命於天者固請
之從出是以詩書以來曰帝曰王生有王稱沒有顯號
擬議形容蓋有不可廢者已恭惟大行皇帝聰明剛健
出於天縱深智遠識洞然幾微神考奄棄萬邦屬以宗
社踐祚之日寶在幼沖母政簾帷恭默淵靜年甫及冠
而猶沉潛兩宮十年不言廟堂工左右攜僕朝夕陪侍
莫能窺其際一日親政獨運神斷指顧號令發動中
外登延勳舊斥姦回威聲所加電擊雷奔於是祖考
先業詢圖治道熙寧元豐之際美政良法切於世務便
於人情可傳於後世者莫不斟酌增損舉而行之中嚴
興刑振肅媮情扶傾起廢苴補闕漏品式防範粲然一
卷七千三百四十八　二十八
新方西戎亂常侮吏狃於姑息日益驕熾赫然一怒收
攬羣策聽任裁決始終不疑選將練兵指授方畧寬其
銜勒責以成效故王師所嚮橐括席卷執俘斬馘動以
千計橫山天都耕牧要地建麾列戍十據八九遺醜窮
蹙寢以孤弱情見力屈叩關請吏而俯徇其志丕下詔
與之休息隴右酋帥挾撻款塞殊隣遠俗莫不震懾若
夫祠昊天於圜丘以克享上帝之心作新宮於方澤以
終成昭考之志三講嚴配希闊之典以親饗明堂戴狀
館御圖象之容以祕藏內閣孟祠于原廟則致恭進退
不憚陟降之勤祼將于太室則揮淚歔欷已有動人之
色內則躬率子職尊事兩宮容典儀物多所益崇至於

誠心所加惻隱善類常謂一言之失不可以廢人群小伺隙巧詆忠良而委曲保全卒不使陷于横議通英講藝至樂賢之詩則咨嗟稱誦擢講官于不次而置之侍從之列彗星見象則朒寅畏深飭輔弼以進賢退不肖荅天之戒通臣進對間有異論則諦聽熟察灼見是非可否之間必處其當詳延多士燕見紬繹寸長片善靡不襃擢官發倉廩以振貧窮凶年荒歲營經營拯救惟恐不及凡所以事神治人曲盡誠敬孝愛之風昭格幽顯嘉言德意聞于在位大明武烈見於有爲神光寶璽不求自至珍符瑞諜洋溢外府謂宜翕受純嘏永錫難老而視朝聽政不避凝烈積勤講勵奄至彌留率土崩

卷七千三四十八

二十九

摧如失怙恃顧臣眇質嗣服大統無窮追慕哀莫能勝因山告成先遠卜吉清廟九室升祔有期節惠易名實惟舊典率籲衆志稽謀于天闡揚英聲昭示來世以章可大之業以永無窮之傳謹遣攝太尉特進守尚書左僕射章惇奉玉册玉寶上尊號曰欽文睿武昭孝皇帝廟號哲宗伏惟靈德在天昭鑒不遠誕膺典册以隆虞襃錫羨邦家萬世無斁嗚呼哀哉　禮畢群臣奉慰十日啟攢塗前一日群臣晡臨于福寧殿輔臣宿于中書樞密院　同日内降御製挽詩五章付禮部　十一日啟攢塗上祭奠禮畢遷梓宮正位群臣服初喪服入臨于福寧殿自是日一臨臨已常服出至靈駕發引而止

十九日群臣朝晡臨輔臣宿于中書樞密院宗室宿于内東門外　二十日啟奠于梓宮百官入臨陞梓宮于龍輴祖奠徽皇太后皇太妃哭送出垂拱殿門上與元祐皇后元符皇后步哭以從出宣德門梓宮陞轝上遣奠轝前中書侍郎攝中書令許將讀哀册　册文曰維元符三年歲次庚辰正月戊寅朔十二日己卯哲宗欽文睿武昭孝皇帝崩于福寧殿旋殯于殿之西階粵七月丙寅朔二十日乙酉遷于永泰陵禮也龍輴徹啟蜃車戴路夙占遠日之良將即因山之固二儀改色以雲愁四海殞心而涕慕哀弟嗣皇帝臣御名徽宗義隆繼體創深陟岡篤因心於致義敬盡禮於方喪仰神靈之在

卷七千三百四十八

三十

廟哀衣冠之永藏乃命弼臣具揚烈光其辭曰惟天祚宋有宋配天祖功宗德以道相沿于繼弗及以聖相傳化洽區宇治登古先於穆哲宗乘運應期岐嶷聖質洵齊天資爰在幼齡遂纘丕基神器有屬人心不危執其徽柔保以恭默抗心神明不大聲色晦若沖機舃從而測淡然衆美知其極量圖參於天地功允孚於社稷遂乾綱之獨運中巽令而風從萬幾以反一言乃雍究觀治本允成聖功凡施設於天下戶素定之淵衷深察朋比稔惟姦欺檀國不道罔上行私交修舊怨釋憾一時俾正邦憲用垂世規國是既定王威乃强孰曰項領以缺斧斯前律後令小紀大綱法行不撓治具畢張遠撫

旁招公聽一視翕受九德樂〔咸〕多士懷植無黨使能以器懲虛譽以窽言擢異才於不次昔在神考緝熙庶績農服先疇士守常職官無濫名法有成式迺者紛更莫不僭忒趨異為賢惟變是力民彝攸斁衆職率惑帝用盡然孝思維則有懷於衆既廢斯植具遵貽謀益顯休德昔在神考兼撫四夷威略聖武伐罪正辭驅彼犬羊固我邊陲近者廢弛大興諸疪盡棄險阻以壞藩籬勢益張不可指揮帝用赫然聊命偏師授纓以縛折棄而苦舊壤加斥勝筭無遺遵神考之制而揚功繼神考之志而述事格苗干羽功効已試文桑武憺外寧內治殊方知中國之尊萬物蒙大君之賜惟德之隆惟孝之至致

卷七千三百四十八　三十一

嚴郊社修敬宗祊剃經考古備物盡誠原制作以義起契情意而力行一代之典既具三王之制復明智崇於天仁根所性時敏道學日躋聖敬報德劬勞問安溫清致色養於兩宮示本敎於百姓嗟功業之向懋棄春秋於鼎盛嗚呼哀哉地不愛寶天方降康玉璽呈瑞神光効祥集珍符之遝遝何靈眖之茫茫蓋文王之壽或損而周世之卜彌長嗚呼哀哉慓彼耆酋請降納土靈臺須偃伯之詔端門受衡璧之虜盛事火廢大儀將舉比茲累足而至不及重瞳之覩嗚呼哀哉聽斷忘疲憂勤遘癘方致金縢之禱已閱玉几之誓鑄鼎遽成脫屣俄逝乘白雲於帝鄉遺黃金於人世嗚呼哀哉哀伏刊肅

蕭辰薦悲薤歌速發柳翣前移背高闕之峕堯尊去路以委蛇極愛兄於宸抱慟哭子於母慈嗚呼哀哉祖於庭兮路輀引既發兮難攀望秋景兮益遠儀幽堂兮不還銀凫閉兮長夜寂銅鶴峙兮白日閑已掩弓劍永想威顏嗚呼哀哉君臨天下十有六年德澤浸乎含識休聲震乎無前軒昊接踵堯虞比肩何壽命之奄忽兮起萬方之沉悄煥睿哲之名號兮亘億世而不騫嗚呼哀哉上奉辭服衰服還宮靈駕發引百官立班奉辭于板橋攺常服還諸西上閤門內東門奉慰元祐皇后護從靈駕至永泰陵　二十二日詔以哲宗皇帝靈駕發引在道雨勢未已甚不遑寧其開宮觀寺院三日仍禁在

卷七千三百四十八　三十二

京宰殺庶獲晴霽　二十四日奏告太廟八室以東夾室安置石室權奉安哲宗皇帝神主并奏告神宗皇帝以權赴齋殿奉安之意　二十八日禮部太常寺言將來皇帝詣集英殿親行虞祭之禮檢會元豐八年故事及近降朝旨定到儀注其日皇帝自內中服鞾袍赴集英殿東御幄有司於大行皇帝虞主前陳祭器并盥光祿卿具牲牢禮料文武百官親王并橫行立班定閤門報班齊禮直官太常博士導引太常卿詣御幄前俛伏跪稱攝太常卿具位臣某言請皇帝詣虞主前行虞祭之禮奏訖俛伏興前導皇帝詣殿下西向褥位立奏再拜皇帝再拜贊者曰拜應在位官俱再拜前導皇帝詣

盥洗內臣沃盥皇帝盥手內臣取巾進皇帝帨手訖內
臣授巾前導皇帝升詣虞主香案前舉哭下皆哭十五
舉音奏止哭又奏跪三上香太尉進斟皇帝奏奠訖又
又進酒奏上爵三祭酒訖奏俛伏興少立侍臣跪讀祝
文訖又奏舉哭殿下皆哭十五舉音奏再拜皇帝再拜
贊者曰拜應在位官俱再拜訖前導皇帝歸御幄禮直
官太常博士引太常卿詣御幄前俛伏跪奏稱攝太常
卿具官臣某言禮畢奏訖俛伏興退皇帝還內如來儀
光祿卿徹撰文武百官退從之　八月一日御史中丞
豐稷殿中侍御史龔夬奏哲宗皇帝大升轝至鞏縣陷
泥淖中不能出次日方至幄殿詔稷劾治頓遞使以下
卷七千三百四十八　三十三
聞奏同日奉安梓宮于永泰陵之下宮　八日復土群
臣奉慰如儀　十三日虞主至京群臣奉迎於板橋元
符皇后於瓊林苑上於集英殿門奉迎前導陞殿奠于
幄殿群臣詣西上閤門內東門進名奉慰　十四日虞
祭自復土六虞在塗太常卿攝事三虞行禮于集英殿
權高麗國事王熙奉表稱慰　十七日上行卒哭之祭
群臣奉慰　十八日上齋于垂拱殿翌日奉安神主上
自集英殿導神主至宣德門外奉辭有司奉神主翰林
學士承旨蔡京題謚號行祔饗之祭權祔于太廟夾室
禮畢群臣奉慰　九月一日以陞祔畢群臣純吉服如
故事　四日德音兩京畿內河陽鄭州管內減死刑釋

杖罪沿山陵科率蠲復賦役應奉行事官量與恩澤
六日太常寺言謹按禮記事君方喪三年至漢文以日
易月行公除之制魏晉以降既葬即除本朝參稽歷代
典禮加隆太宗皇帝上繼太祖兄弟相及雖有易月之
制實服斬衰三年以重君臣之義公除已後庶事相稱
且載國史今皇帝嗣位哲宗實承神考之世正月中奉
寺檢用開寶故事為哲宗合服斬衰重服已施行訖今
哲宗神主陞祔已畢百官之服並用純吉皇帝服御未
經討論宜如太平興國二年故事禮部言祖宗故事靈
駕進發皇帝釋衰服改吉服還內昨來太常已失供具
儀注若據太平興國中宰臣薛居正表稱公除以來庶
卷七千三百四十八　三十四
事相稱獨茲徹樂誠未得宜即是公除以後除不舉樂
外釋衰服從吉事理甚明今已後哲宗祔廟之後皇帝
服御如儀依此故事即已踰時便合改御吉服令檢會
累朝典故太宗為太祖之服太平興國元年十二月甲
寅上服袞冕御乾元殿受朝仗衛如式太常樂備而不
作真宗為太宗之服靈駕既發衰服還宮會要云雖以
易月之制外朝即吉而內庭實服通喪也仁宗為真宗
之服禫除祭奠群臣奉慰帝服常服群臣並吉服禮儀
院請靈駕進發皇帝釋衰改吉服還內詔可七月靈駕
進發內外並吉服皇帝以純孝之性不忍遽易至於左
右內臣衰服如初宰臣援引典禮執奏三四乃詔內侍

首翌日釋服英宗為仁宗之服嘉祐八年四月二十五
日大祥二十七日祥除太常禮院言故事皇帝釋縗御
常服群臣亦如之神宗為英宗之服讀哀册訖上與皇
太后奉辭衰服還宮哲宗為神宗之服如前令皇帝台
釋縗御常服素紗展腳幞頭淡黃衫黑犀帶請下有司
製造宰臣韓忠彥等言禮本人情先王曲為之節喪從
先祖後世莫得而踰敢緣舊章以正大典竊以本朝故
事真廟以來皆緣父子之相承故有衰麻之本制易月
雖同於四海在京實行於三年恭維太宗上繼藝祖於
君臣之服雖重兄弟之禮亦明伏惟皇帝陛下以弟及
於泰陵實子子於神考天倫之戚家法斯存祔祭應除
卷七千三百四十八　三十五
往古有己行之誼群臣既吉至尊無獨異之文矧惟聖
孝之誠日奉東朝之養每親蘭膳猶御素衣蓋當有司
講禮之初未及乘輿易服之制比再閱奉常之議謂宜
如與國之儀況加隆已逾於八音願易吉上遵於列聖
伏請皇帝陛下從禮官所議改用吉服餘依從官等前
議詔答曰恭考僉言厳自朕志仰念繼承之義宜服三
年之喪嘗告治庭眾論惟允難以中道復議改更自是
三上表乃下詔俟周期服吉　十一日左正議大夫尚
書右僕射兼中書侍郎韓忠彥為右光祿大夫知樞密
院事曾布為左光祿大夫左正議大夫門下侍郎李清
臣為左光祿大夫中書侍郎許將為右銀青光祿大夫

右正議大夫尚書右丞黃履為左正議大夫過議大夫
同知樞密院事蔣之奇為右正議大夫宰臣用曾公亮
例遷兩官並以永泰陵復土也　十月廿日御史臺劄
勘所奏橋頓遞使吳居厚提舉修治橋道承議郎宋喬
年通直郎盧縣奉議郎李公年朝散郎李為道路不治
致哲宗皇帝靈駕臨於泥淖暴露經宿詔龍圖閣學士
左中散大夫新知永興軍吳居厚落職知和州喬年等
各降一官縣仍衝替　十二月五日禮部太常寺狀勘
會明年正月十二日哲宗皇帝小祥其在外州軍合依
大忌例禁樂行香從之　建中靖國元年正月七日哲
宗皇帝小祥前不視朝五日　九日宰臣率監察御史
卷七千三百四十八　三十六
以上入奠于福寧殿三日止　十二日小祥群臣詣西
上閤門及內東內門進名奉慰　二十五日詔俗忌以
哲宗神帛恐不可與大行皇太后俱存令禮部討論與
故閤奏禮部言神帛不見於經唯二十五日除靈上云
如此不須議也　二十七日詔曰朕纂圖宸極繼及欽
祧祇奉園陵遹追先服遘難伊始數告具存而元符表
年異論蠭起秩宗宰輔咸有建言力陳日侍親闈豈可
久衣素韡援經執據託議制情批劄再三章卻復上闕
諭弗忍抗疏愈堅茲時方侍慈顏顧念難伸叢志勉從
所請中實盡傷致養既終因心可展率遵初詔用慰總
承已依元降服喪三年之制其元符三年九月自小祥

從吉指揮冝改正庶盡厚終之義稱予繼序之誠布告
中外咸使聞知　九月二十日禮部言哲宗皇帝建中
靖國二年正月十二日大祥令檢到神宗皇帝大祥事故
事聖旨令州縣軍監各就一寺觀支破係省錢請僧道
三七人長吏專切管勾開啟道場七晝夜罷散日設齋
醮一座各賜者經錢三十貫文內道士少處只據人數
設醮諸依故事施行　十月二十三日禮部言來年正
月十二日哲宗皇帝大祥合依英宗皇帝故事故事在
京府界諸縣自十二月一日禁樂至五月十五日弛禁
諸州縣鎮前後各七日沿邊州軍以金革從事其大祥
前後皆不禁惟大祥日依大忌例從之　崇寧元年正

三十七

卷七千三百四十八

月七日以下大祥前三日不御前後殿待制觀察使宗室
遠郡防禦使以上及管軍日一奠于福寧殿　十一日
群臣以大祥前一日入奠于福寧殿　十二日大祥群
臣奉慰如儀　三月十九日禫祭群臣奉慰如儀

宋會要 歷代大行喪禮下

孝宗 喪禮

紹熙五年六月九日至尊壽皇聖帝崩于重華宮重華
殿遺誥曰內外文武臣僚等吾承高廟之詒謀纂御基
圖二十有八載厲精思治夙夜不敢康功成克遜期協
于帝廸舉神器親授嗣聖退處北宮逮茲六稔幸宗社
有託中外晏寧得以優游養性盡登七袠之壽偶爽節
宣遂愆和豫今至大漸將不克享天下之養皇帝孝愛
憂形于色祈禱備至日期康復而定數莫踰吾方高蹈
沖虛夙明至理顧循終始復何憾焉　壽聖隆慈備福
皇太后可尊為太皇太后壽成皇后改稱皇太后將來
候撤几筵重華宮可改為慈福宮却於向後蓋殿以居
壽成皇后庶幾以便定省侍奉皇帝成服三日聽政喪
紀以日易月羣臣共為寬釋勿過摧傷百官入臨並隨
地之宜諸路州府長吏以下三日釋服在京禁音樂百
日在外一月無禁祠祀嫁娶沿邊不用舉哀本宮提舉
所見在錢銀共一百萬貫令撥付朝廷量行給散內外
諸軍山陵制度務從儉約他不在誥中皆取皇帝處分
吏賴臣鄰庶家協心扶翊永保平泰以副至意故茲遺
誥想宜知悉　是日宣遺誥文武百僚常服黑帶去金
玉飾詣殿下立班定禮直官引班首出班前東向文搢
笏宣遺誥訖歸位並舉哭一十五音再拜班首稍前躬

身致詞奉慰壽聖隆慈備福皇太后壽成皇后次奉慰
皇帝皇后歸位各再拜訖退　同日詔內侍楊舜卿闕
禮差充都大主管喪事吳回劉信之充造梓宮　同
日詔大行至尊壽皇聖帝合用袞冕大圭令工部下文
思院製造供納　同日禮部太常寺言文武百僚朝晡
臨於宮庭內外（文武百官並詣殿下立班再拜訖禮直官引班首詣香案前搢笏三上香出笏歸位舉哭一十五音訖再拜訖班退）自小祥後至禫祭朝一臨自是每
七日皆臨四十九日而止禫除後山陵前每遇朔望羣
臣並朝臨如值雨或雪濕權免入臨成服日大小祥禫除
朔望百官奉慰并進名奉慰壽聖隆慈備福皇太后壽
成皇后皇帝皇后從之　同日又言檢照故事初喪日
皇帝合服白羅袍黑銀帶絲鞋白羅軟脚折上巾成服
日皇帝服布斜巾四脚裙袴冠帽竹杖腰絰首絰直領
大袖布襴衫白綾襯衫皇太后皇后太妃內外命婦麤
布蓋頭裙衫帔子首絰紗襯服六宮內人無帔內外命
婦合入臨人仍加冠嘉王許國公合服布頭冠幞頭大
袖襴衫裙袴首絰腰絰麤麻布為履前項服制並乞下
文思院製造羣臣服制並斬衰服（斬衰服謂不緝）中書
門下省樞密使副尚書翰林學士節度使金吾衛上將
軍文武二品以上布頭冠布斜巾布四脚大袖襴衫裙
袴首絰腰絰竹杖絹襯衫文武五品以上并職事官監
察御史以上內客省宣政昭宣使知閤門事及入內都

知押班布頭冠幞頭大袖襴衫裙袴腰經自餘文武百
官三省樞密院書令史以上及御史臺閤門太常寺引
班祗應人布幞頭襴衫腰經已上並合用麤麻布為
前項服制並乞下臨安府製造軍人百姓等白衫紙帽
婦人素縵不花釵三日止行在諸軍統制統領官免入
臨就寨掛服將副部隊將官使臣散使臣壁劃官以上
及將校副指揮使以上常服哭於本營三日而止常日
朝殿祗應排立門禁衛班直將校副指揮使以上幷
御前忠佐百官臨即哭於殿門外在外諸路監司州
軍縣鎮長吏以下服布四脚係幞頭直領襴衫上領不
盤腰經以麻朝晡臨三日而除沿邊不用舉哀士庶婚

嫁服除外不禁內外品官禁樂二十七日京城內外民
庶自舉哀至祔廟合行禁樂諸路州縣管內寺觀自聞
報到日修建道場七晝夜禁屠宰三日民庶等禁樂百
日沿邊軍中及在內諸軍軍行教閱不禁並從之　同
日又言檢照典禮自成服至釋服日遇朝殿所有簾幕
並用縞素輦輿從物中淺黃色包裹御前禁衛行門班
直親從快行親事官輦官等服青皂或褐衫帶子從之
　同日又言伏覩遺誥喪紀以日易月合至六月二十
一日小祥七月三日大祥七月五日禫除從之　同日
又言檢照典禮皇帝視事日宰執奏事去杖小祥日去
冠餘官奏事依此望帝聽政未釋服前其引班人若行

門臨之禮即服衰經如遇內殿引班奏事及從駕常服
黑帶從之　同日太常寺言今來大行至尊壽皇聖帝
升遐所有宣遺誥幷日後入臨成服奉慰乞令許國公
並行趁赴立班從之　同日禮部侍郎許及之等言今
來大行至尊壽皇聖帝升遐製造衰冕一副隨大殮衣
設於梓宮內從之　同日又言檢照禮書斬衰用負版
方一尺八寸在背上綴於領下垂放之辟領方四寸置
於負版兩旁各攙負版一寸亦綴於領下衰長六寸廣
四寸綴於前衿當心並以布為之所有今來皇帝幷皇
孫及應文武官五品以上幷職事官監察御史以上內
客省宣政昭宣使知閤門事及入內都知押班其所服

皆合用負版辟領衰乞令所屬依上件禮製造施行從
之　同日禮部太常寺言檢照乾興元年典故大殮前
延慶殿陳生平服玩及珠襦玉匣含襚應入梓宮之物
今來大殮乞依上件典故施行從之　同日又言用六
月十三日大殮成服行祭奠之禮其日儀鸞司設素幄
於几筵之東時將至行事陪位官易服就位立班皇帝
服素服詣素幄即座簾降大史奏時及太常卿當幄前
俛伏跪奏太常卿臣某言請皇帝為大行至尊壽皇聖
帝升遐成服內侍官為皇帝釋素服易衰服簾捲禮直
官引太常博士博士引太常卿導皇帝出幄凡前導官並同
詣几筵側西向褥位立太常卿奏請再拜舉哭凡奏請並係太

常御皇帝再拜舉哭在位官皆再拜哭前導官導皇帝詣
香案前三上香跪內侍進茶酒酹茶三奠酒俛伏興奏
少立讀祝文官跪讀祝文訖奏請哭盡哀皇帝哭盡哀
在位官皆哭盡哀奏請再拜皇帝再拜在位官皆再拜
前導皇帝還褥位奏請再拜皇帝再拜在位官皆再拜
前導皇帝還幄簾降奏禮畢百官移班稍東進名班首
出班致詞復位再拜奉慰壽聖隆慈備福皇太后仍進
名奉慰壽成皇后次進名奉慰皇帝皇后訖班退同日
立銘旌高九尺書大行至尊壽皇聖帝梓宮同日立重
同日詔辰日不得忌哭　十日禮部太常寺言大行至
尊壽皇聖帝升遐合差官奏告昊天上帝皇地祇大社

太稷太廟別廟諸陵攢宮從之　十一日禮部言檢照
典故未祔廟前每遇大祠奏告等行事官權改吉服用
樂去處備而不作百官不入臨日皇帝未聽政已前百
官於文德殿門外進名起居釋服後祔廟遇朔望不御
前後殿並於常御殿門外進名奉慰從之　同日又言
小祥日皇帝改服布四脚直領布襴衫腰絰布袴所有
百官五品以上并職事官監察御史以上內客省宣政
昭宣使知閤門事入內都知押班改服布幞頭布襴衫
腰絰布袴大祥日皇帝改服素紗軟脚折上巾淺黃袍
黑銀帶合赴文武官三省樞密院書令史以上及御史
臺閤門太常寺引班祗應人合服禫服係素紗軟脚幞

頭黲布公服白鞓錫帶故例係幞頭令臨安府製造給散其黲布公服錫帶止令本府各支布一疋半自令包裹製造
禫除日皇帝釋黲常服文武百
官有繫金玉帶及佩魚者並易以黑帶仍去魚乘花繡
韉絨座易以皂韉去絨座宗室出則常服居則衰服依
服屬終喪從之　十二日詔謚冊寶并沿冊寶法物衰
冊并沿冊法物並下文思院修製同日命少保左丞相
留正撰哀冊文知樞密院事趙汝愚撰謚冊文參知政
事陳騤書哀冊文同知樞密院事余端禮篆寶文翰林
學士李巘撰謚議同日詔大行至尊壽皇聖帝陵名命
少保左丞相留正擬撰同日禮部太常寺言禫除前重
華宮內侍官依所定官品服制其餘內侍官遇到重華

宮行禮合依所定服制遇從駕及出入和寧門合常服
黑帶啓攢官并梓宮發引日百僚並服初喪服從之　同
日檢照將來殿攢行燒香之禮　前一日儀鸞司設素
幄於殿攢方位之東祭土時至都大主管喪事官行祭
土之禮以俟太史報時及導奉梓宮至殿攢方位其合用儀物令都大主管喪事官供應
都大主管官監視殿攢訖行事陪位官
就位立班定皇帝服衰服詣素幄即座太常博士引太
常卿當幄前奏請皇帝行燒香之禮前導官導官導皇
帝出幄詣西向褥位立奏請再拜舉哭在位官皆再拜
哭前導官導皇帝詣香案前三上香跪內侍進茶酒酹
茶三奠酒俛伏興奏少立俟讀祝文官跪讀祝文訖奏

請哭再拜皇帝哭再拜在位官皆哭再拜前導官導皇帝還褥位請再拜在位官皆再拜前導官導皇帝還幄簾降奏禮畢百官奉慰如上儀　同日又言百司以日易月服制之内入局治事即不合易服從之　十三日禮部太常寺言今来大行至尊壽皇聖帝升遐用六月十三日辰時八刻大殮未時八刻成服今欲乞十四日百司作休務假一日依舊朝晡臨立班從之同日又言慈福宮提點王公昌傳奉太皇太后聖旨皇帝以疾聽就内中成服太皇太后代行祭奠之禮知宮中之儀宰執率文武百官就重華宮殿下成服立班奉慰太皇太后皇太后訖百僚服衰服入和寧門詣後殿門外立班奉

卷七千三百六十三

慰皇帝皇后訖退從之　十四日禮部太常寺言今来大行至尊壽皇聖帝升遐如還車駕詣重華宮除應奉官權服常服黑帶隨駕外其從駕官及迎幕次起居官並禫除前權免從駕起居先赴重華宮門外幕次迎駕起居俟禫除後依舊從之　十六日太常寺言檢照七月三日大行至尊壽皇聖帝大祥皇帝行祭奠之禮其日儀鸞司設素幄於几筵殿之東時將至行事陪位官就位立班皇帝服布四脚直領布襴衫腰經袴詣幄即御座簾降太常卿當幄前俛奏請皇帝行祭奠之禮簾捲前導官導皇帝出幄詣褥位西向立太常卿奏請再拜舉哭皇帝再拜舉哭在位官皆再拜哭前導官導皇

七

帝詣香案前奏請三上香跪内侍進茶酒皇帝酹茶三奠酒俛伏興奏請少立讀祝文官跪讀祝文訖奏請哭盡哀在位官皆哭盡哀奏請拜皇帝再拜在位官皆再拜前導皇帝降階詣殿下褥位西向奏請拜皇帝再拜在位官皆再拜前導皇帝還幄簾降奏禮畢百官奉慰如上儀皇帝改禫服　七月五日禫除皇帝行祭奠之禮其日儀鸞司設素幄於几筵殿之東時將至行事陪位官就位立班皇帝服禫服詣幄即御座簾降太常卿當幄前跪奏請皇帝行祭奠之禮簾捲前導官導皇帝出幄詣殿下褥位西向立奏請再拜舉哭皇帝再拜舉哭在位官皆再拜哭前導皇帝升殿詣香案前三上香

卷七千三百六十三

跪内侍進茶酒皇帝酹茶三奠酒俛伏興奏請少立讀祝文官跪讀祝文訖奏請哭盡哀皇帝哭盡哀在位官皆哭盡哀奏請拜皇帝再拜在位官皆再拜前導皇帝降階詣殿下褥位西向立奏請拜皇帝再拜在位官皆再拜前導皇帝還幄簾降奏禮畢退百官奉慰如上儀皇帝釋禫服　十八日詔大行至尊壽皇聖帝山陵當遵遺誥務從儉約凡修營百費並從内庫支降如或不足即以封樁錢貼支免侵有司經常之費諸路監司州府軍監等止進慰表其餘禮物並令免進仍不得以助修奉攢宮為名　二十一日小祥皇帝行宮中之禮　二十五日詔朝請郎試秘書監兼實録院檢討官薛叔

八

似假顯謨閣學士朝散大夫提舉萬壽觀兼侍讀信安
郡開國侯食邑一千戶食實封壹百戶賜紫金魚袋姜
光奉使金國告哀使果州防禦使帶御器械幹辦皇城
司謝淵假廣州觀察使知閤門事兼客省四方館事永
康縣開國子食邑七百戶副之　同日禮部太常寺言
將來大行至尊壽皇聖帝禫除行禮畢皇帝合服皂幞
頭淺黃袍黑鞓烏犀帶素絲鞋（下文思院造進）從之　二十八
日詔朝請大夫試司農御林湜假朝請大夫試吏部尚
書宜春縣開國侯食邑一千戶食實俸一百戶賜紫金
魚袋充遺留禮信使武經郎閤門宣贊舍人游恭假泉
州觀察使右衛上將軍仁和縣開國伯食邑七百戶副
之　同日詔少保左丞相留正為欑宮總護使繇機務
繁冗改差少保大安軍節度使充萬壽觀使郭師禹皇
伯檢校少保興寧軍節度使提舉佑神觀使趙夔為橋道
頓遞使中大夫試工部尚書趙彥逾為按行使　紹熙
五年七月七日禮部太常寺言檢照典禮將來大行至
尊壽皇聖帝梓宮發引合用大昇轝并輴一欑宮內安
設合用纁三匹纁二匹（纁纁乞下左藏庫支供）贈玉一段（盛纁纁贈玉匣）
（服及帕鞾匙）一啓奠祖奠遣奠所有祭器合用牙牀三張一
將來掩欑宮畢并神主祔廟合用虞主一神主一大匱
二小匱二腰輿二汲水鐵絡桶二（索全）矮香案二（紫羅衣子
全）白羅拭巾一（長八尺小尺）筆硯墨一白羅巾二（各長八尺小尺）

卷七千三百六十三　九

襯藉神主
匱並紫羅
褥子二衫斛
二趺座二子
兩凡二衣子全
此段添紬
絹帕之上

行障二（衣子全）紬絹帕二（各三幅）舁匱黃羅夾帕二（各三幅）并
祏室法物等並乞下文思院製造從之　十六日按行
使副孫逢吉吳回言荆大聲等相視大行至尊壽皇聖
帝神穴在永祐陵下宮之西南永思陵下宮之東南那
趲向南石板路上乞差官覆按施行詔權工部侍郎兼
侍講黃艾充覆按使入內內侍省押班續康伯副之
先是按行使趙彥逾言判太史局荆大聲等相視神穴
合在永思之西緣其地土肉淺薄雖民有獻者又皆窄
狹與國音相妨乞於永思之西向南近上安建朝廷未
以為然彥逾請別命官按行於是軍器監簿按行使司
準備使喚王恬被旨審度相視廼言乞就昭慈永祐下
宮安建比之大聲所定高六尺三寸改命孫逢吉按行
乞那趲向南石版路上比前所定增上一丈委實高厚
可以安建既而艾等覆按為是廼從之　十九日工部
言文思院申令來修製議冊玉寶一鈕乞照應高宗皇
帝謚寶樣製造施行從之　二十四日詔大行至尊壽
皇聖帝欑宮修奉都護差侍衛步軍都虞候閻仲鈐轄
差入內內侍省押班續康伯　二十七日禮部太常寺
言將來梓宮發引日依禮例總護橋道頓遞使都大主
管官就幄次前朝辭餘行事官並免從之　同日又言
將來梓宮發引日所用鼓吹警場搀郎依淳熙十四年
禮例係總護橋道頓遞使前二日同都大主管官禮部

卷七千三百六十三　十

兩浙轉運使行下所至州軍計置應辦價直卸於修奉都大察官請降到此段後接鈔上

太常寺官就貢院按閱從之　一警場合用金鉦一十
二人鼓手六十人鳴角六十人逐色教頭共五人武嚴
教頭三人管轄人員三人部押使臣一人一鼓吹令用
鼓吹令丞職掌府典吏引樂官共一十人歌色一十六
人篳篥色三十六人笛色三十六人簫八人大鼓一十
六人節鼓一人金鉦四人擡擊人兵共一十八人一挽
歌合用押教二人執色四十八人（並日支食錢有差）挽詞翰林
學士中書舍人撰二十首文臣職事官各二首導引歌
詞學士院撰前一日太常寺教習　同日詔修奉大行
至尊壽皇聖帝欑宮所有合用木植塼瓦可行下臨安
府兩浙轉運司同共疾速計置津發應辦所有其餘應
卷七千三百六十三　十二
干合用物料亦令料次錢內支撥　二十九日詔張宗
尹差都大主管大行至尊壽皇聖帝喪事　八月十三
日欑宮修奉使司言修奉欑宮故例其石藏剗害至重
緣二浙土薄地卑易為見水若不預行措置竊慮水脉
滲潤於久未便乞於廂壁石藏外五尺別置石壁一重
中間用膠土打築與石藏一平雖工力倍增恐可禦濕
從之　十六日禮部太常寺言欑宮內合用十二神乞
下文思院修製從之　十八日詔皇堂內椁令有司用
沙板隨宜修製候將來攢皇堂時先下椁底板候進梓
宮於椁底板上定正訖然後安下椁身次將天盤蓋網
於椁上安設梓宮已有牙脚止用平底可就修奉欑宮

處製造　二十五日詔欑宮營造總護使司應副錢糧
梓宮發引在司編排應辦渡江舟船等頓遞使司應辦
錢糧差兩浙運判黃灝　九月二十日百日皇帝行燒
香禮如宮中之儀宰執率文武百僚詣重華殿入臨進
名奉慰行在禁屠宰三日諸路州軍等處一日　二十
四日詔右丞相趙汝愚撰大行至尊壽皇聖帝陵名
（汝愚上陵名日永阜詔恭依）　同日詔撰謚議官改差給事中兼直學
士院樓鑰　同日禮部太常寺言今年孟冬朝獻景靈
宮緣係在大行至尊壽皇聖帝服制之內及未祔廟見
停宗廟之祭乞依孟秋禮例權停從之　二十七日詔
撰哀冊文官改差右丞相趙汝愚撰謚冊文官改差知
卷七千三百六十三　十二
樞密院事兼參知政事陳騤書哀冊文官改差參知政
事余端禮書篆寶文官改差簽書樞密院事京鏜　十
月五日詔奉上謚冊寶攝太傅差右丞相趙汝愚奉謚
冊寶官差知樞密院事兼參知政事陳騤讀謚寶攝侍
中差參知政事余端禮讀謚冊攝中書令差簽書樞密
院事京鏜　十四日禮部太常寺言將來奉上謚冊寶
并神主祔廟合差官奏告從之　十七日攝太傅趙汝
愚率百官詣南郊請謚于天其日文武百僚並赴南郊
幕次各服其服（行事官服祭服陪位官服常服吉帶）有
司設權置謚議匣案褥位於壇午階下稍西東向次設
禮料御史臺閤門太常寺分引文武百僚入詣午階下

之南北向立次引奉禮郎太祝太官令詣陪位班之前褥位北向立次引讀謚議官詣謚議案之後褥位立次引舉謚議官詣讀謚議官之後褥位立次禮直官引太傅詣卯階下稍東西向褥位立贊者曰拜在位官皆再拜奉禮郎太祝太官令陞壇各就位立禮直官引太傅詣盥洗位搢笏盥手帨手執笏詣爵洗位搢笏洗爵拭爵執笏陞壇詣昊天上帝神位前搢笏跪三上香奉禮郎搢笏跪奉玉幣授太傅凡執事並搢笏事已執笏太傅受玉幣奠玉幣執爵三祭酒于茅苴奠爵執笏俛伏興少立太祝跪讀祝文太傅再拜降壇復位少立禮直官再引太傅詣謚議案權置位立舉謚議官跪舉謚議

匣與執事者先捧謚議案詣昊天上帝神位前當中置於褥位太傅搢笏捧謚議匣陞壇至位跪奠謚議置於案上執笏興少退立次讀謚議官詣謚議案後立舉謚議官跪舉謚議讀謚議官跪讀謚議訖復位舉謚議官奠謚議舉謚議匣與執事者先捧案降壇置於褥位舉謚議官舉匣降壇太傅後從至權置位置定太傅舉謚議官俱復位立贊者曰拜在位官皆再拜次考功郎官詣謚議權置位前立舉謚議官詣謚議案舉謚議以授考功郎官考功郎官受之加於笏上退歸本班太傅率行事官詣望燎位有司取祝板幣帛陞燎壇燎訖文武百僚退合書謚議官並歸次考功郎官以謚議付本部

以俟書畢投進　同日攝太傅趙汝愚等請大行至尊壽皇聖帝謚曰哲文神武成孝皇帝廟號孝宗臣聞帝王之出治豐功茂烈生則著見於天下而其流傳於後世者則待節惠之名要皆取其盛者而傳之文王一怒而安天下非無武也武王告成而作洪範非無文也取其盛者而傳之則備道全美可以一言定也甚哉孝之大也虞舜之大武王之達自漢歷唐無不謚帝為孝本朝累聖相承皆用舊典若夫集孝道之大成則未有如大行之盛者也恭惟大行至尊壽皇聖帝纘藝祖之武重光堯之華以天縱之能日新之德臨御天下二十有八載巍巍煌煌不可備述若形容天地繪畫日月則不

容無辭方在初潜龍德而隱學聚問辯師教不煩日就月將君德昭著虔鞏勞謙共為子職日趨朝謁威儀雖肅雖莫窺其涯而中外屬心天人協應光堯內禪高視唐虞嗣位以來勵精庶政召收故老尊禮元臣臨朝若神待物如春崇節儉以革奢汰之風振紀綱以起偷墮之習事無小而不察人無微而不記機務雖繁酬酢無壅立法定制動為後則以科舉為未盡則立待補之法以蒐遺才以武舉為未盛則優入仕之級以收智勇年勞並用以裁濫賞而不致於冗遷銓闈加嚴以抑任子而又為之限節改秩必使之作邑謂舉以親民而使之治民御史必取之賢宰謂受人之察而後可察人以周

轍易輒

行速化必使試郡而後爲郎以延閣清華必俟有功而
後除職監司守將必廷見而臨遣癃老昏繆之人不得
而隱藏貪贓之吏必窮治而斥逐清介潔廉之士則從
而拔用朝士闕官乃除遂無待次之淹要郡留闕選才
遂無輕授之冗然贓吏之世賞進軍功於流內長慮却
顧守之至堅故雖日不暇給而四方靡然向化矣于時
疆埸未寧戎車方駕激厲將士嚴備邊陲張皇六師明
見萬里中原起來蘇之望殊鄰多歸附之民撫而有之
還以爲用天威既振戎虜畏讋雖肆庭掃閭未快初志
而信使復通滅幣殺禮至今無烟火之警苟非雄斷遠
畧何以臻此臨政既久治道愈明物來能名事至輒斷
卷七千三百六十二 十五
精神之運上際下蟠於天地之間智慮所關六通四闢
於帝王之德行公道以銷黨偏之蔽推平心而絕喜怒
之私閭有水旱之變應天以實而禮文尤備州縣之奏
恐其不速蠲復之數恐其不多傾囷倒廩以濟其急賞
勤罰惰以勵其餘民不知其有災歲亦隨以登熟幸太
學幸祕書省廷策貢士布文教以振士風御鞍馬親弓
矢申嚴軍法立武事以張國威內外小大之臣無不列
之屏以待黜陟山川險要之地無不措諸掌以立防閑
治具畢張化風已成方且玩意希夷而無奉道之過游
心寂寞而無佞佛之迹作敬天之圖兢懼愈深闢延和
之殿諏訪愈切躬講讀之勤設遺補之官其餘保治有

太皇下增太后二字

始有卒至於脫屣萬乘燕居重華授受之際尤爲雍容
嗚呼身退而道彌高尊極而用彌儉是以萬有千歲永
處慈底而厭代登遐歸于帝鄉此羣臣萬姓所以攀號
擗踊泣盡而繼之以血也遠日有期恭定尊謚請之南
郊以詔萬世謹按謚法曰能官賢才曰哲帝德廣運曰
文思變無方曰神保大定功曰武持盈守滿曰成慈惠
愛親曰孝迹夫知人而善任使文武各得其用非所謂
能官賢才乎修德以來遠人矢文以洽四國非所謂帝
德廣運乎酬酢以周萬機圖回以盡衆智非應變無方
乎妙韜畧而不用極聰明而不殺非保大定功乎守基
圖之廣大延國祚於綿遠非持盈守滿乎若夫孝道之
卷七千三百六十三 十六
盛非惟臣子所不能稱賛雖考之謚法求之六家語其
甚盛者曰慈惠愛親而已是則未足以彰大行之孝也
報本反始而奉郊禋尊祖敬宗而事廟饗惟高宗皇帝
爲天下而得人太皇盡母道以愛子而大行天賦至性
不可解於心備四海九州之養謹五日一朝之儀委曲
周盡猶恐不及兩宮九閏終無閒言固已風動四方震
服夷虜高宗屬疾則衣不解帶躬自嘗藥及棄天下則
勺水不入於口倚廬有過於哀鄙漢文之短喪陋晉武
之無斷身服苴麻禮盡苫塊行有匹夫之所難哭則哀
動於左右虜使來弔止許朝于喪次顏色之戚哭泣之
哀虜使退而嘆曰皇帝聖孝乃如此大臣或進諭解之

言則流涕被面曰大恩難報羣臣感泣莫敢仰視易月
之制既終因山之役既畢孺慕無已追遠弗勝遂舉大
寶以畀聖子不曰倦勤不曰求逸惟曰不得日奉先帝
之几筵躬行聖母之定省又曰俾予一人獲遂事親之
心永膺天下之養於是御潔服於衆與尊几筵於內殿
退處堊室以終三年之喪哀疚不忘齋素有若欽事慈
福溫凊無違嗚呼茲豈非集孝道之大成又豈慈惠愛
親之所能盡也大行至尊壽皇聖帝宜天錫之曰哲文
神武成孝皇帝廟號孝宗臣謹議詔恭依　十八日詔
金國弔祭人使到闕其見辭受書應干禮儀並照淳熙
十五年禮例施行　二十一日禮部太常寺言大行至
〔卷七千三百六十三〕
尊壽皇聖帝將來奉上謚冊寶畢合稱哲文神武成孝
〔十七〕
皇帝祔廟畢合稱孝宗哲文神武成孝皇帝詔恭依
二十三日御筆自今後應有拜表稱賀等事為在至尊
壽皇帝喪制之內並權免　二十八日攢宮按行使司
言相視到分立神定神圍所有永祐陵西籬鋪屋及果
木等有礙打量索路合行奏告了日除去從之　二十
九日攝太傅趙汝愚率百官奉上哲文神武成孝皇帝
謚冊寶　前一日奉上謚冊寶太傅讀冊中書令讀寶
侍中奉謚冊官奉謚寶官舉寶官並服黑帶去魚守行
宮門入詣行宮殿門外幕次太常寺贊引祗應人禮部
職掌及儀衛親從官等並於殿門外隨地排立以俟進

請謚冊寶內侍官請降謚冊寶將出行宮殿門次引奉
謚〔冊官奉謚〕寶官於內侍處受冊寶於殿門上幄次權置定次禮
直官贊者引太傅已下詣殿門下隨地立班再拜訖〔如值雨或泥濘免拜〕權退側身立俟有司奉迎儀衛進行
太傅已下步從至宮門合上馬處上馬騎從至重華宮
門外幄次權安奉訖太傅已下退歸本司宿齋其日俟
開重華宮門陪位文武百僚入詣幕次有司設權置冊
寶褥位於殿下東向次奉謚冊寶入重華宮門太傅已
下行禮官並後從至殿揩下東向權置位冊北寶南太
傅已下權退歸幕次俟有司排辦畢備御史臺閤門太
常寺分引文武百僚詣殿裏外隨地之宜立班定次禮
〔卷七千三百六十三〕〔十八〕
直官引讀冊中書令讀寶侍中詣冊寶之後褥位立次
引舉寶官於讀冊中書令讀寶侍中之後立次引奉謚
冊寶官詣冊寶案之南東向立次引奉上謚冊寶太傅
詣殿下褥位西向立定禮直官贊太傅躬拜在位官皆
再拜訖次引太傅升殿詣香案前搢笏上香三上香〔再上香〕跪
一酹茶三奠酒執笏俛伏興再拜訖降階復位少立歲
再引太傅詣殿下褥位北向俛伏跪奏稱太傅臣某言
奉詔謹奉上大行至尊壽皇聖帝謚冊寶奏訖俛伏興
退復位奉謚冊官詣冊案前立次舉冊官詣冊案搢笏
跪舉冊匣興〔凡舉冊寶皆禮部職掌助舉〕職掌先捧冊
案升殿詣殿上香案前置於褥位北向次奉謚冊官搢

禮三〇之一九

笏奉謚册次引太傅詣册匣之後搢笏奉謚册官以謚
册授太傅受訖奉謚册官執笏退位次舉册官舉行太
傅捧册升殿至褥位北向跪奠册匣於案上太傅執笏
興少退稍西褥位東向立次舉册官執笏興少立次引
讀册中書令升殿詣册案之後北向立舉册官搢笏跪
舉册讀册中書令搢笏跪讀册訖執笏興降復位舉册
官奠册舉册匣興職掌先捧册案於殿下稍東褥位置
定舉册官舉册匣跪置于案上舉册官執笏興降復位
初讀册官讀册將畢次引奉謚寶官詣寶案前次舉寶
官搢笏跪舉寶盝興職掌先捧寶案升詣殿上香案前
置於褥位北向次奉謚寶官搢笏奉寶盝次引太傅降

卷七千三百六十三　十九

階於寶盝之後搢笏次奉謚寶官以寶盝授太傅太傅
受訖奉謚寶官執笏退復位立次舉寶官舉行太傅捧
升殿至褥位北向跪奠寶盝於案上太傅執笏興少退
稍西褥位東向立次舉寶官執笏興少立次引讀寶侍
中升殿詣寶案之後北向立舉寶官搢笏跪舉寶次讀
寶侍中搢笏跪讀寶訖執笏興降復位立舉寶官奠寶
舉寶盝興職掌先捧寶案於殿上稍東褥位置定舉寶
官舉盝跪置于案上舉寶官執笏興降復位立次引太
傅降復位西向立定禮直官贊太傅躬拜在位官皆再
拜如值雨泥濘隨宜於殿裏外并廟上贊那主班次移
班稍東進名班首出班致詞復位再拜奉慰壽聖隆慈

禮三〇之二〇

備福太皇太后次進名再拜奉慰皇太后訖次進名再
拜奉慰皇帝次進名再拜奉慰皇后訖班退次詣後殿
門外立班進名奉慰太上皇帝太上皇后訖班退　謚
册文維紹熙五年歲次甲寅十月戊子朔二十九日丙
辰孝孫嗣皇帝臣御名謹稽首再拜言曰臣聞道之大
者擬議之所不能加尊之極者形容之所不能盡然天
地之德非可儀度而總其大曰生帝王之美非可易言
而極其至惟孝誠以萬善之本孝爲之先理無不該治
所從出建人文以立極包衆甫以用中巍巍煌煌充滿
天地生聞丕憲浚盡閎休振古無倫不可尚已恭惟大
行至尊壽皇聖帝以天縱不世出之姿輔高明大有爲

卷七千三百六十三　二十

之志神武甚類於藝祖至仁克叶於高宗在位二十八
年紀綱法度慶賞刑威文物典章源流品式煥乎三辰
之明藹乎韶濩之音截然風霆之震驚沛然雨露之滲
漉雖精神之運微妙難測而出治之迹較然可紀方在
沖幼岐嶷徇齊儼如神人已係羣望就傅王邸睿質日
躋沉潛聖經反復舊史發爲言訓有老師宿儒之所不
及洎膺付託光御歷服當宁太息風揮日舒菀延浚明
昭發猷念勤勞夙夜以恢康濟久大之圖明厲奮決以
起偷墮苟安之習智出度物不流於滿假思周萬機罔
病於叢脞規爲建置常欲凌厲漢唐而紹休祖宗故推
對越之誠首輯敬天之圖克惻怛之念游頌卹民之詔

婁易屢

總章圜丘之迭舉而報本之義盡儒館辟廱之親臨而右文之化展重惜名器也雖官闈之恩澤婁減損而不卹務公賞刑也雖勲戚之抵冒必詰責而無赦貢稱漢餘則却之法奏祥瑞則刪之復六察之彈糾不止於檢薄書之稽違詰三省之煩苛責在乎明朝廷之體要課儒生以金穀懼空言之無補角進士以弘矢慮戎備之或忘申飭閹人毋預軍政體貌大臣常延便坐嚴吏迭法以練才實躬臨遣之煩以達壅蔽權任所寄誕謾敗事者必謫暫御之臣請託為姦者必戮孜孜汲汲日不違暇羣工奔走率職而庶事秩然舉矣至於躬服儉素研精典學聲色靡曼未嘗留意成湯之弗邇也雙日休

卷七千三百六十三　二十一

暇問坐書筵孔子之時習也反安南之象則旅獒之不蓄觀御苑之麥則無逸之先知乾文參乎典謨宸畫麗乎河漢諸宮入侍每廸以剛健安康下降必訓以溫柔旁采崔[illegible]以遵權深[illegible]陸贄之忠蓋言動以為法則身聲以為律度厥惟始初遭虜匪茹赫然震怒厲武節念版圖之未歸痛陵寢之弗祀大講岐陽之蒐冀申有扈之伐而敵釁未啓雄圖終鬱雖宿恥之猶在顧大誼之已明此則有開於後來將纘聖志而成之也歷攷自昔譽帝與王雖謹於初鮮不終怠而大行臨御既久日新又新每深苞桑之戒居軫朽索之懼尊賢勵德晚而彌篤洋洋風聲軼乎疆外用能大和熏塞方內底寧肖翹

蚑行[illegible]不咸遂神明未衰王化方洽廻舉神器以授聖子揖遜之盛光於有虞方且獨起希夷為衆之父玩其清淨福我邦家而生民無祿昊天不弔奄棄大養歎乘白雲率土崩心際天雨泣末予小子追念　烈祖之訓煢煢在疚罔知[illegible]濟王公卿士諏經訂禮以謂因山匪遠升祔有期當崇徽稱庸詔罔極夫惟懿鑠豈易管窺亶[illegible]孝思寔髙載籍承顏之敬繇九閏而益共致養之隆極九州而未已和氣愉色根於自然纖介不形淳篤天至逮執喪紀古制是遵漢文弗思而輕變晉武雖行而未盡仁殫義備始自聖明固已挽百代之澆風示一王之丕式矣夫舜之獨稱大武王周公之獨稱達豈其

卷七千三百六十三　二十二

他聖賢皆不然哉蓋即其特盛者而名之也粤茲詠行稽謀[illegible]天鏤玉簡薦之清廟於以揚厲景烈宣明至公貫顯幽而無慚亘今古而如在謹遣攝太傅光祿大夫右丞相提舉編修玉牒提舉實錄院提舉編修國朝會要天水郡開國公食邑六千五百戶食實封二千戶趙汝愚奉玉冊玉寶上尊謚曰哲文神武成孝皇帝廟號孝宗伏惟威靈在天膺受容典於萬斯年永隮厥後嗚呼哀哉謹言　閏十月三日禮部太常寺言將來神主祔廟合添一室修置[illegible]室等乞下兩浙轉運司計會本寺修蓋從之　同日又言將來神主祔廟製造孝[illegible]牌一面進請御書修製畢權於修內司安奉以俟擇日迎

奉安掛從之　四日内出御製挽詩五首　其一曰德
壽一言決昌陵七世孫躬方膺曆數志欲整乾坤揖遜
循先烈崇高御至尊總筵如在上猶得奉晨昏其二曰
聖德何加孝惟皇集大成哀誠動蠻貊至性格神明盡
物難圖報稱天遂易名直從虞舜後今日見躬行其三
曰九閏凝丕績中興鼎盛特聖圖[illegible]天廣大王度日清夷
已矣南風曲傷哉十月庖都人紛涕淚舊事說淳熙其
四日曉發移霜紼風行引素旂攀車勤孺慕臨酹動慈
闈地接稽山窆寒生漢殿衣史臣占瑞象歸奏五雲飛
其五白久荷緑車寵俄驚玉几憑居喪履苫蒐嗣統劚
淵冰祖業何能潤宸謨敢不承因山遵素志萬古近思

陵　七日詔攢宮修奉司令來修奉哲文神武成孝皇
帝下宮於永思陵下宮之西修蓋　同日橋道頓遞使
司言將來梓宮發引度江依舊例梓宮前後官司除内
人船外其餘並於前兩日渡江庶得整肅不致喧嘩從
之　同日太史局言將來梓宮發引經由道路合依淳
熙十四年高宗皇帝梓宮經由去處於候潮門直南水
門兩橋之間權拆禁城修作門戶出城取牛皮巷跨浦
橋登舟係是東南利方於國音即無妨礙從之　八日
詔朝請郎守尚書右司員外郎林季友假煥章閣學士
朝請大夫提舉萬壽觀兼侍讀咸安郡開國公食邑一
千戶食實封一百戶賜紫金魚袋充奉使金國報謝使

武功大夫左領軍衛將軍郭正己假明州觀察使知閤
門事兼客省四方館事宜春縣開國侯食邑一千二百
戶副之　十日御史臺言勘會梓宮發引日百官出城
奉辭合設文臣路祭一座乞依例應文[illegible]臣選人並照本
身料錢每貫三十文省於臨安府送納令本府排辦候
畢如有支不盡錢繳納左藏庫從之　十一日[illegible]金國
弔祭使資政大夫吏部尚書尼厖古鑑副使正議大夫
尚書戶部郎楊伯通讀祭文官朝列大夫行秘書丞賈
守謙赴重華殿行祭奠禮　前期[illegible]鸞司於重華殿東
廊設御幄幷重華殿上並施簾其日有司預於殿上設
哲文神武成孝皇帝神御座主管事務及諸司於殿上

先設香案香茶酒果食盒臺等候使人幷讀祭文官至
重華殿門外幕次如有使人附到祭食先期於重華殿上排設畢　皇帝先詣重華宮前行燒香之禮如宮中之
儀畢東廊御幄簾降其合赴[illegible]居侍立等官並如閤門
儀禮直官引内侍官於重華殿門外捧祭文奠書案入
於殿階下使副拜褥之右禮直官舍人通事引使副讀
祭文官並殿下褥位北向立定讀祭文官重行立初引
使副入重華殿門殿上簾捲皇帝於幄内舉哭殿[illegible]上下
官皆舉哭使副升殿止哭揖躬使副讀祭文官俱再拜
訖内侍官捧祭文奠書案升西階詣神御座前稍西使
副讀祭文官隨升殿使副詣殿上北向立讀祭文官在

祭文奠文書後立引使詣神御座前就一拜跪三上香奠
茶奠酒畢就一拜興復位立內侍官捧案詣神御座前
置定讀祭文官詣神御座前就一拜跪啓封讀祭文奠
書訖就一拜興引使副讀祭文官降西階下殿歸位揖
躬再拜皇帝於幄内舉哭殿上下官皆舉哭禮直官舍
人通事引使人並權退殿上簾降使人出重華殿門外
幕次以俟朝見　十五日禮部太常寺言將來梓宮發
引依典故啓欑前三日奏告天地宗廟社稷天慶觀報
恩光孝觀太一宮從之　十六日金國弔祭使尼厖古
鑑等赴重華殿奉辭前期儀鸞司於重華宮殿上施簾
其日有司預於殿上設哲文神武成孝皇帝御座主管

卷七千三百六十三　二十五

事務及諸司於殿上先設香案香茶酒果祭食盝臺等
并重華宮親從親事官排立如儀俟使人并讀祭文官
至重華殿門外幕次俟親從親事官自拜兩拜訖次御
史臺閤門太常寺分引宰執侍從官入赴當殿北向立
定殿上簾捲揖躬兩拜訖宰執並由西階升殿分東西
西立侍從官於殿下東壁面西立禮直官舍人通事引
使副讀祭文官入殿前殿上下官皆舉哭至殿下褥位
北向立定揖躬兩拜訖引使副由西階升殿殿上下官
止哭讀祭文官依舊殿下立使副於殿上北向立引使
詣神御座前就一拜跪三上香奠茶三奠酒畢就一拜
興復位引使副降西階下殿歸位立殿上下官皆舉哭

揖躬兩拜訖退宰執並降西階侍從官已下以次退殿
上簾降　二十一日詔攝太傅持節導靈駕及奠謚寶
監掩欑宮差右丞相趙汝愚欑宮禮儀使差太師嗣秀
王伯圭攝少傅差吏部尚書鄭僑　二十三日禮部太
常寺言將來虞主回赴重華宮并神主祔廟依禮例用
細仗五百人太常鼓吹一百三十一人乞下兵部太常
寺差撥施行從之　二十四日禮部太常寺言靈駕發
引依禮例差太傅一員後從皇帝行啓奠祖奠遣殿之
禮詔差右丞相趙汝愚　同日禮部太常寺言已降指
揮掩欑宮畢太常卿沿路行六虞祭畢奉迎虞主詣重
華宮皇帝行奉迎安神禮及行第七第八第九虞祭依

卷七千三百六十三　二十六

禮例係間日行禮并依國朝故事神主祔廟前二日皇
帝親行卒哭之祭所有神主祔廟日辰太史局選用十
二月十八日其間日一虞緣相去祔廟日遠今檢會昨
淳熙十五年禮例亦緣祔廟日遠係三日一虞今欲乞
將來十二月四日奉迎虞主詣重華宮几筵殿行奉迎
安禮畢欲乞於六日皇帝親行第七虞祭十日八虞十
三日九虞十六日卒哭從之　二十五日詔奉迎神主
并神主祔廟禮儀使差右丞相趙汝愚都大主管官差
霍汝翼　二十九日詔靈駕發引并至永阜陵欑宮塗
太傅禮儀使少傅一員復土九鍾就差禮儀使伯圭
十一月四日詔書題祔廟神主差吏部尚書鄭僑　十

一日啓攢皇帝服初喪之服行祭奠之禮　其日啓攢時前總護使行啓攢禮畢捧遷梓宮還殿安奉訖禮直官引讀祝文官詣殿上香案之西東向立次禮直官太常博士引太常卿詣幄前立定次御史臺閤門太常寺分引陪位宰執文武百僚並服初喪服詣重華殿裹外隨地之宜立班定皇帝服初喪之服詣幄即御座簾降禮直官太常博士引太常卿當幄前俛伏跪奏稱太常卿臣某言請皇帝詣哲文神武成孝皇帝梓宮前行啓攢祭奠之禮奏訖伏興退復位簾捲前導官前導皇帝出幄詣殿上褥位西向立奏請拜皇帝再拜舉哭在位官皆再拜舉哭前導官前導皇帝詣香案前北向立奏

卷七千三百六十三

二十七

請皇帝上香再上香三上香跪內侍進茶酒奏請皇帝酹茶三奠酒于茅苴奠爵訖俛伏興又奏請皇帝少立俟讀祝文官讀祝文訖皇帝哭在位官皆哭奏請拜皇帝再拜在位官皆再拜訖前導官導皇帝還褥位西向立奏請拜皇帝再拜在位官皆再拜訖前導官前導皇帝歸御幄簾降禮直官太常博士引太常卿當幄前俛伏跪奏稱太常卿臣某言禮畢奏訖伏興退百官移班稍東進名班首出班致詞復位再拜奏慰太皇太后次進名再拜奉慰皇太后次進名再拜奉慰皇帝次進名再拜奉慰皇后訖班退換常服黑帶詣後殿門外進名再拜奉慰太上皇帝次進名再拜奉慰太上皇后訖班

退自是百僚並服初喪服朝一臨臨退不易服至發引奉辭靈駕畢易常服黑帶　紹熙五年十一月十四日詔靈駕發引其排立禁衛諸班直親從等于幷殿前司擺鋪經由道路坊巷官兵折食錢依淳熙十五年例令戶部日下特與除支　同日監察御史吳獵言准敕差監掩攢宮續詔令在路糾察[illegible][illegible]等人船不得前後攙先遠去賊得舊例祭官俟掩攢宮畢不候[illegible]虞主先回令既有糾察指揮未審合與不合隨虞主至行在詔令隨虞主回程餘依已降指揮　十五日靈駕發引行啓奠祖奠遣奠之禮　其日行啓奠禮時前太皇太后皇太后自宮中服衰服提舉官奏請太皇太后皇太后詣

卷七千三百六十三

二十八

梓宮前舉哭行燒香奉寧之禮畢權歸幄次有司設牙床牲牢禮饌畢禮直官引讀祝文官詣殿上東向立進幣爵酒官詣殿上西向立酌酒官於酒尊之後立次引太傅宰執總護使皇親南班官行事侍中等及總護使司官釁詣殿下北向立定禮直官太常博士引太常卿於幄前立定皇帝服衰服至御幄即座（侍衛之官各服初喪之服）簾降太史報時前二刻禮直官太常博士引太常卿當幄前俛伏跪奏稱太常卿臣某言請皇帝行啓奠之禮奏訖伏興退復位簾捲前導皇帝出幄詣殿上褥位西向立奏請拜皇帝再拜舉哭在位官皆再拜舉哭次內侍官進盥匜沃水奏請皇帝盥手內侍官進

爵奏請皇帝洗爵內侍官進巾奏請皇帝拭爵前導官
前導皇帝詣哲文神武成孝皇帝靈座前次禮直官引
大傅後從（凡升降及祖奠遣奠禮皆太傅後從）又奏請
皇帝跪上香再上香三上香進幣爵酒官西向跪先進
幣次進爵酒又奏請皇帝受幣奠幣執爵三祭酒于茅
苴奠爵訖俛伏興又奏請皇帝少立哭止讀祝文官東
向跪讀祝文官奏請皇帝哭在位官皆哭又奏請拜皇
帝再拜在位官皆再拜次前導皇帝還褥位西向立又
奏請拜皇帝再拜在位官皆再拜訖前導皇帝權歸幄
簾降前導官於幄前立陪位等官並權退徹啓奠禮饌
俟時至侍中詣哲文神武成孝皇帝靈座前俛伏跪奏

稱侍中臣某言請哲文神武成孝皇帝靈駕進發奏訖
伏興退復位（凡侍中奏請皆俛伏跪奏訖伏興）俟輦官
等捧梓宮稍前侍中又奏請哲文神武成孝皇帝靈駕
少駐俟權置定輦官等並權退次提舉官奏請太皇太
后皇太后詣梓宮前舉哭行燒香奉辭之禮畢還宮有
司設牙床牲牢禮饌畢次引太傅宰執總護使等陪位
官皆立定（陪位官如啓奠之儀）次禮直官太常博士引
太常卿當幄前俛伏跪奏稱太常卿臣某言請皇帝行
祖奠之禮奏訖伏興退復位簾捲前導皇帝出幄詣殿
上西向褥位立（奏請拜舉哭行禮並如啓殿之儀訖）前
導皇帝於梢東褥位西向立（太傅宰執前導官總護使

官屬等權退詣重華殿門外以俟前導後從立班）次引
皇親南班官於殿下稍東少立次引總護使升殿於皇
帝褥位之東西立禮直官引侍中奏請哲文神武成孝
皇帝靈駕進發（初行祖奠之禮少府監帥其屬進龍輴
於重華殿下）輦官等升捧梓宮太傅持節導梓宮進發
降殿太常少卿帥執翣者分左右障梓宮初梓宮降殿
皇帝舉哭從行總護使皇親南班官並舉哭陪從至重
華殿次引侍中詣哲文神武成孝皇帝靈駕前奏稱侍
中臣某言請哲文神武成孝皇帝梓宮升龍輴奏訖退
次將作監捧梓宮登龍輴挽士奉引至重華宮門外侍
中奏請哲文神武成孝皇帝靈駕權駐升大昇轝初至

宮門外皇帝歸幄簾降行事陪位官少退前導官立於
御幄前次少傅率梓宮官（係將作監）奉梓宮升大昇轝
訖有司設哀冊木床實牲牢禮饌畢次引讀冊官舉冊
官進爵酒官各隨地之宜立酌酒官於酒尊之後立次
宰執總護使等陪位官皆立定（陪位官如啓奠之儀）次
禮直官太常博士引太常卿當幄前俛伏跪奏稱太常
卿臣某言請皇帝行遣奠之禮奏訖伏興退復位簾捲
前導官前導皇帝出幄詣大昇轝之前褥位立奏請拜
皇帝再拜舉哭在位官皆再拜舉哭內侍進盥匜沃水
奏請皇帝盥手內侍進巾奏請皇帝帨手內侍進爵奏
請皇帝洗爵內侍進巾奏請皇帝拭爵前導官前導皇

諜 易 牒

帝諧哲文神武成孝皇帝靈駕前又奏請皇帝跪上香
再上香三上香進幣爵酒官跪先進幣次進爵酒又奏
請皇帝受幣奠幣執爵三祭酒于茅苴奠爵訖俛伏興
又奏請皇帝少立哭止讀哀冊官跪讀哀冊訖奏請皇
帝哭在位官皆哭又奏請拜皇帝再拜在位官皆再拜
訖陪位官皆退有司徹牙床禮饌前導官前導皇帝權
歸幄次禮直官引侍中奏請哲文神武成孝皇帝靈駕
進發有司率僧道各執威儀鐃鈸道具并車轝法物哀
冊謚冊寶等及儀衛執持物人前引靈駕進發前導官
前導皇帝出幄舉哭執緣繩俟大舁轝進發內侍官割
繩訖前導官前導皇帝歸幄哭止簾降前導官退　哀

卷七千三百六十三　三十一

冊文　維紹熙五年歲次甲寅六月庚寅朔九日戊戌
哲文神武成孝皇帝崩于重華宮之重華殿殯於殿之
西階粵十一月戊子朔十五日壬寅遷座于永阜陵攢
宮禮也即遠期臻通喪義切象物儼乎既備龍輴轄其
將發孝孫嗣皇帝臣御名孝深念祖制實代親欒棘表
性苴麻厚倫望仙遊而已邈企貽訓以如新丕闡太烈
亶資弼臣其詞曰於皇太祖肇基我宋神旗一揮萬國
星拱功摠兆人德彌千紀傳祚友于弗私其子慶鍾來
裔元聖通開珠庭日角大畧雄才洪惟高宗鑒擬則哲
早毓英睿謂膺圖諜爰付大統天心允協乾道紀旦於
赫皇明清風發而果日麗潛龍奮而春雷驚反席顧俊

宵衣厲精政核名實治規平成革玩歲之末習揭奕邦
之大經羣臣震疊以亮釆方內涵濡而底寧慨九陵之
蕪穢悼二都之羶腥若劇嘗膽夙行建瓴意欲刷耻雪
憤掃宄犁庭陳藁街之斧鉞報清廟之威靈雖壯圖之
耆昧炳聖志之丹青亶示訓於有生尤茂昭於人極享
帝優恭奉先祗惕兢兢早暮載嚴于職王色奉而慈顏
怡愉寶冊陳而叶氣充塞十闈致養三年宅卹表衷交
盡初終如一行軼曾閔道光載籍乃若學洞壺粵文追
典謨諏經釆稟接翰鴻都儒化聿宣文風誕敷居率儉
勤動虞驕逸覽章夜分決事日昃聲色靡好囿游不飭
賜無橫綿府有餘積至仁漸暨邦本先卹延見牧守丁

卷七千三百六十三　三十二

寧戒飭中外更試以練羣能長養成就忠良奮興善無
微而不録惡無隱而不懲曰司紀綱或糾愆謬不難屈
已以伸法守體正用大消平黨偏其德赫赫其心淵淵
蓋明足以燭知洪纖而不病於察智足以獨御區宇而
不矜其全神機電斷蔑優游之失卓識天授顯精一之
傳春秋日高聖敬彌卲肆垂宏遠之規終契希夷之妙
脫屣黃屋怡神繹宮方展寀而慶七袠忽賓天而棄六
龍文母流涕以臨訣聖嗣抱疹而嬰咒嗟衆宥之甫頓
哀秦醫之莫逢鳴呼哀哉彌留之辰天震地裂人心靡
怙而皇皇國勢阽危丕業賴遺澤之滲漉想靈游之
颯沓偉大策之中定革皇圖於不拔鳴呼哀哉流畧于

邁隱憂載深爍霜槳兮眩目煽（朔）以嚴兮殞心撫玉座兮虛虛以寂瞻素旗兮翩復森長樂鐘殘猶意絨衣之問鈞天夢斷空驚廣奏之沉嗚呼哀哉因山遽催同軌畢赴背巍巍之邃宇即杳杳之靈戶紛羽衛兮赫奕愴凶儀兮縞素薤歌咽兮前道蔞翣移兮翣駐流蘇月滿清廟之夜色空凝輦路苔生別苑之春光誰顧嗚呼哀哉指濤江而欲度辭廟祏以增欷睇稽山兮暫寓眷鞏洛兮終歸痛深泉下之銀海藏謹中方之玉衣葬速蒼梧蹇二妃之不從宴終瑤圃耿八駿以何之嗚呼哀哉君臨天下二十有八年膏澤浸乎華夏德名振乎天淵儷美堯禹儕成軼宣何崇朝之厭代兮鬱四海之煩冤

卷七千三百六十三　三十三

焆大孝之純德兮芘神孫於萬年嗚呼哀哉」二十四日內降制曰三年之喪古有彝制朕勉承慈訓實紹邦圖仰孝宗之家法具存宜朕躬惟古道是復以盡厚終之義以昭尊祖之誠朕當遵用三年之制可令禮官條具合行典禮以聞　先是禮部太常寺言欲（大）祥畢更服禫兩月至九月一日從吉上曰但欲禮制全盡不較此兩月於是監察御史胡（紘）言伏覩已降御筆布告遵行三年之制是時太上感疾未能執喪故陛下下此明詔欲以安海內示夷狄也今孫為祖服已過朞矣議者欲更持禫兩月不知用何典禮若曰嫡孫承重則太上聖躬亦已康復於宮中自行二十七月之重服而陛下

又行之是喪有二孤也往時權臣當國不有太上故禮官造為不經之說以濟其不軌之謀自古孫為祖服何嘗有此禮制令陛下詎可不為親屈以為之差別乎謂宜二十五月而釋服六月九日釋服之後用王肅祥禫共月之義且放古未遠月纖冠之○意服常服色之淺淡者終月至七月一日純吉服自餘一切如常服之舊太上皇帝宜禫而釋服至九月一日純吉庶無二孤之嫌又令祥禫共月之制乞下侍從臺諫給舍集議吏部尚書葉翥等議到當來有司失於討論今來胡紘所乞委是允當兼照典故山陵進發日皇帝釋喪服改吉服今服衰服已至大祥高世之行度越漢唐乞從所請詔

卷七千三百六十三　三十四

集議到禫制事書宣諭宰執雖合禮經然於朕追慕之意有所未安俟月過慈福宮更當取太皇太后聖旨至是過宮奏知面奉聖旨以羣臣所議既合禮經況太上皇帝聖躬雖未全康愈宮中亦自行三年之制宜從所議朕既承慈訓敢不遵依議狀付外施行宋史禮志初高宗之喪孝宗為三年服及孝宗之喪有所請於易月之外用漆紗淺黃之制蓋循紹興以前之舊朱熹初至不以為然奏言令已往之失不及追改惟有將來啓殯發引禮當復用初喪之服則其變除之節尚有可議望明詔禮官稽考禮律陵行指定其官吏軍民方喪之服亦宜稍為之制勿使肆為華靡具後詔中外百官皆以涼衫視事蓋用此也方來嘉上議時門人有疑者未有以折之後請禮記正義喪服小記為祖後者條因自識於本議之末具畧云準五服年月格斬哀三年嫡孫為祖謂承重者法意甚明而禮經無文但傳云父沒而為祖後者服斬然而不見本經未詳何據但小記云祖父卒而為祖母後者三年可以傍照至為祖後者條下疏中所引鄭志

乃有諸侯父有發疾不仕國政不仕喪事之問而鄭荅以天子諸侯之服皆斬之文方見父在而承國於祖服向來上此奏時無文字可檢又無朋友可問故大約且以禮律言之亦有疑父在不當承重者時無明白證驗但以禮律人情大意答之心常不安歸來稽考始見此說方得無疑乃知學之不講其害如此而禮經之文誠有闕畧不無待於後人向使無鄭康成則此事終有所斷決不可直謂古經定制一字不可增損也

二十八日掩欑其日侯大昇轝至欑宮侍中詣大昇轝前俛伏跪奏稱侍中臣某言請哲文神武成孝皇帝靈駕降轝升龍輴詣獻殿奏訖俛伏興有司捧梓宮升龍輴入詣獻殿上訖俟掩欑日時前行遣奠禮有司於梓宮前陳設祭器實設禮料畢先引陪位官立定次引奉禮郎已下入就位立定次行禮總護使詣獻殿梓宮前立定禮直官贊躬拜總護使再拜在位官皆再拜舉哭

卷七千三百六十三

三十五

次引奉禮郎太祝太官令各入就位立定次引行禮總護使詣盥洗位盥手帨手洗爵拭爵詣酒尊所跪執爵俟太官令酌酒訖興詣梓宮前跪上香再上香三上香奉禮郎奉幣行禮總護使受幣奠幣執爵三祭酒奠爵俛伏興少立止哭俟太祝跪讀祝文訖行禮總護使再拜舉哭在位官皆舉哭總護使復位又再拜在位官皆再拜訖哭止次引總護使詣望瘞位奉禮郎太祝太官令重行立定有司瘞祝幣訖退俟掩欑時至引侍中詣梓宮前俛伏跪奏稱侍中臣某言請哲文神武成孝皇帝靈駕赴欑宮奏訖俛伏興有司捧遷梓宮少傅引梓宮即欑宮畢權退俟梓宮進皇堂訖次引將作監掩欑

宮太傅監察御史並監掩欑宮次引少保復土九鍾內謁者浴虞主訖以羅巾拭訖俟掩欑宮將畢引內謁者詣欑宮前俛伏跪奏稱內謁者臣某言請哲文神武成孝皇帝神靈上虞主訖奏俛伏興扶侍次啓匱寘訖捧腰輿內侍捧遷虞主升腰輿至獻殿上南向權置定次引內謁者詣虞主腰輿前俛伏跪奏稱內謁者臣某言請哲文神武成孝皇帝虞主降輿升座內侍捧遷虞主即座訖權退初掩欑宮畢引太常卿行掩欑宮之禮並如遷奠之儀惟不用陪位官掩欑宮行禮畢總護使已下並易常服黑帶訖次詣虞主前行虞祭之禮如別儀

十二月四日虞主渡江於權安奉處禮儀使行奉

卷七千三百六十三

三十六

迎之禮　其日威儀儈道儀衛親從等並詣權安奉哲文神武成孝皇帝虞主幄次前排立禮直官引禮儀使都大主管官已下詣虞主幄前褥位立班定禮直官揖躬拜禮儀使拜在位官皆再拜訖次引禮儀使升詣虞主香案前搢笏上香再上香三上香執笏降復位再拜在位官皆再拜訖次引禮儀使都大主管官升詣殿幄分立定禮直官引內謁者詣虞主腰輿前俛伏跪奏稱內謁者臣某言請哲文神武成孝皇帝虞主進行奏訖俛伏興退次威儀儈道儀衛親從等前引禮儀使騎從都大主管官并主管諸司等往來照管俟虞主進行至重華宮門外禮儀使已下馬並權退以俟皇帝行奉迎

之禮其僧道儀衛親從等止於重華宮門外退同日文
武百僚常服黑帶出城奉迎虞主詣重華宮　同日皇
帝於重華宮門外奉迎虞主升殿行安神之禮　其日
皇帝詣重華宮門内御幄簾降禮直官太常博士太常
卿於幄前立定俟哲文神武成孝皇帝虞主至重華宮
門外禮直官太常博士引太常卿當幄前俛伏跪奏稱
太常卿臣某言請皇帝奉迎哲文神武成孝皇帝虞主
行安神之禮奏訖俛伏興退復位簾降前導官前導皇
帝出幄詣重華宮門外褥位南向立奏請拜皇帝再拜
訖扶侍夾侍捧腰輿入門前導官前導皇帝步導虞主
升殿至几筵殿上權駐前導官前導皇帝詣殿上褥位

西向立次引内謁者詣虞主腰輿前俛伏跪奏稱内謁
者臣某言請哲文神武成孝皇帝虞主降輿升座權安
奏奏訖俛伏興退内侍官捧虞主升座前導官前導皇
帝權歸几筵殿東廊御幄簾降前導官並權退次提舉
官奏請太皇太后皇太后詣虞主前北向立内侍官啓
匱于後以白羅巾覆之訖少退太皇太后皇太后行安
神燒香禮如宮中之儀訖退次前導官詣御幄前立御
幄簾捲前導官前導皇帝詣虞主香案前北向立奏請
皇帝上香再上香三上香又奏請拜皇帝再拜訖前導
官前導皇帝詣褥位西向立俟内侍官啓巾捧匱覆虞
主訖前導官導皇帝歸几筵殿東廊御幄簾降禮直官

太常博士引太常卿當幄前俛伏跪奏稱太常卿臣某
言禮畢奏訖俛伏興前導官退以俟進名奉慰訖退
六日皇帝詣几筵殿行第七虞祭之禮第一至第六虞
有司行禮第七至第九虞皇帝親行禮其日有司設牙
床牲牢禮饌行禮時御前御史臺閤門太常寺先引文
武百官詣几筵殿裏外立定次禮直官引讀祝文官詣
殿上東向立進幣爵酒官詣殿上西向立酌酒官於殿
上酒尊之後北向立定次禮直官太常博士引太常卿
詣幄前立定皇帝入御幄簾降禮直官太常博士引太
常卿當幄前俛伏跪奏稱太常卿臣某言請皇帝行虞
祭之禮奏訖俛伏興退復位簾捲前導官前導皇帝出

幄詣殿上褥位西向立内侍啓虞主匱于後以白羅巾
覆之訖奏請拜皇帝再拜在位官皆再拜次内侍進盥
匜沃水奏請皇帝盥手内侍進巾又奏請皇帝帨手内
侍進爵又奏請皇帝洗爵内侍進巾又奏請皇帝拭爵
訖前導官前導皇帝詣虞主前奏請皇帝跪上香再上
香三上香進幣爵酒官搢笏跪先進幣次進爵酒又奏
請皇帝受幣奠幣執爵三祭酒于茅苴奠爵訖俛伏興
又奏請少立讀祝文官搢笏跪讀祝文訖奏請拜皇帝
再拜在位官皆再拜訖前導官前導皇帝還褥位西向
立奏請拜皇帝再拜在位官皆再拜訖内侍啓虞主巾
捧匱覆虞主訖前導官前導皇帝歸御幄簾降禮直官

太常博士次引太常卿當幄前俛伏跪奏稱太常卿臣某言禮畢奏訖俛伏興退復位前導官退陪位行事官以次退第八第九虞並如上儀 十日皇帝行第八虞祭之禮十三日行第九虞祭之禮 十二日吏部尚書鄭僑等議請以故宰臣贈太師魯國公謚文恭陳康伯配饗孝宗廟廷從之 十三日詔兩浙轉運司紹興府劉蓋攢宮都監巡檢廨舍并□、舍軍營等並依永思陵攢宮體例施行已而本府得其地在永思陵巡檢廨舍之北因命建焉 十六日皇帝詣几筵殿行卒哭之禮 其日有司設牙床牲牢禮饌行禮時前御史臺閤門太常寺先引文武百官詣几筵殿裏外立班定次禮直官引進幣爵酒官詣殿上西向立引讀祝文官詣殿上東向立酌酒官詣殿上酒尊之後北向立定次禮直官太常博士引太常卿於幄前立定皇帝入御幄簾降禮直官太常博士引太常卿當幄前俛伏跪奏稱太常卿臣某言請皇帝行卒哭之祭奏訖俛伏興退復位簾捲前導官前導皇帝出幄詣殿上褥位西向立內侍啓虞主匱于後以白羅巾覆之訖奏請拜皇帝再拜在位官皆再拜次引內侍進盤匜沃水請皇帝盥手內侍進巾又奏請皇帝帨手內侍進爵又奏請皇帝洗爵內侍進巾又奏請皇帝拭爵前導官前導皇帝詣虞主前奏請皇帝跪上香再上香三上香進幣爵酒官搢笏跪先進幣次進

卷七千三百六十三　三十九

太常卿於幄前立定皇帝請几筵殿前御幄簾降禮直官太常博士 此段加引太常卿之上

行奠神奉辭之禮奏訖俛伏興退復位簾捲前導官前導皇帝 此段加出幄之上

爵酒又奏請皇帝受幣奠幣執爵三祭酒于茅苴奠爵訖俛伏興又奏請少立讀祝文官搢笏跪讀祝文訖奏請拜皇帝再拜在位官皆再拜訖前導官前導皇帝還褥位西向立奏請拜皇帝再拜在位官皆再拜訖內侍啓虞主巾捧匱覆虞主訖前導官前導皇帝歸御幄簾降禮直官太常博士引太常卿當幄前俛伏跪奏稱太常卿臣某言禮畢奏訖俛伏興前導官退陪位行事官以俟進名奉慰訖退 十七日學士院製撰哲文神武成孝皇帝原廟殿名系隆太廟樂章名大倫詔恭依 十八日神主祔廟皇帝行奠神奉辭之禮 其日儀仗鼓吹儀衛等於重華宮門外排立定禮直官太常博士引太常卿當幄前俛伏跪奏稱太常卿臣某言請皇帝出幄詣几筵殿上褥位西向立俟內侍啓虞主匱于後以白羅巾覆虞主訖奏請拜皇帝再拜訖前導官前導皇帝詣哲文神武成孝皇帝虞主香案前奏請皇帝上香再上香三上香又奏請拜皇帝再拜訖前導官前導皇帝詣殿門外御幄簾降禮直官太常博士引太常卿於幄前立定次輦官擎腰輿詣几筵殿下置定禮直官引內謁者詣虞主前俛伏跪奏稱內謁者臣某言請哲文神武成孝皇帝虞主降座升輿進行奏訖俛伏興退內侍官啓白羅巾以匱覆虞主訖扶侍夾侍捧腰輿內侍官捧虞主升輿訖輦官擎腰輿進行俟虞主將至

卷七千三百六十三　四十

宮門御幄簾捲前導官前導皇帝導虞主進行至重華宮門前導官前導皇帝詣褥位西向立内謁者詣虞主前俛伏跪奏内謁者臣某言請虞主少駐奏訖俛伏興退輦官置虞主腰輿定扶侍夾侍輦官已下並權退俟有司陳香案等畢前導官前導皇帝詣重華宮門外虞主香案前北向立奏請拜皇帝再拜訖又奏請皇帝上香再上香三上香又奏請拜皇帝再拜訖前導官前導皇帝歸御幄簾降禮直官太常博士引太常御當幄前俛伏跪奏稱太常御臣某言禮畢奏訖俛伏興前導官退輦官擎虞主腰輿進行儀仗鼓吹儀衛前引禮儀使都大主管官後從赴太廟　同日神主祔廟以成穆皇

卷七千三百六十三　卌一

皇成恭皇后配行晨祼之禮　前期有司設幄次於太廟南神門之外太廟奉安所捧神主腰輿詣幄次設浴斛巾香筆墨硯等告遷成穆皇后神主成恭皇后神主詣太廟南神門外幄次權行安奉以俟同時祔謁升祔其行事官内合赴迎奉者守太廟門出赴重華宮門外俟再拜訖前導虞主詣太廟欞星門外下馬步導禮儀使都大主管官後從虞主至南神門外幄次權安奉訖禮儀使都大主管官前導官退歸幕次禁衛吏牙排立祠祭官引宮闈令詣殿下再拜訖開室整拂神幄次引薦香燈官入詣殿下北向再拜訖升殿詣諸室立定有司前期設祭器實之皆如常享之儀太官令監視訖

內常侍詣神主案前搢笏捧神主置於腰輿以白羅巾覆之執笏退次引此後如扶持之上

退次引光祿卿詣殿下褥位再拜訖升殿點閱畢次引監察御史升殿按視訖俱退還齋所並服喪服祔享時將至禮直官引禮儀使詣神主幄前稍南北向立次禮直官引大都主管官詣神主幄前稍南北向立次禮直官引大都主管官詣禮儀使之後稍東北向立次引内常侍入幄搢笏捧孝宗哲文神武成孝皇帝神主詣浴斛跪浴拭訖置于案執笏興退次引題神主官詣幄前盥洗位西向搢笏盥手帨手訖執笏入詣孝宗哲文神武成孝皇帝神主案前搢笏跪題神主訖執笏興退有司滌之次引扶侍夾侍官捧腰輿官捧神主腰輿次于虞主腰輿訖次引禮儀使詣虞主前俛伏跪奏稱禮儀

卷七千三百六十三　卌二

使具官臣某言請孝宗哲文神武成孝皇帝神靈上神主奏訖俛伏興退復位立次太廟奉安所捧遷虞主詣本廟冊寶殿權安奉次御史臺閤門太常寺分引宰執使相文武百官入詣殿庭分東西相向立北上禮直官贊者分引祔享行事官詣神門外揖位立定禮直官贊揖次引太常御丞協律郎次引監察御史奉禮郎太祝太官令入就殿下席位北向立次引初獻兵部工部尚書亞終獻入就殿下席位西向立祠祭官於殿上贊奉神主次引薦香燈官入室搢笏奉帝主啓匱於後以白羅巾覆之執笏退復執事位引宮闈令搢笏奉后主如上儀以青羅巾覆之執笏退復執事位祠祭官於殿上

贊奉神主訖俟太史報時及禮直官引内謁者詣神主幄前西向俛伏跪奏稱内謁者臣某言請孝宗哲文神武成孝皇帝成穆皇后成恭皇后神主進行奏訖俛伏興次詣神主腰輿前織巾奉神主入匱訖次贊者引扶侍夾侍捧腰輿内侍詣幄捧腰輿進行内謁者前導禮直官引禮儀使都大主管官後從入南神正門詣泰階下北向禁衛退御史臺閤門太常寺分引宰執使相文武百僚合班北向立定。内謁者詣殿下褥位南向俛伏跪奏稱内謁者臣某言請孝宗哲文神武成孝皇帝成穆皇后成恭皇后神主少駐俛伏興少退立禮直官引都大主管官退次禮直官引禮儀使升自泰階詣

卷七千三百六十三　四三

殿上當中褥位北向俛伏跪奏稱禮儀使具官臣某言請孝宗哲文神武成孝皇帝成穆皇后成恭皇后神主祔謁奏訖俛伏興退復本班位次引宫闈令詣殿下帝后神主腰輿前搢笏捧帝后神主升自泰階詣殿上當中褥位北向啓匱權奉孝宗哲文神武成孝皇帝神主于座以白羅巾覆之次奉成穆皇后神主成恭皇后神主如上儀以青羅巾覆之其匱皆設于座後捧腰輿内侍升扶侍夾侍官並退宫闈令執笏興少立俟祔謁訖宫闈令搢笏跪奉孝宗哲文神武成孝皇帝神主入匱升奉成穆皇后神主成恭皇后神主入匱與諧孝宗室各啓匱奉神主于座各以巾覆之其匱設于座後宫闈

令執笏退復執事位禮直官贊有司謹具請行事贊者曰再拜在位官皆再拜訖次引押樂太常丞協律郎詣樂架立定次引監祭御史奉禮郎太祝太官令各升殿就位立定次禮直官引初獻詣盥洗北向立搢笏盥手帨手執笏詣爵洗位北向立搢笏洗瓚拭瓚訖以瓚授執事者執笏升殿詣太祖室尊彝所西向立執事者以瓚授初獻初獻搢笏跪執爵者舉冪太官令搢笏跪酌鬱鬯訖執笏興先詣太宗室尊彝所北向立初獻以瓚授執事者執笏興入詣太祖室北向立搢笏跪次奉禮郎奉瓚授初獻初獻執瓚以鬯祼地奠瓚次執事者以幣授奉禮郎奉禮郎奉幣以授初獻訖執笏興先詣

卷七千三百六十三　四十四

太宗室前西向立初獻受幣奠訖執笏俛伏興出户外再拜訖次詣太宗室次詣真宗室次詣仁宗室次詣英宗室次詣神宗室次詣哲宗室次詣徽宗室次詣欽宗室次詣高宗室次詣孝宗室祼鬯奠幣並如上儀訖俱復位宫架作興安之樂孝熙昭德之舞九成止既晨祼薦香燈官取毛血奠於神座前太官令取肝以鸞刀制之洗於鬱鬯貫之以膋燎於爐炭薦香燈官以肝膋詣於神座又以隨祭三祭于茅苴退復位

饋食之禮

享日有司設俎二十二於神厨各在鑊右進饌者詣厨升羊於鑊載於一俎肩臂臑肫胳正脊一直脊一横脊一長脅一短脅一代脅一皆二骨以並其載于俎肩臂

臑在上端肫胳在下端脊脅在中升豕如羊載於一俎
豕熟十一體如羊執事者入設於饌幔內俟初獻既升
晨祼捧俎官及執事者捧俎入詣西階下於左右次引
兵部尚書工部尚書詣西階下各搢笏奉俎升殿宮架
作豐安之樂奉俎詣太祖室北向跪奠訖先薦羊次薦
豕執笏俛伏興有司設置於豆右腸胃膚之前羊在左
豕在右次詣諸室奉俎並如上儀俱降復位立樂止初
奠俎訖次引薦香燈官取蕭合黍稷擩手於脂燎於爐炭
當饋熟之時薦香燈官取菹擩於醯祭於豆間三又取
黍稷肺祭如初俱搢以茅退復位次引初獻再詣盥洗
位宮架正安之樂作初獻升降行止皆作正安之樂北
向立搢笏盥手帨手執笏詣爵洗位北向立搢笏洗爵
拭爵訖以爵授執事者執笏升殿樂止登歌樂作詣太
祖室酌尊所西向立樂止登歌皇武之樂作太宗室大
定之樂真宗室熙文之樂仁宗室美成之樂英宗
室治隆之樂神宗室大明之樂哲宗室重光之樂
欽宗室端慶之樂高宗室大德之樂孝宗室大
倫之樂執事者以爵授初獻搢笏跪執爵執尊者舉冪
太官令搢笏跪酌犧尊之醴齊訖先詣太宗室酌尊所
北向立初獻以爵授執事者執笏興入詣太祖室北向
立搢笏跪執爵三祭酒于茅苴奠爵執笏俛伏興出戶
外少立次太祝東向搢笏跪讀祝文訖執笏興先詣太

徽宗室承元之樂　添欽宗之上

卷七千三百六十三　四十五

宗室東向立初獻再拜次詣諸室行禮並如上儀太官
令復詣太祖室酌尊所太祝復位初獻將降階登歌樂
作降階樂止宮架樂作復位樂止文舞退武舞進宮架
正安之樂作舞者立定樂止次引亞獻詣盥洗位北向
立搢笏盥手帨手執笏詣爵洗位北向立搢笏洗爵拭
爵訖以爵授執事者執笏升殿詣太祖室酌尊所西向
立宮架作武安之樂禮洽儲祥之舞執事者以爵授亞
獻亞獻搢笏跪執爵執尊者舉冪太官令搢笏跪酌象
尊之盎齊訖執笏興先詣太宗室酌尊所北向立亞獻
以爵授執事者執笏興入詣太祖室北向立搢笏跪執
事者以爵授亞獻亞獻執爵三祭酒于茅苴奠爵訖執
笏俛伏興出戶外再拜訖次詣諸室行禮並如上儀初
亞獻行禮將詣第三室次引終獻詣洗及升殿行禮並
如亞獻之儀訖樂止降復位次引太祝徹籩豆籩豆各一具少移故處
登歌恭安之樂作卒徹樂止次引宮闈
令東茅訖俱復位禮直官曰賜胙贊者承傳曰賜胙再
拜在位官皆再拜訖送神宮架興安之樂作一成止祠
祭官於殿上贊奉神主入祏室次引薦香燈官搢笏奉
帝主入祏室執笏退復位次引宮闈令奉后主入祏室
訖次引初獻兵部工部尚書亞終獻詣殿下望瘞位立
定有司取幣帛東茅置於坎次引監察御史太常卿丞
奉禮郎協律郎太祝就望瘞位禮直官曰可瘞寘土半

卷七千三百六十三　四十六

坎本廟宮闈令監視次引初獻以下詣神門外揖位立定禮直官贊禮畢揖訖退御史臺閤門太常寺分引宰執使相文武百僚以次退太官令帥其屬徹禮饌次引監察御史詣殿上監視收徹訖還齋所宮闈令闔戶訖以降太常藏祝版於匱次光祿卿以胙奉進監察御史就位展視光祿卿望闕再拜而退　慶元元年正月十九日詔攢宮了畢官吏推賞有差餘依淳熙十五年六月已降指揮施行內兩該人止從一重　二十一日右丞相趙汝愚辭免孝宗祔廟後轉三官乞只轉一官上曰宰相與百執不同豈可只轉一官　三月十六日禮部太常寺言將來孝宗哲文神武成孝皇帝小祥前後五日不視事臣僚見辭權放依禮例命輔臣至權侍郎以上正任觀察使皇親遙郡防禦使以上詣几筵殿行奠酹禮七月八日同　九日小祥車駕詣重華宮几筵殿行祭奠禮如宮中之儀禮畢次御史臺閤門太常寺分引宰執文武百僚詣几筵殿內外立班再拜訖引班首升殿詣香案前三上香降階再拜訖次進名奉慰其不係從駕官先詣壽康宮以俟立班奉慰訖並赴仙林普濟院行香如忌辰行香之儀訖班退　十七日詔孝宗皇帝攢宮昨值寒凍修奉迫於期限慮有損動去處令有司逐一子細檢討以聞　二年正月二十六日禮部太常寺言將來六月九日孝宗哲文神武成孝皇帝大

卷七千三百六十三　四十七

祥合禁屠宰三日諸路州府軍監各就寺觀請僧建道場七晝夜罷散日設醮一座應官僚合於佛寺設位集僧道行香令都進奏院遍牒施行從之　六月一日禮部太常寺言勘會已降指揮六月九日大祥禮畢皇帝及百官並從吉服每遇祖宗帝后忌辰日并忌前一日皇帝服忌日之服今來雖已從吉是日皇帝仍服忌日之服還內所有百僚係赴几筵畢服常服黑帶就重華宮進名奉慰次赴壽康宮進名奉慰次赴仙林普濟院行香並純吉服退從之　九日太祥皇帝詣几筵前行祥祭之禮　其日夙興太常入陳祭器供設禮饌於几筵殿文武百僚不係從駕者並先赴重華宮門外以俟迎駕起居其日皇帝御後殿從駕臣僚禁衛起居如閤門儀皇帝御座乘輦將至重華宮文武百僚迎駕兩拜起居訖權退歸幕次以俟奉慰立班如值雨雪淋免起居　皇帝至重華宮降輦入詣孝宗皇帝几筵殿側御幄簾降擐衛几筵禁衛及僧道於殿門外排立定次引進幣爵酒讀祝文酌酒官入殿及執燭等官並先升殿各就位立定次引禮儀使陪位官宗室使相郡王南班宗室各入就位禮儀使前導執事陪位官供進盥匜等內侍官及侍衛之官並服衰服　次禮直官太常博士太常卿於御幄前立定俟皇帝服祥服訖次禮直官太常博士引太常卿當幄前俛伏跪奏稱太常卿臣某言請皇

卷七千三百六十三　四十八

帝為孝宗哲文神武成孝皇帝大祥行祥祭之禮奏訖俛伏興退復位簾捲前導官前導皇帝出幄舉哭在位官皆舉哭詣殿上褥位西向立太常卿奏請拜皇帝再拜在位官皆再拜訖內侍各執盤匜帨巾以進奏請皇帝盥手內侍進盤匜沃水皇帝盥手內侍進巾奏請帨手皇帝帨手訖內侍進爵沃水奏請皇帝洗爵內侍進巾奏請拭爵皇帝拭爵訖前導官前導皇帝詣孝宗哲文神武成孝皇帝几筵前褥位立奏請皇帝跪上香再上香三上香進幣酒官跪先進幣次進爵酒又奏請皇帝受幣奠幣執爵三祭酒於茅苴奠爵訖俛伏興奏請皇帝少立哭止在位官皆哭止讀祝文官跪讀祝文訖

卷七千三百六十三

四十九

奏請拜皇帝再拜在位官皆再拜訖前導官前導皇帝還褥位西向立奏請拜皇帝再拜在位官皆再拜訖前導官前導皇帝歸幄簾降次禮直官太常博士引太常卿當幄前俛伏跪奏稱太常卿臣某言禮畢奏訖俛伏興退復位立前導官陪位等官並權退次引禮儀使執事官詣望燎位立俟焚燎祝幣訖權退太常撤祭器禮饌訖俟几筵飲奉所別設香案茶酒果等訖提點官奉請太皇太后皇太后行禮畢退同日除几筵其日焚几筵時前俟皇帝行祥祭禮畢及太皇太后皇太后行禮畢次禮直官太常博士太常卿於御幄前立定次禮直官太常博士引太常卿當幄前俛伏跪奏稱太常卿

臣某言請皇帝躬親扶護几筵奏訖俛伏興退復位簾捲前導官前導皇帝出幄詣殿上褥位西向立太常卿奏請拜皇帝再拜舉哭前導官前導皇帝躬親扶護神御內侍官分左右扶護至東南權安奉訖哭止前導官前導皇帝歸幄簾降前導官於幄前立定次太常入陳祭器供設禮饌訖次引進幣爵酒讀祝文酌酒官執燭等官先升殿各就位立定次引禮儀使陪位官宗室使相郡王南班宗室各入就位次禮直官太常博士引太常卿當幄前俛伏跪奏稱太常卿臣某言請皇帝為孝宗哲文神武成孝皇帝大祥除几筵行祭奠之禮奏訖俛伏興退復位簾捲前導官前導皇帝出幄舉哭在位官皆舉哭詣殿上褥位西向立太常卿奏請拜皇帝再拜在位官皆再拜訖內侍各執盤匜帨巾以進奏請皇帝盥手內侍進盤匜沃水皇帝盥手內侍進巾奏請帨手皇帝帨手訖內侍進爵沃水奏請皇帝洗爵內侍進巾奏請拭爵皇帝拭爵訖前導官前導皇帝詣孝宗哲文神武成孝皇帝几筵前褥位立奏請皇帝跪上香再上香三上香進幣爵酒官跪先進幣次進爵酒又奏請皇帝受幣奠幣執爵三祭酒于茅苴奠爵訖俛伏興奏請皇帝少立哭止在位官皆哭止讀祝文官跪讀祝文訖奏請拜皇帝再拜在位官皆再拜訖前導官前導皇帝還褥位西向立奏請拜皇帝再拜在位

卷七千三百六十三

五十

官皆再拜訖，前導官前導皇帝歸幄，簾降，次直官、太常博士、太常卿當幄前俛伏跪奏稱：太常卿臣某言，禮畢。奏訖，俛伏興，退復位。前導陪位等官退，次引禮儀使、執事官詣望燎位立，俟焚燎祝幣訖，退。次引宗室使相、郡王、南班宗室詣殿下分左右立。次引禮儀使升詣几筵前，俛伏跪奏稱：禮儀使臣某言，請孝宗哲文神武成孝皇帝几筵降座，升輦輿。奏訖，俛伏興，少退，東向立。次內侍官扶護几筵升輦輿，輦官捧擎進行，宗室使相、郡王、南班宗室分左右導引，禁衛援衛及僧道作法事迎引。禮儀使後從至焚几筵處，俟輦輿過，退。有司俟時焚訖，並退。皇帝還內，如來儀。

卷七千三百六十三

五十一

八月十六日，禮祭皇帝行禫祭之禮。其日夙興，太常入陳祭器，供設禮饌訖，文武百僚不係從駕者並先赴重華宮門外，以俟迎駕。起居。其日皇帝服靴袍，御後殿，從駕臣僚、禁衛起居如閤門儀。皇帝降御座，乘差右丞相京鏜奉謚冊寶攝太傅，差參知政事兼知樞密院事謝深甫讀謚寶攝侍中，差參知政事何澹讀謚冊攝中書令，差簽書樞密院事葉翥

同日，禮部、太常寺言：討論合來攢宮下宮亦依永祐陵禮例，太行太皇太后御容於永思陵下宮後殿憲節皇后之次安設帳座，崇奉。從之。　二月三日，禮部、太常寺言：將來奉上謚冊寶，依禮例前二日奏告天地、宗廟、社稷、宮觀。從之。　四日，禮部、太常寺言：國朝禮制，皇帝行虞祭、卒哭祭，並用鞾袍。紹興二十九年，用素黃袍、黑帶、素履。今來皇帝既用期制，亦難以便行除釋，且從前項典故，服見今所服皂幞頭、黃袍、黑鞓犀帶、素履行事，候祔廟畢，別行取旨。從之。　八日，攝太傅京鏜率百官奉上憲聖慈烈皇后謚冊寶。　前一日，奉上謚冊寶、太傅讀冊、中書令讀寶、侍中奉謚冊官、奉謚寶官、舉冊官、舉寶官並常服黑帶，詣祥曦門外幕次，太常寺贊引祗應人、禮部職掌及儀衛、親從官等並於殿門外排立。內侍官請降謚冊寶出祥曦殿門，奉謚冊寶官受冊寶於殿門上幄，次權置。禮直官引太傅以下詣殿門下隨地立班再拜訖，如值雨或泥濘免拜。權退，側身立。儀衛進

卷七千三百六十三

五十二

行，太傅以下步從至宮門上馬，騎從至太廟欞星門外幄次。有司捧冊寶權入幄次，應騎從官入降次。禮直官、太常博士引太常卿當幄前俛伏跪奏稱：太常卿臣某言，禮畢。奏訖，俛伏興，退復位。次前導陪位官退。次引禮儀使、執事官詣望燎位立，俟焚燎祝幣訖，退。皇帝還內，如來儀。次宰執率文武百僚詣慈福宮奉慰，次赴壽康宮奉慰訖，次仙林普濟院行香訖，退。宋史高宗吳皇后傳：孝宗崩，始正位皇太后之號。時光宗疾未平，不能執喪，宰臣請垂簾主喪事，后不可。已而宰執請如唐肅宗故事，羣臣發喪太極殿，成服禁中，許之。后代行祭奠禮。尋用樞密趙汝愚請，於梓宮前垂簾，宣光宗手詔，立皇子嘉王為皇帝。翌日，冊夫人韓氏為皇后，徹簾。　案孝宗崩，留正等請憲聖太后出簾王喪，蓋是時正等之請出簾，世以國本然。子嘉王欲因簾前奏陳宗社之計，使命出簾，濟之附事行廟堂之上，則體正言順，可泯然而矣。從來畏慎，臣以

后成不欲與聞大計此議竟格　戊辰修史傳寧宗小祥詔羣臣服純吉真德秀爭之曰自漢文帝率情變古惟我阜陵方衰服三年朝衣朝冠皆以大布惜當時不倂定臣下執喪之禮此十識服窮之纖近阜陵上賓從臣羅黜等議令羣臣易月之後未釋衰服推朝會治事權用黑帶公服時席乃臨愈丞大祥始除惟仇冒反慶元之政始以小祥從吉且帶不以金縱不以紅佩不以庶鞍轎不以文繡此於羣臣何損於朝儀何傷議遂格德秀淩進觀言上皆虛心開納而時相益嚴懼之其黨乃謀所以相褫畏公議未敢發給舍王堅盛章始駁德秀所主濟即贈與繼而殿中侍御史莫澤遂劾之與職祠諫議大夫朱端常又劾之落職罷祠監察御史梁成大又劾之請加竄殛上曰仲尼不為已甚乃止　朝野雜記孝宗之喪上實以嫡孫行三年服慶元二年三月辛丑監察御史胡紘言皇帝為孝宗當服期詔侍從臺諫給舍限三日集議釋服吏部尚書葉翥等言孝宗升遐之初太上聖體違豫就宮中行三年之喪皇帝受禪止宜倣古方喪之服以為服昨來有司失於討論今胡紘所奏引古據經別嫌明微委是允當欲從所請參以典故六月九日大祥禫畢皇帝及百官並純吉服七月一日皇帝御正殿饗祖廟以全權制依申之義將來禫祭令禮官檢照累朝禮例施行四月庚戌詔羣臣所議雖合禮經然於朕追慕之意有所未安乎來奏知太皇太后面奉聖旨以太上皇帝雖未康愈宮中亦行三年之制宜從所議朕躬未慈劑敢不遵依議狀可付外施行　六月辛亥從從太常以御使章定其禮七月癸未覲饗太廟如故事焉

禮三〇之五三

宋會要

光宗　喪禮下

慶元六年八月八日聖安壽仁太上皇帝崩于壽康宮壽康殿遺誥曰吾以涼德受禪孝宗勵精圖回六更寒暑志近道遠徒勞戚疾爰以神器畀于嗣聖退處北宮專意調養以冀康寧之福七年于茲小愈復增連遭拜釁積憂熏心重涉炎歊益費將理皇帝方在哀疚復朝夕左右躬侍藥膳齋戒專精祈禱備至大數莫奪竟底彌留夜旦之常此理數究得所付託無遺憾矣壽成惠慈皇太后可尊為太皇太后將來敵凡筵畢壽康宮可撥還大內皇帝成服三日聽政喪紀以日易月羣臣共為寬釋勿過摧傷百官入臨隨地之宜諸道州府長吏以下三日釋服在京禁音樂百日在外一月無禁祠祀嫁娶沿邊不用舉哀本宮見在金銀一百萬貫撥付朝廷給散內外諸軍山陵制度務從儉約不在誥中者皆取皇帝處分更賴中外臣僚協心戮力翊扶庶政以副至懷故茲遺誥想宜知悉其日文武百僚常服黑帶入詣殿下立班定禮直官引班首出班於班前南向立搢笏宣遺誥訖歸位並舉哭一十五音再拜移班稍南立班首稍前立躬身致詞奉慰壽成惠慈皇太后次奉慰皇帝皇后歸位各再拜訖退　同日詔聖安壽仁太上皇帝升遐令有司疾速討論典禮施行　同日詔內侍

禮三〇之五四

李大謙充都大主管喪事依舊兼大行太上皇后都大主管喪事大行太上皇后提點事務內侍楊端友改差充大行太上皇帝升遐同都大主管喪事內侍毛居實充造梓宮　同日禮部太常寺言文武百僚朝晡臨於宮庭內外（文武百僚並詣殿下立班再拜訖禮直官引首詣香案前搢笏三上香出笏歸位舉哭一十五聲再拜訖班退）自小祥後至禫祭朝一臨自是七日皆朝臨四十九日而止禫祭除後山陵前每遇朔望群臣並朝臨進名奉慰皇太后皇帝皇后（成服日大小祥禫朔服並奉慰）從之　同日禮部太常寺言檢照典故初喪日皇帝合服白羅袍黑銀帶絲鞋白羅軟折上巾成服日皇帝布斜巾四腳裙袴冠帽竹杖腰經直領大袖布襴衫白絹襯衫

卷七千三百六十四　二

皇帝視事日去杖首經小祥日改服布四腳直領布襴衫腰經布袴大祥日服素紗軟腳折上巾淺黃袍黑銀帶皇太后皇后貴妃內外命婦麤布蓋頭衫帔首經絹襯服六宮內人無帔合服麤布蓋頭長衫裙首經絹襯服內外命婦合入臨人仍加冠吳興郡王合服布頭冠布斜巾四腳大袖襴衫裙袴腰經竹杖絹襯衫並下文思院製造群臣服制並斬衰服（斬衰謂不緝）中書門下省樞密院使副尚書翰林學士節度使金吾上將軍文武二品以上布頭冠布斜巾布四腳大袖襴衫裙袴首經腰經竹杖絹襯服文武五品以上并職事官監察御史以上內客省宣政昭宣知閤門事及入內都知押班布頭

冠幞頭大袖襴衫袴腰經自餘文武百僚三省樞密院書令史以上及御史臺閤門太常寺引班祗應人布幞頭襴衫腰經已上並合用麤麻布為屨並下臨安府製造軍人百姓等白衫帽婦人素縵不花釵三日止並從之　同日禮部太常寺言檢照典故御前禁衛行門班直親從快行親事輦官等自成服日前並服青紫或褐衫帶子至釋服日並依舊自成服日至釋服日前如遇朝殿亦服青紫或褐衫帶子從之　同日禮部太常寺言檢照典故一自舉哀日皇帝不視事擇日成服一擇日奏告天地宗廟社稷諸陵一自舉哀至祔廟停宗廟祭享并中小祠及禁樂一欲令臨安府禁屠宰三日一

卷七千三百六十四　三

將來孟冬朝獻乞依典故權停從之　同日禮部太常寺言檢照典故成服日至釋服日前遇朝殿所有合用簾幕並用縞素其輦輿并御龍直執打從物等權用淺黃包裹從之　同日詔辰日不得忌哭　九日詔令來大行聖安壽仁太上皇帝升遐所有應合行典禮及支賞賞賜等並依高宗皇帝升遐典故施行　同日禮部太常寺言檢照乾興元年典故大殮前延慶殿陳生平服玩及珠襦玉匣含襚應入梓宮之物令來大殮欲乞依上件典故施行從之　十一日禮部太常寺言檢照舊制喪服以日易月二十七日而除行在諸軍統制統領官免入臨就寨掛服將副部隊將管隊使臣陞朝官

以上及將校副指揮使以上常服哭於本營三日止常
日朝殿祇應排立行門禁衛班直將校副指揮使以上
并御前忠佐侯百官臨卽哭於殿門外在外監司州軍
縣鎮長吏以下服布四腳係幞頭直領襴衫上領不開腰經以麻
朝晡臨三日而除沿邊不用舉哀應士庶婚嫁服除外
不禁内外品官禁樂二十七月京城内外民庶自舉哀
至祔廟合行禁樂諸路州縣等内寺觀自聞報到日修
建道場七晝夜禁屠宰三日民庶等禁樂百日沿邊軍
中及在外諸軍軍行教閱不禁從之　十二日禮部太
常寺言檢照典故龍圖等閣祖宗神御殿權停節序旦
望帝后生忌辰酌獻過易月大祥依舊未祔廟前每遇

卷七千三百六十四

四

大祠奏告等行事官權改吉服用樂去處備而不作百
官不入臨日皇帝未聽政前並進名起居釋服後祔廟
前遇朔望不御前後殿並進名奉慰從之　同日禮部
太常寺言檢照典禮小祥日皇帝改服布四腳直領布
襴衫腰經布袴文武百官五品以上并職事官監察御
史以上内客省宣政昭宣使知閤門入内都知押班改
服布幞頭布襴衫腰經布袴大祥日皇帝改服素紗軟
折上巾淺黃袍黑銀帶合赴立班文武官三省樞密院
書令史以上及御史臺閤門太常寺引班祇應人合服
禫服係素紗軟腳幞頭黲公布服白鞓錫帶故例幞頭令臨安府
製造給散其黲布公服錫帶止令本府各支布一匹半自令包裹製造禫除日皇帝釋黲

常服文武百官如之繫金玉帶佩魚者易以黑帶去魚
乘花繡韉低座者易以皂韉去襯座宗室出則常服居
則衰服依服属終喪從之　同日禮部太常寺言檢照
典禮禫除前壽康宮内侍官依所定官品服制其餘内
侍官遇到宮行禮合依所定服制遇從駕及出入和寧
門合常服黑帶從之　同日禮部太常寺言百司於以
日易月服制之内入局治事卽不合易服從之　同日
禮部太常寺言依典故皇帝釋黲常服羣臣如之宗室
出則常服居則衰服以終喪令來宗室合隨羣臣釋服
外仍合依服属終喪其婚嫁各依服属終喪日許令婚
嫁從之　十三日禮部太常寺言依典故文武臣僚之

卷七千三百六十四

五

家並山陵祔廟畢並許嫁娶仍不用花綵候開樂日依
舊從之　十四日禮部太常寺言將來神主祔廟合於
太廟内添一室修製祏室乞下臨安府兩浙漕司先相
度修蓋從之　同日大斂成服行祭奠之禮其日儀鸞
司先設素幄於几筵之側稍前時將至分引行事陪位
官易服就位立班定皇帝服素服詣大行太上皇帝几
筵側素幄卽座太史奏時及禮直官太常博士引太常
卿當幄前俛伏跪奏太常卿臣某言請皇帝為大行聖
安壽仁太上皇帝升遐成服奏訖俛伏興内侍官為皇
帝釋素服易衰服禮直官引讀祝文官詣香案北面南
立簾捲前導官前導皇帝出幄詣殿上褥位北向立奏

請拜皇帝再拜哭在位官皆再拜哭前導官前導皇帝
詣香案前奏請三上香跪内侍進茶酒奏請酹茶三奠
酒俛伏興奏請少立俟讀祝文官稍前跪讀祝文訖奏
請皇帝哭盡哀在位官皆哭盡哀奏請拜皇帝再拜在
位官皆再拜前導官前導皇帝還褥位北向立奏請拜
皇帝再拜在位官皆再拜前導官前導皇帝還幄簾降
「太常卿奏禮畢退百官移班稍南進名班首出班致詞
復位再拜奉慰壽成惠慈皇太后次進名再拜奉慰皇
帝次進名再拜奉慰皇后訖班退　同日立銘旌高九
尺書大行聖安壽仁太上皇帝梓宮　同日立重　同
日殿攢行燒香之禮　前一日儀鸞司先設素幄於大

卷七千三百六十四　六

行太上皇帝殿攢方位之東稍前其日癸時皇都大主
管喪事官行祭土之禮以俟太史報時及導奉大行太
上皇帝梓宮至殿攢方位其合用儀物令都大主管喪事官候應都大主
管喪事官監視殿攢訖分引行事陪位官就位立班定
皇帝服衰服復詣素幄即座禮直官太常博士引太常
卿當幄前俛伏跪奏稱太常卿臣某言請皇帝為大行
聖安壽仁太上皇帝殿攢行燒香之禮奏訖俛伏興禮
直官引讀祝文官詣案北面南立簾捲前導官前導皇
帝出幄詣殿上褥位北向立奏請拜皇帝再拜哭在位
官皆拜哭前導官前導皇帝詣香案前奏請三上香跪
内侍進茶酒奏請酹茶三奠酒俛伏興奏請少立俟讀

祝文官稍前跪讀祝文奏請皇帝哭再拜在位官皆哭
再拜跪前導官前導皇帝還褥位奏請拜皇帝拜拜在
位官皆再拜訖前導官前導皇帝還幄簾降太常卿奏
禮畢退百官移班稍南進名班首出班致詞復位再拜
奉慰壽成惠慈皇太后次進名再拜奉慰皇帝次進名
再拜奉慰皇后訖班退　同日禮部太常寺言已降指
揮御前禁衛等自成服日並服青紫或褐衫帶子至釋
服日依舊其輦輿從物等權用淺黄色裹及依典故釋
服畢文武官有繫金玉帶及佩魚者易以黑帶仍去魚
其乘花繡韉㲯座者易以皂韉俟祔廟畢别降指揮令
來禫除畢百官常服黑帶所有禁衛等并輦輿從物乞

卷七千三百六十四　七

俟祔廟畢取旨從之　同日詔大行聖安壽仁太上皇
帝升遐應干支費並照應高宗皇帝升遐例内庫及封
樁庫支降免侵有司經常之費諸路監司州府軍監等
止進慰表其餘體物並令免進仍不得以助修攢宮為
名有所貢獻　同日御筆大行太上皇帝奄棄至養朕
宮中服三年之喪羣臣自遵易月之令　同日詔右丞
相謝深甫撰大行聖安壽仁太上皇帝陵名深甫上陵名曰
永崇詔恭依　十六日詔臨安府應已貫過鋪户客旅物件日
下從實盡支價錢交還稍有阻抑及輒除剋許經御史
臺陳訴　同日詔總護使差韓侂胄按行使副差韓邈
賁鑑橋道頓遞使差吳琚修奉都監差吳曦鈐轄差續

康伯　同日詔朝奉郎右司郎中李寅仲假煥章閣學士朝議大夫提舉萬壽觀兼侍讀咸安郡開國侯食邑一千戶食實封壹伯戶賜紫金魚袋充奉使金國告哀使從義郎左衛郎將張良顯假福州觀察使右武衛上將軍德化縣開國伯食邑七百戶副之　十七日禮部太常寺言檢照典禮皇帝聽政未釋服前其引班人如行弔臨之禮即依舊服衰絰如遇內殿引班奏事及從駕合常服黑帶皇帝視事日宰執奏事令去杖至小祥日去冠餘官奏事依此從之　十九日禮部太常寺言已降指揮禫除後山陵前每遇朔望羣臣並朝臨進名奉慰太皇太后皇帝皇后所有將來九月十五日係在明堂大禮致齋之內欲乞是日皇帝免詣几筵殿燒香文武百僚亦免入臨奉慰從之　二十日小祥行祭奠之禮（如永阜陵之儀）　二十七日禮部太常寺言將來梓宮發引及神主祔廟合用法物並下文思院製造從之　二十八日詔諡冊寶并沿冊寶法物哀冊并沿冊法物並下文思院製造　同日詔撰諡冊文并書諡冊文官差右丞相謝深甫撰哀冊文并書哀冊文官差知樞密院事兼參知政事何澹書篆寶文官差簽樞密院事陳自強撰諡議官差起居舍人兼權中書舍人兼權直學士院邵文炳　九月二日大祥行祭奠之禮（如永阜陵之儀）　三日禮部太常寺言乞依故例集議諡號于尚書省從之　四

日禫除行祭奠之禮（如永阜陵之儀）　七日詔皇堂內椁令有司用沙板隨宜修製候將來掩皇堂時先下椁底板候進梓宮於椁底上定正訖然後安下椁身次將天盤蓋綱於椁上梓宮已有牙腳其椁止用平底可就修奉欑宮處製造　十九日總護使韓侂胄言將來梓宮發引尚慮州縣以排辦為名亂有追呼緊繫科擾乞出給黃牓曉諭仍乞劄下諸使諸司并經由監司州郡縣鎮體認恤民之意如或違戾許令被擾之人指實越訴具名奏劾重寘典憲從之　二十二日禮部太常寺言檢照典故山陵皇堂神臺及上宮等不同今來係修奉欑宮乞依高宗皇帝禮例施行從之　同日又言欑宮內合用十二神等乞下文思院修製從之　二十四日按行使副韓邈黃鑑言判太史局荊大聲等相視得大行太上皇帝神穴係在永阜陵西永思陵下空閑地段委是國音王氣秀聚之地依得尊卑次序可以安建乞差官覆按詔吏部尚書兼侍讀袁說友充覆按使入內內侍省押班盧安仁副之既而說友等亦以為是迺從之　同日禮部太常寺言將來梓宮發引前夕并沿路導引宿頓排設合用警場鼓吹挽歌依故例係總護使同都大主管官禮部太常寺官於發引前二日就貢院按閱從之　挽詞翰林學士中書舍人撰二十首大臣職事官以上各撰二首導引歌詞學士院撰　同日又言

發引日合用幽簿儀仗衛服青紫褐衫執持儀物充代
乞令主管禁衛所前期相度差撥從之　同日又言依
禮例發引日總護使頻遞使都大主管官就幄次前朝
辭餘行事官並免從之　同日內出御製挽詩五首
其一曰問寢長清禁賓空邈白雲萬方懷覆育六載想
憂勤庶已來辰告猶經每夜分遺言猶薄葬不起霸陵
墳其二曰德盛兼神聖仁深似祖宗繁幾勞聽斷高蹈
適從容日謹承尊養天胡降閔凶稽山傳禹葬僊寢又
閟封其三曰顧復恩勤厚基圖父子傳雖懷心受日曷
報德如天太極方同運神機倏已僊可勝殂落痛得疾
為民編其四曰亹深涼德薄禍踵數旬餘母範成真馭
卷七千三百六十四　十
喪容正倚廬尚成慈父養又愴大庭虛號絕羹牆慕奎
文但寶書其五曰祖載僊輼去因山浙水東銘旌愁落
照挽鐸咽悲風鳳宴犀靈擁烏號兆姓同嬛嬛心欲折
哭踊望陵宮　三十日禮部太常寺言令來靈駕前所
立重乞依典禮俟發引日捧擎至欑宮令大史局選利
方至掩欑日埋瘞從之　十月一日詔朝散大夫吏部
郎中兼刪修敕令官丁常任假朝議大夫工部尚書清
化郡開國侯食邑一千戶食實封一百戶賜紫金魚袋
差充太上皇帝遺留禮信使武翼郎左驍衛中郎將郭
棫假嚴州觀察使知閤門事兼客省四方館事安仁縣
開國伯食邑七百戶副之　五日詔將來請謚于南郊

攝太傅差右丞相謝深甫讀謚議官差權吏部侍郎兼
給事中費士寅　六日欑宮修奉司言令來修奉欑宮
所有下宮俟標定上宮地段畢依永阜陵禮例於上宮
之後隨地修蓋從之　八日欑宮修奉司言將來鋪砌
皇堂石藏照得高宗皇帝孝宗皇帝石藏裏明長一丈
六尺二寸闊一丈六寸深九尺令乞依上件高低深闊
丈尺修奉施行從之　二十五日禮部太常寺言將來
梓宮發引日大轝龍輴車並在壽康宮前排設委是難
還乞依典故除啟奠行禮太傅宰執總護使皇親行事
侍中以下前導等官外餘文武官並免立班徑赴城外
奉辭靈駕從之　二十七日攝太傅謝深甫率百官請
卷七千三百十四　十一
謚於天如永阜陵之儀　同日攝太傅謝深甫等請大行聖安壽
仁太上皇帝謚曰憲仁聖哲慈孝皇帝廟號光宗議曰
臣聞至大而不可名者天至感而不容述者聖聖人之
道實原於天而功德之盛與天同大堯舜相繼勛華並
稱達文命之祗承昭神禹之授受心傳微妙精一執中
廣運而神誠難俄測而帝舜丙申命於惟賢孔子三致
意於無間於是禹之為大古今同辭流作揚休相為先
後亦猶欽明文思溫恭濬哲隨事以著推類以言全衆
美而歸全猶可得而髣髴也緊我神宋同符帝王太祖
肇基太宗踐祚傳緒十葉炎圖中興巍乎大哉時乃天
道法堯蹈舜跨商軼周稽三聖之傳揭二典之範鋪張

丕績視禹益光則固有在乎今日也恭惟大行聖安壽仁太上皇帝躬上聖之資際重熙之運輿自朱邸升儲青宮鷄鳴問寢而子道克全龍潛進修而君德滋懋淵泉溥博以時出聰明聖智而能知剖明訟牘已得於尹正之始諳知物情復見於参决之初中外想慕而屬心聖父臨朝而嘉歎天人協應內禪摛華欽奉燕謀潤色鴻業嚴兩宮之尊奉益供進之常儀述壽皇已行之規期於必遵以見繼承之實念祖宗已成之憲自有深意以壅更張之源先器識而務典實則鑒取士之家法貴久任而重數易則循命守之聖謨尊老成以悅重華揚寶册以慶慈福業業孜孜守以一道也畏天變之上形

卷七千三百六十四　十二

而感動於六事之陳欲人心之無怨而察聽於土本之後戒言瑞物而思豐登之樂業勵精治道而却歌頌之宣功不貴奇珍而杜遠方之求不殖貨利而務節用之本行所無事則以心不私而能公道運無積則審器日用而不盡休務之假益減治事之日益增則克勤於邦會計始於宮掖恩澤損於椒房則克儉於家疊疊穆穆進以無彊也建大中而消朋黨好正直而尚公平以任賢使能為致治之要以更出迭入為用人之法語近臣以遏絕僥倖飭監司以發擿姦贓清介純實則列置禁塗博洽純正則輔導王府講筵取經學賅通之老館閣儲議論正平之人擇遣帥於大臣詳議之餘得殿巖於

參稽公論之素訪舊弼以來讜論擢御史以獎直言訪問而致譖愬之不行虛懷而使所陳之得盡採封事之議以伸四方敢言之氣講景命之書而痞近習移人之非論寬卹之可行即行而不當具文謂懋賞之當與即與而不可不信於以謹黎獻之時舉而嘉言之罔伏也念户口之雖衆而民生實艱審蓄藏之非地而民憂無蓄雨暘形於憂喜水旱欲以實聞賑恤牧養必責以盡心勸課農桑必徹以無擾嚴郡邑名含實取之禁廣諸道預備先具之儲經總之繁多綱運之折閲科罰對減之色目預買畸零之取蠲減代輸立法必歸於一悉其太重疑刑務從厥中情犯之適輕則開其自新流徙

卷七千三百六十四　十三

之抵遠則示以不殺春夏之際俾非重事而勿拘盛暑慮囚俾必前期而及遠覽囹圄空虛之奏則喜形於奬諭聞肌體或傷之罪則言寓於哀矜於以見政在於養民而刑期於不犯也以義武寓兵之法為近古以兩淮藩籬之本為在民軍政欲一指統帥副貳分治之為非守禦有地視重屯列戍增損之當興將臣屢戒於掊克歸正常務於撫存招生部以結蕃戎創神勇以收子弟柔遠能邇數文德也羣臣進對商畧大事率言簡而理得諸儒講論反覆折衷皆心會而意明傳聞失實知非王霸之圖細故從事識非大體之務臨照百官而深辨邪正明見萬里而曲盡事情由思而睿惟幾康也臨御

六載之間規撫百王之上九功之所以著庶績之所以凝端由學聚問辨咸篤實輝光之新日就月將大緝熙光明之盛重離之繼照而溥海咸仰天鑑之下濟而品物流形何千萬年俾昌而熾而乃履乾之正體道之宗玩意希夷脫屣萬踰肆舉神器而親授聖子侔功太極而頤燕壽康為天子父以極其尊享天下養以致其樂歲受內朝之稱慶日顧寢門之問安歡欣穆愉慈愛備至遽聞憑几導揚之命俄趣乘雲上賓之遊茲皇帝所以興哀無時孝思罔極擗踊追慕悼心悲摧愴昊天之不辰痛飈馭之莫返而三靈改色臣庶攀號泣盡而繼之以血也爰陵獻卜會稽是瞻因山有期義封夙戒參

卷七千三百六十四

十四

酌古義攷訂六家將飭攸司勒崇丕冊庶幾有以延徽稱而詔萬世謹按謚法聖能法天曰憲施仁服義曰仁通達先知曰聖能官賢才曰哲視民如子曰慈繼志述事曰孝迹夫至公無私以應物自強不息以進德非聖能法天乎濟衆而均於一視博愛而事得其宜非施仁服義乎極深研幾而融照萬微窮理盡性而超卓獨見非通達先知乎明於知人而務取所長量材授任而各得其用非能官賢材乎惻怛欽恤而軫懷如傷撫綏和柔而燕及遠邇非視民如子乎授受一轍而允執厥中孝理天下而率由舊章非繼志述事乎萬善俱備全德丕顯固已被四表而宅天下至海隅而及萬邦宣昭洪

輝揚厲景鑠疑非愚臣之所能及而天下之所得私右昔成式天子之謚則請之南郊況我慈皇堯舜之道既原於天彝倫之疇復畀於帝為綱為紀克允成功赫奕煒煌配天無極申以節惠於昭至公對在天之靈無俯仰之愧大行聖安壽仁太上皇帝尊謚宜以天命錫之曰憲仁聖哲慈孝皇帝廟號光宗臣等謹議詔恭依

十一月一日詔令侍從兩省臺諫太常寺秘書省官集議配饗功臣既而禮部尚書張釜等詳議請以故右丞相贈少師葛邲配饗光宗廟庭從之　同日禮部太常寺言將來虞主回并神主祔廟合用細仗百百人太常鼓吹一百三十一人兩日排設振作導引乞下兵部太

卷七千三百六十四

十五

常寺差撥從之　三日詔奉上謚冊寶攝大傅差右丞相謝深甫奉謚冊寶官差知樞密院事兼參知政事何澹讀謚寶攝侍中差簽書樞密院事陳自強讀謚冊中書令差禮部尚書兼吏部尚書張釜　五日禮部太常寺言大行聖安壽仁太上皇帝依典故俟奉上謚號冊寶了日合稱憲仁聖哲慈孝皇帝祔廟畢合稱光宗憲仁聖哲慈孝皇帝詔恭依　十一日學士院擬光宗皇帝原廟殿名美明光宗皇帝室太廟酌獻樂名大和詔恭依　同日詔奉迎虞主并神主祔廟禮儀使差右丞相謝申甫都大主管官差入內內侍省押班盧安仁

同日禮部太常寺言將來掩攢宮畢六虞在塗太常卿

行禮以後三虞係間日皇帝行禮并依故事神主祔廟前二日皇帝行卒哭祭今來祔廟用十二月二十一日所有間日一虞緣相去日逼今欲乞十二月十四日行安神禮十五日第七虞十六日八虞十七日九虞十九日卒哭祭從之　同日禮部太常寺言國朝禮例掩皇堂畢虞主回皇帝行奉迎安神虞祭卒哭享神奉辭之禮並服鞾袍紹興二十九年用見服素黄袍黑帶素履淳熙十五年用見服白布折上巾黑帶白布袍素履所有今來衣服乞施行詔依淳熙十五年禮例　十二日禮部太常寺言將來神主祔廟依與禮令前二日奏告天地宗廟社稷宮觀從之　十三日禮部太常寺言將

卷七千三百六十四

來神主祔廟製造光宗室牌一面進請御書修製畢權於修內司安奉以俟擇日迎奉安掛從之　十四日攝太傅謝深甫率百官奉上憲仁聖哲慈孝皇帝謚册寶如永阜陵之儀謚册文曰維慶元六年歲次庚申十有一月癸丑朔十四日丙寅孝子嗣皇帝臣御名謹稽首再拜言曰臣聞堯舜之道禹傳之而揖遜之懿同乎三聖堯舜之治禹繼之而垂拱之盛同乎三朝以言其德則冠百王以言其功則被萬世立極垂統憂深慮遠迎以神器親授與子是以表行實因名為謚生則以禹稱之沒則以禹號之歷數十載莫之與京惟我烈考無間然矣恭惟大行太上皇帝亶明明美睿之姿膺疊疊圖回之

志爲聲爲律而輔以稽古爲綱爲紀而本以守謙飾德震宮推戴已久繼明離照謳歌皆歸精一執中妙於心傳歷數在躬得於尚命為之懋德丕績終陟元后也神皋之尹正而深識民情議事之參決而洞達國體踐祚之初天德清明號令之發球動聽惠澤之霈滲漉函生戒百官之貪濁而嚴糾劾戒長吏之更易而重久任蠲三輔預買丁庸之賦損四川鹽酒折估之額輕徭役謹刑罰爲之德惟善政政在養民也條列五事守孝宗所尚之規申飭三省遵孝宗已行之法即祗承於帝也廣豐年之平糴以厚儲積行歉歲之賑貸以救流徙即思溺由己也旁開求言之路日引輪對之班詔執政薦

卷七千三百六十四

臣之論事諭宰輔侍從之入奏即聞善言則拜也薦舉賢俊命於近列斥逐嬖倖奮自威斷即稱善人不善人遠也減休務之假增治事之日警怠忽察偷惰克勤於邦者也恩澤裁損不私於椒塗會計節省必始於宮掖克儉於家者也勸講經籍發明百篇之義游戲翰墨備具八法之體洛書之錫也承三宮之歡極四海之養歟郊丘饗宗廟致孝之道也若乃焦勞思治致爽沖和爰念退閑揖遜於大位褰裳高蹈頤神澹泊與天爲徒宜享康寧永躋上壽遽乘白雲返於帝鄉嗟夫臨御六年之間垂攢攀億載之遠有典有則貽厥子孫道在敬承罔敢失墜哉惟一家父子之親傳三世聖明之相繼體堯蹈

舜壹似乎禹令也弓劍之藏復歸禹穴原始要終若合
符節嗚呼豈偶然哉臣以凉德嫘然在疚即遠有期攀
號莫及敢紀鴻名圖報罔極然巍巍之治莫可擬議非
渾渾之書豈能形容管窺蠡測姑述見聞是用稽謀於
衆稽命於天憲垂百代之後仁居五常之先惟睿作聖
惟明作哲首三寶以為慈冠百行而為孝誕輯衆美具
揚丕鑠至於德之著者光於上下功之顯者光於祖宗
若帝與王孰能兩盡由令準古厥光大矣謹遣攝太傳
特進右丞相提舉實錄院提舉編修敕令岐國公食邑
三十六百戶食實三千二百戶臣謝深甫奉玉冊玉寶
上尊謚曰憲仁聖哲慈孝皇帝廟號光宗伏惟皇矣威
卷七千三百六十四　十八
靈克配彼天於萬斯年以顧越我國家謹言十八日百
日皇帝詣梓宮前行燒香禮如宮中之儀宰臣率文武
百僚詣壽康殿下臨次移班進名奉慰太皇太后訖退
行在禁屠宰三日諸路一日　同日詔總護使改差謝
深甫　十九日禮部太常寺言將來靈駕發引欲乞行
禮例差太傅一員復從皇帝行啓奠祖奠遣奠之禮詔
差右丞相謝深甫　同日禮部太常寺言將來梓宮發
引依典故於啓攢前三日奏告天地宗廟社稷宮觀從
之　同日詔攝太傳持節導靈駕及奠謚冊謚寶監掩
攢宮差右丞相謝深甫禮儀使攝少傅郎捧梓宮官奉
升大舁轝又引梓宮即攢宮攝少保復土九鍤並差禮

部侍郎陳宗召　同日右丞相謝深甫率文武百僚三
上表奏請御正殿內批宜允俟過百日擇日詔用二十
三日權御後殿　二十三日詔書題神主官差給事中
張巖　三十日啓攢皇帝服初喪之服行祭奠之禮如
永阜陵之儀　十二月三日靈駕發引皇帝行啓奠祖奠
遣之禮如永阜陵之儀　哀冊文曰維慶元六年歲次庚
申八月甲申朔八日辛卯憲仁聖哲慈孝皇帝崩於壽
康宮之壽康殿旋殯於殿之西階粵十二月癸未朔三
日乙酉還座於永崇陵攢宮禮也神禹賓天會稽啓穴
虞儀既備靈輿將發孝子嗣皇帝臣御名爰泉在疚陟
岵增歔望原陵而擗踊攀池翣以躊躇念德厚以莫報
卷七千三百六十四　十九
且功成而不居肆詔邇臣作冊大書其詞曰我宋中興
法堯禪舜大統再傳同符三聖天錫九疇為生人主淵
傳少海多歷年所洞鑑古今周知稼穡歷試諸難尹茲
京邑精一心傳不言已孚帝欲面命俾侍都俞堂建議
事參運化鈞位正九五尊嚴若神初元紹熙一意勵精
賞信罰必聽聰視明有蠹必剔無姦敢萌減休務以熙
庶政日輪對以通下情俗方淪於偏黨帝首建於皇極
訪舊弼以示謙虛賞封事以來忠直非時延見於公卿
乙夜究觀於典籍遠遵烈祖之制度近守淳熙之規畫
戚以攬權仁以守位恤刑獄而一民不冤蠲賦輸而百
姓受賜節費先自於宮掖馭下尤嚴於閹寺去侈靡技

山之難從諫踰轉圜之易智徧庶物藝超百王舞鵷鷺於宸翰發錦繡於天章以仁義道德而為罷豈觀遊逸田之是荒至若奉三宮之養則尤嚴五日之常孝治方隆節宣偶失變復罹於荼毒功未收於藥石獨觀昭曠退藏深密天德出寧雖止於六祀文謨啟佑可延於千億宮歒興慶地睽禁扃廞稱牒陳於鏤白聖政書成於汗青味黃老以冲淡友偓佺而燕寧登壽觴於北內傾沛澤於南溟叶氣川流歡聲濤沸曾期月之未浹欻長秋之先逝故劒尋兮孤飛遺號兮相繼聖子省疾於昕夕拜手祈哀於天地耳恩言兮猶在相睟容兮莫侍嗚呼哀哉地坼兮天傾創鉅兮痛深歲八千以祝壽年半百而病侵明庭紛兮鵷伏寢門閉兮槐陰赤水元珠望真遊而弗返清都絳闕陪列聖以來臨嗚呼哀哉駒隙載馳蓂階屢變清霜肅兮井梧飄白露濃兮宮草萎上金鏡兮佳節想王色兮前殿袞在御兮生塵景凋年兮結戀嗚呼哀哉甫窀穸協吉司常戒期背岧嶤之鳳闕建婀娜之鸞旗六紼動兮千官泣七萃行兮萬宇悲長樂鐘鳴已隔龍樓之問鈞天樂奏徒傾鶴駕之思嗚呼哀哉命方相兮先驅指越江兮東渡神祇奔走以效職魚龍離遝而來護蓬萊欝兮在望巖壑秀兮爭露哀莫哀兮棄九州之養樂莫樂兮從二帝之祔風蕭蕭兮玉衣冷雲慘慘兮栢城暮嗚呼哀哉若古有夏兮稱極功前

卷七千三百六十四

聖後聖兮道則同損己以益人兮積勤而致忠與子而高蹈兮何齡之不豐帝之治兮春以育帝之仁兮天比崇光祖宗兮建號揭日月兮焉窮嗚呼哀哉　九日掩欑如永阜陵之儀　十四日虞主渡江於權安奉處禮儀使行奉迎之禮如永阜陵之儀　同日文武百僚常服黑帶出城奉迎虞主詣壽康宮　同日皇帝於壽康宮門外奉迎虞主升殿行安神之禮如永阜陵之儀　十五日皇帝詣壽康殿行第七虞祭之禮如永阜陵之儀　十九日皇帝詣壽康殿行卒哭祭之禮如永阜陵之儀　二十一日神主祔廟皇帝行寧神奉辭之禮如永阜陵之儀　同日神主祔廟以慈懿皇后配行晨祼之禮如永阜陵之儀　二十二日詔諸司諸司等推恩有差餘並依慶元四年五月十七日指揮施行內兩該人止從一重　嘉泰元年正月十四日禮部太常寺言令來弔慰祭奠使副到闕詣壽康殿行禮并朝見欲乞依禮例皇帝服衰經其行禮朝見日并奉辭日宰執已下合赴立班官并應奉官及引班人服布幞頭布襴衫腰經布袴從之　二十五日金國弔祭使驃騎衛上將軍兵部尚書元顏充副使嘉議大夫尚書戶部侍郎李仁惠讀祭文官朝列大夫翰林修撰張復亨赴壽康殿行祭奠禮如永阜陵之儀　三十日金國弔祭[illegible]使元顏允等赴壽康殿奉辭如永阜陵之儀　二月十二日詔中奉大夫右司郎中

卷七千三百六十四

閤邱泳假試兵部尚書永嘉郡開國侯食邑一千三百戶食實封三百戶賜紫金魚袋差充奉使金國報謝使武翼大夫右屯衛將軍李言假福州觀察使知閤門事兼客省四方館事壽昌縣開國伯食邑七百戶副之既而泳以疾改差起居舍人俞烈借官仍舊　八月五日為光宗皇帝小祥前三日輔臣至六曹權侍郎以上管軍臣僚正任觀察使皇親遙郡防禦使以上詣几筵殿行奠酹禮（六日同）　八日小祥皇帝詣壽康殿行祭奠之禮如宮中之儀次御史臺閤門太常寺分引文武百僚詣几筵殿內外立班定禮直官揖躬拜在位官皆再拜訖禮直官引班首升殿詣几筵殿香案前搢笏三上香訖執笏降階復位立禮直官揖躬拜在位官皆再拜訖次移班進名奉慰太皇太后皇太后皇帝訖次赴傳法寺行香如忌辰之儀訖班退　十七日禮部太常寺言檢照紹興七年徽宗皇帝升遐初詔羣臣俟祔廟畢純吉服繼令俟過小祥日取旨八年正月二十五日小祥二月二十三日詔百官純吉至淳熙十四年高宗皇帝升遐詔並依紹興七年典禮又詔羣臣自遵易月之制欲乞酌遵用紹興已行之典淳熙申命之文百官過小祥用九月一日並服純吉從之　二十六日禮部太常寺言令來光宗皇帝已經小祥百官用九月一日並服純吉所有見應奉從物并禁衛班直親從等依典故並合仍

卷七千三百六十四

舊俟將來皇帝純吉日即合從吉從之　嘉泰二年五月十一日禮部太常寺言將來八月八日光宗憲仁聖哲慈孝皇帝大祥自初三日命輔臣至六曹權侍郎以上管軍臣僚遙郡觀察使應宗室南班官詣光宗皇帝几筵奠酹自是日一奠至初七日羣臣皆入奠八奠日依故事臣僚到闕未見還官未謝已辭未發並聽隨班入奠奠酹日應奠酹官服常服黑帶去魚立班奠酹畢換吉帶退從之　八月八日光宗憲仁聖哲慈孝皇帝大祥皇帝行祥祭之禮　其日夙興太常入陳祭器供設禮撰於壽康宮几筵殿文武百僚並赴壽康宮常服黑帶以俟奉慰立班儀衛几筵禁衛及僧道於殿門外排立定次引進幣爵酒官讀祝文酌酒官入殿及執燭等官並先陞殿各就位立定次引禮儀使陪位官宗室使相郡王南班宗室各入就位（禮儀使前導執事陪位官供進盤匜等內侍官）及侍衛之官並常服黑帶次禮直官太常博士太常卿於御幄前立定皇帝服衰服入詣几筵殿側御幄簾降釋衰服易祥服服白素紗軟腳幞頭白羅袍黑銀帶即座次禮直官太常博士引太常卿當幄前俛伏跪奏稱太常卿臣某言請皇帝為光宗憲仁聖哲慈孝皇帝大祥行祥祭之禮奏訖伏興退復位簾捲前導官前導皇帝出幄詣殿上褥位北向立太常卿奏請拜皇帝再拜在位官皆再拜訖內侍各執盤匜帨巾以進奉請皇帝

卷七千三百六十四

盥手內侍進盤匜沃水皇帝盥手內侍進巾奏請帨手
皇帝帨手訖內侍進爵沃水奏請皇帝洗爵內侍進巾
奏請拭爵皇帝拭爵訖前導官前導皇帝詣光宗憲仁
聖慈孝皇帝几筵前褥位立奏請皇帝跪三上香進幣
爵酒官搢笏先進幣次進爵酒又奏請皇帝受幣奠幣
執爵三祭酒於茅苴奠爵俛伏興奏請皇帝少立讀祝
文官搢笏跪讀祝文訖奏請舉哭拜皇帝舉哭再拜在
位官皆舉哭再拜訖哭止前導官前導皇帝還褥位北
向立奏請拜皇帝再拜在位官皆再拜訖前導官前導
皇帝歸幄簾降次禮直官太常博士引太常卿當幄前
俛伏跪奏稱太常卿臣某言禮畢奏訖伏興退復位立

卷七千三百六十四　三四

前導陪位等官並權退次引禮儀使執事官詣望燎位
立俟焚燎祝幣訖權退太常撤祭器禮饌訖俟几筵欽
奉所別設香茶酒果等訖提舉官奏請太皇太后行燒
香禮畢退　同日光宗皇帝除几筵奏請皇帝扶護几
筵行禮　其日焚几筵時前俟皇帝行祥祭禮畢及太
皇太后行燒香禮畢次禮直官太常博士太常卿於御
幄前立定次禮直官太常博士引太常卿當幄前俛伏
跪奏稱太常卿臣某言請皇帝躬親扶護几筵奏訖伏
興退復位簾捲前導官前導皇帝出幄詣殿上褥位北
向立太常卿奏請拜皇帝再拜舉哭前導官前導皇帝
躬親扶護神御內侍官分左右扶護至東南欑安奉訖

哭止前導官前導皇帝歸幄簾降前導官於幄前立定
次太常入陳祭器供設禮饌訖次引進幣爵酒官讀祝
文酌酒官執燭等官先陞殿各就位立定次引禮儀使
陪位官宗室使相郡王南班宗室各入就位次禮直官
太常博士引太常卿當幄前俛伏跪奏稱太常卿臣某
言請皇帝為光宗憲仁聖哲慈孝皇帝大祥除几筵行
祭奠之禮奏訖伏興退復位簾捲前導官前導皇帝詣
殿上褥位北向立太常卿奏請拜皇帝再拜在位官皆
再拜訖內侍各執盤匜帨巾以進奏請皇盥水內侍進
盤匜沃水皇帝盥手內侍進巾奏請帨手皇帝帨手訖
內侍進爵沃水奏請皇帝洗爵內侍進巾奏請拭爵皇

卷七千三百六十四　三五

帝拭爵訖前導官前導皇帝詣光宗憲仁聖哲慈孝皇
帝几筵前褥位立奏請皇帝跪三上香進幣爵酒官搢
笏跪先進幣次進爵酒又奏請皇帝受幣奠幣執爵三
祭酒於茅苴奠爵訖俛伏興奏請皇帝少立讀祝文官
搢笏跪讀祝文訖奏請舉哭拜皇帝舉哭再拜在位官
皆再拜訖哭止前導官前導皇帝還褥位北向立奏請
拜皇帝再拜在位官皆再拜訖前導官前導皇帝歸幄
簾降次禮直官太常博士引太常卿當幄前俛伏跪奏
稱太常卿臣某言禮畢奏訖伏興退復位前導陪臣等
官退次引禮儀使執事官詣望燎位立俟焚燎祝幣訖
退次引宗室使相郡王南班宗室詣殿下分左右立次

引禮儀使陛詣几筵前俛伏跪奏稱禮儀使臣某言請
光宗憲仁聖哲慈孝皇帝几筵降座陞輦輿奏訖伏興
少退南向立次内侍官扶護几筵陞輦輿輦官捧擎進
行宗室使相郡王南班宗室分左右導引禁衛儀衛及
僧道作法事迎引禮儀使後從至焚几筵處俟輦輿過
退有司俟時焚訖並退次文武百僚赴傳法寺行香如
忌辰儀　十月二十八日光宗皇帝禫除皇帝行禫祭
之禮如永阜陵之儀

宋會要　寧宗

嘉定十七年閏八月三日寧宗皇帝崩於福寧殿遺制
曰朕承十二聖之丕基歷三十有一年之久允賴天地

卷七千三百六十四

二十六

之祐祖宗之靈海内又安年穀豐衍北方故壤寖版圖
中原遺黎感懷内附而朕夙夜祇懼不敢荒寧宵衣御
朝感寒致疾迄今大漸不得負扆以見羣臣皇子御名
神授美奇天鍾睿哲春容朝謁休問日彰授以宗祧天
人允叶可於柩前即皇帝位然嗣君夙居外邸未熟萬
幾皇后左右朕躬歷年滋久秉心公正務在進賢任姒
之稱聞於天下可尊為皇太后權同聽政應軍國事務
並聽皇太后處分必能祗荷寵休奉若成憲佐中興之
運副率土之心更賴左右宗子文武列辟輔其不逮惟
懷永圖皇帝成服三日聽政喪紀以日易月羣臣共為
寬釋勿過摧傷百官入臨隨地之宜諸道州府長吏以

以三日釋服在京禁音樂百日在外一月無禁祠祀嫁
娶沿邊不用舉哀内外諸軍並令支賜並聽皇太后皇
帝處分於戲念有生之必死如晝夜相代之常惟付託
之得人乃宗社無窮之計咨爾有衆體予至懷　其日
文武百僚黑帶去金玉飾入詣殿下立班定禮直官引
班首出班前東向立搢笏宣遺制訖歸位並舉哭再拜
移班稍東立定皇帝即位遜避再四乃於殿上東楹即
坐班首出班躬身起居皇太后次起居皇帝次移班奉
慰皇太后殿上下並舉哭次奉慰皇帝班首躬身致詞
歸位舉哭各再拜訖皇帝降坐並退　同日禮部太常
寺言檢會國朝山陵故事羣臣敍班殿庭輔臣宣制發

卷七千三百六十四

二十七

哀畢移班謁見帝於殿之東楹稱賀復奉慰盡哀而退
今欲依上件典故施行從之　同日又言檢會國朝故
事皇帝合服初喪服白羅袍黑銀帶絲鞋白羅軟脚折
上巾成服日皇帝服布斜巾四脚裙袴冠帽竹杖腰絰
首絰直領大袖布襴衫白絹襯衫皇帝視事日去杖首
絰小祥日改服布四脚直領布襴衫腰絰布袴大祥日
服素紗軟脚折上巾淺黄袍黑銀帶皇太后内外命婦
麤布蓋頭裙衫帔子首絰絹襯服六宮内人無帔合服
麤布蓋頭長衫裙首絰絹襯服内外合入臨人仍加冠
所有今來服制欲乞並依前項典故令工部下文思院
製造供應從之　四日又言檢會國朝故事城内外諸

寺院共聲鐘二十五萬杵乞依典故令臨安府吉報聲
鐘文武百僚朝晡臨於宫庭内外自小祥後至禫祭朝
一臨自是七日皆朝臨四十九日而止禫祭除後山陵
前每遇朔望羣臣並朝臨進名奉慰皇太后皇帝成服
日大小祥禫朔望並奉慰同日詔辰日不得忌哭　同
日禮部太常寺言檢照典故諸路監司州軍縣鎮長吏
以下依禮例合服四脚襆頭直領襴衫即是大袖上
領不盤謂以布一條屈為領雖如涼紫衫領而不用斜
翦盤成是為直領腰經以麻為帶朝晡臨三日除之
從之　同日又言檢照典故内外品官禁樂二十七月
京城内外民庶等自舉哀至祔廟合行禁樂諸路州縣

卷七千三百六十四

二十八

管内寺觀自關報到日修建道場七晝夜禁屠宰三日
民庶等禁樂百日沿邊軍中及在内諸軍軍行教閱不
禁從之　同日又言檢照典故自成服至釋服日遇朝
殿所有簾幕並用縞素輦輿從物用淺黄包裹從之
六日又言乞依典禮集議大行皇帝謚號於尚書省詔
恭依　十三日又言檢照典禮皇帝釋禫服行禮畢皇
帝服皂襆頭淡黄袍烏犀帶素絲鞋皇太后冠做禕衣
冠去華飾服做禕衣以淡黄羅製造鞋淺色從之　十
八日又言檢照典禮將來梓宮發引合用節一副大昇
轝并輴一副一攢宮内安設合用黝三匹纁二匹黝纁
乞下左藏庫揀選堪好物帛充贈玉一段盛黝纁贈玉

匣狀及帕鏁匙全一啟奠祖奠遣奠祭器就本寺見管
使用外合用牙牀三張一合差撞擊兵士一十五人節級一名乞下步軍司差赴寺事畢
發遣如經由水路乞下所屬差撥人船攢宮畢并神主祔廟合用虞主一
神主一大匱二小匱二腰輿二汲水鐵絡桶二索全鍬
香案二紫羅衣子全白羅拭巾一長八尺小尺筆硯墨一副白羅
巾二各長八尺小尺行障一紫羅衣全袍籍神主虞主紫羅褥子二
浴斛二趺座二錦褥子全曲几二衣子全油絹帕二幅各三䍠匱
黄羅夾帕二幅各三并柘室法物等並乞下文思院製造
從之　十九日又言檢照故事帝后謚號其間一字相
連昨上孝宗皇帝謚號安穆皇后安恭皇后改從成字
令來大行皇帝將欲議謚所有恭淑皇后謚號合依典

卷七千三百六十四

完

故改謚從之　二十日又言將來梓宮發引沿路導引
宿頓排設合用警場鼓吹挽歌依故例係總護使同橋
道頓遞使都大主管官禮部太常寺官按閱從之　同
日又言一挽詞翰林學士中書舍人撰二十首文臣職
事官各二首導引鼓吹歌詞學士院撰一合用挽歌郎
依例差撥一發引日總護橋道頓遞使都主管官執幄
次前朝辭餘官並免一合差掩攢宮行事官候回日計
會閤門朝見一合用鹵簿儀仗權以儀衛服素紫褐衫
執持儀物充代從之　二十六日詔以參知政事宣繒
為攢宮總護使吏部侍郎兼中書門下省檢正諸房公
事兼同詳定勑令官楊燁為按行使保康軍承宣使入

内内侍省押班鄭俁副之師貢為橋道頓遞使馮樹為修奉總護符思信為鈐轄　同日詔令來大行皇帝升遐應合行典禮及支費賞賜等並依光宗皇帝升遐典故施行　二十八日命少傅右丞相兼樞密使魯國公史彌遠撰哀冊文并書哀冊文參知政事宣繒撰謚冊文簽書樞密院事薛極書篆寶文禮部侍郎兼中書舍人兼直學士院程珌撰謚議　同日禮部太常寺言今來大行皇帝升遐依故事合修製謚冊寶并沿冊寶法物哀冊并沿冊法物並乞下文思院修製從之　九月二十三日宰臣史彌遠擬撰太行皇帝陵名曰永茂詔恭依　十月二十一日詔令封樁庫支會子二十五萬貫豐儲倉支米二萬石付紹興府充應辦梓宮事務使用於内藏會子一萬貫付都大提舉喪事所應辦使用　二十九日按行使副楊烨鄭俁言判太史局周爽等相視得泰寧山形勢起伏龍虎擁抱依經書於此扠建大行皇帝神穴亦合隨即補治乞差官覆按施行詔寶謨閣直學士樞密都承旨聶子述充覆按使昭慶軍承宣使帶御器械符寶郎羅舜舉副之先是太史局周爽等於永崇陵之下相視迫溪與地可擇繼至泰寧寺山棟建故命使副覆按既而子述等言恭惟大行皇帝僊馭上賓神宮定卜而有泰寧寺者素擅形勢之區名為絕勝之境岡巒懷抱氣脈隱藏朝揖分明落勢特達是

卷七千三百六十四　辛

乃天造地設儲之數百年以俟今日之用非大臣閱歷之久主張之力上以開陳兩宮下以鎮壓羣議則僧徒寧保其不為動搖哉今此神穴坐壬向丙亦與國音為利益伏望明飭有司早嚴修奉上謂使副曰泰寧與昭慈相去多少使副奏曰昭慈陵側僅一里許往來最便上曰甚善迺從之　十二月九日禮部太常寺言將來梓宮發引廣王未還宮如遇文武百僚奉慰欲乞於後殿門外立班其合赴官許令入出和寧門從之　二十九日少傅右丞相史彌遠等請大行皇帝謚曰仁文哲武恭孝皇帝廟號寧宗議曰臣等聞皇墳帝典咸述於徽謨玉鎖全函悉儲於美號然史紀五帝之壽於古獨高而商稱三后之年歷書有永蓋履位既久則膏潤之被也必深而享國既長則治功之凝也必盛惟功德之兼茂宜名號之益張恭以熙朝上承堯運仁皇御歷卌二年高宗中興三十六載偉淳熙之繼體亦四七以承休逮我先皇垂及三紀羲昊而上莫可訂詳詩書所編於斯為盛昭德作謚宜鑒在兹恭惟大行皇帝夢日開祥神光闡瑞萬善衆美天授神鍾迹其登賢聘逸消庸斥回放勛之明也徹奉兩宮善述前志重華之孝也食不御珍衣襄屢澣大禹之儉也陰燠小愆露禱清禁文王之畏天也未昕視朝暑寒不變宣王之勤也睎民若傷念兵在已敬大臣恤小臣恭邇言而奠感堅讒説而

卷七千三百六十四　壬

不行郊廟迭舉以隆報本之心親幸儒宫以示右文之
化日惟一講肄始再臨録先聖之後賜諸儒之讌與學
上窺於軒昊飛毫俯爛於雲章既書説命以錫輔臣復
翰無逸以置坐右蠲兩浙丁錢之困減江東折帛之重
建學以皇宗枝錫廟以表忠節苑囿不修游幸絶跡禁
闥持嚴於金翠仁心下逮於肖翹閔民食之稍艱即發
豐儲之廩念民生之不易數捐内帑之金凡帝軌王塗
聖言哲行若修身之三德暨為治之九經無不躬蹈而
力行積久而不懈用是純德上格實意下孚五雨十風
羣生茂豫氷桂海受戴同心重譯鞮鞻連歲輸忱四世
金雖絶幣不與粤自南渡境土未還今也名若魏梁大

卷七千三百六十四

若齊魯晷河以北循山而東奉圖職方請印少府而又
中土人心影從風動豪士則挈州送款黔民則襁褓歸
仁列處邊亭凡數百里萬艘餘粟沾及傖荒矧其傳國
古璽元祐寶章與夫薦天之璧祀廟之器爵尊環珂鐘
律鏗鏘列玉大圭盡歸廣内邊吏不絶史館不絶書
履德於踐祚之始收功於真積之餘巍巍煌煌光洗六
合如清風飛曉而白日昇如蟄雷起春而應龍奮良由
德盛於身故功顯於世本末有第非偉而致仰惟玩志
移清觀道昭曠宜千億歲比筭三皇顧以求衣中宵忘
食過旰焦勤聖體寖爽天和既愆豫於逾旬尚臨朝於
一日若與臣子永訣僊凡自是廣庭不再清蹕三靈為

之色變萬宇為之心摧初玉几甫憑亟命聖子自承大
統盛德愈新付託得人海邦胥慰體天議謚下屬末臣
臣等是用循列聖之規剌六經之制闡章天之藻德酌
希代之隽功合為徽稱用昭億世謹按謚法功施於人
曰仁聖德光運曰文知人能官曰哲闢土斥疆曰武接
下不驕曰恭繼志成事曰孝夫澤流方夏餘被北方非
功施於人乎遺疏既明邪説自殄非聖德廣運乎信賢
逐佞至明不惑非知人能官乎北方版圖日衍月增非
闢土斥疆乎羣臣竭奏虚心樂從非接下不驕乎憤解
百年功光列廟非繼志成事乎夫賢起有莘之野萬國
咸安舜躬天德之全出寧四海盛遺大龜之寶亦取錄

卷七千三百六十四

邦戜惟武功之圖亦貴能救然則寧之為義大矣哉夫
植顯號建鴻名必也稽之事業攷之僉輿聞百聖而不
疑質諸鬼神而無媿故薦於天而天心受陳於廟而帝
意愉羣昭曰王者無上故於南郊稱天以謚大行皇帝
尊謚宜天錫之曰仁文哲武恭孝皇帝廟號寧宗詔恭
依　寶慶元年正月四日禮部太常寺言大行皇帝謚
寶欲以仁文哲武恭孝皇帝之寶十字為文乞下工部
行下文思院修製從之　九日又言將來靈駕發引依
禮例差太傅一員從皇帝行啟奠祖奠遣奠之禮詔
差少傅右丞相兼樞密使魯國公史彌遠　十六日臣
僚言近同副使鄭侯再請先皇帝新陵恭行告土之儀

啟土之日，天宇澄霽，陽耀宣明，土脉縝密，形勢秀聚，天造地設，合於地理之吉，見莫不舉手加額而相告曰：此先皇帝盛德之應也，兩宮孝思之格也。七月而葬，禮有常經，以月計之，為期已迫，欲望明詔有司預渭發引之日，仍乞行下應辦諸司，務在督趣整備，使無皐緩苟簡之虞、倉卒科擾之弊。從之。同日，禮部、太常寺言：將來梓宮發引，依典故，啟欑前三日奏告天地、宗廟、社稷、宮觀。從之。十七日，詔將來梓宮發引，依故例前一日免呈機。同日，禮部、太常寺言：將來奉上大行皇帝諡冊寶，宜用正月二十八日己丑吉。從之。十九日，又言：將來神主祔廟日，皇帝行寧神奉辭虞主之禮，今欲乞是日於皇帝行禮前，提舉官奏請皇太后詣虞主前先行寧神奉辭燒香之禮。靈駕發引掩欑畢，迎奉虞主回，皇帝親行三虞祭及卒哭祭之禮。二十日，又言：將來神主祔廟，合於祔享時前告遷恭淑皇后神主詣太廟南神門外幄次權行安奉，以俟同時祔謁升祔寧宗室。一、合差宮闈令一員詣別廟告遷恭淑皇后詣太廟升祔行禮，扶侍、夾侍各一員，捧腰輿官四員，並前一日赴太廟致齋，乞令太常寺報入內內侍省差官施行。一、合差儀衛親事官三十人，裝着儀注全，乞令皇城司差撥，前一日赴太廟奉安所上宿，至日祇應。一、所有告遷儀注，令太常寺修定關報施行。從之。二十七日，又言：將來

梓宮用三月十二日掩欑，依典故，除欑宮為獄外，自三月十日為始，禁止屠宰三日，令進奏院牒紹興府行下合屬縣分禁止施行。從之。二十八日，少傅、右丞相史彌遠率文武百僚奉上寧宗仁文哲武恭孝皇帝諡冊，文曰：維寶慶元年歲次乙酉正月壬戌朔二十八日己亥，孝子嗣皇帝臣御名謹稽首再拜言曰：臣聞德必有功，功德之餘也；功必由德，德功之本也。然古者祖有功、宗有德，槩而言之，匪曰區別，銘德紀功，敬宗尊祖，其義一也。徽名顯號，鏤玉純金，帝王以降，寖加詳矣。思我昭考，詎容闕遺。恭惟大行皇帝生有神光，夢衛抱日，天之所畀。秉德粹沖，充養淵深，始終克一。爰自潛蟠，逮於御極，雅言懿行，善政良規，皆德之發也；表正影隨，根茂實遂，休功偉績，得於自然，皆德之應也。屢書悉數，莫可勝紀，敢因節惠，採摭形容，庶幾萬一。為凝神靖穆，靡事玩好，歲寒清心，獨以名室，至純也；中庸大學，究明要旨，恭皇換武，是謂涉茫，至正也；金華說書，演為朝夕，講康聽朝，不怠昕旦，衣必服澣濯，飲不過三行，勤於邦，儉於家矣。容止進退，可觀可度，在朝在宮，雝雝肅肅，動容周旋，中禮矣。畏天則遇災而懼，減膳徹樂，露立請禱；寧親則克諧以孝，問安侍疾，躬進藥餌，事天如事親矣。以和顏接臣鄰，以大度納諫諍，憂民之憂，聞必惻怛，樂民之樂，不自滿假，體群臣而愛百姓矣。及夫形而為言，於學問則

曰人主一心攻之者衆於講讀則曰引古證今庶非文具語珠玉之寶而明德業之為寶語若為舟民為水而明覆舟之可畏因舉子有君則謂父母之心由之以生因以平海寇則謂招徠得用又可全生推是以往言皆德言於是見諸行事則政必由中書官不私嬖近祖宗成憲遵承惟謹使民奏牘命以致行立賢無方而朋比亡慝怒必去而姦邪沮梢帑儲振乏絶發倉廩救饑饉丁口之賦全以弛之折科之色重則損之興崇學校廣及宗庠褒諡先賢録及後裔拔民豪以為將彰死士而恤孤罪疑惟輕可憫即貸平反者有賞失入者有罰十詔取士八策於庭惟實用是求七饗合宫三登圖壁惟

卷七千三百六十四

三六

時宜時舉設施注措莫非德政稽驗成功則天地順應而陰陽和風雨時年穀阜成羣物暢茂帝歆親祀夜氣澄肅封人歲祝晨光赫曦眷佑之來可幸而得耶人心丕應而戶口蕃息囹圄空虛遺黎襁負以向化豪傑率衆以來王山河境土浸復版圖符寶珍瑞復還御府多助之至可彊而致耶故雖殘虜陸梁終自取敗寇攘閭作襲不旋踵權姦自孽而莫逭叛將弗征而就誅在位三十有一祺事變屢萌而汔康感應之機有不疾而速不行而至者大功數十是不曰盛德之所召乎乃若宸奎寶畫筆由心正弓矢候鵠中的體直以之而書無逸書說命則書可以觀德矣以之而尚武勇去弋獵則射

可以觀德矣游於藝者猶若是豈功而非德歟夫有大德者必得其壽謂宜無疆惟休眉壽萬歲夫何遽厭黃屋靈駕莫追殂落之旦風雨晦冥天人俱慘臣方荒頓足摧心乃承憑几之命俾紹丕圖之休追惟凉菲稟弗克勝煢煢在疚冈山告期四輔羣工若稽古訓敬紬稱謂得請於郊人謀天同誕昭懿鑠謹奉玉冊玉寶上尊諡曰仁文哲武恭孝皇帝廟號寧宗恭惟睿靈如在允膺茂典列於宗廟妥安閟恤於萬斯年永昌厥後嗚呼哀哉謹言　二月二日檢察宫陵所言將來大行皇帝攢宫所有差置官吏諸色祗應軍兵等人并應干合行事務乞照諸陵體例差官應合支破請給人從理任酬

卷七千三百六十五

三七

賞並依前後已得指揮施行詔差都監一員兼香火并差内外巡檢一員主管官物一員專知官一名手分二名餘從之攢宫修奉關官掌管出入牌記權令永崇陵攢宫都監陳叔進兼權候差到正官日仍舊主管官物及專知官從本所於見任得替小使臣校副尉内指差其官吏并諸色祗應人防守軍兵等應合得諸般請給令紹興府按排按月批勘　二十一日都省言令來梓宫發引在近合行祈晴詔日輪侍從一員詣上天竺靈感觀音前及分詣東嶽城隍福順廟旌忠觀祈禱香自入内内侍省請降　二十四日梓宫啟攢皇太后詣梓宫前行燒香如宫中之儀皇帝行祭奠禮文武百僚赴

凡筵殿陪位立班進名奉慰　同日禮部太常寺言檢
會淳熙元年已降指揮節文遇合班去處如東閣宰執
執即移西班執政過東班令來二月三十日仁文哲武
恭孝皇帝梓宮發引渡江船路朝晡臨并掩欑宮畢朝
朝拜路陵進表奉慰及沿路虞祭等合班即無宰執止
府彌大傅簽書樞密院事恐數並依執政合過東班作
班首上香立班及進上皇太后皇帝慰表從之　二十
七日詔靈駕發引在即令提領豐儲倉所撥米七萬碩
令臨安府日下委官抄劄城內外貧乏下戶大小口數
賑給一次務要實惠及民毋令吏胥漏落欺隱及減尅
作弊　同日詔令封樁庫日下取會殿前司馬步軍司

卷七千三百六十四

守衛官兵及班直皇城司并諸司見管兵人數每日各
特支犒設錢一貫文並以會子支撥付逐處當官點名
給散　同日詔梓宮發引在近見行祈晴應兩浙路州
軍城內外并屬縣官私房錢並放有差　三十日靈駕
發引皇太后行奉寧奉辭禮皇帝行啟殿祖奠禮畢次
詣皇城門外奉辭行遣奠禮哀冊文　維嘉定十七年
歲次甲申閏八月乙未朔三日丁酉仁文哲武恭孝皇
帝崩於福寧殿旋殯於殿之西階粵寶慶元年二月壬
辰朔三十日辛酉遷座於永茂陵欑宮禮也雲幾帝鄉
漏沉天闕懍宸鑾以如在挽車旌而尚列蒼梧連泣竹
之野玉遺藏函書之冗賠象物以懷顯企僊游而愴咽

孝子嗣皇帝臣名御摧痛罔極銜哀永訣弓劍漢以難攀
尊墨奠而將徹端咨近輔緝揚洪烈其詞曰天享至仁
格於藝祖誕膺明命全付區宇覲謳盛乎虞夏誓伐畀
乎湯武啟祐我後以篤斯祐若時中興三聖繼序丈孫
丕承實天所與秉哲而麗正飭躬而履純寅畏以事上
帝嚴恭以懷小民度常格以有容威不嚴而自神舍己
從善忠謹畢陳予亮予弼汝臣汝鄰渾然如天熙然如
春措一世於昇平闓八荒於晏醇三十一年仁祖之仁
始其慈福開宮壽慈對殿巍巍壽康高蹈清燕翠蹕來
朝問安視膳寶冊艾舉瓊觴齊獻慶重儀舞翔澤適
孝德之全光乎三禪太紫之庭蘭莚之被耆好不嗜服

卷七千三百六十四

御無飭衣必再浣洗更以錫苑囿不增遊畋屏迹輦路
苔侵禁囿草積賜絕橫縉嬪皆虛席儉德之隆卓冠載
籍若乃天作清明機運英剛迄翦姦孽總收權綱新化
如條皇猷聿彰衆正翕受帝紘孔張宗社之計赫乎靈
張乃挈治統乃疏政經九賦數減一役不興刑雖小而
適恤兵惟應而弗征親齋露禱恍通顧歆歲書屢豐變
銷無形立國之勢以尊以寧至於七敵堂延三登龐時
原廟之謁太室之祀升以苾馨消以芳美天地昭答神
祇嘉喜貺之珍符介之蕃祉帝眷載膺聖志愈抑惟威
憲是監惟古訓是式兩講迭進緝熙日益帝曰能定朕
心自得萬機餘閒玩情翰墨鸞虯翬矯奎璧絢奐黃宰

辟雍儒道用光若稽舊典肇復東序輯麟趾之振振環冠帶之鏘鏘俾道德而詠仁咸追琢乎圭璋而又發輝幽潛表章正學録裔胄於洙泗錫諡名於關洛振斯文而接墜賭鏡庠旨而開後覺於是聖化被乎六合皇威信乎四隱內修既備外攘無施屬胡運於垂盡起遺黎之來思故壤與圖疊上封圻聞風動河北之應布令感山東之歸景命用集鴻禧美溢亟還王府禮行瑶墀恩滲漉於臣庶聲震讋於戎夷娩宣王復古之雅邁宣帝興業之規要畧坂乎紹興宏模廣乎淳熙方當躬撫昌期丕凝庶績旦旦視朝寒暑不易終始如一遂爽冲豫遂覲藥石屢雲蔽闕以連朝彤霞覆殿而竟夕忽鈞天之宵斷駿宮車之晏出嗚呼哀哉天崩莫柱民哀斯擗當號薄乎霄漢雨泣凄乎郡國風煙為之俱慘日星幾於無色而況毋幄流悲宮闈傷盡忍憑几之導揚顧東朝之攀翼省付託之至重每哉疚而加傷嗚呼哀哉詢謀方篤睟容遽遷旂衛猶整音塵寖微黼座寒兮夜露欲泣素翣肅兮鴈霜共飛乙夜書殘唯想又新之訓景陽鍾絕那求未曉之衣嗚呼哀哉同軌咸臻元龜協吉澄暉涵萬壑之秀佳氣貫五陵之玉審協祔之胥契庶安寧之允穆飛旐先導而塵清海若駿奔而波伏幽籌引兮嗟越渚之迫迎龍輴逡兮痛京臯之巷哭山川拱扈永陪幽后之遊松檜蔚森申衍萬年之福嗚呼哀哉

列聖二心以仁而侍忠厚之基垂裕於後豈弟之洽深深於前細而覃乎草木充而塞乎天淵蒼籙興兮揖尧王之壽丹鼎就兮催黃帝之儀顧靈休之數遺長燕及於皇天嗚呼哀哉　同日內出御製挽詩五首　其一曰我宋書開維炎圖統得天年惟仁祖久歷至紹興綿孝廟鴻謨永光皇寶祚延四朝各三紀盛德洽民編　其二曰帝烈王謨大居然備一身聰明堯寔並孝友舜惟均夏后猶稱儉周王獨擅仁無之惟聖德天賦絕群倫　其三曰冲澹凝金永憂勤失寶丹講餘曦已午班趣漏方殘濟野雲生暗蒼梧日轉寒烈朝從藝祖天闕會金鑾　其四曰倦御賓空日龍飛杳杳間五雲呈瑞彩九虎歛重關寶輦扶蒼鶴雲歆擁玉班千年棲佛地今日覲天顏　其五曰一意遵先烈無忘付託功天心期不負帝業勉無窮七月猶為近三年尚有終惟餘飄血淚千歲五雲東　三月四日詔令提領豐儲倉所貼撥米二萬五千六百石付臨安府添充賑給貧民　十二日仁文哲武恭孝皇帝掩欑宮文武百僚赴後殿門外進名奉慰皇太后皇帝　十七日皇帝於皇城門外奉迎虞主升殿行安神之禮　二十五日祔廟前二日遣官奏告天地宗廟社稷宮觀　二十六日詔仁文哲武恭孝皇帝祔廟應臨安府城內外官私房賃錢並放有差　小祥大祥並如之　二十七日神主祔廟皇帝

行寧神奉辭之禮　四月二日，內降德音，以寧宗仁文哲武恭孝皇帝祔廟畢，在臨安府、紹興府管內見禁罪人，鬭殺情輕及雜犯死罪以下至徒流，遞減一等，杖以下釋之。　二十七日，詔璺駕發引畢，欑宮諸使及應辦修奉官各特轉一官，其知紹興府、應辦欑宮及兩浙運副各除職。　六月二十六日，欑宮畢，頓遞使、主管宿頓欑宮了畢，乞依節次體例推賞。從之。吏部勘當，故官壕寨官屬推賞有差，內兩該人止從一重，選人比類施行，以檢校少保、奉國軍節度使、知大宗正事師貢言有是命。　七月十六日，詔都大提舉喪事所諸司官屬依例各推恩有差，以安奉掩欑了畢故也。　八月二十四日，殿前司言：措辦木植物料，剏造修補，大料例船通計一百一十四隻，借付臨安府、紹興府轉運司等處應奉欑宮，發到了當外，有檢視印烙訖，未修船一百五十七隻，乞降會子，檢行打造，詔令封樁庫取撥支降六十三道，付殿前司，每道作八百貫，變賣專充修造。未辦船隻務要堅壯經久。　二年正月一日，皇太后、皇帝詣延殿行奠酹禮，如宮中儀。輔臣至六曹權侍郎已上，管軍臣僚正任觀察使、皇親遙郡防禦使已上並赴。凡延殿行奠酹禮。宋史張忠恕傳：理宗即位，戶部郎官張忠恕移書史彌遠，請收法孝宗行三年喪，且日孝宗始有戢祚服勅予膺凡二十有七年，今上自外邸入繼大統，未嘗朝一日定省之勞，欲報之德，視孝宗宜有加。賈慶初，詔求直言，忠恕上封事曰：入道莫先於孝，送死尤為大事。孝宗朝衣朝冠皆以大布，送定

卷七千三百六十四

考以嫡孫承重，光宗雖有疾，未嘗不服喪宮中也。洎光宗上賓，攢殿方張，莫有言者，若秋禮寺變成服，衰未嘗以義析衆。慶元間，再期而祥，百僚始純吉之黲南絰，緣祭雖朝臣一帶之微，不復有吉凶之別，則是三年之喪降而為期，言理滋甚。況人主執喪于外，而庫工之服無異常日，是有父子而無君臣也。

卷七千三百六十四

宋會要
昭憲皇后 喪禮
太祖建隆二年六月二日皇太后崩于滋德殿遺令曰
生死者人之常道修短者天之定數考終為福又奚其
悲予年過六旬比多衰病家國之故憂勞積念自春及
夏風氣頻作鍼石備至有加無瘳將盡天年宜申理命
皇帝天資仁孝親侍醫藥衣不解帶涉于數旬軍國事
繁人神所託勉思遠大無過哀毀予瞑目之後宜以宗
社為心丈賴群臣共與開釋皇帝成服三日聽政以日
易月一依舊制在京文武臣僚十三日而除諸長官(司)以
上及近臣列校朝晡臨於宮門外諸道州府長吏以下
卷七千三百六十五
三日釋服軍人百姓不用縞素沿邊州府不得舉哀釋
服之後勿禁作樂園陵制度務從儉省勉從予志勿用
煩勞（故事皇太后下書日令稱本七人之制首云皇太后敬問其位惟太上皇書曰詔稱予今昭憲下詔復稱予蓋學士之誤也其後遂亦仍此矣）是日帝行服於滋德殿三日文
武群臣入臨四日大斂攢於滋福宮百官成服中書門
下文武百僚諸軍副兵馬使以上並服布斜巾四腳直
領襴衫腰絰外命婦帕頭帔裙衫五日太常禮院請文
武百官臨三日後更不入臨每日入朝不立班小祥大(太)
祥禫除日並赴滋福宮臨移班少東奉慰又進名奉慰
皇后緣百官既已除服不臨外命婦進牋慰皇后朔望
日百官進名奉慰又准禮例合權停太廟時饗及中小

祠俟山陵畢服(復)舊從之是日宰臣范質等上表請聽政
表三上七日詔答允　八日以樞密副使趙普為山陵
按行使又命內客省使王贊司天監趙修己同往按行
九日帝見百官於紫宸殿門太常禮院言皇后燕國
長公主高氏皇弟泰寧軍節度使（太宗諱名）嘉州防禦使光
美並服齊衰三年准故事合隨皇帝以日易月之制二
十五日釋服二十七日而禫除畢服吉服心喪終制從
之十四日百官釋服　十九日有司言請以今年十月
十六日祔葬安陵從之　二十三日太常少卿馮吉請
上尊謚曰明憲皇太后詔恭依議曰臣聞謚所以知行
號所以表功功大者播之無窮德厚者傳之不朽唯詩
卷七千三百六十五
人之詠本王化之基姜嫄發后稷之祥太姒興武王之
業祖宗之慶今古相沿恭惟大行皇后沙麓儲靈塗山
孕粹恢張陰教表正人倫化行而九族惟和法正而六
宮承式事光彤史美溢椒塗母儀方耀於庶邦仙馭俄
聞於厭世褘衣褕翟即成原廟之遊蠶路龍輴將祔霸
陵之寢窆期定謚斯曰舊章謹按謚法照臨四方曰明
聖善周達曰憲請上尊謚曰明憲皇太后　十四日命
宰臣王溥為山陵使太常卿邊光範為禮儀(使)御史中丞
劉溫叟為儀仗使兵部尚書李濤為鹵簿使端明殿學
士知開封府事呂餘慶為橋道頓遞使　又詔王溥攝
太尉持節導梓宮題冊寶監鑠元宮工部尚書竇儀攝

司徒率捧紫宮官奉升大升轝又引梓宮即元宮又攝司空復土九鍤左練議大夫崔頌攝侍中奏請靈駕御龍輴及沿路奏進發及陵所奏翟車進發中書舍人扈蒙攝中書令讀哀册文攝禮部侍郎奉謚册寶哀册等棊大常丞呂端著作郎馮正右贊善大夫辛文悅安守鏻輿策舉册秘書監張鑄授哀册謚册太府御衛融奉幣太子詹事尹拙攝少府監進龍輴陳明器幡翣又攝將作監捧梓宮登龍輴熏鏁元宮太常少卿馮吉即執翣者攝梓宮太常丞呂端攝監察御史監鏁元宮太常博士和峴通事舍人王信並分引行事尚輦奉御甯仁裕押腰輿又攝尚衣奉御捧衣箱置輿中宗正卿趙矩

卷七千三百六十五

充九虞及掩元宮饗官少卿趙洙祭望栢城及陵左后土著作郎馮正題虞主中書舍人扈蒙題神主　二十五日太常禮院言吉凶儀仗準詔減省數目令除兵部鹵簿儀仗太常寺鼓吹太僕寺翟車從車等殿中省輦輿繖扇法物中書省謚册哀册法物門下省謚寶緣寶法物外其凶仗大升轝（轝士百五十人）輴車（挽士二十人）哀册車謚册車謚寶册車鸞轝車魂車香輿重車（焚於城門外）銘旌車買道車方相車（十車並駕以牛，駕士各一）白幰弩素信幡各一錢山輿黃白紙帳各二暖帳下帳千味臺盤各一拂轝二鐸翣各八挽歌二十人花鈫禮衣一副梓宮儀槨各一皃衾一幢梓宮翣十二十二時神當壙當野祖明祖思地軸

各一贈玉一包牲輿三倉瓶輿五穀輿各一招幡二十衣物輿音聲隊白幕像生車檐馱馬各二十羊二園器物五十刻木控鶴官內人各二十神御帳一牀倚四副舁風掩幢宮城園苑各一惡車三望令少府監修製從之

七月八日太常禮院言準詔議定皇太后謚按唐憲宗母王太后崩有司集議以百官謚狀讀於太廟然後上之取受於祖宗之義也周宣懿皇后謚號即有司撰定奏聞未嘗集議制下之日亦不告郊廟修謚册畢始告廟遷讀於靈座前詔從周制　十九日太僕寺言啟攢宮啟奠祖奠遣奠使攢二詔悉改用羊　八月七日詔應諸司寺監合差園陵行事官等宜一半差在京前資

卷七千三百六十五

州縣京官黃衣人一半差本司職掌如本司不足即取別司人充並取次三選已上者如逐司行事官不足即並令通攝仍令逐司點檢出身歷任書解由歷子分明方得差補　九月六日群臣奉謚册寶告于太廟翌日上于滋福宮（册闕）文禮畢群臣詣滋德殿門進名奉慰　二十七日藩侯郡守以山陵有期各貢物來助　十月十三日啟攢宮群臣服初喪之服詣滋德殿門進名奉慰十五日帝啟奠于梓宮百官入臨升梓宮于龍輴祖奠徹帝從出明德門百官敘班梓宮升輿設遣奠中書舍人扈蒙讀哀册（册闕）文帝哭盡哀而退十六日葬安陵群臣詣西上閤門奉慰虞主至迎安于滋德殿　十一

月四日神主祔太廟宣祖室禮畢群臣奉慰乾德元年十二月二十三日詔改卜安陵于河南府鞏縣(事見安陵門)二年二月二十五日禮儀使言明憲皇太后改謚昭憲所有謚册寶按唐朝故事加謚則册文不改令改上尊謚與加謚之禮迥殊其謚册寶合重修製緣定謚號時太尉已曾率百僚告於太廟昨改題神主又已差官告其重製册寶欲候至啟靈日遣太尉上於神座更不告廟從之三月二十五日命攝太尉開封尹(太宗舊名)奉寶册改上尊謚曰昭憲皇太后攝中書令讀于陵次册文曰哀子嗣皇帝臣(太祖御名)再拜上言恭以厚載配天作診則六幽潛震太陰儷日薄蝕而重輪乃昏稽象緯之無私

卷七千三百六十五

諒浮休之有數粤自謳謌允屬歷數在躬火德應於皇家天命隆於宋祚諸侯率服既革故而鼎新百辟樂歸遂還虞而奉夏蒼稟奉於慈訓致寰區之大同寢門方慶於三朝靈府俄生於六疾邦家寡祐藥膳俱違捧遺誥以哀摧遵治命而負荷日者兆非利從義取隨時權遷垂於近郊祔安陵之元寢今則祝史告吉令龜有徵闢大室之上腴遵穀林之故事鸞輅前引龍輴對昇九逵之娴衛雲屯萬靈庵躍同軌之吏民釁至八極御哀山靈而樊挽酸辛野靜而漢儀嚴肅詔司空而復土命大匠以宅徙珠襦將閟於無窮玉簡宜編於茂實於是會宗伯詢禮官徵懿行以攡神休易鴻名而告清廟聯

宣考之一字于以循舊章明作憲於萬邦于以垂永代尚虞徽稱未盡孝思群議僉同豈敢失墜對典册以增欷服劬勞而罔極謹遣攝太尉特進檢校太尉同中書門下平章事開府尹(太宗舊名)奉寶册上尊謚曰昭憲皇太后景行光顯坠靈鑒昭祔犖躍於軒臺終天無恨奉晨昏於長樂畢世難期攀慕竟號殘蒸何已二十六日啟故安陵二十七日靈駕發引攝太尉開封府尹(太宗舊名)行遣奠讀哀册册文曰維建隆二年六月二日大行皇太后崩於大內之寢殿旋殯於滋德殿之西階粤以乾德二年四月十六日遷祔于安陵禮也玉座塵飛銅壺漏咽儼龍輴而將御顧繐帷而日徹九仙辰暮以聲疊駟

卷七千三百六十五

馬悲鳴而仰旒旌旐悠揚笙簫怨絶金爐再爇兮香為灰玉巵三奠兮淚成血哀子嗣皇帝臣(太祖御名)痛地維之絶紐歎月窟之淪光方荷變家之慶咸期饗國之長昊天不吊叩地無緣從蒼梧之壙野閉濟漣之畫堂遠絲御之列侍儼男靈而在旁順大鈞之妥化冒一氣以無方惟令名兮不朽垂億載兮彌光其詞曰堯為唐侯保姓無祉晉主夏盟因封易比堂堂杜北我祖之始胎厥無窮聿修不墜漢晉后族唐梁相門功藏汗簡澤流裔孫天贊興運祉發洪源嬪我皇考垂裕後昆法嬀汭以禪堯因塗山而啟夏顧歷數之在躬念名器之無假慕黃老之慈儉道豈遠而繼任姒之謨猷孰為難者母儀

是則王道勃興奉慈顏而不遂獻壽酒以如澠濟天就養任上成徽吳大年之不永疑陰騭以難憑駭梢壞之吉圻撰縈陰而弗開奚新星之遽隕隨逝水以無迴寬號萬乘震落九垓波兮宿兮是不是甘泉魂兮來不來嗚呼哀哉背掖垣之遠水面檢玉之崇山睇斜陽於邦郛躁宿霧於轘轅窣木蕭蕭兮成列耘鳥翩翩兮自還漆燈不炯千年碧瓔海無波萬古寒嗚呼哀哉蕈瞿在衡精爽何之留彤管之遺訓栗白雲而不歸會化石之啟母訪鼓瑟之湘妃粧臺蘚蝕菱花缺鏡館塵濃截勝飛嗚呼哀哉內令罷書九宮承制七廟從筵兩朝圖史玉衣既掩九原之煙霧淒涼金輅徐還一代之榮華已矣嗚呼哀哉　四月九日安陵掩皇堂

卷七千三百六十五

宋會要　孝明皇后　孝惠皇后

太祖乾德元年十二月七日皇后王氏崩於滋德殿八日文武百官入臨於宮庭太常禮院言皇帝初發哀服布斜服加布斜巾帽首經絹襯服公主布帊頭帔褶衫首經襯服皇帝七日而釋內外文武官三日而釋外命婦就本家成服內外禁音樂群臣百官釋服後不入朝皇帝釋服日並入詣西宮門外進名奉慰成服後群臣日一臨退易常服出宮城去金銀帶魚袋從之二十五日命樞密承旨王仁贍為園陵橋行使時議改卜安陵於鞏縣并以孝明孝惠二皇后陪葬安陵又命內侍二人分為園陵監護使皇堂之制下深四十五尺上高三十尺陵臺再成四面各長七十五尺神牆高七尺五寸四面各長六十五步南神門至乳臺四十五步高二丈三尺吉仗用中宮鹵簿凶仗名物悉如安陵而差減其數別有重車拕幡　孝惠皇后梓宮初奉於故安陵幄殿上謚冊不設鹵簿其凶仗如孝明之制稍減其數　二年正月七日太常禮院言按唐會要元和十一年順宗皇后王氏崩謚曰莊憲初太常少卿韋縝進謚議公卿集定欲告天地宗廟禮官奏議曰按曾子問賤不誄貴幼不誄長禮也古者皇后之謚則讀於廟江都集禮引白虎通曰皇后何謚謚之於廟又曰皇后無外事無為於郊所以必謚於廟者謚宜受成於祖宗故皇后謚成於廟請準禮集百官連書謚狀訖讀於太廟

卷七千三百五十六

然後上謚於兩儀殿今孝明皇后上謚望如舊禮詔令
尚書省集官議定以聞　太常卿邊光範上謚議曰歷
觀彤史眇覿皇闈咸推中饋之賢以輔興邦之運塗山
之隆有夏姜嫄之王宗周雖婉孌於椒塗能經綸於草
昧其或烏蟾欻耀丹壑遽移長秋之屬仍存闕翟之徽
容永閟得不望北郊而灑淚臨南面而不怡將德黃屋
之情唯獻由臺之謚恭以大行皇后瑤閨襲慶星婺降
祥生知陰教之文宿值坤儀之道爰自嬪於朱邸瑞我
皇家望雲預識於勳興求劍偏鍾於聖念暨化家為國
類帝禋宗十四伍之嬪嬙皆歸禮法三十言之道德刻
意薰修纔踰笄總之妙齡已類耆龜之道鑒思賢誄字
卷七千三百六十五
昌言過補袞之臣長樂深宮妙懸盡先姑之禮永言福
履何止期頤胡天理之混同繄人倫之報應褆壇告變
俄成柘館之悲桂魄沉輝無復行宮之輦凡有懷酸於
中盡六宮號噎於內朝方示帳中寂歷之香魂不返皆
象壁上平生之畫像空存何辟當宇之懷但凝易名之
典謹按謚法法度明大曰章慈和遍服曰順請謚曰章
順皇后尋改謚曰孝明　二月十五日禮儀使扈蒙
奏議曰白虎通云后夫人謚於廟臣子共定謚白之於
君然後加之婦人天夫故但因君而已唐順宗王皇后
是憲宗之母其時禮官遂行賤不誄貴之文讀之於廟
是受成祖宗也今詳后夫人者有太后也若不尊卑異

制終恐禮意未然欲請凡母后之謚則定於廟而讀之
仍合戒不誄貴之意皇后之謚取天夫之義自君之命
可也其孝明孝惠謚號俟百官定議判下後行冊之前
止命官告太廟告訖上於靈座又與周宣懿皇后禮例
並同於義稍允又准禮例掩皇堂畢陵下設第一虞奉
神主回京沿路閏日而虞凡虞祭畢擇日祔廟周皇懿
皇后以十月二日掩皇堂神主至京於四御莊權住每
日一虞或一日兩虞至八日祔廟國朝昭憲皇太后以
十月十六日掩皇堂神主廻至滋德殿皆間日而虞至
十一月四日祔廟今請如昭憲故事間日而虞至西御
莊權安神主俟四月二十六日祔於別廟從之　十六
卷七千三百六十五
日太常禮院言准詔問孝惠皇后改葬合造虞主及得
與孝明皇后同祔謁太廟可否按開元禮及五禮精義
改葬無虞主只於葬所西南設一虞祭今詳孝惠皇后
不合更造虞主緣准敕與孝明同祔別廟欲請止俟祔
謁廟前須造神主各題謚號又按唐先天元年祔昭成
肅明二皇后神主於儀坤廟詳酌故事雖無同謁太廟
之文且有同日祔別廟之禮以此比類同謁為宜欲請
奉二后神主同祔謁於太廟從之　十七日禮儀使言
宣祖靈駕與孝惠皇后靈轝自故安陵發引同日孝明
皇后靈駕自內發引其吉凶儀仗至城西御莊西合路
今請孝明靈駕俟至御莊西少俟宣祖靈駕至孝明監

護使詣宣祖前跪奉孝明皇后王氏奉見俛伏興退大升輿上路依次而行其儀仗並相條行列從之　二十五日禮儀使言孝惠皇后謚册伏緣追謚以來未嘗告廟今詳酌欲與孝明皇后同日告於太廟其謚册亦候啟陵日遣太尉上於靈座從之　三月二十六日遣攝太尉開封尹太宗舊名奉孝惠皇后謚册寶告於幄殿　册文曰皇帝若曰克女嬪於嬀汭配聖興虞啟母出於塗山克勤翼夏盛德如在往牒流芳致應籙以受圖內自家而刑國昔予良配實齊功於古人悼彼柔儀早沉光於曉魄自慶垂我祖運啟爰靈雖追遠之思尋舊典禮當卜遷之日爰奉徽名皇后賀氏柔順積中英華發外

卷七千三百六十五

蘊含章之具美出積善之華宗魚笔學於女師麟趾得其婦道端莊容止斯和珩珮之音浣濯衣裾不貴珠璫之飾而自其昌叶吉先近有言羞榛栗於舅姑薦蒸嘗於祖禰奢約中度溫清承顏肅雍播於四時愛睦於九族洎謳謠有屬清明在躬念玉風而樂在進賢知神器之傍將授聖隆公宮之篤行致靈臺之積勞祺祥莫會於神祇蘭蕙例凋於霜霰嗚呼年祀云遠圖牒彌光膴膴壽原著兆克昌於改卜悠悠貞魄茲焚永隔於和鳴乃命禮官具陳備物錫鏤金之册百行斯全揚如玉之音千秋永茂謹遣使攝太尉檢校太尉同中書門下平章事開封尹太宗舊名册謚曰孝惠皇后良史序美樂工登

歌佩玉之清音寂寂堅金之懿範戚戚嘆逝云遠積慶攸多皇極之建繁衍清廟之頌猗那綿天長兮地久水保合於太和嗚呼哀哉　又遣攝太尉門下侍郎平章事趙普奉孝明皇后謚册寶告於攢宮　册文曰皇帝若曰惟王居尊立后作配治行敷於內故六宮率職德教流於外則四海承風是故功如莫山亦資啟母之聖仁如解網實賴莘妃之賢其或沴氣屬於四星羽數纏於三翟空遺惠問永謝徽音易名將示於千年考行宜旌於五可皇后王氏天鍾善聖生稟柔明幼彰偃月之奇夙契俔天之異游心圖史節步珩璜自師氏之發祥由公宮而著美稱詩化下國風為王政之基率禮居中內則繫人倫之本自乾亨而開景運資德以贊昌圖宮號長秋斯隆繁衍車如流水所誠奢豪黃琮自比於正規彤管每書於景行恩推寢紀尋為宗族之光道盛嬪虞方永國家之慶俄而桃蕡遠謝椒掖長捐空嗟沙麓之期永垂懿範不遇蓬瀛之藥寧返清魂天道遠而莫知陰隲定而無奈公桑秀綠誰從蠶館之儀蘋蘩徒薦虔及壽宮之葬有司獻議列辟同辭宜允至公永彰大行令遣攝太尉門下侍郎平章事集賢殿大學士趙普册謚曰孝明皇后周公之法垂彝典以攸遵太姒之名與册書而不朽臨文悼往言不勝情嗚呼哀哉禮畢群臣奉慰　二十七日孝明皇后啟攢宮群臣服初喪之服

禮三一之一三

臨於庭　二十八日孝惠皇后神樞自幄殿發引有司行祖奠儀中書令讀哀册　册文曰維乾德二年三月二十六日啟孝惠皇后之陵以四月丁卯朔九日遷座陪葬於羣縣之南改卜安陵禮也帝宅區中孝治天下符靈龜之吉兆命青烏之相者改卜園陵茂植松檟奉易名之寶册遷於九原御載主之金車遂適十舍爰告先后聽茲祝嘏辭象闕以啟行祔龍輴而夙駕重郗泌周綢練從夏靈筵肆設慘行色於萬人哀挽一聲起悲風於四野紼引斯發素旂將徹永懷悼於皇情直筆揚其休烈其辭曰惟后之門清望發源惟后之美彤管立言嚖星之行偃月之顏婉兮正順禮以防閑始聞名於

卷七千三百六十五

甲族終作配於塗山主祭蒸嘗問安晨省夙興夜寐冬溫夜清養懸顏而有方同薰風之不競淑問汪汪小心翼翼樂樛木之惟言念莽莽之女績食不求甘裝不務飾昔維武曜在淵肇基王跡謳謠雖洽於外言輔助允由於內則非禮弗動常樂善以進賢有關必先界變家而為國二南於以登歌六親用之作式憂人之憂利人之利神宜福於遐齡波忽驚於長逝洞朔頌鳳歷洛出龜書惟孝通於神明寘襟周極以禮奉於祖考必本於初改卜玄宮於羣洛儀陳明器於塗芻乃遷賢后祔於皇姑嗚呼哀哉閱水興嘆周山飾終利正萬祀歆歆六宮織室桑壇圖練緗而垂訓金搢王職堂繪素以為容

禮三一之一四

速何速於過隙傷莫傷於淒露月晦缺而望圓花秋彫春茂留德音兮孔昭問貞魂而無處嗚呼哀哉維嵩之北清洛之南前峻嶺兮虎踞其地左長流兮龍偃其潭望壽原兮膴膴飈綃幕兮緣緣雲不凝兮慘白日人不忍兮迴素驂嗚呼奉嬪之則含章之德王風被於殊隣瘞推蘭兮冥寞封泥芝兮刊勒泉隧斯篇忝明永息積餘慶以祚皇家饗牲牢而傳無極嗚呼哀哉　孝明皇后神樞亦自滋德殿發引帝於明德門外素服設幄殿行遣奠之禮儀中書令讀哀册　册文曰維乾德元年十二月七日孝明皇后崩於滋德殿以其月庚寅殯於殿之西階粵二年三月癸卯遷座陪葬於西京羣縣之

卷七千三百六十五

安陵禮也宮漏將曉殿帷徹素奠王舉之餘酌移金缸之殘炷階進龍輴仗隨鸞洛命婦咸臻而景從內親如初而攀慕自永巷以長辭由閶門而遠邇皇帝撫漢刪以悼往瞻軒星而念忘長秋閱其無人天姿慘慘羽葆御而不返聖心惶惶詞臣奉詔恭述遺芳其詞曰輕清為天沉濁為地陽曜垂照孝靈攸鍾乃命以后作配於帝所以往聖刪詩開茲首關雎之義前王制禮於斯創人倫之始在昔龍德或躍鳳兆爰符門崇閥閱枝茂膏腴占淮契乎遐福遠晉韻於嘉謨紛綸軒冕赫奕彤蛛乃生聖範合此昌圖契塗山之佐夏叶潙汭之興虞清風允穆叔問誕敷柔順化人皆除妒娟幽閑慎獨不願

遊娱常滋蘭畹以撫椒塗至仁加於群族大孝奉於先姑六宮以和八妾以肅奉嚴禋於清廟勤率紘綖體光生於方祇教先種稑儉服葛覃仁遵樛木聞三英之綏帶則載悅載忻頌百子之寢床則以鞠以育方集克門之慶永祝華封之祝嗚呼哀哉巍德雖高降年不永神徒蠶於褘襢天何深於災眚洛汭同効彭尸作梗浮生易化爽延祐於大期陰隲難知奄收華於短景復衣匿兮不開仙軿往兮莫廻捐況況之紫掖遊杳杳之丹臺嗚呼哀哉龜筮叶吉龍輴周遷笳簫嗚咽仗衛駢闐侍先皇之弓劍從太后之[illegible]新城之山煌冪冪去途之野草綿綿伊洛縈廻於封外嵩山巃嵸於闕前念徽音之遠矣惟此地之終焉嗚呼哀哉　四月九日塟孝惠皇后於安陵之西北孝明皇后於安陵之北群臣奉慰

卷七千三百六十五

二十六日奉神主祔於别廟群臣奉慰　太平興國二年五月十九日孝明皇后神主升祔太廟太祖室

宋會要　孝章皇后

太宗至道元年四月二十八日開寶皇后宋氏崩輟朝五日先是后疾甚遷燕國長公主之第即日崩　二十九日太常禮院言准禮例合差官奏告天地社稷太廟從之　五月一日太常禮院言親王宗室準式合給假七日以哀日爲始從之　三日太宗出次素服舉哀皇親皆服群臣詣幸殿門奉慰　六日命翰林學士承旨宋白議謚號禮部侍郎兼秘書監賈黄中撰謚冊文吏部侍郎李至譔哀冊文直秘閣潘慎修書　十四日太常禮院言權攢日請依恭孝太子禮殯禮例輟朝一日群臣進名奉慰從之　初議卜陪葬永昌陵司天言是歲在未陰陽所忌故權攢於涉臺　十七日命給事郭贄充監護使入內都知李神福都大監領喪事六月六日翰林學士承旨宋白請上謚曰孝章皇后　議曰臣聞后妃之德至化所基詩曰以御邦家禮曰以聽內治統六宮而立教叶兩曜以齊明嬀汭嬪虞光啟重華之運塗山翼夏遂成文命之功昭示母儀流芳女史輔佐之美圖牒彰聞恭惟開寶皇后柔順利正肅雝逮下

卷七千三百六十五

挺生公族號金定以承家作配先朝覆王衣而表異彤庭銘勒不移儉約之心織室蠶宮每盡躬親之禮夫何景靈不祐六氣生災疾有加而無瘳壽降年而不永奄辭椒掖悲動旋宮今皇帝追感天倫愴懷壼則輟紫宸之朝謁御素服以發哀爰命禮官俾旌懿範下臣奉詔敢揚徽烈謚者行之跡也號者功之表也節以一惠謚以尊名將符善行之祥宜舉易名之典謚法慈愛忘勞曰孝謚克令儀曰章伏請謚曰孝章皇后　詔尚書省集官議定准禮例中書令讀謚冊於靈座　冊文曰皇帝若曰恭以定謚考終發德揚善格言之制歷代攸遵開寶皇后受在先朝久位中壼儷日呈曜如朏魄之示

沖帊乾成儀符坤厚以載物貴河州之令範顯沙麗之
殊祥締環珮以叶和鑾必循法度服澣濯而遵大練動
誠務遷遜下以推仁體道而育物鴻圖有耀翠嬀宣獨
於嬀英茂族聯華白水徒稱於陰郭理內之風正九族
用國之望和萬邦六衣在御居極而若靈三妃成列莛
腎而無息翊昌運卜年之祚光前經內則之文桂華忽
謝於陰靈慈路載蘊於椒闈圖以溢美圖史流芳鍾告
令旋褕將從龜筮同盈俗物夙陳祖庭供事伏衛俙容
於雲日園林變色於雲霜舊禮具存徽容不昧合詢有
位之公議恭薦易名之大典謹遣使某官冊謚曰孝章
皇后伏惟允膺簡冊垂休無疆嗚呼哀哉　七月十四
卷七千三百六十五
日太常禮院言凶仗合用皇車三兩請下少府監製造
從之　八月十二日太常禮院言今年十一月十二日
靈駕發引赴安肅門外權攢準詔圖簿儀仗減大駕之
半內左右廂合設牙門旗四得金吾仗牒稱儀仗內元
無牙門旗只有紅門旗係南郊吉仗所用按詳禮文牙
旗着後周所制畫獸以助軍威名以牙爪之義今請依
禮改裝牙門旗以備儀仗歷奉從之　十月二十一日
太常禮院言十一月一日啟攢宮十二日權攢歇望並
放朝恭群臣進名奉慰詔可　二十三日詔三館直館
安德裕等二十五人各撰挽歌十首　二十四日太常
禮院言將來權攢去路十里內祠廟合差官祭告從之

二十九日太常禮院言自啟攢至遣奠遷祭儀注詔
啟攢宮啟奠祖奠遣奠四祭並遣監護使郭贄攝太尉
致祭其日仍止令皇親已下立班百官只城外立班
后自入宮即有中宮之號然未降制命故喪儀咸有降
損　十一月一日以啟攢宮不視朝群臣奉慰　十二
日以靈輴發引有司行遣奠之禮攝中書令讀哀冊
冊文曰維至道元年歲次乙未四月丁卯朔二十八日
甲辰開寶皇后崩於別殿謚孝章皇后粤十一月癸卯
朔十二月甲寅將還座於陵臺禮也攢塗夕開象物晨
備帷慟縞衣轅悲素驥皇帝敦睦日深孝悌天至望蒼
野以永懷感陰宮而特異祖於庭兮嗟尊靈之寖遠謚
卷七千三百六十五
於廟兮考彝章之有自爰命下吏式揚遺懿其詞曰烈
烈太祖功高舜禹日月其光雷霆其武造我皇家臨照
率土眷後宮之虛位期陰教之稽古將荇菜之化洪庶
桃夭之斯覩配于乾而且兩詢其可而惟五徽予遐胄
漢氏遐孫乃忠乃孝為藩為垣貂蟬奕奕纓戟盈門金
張孰擬田竇奚言慶既未央善不徒積神復玉衣譽懷
桂魄瑞集繭黃喜榭空碧宜座夫人衣鞠褕翟修德忘
勞逮下無斁茱茵同芳葛覃擬迹樂親蠶而嘗往鄉戲
馬以寧覲御宗親而示戒服澣濯以從宜率宮中之嬪
則化天下之母儀詎假大家之誨寧煩女史之規信人
倫之是憲實王化之攸資洎宸駕上仙璇宮居默參樂

自刪亡珠誰匿躅脂澤之公田安練裳之佽德希任姜兮比隆尚黃走兮臻極唯雖景兮弗能歆後天兮莫得嗚呼哀哉玄堆將去秦泰先閑棄椒蘭兮奄忽委嬪御兮緋絪收珮簪於漢殿遺寶鑑於秦臺杳何之兮岱嶽邈不見兮蓬萊嗚呼哀哉永巷呼嗟長秋哀送望鸞輅兮含酸奠擬蹲兮增慟去復去兮生若浮悲且悲事如夢緬遺蹤兮昔也濯龍樹雙闕兮依然丹鳳嗚呼哀哉月明宮掖風廻殿扉耿蘭缸兮悄悄虛玉座兮依依像設儀兮如在雲雨淒兮不歸來何難兮輜軿降往何易兮朝露晞嗚呼哀哉咽蘿唱於山園慘松煙於隧路覩昭代兮何年即玄扃兮長暮嵩雲黯兮野日沈草木慽兮寒吹度唯懿範之不忘播關雎之章句嗚呼哀哉是日帝輟視朝群臣拜送於安肅門外皇太子及諸王戚里藩鎮皆設祭於道左

卷七千三百六十五

十二月九日太常禮院言園陵禮畢神主回行謁廟之禮祔於别廟詔可

二十九日太常禮院言來年發引應經過橋道及十里內神祠並合差官祭告園陵畢神主廻行九虞祭從之

二年三月二十三日太常禮院言孝章皇后啟許王及夫人李氏魏王夫人王氏楚王夫人馮氏皇太子亡妻莒國夫人潘氏將軍惟正亡妻裴氏以來年正月二十日陪葬永昌陵謹按故事孝章陵皇堂陵臺神牆乳臺鵲臺並如孝明園陵制度其許王贈皇太子按唐禮合以陵爲名又緣淳化四年出葬之時止用親王園簿今請墳高一丈八尺墓田方九十步其王氏馮氏並同親王一品例裴氏比三品例墳高一丈四尺墓田方七十步其誌文緣既改遷望重修撰其許王合用親王園簿緣陪孝章靈駕已有中宮園簿儀仗前導望更不施設其楚王夫人馮氏仍令依裴氏例安葬在莒國夫人之下從之

十二月六日太常禮院言吉凶仗按舊儀合用內僕令一員內謁者監四員給事二人於吉仗內騎分左右內常侍二人奉請神駕諸龍輴及請進發內侍二人陳明器玄纁及鹽䴸并捧衣箱導神駕內侍伯二人騎分左右來翟車並請於內臣內差攝其內給使百二十人去年出京權攢之時曾差應奉雖禮文具載然別無執掌園陵往復虛成煩擾今請罷差從之

卷七千三百六十五

三年正月二日啟攢八日發引並輟視朝群臣詣閤門奉慰

二十日祔葬永昌陵之北二十三日虞主還京宰臣文武百官拜迎於順天門外虞祭於燕國公主第

二十四日命知制誥王旦攝太尉行祔饗之禮工部員外郎席義叟題神主闕諱減半自王第導至廟

二月二日神主附别廟群臣詣閤門奉慰

宋會要 元德皇后

真宗至道三年十二月五日制曰朕獲纂洪圖仰懷慈訓式遵茂典誕舉徽章太宗皇帝賢妃李氏輔佐先朝

發揮內則柔明之範圖史著傳顏性涼濟之資啟忘劬
勞之德追崇禮秩用慰孝思追上尊號爲皇太后　十
七日太常禮院上言準制追尊故賢妃爲太后改奉園
陵請令司天監卜地擇日宗正寺於皇后廟別立廟堂
從之　真宗咸平元年正月九日秘閣校理舒雅請上
尊謚曰元德皇后詔恭依　議曰恭惟皇太后沙麓儲
祥河洲襲慶早習姆師之訓茂膺邦媛之風言德具修
圖藏是憲爰被長秋之選克彰象服之宜志在進言恩
均逮下服澣濯而崇儉謹珩璜而慎儀協贊威藩表正
帷壼兆咪祥於甲觀揚淑問於塗山慶奉天飛榮疏封
邑主帝闈之陰教載女史之徽猷奄忽不停光儀永謝

卷七千三百六十五

皇上由震宮而纘德升皇極以纂戎祇荷慶靈永懷顧
復孝思罔極典冊備陳稽文母之功早參於十亂遵帝
嚳之制風正於四妃爰加長樂之稱以報昊天之德易
名斯在節惠可稽謹按謚法茂德丕績曰元忠和淳淑
曰德伏請上尊謚曰元德皇太后　十四日知制王誥
王禹稱上謚冊文詔付所司　二月一日司天監言準
詔改卜園陵請以三年庚子三月二十日啟欑宮二十
五日發引四月八日掩皇堂祔塋永熙陵從之　二月
五日太常禮院言今月十二日元德皇太后忌請準禮
例皇帝前一日不視朝至日群臣進名奉慰就佛寺行
香詔恭依　二年四月二十三日命西京作坊副使藍

繼宗爲按行園陵使議立靈號太常禮院言唐德宗昭
德皇后王氏順宗之母始塟崇陵睿宗肅明皇后始塟
惠陵後祔塟橋陵周顯德末都省集議引故事帝后同
陵謂之合塟同塋兆謂之祔塟漢呂后陵在長陵西百
餘步以同塋兆而無名號又唐穆宗二后王氏生恭宗
蕭氏生文宗並祔塟光陵之側今園陵鵲臺在永熙陵
封地之內恐不須別建陵號從之　六月二十六日知
制誥梁周翰上哀冊文詔付所司　三年二月七日太
常禮院言啟欑發引赴園陵合用挽歌請下文班各撰
二首太常禮教習從之　八日宗正卿趙安易言請因
元德皇太后山陵之時昇懿德淑德莊懷皇后各就舊

卷七千三百六十五

位塋園改卜陵臺司天監狀葬範云因舊亦可大葬請
從今因園陵增修陵臺並吉詔可　九日命宰臣李沆
爲園陵使翰林侍讀學士夏侯嶠爲禮儀使御史中丞
魏庠爲儀仗使刑部侍郎郭贄爲鹵簿使工部侍郎權
知開封府錢若水爲橋道頓遞使　初禮官請如孝章
故事差監護使一員特命三使　十一日太常禮院言
靈駕發引舊例自京至陵下十頓蓋緣梓宮舊欑晉安
院其發引從望止爲九頓其神主迴程爲五頓入京權
於燕國長公主宅安置只設啟欑宮啟奠三祭更不設
祖奠又故事廢卜只設一虞今緣神主未升祔廟室歛
請備設九虞祭畢升祔廟室從之　十九日太常禮院

吉啟攢未發引前一日合差官奏告太廟并告沿路十里内祠廟從之　二十日禮儀使夏侯嶠言按開寳通禮改葬服緦麻舉下緬也緦是五服之下言君子不以死事視親故無反服重之禮又禮疑義戴德云制緦麻具而葬葬而除謂子為父妻為夫孫為祖後餘皆吊服又云改葬前一日子孫妻妾俱服緦麻葬餘親以下皆素服令參詳故事伏請皇帝服素羅衫紗軟脚幞頭黑銀鞓帶皇后碧羅帕頭帔白羅寬袖衫淺黃縠子裙諸王以下並白羅衫吉幞頭角帶群官常服詔楚王諸子服緦諸王皇親諸親止素服諸王夫人及公主並常服不施花釵餘如所請　三月二日禮儀使言準儀注皇

卷七千三百六十五

帝二十五日乙時挂服同時皇后挂服準禮例成服後並合赴靈座前祭奠令緣靈駕就時辰發引行事臣僚俱在攢庭欲請其日未挂服前皇后先詣奠酹候時辰成服以從便宜又皇帝親行遣奠　府準禮例群官並隨從立班舉哀令緣皇親諸親止素服群官常服欲望其日只令皇親諸親陪位行禮群官止於門外立班候禮畢進名奉慰又靈駕在路準禮例扈從押當行事官並合哭臨令緣各衣吉服望每至頓所只以隨從皇親晡奠一舉哭而退又發引準禮例文武群官並合於京城門外立班奉辭掩皇帝日神御升舁安置訖宗正少卿素服導靈主降羨道入皇堂於神幄前奠酒再拜訖

跪奏請神主上主並請依故事施行從之　三日禮儀使言按建德二年改卜安陵故事自啟攢宫前一日直至掩皇堂日神主到京及祔廟日並皇帝不視事令請啟攢宫發引掩皇堂神主回京祔廟前後各一日不坐並禁音樂其日中書門下文武百官並詣西上閤門或所御幄門外進名奉慰從之　六日禮儀使言靈駕經過州縣官吏並吉服出城奉迎并辭再拜訖退神主到京日中書門下文武百官立班奉迎再拜訖退從之　七日禮儀使言準禮例神主祔廟日先祔謁太廟置於祖姑之室東壁下祔饗之上宗正卿行安神之禮伏緣元德皇太后以太宗尊親遂立別廟則祔謁之典於禮無

卷七千三百六十五

文況當禘祫之時不預合食之列饗於本廟自與太廟禮同其將來神主祔廟前三日欲請差官奏告天地社稷太廟并后廟四室其神主使詣本廟南神門外題主訖還祔本室仍以嘗饗禮薦獻行安神之禮詔恭依　二十五日有司祔廟鹵簿請減園陵之半詔勿減　二十日啟攢宫帝親臨奠群臣奉慰是日有司奉謚册寳告於靈座攝中書令梁周翰讀册册文曰孝子嗣皇帝臣真宗御名謹再拜稽首上言伏以孝莫大乎顯親德莫厚乎追遠生有懿範表正於尊稱殁有徽章式光於幽壤易名考行斯為舊典御承闕育之重永懷霜露之欷敢欽閫極以明孝思恭惟皇太后德合先斟功存内治肅穆

以奉上閑和以還下珩璜中節車服有儀循法度以率
躬勵懋儉以垂訓輔佐之美流詠乎聲詩婉淑之諧傳
芳於圖史音容早謝日月云邁高禖之祀餘慶發祥長
樂之宮慈顏永隔覩是眇質紹隆寶圖居萬乘之尊有
四海之富而劬勞莫報孺慕增感嗚呼為天下之母弗
能饗三牲之養為天下之君弗能奉一日之膳風林不
止悠悠彼蒼而況竟母之門蕭然空作儀坤之廟闕而
未立是用申明詔下有司務依故實式展情禮僉謂后
妃之制簡牘具存以子貴者春秋之明文加皇太者秦
漢之故事所宜按周公之謚旌文母之賢遠徵仲子考
宮之儀近取昭成祔葬之禮玉衣象服備物如式九原

卷七千三百六十五

可作保斯印綬百代不刊永光載籍謹遣攝太尉奉玉
冊玉寶上尊謚曰元德皇太后伏惟神靈降格膺茲典
禮上配聖考在天照臨保祐沖人饗國長久廟貌蒸嘗
世世勿絕嗚呼哀哉　二十五日靈駕發引帝詣普安
禪院行祖奠及龍輴降殿帝從皇親諸親陪後陪哭梓
宮就大升輿復行遣奠奉辭攝中書令讀哀冊冊文曰
維咸平元年三月戊寅朔二十日丁酉追上太宗皇帝
賢妃李氏尊謚曰元德皇太后粵四月乙卯遷座祔於
永熙陵之次禮也翟輅宵陳鷄人曉唱虛庭草乎祖載
修路儼乎仙仗九重天至以如慕六宮日遠而增愴哀
子嗣皇帝運昌繼體孝極因心荷寶圖之惟永懷慈訓

禮三一之二五

之下臨事先遠兮兆叶志慎終兮感深爰詔近侍恭播
徽音其詞曰皇家積慶昊穹眷命構象脩乾來嬪偶聖
高陽命族厲鄉得姓派別韓魏門傳英偉華轂接軫黃
雲効祉五可風彰六行純備粵自藝祖揖攘登皇帝尹
京邑表則四方后治閨壼身順含章流虹感粹夢日延
祥塗山誕啟摯氏生昌爰洎神宗承平御歷汾晉盪定
閩吳來格海外憚威域中清澤輔佐邦治溫柔惠迪登
進時賢勤勞軫恤助饗紫壇奉祠清廟種稑致恭紘綖
盡妙動循典禮式是準繩居覽圖史明於廢興聽斷周
敏顧問允膺節勵清門儉敦素履環珮有聲琚瑀防侈
卹隱流惠辭封播美賢以興化世仰餘輝仁則多肯天

卷七千三百六十五

胡有違黃祇隕戴皓魄沈暉皇子勝衣受封胙土漢邸
承徽姬宗夾輔維寧攸賴問安莫覩元良肇建萬國以
明地啟蒼震天臨玉京克廣丕構長懷善咸德無疆兮
坤元業有開兮聖嗣承天道兮慶其長啟帝緒兮昌而
熾壽觴稱慶兮養莫伸膳澤增感兮哀靡寘嗚呼哀哉
禮禕衣兮有奉貴土璽兮是徽廟如在兮肅肅祭以時
兮蒸蒸帝母之尊兮斯至昊天之戚兮難勝嗚呼哀哉
洞啟山園風淒雲馭企穀林之封域拂嵩邱之煙霧石
闕沉沉兮夜臺梧城慘慘兮朝露嗚呼哀哉稽任姒之
壼政冠周召之國風唯重熙之錫羨與三代而比隆播
彤管兮有煒佑皇祚兮無窮嗚呼哀哉　群臣詣陛奉

禮三一之二六

慰　四月八日祔葬永熙陵　十三日虞主至京百官
郊迎虞祭於故燕國大長公主第　二十日奉安神主於
新廟　旨啟攢發引捧皇堂及神主還都皆廢朝禁京城
樂音　群臣奉慰虞祭內止座長春殿群臣起居不舞蹈
大中祥符六年十月三日升祔太廟太宗室

卷七千三百六十五

明德皇后　喪禮

真宗景德元年三月十五日皇太后崩於萬安宮之滋
德殿遺誥曰內外文武臣僚等日月運行春秋代謝人
生定分天道難知予自去冬嬰茲疾疹百藥無效四體
積羸有加無瘳迫於大限宜申治命用示所懷皇帝至
孝至仁克勤克儉躬親侍奉旦夕煎調憂積予容衣不
解帶俄而天位至重君臨事繁必思靈國之大綱無執
庭闈之近禮所宜自勉弗用過哀更賴股肱近臣共為
開釋皇帝成服之後三日聽政服紀以日易月一依舊
制在京文武群臣十三日除文武百僚諸司長官及近
臣觀察使已上臨於宮庭自餘職官臨於宮門外諸路
官吏已下三日釋服軍民不用縞素沿邊不用舉哀制
服釋服之後勿禁作樂園陵制度務在儉省勉從予志
勿事煩勞是日宰臣文武百官入臨奉慰帝於東序
十六日太常禮院言準禮例應祠祭除天地社稷及諸
大祠外太廟及中祠並合權停候園陵畢京城內外禁
斷音樂至皇帝釋服並仍舊中書門下文武百僚樞密
使節度防禦團練刺史前任行軍副使諸軍指揮使副
兵馬使三班殿直已上並服齊衰布四腳直領布襴衫
腰絰並詔可中書樞密院主事以上及禮直官亦然
十七日群臣上表請聽政詔答不允自是繼上五表始

卷七千三百六十六

詔允 十八日大斂群臣入臨奉慰太常禮院言按通
典小祥前百官無假每日平明詣延英門進名起居不
入正衙今請除成服日百官入詣萬安宮臨訖移班奉
慰成服後未聽政前百官並詣萬安宮進名起居聽政
之後並詣崇政殿起居又皇帝小祥日去經杖衰裳百
官入臨及移班奉慰詔百官並釋衰服服常服訖令請
小祥後過大祥及禫除日百官並詣萬安宮門外立班
進名奉慰餘日即並於崇政殿序班起居俟皇帝釋禫
除日如舊例朝參其小祥日仍進名奉慰皇后百官釋
服後月朔亦於萬安宮進名奉慰禫除訖後園陵朔望
特不視事二十八日横於萬安宮按昭憲皇太后禮例

卷七千三百六十六

百官已除服不臨令祥二十八日百官已除服望只令
詣萬安宮門外立班進名奉慰並從之 二十一日有
司設幄於崇政殿廊帝去杖經服衰裳近臣扶即御座
哀動左右宰臣李沆等跪奏陛下毀瘠過甚伏望割哀
强食以爲宗廟社稷臣等不勝大願而退 二十二日
命宮苑使劉承規爲園陵按行使入內副都知鄧永遷
副之仍詔與西京作坊副使藍繼宗同議 二十三日
太常禮院言皇后本服齊衰三年准昭憲皇太后禮例
合隨皇帝以日易月之制四月十日釋服四月十二日
禫除宗室雍王以下禫除畢吉服心喪終制令月二十
七日小祥皇帝親行祭奠訖太常卿引皇帝詣東閣即

禮三一之二九

御座群臣移班近東再拜奉慰退就幕次釋衰服並從
之 二十五日太常禮院言大祥日皇帝改服素紗軟
腳幞頭淡黃衫黑銀腰帶至禫除日服常服詔可 二
十七日小祥群臣入臨奉慰如儀 二十八日司天監
言準詔與翰林天文赴擇陰陽官以諸家塋書同選定
園陵歲月方位緣今年歲在甲辰不利動土須俟丙午
年十月方吉請止於今年閏九月二十二日就西北壬
地權攢詔下尚書省集文班百官與翰林學士并朝官
自來興免及不赴集議官並令赴省詳定以聞 四月
二一日吏部侍郎集賢院學士判太常寺郭贄上尊謚曰
明德皇太后詔恭依 議曰臣聞一氣肇分天地列剛

卷七千三百六十六

柔之位三才既序邦家立內外之朝同十亂而文母推
賢漢六宮而明后著美陰教克宣於內助母儀允顯於
萬方恭維皇太后擬生世家作配宸極玉衣複寢顯符
甄后之祥璇宮炳靈適表星娥之瑞雍肅早彰於慎密
賢明動叶於箴規方期內貧雍熙外康億兆忽嬰疾疹
俄歷冬春進藥餌以無愆禱神祇而弗應皇帝至仁至
孝事地事天情纏陟屺之哀禮過茹荼之戚永懷罔極
欽奉鴻名爰命有司式遵茂典下臣虔奉肯用闡徽猷
且謹者行之跡也號者名之美也考之善行定以美名
冀揚不朽之芳永播無窮之譽謹按謚法曰無幽不察
曰明中和純備曰德伏請上尊謚曰明德皇太后 四

禮三一之三〇

日判太常禮院孫何等言準詔詳定園陵月日者伏以宗廟之儀饗祀為大若三年不祭則闕孰甚焉今司天監言丙午歲方利大葬今歲止可於壬地權欑仍勿動土臣等再三詢問復有論列安敢以禮官將壬之議拒渦相保章之説況需繫園寢理要便宜令參詳衰葬之義古有變禮合祔自乎姬旦始墨由乎晉襄書之簡編亦無譏誚謹按禮云葬者藏也欲人不得見也既不欲穿壙動土則莫若便就司天監所擇地依晉記王后之殯居棺以龍輴欑木題湊象椁上四注如屋以覆蓋盡塗之所合埋重若不欲入土即至時焚之如此則是周欑禮而存甄者所冀稍合典經便可升祔神主亢虞之

卷七千三百六十六

祭至日可行七廟之尊三年獲薦帝曰陰陽拘忌前代不取今但依典禮而行不煩定議宰臣李沆等奏近年皇族繼有悲喪又母后上仙聖心過有哀毁陰陽之説亦有所疑恐須避忌若如禮官所請則於國家之事得合便宜宗廟之祠亦無曠闕從之　宗正卿趙安易上言伏覩衆議明德皇太后閏九月二十二日於壬地權欑依禮例埋重升祔神主注今以為未可埋重預升祔神主瀆亂陵廟唐突祖宗也況諸廟既及七月即合依時薦饗臣當職分當合奏陳伏望下尚書都省或御史臺集京百司官吏太常禮院等令檢勘等恨分析向來祇奉帝后如晏是六室先止陵後祔廟則將來靈座發

引乞約孝章近例經於壬地權欑未立神主升祔凶儀一切祇奉候丙午年靈駕西去園陵東廻祔廟如此則免顛倒不利國家詔禮院詳定以聞判院孫何等言據安易狀言禮云既虞作主虞者已葬設吉祭也明未葬則未立虞主及神主所以周制但鑿木為懸重以神主靈王后七月大葬則埋懸重掩之宮凶枕轀輬車龍輴之屬焚於殯城訖始可立虞主吉伏還京備具九祭復埋虞主然後立神主升廟室自曠古至皇朝上考祖宗陵廟遵行此禮何以今日乃違典章苟且升祔方權欑妾又神主未大葬輒埋懸重柰梓棺未歸園陵則神靈豈入太廟祭殯城未焚凶仗則凶儀唐突祖宗昔本院

卷七千三百六十六

先按晉書王太后崩廢一時之祀天地明堂去樂不上胙又按禮王后崩五祀之祭不行既殯而祭所言五祀不行則天地之祭不廢遂議以園陵年月不便須至變禮從宜又緣先准禮文候神主升祔畢方行饗祀若候丙午歲則三年不祭宗廟於禮文既有所闕在孝思仰亦不為況明德皇太后德配先朝禮合升祔遂與史館檢討同參詳以為廟未得則神靈不至伏恐祭祀難行欑既畢則梓宮在郊可以越禮比附遂按禮云葬者藏也欲人不得而見也就不欲穿壙動土則龍輴欑木題湊象椁上四注如屋以覆蓋塗之所合埋重一依近例便可升祔神主中書門下以為國家之事得合便宜宗

廟之祠免於曠闕用茲定議實亦無嫌誠允所奏下有
司尋蒙詔可伏以宗廟之事至重至嚴誠非職司所敢
輕議詳此蓋要易本不知書直謂永升祔閒諸廟既及
七月即合依時薦饗所以妄稱贊言謂凶仗謂凶儀目
郊宮謂顛倒措梓宮直名稽極令百司分析園陵況瀆
聖聽疑罔臣下又云昔日覩群官盡公奉二帝諸后並
「先山陵後祔廟今日覩群官顛倒奉明德皇太后獨先
祔廟後園陵」者本院詳當時先山陵後祔廟蓋爲年月
便順別無陰陽拘忌孝章皇后乃太宗嫂氏不妨宗廟
祭饗今既年月未便禮合從宜未埋重則禮文不備未
升祔則廟祭猶闕須從變禮以合聖情夫三王不相襲

卷七千三百六十六

禮五帝不相沿樂愚夫則激而守之妄生異議況已經
中書大定詔命頒行衆明德皇太后將赴權攢而要易
所稱稽緩未發山仗則凶儀唐突祖宗本院按禮弓云
喪之朝也順死者之孝心也鄭玄注云謂遷柩於廟又
云其哀離其室也故至於祖宗之廟而後行商朝殯於
祖周朝而遂葬今亦遂辭宗廟豈可以禮經所出目爲
顛倒吉凶具儀謂之唐突又云孝章皇后至道元年崩
亦緣有所嫌避未赴園陵出京權攢之時不立神主入
廟直至至道三年而去園陵禮畢然後奉虞主還京易
神主祔廟以合經典本院檢詳當時文籍孝章爲太宗
嫂氏上僊之時止輟五日視朝百官不曾成服已與今

來不同從初亦無詔命令住廟饗今明德皇太后母儀
天下主上孝極曾顏上僊之初即有遺命權停饗祀按
於禮文固合如此安易荒唐窮昧妄有援引以大功之
親比三年之制欺罔君上乃至於斯本院所議並明稱
典故旁考時宜雖曰從權粗亦稽古在宗廟則不乖祭
祀於園陵則無失便宜昔墨衰起於晉襄搢紳不議合
祔出於嫂且賢達無譏孝章紀世祖於吏衣見稱范史
叔孫作原廟於複道載異班書豈不以爲所慮者遠圖
所成者大事務叶適人之論不妨近俗之譏就而酌中
雜合權變顛倒苟且孰爲而然究經詢議而與丕式仗
請一依本院元狀施行詔可　五日太常禮院言準昭

卷七千三百六十六

憲皇太后禮例議號勑下日百官詣閣奉慰今月六日
謚號勑下日望依故事從之　九日群臣上表請御正
殿自是三上表始允以十四日御正殿　十日大祥群
臣奉慰如儀　十三日命翰林學士承旨宋白撰哀冊
文知制誥李宗諤撰謚冊文知制誥趙安仁書冊寶
五月一日以梓宮在殯不視朝自是至升祔朔望皆然
六日詔兩制三館祕閣官各撰挽詞五首送中書省
二十五日按行使劉承珪言得司天監史序狀園陵
宜在元德皇太后陵西安厝其周王墳先葬孝章皇后
陵北亦無妨礙其地南神門外去永熙陵地百二十一
步東神門外去元德陵西於神門外封地侵却十五步

餘二十五步分作兩陵封地其地西稍高地勢不甲接
一行地里經地有土庵不平擁塞風水宜平治之正在
永熙陵安地知貫魚之形從之　時又令承旨等并按
行安王周王瑩域帝閱其地圖謂宰臣曰乃以周王祔
承熙陵而安王瘞於外少長失序此尤非便宜別度地
以聞　二十七日以宰臣李沆為園陵使翰林學士承
旨宋白為禮儀使御史中丞呂文仲為儀仗使吏部侍
郎郭贄為鹵簿使翰林學士知開封府寇準為橋道頓
遞使沆卒宰臣畢士安代顯卒光祿卿權知開封府陳
省華代　六月一日禮儀使言請就安肅門外淡儀縣
梓孝鄉殺趙村沙臺設攢宮用楯槃龍帳靈駕由西上

卷七千三百六十六

閤門朝堂門右昇龍門出乾元門閶闔門過白鶴橋出
安肅門至普濟院東神主迴日入右掖門右承天門於
萬安宮奉安從之　二十五日宰臣不視事群臣奉慰
如儀　二十九日中書門下言已經卒哭望許京城及
諸州不禁樂從之　七月二十二日禮儀使請祔題
神主除太常從之　八月二日太常禮院言今月十二
日太尉率百僚奉謚冊告太廟伏尋禮例親王樞密使
副使宣徽使翰林樞密直學士並赴諸司使及軍員並
不赴詔唯親王不赴餘並依　時闕宰相唯參知政事
畢士安攝太尉帝以班序不便故令親王不赴及行禮
時士安已相復詔親王並許赴　十二日攝太尉宰臣

畢士安率群臣奉謚冊寶告於太廟翌日上於萬安宮
之靈座　冊文曰孝子嗣皇帝（真宗御名）謹再拜稽首上言
伏以奉先追遠人子之大猷考行易名格言之彝訓仰
懷顧復之重莫伸罔極之心思極尊稱以光懿範恭惟
大行皇太后塗山協慶沙麓儲祥配乾居尊儷日垂照
而創佐佑先帝雍容內朝周旋合於禮詩選次循於法
度母儀萬物二紀於茲九族用親六宮是式覆以沖昧
紹荷宗祧夤奉寶圖繼體宸極橋山遠往常積於孝思
長樂問安方榮於色養每尊清淨之教敢忘黃老之言
痛聖善之長違念風木以增感昊天罔極遠日有期爰
命有司時諮故實節以一惠式揚盛烈禕褕將祕龜筮
圖寅典禮具存明靈如在是用定謚宗廟告謚凡筵謹
遣攝太尉吏部侍郎平章事畢士安奉冊寶上尊謚曰
明德皇太后伏惟神鑒昭格體茲至宮配聖考以在天
饗鴻名於永世膺休簡冊茂揚耿光億萬斯年垂裕無
極謹言　九月十日禮儀使言靈駕赴攢宮日皇帝親
行啟奠祖奠乾元門外遣奠至攢宮有司攝事行遣奠
并掩攢宮祭及設第一虞祭畢迎神主升犢車還京赴
萬安宮行安神之祭伏緣百官出城奉辭又入赴西上
閤門奉慰若神主當日還京又須出城奉迎一日之內
禮容重疊護衛車輅來往奔馳欲望攢宮經宿至二十
三日第二虞祭畢迎神主還京所冀禮容周備又按照

憲皇太后特侍中一員奏請靈駕升降進發權駐元德
皇太后時只內常侍奏請今請依元德故事止命內常
侍奏請從之　十九日禮儀使言起靈時早啟奠祖奠
行事官合就學士院閤門宿止自啟欑百僚皇親各服
初喪服軍員內班吏不服初喪之服內庭諸色人執事
職掌五使人從只服本色公裳啟欑宮前三日合禁止
在京音樂候祔廟畢仍舊並從之　二十四日禮儀使
言神主廻赴萬安宮奉安禮畢宗正卿以酒脯安神其
日望今百官詣西上閤門進名奉慰詔奉迎神主宜盡
嚴恭其廻宮日服服靴袍於萬安宮門內奉迎前導至
萬安殿行禮候祔廟日亦服靴袍出乾元門外奉辭餘

卷七千三百七十六

可　二十六日禮儀使言準禮例太宗神主廻京內諸
司使副已下及軍員將校只於順天門外奉迎退赴西
上閤門奉慰今請依舊例只於安肅門外奉迎候神寓
使赴萬安宮行禮退奉慰昭憲皇太后山陵禮例自啟
欑前三日至園陵禮畢神主到京皇帝並不坐視朝
參祔廟日亦不坐百官奉慰太宗山陵禮例續詔神主
未祔廟以前古行虞祭依舊崇後殿不坐元德皇太后
園陵禮例啟欑及發引掩皇堂神主廻京并祔廟日並
不視事百官奉慰其祔廟以前京朝官並於後殿見謝
辭今請自啟欑前三日直至祔廟日前殿不坐其啟欑
發引掩欑宮神主到京祔廟日仍不視事見謝辭止就

後殿並從之　閏九月十九日太常禮院言檢詳通禮
義纂云三年之喪以為至痛極也聖人制禮不以死傷
生為取法四時變易應歲時之氣以殺其情故二十五
日除衰裳去杖經也又喪大記云弃杖斷而弃之於隱
處鄭注以喪服至重不得褻之檢禮經服弊則焚之衰
裳亦當焚也今緣權欑禮畢已從聖禮以日易月又當
服除望候乾元門外奉辭禮畢吉服還內所有衰經杖
並請焚之其諸王及六宮衰服亦請焚之又按穀梁去
塟禮五傳曰改塟也改塟之禮總舉下緬也稱總舉五
服之下以喪緬邈遠也故改塟之禮其服輕言緬繹所
以總也至丙午改塟之時準禮例皇帝服素紗軟脚幞

卷七千三百七十六

頭白羅衫黑銀帶及諸王已下並服白羅襴衫腰經帝
初覽奏以欑宮禮畢欲弃喪服甚難其事宰臣固引典
禮為對乃下詔曰聖而除服雖俯就於禮文孝以奉先
方永懷於創鉅在於皇族合守心喪庶全攀慕之誠以
罪外祥之制帝慮皇族中以為釋服不能謹守心喪有
違禮制乃降是詔　二十日啟欑宮帝與諸王宗室衰
經群臣素服臨於萬安宮翌日群臣朝夕臨　二十二
日帝啟奠畢梓宮升龍輴祖奠徹行哭從出乾元門設
遣奠攝中書侍郎讀哀冊　冊文曰維景德元年歲次
甲辰三月乙酉朔十五日乙亥明德皇太后崩於萬安
宮之滋德殿以其月二十七日辛亥殯於殿之西階閣

九月壬子朔二十二日癸酉，遷座於櫕宮，禮也。素衛宵
陳，祖獻躬撤，鞴幰洞啓，龍輴停轍，瞻神御之將移，痛旋
宮之永訣。哀子嗣皇帝天孝攸資，雨泣纏悲，承慈顏而
不及，念儼駕以難追。徽音如在，懿範長垂，爰詔下臣，奉
揚芳規。具詞曰：神宗繼統，馨宇爲尊，内朝正位，德契柔
純。河洲令德，關閬清門，彤管有煒，蘭芳玉温。仙李遐胄，
日華凝秀，逮下仁深，載物恩厚。化被六宮，言孚九有，仁
聖之姿，溥華之母。月吐黄芒，人施玉衣，珩璜有節，禕褕
以歸。洛汭必循，穜稑無違，正名宮壼，率禮嬪妃。輔佐先
帝，光昭内則，長樂居尊，大練無飾。陰教施於公宮，蔵誠
形於邦國，何卜世之方隆，而降年之有極。嗚呼哀哉！曰
卷七千三百六十六
往月來，春數冬索，故歲方暮，惟疾初作。上感寝僻，正期
勿藥，寒泣外侵，風虚内薄。冰霰陰凝，軒星夜落。嗚呼哀
哉！感里悲摧，國族悽愴，草木變衰，人靈沮喪。椒風詎可
以少留，蕙路徒增於悵望。嗚呼哀哉！玉靈獻兆，吉日惟
良，金根夙駕，神路攸長。背都闉之凝邃，流挽唱之悲涼，
歔九虞之蠲潔，饗六軆之蒸嘗。歎輝光兮無斁，嗟玉釜
之虚芳。嗚呼哀哉！鸞輅遊兮神駕收，椒殿寂兮闕秋昔。
比帝子之望舜，今如文母之興周。結遺愛而山積，宣惠
閟而川流，惟慱史之紀德，亶億載而揚休。嗚呼哀哉！帝
躃踴奉辭，既發引，哭還宮。　二十三日，群臣詣安肅門
外奉迎虞主，以虞祭衣舉入居萬安殿，帝迎拜於宮外，

嗚咽流涕。禮畢，群臣奉慰。　十月十七日，帝齋於長春
殿。翌日，祔神主於太廟太宗皇帝室，帝自萬安宮步導
至乾元門，再拜涕泣奉辭，群臣奉慰。　二年正月十四
日，詔以此月十八日親朝拜明德皇后櫕宮，令太常禮
院定儀以聞。　禮院請其日設幄殿於櫕宮之側，文武
百官及皇親先赴幕次，俟皇帝常服乘馬出内，至幄殿
改常服淺色淡黄羅紗袍，太常卿贊導行事，皇帝再拜
哭，位設珠蓋之饌，侍臣進酒讀祝版，奉辭訖，常服還内。
詔特製素白之服，餘如所請。又請立班日諸司使副及
軍員並不預，從之。仍令入内副都知鄧永遷依此句當。
十七日，遣兩京作坊副使藍繼宗修奉園陵。　三月
卷七千三百六十七
四日，太常禮院言：「今月十五日小祥，伏請皇帝不視事
十日，群臣進名奉慰，退詣佛寺行香。」詔特前殿不坐七
日，禁止京城音樂，餘依所請。　三年二月六日，帝詣櫕
宮行朝拜之禮，如二年之儀。　三月一日，太常禮院言：
「今月十五日大祥忌辰，伏緣明德皇后已從墓禮，衰服
經杖並已從之，別無變除之文，須至酌情特定前後各
一日不視事，群臣進名奉慰，退赴佛寺行香。又按開寶
通禮，大祥之日設祭儀饌，掌事者除靈座，以降自大祥
後外無哭者，至禪祭日設几筵，自禪之後内無哭者。今
詳皇族雖守心喪，禮從吉祭，神主祔廟，又已踰年，其大
祥忌辰，伏請皇帝常服詣萬安宮設饌祭奠，禮畢除靈

座釋素服服吉服如常儀所有禫祭已設几筵令緣服制已除別無變易望更不行癸奠不座及群臣進名奉慰之禮詔大祥忌日不視事五日特製素白之衣仍禁中在城音樂十日禫除日不視事及除靈座日朕躬親扶護神御別設一祭祝文如遣奠之意餘如所奏　四日詔以大祥俯邇自今日後群臣起居於長春殿權罷舞蹈　七月二十三日以宰臣王旦為園陵使翰林學士晁迥為禮儀使御史中丞王嗣宗為儀仗使吏部侍郎郭贄為鹵簿使樞密直學士權知開封府李濬為橋道頓使是冬賜王旦錢百萬麥麵各百石羊豬各一百酒二百瓶炭千秤薪三千斤又令應緣儀仗小可遇犯委軍中區斷徒已上罪並取園陵使處分　八月二十八日禮儀使言將來啟攢宮請皇帝赴攢宮幕殿成服行奠爵之禮詔恭依　九月二日禮儀使言啟攢宮前一日至掩皇堂後一日並請皇帝不座攢所發引掩皇堂日並不視事群臣皆詣所御殿幄門奉慰仍禁在京音樂　三日禮儀使言靈駕在路準禮例每住程應扈從行事官並哭臨令緣皆以吉服行事望每程於幄殿攢行奠爵訖退其隨從皇親設腩奠一舉哭而止所過官吏吉服出城奉迎奉辭掩皇堂日園陵使已下進表奉慰又准禮例啟攢日百官詣西閤門奉慰今緣其日乘輿出赴攢宮成服行奠爵之禮望並令赴攢宮俟奠

大典卷七千三百六十六

爵畢於御幄門外奉慰從之　十四日樞密上言園陵吉凶儀仗步騎五千三十一人望以拱聖天武軍充從之　帝慮有司以頓遞廣有須索擾人乃詔內侍取宮掖諸王院一行人數付御廚翰林儀鸞司除本司祇備外具所須什物畫一以聞即詔州縣供給仍諭所至非有宣勅不得應付揭榜以示民後以風雪賜役卒錢令休息之　二十七日龍圖閣待制陳彭年言司天監選定十月十六日甲時靈駕發引陛下永懷罔極荐隆制書將以未明親臨遣奠竊尋歷代以至聖朝園陵之儀未有夙陳五輅宵啟九門出自宮城遠赴郊野者也伏望遏霜露之悲慎嚴牆之戒申命禮官別議從宜之制或先事一日酌奠於攢宮或既發未明奉辭於別次雖屈至性深協輿情詔司天監別擇時以聞遂改用丙時　十月三日以將啟攢宮不視朝　四日帝詣攢宮行獻奠之禮　十五日帝再詣攢宮致奠　十六日靈駕發引帝素服行祖奠遣奠之禮號慕嗚咽奉辭訖歸大次俟靈駕稍遠乃還宮　十九日遣中使馳驛詔園陵頓遞使令所至以鄆王安王周王袞就東西序設次仍畫圖示之　先是所司備頓置靈駕所次並設三王幄殿皆位南向帝閱之以其失尊卑之別遂有是命且怒禮司之廢俟迴日按其罪及還旦等上表待罪詔答諭釋之　二十九日以掩皇堂不視朝　十一月三日以

大典卷七千三百六十六

神御至克不視朝先是有司言神御到京無奉迎之禮
特詔不視朝　五月日賜園陵使王旦等器帛有差應祇
奉園陵沿路置頓地復來年夏租陵所役人並優賜之

宋會要　章懷皇后

至道三年真宗即位未改元六月十三日制曰朕仰荷慶靈嗣
守基構永言懷舊之感再稽追遠之文聿舉徽章用旌
幽隧故莒國夫人潘氏早以華冑嬪於沖人克遵圖史
之規茂著河洲之德正名中壼允極哀榮可追冊為皇
后　至道三年正月陪孝章皇后塋永昌陵西北　七
月二十四日直祕閣朱昂請上謚曰莊懷皇后詔可
議曰臣聞推美者在乎易名錫號者在乎考實此定謚
之大旨也其或謚範前著柔風後垂宜摭芳猷用符徽
稱國有舊典我舉而行伏以故莒國夫人遺升坤靈德
隆陰教非善不舉率禮無違居則有蘋藻之勤動則有
璁珩之節戀以接順以睦親長秋之位未昇大夜之悲
俄至靈駕不返仙籍長歸無方士以推尋動聖皇之怊
悵今則皇帝以纘承大業恢振丕圖澤流九泉恩覃八
表惻修齡之不饗嘆中壼之未居寶帳兮緋絧可傷瑤
池兮歸去何速繇是舉其茂典飾以崇名追行金鈿之
榮表正璇宮之位永言莊昧諒極哀榮謹按謚法履正
志和曰莊慈仁哲行曰懷伏請上謚號曰莊懷皇后
八月三日朱昂上陵名曰保泰本廟舞名曰永和從之

卷七千三百六十六

十一月三日神主祔后廟

宋會要　章穆皇后

真宗景德四年四月十五日章穆皇后郭氏崩於萬歲
殿之後寢遷座於萬安宮宰臣王旦等見帝萬安殿之
別次奉慰是日輔臣郎度使兩省五品尚書四品諸司
三品以上並入臨於萬安宮庭文武百官諸軍將校內
諸司使副以下並臨於宮門之外遣官分告天地太廟
社稷十六日太常禮院言準禮例唯祭天地社稷及諸
大祠其太廟及中祠並權停俟園陵畢京城禁樂音至
皇帝釋服日並仍舊又按孝明皇后故事皇帝衣成服
群臣日赴萬安宮一臨皇帝七日釋服群臣三日釋服
諸道州府官吏計到日舉哀成服三日而除沿邊州縣
軍鎮並不舉哀詔從之　時議遣使告契丹王旦等或
請止令邊臣具錄詔命以告之帝曰命使赴告於理為
順然每歲兩次命使而往頗聞彼中供億（頗）勤至今若以
此命使即自此凡有大禮大故各須命使交馳益增煩
費也莫若密諭安撫司俟彼中遣人來體問即錄詔命
報之或來人詢以朝廷不行訃告之意當令李允則具
言朝廷與契丹故無猜間今皆不尋遣使訃告蓋慮勞
煩之意　十七日太常禮院言按唐太宗文德長孫皇
后上仙百僚服三日其禁衛諸軍使各於本軍廳事素
服臨六品以下非常參官及士庶各於本家素服一臨

卷七千三百六十六

竊詳素服本家明非衰服矣又據聖朝孝明皇后上仙百官成服三日仍日臨退易吉服出内城漢魏相好觀漢家故事以爲古今異制務在奉行故事而已當今與策遺文既沿革而不循祖宗近制宜遵守而無違欲望依故事群臣成服臨退易吉服出内城去金銀帶魚袋俟釋服仍舊軍員別無期次許取便於皇城門内易衣又准禮例中書門下文武百官節度防團刺史前任行「軍副使諸軍指揮使副兵馬使以上並服衰齊服親王宗室四廂布領襴衫腰帶長公主郡縣主宗婦布帊頭帔子布裙服並白羅襴服詔可仍於廊下設幕次　十八日知樞密院王欽若上言伏覩勅文皇帝本服齊衰

卷七千三百六十六

准近例七日釋服非朞周易月之制請改至十三日釋服庶合禮文詔崇文院檢討龍圖閣待制陳彭年檢討故事彭年言按唐德宗皇后王氏崩太常博士徐乾議周景王有后之喪既葬除服準禮七月而葬帝得以七日除服又按春秋左氏傳杜預注天子絶期唯服三年又晉穆后楊后之喪並既葬而除唐德宗朝禮官柳冕等議皇后爲父母服十三月其稟朝旨十三日而除會昌五年武宗爲恭宗母義安太后服期行易月之制十三日釋服則別無帝王爲皇后行期周易月故事中書以聞帝以欽若之言爲允乃下詔曰帝王禮樂沿襲不同因事從宜亦存前訓今者宫闈遘感官司定議質聖祖之舊章協宗周之令典顧循謹議特有沿情用尊盡陽亦敦風化朕今用十三日釋服　十九日大斂群臣成服進名奉慰太常禮院言準禮例百官成服後三日朝臨而釋服不入朝横塗及皇帝釋服日並於萬安宫門外進名奉慰其兩日請不視事從之　二十日龍圖閣待制杜鎬言準詔檢討歷代皇后上仙無群臣請聽「政之表即無不視事之例令太常禮院詳定以聞既而上言請群臣釋服後皇帝於便殿視事皇帝釋服後即前殿視事釋服日進名奉慰從之　二十一日司天監上言選定園陵月日宜在卒哭之内舉葬請以五月二十九日啓欑宫六月八日發引二十一日掩皇堂帝曰

卷七千三百六十六

此亦便於事雖不取七月之期於義無嫌但每事務從簡儉是所宜也乃命内侍左班副都知閻承翰爲園陵按行使入内副都知藍繼宗副之　承翰等言永安縣陵臺側有地三兩處司天監並云地位不廣無可選擇帝令祔元德皇太后陵安葬但可安厝不必更要寬廣其棺槨等物無得鏤刻花様務令優足又以密邇諸陵神貴安靜其役徒不得輙令喧閙及率衆唱號當此暑熱每至日中各令憩歇或風雨飄暴亦須權停諸陵松栢無令傷動兼慮此盛暑少屋宇憩泊速諭三司以舩運蘆席竹竿三二萬數往彼　二十五日殯於萬安宫之西階群臣奉慰　二十八日帝釋服群臣奉慰命入

內副都知藍繼宗內殿崇班張繼能三陵都監康仁遇
高品閻文度同監修園陵步軍都御侯鄭誠爲都鈐轄
孫正辭副之　十九日以宰臣王旦爲園陵使翰林學
士晁迥爲禮儀使御史中丞王嗣宗爲儀仗使工部侍
郎魏庠爲鹵簿使樞密直學士權知開封府李濬爲橋
道頓遞使命翰林學士晁迥撰謚冊文楊億撰哀冊文
知制誥周起書翰林學士判太常寺李宗諤議謚號
五月一日不視朝群臣奉慰自是訖外祔朔望皆然
二月詔兩制三館秘閣官各撰挽詞五首　十一日禮
儀使言準禮例發引所過州縣官吏素服出城奉迎及
辭皆哭十五舉音神主廻日奉迎到京日百官班迎令

卷七千三百六十六

請並準近例其隨從園陵皇親及文武官緣並服初喪
服望令每至宿頓立班臨哭奠酹又安陵故事啟陵日
會塟者服緦麻不會者不服掩皇堂畢除之令請群臣
發引日並服初喪服又按孝明皇后發引日皇帝服本
服親行遣奠改常服還內周顯德中宣懿皇后啟攢宮
時亦然今請準故事啟攢宮前三刻皇帝服衰服文武
官及皇親各服初喪服入詣宮庭行禮俟梓宮出乾元
門皇帝行遣奠讀哀冊訖百官再拜退不會塟音城外
奉辭訖改常服詣西上閤門奉慰會塟者俟皇堂畢改
常服虞祭神主廻奉安於瓊林苑緣苑中前殿有花竹
難於立班升降欲止就西階奉安昨降詔自啟攢至掩

皇堂禁音樂緣六月二十六日辛卯七月三日神主祔
廟相去尚有七日望仍禁止從之　十六日翰林學士
判太常寺李宗諤請上謚曰莊穆皇后詔可　議曰臣
聞關雎爲王化之基坤元以厚德載物是以椒塗在御
正位而聽內朝蕙閣既淪易名而示四海流芳自古垂
裕方來奉節惠之文有不刊之典伏惟大行皇后斗維
降慶沙麓儲休令質柔嘉懿姿純茂靈符告於石字吉
祥驗於玉衣粤自邦媛有歸戚藩作儷湛事先帝寅奉
皇姑恭順發於誠心正淑表於姻戚銅扉摩啟金璽承
榮執纂組以彌勤服圖史而無斁屬觸明於大寶爰總
治於長秋德冠六宮母臨萬國樛木逮下聿協聲詩大

卷七千三百六十六

練爲衣克敦儉素而又侍養長樂順承慈顏朝夕勤紛帨
之儀行步有佩環之節允釐壼則式是邦家所宜永服
褘褕勤事種稑而軒星掩曜桂魄沉暉遽謝昌辰靡延
鴻筭皇上悼音徽之如昨念日月之有朝爰命下臣仰
稽前訓庶芳猷之不泯紀大號以長存作著策書告於
宗廟謹按謚法履正志和曰莊賢德信修曰穆伏請謚
曰莊穆詔尚書省集翰林學士兩省御史臺官尚省六
品諸司四品已上定議以聞吏部尚書張齊賢等上議
曰臣等聞天清明而秉陽乃恢圓覆地博厚而載物遂
正方輿萬彙於是財成二儀以之功濟亦由伉儷重人
倫之本河洲隆王化之基恭惟大行皇后承乾清明法

地柔順巽汾陽之嚴繼襲塗山之令儀主上銀牓升儲
謀猷風效玉宸嗣統輔佐惟寅嬪虞契月亘之明娟周
叶天飛之運神宗聖母昔揚賢淑之稱清廟閟宮僾奉
吉蠲之祀勤宣四教表正六宮臨陰陽之和德範昭矣
服圖史之訓善美具焉運迫登天哀纏率土顧茲節惠
爰命儒臣詳觀考行之文允協易名之典質於有衆無
爽至公伏請依宗諤所議　閏五月八日禮儀使言奉
謚冊告於萬安殿檢會孝明故事上謚冊日不輟朝明
德皇后上謚冊日群臣奉慰今請葬日皇帝前殿不坐
放朝六月十五日靈駕在路望許群臣奉慰二十六日
神京到京日亦請不視事七月一日雖園陵禮畢緣在
卷七千三百六十六
未祔廟之前亦望前殿不坐放朝並從之　十三日攝
太尉宰臣王旦奉謚冊告於萬安宮攝中書令知制誥
朱巽讀冊　冊文曰皇帝若曰后妃之德風化之源法
垂象於四星叶休符於五鹿生則建長秋之位取諸漢
儀沒則按彤管之書定其周謚所以循節惠之前典表
飾終之異數大行皇后郭氏坤元毓粹月魄淪精出金
沉之華宗集玉衣之瑞命元雲入戶素擁於神休吉夢
捫天果歸於帝室逮事先聖祇若皇姑儼朱邸以關榮
進畫堂而增峻譽繼大統乃陟中宮服以螭虎之鈿奉
以椒蘭之殿鍾鼓之盛禮河洲之詠作而能含章體順
率禮蹈和厚德無疆謙光載路言可復於圖史動必中

於珩璜避濯龍之遊情没符立引貫魚之列優柔逮下
御側外族述宣陰教眷惟輔助屬在賢明方當節用去
奢正始教本先蠶致饗率織於紘綖籍田蔵事贊獻於
穜稑而祥符素柰勞結元壎嬰進賢之心憂勤成疾虧
勿藥之喜奄忽冥升羽蓋虛陳瑤齋罷宴譯諭弗御璋
瓚空存掩軒懼之光芒失塗山之翼贊悲纏戚里哀動
掖庭池綍講儀園陵卜吉庀徒斯具練日惟良司典上
言追崇克允載詢公議式賁徽章今遣攝太尉工部尚
書平章事王旦冊謚曰莊穆皇后垂芳竹帛著範彤闈
永閟音容良深軫悼嗚呼哀哉　二十九日啟攢宮群
臣衰服諸軍將校常服臨於萬安宮帝親臨酹奠群臣
卷七千三百六十六
奉慰　六月八日靈駕發引帝素服行遣奠之禮攝中
書令翰林學士李宗諤讀哀冊　冊文曰維景德四年
歲次丁未四月丁卯朔十五日辛巳大行皇后郭氏崩
於萬歲殿之後殿有司奏謚曰莊穆以其年六月乙未
朔二十一日乙卯將遷座於靈臺禮也朱火昏中靈輀
風駕慘畫月於素旗咽悲風於廣庭皇帝軫深懷於內
殿痛淑德於長秋感璧臺之不遇嗟黼帳之將收降輟
賓階親臨祖饋爰詔詞臣奉揚遺懿其詞曰厚德載物
至哉坤元著明垂象俾彼星軒關雎教始俔天禮尊章
明內治啟迪化源慶屬休辰運鍾元聖諸夏宅心三靈
眷命稽若前經述宣內令玉璽疏榮蘭閨布政文昭賁

胄號仲遐枝家承金冠祥開翠衣菖華瑞命衍菜聲詩
女國是憲象服攸宜列邸承化東朝作儷言無出閫義
敦主饋塗山冀贊周姜思媚譽藹掖庭禮均嫡姒允升
中壼寅奉皇姑承顏左右上食朝晡禮侍陰郭輔佐唐
虞嬪風載穆陰教誕敷厭翟斯皇濯龍希從江漢化行
禪褕禮重薄氏仁善靡徽恩寵大家經書習開雅頌外
戚稟訓謙沖靜退嬪御懷仁祝延飲酹半楚啟邦圖循
私愛衰紀舊章尚辭封拜陪遊溫洛致孝南陵親易脂
澤躬薦粢盛帝車來復朏魄載盈孽生椒掖災纏玉京
嗚呼哀哉顧恩淪輝騰龍變彩地震芳輿人謠素柰西
山藥兮杳無期聚窟香兮不可待數驚逝兮靡留玉音

卷七千三百六十六

琤兮如在金缸凝兮夜何長白駒度兮時易改中庭悽
兮綠草生洞户寂兮流塵晦嗚呼哀哉宸居愴悼戚里
悲傷痛深臣妾哀極嬪嬙詣蘭宫兮女史閲蘭館兮公
桑掩遺書兮無復視念故劍兮何時忘悶珠襦兮畫梓
湛銀海兮元堂望懿藩兮畢陌從先后兮雲陽嗚呼哀
哉統五鼓兮嚴城曉徹六衣兮清吹度陳遠冊兮祖庭
咽邊簫兮上路瀼滿兮重幢吞聲兮長御背直城而右
轉歷重岡而遐焉淵邈邈之周京指蕭條之華園嗚呼
哀哉陵園黯兮將闕景象淒兮若秋瞻樂宫兮永歎瞻
雲壓兮增愁畢九虞兮祔營魄節一惠兮闡大猷絕遺
芳兮彤管諸賢德兮河洲京音徽之不泯賴載祀以彌

休嗚呼哀哉　帝就次釋服還宫群臣諸軍將校衰服
設奠道左奉辭於順天門外還詣閤門進名奉慰　二
十一日望永熙陵之西北群臣奉慰　二十三日太常
禮院言虞主至京群臣出城奉迎其祔謁太廟行事官
已受誓誡請不赴立班其日及卒哭請特放朝參並從
之。二十六日不視朝虞主至京文武群臣迎於順天
門外奉安於瓊林苑以九虞未畢故也　二十七日賜
園陵大禮使宰臣王旦林假三日禮儀使而下行事官
各三日應園陵行事官器帛有差　七月三日不視事
有司奉神主自瓊林苑謁太廟祔饗於昭憲皇后饗畢
祔別廟群臣奉慰先是禮儀使言乾德中祔孝明孝惠

卷七千三百六十六

皇后於別廟同殿異室有司言孝明正位宫壼宜居上
孝惠追號次之其廟室請准太廟以西為上詔從其議
今莊懷皇后雖先廟饗本自追崇莊穆皇后正位宫壼
母儀天下其神主祔廟望依禮例遷於上室從之。大
中祥符元三月二十一日帝以后喪倏及期年議徹宫
中所奉几筵訪於宰臣且言孝明再期而徹王旦曰若
以虞練事神既葬祔廟則几筵之設非古也然國家孝
明上僊已用家人之禮行之三載莊穆母儀天下十年
酌於人情宜守故事王欽若等曰几筵之設與禮所無
況及期年徹之可也帝曰但以情所不忍耳陳堯叟曰
中宫不可虚位若建長秋而莊穆几筵尚在於禮難安

帝曰萬安宮宮中自亦遠於正寢況人行服尋已宮除晨夕供養無哭泣之哀且禮沿人情國朝已來素行此禮朕守祖宗故事便議除去豈爲禮意乎遂至再期而徹四月十五日帝不視朝以畢始期也群臣奉慰

二年四月十五日大祥詔特廢朝群臣奉慰先是訪於禮官言禮文不載故特下詔

禮三一之五三

卷七千三百六十六

昭憲皇后喪禮

大祖建隆二年六月二日皇太后崩于滋德殿遺令曰生死者人之常道短修者天之定數考終爲福又奚其悲予年過六旬已多衰病家國之故憂勞積念自春及夏風氣頻作鍼石備至有加無瘳將盡天年宜申理命皇帝天資仁孝親侍醫藥衣不解帶涉于數旬軍國事繁人神所託勉思遠大無過哀毀予瞑目之後宜以宗社爲心更賴羣臣共與開釋皇帝成服三日聽政以日易月一依舊制在京文武臣僚十三日而除諸司長官以上及近臣列校朝晡臨於宮門外諸道州府長吏以下三日釋服軍人百姓不用縞素沿邊州府不得舉哀釋服之後勿禁作樂園陵制度務從儉省勉從予志勿煩勞故事皇太后下書曰令稱未亡人令之制首云皇太后敬問其位惟太上皇書曰詔稱予今昭憲下詔復稱予蓋學士之誤也其後明德亦仍此矣是日帝行服於滋德殿大典卷七千三百六十五

三日文武羣臣入臨同上

四日大斂殯於滋福宮百官成服中書門下文武百僚諸軍副兵馬使以上並服布斜巾四腳直領襴衫腰絰外命婦帕頭帔裙衫同上

五日太常禮院請文武百官臨三日後更不入臨每日入朝不立班小祥大祥禫除日並赴滋福宮臨移班少東奉慰又進名奉慰皇后緣百官既已除服不臨外命婦進牋慰皇后朔望日百官進名奉慰又準禮例合權停太廟時饗及中小祠俟山陵畢復舊從之是日宰臣范質等上表請聽政表三上同上

七日詔答允同上

八日以樞密副使趙普爲山陵按行使又命內客省使王贊司天監趙修己同往按行同上

九日帝見百官於紫宸殿門太常禮院言皇后燕國長公主高氏皇弟泰寧軍節度使太宗舊名嘉州防禦使光美並服齊衰三年準故

又禮三一之一

事合隨皇帝以日易月之制二十五日釋服二十七日而禫除畢
服吉服以終制從之同上
十四日百官釋服同上
十九日有司言請以今年十月十六日祔葬安陵從之同上
二十三日太常少卿馮吉請上尊謚曰明憲皇太后詔禁依謚曰
臣聞謚所以知行號所以表功功大者備之無窮德厚者傳之不
朽唯詩人之詠本王化之基姜嫄發后稷之祥太姒興武王之業
祖宗之慶自古相沿恭惟大行皇后沙麓儲靈塗山孕粹恢張陰
教表正人倫化行而九族惟和法正而六宮承式事光彤史美溢
椒塗母儀方耀於庶邦仙馭俄聞於厭世褘衣褕翟即成原廟之
遊歷路龍輴將祔霸陵之寢葬期定謚斷曰舊章謹按謚法照臨
四方曰明聖善周達曰憲請上尊謚曰明憲皇太后同上
二十四日命宰臣王溥為山陵使太常卿邊光範為禮儀使御史
中丞劉溫叟為儀仗使兵部尚書李濤為鹵簿使端明殿學士知
開封府事呂餘慶為橋道頓遞使同上
又詔王溥攝太尉持節導梓宮題冊寶監鑄元宮工部尚書竇儀
攝司徒率捧紫宮官奉升大升轝又引梓宮即元宮又攝司空復
土九鋒左諫議大夫崔頌攝侍中奏請靈駕御龍輴及沿路奏進
發及陵所奏靈車進發中書舍人扈蒙攝中書令讀哀冊文攝禮
部侍郎奉謚寶冊文哀冊等案太常丞呂端著作郎馮正右贊善
大夫辛文悅安守鎸輿策舉冊祕書監張鑄授哀冊謚太府卿衛
融奉幣太子詹事尹拙攝少府監進龍輴陳明器幡翣又攝將作
監捧梓宮登龍輴兼鑄元宮太常少卿馮吉帥執翣者障梓宮太
常丞呂端攝監察御史監鎸元宮太常博士和峴通事舍人王信
並分引行事尚輦奉御竇仁裕押腰輿又攝尚衣奉御捧衣箱置
輿中宗正卿趙矩充九虞及掩元宮饗官少御趙沫祭望柏城及
陵左右上著作郎馮正題虞主中書舍人扈蒙題神主同上
二十五日太常禮院言舊凶儀仗准詔減省數目今除兵部鹵簿

儀仗太常寺鼓吹太僕寺靈車從車等殿中省擎輿繖扇法物中
書省謚冊哀冊法物門下省謚寶綵輿法物外其凶杖大升轝士半
百五十八人輴車挽士十八人二哀冊車謚冊車謚寶車綵轝車魂車香輿重車
明旌燎城銘旌車買道車方相車十車士十寫士各一以白幰箬素信幡各一
錢山輿黃白紙帳各二暖帳下帳千味臺盤各一拂蘇二鐸翣各
八挽歌二十人衣鈸禮衣一副梓宮儀槨各一袞衣一障梓宮翣
十二十二時神當壙當野祖明祖思地軸各一蹲五一包牲輿三
倉瓶輿五穀輿各一貂蟾二十文物鼓樂音聲隊白幕像生車擔獸
馬各二十羊二圍器物五十刻木控鶴官內人各二十神御帳一
牀倚四副屏風插障宮城圖苑各一無東三望令少府監修製從
之同上
七月八日太常禮院言准詔議定皇太后謚按唐憲宗母王太后
崩有司集議以百官謚狀讀於太廟然後上之取受於祖宗之謚
也周宣懿皇后謚號即有司撰定奏聞未嘗集議制下之日亦不
告郊廟修謚冊畢始告廟還讀於靈座前詔從周制同上
十九日太僕寺言啟攢宮啟奠祖奠遣奠共使犢二詔悉改用羊同上
八月七日詔應諸司寺監合差園陵行事官等宜一半差在京前
資州縣京官黃衣人一半差本司職掌如本司不足即取別司人
充並取次三選以上者如逐司行事官不足即並令通攝仍令逐
司點檢出身歷任書解由歷子分明方得差補同上
九月六日群臣奉謚冊寶告于太廟翌日上于滋福宮冊闕文禮畢
群臣詣滋德殿門進名奉慰同上
二十七日藩侯郡守以山陵有期各貢物來助同上
十月十三日啟攢宮群臣服初喪之服詣滋德殿門進名奉慰同上
十五日帝謁奠于梓宮百官入臨升梓宮于龍輴祖奠徹帝從出
明德門百官序班梓宮升輿設遣奠中書舍人扈蒙讀哀冊冊文闕
帝哭盡哀而還同上

十六日葬安陵群臣詣西上閤門奉慰皇主至迎安于滋德殿同上
十一月四日神主祔太廟宣祖室禮畢群臣奉慰同上
乾德元年十二月二十三日詔改卜安陵于河南府鞏縣事見安陵門
同上
二年二月二十五日禮儀使言明憲皇太后改謚昭憲所有謚册
寶按唐朝故事加謚則册文不改今改上尊謚與加謚之禮迥殊
其謚册寶合重修製緣定謚號時太尉已曾率百僚告於太廟昨
改題神主又以差官告其重製册寶欲候至啓靈日遣太尉上於
神座更不告廟從之同上
三月二十五日命攝太尉開封尹太宗舊名奉寶册改上尊謚曰昭憲
皇太后攝中書令讀于陵次　册文曰哀子嗣皇帝臣太祖御名再拜
上言恭以厚載配天作沴則六幽潛震太陰儷日薄蝕而重輪不
晷稽象緯之無私諒浮休之有數粤自謳謌允屬歷數在躬以德
膺於皇家天命隆於宋祚諸侯率服既革故而鼎新百辟樂推遂
遷虞而事夏皆稟承於慈訓致寰區之大同寢門方慶於三朝靈
府俄生於六疾邦家疇祐藥膳俱違捧遺誥以哀摧遵治命而肅
荷日者兆非利往義取隨時權遷座於近郊祔安陵之兆寢今則
祝史告吉令龜有徵闢大室之上腴遵穀林之故事鸞輅前引龍
輴對昇九逵之羽衛雲屯萬靈之犀蹕同軌吏民齊至八極銜哀
山靈而楚挽酸辛野靜而漢儀嚴肅詔司空而復土命大臣以它
徙殊禮將闡於無窮玉簡宜編於茂實於是會宗伯詢禮官徽猷
行以擁神休易鴻名而告清廟聯宣孝之一字于以循舊章明作
憲於萬邦于以垂永代尚虞徽稱未盡孝思群議簽同豈敢失墜
對典册以增欷服劬勞而罔極謹遣攝太尉特進檢校太尉同中
書門下平章事開府尹太宗舊名奉寶册上尊謚曰昭憲皇太后景行
光顯聖靈監昭祔翬翟於軒臺終天無限奉晨昏於長樂畢世難
期攀慕蒐號殞越何已同上
二十六日啓攢安陵同上

二十七日靈駕發引攝太尉開封府尹太宗舊名行遣奠讀哀册册
文曰維建隆二年六月二日大行皇太后崩于大內之寢殿旋殯
於滋德殿之西階粤以乾德二年四月十六日遷祔于安陵禮也
玉座塵飛銅壺漏咽儼龍輴而將御顧總帷而日微九仙哀慕以
聲暨駟馬悲鳴而仰秣旌旐悠揚笙簫悽絕金爐御名再焚兮香燕衣
玉危三奠兮淚成血哀子嗣皇帝臣太祖御名痛地維之絕紐歎月虛
之淪光方荷愛家之慶成期饗國之長昊天不虛叩地無疆徘徊蒼
梧之嬪野闕湘漣之墓堂遂綵御之列侍儼舅靈而在旁順大鈞
之委化貫一氣以無方惟令名兮不朽垂懿載兮彌光其詞曰惟
爲唐侯保姓垂祉齊主夏盟因封易氏堂堂杜北載祖之始貽厥
無窮聿修不墜漢晉后族唐梁相門功藏汗簡澤流裔孫天贊興
運地發洪源嬪我皇考垂裕後昆法嬀汭以禪克因塗山而啟夏
顧麻數之在躬念名器之無假慕黃老之恭儉道豈遠而繼任姒
之謨訓孰爲難者母儀是則王道勃興奉慈顏而不匱獻壽酒以
如澠溥天就養任土底徵冀大年之不永疑陰鴟以難憑馥積壞
之告祈鬱鬱陰而不開冀軒星之遽隕隨逝水以無迴究號萬乘
霧嚴鸞飛殘波弋香兮是不是甘泉魂兮來不來嗚呼哀哉背抹殊
之遠水面檢玉之崇山睇斜陽於郊鄗鎖宿霧於轘轅辛木蕭蕭
兮成列秋鳥翩翩兮自還漆燈有焰千年碧銀海無波萬古寒嗚
呼哀哉翬翟在御情奐何之留彤管之遺訓乘白雲而不歸會化
石之啟母訪鼓瑟之湘妃妝臺鮮蝕菱花缺蟲館桑濃戴勝飛嗚
呼哀哉內令罷書元宮永閟七廟及廷兩朝圖史王衣既掩九原
之煙霧凄涼金輅徐還一代之榮華已矣嗚呼哀哉同上
四月九日安陵掩皇后同上

孝明皇后

孝惠皇后

太祖乾德元年十二月七日皇太后王氏崩於滋德殿〔大典卷七千三百五十六〕同上

八日文武百官入臨於宮庭太常禮院言皇帝初發哀服布斜服
加布斜巾帽首經絹襯服公主布帊頭帔裙衫首經襯服皇帝六
日而釋內外文武官三日而釋外命婦就本家三日成服內外禁
音樂群臣百官釋服後不入朝至皇帝釋服日並入詣西宮門外
進名奉慰成服後群臣日一臨退易常服出宮城去金銀帶魚袋
從之同上
二十五日命樞密承旨王仁贍爲園陵按行使時議改安陵於鞏
縣錫以孝明孝惠二皇后陪葬安陵又命內侍二人分爲園陵監
護使皇堂之制下深四十五尺上高三十尺陵臺再成四面各長
七十五尺神牆高七尺五寸四面各長六十五步南神門至乳臺
四十五步高二丈三尺吉仗用中宮鹵簿凶仗名物悉如安陵而
差減其數別有重車招幡同上
孝惠皇后梓宮初奉於故安陵幄殿上謚冊不設鹵簿其凶仗如
孝明之制稍減其數同上

二年正月七日太常禮院言按唐會要元和十一年順宗皇后王
氏崩謚曰莊憲初太常少卿韋纁進謚議公卿集定欲告天地宗
廟禮官奏議曰按曾子問賤不誄貴幼不誄長禮也古者皇后之
謚則讀於廟江都集禮引白虎通曰皇后何謚謚之於廟又曰皇
后無外事無爲於郊所以必謚於廟者謚宜受成於祖宗故皇后
謚成於廟請準禮集百官連書謚狀訖讀於太廟然後上謚於兩
儀殿今孝明皇后上謚望如舊禮詔令尚書集官議定以聞太
常卿邊光範上謚議曰歷觀彤史眇覩皇闈咸推申饋之賢以輔
興邦之運塗山之隆有夏姜源之王宗周雖婉孌於椒塗能經綸
於草昧其或烏蟾缺耀丹翠遽移長秋之屬仍存闕翟之儀容永
閟得不望北郊而灑涕臨南面而不怡將攄黃屋之情唯獻曲臺
之謚恭以大行皇后璇閨龍慶星婺降祥生知陰教之文富值坤
儀之道爰自嬪於宋邸瑞我皇家望雲預識於初興求劍遍鍾於
聖念暨化家爲國劒帝極宗中四位之纘嫡皆歸禮法三十言之

道德剋意修飭踰莽戆之妙齡已類著寵之遺鑒思賢諫字昌
言過補袞之臣長樂深宮妙臻盡先姑之禮永言福履何止期頤
胡天理之泯罔繆人倫之報應祿壇告慶俄成栢館之悲桂魄沉
輝無復行宮之譔凡有懷酸於中壼六宮號噎於內朝方士帳中
寂歷之香魂不返甘泉壁上平生之畫像空存何憚當亡之懷但
擬易名之典謹按謚法法度明大曰章慈和遍服曰順請謚曰章
順皇后尋改謚曰孝明同上
二月十五日禮儀使扈蒙等奏議曰白虎通云后夫人謚於廟臣
子共定謚白之於君然後加之婦人大夫故但由君而已唐順宗
王皇后憲宗之母其時禮官遂行賤不誄貴之文讀之於廟是
受成祖宗也今詳后夫人者有太后也若不尊卑異制終恐禮意
未然欲請凡母后之謚則定於廟而讀之仍合賤不誄貴之意皇
后之謚取天夫之義自君之命可也其孝明孝惠謚號俟百官定
議判下後行冊之前止命官告太廟告訖上於靈座又與周宣懿

皇后禮例並同於義稍允又準禮例掩皇堂畢陵下設第一虞奉
神主回京沿路間日而虞九虞祭畢擇日祔廟周宣懿皇后以十
月二日掩皇堂神主至京於四御莊權住每日一虞或一日兩虞
至八日祔廟國朝昭憲皇太后以十月十六日掩皇堂神主迴至
滋德殿皆間日而虞至十一月四日祔廟今請如昭憲故事間日
而虞至西御莊權安神主俟四月二十六日祔於別廟從之同上
十六日太常禮院言準詔問孝惠皇后改葬合造虞主及得與孝
明皇后同祔謁太廟可否按開元禮及五禮精義改葬無虞主只
於葬所西南設一虞祭今詳孝惠皇后不合更造虞主緣準敕與
孝明同祔別廟欲請止俟祔謁廟前俱造神主各題謚號又按唐
光天元年祔昭成肅明二皇后神主於儀坤廟詳酌故事雖無同
謁太廟之文且有同日祔別廟之禮以此比類同謁爲宜欲請奉
二后神主同祔謁於太廟從之同上
十七日禮儀使言宣祖靈駕與孝惠皇后靈輿自故安陵發引同

日孝明皇后靈駕自內發引具吉凶儀杖至城西御莊西合路今
請孝明靈駕俟至御莊西少俟宣祖靈駕至孝明監護使請宣祖
前跪奉孝明皇后王氏奉見俛伏興退大升輿上路依次而行其
儀杖並相參行列從之同上
二十五日禮儀使言孝惠皇后謚冊伏緣追謚以來未嘗告廟今
詳酌欲與孝明皇后同日告於太廟其謚冊亦俟啓陵日遣太尉
上於靈座從之同上
三月二十六日遣攝太尉開封尹太宗舊名奉孝惠皇后謚冊寶告於
幄殿　冊文曰皇帝若曰堯女嬪於嬀汭配聖興虞啓母出於塗
山克勤翼夏盛德如在往諜流芳數懋錄以受圖內自家而刑國
昔予良配實齊功於古人悼彼柔儀早沈光於曉魄自慶華我祖
運啓炎靈雖追遠之思尋稽興禮當卜遷之日爰奉徽名皇氏賀
氏柔順積中英華發外蘊含章之具美出積善之華宗魚笔學於
女師麟趾得其婦道端莊容止斯和珩琚之音洗濯衣袍不貴珠
璫之飾而自具昌叶吉先近有言著榛標栗於舅姑薦棗於祖禰奮
着約中度溫清承顏肅雍播於四時慈愛睦於九族洎謳謠有屬
清明在躬念王風而樂在進賢知神器之將授聖隆公宮之萬
行致靈臺之積勞祺祥莫會於神祇蘭茝倒凋於霜霰嗚呼年紀
云遠圖諜彌光聯聯壽原著兆克昌於改卜悠悠貞魄芝焚永隔
於和鳴乃命禮官具陳備物錫鏤金之冊百行斯全揚如玉之音
千秋永茂謹遣使攝太尉檢校太尉同中書門下平章事開封尹
太宗舊名冊謚曰孝惠皇后良史序美樂工登歌佩玊之清音寂寂堅
金之懿範莪莪嘆逝云遠積慶攸多皇極之建繁衍清廟之頌猗
那綿天長兮地久永保和合於太和嗚呼哀哉　又遣攝太尉門下
侍郎平章事趙普奉孝明皇后謚冊寶告於攢宮　冊文曰皇帝
若曰惟王居尊立后作配治行數於內故六宮率職德教流於外
則四海承風是故功如冀山亦資啓母之聖仁如解網實賴莘妃
之賢其或沴氣鍾於四星窮數纏於三翟空遺惠問永謝徽音易

名將示於千年者行宜旌於五可皇后王氏天鍾善聖生稟柔明
幼彰偃月之奇夙契俔天之興游心圖史節步珩璜自師氏之發
祥由公宮而著美稱詩化下國風篇王政之基率禮居中內則繫
人倫之本泊乾章而開景運資聖德以贊昌圖宮號長秋斯隆繁
衍車如流水所誠奢豪黃琮自比於正規彤管每書於景行思推
纍紀彝為宗族之光道盛嬪虞方永國家之慶俄而桃黃速謝椒
掖長捐空齊沙麓之期永垂懿範不遇蓬丘之藥寧返清魂天道
遠而莫知陰隲定而無奈公桑秀繅誰從蠶館之儀穀穀焦黃違
及壽宮之葬有司獻議列辟同辭宜光至公永彰大行今遣攝太
尉門下侍郎平章事集賢殿大學士趙普冊謚曰孝明皇后周公
之法垂彝典以攸遵太姒之名與冊書而不朽臨文悼往言不勝
情嗚呼哀哉禮畢羣臣奉慰同上
二十七日孝明皇后啓攢宮羣臣服初喪之服臨於庭同上
二十八日孝惠皇后神柩自幄殿發引有司行祖奠攝中書令讀
哀冊　冊文曰維乾德二年三月二十六日啓孝惠皇后之陵以
四月丁卯朔九日遷座陪葬於鞏縣之南改卜安陵禮也帝宅區
中孝治天下符靈龜之吉兆命青烏之相者改卜園陵茂植松檟
舉易名之寶冊遷於九原御載主之金車遠適千舍爰告於后鼎
疏祝綴辭象闕以啓行紼龍輴而風駕重鄉沿周綢繆從夏靈筵
辭設慘行邑於萬人哀挽一聲起悲風於四野紼引斯發素幃將
徹永懷悼於皇情直筆揚其休烈其辭曰惟后之門清望發源惟
后之美彤管立言嘒星之行偃月之額婉兮正順禮以防閑始問
名於甲族終作配於塗山主祭蒸嘗問安晨省夙興夜寐冬溫夏
清養慈顏而有芳同薰風之不競淑問汪汪小心翼翼樂穆木之
惟言念柔桑之女績食不求甘裝不務飾皆維或躍在淵肇基王
跡謳謠雖洽於外言輔助允由於內則非禮弗動常樂善以進賢
有開必先果變家而為國二南於以登歌六親用之作式愛人之
愛利人之利神宜福於遐齡波忽驚於長逝泊朔禤鳳懸洛出龜

書維孝通於神明寘懷罔極以禮奉於祖考必本於初改卜玄宮於肇洛備陳明器於塗蒭乃遷賢后祔於皇姑嗚呼哀哉閟水興嘆因山飾終刹正蕩祀歔欷六宮纖室桑壇圖絲緗而垂訓金階玉璫空繪素以爲容速何速於過隙傷莫傷於湧露月晦玦而望圓花秋彫而春茂留德音兮孔昭閟貞魂而無處嗚呼哀哉維嵩之北清洛之南前峻嶺兮虎膺其地左長流兮龍偃其潭望壽原兮膴膴颷絹幕兮修修雲不凝兮慘白日人不忍兮迴素驂嗚呼奉嬪之則含章之德王風被於殊鄰瘞推蘭兮冥寞封泥芝兮刊勒泉隧斯篇柔明永息積餘慶以祚皇家饗牲牢而傳無極嗚呼哀哉孝明皇后同上

孝明皇后神柩亦自滋德殿發引帝於明德門外素服設幄殿行遣奠之禮攝中書令讀哀冊　冊文曰維乾德元年十二月七日孝明皇后崩於滋德殿以其月庚寅殯於殿之西階粤以二丁三癸卯遷座陪葬於西京鞏縣之安陵禮也宮漏將曉殿帷撤素奠玉斝之餘酌移金釭之殘炷階進龍輴仗隨鸞洛命婦咸臻而景從內親如初而獨絜自永巷以長辭由閶門而遠遡皇帝撫漢劍以悼往瞻軒星以而念忘長秋闃其無人天姿慘慘羽葆御而不返聖心惶惶詞臣奉詔恭述遺芳其詞曰輕清爲天沈潛爲地陽曜垂照衆靈攸儷乃命以后作配於帝所以往聖刪詩用茲首關雎之義前王制禮於斯創人倫之始在昔龍德式躍鳳兆爰夫符門崇閥閱族茂膏腴占淮契乎遐福還胥賴於嘉謀紛綸軒冕赫奕彤綵乃生聖範合此昌圖契塗山之佐夏叶潙汭之興虞清風永穆淑問誕敷柔順化人皆除妬嫡幽閑愼獨不顧遊娛常滋蘭畹以撫椒塗至仁加於羣族大孝奉於先姑六宮以和八妾以肅奉嚴禋於清廟勤率紘綖體光生於方祇敎先種稑儉取葛覃仁逍樛木閒三英之綬帶則載悅載忻顧百子之寢林則以鞠以育方集克門之慶永祝華封之祝嗚呼哀哉毓德雖高降年不永神徒啓於禳禬天何深於災眚浩公罔効彭尸作梗浮生易化奐延祐

於大期陰隲難知遽收華於短景復衣莖兮不開仙軒往兮莫迴捐沉沉之紫掖蓫杳杳之丹臺嗚呼哀哉寵萊叶吉龍輴用遷笳簫嗚咽仗衛駢闐侍先皇之弓劍從太后之弓劍新城之山煙羃羃去塗之野草綿綿伊洛縈迴於封外嵩山巉巖於闕前念徽音之遠矣惟此地之終焉嗚呼哀哉同上

四月九日葬孝惠皇后於安陵之西北孝明皇后於安陵之北羣臣奉慰同上

二十六日奉神主祔於別廟羣臣奉慰同上

太平興國二年五月十九日孝明皇后神主升祔太廟太祖室同上

孝章皇后

太宗至道元年四月二十八日開寶皇后宋氏崩輟朝五日先是后疾甚遷燕國長公主之第即日崩同上

二十九日太常禮院言準禮例合差官奏告天地社稷太廟從之同上

五月一日太常禮院言親王宗室準式合給假七日以喪日爲始從之同上

三日太宗出次素服舉哀皇親皆服羣臣詣崇政殿門奉慰同上

六日命翰林學士承旨宋白議謚號禮部侍郎兼祕書監賈黃中撰謚冊文吏部侍郎李至撰哀冊文直祕閣潘愼修書同上

十四日太常禮院言權攢日請依恭孝太子權殯禮例輟朝一日羣臣進名奉慰從之　初議卜陪葬永昌陵司天言是歲在未陰陽所忌故權攢於沙臺同上

十七日命給事郭贄充監護使入內都知李神福都大監領喪事同上

六月六日翰林學士承旨宋白請上謚曰孝章皇后　議曰臣聞后妃之德王化所基詩曰以御家邦禮曰以聽內治統六宮而立教叶兩曜以齊明潙汭嬪虞光啓重華之運塗山翼夏遂成文命之功昭示母儀流芳女史輔佐之美圖謀彰聞恭惟開寶皇后柔

順剌正肅雖逮下挺生公族號金穴以承家作配先朝霞玉衣而
表異彤庭鉛砌不移儉約之心織室蠶宮每盡躬親之禮夫何景
靈不祐六氣生災疾有加而無瘳壽降年而不永奄辭椒掖悲動
璇宮今皇帝追感天倫愴懷壼則輟紫宸之朝謁素御服以發哀
是命禮官俾雅懿範下臣奉詔敢揚徽烈謚者行之迹也號者功
之表也節以一惠謚以尊名將符善行之祥宜舉易名之典謚法
慈愛忘勞曰孝温克令儀曰章伏請謚曰孝章皇后　詔尚書省
集官議定準禮例中書令讀謚冊於靈座　冊文曰皇帝若曰恭
以定謚考終襃德揚善格言之制歷代攸遵開寶皇后爰在先朝
正位中壼儷日星耀如朏魄之示沖配乾成儀符坤厚以載物資
河洲之令範顯沙麓之殊祥節環珮以叶和鑾必循法度服澣濯
而遵大練動誠奢盈逮下以推仁體道而育物濃圖有耀翠嫣豈
獨於娥英茂族聯華白水徒稱於陰郭理內之風正九族用國之
望和萬邦六衣在御居極而若靈三妃成列進賢而無怠翊昌運

卜年之祚光前紹內則之文桂華忽謝於陰靈蕙路載盈於椒闈
固以溢美圖史流芳鍾右今禕褕將祕翟笰同盈備物夙陳祖庭
供事杖衛慘容於雲日園林變色於霜露舊禮具存徽容不昧合
詢有位之公議恭薦易名之大典謹遣使某官冊謚曰孝章皇后
伏惟允膺簡冊垂休無疆嗚呼哀哉　同上
七月十四日太常禮院言凶仗合用皇輿三兩請下少府監製造
從之　同上
八月十二日太常禮院言今年十一月十二日靈駕發引赴安肅
門外權攢準詔㴱薄儀杖減大駕之半內左右廂合設牙門旗四
得金吾仗牒稱儀仗內元無牙門旗只有紅門旗像南郊吉仗所
用按詳禮文牙旗者後周所制畫獸以助軍威名以爪牙之義今
請依禮改製牙門旗以備儀杖應奉從之　同上
十月二十一日太常禮院言十一月一日啟攢宮十二日權攢欲
望並放朝參群臣進名奉慰詔可　同上

二十三日詔三館直館安德裕等二十五人各撰挽歌十首　同上
二十四日太常禮院言將來權攢去路十里內祠廟令差官祭告
從之　同上
二十九日太常禮院言自啟攢至遺奠逐祭儀注詔啟攢宮啟奠
祖奠遣奠四祭並遣監護使郭贄攝太尉致祭其日仍止令皇親
已下立班百官只城外立班　后自入宮即有中宮之號然未降
制命故喪儀咸有降損　同上
十一月一日以啟攢宮不視朝群臣奉慰　同上
十二日以靈輀發引有司行遣奠之禮攝中書令讀哀冊　冊文
曰維至道元年歲次乙未四月丁卯朔二十八日甲辰開寶皇后
崩於別殿謚孝章皇后粵十一月癸卯朔十二日甲寅將遷座於
靈臺禮也攢塗夕闢象物晨備帷慟縞衣轅悲素纛皇帝敦睦日
深友悌天至望蒼野以永懷感陰宮而特異祖於庭兮嗟尊靈之
寢遠謚於廟兮考彝章之有自爰命下臣式揚遺懿其詞曰烈烈

太祖功高舜禹日月其文雷霆其武造我皇宋臨茲率土眷後宮
之虛位期陰教之稽古將荇菜之化洪庶桃夭之斯輯配于乾而
且兩詢其可而惟五徽子遐曾漢氏遐孫乃惠乃孝爲藩爲垣貂
蟬奕奕棨戟盈門金張執擬田竇奚言慶既未央善不徙積神靡
玉衣夢懷社魄瑞集氣黃喜押空碧宜產夫人衣被裳翟修德意
勞遠下無數芣苢同芳葛覃擬迹樂親蠶而嘗往鄙戲馬以窒窕
抑宗親而示戒服澣濯以從宜率宮中之嬪則化天下之母儀詎
假大家之論益煩女史之規信人倫之是憲寶王化之攸資洵裒
篤上仙琁宮居默參樂自刪亡瑹誰匱鏑脂澤之公田安棟裳之
儉德希任姒兮比隆尚黃老兮臻極唯懿景兮弗能欲從天兮莫
得嗚呼哀哉玄墀將去蘭奏先開藥椒蘭兮奄忽妻御嬪兮掛細
收戒寶於漢殿遺寶鑑於秦臺沓何之兮岱嶽邈不見兮蓬萊嗚
呼哀哉永巷吁嗟長秋哀送望鸞輅兮含酸奠攢塗兮增慟去復
去兮生若浮悲且悲兮事如夢緬遺蹤兮昔也濯龍翠闕兮依

然丹鳳嗚呼哀哉月明宮掖風迴殿扉耿蘭缸兮悄悄虛玉座兮
依依像設儼兮如在雲雨淒兮不歸來何難兮輀軒降往何易兮
翱露晞嗚呼哀哉咽羅唱於山園慘松煙於隧路覩昭代兮何年
即玄扃兮長暮蒿雲黯兮野日沈草木慽兮寒吹度唯懿範之不
忘播關雎之章句嗚呼哀哉　是日帝輟視朝羣臣拜送於安肅
門外皇太子及諸王戚里藩鎮皆設祭於道左同上
十二月九日太常禮院言園陵禮畢神主回行謁廟之禮祔於別
廟詔行可同上
二十九日太常禮院言來年發引應經過橋道及十里內神祠並
合差官祭告園陵畢神主迴行九虞祭從之同上
二年三月二十三日太常禮院言孝章皇后故許王及夫人李氏
魏王夫人王氏楚王夫人馮氏皇太子亡妻莒國夫人潘氏將軍
惟正亡妻裴氏以來年正月二十日陪葬永昌陵謹按故事孝章
陵皇堂陵臺神牆乳臺鵲臺並如孝明園陵制度其許王贈皇太
子按書禮合以陵為名又緣淳化四年出葬之時止用親王園陵
今請墳高一丈八尺墓田方九十步其王氏馮氏並同親王一品
例裴氏北三品例墳高一丈四尺墓田方七十步具誌文緣既改
遷望重修撰其許王合用親王園陵緣陪孝章靈駕已有中宮鹵
簿儀杖前導望更不施設其楚王夫人馮氏仍令依裴氏例安葬
在莒國夫人之下從之同上
十二月六日太常禮院言吉凶仗按舊儀合用內僕令一員內謁
者監四員給事二人於吉仗內騎分左右內常侍二人奉請神駕
詣龍輴及請進發內侍二人陳明器並纁及監纁并捧衣箱導神
駕內侍伯二人騎分左右來殭車並請於內臣內差攝其內給使
百二十人去年出京權攢之時曾差應奉雖禮文具載然別無執
掌園陵往復虛成煩擾今請罷差從之同上
三年正月二日啟攢八日發引並輟視朝羣臣詣閤門奉慰同上
二十日祔葬永昌陵之北二十三日虞主還京宰臣文武百官拜

要

十四

迎於順天門外虞祭於燕國公主第同上
二十四日命知制誥王旦攝太尉行祔饗之禮工部員外郎虞叔
叟題神主園陵鹵簿減半自主第導至廟同上
二月二日神主祔別廟羣臣詣閤門奉慰同上
　元德皇后
真宗至道三年十二月五日制曰朕獲纂洪圖仰懷慈訓式遵茂
典誕舉徽章太宗皇帝賢妃李氏輔佐先朝發耀輝內則柔明之
範圖史芳傳顧惟涼薄之資敢忘劬勞之德追崇禮秩用慰孝思
追上尊號為皇太后同上
十七日太常禮院上言準制追尊故賢妃為太后改奉園陵請令
司天監卜地擇日宗正寺於皇后廟別立廟堂從之同上
真宗咸平元年正月九日秘閣校理舒雅請上尊謚曰元德皇后
詔恭依　議曰恭惟皇太后沙麓儲祥河洲襲慶早習母師之訓
茂揚邦媛之風言德具修圖箴是憲爰被長秋之選克彰象服之
宜志在進言恩均逮下服澣濯而崇儉謹珩璜而慎儀協贊戚藩
表正帷壼兆殊祥於甲觀揚淑問於塗山慶奉天飛榮疏封邑主
帝闈之陰教載女史之徽猷奄忽不儀停光儀永謝皇上由震宮
而纘德升皇極以纂戎祇荷慶靈永懷顧復孝思罔極典冊備陳
稱文母之功早參於十亂遵帝嚳之制夙正於四妃爰加長樂之
稱以報昊天之德易名斯在節惠可稽謹使謚法茂德不績曰元
忠和純淑曰德伏請上尊謚曰元德皇太后同上
十四日知制誥王禹稱上謚冊文詔付所司同上
二月一日司天監言準詔改卜園陵請以三年庚子三月二十日
啟攢宮二十五日發引四月八日掩皇堂祔葬永熙陵從之同上
三月五日太常禮院言今月十二日元德皇太后忌請準禮例皇
帝前一日不視朝至日羣臣進名奉慰就佛寺行香詔恭依同上
二年四月二十三日命西京作坊副使藍繼宗為按行園陵使識
王靈號太常禮院言唐德宗昭德皇后王氏順宗之母始葬崇陵

要

十五

睿宗肅明皇后始葬惠陵後祔葬橋陵周顯德末都省集議引故
事帝后同陵謂之合葬同葬兆謂之祔葬漢呂后陵在長陵西百
餘步以同塋兆而無名號又唐穆宗二后王氏生恭宗蕭氏生文
宗並祔葬光陵之側今園陵鵲臺在允熙陵封地之內恐不須別
建陵號從之同上
六月二十六日知制誥梁周翰上哀冊文詔付所司同上
三年二月七日太常禮院言啓攢發引赴園陵合用挽歌請下文
班各撰二首太常禮教習從之同上
八日宗正卿趙安易言請因元德皇太后山陵之時并懿德淑德
莊懷皇后各就舊位塋園改卜陵臺司天監狀葬範云因凶亦可
大葬諸喪今因園陵增修陵臺並吉詔可同上
九日命宰臣李沆為園陵使翰林侍讀學士夏侯嶠為禮儀使御
史中丞魏庠為儀杖使刑部侍郎郭贄為鹵簿使工部侍郎權知
開封府錢若水為橋道頓遞使　初禮官請如孝章故事差監護
使一員特命三使同上
十一日太常禮院言靈駕發引舊例自京至陵下十頓蓋緣梓宮
舊攢普安院其發引後望止為九頓其神主迴程為五頓入京權
於燕國長公主宅安置只設啓攢宮啓奠三祭更不設祖奠又故
事改卜只設一虞今緣神主未升祔廟室欲請備設九虞祭畢升
祔廟室從之同上
十九日太常禮院言啓攢未發引前一日合差官奏告太廟并告
沿路十里內祠廟從之同上
二十日禮儀使夏使嶠言按開寶通禮改葬服緦麻舉下緬也緦
是五服之下言君子不以死事視親故無反服重之禮又禮疑義
戴德云制緦麻具而葬葬而除謂子為父妻為夫孫為祖後餘皆
弔服又云改葬前一日子孫妻妾俱服緦麻葬餘親以下皆素服
今參詳故事伏請皇帝服素羅衫紗軟脚幞頭黑銀腰帶皇后碧
羅帕頭帔白羅寬袖衫淡黃穀子裙諸王以下並白羅衫吉幞頭

要　十六

角帶羣官常服　詔楚王諸子服緦諸王皇親諸親止素服諸王夫
人及公主並常服不施花釵餘如所請同上
三月二日禮儀使言準儀注皇帝二十五日乙時挂服同時皇后
挂服準禮例成服後並合赴靈座前祭奠今緣靈駕就時辰發引
行事臣僚俱在攢庭欲請其日未挂服前皇后先詣奠酹候時辰
成服以從便宜又皇帝親行遣奠　府準禮例羣官並隨從立班
舉哀今緣皇親諸親止素服羣官常服欲望其日只令皇親諸親
陪位行禮羣官止於門外立班俟禮畢進名奉慰又露駕在路準
禮例扈從押當行事官並合哭臨今緣各衣吉服望每至頓所只
以隨從皇親哺奠一舉哭而退又發引準禮例文武羣官並合於
京城門外立班奉辭掩皇帝日神御升輼安置訖宗正少卿素服
導靈主降輿道入皇堂於神輼前奠酒再拜訖跪奏請神上主並
請依故事施行從之同上
三日禮儀使言按建德二年改卜安陵故事自啓攢宮前一日直
至掩皇堂神主到京及祔廟日並皇帝不視事今請啓攢宮發引
掩皇堂神主回京祔廟前後各一日不坐並禁音樂其日中書門
下文武百官並詣西上閤門或所御幄門外進名奉慰從之同上
六日禮儀使言靈駕經過州縣官吏並吉服出城奉迎并辭再拜
訖退神主到京日中書門下文武百官立班奉迎再拜訖退從之
同上
七日禮儀使言準禮例神主祔廟日先祔謁大廟置於祖姑之室
東壁下祔禱之上宗正卿行神之禮伏緣元德皇太后以太字尊
親遂立別廟則祔謁之典於禮無文況當禘祫之時不預合食之
列饗於本廟自與太廟禮同其將來神主祔廟前三日欲請差官
奏告天地社稷太廟并后廟四室其神主便詣本廟南神門外題
主訖遷祔本室仍以常饗禮薦獻行安神之禮詔恭依同上
十五日有司祔廟鹵簿請減園陵之半詔勿減同上
二十日啓攢宮帝親臨奠鄰羣臣奉慰是日有司奉謚冊寶告於

要　十七

靈座攝中書令梁周翰讀冊　冊文曰孝子嗣皇帝臣真宗御名謹再
拜稽首上言伏以孝莫大於顯親德莫厚乎追遠生有懿範來正
於尊稱殁有徽章式光於幽壤易名考行斯爲舊典仰承鞠育之
重永懷霜露之歎敢叙罔極以明孝思恭惟皇太后德合先期功
存内治肅穆以奉上閑和以逮下珩璜中節車服有儀循法度以
率躬勵慈儉以垂訓輔佐之美流詠乎聲詩婉淑之裕傳芳於圖
史音容早謝日月云邁高禖之祀餘慶發祥長樂之宮慈顏永隔
勠是眇質紹隆寶圖居萬乘之尊有四海之富而劬勞莫報孺慕
增感嗚呼爲天下之母弗能饗三牲之養爲天下之君弗能奉一
日之膳風林不止悠悠彼蒼而况堯母之門巋然空作儀坤之廟
闕而未立是用申明詔下有司務依故實式展情禮僉謂后妃之
制簡牘具存以子貴者春秋之明文加皇太者秦漢之故事所宜
按周公之謚旌文母之賢遠徵仲子考宫之儀近取昭成祔葬之
禮玉衣象服備物如式九原可作保斯印綬百代不刊永光載籍
謹遣攝太尉奉玉冊玉寶上尊謚曰元德皇太后伏惟神靈降格
膺兹典禮上配聖考在天照臨保祐沖人饗國長久廟貌蒸嘗世
世勿絶嗚呼哀哉同上
二十五日靈駕發引帝詣普安禪院行祖奠及龍輴降殿帝從皇
親諸親陪後階哭梓宫就大升輿復行遣奠奉辭攝中書令讀哀
冊　冊文曰維咸平元年三月戊寅朔二十日丁酉追上太宗皇
帝賢妃李氏尊謚曰元德皇太后粤四月乙卯遷座祔於永熙陵
之次禮也翟輅宵陳雞人曉唱虚庭挈乎祖載修路儼乎仙仗九
重天至以如慕六宫日遠而增愴哀子嗣皇帝運昌繼體孝極因
心荷寶圖之惟永惟懷慈慶訓之下臨事先遠兮兆叶忘慎終兮
感深乃詔近侍恭播徽音其詞曰皇家積慶昊穹眷命構象膺乾
來嬪偶聖高陽命族屬鄉得姓派别韓魏門傳英偉華轂接軫黄
雲劾祉五可風彰六行純備粤自藝祖揖讓登皇帝尹京邑表則
四方后治閨壼身順含章流虹感粹夢日延祥塗山誕啓贊氏生

要　十八

昌爰洎神宗承平御歷汾晉盪定閩吴來格海外憚威域中清澤
輔佐邦治温柔惠迪登進時賢勤勞彰惻助饗紫壇奉祠清廟禋
秷致恭紘綖盡妙動循典禮式是準繩居篋圖史明於廢興聽叡
周敏顧問允膺節勵清門儉敦素履環珮有聲簪珥防修卹隱流
惠辭封播美賢以興化世仰餘輝仁則多嗇天胡有違黄祇隕載
皓魄沈暉皇子勝衣受封胙土漢邸承徽姬宗夾輔維寧攸賴問
安莫睹覩元良肇建萬國以明地啓蒼震天臨玉京克廣丕構長
懷善成德無疆兮坤元業有開兮聖嗣承天道兮慶其長啓帝緒
兮昌而熾壽觴稱慶兮養莫伸脂澤增感兮哀靡寘嗚呼哀哉
禮褘衣兮有奉貴玉璽兮是徽廟如在兮肅肅祭以時兮蒸蒸帝
毋之尊兮斯至昊天之戚兮難勝嗚呼哀哉洞啓山園風淒雲馭
企穀林之封域拂嵩丘之煙霧石闕沈沈兮夜臺柏城慘慘兮朝
露嗚呼哀哉稽任姒之壼政冠周召之國風唯重熙之錫羡與三
代而比隆播彤管兮有煒祐皇祚兮無窮嗚呼哀哉　羣臣諧幄
奉慰同上
四月八日祔葬永熙陵同上
十三日虞主至京百官郊迎虞祭於故燕國大長公主第同上
二十日奉安神主於新廟自啓攢發引掩皇堂及神主還都皆廢
朝禁京城音樂羣臣奉慰虞祭内止座長春殿羣臣起居不舞蹈
同上
大中祥符六年十月三日升祔太廟太宗室同上

要　十九

禮　宋會要

明德皇后

真宗景德元年三月十五日，皇太后崩於萬安宮之滋德殿。遺誥曰：內外文武臣僚等，日月運行，春秋代謝，人生定分，天道難知。予自去冬嬰茲疾疹，百藥無効效，四體積羸，有加無瘳，迫於大限。宜申治命，用示所懷。皇帝至孝至仁，克勤克儉，躬親侍奉，旦夕煎調，憂損于容，衣不解帶。然而天位至重，君臨事繁，必思軍國之大綱，無執庭闈之近禮。所宜自勉，弗用過哀。兗賴股肱近臣共為開釋。皇帝成服之後，三日聽政，服紀以日易月，一依舊政制。在京文武羣臣十三日除，文武百僚、諸司長官及近臣、觀察使已上臨於宮庭，自餘職官臨於宮門外。諸路官吏已下三日釋服。軍民不用縞素，沿邊不用舉哀。制服釋服之後，勿禁作樂。園陵制度，務在儉省。勉從予志，勿事煩勞。是日，宰臣、文武百官入臨，奉慰帝於東序。大典卷七千三百六十六

十六日，太常禮院言：準禮例，應祠祭除天地、社稷及諸大祠外，太廟及中祠並合權停，俟園陵畢。京城內外禁斷音樂，至皇帝釋服並仍舊。中書門下文武百僚、樞密使、節度、防禦、團練、刺史、前任行軍副使、諸軍指揮使、副兵馬使、三班、殿直已上並服齊衰、布四腳、直領布襴衫、腰絰。並詔可。中書、樞密院主事以上及禮直官亦然。同上

十七日，羣臣上表請聽政，詔答不允。自是繼上五表，始詔允。同上

十八日大斂，羣臣入臨奉慰。太常禮院言：按通典，小祥前百官無假，每日平明，詣延英門進名起居，不入。正衙今請除成服日百官入詣萬安宮臨訖，移班奉慰；成服後未聽政前，百官並詣萬安宮進名起居；聽政之後，並詣崇政殿起居。又皇帝小祥日去絰杖、衰裳，百官入臨及移班奉慰，詔百官並釋衰服，服常服訖。今請小祥後過大祥及禫除日，百官並詣萬安宮門外立班，進名奉慰，餘日即並於崇政殿序班起居。俟皇帝釋禫除日，如舊例朝參。其小祥

一

日仍進名奉慰皇后百官釋服後，月朔亦於萬安宮進名奉慰。禫除訖，後園陵朔望特不視事。二十八日攢於萬安宮，按昭憲皇太后禮例，百官已除服不臨，今祥二十八日百官已除服，望只令詣萬安宮門外立班進名奉慰。並從之。同上

二十一日，有司設幄於崇政殿廊，帝去杖絰，服衰裳，近臣扶即御座，哀慟。左右宰臣李沆等跪奏：陛下毀瘠過甚，伏望割哀強食，以為宗廟社稷。臣等不勝大願。而退。同上

二十二日，命宮苑使劉承規為園陵按行使，入內副都知鄧永遷副之，仍詔與西京作坊副使藍繼宗同議。同上

二十三日，太常禮院言：皇后本服齊衰三年，準昭憲皇太后禮例，合隨皇帝以日易月之制，四月十日釋服，四月十二日禫除。宗室雍王以下禫除畢吉服，心喪終制。今月二十七日小祥，皇帝親行祭奠訖，太常卿引皇帝詣東閣，即御座，羣臣移班近東再拜奉慰，退就幕次，釋衰服。並從之。同上

二十五日，太常禮院言：大祥日，皇帝改服素紗軟腳幞頭、淡黃衫、黑銀腰帶，至禫除日服常服。詔可。同上

二十七日小祥，羣臣入臨奉慰，如儀。同上

二十八日，司天監言：準詔與翰林天文、刻擇陰陽官以諸家葬書同選定園陵歲月方位，緣今年歲在甲辰，不利動土，須俟丙午年十月方吉。請止於今年閏九月二十二日就西北壬地權攢。詔下尚書省集文班百官與翰林學士并朝官自來無兼職不赴集議官，並令赴省詳定以聞。同上

四月一日，吏部侍郎、集賢院學士、判太常寺郭贄上諡議曰：明德皇太后。詔恭依。　議曰：臣聞一氣肇分，天地剖判，則三才之位；三才既序，邦家立內外之朝。周十亂而文母推賢，漢六宮而明后著美。陰教克宣於內助，母儀允顯於萬方。恭維皇太后挺生世家，作配宸極，虹衣續纘符甄后之祥，璇宮炳靈，迥表盤娥之瑞，雍肅早彰於慎微，賢明動叶於箴規。方期翊贊雍熙，外康俱兆，忽嬰疾疹，俄

二

厥冬烝進樂饌以無憑禱神祇而弗應皇帝至仁至孝事地事天情鍾陟屺之哀禮過如荼之戚永懷罔極欽奉鴻名爰命有司式遵茂典下臣虔睿旨用闡徽猷且謚者行之迹也號者名之美也考之嘉行定以美名冀揚不朽之芳永播無窮之譽謹按謚法曰無幽不察曰明中和純備曰德伏請上尊謚曰明德皇太后上同

四日判太常禮院孫何等言準詔詳定園陵月日者伏以宗廟之儀饗祀為大若三年不祭則闕孰甚焉今司天監言丙午歲方利大葬今歲止可於壬地權攢仍勿動土臣等再三詢問復有論列安敢以禮官博士之議拒馮相保章之說況事繫園寢理要便宜今參詳喪葬之義古有變禮合祔自乎姬旦始墓由乎曾冀舊之簡編亦無譏誚謹按禮云葬者藏也欲人不得見也既不欲穿壙動土則莫若便就司天監所擇地依喪記王后之殯居棺以龍輴攢木題湊象椁上四注如屋以覆盡塗之合理事若不欲入土歟即至時焚之如此即是用攢禮而存葬者所冀稍合典經便可升祔神主九虞之祭至日可行七廟之尊三年薦饗帝曰陰陽拘忌前代不取今但依典禮而行不煩定議宰臣李沆等奏近年皇族繼有悲慘又母后上仙聖心過有哀毀陰陽之說亦有所疑恐須避忌若如禮官所請則於國家之事得合便宜宗廟之祠亦無曠闕從之

宗正卿趙安易上言伏覩衆議明德皇太后閏九月二十二日於壬地權攢依禮例埋重升祔神主臣今以為未可埋重預升祔神主瀆亂陵廟唐突祖宗也況諸廟既及七月既即合依時為饗臣當職分審合奏陳伏望下尚書都省或御史臺集京百司官吏太常禮院等令檢勘等帳分析向來祗奉帝后如委是六室先止陵後祔廟則將來靈座發引乞約孝章近例權於壬地權攢未立神主升祔凶儀一切祗奉俟丙午年靈駕西去園陵東迴祔廟如此則免顛倒不利國家詔禮院詳定以聞判院孫何等言據安易狀言禮云既虞作主虞者已葬設吉祭也明未葬則未立虞主及神主所以周制但鑿木為懸重以神主靈王后七月大

要　三

葬則埋懸重掩玄宮凶杖輼輬車龍輴之屬焚於柏城說始可立虞主吉杖還京備其九祭後埋虞主然後立神主升廟室自聰古至皇朝上奉祖宗陵廟遵行此禮何以今日乃違典章苟且升祔方權攢妄立神主來大葬類埋懸重杉木柰棺柩未歸園陵則神靈豈入太廟祭柏城未焚凶仗則凶穢唐突祖宗者本院先按晉書王太后崩廢一時之祀天地明堂去樂不上胙又按禮王后崩五祀之祭不行既殯而祭所言五祀不行則天地之祭不廢遂議以園陵年月不便須至變禮從宜又緣先準禮文候神主升祔畢方行饗祀若候丙午歲則三年不祭宗廟於禮文既有所闕在孝思抑亦不為況明德皇太后德配先朝禮合升祔遂與史館檢討同參詳以為廟未祔則神靈不至恐祭祀難行攢所要則梓宮在郊可以葬禮比附遂按禮云葬者藏也欲人不得而見也既不欲穿壙動土則龍輴攢木題湊象椁上四注如是以覆盡塗之所合埋重一依近例便可升祔神主中書門下以為國家之事得合便宜宗廟之祠免於曠闕用茲定議實亦無嫌議先所奏下有司尋蒙詔可伏以宗廟之事至重至嚴誠非職司所敢輕議詳此蓋安易本不知書直謂未升祔間諸廟既及七月即合依時為饗所以妄稱贅言謂凶仗謂凶穢目都官謂顛倒指梓宮直名柩令百司分析園陵瀆瀆聖聽誣罔臣下又云昔日神座宮闕住奉明德皇太后獨先祔廟後則陵者本院詳當時先山陵後祔廟蓋歲年月便順別無陰陽拘忌孝章皇后乃太宗嫂氏不妨宗廟祭饗今既年月未便禮合從宜未埋重則禮文不備未升祔則廟祭猶闕須從變禮以合聖情夫三王不相襲禮五帝不相沿樂況則孰而守之妄生異議況已經中書參定詔命頒行兼明德皇太后將赴權攢而安易所稱柏城未焚凶杖則凶穢唐突祖宗不按檀弓云殷之朝也順死者之孝心也鄭玄注云謂遷柩於廟又云其哀離其室也故至於祖考之廟而後行商朝而殯於祖周朝而遂葬今亦遷辭宗廟豈可以禮經所出目為顛倒吉凶異儀謂之唐

要　四

突又云孝章皇后至道元年崩亦緣有所嫌避未赴園陵出京權攢之時不立神主入廟直至至道三年西去園陵禮畢然後奉虞主還京易神主祔廟以合典經本院檢詳當時文籍孝章為太宗嫂氏上仙之時止輟五日視朝百官不曾成服已與今來不同從初亦無詔命令往廟饗今明德皇太后母儀天下主上孝極曾顏上仙之初即有遺命權停饗祀梭於禮文固合如此安易荒唐庸昧妄有爰引以大功之親比三年之喪制罔欺君上乃至於斯本院所議並明稱典故旁考時宜雖曰從權粗亦稽古在宗廟則不乖祭祀於園陵則無失便安晉墨衰起於晉襄縉紳不議合祔出於姬旦賢達無譏孝章配世祖於更衣見稱范史叔孫作原廟於複道載美班書豈不以為所慮者遠圖所成者大事務叶通人之論不妨近俗之譏就而酌中雅合權變顛倒苟且孰為而然究經詢議而爽丕式伏請一依本院元狀施行詔可同上

五日太常禮院言準昭憲皇太后禮例議號敕下日百官詣閤奉慰今月六日謚號敕下日望依故事從之同上

九日羣臣上表請御正殿自是三上表始允以十四日御正殿同上

十日大祥羣臣奉慰如儀同上

十三日命翰林學士承旨宋白撰哀冊文知制誥李宗諤撰謚冊文知制誥趙安仁書冊寶同上

五月一日以梓宮在殯不視朝自是至升祔朔望皆然同上

六日詔兩制三館祕閣官各撰挽詞五首送中書省同上

二十五日按行使劉承珪言得司天監史序狀園陵宜在元德皇太后陵西安葬其周王墳先葬孝章皇后陵北亦無妨礙其地南神門外去永熙陵地百二十一步東神門外去元德陵西於神門外封地侵御十五步餘二十五步作分兩陵封地其地西稍高地勢不平按一行地里經地有土阜不平擁塞風水宜平治之正在永熙陵王地如貫魚之形從之　時又令承珪等并按行安王周王塋域帝閱其地圖謂宰臣曰乃以周王祔永熙陵而安王處於

外少長失序此尤非便宜別度地以聞同上

二十七日以宰臣李沆為園陵使翰林學士承旨宋白為禮儀使御史中丞呂文仲為儀仗使吏部侍郎郭贄為鹵簿使翰林學士知開封府梁顥為橋道頓遞使沆卒宰臣畢士安代顥卒光祿卿權知開封府陳省華代同上

六月一日禮儀使言請就安肅門外浚儀縣旌孝鄉程趙村沙臺設攢宮用柏槧龍帳靈駕由西上閤門朝堂門右昇龍門出乾元門閶闔門過白鶻橋出安肅門至普濟院東神主迴日入右掖門右承天門於萬安宮奉安從之同上

二十五日卒哭不視事羣臣奉慰如儀同上

二十九日中書門下言已經卒哭望許京城及諸州不禁樂從之同上

七月二十二日禮儀使請升祔題神主除太學從之同上

八月二日太常禮院言今月十二日太尉率百僚奉謚冊告太廟伏尋禮例親王樞密使副使宣徽使翰林樞密直學士並赴諸司使及軍員並不赴詔唯親王不赴餘並依　時闕宰相唯參知政事畢士安攝太尉帝以班序不便故令親王不赴及行禮時士安已相復詔親王並皆赴同上

十二日攝太尉宰臣畢士安率羣臣奉謚冊寶告於太廟翌日上於萬安宮之靈座　冊文曰孝子嗣皇帝御名謹再拜稽首上言伏以奉先追遠人子之大猷考行易名格言之彝訓仰懷顧復之重莫伸孺慕之心思極尊稱以光懿範恭維大行皇太后塗山協慶沙麓除祥配乾居尊儷日垂照而自佐佑先帝雍容內朝周旋合於聲詩造次循於法度母儀萬物二紀於茲九族用親六宮是式佷以宗昧祇荷宗祧寅奉寶繼體宸極橋山送往常積於孝思長樂問安方榮於色養每遵清淨之教敢忘黃老之言痛望蒼之長違念風木以增感昊天罔極遠日有期爰命有司時咨故實竊以一惠式揚威烈禕褕將祕龜筮同寅與禮具存明靈如在是用

定議宗廟告謚几筵謹遣攝太尉吏部侍郎平章事畢士安奉冊寶上尊謚曰明德皇太后伏惟神鑒昭格體茲至宮配聖考以在天饗鴻名於永世騰休簡冊茂揚耿光億萬斯年垂裕無極謹言同上

九月十日禮儀使言靈駕赴攢宮日皇帝親行啓奠祖奠乾元門外遣奠至攢宮有司攝事行遷奠并掩攢宮祭及設第一虞祭畢迎神主升翟車還京赴萬安宮行安神之祭伏緣百官出城奉辭又入赴西上閤門奉慰若神主當日還京又須出城奉迎一日之內禮容重疊護衛車輅來往奔馳欲望攢宮經宿至二十三日第二虞祭畢迎神主還京所冀禮容周備又按昭憲皇太后時侍中一員奏請靈駕升降進發權駐元德皇太后時只內常侍奏請今請依元德故事止命內常侍奏請從之同上

十九日禮儀使言起靈時早啓奠祖奠行事官合就學士院閤門宿止自啓攢百僚皇親各服初喪服軍員內班吏不服初喪之服內庭諸色人執事職掌五使人從只服本色公裳啓攢宮前三日合禁止在京音樂俟祔廟畢仍舊並從之同上

二十四日禮儀使言神主迴赴萬安宮奉安禮畢宗正卿以酒脯安神其日望令百官詣西上閤門進名奉慰詔奉迎神主宜盡嚴恭其迴宮日朕服靴袍於萬安宮門內奉迎前導至萬安殿行禮俟祔廟日亦服靴袍出乾元門外奉辭餘可同上

二十六日禮儀使言準禮例太宗神主迴京內諸司使副已下及軍員將校只於順天門外奉迎退赴西上閤門奉慰今請依舊例只於安肅門外奉迎俟樞密使赴萬安宮行禮退奉慰昭憲皇太后山陵禮例自啓攢前三日直至園陵禮畢神主到京皇帝並不坐故朝參祔廟日亦不坐百官奉慰太宗山陵禮例續詔神主未祔廟以前方行虞祭依舊前後殿不坐元德皇太后園陵禮例啓攢及發引掩皇堂神主迴京并祔廟日並不視事百官奉慰其祔廟以前京朝官並於後殿見謝辭今請自啓攢前三日直至祔廟

日前殿不坐其啓攢發引掩攢宮神主到京祔廟日仍不視事見謝辭止就後殿並從之同上

閏九月十九日太常禮院言檢詳通禮義纂云三年之喪以為至痛極也聖人制禮不以死傷生爲取法四時變易應歲時之氣以殺其情故二十五日除衰裳去杖經也又喪大記云弃杖斷而弃之於隱處鄭注以喪服至重不得褻褻之按禮祭服弊則焚之衰裳亦當焚也今緣權攢禮畢已從葬禮以日易月又當服除望俟乾元門外奉辭禮畢吉服還內所有衰經並請焚之其諸王並六宮衰服亦請焚之又按穀梁云葬桓王傳曰改葬也改葬之禮緦舉下緬也稱緦舉五服之下以喪緬邈遠也故改葬之禮其服輕言緦釋所以緦也至丙午改葬之時準禮例皇帝服素紗軟脚幞頭白羅衫黑銀帶及諸王已下並服白羅襴衫腰經帶初覽奏以攢宮禮畢焚弃喪服甚難其事宰臣固引典禮爲對乃下詔曰葬而除服雖俯就於禮文以奉先方永懷於創鉅在於皇族合守心喪庶全攀慕之誠以畢外祥之制帝慮皇族中以爲釋服不能謹守心喪有違禮制乃降是詔同上

二十日啓攢宮帝與諸王宗室衰經羣臣素服臨於萬安宮翌日羣臣朝夕臨同上

二十二日帝啓奠畢梓宮升龍輴祖奠徹行哭從出乾元門設遣奠攝中書侍郎讀哀冊　冊文曰維景德元年歲次甲辰三月乙酉朔十五日己亥明德皇太后崩於萬安宮之滋德殿以其月二十七日辛亥殯於殿之西階閏九月壬子朔二十二日癸酉遷座於攢宮禮也素衛宵陳獻祖躬撤輴帷洞啓龍輴停轍瞻神御之將移痛幾宮之永訣哀子嗣皇帝天孝攸資雨泣纏悲承慈顏而不及念儼駕以難追徽音如在懿範長垂爰詔下臣奉揚芳規其詞曰神宗纘統盤宇爲尊內朝正位德契柔純河洲令德閨閫清門彤管有煒蘭芳亦溫仙李遐胄日華凝秀逮下仁深載物恩厚化被六宮言爲九有仁聖之姿溥率之母月吐黃芒人施五色

珩璜著帝褕榆以歸沼沚公循穜稑無違正名宮臣率禮嬪妃輔
佐步竟光昭內則長樂居尊大練無飾陰教施於公宮儀識形於
邦國何下世之方隆而降年之有極嗚呼哀哉日往月來春歎冬
悲衰歡虧疾寢催疾初作止戚衰襟止期乃彌寒涼外侵風虛內淫
冰霰飛凝軒星夜落嗚呼哀哉威里悲摧國族懷瘡天不愛人
靈法要椒風詎可以少留萬詔遽營於悵望嗚呼哀哉玉靈戲於
宮日俟良金穆風寓神路攸長帝涕闇之歡衾流挽唱之悲涼歌
凡奠之觴麻寡六纏之盍管歎輝光今無設位玉衾之虛苦嗚呼
哀哉舊龍駐今神萬收椒殿寂兮蘭紋昔比帝子之望窮今如之
母之蹤閣結遺愛與山積宣惠問而川流惟彤史之紀德亘億載
而揚化嗚呼哀哉帝辭踊奉辭哭發引哭還宮同上
二十三日羣臣詣安肅門外奉迎虞主以虞祭來畢入居萬安殿
帝迎拜於宮外嗚咽流涕禮畢羣臣奉慰同上
十月十七日帝齋於長春殿翌日祔神主於太廟太宗皇帝室帝

自萬安宮步導至乾元門再拜涕泣奉辭羣臣奉慰同上
二年正月十四日詔以此月十八日親朝拜明德皇后攢宮令太
常禮院定儀以聞　禮院請其日設帷殿於攢宮之側文武百官
及皇親先赴幕次俟皇帝常服乘馬出內至帷殿改常服淺色淡
黃羅衫袍太常卿贊導行事皇帝再拜哭位設珍羞之饌侍臣進
酒讀祝版奉辭訖常服還內詔特製素白之服餘如所請又請立
班日諸司使副及軍員並不預從之仍令入內副都知鄧永遷依
此句當同上
十七日遣西京作坊副使藍繼宗修奉園陵同上
三月四日太常禮院言今月十五日小祥伏請皇帝不視事十日
羣臣進名奉慰遣詣佛寺行香詔特前殿不坐七日禁止京城音
樂餘依所請同上
三年二月六日帝詣攢宮行朝拜之禮如二年之儀同上
三月一日太常禮院言三今月十五日大祥忌伏緣明德皇后

已從葬禮衰服絰杖並已焚之則無變除之文須至酌情特定前
後各一日不視事羣臣進名奉慰遣赴佛寺行香又按開寶禮
大祥之日設祭徹饌掌事者除靈座以除自大祥後別無哭者至
禫祭日設位定自禫之後內無哭者今詳皇族雖守心喪禮從吉
祭禫主祔廟久已踰年其大祥忌伏請皇帝常服詣萬安宮設
饌祭奠禮畢除靈座釋素服服吉服如常儀所有禫祭日設位
令緣服制已除別無變易望更不行餘冀不坐及羣臣進名奉慰
之禮詔大祥忌日不視事五日特製素白之衣仍禁中在城音樂
十日禫除日不視事及除靈座日服躬親扶護神御別設一祭祝
文如還奠之意餘如所奏同上
四日詔以大祥衛邇自今日後羣臣起居於長春殿權住舞蹈同上
七月二十三日以宰臣王旦爲園陵使翰林學士晁迥爲禮儀使
御史中丞王嗣宗爲儀仗使吏部侍郎郭贄爲鹵簿使樞密直學
士權知開封府李濬爲橋道頓遞使是冬賜王旦錢百萬米麪各

百石羊豬各一百酒三百瓶炭千秤薪三千斤又令應緣儀杖小
可過犯委軍中區斷徒已上罪並取園陵使處分同上
八月二十八日禮儀使言將來啟攢宮請皇帝赴攢宮幕殿成服
行奠酹之禮詔恭依同上
九月二日禮儀使言啟攢宮前一日至掩皇堂後一日並請皇帝
不坐攢所發引掩皇堂日並不視事羣臣皆詣所御殿陛門奉慰
仍禁在京音樂同上
三日禮儀使言靈駕在路準禮例每住程應扈從行事官並哭臨
令緣皆以吉服行事望每程於幄殿橫行奠酹訖退其隨從皇親
設輔奠一舉哭而止所過官吏言服出城奉迎奉辭掩皇堂日園
陵使已下進表奉慰人準禮例啟攢日百官詣西上閤門奉慰今
緣其日乘輿出赴攢宮成服行奠酹之禮望並令赴攢宮俟奠酹
畢於御幄門外奉慰從之同上
十四日樞密上言園陵吉凶儀杖步騎五千三十一人望以拱聖

天武軍士從之。帝慮有司以頓遞廣有須索擾人，乃詔內侍取宮掖諸王院一行人數，付御廚、翰林儀鸞司，除本司祗備外，其所須什物，盡一以聞，即詔州縣供給，仍諭所至非有宣敕不得應付，揭榜以示民，蔽以風雪，賜役卒錢，令休息之。同上

二十七日，龍圖待制陳彭年言：司天監擇定十月十六日申時靈駕發引，陛下永懷罔極，務隆制旨，將以未明親臨遣奠，竊尋歷代以至聖朝園陵之儀，未有夙陳五輅、宵啟九門、出自宮城、遠赴郊野者也。伏望還霜露之悲，慎嚴腦之戒，申命禮官別議，緣宜之制，或先事一日，酌獻於攢宮，或既發未明，奉辭於別次，雖屈至情，深協輿情。詔司天監別擇時以聞，遂改用丙時。同上

十月三日，以將啟攢宮，不視朝。同上

四日，帝詣攢宮行獻奠之禮。同上

十五日，帝再詣攢宮致奠。同上

十六日，靈駕發引，帝素服行祖奠、遣奠之禮，號慕嗚咽，奉辭訖，歸

要　十一

大次，俟靈駕稍遠，乃還宮。同上

十九日，遣中使馳驛詣園陵頓遞使，令所至以鄆王、安王、周王聚就東西序設次，仍畫圖示之。先是，所司備頓置靈駕所次，並設三王幄殿，皆位南向帝閣之，以其失尊卑之別，遂有是命。且恐禮司之廢慢，迴日按其罪，及還，旦等上表待罪，詔答諭釋之。同上

二十九日，以掩皇堂，不視朝。同上

十一月三日，以神御至京，不視朝。先是，有司言神御到京無奉迎之禮，特詔不視朝。同上

五日，賜園陵使王旦等器幣有差，應祗奉園陵沿路置頓地處來年夏租，陵所役人並優賜之。同上

章懷皇后

至道三年真宗即位改元六月十三日，制曰：朕仰荷慶靈，嗣守基構，永懷宮邸之感，再稽追遠之文，舉徽章，用旌幽隧。故莒國夫人潘氏早以華胄，嬪於沖人，克遵圖史之規，茂著河洲之德。玉名中

壼，允極哀榮，宜可追冊為皇后。同上

至道三年正月，陪孝章皇后葬永昌陵西北。同上

七月二十四日，直秘閣朱昂請上謚曰莊懷皇后，詔可。議曰：臣聞推美善，在乎易名，錫號著乎寵賁，此定謚之大旨也。莫或謚範，前史采風，後垂宜德芳猷，用符彝稱，國有舊典，我舉而行。伏以故莒國夫人道符坤厚，德隆陰教，非善不舉，非禮無違，居則有頌美之勤，動則有環珮之節，忝以接順，以睦親，長秋之位未昇，大夜之悲俄至，雲駕不返，仙籍長歸，無窮。主以推尊，勤聖皇之悁悵，今則皇帝以纘承大業，恢振不遑，澤流九泉，恩覃八表，惻修齡之不永，嗟中壼之不居，寶帳分排，亦可傷矣，雖逝而可迹，錄是舉其茂典，飾以崇名，追行金鈿之榮，式正椒宮之位。謹按言莊林設謚法，履正志和曰莊，慈仁哲行曰懷。請上謚曰莊懷皇后。同上

八月三日，朱昂上陵名曰保泰，本廟舞名曰永和。從之。同上

要　十二

十一月三日，神主祔后廟。同上

章穆皇后

真宗景德四年四月十五日，章穆皇后郭氏崩於萬歲殿之後殿，遷坐於萬安宮，宰臣王旦等見帝於萬安殿之別次，奉慰。是日，輔臣、節度使、兩省五品、尚書四品、諸司三品以上並入臨於萬安宮殿，文武百官、諸軍將校、內諸司使副以下並臨於宮門之外，遣官分告天地、太廟、社稷。同上

十六日，太常禮院言：準禮例，唯祭天地社稷及諸大祠，其太廟及中祠並權停，俟園陵畢，京城禁音樂至皇帝釋服日，並仍舊。又按孝明皇后故事，皇帝成服，群臣日赴萬安宮一臨，皇帝七日釋服，群臣三日釋服，諸道州府官吏計到日舉哀，成服三日而除，沿邊州縣軍鎮並不舉哀。詔從之。　時議遣使告哀契丹，王旦等或請止令邊臣具錄詔命以告之，或曰命使赴告於理為順，然每歲兩次命使而往，頗聞彼中供億勤劬，今若以此命使，即自此凡有大

禮大斂各須命使交馳益增煩費也若莫密諭安撫司俟彼中遣
人來釁問即録詔命報之或來人詢以朝廷不行訃告之意當令
李允則具言朝廷與契丹故無猜間今者不專遣使訃告蓋慮勞
煩之意同上
十七日大常禮院言被唐太宗文德長孫皇后上仙百僚服三日
其禁衞諸軍使各於本軍廳事素服臨六品以下非常參官及士
庶各於本家素服一臨竊詳素服本家明非衰服矣又據聖朝孝
明皇后上仙百官成服三日仍日臨退易吉服出内城漢魏相好
襲漢家故事以為古今異制務在奉行故事而已當今典策遺文
既沿革而不備祖宗近制宜遵守而無違欲望依故事羣臣成服
臨退易吉服出内城去金銀帶魚袋俟釋服仍舊軍員別無幕次
許取便於皇城門内易衣又準權例中書門下文武百官節度防
團刺史前任行軍副使諸軍指揮使副兵馬使以上並服齊衰服
親王宗室四腳布領襴衫腰帶長公主郡縣主宗婦布帊頭帔子

布裙服並白羅襴服詔可仍於廊下設幕次同上
十八日知樞密院王欽若上言伏覩敕文皇帝本服齊衰準近例
七日釋服非朞周易月之制請改至十三日釋服庶合禮文詔崇
文院檢討龍圖閣待制陳彭年檢討故事彭年言按唐德宗皇后
王氏崩太常博士徐乾議周景王有后之喪既葬除服準禮七月
而葬帝得以七日除服又按春秋左氏傳杜預注天子絕期唯服
三年又晉穆后楊后之喪並既葬而除唐德宗朝禮官柳冕等議
皇后為父母服十三月其稟朝旨十三日而除會昌五年武宗為
恭宗母義安太后服期行易月之制十三日釋服則別無帝王為
皇后行期周易月故事中書以聞帝以欽若之言為允乃下詔曰
帝王禮樂沿襲不同因事從宜亦存前訓今者宮闈遘戚官司定
議質聖祖之舊章協宗周之令典顧循謹議特有沿情用導盡傷
亦傷敦風化朕今用十三日釋服同上
十九日大斂羣臣成服進名奉慰太常禮院言準禮例百官成服

後三日朝臨而釋服不入朝欑塗及皇帝釋服日並於萬安宮門
外進名奉慰其兩日請不視事從之同上
二十日龍圖閣待制杜鎬言準詔檢討歷代皇后上仙無羣臣請
聽政之表即無不視事之例今太常禮院詳定以聞既而上言請
羣臣釋服後皇帝於便殿視事皇帝釋服後即前殿視事釋服日
進名奉慰從之同上
二十一日司天監上言選定園陵月日宜在卒哭之内擧葬請以
五月二十九日啓攢宮六月八日發引二十一日掩皇堂帝曰此
亦便於事雖不取七月之期於義無嫌但每事務從簡儉是所宜
也乃命内侍左都班副都知閻承翰為園陵按行使入内副都知
藍繼宗副之承翰等言永安縣陵臺側有地三兩司天監並云
地位不廣無可選擇帝令祔元德皇太后陵安葬但可安厝不必
更要寬廣其棺槨等物無得鏤刻花樣務令僅足又以密邇諸陵
神貴安靜其役徒不得輒令喧鬧及率衆唱號當此暑熱每至日

中各令憩歇或風雨驟暴亦須權停諸陵松柏無令傷動兼慮此
盛暑少屋宇憩泊速諭三司以船運廢竹竿三二萬數往彼同上
二十五日殯於萬安宮之西階羣臣奉慰同上
二十八日帝釋服羣臣奉慰命入内副都知藍繼宗内殿崇班張
繼能三陵都監康仁遇高品閻文慶同監修園陵步軍都御侯鄭
誠為都鈐轄孫正辭副之同上
二十九日以宰臣王旦為園陵使翰林學士晁迥為禮儀使御史
中丞王嗣宗為儀仗使工部侍郎魏庠為鹵簿使樞密直學士權
知開封府李濬為橋道頓遞使命翰林學士晁迥撰謚冊文楊億
撰哀冊文知制誥周起書鞠林學士判太常寺李宗諤議謚號同上
五月一日不視朝羣臣奉慰自是訖外祔朔望皆然同上
二日詔兩制三館秘閣官各撰挽詞五首同上
十一日禮儀使言準禮例發引所過州縣官吏素服出城奉迎及
辭皆哭十五舉音神主廻日奉迎到京日百官班迎今請並準近

例其隨從園陵皇親及文武官員並服初喪服望令每至宿頓立班臨哭奠酹又安陵故事啟陵日會葬者服緦麻不會者不服掩皇堂畢除之今請羣臣發引日並服初喪服又按孝明皇后發引日皇帝服本服親行遣奠改常服還内周顯德中宣懿皇后啟攢宮時亦然今請準故事啟攢宮前三刻皇帝服衰服文武官及皇親各服初喪服入詣宮庭行禮俟梓宮出乾元門皇帝行遣奠請衰冊訖百官再拜退不會葬者城外奉辭訖改常服詣西上閤門奉慰會葬者俟皇堂畢改常服虞祭神主迴奉安於瓊林苑緣苑中前殿有花竹難於立班升降欲止就西階奉安昨降詔自啟攢至掩皇堂禁音樂緣六月二十六日卒哭七月三日神主祔廟相去尚有七日望仍禁止從之（上同）

十六日翰林學士判太常寺李宗諤請上謚曰莊穆皇后詔可議曰臣聞關雎爲王化之基坤元以厚德載物是以椒塗在御正位而聽内朝蕙問既洽易名而示四海流芳亙古垂裕方來奉節惠之文有不刊之典（闕）伏惟大行皇后斗維降慶沙麓儲休令質柔嘉懿姿純茂靈符告於石字吉祥驗於王衣粤自邦媛有歸戚藩作儷逮事先帝寅奉皇姑恭順發於誠心正淑表於烟戚銅扉肇啟金璽承榮執纂組以彌勤服圖史而無斁屬嚮明於大寶爰總治於長秋德冠六宮母臨萬國樛木逮下聿協聲詩大練爲衣克敦儉素而又侍養樂順承慈顔朝夕勤紛帨之儀行步有佩環之節允釐壼則式是邦家所宜永服褘褕勤事種稑而軒星掩曜桂魄沈暉遽謝昌辰靡延鴻算皇上悼音徽之如昨念日月之有期爰命下臣仰稽前訓庶芳猷之不泯紀大號以長存作者筴書告於宗廟謹按謚法履正志和曰莊賢德信修曰穆伏請謚曰莊穆詔尚書省集翰林學士兩省御史臺宮本省六品諸司四品已上定議以聞吏部尚書張齊賢等上議曰臣等聞天清明而秉陽乃恢圜覆地博厚而載物遂正方輿萬彙於是財成二儀以之功濟亦由伉儷重人倫之本河洲隆王化之基恭維大行皇后承乾清

明法地柔順稟汾陽之慶緒龍塗山之令儀主上銀榜升儲謀猷夙効王宸嗣統輔佐惟寅嬪虞契月亙之明媯周叶天飛之運神宗聖母昔揚賢淑之彌清廟閟宮虔奉吉蠲之祀勤宣四教表正六宮蹈陰陽之和德範昭矣服圖史之訓美善具焉運迫登天哀纏率土顧茲節惠爰命儒臣詳觀考行之文允協易名之典質於有衆無爽至公伏請依宗諤所議（上同）

閏五月八日禮儀使言奉謚冊告於萬安殿檢會孝明故事上謚冊日不輟朝明德皇后上謚冊日羣臣奉慰今請其日皇帝前殿不坐放朝六月十五日靈駕在路望許羣臣奉慰二十六日神主到京日亦請不視事七月一日雖園陵禮畢緣在未祔廟之前亦望前殿不坐放朝並從之（上同）

十三日攝太尉宰臣王旦奉謚冊告於萬安宮攝中書令知制誥朱巽讀冊　冊文曰皇帝若曰后妃之德風化之源法垂象於四星叶休符於五鹿生則逮長秋之位取諸漢儀沒則祔彤管之書定其周謚所以循節惠之前典表飾終之異數大行皇后郭氏坤元毓粹月魄淪精出金沈之華宗集玉衣之瑞命元雲入户素擁於神休吉夢捫天果歸於帝室逮事先聖祗若皇姑饌朱邸以開榮進畫堂而增峻粤繼大統乃陟中宮服以螭虎之鈕處以椒闈之殿鐘鼓之盛禮河洲之詠作而能含章體順率禮蹈和厚德無疆謙光載路言可復於圖史動必中於珩璜避溷龍之遊恬淡特立引貫魚之列優柔逮下抑制外族述宣陰教眷惟輔助屬在賢明方當節用去奢正始敦本先蠶致饗率職於紘綖藉田藏事贊獻於種稑而祥符彙集舋結元暉嬰進賢之心憂勤成疾虧勿藥之喜奄忽異升羽蓋虛陳瑤齋罷宴褘褕帟御瑋瓚空存掩軒攉之光芒失塗山之體娥媯纏戚里哀動掖庭池紼講儀園陵卜吉庀徒斯具緣日惟良司空上言追崇克允戢詢公議式貴徽章今遣攝太尉工部尚書平章事王旦册謚曰莊穆皇后垂芳竹帛著範壺闈永悶音容良深軫悼嗚呼哀哉（上同）

二十九日啟攢宮群臣衰服諸軍將校常服臨於萬安宮帝親臨
酹奠群臣奉慰同上
六月八日靈駕發引帝素服行遣奠之禮攝中書令翰林學士李
宗諤讀哀冊　冊文曰維景德四年歲次丁未四月丁卯朔十五
日辛巳大行皇后郭氏崩於萬歲殿之後殿有司奏謚曰莊穆以
其年六月乙未朔二十一日乙卯將還座於靈臺禮也宋火昏中
靈輴夙駕慘晝月於素旗咽悲風於廣廈皇帝軫深懷於丙殿痛
淑德於長秋感璧臺之不還嗟黼帳之將收降輕輴賓階親臨祖
饋爰詔詞臣奉揚遺懿其詞曰厚德載物至哉坤元者明無象倬
彼星軒關雎教始俔天禮舉尊章明内治啟迪化元源處富休辰
蓮綷鍾元聖諸夏宅心三靈眷命稽若前經述宣内令上靈疏榮
蘭闈布政文昭貴胄號衆仲遐枝家承金允祥開翠衣菖華瑞命
行采聲詩女圖是憲象服攸宜列邸承化東朝作儷言無出閫義
敦主饋塗山翼贊周姜思媚譽藹掖庭禮均娣姒允升中壺寅奉
皇姑承顏左右上食朝晡禮侍陰郭輔佐唐虞嬪風載穆陰教誕
敷戚翟斯皇濯龍布從江漢化行褘褕禮重薄氏仁善靡徵思寵
大家經書習聞雅頌外戚稟訓謙沖靜退嬪御懷仁祝延飲酹半
楚啟邦周循私愛褒紀舊章尚辭封拜陪遊温洛致孝南陵親易
脂澤躬薦粢盛帝車來復朏魄載盈譽生椒掖災纏玉京嗚呼哀
哉顧兔淪輝騰龍變彩地震芳輿人謠素柰西山藥兮杳無期聚
寤香兮不可待欻駕逝兮靡留玉音琤兮如在金釭凝兮夜何長
白駒度兮時易改中庭慢兮綠草生洞戶寂兮流塵晦嗚呼哀哉
宸居愴恫戚里悲傷痛深臣妾哀極嬪嬙蘭宮兮女史闃蘭館兮
公桑掩遺書兮無後視念故劍兮何時忘閟珠襦兮畫褘湛銀海
兮元堂望鬱滃兮畢陌從先后兮嗚呼哀哉紼五鼓兮嚴城肅儀
六衣兮清吹度陳楯旂兮祖庭咽邊簫兮上路灑涕兮重瞳吞聲
兮長御背直城而右轉歷重岡而遊驚溯迴邐之周京指蕭條之
輦固嗚呼哀哉陵園黯兮將閉景象淒兮若秋聽樂宮兮永歎聲

雲屋兮增愁畢九虞兮祔宮寢節一惠兮開大猷指清涼兮將營
諸賢總兮河洲涼宮嶽之不泯瞻載祀以彌休嗚呼哀哉帝親
次釋服還宮群臣諸軍將校衰服設祭道左奉辭於順天門外道
詣閤門進名奉慰同上
二十一日葬永熙陵之西北群臣奉慰同上
二十三日太常禮院言虞主至京群臣出城奉迎其祔謁太廟行
事官已受誓誡請不赴立班其日及辛巳請放朝參並從之同上
二十六日不視朝虞主至京文武群臣迎於順天門外奉安增林
苑以九虞未畢故也同上
二十七日賜園陵大禮使宰臣王旦休假三日禮儀使而下行事
官各三日應園陵行事官器帛有差同上
七月三日不視朝有司奉神主自增林苑謁太廟祔饗於昭憲皇
后饗畢祔別廟群臣奉慰先是禮儀使言乾德中祔孝明孝惠皇
后於別廟同殿異室有司言孝明正宮位望宜居上孝惠追號次
之其廟室請準太廟以西為上詔從其議今莊懷皇后雖先廟饗
本自追崇莊穆皇后正位宮壼歷儀天下其神主祔廟望依禮例
遷於上室從之同上
大中祥符元年三月二十一日帝以后喪除及期年議撤宮中所
奉几筵訪於宰臣且言孝明再期而撤王旦曰若以虞練事神既
葬祔廟則几筵之設非也然國家孝明上仙已用家人之禮行之
三載莊穆母儀天下十年酌於人情宜守故事王欽若等曰几筵
之設典禮所無况及期年撤之可也帝曰但以情所不忍耳陳堯
叟曰中宮不可虛位若建長秋而莊穆几筵尚在於禮難安帝曰
萬安宮宮中自亦遠於正寢况人尋服尋已宮除晨夕供養無哭
泣之哀且禮沿人情國朝已來素行此禮朕守祖宗故事便議除
去豈為禮意乎遂至再期而撤同上
四月十五日帝不視朝以喪始期也群臣奉慰同上
二年四月十五日大祥詔特廢朝群臣奉慰先是訪於禮官言禮

文不載故特下詔

會要

十九

禮　后喪

章憲明肅皇后

仁宗明道二年三月二十七日夜三鼓，皇太后崩于寶慈殿，遷座于皇儀殿。遺誥曰：吾受遺先朝，保助今聖，綿歷十載，憂勤一心，以天下之母儀，沐人君之榮養。皇帝深於孝愛，濟以英明，精窮治道之源，洞該文武之術，智燭微隱，性敦儉慈，典刑協中，動靜循理，杜絕畋游之好，樂聞獻替之言。吾得以罄竭所懷，翊隆時務，內仰成於衡弼，外分寄於藩維，迨臻大寧，無愧前古。而涼暄所迫，筋力寖衰，膝理爽和，焦勞遘疾。皇帝躬視省侍，偏極禱禳，藥必先嘗，衣不解帶。而吾大期云及，精慧無瘳，以耆耆之年，見升平之運，獲從先帝，寧魂九原，質於常情，夫復何恨。緬惟文武以及軍民，荷三朝之厚恩，當四葉之昌祚，必傾亮節，永奉聖君。吾參輔朝經，既踰旬歲，今於武衛，宜有推恩。內外諸軍將士並與特支，在京文武官僚并外處管軍臣僚並與支賜。皇帝邦國事繁，人神屬望，宜思遠大，勿徇哀傷，更賴年股肱近臣共為開釋。皇帝成服之後三日內聽政，服紀以日易月，一依舊制。在京文武群臣十三月而除。諸長官及近臣觀察使以上臨於宮庭，其餘職官臨於官門外。諸道州府長吏以下三日釋服，軍人百姓不用縞素，沿邊州府不得舉哀制服。釋服之後勿禁作樂。園陵制度務遵儉省，勉從吾志，勿事勞煩。卷七千三百六十五

初遺誥有云：皇太妃與吾同事先朝，偏彰懿範，自今朝之臨御，亦共贊於內謀，爰屬玆辰，允當崇奉，宜尊為皇太后。往者皇帝踐阼，方在沖年，吾稟先帝遺言，權助軍國。今皇帝統臨一紀，盛德日新，此後聽斷一依祖宗舊規，如有軍國大事，皇帝與太后內中裁旨商量。是時帝久臨御，盛德已著，中外相望親政，及宣告之際，尚有裁旨商量之語，往往竊議浸淫，聞上，乃令中書門下擬去遺誥中皇太后事，不須班告天下。於是群臣相慶，知帝明睿獨斷，出前古遠甚。有司因得用咸平舊章以正其禮。

三十日，召群臣詣皇儀殿宣遺誥，臨哭，見帝于殿之東廂奉慰。太常禮院言：宗室削杖不散

髮餘如乾興之制中書樞密使相比宗室去斜巾垂帽首經及杖翰林學士至龍圖學士已上并節度使文武二品已上又去中單及袴兩省御史臺中丞文武百官已下諸軍指揮使副兵馬使三班殿直已下四廂副巾連裳腰經中書樞密院主事以下前後殿都知押班已下亦如之工部尚書李迪太子少傅致仕晁迥御史中丞蔡齊兩使留後陳堯咨並曾任近職請依學士例破服館閣讀書翰林待詔技術官並給孝服宰相文武百官朝晡臨三日內外命婦朝臨三日皇帝成服後未聽政前百官日詣皇儀殿門進名參起居聽政後百官遇假不入餘日詣崇政殿序班參起居二十七日禫除服〔卷七千三百六十五〕服常服群臣皆黑帶卒哭始純吉服皇帝成服日及小祥百官皆入臨移班奉慰大祥禫除及卒哭日並詣皇儀殿門奉慰唯中書樞密入兩省觀察使以上入殿哀致奠訖赴殿門立班山陵前遇朔望不視事百官並詣皇儀殿門奉慰神主未祔廟日並詣西上閤門奉慰皇帝聽政日於崇政殿西廊東向陳設御座百官西向立班參起居班首少前跪奏讀皇帝聽政宣徽使承旨退稱制可餘如舊儀從之詔外園陵為山陵命宰臣呂夷簡為山陵使翰林學士盛度為禮儀使章得象為儀仗使權御史中丞蔡齊為鹵簿使權知開封府程琳為橋道頓遞使（後改簡等并兼莊皇太后園陵五使）入內內侍押班盧守懃右班

副都知閻文應為山陵按行使東染院使岑守素為山陵修奉都監馬軍副指都揮使高繼勳為山陵一行都總管守懃等亦兼領園陵之名四月一日群臣詣皇儀殿朝晡臨自是五月止詔遣東上閤門使曹琮告哀於契丹莊穆皇后崩不專遣使赴告止令邊臣錄詔付報之今特命告哀分遣使諭路告諭及出遺留物賜韓匡有差　二日群臣上表請聽政自是五表始詔答允　三日召輔臣對皇儀殿西廂（工部尚書李迪自河陽命赴呂夷簡亦特對焉）翰林學士章得象充契丹遺留國信使崇儀使安繼昌副之（銀器衣著各二千數並納先帝遺物例）供備庫副使李用和特遺物賜西平王趙德明（衣物銀器綃有差）六日太常禮院言准明德皇〔卷七千三百六十五〕太后園陵禮例山陵合用六十事詔增造二十事於寧陵觀製造　八月成服群臣衰服入臨奉慰如儀是日攢塗于皇儀殿群臣復進名奉慰命宰臣張士遜撰哀冊文參知政事陳堯佐撰謚冊文并書冊寶翰林學士馮元議謚號　十日太常禮院言準詔同司天監詳定山陵制度皇堂深五十七尺神牆高七尺五寸四面各長六十五步乳臺高一丈九尺去南神門四十五步鵲臺高二丈三尺至乳臺四十五步詔下宮更不修蓋餘依　石門一合二扇長一丈二尺五寸闊六尺厚二尺趾額一長一丈八尺高四尺五寸厚二尺五寸直額一長一丈八尺闊四尺厚二尺五寸挾二長一丈二尺闊

二尺五寸厚二尺門砧二長五尺闊二尺五寸厚二尺門御三闕厚二尺二寸長六尺一長三尺檻鏁柱一長一丈三尺五寸闊二尺厚一尺漆燈盆一座盆高四尺五寸徑三尺座方二尺五寸厚一尺臘燈燭臺一座高二尺徑一尺五寸宮人二高八尺闊二尺五寸厚二尺土襯二長四尺闊三尺五寸厚六寸座二長三尺五寸闊三尺厚八寸文武官四身高九尺五寸闊二尺五寸厚二尺土襯四各長四尺闊三尺厚六寸座四長三尺五寸闊二尺五寸厚八寸羊四高六尺五寸闊六尺厚二尺五寸土襯四長七尺闊三尺五寸厚六寸座四長六尺五寸闊二尺五寸厚八寸虎四高六尺五寸闊五

卷七千三百六十五

尺厚三尺土襯四長六尺五寸闊　尺五寸厚六寸座四長六尺闊三尺五寸厚八寸馬二長一丈頭高六尺厚三尺五寸土襯四長七尺五寸闊四尺五寸厚八寸座二長七尺闊四尺厚八寸把馬官四高八尺五寸闊二尺五寸厚二尺土襯四長五尺五寸闊三尺厚六寸座四丈五尺闊二尺五寸厚八寸望柱二長一丈四尺徑二尺五寸土襯二方四尺五寸厚六寸座二方三尺師子八高六尺五寸闊五尺厚三尺土襯八長六尺五寸闊五尺厚六寸座八長六尺闊四尺五寸厚八寸

十一日小祥群臣入臨釋服奉慰如儀　十三日帝哀服御崇政殿之西廂始聽政群臣以次參起居帝哭

慟不自勝契丹賀乾元節使耶律信寧等到闕捧大行皇太后書詣皇儀奠殿靈座前置奠　其日契丹使副見皇帝訖次詣皇儀殿幕次中書樞密先入至奠陛下再拜上香奠茶酒再拜訖升殿詣座前分左右侍立禮直官宣事舍人贊引契丹使副至殿門上捧書俱入詣殿陛下北向立定跪內侍一員接書由東階升殿跪置於靈座前契丹使副再拜班首詣香案前三上香奠茶酒俛伏再拜訖而退　十五日群臣詣皇儀殿進名奉慰太常禮院言准明德太后禮例中外禁樂至百日請如故事從之　十六日雄州上言契丹賀乾元節使迴迎送未審舉樂與否詔不舉樂　十七日群臣上表請御

卷七千三百六十五

正殿自是三上表詔答允二十七日始御紫宸殿　十八日山園使言往回程頓欲依乾興殿自京至陵所計程自陵所回京五程詔可　十九日太常禮院言准例兩省御史臺館閣官各撰挽詞二首下太常寺教習從之　二十三日大祥群臣詣皇儀殿進名奉慰　二十五日禫除群臣奉慰如儀　二十七日以宰臣張士遜爲山園使御史中丞范諷爲園陵使參知政事王隨撰謚冊丹書冊寶呂夷簡出知陳州蔡齊為三司使故也是日翰林學士馮元請上尊謚曰莊獻明肅皇太后詔恭依　議曰臣聞謚者行之跡名者實之賓然則謚行相符名實無爽傳之不朽在乎至公若乃至母之尊節惠

斯異議之於官府考之於朝廷書之於冊寶讀之於清廟上之於梓宮藏之於金匱實古今之攸重非臣子之敢專恭惟大行皇太后毓粹柔嘉含章斂惠奉事先帝登建中宮率四教以有倫閱群言而罔倦存躬儉之志美播葛覃推逮下之恩仁均樛木豈惟表正於閫則抑亦內助於朝經頻歷歲時允臻安靜及乎膺道揚之終命申燕翼之遠謀協佑嗣皇述宣至化交修一德並覽萬機探政治之本原識憲章之體要親臨秘殿共對邇臣咨訪賢能講求機務辭氣溫裕智慮洪深有善必從無言不聽朝幾廢食昃忘勞夙夜憂勤始終齊肅承偃武之昌運保持盈之令圖然後嚴奉祼將恭升太室於

卷七千三百六十五

以申追養於以謝成功皇帝仰紹先猷俯遵慈訓敦孝恭而不匱承志意以無違克諧存虞舜之心善繼達武王之治其或會朝嘉序拜慶誕辰國郊四展於鴻儀軒陛再加於徽號未嘗不恭趨帷幄盛集臣僚祝萬壽以稱觴奏九韶而盡禮愛親化於民俗榮養光於簡編九域風從順時而述職四夷景慕納貢而來庭逮夫侍疾宮闈徧嘗藥石夜不遑寢晝不解衣覃恩宥於萬邦設祈禳於百祀方循陔而竭力遽陟屺以纏哀乃眷官司特頒詔令致喪之具加於舊儀彰善之名倍於常數所以極優崇之典導感慕之懷耳謹按謚法優正志和曰莊聰明睿智曰獻無幽不察曰明威德克就曰肅總夫

衆美奉於尊名昭示徽昆永隆徽稱伏請上尊謚曰莊獻明肅皇后　五月初一日以謚號敕下群臣詣皇儀殿奉慰　十三日賜　內藏庫錢三十萬給山園用度　十四日禮儀使言準明德皇太后園陵禮例儀仗二千三百三十四人令山園欽如例詔可　六月二十一日司天監言宜用十月五日丁丑時安葬吉詔可　二十五日賜山園役兵布背搭手巾　七月二日太常禮院言山園合用花鈸禮衣各一副請下少府監修製按乾興禮例齋郎六十人攝挽郎行事欲依明德皇太后園陵例不用並從之　九日太常寺言山園各排兩濟儀仗合用導引六州十二時歌詞六章請下學士撰付

卷七千三百六十五

寺教習從之　十日卒哭近臣觀察使以上詣皇儀殿庭文武百官殿門下拜奠退進名奉慰　八月一日契丹祭奠弔慰使副到闕文武百官兩省都知押班已下並常服黑帶素鞍轡禁止在京音樂使副入皇儀殿祭奠并進慰書文武百官並詣殿門外進名奉慰朝辭日祭奠弔慰使副先詣皇儀殿靈座前奉辭訖次紫宸殿朝辭　所司預於皇儀殿前御座垂簾及於東楹南向設御座其日祭奠弔慰使副自朝堂由西上閤門至皇儀殿外幕次並素服祭奠弔慰使皂冠蹀躞副使素紗展腳幞頭並白羅衫黑鞓帶候皇帝服素服依齋七日宮中之服及有司設祭奠酒食等畢禮直官宣事舍人

贊引祭奠弔慰使副俱詣神御座前堦下北向立定殿上贊揖祭奠使副並舉哭再拜殿上皆哭引祭奠使副升殿西階神御前祭奠使一員三上香奠茶酒畢祭文及書祭奠使啟封中書舍人二員跪捧祭奠副使跪讀訖內侍捧受置於神御前降階復位又舉哭再拜禮直官宣事舍人贊引祭奠弔慰使副並稍東立禮直官宣事舍人先退未祭奠前皇帝升御座中書樞密於使副未入前先參起居侍立次館伴使副入見如儀祭奠畢宣事人引弔慰使副等於階下當御座前跪進慰書慰上垂簾閤門使一員受書升殿進呈弔慰使少立候上啟封讀訖皇帝舉哀簾捲閤門使引弔慰使升殿詣御

卷七千三百六十五

座前稍南傳語及問閤如儀引降階復位宣事舍人引奠祭使副并弔慰使副下已俱合班北向立定舍人贊拜各兩拜班首奏聖躬萬福又贊拜隨拜三呼萬歲引班首稍前致詞奉慰畢歸位又贊拜如謝茶藥御筵及撫問即依例出班致詞謝訖退歸幕次改常服赴客省賜茶酒使副隨行從人並令門見侍使副歸館別差近上臣僚押賜御筵其日後殿不坐至朝辭日御紫宸殿引祭奠弔慰使副等入詣庭具起居朝辭受書及支賜並依閤門舊儀　三日禮儀使言神主回京未妥於甚殿權安選日祔廟詔於皇儀殿權安用十月十七日祔廟　六日禮儀使言檢會明德皇太后啟攢文武百官

禮三二之九

皇親各服初喪之服內庭諸色人員及從五使執事職掌只服本色公裳祇應將來啟攢欲依禮例從之　十三日太常禮院言將來山園應沿路州縣官吏並服初喪服出城奉迎并辭並舉哭再拜畢改吉服俟山園禮畢神主回京即並常服出城再拜奉迎并辭再拜訖退詔依　十四日賜山園役兵工匠和雇百姓布袍襆頭巾麻屨　二十二日太常禮院言每年十一月日宰臣已下及軍員諸班並著所賜錦袍襆子入謝將來十月一日靈駕在路並令只著常服謝從之　二十三日太常禮院言山園發引長行所排當出儀仗應上路變雜歌聲並鼓樓合為一處排列前引莊懿皇太后靈駕先

卷七千三百六十五

次進發莊獻明肅皇太后靈駕以次進發俟皇堂日各於遂陵排列俟神主至宿頓幄殿部合為一處次日進發莊獻明肅皇太后神主先行莊懿皇太后神主以次而行詔依　二十四日太常禮院言將來莊獻明肅皇太后啟攢後百官並服初喪之服前後殿都知押班已下并軍員三班使臣伎術官吏不服初喪之服並常服黑帶文武百官俟至板橋奉辭畢並權改常服黑帶次日純吉服俟神主至京日並常服黑帶五使已下俟掩皇堂並常服黑帶俟祔廟已畢並純吉服詔可　二十八日禮儀使言將來十月五日下事已前各自內地幄殿奉遷梓宮至隧道前幄帳下行事臣僚并諸色祇應

禮三二之一〇

人等並吉服候莊懿皇太后掩皇堂畢其服孝服者搢
改宮服立班題神主畢却服孝服候莊獻明肅皇太后
掩皇堂畢並改吉服詔依　九月四日太常禮院言山
園五使依乾興例更不朝拜諸陵將來靈駕發引群臣
至板橋奉辭次日西上閤門進名奉慰掩皇堂畢并神
主到京皇儀殿奉安訖及祔廟禮畢群臣並詣西上閤
門進名奉慰訖退五使已下俟掩皇堂訖進表奉慰並
從之　五日太常禮院言將來諡冊寶告太廟讀於靈
座欲望軍員更不立班從之　六日太常禮院言將來
山園皇后隨行掩皇堂應隨從臣僚並合立班進名奉
慰并山園皇后已下隨行並逐程於靈駕未發前朝臨
卷七千三百六十五
至晚晡臨其隨從命婦等俟逐程奉安靈駕畢行朝臨
將來莊獻明肅皇太后發引前一日除行禮公卿及諸
司合祇應人等在內止宿如內庭有本司者宿於本司
無本司者宿於皇儀殿門外幕次宰臣樞密宿於中書
密院從之　七日宰臣率百官奉二太后諡冊寶告於
太廟翌日上於靈座　冊文曰哀子嗣皇帝臣仁宗御名言
伏以致孝之本莫大於顯親敷化之方莫先於追遠矧
荷明辟之重形四海之風追惟鞠育之仁永懷孺慕之
感不隷大行何以昭衆聽不鏤顯冊何以信後來恭惟
大行皇太后沙麓開祥塗山鍾粹本靜專以法地體柔
明而配天動遵珩珮之儀言合圖史之訓以任姒之德

嘗佐治於周家以陰馬之賢更翼隆於漢室至於受遺
先帝稱制從宜保佑匪躬尊臨天寓風教被乎蠻貊仁
澤及於昆蟲九廟展祠六宮承式焦勞一紀覆育萬物
蘭殿問安適恭於子養椒塗倫景奄遘於內艱羽衛戒
期王靈協吉用舉追崇之禮式申顧復之恩爰詔有司
俾敎容典乃鏑懿鑠備颺淑聲祇薦大名以應丕則謹
遣攝太尉門下侍郎兼兵部尚書同中書門下平章事
昭文館大學士監修國史張士遜奉冊寶上尊諡曰莊
獻明肅皇太后伏惟聖靈降格膺茲典禮幽贊丕祉對
鴻休廟祏承嘗永永無極禮畢群臣進名奉慰　十日
山園使張士遜言乞差集賢校理王淇隨行管勾章表
卷七千三百六十五
從之後以珙病復差集賢校理聶冠卿　十一日啓攢
宮百官衰服臨於皇儀殿易常服出內自是至發引皆
如之　十七日參知政事樞密副使文武百官臨於皇
儀殿庭及門外宰臣樞密使山園五使分宮赴洪福院
臨自是輔臣分押百官班臨至發引如儀　二十日帝
行啓奠於梓宮百官入臨梓宮升龍輴祖奠徹帝顧輔
臣曰朕欲親行執紼之禮以申孝心乃引紼行哭出皇
儀殿門輔臣禮官固請乃止仍步送至正陽門外百官
立班梓宮升輿設遣奠參知政事王隨讀哀冊　冊文
曰維明道二年歲次癸酉三月甲午莊獻明肅皇太后
崩於寶慈殿四月癸卯旋殯於皇儀殿之西階粤十月

丁酉遷座祔於永定陵禮也椒闈月曉蕙路霜淒啟敵
塗於祕殿嚴羽衛於通逵哀子嗣皇帝御名仁宗痛慈覆之
長隔悲遠日之有期山開松檟兆協著龜徒瞻象物莫
駐龍帷從先后之不返覬上賓以何之爰發宸旨下及
台司俾導揚於孝治庶光昭於母儀詞曰太上立德建
用皇極惟天所輔惟帝之則其次立功追皇比崇亭毒
品彙胎合鴻濛其次立言徽懿是宣有教無類非文不
傳思齊有慈作合先帝總是三者以經萬世自昔來儀
鍾夫阜異捫膂協夢攬乾育粹占麓開祥擾龍凝系玉
度沈潛蘭儀靜嫕十亂同符三辰允契內助聖考洽成
至治斗極交歡天符輯瑞六合車書一同文軌軒鼎既
卷七千三百六十五
鼎綴衣在宸顧惟冲眇以託慈仁於御坤元乃助乾健
玉揚景命順迪皇憲游精道裔棲志神高希夷自得壽
考惟尊遽探古記遠監前經心該治亂道應神靈敦敘
天枝奬隆宗室顧待無貳寵嘉咸秩善養士類勤求俊
奇弓旌相踵巖穴無遺屏去雕文敦尚朴素織紋是親
濯衣是御仁恕賦意側隱居懷施德行惠救患分災歲
道蠲釋民隱矜哀宏開壽域茂建春臺方隅潤澤遠邇
胥來珪璋之行竹帛難紀著在鴻臺書之彤史嗚呼哀
哉積焦勞之不豫兮歷凉燠以無瘳懟挹霞之罔驗兮
洞祖業之難留發緒言之不迭兮眷維癖譽以垂休嗚呼
哀哉龍輴風駕兮遵途超忽蜃車宵載兮直城右出紛

圭翣兮張徘徊列地幌兮潛蒙容霧楚挽兮淒凝風素
旗兮慘慄嗚呼哀哉周原草木兮岑鬱蕭條經皇神寢
兮幽嚴次寥脩澤生塵兮寶奩茲暗巾箱遂覆兮仙鳳
其遥體魄即安兮協儀纍冊神明外濟兮御辨層霄嗚
呼哀哉德業光大兮信編紀聖恩映晉詠兮群倫訓定
保我黎元兮順時五政佑我皇圖兮祈天永命生著懿
範兮九圍胥詠歿存徽謚兮千齡愈盛嗚呼哀哉　禮
畢奉慰群臣赴板橋奉辭訖易常服退　二十一日群
臣詣閤門奉慰　二十九日命樞密副使李諮往山陵
祭告復土　十月五日葬永陵之西北隅群臣奉慰
十日虞主至京群臣奉迎於瓊林苑帝服靴袍導迎
卷七千三百六十五
於皇儀殿門奉安於皇儀殿有詔賜山園五使休暇三
日百官一日　十二日群臣班皇儀殿虞祭進名奉慰
自是至祔廟間日廣立班奉慰如儀十六日帝齋於垂
拱殿群臣宿於朝堂　十七日帝酌獻於皇儀殿神主
載重翟車帝親步導出正陽門奉辭祔於奉慈廟有司
行祔廟之禮群臣奉慰　二十一日德音兩京畿內釋
徒罪應沿山園科率並蠲復賦役　二十六日奉安御
容於慈孝寺彰德殿　景祐元年三月二十五日詔小
祥前後禁樂各三日不視事各二日詔大祥前二日不
視事

宋會要

章懿皇后 民禮

仁宗明道元年二月二十六日，宸妃李氏薨，殯塗於嘉慶院。三月十四日，葬於洪福禪院之西北隅。命翰林學士馮元攝鴻臚卿，與入內內侍省押班盧守懃、上御藥張懷德監護喪事，三司使、尚書兵部侍郎晏殊撰墓銘。二年四月十五日，詔中書門下曰：朕哀制之中，未遑議政。皇太后謂朕曰：宸妃早事先帝，尤推懿恭，實降誕之符，守謙冲之德。至於奉侍陵寢，聿周禫祥，歸奉母儀，克勤輔佐，興居合禮，言動有常，兩朝徽音，九御承憲。淹悲淪謝，俄歷歲華，權厝梵宮，未崇位號，當遵舊典，祇上尊

卷七千三百六十七

名，别卜寢園，用光世範。况今大行太后方議山陵，宜因茲時，式便修奉。朕仰承慈旨，惕念劬勞，憯慕之懷，夙宵罔措，敢忘燕翼，以奉誨言。宜令中書門下依先朝追崇元德皇后禮典，追崇宸妃尊謚位號，及營奉園陵。制曰：王者撫育黎元，務恢要道，蓋孝篤於己，則化之厚；感發於天，則報必隆。有懷顧復之恩，爰舉尊崇之典。故宸妃李氏輔佐先聖，誕育眇躬，空流彤管之音，未在星軒之位。是用順稽舊禮，恭薦徽名，庶申創慕之思，以稱劬勞之德。宜追尊為皇太后，仍令有司擇日備禮奉册。宰臣率百官詣西上閤門進名奉慰。八日，詔大行皇太后山陵五使、修奉都監、總管並兼園陵之名。命翰林學

士馮元議謚號，西京作坊副使張永和為園陵按行使。是後議制同莊獻明肅皇太后者不重錄。九日，命宰臣李迪撰哀册文并書，參知政事陳堯佐撰謚册文并書册寶。二十七日，翰林學士馮元請上尊謚曰莊懿皇太后，詔恭依。議曰：追册之儀，具存於在昔；增名之典，昭示於方來。仰睿哲之挺生，由後坤之載震，誕保隆平之運，永懷顧復之恩，爰極尊稱，式彰恭事，乃崇謚號，用播德音。伏惟皇太后奉承先朝，久恭內職，柔嘉有裕，溫順無違。孝愛之心，諒從天賦；勤儉之德，本自性成。懿範聿修，令聞斯著。事上喜循於禮法，逮下常敦於惠和。踐是帝澤優隆，群情悅服。發祥符於吉夢，育嗣聖於昌辰。及乎仙輿登遐，龍

卷七千三百六十七

輴送往，侍山園而終喪紀，還掖殿而佐母儀，動必肅雍，靜惟淑慎，屢升班級，愈峻徽章。宸衷滋荷於劬勞，慈誨每稱於謙退。方立四妃之位，未正三宮之名，俄遘沉疴，忽歸厚夜。帷幌畫飾，既安貴於郊原；陵寢載營，將祔還於兆域。皇帝痛睟顏之永隔，思榮養以無因，欲伸罔極之情，爰舉追崇之禮，特頒詔旨，以示宰衡，仍諭官司，當遵故事。於是大陳器備，盛列威容，重翟禕衣，始降於異數；閟宮總帳，期奉於明靈。先命近臣，俾論節惠，苟非實錄，曷著芳猷？而況告於廟祧，紀於圖牒，幸參史觀，敢盡公言。謹按謚法：嚴正志和曰莊，溫柔聖善曰懿。皇太后慶承仙系，秩序壼闈，持身常務於靜專，接衆每彰於輯

睦可不謂履正志和乎誕生真主祇守皇圖克成下武
之功允副思齊之德可不謂溫柔聖善乎伏請上尊謚
曰莊懿皇太后五月十日帝詣洪福院攢宮展告奉尊
謚之禮　其儀用啟聖院朝謁之禮添祝官一員自後
遇朔望薦饗皆權起幄殿　十四日太常禮院言將來
莊獻明肅皇太后靈駕發引前夕皇帝親行祭奠之禮莊懿
皇太后發引前夕欲望就差園陵發引使行祭奠之禮
詔差宰臣李迪　八月二十五日太常禮院言將來二
太后同日啟攢隨靈駕皇親文武官欲只着昨來所被
孝服詔莊懿皇太后啟攢日別進皇帝衰服李用和骨
肉孝服　二十六日太常禮院言將來山園發引欲依
卷七千三百六十七
司天監所定時辰其日皇帝正陽門前奉辭莊獻明肅
皇太后靈駕畢釋衰服素紗展脚幞頭淡黃衫出乘輦
門赴洪福院臣僚亦權常服黑帶皇帝至洪福院易衰
服百官孝服立班行禮所有啟攢後一日皇帝親詣洪
福院行祭之奠禮詔出保康門赴洪福院餘依奏　二
十八日太常禮院言靈駕發引日莊獻明肅皇太后靈
駕先發至瓊林西道北設幄殿權奉安俟莊懿皇太后
靈駕至內常寺於莊獻明肅皇太后靈駕後跪奏莊懿
皇太后奉見訖先行莊獻明肅皇太后以次而行其議
狀並合為一處前行詔可　九月十一日還梓宮於洪
福院分命百官易服立班如皇儀之禮　十二日帝幸

洪福院服衰服詣靈座前行祭奠禮號慟久之群臣易
服敘班如儀　十三日攝太尉宰臣張士遜奉謚冊寶
赴洪福院上於靈座　冊文曰孝子嗣皇帝臣仁宗御名言
伏以奉先追本孝治之篤終述行表功禮章之榮後故
生未盛其位則沒有尊其稱仰惟懿覆之重早興孺慕
之感念報罔極式嚴追禮恭惟皇太后軒象儲景曾沙
證期儷軌先朝協華椒掖行與道合位以德升動循珩
璜之音居服保阿之訓外履質約祛叢無文中存禮閑
玩好不飾蘭儀玉度六列以為表模淑問暉章四教於
是領畧天隆其祐神表惟祉載誕孫棸屬當統業積善
有報垂裕無疆一紀於茲四方用乂方期顧復永奉息
卷七千三百六十七
嚴豈謂景命靡融忽賓霄極悠悠蒼昊誠難諶哉況夫
君臨四海母託萬邦而歡嘉未伸音容俄隔劬勞永感
終天罔窮顯雖薦號閟宮層神淨界禮分未稱心焉如
摧今國寢告成龜繇叶吉時宰庶尹儒宗禮官考儀緬
圖探烈形史咸以謂紀謚之法實始宗周追冊之儀蓋
本炎漢敢稽往典慶易大名謹遣攝太尉門下侍郎兼
兵部尚書同中書門下平章事昭文館大學士兼修國
史張士遜奉冊寶上尊謚曰莊懿皇太后伏惟明靈如
在禮典是膺上從聖真陰右皇序祔饗清廟與邦家無
窮禮畢群臣詣閤門奉慰　十四日帝幸洪福院詣靈座
前祭告如十二日之儀　二十日帝幸洪福院服衰服

親奉引梓宫降殿至庭中行遣奠禮攝中書令樞密副
使李諮讀哀册　册文曰維明道二年歲次癸酉四月
丙申朔六日辛丑追上真宗皇帝宸妃李氏尊號曰莊
懿皇太后粤十月癸巳朔五日丁酉遷座祔永定陵之
次禮也燎火餘熒星華啟明森靈位以宿設儀仙輼而
啟行風物凄其變采鐸挽唱以流聲哀子嗣皇帝仁宗御名
痛陽慈顔欽揚卹典感劬勞於歆報竭誠信於先遠乃
命執事紀垂芳猷琢之金玉代彼旂旒詞曰函關紫氣
柱史族貴軒轅黄龍次妃位崇舍德之厚是稱坤母配
天之尊乃倅乾元祚發竹書運膺赤伏三葉重離九圍
率服王化所先壼政惟穆修明陰教登進才淑俾武邦
卷七千三百六十七
媛允矣儒門遥華啟緒積善昌源稱詩率禮有德有言
如松之茂如玉之温託景椒塗陪游蘭館象服斯皇女
功載纘勤懋觀圖謙閑辭輦位映紫庭芬揚彤管繼明
昭晋隤祉靈長業開持尚慶叶生商夢日興貴祠禖感
祥載震載夙宜君宜王黄離游言金幹增强帝所無還
湘川不從銅臺慈惟先園是奉安車赤綬禮策加璽懷
恩承慕居約彌沖攀慈宴於長樂戒外戚於濯龍仁則
宜壽明胡弗融奄嬰六疾恭建三宫邀求藥兮冥津閟
杳登眞兮雲漢重嗚呼哀哉闇忽不追炎凉甫換剛健
龍中感先寔斷躬擘維綱緬思聖善克母門兮歸獨存
身尊鑑兮猶可見嗚呼哀哉崇章極號情文克申尊名

茂行徽謀斯陳殯宫再闢圖法攸遵變黄衣祚聖對王
璽兮思親嗚呼哀哉鮒魚之陰將開陵兆勇則之奏聿
嚴妣廟追遠兮慎終揚名兮繼孝嗚呼哀哉駒塵莫駐
桂膝誰羞林歇靜而風不止露既降而歲云秋覽池閣
以心痗閲邑邑而涕流嗚呼哀哉東背浚郊西瞻輦霧
黯藹色兮凝陰浩浩波兮奔注皇闈聳兮長斑苔錢海
深兮潛漆炬剡可度兮九廣空復還兮五輅嗚呼哀哉
蕭蕭松栢肅肅几筵閟彙斯而夷體攀弓劍以偕仙慟
極宸衷哀深昊天内盡志兮顯若如事生兮優然嗚呼
哀哉柔明之風始資内治顧復之愛終光聖嗣含飴之
樂雖違饗德之靈俾熾伊淑範與懿聲永奉傳於金匱
嗚呼哀哉　靈駕發帝攸攀引大升輿步至院西南隅
卷七千三百六十七
宰臣固請止步俟仗轉乃還次　二十三日禮賓使同
勾當皇城司李用和言莊懿皇太后開墳梓宫上有水
瀕痕下面有泉眼出水勘會元係上御藥張懷德踏行
翰林學士馮元入內押班盧守懃勾當監護詔並免勘
懷德罰銅三十斤移本路稍遠處州軍依舊編管守懃
落入內押班與鈐轄差遣馮元落翰林學士兼侍講守
本官龍圖閣學士知河陽　十月五日窆於永定陵之
西北隅　十日虞主至京奉安於皇儀殿自是至十六
日有司行虞祭之禮　十七日祔神主於奉慈廟命有
司行祔廟之禮帝導迎虞主宿齋群臣辭迎虞主奉慰

皇帝並如章獻明肅皇太后儀　景祐元年二月九日詔忌辰前後禁樂各三日不視事各一日禁屠宰各一日

宋會要　莊惠皇太后

仁宗明道三年十一月五日保慶皇太后上僊於保慶殿還殯於皇儀殿宰臣文武百官班奠於殿庭詔前後殿不視事三日京城禁樂百日外州軍官吏不發哀不禁樂選日奏告宗廟諸陵太常禮院比附檢詳典禮以聞故文武三班使臣幕職州縣見謝辭正衙至十七日依舊　六日命吏部侍郎知樞密院事王隨爲園陵監護使入內都知王惟忠爲園陵都監入內押班劉從愿爲同都監侍衛馬步軍副都指揮使鄭守忠爲修奉總管仍令從愿往永安四陵側近按行園陵　七日詔特祔奉慈廟命翰林侍讀學士判太常寺李仲容議謚號翰林學士承旨章得象撰哀冊文翰林侍講學士馮元撰謚冊文知制誥李淑書哀冊王舉正書謚冊胥偃書謚寶張永和管勾修奉慈廟室　八日太常禮院言遂時祭奠準例監護使行禮從之　九日詔將來發引皇親并郡縣主逐院最長一名從祔慈宮院率房去太常禮院言京城禁樂百日凡遇祭饗大中祠用樂並備而不作候滿日依舊園陵前每朔望皇帝不視事一日冬至元日並在園陵之內其日群臣詣皇儀殿門奉慰從

卷七千三百六十七

之司天監定神臺高下入地深淺神牆步數皇堂門闊及鵲臺乳臺相去步數詔皇堂用四十五尺神牆高一丈餘依　十日太常禮院言皇帝本服緦麻三月皇帝皇后服皆用細布（成服日服布，殿橫日服羅）宗室皆素服吉帶（正刺史已上服練羅，除並練綾）大長公主已下亦素服（公主夫人郡縣主已下服練羅，郡縣君以下服練綾，其帔頭帔子皆以絓）並常服入內就次易服三日而除本宮人首絰布服送葬者葬訖而除不從者發引日並除之皇帝成服祭奠皆太常卿贊導哭訖歸御幄皇親移班奉慰群臣並進名奉慰以日易月之制當成服三日而除皇帝不視事三日不視朝三日當朝視事並常服詔曰保慶皇太后夙深慈育保祐沖人特荷擁全遂增徽號奄纏凶釁痛慕何深宜加服爲小功五月用易月之制五日而除親朝特服素紗巾淺色衣黑帶俟祔廟畢服常服　十一日大斂成服群臣奉慰劉從愿言司天監官按行到永定陵都俸地一段堪充園陵詔可　十二日太常禮院言凶仗請下少府監製六十事監護使王隨言準明道三年例內藏庫支錢三十萬貫供用今來更不差頓遞便詔凶仗增製四十事錢內藏庫支一十萬貫餘從之　十三日太常禮院言準詔特加服小功皇親亦合隨皇帝五日而除從之　十六日攢於皇儀西階群臣奉慰　十七日翰林侍讀學士判太常寺李仲容請上謚曰莊惠皇太后詔可　議曰夫名以

卷七千三百六十七

寳寶謚以表行古今之通義也矧極天子之孝致四海
之養極慈仁之烈畜愛育之德不亦義之大乎伏惟保
慶皇太后柔順含章淑明成裕襲赤泉之懿胄流太姒
之徽音維儉約之是敦維謙祇之是履寬而逮下動必
得中外戚無假借之私公室盡思勤之意自家刑國表
裏肅然在昔永定登真實參付託之重大明繼照每懷
顧復之恩皇帝爰自纘承早從依怙是用追長樂之往
制揭保慶之尊名親倚之隆皇情斯厚方且怡神黃老
比壽松喬弗慮弗圖光靈儵閟因心追遠有惻於上仁
考行易名式揚於坤範謹按謚法維德端嚴曰莊慈哲
遠識曰惠伏請上尊謚曰莊惠皇太后　十八日太常

卷七千三百六十七

禮院言奉慈廟殿見今一間內莊獻莊懿室殿兩頭挾
屋只收尊號寶冊欲將挾室內寶冊法物於本室奉安
將六間分三室以西為上奉安神主從之　二十一日
詔來年二月六日塑訖八日攢三九日離陵所十三日
宿普安院就百日五更燒神帛一行人入京影座於右
掖門入由景暉門赴慈德殿（即保慶殿也）　七日皇后於會聖
宮朝拜　八日諸陵朝拜　二十三日太常禮院言請
兩制館閣官各撰挽詞二首付太常寺教習執儀仗人
用太常太僕金吾左右街司殿中省司天監兵衛二千
三百三十四人奏可　十二月八日太常禮院言園陵
所過州縣發引前三日至神主回京並禁樂群臣於板

橋奉辭靈駕畢次日赴西上閤門進名奉慰祝冊文並
稱孝嗣皇帝臣某園陵監護使應隨從官並常服黑帶
皇親各素服隨從宿頓諸幄殿前立班致奠所過州縣
官吏送迎並常服黑帶應佩魚者權去之皇帝親行遣
奠之禮掩皇堂畢并九虞祭並用大祠具宗正卿行禮
應隨從官並陪侍立班再拜升祔奉慈廟并每歲五饗
三室牲牢共用羊豕四大升轝百五十人輴車挽士二
十人挽歌三十六人餘準詔憲皇太后禮例並從之
十一日內降御製挽詞二首令太常寺教習　十七日
太常禮院言將來神主到京請於瓊林院權奉安以行
升祔之禮祔廟前一日皇帝親行酌奠園陵沿路十里

卷七千三百六十七

內神祠準禮例差官祭告掩皇堂前夕合差內侍行祭
奠詔差人內都知王惟忠祭奠餘並依　二十六日太
常禮院言園陵掩皇堂畢應隨從臣僚並合進名奉慰
皇后神主至京及祔廟群臣合出城并廟前奉迎從之
四年正月十三日詔二月六日掩皇堂命右諫議大
夫孫沖祭告　十六日群臣奉懿冊寶告太廟翌日上
皇儀殿靈座　謚冊曰孝子嗣皇帝臣（仁宗廟諱）言伏以敦
仁厚愛撫育之恩深尊位大名推崇之禮備緬思自己
之重追述累行之節垂之徽冊表乎公議恭惟保慶皇
太后河汾遺胄岷蜀遙源早翼贊於先帝常參聽於內
治時修蘋藻之事動監箴圖之戒簡狄佐嚳象應四星

女英媲虞道存二典被文考之來命增皇太之尊稱擁
衛朕躬紹承丕祚陰教既洽孝養是承恊恭母儀謁款
世室副禕重翟服御以光璋瓚玉盤祼薦有序克成從
獻之義用達追養之心逮夫奉侍瑤齋遂受琮鎮避臣
名之尊奉辭歲計之供須譽謁紫闈音播彤史當錫神
祉以均邦祚而旻穹不弔凶咎奄鍾荷顧復之私每懷
歆報致躃哀之痛永感不忘亟下詔書咸告中外禁聲
樂加服紀所以申哀素也陳龍輴飾鳳轀所以嚴儀物
也祔山兆升閟宮所以建陵廟也訂寶謚勒金策所以
昭德號也有司定論庶尹同辭皆謂嚴正齋恭之誠慈
哲寬裕之範積實於既往流芳於將來雖曰不然斯爲

卷七千三百六十七

允矣謹遣攝太尉右僕射兼門下侍郎同中書門下平
章呂夷簡奉冊寶上尊謚曰莊惠皇太后伏惟慶靈垂
鑒歆數是膺歸安仙園敷佑皇極歆歲時之常祀媲宗
社而長存　十八日啟攢宮命諸皇儀殿行祭奠之禮
二十四日監護使請皇儀殿行啟奠奉梓宮升龍輴
至中庭復行祖奠禮畢龍輴出宣德右門外升大昇轝
百官敘班帝行遣奠之禮攝中書令讀哀冊　冊文曰
維景祐三年歲次丙子十一月乙亥朔四日戊寅保慶
皇太后上僊旋殯於皇儀殿之西階有司奏謚曰莊惠
粵明年歲次丁丑二月甲辰朔六日己酉將還座祔於
永定陵禮也雕轀夙戒祖奠宵陳列銘旌於廣陌嚴仗

衛於清晨孝子嗣皇帝臣仁宗御名感慕日增哀懷天至禮
有數而載加物無容而不備惴遠卜之遄臨痛慈顏之
永閟爰詔辭臣奉揚淑懿辭曰姬周之胄發祥馮翊綿
緒蕃昌慶靈遂茂瑤魄凝輝珠躔炳秀華閥挺生熙辰
聿遘昔在先朝助宣內治靜順柔明溫恭喆惠四星耀
極位列其次六宮修職坐論其事率禮無違秉心罔詖
登進賢才憂勤寢寐協和邦教敦厚人倫均恩逮下節
用先身練縉示儉椒蘭謝芬休瑞應期多歡在旦陪從
巡遊周旋閒燕左右圖史朝夕規諫鼎湖升駕玉几遺
言付託尤重儀服斯尊橋山送往清廟薦祭烝烝展孝
翼翼告虔洪惟聖皇寔資保育克愛克慈是顧是復顯

卷七千三百六十七

號推崇徽章渥縟爰作寶命乃受琮玉光輝靡耀德範
彌隆勞謙降志沖約處躬盡還賦邑之奉屢辭外戚之
封味金仙之妙典探老氏之淵宗方怡神於壽域俄縈
霧於璇宮嗚呼哀哉天乎難諶高不可問生也有涯同
歸於盡追真馭於九清促千齡於一瞬嗚呼哀哉中宸
愴慘禁掖淒涼總帷掩兮畫閣攢殿虛兮夜長嬪嬡何
依兮攀號殆絕褘褕弗御兮厥隧深藏鸞鋪筵兮流塵
易晦祔陵園兮拱木相望嗚呼哀哉邈冊告獻龍輴進
轍服馬悲鳴祭笳怨咽背層闕之浮雲睇西郊之落月
閱逝波兮不復迴恨終天兮從此訣嗚呼哀哉陰陰泉
隧森森柏城上無光兮翳白日下無象兮潛萬靈想神

遊兮莫測，惟體魄兮長寧，饗閟宮之嚴祀，兮昭諡冊之
大名，同皇基之永固兮，併厚載以難傾。嗚呼哀哉！禮畢
奉辭，群臣赴城西楓橋奉辭。 二月六日葬於永定陵
之西北隅，群臣奉慰。 十三日群臣赴順天門外立班
迎拜虞主，權安於瓊林苑。 十四日帝幸瓊林苑，行酌
奠之禮。 十五日詔賜監護使已下休假三日。 十六
日群臣敘班奉慈廟前神主祔升，行祔饗之禮畢，詣閤
門奉慰。 凡敘班奉慰，行禮，並賜酒食於幕次。 十七
日德音：兩京畿內釋杖罪，應沿園陵應奉科率並蠲復
賦役，沿路道場齋經僧道並賜紫衣。 神宗熙寧二年
七月二十七日，命龍圖閣直學士張掞攝太常卿，以十

卷七千三百六十七

月九日發神主於園陵。詔諡具別廟。 九月二十八日起發，上
幸瓊林苑奉辭。

宋會要 張皇后

仁宗明道二年十月三十日，詔故美人張氏追冊為皇
后。 天聖六年九月二十日薨，殯感宜坊之別第，葬奉
先西北隅。 十一月三日詔追冊皇后官告焚黃進入
內。 十一日詔遣內侍相視陵園地步，太常禮院詳定
儀式以聞，務從簡儉。 十六日命內園使帶御器械岑
守素管勾修葺園陵。 景祐九年正月九日，司天監言，
准詔太常禮院定到陵臺制度，修展牆園，移正門戶，石
作牆外緣地步，置棘園獻堂安焫庭，別無妨礙，興修，年

月至乙亥年二月八日利，便從之。

宋會要 郭皇后

仁宗景祐二年十一月八日，金庭教主沖靜元師郭氏
薨，治喪於嘉慶院。 二十五日詔以后禮葬，太常禮院
詳定儀式以聞。 二十九日太常禮院言，參詳故郭氏
出葬日，吉凶儀仗，欲望比孝章皇后例，墳園陵臺
依張皇后例，大昇轝、影帳，欲只綵結。從之。 二年正月
日，太常禮院言，出葬日排吉凶儀仗，望自嘉慶院導引
出崇明門赴奉先院。從之。 十三日制曰：國家推褒寵
之恩，不忘於存歿，舉追崇之禮，用極於哀榮。其有胄沙
降祥，俔天表貴，雅尚清虛之志，素懷沖默之風，脫屣世

卷七千三百六十七

紛，爰棲於真境，飛名仙籍，奄謝於人寰，邈想音容，特申
命數。故郭氏標門鍾慶，實婺分輝，鑒圖史之前規，服組
訓之懿誠。早自玉衣，叶兆金屋，承榮統御，六宮久宣於
陰教；逮事先后，備罄於孝誠，克彰輔佐之勤，茂著開和
之則。而乃遺情物表，探味淵宗，獨抗出塵之心，遂豐塗
椒之地。靈期遽迫，晞露難留，良增悼往之懷，載厚飾終
之典。嗚呼！柔儀永隔，內範如存，躡三景之蹤，儔同於萬
化；應四星之象，復正於徽名。魂而有知，歆茲優渥，宜特
追冊為皇后，仍令所司擇日備禮冊命。 十七日詔曰：
朕纂緒膺圖，建中御極，念持盈守成之誡，敦自家刑國
之風，期表正於萬邦，務恢隆於至化。故郭氏早由冠梫，

選備椒房，允資令人以宣內治，而頃因忽鬱，偶失謙恭。既虧承順之儀，當行廢黜之典，止還別館，冀省前非。而屢上奏封，願爲羽服，懇志彌確，敦諭不回，勉從勤請之誠，仍建修真之宇。遂嬰沉疾，奄謝昌辰。朕以其入預長秋，僅周一紀，逮事先后，親奉寢園，存歿若斯，軫悼良切，特申追冊之命，復正中壺之名。制禮緣情，靡懷於往咎；飾終濡澤，且慰於遊魂。郭氏已降敕追冊爲皇后，其謚冊祔廟並停，咨爾宰司，當體予意。」十八日，命知制誥丁度、內侍省內侍押班藍元用同護葬事，建陵臺於奉先院之東北隅。　嘉祐三年閏十二月二十六日，詔太常禮院議修郭皇后影殿於洪福院。禮官言：「景祐追冊

詔書已停謚冊祔廟之禮，其修影殿於典禮無文。」伏請寢罷。又議者謂不若祔於廟，復詔兩制同禮官檢詳祔廟典禮以聞。　四年八月十六日，知制誥劉敞言：「郭氏嘗被廢，不當祔廟。」又詔學士院考詳折衷之論。同知太常禮院□洞言：「既追復后號，豈可絕其祭饗？請創立別廟，遇禘祫則奉以入饗，於義爲允。」敞又以洞所言爲非禮，洞亦疏難之。其後學士院卒不上議，朝廷亦未遑施行。詔議具皇后廟。

卷七千三百六十七

宋會要　慈聖光獻皇后

神宗元豐二年十月二十日，太皇太后崩於慶壽宮。遺誥曰：「吾受兩朝之託，翊嗣聖之興，十有七年，安居房闥。皇帝天篤仁孝，自茲睿神，嘗咨務於禁中，獲助勤於天下，而炎涼變序，疾疢乘衰。皇帝夜不解衣，朝至忘食，雖聖心之備盡，終天數之莫踰。吾嘗觀性命之原，達死生之際，生而饗慶壽之養，沒則從昭陵之遊，顧循初終，夫復何恨！皇帝宜念宗廟之重，無過哀傷，更賴股肱近臣共爲勸釋。成服之後，三日內聽政，服紀以日易月。在京文武百官十三日而除，諸司長官及近臣、觀察使以上

臨於宮庭具餘臨於宮門外諸道州府長吏以下三日
釋服軍民不用縞素沿邊不得舉哀釋服之後勿禁作
樂園陵制度務遵儉省勉從吾志勿事煩勞餘並依昭
憲明德皇太后故事施行是日文武百官入宮庭宰臣
王珪升西階宣遺詔已內外舉哭盡哀而出　二十一
日百官朝晡臨於慶壽宮三日止又朝臨四日　初太常
禮院言昭憲皇太后故事百官朝晡臨三日止詔加朝
臨四日宗室朝臨至成服止禮院又言明德皇太后故
事京城外內禁樂至皇帝釋服如舊詔過卒哭　二十
二日詔入內都知張茂則主管殿薮事入內東頭供奉
官宋用臣修梓宮昭德軍節度使兼侍中曹佾入臨禮

卷七千三百六十七

髮行服佾子姪諷評諭誘誌讀並準子為母喪服免朝
叅不釐務見任俸給並如舊　二十三日詔曰準遺誥
園陵制度務遵儉省恭以太行太皇太后輔佐仁宗皇
帝援立先皇帝保翊朕躬獲安宗廟社稷功隆德盛聞
於四海垂及後世光輝無窮而天畀聖質今昔絕擬遊
心道域退託不居淵默震聞福庇天下方圖崇報未知
攸為今遺命陵號於本廟舊制乃重有貶抑曷以茂對
顯烈慰塞中外之望乎可詔有司易園陵曰山陵餘恭
依遺誥施行命參知政事蔡確撰哀冊文同知樞密院
呂公著撰哀冊文翰林學士韓維撰諡號文龍圖閣直
學士韓縝書哀冊諡冊號文　二十四日命韓縝為山

陵按行使昭宣使入內副都知王中正副之　二十五
日詔山陵修奉深慮有司過有煩勞枉費人力不能仰
承遺誥務遵儉省之意可豫戒三司斟酌轉移應付毋
得寬剩計置除京西路轉運司自合供辦其諸道非抛
降毋得妄有進助　二十六日大殮命宰臣王珪為山
陵使判太常寺陳薦為禮儀使御史中丞李定為儀仗
使知開封府錢藻為橋道頓遞使同判太常寺陳襄為
鹵簿使後襄辭疾以翰林學士蒲宗孟代之　時中書
言本朝命儀仗鹵簿二使或因闕官或緣誤例御史中
丞皆得領之今按昭憲明德皇太后例差御史中丞兼
儀仗使天聖二年南郊差御史中丞薛奎為鹵簿使會

卷七千三百六十七

要引故事御史中丞當為儀仗使國初尚依此制其後
中丞或闕以他丞郎為之其職掌猶用臺吏如故儀仗
使無專掌但令憲司督促諸司而已天聖明道時皆有
中丞以為鹵簿使非舊制也　同日又命入內副都知
李憲為山陵都大主管入內東頭供奉官寄六宅使宋
用臣為都大提舉修奉皇堂是日百官拜表請聽政不
允自是七上表乃詔俟終易月之制有司定日御殿
同日太常禮院言昭憲明德皇太后故事內有年歲深
遠禮制不全欲乞參詳比類山園陵案例申請施行從
之　二十七日命權主管侍衛馬步軍司燕達為山陵
修奉總禁兵護役宋用臣專令總役兵修奉兩司毋得

優越。二十九日，皇帝成服於慶壽殿，百官成服於內東門外，入奉慰於慶壽殿之東廂，慰皇太后、皇后於宮門外。　十一月一日，群臣慰上及皇太后於慶壽宮門外，罰是朔望以為常，至祔廟止。　同日，太常禮院言：「明道山陵故事：啟殯，百官服初喪服，入內內侍省都知、押班以下并軍員、三班使臣、伎術官不服。請如故事。」詔都知、押班以下並如百官服初喪服，餘如故事。　二日，百官進門起居於慶壽宮門外，至御殿日止。　三日，小祥祭，百官衰服班慶壽宮廷哭，仍慰皇太后於宮門外。　四日，詔諸路州縣並禁樂至卒哭。既而太常禮院言：「按禮，既虞而後虞，虞而後卒哭，卒哭而後祔。景德中明德皇后以百日為卒哭，卒哭後不禁樂；以百日為卒哭，蓋古之士禮，不當施於朝廷。」遂詔改卒哭為百日。又言：「故事，大祥禫除，宰臣、樞密使、大兩省觀察使以上入宮庭奠訖，率百官班宮門外。又準遺誥，近臣觀察使以上臨於宮庭，餘臨於宮門外。將來大祥禫除，欲如故事及遺誥施行。」詔大祥禫除、卒哭可並準小祥故事。　十三日，翰林學士章惇上言：「竊稽典禮，下不得誄上，則大行太皇太后諡號蓋非臣子之所敢專，必將有所請，謂若請之太廟，於禮為宜。願付禮官詳議。」於是太常禮院言：「孝明皇后之喪，詔尚書省百官議，皆曰：母后之諡，則宜定於廟而讀之，以明受成於祖宗。孝明皇后諡，請百官議定，制下乃

卷七千三百六十七

遣官告於太廟而不讀。今參詳古者諡法，后受之於天，臣受之於君。大行太皇太后仁配仁祖，於禮為尊，宜集官諡之於廟。又幼不誄長，子不爵母，內英宗皇帝廟室於禮不當請諡。欲乞集中書、樞密院、侍從官、御史臺、五品、尚書省四品、諸司三品、宗室正任團練使以上赴太廟行請諡之禮。然後詔有司作冊寶，告於天地、宗廟、社稷，讀於慶壽殿。」從之。　十四日，殯於慶壽殿之西階。百官班宮庭哭，慰上及皇太后。　十五日，大祥祭如小祥禮。　先是，太常禮院上大祥儀注：皇帝祥祭訖，釋小祥服，素紗幞頭、黲黃衫、黑銀帶；群臣移班奉慰上。批：「宮中自實行三年之喪，不釋服受群臣慰。」至是祥祭畢，上衰服如故。　十七日，禫祭如大祥禮。　十九日，上服素紗幞頭、淡黃衫、黑犀帶，御崇政殿西廡幄次，號哭見群臣。群臣西向起居訖，升殿奉慰。　十一月二十日，山陵按行使韓縝等言：「永昭陵北稍西地二百十步內，取方六十五步可為山陵。」詔依。又以陵域迫隘，問縝可與不可增展，縝言若增十步作七十五步為陵域，合嶽火相生及中五之數。詔增十步。　二十一日，冬至，百官慰上及皇太后於慶壽宮門外。　二十五日，上不視事，群臣請大行太皇太后諡於太廟。　二十八日，翰林學士章惇請上尊諡曰慈聖光獻皇后。詔恭依。　議曰：「故事，祖宗諸后諡號皆二字，惟章獻明肅皇后以四字，即具奏稟奉

卷七千三百六十七

御賀批付臣曰先帝以宗子入繼大統嗣位之初哀毀過度感疾逾年軍國機務無所稟決人情恟懼神器震搖賴大行太皇太后聰明睿智機宜裁處於是中外安泰宗廟獲安逮皇躬康寧匪由人言即詔復辟退饗東朝之養十有七年以懿為實祔子育孫裕如也功德盛大振古無有今以四字為謚大懼未足形容萬一姑循故事而已宜以四字定謚臣再拜稽首奉詔於是有司擇日集百官於太廟以請大行太皇太后尊謚臣謹昧死上議竊推迹上世虞夏以前質勝文隱未有謚號以名配位死生同稱降及於商雖有成湯之號而其傳蓋略無得而稽焉逮周公旦相武賦憲作為謚法以跡行

卷七千三百六十七

表功貴位名歸大細相稱而後百王遵之莫或廢失故生有豐功盛德歿有大名顯號於發揮光烈垂耀後世益其為法下不得誄上求諸典禮后之謚必請於廟所以質諸神明示天下於至誠大公之極非臣子之所敢專也恭惟仁祖道侔乾坤德配堯禹天既啟以太平至治之運乃作之合以助成關雎麟趾之化是以大行太皇太后應運挺生賦畀寫厚超絕今昔聰明睿智之性懿仁恭儉之行天成生知不習而至養德閨門則有窈窕之淑閑儀體宸極則有思齊之徽音輔佐君子朝夕憂勤有卷耳之志被服澣濯躬儉節用有葛覃之本愛均庶嬪有樛木之逮下化行隱遠有兔罝之好德退抑

戚帝屬飭之以恭謙惠哀鰥寡而振之以衣食教內修乎閨閫治外形於家邦安止乎禮義之宮嬉息乎藝文之囿煒煒乎維茲以論后妃之德固已極矣然猶未足以彷彿盛美萬分之一也若乃嘉祐之末仁祖春秋既高皇嗣未立中外懍懍人懷不寧已而英宗入居東宮國本既建於是天下之心泰然雖仁祖聖斷不惑早定大計寔由大行太皇太后先知遠識力贊以成及英宗即位之初哀毀感疾於是權宜聽政廟社以安亦既復辟退處東朝委遠功名之隆優游妙道之域悟性命之靈通死生之變不訪乎崆峒而得治身之要不登乎姑射而知凝神之方蓋正位宮闈垂範十載受遺兩世母

卷七千三百六十七

儀三朝淵默無為饗四海之養者十有七年皇帝仁孝純至恩義致隆咨務設經問安視膳尊奉報稱在禮無違今明詔之所發揮皆本諸至誠大公之極斯足以照映前古光輝無窮記曰文王無憂以其有王季為之父武王為之子也恭惟大行太皇太后仁祖以為夫英祖以為子皇帝以為孫聖神相承源深流遠以此較彼文王為不足侔臣歷觀載籍之傳任姒於周有內助之效而無聞於社稷之功馬鄧在漢有關政之勤而不知乎道德之興猶且流身雅頌騰芳簡編舉以槩今不其陋歟嗚呼羲軒以前既不可得而考者自三五以來后妃之美未有如大行太皇太后仁功聖德之盛昭天漏泉

者也是宜為宋文母以詔於萬世謹按謚法愛民好與
曰慈能以仁敎曰慈通達先知曰聖窮理盡性曰聖和
寧百姓曰光格乎上下曰光聰明睿智曰獻博聞多能
曰獻恭惟大行太皇太后包括衆美以集大成神明之
所歆天地之所合契宜以祖宗之命奉上尊謚曰慈聖
光獻詔恭依　同日太常禮院言靈駕已奉詔出慶壽
宮南便門出內東門令恭詳自內東門出宣祐門西上
閤門過文德殿門出朝堂門入右昇龍門出宣德門過
天漢橋西宜出秋門順天門從之　十二月八日太常
禮院言故事見任文武陞朝官之家候祔廟畢嫁娶京
官以下過禫除不禁臣子之喪制一等而用吉禮有遠
卷七千三百六十七
近之差非是乞見任文武官之家候九虞祭畢為卒哭
許嫁娶軍民過易月禫除不禁仍不用花綵從之　二
十五日詔宗室正任防禦使以上許從靈駕已從濮安
懿王夫人者免從　先是中書言詔司天監選年月日
時遷祔濮安懿王三夫人令大行太皇太后山陵濮安
懿王三夫人亦當舉葬故有是詔　三年正月一日不
視朝群臣及遼使閤門進名奉慰又慰皇太后於慶壽
宮門　五日太常禮院言發引前日晡群臣及命婦當
詣慶壽宮尊諡發引前四日臨朝前一日仍晡臨九日
詔鹵簿不用褁稍內臣二十四人捧梓宮　十四日群
臣詣慶壽宮上謚冊曰　維元豐三年歲次庚申正月

乙丑朔十四日戊寅孝孫嗣皇帝臣神宗御名再拜稽首言
曰臣聞道本無形不可擬以稱謂德合無疆不可規以
封畛然自昔賢聖相繼作民父母莫不稽行以立謚紀
功而建號著在典冊聲於郊廟蓋休烈盛美既以以冒
於四海則隆名尊稱必有以詔於萬世恭惟大行太皇
太后實天祐宋誕生淑聖聰明淵靜至性得於自然慈
仁粹和懿範冠於往昔惟藝祖肇造區夏武惠之勳從
享大室積德流慶用大集於後昆迺登中闈作配仁祖
夙夜警戒逾三十年億寧神人嘉靖內外翊贊聖治迄
用有成深惟宗社之重援立先帝大策既定五謀協從
諒闇之初哀疚弗豫勉同聽決庸濟艱難群情於是獲
卷七千三百六十七
安神器以之增重而進退以正勞謙有終迹不踐於外
廷歲甫碁而復辟方且宅心道祕頤神物表享東朝之
尊十有七年福浸黎元而撝抑不居奉極天下而恭儉
自牧較其全德遠度休聲茂實雖詩人所載任姒之美
殆無以加漢氏以來馬鄧之烈曾莫得而比倫矣顧惟
沖菲獲奉徽音敎誨撫存慈惠兼至閒稟要務仰遵成
規家用平康民以寧一庶蒙休祐永錫難老以伸小子
歆報之志以慰萬方欣戴之心不圖邦釁上延奄棄崇
極玉衣如在飈駕不還痛色養之長違顧孺慕而何及
考卜維吉因山有則迺稽舊章節大惠易鴻名請於祖
宗告於几筵謹遣攝太尉光祿大夫行尚書禮部侍郎

同中書門下平章事集賢殿大學士王珪奉寶冊上尊
謚曰慈聖光獻皇后伏惟明靈在天降鑒於下膺茲典
禮永配廟祐儲祉錫羨光於無窮嗚呼哀哉謹言　上
謚寶畢群臣退赴宮門外奉慰及懿皇太后　十五日
上元節群臣奉慰及慰皇太后　二十二日　詔靈駕發
引行宮四面增差天成一指揮　二十六日　詔增差禁
兵二百人守陵　二十九日太常禮院言啟菆故事前
三日在京禁樂祔廟畢仍舊所過州府縣鎮候主同京
仍舊又言明道中山陵文字首稱莊獻明肅皇太后莊
懿皇太后即是當年一時之時別無經見大行太皇太
后雖已有謚號然山陵未畢俟掩皇堂題虞主去大行
卷七千三百六十七
稱慈聖光獻太皇太后祔廟題主稱慈聖光獻皇后並
從之　二月二日以啟菆前一日宰臣率百官奠于慶
壽宮詔靈駕發引日聽高麗使陪位并遇奉慰入寺觀
燒香並聽改服黑帶　館伴所言柳洪等願比群臣服
黑帶故也　三日啟菆宰臣率百官朝臨於慶壽宮上
奠告遷梓宮於兩楹間百官奉慰及慰皇太后遂晡臨
自是百官臨朝三日止　五日詔皇堂創爲地宮非嘉
祐治平故事安厝梓宮須別爲規度可命都大提舉修
奉宋用臣專一主管　十六日發引前三日百官服初
喪服臨於慶壽殿自是日一臨前一日仍晡臨　十七
日祕閣校理何洵直言按禮曰遂適殯宮三虞鄭氏曰

虞安也既葬迎精而還祭之於殯宮以安之士虞禮云
側亨於廟門外廟則殯宮之禮也凡宮有鬼神曰廟故
說者以爲虞卒哭在寢春秋左氏傳曰及哭於寢杜預
云既葬日中自墓還虞於正寢蓋古者之葬近在國城
之北故可以平旦而往至日中即虞於寢所謂葬日虞
弗忍一日離也後世之葬其地既遠則禮有不能盡如
古者今大行太皇太后葬日至等六虞自當行之於外
如舊儀其七虞及九虞卒哭謂宜行之於慶壽殿且虞
以安神卒哭以告祔必就殯宮蓋即其平日居處之地
則神靈之所憑依而來寧故也又按士虞禮主人行尸
之後有亞獻三獻大略與饋食禮同其所以變於吉者
卷七千三百六十七
吉事尚左此則尚右如設洗于西階西南及陳鼎于西
階前之類是也唐儀注虞祭大尉亞獻如不親行事則
宗正卿亞獻光祿卿終獻皇帝素服太尉司徒以下祭
服群官皇親諸親皆素服臣以爲虞祭當用亞獻終獻
如親祠其服宜比附祭酌施行又按春秋公羊傳曰虞
主用桑何休注引士虞禮曰桑主不文後漢書志亦曰
桑木主不書謚夫栗主書謚爲禘祫之時別昭穆若虞
主瘞於兩階之間則謚安用書舊儀題虞主伏請罷之
下太常禮院言謂洵直所引虞禮乃士禮左氏傳乃諸
侯之禮若朝廷禮則經無所見況嘉祐治平故事並虞
於集英殿宜如近詔虞主回奉安於集英殿又餞尸行

尸並爲事尸之禮後世既不設尸難用此禮宜且仍舊又嘉祐治平故事虞主已不書謚令欲如洵直所請從之十九日園濤使陳伏於宣德門外輔臣宿本司二十日發引上啟奠于慶壽殿祖奠于庭遣奠于宣德門外百官及高麗使陪位右諫議大夫參知政事蔡確讀哀冊曰　維永豐二年歲次己未十月丙申朔二十日乙卯慈聖光獻太皇太后崩于慶壽宮之萃德殿旋殯於慶壽殿之西階粤三年三月甲子朔十日癸酉還座祔於水昭陵禮也燎映九關漏終五夜淒鳳吹以發旨儀金根具趣駕孝孫嗣皇帝臣御名（神宗）痛悲遠日之至擗踊終天之訣飛馭莫攀奠觴既徹迺詔邇臣追揚休烈其詞曰猗歟太母避矣洪緒承派軒后啟封郯王遠于武惠爲宋方虎陰有善慶超漢撥禹其在後昆篤生聖女瑞慶天逮玉臺衆睹當炎精之四帝永丹闈之內輔既作之合遂宅厥祥占洒沙麓兆輕壽房正家陰順載物坤方聰明聖智端一誠莊珩珮惟和練衣猶浣出闈無言脫簪有諫蠶織是親圖書是玩海富聖學鷺飛神翰化自身先恩無私謁戚公族之麟趾微外家之金（穴）咒仰惟英兮入紹仁宗與子天下贊謀禁中定九鼎之岌岌懲（德）萬國之喁喁皇躬本康勉親幾政明辟旋復避遠威柄心契於道權歸乎正盛若虛至仁則靜再副遺託克昌繼嗣勞神乎遭變之始受養乎承平之際一人

定省大務咨議每顏溫而訓篤何慈深而愛至造金仙之妙旨探柱史之微言撫赤紱之諸王弄文褓之曾孫斗維誕日之慶天圍嘉時之燕壽觴舉而三宮樂寶輿動而九達休忽脫屣於紫房遽歸神於清漢玉音絕兮宵何所顢幄空兮漢無見嗚呼哀哉下詰之夕霜露寒初祖庭之旦（日）州木春餘驚流景之過隙從吉占之啟塗去深殿兮背白日指新宮兮歷黃壚嗚呼哀哉煙拂羽仗月低斗城出六衣於東闉轉五路於西垌紛相趨兮侍衛恍如在兮平生嗚呼哀哉馬躑躅兮風蕭散虞輦原兮臨洛岸近橋山之衣冠下銀海之鳧雁龍鑣收兮將就蝕劍戶闔兮何時晨寢肅肅兮蒼野黛陰陰兮綠塵拂曉几兮泣長御膳暮柏兮悲宮臣聖孝執喪於三歲與情結慘於八垠嗚呼哀哉塗山嬪兮夏盛太任歸兮周隆視今兮揆古軼德兮踰功彤管之紀但傳於士首白玉之鏤惡足以形容嚴清廟之登配光億載以無窮嗚呼哀哉　是日上自慶壽殿步導梓宮且行且哭至宣德門外立班俟時號慟不絕聲王珪等及雍王顥曹王頵更進開釋不能止百官士卒感動悲咽高麗使至於出涕靈駕既行上衰服還內百官辭於板橋退改常服入門翌日詣閤門進名奉慰又慰皇太后于內東門　二十五日太常禮院言慈聖光獻皇后祔廟前二日告天地社稷太廟皇后廟如故事至日奉神主先詣

僖祖室次翼祖宣祖太祖室　太宗皇帝懿德皇后明德皇后同一祝次饗元德皇后慈聖光獻皇后異饌異祝行祔廟之禮次眞宗仁宗英宗室禮畢奉神主歸仁宗室如此則古者祔謁之禮及近代徧饗故事並行不廢從之其三月朔并寒食節大行太皇太后未祔卜宮酌獻於幄殿　二十七日山陵禮儀使言虞主回京乘重翟車神帛在大安輦令定行圖輦居前車在後於義未安乞下有司議太常禮院請以車在前從之　三月六日靈駕至陵所群臣奉慰及慰皇太后　十日塟于永昭陵群臣奉慰及慰皇太后　十四日太常禮院言遺詔雖言釋服後勿禁作樂續詔民庶過百日作樂

卷七千三百六十七

自啟攢至祔廟詔復禁止即群臣自宜依禮律期年聽樂詔三路沿邊官祔廟畢許用樂餘文武官皆期年　十五日虞主至自永昭陵群臣迎于板橋皇太后迎於瓊林苑有司行六虞祭上服靴袍迎於內東門外奉安于慶壽殿群臣奉慰　初詔陵山使以下導虞主至板橋先入朝謁而禮儀使陳薦因請令侍從官前導至集英殿禮官以為不可上批虞主於集英殿奉安據禮官從臣之議終為未允蓋集英殿在平日未嘗一御又非昔居殯宮之所殊失安虞神靈禮意或作慶壽殿奉安恐亦無嫌可太常禮院詳定以聞既而禮官以為於義無嫌請虞主自右掖門豫承天宣祐內東門入慶壽殿

虞主至京山陵使以下導至右掖門並從之　十六日七虞祭群臣奉慰自是八虞九虞皆上親祭　十九日卒哭祭群臣皆奉慰　二十一日上宿于慶壽殿側輔臣宿于本司百官宿于朝堂　二十二日神主祔于太廟　二十五日德音兩京畿內河陽減死刑釋杖罪沿山陵科率蠲復賦役應奉行事官量與恩澤　二十七日詔六宅使宗用臣修望堂有勞於見寄使額上遷五資　五月八日宰臣王珪言弟尚書職方郎官琥昨主管山陵使司職表乞推恩詔以琥為祭河撥發　四年十一月二十三日禫祭宰臣王珪等上表請聽政詔答不允五表乃從之

卷七千三百六十七

凶禮

章憲明肅皇后

仁宗明道二年三月二十七日夜三鼓皇太后崩於寶慈殿遷座於皇儀殿遺誥曰吾受遺先朝保助令聖綿歷十載憂勤一心以天下之母儀沐人君之榮養皇帝深於孝愛濟以英明精窮治道之源洞該文武之術智燭微隱性敦儉慈典刑協中動靜循理杜絶畋游之好樂聞獻替之言吾得以罄竭所懷翊隆時務內仰成於衛弼外分寄於藩維迄臻大寧無愧前古而涼暄所迫筋力寖衰腠理爽和焦勞遺疾皇帝躬視省侍備極禱禳藥必先嘗衣不解帶而吾大期云及積恙無瘳以耆暮之年見昇平之運獲從先帝寧魂九原質於常情夫復何恨緬惟文武以及軍民荷三朝之厚恩當四葉之昌祚必傾亮節永奉聖君吾參輔朝經既踰旬歲令於武衛宜有推恩內外諸軍將士並與特支在京文武官僚并外處管軍臣僚並與支賜皇帝邦國事繁人神屬望宜思遠大勿徇哀傷更賴股肱近臣共為開釋皇帝成服之後三日內聽政服紀以日易月一依舊制在京文武群臣十三月而除諸長官及近臣觀察使以上臨於宮庭其餘職官臨於宮門外諸道州府長吏以下三日釋服軍人百姓不用縞素沿邊州府不得舉哀制服釋服之後勿禁作樂園陵制度務遵儉省勉從吾志勿事煩勞初遺誥有云皇太妃與吾同事先朝備彰懿範自今朝之臨御亦共贊於內謀是屬茲辰允當崇奉宜尊為皇太后往者皇帝踐阼方在沖年吾稟先帝遺言權助軍國今皇帝纘臨一紀盛德日新此後聽斷一依祖宗舊規如有軍國大事皇帝與太后內中裁旨商量是時帝久臨御盛德已著中外相望親政及宣告之際尚有裁旨商量之語往往竊議浸淫聞上乃令中書門下抆去遺誥中皇太后事不須班告天下於是群臣相慶知帝明睿獨斷出前古遠甚有司因得用咸平舊章以正其禮（卷七千三百六十五）

三十日召群臣詣皇儀殿遺誥臨哭見帝於殿之東廂奉慰太常禮院言宗室削杖不散髮餘如乾興之制中書樞密使相比宗室去斜巾垂帽首絰及翰林學士至龍圖學士已上并節度使文武二品已上又去中單及袴兩省御史臺中丞文武百官已下諸軍指揮使副兵馬使三班殿直已下四腳副巾連裳腰絰中書樞密院主事以下前後殿都知押班已下亦如之工部尚書李迪太子少傅致仕晁迥御史中丞蔡齊兩使留後陳堯咨並曾任近職請依學士例破服館閣讀書翰林待詔伎術官並給孝服宰相文武百官朝晡臨三日內外命婦朝臨三日皇帝成服後未聽政前百官日詣皇儀殿門進名參起居聽政後百官遇假不入餘日詣崇政殿序班參起居二十七日禫除服服常服群臣皆黑帶卒哭始純吉服皇帝成服日及小祥百官皆入臨移班奉慰唯大祥禫除及卒哭日並詣皇儀殿奉慰唯中書樞密入兩省觀察使以上入殿哀致奠訖赴殿門立班山陵前遇朔望不視事百官並詣皇儀殿門奉慰神主未祔廟日並詣西上閤門奉慰皇帝聽政日於崇政殿西廊東向陳設御座百官西向立班參起居班首少前跪奏讀皇帝聽政宣徽使承旨退稱制可餘如舊儀從之詔外園陵為山陵命宰臣呂夷簡為山陵使翰林學士盛度為禮儀使章得象為儀仗使權御史中丞蔡齊鹵簿使權知開封府程琳為橋道頓遞使（後夷簡等并兼莊皇太后園陵五使）入內內侍押班盧守懃右班副都知閻文應為山陵按行使東濼院使岑守素為山陵修奉都監馬軍副都指揮使高繼勳為山陵一行都總管守懃等亦兼領園陵之名四月一日群臣詣皇儀殿朝晡臨自是五月止詔遣東上閤門使曹琮告哀於契丹莊穆皇后崩不專遣使赴告止令邊臣錄詔命報之今特命告哀分遣使諭路告諭及出遺留物賜輔臣（同上）二日群臣上表請聽政自是五表始詔答允（同上）三日召輔臣對皇儀殿西廂（工部尚書李迪自河陽赴召未見亦特對）命翰林學士章得象充契丹遺留國信使崇儀使安繼昌副之（銀器衣著各二千數並約先帝

遺物備庫副使李用和特遺物賜西平王趙德明衣物銀絹有差同上

六日太常禮院言明德皇太后園陵禮例凶杖合用六十事詔增造二十事於建隆觀製造同上

八月成服羣臣衰服入臨奉慰如儀是日攢塗於皇儀殿羣臣復進名奉慰命宰臣張士遜撰哀冊文參知政事陳堯佐撰謚冊文并書冊寶翰林學士馮元議謚號同上

十日太常禮院言準詔同司天監詳定山陵制度皇堂深五十七尺神牆高七尺五寸四面各長六十五步乳臺高一丈九尺至南神門四十五步鵲臺高二丈三尺至乳臺四十五步詔下宮更不修蓋餘依 石門一合二段長一丈二尺五寸闊六尺厚二尺越額一長一丈八尺高四尺五寸厚二尺五寸直額一長一丈八尺闊四尺厚二尺五寸挾二長一丈二尺闊二尺五寸厚二尺門砧二長五尺闊二尺五寸厚二尺門砌三澗闊厚二尺二寸長六尺一長三尺檻鏁柱一長一丈三尺五寸闊二尺厚一尺漆燈盆一座

二

盆高四尺五寸徑三尺座方二尺五寸厚一尺膩燈燭臺一座高二尺徑一尺五寸宮人二高八尺闊二尺五寸厚二尺土襯二長四尺闊三尺五寸厚六寸座二長三尺五寸闊三尺厚八寸文武官四身高九尺五寸闊二尺五寸厚二尺土襯四各長四尺闊三尺厚六寸座四長三尺五寸闊二尺五寸厚八寸羊四高六尺五寸闊六尺厚二尺五寸土襯四長七尺闊三尺五寸厚六寸座四長六尺五寸闊二尺五寸虎四高六尺五寸闊五尺厚三尺土襯四長六尺五寸闊四尺厚六寸座四長六尺闊三尺五寸厚八寸馬二長一丈頭高六尺厚三尺五寸土襯四長七尺五寸闊四尺五寸厚八寸座二長七尺闊四尺厚八寸把馬官四高八尺五寸闊澗二尺五寸厚二尺土襯四長五尺五寸闊三尺厚六寸座四丈五尺闊二尺五寸厚八寸望柱二長一丈四尺徑二尺五寸土襯二方四尺五寸厚六寸座二方三尺獅子八高六尺五寸闊五尺厚三尺土襯八長六尺五寸闊五尺厚六寸座八長六尺闊四尺

五寸厚八寸同上

十一日小祥羣臣入臨釋服奉慰如儀同上

十三日帝衰服御崇政殿之西廂始聽政羣臣以次參起居帝哭慟不自勝契丹賀乾元節使耶律信寧等到闕捧大行皇太后書詣皇儀殿靈座前置奠同上

其日契丹使副見皇帝訖次詣皇儀殿幕次中書樞密先入至奠陛下再拜上香奠茶酒再拜訖升殿詣座前分左右侍立禮直官宣事舍人贊引契丹使副至殿門上捧書俱入詣殿陛下北向立定跪內侍一員接書由東階升殿跪置於靈座前契丹使副再拜班首詣香案前三上香奠茶酒俱再拜訖而退同上

十五日羣臣詣皇儀殿進名奉慰太常禮院言准明德太后禮院例中外禁樂至百日請如故事從之同上

十六日雄州上言契丹賀乾元節使迴迎送未審舉樂與否詔不舉樂同上

四

十七日羣臣上表請御正殿自是三上表詔答允二十七日始御紫宸殿同上

十八日山園使言往回程頓欲依乾興殿自京至陵所十程自陵所回京五程詔可同上

十九日太常禮院言准例兩省御史臺館閣官各撰挽詞二首下太常寺教習從之

二十三日大祥羣臣詣皇儀殿進名奉慰同上

二十五日禫除羣臣奉慰如儀同上

二十七日以宰臣張士遜為山園使御史中丞范諷為鹵簿使參知政事王隨撰謚冊并書冊寶呂夷簡出知陳州蔡齊為三司使故也是日翰林學士馮元請上尊謚曰莊獻明肅皇太后詔恭依 議曰臣聞謚者行之跡名者實之賓然則謚行相符名實無爽傳之不朽在乎至公若乃至母之尊節惠斯異議之於官府考之於朝廷書之於冊寶讀之於寢清廟上之於梓宮藏之於金匱寶古今之攸重非臣子之敢專恭惟大行皇太后毓粹柔嘉含章敏惠奉事先帝登建中

宮率四教以有倫閱羣言而罔佬存躬儉之志美播葛覃推逮下
之恩仁均樛木豈惟表正於闈則抑亦內助於朝經頻歷歲時允
臻安靜及乎膺道揚之終命申燕翼之遠謀協佑嗣皇述宣至化
交修一德並覽萬機探政治之本原識憲章之體要親臨祕殿共
對通臣咨訪賢能講求機務辭氣溫裕智慮洪深有善必從無言
不聽朝幾癈食晨　忘勞夙夜憂勤始終齋肅承偃武之昌運保
持盈之令圖然後嚴奉裸將恭升太室於以申追養於以謝成功
皇帝御紹先猷俯遵慈訓教孝恭而不匱承志意以無違克諧存
虞舜之心善繼達武王之治其或會朝嘉序拜慶誕辰國郊四展
於鴻儀軒陛再加於徽號未嘗不恭趨惟謹盛集臣僚祝萬壽以
稱觴奏九韶而盡禮愛親化於民俗榮養光於簡編九域風從順
時而述職四夷景慕納貢而來庭逮夫侍疾宮闈徧嘗藥石夜不
遑寢晝不解衣覃恩宥於萬邦設祈禳於百祀方循陔而竭力遽
陟屺以纏哀乃眷官司特頒詔令致喪之具加於舊儀彰善之名

五

倍於常數所以極優崇之典導感慕之懷耳謹按謚法履正志和
曰莊聰明睿智曰獻無幽不察曰明威德克就曰肅總夫眾美奉
於尊名昭示後昆永隆徽號稱伏請上尊謚曰莊獻明肅皇后同上
五月初一日以謚號敕下羣臣詣皇儀殿奉慰同上
十三日賜　內藏庫錢三十萬給山園用度同上
十四日禮儀使言準明德皇太后園陵禮例儀仗二千三百三十
四人令山園欲如例詔可同上
六月二十一日司天監言宜用十月五日丁丑時安葬吉詔可同上
二十五日賜山園役兵布背搭手巾同上
七月二日太常禮院言山園合用花釵禮衣各一副請下少府監
修製按乾興禮例齋郎六十人攝挽郎行事欲依明德皇太后園
陵例不用並從之同上
九日太常寺言山園各排鹵簿儀仗合用導引六州十二時歌詞
六章請下學士撰付寺教習從之同上

十日辛哭近臣觀察使以上詣皇儀殿庭文武百官殿門下拜奠
退進名奉慰同上
八月一日契丹祭奠弔慰使副到闕文武百官兩省都知押班已
下並常服黑帶素鞍韉禁止在京音樂使副入皇儀殿祭奠并進
慰書文武百官並詣殿門外進名奉慰朝辭日祭奠弔慰使副先
詣皇儀殿靈座前奉辭訖次紫宸殿朝辭　所司預於皇儀殿前
御座垂簾又於東楹南向設御座其日祭奠弔慰使副自朝堂由
西上閤門至皇儀殿外幕次並素服祭奠弔慰使皂冠蹀躞副使
素紗展腳幞頭並白羅衫黑鞓帶候皇帝服素服依齋七日宮中
之服及有司設祭奠酒食等畢禮直官宣事舍人贊引祭奠弔慰
使副俱詣神御座前堦下北向立定殿上簾捲祭奠使副並舉哭
再拜殿上皆哭引祭奠使副升殿西階神御前祭奠使一員三上
香奠茶酒畢祭文及書祭奠使啟封中書舍人二員跪捧祭奠副
使跪讀訖內侍捧受置於神御前降階復位又舉哭再拜禮直官

六

宣事舍人贊引祭奠前慰使副並稍東稍立禮直官宣事舍人先
退來祭奠前皇帝升御座中書樞密於使副未入前先參起居侍
立次館伴使副入見如儀祭奠畢宣事人引弔慰使副等於階下
當御座前跪進慰書殿上垂簾閤門使一員受書升殿進呈畢慰
使少立候上啟封讀訖皇帝舉哀簾捲閤門使引弔慰使升殿詣御
座前稍南傳語及回問如儀引降階復位宣事舍人引奠祭使副
并弔慰使副下已俱合班北向立定舍人贊拜各兩拜班首奏聖
躬萬福又贊拜隨拜三呼萬歲引班首稍前致詞奉慰畢歸位又
贊拜如謝茶藥御筵及撫問即依例出班致詞謝訖退歸幕次改
常服赴客省賜茶酒使副隨行從人並令門見侍使副歸館別差
近上臣僚押賜御筵其日後殿不坐至朝辭日御紫宸殿引祭奠
弔慰使副等入詣庭其起居朝辭受書及支賜並依閤門舊儀同上
三日禮儀使言神主回京來委於甚殿權安遙選日祔廟詔於皇
儀殿權安用十月十七日祔廟同上

六日禮儀使言檢會明德皇太后啟攢文武百官皇親各服初喪之服內庭諸色人員及從五使執事職掌只服本色公裳祇應將來啟攢欲依禮例從之同上

十三日太常禮院言將來山園應沿路州縣官吏並服初喪服出城奉迎并辭並舉哭再拜畢改吉服俟山園禮畢神主回京即並常服出城再拜奉迎并辭再拜訖退詔依同上

十四日賜山園役兵工匠和雇百姓布袍袴頭巾麻屨同上

二十二日太常禮院言每年十月一日宰臣已下及軍員諸班並著所賜錦袍襖子入謝將來十月一日靈駕在路並合常著常服謝從之同上

二十三日太常禮院言山園發引長行所排吉凶儀仗慮上路交雜欲望至板橋合為一處排列前引莊懿皇太后靈駕先次進發莊獻明肅皇太后靈駕以次進發掩皇堂日各於遂陵排列候神主至宿頓幄殿却合為一處次日進發莊獻明肅皇太后神主先行莊懿皇太后神主以次而行詔依同上

二十四日太常禮院言將來莊獻明肅皇太后啟攢後百官並服初喪之服前後殿都知押班已下并軍員三班使臣仗衛官更不服初喪之服並常服黑帶文武百官俟至板橋奉辭畢並權改常服黑帶次日純吉服俟神主至京日並常服黑帶五使已下俟掩皇堂並常服黑帶俟祔廟禮畢並純吉服詔可同上

二十八日禮儀使言將來十月五日下事已前各自內地幄殿奉遷梓宮至燧道前幄帳下行事臣僚并諸色祇應人等並吉服候莊懿皇太后掩皇堂畢其服孝服者權改吉服立班題神主畢却服孝服俟莊獻明肅皇太后掩皇堂畢並改吉服詔依同上

九月四日太常禮院言山園五使依乾興例更不朝拜諸陵將來靈駕發引羣臣至板橋奉辭次日西上閤門進名奉慰掩皇堂畢并神主到京皇儀殿奉安訖及祔廟禮畢羣臣並詣西上閤門進名奉慰訖退五使已下俟掩皇堂訖進表奉慰並從之同上

七

五日太常禮院言將來山陵冊寶告太廟讀於靈座欲望軍員更不立班從之同上

六日太常禮院言將來山園皇后已下隨行掩皇堂應隨從臣僚並合立班進名奉慰并山園皇后已下隨行並逐程於靈駕未發前朝臨至晚晡臨其隨從命婦等俟逐程奉安靈駕畢行朝臨將來莊獻明肅皇太后發引前一日隨行禮公卿及諸司合祇應人等在內比循如內庭有本司者宿於本司無本司者宿於皇儀殿門外幕次宰臣樞密宿於中書密院從之同上

七日宰臣率百官奉二太后謚冊寶告於太廟翌日上於靈座冊文曰哀子嗣皇帝臣仁宗御名言伏以致孝之本莫大於顯親敷化之方莫先於追遠矧荷明辟之重形四海之風追惟鞠育之仁永懷孺慕之感不誄大行何以昭眾聽不鏤顯冊何以信後來恭惟大行皇太后沙麓開祥塗山鍾粹本靜專以法地體柔明而配天動遵珩珮之儀言合圖史之訓以任姒之德嘗佐治於周家以陰馮之賢更翼隆於漢室至於受遺先帝稱制從宜保佑匪躬尊臨天寓風教被乎蠻貊仁澤及於昆蟲九廟展祠六宮承式焦勞一紀覆育萬物蘭殿問安適恭於子養椒塗倫景奄遺於內歎羽衛戒期王靈協吉用舉追崇之禮式申顧復之恩爰詔有司俾敷容典乃鋪懿鑠備颺淑聲祇薦大名以應丕則謹遣攝太尉門下侍郎兼兵部尚書同中書門下平章事昭文館大學士監修國史張士遜奉冊寶上尊謚曰莊獻明肅皇太后伏惟聖靈降格膺茲典禮幽贊丕祉對鴻休廟祐烝嘗永永無極禮畢羣臣進名奉慰同上

十日山園使張士遜言乞差集賢校理王琪隨行管勾章表從之後以琪病復差集賢校理薛冠卿同上

十一日啟攢宮帝素服臨於皇儀殿易常服出內自是至發引皆如之同上

十七日參知政事樞密副使文武百官臨於皇儀殿庭及門外宰臣樞密使山園五使分官赴洪福院臨自是輔臣分押百官班臨

八

至發引如儀同上

二十日帝行啟奠於梓宮百官入臨梓宮升龍輴祖奠徹帝顧臣（輔）曰朕欲親行執紼之禮以申孝心乃引紼行哭出皇儀殿門輔臣禮官固請乃止仍步送至正陽門外百官立班梓宮升輿設遣殿參知政事王隨讀哀冊　冊文曰維明道二年歲次癸酉三月甲午莊獻明肅皇太后崩於寶慈殿四月癸卯旋殯於皇儀殿之西階粤十月丁酉遷座祔於永定陵禮也椒闈月曉蕙路霜淒啟䡊塗於祕殿儼羽衛於通逵哀子嗣皇帝御名仁宗痛慈覆之長隔悲遠日之有期山開松櫝兆協著龜徒瞻象物莫駐龍帷從先后之不返邈上賓以何之爰發宸旨下及台司俾尊揚於孝治庶光昭於母儀詞曰太上立德建用皇極惟天所輔惟帝之則其次立功追皇比崇亭毒品彙膠合鴻濛其次立言徽懿是宣有教無類非文不傳思齊有慈作合先帝總是三者以經萬世自昔來儀鍾夫卓異搠霄協夢擁乾育粹占麓開祥援龍凝系玉度沉潛蘭儀靜嫕十亂同符三辰允契內助聖考洽成至治斗極交歡天符輯瑞車書一同文軌軒鼎既昴綴衣在扆顧惟冲眇以託慈仁於御坤元乃助乾健丕揚景命順迪皇憲游精道籥棲志神扃希夷自得壽考惟寧遂探古記遠監前經心該治亂道應神靈敦敘天枝璵隆宗室顧待無貳寵嘉咸秩善養士類勤求俊奇弓旌相踵巖穴無遺屏去雕文敦尚樸素織紝是親濯衣是御仁恕賦意惻隱居懷施德行惠牧患分災歲遭蠲釋民隱矜哀宏開壽域茂建春臺方隅潤澤遠邇胥來珪璋之行竹帛難紀著在鴻臺書之彤史嗚呼哀哉積焦勞之不豫兮歷涼燠以無瘳慰悒霞之罔驗兮佪徂景之難留發緒言之不跌兮眷維碎之以垂休嗚呼哀哉龍輴鳳駕兮遵逐起忽蜃車宵載兮直城右出紛圭翣兮張徘徊列地帳兮澹蒙密霧楚挽兮淒凝風素旗兮慘慓嗚呼哀哉周原翠木兮岑鬱蕭條經皇神寢兮幽嚴穴寥晻澤生塵兮寶奩暗巾箱遂虛兮仙鳳甚遙體魄即安兮協儀畢冊神明外濟兮御辨曾霄嗚呼

哀哉德業光大兮信編紀聖恩腆普詠兮羣倫訓定保我黎元兮順時立政佑我皇圖兮祈天永命生著懿範兮九圍胥詠沒存徽謚兮千齡愈盛嗚呼哀哉　禮畢奉慰羣臣赴板橋奉辭訖易常服退同上

二十一日羣臣詣閤門奉慰同上

二十九日命樞密副使李諮往山陵祭告復土同上

十月五日葬永陵之西北隅羣臣奉慰同上

十日虞主至京羣臣奉迎於瓊林苑帝服靴袍導迎於皇儀殿門奉安於皇儀殿有詔賜山園五使休暇三日百官一日同上

十二日羣臣班皇儀殿虞祭進名奉慰自是至祔廟間日虞立班奉慰如儀同上

十六日帝齋於垂拱殿羣臣宿於朝堂同上

十七日帝酌獻於皇儀殿神主載重翟車帝親步導出正陽門奉辭祔於奉慈廟有司行祔廟之禮羣臣奉慰同上

二十一日德音兩京畿內釋徒罪應沿山園科率並蠲復賦役同上

二十六日奉安御容於慈孝寺彰德殿同上

景祐元年三月二十五日詔小祥前後禁樂各三日不視事各二日詔大祥前二日不視事同上

章懿皇后喪禮

仁宗明道元年二月二十六日宸妃李氏薨攢塗於嘉慶院三月十四日葬於洪福禪院之西北隅命翰林學士馮元攝鴻臚卿與入內內侍省押班盧守懃上御藥張懷德監護喪事三司使尚書兵部侍郎晏殊撰墓銘卷七千三百六十七

二年四月十五日詔中書門下曰朕哀制之中未遑議政皇太后謂朕曰宸妃早事先帝尤推懿恭膺降誕之符守謙冲之德至於奉侍陵寢聿周禫祥歸奉母儀克勤輔佐興居合禮言動有常兩朝徽音九御承憲淹悲淪謝俄歷歲華權厝梵宮未崇位號當遵舊典祇上尊名別卜寢園用光世範況今大行太后方議山陵宜

國茲時式使修奉朕仰承慈旨惕念劬勞愴慕之懷夙宵罔措敢忘燕翼以奉謚言宜令中書門下依先朝追榮元德皇后禮典追崇宸妃尊謚位號及營奉園陵　制曰王者撫育黎元務恢要道蓋孝篤於已則化之厚感發於天則報必隆有懷顧復之恩爰舉尊崇之典故崇妃李氏輔佐先聖誕育眇躬空流彤管之音未正星軒之位是用順稽舊禮恭薦徽名庶申劬慕之恩以稱劬勞之德宜追尊爲皇太后仍令有司擇日備禮奉册宰臣率百官詣西上閤門進名奉慰（同上）

八日詔大行皇太后山陵五使修奉都監總管並兼園陵之名命翰林學士馮元議謚號西京作坊副使張承和爲園陵按行使（是儀）（儀制同莊獻明肅皇太后者不重錄同上）

九日命宰臣李迪撰哀册文并書參知政事陳堯佐撰謚册文并書册寶（同上）

二十七日翰林學士馮元請上尊謚曰莊懿皇太后詔恭依　議曰追册之儀具存於在昔增名之典昭示於方來仰濬哲之誕生由後坤之載震誕保隆平之運永懷顧復之恩爰極尊稱式彰恭事乃崇謚號用播德音伏惟皇太后夙奉先朝久恭內職柔嘉有裕溫順無違孝愛之心諒從天賦勤儉之德本自性成懿範聿修令聞斯著事上喜循於禮法逮下常敷於惠和繇是帝澤優隆羣情悅服發祥符於吉夢育嗣聖於昌辰及乎仙輿登遐龍輴送往侍山園而終喪紀還掖殿而佐母儀動必肅雍靜惟淑慎屢升班級愈峻徽章宸衷潛祈於劬勞慈旨每稱於謙退方立四妃之位未正三宮之名俄遘沉痾忽歸厚夜帷幌畫飾既安賁於郊原陵寢載營將祔還於兆域皇帝痛睟顏之永隔思榮養以無因欲伸罔極之情爰舉追崇之禮特頒詔旨以示宰衡仍諭官司當遵故事於是大陳器備盛列威容重翟褘衣始降於異數閟宮繐帳期奉於明靈先命近臣俾論節惠苟非實錄曷著芳猷而況告於廟祧紀於圖諜幸參史觀敢盡公言謹按謚法履正志和曰莊溫柔

十一

聖善曰懿皇太后慶承仙系秩序壼闈持身常務於靜專接衆每彰於輯睦可不謂履正志和乎誕生真主祇守皇圖克成下武之功允副思齊之德可不謂溫柔聖善乎伏請上尊謚曰莊懿皇太后（同上）

五月十日帝詣洪福院攢宮展告奉尊謚之禮　其儀用啓聖院朝謁之禮添祝官一員自後遇朔望薦饗皆權起幄殿（同上）

十四日太常禮院言將來莊獻明肅皇太后發引前夕皇帝親行祭奠之禮莊懿皇太后發引前夕欲望就差園陵發引使行祭奠之禮詔宰臣李迪（同上）

八月二十五日太常禮院言將來二太后同日啓攢隨靈駕皇親文武官欲只着昨來所破孝服詔莊懿皇太后啓攢日別造皇帝衰服李用和骨肉孝服（同上）

二十六日太常禮院言將來山園發引欲依司天監所定時辰其日皇帝正陽門前奉辭莊獻明肅皇太后靈駕畢釋衰服素紗展腳幞頭淡黃衫出朱雀門赴洪福院臣僚亦權常服黑帶皇帝至洪福院易衰服百官孝服立班行禮所有啓攢後一日皇帝親詣洪福院行祭奠之禮詔出保康門赴洪福院餘依奏（同上）

十二

二十八日太常禮院言靈駕發引日莊獻明肅皇太后靈駕先發至瓊林西道北設幄殿權奉安俟莊懿皇太后靈駕至內常寺於莊獻明肅皇太后靈駕後跪奏莊懿皇太后奉見訖先行莊獻明肅皇太后以次而行其議狀並合爲一處前行詔可（同上）

九月十一日遷梓宮於洪福院分命百官易服立班如皇儀之禮（同上）

十二日帝幸洪福院服衰服詣靈座前行祭奠禮號慟久之羣臣易服敍班如儀（同上）

十三日攝太尉宰臣張士遜奉謚册寶赴洪福院上於靈座　册文曰孝子嗣皇帝臣（御名仁宗）言伏以奉先追本孝治之篤終述行表功禮章之榮後故生未盛其位則沒有尊其稱仰惟懿德之重早興孺慕之感念韜閟祕式嚴追禮恭惟皇太后軒象儲祥曾沙毓

期儀軌先朝協華椒掖行與道合位以德升動循珩珮之音居服
保阿之訓外履質約柱裳無文中存禮閑玩好不飾蘭儀玉度六
列以為表模淑問曄章四教於是鏡晷天隆其祐神衣惟祉載誕
孤家屬當茂業積善有報垂裕無疆一紀於茲四方周叉方期顧
復永奉恩嚴豈謂景命靡融忽賓霄極慈慈蒼昊誠難堪哉況夫
君臨四海母儀萬邦而徽嘉未伸音容俄隔劬勞永感終天曷窮
嘖雖薦號閟宮晉神淨界禮分未稱心焉如辨今國寢告成遷蹤
叶吉時宰庶尹儒宗禮官考儀綱圖探烈形史戚以謂紀謚之法
實始宗周追冊之儀蓋本炎漢敢稽往典度易大名謹遣攝太尉
門下侍郎兼兵部尚書同中書門下平章事昭文館大學士兼修
國史張士遜奉冊寶上尊謚曰莊懿皇太后伏惟明靈如在鴻典
是膺上從聖真陰右皇序祔饗清廟與邦家無窮禮畢僚佐詣閤
門奉慰同上
十四日帝幸洪福院詣靈座前祭告如十二日之儀同上
十三
二十日帝幸洪福院服衰服親奉引梓宮降殿至庭中行遣奠禮
攝中書令樞密副使李諮讀哀冊　冊文曰維明道二年歲次癸
酉四月丙申朔六日辛丑遷上真宗皇帝宸妃李氏尊號曰莊懿
皇太后粵十月癸巳朔五日丁酉遷座祔于永定陵之次禮也燎火
餘熒星華啟明森靈位以宿設儼仙輻而欲行風物淒其變禾鐸
挽唱以流聲哀子嗣皇帝御名仁宗痛隔慈顏欽揚卹典感劬勞於欲
報竭誠信於先遠乃命執事紀垂芳猷琢之金玉代襲旅旒謂詞
曰函關紫氣柱史族貴軒轅黃龍次妃位業含德之厚是稱坤母
配天之尊乃降乾元祚發竹書運曆斯伏三葉重輝九圍率服王
化所先壺政惟穆修明陰教登進才淑偉哉邦媛允矣儒門遙華
啟緒積善昌源稱詩率禮有德有言如松之茂如玉之溫詫景椒
塗陪游蘭館參服斯皇女功載纘勤懋觀圖謙閒辭輦位映紫庭
芬揚彤管繼明昭晉隤祉靈長業開持啓慶叶生商夢日興貴祠
禖感祥載震載夙宜君宜王黃離游吉金幹增強帝所無選湘川

不從銅臺蕙帳先圓是奉安車赤紱禮策加重懷恩永慕居約彌
沖攀慈宴於長樂戒外戚於濯龍仁則宜壽明胡弗融奄嬰六疾
未建三宮邈求樂兮寘津閟杳登真兮雲漢重嗚呼哀哉嗣慈不
追炎涼甫換剛建龍中威光靈斷躬擘維綱緬思聖善克發明兮
歸獨存身壽踰兮猶可見嗚呼哀哉崇章極號備之克中尊名茂
行欽誄斯陳殯宮再闢園法攸遵變黃衣兮祚聖對玉寶兮思覩嗚
呼哀哉辭魚之陰將閟陵兆奠別之奏聿嚴纔廟程遠兮慎終樣
名兮繼孝嗚呼哀哉驂塵莫駐柱牖誰着林欲靜而風不止露晞
降而歲云秋贄池閟以心痛閶巨西而弟流嗚呼哀哉東井淺部
西瞻翠霧黯嵩色兮凝陰浩浩波兮弇注皇闕擎兮長旌苔鎖海
深兮潛漆炬刻可度兮九虞空復還兮五輅鶴嗚呼哀哉蕭蕭松柏
肅肅几筵隧霽珩而夷體攀弓劍以脩仙慟極哀哀哀深冥夫內
盡忠兮顯若如事生兮僾然嗚呼哀哉柔明之風始資內治緬懷
之裳終光聖嗣含飴之樂雖違樂德之靈揮纖紀淑範媲懿聲永
十四
奉傳於金匱嗚呼哀哉　靈駕發帝攬擊引太行輿步至院西南
隅宰臣固請北步侯伏轉乃還次同上
二十三日禮賓使同勾當皇城司李用和言莊懿皇太后開攢時
宮上有水濕痕下面有泉眼出水勘會元係上御藥張懷德踏行
翰林學士馮元入內押班盧守懃勾當監護詔並免勘懷德罰銅
三十斤移本路稍遠處州軍依舊編管守懃落入內押班與鈐轄
差遣馮元落翰林學士兼侍講守本官龍圖閣學士知河陽同上
十月五日葬於永定陵之西北隅同上
十日虞主至京奉安於皇儀殿自是十六日有司行虞祭之禮同上
十七日祔神主於奉慈廟命有司行祔廟之禮帝導迎虞主簡齋
群臣辭迎虞主奉慰皇帝並如章獻明肅皇太后儀同上
景祐元年二月九日詔忌辰前後禁樂各三日不視事各二日禁
屠宰各一日同上

章懿皇太后

仁宗明道三年十一月五日保慶皇太后上僊於保慶殿還殯於
皇儀殿宰臣文武百官班奠於殿庭詔前後殿不視事三日京城
禁樂百日外州軍官吏不發哀不禁樂選日奏告宗廟諸陵太常
禮院比附檢詳典禮以聞放文武三班使臣幕職州縣見謝辭正
衙至十七日依舊同上
六日命吏部侍郎知樞密院事王隨為園陵監護使入內都知王
惟忠為園陵都監入內押班劉從愿為同都監侍衞馬步軍副都
指揮使鄭守忠為修奉總管仍令從愿往永安四陵側近按行園
陵同上
七日詔特祔奉慈廟命翰林侍讀學士判太常寺李仲容議謚號
翰林學士承旨章得象撰哀冊文翰林侍講學士馮元撰謚冊文
知制誥李淑書哀冊王舉正書謚冊胥偃書謚寶張永和管勾修
奉慈廟室同上
八日太常禮院言逐時祭奠準例監護使行禮從之同上

十五

九日詔將來發引皇親并郡縣主逐院最長一名從祔葬宮院率
房去太常禮院言京城禁樂百日凡遇祭饗大中祠用樂並備而
不作候滿日依舊園陵前每朔望皇帝不視事一日冬至元日並
在園陵之內其日羣臣詣皇儀殿門奉慰從之司天監定神臺高
下入地深淺神牆步數皇堂門闕及鵲臺乳臺相去步數詔皇堂
周四十五尺神牆高一丈餘依同上
十日太常禮院言皇帝本服緦麻三月皇帝皇后服皆用細布成服
日服布幞幘日服羅宗室皆素服吉帶正刺史已上服練羅除並練綾大長公主已下亦素
服公主夫人郡縣主已下服練羅郡縣君以下服練綾其帔子皆以碧並常服入內就次易服三
日而除本宮人首絰布服送葬者葬訖而除不從者發引日並除
之皇帝成服祭奠皆太常卿贊導哭訖歸御幄皇親移班奉慰羣
臣並進名奉慰以日易月之制當成服三日而除皇帝不視事三
日不視朝三日當朝視事並常服詔曰保慶皇太后夙深慈育保
祐沖人特荷鞠全遂增徽號奄纏凶釁痛慕何深宜加服為小功

五月用易月之制五日而除親朝特服素紗巾淺色衣黑帶後祔
廟畢服常服同上
十一日大斂成服羣臣奉慰劉從愿言司天監官按行到永定
陵都倖地一段堪充園陵詔可同上
十二日太常禮院言凶仗請下少府監製六十事監護使王隨言
準明道三年例內藏庫支錢三十萬貫供用今來更不差頓遞使
詔凶仗增製四十事錢內藏庫支一十萬貫餘從之同上
十三日太常禮院言準詔特加服小功皇親亦合隨皇帝五日而
除從之同上
十六日攢於皇儀西階羣臣奉慰同上
十七日翰林侍讀學士判太常寺李仲容請上謚曰莊惠皇太后
詔可　議曰夫名以實賓謚以表行古今之通議也粥撤天子之
孝致四海之養祗慈仁之列答愛育之德不亦義之大乎伏惟保
慶皇太后柔順含章淑明戚裕襲赤泉之遐胄流太姒之徽音維
儉約之是敦維謙祗之是履寬而逮下動必得中矜莊無寵恃之私
公室盡思勤之意甘家刑國表裏肅然在昔永定登真實受付託
之重大明繼照每懷顧復之恩皇帝爰自纘承早從密侍是用遐
長樂之往制揭保慶之尊名親倚之隆皇情斯厚方且怡神黃老
比壽松喬弗虞帝圖光靈倏閟因心罔逮有惻於上仁考行易名
式揚於坤範謹按謚法維德端嚴曰莊慈哲遠識曰惠伏請上尊
謚曰莊惠皇太后同上

十六

十八日太常禮院言奉慈廟殿見今一間內莊獻莊懿室殿兩頭
挾屋只收尊號寶冊欲將殿室內寶冊法物於奉宸安將六階
分三室以西為上奉安神主從之同上
二十一日詔來年二月六日葬訖八日覆三九日離陵所十三日
宿普安院就百日五更燒神帛一行人入京影座於右掖門入由
景暉門赴慈德殿即保慶殿也七日皇后於會聖宮朝拜八日諸陵朝
拜同上

二十三日太常禮院言請兩制館閣官各撰挽詞二首付太常寺教習執儀仗人用太常太僕金吾左右街司殿中省司天監兵衛二千三百三十四人奏可同上

十二月八日太常禮院言園陵所過州縣發引前三日至神主回京並禁樂羣臣於板橋奉辭靈駕畢次日赴西上閤門進名奉慰祝冊文並稱孝嗣皇帝臣某園陵監護使應隨從官並常服黑帶皇親各素服隨從宿頓詣幄殿前立班致奠所過州縣官吏送迎並常服黑帶應佩魚者權去之皇帝親行遣奠之禮掩皇堂畢并凡虞祭並用大祠具宗正卿行禮應隨從官並陪侍立班再拜升祔奉慈廟并每歲五饗三室牲牢共用羊豕四大升舉百五十人輴車挽士二十人挽歌三十六人餘準詔憲皇太后禮例並從之同上

十一日丙降御製挽詞二首令太常寺教習同上

十七日太常禮院言將來神主到京請於瓊林院權奉安以行升祔之禮祔廟前一日皇帝親行酌奠園陵沿路十里内神祠準例差官祭告掩皇堂前夕合差内侍行祭奠詔差人内都知王惟忠祭奠餘並依同上

二十六日太常禮院言園陵掩皇堂畢應隨從臣僚並合進名奉慰皇后神主至京及祔廟羣臣合出城并廟前奉迎從之同上

四年正月十三日詔二月六日掩皇堂命右諫議大夫孫沖祭告同上

十六日羣臣奉謚冊寶告太廟翌日上皇儀殿靈座　謚冊曰孝子嗣皇帝臣(仁宗廟諱)言伏以敦仁厚愛撫育之恩深尊位大名推崇之禮備緬思自己之重追述累行之節垂之徽冊表乎公議恭惟保慶皇太后河汾遺胄岷蜀遥源早翼贊於先帝常參聽於内治時修蘋藻之事動監箴圖之戒爾狄佐譽象應四星女英嬪虞道存二典被文考之末命增皇太之尊稱擁衛眇躬紹承丕祚陰教既洽孝饗是承諭恭母儀謁款世室副褘重翟服御以光璋瓚玉瓚禋薦有序克從獻之義用達追養之心逮夫專侍瑶齋遂受琮鎮避臣名之尊奉辭歲計之供須譽藹紫闈音播彤史當錫神祉以均邦祚而晨宫不弔凶咎奄鍾荷顧復之私愛懷欲報致踊哀之痛永感不忘亟下詔書咸告中外禁聲樂加服紀所以申哀素也陳龍輴飾鳳韜所以嚴備物也祔山兆升閟宫所以建陵廟也訂實謚勒金策所以昭德號也有司定論庶尹同辭皆謂嚴正齋恭之誠慈哲寬裕之範積實於既往流芳於將來誰曰不然斯為允矣謹遣攝太尉右僕射兼門下侍郎同中書門下平章事呂夷簡奉冊寶上尊謚曰莊惠皇太后伏惟慶靈垂鑒蕃數是膺歸安仙闈敷佑皇極歆歲時之常祀綏宗社而長存同上

十八日啟攢宫帝詣皇儀殿行祭奠之禮同上

二十四日監護使詣皇儀殿行啟奠奉梓宫升龍輴至中庭復行祖奠禮畢龍輴出宣德右門外升大昇轝百官敘班帝行遣奠之禮攝中書令讀哀冊　冊文曰維景祐三年歲次丙子十一月乙亥朔四日戊寅保慶皇太后上僊琁殯於皇儀殿之西階有司奏謚曰莊惠粤明年歲次丁丑二月甲辰朔六日己酉將遷座祔於永定陵禮也雕輼夙戒祖奠宵陳列銘旌於廣陌嚴仗衛於清晨孝子嗣皇帝臣(仁宗御名)感慕日增哀懷天至禮有數而載加物無容而不備惴遠卜之遥臨痛慈顔之永閟爰詔辭臣奉揚淑懿辭曰姬周之胄發祥憑厚緜緒蕃昌慶靈遠茂瑶魄凝輝珠躔炳秀華閥挺生熙辰聿邁昔在先朝助宣内治靜順柔明温恭誥惠四星耀極位列其次六宫修職坐論其事率禮無違秉心罔設登進賢才憂勤寤寐協和邦家敦厚人倫均恩逮下節用先身練繒示儉椒蘭蠲芬休瑞應期多歡在旦陪從巡遊周旋閶燕左右圖史朝夕規諫鼎湖升駕玉几遺言付託尤重儀服是尊橋山送往清廟薦蘩烝烝晨孝翼翼告虔洪惟聖皇實資保育克愛克慈是顧是復顯號推崇徽章渥縟爰作寶命乃受琮玉光輝靡耀德範彌隆勞謙降志沖約處躬盡還賦邑之奉屢辭外戚之封味金仙之妙

典採老氏之淵宗方怡神於壽域俄縈釁於燕宮嗚呼哀哉天乎
難堪高不可問生也有涯同歸於盡迫真馭於九清促千齡於一
瞬嗚呼哀哉中宸愴悽渙捷淒涼繐帷捲兮晝閒攢殿虛兮夜長
嬪嬡何依兮攀號殆絕禕褕芾御兮歔邃深藏蹕躐延兮流塵易
晦祔陵園兮拱木相望嗚呼哀哉龜冊告獻龍輴進輚服馬悲鳴
繁笳怨咽背魯闕之浮雲睇西郊之落月閲逝波兮不復迴恨終
天兮從此訣嗚呼哀哉陰泉邃森森柏城上無光兮翳白日下
無象兮潛萬靈想神遊兮莫測惟體魄兮長寧閟宮之嚴祀兮
昭謚冊之大名同皇基之永固兮侔厚載以難傾嗚呼哀哉禮畢
奉辭羣臣赴城西板橋奉辭同上
二月六日葬於永定陵之西北隅羣臣奉慰同上
十三日羣臣赴順天門外立班迎拜虞主權安於瓊林苑同上
十四日帝幸瓊林苑行酌奠之禮同上
十五日詔賜監護使已下休假三日同上
十六日羣臣敍班奉慈廟前神主祔升行祔饗之禮畢詣閤門奉
慰　凡敍班奉慰行禮並賜酒食於幕次同上
十七日德音兩京畿內釋杖罪應沿園陵應奉科率並蠲役賦
役沿路道場齋經僧道並賜紫衣同上
神宗熙寧二年七月二十七日命龍圖閣直學士張掞攝太常卿
以十月九日瘞神主於園陵詔儀具別編九月二十八日起發上幸瓊
林苑奉辭同上

張皇后

仁宗明道二年十月三十日詔故美人張氏追冊為皇后同上
天聖六年九月二十日薨殯咸宜坊之別第葬奉先西北隅同上
十一月三日詔追冊皇后宮告焚黃進入內同上
十一日詔內侍相視園陵地步太常禮院詳定儀式以聞務從簡儉
同上
十六日命內園使帶御器械岑守素管勾修葬園陵同上

景祐九年正月九日司天監言準詔太常禮院定到陵臺制度修
展牆園移正門戶石作牆外據地步置棘圍獻堂安鴟尾別無妨
礙典修年月至乙亥年二月八日利便從之同上

郭皇后

仁宗景祐二年十一月八日金庭教主沖靜元師郭氏薨治喪於
嘉慶園同上
二十五日詔以禮薨太常禮院詳定儀式以聞同上
二十九日太常禮院言參詳故郭氏出葬日吉凶鹵簿儀仗欲望
比孝章皇后例墳園陵臺依張皇后例大舁舉影帳欲只綵結之
從之同上
二年正月日太常禮院言出葬日排吉凶儀仗望自嘉慶院導引
出崇明門赴奉先院從之同上
十三日制曰國家推褒寵之恩不忘於存殁舉追崇之禮用極於
哀榮其有曾沙降祥視天表貴雅尚清虛之志素懷沖默之風脫
屣世紛反棲於真境飛名仙籍奄謝於人寰馳想音容特申命數
故郭氏德門鍾慶寶婺分輝鑒圖史之前規服組訓之懿誠早自
玉衣叶兆金屋承榮統御六宮久宣於陰教逮事先后備罄於孝
誠克彰輔佐之勤茂著閑和之則而乃遺情物表探味淵宗獨抗
出塵之心遂歷塗瓝之地靈期遽迫晞露難留良增悼往之懷載
厚飾終之典嗚呼柔儀永隔內範如存躡三景之蹤儻同於羽化
應四星之象復正於徽名魂而有知歆茲優渥宜特追冊為皇后
仍令所司擇日備禮冊命同上
十七日詔曰朕纂緒膺圖建中御極念持盈守成之誠敦自家刑
國之風期表正於萬邦務恢隆於至化故郭氏早由冠族選備椒
房允資令人以宣內治而頃因忿懟偶失謙恭既虧承順之儀當
行廢黜之典止還別館冀省前非而屢上奏封願為羽服遂志彌
確敦諭不回勉從勤請之誠仍遣修真之宇遽嬰沉疾奄謝昌辰
朕以其入預長秋僅周一紀逮事先后親奉寢園存沒若斯軫悼

良切特申追冊之命復正中壼之名制禮緣情靡懷於往咎飾終漏澤且慰於遊魂郭氏已降敕追冊為皇后其謚冊祔廟並停省爾宰司當體予意（同上）

十八日命知制誥丁度內侍省內侍押班藍元用同護葬事建陵臺於奉先院之東北隅（同上）

嘉祐三年閏十二月二十六日詔太常禮院議修郭皇后影殿於洪福院禮官言景祐追冊詔書已停謚冊祔廟之禮其修影殿於典禮無文伏請寢罷又議者謂不若祔於廟復詔兩制同禮官檢詳祔廟典禮以聞（同上）

四年八月十六日知制誥劉敞言郭氏嘗被廢不當祔廟又詔學士院考詳折衷之論同知太常禮院洞言既追復后號豈可絕其祭請創立別廟遇禘祫則奉以入饗於義為允敞又以洞所言為非禮洞亦琥難之其後學士院卒不上議朝廷亦未遑施行（詔議具皇后廟）（同上）

慈聖光獻皇后

神宗元豐二年十月二十日太皇太后崩於慶壽宮遺誥曰吾受兩朝之託翊嗣聖之興十有七年安居房闈皇帝天篤仁孝自滋睿神嘗咨務於禁中獲助勤於天下而炎涼變序疾疢乘衰皇帝不解衣朝至忘食雖聖心之備盡終天數之莫諭吾嘗觀性命之原達死生之際生而饗慶壽之養沒則從昭陵之遊顧循初終夫復何恨皇帝宜念宗廟之重無過哀傷更賴股肱近臣共為勸釋成服之後三日內聽政服紀以日易月在京文武百官十三日而除諸司長官及近臣觀察使以上臨於宮庭其餘臨於宮門外諸道州府長吏以下三日釋服軍民不用縞素沿邊不得舉哀釋服之後勿禁作樂園陵制度務遵儉省勉從吾志勿事煩勞餘並依昭憲明德皇太后故事施行是日文武百官入宮庭宰臣王珪升西階宣遺誥已內外舉哭盡哀而出（同上）

二十一日百官朝晡臨於慶壽宮三日止又朝臨四日（初太常禮院言昭憲皇太后故事百官朝晡臨三日止詔加朝臨四日宗室朝臨至成服止禮院又言明德皇太后故事京城外內禁樂至皇帝釋服如舊詔過卒哭）（同上）

二十二日詔入內都知張茂則主管殿前事入內東頭供奉官宋用臣修祥宮昭德軍節度使兼侍中曹佾入臨被髮行服佾子姪誦評諭誘誌讀並準子為母喪服免朝參不釐務見任俸給並如舊（同上）

二十三日詔曰準遺誥園陵制度務遵儉省恭以大行太皇太后輔佐仁宗皇帝援立先皇帝保翊朕躬獲安宗廟社稷功隆德盛聞於四海垂及後世光輝無窮而天昇聖質今昔絕擬遊心道域退託不居淵默宸闈福庇天下方圖崇報未知攸為今遺命陵號於本廟舊制乃重有貶抑朕以茂對顯烈慰中外之望乎可詔有司易園陵曰山陵餘恭依遺誥施行命參知政事蔡確撰哀冊文同知樞密院呂公著撰謚號文龍圖閣直學士韓縝書哀冊謚冊號文（同上）

二十四日命韓縝為山陵按行使昭宣使入內副都知王中正副之（同上）

二十五日詔山陵修奉深慮有司過有煩勞枉費人力不能仰承遺誥務遵儉省之意可檄戒三司斟酌轉移應付毋得寬剩計置除京西路轉運司自命供辦其諸道非拋降毋得妄有進助（同上）

二十六日大斂命宰臣王珪為山陵使判太常寺陳薦為禮義使御史中丞李定為儀仗使知開封府錢藻為橋道頓遞使同判太常寺陳襄為鹵簿使後襄辭疾以翰林學士蒲宗孟代之（同上）時中書言本朝命儀仗鹵簿二使或因闕官或緣誤例御史中丞皆得領之令按昭憲明德皇太后例差御史中丞兼儀仗使天聖二年南郊差御史中丞薛奎為鹵簿使會要引故事御史中丞當為儀仗使國初尚依此制其後中丞或闕以他丞郎為之其職掌猶用臺吏如故儀仗使無專掌但令憲司督促諸司而已天聖明

道時皆有中丞以為鹵簿使非舊制也同上

同日又命入內副都知李憲為山陵都大主管入內東頭供奉官寄六宅使宋用臣為都大提舉修奉皇堂是日百官拜表請聽政不允自是七上表乃詔俟終易月之制有司定日御殿同上

同日太常禮院言昭憲明德皇太后故事內有年歲深遠禮例不全欲乞參詳比類山園陵業例中請施行從之同上

二十七日命權主管侍衛馬步軍司燕達為山陵修奉總禁兵護役宋用臣專令總役兵修奉兩司毋得侵越同上

二十九日皇帝成服於慶壽殿百官成服於內東門外入奉慰於慶壽殿之東廂慰皇太后皇后於宮門外同上

十一月一日群臣慰上及皇太后於慶壽宮門外自是朔望以為常至祔廟止同上

同日太常禮院言明道山陵故事啟攢百官服初喪服入內內侍省都知押班以下并軍員三班使臣伎術官不服請如故事詔都知押班以下並如百官服初喪服餘如故事同上

二三

二日百官進門起居於慶壽宮外至御殿日止同上

三日小祥祭百官服班慶壽宮庭哭仍慰皇太后於宮門外同上

四日詔諸路州縣並禁樂至卒哭既而太常禮院言按禮葬而後虞虞而後卒哭卒哭而後祔景德中明德皇后以百日為卒哭卒哭後不禁樂以百日為卒哭蓋古之士禮不當施於朝廷迺詔既卒哭為百日又言故事大祥禫除宰臣樞密使兩省觀察使以上入宮庭奠誥宰百官班宮門外又準遺誥近臣觀察使以上臨於宮庭餘臨於宮門外將來大祥禫除欲如故事及遺誥施行詔大祥禫除卒哭可並準小祥故事同上

十三日翰林學士章惇上言竊稽與禮不得誄上則大行太皇太后謚號蓋非臣子之所敢專必將有所請謂若請之太廟於禮為宜願付禮官詳議於是太常禮院言孝明皇后之喪詔尚書省百官議皆曰母后之謚則宜定於廟而讀之以明受成於祖宗孝明

皇后謚請百官議定制下乃請遣官告於太廟而不讀今參詳古者謚法后受之於天臣受之於君大行太皇太后仁配仁祖於禮為尊宜集官謚之於廟又功不誄長子不爵母后英宗皇帝廟室於禮不當請謚欲乞集中書樞密院侍從官御史臺五品尚書省四品諸司三品宗室正任團練使以上赴太廟行請謚之禮然後詔有司作冊寶告於天地宗廟社稷讀於慶壽殿從之同上

十四日於慶壽殿之西階百官班宮庭哭慰上及皇太后同上

十五日大祥祭如小祥禮　先是太常禮院上大祥儀注皇帝祥祭訖釋小祥服素紗幞頭黔黃衫黑銀帶群臣移班奉慰上批宮中自實行三年之喪不釋服受群臣慰至是祥祭畢上衰服如故同上

十七日禫祭如大祥禮同上

十九日上服素紗幞頭淡黃衫黑犀帶御崇政殿西廡幄次號哭見群臣群臣西向起居訖升殿奉慰同上

二四

十一月二十日山陵按行使韓縝等言永昭陵北稍西地二百十步內取方六十五步可為山陵詔依又以陵域迫隘聞縝可與不可增展縝言若增十步作七十五步為陵域合徵火相生及中五之數詔增十步同上

二十一日冬至百官慰上及皇太后於慶壽宮門外同上

二十五日上不視事群臣請大行太皇太后謚於太廟二十八日翰林學士章惇請上尊謚曰慈聖光獻皇后詔恭依　議曰故事祖宗諸后謚號皆二字惟章獻明肅皇后以四字即其奏稟奉御寶批付臣曰先帝以宗子入繼大統嗣位之初哀毀過度感疾逾年軍國機務無所稟決人情恂懼神器震搖賴大行太皇太后聰明睿智機宜裁處於是中外安安宗廟獲安逮皇躬康寧匪由人言即詔復辟退就東朝之養十有七年以慈為寶撫子育孫裕如也功德盛大振古無有今以四字為謚太略未足形容萬一姑循故事而已宜以四字定謚臣再拜稽首奉詔於是有司擇日集百

官於太廟以請太行太皇太后尊謚臣謹昧死上議竊推迹上世虞夏以前質勝文隱未有謚號以名配位死生同稱降及於商雖有成湯之號而其儀蓋略無得而稽焉迨周公旦相武賦憲作為謚法以跡行表功實往名歸大細相稱而後百王遵之莫或廢失既生有豐功盛德殁有大名顯號於發揮光烈垂耀後世蓋其為法下不得誄上求諸典禮后之謚必請於廟所以質諸神明示天下於至誠大公之極非臣子之所敢專也恭惟仁祖道侔乾坤德配堯禹天既啟以太平至治之運乃作之合以助成關雎麟趾之化是以太行太皇太后應運挺生賦畀篤厚超絕今昔聰明睿智之性慈仁恭儉之行天成生知不習而至養德閨門則有窈窕之淑聞儷體宸極則有思齊之徽音輔佐君子朝夕憂勤有卷耳之志被服澣濯躬儉節用有葛覃之本愛均庶類有樛木之逮下化行隱遠有兔罝之好德退抑戚而屬飭之以恭謙惠哀鰥寡而振之以衣食教內修乎閫閾治外形於家邦安止乎禮義之宮嬉息乎藝文之圃煒煒乎維茲以論后妃之德固已極矣然猶未足以彷彿盛美萬分之一也若乃嘉祐之末春秋既高皇嗣未立中外懍懍人懷不寧已而英宗入居東宮國本既建於是天下之心泰然雖仁祖聖斷不惑早定大計實由太行太皇太后先知達識力贊以成及英宗即位之初哀毀感疾於是權宜聽政廟社以安亦既復避退處東朝委遠功名之隆優游妙道之域悟性命之靈通死生之變不訪乎崆峒而得治身之要不登乎姑射而知凝神之方蓋正位宮闈垂範十載受遺兩世母儀三朝淵默無為饗四海之養者十有七年皇帝仁孝純至恩義致隆咨務談經問安視膳尊奉報稱在禮無違今明詔之所發揮皆本諸至誠大公之極斯足以照映前古光輝無窮記曰文王無憂以其有王季為之父武王為之子也恭惟太行太皇太后仁祖以為夫英祖以為子皇帝以為孫聖神相承源深流遠以此較彼文王為不足侔臣歷觀載籍之傳任姒於周有內助之懿而無聞於社稷之功馬鄧在漢有聞

二五

禮三二之二五

政之勤而不知乎道德之奧猶且流芳雅頌騰芳簡編衆不以概今不其陋歟嗚呼羲軒以前既不可得而考者自三五以來后妃之美未有如太行太皇太后仁功聖德之盛昭天漏泉者也是宜為宋文母以詔於萬世謹按謚法愛民好與曰慈能以仁教曰慈通達先知曰聖窮理盡性曰聖和衆百姓曰光格于上下曰光聰明睿智曰獻博聞多能曰獻恭惟太行太皇太后包括衆美以集大成神明之所歆天地之所合契宜以祖宗之命奉上尊謚曰慈聖光獻詔恭依同上

同日太常禮院言靈駕已奉詔出慶壽宮南便門出內東門今參詳自內東門出宣祐門西上閤門過文德殿門出朝堂門入右昇龍門出宣德門過天漢橋西出宜秋門順天門從之同上

十二月八日太常禮院言故事見任文武陞朝官之家候祔廟畢嫁娶京官以下過禫除不禁臣子之喪制一等而用吉禮有遠近之差非是乞見任文武官之家候九虞祭畢為卒哭許嫁娶軍民過易月禫除不禁仍不用花綵從之同上

二十五日詔宗室正任防禦使以上許從靈駕已從濮安懿王夫人者免從同上先是中書言詔司天監選擇月日時遷祔濮安懿王三夫人今太行太皇太后山陵濮安懿王三夫人亦當舉葬故有是詔同上

三年正月一日不視朝羣臣及遼使詣閤門進名奉慰又慰皇太后於慶壽宮門同上

五日太常禮院言發引前日晡羣臣及命婦當詣慶壽宮尊謚發引前四日臨朝前一日仍晡臨九日詔鹵簿不用穩稍內臣二十四人擎梓宮同上

十四日羣臣詣慶壽宮上謚冊曰　維元豐三年歲次庚申正月乙丑朔十四日戊寅孝孫嗣皇帝臣御名神宗再拜稽首言曰臣聞道本無形不可以稱謂擬德合無疆不可規以封畛然自昔賢聖相繼作民父母莫不稽行以立謚紀功而建號著在典冊聲於郊廟蓋

二六

禮三二之二六

休烈盛美既有以冒於四海則隆名尊稱必有詔於萬世恭惟大
行太皇太后竇天祐宋誕生淑聖聰明淵靜至性得於自然慈仁
粹和懿範冠於往昔惟藝祖肇造區夏武惠之勳從享夫室積德
流慶用大集於後昆洎登中闈作配仁祖夙夜警戒逾三十年億
寧神人嘉靖內外翊贊聖治允用有成深惟宗社之重援立先帝
大策既定五謀協從諒闇之初哀疢弗豫勉同聽決廣濟艱難嘗
情於是獲安神器以之增重而進退以正勞謙有終迹不踐於外
廷歲甫期而復辟方且宅心道秘頤神物表享東朝之尊十有七
年福浸黎元而撝挹不居奉極天下而恭儉自牧較其全德遠度
曾莫得而比倫矣顧惟沖菲獲奉晨昏教誨撫存慈恵兼至閨壼
休聲茂實雖詩人所載任姒之美殆無以加漢氏以來馬鄧之烈
要務仰遵成規家用平康民以寧一庶蒙休祐永錫難老以伸
小子欲報之志以慰萬方欣戴之心不圖邦釁上延奄棄崇極
玉衣如在飈馭不還遹痛色養之長違顧孺慕而何及考卜維吉因
二七
山有期遹稽舊章節以惠易鴻名請於祖宗告於几筵謹遣攝太
尉光祿大夫行尚書禮部侍郎同中書門下平章事集賢殿大學
士王珪奉寶冊上尊謚曰慈聖光獻皇后伏惟明靈在天降鑒於
下膺茲典禮永配廟祐儲祉錫羨光於無窮嗚呼哀哉謹言上
謚寶畢羣臣退赴宮門外奉慰及慰皇太后同上
十五日上元節羣臣奉慰及慰皇太后同上
二十二日詔靈駕發引行宮四面增差天武一指揮同上
二十六日詔增差禁兵二百人守陵同上
二十九日太常禮院言啟菆故事前三日在京禁樂祔廟畢仍舊
所過州府縣鎮候主回京仍舊又言明道中山陵文字首稱莊獻
明肅皇太后莊懿皇太后即是當年一時之時別無經見大行太
皇太后雖已有謚號然山陵未畢候祔皇堂題虞主去大行稱慈
聖光獻太皇太后祔廟題主稱慈聖光獻皇后並從之同上
二月二日以啟菆前一日宰臣率百官奠於慶壽宮詔靈駕前發引

日聽高麗使副位并遇奉慰入寺觀燒香並聽改服黑帶　館伴
所言柳洪等願比羣臣服黑帶故也同上
三日啟菆宰臣率百官親臨於慶壽宮上奠告遷梓宮於兩楹間
奉慰及慰皇太后遂朝臨自是百官臨朝三日止同上
五日詔皇堂創為地宮非嘉祐治平故事安厝梓宮須別為規度
可命都大提舉修奉宋用臣專一主管同上
十六日發引前三日百官服初喪服臨於慶壽殿自是日一臨前
一日仍晡臨同上
十七日秘閣校理何洵直言按禮曰遂適殯宮三虞鄭氏曰虞安
也既葬迎精而還祭之於殯宮以安之士虞禮云側享於廟門外廟
則殯宮之禮也凡宮有鬼神曰廟故說者以為虞卒哭在寢春秋
在左氏傳曰及哭於寢杜預云既葬日中自墓還虞於正寢蓋古
者之葬近在國城之北故可以平旦而往至日中即虞於寢所謂
葬日虞弗忍一日離也後世之葬其地既遠則禮有不能盡如古
二八
者今大行太皇太后葬日至第六虞自當行之於外如舊儀其七
虞及九虞卒哭謂宜行之於慶壽殿且虞以安神卒哭以告祔必
就殯宮蓋即其平日居處之地則神靈之所憑依而來寧故也又
按士虞禮主人行尸之後有亞獻三獻大畧與饋食禮同其所以
變於吉者吉事尚左此則尚右如設洗於西階西南及陳鼎於西
階前之類是也唐儀注虞祭太尉亞獻如不親行事則宗正卿亞
獻光祿卿終獻皇帝素服太尉司徒以下祭服羣官皇親諸親皆
素服臣以為虞祭當用亞獻終獻如親祠其服宜比附參酌施行
又按春秋公羊傳曰虞主用桑何休注引士虞禮曰桑主不文後
漢書志亦曰桑木主不書謚夫栗主書謚為禘祫之時別昭穆若
虞主瘞於兩階之間則謚安用書舊儀題虞主伏請罷之下太常
禮院言謂洵直所引虞禮乃士禮左氏傳乃諸侯之禮若朝廷禮
則經無所見況嘉祐治平故事並虞於集英殿宜如近詔虞主同
奉安於集英殿又餞尸行尸並為事尸之禮後世既不設尸難用

此禮宜且仍舊又嘉祐治平故事虞主已不書謚今欲如洵直所
請從之同上
十九日函簿使陳仗於宣德門外輔臣宿本司同上
二十日發引上啟奠於慶壽殿祖奠於庭遣奠於宣德門外百官
及高麗使陪位右諫議大夫參知政事蔡確讀哀冊曰　維永豐
二年歲次己未十月丙申朔二十日乙卯慈聖光獻太皇太后崩
於慶壽宮之萃德殿旋殯於慶壽殿之西階粵三年三月甲子朔
十日癸酉遷座祔於永昭陵禮也燎映九關漏終五夜淒風吹以
發音儼金根其趣駕孝孫嗣皇帝臣御名神宗痛悲遠日之至擗踊於
天之訣飛馭莫攀奠觴既徹邇詔邇臣追揚休烈共詞曰猗歟太
娶遐矣洪緒承派新后啟封郯王遠於武惠為宋方虎陰育善慶
趣漢援禹其後昆篤生聖女瑞慶天運玉毫眾睹當炎精之四帝
永丹闈之內輔既作之合燕宅厥祥占陋沙麓兆輕壽房正家陰
順載物坤方聰明聖智端一誠莊珩珮惟和練衣猶浣出闈無言
脫簪有謨籛纖是親圖書是玩海宮聖學鸞飛神翰化自身先恩
無私謁戚公族之麟趾微外家之金冗仰惟英兮入紹仁宗與子
天下贊謀禁中定九鼎之岌岌慰萬國之喁喁皇矜未康勉親幾
政明辟旋復避遠威柄心契於道罷歸乎正威若虛至仁則靜再
剸遺託克昌繼嗣勞神乎遺寶之始受養乎承平之際一人定省
大務咨議無頗湜而訓篤何慈深而受至造金仙之妙旨探柱史之
微言撫赤綬之諸王弄文褓之曾孫斗維誕日之慶天開嘉時之
燕壽驩樂而三宮樂實興動而九達休忽脫屣於紫房遽歸神於
清漢玉音絕兮宵何所顢悾空兮漠無見嗚呼哀哉下詔之夕霜
露寒祈祖庭之旦草木春餘驚流景之過隙從吉占之啟途去深
殿兮背白日指新宮兮竄黃壚嗚呼哀哉煙拂羽仗月低斗城出
六衣於東闈騁五路於西垌紛相趨兮侍衛恍如在兮平生嗚呼
哀哉馬躑躅兮風蕭散度犖原兮臨洛岸近橋山之衣冠下銀海
之鳧雁龍鑣收兮將就蝕劍戶閟兮何時晨寢肅肅兮蒼野濛陰

又禮三二之二九

陰兮綠塵拂曉几兮泣長御瞻暮柏兮悲宮臣聖孝執喪於三歲
與情結慘於八垠嗚呼哀哉塗山殯兮夏盛太任歸兮周隆視今
兮揆古軼德兮踰功彤管之紀但傳於土苴白玉之鏤惡足以形
容嚴清廟之登配光德載以無窮嗚呼哀哉同上
是日上自慶壽殿步導梓宮且行且哭至宣德門外立輦候時號
慟不絕聲王珪等及雍王顥曹王頵更進開釋不能止百官士卒
感動悲咽高麗使至於出涕靈駕既行上衰服還內百官辭於板
橋退改常服入門翌日詣閤門進名奉慰又慰皇太后於內東門
同上
二十五日太常禮院言慈聖光獻皇后祔廟前二日告天地社稷
太廟皇后廟如故事至日奉神主告諡僖祖室次翼祖宣祖太祖
室　太宗皇帝懿德皇后明德皇后同一祝次饗元德皇后慈聖
光獻皇后異饌異祝行祔廟之禮次真宗仁宗英宗室禮畢奉神
主歸仁宗室如此則古者祔謁之禮又近代備饗故事並行不從
之其三月朔并寒食節大行太皇太后未祔卜宮酌獻於幄殿同上
二十七日山陵禮儀使言虞主回京乘程車神帛在大安輦今定
行圖輦居前車在後恐於義未安乞下有司議太常禮院請以車
在前從之同上
三月六日靈駕至陵所群臣奉慰及慰皇太后同上
十日葬於永昭陵群臣奉慰及慰皇太后同上
十四日太常禮院言遺誥雖言釋服後勿禁作樂續詔民庶過百
日作樂自啟菆至祔廟詔復禁之即群臣自宜依禮律期年聽樂
詔三路沿邊官祔廟畢許用樂餘文武官皆期年同上
十五日虞主至自永昭陵群臣迎於板橋皇太后迎於瓊林苑有
司行六虞祭上服靴袍迎於內東門外奉安於慶壽殿群臣奉慰
初詔陵山使以下導虞主至板橋先入朝謁而禮儀使陳薦因
請令侍從官前導至集英殿禮官以為不可上批虞主於集英殿
奉安緣禮官從臣之議終為未允蓋集英殿在平日未嘗一御又

又禮三二之三〇

非昔居顯宫之所殊矣安虞神靈禮意或作慶壽殿奉安恐亦無嫌可太常禮院詳定以聞既而禮官以為於義無嫌請虞主自右掖門縣承天宣祐内東門入慶壽殿虞主至京山陵使以下導至右掖門並從之同上

十六日七虞祭羣臣奉慰自是八虞九虞皆上親祭同上

十九日卒哭祭羣臣詣奉慰同上

二十一日上宿於慶壽殿側輔臣宿於本司百官宿於朝堂同上

二十二日神主祔於太廟同上

二十五日德音兩京畿内河陽減死刑釋杖罪沿山陵科率蠲復賦役應奉行事官量與恩澤同上

二十七日詔六宅使宋用臣修皇堂有勞於見寄使額上遷五資同上

五月八日宰臣王珪言弟尚書職方郎官琥昨充管山陵使司幹表乞推恩詔以琥為蔡河撥發同上

四年十一月二十三日禫祭宰臣王珪等上表請聽政詔答不允五表乃從之同上

三三

凶禮　后喪

宋會要　温成皇后喪禮

仁宗至和元年正月八日貴妃張氏薨治喪於皇儀殿

詔近臣宗室入奠移班奉慰帝於殿東楹特輟朝七日

命參知政事劉沆為監護使入內內侍省內侍押班石全彬句當御藥院劉保信為監護都監殿前都虞候王凱為總管　十二日制曰王者峻宮闈之班秩非選德無以征後庭崇房闥之號稱非遺懿無以憲天壺斯所以舉褒懷之禮申哀卹之文誕告在朝令中舊典故貴妃張氏性歸淵穆體本淑和嬋繽冕之慶華踰圖史之良訓克惇母教允協嬪風恭儉之儀每以盡其志憂勤之助必以罄其心進陪褘翟之容退存軒龍之象偶寒暄之遘癘俄夙夕以延灾向以失內禁之宵嚴犯周廬之夕警能挺身而衛丹極遂捐己以護皇居暨憫而以請懲方責躬而引咎因援刀而割膚乃濡翰以封章事既秘而不言物有存而可歎報君愛國望右無倫遽爾長

卷七千三百六十七

辭邈焉如在宜正駟車之御益隆虎劍之章鋪顯豐融以昭惜惻於戲彤管有煒式播於聲徽象服是宜載揚於命數庶幾濾澤永饗休嘉可特追冊為皇后所司擇日備禮冊命仍賜謚曰温成　初謚恭德言者以謂德字不當同太宗諸后謚故改賜之　十三日詔京城禁樂一月自啟攢至葬復禁止命翰林學士承旨王拱辰撰謚冊文端明殿學士楊察撰哀冊文知制誥王洙書　十四日殯於皇儀殿之西階群臣進名奉慰　十六日遣官告太廟皇后廟奉慈廟　十九日遣宰臣梁適奉謚冊告於皇儀殿｜冊文曰皇帝若曰夫內德之茂

非正位無以顯其猷，彤史所載非大名無以表其行。劾予嬪合之懿，夙著徽柔之則，故生則副珈褕翟以寵其初，歿則褒章懋冊以垂於後。褒功節惠，𢑓來舊矣。故皇后張氏坤順以大，月盈而沖，毓秀儒門，參儷天極。嬪嫺著於廷藹，雍和見於流荇。自初選納，惟德之行，琴瑟之音莫不靜好，椒蘭之美居多。服媚遠賁，勢而不處，履華寵而能降巽。朕偕閟天之盛，導予隮黄老之福，憂勢臣下，永念樛木之仁，檢御近姻，慨慕濯龍之戒。至於盜驚廬微，挺身以衛至尊；時丁旱暵，刺臂以祈來貺。愛君之烈，何謝古人。禄瘉難期，疹痗斯遘，千齡何遽，一賁（眗）而亡。奔駒逝川，追悼奚及。筮龜協吉，園兆有期。奉常據古，稽

卷七千三百六十七

合二稱，朕揆庸較德，昭錫徽名，公言僉同，世繫攸移。令遣攝太尉、尚書禮部侍郎、同中書門下平章事、集賢殿大學士梁適奉冊，謚曰溫成皇后。仙遊匪邈，典策是膺，茂範存於壼闈，嘉問流於緹素。音容永閟，哽結難勝。嗚呼哀哉！禮畢，群臣進名奉慰。是夕，設警場於右掖門外。二十日，帝成服於皇儀殿之別幄，群臣進名奉慰。是日，輴車發引，由右昇龍門出右掖門，升大昇轝，有司設遣奠，讀哀冊。　冊文曰：維皇祐六年歲次甲午正月丙寅朔八日癸酉，貴妃張氏薨。十二日丁丑，冊謚曰溫成皇后。十四日己卯，殯於皇儀殿之西階。粤其月二十日乙酉，還座於故宮，禮也。素紼整徒，靈衣戒御，祖饋寄陳，遣

觴晨具。泣縞從以成雨，黙椒塗而生霧。皇帝顧懷嬪則，感切仁衷，悼副褘之不見，嘆華掖之俄空，爰命詞禁，紀楊芳風。其辭曰：厥初洪濛，分判太儀，陽運剛粹，陰凝方祇。肇經邦家，乃正后妃，河睢播響，王化是基。四女佐嚳，二娥隆嬀，天作之配，人光厥猷。黄序邈源，留封景胄，德學慶遥，蔭華族茂。玉勝啟祥，珠阜挺秀，有偉英媛，淪精降神。夙智先悟，含徽體真，儗嫛齊賈，嬙巫等雲。乃端紫闥，來翔祕宸，位以德舉，榮繇才甄。貴首天秩，妃亞后尊，儷儀乾體，協美坤元。履正居位，處順承天，外毗陽化，內參陰政。助月成光，均軒騰景，惠問蘭敷，清懷靈整。性與幽閑，心資婉令，茗茂其柔，淵澄其静。六列宗模，四業純備，言必稽典，動斯率義。繁藻並修，組紃咸事，蚤史求箴，稱詩迪志。逮下必均，進賢無誠，抑遠外族，澤無偏暨。敦履儉約，衣無窮麗，自頃周廬，誰可梔衛。觸瑟方警，當熊已僝，近閥時兩，側躬減味。齋素助祈，精誠獨至，瀝血書文，請咎歸己。深誠不言，遺毫在紙，勤勩柔和，晦明生疢。醫政失全，禄司告殫，生也弗貽，天兮難問。奄忽之間，靈暉遽盡。嗚呼哀哉！善必鍾祉，仁期永命，辰如之良，宜百斯慶。柘館屢開，日懷之應，半燭收光，方春委盛。何華之繁兮實之瘁，胡德之昭兮福之昧。背明世之豐樂，儵幽荷而永逝。異今昔於俯仰，變歡哀於鬱晬。慟皇情於遺物，湣榮恩於恤禮。詔遏音以盈月，輟昕朝而廢視。嗚呼

卷七千三百六十七

哀哉熒燎光斷金波影低哀笳寒急楚挽清淒動輀軒
兮輓鸞轉霜旐兮逶遲風含咽以況穎雲紫愁而不飛
去復去兮寧復泛悲莫悲兮長別離甘泉之像兮空若
在方士之述兮終亦非惟芳聲之郁烈縣百代而楊徽
嗚呼哀哉
權厝於奉先院禮畢宰臣率百官還詣西
上閤門奉慰　二月二日詔太常禮院孝惠孝章淑德
章懷皇后章惠皇太后溫成皇后皆立小忌之忌疑　七月
六日詔以溫成皇后舊宅立廟參定四時饗祀之制太
常禮院言檢詳國朝孝惠皇后太祖嫡配即陵所置祠
殿以安神主四時設常饌無薦饗之禮今宜就葬所立
祠殿參酌孝惠故事施行仍請題塋所曰溫成園後詔

卷七千三百六十七

詳議以聞禮院上言準詔就塋所立祠殿請廟南設一
門用二十四戟其殿閣室并石焰神主制度並乞依皇
后廟一室制從之　九月十日太常禮院言塋所請稱
溫成皇后園陵從之　二十五日啟攢帝不視事群臣
進名奉慰　二十七日詔監護使宰臣劉沆為園陵監
護使石全彬劉保信並園陵都監　先是權御史中丞
孫抃侍御史范師道毋湜言劉沆既為宰相不當領護
使不報翌日有是命後知諫院范鎮言太常議溫成皇
后塋禮前謂之園後謂之園陵宰臣劉沆前為監護使
後為園陵使如聞此議皆出禮官前日是則今日非今
日是則前日非必有一非於此矣夫禮典素定而不可

輕變者也銳論異同如此是為禮官而以禮自舞者古
者法使舞人而今世禮官舞禮官舞禮若不加詰恐朝
廷典章寖壞而不可救也乞下臣章問禮官前後同異
狀以正中外之惑不報　十月四日太常禮院言祠殿
祭器請視皇后廟一室之數四時薦新及朔望並如例
令宗正寺官行事從之　六日宰臣率百官詣奉先院
拜奠　七日塋於奉先院之東北隅廣王權奉安玉津
園宗正卿行九虞之禮帝不視事群臣進名奉慰　十
六日神主入廟不視事群臣進名奉慰　十一月五日
內出太廟禘祫時饗及溫成皇后廟祭饗樂章與下
太常肄習　嘉祐七年正月二十七日詔改廟為祠殿

卷七千三百六十七

歲時令宮臣以常饌薦之詔議具皇后廟

全唐文　后妃

宋會要　宣仁聖烈皇后

哲宗元祐八年九月三日太皇太后崩于崇慶宮之壽康殿遺誥曰吾受遺神宗保佑聖嗣夏勤庶務今茲九年未嘗以一物徇於己私片言害于公義神祇助順宗社降康方隅底寧年穀屢稔然吾素有末疾已逼耆齡寒燠所侵疹恙時作比欲釋天下之重負就東朝之燕閒使辟以時實吾之志屬嬰沉疾有加無瘳皇帝以純孝之誠盡躬侍之養冠帶不脫於朝夕藥食必視其寒溫吾安于理命之常決于死生之分大期有極固不可移寧神厚陵夫復何恨皇帝宜念繼統之重躬聽斷之明無過哀傷勉慰物望近臣輔弼更為開陳吾稽參舊章推恩兵衛內外諸軍將士並與特支在京文武臣僚并外處管軍臣僚並與支賜皇帝成服之後三日內聽政以日易月一依舊制在京文武群臣十三日而除諸司長官及觀察以上臨于宮庭其餘官臨于宮門外諸道州府長吏以下三日釋服軍民不用縞素沿邊州府不得舉哀制服釋服之後勿禁作樂園陵制度務遵儉約勉從吾志勿事煩勞餘依章獻明肅皇太后典故

四日文武百僚詣崇慶宮聽遺誥移班慰上是日朝晡臨詔曰太皇太后受遺輔制保佑眇躬勤勞九年卑安四海大德未報奄棄東朝布宣末命中外悲怛永惟平

卷七千三百六十八　一

禮三三之七

日謙恭之至意每逢先後臨御之常儀逮此遺言止以園陵為號既非朕尊崇之本志又失臣下愛戴之誠心宜令有司易園陵為山陵餘恭依遺誥樞密院言太皇太后遺誥內外諸軍將士並與特支錄明道二年章獻明肅皇太后上僊特支例同三省奉旨令尚書戶部照會其已錯及創置軍分并該說不盡比類施行

五日詔群臣詣皇儀殿宣遺誥臨哭見上于殿之東廂奉慰是日遣使告哀遼國及諭夏國

七日禮部言據太常寺狀大行太皇太后崩準遺誥節文釋服之後勿禁作樂餘依章憲明肅皇太后典故施行本寺檢會章憲明肅皇太后故事中外禁樂至百日其百日止為民庶所有沿邊州軍自合依遺誥施行又檢會元豐三年太常禮院言續降朝旨民庶音樂已展過百日及自啟菆至祔廟畢仍舊其臣僚既為大行太皇太后于禮全服齊衰不杖期其同天節開啟雖係以日易月釋服後又緣在期年之內準律疏期喪服內不許作樂所有臣僚合依禮律候期年滿日即得聽樂其沿邊州軍狀乞詳酌施行從之

（詔三路沿邊臣僚祔廟畢許用樂其餘文武官並候一年合依故事施行從之）

八日文武百官詣崇慶宮朝晡臨

九日大斂皇帝成服群臣衰服入臨奉慰如儀同日命宰臣呂大防為山陵使戶部尚書李清臣為禮儀使御史中丞李之純為儀仗使權兵部侍郎韓宗師為鹵簿使龍圖閣直學士權知開封府錢勰為橋道頓遞使侍衛親

卷七千三百六十八　二

禮三三之八

軍步軍副都指揮使姚麟為修奉山陵都護入內內侍省都知張茂則為山陵都大管勾行宮事同日群臣上表請聽政自是七表始從之　十日命尚書右僕射范純仁撰哀冊文并書門下侍郎蘇轍撰謚冊文并書冊寶翰林學士顧臨撰謚號文是日步軍副都指揮使姚麟等言檢會元豐二年都大提舉修奉皇堂所申所役諸州人兵內有避見工役逃走往諸處首獲逐處依例收禁移牒會問因依方行結絕動經一兩月有誤修奉工役欲乞指揮如首獲修奉人兵並令晝時牢固差人監押轉赴陵所從之　十一日禮部太常寺言準遺誥節文大行太皇太后崩依章獻明肅皇后典故施行勘

卷七千三百六十八　三

會士庶軍民禁婚娶等緣上件葉例不全今檢準慈聖光獻皇后故事文武臣僚之家並候將來九虞祭畢為卒哭許嫁娶其軍民即過禫除仍不用花彩各候聽樂日依舊從之　十二日山陵使呂大防奏修奉乞差役兵二萬人內廣固人兵有條不許抽差今修奉事大乞就差前去御批廣固人兵不差其所缺人數於諸路軍差撥又奏乞應提舉京城汴河堤岸諸局并寺監管下諸色作匠據合銷人數並行抽差役使如有闕數仍許於內外官司抽差戎令和雇應副若拘礙一切條禁並不許占留晝時發遣御批除京城人不差所有汴河堤岸諸局造作及寺監除應奉山林物色的確合使人數

外餘依所奏施行　十四日樞密院都承旨范純禮入內內侍省押班梁惟簡奏臣等准敕差充太皇太后山陵按行使副未審陵圖依慈聖光獻太皇太后陵作七十五步或只依故事以六十五步標定詔依慈聖光獻太皇太后封標十六日葬于崇慶殿之西階群臣進名奉慰　十七日詔曰朕恭以太皇太后保祖宗之基命定社稷之永圖德參二儀功冠千古今普天哀恃四海同哀雖築陵高于大山備禮殫於萬物顧無以報亦未為多惟遵奉於訓言益光昭于儉德以對在天之威烈以揚變物之遺仁緣山林非久修奉慮有司過有煩勞枉費人不能仰承遺誥務遵儉省之意其令尚書戶部

卷七千三百六十八　四

斟酌應付毋得寬剩計置除京西路轉運司自合供辦其諸道非拋降毋得妄有進取咨爾中外當體朕懷　二十二日中書舍人呂陶假龍圖閣直學士為大行太皇太后遺留北朝國信使左藏庫使郝惟立假西上閤門使副之同日三省樞密院奏今月二十二日獲侍天顏伏覩陛下猶御經杖之服乞依祖宗舊制及遺誥處分以日易月用小祥變除之制奉御寶批禮雖有時變之文朕實行三年之喪於宮中理所不忍遽易衰服宜體悉之臣等愚昧不達大體敢用近世權宜之制聞於宸聽伏奉批詔方知宮中實行三年之喪有以見聖德隆厚篤於典禮然將來大祥禫除若依定儀須俟釋服

方行慰禮欲望將來禫除日不俟釋服即行慰禮從之
十月一日群臣上表請御正殿自是五上表乃從之
二日上御迎陽門見群臣哀慟左右　三日上御崇政
殿親政　六日三省樞密院同進呈翰林學士顧臨所
擬太皇太后謚請用宣仁聖烈四字呂大防等因稱述
太皇太后聖德中外所以欣戴者施恩而不私外嚴而
內寬不用兵不任刑恭勤儉約度越前古上曰太皇太
后性雖嚴而慈宮中事儉約常服多用補衣唯恐人之
知也裝奩中物雖藥玉之類亦無戶牖之飾但用小漆
篋惟質素皆卿等所嘗見至於珍寶玩好一未嘗有此
送北朝遺留物乃取於奉宸庫大防等再三誦嘆以謂
前世所不及上曰自古無也顧四字謚豈能盡其美
七日尚書戶部郎中郭茂恂兼權京西路轉運使應副
山陵事務　十一日詔正任觀察使已上見無疾病者
宜令隨從靈駕至山陵餘宗室宗女宗婦并特與免行
十一月一日上御垂拱殿　九日群臣尚書左僕射兼
門下侍郎呂大防等赴太廟請謚　十一日翰林學士顧
臨請上尊謚曰宣仁聖烈皇后詔恭依議曰洪惟大行
太皇太后考高陳王武烈王之孫也妣鎮國太夫人曹
氏武惠韓王之孫也武惠事太祖太宗削平僭偽混一
區宇有慈勇不殺之仁武烈事真宗有見危致命協策
平難之義二人咸有大勳勞紀于太常茲所以發祥演

慶誕降睿聖配英皇生神考保佑聖孫德備道隆巍巍
乎其極三后之崇也方英皇龍蟠濮邸乃公姓承華履
泰之時歷數冥會天作之合夙夜相與稽求經訓傳觀
史氏歷代之載樂將終身焉仁皇在御日月久春秋高
天下之本未立眷求宗藩燭見潛隱試難皇子正命儲
宮嘉祐末年乃位天德配體儷極母儀四方貳事慶壽
師其矩度忘崇高之奉彌以敦素為修身刑家之本其
服御顧非敝極難更歷年紀未嘗輒易以苟費天物敬
以婦道風天下駿惠我慈聖之儀則克相英宗紹仁宗
之休榮薄海內外罔不配天其澤迨英宗厭代神考繼
序崇慶寶慈致色養益懷謙抑以尊東朝清明內融
仰稽天若超心道微泠然乎萬物之表日繹舊學覃思
前往增益其所自修元豐八年神宗寢疾請同聽覽俄
鼎湖上仙玉几遺命擁保聖嗣出震繼照共御延和制
政四海安正明微不踰防範以至拜慶冊禮上壽坤成
卒避臨前朝以推隆乎先后監觀前世后族之家怙勢
于政亂國殄家昏迷顛覆相踵而不戒首訓飭厥家毋
得妄祈恩寵以玷國章乃大出所奉營第合族卑其儀
入畢給常養惇我親仁以修正又有擬仲父踐更有勞
請擢置法從明諭非欲以戒閒寵有以恩入官者實繁
宜以時撥首裁外家以申厥命妙選坤極咸屬賢閥興
言滿盈確乎不可奪自治平恪于元祐歷年踰世家無

一人翱翔任事乎顯要之路咸以抑畏退藏承教自勵罔或一毫侍私冒謁諸朝先帝之後其內親外戚左右之御臣惟朝夕論德流涕而無平時僥倖之冀考詩任姒藏音相承以隆周家而光絶乎後其治內有如此者體坤用乾妙乎其不爲首研極論植以統百官代天器工分文庶務未嘗出懇明見識莫專智擅事或羅偏否之累曠然凝默以御厥成故當國大臣敬委任責咸得以程大猷中故實曲列詳說周旋事情以承可否之命尤屏絶側聽峻防姦幾付之廷議大同乃繹增置諫員審求端士俾危言篤論不留下情暢乎上聞以疏壅塞之弊聽受之際一以民爲度民之所欲者行民之所否

卷七千三百六十八

者并無所爲而不與民同者故天下之民不能離而議也間或六氣戾和三辰異軌則輟食忘寢反復究省詢過于朝引咎于天側身咨嗟感動中外二帝三王之所以治天下不過乎是其治外有如此者履天下之利勢運天下之利用不出閨闥九年之間無內外之難泰定綿絡由古以來未之有也聖心幽妙不可形容竊用民言髣髴其跡尊賢在位使能在官貴老與教哀窮恤隱有繇惜力薄賦厚生常武戢兵平法輕刑蠲斂惠民去吝濯俗惡夫惡婦咸乎大公夫是之謂宣教嚴其在己恕裕其在人內無諸華外無四夷衆矜一視允懷如傷夫是之謂仁研幾趨睿迪順佑神兢業言動蕆而復發

七

禮三三之一三

惟恐一物不當有憂乎上帝之心始卒一誠二配俱極夫是之謂聖政貴有常人惟求舊允釐百度以定衆志倍其篤實披靡浮華純素之風孚近浹遠克相上帝寵綏四方詒謀燕翼丕承列聖之鴻緒以固無疆之大業夫是之謂烈臣謹按謚法聖善周聞曰宣施而不私曰宣克己復禮曰仁功施于民曰仁窮理盡性曰聖裁成萬物曰聖秉德尊業曰烈安民有功曰烈合時衆美宜敬承乎祖宗之命光大其徽稱以信無窮之傳謹上尊謚曰宣仁聖烈皇后　十八日三省奏門下侍郎蘇轍言奉勅撰謚册文謹先進呈詔恭依　二十八日詔應修奉山陵兵級等當此雪寒可特支賜　十二月二日

卷七千三百六十八

禮部太常寺言太皇太后謚號勅下按故事山陵未畢稱大行太皇太后掩皇堂畢稱宣仁聖烈太皇太后祔廟題神主稱宣仁聖烈皇后從之　十四日遼國祭奠祭奠弔慰使副到闕入奠于慶壽殿并進慰書文武百官並詣殿門外進名奉慰　十六日尚書左僕射兼中書侍郎范純仁奏奉勅差撰宣仁聖烈太皇太后哀册文謹先進呈詔恭依　二十六日羣臣詣慶壽宮上大行太皇太后謚册册文曰孝孫嗣皇帝臣（御名）再拜稽首言臣聞聖人之典默契天運昔真宗仁宗之際章獻臨御咸同一紀實能協合神人以綏靖國家逮我聖考燕獻萬國惟求小子未堪多難則亦聖祖母躬受其難

八

禮三三之一四

始終九年臣民以寧社稷以固欲報之德未獲其所惟
周人以諱事神以謚易名明詔聖德以示後嗣庶幾不
忘世以爲憲恭惟大行太皇太后實天生德作合皇祖
無私如天博愛如地内自宫省之祕外薄華戎之廣至
冒德澤以生以成昔在景德北戎弗若嬪則武烈參定
大計師于澶淵克遂有功南北底定垂九十年民獲養
生送死功書鼎彝澤加于後及我仁祖將援宜孝以奠
天位亦惟懿聖實以從母先識潜德宜于室家施及朝
廷元豐之末天地震烈疾方彌留群公卿士拱手相視
罔知所措而大策中定與天爲謀肆時冲人實主神器
帷幄既施號令時敕稽于衆庶庸一二老臣政無舊新以

卷七千三百六十八　九

便民爲先人無戚疏以守正爲用投士恥奇衺民知嚮
方耕田而食遂底于今雨暘小愆責躬菲食饑饉食告
振廩蝦僭憂世之心常若不及人賴其賜神享其誠薰
然和平無大災害間修咸平之政大弛通責中外所釋
以千萬計饑寒者得以衣食流散者得以安處歌舞之
音流于四方遠人恃和時肆猾姦一聞信義歙然知畏
遠無一言之爭夏人恃遠叟出侵擾一被恩德屢畔仍
歷卒爲乞盟之計雖燕處于中壹實大又於萬邦元觀
設施莫見其朕惟約心以公自二王一主消于外家均
遇以法無僥倖之求處躬以儉自飲食服器至于宫室
取足于用無華靡之飾雖履大位以天下養而歲月之

舉子弟之薦猶視長樂之故是以貴戚近習相視而愧
元臣耆老聞風而嘆不言而化成不威而心服自三代
漢唐一人而已若夫先後舊儀具在有司每自抑畏置
而弗舉受册之禮當在文德也而退即於崇朝明堂之
賀當在集英也而儀止於東閤將成宣光則原廟之設
自處于治隆將損任子則族人之恩下比于列辟凡輕
于約身而重于遵禮推之庶政蓋有不可勝言者矣臣
夙遭閔凶未承師保之訓提攜閔閔若晨之望歲誘之
以詩書之樂滋之以勸講之良示之以聽納之寬導之
以決斷之明久而不忘遂以成性方將率德以自廣致
養以盡誠而命之弗知衆恫邦國臨朝惘然未知攸濟

卷七千三百六十八　十

易月之制既弗敢違園山之期兹復以告是用博訪于
卿士受命于祖宗惟德之至不可以名言而功之隆不
可以數舉敢因古人一惠之義益以累朝四謚之法庶
以盡子孫之誠而慰海内之望謹遣攝太尉守尚書左
僕射兼門下侍郎吕大防奉册寶上尊謚曰宣仁聖烈
太皇太后伏惟靈德在天令名垂世光配廟祏貴於太
史牋而不忘永永無極嗚呼哀哉　又上謚寶畢群臣
退赴宫門外奉慰及慰皇太后　紹聖元年正月一日
群臣及遼國使副詣西上閤門進名奉慰五日侍衛馬
軍都虞候吕真充靈駕都總管詔元豐庫支錢十萬緡
絹七萬匹應奉山陵支費從户部請也又詔賜山陵修

奉兵士等特支錢有差　九日啟菆前一日文武百僚
詣崇慶殿奠酹　十日啟菆宮文武百寮詣崇慶殿立
班禮畢奉慰于皇儀殿門外晡臨訖退　十一日朝臨
至發引日止　十四日禮部太常寺言欲依學士院議
永厚陵於下宮告遷奉安英宗皇帝大行太皇太后御
容祝文其皇后行禮欲稱孝孫嗣皇帝御名謹遣孝孫
婦皇后妾孟氏從之　十五日內降御製太皇太后挽
詞四首付禮部詔以發引前一日鹵簿仗陳使于宣德
門外輔臣宿本司　十六日發引上啟奠于崇慶殿祖
奠于庭遣奠于宣德門外百官陪位中門下侍郎蘇轍
讀哀冊　冊文曰維元祐八年歲次癸酉九月丙子朔

三日戊寅大行太皇太后崩于崇慶宮之壽康殿旋殯
于崇慶殿之西階有司奏謚曰宣仁聖烈粵明年二月
癸卯朔七日己酉遷座祔于永厚陵禮也菆殿帝空祖
庭燎晻雲似邵以復凝月雖輝而如慘孝孫嗣皇帝臣
（哲宗御名）臨遣殿以興哀瞻振容而永慕鳳吟管以何悲龍
挾輴而若駐羽衛羅闕神儀布路爰制近司紀陳聖度
其詞曰皇矣大宗寶命自天重明累聖跨成軼宣正后
在中契於坤乾校任比姒亦瑞日符是興大母於鑠大
母躬義率仁居靜猶地含和如春正素自稟聰明夙聞
作合英祖齊昇孟耀受養神考陰功善教體道不違惟
德是効元豐末命帝念惟辟聽斷勉同以補天隙擁佑

神孫立民之極公以泣人儉唯化俗衣有大練奩無片
玉房闈不出四海存目信義由中九夷思服如鑑不塵
如權不縮三事大夫正直是咨宗藩外戚濟濟惠慈人
爾王宮雖界不私廟謁靡行外朝靡踐池籞靡臨唯政
是勉服御靡更唯惡是舊屬示萬方為則為典左右皇
躬日就月將動有壇宇居由範防造次于是寢隆且昌
如天清明霽日之光治化方成憂勞亦至外君平居中
潛備屬坤軸軋以夜摧月輪翩而曉墜曾大化之靡怛
尚斯民之為義嗚呼哀哉珠箔低垂兮雲霧猶隔總帳
髣髴兮爐烟未消想仙馭以何適謝人衆而已遙萬乘
號慟哀纏九霄千官縞素雨泣東朝嗚呼哀哉人與神

兮變何速秋復春兮時已徂櫬盈兮未忘于平昔綍動
兮難留于須臾翼八翣以為衛陳六衣而汜塗嗚呼哀
哉野蒼茫兮人斷遠仗徘徊兮天欲晚邈洛澗兮崖備
物之如在逼翠岸兮知神遊之不返山川已兆於真宅
松栢猶疑於故苑嗚呼哀哉玉晦龍蟄金藏鑑昏泉閟
掩夜宮闥泣晨車軌同兮雖來于萬國寶座閑兮唯朝
於百神魚為炬以非日鳳長飛而不春嗚呼哀哉成內
則于三朝貽素風于千祀致理之勤兮（今）已往大道之公
兮古如此何速其家以為國而憂其民之猶子宜大書
而作冊俾永光於宋史嗚呼哀哉上自崇慶殿步哭導
梓宮至宣德門外遣奠禮畢衰服還宮百官辭靈駕于

板橋　十七日羣臣詣西上閤門進名奉慰及慰皇太
后于内東門　十八日賜山陵修奉提舉按石官以下
錢絹修奉總管以下銀絹各有差　二十八日禮部言
將題號太皇太后神主謹按章獻明肅皇后神主題云
章獻明肅皇后劉氏神主詔依故事　二十九日山陵
使司言虞主至京入瓊林苑依迎入右掖門量排香燈
轝與繖扇細仗導引入苑從之同日開封府言請依元
豐三年慈聖光獻皇后掩皇堂禁屠宰三日從之　三
十日賜京西轉運司西京河陽鄭州山陵應奉官銀絹
有差　三月一日中書省言山陵使司奏應緣山陵用
度欲依故事差戶部郎官郭茂恂右通直郎呂由誠會

卷七千三百六十八

十三

計編録具册以聞從之　五日葬于永厚陵掩皇堂文
武百僚俟時詣西上閤門奉慰　八日樞密院言宣仁
聖烈太皇太后虞主祔廟差昭宣使入内内侍省押班
馮宗道都大提舉神主祔廟一行儀仗　十二日虞主
至奉安於皇儀殿皇帝奉迎行禮畢文武百僚詣西上
閤門奉慰初虞主將至皇儀殿門上望轝與哭盡哀
十三日上行虞祭禮文武百僚立班退詣西上閤門奉
慰至十五日止　十六日上詣皇儀殿行卒哭禮文武
百僚立班退詣西上閤奉慰　十七日虞主祔廟上詣
皇儀殿行告遷禮訖上前導虞主至宣德門外奉辭訖
赴太廟皇帝還宮俟祔饗訖文武百寮赴西上閤門奉

慰　初虞主降皇儀殿上步導出門見執蓋者顧左右
卻之自皇儀門前導且行且顧既再拜奉辭禮官請
還幄上不聽南向久之詔從駕諸班直及神主祔廟禮
畢執儀仗兵員並賜特支錢有差　二十一日德音兩
京河陽鄭州減死刑釋杖罪沿山陵科率蠲復賦役應
奉行事官量與恩澤開封府界提點府界諸般勾當文
武官河陽汜水府界中牟知縣賜銀絹有差　二十四
日山陵了畢五使以下管勾等官祔廟畢宰臣以下應
奉行事官並賜器幣有差兩該賜者從一多給　七月
十七日禮部太常寺言今年九月三日宣仁聖烈皇后
小祥按先降勅三路沿邊臣寮祔廟畢許用樂其餘並

卷七千三百六十八

十四

俟一年今及小祥合俟十月一日臣寮聞樂又在京禁
樂日分見依典故申請外小祥故事例禁不全無外州
軍禁樂體例詔依慈聖光獻皇后大祥故事將來小祥
日在京臣寮奉慰行香外州軍行香禁樂應依故事内
外合設資薦道場處並差人排辦餘從之　八月一日
詔九月三日小祥酌獻于崇慶宮前後禁樂各三日不
視事各二日禁屠各一日　九月三日小祥羣臣詣西
上閤門内東門奉慰二年九月三日大祥上行禮于神
御前百官奉慰　十一月十五日禫祭宰臣率百官奉
慰　三十日禫除宰臣率百官奉慰

宋會要　欽聖憲肅皇后

徽宗建中靖國元年正月十三日夜皇太后崩於慈德
殿翌日百官入班殿庭尚書左僕射韓忠彥宣遺誥於
殿之西階曰吾曹于相門作配神宗逮事英宗母儀三
朝惟社稷是憂惟臣民是恤積勤遺屬累月彌瘵皇帝
天性誠孝夙宵左右衣不暫解藥必親嘗禱禬祓除靡
所不至間雖小愈卒至彌留生必有終天地之道修短
「之際亦數之常」吾昨遭時艱難親決大策屬以聖意勤
請與聞政機曾未踰年遽復明辟既從容東朝以享天
下之養而擁祐神聖以為天下之福年垂耳順往從丞
裕之遊靜惟乃心尚復何憾皇帝以宗社大計為念無
過哀傷更賴臣鄰共與開釋仍追尊故皇太妃為皇太
卷七千三百六十八　十五
后其與禮並依章懿皇后故事皇帝成服之後三日內
聽政服紀以日易月在京文武百官十三日而除諸司
長官及近臣觀察使以上臨于宮庭其餘臨于宮門外
諸道州府長吏以下三日釋服軍民不用縞素沿邊不
得舉哀釋服之後勿禁作樂園陵制度務從儉省勉從
吾志勿事煩勞餘並依慈聖光獻皇太后故事施行宣
畢內外舉哭盡哀是日輔臣宿資善堂命延福宮使入
內內侍省都知梁從政管勾殿裁事入內內侍省押班
閻安監造梓宮　十五日百官入臨于慈德殿移班奉
慰上于殿之東廂輔臣陞殿問聖躬上哀慟過甚韓忠
彥等進曰皇太后久疾陛下省侍累月已極憂勞今復

禮三三之二一

過哀臣等不勝憂懼願上為宗社少寬聖情自此百官
朝晡臨三日止朝臨四日止宗室朝臨至成服日止同
日命門下侍郎李清臣撰哀冊文尚書右丞范純禮撰
謚冊文翰林學士王覿撰謚議同日中書省言園陵修
奉深慮有司不能仰承遺誥務從儉省之意詔令戶部
並依往例斟酌的確合用之物不得過有覓剩除西京
「轉運司供辦外不得於別路須索」　十六日詔曰恭以
「大行皇太后逮事英宗輔佐神考保佑先帝遭國變故
首建大策援立朕躬艱難之初暫同聽斷日月未幾遽
欲復辟朕固請不獲勉徇慈旨退處宸闈游心道妙謙
尊辭儷沖靜自居惟功隆德駿福被天下永言圖報未
卷七千三百六十八　十六
知所從今遺命陵號乃重有睠損冒以仰酬慈德以慰
寰中外之望乎可詔有司易園陵曰山陵餘恭依遺誥
施行同日命尚書右僕射曾布為山林使吏部尚書陸
佃為禮儀使兵部侍郎何執中為鹵簿使吏部侍郎張
舜民權儀仗使給事中兼權開封府溫益權橋道頓遞
使舜民益候畢正宮日罷延福宮使入內內侍省都知
梁從政為山陵修奉都監龍神衛四廂都指揮使梁和
為山陵修奉總管延福宮使入內內侍省副都知馮世
寧為按行山林使入內內侍省押班閻安入內內侍省
東頭供奉官管勾御藥園閣守懃並都大管勾山陵事
尚書都官郎中曹孝序提調孳生馬監高偉並為採石

禮三三之二二

官同日詔大行皇太后以四字為謚又詔山陵五使兩
下並建領追尊皇太后園陵并諭輔臣裁節山園陵浮
費凡所用不急非有益神靈者除之命戶部侍郎王古
主其事追尊皇太后欽慈皇后也事具後卷同日禮部
太常寺言檢會慈聖光獻皇后故事京城及諸道並禁
樂至百日文武臣僚之家九虞祭畢卒哭許嫁娶其軍
民即過易月禫除不禁仍不用花彩各候聽樂日依舊
欲依故事施行從之　十九日詔下諸路差石匠六千
人赴陵所同日詔以皇太后遺留物賜輔臣有差二十
日命御史中丞趙挺之為儀仗使權禮部尚書豐稷為
禮儀使龍圖閣待制權知開封府溫益為橋道頓遞使
卷七千三百六十八
十七
二十二日大殮上成服於慈德殿百官成服于內東門
入慰上于殿之東廂同日文武百僚上表請聽政詔答
不允自是七上表乃從之　二十四日小祥上祭奠訖
百官衰服班慈德殿庭慰上于東廂　二十五日罷梁
從政山陵修奉以閻守懃為山陵鈐轄仍許往來照管
二十七日命權尚書刑部侍郎岑象求為覆按山陵
使入內內侍省押班劉瑗副之　二月五日詔靈駕發
引日宗室節度使以上從行餘悉免　三省檢會故事
慈聖光獻皇后山陵從者二十一人宣仁聖烈皇后山
陵從者六人近以覃恩正任員多而節度使止六人故
有是詔　七日大祥皇帝釋服服素紗垂脚幞頭淡黃

袍纀鞓黑銀帶文武百官並服素脚幞頭黲色公服黑
鞓帶是日百官並赴慈德殿陪位祥祭訖移班慰上于
東廂及諸內東門進名奉慰　八日山陵按行使滿世
寧言得地于河南府永安縣鳳臺鄉詔遣內侍齎圖示
覆按所同日禫除群臣入臨奉慰　十日文武百寮左
光祿大夫尚書左僕射兼門下侍郎韓忠彥等上表請
御殿詔答不允自上五上表乃從之　十一日御于慈
德殿之西階百官班臨慰上于東廂次詣內東門進名
奉慰　十三日太常寺言大行皇太后山陵一行法物
欲依元豐二年慈聖光獻皇后山陵故事大舁舉一百
五十人輴車挽士二十人哀冊車謚冊車謚寶車鸞茸
卷七千三百六十八
十八
轝車魂車香車重車城門外建銘旌車買道車方相氏
金四目黑衣朱裳執戈揚盾載於車自哀冊車已下並
駕牛駕士二常服白幰弩素信幡錢山舁二黃白紙帳
二暖帳夏帳各一千味臺盤一衣物舁佛轝二挽歌三
十人鐸八翣八花釵禮衣一副漆梓宮夾食一擇梓宮
翣十二柄十二時辰各一當壙當野祖明祖思地軸贈
玉一段刻木控鶴官二十人刻木內人二十人像生器
物五十事屏風一掩障一像生床椅四副音樂隊神御
帳一宮城一園苑一筵牲輿三蓋并一轝儀郎一并車
蒼辟舁一拾幡子二十個玉鞍舁一像生駝二十像生
馬二十像生車擔羊群二團白幕惡車三乘渾榊白布

幃簾罵士白布衫巾桑木栗本神主各一座并趺匱署
并函几箱帊等浴神主盆太廟添修石室一一皇堂開
壙下深六十九尺填築六尺面方二丈五尺石地宮深
一丈明高二丈一尺鹿巷長七十二尺一神臺高四十
一尺下脚一十九步計九十五尺一神墻高一丈三尺
一山門角闕各大辦高二丈七尺次辦高二丈三尺小
辦高一丈九尺一鵲臺二座各大辦高二丈七尺次辦
高二丈三尺小辦高一丈九尺一乳臺二座各高二丈
七尺一神門四座每座三間各四椽四鋪作事步間修
蓋深二丈平柱長一丈二尺一獻殿一座共深五十五
尺殿身三間各六椽五鋪下昂作事四鋪角二厦頭步

卷七千三百六十八

十九

間修蓋平柱長二丈一尺八寸副階一十六間各兩椽
四鋪下昂作事四轉角步間修蓋平柱長一丈一闕亭
二座每座五間各四椽四鋪柱頭作事深二丈二尺每
座二廈一轉角柱高一丈二尺一鋪厦四座每座二間
各兩椽單科直替作事深一丈二尺柱高八尺一宮人
二箇各身高八尺背濶二尺三寸一獅子八箇各高六
尺一寸已上至六尺六寸已下胷開二尺七寸一文武
官四箇各身高九尺以上九尺三寸已下背濶二尺七
寸一羊四箇坐高六尺一寸胷濶二尺三寸一虎四箇
坐高五尺六寸胷濶二尺二寸一馬二匹各高五尺三
寸頭尾長九尺鞍轡事件全把馬官四箇各身高八尺

背闊二尺二寸一望柱二條各高一丈三尺二寸徑圍
七尺八寸一門下合二段各長一丈二尺五寸濶六尺
厚二尺越額一段長一丈八尺高四尺五寸厚二尺五
寸挾二段各長一丈二尺闊二尺五寸厚二尺直額一
段長一丈八尺濶四尺厚二尺五寸門砧二段各長五
尺闊二尺五寸厚二尺門砌三段各濶厚二尺二段長
各六尺一段長三尺一檯鑕柱一條長一丈三尺五寸
濶二尺厚一尺五寸一漆燈盆一座計二段盆一段高
四尺五寸徑三尺座一段方二尺五寸厚一尺一蠟燭
一段高二尺徑一尺五寸從之　同日上服素紗幞頭
淺黃衫黑犀帶御迎陽門百官起居宰臣跪請聽政訖

卷七千三百六十八

二十

與親王宗室侍從官以次陞殿奉慰上掩泣久之　十
日太常寺言故事葬先軷而後重祭先重而後軷追尊
皇太后宜以五月六日寅時掩皇堂大行皇太后宜以
巳時掩皇堂從之　十九日封山斬草二十二日詔何
執中入國日令徐勣兼權兵部侍郎充山園陵鹵簿使
三月八日宰臣韓忠彥率羣臣請謚號於太廟　議
曰臣聞古之欲明明德於天下者先治其國欲治其國
者先齊其家故舜帝之所以帝始于嬀汭之嬪文王之
所以王本乎關雎之化蓋身修而後家齊家齊而後國
治國治而後天下平者王道本末之序也恭惟　大行
皇太后生於慶門世濟勳德在父母家已能躬儉好禮

不以公卿之閥驕其心方神宗龍潛穎邸天作之合共遵詩禮之訓交修手婦之道及帝握乾符御大寶憲章一祖四宗維國之具稽考二帝三代善裕之道登延儁髦崇尚經術以隆萬世之業后亦正坤儀講内治上以奉處壽崇慶之歡下以廣兕罝麟趾之實恭承明祀述宣陰教以爲六宮之率故神考之修德盛烈流于無窮慈德之徽音茂實光于不朽此家齊國治而天下平之顯效也承天儷極十有九年饗東朝之養十有七載率履不越謙尊而光於求賢則懷輔佐之志於鞠子則推均一之愛服御簡素不玩珠玉鑒觀圖書增益自得深戒私謁未嘗以親屬干朝廷神宗每訪家事終無所言

卷七千三百六十八

二十一

幾務未決或以試之從容析理多出常情之表遇待日隆文簡戚族支派蕃衍纖介偶聞切責隨至於是有戒謹恐懼之福無驕奢傲慢之咎每歲推恩宗黨法有定數以次及之罔或偏厚哲廟繼統之初宗慶預政之際裨益宏多中外塗受其賜詎哲宗富于春秋不憚未幾遽至大漸弗及馮玉几見羣臣人情恟懼神器震搖獨仗大義静重自若尊獎未命援立仁聖措天下於泰山之安其守正不惑有如此者皇帝踐祚權宜同政御後殿近制也辭之而弗處避家諱常禮也戒之以無諱事無易難克己不吝心無適莫惟善是從始終數月之間屢申退託之命皇帝泣涕祈懇至于累旬確乎不從遂

復明辟其委遠利勢有如此者還政故事褒崇外氏崇同宗良議皆寵以異數詔旨欲宣堅持不下帝雖數請慈意莫回後不得已纔聽易鎮其惡盈防患有如此者不豫之日皇帝衣不解帶藥必親嘗霈恩多方禱福羣望疾稍間所語者軍國遠慮而已言不及佗固宜享萬壽無疆之休而遽棄大養因山有期昭行以禮臣竊嘗採風雅于古詩考紀傳於前史有后妃之德者或無遭變之功有遭變之功或致專威之誚至於功德兼隆美善俱盡奇偉倜儻未有如大行皇太后之全也然則雖欲形容詎能髣髴惟是孚於詔令頌于士民巍巍乎其著明者乃獲粗陳其梗槩焉若夫精微妙密則何能名

卷七千三百六十八

二十二

之有謹按謚法敬事節用曰欽威儀悉備曰欽通達先知曰聖揚善賦謀曰聖型政四方曰憲聖能法天曰憲剛德克就曰肅執心決斷曰肅不加飾於簪珥惟致美于禕褕升降進退皆有法度左右親信罕見惰容可謂敬事節用矣可謂威儀悉備矣坐鎮危疑洞察情僞於天人相與之際有蓍龜先見之明其動也時能斷大事可謂通達先知矣可謂揚善賦謀矣母儀三世統統終身淵默尊嚴嬪御自化海隅蒼生風靡誠服可謂型政四方矣可謂聖能法天矣内健外順好謀而成以天下之大公任天下之重責力安宗社澤及生靈可謂剛德克就矣可謂執心決斷矣揔是衆美集爲大成皆諸鬼

神而無疑厥乎天地而無愧斯足以振盛典垂鴻名丕
肴烈光以昭後世大行皇太后宜敬承祖宗之命上尊
謚曰欽聖憲肅皇后禮畢列名奏上之詔恭依　十一
日輔臣欲以大行皇太后為欽慈憲肅追尊皇太后為
欽聖上曰慈聖宣仁皆有聖字宜以大行皇太后為欽
聖憲肅追尊皇太后為欽慈輔臣皆頓首稱善　二十
一日詔大行皇太后追尊皇太后發引命官分導于靈
前　二十八日詔四月四日以大行皇太后謚冊告廟
是日遂上大行皇太后謚冊於慈德殿　四月一日太
常寺言按故事大行皇太后啟菆前三日在京禁樂祔
廟畢仍舊所過州府縣鎮候虞主回京仍舊從之　二

卷七千三百六十八　千三

日啟菆前日宰臣率百官奠于慈德殿　四月以大行
皇太后謚冊告廟是日遣宰臣韓忠彥上玉冊玉寶于
慈德殿　冊文曰孝子嗣皇帝臣徽宗御名再拜稽首言曰
竊惟詩人推本周文王之功德曰文武初載天作之合
自古帝王之興必有聖女以助內治以陰教表裏協濟
丕功以隆而後能同享太平之福嗚呼非天眷命于有
邦其曷以臻此惟我烈考聰明齊聖緝熙五聖之遺緒
興起萬世之長利惟我聖母應期挺生粵自潛邸作配
宸極肅正中闈敦睦九族法度形于燕閒恩惠逮于微
賤俾我烈考之德孚于朝廷丕冒海宇惟予小子幼被
撫養顧復之恩長受教誨勸導之益延入翼室用端命

于上帝方國內承東朝之訓外竭四海之養而否德薄
祐天降割于我家亟奪我聖母煢煢在疚日月于邁有
司稽古將節惠以易名惟小子曷足以仰窺淵懿敢祇
述所知以昭後世恭惟大行皇太后徽柔肅雍恭儉慈
愛實我咸平相臣文簡公之曾孫維時文簡輔我真祖
勤勞在官垂裕乃後是產淑哲興聖俱興志在女工婦
道已茂正位于內三十餘年夙夜儆戒靡有違德慈聖
宣仁兩姑並尊承顏三宮孝恭烝烝元符之末國統弗
嗣相臣異心大計杌隉中外震懼寒心拱手惟我聖母
稽謀神祇憲章典禮力援眇躬大統以定惟平日退託
潛德弗耀而任大投艱克有餘裕片言析理究狡震服

卷七千三百六十八　千四

所謂坤至柔而動也剛雷聲而淵默者歟惟宗社有奉
神人有依實自我聖母祇率故事恭請同政至于再三
勉與聽斷蕩宥多辟究滯昭蘇決去蔽蒙人才咸敘華
夏響猶戴白垂髫聞風歎呼喜氣橫流休功美利申固
景命亦惟我聖母而乃夙夜克自抑畏視事不臨於便
坐私謁不行于外庭不敢自同先后而複遠鑒前古期
以泰陵祔廟退處房闥既又謙懼亟降璽書曾未及期
已復明辟友愛二弟恩恤篤至而憂其挾貴請外不許
宮室器服無所增廣不為浮麗可喜之觀嗚呼為天下
之母而躬賢哲難能之節當太平盛世而謹古今易忽
之戒可謂明哲純德鮮儷矣卜宅爰從因山既藏是用

咨于卿士受命祖宗惟道大不可形以名言德厚不可
盡以稱謂謹摭四謚之正器衆善之瑞以懿臣民以
示子孫謹遣攝太尉左光祿大夫尚書左僕射臣韓忠
彥奉冊寶上尊謚曰欽聖憲肅皇后恭惟神靈在天休
顯在下光于齊福衍于有宋億載萬世與國無極嗚呼
哀哉禮畢百官退赴殿門外奉慰是日大行皇太后啓
殯百官朝服赴于慈德殿上行祭奠之禮奉遷梓宮于兩
楹之間百官奉慰退詣慈德殿臨自是百官朝臨三日上　十
四日以大行皇太后發引前三日百官服初喪服臨于
慈德殿自是日一臨前一日仍晡臨　十五日内出御
製挽詞五章付禮部　十七日大行皇太后靈駕發引

慈七千三百六十八　二十五

上親奠于慈德百官入臨奉梓宮陞龍輴祖奠于庭遣
奠于宣德門外百官辭訣攝中書令李清臣讀哀冊
冊文曰維建中靖國元年歲次辛巳正月壬戌朔十三
日甲戌大行皇太后崩于慈德殿二月壬辰朔十一日
壬寅殯于西階以三月壬戌朔八日己巳成百官請命
于太廟謚曰欽聖憲肅皇后太史筮之將以五月辛酉
朔六日丙寅遷座于永裕陵禮也哀子嗣皇帝臣御名
極永感之懷窮無窮之慕躬蓋洞酌奉寧駟駁痛三牲
之養勿至于遺奠悲萬壽之祝儼成於睎露嗟歎如在
聲容不返畢嗣史之餘滴動金商之清挽暑令忽其成
憂貴風颯其變修像設既嚴物儀具在惟是冊書用傳

不朽俾以永誥式度事守紀美寓哀貽之永久其詞曰
我家隆興思斷勤植蓄遠及邇生成漸慈趨走賢智修
宮懿藏選古四齋左樅重譯維相向公槑指宗祏逮女
曾孫適寶瑞國邦歸于藩邸被褕翟正性溫溫令儀翼
翼道德禮樂生知自得慶壽寶慈問安昕夕執養寒暑
端莊不易内輔神宗贊助隆益凡厥見聞旁高啓迪于
有九年婺緊軟疵萬邦訛懿六宮仰德約躬節式湯沐
稀澤凝柔淑正慎厲蓄斯世至平陰與多續以懿夏
商盛正顯狄姜嫄大姒聯姑並駕元祐三祀歲執徐直
正月己卯變同制旨巍巍哲宗武成文德天何弗佑惡
遭宅穹正嗣考顯決大策于帷鴻臣或藏邪慝輒進

慈七千三百六十八　二十六

異論欲倒白黑植我聖母洞潛剛克折之陛前氣殫語
塞庭縱辟闢門以開戢龍總制見人衆慶擇一指顧間
長寧社稷譬如媧皇神功妙則煉石補天斷鼇立極浄
默宇宙沈濛澡漉靡暨不發雅寬不擇臣嘗侍對與聞
訓勅曰我　皇帝聖材天賜子道勤恪政事祇惕治本
亂原講磨紬繹悉心溥博物理研覈帝堪多難予復明
明辟何係衎饗始還禁闈章濟初難後固予責重下數
告丞就安適帝掖以留懷欲竊積數請弗固推堅欲藉
義盡令孫事馬往昔在漢馬鄧固多慚色真予邦氏是
不離聽動履仁儉示先壺則服無珠璣器無金碧禁戒
雕繪義稍組織言祖經墳智該儒墨諸書過眼疑旨洞

析毓毓瞿瞿殆忘寢食涼喧㝉移沴氣侵蝕皇帝聖孝啟處在側藥畜刀圭術窮鍼石禬禳山川禱期千億冉剝離靈冥莫終厄佛供晝昏喪氣夜赤祲象吉凶軒星示拆數圮坤元景淪望魄五十六載馳光度隙嗚呼哀哉梓匠奏工嬪娥罷飾帳殿先虔殯堂襚席縞士鼎鼎絳旌弈弈左背城闕右經阡陌穀騎參邐綍車咿噫蕭笳悲吟卤簿哆赫萬類奪輝四民聚戚御服苴麻皇情樂棘嗚呼哀哉霧雨故宮莓苔舊械龍幌肅森獸扉虛寂輦路鑑奩孰非陳迹引望山園涕濡竹栢帷有徽音長留寶冊嗚呼哀哉上自慈德殿步導梓宮行且哭至宣德門外立俟梓宮登大昇轝發引訖奉辭哀服還內

元祐皇后崑靈駕以行是日晉安院追尊皇太后靈駕同時發引百官辭于板橋退改常服入門翌日詣西上閤門內東門奉慰二十七日大行皇太后靈駕至陵所群臣奉慰五月六日葬于永裕陵掩皇堂群臣詣西上閤門奉慰十一日虞主至自永裕陵群臣迎于板橋元符皇后迎于瓊林苑有司行六虞祭上服韡袍素紗幞頭黑鞓犀帶迎于內東門外奉安于皇儀殿群臣奉慰

十二日七虞祭群臣奉慰自是八虞九虞皆上親祭

二十五日上以祔廟前一日宿于慈德殿側輔臣宿于本司百官宿于朝堂　二十六日奉欽聖憲肅皇后欽慈皇后神主祔于神宗廟室　二十八日德音應兩京河陽鄭州減死刑釋杖罪緣山陵科率蠲復賦役應奉十所行事官量與恩澤　七月一日詔吏部尚書陸佃贈銅[illegible][illegible]起居舍人李昭玘故罷少府少監韓粹彥降一官坐欽聖憲肅皇太后山陵奉虞主不恭佃嘗自言故薄其罪　崇寧元年正月十三日小祥群臣奉慰如儀

十月二十日禮部言來年正月十三日欽聖憲肅皇后大祥依故事禁樂從之

宋會要　欽慈皇后

哲宗元祐四年六月二十八日美人陳氏薨贈充儀葬塗於萬壽觀　九年二月移葬多慶寺之東紹聖四年四月贈貴儀　徽宗元符三年正月十二日徽宗入繼大統詔有司議尊崇之典追尊皇太妃推恩外家逮其姻戚崇奉園寢朔望歲時薦新　十二月二十七日詔故皇太妃園寢封地除塋域外皆勿禁以有司奏欲毀民墳九百六十所民居數百區故有是命　建中靖國元年正月十六日詔曰朕惟守位曰仁事親者仁之實教民以孝因心者孝之先煢然眇躬幼失所恃有霜降露濡之感無昏定晨省之因隆祐神慈與言於遺訓章懿盛典並列于有司明告治朝追榮顯號故皇太妃陳氏柔儀端靖淑德齊明標茂範于皇闈藹徽音于彤史輔佐永裕肅雝內庭誕育沖人纘承大統彼蒼不弔陟屺纏哀聞雞猶想於問安吹棘徒增於隕涕既不能致四海之養術恤無窮將何以報昊天之恩崇名爲慰用廣如存之敬以伸終慕之情宜追尊爲皇太后仍令所司擇日備禮冊命詔大行皇太后山陵五使而下並兼領追尊皇太后園陵又詔祔葬永裕陵同日三省進呈章懿皇后故事仁宗皇帝詣園寢者四一展告二上謚三啓葬四發引上不欲數出城將減上謚餘如故事并諭輔臣裁節山園陵浮費凡於用不急非有益神靈者

除之命戶部侍郎王古主其事　十八日命同知樞密院事蔣之奇撰哀冊文并書中書侍郎許將撰謚冊文并書冊寶給事中兼直學士院徐勣撰謚議同日太史局言園陵斥土宜用二月十九日發引用四月十七日大葬用五月六日從之　二十日詔皇堂視大行皇太后制度修奉　二十七日命權尚書刑部侍郎岑象求爲覆按山陵使入內內侍省押班劉瑗副之　二月三日詔以三月六日拆葬四月四日啓攢　八日太常寺言請俟易月畢詣園寢行展告追尊皇太后之禮御史臺請自園寢設追尊皇太后路發並從之　十三日詔追尊皇太后四月五日啓葬宮進大昇轝發引赴多慶院俟車駕親詣行禮訖靈駕赴普安院權奉安有合行事欲依下項一闕守懃劄子欲乞自三月六日使行拆去追尊皇太后增修神臺且留舊墳塼罩令儀鑾司綴縛幕殿俟啓葬前五日將塼罩及地宮拆去取見梓宮開修隧道即用幕罩幃進龍輴至神門外上大昇轝聖駕行遣奠之禮畢長行至普安院殿前設幕殿奉安就大昇轝添飾梓宮了先降封題使司令相度欲令于啓葬前三日漸次拆去塼罩至初三日拆去地宮見梓宮開隧道用木罩幃掩覆俟初五日啓奠行禮畢進龍輴奉梓宮發大昇轝赴多慶院幕殿權奉安以俟聖駕行遣奠之禮畢進發赴普安院其初三初四日五使並宿

衛司多慶院幕次餘依闕守恕所申施行一多慶院當安院合設置奉安幕殿并准備內人及五使以下幕次並令頓遞使司都大管句所踏定地位次令儀鸞司絞縛陳設并其餘合排辦事件令頓遞使司預行計置一啟奠行事并遣奠讀哀冊及合用儀注及合排儀仗應合行事件並令禮兵部太常寺限三日詳議聞奏照黃擇禮官稱啟攢日有啟奠祖奠之禮止從靈駕到多慶院讀哀冊行遣奠之禮一防護軍兵等令馬軍司選差押教使臣一員量帶人馬五百人騎同已差下軍兵主管押于四月初三日赴多慶院并本地方都同巡檢帶領本頭項人馬同共巡宿一多慶院頓遞已降指

卷七千三百六十九　三

揮令兼管普安院頓應兩處管幹不前欲令頓遞使司更切相度如合別差官分頭管幹即具合添員數姓名申樞司奏差事畢先次減罷從之詔以四月四日多慶院追尊皇太后啟菆須慈德殿大行皇太后啟菆禮畢乃可出宜以五日啟菆宮權赴多慶院宿頓俟車駕行遣奠禮畢赴普安院奉安　十四日太常寺言故事慈先輕而後重奠先重而後輕追尊皇太后宜以五月六日安時掩皇堂從之　十九日封山斬草　二十三日詔啟菆日服衰　三月一日以追尊皇太后啟菆命園陵使曾布奏告宗廟社稷　八日同知樞密院事蔣之奇言詔撰謚冊文檢詳故事或稱太后或稱皇后某氏惟祭別廟者加太字而祔太廟者去太字祖母則稱太皇太后崩亦如之加太字者所以別尊稱也謹按唐睿宗莊憲皇后王氏初稱並云莊憲皇后開元六年正月太常奏昭成皇太后謚號禮部非之太常報曰入廟稱皇后義繫於夫在朝稱太后義繫于子臣竊詳冊文云孝子嗣皇帝則前合存太字以申陛下臣子之志既從光帝之謚又納之陵寢則復合去太字以正從夫之號蓋事干典禮名不可以不正望下禮官詳議所有大行皇太后亦應視此詔太常寺詳議以聞於是太常寺檢會慈聖光獻故事祔陵廟則去太字其餘則存之冊文初稱大行太皇太后尊謚即曰慈聖光憲皇后今合遵

卷七千三百六十九　四

用詔恭依　十一日宰臣韓忠彥率群臣請追尊皇太后謚號於太廟議曰欽慈皇后詔恭依　議曰臣聞道與世而升降禮稱情而節文自周之興始存紀謚之法逮漢而降乃有追冊之儀歷代莫不共由光丕承之式陵載簡編而弗泯升郊廟以無慚孝子慈孫豈齊三牲之養成功盛德異承萬年之觀於聖治朝順薦舊典無隆平之休運懷顧復之深恩戴惻淵衷式欽承於先訓爰崇顯號庸昭示于至公以詔無窮以垂不朽洪惟神考克紹寶圖有虞舜之風以釐二女有文王之化以刑四方修明壼儀登進邦媛是生聖母來應昌辰伏惟皇太后令質粹合懿姿淑茂恭儉成于所性柔嘉得乎自

然動容周旋默中珩璜之節夙夜儆戒肆觀圖史之規
贊陰教于紫庭藹芳聲於彤管尊敬保阿之訓被服澣
濯之衣纘女功而不違化婦道以無斁雖穆而敦逮下
之惠信順以體資生之仁形夢日之嘉祥協祠禖之終
吉克昌國祚誕育聖躬貽社稷無疆之休慰華夷胥後
之望永裕之仙遊忽遠坤儀之正位未隆舟藏壑以寖
移駒過隙而難駐天長地久結遺恨以何窮日往月來
想徽音而莫覩皇帝彌膺駿命嗣守慶基極攀慕以奚
從感色養而無及念之不見彌深陟屺之哀維以永傷
更甚茹荼之苦肆舉追崇之典用申罔極之情爰命下
陳敬遵故事紀道芳而傳史牒涓穀旦以告廟祧臣謹

卷七千三百六十九　五

按謚法威儀悉備曰欽敬事節用曰欽一心均愛曰慈
能以仁教曰慈皇太后體該衆美性蘊先知名之可言
乃其騐騐德之所届無以形容永對天地之休敬承祖
宗之命恭上尊謚曰欽慈皇后　十四日詔多慶院園
寢行展告之禮　二十一日詔將來發引命官分導于
靈駕前啓殯親王宗室並素服角帶　二十八日詔四
月五日上謚冊于多慶院幄殿候車駕遣奠回告廟以
太常失請故上謚先之　四月二日詔啓攢前二日遣
官奏告天地宗廟社稷宮觀　五日啓菆園陵使啓奠
畢奉梓宮升龍輴至神門外登大昇轝赴多慶院幄殿
百官班臨遣宰臣韓忠彥上玉冊玉寶于幄殿　冊文

曰維建中靖國元年歲次辛巳四月辛卯朔五日乙未
孝子嗣皇帝臣徽宗御名稽首再拜言曰臣聞謹終追遠前
聖之格言立愛惟親先王之猷訓維予小子忝堪多難
悼菲薄之靡依痛慈顏之永隔有懷顧復罔報劬勞欲
申終慕之情必盡欽崇之禮是諏穀旦敬上尊名恭惟
追尊皇太后體道思齊含章履正柔嘉播于德範溫惠
本乎天資中環珮之節動儀乎紫庭奉圖史之戒美溢
乎彤管輔佐先帝誕生沖人爰自潛藩入纘大統天神
地祇罔不祇協社稷宗廟咸以康寧推原慶靈自我聖
母而上壽未究徽命弗融奄捐盛時浸閱華歲園陵在
望音徽如存不待承東朝之顏不及享四海之養昊天

卷七千三百六十九　六

罔極空勤報德之誠春露既濡深結愴心之感顧久稽
於位號甌未慊於誠懷屬慈德以上賓形于遺命惟章
懿之故事具在有司是用鏤玉牒之鴻休鋪椒塗之懿
鑠聿嚴昭薦式慰孝思方將啓在浚之靈宮祔繼嵩之
吉宅日先其遠龜告厥猶役徒繁興功緒亟作始因山
而戒具終復土以有期仗衛肅其前驅簫笳凄以徐引
念之不見往寧體于皇堂愾然有聞旋升神於清廟於
是群公庶尹博士諸儒考協前古之遺文討論一代之
成憲咸以謂謚者所以迹行號者所以表功義有受成
名無浮實節惠之法厥惟舊哉其祇率於彝章用薦加
於徽稱謹遣攝太尉尚書左僕射韓忠彥奉玉冊玉寶

上尊謚曰欽慈皇后伏惟昭鑒在上膺茲鉅典永錫祚
裔岳裕家邦於萬斯年配天無極嗚呼哀哉同日上詣
多慶院幄殿服衰親奉引庭中行遣典之禮攝中書令
許將讀哀冊冊文曰維建中靖國元年歲次辛巳四月
辛卯朔六日丙申上神宗皇帝妃陳氏尊謚曰欽慈皇
后粵五月辛酉朔六日丙寅遷座于永裕陵之次禮也
羲道夙啟告奠載徹羽衛警而有行鸞輅隱其將發孝
子嗣皇帝臣徽宗御名永慕徽音恭率禮典瞻黼莛以踊痛
奉靈車而恭遣乃詔邇臣敬揚聖善其詞曰維陳肇氏
實生堯母有嬀之後維舜之冑陳之啟封實始于周鄰
漢歷唐或相或侯逮我有宋世遠彌盛族出京兆為時
卷七千三百六十九　七
顯姓皇國有赫益光爰正關雎成化曾沙協慶乃鍾淑
哲爰際神聖女功是纘婦職是聽樂修四教懋崇六行
齋戒從桑左右流荇儀若蘭郁度如玉瑩逮下惟仁奉
上惟敬兩宮隆愛九御懌美女謁無私彤管有煒妙彰
肇劉戒視圖史克厚人倫以受帝祉日符表運履敏應
祥越任邈似翼夏生商宜民宜人為君為王則篤斯慶
于邦有光昔在元豐帝齡見夢撫神鼎以號絕睇鳳臺
而茹痛愴橋山之已遠惜蒼梧之未從怊兮永懷竊兮
至靜祛裳無飾珠藏金屏樂施不倦好謙自柬憂勤克
念夙夜猶警月望未幾華須斯項蓋與世以皆昌胡畀
年而不永嗚呼哀哉夠陳動色陰靈墜輝林有風而不

止露在草而先晞昊天不弔慈顏早違有屋其車有縞
其旂旐纚纚綍翟綴厥衣衛總晦冞幽堂闔扉望國郊
其未遠空故庭兮不歸嗚呼哀哉時龍天飛離明玉麗
祇適遺訓夐隆前制乃正坤極允尊皇孋瑞琛陳司重
翟在庭玉琢有冊寶上尊名金範有璽寶奉至榮文備
邦禮哀貫皇情以萬國之貴而聿追于後以四海之養
而不逮其生嗚呼哀哉靈殿雲結神闕山立乘輿親詣
獻斝躬執衣黃悅見淚俎紛如二儀感而風悲千官侍
而雨泣靈之下兮既享澹將歸兮陵邑嗚呼哀哉吉月
兮辰良嵩霏兮雜霧龜兆兮吉還轜龍兮莫駐鳴笳遞
咽杠旐列注背吹臺以右轉越輦岡而西去嗚呼哀哉
卷七千三百六十九　八
御烈考兮在天遡從之兮洛川洛川兮斯塋松栢兮有
阡九虞續兮其返神顧我兮來還原既安兮不騫祚後
之人兮萬年嗚呼哀哉禮畢靈駕發引赴晉安院奉安
候聖駕至宣德門上登輦還內　十五日內出御製挽
詩五章付禮部　十七日大行皇太后追尊皇太后靈
駕同時發引俟大行皇太后靈駕至晉安院前追尊皇
太后靈駕奉見訖先行大行皇太后靈駕以次進發百
官辭于板橋退改常服入內翌日詣西上閤門內東門
奉慰　二十七日奉安靈駕于永裕之下宮同日靈駕
至陵所群臣奉慰　五月六日葬于永裕陵掩皇堂群
臣詣西上閤門奉慰　十一日虞主至自永裕陵群臣迎

手板橋元符皇后皇后迎于瓊林苑有司行六虞祭上
服韡袍素紗幞頭黑鞓犀帶迎于內東門外奉安于皇
儀殿群臣奉慰　十二日七虞祭群臣奉慰自是八虞
九虞皆上親祭　二十五日上以祔廟前一日宿于慈
德殿側輔臣宿于本司百官宿于朝堂　二十六日神
主祔于神宗廟室　二十八日德音應兩京河陽減死
刑釋杖罪緣山陵科率蠲復賦役應奉行事官量與恩
澤　八月六日詔供備庫副使陳永成特進官有差以
欽慈皇后祔廟故也

宋會要　欽成皇后

徽宗崇寧元年二月十六日聖瑞皇太妃朱氏薨輟視

朝十日詔曰聖瑞皇太妃昔事神考無。險詖私謁之心
有警戒相成之道誕育哲廟享養西宮助紹隆繼述之
功遵慈儉保佑之德令云殂殞良用盡傷思父念兄禮
宜隆厚特優襃典以貴其終可追崇為皇太后　十七
日禮部太常寺言追崇聖瑞皇太妃為皇后欲依景祐
三年故事歲時祭典以監護使行禮詔還于皇儀殿治
喪大殮後擇日出殯普安院仍權用絲攀奉安出右掖
門聖瑞殿應有服人并合行事並禁中取旨合行典禮
令禮部太常寺詳定蔡王似權于皇儀殿門外設次行
服仍于殿下製梓宮群臣于不奏事日赴皇儀殿上香
餘依所奏十八日制曰夫孝之至者其愛廣報之厚者

其禮隆朕適駿皇圖極思父念兄之感愴懷聖瑞盡飾
終追遠之情敷告治朝特尊顯號故聖瑞皇太妃朱氏
懿恭惟則柔惠且和早衍慶于綵斯克相儀于掖庭輔
佐昭考有警戒之道而無險詖之心保祐泰陵助繼述
之功而遵慈儉之德仰徽音之愈茂嗟淑命之不融於
戲婦順謙沖生不及四海之崇養寵章華煥殁而加萬
世之鴻名惟哀慕之無窮用褒榮于罔極宜追尊為皇
太后仍令所司擇日備禮冊命施行是日命中書侍郎
許將為園陵監護使延福宮使入內內侍省都知馮世
寧為園陵都監龍神衛四廂都指揮使張存為園陵修
奉總管尚書禮部侍郎周常為禮儀使尚書兵部侍郎

鄧浩為儀仗使尚書工部侍郎龔原為鹵簿使尚書刑
部侍郎杜常為橋道頓遞使將作監許幾為提舉採石
官尚書祠部郎中王詔權尚書度支郎中兼京西路轉
運使候園陵事畢還闕　同日太史局言追尊皇太后
大殮用二月二十二日成服用二十八日出殯用二十
九日從之仍詔出殯并發引及葬日並不視朝群臣許
詣西上閤門進名奉慰又詔追尊皇太后應祭典並令
蔡王行禮出殯後令就普安院行服上宿前降令監護
使行禮指揮勿行　同日追尊皇太后園陵事務所言
作土用四月六日啟攢用五月四日發引用十日葬用
二十四日園陵監護使言章惠園陵故事迨今七十餘

年典籍不存乞參用建中靖國元年園陵并前後故事增損施行從之　二十二日大斂群臣奠于殿庭　同日命吏部尚書趙挺之撰哀冊文翰林學士郭知章撰諡冊文尚書工部侍郎龔原撰諡議　二十七日詔追尊皇太后園陵京城禁樂一月葬日即祔廟各前後禁樂七日　同日學士院撰到尊尊皇太后出殯鼓吹導引歌詞一首詔送太常寺　二十八日太史局選到追尊皇太后斬草破地宜用四月初六日庚寅吉時宜用當日辰初四刻先自皇堂下手刻朝趙辦大葬外神門闕角奇繼續修蓋從之　同日以成服工行祭奠之禮不視朝　二十九日出殯群臣進名奉慰訖赴晉安院

卷七千三百六十九　十一

上香三月二十日禮部言追尊皇太后園陵修奉所狀准尚書省劄子令來園陵皇堂用四十五尺係朗首參酌增損丈尺等其修砌皇堂地宮鹿巷廂壁火口土闍在四十五尺內并依去年皇堂故例開深六十九尺打築六尺明用三十六尺今來陰陽官胡晟等狀依經法開掘五十三尺打築八尺外明用四十五尺今來既用石地宮若依修奉所狀內事理除別無與禮該載外取到太史局狀看詳胡晟等狀內所定皇堂下深并添築丈尺即別無妨礙內看詳神墻高一丈即未合經法若用九尺或一丈一尺及神臺等若依去年故例修製各別無妨礙內參酌增損丈尺各件即陰陽經書不載若

依所請即無妨礙又取到太常寺狀勘會建中靖國元年園陵神墻用一丈三尺詔用一丈一尺餘依修奉所申　四月十日宰臣韓忠彥等請追尊皇太后諡于太廟諡曰欽成皇后詔恭依　議曰臣恭以神宗皇帝在宥天下十有九年凡禮教之所儀型道化之所鼓動而四方靡然向風者實自齊家始六宮之內位不必備左右祗肅類以德進雖復恩數優遜莫不撙節自飭其贊否有以道相成者非一日積也恭維追尊皇太后興自慶系進登貴名柔懿恭順久著休聞仁淑勤儉見于躬行柘又謹環佩之音即保阿之訓其夙夜所以警戒者有故賢妃之風故善積而慶從行成而報厚熙寧九年

卷七千三百六十九　十二

天命誕集是生哲宗皇帝元祐初始受顯策享養西宮儀衛之崇冠服之盛定儀禮閣榮動一時曾不以帝母之貴自居而進承宣仁欽聖之辭也惟婦順是盡凡所以保佑訓迪于泰陵者一遵兩宮慈儉之德追紹聖故事增光神考之休烈則又有紹隆繼述之助焉然而二十年間經涉變故從容爾御謙冲自牧燕及中外初無閒言豈惟神考陶冶成就亦敏于聽從出自天性也皇帝踐祚益加禮意聞者胥謂追尊皇太后方且康寧饗處享有多祉不幸憂傷之來感厲爽和久之未平皇帝勝言勤容為推恩出繫因下令訪醫術日冀少愈奄忽大故尤用盡傷亟降詔書追崇為皇太后肇正中宮

之名秩增賁本朝之母儀位號兼隆繼美先后宣制之日聽觀一新園陵有期思有以節惠易名者申命羣臣請謚太廟而命臣撰號文臣伏讀詔書追尊之訓辭恭考六家易名之舊法仰觀神宗內治之恂達於是序列追尊皇太后終始之事至夫所以上當祖宗之意以信萬世無窮之傳者一與謚法相應謹按謚法威儀備悉曰欽敬事節用曰欽婦德均一曰成夙夜警戒曰成追尊皇太后宜欽承祖宗之命恭上尊謚曰欽成皇后

十五日攝太尉尚書左僕射兼門下侍郎韓忠彥奉欽成皇后謚冊寶冊文曰維崇寧元年歲次壬午四月乙酉朔十五日己亥皇帝（徽宗）御名謹再拜稽首曰夫謚者行之迹號者功之表歷選前代厥有成憲蓋生而飛英聲騰茂實既有以聞於一時則歿而施尊名隆厥稱又將以詔于萬世況先朝啟哲奄忽大故方謹終追遠惻怛震悼異數寵章縟煇煥爰命有司若稽往制約莫節惠厥幾形容于萬一也恭維追尊皇太后柔嘉靖正體仁蹈和昔在神考聰明睿知勵精庶政教化雍睦德禮陶漬關雎之風行家人之道正當是時皇太后贊熙內治協相椒闈寤寐思服夙夜警戒輔佐憂勤受祉上帝衍慶毓斯篤生哲宗塗山簡狄丕績並驅元豐之末裕陵上賓宣仁垂簾當是時皇太后婦職允修皇姑是尊崇慶懿德朝夕祇順承顏問安孝恭匪懈雖擁佑天下

卷七千三百六十九

十三

之主有鞠育顧復之恩而不自矜其功雖恭亞坤元之位有與服儀衛之寵而不自侈其貴謙沖靜默得於誠性終始全粹無有間言紹聖之初哲廟親政濬發睿斷起廢興壞丕變治功憲度典章復還熙寧元豐之盛方是時皇太后助紹隆繼述之志有啟迪贊導之益陰功隱德人所不知休烈盛美蓋有不可得名言者矣謂宜藏福祿昌壽考以長享西宮之養而為四海之所矜式遐齡未究淑命弗融園山有期龜筮既從疏用博諮于卿士受命于祖宗表行易名所以昭與議當神心而詔不朽之傳謹遣攝太尉尚書左僕射兼門下侍郎韓忠彥奉寶冊上謚曰欽成皇后伏惟先靈如存淑問不息膺茲徽典昭厥懿德對越清廟永永無極嗚呼哀哉

三十日　詔追尊皇太后啟攢宮日群臣百官行禮讀謚冊寶奏告天地宗廟社稷靈駕發引日群臣奉辭于板橋並如欽慈皇后故事　五月四日追尊皇太后啟攢梓宮候時遷正群臣焚香遂讀冊寶于靈座祭奠如行祭奠之禮群臣奉慰如儀　七日帝詣普安院進奠皇太后殯宮祭奠　十日靈駕發引祭奠如行啟殯祖奠之禮　攝中書令趙挺之讀哀冊　冊文曰維崇寧元年歲次壬午四月乙酉朔十五日己亥追上神宗皇帝妃朱氏尊謚曰　欽成皇太后粵五月乙卯朔十日甲子還座于永裕陵之次禮也彤輅夙戒翼組方徹慘哀笳

卷七千三百六十九

十四

於廣陌引素仗于明發皇帝德懿丕隆恩禮斯洽僑羽
衛之有行念徽音之永絕爰命侍臣茂揚懿烈其辭曰
維我有宋繼天立極王化之基自家型國於皇神考百
度修飭元豐之功下土是式妙選六宮升進淑德靜恭
素懿私謁不行夙夜警戒協謀相成履武發祥纂繼丕
緒奕奕西宮是燕是處懿仁允儉宜壽而臧胡不永年
忽云淪亡嗚呼哀哉泰陵初載恭默不言佐佑保護忠
和且溫逮及親政紹隆繼述贊助之勤一心密勿遐想
音容空餘髣髴嗚呼哀哉厥初遘厲覲其有瘳禳祓禱
祠靡神不周訪秦醫之殆徧肆舜宥以寬憂愴隙駒之
易轉驚逝水以難留嗚呼哀哉永懷父兄屬以大統聖
卷七千三百六十九　十五
心孝思報稱攸重稽章惠之舊儀詔議臣而祈中正位
號之尊榮隆典彝而進奉琢寶玉兮琛奇鏤匣金兮鋪
綜嗚呼哀哉考卜維吉揆時既良仙馭啓去銘旌載揚
背浚郊之奧壤傃洛土之崇岡陵寢盤兮空曲珍木茂兮
鬱蒼流殿苔兮素月隕壠陌兮晨霜閟珠襦兮寶罰零
雨涕兮宮墻石門兮深扃漆炬兮永夕雲駢駕兮弗還
總帷空兮常寂嗚呼哀哉有形兮必終有數兮斯盡生
能享天下之奉兮無違歿以歸裕陵之原而何恨雖千
百兮斯年終不窮兮不隕嗚呼哀哉　同日元祐皇后
扈靈駕以行百官奉辭于板橋回奉慰如儀　二十二
日太常寺言虞主到京日請依章惠皇后故事于瓊林

苑權奉安行陞祔之禮從之　二十四日葬于永裕陵
群臣奉慰如儀百官奉迎　二十九日虞主至自永裕
陵百官奉迎于板橋元符皇后奉迎于瓊林苑　六月
五日神主陞祔于神宗廟室　八日德音應西京河陽
減死刑釋杖罪緣園陵科率蠲復賦役應奉行事官量
與恩澤　十六日朝散郎試將作監許幾特授朝請郎
以辦園陵有勞故止　二年正月二十日太常寺言二
月十六日小祥其日不視事禁屠宰一日景祐無禁樂
故事詔禁樂　十二月十一日太常寺言來年大祥乞
依小祥例從之

禮

凶禮

溫成皇后喪禮

仁宗至和元年正月八日，貴妃張氏薨，治喪於皇儀殿，詔近臣宗室入奠，移班奉慰帝於殿東楹，特輟朝七日，命參知政事劉沆為監護使，入內內侍省內侍押班石全彬、勾當御藥院劉保信為監護都監，殿前都虞候王凱為總管。卷七千三百六十七

十二日，制曰：王者峻宮闈之班秩，非選德無以冠後庭；崇房闈之號稱，非遺懿無以憲天壼。斯所以舉褒懷之禮，申哀郵之文，誕告在朝，令申舊典。故貴妃張氏性歸淵穆，體本淑和，踵紱冕之慶華，蹈圖史之良訓，克遵母教，允協嬪風。恭儉之儀，每以盡其志；憂勤之助，必以罄其心。進陪褘翟之容，退存軒龍之象。偶寒暄之遘厲，俄夙夕延灾。向以失內禁之宵嚴，犯周廬之夕警，能挺身而衛丹極，遂捐己以護皇居；暨憫雨以請僭，方責躬而引咎，因授刀而割膚，乃濡翰以封章。事既秘而不言，物有存而可數。報君憂國，望右無倫，遽彌長辭，邈焉如在。宜正驪車之御，益隆虎劍之章，鋪顯豐融，以昭惜惻。於戲！彤管有煒，或播於聲徽；象服是宜，載揚於命數。庶幾渥澤，永饗休嘉。可特追冊為皇后，所司擇日備禮冊命，仍賜謚曰溫成。初謚恭德，言者以謂德字不當同太宗諸后謚，故改賜之。同上

十三日，詔京城禁樂一月，自啟攢至葬復禁止。命翰林學士承旨王拱辰撰謚冊文，端明殿學士楊察撰哀冊文，知制誥王洙書。同上

十四日，殯於皇儀殿之西階，羣臣進名奉慰。同上

十六日，遣官告太廟、皇后廟、奉慈廟。同上

十九日，遣宰臣梁適奉謚冊告於皇儀殿。冊文曰：皇帝若曰：夫內德之茂，非正位無以顯其猷；彤史所載，非大名無以表其行。矧予嬪合之懿，夙著徽柔之則，故生則副珈褕翟以寵其初，沒則縱章隧冊以垂於後。褒功節惠，繇來舊矣。故皇后張氏坤順以大，月盈而沖，毓秀儒門，參儀天極，煩擱著於廷葛，雍和見於流芬。自初選納，惟德之行；琴瑟之音，莫不靜好；椒蘭之美，居多服媚。遠貴勢而不處，履華寵而能降，翼朕偕閑夭之盛，導予躋黃耇之福。憂勞臣下，永念樛木之仁；檢御近姻，慨慕濯龍之戒。至於盜警廬徼，挺身以衛至尊；時丁旱暵，刺臂以祈來貺。愛君之烈，何謝古人。程鴻離期，疹痗斯遘，千齡何遽，一昔而亡。奔駒逝川，追悼奚及；筮龜協吉，園兆有期。奉常據古，稽合二稱，朕揆廣較德，昭錫徽名，公言僉同，世繫攸穆。今遣攝大尉、尚書禮部侍郎、同中書門下平章事、集賢殿大學士梁適奉冊謚曰溫成皇后。仙遊匪邈，典策是膺，茂範存於壼闈，嘉問流於緹素。音容永閟，哽結難勝。嗚呼哀哉！禮畢，羣臣進名奉慰。是夕，設警場於右掖門外。同上

二十日，帝成服於皇儀殿之別幄，羣臣進名奉慰。是日，輀車發引，由右昇龍門出右掖門，升大昇轝，有司設遣奠，讀哀冊。冊文曰：維皇祐六年歲次甲午正月丙寅朔八日癸酉，貴妃張氏薨。十二日丁丑，冊謚曰溫成皇后。十四日己卯，殯於皇儀殿之西階。粤其月二十日乙酉，遷座於蔽宮，禮也。素紼整徒，靈衣戒御，祖饋宵陳，遣觴晨具，泣縞從以成雨，黮椒塗而生霧。皇帝顧懷嬪則，感切仁衷，悼副褘之不見，歎華旅之俄空，爰命詞禁，紀揚芳風。其辭曰：厥初洪濛，分判大儀，陽運剛粹，陰凝方祇，肇經邦家，乃正后妃。河睢播饗，王化是基，四女佐嚳，二娥隆嬀，天作之配，人光厥期。黃序遐源，留封景胄，德厚慶遙，陰華族茂，玉勝啟祥，珠皐挺秀。有偉英媛，淪精降神，夙智先晤，含徽體真，凝婺賓瞻，巫箒雲乃，瑞紫闈來翔，秘宸位以德舉，榮繇才甄。貴天秩妃，亞后尊儷，儀乾體協，美坤元履，正居位處順，承天外毗陽化，內參陰政，助月成光，均軒騰景，惠問蘭馥，清懷壐鼇，性與幽閑，心資婉令，菖茂其柔，淵澄其靜，六列宗模，四業紙備，言必稽典，動斯率義，蘩藻並修，組紃咸事，鑒史求箴，稱詩迪志，逮下必均，進賢無詖，抑遠外族，澤無偏黨，敦儉素約，衣無窮麗。自頃周廬，誰可施衛，觸瑟方警，當熊已屬，近闈時兩側躬

減味齋素助祈精誠獨至歷血書文請咨嗣已深誠不言遺毫在
紙勤勤爽和晦明生疹醫政失全侵司告煇生也帶融天兮難問
奄忽之間靈輝遺盡嗚呼哀哉善必鍾祉仁期永命展如之良宜
百斯慶柘館慶闈日懷彡應半燭收光方春委盛何華之繁兮實
之齊胡德之昭兮福之昧背明世之鸞鑾儀幽扃而永逝異今昔
於俯仰變歎哀於鑒寐慟皇情於遺物渫榮恩於恤禮詔邊音以
盈月輟昕朝而廢視嗚呼哀哉熒燎光斷金波影低哀笳寒急楚
挽清淒動轜軒兮晻靄轉霜旗兮逶遲風含咽以沈籟雲黯愁而
不飛去復去兮寧復返悲莫悲兮長別離甘泉之像兮空若在方
士之述兮終亦非惟芳聲之郁烈暢百代而揚徽嗚呼哀哉雜
厝於奉先院禮畢宰臣率百官還詣西上閤門奉慰同上
二月二日詔大常禮院孝惠孝章淑德章懷皇后章惠皇太后溫
成皇后皆立小忌尋罷之同上
七月六日詔以溫成皇后舊宅立廟參定四時饗祀之制大常禮
院言檢詳國朝孝惠皇后太祖嫡配即陵所置祠殿以安神主四
時設常饌無薦饗之禮今宜就葬所立祠殿參酌孝惠故事施行
仍請題葬所曰溫成園復詔詳議以聞禮院上言準詔就葬所立
祠殿請廟南設一門用二十四戟其殿間室並石塪神主制度並
乞依皇后廟一室制從之同上
九月十日大常禮院言葬所請稱溫成皇后園陵從之同上
二十五日啟欑帝不視事羣臣進名奉慰同上
二十七日詔監護使宰臣劉沆為園陵監護使石全彬劉保信並
園陵都監　先是權御史中丞孫抃侍御史范師道毋湜言劉沆
既為宰相不當領護使不報翌日有是命後知諫院范鎮言大常
議溫成皇后葬禮前謂之園後謂之園陵宰臣劉沆前為監護使
後為園陵使如聞此議皆出禮官前日是則今日非今日是則前
日非必有一非於此矣夫禮典素定而不可輕變者也議論異同
如此是為禮官而以禮自舞者古者法使舞人而今世禮官舞禮

官舞禮若不加詰惡朝廷典章寖壞而不可救也乞下臣章問禮
官前後同異狀以正中外之惑不報同上
十月四日大常禮院言祠殿祭器請視皇后廟一室之數四時薦
新及朔望並如例令宗正寺官行事從之同上
六日宰臣率百官詣奉先院拜奠同上
七日葬於奉先院之東北隅虞主權奉安玉津園宗正卿行九虞
之禮帝不視事羣臣進名奉慰同上
十六日神主入廟不視事羣臣進名奉慰同上
十一月五日內出太廟禘祫時饗及溫成皇后廟祭饗樂章樂與
下大常肄習同上
嘉祐七年正月二十七日詔改廟為祠殿歲時令宮臣以常饌薦
之詔議具皇后廟同上

宣仁聖烈皇后喪禮

哲宗元祐八年九月三日太皇太后崩于崇慶宮之壽康殿遺誥
曰吾受遺神宗保佑聖嗣憂勤庶務今茲九年未嘗以一物徇於
己私片言害於公義神祇助順宗社降康方隅底寧年穀屢稔然
吾素有末疾已逼耆齡寒燠所侵疹恙時作比欲釋天下之重負
就東朝之燕閒使辟以時實吾之志屬嬰沈疾有加無瘳皇帝以
純孝之誠盡躬待之養冠帶不脫於朝夕藥食必視其寒溫吾安
于理命之常決于死生之分大期有極固不可移寧神厚陵夫復
何恨皇帝宜念繼統之重躬聽斷之明無過哀傷勉慰物望近臣
輔弼更為開陳吾舊參舊章推恩兵衛內外諸軍將士並與特支
在京文武臣僚並外處管軍臣僚並與支賜皇帝成服之後三日
內聽政以日易月一依舊制在京文武羣臣十三日而除諸司長
官及觀察以上臨于宮庭其餘官臨于宮門外諸道州府長吏以
下三日釋服軍民不用縞素沿邊州府不得舉哀制服釋服之後
勿禁作樂園陵制度務遵儉省勉從吾志勿事煩勞餘依章獻明
肅皇太后典故卷七千三百六十八

四日，文武百僚詣崇慶宮聽遺誥，移班慰上。是日朝晡臨。詔曰：太皇太后受遺稱制，保佑眇躬，勤勞九年，阜安四海，大德未報，奄棄東朝，布宣末命，中外悲怛。永惟平日謙恭之至，甚每違先後臨御之常儀，遠此遺言，止以園陵爲號，既非朕尊崇之本志，又失臣下愛戴之誠心，宜令有司易園陵爲山陵，餘恭依遺誥。樞密院言：太皇太后遺誥，內外諸軍將士並與特支，錄明道二年章獻明肅皇太后上僊特支例，同三省奉旨令尚書戶部照會，其已錯及創置軍分并該說不盡，比類施行。同上

五日，詔羣臣詣皇儀殿宣遺誥，臨器哭，見上于殿之東廂奉慰。是日遣使告哀遼國及諭夏國。同上

七日，禮部言：據太常寺狀，大行太皇太后崩，準遺誥節文，釋服之後勿禁作樂，餘依章憲明肅皇太后典故施行。本寺檢會章憲明肅皇太后故事，中外禁樂至百日，其百日止爲民庶，所有沿邊州軍自合依遺誥施行。又檢會元豐三年太常禮院言緣降朝旨，民庶音樂已展過百日，及自啟攢至祔廟畢仍舊。其臣僚既爲大行太皇太后于禮令服齊衰不杖期，其同天節開啟，雖係以日易月釋服，緣又緣在期年之內，準律疏，期喪服內不許作樂，所有臣僚合依禮律，候期年滿日即得聽樂，其沿邊州郡依乞許酌施行。從之。同上

詔三路沿邊臣僚祔廟畢許用樂，其餘文武官並候一年，合依故事施行。從之。同上

八日，文武百官詣崇慶宮朝晡臨。同上

九日，大斂，皇帝成服，羣臣衰服入臨，奉慰如儀。同日，命宰臣呂大防爲山陵使，戶部尚書李清臣爲禮儀使，御史中丞李之純爲儀仗使，權兵部侍郎韓宗師爲鹵簿使，龍圖閣直學士、權知開封府錢勰爲橋道頓遞使，侍衛親軍步軍副都指揮使姚麟爲修奉山陵都護，入內內侍省都知梁茂則爲山陵都大管勾，並行前事。同日，羣臣上表請聽政，自是七表始從之。同上

十日，命尚書右僕射范純仁撰哀册文并書，門下侍郎蘇轍撰謚册文并書册寶，翰林學士顧臨撰謚號文。是日，步軍副都指揮使姚麟等言：檢會元豐二年都大提舉修奉皇堂所申，所役諸州人兵內有避見工役逃走，往諸處首獲，逐處依例收禁，移牒會問，因依方行結絕，動經一兩月，有誤修奉工役。欲乞指揮，如首獲修奉人兵，並令畫時牢固差人監押轉赴陵所。從之。同上

十一日，禮部、太常寺言：準遺誥節文，大行太皇太后崩，依章獻明肅皇后典故施行。勘會士庶軍民禁婚娶等，緣上件條例不合，今檢準慈聖光獻皇后故事，文武臣僚之家並候將來九虞祭畢爲卒哭，許嫁娶，其軍民即過禫除，仍不用花彩，各候纖禫日依舊。從之。同上

十二日，山陵使呂大防奏：修奉乞差救兵二萬人，內廣固人兵有條不許抽差，今修奉事大，乞就差前去。御批：廣固人兵不差，其所缺人數於諸路軍差撥。又奏：乞應緣撥京城、汴河隄岸並寺監管下諸色作匠，據合銷人數並行抽差役使，如有闕數，仍許於內外官司抽差或令和雇應副，若物料一切係禁，並不許占留，盡時發遣。御批：修京城人不差，所有汴河隄岸、諸局造作及寺監祭應奉山林物色的確合使人數外，餘依所奏施行。同上

十四日，樞密院都承旨范純禮、入內內侍省押班梁惟簡奏：臣等準勅差充太皇太后山陵按行使副，永裕陵圖依慈聖光獻太皇太后陵作七十五步，或只依故事以六十五步標定。詔依慈聖光獻太皇太后封標。同上

十六日，載於崇慶殿之西階，葉康進名奉慰。同上

十七日，詔曰：朕恭以太皇太后保祖宗之基命，定社稷之永圖，德參二儀，功冠千古，今者天奪，待四海同哀，翳殊高於太山，擬禮極於萬物，哉無以報稱，未爲崇重之本，於制言益光昭於盛德，以對在天之威烈，以揚愛物之遺仁。緣山林非久修奉，應有可過有損卷狂費，不能仰承遺誥節儉之意，其令尚書戶部斟酌

慰付毋得寬剩計置除京西路轉運司自合供辦其諸道非抛降毋得妄有進取咨爾中外當體朕懷同上

二十二日中書舍人呂陶假龍圖閣學士為大行太皇太后遺留北朝國信使左藏庫使郝惟立假西上閤門使副之同上

同日三省樞密院奏令月二十二日獲侍天顏伏覩陛下猶御絰杖之服乞依祖宗舊制及遺詔處分以日易月用小祥變除之制奉御寶批禮雖有時變之文朕實行三年之喪於宮中理所不忍遂易衰服宜體悉之臣等遇愚昧不達大體敢用近世權宜之制聞於宸聽伏奉批詔方知寶實行三年之喪有以見聖德隆厚篤於典禮然將來大祥禫除若依定儀須俟釋服方行慰禮欲望將來禫除日不俟釋服即行慰禮從之同上

十月一日羣臣上表請御正殿自是五上表乃從之同上

二日上御迎陽門見羣臣哀動左右同上

三日上御崇政殿親政同上

六日三省樞密院同進呈翰林學士顧臨所擬太皇太后謚請用宣仁聖烈四字呂大防等因稱述太皇太后聖德中外所以欣戴者德恩而不私外嚴而內寬不用兵不任刑恭勤儉約度越前古上曰太皇太后性雖嚴而慈宮中事儉約常服多補衣唯恐人之知也裝奩中物雖藥玉之類亦無戶牖之飾但用小漆簾帷質素皆卿等所嘗見至於珍寶玩好一未嘗有比送北朝遺留物乃取於奉宸庫大防等再三誦嘆以謂前世所不及上曰自古無也顧四字謚豈能盡其美同上

七日尚書戶部郎中郭茂恂兼權京西路轉運使應副山陵事務同上

十一日詔正任觀察使已上見無疾病者宜令隨從靈駕至山陵餘宗室宗女宗婦并特與免行同上

十一月一日上御垂拱殿同上

九日羣臣尚書左僕射兼門下侍郎呂大防等赴太廟請謚同上

十一日翰林學士顧臨請上尊謚曰宣仁聖烈皇后詔恭依議曰洪惟大行太皇太后考高陳王武烈王之孫也妣鎮國太夫人曹氏武惠韓王之孫也武惠事太祖太宗削平僭偽混一區宇有智勇不殺之仁武烈事真宗有見危致命協策平難之義二人咸有大勳勞紀於太常茲所以發祥演慶誕降睿聖配英皇生神考保祐聖孫德備道隆巍巍乎其極三后之崇也方英皇龍蟠濮邸乃公姓承華嬪泰之時歷數冥會天作之合夙夜相與稽求經訓博觀史氏歷代之載樂將終身焉仁皇在御日月久春秋高天下之本未立眷求宗藩燭見潛隱試難皇子正命儲宮嘉祐末年乃位天德配體儷極母儀四方愛事慶壽師其矩度志崇高之奉彌以敦素為修身刑家之本其服御顧非[illegible]史悉平紀未嘗輒易以苟費天物敬以婦道風天下駿惠我慈聖之儀則克翊英宗紹仁宗之休榮導海內外罔不配天其澤迨英宗厭代神宗繼序崇慶寶慈敬致色養益懷謙抑以尊東朝清明內融御稽天若超心道微凜然乎萬物之表曰釋舊學覃思前往增益其所自修元豐八年神宗寢疾請同聽覽鼎湖上仙玉几遺命擁保聖嗣出震繼照共御延和制政四海安正明微不蹈防範以至拜慶冊禮上壽坤成卒避臨前朝以推隆子先后監觀前世后族之家怙勢敗亂國殄家昏迷顛覆相踵而不戒首訓飭戚家毋得妄祈恩寵以玷國章乃大出所奉營第合族早其就入畢命常養悟我親仁以修正又有凝仰父踐更有勞請擢置法從明諭非欲以戚開寵有賢賤興言滿盈確乎不可摩自治平終於元祐歷年踰世家無一人緣朔任事子顯要之路咸以卻畏遜藏承教自勵罔或一毫恃私冒謁諸朝先朝之後其內親外戚左右之御臣惟朝夕論德流弟而無平時僥倖之廢考詩任姒徽音相承以隆周家而光絕子孫其治內有如此者體坤用乾妙乎其不為首研極論桓以統百官代天器王分又度庶務未嘗出聰明見識莫專智擅事或罹偏

否之累曠然凝默以仰厭成故當國大臣敬委任責成從以程大猷中故實曲列詳說周旋事情以承可否之命允屏絕側聽峻防姦幾付之庶議大同乃繹增置諫員審求端士俾危言篤論不留下情暢乎上聞以疏壅塞之弊聽受之際一以民為度民之所欲者行民之所否者弃無所為而不與民同者故天下之民不能離而議也閱武六氣戾和三辰異軌則輟食忘寢反復究省詢於朝引咎於天側身咨嗟感動中外二帝三王之所以治天下不過於是其治外有如此者履天下之利勢運天下之利用不出閨闥九年之間無內外之難泰定絕終由古以來未之有也聖心曲妙不可形容竊用民言勞錄其跡尊賢在位使能在官貴老興教哀窮恤隱省徭惜力薄賦厚生常武戢兵平法輕刑蠲藏惠民去否濯俗慰夫慰婦咸孚大公夫是之謂宣嚴嚴其在已恕裕其在人內無諸華外無四夷哀矜一視允懷如傷夫是之謂仁研幾超審迪順佑神兢業言動莫而復發惟恐一物不當有愧乎上帝之心始卒一誠二職俱極夫是謂之聖政貴有常人惟求舊允釐百度以定眾志倍其篤實披靡浮華純素之風孚近浹遠克祠上帝寵綏四方諮謀燕翼丕承列聖之鴻緒以圖無疆之大業夫是之謂烈臣謹按謚法聖善周聞曰宣施而不私曰宣克己復禮曰仁功施於民曰仁窮理盡性曰聖裁成萬物曰聖秉德尊業曰烈安民有功曰烈合時眾美宜欽承乎祖宗之命光大其徽稱以信無窮之傳謹上尊謚曰宣仁聖烈皇后同上

十八日三省奏門下侍郎蘇轍言奉敕撰謚冊文謹先進呈詔恭依同上

二十八日詔應修奉山陵兵級等當此雪寒可特支賜同上

十二月二日禮部太常寺言太皇太后謚號敕下按故事山陵未畢稱大行太皇太后掩皇堂畢稱宣仁聖烈太皇太后祔廟題神主稱宣仁聖烈皇后從之同上

十四日遼國祭奠弔慰使副到闕入奠於慶壽殿并進慰書

文武百官並詣殿門外進名奉慰同上

十六日尚書左僕射兼中書侍郎范純仁奏奉敕差撰　宣仁聖烈太皇太后哀冊文謹先進呈詔恭依同上

二十六日羣臣詣慶壽宮上大行太皇太后謚冊冊文曰孝孫嗣皇帝臣哲宗御名再拜稽首臣聞聖人之興默契天運昔真宗仁宗之際章獻臨御歲周一紀實能協合神人以綏靖國家逮我聖考丕嚴萬國惟未小子未堪多難則亦聖祖母躬受其難始終九年臣民以寧社稷以固欲報之德未殫其所惟圖人以謹事神以謚易名明詔聖德以示後嗣庶幾不忘世以為憲恭惟大行太皇太后實天生德作合皇祖無私如天博愛如地內自宮省之微外薄華戎之廣丕冒德澤以生以成昔在景德北戎弗若時則武烈參定大計師於澶淵克遂有功南北底定幾九十年民穫蕃生送死功書鼎彝澤加於後及我仁祖對揚宣孝以尊天位亦惟慈聖實以從母先識潛德宜於室家施及朝廷元豐之末天地震烈疾方彌留羣公卿士拱手相視罔知所措而大策中定號天為謀肆時沖人寶主神器帷幄既施號令時叙稽於眾庶膺一二老政無舊新以便民為先人無戚疏以守正為用故士恥奇衺民知鄉方耕田而食遂底於今雨暘小愆責躬菲食饑饉會告振廩散滯更世之心常若不足人賴其賜神享其誠薰然和平無大災害間修咸平之政大弛逋責中外所釋以予萬計饑寒者得以衣食流散者得以安處歌舞之音流於四方邊人侍和時肆猜貳一開信義欽然知畏迄無一言之爭夏人侍邊要出侵擾一被恩澤釁畔仍弭卒為乞盟之計雖燕處於中壹實大又於萬邦究觀設施莫見其朕惟約心以公自二王一壹泊於外家均還以法無僥倖之求處躬以儉自飲食服器至於宮室取足於用無華靡之飾雖履大位以天下養而歲月之奉子弟之厲猶視長樂之故是以貴戚近習相視而慄元臣耆老聞風而嘆不言而化成不威而心服曾三代漢唐一人而已若六宗稱儀具在有司舉白抑畏置而弗舉受冊

之禮當在文德也而遷郊於崇朝明堂之賀當在集英也而儀止
於東閣將成宣光則原廟之設自處於治隆將攢往予則族人之
恩丁比於列碑凡輕於約身而重於違禮雖之庶政蓋有不可勝
言者矣臣夙遭閔凶未習師保之訓提攜閫閤若晨之望歲誘之
以詩書之樂滋之以勸講之良示之以聽納之寬導之以決斷之
明久而不忘遂以成性方將率德以自廣致養以盡誠而命之弗
知哀恫罔極臨朝惘然未知攸濟易月之制既弗敢違因山之期
茲從以告是用博訪於卿士受命於祖宗惟德之至不可以名言
而功之隆不可以數舉敢因古人一惠之義益以累新四謚之法
庶以盡子孫之誠而慰海內之望謹遣攝太尉守尚書左僕射兼
門下侍郎呂大防奉冊寶上尊謚曰宣仁聖烈皇太后伏惟靈
德在天令名垂世光配廟祏貢於太史沒而不忘永永無極嗚呼
哀哉　又上謚寶畢群臣詣赴宮門外奉慰及慰皇太后同上
紹聖元年正月一日群臣及遼國使副詣西上閤門進名奉慰同上
五日侍衛馬軍都虞候呂真充靈駕都總管詔元豐庫支錢十萬
緡絹七萬匹應奉山陵支費從戶部請也又詔賜山陵修奉兵士
等特支錢有差同上
九日啟菆前一日文武百僚詣崇慶殿奠酹同上
十日啟菆宮文武百僚詣崇慶殿立班禮畢奉慰於皇儀殿門外
瞻臨訖退同上
十一日朝臨至發引日止同上
十四日禮部太常寺言欲依學士院議永厚陵於下宮安置奉安
英宗皇帝大行太皇太后御容祝文稱皇后行禮欲稱孝孫嗣皇
帝御名謹遣孝孫婦皇后孟氏從之同上
十五日內降御製大行太皇太后挽詞四首付禮部詔以發引前一日
國僕伏陳使於宣德門外輔臣宿本司同上
十六日發引上啟奠於崇慶殿祖奠於庭遣奠於宣德門外百官
陪位中門下侍郎蘇轍讀哀冊　冊文曰維元祐八年歲次癸酉

九月丙子朔三日戊寅大行太皇太后崩於崇慶宮之壽康殿旋
殯於崇慶殿之西階有司奏謚曰宣仁聖烈粵明年二月癸卯朔
七日己酉遷座祔於永厚陵禮也啟殯宮祖庭將陳容衛以
復凝月輝輝而如憐孝孫嗣皇帝臣御名痛臨遺殿以興哀瞻振容
而永慕屬吟管而何悲龍柩韜而若駐翊衛肅關神儀帝路及御宣
近司紀懿聖度其詞曰皇矣大宋寶命自天重明累聖時惟欽宣
正后在中契於坤乾校任比媲難端日符是興太母於鑠太母躬
義率仁居靜猶德含和如春正嚴自禀聰明夙聞作合英祖齊昇
並耀受養神考陰功善教體道不違惟德是勤元豐奉命帝念惟
辟聽斷兆同以補天際繼佑神孫立民之極公以泣人儉惟化俗
衣有大練奩無片玉旁關不出四海在目信義由中九夷思服如
鑑不塵如璧不緇三害夭夭正直是咨宗藩外戚浸漬慈人尊
尊宮雖昇不私親舊羸弱外朝非戚池鬱雍臨唯政是勉服御屏
更唯德是善肅示萬方為則為法左右宣躬日就月將動有壇宇
居由範防造次於是寢隆且昌如天清明霽日之光治化方成舜
勞永息外若平居中潛轉屬坤軌軌以復罹月輪翳而曉墜曾大
化之雖但尚斯民之為蘇嗚呼哀哉蹤宿戚垂兮靈霧猶縷總帳
勢緊兮爐烟未消想仙馭以何適謝八寰而已遐萬乘號慟衣纓
九霄千官縞素而流涕朝嗚呼哀哉人與神兮靈何速秋復春兮
時已徂儀羣兮未忘於平昔時動兮難留於須臾翼八翣以為衛
陵訟而兆塗嗚呼哀哉野蒼蒼兮人漸遠仗緋徊兮天欲曉遵洛
瀾兮嗟備物之如在闕翠彥兮知神遊之不遠山川已兆於真宅
松柏猶疑於故苑嗚呼哀哉玉蹕龍盤金藏鑑啓泉關絕夜宮闈
流晨亭執同兮畢來於萬國寶歷開兮惟朝於百神魚為炬以非
日雁長飛而不春嗚呼哀哉成內則於三朝貽書風於千祀致理
之勤兮已往大道之公兮古如此何遠其家以之為國而憂其民之
猶子宜大書而作冊俾永光於宋史嗚呼哀哉上自崇慶殿步哭
導梓宮至宣德門外遣奠禮畢衰服還宮百官辭靈駕於板橋同上

十七日羣臣詣西上閤門進名奉慰及慰皇太后於內東門。同上

十八日賜山陵修奉提舉採石官以下錢絹，修奉總管以下銀絹各有差。同上

二十八日禮部言：將遷號太皇太后神主，議按章獻明肅皇后神主題云章獻明肅皇后劉氏神主。詔依故事。同上

二十九日山陵使司言：虞主至京，入瓊林苑，依迎入右掖門，量排香燈、舁輿、繖扇、細仗導引入苑。從之。同上

同日開封府言：請依元豐三年慈聖光獻皇后掩皇堂禁屠宰三日。從之。同上

三十日賜京西轉運使司、西京河陽鄭州山陵應奉官銀絹有差。同上

三月一日中書省言：山陵使司奏，應緣山陵用度，欲依故事差戶部郎官郭茂恂、石適直、郎呂由誠會計編錄具冊以聞。從之。同上

五日葬於永厚陵，掩皇堂，文武百僚俟時詣西上閤門奉慰。同上

十三

八日樞密院言：宣仁聖烈太皇太后虞主祔廟，差昭宣使、入內內侍省押班馮宗道都大提舉神主祔廟一行儀仗。同上

十二日虞主至，奉安於皇儀殿，皇帝奉迎，行禮畢，文武百僚詣西上閤門奉慰。初虞主將至皇儀殿門，上望舁輿哭盡哀。同上

十三日上行虞祭禮，文武百僚立班退，詣西上閤門奉慰，至十五日止。同上

十六日上詣皇儀殿行卒哭禮，文武百僚立班退，詣西上閤奉慰。同上

十七日虞主祔廟，上詣皇儀殿行告遷禮訖，上前導虞主至宣德門外奉辭訖，赴太廟，皇帝還宮，俟祔饗訖，文武百僚赴西上閤門奉慰。初虞主降皇儀殿，上步導出門，見執蓋者，顧左右卻之，自至儀門，前導且行且顧，既再拜奉辭，禮官贊請還幄，上不聽，南向久之。詔從駕諸班直及神主祔廟禮畢執儀仗兵員並賜特支錢有差。同上

肅　泱

二十一日德音：西京、河陽、鄭州減死刑，釋杖罪，沿山陵科率蠲復賦役，應奉行事官量與恩澤，開封府界提點、府界諸般勾當文武官、河陽汜水府界中牟知縣賜銀絹有差。同上

二十四日山陵了畢，五使以下管勾等官、祔廟畢宰臣以下應奉行事官並賜器幣有差，兩該賜者從一多給。同上

七月十七日禮部、太常寺言：今年九月三日宣仁聖烈皇后小祥，按先降勅，三路沿邊臣僚祔廟畢許用樂，其餘並候一年。今及小祥，合候十月一日臣僚開樂。又在京禁樂日分，見依典故申請外，小祥故事例素不全，無外州軍禁樂體例。詔依慈聖光獻皇后大祥故事，將來小祥日在京臣僚奉慰行香，外州軍行香禁樂，應依故事內外合設齋薦道場處並差人排辦，餘從之。同上

八月一日詔：九月三日小祥酌獻於崇慶宮，前後禁樂各三日，不視事各二日，禁屠各一日。同上

九月三日小祥，羣臣詣西上閤門、內東門奉慰。同上

十四

二年九月三日大祥，上行禮於神御前，百官奉慰。同上

十一月十五日禫祭，宰臣率百官奉慰。同上

三十日禫除，宰臣率百官奉慰。同上

欽聖憲肅皇后

徽宗建中靖國元年正月十三日夜，皇太后崩於慈德殿。翼日，百官入班殿庭，尚書左僕射韓忠彥宣遺誥於殿之西階，曰：吾由臣於相門，作配神宗，逮事英宗，母儀三朝，惟社稷是憂，惟臣民是恤，積勤遘厲，累月弗瘳。皇帝天性誠孝，夙宵左右，衣不暫解，藥必先嘗，禱禬祓除，靡所不至，間雖小愈，卒至彌留。生必有終，天地之道；修短之際，亦數之常。吾昨遭時艱難，親決大策，屬以聖意勤請，與聞政機，曾未愈年，遽復明辟，既從容東朝，以享天下之養，而謙抑神聖，以為天下之福。年垂耳順，往從丞裕之遊，靜惟乃心，尚復何憾！皇帝以宗社大計為念，無過哀傷，更賴臣鄰共與開釋。仍追尊故皇為皇太后，其典禮並依章懿皇后故事。皇帝成服之後三日內

聽政服紀以日易月在京文武百官十三日而除諸司長官及近臣觀察使以上臨於宫庭其餘臨於宫門外諸道州府長吏以下三日釋服軍民不用縞素沿邊不得舉哀釋服之後勿禁作樂園陵制度務從儉省免從吾志勿事煩勞並依慈聖光獻皇太后故事施行宣畢内外舉哭盡哀是日輔臣宿資善堂命延福宫使入内内侍省都知梁從政管勾殿前事入内内侍省押班閻安監造梓宫上同

十五日百官入臨於慈德殿移班奉慰上於殿之東廂輔臣陞殿問聖體上哀慟過甚韓忠彦等進曰皇太后久疾陛下省侍累月已極憂勞今復過哀臣等不勝憂懼願上為宗社少寬聖情自此百官朝晡臨三日止朝臨四日止宗室朝臨至成服日止上同

同日命門下侍郎李清臣撰哀册文尚書右丞范純禮撰謚册文翰林學士王覿撰謚議上同

同日中書省言園陵修奉深慮有司不能仰承遺誥務從儉省之

十五

意詔令户部並依往例對酌的確合用之物不得過有寬剩除西京轉運司供辦外不得於别路須索上同

十六日詔曰恭以大行皇太后逮事英宗輔佐神考保佑先帝曾國變故首建大策援立朕躬艱難之初暫同聽斷日月未幾遽欲復辟朕固請不獲勉徇慈旨退處宸闈游心道妙謙尊鮮儷冲静自居惟功隆德鉅福被天下永言園服未知所從令遺命陵號乃重有貶損曷以仰酬慈德以慰塞中外之望乎可詔有司易園陵曰山陵餘恭依遺詔施行上同

同日命尚書右僕射曾布為山陵使吏部尚書陸佃為禮儀使兵部侍郎何執中為鹵簿使吏部侍郎張舜民權儀仗使給事中蔡權開封府温益權橋道頓遞使舜民益候差正宫日罷福宫使入内内侍省都知梁從政為山陵修奉都監龍神衛四廂都指揮使徐和為山陵修奉總管延福宫使入内内侍省副都知馮世寧為按行山林使入内内侍省押班閻安入内内侍省東頭供奉官管

勾御藥園閤守懃並都大管勾山陵事尚書都官郎中曾孝序提舉孳生馬監高偉並為採石官上同

同日詔大行皇太后以四字為謚又詔山陵五使而下並建領追尊皇太后園陵并論輔臣裁節山園陵浮費凡所用不急非有益神靈者除之命户部侍郎王古主其事追尊皇太后欽慈皇后也事具後卷上同

同日禮部太常寺言檢會慈聖光獻皇后故事京城及諸道並禁樂至百日文武臣僚之家九虞祭畢卒哭許嫁娶其軍民即過易月禫除不禁仍不用花彩各候聽樂日依舊欲依故事施行從之上同

十九日詔下諸路差石匠六千人赴陵所上同

同日詔以皇太后遺留物賜輔臣有差上同

二十日命御史中丞趙挺之為儀仗使權禮部尚書豐稷為禮儀使龍圖閣待制權知開封府温益為橋道頓遞使上同

十六

二十二日大斂上成服於慈德殿百官成服於内東門入慰上於殿之東廂上同

同日文武百僚上表請聽政詔答不允自是七上表乃從之上同

二十四日小祥上祭奠訖百官衰服班慈德殿庭慰上於東廂上同

二十五日罷梁從政山陵修奉以閤守懃為山陵鈐轄仍許往來照管上同

二十七日命權尚書刑部侍郎岑象求為覆按山陵使入内内侍省押班劉瑗副之上同

二月五日詔靈駕發引日宗室節度使以上從行餘悉免　三省檢會故事慈聖光獻皇后山陵從者二十一人宣仁聖烈皇后山陵從者六人近以覃恩正任員多而節度使止六人故有是詔上同

七日大祥皇帝釋服服素紗垂脚幞頭淡黄袍綠鞓黑帶文武百官並服素脚幞頭慘色公服黑鞓帶是日百官並赴慈德殿陪位祥祭訖移班慰上於東廂及諸内東門進名奉慰上同

八日山陵按行使馮世寧言得地於河南府永安縣鳳臺鄉詔遣内侍齋圖示覆按所同日詔除羣臣不臨奉慰同上

十日文武百僚左光祿大夫尚書左僕射薛門下侍郎韓忠彥等上表請御殿詔答不允自上五上表乃從之同上

十一日殯於慈德殿之西階百官班臨慰上於東廂次詣内東門進名奉慰同上

十三日太常寺言太行皇太后山陵一行法物欲依元豐二年慈聖光獻皇后山陵故事大昇轝一百五十人輴車挽士二十人哀冊車謚冊車謚寶車鸞輅轝車魂車香車重車城門外梵銘旌車貫道轝方相氏金四目黑衣朱裳執戈揚盾載於車自哀冊車已下並駕牛駕士二常服白幘幘素信幡錢山昇二黃白紙帳二暖帳夏帳各一千味臺盤一衣物昇拂轝二挽歌三十人鐸八翣八花釵禮衣一副漆梓宮夾衾一障梓宮翣十二柄十二時辰各一當壙當野祖明祖思地軸贈玉二段刻木控鶴官二十人刻木内

十六

人二十人像生器物五十事屏風一掩障一像生牀倚四副音樂隊神御帳一宮城一園苑一芭甡輿三蓋并一轝儀郭一行車蒼餅舁一招幡子二十個玉穀舁一像生駝二十像生馬二十像生車檐羊轝三國白幕慈車三乘渾刷白布幃簾駕士白布衫巾幞木栗木神主各一座舁趺匱香舁曲几箱帊等浴神主盆太廟添修石室一一皇堂開掘下深六十九尺填築六尺面方二丈五尺石地宮深一丈明高二丈一尺鹿巷長七十二尺一神臺高四十一尺下腳一十九步計九十五尺一神墻高一丈三尺一山門角闕各大瓣高二丈七尺次瓣高二丈三尺小瓣高一丈九尺一鵲臺二座各大瓣高二丈七尺次瓣高二丈三尺小瓣高一丈九尺一乳臺二座各高二丈七尺一神門四座每座三間各四椽四鋪作事步間修蓋深二丈平柱長一丈二尺一獻殿一座共深五十五尺殿身三間各六椽五鋪下昂作事四輔角二廈頭步間修蓋平柱長二丈一尺八寸副階一十六間各兩椽四鋪下昂作事四

轉角步間修蓋平柱長一丈一闕亭二座每座五間各四椽四鋪柱頭作事深二丈二尺每座二廈一轉角柱高一丈二尺一鋪屋四座每座二間各兩椽單科直賛作事深一丈二尺柱高八尺一宮人二箇各身高八尺背闊二尺三寸一獅子八箇各高六尺一寸已上至六尺六寸已下胸闊二尺七寸一文武官四箇各身高九尺以上九尺三寸已下背闊二尺七寸一羊四箇坐高六尺一寸胸闊二尺三寸一虎四箇坐高五尺六寸胸闊二尺二寸一馬二匹各高五尺三寸頭尾長九尺鞍轡事件全把馬官四箇各身高八尺背闊二尺二寸一望柱二條各高一丈三尺二寸徑圍七尺八寸一門下合二段各長一丈二尺五寸闊六尺厚二尺越額一段長一丈八尺高四尺五寸厚二尺五寸挾二段各長一丈二尺闊二尺五寸厚二尺直額一段長一丈八尺闊四尺厚二尺門寸門砧二段各長五尺闊二尺五寸厚二尺門砌三段各闊厚二尺二段長各六尺一段長三尺一欞鎖柱一條長一丈三尺五寸濶

十七

二尺厚一尺五寸一漆燈盆一座計二段盆一段高四尺五寸徑三尺座一段方二尺五寸厚一尺一蠟燭一段高二尺徑一尺五寸從之同上

同日上服素紗幞頭淡黃衫黑犀帶御迎陽門百官起居宰臣跪請聽政詔與親王宗室侍從官以次陞殿奉慰上掩泣久之同上

十日太常寺言故事葬先輕而後重祭先重而後輕選尊皇太后宜以五月六日寅時掩皇堂大行皇太后宜以巳時掩皇堂從之同上

十九日封山新草同上

二十二日詔何執中入國日令徐勣兼權兵部侍郎充山園陵鹵簿使同上

三月八日宰臣韓忠彥率羣臣請謚號於太廟　議曰臣聞古之欲明明德於天下者先治其國欲治其國者先齊其家故舜堯之所以帝始於嬀汭之嬪文王之所以王本乎關雎之化蓋身修而後

家齊家齊而後國治國治而後天下平者王道本末之序也恭惟大行皇太后生於慶門世濟勳德在父母家已能服儉好禮不以公卿之閥驕其心方神宗龍潛藩邸天作之合共遵詩禮之訓交修子婦之道及帝握乾符御大寶憲章一祖四宗維圖之具稽考二帝三代善俗之道登延儒髦崇尚經術以隆萬世之業后亦正坤儀講內治上以奉慈壽崇慶之歡下以廣兔罝麟趾之實恭承明祀述宣陰教以爲六宮之率故神考之修德盛烈流於無窮慈德之徽音茂實光於不朽此家濟國治而天下平之顯效也承天攬極十有九年變東朝之養十有七載率履不越謙尊而光於求賢則懷輔佐之志於撫子則推均一之愛服御簡素不玩珠玉鑒觀圖書增益自得深戒私謁未嘗以親屬干朝廷神宗每訪家事終無所言幾務未決或以試之從容析理多出常情之表遇待日隆文簡戚族支派蕃衍纖介偶闕切責隨至於是有戒謹恐懼之福無驕奢傲慢之咎每歲推恩宗黨法有定數以次及之罔或偏

厚哲廟繼統之初崇慶預政之際釋益宏多蔭受其賜　哲宗富於春秋不憚未幾遽至大漸弗及憑几見群臣人情恟懼神器震搖獨仗大義静重自若尊揚末命援立仁聖措天下於泰山之安其守正不惑有如此者皇帝踐祚權宜同政御後近制也辭之而弗處避家諱常禮也戒之以無諱事無易難克己不吝心無適莫惟善是從始終數月之間屢申遐託之命皇帝涕泣祈懇至於累旬確乎不從遂復明辟其委遠利勢有如此者還政故事禮崇外氏崇同宗良議皆寵以異數詔旨欲宣堅持不下帝雖數請慈意莫回後不得已纔聽易鎮其恐盈防患有如此者不豫之日皇帝衣不解帶藥必親嘗齋思多方禱福群望疾稍間所語者軍國遠慮而已言不及佗固宜享萬壽無彊之休而遽棄大養因山有期昭行以禮臣竊嘗攷風雅於古詩考紀傳於前史有后妃之德者或無遭變之功有遭變之功或致專戚之譏至於功德兼隆美善俱盡奇偉倜儻未有如大行皇太后之全也然則雖欲形容詎

能髣髴惟是孚於詔令頌於士民巍巍乎其著明者乃獲粗陳其梗概焉若夫精微妙密則何能名之有謹按謚法敬事節用曰欽威儀悉備曰欽通達先知曰聖揚善賦謀曰聖刑政四方曰憲聖能法天曰憲剛德克就曰肅執心決斷曰肅不加飾於籍珥惟致美於褘褕升降進退皆有法度左右親信罕見惰容可謂敬事節用矣可謂威儀悉備矣坐鎮危疑洞察情僞於天人相與之際有蓍龜先明之明其動也時能斷大事可謂通達先知矣可謂揚善賦謀矣母儀三世兢兢終身淵默尊嚴纘御自化海隅蒼生風靡誠服可謂刑政四方矣可謂聖能法天矣內健外順好謀而成以天下之大公任天下之重責力安宗社澤及生靈可謂剛德克就矣可謂執心決斷矣擅是眾美集爲大成質諸鬼神而無疑藏乎天地而無愧斯足以擬威典垂鴻名丕有烈光以昭後世大行皇太后宜欽承祖宗之命上尊謚曰欽聖憲肅皇后禮畢列名奏上之詔恭依同上

十一日輔臣欲以大行皇太后爲欽慈憲肅追尊皇太后爲欽聖上曰慈聖宣仁皆有聖字宜以大行皇太后爲欽聖憲肅追尊皇太后爲欽慈輔臣皆頓首稱善同上

二十一日詔大行皇太后追尊皇太后發引命官分導於靈前同上

二十八日詔四月四日以大行皇太后謚冊告廟是日遂上大行皇太后謚冊於慈德殿同上

四月一日太常寺言按故事大行皇太后啟菆前三日在京禁樂祔廟畢仍舊所過州府縣鎮候虞主回京仍舊從之同上

二日啟菆前日宰臣率百官奠於慈德殿同上

四月以大行皇太后謚冊告廟是日遣宰臣韓忠彥上玉冊玉寶於慈德殿　冊文曰孝子嗣皇帝臣御名再拜稽首言曰竊惟詩人推本周文王之功德曰文武初載天作之合自古帝王之興必有聖女以助內治以垂陰教表裏協濟王功以隆而後能同享太平之福嗚呼非天眷命於有邦其曷以臻此惟我烈考聰明齊聖

緝熙丘聖之遺緒興起萬世之長利惟我聖母應期挺生粵自潛
邸作配宸極肅正中闈敦睦九族法度形於燕閒恩惠逮於微賤
俾我烈考之德孚於朝廷王冒海宇惟予小子幼被撫養顧復之
恩長受敎誨勸導之益延入翼室用端命於上帝方圖內承東朝
之訓外竭四海之養而否德譴祐天降割於我家亟奪我聖母焭
焭在疚日月于邁有司稽古將節惠以易名惟小子曷足以仰窺
淵懿敢祗述所知以昭後世恭惟大行皇太后徽柔肅雍恭儉慈
愛實我咸平相臣文簡公之曾孫維時文簡輔我真祖勤勞在官
垂裕乃後是產淑哲與聖俱興志在女工婦道已茂正位於內三
十餘年夙夜儆戒靡有違德慈聖宣仁兩姑並尊承顏三宮孝恭
烝烝元符之末國統弗嗣相臣異心大計杌隉中外震懼寒心拱
手惟我聖母稽謀神祗憲章典禮力援眇躬大統以定惟平日退
託潛德弗耀而任大投艱克有餘裕片言析理兇狡震服所謂坤
至柔而動也剛雷聲而淵默者歟惟宗社有奉神人有依實自我

聖母祗率故事恭請同政至於再三勉興聽斷蕩宥多辟冤滯昭
蘇決去蔽蒙人才咸敘華夏蠻貊戴白垂髫聞風歡呼喜氣橫流
休功美利申國景命亦惟我聖母而乃夙夜克自抑畏視事不臨
於便坐私諱不行於外庭不敢自同先后而復遠鑒前古期以泰
陵祔廟退處房闥既又謙懼亟降璽書曾未及期已復明辟友愛
二弟恩恤篤至而憂其抉責請外不許宮室器服無所增廣不為
浮麗可喜之觀嗚呼為天下之母而躬賢哲難能之節當太平盛
世而謹古今易忽之戒可謂明哲純德鮮儷與卜宅兆從因山既
藏是用咨於卿士受命祖宗惟道大不可形以名言德厚不可盡
以稱謂謹稽四謚之法略舉衆善之端以慰臣民以示子孫謹遣
攝太尉左光祿大夫尚書左僕射臣韓忠彥奉冊寶上尊謚曰欽
聖憲肅皇后恭惟神靈在天休聞在下光於清祐表於有宋億載
萬世與國無極嗚呼哀哉禮畢百官退赴殿門外奉慰是日大行
皇太后啟攢百官朝臨於慈德殿上行祭奠之禮告遷梓宮於兩

楹之間百官奉慰遂晡臨自是百官朝臨三日止同上
十四日以大行皇太后發引前三日百官服初喪服臨於慈德殿
自是日一臨前一日仍晡臨同上
十五日內出御製挽詩五章付禮部同上
十七日大行皇太后靈駕發引上啟奠於慈德殿百官入臨奉梓
宮陞龍輴祖奠於庭遣奠於宣德門外百官陪位攝中書令李清
臣讀哀冊　冊文曰粵建中靖國元年歲次辛巳正月壬戌朔十
三日甲戌大行皇太后崩於慈德殿二月壬辰朔十一日壬寅殯
於西階以三月壬戌朔八日己巳戒百官請命於太廟謚曰欽聖
憲肅皇后太史筮之將以五月辛酉朔六日丙寅遷座於永裕陵
禮也哀子嗣皇帝臣御名徽宗極永感之懷窮無窮之慕躬羞洞酌奉
寘輴馭痛三牲之養勿至於遣奠悲萬壽之祝俄成於晞露聲欬
如在聲容不返畢銅史之餘滴動金商之清飈著令忽其成凄黃
風颯其變慘像設既嚴物儀具在惟是冊書用傳不朽官以承詔

式虔事守紀寓哀貽之永久其詞曰我宋隆康恩漸動植若遠及
邇生成滋息趨走賢智修官懋職遐方四裔左衽重譯維相向公
梁柖宗祐逮女曾孫適家瑞國蚤歸王藩旋被褕翟至性溫溫令
儀翼翼道德禮學知自得慶壽寶慈問安昕夕執養寒暑端莊不
易內輔神宗贊助陪益凡厥見聞徐為啟迪十有九年晏巢冥椒
掖萬邦託慈六宮仰約省外式湯沐賠澤敬恭西竺檀旃蹙蓟斯
世王平陰與多績比蹤夏商塗山簡狄姜源太姒聯祛並爲元符
三祀歲執徐直正月己卯變同劉走巍巍哲宗武威文德天何弗
祐忽遘宅穸上嗣考廟將決大策于將鴻臣或藏邪慝輒進異論
欲倒白黑賴我聖母深潛剛克析之陛前氣殫語塞庭羅犀渠門
比關戟龍德利見人寰慶懌一指顧間長寧社稷譬如媧皇神功
妙利鍊石補天斷鼇立極沖融宇宙混漾瀰瀰靡賢不登靡冤不
釋臣嘗侍對與聞訓敕曰我　皇帝聖材天錫予道勤勞政事祇
惕治本亂原講磨紬繹惠心溥博物理研覈帝堪多難予復明辟

何侯祔廟始還禁闥予齋初難從因予責自下教告無就安適帝
詖以留懇欽發積歎請帥因祖聖欲錫義盡今茲事高程昔在漢
馬鄧固多漸色其於邦民憂不離聽動履仁儉示先壺則服無珠
璣器無金碧棊成服繪素絹組織言祖經墳習誦儒墨諸書遍暇
疑旨洞析兢兢瞿瞿始忘寢食涼暄密移冷氣侵蝕皇帝聖孝厥
處在側藥審刀圭術窮鐵石禱遍山川猶期千億再劇難靈冥莫
終厄彿供奩昏喪氣夜赤祲豪書凶彗星示祈數地坤元景淪望
魄五十六載馳光度隙嗚呼哀哉梓匠奏工殯儀飾帳殿光途
殯堂徹席縞幕鼎彝蜂旌引冥在遠城闕宿總所陌轂騎鑾輅締
華輅嘻簫笳悲吟海吟霜萬鏡哀辭四民泉感御服蔬麻皇情
樂綴嗚呼哀哉靈輀啟宮蘂奄蒲龍幌蕭森嚴扉虛寂發路鑾
啟執非陳逆引覺山園浴濡竹猶帷有儀音長留寶獸嗚呼哀哉
上自慈德殿步導梓宮行且哭至宣德門外立俟梓宮發大昇轝
發引乾奉辭哀服還內元祐皇后虎靈駕以行是日普安院迎尊
皇太后靈駕同時發引百官辭於板橋退改常服入門望日詣西
上閤門內東門奉慰（同上）

二十七日大行皇太后靈駕至陵所羣臣奉慰（同上）

五月六日葬於永裕陵掩皇堂羣臣詣西上閤門奉慰（同上）

十一日虞主至自永裕陵羣臣迎於板橋元符皇后迎於瓊林苑有司行六虞祭上服鞾袍素紗幞頭黑鞓犀帶迎於內東門外奉安於皇儀殿羣臣奉慰（同上）

十二日七虞祭羣臣奉慰自是八虞九虞皆上親祭（同上）

二十五日上以祔廟前一日宿於慈德殿側輔臣宿於本司百官宿於朝堂（同上）

二十六日奉欽聖憲肅皇后欽慈皇后神主祔於神宗廟室（同上）

二十八日德音應兩京河陽鄭州減死刑釋杖罪緣山陵科率蠲復賦役應奉行事官量與恩澤（同上）

七月一日詔吏部尚書陸佃贖銅十斤起居舍人李昭玘放罷少府少監韓粹彥降一官坐欽聖憲肅皇太后山陵奉虞主不恭佃嘗自言故薄其罪（同上）

崇寧元年正月十三日小祥羣臣奉慰如儀（同上）

十月二十日禮部言來年正月十三日欽聖憲肅皇后大祥依故事禁樂從之（同上）

欽慈皇后喪禮

哲宗元祐四年六月二十八日美人陳氏薨贈充儀殯塗於萬壽觀（同上）

元年二月移殯多慶寺之東紹聖四年四月贈貴儀（同上）

徽宗元符三年正月十二日徽宗入繼大統詔有司議尊崇之典追尊皇太妃推恩外家遠其姻戚崇奉園寢殊望歲時薦新（同上）

十二月二十七日詔故皇太妃園寢封地除塋域外皆勿禁以有司奏欲毀民墳九百六十所民數百區故有是命（同上）

建中靖國元年正月十六日詔曰朕惟守位曰仁事親者仁之實教民以孝因心者孝之先煢然眇躬幼失所恃有霜降露濡之感無昏定晨省之固隆祐深慈具言於遺訓章懿咸興並列於有司明告治朝追崇顯號故皇太妃陳氏柔儀端靜淑德昭明標茂範於皇闈藹徽音於彤史輔佐永裕肅雍內庭誕育沖人纘承大統被蒼不弔陟岵纏哀朝雞猶想於問安吹棘徒增於隕涕既不能致四海之養銜恤無窮將何以報昊天之恩崇名為慰用廣如存之敬以伸終慕之情宜追尊為皇太后仍令所司擇日備禮冊命詔大行皇太后山陵五使而下並兼領追尊皇太后園陵又詔祔葬永裕陵（同上）

同日三省進呈章懿皇后故事仁宗皇帝詔園寢者四一長告二上論三啟菆四發引上不欲數出城將減上（溢）不欲（知）數故事并諭輔臣裁節山園陵浮費凡於用不急非有益神靈者除之命戶部侍郎王古主其事（同上）

十八日命同知樞密院事蔣之奇撰哀冊文命中書侍郎許將

撰謚册文并書册寶給事中兼直學士院徐勣撰謚議同上
同日太史局言園陵斥土宜用二月十九日發引用四月十七日
大葬用五月六日從之同上
二十日詔皇堂視大行皇太后制度修奉同上
二十七日命權尚書刑部侍郎岑象求為覆按山陵使入內押侍
省押班劉瑗副之同上
二月三日詔以三月六日祈啟四月四日啟欑同上
八日太常寺言請俟易月畢詣園寢行展告追尊皇太后之禮御
史臺請自園寢設追尊皇太后路發並從之同上
十三日詔追尊皇太后四月五日啟攢宮進大昇轝發引赴多慶
院俟車駕親詣行禮訖靈駕赴普安院權奉安育合行事欲依下
項一閤守懃劉子欲乞自三月六日使行祈去追尊皇太后增修
神臺且留舊墳塼罩令儀鸞司紋縛幕殿俟啟攢前五日將塼罩
及地宮并去取見梓宮開修隧道即用罩幛進龍輴至神門外上
大昇轝聖駕行遣奠之禮畢長行至普安院殿前設幕殿奉安就
大昇轝添飾梓宮了先隆封鎖使司令相度欲令於啟攢前三日
漸次拆去塼罩至初三日拆去地宮見梓宮開隧道用木罩幛掩
覆俟初五日啟奠行禮畢進龍輴奉梓宮發大昇轝赴多慶院幕
殿權奉安以俟聖駕行遣奠之禮畢進發赴普安院其初三初四
日五使並宿衛於多慶院幕次餘依閤守懃所申施行一多慶院
普安院合設置奉安幕殿并准備內人及五使以下幕次並令頓
遞使司都大管勾所貼定地位次令儀鸞司紋縛陳設并其餘各
排辦事件令頓遞使司預行計置一啟奠行事并遣奠讀哀册文
合用儀注及合排儀仗應合行事件並令禮兵部太常寺限三日
詳議聞奏貼黃稱禮官稱啟攢日有啟奠更無祖奠之禮止俟聖
駕到多慶院讀哀册行遣奠之禮一防護軍兵等令馬軍司選差
押發使臣一員量帶人馬五百人騎同已差下軍廂主管押於四
月初三日赴多慶院并本地方都同巡檢帶領本頭項人馬同兵

二一五

簡

巡宿一多慶院頓遞已降指揮令兼管普安院頓遞兩處管幹不
前欲令頓遞使司更切相度如合別差官分頭管幹即具合添員
數姓名申使司奏差事畢先次減罷從之詔以四月四日多慶院
追尊皇太后啟攢須戀德殿大行皇太后啟攢畢乃可出宮以
五日啟攢宮權赴多慶院宿頓俟車駕行遣奠禮畢赴普安院奉
安同上
十四日太常寺言故事葬先輕而後重祭先重而後輕追尊皇太
后宜以五月六日寅時掩皇堂從之同上
十九日封山斬草同上
二十三日詔啟攢日服衰同上
三月一日以追尊皇太后啟攢命園陵使曾布奏告宗廟社稷同上
八日同知樞密院事蔣之奇言詔撰謚册文檢詳故事或稱太后
或稱皇后某氏惟祭別廟者加太字而祔太廟者去太字祖母則
稱太皇太后崩亦如之加太字者所以別尊稱也謹按唐順宗莊
憲皇后王氏初稱並云莊憲皇后開元六年正月太常奏昭成皇
太后謚號禮部非之太常報曰入廟稱皇后義繫於夫在朝稱太
后義繫於子臣竊詳册文云孝子嗣皇帝則前合存太字以申陛
下臣子之志既從先帝之謚又納之陵寢則復合去太字以正從
夫之號蓋事干典禮名不可以不正望下禮官詳議所有大行皇
太后亦應視此詔太常寺詳議以聞於是太常寺檢會慈聖光獻
故事祔陵廟則去太字其餘則存之册文初稱大行太皇太后尊
謚即曰慈聖光憲皇后今合遵用詔恭依同上
十一日宰臣韓忠彥率羣臣請追尊皇太后謚號於太廟謚曰欽
慈皇后詔恭依　議曰臣聞道與世而升降禮稱情而節文自周
之興始存紀謚之法逮漢而降乃有追册之儀歷代莫不共由先
王未之或改載籍編而弗泯升郊廟以無慚孝子慈孫豈責三牲
之養成功盛德冀永萬年之觀於皇治朝順考舊典撫隆平之休
運懷顧復之深恩戴惻淵衷式欽承於先訓是崇顯號庸昭示於

二一六

至公以詔無窮以垂不朽洪惟神考克紹實圖有虞舜之風以釐
二女有文王之化以刑四方修明壼儀登進邦媛是生聖母來嬪
昌辰伏惟皇太后令質粹合懿姿茂淑恭儉成於所性柔嘉得於自
然動容周旋默中矩矱之節夙夜儆戒肆覽圖史之規贊陰教於
紫庭諷芳聲於彤管尊嚴保阿之訓被服澣濯之衣織女工而不
遑化婦道以歎雞鳴而敦逮下之惠信順以體資生之仁形夢日
之嘉祥協祠禖之綏吉克昌國祚誕育聖躬貽社稷無疆之休慰
華夷胥徯之望永裕之仙遊忽遽坤儀之正位未隆鸞藏璽以密
穆駒過隙而難駐天長地久緒遺恨以何窮日往月來想徽音而
莫覿皇帝紹膺駿命嗣守慶基極孺慕以奚從感色養而無及念
之不見彌深陟屺之哀維以永傷更甚茹荼之苦肆舉追崇之典
用申罔極之情爰命下陳敬遵故事紀遺芳而傳史牒涓穀旦以
告廟祧臣謹按謚法威儀悉備曰欽敬事節用曰欽一心均愛曰
慈能以仁教曰慈皇太后體該衆美性蘊先知名之可言乃其勢
懿德之所屆無以形容永對天地之休敬承祖宗之命恭上尊謚
曰欽慈皇后同上
十四日請多慶院園陵行展告之禮同上
二十一日詔將來發引命宮分導於靈駕前啟攢親王宗室並素
服角帶同上
二十八日詔四月五日上謚冊於多慶院幄殿候車駕還宮回告
廟以太常失請故上謚先之同上
四月二日詔啟攢前五日遣官奏告天地宗廟社稷宮觀同上
五日啟攢園陵使啟奠畢奉梓宮升龍輴至神門外登大昇轝赴
多慶院幄殿百官班臨遣宰臣韓忠彥上玉冊玉寶於幄殿　冊
文曰維建中靖國元年歲次辛巳四月辛卯朔五日乙未孝子嗣
皇帝臣徽宗御名稽首再拜言曰臣聞謹終追遠前聖之格言立愛惟
親先王之猷訓維小子承堪多難慟菲質之靡依痛慈顏之永隔
有懷顧復曷報劬勞欲申終慕之情必盡欽崇之禮是諏穀旦敬

上尊名恭惟追尊皇太后體道思齊含章履正柔嘉播於德範溫
惠本乎天資中環珮之節動儀乎紫庭奉圖史之戒美溢乎彤管
輔佐先帝誕生沖人爰自潛藩入纘大統天神地祇罔不祇協社
稷宗廟咸以康寧推原慶靈自我聖母而上壽未究淑命弗融奄
捐盛時浸閱華歲園陵在望音徽如存不待承東朝之顏不及享
四海之養昊天罔極空勤報德之誠春露既濡深結愴心之感顧
久稽於位號茲未慊於誠懷屬慈德　上賓形於遺命惟章懿之
故事具在有司是用鏤玉牒之鴻休鋪淑瑩之懿鑠聿嚴昭薦式載
慰孝思方將啟在浚之靈宮祔維嵩之吉宅曰先其遠龜告厥猶
役徒繁興功緒丕作始因山而成具終復土以有期仗衛肅其前
驅簫笳悽以徐引念之不見往寧體於堅堂慨然有聞旋升神於
清祐於是舉公庶尹博士諸儒考協前古之遺文討論一代之成
憲咸以謂謚者所以述行號者所以表功義有受成名無浮實節
惠之法厥惟舊哉其祇率於彝章用襃加徽稱謹遣攝太尉尚書
左僕射韓忠彥奉玉冊玉寶上尊謚曰欽慈皇后伏惟昭鑒在上
儼茲鉅典永錫祚裔垂裕家邦於萬斯年配天無極嗚呼哀哉同上
同日上詣多慶院幄殿服衰親奉引庭中行遣奠之禮謁中書令
許將讀哀冊　冊文曰維建中靖國元年歲次辛巳四月辛卯朔
六日丙申上神宗皇帝妃陳氏尊謚曰欽慈皇后粵五月辛酉朔
六日丙寅遷座於永裕陵之次禮也羨道夙啟晉奠載徹羽衛擎
而有行鸞輅隱其將發孝子嗣皇帝臣徽宗御名永慕徽音恭覃禮典
瞻黼筵以踊痛奉靈輦而恭遣乃詔邇臣撰揚聖善其詞曰繄陳
肇氏實生堯舜有媯之後維舜之胄陳之啟封實始於周歷漢
唐或祖或侯逮我有宋世遺彌盛族出京兆為時顯聖皇圖有赫
益光炎正關雎成化曾沙協慶乃鍾淑哲爰際神聖女錫是嬪翊
職是聰樂修內教懋崇六行齋戒從桑左右流荇儀若翰翟度翁
玉瑩逮下惟仁奉上惟敬兩宮隆愛九御懌美女謁無私彤管有
煒妙彰筆劃戒視圖史克厚人倫以受帝祉曰衍慶運履欽應祥

趣任邈似翼夏生商宜民宜人為君為王則篤其慶於邦有光昔
在元豐帝齡兒夢撫神鼎以號絕睇屬臺而茹痛愴橋山之已遠
惜蒼梧之未從悼兮永懷竊兮至靜袿裳無飾珠緻金屏寥旐不
倦好謙自秉處勤克念夙夜猶警月望來儀華嬪斯頌盖與世以
皆昌胡畀年而不永嗚呼哀哉鉤陳動色陰靈隨輝林有風而不
止露猶草而先晞昊天不弔慈顏早違有蜃其車有緇其旂旐纚
纚綷翟綴黻衡總晦米幽堂闔扉望國郊其孔遠空故庭兮不歸
嗚呼哀哉時龍天飛離明五麗祇遹遺訓亶隆前制乃正坤極允
尊皇纓瑞琮陳可重翟在庭玉琢有冊寶上尊名金範有璽寶奉
至榮文備邦禮哀實皇情以萬國之貴而聿追於後以四海之養
而不逮其生嗚呼哀哉靈殿雲結神闕山立乘輿親詣歔欷嗚執
衣黃悅見淚袒紛如二儀感而風悲千宮侍而雨泣靈之下兮既
享燎將歸兮陵邑嗚呼哀哉吉月兮良辰嵩霏兮猿霧龜兆兮皆
遵轄龍兮莫駐鳴笳邅咽紅旐列注背映臺以右轉越叢嶽而西
去嗚呼哀哉仰烈考兮在天遡從之兮洛川洛川兮斯瑩松栢兮
有所九虞續兮其返神顧我兮來還原既安兮不騫祚後之人兮
萬年嗚呼哀哉禮畢靈駕發引赴普安院奉安候聖駕至宣德門
上登輦還內同上

十五日內出御製挽詩五章付禮部同上

十七日大行皇太后追尊皇太后靈駕（同時發引候）奉見訖先行大行皇太后
靈駕至普安院前追尊皇太后靈駕奉見訖先行大行皇太后靈
駕以次進發百官辭於板橋退改常服入內登日詣西上閤門內
東門奉慰同上

二十七日奉安靈駕於永裕之下宮同日靈駕至陵所羣臣奉慰同上

五月六日葬於永裕陵掩皇堂羣臣詣西闕門奉慰同上

十一日虞主至自永裕陵羣臣迎於元符皇后皇后迎於瓊林苑
有司行六虞祭上服靴袍素紗幞頭黑鞓犀帶迎於內東門外奉

安於寶儀殿羣臣奉慰同上

十二日七虞祭羣臣奉慰自是八虞九虞皆上親祭同上

二十五日上以祔廟前一日宿於慈德殿側輔臣宿於本司百官
宿於朝堂同上

二十六日神主祔於神宗廟室同上

二十八日德音應兩京河陽減死刑釋杖罪緣山陵科率蠲復賦
役應奉行事官量與恩澤同上

八月六日詔供備庫副使陳永式等進官有差以欽慈皇后祔廟
故也同上

欽成皇后喪禮

徽宗崇寧元年二月十六日聖瑞皇太妃朱氏薨輟視朝十日詔
曰聖瑞皇太妃昔事神考無險詖私謁之心有警戒相成之道誕
育哲廟享養徽宮助紹隆繼述之功遵慈儉保佑之德令云殂殞
良用衋傷思父念兄禮宜隆厚特優冊典以貴其終可追崇為皇
太后同上

十七日禮部太常寺言追崇聖瑞皇太妃為皇后欲依景祐三年
故事歲時祭典以監護使行禮詔遷於皇儀殿治喪大斂後擇日
出殯普安院仍權用綵轝奉安出右掖門聖瑞殿應有服人並合
行事並禁中殿首合行典禮令禮部太常寺詳定蔡王似權於皇
儀殿門外設次行服仍於殿下聚梓宮羣臣於不奏事日赴皇儀
殿上香餘依所奏同上

十八日制曰夫孝之至者其愛廣報之厚者其禮隆朕適駿皇圖
極思父念兄之感惓懷聖瑞盡慎終追遠之情歎告治朝特尊顯
號欽聖瑞皇太妃朱氏懿恭惟則柔惠且早衍慶於毓斯克相
儀於椒掖輔佐昭考有警戒之道而無險詖之心保祐泰陵助纘
述之功而遵慈儉之德仰徽音之愈茂嗟淑命之不融於戲稱順
號沖生不及四海之崇養寵章華煥而加萬世之鴻名惟哀慕
之無窮用襃崇於罔極宜追尊為皇太后仍令所司擇日備禮冊

命施行。是日，命中書侍郎許將爲園陵監護使，延福宮使、入内内
侍省都知馮世寧爲園陵都監，龍神衛四廂都指揮使張存爲園
陵修奉總管，尚書禮部侍郎周常爲禮儀使，尚書兵部侍郎鄭洽
爲儀仗使，尚書工部侍郎盛園爲鹵簿使，尚書刑部侍郎杜常爲
橋道頓遞使，將作監許幾爲提舉採石官，尚書祠部郎中王詔權
尚書度支郎中兼京西路轉運使，候園陵事畢還闕。同上
同日，太史局言：追尊皇太后大殮用二月二十二日，成服用二十
八日，出殯用二十九日。從之。仍詔出殯并發引及葬日並不視朝，
羣臣詣西上閤門進名奉慰。又詔追尊皇太后應祭奠並令祭
王行禮，出殯後令就普安院行服，止宿前降令監護使行禮指揮
勿行。同上
同日，追尊皇太后園陵事務所言：斥土用四月六日，啓攢用五月
四日，發引用十日，葬用二十四日。園陵監護使言：章惠園陵故事，
追今七十餘年，典籍不存，乞參用遷建中靖國元年園陵并前後故
事增損施行。從之。同上
二十二日，大殮，羣臣奠於殿庭。同上
同日，命吏部尚書趙挺之撰哀册文，翰林學士郭知章撰謚册文，
尚書工部侍郎龔原撰謚議。同上
二十七日，詔追尊皇太后園陵京城禁樂一月，葬日即祔廟，各前
後禁樂七日。同上
同日，學士院撰到尊皇太后出殯鼓吹導引歌詞一首，詔送太常
寺。同上
二十八日，太局史選到追尊皇太后斬草破地宜用四月初六日庚
寅，吉時宜用當日辰初四刻，先自皇堂下手，刻期趙辨大葬外神
門闕角等繼續修蓋。從之。同上
同日，以成服，上行祭奠之禮，不視朝。同上
二十九日，出殯，羣臣進名奉慰訖，赴普安院上香。同上
三月二十日，禮部言：追尊皇太后園陵修奉所狀，准尚書省劄子，

今來園陵皇堂用四十五尺，依新舊參酌增損丈尺等。其修砌皇
堂地宮、鹿巷、廟壁、火口上闊在四十五尺内，並依去年皇堂故例，
闊深六十九尺，打築六尺，明用三十六尺。今來陰陽官胡晟等狀，
依經法開掘五十三尺，打築八尺外，明四十五尺。今來既用地宮，
若依修奉所狀内事理，除別無典禮該載外，取到太史局狀，看詳
胡晟等狀内所定皇堂下深并添築丈尺，即別無妨礙。内看詳神
牆高一丈，即系合經法。若用九尺或一丈一尺，及神臺等若依去
年故例修製，各別無妨礙。内參酌增損丈尺名件，即陰陽經書不
載，若依所請，即無妨礙。又取到太常寺狀，勘會建中靖國元年
園陵神牆用一丈三尺，詔用一丈一尺。餘依修奉所申。同上
四月十日，宰臣韓忠彦等請追尊皇太后謚於太廟，謚曰欽成皇
后。詔恭依。　議曰：臣恭以神宗皇帝在宥天下十有九年，凡禮教
之所儀刑，道化之所鼓動，而四方靡然向風者，實自齊家始。六宮
之内，位不必備，左右祇肅，類以德進，雖復恩數優渥，莫不撙節自
飭，其賢至有以道相成者，非一日積也。恭惟追尊皇太后興自慶
系，進登貴名，柔懿恭順，久著休聞，仁淑勤儉，見於躬行，而又謹環
佩之音，帥保阿之訓，其夙夜所以警戒者，有故賢妃之風，故善積
而慶從，行成而報厚。熙寧九年，天命誕集，是生哲宗皇帝。元祐初，
昭受顯册，享養西宮，儀衛之崇，冠服之盛，定儀禮閤，榮動一時。曾
不以帝母之貴自居，而甚承宣仁欽聖之辭也。惟婉順是盡，凡所
以保佑訓迪於泰陵者，一遵兩宮慈儉之德，追紹聖故事，增光神
考之休烈，則又有紹隆繼述之助焉。然而二十年間，經涉變故，從
容俯仰，謙冲自牧，薦及中外，初無間言，豈惟神考陶冶成就，亦敏
於聽從，出自天性也。　皇帝踐祚，益加禮意，閤者謂追尊皇太
后方且康寧，擧處享有多祉，不幸憂傷之來，疾屬爽和，久之未平。
皇帝聽言動容，爲推恩出繫，因下令訪醫，衛日夜少瘳，奄忽大故。
尤用盡傷，亟降詔追崇爲皇太后，肇正中宮之名，秩增章東朝之
母儀位號，恭隆繼美先后，宣制之日，聽一新園陵有期，思有以節

惡易名者，中命宰臣請謚太廟，而命臣撰號文。臣伏讀謚書，追尊
之訓，辭參考六家易名之舊法，仰觀神宗内治之[illegible]，違於是序列
追尊皇太后終始之事至矣，所以上當祖宗之意，以信萬世無窮
之傳者，一與謚法相應。謹按謚法，相應備悉曰欽，敬事節用曰欽；
為德均一曰成，夙夜警戒曰成。追尊皇太后宜欽承祖宗之命，恭
上尊謚曰欽成皇后。上同

十五日，備太尉、尚書左僕射兼門下侍郎韓忠彥奉欽成皇后謚
冊寶。冊文曰：維崇寧元年歲次壬午四月乙酉朔十五日己亥，皇帝
御名謹再拜稽首曰：夫謚者行之迹，號者功之表。歷選前代，靡
有成憲。蓋生而飛英聲、騰茂實，歿有以闡於一時，則歿而延尊名、
隆徽稱，又將以詔於萬世。[illegible]先朝[illegible]命[illegible]大[illegible]方[illegible]追[illegible]
恒震悼異數，龍章[illegible]燦[illegible]命有司考稽往制，約美節惠，庶幾
形容於萬一也。恭惟追尊皇太后柔嘉靖共，體仁蹈和，昔在神考
聰明睿知，勵精庶政，教化庶成，德禮陶漬，關雎之風，行家人之道。
正當是時，皇太后贊熙内治，協相椒闈，寤寐思服，夙夜警戒，輔佐
憂勤，受祉上帝，行慶發斯，篤生哲宗，奎山[illegible]狄，丕續進慶元豐之
末，裕陵上賓，宣仁垂簾。當是時，皇太后婦職允修，皇妣是尊，崇慶
慈德，朝容秖順，承顏問安，孝恭匪懈，謙讓治天下之主，有謝貴顯
援之恩，而不[illegible]於其功，雖參[illegible]神元之位，有與服儀衛之寵，而不
自挾其貴，謙沖靜默，得於誠性，終始金粹，無有間言。紹聖之初，哲
廟親政，睿發斷起，慶與[illegible]丕變治功，[illegible]尺[illegible]復還熙寧元豐
之盛。方是時，皇太后助紹隆繼述之志，有啟迪尊尊之益，陰功隱德，
人所不知，休烈盛美，蓋有不可得名言者矣。[illegible]宜[illegible]祿[illegible]昌，壽考
以長享西宮之養，而為四海之所[illegible]式。遐[illegible]來究，淑命弗[illegible]圖山
有崩，龜筮既從，茲用博訪於卿士，受命於祖宗，表行易名，所以憬
與議當神心而話不朽之傳。謹遣攝太尉、尚書左僕射兼門下侍
郎韓忠彥奉寶冊，上謚曰欽成皇后。伏惟先靈，如存淑問，不[illegible]
鉅典，照[illegible]懿德，對越清廟，永永無極。嗚呼哀哉！上同

三五

三十日，詔[illegible]尊皇太后欽成，敕宰臣率百官行奉謚冊寶奏告
天地、宗廟、社稷、景靈宮。發引日，遣宰臣承謝於永裕陵，如欽慈皇后故
事。上同

五月四日，追尊皇太后欽成[illegible]當[illegible]，選二學士發奉遷讀冊寶
於靈座，祭主以行祭奠之禮，宰臣奉慰如儀。上同

六日，命諸[illegible]宣讀追尊皇太后靈駕發奠。上同

十日，靈駕發引，祭王以行祭奠祖奠之禮，讀中書令趙挺之讀哀
冊。冊文曰：維崇寧元年歲次壬午四月乙酉朔十五日己亥，追
上神宗皇帝[illegible]謚曰欽成皇太后，粵五月乙卯朔十四日甲
子，遷座於永裕陵之次，禮也。嗣經夙戒，奠[illegible]方撤，將[illegible]良駕於廣陌。
引慈仗於[illegible]，皇帝德懿，益隆恩禮，斯啓羽衛之有行，念徽音
之承繼，先命侍臣[illegible]揚懿烈。其辭曰：惟我有宋，[illegible]立極，王化之
基，自家刑國。於皇神考，甚度修飭，元豐之[illegible]下[illegible]妙選六宮。
拜[illegible]徽德，靜[illegible]恭[illegible]揭不行，夙夜警戒，協謀祖成，鑑武發祥，篤
纘丕緒。其在西宮，是恭是慈，仁克儉育，齋莊而誠，胡不永年，忽云
淪亡。嗚呼哀哉！泰陵初，嚴恭默不言，誠佑保翼，忠和且慈，逮及親
政，紹隆繼述，贊助之勤，一心孜孜，追想音容，空餘號慕。嗚呼哀哉！
厥初遵[illegible]，親其宗穆，[illegible]祠蒸，神不[illegible]，泰[illegible]之殆，編肆脊省
以寬，憂[illegible]之[illegible]轉，若逝水以難留。嗚呼哀哉！永懷之[illegible]兒顧以
大統，聖[illegible]孝[illegible]稱[illegible]尊崇之禮，[illegible]而[illegible]中正位號
之尊，榮隆典禮，而追奉孫[illegible]玉兮[illegible]金兮[illegible]。嗚呼哀哉！
之榮，國政[illegible]空兮[illegible]來[illegible]兮[illegible]隴陌兮晨
考卜[illegible]仙[illegible]去[illegible]與[illegible]洛之
[illegible]宮牆石門兮[illegible]永夕雲駢
[illegible]兮[illegible]嗚呼哀哉！有形兮[illegible]斯盡生
能[illegible]以歸裕陵之原[illegible]千百兮斯年
終不[illegible]。嗚呼哀哉！上同

同日，元祐皇后靈駕以行，百官辭於[illegible]如儀。上同

三六

二十二日，太常寺言：「虞主到京日，請依章惠皇后故事，於瓊林苑權奉安，行陞祔之禮。」從之。同上

二十四日，葬於永裕陵，羣臣奉慰如儀，百官奉迎。同上

二十九日，虞主至自永裕陵，百官奉迎於板橋，元符皇后奉迎於瓊林苑。同上

六月五日，神主陞祔於神宗廟室。同上

八日，德音：應西京、河陽減死刑，釋杖罪，緣園陵科率羅役賦役處奉行事官量與恩澤。同上

十六日，朝散郎、試將作監許幾特授朝請郎，以辦園陵有勞故也。同上

二年正月二十日，太常寺言：「二月十六日小祥，其日不視事，禁屠宰一日。景祐無禁樂故事。」詔禁樂。同上

十二月十一日，太常寺言：「來年大祥，乞依小祥例。」從之。同上

宋會要 昭懷皇后

卷七千三百六十九

十六

徽宗政和三年二月九日崇恩太后劉氏崩十日詔曰
朕嗣承哲宗基緒永惟大恩無以報稱夙夜靡忘崇恩
太后作配元符母儀天下比緣憂疾遂爽和平藥石弗
瘳遽至淪謝友恭之義是用盡傷追往送終禮宜從厚
已降指揮參酌孝章欽成皇后體例施行如或未稱可
更檢會故事務在優隆以稱朕意又詔崇恩宮太后薨
輟朝五日内二日不視事治喪于外除依開寶皇后故
事同日詔崇恩太后今月九日感疾暴卒於宮中今已
遷于普安禪院治喪伏念友恭之義務全禮制應有合
行禮儀可依欽成皇后及開寶皇后故事參酌中制裁
定取旨同日詔差園陵按行管勾使并都監令來諸處

行移文字内使合稱崇恩太后園陵又詔在京禁音樂
七日在外三日除沿邊訃告到舉哀成服三日而除
二十五日駕幸普安院澆奠　四月一日詔將來五月
二十七日崇恩太后祔葬永泰陵以資政殿大學士提
舉萬壽觀鄧洵武為園陵監護使越州觀察使李璞為
提舉修奉園陵戶部郎中張諤兼權京西路轉運副使
京西路轉運判官吳長吉並應辦園陵事務　二日詔
奉議郎張恩永添差充永安軍使應副園陵事候事畢
日罷　閏四月十一日工部侍郎議禮局詳議官于文
粹中請上謚曰昭懷皇后詔恭依議曰臣聞紀實以名
名者實之賓也表行以謚謚者行之迹也以載籍之言

卷七千三百六十九

十七

參稽前代之制飾終追往既有以盡情文之厚制名紛
美又將以信慈久之傳是以周家之法禮經存節惠之
文東漢以還后謚有加崇之典所以昭明既往而垂示
無窮至公之道不可易也况夫天挺淑質克配哲廟興
禮異數極于褒崇則俯酌群言仰遵成憲丕揚顯稱其
可後乎恭惟崇恩太后毓粹高閎承芳令族姓系之美
著乎氏譜德善之積基于前人澤厚流光慶鍾頎媛粵
自幼歲莊飭令儀姆教是親女工是懋早膺選擇協贊
宮闈位列四妃坐論婦禮惟是悉心匪懈以陪弓韣之
祠故吉夢劾祥遂膺熊羆之慶元符之間中宮虛位寔
輔建言坤道承天所以持載萬物后德佐王所以叶修

陰教九廟祭祀之重必有以恭承兩宮晨昏之奉不可
以無助宜諏穀旦涓建長秋哲宗皇帝誠身以御家邦
建孝以承祖考亶稟慈訓數號治朝遂正椒房升儷宸
極典冊之備褘翟之華足以統齊六宮章明婦順逮夫
紹聖嗣服昭善繼之功篤因心之友於崇寧二禩特頒
詔音以厭懇之贈既視春宮春秋之義毋以子貴於是
褒崇位號仰慰在天之靈改賜宮名以隆敦敘之意儀
物恩典光顯榮耀是宜增有永之年以長享安榮之福
而遐齡未究淑命弗融藥石靡瘳遽至淪謝宸衷憫盡
申飭有司備物送終務從優厚日月有期龜筮告吉爰
遵故實以謚易名詔于萬世謹按謚法曰容儀恭美曰

卷七千三百六十九　十八

昭慈短折曰懷崇恩太后曆此令名揆實云稱僉言惟
穆允協至公伏請謚曰昭懷皇后　五月二十七日葬
于永泰陵群臣奉慰如儀六月十四日神主陞祔于哲
宗廟室　十九日德音應兩京河陽鄭州減死刑釋杖
罪緣園陵科率蠲複賦役應奉行事官量與恩澤　七
月五日中書省言鄧詢武奏昨被命充昭懷皇后園陵
監護使依故例奏差到屬官其逐官應奉一行諸事實
以五使職務分委主管兼夏雨暴至趲程前進夙夜協
力各得整辦委有勞效伏望詳酌比附故例優與推恩
詔並特與轉一官李東表更減一年磨勘　九月十三
日詔昭懷皇后園陵修奉官以下各特轉一官及有止

法人並特轉行內知河南府陵臺令中奉大夫任璋轉
中大夫　十二月十一日禮部奏來年二月九日小祥
乞依欽成皇后故事其日不視事內外禁屠宰仍禁樂
從之　五年正月十日太常寺言二月九日大祥其日
不視事中外禁屠宰乞依小祥故事從之　六月禮部
奏忌辰依故事作大忌從之

宋會要　顯恭皇后

徽宗大觀二年九月二十六日皇后王氏崩尚書省言
按章穆皇后故事真宗皇帝服七日百官三日諸道州
府訃到日長吏以下與將校三日沿邊州縣皆不舉哀
在京擇日依故事餘從之　二十七日詔百官赴皇儀

卷七千三百六十九　十九

殿朝臨十月一日百官朝臨　同日命中書侍郎林攄
為大行皇后園陵使尚書禮部侍郎李圖南為禮儀使
尚書兵部侍郎沈錫為儀仗使尚書工部侍郎賈奕為
鹵簿使尚書刑部侍郎馬防為橋道頓遞使知入內內
侍省黃經臣為園陵按行使定州觀察使郭天信副之
知入內內侍省藍從熙監修園陵　五日中書省言京
西路見闕轉運使一員及修奉皇后園陵合權置轉運
使一員詔以尚書主客員外郎張徽言為京西路轉運
副使尚書庫部郎中陳師文權京西路轉運使候皇后
園陵畢赴闕　十六日詔翰林學士許光疑撰大行皇
后謚冊文翰林學士葉夢得撰哀冊文中書舍人俞㮚

書謚寶文　同日太史局言大行皇后園陵斬草用十月二十四日破土用十一月十三日葬用十二月二十七日諸宗室合祔葬者並依大行皇后月日時刻從之

十八日太史局言已選定十月二十四日大行皇后園陵封山斬草依例園陵合祭后土差行事官詔就差提舉修大行皇后園陵兼總管知入內內侍省藍從熙行禮　同日京西路轉運司言今來修奉大行皇后園陵會故例知永安縣一員外添差知縣一員同管事詔權添差朝請郎新廣濟河輦運王璹候事畢日罷　十一月十九日禮部太常寺言大行皇后十二月十日發引合差攝中書令讀哀册詔差禮部尚書鄭久中尚書

卷七千三百六十九　二十

左僕射蔡京攝太尉上謚册寶并奏告太廟知樞密院事張康國攝中書令讀册門下侍郎何執中讀寶　同日宰臣蔡京等請上謚曰靖和皇后　議曰臣嘗讀詩周南言王者之風而關雎以下則獨稱后妃至大雅思齊之詩曰大姒嗣徽音則百斯男而序云文王之所以聖蓋感人之道神矣孰得而議所見者后妃之化而已由后妃以觀焉則文王之聖可知矣夫豈特文王然哉舜之所以大見于嬀汭之嬪禹之所以神見於塗山之翼則古帝王之功未有不始于內而推之天下者也洪惟我宋聖神相授真主嗣興天作之合化先閫內帝業以隆蓋方儷體宸極則儀聲茂實既有以彰於一時及

奄棄椒塗則鴻名徽稱斯有以垂於萬世是用稽于公卿大夫以合天下公議靡敢私也恭維大行皇后懿惠和徽柔肅恭實故尚書令秦正懿王之後惟時正懿佐命藝祖勳載旗常慶流苗裔是生淑哲出應昌運白龜見夢朱蛇效祉載誕之夕祥光滿室來嬪之初神僧授記禕褕之尊信有符矣故方養德閨門則端莊靜重不妄言笑身衣澣濯靡有厭色逮作配潛邸正位坤儀則功德之盛超今絕古粲然可紀若其祗奉九廟則嚴恭以相祀事致養慈德則思媚以盡婦道謂靡麗之飾傷儉也故服御無珠玉之奉謂私謁之風害德也故外家無干請之私居母儀之貴而能守禮執義懷抑畏之

卷七千三百六十九　二十一

小心視嬪嬙之衆而能屈已逮下無嫉妒之誠行然則后之德可謂至矣屬飛龍之御天而有拱翼聖躬之勤感占熊之應兆而有誕育元嗣之慶繼生貴主以啟天支之蕃衍章明陰教以致閫內之雍熙思賢才之為助所以轉佐聖德擇左右以誨子所以協成義方然則后之功可謂極矣矧乃雞鳴而起侍求衣也齊明盛服侍旰食也言探經史化聖學也揮毫灑落法宸翰也族既蕃矣則歲薦必以賢而弗及于庸下家既寵矣則訓弟必以學而靡容於怠荒至于侍上宴閒則裨政化而甚務為民祈福則捐脂澤而不吝此又徽美昭著中外之所共仰者也方且崇清靜之化悟真乘之理游心於恬

淡絶意於紛華此又不訖于富貴而超然獨得者也歷
考在昔后妃之賢如大行皇后可謂鮮儷矣聖上感德
大業丕冒海宇廓爾天造淵然神化鼓舞群生莫窺其
與竊仰大行皇后之懿則主上之所聖可概見其萬一
已夫以所示於行則知存諸心者有不可量之善以所
施於外則知秘于内者有不勝述之迹然則殫竹帛罄
金石有不足以形容者矣若迺漢魏以來史氏所稱身
衣大練裳不務飾無戚夫音樂之好者猶且載美詠歌
流芳簡冊曾何敢望大行皇后之德之美之髣髴哉聖
上歎珩璜之弗御悼窀穸之有期㦿情傷軫典禮備舉
乃詔有司揚德善冊丕稱皇哉欒乎豈不慰明靈而協

卷七千三百六十九　二十二

衆願哉謹按謚法曰柔德教衆曰靖恭仁鮮言曰靖雍
熙閫内曰和閨門有禮曰和恭維大行皇后衆德之所
備大名之所歸神人合契罔不惟稱伏請謚曰靖和皇
后　同日太常寺言大行皇后園陵十二月十日發引
其日皇帝宣德門外行遣奠之禮合差下項官詔中書
令一員讀哀冊宜差禮部尚書鄭久中舉冊官二員宜
差著作郎何志同著作佐郎胡伸捧冊官四員宜差太
常寺丞張邦憲宗正寺丞王菲光祿寺許偲衛尉寺丞
趙子櫟同日太常寺言將來大行皇后謚冊寶修製成
依近降朝旨擇日讀于靈座前前一日差官告太廟依
故事合差官施行詔太尉一員上謚冊寶并赴太廟奏

告宜差蔡京中書令一員讀冊宜差張康國侍中一員
讀寶宜差何執中舁冊官四員宜差秘書丞蔡修秘書
省著作郎何志同秘書省校書郎葉煥毛友龍舁寶官
四員宜差秘書省校書郎朱承任熙明太常博士姚易
馮燕學捧冊官二員宜差右司郎中吳亮左司員外郎
唐恪舉寶官二員宜差吏部員外郎林成材司封郎中
鄭知徽太常博士一員宜差太常博士張山。十二月
一日太常寺言將來大行皇后十二月十日發引十二
月二十七日午正三刻大葬依故事合差行事官下項
詔太尉一員持節前導梓宮即皇堂及奠謚寶於皇堂
神座之西并監鑠皇堂宜差中書侍郎林攄司徒一員

卷七千三百六十九　二十三

帥奉梓宮及所司奉梓宮外大昇轝并引接官即皇
堂自京至陵下行事宜差禮部侍郎李國南司空一員
俟梓宮下大昇轝以巾拂梓宮并俟掩皇堂訖覆土九
錘宜差戶部侍郎權開封尹李孝稱侍中一員奏大行
皇后升龍輴車并沿路奏大昇轝進發前去至陵所回奏
翟車進發及沿路至京宜差刑部侍郎馬防禮部侍郎
一員奉謚冊哀冊等接自京至陵下行事宜差工部侍
郎賈炎　六日以上靖和皇后謚遣官奏告天地宗廟
社稷宮觀十日靈駕發引帝于宣德門外行遣奠之禮
攝中書令鄭久中讀哀冊　冊文曰維大觀二年歲次
戊子九月戊申朔二十六日癸酉大行皇后崩于坤寧

殿旋殯于皇儀殿西階有司請謚曰靖和越十二月丙子朔二十七日壬寅太史卜吉遷座于永裕陵之域禮也輼車戒塗組旒在列遣奠既終黼翣將徹皇帝軫悼儷之深情追壼闈之懿烈撫轜輅而莫留悼餘哀於永訣廼命辭臣具揚淑哲其詞曰惟天祚宋一德以興自家型國奕葉相承於顯惟后象隆太原龜靈效符實嬪潛藩乾龍應天風雲聿從仡仡椒塗正于六宮帝臨萬邦靡務不舉謚其相之者有內輔上帝監觀乃錫元子繼生王姬以燕厥祉紘綖是親璋璜是肅以苹蘩蘋以亮種稑懋德居尊時惟東朝左右奉承靡懈夙宵下逮嬪嬙以奠不然琴瑟鼓鐘所友懷賢攢恩靡祈私謁靡

卷七千三百六十九

三千四

感孰玩以娛圖書翰墨至于儉勤允克自厲大練是師衣不曳地齊明裕和惟靜以安謹固憂勞惟久以常凡此衆美世亦鮮備廼獨兼之從容以肆赫赫皇圖景命日新謂永順承式儀我民星軒忽淪舒景告變百齡匪長曾莫容瞬嗚呼哀哉洞戶次寥音容眇茫方蕣華之熠燁兮神遽舉而安適委瑤齋而弗處兮一朝閉此幽堂悲空山之冥冥兮松栢鬱其造天翳重扉之無曉兮邈修夜之不陽嗚呼哀哉素紗月慘丹旐風適紱五敖之將況兮簫笳而復咽六驥仰而悲鳴兮洛川憺而不流瞻姑繇之回環兮儼輿鍰之既設喟長秋之間寂兮寧禕狄之可求嗚呼哀哉動皇情之紆軫兮念昔而感

令諏舊典以斟酌兮槩情文之既備暢芬芳於隱冊兮褰弗墜乎徽音俯金冠兮寵故在攬筐衣兮念尤深嗚呼哀哉物終必窮兮大化儵其密移雖工知無可奈何兮曰適來者時尚平生之髣髴兮從皇姑以下游妥同原之既固兮其千萬歲于茲惟流芳於彤管永作福于丕基嗚呼哀哉　二十日奉安梓宮于永裕陵之下宮　二十七日掩皇堂　二年正月二日虞主至自永裕陵群臣奉迎奠慰如儀　十日奉神主祔于別廟　十四日德音應兩京河陽鄭州減死刑釋杖罪緣園陵科率蠲復賦役應奉行事官量與恩澤　十五日靜江軍節度使王薦除檢校司空河陽三城節度使中太一宮使以靖和皇后葬事畢加恩　四年八月三日禮部言

卷七千三百六十九

千五

靖和皇后九月大祥依章穆皇后故事不立忌外是日內外禁樂一日從之　十二月十六日靖和皇后可改謚惠恭宜依典故疾速施行　政和元年十一月二日太常寺言惠恭皇后昨九月二十六日大祥係依章穆皇后故事不立忌大祥後初年是日禁樂以後並依章穆皇后故事從之　高宗紹興七年五月二十七日詔吏部尚書孫近等依故事集議易惠恭皇后舊謚六月一日近等請上謚曰顯恭皇后詔恭依議曰惠恭皇后禀坤德之至柔配離明之淳耀鍾粹公侯之族發爲宮掖之祥言則有常克奉詩書之訓動而合禮無煩保傅

之嚴用能正位居室作嬪于京綱紀人倫母儀天下躬
行四教以興內朝之治身率六宮而親北郊之蠶服澣
濯之衣崇節儉也有進賢之志念艱難也無險詖無嫉
妬不以燕私之意刑于外也進賢才知勤勞不以外家
之事請于朝也是以奉神靈之統理萬物之宜配至尊
作宗廟主而天下化之乃若猗蘭夢日華渚流虹天祐
下民是生淵聖以三善之德重列聖之光雖逸駕驂鸞
方周流於八極而深仁厚澤已滲漉于無垠然則推原
內助之風上論繼明之日必有徽號永配宸極臣等謹
按謚法曰嚴欽事上曰恭嚴欽鬼神曰恭夙夜供事曰
恭接下不驕曰恭夫思媚諸姑歸寧父母非嚴欽事上
卷七千三百六十九　二十六
乎躬視滌溉薦豆孔庶非嚴欽鬼神乎肅環佩之節謹
雞鳴之戒非夙夜恭事乎有逮下之言盡衆妾之心非
接下不驕乎國家重規沓矩比迹周漢昭憲之謚御法
於宣祖三后之號並同於章聖至乎宣孝之祔欽仁之
配罔不由斯其意若曰婦無遂事理不專美從順得常
之道也伏請上憲恭皇后尊謚曰顯恭皇后

顯肅皇后 缺

全唐文

宋會要　顯仁皇后

三十年二月十四日禮部太常寺言昨來顯仁皇后祔
廟畢故事群臣並純吉服得旨候人使回日令禮部
條具取旨檢會明道二年章顯明肅皇后神主祔廟紹
興七年顯肅皇后神主祔廟並純吉服令顯仁后皇神
主祔廟畢及弔祭使人已回其內外百官並令純吉服
詔依令自十五日吉服　二十日宰臣湯思退等率百
官上表請　皇帝吉服御殿至是三上表詔依所請
先是太常寺言國朝典故景德元年明德皇后太祥皇
帝服素紗軟脚幞頭淺黃衫黑銀腰帶至禫除服常服
卷七千三百七十五　一
二年正月十八日朝拜明德皇后欑宮禮院請皇帝常
服乘馬出內門至幄前改淺色淡黃羅鞾袍行事訖常
服還內詔製素白之服恭覲顯仁皇后遺誥以日易月
今祔日久皇帝御前之服尚未純吉講求邮典在聖孝
固已過期未正冕章實辟情之所不忍欲乞遵依遺誥
拜表奏請皇帝御殿令有司供吉服如故事既而思退
等自十五日率百官上表不允至是三上表始依所請
二十二日詔近臣僚三上表請依典故以吉服御殿
朕雖允從深惟人子之孝未能割情二十四日常服且
服淡黃袍紅鞓帶俟春服易之　二十四日皇帝始御
垂拱殿服淡黃袍犀帶二十七日禮部太常寺言已得旨　顯

仁皇后神主祔廟畢百官未純吉服民間作樂候百官純吉服日依舊令來已經祔廟卒哭及百官既純吉服民間作樂欲乞依舊從之

卷七千三百七十五

二

宋會要　明達皇后

徽宗政和三年七月二十二日貴妃劉氏薨謚曰明達懿文命太常博士李富國撰謚議（謚議闕）八月十八日明達懿文貴妃劉氏塋御製挽詩五首　十九日制曰門下朕于右其訓克綏厥猷眷懷內助之良申錫厚終之典豈數明命褒告大庭故明達懿文貴妃劉氏從容以和洵美且異謹終如始寡笑與言無傷善而有憂勤夙夜之心不怛化而遷死生性命之理異香經日白氣屬天分不可踰葬之以禮皇后樂得淑女憂在進賢於憐其亡悅懌有美謂名數之求進則存歿之無殊親札奏封祈正名號朕嘉其忘險詖之忌行是用循追冊之舊章表勸六宮垂訓萬世於戲好是懿德有嘉象服之宜嗟我懷人共彰彤管之煒往者不可作已神其能尚享之可追冊為明達皇后　二十八日詔追冊明達皇后園陵監護官差龍圖閣學士兼侍讀蔡攸製造冊寶造神主差保靜軍節度觀察留後直睿思殿楊戩撰冊文

卷七千三百六十九　二十七

官差翰林學士强淵明書寶官差翰林學士承旨白時中奉冊寶官差少傅太宰兼門下侍郎何執中讀冊官差樞密院事鄭居中讀寶官差門下侍郎余深奉神主差太師魯國公蔡京仍差官奏告天地宗廟社稷諸陵

九月十一日太常寺言貴妃劉氏追冊贈明達皇后詔差官告天地宗廟社稷諸陵奏告昊天上帝皇地祇太廟別廟太社太稷用九月十五日諸陵用二十日餘依已降指揮　同日禮部言太史局選定發明達皇后寶冊謚冊　詔用九月二十日　十三日尚書省言勘會追冊明達皇后撰冊文官已差翰林學士强淵明書冊寶翰林學士承旨白時中奉冊寶少傅太宰兼門下

侍郎何執中讀册官知樞密院事鄭居中讀寶官門下
侍郎余深詔追册文改門下侍郎余深書册寶改中書
侍郎劉正夫撰册寶文差翰林學士强淵明讀册寶差
翰林學士承旨白時中十五日詔明達皇后謚册奉册
寶官改差知樞密院事鄭居中追册讀册官差尚書左
丞侯蒙讀追册寶官差尚書右丞薛昂謚册讀册官差
資政殿大學士中太一宮使鄧洵武謚册讀寶官差吏
部尚書張克公奉追册官差戶部尚書劉炳禮部尚書
鄭久中奉謚册官差檢校太尉武信軍節度使童貫吏
部侍郎慕容彥逢　二十日發册寶　册文曰皇帝若
曰在昔先王御于家邦人倫正而王道成德化行而風
卷七千三百六十九　二千八
俗美寶資內助以形四方惟時碩媛輔成予治考求典
禮寔有極于褒崇故貴妃劉氏性自天成動由禮義肅
于初載憂勤夙夜懷卷耳輔佐之心篤螽斯衆多之慶
別白邪正斥遠姦慝用協贊於予治德孚而衆服言寡
而行先卑以自牧不伐不矜靜而得常惟忠惟正明死
生之分達性命之理遺形去愛古人之所難詎爲不淑
猝至淪亡皇后均寤寐之求忘險詖之行親奉懇陳請
授殊號以訓宮掖朕嘉乃誠心彰乃懿德申錫追册之
典以祈協于臣民今遣太宰兼門下侍郎何執中持節
追册於戚德者天下之德尊名者古今之通義位以德
稱故足以表勸六宮名以禮崇故足以垂訓萬世爾其

欽承休命非獨以永示無窮之聞予亦庶乎委任之賢
復見于今是惟邦之榮懷神其尚鑒茲哉　同日詔太
師魯國公蔡京撰追册明達皇后記并書　十二月一
日尚書省言勘會京畿開祥兩縣人戶今歲科差應副
明達皇后園陵役使詔免來年合著河防并開河夫役
一次　四年二月二十六日詔將來明達皇后御容于
顯德殿昭賢寺德明殿奉安禮儀使差蔡京都大句官
差楊戩　四月十三日詔朝散大夫京畿計度轉運副
使趙霆可朝請大夫仍除直祕閣以修奉明達皇后陵
寢應副有勞故也　六月十二日禮部言明達皇后初
周祥西上閤門進名奉慰訖赴昭賢寺神御德明殿燒
卷七千三百六十九　二千九
香其日前後殿不坐止樂近奉勅明達皇后初周年依
惠恭皇后小祥故事令禮部太常寺條具申請檢會惠
恭皇后小祥特不視事一日西上閤門進名奉慰依小
祥內外禁樂一日乞朝廷速賜指揮詔其日止樂即令
內外禁樂一日　十二月二十七日詔修奉明達皇后
園陵官應副有勞可特推恩優等特各與減二年磨勘
次等各特與減一年磨勘內選人令吏部依條施行
五年六月四日太常寺言將來明達皇后二周祥欲依
周祥故事施行從之

宋會要明節皇后

徽宗宣和三年四月二日貴妃劉氏卒八月謚爲明節

和文五月十日詔曰朕惟自昔王天下者風化所基必由內始故正位乎外在假有家而景命維何釐于女士明節和文貴妃劉氏柔嘉淑謹出自性成飭行卑躬率履不越惟帝所賚出輔眇躬歷年于茲無險詖之心有恭儉之操警戒夙夜實聞家邦遽茲淪亡窮數知命奏訣之語切在斯民中宮思悼賢才傷嗟弗已力援舊典請謚追崇外稽師虞咸佟其素德行儀刑尤所昭顯謚以尊名禮則未稱載惟正始之道不專爲恩于渠氏奚勉從家志可追封爲明節皇后應于典禮並依明達皇后故事施行誕告中外咸使聞知　十一日制曰有憂國愛君之行勸相我家推追往送終之恩率茲常典時

卷七千三百六十九　三十

維懿德孚告大庭故明節和文貴妃劉氏淑謹慧而飾之以文後明肅恭而節之以禮在神霄之府號九華玉真之妃生嶽柱之天實亦文大帝之女嬪于初載式是六宮振振如螽斯之多莫莫有葛覃之本寤寐思服至于憂勤夙夜在公莫遑寧息進不以謟而以德義不奉私而奉公儀行莫倫忠言猶在被中宮之鞠育助陰教之儀行不伐不矜以和以睦展如邦媛可無身後之餘榮嗟我懷人具有司存之伽典用作爾祉實慰我心嗚呼禮緣于情豈徇名數之限恩稱其義用昭忠始之全以承王休以光嬪則往者不作也神其尚克歆哉可特追冊明節皇后仍令有司擇日備禮冊命主者施行

十二日詔少保太宰王黼持節追冊明節皇后少傅領樞密院事鄭居中奉冊寶中書侍郎馮熙載奉謚冊寶門下侍郎白時中撰冊文尚書右丞王安中撰謚冊文　閏五月二十一日尚書省言修建明節皇后陵寢并改修顯德昭賢寺係書藝局應副本所指擬就用外路計置未到木植使用元係提舉陝西河東京西路木植趙子滇應副立限一季結絕令來本人已丁母憂竊慮應辦闕誤詔特與趙子滇起復依舊提舉措置催促陝西河東木栰伺候應副畢日罷仍依已降指揮交割與提刑司　八月八日發冊寶于穆清殿十五日神主附于別廟　四年正月四日詔監司並爲應奉明節皇后

卷七千三百六十九　三十一

園陵等木植有勞可依逐次推恩提舉秦鳳等路常平湯東野特一官起復提舉措置陝西河東木栰趙子滇特轉行一官河東運副魏伯文特一官依條回授仍落副字　七日淮康軍節度使開府儀同三司蔡攸特授少保易鎮鎮海餘如故以董治明節皇后園陵畢賞九日詔奉直大夫直祕閣呂滐可中奉大夫朝奉郎蘇之悌除直祕閣權知濟州並以修奉明節皇后園陵畢工有勞也　四月二日明節皇后小祥百僚赴穗藏殿行香　五年正月二十六日太常寺言四月二日明節皇后二周祥檢會明達皇后二周祥明節皇后初周祥故事其日文武百官詣西上閤門進名奉慰訖赴神御

殿燒香前後殿不坐內外禁樂并禁屠宰一日尚衣局不進牌子是日作休務假所有將來明節皇后二周祥日欲依上件故事施行其燒香去處未審係于德徽殿唯復寶瑀殿合取自朝廷指揮詔並依故事施行於寶瑀殿燒香

卷七千三百六十九

三十三

全唐文

宋會要　憲聖慈烈皇后

慶元三年十一月六日壽聖隆慈備福光佑太皇太后崩于慈福宮之慈福殿遺詔內外文武百寮等予以菲薄獲事高廟逮今五紀而餘三逢揖遜之朝七受尊崇之典繫上天之錫佑與列聖之垂休時方致寧安養至養三宮五殿左右無違壽躋八十有三蓋亦人世罕有嘉與海內共樂休期彌旬以來偶嬰微疾皇帝問安嘗藥夙夜疚懷醫禱萬端莫回定數死生夜旦亦理之常況以考終一無可憾太上皇帝疾未全愈宜於宮中承重皇帝服齊衰五月喪紀以日易月成服三日聽政行在文武百僚十三日而除百官入臨並隨地之宜諸道州府長吏以下三日釋服軍民不用縞素沿邊不得舉哀釋服之後勿禁作樂嫁娶應營奉等費並以慈福宮錢物支給陵寢制度務從儉省毋事煩勞仍依顯仁皇后故事施行故茲遺誥想宜知悉　其日文武百僚常服黑帶去金玉飾入詣殿下立班定禮直官引班首出班前東向立播笏宣遺誥訖歸位並舉哭一十五音再拜稅班稍東立班首稍前躬身致詞奉慰壽成惠慈皇太后次奉慰聖安壽仁太上皇帝壽仁太上皇后次奉慰皇帝皇后歸位各再拜訖退同日禮部太常寺言文武百僚朝晡臨於宮庭內外文武百僚並詣殿下立班再拜訖禮直官引班首詣

卷七千三百八十

香案前搢笏三上香出笏歸位舉哭一十五聲訖再拜訖班退成服以後文武百官臨
三日後更不入臨如值雨或霑濕權免入臨自成服日
大小祥禫朔望百官奉慰并進名奉慰皇太后太上皇
帝太上皇后皇帝皇后檢會累朝舊制喪服以日易月
在外三日而除行在除陞朝官以上及職事官合赴臨
外諸軍統制統領免入臨就寨掛服其餘將副并部隊
將管隊使臣并散使臣陞朝官以上及將校副指揮使
以上常服哭於本營三日而止其常日朝殿祗應排立
行門禁衛班直將校副指揮御前忠佐侯百官赴臨即
哭於殿門外在外州縣長吏以下成服朝晡臨三日而
除沿邊不用舉哀應士庶婚嫁服除外不禁欲依上件
典故施行從之　七日禮部太常寺言檢照典故成服
日太上皇帝合服布斜巾四脚裙袴冠帽桐木杖腰絰
首絰直領大袖布襴衫白綾襯衫皇帝已降指揮服齊衰朞服齊
衰布頭冠幞頭大袖襴衫裙袴腰絰白綾襯衫皇太后
太上皇后淑妃內外命婦合服粗布蓋頭長衫裙帔首
絰綃襯服皇后合服布蓋頭長衫裙帔綃襯服六宮內
人無帔合服粗布蓋頭長衫裙首絰綃襯服內外命婦
合入臨人仍如舊　吳興郡王合服布頭冠布斜巾四脚大
袖襴袴腰絰桐木杖絹襯服並用文思院製造中書門
下省樞密使副尚書翰林學士節度使金吾上將軍文
武二品以上并齊衰服布頭冠布斜巾四脚大袖襴衫

裙袴腰絰桐木杖絹襯服文武五品以上并職事官監
察御史以上內容省宣政昭宣知閤門事及入內都知
押班布頭冠幞頭大袖襴衫袴腰絰自餘文武百官三
省樞密院書令史以上及御史臺閤門太常寺引班祗
應人布幞頭襴衫腰絰并下臨安府製造軍人百姓等
白彩紙帽婦人素纏不花釵三日止在外諸路監司州
軍縣鎮長吏以下合服布四脚係幞頭直領襴衫上領不盤腰
絰以麻布朝晡臨三日而除諸路州縣管內寺觀自關報
到日修建道場三晝夜臨安府并諸路並禁屠宰三日
從之同日禮部太常寺言檢照典禮自成服至釋服日
過朝殿所有薰香並用縞素輦輿從物用淺黃色包裹
御前禁衛行門班直親從快行親事官輦官等服青皂
或褐衫帶子從之　同日又言檢照典禮禫除前慈福
宮內侍官依所定官品服制其餘內侍官遇到宮行禮
合依所定服制遇從駕及出入和寧門合常服黑帶從
之　同日又言百司於以日易月服制之內入局治事
即不合易服從之　同日又言大行太皇太后上僊依
禮例合擇日奏告天地宗廟社稷諸陵從之　同日又
言依故事集百官於尚書省議謚俟謚號下日告廟次
日讀謚册於靈座前從之　同日詔大行太皇太后陵
寢當遵遺誥務從儉省應營奉等費並以慈福宮錢物
支給免擾有司經常之費諸路監司州府軍監等止進

慰表其餘禮物並令免進仍不得以助修奉攢宮為名
有所貢獻　同日禮部太常寺言太尉昭化軍節度使
提舉佑神觀吳環等言恭惟大行太皇太后奄棄宮闈
臣等乞解官持服以終三年之喪詔令禮官討論令檢
會故事欽聖憲肅皇后升遐其二弟服衰服終三年之
喪遂七百日在家設位行禮其掛服日合於當日掛服
時內於權開門外服衰服入赴立班顯仁皇后上僊韋
誼等乘絰亦已解官持服今來吳環等係絰合依前項
典故施行從之八日禮部太常寺言將來梓宮發引合
用挽詞候降付本寺日差撥挽郎教習施行發引前夕
并沿路合用鑾場及導引鼓吹所有歌詞下所屬修撰
其鼓吹下本寺按習施行從之　同日又言發引日皇
帝行啓奠祖奠遣奠禮除總護使及行事侍中等官合
赴外欲乞用南班并本宅親屬陪位其百官於城外奉
辭畢次赴進名奉慰照得依故事奉辭並服初喪之服
所有成服後文武官並行在者不當別造喪服止合公
服黑帶陪位從之同日又言大行太皇太后將來奉上
冊寶畢稱憲聖慈烈太皇太后祔廟畢稱憲聖慈烈皇
后詔恭依　九日大斂成服行祭奠之禮　其日儀鸞
司先設素幄於几筵之東稍前時將至分引行事陪位
官易服就位立班定皇帝服素服詣大行太皇太后几
筵側素幄即座太史奏時及禮直官太常博士引太常

卿當幄前俛伏跪奏太常卿臣某言請皇帝為大行太
皇太后上僊成服奏訖俛伏興內侍官為皇帝釋素服
易衰服禮直官引讀祝文官詣香案西面北立簾捲太
常卿導皇帝出幄詣几筵側西向褥位立奏請拜哭在
位官皆再拜哭太常卿導皇帝詣香案前三上香跪內
侍進茶酒酹茶三奠酒于茅苴奠爵訖俛伏興奏少立
俟讀祝文官稍前跪讀祝文訖請皇帝哭盡哀在位官
皆哭盡哀請皇帝再拜在位官皆再拜太常卿導皇帝
還褥位再拜在位官皆再拜太常卿導皇帝還幄簾降
太常卿奏禮畢退百官移班稍東進名班首出班致詞
復位再拜奉慰皇太后仍進名再拜奉慰太上皇帝次
進名再拜奉慰太上皇后次進名再拜奉慰皇帝次進
名再拜奉慰皇后訖班退　同日立銘旌高九尺書大
行壽聖隆慈備福光佑太皇太后梓宮　同日立重
同日禮部太常寺言討論典故園陵皇堂神臺下深丈
尺不同上宮合置四神門南門置乳鵲臺石作宮人等
今來係修奉攢宮乞比附顯仁皇后體例施行從之
同日又言將來發引合用大昇轝龍楯係比附紹興二
十九年體例并攢宮合用十二神等並乞下文思院修
置施行從之　同日詔謚冊寶并沿冊寶法物哀冊并
沿冊法物並下文思院製造　同日詔撰哀冊文并書
哀冊文官差參知政事兼知樞密院事謝深甫撰謚冊

文并書謚册文官差參知政事何溥書篆寶文官差發
書樞密院事葉義問撰謚議官差中書舍人兼直學士院
高文虎　同日詔欑宮按行使副及修奉橋道頓遞使
諸司下辟差官吏並照紹熙五年人數並三分減一兩
浙轉運司紹興府除見任官合差管幹職事外其辟差
官吏亦照紹熙五年人數減半以上餘分並不差　十
日禮部太常寺言討論到將來正旦人使到闕垂拱紫
宸兩殿陳設并從承衣子乞用黃素其餘奉殿兩廊等
處並用紫從之　十一日詔朝請大夫大理少卿趙介
假試禮部尚書通義郡開國侯食邑一千戶食實封一
百戶賜紫金魚袋差充奉使金國告哀使武節郎閤門
舍人朱龜年假利州觀察使左武衛上將軍德化縣開
國伯食邑七百戶副之　繼而禮部國信所言其合行
事件並依正旦體例從之　十二日詔辰日不得忌哭
同日禮部太常寺言一欑宮內安設合用黝三尺纁
二尺（黝纁並乞下左藏庫支堪好物帛充）贈玉一段（藏黝纁贈玉匣林及帕錄匙全）一啓
奠祖奠遣奠之禮所有祭器合用牙床三張　一將來
掩欑宮畢并神主祔廟依故事合用虞主一神主一大
匱二小匱二腰輿二汲水鐵絡桶二（索全）矮香案二（紫羅衣子）
全白羅拭巾一（長八尺小尺）筆硯墨一副青羅巾二（各長八尺小尺）
行障二（紫羅衣全）襯藉神主虞主紫羅褥子二浴斛二趺座
二（錦褥子全）直几二（衣子全）油絹帕二（幅各三）單遷紅羅夾帕二

（幅各）三并祐室法物乞下文思院製造從之　十五日殿
欑行燒香之禮　前一日儀鸞司先設素幄於大行太
皇太后殿欑方位之東稍前其日祭土時至都大主管
喪事官行祭土之禮以俟太史報時及導奉大行太皇
太后梓宮至殿欑方位（其合用儀物令都大主管喪事官供應）都大主管
喪事官監視敷欑訖分引行事陪位官就位立班定皇
帝服衰服詣素幄即座禮直官太常博士引太常卿當
幄前俛伏跪奏太常卿臣某言請皇帝為大行太皇太
后殿欑行燒香之禮奏訖俛伏興禮直官引讀祝文官
詣香案西面北立簾太常卿導皇帝出幄詣西向褥位
立奏請再拜訖在位官皆再拜訖太常卿導皇帝詣香
案前三上香跪內侍進茶酒酹茶三奠酒于茅苴奠爵
訖俛伏興奏請少立俟讀祝文官稍前跪讀祝文訖皇
帝哭再拜在位官皆哭再拜太常卿導皇帝還褥位再
拜在位官皆再拜太常卿導皇帝還幄簾降太常卿奏
禮畢退百官稍班稍南進名班首出班致詞復位再拜
奉慰皇太后次進名再拜奉慰太上皇帝次進名再拜
奉慰太上皇后次進名再拜奉慰皇帝次進名再拜奉
慰皇后訖班退　同日吏部尚書許及之等言準詔集
議太行太皇太后冊儀四朝謚號字數及山園陵名臣
等伏見大行壽聖隆慈備福光佑太皇太后聖德懿範
遭時多艱協濟高宗中興之功翊贊三朝揖遜之盛母

儀四世垂六十年頃者太上違豫屬意與子決大計康幃之間擁佑聖孫嗣登寶位貽宗社無疆之福其與昭憲皇后啓佑創業之模章獻明肅慈聖光獻宣仁聖烈、欽聖憲肅昭慈聖獻五后垂簾之懿匹休具美足以無愧臣等集議謚號宜以四字易園陵曰山陵昭示方來於典禮爲當詔恭依　十七日詔將來神主祔廟令兩浙轉運司臨安府於高宗皇帝室内預先修製祏室施行　十八日小祥行祭奠之禮　其日儀鸞司先設素幄於几筵殿之東禮直官引讀祝文官先詣殿上香案之西東向立次禮直官太常博士引太常卿詣幄前立定次御史臺閤門太常寺分引陪位官北向立班俟皇帝服期服詣幄即御座簾降禮直官太常博士引太常卿當幄前俛伏跪奏太常卿臣某言請皇帝爲大行太皇太后小祥行祭奠之禮奏訖伏興退復位簾捲前導官前導皇帝出幄詣褥位西向立太常卿奏請拜皇帝再拜舉哭在位官皆再拜哭前導官前導皇帝詣香案前奏請上香再上香三上香跪内侍進茶酒奏請皇帝酹茶三奠酒于茅苴奠爵訖俛伏興又奏請皇帝少立俟讀祝文官讀祝文訖奏請皇帝哭盡哀在位官皆哭盡哀奏請拜皇帝再拜在位官皆再拜訖前導官前導皇帝還褥位西向立奏請拜皇帝再拜在位官皆再拜訖前導官前導皇帝還幄簾禮直官太常博士引太常

卿詣幄前俛伏跪奏太常卿臣某言禮畢伏興退百官移班稍東進名班首出班致詞復位再拜奉慰太上皇帝次進名再拜奉慰太上皇后次進名再拜奉慰皇帝次進名再拜奉慰皇后訖班退　十九日詔皇堂内擇可令有司用沙板隨宜修製候將來掩皇堂時先下椁底板俟進梓宮於椁底板上定正訖然後安下椁身次將天盤囊網於椁上安設梓宮已有千脚上用平底可就修奉攢宮處製造　二十三日禮部太常寺言大行太皇太后山陵已差按行使檢照顯仁皇后祔葬永祐陵典故即不合差覆按從之　十二月一日大祥如小祥祭奠之禮　二三日禫除宰臣京鏜等三上表奏請皇帝御正殿内批候禫祭畢自八日權御後殿　四日詔自今後遇旦望一五日車駕詣慈福宮太行太皇太后梓宮前燒香　五日檢察宮陵所言將來創置大行太皇太后欑宮其應干合行事理並照諸陵前後已行體例施行從之　八月禮部太常寺言勘會已降指揮自今後遇旦望一五日車駕詣慈福宮大行太皇太后梓宮前燒香今照得數内旦望日宰執文武百僚奉慰今欲乞每遇初一日十五日除合從駕應奉官從駕詣慈福宮以俟奉慰立班其沿路逐幕次起居官並免徑赴慈福宮門外以俟迎駕起居訖（如值雨濕權免）次宰執文武百僚就慈福殿下進名奉慰皇太后太上皇帝太上皇后

皇帝皇后訖退其合從駕應奉官以俟從駕還内合起
居官却赴逐幕次以俟駕回從之　同日修奉使司言
今來修奉攢宮並依顯仁皇后體例施行所有皇堂石
藏宥記得顯仁皇后石藏裏明長一丈四尺八寸八分
闊一丈三寸深九尺若依此鋪砌竊恐至期安下神殺
外棹空分窄狹事屬利害照得高宗皇帝石藏裏明長
一丈六尺二寸闊一丈六寸深九尺欲乞依上件丈尺
修奉施行從之　九日恭承皇太后聖旨自今後遇旦
望日車駕詣慈福宮大行太皇太后梓宮前燒香所有
已降一五日指揮更不施行　同日臣僚言今來攢宮
修奉并將來梓宮發引並係慈福宮遺餘錢物排辦竊
卷七千三百八十　十八
見紹興府十年之間三經此役今歲薄歉民力不支乞
令監司守臣前期講究嚴革舊弊至如雇募人夫收買
薦屨竹木差雇舟船措置屋宇什物等委自守臣精擇
廉勤官吏責付錢物比舊稍增價直自行收買即時支
給如敢尚循舊例科敷許赴御史臺越訴官吏重寘典
憲更不引用將來德音原減兼照得紹熙五年德音紹
興諸邑第四等以下人户來年身丁内合納本色并折
帛綿絹放免一年今欲依上件體例於歲前引用將來
畢工赦恩先次除放使民霑實惠却於慈福宮充給
降錢内樽節浮費撥還户部以仰副遺誥卹民之意詔
並從之　十一日詔將來梓宮發引令臨安守臣趙師

𢍰同橋道頓遞使措置　十二日中大夫試尚書禮部
侍郎兼侍講兼實録院同修撰楊輔等言照對將來正
月朔太陽交蝕復滿係在辰正二刻後依禮例避殿不
視事減膳百司守職過時乃罷又緣大行太皇太后梓
宮在殯車駕詣慈福宮梓宮前行燒香之禮如宮中之
儀百官立班進名奉慰日分難以依常例廢務欲乞是
日絶早百官守職過時乃罷俟辰正二刻後車駕詣慈
福宮行禮訖次宰執率百官入詣慈福殿下再拜訖引
班首升殿詣梓宮香案前措笏三上香訖跪酹茶三奠
酒執笏俛伏興降階復位再拜訖次進名奉慰皇太后
太上皇帝太上皇后皇帝皇后訖退從之　十七日按
卷七千三百八十　十二
行使副錢象祖等言判太史局吳澤等狀按行大行太
皇太后神穴係在永思陵正北偏西祔攢相視其地土
内黄潤三男旺盛秀氣所聚委是高阜依得昭穆次序
可以安建從之　十九日禮部太常寺言今參酌禮例
條具　一啟攢發引百僚並服初喪之服　一發引日
總護頓遞使都大主管就幄次朝辭餘並免　一鼓吹
警場挽郎於發引前二日係總護頓遞使同都大主管
官禮部太常寺官就貢院按閱並從之　同日又言將
來啟攢前三日依禮例合差官奏告天地宗廟社稷宮
觀從之　二十二日禮部太常寺言今來靈駕前所立
重乞依典禮俟將來發引日捧擎至攢宮令太史局選

利方至梓欑日埋瘞從之　二十八日按行使司言欑
宮地段分立神圍繚永思陵鋪屋寮木等有礙乞行奏
告去拆從之　四年正月三日右丞相京鏜等請上大
行太皇太后謚曰憲聖慈烈皇后謚曰臣聞周家肇造
施祉于孫齊媯嗣徽貽謀燕翼于將聿來胥宇自滸及
岐實惟太姜艱難締始然而觀母儀於四世擁聖禮於
三朝則莫之聞也漢室重興系隆基統惟仁躬儉甄既
振炎于時征伐將兵從消祓浴實惟光烈勤勞叶圖然
而後尊養於九齡衍號榮於七册則莫之見也維天眷
顧我德維宋迭續天休端瑞坤元於赫景運立憲垂則
再造有家秉惠著德丕佑累聖功成德盛不能盡宣巍

卷二萬三千二百八十

十二

巍乎煌煌乎弗可及已繄欲篤追遠之志煥賁崇之奧
册謚以彰功名以寓實誠邦家之景鑠古今之豐規凡
屬明時發揚大美天人協契咸在烝獻恭惟大行太皇
太后淑哲而聰文儉恭而仁聖德足以配乾之運明足
以儷日之常言動雍容肅然法度威容端穆鬱有禮儀
昔者神羊告符絳煇貫室灼知帝意垂裕皇圖蓋自高
宗規恢復古則啓贊謨斷同義艱難航海之初扈兵失
軌后擐戎服射中數人悉就梟擒事克康濟艱難迄靖
內政畢修祇奉慈寧日精寢膳藥皆親餌帶靜釋衣言
婉計周進贄是勸識明慮遠贊與惟先灝擇大庭全享
曼壽亦粤孝宗禮隮寶祚夙勤保養特著恩仁助決高

皇親傳神器天日之表慈訓所形黃屋非心並安至養
甘旨必奉燕虞必朌芙蓉幸游大安侍宴四歲瑤母歲
介玉卮退處重華客拱長樂事親之篤蓋昔所無至于
上皇祇承畀付參定文命光授神孫貿壽曆闈豐隆顯
號時則有慈福之稱逮我聖上遹駿與謨飭御簾帷備
勤繼立曾孫有慶天下以寧時則有光佑之號若乃大
練澣服斥翠賤璣嗇華之儉也選采嬪媛登御掖闥
雎之風也開寤淵衷援據前古鷄鳴之戒也閔勞臣下
甄別勸勤卷耳之義也而又研繹詩雅基化二南璿闈
邃深榜以貫志誠諦通鑑陳戒后家晚戚勤趨厲以學
行其思遠矣游心藻墨耽樂典文寶畫銀鈎儼羲堯翰

卷二萬三千二百八十

十三

凝神澹薄咀味道真風篆龍編日虔優籍其志崇矣故
輔治南內凡三十年婦順宣明陰教敷卷承祀宗廟潔
共粢盛助篤求才政銷私謁而內治彰優游東朝三十
有五年天貺叢臻人心雝贊泰有聖子禪有重孫慶衍
祥流禮明物盛而全福備方當縣萬年之歷來五日之
儀行灺無軀輦宋因極遠與歌世不返乘風漢殿深沉
迴閟含飴之樂毋迦杳渺空傳飛鶴之迹然而晉用廣
儲豫裁陵役卻藥餌進務全護醫若德與仁亦至矣乎
御聖上之懷思期恩慈之報稱中禁舉為朞之制外庭
從易月之宜迺詔司存飭豐恤典燒垂薰而質謚即因
山而圖陵有以見維則之繩謹終之厚矣竊觀世有后

德莫如聖朝若章獻明肅則擁佑仁皇同決幾政若慈
聖光獻則援立英宗傳序神廟若宣仁聖烈則決策泰
陵臨朝九載若欽聖獻肅則預立哲后宅勤帝帷若昭
慈聖獻則基命中興載定宗社至於贊堯禪舜以武繼
文戮力一心垂模四世時維太后視前增輝轄懋飭終
之經肇闡易名之義宜鋪張而揚厲俾碩大而光明謹
按謚法聖能法天曰憲通達先知曰聖視民如子曰慈
安民有功曰烈夫叶扶炎正共致泰平笣偃干戈蕭敵
禮樂非憲之大歟蚕贊巽禮申衍孫謀允玩沖虛躬享
康祉非聖之至歟備嘗艱險畢成至功涵澤深長躋民
仁壽非慈之盛歟基圖有永宗廟再安肅擁重闈本支
卷七千三百八十　十四
百世非烈之偉歟嗚呼遺大者莫容管窺德隆者尤難
藻繪伊欲合典文而齊久被金石以宣聲庸建塗山之
勳式昭媧石之造術欽明命恭獻渠辭闡澤號文受成
廟祏于以昌億祀之癈于以婿在天之靈大行太皇太
后請謚曰憲聖慈烈皇后臣謹議詔恭依　二十日內
出御製挽詩五首　其一曰景命開皇宋純坤祐我家
御天興大澤漢鍊石有神媧勤儉仍終逸文明並上嘉更
能承聖統慈烈迴光華　其二曰南渡中天業思陵復
古心一時參慮遠五紀泳仁深德冠周任妣功高漢郭
陰艱難前日事無路聽徽音　其三曰躬致東朝禮親
觀孝廟時繩金興府冊奉玉末央卮遺大光昌鴻業謀深

侈燕詒惕思傳授計何以報恩慈　其四曰聖父賷屬虞
禮神孫奉漢闈緣車承愛撫素幄贊傳歸方謹龍樓侍
俄驚鵲馭飛復存長樂注感德在簾幃　其五曰四世
陰功遠三朝孝養尊自嘶膺大統尤篤擁曾孫增謚難
名德為基罔極恩倦興攀不得慟哭瀰堯門　二十五
日禮部太常寺言將來六虞祭宗正卿行禮畢奉迎虞
主詣慈福宮皇帝親行奉迎安神禮及第七第八第九
虞依禮例係間日行禮并神主祔廟前二日行卒哭祭
今來祔廟用四月十九日其間日虞祭相去日遠欲乞
依故事三日一虞四月二日行安神禮畢五月第七虞
八日第八虞十一日第九虞所有十四日昭慈聖憲皇
卷七千三百八十　十五
后忌十五日車駕行燒香禮十六日章穆皇后忌欲用
十七日行卒哭祭從之　同日禮部太常寺言勘會已
降指揮修製謚冊寶畢選日告廟次日奉上詔奉上謚
冊寶攝太傅華將至重華宮文武百僚迎駕兩拜起居
記權退歸幕次以俟奉慰立班皇帝至重華宮降輦入
詣禪祭行禮殿側御幄簾降次引進幣爵酒讀祝文酌
酒官執燭等官先陞殿各就位立定次禮直官引禮儀
使陪位宗室使相郡王南班宗室各入就位立定禮直
官太常博士太常卿於幄前立定俟皇帝服禫服訖次
禮直官太常博士引太常卿當幄前俛伏跪奏稱太常
卿臣某言請皇帝為孝宗哲文神武成孝皇帝行禫祭

之禮奏訖俛伏興退復位簾捲前導官前導皇帝出幄詣殿上褥位西向立太常卿奏請拜皇帝再拜在位官皆再拜訖内侍各執盤匜帨巾以進奏請皇帝盥手内侍進盤匜沃水皇帝盥手内侍進巾奏請帨手皇帝帨手内侍進爵沃水奏請皇帝洗爵内侍進巾奏請皇帝拭爵訖前導官前導皇帝詣孝宗哲文神武成孝皇帝神位前褥位立奏請皇帝跪上香再上香三上香進幣爵酒官搢笏跪先進幣次進爵酒人奏請皇帝受幣奠幣執爵三祭酒於茅苴奠爵訖俛伏興奏請皇帝少立讀祝文官搢笏跪讀祝文訖奏請舉哭拜皇帝舉哭再拜在位官皆舉哭再拜拜訖哭止前導官前導皇帝還褥位西向立奏請拜皇帝再拜在位官皆再拜訖前導官前導皇帝歸幄簾幕次換吉帶儀衛等換色服腰帶捧擎謚冊寶入南神門奉上謚寶太傅以下步從詣殿西階下權置位冊北寶南置定俟告于太廟行禮畢次捧大行太皇太后謚冊寶出南神門進行太傅已下後從至齋殿冊寶幄權奉安文武百僚以次退奉上謚冊寶太傅奉謚冊寶中書令侍中舉冊寶官應冊寶下祗應人並於太廟冊寶幄之側幕次宿衛奉上大行太皇太后謚冊寶其日奉上謚冊寶太傅已下常服吉帶於權安奉大行太皇太后謚冊寶幄前立定次有司奉謚冊寶出幄儀衛進行太傅已下後從出太廟櫺星

門外有司捧冊寶權歸幄次太傅已下入幕次換黑帶儀衛等換紫衫黃帶子入幄奉謚冊寶進行太傅已下上馬騎從至慈福宮門太傅已下步從有司捧冊寶進行至大行太皇太后靈座殿下東向權置位冊北寶南置定太傅已下權退歸幕次有司排辦畢備御史臺閤門太常寺分引文武百僚詣殿庭外隨地之宜立次引讀冊寶中書令侍中詣冊寶之後立舉冊舉寶官又於其後立奉謚冊寶官於冊寶位稍東南向褥位立太傅於殿東褥位西向立禮直官揖太傅躬拜在位官皆再拜訖引太傅升殿詣香案前搢笏三上香跪一酹茶三奠酒執笏俛伏興再拜訖降階復位少立次再引太傅詣殿下北向褥位俛伏跪奏稱太傅臣某言奉詔謹奉上大行太皇太后謚冊寶奏訖伏興復位次引奉謚冊寶官詣冊案前舉冊官搢笏跪舉冊匣興（凡舉冊寶皆禮部職掌助舉）職掌先捧冊案升詣殿上香案前置於褥位次引奉謚冊官西向立次引太傅詣冊匣之後東向立奉謚冊寶官搢笏以冊授太傅太傅搢笏受訖奉謚冊寶官執笏退復位立次舉冊官舉行太傅捧冊匣升殿至褥位北向跪奠冊匣於案上太傅執笏興少退於褥位西向立次舉冊官執笏興少立次引讀冊官升殿詣冊案之後北向立舉冊官搢笏跪舉冊次讀冊官搢笏跪讀冊訖執笏興降階復位立舉冊官奠冊舉冊匣興職掌先捧

冊案於殿上稍東褥位置定舉冊官舉冊匣詣褥位跪置于案上舉冊官執笏興降復位俟讀冊官讀冊將畢引奉謚冊寶官詣寶案前北向立次引太傅降階於寶盝之後東向立次舉寶官搢笏跪舉寶盝興職掌先捧寶案升詣殿上香案前置於褥位次奉謚寶官西向搢笏奉寶盝以授太傅太傅搢笏受訖奉謚冊官執笏退復位立次舉寶官舉行太傅捧寶盝升殿至褥位北向跪奠寶盝于案上太傅執笏興少退於褥位西向立次舉寶官執笏興少立次引讀寶官升殿詣寶案之後北向立舉寶官搢笏跪舉寶次讀寶官搢笏跪讀寶訖執笏興降階復位立舉寶官奠寶舉寶盝興職掌先捧寶

案於殿上稍東褥位置定舉寶官舉寶盝詣褥位跪置於案上舉寶官執笏興降階復位立次引太傅降階復位西向立定禮直官揖太傅躬拜在位官皆再拜訖（如值雨泥淖隨宜於殿裏外升廊上趨卯立班）次太傅以下歸本班進名班首出班致詞復位再拜奉慰皇太后次詣壽康宮進名再拜奉慰太上皇帝次進名再拜奉慰太上皇后次詣文德殿進名再拜奉慰皇帝次進名再拜奉慰皇帝訖退班

謚冊文　維慶元四年歲次戊午二月己巳朔八日丙子孝曾孫嗣皇帝臣某謹稽首再拜言曰臣聞生而得名既極天下之美沒而定謚宜超禮典之常況垂範于僧闈受勤崇于永世恭惟大行太皇太后延陵開裔

秦中起家善積慶餘祥當如貴神羊紀待康之夢紅光昭誕聖之符惟我高皇艱難締建靡行不從有事必咨果應俔天之求以翊興王之業柔順麗乎中正逸樂念夫憂勤脫簪珥而納箴規躬縷練而倡純儉事姑盡孝故能得其懽心逮下以仁故能均其恩意動容有度而中珩璜之儀出言有章而諳彤史之載游戲翰墨則妙奪蘭亭之蹟玩味經史則尤精通鑑之書湯沐請還於縣官私謁不行於宮掖屬外家以講學毋使得戚里之名榜便坐為賢志以自見輔佐之義清淨守老聃之訓鑒戒存列女之圖豈徒周室之姜任實乃女中之堯舜二王建邸當璧未分逮帝心之惓勤咨聖德而內禪外

罕聞於大議中獨贊於神謨旋儼極於北宮以怡神於少廣思陵厭代孝廟執喪將移御於重華復助成於與子從容斷決固已著塗山翼夏之績倉卒而斷抑又有女媧立極之功順烈祖之上賓屬聖父之違豫志安社稷策定簾幃高懷曲徇於慈尊神器振克傳於眇質懇辭雖切擁佑深堅恩與天隆孝方日至身享曾孫之養位居太母之元實茂而聲愈宏仁高而壽益永將脩陽復之慶忽爽節宣之宜視夜旦以為常卻樂餌而弗御寬旌來尊鶴馭難留痛切三宮悲纏萬宇載惟終始獨備哀榮正長秋之位則歲洊再旬受長樂之朝則數周三紀母儀坐闡於四世聖算宏開於九帙雨露如天之慶

澤七登鏤玉之彌文披載籍則鼒闡考皇家而創見信乎備生人之全福極天下之至美矣顧大德雖泯於不言而遺烈具存於公議參稽故實席度越彝章易名聯五后之芳因山視長陵之制彰一時之保護揭千載之儀刑謹遣金紫光祿大夫右丞相提舉編修玉牒提舉實錄院提舉編修國朝會要提舉編修敕令豫章郡開國公食邑七千一百户食實封二千四百户臣京鏜奉册寶上尊謚曰憲聖慈烈皇后伏惟儼若明靈膺茲盛禮齊放勛在天之篤扶炎宋無疆之統謹言　十一日詔書題神主差吏部尚書兼給事中許及之　同日詔奉迎虞神并神主祔廟禮儀使差右丞相京鏜都大主管差趙大榮

卷七千三百八十

同日詔將來靈駕發引部捧梓宮奉升大昇舉又引梓宮即攢宮攝少保復土九鍾差權工部尚書錢象祖

宋會要　請聽政御殿

淳熙十四年十月八日皇帝詣德壽宮侍太上皇帝湯藥是日太行太上皇帝升遐于德壽宮德壽殿遺誥皇帝成服三日聽政喪紀以日易月十二日宰臣王淮等率百僚三上表請皇帝還内聽政不允十四日上令中使宣諭輔臣曰欲不用易月之制實行三年服自不妨聽政十五日宰臣王淮等復上二表請皇帝還内及聽政批答俟過小祥還内設素幄宰臣奏事十月二十一日皇帝還内十一月五日宰臣王淮等又三上表請皇帝聽政批答可自十八日内殿引輔臣及上殿班俟過祔廟勉從所請　十四日上令中使傳旨欲不用易月之制如晉孝武魏孝文實行三年服自不妨聽政是日未時令輔臣赴德壽宮素幄奏事上服衰絰嗚咽流涕王淮等奏發衆喪服指揮上曰司馬光通鑑所載甚詳淮等奏通鑑載晉武雖有此意後來止是宮中深衣練冠上曰當時群臣不能將順其美光所以識後來武帝竟欲行淮等奏記得亦不能行上曰自我作古何害淮等奏御殿之時人主衰絰群臣吉服可乎上曰自有等降淮等奏已令有司討論應使四方知陛下之聖孝　同日右諫議大夫謝諤等言三日聽政固有遺詔及典禮可稽至若還内典故前所未有乞明詔大臣少緩進表與禮官更加詳議酌典禮之宜從之　十五年四月二十八日宰臣王淮等奏伏覩已降聖旨緣群臣屢請御殿易服故以布素視事内殿雖有俟過祔廟勉從所請之詔然稽諸禮典心實未安行之終制乃為近古臣等仰體聖孝不敢具表陳請惟是侍從史官管軍御帶環列禁衛等皆合星拱宸極豈容曠日弗朝儻陛下未欲臨正衙坐垂拱自可間御後殿示詔禮官同閤門御史臺參酌取旨既而權禮部侍郎尤袤等奏檢準國朝會要嘉祐八年三月二十九日仁廟之喪英宗七月十三日始御紫宸殿見群臣退御垂拱殿中書樞密以次奏事蓋始御内朝猶未御正衙也今外朝内朝皆未臨御竊詳後殿及延和殿乃祖宗崇政施化之所緣今來延和地步窄隘難以排立侍從史官管軍御帶環列禁衛等今參酌欲乞皇帝於後殿視事所有儀制乞下閤門禁衛所條具申尚書省閤門奏事旨後殿坐起居班次並如價日儀遇四參日權令侍從官趁赴起居其御後殿日分令太史局選日主管禁衛所照日常後殿窠差班直親從共三百人排立祗應詔裁減一百五十人餘依　紹熙五年七月二十六日宰臣劉正等上表以皇帝在重華宮大行至尊壽皇聖帝喪次請聽政凡三上表固請迺允慶元三年十一月六日壽聖隆慈備福光祐太皇太后崩

卷一萬六千五百七十二

于慈福殿遺誥皇帝成服三日聽政九日釋服十日宰臣京鏜等上表請還內聽政三表迺允二十一日復請御殿復三上表固請始詔權御後殿「六年六月四日壽仁太上皇后八月八日聖安壽仁太上皇帝開禧三年五月十六日壽成惠聖慈祐太皇太后崩亦如之六年五月二十一日為亢旱為沴避殿減膳宰臣京鏜等上表請御殿復膳再上表迺允嘉定八年五月亦如之嘉泰元年四月十五日為回祿為災避殿減膳宰臣謝深甫等上表請御殿復膳三上表迺允嘉定二年七月成肅皇后大祥禮畢亦如故事

卷一萬六千五百七十二

二十

宋會要　請樂

太祖建隆四年六月八日宰臣范質等上言曰伏以三年不言既畢諒闇之制八音未奏宜為達禮之衰陛下自纏陟屺之哀尤抱終天之戚易月雖遵於遺誥因心曲盡於孝思今則星紀再周祥禫已闋猶徹在縣之樂尚懷罔極之悲將何以接和人神對越天地望體聖賢之通制俯從中外之群情詔答不允繼三上表詔曰朕積釁上延禍鍾長樂雖軍國之事敢不勉旃而人子之情實惟永感固於雅奏焉忍遽聞卿等援引古今繼陳章表明先王之制禮俾涼德以俯從式徇群情良增深愧所請宜允九月十一日宴廣政殿始作樂開寶七年正

卷二萬一千七百十七

月二十九日中書門下上言曰尊居宸極禮絕正朞今聖節將臨壽觴斯獻皇帝陛下以恭懿長公主喪猶在殯哀出常情曲敦同氣之恩尚徹在縣之奏雖君父友愛發於自然而臣子祝延何以為禮伏望長春節日特允教坊奏樂詔從之　太宗太平興國二年十月十三日宰臣薛居正等上言曰臣聞禮之大在乎順順則酌古今之中君之心本乎仁仁則從億兆之欲質文迭用損益可知敢撫前經式陳公議伏惟皇帝陛下大明纘緒至道在躬宣猷於納麓之辰邁德於飛天之運恢纂舊服發揮永圖恭勤日躋孝友天賦實曆逾稔至懷益臻游豫之娛動而有節擊拊之樂遏而不陳曠三五而

無偕豈蹈詠之能盡群臣庸淺謬竊寵光空仰雲天何
裨萬一然則先王之禮過弗能踰四海之情動不可奪
伏況易月之制遺詔甚明公除以來庶事相稱獨從輟
樂誠未得宜今者流虹紀節之初在鎬宣恩之際梯航
之貢並集彤庭華裔之人同承大慶禮容不備盛德何
觀周行之臣實任其責伏望俯迴睿鑒曲采輿詞許容
賜宴之辰特舉在縣之奏詔答曰朕猥以眇躬嗣守鴻
業顧惟諒闇纔及朞周瞻弓劍以未遥履霜露而增感
遏密于下自有三年之期劃鉅因心固無一日之樂所
陳章表難遂乃誠凡爾具僚體茲未忍自是三上表固
請始詔允十一月九日宴大明殿始作樂真宗咸平二

〈卷二萬一千七百十七〉

年七月二日宰臣張齊等上言曰先王之禮過乎哀有
俯就之文聖人之孝終其制有順變之道況三年之喪
斯畢而九奏之樂未陳敢導群誠冒聞丹扆伏惟皇帝
陛下稟惟睿之德襲重熙之盛元功侔於造化惠澤浸
於生民而自玉几受遺橋山送往雖以日易月法唐漢
之舊規而絕漿泣血過參柴之至性洎勉親庶政總覽
萬機宅憂出於常情恭已遵於先訓每孜孜而求理惟
望望以如疑矧懷繼體之難更動因心之感所以丕承
之美掩千古以推高孝治之風率萬方而知化今則災
京再易祥禫既除已成達禮之喪猶遏在縣之奏伏望
順考古道俯仰聖懷采義易宗德之言稽戴禮祥琴之

義許陳金石允合儀章詔答曰禍酷上延纂承是重勉
親朝政退守心喪祥禫奄終荼毒如昨卿等共循典故
旅拜囊封冀徇群誠聿陳備樂音惟可尚情所未安自
是五上表宰臣因對懇請方勉從之是月二十三日鎮
寧軍節度使柴禹錫來朝宴于長春殿不作樂時雖許
臣之請尚以禫制甫畢聖情未忍故也八月七日宴群
臣於崇德殿始作樂景德元年三月十五日明德皇太
后崩十月神主祔廟二十一日宰臣畢士安等上言曰
比者既行升祔之儀已釋苴麻之服宗祏烝嘗而是奏
春秋饗宴以為先至於御革輅以省方章金郊而講武
清廟之登鏞合奏廣庭之金石在縣時巡則親采聲詩

〈卷二萬一千七百十七〉

軍行則振作鼓吹樂之盛也豈徒然哉遠尋漢室之舊
章近取唐朝之故事皆從祔廟之後便陳九奏之音望
抑至懷俯徇公議詔不允表三上終不許是冬車駕親
征士安等復三上表詔曰卿等叶贊謀猷周爰典故請
陳具樂俾導明鑾用壯軍容以從戎事抗封章而三上
因造膝以屢言抑朕至懷徇茲懇請庶協從宜之禮止
資耀武之威所請宜允仍候還京日其教坊不得更有
按習二年七月二十一日詔舉郊祀之禮二十三日宰
臣畢士安等上言曰先王作樂所以治人心聖人制禮
期於順變今公除已畢嚴禋將陳尚闕雅音實鬱群懇
陛下永懷顧復遇執哀摧外雖釋於苴麻中未忘於樂

棘金石徹縣而斯以鳥獸率舞以何階當我輅省方聊振作於鼓吹洎宸輿歸闕復還置於簫韶昔漢明帝曾未再脩觀祀爰陳於廟樂唐高宗始遇周歲饗禮詩於宮縣故實備存討論可見伏望俯遵典禮稍抑孝思特詔奉常䄙陳雅奏庶六代之具舉致三神之交歡詔荅不允繼三上表詔曰朕勉徇輿情審思中道除郊天之庶事資禮樂以相成暫舉簫韶所請宜允俟嚴禋之告畢守舊制以如初復執心喪用申永慼凡諸音樂依前寢停當體朕懷即斷來表士安等復面奏曰將來誕節萬方入貢北戎始通和好遣使祝聖苟不舉樂恐禮容不備況典據盡在望許依故事施行帝曰北使到日當

卷二萬一千七百十七

令在外作樂可也朕將固守心喪以申感慕再三陳述終不俞其所請八月十四日群臣復再上表請郊禮畢舉樂如故不許宰臣因對懇激陳述帝曰昨以大禮俾振作蓋不得已士庶宴樂亦不禁絕朕固守喪制以申哀慕無煩過請三年六月十八日群臣上表請舉樂詔荅不允繼三上表固請始從之七月二十四日大宴含光殿始用樂四年正月十五日中宮召外命婦觀燈以皇從弟右監門衛將軍德鈞卒罷之八月十四日中書門下上言伏覩宣徽院告示秋宴不舉樂者伏自長秋虛位遠日有期詢禮閣之典司考喪服之制度追懷內治固軫天衷方深愴悼之情宜罷鍾鏞之奏今則已安

神寢爰祔閟宮既稽從吉之文尚遏同和之韻然則啓鈞臺之廣宴祝華渚之誕辰四隩來同九賓在列伏望鑒茲衆懇深詔禮官博考舊章庶遵彝矩詔太常禮院與崇文院檢討官詳定以聞於是奏議曰按左氏春秋周景王穆后崩既葬除喪而宴叔向曰宴樂以早非禮也此蓋未行易月故云太早漢文帝酌變禮之宜創易月之制既已釋服即皆從吉又晉泰始十年武元楊皇后崩依舊制既葬帝及群臣除喪即吉唐昭德皇后正元二年十一月丁酉崩三年二月甲申遷座于園陵壬寅神主祔廟四月戊寅德宗御宣政殿備禮冊太尉李晟按開元禮臨軒冊三公皇帝出入奏太和之樂受冊

卷二萬一千七百十七

者出入奏舒和之樂此則禮典所載明文可稽伏以莊穆皇后遷駕寢園祔謁宗廟苴麻已釋檀槐再遷豈可即吉之宜已行於率土徹樂之戚尚軫於宸心儻九奏之音不陳則百辟之情可措伏請準故事舉樂十九日再上表固請詔荅曰卿等以久畢公除備陳典礼在簡編之所述故事雖存但金石之具揚予心未忍將從勤請亦責酌中啓宴饗於高秋暫停雅奏俟冬正之令節即允乃誠十月二十四日宴群臣於崇德殿始用樂大中祥符元年六月十二日宰臣王旦等上言伏自泰國長公主薨未嘗舉樂竊以恭膺靈貺親迓寶文設儀衛之袞屢在聲容之備物伏請舉樂如故詔為迎奉天書可

暫輟樂二年十一月二十九日晉國大長公主薨十二
月一日詔曰惟姊之親愛均於同氣終天之訣哀切於
深衷屬以誕節屆辰庶邦畢會有司獻議願罷樂縣在
於朕心亦所未忍俾停展禮用表追懷其日群臣上壽
宜令權罷宰臣王旦言在禮天子絶正朞今大長公主
既已成服不當罷會帝曰來年正月惟天慶節供養天
書令作樂臨軒之礼朕不忍也三年正月五日宴尚書
省五品諸軍都虞候以上契丹使於崇德殿猶不作樂
四年九月一日皇從姪惟叙卒帝問宰臣曰九日榮王
元儼生辰於禮如何王旦曰宮中之會但不舉樂亦於
禮無嫌遂詔元儼如欲置會令別候擇日七年七月先

卷二萬一千七百十七

天節上壽賜宴如儀不舉樂以曹王元偁在殯故也天
禧元年三月太極觀奉册礼畢百官詣崇德殿稱賀時
安王新婦卒疑作樂有妨禮儀院上言大禮慶成百僚
公會安王新婦族居卑幼服止功緦王侯絶朞周之文
典經有厭降之礼況元天大聖后位號至崇儀範彌重
群臣稱賀非以宴私在於舉樂別無妨礙從之仁宗天
聖二年六月三日宰臣王欽若等上言曰禮典從宜俯
而就者戒乎過制喪期有數順於變者務在稱情竊惟
治世之音本於象德之舉敢泝古誼祇違宸聰恭惟皇
帝陛下濬哲温恭聰明睿智奉承寶訓紹宅鴻基攀馭
不留深結遺弓之感綴衣如昨倏（倐）驚過隙之陰而諒黯

宅憂充窮踰戚及禫安而從吉尚遏密以寘懷既言乃
讙厥有前訓惟樂之作以宣至和伏望申飭攸司俯從
衆欲並陳鍾石之奏庶格神人之休詔答曰朕自搆閔
凶勉親几務宜麻之飾方及於禫除蓼莪之懷豈忘於
孺慕卿等處形需牘俯述群情願於此時肆舉備樂奉
先追遠誠所未安又詣內東門上表曰樂以崇德蓋極
中和之音禮之達喪用明輕重之節且迄成於禫祭宜
進御於祥琴敢援故常冒昧陳請伏惟皇太后陛下靜
淵凝慮温懿成猷奉玉几之遺言翼鴻區之大政易月
之制既从屬於公除三年之喪又固執於哀禮伏望順
稽往訓俯抑懇衷申詔工師肆陳金石庶臻順氣之象

卷二萬一千七百十七

永底嘉生之休批荅曰頃遵治命更輔丕圖指景增懷
號天罔極卿等遽援礼典請御樂章顧禫制之方終悼
仙遊之未遠在庭之奏難徇所陳凡五上表從之初欽
若等屢請帝諭曰今雖勉從俟大宴且用樂色之半其
請遊幸則心所未忍欽若等曰陛下雖孝思過人然先
王制禮不可以踰也八月一日宴群臣于崇德殿始作
樂後帝復宣諭大臣曰昨宴宮中朕數四上勉皇太后
方聽樂欽若等尋以帝詔聞皇太后皇太后曰自先帝
棄天下吾終身不欲聽樂皇帝再三為請其可重違乎
景祐元年正月二十六日宰臣呂夷簡等五上表為請
聽樂不允二年三月七日夷簡等復上表曰禮本制中

聖賢不過其節樂惟象德人神乃通其和若夫家國異
容古今殊執或當益而損或應質而文各適所宜用垂
來法刑報親之義已備則戚與時遷卽吉之制有初則
情緣物變必繫大合以殺餘哀恭惟皇帝陛下躬上聖
之姿擁乾元之號嗣守神器光照前人一紀于茲萬方允若
自母聞厭代樞極纏悲陛下孺慕自然孝思罔極悼徽
音之永閟銜荼毒以無容泣奉仙輶別啓雲陵之兆祔
升虞主大歛閟宮之庭霜露凝懷烝嘗結歡雖外臨庶
政而實守通喪至於邊寇鑾鍔簡廢遊御訖茲首夏已
涉三朞大祥而御琴終事之義制行於匹庶尚乃為宜
況帝範皇猷等威絕以易月從權之文典雖在哀疚

卷二萬一千七百十七

猶當自抑況穀升燧改數紀悉周揆于今則人無異辭質
于往則古有懿德固當勉順至變播鴻徽考金石之音
振羽籥之美蕩滌邪慍招來太和因以舉誕辰之壽觴
納歡盟之戎貢示惠於在位飾喜於當陽襲旣美又善
之文彌不為將壞之嘆此臣等所以總輿議而上干聰
謀者也伏望俯回天慈旁徇人欲俾工師肄業物采旅
儀拚鳥獸於虞庭震坑谷於軒野納之大順不亦休哉
詔曰夫禮以順變盡有達喪之期樂以布和誠為治世
之本朕紹承丕構務合大中自慈掖升遐永懷罔極隙
駒迅度燧火再新甫臨祥祭之辰遽覽封章之請敷明
大義援據舊經顧因饗宴之時將陳金石之奏日月以

盡大典盡

易雖勉徇於權宜霜露旣濡罔彌增於感怵未過禫安
之制難從率籲之心繼五上表始從之仍詔俟禫祭後
聽樂八月三日宴紫宸殿初舉樂二年十二月十一日
詔契丹使還出京畿聽用樂先是十一月四日章惠皇
太后上仙詔禁京城樂百日至是在殯故也慶曆三年
正月五日宴契丹使先是以鄂王喪服旣除下太常禮
院議而言天子絕朞今鄂王雖有爵命而不為殤皇帝
為制服已除於禮當作樂從之旣宴羅同知太常禮院
陸經復論奏以鄂王為無服之殤宴在以日易月之內
不宜舉樂帝以經前後反覆又援臣庶之禮非是乃落
職監汝州酒稅四年三月三日以燕王在殯罷上巳諸

卷二萬一千七百十七

苑賜宴四月十一日契丹使來賀乾元節以翌日燕王
葬罷垂拱殿宴五年三月四日以楚國太夫人在殯罷
春宴皇祐三年三月十五日中書門下上言自魏國大
長公主感晦明之疾馳醫視之勤特紆法駕之尊躬展
家人之禮泫然流涕親為舐瞳秦臺終迫於上賓泌水
俄嗟於東逝訃聞屢悼往臨盡哀五日廢朝頻卻太官
之膳千秋邇節預停韶樂之音中遣近璫諭宣神旨彝
禮官之獻議原主黨以裁情已除切怛之喪得承吉祭
之事旣立文而有素於用樂[illegible]無嫌況復華渚戒祥寶
鄰馳慶相趨萬玉之會大設九賓之朝重譯所通遠方
皆至伏望勉遵彝典稍抑聖懷收旣往之盡傷順無疆

之祝續沛然遂憲許一奏於咸英鏗爾發音用參和於夷夏臣等不勝至願詔曰故齊國獻穆大長公主先帝先帝同幹為朕諸姑宗黨所嚴尊親莫貳奄捐外館增悼予衷屬誕節之邇期有秋觴之彝制俾毋舉樂用以稱情乃援降服之文請御在庭之奏義之所厚情固難勝再表固請乃從之猶詔輟契丹使見日作樂英宗治平二年六月三日宰臣韓琦等上言曰禮立制以緣情以終祥禫之變樂象功而飭喜宜颺金石之聲敢援經典之常黨述祖宗之憲冒聞淵聽罄述群心恭惟皇帝陛下濬哲在躬欽明稽古撫五辰而居正凝百度而執中爰自軒鼎成仙堯墻興慕屢改禊檀之候済驚霜露

卷二萬一千七百十七

之濡至性天成內充窮而銜恤小心日慎外信默以宅憂奄盡達喪之期尚稽當食之樂且復常貴乎弗過既除遏密之哀將廢戒於不為庶集僉純之盛伏望曲循往訓俯抑聖情列韶奏以在庭命夔工而率職將使郊邱廟祏之祭親奉於神歡會朝饗宴之容參舉於賓禮詔荅曰三年之喪二十七月而畢則外之至痛之飾於是乎始去矣然內之哀隱惻怛之懷其可以遽忘乎故於金石絲竹之音干戚羽旄之容以奉乎宴私者朕心之所未忍也繼五上表固請乃從之神宗熙寧二年四月一日宰臣富弼等上言曰三年之喪既變除於祥禫六樂之奏將底協於人神儀稽禮節之經爲建中和之

極冒歷淵聽罄叙愚衷恭惟皇帝陛下建用極之純心垂無窮之洪覆涵養庶物相助三靈之功潤飾五常光大累朝之業是宜振動金石流被莞絃風化多方鼓舞群品俾聖神休德發見乎耳目之間乾坤太和通融於志氣之內然自攀號軒鼎久纏龍去之悲遏密舜簫曠絕鳳儀之瑞茲實朝廷之政不勝臣子之情望抑厭孝思講求古制教后夔而庀職詔神瞽以考聲凡在有生罔不同樂詔荅曰三年之喪先王稱情而立制雖粗衰之服以時而除而愴慕之懷豈能遽已至於鳴管磬振羽萬所以持平而飾喜者雖欲强勉蓋未能也繼五上表乃從之五月六日宴紫宸殿始作樂元豐四年十二

卷二萬一千七百十七

月二十三日宰臣王珪等上表曰喪以外除既畢三年之制恩緣義斷當陳九奏之音敢率替言冒聞聰聽竊以禮云順變事貴從宜示民有終粤禪安而卽吉從月而樂將日舉以導和制自先王施諸後世成規不易故實具存伏惟皇帝陛下憲道於天[illegible]仁自己言貴稽古動皆合經方太母之升遐以神孫而服重易月之制雖勉徇於外朝茹荼之悲自真行於中禁孝刑形海宇誼動神靈燧火荐更縞纖易御是新觀聽當復故常伏望深詔有司俯遵彝典戒工師而率職齎羽萬以俟期當堯曆之肇新近舜韶而盡善上崇德美迓協氣於三靈下飾宴慈格歡心於萬國詔荅曰朕欲於慈聖光獻皇

后仲三年之喪以致隆極報雖竭情盡義猶未足以稱思慕之至也今禫祭初徹餘哀未忘而群公卿士乃詣門上表遽以聲樂爲請則豈曰達朕志我所請宜不允自是五上表乃從之哲宗元祐二年六月一日太師文彥博宰臣率百官詣東上閤門上表言仰惟至性已達終喪祥琴何有於慊人事於是乎盡遵歷代之成憲採一時之瞽言申敕有司發揚雅奏天下幸甚三日宰臣率百官詣東上閤門聽批荅不允自是五上表始從之二十二日詔近臣文武百僚累表聽樂雖是降旨勉從所請而有司引故事欲開樂宴于禁中福寧殿次紫宸殿者旱災責躬省過今天意始有消伏而又神宗皇帝

卷二萬一千七百十七

禫除未遠何可遽特開樂爲宴宜行寢罷其用樂候遵國人使到闕日依例元符三年正月十二日哲宗皇帝崩建中靖國元年正月十三日欽聖獻肅皇后崩崇寧二年四月八日群臣五上表請舉樂至是從之三月十九日詔太常寺議三年服制禫易月公除聽樂自不妨一節顯屬不當少卿曾旼孫傑博士吳綱王允中黃中鄭居中各降一官內曾旼與小郡大觀二年九月二十六日皇后王氏崩三年正月十日神主祔廟三月三十日宰臣蔡京等上表請舉樂詔曰蔡京等省所上表伏望遵景德之詔音禮由義起御鈞天之法部樂與民同事具悉昔我懿后來嬪潛藩發祥震維正位坤極壽不

副德文以稱情始輟雅音有懷疇昔覽群公之奏牘援本朝之舊章禮不敢過義當從請宜允高宗紹興十二年十月六日權禮部侍郎施坰等言謹按禮經蕃樂出於荒政蓋古人一時以示貶損之意雖經大故亦未有過三年不爲者也昨來內外臣庶暫止用樂蓋以徽考梓宮未還太母在遠權宜禁用徽考顯肅服制既踰三年梓宮權奉並畢而太母已就慈寧之養其時節上壽理宜用樂而乃尚仍遏密之禁於禮誠有未安欲望自十月七日以後應中外官司臣庶並許用樂悉如舊制詔官司自二十五日臣庶自初八日爲始淳熙十六年十一月二十五日禮部太常寺言國朝典故從吉日宰

卷二萬一千七百十七

執率文武百僚拜表請舉樂降詔允日遇宴作樂國朝典故祔廟畢民庶開樂昨降指揮高宗皇帝祔廟畢民間合候百官純吉服日方許開樂今來宰執并百僚自二月二日並已純吉服恭覩至尊壽皇聖帝躬行三年之喪係於十二月十七日行禫祭禮至三十日禫除皇帝亦未舉樂即與國朝典故不同民庶開樂比廟典故及近降候百官純吉服指揮已合施行今指定乞十二月十七日禫祭行礼畢自十二月十八日民庶開樂外今來已降指揮來年正月一日奉上尊號冊寶合設宮架樂并合用導引鼓吹若依典故係從吉後拜表請舉樂從之於是三上表廼允表曰春秋重改元法蓋先於

五始君子不為樂古無越於三年請為王言冀同民樂
恭惟皇帝陛下系隆列聖娛侍三宮綿宇厲心既極謳
歌之戴重華盡孝尚承遺啚之餘顧烈祖之報厚莫重
焉然文孫之制期已久矣況復高廟即安於神御壽皇
脩御於祥琴下逮都人悉除樂禁新王春而建號匪賓
冊以歸尊顧飾攸司各揚乃職鏘入音而應律肅萬舞
以充庭仰奉重親益厚慈顏之喜下孚衆聽普臻和氣
之祥翌日批荅曰朕仰奉慈謨丕揚聖孝學惟備道務
必守於禮經夙在纘圖敢遽違於樂顧中心之祇惕勞
列辟之懇祈今將發大冊以尊親會新元而蔵冀陳和
奏用舉上儀三載四海之遏音固無踰於吉制六律五
卷二萬一千七百十七
聲之在治當俯順於群情所請宜允

峽昌陝十四

宋會要 喪服動息門

淳化五年八月三日詔曰孝居百行之先喪有三年之制著於典禮以厚
人倫中外文武官或父母之喪亡蒙朝廷之收叙未及卒哭因已斷喪頓
忘哀戚之容不念劬勞之報雖儻俛從事克遵匪懈之言而創鉅因心殊
乖未忍之意自今因父母亡殁叙用未經百日不得趣赴公參令御史臺
專加糾察并有冒哀求仕釋服從吉者並以名聞　至道二年十二月十
二日故右僕射宋琪男貽序等言乞終喪制從之　先是琪卒諸孤皆授
官及卒哭入謝乞終制特有是命之請　天禧二年五月詔廣南福
建路京朝官幕職州縣官丁憂者委轉運使權差官替放離任　四年十
二月御史臺言向來京朝官併丁父母憂者相承服五十四月別無條例
事下太常禮院詳定以聞禮院議曰按禮喪服小記云父母之喪偕先葬
者不虞附待後事其葬服斬衰注曰謂同月若同日死也先葬者母也其
葬服斬衰者喪之隆哀宜從重也假令父死在前月而同月葬猶服斬衰
不葬不變服也言其葬服斬衰則虞祔各以其服矣及練祥皆然卒事反
服重雜記云有父之喪如未殁喪而母死其除父之喪也服其除服卒事
反喪服注云没猶終也除服謂祥祭之服卒事既祭反喪服後死者之
卷一萬九千七百九十七
服又晋杜預云若父母同日卒其葬先母後父皆服斬衰其虞祔先父後
母各服其服卒事反服父服若父已葬而母卒則服母之服虞訖反服父
之服既除練則服母之服喪可除則服父之服以除之訖而服母之服賈
循云父之喪未終又遭母喪當父服應終之月皆服祥祭之服如除喪之
禮卒事反母服之服臣等參攷歷代典故只有重輕兼服之制還虞祔練
之際各服齊斬之服則是隨先後而除之無通服五十四月之制自今望
依舊改正從之　仁宗天聖二年十二月七日御史中丞薛奎言舊制京
朝官丁憂服闋其告敕並送本臺給付近日多不親到臺頗涉慢易乞自
今並令躬親到臺於三院御史廳下拜授從之　大中祥符元年二月十
一日三班借職王漣言父母繼殁請終喪廬墓服滿赴職從之　四年十
一月詔自今川峽廣南福建路京朝幕職州縣官丁憂父母者並許令持
服仍未得離任速具奏聞候差到替人交割訖依例持服　景德三年八
月三班奉職張允恭允丈以父亡乞歸冀州同守喪制從之舊制奉職以
下居喪百日即追出就列其願終制者亦從特恩也　天聖七年五月十
八日詔自今在京及近地州軍勾當諸司使副至三班使臣遭父母喪仰
先申所司差官權勾當依近條與假仍續給俸其添給驛料食直即候過

卒哭朝參赴職依舊支給在外者不得擅離任若奔喪路近可以假限内往來者亦聽如正官在假年月已滿替人續到仰便交割管勾其假滿人發來赴闕所有在假月日並許理為在任其沿邊并廣南川陝福建州軍勾當遭父母喪者只給假三日仍不得妨本職公事若短使諸勾當在路遭父母喪者並須所使事畢別無綰繫方得申牒隨處州府依條給假訖奏更不得劾請解料其在京未有差遣及已有差遣待闕遭父母喪者各申所在去處依條施行仍續給請受 慶曆七年十二月十四日草土王恪王璧言準御史臺告報令受服闋敕告遂陳狀以母安康郡君呂氏五年三月二十三日父司封郎中維當年七月九日相繼亡歿乞通持五十四箇月服制今再準告報不許通持服制臣等父母繼歿亦止統服三年在孝子罔極之心實所難忍若朝廷以素有典制恐遂更張即乞不以為例詔恪等許通持服 慶曆三年七月九日詔自今三司副使以上非領邊寄而遭父喪並聽解官終制仍以月俸續之武臣非在邊而願解官者亦聽 初言者請臣僚遭喪並持服下太常禮院議而言禮記父母之喪無貴賤一也又曰三年之喪人道之至大也請不以文武品秩高下並聽行終喪之禮 帝以武臣入流者雜雖盡令解官持服裁定之 皇祐五

年六月十一日詔武臣除喪者自今如文臣例先給告身然後入見 至和元年十月十一日詔川陝選人自今聽奔父母喪 先是判流内銓劉敞言都官員外郎燕度建議川陝選人遭喪須代者至然後聽去官非所以全人子之孝也故釐正之 嘉祐四年九月十四日詔帶閤門祇候使臣内殿崇班太子率府率及正刺史以上遭父母喪及嫡孫承重者並聽解官行服其元係軍班出職及見管軍若路分總管鈐轄都監極邊知州軍縣城寨主都監同巡檢並給假百日追起之供奉官以下仍舊制願行服者聽宗室解官給全俸 先是編三班院敕韓績言令武臣遭父母喪不得解官行服非天下之通制下兩制臺諫官詳定而具為令 嘉祐七年三月九日權御史中丞王疇言故内園副使李永世頃以孫旦為子奏補郊社齋郎今為大理寺丞近旦聞其父喪即解官自陳大理寺論其本不得蔭當追所出身且旦上不敢欺君下不忍忘父盡誠無隱以禮行服乃蒙生法廢之終身竊旦母年老無他子孫食祿乞貸以州縣之俸使養其親詔吏部流内銓候旦服除與判司簿尉 九月十日詔横行使及内臣昭宣使以上持服者並全給料錢節度使給其半正任刺史以上給三分之一 元豐三年五月八日三班差使王銓父喪乞解官持服許之仍

詔兵部自今有請如銓比者宜即聽許 高宗紹興元年四月四日御史臺言特進至承務郎遇有丁憂吏部進奏院報到持服年月日下元報州軍見的實丁憂年月差遣因依籍記候服闋日前一月檢舉牒本官催赴見臺其簿籍緣渡江散失別無照驗多不曾關申所屬報到致本臺無憑檢舉今相度如有丁憂人於州縣給到服闋公據并印紙料錢文歷曾經批鑿月日内有一件可照欲令召本色官一員委保正身非不許到闕之人如無照驗依舊例召保官二員以憑給牒赴朝參依所召保官並不理為委保參部等保官員數

皇祐元年十一月三日大理評事石祖仁言先於八月十五日祖父太子少傅致仕中立身亡叔國子博士從簡成服後於十月十五日身亡祖並無兒男祖仁是嫡長孫欲乞下太常禮院定奪合與不合承祖重服詔禮院詳定博士范鎮議曰接經無接服非禮也始於徐邈何承天司馬操之說而古未之行也今祖仁以嫡長孫固當傳重也始喪而傳重可也其叔已傳重叔死而接服不可也就使祖仁接服不幸而祖仁又死須它孫繼之制禮之意若是其不決乎是不然也故聖人不言接服其不言者不許之也庾蔚之以為邈承天操未見其據者此也然則如之何而可宜以本

服主喪服除而止母在則練服主祭可也博士宋敏求議曰按子在父喪而卒嫡孫承重禮令無文通典載江都集禮晉人問徐邈嫡孫承重在喪中亡其從弟已孤未有子姪相繼疑於祭祀邈答曰今見有諸孫而事同無後甚非禮意禮宗子在外則庶子攝祭可使一孫攝主而服本服期除則當應服三年否何承天答曰既有次孫不得無服但次孫先已制齊衰今不得更易服當須中祥乃服練裴松之曰次孫本無三年之道無緣忽於中祥重制如應為後者次孫宜為喪主終三年不得服三年之服而司馬操駮之謂二說無明據其服宜三年也庾蔚之云嫡孫亡無為後者祖有衆孫不可使傳重無主況子之子居然為祖持重所以范宣云次子應服三年是也今中立未卒哭未經葬而從簡繼卒求其類乃無出此雖亦有訛之者然已著前代論議曰開元禮以前嫡孫卒則次孫承重況從簡為中子已卒而祖仁為嫡孫乎古者重嫡正貴所傳其為後者皆服三年謂之承重大凢外襄終事内奉靈席有練祭祥祭禫祭可無主之者乎今中立之喪未有主之者祖仁名嫡孫而不承其重乃曰從簡已當之矣而可乎且三年之喪必以日月之久而服之有變也今中立及未葬未卒哭從簡已卒是日月未久而服未經變也焉可無所承哉或謂已服期今不

當接服斬而更為重制接儀禮子嫁反在父之室為父三年鄭康成注謂遭喪而出者始服齊衰期出而虞則以三年之喪杜佑號通儒引其義附前問答之次況徐邈范宣之說已為操駁之是服可再制明矣又舉甚必有服令祖仁宜解官因其葬而制斬衰其服三年後有如其類而已葬者用再喪制服通歷代之闕折衷禮文以沿人情謂當如是請著為定式詔如敏求議

熙寧八年閏四月集賢校理同知太常禮院李清臣言檢會五服年月敕斬衰三年加服條嫡孫為祖注謂承重者為曾祖高祖後者亦如之又祖為嫡孫正服條注云有嫡子則無嫡孫又準封爵令公侯伯子男皆子孫承嫡者傳襲若無嫡子及有罪疾立嫡孫無嫡孫以次立嫡子同母弟無母弟立庶子無庶子立嫡孫同母弟無母弟立庶孫曾孫以下準此究尋禮令之意明是嫡子先死而祖亡以嫡孫承重則體先庶叔不繫諸叔存亡其嫡孫自當服三年之服而衆子亦服為父之服若無嫡孫為祖承重則須依封爵令嫡庶遠近以次推之且傳爵承重義當一體禮令明白固無所疑而五服年月敕不立庶孫承重本條故四方士民尚疑為祖承重之服或不及上稟朝廷則多致差誤除嫡孫為祖已有上條外欲乞特降朝旨諸祖亡無嫡孫承重者依封爵令傳襲條子孫各服本服如此則明示天下人知禮制祖得繼傳統緒不絕聖主之澤也事下太常禮院詳定禮院檢會五服年月敕斬衰三年加服嫡孫為祖為承重者為曾高祖後亦如之當院自來凡有詳議持祖服紀內其閒無嫡孫及庶子者依封爵令取庶長孫為後持三年斬衰之服緣從來未有明條多是議論不一致有差舛今欲乞為祖承重者依封爵令如又無嫡孫之同母弟即立庶長孫承重行斬衰之服於是禮房看詳古者封建國邑而立宗子故周禮適子死雖有諸子猶令適孫傳重所以一本統明尊尊之義也至於商禮則適子死立衆子然後立孫今既不立宗子又不常封建國邑則嫡孫喪祖不宜純用周禮欲於五服年月敕嫡孫為祖條修定注詞云謂承重者為曾祖高祖後亦如之嫡子死無衆子然後嫡孫承重即嫡孫傳襲封爵者雖有衆子猶承重從之

大中祥符八年四月十九日皇弟廣平公德彝卒先是德彝娶王顯孫閤名納采畢大歸有期詔問禮例禮官言按禮記曾子問曰娶有吉日而女死如之何孔子曰婿齊衰而弔既葬而除之夫死亦如之注云謂無期三年之恩也女服斬衰又按刑統云依禮有三月廟見有未廟見就婚等三種之文妻並同夫法其有克吉日及定婚夫等唯不得違約改嫁自餘相

犯並同凡人今詳女令服斬衰於室既葬而除或未葬但出殯即除之

鍾字下增氏字

宋會要　齊衰服

真宗咸平元年六月八日，詔自今三司館閣丁憂並令持服三年。三月二十一日，殿中丞石嶼言：「昨知懷安軍，在任丁母憂，準勑不離任，令得替，準勑赴闕，又緣服制未滿，不敢依例朝見。」詔嶼許令朝見，今後京官任川陝廣南福建等路在任丁憂者，未得離任，候替人到，除服未滿者，並令持服。

宋會要　齊衰服

天聖二年四月二日，大理評事杜杞言：「祖母潁川郡君鍾所生二男並先亡，祖母沒無服重子婦，止餘孫孫之人，諸孫之中臣最居長，今已服斬衰，即未審解官以否。」詔太常禮院詳定以聞。禮院言：「按禮記喪服小記曰：『祖父卒而後為祖母後者三年。』正義曰：『此一經論適孫承重之服。祖父卒者，謂適孫無父而為祖後，祖父已卒，今遭祖母喪，故云為祖母後也。事得申，若父卒為母故三年。若祖父卒時父已先亡，亦為祖父三年；若祖卒時父已在，雖為祖喪，今父沒祖母亡時，已亦為祖母三年也。』又後魏永平四年太常劉芳議：『累代承嫡，方得為嫡子嫡孫耳，不爾者不得繼祖也。』又按令文：『為祖後者祖卒為祖母，祖父沒嫡孫為祖母承重者，齊衰三年，並解官。』當院參詳，合依禮令承重解官。」從之。

卷一萬九千七百九十八

天聖七年六月五日，廣南西路轉運使王雉正言：「祖母身亡，緣臣父早喪，望特許解官持服。」詔太常禮院詳定。禮院言：「按禮令：『嫡孫為祖母承重者齊衰三年。』又云：『諸喪斬衰齊衰三年者並解官。』其王雉正若無親伯叔及兄，即當依上項禮例解官持服。」詔雉正詳禮院檢定禮令施行。

寶元二年八月十三日，三司度支判官、集賢校理薛紳言：「祖母萬壽縣太君王氏卒，嘗給假三日。竊以祖母王氏是先臣所生母，服紀之制，罔知所適，伏乞申詔有司檢詳條制，俯降朝旨，庶知適守。」詔送太常禮院詳定。禮官言：「五服年月勑：『齊衰三年，為祖後者祖卒則為祖母。』注云：『為曾高祖母亦如之。』又曰：『齊衰不杖春，為祖父母。』注云：『父之所生庶母亦同，唯為祖後者乃不服。』又按通禮義纂：『為祖後者，父所生庶母亡，合三年否？』記云：『為祖母也。為後三年，不言嫡庶，然奉宗廟當以貴賤為差，庶祖母不祔於皇姑，已受重於祖，當為祭主，不得私恩。若受於父代而養，為後可也。』又曰：『庶祖母合從何服？』『禮無服庶祖母之文，有為祖庶母後者之服。晉王廙議曰：受命為後則服之無嫌。婦人無子託後族人，猶為之服，況其子孫乎？人莫敢卑其祖也。且妾子父沒為母得申三年，孫無由獨屈，當服之也。』今取到薛紳本家服圖，紳係為庶孫，不為祖後受重於父者。詳五服年月勑不載持重之文，於義纂即有所據，今薛紳不為祖後受重於父，合申三年之制。」史館檢討、同知太常禮院王洙言：「伏以禮法二柄，合為憲章，本無異端，同底於治。故君子蹈之則為禮，小人違之則及刑，雖進退異名，而制度一體，百官之守，所當奉行，凡一之文，是為不易。薛紳以父之所生庶母亡，疑所服，乞下有司詳定，衆官會議，輙不遵用敕文，只據義纂定奪，又直引義纂『受命為後則服之無嫌』，此蓋晉王廙解祖庶母之說，非庶祖母之事。臣竊見自來有司或覩令勑不便者，必於擬事之時，或事畢之後，明具利害，乃衝改舊文，奏上再下有司，或差官定奪可否，如實可衝改，即再具利害奏聞取旨，方降宣勑施行，未有臨事之時引他書擅自不依勑文，一面定奪奏上。況五服年月勑與新定令及通禮正文內五服制度，皆聖朝典法，此三處並無為父所生庶母服三年之文。唯義纂者，是唐世蕭嵩、王仲丘等撰集，本名開元禮義鑑，開寶中改修為開寶通禮義纂，並依舊文，不曾有所損益，非創修之書，未有據以決事。其所引義纂兩條，皆近世諸儒之說，不出於六經之文，臣已別狀奏駁。若自今在外臣庶或有值父所生庶母亡，與薛紳事體一同者，如只準令勑不行三年之制，未知處以何罪？若使天下刑法之司捨令勑而守義纂，奏見其可也。又詳五服年月勑，係天聖五年詔兩制與太常禮院詳定施行，

卷一萬九千七百九十八

此實本院所定之文，今乃臨事之時自不遵守，豈謂令勑便為刑書，興禮文有異，略而不取，亦未可也。況勑文初因孫奭本朝名儒，常校經禁中，天下知其達禮，不應於義纂所載兩條不出於六經，所以與不取也。今以令勑之條不載，六經之文不出，輙引以為據，廢格制書，臣所以不敢雷同，具奏。臣非好立異議，雖知謹守勑文，不可臨事改易。且禮法之局，所共執行，於法則議刑，於禮則制服，非一司獨能專也。伏乞降狀付外，令御史臺、刑部、審刑院、大理寺與禮院同共定奪聞奏，所貴禮法之官參議其極，盡一之典，無輙重輕。」別狀曰：「竊以義纂皆近世諸儒之意，不合經義，謹具解正條駁如後。義纂云：『禮無庶祖母之文，有為祖庶母後者之服。』者，此答問之人明知禮經之中並無庶祖母之事，乃有喪服小記祖庶母之說，為此摭喪服小記云：『為慈母後者，為庶母可也，為祖庶母可也。』注云：『人之妾無子者，亦可命己庶子為後。』疏云：『謂己父之妾為祖庶母，即令所謂父所生庶母者也。』又云：『晉王廙議曰：受命為後服之無嫌。』者，此王廙釋祖庶母之事，謂妾子受父之命為祖妾之後，服之無所嫌疑也。又云：『婦人無子託後族人，猶為之服，況其子孫乎？人莫敢卑其祖也。』者，此亦王廙引此言婦人無或託夫宗姓之子與為之後，猶當服之，況其夫之庶子庶孫也。庶孫受

父之命為祖妻之後是莫敢畀其祖也又云妾之父沒為母得申三年孫無由獨屈當服之也者此亦王廙引此言妾子父沒尚得為母三年孫不可不服也臣謹按喪服小記云別子為祖注云諸侯之庶子別為後世為始祖也又云繼別為宗注云別子之世長其族人為宗也又按喪服小記云慈母與妾母不世祭也注云以其非正也引春秋傳曰於子祭於孫止疏云妾母為庶子自為其母也既非其正故雖子祭之而孫則否據王廙雖知禮經正文無庶祖母之事乃曲引祖庶母及婦人無子託後族人并父歿為母申三年者凡三條強為此類而皆非經典本意殊不知承別子之後自為大宗所守者重不得更為父所生庶母申三年也況妾母不世祭豈於祭有戩降之文於服無暴殺之節其不然也且王廙所議不云受重與否但云當服之也不顯言喪期之數同崇三年之文非文之不具蓋不達禮之本意也況此議初問有服無服本不在三年之章亦不謂受重者也臣看詳紳為映之孫也耀卿為別子始祖也紳繼別之後為大宗也所守至重非如次庶子等承傳其重者也不可輒服父所生庶母三年之喪以廢始祖之祭也義纂云記云為祖母也為後三年此義纂引之傳寫錯繆也又云不言嫡庶然奉宗廟當以貴賤為差庶祖母不祔於皇姑已

卷一萬九千七百九十八　三

受重於祖當為祭主不得申於私恩者此釋為祖之後自然不得為祖母三年也又云若受重於父代而養為後可也者此釋子傳父重者代父修養庶祖母亦得三年也臣謹按禮經所謂重者皆承後之文據義纂稱重於父亦有二說一者嫡長子自為正體受重可知二者或嫡長亡取嫡或庶次承傳父重亦名為受重也若繼別子之後自為太宗所承至重不得更逮係庶祖母為之服三年惟其父以生已之故為之三年可也詳義纂所謂受重於父者指嫡長子亡次子承傳父重者也但其文不同言耳臣切詳義纂其間論說多不與通禮正文相副若於條敕之外辯詳與禮或取或舍質正異論可也非可便取為執據移奪令敕也詔太常禮院與御史臺詳定聞奏衆官參詳耀卿王氏子紳王氏孫允親於慈母庶母祖母庶祖母也耀卿既亡紳受重代養當服之也後又辭紳頃因籍田覃恩乞將敍封母氏恩澤迴授與故父所生母王氏其辭紳官爵未合敍封祖母蓋朝廷以耀卿已亡紳是長孫敦以孝道特許封邑豈可王氏生則輒邀國恩歿則不受重服況紳被王氏鞠育之恩體尊義重合令解官持齊衰三年之服詔從之　元豐三年十二月十五日太常禮院言自今承重者嫡子死無諸子即嫡孫承重無嫡孫嫡孫同母弟承重無母弟庶孫長者承重

曾孫以下準此其傳襲封爵者自依禮令從之先是知太常禮院兼寺丞王子韶言寺丞劉次莊祖母亡有嫡曾孫次莊為嫡孫同母弟本院定次莊祖母亡無諸子及無嫡孫次莊以嫡孫同母弟當承重檢近降五服條嫡孫為祖註謂承重者為曾祖高祖後亦如之嫡子死無子然後嫡孫承重即嫡孫傳襲封爵雖有衆子猶承重切詳上條止為嫡孫承重與不承重立法即無庶孫承重之文自來嫡孫即不問長幼承重若嫡孫已死見有親弟年少又有庶母弟年長者論長即庶長孫承重若謂庶孫不當承重即嫡孫同母弟雖少當為祖父母齊斬三年未嘗明降指揮乞下禮官詳議立法故也　元祐八年七月二十九日禮部言知建州左朝散郎王汝舟於去年十二月內繼祖母身亡有叔承重嘗幹喪葬了畢今叔於三月二十九日身亡汝舟係嫡孫今來祖母之喪雖已經卒哭緣別無伯叔合承重乞解官持服尋下太常寺本寺看詳皇祐中石祖仁遭叔父之喪未葬小祥以前當時禮院用何承天司馬操庾蔚之等議令因葬制為三年之服朝旨從情廣恩事已施行至元豐中敍謁遭叔父喪在小祥之後其期服已畢禮院用徐邈議乞令心喪三年以終喪祭朝旨以義為制令依本服今王汝舟所陳事理與石祖仁體例頗同皆在小祥以前欲乞令

卷一萬九千七百九十八　四

王汝舟解官執喪俟其小祥變服以為三年之制其小祥後如敍謁之比者即用徐邈議許令素服臨祭解官以中心喪通三年而畢本部看詳王汝舟係嫡孫其祖母之喪雖經卒哭既無伯叔承重合依太常寺所定解官行服通三年而畢責合禮意從之　熙寧八年十月二十三日前右司諫直集賢院孫覺知潤州初覺知廬州喪祖母以嫡孫解官持服而覺有叔父在有司以新令嫡子死無衆子然後嫡孫承重覺不當為祖母解官故有是命　紹興三十年二月十六日大理評事元徽之以高祖母安人翟氏死乞承重解官從之時徽之亦年幾五十矣

斷作斲　戮疑之戴　疑戮

景祐二年郭稹為出嫁母行服太常博士
禮院言郭稹為出嫁母行服
同知禮院宋祁以當不行服乃奏曰禮者叙上下制親疏別嫌明微以
為之節也故三年之喪雖天下達禮至於情文相稱必隆殺從宜故事有
所伸則親者有所屈不敢以所承之重而輕用於其私者也伏見前祠部
員外郎集賢校理郭稹生始數歲而父喪其母邊氏更適士人王渙稹
煢孤苦以致成立見無伯叔兄弟奉承郭氏之祭者惟稹一人而已
邊氏既適王氏更生四子今邊不幸而死稹乃解官行服以臣愚管見深
用為疑伏覩五服制度勑齊衰杖期降服之條曰父卒母嫁及出妻之子
為母服注曰謂不為父後者若為嫁母無服今詳邊氏嫁則從夫已安於
王室死將同穴永非於郭耦而稹既為父後則宜歸重本宗雖欲壞有慈
之愛推無絕之義亦不得為已嫁之母亢父而進其禮也何者輕奉父統
則郭之承重更無他親備執母喪則王之主祀自有諸子臣詳求禮制既
稹不當解官行服夫禮有所殺君子之術就也義有所斷聖人從宜也況
當孝治宜謹彝經伏乞降臣此狀下有司詳議其郭稹為父後為出嫁母
應解官行三年之喪然後明垂定制俾守洪規臣備禮官不敢侵嘿續准

卷二萬九千七十九

一

批下侍御史劉夔奏議臣聞父尊母親天下之達禮也存養沒喪天下之
達節也故父在為母期父沒為母三年降殺之義在此而已勛華而下周
隨以還沿襲之文或殊齊斬之儀無革惟載記載孔氏喪出母自子思始
以譏廢禮臣若父卒為出嫁母杖期又為父後者無服周公制禮宣聖定
儀具載簡編初無此說今宋祁謂疑稹不當解官行服臣謹按天聖六年
六月十二日勑禮部侍郎劉筠等同定刑部郎中孫奭所奏左僕射劉煦
等所議開元正年五服制度依開寶正禮錄出舊載齊衰降服條例與祁
所言不異又按唐憲宗朝丞相鄭餘慶陸贄等議父卒母嫁夫義絕無服
裴瑞注云准天寶六年正月二日勑出嫁母終年又改尊令諸喪斬衰三
年齊衰三年並解官齊衰杖期及為人後者為其父母若庶子為後為母
亦解官具正喪母及出嫁母為父後者雖不服亦申心喪注云皆為生己
者又職制令諸聞父母若夫喪匿不舉哀者流二千里喪制律諸居父母
若夫喪釋服從吉若忘哀作樂注云自作遣人等徒三年雜戲徒一年疏
義曰其父卒母嫁及為祖後者祖在為祖母若出妻之子並居心喪之內
未合從吉若忘哀作樂自作遣人等亦徒三年雜戲徒一年又冒哀求仕
者徒一年註謂父母喪禫制未除及在心喪內者諸冒哀求仕者謂父母

切作竊

之喪二十五月大祥後未滿二十七月而預選求仕但父母之喪法合二
十七月是正喪若釋服求仕即當不孝合徒三年其二十五月外二十七
月內是禫制未除此中求仕名為冒哀合徒一年若釋服從吉自從釋服
從吉之法及在心喪內者為妾子及出妻之子合除其二十五月內為心
喪猶再詳格令子為出嫁母雖為父後者不服亦當申心喪又稱居心喪
者釋服從吉及忘哀作樂冒哀求仕者並同父母正服之例今稹不自空
桑而生當念哀哀劬勞報德罔極若食稻衣錦去衰麤徽哀隕而享安榮
是謂以母死而為利且天下豈有無母之國哉臣向觀今龍圖閣學士王
博文為殿中侍御史中丞杜衍任太常博士日並為出嫁母解官致喪識
者韙之抑惟朝論士庶喪嫁母者比比皆是輒舉近班二臣以明非獨矧
王渙身歿之後邊氏却還稹家母如初累變星琯若使主為母子沒同
路人循開元小盾之制滅孝子克之行則必虧損名教廢墜人倫下扇
澆風上玷孝治事體至重不可不慎今稹既自解官已伏苫塊伏望聖慈
遂其孝心則至治之朝教勵厚俗在此舉矣且欽期降服之制本出開元
禮文逮乎天寶已降別勑令終三年然則明皇當時已悟夫禮但緣此勑
在後遂令執用舊文方今聖哲熙朝文物大盛自我作古誰曰不可何必

卷二萬九千七百九十九

二

遵季唐之常議略先王之經制守為微之末節絕母子之要道哉臣又聞
晉元准謂為人後服嫁母服劉智云雖為父後猶為嫁母齊衰譙周云父
卒母嫁非父所絕為之服周可也按孔鯉之妻鯉卒而嫁於衛故檀弓曰
子思之母死柳若謂曰子聖人之後也四方於子乎觀禮子盍慎諸子思
曰吾何慎哉石苞問淳于睿曰為父後者不為出母嫁母猶出母也或者
以為嫁與出不異不達禮意雖執從重之義而以廢祭見譏君為詳正睿
引子思之義為答且言聖人之後服嫁母服分明無可嫌詳觀古賢精微
之論制稹之行服不為過矣上令太常禮院御史臺與前降指揮一處同
共詳定聞奏者臣等今檢詳禮條如左參詳宋祁所奏疑五服年月勑內
為父後者為嫁母無解官之文劉夔以為母嫁亦當申心喪之禮蓋緣以
有下項典禮及律條分明更難別立條制又翰林侍講學士馮元奏准中
書批下宋祁等奏狀疑稹行服參酌禮記正義皆古之正禮開寶通禮及
義纂并五服年月勑皆國朝見行典制明有義據即無子為父後為嫁母
行服三年廢父祖祭祀之禮但有司未經遵用止徇人之常情寧不致疑
互持偏說禮記正義開寶通理五服年月勑皆言為父後者為出嫁母無
服惟開寶通禮義纂引唐天寶六年制出母嫁母並終終服三年又引劉

智釋議雖爲父後猶爲出嫁母齊衰卒哭乃除踰月乃祭禮也且通禮義纂聖朝所定疏云出母嫁母並終服三年又云爲出母嫁母縗卒哭乃除二者並存其事相違何也初詳天寶六年之制言諸子爲出母嫁母故云並終服三年劉智釋義曰爲父後者爲出母嫁母故云猶爲齊縗卒哭乃除二理昭然各有所謂固無疑也況天聖中五服年月勅父卒母嫁及出妻之子爲母降服杖期則天寶六年出母並終服三年之制已經行改不可行用又五服年月勅但言解官臣以爲若專用禮經則是全無服式施之今世理有未安若諸子杖期又於條制更相違戾既求禮意當近人情自今後子爲父後無人可奉祭祀者依通禮義纂劉智釋議齊縗之服卒哭乃除逾月乃祭仍申心喪不得作樂即與禮記正義通典開寶通禮五服年月勅爲父後爲出母嫁母無服文言不相遠也如非爲父後者出母嫁母依五服年月勅降齊縗杖期亦解官申其心喪則與通禮五服制度言雖同除仍申心喪三年及刑統言出妻之子合除其服皆二十五月內爲心喪其義一也以此論之則國朝見行典制盡與古之正禮相合餘書有偏見不合禮經者皆不可引用也今槙即未審有無伯叔兄弟可奉父祖祭祀應得子爲父後之條以否合行勘會又緣其人解官行服已過期年難於改易臣今議欲乞依下項陳乞自今後子爲父後委實無人可奉父祖祭祀者並依聖朝典制施行從之

卷一萬九千六百九九

三

宋會要　齊衰不杖期

哲宗元祐四年七月十一日中書省言三班奉職陳永和狀觀妹美人陳氏出嬪開聖院永和與弟姪等係期親之服乞掛服守靈詔不允　紹興二十九年十二月十七日宰臣湯思退言喪長女依條乞給式假五日詔一令朝參治事止給早出假

卷一萬九千八百

宋會要總麻服

天聖五年四月二十三日翰林侍讀學士孫奭言伏見禮院及刑法司外州各報守一本喪服制度編附入假寧令者顛倒服紀鄙俚言詞外祖卑於舅姨大功加於嫂叔其餘謬妄難可遽言臣於開寶正禮錄出五服年月并見行喪服制度編附假寧令伏乞詳擇雕印頒行又禮文作齊衰期唐避明皇諱改周聖朝不可仍避伏請改周爲期用合經禮詔送兩制與太常禮院詳定聞奏翰林學士承旨劉筠等言奭所上五服年月別無誤錯皆合經禮其齊衰期字却合改周爲期以從經典又節取假寧合用條件各附五服之後以便有司檢討並以修正望下崇文院雕印頒下中外所有舊本更不得行用其印板仍付國子監印造出賣從之皇祐四年正月十九日吉州司理參軍祝紳請持兄服從之　初江南東路體量安撫司言紳幼亡父母養於兄嫂已嘗爲嫂持服今又請解官持兄喪帝曰近世蓋有遺父母喪而干進者今紳雖所服非禮然不忘鞠養意亦可勸也既聽之仍候服闋日與幕職官知縣

宋會要總麻服

天禧元年四月十五日詔自今在京倉場庫務坊監監官京朝官使臣聞親喪給假五日聞哀二日大功給假三日聞哀一日緦麻在家聞哀並給假一日從三司使馬元方之請

（卷一萬九千八百三

韋易寧

宋會要雜服制

天聖五年十月三日太常禮院言自來宗廟祠祭皆差宰臣參知政事行事每有服制旋後改差多致妨闕當院檢會唐會要正元六年詔百官有私喪公除者聽赴宗廟之祭祀御史監祭者以開元禮凡有緦麻以上喪不得饗廟務跺吏部詰以奏差祭官有私喪者於是吏部奏曰準禮諸侯絕周大夫絕緦麻者所以殺旁親不敢廢大宗之祭事則緦不祭者謂同宮未葬欲人吉凶不相瀆也魏晉已降變而從權緦以上喪服假滿即吉謂之公除凡既葬公除則無事不可故江左虞潭商仲堪並云既葬公除廢祭者非也故其時公除者則行公祭蓋大夫不敢以家事辭王事春秋之義也今國家行公除之令既以即吉於祭無妨今私家之祭則無廢者公家之祭則猶禁之是以有司限文若以服爲禁則懼虧祭禮若以例奏差則懼違令文先王立禮所以進人爲善也立法所以禁人爲非也被公除者人思君親莫不欲祭使子得祭其父孝莫大焉臣得祭其君義莫重焉苟祭而不許是禁人爲善也苟私祭不禁則公祭無嫌是則去之空文不若行其變禮今請申明舊令使行之可守凡有慘服既葬公除及聞哀假滿者許吉服赴宗廟之祭其同宮未葬雖公除者請依前禁之庶輕重有

（卷一萬九千八百九

倫以一王法從之又王涇郊祀錄注緦麻已上喪不行宗廟之祭者以明吉事凶人不干也正元六年吏部奏請既葬公除之後得許擺改吉服以從宗廟之祭此一時之事非舊典也今當院看詳律稱如有緦麻已上喪遣充掌事者笞五十陪從者笞三十此則唐初定至正元六年吏部起請皆援引典故乞凡有慘服既葬公除及聞哀假滿者許吉服赴宗廟之祭其同宮未葬雖公除者請依前禁之奉詔百官有私喪公除者聽赴宗廟之祭後雖王涇著郊祀錄稱是一時之事非舊典也又別無詔敕改更是以歷代止依正元六年詔命施行至大中祥符三年詳定儀注官請依郊祀錄緦麻已上不預宗廟之祭今詳正元起請證據分明王涇所說別無典故望自今後有私喪公除者聽赴宗廟之祭庶使舊典克從免致廢闕從之　元豐三年三月二日太常禮院言國子博士孟開乞以姪孫宗顏爲嫡孫據令無子者聽養同宗之子昭穆合者又曰子孫繼絕應析戶者非十八以不得析則是有孫繼祖者又晉侍中荀顗無子以兄之孫爲孫請如開所乞從之　神宗熙寧二年十一月二十一日詔同修起居注直史館蔡延慶許歸後本宗初延慶言先臣贈太尉齊是臣之伯父臣祖父以齊未有繼嗣日令臣出繼今齊有子延嗣爲光祿寺丞而臣所生父喪

擾易騷

反無繼嗣乃下禮官議而禮官言延慶當歸後本宗故也　哲宗元祐元
年閏二月十八日禮部言故朝請郎致仕李弼賢妻王氏狀亡夫從祖惟
清係繪像臣僚為本支無嗣乞依張知白例推旁支恩詔從之仍令李惟
清族中推有義者立為嗣　紹聖元年十二月五日尚書省言元祐七年
南郊赦書節文今後戶絶之家近親不為依條立繼者官為施行今戶絶
家許近親尊長命繼已有著令即不當官為施行從之　政和三年閏四
月二十七日戶部尚書劉炳言有旨王彥林以弟彥通與叔母宋氏為繼
絶孫令戶部員外郎蓋伣議彥通用元豐中孟開以姪孫宗顏為嫡孫例
事體明甚大理寺官皆以為允獨寺丞吳瓌異議竊以深文刺骨離于人
心者非所以為法膠執拘滯泥於故常者非所以為禮法不違於人情禮
固可以義起君子者法之原必本于平恕聖人者禮之制莫尚乎變通不
明禮法之本原而欲絶人之世豈先王之用心哉孔子曰繼絶世天下之
民歸心焉蓋以其無後而絶故繼之也若祖自有子見書娶婦方得養孫
或有子未娶而亡亦不得養孫則天下之絶世將不可勝計以是為禮法
不亦可乎蓋伣議是若如瓌議則元豐孟宗顏紹聖劉守信二家皆可追
奪產業數十年之間天下之養孫者不惟世守其先疇或已經蔭補若行

卷一萬九千八百九　二一

此議則鄉里姦民倚法撓擾長告訐之風起爭競之俗非所以綏靖四方
也若曰使皆有繼續則天下遂無戶絶夫法有養子養孫蓋慮天下有絶
滅之家也戶絶財產所得幾何政和元年諸路戶絶錢萬餘貫而已使皆
知立後遂無戶絶一歲雖失萬餘緡聖主之所樂為也從之　徽宗大觀
四年九月十五日詔孔子謂興滅繼絶天下之民歸心王安石子雱不幸
無嗣有族子遠已嘗用安石孫恩例官之訖聞與亦來已可仍舊以遠為
雱後以稱朕善善之意也　八年四月二十三日故臨川伯王雱女王氏
狀伏念父被遇神考擢寘法從不幸早世未立嗣息大觀間特詔以族子
遠為後於政和六年緣其所生父暑身亡詔令遠歸宗照管葬事今已終
葬欲望特令遠仍舊為先父雱後詔從之　高宗紹興八年十月二日詔
故太尉洮軍節度使同知樞密院事种師道以再從姪浩為後其神道碑
令本家陳乞委官製撰

宋會要　追行服

紹興三十年五月十三日大常寺看定韋評等昨解官持服令頒仁皇后
升祔恩例所得特官檢照禮律即未合祇受從之　元祐六年五月六日
監察御史徐君平言父母之喪無貴賤一也今大小使臣任管軍沿邊之
類當行服而不請解官者甚衆願令並解官持服著為令從之其大小使
臣除係沿邊等職任并元是軍班揀授及小使臣非奏補及武舉入官人
並仍舊　七年二月十一日詔武臣丁憂者見任管軍處或充路分總管
鈐轄都監知州縣城關寨縣尉都監寨主監押同巡檢巡檢駐泊巡防駐
泊及管押綱運大使臣係軍班揀授小使臣非蔭補并武舉入官者及差
使借差並不解官內係沿邊任使并押綱者給假十五日除一百日其礙
不解官而願解官行服者除沿邊任使奏候朝旨外聽之　紹聖三年五
月八日詔小使臣丁憂依元豐舊法勿令持服十一月二十三日詔準備
將領差使並依邊將副城寨使臣條不許持服　徽宗元符三年已即位
正月十四日詔三省集侍從官議典國二年服是何服紀令疾速指
定聞奏詳見九月六日指揮　淳熙四年九月十二日敕令所言臣僚奏自今
右選脩武郎以下如有服制並合依文臣解官吏部看詳應小使臣外官

卷一萬九千八百十二

宗室任諸路監司知州軍軍使知縣縣令縣尉鈐轄路分都監副都監將
副準備將領差遣如遇丁憂乞依文臣解官持服擬說未上間內極邊去
處並不解官願解官持服者具奏聽旨詔依仍下本所修立成法本所欲
於武臣丁憂不解官本條依舊文外令參酌修諸路小使臣任知州及
軍使知縣縣令尉丁憂並解官內緣邊去處不解擬說未上間願解官者
具奏聽旨從之　七年四月二十七日吏部侍郎尚輝言吏部選法小使
臣遭喪不解官給式假百日為限欲除緣邊職任及見從軍與歸正歸朝
揀汰指使等官并軍功補授雜流出身人依舊以百日為限外小使臣如
蔭補子弟及取應宗室武舉出身之類皆合遵三年之制從之　既而吏
部奏所降指揮內蔭補子弟并取應宗室武舉出身人悉遵三年之制竊
慮未盡今照得如奏薦遺表致仕及捧表生辰親屬并捧香戚里宗室女
夫染疾陣亡罷省親屬恩澤應諸色補官宗室并進獻人並合依已降指
揮施行校尉準此從之　二十八日詔內侍官如丁憂依舊給式假一百
日　七月七日中書門下省言昨降指揮應從軍小使臣自今在職丁憂
與免式假近緣吏奏請將見從軍與不係從軍之人例皆給理假宜分別
詔內外諸軍小使臣在職丁憂並依上件已降指揮施行　十年七月二

十二日吏部言淳熙條格小使臣沿邊任使丁憂不解官止給式假十五日淳熙七年四月二十七日因臣僚奏請失於照會一例衮同舉說給假一百日遂致增損乞依淳熙條格止給式假十五日從之　二十七日詔小使臣丁憂並依舊法其在淳熙七年四月二十七日指揮之後解官持服人與依舊法理還磨勘月日

卷一萬九千八百十三

景祐三年五月二十一日審刑院言開封府民單如璧母於姑禫服内爭家財準戶律諸居父母喪兄弟別籍異財者徒一年疏云謂在二十七月内今與有司檢詳典禮准五服年月敕十三月小祥除首絰二十五月大祥除靈座除衰裳去絰杖二十七月禫祭踰月復平常其單如璧祖母禫制未滿緣三年之喪止以二十七月為滿其二十七月即明踰月為限或須實滿二十七月乞下太常禮院定奪禮官議曰謹按禮記間傳云再周而大祥素縞麻衣中月而禫禫而纖無所不佩中猶間也謂太常祭後間一月而禫也六俗所行禫則六旬既祥縞衣麻闋而不服稽諸制度失之甚矣今約經傳求其適中可二十五月終從而大祥受以祥服素縞麻衣二十六月終而禫服二十七月而吉吉而除從徙月樂無所不佩求其情可合于禮矣儀禮云又朞而大祥曰為此祥事中月而禫中猶間也與大祥間一月自喪至此月二十七月禮記云是月禫徙月樂言禫明月可以用樂參詳典故三年之喪十三月為小祥二十五月為大祥二十六月服素縞二十七月禫祭踰月仍復平常自初喪至此月首尾二十七月踰月謂終禫月餘日次月改朔是名踰月即合純吉請頒天下以為定式從之　紹興

卷一萬九千八百八

二十九年九月十三日持禫服韓沖通言奉旨差知鎮江府緣見居禫制敢冒分符望追還誤恩詔令候從吉日前去之任

宋會要

元豐八年九月四日承議郎秘書省正字范祖禹言先王制禮以君服同
於父皆斬衰三年蓋恐為人臣者不以父事其君此所以管乎人情也自
漢以來不惟人臣無服而人君遂亦不為三年之喪惟國朝自祖宗以來
外廷雖用易月之制而宮中實行三年之服且易月之制前世所以難改
者以人君自不為服也今君上之服已如古典而臣下之禮猶依漢制是
以百官有司皆已服吉其敢常容貌衣冠無異於行路之人豈人之性
如此其薄哉由上不為之制禮也今羣臣易月而人主實行喪故十
二日而小祥朞而又小祥二十四日大祥再朞而又大祥夫練祥不
可以有二也既以日為之又以月為之此禮之無據者也古者再朞而
大祥中月而禫禫者祭之名也非服之色也今乃為之黲服三日然後
禫此禮之不經者也既除服至葬而又服之蓋不可以無服也祔廟而後
即吉纔八月矣而遽純吉無所不佩此又禮之無漸者也易月之制因襲
故事已行之禮不可追也臣愚以為宜令羣臣朝服止如今日而未除衰
至葬而服之漸除其重者再朞而又服之乃釋衰其餘則君服斯服可也
至於禫不必為之服惟未純吉以至於祥然後無所不佩則三年之制略

卷一萬九千八百五　一

如古義詔禮官詳議以聞其後禮部尚書韓忠彥等言朝廷典禮時異
宜不必循古若先王之制不可盡用則當以祖宗故事為法今言者欲令
羣臣服喪三年民間禁樂如之雖過山陵不去衰服庶協古之制緣先王
恤典節文甚多必欲循古則又非特如臣僚所言故事而已今既不能盡
用則當循祖宗故事及先帝遺制從之　元符三年九月一日以哲宗皇
帝陞祔太廟畢羣臣純吉服如故事六日太常寺言謹按禮記事君方喪
三年至漢文以日易月行公除之制魏晉以降既葬即除本朝參酌歷代
典禮加隆太宗皇帝上繼太祖兄弟相及雖行易月之制實服斬衰三年
以重君臣之義公除以後庶事相稱具載國史今皇帝嗣位哲宗實承神
考之世正月中本寺檢用實故事為哲宗合服斬衰重服已施行訖今哲
宗神主陞祔已畢百官之服並用純吉皇帝服御未經討論宜如太平
興國二年故事禮部言祖宗故事靈駕進發皇帝釋縗服改吉服還內
昨來太常寺失供具儀注若據太平興國中宰臣薛居正表稱公除以
來庶事相稱獨茲徹樂誠未得宜即是公除以後除不舉樂外釋衰從
吉事理甚明今已係哲宗祔廟以後皇帝服御如此依故事即已踰
時使合改御吉服今檢會累朝典故太宗為太祖之服太平興國元

據易遠

年十二月甲寅上服衮冕御乾元殿受朝仗儀如式太常樂備而不作
真宗為太宗之服靈駕既發衰服還宮會要云雖以易月之制外朝即
吉而內庭實服通喪也仁宗為真宗之服禫除祭奠羣臣奉慰帝服常
服羣臣並吉服禮儀院請靈駕進發皇帝釋衰改吉服還內詔可七月
靈駕進發內外並吉服皇帝以純孝之性不忍據易至於左右內臣衰
服如初宰臣援引典禮執奏三四乃詔內侍省翌日釋服英宗為仁宗
之服嘉祐八年四月二十五日大祥二十七日祥除太常禮院言故事
皇帝釋黲御常服群臣亦如之神宗為英宗之服諸衰冊訖上與皇太
后奉辭衰服還宮哲宗為神宗之服如前今皇帝合釋黲御常服素紗展
腳幞頭淡黃衫黑犀帶詔下有司製造宰臣薛忠彥等言禮本人情先
王曲為之節喪從先祖後世莫得而踰敢緣舊章以政大典竊以本朝故
事真廟以來皆緣父子之相承故有衰麻之本制易月雖同于四海在宮
實行于三年恭惟太宗上繼藝祖於君臣之服雖重在兄弟之禮亦明伏
惟皇帝陛下以弟及於泰陵實子承於神考天倫之戚家法斯存祔恭應
除往古有已行之誼羣臣既吉至尊無獨異之文矧惟聖孝之誠日奉東
朝之養每覲蘭錡猶御素衣蓋當有司講禮之初未及乘輿易服之制比

卷一萬九千八百五　二

再閱奉常之議謂宜如興國之儀況加隆已過於八音爾易吉一遵於列
聖伏請皇帝陛下從禮官所議改用吉服餘依從官等前誠詔答曰眷考
僉言蔽自朕志仰念繼承之義宜服三年之喪嚮告治庭衆論惟允難以
中道復議改更自是三上表乃下詔候周期服吉建中靖國元年二月三
日詔曰朕纂國宸極繼及承祧祇奉泰陵適追先服遭罹伊始數告具存
而元符末年異論蜂起秩宗宰輔咸有建言力陳日侍親闈豈可久衣素
韠援經執禮引義制情諄訓再三章卻復上閒論弗已抗疏踰堅茲時方
侍慈顏彌念難伸素志勉從所請中實盡傷致養既終因心可展奉遵初
詔用慰終承已依元降服喪三年之制其元符三年九月自小祥從吉指
揮宜改正庶盡厚終之義稱予繼序之誠布告中外咸使聞知　建中靖
國元年七月大行皇后大祥皇帝釋服素紗垂脚幞頭淡黃袍緅鞓黑銀
帶文武百官並服素紗垂脚幞頭黲色公服黑鞓帶是日百官並赴慈德
殿陪位祥祭訖移班慰上於東廂及詣內東門進名奉慰九日禫祭如大
祥禮崇寧元年二月二十七日蔡王似奏請為聖瑞皇太后解官持服禮
部言治平四年英宗上仙昌王請解官行服不許及元祐八年慈聖光獻
皇后上仙昌王時封徐王請解官行服又不許今蔡王宜如故事以日易

月二十七日禫祭畢以黙服入朝詔蔡王園陵回日黙服入朝歸第以衰麻終制政和三年二月二十一日武康軍節度觀察留後提舉太一宮劉安民言今月九日崇恩太后崩安民係太后叔欲乞解官持服詔不允同日持服人劉景平言見持母服聞今月九日崇恩太后崩景平係太后之弟欲乞解官持服詔從之

卷一萬九千八百五

三

全唐文

中興禮書　慶日視事

宋高宗小祥乞展日視事天聖元年真宗小祥不視事前後各五日治平元年仁宗小祥不視事前後各五日熙寧元年英宗小祥不視事前後各五日臣伏見陛下聖孝冠古必行三年之制歷代帝王所未有也而有司多拘近例往往未副聖意緣國初典禮從簡而紹興八年徽宗小祥時方用兵難廢機務故不視朝前後各止三日今具天聖治平熙寧典禮進呈欲乞聖慈特賜御批將來高宗小祥前後各不視事五日庶叶三朝舊典仰符舜孝

卷一萬三千三百九十五

全唐文

宋會要　宋宣祖安陵

太祖乾德元年十二月二十三日詔改卜安陵命樞密
承旨內客省使王仁贍爲按行使仁贍與司天監趙修
己言得河南府鞏縣西南四十里訾鄉鄧村地吉從之
二年正月七日以宰臣范質爲改卜安陵使翰林學士
竇儀爲禮儀使吏部尚書張昭爲鹵簿使御史中丞劉
溫叟爲儀仗使皇弟開封尹匡義爲橋道頓遞使復質
罷相命開封尹代兼轄五使公事昭致仕以樞密直學
士薛居正代十一日有司請新陵皇堂下深五十七尺
高三十九尺陵臺三層正方下層每面長九十尺南神

卷八千五百八十九

門至乳臺乳臺至鵲臺皆九十五步乳臺高二十五尺
鵲臺增四尺神牆高九尺五寸周回四百六十步各置
神門角闕吉仗用大駕鹵簿凶仗用大升輿龍輴鵝茸
纛魂車香輿銘旌哀謚冊寶車方相買道車白幰弩素
信幡錢山輿黃白紙帳暖帳夏帳千味臺盤衣輿拂纛
盟器輿漆梓宮夷衾儀椁素蔞包牲倉瓶五穀輿瓷甒
辟惡車進皇堂有鐵帳覆梓宮藉以欑欄鑄鐵盖鐵山
以燃漆燈宣祖袞冕昭憲皇后花釵翬衣贈玉十二神
當壙當野祖明祖思地軸及留陵刻漏等二月十三日
禮儀使言宣祖謚冊寶舊藏太廟昭憲皇太后謚冊寶
還入安陵宣祖冊寶未審入陵以否太常禮院言按晉

書武帝禪位之年追謚文帝至太初四年文帝王太后
崩將合葬開崇陵太尉司馬望奉祭進文帝璽綬於便
房神坐望約此例遷入安陵從之三月二十六日啟故
安陵奉宣祖昭憲皇太后孝惠皇后梓宮於幄殿四月
九日安陵掩皇堂真宗咸平三年六月五日遣內殿崇
班夷守恩往保州奉順祖惠元皇帝惠明皇后簡穆皇
后神柩於西京白馬寺令有司議修奉二陵年月（國初加上四祖陵名欽陵康陵定陵安陵定陵並在幽州惟安陵舊在京城東南隅人改卜安陵後三陵尚未修奉真宗即位有言順祖翼祖葬保州者趙與景禮）卌六年二月太常禮院議康定二陵制
度請依改卜安陵例詔比安陵減省制度康陵比安陵
減省外皇堂深四十五尺靈臺高三十三尺四面各長

卷八千一百八十九

七十五尺神牆高七尺五寸四面各長六十五步四神
門南神門外至乳臺四十五步乳臺高一丈五尺乳臺
至鵲臺五十五步鵲臺高一丈九尺簡穆皇后陵比惠
明皇后減省亦同此制其石作比安陵減三分之一每
陵四神門外各設獅子二南神門外宮人二文武官各
二石羊石虎各四石馬各二幷控馬者望柱石二景德
元年七月二十一日丹路四康陵安陵已經近奉修
兆域以園寢之事郡國大經開國之初已曾會議尋選
陵名尚虛神寢而有司抗表屢有所陳因以二陵尚虛
濬覽朕以事關宗廟理合審詳周訪群言皆云有緣朕
猶存慎重茲廣諮詢至于命中使以經營委藩侯而詬

察繼觀來奏咸曰無疑復俾大臣再陳定議遂有迎奉之請用慰追遠之誠既覩僉同式稽典禮於是還之梵剎營此寢園令則安厝有期儀制將舉朕偶從餘暇肆閲群編因覽太宗實錄明載二陵所在又不指保州眷言夙宵未免疑惑況奉先之事垂事大猷務叶禮徑所宜明允可令中書門下與樞密詳定以聞二十三日中書門下樞密院上言伏以尊崇祖禰務極孝思營奉陵園必遵典制今者肇基王業首舉徽章欲行四廟之儀尋建諸陵之號雖未崇於兆域已備載於冊書向以飲司連上封疏述其忠欵願陳懇激之言詢及宰司亦有僉同之議恭惟聖慮務極精詳密詔求詢皆有依據別

卷八千一百八十九

重難之舉啟當大孝之丕承咸秩無文勤循故實持伸迎護將展厝安而陛下覩信史之所標指瑩域而有異因垂中詔俾極參詳敢抒群心上酬清問臣等共議冀迎到神寢向期下葬即望權停所有二陵伏請量加營繕務從儉省葬以衣冠設其園寢用伸朝拜之禮以改尊祖之懷徐俟辯明續伸還奉庶不違於古道且旁協於人情狂瞽之言仰祈聖擇從之二年正月十八日詔康陵定陵宜令藍繼宗罷修其迎到神柩遂以一品禮葬于河南府河南縣為二位二十七日太常禮院言每歲春秋二仲遣官於西京白馬寺行獻奠之禮今準詔旨罷修康定二陵其獻奠官宜停從之大中祥符四年

顧易僅

正月二十八日車駕幸汾陰次西京遣知制誥錢惟演詣一品墳以香幣酒脯祭告仍詔俟朝拜諸陵日差官以少牢致祭

宋會要 太祖永昌陵

開寶九年十月二十日太祖崩于萬歲殿是日詔大行皇帝山陵有期準遺詔不勞擾百姓宜令所司奉承先旨應緣山陵支費一取官物供給工人役夫並先用官傭顧二十五日命翰林使饒州團練使杜彥圭為山陵按行使武德使王繼恩副之二十七日命宰臣薛居正撰陵名十一月五日命開封府尹齊王廷美為山陵使兼橋道使翰林學士李昉為禮儀使知制誥李穆為鹵

卷八千一百八十九

簿使侍御史知雜事雷德驤為儀仗使事既而又命齊王兼充頓遞使宰臣薛居正上陵名曰永昌詔恭依十四日鹵簿使言諸司言山伏覩世宗慶陵及晚下安陵人數有異未審何從照並依安陵例用三千五百三十八人二十日少府監言山陵轀輬車并諸色舁共五千九百五十六人請下步軍司差從之四月五日以武德使王繼恩兼永昌陵使五月一日賜永昌陵執事官器幣有差乙卯葬永昌陵在河南鞏縣附宣祖永安陵己未神主將至群臣出都城奉迎安於大明殿自啟攢前三日至奉安神主皆廢朝五月己卯祔廟亦廢朝仍禁京城音樂十月死次年四月葬

宋會要 太宗永熙陵

至道三年三月二十九日太宗崩於萬歲殿遺制曰山陵制度務遵儉約四月五日以越王元份爲山陵使翰林學士承旨宋白爲禮儀使工部侍郎郭贄爲鹵簿使侍御史知雜事王化基爲儀仗使權知開封府畢士安爲橋道使邕州觀察使劉知信爲脩奉山陵都護入內副都知衛紹欽爲部監二十六日宰臣呂端上陵名曰永熙二十八日禮儀使言永昌陵儀仗用二千五百三十三人考之禮令全不及大駕鹵簿之半今若全依禮令則用萬八千九百三十六人必慮道塗往復爲難今請除太僕車輅仍舊止用玉輅一革車五外凡用九千四百六十八人合大駕鹵簿半數詔依二十五日太常寺言將來山陵合排鼓吹儀仗及教習挽歌代哭諸色人等欲於開寶寺大殿前教習從之命入內副都知衛紹欽爲永熙陵使內殿崇班楊繼銓副之仍置衛兵五百人守奉十月六日帝啟奠于梓宮群臣入臨升梓宮于龍輴祖奠徹帝徒步慟哭與親王宗室從至乾元門外粗次梓宮升轝設遣奠十五日不視朝以來掩皇堂十八日永熙陵掩皇堂十一月五日德音兩(京)畿內減死刑釋杖罪應沿山陵科率蠲復賦役營奉行事官量與恩澤

卷八千一百八十九

宋會要 真宗永定陵

乾興元年二月十九日真宗崩于延慶殿遺制曰山陵制度務從儉約二十二日命宰臣丁謂爲山陵使翰林學士承旨李維爲禮儀使御史中丞薛映爲儀仗使樞密直學士李及爲鹵簿使龍圖閣直學士權知開封府呂夷簡爲橋道頓遞使入內內侍省都知藍繼宗爲按行使內侍省押班王承勛副之侍衛步軍副都指揮使夏守恩爲山陵修奉都護西染院副使盧守懃爲都監入內都知張景宗押班雷允恭同管勾一行諸司二十三日命宰臣丁謂撰陵名十四日司天監言山陵斬草用四月一日丙時吉從之十六日山陵按行使藍繼宗等言據司天監定奪到永安縣東北六里以來地名臥龍岡堪充山陵詔雷允恭覆按以聞二十八日詔應緣山陵一行并逐頓所用錢帛糧草諸般動用物色仰三司轉運司擘畫般撥以官物買辦供給不得科配擾民仍曉示人戶知委四月九日入內都知張景宗言山陵西北隅可以創造佛寺就命監修下宮帶御器械皇甫繼明閤門祗候郭延化兼管勾修創後賜名永定禪院六月五日命龍圖閣直學士呂夷簡魯宗道入內押班岑保正入內供奉官任守忠即時乘詣永安縣相度皇堂地仍選司天監主簿侯道寧周訓隨往及令夷簡召京城習陰陽地理者三五人偕行先是藍繼宗與王承勛按行山陵封域以定又命雷允恭覆按允恭乃與邢

卷八千一百八十九

中和單擅移皇堂就東南地頗峻側衆知非便以允恭
交結丁謂莫敢言者開築之際土石相半興作踰月皇
堂内東北隅石脉通泉夏守恩停役上聞丁謂復言雖
掘見泉水緣已及元料請便修築地基既後之西内侍
毛昌達入奏具言皇堂爲恭允擅移向東南二十步即
詔中書審議復請令繼宗承勗與司天監亟往參定又
命入内押班楊懷玉同之時謂欲庇允恭擅移之罪衆
皆疑懼不决遂請命呂夷簡魯宗道等往視馬未幾懷
玉言翰林天文語難中和等稱移皇堂不及元按行之
地夷簡等奏至請移就元按行處是日自假即内出其
狀令張景宗召馮拯曹利用而下就謂私第參議同否
卷八千一百八十九
始謂志在黨庇依違群議至是特出中旨謂始與同列
請從夷簡等奏仍令王曾往彼責衆狀如無同異即與
工役曾至審驗用元按行地止占新移處西北一角乃
從之即遣内侍羅崇勳就鞫縣勘允恭擅移之狀并得
隱盜官物金玉萬計及與謂交構賄賂之迹詔杖死允
恭籍沒其家而謂及於貶云十六日王曾等上言得司
天監主簿侯道寧狀按由吾葬經天子皇堂深九十尺
下通三泉又一行葬經皇堂下深八十一尺合九九之
數今請用一行之說舊開上方二百尺今請止百四十
尺並從之是日以内殿承制郝照信入内供奉官羅自
賓代雷允恭修疊兆域藍繼宗充山陵修奉鈐轄内殿

承制王克讓同管勾二十五日内降鎮墓法五精石鎮
墓法謝墓法令山陵修奉司委在彼祇應人併陰陽文
字曹詳如得允當即依逐件事理候至時精潔鎮謝七
月六日詔陵名曰永定初丁謂奉詔撰陵名曰鎮陵及
謂貶馮拯以三陵名上皆有永字謂不遵先制故改焉
按宣祖陵止名安陵永安乃縣名也又翼祖陵已名定
陵至是退改爲靖陵十七日禮儀院言山陵儀仗依永
熙陵例八月十三日禮儀院言啟攢宫後百僚並服初
喪服其間軍員有近經轉補或自外代歸未曾給孝服
者止以公服陪位山陵使以下至永安並依至道故事
更不朝拜三陵並從之十五日山陵使言館閣校勘李
卷八千一百八十九
淑已差至永安縣行事欲就差管勾隨行章表從之二
十一日召輔臣赴延慶殿東廡觀金字模勒先帝謝天
書表及政要十卷皆將納皇堂故也二十四日天書先
發既旦帝啟奠于梓宫郡臣入臨升梓宫于龍輴祖奠
徹先從以出正陽門外梓宫升轝設遣奠十月十七日
命樞密副使張士遜馳往永定陵攢望堂日設祭告之
禮十三日葬永定陵二十四日德音兩京畿内減囚刑
梓材罪沿山陵應奉科率蠲復賦役營奉行事官量與
恩澤山陵使以下進勳封有差十月二日宴羣臣於崇
德殿酒七行不作樂以山陵禮畢也六月八日永定陵
使奏守恩請守陵天武龍衛卒日贈菽米二升半奉先

卒月增錢二百侯三年罷給從之十五日河南府言永
定陵占故杜彥珪田十八頃凡估錢七十萬詔特給一
百萬二十二日永定陵使賽守恩請徙偃師縣巡檢於
永定陵從之八月五日賜永定陵使河南府官房廊錢
日四千

宋會要　仁宗永昭陵

嘉祐八年三月二十九日仁宗崩於福寧殿遺制曰山
陵制度務從儉約四月二日詔大行皇帝山陵有期所
司宜奉承先旨應沿山陵工役先給錢物顧名諸費一
取官物不得差科人戶提舉製造梓宮石金狀進梓宮
畫樣詔令務在堅完不得過有華飾三司言乞內藏錢

卷八千一百八十九

一百五十萬貫紬絹二百五十萬匹銀五十萬兩助山陵
及賞賚從之三日命入內內侍省副都知李允恭按行
山陵使帶御器械張茂則副之四日命宰臣韓琦為山
陵使翰林學士范鎮為禮儀使權御史中丞王疇為儀
仗使龍圖閣直學士周沆為鹵簿使翰林學士權知開
封府馮京為橋道頓遞使十五日發諸路卒四萬六千
七百八十人修奉山陵十九日權三司使蔡襄言山陵
一用永定陵制度詔可於是右司諫王陶上言民力方
困山陵不當以永定陵為準其後京西轉運使吳充楚
建中知濟州田棐繼上疏請遵先帝遺制山陵務從儉
約皇堂上宮除明器之外金玉珍寶一切屏去乃詔禮

顧易誰

儀院與少府監議唯省乾興中所增明器而已其他猶
一用永定陵制度太常禮儀院請三京諸路軍民至卒
哭東京至祔廟靈駕所過州縣畢山陵文武官至三年
乃聽用樂皆從之六月七日詔皇后送大行靈駕至山
陵既葬三日而返其後以疾不果行又令宗室遙郡團
練使以上及出嫁郡縣主隨從十二日賜西京公使錢
千貫以山陵所在故也八月初三陵皆置卒五百人唯
定陵後以章獻太后故別置一指揮至是昭陵使甘昭
吉以定陵為例奏請置守陵奉先兩指揮而京西轉運
司請減定陵卒半以奉昭陵詔止令選募一指揮以五
百人為額六日帝啟奠于梓宮群臣入臨升梓宮于龍

卷八千一百八十九

輴祖奠徹與皇太后步哭以從出宣德門梓宮升轝設
遣奠十五日奉安大行梓宮於永昭陵之下宮二十七
日永昭陵掩皇堂十二日德音兩京畿內減死刑釋杖
罪滑山陵科率蠲復賦役應奉行事官量與恩澤二十
日賜山陵行事官器幣有差九年四月十一日增置永
昭陵巡檢一員

宋會要　英宗永厚陵

治平四年正月八日英宗崩於福寧殿遺制曰山陵制
度務從儉約九日詔大行皇帝山陵有期準遺命不得
勞擾百姓應緣山陵一行合役工人役夫並須先給錢
物顧名諸雜費用一切官物供給不得差遣人戶科配

州縣同中命入内内侍省副都知石全育張茂則都大管勾山陵事入内副都知李繼和爲山陵按行使帶御器械李若愚副之十日命宰臣韓琦爲山陵使龍圖閣直學士李東之爲禮儀使知制誥韓維爲鹵簿使權御史中丞彭思永爲儀仗使龍圖閣學士權知開封府傅求爲橋道頓遞使後思永知太平州以權御史中丞王陶代陶知陳州以權御史中丞司馬光代東之致仕以知制誥宋敏求代維知汝州以龍圖閣直學士張揆代以侍衛親軍步軍副都指揮使宋守約爲山陵都護内侍押班張若水爲山陵鈐轄入辭日守約賜窄衣金帶銀鞍轡馬若水賜窄衣金束帶十八日三司言修奉山

卷八千一百八十九

陵欲乞依例於内藏庫給見錢三十萬貫充用從之二十三日山陵使言嘉祐八年山陵所役卒四萬六千四百四十人今只乞差三萬五千人諸路轉運司知顧石匠四千人從之二十四日宰臣韓琦上陵名曰永厚詔恭依二十五日按行使李繼和等上所按地圖命翰林學士王珪入内内侍省副都知張茂則覆按之二月二十一日王珪等言覆定陵地如初按從之二十四日詔山陵地内有墳墓者並等第給錢遷葬無主者以官錢徙於官地而葬之三月四日以入内内省侍副都知石全育爲永厚陵使文思副使王保常副之閏三月五日詔給田十頃房錢日一千賜永定昭孝禪院七日詔永

厚陵別置奉先第七指揮以五百人爲額二十日永厚陵封山斬草五月四日賜修奉山陵兵匠緡錢有差後又賜編欄巡檢修道路兵士布衫袴填隧道兵士緡錢執儀仗柴炭等八月八日上啟奠於梓宮百官入臨升梓宮于龍輴祖奠徹步哭以從出宣德門梓宮升轝設遣奠讀哀冊十三日德音西京鄭州河陽減死刑釋杖罪緣山陵科率蠲復賦役應奉行事官量與德澤十六日詔河南府撥官房錢日一貫三百充永厚陵酌獻十月二十六日賜英宗皇帝石記文于昭孝禪院英宗憲文肅武宣孝皇帝生于壬申蓋天聖十年之正月三日崩于丁未蓋治平四年之正月八日葬于永厚陵蓋其

卷八千一百八十九

年之八月二十七日永厚陵南至永定陵七里一百三十一步東至永昭陵九十步其令永定昭孝禪院爲二陵追福仍賜良田十頃房錢日一千歲度童行二名僧一人紫衣于院元豐四年七月二十四日保章正馮士安觀成象等言臣聞祖宗朝書於永熙陵東西三男位築隄以鎮土已獲感應今可于永厚陵及濮安懿王園逐方位以珍寶玉石爲獸埋之宜因鄆王舉葬祭告諸陵斬草之日興動土工可無妨忌詔送提舉司天監所集官定本所奉於陰陽書及國音別無妨礙從之其鎮土事令衆官詳定申中書

宋會要 神宗永裕陵

元豐八年三月五日神宗崩于福寧殿遺制曰山陵制度務從儉約六日命入內副都知石得一都大管勾山陵事七日命宰臣王珪為山陵使禮部尚書韓忠彥為禮儀使兵部侍郎許將為鹵簿使御史中丞黃履為儀仗使龍圖閣待制權知開封府蔡京為橋道頓遞使九日西京左藏庫使高州刺史竇仕宣為山陵按行副使十九日禮部言大行皇帝山陵宜依治平四年故事靈駕所經由地及西京城內俟神主到京日方許閞樂從之四月八日詔內侍省內侍押班劉有方都大管勾一行山陵事十一日禮部言治平故事山陵掩皇堂畢宗

卷八千一百八十九

正御行虞祭之禮官制行太廟舊儀悉隸太常寺將来虞祭乞改太常卿行事從之十二日入內副都知石得一等言奉詔按行大行皇帝山陵于永安縣南鳳臺鄉固縣村得地詔遣禮部侍郎李常內侍省押班趙世良覆視五月六日宰臣王珪上陵名曰永裕陵詔恭依十七日詔右僕射蔡確權領山陵使事以王珪病故也二十八日命尚書左僕射蔡確為山陵使二十一日兵部尚書王存為山陵鹵簿使二十六日詔石得一為永裕陵使宋用臣副之十二日步軍副都指揮使容州觀察使苗授為山陵都護十月一日禮部言靈駕發引三日一遣使宣問于皇太后以表皇太妃以賤群臣准此從

之三日夏國遣芭良嵬名濟賴昂聶張聿正進助山陵馬六日啟奠升梓宮于龍輴徹祖奠太皇太后哭送出宣拱殿門上與皇太后皇太妃哭以從出宣德門梓宮升轝上遣奠中書侍郎攝中書令張璪讀哀冊二十四日葬于永裕陵十日德音應西京河陽減死刑釋杖罪緣山陵科率蠲復賦役應奉行事官量與恩澤

宋會要 哲宗永泰陵

元符三年正月十二日哲宗崩于福寧殿遺制曰山陵制度務從儉約十三日命尚書左僕射兼門下侍郎章惇為山陵使尚書吏部侍郎徐鐸為禮儀使尚書兵部侍郎黃裳為鹵簿使御史中丞安惇為儀仗使知開封

卷八千一百八十九

府吳居厚為橋道頓遞使尚書度支郎中王詔兼權京西路轉運使應奉山陵四月二十四日命禮部侍郎趙挺之為山陵禮儀使代徐鐸御中丞豐稷為儀仗使代安惇尚書兵部侍郎陳軒為鹵簿使代黃裳同日以入內內侍省副都知吳靖方入內內侍省押班藍從熙為都大管勾山陵事入內內侍省押班馮世寧提舉製造梓宮兼按行山陵使內侍省內侍押班閻安副之捧日天武四廂都指揮使賈喦內侍省押班宋用臣為修奉山陵都護十四日賈喦卒以侍衛親軍馬軍都虞候知代州王崇極管勾馬軍司充修奉山陵都護仍令乘驛徑赴山陵所候事畢赴闕供職十五日宋用臣卒以宣

慶使入內內侍省副都知梁從政爲修奉山陵鈐轄十五日命宰臣章惇撰陵名三十日太史局言山陵斥土用四月四日吉從之詔山陵制度並依元豐八年例施行二月二十六日按行山陵使馮世寧言於河南府永安縣得地詔待從官一人及入內內侍省副都知梁從政覆視三月二日命梁從政爲山陵使左藏庫使羅允「和副之二十三日以檢校司空保靜軍節度使高公繪爲山陵行宮使侍衛親軍步軍副都指揮使曹誦爲山陵總管入內內侍省東頭供奉官李遇裁定山陵車馬人從食錢等四月一日宰臣章惇上陵名曰永泰五月十五日以羅允和爲永泰陵副使代藍從熙二十二日

卷八千一百八十九

罷吳靖方山陵都大管勾以馮世寧代之六月九日命內侍省押班樂士宣爲山陵行宮四方巡檢八月一日御史中丞豐稷殿中侍御史龔夬奏哲宗皇帝大升轝至鞏縣陷泥淖中不能出次日方至幄殿詔稷劾治頓遞使以下聞奏同日奉安梓宮于永泰陵之下宮九月四日德音兩京畿內河陽鄭州管內減死刑釋杖罪山陵科率蠲復賦役應奉行事官量與恩澤十月二日」御史臺制勘所奏橋道頓遞使吳居厚提舉修治橋道承議郎宋喬年通直郎盧棐奉議郎李公年等爲道路不治致哲宗皇帝靈駕陷于泥淖暴露經宿詔龍圖閣學士左中散大夫新知永興軍吳居厚落職知和州喬

年等各降一官棐仍衝替八年四月十一日左正議大夫尚書右僕射兼中書侍郎韓忠彥爲右光祿大夫知樞密院事曾布爲左光祿大夫左正議大夫門下侍郎李清臣爲右光祿大夫中書侍郎許將爲右銀青光祿大夫右正議大夫尚書右丞黃履爲左正議大夫通議大夫同知樞密院事蔣之奇爲右正議大夫宰臣用曾公亮例遷兩官並以永泰陵復土也

宋會要　徽宗永祐陵

紹興五年四月二十一日道君太上皇帝崩于金八年十一月十三日太常寺言檢會山陵故事梓宮發引日皇帝于宣德門外奉辭百僚于板橋奉辭其掩皇堂日

卷八千一百八十九

奏請神靈上虞主訖埋重於皇堂隧道九年正月十七日禮部太常寺言國朝山陵故事升遐後製皇堂命宰臣上陵名昨聞徽宗聖文仁德顯孝皇帝顯肅皇后升遐即與國朝故事不同故未建陵名今已將及大祥雖未置皇堂若不先建陵名則春秋二仲有妨薦獻行事欲乞詳酌不候修製皇堂先次命宰臣上陵名自大祥後仲春之月爲始每遇薦獻及非泛奏告諸陵添設徽宗聖文仁德顯孝皇帝顯肅皇后位以稱欽崇之意詔差尚書右僕射秦檜已而檜言臣伏以荊鼎告成永絕持騎之望漢陵尚儉猶勤治霸之圖茲揭令名是伸孝志恭惟徽宗皇帝道該衆妙心同太虛視富貴如秕糠

等死生如晝夜，越之南，燕之北，惟推而後行。澗水東，瀍水西，將歸于其室。岡重嶺複，近列聖以相依。地久天長，彌萬年其不朽。徽宗皇帝陵名伏請為永固陵。詔恭依。其後改曰永祐。紹興九年四月十三日，詔將來梓宮至東京，權于龍德宮安奉，於西京修奉陵寢。五月六日，宗正少卿、三京淮北宣諭官方庭實言：「比緣使事至西洛，因得瞻覲祖宗陵寢，竊見宣祖皇帝永安陵、太祖皇帝永昌陵、孝明孝惠孝章皇后陵制度極為簡古。臣以此知太祖、太宗皇帝親歷民閒疾苦，念創業之艱難，奉先之孝所當自竭，而愛惜民力，猶務儉約，是以深仁厚澤被于四海，使斯民至今不忘衆德。欲將來徽宗皇帝、顯肅皇后

卷八千一百八十九

山陵只乞依永安、永昌並孝明、孝惠皇后諸陵制度，並從簡儉。」詔依。六月七日，宰執進呈禮部、太常寺討論徽宗山陵故事，上曰：「山陵事務從儉約，金玉之物斷不以一毫置其中。前世厚葬之害，可以為鑒。」臣檜等曰：「此非陛下博覽今古，灼見利害之實，孰敢輕議？聖諭所及，足為後世法。」二十三日，兵部侍郎兼史館修撰張燾言：「伏見宣諭官方廷實有請，乞將來先帝山陵一依永安陵等制度。臣區區愚忠，願明詔有司，異時永固陵凡金玉珍寶盡亦不用，播告天下，咸使聞知。如是，自然可保無虞，與天無極。惟陛下精思遠慮，斷而行之。」上嘉納之。七月五日，詔黃晃充山陵按行使。十五日，詔吏部侍郎

周綱充按行使，梁邦彥副之。先是，梁邦彥既被差充山園陵按行使，邦彥言：「省記故例，山園陵按行使差近上臣僚充，內侍為副。事干典禮，付委至重。」詔令禮部、太常討論。至是，太常寺言：「太祖廟昭憲皇后園陵，命樞密副使趙普為按行使，內客省使王贊副之；神宗朝慈聖光獻皇后山陵，命龍圖閣直學士韓縝為按行使，入內副都知王中正副之。參用文臣，於體為重。所有按行使，欲差侍從或前執政。」故有是命。紹興十二年六月十四日，紹興府申繳到知會稽山龍瑞宮事潘道璋陳獻會稽山龍瑞圖本，可以為攢宮。詔万俟卨前去按行，俟見得可否，續具奏聞。七月十一日，詔徽宗皇帝、顯肅皇后、懿

卷八千一百八十九

節皇后攢宮吉地，令臨安府召人陳獻，將來優與酬賞。十三日，詔資政殿學士、左朝奉郎、提舉醴泉觀兼侍讀鄭億年充永固陵攢宮復按使，內侍省押班兼提點吳國長公主宅李珪充永固陵攢宮復按副使。先是，御史中丞兼侍讀、攢宮按行使万俟卨等言：「奉旨前來按行攢宮，道士潘道璋所獻會稽山龍瑞宮地，即與國音姓利相違；泰寧寺青山園地在昭慈聖獻皇后攢宮之東，其地係天柱壽山依怙，亦不可用。臣等今別按視到昭慈聖獻皇后攢宮西北地段，壽命主山，三男子孫之位，形勢高大，林木鬱茂，土色黃潤，一帶王氣秀聚，宜于此地卜穴，脩製攢宮，庶幾山岡順于國音，風水使于地里。

乃爲聖來萬世之利又據太常寺禮直官王彥能等狀稱元得旨昭慈聖獻皇后攢宮禁地四至各一百步若於禁地外別立永固陵攢宮籬寨即無妨礙今來西北百步禁地之外地形低下不可安穴分立神園欲近北壁偏西五十步內自南分別立永固陵外籬寨次北偏西安穴隨地之宜分立神園各立內外籬寨臣等今勒判太史局吳師顏等相驗其地可以使用所據太常寺禮直官王彥能等狀稱若於昭慈聖獻皇后攢宮西北百步禁地之外別立永固陵攢宮籬寨緣百步之外地形低下不可安穴分立神園乞于禁地五十步內分穴尚離昭慈聖獻皇后神園五十步外更乞下太常寺看

卷八千一百八十九

詳本寺今檢會宮陵儀制永定陵南侵三陵禁地一里九十步并檢會陵寢地圖永厚陵東籬寨與永昭陵西禁地相侵永泰陵東籬寨亦與永裕陵西禁地相侵今看詳按視到永固陵攢宮地段雖在昭慈聖獻皇后攢宮禁地百步之內若比附上件故事即于典禮無妨礙可差官復按之故有是命八月二日攢宮修奉都護楊存中等言國朝山園陵神臺神園雖各有制度緣昨來昭慈聖獻皇后攢宮係隨宜修奉命來永固陵攢宮除神園籬寨遠近步數依按行使司所摽劃遠近步數外其修奉一節欲並依昭慈聖獻皇后摽宮制度詔依二十七日禮部侍郎施垌等言迎護徽宗皇帝顯肅皇后

懿節皇后梓宮到龍德宮殿攢以俟修奉未有發引月日況喪事即遠有進無退儻或尚淹時月久稽安奉不唯於禮非當亦慮非寧禮安靈之義欲乞隨宜稱禮以一月爲期擇日發引掩攢庶幾梓宮早安宅安伏望下太史局於十月半以前選發引掩攢日分從之於是太史局選到殿攢日宜用九月九日戊戌時宜用巽時吉（殿攢方位宜于正東偏北田地時前發並吉）啟攢日宜用九月二十六日乙卯時宜用艮時吉發引日宜用九月二十六日乙卯時宜用坤時吉掩攢宮日宜用十月七日丙寅興梓宮時宜用乙時吉掩攢宮時宜用丁時吉詔依同日詔二十八日二十九日早晚御膳並進素同日太常寺言昭慈聖

卷八千一百八十九

獻皇后靈駕赴攢宮發引日皇帝親行啟奠祖奠遣奠禮讀哀冊奉辭吉服還內衰服並焚之俟至攢宮有司攝事行遷奠并掩攢宮之禮將來梓宮發引至攢宮欲依故事並從之十月十九日詔紹興府應辦修奉徽宗皇帝顯肅皇后懿節皇后攢宮有勞民力理宜寬恤可依下項修奉永固陵攢宮占用過人戶山地仰紹興府委通判躬親前去打量據地段優支價直豁除地內合輸稅賦仍與推恩昨修奉昭慈聖獻皇后攢宮用過人戶山地當時雖已支還價直訪聞止依空閑地段估計致曾有陳訴仰守臣相度特與添還價錢如有願添還價錢願補名目者許經尚書省自陳其修奉攢宮紹興

府屬縣於民間買到塼瓦竹木石段并排頓搗設買過物色逐急借用錢物陳設器皿什物之類並仰守臣限五日當官逐一支還毋令欺弊及妄作名目占留應緣修奉攢宮差顧民戶工役並採取石段蓋造蓆屋修治壇閣橋梁道路搬運塼瓦石段之類仰本府守臣取見逐縣實曾被差應辦人戶的實工力等第各具本戶下合減放上供苗稅數目申尚書省取旨除放應梓宮經由去處應辦官司借人戶屋舍仰計日優支價直應合還人戶價錢仰先將本府元樁備錢物支還如不足于合發上供經總制錢內貼支具數申尚書省其合支還錢物仰守臣覺察如有阻節邀難措勒闕奏官當遠竄人吏決配仍出榜曉諭人戶越訴應緣修奉應辦事務違慢官吏見被體量取勘有並特與放免應諸處差到修奉工役逃走兵級限一月許令首身與免罪收管限滿不首復罪如初隣近州縣民間如有應辦過事務令兩浙轉運司比類條具申尚書省取旨施行十一月四日詔修奉攢宮捴攢了畢万俟卨鄭億年宋唐卿李珪各轉兩官一行官屬人吏諸色人等第推恩有差同日詔橋道頓遞使司官屬排辦並無闕誤第一等轉一官減二年磨勘第二等轉一官資修壇閣官減半選人比類施行二十五日知紹興府樓炤言奉詔打量攢宮用過人戶山地共計二百一十九畝五十七步除數內五

卷八千一百八十九

昊作旻下同

十七步三角一十三步昨係人戶潛昊韓俊良韓逐良獻充昭慈聖獻皇后攢宮禁地先支還價錢每畝三貫五伯文足令來將上件地段充徽宗皇帝顯肅皇后神園並禁地訖其餘一百六十一畝一角四十四步係潛昇等九名地段充懿節皇后神園安奉御下宮禁地其合給價直欲依昨來買過昭慈聖獻皇后攢宮地段價直上各增兩倍每畝計作一十貫五伯文足及潛昇地內元有陰樣林木大小一千五百七十八株估值錢一千一百二十二貫一百文足潛果地內有大小林木一千一百七十五株估價錢七百二貫四百七十五文足欲依數支還其先用過已買潛昊韓俊良地五十七畝三角一十三步每畝價值亦乞依此添給內韓俊良韓逐良潛昇潛果潛旻地段並依充徽宗皇帝顯肅皇后懿節皇后神園詔價錢令紹興府先次支給韓俊良韓逐良潛果潛旻潛昇各與補州助教韓忠恕父宗顏與贈將仕郎以忠恕故父宗顏係敕授揚州助教乞將所獻地不願添支價錢別贈故父名目故也十三年二月一日詔徽宗皇帝攢宮了畢委後省官看詳名令侍從官同共擬定聞奏既而權戶部尚書張澄等言欲擬永祐二字不犯歷代陵名詔恭依先是有詔於西京修奉陵寢有司擬陵名永固既而梓宮權攢紹興府會稽故改今名五月一日詔永祐陵攢宮司都監巡檢任滿並

卷八千一百八十九

依昭慈聖獻皇后攢宮司已得旨推恩

宋會要 欽宗永獻陵

紹興三十一年淵聖皇帝凶問至以六月舉哀成服七月宰相陳康伯等率百官詣南郊請謚廟號欽宗其餘並如徽宗典禮

宋會要 高宗永思陵

淳熙十四年十月八日大行太上皇帝崩于德壽宮遺誥曰山陵制度務從儉約九日詔攢宮遵遺誥務從儉約凡修營百費並從内庫及封樁錢物毋侵有司經常之費諸路監司州軍府監上進慰表其餘禮並免仍不得以進奉攢宮爲名所有貢獻十一日以少保安德軍

卷八千一百八十九

節度使充萬壽觀使榮陽郡王伯圭爲攢宮總護使翰林學士知制誥兼侍講兼修國史洪邁爲橋道頓遞使吏部尚書兼侍讀蕭燧爲按行使安慶軍承宣使入内内侍省押班吳回副之燧等言相視到大行太上皇帝神穴地段係在徽宗皇帝攢殿離園之外正西北騶仁皇后攢殿近上正西向南乞差官覆按施行詔戶部侍郎葉翥充覆按使十一月十一日命左丞相王淮擬撰大行太上皇帝謚名明年二月二十八日宰臣王淮上陵名曰永思詔恭依十六日詔知臨安府韓彥質同橋道頓遞使措置梓宮渡江十二月十八日攢宮修奉使司言攢宮石藏利害至重二浙土薄地卑易爲見水若不

措置深恐未便謹別彩畫石藏圖子一本照得廟壁離石藏外五尺別置石壁一重中間用膠土打築與石藏一平雖工力倍增恐可禦濕從之二十二日詔皇堂内椁令有司用沙版隨宜修製候將來掩皇堂時先下椁底版俟進梓宮於椁底版上定正訖然後安下椁身次將天盤囊網於椁上安設梓宮已有牙腳止用平底可就脩奉攢宮處製造三十日檢察宮陵所言乞於行在步軍司差撥禁軍一百人部轄人員節級在内赴攢宮上下周圍擺鋪防守巡警其掌盤并鋪序特賜太禮賞給及日後有逃亡事故吊闕並依昭慈永祐陵攢宮已得指揮施行從之

卷八千一百八十九

宋會要 孝宗永阜陵

紹興五年六月九日至尊壽皇聖帝崩于重華宮重華殿遺誥曰山陵制度務從儉約同日詔大行至尊壽皇聖帝陵名令太保左丞相留正擬撰十八日詔大行至尊壽皇聖帝山陵當遵遺誥務從儉約凡修營百費並從内庫支降如或不足即以封樁錢貼支免侵有司經常之費諸路監司州府軍監等止進慰表其餘禮物並令免進仍不得以助修奉攢宮爲名八月十三日攢宮修奉使司言修奉攢宮故例其石藏利害至重緣二浙土薄地卑易爲見水若不預行措置竊慮水脈津潤於久未便乞於廟壁石藏外五尺別置石壁一重中間用

萌易崩

膠土打藥與石藏一平雖功力倍增恐可禦濕從之十六日按行使副孫逢吉吳回言削大聲等相視大行至尊壽皇聖帝神寃在永祐陵下宮之西南永思陵下宮之東南那趙向南石板路上乞差官覆按施行詔權工部侍郎兼侍講黃艾充覆按使入內侍省押班續康伯副之先是按行使趙彥逾言判太史局荊大聲等相視神穴合在永思之西緣其地土肉淺薄雖民有歎着又皆窄狹與國音相妨乞於永思之西向南近上安建朝廷來以為然彥逾請別命官按行于是軍器監燾按行使司准備使喚王恬被旨審度相視遍言乞就昭慈永祐下宮安建比之大聲所定高六尺三寸改命孫逢吉

卷八千一百八十九

按行乞那趙向南石版路上比前所定增上一尺委實高厚可以安建既而艾等覆按為是迺從之二十四日詔右丞相趙汝愚擬撰大行至尊壽皇聖帝陵名紹熙五年宰相趙汝愚等上陵名曰永阜

宋會要　光宗永崇陵

慶元六年八月八日聖安壽仁太上皇帝崩于壽康宮壽康殿遺詔曰山陵制度務從儉約十五日詔右丞相謝深甫擬撰陵名深甫上陵名曰永崇二十二日禮部太常寺言檢照與故山陵皇堂神臺及上宮等不同今來係修奉趙宮乞依高宗皇帝孝宗皇帝禮例施行從之二十四日按行使副韓邈黃鑑言判太史局荊大聲

巒作巒

等相視得大行太上皇帝神寃係在永阜陵西永思陵下空閑地段委是國音王氣秀聚之地依得尊卑次序可以安建乞差官覆按詔吏部尚書兼侍讀秦說友充覆按使入內內侍省押班盧安仁副之既而說友等亦以為是迺從之十一月六日攢宮修奉司言今來修奉攢宮所有下宮侯擇定上宮地段畢依永阜陵禮例於上宮之後隨地修蓋從之八日攢宮修奉司言將來鋪砌皇堂石藏照得高宗皇帝孝宗皇帝石藏裏明長一丈六尺二寸闊一丈六尺深九尺今乞依上件高低深闊丈尺修奉施行從之

宋會要　寧宗永茂陵

卷八千一百八十九

嘉定十七年閏八月三日寧宗皇帝崩于福寧殿遺詔曰山陵制度務從儉約同日禮部太常寺言檢會國朝山陵故事二十九日按行使副楊燁鄭僎言判太史局周奕等相視得泰寧山形勢起伏龍虎掩抱依經書於此敬建大行皇帝神寃亦合隨即補治乞差官覆按施行詔寶謨閣直學士樞密都承旨聶子述充覆按使昭慶軍承宣使帶御器械符寶郎羅舜舉副之先是太史局周奕等于永崇陵之下相視迫淺無地可擇繼至泰寧寺標建故命使副覆按既而子述等言恭惟大行皇帝僊馭上賓神宮定卜而有泰寧寺者素擅形勢之區名為絕勝之境岡巒懷抱氣脈隱藏朝揖分明落勢特

達是乃天造地設儲之數百年以俟今日之用非大臣閱歷之久主張之力上以開陳兩宮下以鎮壓群議則僧徒寧保其不爲動搖哉今此神宛坐任向丙亦與國音爲利蓋伏望明飭有司早嚴修奉上謂使副曰泰寧與昭慈相去多少使副奏曰昭慈陵側僅一里許往來最便上曰甚善遂從之

宋會要

宋緣陵裁製上　太祖建隆元年三月十三日命内侍梁令玢與宗正寺計度增修安陵陵臺鵲臺宮闕及展引地位仍先繪圖取旨　二年十一月二十九日詔安陵在開封縣界無年二仲朔拜其縣令主簿宜兼充陵臺令丞至時陪位行禮　開寶八年十月安陵守當高品皇甫玉言請禁民庶不得近陵闕穿土及於三五里外燒埋詔太常禮院詳定禮院言按喪葬令去陵一里内不得葬埋從之　太宗雍熙二年五月宗正少卿趙安易言鞏縣令丞例兼掌陵寢公事別無明降敕旨以此多有虧闕望別置陵令一員詔流内銓自今注鞏縣令兼陵臺令事至道三年八月二十三日詔于永熙陵下宮置殿奉安太宗聖容置衛兵五百人守奉朝暮上食四時祭饗　真宗景德元年六月十二日詔先置永安軍士專奉陵寢頗闕河南府多它役使宜遣使押赴陵下仍葺營以居之守當使臣等先給職田亦闕以耕種

卷八千一百八十九

爲名多占兵充役宜別加給賜以田並賜永安院　二十一日詔永安縣諸陵園松柏宜令守當使臣等督課奉陵柏子户每年以時收栢子於濱河隙地布種俟其滋茂即移植以補其闕民間園林不得輒有侵取違者論如律先是帝以園林松栢藩于旁側山林移植頗甚擾人故約之　二年六月九日修奉園陵藍繼宗等言永熙陵神御物素不著籍請月具帳上于三司帝曰神御物安得籍于三司自今歲終具帳上宗正寺俾檢察之　三年正月九日以諸陵側地形窪下積水乃遣武勝軍節度使駙馬都尉吳元扆爲監修諸陵潤道都總管内侍省左班副都知閻承翰副之又遣工部尚書王化基先詣奏告　二月二十一日吳元扆等言近陵域地頃來民或開掘望降詔禁止仍令多植嘉木新定兆域内居人官廨倉庫請徙置三百步外並從之居人當徙者優加給賜仍令河南府具闌入兆域條制揭牓嚴諭　二十七日詔諸陵側近林木禁公私樵採令吳元扆標記合行禁止處告示　四月十二日以修塞安陵下撅潤畢工命知制誥周起祭告三陵直昭文館陳充祭告嵩嶽　十月司天監言三陵皇親祔葬稍多今安王墻後有地乞因明德皇后園陵悉遷厝于彼帝以真祔葬不可改命隨明德園陵畢更別置兆域　四年正月二十九日詔永安鎮特建爲縣隸河南府同亦縣委

卷八千一百八十九

本府與轉運使劃就近稅戶隸馬夏秋二稅正輸縣倉
不得移撥常賦之外免其它役以永熙陵副使江守訓
充三陵副使仍鑄印賜之守訓都監白承睿充三陵都
監賜永安寺僧師號二人紫方袍五人仍許歲度僧五
人　七月二日詔訪聞諸陵使副常遣人出入兆域芟
薙草木神道貴靜甚非便也自今令遵典故每歲春秋
二仲巡陵春除枯朽秋芟繁蕪自餘非時薙剪悉罷之
六月詔曰朕以烈聖在天因時永感瞻陵域肇建宮
司咨擇朝閭之臣仍兼宰邑之務式嚴充奉用著典彝
宜以殿中丞黃昭益知陵臺令兼永安縣事仍就陵令
公宇增修縣廨　大中祥符元年三月二十六日判宗

卷八千一百八十九

正寺趙稹上言諸陵兆域先准詔依故事除春秋二仲
外不得非時薙草緣經決盛夏蕪草滋長望許逐時芟
治從之　二年四月京西轉運司言准詔相視移兩京
驛路由永安縣過竊恐車馬往來喧黷陵寢乞不修移
永安縣租稅准勑只于本縣送納緣本縣除永安兩指
揮外別無屯兵乞益屯兵仍下司天監相度置營方位
擇日興工從之　三年二月十日召輔臣至龍圖閣瞻
宣祖太宗聖容既而命內侍省副都知竇神寶扶侍赴
安陵永昌陵下宮奉安以天武兵士五十人服儀注衣
護送令內侍朱允中一行都大管勾三陵副使江守訓
請遣檜備道具迎于界上從之先是命允中就繼照堂

禮三七之二九

傳寫至是遣使奉安　四年三月二十六日詔三陵所
管軍士有罪者止得笞罰當杖者送永安縣　五月七
日祀汾陰經度制置使陳堯叟言永安縣居民闕汲水
用若尊南山下青龍澗水泉循山以入縣城可濟之闕
詔諸陵都監江守訓相度守訓言可以開修帝以近陵
寢慎於興工命司天監集官定議司天監亦稱其便始
從之　十月詔河南府預置三陵首冬寒節合燒紙贈
上等堪好者架閣收管候合使時皇城司據數報府搬
送赴陵白團紙一千三百五十三束羅錦七百六十一
束雜綵一千七百一十四束金銀七千三百四十鋌金
銀錢一千六百二十四辮馱馬車檐六千五百一十四

卷八千一百八十九

事　五年四月詔汝州秦王等諸墳柏子戶數少可增
五戶　九月十八日詔永安院近在陵邑如聞士庶之
家不敢輒入宜令度地別構堂皇許其齋設聚會　十
月三陵副使言山門角闕乳臺鵲臺勾欄損腐宜用柏
木製摸帝以用木爲之不久命悉以塼代之　七年六
月詔河南府製造永安諸陵所闕祭器　八年五月七
日詔諸陵寢中防火之禁　二十五日詔三陵封地令
三陵副使都監常切檢校稍有損缺即勒奉先兵士完
葺逐月條析以聞仍遣靈臺郎一員往彼祇應擇日一
年與管三陵副使都監公宇並在下宮內慮不謹火禁
可移于宮外　九年四月六日降洛苑使高州團練使

禮三七之三〇

監繼宗為如京使入内殿頭康仁遇及壕寨軍校工匠趙欽以下各降一資以先修築莊穆皇后陵隧不如法致其頹壞故也　天禧元年九月閤門祗候秦文德言奉詔往三陵按視盜發處今勘得軍賊劉榮等其干連知情受贓者兵八人乞移配遠處又永安縣去三陵約一十餘里最處閑靜望從本縣尉廨宇於三陵側及令三陵副使本縣監押縣尉亡日夜互相警巡詔干連知情等八人並刺配遠處牢城其從置縣廨委河南府規度以聞　二年八月三陵副使郝昭信等請于永安縣建營徙軍士二指揮就糧從之　仁宗景祐元年五月二十四日中書門下言永定陵歲時薦獻名目稍多從

卷八千一百八十九

取喧黷不近典禮此後並乞停罷從之　二年八月二十一日上封者言伏見永定陵青龍山北已斷採樵山南乞西京禁止採獵及令于青龍山子孫位上添種林木詔三陵副使等相度以聞三陵副使張懷則言青龍山一帶子孫位武種林木見是人戶稅地乞取買入官詔司天監詳定本監言青龍山子孫位雖外係民稅地合市入官詔河南府優給直收買如頃畝數多即許指射官田對換既而懷則又言永定陵東至青龍山腳下二千一百八十戶係人戶趙守堅稅地收買入官詔河南府依前旨　四年七月三日上封者言諸陵及會聖宮見占栢子戶稍多並是上等人戶影庇差役乞行相度

減省詔三陵栢子戶各存留四十人永定陵五十人會聖宮一十人宜令河南府從上等戶内減放歸農　康定二年七月五日端明殿學士翰林侍讀學士李淑上言昨使永安因伏見陵邑利害上陳永安縣本鞏縣之鎮景德四年始建為縣充奉陵邑其時敕榜二稅不得支撥別處常賦外仍免雷同差役自後惟應奉陵宮取索及充栢子戶并匠栽松栢市芭越車材食羊皆出本縣惟免支撥雷同二事自景祐四年因減定栢子戶歸農除存留數外依舊應副色役本府誤認詔語遂將本縣抽差色役科折和買調率皆與它邑一例又應奉陵宮祠葬凡百費率特倍餘處民力不易亦有詣闕列訴

卷八千一百八十九

欲乞自今一依景德敕榜處分諸陵栢子戶舊額安陵永昌陵永熙陵各八十人永定陵一百人會聖宮二十二人昨景祐四年七月臣僚上言四陵各減半會聖宮只留十人伏緣陵寢地闊芟治少人縱有奉先軍士多別差役使以謂陵邑充奉耘除園域縱以一縣奉之亦未為過但前占多近上戶等遂至人言欲乞應栢子戶並依舊額添足凡有闕補只得差第三等已下戶如此則地藉可以修奉戶豪不能庇役詔並從之　慶曆四年五月二十六日詔西京諸陵所有祠羊毋得抑配人戶　皇祐二年七月二十四日詔更造諸陵祭器于陵所置庫貯之　八月十一日知河南府張奎言本府每

蔵櫻笋花果只進永定陵自今欲並進之陵從之　英宗治平元年八月十六日詔修真宗及章穆章獻章懿三后陵臺爲大雨所摧故也（以上國朝會要）

宋會要

宋緣陵裁製下治平四年（神宗即位未改元）正月九日三司言河北等路封樁錢物欲借爲山陵費從之　閏三月二十一日詔今後諸陵使副都監不得輒離本所迎送往來官員　五月六日三陵副使石守正言西路祔葬增廣墳地内有居民舍屋邱墓欲令起移詔從之民田優給其直丘墓無主者官爲徙之　神宗熙寧元年九月二十四日詔三陵永定陵副使都監今後年滿得替只與減二年磨勘其永昭陵永厚陵副使都監以栽植林木未完且依舊例候及十年依此　九年五月十四日同知太常禮院林希言伏見陵宮奉祀牙牀祭器等祀畢但置於獻殿内暴露日久易致腐剥況諸陵宮門各有東西闕庭請以東闕庭專藏牙牀祭器遇行禮畢即收藏從之　元豐二年十一月二十八日司天冬官正楊茂先言永昭陵東北山口路當三男之位乞禁民居耕鑿下同司天監參定請如茂先言乃從之内有百姓地給錢或别給官地易之　三年正月九日上批闕陵下役兵至今未得特支及使官添支亦過時不給致有質賣衣物者又下西京兆路提點刑獄司體量有貴即

卷八千一百八十九

勑當職官吏以聞　二十四日詔永昭永厚陵奉先兵士特免二年差出　九月三日詔定州東安村宣祖皇帝祖墳四至各益地五頃守園人十户　六年八月二十一日朝奉郎胡宗炎言永安陵畢工又增修永昌諸陵竊聞陵寢無修造法乞寢罷準朝旨令本部太常寺秘書省太史局詳議檢會唐故事有修營之理今永安陵下宫修造更自朝廷詳酌詔依前降指揮修造　七年二月五日詔諸陵三巡檢下土兵各以百人　三月二十二日詔永安縣六陵幹當香火内品等自來承例遠離陵寢將迎使客自今一切禁止非準朝命輒離陵所者論如擅去官守法　元祐元年四月四日工部言京西轉運司奏北使經由道路近爲浮橋解拆改入京西路務要不見山陵今相度得河陽南至偃師東由鳳臺孝義次鞏縣最爲順便皆有亭驛止是望見山陵林木恐不須迴避從之　五年二月四日禮部請諸陵修飾前一月申太常寺候差官告畢興工神臺諸殿及廊垣五十工以下聽本陵擇日都監監視從之　六十年十月二十八日詔京西南北路提刑司每歲將朝廷封樁錢物糧草等依實直紐計共作二十萬貫支撥與轉運司應奉陵寢支費有餘許轉運司支用　紹聖元年三月十七日三省樞密院言入内供奉官鄭居簡奏準差永裕陵酌獻奉旨因便相視陵寢裏外有無未盡事尋

卷八千一百八十九

躬親相視數內園子外東南王方合新禁地道路往來
給繹地面坑𡋯損缺若遷欲修葺而工計浩大力有未
能若委之有司先治所急餘以漸營可期久利詔差高
遵惠領陰陽官同往按視令河南官依已降指揮施行
四月十八日太府卿高遵惠言永裕陵東有路當封
禁令向有車馬往來及居民八十餘戶當遷乞下太史
局選定日時下河南府永安縣起移從之　二十四日
三省永裕陵三里內係禁山而民墳一千三百餘當遷
去以便國音上曰墳墓甚衆遷使之遷得無擾乎不遷
可也宜再問太史不害亦無所害則毋令遷如於國音
果非便多給官錢以資改藏之費　二年二月十六日

卷八千一百八十九

禮部言永定昭厚裕陵使副都監三十月滿替無遺闕
與減磨勘一年八月監當資序大使臣三年任滿與減
磨勘二年從之　元符元年二月十二日三省言京西
路轉運判官周純按視到永裕陵東北角新展禁地長
闊步畝拘占官私田土及標禁妨礙去處乞下有司再
行集議詔禮部祕書省句集太史天文局渾天儀象所
官同定奪以聞　三月二日祕書省言依敕命句集到太
史天文局渾天儀象所官同定永裕陵禁地乞選差太
史局官三兩員覆按及相驗禁地內穪治詔差判太史
局官二員天文局官一員餘依奏　五月二十八日詔
永裕陵添展新禁艮角計長二百三十五步至白虎闕

西垠　二年正月二十一日禮部言今後諸陵歲時合
係內人朝拜因事不赴者於酌獻日辰本陵官一面酌
獻從之　四月五日提舉補治所言永裕陵三男陽氣
子孫位合瘞埋玉獸重壘鎮助從之　五月二日太常
博士周常言伏見厚裕以上諸陵寢中器物止塗金衣
裳服用無珠玉之飾蓋先帝時常有訓誡務在質素惟
裕陵泊宣仁聖烈皇后寢中所藏珠玉寶器尚多欲乞
收其器服納諸原廟以遵遺誡詔令逐陵差官齎納奉
宸庫　十三日朝請郎充西京轉運判官曾孝廣入內
內侍省東頭供奉官句當內東門司劉友益以補治永
裕陵畢工轉一官劉友益仍寄資　徽宗建中靖國元

卷八千一百八十九

年二月三日戶部侍郎王古言山園陵支費舊例儲峙
過優而其用不及十之三今請倍實支之數以待匱從
之　十三日詔將來追尊皇太后靈駕啟行止用樂家
閭儀路路廣二丈解拆竿杖而行依過鄭門例初將作
少監李士京請治道廣三丈五尺毀墳墓六百餘所上
恐擾民故有是詔　崇寧二年四月五日陵井監言本
監仁壽縣管下永安禪寺并永安鎮永安院永安里等
四處合迴避陵名今相度欲改永安鎮為大安鎮永安
禪寺改為九華禪寺永安院改為蘭池院永安里改為
仁義里從之　大觀元年五月三十日手詔憲獻宗廟
陵寢當極天下之奉比聞開德府信武殿帝幕歲久不

易河南府會聖宮器皿率皆故弊至武信殿薦新限以
百錢比嘗給十萬緡以供歲用而菲薄若此可令監司
躬詣省閱以聞三省具薦獻疏數新舊更易費用之數
立爲成法於是三省言會聖宮諸陵旦望節日薦獻當
如景靈宮其會聖宮制度樸素宜加修飾應陳設器皿
之類並三年一易令提點京西路刑獄及提舉常平司
歲給十萬緡充　十二月十六日上批訪聞保州墳陵
歲時薦獻器皿之奉臨祭視成率皆草具甚不足以稱
孝享之意可令有司依諸陵例置造頒下仍委知通專
掌不許他用及不得張皇　三年正月八日臣僚上言
京畿提刑司準朝旨體量鄭州官吏於園陵顿下縱人

遊觀又於幕殿側用妓樂筵會等事乞重行貶黜詔應
有罪官吏並先次放罷令提點刑獄司取勘限十日具
案聞奏　十五日詔濮安懿王園寢山川氣象得地之
勝接陵廟形勢相連而其子孫祔者不已穿池地脈已
踰千數甚非尊祖奉先之意可自今宗室更不陪葬改
祔栢谷之原　二月十四日河陽三城節度使王薦言
臣恭依蒨和皇后近嚮欲乞將來寒食節許詣園陵朝
拜及乞今後每遇寒食節十月朔與男並姪男等輪一
員詣園陵朝拜往回並乞理爲在任月日支破諸般請
給等仍乞依條差破馬遞鋪兵士從之　四年二月十
日靈臺使司言諸陵會聖宮供帳器皿陳設計數浩大

已分四季檢視君三年盡數一易不唯難以辦集緣已
換服新之物亦復虛棄計量功力望依舊條乞令逐時
檢視換造更不三年一易從之　政和二年十月四日
臣僚上言近奉詔循行陵寢契勘諸陵下各有内外巡
檢二員惟會聖宮不曾專置至今止緣舊例以洛南洛
陽永安鞏縣等五縣巡檢下兵級十數人兼守禦而已
臣竊惟會聖宮係崇奉祖宗冠冕之所借謂宮垣之外
別無禁地幾察遮闌巡邏之官然七殿供奉神御等物
實在諸陵理合嚴護豈得不擬諸陵置一巡檢乎況洛
水之北山勢聳遂南望諸陵所距闊遠防警之力卒難
相及又浮橋過當宮下亦緣無專奮之官頗把覊不葺

伏望睿旨專置會聖宮巡檢一員仍令兼管宮下浮橋
廡宮之内外有所警衛詔置巡檢兩員餘依奏　三年
三月十七日大宗正司言勘會崇恩太后依例有嘉國
夫人並鄧王蔡國公主涇國公主華國公主及西南兩
路祔葬諸喪並合依園陵斬草大葬日月時刻前去祔
葬合依故例施行詔依勘會令來西南兩路合行祔葬
所有刻刷喪數及西南兩路外宗正司一行事務并装
寫入墳官告修撰行狀等欲依大觀二年十月十六日
故例施行從之　九月二十六日詔會聖宮凌臺使副
張官置司總率官屬專奉陵寢近年以來京西漕憲諸
司歲時供億類多稽違甚者積欠數年未數元額致屢

中觽幣貴兼陵官多不肅戢，盖緣使副位卑權輕，人無畏憚。可在京別置檢察措置一司，專轄使副、使副消諸陵大小使臣人吏等，每歲四季月躬詣點檢，不如法式事件，仍以知入内内侍省楊震充。應合條陳事件，御限半月申尚書省將上取旨。　六年十月二十九日，監察御史李回言：「陵寺諸陵及園廟點檢，竊見濮安懿王園内締木爲壓覆，以竹席下設几案以奉神位，爲奠拜之所。詢諸宮吏，云初未嘗有獻堂。望詔禮官詳加考議，以合恩禮之稱。」詔依所請，擇日營繕，以稱禮典。　宣和三年九月十七日，明達明節皇后陵寺并提舉所言：「奉詔明達明節皇后園陵棘寨内擅動土，許人告捕，賞錢

卷八千一百八十九

五百貫，以犯人家財充，先以官錢代給，罪以違御筆論。」　四年七月十日，永裕陵沿溝堰，以曾孝蘊提舉相視山川形勢，作華嵩堰以捍潰潦。以上續國朝會要

高宗紹興元年六月二十一日，攢宮都監兼香火馮観言：「昭慈獻烈皇太后攢宮儀衛朝畢，改作昭慈獻烈皇后攢宮司爲名，生日、忌辰、旦望、節序等應合排辦事件，並依天章閣見排辦諸后體例。攢宮火禁門户並依皇城法，百步内不許攢斫窠木、動土、取埃之類，令修奉所隨宜添置禁止界至封堠。已種窠木遇有死損，合行補種。及攢宮園牆等經霖雨有損壞，並報所屬排辦，差官奏告。其窠木物料等，報越州収買應副。寶山證慈禪院附近攢宮，每

遇生辰節序等，就差本院僧二十一人作道場一永日，其花果、香茶、蠟燭、紙贈、齋襯等錢從本寺應副。」從之。　七月二十一日，禮部言：「越州寶山證慈禪院已充昭慈獻烈皇太后攢宮修奉香火，未經賜額度僧。」詔以泰寧寺爲額，每歲度僧一名。　八月六日，詔慈獻烈皇太后攢宮司言：「泰寧寺已改作昭慈獻烈皇太后修奉香火等，依諸陵故例隸屬都監。」太常寺看詳，比附諸陵體例，隸屬昭慈獻烈皇太后攢宮司。從之。　九月二十八日，河南府孟汝唐州鎮撫使司幹辦公事任直清言：「西京係祖宗發祥之地，陵寢所在，去大河不遠，一水之隔便是虜營。保護灑掃全藉人力，緣奉先奉園等指揮官兵

卷八千一百八十九

元額約七千餘人，自捍禦關敵事故陣亡外，見僅千人。望令鎮撫使翟興邦融錢糧，招填所闕人數。」詔依其守陵官兵，令學士院降勅書撫諭。　二年正月二十九日，詔慈獻烈皇后攢宮司言：「諸陵依條例，每歲春秋補種諸陵窠木，係入内内侍省降香，學士院修撰表文，太史局選月，河南府排辦于盤食、酒果、蠟燭，差太祝、禮生，本陵都監充奏告官行事。令昭慈獻烈皇后攢宮人口依前項條例。」從之。　十二月二十五日，昭慈獻烈皇后攢宮司言：「修整圍牆并屋宇疎漏及補種窠木，依條例奏告了日下手補種修整。」詔依，其人匠物料令紹興府量度應副。自是凡遇補種修葺，並循此例。　九年十一月十六日，禮部、太常

寺言永國陵歲中每遇節序日並等合依諸陵禮例取降香表乞依春秋二仲薦獻舊例權于永安寺院設位行禮從之　十年三月十七日禮部言池州銅陵縣丞呂和問進宮陵儀制望付太常寺以備檢照仍録一本下永安軍陵臺令司收掌從之　十月五日河南府言近緣蕃賊占據本府及永安軍等處今已收復遂委知軍詣諸陵逐位檢視得除永定永昭永厚永裕永泰陵廟並無損動内永安永昌永熙陵神臺釁裂所損扒橋栢株未敢一面擅行補飾太常寺看詳若行補修合就差所委修飾官奏告行禮詔令河南府委官如法補飾不得滅裂　十三年十月二十六日禮部太常寺言將

（卷八千一百八十九）

來郊祀禮畢合奏謝諸陵昭慈聖獻皇后攢宮永祐陵攢宮已差官行禮内諸陵權於臨安府法慧寺設位望祭仍令大宗正司差南班宗室二員行禮從之　二十年正月二十五日臣僚言陵廟之祭月薦新著在令典方今宗廟久已遵奉唯是永祐諸陵闕而未講望令有司討論舉而行之太常寺討論欲依政和五禮新儀典故令兩攢宮遵依每月檢舉差官行禮其新物逐宮預行關報紹興府排辦從之　二十四年十月八日尚書省言永祐陵及昭慈聖獻皇后攢宮見用幃幕供設之類皆已敝壞并種植栗木亦多損缺詔令紹興府趙士彩躬親前去檢察應副修葺换易補種　二十七年六

切作竊

月九日詔永祐陵及昭慈聖獻皇后攢宮檢察承受以檢察宮陵所為名　二十八年十月二十二日知紹興府王師心言本府崇奉昭慈聖獻皇后攢宮永祐陵攢宮逐月旦望節序薦新春秋奏告等會計一年合用錢八千四百一十一貫三百文并逐年修造費用不等且以酌中一年會計約用錢五千貫二項總計一萬三千四百餘貫而係省所入有限支遣不行欲望許於經總制錢内量行取撥應副其逐月合用生料酌獻物色就本府專置司局選委通判或職官一員主管庶得如法詔如上供錢不足於經總制錢内貼支餘依　二十九年八月五日詔紹興府會稽縣昭慈聖獻皇后永祐陵

（卷八千一百八十九）

攢宮前後買過民地其人戶舊管稅賦切慮州縣尚行催理可令常平司取見的確買過地段頃畝合納稅賦照驗簿籍審實申尚書省除豁　三十九年九月十五日吏部言奉詔紹興府會稽知縣依做陵臺令與改子陞御内帶兼主管攢宮事務量加優異今欲將會稽知縣闕作堂除仍許借服色從之　十一月二十九日主奉益王祭祀居廣言春秋二仲望祭諸陵位牌以白本黄紙為之縑椅桌器皿之屬大率襲舊於禮未至望下有司看詳案戚供具之類別行製造務合禮度從之　三十一年三月二十四日檢察宮陵所言攢宮修整神帳遷神御出帳各就本殿向前安奉合奏告遷乞依

每年補種修整殿宇等禮例下紹興府及攢宮司排辦差官行禮從之以上《中興會要》。孝宗紹興三十二年即位未改元六月十三日登極赦文：訪聞紹興府攢宮每歲修葺諸色人戶交納竹木，多被攢宮官吏邀阻，自今並盡時受納，如違許人戶越訴，當議重真典憲。每季朝陵使命往來，多是縣道差近鄉及沿路人戶迎送應辦，極為勞弊，仰本府條具合寬恤事件以聞。繼而本府上言：會稽縣等十七、十八、十九三都比近攢宮，每歲應辦修奉，理宜寬恤，乞下有司檢照累朝陵寢典故施行。戶部檢會到宮陵儀制節文：景德四年詔永安縣二稅不得支移，常賦外特免雷同差役。詔會稽縣三都人戶准此。十月六

卷八千一百八十九

日，禮部、太常寺、檢察宮陵所言：追冊皇后攢堂元攢於南山修吉院，欲改為攢殿，即佛殿為神御殿，乞下臨安府給錢別修蓋僧舍，專充資薦道場，興工前依禮例祭告於攢宮。從之。九日，檢察宮陵所言：追冊皇后攢宮乞參酌昭慈、永祐陵攢宮體例，置都監一員，提轄守衛軍兵使臣一員兩攢宮係差兼，擬今止置提轄，并下步軍司差軍兵七十八守衛兩攢宮共差三百人。上下宮合用崇奉器皿什物、供事衣幃、陳設簾幕并四季供設御衣等，乞照應體例報御前局所製造。每遇生忌辰、旦望、節序并日常應合用排辦酌獻食味等，乞從臨安府排辦供送。修設齋襯錢亦乞依例下本府歲供錢二百千赴宮支使。詔器皿什物、供事衣幃、

釜易斧

陳設簾幕、四季御衣等令文思院製造，餘從之。十四日，殿中侍御史張震言：伏覩已降指揮，追冊皇后攢殿上并兩廊見有士民攢葬去處，給錢起移，處離墻四至之內亦必猶有士庶墳冢，而未有明降指揮。檢會永祐攢宮之役，凡禁地內丘墓幾千冢，臺臣汪澈相視，見得四隅墳冢除挑外尚存七百六十餘冢，於是澈奏檢會宋宮陵儀制所載諸陵封堠界內舊墳不許開啟合祔，願遷出者聽，乞依宮陵儀制，太上皇帝從其所請，恩及朽骨。今來亦乞檢會宮陵儀制，明下所屬曉諭民戶。從之。隆興元年六月二十四日，詔撥賜南山修吉院水陸田，如所占本院地段之數，以本院撥紹興府攢宮奉

卷八千一百八十九

寧寺例為言，下禮、戶部勘當，從所請也。七月二十五日，臣僚奏：紹興府諸陵所停官吏務營私計，每歲小修，三歲一大修，率斂民戶，取辦入己，微有損漏，即毀拆相連，斤釜掘鑿，非安妥神靈之意。創造之郎，務為速壞，所須良材，若已入賂，則收其下色，科差舟船，至有一舟而載一竹者。臣願痛革積弊，下紹興府專委帥臣及通判躬行閱實，方得修換，已修隨壞，則督從官吏置之典憲，仍乞罷逐年三年修造之制。從之。乾道四年十一月三十日，檢察宮陵所言：據安穆、安恭皇后攢宮司申，本宮有步軍司差撥到守衛軍兵百人，乞照昭慈、永祐陵攢宮體例，遇有名闕，止將逐家子弟刺填。從之。五年

二月十五日檢察宮陵所言兩攢宮各有損爛木植合行修換有妨遷殿神御欲權遷出安奉太常寺看詳合先奏告告遷候修整畢奏告告還還殿奉安從之（凡修奉遷神御逐當省准此）

十二月十八日詔會稽知縣兼陵臺令到任一考減一年磨勘任滿日無遺闕再減一年初置兼陵臺令已與堂除借服色至是紹興府再爲陳請故有是命

六年八月二十八日樞密院檢詳諸房文字王之奇言伏覩歸正官承信郎劉湛右迪功郎劉師顏父子等保護陵寢忠義事節臣頃在蜀已聞其風按湛父子師旬師顏與其親黨幾五十人絶在異域迺能深念祖宗德澤共結一死以支逆虜之盜伐連年繫獄予死

歸亡適遭王師克復其州偶一二人得脫歸朝今其事具在有司皆是虜中鞫勘獄詞真本遠令累年不報詔劉湛特轉二官劉師顏特與改右承務郎陞擢差遣秦世輔特轉一官陞充正將仍宣付史館（世輔湛與共事者）

十二月十五日詔兩浙東路兵馬鈐轄專一營繕昭慈永祐陵攢宮修造馮邦正前後五經修奉攢宮委有勞績可特與轉遥郡刺史

九年閏正月十八日詔永祐陵攢宮梵修香火泰寧寺特與每歲度僧一名先是紹興初本寺得旨歲許度僧二名後皆住罷至是本寺陳請故有是命

六月九日兩浙轉運司幹辦公事攢宮監修李儀言伏見安恭皇后攢宮甫及七年山坡甃石三

經修換當中八層其危已甚若從高折裂去皇堂咫尺豈免覆壓若盡去客上別以麤石築壘可免仍歲工役詔下兩浙漕臣臨安府守臣相度既而太史局言山破開裂處正是國音天柱主山及連接青龍陽氣之位依經止宜補治不當開掘從之（以上乾道會要）

卷八千一百八十九

全唐文

宋會要 光昭憲皇后陵

太祖建隆二年六月二日皇太后崩于滋德殿遺令曰園陵制度務從儉省勉從予志勿用煩勞十九日有司言請以今年十月十六日祔葬安陵從之十四日命宰臣王溥為山陵使太常卿邊光範為禮儀使御史中丞劉溫叟為儀仗使兵部尚書李濤為鹵簿使端明殿學士知開封府事呂餘慶為橋道頓遞使又詔王溥攝太尉持節導梓宮題冊寶監鏁元宮工部尚書竇儀攝司徒率捧梓宮奉升大升轝又引梓宮即元宮又攝司空復土九鍤左諫議大夫崔頌攝侍中奏請靈駕御龍輴及沿路奏進發及陵所奏翟車進發中書舍人扈蒙攝中書令讀哀冊文攝禮部侍郎奉謚冊寶哀冊等授太常丞呂端著作郎馮正右贊善大夫辛文悅安守鐸輿策舉冊秘書監張鑄授哀冊讀冊太府卿衛融奉幣太子詹事尹拙攝少府監進龍輴陳明器幡翣又攝將作監捧梓宮登龍輴兼鏁元宮太常少卿馮吉師執翣者陳梓宮太常丞呂端攝監察御史監鏁元宮太常博士和峴通事舍人王信並分引行事尚輦奉御甯仁裕押腰輿又攝尚衣奉御奉衣箱置輿中宗正卿趙矩充九虞及掩元宮饗宮少卿趙洙祭望柏城及陵左后土著作郎馮正題虞主中書舍人扈蒙題神主二十七日

卷一千一百九十二

一

藩侯郡守以山陵有期各貢物來助十月十五日帝啓奠于梓宮百官入臨升梓宮于龍輴祖奠徹帝從出明德門百官叙班梓宮升輿設遣奠十六日葬安陵乾德元年十二月二十三日詔改卜安陵于河南府鞏縣事見安陵門

四月九日安陵掩皇堂

宋會要 孝章皇后陵

太宗至道元年四月二十八日開寶皇后宋氏崩五月十四日太常禮院言權攢日請依恭孝太子權殯禮例輟朝一日羣臣進名奉慰從之初議卜陪葬永昌陵司天言是歲在未陰陽所忌故權攢於沙臺二十九日太常禮院言來年發引應經過橋道及十里內神祠並令差官祭告園陵畢神主廻行九虞祭從之二年三月二十三日太常禮院言孝章皇后故許王及夫人李氏魏王夫人王氏楚王夫人馮氏皇太子亡妻莒國夫人潘氏將軍惟正亡妻裴氏以來年正月二十日陪葬永昌陵謹按故事孝章陵皇堂陵臺神牆乳臺鵲臺並如孝明園陵制度其許王贈皇太子按唐禮合以陵為名又緣淳化四年出葬之時止用親王鹵簿今請墳高一丈八尺墓田方九十步其王氏馮氏潘氏並同親王一品例裴氏比三品例墳高一丈四尺墓田方七十步其誌文緣既改遷望重修撰其許王合用親王鹵簿緣陪從孝章靈駕已有中宮鹵簿儀仗前導更望不施設其楚

卷一千一百九十二

二

敖易教

王夫人馮氏仍令依裴氏例安葬在莒國夫人之下從之三年正月二日啓攢八日發引並輟視朝羣臣詣閤門奉慰二十日祔葬永昌陵之北

宋會要　元德皇后陵

真宗至道三年十二月五日制曰朕獲纂洪圖仰懷慈訓式遵茂典誕舉徽章太宗皇帝賢妃李氏輔佐先朝發揮內則柔明垂範圖史傳芳顧惟凉薄之資敢忘劬勞之德追崇禮秩用慰孝思追上尊號爲皇太后十七日太常禮院上言準制追尊故賢妃爲太后改奉園陵請令司天監卜地擇日宗正寺於皇后廟別立廟室從之二月一日司天監言準詔改卜園陵請以三年庚子三月二十日啓攢宮二十五日發引四月八日掩皇堂祔葬永熙陵從之三年二月七日太常禮院言啓攢發引赴園陵合用挽歌請下文班各撰二首下太常寺教習從之八日宗正卿趙安易言請因元德皇太后山陵之時幷懿德淑德莊懷皇后各就舊位塋園改卜陵臺司天監狀葬範云因凶亦可大葬諸喪今因園陵增修陵臺並吉詔可九日命宰臣李沆爲園陵使翰林侍讀學士夏侯嶠爲禮儀使御史中丞魏庠爲儀仗使刑部侍郎郭贄爲鹵簿使工部侍郎權知開封府錢若水爲橋道頓遞使初禮官請如孝章故事差監護使一員特命三使十一日太常禮院言靈駕發引舊例自京至陵

卷八千一百九十二　三

下十頓四月八日祔葬永熙陵初上命使按行園陵地議立陵名禮官言周顯德來都省集議故事帝后同陵謂之合葬同塋謂之附葬漢呂氏陵在長陵西百餘步以同塋兆而無名號又唐穆宗二后王氏生恭宗蕭氏生文宗並附葬光陵之側今園陵鵲臺在永熙陵封地之內恐不須別建陵號從之

宋會要　明德皇后陵

真宗景德元年三月十五日皇太后崩于萬安宮之滋德殿遺誥曰園陵制度務在儉省勉從予志勿事煩勞二十八日司天監言準詔與翰林天文魁擇陰陽官以諸家葬書同選定園陵歲月方位緣今年歲在甲辰不利動土須俟丙午年十月方吉請止於今年閏九月二十二日就西北壬地權攢詔下尚書省集文班百官與翰林學士幷朝官自來與免及不赴集議者並令赴省詳定以聞四月四日判太常禮院孫何等言準詔詳定園陵月日者伏以宗廟之儀饗祀爲大若三年不祭則闕孰甚焉今司天監言丙午歲方利大葬今歲止可於壬地權攢仍勿動土臣等再三詢問復有論列安敢以禮官博士之議拒馮相保章之說况事繫園寢理要便宜今參詳喪葬之義古有變禮合附自乎姬旦始墨由乎胥襄書之簡編亦無譏誚謹按禮云葬者藏也欲人不得見也既不欲穿壙動土則莫若便就司天監所擇

卷八千一百九十二　四

地依義記王后之殯居棺以龍輴攢木題湊象椁上四
注如屋以覆蓋盡塗之所合埋重若不欲入土即至時
蔵之如此即是用攢禮而存葬名所冀稍合典經便可
升附神主九虞之祭至日可行七廟之尊三年蘋薦帝
曰陰陽拘忌前代不取今且依典禮而行不煩定議宰
臣李沆等奏近年皇族繼有悲慘又母后上仙聖心過
有哀毀陰陽之說亦有所疑恐須避忌若如禮官所請
則於國家之事得合便宜宗廟之祠亦無曠闕從之宗
正卿趙安易上言伏覩衆議明德皇太后閏九月二十
二日於壬地權攢依禮例埋重升附神主臣今以為未
可埋重預升附神主瀆亂陵廟唐突祖宗也況諸廟既

〈卷八千一百九十一〉 五

及七月即合依時薦饗臣當職分當合奏陳伏望下尚
書都省或御史臺集京百司官史太常禮院等令檢勘
等帳分析向來祇奉帝后如委是六室先止陵後附廟
則將來靈座發引已約孝章近例但於壬地權攢未立
神主升附凶儀一切祇奉侯丙午年靈駕西去園陵東
廻附廟如此則免顛倒不利國家詔禮院詳定以聞判
院孫何等言據安易狀言禮云既虞作主虞者已葬設
吉祭也明未葬則未立虞主及神主所以周制但鑿木
為懸重以主神靈王后七月大葬則埋懸重掩元宮凶
伏輴輀車龍輴之屬焚於柏城訖始可立虞主吉仗還
京備其九祭復埋虞主然後立神主升廟室自曠古至

皇朝上奉祖宗陵廟遵行此禮何以今日乃違典章茍
且升附方權攢安立神主未大葬輒埋懸重柰棺柩未
歸園陵則神靈豈入太廟祭栢城未焚凶仗則凶儀唐
突祖宗者本院先按晉書羊太后崩廢一時之祀天地
明堂去樂不上胙又按禮王后崩五祀之祭不行既殯
而祭所言五祀不行則天地之祭不廢遂議以園陵年
月不便須至變禮從宜又緣先准禮文候神主升附畢
方行饗祀若侯丙午歲則三年不祭宗廟於禮文既有
所闕在孝思抑亦不為況明德皇太后德配先朝禮合
升祔遂與史館檢討同參詳以為廟未祔則神靈不至
伏恐祭祀難行攢既畢則梓宮在郊可以葬禮比附遂

〈卷八千一百九十二〉 六

按禮云葬者藏也欲人不得而見也就不欲穿壙動土
則龍輴攢木題湊象椁上四注如屋以覆蓋塗之所合
埋重一依近例便可升附神主中書門下以為國家之
事得合便宜宗廟之祠免於曠闕用兹定議實亦無嫌
議允所奏下有司尋蒙詔可伏以宗廟之事至重至嚴
誠非職司所敢輕議詳此蓋安易本不知書直謂未升
附間諸廟既及七月即合依時薦饗所以妄進瞽言謂
凶仗為凶儀目羣官為顛倒指梓宮直名棺柩今有司
分析園陵浼瀆聖聽誣罔陛下又云昔日觀羣官盡公
奉二帝諸后並先山陵後附廟今日觀羣官顛倒奉明
德皇太后獨先附廟後園陵者本院詳當時先山陵後

附廟蓋為年月便順别無陰陽拘忌孝章皇后乃太宗
嫂氏不妨宗廟祭饗今既年月未便禮合從宜未埋重
則禮文不倫未升附則廟祭猶闕須從變禮以合聖情
夫三王不相襲禮五帝不相沿樂愚夫則執而守之妄
生異議況已經中書參定詔命頒行無明德皇太后將
赴權攢而安易所稱栢城未焚凶仗則凶穢唐突祖宗
本院按檀弓云喪之朝也順死者之孝心也鄭元注云
謂遷柩于廟又云其哀離其室也故至於祖考之廟而
後行商朝殯於祖周朝而遂葬今亦遷辭宗廟豈可以
禮經所出目為顛倒吉凶具儀謂之唐突又云孝章皇
后至道元年崩亦緣有所嫌避未赴園陵出京權攢之
卷八千二百九十二
時不立神主入廟直至至道三年西去園陵禮畢然後
奉虞主還京易神主附廟以合典經本院檢詳當時文
籍孝章為太宗嫂氏上僊之時止輟五日視朝百官不
曾成服已與今來不同從初亦無詔命令住廟饗今明
德皇太后母儀天下主上孝極曾顏上僊之初即有遺
命權停饗祀按於禮文固合如此安易荒唐庸昧妄有
援引以大功之親比三年之制欺罔君上乃至於斯本
院所議並明稱典故旁考時宜雖曰從權粗亦稽古在
宗廟則不乖祭祀於園陵則無失便安昔墨衰起於晉
襄撝紳不議合附出於姬旦賢達無譏孝章配世祖於
更衣見稱范史叔孫作原廟於複道載美班書豈不以

為所慮者遠圖所成者大事務叶通人之論不妨近俗
之譏執而酌中雅合權變顛倒苟且孰為而然究經詢
議而爽丕式伏請一依本院狀施行詔可五月二十五
日按行使劉承珪言得司天監史序狀園陵宜在元德
皇太后陵西安葬其周王墳先葬孝章皇后陵北亦無
妨礙其地南神門外去永西陵地百二十一步東神門
外元德陵西於神門外封地侵卻十五步餘二十五步
外作兩陵封地其地西稍高地勢不平按一行地里經
地有龐不平擁塞風水宜平治之正在永熙陵壬地如
貫魚之形從之時又令承珪等并按行安王周王塋域
帝閱其地圖謂宰臣曰乃以周王附永熙陵而安王處
卷八千二百九十二
于外少長失序此尤非便宜别度地以聞二十七日以
宰臣李沆為園陵使翰林學士承旨宋白為禮儀使御
史中丞呂文仲為儀仗使吏部侍郎郭贄為鹵簿使翰
林學士知開封府梁顥為橋道頓遞使沆卒宰臣畢士
安代顥卒光禄卿薛知開封府陳省華代六月一日禮
儀使言請就安肅門外浚儀縣旌孝鄉程趙村沙堂設
攢宮用栢堊龍帳靈駕由西上閤門朝堂門右昇龍門
出乾元門閶闔門過白鶴橋出安肅門至普濟院東神
主廻日入右掖門右承天門於萬安宮奉安從之二年
正月十七日遣西京作坊副使藍繼宗修奉園陵八月
十四日禮賓院上言園陵吉凶儀仗步騎五千三十一

人望以拱聖大武軍充從之帝慮有司以頓遞廣有須索擾人乃詔内侍取宫掖諸王院一行人數付御廚翰林儀鸞司除本司祗备外具所須什物盡一以聞即詔州縣供給仍諭所至非有宣勅不得應付揭榜以示民後以風雪賜御役卒錢令休息之二十九日以掩皇堂不視朝三年五月賜園陵使王旦等器帛有差應祗奉園陵沿路置頓遞地復來年夏租陵所役人並優賜之

宋會要　莊懷皇后陵

至道三年真宗即位末陵元六月十三日制曰朕仰荷慶靈嗣守基構永言懷舊之感再稽追遠之文聿舉徽章用旌幽隧故莒國夫人潘氏早以華胄嬪于沖人克遵圖史之規茂著河洲之德正名中壼允極哀榮可追册為皇后

卷八千百九十二　九

至道三年正月陪孝章皇后葬永昌陵西北八月三日朱昴上陵名曰保泰本廟舞名曰永和從之

宋會要　章穆皇后陵

真宗景德四年四月十五日皇后郭氏崩于萬歲殿之後寢二十一日司天監上言選定園陵月日宜在卒巽之内舉葬請以五月二十九日啓攢宫六月八日發引二十一日掩皇堂帝曰此亦便於事雖不取七月之期於義無嫌但每事務從簡儉是所宜也乃命内侍左班副都知閻承翰為園陵按行使入内副都知藍繼宗副之承翰等言永安縣陵臺側有地三處司天監並云地

慮見盧

位不廣無可選擇帝令附元德皇太后陵安葬但可安厝不必更要寬廣其棺槨等物無得鐫刻花樣務令堅固仍令減省工作給將服緡錢麻履及公使錢務令優足又以密邇諸陵神貴安靜其役徒不得輒令喧鬧及率衆唱號當此暑熱每至日中各令憩歇或風雨飄暴亦須權停諸陵松栢無令傷動兼慮此盛暑少壁守懃泊速諭三司以船運蘆席竹竿三二萬數往彼二十五日殯於萬安宫之西階命入内副都知藍繼宗内殿崇班張繼能三陵都監康仁遇高品閻文慶同監修園陵步軍都虞候鄭誠為都鈐轄孫正辭副之二十九日以宰臣王旦為園陵使翰林學士晁迥為禮儀使御史中丞王嗣宗為儀仗使工部侍郎魏庠為鹵簿使樞密直學士權知開封府李濬為橋道頓遞使七月二十七日賜園陵大禮使宰臣王旦休假三日禮儀使而下行事官各三日應園陵行事官器帛有差

卷八千百九十二　十

宋會要　章懿皇后陵

仁宗明道元年二月二十六日宸妃李氏薨攢塗於嘉慶院三月十四日葬于洪福禪院之西北隅命翰林學士馮元攝鴻臚卿與入内内侍省押班盧守懃上御藥張懷德監護葬事三宫使尚書兵部侍郎晏殊撰墓銘二年四月十五日詔中書門下曰朕哀制之中未遑議政皇太后謂朕曰宸妃早事先帝尤推懿恭膺誕降之

符守謙沖之德至于奉侍陵寢聿周禫祥歸奉毋儀克
勤輔佐興居合禮言動有常兩朝徽音九御承憲奄悲
淪謝俄歷歲華權厝梵宮未崇位號當遵舊典祇上尊
名別卜寢園用光世範況今大行太后方議山陵宜因
茲時式便修奉朕仰承慈旨惕念劬勞愴慕之懷夙宵
罔措敢忘祇翼以奉誨言宜令中書門下依先朝追榮
元德皇后禮典追崇宸妃尊謚位號及營奉園陵八日
詔大行皇太后山陵五使修奉部監祕管並兼園陵之
名命翰林學士馮元議謚號四京作坊副使張永和為
園陵按行使餘同章獻明肅皇太后十月五日葬于永定陵之西
北隅

卷八千一百九十二

宋會要　章獻明肅皇后陵

仁宗明道二年三月二十七日夜三鼓皇太后崩于寶
慈殿遷座于皇儀殿遺詔曰園陵制度務遵儉省勉從
吾志勿事勞煩三月三十日詔外園陵為山陵命宰臣
呂夷簡為山陵使翰林學士盛度為禮儀使章得象為
儀仗使權御史中丞蔡齊為鹵簿使權知開封府程琳
為橋道頓遞使入內內侍押班盧守懃右班副都知閻
文應為山陵按行使東染院使岑守素為山陵修奉都
監馬軍副都指揮使高繼勳為山陵一行都總管守懃
等亦兼領園陵之名四月十日太常禮院言準詔同司
天監詳定山陵制度皇堂深五十七尺神牆高七尺五

十一

寸四面各長六十五步乳臺高一丈九尺至南神門四
十五步鵲臺高二丈三尺至乳臺四十五步詔下宮更
不修蓋餘依石門一合二扇長一丈二尺五寸闊六尺
厚二尺越額一長一丈八尺高四尺五寸厚二尺五寸
直額一長一丈八尺闊四尺厚二尺五寸挾二長一丈
二尺闊二尺五寸厚二尺門砧二長五尺闊二尺五寸
厚二尺門砌三闊厚二尺二寸長六尺一長三尺樞鐶
柱一長一丈三尺五尺闊二尺厚一尺滲燈盆一座盆
高四尺五寸徑三尺座方二尺五寸厚一尺攏燈燭臺
一座高二尺徑一尺五寸宮人二高八尺闊二尺五尺
厚二尺土襯二長四尺闊三尺五寸厚六寸座二長三

卷八千一百九十二

十二

尺五寸闊三尺厚八寸文武官四身高九尺五寸闊二
尺五寸厚二尺土襯四各長四尺闊三尺厚六寸座四
長三尺五寸闊二尺五寸厚八寸羊四高六尺五寸闊
六尺厚二尺五寸土襯四長七尺闊三尺五寸厚六寸
座四長六尺五寸闊二尺五寸厚八寸虎四高六尺五
寸闊五尺厚三尺土襯四長六尺五寸闊四尺厚六寸
座四長六尺闊三尺五寸厚八寸馬二長一丈頭高六
尺厚三尺五寸土襯四長七尺五寸闊四尺五寸厚八
寸座二長七尺闊四尺厚八寸馬官四高八尺五寸闊
二尺五寸厚二寸土襯四長五尺五寸闊三尺厚六寸
座四長五尺闊二尺五寸厚八寸望柱二長一丈四尺

顧易催

徑二尺五寸土襯二方四尺五寸厚六寸座二方三尺師子八高六尺五寸闊五尺厚三尺土襯八長六尺五寸闊五尺厚六寸座八長六尺闊四尺五寸厚八寸十一日小祥羣臣入臨釋服奉慰如儀十八日山園使言往回程頓欲依乾興例自京至陵所十程自陵所回京五程詔可二十七日以宰臣張士遜為山園使御史中丞范諷為鹵簿使五月十三日賜内藏庫錢三十萬給山園用度十四日禮儀使言準明德皇太后園陵禮例儀仗二千三百三十四人今山園欲如例詔可六月二十一日司天監言定用十月五日丁時安葬吉詔可二十五日賜山園役兵布背搭手巾七月二日太常禮院言山園合用花釵禮衣各一副請下少府監修製按乾興禮例齋郎六十人攝挽郎行事欲依明德皇太后園陵例不用並從之九日太常寺言山園各排鹵簿儀仗合用導引六州十二時歌詞樂章請下學士撰付寺教習從之十四日賜山園役兵工匠和顧百姓布袍袴頭巾麻屨二十三日太常禮院言山園發引長行所排吉凶儀仗慮上路交雜欲望至板橋合為一處排列前引莊懿皇太后靈駕先次進發莊獻明肅皇太后靈駕以次進發掩皇堂日各於逐陵排列俟神主至宿頓幄殿却合為一處次日進發莊獻明肅皇太后神主先行莊獻皇太后神主以次而行詔依二十八日禮儀使言將

卷八千一百九十二

畫

書

來十月五日下事已前各自丙地幄殿奉遷梓宮至隧道前幄帳下行事臣寮并諸色祇應人等並吉服候莊懿皇后掩皇堂畢具服孝服者權改吉服立班題神主畢却服孝服俟莊獻明肅皇太后掩皇堂畢並改吉服依九月四日太常禮院言山園五使依乾興例更不朝拜諸陵將來靈駕發引羣臣至板橋奉辭次日西上閤門進名奉慰掩皇堂畢并神主到京皇儀殿奉安訖及祔廟禮畢羣臣並詣西上閤門進名奉慰訖退五使已下俟掩皇堂訖進表奉慰並從之十月五日葬永定陵之西北隅十日虞主至京羣臣奉迎于瓊林苑常服黲袍導迎于皇儀殿門奉安于皇儀殿有詔賜山園五使休假三日百官一日二十一日德音兩京畿内釋徒罪應緣山園科率並蠲復賦役

卷八千一百九十二

西

宋會要 章懿皇太后陵

仁宗明道三年十一月五日保慶皇太后上僊于保慶殿遷殯于皇儀殿六日命吏部侍郎知樞密院事王隨為園陵監護使入内都知王惟忠為園陵都監入内押班劉從愿為同都監侍衛馬步軍副都指揮使鄭守忠為修奉總管仍令從愿往永安四陵側近按行園陵十一日大斂成服羣臣奉慰劉從愿言同司天監官按行到永定陵都倖地一段堪充園陵詔可四年正月十三日詔二月六日掩皇堂葬於永定陵之西北隅十七日

德音兩京畿內釋杖罪應沿園陵應奉科率並蠲復賦役沿路道場齋經僧道並賜紫衣

宋會要 張皇后陵

明道二年十月三十日詔故美人張氏追冊為皇后天聖六年九月二十日薨殯成宜坊之別第葬奉先西北隅十一月十一日詔遣內侍相視陵園地步太常禮院詳定儀式以聞務從簡儉十六日命內園使帶御器械岑守素管勾修葺陵園景祐九年正月九日司天監言准詔太常禮院定到陵臺制度修展牆圍移正門戶石作牆外據地步置棘園獻堂安鴟尾別無妨礙興修年月至乙亥年二月八日利便從之

卷八千二百九十二

十五

宋會要 郭皇后陵

仁宗景祐二年十一月八日金庭教主沖靜元師郭氏薨治喪于嘉慶院二十五日詔以后禮葬太常禮院詳定儀式以聞二十九日太常禮院言參詳故郭氏出葬日吉凶鹵簿儀仗欲望比章皇后例墳園陵臺依張皇后例十二月十八日命知制誥丁度內侍省內侍押班藍元用同護葬事建陵臺於奉先院之東北隅

宋會要 溫成皇后陵

仁宗至和元年正月八日貴妃張氏薨治喪于皇儀殿七月六日詔以溫成皇后舊宅立廟參定四時享祀之制太常禮院言檢詳國朝孝惠皇后太祖嫡配止即陵所置祠殿以安神主四時設常饌無薦饗之禮今宜就葬所立祠殿參酌孝惠故事施行仍請題葬所曰溫成園陵詔詳議以聞禮院上言準詔就葬所立祠殿請廟南設一門用二十四戟其殿閣室并石陷神主制度並乞依皇后廟一室制從之九月十日太常禮院言葬所請稱溫成皇后園陵從之二十五日啓攢二十七日詔監護使宰臣劉沆為園陵監護使石全彬劉保信並園陵都監先是權御史孫抃侍御史范師道毋湜言劉沆既為宰相不當領監護使不報翌日有是命後知諫院范鎮言臣伏見太常議溫成皇后葬禮前謂之溫成園陵後謂之園陵宰臣劉沆前謂之監護使後謂之園陵使

卷八千二百九十二

十六

如聞此議皆出於禮官禮官前日是則今日非今日是則前日非必有一非於此矣而朝廷略不加問使中外之共惑之也夫禮典素定而不可輕變者也禮官議論異同如此是為禮官而以禮自舞者古之法吏舞文而今世禮官舞禮若不加詰問恐朝廷典章寖寖弛壞而不可救也乞下臣章問禮官前後同異狀以正中外之惑不報已而又奏臣竊聞溫成皇后壙中皆以鏤金為飾又為錦繡珠翠金玉衣服什物以備焚瘞者甚多此等事於死有益於生無損猶為不可況於死無益而於生有損乎今壙中之飾已然之事不可改已其錦繡翠金玉之物以備焚瘞者願發明詔一切停減以代下

繡字下增珠字

户祖賦非惟上益聖德亦温成皇后遺惠之無窮也

宋會要 慈聖光獻皇后陵

神宗元豐三年十月二十日太皇太后崩于慶壽宮遺誥曰園陵制度務遵儉省勉從吾志勿事煩勞二十四日命韓縝為山陵按行使昭宣使入內副都知王中正副之二十五日詔山陵修奉深慮有司過有煩勞枉費人力不能仰承遺誥務遵儉省之意可據戒三司斟酌轉移應付毋得寬剩計置除京西路轉運司自合供辦其諸道非撥降毋得妄有進助二十六日大斂命宰臣王珪為山陵使判太常寺陳薦為禮儀使御史中丞李定為儀仗使知開封府錢藻為橋道頓遞使同判太常

卷八千一百九十二

七

寺陳襄為鹵簿使後襄辭疾以翰林學士蒲宗孟代之又命入內副都知李憲為山陵都大主管入內東頭供奉官寄六宅使宋用臣為都大提舉修奉皇堂同日太常禮院言昭憲明德皇太后故事內有年歲深遠禮制不全欲乞參詳比類山園陵案例申請施行從之二十七日命權主管侍衛馬步軍司燕達為山陵修奉總管專總禁兵護役宋用臣專令總役兵修奉兩司毋得侵越十一月二十日山陵按行使韓縝等言永昭陵北稍西地二百十步內取方六十五步可為山陵詔依又以陵域迫隘問縝可與不可增展縝言若增十步作七十五步為陵域合徵火相生及中五之數詔增十步三年正月二十二日詔靈駕發引行宮四面增差天威一指揮二十六日差禁兵二百人守陵三月六日靈駕至陵所十日葬于永昭陵二十五日德音兩京畿內河陽減死刑釋杖罪沿山陵科率蠲復賦役應奉行事官量與恩澤二十七日詔六宅使宋用臣修皇堂有勞於見寄使額上遷五資五月八日宰臣王珪言弟尚書職方郎官琥昨主管山陵使司牋表乞推恩詔以琥為蔡河撥發

宋會要 宣仁聖烈皇后陵

元祐八年九月三日太皇太后崩于崇慶宮之壽康殿遺誥曰園陵制度務遵儉省勉從吾志勿事煩勞八日

卷八千一百九十三

六

命宰臣呂大防為山陵使户部尚書李清臣為禮儀使御史中丞李之純為儀仗使權兵部侍郎韓宗師為鹵簿使龍圖閣直學士權知開封府錢勰為橋道頓遞使侍衛親軍步軍副都指揮使姚麟為修奉山陵使都護入內內侍省都知張茂則為山陵都大管勾十四日樞密院都承旨范純禮入內內侍省押班梁惟簡奏臣等準勑差充太皇太后山陵按行使副來審陵園依慈聖光獻太皇太后陵作七十五步或只依故事以六十五步標定詔依慈聖光獻太皇太后封標十七日詔曰朕恭以太皇太后保祖宗之基命定社稷之永圖德參二儀功冠千古今普天喪恃四海同哀雖葬陵高於恭山

備禮竢於萬物顧無以報亦未惟多惟遵奉於訓言益
光昭於儉德以對在天之威烈以揚愛物之遺仁緣山
林非久修奉應有司過有煩勞枉費人力不能仰承遺
誥務遵儉省之意其令尚書戶部斟酌應副毋得寬剩
計置除京西路轉運司自合供辦其諸道非拋降毋得
妄有進助咨爾中外當體朕懷十月七日尚書戶部郎
中郭茂恂兼權京西路轉運使應副山陵事務十一日
詔正任觀察使已上見無疾病者宜令隨從靈駕至山
陵餘宗室宗女宗婦並特與免行紹聖元年正月一日
羣臣及遼國使副詣西上閤門進名奉慰五日侍衛馬
軍都虞候呂真充靈駕都總管詔元豐庫支錢十萬緡
〔卷八千三百九十三〕
絹七萬匹應奉山林支費從戶部請也又詔賜山陵修
奉兵士等特支錢有差十八日賜山陵修奉提舉採石
官以下錢絹修奉總管以下銀絹各有差二十九日山
陵使司言虞主至京入瓊林苑依迎入右掖門例量排
香燈腰輿繖扇細仗導引入苑從之同日開封府言請
依元豐三年慈聖光獻皇后掩皇堂禁屠宰三日從之
三十日賜京西轉運司西京河陽鄭州山陵應奉官銀
絹有差三月一日中書省言山陵使司奏應緣山陵用
度欲依故事差戶部郎官郭茂恂右通直郎呂由誠會
計編錄具冊以聞從之五日葬于永厚陵掩皇堂二十
四日山陵了畢五使以下管勾等官祔廟畢宰臣以下

應奉行事官並賜器帛有差兩試賜者從壹者給

宋會要　欽聖憲肅皇后陵

徽宗建中靖國元年正月十三日夜皇太后崩于慈德
殿翌日召百官入班殿庭尚書左僕射韓忠彥宣遺誥
於殿之西階曰園陵制度務從儉省勉從吾志勿事煩
勞十五日中書省言園陵修奉深慮有司不能仰承遺
誥務從儉省之意詔令戶部並依往例斟酌確的合用
之物不得過有寬剩除西京轉運司供辦外不得於路
須索十六日詔曰恭以大行皇太后逮事英宗輔佐神
考保佑先帝遭國艱哉肯建大策援立朕躬艱難之初
暫同聽斷月日未幾遽欲復辟朕固請不獲勉徇懇意
〔卷八千三百九十二〕
退處宸闈游心道妙謙尊鮮儷沖靜自居雖功隆德鉅
福被天下永言圖報未知所從今遷命陵號仍更有殿
擯舄以仰酬慈德以慰塞中外之望乎可詔有司易斷
陵曰山陵餘恭依遺誥施行同日命尚書右僕射曾布
為山陵使吏部尚書陸佃為禮儀使兵部侍郎何執中
為鹵簿使吏部侍郎張舜民權儀仗使給事中兼權開
封府溫益權橋道頓遞使舜民並儀差正官日龍延福
宮使入內內侍省都知梁從政為山陵修奉都監龍神
衛四廂都指揮使徐和為山陵修奉總管延福宮使入
內內侍省副都知馮世寧為按行山陵使入內內侍省
押班閻安入內內侍省東頭供奉官管勾御藥院閻守

總並都大管勾山陵事尚書都官郎中曾孝序提調學生馬監高偉並爲採石官二十五日罷渠從政山陵修奉以閣齊總爲山陵鈐轄仍許往來照管二十七日命權尚書刑部侍郎岑象求爲覆按山陵使入內內侍省押班劉瑗副之二月五日詔靈駕發引日宗室節度使以上從行餘悉免三省檢會故事慈聖光獻皇后山陵從者二十一人宣仁聖烈皇后山陵從者六人近以靈恩正任員多而節度使止六人故有是詔二月八日按山陵按行使馮世寧言得地于河南府永安縣鳳臺鄉詔遣內侍齋圖示覆按所十三日太常寺言大行皇太后山陵一行法物欲依元豐二年慈聖光獻皇后山陵故

事十四日太常寺言故事葬先輕而後重祭先重而後輕追尊皇太后宜以五月六日寅時掩皇堂大行太皇后宜以巳時掩皇堂從之十九日封山斬草二日二詔何執中入國日令徐勣兼權兵部侍郎充山園陵鹵簿使三月十八日太史局言園陵斥土宜用二月十九日發引用四月十七日大葬用五月六日從之二十日詔皇堂視大行皇后太后制度修奉二十七日命權尚書刑部侍郎岑象求爲覆按山陵使入內內侍省押班劉瑗副之四月五日啓菆宮進大昇轝發引赴多慶院侯車駕親詣行禮訖靈駕赴普安院權奉安同日詔以四月四日多慶院追尊皇太后啓菆須慈德殿大行皇太

簿字下增使字

后啓菆禮畢乃可出宜以五日啓菆宮權赴多慶院宿頓俟車駕行遣奠禮畢赴普安院奉安二十七日奉安靈駕于永裕之下宮同日靈駕至陵所羣臣奉慰五月六日葬于永裕陵掩皇堂羣臣詣西上閤門奉慰

宋會要　欽成皇后陵

徽宗崇寧元年二月十六日聖瑞皇太妃朱氏薨十七日命中書侍郎許將爲園陵監護使延福宮使入內內侍省都知馮世寧爲園陵都監龍神衛四廂都指揮使張存爲園陵修奉總管尚書禮部侍郎周常爲禮儀使尚書兵部侍郎鄧浩爲儀仗使尚書工部侍郎龔原爲鹵簿尚書刑部侍郎杜常爲橋道頓遞使將作監許幾

爲提舉採石官尚書祠部侍郎中王詔權尚書度支郎中蔡京西路轉運使俟園陵事畢還闕二十八日太史局選到追尊皇太后斬草破地宜用四月六日庚寅吉時宜用當日辰初四刻先自皇堂下手刻期趂辦大葬外神門闕角等繼續修蓋從之三月二十日禮部言追尊皇太后園陵修奉所狀準尚書省劄子今來園陵皇堂用四十五尺依朝旨參酌增損丈尺等其修砌皇堂地宮鹿巷廂壁火口土闇在四十五尺內並依去年皇堂故例開深六十九尺打築六尺的用六十三尺今來陰陽官胡晟等狀依經法開掘五十三尺打築八尺外的用四十五尺今來既用石地宮若依修奉所狀內

禮三七之六九

事理除別無興禮試載外取到太史局狀看詳胡晟等
狀内所定皇堂下深并填築丈尺即別無妨礙内看詳
神墻高一丈即未合繼法若用九尺或一丈一尺及神
臺等若依去年故例修製各別無妨礙内恭酌增損丈
尺名件即陰陽經書不載若依所請即無妨礙又取到
太常寺狀勘會建中靖國元年園陵神墻用一丈三尺
詔用一丈一尺餘依修奉所申

宋會要　顯仁皇后園陵

高宗皇帝紹興二十九年九月二十日皇太后崩于慈
寧宮之慈寧殿二十一日文武百官赴慈寧殿聽宣皇
太后遺誥曰園陵制度務從儉省毋事煩勞十月一日
卷八千一百九十二
三十三
禮部太常寺言大行皇太后攢宮已依典故差按行使
副檢照國朝典故園陵並係祔葬止差按行使不曾差
覆按昨隆祐皇太后攢宮係創始營奉及顯肅皇后攢
宮係與徽宗皇帝同時遷奉曾差覆按使事體不同今
來大行皇太后攢宮合祔永祐陵依典故自不合差覆
按使從之以得旨令有司檢照典故至是討論來上四
日太常寺討論大行皇太后攢宮合用典禮下項一國
朝典故園陵皇堂神臺下深丈尺不同及園陵上宮合
置四神門南門乳臺鵲臺石作宮人等今來止係修奉
攢宮欲並依昨昭慈聖獻皇后顯肅皇后攢宮禮例修
奉施行十二日按行使葉義問等言今相視永祐陵顯

禮三七之七〇

肅皇后攢殿正西有地一段土色黃潤林木榮盛宜於
此地安定堪充修製大行皇太后攢宮即與國音并陰
陽經書並無妨礙今來永祐陵籬寨内顯肅皇后神園
正西約一十九步以來安立大行皇太后神園内安定
即無妨礙所有顯肅皇后攢殿之西今擘大行皇太后
神園外除豁二十五步安立内籬寨西外籬寨有三十
五步緣正西係及居民行路并昭慈聖獻皇后攢宮司
防守營寨其元來西壁内籬寨至大籬寨封堠禁地七
十九步今來止有三十五步所有增展西壁外籬寨封
堠禁地避乞申明朝廷下太常寺看詳施行本寺看詳
今若於永祐陵籬寨内顯肅皇后神園正西按視到大
卷八千一百九十二
三十四
行皇太后攢宮神園地段及增展西壁外籬寨封堠地
等即於典禮別無妨礙詔依同日禮部太常寺言太史
局選到大行皇太后攢宮興工日分宜用十月十八日
戊辰吉時用其日巳時八刻後丙時吉又今來於攢宮
興工緣儧近昭慈聖獻皇后攢宮依禮例合行奏告從
之十八日禮部太常寺言攢宮橋道頓遞使董苹等言
躬親相視將來大行皇太后梓宮發引門戶太史局官
供報狀并圖一甲方係國音福德利方其地係在候潮
門之南看詳此路自水步至江次經隔清水渾水閘地
步稍遠今來冬月竊慮潮水不應一丙方係國音利方
無山神其地約在嘉會門左右看詳此路至江道路稍

遠兼窄狹迂曲竊慮措置費力一乙方不係國音利方
無山神其地約在便門之南省詳此路與今來橋道頓
遞司(使)畫到國兩橋之間開城處相去不遠若令太史局
官指定乙方地步令橋道頓遞司(使)臨安府從便措置開
城取路直至跨浦橋次極為快便又緣太史局雖稱
其方無山神又稱不係國音利方有此疑慮今議定所
具三路互有利害緣事干國音合取自聖裁詔用乙方
令太史局日下標定地步報橋道頓遞使司臨安府措
辦道路二十一日六行皇太后攢宮修奉使司言檢照
昨顯肅皇后攢故例其石藏利害至重緣二浙土薄地
卑易為見水若不預行措辦竊慮水脉津潤於久未便
《卷全百九十二》　三五
輒別彩畫石藏圖子一本雖功力倍增恐可禦濕本司
欲依上件(故)例製造從之二十六日禮部太常寺言將
來大行梓宮啟攢發引掩攢宮太史局依奉聖旨選到
啟攢宜於十一月九日己丑發引宜用十一月十八日
戊戌掩攢宜用十一月二十六日丙午並用其日辰時
八刻後巽吉時詔大行皇太后發引用十一月十六日
其時刻令太史局選定餘依本局所申既而本局選定
其日辰時八刻後巽吉(時)時以宰臣湯思退等奏臣等按
統元曆發引用十六日丙申吉又謹按太祖實錄建隆
二年六月皇太后崩以丙申成服真宗國史至道三年
十二月丙申追尊帝母為皇太后並審用丙申日故也

擾易騷

二十九日詔梓宮舟船經由河道近岸居民屋宇妨礙
時暫去拆及剪伐窠木去處并攢宮修奉側近侵占民
田令橋道頓遞使司修奉使司優計價直報都大監領
所支錢給還二十六日顯仁皇太后梓宮掩攢二十七
日詔昭慈聖憲皇后永祐陵攢宮舊用攢字禮蔽塗用
輴攢音義一同本朝明德皇后攢宮係用攢字可令有
司依本朝故事改正十二月十八日詔兩攢(禁)宮地內
有還夫士庶墳冢屋宇及收買士庶田產山林地段專
委守臣同檢察宮陵所措置告諭先令合干人估定實
直報檢察宮陵所於慈寧宮允便錢內倍數支還當官
給付仍取人戶收領毋令人吏乞覓擾擾二十八日宗正
《卷全百九十二》　三六
寺主簿兼權太常丞吳曾等言太史局楊彥名狀檢照
昭慈聖獻皇后攢宮指揮禁地內有墳四所令依舊并
永祐陵攢亦依昭慈聖獻皇后已得旨施行小墳六所
不曾改遷今按視西北及東係是國音一百一穴依經
合行挑去其餘七百四十六穴相去稍遠崗(壠)壠遮映欲
依前項指揮與免挑移臣等今檢照故實諸陵界內舊
墳不許開今欲依宮陵故實不許開之文其西北一百
一穴(穴)臣等即非陰陽伎術之流禮經不載難以定奪詔
依餘一百一穴令紹興府更切相度如係崗壠遮映稍
遠處亦免挑移四月二十三日殿中侍御史汪澈言竊
惟攢宮之地舊占百步去冬新立四隅四隅之內回環

不過二十里居民悉已遷徙屋廬悉已毀撤寸土尺木
率歸於官今皆為禁地而士庶邱壟錯其中陰陽家流
或謂盡宜挑去以肅靜陵域且有內將外從天柱天門
三男方位之說或謂暫為攢宮不必挑去是以致上貽
聖慮命臣躬親前去看定臣遵奉睿訓周視四隅見得
士庶墳塚元計九百三十八穴除近已挑去一百七十
二穴外有七百六十六穴見存竊以攢宮經今三十餘
年無有議其非者今二十里之內乃云盡合挑移始有
紛紛之論太史局各守其說皆虛誕浮誣不可取信臣
請以史傳及祖宗故事明之秦樗里子死葬於渭南章
臺之東曰後百歲是當有天子之宮夾我墓至漢興長
樂宮在其東未央宮在其西武庫正直其墓且以天子
之宮密邇而當時不聞遷其墓也以今觀之一百七十
二穴業已挑去而藥塞之無可奈何而見存七百六十
六穴纍纍相望雖山林掩蔽而皆在禁地若一旦悉令
挑去恐傾泄地氣兼於人情有所未安欲下紹興府專
委守臣出榜備坐宮陵儀制內所載曉諭民間如封界
內舊墳有願遷出者仰各條開說經府自陳令巡尉監
視聽其遷出如不願者仍舊從之先是知紹興府王師
心稱根刷得攢宮四隅之內有墳冢通約一千餘處太
史局官李繼宗等互說不同有詔令臧將帶兩次太史
局披視人前去看定至是來上

卷八千一百九十二

宋會要　憲聖慈烈皇后陵

慶元三年十一月六日壽聖隆慈備福光祐太皇太后
崩于慈福宮之慈福殿遺誥曰陵寢制度並從儉省毋
事煩勞仍依顯仁皇后故事施行七日詔大行太皇太
后陵寢當遵遺誥務從儉省應營奉等費並以慈福宮
錢物支給免使有司經常之費九日禮部太常寺言討
論典故園陵皇堂神臺下深丈尺不同上宮合置四神
門南門置乳鵲臺石作宮人等今來修奉攢宮乞比
附顯仁皇后體例施行從之十九日詔皇堂內槨可令
有司用沙板隨宜修製候將來掩皇堂時先下槨底板
候進槨宮於槨底板上定正訖然後安下槨身次將天
盤蓋於槨上安設梓宮已有矛脚止用平底可就修奉
攢宮處製造二十三日禮部太常寺言大行太皇太后
山陵已差按行使檢照顯仁皇后祔葬永祐陵與故即
不合差覆按從之十二月八日修奉使司言今來修奉
攢宮並依顯仁皇后體例施行所有皇堂石藏省記得
顯仁皇后石藏裏明長一丈四尺八寸八分闊一丈三
寸深九尺若依此鋪砌竊恐至期安下神穀外槨室分
窄狹事屬利害照得高宗皇帝石藏裏明長一丈六尺
二寸闊一丈六寸深九尺欲乞依上件丈尺修奉施行
從之十七日按行使副錢象祖等言判太史局吳澤等
狀按行大行太皇太后神穴係在永思陵正北偏西祔

卷八千一百九十二

攢相視其地土肉黄潤三男旺盛秀氣所聚委是高阜

依得昭穆次序可以安建從之十九日禮部太常寺言

今參酌禮例條具一啟攢發引百僚並服將表之服一

發引日總護頓遞使都大主長就幄次朝辭餘並免一

鼓吹警場挽郎於發引前二日係總護頓遞使同都大

主管官禮部太常寺言就貢院按閲並從之二十二日

禮部太常寺言今來靈駕前所立重乞依典禮將來發

引日捧擎至攢宮令太史局選利方至掩攢日埋瘞從

之二十八日按行使司言攢宮地段分立神圍緣永思

陵鋪屋窠木等合行徹乞行奏告去拆從之十一日詔將

來靈駕發引師擇梓宫奉升大昇轝又引梓宫即攢宫

[宋會要]卷一千一百九十二　[寬]

攝少保復土九鍤差權工部尚書錢象祖按視十二日

掩皇堂

全唐文

宋會要　守陵

乾德四年詔曰歷代帝王或功濟生民或道光史載垂於祀典厥惟舊章兵興以來日不暇給有司廢職因循曠墜或廟貌攸設牲牷罔薦或陵寢雖存樵蘇靡禁仄席興念茲用惕然其太昊葬宛丘在陳州女媧葬趙城縣東南在晉州炎帝葬長沙在潭州黃帝葬橋山在坊州顓頊葬臨河縣在澶州高辛葬濮陽頓邱城南在澶州唐堯葬城陽穀林在鄆州虞舜葬九疑山在永州夏禹葬會稽在越州成湯葬汾陰在河中府周文王武王並葬京兆咸陽縣漢高祖長陵後漢世祖原陵在河南府洛陽縣唐高祖獻陵在耀州三原縣東太宗昭陵在京兆醴泉縣北九嵕山十六帝各給守陵五戶蠲其他役長吏春秋奉祀他

卷八千一百九十八

處有祠廟者亦如祭享商中宗太戊葬大名內黃縣東南高宗武丁葬陳州西華縣北周成王康王並葬京兆咸陽縣漢文帝霸陵在京兆萬年縣東界宣帝杜陵在京兆萬年縣東南魏太祖高平陵在相州鄴縣西南晉武帝峻陽陵在河南洛陽縣東南後周太祖成陵在耀州富平縣西北隋高祖太陵在鳳翔扶風縣東南十帝各給二戶歲一饗秦始皇帝陵在京兆昭應縣漢景帝陽陵在京兆咸陽縣界武帝茂陵在京兆西平縣後漢明帝顯節陵在河南洛陽縣東南章帝恭陵在河南洛陽縣東南魏文帝首陽陵在孟州首陽山後魏孝文帝長陵在耀州富平縣東南唐玄宗泰陵在同州蒲城縣東南肅宗建陵在京兆醴泉縣憲宗景陵在同州蒲城縣西北宣宗正陵在耀州雲陽縣西北梁太祖宣陵在河南伊闕縣東北後唐莊宗雍陵在河南新安縣東明宗徽陵在河南洛陽縣東北晉高祖顯陵在河南壽安縣西北十五帝各給二戶三年一祭周桓王葬河南澠池縣東北靈王葬河

哀

南城西南柏亭西周山上景王葬河南洛陽縣大倉中威烈王葬河南城陽城中西北隅漢元帝渭陵在京兆咸陽縣成帝延陵在京兆咸陽縣平帝康陵在京兆咸陽縣後漢和帝慎陵在河南洛陽縣東南殤帝康陵在慎陵塋中庚地安帝恭陵在河南洛陽東北順帝憲陵沖帝懷陵並在河南洛陽縣東西質帝靜陵在河南洛陽縣東南獻帝禪陵在懷州修武縣故濁鹿城西北魏明帝平陵在河南河清縣大石山高貴鄉公葬河南洛陽縣瀍澗之濱陳留王葬相州鄴縣西晉惠帝太陽陵在河南洛陽縣東南懷帝愍帝並葬晉州平陽縣西魏文帝永陵在耀州富平縣東南東魏孝靜帝葬相州鄴縣西漳水北唐高宗乾陵在乾州奉天縣西北中宗定陵在耀州富平縣西北睿宗橋陵在同州蒲城縣西北德宗崇陵在耀州雲陽縣北順宗豐陵在耀州富平縣東北穆宗光陵在同州蒲城縣北恭宗莊陵在耀州三原縣文宗章陵在耀州富平縣西北武宗端陵在耀州三原縣東懿宗簡陵在耀州富平縣西北僖宗靖陵在乾州奉天縣東北

卷八千一百九十八

昭宗和陵在河南緱氏縣梁少帝葬河南伊闕縣後唐末帝葬河南洛陽縣東北已上三十八帝陵常禁樵採著于甲令其後又詔曾經開掘者重製禮衣常服棺槨重葬焉東晉以降六朝陵寢多在金陵丹陽之間皆可考識制書不載者當時江左未平耳　熙寧元年七月知濮州韓鐸言堯陵在本州雷澤縣東穀林山陵南有堯母慶都靈臺廟請敕本州春秋致祭置守陵戶免其租俾奉灑掃詔給守陵五戶　三年六月九日鄆州言准詔修葺嵩陵殿宇緣材植闕乏乞於元數內量行栽損詔依元制修葺　四年四月二十五日詔周嵩慶懿三陵柏子戶止留七戶放歸農　十年二月十四日權御史中丞鄧潤甫言訪聞

有興利之臣議將前代帝王陵寢許民請射耕墾而司農開可之緣此唐之諸陵悉見芟刈國家熙寧令勑前代帝王陵寢並禁樵採遇郊祀則勑吏致祭其德意可謂遠矣小人掊克不顧大體使其所得不訾猶不可為況其所獲至淺鮮者哉欲乞下所屬州縣依舊禁止樵採耕墾其創議之人亦乞根究紬責詔唐朝諸陵除依條立定禁止頃畝外人戶見佃地土許依元請射數住佃仍使充守陵戶其未請佃地土更不許請射及侵耕仰州縣常切覺察　元豐六年正月十九日戶部言永興軍提舉司奏本路自漢以來帝王陵廟多有損闕乞將諸陵下閑地收歲入租課令州縣專掌遇陵廟屋宇隳弊許以其錢修葺仍以一路通融支費從之　建炎四年減栢子戶安陵永昌永熙各留四戶永定五十戶會聖宮十戶

卷八千一百九十八

宋會要　修陵

開寶三年九月六日河南府京兆鳳翔府耀州上言先准詔檢校歷代帝王陵寢內周文王成王康王秦始皇漢高祖文帝景帝武帝元帝成帝哀帝後魏孝文帝西魏文帝周太祖文帝唐高祖太宗中宗肅宗代宗德宗順宗文宗武宗宣宗懿宗僖宗昭宗二十八陵曾經開發詔每帝製造禮衣一幅帝服一襲具棺槨重葬仍令逐處長吏嚴潔致祭其禮衣令太常禮院檢討逐朝制

度下少府監修製當用金寶以假者代之製成日進呈後給付并下太常禮院各定儀注以聞禮院請給通天冠絳紗袍詔少府監製造　四年二月二十八日詔先代帝王陵寢曾經開發者已令重葬所役丁夫恐妨農務宜以廂軍一千人代之三月詔先代帝王陵寢修飭廟宇太昊陳州炎帝衡州黃帝坊州高陽澶州高辛宋州唐堯鄆州虞舜道州女媧晉州商成湯河中府周文王武王漢高祖並京兆府後漢世祖西京唐高祖耀州十四帝各置守陵廟七戶商中宗帝大戊大明府高宗帝武丁陳州周成王康王漢文帝宣帝並京兆府西晉武帝西京後周太祖文帝耀州隋高祖文帝鳳翔府秦始皇帝漢景帝並京兆府後漢明帝章帝魏文帝並西京後魏孝文帝耀州唐太宗肅宗並京兆府明皇同州憲宗同州宣宗耀州後唐莊宗明宗石晉高祖並西京　二十四帝各置守陵廟五戶令逐州檢校掃洒無得損污歲添植林木本縣尉鈐轄或有損漏畫時修補得替批書曆子　真宗咸平元年十一月九日詔歷代帝王陵廟有隳損處所在計度修葺十二月十五日詔太祖廟所修歷代帝王陵廟常令修葺　二年十一月七日郊祀赦書五嶽四瀆名山大川及歷代聖帝明王忠臣烈士載於祀典者要所在精潔致祭近祠廟陵寢處並禁樵採如祠廟損壞長吏躬親點檢以係省錢修飾州縣檢校　自後東封西祀聖祖降恭謝天書禘祫享明堂立皇太子皇帝即位

卷八千一百九十八

赦文並用此制　三年六月遣內殿崇班趙守恩往保州奉順祖惠元皇帝惠明皇后簡穆皇后神柩於西京白馬寺選年奉葬歲時遣官饗奠六年太常議順祖康陵翼祖定陵比安陵減省景德二年詔從中書門下樞密院所言令藍繼宗罷修遂以一品禮葬為二位　景德元年十月二日詔應前代帝王陵寢及名臣賢士義夫節婦墳壟並禁樵採如有摧毀官為修葺無主墳墓碑碣石獸之類敢有壞者論如律乃每歲之首所在舉行此詔　大中祥符四年七月二日詔歷代帝王陵寢申禁樵採犯者所在官司並論其罪　五年八月二日詔河中府周朝葬冠劍處委本府修築禁其樵採仍令

卷八千一百九十八

翰林學士李宗諤撰記刊石　嘉祐八年十二月十二日仁宗神主祔廟德音兩京前代帝王陵寢及忠臣烈士墳域載圖經者有壞速以係省錢修葺無令侵占耕墾所禁樵採地分　治平四年九月英宗神主祔廟德音亦同　建炎元年五月一日赦應永安軍祖宗陵寢西京應天禪院會聖宮影殿西墳可差西京留守及臺官一員日下前去躬親省視如合修奉去處一面措置仍密具奏聞南墳委汝州守臣依此又詔河南府鎮撫使翟興國結本處義兵保護祖宗陵寢

宋會要

大中祥符六年六月十四日河南府言盜發漢曆陵詔府縣官吏巡檢使臣並劾其罪仍以所盜物計其直修設齋醮別造衣冠盟器安葬命內侍主其事仍遣知制誥劉筠詣陵祭告因下詔曰眷惟前代崇建寢園凡在部封宜增嚴衛矧屢頒於條詔俾申禁於樵蘇尚或因循致茲侵暴特加告諭用示軫懷應京東京西河東陝西淮南江南兩浙荊湖南北路有歷代帝王陵寢之處依景德元年勅禁止樵採不得侵耕發掘違者收捕嚴斷

卷八千一百九十八

真宗景德四年二月四日車駕朝陵駐蹕西京詔隨駕
文武臣僚有先塋在洛者賜告祭拜其掌事有二員者
令更代而往大中祥符四年三月十六日車駕幸汾陰
迴駐蹕西京詔文武百官有先塋在近者並給假拜掃
六年四月十七日侍御史知雜段曄言羣臣外任官滿
多以焚黄省親為名奏牘不待報而去有累月不赴朝
請者望行條約詔自今請半月者聽行半月以上奏裁
仁宗慶歷五年三月四日權御史中丞王拱辰言昨
經郊礼蒙恩贈先臣姚官封今遇寒節欲暫乞假至尉
氏縣焚黄洒掃節假中却回暫帶本臺人從隨行從之

卷一萬一千五百八十五　一

皇祐三年九月二十日翰林學士兼端明殿學士翰
林侍讀學士李淑言亡父先臣若谷墳在河南緱氏縣
今緣孟冬在前欲乞假彼祭掃從之英宗治平二年二
月二十九日天章閣待制司馬光言父母墳墓在陝州
夏縣久不展省欲乞給假拜掃及焚黄從之徽宗建中
靖國元年二月二十六日資政殿大學士提舉中太一
宮兼集禧觀公事黄履給假暫歸邵武軍展省墳墓詔
令差護卒百人遂州交替高宗紹興九年三月二日光
山軍承宣使樞密副都承旨充金國報謝副使錢愐言
先臣墳墓在鎮江府丹徒縣去城不遠欲望許候使回
日就便前去展省從之二十五年二月六日少傅觀文

殿大學士充萬壽觀使兼侍讀提舉秘書省嘉國公秦熺
言自蒙擢用以來未曾展省祖塋兼臣父有累次封贈
三代告未經焚黄即目未是開講日分於職事別無相
妨望給假量帶人從前去詔依令兩浙江東轉運司往
來應副　孝宗乾道三年閏七月十一日持服夏執中
言安恭皇后掩攢已畢每遇十月旦并寒食節乞躬率
弟姪并本家内外異姓親屬官命婦等詣攢殿燒香已
後節序及因事經過亦乞徑報宮陵所入詣燒香庶伸
時思追慕之誠從之淳熙七年三月二十二日皇子魏
王府承受鄧從義言得旨魏王靈櫬就紹興府攢厝將
來如遇本府詣攢所燒香合用人轎船隻般擔人夫及

卷一萬一千五百八十四　二

應辦物色等乞令臨安府并紹興府差撥應辦往回從
之紹熙二年九月十七日詔韋璞每遇忌辰四時令節
歸家拜掃礼畢歸任今後寒食至節令歸拜掃不得過
五日以宰執呈韋璞乞免主管顯仁皇后家廟上曰韋德韋璞自是難同處欲韋璞以時節拜掃為名要
歸本家故有是命

會要文

宋會要　帝后御巡陵

遣官朝拜諸陵國朝之制每歲春秋仲月擇日遣太常宗正卿朝拜祖宗及后陵先齋三日牲用少牢一獻（國初安陵以太牢春祠）服本品祭服（唐禮具本品鹵簿乘輅後寢）奉御書祝版遂陵復上起居表其儀祭日質明禮生引奉禮先升奉幣次卿詣稱位解劍脫舄升捧幣跪奠訖再拜降復位次詣罍洗訖升詣神座前執爵奠酒俛伏興俟太祝讀文訖再拜降階佩劍納舄復位禮生拜在位皆再拜詣焚版幣位東向俟焚火半還次詣諸陵奉行皆如儀後以卿闕分遣宗正寺太常禮官常參官行事太祖建隆二年

卷八千一百九十七

八月六日以昭憲皇太后在殯權罷朝拜乾德三年九月二十一日命內人詣鞏縣安陵薦寒衣遂為定式（是日寒食故往）太宗雍熙二年五月宗正少卿趙安易言臣奉詔朝拜安陵永昌陵有司止設酒脯香及芟除斧以來明行事不設燎燭又先永昌陵而後安陵又帝后二位不備拜尤為闕禮望下有司討論典禮以立永制六月二十日太常禮院言準詔檢討公卿朝陵儀注並不載祭器禮例祝版明文今除撿到開寶禮公卿行諸陵儀注外皇帝拜陵即設太牢之饌宗正行諸陵並無牲牢之饌今請於太廟薦饗禮例中量事裁減除不設甑鉶牙盤食及太常登歌及太牢依近例以半參代外餘悉如

之祝文今學士修撰幄幕牀榻並令河南府供給朝拜日有司預於南百步道東設次具剪除剃器以備灑掃設宗正卿拜位於北門外之左西嚮又設陵官位於卿之東南執事官又於其南俱西嚮北上設器禮例酒饌於北門內宗正卿以下各就位再拜盥手奠酒讀祝冊再拜安陵奠兩爵諸陵止一爵其灑掃芟除隨事處分先赴安陵次永昌孝明孝惠懿淑德皇后陵又按唐會要每陵支輅兩乘送之陵所以卿出城日如常儀巡謁陵寢率皆乘輅今朝拜皆攝宗正卿合用三品鹵簿如具車輅巡謁即請用本品朝服祭服行事詔從之惟不設儀仗以公服行事真宗景德三年五月八日知制

卷八千一百九十七

誥周起言昨差諸陵奏告竊見祭器腐壞欲乞據典禮別造送陵司以備薦享陳獻者擇方位埋瘞貴免褻瀆詔太常禮院施行禮院言雍熙二年敕每陵設籩豆各十二簠簋各四樽坫罍洗篚冪巾杓酒爵及祭器牙盤各一乞下少府監製造供應從之二十一日詔應臣僚諸陵朝拜者並於闕庭前下馬候門開入宮朝拜九月二十五日詔諸陵置朝拜行事官齋告四年九月二日詔如聞諸陵使副常遣人出入兆域芟薙草木神道貴靜甚非便也自今令遵典故每歲春秋二仲巡陵春除枯朽秋芟繁蕪自餘非時雜翦罷之大中祥符三年三月二十三日駙馬都尉李遵勗請朝拜諸陵從之四年

六月二十一日，太常禮院上春秋二仲遣官朝拜諸陵儀注，始令前三日致齋，前一日省牲習儀，以祭服行事。九月十四日，詔臣僚朝陵所供豬羊預於西京置辦，令宗正寺職掌供應，自京給法酒四斗，隨祝匣齎往，務令精潔。十月十八日，詔寒食、初冬宮人上陵，在路所須之物皆預定數，蓋防擾民。如聞宗屋諸宮歲遣人省墳，所歷州縣過有須索，可切戒之。五年九月二十四日，權判宗正寺趙可封言：「朝拜諸陵，西京所供禮料有虧嚴潔，自今望令本府官逐色印封送祠所。又宗正卿、太祝、奉禮祭服，皆少府監旋齎往，望以三副給陵臺令收掌，至時就供。」從之。六年十二月十七日，權判宗正寺趙世長

卷八千一百九十七

言：「朝拜十二陵，西京供香黧慤，自今望於內侍省請降真香，遣吏齎送供應。」從之。七年三月二日，權判宗正寺趙可封言：「朝拜諸陵點饌後竿牲饌食，分送十二陵，本縣遣貧下户以竹擔籠分貯，甚非嚴潔。自今望永安縣置黑漆食櫃十二，仍鎖鑰送陵臺，守陵使臣封鎖陳設，其舁櫃人以奉先兵士。」從之。八年十月十三日，詔：「每年寒食、首冬內人及諸宮院遣人赴永熙陵、汝州諸墳酒掃薦寒衣，逐驛供給，頗擾。宜令入內內侍省及諸宮院具所差人數，合破料例，逐頓所供報樞密院，並令自京用車乘齎所費物隨行供給，不得更令逐驛供備。」十一月十四日，宗正卿趙安仁言：「每歲遣宗正寺官一員致

抬作擡下同
畀易舁下同

齋三日，具冠劍祭服朝十二陵，依次行禮，往復百餘里，諸司奔走祇應，多致疲乏。欲望自今令攝宗正卿一員詣永安、永昌、永熙三陵行禮，別命官二員分拜諸陵，庶盡恭恪。又皇帝表三通及御名祝版盛以漆匣，令驛遞卒抬畀，未合禮典。請別制長竿擔牀二，付以代漆匣，遣寬衣軍士三十二人分番畀送陵下。」並從之。九年二月三日，宗正寺言陵廟行禮闕官應奉。宰臣王旦言：「樓令文宗正卿一員，少卿、丞各二員，主簿一員，今除趙安仁兼卿、趙世長權判寺外，合添差四員，請於京朝官中選宗姓者充。」從之。十日，詔：「如聞寒食、初冬內人宮院詣永熙陵酒掃祭奠，驛舍供給頗至煩擾，自今不得更然，違

卷八千一百九十七

者坐之。」八月九日，中書門下言：「仲秋差官朝拜諸陵，朝臣少宗姓者，京官雖有近陳仲易，言以官輕不可任事，欲且差知雜侍御史趙稹。」帝曰：「知雜御史出外與府縣官相見，官儀甚盛，非便。」乃遣以次官。天禧二年七月，宗正寺言：「仲秋遣官朝陵，先準敕差給舍已上，重其祀事。承前嘗差侍御史趙湘，今來趙朝在寺，並無朝官，止有京官趙武。」詔武攝宗正丞行事。四年四月二日，翰林學士錢維演上言：「伏以春秋朝陵，載於舊式，公卿親往，蓋表至恭。歷代以來國章謹按，唐顯慶五年詔以每年二時太常少卿分朝諸陵，事重人輕，威儀有闕，乃詔三公行事，太常為副，仍用鹵簿。及天寶以後，雖罷鹵簿，亦詔

巡謁諸陵差三公一人蓋取朝廷大臣不必須同國姓後唐參用太常宗正卿晉開運中亦命吏部侍郎李詳其例甚多竊覩近年以來止於宗正寺差主判官人輕官卑實虧舊制伏望自今命尚書丞郎及諸司三品或遏闕官則命兩省給舍所冀副陛下全孝之心成國朝稽古之制詔太常禮院詳定以聞禮院言歷代行陵累有沿革先朝制禮自著明文謹按開寶通禮云舊禮三公行諸陵太常卿為副今相承命太常宗正卿不遣三公竊詳近制允叶通規斯謂不刊詎可輕議又大中祥符八年十一月敕自今三陵令攝宗正卿一員行禮外別差官二員分拜諸陵請自今三陵依開寶通禮差太

卷八千一百九十七

常宗正卿行禮如闕其人則命尚書省五品以上或太卿監攝事其分拜諸陵官二員令郎中以上或清望官從之仁宗天聖六年十一月九日詔永安知縣監押及使臣溥尉等每月朔望朝陵常五鼓離縣辰時方遍本縣有倉庫駐泊兵處失防護自今止令知縣監押一員朝拜七年七月詔太常禮院自今朝拜諸陵御香祝版委差去官鈐轄職掌人躬親管押沿路嚴潔安置無令擡擎人瀆慢明道二年五月八日詔每年寒食遣皇族正刺史已上一員朝拜諸陵景祐元年九月七日詔初冬諸陵舊遣內人往彼今後依寒食例亦令皇族正刺史已上一員朝拜十一月二十五日職方員外郎張保

禮三九之七

之言今後祭告諸陵官請借奉先兵士當直香合乞同祝版捧前去及修葺齋宮詔當直兵士七人齋宮破省錢修葺餘依奏五年九月一日臣僚上言春秋朝陵香合祝版差天武官擡擎例各羸老今後差近上軍分少壯兵士借儀注衣服又永昌永熙陵十二位添豬羊各一詔香合祝版差遞鋪擡擎宗正寺職掌請領儀注衣服管押陵所與擡擎兵士裝着至永安交割與奉先兵士餘依奏慶曆二年閏九月十二日詔今後諸陵通遣宗室遙郡刺史以上朝拜三年又詔寒節初冬差內諸司使副一人三年一次遇寒節或初冬乃令內人往皇祐三年六月九日詔春秋朝陵遣宗正寺官一員往仍

卷八千一百九十七

省視禮料察行事之違失者其擡擎祝版遞鋪兵士令請儀仗衣帽候至陵所一鋪裝着毋致瀆慢至和元年七月二十四日詔自今遣官朝拜安陵昭憲皇后如四陵之制設祝版幣帛及御封香其牲牢則依太廟同室之禮先是朝拜儀諸陵止奠一爵而安陵奠兩爵兩贊再拜但祭饌不兼設而言者乃云昭憲皇后以合葬永安陵不及時祭故下是詔嘉祐三年五月二十六日屯田員外郎吳覺言歲時差官朝饗先務遊宴然後行禮不至齋肅乞差官赴陵寢預行誡勵詔太常禮院今後每遇差官往復先行誡勵不得先務遊樂務要端肅四年二月五日詔今後皇親朝拜諸陵不得遊宴為樂府

禮三九之八

縣不得差樂人迎候八年（英宗即位未改元）七月五日詔停八
月朝拜諸陵如乾興故事以仁宗山陵逼近故也英宗
治平元年二月二十七日同判大宗正事安國公從古
言準詔朝拜永昭諸陵乞許男世端隨行從之（已上國朝會要）
神宗治平四年（即位未改元）十一月二十五日詔今後文臣
大兩省武臣閤門使已上經過陵下並許朝拜熙寧三
年正月二十一日駙馬都尉王詵言寒食節乞詣永安
縣朝拜祖宗諸陵從之仍令張敦禮同往九年五月九
日詔自今諸陵朝拜官每歲一次於宗正寺太常禮院
官內輪差一員充仍令因便點檢諸陵器物及應不如
法事施行十四日同知太常禮院林希言伏見故事遣

卷八千一百九十七

官朝拜諸陵宣祖太祖太宗三陵共遣官一員真宗及
章獻章懿章惠三后陵共遣官一員並以太常宗正卿
充孝明皇后已下九陵別遣郎中或清望官二員分拜
太常宗正卿或闕即以尚書省四品兩省五品以上或
御監又闕即差以次官仁宗時獨永定陵輪差宗正寺
及太常禮院官一員春秋朝享仍令點檢祠事以陵臺
令陪位若非時祭告即止差朝臣自永昭永厚二陵復
土之後審官院依諸陵例增差朝臣二員而已又凡陵
宮陳設執事之人並隸宗正寺及太常寺禮院逐時所
差朝臣暫令統攝例多情慢諸陵祭器祭服多已損敝
因循久不脩繕臣以謂方今永厚陵宜如先朝奉永定

陵故事輪差宗正寺及太常禮院官遍至諸陵點閱祠
事有不如法按舉施行事日仍以陵臺令陪位若遇
非時祭告則自如舊例差朝臣以往從之元豐三年閏
九月十一日命雍王顥十月朔朝拜慈聖光獻皇太后
山陵五年六月十八日詔自今臣僚朝拜諸陵除見任
前任執政官許進湯餘止奠獻薦新不特拜六年二月
十六日詔朝拜諸陵自今各差官太常寺輪長貳餘以
宗室遙郡防禦使輪充以太常博士何洵直言熙寧祀
儀三陵共差朝拜官一員分拜非是故也五月七日詔
內人朝陵諸陵使臣毋得差使樂迎著西京令徽宗政
和六年六月二九日中書舍人宇文黄中言奉勑為皇

卷八千一百九十七

太子納妃遣臣奏告永裕等陵因朝謁永裕陵體問得
本陵隄堰正在玉案覆金山北每遇有大雨山川水奔
注隄下須藉命官部轄兵級日夜護閑今夏秋之交霖
潦不時本陵封地闊遠雖有巡檢終慮照管不前欲望
聖慈下總轄司契勘若未差官乞早令差往限日催促
赴任伏乞特降睿旨施行從之宣和五年六月二十日
臣僚言竊見朝廷每有慶事差侍從官奏告祖宗諸陵
其間有重疊被差有終身不一到者欲乞令據初除從
官未曾經差過事輪差一次使攝登從列之人得徧詣
陵下以展朝謁之禮因以瞻仰山川形勢之勝實臣子
之願幸也從之（已上續國朝會要）高宗建炎元年五月一日赦

應永安軍祖宗陵寢西京應天禪院會聖宮影殿西墳可差京留守及臺臣一員日下前去躬親省視如有合修奉去處一面措置仍咨具奏聞南墳委汝州守臣依此三日詔鄜延路副總管劉光世充省視陵寢使八日詔河南府鎮撫使翟興團結本處義兵保護祖宗陵寢十二月三十日太常寺行司言依令大宗正司差宗室遙郡團練使以上薦獻諸陵近以闕官被旨就差諸陵官行禮所有來年仲春薦獻諸陵乞依上件體例其合用香表令學士院入內內侍省預先取降付東京太常寺差人賫付諸陵從之時巡幸維揚故也四年六月十一日詔令禮部給降度牒一百道充祭告諸陵禮料使

用令河南府鎮撫使翟興差來人同表文附帶前去表文曰自頃風塵弗靜九廟播遷道路多虞兩京隔闊乃眷宗祧之奉既闕於烝嘗永懷弓劍之藏孰呵於樵牧載省艱難之責徒深祇栗之懷惟人久厭兵庶天將悔禍保貽謀之業期終返於京都成復古之功冀克隆於世祀威靈如在瞻慕敢忘七月二十一日詔樞密院准備差使程實賫御香祝版詣祖宗諸陵致祭紹興元年六月二十九日太常寺言檢會國朝會要明德皇后故事掩攢前一日皇帝詣攢宮行朝拜之禮自京城至攢宮地步不遠今昭慈獻烈皇太后掩攢宮在越州會稽縣緣道路相去遙遠兼涉舟楫若車駕親詣即一日之

內難以往回參酌欲依四孟朝獻禮例差宰執一員前一日赴攢宮泰寧寺宿齋至日行朝拜之禮詔命同知樞密院李回行禮入內內侍省取降御封香一合學士院撰冩表文一通述以昭慈獻烈皇后掩攢遣官朝拜之意越州差太祝一員以文臣有出身人充攢宮都監依禮例許令陪位供養牙盤食酒菓一位大祥亦同此儀命開府儀同三司醴泉觀使信安郡王孟忠厚行禮九月十四日起居郎陳與義言陛下躬履艱運駐蹕東南列聖陵邑遠在洛師顧瞻山川未得時省雖欲遣使道路不通聖懷惟日憤慨近聞道路少通差易前日願詔執事每半年擇遣使臣兩員往省諸陵詔令樞密院

每半年差使臣兩員前去二年三月十五日知紹興府張守言頃常備位政府今叨領藩符伏覩昭慈獻烈皇后攢宮近在本府界望許至攢宮朝謁從之自是守臣皆從其請三年正月二十四日禮部太常寺言春秋二仲薦獻諸陵乞於行在法惠寺設位望祭行禮從之自是每歲薦獻率循此制五月三日詔令戶部支金一百兩付河南府鎮撫使司幹辦公事任直清附帶前去充祭告永安軍諸陵八月二十二日皇叔祖判太宗正事嗣濮王仲湜言昨權行宗正司令時每季檢察昭慈獻烈皇后攢宮未審合與不合依例前去詔許之舊例命嗣濮王檢察仲湜以初除故申審焉其後並循此例幾

急疾故以次官充代四年九月二十日醴泉觀使信安
郡王孟忠厚請詣紹興府昭慈聖獻皇后攢宫燒香從
之九年正月七日上謂輔臣曰祖宗陵寢久淪僞域今
金國既割還故地便當遣宗室使相與臣僚前去修奉
掃洒尋命同判大宗正士㒟兵部侍郎張燾前去河南
府祇謁修奉陵寢六月三日太常丞梁仲敏等言春秋
二仲遣宗室遥郡防禦使薦獻諸陵太常少卿薦獻永
祐陵權置於行在設位行禮今道路既通望依舊制遣
官前詣詔令西京留守司候仲秋就便選官前詣諸陵
薦獻二十一日上謂輔臣曰祇謁陵寢使士㒟張燾回
言諸陵下石澗水自兵興以來涸竭幾十五年二使到

卷八千一百九十七

日水即大至父老驚嘆以爲中興之祥十一月十二日
詔每季一次取降合賫諸陵香表令使行附帶前去西
京留守司交割官應焚獻十四年四月二十四日判紹
興府信安郡王孟忠厚言昭慈聖獻皇后攢宫已許守
臣朝謁所有永祐陵顯肅皇后懿節皇后攢宫未敢一
面朝謁詔許令後守臣依此十七年十月十七日侍御
史余堯弼言望舉行舊制於春秋二仲遣官詣永祐陵
攢宫薦獻兼檢察禁地仍於秋季差監察御史按視以
聞從之既而禮官修立儀注前期太常卿奉香表至紹
興府於薦獻前三日管押香表置于腰輿贊者分引攢
宫獻官乘騎以次從行太常卿後從至攢宫奉寧寺管

押香表禮直官引香表腰輿於堂上贊者引諸獻官於
堂上東向立禮直官引太常卿升堂西向立禮直官贊
揖在位官躬揖訖直身立次贊者引昭慈聖獻皇后攢
宫獻官稍前東向對立管押香表禮直官以表授太常
卿太常卿搢笏接表訖各執笏獻官加表於笏上禮直
官贊各俛伏興贊者引獻官退省視香表訖復置於腰
輿從行至齋所又引以次獻官授香表如上儀二十二
年七月二十二日太常寺言仲秋合差大常少卿薦獻
永祐陵攢宫并檢察禁地緣本寺止有獨員望依例差
官時暫權攝詔就差紹興府大宗正丞馮至游二十九
年仲秋以太常博士杜莘老攝二十四年十月二十四

卷八千一百九十七

日尚書省言永祐陵昭慈聖獻皇后攢宫四處每歲春
秋二仲差太常寺官薦獻檢察孟冬委臺官按察多是
隨行人受賂點檢滅裂詔令御史臺太常寺預行約束
令後因事發覺送大理寺根治二十九年十一月二十
七日遣内侍陳思恭賫御香往昭慈聖獻皇后永祐陵
攢宫三十年正月二十日禮部太常寺言顯仁皇后掩攢
祔廟畢合依昭慈聖獻皇后永祐陵攢宫禮例每歲春
秋二仲遣官薦獻從之（以上中興禮書）孝宗紹興三十二年（即位
未改元）六月十三日赦每季朝陵使命往來合用人夫多
是縣道差使近鄉及沿路人户迎送應辦極爲勞擾仰
本府條具合寬恤事件聞奏當議施行同日赦勘會昨

降赦文祖宗陵寢令本路招討使同本處官吏躬親朝
謁如法修奉可更切遵依已降赦文務在嚴潔以稱崇
奉之意隆興八年八月二十九日禮部太常寺言準已
降旨依舊制春秋二仲差太常少卿薦獻永祐陵兼撿
察諸陵禁地禮畢遍詣諸陵周視陵域應合掃除芟薙修治隨事處分
所有安穆皇后攢宮乞薦獻回日　詣宮朝拜其合行
事件乞照例報所屬排辦從之自後每歲率以為例

卷八千一百九十七

改卜陵

太祖乾德元年十二月二十三日詔改卜安陵命樞密
承旨內客省使王仁贍為按行使仁贍與司天監趙修
己言得河南府鞏縣西南四十里訾鄉鄧村地吉從之
命左衛大將軍王繼濬衣庫使李光贊總轄修奉山陵供奉官趙延鈞當修奉二下宮高品劉仁密監修製儀仗法物
二年正月七日以宰臣范質為改卜安陵使翰
林學士竇儀為禮儀使吏部尚書張昭為鹵簿使御史
中丞劉溫叟為儀仗使皇弟開封尹名太宗為橋道頓遞
使後質罷相命開封尹代兼轄五使公事昭致仕以樞
密直學士薛居正代　十一日有司請新陵皇堂下深
五十七尺高三十九尺陵臺三層正方下層每面長九
十尺南神門至乳臺乳臺至鵲臺皆九十五步乳臺高
二十五尺鵲臺增四尺神牆高九尺五寸周回四百六
十步各置神門角闕吉仗用大駕鹵簿凶仗用大升輿
龍輴鷁茸轀輬車香輿銘旌哀謚冊寶車方相買道車
白幰車白幰弩桑信幡錢山輿黃白紙帳暖帳夏帳千
味臺盤衣輿揥纛明器輿漆梓宮夷衾儀椁龔褻包牲
倉瓶五穀輿瓷甒辟惡車進黃堂有鐵帳覆梓宮藉以
樓櫚襦鐵為鐵山以燃燈宣祖袞冕昭憲皇后花釵翬
衣贈玉十二神當壙當野祖明祖思地軸及留陵刻漏
等詔內侍與少府監同修製又請令文班官各撰挽歌
詞二首從之　十六日少府監請皇堂贈玉鎮圭劍佩

卷七千三百四十六

旒冕玉寶並以珉玉樂玉製綬以青錦詔安陵並用于闐玉孝明孝惠后陵用珉玉樂玉　十八日禮儀使言按儀禮改葬緦注服緦者妻為夫臣為君子為父也必服緦者親見尸柩不可以無服緦三月而除之又江都集禮服緦既葬而除如不會則不服又開元禮改葬儀云主人衆主人妻妾女子俱緦服餘暮親以下皆素服又後魏孝明帝改葬文昭皇太后崔光上言請至遷皇太子羣臣並服緦既葬而除今請皇帝服緦麻皇親及文武官護送靈駕者並服緦麻既葬而除詔諸親群臣先為孝明皇后制服者服以會葬　二月四日太常禮院言改卜陵寢檢尋禮例只有祖奠無虞祭今詳開元

卷七千三百四十六　二

禮凡改葬無祖奠又五禮精義云改葬無祖奠者禮設祖奠本象平日遠行自家人相餞之義今先葬自家祖禮已行從墓之墓則無祖也開封禮凡改葬初下柩於葬所西南設一虞祭五禮精義云改葬行虞祭於墓而除之望依禮文不設奠止於陵所各設一虞祭從之十三日禮儀使言宣祖諡冊寶舊藏太廟昭憲皇太后諡冊寶還入安陵宣祖冊寶未審入陵與否太常禮院言按晉書武帝禪位之年追諡文帝至太初四年文帝王太后崩將合葬開崇陵太尉司馬望奉祭進大帝璽綬於便房神坐望約此例還入安陵從之　二十日少府監言改卜安陵及凡陪葬者將來改斂其斂衣斂物

有無改作太常禮院言按五禮精義改葬則改斂又云何修之問答曰改葬之禮與始葬不異凡莚宜新明器壞者宜改造其將來斂衣斂物並合改造從之　二十一日以河南府鞏縣令孔美兼安陵臺令　三月二十六日啟攢安陵奉宣祖憲皇太后孝惠皇后梓宮於幄殿　二十七日引發攝太尉開封尹 太宗舊名 行遣奠讀哀冊冊文曰維乾德二年歲次甲子三月丁丑朔二十六日啟宣祖昭武皇帝舊陵於東京開封縣之迺鄉粵四月乙卯遷座于西京鞏縣南原新卜安陵禮也開建建昌因山卜吉園陵穆奉於近甸典禮戴尊於遠日旦籌列而天仗嚴駕靈露奏而哀歌執紼孝子嗣皇帝臣太祖御名追感情至哀號擗地乃命輔臣虔遵故事述上聖之遺德攄哀大於永世其詞曰西伯運昌其德皇皇受命自天鍾于武王卜年無疆邁功成湯新豐道光其志洋洋化家為國興于高皇飛龍四方紹隆陶唐美為名

卷七千三百四十六　三

兮昭章惟景祚兮延長爰追遵於遺烈兮實今古之日兮嗟矣聖祖炳靈象緯元天至廣邈乎高視兩曜至明帶以光祇崇山十仞人難仰止滄海萬里時惟末濟天授兵塞生知武經一敵其國萬人之英交鴻攀鳳斷兕剸鯨時哉效用與世垂名翼贊前朝周旋戎事勤盡其力忠蓋其義秋霜峻其令所部螻而畏冬日和其志所志安而惠方權旌而伏鉞兮奄指館而厭世當師旅之失師兮信邦國之殄瘁嗚呼哀哉閟蓋而旋大明沉泉隱聖人之至德兮格于皇天賓窅東出大明啟晝隆聖人之寶位兮明哉元首禮不云有開必先書所謂有開啟後源浚流長兮理所推大河連天兮世亦知功不朝於當日兮鍾千載之昌期德不耀於籑祚兮歆萬世之隆基惟永懷於聖感兮終罔極於孝思嗚呼哀哉舉朝足之異儀制皇王之盛禮羽葆車蓋陳而備儀象鏘笙列而祭青青送山兮悲雲斷蕭蕭平野兮悲風起揖新陵兮千古逝制皇情兮不能已嗚呼哀哉洛川南原兮山有嵩山川王氣兮洛陽東宮闕崔嵬兮形勝通土圭測景兮天之中惟帝運之與隆兮盛大德而昭融閟玄宮而永安兮與雲載而無窮嗚呼哀哉所過州縣吏素服出城奉迎并辭皆哭　四月九日安陵掩皇堂自發引至是皆廢朝禁京城音樂群臣奉慰　真宗

咸平三年六月五日，遣內殿崇班麥守恩往保州奉順祖惠元皇帝、惠明皇后、簡穆皇后神柩於西京白馬寺，令有司議奉二陵年月。國初加上四祖陵名：欽陵、康陵、定陵並在幽州，惟安陵舊在京城東南隅，及改卜安陵後，三陵尚未修舉。真宗即位，有言順祖、翼祖葬保州者，始舉是禮。　十月四日，宗正卿趙安易上言：「伏覩康、定二陵將議修奉，司天選以丙年，歲久闕祭饗，望下禮官議朝拜之禮及每歲春秋二仲月遣官詣白馬寺饗奠。」詔禮院詳定以聞。禮院上言：「二陵是追尊帝后，雖未卜陵寢，而神主祔廟已具四時之薦。況禮經無朝拜攢宮之說，其歲時遣官饗奠，望依安易所請。」從之。　六年二月，太常禮院議康、定二陵制度，請依改卜安陵例。詔比安陵減省制度。康陵比安陵減省，外皇堂深四十五尺，靈臺高三十三尺，四面各長七十五尺；神牆高七尺五寸，四面各長六十五步；四神門，南神門外至乳臺四十五步，乳臺高一丈五尺；乳臺至鵲臺四十五步，鵲臺高一丈九尺。簡穆皇后陵比孝明皇后陵減省，亦同比制。其石作比安陵減三分之一，每陵四神門外各設獅子二，南神門內宮人二，文武官各二，石羊、石虎各四，石馬、馬各二，并控馬者，望柱石二。　景德元年七月二十一日，手詔曰：「康陵、安陵已經迎奉，將修兆域，步以園寢之事，邦國大經。開國之初，已曾會議，尋建陵名，尚虛神寢，而有司抗表，屢有所陳，目以二陵尚居清蹕。朕以事關宗廟，理合審詳，周訪羣言，皆云有據。朕猶存慎重，益廣諮詢，至於命中使以經營，委藩侯而訪察，繼覩來奏，咸曰無疑，復俾大臣再陳定議，遂有迎奉之請，用慰追遠之誠。既覩僉同，式稽典禮，於是遷之梵剎，營此寢園，今

卷七千三百四十六

四

則安厝有期，儀制將舉。朕偶從餘暇，肆閱羣編，因覽太祖實錄，明載二陵所在，又不指保州，眷言夙宵，未免疑惑。況奉先之事，垂世大猷，務叶禮經，所宜明允。可令中書門下與樞密院詳定以聞。」　二十三日，中書門下、樞密院上言：「伏以尊崇祖禰，務極孝思，營奉陵園，必遵典制。今者始基王業，首舉徽章，欲行四廟之儀，尋建諸陵之號，雖未崇於兆域，已備載於冊書。向以攸司連上封疏，述其忠款，頻陳懇激之言，詢及宰司，亦有僉同之議。恭惟聖慮務極精詳，密詔詢求，皆有依據。矧重雍之肇啟，當大孝之丕承，咸秩無文，動循故實，特申迎護，將展厝安。而陛下覩信史之所標，指塋域而有異，因垂中詔，俾極參詳。敢抒群心，上酬清問。臣等共議，其迎到神寢向期卜葬，即望權停。所有二陵，伏請量加營繕，務從儉省，葬以衣冠，設其園寢，用伸朝拜之禮，以致遵祖之懷。徐俟辯明，續伸遷奉，庶不違於古道，且旁協於人情。狂瞽之言，仰祈聖擇。」從之。　二年正月十八日，詔康陵、定陵宜令藍繼宗罷修，其迎到神柩，遂以一品禮葬于河南府河南縣，為二位。　二十七日，太常禮院言：「每歲春秋二仲遣官於西京白馬寺行獻奠之禮，今準詔旨罷修康、定二陵，其獻奠官宜停。」從之。大中祥符四年正月二十八日，車駕幸汾陰，次西京，遣知制誥錢惟演詣一品墳，以香幣酒脯祭告。仍詔俟朝拜諸陵日，差官以少牢致祭。

卷七千三百四十六

五

全唐文

宋會要 濮安懿王園陵

英宗治平元年五月二十八日宰臣韓琦等上言伏以
出於天性之謂親緣於人情之謂禮雖以義制事因時
適宜而親必主於恩禮不忘其本此古今不易之常道
也伏惟皇帝陛下奮乾之健乘離之明擁天地神靈之
休荷宗廟社稷之重即位以來仁施澤浹九族既睦萬
國交歡而濮安懿王德盛位隆宜有尊禮陛下受命先
帝躬承聖統顧以大義後其私親慎之重之事不輕發
臣等忝備宰弼實聞國論謂當考古約禮因宜稱情使
有以隆恩而廣愛庶幾上以彰孝治下以厚民風臣等
卷六十七百六十二
伏請下有司議濮安懿王及譙國太夫人王氏襄國太
夫人韓氏仙遊縣君任氏合行典禮詳處其當以時施
行詔須大祥後議之三年三月二十一日王世寧張徽
言奉詔計度園廟據司天冬官正亢翼等言濮安懿王
園四面地步窄狹形勢掩抱林木茂盛已秉王氣務貴
安靜不可興作園之正南偏東丙地棘寨外有隙地土
地肥厚水不衝注內取南北長六十四步一尺東西六
十二步建廟三間二廈神門屋二座及齋院神廚靈星
門以圖來上從之四月三日禮官言建廟合行祭告而
宗樸喪服未除請權以本房諸弟攝事其祭告濮安懿
王及皇帝后土十三祇神祝文並令本宮教授修撰所

用香幣酒脯禮料等乞下河南府備辦太祝奉禮獻差
永安縣尉主簿攝如闕官即差本府曹官職掌人等並
西京留司禮院差祇應今後凡祭告及四仲饗並依此
從之先是將修廟下學士院撰祭告祝文學士馮京言
本院未有體式乞下太常禮院議定始議祝文云皇帝
某謹遣官恭告于親濮安懿王既而以先詔俾王子孫
奉祀事遂議以本宮子弟自告而命教授修撰祝文十
九日提舉修廟所言廟室神門合用吻獸乞定其制禮
院言宜並用獸所安木主石埳於室中西壁三分室之
一近南去地四尺開四埳室以石為之其中可容神主
趺櫝並從之九月四日詔奉安濮安懿王神主三獻內
卷六千七百六十二
亞獻命西京差通判一員終獻差朝臣一員攝自是多用永安知縣攝
四仲廟享並如之知園令出納神主仍命知制誥宋敏求
題神主及三夫人廟主于園以二十三日祔饗十八日
入內內侍省副都知石全育三旬勾當修造披王荀龍
言奉詔增修奉先院夫人任氏墳域乞詳定制度而禮
官言濮安懿王廟制用一品夫人任氏神主已祔廟其
墳域制度請從一品其興工祭告以本宮子弟行禮又
議任氏墳域所稱按前漢書悼惠王冢園在齊是諸侯
王皆得稱園濮安懿王已準先詔以塋為園今夫人任
氏墳域稱園合於故事並從之十一月八日太常禮院
撰到饗禮儀注每遇四仲時饗須牒司天監選日關報

本宮河南府排辦施行從之　神宗熙寧十年十一月十四日宗室邕州觀察使宗暉權令奉祀濮安懿王神主其往來祭饗盤纏等令後並依祿令例支給元豐二年五月十三日詔中書曰濮安懿王先帝斟酌典禮即園立廟詔王子孫歲時奉祀義叶恩稱後世無得議焉令三夫人名位或未正塋域或異處有司置而不講曷足以彰明先帝甚盛之德仰承在天之志乎三夫人可並稱曰王夫人命主司擇歲月遷祔濮園俾其子孫以時奉主與王合食而致孝思焉初濮國公宗暉言父贈濮王而母襄國太夫人韓氏墳猶用塋飾乞下有司議增修乃乞奉隸王園廟歲時奉祀上批依所奏未下而

有是詔二十五日太常禮院言奉詔濮安懿王三夫人並稱曰王夫人按唐大中三年追尊順宗憲宗謚號禮官請別造神主及改題議者以衆主升祔之後在禮無改造之文亦無重加尊謚改題神主之例以臣等所議當以新謚與冊告于陵廟正得其宜神主不改造不重題為得禮中書言改造改題並無所據酌情順理題則為宜況今士族之家通行此例又按乾德二年改謚明憲皇后曰昭憲皇后時命宗正少卿趙沐改題神主大中祥符六年改上元德皇太后徽名曰元德皇后升祔太宗皇帝廟室亦命左司諫知制誥路振改題神主今參詳三夫人神主欲依故事改題於禮意為允及司天

監選用元豐六年癸亥歲四仲月內擇日遷祔從之遣寶文閣學士陳薦改題神主十一月十一日詔濮安懿王夫人遷塋濮園其令禮官議所以將奉禮儀以聞其後太常禮院言請依令用一品鹵簿依晉國大長公主故事用鼓吹從之仍詔啟菆等禮止令宗暉祭告作哀誌祝文初濮安懿王以燕國王氏合塋而襄國韓氏亦前塋四墳其距濮園猶遠仙遊任氏乃塋京城東南繁臺封奉先資福禪院之西偏故遷祔焉二十七日詔遷祔濮安懿王二夫人給鹵簿全仗至國門外減半以翰林學士章惇為遷護使入內東頭供奉幹當御藥院李舜舉遷為護都監賜主奉祠事濮國公宗暉銀二千兩

絹二千疋錢三千緡以給葬具十一日遷護使司請廣濮安懿王園域作三穴以濮安懿王穴為尊穴任夫人葬第二穴韓夫人葬第三穴詔濮安懿王墳域勿復廣任夫人葬甲穴韓夫人外祔壬穴二十五日詔宗室正任防禦使以上許從大行太皇太后靈駕已從濮安懿王夫人者免從三年正月十八日翰林學士章惇言濮安懿王二夫人哀誌未委依常用石蓋或用漆匣詔造木漆匣量加裝釘又言導引儀仗內有挽歌人而無挽詞乞令中書樞密院兩制侍從兩省館閣臺諫官各撰挽詞二首從之上亦製詞四首付之惇又言王夫人改葬濮國公宗暉等當服緦若赴慶壽宮臨即服衰經詔宗

暉等更不赴慶壽宮臨二十四日詔濮安懿王二夫人喪行贈祭如故敕禮令暉宗主之二月十二日左諫議大夫史館修撰安燾知審官東院為濮安懿王夫人改護使以章惇除知政事故改命燾四年七月二十四日保章正馮士安等言乞於濮安懿王園東寅卯辰三位行鎮土之術詳見永厚陵

永樂大典卷六千七百六十二

濮安懿王園廟

英宗治平元年五月二十八日宰臣韓琦等上言伏以出於天性之謂親緣於人情之謂禮雖以義制事因時適宜而親必主於恩禮不忘其本此古今不易之常道也伏惟皇帝陛下奮乾之健乘離之明擁天地神靈之休荷宗廟社稷之重即位以來仁施澤浹九族既睦萬國交歡而濮安懿王王國德注隆宜育尊禮陛下受命先帝恭承聖統顧以大義後其私親慎重之事不輕發臣等忝備宰輔實聞國論謂當考古約禮因宜稱情使有以隆恩而廣愛庶幾上以彰孝治下以厚民風臣等伏請下有司議濮安懿王及譙國太夫人王氏襄國太夫人韓氏仙遊縣君任氏合行典禮詳處其當以時施行詔須大祥後議之

二年四月九日乃詔禮官與兩制以上詳議翰林學士王珪等議曰謹案儀禮喪服為人後者傳曰何以三年也受重者必以尊服服之為所後者之祖父母妻妻之父母昆弟之子若子者言皆如親子也又為人後者為其父母傳曰何以期不二斬何以不二斬特重於大宗降其小宗也又為人後者為其昆弟傳曰何以大功也為人後者降其昆弟也以此觀之為人後者為子不敢復顧私親聖人制禮尊無二上若恭愛之心分於彼則不得專於此故也是以秦漢以

永樂大典卷萬七千八十八

來帝王有自旁支入承大統者或推尊其父母以為帝后皆見非當時取譏後世臣等不敢引以為聖朝法況前代入繼者多宮車晏駕之後援立之策或出臣下非如仁宗皇帝年齡未衰深惟宗廟之重天地之慮於宗室眾多之中簡推聖明授以大業陛下親為先帝之子然後繼體承祧先有天下濮安懿王雖於陛下有天性之親顧復之恩然陛下所以負扆端冕富有四海子子孫孫萬世相承者先帝德也臣等竊以為濮安懿王宜準先朝封贈期親尊屬故事尊以高官大國譙國襄國仙遊亦封大國太夫人考之今古為宜稱於是中書門下奏珪等所議未見詳定濮安懿王當稱何親名與不名珪等復議濮安懿王於仁宗為兄於皇帝宜稱皇伯而不名如楚王涇王故事中書門下又言議禮令文及五服年月敕出繼之子於所繼之生皆稱父母又漢宣帝光武皆稱父為皇考今珪等議稱濮安懿王為皇伯於典禮未有明據請下尚書省集三省御史臺官議奏六月十三日詔俟集議二十六日皇太后手書以議事詰責執政且云如聞議論不一宜權罷議當令有司博求典故以聞禮官范鎮等言漢之稱皇考稱帝稱皇立寢廟序昭穆皆非陛下聖明之所法宜如前議為便於是侍御史知雜事呂誨侍御史范純仁呂大防彈奏歐陽修首建邪議韓琦曾公亮趙槩傅會不正國請如王珪等所議諫官傅堯俞等皆有

言　三年正月二十二日內出皇太后手書曰吾聞群臣議請皇帝封崇濮安懿王至今未見施行吾再閱前史乃知自有故事濮安懿王譙國太夫人王氏襄國太夫人韓氏仙遊縣君任氏可令皇帝稱親仍尊濮安懿王為濮安懿皇王氏韓氏任氏並稱后事方施行而英宗即是日手詔曰稱親之禮謹遵慈訓追崇之典豈易克當且欲以塋為園即園立廟俾王子孫主奉祠事翌日誨等以所論列辭奏不見聽因繳納所受御史告牒家居待罪誨等所列大抵以為前詔稱權罷集議後詔又稱且欲以塋為園即追崇之意未已又誨仍與范純仁至中書執政言禁中商量非久施行觀今日太后手書乃知大臣之謀有素誨等又言歐陽修與韓琦曾當遺詆以解天下疑謗命閤門以告牒還之及令中書劄子趣使赴臺供職而誨等繳還劄子并前後所奏文狀申中書堅辭臺職至二月十四日帝閱誨等奏問執政當如何韓琦對曰臣等忠邪唯陛下所知歐陽修曰御史以為理難並立臣等有罪即留御史若以臣等為無罪則取聖旨帝猶豫久之乃令出御史而曰不宜責之太重也於是誨落御史知雜事以尚書兵部員外郎知蘄州純仁以侍御史通判安州大防落監察御史裏行以太常博士知歙州休寧縣呂誨昭曰先時宰臣韓琦等建請下有司議濮安懿王及譙國太夫人王襄國太夫人韓氏仙遊縣君任氏合行典禮詔須大祥

卷一萬七千八十五

後議之至是從臣乃有是詔翰林學士王珪等相顧不敢先知諫院司馬光獨奮筆立議略曰為人後者為之子不敢復顧其私親秦漢以來有自旁支入承大統推尊其父母為帝后者皆見非當時取譏後世不敢引以為聖朝法臣以為濮王宜尊以高官大爵稱皇伯而不名賓諸之議同王珪就光手稿為案議上歐陽修以為自古無以所生父母改稱伯者珪等言非是中書奏孝宣光武皆稱父為皇考太后聞之手書詰責輔臣以不當議稱皇考上詔如聞集議議論不一宜權罷議當令有司博求典故務合禮經判太常寺范鎮率禮官上言陛下既考仁宗又考濮王其議未當具列儀禮及漢儒議論魏明帝詔為五篇奏之於是臺官自中丞賈黯以下各有奏知雜呂誨亦言陛下入繼大統皆先帝之德當從王珪等議為皇封濮安懿王大國諸夫人典禮林是奏皆留中不報司馬光又上言曰伏見向者詔群臣議濮安懿王合行典禮王珪等二十餘人皆以為宜准先朝封贈期親尊屬故事見兩次會議無一人異辭而政府之意獨欲尊濮王為皇考巧飾詞說誤惑聖聽政府言儀禮亦大五服年月敕皆云為人後者為其父母之服者不謂之父母不知如何立文此乃政府欺罔天下之人謂其皆不識文理也人言漢宣帝光武皆稱其父為皇考臣案宣帝承昭帝之後以孫繼祖故尊其父為皇考而不敢尊其祖為皇祖者以與昭

帝昭穆同也光武與帝屬籍王莽皆以為天下名為中興其實創業雖自立七廟猶非太過況但稱皇考其謙損甚矣今陛下親為仁宗之子以承大業傳曰國無二君家無二尊若復尊濮王為皇考則置仁宗於何地乎至是乃詔立濮王園廟以宗濮為濮國公奉濮王祀先是太后手書濮安懿王譙國太夫人王氏襄國太夫人韓氏仙遊縣君任氏可令皇帝稱親尊王為濮安懿皇譙國襄國仙遊並稱后上手詔曰稱親之禮謹遵慈訓追崇之典豈易克當且欲以塋為園即園立廟皇太后已賜俞允仍改封宗懿侍講呂公著上言稱親之說乃漢史皇孫故事皇孫即宣帝所生父宣帝為昭帝后上以兄孫遂嗣祖統無兩考之嫌故直稱親其後既立廟遂改謚悼園今陛下以宗支繼大統建立園廟以王子承祀於濮王無絕父之義於仁宗無兩考之嫌可謂兼得其親字既稱謂難立且義理不安乞寢罷不報　三年正月五日詔濮安懿王子瀛州防禦使岐國公宗濮候服闋除節度觀察使留後改封濮國公以奉王祀是日中書門下奏乞避濮安懿王名下一字詔恭依仍置園令一人以大使臣為之募兵二百人以奉園為額仍令河南府置柏子戶五十人命帶御器械王世寧權三司戶部判官張徽相度濮安園廟圖奉上令太常禮院詳定廟饗儀式制度以聞　三月十七日手詔曰朕近奉皇太后慈訓濮安懿王令朕稱親仍有追崇

卷一萬七千八十五

之命朕惟漢史宣帝本生父稱親又謚曰悼裁置奉邑皆應經義既有典故遂遵慈訓而不敢當追崇之典朕又以上承仁考宗廟社稷之重義不得兼奉私親故但即園立廟俾王子孫世襲濮國自主祭祀遠嫌有別蓋欲為萬世法豈昭權宜之舉哉而臺官呂誨等始者專執合稱皇伯追封大國之議朕以本生之親改稱皇伯歷考前世並無典據追封大國則又禮無加爵之道向自罷議之後而誨等奏促不已忿其未行乃引漢哀帝去恭皇定陶之號立廟京師干亂正統之事皆朝廷未嘗議及者歷加誣詆自此師丹意欲搖動人情衒惑衆聽以至封還告敕擅不赴臺明繳留中之奏於中書錄傳訕上之文于都下槃手詔之書誨等則以稱親立廟皆為不當朕覽誨等前疏亦云生育之恩禮宜追厚矣祥禫既畢然後講求典禮褒崇本親今反以稱親為非前後之言自相抵牾從以兇命等不顧義禮更相唱和既撓權而恃衆復歸過以取名朕姑務含容屈於明憲止命各以本官補外尚慮搢紳之間士民之衆不詳本末但惑傳聞欲釋群疑理當申諭宜令中書門下俾御史臺出榜朝堂及進奏院遍牒告示庶知朕意　二十一日王世寧乖嚴言奉詔計度園廟據司天冬官正亢翼等言濮安懿王西四面地步窄狹形勢掩抱林木茂盛已來王氣務貢安靜不可與作園之正南偏東丙地穀塞外有隙地土地肥厚水不衝注內取南北長

六十四步一尺，東西六十二步，建廟三間二厦，神門屋二座及齋院、神廚、靈星門，以國朱土。從之。　四月三日，礼官言：「建廟合行祭告，而宗濮袞服未除，請權以本房諸弟攝事。其祭告濮安懿王及黄帝后土十二祇神祝文，並令本宮教授修撰，所用香幣酒脯礼料等，乞下河南府備辦，太祝、奉礼就差永安縣尉主簿攝，如闕官即差本府曹官，職掌人等並令西京司礼院差祇應。今後凡祭告及四仲饗並依此。」從之。　先是，將修廟，下學士院撰祭告祝文，學士馮京言：「本院未有體式，乞下太常礼院議定。」始議祝文云「皇帝某謹遣官恭告于親濮懿安王」，既而以先詔俾王子孫奉祠事，遂議以本宮子弟自告，而命教授修撰祝文。　十九日，提舉修廟所言：「廟室神門合用鴟獸，乞定其制。」礼院言宜並用獸。所安木主石𥧌於室中西壁三分室之一近南，去地四尺，開四𥧌室，以石為之，其中可容神主趺櫝，並從之。　九月四日，詔奉安濮懿王神主，三獻內亞獻命西京差通判一員，終獻差朝臣一員攝（自是多用永安知縣攝）。四仲廟饗並如之（知園令出納神主），仍命知制誥宋敏求撰神主及三夫人廟主，于園以二十三日祔饗。　十八日，入內內侍省副都知石全育、三司句當修造案王荀龍言：「奉詔增修奉先院夫人任氏墳域，乞詳定制度。」而礼官言：「濮安懿王廟制用一品，夫人任氏神主已祔廟，其墳域制度請從一品，其興工祭告以本宮子弟行禮。」又議：「任氏墳域所稱，按前漢書悼惠王家園在齊，是諸侯王皆得稱園，濮安懿王已準先詔以塋為園，今夫人任氏墳域稱園，合於故事。」並從之。　十一月八日，太常禮院撰到饗礼儀注，每遇四仲時饗，預牒司天監選日，關報本宮、河南府排辦施行。從之。

卷萬七千八十五

神宗熙寧十年十一月十四日，宗室邕州觀察使宗暉權令奉祠濮安懿王神主，其往來祭饗盤纏等，令後並依條令例支給。　元豐二年五月十三日，詔中書曰：「濮安懿王，先帝斟酌典礼，即園立廟，詔王子孫歲時奉祀，義叶恩稱，後世無得議焉。今三夫人名位或未正，塋域或異處，有司置而不講，曷足以彰明先帝甚盛之德，御承在天之志乎？三夫人可並稱曰王夫人，命主司擇歲月遷祔濮園，俾其子孫以時奉主，與王合饗，而致孝恩焉。」初，濮園令宗暉言：「父贈濮王，而母襄國太夫人韓氏墳猶用塋節，乞下有司議增修，兼乞奉隸王園廟，歲時奉祀。」上批依所奏，未下而有是詔。　二十五日，太常礼院言：「奉詔濮安懿王三夫人並稱曰王夫人。按唐大中三年追尊順宗、憲宗謚號，禮官請別造神主及改題，議者以果主升附之後，在禮無改造之文，亦無重加尊謚改題神主之例。以臣等所議，當以新謚與冊告于陵廟，正得其宜，神主不改造，不重題，為得禮。」中書言：「改造、改題並無所據，酌情順理，則為宜。況今士族之家通行此例。又按乾德二年改謚明憲皇后曰孝明憲皇后，時命宗正少

究俱應作穴

卿趙汴改題神主。大中祥符六年改上元德皇太后謚曰元德皇后，升祔太宗皇帝廟室，亦命左司諫、知制誥路振改題神主。今參詳三夫人神主，欲依故事改題，於禮崇為允。及司天監選用元豐六年癸亥歲四仲月內擇日遷祔，告濮園。其合禮官議所以將奉禮儀以聞。」從之。遂遣寶文閣學士陳薦改題神主。　十一月十一日，詔濮安懿王夫人遷葬，其後太常礼院言：「請依令用一品鹵簿，依晉國大長公主故事，用鼓吹。」從之。仍詔啟菆等礼止令宗暉祭告，作哀誌祝文。　初，濮安懿王以與國王氏合葬，而襄國韓氏亦前葬西墳，其邪濮園構遂仙遊任氏乃葬京城東南蔡臺村奉先資福禪院之西偏，故遷祔焉。　二十七日，詔遷祔濮安懿王三夫人，給鹵簿全仗至園門外，減半，以翰林學士章惇為遷護使，入內東頭供奉官、御藥院李舜舉為遷護都監，賜主奉祠事濮國公宗暉銀二千兩、絹二千匹、錢三千緡，以給葬具。　十一日，遷護使司請廣濮安懿王園域作三究，以濮安懿王究為尊究，任夫人葬第二究，韓夫人葬第三究。詔濮安懿三贈域勿復廣，任夫人葬甲究，韓夫人外祔壬究。　二十五日，詔宗室正任防禦使以上許從大行太皇太后靈駕，已從濮安懿王夫人者免從。　三年正月十八日，翰林學士章惇言：「濮安懿王二夫人哀誌，未委依常用石蓋或用漆匣？」詔造木漆匣，量加裝釘。又言：「導引儀仗內挽歌人，而無挽詞，乞令中書、樞密院、兩制、侍從、兩省、館閣、臺諫官各撰挽詞二首。」從之。上亦製詞四首付之。惇又言：「王夫人改葬濮園，公宗暉等當服緦，若赴慶壽宮臨，即服衰絰。」詔宗暉等更不赴慶壽宮臨。　二十四日，詔濮安懿王二夫人表行贈謚，如故，葬礼令宗暉主之（宋史禮志：設主奉祠事，以嗣濮王為之；園令一員，以宗室為之；祠堂主管兼園廟各一員，以武臣為之）。　二月十二日，左諫議大夫、史館修撰安燾知審官東院，為濮安懿王夫人遷護使，以章惇除參知政事，故改命燾。　四年七月二十四日，保章正馮士安等言：「乞於濮安懿王園東寅卯辰三位行鎮土之術。」（詳見永厚陵）

卷萬五千八十五

高宗紹興二年九月九日，皇叔祖嗣濮王仲湜言：「濮安懿王祠堂仲享及忌辰節序修設酌獻等，合興祭祀，乞每歲給度牒二十道充仲享等支用。」詔令礼部每歲給降福建路度牒一十道。　四年十月三日，權知濮安懿王園陵士從言：「濮安懿王神主神貌見在瀘州，正當防秋之時，乞從便迎奉，遷徙往穩便州郡權行安奉。」從之。　五年二月十五日，嗣濮王仲湜言：「昨被旨迎奉濮安懿王神主神貌至行在，今已至紹興府，欲權就本處安奉。」從之。　十三年五月二十六日，知太宗正事、權主奉濮安懿王祠事士㒟言：「濮安懿王四仲朔享神主於永安軍園廟，忌辰節序則追薦酌獻於睦親宅祠堂，蓋為生薦熟各中興礼。昨因多事，前嗣濮王仲湜自行在迎奉神貌神主權於紹興府

光孝寺法堂奉安仲享追薦其獻官牲牢禮料並多簡畧乞令有司討論舊制行下禮部太常寺令參酌欲令知大宗正事權主奉濮安懿王祠事士㫖攝初獻仍差士㫖男二人攝亞獻終獻如闕以本位姪男充攝其合用牲牢羊豕各一籩豆各十實設禮料并初獻合服八旒冕亞獻終獻合服四旒冕奉礼郎太祝太官令服無旒冕並以舊制從事從之　二十六年二月二十三日嗣濮王士俴言濮安懿王祠堂外無門牖內闕龕帳至於影像徒掛空壁而無供具望下紹興府置造修奉從之　二十九年五月三日嗣濮王士輵言每歲四仲月詣濮安懿王園廟祭享唯令應以子姪充亞獻終獻官雖有姓並係出官之人欲將南班充亞獻官礼部大宗正司及宮院看詳行在南班官係日奉朝請無不時差充五享三獻行事難以差撥欲就差紹興府南班官充從之　孝宗隆興元年三月七日嗣濮王士輵言竊見濮王神主龕室屋宇作嘗修造今所八年木植朽腐窒壁已損兼供具寢帳茵褥簾幙之屬日久浸敝乞下紹興府修造祠宇重置供具茵褥等務使嚴整從之　乾道元年十一月十七日士輵言濮安懿王園令士程恭奉神主神貌并被旨修造園廟龕室屋宇等躬督工役支費既省又皆堅嚴乞將兩次差充園令該過年月日每年對減磨勘其自轉官後應過年月仍乞通理收使於令官上特與轉行從之　四年三月十三日士輵言濮安懿王祠堂在紹興府報恩光孝寺昨嘗得旨量行修葺至今十一年木植朽爛窓戶損壞當時屋宇隘窄設四位神座迫戚見罷用茵褥簾幙之屬經十四年並各破弊乞令紹興府差官檢計支降官錢修蓋置換從之　五年九月十二日士輵言濮安懿王園令昨來陳乞權差士程今士程已差知西外宗正事待闕其園令職事乞令仍舊兼權闕到日罷從之　七年十一月六日士輵言濮安懿王神主神貌每年四孟仲饗差三獻官其亞獻終獻依格差子姪前係紹興府行司差南班官權充今行司已併歸行在宗正司其紹興府無南班官可差乞每遇四仲饗月就差本位子姪或紹興府見任寄居待闕宗室依長幼次序許牒本府逐時權差行事從之　十二月十四日士輵言濮安懿王神主神貌合差園令一員見差士程權知士程見待知西外宗正事闕將及乞選武安軍承宣使士石權知園令職事從之　十八日戶吏禮部言大宗正司準已降旨紹興府太宗正行司併歸行在其見任并已差下官屬並依省罷法其權知濮安懿王園令士程緣園廟見在紹興府乞令依舊本府居住請給於紹興總制錢內支從之紹興府南宋濮安懿王在英宗皇帝時以塋為園即園主廟仲子孫安懿襲濮國自主祭祀行之累朝紹興中以濮邸宗室有在遠末業行在者改又嗣王止以見在行高者為主奉濮安懿王祠事久之乃復除嗣

卷一萬七千八百五

王從周既殂絕祠祀曾旨也天寧寺涯令為報恩光孝寺蓋以英宗祕諸有主廟京師之戒故止寓會稽當時議求無詳矣十三年主奉祠事曾王告舊請即光孝之法堂為廟而剛寺西偏南廂為廟門於舊制置衛基謹其書大官史出入錄判門園令一人以濮邸諸王孫充湖濮王奉朝請武以春秋来蒞献亦循舊制也

卷一萬七千八百五

跡易靜

全唐文

宋會要

秀安僖王園廟　紹興元年三月十三日，詔秀王贈封等典禮令禮部、太常寺討論聞奏。二十七日，禮部、太常寺言：檢照治平三年正月五日中書門下省奏乞避濮安懿王名下一字，今討論欲依前項典禮，避秀安僖王名下一字。詔恭依，仍置園廟。四月六日，詔皇伯少師安德軍節度使充萬壽觀使榮陽郡王伯圭除太保，依前安德軍節度使充萬壽觀使，嗣秀王以奉王祀。是日內降制曰：門下：明德親族，允爲帝治之先；繼世象賢，無若王封之貴。有嘉伯父，實謂老成，夙陞公保之班，俾紹宗藩之封。飾宣制綍，播告朝紳。皇伯少師安德軍節度使充萬壽觀使榮陽郡王食邑八千戶食實封貳千玖伯戶伯圭：秉德端良，持身恭儉。顯先神明之胄，粹然儒雅之風。避美不隕其名，休風承于奕世；因心則篤，其慶睦方厚于慈闈。爵指穠尊，學應深眷。朕欽承大統，申暁近支，眷惟秀邸之遊，榮膺有濮園之歎。事考治平，元豐已行之可法；任乾道淳熙欲舉而未遑。是用置兩宮之訓，以廣恩格；六經之誼，以訂禮。建園立廟，與既極于優隆；裂土分茅，寵宣延於似續。肆命克家之懿，嗣修主祀之恭。併踏論道之聯，仍遂奉祠之

卷一萬七千八百四

逸序高梱，位崇趨定著之嚴；情洽華緣，娛侍大安之燕。陪加采邑，增衍真食，以崇屏翰之雍，以僾親賢之望。於戲！爲公道，夫豈于私；於戲與國咸脩，庸大本根之庇。嗣慶無急，益長源委之流。勉迪令猷，永綏多祉。特授太保，依前安德軍節度使、充萬壽觀使，嗣秀王，加食邑七百戶，食實封三千戶。六月十九日，禮部、太常寺言：秀安僖王許置園廟，檢照濮安懿王園廟，令官一員，就差兒男權攝，并合差官相度園廟制度，廟室、神門宜並用獸所安木主，石埳於室中西壁三分之一近南，去地四尺，開埳室以石爲之，其中可容神主，趺匱令秀安僖王及夫人神主欲乞並依上件典禮。四仲饗廟三獻官，并奉禮郎等，係嗣秀王充初獻，本位兒男攝亞、終獻，其奉禮郎等乞湖州差官充攝。行禮合用牲牢羊豕，乞從本府行下湖州排辦，祭器祭服乞工部下文思院製造。祭服初獻八旒冕，亞獻終獻四旒冕，奉禮郎、太祝、太官令無旒冕。每遇仲饗，本府前期牒報湖州排辦所有行禮儀注，乞從太常寺參照濮安懿王儀注修定，並從之。其園廟差御帶霍漢臣同湖州通判一員相度聞奏。八月二十六日，閤門宣贊舍人帶御械器霍漢臣、通判湖州朱擬言：奉詔相度園廟，同天文官李師信相視，得四面地步，山勢奇秀，形勢環抱，林木茂盛，已乘王氣，當宜安跡，不可興作，今踏逐園之正北，偏西上地，只廣闊，土厚草潤，注積淵源，水吉無衝，其地可行修製園廟，即無圖書並無妨礙，以圖來上。從之。十月一日，詔秀安僖王園廟令湖州措置應辦，委通判一員提督修造，祠堂令臨安府當認如法修蓋。十一月十日，太保安德軍節度使充萬壽觀使嗣秀王伯圭奏：紹封先世，有合陳乞事。一、照應秀安僖王園廟合差園令一員，已降指揮許依禮例辟差兒男權攝，臣有次男明州觀察使提舉佑神觀師揆乞兼充，仍從例兼秀王位檢察尊長。一、臣四仲月合詣秀安僖王園廟祭饗，并亞、終獻官，並乞從嗣濮王士歆已得指揮，往回免見辭。一、照應秀安僖王園廟係在湖州管下菁山，去城不遠，緣臣舊居及有諸孫皆在湖州居住，兼近城亦別有墳塋，乞遇仲饗許臣因便暫歸湖州照管。一、本身合得請受并幹辦使臣宣借人等請給，乞從節次已降指揮，仍舊于湖州經總制錢內支破。並從之。二十一日，禮工部、太常寺言：秀安僖王園廟湖州申乞擬定標制建造，檢照濮安懿王園廟三間二廈，神門屋二座，齋院、神廚、欞星門，欲令照應建造，從之。既而嗣秀王伯圭奏：伏睹朝廷降下圖本，式樣神門前後獨屋兩座，並無廊廡，竊恐將來祭享或雨水難以往來行事，乞減去神門一座，却于廟屋東西各添廊屋，與神門相接，所有齋

卷一萬七千八百十

館、神廚，亦乞於廟之兩邊隨宜蓋造，庶幾良便。禮工部、太常寺勘當，從本官所請。又檢照國朝會要，廟室神門合用吻獸，今來繳到圖本內廟內吻依典故並合用獸，並從之。二十四日，太常寺言：臨安府申，畫到秀安僖王祠堂欞星門一座，戟門、祠堂、後堂各三間，後堂挾屋八間，戟門挾屋八門，歇泊二位各三間，兩廊二十六間，庫屋、兜房、從人屋一十五間，欲照應造作。從之。十二月二十三日，明州觀察使提舉佑神觀兼充秀安僖王園令兼秀王位檢察尊長師揆奏：差臣兼充秀安僖王園令，係在湖州置司，令有合行條，乞臣恭遇兩宮聖節，欲乞赴闕隨班上壽，及遇大禮，令臣陪祀父嗣秀王伯圭見奉朝請，乞許時復往來，看侍本身請給併歲給公使生日支賜等，乞劄下湖州於經制錢內支給。從之。三年正月一日，皇伯太保安德軍節度使判大宗正事嗣秀王伯圭奏：建造秀安僖王園廟近已畢工，所有修製神主儀式，令所司檢照典故修製，委官題寫。詔差權禮部尚書李𤣱題寫。二月十四日，伯圭又奏：秀安僖王祠堂園廟乞從濮安懿王例，每三年一次從本所移牒所屬州府檢計修造。從之。

全唐文

宋會要　親臨宗戚大臣喪

親臨宗戚大臣喪　例詔太常寺擇日駕幸臨奠皆以
其家辭避不行參知政事鄭聞淳熙元年拾月薨　皇叔祖少師
嗣濮王士輵柒年拾月薨　皇兄少傅永陽郡王居廣捌年柒月薨
同知樞密院事兼參知政事謝廓然玖年六月薨　特進觀文
殿大學士鄭國公梁克家拾肆年陸月薨慶元陸年捌月拾肆
日太常寺言少傅左丞相京鏜薨依禮例擇日駕幸臨
奠緣皇帝見在喪次乞權免從之開禧貳年五月拾壹
日皇弟少傅昭慶軍節度使吳興郡王妻俞氏奏故夫
柄薨皆擇日駕幸臨奠伏念故夫臣柄幸際休明偶羅

卷七千三百八十二　一

短折方其抱疾之時疊蒙聖恩宣問存撫及其身沒又
蒙給賜棺斂全家哀感莫竭糜捐今者又將親屈至尊
俯臨私第雖友愛自天事皆從厚而尊卑有分誼不遑
安臨奠指揮乞賜追寢詔不允既而力具控辭從之嘉
定拾貳年拾壹月貳拾叁日詔少傅岳陽軍節度使永
陽郡王楊次山薨擇日駕幸臨奠既而皇后奏謹令姪
谷石具奏辭免從之
發哀皇伯祖　東平郡王允弼熙寧二年七月二十一日　感德軍節
度使秦國公承亮四年三月九日　皇叔祖　昭信軍節度使檢
校司空開府儀同三司漢東郡王宗瑗元祐三年五月十八日　保
信軍節度使檢校司空開府儀同三司安康郡王宗隱

五年十二月初一日　鎮安軍節度使開府儀同三司嗣濮王宗愈
紹聖二年八月二十一日　河陽三城節度使孟州管内觀察處置等
使嗣濮王宗悼三年二月二十四日　武昌軍節度使開府儀同三
司嗣濮王宗楚四年六月六日　清海軍節度廣州管内觀察處
置等使檢校司徒開府儀同三司廣州刺史宗祐元符元年
二月十八日　皇伯　齊王元佐天聖五年六月十四日　濮陽郡王宗樸
熙寧十年十月七日　襲濮國公宗誼元豐元年三月二日　鎮安軍節度觀察
留後宗褒三年九月六日　皇叔　荊王元儼慶曆四年正月十九日　東平
郡王德文六年六月三日　太尉成德荊南節度使開府儀同三
司真定尹兼江陵尹荊王頵元祐三年七月四日　淮南荊南節度
使管内觀察處置等使守太師開府儀同三司揚州牧

卷七千三百八十二　二

楚王顥紹聖三年九月二十六日　昭化軍節度使信安郡王宗粹宣和
二年八月二十日　檢校少傅奉寧軍節度使仲御四年五月二十八日　皇
伯母　秀王夫人乾道二年七月六日　皇叔母　曹王元偁妻蜀
國夫人王氏天聖二年八月三十日　荊王元儼妻晉國夫人張氏
寶元元年正月十七日　潤王元份妻楚國太夫人李氏慶曆五年三月十七
日　皇兄　汝南郡王嘉祐四年十一月二十三日　皇弟　浩陵縣公
廷美太平興國九年正月十六日　兗王元傑咸平六年八月九日　雍王元份景德
二年八月二十六日　舒王元偁大中祥符七年四月十一日　徐王元偓天禧二年五月
二十三日　靜安軍節度使允迪慶曆八年三月二十九日　皇兄弟之妻
皇兄恭孝太子妻韓國夫人田氏天禧四年五月二十八日　皇弟開
封尹晉王夫人符氏開寶八年十二月二十三日　彭城郡王妻徐國

夫人宋氏咸平二年四月十二日彭城郡王妻張氏景德元年八月二十九日
安王妻燕國夫人張氏天禧元年三月二十七日皇姑 齊國獻穆
大長公主皇祐三年三月二十八日秦國莊孝大長公主熙寧三年正月十四
日魯國大長公主元豐六年十二月二十三日皇姊 燕國長公主
開寶六年十月十三日許國長公主咸平二年四月二十六日秦國長公主大中
祥符元年五月十九日晉國大長公主二年十二月十日越國長公主元豐
三年六月十一日皇子 許王元禧淳化三年十一月十三日周王祐咸平六年
四月二十六日豫王昕康定二年二月二十三日鄂王曦慶曆三年正月一日冀王俊
熙寧十年十一月二日華原郡王朴宣和五年十二月二十三日皇子婦 興
元尹德昭婦夫人陳氏開寶九年七月五日襄王婦呂國夫人潘
氏端拱二年五月六日皇女 魏國公主淳化元年十月二十一日唐國公主

卷七千三百八十二

三

慶曆二年五月六日楚國公主五月十八日越國公主八月一日韓國公主
五年四月二十八日燕國公主元豐元年二月二十九日皇姪 武功郡王德
昭太平興國四年八月二十九日山南西道節度使同中書門下平章
事德芳六年三月二十二日右武衛大將軍長寧侯德隆雍熙三年正月
二日皇姪婦 魏王德昭婦韓國夫人王氏淳化元年正月二十七日
岐王婦岐國夫人焦氏四年九月二十九日皇姪女 雲陽公主
雍熙四年正月十四日皇從兄 衛州防禦使樂平郡公德恭景德
三年五月十八日保信軍節度觀察留後德彝大中祥符八年四月二十四日
武定軍節度使允寧景祐元年十月二十六日皇從弟 左武衛將
軍德愿咸平二年閏三月十三日右羽林將軍德潤六年三月六日右羽林
將軍德欽景德元年六月二十三日右羽林將軍德存大中祥符四年六月十三

日右監門衛大將軍允熙天聖四年五月十五日皇從姪 感德
軍節度使同中書門下平章事惟吉大中祥符三年五月十九日妃
宸妃李氏天聖十年三月二十日貴妃沈氏熙寧九年十二月二十四日仁宗
貴妃苗氏元祐六年十月二十五日皇外祖母 楚國太夫人吳氏
咸平二年十一月二十六日皇舅 右衛大將軍杜審瓊乾德四年九月二十
五日右驍衛上將軍致仕杜審肇開寶七年五月十七日靜江軍節
度使杜審進端拱元年六月四日蔡州防禦使符昭愿咸平四年五月二十
四日山南東道節度使同中書門下平章事李繼隆景德二年
二月十二日殿前都虞候端州防禦使李繼和大中祥符元年二月三十
日彰信軍節度使兼侍中李用和皇祐二年七月二十七日皇舅妻
李用和妻榮國夫人王氏皇祐三年十一月七日皇從母 京

卷七千三百八十三

四

兆郡夫人杜氏開寶三年十月一日外戚 護國軍節度使守太
保開府儀同三司濟陽郡王曹佾元祐四年四月七日檢校太保
開府儀同三司保平軍節度使漢東郡王向宗回政和四年
十二月初十日乳母 秦國延壽保聖夫人劉氏咸平元年九月十一日
魏國永聖保壽夫人許氏寶元二年三月二十七日秦晉國肅恭賢
正夫人林氏至和二年八月二十九日宰臣 右僕射門下侍郎李
沆景德元年七月十二日吏部侍郎畢士安二年十月二十七日左僕射門
下侍郎向敏中天禧四年四月十日司徒門下侍郎王欽若天聖三年
十二月初六日工部尚書張知白六年二月八日司空同平章軍國事
呂公著元祐四年二月三日使相 山南東道節度使兼侍中慕
容延釗乾德元年十月二十七日成德軍節度使侍衛親軍馬步軍

都指揮使兼侍中韓令坤（六年四月六日）　樞密使兼侍中曹彬（咸平二年六月十三日）　樞密使吏部侍郎同中書門下平章事王曉（景德元年八月十六日）　彰信軍節度使同中書門下平章事王隨（寶元二年正月十八日）　忠武軍節度使同中書門下平章事王德用（嘉祐二年三月十七日）　武寧軍節度使兼侍中夏竦（皇祐三年九月十六日）　護國軍節度使同中書門下平章事狄青（四月二十一日）　永興軍節度使兼侍中韓琦（熙寧八年七月十三日）

前宰相　太師趙普（淳化三年七月十八日）　太尉王旦（天禧元年九月二十六日）　太尉致仕呂夷簡（慶曆四年九月十五日）　太傅致仕張士遜（皇祐元年二月三日）　司徒致仕陳執中（嘉祐四年四月九日）　左僕射觀文殿大學士賈昌朝（治平二年八月二十七日）　司空致仕宋庠（三年五月十二日）　太子太傅梁適

卷七千三百八十二

五

（熙寧三年三月一日）　太傅兼侍中致仕曾公亮（元豐元年三月二日）　鎮江軍節度使中書門下平章事致仕陳升之（二年四月二十一日）　武寧軍節度使守司徒開府儀同三司致仕富弼（六年閏六月二十二日）　鎮江軍節度使守司空開府儀同三司致仕上柱國康國公韓絳（元祐三年三月九日）　觀文殿大學士守太子太保致仕韓縝（紹聖四年五月十八日）　檢校少保建武軍節度使開府儀同三司劉正夫（政和七年十月二十日）　太保威武軍節度使領樞密院燕國公鄭居中（宣和五年六月二十七日）

執政　參知政事唐介（熙寧二年四月十日）

前執政　太子太師致仕張昪（熙寧十年十二月二日）　太子太保致仕張方平（元祐六年十二月初一日）　檢校少保鎮東軍節度使開府儀同三司蔡卞（政和七年三月二十四日）　寧遠軍節度使開府儀同三司梁子美（宣和五年五月五日）　檢校少傅鎮洮軍節度使河北河東路宣撫使种師道（靖和元年十二月二十九日）（宋史李若水傳：靖康元年為大學博上，開府儀同三司高俅死，故舊吏子當掛服舉哀。若水言：俅以幸臣躐躋顯位，敗壞軍政，金人長驅，其罪當與童貫等。得全首領以沒，尚書追削官秩，示與衆棄，而有司循常習故，欲加繆禮，非所以靖公議也。章再上，乃止。）

諸國　中書令秦國公孟昶（乾德三年六月十一日）

二王後　周鄭王（開寶六年三月十六日）

雜錄

太宗淳化四年閏十月，涪王廷美女出家而卒，帝手詔宰臣詢其禮儀。太常禮院言：「按禮例，出家姪女無服。」從之。

真宗咸平元年九月三日，乳母秦國延壽保聖夫人卒。將發哀，且以太宗喪始朞，頗疑其事，命有司詳定。而禮官言：「書稱高宗諒闇，三年不言。孔安國曰：『既卒哭，即位

卷七千三百八十二

六

除衰麻，聽於冢宰，以終三年。』至漢文帝即位，乃革三年之制，以日易月，二十七日除服，心喪終制。開寶通禮云：『先遭重喪，後遭輕喪，皆為制服。往則服其輕，反則服其重。』又云：『皇帝為乳母緦麻三月。』按喪葬令：『皇帝為緦麻一舉哀而止。』伏以秦國夫人保傅聖躬，綿歷星紀，遽兹淪謝，宜備哀榮。況太宗上仙，已終易月之制，今為乳母舉哀，合於典禮。」遂從之。

六年八月一日，永樂縣主卒。禮官言：「准禮，皇帝降服大功九月，不視事三日，合擇日成服。按天子絕期，況成服之日與安王同日，酌情順變，禮從猒降，望罷其禮。」從之。

景德元年四月三日，鄭國長公主薨。禮官言：「降服大功，擇日成服。又緣皇帝為大

行皇太后齊衰三年從以日易月之制見居大祥之内哀服未除典禮舊章輕色重特酌情順變禮當猷降望更不成服望親諸親亦不制服帝曰宗室諸王皆不制服情所未忍至期當遣諸王就其第成服及令皇服臨奠餘如所請　二十一日皇舅洛苑使順州刺史李繼恂卒禮官言明德皇太后心喪之内請罷成服發哀從之　七月四日宰臣李沆卒禮官言沆品秩雖應舉哀又緣國朝以來惟趙普曹彬曾行兹禮今來事繫特旨詔特擇日舉哀　自是宰相卒者用此禮　三年十一月四日皇姪女隆安縣主卒禮官請發哀成服詔停其禮　天禧五年五月宜都縣主卒亦然　四年正月五

卷七千三百八十二

日皇從弟右監門衛大將軍德鈞卒判太常禮院社鎬等言德鈞本服大功合舉哀成服又按典章雖有斬衰之喪不廢天地之祭蓋不以卑妨尊今者皇帝擇日恭謁陵寢罷金石之奏服縞素之衣蓋欲極追遠之情隆罔極之感苟為大功卑幼更成服舉哀數叙之仁於兹雖見奉先之道有瀆嚴恭况復乘輿已曾臨哭臣等參酌請罷舉哀成服從之　大中祥符二年五月二十五日楚王子允言妻潘氏卒禮官請舉哀成服詔停　八八年四月二十四日帝為皇從弟信都郡王彝德制服發哀以榮王元儼宮遺火不及成禮　仁宗乾興元年（未改元）七月十三日禮儀院言左監門衛大將軍允言卒

準禮例大功九月合成服緣大行皇帝尚在殯宫請罷其禮從之　十二月二十二日禮儀院言密王夫人賀氏卒於皇帝為叔母合擇日成服緣在服制内望罷其禮從之　天聖元年五月三日太常禮院言贈侍中劉美妻越國夫人錢氏卒準禮令皇太后為親兄弟妻本服大功合於便殿發哀緣在真宗大祥内望罷其禮從之　閏九月十一日太常禮院言武勝軍節度使兼侍中馮拯卒禮令皇帝為一品二品喪合舉哀成服又緣見在大祥之内望罷其禮從之　二年五月十一日太常禮院言皇姑申國大長公主卒在真宗禫服内望不成服從之　四年五月十一日太常禮院言定王子允

卷七千三百八十二　八

熙卒年十七歲為長殤降服小功不應成服詔特舉哀　十年六月十二日皇從兄建寧軍節度使樂安郡公惟正薨禮官言天子為摩陛二品宗室大功以上成服今惟正為小功親本官三品禮不服之特詔擇日成服於是皇帝皇太后並素服發哀於後苑　景祐元年正月十六日太常禮院言安國軍節度使延安郡公允升卒準禮令皇帝本服大功合舉哀成服為在莊獻明肅皇太后小祥之内望罷其禮從之　康定二年二月二十日皇子壽國公昕薨年二歲禮官言已有爵命宜同成人遂發哀成服　二年五月四日安壽公主薨亦用成人禮發哀　三年正月一日第三皇子曦薨成服於

苑中既除以五日宴契丹使下禮官議同知太常禮院大理寺丞集賢校理陸經言天子絶朞今鄂王雖有爵命而不為殤皇帝為制服已除於禮當作樂既宴罷經復論奏以鄂王為無服之殤宴在以日易月之內不宜舉樂帝以經前後反覆又援臣庶之禮非是經落職監汝州酒稅　皇祐三年九月十六日為夏竦成服于苑中先是禮院擇日以進帝謂輔臣曰竦嘗事東宮情所愍傷若依所擇日則在大宴後豈可先作樂而後舉哀故更用之　神宗熙寧十年十月二十五日太常禮院言永國公薨准禮例係無服之殤無舉哀成服禮詔特舉哀成服二十八日太常禮院言宜用十一月二日皇帝為皇子永國公太子太師致仕張昇同日舉哀成服別無妨礙從之　哲宗元豐八年（未改元）五月二十八日禮部言王珪薨合舉哀成服詔以大行在殯罷之　元祐元年五月八日禮部言王安石薨在神宗皇帝大祥內皇帝更不舉哀成服從之　九月七日詔司馬光薨為在諒闇中更不舉哀成服　高宗紹興七年八月二日禮部太常寺言開府儀同三司嗣濮王仲湜薨依條合該申請舉哀成服緣皇帝見在道君皇帝寧德皇后服制之內本寺今檢會太常禮院言密王夫人賀氏薨於皇帝為叔母合成服舉哀緣在真宗服制之內准與禮更不成服所有今來仲湜薨舉哀成服乞依故事施

卷七千三百八十二

九

行從之（舊書凡宗戚大臣皇族長幼薨卒於別殿或後苑設幕舉哀自建炎至紹興以具慶之朝並不舉行此理）孝宗乾道三年四月三日太常寺言依已降旨皇伯母秀王夫人薨皇帝於後苑壬地設幕殿舉哀成服太史局選用四月六日卯八刻後御史臺閤門太常寺報引宰臣已下文武百官詣崇政殿門外立班進名奉慰至日仍不視事從之　淳熙七年二月九日禮部太常寺言魏王愷薨皇帝舉哀成服用二月十日庚時皇太子服細布幞頭襴衫腰圍以布帶是日文武百僚進名奉慰從之

外國發哀

外國發哀　宋朝凡為外國喪使者至有司擇日設次於內東門之北隅命官攝太常卿及博士贊禮俟太常卿奏請即向其國而哭之五舉音而止

卷七千三百八十二

十

皇帝未釋素服人使朝見不宣班不舞蹈不謝面天顏近當殿喝拜兩拜奏聖躬萬福又喝拜兩拜隨拜萬歲或曾賜茶藥及傳宣撫問即出班致詞訖歸位又喝拜兩拜隨拜萬歲喝祗候退（所有分物候朝見訖於幕殿門外喝賜門謝）如撫問人使即更喝拜兩拜隨拜萬歲喝祗候退從之引當殿喝拜兩拜奏聖躬萬福又喝拜兩拜隨拜萬歲喝各祗候退（所賜分物亦候朝見訖門謝如有舍利分作兩班）餘同舉哀儀　真宗大中祥符二年十二月二十四日雄州言得涿州牒契丹國母蕭氏以此月十二日卒遣使耶律信寧來告哀詔遣官迓之廢朝七日擇日制服命禮官詳定以聞二十五日契丹賀正旦使耶律突魯姑等到闕到訖還

館令客省使曹利用以涿州牒示之詔突魯姑等擇日成服　二十八日信寧奉書馳驛至命太常博士贊引詣西上閤門閤門使受書進内又命户部郎中知制誥李維假左諫議大夫洎曹利用館伴詣中書樞密院至知制誥以上就慰突魯姑等於都亭驛廳皆公服黑帶不佩魚　常奉使及接送館伴者並以借官叙座　二十九日帝為契丹國母發哀羣臣奉慰其日耶律信寧自驛赴左掖明幕次俟開内門入左掖門至左昇龍門下馬入北偏門街下行出右昇龍北偏門入朝堂西偏門至文德殿門上捧書太常博士二員禮直官二名贊引入文德殿西偏門街下行至西上閤門外階下面北

卷七千三百八十二

十一

跪進書閤門使一員跪受承進博士禮直官退使副入西上閤門殿後偏門由南廊入大寧西偏門街下行赴内東門幕次信寧入中書樞密院侍立帝為舉音郎閤令突魯姑等就開寶寺設位奠哭成服其日所司陳設宿次及香酒并行禮褥位重行北向及設哀服經杖等俟禮直官引使副以下詣位重行北向東上立定再拜在位者皆拜訖禮直官引使副班首詣香酒前授盞跪奠俛伏興歸位皆再拜禮直官揖使副已下請成服俟使副已下具衰服經杖成服訖禮直官兩引使副以下各依位北向重行立定舉哭盡哀禮直官引使副班首少前去杖跪奠酒三奠訖執杖俛伏興歸位焚紙馬皆舉哭再拜拜畢合還次服吉服歸驛　詔近臣弔慰信寧於驛廳成服後在館大使戴紗冠銀白成環予服淺紫窄衣繫皂束帶副使裹幞頭服淺紫公服繫角帶不佩魚紫羅素襆銀鞍鞦轡紫羅素裹無鈒具去紙座叅節從人各服淺紫衫勒帛掛服使副皆麄布頭冠帽針巾方袺大袖袴帩襕衫腰絰桐杖上節中節麄布斜巾襴衫袴絹襯衫腰絰下節麄布袜子四揆衫

績易纘

衫腰絰　仁宗天聖九年六月二十二日雄州上言契丹隆緒卒遣使耶律乞石來告哀即遣使秘述之二十三日詔曰朕以契丹受自先朝早修歡好歲時滋久使聘交馳逮朕纘承益堅信誓永保息民之義克彰修睦之規訃告忽來悲傷斯甚式展敦崇之禮用申悠永之情宜特輟朝七日在京並禁音樂河北河東沿邊亦禁七日擇日備禮舉哀成服委太常禮院定儀以聞告哀使至日奉書詣西上閤門閤門使跪受博士贊禮至都亭驛日令近臣待制以上就驛弔慰七月一日乞石至帝與皇太后發哀苑中郡臣詣崇政殿門奉慰三日近臣慰乞石于驛廳　明道元年十一月十九日延州上言得

卷七千三百八十二

十二

夏州報夏至趙德明卒二十四日帝與皇太后成服于後苑羣臣奉慰慶曆八年二月九日夏國遣人來告國主曩霄正月二日卒十日帝為發哀於苑中羣臣奉慰押伴使任顓請發哀日令西人於閤門輟班庭書見朝廷惟恩之禮詔可　至和二年八月二十六日雄州言契丹宗真八月四日卒九月三日遣使耶律元亨來告帝為發哀於内東門之別次羣臣奉慰詔特輟朝七日禁在京及河北河東沿邊州軍音樂七日雄州自九月十五日於佛寺建道場七晝夜設闕州大會齋　嘉祐三年正月二十八日雄州言契丹國母蕭氏去年十二月二十七日卒二月二日契丹遣使蕭福延來告帝為發哀于内東門之別次羣臣奉慰詔近臣慰福延於驛廳　神宗熙寧

元年正月二十六日鄜延路經略司言夏國主趙諒祚卒太常禮院言檢會慶曆八年正月夏國主趙元昊卒輟視朝三日及擇日舉哀掛服先朝在諒闇時遇臣僚喪並不行舉哀掛服之禮今乞依例輟朝所是舉哀掛服緣皇帝在諒闇之內於禮合罷從之　九年三月雄州言大遼國母蕭氏以三月六日進四月六日賀同天節使耶律測等到闕對畢詔以雄州奏大遼國母服藥特罷垂拱殿宴及歸館命客省使張誠一以涿州公牒示之仍宣論特輟同天節上壽及罷大宴詔測等擇日成服於開寶寺福聖院二十七日遣使耶律孝淳來告二十九日上為發哀於內東門之別次羣臣奉慰詔輟

卷七千三百八十二

十三

視朝七日以舉哀日為始命近臣就慰孝淳於驛廳

哲宗元祐元年九月二日四日太常寺言夏國主秉常卒緣在諒闇中於禮不舉哀掛服從之　徽宗建中靖國元年二月三日河北沿邊安撫司言正月十三日遼主耶律洪基卒　涿州牒報已遣長寧軍節度使蕭恭來告哀詔以司封員外郎曾孝純閤門通事舍人王厲迓之十四日以遼主訃音特輟視朝及在京禁樂七日其河北河東沿邊州軍禁樂亦如之擇日備禮舉哀成服宜令太常寺詳定以聞　三月四日遼國告哀蕭恭至命御史中丞趙挺之假翰林學士及秦州團練使李許館於都亭驛上為發哀於內東門之別次羣臣奉慰

命待制以上就慰恭於驛皆公服黑帶佩魚

卷七千三百八十二

十四

宋會要

國朝凡親王公主及宰相使相樞密使宣徽使參知政事知樞密院同知院事副使駙馬都尉長皆即時車駕臨奠嘗任宰相及致仕者掌兵觀察使以上都指揮使至副都指揮使或亦臨奠諸王公主將攢及發引皆再臨奠唐禮所司備小駕鹵簿儀仗鼓吹前導侍中奏中嚴外辦百官皆素服陪位皇帝自內乘輿出千牛將軍四人執戈一人執桃一人執茢前導車駕將至所幸之第贊禮者引喪主哭於大門內望見乘輿止哭再拜立於庭皇帝至幕殿改素服就臨喪主內外再拜皇帝哭十五舉音喪主內外皆哭皇帝詣祭所三奠酒喪主已下再拜皇帝退止哭從官進名奉慰皇帝改常服還內國朝不具其儀乘輿但素服臨喪致奠舉哭時賜有差或詔從官拜奠而還太祖乾德四年九月二十五日幸右衛大將軍杜審瓊第臨奠瓊帝之舅特臨奠也　開寶五年十月十一日幸河陽節度使張仁超第臨奠哭之慟非常禮也　六年十月十三日幸燕國長公主高氏第臨奠哭之甚哀　七年八月十九日幸忠武軍節度使同中書門下平章事王審琦第臨奠　太宗太平興國六年三月十二日幸山南西道節度使同中書門下平章事德昭第臨奠哭慟　六月九日幸宰臣薛居正第臨奠　七年十月二十日幸參知政事竇偁第臨奠　九年正月七日幸右僕射石熙載第臨奠涕泗滂沱左右無不感愴　二十三日幸參知政事李穆第臨奠帝謂近臣曰穆時之名臣朕方倚用遽茲淪謝非斯人不幸乃朕之不幸　端拱元年六月二日幸靜江軍節度使杜審進第臨奠哭之慟審進帝之舅詔親王公主就第哭之　淳化元年十月二十一日幸魏國公主第臨奠　真宗咸平元年九月三日幸燕國公主高氏第臨奠秦國延壽保聖夫人劉氏歿先是夫人疾亟即自宮還於故高氏宅第詔遣東宮及舊給使舉以次奠哭　二年四月十四日幸許國長公主第臨奠　八月七日幸樞密副使楊礪第臨奠礪僦舍委巷中乘輿不能入帝為易服步進焉　四年五月二十四日幸蔡州防禦使符昭愿第臨奠昭愿懿德皇后之弟故優其禮　六年七月二十五日夕兗王元傑薨帝聞之震悼不俟旦步及中禁門乃乘輿至臨視雨泣哀動左右翌日再臨哭之　八月八日又臨幸悲慟久之　景德元年四月十四日幸鄭國長公主第臨奠　十七日幸右羽林將軍德欽院臨奠　七月四日幸宰臣李沆第臨奠先是幸問疾既還沆以不起聞即日復臨奠哭之慟　二年七月十五日幸宣徽北院使曹有終第臨奠是日帝幸雍王宮方還聞有終喪

卷一萬六千五百九十

一

即時臨奠留賜白金三千兩　八月三日雍王元份薨遷殯于南宮帝臨喪奠哭甚哀　二十五日攢　三年正月十一日再臨哭　二年二月十三日樞密使王繼英薨帝即幸其第臨哭久之賜白金五千兩　大中祥符元年二月二十五日幸殿前都虞候端州防禦使李繼和第臨奠　初繼和疾亟帝將親臨其喪以問宰相王旦曰繼和以品秩言之實無此禮陛下敦叙外族先朝亦嘗臨杜審進之喪於禮無嫌帝然之翌日繼和卒即幸其第又遣諸王率宗室素服赴第以申哀悼　五月十四日幸泰國長公主第臨奠親視小歛哭之慟　十六日大歛　二十五日出殯再臨哭　二年十一月二十九日幸晉國公主第視疾既還主以不起聞帝即臨奠哭之慟　十二月十七日攢塗　三年正月十一日啓攢再臨哭　三年四月三日幸鎮安軍節度使同中書門下平章事駙馬都尉石保吉第臨奠先是保吉訃聞帝欲即日臨喪有司言將饗太廟已致齋於禮非便請俟祀畢乃往　六月十三日發引再臨奠　五月十八日幸安定郡公惟吉院臨奠　六月二十五日幸翰林侍讀學士禮部尚書兼秘書監郭贄第臨奠詔曰朕以贄逮事先朝屢登顯位肆沖人之齒胄資碩學以宣猷肆朕纂承益遷華重疾惕斯久頤待方深閒寢疾以云亡顧傷懷而永歎追思舊德宜越常鈞朕今親臨以申哀悼不得為例仍付所司於是幸贄第臨哭久之　四年八月十二日幸左千牛衛大將軍惟叙院臨奠有司言惟叙於帝為再從姪無臨喪之禮詔特行之　六年四月十五日幸曹王元偓宮臨奠　十七日大歛再臨哭　五月十八日攢塗故事諸王初攢再臨奠是日以夏至祭皇地祇疑其事問于禮官太常禮院言按五禮精義有總喪者如祭天與祀地祇同日於禮無嫌其祀前致齋內望不臨奠於是翌日始往　八年四月十八日幸保信軍節度觀察留後德彝院臨奠　二十九日攢塗再臨哭　六月二十七日幸昌州團練使惟忠院臨奠　九年五月十一日幸資州團練使惟憲院臨奠　天禧元年二月二十日幸參知政事陳彭年第臨奠涕泗久之帝謂王欽若等曰彭年善人何意遽此淪喪至於纂才博學公罕其比自任左右服勞夙夜受職太深未嘗休懇朕每諭其息然賦性謹行之彌篤不幸而逝得非命歟又覩其所獻居室陋敝歎惜數四　九月十四日幸太尉玉清昭應宮使王旦第臨奠哭慟　二月五月三日幸寧王元偓宮臨奠　三年六月二十六日幸長清郡主第臨奠主秦王廷美之女帝再從姑有司言小功禮當降服帝特臨奠　七月十七日幸殿前司臨奠皆揮使忠武軍節度使曹璨喪時已命翰林草制授璨

卷一萬六千五百九十

二

河陽節度使同平章事制入而卒　仁宗天聖二年五月九日幸崇真資聖禪院臨奠申國大長公主報慈正覺大師喪八月二十六日幸曹王宮臨奠蜀國夫人王氏喪五月二十四日幸楚王元佐宮臨奠八月二十七日幸廣親宅臨奠莊宅使承矩喪　六年正月六日幸馬軍司臨奠副都指揮使武昌軍節度使彭睿喪二月十七日幸宰臣張知白第問疾是夕知白薨二十一日皇太后幸其第臨奠二月十三日幸咸寧郡主第臨奠主秦王庭美女帝再從姑也　八年九月十六日幸樞密副使姜遵第臨奠　九年二月十一日幸西宅臨奠西染院使從恪喪　明道二年七月十五日幸駙馬都尉柴宗慶第臨奠楚國大長公主喪　景祐二年十月二十七日啓攢再臨奠　景祐元年正月十八日幸齊王宮臨奠安國軍節度使延安郡公允升喪八月六日幸樞密使同中書門下平章事王曙第臨奠十一月十七日幸潤王宮臨奠武當軍節度使允寧喪　三年十二月二十二日幸樞密院事李諮第臨奠　五年四月七日幸同知樞密院事王博文第臨奠是日帝幸金明池既歸聞博文卒申後趣駕臨喪八月十六日幸鎮國軍節度使駙馬都尉李遵勗第臨奠　寶元二年三月二十八日幸奉先資福禪院臨奠魏國肅成賢穆夫人喪六月十七日幸廣親宅臨奠左領軍衛大將軍承睿喪七月一日幸睦親宅臨奠彰化軍節度觀察留後守節喪二日幸廣親宅臨奠和州團練使承慶喪　康定元年十二月二十三日幸參知政事宋綬第臨奠　二月四月二十四日幸芳林園臨奠豫王喪十二月五日幸廣親宅臨奠左領軍衛大將軍承睦喪　慶曆四年正月十二日幸荊王元儼宮臨奠哭之慟二十一日攢塗三月二十四日啓攢二十七日發引再臨奠再拜哭登輦又哭久之二月九日幸武成軍節度使同中書門下平章事駙馬都尉柴宗慶第臨奠其家人言宗慶遺言乞遺賜家給外並上進詔以宗慶之後幼弱其家財官爲檢校不須進納以其姪供奉官始忠戩二人爲嗣　五年三月一日幸睦親宅臨奠汝南郡王母安國夫人李氏喪閏五月六日幸馬軍司臨奠副都指揮使定國軍節度觀察留後曹琮喪　六年三月十五日幸睦親宅臨奠和州防禦使守巽喪五月二十四日幸廣親宅臨奠忠武軍節度使兼侍中東平郡王德文喪　八年三月二十七日幸燕王宮臨奠安靜軍節度使允迪喪六月二十七日幸參知政事明鎬第臨奠二十八日幸司空致仕章得象第臨奠有司言禮例無車駕親奠帝以得象嘗任首相特行臨奠之禮　皇祐元年正月十七日幸太傅致仕鄭國公張士遜第

卷一萬六千五百九十

三

臨奠翌日帝顧謂輔臣曰昨日左右有言庚戌是朕本命日不宜臨奠朕以師臣之舊何所避也文彥博曰陛下過於唐太宗辰日哭張公謹遠矣　二年七月十九日幸彰信軍節度使兼侍中李用和第臨奠　三年三月二十五日幸魏國大長公主第臨奠六月六日發引再臨奠十月二十五日幸隴西郡王李用和第臨奠榮國夫人王氏喪十一月二十七日幸廣親宅臨奠左衛大將軍承衎喪　四年九月二十一日幸馬軍司臨奠副都指揮使耀州觀察使周美喪十一月十五日幸廣親宅臨奠衛州防禦使承翰喪　五年正月十日幸觀文殿學士翰林侍讀學士尚書右丞丁度第臨喪九月四日幸廣親宅臨奠均州防禦使承裔喪　六年三月七日幸楚國太夫人曹氏第臨喪夫人即溫成皇后之母　嘉祐三年八月二十一日幸參知政事王堯臣第臨奠九月十三日幸宣徽北院使張堯佐第臨奠十一月九日幸睦親宅臨奠汝南郡王喪　英宗治平元年五月一日幸睦親宅臨奠宿州觀察使宗懿喪十二月二日幸親睦宅臨奠延州觀察使從古喪　二年二月十五日幸樞密副使王疇第臨奠前一日疇卒訃聞帝即欲臨奠以命官祈雨致齋故以是日往四月二十二日幸睦親宅臨奠慶州觀察使宗禮喪七月十九日幸睦親廣親宅臨奠同安郡王惟正妻榮國夫人史氏安定郡王承簡妻樂安郡夫人張氏喪二十日幸觀文殿大學士右僕射賈昌朝第臨奠　神宗熙寧元年正月二十日幸睦親宅臨奠嘉州防禦使宗述喪二月二十七日幸睦親宅臨奠鎮南軍節度觀察留後祁國公世永喪十月四日幸廣親宅臨奠保大軍節度使承亮喪　二年四月十一日幸參知政事唐介第臨奠七月十日幸睦親宅臨奠東平郡王允弼喪十月十八日幸荊王宮臨奠博平郡王允弼妻崇國夫人慕容氏喪　三年正月九日幸楚國大長主宮第臨奠　三月二十二日發再臨奠　四年正月二十三日幸廣親宅臨奠橫海軍節度觀察留後承衎喪三月九日幸睦親宅臨奠感德軍節度使秦國公承亮喪十二月九日幸睦親宅臨奠安定郡王從式喪　五年閏七月二日幸秀州團練使宗治第臨奠　六年正月十二日幸睦親宅臨奠遂州觀察使承錫喪六月二十六日幸睦親宅臨奠寧武軍節度觀察留後魏國公宗旦喪八月十一日幸睦親宅臨奠貴州防禦使宗懿喪　八年二月二十二日幸步軍司臨奠副指揮使威武軍節度觀察留後宋守約喪六月二十七日幸睦親宅臨奠昭化軍節度使康國公承顯喪　九年五月四日幸睦親宅臨奠連州防禦使從賁喪七月五日幸東法濟院臨

卷一萬六千五百九十

四

奠贈侍中向經喪十二月十一日幸沈義倫第臨奠貴妃沈氏喪　十年七月十九日幸睦親宅臨奠登州防禦使韓國公宗績喪十月一日幸睦親宅臨奠濮安郡王宗樸喪十二月三十日幸睦親宅臨奠建州觀察使宗翰喪　元豐元年閏正月二十四日幸太傅魯國公曾公亮第臨奠哭之前一日又臨之非故事也四月二十八日幸保大軍節度使承選第臨奠六月十七日幸殿前都指揮使安武軍節度使郝質第臨奠　三年四月幸觀文殿大學士吏部尚書兩太一宮使吳充第臨奠五月十七日蜀國公主薨帝未朝食即駕往望第門而哭之賜錢五百萬七月十一日幸越國長公主第臨奠閏九月六日幸鎮安軍節度觀察留後宗袞第臨奠哭之哀甚十月九日幸武寧軍節度使承裕第臨奠十二月二十二日幸寧遠軍節度使殿前副都指揮使主管都指揮使楊遂第臨奠賜金帛三千匹兩　四年正月十三日幸明州觀察使宗悌第臨奠八月十三日幸殿前司都指揮使武寧軍節度使盧政第臨奠　五年正月十二日幸安化軍節度觀察留後魯國公宗藹第臨奠二月十一日幸崇信軍節度使開府儀同三司華陰郡王宗旦第臨奠六月二十三日幸鎮南軍節度使開府儀同三司豫章郡王宗諤第臨奠　六年正月七日幸睦親北宅奠

卷一萬六千五百九十

五

故康王宗樸妻越國夫人王氏喪二月二十日幸武信軍節度觀察留後宗達第臨奠哭之先是上欲即幸會有司以泥淖閘工命趣治道三日七月七日幸橫海軍節度觀察留後宗博第臨奠八月一日幸嘉州刺史仕澤第臨奠以澤仙遊夫人毋弟也十月二十一日幸鎮東軍節度觀察留後會稽郡王世清第臨奠十二月二十三日幸魯國大長公主第臨奠七年正月二十二日幸荆國大長公主第臨奠二月十一日幸彰信軍節度使開府儀同三司濟陰郡王宗輔第臨奠十八日幸步軍副都指揮使邕州觀察使兼權侍衛馬軍劉永年第臨奠六月二十三日幸武昌軍節度觀察留後知大宗正事江夏郡王宗惠第臨奠　哲宗元祐元年九月一日正議大夫守尚書左僕射兼門下侍郎司馬光薨太皇太后聞之慟上亦感涕不已時方郊祀明堂禮成不賀二聖皆臨其喪哭之哀甚　二年三月九日幸鎮江軍節度使檢校太尉守司空開府儀同三司致仕上柱國康國公韓絳第臨奠　三年五月十八日幸昭信軍節度使檢校司空開府儀同三司上柱國漢東郡王宗瑗第臨奠七月四日幸荆王頵第臨奠二十日幸殿前都指揮使武信軍節度使燕達第臨奠　四年二月三日幸司空同平章軍國事呂公著第臨奠四月七日幸護國軍節度使守太保

開府儀同三司充中太一宮使濟陽郡王曹佾第臨奠　五年三月一日幸中大夫同知樞密院事趙瞻第臨奠五月四日幸右光祿大夫知樞密院事孫固第臨奠十二月一日幸保信軍節度使檢校司空開府儀同三司安康郡王宗隱第臨奠　六年八月二日幸太子太傅致仕李端愿第臨奠七月二十五日貴妃苗氏薨上臨奠妃仁宗朝選入宮　嘉祐七年進德妃哲宗即位進貴妃十一月十七日幸中大夫守中書侍郎傅堯俞第臨奠　八年六月十五日幸建武軍節度使駙馬都尉李瑋第臨奠紹聖元年四月三日幸檢校司空太子太保致仕馮京第臨奠五月二十五日幸右光祿大夫尚書左丞鄧潤甫第臨奠二十七日幸鎮南軍節度使開府儀同三司嗣濮王宗暉第臨奠七月二日幸睦親宅臨奠懷王宗暉之妻濮國夫人王氏喪　二年三月四日幸武安軍節度使檢校司徒開府儀同三司判太宗正事嗣濮王宗晟第臨奠六月二十九日幸高陳王第臨奠泰國夫人李氏喪八月二十一日幸鎮安軍節度使開府儀同三司嗣濮王宗愈第臨奠九月二十日幸保安軍節度觀察留後安定郡王世準第臨奠　三年二月二十三日幸河陽三城節度孟州管內觀察處置等使嗣濮王宗綽第臨奠九月二十五日楚王顥薨至出殯車駕凡

卷一萬六千五百九十

六

四臨奠　四年六月武昌軍節度使檢校司徒開府儀同三司嗣濮王宗楚薨上聞之震悼幸其第臨奠賜水銀龍腦以殮。元符元年二月十八日幸皇叔祖清海軍節度使檢校司徒開府儀同三司嗣濮王宗祐第臨奠四月二日幸奉國軍節度觀察留後安定郡王世開第臨奠　徽宗崇寧元年閏六月四日幸保平軍節度觀察留後駙馬都尉王師約第臨奠八月一日幸資政殿學士中大一宮使章楶第臨奠　三年十月貴妃邢氏薨車駕臨奠　四年二月七日幸皇兄彰化軍節度觀察留後孝欒第臨奠八月幸殿前都指揮使姚麟第臨奠十一月十三日幸安定郡王世雄第臨奠　五年四月二日幸蔡王似第臨奠六月六日幸駙馬都尉鄭獻卿第浣奠十一月十五日幸陳王宮臨奠十二月十八日燕王堂殯幸其府臨奠次日百官奉慰　大觀元年三月十六日幸吳王楚王第臨奠四月十一日幸特進觀文殿大學士趙挺之第臨奠六月二十七日幸尚書右丞蔡諤第臨奠　二年二月六日幸齊安郡王仲損第臨奠六月八日幸鄆國長公主第臨奠　三年四月二日幸知樞密院事張康國第臨奠九月十八日幸永寧軍節度使檢校太尉開府儀同三司嗣濮王宗漢第臨奠　政和元年十二月六日幸燕國長公主宅臨奠　二年正月二十日幸秦兗國大長公主宅臨奠　五年十一月十三日幸秦惠長帝姬第臨奠賜水銀龍腦以斂　七年十一月十六日幸賜太傅榮國公何執中第臨奠　宣和三年二月二十五日幸樞密鄭洵武第臨奠四月二十三日幸開寶寺奠貴妃劉氏喪五月内遣册爲明節皇后九月二十一日幸崇德帝姬宅澆奠三月三日幸賢德懿行大長帝姬宅澆奠七月三日幸故樞密鄭居中宅澆奠　欽宗靖康元年十月二十九日幸檢校少傅鎮洮軍節度使河北河東路宣撫使种師道第臨奠上哭之慟賜龍腦水銀以斂

續宋會要

高宗皇帝紹興十二年十二月八日幸秦國大長公主宅臨奠次幸和衆輔國功臣太保護國鎮安保靜軍節度使充萬壽觀使楊國公劉光世宅臨奠太常寺北附政和五禮新儀參酌修立臨奠冠服儀注前期儀鸞司於受奠者之第大廳東閣設御幄閣以簾帷又於大門内外設從駕臣僚次其日皇帝常服（供進紅當服臨時聽旨）自内出即御座文武從駕臣寮及侍衛應奉人起居如常儀有司進輦皇帝乘輦以出侍衛警蹕如常儀將至主人服縗免絰去杖哭出大門外立班（如主家成服則衰絰杖履衫）

卷一萬六千五百八十

七

㝛絹帶杖家人從其儀望見乘輦止哭迎駕起居舍人贊拜主人以下皆再拜訖退復位乃入從駕臣寮並門外退就幕次（從人服起居於堂西）階下俟皇帝乘輦至堂從官以次前降輦（或於御幄步至臨時聽旨）三上香奠酒訖乘輦歸幄南向坐宣主人入立於階下北面宣問訖（無男子者選四待官宣問本家婦人元長者主）入皆再拜訖退出外立班次有司進輦皇帝乘輦出門主人以下再拜皇帝還内如來儀從之凡臨奠率用此儀　二十七年七月二十七日幸安民靜難功臣太師靜江寧武靜海軍節度使清河郡王張俊第臨奠詔從姪右宣義郎子安承義郎子文忠訓郎宗益忠翊郎宗旦宗亮各特轉一官並以臨奠推恩也　二十五年十一月二十日幸太師尚書左僕射益國公秦檜第臨奠　孝宗皇帝乾道元年二月二十八日詔少保尚書左僕射陳康伯薨令太常寺擇日駕幸臨奠既而以康伯子偉節辭避不行六月六日詔同知樞密院事王剛中薨令太常寺擇日駕幸臨奠既而以剛中子景辰辭避不行　二年八月二十二日詔少保新興郡王吳蓋薨令太常寺擇日駕幸臨奠既而以其家辭不行十一月七日詔太傅和義郡王楊存中薨令太常寺擇日駕幸臨奠　七年三月九日太師保康軍節度使太寧郡王吳益薨令太常寺

擇日駕幸臨奠既而以其家辭避不行　太祖乾德四年九月二十五日皇舅右衛大將軍杜審瓊卒中書門下詔禮官詳皇帝臨喪故事太常禮院言按開元禮臨喪所司備小駕鹵簿儀仗鼓吹前導未出宮前備表嚴及侍中奏中嚴外辦百官素服陪位皇帝自内乘輿門下侍郎奏請降輿千牛將軍四人執戈出一人執桃荊又周顯德二年樞密使鄭仁誨薨其日周世宗車駕幸其私第贊禮者引喪主哭於大門内望見乘輿止哭再拜引喪主於庭皇帝至幕殿改素服就臨丹殿門喪主内外再拜皇帝哭十五舉音喪主内外皆哭皇帝詣祭所三奠酒喪主以下再拜皇帝退止哭從官進名奉慰皇帝改常服還内又五年王朴薨世宗臨喪更不具儀令乞用朴例詔可　仁宗天聖七年正月二十八日詔自今幸臣寮第問疾及臨奠除宗室外閤門請同使副閤門祗候等並不得至其家堂前　慶曆元年七月七日知制誥吳育言大臣宗室喪自今須大斂成服然後請車駕臨奠事下太常禮院言天子臨喪禮不可緩如未時前訃聞即當日出奠未後即以次日從之　嘉祐元年五月二十五日樞密使彰德軍節度使同中書門下平章事王貽永薨以帝初康復不及臨奠諭臣宗室至其第奠之　神宗治平四年（未改元）三月二十六日皇叔祖寧海平江軍

卷一萬六千五百九十

八

節度使襄陽郡王允良薨上在諒陰不能奠令輔臣詣宮奠之十二月九日詔入内内侍省皇親薨内尊屬正任刺史以上即幸其宮臨奠雖尊屬官未及正任刺史者更不臨奠緦麻已上親雖非尊屬及官未及正任刺史者前臨時取旨多特臨奠　熙寧七年十二月十八日詔續新式凡臨奠者賜銀絹宰臣及樞密使帶使相者（使相侍中充樞密使樞密使同平章事）同二千五百兩匹知樞密院事參知政事樞密副使同知樞密院事一千五百兩匹簽書樞密院事同簽書樞密院事宣徽使七百五十兩匹太師太尉太傅太保司徒司空（曾任宰臣者）觀文殿大學士資政殿大學士曾任宰臣者一千五百兩匹侍衛親軍馬軍步軍都指揮使副都指揮使七百五十兩匹駙馬都尉任使相以下二千兩匹任節度觀察留後以下一千兩匹以上致仕疾問入内内侍省取賜如問疾已賜即臨奠不賜　高宗皇帝紹興三年正月十九日詔令月二十五日車駕幸故致仕慶遠軍節度使郭煥宅臨奠已而有司言方春不宜弔臨不果行二月五日詔故端明殿學士左朝議大夫簽書樞密院事權邦彥令太常寺擇日臨奠已而本家辭免許之　七年六月十九日故知樞密院事沈與求男雲紀言奉詔以先臣與求薨令擇日駕幸臨奠本家屋宇低小門巷隘窄方此

大暑之月，恐勞聖體，乞賜特免臨奠，從之。　九年十一月八日，詔嗣濮王仲偪薨，令擇日臨奠，已而其子士閫言不敢仰勤聖駕，從其請。　十六年正月二十四日，詔故少保、德慶軍節度使致仕錢忱薨，擇日臨奠，已而妻永嘉夫人郭氏奏所居僻陋，不敢仰屈至尊臨幸，詔依所乞。　二十一年八月十三日，故太師、通義郡王韓世忠妻魏國夫人茆氏狀，亡夫世忠身薨，恭聞車駕將欲臨奠，經由道路窄隘，不敢仰勤清蹕臨幸，乞賜寢免。詔依所乞，令三省取索臨奠劉光世推恩體例，取旨。尋詔世忠男彥直、彥質、彥古、孫挺、扶、格、栩、樗各與轉一官。　二十三年十二月十四日，詔太傅、昭慶軍節度使充萬壽觀使、平樂郡王韋淵薨，擇日駕幸臨奠，已而男韋謙等上表辭免，許之。　二十七年四月二日，詔尚書右僕射萬俟卨薨，其子乞免車駕臨奠，從所請，仍與其家合得恩數。十九日，故太保、保寧軍節度使、信安郡王孟忠厚男充言奏，詔以先臣忠厚薨，擇日臨奠，緣臣所居隘陋，不足以備法駕之臨，乞賜蠲免。從之。

卷一萬六千五百九十

九

宋會要

會到太常寺元豐八年三月五日以前輟朝例：見任或曾任宰相、使相以上，王及特進，各二日；東宮三師曾任宰相，亦二日；門下侍郎、中書侍郎、左右丞、知同知樞密院事、開封府牧、觀文殿大學士、曾任執政官、太子三師三少、節度使、六曹尚書、金紫銀青光祿大夫、嗣王、郡王、御史大夫、管軍步軍副都指揮使以上、左右金吾衛、左右衛上將軍、開封府尹，輟一日。其職事官守試者，非宗室期及大功親輟三日，小功緦麻一日，其無服紀者，依外官例。以上或有臨時特增日數，其輟朝日遇筵宴日

人使見辭或假故，並合輟以次前殿坐日分。其宗從服屬係太宗正司會到，修入內稱輟視朝者，從本傳書日數，並從上格。

皇從伯叔祖　皇從伯祖東平郡王允弼熙寧二年七月輟三日，薨葬各一日。皇叔祖襄郡王良允治平四年三月輟五日。

皇叔祖　開府儀同三司、嗣濮王仲湜紹興七年七月輟二日。檢校少保、鄕德軍節度使、知太宗正事、嗣濮王仲偪九年十一月輟三日。

皇伯叔　皇伯齊王元佐天聖五年，禮院言齊衰期不視朝三日，特輟朝五日，殯及啟殯發引葬各輟一日。濮陽郡王宗樸熙寧十年十月輟五日。　寧州觀察使、安定郡王令話紹興二年八月輟一日。　寧遠軍承宣使、同知行在太

宗正事安定郡王令時四年九月輟三日華州觀察使安定郡王令玒六年正月輟三日皇叔荊王元儼慶曆四年正月輟五日殯及啓菆發引葬各輟一日秀州團練使宗治熙寧五年閏七月輟朝一日荊王頵元祐三年七月輟五日大祥又輟一日楚王顥紹聖三年九月輟五日安德軍節度使開府儀同三司充萬壽使觀權主奉濮安懿王祠事士夽紹興二十一年九月輟二日檢校少師光山軍節度使開府儀同三司提舉西京嵩山崇福宮齊安郡王士㒟二十三年三月輟二日宗慶軍節度使嗣濮王士㑺二十六年閏十月輟一日

皇伯叔母　皇伯母秀王夫人張氏乾道三年四月輟五日皇叔母容王元偓妻魏國夫人賀氏乾興元年十二月曹王元偁妻蜀國夫人王氏天聖二年八月荊王元儼妻晉國夫人張氏寶元元年正月以上各輟朝三日殯一日

全唐文

潤王元份妻安國夫人李氏慶曆五年二月輟三日發引及葬各輟一日慈州防禦使宗博妻普寧郡君郭氏熙寧三年十一月輟一日

皇姑　中國大長公主報慈正覺大師清裕天聖二年五月禮院言降服大功請輟三日特輟五日殯及葬各輟一日楚國大長公主明道二年七月輟三日景祐三年葬輟一日魏國大長公主皇祐三年三月鄭國大長公主治平四年閏三月楚國大長公主熙寧三年正月並輟五日殯及葬並各輟一日魯國大長公主元豐六年十二月輟五日出殯又輟一日

皇兄　陳王偘崇寧五年十一月輟七日大觀元年三月啓菆又輟一日寧國軍節度使安時紹興十五年閏十一月輟一日

皇弟　涪陵公廷美太平興國七年正月兗王元傑咸平六年七月雍王元份景德二年八月舒王元偁大中祥符七年四月徐王元偓天禧二年五月並禮院請輟三日特輟五日兗雍舒徐四王殯及啓菆發引葬各輟一日蔡王似崇寧五年三月輟七日大觀元年三月啓菆又輟一日

皇兄弟之妻　皇兄恭孝太子元僖妻韓國夫人田氏天禧四年皇弟開封尹晉王夫人符氏開寶八年十二月彭城郡王元偓妻徐國夫人宋氏咸平二年四月萊國夫人張氏景德元年八月安王元傑妻燕國夫人張氏天禧元年三月並輟三日張氏及菆禮院又請依諸公主例輟一日並從之

皇姊妹　皇姊燕國大長公主開寶六年十月禮院言降服大功請輟三日特輟五日許國長公主咸平二年四月輟三日發引及葬各輟一日秦國長公主大中祥符元年三月特輟五日堂菆發引權菆各一日晉國大長公主二年十二月特輟五

全唐文

日堂菆發引及葬各輟一日皇妹鄭國長公主景德元年四月時在明德皇太后服內止輟三日堂菆外菆各輟一日蜀國長公主元豐三年五月輟三日嘉國長公主元祐五年正月輟三日潭國長公主大觀年薨不載輟八月菆塗輟一日徐國長公主政和五年十一月輟五日

皇子　開封伊許王元僖淳化三年十一月周王祐咸平六年四月並特輟五日出殯輟十日凡出菆及葬廢朝日皆不奉慰惟周王權厝百官赴西上閤門奉慰豫王昕慶曆元年二月輟五日殯及啓菆發引葬各輟又一日褒王昉五月輟二日鄂王曦正月輟三日皇長子熙寧二年閏十一月輟五日皇第二子四年五月輟一日皇第四子熙寧七年五月輟一日鎮安軍節度使景國公僩八年十二月輟五日內三日不視事菆發引葬各輟一日彰信軍節度使永國公俊十年十月輟五日菆發引葬各輟一日衛王价元豐元年十二月廢朝五日又不視事三日並輟朝三日鄆王倜四年

五月輟五日越王茂元符二年閏九月薨三日又不視事三日樂安郡王檉崇寧三年五月輟三日淮康軍節度使檢校太尉定國公楧政和二年三月輟朝日未詳檢校太保慶源軍節度使慶國公榛三年閏四月薨朝三日

皇太子旉建炎三年七月輟一日

皇子婦　興元尹德昭妻陳氏開寶元年七月日陳王元祐妻李氏雍熙二年七月並輟一日德昭妻發引及葬各輟一日襄王夫人莒國夫人潘氏端拱二年五月特輟二日

皇女　圓明大師太平興國八年五月禮院言圓明大師年十一歲爲下殤準禮例降服小功五月請廢朝一日特輟二日魏國公主淳化元年十一月特輟三日葬輟一日安壽公主慶歷二年五月崇慶公主五月寶和公主鄆國公主並三年八月以上各輟二日隨國公主崇因保祐大師懿安四年五月輟二日五年四月發

全唐文

發引輟一日齊國公主五年四月輟二日發引又輟一日楚國公主嘉祐六年閏八月輟二日寶慶公主熙寧五年七月薨五日內四日不視事六年啟攢輟一日延禧公主元豐元年二月薨二年四月發引葬各輟一日中國公主七年五月華國公主四月沂國公主八年九月並輟三日邠國公主紹聖三年九月輟三日權攢又輟一日魏國公主元符二年十月輟三日十一月外殯特不視事順慶公主崇寧四年三月保慶公主大觀元年閏十月並輟三日懿福公主四年十一月壽福公主政和二年三月並輟朝日未詳

皇孫　榮國公挺乾道九年三月輟一日

皇孫女　永嘉郡主紹興二十二年四月輟一日

皇姪　武功郡王德昭太平興國四年八月興元尹德芳六年三月並禮院請輟三日特輟五日出殯及葬各輟一日右武衛大將軍德隆雍熙三年正月輟三

日右屯衛將軍允中大中祥符五年十一月輟二日外葬輟一日右驍衛將軍孝哲熙寧十年二月輟三日雍王顥第三子元豐五年十月輟二日

皇姪婦　魏王德昭妻韓國夫人王氏淳化元年正月禮院請輟二日詔輟三日岐王德芳妻岐國夫人焦氏四年九月太子左衛率府率允言妻榮陽郡君潘氏大中祥符二年五月右監門衛將軍允寧妻劉氏十月右屯衛將軍允中妻李氏六年七月右驍衛將軍允成妻呂氏七年九月潘氏八年四月濮安懿王夫人王氏天禧五年三月並輟二日

皇姪女　秦王廷美第二女太平興國六年五月長女雲陽公主雍熙四年正月並輟三日第四女淳化二年九月輟一日昭成太子元僖女永樂縣主咸平六年八月楚王元佐女平恩縣主景德二年六月隆安縣

全唐文

主景德三年六月密王元偓女宜都縣主天禧五年五月並輟三日葬輟一日雍王顥第七女元豐十年八月輟視朝日未詳

皇從伯叔　皇從伯安定郡王從武熙寧四年十一月寧武軍節度觀察留後宗立六年六月貴州防禦使宗懿八月登州防禦使宗儧十年七月並輟一日皇從叔天平軍節度觀察留後德雍天聖九年八月輟一日東平郡王德文慶歷六年五月特輟三日發引輟一日鎮寧軍節度使同中書門下平章事允初治平元年七月特輟三日發引及葬各輟一日筠州團練使宗制熙寧八年十一月右領衛大將軍宗史十年三月並輟一日皇從伯叔

皇從伯叔母　皇從伯郇國公允誠妻霍國夫人東氏治平三年六月越州觀察使宗敏妻和義郡夫人陳氏熙寧五年

五年閏七月文州防禦使宗敏妻高平郡君徐氏八年六月武寧
軍節度觀察留後宗藝妻遂寧郡君沈氏十一月並輟一日皇
從叔滑州觀察使德文妻河南郡君慕容氏天聖二年七月禮院
言為父之同堂兄弟妻卒服小功請輟一日從之曹州觀察使德雍妻六年十月紀
國公德存妻英國夫人張氏慶歷二年五月右領衛大將軍宗
史妻宋氏熙寧元年三月並輟一日
皇從姑　秦王女咸寧郡主天聖七年二月輟一日葬輟一日承慶郡
主嘉祐元年八月輟一日二年四月葬又輟一日蔡王元偁長女永安郡主治平
二年正月陳王元傑女江華郡主三年六月並輟一日
皇從兄弟　皇從兄衛州防禦使德恭景德三年正月保信軍
節度使廣平郡公德彝大中祥符八年四月並特輟五日堂葬及葬各輟一日左

全唐文

監門衛大將軍黃州刺史允言乾興元年七月濮州防禦使允
成天聖三年五月並輟三日葬輟一日左監衛大將軍滁州刺史允熙四年
五月禮院言允熙年十七歲己在長殤降服小功請輟一日從之葬輟一日安國軍節度使
延安郡公允升景祐五年正月武定軍節度使允寧十一月並輟五日贈
及啟菆發引及葬各輟一日汝南郡王嘉祐四年十一月輟五日啟菆發引及葬各輟二日彰
化軍節度觀察留後孝奭崇寧四年正月輟三日皇從弟左武衛
將軍德愿咸平二年閏三月禮院言本服大功請輟三日從之右羽林軍將軍德
潤六年三月德欽景德元年六月右監門衛大將軍德鈞四年正月右羽
林軍將軍德存大中祥符四年六月並輟朝三日外菆各輟一日安靜軍節度使
允迪慶歷八年三月輟五日發引及葬各輟一日刑州觀察使孝永大觀三年十一
月輟三日

皇從兄弟之妻、皇從兄邵州防禦使德彝妻東平郡
夫人劉氏大中祥符四年四月輟朝三日雲州觀察使德欽妻博陵郡
君白氏天禧元年五月輟一日武信軍節度使德恭妻彭城郡夫
人武氏九月輟一日潁州防禦使允寧妻廣平郡君宋氏濮
安懿王夫人韓氏並天聖六年十月建雄軍節度使允叔妻廣
平郡夫人王氏明道二年六月並輟一日皇從弟右衛將軍德鈞妻
李氏景德元年九月耀州觀察使允迪妻陸安郡夫人張氏景祐
三年正月並輟一日
皇從姊妹　皇從姊秦王女長清郡主天禧三年七月禮院言本服小
功請輟一日從之楚王元佐女金華縣主天聖四年閏五月大和縣主
五年二月壽春縣主五月並輟一日葬輟一日荊王元儼女安定郡主三月

全唐文

輟一日華王元偁女雲安郡主淨妙大師妙悟六月輟一日葬又輟一
一日潤王元份女廣平郡主景祐三年十二月輟一日葬又輟一日元儼女
華原郡主寶元二年八月輟一日贈又輟一日安鄉郡主康定元年五月元佐女
樂平郡主至和二年九月並輟一日皇妹從元儼女新興郡主皇祐四年
正月冨平郡主六月並輟一日
皇從姪　右羽林將軍惟能大中祥符元年五月禮院言本服小功請輟二日菆
又輟一日感德軍節度使同中書門下平章事惟吉二年五月禮院
言為從姪大功九月請輟三日又使相合輟二日詔特輟五日啟菆發引葬各輟一日按禮令為同堂兄弟之
子服小功令云服大功言之誤也左千牛衛大將軍惟叙四年八月右千牛
衛大將軍惟和六年六月右屯衛大將軍惟忠八年六月閏資州
團練使惟憲九年五月並輟二日堂菆又輟一日內殿崇班承則天禧三年五月

禮院言請輟一日詔不廢朝樂安郡王惟正天聖十年六月輟三日贈輟一日東頭
供奉官宗直景祐二年六月右屯衛將軍宗孟康定元年四月宗育慶曆
九年七月太子右衛率府率宗彥二年七月克荷三年五月左千牛衛
大將軍大州刺史宗敏皇祐二年二月右武衛大將軍雅州刺
史宗鼎四年四月左武衛大將軍常州團練使宗道五年四月左
監門衛大將軍英州刺史宗魯閏七月右監門衛將軍宗
邈至和元年二月宗沔二月左監門衛大將軍昭州刺史宗默三月
左屯衛大將軍溎州團練使宗訥八月右衛大將軍潁州
防禦使宗顏九月右領軍衛大將軍康州刺史宗師嘉祐元年
十月左監門衛大將軍端州刺史宗仁二年正月右領軍衛大將
軍端州刺史宗詠二月左監門衛大將軍康州刺史宗楷

三月右武衛大將軍文州刺史宗迥五年四月右監門衛大將
軍石州團練使宗儒六年十一月右武衛大將軍舒州防禦
使清源郡公宗望八年四月各輟一日

皇從姪婦　左羽林軍將軍惟憲妻宋氏大中祥符三年正月禮院
言為堂姪婦緦麻請輟一日特輟二日左千牛衛上將軍惟敘妻馬氏五年
十月右羽林將軍惟能妻武氏八年六月並輟一日南陽郡王惟吉
妻譙國夫人杜氏天禧四年五月特輟二日內殿崇班承則妻劉氏
五年二月內殿崇班承亮妻薛氏八月內殿承旨宗說妻張氏
明道二年六月輟二日右屯衛將軍宗迥妻安定郡君張氏景祐三年
七月右千牛衛將軍宗敏妻江夏郡君李氏寶元二年五月右屯
衛將軍宗懿妻宜春縣君馮氏康定九年正月太子右司禦率

府率宗彥妻張氏慶曆三年七月左千牛衛將軍宗立妻南陽
君李氏三年七月右武衛大將軍宗懿妻京兆郡君潘氏八年
正月左清道率府率宗景妻李氏六年五月右監門衛將軍宗
秀妻洛陽縣君韓氏九月左羽林軍大將軍蘄州防禦使
宗旦妻河內郡君賈氏皇祐元年正月右監門衛將軍宗彥妻
金華縣君魏氏二年五月右領軍衛大將軍資州刺史宗肅
妻大原郡君張氏六月右監門衛大將軍嘉州刺史恩平
郡公宗逵妻京兆郡君高氏六月吉州團練使宗保妻隴
西郡君李氏四年四月左屯衛大將軍溎州團練使宗訥妻
長樂郡君賈氏至和元年五月右監門衛將軍宗粹妻宜興縣
君解氏嘉祐四年七月金州觀察使宗默妻吳興郡君錢

氏十一月並輟一日

皇從姪女　儒州刺史德彝女咸平五年五月禮院言堂姪女本服小功輟一
日從之魏王德昭女永年縣主天禧五年十一月輟一日葬又輟一日欽州
防禦史允寧女天聖五年六月濮安懿王長女長安郡君景祐二年
十二月第八女金城郡君慶曆六年八月第十五女延德郡君七年
五月信安郡王允寧女崇安郡君皇祐二年十一月允信女景城
郡君十二月和政郡君至和元年三月允成女太和宮道士仙居
縣主玉英二年五月華原郡王允良女沖秀大師嘉祐六年三月允
升女安嘉縣主八月濮安懿王女金城縣主七年十一月並輟一日

皇從姪孫　供奉官從溥天禧三年六月禮院從溥秩卑道不申請以右監
門衛率府副率仲甫慶曆四年六月右千牛衛將軍仲髦嘉祐三年

十一月仲寅四年六月仲緘五年六月仲參九月右監門衛大將軍仲
翹六年五月右千牛衛將軍仲喜七年三月並輟一日
皇從姪孫女　南陽郡王惟吉女新安縣主大中祥符八年閏六
月禮院言為同堂兄弟之孫女緦麻三月若出適降服不當輟朝特輟一日
皇再從伯叔　皇再從伯嘉州防禦使宗述熙寧元年正月右
衛大將軍金州防禦使宗辨七月鎮安軍節度觀察留後
宗衮元豐三年閏九月明州觀察使宗悌四年正月安化軍節度觀
察留後魯國公宗肅五年正月並輟一日崇信軍節度使開府儀
同三司華陰郡王宗旦二月輟二日葬又輟一日鎮南軍節度使開
府儀同三司豫章郡王宗諤六月輟二日武信軍節度觀察
留後宗達六年二月潞州觀察使宗輔七年二月武昌軍節度觀

察留後知太宗正事封江夏郡王宗惠六月並輟一日皇再從
叔左武衛大將軍承曹治平元年六月輟一日建州觀使宗翰十二
月通州防禦使宗蓋元豐三年七月橫海軍節度觀察留後宗
博六年七月並輟一日
皇再從伯叔母　皇再從伯母同安郡王惟正妻榮國
夫人史氏安定郡王承簡妻樂安郡夫人張氏並治平二年七
月宣州觀察使承雅妻永嘉郡夫人蔣氏三年八月並輟一日新
平郡王宗保妻元豐三年正月昭信軍節度使宗顏四年八月秦國
軍節度使祁國公宗述妻樂安郡君任氏六年正月容州觀
察使普寧侯宗儒妻七年正月並輟一日皇再從叔母南陽郡公
承曹妻永安郡君安氏治平三年年七月閬州觀察使寧綽妻

元豐二年正月懷州防禦使宗景妻四年二月並輟一日
皇再從兄弟　皇再從兄禮賓副使承則天聖元年八月禮院言本
服小功請輟一日莊宅使承矩五年八月作坊使承壽七年六月南作坊
使順州刺史承訓八年四月西京作坊使承供九年九月內園使
果州刺史承偉景元二年四月左領軍衛大將軍忠州團練使
承鑒寶元二年六月和州團練使承慶七月左領軍衛大將軍昭
州團練使承雅十二月左領軍衛大將軍彭州團練使承
睦十一月衛州防禦使承炳皇祐四年十一月懷州防禦使承幹十一
月右衛大將軍深州防禦使承詡嘉祐五年七月保康軍節度
觀察留後徐國公承簡六年閏八月博州防禦使承蘊八年二月
宿州觀察使和國公宗懿治平元年四月右羽林軍大將軍台

州團練使宗秀羽林軍大將軍慶州防禦使宗慶並十二月
虔州觀察使成國公宗禮二年四月左驍衛大將軍淄州防
禦使宗藝六月左武衛大將軍楚州防禦使宗回三年二月並輟
一日皇再從弟左千牛衛將軍承嗣慶曆元年六月左衛大將軍
登州防禦使承衍皇祐三年十一月左監門衛大將軍昌州刺
史承操嘉祐三年正月右屯衛大將軍霸州防禦使承俊七年二月
並輟一日
皇再從姊妹　皇再從姊右監門衛大將軍德鈞女天聖
元年九月禮院言本服緦麻出適服絕特輟一日咸寧郡公德雍女平原郡君
天聖二年六月潁川郡王德彝女玉田縣主八年十二月潭王德芳
女華容縣主十月六月德欽女高密縣主景祐元年二月德芳女樂

安郡主（慶歷五年六月）德癸女金鄉縣主（至和二年四月）鄖國公德鈞女寶應縣主（十一月）平陽郡王允升第三女興平縣主（治平元年十二月並載一日）皇再從妹德癸女長興縣主（嘉祐七年七月載一日）

皇再從姪 供備庫副使守廉（天聖三年二月禮院言本服緦麻請一日從之）內園使康州刺史守約（五年七月）西染院使從恪（九年二月）六宅使從頴（景祐二年二月）如京使從善（七月）左侍禁克禮（八月並載一日）彰化軍節度觀察留後同知大宗正事守節（寶元二年七月載一日薨）（又載一日）左領衛大將軍英州團練使守度（康定元年二月）右千牛衛大將軍克儉（八月）右屯衛大將軍文州刺史從郁（慶歷九年六月）太子右衛率府率克平（二年九月閏）右千牛衛大將軍克巳（三年二月）太子右衛率府率克荷（五月）右武衛大將軍克基

全唐文

右金吾衛將軍歸州團練使從煦（並五年六月）左金吾衛大將軍台州團練使從誨（八月）和州防禦使頴國公守巽（六年三月）太子右清道率府率克協（八年七月）克堪（皇祐元年五月）左金吾衛大將軍睦州團練使從謹（十一月）左屯衛大將軍溫州團練使從贇（三年正月）右領軍衛大將軍復州防禦使從審（五月）左屯衛大將軍信州團練使從質（四年八月）右屯衛大將軍克溫（五年七月）右羽林軍大將軍克明（至和元年七月）右監門衛將軍克丕（嘉祐二年二月）克肖（四月）克任（七月）左衛大將軍齊州防禦使頴國公從謞（八月）左衛大將軍克悚（三年五月）右屯衛大將軍克順 左監門衛將軍克諧（並十一月）右屯衛大將軍克咸（四年正月）右監門衛率府率克壯（六月）右神武軍大將軍

秦州團練使從湜（五年二月）右領軍衛將軍克沖（六年四月）左千牛衛將軍克終（六月）右領軍衛將軍克詢（閏八月）左屯衛大將軍雄州防禦使榮國公從信（七年十一月）右千牛衛將軍仲辰（治平二年二月）右監門衛大將軍仲向（三月）右武衛大將軍岳州刺史仲琳（四月並載一日）

皇再從姪女 贈汝州防禦使惟和女尼妙惠（天聖元年十月禮院言本服緦麻出家降服絕無服朝之禮從之）

皇三從叔祖等（孫阻）建寧軍節度使士㓨（紹興三十二年十月載一日）安德軍節度使同知大宗正事士街（十二月載一日）奉國軍節度使同知大宗正事士銖（乾道九年二月載一日）袒免外稱皇叔祖 定武軍承宣使安定郡王令德（乾道

全唐文

七年九月載一日）

皇三從姑 秦魯國賢穆大長公主（紹興十二年十一月載五日十四年九月薨載一日）

皇三從兄弟 皇三從兄左武衛大將軍建州刺史克闢（嘉祐八年八月）右神武軍大將軍克修（十一月）右武衛大將軍克循（治平元年八月）延州觀察使從吉（十二月）右驍衛大將軍祈州刺史克申 右神武軍大將軍均州團練使克絢（並二年五月）左神武大將軍龍州團練使克孚（十一月）右武衛大將軍雄州團練使仲龐（熙寧元年三月）右千牛衛將軍仲爂（五月）右羽林軍大將軍石州團練使仲連（二年五月）右武衛大將軍仲訏（八月）右武衛大將軍復州刺史仲敘（三年六月）右羽林

軍大將軍黎州團練使仲尋八月　右武衛大將軍宿州刺史仲嘉五年四月　右武衛大將軍道州刺史仲旻七年十二月　右羽林軍大將軍解州防禦使仲濬十年三月　澤州團練使仲黙七月　沂州防禦使仲伋九月並輟一日　右武衛大將軍忻州團練使仲蘧元豐二年八月　右武衛大將軍登州團練使仲佯四年五月　右武衛大將軍舒州團練使仲瓘七月　祈州防禦使仲玘五年二月　萊州防禦使仲越五月　忠州防禦使燕國公仲恕七年七月並輟一日

皇三從弟　右監門衛大將軍克貴嘉祐八年九月　克渙治平二年三月　右千牛衛將軍仲徐熙寧三年五月　右監門衛大將軍仲嶅十月　仲丁十年六月　仲俛八月並輟一日　仲瑣元豐四年七月　仲歐六年八月　仲養七年

全唐文

五月　仲璝六月並輟一日

皇三從兄弟四人已會玉牒所云籍內無出年月日未知孰為兄孰為弟　右內率府率仲逵元豐二年三月　右監門率府率仲歙八月　右千牛衛將軍仲瞞五年三月　仲商七年八月並輟一日

皇三從姊妹二人亦無生年月日　代州防禦使宗保女治平四年九月　武勝軍節度觀察留後宗晟女元豐四年十二月並輟一日　濮安懿王妻濮國夫人王氏紹聖元年七月輟視朝日未詳

皇外祖母　楚國太夫人吳氏明德皇后母咸平二年十一月特輟三日　韓國太夫人陳氏明德皇后之嫡母四年閏十二月亦輟三日

皇舅　右衛大將軍杜審瓊乾德四年九月禮院言本服大功請輟三日從之按舊禮為舅服緦麻令云大功禮院之誤也　右驍衛上將軍致仕杜審肇開寶七年

五月輟二日　靜江軍節度使杜審進拱端元年六月輟二日　蔡州防禦使符昭愿咸平四年五月輟二日　洛苑使李繼恂景德元年四月輟三日　山南東道節度使同中書門下平章事李繼隆二年二月特輟五日發引又輟一日　殿前都虞候端州防禦使李繼和大中祥符元年二月輟三日　彰信軍節度使兼侍中李用和皇祐二年特輟五日薨又輟一日　護國軍節度使檢校太師守太保開府儀同三司充太一宮使濟陽郡王曹佾元祐四年四月輟朝日未詳　太傅平樂郡王韋淵紹興二十三年十二月輟二日　少保新興郡王吳蓋乾道二年八月輟二日　太傅太寧郡王吳益七年二月輟一日

皇舅母　靜江軍節度使杜審進妻太平興國三年九月禮院言本服緦麻請輟一日從之舊禮舅母無服令請輟朝禮官之誤也　贈侍中劉美妻越國夫人

全唐文

錢氏天聖元年五月特輟三日　隴西郡王李用和妻榮國夫人王氏皇祐三年十月輟三日　昭德軍節度使兼侍中曹佾妻秦國夫人張氏熙寧六年十二月輟一日　贈太師高士林妻康國夫人郭氏建中靖國元年五月輟朝日未詳

皇從母　京兆郡夫人杜氏開寶三年十月輟一日

追復皇后　皇后郭氏景祐三年正月十八日葬輟一日仍罷其夕張燈

妃嬪　貴妃張氏至和元年正月特輟一日　淑妃董氏嘉祐七年九月輟二日葬輟一日　悟真大師贈貴妃杜氏真宗賢妃慶曆六年八月禮官言準令內命婦二品以上皆舉哀令貴妃雖一品緣入道雖用嬪妃禮詔罷輟朝舉哀　仁宗修儀楊氏熙寧五年十二月輟一日　真宗貴妃沈氏九年十二月輟三日　仁宗貴妃苗氏元祐六年十月　仁宗美人楊氏熙寧四年八月並輟視朝日未詳　神宗賢妃武氏大觀

元年七月）徽宗貴妃劉氏（政和三年七月並輟三日）婉儀張氏（紹興十二年二月輟
二日）修容魏氏（十三年十二月輟一日）賢妃潘氏（十八年六月輟二日）賢妃慕
容氏（二十二年九月輟三日）

皇后父母　定國軍節度觀察留後向經（皇父母熙寧九年二月輟
三日）秦國太夫人楊氏（懿德皇后母端拱二年四月）萊國太夫人梁氏
（彰穆皇后母大中祥符八年五月並輟二日）楚國太夫人曹氏（溫成皇后母至和元年三
月輟一日至十月同父清河郡王張堯封葬又輟一日）慶遠軍節度使邢煥（皇后父紹
興二年十二月輟三日）昭慶軍承宣使郭瑊（皇后父隆興二年二月輟三日）

皇后兄弟　后兄侍衛親軍馬軍都虞候武勝軍節度
觀察留後劉美（天禧五年八月輟三日）四方館使榮州刺史曹傳
（慶曆五年五月輟一日）后弟西京左藏庫使郭崇信（咸平三年四月）崇儀

使金州刺史郭崇儼（景德三年正月）磁州防禦使郭崇仁（景祐二年
八月）萊州防禦使曹億（皇祐三年正月並輟一日）

皇后姪　蔡州團練使劉從德（天聖十年特輟三日葬輟一日）

駙馬都尉　護國軍節度使王承衍（咸平元年七月禮院言節度使駙馬
都尉皆輟一日特輟二日）鎮安軍節度使同中書門下平章事石保
吉（大中祥符二年四月禮院言使相合輟二日特輟三日）保平軍節度使同中書
門下平章事魏咸信（天禧元年七月輟三日）山南東道節度使吳
元扆（四年六月輟三日）鎮國軍節度使李遵勗（寶元元年八月輟二日）武
成軍節度使同中書門下平章事柴宗慶（慶曆四年二月輟三日）太傅
保平軍節度觀察留後王師約（崇慶元年閏三月輟視朝日未詳）
駙馬都尉和國公潘正夫（紹興二十二年九月輟一日）

公主子　六宅使平州刺史王世隆（秦國長公主子景德元年八月禮院
言請輟一日）六宅使澄州刺史吳守禮（榮國長公主子大中祥符七年六月）
四方館使端州防禦使魏昭亮（許國長公主子天禧二年九月並輟一日）供
備庫使李端愿（端愿並魏國長公主出慶曆八年三月輟一日禮官之失也）

公主女　真寧縣主高氏（太平興國七年十二月禮院言本服小功請輟一日）壽
光縣主魏氏（咸平二年五月）臨海郡主柴氏（景祐元年七月）長安郡主
李氏（四年十二月）延安郡主李氏（皇祐四年正月）恩平郡主柴氏（五年
正月止輟一日）雍國長公主長女（崇寧五年六月輟視朝日未詳）

乳母　陳國夫人耿氏（太平興國八年正月特輟朝二日）秦國夫人劉
氏（咸平元年五月特輟朝三日權殯及葬各輟一日）魏國永聖寶夫人許氏（寶元
二年二月輟三日葬一日）秦晉國賢正夫人林氏（至和二年八月輟一日）慶國

柔懿淑美保慈夫人吳氏（紹興九年七月輟三日）壽國柔惠淑婉
和懿慈穆育聖夫人王氏（二十年六月輟五日）崇國慈良保育賢
壽夫人周氏（紹興三十一年十二月輟三日）

宗室依服屬合輟朝本傳不載者一十七人

皇姪　同州防禦使馮翊侯孝純（熙寧六年正月）嘉州團練使
孝錫（元祐二年八月）

皇再從伯　右金吾衛大將軍鳳州防禦使宗厚（熙寧四年
九月）右龍武軍大將軍丹州防禦使宗彥（七年四月）代州防禦
使燕國公宗保（十月）昭化軍節度使同中書門下平章事
襄濮國公宗誼（元豐元年二月）

皇三從兄　右武衛大將軍開州刺史仲行（治平四年八月）右

監門衛大將軍仲夷（熙寧五年正月）右武衛大將軍廉州刺史仲雜（五月）右武衛大將軍昭州刺史仲僧（六年五月）右武衛大將軍晉州團練使仲瑱（七年十月）右武衛大將軍循州刺史仲勸（八年四月）洛苑使仲峭（七月）右武衛大將軍仲僖（九年五月）滁州防禦使仲滂（元豐元年七月）武衛大將軍筠州刺史魏國公仲來（三年十二月）右千牛衛將軍仲考（治平四年五月辛不見生年月日）

無服紀依外官軟朝者二十二人　保大軍節度使承範（熙寧元年十一月）威德軍節度使承亮（四年四月）安定郡王從式（十一月）昭化軍節度使承顯（八年六月）保大軍節度使承選（元豐元年四月）寧武軍節度使承裕（三年十月）鎮東軍節度觀察留後會稽郡王世清（六年十月）武泰軍節度使宗勝（元祐元年五月並軟一日）

全唐文

昭信軍節度開府儀同三司漢東郡王宗瑗（三年五月）保信軍節度使檢校司空開府儀同三司安康郡王宗隱（五年二月）武安軍節度使檢校司徒開府儀同三司判大宗正事嗣濮王宗晟（紹聖二年三月並軟三日）鎮安軍節度使開府儀同三司嗣濮王宗愈（八月一日軟）武昌軍節度使檢校司徒開府儀同三司嗣濮王宗楚（四年六月）清海軍節度廣州管內觀察處置等使檢校司徒開府儀同三司嗣濮王宗祐（元符元年二月並軟三日）奉國軍節度觀察留後安定郡王世開（四月軟一日）彰信軍節度使曹州管內觀察處置等使檢校司空開府儀同三司濟陰郡王宗景（卒不載軟朝六日以葬軟一日）齊安郡王仲損（大觀二年正月）安化軍節度使仲霜（二月並軟一日）泰寧軍節度使檢校太尉開府儀同三司嗣濮王宗漢（三年九月軟三日）檢校少傅太寧軍節度使開府儀同三司嗣濮王仲御（宣和四年五月）檢校少傅定武軍節度使開府儀同三司判大宗事嗣濮王仲爰（五年五月）崇信軍節度使開府儀同三司安化郡王仲營（七年七月並軟一日）

無服紀依外官合軟朝而本傳不載者二人　永興軍節度使克禓（元符三年七月日）崇信軍節度使安定郡王知大宗正事世雄（崇寧四年十一月）

無服紀依外官不合軟朝而軟者四人　橫海軍節度觀察留後承衍（熙寧四年正月）遂州觀察使承錫（六年正月）達州防禦使從賁（九年五月）右羽林軍大將軍宜州團練使克整（元豐

全唐文

六年十月並軟一日）

宰相　司空兼門下侍郎薛居正（太平興國六年六月禮院請準式軟朝三日特軟三日）右僕射兼門下侍郎李流（景德元年七月）吏部侍郎畢士安（二年十月並特軟五日發引軟一日）右僕射兼門下侍郎向敏中（天禧四年二月）司徒兼門下侍郎王欽若（天聖三年十二月）工部尚書張知白（六年二月並特軟三日葬軟一日）尚書左僕射兼門下侍郎王珪（元豐八年五月軟三日）尚書左僕射兼門下侍郎司馬光（元祐元年九月軟三日）司空同平章軍國事呂公著（四年二月軟三日）太師尚書左僕射秦檜（紹興二十五年十月軟三日）尚書左僕射万俟卨（二十七年四月軟二日）少保尚書左僕射陳康伯（乾道元年二月軟三日）

執政　參知政事左諫議大夫李穆（太平興國九年正月禮院上言諫議

(大夫五品不輟朝以穆紀顏機政特輟一日)兵部侍郎陳彭年(天禧元年三月)禮部侍郎魯宗道(天禧七年二月並輟一日)兵部尚書宋綬(康定元年十二月輟二日)給事中明鎬(慶曆八年六月輟二日)樞密使兼侍中曹彬(咸平二年六月)檢校太傅王繼英(景德三年二月並輟五日)吏部侍郎同中書門下平章事王曉(景祐元年八月輟三日葬輟一日)知樞密院同知樞密院知樞密院事戶部侍郎李諮(景祐三年十二月)同知樞密院事給事中王博文(寶元元年四月並輟一日)樞密副使工部侍郎楊礪(咸平二年八月)給事中宋湜(三年正月)給事中姜遵(天聖八年九月)給事中包拯(嘉祐七年五月)禮部侍郎王疇(治平二年二月並輟一日)宣徽南院使郭守文(端拱二年十一月)天平軍節度使夏守贇(慶曆二年六月並輟二日)天平軍節度使張堯佐(嘉祐三年九月)武安軍節度使程戡(治平二年二月)

全唐文

西太一宮使呂公弼(熙寧六年三月並輟一日)北院使簽書樞密院事楊守一(端拱元年九月)檢校太保雷有忠(景德二年七月)奉國軍節度使鄭戩(皇祐元年十一月並輟二日)參知政事唐介(熙寧二年四月輟二日)同知樞密院事趙瞻(元祐元年三月輟一日)知樞密院事孫固(四月)中書侍郎傅堯俞(六年十一月並輟一日)門下侍郎溫益(崇寧二年正月)同知樞密院事安燾(四年正月並輟二日)尚書右丞朱諤(大觀元年六月輟三日及葬輟一日)端明殿學士簽書樞密院事鄭瑴(建炎三年七月在皇太子輟朝日內)簽書樞密院事權邦彥(紹興三十二年輟一日)知樞密院事沈與求(七年六月輟二日)同簽書樞密院王倫(十五年二月輟一日)簽書樞密院詹大方(十八年九月輟一日)同知樞院事王剛中(乾道元年六月輟二日)

三師三公

前司空趙國公李穀(建隆元年七月禮院請輟二日從之)前司徒沂國公竇正固(開寶二年十月輟二日)太師魏國公趙普(淳化三年七月輟五日)太尉王旦(天禧元年九月輟三日)太保劉光世(紹興十二年十一月輟二日)少保感德軍節度使充萬壽觀使高世則(十四年十二月輟二日)少保德慶軍節度使開府儀同三司錢愐(十六年正月輟二日)太傅咸安郡王韓世忠(二十一年八月輟二日)太師清河郡王張俊(二十四年七月輟三日)少師信安郡王孟忠厚(二十七年四月輟二日)少保崇信軍節度使趙密(乾道元年九月輟二日)太傅和義郡王楊存中(二年十一月輟三日)太傅新安郡王吳璘(三年六月輟三日)

前宰相

左僕射致仕沈倫(雍熙四年十月)司空李昉(至道二年二月)張齊賢(大中祥符七年六月並輟朝二日)太尉許國公呂夷簡(慶曆四年九月)

全唐文

(輟三日葬輟一日)司空鄜國公章得象(八年六月)太傅鄧國公張士遜(皇祐元年正月並輟二日)司徒岐國公陳執中(嘉祐四年四月輟二日葬輟一日)司空鄧國公宋庠(治平三年四月輟二日葬輟一日)太子太傅梁適(熙寧三年正月輟二日)永興軍節度使兼侍中韓琦(八年六月輟三日葬輟一日)太傅魯國公曾公亮(元豐元年閏正月輟三日)鎮江軍節度使同中書門下平章事致仕陳升之(二年四月)觀文殿大學士吏部尚書西太一宮使吳充(三年四月)武寧軍節度使檢校太師守司徒開府儀同三司致仕富弼(六年閏六月並輟二日)司空荊國公王安石(元祐元年四月)鎮江軍節度使檢校太尉守司空開府儀同三司致仕韓絳(三年三月)太子太保韓縝(紹聖四年五月並輟視朝)降授太子少保潞國公文彥博(五月特輟視朝一日)觀文殿

大學士右正議大夫范純仁薨日未詳建中靖國元年以葬輟一日建武
軍節度使開府儀同三司劉正夫政和七年月輟二日資政殿
大學士左大中大夫吳敏紹興三年五月輟二日觀文殿學士范
宗尹六年八月輟二日少保鎮南軍節度使充醴泉觀使成國
公呂頤浩九年四月輟二日少師李綱十年二月輟二日檢校少傅保
信軍節度使開府儀同三司汪伯彥十一年九月輟二日少師保
信軍節度使充醴泉觀使張浚隆興二年九月輟二日特進觀文
殿學士沈該乾道二年七月輟二日
僕射　左僕射資政大學士王曾寶元元年十一月觀文殿大
學士賈昌朝治平二年七月並輟二日右僕射魏仁浦開寶二年六月時親征太
原以方在軍行不及廢朝石熙載太平興國九年正月禮院言準令式從二品輟朝二日從之宋
全唐文
琪至道二年年九月陳堯叟天禧元年四月並輟一日
東宮一品　太子太師祁國公王溥太平興國七年八月許國公
呂蒙正大中祥符四年四月並輟二日太子太傅魯國公范質乾德二年九月
太子太保呂端咸平三年四月並輟二日
東宮一品致仕　太子太師扈彥珂建隆元年七月禮院上言準禮令一
品二品之喪輟朝二日致仕官多是優禮令合同正官詔輟一日薛懷讓七月齊國公侯
益乾德三年四月輟並二日韓國公王晏四年十二月特輟三日侯章五年八月郭
從義開寶四年十二月並輟二日李繼勳太平興國二年八月輟三日王彥超雍熙
三年八月陳堯佐慶曆四年正月徐國公張耆八年六月並輟二日祁國公杜
衍嘉祐二年二月輟二日葬輟一日張昇熙寧十年十月輟二日潁國公龐籍嘉祐
八年三月不輟太子太傅韓國公武行德太平興國四年十月李迪慶曆七年

十月梁適熙寧三年正月並輟一日太子太保楊崇勳慶曆五年閏五月輟二日
東宮二品致仕　太子少師李肅之建隆二年二月石中立皇祐元年
八月任中師二年七月任布四年十一月李東之熙寧五年六月並輟一日太子
太保李端愿元祐六年八月輟二日柴守禮乾德五年八月田敏開寶四年十一
月並不輟太子少傅王易簡建隆四年五月辛仲甫咸平三年四月孫奭明道
二年六月晁迥景祐元年九月趙稹寶元元年十月盛度康定二年八月韓億慶曆四年
八月李若谷皇祐元年六月王舉正嘉祐五年二月田況八年二月孫抃治平元年
十一月並輟一日　太子少保馬亮天聖九年八月輟一日
前執政　資政殿大學士戶部侍郎吳奎熙寧元年八月宣徽
南院使檢校太尉西太一宮使呂公弼六年三月並輟二日觀文
殿學士太子少師致仕歐陽脩五年閏七月　太子太師致仕
全唐文
張昇十一年十月並輟二日資政殿學士蔡挺元豐二年五月正議大夫
知隨州薛向四年三月觀文殿學士正議大夫王韶四年六月太
子太師致仕趙槩元年正月太子少保致仕元絳七年六月太子
少保致仕趙抃七年八月彰德軍節度使檢校太師北京留
守王拱辰八年七月左武衛大將軍郭逵元祐三年十二月吏部尚
書曾孝寬五年八月太子太保致仕張方平六年十二月資政殿
學士新知河南府范百祿紹聖元年閏四月資政殿學士新知
定州胡宗愈閏四月資政殿學士充河東路經略安撫使
兼知太原府王安禮三年九月資政殿學士王存建中靖國元年七月
資政殿大學士提舉中太一宮兼集禧觀公事黄履十月
資政殿學士知大名府李清臣崇寧元年正月資政殿學士管

師仁大觀三年六月檢校少保鎮東軍節度使開府儀同三司
蔡卞政和七年三月寧遠軍節度使開府儀同三司梁子美宣和
五年五月並輟一日檢校少傅鎮洮軍節度使河東路宣撫使种
師道靖康元年十月輟五日資政殿學士左太中大夫提舉臨安
府洞霄宮陳與義紹興八年十二月輟一日資政殿學士左太中大
夫馮澥十年六月輟一日資政殿大學士左中大夫提舉臨安
府洞霄宮顏岐十一年八月輟一日端明殿學士左中大夫徐俯
十一年十一月輟一日端明殿大學士左正議大夫張守十五年六月輟
一日資政殿大學士左朝奉郎知建康府楊愿二十三年二月輟一
日左中大夫段拂二十六年二月輟一日資政殿學士張綱乾道二年
四月輟一日端明殿學士楊椿三年八月輟一日資政殿大學士葉
全唐文
義問六年九月輟一日
尚書　兵部尚書李濤建隆三年十二月禮院言三品之喪請輟一日從之工部
尚書李昊乾德二年七月翰林學士禮部尚書竇儀四年七月翰
林學士承旨戶部尚書陶穀開寶三年十二月工部尚書扈蒙
雍熙三年九月張宏咸平四年三月禮部尚書王化基大中祥符四年三月翰林
侍讀學士禮部尚書郭贄五年六月翰林侍讀學士禮部尚
書邢昺六年六月戶部尚書溫仲舒七月樞密直學士禮部尚
書張永八年七月戶部尚書林特天聖四年五月禮部尚書任中正
八月資政殿大學士禮部尚書范雍慶曆六年五月翰林學士承
旨兼端明殿學士翰林侍讀學士工部尚書宋祁嘉祐六年
五月工部尚書余靖治平元年七月禮部尚書張存熙寧四年三月並輟一日

觀文殿大學士兵部尚書晏殊至和二年正月刑部尚書劉沆
嘉祐五年三月並輟二日吏部尚書時彥大觀元年六月並輟一日
致仕分司三品　戶部尚書致仕顏衎建隆三年三月禮院請輟一日
詔不輟邊歸讜乾德二年九月秘書監致仕羅周岳四年四月並輟一日劉
濤六年正月尹拙開寶四年十月不輟左散騎常侍分司西京歐陽迥
十二月吏部尚書致仕張昭五年七月少府監致仕盧德六年十二
月戶部尚書致仕劉熙古九年九月禮部尚書致仕楊昭儉
太平興國二年五月將作監致仕孔承恭淳化元年十二月吏部尚書致
仕宋白大中祥符五年五月刑部尚書分司南京薛映天聖二年七月並輟
一日
兩省諸司三品　司農卿張仁瑑建隆元年八月禮院請輟一日從之太
全唐文
僕卿兼司天監趙修己二年十二月大理卿劇可久三年八月衛
尉卿張保緒十一月並詔不輟朝秘書監張鑄四年六月輟一日前左散
騎常侍尹日就乾德二年十二月鴻臚卿范禹偁開寶三年正月並不輟
大僕卿鄭牧八月司農卿衛融六年九月國子祭酒毋守素十一
月光祿卿湯悅太平興國九年三月太府卿馬峯五月衛尉卿崔仁
冀端拱元年九月將作監宋雄景德元年六月宗正卿趙安易二年四月並輟
一日
丞郎以下曾任中書樞密院　尚書左丞呂餘慶開寶九年
四月禮部侍郎兼秘書監賈黃中至道二年正月翰林侍讀學士
戶部侍郎兼秘書監夏侯嶠景德元年五月尚書左丞陳恕六月
御史中丞尚書右丞兼宗正卿趙仁安天禧二年五月資政殿

學士戶部侍郎薛奎景祐元年八月戶部侍郎蔡齊寶元二年四月工
部侍郎王曙慶歷元年二月資政殿學士給事中晁宗慤二年四月戶
觀文殿學士尚書左丞張觀皇祐二年閏十一月資政殿學士戶
部侍郎范仲淹四年三月觀文殿學士兼翰林侍讀學士尚
書右丞丁度五年正月觀文殿學士兼尚書左丞高若訥至和
二年八月資政殿大學士尚書左丞吳育嘉祐三年四月資政殿大
學士戶部侍郎吳奎熙寧元年八月並輟一日
丞郎以下曾任藩邸　翰林侍讀學士兵部侍郎兼秘
書監楊徽之咸平三年正月輟一日
使相　鳳翔節度使太保中書令太原郡王王景建隆四年
五月禮院請輟二日從之山南東道節度使兼侍中慕容延釗乾德元年
全唐文
十二月輟二日護國軍節度使兼侍中楊承信二年四月平盧軍節
度使兼中書令郭崇三年五月前保大軍節度使兼中書令
李洪義五年六月定難軍節度使太尉中書令李彝興八月成
德軍節度使侍衛馬步軍都指揮使兼侍中韓令坤六年
四月永興軍節度使同中書門下二品吳廷祚開寶四年四月並輟
一日忠武軍節度使同中書門下平章事王審琦七年八月特輟
五日葬輟一日前鳳翔節度使太師中書令符彥卿八年六月武勝
軍節度使兼侍中高懷德太平興國七年七月鎮安軍節度使守
中書令石守信九年六月並輟三日武勝軍節度使同中書門下
平章事陳洪進雍熙二年三月輟二日安遠軍節度使兼中書令
錢惟濬淳化二年三月輟二日武勝軍節度使兼侍中馮拯天聖元年

閏九月輟三日葬引輟一日彰信軍節度使同中書門下平章事王
隨寶元二年正月武寧軍節度使兼侍中夏竦皇祐二年七月鎮安軍
節度使兼中書門下平章事程琳嘉祐元年閏三月並輟二日彰德
軍節度使尚書右僕射兼侍中王貽永五月輟三日葬輟一日忠
武軍節度使同中書門下平章事王德用二年二月輟一日葬輟一
日護國軍節度使同中書門下平章事狄青三年三年泰寧
軍節度使同中書門下平章事李昭亮八年三月並輟二日永興
軍節度使兼侍中韓琦熙寧八年六月輟三日葬輟一日
管軍節度使　殿前都指揮使鎮寧軍節度使楊信太平
興國三年六月感德軍節度使白進超五年正月河西軍節度使范
廷召咸平四年正月保靜軍節度使劉謙大中祥符二年八月忠武軍節
全唐文
度使曹璨天禧三年七月並輟二日保靜軍節度使蔚昭敏天聖二年三月
建雄軍節度使許懷德嘉祐六年十二月並輟一日都虞候泰寧軍
節度使李重勳太平興國三年三月輟二日侍衛親軍馬軍都指揮
使大同軍節度使李懷忠太平興國三年五月彰國軍節度使康
保裔咸平三年五月並輟二日副都指揮武昌軍節度使彭睿天聖六年
正月輟一日侍衛親軍步軍都指揮使靜江軍節度使李進
卿開寶六年三月保順軍節度使王隱大中祥符二年九月並輟二日副都指
揮使威塞軍節度使馮守信天禧五年八月輟一日殿前副都指
揮使建武軍節度使賈逵元豐元年十二月寧遠軍節度使殿
前副都指揮使主管都指揮使楊遂三年十二月殿前副都
指揮使武泰軍節度使主管都指揮使盧政四年八月殿前

都指揮使武勝軍節度使燕達元祐三年七月殿前副都指揮
使保康軍節度使檢校司空苗授紹聖二年九月並敕一日定武軍
節度使檢校司徒殿前都指揮使姚麟崇寧四年二月敕三日奉
國軍節度使楚泗等州鎮撫使趙立建炎四年十月敕一日保平
靜難軍節度使開府儀同三司四川宣撫使吳玠紹興九年
七月敕一日太尉武當軍節度使御前諸軍都統制利州東
路安撫使知興元府楊政二十七年五月敕一日
管軍留後　侍衛親軍馬軍都指揮使定國軍節度觀
察留後曹琮慶曆五年五月敕一日
管軍觀察使　侍衛親軍馬軍都指揮使櫂州觀察使
周美皇祐四年九月敕一日　侍衛親軍步軍都指揮使桂州觀察
全唐文
使張潛寶元二年五月並敕一日步軍副都指揮使邕州觀察使兼
權侍衛馬軍司劉永年元豐七年三月敕一日
節度使　河陽節度使趙晁建隆元年七月禮院請準禮例敕一日從之前
彰信軍節度使樂元福九月敕一日　前山南東道節度使王
鎬二年四月永安軍節度使折德扆乾德二年九月義武軍節度使
昝居潤四年五月永清軍節度使張光翰五年正月建雄軍節度
使趙彥徽六年五月並敕二日前橫海軍節度使李方全六月敕一日
鎮寧軍節度使張令鐸開寶三年正月特敕三日大同軍節度使孟
仁贊四年四月敕一日　建武軍節度使何繼筠七月前保大軍節
度使袁彥五年七月並敕二日河陽節度使張仁超十月特敕三日保信
軍節度使尸崇珂六年六月武寧軍節度使高繼沖十一月並敕二日

感德軍節度使趙文度十年四月敕一日　彰信軍節度使韓重
贇七月敕二日　河中節度使陳思讓十二月特敕三日保靜軍節度
使楊重勳八年七月敕二日　武寧軍節度使王令斌九年七月敕三日
泰寧軍節度使折御勳太平興國二年閏七月　定國軍節度使馮
繼業九月保大軍節度使趙贊十月靜難軍節度使李克叡
三年五月保靜軍節度使楊美忠　武軍節度使党進並七月敕
二日前彰德軍節度使焦繼勳八月特敕一日安化軍節度使沈
承禮八年七月泰寧軍節度使孫承祐雍熙二年閏九月並敕二日保靜
軍節度使崔彥進端拱元年八月敕一日　忠武軍節度使潘美淳化
二年五月鎮安軍節度使崔翰六月保康軍節度使劉繼元十二
月　天雄軍節度使劉廷翰三年六月定武軍節度使張訓四年
全唐文
二月並敕二日永安軍節度使折御卿至道元年十二月敕一日永興軍節
度使田重進三年二月敕一日　保靜軍節度使王昭遠咸平二年十二
月　彰德軍節度使張永德三年九月並敕一日武勝軍節度使李
至四年正月鎮寧軍節度使柴禹錫景德元年八月志武軍節度使
高瓊三年十二月並敕二日　昭德軍節度使葛霸大中祥符元年十一月　建
雄軍節度使王超六年正月並敕一日天平軍節度使周瑩九年正月
敕二日　彰信軍節度使王能天禧三年五月永清軍節度使王守
斌天聖三年十一月並敕一日　彰武軍節度使曹瑋八年正月敕一日　武信
軍節度使陳堯咨景祐元年三月崇信軍節度使錢惟演七月建
雄軍節度使高繼勳三年八月保靜軍節度使郭承祐皇祐三年
十一月　集慶軍節度使張孜治平元年正月　振武軍節度使李璋

熙寧六年十二月並敕一日太尉慶遠軍節度使充醴泉觀使郭仲荀紹興十六年正月敕一日太尉建寧軍節度使韋謙二十六年十月敕二日太尉感武軍節度使提舉萬壽觀使劉錡二十二年三月敕一日

節度觀察留後　靜江軍節度觀察留後郭廷謂開寶五年六月特敕一日感德軍節度觀察留後安守忠咸平三年六月安化軍節度觀察留後孔守正景德元年五月建武軍節度觀察留後劉知信二年九月彰德軍節度觀察留後馬知節天禧三年八月安國軍節度觀察留後郝榮天聖四年七月鎮潼軍節度觀察留後李端懿嘉祐五年八月並敕一日

統軍上將軍　右領軍衛上將軍王暉建隆四年四月禮院請敕二日詔上一日敕前左金吾衛上將軍張從恩乾德四年五月右千牛衛全唐文上將軍李廷珪五年二月並敕一日左領軍衛大將軍劉重進六年正月特敕一日左千牛衛上將軍白重贊開寶二年四月左羽林統軍孟仁裕九月左龍武軍陳承昭十月並敕一日右千牛衛上將軍楊廷璋四年十月敕二日左驍衛上將軍楚昭輔太平興國七年十二月左衛上將軍向拱雍熙三年正月左屯衛上將軍張鐸七月左神武統軍孟仁操八月右屯衛上將軍伊審證端拱元年正月右千牛衛上將軍李承矩二月吳虔裕八月右衛上將軍宋偓二年五月右千牛衛上將軍曹翰淳化三年五月左龍武統軍孟元喆十月右武衛上將軍米信五年五月左領軍衛上將軍戴興咸平二年二月左屯衛上將軍王漢忠五年九月右千牛衛上將軍趙保忠景德元年六月左神武統軍錢惟治大中祥符九年七月並敕一日左屯衛上將軍薛可言乾德五年正月左監門衛上將軍秦習八日左驍衛上將軍田景咸開寶三年三月並不敕上將軍致仕左驍衛上將軍李洪信開寶八年八月張美雍熙二年九月左千牛衛上將軍解暉淳化三年七月左領衛上將軍譚延美咸平六年六月安遠軍節度觀察留後左驍衛上將軍劉承規大中祥符六年七月左屯衛上將軍王嗣宗天禧五年四月右屯衛上將軍鄭守忠慶歷二年閏九月高化八年五月並敕一日左領軍衛上將軍郭瓊乾道二年正月王祚六月周景開寶五年六月並不敕

諸國奉使附　江南國主李景建隆二年八月特敕五日契丹國母大中祥符二年十二月特敕七月癸敕一日契丹國主隆緒天聖九年六月亦敕七日禁在京音樂癸又敕一日夏國主德明明道元年十一月敕三日夏國主元昊慶曆全唐文八年二月敕三月契丹國主宗真至和二年九月特敕七日癸敕一日夏國主母嘉祐元年十二月敕一日癸敕一日契丹國母三年正月敕三日夏國主諒祚熙寧元年正月敕三日大遼國母九年三月敕七日偽國主中書令秦國公孟昶乾德三年六月特敕五日左千牛衛上將軍李煜太平興國三年七月左監門衛上將軍劉鋹五年三月並特敕三日武勝軍節度使太師尚書令兼中書令錢俶端拱元年九月敕五日夏國主秉常元祐元年九月敕三日遼使寧昌軍節度使耶律迪七年五月特敕一日先是太常寺言典故無例用節度使葬格故也

內侍　入內內侍省副都知岑守忠慶曆五年閏五月敕一日

特恩　淄州刺史李處耘乾德四年閏八月太祖以處耘功勞推戴嘗任宣徽使特敕一日應州觀察使李漢超太平興國二年八月漢超守關南二十餘年卒於屯所特

輟一日左龍武軍大將孫行友（六年九月，行友嘗任陝相，坐廢累年，禮院言大府當）
（無發朝之例，特輟一日）給事中權判三司侯陟（八年正月特輟一日）耀州管
內觀察使夏隨（康定元年十月輟一日）宰相陳升之母（熙寧三年十月特輟
一日）嘉州刺史任澤（元豐六年八月，澤乃和惟夫人之弟，特輟朝一日）
雜錄　太祖開寶二年四月二十九日，鎮國軍節度使
羅彥瓌卒，時駐蹕并郊，故不輟朝。　六月二十九日，右
僕射魏仁浦薨，以軍行不輟朝。　真宗咸平二年五月
十五日，駙馬都尉魏咸信女壽光縣主卒，輟朝一日。宰
臣言其日百官起居，欲輟次日，從之。（縣主故許國長公主女，太宗友愛加
厚，凡公主之女既非王女，故有此禮，帝遵行之，非舊制也）　十二月八日，保靜軍節
度使王昭遠卒，時車駕北巡，太常禮院上言：行闕廢朝
全唐文
未有定制，特輟朝參。　三年九月，太常禮院言：準禮例，
諸王啟攢掩壙日並輟朝參，掩壙日百官慰。今月二十
九日改葬秦王，其日朝參奉慰，望準故事。從之。　景德
元年四月二日，鄭國長公主薨，明德皇太后之喪已制
服未除，太常禮院請止輟朝三日。詔自今月五日至八
日百官並不赴崇政殿朝參。　二年正月，吏部侍郎、平
章事畢士安薨，太常禮院言：士安出葬之日，與鄭王外
葬日同，士安發引日望特輟朝參，以成禮例。從之。　三
年十月五日，河西軍節度使秦贇卒，太常禮院言：準禮
例輟朝一日。崇文院檢討杜鎬等言：唐太和三年，太常
博士崔龜從奏輟朝軫悼，所貴及哀，自頃已來，輟朝非

奏請之時，備禮於數日之外，雖遵常例，未本人情。又中
書門下覆奏，舌有當祭告喪，義在申情同體，過時而哭
於禮稍乖。禮院所請合輟朝者，各以聞哀之明日請依
者。又按禮云：輕者包重，重者持。蓋重者可以包輕。今緣明
德皇后園陵啟𣩵，前殿不坐，若於其內輟朝，即還輕包
之義，尚或過時，又失憫悼本意。伏請依禮更不輟朝。詔
從鎬等議。　四年正月二十五日，河陽三城節度使同
平章事王顯卒，行在太常禮院言：準令使相輟朝兩日，
又緣朝拜諸陵，方當行在，酌情順變，事貴從宜，欲望更
不行輟朝之禮。又龍圖閣待制陳彭年、檢討故事：昔唐
太宗北征，中書令岑文本卒於扈從，太宗軫悼，不忍聞
全唐文
嚴更之聲，然亦無輟朝之文。今王顯卒於私第，國家方
行盛禮，吉凶既難相干，伏請更不輟朝。從之。　閏五月，
皇從弟右監門衛大將軍德鈞出殯，太常禮院言：準禮
例當廢朝，伏緣莊穆皇后在殯，朔望罷朝，群臣奉慰，其
德鈞出殯，望罷輟朝。從之。　大中祥符九年五月十九
日，太平軍節度使周瑩卒，宰相議輟二十七日、二十八
日視朝二日。時景靈宮、和成帝以景靈宮慶成士庶遊
賞五日之內輟朝，非便，遂改自二十九日以後輟二日。
天禧元年十一月二十六日，太尉王旦出葬，太常禮院
言：按禮例，宰相出殯，輟其日視朝。王旦出葬，望準舊制。
中書言：二十六日冬至，其日皇帝不受朝賀，已有詔命

遂不下輟朝之命議者謂其日當罷百官拜表之禮時宰臣王欽若與旦不叶故也　二年七月太常禮院言皇后父永興軍節度使贈太師尚書令劉通母故徐國太夫人龐氏以七月十六日遷葬按令皇帝為皇后父母喪皆不視事三日若行遷厝之禮即無輟朝之例詔特輟其日朝參　乾興元年七月二十三日太常禮院上言左監門衛大將軍允言今月三十日外蕆準禮例禮合輟其日朝參又緣已在旬假之内詔特輟二十九日是年仁宗已即位未改元　仁宗天聖六年四月詔故宰相張知白以二十日葬發引輟其日朝參　寶元二年十月六日詔罷諸司三品官卒輟視朝　初光禄卿鄭平卒禮官舉故事請輟朝而議者以謂今諸司三品非要官恩禮不稱故罷之　康定二年三月六日詔以豫王薨輟朝先是王薨依禮輟五日帝以寒食旬休上以假在五日内無廢朝之實至是輟五日　慶歷四年十月二十三日同知太常禮院曾公亮言朝廷凡為臣僚之喪行輟朝之禮如遇假日則輟朝在聞訃數日外欲申慘悼誠以過時唐太和中博士崔龜從奏輟朝之禮所貴及哀自頃以來輟朝非奏請之時備禮於數日後雖遵常例未本人情是時中書覆奏稱古有當祭告喪之儀若過時而臧非所以篤君臣之義也今宜以韓億之喪特正此禮凡聞哀之明日不以假休並許輟朝之數其日如

全唐文

值大朝會或有大政須御前殿自可畧輕而為重不輟朝即值契丹使見辭若春秋大宴已告有司者不可去樂事下太常禮院言看詳公亮所奏誠於輟朝之閒適宜順變恤處君臣恩禮之情有所未盡欲乞除入使見辭春秋二宴合當舉樂即於次日輟朝餘如公亮所奏從之五年正月四日后皇兄四方館使榮州刺史曹傳卒四月　章懿皇太后姪西頭供奉官李璵卒並特輟視朝一日故事官非三品無諡及輟朝傳等特以外戚故　皇祐三年十月二十五日太常禮院言李用和妻卒檢會乾德六年皇舅杜審進妻天水郡夫人趙氏卒準禮輟朝一日詔特輟朝二日竊緣當時禮例為舅之妻本服緦麻三月今五服

全唐文

勅不載舅妻之服緣有舊例繫自聖恩詔特輟兩日　四年九月十六日太常禮院言侍衛親軍副都指揮使耀州觀察使周美卒準禮令三品以上輟朝今美係四品詔以美久在邊任曾有戰功特輟一日　英宗治平二年正月十四日太常禮院言檢會皇祐元年十二月閤門奏宣徽北院使判并州鄭戩薨輟今月十三日十四日視朝當日四更二點關到閤門尋行告報已是五更後朝臣軍員皆及朝門欲乞今後非時輟朝令禮院於前一日未時已前關報如至未時後即輟次日看詳閤門所請全乖禮意欲自今後凡有文武官薨卒合該輟朝者令本院即時告報諸司並輟聞哀之明日如此

則得稱禮情從之　以上國朝會要　神宗熙寧四年二月十七日編修中書條例所言檢會宗室及臣僚薨卒合輟視朝者並太常禮院申奏閤門牒御史臺閤門當日輟朝訖中書續據狀降敕虛有行遣欲今後已輟朝更不降敕從之　八年二月十二日太常禮院言舊制輟朝者並以聞哀之明日為始若值三大宴及入使辭見已行告報即輟次日其連接假日亦便以假充數伏見資政殿學士邵亢薨合該輟朝一日依勑條輟聞哀之明日遂輟正月二十九日視朝竊詳其日已是前後殿不坐便充輟朝日數恐非恩禮大臣之意欲乞今後凡該輟朝如值假日即以次日　如連接假日即候開假

從之　六月判相州韓琦薨詔特輟朝三日二十八日二十九日輟前殿朝第三日遇假合就別日補數樞密院副都承旨張誠一言竊詳太常禮院本謂輟朝一日者請還就假開以示恩禮今琦薨輟朝以第三日遇假復就別日竊慮更易御服或有未便況先於前殿輟朝已見恩禮即與輟一日者事體不同今雖遇假謂宜亦合通理乞下太常禮院詳定詔從所請禮院參詳自今後應輟朝並輟前殿正朝如已輟而遇休假或後殿即通理為數從之　哲宗元祐五年五月二十二日太寺狀欲乞今後應輟朝並輟聞哀之明日如前殿即輟起居遇後殿起居或日參並準此假日及後殿並簾假日

合入宮起居即輟以次日從之　以上續國朝會要　中興會要無載　朝雜錄　孝宗皇帝乾道三年四月一日太常寺言準已降旨皇伯母秀王夫人薨輟朝五日內二日不視事乞自今月二日為始輟朝至六日止其二日三日並不視事從之

文懿皇后六月十七日忌　顯祖惠元皇帝△月二十五日忌　此段添惠明皇帝之上

宋圈下提行

全唐文

宋會要　國忌

宋太祖建隆元年三月十四日追尊四廟内出僖祖文獻皇帝十二月七日忌惠明皇后五月二十一日忌翼祖簡恭皇帝四月十二日忌簡穆皇后十月二十日忌宣祖昭武皇帝七月二十六日忌其日禁樂廢務群臣詣佛寺行香修齋凡大忌中書悉集小忌輪一員赴寺如車駕省方即留守自於寺院仍不得在拜表之所天下州府軍監亦如之惟宣祖爲天下大忌前一日不坐中書門下文武百僚詣西上閤門奉慰移班奉慰皇太后退赴佛寺行香如儀車駕省方在路遇忌日皆不進名奉慰三年五月十一日太常禮院言六月二日明憲皇太后忌請爲大忌從之七月二十六日宣祖忌以明憲皇太后在殯令群臣止詣西上閤門奉慰移班進名慰皇后不赴佛寺行香乾德二年五月十八日太常禮院言二十一日禘饗太廟其日惠明皇后忌按唐開成四年正月二十二日祀先農與穆宗忌同日太和七年十二月八日蜡百神與恭宗忌同日並以近廟忌辰作樂非便宜令備而不作竊以農稭之祭猶避廟忌而不作樂望依禮例備而不作從之太宗太平興國二年六月十六日太常禮院言十月二十日太祖忌請爲大忌孝明皇后已祔廟其十一月七日忌亦請升爲大忌從之淳

卷一萬四千七十九

化三年五月二十三日御史臺言今後國忌日文武百官並早先行拈香畢赴蔬次恭酒永爲規式從之真宗至道三年十一月三日太常禮院言懿德皇后已祔廟其十二月十九日忌亦請爲大忌從之先是孝明孝惠孝章懿德淑德神主在別廟忌日但於佛寺追薦而已十二月十一日太常禮院言請定僖祖文懿皇后順祖惠明皇后翼祖簡穆皇后忌日依舊行香太祖孝明皇后太宗懿德皇后忌日並前一日不坐坐日奉慰行香宣祖昭憲皇后忌日請惟太祖太宗在位之日奉翼祖忌辰禮前一日更不廢務詣恭孫咸平元年三月五日太常禮院言今月十二日元德皇太后忌請准禮例前一日不視事至日群臣進名奉慰就佛寺行香詣恭孫元德祔別廟時追尊之後始立忌二十六日左巡使劉益上言太宗忌日百官來寓於何寺行香詣諸啓聖院先是諸忌分詣大相國寺太平興國寺報慈寺行香時啓聖院初奉安太宗聖容故也其後諸忌亦止集大相國寺如殿皆有道場或集興國寺四年三月二日樞密院言準例春季金明池習水戲開瓊林苑縱都人遊賞又大宴明光殿常以是月太宗忌月命有司詳故事以聞史館檢討石銀等上言曰按晉穆國納后用九月是又康帝忌月禮官荀訥議有忌日無忌月若有忌月即有忌時忌歲益無所據當時從訥所議又按唐武后

卷一萬四千七十九

旅易旋

神功元年清邊大總管建安王攸宜破契丹詣闕獻捷
軍人入城例有軍樂内史王及善以國家忌月請備而
不奏鳳閣侍郎王方慶奏按禮經但有忌日無忌月遂
舉樂又按憲宗元和九年太常博士韋公肅言禮無忌
月禁樂今太常教坊以正月是國家忌月停郊廟饗宴
之音外内庶士咸罷妥樂伏尋經典竊恐乖宜詔依公
肅所奏伏以忌日不樂著載禮經忌月徹懸嘗無典故
況荀訥王方慶韋公肅皆前代通儒咸曾論議備存方
册足為依據其三月春宴及上巳日金明池苑並合舉
樂從之景德元年三月明德皇后崩太常禮院請以其
日為大忌從之四月十日太常禮院言十二日明德皇

卷一萬四千十九

后禫除同日翼祖忌其日皇帝親行禫祭群臣合詣萬
安奉慰又緣忌辰赴佛寺同香欲至日先奉慰退赴行
香從之十二月十八日帝北征旅旋翌日入京師以鼓
德皇后忌詔徹鹵簿鼓吹不舉樂太常禮院議曰伏以
班師振旅國之大事后之忌日家之私事今鑾輿凱旋
軍容且肅昔武王伐紂在諒闇之中猶前歌後舞今詳
諒闇是重遠忌是輕以此而論舉樂無爽況春秋之義
不以家事辭王事鑾輿還京法駕前導鼓吹音樂並請
振作帝覽奏猶以為未可批其章付中書門下與樞密
院同參詳聞奏輔臣等言伏以績著班師功成飲至愷
樂咸歌於振旅聲詩皆詠於勳歸而陛下思酌古今忌

遺典禮有司盡稽故事備舉文明况朝廷舊章車駕行
幸國忌假日並皆請停伏請依禮院所奏施行從之二
年六月十三日詔今後國忌齋設西京及諸節鎮給錢
十千防團州七千刺史州五千其使錢處北折支給
無得率斂三年三月十二日樞密院言自來國忌文武
百官並赴佛寺行香唯樞密使副使依内諸司例不赴
伏恐有虧嚴肅今欲每遇大忌皇帝不視事日隨中書
門下赴大相國寺行香從之樞密使副使三司使副使
翰林樞密直學士並赴自茲始也凡奉慰者宰臣率百
官樞密使率内職共進名節度使留後觀察使各進名
二十四日上封者言每歲太宗忌日文武臣僚軍員指

卷一萬四千十九

揮使並赴啓聖院行香宮禁皇親亦集輿馬喧雜似不
合禮節望令前一日樞密率武職至日宰臣率文班行
香仍候宮禁行禮哭泣聲止即序班如儀帝曰隔日序
班於禮非便當令百官入自南門宮禁入北門四年三
月詔國忌行香群臣並須赴幕次就賜茶酒候宰臣出
方得退乃依官次牽馬入院門違者人從送開封府勘
斷本官容庇亦具名聞大中祥符二年三月駙馬都尉
李遵勗言大忌行香乞預立班宰臣言佛寺行香百寮
在列惟駙馬都尉未有至者帝曰此請甚見恭恪可降
詔從之十月六日詔曰恭以宣祖昭武皇帝昭憲皇后
鳳蘊慶雲克昌基緒載誕二聖奄宅萬邦揆承燕翼之

謀深惟似續之重每臨諱日尤切永懷式陳尊祖之誠
以藝奉先之禮自今復為大忌前一日不坐其日群臣
進名行香禁屠宰著于令式四年三月二十九日車駕
祀汾陰還駐鄭州詔以太宗忌辰罷賜酺宴帝當自三月下旬至
忌日不舉樂故也群臣詣行在閤門進名奉慰行香於開元寺
幄殿五年十月七日詔樞密使同中書門下平章事自
今每國忌赴佛寺行香依宰臣例左右巡使兩縣令夾
階道揖及寺庭綴宰臣揖百僚十一月六日知制誥王
曾言奉詔使契丹其十二月七日正月二十五日皆是
朝廷忌日如遇宴席動樂欲以此辭宰臣王旦曰曾甚
得使臣之體比來奉使之臣未嘗有請帝曰然當詢舊

卷一萬四千十九

來儀制以諭之

宋會要　國忌

天禧元年八月二十八日西京留司御史臺言太宗聖
容奉安應天禪院自來忌日就廣愛寺行香將來忌日
欲就本院設齋詣聖容殿行香其諸忌仍舊廣愛寺從
之二年九月二十二日詔京城諸司當祈賽神者無用
十月二十日時殿前司請以是日祈賽帝以太祖忌日
今從之因廣條制仁宗乾興元年即位未改元二月二十三
日禮儀院言三月十二日元德皇后忌十五日明德皇
后忌皆在真宗易月禫制之內其進名行香望權停從
之十一月十四日禮儀院言莊穆皇后外祔太廟其四

月十六日忌辰請依禮例前一日不視事郡臣進名奉
慰訖赴佛寺行香著為令式從之天聖元年七月十一
日都官員外郎楊居簡上言昨知泗州刑禁甚衆每國
忌日淹繫百餘人杖罪望許忌日決罰下法官詳議審
刑院上言按唐太和七年敕準令國忌日惟禁飲酒舉
樂至於科罰人吏都無明文但緣其日不合釐務官曹
即不決斷刑獄其小笞責在禮律無妨衆官恭詳前件
律條但未有指定刑名所以不敢決遣欲望自今徵應
雜犯杖罪並許決遣應入徒者即次日從之三年二月
十六日太常禮院言二月十九日真宗忌準禮例前一
日不坐其日不視事群臣詣西上閤門內東門進名奉

卷一萬四千十九

慰退赴佛寺行香照先帝初忌前後各三日不視事不
行刑罰前後各五日禁止音樂仍令百官赴景靈宮奉
真殿行香自後每真宗忌日皆約此制餘如太宗忌日
之例四年二月十七日帝問宰臣曰祠祭或遇大忌何
如王曾對曰祀事皆如禮惟樂懸設而不作六年二月
六日宰臣王曾上言真宗忌辰禁刑不視事日數太多
慮有妨闕雖孝思追慕而歲漸遠望差減其數詔自今
前後各兩日不行刑不視事仍禁樂七年三月一日東
上閤門使李昭亮等言伏見真宗忌辰并諸大忌臣僚
有稱患請假不赴奉慰行香者頗涉不恭欲乞今後諸
大忌除寬患請假將治外不許當日請假一日如違閤

門具姓名以聞重行責罰從之八年十月五日太常禮院言奉迎太祖御容奉安太平興國寺開先殿所有忌辰合依太宗忌辰禮例羣臣赴開先殿行香緣同日爾禩皇后小忌請其日先詣開先殿行香訖移班赴本寺大殿行香永爲定式從之九年十一月十二日上封者言伏見國忌行香不設帝后位次於禮不恭望自今於佛殿脩設從之明道二年正月二十一日詔真宗忌辰前後各兩日不行刑不視事禁樂前後各三日著爲定式九月十五日引進使李昭亮言切見國忌日依迎降勅命就佛像前別設位牌供養只以粗惡齋食供奉神位深成褻瀆欲乞今後一依舊例更不奉安神位只依

卷一萬四千十九

舊於佛像前行香讀疏從之景祐元年二月九日太常禮院言莊懿皇太后二月二十六日忌辰欲望前後各一日不視事其日百僚進名奉慰退赴佛寺行香詔前後各兩日不視事各一日禁屠宰各三日禁樂三月十三日太常禮院言三月二十九日莊獻明肅皇太后忌辰欲依莊懿皇太后禮例緣同日太宗忌辰其日百官於逐處行香望於慈孝寺賜酒食從之二年正月二十三日詔真宗莊懿皇太后忌辰並爲大忌二十五日太常禮院言莊懿皇太后忌辰羣臣欲望依例赴景靈宮廣孝殿行香永爲定式從之六月四日太常禮院言詳定文武臣僚等每遇行香並於相國寺南門入別無妨

礙依奏三年二月二十五日莊獻明肅皇太后忌爲大忌四年十月七日太常禮院言莊惠皇太后請如孝惠皇后例不立忌從之慶曆六年三月六日詔自今祖宗元德章憲明肅章懿皇后忌辰行香臣僚並破素食從侍御史王平所請七年九月六日判尚書刑部金部員外郎崇文院檢討孫瑜太常博士祕閣校理晁仲衍並衝替都官員外郎高賦特罰銅三十斤初賦爲定州監當二月十九日嘗過同郡官過其令軍士作砌臺之戲既坐罪十餘年始求雪於刑部瑜等因爲奏辨之帝以其日蓋真宗大忌怒而重黜之二十五日景靈宮使李用和言自來祖宗忌辰例立班臣僚並破素食壹千二

卷四千罕十九

百分嘗句使臣吏下寺院造準備食不少不曾供應望有煩費望只造一千二百分從之八年正月十二日詔自來諸州軍每遇朝拜行香國忌日官吏已下並赴今後只令知州通判職官行香主兵官員更不赴皇祐三年三月二十四日詔今後應大忌行香臣僚並破素食四年十二月四日權知開封府呂公綽言相國寺啓聖院慈孝寺國忌行香應皇親諸臣僚並逐寺院殿門外下馬惟興國寺未有定制並入殿庭就幕次前下馬欲乞今後興國寺行香及非時開寺皇親諸臣僚並依相國寺例殿門外下馬詔御史臺詳定臺司言今後興國寺行香及非時開寺依相國寺體例百官並不得乘馬

入殿庭宰臣樞密皇親正刺史以上學士節度使大小兩省侍制以上文武百官并許入寺東門上下馬皇親遥郡大將軍以下至率府副率府自東門慰班退於東華門或左掖門上馬從御街直南赴寺入南西偏門至寺庭西門外上下馬從之五年四月二日詔每遇大忌供食寺院今後更不支絹並支與見錢六年正月二十二日詔太常禮院孝惠孝章淑德章懷皇后章憲皇太后溫成皇后皆立小忌尋罷之

宋會要　國忌

嘉祐四年五月二十六日三司詳定所言大小忌辰宰臣百官赴寺院行香翰林司破酒菓外更令諸禪院供

卷一萬四千十九

造素食虛破物物撿摸僧寺請自今除三月二十九日於啓聖院慈孝寺行香於一處破食并酒菓外自餘忌辰並只破酒菓從之七年八月一日詔廟祭與忌日同樂懸而不作其與別廟諸后忌同者作之若祠天地日月九宮太一及禘百神並作樂社稷以下諸祠甲於廟則樂亦不爲（蘇具緣記載製）英宗治平三年三月二十六日詔仁宗初忌不御前後殿至四月三日令開封府停決大辟及禁屠宰十日三年八月詔濮安懿王并三夫人忌辰於景雲院道場供養十月詔濮安懿王忌辰依諸陵例齋僧四年（神宗即位未改元）十月四日太常禮院言僖祖文獻睿和皇帝文懿皇后神主祧遷於西夾室令依典故

謹按禮記檀弓曰舍故而諱新注爲高祖之父當遷者也唐會要永徽二年左僕射于志寧言依禮舍故而諱新故謂親盡之祖今洪農府君神主上遷請依禮不諱從之又元和十年太常禮院言睿宗神主祧遷其六月二十日忌并昭成皇后忌準禮合廢從之今僖祖皇帝神主祧遷準禮不諱其十二月七日僖祖皇帝忌六月十七日文懿皇后忌亦請依唐故事廢罷詔恭依十一日詔應國忌大會齋錢內貳分給見錢壹分折絹舊給見錢千貫慶歷後遂折以絹至自僧請如舊制故稍增之（神宗）熙寧元年三月六日太常禮院言仁宗大忌請前後各三日不視事應臣僚等見謝辭正衙並於前後各五

卷一萬四千十九

日禁屠宰及大辟罪不行刑從之二年十月十九日濮國公宗樸言濮安懿王并三夫人忌辰乞依舊齋薦道場從之二年正月二十二日侍御史張紀言太祖忌辰興國寺行香宰臣百官出入行馬並至殿庭上下諠雜頗失朝儀請今後凡國忌行香文武百官並於逐處寺門外上馬其知雜御史并兩制皇親武臣正任已上至宰臣許寺庭門裏上馬詔御史臺閤門詳定既而請興國寺依開封府編勅景靈宮於承禧昌福門出入啓聖院自來並於大門裏慈孝寺依久來立牌處上下馬閤門御史臺檢舉違者糾彈之三年十一月編修勅令所删定到每遇國忌前一日牒三司取齋錢香等閤門輪

差軍將於左藏庫請領送僧録司齋僧順祖翼祖惠明簡穆皇后四忌各齋錢二十千香十兩宣祖太祖太宗真宗仁宗英宗昭憲孝明明德懿德元德章穆章憲明肅章懿皇后十五忌各齋僧錢二十五千香二斤錢並以黄絹充折仁宗忌齋錢分送道録司十二月八日太常禮院言仁宗忌辰其日不作樂前後一日不視事來年英宗忌辰請準禮例從之元豐元年閏正月二十二日御史臺閤門言忌日神御殿行香群臣班殿下宰相一員升殿跪爐從之先是三司使李成之言伏見神御殿酌獻設皇帝位於庭下升降再拜而忌日兩府副於殿上未安故詔御史臺閤門詳定著為令二年三月十

卷一萬四千十九

二日元德皇后忌罷奉慰行香以慈聖光獻皇后虞主在道也十五日明德皇后忌罷奉慰行香以奉安慈聖光獻皇后虞主也五年十二月二十二日御史王桓上言啓聖院相國寺忌辰行香儀左右巡使兩赤縣令於中門相向分列俟宰臣至立位前直省通官揖按此儀推行雖久無所據依大意推崇宰司故令立班迎候日者極追遠之奉於景靈宮禮文咸秩前事之失義當是正方百官就列祇見祖宗恐非大小之臣交相致恭之識望寢罷從之六年五月一日詔大忌日六曹諸不司不為假執政官早出諸司官不得隨出七月十三日詔孝惠孝章淑德懷章四后忌日依大忌例八年二月二

十二日詔順祖及惠明皇后還主既藏於夾室罷忌日行香請徵僖祖忌日於景靈宮天興殿東設幄故事遇忌日於永昌院佛殿之東張幄齋設追薦詔僖祖翼祖并后六位遇忌日並於永昌院設幄追薦哲宗元祐元年正月十二日禮部言翼祖皇帝簡穆皇后神主奉藏夾室所有翼祖皇帝忌簡穆皇后忌伏請依禮不忌詔恭依二月十二日詔每遇忌辰臣僚赴西上閤門奉慰訖詣内東門奉慰太皇太后從禮部奏請也三年三月二日以神宗皇帝初忌不御前後殿六日開封府僕奏大辟禁屠宰十日五年正月二十四日御史臺閤門言孝惠孝章淑德章懷皇后忌辰於天興殿西夾庫屋設

卷一萬四千十九

位行禮從之以先帝升祔太廟而景靈宮未及享故也元符三年（徽宗即位未改元）二月十一日三省言請於皇太妃忌日前後殿不坐從之輔臣初以崇奉皇太妃於母后有嫌然難於開陳及進呈適符上意尋詔皇太妃忌日止坐崇政殿上意推隆太后猶欲避此故追改前詔建中靖國元年四月二日禮部言將來六月二十八日欽慈皇后忌辰緣已係三年除服之後如宣仁聖烈皇后故事合依大忌例乞頒降天下從之崇寧四年正月二十六日神部言奉禧祖神主為太廟始祖其禧祖忌并文懿皇后忌至今因循理例未曾發旁奉慰行香之禮及近降詔旨翼祖皇帝簡恭皇后神主簡穆皇后神主

復還本室其忌辰亦合依舊詔並恭依政和元年十一月二日禮部言將來恵恭皇后忌即乞依章穆皇后故事内外禁樂一日從之

宋會要　國忌

宣和三年七月三日禮部太常寺言祖宗朝諸后神御殿分建於在京寺殿每遇忌辰並請寺院行香至元豐中廣原廟之制告遷赴景靈宮諸殿安奉所有文懿爾穆孝恵孝章章懷皇后諸位於保寧閣遇忌辰張次於閣西遷神位於次事畢而復今來明節皇后候適大祥忌日就保寧閣張次設位行禮昨來恵恭皇后明達皇后忌日除百官不奉慰有司不進牌皇帝不易服外餘

卷一萬四千十九

依諸后例從之四年十二月十日饒州奏逐時遇國忌係在僧寺行香辦齋一分供献今降御筆指揮並赴聖祖殿即未審合與不合依僧寺辦齋於聖祖殿供献詔依舊供献諸路依此五年六月九日詔西上閤門遇欽慈皇后忌故陳祁王宅内外親屬有職事人特與給假一日趂赴行香

高宗建炎　宋會要　國忌

二年八月十三日詔應諸路州軍見屯軍馬統兵官每遇朝拜國忌行香並權特免赴

宋會要　國忌

紹興元年二月一日禮部太常寺言國朝會要乾興元年五月十六日元德皇后忌十五日明德皇后忌禮官言二忌皆在真宗皇帝以日易月禫制之内其進名行香望權停從之今來二月九日昭懷皇后忌十六日欽成皇后忌十九日真宗皇帝忌其行香縁皆在道君太上皇帝寧德皇后易月禫制之内乞依故事權停從之二十三日詔今後遇道君太上皇帝本命日更不設獄如遇忌辰即設先是有詔遇道君太上皇帝本命設獄至日卦音至有司申審故也

宋會要　國忌

十年十一月二日禮部言章懷皇后昭懷皇后昭慈聖獻皇后顯恭皇后顯肅皇后五位忌辰除昭懷皇后以後四位已得旨各設獄二日所有章懷皇后忌辰典故別無設獄令欲比附章懿皇后忌辰設獄一日從之

卷一萬四千十九

宋會要　國忌

十三年正月十一日御史臺言正月十三日欽聖憲肅皇后忌日其日立春準令諸臣僚及將校立春日賜幡勝遇稱賀稱拜表忌辰奉慰即退戴欲乞候十三日忌辰行香退即行揷戴從之

宋會要　國忌

二十九年九月二十二日部郎太常寺言二十六日顯恭皇后忌辰係在大行皇太后以日易月服制之内欲乞依十二年四月二十三日孝章皇后忌辰例權免百

臚易燼

宮趂赴行香從之

宋會要 國忌

三十一年五月二十二日權禮部侍郎金安節言六月二日昭憲皇后忌淑德皇后忌懿節皇后忌并六月十七日文懿皇后忌辰日分係在孝慈淵聖皇帝以日易月服制之内百官難以趂赴行香依禮例合權停詔依

宋會要 國忌

十二月二十五日入内内侍省言安恭皇后忌辰準太常寺關差官設獄於典禮無庚乞依懿皇后例令御藥院差官施行從之

宋會要 國忌

卷一萬四千十九

孝宗淳熙元年十一月十五日詔文武百官詣景靈宫國忌立班行香自今如遇宰執俱致齋不赴赴外於東班從上引官一員壓殿跪爐行香以次官一員詣西班行香先是閤門得旨國忌行香宰執致齋不赴其西壁武臣閤官押班已降指揮差使相或太尉節度使等押班可令文武班内上一員東壁押班止令西壁散香今後準此至是禮部太常寺重別指定來上故有是命

宋會要 國忌

九年十月五日侍御史張大經奏此(比)來國忌行香日分合赴官員多託疾在告以免風興拜跪之勞乞自今如遇行香日有稱疾托故不赴者從本臺奏彈乞置典憲

從之十年六月二十三日臣僚言朝散郎監六部門潘旦每遇行香日分稱疾託故乞與旦在外宮觀差遣從之十四年十月十三日禮部太常寺言十月二十日太祖皇帝慈聖光獻皇后忌係在今來大行太上皇帝以日易月服制之内百官難以趂赴行香乞依禮例權停從之十一月十一日禮部太常寺言十二月七日僖祖皇帝孝明皇后忌係大行太上皇帝以日易月百官釋服之外其上件忌辰上香日分百官合服常服黑帶赴趂立班從之淳熙十六年七月十四日禮部太常寺言十月初八日高宗皇帝大祥國朝故事大祥後次年合於歷日内箋注忌辰從之寧宗慶元元年六月十

卷一萬四千十九

八日禮部太常寺言孝宗皇帝立忌國朝故事大祥後次年歷日内箋注忌辰今乞於慶元二年六月九日歷日内箋注從之（憲聖慈烈皇后慈懿皇后光宗皇帝恭淑皇后成肅皇后崩禮寺並如故事申請）三年十二月十七日禮部太常寺言仁懷皇后朱氏立忌乞下太史局於次年歷日内九月二十五日箋注忌辰從之（從后族閤門舍人朱卮年言上僊乃紹興十三年九月二十五日故也）六年六月十三日禮部太常寺言國朝會要元豐三年三月十二日元德皇后忌罷奉慰行香以慈聖光獻皇后虞主在道也三月十五日明德皇后忌罷奉慰行香以奉安慈聖光獻皇后虞主也今來六月二十八日欽慈皇后忌辰緣其日係大行壽仁太上皇后以日易月大祥皇

帝親行祭奠之禮文武百官並令陪位即無相妨於禮別無似此一般典故今欲比㑹文武百官在散齋之内禮例是日專差侍從官一員詣景靈宮跪爐行香其餘宰執文武百僚並赴壽康宮慈儀殿陪位詣依跪爐宮差權兵部侍郎趙介嘉定九年正月二十六日詔憲聖慈烈皇后本以慶元三年十一月二日上僊其後忌辰乃用六日今改用二日爲大忌

卷一萬四千十九

全唐文

宋會要　攢所

景獻太子攢所嘉定十三年八月六日皇太子薨七日禮部太常寺言參酌已行典故一皇帝爲皇太子薨服期六宮並不從服一發哀日於皇太子宮正廳之東設素幄其幄係儀鸞司釘設排辦皇帝服皂幞頭白羅衫黑銀帶絲鞋就幄發哀令文思院製造一是日皇后服素詣宮臨時發哀如宮中之禮一發哀日合赴陪位官並常服吉帶入麗正門詣宮幕次俟時至易常服黑帶立班俟發哀畢易吉服退一故例發哀成服陪位立班官係用行在職事官升見任陞朝官已上一發哀小殮大殮成服日時乞令太史局選定仍各差定時刻擇官至日前來報時祗應一小殮大殮各祭告皇太子乞以本宮主管春坊官一員行禮其餘祭告依例以諸司官行禮一乞令臨安府城裏外寺院聲鍾三萬杵一合奏告天地宗廟社稷宮觀所有合排辦事件及差官等乞令太常寺照例差官排辦所有奏告日辰乞令太史局選定申寺施行一發哀日合赴立班官常服吉帶入麗正門詣本宮幕次換黑帶時前皇帝自內服常服至御幄俟時至皇帝就幄易皂幞頭白羅衫黑銀帶絲鞋如有奏事俟宰執詣幄奏事畢次御史臺閤門太常寺分引立班官入詣殿下立定俟刻擇官報時及皇帝就幄內發哀在位官就位皆

卷三千九百九十四

發哀止皇帝就服皂幞頭白羅衫黑銀帶絲鞋還內立班宮出本宮門易吉帶退一依禮例自發哀至釋服日皇帝前後殿不視事一行在樂省自發哀權行禁止俟將來虞祭祔畢日仍舊舉用並從之一成服日皇帝合服次麤布幞頭襴衫腰絰以皮麻絹襯衫皇后合服次麤布蓋頭長衫裙帔絹襯服並白羅鞋乞下文思院製造赴御藥院送納一文武百官成服一日而除合服衰服乾道三年參酌除去官註合用麤布帶繫腰布幞頭後幞軟脚布帶二條乞從上件已行禮例其文武合赴及御史臺閤門太常寺引班祗應人並服布幞頭襴衫腰繫布帶一前項所用衰服乞令臨安府委官製造仍關會所屬負數供送給散施行令來皇太子本宮人並服斬衰三年服令臨安府計會數目製造施行一皇太子宮僚並服齊衰三日服臨七日而除一檢照典故東宮文武官等釋衰服後藏其服至葬日却服葬畢而除並從之皇帝成服畢行祭奠禮參酌合排辦事件一合用供養茶酒果香案香爐炭火匙合湯瓶注椀盤盞茶盞托奠茶酒盂子燎草并合用焚祝板燎草莘燈火並乞從枚葬都大主管所行下諸司排辦施行一合用素青御幄施簾乞於皇太子宮殿之東隨地之宜釘設並合用御座黃羅裀褥並奏請紫褥並乞下儀鸞司排辦施行一合用祝文一首述以皇帝為皇太子成服訖行祭奠禮之意乞下學士院預

卷三千九百九十四

二

行修撰訖降付太常寺供應一合差讀祝文官一員乞差官施行一合用御封降真香乞下入內內侍省預先取降付太常寺至日供應一合差侍香并進茶酒捲簾舉祝板內侍乞下入內內侍省差撥一合差定時刻擇官一名乞下太史局就差都大主管所尅擇官充一合差前導太常卿一員贊引太常卿太常博士一員乞差本寺官充一成服日行事陪位官常服吉帶入麗正門詣皇太子宮幕次俟時至服衰服立班訖權退換常服黑帶以俟立班進名奉慰皇帝次移班進名奉慰皇后訖出殿門換吉帶退一成服行禮儀注其日時前文武立班官並常服吉帶入麗正門詣本宮幕次俟時易衰服御史臺閤門太常寺分行事陪位官就位立定皇帝服皂幞頭白羅衫黑銀帶絲鞋詣皇太子宮殿之東御幄即坐簾降俟太史報時及禮直官太常博士引太常卿當幄前俛伏跪奏太常卿臣某言請皇帝為皇太子舉成服奏訖伏興皇帝釋素服服衰服文武百官於本宮內外同時易服訖御史臺閤門太常寺報引文武百官入詣皇太子宮門內隨地之宜立班定禮直官先引讀祝文武官詣香案之西東向立閤門報班齊在位官皆再拜訖簾捲禮直官太常博士太常卿前導皇帝出幄詣香案前奏請上香再上香三上香內侍進茶酒又奏請酹茶三奠酒於茅苴奠爵訖奏請少立讀祝文官

卷三千九百九十四

三

東向跪讀祝文訖奏請皇帝舉哭在位官皆舉哭俟哭止前導官前導皇帝在位官皆再拜俟前導歸幄次文武百官權退易常服黑帶以俟立班進名奉慰皇帝皇后訖出本宮門易吉帶退詔並依內請祝文官差國子司業兼權侍立修注官王棐前導太常卿差太常少卿杜莘嚴贊引太常卿太常博士差太常博士諸葛安節

同日禮部太常寺言檢會乾道三年故事皇太子遠遊冠朱明衣隨歛其衮冕隨葬欲依上件體例施行從之　八日詔護喪葬事差刑部尚書徐應龍都大主管宮差入內內侍省押班鄭俁　同日右武大夫保康軍承宣使入內內侍省押班鄭俁言皇太子薨差都大主管救葬隨宜參酌比附條具申請數內宮吏諸色祇應人等合與孝贈及節次支賜并日支食錢及應干支費乞依昨來敕葬莊文太子體例於左藏庫取撥二萬貫文銀五千兩絹五千匹仍免三分減一全支本色從之

九日詔皇太子薨可賜謚景獻　同日禮部太常寺言今來皇太子薨依故事皇帝服期以日易月十三日而除成服後七日而釋其文武百官成服一日而除今來已選定八月二十日成服合至八月二十六日皇帝皇后釋服是日更不行燒香之禮乞從入內內侍省差官一員諳降所服衰服太史局指引利方焚燒其釋服日依體例班次立班文武官合詣後殿門外進名奉慰合

赴宮並常服吉帶入和寧門至後殿門外易黑帶立班進名再拜奉慰皇帝次移班進名再拜奉慰皇后訖易吉帶出和寧門退從之　同日詔皇太子薨將來殯葬靈柩所出經由門戶令太史局同護喪葬所剋擇官選擇所出門戶合利是何方隅申尚書省既而本所請以麗正門東南方緻關門戶以出靈柩由嘉會門婉巒子赤山至攢所　同日詔皇太子薨將來殯葬去處令護喪葬所就利方及寺院擇地既而刑部尚書護喪葬事徐應龍等言本所據判局劉居仁天文官胡居中相視踏逐到莊文太子攢所之東空地一段堪充皇太子攢堂應龍等將帶剋擇禮直官前去相視上件地段林木茂盛土肉肥厚即無水脉仍於莊文太子櫺星門之北同向別置門戶委是利方地段修製今來皇太子攢堂應得昭穆尊卑次序於禮典別無違礙合隨地之宜分立牆圍所有攢堂及屋宇門戶等制度並合照莊文太子攢堂體式修蓋又據劉居仁等供到皇太子攢宂用格盤式南針定驗得其地係離山坐丙向壬若將來開掘神宂合深九丈應得天星鳳凰成吉及勒令臨安府壕寨打量到皇太子新攢地段標立圍牆內南北八深一十八丈東西闊一十六丈勒畫匠照莊文太子攢所樣製造圖見到乞下臨安府兩浙轉運司照應體式製度起蓋施行從之　十三日禮部太常寺言皇太子薨所有

生前有賜旌節牌印依令即合隨葬從之同日禮部太常寺言皇太子薨出葬日乞依故事前夕皇帝皇后詣東宮行燒香之禮如宮中之儀俟興靈前命宰臣一員詣靈柩前燒香俟讀哀册畢靈柩進行將來皇帝行燒香禮欲從乾道三年故例權服忌日之服（易以黑鞓犀帶）皇后服素服燒香並如宮中之儀宰臣燒香合用御封降真香乞令　內內侍省降付本寺至日供應合用宗室使相南班及本宮官常服黑帶陪位（本宮官服衰服）行禮儀注乞從本寺修定關報施行從之　十五日禮部太常寺言皇太子薨出葬畢依典故合行虞祭一合用虞主禮例用桑長一尺方四寸上項圓徑一寸八分四廂各刻一

卷三千九百九十四

六

寸一分尺上下四方通孔徑九分其匱底蓋俱方底自下而上蓋從上而下與底齊其趺方一尺厚三寸欲依禮例令工部下文思院更切照應乾道三年已行造作體式修製施行一合用大匱一腰攀一汲水鐵路桶一帟全綾香案一紫羅衣子全白羅拭巾一青羅巾一各長八尺行幃一紫羅衣全襯藉虞主紫羅褥子一浴斛一趺座一直几一衣子全油絹帕一單遍紅羅夾帕一欲令工部行下文思院疾速修製施行俟修製虞主并腰攀等畢前期赴教葬所交納一虞祭共合用牲牢并家各七并安神禮等料蠟燭酒果等乞從太常寺臨安府收買下牛羊司入滌養餵至日差宰手等祗應一虞

祭合用祝文七首（并述以行七虞祭之意）安神禮合用祝文一首（述以虞主安奉訖以酒脯行安神禮之意）乞下學士院預先修撰書寫降付本寺至日供應一合用白絹八段令戶部下左藏庫支供一合用御封降真香八合令入內內侍省請降一浴虞主合用檀沉箋節香末半兩并柴五十斤乞令臨安府排辦一虞祭合用香爐匙合上香木炭燈燭燎草並乞令主管諸司排辦內燎草乞令主管諸司一面般所經由門戶照會放入一設虞主行禮處合用幕次倚卓一副搭席等乞令臨安府儀鸞司排辦一浴虞主并請神靈上虞主并捧還宮一員并合差捧腰輿官四員及幹辦照管官一員並乞差本宮春坊以下充一掩攢前

卷三千九百九十四

七

浴虞主官先浴虞主訖俟掩攢畢請神靈上虞主訖行第一虞祭畢捧升腰輿回歸以酒脯行安神禮畢一將來行虞祭禮合用牙床一張乞下文思院製造赴太常寺送納其祭器就用本寺見管供應禮料真數報臨安府收買排辦施行一合差擡擧牙床祭器兵士一十五人節級一名乞依例下殿前司差撥前期赴寺般擧牙床祭物詣虞主前祗應一虞主回合用擡擧腰輿幕官并儀物等並乞就用本宮常儀物靈宮等一虞祭行禮儀注乞令太常寺修定關報施行一所有虞祭行禮官祗應人等各合破早晚喫食酒果等乞從本寺關報臨安府應辦施行並從之　十六日禮部太常寺言皇太

子薨合用哀謚冊寶製度沿冊法物下工部令文思院依式製造施行一將來出葬其謚冊寶乞令文思院計會教葬所於前二日進呈畢降出付教葬所收管於前一日交付禮部職掌於皇太子宮釘設幕次安設冊寶伺候以俟行禮其哀冊一副乞令文思院計會教葬所於前一日交付本所收掌於出葬日行禮前交付禮部職掌幕次安設以俟行禮及於出葬日令禮部職掌等援衛至葬所交割一出葬前一日奉謚冊寶於皇太子靈柩前欲前二日奏告天地宗廟社稷宮觀其奏告官乞從太常寺具申差官施行其餘合排辦事件乞依自來奏告禮例關報所屬排辦施行一合用擡擎冊寶輦官六十人人員節級五人在內擡擎謚冊寶法物天武官六十人人員五名在內儀衛皇城司親事官六十人人員五名在內街仗司三十人節級五名在內欲依例下御輦院殿前司皇城司街仗司依數差撥前來祗應一禮部所差捧冊寶抱牀褥職掌并儀衛擡擎輦院親事官天武官街仗司合着衣服除輦官親事官合着服色乞下本處關借外其天武官街仗司合用紫衫帽子并儀衛人所執仗乞具差人數乞下祗候庫關借其捧冊寶職掌合用緋羅寬衫三十五領乞下祗候庫關借黑角帶三十五條幞頭三十五頂乞下臨安府關借自來修製冊寶禮部當行人吏行遣催促趁辦依逐項修

整冊寶體例每人各有日支食錢依故例捧冊寶職掌禮畢各人支賜絹四匹令捧冊寶職掌所得食錢并禮畢支賜乞下都大主管所下諸司支給施行一所差捧冊寶職掌擡擎儀衛輦官親事官天武官街仗司各合破敕入宮門號乞下皇城司關請施行事畢送納一皇太子哀謚冊寶前一日致齋幄次內合用點照常料燭三十對并秉燭三對並乞下文思院依數捍造應副從用施行一令來皇太子哀謚冊寶及宿齋日欲令文思院逐作各差高手工匠二名權借入宮門牌號隨逐冊寶在彼祗備不測修整一皇太子薨禮寺見申請修製謚冊寶候行禮畢俟將來於靈柩前陳列付葬所收奉所有皇太子生前元授冊寶欲依上件體例俟出葬日於靈柩前謚冊寶之前陳列付葬所收奉其合用執擎人欲就前項人內差撥施行一將來皇太子哀謚冊寶宿齋并至日行禮係兩日應奉祗應其禮部所差職掌冊寶下天武官輦官親事官街仗司依例各合破早晚折食錢職掌每人每日五百文餘各三百文欲依例支破於逐人請受文曆內勘支施行一將來奉上皇太子謚冊寶禮畢太常寺行遣催促趁辦祗應禮直官贊者共二十一人依體例每人各支絹三疋欲劄下都大主管所行下支費所支給施行一奉謚冊寶官於靈柩前行禮畢合稱（諡號二字）太子之寶（其寶見伺候朝廷行下諡號曰關報文思院鑄造施）

行一出葬日宰臣詣靈柩前行燒香之禮陪位宗室使
相南班本宮官僚及引揖班次并諸色祗應人應奉竊
慮伺候開門不及欲興靈駕早二刻開新開門并經由
門戶趁赴立班應奉一出葬日用先立班官於城外奉
辭皇太子靈柩乞服常服黑帶其儀範從太常寺修定
關報施行葬訖易吉帶入皇城門赴後殿門外易黑
帶進名奉慰訖易吉帶退所有都城門外合用幕次拜
蓆禱香桌香爐匙合炭火什物等並乞下臨安府同儀
鸞司預行排辦施行一奉謚冊寶前一日宿齋官并應
奉職掌祗應人合破喫食茶湯酒幕次燈燭件物等乞
從太常寺依例報臨安府等處專委官及差衙前管幹
排辦施行並從之　十九日禮部太常寺言皇太子薨
將來掩攢畢依禮例行七虞祭之禮候皇太子虞主回
行安神禮虞祭并安神禮合差行禮官一員欲於禮官
內差充所有奉禮郎太祝太官令各一員從本寺依例
輪差太常寺官充各前一日宿於本司至日趁赴行禮
詔依內行禮官差太常少卿杜孝嚴　二十四日詔中
書令奉冊寶差知樞密院事鄭昭先撰謚
冊文官差簽書樞密院事兼權參知政事任希夷書謚
冊文并篆謚寶文官差戶部尚書兼權吏部尚書薛極
　二十五日詔內讀謚冊文官差吏部侍郎宣繒讀寶
官差權吏部侍右侍郎盛章舉冊官差太常少卿杜孝

卷三千九百九十四　十

嚴司封郎中高文善舉寶官禮部郎中任逢太常丞臧
格　二十六日詔撰哀冊文官差侍右郎中兼翰林權
直林岳書哀冊文官差禮部侍郎楊汝明讀哀冊文官
差宗正少卿兼權直舍人院陳卓舉哀冊官差太常博
士諸葛安節太常寺主簿黃灝　二十九日禮部太常
寺言九月十一日皇太子出葬於前一日奉謚冊寶行
禮中書令已下行事官依禮例前一日各宿齋於本司
奉謚冊寶行禮日　皇帝不視事百司作休務假九月
十一日皇太子出葬前一日奉謚冊寶行禮（係九月十日）其
冊寶已令文思院製造於行禮前一日計會敕葬所進
呈畢降付本司收掌以俟行禮上件冊寶合經由新開
門入出乞於出葬前三日（係九月八日）開新開門放令一行
應辦等人物入出施行將來出葬日俟興靈訖次宰臣
詣皇太子靈柩前行禮畢靈柩進行其宗室使相南班
官常（服）黑帶並赴陪位立班訖騎從皇太子靈柩至葬所
俟掩攢畢奉辭訖退出葬日皇帝不視事百司作休務
假其立班官赴嘉會門外立班奉辭訖入麗正門赴後
殿門外立班進名奉慰訖退出麗正門出葬次日皇帝
不視事百司作歇泊休務假出葬前一日奉謚冊寶於
皇太子靈柩前行禮及出葬日宰臣行禮宗室使相南
班本宮官陪位訖至葬所行掩攢虞祭禮并迎虞主回
府各有行禮其逐處行禮官等合用拜蓆禱并幕次什

卷三千九百九十四　十一

道易框

物乞令儀鸞司同臨安府預行釘設排辦其嘉會門外
並班奉辭靈柩宮合用露屋亦令先次措置絞縛應辦
施行並從之　九月一日兩浙轉運司臨安府言承議
郎特差通判臨安府潘燾等申從準牒委提督起蓋皇
太子攢所令據南山法因院住持僧善超狀本院今蒙
踏逐地段充造皇太子攢所妨礙去處並行除治方圓
計四十餘畝盡行投獻充攢所禁地竊見本院與攢所
並壁合行充應崇奉香火燾等照得所占皆本寺地段
所坼皆本寺屋宇自新攢所去本寺最為傍近他寺委
難攘奪合取指揮施行詔令法因院崇奉景獻太子攢
所香火　十日遣攝中書令知樞密院事兼參知政事

卷三千九百九十四　十二

鄭昭先奉謚冊寶於故皇太子靈柩前冊文曰皇帝若
曰主器莫若長子蓋聞前聖之格言壹惠所以尊名茲
率先王之謚典嗟予上嗣為國元儲何弗吊於昊穹乃
不延於永命肆攷彌行庸篤予恩故皇太子詢聰叡生
知溫文夙就甫勝衣而進止有度迨既冠而威儀孔時
端如玉粹以金昭允若海渟而嶽峙大矣震雷之洊燁
然離景之重禮樂不離於斯須愛敬克勤於終始翼翼
廟朝之上烝烝宮壼之中雞寢問安退每形於喜色龍
樓祗召進冞唱於小心務遠佞以去邪尤崇儒而重道
三善皆得法廉抗於伯禽五經精通禮循尊於亘傳款
接有加於僚宷講論必驗於古今辭章早選序之華筆

法妙隸書之善雖處燕閒之際曾無玩好之娛有奕其
堂嘗錫居仁之牓祗若予訓曲加克己之功德既懋於
在躬孝宜施於有政聞者兵端妄起國步多虞屬方志
學之年首陳更化之策鉏姦去惡實啓予衷易危為安
大慰人意即青宮而議事啓丹扆之厎綢輔列大臣蓋
躋天禧之故典參決庶務聿遵孝廟之宏規俗予一德
之良致茲百度之理興滯補弊率由舊章登能庸賢悉
從民譽閱一終而再歲中外又寧凡四薦於貳觴神示
昭格曷致陰陽之冠端鑄夙夜之勞比嘗少瘳亟從竇
贊之禮迨夫寖劇猶惟父母之憂正四方瞻少陽之輝
乃一夕掩前星之耀假以九齡之夢必顯予周形乎四

卷三千九百九十四　十三

重之歌莫班於漢朝野悉為之惋愕壇徽亦動於哀思
悵昌慰於慈懷爰特頒於顯號載稽于衆蔽自朕心眷
意大圖而成功宜景之謂質知有聖之盡美宜獻以名
隸曰惟良飭禮斯備今遣攝中書令通奉大夫知樞密
院事兼參知政事鄭昭先奉冊寶賜謚號曰景獻太子
惟爾英靈不昧神理如存歆茲徽章服我休命盡問不
朽與國無窮嗚呼哀哉其日五更有司請赦葬所交割
冊寶幕次俟中書令已下到位請捧冊寶出幕次俟中
書令已下步從至東宮廳稍西東向褥位權置定冊北
寶南權退俟有司排辦香火等畢儀先引升諸冊寶案
位立俟舉冊官到位搢笏跪舉冊匣興（凡舉冊寶皆禮部職掌助舉）

就易乾

先捧册案詣香案前褥位俟中書令升廳捧册請舉行
至褥眞册訖俟讀册官詣册案舉册官舉讀册官讀册
訖舉册官眞册次舉册匣職掌先捧册案詣廳上稍東
褥位置定俟舉册官舉册匣至稍東褥位跪置於案上
舉册官執笏興降復位次舉寶官讀寶官并職掌行禮
並如舉册之儀訖班退至其夜四更興靈前俟舉哀册
行禮俱畢其謚册哀册寶俟出葬日職掌援衛至葬所
交割　十一日景獻太子出殯宰臣等詣靈柩前行燒
香之禮舉册官跪舉哀册讀册官跪讀哀册文曰維嘉
定十三年歲次庚辰八月戊午朔初六日癸亥景獻太
子薨於東宮粤以九月十一日丁酉出曆于南山莊文

太子攢所之東禮也發蓋宵陳池輴風祖雜遝象設哀
鳴些皷皇帝眄承華而興悃悼望苑之賓仙謂嘽嘽兮
春陽曷杳杳兮秋原離易名之永矣奈訃愛之茫然德
烈餘芳詞臣制編其詞曰惟天錫羡惟辟體乾儲休載
挺胙國億年黄離積照幼海澄瀾稽經諏史踵武系傳
畀齡諭膳周光重宣文傳置令漢嗣仁賢充哲元良挺
瑞天支金相玉裕嶷秀川輝勝衣既冠翼翼祇祇文英
獨越理識夙資學問苞擧正邪洞知經更政化策贊時
幾籲衮之斷風霆奮飛繩勝之能就坤清夷奠獻匪蔡
莫知匪蕃邦本斯託宸襟是依主器備册重觴侑詞不
矜其盛益謹其儀鞠躬問寢遜志尊師侍朝拱立會議

紳縷易坤維

敷施係心海宇動色紳縷齒胄方壯受祿咸宜機禊安
在膏肓若疑交使中禱騈命挾醫輦輿戾止椒殿齎思
貳顏載拊以廖以熙來幾可復往遽奚之嗚呼哀哉撫
此顯商記其星誕常常中府之賜胥滑內庭之宴乎尹
魚瑕驚迅召之無因手韻犀盈嘆閟藏而弗見嗚呼哀
哉胥江舒練漢月流波蘭菊紛𥓒蜩蟬抱柯雲霧霧兮
凍幕颸蕭蕭兮鳴皐對銀牓以空揭璀瑶山其奈何是
邪非邪丹棗離膠兮戚兮琳琅歌嗚呼哀哉卜吉號封
栖神甸宇痛奠徹手瑩鑄歲容啓手翔羽宮僚縞送以
涙護行路齋咨而涕雨遠迴廣陌號呼鵷馭之徐驅寥
況紫霄飄忽鳳笙之凝佇嗚呼哀哉背嶢闕以漸邈

層軒而迴往馭䔖布兮霤日白虛衛歸兮羣萬燈憺孝
敬於平生忱忠誠於遺響昌皇情之塞悲翕兵綖之精
爽嗚呼哀哉　十四年七月二日禮部太常寺言八月
六日景獻太子小祥條具合行事件一欲依故事皇帝
前後殿特不視事一日一乞依典故命執政官一員小
祥日赴本府詣景獻太子神座前行奠酹之禮用見今
本府官僚陪位一合用御封降眞香乞下入內內侍省
預行請降付太常寺至日供應一合用祝文一首（述以景
獻太子小祥遣官行奠酹禮之意）乞下學士院修撰前期降付太常寺
至日供應一合差讀祝文官一員從太常寺照例一面
輪請本寺官充一乞依典故小祥日皇子國公赴景獻

太子府侯所命官奠酹畢次皇子國公詣景獻太子神座前奠酹行禮畢次本府宮人以下燒香奠酹如家人之禮一小祥日奠酹所有景獻太子神座前合用供養食香茶酒果蠟燭等從本府預行計置供應其行禮拜簾褥燎草及待班幕次等令臨安府儀鸞司釘設排辦乞朝廷指揮施行詔並依奠酹官差知樞密院事兼參知政事鄭昭先　十五日九月十五日詔景獻太子已撤几筵高平郡夫人傅氏可特封信國夫人仍令主奉祭祀諸般請給支賜並特依宮人祿格則例支破

卷三千九百五

夫

宋會要　弔儀

外夷入弔之儀　乾興元年真宗之喪契丹遣殿前都點檢崇義軍節度使耶律三隱翰林學士工部侍郎知制誥馬貽充大行皇帝祭奠使副左林牙左金吾衛大將軍蕭日新利州觀察憑延休充皇太后弔慰使副右金吾衛上將軍耶律寧引進使姚居信充皇帝弔慰使副並素服由西上閤門入陳禮物於庭中書門下樞密並立於殿下再拜訖升殿分東西立禮直官閤門舍人贊引耶律三隱等詣神御坐前階下俟殿上薦饗使副等並舉哭殿上皆哭再拜訖引升殿西階詣神御坐前上香奠茶酒貽謀跪讀祭文畢降階復位又舉哭再拜訖稍東立俟皇太后升坐中書樞密院起居畢簾外侍立舍人引弔慰祭奠使副朝見殿上舉哀左右皆哭弔慰使副蕭日新等升殿進書訖降坐俟皇帝升坐中書樞密院起居畢升殿侍立舍人引弔慰祭奠使副朝見皇帝舉哭左右皆哭弔慰使副耶律寧等升殿進書訖賜三隱等襲衣冠帶器幣鞍馬隨行舍利牙校等衣服銀帶器幣有差弔慰使副蕭日新等復詣承明殿俟皇太后升坐中書樞密院俟立如儀舍人引蕭日新等升殿進問聖候書畢賜銀器衣著有差仍就客省賜三隱等茶酒又令樞密副使張士遜別會三隱等伴宴於都亭驛英宗即位契丹使來賀乾元節命先進書奠梓宮見於東階故夏國使人見客省以書幣入後弔慰使見殿門外契丹祭奠使見於皇儀殿東廂群臣慰於門外使人辭於紫宸殿命坐賜茶故事賜酒五行自是終諒闇皆賜茶神宗之喪夏國陳慰使丁努嵬名謨鐸副使呂則陳聿精等進慰表於皇儀門外退赴紫宸殿門賜帛有差元祐初高麗入貢有太皇太后表及進奉物樞密院請遵故事惟答以皇帝回諭敕書已而宣仁聖烈太后崩禮部太常閤門詳定高麗奉慰使人於小祥前後到闕令於紫宸殿門見客省受表以進賜器物酒饌退並常服黑帶不佩魚候見辭訖吉服　淳熙十四年金國弔祭使到闕惟皇帝先詣紫宮行燒香禮及使入門祭訖皆就幄舉哭外陳設行事並如先朝舊儀其奉辭日有司亦先設神御坐及設香案茶酒果食盤臺於几筵殿上宰執升殿分東西立侍從官於殿下西向立使副入門殿上下皆哭使副升殿哭止使副詣神坐前一拜上香奠茶三奠酒畢拜興請祭文官跪讀祭文一拜興殿上下皆哭使副俱降歸位立又再拜訖退

淳熙三年五月十四日安南國王李天祚薨命廣西提刑廖遽時暫兼權本路轉運副使充安南弔祭使絹布各七百匹羊七十口麵七十石酒七十瓶紙錢七十束寓錢七十解寓綵七十束寓金銀七十鋌先是太常寺言欲依天聖至和熙寧典故并紹興八年三月二日指揮絹布各五百匹羊五十口麵五十石酒五十瓶紙錢五十束寓錢五十解寓綵五十束寓金銀五十鋌得旨令禮部重別議定以聞既而尚書趙雄等言李天祚承襲踰四十年率職匪懈淳熙元年又因進貢特封安南國王爵秩禮數差別欲將絹布羊麵等比舊來各加兩等支賜故有是命弔祭使先差本路轉運陳濟以濟身故改命遽時　八年二月十日賜魏王愷男左千牛衛大將軍攄等詔曰咨自菲躬禍臨次嗣當春秋之方盛曾壽考之不延訃問驚聞哀懷震悼重軫遺孤之恤專馳近侍之臣寬顯至傷以予悼痛今遣刑部尚書謝廓然致予將贈銀絹各二千五百匹兩既而太常寺言國朝會要即無該載親王賻贈今檢照大臣薨合支降法酒五十瓶秉燭小燭各五十條濕香三斤布二百匹生白龍腦一斤秉燭常料燭各五十條濕香蠟面茶各五十斤法酒法糯酒各五十瓶麵各五十石羊五十口其鏁儀合用常饌祭食奠酒等所有祭食欲比倣牙盤簽

食二十四味如已起離明州令所至州縣排辦祭食從之

職官

景獻太子攢所

嘉定十三年八月六日，皇太子薨。七日，禮部、太常寺言：「參酌已行典故：一、皇帝為皇太子薨服期，六宮並不從服。一、發哀日，於皇太子宮正廳之東設素幄，（其幄係青素，令儀鸞司釘設排辦。）皇帝服皂幞頭、白羅衫、黑銀帶、絲鞋，就幄發哀，令文思院製造。一、是日皇后服素，詣宮隨時發哀，如宮中之禮。一、發哀日，合赴陪位官並常服吉帶，入麗正門，詣宮幕次，俟時至，易常服黑帶，立班俟發哀畢，易吉服退。一、故例發哀、成服陪位立班官係用行在職事官并見任陞朝官已上。一、發哀、小殮、大殮、成服日時，乞令太史局選定，仍各差定時刻擇官，先日前來報時祗應。一、小殮、大殮各祭告皇太子，乞以本宮主管、春坊官一員行禮，其餘祭告依例以諸司官行禮。一、乞令臨安府城裏外寺院聲鐘三萬杵。一、合奏告天地、宗廟、社稷、宮觀，所有合排辦事件及差官等，乞令太常寺照例差官排辦，所有奏告日

辰，乞令太史局選定，申寺施行。一、發哀日，合赴立班官常服吉帶入麗正門，詣本宮幕次，換黑帶。時前，皇帝自內服常服至御幄，俟時至，皇帝就幄易皂幞頭、白羅衫、黑銀帶、絲鞋，（如有奏事，俟宰執詣幄奏事畢。）次御史臺、閤門、太常寺分引立班官入詣殿下立定，俟刻擇官報時，及皇帝就幄內發哀，在位官就位皆發哀止，皇帝就服皂幞頭、白羅衫、黑銀帶、絲鞋還內，立班官出本宮門，易吉帶退。一、依禮例，自發哀至釋服日，皇帝前後殿不視事。一、行在音樂自發哀權行禁止，俟將來虞祭畢日仍舊舉用，並從之。一、成服日，皇帝合服次麤布幞頭、襴衫、腰絰，（以麻皮。）絹襯衫，皇后合服次麤布蓋頭、長衫、裙、帔、絹襯服，並白羅鞋，乞下文思院製造，赴御藥院送納。一、文武百官成服，一日而除，合服衰服，乾道三年參酌除去冠，合用麤布帶、繫腰布幞頭、後幞軟腳、布帶二條，乞從上件已行禮例。其文武合赴及御史臺、閤門、太常寺引班祗應人並服布幞頭、襴衫、腰繫布帶。一、前項所用衰服，乞令臨安府委官製造，仍關會所屬，具數供送

給散施行。令來皇太子本宮人並服斬衰三年服，令臨安府計會數日製造施行。一、皇太子宮係並服齊衰三日服，臨七日而除。一、檢照典故，東宮文武官并釋衰服後，藏其服至葬日卻服，葬畢而除，並從之。皇帝成服畢，行祭奠禮，參酌合排辦事件：一、合用供養茶酒、果香、香藥、香爐、庋、火匙、合、湯瓶、注椀、盤盞、茶盞、托、真茶、酒盞子、燎草并合用焚祝板、燎草等，燈火並乞從敕葬都大主管所付下諸司排辦施行。一、合用素青御幄，施簾，乞於皇太子宮殿之東隨地之宜釘設，並合用御座、黃羅裀褥，並奏請紫褥，並乞下儀鸞司排辦施行。一、合用祝文一首，（述以皇帝為皇太子成服詞行祭奠禮之意。）乞下學士院預行修撰訖，降付太常寺供應。一、合差讀祝文官一員，乞差官施行。一、合用御封降真香，乞下入內內侍省預先取降付太常寺至日供應。一、合差侍者并進茶酒、捲簾、舉祝板內侍，乞下入內內侍省差撥。一、合差定時刻擇官一名，乞下太史局就差都大主管所刻擇官充。一、合差前導太常卿一員，贊引太常卿太常博士一員，

乞差本寺官充。一、成服日，行事陪位官常服吉帶入麗正門，詣皇太子宮幕次，俟時至，服衰服立班，訖，權退，換常服黑帶，以俟立班進名奉慰皇帝，次移班進名奉慰皇后，訖，出殿門換吉帶退。一、成服行禮儀注：其日時前，文武立班官並常服吉帶，入麗正門，詣本宮幕次，俟時易衰服，御史臺、閤門、太常寺分行事陪位官就位立定，皇帝服皂幞頭、白羅衫、黑銀帶、絲鞋，詣皇太子宮殿之東御幄即座，簾降，俟太史局報時，及禮直官、太常博士引太常卿當幄前俛伏跪奏：「太常卿臣某言，請皇帝為皇太子薨成服。」奏訖，伏，興。皇帝釋素服、衰服，文武百官於本宮內外同時易服。訖，御史臺、閤門、太常寺報，引文武百官入詣皇太子宮門內，隨地之宜立班，定，禮直官先引讀祝文、武官詣香案之西，東向立，閤門報班齊，在位官皆再拜，訖，捲簾。禮直官、太常博士、太常卿前導皇帝出幄，詣香案前，奏請上香，再上香，三上香，內侍進茶酒，又奏請酹茶三、奠酒於茅苴，奠爵訖，奏請少立，讀祝文官東向跪讀祝文訖，奏請皇帝舉

哭在位官皆舉哭俟哭止前導官前導皇帝在位官皆再拜俟前
導歸幄次文武百官權退易常服黑帶以俟立班進名奉慰皇帝
皇后訖出本宮門易吉帶退詔並依內讀祝文官差國子司業兼
權侍立修注官王恭前導太常卿差太常少卿杜孝嚴贊引太常
卿太常博士差太常博士諸葛安節（永樂大典卷三千九百九十四）
同日禮部太常寺言檢會乾道三年故事皇太子遠遊冠朱明衣
隨斂其袞冕隨葬欲依上件體例施行從之（同上）
八日詔護喪葬事差刑部尚書徐應龍都大主管官差入內內侍
省押班鄭俁（同上）
同日右武大夫保康軍承宣使入內內侍省押班鄭俁言皇太子
薨差都大主管斂葬隨宜參酌比附條具申請數內官吏諸色祗
應人等合用孝贈及節次支賜并日支食錢及應干支費乞依昨
來斂葬莊文太子體例於左藏庫取錢二萬貫文銀五千兩絹五
千匹仍免三分減一全支本色從之（同上）
九日詔皇太子薨可賜諡景獻同日禮部太常寺言令來皇太子
薨依故事皇帝服期以日易月十三日而除成服後七日而釋其
文武百官成服一日而除令來已選定八月二十日成服合至八
月二十六日皇帝皇后釋服是日更不行燒香之禮乞從入內內
侍省差官一員請降所服衰服太史局指引剋方焚燒其釋服日
依體例班次立班文武官合詣後殿門外進名奉慰合赴官並常
服吉帶入和寧門至後殿門外易黑帶立班進名再拜奉慰皇帝
次移班進名再拜奉慰皇后訖易吉帶出和寧門退從之（同上）
同日詔皇太子薨將來殯葬靈柩所出經由門戶令太史局同護
喪葬所剋擇官選擇所出門戶合利是何方隅申尚書省既而本
所請以麗正門東南方猴閘門戶以出靈柩由嘉會門姥嶺子赤
山至攢所（同上）
同日詔皇太子薨將來殯葬去處令護喪葬所就利方及寺院擇
地既而刑部尚書護喪葬事徐應龍等言本所據判局劉居仁天

文官胡居中相視踏逐到莊文太子攢所之東空地一段堪充皇
太子攢堂應龍等將帶剋擇禮直官前去相視上件地段林木茂
盛土肉肥厚即無水脉仍於莊文太子欞星門之北同向別置門
戶委是利方地段修製令來皇太子攢堂應得昭穆尊卑次序於
禮典別無違礙合隨地之宜分立墻圍所有攢堂及屋宇門戶等
制度並合照莊文太子攢堂體式修蓋又據劉居仁等供到皇太
子攢堂所用格盤南針定驗得其地係離山坐丙向壬若將來開
掘神穴合深九丈應得天星鳳凰成吉後勒令臨安府壕寨打量
到皇太子新攢地段標立圍墻內南北入深一十八丈東西闊一
十六丈勒畫匠照莊文太子攢所樣製造圖見到乞下臨安府兩
浙轉運司照應體式製度起蓋施行從之（同上）
十三日禮部太常寺言皇太子薨所有生前有賜旌節牌印依令
即合隨葬從之（同上）
同日禮部太常寺言皇太子薨出葬日乞依故事前夕皇帝皇后
詣東宮行燒香之禮如宮中之儀俟與靈前命宰臣一員詣靈柩
前燒香俟讀哀冊畢靈柩進行將來皇帝行燒香之禮欲從乾道
三年故例權服忌日之服（易以黲袍黑帶）皇后服素服燒香並如宮中之
儀宰臣燒香合用御封降真香乞令入內內侍省降付本寺至日
供應合用宗室使相兩班及本宮官常服黑帶陪位（本宮官服素服）行禮
儀注乞從本寺修定關報施行從之（同上）
十五日禮部太常寺言皇太子薨出葬畢依典故合用虞祭一合
用虞主禮例用桑長一尺方四寸上項圜徑一寸八分四廂各剋
一寸一分又上下四方通孔徑九分其匱底蓋俱方底自下而上
蓋從上而下與底齊其趺方一尺厚三寸欲依體例令工部下文
思院更切照應乾道三年已行造作體式修製施行一合用大匱
一腰襻一波水鐵絡襻一副全矮香案一紫羅衣子全白羅拭巾
一青羅巾一各長八尺行幃一紫羅衣全襯籍虞主紫羅褥子一
浴斛一趺座一並几一衣子全曲綃帕一軍匱紅羅夾帕一欲令

工部行下文思院疾速修製施行。俟修製虞主并腰輿等畢，前期就敕葬所交納。一、虞祭共合用牲牢羊豕各七，并安神禮等料，蠟燭、酒果等，乞從太常寺臨安府收買，下牛羊司入滌養喂，至日差宰手宰殺。祝版一，虞祭合用祝文七首（月遂以付虞祭之意）文，安神禮合用祝文一首（遷以虞主安奉詞以贖付安神禮之意），乞下學士院預先修撰書寫，降付本寺，至日供應。一、合用白幣八段，令戶部下左藏庫多供。一、合用御封降真香八合，令入內內侍省請降。一、浴虞主合用檀、沉、箋、節香各半兩，并柴五十斤，乞令臨安府排辦。一、虞祭合用香爐、匙合、上香木炭、燈燭、燎草，並乞令主管諸司排辦。內燎草乞令主管諸司一面報所經由門戶照會放入。一、設虞主行禮所合用幕次、椅桌一副、搭席等，乞令臨安府儀鸞司排辦。一、浴虞主并請神靈上虞主并捧還宮一員，并合差捧腰輿官四員及幹辦照管官一員，並乞差本宮春坊以下充。一、掩攢前浴虞主官先浴虞主訖，俟掩攢畢，請神靈上虞主訖，行第一虞祭，畢，捧升腰輿回歸，以酒脯行安神禮畢。一、將奉行虞祭禮合用牙床一張，乞下文思院製造，赴太常寺送納，其祭器就用本寺見管供應，禮料具數報臨安府收買排辦施行。一、合差擡擎牙床祭器兵士一十五人、節級一名，乞依例下殿前司差撥，前期赴寺般擎牙床祭物，請虞主前祇應。一、虞主回合用捧擎腰輿節官并儀物等，並乞就用本宮常儀物節官等。一、虞祭行禮儀注，乞令太常寺修定關報施行。一、所有虞祭行禮官祇應人等各合破早晚喫食酒果等，乞從本寺關報臨安府應辦施行。並從之。（上同）

十六日，禮部太常寺言：皇太子薨，合用哀謚冊寶製度沿冊法物下工部令文思院依式製造施行。一、將來出葬，其謚冊寶乞令文思院計會敕葬所於前二日進呈畢，降出付敕葬所收管，於前一日交付禮部職掌於皇太子宮釘設幕次安設，冊寶伺候以俟行禮。其哀冊一副，乞令文思院計會敕葬所於前一日交付本所收掌，於敕葬日行禮前交付禮部職掌幕次安設，以俟行禮及於出

葬日令禮部職掌等擁衛至葬所。哀冊一出，於前一日奉謚冊寶於皇太子宮柩前。欲前二日奏告天地、宗廟、社稷、宮觀，其奏告官乞從太常寺具申差官施行。其餘合排辦事件，乞依自來奏告體例關報所屬排辦施行。一、合用擡擎冊寶節官六十八人，員節級五人，在內擡擎謚冊寶法物大武官六十人，人員五名，在內儀衛皇城司親事官六十人，人員五名，在內街仗司三十八人，節級五名，欲依例下御輦院、殿前司、皇城司、街仗司依數差撥，前來祇應。一、禮部所差捧冊寶拖扇擁職掌并儀衛擡擎輦院親事官、天武官、街仗司合着衣服，除輦官、親事官合着衣色乞下本處關借外，其天武官、街仗司合用紫衫帽子并儀衛人所執仗子，具差人數乞下祇候庫關借。其捧冊寶職掌合用緋衣寬衫三十五領，乞下祇候庫關借；黑角帶三十五條、幞頭三十五頂，乞下臨安府關借。自來修製冊寶，禮部當行人吏行遣催促趁辦，依逐項修整冊寶體例，每人各有日支食錢，依故例捧冊寶職掌禮畢各人支賜絹四匹。今捧冊寶職掌所得食錢并禮畢支賜，乞下都大主管所下諸司支賜施行。一、所差捧冊寶職掌、擡擎儀衛、輦官、親事官、天武官、街仗司各合破入宮門，乞下皇城司關請施行，事畢送納。一、皇太子哀謚冊寶前一日致齋幄次內合用點照常料燭三十對并桌燭三對，並乞下文思院依數排造應副使用施行。一、今來皇太子哀謚冊寶及宿齋日，欲令文思院逐作各差高手工匠二名，權借入宮門牌號，隨逐冊寶在彼祇備，不測修整。一、皇太子薨，禮寺見申請修製謚冊寶，候行禮畢，俟將來於掌柩前陳列，付葬所收奉。所有皇太子生前元授冊寶，欲依上件體例，俟出葬日於靈柩前謚冊寶之前陳列，付葬所收奉。其合用執擎人，欲就前項人內差撥施行。一、將來皇太子哀謚冊寶宿齋并至日行禮係兩日，應奉祇應。其禮部所差職掌、冊寶下天武官、輦官、親事官、街仗司依例各合破早晚折食錢，職掌每人每日五百文，餘各三百文，欲依例支破，於逐人請受文歷內勘支施行。一、將來奉上皇太子謚冊寶

禮畢太常寺行遣催從趂辦祇應禮直官贊者共二十四人依體例每人各支絹三匹欲劄下都大主管所行下支賞所支給施行一奉謚册寶官於靈柩前行禮畢合捕二謚字號太子三寶侯具册寶見行伺下謚號日關報思院製造施行文一出葬日宰臣詣靈柩前行燒香之禮陪位宗室使相南班本宮官僚屬引揖班次并諸色祇應人應奉竊慮伺候開門不及欲與靈駕早二刻開新開門并緣由門户趁赴立班應奉一出葬日用元立班官於城外奉辭皇太子靈柩乞服常服黑帶其儀範從太常寺修定關報施行行葬訖易吉帶入皇城門赴後殿門外易黑帶進名奉慰訖易吉帶退所有都城門外合用幕次拜席禱香案香爐匙合炭火什物等並乞下臨安府同儀鸞司預行排辦施行一奉謚册寶前一日宿齋官并應奉職掌祇應人合破喫食茶湯酒幕次燈燭什物等乞從太常寺依例報臨安府等處專委官及差衙前官幹排辦施行並從之上同

要

七

十九日禮部太常寺言皇太子薨將來掩攢畢依體例行七虞祭之禮俟皇太子虞主回行安神禮虞祭并安神禮合差行禮官一員欲於禮官内差充所有奉禮郎太祝太官令各一員從本寺依例輪差太常寺官充各前一日宿於本司至日趁赴行禮詔依内行禮官差太常少卿杜孝嚴上同

二十四日詔中書令奉册寶差知樞密院事兼參知政事鄭昭先撰謚册文官差簽書樞密院事兼權參知政事任希夷書謚册文并篆謚寶文官差户部尚書兼權吏部尚書薛極上同

二十五日詔内讀謚册文官差吏部侍郎宣繒讀册寶官差權吏部侍右侍郎盛章舉册官差太常少卿杜孝嚴司封郎中高文善舉寶官禮部郎中任逢太常丞臧格上同

二十六日詔撰哀册文官差侍右郎中兼翰林權直林岊書哀册文官差禮部侍郎楊汝明讀哀册文官差宗正少卿兼權直舍人院陳卓舉哀册官差太常博士諸葛安節太常寺主簿黄灝上同

二十九日禮部太常寺言九月十一日皇太子出葬於前一日奉謚册寶行禮中書令已下行事官依禮例前一日各宿齋於本司奉謚册寶行禮日 皇帝不視事百司作休務假九月十一日皇太子出葬前一日奉謚册寶行禮係九月十日其册寶已令文思院製造於行禮前一日計會救葬所進呈畢降付本司收掌以俟行禮上件册寶合經由新開門出入乞於出葬前三日係九月八日關新開門放令一行應辦等人物入出施行將來出葬日俟與靈訖次宰臣詣皇太子靈柩前行禮畢靈柩進行其宗室使相南班官常服黑帶並赴陪位立班訖騎從皇太子靈柩至葬所俟掩攢畢奉辭訖退出葬日皇帝不視事百司作休務假其立班官赴嘉會門外立班奉辭訖入麗正門赴後殿門外立班進名奉慰訖退出麗正門出葬次日皇帝不視事百司作歇泊休務假出葬前一日奉謚册寶於皇太子靈柩前行禮及出葬日宰臣行禮宗室使相南班本宮官陪位訖至葬所行掩攢虞祭禮并迎虞主回府各有行禮其逐處行禮官等合用拜席禱并幕次什物乞令儀鸞司同臨安

要

八

府預行釘設排辦其嘉會門外立班奉辭靈柩官合用露屋亦令先次措置絞縛應辦施行並從之上同

九月一日兩浙轉運司臨安府言承議郎特差通判臨安府潘想等申從準牒委提督趂蓋皇太子攢所今據南山法因院住持僧善超狀本院今蒙踏逐地段充造皇太子攢所紡擬去處並行除治方圓計四十餘畝盡行投獻充攢所禁地竊見本院攢所並壁合行充應崇奉香火燈等照得所占皆本寺地段所圻皆本寺屋宇自新攢所去本寺最為傳近他寺妄難讓奪合取指揮施行詔令法因院崇奉景獻太子攢所香火上同

十日還攝中書舍人令知樞密院事兼參知政事鄭昭先奉謚册寶於故皇太子靈柩前册文曰皇帝若曰主器莫若長子蓋聞前聖之格言壹惠所以尊名茲率先王之謚典嗟予上嗣為國元儲何弗弔於昊穹乃不延於永命肆致爾行庸焉予恩故皇太子詢聰叡生知温文夙就甫勝衣而進止有度迨既冠而威儀孔時端

知玉粹以金昭允若海渟而嶽峙大矣震雷之洊燁然離景之重禮樂不離於斯須愛敬克勤於終始翼翼廟朝之上烝烝宮壼之中雞寢問安退每形於喜色龍樓祗召進冢謁於小心務遠佞以去邪尤崇儒而重道三善皆得法靡抗於伯禽五經精通禮猶尊於亘傳欵接有加於僚寀講論必驗於古今辭章畢選序之華筆法妙隸書之善雖處燕間之際曾無玩好之娛有奕其堂書錫居仁之牓祗若予訓曲加克己之功德既懋於在躬孝宜施於有政間者兵端妄起國步多虞屢方志學之年首陳更化之策鉏姦去惡寶啟予衷易危為安大慰人意即青宮而議事陪丹扆之眡朝輔列大臣益踵天禧之故典參決庶務聿遵孝廟之宏規偕予一德之良致茲百度之理興滯補弊率由舊章登能庸賢悉從民譽閱一終而再歲中外又寧凡四薦於戴觴神示昭格曷致陰陽之冠端綠夙夜之勞比嘗少瘳亟從賓贊之禮迨夫寖劇猶惟父母之憂正四方瞻少陽之輝乃一夕掩前星之耀假以九齡之夢必

要　九

顧予周形于四重之歌莫班於漢朝野悉為之悅愕壖徼亦動于哀思悵曷慰於慈懷爰特頒於顯號載稽于衆斂自朕心者意大圖而成功宜景之謂賢知有聖之盡美宜獻以名練日惟良飭禮斯備令遣攝中書令通奉大夫知樞密院事兼知參政事鄭昭先奉册寶賜謚號曰景獻太子惟爾英靈不昧神理如存歆茲徽章服我休命叅間不朽與國無窮嗚呼哀哉其日五更有司詣敕葬所交割册寶幕次俟中書令已下到位請捧册寶出幕次俟中書令已下步從至東宮廳稍西東向褥位權置定册北寶南權退俟有司排辦香火等畢備先引升諸册寶案位立俟舉册官到位搢笏跪舉册匣與（凡舉册寶皆部職掌助舉）禮先捧册案詣香案前褥位俟中書令升廳捧册請舉行至褥位奠册訖俟讀册官詣册案舉册官舉讀册官讀册訖舉册官奠册次舉册匣職掌先捧册案詣廳上稍東褥位置定俟舉册官舉册匣至稍東褥位跪置於案上舉册官執笏興降復位次舉寶官讀寶官并職掌行禮並如舉册之儀訖

班退至其夜四更興靈前俟舉哀册行禮俱畢其謚册哀册寶俟出葬日職掌援衛至葬所交割（同上）

十一日景獻太子出殯宰臣等詣靈柩前行燒香之禮舉册官跪舉哀册讀册官跪讀哀册文曰維嘉定十三年歲次庚辰八月戊午朔初六日癸亥景獻太子薨於東宮粤以九月十一日丁酉出厝于南山莊文太子攢所之東禮也鑾蓋宵陳祕輴夙祖離還家設哀鳴些鼓皇帝睠承華而興泗悼望苑之賓仙謂暉曜兮春陽曷杳杳兮秋原雖易名之永矣奈割愛之茫然德烈餘美詞臣制編其詞曰惟天錫羨惟辟體乾儲休貳極胙國德年黃離繼照幼海澄淵稽經諏史踵武系傳畀齡訪膳周光重亘文傳置令漢嗣仁賢充哲元良挺瑞天支金相玉裕嶽秀川輝勝衣既冠翼翼祗祗文英獨越理識冥資學問苞舉正邪洞知經更政化策贊時幾黼扆之斷風霆奮飛緄縢之韔就坤滑夷莫獻匪葵莫知匪耆邦本斯託宸襟是依主器備册重觴侑謌不矜其盛益謹其儀鞠躬

要　十

問寢遜志尊師侍朝拱立會議敷施傃心海宇動色紳纓嵩胥方壯受祿咸宜機祲安在膏肓若疑交使申禱駢命扶醫輦輿戾止椒殿貢思載顧載拊以瘳以熙來幾可復往遽奚之嗚呼哀哉撫此顥商記其星誕常常中府之賜滑滑內庭之宴乎尹魚珮鷩迅召之無因手賴犀盈嘆閟藏而弗見嗚呼哀哉胥江舒練漢月流渡蘭葡紛砌蜩蟬抱柯雲霧霧兮陳幕颸肅肅兮鳴梟對銀牓以空揭椎瑤山其奈何是耶非耶丹素旒慘兮戚兮琳琅歌嗚呼哀哉卜吉龜封栖神旬宇痛奠徹乎罍鐏葳容啓乎翱羽宮僚縞送以泣護行路蠶谷而涕雨遠逝廣陌號呼鶴馭之徐驅寥況紫霄飄忽鳳笙之凝佇嗚呼哀哉背嶢闕以漸遠憑層軒而迴往酸茄希兮霜日白虛衛歸兮悲蒿愴憶孝敬於平生悅忠誠於遺響曷皇情之塞悲皛英魏之精爽嗚呼哀哉（同上）

十四年七月二日禮部太常寺言八月六日景獻太子小祥係具合行事件一欲依故事皇帝前後殿特不視事一日一乞依典故

命執政官一員小祥日赴本府詣景獻太子神座前行奠酹之禮用見令本府官僚陪位一合用御封降真香乞下入內內侍省預行請降付太常寺至日供應一合用祝文一首（述以獻太子小祥為景遣官行奠酹禮之意）乞下學士院修撰前期降付太常寺至日供應一合差讀祝文官一員從太常寺照例一面輪請本寺官充一乞依典故小祥日皇子國公赴景獻太子府俟所命官奠酹畢次皇子國公詣景獻太子神座前奠酹行禮畢次本府宮人以下燒香奠酹如家人之禮一小祥日奠酹所有景獻太子神座前合用供養食香茶酒果蠟燭等從本府預行計置供應其行禮拜蓆褥燎草及待班幕次等令臨安府儀鸞司釘設排辦乞朝廷指揮施行詔並依奠酹官差知樞密院事兼參知政事鄭昭先（同上）

十五日九月十五日詔景獻太子已撤几筵高平郡夫人傅氏可特封信國夫人仍令主奉祭祀諸般請給支賜並特依宮人祿格則例支破（同上）

外夷入弔之儀

乾興元年真宗之喪契丹遣殿前都點檢崇義軍節度使耶律三隱翰林學士工部侍郎知制誥馬貽充大行皇帝祭奠使副左林牙左金吾衛大將軍蕭日新利州觀察使馮延休充皇太后弔慰使副右金吾衛上將軍耶律寧引進使姚居信充皇帝弔慰使副並素服由西上閤門入陳禮物於庭中書門下樞密並立於殿下再拜訖升殿分東西立禮直官閤門舍人贊引耶律三隱等詣神御坐前階下俟殿上簾捲使副等並舉哭殿上皆哭再拜訖引陞殿西階詣神御坐前上香奠茶酒貽謀跪讀祭文畢降階復位又舉哭再拜訖稍東立俟皇太后陞坐中書樞密院起居畢簾外侍立舍人引弔慰祭奠使副朝見殿上舉哀左右皆哭弔慰使副蕭日新等陞殿進書訖降坐俟皇帝陞坐中書樞密院起居畢陞殿侍立舍人引弔慰祭奠使副朝見皇帝舉哭左右皆哭弔慰使副耶律寧等陞殿進書訖賜三隱等襲衣冠帶器幣鞍馬隨行舍利

牙校等衣服銀帶器幣有差弔慰使副蕭日新等復詣承殿殿俟皇太后陞坐中書樞密院俟立如儀舍人引蕭日新等陞殿進問聖候書畢賜服器衣着有差仍就客省賜三隱等茶酒又令樞密副使張士遜別會三隱等伴宴於都亭驛英宗即位契丹使來賀乾元節命先進書奠梓宮見於東階放見國使人見客省以書幣入後弔慰使見殿門外契丹祭奠使見於皇儀殿東廂群臣慰於門外使人辭於紫宸殿命坐賜茶故事賜酒五行自是終諒闇皆賜茶神宗之喪夏國陳慰使丁努嵬名謨鐸副使呂則陳聿精等進慰表於皇儀門外退赴紫宸殿門賜帛有差元祐初高麗入貢有太皇太后表及進奉物樞密院請遵故事惟答以皇帝回諭勅書已而宣仁聖烈太后崩禮部太常閤門詳定高麗奉慰使人於小祥前後到闕令於紫宸殿門見客省受表以進賜器物酒饌退並常服黑帶不佩魚俟見罷純吉服（同上）

淳熙十四年金國弔祭使到闕惟皇帝先詣紫宮行燒香禮及使

入門祭訖皆就幄舉哭外陳設行事並如先朝舊儀其奉辭日有司亦先設神御坐及設香案茶酒果食盒臺於几筵殿上寧執升殿分東西立侍從官於殿下西向立使副入門殿上下皆哭使副陞殿哭止使副詣神坐前一拜上香奠茶三奠酒畢拜興讀祭文官跪讀祭文一拜興殿上下皆哭使副俱降歸位立又再拜訖退

弔祭

淳熙三年五月十四日安南國王李天祚薨命廣西提刑廖遴特暫兼權本路轉運副使充安南弔祭使絹布各七百匹羊七十口麵七十石酒七十瓶紙錢七十束寓錢七十辦寓綵七十束寓金銀七十鋌先是太常寺言欲依天聖至和熙寧典故并紹興八年三月二日指揮絹布各五百匹羊五十口麵五十石酒五十瓶紙錢五十束寓錢五十辦寓綵五十束寓金銀五十鋌得旨令禮部重別議定以聞既而尚書趙雄等言李天祚承襲四十年奉職匪懈淳元年又因進貢特封安南國王爵秩禮數差別欲將絹布羊

麴等比舊來各加兩等支賜故有是命弔祭使先差本路運副陸濟以濟身故改命蘧將上同

七年二月十日賜魏王愷男左千牛衛大將軍擴等詔曰朕自菲躬禍臨次嗣蕩春秋之方盛冒壽考之不延訃問驚聞哀懷震怛重軫遺孤之恤專馳近侍之臣寬爾催傷紓予悼痛今遣刑部尚書謝廓然致弔賻贈銀絹各二千五百匹兩既而太常寺言國朝會要即無該載親王賻贈今檢照大臣薨合支降法酒五十瓶秉燭小燭各五十條濕香三觔布二百匹生白龍腦一觔秉燭常料燭各五十條濕香蠟面茶各五十觔法酒法糯酒各五十瓶麵各五十石羊五十口其餅條合用常餅祭食奠酒等所有祭食欲比倣牙盤筆食二十四味如已起離明州令所至州縣排辦祭食從之上同

又禮四三之一三

空格下注大典卷一萬四千九百九又一萬九千二百三十三

禮

宋會要　賻贈

國朝凡近臣及帶職事官薨卒非詔葬者如有喪訃及遷葬皆賜賻贈鴻臚寺與入內內侍省以舊例取旨其嘗踐兩府或任近侍者多增其數熙寧七年命官參酌舊例著為新式付之有司舊例所載不備今并其數俱存之新式所謂三年服父母為人後者為所後父并繼母慈母及所生母三年服同期年服第一等父卒母嫁繼母嫁後者同及出妻之子為母及祖父母嫡孫為祖庶孫為祖後謂承重者為曾祖高祖後亦如之及為祖後者祖卒則為祖母為曾高祖後者為曾高祖母亦如之三年服同為人後者為其父母為所生母服心喪同妻第二等伯叔父母及兄弟及子長子三年服及女在室同繼父同居第三等高祖父母曾祖父母繼父不同居者及兄弟

卷一萬四千九百九

之子女在室同父為其子之為人後者及姑姊妹在室大功服從父兄弟姊妹在室亦同為人後者為其兄弟及姑姊妹女子兄弟之女子適人者無祭主者朞年服同嫡孫嫡曾孫嫡元孫長殤中殤嫡孫嫡曾孫嫡元孫朞年服同庶孫女在室同子之婦嫡婦朞年服同兄弟子之婦及為人後者為其姑姊妹在室者及從父兄弟姑姊妹子女子兄弟之子女子之長殤中殤宰相薨錢五百貫絹五百疋法酒五十瓶秉燭小燭各五十條濕香三斤新式絹八百疋布三百疋生白龍腦一斤秉燭常料燭各五十條濕香蠟面茶各五十斤法酒法糯酒各五十瓶米麪各五十碩羊五十口偃容使帶使相同其後龍腦并燭香茶酒之類皆倣此母妻之喪絹五百疋米麪各三十碩或二十碩酒三十瓶或二十瓶羊三十口或二十口兄弟子孫之喪及姑姊妹女之室者絹三百疋酒三十瓶或二十瓶并三十口或二十口米二十石并麪二十石或無之殤子諸姪之

喪絹百五十尺酒二十瓶羊十口新式三年服絹五百尺酒各三十瓶米麵各三十石羊三十口朞年服第一等絹減一百尺酒羊各減三之一第二等絹減一百尺餘同第一等第三等併減五十尺餘減半大功服減五十尺餘同朞服第三等樞密使帶使相親王同

參知政事薨錢五百貫絹五百尺米麵八十石酒三十瓶羊三十口新式絹六百尺布一百五十尺龍腦一斤蠟燭各三十條香茶各三十斤酒各三十瓶米麵各三十石羊三十口知樞密院事樞密副使同知樞密院事並同

母妻之喪絹三百尺酒二十瓶羊一十口

男女諸婦及伯叔姨舅之喪絹二百尺酒二十瓶羊十口新式三年服絹三百尺酒各二十瓶米麵各二十石羊二十口朞年服第一等絹減五十尺酒羊各減半第二等絹減五十尺餘同第一等第三等絹減五十尺餘減半大功服絹減五十尺餘同朞服第三等知樞密院事親同

樞密使薨錢五百貫絹五百尺酒五十瓶東燭小燭各五十條溫香三斤新式絹七百尺布二百尺龍腦一斤燭各十條香茶各五十斤酒各五十瓶米麵各五十碩羊五十口使相亦同

諸女諸婦之喪錢一百貫絹二百尺酒二十五瓶羊十口新式三年服絹四百尺酒各二十瓶米麵各二十碩羊二十口朞年服第一等絹減一百尺酒羊同三年服第二等絹減五十尺酒羊各減半第三等絹減五十尺酒羊同第二等大功服絹減五十尺酒羊各減半使相親同

宣徽使薨錢五百貫絹五百尺米麵八十碩酒三十瓶羊三十口新式絹五百尺布一百五十尺龍腦一斤東燭小燭各三十條香茶各三十斤酒各三十瓶米麵各三十碩羊三十口簽書樞密院事同

男子姑姊妹姪外甥之喪絹二百尺酒二十瓶羊一十口

堂姪之喪絹百五十尺減百尺別加錢百貫酒二十瓶減十瓶羊十口減五口

姪婦之喪絹百尺酒十瓶羊十口新式三年服絹二百五十尺酒各一十瓶米麵各一十石羊一十口朞年服第一等絹減五十尺酒羊同三年服第二等絹減五十尺酒羊各減半第三等絹減五十尺酒羊同第二等大功服絹減二十尺酒羊各減半簽書樞密院事同

遷葬舊自宰相至宣徽使絹三百尺酒三十瓶羊十口新式待制以上三司副使御史知雜直舍人院侍講侍讀崇政殿說書知諫院修起居注三司開封府推判官中書檢正公事樞密院檢詳文字三院御史京朝官以上帶館職殿前馬步軍都指揮使副都指揮使并都虞候四廂都指揮使及龍察使以上并正任防禦團練刺史駙馬都尉中書堂後官

樞密院逐房副承旨以上遷葬父母並依父母亡歿支賜

三公僕射薨絹三百尺米麵八十碩酒三十瓶羊三十口新式太師太尉太傅太保司徒司空絹六百尺布一百五十尺香茶各三十斤酒各三十瓶米麵各三十碩羊三十口僕射觀文殿大學士絹減一百尺外餘並同

男女之喪錢百貫絹百尺酒十瓶羊五口新式僕射觀文殿大學士三年服絹二百尺酒各十瓶米麵各十碩羊十口朞年服第一等絹減五十尺酒羊減半第二等絹減五十尺酒羊同第三等絹減二十尺酒羊各減二大功服絹減二十尺酒羊同第三等絹減二十尺酒羊各減二大功服絹減二十尺酒羊同朞服第三等太師太尉太保司空司徒親新式不載

東宮三少薨錢五十貫絹百尺米麵二十碩酒五瓶羊五口新式太子太師太傅太保絹五百尺布一百五十尺香茶各三十斤酒各三十瓶米麵各三十碩羊三十口太子少師少傅少保絹減半酒米麵羊各減二十

三司使鹽鐵度支戶部副使卒錢二百貫絹二百尺酒二十瓶羊五口新式三司使絹二百尺酒各一十瓶米麵各一十石羊一十口尚書觀文殿大學士資政殿大學士曾任宰臣依觀文殿大學士例翰林學士承旨翰林資政殿端明殿侍讀侍講龍圖閣天章閣寶文閣學士樞密龍圖閣天章閣寶文閣直學士權知開封府同

祖父及母妻男女之喪錢百貫絹百尺減五十尺酒十五瓶減十瓶羊五口

伯叔兄弟之喪錢五十貫絹五十尺酒十瓶羊五口新式三年服絹一百五十尺酒各五瓶米麵各五石羊五口朞年服第一等絹減五十尺酒羊同第二等絹減二十尺酒羊各減二第三等絹減二十尺酒羊同第二等大功服絹減二十尺酒羊同朞服第三等尚書觀文殿大學士資政大學士曾任宰臣依觀文殿大學士例翰林學士承旨翰林資政殿端明殿侍讀侍講龍圖閣天章閣寶文閣學士樞密龍圖閣天章閣寶文閣直學士權知開封府親同

三司副使卒錢百貫絹百尺酒十五瓶羊十口新式絹一百尺酒各五瓶米麵各五碩羊五口太子賓客給事中諫議大夫中書舍人知制誥直學士院侍制同

兄弟及子婦之喪錢百貫酒五瓶羊五口新式三年服絹八十尺酒各三瓶羊三口朞年服第一等絹減二十尺酒羊同三年服第二等絹減一十尺酒羊同第一等第三等絹減一十尺酒羊各減一大功服三司副使未賜餘官絹減一十尺酒羊同朞服第三等給事中諫議大夫中書舍人知制誥直學士院侍制親同

判官及判諸司者卒錢百貫酒五瓶減三瓶羊五口

新式絹六十疋酒各三瓶羊三口三司判官主判官開封府推判官中書檢正逐房公事樞密院檢詳逐房文字知諫院修起居注京朝官以上帶館職崇政殿說書侍御史殿中侍御史監察御史裏行同祖母母妻之喪或遷葬錢百貫亦有特加絹五十疋兄弟兄弟之妻姑姊妹姪之喪錢五十貫新式三年服絹五十疋酒各三瓶羊三口朞年服第一等絹減一十疋酒羊各減一第二等絹減一十疋酒羊同第一等第三等絹減一十疋酒羊同第二等開封府推判官中書檢正逐房公事樞密院檢詳逐房文字知諫院修起居注京朝官以上帶館職崇政殿說書侍御史殿中侍御史監察御史裏行觀同知開封府卒舊闕新式同三司使判官推官卒錢百貫酒五瓶羊五口新式同三司判官母妻之喪或遷葬錢百貫兄弟姑姊妹之喪錢五十貫新式同三司判官觀翰林學士侍讀侍講樞密直學士卒錢二百貫絹百疋酒二十瓶羊十口新式同三司使母妻之喪或遷葬錢百貫絹百疋或五十疋酒十瓶羊一十口或五口男女兄弟之妻姑姊妹孫伯叔伯叔母之

卷一萬四千九百九

喪錢五十貫絹五十疋酒十瓶或五瓶羊五口出嫁女姪女之喪錢百貫或五十貫酒五瓶羊五口新式同三司使觀尚書丞郎給諫舍人知制誥待制以上宗正卿卒絹二百疋或一百疋加錢百貫亦有止絹百疋者米麵二十碩或十五碩或無之酒二十瓶或十瓶五瓶羊十口或五口新式諫舍人知制誥待制同三司副使給父母妻男之喪或遷葬錢百貫或五十貫絹百疋或五十疋酒十五瓶或十瓶五瓶羊一十口或五口諸婦之喪錢百貫絹五十疋或無絹酒十瓶或五瓶羊一十口伯叔伯叔母兄弟姪及姑姊妹之在室者錢百貫或五十貫加絹五十疋亦有止絹百疋者酒十瓶或五瓶羊五口或三口出嫁者錢五十貫酒五瓶羊五口新式給諫舍人知制誥待制觀同三司副使觀御史中丞卒錢百貫絹二百疋酒十瓶羊十口新式給一百五十疋酒各五瓶米麵各五碩羊五口左右丞諸行侍郎同妻子兄弟姪之喪錢五十貫絹五十疋酒五瓶羊五口新式三年服絹一百疋酒各五瓶米麵各五石羊五口朞年服第一等絹減二十疋酒羊各減二第二等絹減二十疋酒羊同第一等第

三等絹減一十疋酒羊同第二等大功服絹減一十疋酒羊各減一左右丞諸行侍郎觀同知雜御史卒舊闕新式絹八十疋酒三瓶羊三口龍圖閣侍講天章閣侍講直舍人院朝官以上兼侍讀中書檢正五房公事觀同兄弟之喪錢五十貫酒五瓶新式三年服絹六十疋酒各三瓶羊三口朞年服第一等絹減一十疋酒羊同三年服第二等絹減一十疋酒羊各減一第三等絹減一十疋酒羊同第二等龍圖閣侍講天章閣侍講直舍人院朝官以上兼侍讀中書檢正五房公事觀同卿監少卿監卒錢百貫或五十貫絹百疋或五十疋米麵各五石酒五瓶羊五口新式大卿監少卿監絹計五十疋酒各三瓶羊三口朝官直館閣集賢或校理檢討者卒錢百貫絹百疋亦有止錢百貫或別加酒二十瓶羊十口新式同三司判官主判官父母妻之喪或遷葬錢百貫酒五瓶羊三口或不給羊酒者亦有給羊酒而錢止五十貫者兄弟姪諸婦之喪錢五十貫酒二瓶羊三口新式同三司判官主判官觀同任翰林侍書或御書卒錢百貫或絹五十疋錢五十貫酒五瓶羊十口或五口新式不賜任諸王記室侍講翊善

卷一萬四千九百九

教授者卒錢百貫酒五瓶羊五口或三口新式不賜母妻男女伯叔母兄弟之妻姊妹姪諸婦之喪錢百貫或五十貫遷葬錢百貫或五十貫新式不賜京官任三館校理者卒錢五十貫酒三瓶羊三口新式同三司判官主判官同任伴讀者卒錢五十貫酒二瓶羊二口新式不賜節度使卒舊闕新式絹五百疋布一百五十疋香茶各三十斤酒各三十瓶米麵各三十石羊三十口母妻男之喪錢二百貫絹二百疋酒三十瓶或二十瓶羊二十口亦有止絹二百疋兩加米麵五十石女及諸婦之喪錢二百貫或百貫絹百疋酒二十瓶羊二十口兄弟姑姪及妻父母之喪錢百貫絹百疋或五十疋酒十瓶羊二十口或十口新式二年服絹二百五十疋酒各一十瓶米麵各一十石羊一十口朞年服第一等絹減五十疋酒羊同三年第二等絹減五十疋酒羊減羊第三等絹減五十疋酒羊同第二等大功服絹減二十疋酒羊同朞服第三等兩使留後卒舊闕新式絹二百五十疋酒各十瓶米麵各一十石羊一十口觀餘使同妻之喪錢百貫絹五十疋酒二十瓶羊十口新式三年服絹一百五十疋酒各五瓶米

麵各五石羊五口暮年服第一等絹減五十尺酒羊同
三年服第二等絹減二十尺酒羊各減二第三等絹減
二十尺酒羊同第二等大功服絹減二十尺酒羊同觀察使親觀察使卒錢三百貫絹布各二百尺
酒五十瓶羊五十口新式同留後祖母妻男之喪錢百貫絹百尺或五十尺麵一十五石或
無之酒三十瓶或五瓶羊二十口或五口新式同留後親防禦使卒舊闕新式絹一百五十尺酒各
五瓶米麵各五石羊五口客省使以上及正任團練使同父母妻之喪或還葬錢百貫絹
百尺酒二十瓶或十五瓶十瓶羊十五口或十口麵十
五石或十石新式三年服絹一百尺酒各五瓶米麵各
五石羊五口暮年服第一等絹減二十尺酒羊各減二
等二等絹或二十尺酒羊同第二等第三等絹減二十
尺酒羊各減一客省使以上及正任團練使親同團練使卒錢三百貫或百五十貫百貫絹二百
尺或百五十尺百尺酒三十瓶或二十瓶十瓶羊三十
口或二十口十口米麵共二十石或無之新式同防禦
使父母之喪或還葬錢百五十貫或百貫絹百五十尺或百尺酒二十瓶麵十石羊二十
口或十口妻之喪錢百貫絹百尺或五十尺酒二十瓶或十瓶羊十五口新式同防禦使親刺史卒

卷一萬四千九百九

錢百貫絹百尺或五十尺酒十瓶羊十口新式絹一百
尺酒各五瓶米麵各五石羊五口閤門昭宣使以上及
諸司使帶御器械同父母之喪或還葬錢百貫絹百尺酒十瓶羊十口妻男之喪
錢五十貫絹五十尺酒十瓶或五瓶羊十口或五口新
式三年服絹八十尺酒各三瓶羊三口暮年服第一等
絹減二十尺酒羊同三年服第二等絹減一十尺酒羊
同第一等第三等減絹二十尺酒羊各減一閤門昭宣
使以上親即侍衛殿前都指揮使卒舊闕新式絹六百尺布一百五十尺香茶各三
十斤酒各三十瓶米麵各三十石羊三十口副都指揮使親同父母之喪或還葬錢二百貫
絹三百尺米麵共五十石酒三十瓶羊三十口子孫及兄弟之喪錢二百貫絹百尺或止絹
三百尺或二百尺或錢絹百尺酒三十瓶或二十瓶十
瓶羊三十口或二十口十口新式三年服絹三百尺酒
各減二十瓶米麵各二十石羊二十口暮年服第一等
絹減五十尺酒羊各減半第二等絹減五十尺酒羊同
第一等第三等絹減五十尺酒羊同第二等大功服絹
減五十尺酒羊同第二等大功服絹減五十尺羊酒同
暮年服第二等副都指揮使親同副都指揮使卒舊闕新式同都指揮使父母妻

之喪或還葬錢三百貫絹二百尺米麵共五十石酒二十瓶羊二十口都虞候卒舊闕
父母喪錢三百貫絹二百尺麵二十石酒五十瓶羊二十口或止錢百貫絹百尺酒十瓶羊十口還葬
錢百貫絹百尺酒二十瓶羊二十口妻子孫之喪錢百貫絹百尺或止二百貫酒二十瓶或一十
瓶五瓶羊二十口或十口五口新式同都指揮使親殿前左右班都虞候諸班直
都虞候卒新式殿前侍衛親軍馬步軍都虞候絹二百五十尺酒各一十瓶或五瓶羊十口或五口
父母妻之喪錢二百貫或百貫絹百尺或五十尺或無之酒十瓶或五瓶羊十口或五口還葬
錢百貫或五十貫而加絹百尺酒五瓶羊十口新式殿
前侍衛親軍馬軍步軍都虞候親三年服絹二百尺酒
各一十瓶米麵各一十石羊一十口暮年服第一等絹
減五十尺酒羊各減半第二等絹減五十尺酒羊同第
一等第三等絹減二十尺酒羊各減半大功服絹減二
十尺酒羊同暮年服第三等任防禦使以下不賜
指揮使卒錢五十貫酒五瓶羊五口新式捧日天武龍神衛四廂都指揮使絹二百尺酒各一十瓶
米麵各一十石羊一十口父母之喪及還葬錢五十貫或三十貫而加絹二十尺酒六瓶或

卷一萬四千九百九

五瓶羊計五口或無之祖父母之喪錢五十貫或三十貫絹二十尺妻喪錢三十貫絹二
十尺或無之酒五瓶或三瓶新式捧日天武龍神衛四
廂都指揮使親三年服絹一百五十尺酒各五瓶米麵
各五石羊五口暮年服第一等絹減五十尺酒羊同三
年服第二等絹減二十尺酒羊各減二第三等絹二十
尺酒羊同第二等諸軍廂都指揮使卒錢二百貫絹百尺酒二十瓶羊十口新式廂都
指揮使絹二百尺酒各一十瓶羊一十口父母妻之喪及還葬錢百貫絹百尺亦有止百
貫者酒三十瓶或十瓶羊十口新式廂都指揮使父母
絹一百五十尺酒各五瓶羊五口妻絹減五十尺酒羊
同父母喪軍都指揮使卒錢百貫或五十貫絹百尺或五十尺酒十瓶或五瓶羊十口或五口
新式絹七十尺酒各三瓶羊三口父母妻之喪及還葬錢百貫酒十瓶或五瓶羊十口
或無之新式父母絹五十尺酒各二瓶羊二口妻絹減一十尺酒羊同父母喪都虞候卒及父
母喪錢五十貫酒五瓶羊五口新式殿前指揮都虞候絹一百五十尺酒各五瓶羊五口諸班直都虞候
絹減九十尺酒羊各減二諸軍都虞候諸班直指揮使
絹減半酒羊同鈞容直指揮使絹減五尺殿前指揮使

禮四四之八

都知絹減十匹酒羊同
還葬
錢五十貫式三十貫
妻喪
錢五十貫式二十貫酒三瓶或無之新式殿前指揮使都虞候父母絹六十疋酒各三瓶羊二口妻絹減一十疋酒羊同軍都指揮使父母絹五十疋酒羊同妻絹減一十疋酒羊同諸班直都虞候父母絹減一十五疋酒羊同妻絹減一十五疋酒羊同諸軍都虞候諸班直指揮使父母減絹五疋酒羊同妻減絹一十疋酒羊同鈞容直指揮使父母絹酒羊同諸班直指揮使妻絹減五疋
御前忠佐馬步都軍頭卒
錢百貫絹百疋酒十瓶羊十口或五口在見任者錢或百五十貫絹或百五十疋亦有止五十貫五十疋者新式絹八十疋酒各三瓶羊各三口
父母妻之喪及還葬
錢五十貫絹五十疋酒十瓶或六瓶羊十口或五口或無之新式父母絹七十疋酒各三瓶羊三口妻絹六十疋酒各二瓶羊二口
副都軍頭卒
錢百貫酒五瓶羊五口亦有錢五十貫絹五十疋酒八瓶羊七口者新式絹三十疋酒各二瓶羊二口馬軍步軍都軍頭副都軍頭同
母妻之喪及還葬
錢五十貫酒五瓶羊五口新式父母絹二十五疋酒各二瓶羊二口妻絹減一十疋酒羊同馬軍步軍都軍頭副都軍頭親同
馬軍或步軍都軍頭副都軍頭

卷二萬四千九百九

卒
新式同副都軍頭
父喪或母喪或還葬
錢五十貫絹五十疋亦有止錢百貫式止錢五十貫或絹五十疋酒十瓶或五瓶羊五口副都軍頭亦有止錢三十貫
妻喪
錢三十貫酒五瓶或三瓶羊三口新式同副都軍頭親
諸衛上將軍卒
錢百貫絹百疋或止絹二百疋米麵二十石或無之酒十瓶羊十口新式不載
大將軍卒
錢百貫或五十貫絹百疋式五十疋酒五瓶羊五口亦有加米麵共二十石者新式諸衛大將軍客省引進閤門副使諸司副使帶御器械絹八十疋酒各三瓶羊三口
妻喪
錢百貫酒六瓶羊五口新式不載
將軍卒
錢五十貫絹五十疋或止錢一百貫酒十瓶或五瓶羊十口新式諸衛將軍帶遙郡絹五十疋酒各三瓶羊三口
橫班諸使卒
錢百貫絹百疋或五十疋米麵共二十石或無之酒二十瓶羊十口
母妻卒及還葬
錢百貫式五十貫絹五十疋酒十瓶羊五口
副使卒
錢百貫絹五十疋酒五瓶羊五口
母妻女之喪
錢百貫或五十貫亦有加絹五十疋者酒十瓶或五瓶羊十口或三口
東西班諸司副使通事舍人卒
錢百貫或五十貫絹百疋或五十疋亦有止錢三百貫或百貫者酒十瓶羊十口或五口

禮四四之九

亦有止絹百疋米麵共二十石
新婦之喪
錢百貫式五十貫絹五十疋式止錢百貫式五十貫酒五瓶羊五口
還葬
錢五十貫絹五十疋或止錢百貫亦有止五十貫者酒十瓶或五瓶羊十口或五口
殿承制崇班及閤門祗候卒
錢五十貫絹五十疋或止錢百貫酒四瓶羊五口
父母喪及還葬
錢五十貫酒五瓶羊三口
妻喪
錢三十貫酒五瓶羊三口新式五路沿邊及廣南川峽親民以上在任者諸司副使以上知府州依舊例知州軍路分總管鈐轄都監安撫副使諸司使副絹八十疋酒各三瓶羊三口內殿承制崇班絹減三十疋酒羊同逐州軍總管鈐轄知城寨主都監軍使同管勾安撫司公事都同巡檢使都巡檢巡檢內諫說來蓋差遣係親民者同諸司使副絹加一十疋酒羊同內殿承制崇班絹減二十疋酒羊各減一其諸司使副客省引進閤門副使五路沿邊及廣南川峽親民以上在任者諸司副使以上知府州依舊例父母絹減十疋酒羊同
入內都知副都知押班卒
新式入內內侍省內侍省都都知入內內侍省都都知都知副都知絹六百疋布一百五十疋香茶各三十斤酒各三十瓶米麵各三十石羊三十口押班絹減三百疋布減五十疋羊茶酒米麵各減一十供奉官殿

卷二萬四千九百九

頭絹四十疋酒各二瓶羊二口高品高班絹減一十疋酒羊同黃門絹一十五疋祗候殿頭祗候高品候候高班內品祗候內品絹七疋祗候小院品貼祗候內品雲韶部內品入內內品把門內品後苑散內品北班內品絹三疋內侍省內侍左右班都知左班都知右班都知左班副都知右班副都知絹三百疋布一百疋香茶各二十斤酒各二十瓶米麵各二十石羊二十口押班絹減半酒各五瓶米麵各五石羊五口供奉官殿頭絹四十疋酒各二瓶羊二口高品高班絹二十疋酒羊同黃門絹減五疋高品祗候高班內品祗候內品絹三疋貼祗候內品內品後苑內品勾當事內品北班內品散內品從花散內品絹二疋
祖父母喪
錢百五十貫或百貫絹百五十疋或百疋或五十疋酒二十瓶羊十口
還喪
錢百貫絹百疋酒二十瓶
妻喪
錢百貫絹五十疋酒十瓶羊五口新式入內內侍省內侍省都都知入內內侍省都都知副都知親隱三年限絹加二百疋酒各一十瓶米麵各一十頭羊一十口蕃年服第一等絹減五十疋酒羊各減半第二等絹五十疋酒羊同第三等絹減二十疋酒羊各減二押班三年服絹加二十疋酒各二瓶米麵各五石羊加二口蕃年第一等絹減二十疋酒羊各減二第二等絹減二十疋酒羊同第三等絹減一十疋酒羊同內侍省內侍左右

班都知右班都知左班副都知右班副都知三年服絹
加巫十尺酒各加二瓶米麪各加五所羊加二口著年
服第一等絹減二十尺酒羊各減一第二等絹減二十
巴酒羊同第三等絹減一十尺酒羊同押控三年服絹
加三十尺酒羊同各年服第一等絹減二十尺酒羊同
第二等絹減一十尺酒羊同第三等絹減一十尺酒羊
各減
樞密院都承旨卒
舊副新式絹一百一十尺酒
一各五瓶米麪各五五羊五口
娌喪
錢五十貫絹五十尺酒十瓶羊五口石止錢百貫
新式三年服絹一百尺酒各五瓶米減各五石羊
著年服第一等絹減二十尺酒羊各麪二第二
減二十尺餘同第三等絹減一十尺減餘同承
承旨卒
弟
副
五口副承旨諸房絹一百尺酒各十尺酒羊各減二延
房副承旨絹戊一副承旨絹減二令史新辛副絹一十
直尺害令史絹五十尺餘同至事五房公事堂後官廉
設點五房公事絹尺又中書提點瓶羊三口臺後官減
辛滿羊各減一至六十尺酒各三五十貫酒五瓶革三
事絹一十五尺
妻喪及遷葬
口錢新式承旨副都承旨
親屬三年服絹八十尺酒各三瓶羊三口第二等絹四
十尺酒各二瓶羊二口第三等絹三十尺酒各二瓶羊

卷一萬四千九百九

二口副都旨諸房副承旨三年服絹六十尺酒各三瓶
羊三口春年服第一等絹四十尺酒各二瓶羊二口第
二等絹三十尺酒各二瓶羊二口第三等絹二十尺酒
各二瓶羊二口遷房副承旨父母絹二十尺酒各二瓶
羊二口又中書提點五房公事堂後官獻提點五房公
事父母絹五十尺酒各三瓶羊三口堂後官父母絹二
千尺酒各二
司天監判監卒
錢百貫絹五十尺減無之
瓶羊二口
酒八瓶或五瓶羊五口新
式判監絹六十尺酒各三瓶羊三口管
妻喪或遷葬
然三
訪本監公事絹減二十尺酒羊各減一
十貫絹三十尺酒五瓶羊三口新式判監父母絹四十
尺酒各二瓶羊二口妻絹減二十尺管勾本監公事父
母絹二十尺酒羊同判絹減二十三口或止錢五十貫
新父母一尺酒羊同妻羊三口卒一十貫新式父母絹
中或絹子絹一十尺判絹減二錢千尺妻絹七尺殿中
丞丞太洗十五尺然五官正一五十貫絹五十尺減
馬太子洗馬同
父母妻喪
錢錢百貫酒十瓶羊五
口親同醫
翰林醫官使副使卒
止瓶羊三口醫官副使
絹新式十官使絹五十尺酒各三父母絹減十尺酒
羊減一錢尺酒羊各或一醫官使錢五十貫酒五瓶羊
同
遷葬
貫百
尚藥奉御及醫官卒
五口或無之新式不

戲
天文官卒
錢五十貫酒三瓶羊三口或無之新式天
生學生絹三文官絹二十尺酒各二瓶羊二口節級監
酒各二瓶羊尺測驗渾儀所管勾測驗渾儀絹二十尺
紙監生學生二口天文官父母絹一十尺妻絹七尺節
父母絹二尺
書琴棊待詔卒
錢三千貫絹二十尺或正
詔絹一千五尺藝學絹五尺錢五十貫新式圖畫院待
尺御書院學士院書待詔絹二候學生學闕學生絹三
詩無待詔書藝一十尺請紙十尺書各二瓶羊三口
諸色紙候絹五五將官繁色藝學御書紙候絹七尺
息絹
父母妻兄弟之喪
錢二筆紙候諸色紙應鎮字紙
三字尺待書院士院院待十貫或十五貫新式圖畫
絹三書詔父母絹一十五尺學父母
尺酒各三瓶羊三口副使絹減三十尺同八十
錢五十貫絹五十尺酒五瓶羊五口
教坊使副使卒
長卒
新式不減
公主男女之喪
十瓶或十瓶羊十口二
錢三十貫
總二百貫絹百尺酒
婦喪
酒十瓶羊十口
錢百貫絹百尺
都主縣主男女之喪
十尺酒十瓶
錢百貫絹五

卷一萬四千九百九

卒五口新式大長公主長公主公主出降親三年服舅
姊夫絹三百五十尺綿各二十條香茶各二十斤酒各
二十瓶羊二十口暮年服第一等子長子三年服並女
罷室同絹減一百尺酒羊各減年第二等夫之兄弟之
女子同絹減五十尺酒羊同第一等大功服夫之祖父
母夫之伯叔父母夫兄弟子之婦夫兄弟女適人者庶
孫適孫曾孫兄孫並暮年服及嫡孫曾孫兄孫長殤中
殤同孫女在室者夫兄弟之子長殤中殤女子同子長
殤中殤女子同子之婦嫡婦昔年服同女適人者絹減
三十尺酒羊同弟二等小功服外祖父母舅從母姊坏
之子女不同庶姊慈己者庶母之乳養己者子之下殤
女之同嫡孫之下殤孫之長殤男女同夫兄弟之子殤
召殤女子同夫之叔父長殤夫兄弟之孫夫從父兄弟
之子孫女適人者之夫
尺酒羊各減錢百貫絹百尺
駙馬都尉伯叔伯叔母姑姊妹兄弟之
妻姪女之喪
酒千瓶羊五口
乳母喪
酒三十瓶羊十口
錢百貫絹二百尺
新式三年服絹三百五十尺綿各二十條香茶各二十
酒瀬各二十瓶羊二十口暮年服第一等絹酒各減半
羊五口第二等絹減三十尺酒羊同第一等第三等絹
減二十尺酒羊同第二等大功服絹減二十尺酒羊各

武二任防禦使以下不賜宗室朞年使相以上銀二千五百兩絹二千五百尺節度使以
上各減一千觀察使以上絹三千尺正任刺史以上減五百婦減一千所生母減二百出適女減五十室女減
一百女夫減五十乳母減二十大功使相以上銀一千五百兩絹一千五百尺節度使以上各
減五百觀察使以上絹一千五百尺正任刺史以上減三百率府副率以上減五百婦減三百所生母減一百
五十出適女減五十室女減一百女夫減四十乳母減一十曾孫緦麻使相卒上銀一千兩
絹一千尺節度使以上各減二百五十尺觀察使以上婦一千二百尺正任刺史以上減二百尺率府副率以
上減四百尺所生母減一百三十尺出適女室女女夫乳母遞減一十尺元孫緦麻觀察使
以上絹八百尺正任刺史以上減一百尺率府副率以上減四百五十婦減一百七十尺所生母減四十
尺乳母減二十尺祖免男絹六十尺出適女減二十尺室女減二十男所生母婦增一十尺非
祖免男絹三十尺出適女減一十室女男所生母婦絹一十尺應賻贈年十一以
上即支知判大宗正事者加三百係銀絹者中文未赴翎者減半其正任刺

卷一萬四千九百九

史以上澆奠不澆一奠並依賻贈其內卑屬三分支二分宗婦澆奠加一倍女出家入道依出適例

大典卷一萬四千九百九　又卷一萬九千一百三十二

特恩加賜者　內客省使王贊建隆二年七月赴揚州溺死賜絹三百尺米麪
各二百石太子太傅范質乾德二年九月賜絹五百尺粟麥各一百石偽山南節
度使韓保正三年六月賜帛二百尺米麪各三百石中書令秦國公孟昶
三年六月賜羅綾各百尺絹五百尺布三百尺錢五百貫文武平軍節度使皆居潤
四年五月賜絹百尺米麪各五十石羊五十口酒五十瓶太子太師致仕王晏四年十一
月賜絹五百尺羊五十口麪五十石酒五十瓶彭州刺史王繼濤耀州刺史高
彥暉五年七月各賜其家粟帛金師雄作亂於綿州繼濤率兵拒之自被八創而卒彥暉與戰於道江而

寄案大典一萬九千一百三十三作安節

寄案大典卷一萬九千一百三十三作徐鉛

殁故卹之建武軍節度使何繼筠開寶四年七月賜絹五百尺左諫議
大夫邊珝太平興國六年六月以知開封府卒賜其家絹百尺錢二十萬以營葬事孝明皇
后母秦國夫人太平興國中賜其家錢百貫絹百尺麪十石酒二十瓶羊十口雲州觀
察使楊業雍熙三年八月北征陣殁賜絹布各百尺粟一十石岳州刺史賀懷浦
與業同陣殁賜錢百貫絹百尺酒二十瓶羊十五口如京使高處恭三年十一月以弟亡
賜錢二百貫酒二十瓶羊十口日騎軍都指揮使安朗三年十二月賜錢三百貫絹百
尺酒十瓶羊二十口饒州觀察使杜彥圭四年正月賜錢三百貫絹百尺布百尺酒二十
瓶羊一十口右神武將軍勾當水陸發運王繼昇端拱元三月賜錢百
貫絹百尺酒十瓶羊十口六月以其母亡又賜錢百貫越王府記室畢士安元年十一
月州之市賜外出賓日別賜錢二百貫左諫議大夫劉蟠二年六月賜其家錢十萬給其
葬事孝惠皇后柩僧歸輿端拱中卒賜錢五十貫蠟茶二十斤供奉官閤門

卷一萬四千九百九

祗候田承讓淳化元年四月卒賜錢百貫絹百尺酒二十瓶羊五口供奉官杜彥
昇元年四月賜錢百貫絹五十尺酒一十瓶皇城使王延德二年十月以父喪賜錢一百貫
絹二百尺酒二十瓶羊一十口左千牛衛上將軍曹翰三年五月賜絹二百尺米麪共
二十石酒五瓶羊五口太師魏國公趙普三年七月賜其家絹布各五百尺米麪各五百
石靜難軍節度使行軍司馬徐鉉三年九月賜其家錢二十萬以給葬事
容州觀察使劉文裕四年正月以祖母喪賜錢二百貫絹百尺麪十五石酒三十瓶羊三
十口昭宣使王繼恩四年六月以母喪賜錢二百貫文絹百尺酒一十瓶羊二十口東染
院副使劉彥威四年九月遷葬賜錢百五十貫酒五瓶羊五口左屯衛大將軍
孫守彬至道元年三月賜錢三百貫酒十瓶羊一十口供奉官杜俊元年七月賜錢百貫
酒五瓶羊五口禮部侍郎兼秘書監賈黃中二年二月以素貧別賜其家錢三十
萬既葬其母求入謝又賜白金三百兩故饒州防禦使杜彥圭妻至道中卒賜錢

六字居中大字

百貫絹百尺酒二十瓶麵十五石羊十口故西京作坊使高處俊男至道中卒賜錢五十貫絹五十尺酒五瓶羊五口故右諫議大夫劉保勲妻咸平元年二月卒賜錢一十萬皇姪惟能妻母故汝州武守琪防禦使妻咸平中卒賜錢百貫絹五十尺酒十瓶羊五口李煜出家女明智太師覺修咸平中卒賜錢百貫絹五十尺茶五十斤燭五十挺隴州刺史李守恩三年十月知靈州陷殁賜其家錢百五十貫絹百五十尺米五石麵十石酒十瓶羊十口又賜其弟守忠及男象之各錢五十貫絹十尺米三石麵五石酒二瓶羊二口閤門祗候曹繼白十月靈州陷殁賜錢五十貫絹五十尺米麵共十石酒五瓶羊五口客省使裴濟五年三月知靈州陷殁賜其家錢三百貫絹二百尺布二百尺米麵共四十石酒三十瓶羊二十口閤門祗候王從照內供奉官馮文志三月同濟陷殁各賜錢一百貫絹五十尺布五十尺米麵共一十石酒五瓶羊五口通判大理寺丞李德昌三月同濟陷殁賜錢五十貫絹布各三十尺米麵共十石酒五瓶羊五口鄭州觀察使錢若

卷一萬四千九百九

水六年十月賜其母白金三百兩贈鎮南軍節度使裴濟妻六年十二月卒賜錢百貫絹五十尺酒二十瓶羊二十口故西京作坊使杜彥超女六年卒賜錢五十貫酒十瓶羊五口翰林侍讀學士夏侯嶠景德元年五月賜其弟白金三百兩給其奏事遣光祿寺丞直集賢院孫暨二年七月賜其家錢十萬三年八月一日開封府浚儀縣尉房初舉賢良方正科中書考試辭理爲優未及殿試而卒帝閔之特賜其家錢五十貫以恤其家齊州團練使何承矩三年十二月賜其家錢五十萬絹五百尺四年七月十六日江陵府言工部侍郎致仕朱昂卒致仕官無時贈之例帝以昂耆德深軫念之特令有司就賜時贈故天雄軍節度使劉延翰妻景德中卒賜錢三百貫絹二百尺酒十瓶羊十口昭憲皇后父母景德中還葬賜西京左藏庫使杜彥超銀千兩錢五百貫絹五百尺酒八十瓶羊五十口燭二百條茶五十斤濕香五斤故保靜軍節度使王昭遠妻景德中卒賜錢百貫絹五十尺酒十瓶羊十口主客員外郎王拯天禧元年十一月賜錢十萬拯父切然書事落府故也

以下續宋會要

秘書丞致仕李惟簡四年十一月賜錢十萬惟簡故參知政事穆之子其妻魏表言家貧不能葬故也比部員外郎知制誥陳知微明道二年十月賜其母絹五十尺并米五十斛天章閣待制劉隨景祐二年九月賜其家錢六百貫秘書監致仕丁謂四年閏四月賜其家錢百貫絹百尺將作監丞張唐卿四年閏四月賜其家錢五萬帛五十尺米麵各五十石武勝軍節度使任福慶曆元年十月詔月給錢三萬粟麥各四十石將作監丞楊寘四年二月賜其家錢五萬帛五十尺米麵各五十斛翰林侍讀學士張錫皇祐元年六月賜其家白金三百兩翰林學士彭乘元年九月賜其家白金二百兩如京使張忠四年八月以忠廣南戰殁賜其家白金四百兩絹四百尺錢二百貫如京使知府州折繼祖嘉祐元年十月以葬久賜錢五十萬殿學士兼翰林侍讀學士龍圖閣學士李淑四年四月賜其次黃金二百兩天章閣待制李昭遘四年五月賜其母絹百尺太常博士致仕

卷一萬四千九百八

胡瑗四年七月以瑗嘗侍經筵賜其家絹百尺太子少傅致仕王舉正五年二月賜其家金百兩樞密副使王疇治平二年二月賜其家白金三千兩衛州通判虞部員外郎聶儀仲熙寧四年十二月判大名府韓琦言王供掃危患仲沱疾始赴綏侯修纂因以病亡特賜絹一百尺天章閣待制齊恢五年六月特賜其家絹一千尺九年賜孫思恭王儀家資如例大理寺丞檢詳樞密院吏房文字杜純權同判刑部杜紘五年六月以父喪各賜絹一百尺太子中允館閣校勘檢詳樞密院兵房文字黎僎七年五月賜其家絹百尺中書吏房習學公事孫諤張元方九年以父喪各賜絹五十尺工部郎中集英殿修撰吳申十年六月式外特給絹二百尺太子太師致仕張昇十二月昇特依見任官例支給參贈崇文院校書張戩元豐元年五月賜戩贈從館職給半陝西都轉運使尚書屯田郎中直昭文館皮公弼二年四月賜其家絹三百尺

寄業大典一萬九千一百三十二作程珦

尚書祠部郎中同提點在京倉場劉昭遠正月賜其家銀絹各百以提點沈希言其家貧故也
知瓊州俞瑊三年正月賜其家銀五百兩以本路言瑊在海外六年不得代而死故優卹之
梓夔路都監王宣、戎瀘等州同都巡檢使王謹言、瀘州江安縣注泊都監郭晏、前瀘州管界同巡檢孫中立、都監司指揮楊永壽、差使王琥、散直盛贇、劉用、押馬殿侍張德、李詢、孫宗旦、孫文秀四月詔令轉運司致祭賜其家錢絹有差護送家屬至願歸處與親戚者遣吏齎飭肯及財物贈官宣物送其家宣等與賊乞弟戰于蠻年村全軍敗歿故也
尚書都官員外郎通判綿州賁琦四年七月部瀘州夫種出界奉死賜其家銀二百兩
翰林侍讀學士朝奉大夫知審官東院錢藻五年正月卒上遣使視其家甚貧賜錢五十萬
西京左藏庫使果州刺史內侍押班張允誠六年四月賜錢十緡絹百五十尺皇太后賜錢共二百緡推恩六人

卷一萬四千九百九

澄海十將馬雅八月詔支絹百尺以廣南西路經略司言雅為交人所獲脫身走與逆兵鬬歸已推恩遷三官未受而死故優卹之
祁州鼓城縣巡檢下指使彭太七年太因大水收救器甲溺死詔賜其家銀二百兩
天章閣待制李大臨元祐元年四月賜其家錢三十萬
龍圖閣直學士知慶州高遵惠四月賜白金五百兩元符三年二月又賻白金五百兩宋史朱長文傳長文未冠舉進士乙科以病足不肯試吏後為太學博士遷秘書省正字元符初年哲宗知其清賻絹百尺
都水使者王令圖二年三月賜其家見錢五十萬
太中大夫致仕程瑀五年正月賜其家絹二百尺
龍圖閣直學士孫覺五年三月賜其家錢五百緡
天章閣待制國子祭酒顏復四年賜其家錢五十萬貫
實録院檢討官黃庭堅六年六月丁母憂賜絹二百尺
太子太保致仕李端明（愿）八月賻與加等
宣徽南院使檢校司空太子太保致仕馮京紹聖元年四月賻贈加等
中書舍人朱服二年正月復使遼未還其母亡歿家貧無以具

賜絹三百尺
保安軍節度觀察留後安定郡王世準九月賜帛千尺錢一百萬
資政殿學士知太原府王安禮三年九月賜錢五十萬
武昌軍節度使檢校司徒開府儀同三司嗣濮王宗楚四年六月賻贈有加
奉國軍節度觀察留後安定郡王世開元符元年四月賻贈加等
鳳翔府戶曹參軍王之彥六月之彥赴沒烟峽宣勞致病死賜其家絹二百尺
皇城使昌州刺史种朴二年十月賻贈有加
太僕少卿趙屼三月賜賻絹一百尺
步軍虞都候賈巖四月賜其家常時外賜絹七百尺以歿於陵所故優卹之
殿中侍御史龔夬十一月丁憂賜絹三百尺
觀文殿大學士范純仁建中靖國元年正月賻贈有加
龍圖閣待制傅揖崇寧元年三月賜其家絹三百尺以揖嘗事上潛藩故也
歸順蕃官懷遠軍節度使瞎征五月特賜賻贈絹二百五十尺布五十尺酒二十瓶羊十口米二二十石小麥十石其子與轉一官

卷一萬四千九百九

保平軍節度觀察留後王師約閏六月賜賻贈銀絹各千兩尺
資政殿學士章楶八月賻贈賜優厚
知淮陽軍米芾二年三月賻以百緡
龍圖閣直學士鍾傅大觀元年八月賜銀絹各五百尺兩仍令所屬應副葬事
端明殿學士王祖道十月以祖道開拓封疆力疾自效特賜絹五百尺
顯謨閣待制李閎四年賜其家絹三百尺
顯謨閣直學士致仕胡宗回政和二年五月賻之加等
顯謨閣直學士致仕賈偉節五年六月賻贈外賜銀絹三百尺兩
吏部侍郎致仕霍端友七月賻贈外賜銀絹三百尺兩
龍圖閣待制盧航十二月賻贈外特賜錢三百貫
翰林學士馮熙載六月丁母憂賜絹四百尺
檢校少保鎮東軍節度使開府儀同三司蔡卞七年三月賻贈外賜銀絹各一千尺兩
前禮部尚書姚祐四月吏部尚書張克公奏祐丁母憂家貧無以營辦乞依馮熙載王黼例下兩浙運司應副葬事仍添差男并兩所運司往來照顧詔依馮熙載例特賜絹四百尺并應副白直人兵
潭州觀察使仲葩六月賻贈外加

寄案大典卷萬九千一百三十三作伯宗

賜銀絹三百匹兩。草土范致虛宣和七年八月以母喪特賜銀絹各一千匹兩。尚書戶部侍郎虞奕二年七月丁母憂特支絹三百匹。徽猷閣待制任范坦三年六月詔賜特贈。觀文殿大學士張商英四年正月以先帝簡擢曾任宰府特贈外特賜銀絹五百匹兩。寧遠軍節度使開府儀同三司梁子美五年五月贈卹加等。禮部員外郎程俱六月禮部言俱到任以來管勾職事妻是充必今以家離去無以歸葬詔賻贈外特賜絹銀各一千匹兩。顯謨閣待制潘兌六年四月賻贈外特賜銀絹各三百匹兩。徽猷閣直學士韓純彥四月賻贈外特賜銀絹各三百匹兩。龍圖閣學士致仕錢昂四月賻贈外特賜銀絹各三百匹兩。延康殿學士馬防四月特賜銀絹三百匹兩。右文殿修撰致仕孫宗鑑四月賜銀絹各一百五十匹兩。顯謨閣待制李百宗六月賻贈外特賜銀絹三百匹兩。徽猷閣待制畢栢八月賻贈外特賜銀絹各三百匹兩。資政殿學士徐勣十一月賻贈加等。皇叔崇信

卷二萬四千九百九

軍節度使開府儀同三司安化郡王仲營七年七月賻禮有加。知汾州張克戩靖康元年十月賜贈絹五百匹銀三百兩宋史列傳稱沭爲許林學士總餘一月得疾特參知政事歸帝特用之敬逆中陸尚驟勞問大朝則日沭小兇在家習肆驛號備不能興竟卒帝聽朝嗟惜常時休賜韓五十萬大商振兩爲成都守成行忠孝後年于成都年七十二死之日民無老稚相與聚哭於進遺表上帝悼惜之賻銀五百兩絹五百匹贈四官。凡文武臣僚及宗室公主駙馬都尉與其親屬薨卒皆賻贈舊書格目載之已詳。

此下中興會要

建炎有詔應卒贈並權住支今所載者特恩焉詳見雜錄。吏部侍郎李若水建炎元年五月詔若水忘身爲國知死不懼忠義之節無與比倫賜其家銀絹五百匹兩。武功大夫淄州團練使廣南西路兵馬都監知融州李拱七月賜其家銀絹錢各一百以拱領兵京城遠援戰歿故也。左正言盧臣中十月賜其家銀絹一百匹兩以臣中知無不言爲潰兵所害也。龍圖閣待制劉晏

寄案大典萬九千一百三十三作張任

删定官孔仲京七月賜其家錢三百貫以任京删定條令有勞故也寄案大典萬九千一百三十三補

四年五月特依格支賻贈以歿於宣州計以身先士卒力戰而死忠義可嘉故也。中侍大夫奉國軍承宣使帶御器械權同主管殿前司公事李質紹興元年正月賜其家錢五百貫絹三百匹。知濟州張存四月賜其家錢三百貫以存在任日應辦大元帥一行事務無闕悞故也。資政殿大學士太中大夫提舉臨安府洞霄宮呂好問十月賜其家絹五百匹以好問嘗任吏部侍郎兵部尚書尚書右丞除罷恩例支賜皆罷免至是家貧不能辦給殮故也既而臣僚論例有言減作三百匹。通議大夫試兵部尚書兼侍讀胡直孺十一月賜其家絹二百匹。翊衛大夫泉州觀察使神武軍統制陳思恭十二月賜其家絹三百匹以思恭討賊立功而死。故贈承事郎陳東十二月賜其家錢五百貫。中奉大夫直秘閣知宣州李彥卿二年三月賜其家錢一千貫以相撫使李光言彥卿深己公勤久任沿江差遣累經迭寇守禦城池卒歿城破故也。承議郎顯謨閣直學士提舉建隆觀兼侍讀

卷二萬四千九百九

鄭億年三月以億年昨被虜未回其妻韓氏今寓台州貧乏賜錢一千貫給其家。左奉議郎守尚書屯田員外郎汪廷直閏四月賜其家銀一百兩以廷直家貧鄉里遙遠無力津送故也。淮南東路宣撫使劉光世五月以其父延慶死詔賜銀絹一千匹兩。給事中廖剛五月以剛母亡賜銀一百兩。武當軍承宣使王殖七月賜其家銀絹一百匹兩以殖係秦魏國惠和大長公主之子也。慶遠軍節度使充醴泉觀使邢煥三年正月賜其家銀絹各一千匹兩。端明殿學士左朝議大夫權邦彥二月賜其家銀絹各一千匹兩以邦彥嘗簽密院事數任竟故也。尚書右僕射同中書門下平章事兼知樞密院事朱勝非四月母魯國太夫人楊氏特依格支賻贈先是入內內侍省言依格在京臣僚親屬薨卒宰臣三年服父母絹五百匹酒六十瓶米三十石麥十五石錢三十貫緣有建炎二年二月十九日詔權住支故特有是命。大理卿馬咸五月賜其家錢三百貫。福建路轉運判官呂庭問八月賜其家銀一百兩庭問係故相

并案大典一萬九千一百三十二作吳昇

袁爾之後前任金部郎中因悲乞外補未朝辭間辛時塞四國皆在江北家貧狼狽故有是命也

左中大夫充徽猷閣待制提舉台州崇道觀洪炎十一月特賜銀絹各一百疋兩給付本家先是有詔令州郡量事應副葬事至是官僚論之上曰炎以文學稱今其死有卹無蓋用舊制今既致書者當罷之炎黃庭堅甥也然其家甚貧可知胡直孺等例支與銀絹

資政殿學士左中大夫知衢州謝克家四年十月時贈外吏賜其家絹五百疋以充家費任參知政事也

安定郡王令時九月特賜其家銀絹各一百疋兩

中書門下省檢正諸房公事李大有十月賜其家銀絹各一百疋兩以左司員外郎晏敦復等言大有然檢明堂大禮事務究心感疾而死乞褒贈故也

顯謨直閣學士辛炳五年二月特賜其家銀絹各二百疋兩令福州於上供內支給贈以炳曾任中執法操行清修貧無以葬故也

承信郎荊州宣白身董宣等三名二月各賜其家絹三十疋以金人侵犯淮西血戰歿也

吏部員外郎王純李掄金部員外郎吳并三月詔依乞四員外郎汪是直例各賜其家銀一百兩以純等三人同時身故戶部尚書章誼言其家貧無以營辦喪事援例陳乞故也

〔卷一萬四千九百九〕

龍圖閣直學士左朝請大夫致仕楊時六月賜其家銀絹各二百疋兩

大理少卿元袞七月賜其家銀一百兩

殿中侍御史張絢八月以祖母夫人王氏亡賜錢三百貫

少保武成感德軍節度使淮南東路宣撫使韓世忠八月以妻秦國夫人梁氏亡賜銀絹五百疋兩

中書舍人潘良貴六年正月以良貴丁父憂貧無以葬賜錢五百貫

武勝定國軍節度使檢校少保湖北京西路安撫副使岳飛四月以母亡贈銀絹一千疋兩

左朝散大夫充徽猷閣待制樞密都承旨郭執中八月賜其家銀絹各二百疋兩以執中在都督行府供職往來淮甸措置軍湖事務衝冒暑濕身亡故也

龍圖閣直學士左朝散大夫耿延禧八月賜其家銀絹二百疋兩以延禧任元帥府屬官也

左承議郎行大常博士李弼直八月賜其家銀一百兩以太常少卿柯懿言弼直宣和間任太常博士緣主張元祐學術坐廢非辜近自遼南被旨遂來賜對除受萬里一身遽致殞沒故也

端明殿學士降授左太中大夫提舉江州太平觀董耘七年二月賜其家銀絹各二百疋兩以耘係元帥府屬官也

奉議郎建康府通判楊邦義四月賜其家銀絹一百疋兩建炎三年虜犯邦義以死守城不屈於賊見遇害也

知樞密院事沈與求六月依例支賻贈

兵部尚書呂祉八月賜其家銀絹五百疋兩祉以叛將迫虜渡淮北於忠義也

嗣濮王仲湜九月賜其家銀絹五百疋兩

左朝散郎充徽猷閣待制提舉江州太平觀胡安國八年五月賜其家銀絹各二百疋兩

知台州鄭炳五月賜其家絹一百疋中書言炳忠賢之裔貧無以歸葬故也

翰林學士朱震六月賜其家銀絹各二百疋兩

左通議大夫提舉亳州明道宮章誼九月賜其家銀絹各二百疋兩

起居舍人薛徽言九年正月賜其家絹一百疋

吏部員外郎黃珪四月賜其家銀一百兩

〔卷一萬四千九百九〕

保平靜難軍節度使開府儀同三司四川宣撫使吳玠七月詔支賻贈絹一千疋十一月又詔吳玠保守四川忠勤顯著除已賻贈外可特賜銀三萬貫令四川都轉運司給付其家

檢校少傅保信軍節度使提舉臨安府洞霄宮汪伯彥十一年六月賜其家銀絹各一千疋兩伯彥嘗任尚書右僕射故也

長行兵士白安等一百九十七人等七月各賜其家絹二十疋以金人侵犯淮西安等隨逐張俊收復和州等處立功陣亡故也

資政殿學士左中大夫提舉臨安府洞霄宮顏岐十二年八月特依格支給賻贈以岐嘗任元帥府參議官歷尚書左丞門下侍郎故也

中書舍人王鉌三月賜其家銀絹各一百五十疋兩

徽猷閣待制致仕尹焞十一月詔令紹興府支賻贈錢三百貫

左朝請郎荊湖北路提刑劉冠八月詔與比附通判以上因幹辦公事致死例特賜其家銀五百兩以冠奉旨差往鄂州推勘公事畢遍歷本路州縣在路身亡故也

左朝奉郎敷文閣待制提舉江州太平觀李易十三年正月賜其家錢三百貫

右司員外郎游損六月賜其家錢三百貫　右通直郎試尚書兵部侍郎司馬朴九月賜其家絹銀三百疋兩以朴忠蹟顯著故也　少保感德軍節度使充萬壽觀使高世則十四年十一月賜其家銀絹各一千疋兩　德慶軍節度使開府儀同三司提舉皇城司錢愐十六年正月賜其家銀絹各五百疋兩　寶文閣學士右通奉大夫提舉萬壽觀使王瞻十七年十月賜其家銀絹五百疋兩　敷文閣直學士右中大夫知廣州王鈇十九年六月特賜其家銀絹各五百疋兩以鈇帥司宣力染瘴身亡故也　右武大夫果州觀察使添差兩浙東路馬步軍副總管馬秦七月賜其家銀絹各五十疋兩初以偽知宿州歸王補官至是卒　端明殿學士左朝奉大夫提舉江州太平興國宮何若二十年八月又賻贈外更與絹五百疋以若嘗任簽書樞密院事故也　寶文閣學士右宣奉大夫提舉江州太平興

卷一萬四千九百九

國宮楊興祖二十一年八月賜其家銀絹各三百疋兩　平海軍承宣使知南外宗正事士瑨二十二年閏十二月詔賻贈特與依節度使例　太尉武當軍節度使御前諸軍都統制充利州東路安撫使知興元府楊政二十七年四月賜賻贈銀絹一千疋兩　大理少卿陳章九月三日賜其家銀絹一百疋兩　左武大夫武康軍承宣使知楊州劉綱三十年十月賜其家銀絹一百疋兩　皇伯故吳王似女仁壽郡主趙氏八月賜其家銀絹一百疋兩　左朝請郎太常少卿都民望九月詔民望侍讀官家貧無以歸葬特賜銀絹一百疋兩　太尉威武軍節度使提舉萬壽觀劉錡三十二年閏二月特賜其家賻贈銀絹各三百疋兩宋史薛徽言傳高宗朝徽言為起居舍人時秦檜與金人議和徽言上疏爭之一日檜於上前論和徽言直前引義固爭反復感制中寒疾卒高宗念之賻絹百匹時謂遺表恩

文武臣及其親屬亡合賻贈品秩數目見乾道重修格

以下乾道會要

今所書給賜者皆出特恩　諫議大夫任古紹興三十二年以古家無餘貲賜銀絹三百疋兩從宰執請也　檢校少保安德軍節度使龍神衛四廂都指揮使張子蓋隆興元年正月賜其家銀絹三百疋兩仍給本色時方軍興例罷臣下支賜上以子蓋戰功特有是命　武節大夫建康府前軍統領官王珙六月賜其家銀三百兩以珙戰歿故也　檢校少保威塞軍節度使蕭琦母十二月賜銀絹五百疋兩初琦歸朝母在北界至是聞訃乃有是命仍賜度牒錢二千貫從都督江淮軍馬張浚之請也　龍圖閣學士贈端明殿學士張闡二年九月賜其家銀絹二百疋兩　果州團練使贈寧國軍節度使魏勝十一月賜其家銀絹一千疋兩以勝戰歿故也　少師觀文殿大學士魯國公陳康伯乾道元年三月賜其家銀絹各二千疋兩錢五千貫　右僕射蔣芾母四年七月詔司農寺取小麥十五石六年九月又以白粳米三十石並充賻贈　檢校少保威塞軍節度使蕭琦閏十一月

卷一萬四千九百九

以琦卒格賜其家仍給本色　太傅奉國軍節度使利州東路安撫使新安郡王吳璘乾道三年六月賜其家銀絹一千疋兩錢五千貫　諫議大夫單時五年十一月賜其家銀絹三百疋兩　武泰軍節度使侍衛親軍馬軍都指揮使建康府駐劄御前諸軍都統制兼知廬州郭振十一月賜其家銀絹三百疋兩仍給本色　右正言許克昌七年八月賜其家銀絹各三百疋兩　國子祭酒芮燁五月賜其家錢五百貫　太子詹事王十朋七月賜其家銀絹三百疋兩　兵部侍郎翟紱八年六月賜其家銀絹二百疋兩　起居郎劉季裴九年正月賜其家銀絹三百疋兩

大典卷一萬四千九百九又卷一萬九千一百三十三

以下每條圈提行

大典一萬四千九百九十二　萬九千二百三十三

宋會要　賻贈襚録

太祖建隆元年十月十四日，詔應揚州城下役夫內有死于矢石者，人給絹三疋，仍復其家三年，長吏倍加安撫，屍骼暴露者，仍令使臣收瘞。　乾德三年五月六日，詔諸軍校疾殁者比各賜物，有絕嗣及孤幼不能申請者，自今命內臣就家賜之。（同上）　真宗咸平六年三月二十五日，宰臣呂蒙正言：「近臣朞功之喪，所給賻贈，乞令覆罷。」不許。（同上）　九月十一日，翰林學士晁迥等言：「奉勑與龍圖閣待制戚綸議定鴻臚寺賻贈條件，今請應職官喪亡賜賻贈，五品以上、內侍者於學士院請詔書，差官押賜；六品已下，差官傳宣押賜。臣僚薨亡，如無恩音勑葬及五服內親喪及遷葬合有賻贈者，下鴻臚寺檢會體例，牒報內侍省取旨。」從之。　十一月三日，詔：「自今將帥偏裨當得賻贈者，令樞密院即日下入內內侍省給賜。」（先是羣臣賻物皆鴻臚寺定例以聞，至有已葬事而未賜者；其軍校賻物亦有所差降，故令從之，而復其往例。）　二十二日，詔：「應管軍及內職軍員如戍邊亡殁合賜賻贈者，並委入內內侍省取旨支賜，更不下鴻臚寺。」（同上）　二十九日，入內內侍省言：「今後支賜賻贈，未委依近詔內侍省差官押賜，為復依舊當省差使宣賜？」詔晁迥等覆加詳定。迥等上言：「近翰林學士李宗諤妹亡，入內內侍省雖引景德元年翰林學士宋白弟亡例為言，終以無

卷一萬四千九百九

正例不行。今請應五服內親喪亡而無正例者，委鴻臚寺移牒禮院，比類服紀遠近，奏取旨；其無例及在外亡殁者，更申中書門下。昨定五品以上詔書押賜，六品以下傳宣押賜，今請除五品以上官正身喪亡即降詔書，自餘親喪亦止傳宣，仍並委入內內侍省施行。」從之。仍詔會同鴻臚寺、太常禮院，俱不得過二百。　大中祥符九年十二月五日，入內內侍省言：「得鴻臚寺牒，取索景德四年十一月以後賻贈則例。伏緣當省每有賜賚，即旋取旨，令如畫以為例授之有司，竊慮非便。望下本寺，如合有給賜者，止具官位報當省取裁。」從之。　仁宗慶曆二年七月九日，詔自今陣亡軍校無子孫者，賜其家

大典一萬四千九百九十二　萬九千二百三十三

錢指揮使七萬，副指揮使六萬，軍使、都頭、副兵馬使、副
都頭五萬。上同 治平四年神宗即位未改元四月二十七日，樞密
院言：「諸司使副至內殿崇班外任與在路身亡，及諸司
使副父母亡，合該孝贈，自來劄下入內內侍省差使臣
取索宣賜。緣逐官未到京或外處居住者，支賜未得。今
後請依孝贈則例，在京亡者入內內侍省宣賜，餘下本
任見在處支賜。」從之。上同 熙寧元年五月二日，詔致仕大
將軍已上身亡支賜孝贈，將軍更不支賜。 四年二月
十七日，中書門下言：「臣僚有親戚之喪，除二府外，合給
式假者聽依條在假，申御史臺，令御史臺奏知，仍勸會
合支孝贈施行。」從之。 七年十二月十八日，詔頒新式：

卷一萬四千九百九

諸一喪兩人以上各該支賜孝贈，只就數多者給。官與
職各該賻贈者，從多給。差遣權并同權發遣並與正同。
時暫權者不賜。 諸兩府、使相、宣徽使并前任宰臣，問疾或澆奠
已賜不願勑葬者，并宗室不經澆奠支賜，雖不係勑葬，
並支賻贈。餘但經問疾或澆奠支賜或勑葬者，更不支
賻贈。前兩府如澆奠，只支賻贈，仍加絹一百、布一百、羊
酒米麵各一十。諸支賜孝贈，在京羊每口支錢一貫，以
折第二等絹充，每疋折錢一貫三百文，餘支本色。茶酒香燭
依式內色額。銀鋌、雜白絹折第二等布，川路白熟壠好米上色白秔，每石折支次色小麥五斗，龍腦以次色
第一等充。在外米支白秔，米麵每石支小麥五斗，如無本色，以本處合
支色類充。酒支細色，餘依價錢。絹每尺一貫三百文，布每尺九百文，羊每口一貫三百文。

龍腦每斤七十六貫，香每斤四百，東燭每條四百文，常料燭每條一百五十文，茶每斤五百文。諸文臣卿
監以上、武臣原缺諸司使以上分司致仕身亡者，其賻
贈並依見任官三分中給二，限百日內經所在官司投
狀，召命官保關申，限外不給。待制、觀察使以上更不召
保。 元豐二年四月七日，詔昨安南從軍士卒因病寄
留後不知存亡者，除籍給賻，從廣西經畧司請也。 五
年十一月十一日，詔鄜延路沒於王事有家屬見今在
本路欲歸鄉者，給賻外，其大使臣以上更支行李錢百
千，小使臣五十千，差使、殿侍三十千，其餘比類支給。上同
哲宗元祐四年七月十二日，詔：「內外文武官及宗室、內
侍官應支賜賻贈絹布米麥錢羊，並四分減一。應官員

卷一萬四千九百九

丁憂亡歿，令式無賻贈者，不得引舊例陳乞，所屬亦不
得奏請。」從戶部之請也。 徽宗宣和三年二月二十八
日，兩浙、江東遇賊及防托守禦去處所差人兵、弓手等，
如因戰鬬亡歿，仰監司、守臣疾速審實，依條支給孝贈。
十月二十日，詔王嶽仲已贈徽猷閣待制，所有致仕
及遺表恩澤、賻贈、應副葬事、借官屋居住等，依昨朝奉
郎、將作監陳奇體例施行。 七年五月九日，制德音：京
東、河北路州縣應戰沒軍人、保甲等未經支賜孝贈者，
仰安撫司疾速勘會支給。 欽宗靖康元年五月九日，
制：應歿於王事使臣、將校、命官等，各特與賜贈恤，其子孫
等並與推恩，未給孝贈者，仰所屬疾速支給。 六月十

八字失注

寄案大典一萬九千一百三 三佰二百貫

八日詔應支賜賻贈並減半候邊事寧息日依舊　高宗建炎三年二月十六日德音應隨從官員沿路遺殁錢及身亡者仰所在官司保明詣實聞奏當議優加贈卹（自此以下中興會要）　十九日詔除行在一行官吏軍兵等日支食料等許行支給付其餘應干公使花果房卧生白身亡孝贈錢物並權住支從戶部尚書葉夢得之請也　四年二月二十三日德音應出戰收捕盜賊戰歿未經贈卹之人緣本家無長立兒男或父母老弱未曾陳乞計所在州縣具名申乞統制官司保奏當議依格賻贈以為死事之勸　三月十六日詔福州將官郝振依戰歿賻贈例減半餘路州軍有似此去處依此施行以振領本州將

卷一萬四千九百九

兵戍荊南而在路遇賊被害故也　紹興六年正月一日臣僚言乞將應身亡孝贈權行住支候邊事息財賦豐羨日依舊從之　十一年九月九日詔諸宗室環衛官身亡緦麻親支錢三百貫袒免親支錢二百貫其餘不係環衛宗室即不許援例（先是判太宗正事齊安郡王士㒟言環衛宗室亡歿例有賻贈昨已住支今來右監門衛大將軍和州刺史仲岳久疾不起既歿之後棺斂衣衾不具空儉舉但宗與故特賜於行時贈有詔支錢三百貫給付仲岳本家其典故令戶部檢舉既而本部看詳宗室環衛官身亡時贈別無格法兼官員差借支賜朝辭分物身亡孝帽啓言並各權行住支候邊事寧息財賦豐羨日依舊其宗室服屬環衛官仲字緦麻親士字係袒免親令仲岳係緦麻親已支三百貫欲令後環衛宗室身亡之人若許行特支錢比擬仲岳則例支給故有是命）　二十六年六月二十九日詔令後命官實因幹辦公事避迫非理致死者並（遺）依舊法所

大典一萬四千九百九

有李光申請於紹興條內添注日限指揮更不施行（命官因幹辦公事身亡舊法避迫非理致死謂焚溺墜壓之類通判以上賜銀五百兩餘三百兩職司已上取旨紹興二年五月吏部侍郎李光申明立定折跌貫五十除日三十日內身亡之人並支前項銀數至是戶部侍郎家既言自立定日限後來多是因他病身故之人子弟規圖賞給計會所偽施作差出名目陳乞保奏誠為欺罔故有是命）　孝宗隆興二年三月十一日宰執進呈監察御史袁綜奏以病篤母老子幼身後失所上曰此不合得恩澤即宰臣湯思退等奏袁綜係奉議郎不得故有是請思退等因奏言其家貧甚前此右正言都民望死嘗賜銀絹上曰恐自此為例思退等奏前此任朝官有死者堂中亦例送錢物欲以三百千與之上曰甚好思退等退相與言曰上雖微末支賜亦不肯為例可謂節儉

卷一萬四千九百九

之至也　乾道五年十二月十九日詔修築廬州城因病亡官兵就廬州公廳設水陸道場祭供其家各給錢五千令逐將隊交領就其家給散（上同）

宋會要

大典一萬九千一百三十三

近臣眷功之喪所給賻贈乞令寢罷不許　景德三年八月一日開封府浚儀縣尉秀初舉醫良方正科中書考試辭理爲優未及殿試而卒帝憫之特賜錢五十貫以恤其家　四年七月十六日江陵府言工部侍郎致仕朱昂卒致仕官無賻贈之例帝以昂舊德深軫念之特令有司就賜賻贈　九月十一日翰林學士晁迥等言奉勅與龍圖閣待制戚綸議定鴻臚寺賻贈條件今請應職官喪亡賜賻贈五品以上內侍者於學士院請詔書差官押賜六品以下差官傳宣押賜臣僚喪亡如無恩旨勅葬及五服內親喪及遷葬合有賻贈者下鴻臚寺檢會體例牒報內侍取旨從之

十一月三日詔自今將帥偏裨當得賻贈者令樞密院即日下入內內侍省給賜先是羣臣賻物皆鴻臚寺定例以聞□衆爭而未給有具□撥賻物□□□□□□□□□□□□□□今遲之而復其舊例　二十

卷二萬九一百三十三

二日詔應管軍及內職軍校如□□□□□□賜賻贈者並委入□□□□取旨及□□□□鴻臚寺　二十九日入內內侍省言今後特賜賻贈□□□□近詔內侍省差官押贈□□□賜詔晁迥等覆加詳定迥等言近綸□□李宗諤妹亡入內內侍省雖□□□□□學士宋白弟亡例爲言終以無正例不□□應五服內親喪亡而無正例者委鴻臚寺□□□禮院比類服紀遠近奏取旨其無例及□□□後者更申中書門下詳定五品以上詔書押賜六品以下傳宣押賜今請除五品以上□□□喪亡即降詔書自餘親喪亦止傳宣押賜牒報內內侍省施行從之仍詔會問鴻臚寺□□□院俱得過二百

右條原粘在本卷第二十五後半頁　接不得過二百之下

大中祥符九年十二月五日入內內侍省狀召命官保關申限外不給待制觀察司以上更不召保　十年六月十七日詔工部郎中集賢殿修撰吳中式外特賜絹二百疋　十二月五日詔故太子太師致仕張昇特依見任官例支給孝贈　元豐二年四月

右條原粘在本卷第二十七前半頁　接元豐二年上

宋會要

太祖建隆元年五月十七日宴宰臣節度防禦團練刺史統軍諸衛指揮使以上於廣政殿以忠正軍節度使楊信來朝自是節度使來朝宴如儀　六月十九日親征澤潞宴從官於潞州行宮以李守節舉城迎降也　七月五日次河陽宴從官於行宮　二十日宴侍衛親軍馬步軍都虞候指揮使韓令坤已下於禮賢講武殿賜襲衣器幣鞍馬有差賞澤潞之功也　八月三日宴近臣於廣德殿以江南進奉使龔慎儀來貢自是江南兩浙使來朝皆如此例　九月十七日又宴萬春殿　二十六日又宴廣政殿　十一月一日親征李重進次宿州宴從官于行宮　二十日平揚州宴從官于行宮　十二月十八日還次宋州宴從官于行宮　二年正月二十日宴近臣于廣政殿　三月二十五日閏三月十八日七月十九日十月十二日十二月二十四日並宴廣政殿　三年正月五日宴萬春殿　五月二十三日六月十九日並宴廣政殿　七月四日宴萬春殿　十二月二十五日　四年正月二十一日二月十一日三月十一日五月十八日十月七日　乾德元年閏十二月十二日　二年正月十一日並宴廣政殿　二十三日宴萬春殿　十月十三日宴西川行營將校于崇德殿　十一月十三日宴餞西川行營將校忠武軍節度使王全斌以上於崇德殿賜金玉帶衣服鞍勒馬戎器有差　三年四月二十六日宴崇德殿　五月十六日宴近臣及孟昶于大明殿　二十二日又宴昶及其子弟　七月六日名皇弟開封尹宰相樞密使翰林學士中書舍人泛舟於後苑新池張樂宴飲極歡而罷　四年四月三日宴講武殿　六年正月二十二日　開寶元年十一月十六日並宴廣政殿　開寶二年正月二十一日吳越進奉使錢惟濬辭宴于長春殿賜襲衣玉帶金勒鞍馬器幣戎仗　二月十九日曹彬等先赴太原行營宴于長春殿　二十九日成德軍節度使韓令坤山南東道節度使慕容延釗辭宴於廣政殿自是節度使以上出使赴鎮宴如儀　四月五日親征河東駐潞州宴從臣於幄殿張樂　五月二十四日宴從臣於行宮　二十八日又宴　十一月十二日宴宰臣節度防禦團練使刺史統軍諸軍廂主軍主指揮使以上及諸道進奉使於廣政殿不作樂時昭憲太后山陵諸道並遣使貢奉及禮單故特犒之　三年十一月二十四日宴宰臣見任前任節度防禦團練使刺史統軍侍衛諸軍將校及外國使于廣政殿以江南兩浙高麗三佛齊皆遣使朝貢故也　四年四月十八日宴從臣于玉津園　五月十八日

帝作幕

逃作巡

宴近臣及劉鋹于崇德殿　八月九日名宰臣樞密使開封尹翰林學士當儀知制誥王祐等宴於紫雲樓下因論及民間事帝謂趙普等曰下愚之民雖不分菽麥藩侯不為撫養務行苛虐朕斷不容之普等曰陛下愛民如此堯舜之用心臣等不勝慶幸　十一月二十四日又宴　十二月五日江南李煜遣其弟從善吳越錢俶遣其子惟濬來朝宴于崇德殿　八年三月三十日宴契丹使于長春殿　九年二月二十一日吳越國王錢俶與其子鎮東節度使惟濬平江節度使孫承祐來朝對于崇德殿宴長春殿賜襲衣玉帶金器千兩銀器三千兩羅綺三千段玉鞍勒馬一疋仍賜宅及器皿幃幄帝幕等　三月三日俶入辭宴講武殿賜襲衣玉帶錦綺綾絹十八萬五千匹金器二千兩銀器三千兩玉鞍勒馬一疋散馬百疋　四月二十八日諸道節度使辭歸鎮宴于講武殿從幸偽至此西京也　六月九日車駕在西京幸會節園召從臣張樂宴飲　八月十五日侍衛馬軍都指揮使党進等赴河東行營宴于長春殿　太宗太平興國元年十二月十一日宴親王宰相節度使防禦使刺史諸軍都指揮使都指揮使於長春殿不舉樂以初即位故也　二年二月十一日宴中書門下翰林學士御史中丞諸道節度觀察防禦團練使刺史兩浙進奉使契丹國信使及李煜劉鋹禁軍都指揮使以上於崇德殿不舉樂酒七行而罷契丹遣使賀登極也　五月十一日宴近臣契丹使於崇德殿不舉樂酒九行而罷契丹遣使貢助山陵也　九月六日宴中書門下翰林學士諸道節度總軍觀察防禦團練使刺史劉鋹李煜及諸軍大校於長春殿　三年正月十六日宴親王宰臣翰林學士節度使統軍觀察使至刺史諸軍大校及劉鋹李煜契丹使諸國蕃客於崇德殿契丹使來賀正故也自是凡契丹使賀正錫宴著為例景德以後定用正月五日　二十五日吳越錢俶來朝宴於長春殿親王宰相節度使劉鋹李煜皆預　四月八日又宴崇德殿　十月八日名諸王宰相淮南國王節度使劉鋹契丹使宴於後園　十六日宴宰相親王淮海國王太子太師太傅太保兩制節度使至刺史統軍上將軍諸軍大校及契丹高麗使諸州進奉使於崇德殿以乾明節罷大宴故也　四年正月十六日以將師宣徽南院使潘美以下發赴太原行營召宰相親王淮海國王節度觀察防禦團練使刺史宴餞于長春殿賜襲衣金帶鞍馬　二月七日宴親王宰相節度使刺史諸衛將軍諸軍大校淮海國王契丹使于崇德殿以將親征太原罷春宴故也　五年十二月一日以逃行河北宴從官于大名行在　六年

八月三日宴親王宰相樞密使副節度觀察使禁軍大校于長春殿。　七年三月二十九日宴近臣于講武殿，餞西京留守秦王廷美赴任。　九年三月二日大宴大明殿，帝謂宰臣曰：「天下無事，良辰宴會，無辭盡醉。」飲訖，以虛爵示群臣，凡觴數行，宰臣宋琪言飲酒過度，遂至失儀，帝召權御史中丞滕中正笑而謂曰：「今日宴飲，蓋群臣相遇之樂，朕所賜酒，欲以權洽，苟小有失儀，知可勿彈舉也。」令宮贊視聖德以錫宴之樂為詞，帝曰：「朕之所樂唯致治而已，殊不在此。」　雍熙三年二月四日宴近臣于長春殿，餞幽州道都總管曹彬等赴行營。　四年六月二十一日宴近臣于長春殿，餞并州都總管潘美等赴行營。　淳化四年三月二十二日，詔自今後宴文武常參官，其三館秘閣直官未常參者並令預會。　十一月十四日，以武寧軍節度使曹彬來朝，宴近臣于長春殿，翰林學士錢若水樞密直學士張詠皆赴。舊制每命將出師及還，宴於便殿，當直翰林學士與文明樞密直學士皆預座。僕射李昉尚書扈蒙任翰林學士日嘗預斯宴，其後閣門使梁迥啓太祖罷之，至是始復，從參知政事蘇易簡之請。　二十六日詔諸州屯兵將校向設，外宜令州長吏州市牛酒宴犒，設務令豐飫，下至小校皆沾及之。　至道一年四月二日，宴近臣于長春殿，餞馬軍指揮使李繼隆赴河西行營。

卷一萬六千七百四十六

七月七日宴近臣于崇政殿，餞殿前都指揮使王超赴河西行營。　三年（眞宗即位未改元）六月十三日宴輔臣於中書，諸王、節度、觀察使於賜食廳，時太宗喪制終也。　十一月九日宴群臣於崇德殿，酒七行罷，不作樂。眞宗自即位以諒陰故，未嘗飲，至是始設會。

眞宗咸平元年二月二十二日宴群臣於崇德殿，不作樂。　七月十三日宴近臣于崇德殿，餞彰信軍節度使高瓊赴并代屯所。　八月壬子，新授翰林侍讀學士楊徽之等赴館，賜宴于秘閣，兩制、館閣官皆預。　十月二日、十二月十三日又宴西南蕃交州首長使皆預，不作樂。　二年二月二十五日亦然。　二年七月二十七日宴忠武軍節度使傅潛赴高陽關屯所，宴于長春殿，不作樂。　八月七日宴從臣於廣德殿，始作樂。　十七日以大閱畢，賜近臣飲於中書，諸軍將校於崇政殿，內職於軍器庫，諸班衛士於殿門外。　十一月二十一日宣徽使周瑩赴北面行營，宴餞于長春殿。　十二月十二日車駕北征，宴從臣于行宮。　三年正月九日駐大名，宴從臣於行宮。　十三日以契丹遁去，宴從臣於行宮。　二十一日次苦林關，宴從臣於行宮。　六月二十四日參知政事向敏中為河北河東沿邊宣撫大使，樞密直學士馮拯、陳堯叟為副大使，辭，宴餞于長春殿。　四年三

月二十一日翰林侍講學士邢昺直秘閣潘慎修淮南兩浙巡撫迴，賜宴于秘閣。　二十九日詔內宴更衣臣僚無得先退，須宴罷謝恩訖齊出，如違委外彈奏。先是御史臺言內宴更衣百官有逕歸及過從於外者，臣等已於春宴前嚴行戒勵，請降敕處分，故有是詔。　五年正月二十日宴宗室侍讀侍講學士王府官於崇政殿，先是帝聽政之暇命邢昺講左氏傳，至是畢，故有茲會，賜昺及侍講夏侯嶠等器帛，昺加襲衣金帶。　二十三日西南道行營都總管王超赴屯所，宴餞于長春殿。　七月二十四日永清軍節度使周瑩赴高陽關屯所，宴餞于長春殿。　十二月十七日詔每內宴宗正卿令升殿，座班次依令班儀。　六年三月七日宴餞起居舍人直昭文館种放于龍圖閣，翰林侍講侍讀學士預。　九月二日詔曰：「朕痛切衷于時當宴饗，修俎豆之事，禮則難廢，金石之音，情所不忍，其秋宴宜不舉樂。」先是七月安王元傑薨，禮官言安王喪衆哀成服禮畢，服除宴日開樂無嫌，復下是詔。　十三日詔軍員起內宴須文武班後方得入。　七年正月一日詔朝元殿上壽三佛齊大食蕃就進奉人使已下在西廊南頭副指揮使之下歇坐。　景德元年十月二日宴近臣于崇政殿，餞參知政事王欽若判天雄軍，侍衛馬軍都指揮使葛霸充邢洺路都總管，以將親北征也。

卷一萬六千七百四十六

二十五日宴群臣于崇德殿，不舉樂，以明德皇后園陵畢也。舊制卿監座于東廂，不升殿，時光祿卿陳省華權知開封府，特升於西序五品之南別設位。　十二月二十一日以北征凱旋，賜近臣宴於冠華第，諸帥臣宴射于本司，賜上尊珍膳。　二年正月十三日宴群臣于崇德殿，不舉樂。　二月二十四日詔含光殿宴宮城大食進奉人使於西廊南頭北座。　三月九日賜宰臣樞密近臣翰林學士以下宴于本院，館閣官于秘閣，以考校舉人之勞，自是凡貢舉畢皆然，後多辭免。　五月二十日宴近臣于資政殿，餞右諫議大夫种放歸嵩山，帝作七言詩賜之，令屬和，命從臣皆賦，有詔放上道日，兩制館閣官餞於瓊林苑，放詣閣辭，復賜會於秘閣，王欽若之直廬。具酒肴賜餞，放侍臣當直者四人預，時放相顧不敢坐，上為親定位次，翰林學士晁迥西向，資政殿學士王欽若東向，知制誥朱巽南次，迥侍制戚綸次欽若，放北面對上。翌日示容禮，酒半上賦七言詩一章賜放，放和，侍臣皆賦，士大夫榮之。　十一月十五日詔翰林儀鸞御廚司每內宴差托食天武官排食從子、兵士、工匠等，除宗例差軍員管勾外，別選差指揮使或員僚一名專令集止諠譁，給令聞及殿庭違者即付所

属科罪，仍命廊下管勾使臣檢校。　二十九日，契丹國母遣使來賀承天
節，入見，宴于長春殿，酒五行而罷。　十二月四日，命鎮安軍節度使石保
吉賜契丹使宴射于玉津園。自是凡契丹使至，皆賜宴射，命節度使或樞
密使大聖後率用管軍者主之。　五日，宴尚書省五品、諸軍都指揮使以
上、契丹使於崇德殿，不舉樂。時契丹初來賀承天節，擇膳夫五人齎本國
異味就尚食局造食，詔賜膳夫衣服、銀帶、器帛，以明德太后喪制故也。
八日，契丹使辭，宴于崇德殿，自後契丹使見辭如此例。　十五日，資政殿大
學士王欽若赴上，賜會於秘閣，近臣畢集。翌日，又會館閣群官於秘閣。麟
臺故事：景德二年五月，以新授資政學士王欽若非職，宴近臣於秘閣，賜
欽若七言詩，令屬和。是月，上親試河北防城近上賜第畢，賜輔臣酒果，宴
翰林學士已下於本院，館閣官於秘閣。　十七日，詔宣徽院，凡有宴會，令入
內內侍省差中使六人分榮殿兩廊，上約百官羣員無得言笑諠譁，仍
差閤門祗候四人往來提舉，違者具名以聞；殿前侍衛馬步軍司各鈐轄
軍員，令座次端謹，不得諠笑，久先出。　三年正月一日，命資政殿大學士
王欽若宴契丹使于都亭驛，自後賀正旦使在館皆然。　四月五日，幸崇
文院觀四庫圖籍，宴從臣于從政殿。　二十四日，右諫議大夫种放請告

卷一萬六千七百四十六

歸終南山，詔放及侍講、侍讀學士、龍圖閣待制至龍圖閣宴，以寵行，帝作
詩賜之。麟臺故事：右諫議大夫种放有見，若請告歸終嘗葬，是日召放及
侍講、侍讀學士、龍圖閣待制至直龍圖閣賜宴以寵行，上作詩賜放，命侍
臣皆賦詩。上曰：放雖在京，殺而成奏，學徒繼踵而至，不甚事也，故預首謝。
翼日，又賜宴于秘閣，館閣畢召，宜預命集賢院學士宋白已下賦詩餞放。
五月十二日，武勝軍節度使吳元扆修奉諸陵迴，宴于長春殿。　七月
二十五日，大宴，御廚言御膳諸局地頗狹隘，請移諸王幕次于殿門之外，
詔不許，但令於局次之內量設防閑。　九月七日，宴近臣于龍圖閣之
崇和殿，餞侍講學士邢昺赴曹州，刑部尚書溫仲舒、宋白、吏部侍郎郭贄
預焉。即席賜詩二首以寵其行，命群臣咸賦。　十三日，翰林侍講學士邢昺
知曹州，賜宴于宜春苑，兩制、學士、待制皆預。　十月二十四日，宴群臣于
崇德殿，自莊穆皇后上仙，至是始用樂。　四年二月十八日，御樓賜宗室
百官宴於都亭驛，翌日如之。自是凡賜酺，皆遣官主之，事畢，各賜器幣。
九月三日，大宴，樞密院定交州進奉使、歙州刺史黎明昶、副使安南掌書
記、殿中丞黃成雅坐于本班，帝以成雅班品稍遠，俾還之。且訪其禮於
輔臣，王旦等曰：昔子產朝周，王饗以上卿之禮，子產固辭，受下卿之禮而

還。國家柔綏遠方，升其班序，亦無嫌也。乃詔升成雅于尚書省五品之次。
大中祥符元年正月庚寅，有司上都亭驛酺宴其御樓日合預座者，亦聽朝臣受命已辭及到
致仕官並赴都亭驛酺宴，其御樓日合預座者，亦聽朝臣受命已辭及到
闕未見者並令預會。　二月二日，賜文武百官宴都亭驛，命內侍從賜教
坊樂，御製前人書路大酺五七言詩，咸令屬和，小紙人令內侍賜上尊酒
果子、花。　宗室宴於寧王元偓宮。　三日，宴宗室內職於都亭驛，近臣於
宰臣王旦第，都亭驛用樂，賜詩及酒菓等，並如百官。　四日，宴百官於都
亭驛，宗室於玉津園。　五日，宴宗室內職於都亭驛，近臣於宜春苑。初，有
司定止賜百官都亭驛宴二日，帝特命分賜私第、禁苑賜會，自是凡賜酺
五日皆用此例。　自一日至五日，皆令殿前都指揮使劉謙、馬軍都指揮使
曹璨、步軍都指揮使王隱各會所部將校，及賜諸班直茶酒。先是，遣使臣
押賜諸軍宴，會多不成容，即時而罷。又其日從官亦須度自足，令樞密院
指揮，不從起座，專切管勾，務在豐潔，仍令分賜便而罷。　又分遣中使六人
往河北、河東、陝西諸路，賜總管、鈐轄等宴，庶官吏並預，而官給其費。　四
月九日，知樞密院王欽若、參知政事趙安仁赴泰山經度制置，宴餞于長
春殿，權三司使丁謂以計度糧草預焉，賜襲衣、金帶、鞍勒馬。　八月二十

卷一萬六千七百四十六　一

七日，詔含光設秋宴，三佛齊進奉人使令於西廊南頭赴座。　十月十五
日，詔諸州旬設駐泊禁軍諸校，其本州軍員皆不獲預，自今宜並及之。
十一月十日，以封禪禮畢，詔兗、鄆州各賜羊酒、緡錢，令長吏廣設遊會以
宴官僚。　二十五日，宴近臣與外使于長春殿，以將奉冊謁廟，不舉樂。契
丹使來賀承天節也。　二十八日，東封迴，含光殿宴，詔大食、占城進奉人
使并邛部川進奉蠻王於西廊副兵馬使之下一行赴座。　十二月一日，
以封禪禮畢，賜諸路總管及鈐轄等羊酒，令館設官吏將校。　六日，詔崇
德殿宴夏州進奉人使於西廊南赴座，交州進奉人使以次歇空座，進奉
押衙軍將次交州人使赴座，契丹舍利從人於東廊南赴座。　二十六日，
詔軍校赴宴，並令終宴；營在城外者，如至夕，遣內侍持鑰往諸門俟盡出
闕，雁入，編著為定式。　二十八日，詔以南衙為錫慶院，備宴會。先是，酺宴
則集於尚書省或都亭驛，誕節齋會則就相國寺，帝以佛舍中深，觝優笑
有褻慢，乃令內臣度館宇顯敞者易之。南衙即太宗尹京時府邸，秦王、
許王繼居焉，後虛其正位，故以為院。　三年三月十六日，御乾元樓觀酺，
自是凡五日，是日宴從臣於樓上，父老兼官樓下。　十七日，宴文武百官
于錫慶院，臣僚有受官未謝者亦赴，宗室于寧王宮，帥臣于本司。　十八

日宴宗室內職于錫慶院近臣于王旦第　十九日宴百官于錫慶院宗室于含芳園　二十日宴宗室內職于錫慶院近臣于玉津園師臣于本司　四月七日集賢院學士种放得告歸終南山詔近臣宴餞于龍圖閣帝作五言詩賜放命學士以下即席賦詩作序龍圖閣直學士杜鎬以不能屬文遂令援引名臣歸山故事翌日內出群臣詩序示宰臣以畢送詩褥德序爲優因令別自繕寫送放時論榮之　一云鎬獨誦北山移文意規放也　五月十三日宴廣平公德彝等及侍教時大雅於本宮以講書畢篇　十二月四日宴契丹賀承天節使于崇德殿不作樂以晉國大長主薨罷大宴故也　三年正月五日宴契丹告哀使于崇德殿不作樂契丹國母卒故也　六日賀正使辭宴如例以契丹國母喪自後契丹國有喪其使者見辭雖賜酒皆不作樂遇朔則御便殿　七月二日玉清昭應宮齋醮上梁宗室近臣詣宮焚香仍賜宴飲　八月二十三日宴餞汾陰經度制置使知樞密院陳堯叟于長春殿副使翰林學士李宗諤預焉九月一日帝幸左承天祥符門觀上梁遂宴于崇政殿賜從官襲衣金帶帶緡錢有差陳堯叟李宗諤林特在汾陰遣使就第賜如例　十五日宴契丹遣留使於崇德殿不舉樂　十月二十日宴契丹告征高麗使于崇

《卷一萬六千七百四十六》

德殿　十二月一日陳堯叟來朝宴于長春殿特召三司使丁謂預故事三司使不預時謂計度糧草還故特召　四日宴契丹賀承天節使于崇德殿不作樂以晉國大長主薨罷大宴故也　四年正月六日詔甘州交州進奉使副夏州進奉教練使並令赴崇德殿宴甘州交州使升殿座夏州押衙於東廊南頭歇空座　二月二十一日駐蹕河中府御鼓角樓觀酺凡三日賜樓名曰駐蹕宣恩是日宴從臣於樓上諸蕃朝貢使父老於樓下　二十二日賜親王輔臣百官酺宴於行宮在尚書省凡二日二十六日次華陽頓賜酺宴于行宮南垣之望仙亭賜亭名曰宣澤　二十八日次湘城頓宴虢州父老於行宮門　三月二日駐蹕陝州賜酺宴於州門樓賜樓名曰沛澤惠民　十七日宴宰臣親王文武百官于河南府舍　二十六日駐鄭州宴父老于殿門外不作樂初將設酺宴于子城門賜樓名曰回鑾慶賜舉以甫近太宗忌日乃詔罷酺止宴犒　八月九日曲宴宗室輔臣于後苑賜襲衣金帶器幣有差刑部尚書馮拯以新解政事特詔預會賜與同之以汾陰禮成故也　二十五日復賜酺宴文武百官于錫慶院宗室于相王宮　二十六日宴宗室內職于錫慶院近臣于王旦第　二十七日宴百官于錫慶院宗室于瓊林苑　二十八日宴

宗室內職于錫慶院近臣于玉津園師臣會于本司　五年九月二十一日詔內宴內侍省差使臣於殿上管勾候宴起離御座入殿門諸司方得收什器物　十月二十六日以聖祖降臨宴宗室諸親于萬歲殿　六年二月六日御乾元門樓觀酺近臣咸預宴錢內父老於樓下自是凡五日　七日宴文武百官于錫慶院宗室諸親于潛龍園　八日宴宗室內職于錫慶院近臣于王旦第師臣于本司　九日宴百官于錫慶院修玉清宮使丁謂已下于本宮凡自修宮已來凡遇錫宴修宮使等洎使臣軍校兵校皆別賜會　十日宴宗室內職于錫慶院近臣于玉津園師臣于本司其日又賜太常博士中書堂後官劉睎恕等錢二十千羊五口酒十樽令賜酺日飲會時睎恕等上言向來酬宴樞密院副承旨已下至大理寺法直官皆預堂後官各有正官望比類聞奏王旦言預宴非便故特有是命　三月詔赴宴臣僚失理閤門御史臺失於糾劾者委宣徽院糾察以聞　四月二日宴近臣于長春殿餞迎奉聖像使丁謂副使翰林學士李宗諤預焉　五月五日宰臣王旦赴應天府迎奉聖像宴餞于長春殿二十九日宴近臣于長春殿以王旦丁謂使還故也　六月二十五日賜輔臣宴于上清宮以先天節前七日建道場故也　二十六日詔自今賜宴

《卷一萬六千七百四十六》

如諸司使副使已下與文武百官同筵閤門差人赴御史臺同比定座次如分兩筵親王與諸司數副使已下同筵即依樞密使與諸司使副使等同筵例閤門一例貼定圖子進呈　八月六日詔自今臣僚出使都城外賜筵接送者其賜酒果使臣令內侍省差殿頭以上全服驛務宣賜十日宴餞奉祀經度制置使丁謂於長春殿副使翰林學士陳彭年預焉九月二十七日詔以元德皇后升祔應文武百官軍員等候禮畢並於錫慶院賜宴　十月五日以升祔元德皇后禮畢宴文武百官內職禁軍都虞候已上於錫慶院　七年正月二十三日御奉元均慶樓觀酺從臣預座宴父老於樓下賜時服茶絹設山車百戲聽民縱觀　二十四日復御樓宴父老賜群臣於盛平寺　二十五日以順祖忌罷酺宴　六月二十一日景靈宮朝修使宰臣王旦入辭宴於長春殿不舉樂以曹王在殯也賜襲衣金帶鞍馬以寵之　八月九日王旦使還復宴于長春殿　二十五日真遊殿上梁詔近臣焚香因宴于長春殿　九月七日詔輔臣宗室觀叢歲殿上梁宴于崇德殿西苑門　十月十一日詔以玉清昭應宮成賜在京酺五日西京南京三日諸州一日京師以十一月十日始諸州並以十二月內擇日帝以景靈宮建刱以來中外協力因命編循欲宴　十二

三日宴輔臣宗室於崇政殿賜襲衣金帶器幣射于太清樓下以奉祀禮成也初詔用十二日宴以向敏中私忌故就是日　十一月四日幸玉清昭應宮宴近臣于集禧殿　十日帝御乾元門觀酺者五日是日近臣咸與宴京畿父老於樓下賜錦袍茶絹　十一日宴百官于錫慶院宗室于瑞聖園　十二日宴宗室內職于錫慶院近臣于王旦第　十三日宴百官于錫慶院宗室于瓊林苑　十四日宴宗室內職于錫慶院近臣于玉津園師臣會于本司　二十九日宴輔臣於崇政殿以丁謂來朝先是謂請赴承天節上壽故也　十二月三日丁謂赴亳州復宴餞于崇政殿

八年正月九日宴近臣于會靈觀以玉清昭應宮奏告禮畢也其日以歲節賜宗室宴于潛龍園師臣于本司　二十一日賜宰臣向敏中以下宴于會靈觀以景靈宮興功也　四月三日以景靈宮迎奉聖像使向敏中以下宴于會靈觀　六日宴近臣于長春殿以侍衛步軍副都指揮使振武軍節度使王能來朝閤門言舊制管兵師臣無此禮例能既赴座則殿前曹璨等皆當侍立於能品秩非便乃令璨等預座非常例自後師臣掌兵者出入並如此例　五月二十五日武勝軍節度使同中書門下平章事冦準赴河南府步軍副指揮使王能赴鎮定屯所宴餞于崇政殿不作

卷一萬六千七百四十六

作樂以信都郡王德彝在殯故也　七月二十五日宴參知政事丁謂等于玉津園以修大內畢功故也　九月十日大宴詔注輦使序位如龜茲使例　九年正月四日與丹使驛宴于崇政殿不舉樂以孟春享廟致齋故也自是遇致齋皆如之　六月七日宴餞兗州景靈宮慶成宴宰臣向敏中宴于長春殿以寵其行　八月十六日宴近臣于長春殿以向敏中使迴不舉樂閒兩也　二十八日宰臣丁謂面陳生日蒙降詔賜生餼酒樂令就私第宴會優異之禮非便欲當兇禁樂以來未嘗陪侍遊幸兼在會靈道場齋宿望賜還罷從之王旦曰臣等每遇生日御案恩賜又遣諸司供帳況兩制近皆有兼掌並廢務一日以私妨公望時從賜與所許從會止名親舊帝可之自是賜酒餚如故惟不設會　九月十九日宴餞平江節度使知昇州丁謂于長春殿不作樂大享致齋故也自是遇大享不作樂如例　天禧元年正月五日宴尚書五品諸軍都虞候以上契丹使于崇政殿以廟享散齋不作樂　二月四日宴百官于錫慶院又宴宗室于相王宮　五日宴宗室內職于錫慶院近臣于向敏中第　六日宴百官于錫慶院宗室于瓊林苑　七日宴宗室內職于錫慶院近臣于玉津園師臣各于本司　十三日宴餞兗州太極觀寶冊使宰相王旦于長春

禮四五之九

旻作旻。句

殿命使尚書右丞趙安仁預焉賜襲衣金帶且加鞍勒馬　四月九日王旦使還復宴于長春殿　二十九日宴龍圖閣待制直閣于秘閣以待制查道出知虢州故餞之　五月二十九日宰臣向敏中使西京奉安太祖聖容餞于長春殿賜襲衣金帶鞍勒馬　七月十九日向敏中使還復宴長春殿　九月十五日宴近臣于長春殿餞河陽三城節度使張旻不作樂以王旦在殯故也　二年二月二十八日侍衛親軍步軍都指揮使保靜軍節度使王能來朝以疾詔免舞蹈仍罷賜宴三月能赴鎮鄜州上入辭於崇政殿復罷宴餞　四月二日詔近臣館閣三司京府諫官御史請宜聖殿朝拜太宗聖容遂賞花又至龍圖閣觀書賦詩特詔諫官魯宗道四人皆赴　二十四日宴百官于錫慶院宗室于通王宮　二十五日復御樓宴父老後三日齊然宴宗室內職于錫慶院近臣于向敏中第馳臣于步軍司是日慶雲見于樓上日生赤黃珥　二十六日宴百官于錫慶院　二十七日宴宗室于錫慶院賜輔臣酒果時將宴于苑中向敏中等懇辭故罷之　三年正月二十四日宴餞武寧軍節度使同中書門下平章事張旻於長春殿不作樂以旻起復故也　十一月二十八日禮儀院言自今文武官丁父母憂起復不赴宴會外其餘服制式假滿者並赴從

卷一萬六千七百四十六

之　十二月十四日翰林學士錢惟演上言伏見每賜契丹高麗使御筵其樂人白語多涉淺俗請自今賜外國使宴其樂人詞語教坊即令舍人院撰京府衙前令館閣官撰從之既而知制誥晏殊等上章援典故求免撰撰遂仍舊令教坊撰訖詣舍人院呈本　四年三月十四日右司諫直集賢院祖士衡上言伏見大宴皇帝更衣降座群臣方退及再座群臣升殿然後皇帝出就御座群臣謝賜花止拜于座次欲望自今每更衣所司揖群臣下殿以俟皇帝降座再座群臣先進于殿庭俟皇帝升座乃上殿如賜花則再拜于庭從之　九月中書樞密院言自今除慶節上壽外春秋二宴及賜群臣會請並就錫慶院欲之給散酒食如例　十八日侍御史知雜劉燁言九日恩賜臣僚館閣臣僚宜春苑御筵止有十一人到苑直史館張復等一十五人不赴乞今後每遇宴會稱疾不赴者並差中使醫官看驗如涉虛僞嚴行朝典詔復等特免取問今後依奏施行　十月二日資善堂上梁皇太子會官僚觀之太子太保王欽若承詔宣預焉　五日宴皇太子宗室近臣于樓上父老于樓下西南藩進奉使咸預　六日宴百官于錫慶院宗室于涇王宮　七日宴宗室內職于錫慶院師臣于步軍司　八日宴百官于錫慶院宗室于瓊林苑　九日雨輟酺宴師

禮四五之一〇

臣于殿前司　十日宴宗室內職于錫慶院近臣于丁謂第帝自中春不
預至是康復五日御闕門民庶瞻望威顏罔不歡忭　十月二十六日皇
太子會師傅于資善堂賜教坊樂　二十九日宴輔臣龍圖閣以御集殿
閣興功也　五年正月十八日詔近臣觀天章閣興功宴于承明殿　二
月十一日詔近臣觀群玉蘂珠殿上梁宴于承明殿　二十八日詔近臣
觀天章閣上梁宴于群玉殿　三月五日閤門言每遇大輔前後殿不坐
內客省使至閤門祗候內諸司使副宗室將軍已下公服繫鞋內東門起
居宰臣親王已下應侍宴臣僚繫鞋于天安殿門外起居遂駕登樓皇親
已下并駙馬都尉中筵後依例不坐內當賜酺諸司使副於朝元門外次
已辭未發合赴酺宴團練使以下別班起居執毬仗供奉官於露臺北次
當賜酺內侍使臣於露臺南次軍巡使巡檢廂都指揮使已下並常起居
次父老起居訖赴座從之　七月復御樓自是凡四日宴百官于錫慶院
宗室于涇王宮　八日宴宗室內職于錫慶院　九日宴百官于錫慶院
宗室于涇王宮　十日宴宗室內職于錫慶院近臣于丁謂第帥臣各宴
于本司　二十日奉御集自玉清昭應宮安于天章閣賜輔臣宴于閤下
四月十四日皇太子生辰賜輔臣宮官宴于資善堂　五月十九日以

卷一萬六千七百四十六

封禪汾陰迎奉聖像等記版鏤畢功賜會于丁謂第輔臣皆集　八月十
六日宴近臣于景靈宮園以萬壽殿成也　乾興元年仁宗已即位未改元
十一月二日宴群臣于崇德殿不作樂以真宗山陵禮畢　十二月三
日以侍衛步軍都指揮使威塞軍節度使夏守恩自山陵修奉迴宴于長
春殿　仁宗天聖二年八月一日宴文武百官諸軍副指揮使以上于崇
德殿以諒陰畢始聽樂　三年四月乾元節錫宴百官方入將就班值大
雨詔罷宴中書樞密兩制節度觀察防禦團練使刺史等各賜酒食文武
百官並於朝堂賜酒食諸軍副指揮使已上許取便請食命樞密副使張
士遜赴都亭驛押伴北朝入使御筵用教坊樂　九月二十二日詔差出
外任已朝辭未進發遇宴並令宣赴　五年正月六日皇太后御崇政殿
垂簾契丹賀皇帝正旦使蕭信等辭賜酒三行而止復詣崇德殿辭仍賜
宴于本殿　十二日皇太后御崇政殿垂簾契丹賀長寧節使蕭道寧等
辭退詣崇政殿辭皇帝如儀賜宴于本殿　八月一日侍衛親軍馬軍副
都指揮使保順軍節度使充滑州修河都總管彭睿辭宴于崇政殿賜襲
衣金帶鞍勒馬　六年四月七日宣州觀察使駙馬都尉知澧州李遵勗
辭宴於長春殿朝廷優待戚里出於特恩非常例　十一月一日以滑州

天臺歸成曲宴文武百官諸軍副指揮使已上於崇政殿　八年閏十月
二十四日宴近臣于太清樓餞翰林侍講學士孫奭赴兗州詔太子少保
致仕晁迥預樓四壁陳御飛白書賜從官人一軸別取大字四軸分賜呂
夷簡張耆孫奭晁迥逐宴樓下教坊奏樂飲九行皇太后以巨觥賜從官
飲迥班在一品最南御史中丞之次呼迥至揖前問其年及飲餌之節迥
曰臣年八十一歲所服草藥衰暮之年幸逢聖世兼勇宗慈叨預近職父
子侍宴榮幸之極何以上報飲罷副罷迴命坐賜襲衣犀帶錢三十萬米
百斛酒二十瓶　明道二年十一月二日宴近臣于紫宸殿　景祐二年
八月三日宴宰臣百官諸軍副指揮使已上于紫宸殿酒七行始作樂
九月十五日詔殿庭宴曾少賜雨備令一司製油屋滿廬　三年十月
三日殿中侍御史施昌言言集英殿殿庭多聞人觀看頗見諠瀆請今後
選內臣二人殿門辨認無令遺犯詔皇城司入內內侍省申明條約　五
年二月十六日宰臣王隨言清明節私第賜會乞就會靈觀御筵亭子排
設從之　六年三月二十三日中書門下言自來宴會及前後殿坐朝應
御座左右并殿庭侍立臣僚等往來語話或至諠譁有司並不彈奏自今
違者令宣徽使閤門御史臺入內內侍省具姓名以聞從之　慶曆二年

卷一萬六千七百四十六

四月二十四日御史中丞賈昌朝言今後宴坐臣僚乞不許三司御廚翰
林司別將酒饌供應中宴更不先退從之　四年九月詔宗室宴于太清
樓遂射于苑中　五年正月二十五日宴契丹告西征使于紫宸殿　四
月四日閤門言夏國賀乾元節使赴宴已許於朵殿上坐所有幕次集英
殿宴契丹在右承天門裏南廊下夏國使欲於垂拱殿柱廊西廊下紫宸
殿宴并上壽契丹使在紫宸門外從西第二位夏國使欲於垂拱殿柱廊
西南廊下從之　十月五日宴契丹獻戎捷使于紫宸殿西征所獲馬三
百疋羊二萬口九龍車一乘　二十七日以升祔章獻明肅章懿皇后禮
畢賜百官宴于錫慶院　十一月十七日以講毛詩徹宴近臣宗室及講
讀官於崇政殿賜花作樂從官皆獻詩頌　六年三月六日閤門言舊例
大宴皇親駙馬樞密使副不赴坐今樞密使同平章事駙馬都尉王貽永
合取旨赴廊　七年正月十八日侍御史知雜李柬之言本朝故事錫宴
推恩赴座臣僚所賜花並戴歸私第蓋於行路實昧榮觀耀於私門足為
慶事自景祐以來因近上臣僚或威重自處或輊車自便纔出殿門未及
行馬已取賜花授之左右冬則擁裘而退夏則頂帽而歸自茲澆風襲成
慢禮今除執政大臣并人使遇內宴及御筵並戴花歸第其餘兩省至百

奏率皆相仍鮮勸賜以為雅厚欲乞今後凡預大宴并御筵其所賜花並
須戴歸私第不得更令僕從持於馬後仍令御史臺糾舉違犯以聞從之
八年三月十八日詔集英殿宴以泥雨不座今後如遇不座並依常朝
崇政殿亦不座　皇祐元年二月十七日詔近臣赴崇政殿觀三聖御容
遂賜宴　四月二日宴契丹告西征使于紫宸殿　二年三月十三日契
丹遣使耶律益趙柬之見于紫宸殿遂宴垂拱殿以柬告西征還　十月
二十一日宴京畿父老百五十人于錫慶院時明堂禮畢也　三年三月
十六日閤門言集英殿春宴勘會喃廝囉進奉人已朝辭未進發赴與不
赴宴者詔就驛賜酒食并花　四年三月十九日詔座宴軍員如有酒管
軍臣僚令先歸營閤門放去更不彈奏　四月六日詔喃廝囉磨氈角等
進奉使並令赴宴　十月八日宣徽南院使荊湖南北路宣撫使狄青辭
宴於垂拱殿　五年四月三日狄青還朝宴于垂拱殿　十二月二十七
日閤門言臣僚每遇筵宴并北朝人使見辭不得請一日假如實有患請
假將理者仍關報內侍省差使臣醫官看治從之　至和元年六月二十
七日西上閤門使李惟賢言大宴日教坊於殿庭東西排立供奉官班內
假裝排立使臣韋獨入戲伏緣東西排立並係侍殿班次伶人雜之以為

戲玩北使諸蕃侍宴觀聽恐失朝儀欲乞今教坊今後更不得於殿庭侍
立班內假裝使臣行門諸班以為戲玩如敢違犯仰閤門彈奏從之　二
年三月八日翰林侍讀學士知徐州呂溱辭特命於資善堂賜宴以餞之
仍詔自今由經筵出者並如例　九月二日宴契丹告哀使于紫宸殿契
丹宗真卒　十二月十七日宴契丹遣留使于紫宸殿　嘉祐元年二月
六日宴契丹謝冊立使于紫宸殿　三月二十七日御史臺言每歲上巳
重陽賜會其推直官主簿望許隨臺官赴從之　二年三月二十三日命
契丹國信使觀金明池水嬉賜宴瓊林苑　四年正月六日契丹賀正旦
使辭命宰臣韓琦押宴于都亭驛以未御殿也先是去歲十二月詔明年
正旦日食其日百官毋得拜表稱賀自今月二十一日不御前殿減常膳
宴契丹使勿作樂至是未御殿故也　六年三月十七日同知太常禮院
宴承裕言宰臣富弼母喪君臣之義哀樂所同請罷春宴以表優恤大臣
之意從之承裕弼之妻弟帝雖用其言議者皆以為非　七年十二月二
十七日詔從臣于天章閣觀三朝瑞物復宴群玉殿酒行帝宣諭曰天下
久無事今日之樂與卿等共之宜盡醉勿復辭因名宰相韓琦至御榻前
別賜一大巵又出禁中名花以金盤貯香藥令各持以歸從臣莫不霑醉

至暮而罷　八年英宗已即位未改元八月契丹使辭于紫宸殿命坐賜
茶蓋故事賜酒五行自是終諒闇皆賜茶而已　英宗治平二年正月三
日賜群臣及契丹使宴于錫慶院　三年九月十一日潁王上言請免宴
日兩府王樞密使已下會從之　四年六月三日神宗已即位未改元大
遼國祭奠弔慰使副蕭禧等入見命參知政事吳奎賜宴于都亭驛故事
契丹使見置酒紫宸殿以諒闇故就驛賜宴見辭亦如之自是終諒闇賀
登寶位正旦人使見辭皆如之　十月十日以龍圖閣直學士兼侍讀刑
部侍郎李受致仕賜會于資善堂宇文紹奕考異宋神宗初李少保柬
之自侍讀致仕上特召對延和殿命坐賜茶退皆講讀官燕餞於資善堂
後數日李侍郎受繼去亦用柬之故事召對賜燕二人皆英宗經筵舊臣
故禮之特厚
非常例也
神宗熙寧元年正月一日大遼國信使賜宴于都亭驛命樞密副使邵亢
主之故事正月五日宴國信使于紫宸殿以近英宗小祥故止賜宴自是
大祥亦如之　四月十三日御史中丞滕甫言臣聞君召不俟駕而行此
臣子所以恭其上也君設宴以召臣臣托故而不至甚非敬上之節也近

歲錫慶院御筵臣僚凡八十餘員請假不赴雖稱各有事故疾病然一日
之內何其多邪竊慮錫慶院賜宴依前畏避暑熱請告者益多則宴座稀
疏何以觀示遠人今後凡遇宴設文武官非大故及實有疾病不得投牒
請假如妄託故仰御史臺覺察從之　二年四月十四日大遼國使耶律
襲等辭于崇政殿命坐賜茶命參知政事王安石賜餞宴于都亭驛先是
詔以河決地震方夏大旱不御前殿減常膳罷同天節上壽仍徹樂故止
賜茶　五月六日宴宰臣百官宗室于紫宸殿酒九行始作樂　六月四
日宰臣曾公亮西京應天禪院會聖宮奉安仁宗英宗神御回宴于垂拱
殿　八月四日以兩朝實錄成宴近臣于垂拱殿修撰檢討官預　四年
正月十四日幸集禧觀宴從臣于齋殿　十月二日閤門言今月一日文
武臣僚各賜時服內軍員著錦襖子三日令集英殿宴諸軍副指揮使已
上未委令公服或着錦襖子依例免杖子赴座詔著錦襖子免杖子赴座
七日中書樞密院還居東西府賜宴宰臣王安石位兩制知雜御史已上
預焉　九年三月五日安南道經略招討使郭逵辭宴于垂拱殿　四
月二日閤門言近制大宴不用兩軍妓女隊舞只用教坊小兒之舞今宗
室遙郡刺史已上赴座皇伯叔兄官未至遙郡亦預勘會集英殿宴殿座

外吏接續座於西廊即與大遼國舍利從人相接乞止令遥郡團練使已
上赴座詔從之皇伯叔兄係遥郡團練使已下者並免侍立　十日以大
遼國母卒輟同天節上壽十三日宴罷參知政事元絳押賜賀同天節使
五月二日詔今後皇親正任並依外官正任座位與軍廂主敵坐照直
座　三日宴大遼告哀使于集英殿不作樂　八月十二日宴大遼遺留
使于紫宸殿不作樂　二十五日詔大慶紫宸殿上壽樞密使副使知院
同知院簽書同簽書院事宣徽使三司使副使令赴座其宣徽使上壽及
大宴與免殿下拜候群臣升殿即隨班　九月二十五日詔今後宴會遇
分座樞密使已下宣徽使依侍立座次並在西參知政事並在東　元豐
元年閏正月八日宣徽北院使王拱辰請以女童代集英殿大宴小兒隊
辭從之　三月五日賜使高麗安燾等宴于永寧院　二年三月二十九
日樞密副都承旨張誠一言紫宸殿宴日唯東廊角門無使臣幾禁乞自
令差兩省使臣二人守察從之仍詔殿後御閣前廊上角門差行宮殿門
使臣一員監守　四年十二月二十六日大遼國遣賀正旦使蕭福全鄭
顓入見賜宴於都亭驛先是太常禮院言十二月壬中慈聖光獻皇后禫
祭戊寅遼使見謹按禮曰是月禫徙月樂又曰禫而醴酒今遼使見在禫

卷一萬六千七百四十六

祭之後未逾月於禮可以置酒而不可以用樂詔遼使朝見不置酒就館
賜宴　五年十一月十三日宴景靈宮祠官于紫宸殿　十二月十七日
詔罷賀正遼使見日作樂以臘享致齋故也初閤門言甲戌臘享前三日
皇帝不遊幸不作樂賀正使賜御筵徹樂如至和二年元豐元年故事詔
以雖有舊例然虜人素以用樂燕犒爲恩禮之重三省樞密院宜更詳度
取旨然卒用例按實錄至和二年四月十一日契丹母遣歸德軍節度使
左驍衛上將軍蕭知微永州節度觀察留後王澤契丹遣保安軍節度使
左監門衛大將軍耶律防殿中監王懿等賀乾元節見紫宸殿遂宴垂拱
殿以雩祀齋禁不作樂元豐元年故事實錄不載　七年二月二日文彥
博乞免入覲日都城外御筵及見日對御賜宴詔許免郊勞御筵　五日
文彥博入覲宴于垂拱殿上命酌御樽酒一巵賜彥博面諭云知酒量未
退可飲盡彥博再拜以謝　三月二日宴文彥博于瓊林苑賜御製詩以
彥博入覲也　八年哲宗已即位未改元六月二日詔夏國陳慰使副赴
闕遇將來坤成節日已放見勿令與宴以太皇太后垂簾故也　哲宗元
祐五年二月二十九日以太師文彥博致仕詔即玉津園宴餞宰臣呂大
防主之三省樞密院暨侍從官皆赴其後彥博言蒙聖恩俟臣出門於瓊

林苑賜餞送御史綠前日孫固覺昔臣與固同再三省供職義均休戚乞
罷詔至日三省樞密院官於瓊林苑宴餞更不用樂　八年三月二十二
日詔權罷獨看　故事大宴前一日御宴殿閱百戲謂之獨看以修國史
范祖禹言是日進主神宗紀草係大宴前一日御集英獨看恭惟陛下覽
先帝史冊甫畢即觀百戲理似未安故有是命　紹聖三年六月十六日
閤門言人使見辭紫宸殿垂拱殿開宴樞密都副承旨侍立　二十三日
詔特輟春宴賞花釣魚以嗣濮王宗綽喪未出殯故也　四年十二月十
日詔罷獨看元祐中止權罷至是罷之　元符元年五月十一日以受寶
畢宴于紫宸殿宰臣已下文臣職事官六曹員外郎監察御史已上武臣
郎將諸軍副指揮使已上與坐　三年正月四日紫宸殿宴遼國使副以
上服藥罷止就驛賜宴　三月十三日遼國信使蕭德崇副使李儼見于
紫宸殿曲宴垂拱殿　徽宗崇寧元年三月一日詔定王偲還外第日宗
室正任已上送至第仍就賜御筵　大觀元年三月三日駕幸金明池苑
賜宰臣蔡京已下宴　政和二年四月初八日燕宰執親王于太清樓
十二月二十三日宴輔臣于延福宮　三年八月二十九日詔修延福宮
畢賜輔臣已下宴于本宮　九月一日駕幸延福宮賜宰臣已下宴　五

卷一萬六千七百四十七

年九月十二日殿中省言東上閤門奏今月八日集英殿宴教坊來唱酒
遍有尚醞奉御李弼不合赴揭盞位失儀檢會政和殿中省通用敕諸應
奉失誤若稽緩者（謂如應進酒食而不即進當職供而不即撤之類）杖八
十契勘李弼自來未曾經歷親近差遣昭慮別致闕誤詔依法贖罰訖對
換司圍奉御　七年二月十三日賜高麗國進奉使副李資諒等御筵起
復宣和殿學士王黼伴賜　詔飲福宴與春宴同日　九月十五日詔夏
祭禮畢飲福宴就用秋宴　按舊會要所載大宴唯春秋與南郊明堂禮
成非時喜慶則六大宴某殿又有觀賞謂之曲宴別立爲門其正旦生辰
外國使人見辭宴飲各隨本門附書之大宴曲宴之設自建炎迄今雖未
嘗舉行然有宴殿不用文繡之詔與閤門所修儀注既不指其爲某事宴
則亦不可不附于雜錄以見焉　宣和四年八月十九日幸鄆王第賜諸
王宴　九月十四日詔檢校太傅開府儀同三司梁師成就都亭驛設聽
押賜金國人使御筵　十一月二十四日金國人使李靖等至班荊館賜
御筵　二十九日賜金國人使宴于都亭驛詔太尉譚稹押筵　五年二
月二十八日金國人使寧术割自稱都統軍知國事慶刺自稱諫議至國
門賜宴班荊館　六年十二月二十四日賜太師蔡京已應兩府睿謨殿

宴　七年三月十七日曲宴公輔宰執親王趙從等於延福之睿謨殿觀
牡丹　十月二日賜金國人使宴　高宗紹興二年閏四月三日高麗遣
奉表使副崔惟清沈起入見退賜酒食于同文館辭亦如之　三年十二
月二十九日金國元帥府遣使副王詡李永壽入見令客省官賜酒食于
殿門外辭亦如之　四年十一月十五日命刑部尚書章誼賜防江諸軍
宴于本軍準備將以上並須坐每分支錢一十貫　七年正月八日宣撫
使張俊赴闕奏事賜御筵于平江府治官屬使臣並須以入內內侍省都
知一員主之　八年正月一日賜江西將士宴于本軍以師臣劉錡主之
防捍勤勞故也　六月二十三日金國軍前遣使副烏陵思謀石慶充入
見命徽猷閣直學士王倫賜宴于驛將議講好也辭亦如之　九年四月
二十六日宣撫使韓世忠張俊赴闕奏事命入內內侍省都知一員賜宴
于臨安治準備將已上與坐餘使臣並折送十一年三月十二月亦如之
七月七日賜東京捧表稱賀耆老李茂松等一百八十八人宴于明慶
寺。時復河南故疆也　十二年十二月二十五日賜宰臣秦檜宴于第以
檜生日故也自後每歲賜之　十三年三月三日詔宴殿陳設止用緋黄
二色不用文繡令有司遵守今後更不製造　五月十一日閤門言修立

卷一萬六千七百四十七

到集英殿宴儀注　是日宰臣以下并應赴宴文武百僚並分東西入
殿庭相向立定知閤門官已下并在內監臨祗應武功大夫已下主管鍾
鼓院官樞密院諸房逐房副承旨逐位酒食使臣左右軍巡使於集英殿
下北向立定先需雲殿入內省官喝排立皇帝需雲殿駐輦內侍鳴鞭鳴
鞭訖歸本班起居本殿排立親從迎駕自贊常起居先讀奏目知閤門官
當祗應舍人并簿書官提點承受使臣翰林司官一班翰林司官公服繫
鞋餘並履笏次內侍都知已下并帶御器械官一班帶御器械窄衣並繫
公服繫鞋次管軍并新舊城裏巡檢四廂都指揮使以上逐班常起居次
殿前左右班排立親從並迎駕起居閤門附內侍進班齊牌皇帝集英殿
坐殿前指揮使鳴鞭排立行門禁衛諸班直親從托食天武東西班等迎
駕自贊常起居舍人贊鍾鼓院挈壺正已下迎駕四拜起居次知閤門官
已下并在內監臨祗應武功大夫已下主管鍾鼓院官樞密院諸房逐房
副承旨逐位酒食使臣左右軍巡使一班履笏通班常起居通喚知閤門
官用東階升殿西南立當祗應官各歸殿上下侍立位左右軍巡使履笏
起居訖分出繫鞋執杖子東西侍立餘非應奉官分出次通喚知閤門官
於折檻東西向立宣贊舍人當殿躬通文武百僚宰臣已下謝宣名赴宴

知閤門官稱通事舍人應喏直身通宰臣已下到知閤門官稱喚通訖歸
上侍立位舍人虛揖引班舍人揖躬舍人直身稱喚訖宰臣已下歷諸直
身立宣贊舍人少南面東折方揖訖自班後過歸侍立位舍人分引宰臣
已下橫行知閤門官贊大起居訖舍人引班首出班俛伏跪致詞訖俛伏
興歸位五拜贊各就坐兩拜贊就座舍人分引殿上官升殿席前立朵殿
兩廊官席後立次教坊使已下通班大起居次看盞人稍前兩拜訖贊上
殿祗候分立兩陛侯進酒分上殿祗應進御茶牀次殿侍斟酒訖舍人贊
天武門外祗候應喏絕知閤門官當御前躬奏宰臣已下進酒引宰臣已
下橫行進酒賜酒八拜就座並如儀酒三行入內省官喝賜酒食先管軍
謝酒食兩拜次知閤門官已下并在內監臨祗應武功大夫已下主管鍾
鼓院官樞密院諸房逐房副承旨逐位酒食使臣等內侍都知已下帶御
器械官依合應奉官閤班謝酒食兩拜訖各歸侍立祗應位次教坊作語
揖臣僚立席後作語訖兩拜至第一段離劇出閤門奏再坐時刻放隊畢
衆御茶牀皇帝降坐鳴鞭宰臣已下退便戴花訖前二刻催班立定閤門
附內侍進班齊牌皇帝需雲殿駐輦內侍都知已下帶御器械言迎駕奏
萬福舍人贊謝花兩拜次殿前左右班親從迎駕奏萬福自贊謝花兩拜

卷一萬六千七百四十七

皇帝集英殿坐殿前指揮使鳴鞭排立行門禁衛諸班親從托食天武東
西班等并鍾鼓院挈壺正已下迎駕奏萬福自贊謝花兩拜次知閤門官
已下并在內監臨祗應武功大夫已下主管鍾鼓院官樞密院諸房逐房
副承旨逐位酒食使臣左右軍巡使一班大班新立宣名奏萬福訖各歸
侍立祗應位知閤門官奏實赴坐劄子次宰臣已下宣名奏萬福謝花兩
拜贊就坐分升席後立次管軍一班宣名奏萬福謝花兩拜次知閤門官
已下并在內監臨祗應武功大夫已下主管鍾鼓院官樞密院諸房逐房
副承旨逐位酒食使臣左右軍巡使門班謝花兩拜次教坊奏萬福自贊
謝花兩拜進御茶牀贊就坐第一盞畢宣示盞逐次宣勸各兩拜至角抵
官入舍人通旗鼓節級等兩拜宴畢舉御茶牀引宰臣已下降階橫行五
拜分出次教坊謝祗應恩各兩拜殿上入內省官喝賜茶酒先教坊次知
閤門官已下內侍都知已下帶御器械官主管鍾鼓院官在內監臨祗應
武功大夫已下樞密院諸房逐房副承旨逐位酒食使臣等閤班次排立
行門禁衛諸班親從托食天武東西班諸司應奉人等謝茶酒逐班各兩
拜謝訖殿上知閤門官側奏無事躬奏知閤門官下謝茶酒皇帝起鳴鞭
從之　十二月十三日詔賜宰臣秦檜四省所奏辭免生日賜宴朕聞暫

賀聖之興必五百歲君臣之遇蓋亦千載夫以不世之英值難逢之會則其始生之日可不為天下慶乎式燕樂衎所以示慶也非喬嶽之神無以生申甫非宣王之能任賢無以致中興今日之事不亦臣主俱榮哉宜服異恩毋守沖節所請宜不允　十四年正旦使副完顏畢馬諤生辰使副烏延和孟浩　十五年正旦使副索散温高慶先見辭皆以兩府就驛賜御宴　四月三日遣內侍王晋錫押教坊樂迎引宰臣秦檜入新第就賜御筵　五月二十二日命伴射官賜金國使宴射于教場凡金國使至皆賜宴射命殿前馬步三司於諸軍統制統領將副使臣中選善射者借官主之至十八年以後徙于玉津園　十月三日賜宰臣秦檜宴于第時以御書閣榜也　十九日金國遣賀天申節使完顏宗永程宋見于紫宸殿次宴垂拱殿辭亦如之　十六年三月二十三日賜侍讀侍講修注官以下御筵于皇城司　二十年三月三日金國遣使副完顏思恭翟永固見于紫宸殿次宴垂拱殿以報金主登位也辭亦如之　二十五年十一月十三日占城進奉使薩達麻等入見命客省官賜酒食于殿門外辭亦如之　十六日賜占城進奉使薩達麻等御筵于懷遠驛　二十六年九月二十四日交趾進奉使副李國以等入見命客省官賜酒食于殿門外辭亦如之

卷一萬六千七百四十六

二十七日賜交趾進奉使副御筵于玉津園　十二月二十四日三佛齊進奉使蒲晋等入見命客省官賜酒食于殿門外辭亦如之　二十七日賜三佛齊進奉使蒲俊等御筵于懷遠驛　二十九年正旦蘇保衡阿典謙生辰王可道王尉晃辭賜宴並如此儀　十二月二十六日金國遣賀正旦使副施宜生耶律翼見于紫宸殿宣坐賜茶命就正賜宴都亭驛以顯仁皇后未祔廟不舉樂辭亦如之　三十年正月一日賜金國使宴于都亭驛命兩府押伴五日人賜命宰臣王綸每歲正月五日宴賀正旦人使于紫宸殿以顯仁皇后未祔廟止就驛賜之　二月六日金國遣弔祭使副大懷忠耨盌温都謙詣顯仁皇后几筵行禮畢見于垂拱殿退客省官賜茶酒殿門外命兩府伴宴都亭驛不舉樂　五月十九日金國遣賀天申節使副蕭榮張忠輔見于紫宸殿次宴垂拱殿以顯仁皇后服制不舉樂　三十一年賀正旦使副僕散權韓汝嘉見辭亦如之　五月十九日金國遣賀天申節使副高景山王全見于紫宸殿次宴垂拱殿辭日以聞欽宗訃報罷宴命兩府賜宴都亭驛　三十二年三月十三日金國遣使副高忠建張景山見于紫宸殿次宴于垂拱殿欽宗服制不設伎舉樂以報金主登位也辭亦如之　孝宗乾道元年二月二十九日主管往

來國信所言今來報問使人到闕依例赤岸往回御用釣客直樂作教坊時呼在闕御筵動教坊樂解換夜筵差化城殿親事官小樂器諸合用樂人今臨安府差撥仍委本府承受官主管教習凡使人到闕筵宴凡用樂人三百人百戲軍七十人築毬軍三十二人起立毬門行人三十二人旗鼓四十人並下臨安府差相撲一十五人於御前等子內差並前期教習二十日給食錢仍差前教坊奏人掌文移前教坊使副及使臣掌管儀範節次　三月十四日詔大金報問使到闕朝見辭宴見闕宰臣押班依例權移親王班首過東壁押班起坐遇通喚令通親王班首某已下又詔見闕宰臣令執政官權升立班并于筵高坐仍令太傅楊存中少傅吳蓋立班坐次權於西壁親王之南一行使人立班坐次令於吳蓋之南歇空差幾餘使相立班坐次權於東壁執政之南如員多即重行　四月二十二日金國報問使副朝見於紫宸殿賜茶酒朝辭亦如之　十月二十日金國賀會慶節使副見於紫宸殿賜茶酒辭亦如之自此至九年同　十二月二十七日金國賀正旦使副見於紫宸殿賜茶酒辭亦如之自此至九年同　二年十月十七日閤門言舊例金國使人到闕曾經奏使接送伴官並立借官班起坐今來權工部侍郎薛良朋差充賀正旦使雖已

卷一萬六千七百四十七

借權工部尚書未曾出使所有使人到闕見辭宴立班起坐欲乞詔今立借官班起坐今後准此　六年十二月十八日禮部太常寺言檢準國朝會要大中祥符九年正月四日契丹使于崇德殿以孟春薦饗致齋不舉樂自是遇致齋皆如之　治平二年十二月十七日太常禮院言參詳每遇元正御殿雖在正月上辛祈穀致齋日內並當用樂從之　乾道五年十二月二十七日賀正旦使人赴垂拱殿宴值饗太廟祠官致齋之內將音依例作樂今來正月五日金國賀正旦使人赴宴係在上辛祈穀祠官致齋之內有妨作樂詔依治平二年典故　七年二月二十二日詔魏王愷出鎮可依元祐五年文彥博例宴餞于玉津園令御府依喜雪御筵體例排辦　三月四日宰執侍從宴餞魏王于玉津園　十一月六日詔今後筵宴等戴花帶御器械官并環衛將官未曾轉行人特與依橫行例使臣戴　八年五月十五日宰執奏事於選德殿上曰今歲春夏以來雨暘時若歲事可喜邇來禁中新荷初展[illegible]卿等[illegible]首謝日晡宣引至禁中上遣中使諭宰執乘馬過[illegible]辭不許時某池新荷方盛[illegible]上命內侍[illegible]時而退　淳熙元年正月五日金國賀正旦使副[illegible]驛賜宴　二十[illegible]日

二年二月二十八日宣引宰臣使相以下至後苑觀步軍司弓弩手射
就宴群臣于凌虛閣下酒三行右丞相葉衡率使相以次上壽再拜退有
旨宣勸在列已而舞劒者進其技精絶上曰此軍中之樂衡獨班再奉萬
年之觴上嘉飲釂命以琉璃鍾宣勸因徧及群臣各第其量以賜上曰茲
有典故赴二日選德殿奏謝上曰猶恨不得與卿等欵曲　五月十一日
曲宴宰執于澄碧前一日有旨曲宴於觀堂是日泥濘改就澄碧上謂右
丞相葉衡等曰諸處豢登場米價底平可喜遂汎問中外事衡等各以所
聞對上曰自三代至漢唐治日常少亂日常多又曰朕嘗觀無逸篇見周
公爲成王歷數商周之君享國久近真後世龜鑑未嘗不以此爲戒又語
及君臣相遇之難曰如陸贄於唐德宗可謂不遇朕嘗觀奏議喜其忠直
策見於施行又汎論用人不可分别黨與上曰朝廷所用止論其人賢否
如何不可有黨如唐牛李黨相攻四十餘年不解皆主聽不明至此文宗
乃言去河北賊易去朝中朋黨難朕嘗笑之爲人主者但公是公非何緣
爲黨葉衡等同奏曰陛下聖明英武誠非難事上曰此所謂坐而論道豈
不勝如絲竹管絃各起謝有旨令少憩再追班至一小亭中前有大池豬
水平岸其下爲石渠貫亭以通放閘奔流入渠其聲如雷上曰朕于飲食

卷一萬六千七百四十七

衣服宮室務從簡儉然所喜者唯此水爾群臣再起奉觴爲壽上曰朝廷
所行事或是或非自有公議近來士大夫又好唱爲清議之説此語一出
恐如東漢激成黨錮之風深害治體豈不可戒李彥穎奏曰爲有是非故
庶人得而議之若朝廷所行皆是自無可議上曰若有不是處上之人與
公卿却當反求諸已卿等可書諸紳龔茂良奏曰唐末白馬之禍害及搢
紳至有清流濁流之説亦是激之使然唯失中至正之道可以常行上曰
朕常日所行乃執其兩端用其中於民衡等奏曰敢不夙夜祗奉丁寧之
戒遂再拜謝上曰可更飲盃卿等仍可以清議之説宣諭從班而下
四年十一月一日宴少保史浩於内苑乃命宿于玉堂以浩潛藩舊學故
也　五年正月五日金國賀正旦使副是日爲雨沾濕詔改垂拱殿　六年
八年　十年　十四年同淳熙十二年泗州報東嵗五旦生辰彼此權止一年
淳熙十五年十六年以高宗服制罷　十一年三月二十七日宴太保史
浩於内苑既而得旨太保赴宣引内宴時繫鞋公服趁赴賜宴　紹熙元
年正月五日大宴宰執以下及金國賀正旦使副于紫宸殿　其二年以值
雨改垂拱殿三年移宴就驛

宋會要　宴射　習射

國朝凡遊幸池苑詔宗室武臣射再呈帝中的從官行拜稱萬嵗奉觴貢馬稱
賀預射官中者帝爲解之賜襲衣金帶鞍馬不解的不賜苑中射皆有棚畫帶
的射則用祖箭班三十人服緋紫繡衣帕首分立左右以唱中否節序賜宴則
宗室禁軍大校牧伯諸司使副皆令習射蕃國使入朝亦令帥臣伴賜射於苑圃
乾德二年正月十六日乙亥幸玉津園命從臣習射帝中的者五　二月辛巳
五月十九日癸未　三年七月丁酉　四年二月七日癸卯幸北園習射　二十三日
戊午召近臣習射苑中　七月己巳幸開封府尹北園宴射　五月庚午　五年三月
丙午　開寶二年九月壬戌　三年七月戊辰　四年三月乙巳又宴射　六年四月
四日丁亥幸晉王第開封尹節度石守信等賞花習射於苑中　甲午召近臣宴射
苑中　五月庚午宴射苑中　八年三月二十九日辛丑召契丹使於講武殿觀武
士習射　戊寅召近臣宴射苑中　九月八日召近臣後苑習射因御崇政殿觀角
觝賜從官飲宴　雍熙二年九月九日詔親王節度觀察防禦團練使刺史及
内臣後苑習射張樂宴飲　三年二月乙丑幸飛龍院迴召近臣宴後苑上臨池
釣魚令侍臣賦詩幸御水心殿習射飲從官酒　四年三月乙卯登水心殿張樂
習射　四月丁未幸金明池觀水戲因習射上中的五賜從官飲　淳化元年二

卷一萬六千六百五十三

月己未宴近臣於後苑習射張樂飲酒詔群臣賦詩上亦賦一章賜宰相呂蒙
正等　九月辛巳丙申召近臣後苑習射因御崇政殿觀角觝之戲　二年三月庚
子朔宴後苑上臨池釣魚詔群臣賦詩因習射上中的四　乙卯幸瓊林苑　三
年三月丙午宴後苑因習射五發皆中的　庚申宴瓊林苑因習射中的五　淳
化四年三月甲寅宴後苑命群臣賦詩因習射水心殿上五發中的　閏十月辛
卯後苑習射四中的　五年三月戊午上巳一中的六張樂飲酒　至道元年三月
壬戌宴後苑登水心殿習射　真宗咸平二年九月九日召宗室宴射于苑中近
臣宴飛龍院第諸將飲射本苻十三日宴射于後苑帝中的者十一　十二月
十四日幸殿前指揮使班院閱馬射又自挽弓至百斤已上者射於御前引滿
命中帝甚悦宰臣等曰陛下以神武訓兵士旅精銳近古所未有也　先是射於
後苑帝七中的安定郡王元儼鎮安軍節度使李繼隆附馬都尉石保吉勝州
團練使慶恭皆射中賜襲衣金帶鞍馬侍臣盡歡　三年十二月丁巳十四日
幸殿前班院閱馬射又宴射後苑上七中的　四年三月十八日曲宴後苑
射于池上帝語及大射擇士御飲酒之禮因命直館各賦射宮詩詔群臣極歡
然後沈醉　八月壬子幸御龍營閱射勁弓賜緡錢有差遂幸芳殿宴射　八
月十一日幸含芳園宴射　閏十二月己巳宴射後苑　二十三日宴射于宜春

苑帝中的者六已丑幸上清宮宴射宜春苑上中的者六　六年二月戊寅十八日幸潛龍園宴射上中的者七　三月丁未又射至祥符九年正月丙午朔宴射凡八　景德元年十二月戊子宴從臣于行宮後苑之西亭閱習射上連中的群臣奉觴稱賀李繼隆等相繼而中上命矢連發疊中之威賜襲衣金帶鞍馬聚酒屬之戊戌北征凱旋庚子賜近臣宴于苑準前諸郡宴射于本司賜上尊珍膳　大中祥符元年五月一日幸玉津園水心殿宴射帝中的者十又觀衞士騎射於苑南門　八月十四日幸含芳苑宴射帝中的者八疊中者再九月乙亥二年九月乙丑又宴射于潛龍園四年十二月辛亥幸殿前班觀習射移幸潛龍宴射　四年十二月十二日幸殿前班召從臣觀騎士習射移幸潛龍苑宴射帝中的者十一　五年四月五日幸瓊林苑宴射帝作五言詩近臣和九月二十五日射于相王宮之西南亭　六年二月十八日幸潛龍園宴射帝中的者七　七年八月八日幸瑞聖苑宴射於水心殿帝作五言詩賜近臣　八年三月十日幸瓊林苑宴射帝作七言詩近臣和　七月二十九日幸瑞聖苑宴射水心殿帝中的者七疊雙者一　十一月五日召宗室宴射于後苑帝中的首十二疊雙者三　九年三月五日召宗室宴射于後苑先是一日召觀書于玉宸殿從容移晷不暇宴飲故復設是會　四月九日幸瓊林

一萬七千六百五十二

苑宴射帝作七言詩賜從臣　五月二日幸玉津園宴射帝作七言詩從臣和十年閏二月二十九日宴射玉清樓命穎州防禦使允寧汝州防禦使璞安官管軍防禦使射弓詔如中的御前解中依節度使例賜襲衣金帶　祥符太清樓宴射　元年三月庚午二年正月癸亥三月戊辰三年閏二月辛未四年八月庚戌六年三月丙申七年三月癸巳十月丙寅九年三月丁巳天禧三年三月十三日庚午皆宴射于太清樓下又景德四年三月甲寅宴後苑射於太清樓下　祥符水心殿宴射　射堂　宴射賜詩　元年五月庚申朔幸玉津園水心殿宴射帝中的者十又觀衞士騎射于苑南門二年五月庚申幸玉津園宴射水心亭三年閏二月十七日丁卯幸開封府射堂命宗室伯射帝中的者七三月壬辰幸金明池瓊林苑宴射上作七言詩賜近臣屬和八月十四日庚申幸含芳園宴射帝中的者再四年十二月十二日辛亥幸殿前班召從臣觀騎士習射移幸潛龍園宴射五年四月五日壬寅幸瓊林苑宴射帝作五言詩賜近臣和六年四月甲戌幸瓊林苑宴射上作歌丙戌射于水心殿上十中的七年八月八日辛酉幸瑞聖苑宴射於水心殿帝作五言詩賜近臣八年三月十日丙申幸瓊林宴射上十的六者帝作七言詩近臣和九年四月九日壬午幸瓊林苑宴射帝作七言詩賜從臣五月二日乙巳宴射玉津園帝作七言詩從

臣和　祥符幸射堂宴射　三年閏二月丁卯幸開封府堂宴射又至西堂閱太宗御書圖畫上作詩從臣皆賦甲戌增葺射堂爲繼照堂設帝張樂許士民游觀三日　至道初上居府廨太宗命府東建堂習射周懿奏陛下當所聽事臣不敢居　天聖八年五月十一日幸玉津園宴射帝中的者七從官奉酒貢馬稱賀殿前指揮使楊崇勳馬軍指揮使夏守贇射中帝爲解箭賜襲衣金束帶鞍勒馬　景祐二年十月八日宴射太清樓帝中的者四　天聖瓊林苑賜射　玉津園宴射　寶元瑞聖苑射　八年四月三日乙酉幸瓊林苑賜從官射于苑亭遂燕從臣是日雩有五色雲　至和二年四月四日壬辰幸瓊林苑宴射上中的者十四已而閱騎士射柳枝　嘉祐七年三月丁丑燕瓊林苑觀衞士射柳枝天聖八年五月十一日幸玉津宴射上中的者七從臣奉酒貢馬稱賀九年五月丁巳射慶曆五年八月又射四年五月壬申幸玉津觀稻遂燕從臣射于園中上中的者十九　五年八月丁巳幸瑞聖園觀刈穀燕從臣射于園中觀騎士射柳枝　慶曆四年九月丁亥召宗室燕太清射于苑中至和二年四月四日幸瓊林苑宴射帝中的者十四　神宗熙寧三年四月三日幸瓊林苑宴射帝中的者四　三年四月三日幸瓊林苑宴射上中的群臣皆賀延命群臣射又特命樞密副都承旨張誠一射酒罷御苑門觀軍士射柳

卷一萬六千七百五十三

枝帝自即位至是始再幸池苑後不復至矣　元豐二年四月辛丑三日再幸宴射上中的群臣皆賀延命群臣射御苑門觀軍士射柳枝上再幸池苑孝宗乾道二年二月四日車駕幸玉津園皇帝射訖次命皇太子次慶王恭王次管軍臣僚等射如是者三每射四發上箭皆中的　先是臣僚閱討論宴射舊儀宰執奏曰以乃政和間五禮新儀所載儀式煩新前亦不以祖宗朝儀式又無所該載上曰祖宗朝想無案今當事節裁俟別行擬定是日閤門擬定節次其日祥曦殿常起居訖臣僚公服從駕乘馬出玉津園入幄進早膳畢皇太子以下并從駕臣僚分東西相向立皇太子親王使相正任管軍並穿秉宰執侍從公服繫鞋班齊皇帝坐鳴鞭臣僚以次起班奏聖躬萬福各歸侍立位皇帝臨軒有司進弓箭皇帝射教坊樂作初射中招箭班奏訖應左右侍立并祗應臣僚階上下就位並再拜入內官也拜皇帝射畢復坐以次宣臣僚射當射官執弓箭階下再拜訖升階射如射中招箭班報中或得旨錫賜再拜降階再拜謝訖射訖降立位射官畢宣坐賜茶皇帝起鳴鞭群臣並退從之　七年二月十三日宰執奏對畢上宣諭曰祖宗時數召近臣爲賞花釣魚宴朕亦欲暇日命卿等射小飲宰執等退所上曰君臣不相親則情不通早朝奏事止頃刻間豈暇詳論治道故欲與卿等從容耳　九年十二月二十二日宰執進

呈臣僚乞令太學生習射藝事上曰向來玉津園宴射惟武臣射恐祖宗典故
文臣亦當與可併討論以聞　次年九月再幸玉津園始命文臣葉衡等皆射
淳熙元年三月十三日庚子禮官言按會要遊幸池苑賜宴詔宗室武臣射
無文臣射典故於是詔從駕文武臣射用唐貞觀中賜文武五品以上射於武
德殿故事九月壬寅十八日再幸玉津園燕射賜皇太子已下宴酒三行樂作
上臨軒有司庭弓矢上中的皇太子進酒率群臣稱賀皇太子射射中次
宣撫射臣僚文臣葉衡等皆射上再射復中的保信節度鄭藻起居舍人王抃
同環衛官滿登埋頭射中賜襲衣命儒臣賦七言詩參知曾懷已下屬和還宮
都人聳觀賜勅林鈞二十七日詔臨安府擇寬閑地建射圃備百僚習射四年
三月十日又射　紹興十八年五月丙子金使賀天申節始宴射于玉津園遂
爲故事　淳熙二年二月庚辰宣引輔臣使相至後苑觀步軍司弓弩手射上
曰近來諸軍射藝頗精每射能三親視所中箭多寡并射入鐵簾淺深賚賜有
差賞群臣于凌虛閣下殿帥葉衡等席于左步帥士輅等席于右酒三行衛
士群臣以次上壽再拜退詔宣勸在列已而解舞者呈其技精絶上曰此軍中
之樂衛已獨班再奉萬年之觴上喜飲釂命以琉璃酒盞賜爲相及群臣仍各
第其量以賜上曰茲有典故衛奏是乃祖宗賞花釣魚故事錄二日遂經殿奏
請上曰猶恨不得與卿釣曲

卷一萬六千七百五十三

宋會要　喜雪宴

雍熙二年十二月一日大雨雪帝喜御玉華殿召宰臣及近臣謂曰春夏以來
未嘗飲酒今得此嘉雪思與卿等同醉酒數行又出御製雪詩一首令侍臣屬
和　端拱二年十二月九日大雨雪詔近臣於中書具飲令各賦詩帝製瑞雪
歌賜之自後雨雪應時或祈禱獲應皆召近臣賜宴於中書　淳化三年十二
月八日大雨雪帝喜賜近臣飲宴于中書詔令盡醉帝作詩親八分書以賜之
又詔秘書監李至會館閣官于秘閣飲宴凡應制賦詩者三十五人　咸平四
年十一月二十日御龍圖閣曲宴詔近臣觀太宗草行飛白篆籀八分書古今
名畫移御崇和殿閱張去華所著元元論及國田圖是日雪詩一章侍臣即
席皆賦　景德元年十二月十六日雪資政殿大學士王欽若宴館閣群官帝
作七言雪詩賜令屬和　皇祐四年十二月二十日賜喜雪宴于中書初帝以
愍元元窮躬減膳每見輔臣等則憂刑形于色宰臣龐籍等因言臣等不能燮理
陰陽而上煩陛下責躬引咎願守散秩以避賢路帝曰是朕誠不能感天惠不
能及民非卿等之過也是夕乃得雪翌日賜宴　嘉祐三年十二月十六日賜
喜雪宴于中書先是帝御延和殿召從臣觀河南府所進芝草帝曰今日喜雪

大臻宿麥有勝芝草之瑞也乃賜宴于中書　宣和七年十月十五日以瑞雪
降賜太宰白時中已下輔臣宴　紹興十三年十二月雪賜近臣御筵于尚書
省自是每歲遇雪即賜之至十七年止二十五年始賜于宰臣秦檜等　乾道
六年十二月一日以瑞雪應時宰執率文武百僚詣文德殿拜表稱賀
賜宰執以下器幣御筵于尚書省喜雪御筵自此不講至是始復自是每歲初遇
雪即賜

宋會要　喜雨宴

淳化五年四月二十三日以時雨沾足群臣稱賀帝謂曰方今言發念與
日同慶當早令霈灑霈上天之貺也帝以瀟霖濡潤稼穡果賜近臣詔曰
喜此甘澤與卿等同慶宜盡醉也　詳見下

宋會要　觀稼宴

天禧二年十月十一日詔近臣於玉宸殿觀刈稻賦詩命賜宴宴安福殿
四年七月十一日詔近臣及館閣觀苑內新稼宴于玉宸殿　十月二十
九日詔皇太子宗室近臣諸路赴玉宸殿觀稼御製詩以賜分賜之
八年十一月幸後苑觀稼宴從臣置內苑門作新殿移宴亦苑觀稼數
坊宴酒果行罷　慶曆五年九月九日幸後苑觀稻賞宴從臣宴于太

卷一萬六千七百五十

清樓遂觀苑中嘉穀　皇祐二年六月十九日幸後苑觀刈稻行宴太清樓　十月
八日幸後苑觀刈稻宴太清樓射于樓下　四年九月十八日幸後苑觀稻賞
稼宴近臣太清樓下

宋會要　元旦宴

太宗淳化五年正月四日以寒節賜近臣宴于中書　真宗咸平五年正月
三日賜近臣歲節宴于中書都城中第宴始賜宴以爲故事　景德四年正月
三日以歲旦宴近臣于中書都亭驛射于中書　大中祥符正月
月三日以歲首宴宗室于含芳園　太平興國二年正月十日賜宴
于崇政殿不作樂以契丹母喪輟朝故也視閱

驪作驛

重陽宴應在下元宴前

宋會要 清明宴

咸平三年二月二十五日清明節宴近臣於張齊賢第帥臣于本司内職於軍器庫自後清明皆賜會　景德四年三月十日清明節宴宗室于瓊林苑近臣于玉津園舊止會私第至是始就園苑其後亦或復就私第及本宮設會　大中祥符五年三月八日清明節特宴於玉清昭應宮使丁謂以下于本宮自修宮以後多特別賜會　六年二月十八日清明節宴近臣于陳堯叟第宗室于潛龍園又二日宴帥臣于本司内職于軍器庫凡賜近臣會者舊止待制以上三司副使止與判官同會是歲始復令預焉

宋會要 社日宴

太宗淳化五年八月九日社詔近臣飲宴於中書遣内侍以御製詩賜之　真宗咸平二年八月八日社宴近臣於中書自後社日皆賜之　四年八月三十日社宴輔臣於中書兩制館閣官於崇文院　五年二月二日社賜近臣飲于中書又賜殿前都指揮使以下酒食於崇政殿門外親王酒果諸司使副酒諸班直茶酒是自歲以為例　六年八月十九日社宴宗室射於瓊林苑　景德三年二月二十一日駐驛西京以社宴宗室於采芳園近臣於會節園又令帥臣内職飲射　大中祥符二年八月二十七日社宴近臣於樞密院以宰臣王

卷一萬六千七百五十四

旦私忌故也　三年二月二十八日社遣中使張景宗賜近臣待制以上宴于王旦第左右丞侍郎給事中左右諫議大夫皆預又賜殿前以下射于本司諸司使以下射于軍器庫舊制社日賜宴于中書不張樂使副以下非與事於内庭者不預會令時思也自此遂為例　八月二日社賜近臣宴於王旦第帥臣于本司三日宴宗室于宜春園以二日鄆王忌故命改日自是社日宗室賜會外苑　仁宗天聖二年二月十三日社宗室于太清樓八月社日賜會如儀大聖後賜會皆用此朝故事咸宰臣請罷止命中使分賜酒果　六年二月二十五日中書門下言宰臣張知白表請輟社日賜會從之八月二十六日詔河南江南水災罷社日賜會宴

宋會要 下元節

雍熙三年十月下元節賜轄〔輔〕臣宴于樞密使王顯第夜分遣中使就賜御製詩言一篇　四年十月下元節詔宰臣李昉召輔臣於私第宴飲仍賜羊酒

宋會要　重陽宴

排纂

三年九月重陽節詔宰臣李昉興樞密使王顯等為登高之會昉曰陛下春夏已來勤於時政迩館布復御宰臣等奉職無狀不敢從游宴之樂帝曰嘉節宴集未至妨政事也因命賜羊酒于昉第　至道元年九月重陽

此條複刪

賜近臣宴飲於中書以御製詩賜之　咸平二年九月重陽節宴近臣於張齊賢第諸將飲射于本營内職射於軍器庫自是重陽賜會如例　四年九月重陽節賜近臣會于呂蒙正第帝作重陽五七言詩咸令繼和　六年九月重陽節宴近臣于瓊林苑帥臣射於步軍司内職射于軍器庫重陽賜宴就園苑自此　景德四年九月十五日以重陽宴宗室于宗政殿近臣于玉津園帥臣射于馬軍司内職于軍器庫又宴兗州使于瓊林苑　大中祥符元年九月九日帝謂王旦曰重陽佳節卿等可于園苑避宴節清氣爽各宜盡醉刑法官三司判官直閣以下雖比來無例然公事鞅掌少有暇日己令各賜遊宴自令賜近臣宴於玉津園親王於潛龍園駙馬都尉於含芳園殿前都指揮使及諸司使以下於瓊林苑三館秘閣及三司判官審刑院刑部大理寺官於宜春園仍分東南設會　八年九月十二日賜近臣重陽宴于瓊林苑先是王旦以攝事致齋故改用是日　九年九月重陽以霖雨罷近臣宴會　天禧三年重陽宴近臣帥臣于瓊林苑宗室于瑞聖園牧伯駙馬内職于玉津園館閣三司法官京府官于宜春苑　仁宗天聖三年九月重陽節詔宗室賜會于定王元儼宮自後多就宮設會　五年九月十日賜重陽宴于諸園苑　九日以皇再從

卷一萬六千七百五十三

兄承矩外揖故改就是日　慶曆五年以重陽曲宴近臣宗室于太清樓遂射苑中　皇祐二年九月六日以郊禮在近罷重陽賜會

宋會要 下元宴

雍熙三年十月下元節賜輔臣宴于樞密使王顯第夜分遣中使就賜御製雜言一篇　四年十月下元節詔宰臣李昉召輔臣於私第宴飲仍賜羊酒

會要

淳化二年十一月九日冬至十二日賜近臣飲宴於中書　咸平元年十一月二十六日冬至二十八日宴近臣于張齊賢第帝每冬至賜會私第遂為常例熙寧中新作東西府自後歲節冬至遂就賜宴於二府　景德四年十一月六日以冬至宴宰王以下于玉津園近臣于王旦第殿前副指揮使以下射于殿前司内職射于軍器庫　大中祥符二年十一月二十九日賜近臣宴于王旦第先是以冬至當賜會將令就旦生日以寵之　五年十一月五日以冬至宴近臣于向敏中第皇姪右屯衛將軍允升早請不張樂帝曰樂以侑食不可廢也命徒中句　誤會天禧元年十一月十一日賜近臣冬至節宴于都亭驛驛舍賜宴自此始　慶曆五年十一

梲作稭

月六日冬至宴宗室于崇政殿

宋會要曲宴

國朝凡幸苑囿池籞觀稼畋獵所至曲宴惟從官預　正月宴大遼使副於紫宸殿則近臣及刺史正郎都虞候以上預暮春後苑賞花則三館秘閣之職皆預　真宗景德二年十一月二十二日樞密院言崇德殿宴坐次只貼合升殿坐臣僚廊下貼契丹從人座其百官副指揮使並不坐　詔契丹副使移與大使一行次依坐　二十六日詔契丹人使入見賜小宴依曲宴節度使例臣僚赴座契丹使副使殿上賜座并殿下立班並依元定去處其副使與大使更不重行只于大使一行近後立并座　十二月三日詔契丹人使朝辭長春殿賜酒坐次依朝見日例上節于殿閣內兩廊下坐餘人殿門外兩廊下坐　二十八日詔契丹人使入見賜小宴臣僚宰執與坐　三年十一月十三日詔契丹賀正人使到闕正月上旬內選日於崇德殿賜宴坐位依去年人使到京崇德殿坐宴臣僚並赴　二十七日詔契丹從人上節都一班入見中節下節亦一班入見長春殿小宴使副更不別班謝殿宰臣一班入從臣別班入　仁宗慶曆六年正月二十二日集賢校理毬韻言紫宸殿宴竊見西遇使者列坐于殿之東序並

卷一萬六千七百五十三

國家撫接外夷能順皇化加之禮遇以示上仁者也至於宣傳勸飲慰恩隆渥誠得事之宜矣顧藏遐俗觀覩縟儀然階陛之側祇事之人布立擁映不能觀瞻于殿庭欲乞今後有西人朝貢在列卿座次之前無得令人映立俾瞻朝廷之盛容深慰懷戎之遠意詔依奏　至和元年八月二十七日知制誥韓絳言頃年以來國家禮文故事率多增損廢缺如宴會遊豫所以示君恩悅群情非徒佚樂而為也至於待遇將相並有寵數若遇拜迎授見辭勞餞之內或當行而輟罷或假予之非宜淩乘儀制傷章遂使恩禮所及頗失華寵之稱望詔有司凡關禮儀制務令舉行故事廢振朝廷懋盛之節詔今後如有將相遷拜迎授見辭勞餞之類宜令閤門遂旋取旨　神宗熙寧二年十月二十五日修定閤門儀制所言垂拱殿曲宴當直翰林學士與觀文資政殿龍圖寶文閣樞密直龍圖天章寶文閣直學士並赴座而翰林學士兼他職者不預蓋國初惟有文明翰林樞密直學士只以常直者赴宴務從簡便後來增置學士之名甚廣悉得赴座而翰林職名最崇即須當直者方乃得預考之官制似未爲一欲乞自今曲宴應翰林學士與雜學士並許令赴從之　紹興十三年十二月二十六日閤門言依儀使人紫宸殿朝見設伏合用文武百官赴起居從之

崇禮例

二十七日詔金國人使朝見訖垂拱殿茶酒節晉令於東西廊上第一間歇空猶前坐今後依此　三十日詔金國使人紫宸殿宴其諸軍統制統領正任以上合赴坐官營寨多在城外令免坐今後准此　十四年五月七日閤門言金國賀生辰使人朝見七拜朝見謝面天顏并謝湯茶藥等各兩拜受賜三拜垂拱殿賜茶酒謝坐兩拜無問免拜仍免進酒候賜茶酒畢降兩拜從之　八日詔金國使人見辭宴令閤門提點同提點承受燕祗應使臣于殿上往來祗應今後延宴依此　十五年五月十四日詔今後遇宴飲賜臣寮求孟于許臣寮從便含飲　十二月十一日詔閤門令後遇金國使人見辭入賀起宴如使副有脫落腰帶等並許引接通事措劃應援　二十年五月十九日詔金國人使朝見垂拱殿賜茶酒如墜落匙筯等失儀令通事拾起免問彈今後依此　二十五日詔閤門每遇金國使人赴紫宸殿上壽見辭宰執等如值兩雪泥滑並令入出垂拱殿門及班門今後准此　二十九年十二月十六日詔金國賀正旦使人見辭賜茶推令尚書正侍郎觀察使以上赴座故事人使見辭並賜宴時以顯仁皇后喪制罷宴故也　以上中興會要　孝宗乾道二年十月十三日詔金國使人見辭宴後殿起居班次等今于紫宸殿後幄起居今後准此

卷一萬六千七百五十三

宋會要　重陽宴

三年九月重陽節詔羣臣李昉與樞密使王顯等為登高之會昉曰陛下春夏以來勤于時政池館希復御幸臣等奉職無效不敢徒遊宴之樂帝曰嘉節宴集亦王者政事也因命賜羣酒于昉第　至道元年九月重陽賜近臣宴飲于中書以御製詩賜之　咸平二年九月重陽節宴近臣于張齊賢第詔將飲射于本營內賜射于軍器庫自是重陽賜會如例　四年九月重陽節賜近臣會于呂蒙正第帝作重陽五七言詩賦令繼和　六年九月重陽節宴近于瓊林苑帥臣射于步軍司內殿射于軍器庫重陽賜宴就園苑自此　景德四年九月十五日以重陽宴宗室于崇政殿近臣于玉津園帥臣射于步軍司內殿于軍器庫又宴交州使于瓊林苑　大中祥符元年九月九日帝謂王旦曰重陽住節卿等可于園苑遊宴氣清爽各宜盡醉刑法官三司判官並閣以下雖比來無例然公事頗少有暇日亡分各賜筵宴自今賜近臣宴于玉津園親王于潛龍園駙馬都尉于含芳園殿前都指揮使及諸司使以下于瓊林苑三館秘閣及三司判官省判院判部大理寺官于宜春園仍分東南園設會　八年九月十二日賜近臣重陽宴于瓊林苑先是王旦以祠事致齋故改用是日

九年九月重陽以陰雨罷近臣宴會　天禧三年重陽宴近臣帥臣于瓊林苑，宗室于瑞聖園，教坊駙馬內職于玉津園，館閣三司法官京府官于宜春苑。　仁宗天聖三年九月重陽節，詔宗室賜會于定王元儼宮，自後多就宮設會。　五年九月十日賜重陽宴于諸園苑。九日以皇后從兄承矩外攢，故改就是日。　慶曆五年以重陽開宴近臣宗室于太清樓，遂射苑中。　皇祐二年九月六日，以郊礼在近，罷重陽賜會。

宋會要　春宴

太平興國三年三月大宴大明殿，春宴自茲始也。乾明節在十月，故太宗朝止設春宴。咸平三年九月大宴含光殿，真宗朝聖節外始備設春秋二宴，自此為定制也。

宋會要　免辭賜宴

國朝凡宰相樞密參知政事使相節度外國使見辭日皆賜飲，其日宣徽三司使學士節度使兩使留後觀察使已上並預。如有節度使進上酒器者，俟第一盞遍，舍人引下殿進奉如儀。或上表辭免即罷。

宋會要　見辭免宴

高宗紹興四年九月二十八日，詔今後將相見辭並免開宴，俟車駕還京日依儀制。是時以知樞密院趙鼎都督川陝荊襄諸軍事，朝辭，閤門循故事申審，故有是詔。

卷一萬六千七百五十五

宴享三 雜宴

宋會要 坤成節宴

神宗元豐八年四月十二日，詔恭以太皇太后七月十六日生辰為坤成節。哲宗元祐元年七月坤成節，群臣及遼使詣內東門拜表稱賀，罷上壽，賜宴不作樂。 二年七月坤成節，群臣及遼使詣崇政殿上壽如儀，以大雨罷宴。 三年七月坤成節，群臣遼使詣內東門外拜表稱賀，罷上壽并宴，以魏王頵在殯故也。 四年七月坤成節，群臣及遼使詣崇政殿上壽如儀。十八日宴于集英殿。五年、六年、七年坤成節，群臣及遼使上壽崇政殿，以雨罷宴。

宋會要 大祀慶成宴

真宗大中祥符元年十月二十六日，封禪禮畢，宴文武百官御監以上于穆清殿。 是日東封赦書，應西京、鄆州、濟軍監並賜酺三日，官給其費。 十一月二日，御兗州之子城門樓觀酺，凡三日。賜樓名曰迎春，樓前起露臺，列山車綵棚、車船以載樂，從臣侍坐。兗州父老諸道進奉從者衆等宴于樓下，賜父老綿袍茶帛有差。 三日並賜軍士親王百官宴于延聖寺。 七日東封還，駐鄆州，宴百官于行宮。 八日又宴從臣于行中延福殿。 十二日次濮州，宴從臣父老于普成均慶樓。 十四日次澶州，宴從臣父

卷一萬六千七百五十一

老于駐蹕延福殿。 十五日駐澶州，賜酺宴于行宮之南樓殿。 十六日宴知澶州永清軍節度使周瑩于行宮，又宴從臣父老于某城縣行宮南紀亭。 十七日宴從臣父老于長垣縣行宮東北亭。 二十六日詔并代州賜酺三日，時使臣言前設酺宴不豐，軍校皆不預會故也。 十二月二十五日，詔以豐稔禮成，賜東京酺五日，以來年二月五日為始。 二年春京師經雨，右僕射張齊賢言已言宴樂陽事也，尚經上元將事酺飲，請俟雨足，乃詔權罷酺宴，及降雨遂賜前詔，將以三月十六日為始。 正月七日對宗室輔臣于後苑使殿，賜襲衣金帶器幣，遂宴于崇政殿，射于太清樓下，以封禪慶成故也。 咸平二年十一月八日，以南郊禮畢，宴近臣于李沆第，因幸凡大禮畢，但就私第賜會。 四年十一月十四日大宴，先是有司言郊祀禮畢，當宴群臣，遇國十六日二十日，帝曰：故許國長公主以十五日發引，在泣情所不忍。輔臣曰：王者禮絕期喪，歷代無所避，月內更無良日，獨賜宴稍遲，恐滯四方使客。帝曰：禮所以節人情，和上下，行之即為則，遂改用是日。

宋會要 進士宴

大中祥符二年七月十一日，遣入內都知鄧永遷賜新及第進士梁固等

宴于瓊林苑，帝作五言六韻詩賜之，時學士楊億請朝假，詔令赴。

宋會要 修書宴

景德三年十月二十八日，賜監修國史宰臣王旦等宴于修史院，以始事也。 天聖六年十二月二十三日，賜輔臣兩制學士待制館閣官宴于崇文院，宰臣輝等以下制石記于院之西壁。先是崇文院的本書歲久多舛，又散失不完，乃詔館閣各置編定編校官一員，據崇文院經目收聚遺逸，刊正謬誤，而補寫之，又以黃紙別本以紀蠹散，至是寫校畢，凡黃本六千四百九十六卷，白本二千九百五十四卷，上之，而賜宴。 熙寧二年八月四日，以兩制寶錄成，宴近臣于垂拱殿。修撰修付官預 元豐五年七月二十八日，兩朝國史成，宴垂拱殿。

宋會要 講書宴

真宗咸平五年正月二十日，宴宗室侍讀侍講學士王府官于崇政殿，先是帝既以之賜命邢昺講左氏傳，至是畢，故有兹會，賜昺及侍講夏侯嶠等器帛，昺加襲衣金帶。 大中祥符二年五月十三日，宴廣平公德彝等及侍從，時大雅于本宮以講書終篇。 仁宗天聖五年十月十四日，以講禮記畢，詔輔臣兩制賜宴崇政殿。翌日，兩制館閣並進詩。 寶元二年十

卷一萬六千七百五十

月二十三日，以講左氏春秋終，王說畢，曲宴近臣于崇政殿，講讀官仍賜以器幣。 十一月六日，以皇子生，宴輔臣宗室于太清樓，讀三朝寶訓，賜御詩文、飛寶元天人祥異書示輔臣，其書蓋帝集天象星緯雲氣雜占雜為十卷。 慶歷二年四月二十五日，以既講書徹宴近臣宗室于崇政殿。 五年十一月十七日，以講毛詩徹宴近臣宗室及講讀官于崇政殿，賜花作樂，從官皆獻詩頌。 哲宗元祐二年九月十五日，賜宰臣執政經筵官宴于東宮，上親書唐人詩分賜之，以講論語終故也。翌日呂公著以謝賜宴及御書，太皇太后曰：皇帝天資聰敏，宮中惟好學，昨日所賜欽卿等知此。 紹興十六年三月二十三日，賜侍讀侍講修注以下御筵于皇城司。一十七年十月十三日賜于本司，用化成殿專樂，仍還中使賜香茶，以經筵終篇也。二十三年十月二十一日，經筵講尚書終篇，翌日賜宰執侍讀侍講修注官宴于秘書省。

宋會要 觀書宴

太宗淳化元年八月一日，賜宴于秘閣。右僕射李昉、吏部尚書宋琪、左散騎常侍徐鉉及翰林學士諸曹侍郎給事諫議舍人皆詣閣觀書，令宋觀盡醉而罷。 二日召權御史中丞王化基及三館學士賜宴于秘閣。二

年十二月二十五日，翰林學士承旨蘇易簡于本院會學士韓丕、畢士安、秘書監李至、史館修撰楊徽之、梁周翰、知制誥柴成務、呂祐之、錢若水、王旦、直秘閣潘慎修、翰林侍書王著、侍讀呂文仲，帝觀御飛白書，命閣之賜上尊酒，太官設盛饌，至等各賦詩以紀其事。宰相李昉、張齊賢、參知政事賈黄中、李沆亦賦詩以貽易簡。先是帝御飛白書「玉堂之署」四字并三体書詩賜之，易簡會近列同觀，因賜會焉。　三年八月七日，詔輔臣從官閱新秘閣，賜上尊酒，太官供膳，遣中使齎御飛白書「秘閣」二字以賜。李至、宋白、李昉等相率詣便殿稱謝，遂就飲宴，三館學士皆預。　咸平五年十月十七日，詔近臣觀書宴于龍圖閣，閣之四壁設五經圖，閣上藏太宗書帖三千七百五十卷，又幸崇和殿，殿之後閣悉藏本朝名臣文集，次御資政殿，殿辟有楊楠如政要論，帝作七言詩，侍臣皆賦。　景德二年四月二十一日，幸龍圖閣，近臣畢從，又詔直昭文館种放預焉。閣太常御書，又觀讀閣書畫，宴于崇政殿，帝作五言詩，從臣皆賦，命李宗諤、楊億作序。　大中祥符二年九月二十六日，詔宗室觀書，賜宴龍圖閣。　三年正月二十八日，詔近臣觀龍圖閣太宗御書及四部書籍，又至閣西觀畫，帝顧謂馬知節曰：「閣御所畫，可盡評之。」知節以古今工拙對，即賜酒于閣下，帝作觀書

閣宴五言詩，令即席皆賦。　八月八日，詔近臣觀書于龍圖閣，觀瑞物于崇和殿，遂宴于資政殿，帝作七言詩，從臣即席皆賦。初觀瑞物，史官晁迥、楊億曰：「此至聖朝受命之符，不可不載于史冊。望內降名件，付修國史院。」許之。　四年十月二十八日，詔輔臣至苑中山亭，觀太宗聖制四部群書，又至玉宸殿佛閣焚香，歷東西洞，觀古今書讀聖製書籍記石，帝作五言詩，王旦等即席皆賦。　五年十二月十四日，詔近臣至龍圖閣閱書，閑宴，觀新修宣德述古二殿，又幸資政殿，帝作七言詩，命即席皆賦。　六年七月二十九日，詔輔臣觀稼于後苑，御山子觀御製文閣御書及嘉禾圖，賜飲。是日，皇子從遊。　七年三月十日，詔輔臣于玉宸殿觀太宗聖文神翰，賜宴，又臨曲水浮鷁，小黃門奏樂，帝作觀書流杯詩二首，侍臣皆賦。　四月十四日，詔宰臣、文武百官詣國子監觀太宗御集、御書及新刻聖製論辯，賜近臣宴于本監。　八年四月一日，詔輔臣觀書于玉宸殿，吏部尚書王欽若、戶部尚書陳堯叟、刑部尚書兼御史中丞馮拯、兵部侍郎趙安仁預焉，始觀太宗御書，移御製別殿，觀御製皇帝王霸及良臣、正臣、忠臣、姦臣、權臣等論，復幸水軒垂釣，命侍臣賦詩，各賜襲衣金帶器幣。　九年二月二十七日，詔近臣于後苑翔鸞閣觀太宗御書，稍幸流杯殿泛觴登家

瀛山翠菅亭，遂宴于玉宸殿。殿在苑中，密近宮禁，帝優寵輔臣，每大讌虞戚從容，一如至高，今兩制皆預，特恩也。　三月四日，詔宗室觀書宴于玉宸殿。　十一月二十三日，詔輔臣、學士、待制以上、管軍節度使、駙馬都尉、刺史以上觀書龍圖閣，特詔秘書監楊億、知雜御史呂夷簡、直龍圖閣馮元預宴，帝作觀書七言六韻詩二首，分賜輔臣王旦、宗室允從以下，又作七言四韻詩三首，分賜學士晁迥、殿前曹瑋已下，命儒臣即席皆賦。　天禧元年九月二十九日，以壽春郡王讀論語第九卷畢，宴王友于資善堂。二年十一月十三日，詔近臣至後苑太清樓觀太宗御書及聖製群書，賜宴樓下。　三年九月二十三日，詔宗室、輔臣、學士、三司使副、尚書丞郎、給諫舍人、待制臣龍圖閣，對于清景殿，出賜皇太子御製及國史實錄、太宗御集、四部書，亦侍從臣遂宴于殿內。　四年十一月十一日，御龍圖閣，詔近臣觀書宴于資政殿。　五年四月十六日，詔近臣館閣官詣天章閣觀御書，遂宴于群玉殿。　四月，召近臣、館閣、三司、京府詣天章閣觀御書、御集，遂宴于群玉殿。　天聖八年八月六日，詔輔臣、兩制、待制以上、宗室并駙馬都尉天章閣觀御書，元真殿觀瑞穀，賜宴于蕊珠殿，宰臣以下賦詩，教坊作樂，觀後酒九行罷。　嘉祐七年十二月二十二日，幸龍圖閣、天章

閣，召輔臣、近侍、三司副使以上及臺諫官、皇子、宗室、駙馬都尉、管軍臣僚觀三聖御書，又幸寶文閣，帝親為飛白書，以分賜從臣，出御製觀書詩一首，賜近臣繼和，遂宴群玉殿。是日，傳詔翰林學士王珪撰詩序，刊石于寶文閣。

宋會要　賞花釣魚宴

太宗太平興國九年三月十五日，詔宰相近臣賞花于後苑，帝曰：「春氣暄和，萬物暢茂，四方無事，朕以天下之樂為樂，宜令侍從詞臣各賦詩。」帝習射于水心亭。　宋琪等以應制詩進，帝吟咏久之。學士扈蒙詩有「微臣自愧頭如雪，也向鈞天侍玉皇」，帝笑謂曰：「卿舊國事。」陳情，蒙頓首謝。　二十九日，詔近臣宴于後苑，帝作詩一章，賜侍臣令屬和。　雍熙二年四月二日，詔輔臣、三司使、翰林樞密直學士、尚書省四品、兩省五品以上、三館學士宴于後苑，賞花釣魚，張樂賜飲，命群臣賦詩習射。賞花曲宴自此始。　三年二月二十七日，詔輔臣、節度使、三司使、學士、舍人于後苑，臨池垂釣，顧謂之曰：「今日風景佳麗，吟思可令。」詞臣各賦花下釣魚詩一章，以中字為韻。　三月一日，帝謂宰相李昉曰：「春色方盛，朕欲詔群臣後園賞花，而近嘗宴會，又將大宴，不欲數為樂。卿可各同列及翰林樞密直學士、中書舍

猷作獻而

人試第為觀花賦詩之令。仍賜早酒。昉曰：「北邊方用兵，陛下宵旰為念，群臣當夙夜供職，以輔帷幄，若頻宴集，誠所未安。」帝曰：「芳辰嘉致，不可虛度，公餘集會，未至過也。」既宴，飲酒酣，各賦奉詔賞花詩，帝亦作詩賜之。翌日，學士承旨扈蒙等詣垂拱門謝。　四年三月十七日，賞花宴于後苑，帝臨池垂釣，顧宰臣李昉等曰：「宴賞何樂如之，可令侍臣各賦賞花釣魚詩。」賦出五言御詩一章賜侍臣，既御水殿習射。翌日，帝依韻和宰臣以下十三人所進詩以賜，又令宰臣更和所進應制詩以獻。

淳化二年三月一日，賞花宴于後苑，帝臨池釣魚，命群臣賦詩，盡醉而罷。

三年三月十二日，賞花宴于後苑，命群臣賦詩，詔光祿寺丞楊億賦詩于御座之側。億先郡秘閣讀書，至是帝記其名，特詔之。新直館疆國華、潘天初並令預，以所賦賞花詩五十二首付史館。　先是，國華與丘史職元三司判官，循故事不帶館職，至是因奏事自陳以諫官兼有職，而辰遊苑中不得陪館殿臣僚在侍從之列。翌日，並詔守本官直昭文館，赴謝之日，適值賞花，並令預宴。國華等皆以判官兼館職，從新制。

淳化五年三月六日，賞花宴于後苑，帝臨池釣魚，賦詩，命群臣皆賦，應制者五十九人。　至道元年三月十六日，後苑賞花，特名司空致仕李昉坐

卷一萬六千七百六十一

於尚書之上，仍稍前。帝臨池釣魚，賦詩，命群臣賦詩，應制者五十五人。

咸平三年二月二十九日，賞花宴于後苑，帝作中春賞花釣魚七言詩，儒臣皆賦，遂射于水殿，盡歡而罷，自是遂為定制。　四年三月十八日，後苑賞花習射，帝與近臣言及大射、賓興、鄉飲酒之禮，因命直館各賦射宮五言六韻詩，帝歡甚，詔群臣極飲，然且沈醉。　六年三月十七日，賞花宴于後苑，帝作賞花五言詩，群臣皆賦。　景德四年三月七日，曲宴後苑，所臨水閣垂釣，又登太清樓觀太宗御書及新寫四部群書，又至景福殿臨放生池，東至玉宸殿，歷翔鸞、儀鳳二閣，命坐置酒，帝作五言詩，從官皆賦，遂宴于太清樓下。　十六日，大宴崇德殿。中歡，詔近臣曲宴于後苑，賞花釣魚，帝作賞花十葉牡丹詩，從官畢賦，詔大理評事宋綬御預會，綬嘗以在秘閣肄業故也。賦量以事景德四年三月甲寅大宴崇德殿中召近臣曲宴于後苑賞花釣魚，大理評事宋綬年幼預會，以嘗在秘閣肄業故也。上作賞花十葉牡丹詩各一章，從官畢賦，吏部尚書張齊賢、禮部尚書溫仲舒、工部尚書王化基以久在外任，求免應制，不許，有頃，射于太清樓下。

大中祥符元年三月九日，宴近臣于後苑，帝作賞花七言詩。　三年閏二月二十二日，後苑賞花曲宴，特詔衛尉卿、考察在京刑獄慎從吉，太常少

卿、知審刑院劉國忠預會，命集賢校理宋綬、晏殊，秘閣校理郭稹作序。二十七日，詔輔臣至宜聖殿朝拜太宗聖容，殿東西設道釋像，壁繪。帝作千葉觀花詩以賜從官，即席賦詩。又御水心殿垂釣，遂宴于金華殿。小花花木皆太宗命中貴門所植，滋茂異常，輔臣素所未至也。　四年三月八日，車駕駐西京，命從臣射于後苑淑景亭，移宴長春殿，帝作賞花聞宴詩。

五年三月十九日，詔後苑賞花曲宴，館閣編修校勘官並赴。　二十日，賞花後苑，以雨移御崇政殿，南軒曲宴，酒三行，命賦詩，有頃，御北殿賜宴，作樂，帝作賞花及喜雨詩二首，群臣即席和進。　六年三月五日，賞花宴于後苑，帝作賞花釣魚七言詩，從臣皆賦，又詔從官令觀苑中連理槐，命賦連理柏，遂射于太清樓下。　七年三月八日，賞花宴于後苑，登太清樓觀書，射于樓下，特詔知雜御史預會，帝作賞花觀書詩二首，從臣畢賦。

九年三月十三日，賞花宴于後苑，始詔開封府判官預會，自是推官亦預。侍翰林學士錢惟演、盛度職事參職，特詔預。麟臺故事：九年三月乙卯曲宴賞花于後苑，上作五言詩，從臣咸賦，因射于太清樓下。　宋朝類苑：真宗朝，賦賞花釣魚，群臣應制者一日臨池，久而御釣不食，丁晉公謂應制詩曰：「鶯驚鳳輦穿花去，魚畏龍顏上釣遲。」真宗稱賞，群臣以為莫及。　天禧

卷一萬六千七百六十一

三年三月十三日，曲宴後苑，登翔鸞閣，觀太宗御集及聖製文，御儀鳳閣、玉宸安福殿，遂臨池垂釣，射于太清樓下，帝作賞花釣魚五七言詩，命皇太子當以示近臣，群臣皆賦。前一日，詔翰林學士錢惟演已下校勘並須預赴。　仁宗天聖三年三月二十一日，後苑賞花，臨池釣魚，遂宴太清樓。是日，雨霽，花卉盛發，帝慶因從臣賜花，酌酒各令盡醉。麟臺故事：天聖三年二月幸後苑賞花釣魚，遂宴太清樓，輔臣、宗室、兩制、雜學士、待制、三司使副、知雜御史、三司判官、開封府推官、館閣官、節度使至刺史皆預焉。　四年四月三日，賞花宴于後苑，帝觴闌，命中使遣臭並牡丹花，剪賜輔臣，仍令以瓶盛花，遍賜從官。　五年三月十日，後苑賞花釣魚，宴于太清樓。

六年三月十七日，幸後苑賞花釣魚，宴射太清樓，帝親令內侍剪牡丹花賜輔臣。　七年閏二月二十九日，後苑賞花釣魚，宴射太清樓。　八年二月十九日，後苑賞花釣魚，觀唐明皇山水字石于清輝殿，因命從官皆賦歌，遂宴太清樓。山水字石，先是永興軍紫主起清輝殿以安之。是日，從臣應制，令中書第所賦優劣，而秘閣校理韓羲辭獨不成，落職，出通判與州。麟臺故事：天聖八年二月，上幸後苑賞花宴，輔臣、宗室、從官及三館祕閣以上，亦循先是，得唐明皇山水字石于永興，宴于清輝殿，是日命從臣

觀之。懸判賦詩上，親第其能否。集賢校理王琪詩最嘉，稱善再下詔兩度支員外郎、祕閣校理韓羲詩最劣，奪職為司封員外郎，通判吳州。范蜀公東齋記事：賞花釣魚賦詩，往往宿製。天聖中，永興軍進山水石，因命賦山水石歌，出於不意，多荒惡。有中坐優人入戲，各執紙筆若吟咏狀，一人忽仆于石上，曰：數日來作賞花釣魚詩，准備應制，却被這石頭擦倒。明日降出詩，令中書銓定，有鄙惡者與外任。聞見錄：仁宗朝，王安石知制誥，一日賞花釣魚宴，內侍各以金楪盛釣餌藥置几上，安石食之盡。明日，帝謂宰輔曰：王安石詐人也，使誤食釣餌，一粒則止矣，食之盡，不情也。

九年三月十七日，曲宴後苑，賞花釣魚，命從臣賦詩，限以五言八韻，以斯字為韻。移宴太清樓。是日先賜食于幕次。　明道二年三月十三日，曲宴後苑，賞花釣魚。　景祐三年三月六日，曲宴後苑，賞花釣魚，帝賦詩，群臣席上次韻。移宴太清樓。　嘉祐六年三月二十五日，幸後苑賞花釣魚，遂宴太清樓，出御製詩一首，命從臣和。自西鄙用兵，遂罷賞花賜宴踰二十年，至是時大宴，以富弼母喪特罷之，乃賜賞花之會。

卷一萬六千七百五十二

宋會要　宴餞

宴餞之儀：太祖、太宗朝，藩鎮、牧伯沿五代舊制，入覲及被召，使回，客省齎籤賜酒食，節度使十日，留後七日，觀察一日，防禦使、團練使、刺史並賜生料，節度使以私故到闕下，及步軍都虞候以上出使回者，亦賜酒食，執羊。群臣出使回，朝見日，面賜酒食，中書、樞密、宣徽使、使相並樞密使伴，三司使、學士、東宮三師、僕射、御史大夫、節度使並宣徽使伴，兩省五品已上、侍御史中丞、三丞、副使、東宮三少、尚書丞郎、卿監、上將軍、留後、觀察、防禦、團練使、刺史、宣慶宣政昭宣使並客省使伴，少卿監、大將軍、諸司使以下任發運、轉運、提點刑獄、知軍州、通判、都

全唐文

監、巡檢回者，即賜並通事舍人伴，客省引進、四方館、閤門使並本廳就食，群臣賀賜衣、奉慰並特賜茶酒，或賜食，外任遣人進奉，亦賜酒食，或生料。自十月一日後盡正月，每五日起居，百官皆賜茶酒，諸軍分校三日一賜。冬至、二社、重陽、寒食，樞密、近臣、禁軍大校或賜宴其第，及府署中率以為常。大中祥符五年，詔自今兩省五品、尚書四品、諸司三品以上官同列出使，並許醵錢餞飲，仍休假一日。餘有親屬、僚友出行，任以休務日餞送。故故事，樞密、節度使使相還朝，咸賜宴於外苑，見辭日，長春殿賜酒五行，仍設食，當直翰林、龍圖閣學士以上，皇親、觀察使預坐。八年四月，侍衛步軍副都　揮使王能

自鎮定來朝宴於長春殿閤門言舊制節度使掌兵無此禮例既赴坐則殿馬前軍都校當侍立於品秩非便遂令皆預位中興仍舊制凡宰相樞密執政使使相節度外國使見辭及來朝皆賜宴內廷或都亭驛或賜茶酒並如儀

全唐文

禮四五之四一

中興會要

鄉飲酒禮

高宗紹興十三年四月六日禮部言比部郎中林保奏請乞將所具修定鄉飲酒矩範儀制乞遍下郡國本部尋行下明州取索昨討論已行儀制與林保所具規式參酌修具如右望鏤版頒行從之　主州以郡守縣以縣令位于東南　賓擇鄉里寄居年德高及致仕者為之位于西北　僎州以通判縣以丞或簿位于東北　介以次長位于西南　三賓以賓之次者為之位于賓主介僎之後　又設郡僚之位東西相鄉其餘仕與未仕者皆以齒序位於兩廊司正以衆所推服者為之相及贊以士之熟于禮儀者為之先一日設罇罍爵洗各如冀謁之儀又於庠序之廊設主并介僎三賓之次又設席於堂下凡鄉之仕與未仕者以齒序立又設席於庠門之外自堂下各以序行立于庠門外之席質明主人率賓以下先釋菜於先聖先師退各就次以俟肅賓肅賓　賓主以下各就次候鳴鼓相者引賓介以下序立於庠門之外北面東上相者引主人出次僎從至庠門外速賓及介少前主人立于門左西鄉賓介進立于門右東鄉贊者立于中唱曰主人拜賓介以下答拜主人揖賓介以下皆揖主人先入門左僎從賓揖介亦入門右介揖衆賓皆入門右贊者先之相次之　序賓主人與衆賓三揖儀門一揖廡廟揖閤下階一揖　一皆贊者唱之至堂下升階三讓主人先升阼階僎從立楣下賓趨升西階介從　賓亦升自西階並立楣下各南面司正亦升自西階立于西階之上

卷萬二千七十

禮四六之一

東鄉（教授升自東廡立于東階之上西向郡僚分立兩廡）賓東西相鄉立於堂下贊者唱曰賓主以下皆再拜　祭酒拜訖相者引主人詣罍洗所盥手洗爵詣尊所酌酒如釋奠儀（僎從）復至作階祭酒也（嘗酒）　奠爵訖　主獻相者少立引主人再詣罍洗所洗觶（飲賓觶也）至阿尊所酌酒實觶授執事者至賓席前西北鄉立執事者分立（執觶者立主人之左執脯醢者立于右）次引賓自西階趨就席主人跪左執觶飲賓賓（拜）拜一跪受飲觶主人答拜拜先興執事者右薦脯醢賓受訖與主人退就席立僎亦就席立　賓（酬）相者引賓詣罍洗如主人儀至主人席前東南鄉執觶飲主人主人拜跪受飲觶脯醢賓答拜如主獻儀　主人（酬）介相者引主人再詣

卷一萬二千七十　二

洗所洗觶（飲介觶也）酌酒如前儀至介席前次引介自西階趨就席主人飲介如賓儀主人復退就席位介（酬）衆賓相者引介詣洗所如賓儀（介洗三觶飲三賓也）至衆賓之長席前相者引衆賓之長自西階趨就介席跪勸如賓儀衆賓之長跪受立飲復位次引次賓一人至席前飲如前儀退又引次賓一人至席前介飲亦如之並復位訖介至堂下迎揖衆賓就席（主人就席僎從次賓就席介就次三賓教授司正各就席次郡僚就席次衆賓各就席並相者引之贊相及執事者各就席在堂上者升在西廡者各就位）修爵無筭賓主以下坐訖酒三行（每酒一行主人揖賓及介介揖衆賓並禮生唱之）沃洗卒飲贊者詣主人席前唱曰請主人沃洗相者捧觶請主人酌酒相者捧觶詣洗所跪直洗者亦跪受立飲訖

各就（位）揚觶贊者詣席前唱曰主人以下皆執笏次引司正出位贊者曰請司正揚觶次引司正取主人觶詣洗觶至席前跪而揚觶訖贊者請司正致詞司正乃言曰古者於旅也語於是道古仰惟朝廷率由舊章敦崇禮教舉行鄉飲非專爲飲食而已凡我長幼各相勸勉忠於國孝於親內睦於閨門外比於鄉黨胥訓告胥教誨毋或愆墮以忝所生贊者曰修爵訖司正復位主人以下復坐　拜送相者引主人興復至作階揖下（僎從）賓介復至西階揖下立三賓亦至西階並南鄉（教授復立東階西鄉司正復立西階東鄉郡僚立西廡衆賓立于堂下東西相鄉立）復贊者唱曰主人拜賓介以下再拜　拜既拜訴賓介與衆賓先自西趨

卷一萬二千七十　三

出主必立立自東出賓以下立于庠門外之右東鄉北上主人立于門外之左西鄉（僎從）贊者立於中唱曰主人再拜賓介以下皆再拜遙巡而退　約束凡九事其一無士行者不得齒于鄉飲之列其二置鄉飲年齒簿（以所生年月日先後爲比）其三輪請本鄉士大夫老成者與州學教授同主其事其所立賓及僎介並與主人謀之隨宜潤澤之其四合赴鄉飲人年七十以上者教授同掌鄉飲酒官具書以禮敦請之五十以上及有官者以次日列位請之其餘士人各自具年甲報本學編排位次十九歲以下並侍立嘗得解者許坐父在坐則子侍立有官者別席七十歲以上許免拜其五鄉飲所須飲食器具教

請鄉之士大夫有功力者各備十位力可倍者倍之其六行禮有期而有疾故不能者前期具狀免擅自不赴者除其籍其七不係學籍及齒於鄉飲者不得稱進士其八應赴鄉飲人有犯倨慠戲謔爭訟喧譁等並依學規行罰有正條者送所屬仍除其籍其九有該載不盡及難舉事件並各從其鄉之便十七年正月二十七日左迪功郎陳介言伏覩國家頒降鄉飲酒儀式諸州遵行緣初無所行歲數之文望朝廷明降指揮令諸州三歲科舉之年行之于庠序國子監參詳周禮州長春秋會民則一歲再飲黨正大蜡正齒位一歲一飲鄉大夫賓賢能則三歲一飲禮記鄉飲酒義曰鄉人士君子鄭

卷一萬二千七十

四

氏謂鄉人鄉大夫也士州長黨正也君子鄉大夫也鄉大夫士飲國中賢者亦用此禮則鄉飲酒凡有四事行之踈數不同如此漢晉而下間或行之唐正觀初頒其書於天下欲每歲行之其後亦止行於貢士之歲旣歷代舉行歲數不同欲依請令郡縣於科舉之年行鄉飲酒禮於庠序一次如願每歲行之者聽從其便從之

二十六年四月二十七日新通判撫州張洙言昨因臣僚獻言士人應舉並須先赴鄉飲酒注籍給據方許赴試欲以革冒貫者且鄉飲酒所以明長幼之序興禮遜之風當其與科舉並行而不相悖欲望科舉保任並依舊制雖不預鄉飲酒者皆許赴國子監看詳欲依所請

今後科舉依舊法其鄉飲酒禮願行於里社者聽從其便仍不許官司干預從之

卷一萬二千七十

五

卷内條下有々者俊行注大典三千一百八十七又一萬四百五十四決條注同條下無々者但注大典一萬四百五十四

宋會要　優禮大臣

太祖受禪降詔四方時天雄軍節度太尉中書令魏王符彦卿以累朝宿將優其禮而不名彦卿表乞呼名詔答不允太祖建隆二年九月江南李煜上表進貢陳叙襲位之意降詔答之但呼國主而不名周朝待江南之禮也初周世宗每貽書於李璟但呼國主而朝廷因之令煜襲位雖始降詔仍存國主之號乾德元年十二月江南李煜上表乞呼名詔曰王者禮諸侯也異姓謂之叔舅詔書賜之不名載乎禮文見乎史冊顧惟凉德慨慕前王矧彼大邦宜加異數國主禮存事上義執勞謙請呼君前之名誠為忠順俯同臣下之制何辯等衰難議允俞彌深嘉歎所請不允

卷三千一百八十七

開寶四年十一月江南李煜遣其弟從善以郊禋來朝貢煜仍上表乞降詔呼名從之先是李璟已來每上表自稱唐國主印文為唐國之印周世宗猶答之以書太祖受禪璟死煜立命改書為詔然尚以國主呼之至是煜聞廣南已下頗懼乃上表稱江南國主改印文為江南國印仍乞呼名　九年九月吳越國主錢俶來朝特制賜劒履上殿詔書不名

太平太平興國三年四月俶遣使上言乞今後所賜詔呼名詔曰卿油幢齊美鼎鉉銘功車傳賜履之榮實荷尊征之寄先皇帝大詔虎旅問罪金陵輔卿忠勞遠函戰定又東桓圭而入覲拜文陛以循觴尊奬天朝勳勞王室爰舉不名之典用旌蓋世之勲忽爾撝謙遽形推避矧惟茂典出自先朝顧余冲人纘承舊服方優崇於元老敢廢墜於龍章所請宜不允　九年六月十日前保義軍節度使杜審進謝許免楚王已下拜禮　淳化三年四月賜問太師趙普皇書不名辭曰皇帝問太師頃以微痾懇求引退朕以居守二宅之重中書八柄之劇慮其職務尚煩耆耋爰改維師之秩用諧就第之安解薄領之糾紛加藥石之治療公家之事不撓於襟靈師臣之心益勞於寤寐必應閒適已遂康寧行聞有瘳與朕相見今遣使往瀎撫問仍賜飼羊上樽具如別録太師其愛精神近醫藥運飲食以副朕眷注之意焉

卷三千一百八十七

宋朝事實開寶九年貶雷德驤官初德驤判大理寺與官屬與堂吏附會宰相擅增減刑名德驤憤惋面白其事併言趙普強市人第宅聚斂財賄上怒曰鼎鐺尚有耳汝不聞趙普吾社稷之臣乎　以判大理寺而敢於言大臣之短不惟發後日敢言之風亦可以無大臣專權之禍漢高帝聞蕭何多買田宅之污則有械繫元勲之辱此漢一代所以有誅戮大臣之禍我太祖聞趙普強市人第宅之事則有鼎鐺有耳之責此本朝所以有進退大臣之禮

真宗大中祥符八年二月詔皇兄楚王元佐特加天策上將軍仍賜劒履上殿詔書不名　九年宰臣王旦以疾求罷入謁滋福殿帝曰朕方以大事托

卿而卿疾如是乃命皇太子拜旦旦因進曰太子盛德
必往陛下事　乾興元年二月皇叔涇王進封定王加
贊拜不名先是詔中書門下別定接見皇叔涇王儀禮
院言漢章帝詔沛獻南東平中山王贊拜皆勿名晉康
帝即位詔武陵王晞贊拜不名今參詳涇王朔望每殿
庭朝會及起居並依故事賜贊拜不名皇帝於內中見
王即依先帝見大長公主儀式從之至是又再帖入恩
制行下　天聖五年十二月制皇叔定王賜詔書不名
八年十二月制皇叔鎮王賜劍履上殿詔書不名以
上國朝會要　哲宗即位元豐八年三月二十六日詔皇
叔泰寧鎮海等軍節度使守司空開府儀同三司雍王

顥保信保靜等軍節度使守司空開府儀同三司曹王
頵賜贊拜不名五日一朝見於內中如見大長公主之
儀四月二十六日雍王顥顥曹王頵上表辭詔不允　哲
宗元符三年正月九日保平奉寧等軍節度使守司空
開府儀同三司申王佖改永興成德等軍節度使京兆
真定尹遷守太傅進封陳王賜贊拜不名　徽宗宣和
七年十二月二十六日詔越王燕王俁近行尊其賜入
朝不趨贊拜不名以上續國朝會要　中興乾道會要無
九門太宗端拱元年七月秋大熱太宗以宰相趙普耆
年詔許每日長春殿對罷便歸私第頤養候涼赴中書
視事普頓首謝　淳化三年七月七日詔遣左正言張

東齋太師趙普生辰器幣鞍馬就西京賜之國朝故事
非同平章事者無生辰國信之例帝以普勳舊故特異
其禮　真宗大中祥符三年六月二十四日翰林院侍讀
學士邢昺病篤真宗親臨問國朝故事非宗戚將相無
省病臨喪之行惟昺與郭贄以恩舊特用此禮儒者榮
之　五年八月以左僕射張齊賢為特進守司空致仕
及中謝方拜而作遽止之既命坐令益為三以寵之
及歸西京入辭帝憐其衰羸命不拜聽二子掖而升殿
天禧三年二月十四日彰德軍節度觀察留後馬知
節將赴貝州特免其朝辭召對使坐掖而升殿　四
年五月新授左屯衛上將軍致仕王嗣宗求入面辭及

為拜跪稍難乞免舞蹈令其子扶掖升殿從之　仁宗
慶曆三年正月制宰臣呂夷簡進司空軍國重事候疾
損日三五日一入中書　夷簡累以疾求罷朝廷異數而
之也　至和元年十月詔樞密使王德用高年入朝謁其特
免拜　十二月知并州韓琦以疾乞太醫齊士明而翰
林醫官院言士明當診御脈不可遣　仁宗立命內侍
賚貽挾齊士明往視之以示優寵也　英宗治平元年閏五月進韓琦等官
召琦等入謝琦等以方辭避不敢入帝固召之既視事
入復出御延和殿以俟琦等遂入謝命坐賜茶優遇大
臣也　於度放設英宗嗣位韓琦獻當國策立之功上也
永昭陵成丐辭機政再三遣使諭留迸請亦已上親筆

以上十六字寄據上與一萬四百五十四補

宸翰賜之曰卿有大德於朕有大功於社稷方倚考成
共圖新政御何遽遽欲去位卿若不起朕將親往公至
日遂出輔政如初台宰乞罷眷禮之隆本朝未有比也士
論不以為榮而以為宜然蓋大臣有非常之業然後可
當非常之恩先以以工國朝會要神宗治平四年未改
元正月十七日詔皇伯東平郡王允弼皇叔襄陽郡王
允良古之王者禮近屬推恩以廣愛於天下有伯祖叔
祖居朝以藩屏于王室重惟先帝常所尊遇朕新紹基
構思廣親親之道邇用優待何以旌別其上朝朔望以
表異數　熙寧元年二月九日詔判河陽富弼移判汝
州從其請也因令赴闕朝見詔赴任許肩輿至殿門令
其子扶掖入見仍免拜起　元豐三年三月二日詔以

卷一千一百八十七　五

光祿大夫行尚書工部侍郎同中書門下平章事監脩
國史吳充為行吏部尚書觀文殿大學士西太一宮使
仍詔大朝會許綴中書門下班依知大藩例支添給
六月十一日詔寶文閣學士右諫議大夫兼侍讀陳薦
久苦足疾除將來觀祠明堂外諸祠攝事免一年　閏
九月二十三日賜御筵於都城門外餞送文彥博令中
書樞密院臣寮同赴上自為詩賜之仍命參知政事章
惇為之序詔曰卿在祖宗朝蚤冠三事懷忠蘊業迄有
大勳來覲外廷相我宗祀崇進公品往蒞洛師錫燕賜
詩昭示殊禮仍敕近輔序而識之庶傳無窮著見賢業

其承朕志體朕眷恩今賜卿詩序至可領也先是三年
九月四日召河東節度使守司徒兼侍中判大名府文
彥博陪祠是月二十六日制守太尉開府儀同三司太
原京兆尹判河南府潞國公充河東永興軍節度管內
觀察處置等使彥博固辭兩鎮乃加食邑千戶食實封
四百戶　六年十月九日詔江夏郡王知大宗正宗悳
年高艱於趨拜應太廟祠事宜並免濟陽郡王曹佾將
來大禮上二帝徽號止令赴宿衛　哲宗元祐元年閏
二月三日詔新除觀文殿大學士判陳州蔡確如前宰
相儀四月二日命入內內侍省押班梁從吉齎詔賜守
太師致仕文彥博曰卿踐更二府弼亮三朝名聞四夷

卷三千一百八十七　六

功在天下注想元老渴見儀形宜疾其驅副我虛佇詔
書到日卿可肩輿赴闕并男貽慶居中隨侍令河南府
津置行李六日詔守太師致仕文彥博赴闕獨班起居
減拜肩輿至下馬處子弟一人扶掖出入儀制依見任
宰臣十五日詔賜文彥博曰朕紹承皇緒臨御寶圖涉
道未明聞知攸濟乃聘元老弼亮三朝功被生民名重
當世天錫眉壽既艾而昌宜還師臣輔我大政已降制
授太師平章軍國重事可一月兩赴經筵六日一入朝
因至都堂與執政商量事如遇有軍國機要事即不限
時日且令入預參決其餘公事只委僕射以下簽書發
遣俸賜依宰臣例十七日詔太師文彥博到闕朝見日

止令四拜起居所有謝對衣等禮數並特免拜　十八
日宰臣司馬光特賜告治疾給俸如故十九日詔新除
尚書左僕射司馬光見爲足瘡在假閒自今年四月不
請諸般請免可勿住支仍錄此付光　二十一日守太
師文彥博特許用宰臣使相出使到闕例書判三十日
河東節度使守太師開府儀同三司致仕潞國公文彥
博進對命其子承議郎權發遣提舉三門白波輦運貽
慶扶掖上殿賜貽慶金紫章服　邵氏聞見錄文潞公判
北京有汪輔之者新除運判爲人跳急入謁潞公方坐
廳事閱謁刺置按下不問入宅久之乃出輔之已不堪
既見公禮之甚簡曰家人須令沐髮忘見運判勿訝輔

之沮甚每例監司至之三日府必作會公故罷之移文
定日檢按府庫通判已次白公公不答是日家宴內外
事並不應通起輸不可預擬補之怒改架閣庫獨六無
從檢按也密劾潞公不治神宗御批輔之所上奏付潞
公育曰侍中舊德故煩卧護北門細務不必勞心輔之
小臣敢爾無禮將別有處置之語潞公得之不言一日
會監司曰老謬無治狀幸諸君寬之監司皆愧謝出御
批以示輔之輔之皇恐逃歸託按部以出未幾輔之罷
嗚呼神宗眷遇大臣沮抑小人如此可謂之聖也　文
昌禮錄元豐甲子二月五日太師致仕文公自西京進
朝脩謝對于垂拱詔是日特開宴酒五行令御藥院內

侍梁從政特以大觴酌御樽酒以觴之且命飲侍臣斌
目以觀息禮之隆遇焉　邵氏聞見錄神宗元豐四年
召北京留守文潞公陪祀南郊會吏官制自司徒侍中
拜大尉罷侍中爲開府儀同三司判河南府陛辭先是
故參知政事王堯臣之子同老以至和中潞公與劉相
沆富韓公琦王參政堯臣共乞立英宗爲皇嗣章草進
呈明其父功帝留之禁中面問潞公公對與同老合乃
加潞公兩鎮節使官其子宗道爲承事郎潞公力辭兩
鎮止受金邑劉沆贈太師中書令兼尚書令充國公子
僕自祠部員外郎爲天章閣待制王堯臣贈太師中書
令賜諡文忠子同老自祠部員外郎充祕閣校理富公

進司徒子紹京除閤門祗候富公之客李偲問公曰公
治平初進戶部尚書辭今進司徒一辭而拜何也公
曰治平初乃其自辭官也今自潞公以下皆遷吾宜敢
堅辭妨他人也蓋潞公與劉公論改事不合出判北京
七年不召自此帝眷禮復厚矣　五月七日詔尚書左僕
射司馬光足疾已平惟妨拜跪可不候參假放正謝免
造朝許肩輿三日一至都堂聚議或門下尚書省治事
光言臣近奉旨許肩輿至內東門外令男康扶掖至小
殿引對特免起居禮數愈重尤不敢當乞俟垂簾日於
延和殿引見并乞乘轎至下馬處遇拜扶掖候安日復
舊詔令乘轎至崇政殿垂簾日引對　十二日詔奉議郎

祕書省正字司馬康以扶侍父延和殿進對賜緋章服
六月二十一日宰臣司馬光言請自今遇延和殿垂簾
日赴起居奏事從之仍以足瘡詔許乘轎起居特免拜
及令男康扶掖入殿文謂羅維緣司馬公光拜門下侍郎
辭避甚確累遣內藥院近侍名安告身從日特垂簾促
令吾謝押赴門下公即歸私第又遣入內都知張茂則
宣召伊擬國朝故事惟宰相輔或閒遣御藥院近臣傳旨
都知累朝未嘗遣也而受告身後復日特開延和又遣都
知宣召皆非舊例恩禮之隆今昔絕擬 十一月二十九
日詔北使朝辭日太師文彥博免起居 二年四月八
日詔太師平章軍國重事文彥博可自今後每十日一
卷三千一百八十七 九
赴朝參因至都堂議事仍一月一赴經筵以彥博累章
乞致仕故有是命 六月三日詔護國軍節度使濟陽郡
王曹佾坤成節獻壽崇政殿特綴宰相班減拜 八月
二十一日詔新知鄭州資政殿大學士韓維知汝州維
辭機政出守而其兄絳言病悴請汝以便醫故有是命
二十四日詔賜文彥博呂公著曰朕聞杖以優賢著
之典禮耋老無下拜書於春秋魏太傅鍾繇以足疾乘
車就坐自爾三公有疾以為故事而唐司徒馬燧亦以
老病自力對於延英詔使無拜今吾耆老大臣四朝之
舊德隆而望重任大而憂深者惟卿與公著而已方其
耆艾之告豈責以筋力之禮今後入朝凡有拜禮宜並

特免卿其專有為之報罷無益之儀毋或固辭以稱朕
意 二十八日文彥博上章辭不拜恩命詔曰朕優禮師
傅達德齒之尊以亟拜為可罷古之道也卿謹嚴朝廷
明君臣之分以不拜為未安禮之節也道並行而不悖
義有重而難移勉徇所陳不忘嘉歎所請宜允仍詔公
著以步履稍艱自今每遇入朝特許令男一人入殿扶
掖 先是詔彥博等毋拜既而固辭不允翰林學士蘇軾
言禮經八十拜君命一坐再至所謂君命有傳命而拜
非朝見也然且不免周天子賜齊桓公胙命曰伯父耋
老無下拜公曰天威不違顏咫尺下拜登受所謂無下
拜者無拜於堂下非不拜也然且不敢鍾繇以足疾乘
卷三千一百八十七 十
車就坐疑若不拜然亦無明文君前乘車豈足為法而
馬燧延英不拜蓋是臨時優禮無令後遂不拜之文祖
宗舊例如呂端之流以老病進對亦止於臨時傳宣不
拜今來彥博公著今後免拜皆撣自是朝廷優賢貴老
度越古今無可議者但有司合守典禮眾恐彥博公著
終不敢當不若允其所請若聖上優閔老臣眷眷不已
遇其朝見間或傳宣不拜足以為非常之恩所有不允
批答臣未敢撰從之故有是詔 二年正月二十九日
詔鎮江軍節度使開府儀同三司守司空致仕韓絳辭
日令男宗師扶掖入殿 四月五日詔司空同平章軍
國事呂公著一月三赴經筵二日一朝因至都堂議軍

以上大典一萬四百五十四同

寄案：原本告記朝見作告諸廟見，今據大典一萬四百五十四校改

寄案：大典一萬四百五十四作次膺

國事遇入都堂議事，勿限時，出省常行文書免簽書，及附近東西府公廨聽執政就議事。徽宗政和五年三月十四日，手詔：比覽元豐訓詔，得故相韓琦、文彥博至和、嘉祐定策之勳，功在社稷，久而彌彰，追往念功，惻然永歎。琦以其子贈至極品，止循常格，未加褒異；彥博罪籍未除，舊官未復。琦可封郡王，彥博可除罪籍，復舊官，悉與所得恩例，付國史院記載其實。　六年四月八日，詔何執中已除太傅致仕，特許四望赴朝參，所有請給、應役使臣人從等所服帶、打繖、上下馬處等恩數，可並依舊。　九月十六日，詔鄭居中已除少傅、威武軍節度使、佑神觀使、充神霄玉清萬壽宮使，進封崇國公，所有

應干恩數、請給并差廣使臣人吏諸色祇應人等，並依宰臣例施行，朝童主班在少宰之下，從吉日令東上閤門降告諸廟見上殿，冬祀陪祠仍許令先次赴受誓戒。以上續國會要　高宗紹興二十年十二月二十一日，詔閤門：俟太師秦檜赴朝參日，許令肩輿至合上下馬處，仍令二孫扶掖起居。以上中興會要　孝宗興紹三十二年未改元十一月十四日，左中奉大夫、充敷文閣待制辛次膺乞赴行在引見進對，以足疾，詔毋拜。　二十九日，詔參知政事張燾朝謁許乘轎入出皇城門，至宮門內上下馬處，許帶火路踏子入出。以燾病特降是詔　十二月三日，詔參知政事張燾、辛次膺許請朝謁常朝等

假，依時入局治事，如有面對，於午後令內殿引見。　隆興二年閏三月三日，詔少保、觀文殿大學士、充醴泉觀使、福國公陳康伯內殿起居畢，上殿賜坐，奏事訖，更不降堦，止便就坐賜茶，下堦免謝坐。又詔陳康伯為病權令乘肩輿入皇城至殿門外，差知班扶掖赴殿內起居，候上殿即差舍人扶掖至榻前。宋史陳康伯傳：再相，至闕下，詔子安節贊之，好掖以入，減拜，賜坐，間日一會朝，許肩輿至殿門，仍給扶，非大事不署。　五月，詔陳康伯餘疾未平，尚妨拜跪，可隔日一朝，每日赴都堂治事，應非服音并常程事並權免簽押。　二年十一月十日，詔參知政事周葵為墮馬有傷，免乘騎，權令乘轎入內起赴朝參。以上乾道會要

續會要

此二段接上可並依舊條下

此三節補入高宗紹興二十年上

紙上下馬慮等恩數可並依舊　二十七日詔太師蔡京三上章乞致仕自今特許三日一造朝仍赴都堂及輪往逐省治事　五月一日詔太師蔡京今遇朔望許朝三日一知印當筆不赴朝日許府第書押不押敕劄不書鈔六日尚書省言奉御筆太師蔡京自今特許三日一造朝仍赴都堂及輪往逐省通治三省事以正公相之任事畢從便歸第未當三日一朝除與不除假故如不係朝日分遇車駕朝獻行幸遊宴慶賀聽御札拜表行香按視及虜使見辭并非次宴集之類合與不合趁赴奉御筆合趁赴內中明假故一節閤門供對已進呈合除假外詔實理三日趁赴　七年十一月六日詔太師魯國公蔡京告老乞骸章數十上議難固違可細務特免僉書五日一朝赴都堂治事　宣和元年四月九日太師魯國公臣蔡京言昨蒙寬假許朝五日止省大事而臣年餘七十禮當謝事今三省錄黃畫旨又進文字與六曹奏鈔敕命行下猶繫臣名銜著不押免書字豈有身不任事事非己出繫名其上虛負天下之責靦顏慚怍罔知所措奉御筆有繫書一節可從所請

卷一萬四百五十六

複梭銷

九月廿六

外餘並依前後累降詔旨無復別有陳請日詔鄭居中已除少傅威武軍節度使佑神觀使免神霄玉清萬壽宮使進封崇國公所有應干恩數請給奏破使臣人從諸色祇應人等並依宰臣例施行朝辭在步輦之下從書日令東上閤門降告詔朝見上殿不祗候祠仍許令先次赴衆起居　二年六月八日太師魯國公蔡京奏臣以衰病三上章陳乞致仕伏蒙聖慈賜臣御筆至比迹於周公顧臣何人敢當此禮緣臣自被識拔承輔軒陛垂二十年辨釋譏謗脫於患禍天地父母之施蓋無以過又使間朝五日疲老餘生遂得休佚三省職事許不省治而恩禮頻煩有加無替姻國戚子尚王姬賜予寵賚略無虛日輕舟小輦鳴鑾七幸婢妾僕兒皆被恩榮眷禮若此安敢言去偶緣比來禮虛心弱暑氣所傷七十謝事禮不可踰加以四年已為貪冒況又病疾浸深不能自已臣不敢再上表章謹令男攸特此劄子請對投進詔可依所乞守本官致仕依舊神霄玉清萬壽宮使在京賜第居住其恩禮俸給之屬及兒破官吏人從等並依舊仍朝朔望六年閏三月十一日詔太子詹事耿南仲拜跪艱難止令趁赴朔望起居十二月二十日御太師魯國公致仕蔡京可落致仕領三省事五日一赴朝請至都堂治事以上續宋會要

卷一萬四百五十六

優禮大臣

太祖受禪降詔四方時天雄軍節度太尉中書令魏王符彥卿以累朝宿將優其禮而不名彥卿表乞呼名詔答不允大典卷一萬四百五十四

太祖建隆二年九月江南李煜上表進貢陳叙襲位之意降詔答之但呼國主而不名因周朝待江南之禮也初周世宗每貽書於李璟但呼國主而朝廷因之令煜襲位雖始降詔仍存國主之號大典卷三千[illegible]百八十七又卷一萬四百五十四

乾德元年十二月江南李煜上表乞呼名詔曰王者禮諸侯也異姓謂之叔舅詔書賜之不名載乎禮文見乎史冊顧惟京德慨慕前王矧彼大邦宜加異數國主禮存事上義執勞謙請呼君前之名誠為忠順儕同臣下之制何辨等衰雖議允俞彌深嘉歎所請不允同上

開寶四年十一月江南李煜遣其弟從善以郊禮來朝貢煜仍上表乞降詔呼名從之先是李璟已來每上表自稱唐國主印文為唐國之印周世宗猶答之以書太祖受禪璟死煜立命改書為詔然尚以國主呼之至是煜聞廣南已下頗懼乃上表稱江南國主改印文為江南國印仍乞呼名同上

九年九月吳越國主錢俶來朝特制賜劍履上殿詔書不名同上

太宗太平興國三年四月俶遣使上言乞令後所賜詔呼名詔曰卿油幢濟美鼎鉉銘功韋傳賜履之榮寶荷專征之寄先皇帝大詔虎旅問罪金陵賴卿忠勞遽茲戡定又秉桓圭而入覲拜文陛以稱觴尊獎天朝勤勞王室是舉不名之典用旌蓋世之勳忽爾撝謙遽形推避矧惟茂典出自先朝顧余沖人纘承舊服方優崇於元老敢廢墜於寵章所請宜不允同上

九年六月十日前保義軍節度使杜審進謝許受楚王下拜禮同上

淳化三年四月賜問太師趙普璽書不名辭曰皇帝問太師頃以微疴懇求引退朕以居守二宅之重中書八柄之劇慮其職務尚煩耆耋爰啓維師之秩用諧就第之安解簿領之紛加藥石之

療公家之事不撓於襟靈師臣之心益勞於寤寐必應閑適已遂康寧行聞有瘳與朕相見令遣使往彼撫問仍賜餇羊上樽具如別錄太師其受精神近醫藥彊飲食以副朕眷注之意焉同上宋朝事實開寶元年貶雷德驤官初德驤判大理寺其官屬與堂吏附會宰相擅增減刑名德驤憤惋面白其事并言趙普強市人第宅聚斂財賄上怒叱之曰鼎鐺猶有耳汝不聞趙普吾社稷之臣乎以判大理寺而敢於言大臣之短不惟養後日敢言之風亦可以無大臣專權之禍漢高帝聞蕭何多買田宅之汙則有械繫元勳之辱此漢一代所以有誅戮大臣之禍我太祖聞趙普強市人第宅之事則鼎鐺有耳之責此本朝所以有進退大臣之禮同上

真宗大中祥符八年二月制皇兄楚王元佐特加天策上將軍仍賜劍履上殿詔書不名同上

九年宰臣王旦以疾求罷入謁滋福殿帝曰朕方以大事托卿而卿疾如是乃命皇太子拜旦旦因進曰太子盛德必任陛下事同上

乾興元年二月皇叔涇王進封定王加贊拜不名先是詔中書門下別定接見皇叔涇王儀禮院言漢章帝詔沛濟南東平中山王贊拜皆勿名晉康帝即位詔武陵王晞贊拜不名今參詳涇王朔望每殿庭朝會及起居並依故事賜贊拜不名皇帝於內中見王即依先帝見大長公主儀式從之至是又再帖入恩制行下同上

天聖五年十二月制皇叔鎮定皇賜詔書不名同上

八年十二月制皇叔鎮王鎮賜劍履上殿詔書不名以上國朝會要同上

哲宗即位元豐八年三月二十六日詔皇叔泰寧鎮海等軍節度使守司空開府儀同三司雍王顥保信保靜等軍節度使守司空開府儀同三司曹王頵賜贊拜不名五日一朝見於內中如見大長公主之儀四月二十六日雍王顥曹王頵上表辭詔不允同上

哲宗元符二年正月九日保平奉寧等節度使守司空開府儀同三司申王秘改永興成德等軍節度使京兆真定遷守太傅進封陳王賜贊拜不名同上

徽宗宣和七年十二月二十六日詔越王燕王屬近行尊其賜入朝不趨贊拜不名以上續國朝會要乾道會要無此門中興同上

太宗端拱元年七月秋大熱太宗以宰相趙普耆年詔許每日長

春殿對罷，便歸私第頤養，候涼赴中書視事。普頓首謝。同上

淳化三年七月七日，詔遣左正言張秉齎太師趙普生辰器幣鞍馬就西京賜之。國朝故事非同平章事者無生辰賜信之例，帝以普元勳舊故，特異其禮。同上

真宗大中祥符三年六月二十四日，翰林侍讀學士邢昺病篤，真宗親臨問。國朝故事非宗戚將相無省病臨喪之行，惟昺與郭贄以恩舊特用此禮，儒者榮之。同上

五年八月，以左僕射張齊賢為特進、守司空致仕。及中謝，方拜而仆，遽止之。既命坐，令整為三，以罷之。及歸西京入辭，帝憐其衰羸，命不拜，聽二子掖而升殿。同上

天禧三年二月十四日，彰德軍節度觀察留後馬知節將赴知貝州，特免其朝辭，名對便坐，掖而升殿。同上

四年五月，新授左屯衛上將軍致仕王嗣宗求入面辭，及為拜跪稍難，乞免舞蹈，令其子扶掖升殿。從之。同上

三

仁宗慶曆三年正月，制宰臣呂夷簡進司空、軍國重事，候疾損，日三五日一入中書。夷簡累以疾求罷，朝廷異數留之也。同上

至和元年十月，詔樞密使王德用高年入朝謁，其特免拜。同上

十二月，知并州韓琦以疾乞太醫齊士明，而翰林醫官院言士明當診御脈，不可遣。仁宗立命內侍竇昭挾齊士明往視之，以示優寵也。同上

英宗治平元年閏五月，進宰臣韓琦等官。以上十六字據大典一萬四百五十四補英

宗御延和殿，召琦等入謝。琦等以方辭避，不敢入。帝固名之，既視事，入復出。御延和殿，以俟琦等。遂入謝，命坐，賜優遇大臣也。故事參。珍度

英宗嗣位，韓忠獻當國，策立之宗工也。永昭禮成，巧難機政再三。遣使諭留，迺請帝已上親染宸翰，覩之曰：卿有大德於朕，有大勛於社稷，方倚老成共圖新政，卿何嫌何疑，遂欲去位，卿若不起，朕將親能公望曰，遂出輔政，如翊台宰乞罷，眷禮之厚，未有此比也。士論不以為眷，而以為宜然。蓋大臣有非常之業，然後可當非常之恩矣。以上國朝會要　同上

神宗治平四年未改元正月十七日，詔皇伯、東平郡王允弼，皇叔、襄陽郡王允良，古之王者禮近屬，推恩以廣愛於天下。有伯祖、叔祖

熙寧　陽　吳　蚤　宿衛　梁　弼　博

居朝，以藩屏於王室，重惟先帝常所尊遇。朕新紹基構，思廣親親之道，匪用優待，何以旌別？其只朝朔望，以表異數。同上

熙寧元年二月九日，詔判河陽富弼移判汝州，從其請也。因令朝見訖赴任，許肩輿至殿門，令其子扶掖入見，仍免拜起。同上

元豐三年三月二日，詔以光祿大夫、行尚書工部侍郎、同中書門下平章事、監修國史吳充為行吏部尚書、觀文殿大學士、西太一宮使，仍詔大朝會許綴中書門下班，依知大藩例支添給。同上

六月十一日，詔寶文閣學士、右諫議大夫兼侍讀陳薦久苦足疾，除將來親祠明堂外，諸祠攝事免一年。同上

閏九月二十三日，賜御筵於都城門外，餞送文彥博，令中書樞密院臣寮同赴，上自為詩賜之，仍命參知政事章惇為之序。詔曰：卿在祖宗朝，蚤冠三事，懷忠奮策，迄有大勳，來覲外廷，相成宗祀，崇進公品，往莅洛師，錫燕賜詩，昭示殊禮，仍敕近輔序而識之，庶傳無窮，著見賢業，其承朕志，體服眷恩。令賜卿詩序，至可領也。先是

四

三年九月四日，名河東節度使、守司徒兼侍中、判大名府文彥博陪祠。是月二十六日，制守太尉、開府儀同三司、太原京兆尹、判河南府、潞國公，充河東永興軍節度、管內觀察處置等使。彥博固辭兩鎮，乃加食邑千戶、食實封四百戶。同上

六年十月九日，詔江夏郡王知大宗正宗惠年高艱於趨拜，應太廟祠事宜並免。濟陽郡王曹佾將來大禮上二帝徽號，亦令赴宿衛。同上

哲宗元祐元年閏二月三日，詔新除觀文殿大學士、判陳州蔡確如前宰相儀。同上

四月二日，命入內內侍省押班梁從吉齎詔賜守太師致仕文彥博，曰：卿踐更二府，弼亮三朝，名聞四夷，功在天下，注想元老，渴見儀形，宜疾其驅，副我虛佇。詔書到日，卿可肩輿赴闕，并男貽慶居中隨侍，令河南府津置行李。同上

六日，詔守太師致仕文彥博赴闕，獨班起居，減拜，肩輿至下馬處

寶涉

幸日提行

子第一人扶掖出入儀制依見任宰臣同上

十五日詔賜文彥博曰朕紹承皇緒臨御寶圖涉道未明罔知攸濟乃睠元老弼亮三朝功被生民名重當世天錫眉壽既艾而昌宜還師臣輔我大政已降制授太師平章軍國重事可一月兩赴經筵六日一入朝因至都堂與執政商量事如遇有軍國機要事即不限時日並令入預參決其餘公事只委僕射以下簽書發遣俸賜依宰臣例同上

十七日詔太師文彥博到闕朝見日止令四拜起居所有謝對衣等禮數並特免拜同上

十八日宰臣司馬光特賜告治疾給俸如故十九日詔新除尚書左僕射司馬光見為足瘡在假聞自今年四月不請諸般請受可勿住支仍錄此付光同上

二十一日守太師文彥博特許用宰臣使相出使到闕例書判三

五

十日河東節度使守太師開府儀同三司致仕潞國公文彥博進對命其子承議郎權發遣提舉三門白波輦運貽慶扶掖上殿賜貽慶金紫章服

邵氏聞見錄文潞公判北京有汪輔之者新除運判為人褊急入謁潞公公方坐廳事閱謁剌置案下不問入宅久之乃出輔之已不堪既見公禮之甚謹曰家人須令沐髮忘見運判勿訝輔之沮甚舊例監司至之三日府必作會公放罷之移文定日檢按府庫通判已次白公公不答是日家宴內外事並不應過匙鑰不可請輔之怒破架闕庫顧亦無從檢按也密劾潞公不治神宗御批輔之所上奏付潞公有曰侍中舊德故煩臥護北門細務不必勞心輔之小臣敢爾無禮特別有處置之語潞公得之不言一日會監司曰老謬無治狀幸諸君寬之監司皆愧謝出御批以示輔之輔之惶恐逃歸託按部以出未幾輔之罷嗚呼神宗眷遇大臣沮抑小人知此可謂之聖也文呂雜錄元豐甲子二月五日太師致仕文公自西京造朝修謝對于垂拱詔是日特開宴酒五行命御藥院內侍梁從政特以大觴爾御樽酒以賜之且命飲侍臣拭目以觀恩禮之隆遇焉邵氏聞見錄神宗元豐四年召北京留守文潞公陪祀南郊會更官制自司徒侍中拜太尉罷侍中為開府儀同三司判河南府陛辭先是故參知政事王堯臣之子同老以至和中潞公與劉相沆富韓公衍王參政堯臣共乞英宗為皇嗣章草進呈明其父功帝留之禁中而問潞公公對與同老合乃加潞公兩鎮節使官其子宗道為承事郎潞公力辭兩鎮止受食邑劉沆贈太師中書令兼尚書令兗國公子僅自祠部員外郎為天章閣待制王堯臣贈太師中書令賜諡文忠子同老自祠部員外郎充秘閣校理富公進司徒子紹京除閤門祇候富公之客李愿問公曰公治平初進戶部尚書屢辭今進司徒一辭而拜何也公曰治平初乃某自辭官也今自潞公以下皆遷某豈敢堅辭妨他人也蓋潞公與荊公論政事不合出判北京七年不召自此帝眷禮復厚矣同上

厚

五月七日詔尚書左僕射司馬光足疾已平惟妨拜跪可不候參假拜正謝免造朝許肩輿三日一至都堂聚議或門下尚書省治事光言臣近奉旨許肩輿至內東門外令男康扶掖至小殿引對特免起居禮數愈重尤不敢當乞候垂簾日於延和殿引見并乞乘轎至下馬處遇拜扶掖候安日復舊詔令乘轎至崇政殿垂簾日引對同上

十二日詔奉議郎秘書省正字司馬康以扶侍父延和殿進賜緋章服同上

六月二十一日宰臣司馬光言請自今遇延和殿垂簾日赴起居奏事從之仍以足瘡詔許乘轎起居特免拜及令男康扶掖入殿

國

文昌雜錄司馬光拜門下侍郎辭避甚確累遣御藥院近侍召受告身受日特差廉倪令告謝押赴門下公即歸私第又遣入內都知張茂則宣召供職國朝故事惟宰相或闕遣御藥院近臣傳旨都知累朝未嘗遣也召受告身更日特開延和又遣都知宣召皆非舊例恩禮之隆今昔絕擬同上

六

十一月二十九日詔北使朝辭日太師文彥博免起居同上

二年四月八日詔太師平章軍國重事文彥博可自今後每十日一赴朝參因至都堂議事仍一月一赴經筵以彥博累章乞致仕故有是詔同上

六月三日詔護國軍節度使濟陽郡王曹佾坤成節獻壽崇政殿特綴宰相班減拜同上

八月二十一日詔新知鄧州資政殿大學士韓維知汝州維辭機政出守而其兄絳言其病悴請汝以便醫故有是命同上

二十四日詔賜文彥博呂公著曰朕聞凡杖以優賢著之典禮耆老無下拜書於春秋魏太傅鍾繇以足疾乘車就坐自爾三公有疾以為故事而唐司徒馬燧亦以老病自力對於延英詔使無拜今吾耆老大臣四朝之舊德隆而望重任大而憂深者惟卿與公着而已方資其耆艾之告豈責以筋力之禮今後入朝凡有拜禮宜並特免卿其專有為之報畧無益之儀毋或固辭以稱朕意同上

二十八日文彥博上章辭不拜恩命詔曰朕優禮師傅達德齒之
尊以丞拜為可畧古之道也卿謹嚴朝廷明君臣之分以不拜為
未安禮之節也道並行而不悖義有重而難移勉徇所陳不忘嘉
歎所請宜允仍詔公著以步履稍難自今每遇入朝特許令男一
人入殿扶掖先是詔彥博等毋拜既而固辭不允翰林學士蘇軾
言禮經八十拜君命一坐再至所謂君命者傳命而拜非朝見也
然且不免周天子賜齊桓公胙命曰伯父耋老無下拜公曰天威
不違顏咫尺下拜登受所謂無下拜者無拜於堂下非不拜也然且
不敢鍾繇以足疾乘車就坐疑若不拜然亦無明文君前乘車豈
足為法而馬燧延英不拜蓋是臨時優禮無令後遂不拜之文祖
宗舊例如呂端之流以老病進對亦止於臨時傳宣不拜今來彥
博公著令後免拜旨揮自是朝廷優賢貴老度越古今無可議者
但有司合守典禮兼恐彥博公著終不敢當不若允其所請若聖
上優閔老臣眷眷不已遇其朝見間或傳宣不拜足以為非常之
恩所有不允批答臣未敢撰從之故有是詔同上
二年正月二十九日詔鎮江軍節度使開府儀同三司守司空致
仕韓絳辭日令男宗師扶掖入殿同上
四月五日詔司空同平章軍國事呂公著一月三赴經筵二日一
朝因至都堂議軍國事遇入都堂議事勿限時出省常行文書免簽
書及附近東西府公廨聽歎政就議事同上
徽宗政和五年三月十四日手詔比覽元豐訓詔得故相韓琦文
彥博至和嘉祐定策之勳功在社稷久而彌彰追往念功惻然永
歎琦以其子贈至極品止循常格未加褒異彥博罪籍未除舊官
未復琦可封郡王彥博可除罪籍復舊官悉與所得恩例付國史
院記載其實同上
六年四月八日詔何執中已除太傅致仕特許旦望赴朝參所有
請給應被使臣人從等所服帶打繳上下馬處等恩數可並依舊
同上

二十七日詔太師蔡京三上章乞致仕自今特許三日一造朝仍
赴都堂及輪往逐省治事大典卷一萬四百五十四
五月一日詔太師蔡京令遇朔望許朝三日一知印當筆不赴朝
日許府第書押不押敕劄不書鈔六日尚書省言奉御筆太師蔡
京令特許三日一造朝仍赴都堂及輪往逐省通治三省事以正
公相之任事畢從便歸第未審三日一朝除與不除假故如不係
朝日分遇車駕朝獻行幸筵宴慶賀聽御禮拜表行香按視及虜
使見辭并非次宴集之類合與不合趁赴奉御筆合趁赴內中明
假故一節閤門供對已進呈合除假外詔實理三日趁赴同上
九月十六日詔鄭居中已除少傅威武軍節度使佑神觀使充神
霄玉清萬壽宮使進封崇國公所有應干恩數請給并差虜使臣
人吏諸色祗應人等並依宰臣例施行朝堂立班在少宰之下從
吉日令東上閤門降告詔朝見上殿案原本告作吉詔作詣朝作廟令據大典一萬四百五
十四校改冬祀陪祠仍許令先次赴受誓戒以上續國朝會要大典卷三千一百八十七又卷一
萬四百五十四
七年十一月六日詔太師魯國公蔡京告老乞骸章數十上議難
固違可細務特免簽書五日一朝赴都堂治事大典卷一萬四百五十四
宣和元年四月九日太師魯國公臣蔡京言昨蒙寬假許朝五日
止省大事而臣年餘七十禮當謝事令三省錄黃畫旨又進文字
與文字六曹奏鈔敕命行下猶繫臣名銜著不押免書字豈有身
不任事事非己出繫名其上虛負天下之責靦顏慚怍罔知所措
奉御筆有繫書一節可從所請外餘並依前後累降詔旨無復別
有陳請同上
二年六月八日太師魯國公蔡京奏臣以衰病三上章陳乞致仕
伏蒙聖慈賜臣御筆至比迹於周公顧臣何人敢當此禮緣臣自
被識拔承輔軒陛垂二十年辨釋謗誹脫於患禍天地父母之施
蓋無以過又使間朝五日疲老餘生遂得休佚三省職事許不省
治而恩禮頻煩有加無替聯姻國戚子尚王姬賜予寵賚略無虛

日輕舟小輦鳴鑾七年婢妾僕皂皆被恩榮眷禮若此安敢言去偶緣比來體虛心弱暑氣所傷七十謝事禮不可踰加以四年已為貪冒況又病疾寖深不能自已臣不敢再上表章謹令男攸持此劄子請對投進詔可依所乞守本官致仕依舊神霄玉清萬壽宮使在京賜第居住其恩禮俸給之屬及見破官吏人從等並依舊仍朝朔望同上

六年閏三月十一日詔太子詹事耿南仲拜跪艱難止令赴朔望起居同上

十二月二十日制太師魯國公致仕蔡京可落致仕領三省事五日一赴朝請至都堂治事以上續宋會要同上

高宗紹興二十年十二月二十一日詔閤門候太師秦檜赴朝參日許令肩輿至合上下馬處仍令二孫扶掖起居以上中興會要大典卷三千一百八十七又卷一萬四百五十四

孝宗紹興三十三年未改元十一月十四日左中奉大夫充敷文閣待制辛次膺寄案大典卷一萬四百五十四作次應召赴行在引見進對以足疾詔毋拜同上

二十九日詔參知政事張燾朝謁許乘轎入出皇城門至宮門內上下馬處許帶火踏子入出以燾病特降是詔同上

十二月三日詔參知政事張燾辛次膺許請朝謁帝朝等假依時入局治事如有面對於午後令內殿引見同上

隆興二年閏三月三日詔少保觀文殿大學士充醴泉觀使福國公陳康伯內殿起居畢上殿賜坐奏事訖更不降階止便就坐賜茶下階免謝坐又詔陳康伯為病權令乘肩輿入皇城至殿門外差知班扶掖赴殿內起居候上殿即差舍人扶掖至榻前宋史陳康伯傳君再相至闕下詔子安節偺文好謙掖以入減拜賜坐間日一會朝許肩輿至殿門仍給扶非大事不署同上

五日詔陳康伯餘疾未平尚妨拜跪可隔日一朝每日赴都堂治事應非取旨并常程事並權免簽押同上

二年十一月十日詔參知政事周葵為墜馬有傷免乘騎權令乘轎入內趁赴朝參以上乾道會要續會要同上

宋會要禡祭

太祖太平興國五年十一月十日帝親征河東出京前一日遣右贊善大夫李幹潘慎修就出郊用少牢祭蚩尤禡牙又令著作郎李巨源就北郊望氣壇用香柳枝燈油乳粥酥蜜餅果祭北方天王　真宗咸平四年七月十六日設太常禮院定禡祭儀付河北三路總管祭日所司除地為壇四方各五十步設兩壝繞以青繩張幕置軍牙六纛神位版版方七寸厚三分祭用剛日具常饌牲用太牢以羊豕代其幣軍牙以白六纛以皂各長一丈八尺都總管為初獻以次將官為亞獻三獻皆戎服清齋一宿將校陪列禮畢焚其幣釁鼓以一皮　禡牙文　維年月日某官某乙敢以牲牢告于軍牙之神曰五材並用誰能去兵四夷不庭必將右武是故我國家鑿門命將授鉞出征驅桓桓之師整堂堂之陣式遏亂略龔行天誅大庇生民撫寧方夏爰以剛日告于明神神其奮發威靈導迎吉氣使飆馳霆擊所向無前履險摧堅一月三捷助貔貅之冒勇勦豺狼之沓貪盡焚虜庭大空漠北飲馬瀚海勒石燕然役不踰時兵無血刃殲厥醜類惟神之功急急如律令　祭六纛文　維年月日某官某乙謹以牲牢致祭于六纛之神夫四夷猾夏虞典所以明五刑十乘啓行周禮所以申九伐

〈卷一萬六千五百九十七〉

蠢茲獯虜盜有燕陲為鄰大邦荐擾邊鄙使燧火不得徹警戰士勞於被堅未棄老上之庭猶遺輪臺之戍帝赫斯怒命將出征虎賁鼓勇於類行天威震曜於夷落乘匈奴之運盡建戎旆以長驅是用昭告于爾大神神其假太乙之威靈奮長庚之芒角使星狼戢耀旄頭不明助漢將於九天滅陰山之胡國渠魁斯獲懸首藁街醜類畢殲築尸京觀乞靈徼福式佇神休尚饗　高宗紹興三十一年十月二十六日太常寺言朝廷興師欲依典故行禡祭用祝文述以金人敗盟朝廷不得已而興師冀獲陰助勦除妖孽以遂萬全之意以甲戌戊庚壬剛日行禮獻官以大將軍招討使充奉禮郎太祝太官令各一員以所在州縣官充從之

禮四八之一

全唐文

宋會要降

太宗太平興國四年二月二日詔親征太原　五月四日帝自草詔賜劉繼元諭以速降保終始富貴五日幸城南督諸將急攻之城欲壞帝恐屠其城因麾衆少退是夕夜漏上十刻劉繼元遣偽客省使李勳上表納款束身請罪帝喜賜勳襲衣金帶銀器錦綵塗金鞍勒馬等即命通事舍人薛文寶齎詔書入城宣諭六日夜漏未盡幸太原城北連城臺陳兵衛張樂宴從官於城臺遲明繼元率偽官屬等皆白衣紗帽俯伏待罪臺下遣閤門使宣詔釋罪賜繼元襲衣玉帶金銀鞍勒馬三匹

卷七十六百七十

金器五百兩綵五百兩錦綵二千段銀器五千兩偽官各賜衣服金銀帶器幣帝親勞之繼元叩頭言曰臣聞車駕親臨即願束身歸罪致鑾輿暴露臣尚敢以孤壘拒戰蓋亡命卒懼死劫臣不許降耳先是軍中有亡命投繼元者繼元悉以隸親衛帝命籍之得八百人斬於纛下其降卒數萬人盡賜以衣服錢帛分隸諸軍　七日文武從官詣行宮稱賀肆赦　五月二十九日授繼元特進檢校太師右衛上將軍上柱國彭城郡公食邑三千戶偽官二十四人悉命以官時方在軍中故多不備禮

禮四八之二

自僖祖至王旦撰已載入帝號

宋會要尊號

僖祖諱朓漢京兆尹廣漢之後生于燕薊仕唐歷永清文安幽都三縣令
建隆元年三月追尊曰文獻皇帝廟號僖祖謚議翰林學士竇儼撰冊文
中書舍人扈蒙撰大中祥符五年閏十月加謚曰文獻睿和冊文樞密使
同中書門下平章事王欽若撰　順祖諱珽僖祖子歷藩鎮從事兼御史
中丞建隆元年三月追尊曰惠元皇帝廟號順祖謚議翰林學士竇儼撰
冊文中書舍人趙逢撰大中祥符五年閏十月加謚順祖惠元睿明皇帝
冊文參知政事陳撰以上國朝會要續會要示冊文樞密使陳堯叟撰
翼祖諱敬順祖子歷營薊涿三州刺史周顯德中贈左驍衛上將軍建隆
元年三月追尊曰簡恭皇帝廟號翼祖謚議翰林學士竇儼撰冊文中書
舍人趙逢撰大中祥符五年閏十月加謚簡恭睿德皇帝冊文參知政事
王曾撰　宣祖諱弘殷翼祖子母曰簡穆皇后劉氏仕周爲龍捷左廂都
指揮使岳州防禦使顯德三年七月二十六日薨贈武清軍節度使建隆
元年三月追尊曰昭武皇帝廟號宣祖謚議翰林學士竇儼撰冊文中書
舍人扈蒙撰大中祥符五年閏十月加謚昭武睿聖皇帝冊文宰臣王旦
撰　冊尊號雜錄附　國朝之制皇帝登位應群臣章表但稱曰皇帝至南

國朝之制以下他處複出

卷一萬七千二百八十七

尊號一　太祖建隆四年起

郊戴既降御札即文武百官詣東上閤門三上或五上表請上尊號降詔
批答多謙抑不許如允所請即奏命大臣撰冊文及書冊寶其冊中書省造
用珉玉簡長尺二寸闊一寸二分厚五分簡數從文之多少聯以金繩首
尾結帶衬後四枚刻龍纏金若捧護之狀藉以錦褥覆以紅羅泥金夾帊
冊匣長倚取容冊塗以朱漆金裝隱起突龍鳳金鏁鑰匣上又以紅羅
綉盤龍鸞金帊覆之承以金裝長狀金龍首金魚鉤藉匣以錦緣席錦褥
又組紅絲爲條以縈匣罨案塗朱漆覆以紅羅銷金衣其寶門下省造用
玉篆文廣四寸九分厚一寸二分填以金盤龍鈕繫以暈錦大綬赤小綬
連玉環玉檢高七寸廣二寸四分皆飾以金裹以紅錦加紅羅泥金夾帊
納於小盝以金裝內設金牀暈錦褥飾以雜色玻璨碧鈿石珊瑚金精石
瑪瑙又盝二重皆裝以金覆以紅羅綉帊載以腰輿又行馬并飾以金又
香鑪寶子香匙灰匙火筋燭臺燭刀皆以金爲之其受冊多用祀禮畢日
御正殿行禮禮畢有司以冊書詣閤門奉進入內太祖建隆四年八月二
十四日宰臣范質率文武百僚詣東上閤門拜表請上尊號曰應天廣運
仁聖文武至德皇帝表三上詔答允乾德元年十一月十六日郊祀禮畢
有宿設於崇元殿諸衛各帥其屬勒所部屯門殿庭列仗衛文武群官宗

親客使等應合集者並就集朝堂次各服其服太尉以冊授置于案吏部
侍郎一員押其冊案四人對舉中書門下奏差五品六品清資官充舉冊
官先入立於殿西階下司徒以寶授置於案禮部侍郎一員押授寶官准上
舉寶官先入立於殿西階下皆承之以匣覆之以帕俟諸殿門外之東太
尉之前太樂令帥工人入就位協律郎入就舉麾位諸侍衛之官各服其
服中書門下翰林學士兩省御史臺供奉官立於殿階下香案前左右如
常入閤之儀侍中版奏請中嚴近仗就陳於閣外符寶郎奉寶俱詣閤奉
迎如常儀師贊者各入就位所司贊群官各服朝服諸親客使俱出次通
事舍人各分引就位其三品以上㦸北面位者各殿門外東西序立以俟
侍中版奏外辦所司承旨索扇扇上皇帝服袞冕御輿以出曲直華蓋侍
衛警蹕如常儀皇帝將出仗動協律郎跪俛伏興舉麾鼓柷太樂令合奏
隆安之樂皇帝出自西房即御座南向坐扇開協律郎偃麾戛敔樂止凡
樂皆協律郎舉麾鼓柷而後作偃麾戛敔而後止上下皆準此符寶郎奉寶
置於御座前如常儀禮官通事舍人分引太尉已下文武群官應北面位
者自殿門東西各就北面橫行位太常卿於冊案前導至丹墀西階上少
東北向置冊案訖凡太尉行皆舉麾奏正安之樂至位立定偃麾樂止下

卷一萬七千二百八十七

皆準此太尉司徒太常卿吏部禮部侍郎各入本班立定其舉冊捧冊寶
官立以俟凡典儀有詞贊者皆承傳典儀曰再拜應在位者皆再拜舞蹈
三稱萬歲又再拜起居訖又再拜訖分班東西序立禮官通事舍人前引
太常卿隨吏部侍郎押冊案以次序而行太尉從之凡太尉司徒行並禮
官通事舍人贊引下皆準此禮部侍郎次押寶案而行司徒從之相次詣
西階至解劍舄位其擇冊中書令讀寶侍中俟冊寶將至階下各面左右
解劍先升皆於南極間第一柱北東西相對立以俟太尉東向解劍脫舄
置於褥訖冊案先升太尉從冊以升其冊函蓋先置於階下別奠案上其
寶案東向立俟中書令讀冊將畢禮部侍郎押寶案升階侍郎押冊升進
至褥位當御座前訖太尉搢笏北面跪冊案稍前跪置訖執笏俛伏興少
退東向立中書令進當冊案前俛伏興跪稱攝中書令具官臣某讀冊奏
訖搢笏　冊文曰攝太尉守司徒兼侍中臣范質等謹再拜稽首上言曰
惟天爲大惟堯則之又曰舜有天下紹爲而理是以致之言道德者莫先
於二帝一則曰聰明文思一則曰溫恭濬哲英聲茂實其無欲而自彰景
福洪休心無求而自至巍巍蕩蕩可得而言伏惟皇帝陛下高明博厚睿
慈惠和純粹之德全孝友之行著惟精惟一知微之彰向者龍尚處於潛

淵日未離於暘谷歷試之際志在扶危險阻艱難何往而不濟躍馬陷高平之陣麾戈佐淮甸之征蹀血鏖兵一月三捷勞旋飲至論功莫二洎乎天監厥德用集大命人祇協應風雨咸若鼎運初建國步猶梗始則誠罰犯順長戟之關并人速禍冠戎北鄙於是有太行之行重進怙亂棄德崇姦幅員千里生民被毒於是有廣陵之役千乘萬騎如霆如雷詢彼仇方震疊區宇翠華霄至堅城旦下逵平二孽有同符契累朝以來出師徐恭未有若茲之奇速也頃者華風不競中國政微五嶺三江置諸蠻外殊文異軌六紀于茲肇啓聖謀驅攘冦亂荆湘底定南土晏然燕薊之戎汾晉之孽縶縶幕王朝不謀夕邊事少閒理道無壅嚴恭寅畏一日萬幾勤於已而泰於人儉於躬而豐於物明四目而高視達四聰而遠聽不侮鰥寡恤天窮也信及豚魚遂物性也惜力念耕耘之苦推食閔介胄之勞法家之流既峻且密乃詔大理重正刑名俾盡哀矜務從寬簡減盜竊之罪緩蠶麴之禁好生之德通於神明若乃味爽丕顯坐以待旦商湯之戒慎也測身循已長轡遠御漢文之化尊也循名責實信賞必罰違武之法制也果敢決斷從善如流正觀之風烈也帝王之道於茲備矣太平之業於茲成矣由是祇見清廟致其孝享圜兵展禮對越上聖一獻而天帝降祉再獻

卷一萬七千三百八十七

而神人以和三獻而萬祿攸敷祥風拂袂休氣繞壇熙熙怡怡群心胥悅國家大慶衆庶共之肆赦覃恩俾民更始與天合道謂之應天大無不覆謂之廣遠無不至謂之運博施濟衆謂之仁智周萬物謂之聖化成天下謂之文保大定功謂之武具德無瑕謂之至德臣等不勝大願謹奏玉冊玉寶上尊號曰應天廣運仁聖文武至德皇帝伏惟垂日月之明鑒億兆之情凝旒端扆昭受鴻名如山嶽之固若松柏之堅乾健不息品物咸亨承天之祜萬壽千齡臣質等誠懽誠顧稽首頓首謹言　讀訖其冊函對舉案者奉玉案侍郎引詔從西階下東向立執笏俛伏興又搢笏捧冊於褥東迴冊函北向進跪置於御座前訖執笏興中書令舉冊官俱降還侍立位太尉降階納舄帶劍訖東向立以俟禮部侍郎次押寶案升其寶函並先置於階下別案上司徒隨案升進至褥位司徒搢笏北面跪捧寶案稍前跪置訖執笏俛伏興少退立侍中進當寶案前俛伏跪稱侍中具官臣某請讀寶奏訖搢笏其寶函對舉案者舉寶案侍郎引退就西下東向立讀訖執笏俛伏興又搢笏捧寶於褥東迴寶函北向進跪置於御座前冊之南訖執笏興侍中舉寶官俱降還侍立位太常卿降自西階俱復本班司徒詣解劍褥位納舄帶劍訖復東向位文武官橫行禮官通事舍人

贊引太尉司徒進詣香案前褥位立定典儀曰再拜在位官皆再拜禮官通事舍人引太尉詣西階下東向解劍脫舄升進當御座前跪賀稱文武百僚攝太尉具官臣某等稽首言其詞中書門下撰賀訖俛伏興降自西階納舄帶劍詣階閒位立定典儀曰再拜太尉及群官俱再拜舞蹈三稱萬歲又再拜訖侍中升自東階進當御座前承旨退臨階西向稱有制典儀曰再拜太尉及群官在位者俱再拜訖宣曰朕以鴻儀昭舉保命會昌逈於群情祗膺顯號退循寡昧惕懼增深所賀知宣訖降還侍立位典儀曰再拜太尉及群官在位者俱再拜舞蹈三稱萬歲又再拜訖太尉司徒退就侍立位通事舍人分引應北面位官各分班東西立定侍中升自東階進當御座前跪奏稱攝侍中具官臣某等言禮畢奏訖俛伏興降還侍立位而司承旨索扇上協律郎俛伏興舉麾鼓柷太樂令奏隆安之曲皇帝降座御輿入自東房侍衛警蹕如來儀扇開樂止侍中版奏解嚴中書侍郎帥奉案官升殿跪捧冊置於案次門下侍郎帥捧寶官升殿跪捧寶置於案訖禮官通事舍人贊引諸東上閤門狀進所司承旨放仗文武百僚並再拜訖退如常儀是後受冊如儀六年八月十九日宰臣趙普等拜表請加上尊號曰應天廣運聖文神武明道至德仁孝皇帝表三上詔

卷一萬七千三百八十七

答允　開寶元年十一月二十四日郊祀禮畢帝御乾元殿受冊　冊文曰攝太尉左僕射魏門下侍郎同中書門下平章事昭文館大學士臣趙普等謹再拜稽首上言臣聞惟天生民與衆區者司牧惟睿作聖法高明者哲王稽汗簡之嘉猷顧旋旒之能事是以有虞納麓昭濬哲之重華文命禹川大勳勞於神禹自時厥後率由舊章鑄訏大寶之尊粉繪飾大平之運滄海善下共稱百谷之王隣日無私更表大明之號在昔建隆御歷蒼壁嚴禋公王蹈地以拜章華夏瞻天而稽顙慆古道而冠章大武薦鴻名而法象乾坤雖檢玉繩金盡其美報而天功帝力未稱聖明載握大思增上徽號伏惟應天廣運神聖文武[illegible]德皇帝陛下極圖御守定鼎開基以睿謨英斷靖中原以厚德深仁寧[illegible]一時寰極四海會同詰旦視朝念九功之惟叙中宵不寐將百姓以為心誠明而有感則通側陋而無幽不燭天祚明德報之豐年蠻夷納貢於藁街鱗羽登歌於寢廟薦發中旁乃命有司考曲臺之舊儀展圜丘之盛禮詔蹕而蒼龍在馭播樂而鳳伯清塵邀賑無不來文物無不備當盛耀武畏天威而執敬不從日月垂文供王祭而周有後至樂六變而天神降禮三獻而地祇升昔炎而陰隲下民吾類而昭事上帝巍巍王業蕩蕩皇風大哉如日月之明矣動天之

尊號二
太宗諱炅
起

禮四九之五

德若乃其智如神唐堯之英也克諧以孝虞舜之至也生長萬物之謂道
臨照四方之謂明合文武之英兼廣神聖之至德參成具美厥慶大和臣
等不勝大願謹奉玉册玉寶上尊號曰應天廣運聖文神武明道至德仁
孝皇帝伏惟允億兆之懇受軒昊之名體坤厚之載物法乾元之利貞
二儀合德九曲重清自天祐之允塞皇明臣普等誠懼誠願頓首頓首謹
言　禮畢賜百僚食于明堂　開寶四年八月二十一日宰臣趙普等上
表請加尊號曰應天廣運興化成功聖文神武明道至德仁孝表三上不
允　九年正月二十六日皇弟晉王率群臣上表請加尊號曰濟天廣運
一統太平聖文神武明道至德仁孝皇帝以汾晉未平燕薊未復不欲稱
一統太平詔答不允　二月五日晉王等復上表請尊號曰應天廣運立
極居尊聖文神武明道至德仁孝表三上詔允所請候郊禋畢受册及禮
成有司將奉寶册行禮復詔止之　太宗諱炅宣祖第三子母曰昭憲皇
后杜氏晉天福四年己亥歲十月七日生於開封府浚儀縣崇德坊護聖
營官舍（開寶九年詔以其日為乾明節淳化元年改壽寧節）初名匡乂建
隆元年改名光義為殿前都虞候睦州防禦使八月遷泰寧軍節度使二
年七月加同中書門下平章事開封尹乾德二年六月加兼中書令開寶

卷一萬七千二百八十七

六年七月封晉王九年十月二十日即位改今諱（年三十六）太平興國三
年八月二十三日齊王廷美率宰臣文武百僚拜表請上尊號曰應運統
天聖明文武皇帝表三上詔答允　十一月十五日郊祀禮畢帝御乾元
殿受册　册文曰皇弟權太尉齊王臣廷美等再拜稽首上言臣等聞太
上立德不言而至德孔彰大道無名可久則鴻名自至亦猶聖人之乘寶
運至公以御璿圖建立之功既高於萬代居尊之號合冠於百王近古以
來徽章宛在伏惟皇帝陛下清寧誕聖融結資華玉理殊庭發天人之瑞
表形雲紫電總王者之祥符苞九德以在躬括五行而授秀爰自上天疑命
下武膺期如瑞日之升中洪纖畢照若慶雲之在上品彙咸蘇諸侯緣是
以駿奔萬國於焉而響至乃崇文德乃耀武功當乙夜以觀書則權衡周
孔乘秋風而欲戢則僕御韓彭我武於是惟揚皇威以之大震遂使北戎
慕化疑玉塞以來庭東越知歸覲瑤階而獻地萬里之車書載混一家之
正朔大同加以聖政惟新休嘉荐至九識梢歸禾之頌三農符望歲之心
閭里諸生佪佇泥金之禮康衢童子咸謳擊壤之謠太平之盛業斯隆大
定之丕圖永固所以藩衛邦伯不謀而同辭文武庭臣相趨而動色咸以
為乾剛坤厚比睿德以何階堯步舜趨望洪光而靡及況屬嚴禋之盛禮

詔答

禮四九之六

適期茂對於圜靈若非祖述皇猷範圍帝載纂鴻熙之懿號賁煥赫之尊
稱則何以顯日月之清明慶地天之交泰於是由中及外同黨協恭扣紫
殿以虔祈拜彤庭而上請勤拳懇倒至於再三陛下猶歸德於天推而弗
有辭不獲已始曰俞哉夫光宅中區大荒諸夏副萬靈之忻戴允六合之
歸尊可不謂之應運乎握紀承乾披圖御極體北辰之列象正南面以垂
衣可不謂之統天乎堅者比二儀之覆載明者法兩曜以照臨化成萬物
之謂文底定八紘之謂武合以為號無得而踰臣等不勝大願謹奉玉册
玉寶上尊號曰應運統天聖明文武皇帝伏惟陛下順高穹之休命揚景
耀之祥光明明在位永永當陽軼遐齡於軒昊掩至化於成康如天不息
萬壽無疆臣廷美等誠懽誠忭頓首頓首謹言　六年十月八日宰臣趙
普等拜表請加上尊號曰應運統天睿文英武大聖至明廣孝皇帝表三
上詔答允　十一月十七日郊祀禮畢帝御乾元殿受册　册文曰攝太
尉守司徒兼侍中臣趙普等再拜稽首上言臣等聞天本無私冠三才而
為號道惟不宰首四大以垂名矧乃皇王受圖天人合契應千載會昌之
運遂群生欣戴之心儻未極於尊稱諒有虧於古典況今皇猷允塞帝範
昭融當聖德之既升豈鴻名之可卻武揚徽烈斯謂至公伏惟應運統天

卷一萬七千二百八十七

聖明文武皇帝陛下太極儲英上元凝命茂日躋之聖德允協靈心順天
答之休期丕承帝緒自嗣三靈之眷祐寶符萬物之謳歌惟彼并門久稱
皇化前朝薄伐未遂於翦除先帝龔行尚存其孳孽及陛下搖圖演慶革
輅親征太阿之靈劍纔麾大鹵之堅城遽拔三十年之校穴自全平八百
載之洪基由茲更盛四海之車書既混一家之正朔大同允謂宸功咸欽
帝力尚或憂勤庶政親覽萬機當秘大殿延英則惟思納諫及靈臺觀象
則先議進賢百職允釐九功惟叙故得民歌治世俗慶中居巍巍蕩蕩
無得而踰於是文武百僚談睿德於內方岳庶尹詠皇風於外至於鞮崙
緇衍之老雕題辮髮之流皆願增日之洪光報乾元之廣覆若非輝今
越古加莫大之崇名編玉篆金獻居尊之懿號則何以顯君親之至德表
臣子之深誠中外同寅表章三上陛下儀天運德法地流謙稽守允恭期
于克讓辭不獲已乃屈已以俞之夫經緯乾坤範圍軒辟蹈百王之茂躅
淹三代之英聲可不謂之睿文乎力殄并汾德柔吳越混寰區而敷大化
謁郊廟以獻成功可不謂之英武乎道合穹昊功侔造化邁重華之濬哲軼
唐帝之文思可不謂之大聖乎登并軒臺明逾羲易達四聰於廣聽躋萬
象於重曈可不謂之至明乎尊祖所以配天備物於焉饗帝恭恭之德上

格於圜靈翼翼之心至行其昭事可不謂之廣孝乎臣等不勝大願謹奉
玉册玉寶上尊號曰應運統天睿文英武大聖至明廣孝皇帝伏惟陛下
順億兆之情享三五之名法天之大如日之明廣春臺而熙熙景附壽域
以泰群生乾坤在宥業業持盈千齡萬祀永保亨貞臣普等誠懽誠願頓
首頓首謹言　九年九月十五日宰臣宋琪等上表請加尊號曰應運統
天睿文英武大聖至仁明德廣孝表三上詔答不允　端拱二年十二月
十三日詔曰朕書覽群書備觀前古居尊之號近代方行向者群后同辭
封章見請虔懇斯至避讓無從勉徇之心遂極尊崇之稱每一自念深
用憮然豈敢以謙德自私必將以古道爲法其自前所加尊號悉宜省去
四方所上表惟稱皇帝凡百官臣寮當體朕意翌日宰臣呂蒙正等奏曰
陛下神功聖德輝映古今在於尊稱止可增益勿奉詔旨省去中外無不
驚駭帝曰至於皇帝二字亦不可兼稱此蓋起於秦始皇後代因之不改
朕亡欲止稱王又以諸子封王無以自別朕志先定卿等無復言　十七
日復拜表上尊號曰法天崇道文武皇帝詔除文武二字外所請宜依淳
化元年正月一日帝御乾元殿具仗衛受朝賀宣制畢受册　册文曰維
太尉中書侍郎兼户部尚書同中書門下平章事監修國史臣呂蒙正等

卷一萬七千二百八十七

再拜稽首上言臣等聞厥初生民置之司牧非上聖莫能膺景命非至德
無以臻大和然則考茂實而建尊稱順人心而答天眷皇帝之道典册具
存以畋以漁庖犧之名著矣爲耜爲耒神農之號彰焉大功不宰而自歸
多福不求而自至休嘉之應徽美之來不可得而辭也伏惟皇帝陛下剛
健中正聰明文思神用則極深而研幾聖智則原微而知遠德合造化謀
先鬼神志本乎堯仁行甚乎舜孝而自纘臨大寶十有四年聖政克勤大
猷斯建惟小心而守位常恭己而臨朝敷布惠和滌蕩瑕穢恃險弗率若
懲之以威武於是乎有汾晉之蒐輸忠來附者勸之以恩禮於是乎漳閩
吳之域服大裘而郊上帝嚴配之道昭矣籍千畝而祀先農化俗之勤至
隆典畢舉庶政咸修蠻戎狄罔不懷鳥獸魚鱉罔不若越裳表獻
登咸刑罰省而氛祲消德教彰而符瑞集然猶觀書一夜聽政未明萬機
靡倦於緝熙百職彌精於訓乂治道大備寰區永安無拱之機隆經緯之
功著非夫寬明博厚濬哲溫恭宸耀欽光武敦神化熟能若斯之盛歟乃
者是自秦秋稍愆時雨雖親祭朝之潤未洽多稼之災陛下究思而責躬
憂勞而減膳默思道化惻隱居尊猶度之費上通高明之應如響時從於
慕齊澤已感雖復遐荒殺之秩祥遐星辰之次占方莊雅感激未足稱是

宜增懿號而舉徽章願休符而昭盛德而陛下忍降明命省去鴻名略功
業而弗居守謙儉而自損中外傾聽彷徨失容雖懇疏屢陳而德音不易
俾奉前詔深辯群情僉曰人祇之望不可違古今之典不可廢建龐鴻之
號亦未足以形容體謙退之懷則願從於簡約於是稽首勤請至于三四
陛下不得已而俞之大覆燾無私法乎天也清淨之治崇乎道也臣等不
勝大願謹奉玉册玉寶上尊號曰法天崇道皇帝伏惟陛下含建行之德
契沖用之方至化下宰丕基永固遠及乎四海高視乎百王混書軌垂衣
裳撫我休運萬壽無疆臣蒙正等誠懽誠願頓首頓首謹言時趙普以疾
告故册文止以蒙正爲首　禮畢御大明殿群臣上壽

宋會要

淳化三年九月二十五日宰臣李昉等上表請加尊號曰法天崇道明聖
仁孝文武表五上詔答不允帝謂近臣曰時和民安即朕所願溢美之號
何足尚焉至道元年十二月二十二日宰臣呂端等上表請加尊號曰法
天崇道上聖至仁復面讓陛下減損尊號歲月滋深今嚴禋在近內外臣
庶請加徽號眾象詔命未賜允從望上從天意下順人心萬方幸甚帝曰
朕以近歲陰陽愆伏盜賊奔衝今夏以來農田頗稔故卜來歲上辛親祀

卷一萬七千二百八十七

泰壇預爲蒼生祈豐年爾於朕躬無所冀也表五上繼以面請終不允
至道三年三月二十九日崩于萬歲殿年五十九十月十八日葬永熙陵
在河南府永安縣謚曰神功聖德文武廟號太宗（謚議翰林學士承旨宋白撰册文參知政事李至撰哀册文宰臣呂端撰）大中祥符元年十一月
加大中至仁應道神功聖德文武大明廣孝（謚議宰臣王旦撰册文參知政事趙安仁撰）五年閏十月加今謚（册文樞密使同中書門下平章事王欽若撰）

宋會要　尊號三

真宗諱恒太宗第三子母曰元德皇后李氏開寶元年戊辰歲十二月二
日生于開封府第（至道三年詔以其日爲承天節）初名德昌太平興國八
年十月授特進檢校太保同中書門下平章事封韓王改名元休端拱元
年二月加兼侍中江陵尹荊南湖南節度使進封襄王改名元侃淳化
五年九月加檢校太傅開封尹進封壽王至道元年八月立爲皇太子改
今諱三年三月二十九日即位年三十咸平二年八月五日宰臣張齊賢
等拜表上尊號崇文廣武聖明神孝皇帝表五上詔答允　十一月七日
郊祀禮畢帝御朝元殿受册　册文曰維太尉兵部尚書平章事張齊賢

等再拜稽首上言曰臣等聞承天序以臨民播神功而育物符命昭晰道德敎闡非鴻名無以表其尊非顯號無以明乎大蓋王者法與蓋於天地聖人運舒慘於生成上以答宗廟之靈下以副人神之望伏惟皇帝陛下握圖御極觀妙宅中纘二聖之丕休兼列辟之通術制事以裔御衆以寬天成歲功人尊日用奉宗祐盡尊尊之禮敘昭穆示親親之懿至於端廣調之適懸削條章之靡密窮神設敎便俗立防內訪公卿外咨嶽牧耆夫相慶畝有餘糧廷尉上言府無積牘乘秋講武築臺觀兵視學崇儒右文宣化霏烟翥野協氣凝霄昭格之功與時偕茂耀臨之德惟天比隆此所謂神明胥悅天人交應者也由是華夏臣庶不謀而集咸以為嘉運累洽洪猷允塞宜受尊稱以符至公群懇僉然疏封五上輿情難奪帝俞乃俞夫昭德塞違柔遠綏近成均講道宣室禮賢乂举訓戎五營練卒邊城弛柝絕域銷烽大聖以協三靈大明以照百度仁以克己復禮孝以奉先承祧該總徽美涵盈宇宙臣等不勝大願謹奉玉冊玉寶上尊號曰崇文廣武聖明仁孝皇帝伏惟陛下膺寶命於中昊荅祺祥於上玄踔越炎景娛煌羲軒百祉斯永九齡克延無疆之慶億萬斯年臣齊賢等誠歡誠慶頓首頓首謹言　大中祥符元年六月二十九日宰臣王旦等拜表請加上尊號曰崇文廣武儀天尊道寶應章感聖明仁孝皇帝表五上詔荅允俟封禪還京日受冊十二月四日帝齋於長春殿五日御朝元殿受冊　冊文曰攝太尉工部尚書平章事臣王旦等再拜稽首上言臣等聞陟喬岳而禪方澤所以勤崇垂鴻鏤金板而書玉牒所以飛聲騰實非蒼靈交感無兆王應非函夏宅心無以建顯號故齊聖合德必有以發揮天意人欲不可以推拒至於踐八九之蹤邁三五之徽稱擁百神之休為列辟之首者何莫大於斯道也伏惟崇文廣武聖明仁孝皇帝陛下德富天覆英威霆斷宅中黃而握秘館席蘿圖而撫絕瑞撫臨寰海十有二載清心而恩道正身以率下茂陶思欽明之姿敦有虞忠利之教體禹之勤儉而未嘗滿假法湯之寬仁而濟之勇智周武懲和而人神胥悅漢高豁達而小大畢力剗復講求今與洛度善言建大中於民極形教敘於內治物色遺彥雜貌宗公重慎一成之文辯明三至之謗仁風慘暢王度清夷乃者邊候弗寧疆吏致告我不徂征武節炎屬揚威以靖亂修盟而繼好包束干戈示不復用撫和荒遠如樂之諧此漢宣之功光祖宗也先圖俯邇時恩罔極案歷備謁奠獻悲滌覽松櫺而動止閱牆澤而優然此孝宗之孝通神明也故得淵監儲祉祺祥昭荅齋居乙夜示貽鑾之期靈清旦垂圖書之

卷一萬七千二百八十七

錫況樾殊尤眷命深孚愛徇臣民之請乃修曠絕之禮協吉日歷代崇親至上封謁顯太一陳信辭於金策銘休功於翠崖彰帝王之盛節為天下之壯觀誠千載之一時也於是群卿庶尹虎臣爪士閭里耆艾億兆尚渠咸伏闕而言曰陛下膺圖纂服紹休聖緒昭姓考瑞繼成先志誠宜述宣鴻德著於徽冊端委法座祇受尊名茲事體大不可闕也陛下猶為抱沖讓至于五請始曰俞哉夫體元則大之謂儀天抱一守柔之謂尊道寶命告應之謂輔德明章道感之謂合符臣等不勝大願謹奉玉冊玉寶上尊號曰崇文廣武儀天尊道寶應章感聖明仁孝皇帝伏惟陛下總清明之妙用攬希微之至言生成而不宰勞謙而益尊永錫難老垂裕後昆增九鼎比隆黃軒臣旦等誠懽誠忭頓首頓首謹言　咸平五年八月一日宰臣呂蒙正等上表請加尊號曰崇文廣武應道章德聖明仁孝表五上詔荅不允　景德二年九月十一日宰臣寇準等上表請加尊號曰崇文廣武應天尊道聖明仁孝表三上詔荅不允　大中祥符元年十二月四日以東封禮畢受冊特命擇日前二日百官習儀前一日致齋其陳設如元會儀知樞密院事王欽若等言陛下受冊尊號百辟就列稱慶臣與三司使諸司使副已下侍立殿上唯至尊初坐至禮畢再拜並不稱賀遂放感事何以自安俟上冊禮畢太尉等歸位臣於殿上率侍立內諸司使副內臣已下致詞稱賀帝召王旦問其事旦曰然殿上難以舞蹈遂從欽若所請不令舞蹈　大中祥符元年十二月加號崇文廣武儀天尊道寶應章感聖明仁孝（冊文宰臣王旦撰）三年七月二十四日宰臣王旦上表請加尊號曰崇文廣武儀天尊道寶應章感欽明上聖至德仁孝表五上詔荅不允　五年閏十月十二日宰臣王旦等拜表請加上尊號曰崇文廣武感天尊道應真佑德上聖欽明仁孝皇帝表五上詔荅允俟尊冊聖祖畢受冊五年閏十月二十四日有司上言舊制皇帝冊寶並以金裝宗廟以銀裝鍍金今緣奉上聖祖徽冊欲以依宗廟冊用銀裝詔聖祖聖祖母寶冊法物並以金裝皇帝尊號寶冊以銀鍍金裝　十一月十七日中書門下言奉詔聖祖寶冊俟新宮成日親詣宮奉上臣等與禮官參議欲先擇日備禮奉上尊號寶冊又請許中外上表稱新上尊號並不允九年八月二十一日以將上玉皇聖號南郊恭謝群臣復五上表固請詔允　天禧元年正月十一日恭謝禮畢帝御天安殿受冊　冊文曰攝太尉司徒兼門下侍郎平章事臣王旦等再拜稽首上言曰臣等聞太上元始道之宗也應物而強名穹昊清明天之體也因時而表德惟重熙之嘉會集三靈

卷一萬七千二百八十七

之休應廣大悠久法象昭著增簡冊之徽烈叅天人之合符伏惟崇文廣武儀天尊道寶應章感聖明仁孝皇帝陛下睿智淵凝聖謨天運恭黙而敦敏文明而柔克撫太平大定之業慎持盈守成之戒孝德本乎善繼時雍始於蔽叙興禮樂以布王澤刑易俗成懷辯典章以恢邦教乃時文載郁萬方在宥百志惟熙海外暢清晏之風寰中歸仁壽之域向以乾符紛委坤珍紹至故升中于岱而禮從社報本於地而饗汾脽屢奠巡之盛秩饗漢祠之合莽馨德格于上下介福浹於遐裔既而作靈宮以祐太微薦至神之攸處推尊名以罔群微賚前載之未有是以圓靈乃顯高真荐降協夢雲紀觀神汾水啓淵源於太古諭寶歷於無疆而復景星鳴鸞祈神而濟物離陽接曜亭祖而遠鄰肅承明盛昭報繁揚禧得一善成之道崇主三為大之名儀章極於範圍盛烈踰於載籍溥天率土默禱稱慶由是圓首方足不謀而同以為神況盛章清廟之所補帝猶自遠商周之莫京常善是經邦國之大務盛美紀備兆庶之欣戴竊惟稱謂未昭然敢稽古訓式遵群心詔旨下臨深形謙抑至于五請始奉帝俞夫克世有基惟新受命盛天也孵蔑協期躋俗歸厚應真也燕翼有初著衍惟永祐德也高視縕契為之稱首上聖也齋明虔受克念刑脩欽明也制以獻歲初吉

卷一萬七千二百八十七

奉冊於殊庭次年協辰升烟於吉土方交繹於盛御宜趣膺於茂典率籲衆懇術代堯闕復露章五上冀仰前詔陛下不獲已而從之臣等不勝大願謹奉玉冊玉寶上尊號曰崇文廣武感天尊道應真佑德上聖欽明仁孝皇帝伏惟陛下紬列辟之令猷紹九皇之至德保祐蔡獻錫羡千億與天凡崇萬壽無極臣旦等誠懽誠忭頓首頓首謹言　三年八月二十四日宰臣向敏中等拜表請加上尊號曰體元御極感天尊道應真寶運文德武功上聖欽明仁孝皇帝表三上詔答允十一月十九日郊祀禮畢二十五日帝詣玉清昭應宮恭謝還御天安殿受冊　冊文曰攝太尉中書侍郎兼吏部尚書平章事臣欽若等再拜稽首上言臣聞涉希夷肆禋饗邦國之大事也崇美稱表茂功帝室之盛節也惟天誘聖啟珍符休命必務昭答惟人戴君故鴻儀典必欽其欣贊我國家當深耀之烈纂神器之系於皇聖祖紹天開繹首中古之號諡為萬世之法藝祖文考創業垂統義衆盛禮乃受丕名肆重熙之在歷本善述以昭孝承治成憲斯惟至公伏惟崇文廣武感天尊道應真佑德上聖欽明仁孝皇帝陛下濬明在躬剛健成德無黷以司契調斗而布度恊用中之大智講長世之善經慎罰寬慈勸農抑末早服躬乎克儉旰食勤乎庶省五兵載戢而殊方即叙至

尊號四
仁宗諱禎起

神應運而洪化浮流保合太和安綏方域二十三載於茲矣曩者肯極儲祉真籙應期登封告成刻號昭姓寖尋汾時大報於坤元推尊嶽靈蓋蹕於帝籙聲明輝耀福瑞紛沓既而祕感冥應飛軿旁來悟鴻源之濬遐承淵宗之右序乃復嚴師曲里欽衆妙之本設都雎水表與王之壤下郊吉土以謝況穹孚為冊珍館以歸美真聖禮樂之文著矣天人之際交矣方且凝神於繼護繹洪乎韶淵遠猷是經小心弗遑崇建上嗣億寧大本萬邦斯正重輝克明黻褒虔羣益嚴昭事祀天正之吉日履陽位之上儀祇薦馨香齋恭配侑中外臣庶遐邇一心相與抃舞昌期形容景鑠顯揚顯之號以暢鴻明之美陛下淵穆勤謙至于三四雖請者五始曰俞哉夫得一體元順乾則也極圖御極恢景命也克昌寶運隆聖緒也炳煥之文昭其德也保定之武成厥功也臣等不勝大願謹奉玉冊玉寶上尊號曰體元御極感天尊道應真寶運文德武功上聖欽明仁孝皇帝伏惟陛下承至天之律研至道之精時來在宥日慎持盈爲列辟之稱首流無疆之淑聲千祿百福錫羨無京臣準等誠懽誠忭頓首頓首謹言時向敏中疾告冊文上以寇準為首　三年十一月加號體元御極感天尊道應真寶運文德武功上聖欽明仁孝　冊文宰丞臣準撰　乾興元年二月一日內出

卷一萬七千二百八十七

御札曰乃者迪以群情叅增嗣號事逮率籲紛陳昌言今則戴協同辰擘部元惡及此布和之令仰于克已之懷自今中外所上表章其名尊號二字宰臣丁謂等再表請復尊號詔不允四日復請上應天崇道欽明仁孝之號詔允之會晏駕不果奉冊先是宰臣議於舊號擇十字或八字內出此號蓋承已從人之至也　二月十九日崩于延慶殿年五十五謚曰文明章聖元孝廟號真宗　謚冊翰林學士承旨李維撰冊文宰臣王曾撰冊文宰臣馮拯撰　天聖二年十一月加謚曰文明武定章聖元孝謚議翰林學士承旨李維撰冊文宰臣王欽若撰　慶曆七年十一月加今謚謚議翰林學士張方平撰冊文宰臣陳執中撰　仁宗諱禎真宗第六子母曰章懿皇后李氏大中祥符三年歲次庚戌四月十四日生乾興元年詔以長日為乾元節　初名受益七年三月授左衛上將軍封慶國公八年十二月遷特進忠正軍節度使檢校太尉兼侍中封壽春郡王天禧元年二月加兼中書令二年二月遷開府儀同三司守太保兼中書令行江寧尹建康軍節度使進封昇王八月立為皇太子改今諱乾興元年二月十九日即位　年十三　天聖二年七月十八日宰臣王欽若等拜表請上尊號曰聖文睿武仁明孝德皇帝表五上詔答允　十一月十三日郊祀禮畢帝御天

安殿受册。册文曰：攝太尉守司徒兼門下侍郎平章事昭文館大學士臣王欽若等上言：臣等聞大寶曰符，昊穹所以昭聖；鴻名顯號，億兆所以推尊。於鑠有宋，肇開炎歷，三聖繼統，八紘歸化，功再造於寰海，德冠崇於往初，莫不順考前規，率循大卞，膺群倫之欣戴，受典册之焜煌，縱武弄鴻，為萬代法。伏惟皇帝陛下性與道秘，體含乾則，凝六氣之粹和，合五精之題序，春秋鼎盛，輝光日新。爰初受命，屢啟藩國，佩瑜玉以常從，侍東箱之聽斷，察壽衛之牘，幾隱必聞，詢謀宗之言，詩温無爽。及夫震閣黄闈，宗正是司，居一百之元良，繁天下之根本，寅奉謨誥，洪宣國經，內竭力以承顏，外協心而敷化，烝烝盡其懽養，乾乾荷其永圖。乃膺審訓，以陟元后。於是酌典憲，修維綱，黜儉士，進方直，奉文母於長樂，極其肅恭，接碩臣於延英，納其忠謹，淑慎機務，憂勞隱微，刑以防邪而蠲其靡費，以饗善而杜其覬覦，庠進群才，申嚴有職，勸農桑而抑末業，雕篆以崇儉，勤小民之求助，定彝倫而建極綱，乃行教天至盛，倍時思易月，離邇於舊章，號是嵩守於經禮，吉蠲茂于宗祐，崇建加于寢園，博堯族以斯和，合姬宗而雍睦，乘茵步輦，息三面之畋遊，虎觀雲臺，集六儒之講誦，尊舉訓以歸厚，藉編聯之向方，懿是衷靈，協恭歲時，大順三邊，絕警五稼，屢豊卜天正之上元，舉國

卷一萬七千二百八十七

陽之肆類，中外臣庶葉衛虔誠，以為景運襲熙，大猷踵武，宜享尊稱，周光先烈。陛下虔恭抑畏，載執勞謙，百辟抗封，至于五上，沛然宸恩，始降帝命。夫惟睿作聖，所以膺會昌也；懿文經武，所以紹洪業也；顯仁翼明，所以佑中夏也；孝為絶德，所以形萬方也。臣等不勝大願，謹奉玉册玉寶，上尊號曰聖文睿武仁明孝德皇帝。伏惟陛下徇黎首之歸往，荷蒼靈之眷懷，玉昭盛容，膺受多福，然後執一以綏俗，持盈而守邦，崇信忠賢，率由典常，濟烝充於高明，阜蒸民於惠康，保神祖二宗之茂緒，以永于無疆。臣欽若等誠歡誠忭，頓首頓首，謹言。天聖五年七月二十一日，御札：今年南郊，文武百寮毋得上表請加尊號。翌日，輔臣以御札不得上表請加尊號，因上章引咎乞罷免，詔答不允。八年七月十七日，宰臣呂夷簡等上表請加尊號曰聖文睿武體天欽道仁明孝德，表三上，詔答不允，復降手詔賜輔臣，述謙懿奉天不受加號之意，於是遂罷。明道元年十二月十一日，宰臣呂夷簡等拜表請加上尊號曰睿聖文武體天法道仁明孝德皇帝，表五上，詔答允。二年二月十一日，籍田禮畢，帝御天安殿受册。册文曰：攝太尉門下侍郎兼吏部尚書同平章事昭文館大學士臣呂夷簡等再拜稽首上言曰：臣等聞穹昊之垂景命，啓昌圖，必有明君哲后大庇於方夏，臣

庶之陶至化，沐利澤，必有鴻名懿號，歸美於尊極。至公之議，庸可避郤？盍上下交感之理，本於自然；古今不易之規，斯為成憲。近於近世，猶炳大猷。玄德初基，藝祖興運，造邦戡難，不顯濟美；神宗纂治，以聖繼聖，功德宏隆，允格天地。洎於文考，內平外成，重熙累洽，禮樂大備，莫不勉膺徽册，衛尚辟請，超越於前載，烜赫於無窮。洪惟聖文睿武仁明孝德皇帝陛下，本神靈之系，憑積累之厚，德茂廣淵，體包濬哲，神機英略，先物造微，幾睹庶邪，維綱群品。總者道之寶，乃蔚惕而泣辜；臨者德之恭，故弊衣而菲食，宵長天命，尊聖哲之言，則責躬罪己，滅災救患，若寧盟遵彌修之義，則玉帛交聘，邊候不警，惟刑之恤，特參之法甚除，得士者昌，薪槱之詠斯洽，乾乾翼翼，一紀乎茲，故得梟鶩之俗，崇華風而面內，肖翹之類，被嘉氣以樂生，則復歲時大閱，來稼屢穆，綿穗致豐豆之安，比屋饗登臺之樂。乃詢與議，乃訪辰猷，講希世之儀，舉盛德之事。仲春令序，土膏脉起，將耕千畝之籍，武展三推之制，抑末衆本，務穡勸分，丕昌先烈，繩陛墜典。厥是彤庭文武之列，葉衛勇貊之長，班白之老，緇黃之衆，望中宸而旋拜，伏上閤以剡奏，僉曰將陳盛禮，宜進丕名，仰稱謂之未隆，存寶實之昌副。陛下再形沖挹，深自抑損，封章五上，中外一辭，矜其懇懇，始賜俞允。大端拱穆清，洞列邪

卷一萬七千二百八十七

正，虛懷納忠亮之言，當朝絕險僥之諸，則睿聖之智對實時雍。國史深鑒治亂，務農去殺，戰之用柔遠，示千羽之化，則文武之業盛矣。若乃高明居上，陰騭在下，陛下恭己南面，含氣蒙福，神道設教，不言而信，不曰體天乎？希夷之域，清淨為宗，陛下凝中觀妙，執象抱一，無為而治，不令而行，不曰法道乎？復又備康衆以救民，開策書而辯謗，仁明之至也；奉慈宸而盡禮，饗太室以致恭，孝德之著也。臣等不勝大願，謹奉玉册玉寶，上尊號曰睿聖文武體天法道仁明孝德皇帝。伏惟陛下因率籲之心，見推尊之美，膺誠應物，持盈守位，保自天之丕祐，繁卜世之延歷，既壽而康，申錫無疆。臣夷簡等誠懽誠忭，頓首頓首，謹言。明道二年二月，加號睿聖文武體天法道仁明孝德。册文宰臣呂夷簡撰。七月，詔省睿聖文武字。七月二十五日，詔曰：比年以來，禋畢作沴，群國交奏，日月相仍，豈朕德之不明，將天時之適爾？夙夜循省，咎實在予。嚮緣大禮之成，勉徇群公之請，增予以睿聖之號，加予以文武之稱，內惟菲涼，非所堪克，其去睿聖文武四字，仍擇日告于天地宗廟。景祐二年七月十七日，宰臣呂夷簡等拜表請加上尊號曰景祐體天法道欽文聰武聖神孝德皇帝，表五上，詔答允。十一月十五日，郊祀禮畢，帝御大慶殿受册。册文曰：攝太尉尚書右僕射門下

侍郎同日奉事昭文館大學士臣呂夷簡等再拜稽首上言曰臣等聞以
至公御衆心有至公之議歸之以盛德居上者必有盛德之事尊之歸之
不可却其誠尊之無可略其美亦猶雲蒸雨施天地之訢合也宮動商應
律呂之相召也推於至理本乎自然是以輝赫之儀不戒而備鴻懿之號
不謀而同眇覩往昧之初逮于繩契之際司牧所暨稱謂必彰寵莫大之
跡稽審諦之義功由號顯號以德隆故勲重華敷命文武其來尚矣厲可
已乎粤自炎德肇烜真人協應傳繼之盛夐出百王莫不宸右御今詒謀
垂裕柔照洽之會順受戴之心典冊備物為萬世法恭惟體元法道仁明
孝德皇帝陛下啓千齡之初旦恢億載之遠圖天贊歷靈日躋睿哲包乾
剛以行健總皇極而建中旰食視朝夕惕保位十四載於茲矣至如執其
精一察諸危微聲身律度無伯禹之戒憯怛忠利廣有虞之道瘝矜擬隆
講求希闊則躬執黛耜修耕籍之儀厚絶玩好虔巢祠祀則精擇羨犧為
標嘳之器節申韓之法非取繁華宗黃老之言務尊清淨裁雅音而度曲
摛宸藻以成章率新鍾律恭薦郊廟又若廓明哲之明而納忠去讒擯雅
正之跡坦含垢之量而念功忘過無喜愠之色虛心應物屈己從人前疑
後丞以熙其庶績左右弼以達其下情靡不驕矜詎聞滿假常謂復一

卷一萬七千一百八十七

日之禮歸仁是念背萬方之罪在予可憫閔以螽螟為孽禾稼罕登損膳
徵名實畏聖謙協氣旋應上瑞章繇惟德動天其應如響尚執撝沖之旨
預申報諭之言而中外震悚宮師懽鬱王天之典未許於必行率土之瀆
遂稽於勤請今屬懿綱載肅治具畢張綿㝢安寧含生茂遂諏升陽之穀
旦展肆類之上儀懷柔百神祗陪三聖縣是屢延紳冕之列荒服鞮譯之
人麟趾茂親虎旅雄師鮐背鯢齒之老黃冠緇服之流僉謂美報方畢縈
祉具膺懇陳辭葉之言願復歸尊之號傾葵向日雖極於輿情饕玉填盈
未昭於丕矩旅情剿奏五上一辭陛下克謹謙謙勉從衆欲天厭適天命
稔明悉度而皇猷無外光被四表欽文之謂也講修鄰好戢濟禁亂而睿
智獨運明見萬里聰明之謂也廣淵之德特罷以立教知幾之妙惟變而
不測聖神之謂也紀元標慶翕受龐禧臣稱畏武是為冠首臣等不勝大
願謹奉玉冊玉寶上尊號曰景祐體天法道欽文聰武聖神孝德皇帝伏
惟陛上回衆心之率顧念神器之攸重知之非艱言恩可復安危在馭下
治亂在任人然後韜斂戢以去兵垂衣裳而致治萬壽無疆百世永昌聖
子神孫穆穆皇皇永綏祖宗之休命臣夷簡等誠懽誠忭頓首頓首謹言
五年七月二十一日宰臣呂夷簡等拜表請加上尊號曰睿聖體天法

道欽文聰武聖神英睿孝德皇帝表五上詔省英睿字餘允所請　景祐
五年七月二十一日宰臣張士遜等上表請加尊號曰景祐體天法道欽
文昭武英睿孝德表五上詔去英睿二字餘如所請郊禮畢受冊是年十
一月十八日改寶元元年以寶元易景祐字
寶元元年十一月十七日郊祀禮畢帝御大慶殿受冊　冊文曰維太尉
門下侍郎兼兵部尚書同平章事昭文館大學士臣張士遜等再拜稽首
上言臣等聞王者孚命上繫歲端故謹五始之元以立極天子至尊受令
臣下故聽萬國之號以歸美蓋大據閎辭之正握璣衡之齊必有典冊備
物表功于無窮既以本顧諟之自又以納輸誠之衆參時茍合乃縣斯準
神家肇運祖宗重熙統一增洪充燁煌燿善覆洽法施謂至公恭惟景祐
體天法道欽文聰武聖神孝德皇帝陛下乾健離文密動淵默清明顯邦
天光見乎表睿哲幾微德音應乎速紹服嘉靖勵精持循博訪詢和垂衆
思治乃賢故載酌先規贊權綱核名實論隆緒之構靡不斟求昌讜之助
無攸伏隆儒視學櫽書受道奮辭摛藻昌漢昭回擢毫濡素龍鸞煥絢匯
徒作者之巨霆有化成之盛四見郊畤中履虔固祈報之誠陟配三后並

卷一萬七千二百八十八

假二廟章觀之孝展禮均樂聲容以諧簡汰詳刑威當自得大抵定著科
令據章憲度總官詔第別髦士進推恩卹後別世祿蓄秕亢閭之遺則作
儉諧近端良遠左右之選則闡崇文延讜直敦族親愛合小宗於朱邸練
師選將制斯書於金匱勤邦絶橫賦之累敵吏得善使之方舜尊尚勤散
戒逸預仍歲康稔屢庚饒衍邊寧晏如物靡疵癘懷生當出不識烽燧之
警誦弦興戚化暨知教歡深學于鄰荒甫內屬陽升日至帝饗報告靈歆
交瑞篆聯緜是歸丹群辟藩岳師師洵于百夫之長安荒之酋鄰御以奢
緇黃之旅率籲言而覩景鑠成願乘春秋之一元樂維之英蘐洪範之恩
睿擬議徽懿嘉命尊稱陛下高居休然推而弗有諸臣知闕五請始遵恩
報可猶以祇膺徽號略慮謙而揭初曆至哉聖人紓己徇下慎滿敦抑之
二者周已比皇猷輔帝猷不矜不忌自我析中臣等不勝大願謹奉玉冊
玉寶上尊號曰寶元體天法道欽文聰武聖神孝德皇帝伏惟陛下徽宜
器之安思守文之難參對丕名楙懋令聲畏天保民滿觀成於皇萬年
如日之升本支綿綿福祚莫京臣士遜等誠懽誠忭頓首頓首謹言　康
定元年二月二十一日改元詔曰嚮徇群請加上徽名因以建年之元冠
于丕稱之首將從損抑且志乾修自今上表尊號勿復稱寶元二字　皇

祐二年三月二十一日手詔將來祀明堂禮畢群臣毋得上尊號先是慶曆元年七月十七日四年十月四日七年三月二十三日皆嘗詔中外群臣勿上尊號至是帝又謂輔臣曰遇大禮而再請加上徽號蓋稱朕所以奉神昭孝之意宰臣文彥博對曰陛下嚴父以配上帝則孝子亦有尊嚴君父之心此奏至于三四帝固拒之乃降手詔五年七月十六日詔以民方尚困農望歲邇聞有水旱之災加以蝗蝝之害方圖大報以祈善祥無假虛稱以重不德其將來南郊大禮臣僚毋得請上尊號嘉祐四年六月七日宰臣富弼等上表請加尊號曰體天法道欽文聰武大仁至治聖神孝德表五上詔答不允

嘉祐七年七月七日詔曰季秋令月其日辛亥有事親下閑惟吾凡明祀之所繫當致力而無辭至於徇虛名以從眾之欲增徽稱以滋朕之羞既非交神之道又非求己之實彼自崇大無益於是其將來大饗明堂百寮毋得上尊號

卷一萬七千二百八十七

宋會要尊號五

英宗諱曙濮安懿王第十三子母曰王夫人任氏天聖十年壬申歲正月三日生於宣平坊宅嘉祐八年詔以是日為壽聖節景祐二年養於禁中明年授太子左監門率府副率賜名宗實累遷右千牛衛大將軍寶元二年出居睦親宅嘉祐六年十月以右衛大將軍岳州團練使起復秦州防禦使知宗正事固辭不拜七年八月立為皇子改今諱授齊州防禦使封鉅鹿郡公入居皇子位八年三月二十九日即位年三十二英宗治平二年七月二十一日宰臣韓琦等上表請上尊號曰體乾膺歷文武睿孝表五上詔答不允以上國朝會要

治平三年十一月二十五日宰臣韓琦等拜表請上尊號曰體乾膺歷文武聖孝皇帝表五上詔答允四年正月一日具儀衛於大慶殿庭帝不御攝太尉宰臣韓琦奉玉冊玉寶授閤門使閤門使授內常侍內常侍以進　冊文曰攝太尉尚書左僕射兼門下侍郎同平章事昭文館大學士臣韓琦等再拜稽首上言臣聞天道育萬物而不責其報然飛走之微必時而有蕃者以知其本也君德被萬寓而不有其名然臣民之眾必崇

卷一萬七千二百八十八

而有號者以歸其誠也故報雖不責焉而知其本者天必饗名雖不有號而獻其誠者君不遺是以上下之情通而古今不能以易也恭惟皇帝陛下自然之性得堯之仁不閑而式紹文之聖繼百行而無不備探六藝而無不達粵在宗邸德充而瞬令聞莫遏四海傾心譬夫大明將升光氣前發萬目瞻望不可韜戢及乎膺受睿託纂隆皇緒信然三祀動遵先法奉養長樂孝惟克諧內嚴宮闈而細大必修外正紀綱而猶墜皆舉攬威柄以歸巳幹神化而獨運下驗鰥寡而悉其生至于昆蚑莫不被澤其九族之睦也本先乎知道其百揆之敘也本精乎任人若夫延見庶臣咨訪不倦有虞之好問也抑損浮費周度日約大禹之克儉也緝熙光明而德行以顯周成之保邦也綜核名實而賞罰必信漢宣之圖治也并會眾美嗣興太平啟自舟車所通日月所照皆承順聲教無敢弗虔固足以協四聖之閎休極百王之盛節者矣遐者肇禋吉土始見清廟祗而受福覃被遠下下之報上安可無述臣等所以合中外之志叩閽屢請上丕稱以形容於萬一而陛下推易之謙執道之契體貫二儀而不自滿功陪八世而無所矜冲然弗居可詔不下自是與情鬱悒更相青請以謂睿聖之則赫赫如此而不能發揚而博大之是不能飛走知本之者也今三朝之吉

萬玉來會重譯有賓八音在寢臣等幸於此時冀畢前懇封奏五上莫亞俯竭陛下猶敦諭數四不得已而命之夫道濟群生而不言所利體乾也躬饗大命而若固有之膺歷也化成天下而輝光日新文也守在四夷而兵革不試武也日用而百姓不知聖也親寧而禹國以歡孝也臣等不勝大願謹奉玉冊玉寶上尊號曰體乾應歷文武聖孝皇帝伏惟陛下無前之績本忘其名徇衆之欲勉而是承斯亦踵祖宗之舊而慰乎夏黎之情惟擇其盈以守其成壽考萬年以安以榮臣琦等誠懽誠忭頓首頓首謹言　冊入太和門樂作進冊寶訖内侍傳制曰朕以微元肇始寶運會昌迫以群臣祇膺顯號退省寡昧惕懼增深群臣再拜退復詣閤門拜表稱賀　治平四年正月八日崩於福寧殿年三十六　謚曰憲文肅武宣孝廟號英宗謚議翰林學士承旨張方平撰冊文宰臣曾公亮撰哀冊文宰臣韓琦撰　治平四年正月十日　神宗即位未改元　制曰自昔聖王之有天下也繼世以治世亦建號之正尊親之所親為立孝之始朕以菲質迭承丕造恭聞顧命祇循大下稽諸歷古具存典禮皇太后以坤寧之德載函夏以丕明之道儷皇家祖朝惟内助之賢先帝嚴母儀之奉懿猷徽範形於邦國追念冲耿躬獲纘承踐祚之初禮當懋舉謹以徽稱仰事寶慈謹上

卷一萬七千二百八十六

尊號曰太皇太后其合行冊禮令有司檢詳典以故聞　三月四日太常禮院言太皇太后皇太后合行冊禮伏請依嘉祐八年故事候三年喪畢施行詔俟至時檢舉以聞　熙寧二年正月十四日命參知政事趙抃撰冊文并書四月十一日中書省言太皇太后皇太后受冊前一日例進冊令與習儀同日欲俟習儀退然後進冊入内從之二十六日上詣文德殿跪奉太皇太后玉冊授攝太尉宰臣曾公亮　冊文曰嗣皇帝臣頊謹稽首再拜言曰臣聞昔之善為國者未有不先事親以孝治為風化先擴於區宇之間生靈之屬罔不悅服遂格於丕乂之盛此允可景也洪惟皇宋應寶籙開炎歷五聖重光邁百王於茲而小子纘承令緒常懷厥德之弗稱故夙夜寅畏儲精厲翼期措斯世於泰寧之域不累祖宗昌明之偏業蓋底幾於孝道者也顧惟眇躬荷我聖祖母愛育之厚慈訓之深比者肇禋圜丘而上帝嘉饗海内蒙福亦惟我聖祖母保佑之力祇載恩施念殫天下之物無可以將美報之意是用稽參典禮允協群情而未其劇隆之徽稱以彰懿鑠不勝大願謹遣攝太尉尚書左僕射兼門下侍郎同中書門下平章事集賢殿大學士臣曾公亮攝司徒樞密副使尚書吏部侍郎臣韓絳奉玉冊金寶上尊號曰太皇太后恭惟太皇太后儼齊

之質體夫巽順靜正之性稟於坤元進陛中闈綢繆仁帝修陰教以濟内治杜私恩以全外家逮我英考嗣統之始勉從確請參決繁機謙不敢朝亟圖還政此其識慮之遠聲烈之大貫出前古而流為萬世之軌法惟末小子又欽承彝誨之巨賜宜乎誕受玉冊以符中外之望於戲顯名之並於日月永命之衍於天地兹足以慰夫惓惓至養之心臣頊誠懽誠抃頓首頓首再拜謹言金寶授攝司徒樞密副使韓絳禮畢群臣稱賀　二十八日詔太皇太后皇太后受冊排列仗衛依御殿例支賜　治平定儀冊寶升大慶殿西階穿殿過出殿後門至内東門令禮院誤云由大慶殿西不穿殿過詔釋其罪

宋會要　尊號六

神宗諱頊英宗長子母曰宣仁聖烈皇后高氏慶歷八年戊子歲四月十日生於濮邸宅治平四年詔以其日為同天節是年八月授太子右内率府副率賜名仲鍼累遷右千牛衛上將軍嘉祐八年四月遷安州觀察使封光國公九月遷特進檢校太傅忠武軍節度使同中書門下平章事封淮陽郡王改今諱治平元年六月進封潁王三年十一月立為皇太子四年正月八日即位年十二　神宗熙寧元年七月九日宰臣曾公亮等上表

卷一萬八千二百八十八

請加尊號曰奉元憲道文武仁孝表三上詔答不允

熙寧二年四月一日宰臣富弼等復上此尊號又不允四年六月九日宰臣王安石等上表請上尊號曰紹天法古文武仁孝表三上詔答不允七年七月七日宰臣韓絳等上表請上尊號曰紹天憲古文武仁孝表三上詔答不允　十年七月十六日宰臣吳充等上表請上尊號曰奉天憲古文武仁孝表三上詔答不允　元豐三年七月十三日詔曰朕惟皇以道帝以德王以業各因時制名用配其實何必加崇稱號以自飾哉秦漢以來乃天子曰皇帝且亦至矣朕承祖宗之休宅士民之上凡麗文繁儀蓋已革去而近司群辟猶或時以稱號見請雖出于歸美報上之忠然非朕所以若稽先王之意令後每遇大禮罷群臣表上尊號　元豐八年三月五日崩於福寧殿年三十八　謚曰英文烈武聖孝廟號神宗　謚議翰林學士鄧潤甫撰冊文宰臣韓縝撰哀冊文宰臣蔡確撰　元豐八年二月七日制曰王者之臨御也稽於古以為天下法奉其親以為天下先雍遂兆民協於一德永惟寶命誕集我家肆予沖人獲紹洪業安綏四海實繄宗廟之靈裁決萬微實賴兩朝之聖歆聞遺訓俾正隆名敢忘大章用迪前

烈皇太后儷乾之極體坤之元明栢同符乎妻任恭儉逮過於陰馬輔佐
英祖内治流聞擁佑先朝母儀備至迨于寡昧夙荷怟情提携撫循教誨
成就於戲極九州之養曷盡孝誠加萬世之名庶承慈範謹上尊號曰太
皇太后四月四日群臣賀尊太皇太后拜表如儀 時哲宗即位未改元 八
日禮部言尊太皇太后册請三年喪畢行禮從之　元祐二年二月六日
命尚書右僕射呂公著撰册文中書侍郎呂大防書册三月五日太皇太
后手詔曰祥禫既終典册告具而有司遵用章獻明肅皇后故事予當受
册於文德殿雖皇帝盡孝愛之意務極遵崇而朝廷有損益之文各從宜
稱仰惟章獻明肅皇后輔佐眞廟擁佑仁皇茂業豐功宜見隆異顧予涼
薄純企徽音稽用舊儀實有慚德所有將來受册可止就崇政殿　前此
有司舉章憲故事内出御批云顧予涼薄豈敢上比章獻明肅皇后將來
受册可止就崇政殿宜敍述此意降詔追學士院草詔進入又降御批云
所進詔本旨意精涉今是即有昔非可只敍述太皇太后顧德不及章獻
不敢依御文德殿故事宜三者改進入故降是詔後數日執政奏事延和
殿太皇太后諭曰性本好靜昨止緣主上沖幼權聽政事蓋非得已況母
后臨朝非國家盛事文德殿天子正朝豈女主所當御宰臣呂公著等言

卷一萬七千二百八十八

陛下執謙好禮冠映古今加以思慮精深非臣等所及　四月十八日太
皇太后手詔曰有司奏受册當依典故在從吉之後夫典册備物以致隆
名國之盛禮也行於和平之日懼不克稱況今旱暵蕩雲苗稼將槁民則
何罪咎實在予雖側躬永思循膺自訟尚慮無以塞責消變而有司乃於
此時欲以隆名盛禮加我是重予之不德所有將來行受册禮宜權停罷
五月十八日太師文彦博等言伏奉詔旨以時雨愆期太皇太后陛下
憂閔元元側身修道躬自貶損以奉天戒權停受册之禮誠心上徹昭晰
隨答協氣來臻時雨溥霔内自畿甸外及州郡二麥既登秋稼有望陛下
勤民克己如此上天降鑒應誠若彼臣等不勝忻幸竊惟尊號册禮一朝
大典正名定位義不可後譬如萬物之於乾坤人子之於父母豈可須臾
而不稱哉而乃稽留盛禮不使時上仰無以稱穹昊之眷俯無以徇億
兆之愛戴臣等不勝大願謹太史局選定八月四日舉行儀範崇上徽號
詔不許自是三請乃從之　九月六日發册寶於大慶殿 册文闕 紹聖二
年九月加謚曰體天法古運德建功英文烈武欽仁聖孝 謚議翰林學士
蔡卞撰册文宰臣章惇撰 崇寧三年十一月改謚曰體天顯道帝德王功
英文烈武欽仁聖孝 謚議翰林學士承旨張康國撰册文宰臣蔡京撰 政

尊號八
徽宗諱佶起

和三年十一月加上今謚 謚議翰林學士强淵明撰册文太師蔡京撰

宋會要 尊號七

哲宗諱煦神宗第六子母曰欽成皇后朱氏熙寧九年丙辰歲十二月八
日生 元豐八年詔以其日爲興龍節 初名傭十年十二月十一日授天平
軍節度使檢校太尉封均國公元豐五年八月三日改元豐軍節度使加
開府儀同三司進封延安郡王八年三月二日立爲皇太子改謚憲元繼
道世德揚功欽文睿武齊聖昭孝皇帝是月五日即位 年十歲 元祐元年
十二月六日詔曰朕惟先帝臨御天下十有九年威加四夷澤被萬物功
德可謂悖矣然群公卿士每上徽號則拒而不受其謙尊不伐至矣朕以
眇然之身紹承纖緒夙興夜寐不敢遑寧令近司稽用典故以爲喪禮之
除百官當崇上徽稱此豈朕所以衛訓嗣事紹休前人之意哉將來服除
依元豐三年詔書更不上尊號先是中書省檢會故事將來服除百官合
拜表上尊號故有是詔四年三月十八日詔今後每過大禮依元豐三年
詔書更不上尊號元符三年正月十二日崩於福寧殿 年二十五 謚曰欽
文睿武昭孝廟號哲宗 謚議翰林學士承旨蔡京撰册文知樞密院事曾
布撰哀册文宰臣章惇撰 崇寧三年十一月加上謚曰憲元繼道顯德定

卷一萬七千二百八十八

功欽文睿武齊聖昭孝 謚議翰林學士承旨張康國撰册文宰臣蔡京撰
政和三年十一月改今謚 謚議翰林學士承旨何執中撰册文太師蔡京
撰
徽宗諱佶神宗第十一子母曰欽慈皇后陳氏元豐五年壬戌歲十
月十日生 元符三年詔以其日爲天寧節 六年正月賜名十月授鎮寧軍
節度使檢校太尉封寧國公八年三月加開府儀同三司進封遂寧郡王
紹聖三年三月改平江鎮江等軍節度使進封端王五年三月加守司空
改昭德彰信等軍節度使元符三年正月十二日即位 年十九 徽宗崇寧
三年七月九日詔曰朕以寡昧紹承基圖革去虛文每虔先訓歲當郊祀
已戒前期近弼乃言欲加稱號顧德弗類既非克堪矧在元豐已嘗詔罷
亦何勞於辭費徒有見於禮煩誕舉舊章深嘉爾志奉時昭考當體朕懷
其三省樞密院陳請大禮年上尊號更不受群臣亦不須上表大觀元年
六月二十六日詔曰朕惟唐虞建德禹湯懋功雖正帝王之名而簡大配
天靡崇虛飾處謙去泰朕甚慕焉粤在季秋大修宗祀輔臣有請備舉尊
稱雖事上之恭載嘉乃志而浮實之美惟聖弗居宜體至懷毋重辭費仍
自茲始勿循舊章布告成工咸諭朕意其三省樞密院陳請大禮年上尊
號更不受群臣亦不須上表今後更不檢舉初三省樞密院以故事陳請

大禮年當率文武百僚拜表請上尊號故有是詔宣和五年七月十九日太傅楚國公王黼等上表請上尊號曰繼天興道敦文成武睿明皇帝凡三上表詔答不允自是內外群臣皇子鄆王楷以下太學諸生耆老等上書以請者甚衆上皆不從六年七月五日詔內外臣僚今後勿得以上尊號爲請如違以違御筆論以上續國朝會要宣和七年十二月二十三日內禪上尊號曰教主道君太上皇帝

靖康二年二月北狩紹興五年四月二十一日崩（年五十四）七年六月上尊謚曰聖文仁德顯孝皇帝廟號徽宗（謚議翰林學士朱震撰冊文參知政事陳與義撰寶冊文宰臣秦檜撰）十二年八月梓宮還臨安十月七日權欑永祐陵（在紹興府）十一月加上今謚（謚議直學士院秦梓撰冊文宰臣秦檜撰）

欽宗諱桓徽宗長子母曰顯恭皇后王氏元符三年庚辰歲四月十三日生於坤寧殿（靖康元年詔以其日爲乾龍節）是年七月賜名亶授檢校太尉山南東道節度使封韓國公建中靖國元年六月遷興德軍節度使開府儀同三司進封京兆郡王崇寧元年二月改賜名烜十一月改今諱大觀二年正月遷司空武昌軍節度使進封定王政和三年正月加太保五年二月立爲皇太子宣和七年十二月除開封牧是月二十三日即位（年二十六）靖康二年四月北狩建炎元年五月遙上尊號曰孝慈淵聖皇帝紹興三十一年五月十九日崩（年六十一）謚曰恭文順德仁孝廟號欽宗（謚議翰林學士何溥撰冊文知樞密院事葉義問撰）

卷一萬七千二百八十八

高宗徽宗皇帝第九子母曰顯仁皇后韋氏大觀元年丁亥歲五月二十一日生于宮中（其日爲天申節）八月授定武軍節度使檢校太尉封蜀國公賜名構二年正月加鎮海軍節度使開府儀同三司封廣平郡王政和三年正月進檢校太保宣和四年三月進拜太傅遂安慶源軍節度使封康王靖康元年二月遷太傅靜江奉寧軍節度使桂州牧兼鄆州牧三月中改除集慶建雄軍節度使冀州牧兼平陽牧十一月遷安國武軍節度使信德牧兼冀州牧是月爲兵馬大元帥行營並從便宜二年五月一日即位于南京年二十一高宗紹興十八年六月二十二日宰執進呈禮部太常寺言書濟一千三百餘人造表乞上尊號上謙抑不受因敕有司仍後不得收接（乾道六年十二月一日加上尊號）紹興三十二年六月十一日太上皇帝內降詔曰朕宅帝位三十有六載荷天之靈宗廟之福邊事敉寧國威益振惟祖宗傳序之重兢兢焉惧不克任憂勞萬機弗遑暇佚思欲釋去重負以介壽臧蔽自朕心亟決大計皇太子賢聖仁孝聞於天下周知世故久係民心其從東宮付以社稷惟天所相非朕獨私皇太子可即皇帝位朕稱太上皇帝退處德壽宮皇后稱太上皇后應軍國事並聽皇帝處分朕以澹泊爲心頤神養志豈不樂哉尚賴文武忠良同德合謀永底于治是日太上皇帝先御紫宸殿有司設仗殿下文武百官班于殿庭起居畢宰臣陳康伯等升殿奏對畢太上皇帝曰朕在位三十六年久欲閑退卿等宜輔太子康伯等復奏曰皇太子仁聖天下共知今聞謙遜太過未肯即御正殿太上皇帝曰朕已再三敦勉之矣康伯等再拜辭太上皇帝還內群臣移班殿門外聽宣昭畢入班殿庭少頃上自內服履袍內侍扶掖出御欄側拱手立應奉官以次稱賀內侍固請皇帝就坐上固辭內侍扶掖至于七八上略就坐復興宰臣百僚稱賀上側立如初宰臣陳康伯等升殿奏禰陛下即御坐以正南面上副太上皇帝傳授之意天顏愀然曰君父之命出於獨斷此大位惧不敢當尚伏辭避康伯等因再拜賀奏事畢退上即還內太上皇帝命駕德壽宮上服赭袍玉帶步出祥曦殿門冒雨扶輦乃肯止太上皇帝麾謝再三且令左右扶掖以還太上皇帝曰此唐史武太宗吾付託得人斯爲憾矣群臣皆稱萬歲百官扈從太上皇帝至德壽宮退有旨太上皇帝太上皇后合上尊號即詔有司集議以聞

卷一萬七千二百八十八

紹興三十二年七月一日詔尚書左僕射陳康伯撰太上皇帝冊文兼禮儀使參知政事汪澈書冊文兼篆寶知樞密院事葉義問撰太上皇后冊文同知樞密院事黃祖舜書冊文入內內侍省押班徐仲爲都大主管同日禮部太常寺言檢准國朝會要尊號冊寶制度太上皇帝冊當用珉玉簡長尺有二寸廣一寸二分厚半寸澗數視文之多寡寶用玉廣四寸九分厚一寸二分填以金盤以紐（餘制具國朝會要）太上皇后尊號冊寶乞參照紹興十一年奉上慈寧殿冊寶制度修製從之

淳熙十四年十月八日帝崩于德壽殿（年八十一）謚曰聖神武文憲孝廟號高宗（謚議翰林學士洪邁撰謚冊文右丞相周必大撰哀冊文左丞相王淮撰）

宋會要

尊號

紹興三十二年六月十一日，太上皇帝内降詔曰：朕宅帝位三十有六載，荷天地之靈、宗廟之福，邊事稍寧，國威益振。惟祖宗傳序之重，兢兢焉懼不克任，憂勤萬機，弗遑暇佚，思欲釋去重負，以介壽臧，蔽自朕心，亟決大計。皇太子賢聖仁孝，聞于天下，周知世故，久係民心，其從東宮付以社稷。惟天所相，非朕敢私。皇太子可即皇帝位，朕稱太上皇帝，退處德壽宮，皇后稱太上皇后。應軍國事並聽皇帝處分。朕以澹泊爲心，頤神養志，豈不樂哉！尚賴文武忠良同德合謀，永底于治。是日，太上皇

卷七千七百六十四　一

帝先御紫宸殿，有司設仗殿下，文武百官班于殿庭。起居畢，宰臣陳康伯等升殿奏對畢，太上皇帝曰：朕在位三十六年，久欲閑退，卿等宜勉輔太子。康伯等復奏曰：皇太子仁聖，天下共知，今聞謙遜太過，未肯即御正殿。太上皇帝曰：朕已再三敦勉之矣。康伯等再拜辭太上皇帝還内。羣臣移班殿門外聽宣詔畢，入班殿庭。少頃，上自内服履袍，内侍扶掖至御榻側，拱手立。應奉官以次稱賀，内侍固請皇帝就坐，上固辭。内侍扶掖至于七八，上畧就坐，復興。宰臣百寮稱賀，上側立如初。宰臣陳康伯等升殿奏：願陛下即御坐，以正南面，上副太上皇帝傳授之意。天顔愀然曰：君父之命，出于獨斷，此大位

懼不敢當。尚伏辭避。康伯等因再拜賀。奏事畢，退。上即還内。太上皇帝命駕德壽宮，上服赭袍、玉帶，步出祥曦殿門，冒雨扶駕，弗肯止。太上皇帝麾謝再三，且令左右扶掖以還，因顧上曰：此唐文武太宗，吾付託得人，斯無憾矣。左右皆稱萬歲，百官皂從太上皇帝至德壽宮，退。有旨：太上皇帝、太上皇后合上尊號，可令有司集議以聞。三十二年，宰執、侍從、臺諫、兩省官、禮官集議于尚書省。翌日，尚書左僕射陳康伯、知樞密院事葉義問、參知政事汪澈、同知樞密院事黄祖舜、翰林學士洪遵、尚書禮部侍郎黄中、中書舍人史浩、敷文閣待制知臨安府趙子潚、敷文閣待制樞密都承旨徐嘉、權尚書戶部侍

卷七千七百六十四　二

郎吳芾、權尚書禮部侍郎吕廣問、權尚書兵部侍郎陳俊卿、權尚書刑部侍郎路彬、權尚書工部侍郎許尹、權尚書工部侍郎張闡、太常少卿王普、禮部員外郎劉儀鳳、太常丞吳龜年、太常博士林栗、楊民望、太常寺主簿嚴抗等言：臣等切惟至德之世，如容成、大庭、赫胥，皆洪荒杳邈，莫得而詳。自詩書所載，其盛德者堯舜，迹其所以致之之效，蓋能以天下遜。考之于古，皆以耄期而倦勤，天下後世猶爲美談。恭惟太上皇帝撥亂反正，身濟大業，中興之功，煌煌乎不可掩已。方時敉寧，國威復振，上之五緯循度，下而百穀登符，大功崇成，退却不居，以春秋鼎盛之年，脱屣萬乘，粃糠唐虞，古今一人而已。夫

五帝之壽惟堯最高百王之聖惟堯獨冠今茲高世之
舉視堯有光謂宜以光堯壽聖為號庶幾揚鴻烈而章
緝熙仰副太上皇帝巍巍甚盛之德恭請上太上皇帝
尊號曰光堯壽聖太上皇帝太上皇后尊號曰壽聖太
上皇后詔恭依二十九日詔曰朕聞天子必有所尊莫
大事親之道聖人何加于孝敢伸歸美之誠酌前代之
宏規尊本朝之盛典太上皇帝聰明淵懿敦敏恂齊積
三紀之勤勞倦萬機之繁劇遂以太寶付之眇躬祈天
莫控于帨衷即日勉承于景命雖極二儀之大無以昭
揖遜之公盡四海之豊無以效旨甘之奉用鋪張于至
德仍訂正于舊章虔上鴻名益恢孝治太上皇帝宜恭

卷七千六百六十四　三

上尊號曰光堯壽聖太上皇帝太上皇后宜恭上尊號
曰壽聖太上皇后仍令禮部太常寺疾速討論禮儀條
具申尚書省取旨副朕所以圖報大恩之意播告中外
咸使聞知七月一日詔尚書左僕射陳康伯撰太上皇
帝冊文兼禮儀使參知政事汪澈書冊文兼篆寶知樞
密院事葉義問撰太上皇后冊文同知樞密院事黃祖
舜書冊文入內內侍省押班徐伸為都大主管九日禮
部太常寺言檢准國朝會要尊號冊寶制度太上皇帝
冊當用珉玉簡長尺有二寸廣一寸二分厚半寸簡數
視文之多寡寶用玉廣四寸九分厚一寸二分填以金
盤龍鈕餘制見國朝會要太上皇后尊號冊寶乞參照

紹興十一年奉上慈寧殿冊寶制度修製從之八月九
日太常寺具奉上冊寶差官窠目詔差官如從攝太傅
奉上冊寶尚書左僕射陳康伯攝侍中奉太上皇帝寶
并讀寶及奉太上皇后寶知樞密院事葉義問攝中書
令奉太上皇帝冊并讀冊及奉太上皇后冊參知政事
史浩攝侍中請太上皇帝御坐前承旨宣答及奏禮畢
同知樞密院事黃祖舜前導禮儀使并奏禮畢翰林學
士承旨洪遵押冊案吏部侍郎二員權吏部侍郎凌景
夏權吏部侍郎徐度押寶案禮部侍郎二員禮部侍郎
黃中權禮部侍郎呂廣問奏中嚴外辦禮部侍郎二員
兵部侍郎周葵知臨安府兼權戶部侍郎趙子潚殿中

卷七千六百六十四　四

監中書舍人劉珙前導冊寶太常太常少卿王普舉冊
官四員右諫議大夫任古左司員外郎余時言殿中侍
御史張震右司員外郎馬騏舉寶官四員右正言袁孚
監察御史尚畔監察御史周必大監察御史陳良翰押
樂太常卿樞院檢詳諸房文字林安宅奏解嚴禮部郎
中二員禮部員外郎劉儀鳳起居舍人洪邁太常博士
三員贊引太傅太常丞吳芑年贊引前導禮儀使太常
博士林栗贊引太常卿太常博士楊民望協律郎太常
寺主簿嚴抗大慶殿前導皇帝行禮并德壽宮進中嚴
外辦須閤門事兼客省四方館事鄭藻知閤門事兼客
省四方館事劉允升大慶殿進中嚴并德壽宮前導皇

帝行禮知閤門事兼客省四方館事戍彥忠大慶殿進
解嚴知閤門事兼客省四方館事張說同日詔奉上太
上皇后冊寶行禮差德壽宮內侍官奉冊置於坐前張
去爲奉寶置於坐前董仲永讀冊陳子常讀寶梁康民
兩宮奏請前導兼奏禮畢張安中十二日御藥院奏奉
上冊寶曰太上皇帝並合服通天冠絳紗袍竊慮行禮
日近製辦不及詔太上皇帝受冊寶日恭請服履袍十
三日以奉上尊號冊寶遣官奏告天地宗廟社稷景靈
宮宮觀諸陵攢宮同日禮部太常寺言將來大慶殿德
壽宮行禮百官並朝服立班緣祗候庫所管史羅朝服
近朝饗太廟權拆作單羅今尚秋暑乞且令服書禮畢

卷七千六百六十四　五

卸行修整所有百僚禁衞等乞並日並免逐處起居值
兩許將兩具導從官免步導從之同日太常少卿王普
言近例主上行禮史官讀冊內侍贊曰高宣御名勿興
竊謂御字不當稱於所尊之前兼每冊必贊幾于煩瀆
令乞前期諭讀冊官更不須贊從之十四日奉上太
上皇帝太上皇后尊號冊寶前二日習儀前一日有司
設御幄于大慶殿御幄後之西皇帝未御殿於此易服
設寶冊幄于大慶殿當中南面前一日安設冊寶于此
行禮日從此奉冊寶置殿下位又設權置冊寶幄于殿
門外冊寶出殿門于此權置設皇帝褥位二一于殿上
冊寶幄之東皇帝出御幄立於此以俟冊寶降階一於

殿下當中面冊皇帝從冊寶降階于此立并拜一於殿
下當中南向皇帝以冊寶授太傅訖立于此俟冊寶出
殿門又設置冊寶褥位十二四于殿下西階之西東向
冊北寶南冊寶初降階置于此四于殿下南向冊東寶
西皇帝至殿下面冊褥位立定即置寶冊于此以俟授
之大傅四于殿下東階之東西向冊南寶北太傅授冊
寶訖置于此大傅侍中中書令吏部禮部侍郎舉冊舉
寶官太常卿太常博士各有位于殿之東西階下太常
展宮架之樂樂備而不作是日列黃麾儀仗鼓吹禁衞
于殿庭內外訖前導官禮儀使閤門官太常博士分立
于御幄之左右百官各朝服入就位東西相向立太傅

卷七千六百六十四　六

中書令侍中吏部禮部侍郎舉冊舉寶官太常卿俱詣
殿下西階東向位至少頃皆自西階陞殿立于冊寶幄
之西東向太常博士太常卿立于西階之上東向皇帝
服履袍入御幄易通天冠絳紗袍閤門官禮部侍郎奏
中嚴外辦太常博士引禮儀使奏請皇帝恭行發太上
皇帝太上皇后尊號冊寶之禮前導官導皇帝出御幄殿中
監跪進大圭皇帝執大圭殿中監進大圭訖詣東階上
西向立以俟禮畢授大圭詣殿上冊寶幄前褥位西向
立舉冊官入幄舉太上皇帝冊中書令奉冊興凡舉冊
寶置冊寶皆搢笏授人勿跪吏部侍郎押冊案次舉寶
官舉寶侍中奉寶興禮部侍郎押寶案次舉冊官舉太

上皇后冊吏部侍郎押冊案舉寶官舉寶禮部侍郎押
寶案凡舉冊寶等皆禮部職掌助舉侍中中書令奉冊
寶降自西階太常博士太常卿前導皇帝步從至殿下
褥位東向置定侍中中書令已下各詣西階下褥位東
向立皇帝至殿下面冊褥位立舉冊寶官舉冊寶吏部
禮部侍郎押冊寶案太常博士太常卿導至殿下南向
褥位置定舉冊寶押冊寶官太常博士太常卿皆退詣
東階下西向褥位禮儀使奏請皇帝拜典儀曰再拜贊
者承傳在位官各再拜內應行事執事應奉官不拜總
壽宮並准此舉冊官前舉冊興吏部侍郎押冊案先詣
皇帝褥位前置定中書令前奉冊進行置于案吏部侍

卷七千六百六十四　七

郎中書令退復西向位舉冊官少立太常博士引太傅
詣受冊褥位東南向側身俛伏跪舉冊官跪舉冊皇帝
搢大圭跪捧冊授太傅太傅受冊皇帝執大圭俛伏興
太傅與舉冊官舉冊興太傅奉冊于殿東階下褥位西
向跪置冊于案太傅受冊禮部先舉冊案詣殿東階下
褥位置定寶案同舉冊官退立于冊案之後太傅立于
冊案之側西向次舉寶官舉寶禮部侍郎押寶案先詣
皇帝褥位前置定侍中奉寶進行置于案太傅詣受冊
褥位東南側向皇帝以寶授大傅太傅奉寶至于東階
西向褥位如發冊儀次發壽聖太上皇后冊寶皆如上
儀訖太傅已下並退詣殿東階下褥位西向立皇帝詣

殿下當中南向褥位少立舉冊舉寶官前舉冊寶興吏
部禮部侍郎押冊寶案太常博士太常卿前導太傅侍
中中書令後從冊寶出大慶殿正門至殿門外權置幄
內有司捧冊寶置于腰輿太傅以下各易常服初冊寶
出禮儀使奏禮畢皇帝陞自東階至御幄殿中監跪受
大圭皇帝入御幄簾降閤門官禮部郎中奏解嚴皇帝
服履袍還內文武百寮以次退易常服非導從冊寶從
駕臣僚並先赴德壽宮次德壽宮奏上冊寶前期有司
設大小次于德壽宮大門內及殿東廊上設權安冊寶
幄于大門內設皇帝褥位二一于殿上當中北向一于
太上皇帝御坐之東西向設置冊寶褥位四於殿下當

卷七千六百六十四　八

中又設冊寶褥位五四于殿上稍東重行一于殿上當
中俱北向行禮官殿上下階有位設宮架之樂如大慶
殿之儀大慶殿禮畢禮部率輦官捧擎冊寶進行儀仗
鼓吹儀衛等以次援衛鼓吹備而不作太常博士太常
卿舉冊舉寶官吏部禮部侍郎步導太傅侍中中書令
步從至和寧門外太傅已下皆上馬導從至德壽宮門
外步導步從至冊寶幄次權行安設訖太傅已下退易
朝服以俟行禮皇帝服履袍乘輦至德壽宮入大次儀
仗鼓吹儀衛等分列于宮門內外文武百僚入就位東
西相向立太傅已下奉冊寶至殿下褥位置定侍中已
下各就位太傅詣本班西向立閤門官禮部郎奏中嚴

外辦皇帝服通天冠絳紗袍出大次殿中監跪進大圭
皇帝執大圭將至小次釋大圭入小次禮儀使奏請皇帝
恭行奉上太上皇帝太上皇后尊號冊寶之禮皇帝出
小次執大圭陞自東階至殿上褥位西向立太上皇帝
服履袍即御坐皇帝詣北向褥位立禮儀使奏請拜皇
帝再拜躬奏聖躬萬福又再拜訖皇帝詣西向褥位立
太傅已下橫行北向立再拜太傅不離位奏聖躬萬福
內前尊官應奉官並免起居又再拜訖太傅詣殿西階
下東向褥位百官分班東西相向立次舉冊官前舉冊
與吏部侍郎押冊案先詣御坐前褥位置定少退東向
立太傅舉冊陞殿太常博士太常卿前導中書令後從

卷七千六百六十四　九

至殿上褥位北向跪以冊置于案太常博士太常卿降
階復位立太傅詣殿上前楹間北向立舉冊官舉冊中
書令北向跪讀冊冊文曰皇帝臣眘謹稽首再拜言曰
臣聞推成功而不有者必享天下之鴻名嗣大歷于無
疆者盍盡天下之美報永惟神心密運妙用莫測如天
地之大不可以形容日月之明不可以摹寫而仰乾符
之貽荅俯輿情之樂推有可以鋪張揚厲庶幾強名其
萬一者在于臣子曷可已哉是必表盛節建顯號繩金
鏤玉極其尊崇然後為稱恭惟太上皇帝陛下剛健中
正徽柔懿恭孝悌通于神明誠信格于高厚垂衣拱手
于一堂之上緩步閻視于萬古之光中興之功不可概

舉若乃憲天聰明克邁乃訓說命之典學也內修政事
外攘夷狄車攻之復古也綜核名實信賞必罰本始之
制度也總攬權綱沉幾先物建武之風烈也是以方艱
難之初則明廟謨擴雄斷以撥亂反正而置九鼎于奠
安及底定之後則偃金革興文教以持盈守成而措八
紘于嘉靖至于宵衣旰食憂勤三紀雖法宮之親事實
黃屋之非心則又超然遠覽奮然獨斷而以宗廟社稷
付于沖人歷觀上世未有以春秋鼎盛之年當安平無
事之日脫屣萬乘于雍容揖遜之閒而盡善盡美若陛
下者開闢以來一人而已昔者堯之為君光宅天下允
恭克遜壽高于五帝聖冠于百王載籍之傳昭若雲漢

卷七千六百六十四　十

今陛下不以臣為不克負荷使受此丕丕基方且優游
退處無為之地於萬斯年既壽且聖以今準古視堯為
有光矣末子小子懼德弗類無以荅揚丕顯休命用稽
典禮仰薦徽稱臣不勝大願謹奉玉冊玉寶上尊號曰
光堯壽聖太上皇帝欽惟光堯壽聖太上皇帝陛下游
心太古玩意穆清御姑射之豐年臨建德之樂國十二
百歲陋廣成子之修身萬八千年應天皇氏之紀歷永
膺多福垂裕後昆實我國家無窮之休讀訖俛伏興舉
冊官奠冊舉冊興中書令奉冊吏部侍郎押冊案先詣
御坐之東褥位北向置定降階復位中書令進冊置于
案訖中書令舉冊官俱降階復位次太傅降階詣太上

皇帝寶案之後立次舉寶官舉寶禮部侍郎押寶案太
傅奉寶侍中後從陞殿侍中讀寶寶以光堯壽聖太上
皇帝之寶為文讀訖置寶于案皆如上儀俱降階復位
次太傅已下奉太上皇后冊寶詣御座之東北向褥位
置訖降階各歸班立初太上皇后冊寶陞殿侍中陞殿
詣折檻東西向立皇帝詣北向褥位禮儀使奏請拜皇
帝再拜俛伏興奏皇帝臣昚稽首言光堯壽聖太上皇
帝陛下寶冊告成鴻名肇正與天同壽率土均歡俛伏
興又再拜侍中承太上皇帝旨退西向宣答曰皇帝孝
通天地禮備古今勉受鴻名良深感慰皇帝又再拜退
詣西向褥位太傅已下橫行北向立再拜太傅稍前俛

卷七千六百六十四　十一

伏跪奏文武百僚攝太傅尚書左僕射臣陳康伯等稽
首言伏惟光堯壽聖太上皇帝陛下肅臨寶殿誕受丕
稱鴻惟天父之尊普尉帝臣之願俛伏興太傅復位在
位官皆再拜舞蹈又再拜訖侍中詣太上皇帝御坐前
躬承旨退詣折檻前西向宣曰有制太傅已下躬再拜
宣曰倦勤滋久佚老是圖勉受嘉名但增感尉宣訖退
詣折檻東西向立太傅已下皆再拜舞蹈又再拜訖侍
中奏禮畢太上皇帝還宮乾道六年十一月九日詔大
禮慶成光堯壽聖太上皇帝壽聖太上皇后合加上尊
號可令有司集議以聞既而舉用唐典故請德壽宮上
表陳請不復集議十四日臣僚上言謹案大唐詔令凡

上太上皇帝尊號係人主率百官上表陳請今宜參用
唐制以稱陛下事親盡敬之意詔恭依上表儀注皇帝
服袍詣德壽宮奉表牋入宮如宮中之儀文武百官班
于殿下再拜訖移班稍東又再拜退二十一日詔尚書
右僕射虞允文書撰太上皇帝冊文兼禮儀使參知政
事梁克家書撰太上皇后冊文兼篆寶入內內侍省押
班趙志忠為主管同日上帥文武百僚詣德壽宮上表
恭請加上光堯壽聖太上皇帝尊號表文曰臣昚言伏
為郊祀大禮慶成謹帥羣臣詣德壽宮恭請加上光堯
壽聖太上皇帝尊號者伏以事親如事天宜盡推尊之
義得名必得壽式昭歸美之誠既丕蕆於精禋敢徽加

卷七千六百六十四　十二

于顯號臣昚誠惶誠懼頓首頓首切以邈觀治古無若
帝堯明俊德而於變時雍立蒸民而莫匪尔極雖神化
要道閟朝野而不知然濟衆施仁格上下而光被分義
和之職則日月星辰順其曆重岳牧之任則華夏蠻貊
罔不從陶成比屋之封坐底垂裳之治放洪勳而不宰
仰後聖以同符恭惟光堯壽聖太上皇帝陛下性本欽
明政全哲恩駿命受九圜之式中興恢三紀之餘冠德
百王方隆謙而退託脫屣萬乘乃觀妙于希夷自遂燕
超就安至養俾涼菲獲於令緒實晨昏祇奉於詒謀念
殫竹帛之書莫效涓埃之報屬此慶成泰畤福介慈庭
不勝率土之歡心願鴻名于盛際謂莫神于天而憲之

惟聖謂莫大于道而體之則純是皆廣運之成能庶可
增崇于髙致恭請加上尊號曰光堯壽聖憲天體道太
上皇帝伏望俯垂睿照曲徇羣情雖乾坤浩浩之仁形
容莫可而臣之惓惓之請悃愊與伸謹奉表陳請以聞
奉答詔不允　詔曰傳曰事父孝故事天明事母孝
故事地察蓋惟聖人乃能與于此屬閏壬午日至郊見
上帝景氣晏温神光燭壇非天地明察之效歟而乃不
有其美親帥羣臣加鴻名于父母此帝王之髙行古今
之盛禮也夫子之愛親既殫誠恪親之于予何事辭遜
然而怡神間燕無累于物其可掠美以自尊予宜悉兹
懷毋重請也　二十五日上帥文武百僚上光堯壽聖

卷七千六百六十四　十三

太上皇帝第二表　表文曰臣眘言近帥羣臣上表恭
請加上尊號曰光堯壽聖憲天體道太上皇帝伏奉答
詔未賜俞允者伏以因吉土而享于郊具獲博臨之貺
有天下而尊於父敢懷專饗之私嘗備罄于忱詞何未
回于淵聽臣眘誠懼頓首頓首臣聞天不可度而猶稱
覆燾之仁道不可名而亦述希夷之音蓋積累衆多之
志或形容萬一之功事既並時名斯膺實恭惟光堯壽
聖太上皇帝陛下中興復古大德庇民視敝屣于寰中
共仰有虞之聖遺元珠于水際孰明皇帝之心儗以冲
人紹于大寶每親承于訓戒思祇竭于嚴恭比奉國常
游修郊類景霧于假廟之夕星明于升壇之初匪涼德

之致然繄聖謩而辰此用披丹悃請益鴻名蓋上合于
天心亦下符于民願切窺周誥尚守堯辭惟君親之美
未昭豈臣子之心可已伏望下允俞之令安延企之情
如此則帝命式于九圍彝違昭假德教加于百姓獲盡
愛敬得請是期輸誠罙切謹再奉表陳請以聞　奉答
詔允　詔曰再覽來章具孚至意惟雲陽奉玉本躬致
于精禋則宣室受釐尚何嫌于專饗乃修乾坤之貺用
為父母之光傾方自樂於冲虛兹用力辭于稱謂而勞
煩警蹕勤動搢紳必欲加巍巍蕩蕩之名蓋將致尊尊
親親之誼實我家之盛典度載籍之前聞使緜區形孝
治之風而信史紀聖人之行勉抑執謙之志良深溢美

卷七千六百六十四　十四

之懃　六年十二月一日詔曰享帝者聖人為能既深
懃於涼德事親者天子之孝當益播於鴻名參古今甚
盛之規侈家國非常之慶光堯壽聖太上皇帝與天同
大體道之尊壽聖太上皇后如月之明以慈為寶久非
心於黃屋方自得于大庭言念眇冲親膺傳授黽勉屢
周于歲籥寅恭三款于陽陵祖宗遺我以閎休髙厚畀
予以景貺匪仰遵于慈訓疇克對于昌期宜極推崇敢
懷滿假矧未央為壽適符漢祖之九年而興慶歸尊且
著唐宗之再請用涓穀旦交舉曠儀俯同中外之懽心
並衍尊親之榮號愍章繼上俞音甫頒雖蕩蕩民無能
名豈易測知於聖德然業業日致其孝庶幾殫竭于忱

誠以承有義之休以對無疆之壽光堯壽聖太上皇帝
宜加上尊號曰光堯壽聖憲天體道太上皇帝壽聖太
上皇后宜加上尊號曰壽聖懿明太上皇后其令有司
詳具儀注朕當親帥百官詣德壽宮奉上冊寶吉于普
率共此榮懷　二十一日禮部尚書劉章等言紹興三
十二年德壽宮加上尊號行事官朝服赴大慶殿發冊
禮畢易常服騎從赴德壽宮仍易朝服行禮切緣希闊
「之典事大體重其導從與行禮事體一同乞並用朝服
從之繼太常寺又申明侯朝服拜牋賀太上皇后訖方
易常服七年正月一日皇帝詣大慶殿行發尊號冊寶
之禮畢詣德壽宮殿上奉上光堯壽聖憲天體道太上

皇帝冊寶冊文曰皇帝臣御名謹稽首再拜言曰臣聞
天不言所利聖人不居其功極高明備光大窮天下之
辨莫能形容也聖人法天天法道道可常名乎天不期
大報必歸之天聖人不期顯號而顯號必加之聖人聖
人之心與天合聖人之道天之道也大報之禮天且弗
違如之何其辭顯號哉恭惟光堯壽聖太上皇帝動與
天同功靜與天合德其動也無疆惟夏亦無疆惟休皇
綱糾棼維而張之世路棘蓁砥而直之雷風之所震疊
雨露之所濡沐聖文神武兩盡其極薄海內外教不肅
而成政不嚴而治非與天同功乎其靜也全天之功與
四海九州更始輕徭賦簡刑罰歸馬放牛包干戈而不

用視八紘如一家視萬衆如弊屣然而春肅然而秋
動者植者生生化化而莫窺其朕非與天合德乎動而
功靜而德合而言之道也泰定其宇清明其躬郤智去
故退藏于密油油然與造化為友帝力所加闇之朝野
而不知道之至也巍巍乎有成功蕩蕩乎民無能名自
陶唐氏以來陛下一人而已越沖人祗承慈訓夙夜不
敢康乃十一月壬午循堯之道類帝禋宗會雲往來星
「象晦明陟降泰壇克成熙事事天有大報矣事親獨無
顯號乎夫極高明者莫如天備廣大者莫如道不識不
知順帝之則不曰憲天乎無思無為感而通天下之故
不曰體道乎臣不勝大願謹奉玉冊玉寶上尊號曰光

堯壽聖憲天體道太上皇帝欽惟陛下執神之機御氣
之辯沉潛先物之智以不言者燕佚後天之年為衆父
父沛滂衍渥數錫我子孫黎民寶以光堯壽聖憲天體
道太上皇帝之寶為文八日上宣諭宰執曰前日奉上
冊寶太上聖意甚喜來日朕過宮侍宴邦家非常之慶
漢唐所無虞允文等曰漢唐君臣父子之間慙德多矣
今日堯父舜子曠古所未有豈漢唐可同日而語哉二
月五日中書門下省言修製加上尊號冊寶行禮畢都
大主管所并承受諸司一行被差官吏等並繳遺闕欲
依紹興三十二年體例等第推恩詔第一等轉一官擬
止法人依條回授第二等減三年磨勘第三等減二年

麿勘快行親從親事官輿轎一資白身人候有名目日收使皇帝朝紹興三十二年六月十一日詔以十二日朝見德壽宮令有司速具以聞于是禮部太常寺具上儀注前期有司設大次于德壽宮門内小次于殿東廡其日皇帝出即御坐從駕臣僚禁衛等起居如常儀皇帝乘輦將至德壽宮文武百僚詣宮門外迎駕起居前導官太常卿閤門官太常博士禮直官先入詣大次前分左右立皇帝入大次文武百僚入班殿庭前導官導皇帝入小次俟太上皇帝即御座前導官導皇帝升殿再拜皇帝稍前躬奏聖躬萬福復位再拜訖皇帝詣太上皇帝御座之東西向立前導官立於殿上百官再拜

卷七千六百六十四　十七

舞蹈班首不離位奏聖躬萬福又再拜卷班出前導官以次退（從駕官歸幕次以俟皇帝駕還）皇帝入見太上皇后如宮中之儀（朔望准此）從之自後皇帝詣德壽宮如行宮中之禮即不集百官陪位十二日上詣德壽宮起居先是上欲以是日率百官朝太上皇帝于德壽殿以雨百官免入見上就宮中行禮十三日詔朕欲每日一朝德壽宮以修晨昏之禮昨面奉慈訓謂恐廢萬機勞煩羣下不蒙賜許禮官宜重定其期如前代朝朔望甚為踈闊朕不敢取于是禮部太常寺言謹按漢書高皇帝五日一朝太上皇乞依此故事每五日一次皇帝請德壽宮朝見太上皇帝太上皇后並如宮中之禮從

禮四九之四一

之同日詔自今車駕詣德壽宮惟經過官司起居餘並免時上方欲講屢朝之儀慮百司奔走廢職故是詔凡車駕詣德壽宮從駕臣僚並逐幕次賜食以後並同十八日上始御後殿宰臣陳康伯因奏臣等以十六日朝德壽宮太上皇帝宣諭車駕每至宮必于門外降輦已再三勉諭既行家人之禮自宜至殿上降輦令臣等奏稟此意上曰昨太上皇帝有旨令朕不須五日一朝只朝朔望朕于子道問寢侍膳尤宜勤恪聖訪（訓）丁寧朕心未安卿等宜令有司詳議以聞如宮門降輦在臣子于君父禮所當然朕端不安繼而禮部太常寺言除朝朔望外乞於歲（每）月初八日并二十二日詣德壽宮起居如

卷七千六百六十四　六

宮中之儀從之自後皆遵此制如值雨及盛暑祁寒臨期承太上特旨方免到宮十月二十二日會慶節百官稱賀訖上詣德壽宮起居（自後同此詳見誕聖節門）十二月十八日禮部言將來正月初八日車駕詣德壽宮起居緣是日係忌辰乞改用初十日從之自後當請宮日或值忌辰及忌前並改用別日至乾道七年二月七日太上皇帝降旨自後如遇似此日分日並免到宮隆興元年五月二十一日天中節上詣德壽宮起居上壽（自後同此詳見天中節門）二年正月九日詔恭承太上皇帝聖旨今後遇十五日免到宮既而宰臣湯思退奏近見指揮今後月望日免到宮上曰再三奏請太上不

禮四九之四二

許緣與皇后望日到宮祠妨耳乾道元年十月十七日
以皇太子受冊畢上詣德壽宮起居稱謝七年三月冊
命皇太子稱謝同此二年十月三日上詣德壽宮進太
上皇帝聖政許見進書門七年七月九日宰執奏對畢
上宣諭曰前日過德壽宮侍燕太上飲酒歡甚宮中熙
熙和而有禮本朝家法前世所不及也已為卿等求得
御書俟請寶來即賜卿等虞允文等頓首謝八月二十
八日宰執奏對畢上宣諭曰朕近日過德壽宮太上顧
養愈勝天顏充悅朕退殊喜不自勝允文奏曰神器之
重得所付託聖懷無事自應如此上然之　光宗紹熙
五年七月五日甲子百官以禫祭畢集于重華宮趙汝
卷七千六百六十四　充
愚陳醆餘端禮請梓宮前焚香畢中使宣引詣憲聖慈
烈皇后簾前起居恭奉皇后聖旨皇帝以疾至今未能
執喪御筆自遇退閑皇子嘉王可即皇帝位尊皇帝為
太上皇帝

宋會要尊號十一

孝宗淳熙十六年二月二日皇帝吉服御紫宸殿有司設仗殿下文武百
僚並常服吉帶班于庭起居畢宰臣周必大等陞殿奏事退皇帝還內百
僚移班殿門外內降詔曰朕以菲質循堯之道兢業萬機歷歲弥長賴兩
儀九廟之德遐邇不聳年穀順成底于小康爰自宅憂以來勉親聽斷不
得日奉先帝之几筵躬行聖母之定省固已慊然于懷況乎春秋更高思
釋重負皇太子惇仁孝聰哲久司匕鬯軍國之務歷試參決宜付大寶撫
綏萬邦俾予一人獲遂事親之心永膺天下之養不其美歟皇太子可即
皇帝位朕移御重華宮宣詔訖入殿庭立班上自內出至御榻側拱手立
應奉官以次稱賀內侍固請就坐上固辭內侍扶掖至于七八上畧就坐
復興次宰臣率百僚稱賀上側立禮畢三省樞密院奏事上立聽之班退
皇帝命賀重華宮上相繼乘輦宰臣以下扈從如常儀移時上還內有旨
仰惟君父專意奉親決策內禪天地大恩無以報稱形容盛德典禮具存
而聖意謙抑諭使勿請雖憲訓不敢固違然臣子歸尊誼豈容已謹上皇
帝尊號曰至尊壽皇聖帝皇后尊號曰壽成皇后擇日奉表陳請　五日禮
部太常寺言已降指揮擇日詣重華宮奉表恭請上尊號依禮例合係學
卷一萬二千二百九十一　一
士院修撰表牋述以皇帝率百僚詣重華宮恭請奉上尊號之意擇日皇
帝率百僚詣重華宮皇帝奉表牋入宮如宮中之儀百僚殿下兩拜移班
再拜訖退候奉詔允仍依禮例令學士院降詔擇日宣布從之　六日皇
帝帥文武百僚詣重華宮起居上表恭請上至尊壽皇聖帝尊號表文曰
臣惇言謹帥群臣詣重華宮恭請上至尊壽皇聖帝尊號者伏以聖人得
天道之真有不容形容之妙臣子尊親之至欲少伸歸報之誠輒竊衆言
仰于崇聽竊以洪荒之代尚存盧赫之名揖遜之朝猶著勳華之號雖日
事殊而世遠亦皆寔副而美彰矧在我家具存景鑠恭惟皇帝陛下以英
睿之斷整齊乾坤以慈愛之心涵育夷夏精勤於九閏恢緒於十朝
重熙累洽之功掩漢唐而不論高世絕俗之行有曾閔之所難方將畢商
宗三祀之宅憂奉長樂萬年之至養道遂塵垢之外與造物將止息混元
造物將止息　顧惟妙質祠守丕圖藏大造而益深惧鴻徽之未闡考之
經則壽寔先於五福質之傳則聖寔冠於群倫參往哲之格言合有生之
公願恭請上尊號曰至尊壽皇聖帝雖持盈抱沖莫窺測於毫分而鏤玉
泥金冀鋪張於萬一伏望曲垂睿照亟發俞音上以侈宗社無疆之休下
以遂臣民歸尊之志謹奉表陳請以聞　上牋恭請上壽成皇后尊號牋

文曰：臣燧言，謹帥群臣詣重華宮恭請上壽成皇后尊號者。伏以坤配乾而曰至，乃成覆載之功；月魄日以為明，遂廣照臨之德。况尊尊于聖父，宜並受於顯名；酌古成規，為今鉅典。恭惟皇后殿下，性躬仁儉，道合靜專。當舜紹堯之初，著實嬪之懿；行以婦承姑之盛，參摯仲之徽音。宣陰教於六宮，正褘儀於萬國。付託之重，雖祇秉于廟謨；擁護之忠，寔助成于神斷。頤惟菲質，獲奉慈顏，備無歸美之辭，曷侈事親之孝。壽祺方永，有光五福之疇；成德既彰，高掩二南之化。顯號協言，中外合謀，恭請上尊號曰壽成皇后。伏望俯諒忱辭，亟頒俞旨，順歡心於四表，享榮養於萬年。編之詩書，垂為盛事。在於臣子，不勝至請。謹奉牋陳請以聞。奉答詔不允，詔曰：人之至親，莫親於父子；為天子父，尊之至也。虛言無寔之名，予何取焉？孔子曰：若聖與仁，則吾豈敢。華封之祝，曰使聖人壽。夫聖，孔子不居；康衢之所以頌其君，亦曰壽耳。而乃親率百僚，願加此號，歸尊于父。母此孝道之極，顧何德以堪之。已書諭意，勿復有請。七日，上帥文武百僚再詣重華宮起居，恭請上至尊壽皇聖帝尊號表文曰：臣某言，近帥群臣上表，恭請上尊號曰至尊壽皇聖帝。伏奉答詔，未賜俞允者。伏以比輸微悃，請勤鴻名，天聽甚高，尚閟矜從之音；物情既鬱，不勝懇切之私。理有未安，義當再瀆。竊以尊之至者號宜稱，道之美者美自彰。遹觀古

初，載在圖諜，曷嘗不揚景鑠以崇盛德，備顯策以昭殊休。酌歷代之成規，考本朝之大典，驗休祥於天意，察愛戴于人心，邇遐合辭，幽顯同願。恭惟皇帝陛下，誠贊化育，孝通神明。欲畢素志，力行於道，制釋去重負，專心於事親。使千載因陋之習，遂洗於一朝；而匹夫罕能之行，乃見於萬乘。衆此大節，已冠百王。而况化極於範圍，仁漸于動植，武功底于保定，文治洽于綏懷。夫必得其壽，則陛下宜享其休；不居其聖，而陛下則有其寔。合此二美，稽于衆言，臚施繪畫之工，曷謀臨照。妄持淺近之見，寧測高深；豈謂陛下退託愈堅，執謙冞損。竊窺訓誥，尚靳允俞，凌兢失圖，跼蹐無措。伏望沛然改慮，監此丹衷，使臣子微臣得少施於毫末，則國家盛事可誇耀于簡編。荐此控陳，期于得請。謹再奉表陳請以聞。上牋再恭請上壽成皇后尊號牋文曰：臣某言，近帥群臣上牋，恭請上尊號曰壽成皇后。伏奉至尊壽皇聖帝答詔，未賜俞允者。伏以謙雖盛德，過謙或至於過中；父有常尊，事父當均于事母。方鴻徽之載衍，乃抑損而弗居。謹竭丹誠，荐于崇聽。恭惟皇后殿下，道隆坤載，行冠闈彝，輔佐慈皇，修明內治。以孝奉承于長樂，曲盡愉怡；以恩顧復眇冲，助成揖遜。名號欲伸於歸美，形容未及于毫分。豈謂殿下卑以自持，卻而

不受，使人子尊親之意苟抑遏而弗伸，則國家曠代之儀將因循而莫舉。伏望勉從愚請，俯慰衆心，言順事成，丕顯一朝之盛；天長地久，永延萬世之休。謹再奉牋陳請以聞。奉答誥不允，誥曰：名者實之賓，寔大則名顯；號者功之表，功盛則號隆。有其寔而欲辭其名，無其功安可享其號？况心存于恭默，志在于沖虛，溢美之言，適增予愧。勿勤再請，祇益煩勞。十日，上帥文武百僚再詣重華宮起居，恭請上至尊壽皇聖帝尊號表文曰：臣某言，臣帥群臣再恭請上尊號曰至尊壽皇聖帝。伏奉答詔，未賜俞允者。伏以祇率舊章，請崇丕號，荐家慈訓，未諒愚誠。辭已迫而復陳，聽愈高而難動。籲天徒切，蹐地靡寧。臣聞事貴適其中，名欲當于寔。得其中則事可久，是以聖人不肯違；有其寔而名自彰，是以聖人不苟避。恭惟皇帝陛下，豐功偉業，卓冠古今；睿斷神謨，開闢宇宙。欲承顏長樂之養，遂脫屣萬乘之高。壽以見臣子區區善頌之情，聖乃總帝王蕩蕩難名之道。順陛下之謙德，初無侈大之辭；酌本朝之成規，又非創見之事。豈謂陛下過為抑損，深自退藏，守獨善而咈衆心，崇小遜而遺大體。制度倘失之簡，何以昭神功；名號不副其尊，何以示天下。使臣忠誠莫遂，孝治有虧，負愧懷慚，廢寢忘食。伏望上觀天意，下察人心，遠稽前王，近法文祖，亟頒溫詔，毋守牢辭，

則典禮順從，侈宏休于載籍；神明歡悅，賛寶筴於萬年。謹再奉表陳請以聞。上牋再恭請上壽成皇后尊號牋文曰：臣燧言，近帥群臣上牋，再恭請上尊號曰壽成皇后。伏奉至尊壽皇聖帝答告，未賜俞允者。伏以荐陳封奏，請勤鴻休，愚誠雖切於懇祈，慈聽未聞于動聽，徊徨無措，進退莫安。臣聞有德必有名，乃古今之通誼；事母猶事父，豈臣子之異情。恭惟皇后殿下，廓仁愛恭儉之心，體靜專柔順之道。上之承事長樂，極其孝；下之保佑躬，盡其恩。內之輔助聖皇，見于夙夜之警戒；外之風化天下，著於朝廷之憂勤。景鑠鴻徽，流風懿行，雖殫筆舌，莫罄形容。徒以繼承之始，初欲仲歸報之萬一，因已行之盛典，固非創為；寓善頌之忱辭，初無溢美。而殿下執謙冞甚，固拒弗俞，襲中宮之舊號，則何以表慈闈之尊；拒衆心之屢請，則無以慰人子之願。神祇欣望，中外懷疑。伏望察臣迫切之詞，諒臣勤拳之意，則坤儀光大，永同太極之高；孝治興行，丕顯我家之盛。謹再奉牋陳請以聞。奉答誥允，誥曰：函封疊上，誠請益堅，謂行浮於名，乃君一執謙之德；而尊歸於父，亦我家故事之常。萬乘之貴，不可以屢勤；群言之迫，不可以固拒。成聖子事親之孝，形四方廣愛之風，勉徇至情，更慚虛美。同日，右丞相周必大等言：昨面奉至尊壽皇聖帝聖旨，將來慈福宮上皇太

后尊號依舊用壽聖二字乞學士院降詔就此月十一日宣布餘令有司
續行討論詔恭依附慈福宮尊號 十一日文武百僚赴文德殿聽宣布恭
上皇太后尊號詔曰侈國家之盛事宜勒鴻徽居天下之極尊必崇丕號
皇太后道配太極母臨三朝揄懿鑠於簡編有大勳于宗社念洪慈博厚既
全育物之慈恬淡沖虛自享延年之福傾惟肸蠁祇燕孫謀致榮養于北
宮闡洪休于重慶惟壽固聖斷孰加舊日之隆名而母以子彰寔出至尊
之本意上以照慈父事親之孝不以副沖人歸美之誠皇太后宜恭上尊
號曰壽聖皇太后餘令有討論以聞附慈福宮尊號 同日詔曰朕寅奉燕
謀祇承鴻業天所覆地所載既全付而有歸父之尊母之親豈欽承之敢
後貽國家之盛典溢中外之歡聲皇帝陛下睿智如神聰明協帝奇衍緒
統夏勤訓致於三登黃屋非心授受率循於一道皇后殿下德全柔順性
本靜專壼範有常克迪厚倫之化母慈篤愛助成與子之謀挈神器以親傳
宴大庭而偕永頤惟菲質莫報深恩順色承顏方備殚於至養冀英勝茂
宜並上於徽名雖承溫諭之崇謙莫遏群情之歸美訂義遠參於至德裁
儀近法於淳熙日月之明固照臨之難罔乾坤之大庶幾之可言忱請
疊陳俞音甫拜撰告克從於龜筮勒成有爛於瑤琨率百官若帝之初

卷一萬六千二百九十一

四

丕講非常之礼於萬年受天之祐聿迎滋至之休乎我後欽告于淳率俾
邦榮之咸賴庶孝治之愈隆皇帝宜恭上尊號曰至尊壽皇聖帝皇后宜
恭上尊號曰壽成皇后其令有司詳具儀注朕當親率群臣詣重華宮奉
上冊寶 四月五日將作監言今來修製奉上尊號玉寶欲乞依例下礼
官討論範樣大小分寸制度所以珉玉冊三副玉寶一紐金寶二紐并沿
冊寶法物亦乞下太常寺專差知次第礼直官一名赴文思院指說合用
名件色額樣制以憑製造務合典礼從之 同日太常寺言修製至尊壽
皇聖帝尊號冊寶檢照制度礼例冊用珉玉簡長一尺二寸闊一寸二分
厚五分簡數從文之多少聯以金繩寶用玉廣四寸九分厚一寸二分填
以金盤龍鈕壽聖皇太后壽成皇后尊號冊寶乞參照淳熙十二年加上
壽聖齊明廣慈備福太上皇后尊號冊寶製度修製從之 七月十九日
詔修製奉上壽聖皇太后至尊壽皇聖帝壽成皇后尊號冊寶行礼大都
主管官差通侍大夫保寧軍承宣使入內內侍省都知劉慶祖仍詔依都
大主管所為名 八月九日礼部太常寺言壽聖皇太后金寶一鈕乞以
壽聖皇太后寶六字為文至尊壽皇聖帝玉寶一鈕乞以至尊壽皇聖帝
之寶八字為文壽成皇后金寶一鈕乞以壽成皇后之寶六字為文詔恭

依 九月二十一日詔壽聖皇太后至尊壽皇聖帝書撰冊文官礼儀使
並差右丞相留正壽聖皇太后至尊壽皇聖帝篆寶文官并壽成皇后書
撰冊文官並差知樞密院事兼參知政事王藺壽成皇后篆寶文官差同
知樞密院事葛邲 十一月四日詔恭上壽聖皇太后至尊壽皇聖帝壽
成皇后尊號冊寶用正月一日 二十三日礼部太常寺言將來恭上壽
聖皇太后至尊壽皇聖帝壽成皇后尊號冊寶參照礼例前期集合赴行
礼陪位等官并應奉官並赴大慶殿習儀次習重華宮奉上尊號冊寶儀
奉上尊號冊寶前一日礼儀使宰臣於皇城司其餘行礼等官並於麗正
門外侍漏院等處宿衛從之 二十五日礼部太常寺言檢準淳熙儀注
令節文諸大慶大礼發運監司提點坑冶鑄錢司同諸州長吏奉賀表所
有將來正月一日奉壽聖皇太后至尊壽皇聖帝壽成皇后尊號冊寶礼
畢條大慶典礼合依上條施行從之 十二月六日詔攝太傅奉上尊號
冊寶差右丞相留正攝侍中奉至尊壽皇聖帝寶并讀寶及奉壽聖太后
寶壽成皇后寶差知樞密院事參政政事王藺攝中書令奉至尊壽皇聖
帝冊并讀冊及奉壽聖皇太后冊壽成皇后冊差同知樞密院事葛邲侍
中詣至尊壽皇聖帝御前前承旨并奏答及奏礼畢差戶部尚書葉翥前

卷一萬六千二百九十一

五

導礼儀使并奏礼畢權吏部尚書鄭僑押冊案吏部侍郎三員權兵部尚
書兼知臨安府張杓吏部侍郎余端礼礼部侍郎李巘 押寶案礼部侍郎
三員給事中胡晉臣中書舍人羅點右諫議大夫何澹 奏中嚴外辦礼部
侍郎二員權吏部侍郎陳騤權刑部侍郎吳博古 進接圭殿中監國子祭
酒兼權中書舍人沈揆 導冊寶太常卿將作少監直學士院倪思 與冊官
六員起居郎諸葛廷瑞秘書省著作郎兼權起居舍人莫叔光殿中侍御
史范處義右正言黃掄監察御史許衛林大中 舉寶官六員太常少卿丘
崈宗正少卿耿秉秘書監楊萬里大理卿王尚之司農少卿章燮中書門
下省檢正諸房公事王回 押樂太常卿左司郎中岳霖 奏解嚴礼部郎中
左司郎中沈詵大理少卿呂公進 太常博士三員 贊引太傅樞密院檢詳
諸房文字楊經 贊引前導礼儀使將作監兼權吏部郎官蘇山 贊引大常
卿考功郎中樓鑰 協律郎一員吏部郎中陳揚善 大慶殿并重華宮進中
嚴外辦二員知閤門事兼客省四方館事兼熙戴權知閤門事兼客省四
方館事劉微 大慶殿并重華宮前導二員知閤門事兼客省四方館事兼
樞密副都承旨吳琚權知閤門事兼客省四方館事韓侂胄 大慶殿并重
華宮進解嚴閤門宣贊舍人鮑檢閤門簿書公事充宣詔令張進之同日

尊號十二 光宗孝宗起

礼部太常寺言奏上尊號册寶前三日遣官奏告天地宗廟社稷景靈宮宮觀諸陵攢宮其應合排辦事件乞並依自來奏告礼例施行從之 九月御史臺閤門言奉上尊號册寶依礼例文武百僚陪位緣重華宮殿內地步窄隘欲乞宰執侍從兩省臺諫橫行以上并應奉官于殿下立班餘官于殿門外隨宜趂班從之 十二月礼部太常寺言將來奉上尊號册寶行礼皇帝致詞賀至尊壽皇聖帝侍中承旨宣答次宰執率文武百僚致詞稱賀至尊壽皇聖帝侍中承旨宣答次宰執率文武百僚拜牋賀壽聖皇太后壽成皇后所有稱賀并宣答詞並乞令學士院修撰其牋乞令礼部修撰依礼例儀仗導引其用鼓吹令有導引曲其用宮架樂合用樂章乞從本寺具節次申學士院製撰前期降付本寺教習從之 十七日都大主管所言奏上壽聖皇太后壽成皇后尊號册寶行礼奉册置于座前甘昇宣汝弼讀册吳回讀寶張宗尹尚宮奏請前導閤礼承旨宣答王公昌司言前導盧安仁前導皇帝行礼梁彬老世榮符思永從之 光宗孝宗皇帝第三子母曰成穆皇后郭氏紹興十七年丁卯歲九月四日生于藩邸宮中 其日為重明節 二十年正月賜名惇授右內率府副率三十年四月授榮州刺史三十二年九月授鎮洮軍節度使開府儀同三司進封

卷一萬七千二百九十一 六

恭王乾道七年二月立為皇太子四月領臨安尹 九年四月以屢辭迺免

淳熙十五年正月參決庶務先是有詔曰地居子職所當幹蠱以振民位正儲儀尤藉撫軍而監國礼經具在史牒可尋朕祇迪燕詒敢云蝦隊痛矣非常之變割于罔極之悲三年天下之通喪方謹苴麻之制百官族人之命戒勉從素幄之權諒陰既與于不言恭默更妨于思道皇太子春秋鼎盛夙夜嚴祇久宣北極之輝系辨南陽之牘遠稽正觀決庶務於承華近法天禧見輔臣于資善庶其習問助我財成皇太子可令參決庶務至是每隔日與宰執並公業繫鞋相見議事如有差擢內自寺監丞外自守臣以下悉與宰執同議除授訖以聞守臣上殿參辭除侍從外權免並於議事堂納劄子擇其可施行者同宰執將上取旨 十六年二月二日受內禪即皇帝位年四十 紹熙五年七月五日遜位于寧宗皇帝退處壽康宮 慶元二年十月三日上尊號曰聖安壽仁皇帝 册文參知政事謝深甫書 六年八月八日崩于壽康殿年五十二諡曰憲仁聖哲慈孝廟號光宗 諡議起居舍人兼權中書舍人兼權直學士院鄭湜撰 諡册文右丞相謝深甫撰哀册文知樞密院事兼參知政事何澹撰 嘉泰三年十一月八日加諡曰循道憲仁明功茂德溫文順武聖哲慈孝 議諡中書舍人兼直學

士院顏棫撰册文知樞密院事兼參知政事許及之撰 紹熙元年正月一日恭請上壽聖皇太后至尊壽皇聖帝壽成皇后尊號册寶前二日習儀前一日有司設御幄於大慶殿御幄後之西 皇帝未御殿於此易服 設册寶幄于大慶殿當中南向設皇帝褥位三一于殿上册寶幄之東西向 皇帝出御幄立於此以俟册寶降階 一於殿下當中面册 皇帝俟册寶降階於此立并拜 一於殿下當中南向 皇帝以册寶授太傅訖立于此以俟册寶出殿門 又設以册寶授太傅褥位一於殿下當中稍陳又設置册寶褥位二十二六於殿下南向册東寶西 皇帝至殿下面册褥位立定即置省册于此以俟授之太傅 六於殿下東階之東西向册南寶北 太傅受册寶訖置于此 太傅侍中中書令吏部礼部侍郎舉册舉寶官太常卿太常博士各有位於殿之東西階下太常展宮架之樂是以百官朝服集于大慶殿門外列黃麾儀仗鼓吹禁衛於殿庭內外訖前導官礼儀使閤門官太常博士分列于御幄之左右百僚入就殿下位東西相向吏部礼部侍郎舉册舉寶官太常卿侍中中書令太傅俱詣殿下西階東向位立少頃皆自自階陞殿立於册寶幄之西東向太常博士太常卿立於西階上之西東向皇帝服靴袍入御幄易通天冠絳紗袍閤門官礼部侍郎奏中嚴外

卷一萬七千二百九十一 七

辦太常博士引礼儀使奏請皇帝恭行奉上壽聖皇太后至尊壽皇聖帝壽成皇后尊號册寶之礼前導官導皇帝出御幄殿中監跪進大圭皇帝執大圭 殿中監進大圭訖詣東階上西向少立以俟礼畢授大圭 詣殿上册寶幄前褥位西向立舉册官入幄舉壽聖皇太后册與中書令奉册吏部侍郎押册案舉寶官入幄舉壽聖皇太后寶與侍中奉寶部侍郎押寶案次舉至尊壽皇聖帝册寶次舉壽成皇后册寶皆如上儀太常博士太常卿前導册寶進行協律郎舉麾正安之樂作 凡舉册寶并置册寶於案皆礼部職掌也 樂前導官前導皇帝步從侍中中書令奉册寶降自西階至殿下當中褥位南向置定偃麾樂止 凡樂皆協律郎跪俛伏舉麾興工鼓柷而後作偃麾戛敔而後止 侍中中書令以下各詣殿東階之東褥位西向立皇帝至殿下面册褥位立礼儀使奏請皇帝拜興儀曰再拜贊者承傳在位官皆再拜 內應行事執事應奉官不拜並兼宮並準此 舉册官詣壽聖皇太后册案之左右東西相向舉册與吏部侍郎押册案先詣皇帝褥位前置定退立于東階下西向中書令詣前奉册進行礼安之樂作至皇帝褥位前置册於案中書令退復西向位舉册官少立太常博士引太傅詣受册褥位東南向側身俛伏跪舉册官跪舉册皇帝搢大

圭跪奏册授太傅太傅受册皇帝執大圭俛伏興太傅興舉官册樂典太傅奉册於殿東階下褥位西向跪置册于案樂止（凡太傅受册寶皆礼部先奉册寶案詣殿東階下褥位西向置定）舉册官退立于册案之後太傅立於册案之側西向舉寶官舉寶礼部侍郎押寶案先詣皇帝褥位前置定侍中奉寶進行置於案太傅詣受寶褥位東南側向皇帝以寶受太傅奉寶至於東階西向褥位如發册儀次發至尊壽皇聖帝册寶及壽成皇后册寶並如壽聖皇太后册寶之儀太傅以下並退詣殿東階下褥位西向立皇帝詣殿下當中南向褥位少立舉册官舉寶官前舉册寶與吏部礼部侍郎押册寶按正案之樂作太常博士太常卿前導太傅侍中中書令後從册寶出大慶殿正門樂止有司奉册寶置於要舉初册寶出礼儀使奏礼畢皇帝降自東階將至御幄殿中監跪受大圭皇帝入御幄簾降閤門官礼部郎中奏解嚴皇帝服靴袍還內文武百僚以次退易常服非導從册寶從駕臣僚並先赴重華宮次重華宮奏上册寶前一日有司設大小次于重華宮大門內及殿東廊上設排安册寶幄於大門內設皇帝褥位二一於殿上當中正向一於至尊壽皇聖帝御座之東西向設置册寶褥位六於殿西階下東向（册北寶南）又設册寶褥位七六于殿上東壁行

卷一萬七千二百三十二

八

一於殿上當中北向行礼官殿上下皆有位設宮架之樂如大慶殿之儀大慶殿礼畢礼部率輦官捧擧册寶進行儀仗鼓吹集衛等以次援衛太常博士太常卿擧册擧寶官吏部礼部侍郎步導太傅侍中中書令步從至和寧門外太傅以下皆上馬導從至重華宮門外步導從至册寶幄次權行安設訖太傅以下退易朝服以俟行礼皇帝服靴袍乘輦至重華宮入大次儀仗鼓吹儀衛等分列於宮門內外文武百僚入詣殿下位東西相向立吏部礼部侍郎擧册官擧寶官太常博士太常卿侍中中書令太傅俱詣册寶幄前位立擧册官入幄奉壽聖皇太后册興中書令奉册吏部侍郎押册案擧寶官入幄擧壽聖皇太后寶興侍中奉寶礼部侍郎押寶案次擧至尊壽皇聖帝册寶次擧壽成皇后册寶如上儀以次進行宮架作正安之樂至殿西階下褥位置定（册北寶南）樂止侍中以下各就位太傅詣本班西向立礼部侍郎奏請中嚴外辦皇帝就次服通天冠絳紗袍出大次殿中監跪進大圭皇帝執大圭將至小次礼儀使奏請皇帝恭行奉上壽皇太后至尊壽皇聖帝壽成皇后尊號册寶之礼皇帝出小次執大圭陞自東階至殿上褥位西向立至尊壽皇聖帝自宮服靴袍出宮架作乾安之樂陞御座樂止皇帝詣北向褥位立礼儀使奏請拜皇帝再

拜躬奏聖躬萬福又再拜訖皇帝詣西向褥位立太傅以下横行北向立再拜太傅不離位奏聖躬萬福（內行事應奉官正立起居）又再拜訖太傅詣殿西階下褥位百官本班東西相向立定次擧册官前擧册與吏部侍郎押册案先詣至尊壽皇聖帝御座前褥位置定少退東向立太傅奏册陞殿宮架作聖安之樂太常卿前導中書令後從至殿上褥位北向跪以册置於案樂止太常博士太常卿降階復位立太傅詣殿上前楹間北向立擧册官擧册中書令北向跪讀册讀册文曰皇帝臣某謹稽首再拜言臣聞隆天厚地之恩不可得而報備道全德之妙不可得而名大哉聖人莫全乎天地之恩究極乎道德之妙出人間世覆育萬物凡厥有生欲效涓美以報所不可報之恩若稽于古宜宣令聞以名所不可名之妙昔者大舜有大焉以所得於天者還以覆燾於人以所受於前者還以揖遜于後無爲而治不有其功顯號徽稱勳華一體由今視昔以舜紹堯千載不約而同符二典並容于專美術從衆志仰贊丕休恭惟皇帝陛下體濬哲文明之資新堯煥光之德行堯之道與天同功在仁二十有八年上而五星順軌八風序位拜況于郊發祥隮社下而年穀順成民生自遂蠲租減賦恩澤浹流內則修明法度總攬權綱明足以燭見而邪枉不容外則閑

卷一萬七千二百九十二

九

邊防謹守信誓仁足以包荒而兵革不試其著見有常者儉也朴素無華愛惜民力而財用給其躬行不遺者孝也始終一致形爲教化而風俗厚誠通乎天事出乎獨方且擧行曠典表率萬邦爲匹夫之所甚難陋諸儒之所未正脫屣萬乘身意東朝徽懿福以問安即重華而燕處頤神貽曠觀妙希堯既與夫造物者游執以天下爲事令以所覆界之沖人諦觀睿謨中用家法而臣深虞寡昧莫克奉承欲報天地之恩而恩而可報欲名道德之妙而妙不可名報不可報而寓其心之微名不可名而忘其言之淺言念有天下尊歸于父所以推其本原爲天子父尊之至也又以表其極致庶幾形容乎不可報之恩涉三皇之登閎而壽與之俱崇歷五帝之寥廓而聖與之並驅庶幾窺測乎不可名之妙譬之海嶽納以涓埃廷光于將來比榮乎前美臣不勝大願謹奉玉册玉寶上尊號曰至尊壽皇聖帝伏惟陛下研幾繫表探頤環中御六氣之和叶三靈之泰式安清寧致福邦家延億萬世宗社無疆之休臣某誠懽誠忭稽首再拜謹言讀訖俛伏興擧册官奠册擧册興中書令奉册吏部侍郎押册案先詣御座之東褥位北向置定降階復位中書令進册置于案訖中書令擧册官降階復位次太傅降階詣至尊壽皇聖帝寶案之後立次擧寶官擧寶礼

禮四九之五三

部侍郎捧寶案太傅奉寶侍中後從陞殿侍中請寶寶以至尊壽皇聖帝之寶為文詩訖置寶於案皆如上儀俱降階復位次太傅以下降階奉壽聖皇太后冊寶壽成皇后冊寶詣御座之東北向褥位置定降階各歸本班立初壽聖皇太后壽成皇后冊寶陞殿侍中陞殿詣折檻東西向立皇帝詣北向褥位禮儀使請拜皇帝再拜俛伏跪奏皇帝臣某稽首言伏惟至尊壽皇聖帝陛下誕膺寶冊丕顯鴻名天池中休邦家胥慶俛伏興又再拜侍中承至尊壽皇聖帝旨退西向宣荅曰皇帝爰欽備至典禮肇新勉受尊名深懸謐美皇帝又再拜退詣西向褥位太傅以下橫行北向立再拜太傅稍前俛伏跪奏文武百僚攝太傅右丞相臣留正等稽首言伏惟至尊壽皇聖帝陛下光臨華殿誕受尊名慶浹三宮歡騰萬國俛伏興太傅復位在位官皆再拜舞蹈又再拜訖侍中詣至尊壽皇聖帝御座前承旨退詣折檻前西向宣有制太傅以下再拜宣曰寶冊前陳簪紳並集勉膺丕號式副群情宣訖退詣折檻東西立太傅以下皆再拜舞蹈又再拜訖侍中奏禮畢至尊壽皇聖帝降座宮架作乾安之樂還宮內侍捧壽聖皇太后至尊壽皇聖帝壽成皇后冊寶入宮皇帝詣宮中行奉上壽聖皇太后壽成皇后冊寶之禮其日先設壽聖皇太后座于慈福殿設壽成

卷一萬七千二百九十一　十

皇后座於重華宮本殿皆南向各設皇帝褥位如重華宮前殿之儀殿上行禮畢舉冊寶內侍舉壽聖皇太后冊寶輿舉冊寶安內侍舉案先詣慈福宮壽聖皇太后座前褥位西向置定都大主管官前導冊寶進行宮架作正安之樂皇帝後從舉冊寶內侍置冊寶於案樂止皇帝詣壽聖皇太后座前北向褥位內侍引司言司言引尚宮尚宮引壽聖皇太后出閤宮架作聖安之樂陞座樂止尚宮奏請皇帝再拜躬身奏萬福又再拜訖退詣西向褥位立舉冊內侍舉冊輿宮架作聖安之樂舉冊案內侍舉冊案置於壽聖皇太后座前褥位北向置定內侍進冊於案樂止舉冊內侍跪舉冊讀冊內侍跪讀冊冊文曰皇帝臣某謹稽首再拜言臣聞坤元之德然後可以正天下之母儀備皇極之福然後可以享天下之至養監觀三五以至于今厚德難全福亦罕備若任姒享年之見永見子孫奕世以相傳慶洽三宮歡均率土我家盛事曠古未聞然則因鴻名發寶冊不一書而垂光于無窮者其可後哉恭惟皇太后殿下含法育物博厚承天樂得賢才贊起中興之治躬行節儉助成王化之基正位中宮二十餘載明明我祖將倦于勤丕丕慶基遂禪于內皆夙夜相成之道為邦家萬世之計方歷成功於十亂從燕游於大庭毓德乎沖虛凝神乎澹泊如川方至

禮四九之五四

景福駢臻如月之常陰功愈盛共為子職至尊日侍於慈顏衍及孫支菲質嗣登於大寶襲宮闈之重慶會海宇之丕平百穀順成三靈協序大造罔難于摹寫元功必擬於形容惟壽居福先洪範首陳於箕子而聖為道備思齊寔啓於文王蓋嘗三上於徽稱今復一新於大典正東朝之顯號因聖父以推尊上合天心下符人望臣不勝大願謹奉玉冊金寶上尊號曰壽聖皇太后伏惟殿下德天難老應地無疆業業親庭長致重華之孝孜孜王業永綏燕翼之謀垂裕後昆卜年千億臣某誠歡誠抃稽首再拜謹言讀訖舉冊內侍官奠冊并冊案退各復位次舉寶並如上儀寶以壽聖皇太后寶為文皇帝復詣北向褥位立尚宮奏請拜皇帝再拜俛伏跪奏皇帝臣某稽首言伏惟壽聖皇太后殿下慶集重闈祥開萬壽欽崇顯號良切懽悰俛伏興又再拜內侍承壽聖皇太后旨退西向荅曰皇帝肇講彝容勉膺崇號具孚誠意徒有愧懷皇帝又再拜退詣西向褥位立內侍奏禮畢壽聖皇太后降座宮架作坤安之樂入閤樂止皇帝次詣重華宮壽成皇后行殿奉上冊寶之禮有司舉讀冊寶冊文曰皇帝臣某謹稽首再拜言臣聞人倫之懿莫若文王王季維父肇啓丕慶大任維母克濟休德皇矣之所誦歎亦既美矣必若思齊推本厥始然後為至也惟我至尊

卷一萬七千二百九十一　十一

壽皇聖帝春秋鼎盛功業方茂未倦于勤海內靖謐群生遂嚮于佚樂乃篤志慕親決策與子孝安宗祐仁覆區寓則亦惟我聖母保佑沖人迄底于成盡慈親之愛姆輔至尊爰定大計贊嚴君之斷肆茲寡昧纂紹熙洽德娩文王而邦家之祉有光於周於皇休哉竊伏思念惟末小子極天下之養伸人子之心以對上帝以刑四海曾晨節溫凊備甘旨以為足哉抑亦裒神人之驩酌古今之制數張景鑠崇揭顯號庶幾倦倦懇懇之萬一焉惟乾弗言所利而大哉之元物資以始惟坤以順承天而至哉之元物資以生作易者皆不得以嘿隱頋惟我家無疆之休既講縟儀舉鉅典于重華之前殿矣洪惟聖母體順而方直積厚以光大淑善之性得之生稟而謹儀節以自度徽嘉之行足為世法而觀圖史以自鑒用能惠于上下斁于內外化流郡國澤被民物若古摯氏為宋壽母頌其純嘏則如月之弦方進于望贊其備德則如地之載不遺夫物其於彰鴻名侈休稱以多祐以全具美者詎可獨後臣不勝大願謹奉玉冊金寶上尊號曰壽成皇后伏惟允荅群志誕受丕冊儼尊位于太極紹令聞于慈福媲虞二南之詩不足于歌詠而續長樂之注莫勝於紀述也臣某誠歡誠抃稽首再拜謹言寶以壽成皇后之寶為文皇帝致詞稱賀臣某稽首言伏惟一壽

成皇后殿下歸榮坤極礼舉春朝壽祉眾增歡情莫喻內侍承旨宣答壽
成皇后教旨皇帝茂膺縟儀來崇顯號受欽備至愧喜良深皆如慈福宮
礼皇帝退易靴袍至重華殿東階下閤門官礼部郎中奏解嚴內侍官轉
進宰執率文武百僚詣重華宮殿下稱西拜賀壽聖皇太后又移班拜
賀壽成皇后如儀訖退儀仗鼓吹儀衛以次退應從駕臣僚侍從駕還
內　四日為恭上尊號冊寶礼畢文武百僚詣文德殿拜表稱賀　二月
五日詔奉上尊號冊寶礼畢主管諸司所差一行官吏依淳熙十二年例
等第推恩內都大主管官楊皓乞不推恩承受鄭拜美特與陞官上轉行
兩宮諸司劉用之特與陞官上轉行一官餘一官特與帶行遙刺張彥臣
李唐卿特與見今官上轉行兩官替引使臣齊聞韶令轉一官特與依王
彥明例帶行遙郡刺史其餘礙止法人依條回授內白身人候有名目特
作一官資收使　皇帝朝　淳熙十六年二月三日礼部御史臺閤門太
常寺言依礼例皇帝合率文武百僚詣重華宮朝見條具儀注前期有司
設大次於重華宮門內小次于殿東廊西向其日俟皇帝出即御座從駕
臣僚起居班次並如閤門儀皇帝降御座乘輦將至重華宮御史臺閤門
報引文武百僚詣宮門外迎駕起居訖如值雨或雪濕權免起居入赴重

[redacted]卷一萬七千二百九十一

十二

華殿下分東西相向立前導官太常卿閤門官太常博士礼直官先入詣
大次前分左右立定俟皇帝詣重華宮大次降輦入次前導官導皇帝入
小次簾降御史臺閤門太常寺引文武百僚北向立定俟出宮行門禁衛
等迎駕四拜起居管軍知閤門官御帶環衛官當祗應宣贊舍人以下并
前導官並駕四拜起居訖各歸侍立祗應位俟陞御座小次簾捲前導
官導皇帝陞殿東階詣殿上折檻褥位北向奏請拜皇帝再拜訖前導官
導皇帝稍前躬奏聖躬萬福訖導皇帝復歸褥位立又奏請拜皇帝再拜
訖導皇帝詣御座之東褥位西向立前導官於殿上隨地之宜少立殿下
揖文武百僚躬典儀曰再拜贊者承傳曰再拜文武百僚皆再拜訖且躬
身班首不離位奏聖躬萬福訖典儀曰再拜贊者承傳曰再拜文武百僚
皆再拜訖直身立俟降御座皇帝從入捲班出前導官以次退從駕官歸
幕次以俟從駕還內其不係從駕官各赴逐幕次迎駕奏萬福以俟皇帝
還內如來儀從之　四月皇帝詣重華宮起居是年二月十七日二十一
日三月十八日四月十日閏五月二十七日六月十八日七月十三日十
月二十四日十一月十二日十二月十七日紹熙元年正月十日十四日
二月十一日三月十六日五月十七日六月二十六日七月二十四日八

附奉上祖宗徽號　淳熙十四年起

月十一日二十三日二年正月十四日二月二十一日三月二十六日八
月二十三日三年正月九日四月十七日四年三月九日十二月五日同
六日皇帝帥文武百僚詣重華宮奉表賀恭請上尊號七月十日並如
之十三日詔恭承至尊壽皇聖帝聖旨今後車駕詣重華宮起居如遇忌
辰并忌前一日並免到宮　三月十八日詔已降指揮遇一五車駕詣重
華宮起居恭承至尊壽皇聖帝聖旨可依紹興三十二年例每月用旦望
初八日二十二日今後準此　十二月二十三日皇帝詣重華宮奉表恭
請至尊壽皇聖帝聽樂受冊　紹熙元年正月一日皇帝帥文武百僚詣
重華宮行恭上尊號冊寶稱賀礼　三月六日壽成皇后生辰車駕詣重
華宮上壽二年如之八月十七日車駕詣重華宮恭進至尊壽皇聖帝玉
牒日曆　十月十二日車駕重華宮起居進香二年三年亦如之　二十
二日會慶聖節皇帝帥文武百僚詣重華宮上壽二年如之十一月十七
日冬至皇帝帥文武百僚詣重華宮行朝賀礼　三年十二月五日皇帝
詣重華宮恭進至尊壽皇聖帝玉牒聖政會要　四年十一月二十日皇
帝詣慈福宮行奉上尊號冊寶稱賀礼　奉上祖宗徽號　淳熙十四年
十一月三日礼部太常寺言檢會祖宗故事帝后謚號其間一字相連今

[redacted]卷一萬七千二百九十一

十三

來大行太上皇帝將欲議謚所有徽宗皇后謚號合依典故改謚以從欲令
礼部太常寺討論條具以聞奉旨恭依今討論乞於十一月八日尚書
省集議大行太上皇帝謚號曰一就集議既而吏部尚書蕭燧等集議易
懿節皇后謚曰憲節皇后詔恭依議曰褘衣久閟鶯馭陳之易移慈扆上
賓愴龍髯之忽墜礼無專謚義盍正名恭惟懿節皇后沙麓紀祥河洲協
德天作之合既輔佐於潛闕王假有家用儀刑於內壼翟車從狩駢駟旋
歸方深故欽之求遽起逝川之嘆儼椒塗而正位嚴寶冊以追尊屬升祔
之有期宜易名之敢後行為可則蓋全四善之儀礼以自防繇迪二南之
化肆褒大美式訂徽稱謹按謚法有善可紀曰憲能固所守曰節僉言既
同敢詔億世冊文參知政事黃洽撰參知政事留守書寶文參知政事蕭
燧篆謚議中書舍人兼直學士院李巘撰　十五年三月四日中書舍人
兼學士院兼修國史李巘奏差臣撰謚議議曰臣聞大道之大惟厚載克
承故足以妙萬殊之元皇德之尊惟內治克順故足以恢百世之則慈觀
風化之本夙著壼闈之規實茂攸存號榮不朽亦行論謚既啟於先朝祔
室定名盍從於昭考蓋我家之鉅典列聖之舊章不可損已恭惟大行太
上皇帝紹開中興身濟大業仁涵義浹文緝武熙欽明同堯父之勛嘉靖

邁商宗之烈儀刑四海詒憲億年懿節皇后視天有初邇日惟舊娶嬪王邸淑媺聞乎河洲纘正后儀翼雖恪驍馭厥既勤丕文而節恖修蘋祭以寧神歷歲孫謚流聲邇遘先帝奉還尊養痛切隤弓爰及柔靈梠甓肅廟昇稱常故之載參訂易名之辭使體協而事該義顯而理順於以極顯揚之制宣雍睦之風芳躅徽音憲法斯在遍有佩環之度箴史之徽正其容也蘋蘩之潔褘褕之飾嚴其禮也漸濯之儉琴瑟之友夙夜是戒憂勤是思厲其行也集是衆美揭之令名易懿為憲以從先帝之盛美不亦允乎況夫契闊之間險阻之際凜焉處之以正萃在謚典能圖所守曰節今乃舊謚冠之以憲其亂曰不宜請改上懿節皇后尊號曰憲節皇后　四月九日令丞相王淮攝太傅奉上册寶于廟室册文曰孝子嗣皇帝臣慎伏以天地同於生育而地辟乎下以承天高明日月同於照臨而月生於西以避日為明戴稽定位之初爰及垂象之大惟后配帝猶陰儷陽以對相從厥則不遠肆謚者行之跡而名者是之資行者事之著雖一定而莫竭謚存乎名者或因時而有改此禮經所謂稱也在前代莫不由定恭惟懿節皇后美予嬪芳騁革襲度俗約處已纂明宅心風逹有齊夙知祀事之奉雅歌興館古恤婦嬪之貺遭世和平同國祕祉顧嘿念憂勤之已至

卷一萬七千二百九十一

十四

諒消息盈虛之有時天定為之事其適遇屬重輝於火德旋正位于長秋儀物一新靄容要嘆何仙逝之寖遠而駒隙之莫追雖美號嘗行於紹興而時祀已祔于別室是皆權制未正與常比者應皇上省禮官褒議謂孝為德至自漢唐蓋已相沿而德乃世修在典謨唯取其盛今則即南郊而祗請紹萬世以信傳奉廟戴成清祀斯設悼令追著酌常從宜兼懿而言乃不專臺意之義取憲而易抑以示正名之常式揚徽音蓋刑內治謹遣攝太傅特進左丞相王淮奉玉牒監修國史日歷提舉編修敕令所魯國公食邑一萬五千戶食實封五千七百戶王淮奉册寶改上尊謚曰憲節皇后伏願英靈對越於繹來歆神游而懽心孚禮行而慈服兒依歸有所保惠無疆嗚呼哀哉謹言　紹熙二年八月十四日詔高宗皇帝依典故合加上謚號令禮部太常寺討論聞奏　十九日詔曰門下朕恭惟高宗皇帝受命中興功德隆盛無精三紀百度畢修仁天智神法堯授舜詒聖謨於宏遠將神器於草安宜極崇揚傳之後世迺孫初遂衆年于緝熙徽之號未獲加上朕承壽皇付託之重夙夜兢業懼無以彰祖廟之美備追崇之典歷觀古昔有大德者必得其名鋪張闡繹必而益著炳然盛懿歸聞炳耀冠乎百王豈敢略稱形容勒諸寶册祇薦于廟俾增億載之光符四

海之願以伸朕尊奉休烈之志高宗皇帝謚號見今六字宜加上十字為十六字如祖宗故事令宰執侍從兩省臺諫禮官集議仍令禮官詳具典禮以聞已而特進左丞相留正知樞密院事葛邲參知政事兼同知樞密院事胡晉臣戶部尚書兼給事中葉翥權禮部尚書李𪸩吏部侍郎羅點陳騤中書舍人倪思權戶部侍郎丘崈權刑部侍郎馬大同祕書監兼權兵部耿秉太常少卿張叔椿起居郎兼權中書舍人莫叔光起居舍人黃裳侍御史林大中左司諫謝源明右正言胡琢監察御史郭德麟何異太常丞汪逵宗正丞兼權禮部郎官陳士楚太常博士章穎主簿黃灝趙崗書省集議加上高宗聖神武文憲孝皇帝徽號曰高宗受命中興全功至德聖神武文昭仁憲孝皇帝詔恭依　九月十六日禮部太常寺言今來加上高宗皇帝徽號依國朝禮例於郊祀大禮前三日發册寶及奉上行禮于發册寶前一日宿齋今欲乞於十一月二十三日皇帝宿齋于文德殿宰執宿衛于皇城司其餘行事官于麗正門外待漏院百官宿齋於本司二十四日皇帝服通天冠絳紗袍御大慶殿奉册寶拜訖次授奉册寶册使詣太廟本室奉上行禮從之　二十一日詔左丞相留正撰册文知樞密院事葛邲書册文參知政事兼同知樞密院事胡晉臣篆寶　二十

卷一萬七千二百八十一

十五

七日禮部太常寺言高宗皇帝徽號寶欲以高宗受命中興全功至德聖聖神武文昭仁憲孝皇帝之寶為文從之　同日禮部太常寺言今來集議高宗皇帝徽號訖候撰到議文依禮例奉册寶使率行事官并文武百僚詣高宗皇帝本室奏請并奏告謚定合差讀奏請徽號議文官一員詔差起居郎莫叔光　同日禮部太常寺言奉上高宗皇帝徽號行禮合差都大主管官一員詔差中侍大夫奉國軍承宣使入內內侍省副都知鄧從訓乃以都大主管所為名　十月二日太常寺言加上高宗皇帝徽號依禮例發册寶及陪位官並服朝服奉上册寶行禮官服祭服陪位官服朝服從之　同日禮部太常寺言依禮例奉册寶使持節奉册寶詣太廟行禮合用節乞下文思院製造從之　五月宰臣留正等請加上高宗聖神武文憲孝皇帝徽號曰高宗受命中興全功至德聖神武文昭仁憲孝皇帝議文曰臣聞上聖之道不一端而盡斌美之名不一言而足大哉上聖之道乎巍乎山嶽無以比其高浩乎江河無以比其傳參天地並日月恢廓炳耀而不可得而擬象者仁者見之謂之仁智者見之謂之智蓋即其著形於事為之際而因以指名之至於道備美全周決妙用精微廣大無垠而不該要豈一端之所能拘哉惟其不可以一端指而必求夫鋪張揚

厲之義則尊名而為謚表功以為號勤徽顯之典飾追崇之禮舊景炎播芳烈詒萬世垂不朽安得不包舉衍繹極其備至故闡端於前以昭其形容之體述成於後以致其褒讚之詳使光明雋偉愈久而愈著愈增而愈隆皇乎卓哉誠帝王之巨麗古今之至公也恭惟高宗皇帝躬聖哲之資履艱難之運睿聰明英挺之器廓溥博淵泉之度總萬善之元冠羣倫之至聲裝寔茂遠跨乎五三載之所傳粤自光撫丕圖系統接緒植僵起仆者定混寓顧豈無所本而然者天啓之既人贊之謀承父兄付屬之指順遐邇就望之心珍符寶應歘昇殊祥大德神墟參啟休運於是乘時而龍躍覽輝而鳳翥旌頭所指僭叛殄平小大內外靡不尊崇而愛戴焉昔者帝堯膺皇天之眷命乃能奄有四海為天下君而皇祖之興所以獲天命之瑞者視堯有光焉繇是而循靖黎庶建設都邑剗憯偃而肆用潢池竊譽叅毗海涵義化仁洽斯足以見萬邦協和之風矣飭身修行虔恭寅畏蚤夜汲汲莫或怠遑使三光全陰陽調玉燭溫明水旱不害昆蟲草木闡懌藩茂斯足以知欽歷象謹人時之驗矣至若立極以示人固性以率下表之以道德陶之以禮義寬平舒愉坐育長養垂髫戴白安土樂業非化民之憲歟淵謀長策洞契事機駕馭豪英收還兵柄謹重名器總攬政權

卷一萬二千二百九十一　　十六

綃恩制治表裡清謚非先務之智歟歷觀興君未有明謨睿斷殊尤卓絕若是其偉者也方且謙溫欽翼持守平泰業盛而不伐德尊而不驕覽損益之戒而抑紛華之務揆易簡之理而成清淨之化順物自然無容心焉非其蕩蕩難名至大而不可及歟故乃度越於百王光榮於六藝廣熙明而垂奕葉執粹精而鑒太清事事物物條舉綱振寬猛之政和變通之利盡動靜闔闢包函總括無一而不協於理發號施令大信也制禮作樂盛節也省刑約法廣恩也蒐暬細微至術也遊治顯設培植輔翊之具甄灼施柄象施並用同上下於一致混華夷於一家聲流而愈宏威懾而彌遠象獎通於窮荒烽燧滅於遐徼財賦溢於府庫而斂不加於民戶口殖於宇縣而人不遺於用介胄無暴露之苦而邊圉之備修冠帶有作成之幸而學校之規立躬臨儒館以崇其業日閱講懌以尊其聞芝車耕籍而農功勸其勤華輅勞軍而士氣增其勇毀玩好之珍而本務無所蠹禁金翠之飾而儉德無所虧以至郊立丘而誠感於三神明堂開而孝刑於萬國太祝繇百世之祀原廟飭四時之獻而又舉東朝之故寔奉慈闈之歡顏溫清定省以盡其誠甘珍芳旨以備其養固足以厚人倫廣孝愛通神明厲風俗垂軌範而詒方來若與籍而被金石凡所施設見於三十六載之

閒累積厚久前代鮮儷焉及乎德既隆矣功既成矣乃懷倦勤之意審受守之公黃屋非心脫屣高蹈親舉神器屬之明聖天順人協日光物覩宏摹於億載兮盛事於千古曼壽尊榮褒對蕃祉儲休錫羨施及無疆洋洋乎茂烈其孰能擬之哉夫上承乾顧紹有大寶是受命也應期戡難再造帝室是中興也天覆宏濟四表咸賴是全功也廣運克避超軼古初是至德也幾沈於先謀詒於後昭之謂也澤在於民利及於遠仁之謂也合聖神文武憲孝之號而申衍鴻徽顯揚該備務之僉言參之令典質之天地薦之宗廟名實於說議盡於心群工列辟孰不欣然而和翕然而丕應乎請上徽號曰高宗受命中興全功至德聖神武文昭仁憲孝皇帝詒恭依議文禮部尚書兼直學士院李燾撰　二十八日太常寺言將來奉上高宗皇帝徽號合用儀仗導引排立昨紹興十二年徽宗皇帝加上徽號冊寶儀仗尚未足備不曾排設今欲參照淳熙十五年迎奉聖神武文憲孝皇帝靈主還德壽宮并神主祔廟排設細仗五百人導引奉從之　二十九日詔左丞相留正為奉冊寶太傅知樞密院葛邲為奉寶讀寶侍中參知政事兼同知樞密院事胡晉臣為奉冊讀冊中書令戶部尚書葉翥禮部尚書李巘兼吏部侍郎羅點陳騤舉寶戶部侍郎丘崇進接太寺刑部

卷一萬七千二百九十二　　十七

侍郎馬大同奏中嚴外辦中書舍人倪思御前奏中嚴外辦起居郎莫叔光禮儀使前導皇帝行禮起居舍人黃裳奏解嚴侍御史林大中御前奏解嚴太常少卿張叔椿贊引奉冊寶使升奉上行禮大常寺主簿黃灝贊引前導禮儀司左司諫謝源明充押樂太常卿右正言胡璨充光祿卿監察御史鄭德麟充奉禮郎太常丞汪達充協律郎監察御史何異充太祝太常博士章穎充大官令　同日詔閤門官差保康軍承宣使知閤門事兼客省四方館事兼樞密副都承旨吳懷充武大夫福州觀察使知閤門事兼客省四方館事熙載前導皇帝行禮武功大夫和州防禦使權知閤門事兼客省四方館事韓侂胄進中嚴外辦武德郎權知閤門事兼客省四方館事劉敬進解嚴　十一月二十四日皇帝御文德殿命宰臣留正上高宗皇帝徽號冊寶于太廟冊文曰孝孫嗣皇帝臣謹稽首再拜言臣聞一氣肇判蓋高者天也天為郡文之祖故極其形容者以氣而言謂之昊以仁而言謂之昊至于正色則蒼蒼而不知其極惟天為大則之者堯也堯為五帝之盛故極其推尊者言其德曰聰明曰欽明仁曰如天智曰如神及其成功則蕩蕩而民無能名噫使天可知其極則覆物也淺矣堯可得而名於光宅天下也幾希此天之所以為天堯之所以為堯也審乎

百世之上百世之下與天同功于堯有光者惟我皇祖術仰其無所愧乎
恭惟高祖聖神武文憲孝皇帝勇智錫於天剛健新其德四七際以應運
二百載而中天往者艱難之初昭我信順之助纖紀靖康之歸神開蹈慶
之祥一馬渡江江漢於焉底定六龍轉海海波晏然不驚故能上當天心
再造區夏修車備器如宣王之復會東都息馬投戈如光武之系隆武漢
講求自治之策還同一視之仁外之罷教坊内之有嬪御委明珠於巨壑
焚翠飾於通衢反馴象於實南卻羨金於川決盛德之事亘古罕聞太平上
之期及身親見於是藩飾治具修明政經款圜丘嚴宗祀興太學求遺書
耕籍田正經界凡稽古礼文之事與因時損益之宜煥然爲之一新卓乎
不可攱及矣既安已治其倦于勤顧黄屋以非心眷重華之協帝行堯之
道薦舜于天觀謳歌獄訟之歸享壽富康寧之福功成不處道大難名彼
論創守之難者不知中興王業之尤難稱揖遜之盛者不知爲天下得人
之爲盛今將形容功德之大者秖益繪畫天地之愧云臣風何詔謀觀承
意訓文王之祉施孫子會惟家法之相傳孝宣之功光祖宗率自臣工之
鄙美揚厲無前之跡對越在天之靈乃因卜郊恭上徽册謹遣特進左丞
相兼提舉編修玉牒監修國史日歷提舉編類聖政清源郡開國公食邑

卷一萬七千二百九十一　十八

七千五百户食實封二千四百户留正奉玉册玉寶加上徽號曰高宗受
命中興全功至德聖神武文昭仁憲孝皇帝仰惟明明我祖永永萬年配
天其休與宋無極謹言　十二月二日奉上高宗皇帝徽號册寶礼畢宰
執率文武百僚詣文德殿重華宫拜表稱賀　三年正月二十八日詔加
上高宗皇帝徽號册寶礼畢依紹興十二年奉上徽宗皇帝徽號體例推
恩第一等轉一官第二等減三年磨勘第三等減二年磨勘第四等犒設
一次内都大主管幹從訓主管諸司李唐卿毛居實承受王德謙於見今
官上轉行遥郡依舊寄資　五年六月十二日礼部太常寺言大行至尊
壽皇聖帝尊謚及廟號已令有司依典礼集議請于南郊詔恭依　十八
日三省言檢會祖宗故事帝后謚號其間一字相連昨淳熙十四年大行
太上皇帝初上高宗皇帝謚號懿節皇后即從憲字令來大行至尊壽皇
聖帝將欲議謚所有安穆皇后安恭皇后謚號合依典故改謚欲令礼部
太常寺討論條具以聞詔恭依　紹熙五年十月十一日礼部太常寺言
已降指揮安穆皇后安恭皇后改謚册寶若候將來大行至尊壽皇聖帝
神主祔廟畢行奉上之礼祔日合迎奉安穆皇后安恭皇后神主同時升
祔廟室乞於奉上大行至尊壽皇聖帝謚册寶前令太傅奉安穆皇后安

恭皇后改謚册寶先告太廟及告于大行至尊壽皇聖帝靈座至奉上大
行至尊壽皇聖帝謚册寶日先奉大行至尊壽皇聖帝謚册寶于重華殿
行奉上礼畢次奉安穆皇后安恭皇后改謚册寶于本室行礼從之　十
八日簽書樞密院事京鏜上孝宗哲文神武成孝皇帝謚議曰臣聞帝
王之出治豐功茂烈生則著見於天下而其流傳於後世者則待節惠之
名要皆取其盛者而傳之文王一怒而天下非無武也武王告武成而作
洪範非無文也取其盛者傳之則備道全美可以一言定也甚哉孝之大
也虞舜之大武王之達自漢歷唐無不謚帝爲孝本朝累聖相承皆用舊
典若夫集孝道之大成則未有如大行之盛者也恭惟大行至尊壽皇聖
帝繩藝祖之武重光堯之華以天縱之能日新之德臨御天下二十有八
載巍巍煌煌不可備述若形容天地繪畫日月則不容無辭方在初潛龍
德尚隱學聚問辨師教不煩日就月將君德昭著度舉勞謙共爲子職日
趨朝謁威儀雖齋雖莫窺其涯涘而中外屬心天人協應光堯内禪高視
唐虞嗣位以來勵精庶政名收故老尊礼元臣臨朝若神待物如春崇節
儉以革奢汰之風振紀綱以起偷惰之習事無小而不察人無微而不記
機務雖繁酬酢無壅立法定制動爲後則以科舉爲未盡則立待補之法

卷一萬七千二百九十一　十九

以蒐遺才以武舉爲未盛則優入仕之級以收智勇年勞並用以裁濫賞
而不致於冗選銓闕加嚴以抑任子而又爲之限節改秩必使之作邑謂
縣以親民而使之治民御史必取之縣率謂愛人之親而後可以察人以
周行速化必使試郡而後爲郎以延閣清華必俟有功而後除職監司守
將必延見而臨遣癃老昏繆之人不得而隱藏姦贓之吏必窮治而斥逐
清介廉潔之士則從而拔用朝士闕官乃除遂無待次之淹要郡留闕選
才遂無輕授之冗黜贓吏之世賞進軍功於流内長應卻顧守之至堅故
雖日不暇給而四方靡然向化矣于時疆埸未寧戎車方駕激厲將士嚴
備邊陲張皇六師明見萬里中原起來蘇之望殊鄰多歸附之民撫而有
之還以爲用天威既振戎虜畏讋雖犁庭掃閭未快初志而信使復通減
幣數礼至今無烟火之警苟非雄斷遠畧何以臻此臨政既久治道愈明
物來能名事至輒斷精神之運上察下燭於天地之間智慮所關六通四
闢於帝王之德行公道以銷黨偏之嫌推平心而絕喜怒之私間有水旱
之變應天以實而礼文尤備州縣之奏恐其不速蠲復之數恐其不多傾
囷倒廩以濟其急賞勸罰惰以勵其餘民不知其有災歲亦隨以登孰幸
太學幸秘省延策貢士布文教以振士風御鞍馬親弓矢申軍法立武事

以張國威内外小大之臣無不烈之屏以待興涉山川險要之地無不椅諸掌以立防閑治具畢張化風已成方且玩意希夷而無遺之愚游心寂寞而無佞佛之迹作欽天之圖兢惧愈深闢延和之殿諏訪愈切躬講請之勤設遺補之官其於保治有始有卒至於脱屣萬乘燕居重華授受之際尤為雍容嗚呼身退而道弥高尊極而用弥儉是宜萬有千歲永膺德康而厭代登遐歸于帝鄉此群臣萬姓所以攀號擗踊泣盡而繼之以血也遠日有期恭定尊謚請之南郊以詔萬世謹按謚法曰能官賢才曰哲帝德廣運曰文應變無方曰神保大定功曰武持盈守滿曰成慈惠愛親曰孝遠夫知人而善任使文武各有其用非所謂能官賢才乎修德以來遠人矣文以洽四國非所謂常德廣運乎酬酢以周萬机圖回以盡衆智非應變無方乎妙韜畧而不用極聰明而不殺非保大定功乎守基圖之廣大延國祚於綿遠非持盈守滿乎若夫孝道之盛非惟臣子所不能稱贊雖考之謚法求之六家語其甚盛者慈惠愛親而已是則未足以彰大行之孝也報本反始而奉郊禋尊祖敬宗而事廟饗惟高宗為天下而得人太后盡母道以愛子而大行天賦至性不可解於心備四海九州之養謹五日一朝之儀委曲周盡猶恐不及兩宮九闈終無間言國已風動四

卷一萬七千二百九十一　二十

方震服喪膺高宗屬疾則衣不解帶躬自嘗藥及棄天下則勺水不入于口倚廬有過於哀鄙漢文之短喪陋晉武之無斷身服苴麻礼盡苫塊行有匹夫之所難哭則哀動於左右膚使衆弔止許朝于喪次顔色之戚哭泣之哀膚使退而嘆曰皇帝聖孝乃如此哉進諭解之言則流涕被面曰大恩難報群臣感泣莫敢仰視易月之制既終因山之役既畢孺慕無已追遠弗勝遂舉大賓以昇聖子不以倦勤不以求逸惟日不得日奉先帝之几筵躬行聖母之定省又曰俾予一人獲遂事親之心永膺天下之養於是御素服於乘輿尊几筵於内殿退處堊室以終三年之喪哀戚不忘齋潔自若欽事總福温清無違嗚呼茲豈非集孝道之大成又豈慈惠愛親之能盡也大行至尊壽皇聖帝宜天錫之曰哲文神武成孝皇帝廟號孝宗。二十三日給事中兼直學士院兼實録院同修撰樓鑰上成穆皇后成恭皇后謚議議曰臣聞帝王之興皆有天命夫婦大倫尤非偶然曰天作之合曰天立厥配正始之道王化之基於是乎在焉粤汾陽大家多偶合族唐室憲宗則有懿安之盛皇朝真廟則有章穆之賢姓系相承是生聖女慶鍾戚閈定嬪壽皇生不及褘衣之榮殁而膺寶冊之礼久安別廟將奉太宮宜改尊稱以從帝謚恭惟安穆皇后柔明懿淑慈順温恭委

濮王藩克盡婦道設桑弧於門左屢占熊夢之祥帶弓韣於棋前每啓燕祠之跪云何不淑遽奄九原追烈祖之御天眷元妃而追冊欲歌流芳傷不見于今姿正號長秋遂疏恩於幽穸固已嚴烝嘗之奉崇節惠之名綿慶祚于三朝介洪休於萬世重華厭代方服大喪吉蠲因山行當升祔念今日遺弓之痛既切于神孫愴昔時故劍之求用承於先志爰因安穆之懿式遵成孝之規謹考謚法婦德均一曰成德化肅雍曰穆安穆皇后窈窕好逑有關睢之美用心專一有鳲鳩之德非婦德均一乎孝欽以奉舅姑和平以儀閨門非德化肅雍乎改上謚號曰成穆皇后臣竊惟至尊壽皇聖帝臨御之初仰奉高皇首隆孝治正家刑國百度具舉而中閫久虚陰教斯闕乃奉親命乃諏卜吉考正古制聞建長秋安恭皇后淑範懿德冠于後宮君子好逑遂正乎内坤承乾而時行月遡日以為明褘褕盛服助成九廟之奉榔楙具礼欽承兩宮之養母儀既尊后德有輝而曾未數歲祲纏椒掖方隆大練之飾終符素宗之祥求賢審官未展周南之志感今懷昔空彤宋文之策固已極褒崇之典議安恭之謚祭于別廟迨今二十有八年矣壽皇上賓萬國起號弓之慕孝孫盡礼七月庀因山之役有司奏請定謚南郊二后在天皆應改號以從成孝之名謹考之謚典曰夙

卷一萬七千二百九十一　二十一

夜警戒曰成謙而好礼曰恭安恭皇后共蠶館之職以贊親耕之勤謹雞鳴之戒以勉相成之道禁切外家不忓褒謁茲不曰夙夜警戒乎躬節儉之德服澣濯之衣卻貢獻之珍麗遵國史之箴規茲不曰謙而好礼乎改上謚號曰成恭皇后　二十九日命右丞相趙汝愚攝太傅奉上孝宗哲文神武成孝皇帝謚冊寶于廟室冊文曰孝孫嗣皇帝臣其道之大者擬議之所不能加尊之極者形容之所不能盡然天地之德非可儀度而總其大曰生帝王之美非可易言而極其至惟孝誠以萬全之本孝為之先理無不該治所從出建人文而立極包衆甫以用中巍巍煌煌充滿天地縱不世出之資輔高明大有為之志神武甚類於藝祖至仁克叶於高宗生聞丕憲没垂閎休振古無倫不可尚已恭惟大行至尊壽皇聖帝以天在位二十八年紀綱法度慶賞刑威文物典章源流品式煥乎三辰之明鏘乎韶濩之音截然風霆之震驚沛然雨露之滲漉雖精神之運微妙難測而出治之迹較然可紀方在冲幼岐嶷徇齊儼如神人已係群望就傅王邸睿質日躋沉潜聖經反復舊史發為言訓有老師宿儒之所不及洎膺付託光御歷服當宁太息風揮日舒宽延畯明昭發猷念勤勞夙夜以恢康濟父大之圖明罔奮決以起偷惰苟安之習智出庶物不流於滿假

禮四九之六五

毖周藹机周病於叢脞規為建置常欲凌厲漢唐而洽休祖宗故推對越
之誠肖緝敬天之圖克惻怛之念存頒卹民之詔繩章圜丘之迭舉而
報本之義盡儒館辟雍之親臨而古文之化興重惜名器也雖宮闈之恩
澤屢減損而不卹務公賞刑也雖勳戚之救目必詰責而無赦育稱羨餘
則卻之法泰祥瑞則刪之復六祭之彈糾不止於搢紳書之稽違清三省
之煩苛責在乎明朝廷之體要課儒生以金穀懼空言之無補角進士以
弧矢慮戎備之或忘申飭閫人毋預軍政體貌大臣常延便坐嚴更迭之
法以練才定躬臨遣之煩以達壅蔽權任所寄誕謾敗事者必謫晉御之
臣請託為姦者必戮孜孜汲汲日不遑暇群臣尤率職而庶事秩然舉矣
至于躬服儉素研精典學聲色靡是求嗜留意成湯之弗邇也儻日休暇
閱坐書筵孔子之時習也反安南之象則旅獒之不蓄罷御苑之麥則無
逸之先知乾夫參乎典謨宸畫麗乎河漢儲宮入侍每史以剛健安康下
降必訓以溫柔旁采推寔之違權深嘉陸贄之忠蓋言動以為法則身體
以為律度廓惟始初遺旁匪茹赫然震怒蹴厲武節念版圖之未歸痛陵
寢之弗祀大講岐陽之蒐冀申有扈之伐而敵叢水散雄圖終鬱雖宿恥
之猶在頌大誼之已明此則有開於後來將俾聖志而成之也歷考自昔

卷一萬七千二百九十一　二十二

粤帝與王雖謙於初鮮不終怠而大行臨御既久日新又日新每深苞桑
之戒居矜朽索之懼尊賢勵德晚而彌篤洋洋風聲軼乎疆外用能太和
薰蒸方內底寧肖翹跂行罔不咸遂神明承寬王化方洽逆釁神器以授
聖子歸遜之盛光於有虞方且獨超帝堯為衆父父玩其清淨福我邦家
而生民無祿昊天不弔奄棄大養欻乘白雲率土崩心際天雨泣未予小
子追念欽祖之訓煢煢在疚罔知攸濟公卿士庶經訂礼以謂因山匪遠
升祔有期當崇徽稱用廣詔罔極夫惟諡號貴易竟寔是以懋寔萬載藉
承顧之敬縣閱而益共致養之隆極九州而未已和氣愉色根本自然纖
介不形淳篤天至遠軼虞紀古制是遵漢大弗思而輕變舜武雖行而未
盡仁讓義備始自聖明罔已挽百代之流風示一王之丕式矣夫舜之獨
稱大武王周公之獨稱達孝其他聖賢皆不然蓋即其特盛者而名之也
尊諡諫行稽諸于天繫之王冊薦之清廟於以揚厲景列宣明至公貴衕
幽而無斷亘今古而如在謹遣攝太傅光祿大夫右丞相提舉編修玉牒
提舉實錄院提舉編修國朝會要天水郡開國公食邑六千五百戶食實
封二千戶趙汝愚奉玉冊玉寶上尊諡曰哲文神武成孝皇帝廟號孝宗
伏惟威靈在天膺受容典於萬斯年永嗣厥後嗚呼哀哉謹言　冊文右丞

禮四九之六六

相趙汝愚撰知樞密院事兼參知政事陳騤書寶文參知政事余端礼篆
同日命右丞相趙汝愚攝太傅奉上成穆皇后改諡冊寶于廟室冊文
曰孝孫嗣皇帝臣某伏以諡有名有法名以礼飾變而從宜法以義制合
而取重乃更彝稱叶一非敢清告于有神恭惟安穆皇后兆祥汾水和裕
淑均惠問是敷選聘惟允有煒嬪則靡踰中矩左右怡懌用媲于皇姑越
初烈祖在潛服克十大祇業誕顯揚孝周迪簡高宗用決大策惟后勵相
厥功多焉虔夙夜焉慶尚惟有周姜任較茲勤績式猶弗若翊茂毓明聖
保佑劬瘁磨質用日躋迨紹天繼統厥蹤以縣遠垂無疆休亦惟我祖后
德焉虔被褘翟儀坤宮母萬方傳子暨孫輯福時億是稱是宜而命不融
咸弗克躬有皇祖盡哀追命錫榮著踐祚始肆聖父在御思報罔極班爵
元舅如母在矧惟沖人曾弗及事其敢曰功德本始代父嚴報于今茲屬
時皇祖將建陵廟郡工以國橋典來詔曰降祔陟配惟先帝后時舉惟嗣
孝孫作冊嗚呼欽哉盼質其昌勝惟地承天月受魄白東方罔不從厥所
配后諡繫之帝歷漢至今鮮改其昌敢不法象諏采以中贊于幽靈謹遣
太傅光祿大夫右丞相提舉編修玉牒提舉實錄院提舉編修國朝會要
天水郡開國公食邑六千五百戶食實封二千戶趙汝愚奉冊寶上尊諡

卷一萬七千二百九十一　二十三

曰成穆皇后伏惟歆受景鑠常祉行澤聿綏有邦亦俾在後之侗世揚前
人光勿替謹言　冊文右丞相趙汝愚撰知樞密院事兼參知政事陳騤書
寶文參知政事余端礼篆　同日命右丞相趙汝愚攝太傅奉上成恭皇后
改諡冊寶于廟室冊文曰孝孫嗣皇帝臣某伏以坤承乎天四德之名匪
異后統于帝壺惠之典當同益廟有從享之文礼無專諡之法諏之經訓
其後順德常之道歟漢光烈之於光武唐文德之於文皇洎我本朝益隆
彝訓昭憲之號仰叶於安陵三后之稱悉符於章聖所以媲德齊美永嚴
宗祊皇皇乎飾終遠之大端不可踰已恭惟安恭皇后躬剛和之則備姚
姒嬀之儀早鍾曾沙之祥風契倪天之異粤自初載来相宗藩潛龍天飛
進儷宸極翼翊宵旰齊休明肅環珮以自持援圖史以為鑒煩擱著于
葛覃柔順形乎采荇懷文探藻嫺沙觀深四教孔昭六宮承式撫綏諸御
均貫魚之麗也檢柅近親防躍龍之汰也無險詖之心志乎賢也有警戒
之道憂乎慢也至若齊明夙夜祗薦烝嘗職謹絲枲敬先種稑保佑聖子
母慈之章昭然養東朝婦道之彌著仁孝順治彝以明始於宮闈達于天
下亶惟內助寔基王化雖四妃之翊警二嬪之隆嬀不是過也芳猷未究
淑命不融彤史徒輝濯衣久閟惟乾道之禩方祖載之辰固已考寔于容

尊號十三 寧宗光宗皇帝第二子起

禮四九之六七

臺揭名於太室矣乃今烈祖祔禋展上儀命于閟宮錫諡成孝登配之縣宜繫于尊以成易姦厥有前憲謹遣攝太傅光祿大夫右丞相提舉編修玉牒提舉實錄院提舉編修國朝會要天水郡開國公食邑六千五百戶食實封二千戶趙汝愚奉冊寶上尊謚曰成恭皇后伏惟狩靈如在歆受忱誠於斯萬年永綏睿祐謹冊文古丞相趙汝愚撰知樞密院事兼參知政事陳騤書寶文參知政事余端禮篆

寧宗光宗皇帝第二子母曰慈懿皇后李氏乾道四年戊子歲十月十八日夜分生于恭王府其日為瑞慶節先是三年十二月立春日慈懿皇后嘗夢一大日墜于庭以手承之已而有娠及生祥光遶室五年正月賜名擴授右千牛衛大將軍淳熙五年十月授明州觀察使封英國公十二年三月授安慶軍節度使進封平陽郡王十六年三月拜少保武寧軍節度使進封嘉王紹熙五年五月孝宗皇帝違豫上請於光宗躬往省侍日以為常孝宗病日殊上涕泣而出左右驚問上言與淚俱孝誠篤至見者無不敬歎六月九日戊戌夜漏未盡數刻重華宮提舉關礼等四人詣寧執私第告孝宗皇帝大漸厥明左丞相留正知樞密院趙汝愚參知政事陳騤同知樞密院事余端礼赴後殿起居傅奏請過宮光宗以疾不出憲聖慈烈皇后御批壽皇已升遐正

卷一萬七千二百九十一

二十四

等赴重華宮聽宣遺誥舉哀十三日壬寅孝宗皇帝梓宮大斂畢正汝愚騤端礼赴几筵殿燒香就與劉子奏憲聖慈烈皇后乞赴簾前奏今日成服事中使傳旨問欲如何汝愚欲請簾前奏端礼謂正等自有唐肅宗朝群臣發哀太極殿故事宜援此附奏乞憲聖慈烈皇后降旨仍請憲聖慈烈皇后代行奠礼於是慈福宮提點王公昌永附奏傳奉憲聖慈烈皇后聖旨皇帝以疾聽就內中成服憲聖慈烈皇后代行奠礼如宮中之儀寧執率百官就重殿成服正等同奉聖旨具奏光宗得旨依乃率百官成服進進名奉慰憲聖慈烈皇后成肅皇后光宗皇慈懿皇后初孝宗聖體違豫光宗以疾間於過宮中外莫知人心疑慮十八日丁未正汝愚騤端礼劄子奏臣等伏見近日中外人情不安臣等朝夕思所以為鎮壓之計莫先於重國本竊見皇子嘉王仁孝夙成學問日進宜早正儲位以安人心建萬世無窮之基臣等不勝惓惓又小貼子臣等今早求對本欲面奏未蒙宣引謹用繳奏伏乞出自宸斷施行二十四日癸丑奉光宗御批甚好二十五日甲寅正汝愚騤端礼擬指揮進入欲依已得指揮立皇子嘉王為皇太子乞御筆批依付學士院降詔施行是晚奉光宗御批歷事歲久念欲退閑正等繳此紙請奏事光宗以疾不得見七月一日庚申重華宮朝

禮四九之六八

臨畢丞相留正仆地傷足三日壬戌正出國門四日癸亥張宗尹關礼等傳奉憲聖慈烈皇后聖旨來早於梓宮前垂簾引執政是日上謁告不赴朝臨汝愚移簡宮僚彭龜年問王躬無他來日禫祭重事王不可不出五日甲子百官以禫祭畢集于重華宮汝愚騤端礼詣梓宮前焚香畢中使宣引詣憲聖慈烈皇后簾前起居同奏事恭奉憲聖慈烈皇后聖旨皇帝以疾至今未能執喪御筆自欲退閑皇子嘉王可即皇帝位尊皇帝為太上皇后皇后為太上皇后亦恭奉光宗皇帝詔曰朕承列聖之洪圖受壽皇之內禪撫有四海于今六年夫何菲凉屢愆和豫遽罹禍變弥極哀摧喪紀自行於宮中而礼文難示於天下矧國事之重久已倦勤荷祖后之慈曲加矜體皇子嘉王仁孝之德中外所推居有小心未嘗違礼嗣膺大寶茲謂得人朕退安燕閒遂釋重負何止徇宅憂之志抑將綿傳祚之休皇子嘉王可即皇帝位朕移御泰安宮播告遐邇咸使聞知尚賴忠良共思翼贊故茲詔示想宜知悉憲聖慈烈皇后聖旨令上入重華殿後汝愚騤端礼於几筵殿傳宣關礼張宗尹扶掖上入簾憲聖慈烈皇后面諭再三上俯伏涕泣懇辭不已關礼張宗尹共掖上至殿廡素幄傳憲聖慈烈皇后聖旨令汝愚騤端礼更切勸請汝愚騤端礼具以宗社大計奏請上遜避愈堅汝愚騤

卷一萬七千二百九十一

二十五

端礼即同奏曰今中外人心不安若陛下但執謙德如宗社何關礼等屢以黃袍被聖躬上屢卻之既聞汝愚等奏拭淚勉從然猶偏倚御座汝愚騤端礼再拜起居上答拜如愚騤端礼復奏曰陛下已登大寶乞正君臣之礼上然後坐汝愚騤端礼復再拜起居上立受汝愚騤端礼遂傳宣殿帥郭杲步帥閻仲起居訖中官扶導上詣梓宮前謝礼如宮中之儀次汝愚率百官起居退上遂行禫祭礼中外聞之懽悸踴躍時年二十七在位三十一年慶元二年十月三日恭上太上皇帝尊號曰聖安壽仁太上皇帝冊文參知政事謝深甫書撰篆寶參知政事何澹太上皇后尊號曰壽仁太上皇后冊文參知政事何澹書撰篆寶僉書樞密院事葉翥詔曰傳歸於子惟聖人斯能增揖遜之光名成於親在王者宜兆極尊崇之礼朕欽承慈訓獲纘丕圖雖曰紹堯豈以位而為樂庶幾如舜常惟順以解憂內單竭於恂忱外闡揚于徽美太上皇帝聖而益聖安所蓄安靜處無為既茂於壽祉廣施博愛久藹著於仁聲太上皇后力贊大庭燕居少廣麗鴻錫祐永延偕老之齡慈仁育恩聰合資生之載雖至妙寔難于測識然敷端或擬於形容念未央長樂之儀方將修講宜隆興紹熙之典肖務尊行爰輯議於廷紳用勒成於寶冊問安侍膳益修五日之恭備行嗣音並揭兩宮之儀俟吉辰而恭上先渙汗之誕敷建顯號而

施尊名于以迓萬年之福有至德而廣要道于以致四海之刑諒聞播告之修共協歡懷之慶

卷一萬七千二百九十一

三六

接前

慶元元年十月七日禮部太常寺言奉詔朕自承大統稽之典禮壽聖隆慈備福太皇太后壽成皇太后太上皇帝太上皇后合上尊號令前期集議以聞乞用此月十三日宰執侍從臺諫兩省官於尚書省集議從之於是右丞相余端禮等言恭依集議加上壽聖隆慈備福太皇太后尊號曰壽聖隆慈備福光佑太皇太后壽成皇太后尊號曰壽成惠慈皇太后太上皇帝尊號曰聖安壽仁太上皇帝太上皇后尊號曰壽仁太上皇后詔令學士院用十一月十七日降詔 十一月五日宰臣余端禮奏太上皇帝尊號聖安壽仁四字上曰書有安字乃堯之德又有安康之意此已盡善無毫髮可疑矣上又曰昨日聞太上不肯入燥室只用單羅帳天氣正嚴凝夜間霜露下時寒氣尤甚朕聞之驚愕寢食不安上憂形于色端禮奏曰陛下聖孝如此至誠足以感動太上皇爲天子父以天下養可謂尊榮却未能自享此樂只是心氣未寧不知可差遣人安排夾帳得否上曰緣中門戶太上親自扃鑰如何修內司人入得端禮奏曰宮嬪中恐有可用人聖旨宣諭排得否上曰亦無緣得人去深恐易得感冒醫人又不得診視只是供藥又不對病朕朝夕憂懼端禮等奏曰願陛下少寬聖慮但此

卷一萬七千二百九十二 一

念常不忘太上心君懽清明即無他矣 二年八月二十六日禮部太常寺言檢準淳熙儀制令節文諸大慶大禮發運監司提點坑冶鑄錢司同諸州長吏奉表賀將來十月三日奉上壽聖隆慈備福光佑太皇太后壽成惠慈皇太后聖安壽仁太上皇帝壽仁太上皇后尊號冊寶禮畢係太慶典禮乞依條施行從之 九月十九日詔奉上壽聖隆慈備福光佑太皇太后壽成惠慈皇太后聖安壽仁太上皇帝壽仁太上皇后尊號冊寶太傅右丞相京鏜侍中讀寶并奏寶知樞密院事鄭僑中書令奉冊并讀冊參知政事謝深甫侍中承旨宣答及奏禮畢參知政事何澹前導禮儀使并奏禮畢簽書樞密院事葉翥押冊案吏部侍郎四員兵部尚書張叔椿翰林學士倪伯壽權吏部尚書許及之吏部侍郎錢象祖押寶案禮部侍郎四員吏部侍郎楊輔右諫議大夫劉德秀中書舍人謝源明國子司業兼中書舍人高文虎奏中嚴外辦禮部侍郎二員權戶部侍郎張抑起居郎兼權刑部侍郎張孝伯殿中監起居舍人胡紘前導冊寶太常卿祕書監胡琢舉冊官八員太常卿沈詵司農少卿兼中書門下省檢正諸房公事陳祀殿中侍御史姚愈大理少卿周珌張濤監察御史張伯垓呂棐左司郎官鄭公顯舉寶官八員右司員外郎衛涇樞密院檢詳諸房文字張

貢謨尚左郎官張釜考功郎中黃唐右曹郎中趙彥梧金部郎中趙師炳
倉部郎中王齊輿度支郎官趙彥勵押樂太常卿刑部員外郎朱㴉奏解
工部員外郎馬覺著作郎兼礼部郎官顏棫宗正丞兼侍左郎官劉𢤱之
嚴礼部郎中二員刑部員外郎陳研戶部員外郎楊大昌太常博士三員
協律郎太常丞張宓大慶殿并壽康宮前導皇帝行礼知閤門事謝淵吳
琰進中嚴權知閤門事畫樞密副都承旨戴熟進外辦權知閤門事焦令
雅進解嚴及壽康宮進外辦權知閤門事趙卿祖進解嚴權知閤門事韓
侂胄　十月三日奉上壽聖隆慈備福光佑太皇太后壽成惠慈皇太后
聖安壽仁太上皇帝壽仁太上皇后尊號冊寶前二日習儀前一日有司
設御幄於大慶殿御㡇後之西東向隨地之宜設冊寶幄大慶殿當中南
向設皇帝褥位三一於大慶殿上冊寶幄之東西向一於殿下當中面冊
殿下當中南向又設以冊寶授太傅褥位一於殿下當中橫鋪太常設宮
架之樂於大慶殿庭協律郎位於宮架西北東向押樂太常卿位於宮架
之北北向設文武百僚次於大慶殿門外又設文武百僚次於慈福宮壽
康宮之內外設太傅受冊寶褥位於大慶殿下發冊寶褥位之前東南側
向又設置冊寶褥位一十六內八於殿下南向冊東寶西八於殿下東階

卷一萬七千二百九十二　二

之東西向冊南寶北又設太傅位於殿下西階之西東向侍中中書令位
於太傅之後東向北上吏部礼部侍郎位於侍中中書令之南稍東向北
上舉冊舉寶官位於其後重行東向設太常卿太常博士位又於其後又
設太傅位於殿下東階之東西向侍中中書令位於太傅之後西向南上
吏部侍郎位四一於壽聖隆慈備福光佑太皇太后冊寶之後一於壽成
惠慈皇太后冊寶之後一於聖安壽仁太上皇帝冊寶之後一於壽仁太
上皇后冊寶之後並西向又設舉冊官位八二於壽聖隆慈備福光佑太
皇太后冊案之後二于壽成惠慈皇太后冊案之後二於聖安壽仁太上
皇帝冊案之後二於壽仁太上皇后冊案之後又設礼部侍郎位四一於
壽聖隆慈備福光佑太皇太后寶案之後一於壽仁太上皇后太后寶案
之後一於聖安壽仁太上皇帝寶案之後一於壽仁太上皇后寶案之後
俱重行西向又設舉寶官位八二於壽聖隆慈備福光祐太皇太后寶案
之後二於壽成惠慈皇太后寶案之後二於聖安壽仁太上皇帝寶案之
後二於壽仁太上皇后寶案之後俱重行西向設太常卿太常博士位又
於其後設文武百僚位於宮架之北東西相向又設大次於壽康宮大門
之內設小次於殿南廊上北向設權安冊寶幄次於壽福宮壽康宮大門

之內及和寧門外各隨地之宜又設聖安壽仁太上皇帝御座於康康殿
上當中西向設皇帝褥位二一於殿上當中東向一於聖安壽仁太上皇
帝御座之南北向太常設宮架之樂於慈福殿門之外北向隨地之宜協
律郎位于宮架西北東向押樂太常卿位於宮架之北北向又設宮架之
樂於壽康殿門之內外東向隨地之宜協律郎位於宮架北東南向押樂
太常卿位於宮架之東東向設置冊寶褥位四於慈福殿上隨地之宜又
設褥位四於壽康殿北階下南向冊東寶西以東為上又設冊寶褥位五
四於殿上稍東南向重行一於殿上當中東向又設太傅舉冊寶位於壽康
殿上前楹間又設讀冊寶位於冊寶西當中東向又設吏部礼部侍郎位
二於殿上在北稍西南向又設太傅位于殿下北階之北南向侍中中書
令位於太傅之後南向東上吏部礼部侍郎位於殿下北階之北各於冊
寶案之後南向舉冊舉寶官位俱重行南向太常卿太常博士又於其後
設文武百僚位于殿下宮架之東南北相向儀仗鼓吹列於大慶殿門外
禁衛等列於殿庭至夜權退文武百僚集於大慶殿門列幕次各服朝服
儀仗鼓吹列於殿門外禁衛等列于殿庭樂正帥工人以次入閤門太常
寺分引前導官礼儀司閤門官大常博士并礼直官分立於御幄前之左右

卷一萬七千二百九十二　三

押樂太常協律郎入就位文武百僚入就殿下東西相向立定管軍御帶
等常衣執骨朶大慶殿東朶殿侍立都大主管官往來照管吏部礼部侍
郎舉冊舉寶官大常卿侍中中書令太傅俱詣殿下西階之西褥位東向
立少頃侍中中書令吏部礼部侍郎陞殿西階詣冊寶幄之西重行東向
立舉冊舉寶官升殿西階於吏部礼部侍郎之後東向立太常卿升殿詣
西階上之西東向立皇帝自內服靴袍入御幄易通天冠絳紗袍閤門官
礼部侍郎奏請中嚴少頃又奏外辦太常博士引礼儀使當幄前俛伏跪
礼儀使臣葉翥奏請皇帝恭行奉上壽聖隆慈備福光祐太皇太后壽成
惠慈皇太后聖安壽仁太上皇帝壽仁太上皇后尊號發冊寶之礼奏訖
俛伏興還位前導官前導皇帝出御幄殿中監跪進大圭礼儀使奏請皇
帝執大圭殿中監進大圭詣東階上西向少立以俟礼畢受大圭前導官
前導皇帝詣殿上冊寶幄前褥位西向立舉冊官入幄跪舉壽聖隆慈備
福光佑太皇太后冊興中書令舉壽聖隆慈備福光佑太皇太后冊吏部
侍郎押冊案舉寶官入幄跪舉壽聖隆慈備福光佑太皇太后寶興侍中
舉壽聖隆慈備福光佑太皇太后寶礼部侍郎押寶案舉冊官入幄跪舉
壽成惠慈皇太后冊興吏部侍郎押冊案舉寶官入幄跪舉壽成惠慈皇

太后寶與礼部侍郎押寶案舉冊官入幄跪舉聖安壽仁太上皇帝冊與吏部侍郎押冊案舉寶官入幄跪舉聖安壽仁太上皇帝寶與礼部侍郎押寶案舉冊官入幄跪舉壽仁太上皇后冊與吏部侍郎押冊案舉寶官入幄跪舉壽仁太上皇后寶與礼部侍郎押寶案太常卿前導冊寶進行協律郎跪俛伏舉麾興工鼓柷正安之樂作凡舉冊寶并置冊寶于案皆礼部職掌助舉前導官前導皇帝步從侍中書令奉冊寶降自西階至殿下當中褥位南向置定偃麾戛敔樂止凡樂皆協律郎跪俛伏舉麾興工鼓柷而後作偃麾戛敔而後止侍中中書令吏部礼部侍郎舉冊舉寶官退詣殿東階之東褥位西向立太常卿俟詣殿東階之東褥位西向立前導官前導皇帝至殿下面北褥位立礼儀使奏請拜皇帝再拜在位官皆再拜訖應行事執事應奉官不拜壽康宮並準此舉冊官詣壽聖隆慈備福光佑太皇太后冊案之左右東西相向跪舉壽聖隆慈備福光佑太皇太后冊與吏部侍郎押冊案先詣皇帝褥位前置定吏部侍郎退立於東階下西向中書令詣壽聖隆慈備　光佑太皇太后冊位之北南向舉冊進行作礼安之樂至皇帝褥位前南向皆跪置於字案中書令興退詣殿東階下西向立舉冊官興立太常博士引大傅詣受冊褥位東南向側身

俛伏跪舉冊官跪舉冊礼儀使奏請皇帝跪捧冊授太傅太傅受冊又奏請皇帝俛伏興太傅興舉冊官舉冊興太傅奉冊於殿東階下詣壽聖隆慈備福光佑太皇太后冊褥位西向跪置冊於案樂止凡太傅受冊寶皆礼部先舉冊寶案詣殿東階下褥位西向置定舉冊官興退立於冊案之後太傅興立於冊案之側西向立舉寶官詣壽聖隆慈備福光佑太皇太后寶案之左右東西相向跪舉壽聖隆慈備福光佑太皇太后寶興礼部侍郎押寶案先詣皇帝褥位前置定礼部侍郎退立於東階下西向侍中詣壽聖隆慈備福光佑太皇太后寶位之北南向奉寶進行作礼安之樂至皇帝褥位前南向皆跪置寶於案侍中興退詣殿東階下西向立舉寶官興立太常博士引太傅詣受寶褥位東南向側身俛伏跪舉寶官跪舉寶又奏請皇帝跪捧寶授太傅太傅受寶又奏請皇帝俛伏興太傅興舉寶官舉寶與太傅奉寶於殿東階下詣壽聖隆慈備福光佑太皇太后寶褥位西向跪置寶於案樂止舉官官興退立於寶案之後太傅興立於寶案之側西向立舉冊舉寶官舉壽成惠慈皇太后冊寶并聖安壽仁太上皇帝冊寶壽仁太上皇后冊寶吏部礼部侍郎押冊寶案侍中中書令奉上壽成惠慈皇太后冊寶聖安壽仁太上皇帝冊寶壽仁太上皇后冊寶

皇帝捧壽成惠慈皇太后冊寶聖安壽仁太上皇帝冊寶壽仁太上皇后冊寶授太傅並如壽聖隆慈備福光佑太皇太后冊寶之儀太傅以下並退詣殿東階下褥位西向立前導官前導皇帝詣殿下當中南向褥位立舉冊官舉寶官詣冊寶位俱跪舉冊寶興吏部礼部侍郎押冊寶案太常卿前導冊寶由宮架東進行正安之樂太傅侍中中書令後從冊寶出大慶殿正門樂止次輦官捧輦冊寶於殿門外捧冊寶置於腰舁初冊寶出大慶殿正門太常博士引礼儀使詣皇帝褥位前北向俛伏跪礼儀使奏葉翥奏礼畢伏興復位前導官前導皇帝升自東階將至御幄礼儀使奏請皇帝釋大圭殿中監跪受大圭訖皇帝入御幄閤門官礼部郎中奏解嚴皇帝服靴袍還内如來儀文武臣僚以次退内侍導從冊寶官并從駕臣僚並俟導從冊寶并從駕其不該導從駕官並先出和寧門赴慈福宮俟慈福宮壽慈宮恭行加上尊號冊寶畢皇帝自慈福宮服靴袍乘輦至壽康宮大次降輦入幄儀仗鼓吹儀衛等分列於壽康宮門之内外樂正帥工人以次入文武百僚就次各服朝服前導官礼儀使閤門官太常博士礼直官分立於大次前之左右押樂太常卿協律郎入就位文武百僚入就殿下南北相向立定吏部礼部侍郎舉冊官舉寶官大常博士太常

卿侍中中書令太傅俱詣冊寶幄次前隨地之宜立定舉冊官入幄跪舉聖安壽仁太上皇帝冊與中書令奉冊吏部侍郎押冊案舉寶官入幄跪舉聖安壽仁大上皇帝寶興侍中奉寶礼部侍郎押寶案舉冊官入幄跪舉壽仁太上皇后冊與吏部侍郎押冊案舉寶官入幄跪舉壽仁太上皇后寶與礼部侍郎押寶案礼直官太常博士太常卿前導冊寶進行入殿門作正安之樂太傅後從至殿北階下褥位置定冊東寶西樂止侍中以下各就位定太傅詣本班北向立定皇帝就大次服通天冠絳紗袍閤門官礼部侍郎奏請中嚴少頃又奏外辦前導官前導皇帝出大次至壽康殿門殿中監跪進大圭礼儀使奏請皇帝執大圭將至小次礼儀奏請釋大圭殿中監跪受大圭入小次太常博士引礼儀使當次前俛伏跪礼儀使臣葉翥奏請皇帝恭行奉上聖安壽仁太上皇帝壽仁太上皇后尊號冊寶之礼俛伏興還侍立前導官前導皇帝出小次殿中監跪進大圭礼儀使奏請皇帝執大圭前導官前導皇帝升自南階至殿上褥位北向立聖安壽仁太上皇帝服靴袍出宮作乾安之樂禁衛諸班親從等自贊常起居聖安壽仁太上皇帝升御座樂止前導皇帝詣褥位東向立礼儀使奏請皇帝再拜奏聖躬萬福礼儀使又奏請皇帝再拜訖前導皇帝詣聖

安壽仁太上皇帝御座之南褥位北向立太傅以下橫行東向立定太傅以下皆再拜內行事典奏官先起居班首不離位奏聖躬萬福訖再拜太傅詣殿下褥位南向立次舍班南北相向立定舉冊官詣聖安壽仁太上皇帝冊案位前跪舉冊興吏部侍郎押冊案升北階奉冊寶行禮等官升階官以次升階先詣聖安壽仁太上皇帝御座前褥位東向置定吏部侍郎少退稍北南向立太常博士引太傅奉冊升阼階聖安之樂作中書令從升太常卿前導侍郎押冊至殿上褥位東向跪以冊置於案樂止太傅以下興太常卿降階復位立太傅詣與上前褥位東向跪舉冊官跪舉冊中書令進當冊案之西東向跪讀冊冊文曰皇帝臣擴謹稽首再拜言曰臣聞乾為天為君為父惟天為大而不可得名者惟仁以統為首推廣乎天稱贊於新而妙用斯不容擬其議聖人與天為徒故應人間世為天下君是藏於密為天子父聖人之不可名天之不可名也仁人事親如其事天義即推尊乎天者以盡推尊之極稱贊乎天者以極稱贊之美明揚鴻休侈顯揚盛德乎形容萬分一其敢不自竭恭惟太上皇帝出入神聖與天同德成刑致利與天同功兼聽廣覽隆寬厚下與天同量君乃用賢去奸閫聰即晴則日月其明也流刑措淑流惠罔生則雨露霈澤也誕敷詒命敷庭實大奮發威斷孚亟施因時風動其歸一也聖學緝熙上監成憲宸翰昭回下飾萬物則若漢其文章也方冊敘命集萬國聖作明述守一道之傳明要侍臘素而言之敦崇翻閱治書求時命圖回庶政夤勤六藏敎沖和之妙與道逍遙退而高端正以神器畀予非賢若禱往謨歷選群辟堯授舜於既老之後舜親禹於倦勤之餘未有以春秋之鼎盛屬艱難之日翩而脫屣然與無繫神器以擇遂灰之於前傳以擇繼傳之於後全總歸於三朝授受獨發乎吾皇乎盛哉臣以寡昧親承付託撫天下養不足以為報惟是策揚鴻休仰贊徽稱名所謂名稱歸美所以論當世而傳無窮也夫治聽乎恢治之職而成功不居德充乎光輝之大而允恭克遜非聖而誰聖乎由仁義而行而無行之之迹盡人物之性而得性之之妙非安所當安乎壽居五福之一仁為五常之先後得所以長文命安樂所致延年不曰壽乎外而能受以結人心內而能靜以循天理不曰仁乎臣不勝大願謹奉玉冊玉寶上尊號曰聖安壽仁太上皇帝欽惟陛下游心壓外玩意寰中高乎太極而先天希乎闕乎叔衍而後天難老靡愛多福懿及微人以承德歡萬年之休謹言俛伏興舉冊官奠冊案冊置中書令奠冊吏部侍郎押冊案先詣聖安壽仁太上皇帝御座之南褥位東向置

卷一萬七千二百九十三　六

定吏部侍郎降階復位立中書令進冊於聖安壽仁太上皇帝御座之南褥位置冊於案訖中書令舉冊官各興俱降階復位立太傅降階詣聖安壽仁太上皇帝寶案之後立舉寶官跪舉寶興禮部侍郎押寶案先詣聖安壽仁太上皇帝御座前褥位東向置定禮部侍郎退稍北南向立太常博士引太傅奉寶升作聖安之樂侍中從升太常卿前導寶升殿至殿上褥位東向跪以寶置於案樂止太傅以下興太常卿降階復位定太傅詣殿上前楹間東向立舉寶官跪舉寶侍中進當寶案之西東向跪讀寶寶以聖安壽仁太上皇帝之寶為文讀訖俛伏興舉寶官奉寶興侍中奉寶禮部侍郎押寶案先詣聖安壽仁太上皇帝御座之南褥位東向置定禮部侍郎降階復位立侍中進寶於聖安壽仁太上皇帝御座之南褥位置寶於案訖侍中舉寶官各興俱降階復位立太傅降階詣壽仁太上皇后冊寶之後立舉冊寶官跪舉壽仁太上皇后冊寶興中書令侍中奉冊寶吏部禮部侍郎押冊寶案先詣聖安壽仁太上皇帝御座之南褥位東向置定太常博士引太傅捧冊寶升殿作聖安之樂太常卿前導冊寶升殿詣聖安壽仁太上皇帝御座之南褥位東向跪置冊寶於案訖樂止中書令侍中舉冊寶官與太傅侍中中書令以下俱降階各歸班立初壽仁太上皇后冊寶升殿侍中升殿北階詣折檻稍南北向立太常博士引禮儀使閤門官前導皇帝詣聖安壽仁太上皇帝御座前褥位東向奏請皇帝再拜俛伏跪奏皇帝臣擴稽首言伏惟聖安壽仁太上皇帝陛下寶圖授禮玉冊揚休御介壽祺共惟勝慶俛伏興又奏請皇帝再拜訖侍中參知政事何澹詣聖安壽仁太上皇帝御座前承旨退於皇帝褥位前北向宣答曰皇帝遹遵萬事剛奉隆名尊顯深誠欽感侍中退詣折檻稍南北向立又奏請皇帝詣聖安壽仁太上皇帝御座之南褥位北向立太傅以下橫行東向立太傅以下皆再拜訖太傅稍前東向俛伏跪文武百僚並躬身太傅奏稱太傅右丞相臣京鏜等稽首言恭惟聖安壽仁太上皇帝陛下介壽應宸聿尊寶冊三宮同慶萬國齊歡奏訖俛伏興文武百僚直身立太傅復位太傅以下皆再拜舞蹈再拜訖侍中參知政事何澹詣聖安壽仁太上皇帝御座前承旨退詣折檻前北向宣曰有制太傅以下再拜躬身宣曰祝瑤觴以盛典示儀有懌慶辭尤加美歎宣訖退詣折檻南北向立太傅以下皆再拜舞蹈又再拜訖侍中詣聖安壽仁太上皇帝御座前俛伏跪侍中臣何澹奏禮畢俛伏興退復位聖安壽仁太上皇帝還宮作乾安之樂樂止內侍官揀聖安壽仁太上皇帝冊寶入宮

卷一萬七千二百九十三　七

次皇帝詣宮中奏上壽仁太上皇后冊寶其日先設壽仁太上皇后座於本殿南向設皇帝褥位如壽康殿上之儀殿上行礼畢内侍捧壽仁太上皇后冊寶輿舉冊寶案内侍舉壽仁太上皇后冊寶案先詣壽仁太上皇后座前稍南在東褥位西向置定都大主管官前導冊寶進行作正安之樂内侍前導皇帝後從冊寶入宮舉冊寶内侍置冊寶於本殿冊寶案樂止興都大主管官退内侍前導皇帝詣壽仁太上皇后座前褥位北向立内侍引司言司言引尚宮尚宮引壽仁太上皇后出閤作坤安之樂升座樂止皇帝再拜奏萬福又再拜退詣壽仁太上皇后座之東褥位西向立舉冊内侍跪舉冊内侍跪舉冊興作聖安之樂次舉冊案内侍舉冊案置於壽仁太上皇后座前褥位北向置定内侍進冊於案樂止舉冊内侍興少立次讀冊内侍北向立舉冊内侍跪舉冊讀冊内侍跪讀冊冊文曰皇帝臣擴謹稽首再拜言曰臣聞萬物所資以生者坤也坤有生萬物之功故盡萬物而不足以報必極其德之至者而名言之含洪光大柔而剛靜而方順而正皆坤德也以言其持載則悠久而無疆以言其受育則長養而無外兹其德之至者乎惟我宋再受天命堯舜與禹道高揖遜美任與姒功懋贊襄昆蟲草木罔不嘉賴德參坤元固已無間至若螽叶吉於洛

卷一萬一千二百九十二

八

陽繼呈祥於甲觀正長秋之尊位配前殿之多儀則我文母寔兼有焉咨鴻恩建大號以顯揚生生不窮之盛美在予沖人曷敢不極其至哉恭惟太上皇后殿下瑞應塗山秀鍾沙麓升自勳閥上妃聖父居處肅穆舉動齋莊時在龍潛躬履帝武首毓陋質丕承天休必誠必親護視教載遠我慈尊受禪烈祖警戒勵雞鳴之操夏勤懷卷耳之思不矜褕翟之華親服練繒之制陰教明而六宮風動母儀備而彤管日新太上起倦勤之心欲容參與子之議遂令寡昧獲紹丕圖夫難名者生育之恩莫酬者授受之助天啟聖善成始成終慈篤義隆豈何以報雖曰備九州之榮養謹一月之四朝儼極未央聯輝丹禁寢門密邇安問旁午受慕之意已孚而歸美之誠未盡也載諏穀旦懋擴縟儀率籲群情並隆徽稱齋大明而久照坐物非長養無外之仁乎壽以仁得仁以壽彰壽高而仁益隆仁隆而壽益少廣以延年非悠久無疆之壽乎寶老氏之慈而慈幼極母懷之愛而愛固天人相因至理可必臣不勝大願謹奉玉冊金寶上尊號曰壽仁太上皇后伏惟殿下對孚嘉之會輯純嘏之祉調虞慈康觴玉巵於萬年詒燕後昆緜瓜瓞於百世繼自今寶寶之名大書特書而未已皇乎休哉　讀訖舉冊内侍奠冊舉冊并冊案退各復位讀冊内侍俛伏興退復位次舉

寶讀寶内侍舉寶案讀寶等作樂止並如上儀訖寶以壽仁太上皇后之寶為文退前導皇帝詣壽仁太上皇后座前褥位北向立尚宮奏請拜皇帝再拜俛伏跪奏皇帝臣擴稽首言伏惟壽仁太上皇后殿下同膺壽祉齋貢號榮縟典誕登歡情胥浹俛伏興又奏請拜皇帝再拜躬身内侍詣壽仁太上皇后座前躬身承壽仁太上皇后旨退西向答曰皇帝擁華號冊報美觀闈備萬愛欽惟增融懌又奏請拜皇帝再拜訖退詣壽仁太上皇后座之東褥位西向立内侍詣壽仁太上皇后座前俛伏跪奏礼畢俛伏興壽仁太上皇后降座作坤安之樂入閤樂止皇帝退易靴袍以俟出宮還内初皇帝於宮中行奏上壽仁太皇太后尊號冊寶礼畢於壽康殿南階下閤門官礼部郎中奏解嚴内侍轉進宰執率文武百僚就朝服詣壽康殿下拜牋賀壽仁太上皇后如拜表之儀訖退儀伏鼓吹儀衛以次退訖應從駕臣僚先奏萬福俟從駕還内習儀行礼日各不視事百司休務六日文武百僚詣文德殿拜表稱賀十二月一日詔聖安壽仁太上皇帝加上尊號冊寶礼畢其合該推恩人並特與轉一官資令提舉官先次開具職位姓名申尚書省十三日詔已降指揮修奉上尊號冊寶了畢内都大主管官王德謙合該轉兩官可將一官於見今官轉行一官依條

卷一萬七千二百九十二

九

回授　皇帝朝　紹熙五年七月七日詔令礼部御史臺閤門太常寺條具朝見泰安宮礼儀以聞於是礼部太常寺議定依礼例用一五日車駕詣泰安宮朝見起居如宮中之礼即不集百官陪位立班是日從駕官回作歇泊假從之　二十一日皇帝率文武百僚詣文德殿奉表牋稱賀太上皇帝太上皇后　慶元元年正月五日車駕詣慈福宮壽慈宮壽康宮起居恭承太皇太后聖旨自今後止遇旦望初八日二十二日過宮　二月二十一日宰執進呈次趙汝愚等奏來日車駕過當宮萬一兩作亦須一出上曰已是每月省了兩次何可不出　九月七日重明節上詣壽康宮起居時以孝宗服制免上壽　二十三日太上皇后生辰上詣壽康宮起居　三年六月二十一日太皇太后聖旨今後車駕止須旦望過宮既而宰臣京鏜等奏過宮一月四次已為定制陛下聖德日新豈容於孝宗終制之後遽減有過宮日分恐外間便有妄議上曰本是四日今減兩日莫若且存舊制鏜等奏若存舊制一月之間或出或不出卻在陛下於是即時批出奉太皇太后聖旨每遇旦望日過宮朕深思之礼不可闕奏知太皇太后仍舊制　十月三日皇帝率文武百僚詣慈福宮壽慈宮壽康宮行恭上尊號冊寶稱礼　四年十二月廿二日宰執進呈次京鏜等奏至節

後來到壽康乞十五日定過向去元日是正旦礼數耳上曰然是日雖壽
仁有旨免亦須過去　五年正月二十九日詔恭承皇太后聖旨令後車
駕詣慈福宮凡延前燒香壽慈宮壽康宮起居如遇忌辰并忌前衣服不
使並免到宮　六年二月二十三日皇帝詣壽康宮恭進聖安壽仁太上
皇帝玉牒聖政日曆會要　慶元二年十一月一日詔奉大行聖安壽仁
太上皇帝謚冊寶攝太傅右丞相謝深甫奉謚冊寶知樞密院事兼参知
政事何澹讀寶攝侍中簽書樞密院事陳自強讀謚冊攝中書令礼部尚
書張釜舉冊礼部侍郎陳宗召太常少卿俞豊舉寶軍器監兼權礼部郎
官王炎太常博士陸峻　同日起居舍人兼權中書舍人兼權直學士院
鄒文炳上光宗憲仁聖哲慈孝皇帝謚議議曰臣聞至大而不可名者天
至盛而不容述者聖聖人之道實原於天而功德之盛與天同大堯舜相
繼勛華並稱遂文命之祗承昭神禹之授受心傳微妙精一執中廣運而
神誠難儀測而帝舜而中命於惟賢孔子三致志於無間於是禹之為大
古今同辭流永楊休相為先後亦猶欽明文思溫恭濬哲隨事以著推斷
以言合衆美而歸全猶可得而髣髴也粲我神宋同符帝王太祖肇基太
宗踐祚傳緒十葉炎圖中興巍乎大哉時乃天道法堯蹈舜跨商軼周稽
三聖之傳指二典之範鋪張丕績視禹益光則固有在于今日也恭惟大
行聖安壽仁太上皇帝躬上聖之資際重熙之運粤自朱邸升儲青宮雞
鳴問寢而子道克全龍潛進修而君德滋懋淵泉溥博以時出聰明聖智
而能知剖明訟牘已得於尹正之始諳知物情欲見於參決之初中外思
慕而屬心聖父臨朝而嘉嘆天人協應内禪增華欽奉燕謀潤色鴻業嚴
兩宮之尊奉益供進之常儀述壽皇已行之規斯於必遵以見繼承之寔
念祖宗已成之憲自有深意以塞更張之源先器識而務典寔則鑒取士
之家法貴久任而重數易則循命守之聖謨尊老臣以悅重華揚寶冊以
慶慈恵業業孜孜守以一道也畏天變之上形而感動於六事之陳欲入
心之無怨而察聽於土木之役戒言瑞物而思豈登之樂業厲精治道而
卻歌頌之宣功不貴奇珍而杜遠方之求不殖貨利而務節用之本行所
無事則以心不私而能公道運無逆則審器日用而不纛休務之假益減
治事之日益增則克勤于邦會計始于宮掖恩澤損於椒房則克儉于家
亹亹穆穆進以無疆也建大中而消朋黨好正直而尚公平以任賢使能
為致治之要以更出迭入為用人之法語近臣以遏絶僥倖飭監司以發
擿姦贓清介純寔則列置禁塗博洽純正則輔導王府講筵取經學該通

之老館閣儲儀論平正之人擇邊帥于大臣詳議之餘得殿巖于参稽公
論之衆訪舊弼以來說論擢御史以獎直言訪問而致諧懟之不行虛懷
而使所陳之科盡採封事之議以伸四方敢言之氣講景命之書而寤近
習移人之非論寛恤之可行即行而不當具文謂懋賞之當與即與而不
可不信于以謹黎獻之時與而嘉言之罔伏也念戶口雖衆而民生寔艱
審害藏之非地而民憂無蓄雨暘形于憂喜水旱欲以寔聞賑卹救養必
責以盡心勸課農桑必儆以無擾嚴郡邑名舍寔取之禁廣諸道預備先
具之儲經總之繁多綱運之折閱科罰對糴之色目欲買晴零之取贏蠲
減代輸一於從予立法悪其太重疑刑務從厥中情犯之適輕則開其自
新流徙之抵遠則示以不殺春夏之際俾非重事而勿拘盛暑慮囚俾必
前期而及遠覽圄圄空虛之奏則喜形於獎諭聞肌體或傷之罪則言寓
于哀矜于以見政在于養民而刑期於不犯也以義武寓兵之法為近古
以兩淮籓籬之本為在民軍政欲修指統副貳分治之為非守禦有地視
重屯列戍增損之當異將臣屢戒於掊克即正常務於撫存招生部以結
蓄戎翔神勇以收子弟柔遠能邇敷文德也郡臣進對商畧大事率言簡
而理得諸儒講論反覆析衷皆心會而意明傳聞失寔知非王霸之圖細
故從事識非大體之務臨照百官而深辨邪正明見萬理而典盡事情由
思而睿惟樂康也臨御六載之閒規撫百王之上九功之所以著庶績之
所以凝端由學聚問辨成萬寔揮光之新日就月將大緝熙光明之盛重
離之繼照而溥海咸仰天鑒之下齊而品物流形何千萬年俾昌而熾而
乃嚴乾之正體道之宗玩意希夷脫屣高蹈肆舉神器而親愛聖子俾功
大極而順燕壽康為天子父以極其尊享天下養以致其樂歲愛内朝之
稱慶日顧寢門之問安歡欣穆愉慈愛備至遽聞憑几導揚之命俄趣乘
雲上賓之遊玆皇帝所以興哀無時孝思罔極擗踊追慕悼心悲摧愴昊
天之不辰痛陽馭之莫返而三靈改色臣庶攀號泣盡而繼之以血也禹
陵献卜會稽是膽因山有期爰封風戒参酌古今攷訂六家將飭攸司勤
崇丕冊庶幾有以冠徽稱而詔萬世謹按謚法聖能法天曰憲施仁服義
曰仁通達先知曰聖能官賢才曰哲視民如子曰慈繼志述事曰孝迹夫
至公無私以應物自強不息以進德非聖能法天乎齊衆而均于一視博
愛而事得其宜非施仁服義乎極深研幾而融照萬微窮理盡性而超卓
獨見非通達先知乎明于知人而務取所長量材授任而各得其用非能
官賢才乎惻怛欽卹而矜懷如傷撫綏和柔而燕及遠迩非視民如子乎

授受一轍而允執厥中孝理天下而舉由舊章非繼志述事乎萬善具備
全德丕顯固已被四表而冠天下至海隅而及萬邦宣昭洪猷揚厲景鑠
疑非愚臣之所及而天下之所得私若昔成式天子之謚則請之南郊況
我哲皇堯舜之道兼原于天彝倫之敘復畀于帝爲綱爲紀成允成功赫
奕煒煌配天無極中以節惠於昭至公對在天之靈無俯仰之愧大行聖
安壽仁大上皇帝尊謚宜以天命錫之曰憲仁聖哲慈孝皇帝廟號光宗
十四日命特進右丞相謝深甫攝太傅奉上光宗壽仁聖哲慈孝皇
帝謚號冊寶于廟室冊文曰孝子嗣皇帝臣擴臣聞堯舜之道惟傳之而
揖遜之懿同乎三聖堯舜之治寔繼之而無洪之盛同乎三朝以言其德
則冠百王以言其功則被萬世並疑無競夏深愿遠邇以神器親授與子
是以表行寶實因名爲謚準則以爲稱之資則以爲號之歷數千載莫之
與京惟我烈考無間然矣恭惟大行太上皇帝聖明英睿之姿膺豐聖
國同之志爲聲爲律而號以稽古爲綱爲紀而本以守謙纖德振宫雅奧
已久繼明離照謳歌留歸精一執中妙於心傳歷數在躬得於面命爲之
根德丕績終陟元后也簡樂之尹正而深識民情議事之參決而洞達國
體踐祚之初天德清明號令之發竦動群聽惠澤之霈浹應函生戒百官

卷一萬七千三百九十二　十二

之貪濁而嚴糾劾戒長吏之更易而重久任蠲三輔預買丁庸之賦損四
川鹽酒折估之額輕徭役謹刑罰禹之德惟善政政在養民也條列五事
守孝宗所尚之規申飭三省導孝宗已行之法即祇承于帝也廣豐年之
平糴以厚儲積行歉歲之賑貸以救流殍即思溺由己也務闢求言之路
日引輪對之班詔執政勑臣之論事諭宰輔侍從之入奏即聞善言則拜
也旌舉賢俊命于近列斥逐壁倖斷自威斷即稱善人不善人遠也減休
務之假增治事之日驚怠忽察偷惰克勤于邦者也恩澤裁損不私於椒
塗會計節省必始于宮掖克儉于家者也勸講經籍發明百篇之義游戲
翰墨備具八法之體洛書之錫也承三宮之歡極四海之養致郊丘饗宗
廟致孝之道也若乃倦勞思治致與沖和爰念退閒遜于大位褰裳高蹈
頤神潛治與天爲徒宜享康寧永躋上壽遽乘白雲返于帝鄉嗟夫臨御
六年之間垂萃德載之遠有典有則貽厥子孫道在敬承罔敢失墜載惟
一家父子之親傳三聖明之相繼體堯蹈舜壹似乎禹今也弓劍之藏彼
歸禹兄原始要終若合符節嗚呼豈偶然哉臣以涼德煢然在疚即遠有
期攀號莫及敢紀鴻名國報罔極然巍巍之治莫可擬議非渾渾之書豈
能形容管窺蠡測姑述見聞是用稽謀于衆請命于天懋垂百代之後仁

居五帝之先惟睿作聖惟明作哲首以責以爲慈府而行而爲孝誕辨衆
美具揚丕鑠至於德之著者光于上下功之顯者光于祖宗若帝與王莫
能兩盡由今舉古誕光大矣謹遣攝太傅特進右丞相提舉編修國朝會
要提舉編修勑令岐國公國食邑八千六百戶食實封三千二百戶謝深
甫奉玉冊玉寶上尊號曰憲仁聖哲慈孝皇帝廟號光宗伏惟皇矣盛靈
克配天於萬斯年以顧越我國家謹言　冊文右丞相謝深甫撰書寶文篆
參知政事陳自強篆　嘉定三年七月七日詔光宗皇帝依典故合加
上謚號令禮部太常寺討論聞奏　十七日詔曰禮將有事於南郊報本敢忘
於先帝惟貴功烈既立古以稱隆則顯號孰名宜與天而同大恭惟光
宗憲仁聖哲慈孝皇帝道高往聖德被生民惟一惟精授受仰同於堯舜
克勤克儉儀刑本自於家邦仁風播乎八紘利澤周乎四海雖大美固難
乎形寫然徽稱宜極於形容顧予眇躬嗣有丕祚向爲越紼而行事禮文
遂勤于潤躁令也燔柴之有期與故盡先於講究上考紹熙之制近用慶
元之規揚偉績而鋪宏休務增光於既往繼英聲而騰茂冀垂耀於無
窮光宗皇帝謚號見今六字宜加十字爲十六字如祖宗故事令宰執侍
從臺諫兩省官禮官集議仍令禮官詳具典禮以聞既而特進右丞相陳

卷一萬七千三百九十二　十三

自強知樞密院事兼知政事許及之參知政事奏說友簽書樞密院費士
寅吏部侍郎兼權吏部尚書張鈞權戶部侍郎李大性中書舍人王容顏
棫權吏部侍郎曾暎權戶部侍郎王達權兵部侍郎宇文紹節權刑部侍
郎李景和權工部侍郎李寅仲太常少卿陸峻起居郎兼給事中蕭逵起
居舍人兼直學士院莫子純侍御史張澤禮部郎官陳峴右正言張炳監
察御史林行可商飛卿太常丞章燮太常博士葉時太常寺主簿王庭芝
集議加上光宗憲仁聖哲慈孝皇帝徽號曰光宗循道憲仁明功茂德溫
文順武聖哲慈孝皇帝詔恭依　八月五日詔右丞相陳自強奉冊寶攝
太傅知樞密院事兼參知政事許及之撰冊文參知政事費士寅書冊文
冊知樞密院事張孝伯篆寶　同日禮部太常寺言今來集議光宗皇帝
徽號候選到議文依禮例奉冊寶太傅率行事官并文武百僚詣光宗皇
帝本室奏請并奏告諸室合差請奏請徽號議文官一員詔以起居郎兼
給事中蕭逵充　同日攝太傅右丞相陳自強等上光宗循道憲仁明功
茂德溫文順武聖哲慈孝皇帝徽號議議曰臣聞上天之德廣大精微有
不容測識之理而高明剛健之稱經得而名者以其迹也邃古之初混茫
幽昧有不可形容之事而炎農羲昊之號史得而紀者以其寔也聖帝明

禮四九之八三

王天德地業造道之妙設美之全同符乎三王錄功乎五帝擬議者無所容其峻鋪張者無所措其詞然而聲烈播乎一時令聞垂乎萬代礼官博士考古而訂議聖子神孫勤崇而垂鴻宗廟有待而後尊功德賴之而益顯詎非美同逑著名以寔彰國典礼之所不容缺而臣子之所當盡心者歟緬列夫謳歌歸□子攜遜踵乎虞舜付託得人始終無間宜乎纘茂昭孝明發興懷洪烈以戡洪輝申景鑠被之金石炳諸典謨於昭前聞允在今日上哉夐乎五三六經載籍之傳不可加已恭惟光宗皇帝聰明本乎天縱睿哲得于生知齊聖而廣淵溫恭而允塞學在春宮洎乎初潛莊重夙成言笑不妄內外稟畏宮府肅然種稻田以審知民情親儒生以商略前史祁寒隆暑講諭有常聖經賢傳咨訪靡懈洪惟孝廟灼知天心斷自宸衷靡因群議迺垂光華闕之歲親諭輔臣謂他時親御戎輅以撫六師監國之任委之惟先則所以察之者熟而慮之者厚矣遂開青宮肇慶儲嗣元良以正羽翼以成日輪星輝庶炳明潤社稷長遠本原在斯迺尹京邑以首諸夏開議堂以胡萬機明謹庶獄而圄空之效彰剖灼群疑而乾健之剛著迺受內禪臨慶基發德音數曠澤風聽而書瑞天施而地生下明詔以求直言飭故老以咨大政整齊綱紀訓飭臣工刑政修明規模

卷一萬七千三百九十二

十四

宏遠規方冊伊昔帝王熟莫大乎陶唐孝莫崇乎虞舜匪斯之世孰克然之惟帝嗣位深念拜本廣求民瘼減近郊之賦從揭江右之急征蘇疲飫飢施舍已責民人樂業千里晏安愛民之至視堯無間焉溫凊承顏怡愉養志叠三宮之冊問五日之朝四世團欒一心恭順聲明輝耀文物煥事親之篤視舜有光焉懿武纘乎被嘉文節儉示減祖之仁厚宗父子傳興慶之朝化協禍矣若乃隆寬盡下褒直勸忠百辟周行諫官御史遠疏交章抵觸忌諱獻已以下聽受摘難而觀降色詞玉音嘉獎不奮不敢含怒其量洪矣屏喻遠壬放佞黜邪掖庭宦寺聲勢隆赫稍有專恣譴逐隨之而抑遠權倖尊礼廟堂不使大臣從乎不以其斷明矣躬御華輅閱武近郊杖權偏裨戒飭將帥繕器除戎築城固邊武備修矣詔舉賢良親策多士名對延列遷宿玉堂光寵儒紳督視宸翰文治興矣宮闈之間服御朴素衣不文繡飾無金珠聲色屏遠女謁不興非恭儉之化乎孝德鍾隨愈劭懷篤覺觀盟府煙閣圖形追褒直臣太常錫諡非忠厚之治乎淳熙體洪惠澤汪濊符瑞紛至年穀屢豐內之則本鍾祿壽父祖子孫恩意惜洽上之則郊天祭地上下神祇紫燦駢臻近之則家給人足刑法以清遠之則邊鄙不驚礼備樂成治定功成有□□□□□□□□□□□□

禮四九之八四

觀礼宸翰鳴之大臣有拔弗豫自欲退閑乃命淵皇授以大寶方大庭之問無儀制鼎之趣成乘雲上賓攀髯靡及臧聖有赫洪烈如存福祿滂洋燕及孫子巍巍乎皇皇哉越契踰繩按經考古功德茂盛不能盡宣其時能宣之哉夫華協于帝恭己無為循道也懷洪祖業潤色增光明功也夙夜為學業業致孝茂德也小心翼翼光被四表溫文之謂也保大定功遵養時晦順武之謂也合德仁聖哲慈孝之歸是宜萱闈藏淵承衆憲章奋日月之絕末及以展采錯事存之郊廟以章光宗之洪業休德用永永億萬世請上徽號曰光宗循道憲仁明功茂德溫文順武聖哲慈孝皇帝

六日，詔加上光宗皇帝徽號都大主管官差宣正大夫、寧遠軍承宣使、入內內侍省副都知盧安仁，仍以都大主管所為名。　同日，礼部、太常寺言：光宗皇帝徽號寶欲以「光宗循道憲仁明功茂德溫文順武聖哲慈孝皇帝之寶」為文。詔恭依。　同日，礼部、太常寺言：今來加上光宗皇帝徽號，依礼例，前期大礼前三日發冊寶及奉上行礼，於發冊寶前一日皇帝宿齋于大德殿，宰執宿衛於皇城司，其餘行事官于麗正門外待漏院，百官宿齋於本司。至日，皇帝服通天冠、絳紗袍，御大慶殿，奉冊寶授奉冊寶太傅詣太廟本室奉上行礼。從之。　同日，礼部、太常寺言：依礼例，奉冊寶使

卷一萬七千五百九十二

十五

持節奉冊寶詣太廟行礼，合用節，乞下文思院製造。從之。　七日，礼部、太常寺言：加上光宗皇帝徽號，依礼例，發冊寶及陪位官並服朝服，奉上將寶行礼官服祭服，陪位官服朝服。從之。　九日，礼部、太常寺言：昨奉上孝宗皇帝徽號，以冊寶告廟，更不改題神主。將來奉上光宗皇帝徽號，乞依礼例施行。從之。　九月十九日，礼部、太常寺言：奉上光宗皇帝徽號，合用儀仗導引排立，欲照淳熙十五年迎奉聖神武文憲孝皇帝虞主還德壽宮並神主祔廟排設儀仗五百人導引顯燕。從之。　二十四日，詔將來奉上光宗皇帝徽號，奉冊寶攝太傅右丞相[illegible]奉寶讀寶侍中知樞密院事兼參知政事許及之，奉冊讀冊中書令參知政事費士寅，舉冊兵部尚書錢象祖，吏部尚書張[illegible]奉寶，吏部侍郎[illegible]，戶部侍郎李大性進接大案，文部侍郎[illegible]殿中監外辦，礼部侍郎[illegible]前奏中嚴外辦，戶部侍郎[illegible]礼儀使前導皇帝行[illegible]，同知樞密院[illegible]奉伯奏解嚴，刑部侍郎李景和御前奏解嚴，中書舍人[illegible]贊引奉冊寶太傅並殿上礼行，工部侍郎[illegible]太常少卿[illegible]贊引前導礼儀使，起居郎[illegible]給事中[illegible]進押樂，太常卿[illegible]光祿卿[illegible]礼部右正言[illegible]協律郎[illegible]察御史林行可，太社[illegible]官令[illegible]

權中書舍人李大異大慶殿發冊寶前導皇帝行礼知閤門事蘇師旦李
孝礼進中嚴并外辦牌知閤門事蓋進解嚴牌知閤門事張時修　十
一月八日命右丞相陳自強攝太傅奉上光宗循道憲仁明功茂德溫文
順武聖哲慈孝皇帝徽號冊寶于廟室冊文曰孝子嗣皇帝臣擴聞古者帝
王德參天地天地不可以繪畫帝王孰得而形容然太極既分天地設位
而大哉乾至哉坤為可稱語其德則剛健中正直方光大非一言之可名
鴻荒以降帝王有述而大哉堯君哉舜為可紀語其德則聰明文思濬哲
文明非一辭之能盡繄我祖宗之具美遠追堯舜而同符家法繼承皇綱
接統藝祖顧命而不私於與子高宗內禪而獨斷於傳賢孝宗從與子而
存於天諸郎特惟賢而不以長豊功大業與古匹休顯號鴻名於斯為盛
恭惟光宗憲仁聖哲慈孝皇帝受舜之薦若禹之傳擬而議之不可尚已
逮夫岐嶷之姿天日之表神靈而徇齊師保之訓礼樂之教溫文而恭敬
學緝熙而日就德罔覺而日新尹正京邑則軫民情之利病閱農事之艱
難如正觀決庶務于承華之時參決議堂則定國論之是非判人材之邪
正如天禧見輔臣於資善之日以君臣父子之懿為謳歌獄訟之歸奉五
日之朝則誠孝不替於日三際一時之盛則歷數式綿于時萬中天之運

卷一萬七千二百九十二　十六

啟而新會元之歷與地之圖覽而慨建隆之勤謹內修嚴外治則固形勢
以為本根開衆正郤群僞則革偏黨以護元氣守臣上殿丁寧訓諭以愛
民為本使臣臨遣委曲戒飭以察吏為先哀矜庶獄省刑薄斂而好生之
德下洽于民心不貴異物務農重穀而豐年之報上符于天意故得五緯
不忒三光以平澤南洽而無波濤之驚威北暢而絶煙火之警猶且專娟
善之職以崇國本增胄監之養以固宗藩隆始和具品式懋苟且於一時
明憲度裦寬卹示章程於萬世終日乾乾而尚慮治道之未進小心翼翼
而惟恐親意之或違積茲憂勤深自抑畏屬孝祖棄天下之養方慈父服
宮中之喪遂非黃屋之心乃以鴻圖而授雖宏遠之謀未究而甚盛之德
蔑加欲盡形容祇同繪畫臣猥以眇質獲承慶基惟祖父之是循每羹墻
之必見一意遹祇於詒燕十年粗底於和平對越在天之靈再展郊丘之
敬謹遣特進右丞相提舉國史院提舉實錄院提舉編修國朝會要提舉
編修玉牒提舉編修勅令清源郡開國公食邑六千三百戶食實封二千
四百戶陳自強奉玉寶玉冊加上徽號曰光宗循道憲仁明功茂德溫文
順武聖哲慈孝皇帝仰惟於赫皇考啟佑後人光于祖宗永有區夏謹言
冊文知樞密院事兼參知政事許及之撰參知政事費士寅書寶文同知

樞密院事張孝伯篆慶元三年七月十二日詔孝宗皇帝合加上謚號令
礼部太常寺疾速討論聞奏　二十六日詔曰礼莫重於始郊孝莫嚴於
尊祖雖神功聖德罔與地以寄言然茂實徽名肆因天而請謚矧紫壇之
肇祀宜濬祏之勤崇恭惟孝宗哲文神武成孝皇帝躬上哲之資紹中興
之運望如雲而就如日華既重堯勤予邦而儉于家道爰授禹九域遥濡
於帝澤八荒震聾於皇威蕩蕩巍巍貫高於前古丕承繼緒光啟於後人
朕速撫有唐之貽近襲紹熙之矩將以體太上追思之重合天下稱願之
公顧累千百言曷究形容之美然彌億萬載庸增揚奕之休欽崇行即於
壁丘刊玉旅先於寶冊貽孫謀以燕翼誕貽有永之傳揚鴻烈而緝熙丕
顯無窮之號孝宗皇帝謚號見今六字宜加上十字為十六字如祖宗故
事令宰執侍從臺諫兩省礼官集議仍令礼官詳具典礼以聞已而右丞
相京鏜參知政事兼知樞密院事謝深甫參知政事何澹簽書樞密院事
葉翥吏部尚書兼侍讀兼給事中兼修玉牒許及之兵部尚書兼侍講劉
德秀刑部尚書兼侍讀李沐工部尚書錢象祖戶部侍郎兼詳定勅令官
張杓礼部侍郎兼侍讀兼實錄院同修撰兼吏部侍郎楊輔中書舍人兼
侍講謝源明中書舍人兼國子祭酒兼直學士院實錄院同修撰高文虎

卷一萬七千二百九十二　十七

右諫議大夫兼侍講姚愈權吏部侍郎兼侍講兼實錄院同修撰黃由權
戶部侍郎陳杞權兵部侍郎王沇權刑部侍郎張孝伯權工部侍郎兼實
錄院同修撰胡紘太常少卿何異起居郎兼實錄院檢討官張貴謨起居
舍人兼實錄院檢討官衛涇殿中侍御史兼侍講張釜右正言劉三傑監
察御史沈繼祖湯碩太常丞兼戶部郎官張震太常博士汪義和著作佐
郎兼實錄院檢討官兼皇弟吳興郡王府教授兼權礼部郎官兼翰林權
直陳宗召太常寺主簿張岩赴尚書省集議加上孝宗哲文神武成孝皇
帝徽號曰孝宗紹統同道冠德昭功哲文神武明聖成孝皇帝詔恭依
八月九日詔加上孝宗皇帝徽號將來群臣詣太廟本室奏請并發冊寶
及奉上行礼都大主管官以內侍省都知甘昺充　二十七日礼部太常
寺言加上孝宗皇帝徽號依礼例於郊祀大礼前三日發冊寶及奉上行
礼合於發冊寶前一日宿齋乞於十一月一日皇帝宿齋于文德殿宰執
宿衛于皇城司其餘行事官於麗正門外待漏院百官宿齋於本司十一
月二日皇帝服通天冠絳紗袍御大慶殿奉冊寶拜訖次授奉冊寶太傅
詣太廟本室奉上行礼俟太廟奉上礼畢是日內有差充太廟前二日朝
獻景靈宮行事執事官赴赴景靈宮省饌立班訖次文武百官並赴大慶

殿以俟立班奏請皇帝致齋餘依大礼已定儀注施行從之　九月十四日礼部太常寺言令來集議孝宗皇帝徽號訖候撰到議文依礼例奉冊寶太傅率行事官并文武百僚詣孝宗皇帝本室奏請并奏告諸室合差讀徽號議文官詔差起居郎張貴謨　二十一日中書舍人兼國子祭酒兼直學士院兼實錄院同修撰高文虎上孝宗紹統同道冠德昭功哲文神武明聖成孝皇帝徽號議議曰臣聞備道全美者上聖之成能有德必名者盛帝之高致道造乎妙德臻乎隆極天地之際蟠同日月之常久崇深閎奥莫探其原廣大精微靡殫其蘊然而史籒皇王之叙典垂勛華之稱者詎非美以事昭名以象示歟然則喬景炎摛鴻鑠振芳烈彰緝熙黼藻形容鋪張揚厲寫之琬琰而有補祓之金石而無窮茲揭謚尊名表功勒號所繇作也況乎纘堯之緒廣文之聲父子一時基業萬世思所以宣華闡祕騰茂揚翹使光明顯休泐濡曼羨彌測而弥遠益傳而益新雖于簡編炳然潤色屬我皇上數賁大猷包舉至公率籲衆志言颺而天人合謀飭而上下孚皇乎休哉神聖之顯符古今之懿範也恭惟孝宗皇帝欽明而文思濬哲而温恭剛健充于日新智勇全乎天錫識照範圍而不以察行該倫制而不自矜巍巍乎蕩蕩乎固已配五帝冠三王闢闢以來未

卷一萬七千二百九十二　十八

之聞也粤稽藝祖肇造皇家傳位于昆弟私其子仁流義行慶發祥鍾啟佑後人詒孫燕翼挺生睿質與祖同符洪惟高宗灼見天命中興宸斷不建帝儲發禮慶基光系大統天地社稷罔不懌寧華夏山川罔不依戴炎圖赫奕寶系延洪而歸尊慈闈業業致孝厲精治道兢兢靡遑功業所就之言軼乎漢祖付託得人之善邁乎唐宗鉅宋之休其盛矣乎伊昔書契斷自典謨德始乎明孝崇乎大者特虞舜耳維祖御極奉親盡道繼志而述事遵制而揚功賦舜益隆焉畏天有訓敬天有圖水旱儆聞憂惧儆戒而乾坤清謐璽象澄輝陰陽序調休祥豐美非察天之賾歟承顏順志侍善問安寶冊薦登慶觴屢舉而勇於退處永言孝思典章礼儀冠絶隆古非事親之篤歟磨厲人才親加臨遣歷治中外蔚舉庸而郎陟郡勞壹登縣踐武優轉級饑待有勳非充功之命歟深詔使軺中飭守令損租減税發廩貸民而表廉律贓去苛禁暴户增地闢邇悦遠來非厚生之效歟遹觀天謀深念邦本其明謨遠略英度恢机銳於有為勤于自治皇威之所震叠聖慮之所圖回籠絡群材鞭策斯世如恐不及者將三川之遐阻痛中原之矔腥霧掃飈清犁庭擣亢帝意固有在矣醜虜畏恒使介順恭平國書之儀殺歲幣之目功烈盛大祚祐鞏安於戲偉哉聖既齊於高明

學既典於終始而謙虛退託益廣訪詢黽勉勤勞復詳論繹非訓典不道惟藝略是覩闢御延和而日近臣鄰宿直玉堂而夜洛儒雅校文辯史考傳詁經每躬斷之至繁亦研覃而不懈故述作之制則製贊以美孝德之盛作賦以闡造化之工歌詩以發恢規之雄述論以飭用人之道奇義渾蓋表裏六經筆法之妙則明堂以嚴宗祀之恭經閣以崇奎章之奉賜書以樸進士之訓詩篇以侈臣工之榮鉤珥照回超冠八法皇靈恢于漸被人文著乎化成至若御館弗親聲色弗御聽朝日昃覽書宵分其勤至矣服有澣濯飾無金翠庭絶橫賜府流羨緡其儉彰矣雄別文武裥料事幾權與兵謀周知險阨其明遠矣任用臺諫獎屬忠規過斥僞浮屏絶私覚其斷精矣若乃臨策貢士命舉賢良東觀閱書西雍講礼足以宣其文顯拔將校砥練師屯細柳按軍射殿閱士足以宅其武圜丘展禋合宮配祀太室献祼原廟薦新足以廣其誠祗承文母日事東朝親奉旨甘躬致定省足以殫其愛至于篤親睦族尚仁也念舊重老尚義也被礼協樂尚儀也蒐文崇藝尚教也臨御滋久聽治益精人間區分事皆隨決精神所運群臣莫望于清光念慮所關至計迫存於恢複是以任用之際每期于事功訓飭之嚴必經於邊備政歸綜核下亡具文躋世于是雍措國於康乂

卷一萬七千二百九十二　十九

二十八年之間規摹之登閎樞机之周密紀綱制度肅其叙聲明文物昭其華足以增光祖宗垂業億嗣及乎治既成矣効既豐矣終堅奉親之志立決與子之圖眴燕大安虞侍長樂親舉神器授之重明天錫昌祺神効康祉尊榮曼壽福禄燕寧方當玩志希夷游心冲漠侍瑤池之樂賦靜齋之安而乘雲莫留終天罔及賴盛靈之如在暨仁澤之方深侈于繼承自我烈祖倚歟赫哉勳德淵茂不能盡宣後有作者弗可及已夫系唐纘堯本支百世是紹統也下武繼文父作子述是同道也以舜禮禹始終至孝是冠德也武宣信威天聲焯赫是昭功也光被四表照臨百官明之謂也道育萬物聰冠群倫聖之謂也合哲文神武成孝之號蕤洲大美繪飾景光參稽輿謀擬以憲典質之天地薦之廟宫垂之千萬祀用章孝廟之休烈洪業與宋無極請上徽號曰孝宗紹統同道冠德昭功哲文神武明聖成孝皇帝　二十八日礼部太常寺言奉上孝宗皇帝徽號合用仗儀導引排立其儀仗乞令兵部差撥及用鼓吹乞下殿前步軍司差撥擺攢樂人充從之　十月三日詔十一月五日奉上孝宗皇帝徽號奉冊寶太傅右丞相京鏜奉寶讀寶侍中參知政事兼知樞密院事謝深甫奉冊讀冊中書令參知政事何澹舉冊吏部尚書兼給事中許及之尚部尚書劉德

禮四九之八九

捧舉寶刑部尚書李沐、兵部尚書錢象祖，進接大圭殿中監戶部侍郎[illegible]，奏中嚴外辦禮部侍郎楊輔，御前奏中嚴外辦吏部侍郎[illegible]，稱禮儀使前導壽皇聖帝[illegible]奏解嚴戶部侍郎陳[illegible]，御前奏解嚴吏部侍郎[illegible]，贊引奉冊寶太傅并奉上冊禮起居郎張貴謨，贊引前導禮儀使太常少卿何異，[illegible]殿中侍御史張釜，[illegible]禮部右正言劉三傑，[illegible]工部侍郎胡紘，太祝監察御史沈繼祖，太官令中書舍人高文虎。五日，禮部、太常寺言：「昨奉上高宗皇帝徽號，以冊寶告廟[illegible]神主。將來奉上孝宗皇帝徽號，乞依禮例施行。」[illegible]從之。十一月二日，命[illegible]右丞相京鏜撰[illegible]奉上孝宗皇帝[illegible]至尊壽皇聖帝徽號冊寶于[illegible]冊文曰：[illegible]為五帝之盛。[illegible]之繼堯，則愈盛而不可及，故[illegible]其號德曰大德，功曰武功，孝曰大孝，智曰大智，[illegible]則曰至[illegible]而天盡美，無非稱頌之詞，極形容之意，以揚其盛德之美。萬世之下巍巍煌煌，猶見其如天之無不幬，如地之無不載者。今自我惟宗中興，聖作明述，祥德授受，如舜禪堯，

嘉泰二年三月[illegible]

欽承堯之運，繼堯之道，益堯之華，稽古盛際，若合符節。洪則遠蹤，稀施尊名，揚厲昭揭，以訟無窮，名冒推崇而上，不一而足也。若惟孝宗哲文神武成孝皇帝，聖吉本於天縱，精一得於心傳，自君德之隆，風聲人心之望，遠觀承神器之靈運，光紹正統之隆，懿歉來歸，位順協助，邠父子之相授，視唐虞而有光。濟明之初，奉福其[illegible]勤，合應實[illegible]盡同協，欽以望懷人材，虛一以以延勤，而欲有資節用，而華本以從[illegible]刑獄賦，而極民以仁，振舉紀綱，發揚名器，[illegible]行[illegible]秋叙[illegible]令必信，賞罰[illegible]。親於疏遠明識，斷見於倚[illegible]戎虜之紀，順命王師而征誅日[illegible]功，開闢義衛，業究復境土，[illegible]來遠教，禮文成[illegible]明已伸，下令邊陲，發聞烽警，[illegible]御華光而親謀，讀稱述和，而勤咨詢史事，武備並舉，[illegible]和議[illegible]洽，方且作敬天之圖，見祇敬之常念，聚卿民之書，示覺卿於無窮，居安思危，長慮卻顧，是以二十八載致治之盛，極乎五三，六經載籍之備。若乃道盡事親，誠存致孝，衛四海九州之養，隆五日一朝之儀，常若靡皇父而益敬，嘗思後之嚴戒，居熙廣而執喪甫畢，橋山旋安，清廟遂以天下畀于上皇，奉几筵如平日之誠，服眞麻三年之制，節文從文，侶易月之失，陋晉武徹除服之非，斷以力

行，自我作古，雖終追遠，從於宮而靡寧，述往事[illegible]而[illegible]務哀情之過[illegible]，於聖人之德無以加[illegible]以來未之有也。臣[illegible]惟菲[illegible]

[illegible]

一五二八

禮四九之九〇

[illegible]

[illegible]濤之[illegible]晉之[illegible]載，惟永獻之[illegible]清[illegible]

配卿章永備於追崇再命群臣參稽古誼誕敷節惠用妥神遊昭靈室之眷員徽音遠邁俗我家之憲聖升祔緌時名實既符情文斯稱謹按謚法恭寬撫惠曰仁克己復礼曰仁德礼不易曰懷執義揚善曰懷惟欽宗皇后具全懿鑠允協前經宜恭承祖宗之命上尊號曰仁懷皇后　同日若作佐郎兼翰林權直兼權礼部郎官陳宗召上憲聖慈烈皇后謚議曰臣聞周家肇造垂裕孫思齊嗣徽詒謀燕翼于時以來胥宇自滸及岐寔惟大姜艱難經始然而開母儀於四世擁聖禮於三朝則莫之聞也漢室重興系隆基統性仁躬儉毀服捐文予時征伐將兵繼清蹕洛寔惟光烈勤勞叶圖然而傷蒲養於九聲行歸營於七冊則莫之見也惟天眷顧宋德惟宋迓續天休紹琥坤元於赫景運立憲垂則再造有家衷忠著懋丕佑景聖功茂德誠不能盡宣巍巍乎煌煌乎弗可及已繫欲篤追遠之志煥昔崇之義則謚以彰功名以賓實誠邦家之景鑠古今之豈規允屬恭而仁聖德元以配乾之運明元以儷日之常言動雍容纖然法度威容明時發揚大業天人協歎成在謚歎恭惟太行太皇太后淑哲而聽文儉端穆蔚有礼儀昔者神宰告符絳螭肯室灼知帝意垂羨皇圖蓋自高宗規恢複古則啟贊謨斷同人艱難航海之初屈兵失軌后撰戎服身中數

人患就息翰寧克康濟外虞延靖內政畢修祇奉慈寧日糟𥎞膳蔬嘗親餌帶解釋衣言娩計周進贊是勸誠明應遠贊襄惟先晒懌大庭全孝見壽亦粵孝宗禮際寶祚風勤保養特著恩仁助決高皇觀傳神器天日之表慈訓所形黃屋非心並安至養甘旨必奉燕虞必躬芙蓉聿游大要侍宴四登瑤冊歲介五危退處重華崇供長樂事觀之篤邃昔所無至于上皇祇承昇付參定文命光授神孫貸事層闈叠隆斷歸明則有慈福之稱遠聖上遙駿巽謨飾御簾帷備勤擁立曾孫有慶天下以寧時則有光佑之號若乃大練澣服斥翠賤璣篤聿之儉也遐采嬪嬙登御掖闈關雎之風也開滌淵衷援据前古雞鳴之戒也開勞臣下甄別勛勤卷耳之義也而又研繹詩雅基化二南增闡遠深勝以賢志成誦通鑑陳戒后家晚歲勸趣勵以學行其思遠矣游心藻墨耽樂典文寶畫銀鉤儷美堯翰凝神澹漠咀味道貞屬篆龍蝸日度仙籍其志崇矣故輔治南內凡二十年歸順宣明陰教數色承祀宗廟潔共粢盛助萬求才攻鋪私謁而內治彰儀游東朝三十有五年天眖叢轃人心驩贊養有聖子祥有重孫慶衍祥流礼明物盛而全福備方當綿萬年之歷來五日之儀行地無疆肇宋固極邊興厭世不返乘風漢殿深況廻閣含飴之樂池杳渺空停飛鵲之迎然

而晉用廣儲殺裁陵役御繇毅進務全護器若德與仁而並實孚衍望上之懷思鬩思慈之報稱中禁舉為甚之制外庭稱為月之宜延詔可存飾豐卿典繇垂簾而質謚即因山而圖陵有以見繼明之緝謹終之厚矣动觀世有后德與如聖朝若章獻明肅則擁祐仁皇開於裁政若慈聖光獻則援立英宗傳序神廟若宣仁聖烈則決策兼陵臨朝九載若欽聖獻肅則預立哲后定勤帝惟當昭慈聖獻則基命中興裁府宗社至于贊堯禪舜以武繼文戮力一心垂簾四世時維太后視前增輝韡德飾終之經摩闕易名之義宜鋪張而揚厲俾碩大而光明謹按謚法聖能法天曰憲通達先知曰聖視民如子曰慈安民有功曰烈夫叶扶炎正共致太平芭極于戈黼黻礼樂非常之大勛輿贊襄禮中行孫謀允執沖虛躬享康祉非聖之至歟備嘗艱險肇成至功涵澤深長蹤民仁壽非慈之盛歟基圖有永宗廟再安肅擁重闈本枝百世非烈之偉歟嗚呼道大者莫容譬窮德隆者尤難濠繪伊欲合與墳而齊久被金石以宣聲儃建塗山之勲戎昭媧石之造術欽明命恭獻哀辭闡繹鴻文受成廟祏于以昌億祀之慶于以媲在天之靈大行太皇太后請謚曰憲聖慈烈皇后　二月六日詔奉上壽宗皇帝徽號冊寶礼畢依紹熙二年奉上徽號體例等第推恩第一

等特轉一官內都大主管甘昺特與允令官上轉行承受官李大謙特與帶行遙刺　八日命右丞相京鏜攝太傅奉上憲聖慈烈皇后謚號冊寶于廟室冊文曰孝曾孫嗣皇帝臣擴臣聞生而得名既極天下之美沒而定謚宜繼礼典之常況垂範於層闈叟勤崇於永世恭惟大行太皇太后延陵闡裔泰仲起家善積餘慶祥當女貴神華紀符康之夢紅光昭瑞聖之符惟我高皇艱難締造靡行不從有事必咨累應視天之求以媲興王之業柔順翼乎中正逸樂念乎艱勤脫簪珥而納箴規躬縞練而倡純儉事姑盡孝故能得其歡心逮下以仁故能均其恩意動容有度而中珩璜之節出言有章而諷彤史之箴游戲翰墨則妙奪蘭亭之蹟玩味經史則尤精通鑑之書湯沐請還於縣官私謁不行於宮掖屬外家以講學毋使得職里之名營便坐為賢志以自見輔佐之義清淨守老聃之訓監戒存列女之圖豈徒周室之姜任寔乃女中之堯舜二王建邸當嫠未分建帝心之倦勤咨聖德而內禪外罕聞於大議中獨贊於神謨旋儷極於北宮以怡神於少廣思陵厭代孝廟執喪將移御於重華復助成於與子從宮所決固已著塗山翼夏之績倉卒而斷抑又有女媧立極之功頊烈祖之上賓屬聖父之違豫志安社稷策定簾幃高懷曲狥於慈尊神器猥傳於

盻質懿辭雖切擁佑冞堅恩與天隆孝方日致身享曾滌之養位居太母之元寶茂而聲愈宏仁高而壽益永將修陽復之慶忽與節宣之宜視夜旦以為常御藥餌而弗御霓旌來導鶴馭難留痛切三宮悲纏萬宇㦲惟終始獨備哀榮正長秋之位則歲浹再旬受長樂之朝則數周三紀母儀坐閱於四世聖筭宏開於九帙雨露如天之慶澤七登鏤玉之弥文被㦲籍則靡聞考皇家而叡見信乎備全人之全福極天下之至美矣碩大德雖泯於不言而遺烈具存於公議參稽故寔度越彝章易名聯五后之芳因山視長陵之制彰一時之保護揭千載之儀型謹遣金紫光祿大夫右丞相提舉編修玉牒提舉實錄院提舉編修國朝會要提舉編修敕令豫章郡開國公食邑七千一百戶食實封二千四百戶京鏜奉冊寶上尊謚曰憲聖慈烈皇后伏惟儼若明靈膺茲盛禮齊放勛在天之駕扶昊宋無疆之統謹言冊文簽書樞密院事葉翥撰參知政事何澹書寶文參知政事兼知樞密院事謝深甫撰　四月十日命右丞相京鏜攝太傅奉上仁懷皇后謚冊寶于廟堂冊文曰哀姪曾孫嗣皇帝臣擴伏以禮有易名而表行者欲極其義以推稱禮有遺變而缺文者必待其時而後舉昔在欽宗皇后適丁靖康之難遂嬪長秋之居從狩朔庭諱問隔絕顧盻躬之嗣

卷一萬七千二百九十二　二十四

統奉宗廟而有嚴肅瞻祖室之靈尚虛帝后之祔每觀裸獻盡然疚懷念歲月之屢遷悼典彝之未講令以太皇厥代慈福治喪議發禮官允協衆志因時追奉其敢或違然以事之既遠則定制必酌其宜名之未彰則稱美必資其實于稽節惠之法以盡形容之辭恭惟欽宗皇后淑哲挺生夙有神異懿範備具得之天資迹貴閥之慶源出欽成之后族被服禮法於閨門之內增益閑見於國史之間是宜聘為元妃作合欽廟逮正椒塗之位載新玉冊之儀躬自節儉取則葛覃志在憂勤允符卷耳動可形於風化嗣益稔於徽音方將極輔佐之勞盡相成之道而乃履運中否屬時靡寧事不顧於私門則家廟力辭而弗建恩過裁於戚里故親屬先抑而居畀至于捐宮帑繒帛之儲為軍士衣被之賜義共國家之難意國社稷之安豈謂鑾輿播遷翟車隨遠當周室中興之日萬谷梧或返之期邈不得門言之何忍前考睿真之故事具有唐朝之金舊章依做而行情文惟稱嗚呼彤管之煒僅衍紀述於儀極之初厥衣是陳徒能討論於悼往之制既有司之訂禮將清祏之升神爰念當時扶持國步之孔艱修明陰教之甚備發祥於甲觀終絕望於大寧天道茫茫莫可推測苟不興思以述前迹撰德以詔無窮則一代之典不幾于有遺闕歟於是博咨卿士受命

前宗殫其名言庶得髣髴以告煙座以寓哀情謹遣太傅金紫光祿大夫右丞相提舉編修玉牒提舉實錄院提舉編修國朝會要提舉編修敕令豫章郡開國公食邑七千一百戶食實封二千四百戶京鏜奉冊寶上尊號曰仁懷皇后伏惟明靈在天永膺廟饗光賁史諜於萬斯年謹言冊文簽書樞密院事葉翥撰參知政事何澹書寶文參知政事兼知樞密院事謝深甫篆　六年七月二十日起居舍人兼權中書舍人兼權直學士院鄭文炳上慈懿皇后謚議議曰臣聞皇天監觀萬邦將祈有德以永熙運必生淑哲齊聖丕明化始于宮闈而治形于海宇慶閱于當世而聲施於方來伏思三代之興獨塗山娀嫄太姜任姒載在簡冊號稱盛休豈非為天所相德行純備者其生也有數歟於皇我宋世有哲王率以正身齊家守為成憲故天立厥配昭哉后範助隆帝業登軼前古至若作合初載則誕聞世嫡以係天下之本正位長秋則明章內治以成天下之風燕居慈閑則克儼極尊以享天下之養婦則之禮備母道之教彰美具善并盛極其會是又弗可及者已繄欲修徽音於既往播馨烈於無窮則崇節惠之公建殊常之號協謀衆志受成太宮用當乎靈心用傅乎古義不可闕也恭惟大行壽仁太上皇后端莊而順靜溫裕而慧明先太帥楚王實事

卷一萬七千二百九十二　二十五

高宗　孝宗皇帝馳驅百戰歸時虎臣載肅戎昭填撫疆埸為國戡難而有不尋敘之仁為君盡忠而有不求報之義儲慶委祉是生淑姿以洪厥家以瑞我宋奉神明之祚誕聖哲之君巍巍乎其兼三代之懿也粵昔夢因之祥赤光照室視天之表異人告符毓粹閨門振芳胄緒不煩姆保之訓而無違德不待環珮之響而無惰容天畀厥休寶鍾渭涘我太上皇帝潛曜朱邸陰儀適升正諸少陽元妃受冊時則行昭服瀚誠助主壺稱詩辛禮法度相成以脩于婦之道惠問孚於帝室景貺迓於穹蒼甲觀開祥中閫景命遠六龍在御天德出寧垂意太平積精政事時則作配皇極齊體紫宸深惟王風實繇正始致夙宵之警戒參念慮之幾微惟德澤是培惟節儉之迪功宏于厚載而不見其迹禮昭於善物而不知其勞亦將以嗣曾壺之令猷成河洲之美化孝宗皇帝嘗臨未央觀其瘁勤形於言動載嘉后職喜溢天語內助之盛益可知矣于時革葉披之靡飾損椒塗之服御新女史之法誠崇婦官之陰教宮室不求於雕麗鐘鼓不聞於宴私潔豐粢盛躬踩滌濯所以嚴九廟之祀者罔弗備敬共定省親識滑甘所以贊兩宮之奉者罔弗度戒踰閾之言則肅清閨闥而險詔不萌守恶盈之訓則檢裁外家而毫髮無假禕褕有肅遵禮節也箴圖布列勤鑒觀也種

禮四九之九五

稑獻種勸農務也繭館親蠶勸女功也履綦貫而躬煩辱之事當平世而膺憂勤之思盡攻穆宣德教皆逮用能輔成太上之典理以紹孝宗之垂休逮神器之傳將畀聖子從容贊決翊成大計保佑啟迪助開謚謀內禪定於宮中而四方晏如靈長之業益固且安者繄母訓是賴太上褰裳高蹈端處大庭超心道徽儲思於真一之境皇帝欽承付託尊崇盡禮嚴四海丕奉飭五日之覲朝稱玉巵鏤寶牒寔同壽母均極怡愉榮懷所覃除天薄海固已慶不可逢之嘉會矣而慈殿之遂容拱帝宸承順顏色以適起居在視寒煖以奉饔膳調娛清閒之燕綏妥中外之情益無所不盡其至藥章籍籍玩繹精專琳宇梵宮賜予周匝所以家徽蔭佑導迎萬祉上介慈皇曼壽之福下副聖子寧親之懷龍樓問安母贊父教祖宗法度必戒遵承華夷撫寧動植遂茂陰功隱德所被洪矣至於服賤纖麗之巧而好樂乎綈紵器斥瑰奇之玩而盥濯乎陶瓦宇下而加厚踈躬而與惻咸愆之教不施於臣妾衣食之惠每逮於鰥嫠若斯之倫何可殫數歷觀古今之記牝考妃后之事未有殊尤絕迹可加於茲也是宜膺福善之報施樂撫運之熙明坐少廣以凝神與太極而同體合飴載懽受嘏亡疆夫何上天降凶慈靈結祲感炎歊之沴瘥沖齡之和皇帝孝根于心嫛形於色誕

卷一萬七千二百九十二　二十六

諸璧而療疾禱群望以求哀藥必親嘗衣不解帶而柔徽遂訣冥數莫回颷馭何之痛甚白雲之遠容衣雖在枕鸞丹旐之飛駒景易移龍輴久殯將肅攢塗之啟以須祖載之期披紼既陳池荒欲舉有嚴仙寢遂畢義封此兆姓所以悼心三靈為之變色有司錄是稽若舊典勒崇丕冊懿武鑠序樂有以炳淑靈而昭全德也謹按斯民如子曰慈溫柔聖善曰懿乃若母儀兩朝撫育函夏哀矜惻隱軫懷如傷博施為心寶儉為德厚澤所被合於坤元不曰慈乎挺生聖嗣訓教恩勤燕翼是裨計慮深遠衆美備具一誠始終仰增前禪俯垂後範不曰懿乎惟號謚之建尚矣皇后之謚則請于宗廟昭慈衷之淵奧仁德之龐鴻皆非愚臣所能勝識榮述大行定稽民言惟神靈之所顧歆幽明之所合契用昭示千萬世永為不朽之稱以振耀于丕鑠大行壽仁太上皇后尊謚宜以祖宗之命錫之曰慈懿皇后　八月八日礼部太常寺言八月十三日迎奉大行太上皇后謚冊寶告廟訖太傅以下從冊寶徑赴太行太上皇后几筵殿上于靈座從之十三日命特進右丞相謝深甫攝太傅奉上慈懿皇后謚冊寶于廟室冊文曰孝子嗣皇帝臣擴臣聞難名者坤元之至德莫報者母育之深恩既弗終養之誠宜極追崇之礼始稽謀於群彥繼請命于大宮于以易名斯

禮四九之九六

為莫報恭惟大行太上皇后維華毓秀指李呈祥生而異表之俔天夜有神光之照室早從勤閑擇配濬源馨香奉蘋藻之羞進止中珩璜之節乃開承之日夢乃儀前星之輝絕險詖而不忘乎憂勤服澣濯而自安於恭儉丕嗣既傅于聖父柔儀肇建於長秋修內治而無情容抑外家而有常制崇本躬先蠶之祀褆身鑒列女之圖以大姒而興周人仰嗣徽之烈若塗山之翼夏獨參與子之謀雍容享至尊之稱佚樂同大安之奉時繙經而縢素日弄孫以念飴調娛兩宮歡洽一意上承太極曲盡小心嘗藥餌以忘疲散金錢而植福迓臻平泰加壽黎丞偕老萬年喜玉卮之稱慶常朝五日欣絲服之問安屬當夏清之辰俄感炎歊之沴竟催邦蒙奪我慈闈理莫詰于高穹數不登于下壽未央興悼廣寓纏悲況在眇沖夙依聖善痛仙遊之已邈竭孺以何追惟賓實于一言則流芳於千古昔三賢聞之老氏無越於慈而聖德見于文王必兼乎懿合此二行勤諸堅珉上昌昭揭於母懷下以章明于婦順謹特特進右丞相提舉實錄院提舉編修國朝會要提舉編修敕令申國公食邑七千六百戶食實封二千八百戶謝深甫奉玉冊金寶上尊謚曰慈懿皇后伏惟英靈如在容物方新永振休垂裕後嗣俾我有宋世世無斁謹言冊文樞密院事兼參知政事何澹

卷一萬七千二百九十二　二十七

撰書寶文簽書樞密院事陳自強篆　二十七日禮部太常寺言大行聖安壽仁太上皇帝尊號冊寶見在壽康宮乞依典禮俟將來神主祔廟日將尊號冊寶陳於仗內迎奉赴太廟於冊寶殿奉安從之　十月五日詔大行太上皇帝廟號集議率郡臣請謚于南郊攝太傅右丞相謝深甫讀謚議權吏部侍郎兼給事中費士寅舉謚議尚左郎官閻丘泳軍器少監兼權考功礼部郎官王炎奉礼部太常少卿俞豊太祝太常博士陸峻大官令太常寺主簿王涇同日詔大行聖安壽仁太上皇帝謚冊寶詣壽康殿行奉上之礼都大主管官依例就差主管喪事官充　嘉定十七年閏八月三日崩于福寧殿年五十七詔曰朕承十二聖之丕基歷三十一年之久允賴天地之佑祖宗之靈海內人安年穀豊衍比方故壞浸復版圖中原遺黎咸懷內附而朕夙夜祇懼不敢荒寧宵衣御朝感寒致疾迄今大漸不得負康以見群臣皇子與莒神孝英奇天鍾睿哲春容朝謁休問日彰授以宗祧天人允叶可於柩前即皇帝位然嗣君夙居外邸未熟萬机皇后左右朕躬歷年滋久秉心公正務在進賢任似之稱聞于天下可尊為皇太后權同聽政應軍國事務並聽皇太后處分必能祗荷睠休奉若承意佐中興之運副率土之心更賴左右宗工文武列辟輔其不逮惟懷

永國皇帝成服三日聽政喪紀以日易月群臣共爲寛釋勿過摧傷百官入臨並隨帝之宜諸道州府長吏以下三日釋服在京禁音樂百日在外一月無禁祠祀嫁娶沿邊不用舉哀内外諸運並令支賜並聽皇太后皇帝處分於戲念有生之必死如晝夜相代之常惟付託之得人乃宗社無窮之計咨爾有衆體予至懷故茲遺詔想宜知悉寳慶元年三月十二日葬永茂陵在紹興府會稽縣謚曰仁文哲武恭孝廟號寧宗謚議禮部侍郎兼直學士院程珌撰謚册文參知政事宣繒撰哀册文右丞相史彌遠撰

三年九月加謚曰法天備道純德茂功仁文哲武聖睿恭孝謚議翰林學士知制誥程珌撰册文參知政事兼同知樞密院事宣繒撰

太祖建隆元年二月三日，太常禮院上言：伏以王者立顯親之敬，所以尊
母儀；開長樂之宮，所以伸子道。稽諸歷代，實有舊章。伏惟帝母南陽郡太
夫人，象協陰靈，功深厚載，金山助夏，道冠於三王；文母興周，名高於十亂。
徽號未正，闕孰甚焉。謹按漢書，帝祖母曰太皇太后，帝母曰皇太后。陛下
膺圖肯始，孝治攸先，宜彰隆盛之祥，式表濯龍之貴。伏請上尊號曰皇太
后。詔曰：恭依典禮，仍令所司候造冊四親廟禮畢，擇日備禮奉冊。後不果
行冊禮。　太宗至道三年四月一日，制曰：王者膺圖託之重，居宸極之尊，
稽考舊章，宣明孝治，用尊尊之義，慰烝烝之心。鳳化攸先，莫尚於此。暢惟
聖賢，獲嗣慶基，仰奉慈顏，敢忘前訓。洪惟大行皇帝皇后，坤元表德，壼範
流芳，輔佐先朝，嚴功斯茂。俾隆典禮，式薦徽稱，謹上尊號曰皇太后。令所
司擇日備禮奉冊。宰臣等詣崇政殿門拜表稱賀，又詣內東門拜表賀皇
太后。　真宗乾興元年二月十九日，制尊皇后為太后。　仁宗天聖二
年七月十八日，宰臣王欽若等拜表，請上尊號曰應元崇德仁壽慈聖皇
太后，表五上，詔答許之。　八月七日，命宰臣王曾撰冊文，參知政事魯宗
道書冊寶。　八月，翰林學士承旨李維等上皇太后於崇政殿受冊儀注：

卷一萬七千二百九十七

一

帝曰：恭上皇太后尊名，斷為盛禮，然於內殿受冊，豈朕推奉母儀之意？乃
下詔曰：朕仰承基構，獲奉宗祊，期德洽於民心，在孝治於天下。恭惟皇太
后欽膺遺訓，總覽鴻基，邦國用康，品物咸乂。將舉褘褕之禮，爰尊龍煥之
稱，躬率羣倫，式揚懿烈，覽攸司之藏，制於內殿，以陳儀範，容典以未安。俾
臣庶之昌仰，將以晉卿就，則金石在庭，闕不世之令猷，播綿區之歡頌。宜
臨顯位，恭上徽名，所冀協衆多愛戴之誠，副中外推崇之意，永為至矩，勉
務躬行，將所上皇太后尊號宜就文德殿發冊，仍就天安殿。　十一月十
三日，郊祀禮畢，帝御天安殿受冊，百僚稱賀畢，再序班，侍中奏外辦，禮儀
使奏請發皇太后尊號冊寶，皇帝服通天冠、絳紗袍以出，殿中監進圭，禮
儀使與閤門使前導皇帝隨冊寶降西階，內侍至宮，職掌捧至殿庭置於
東向褥位，禮儀使奏請皇帝再拜，在位官皆再拜。非行事公卿執事者不
拜。再拜訖，太尉司徒就受冊寶位，皇帝搢圭跪捧冊授太尉，太尉搢笏跪
向側身跪受冊。又曰：嗣皇帝臣禎謹再拜稽首言：恭以為天下之母者，受
育之功博；居域中之大者，覆載之道均。乃有飾盛儀以推崇，因強名而表
顯，以恩則尊親特極，以義則中外一辭，表德無為，非可以擬況乎寧。保基
緒，撫覽權綱，格萬宇之治平，副輿情之輸戴，式隆稱號，以衛休躅。伏惟皇

太后陛下聰明淑哲，淵穆懿恭，襲御龍之遐源，啟曾沙之端命，輔佐先聖
輯睦藩屏，申綢宮朝，協敷閫教，服圖史之至戒，慕黃老之微言。及正位承
天，居尊治內，勤儉之化，式於中闈；和平之風，被於四表。王基允固，睿問載
融。屬者號弓在辰，仍凡有命，與以大寶付於菲躬，煢煢哀荒，惶罔攸濟。實
賴慈陰，以授洪圖，上奉顧託之明，濟慰遐邇之望，詳錄機務，咨謀政經，憲
祖宗之舊章，屬官師之凝績，本乎子物之惠，濟乃守成之業。方今鑾輿欽
附，封守靖安，百度聿修，六氣是若，肇禋肆類，克展上儀，饗是休嘉，率由保
翼，故得公卿庶尹、藩嶽守臣、武旅戎酋、緇黃耆艾，咸謂周有思齊之什，播
於聲歌；漢有長樂之謠，垂於竹帛。斟酌前訓，擬議盛猷，允非鴻名，莫揚茂
烈。綿代曠典，自我而著，猶且推美而弗有，約己以至謙，連袂叩閽，露章五
請。臣等以因人之欲，拜跪於內甫，迴沖虛，乃循公言，夫含章履順之謂應
元，詒訓逮下之謂崇德，體仁所以膺壽臧之福，宣慈所以隆聖善之懿。不
勝大願，謹以百僚庶士奉玉冊琮寶，上尊號曰應元崇德仁壽慈聖皇太
后。伏惟懋協歡心，誕膺洪冊，承七廟之流祥，受九昊之數錫，擁佑家邦，祉
祚無極。臣禎誠歡誠忭，頓首頓首，謹言。又捧寶授司徒，如授冊儀。皇帝
歸御幄，改常服，乘輿赴文德殿後幄，百官班退，並赴朝堂幕次。太尉司徒

卷一萬七千二百九十七

二

奉冊寶至文德殿門外幄次，奉安。文武羣官、宗室、客使並集於文德殿中
書門下、翰林學士、兩省、御史臺並立於殿階下香案前。侍中奏中嚴外辦，
皇太后服儀天冠、袞衣以出，奏隆安之樂，行障、步障、方團扇侍衛垂簾，即
御座南向，樂止。太常卿前導冊案至殿西階下，太常卿以下各歸位。典儀
曰再拜，在位者皆再拜，分班東西序立。吏部侍郎押冊案，禮部侍郎押冊
升，進至褥位，當御座前訖，太尉跪奉冊案，稍前，中書令讀冊訖，奏冊函北
向，進置於御座前訖。中書令舉冊官俱降，還位。太尉降階納舄帶劍訖，侍
中押寶案，司徒捧寶，侍中讀寶，並如讀冊之儀，畢，置於御座前冊之南訖，
司徒、太尉諸香案前，分班東西序立。尚宮請皇帝至前，奏請皇帝詣皇太
后御座前行稱賀之禮。皇帝服絳紗袍，簾內詣皇太后御座前，奏請再拜訖，
跪賀曰：嗣皇帝臣禎言：皇太后陛下顯崇徽號，昭煥寰瀛，伏惟與天同壽。
辭立，不勝欣忭，伏興，又再拜。尚宮詣御座承旨，答曰：皇帝孝思至誠
實於天地，受茲徽號，感慰良深。宣答訖，皇帝再拜，歸御幄。太尉率文武百
僚詣皇太后御座前稱賀，侍中承旨宣答訖，在位官俱再拜，禮畢，奏隆安
之樂。皇太后降座還幄，次樂止。侍中奏解嚴，所司放仗，文武百僚並再拜
訖，退。皇帝、皇太后還內，應內外命婦稱賀皇太后、皇帝於內殿，在外命婦

及兩京留司官並奉表稱賀明道元年十二月十一日宰臣呂夷簡等拜
表請加上尊號曰應元齊聖顯功崇德慈仁保壽皇太后表五上詔答許
二年二月九日太廟恭謝禮畢帝詣天安殿庭跪奉皇太后玉冊授攝
太尉宰臣呂夷簡冊文曰嗣皇帝臣禎謹再拜稽首言恭惟荷神器之重
者必能充其道措天下之治者乃可饗其尊雖復虞舉大猷抑畏先憲用
藏功表逆隱言外至於體乾之健則四德隨具法坤之順則萬物自光乃
知聖人施尊名建顯號有以答四海之望未始闕三神之歡況夫有親之
惡有國之典有億衆之勤請有沖人之奉承則鴻徽景嶸揭無根而耿于
古不得為身專辭也伏惟應元崇德仁壽慈聖皇太后陛下徇齊懿淑欽
明敦大葛覃表乎成德倪天表乎睿姿內輔先帝布昭陰教柔風仿佛大
和絪縕惟深以鈞天下之志彌簡而知天下之阻及真廟馮玉綴衣在庭
遵揚審訓參錄庶務時惟寡薄嗣膺神統懼德弗類惟天難諶實荷慈
佑佑丕業於是進耆哲黜憸○壬畝清風阜羣品蒸雲以濡之揭日以照
之回霜收電恤獄行之苦金聲玉振制條令之當不爽拄拴以裕於神不
刓印劍以寵其勳好直而無翳陳育材而善多士況衣訓儉程書戒勤出
入十年上下一德乃至師兵不試方陲無警一介之使朝服以至穹居丈

餘之組馳輅而撫西夏蕩然王德無思不服遂能內外有謐憲度具張俗
去奇衺民復敦龐蕭勺之和極天而蟠乎地義慈之愛浹肌而淪於髓被
其癘疵內之仁壽百昌蕃蕪而競乎昏作三辰陽明而順乎發斂使眇眇
之躬託王公之上無遺無怨令重雍越成於緝熙於光明諒非諄誨嬉縿
於此此曩以崖略上德形容丕稱大功日新與議未愜方今款謁廟祏
見祖宗馨香升聞休嘉震動而廊廟文武相臣將臣卿尹師校家陪耆艾
仙釋之淨衆要荒之渠長讙然咸造以義固爭僉曰備物不膺無以責天
命謝生不懷無以綏萬國況即舊典創新制則因而易明略小節著大表
惟稱而後可竊訂茂實以增聖號陛下方復允恭克讓勞謙終吉違穆五
請始曰俞哉夫高明貲始是之謂應元思齊周達是之謂齊聖鼓舞範圍
是之謂顯功敦施邁種是之謂崇德睦族濟衆是之謂慈仁祈年思永是
之謂保壽臣不勝大願謹遣攝太尉太廟籍田大禮使門下侍郎兼吏部
尚書同中書門下平章事昭文館大學士監修國史呂夷簡上尊號曰應
元齊聖顯功崇德慈仁保壽皇太后伏惟欽受洪冊昭迪成功撣道觀妙
撥天比崇邁任姒之踵武襲黃老之淵宗又安鼎祚以慮無窮臣禎誠歡
誠忭頓首頓首謹言金寶授司徒禮畢羣臣稱賀 嘉祐八年四月五日

英宗即位改元制曰王化之隆斯先者孝治邦典之重莫大乎尊親言念
眇躬發承聖緒況欽聞於顧命俾祇奉於母儀徽率舊章式陳顯冊大行
皇帝皇后配德宸極比大坤維柔範鵠於宮闈徽音流于天寓輔佐先帝
肅雍固達撫毓沖人愛慈至厚奉加徽稱仰慰懿顏謹上尊號曰皇太后
其合行冊禮令有司檢詳典故以聞五月十二日禮院言皇太后皇后冊
禮請俟三年喪除行禮從之 治平二年九月十八日命參知政事歐陽
修撰冊文并書十一月十六日郊祀禮畢帝詣文德殿庭跪奉皇太后玉
冊授攝太尉宰臣韓琦冊文曰嗣皇帝曙謹稽首再拜言曰臣聞昔者明
王之以孝治天下者非家至而日見之也蓋有要道焉推所以行於己者
為天下率盡所以奉其親者為天下先而四海靡然其承風矣洪惟有宋
受命造邦百年四聖而小子獲承之以繼我仁考之遺休餘烈方與羣公
卿士夙夜以思勉其不逮庶幾如我仁考付畀之意以申罔極欲報之心
罔憬憬祇懼不敢遑寧者也顧惟眇末之質提攜鞠育慈仁咻煦至於有
成自我聖母嗣位之始哀迷在疚而憂勞艱難一日萬務協和綏靖保佑
扶持功施邦家亦惟我聖母永惟至恩大德無物可稱是用稽參典禮率
籲羣心合志一辭懇懇惓惓不勝大願謹遣攝太尉尚書右僕射兼門下

侍郎同中書門下平章事昭文館大學士監修國史兼譯經潤文使臣韓
琦攝司徒樞密副使尚書禮部侍郎臣胡宿奉玉冊金寶上尊號曰皇太
后恭惟皇太后聖善明哲柔閑靜專躬自正位中宮內助先帝陰禮修而
教行儉德著而下化遂及萬國先於正家逮夫玉几受遺屬時多難勉徇
勤請權同聽決而明識遠慮動懷謙畏深鑒漢家母后之失訖不踐於外
朝及歸政沖人合於易之進退不失其正之聖是為全節鉅美固已超出
前古而垂法後世宜乎盛烈播於聲詩尊名光於典冊惟未小子獲奉溫
清嗚呼罄九州之富以為養未足以盡於孝心饗萬壽之福而無疆其永
承於慈訓臣曙誠懽誠忭稽首再拜謹言金寶授攝司徒樞密副使胡宿
禮畢羣臣稱賀 治平四年正月十日神宗即位未改元制曰聖人之制
世馭俗也莫大乎孝治先王之正國安人也必先於禮經矧惟帝母之尊
夙毗王國之化朕紹膺寶祚祇適聖謨恭遵憑几之言深惟置器之重遵
行典冊仰奉徽名大行皇帝皇后柔範布於公宮陰教播於天下輔佐先
帝賢德內修撫愛朕躬慈訓備至恭加懿號允迪先猷謹上尊號曰皇太
后其合行冊禮令有司檢詳典故以聞 熙寧二年正月十四日命參知
政事唐介撰冊文并書 四月二十六日上詣文德殿跪奉皇太后玉冊

授攝太尉樞密使文彥博冊文曰：嗣皇帝臣頊謹稽首再拜言曰：臣聞子親生之而恩咻仁煦，至於有成，其義若天覆無窮極。矧眇躬所繇以提以欲報之懇，顧天下無物以稱其大。是用率籲衆志，順稽典禮，一辭欣合，不勝至願。謹遣攝太尉、樞密使、劍南西川節度使、守司空兼侍中臣文彥博，攝司徒、右諫議大夫、參知政事臣趙抃奉玉冊金寶，上尊號曰皇太后。恭惟皇太后靜專柔明，皇協坤體，以承天之順；內助英考，惇儉德以為陰教之冠，而世莫不矜式；杜私恩以保外家之貴，而俾福之長。孚懿鑠遠，慮高出前古。肆小子纘服，惟慈訓是稟，夙夜祗畏，不敢墜繼承之業。比見上帝，告成大禮，仰惟我聖母保佑之力。於戲！奄有九州之富，而莫大之德不足報萬一；孝刑四海之廣，而因心之篤不足見彷彿。惟是尊名徽冊，合乎萬壽之無疆，朿予小子，永惟左右之是奉。茲惓惓之願，臣曙誠懽誠忭，頓首再拜謹言。金寶授攝司徒、參知政事趙抃。禮畢，羣臣稱賀。

哲宗元豐八年三月七日即位，未改元。制曰：王者之治國也，莫重於禮；文人子之事親也，莫先於孝。至矧正母儀之位，實基王化之綱。顧惟冲人，祇紹大統，奉受同之遺訓，崇儷極之徽名。申敕攸司，咨揚盛典。大行皇帝皇后化刑四國，

教被六宮，輔佐先朝，秉齋明之德，撫循菲質，致均一之仁。恭迪聖猷，奉加美稱，謹上尊號曰皇太后。四月四日，羣臣賀尊皇太后，拜表如儀。八日，禮部言皇太后冊請三年喪畢行禮，從之。元祐二年二月六日，命門下侍郎韓維撰冊文并書。九月七日，發冊寶於文德殿。冊文闕。

徽宗崇寧二年二月七日，制曰：朕獲承至尊，嗣有令緒。顧我烈考，寔能配天。念茲哲宗，弗克與子，遂揚末命，肆及眇躬。載惟付託之大恩，實有謐謀之初議，誕揚顯冊，播告治朝。元符皇后劉氏，端一誠莊，柔明懿淑，謹鳴玉佩環之度，廣文琴流行之仁，天下從風，則有化家邦之道；禁中定策，則有安社稷之功。宜極褒崇，以彰報稱。尚循近比，乃復曠時，邇憲府之建言，俾幽臺之論定。蓋以弟及之義，實從於兄；母貴之因，亦繫其子。既冊命已加於獻愍，則典章當視於慈徽。用斟酌於情文，爰進陞於位號，備增儀物，崇建宮庭，以盡友恭之心，以明繼述之志。於戲！禮由義起，率因事以制宜；名與功偕，斯顯庸而揆實。惟德尊者物必稱，而施重者報亦隆。其茂對於閎休，以永綏於遐福。可進號太后，仍令有司擇日備禮冊命。四月二十五日，詔太后受冊寶信並依皇后禮制，仍以五月二十八日上御文德殿，遣攝太尉宰臣蔡京、攝司徒門下侍郎許將持節冊命。太后冊文曰：皇帝若曰：為天

下國家者，蓋親親而貴貴。親親有仁而褒以恩，貴貴有禮而叙以位，此帝王之通制，而古今之共繇者也。義有所起，朕其可忘！咨爾元符皇后劉氏，夙以內德，事我昭考，而徽懿莊淑，續有顯聞，化行恭儉，祥發震育，乃正坤極，以母天下。夐勤輔佐，帝實允賴。建授神器，屬於朕躬，而導揚末命，乃實與焉，厥功茂矣。朕躬念先朝，弗克與子，唯獻愍之贈既視青宮，而春秋之意，母以子貴，遂進厥號，於事為稱。斟酌其中，斷自朕心，蓋以對越在天之神，而成朕友恭敦報之志也。況復羣議來上，僉謀率同，謙長孔嘉，儀物具備。今遣攝太尉、右光祿大夫、守尚書左僕射蔡京，攝司徒、左銀青光祿大夫、守門下侍郎許將持節冊命爾為太后。夫以貴名締與，夐無比隆，惟益惠迪，以茂膺斯命，惟受茲福，尊榮顯融，以克保綏於永年。惟益邵乃德，以儀刑六宮，光於家邦，尚俾永世有譽而無斁，豈不偉歟！

哲宗元豐八年三月七日，制曰：朕蒙休先帝，羨錫我家，欽聞憑几之音，付畀承祧之託。眷言邦媛，久侍宸闈，俾序進於寵名，敢忽忘於天下。德妃朱氏，發祥慶系，協德後庭，祇慎而宮不遺於蹤躅，帥循四德，居念於保阿，實生冲人，獲紹正統。申隆懿號，用契舊章，謹加上曰皇太妃。四月四日，羣臣賀尊皇太妃，拜表如儀。八日，禮部言尊皇太妃冊請三年喪畢行禮，從之。元祐二年二月

六日，命尚書左丞李清臣撰冊文。九月七日，發冊寶於文德殿。冊文闕。

淳熙十四年十月十二日，詔上皇太后尊號。詔曰：王者丕揚孝道，稽古聖之格言；尊奉母儀，冠累朝之茂典。蓋所以廣思齊之化，崇內治之風。矧祇迪於遺謨，俾率循於天下，敢當昧旦，亟正鴻名。壽聖齊明廣慈備德太上皇后，順則乾元，章明坤載，祐我昭考，周旋五紀之間；肘予冲人，紹承四海之重。至德光乎嬀汭，仁恩播於周京。徽稱之崇，慈闈有耀，謹上尊號曰皇太后。合行典禮，令有司檢詳典故以聞。先是，十月八日，提點德壽宮張宗尹、王寔言：德壽宮提點等處歷得舊例，并合經由本宮裁處事務，並奏取皇太后聖旨施行。口予獨外庭事，乞取旨施行。從之。十一月二十二日，禮部、太常寺言：今檢照國朝典故，神宗朝元豐八年四月八日，禮部言尊皇太后冊請三年喪畢行禮，從之。今來上皇太后尊號，合行典禮，乞依上件典故，候三年喪畢行禮。詔恭依。紹熙元年正月一日，詔壽聖齊明廣慈備德太上皇后恭上尊號曰壽聖皇太后。冊寶禮例詳附重華宮尊號門，親屬與本殿宮吏等推恩有差。四年八月七日，詔壽聖皇太后聖壽無疆，來歲八十，邦家大慶，可令有司討論典禮來上。十七日，禮部、太常寺言：奉詔討論壽聖皇太后慶壽典禮，恭照淳熙十二年禮例，先加

上尊號,從行慶壽禮。令欲以九月十二日宰執、侍從、臺諫、兩省官集議尊號於尚書省,議畢,令學士院降詔,以九月二十四日宣布加上尊號冊寶,欲用十一月冬至行慶壽禮,用新歲元日並從之。　二十八日,禮部、太常寺言:「今來加上壽聖皇太后尊號冊寶,并沿冊寶法物制度,令工部下文思院參照昨逐次加上壽聖皇太后尊號冊寶制度修製施行。」從之。行禮服御、百僚服色、發授冊寶、宿衛、儀仗、宮架樂、鼓吹,並如逐次上尊號之制。詳見重華宮尊號門。　九月二日,詔將來修製加上壽聖皇太后尊號冊寶行禮,都大主管官差降授武顯大夫、明州觀察使、新除入內內侍副都知楊舜卿,仍以都大主管所爲名。　十六日,詔加上壽聖皇太后尊號冊寶,攝太傅、并禮儀使及撰冊,差右丞相葛邲;太傅禮儀使後以邲充,改命左丞相留正。攝侍中、并書冊,差知樞密院事趙汝愚;攝中書令、奉冊,并篆寶,差參知政事陳騤;前導禮儀使,并奏禮畢,差同知樞密院事余端禮。同日,右丞相葛邲、知樞密院事趙汝愚、參知政事陳騤、同知樞密院事余端禮、翰林學士李巘、權兵部尚書羅點、權刑部尚書京鏜、戶部侍郎趙彥逾、禮部侍郎倪思、權吏部侍郎沈揆、權工部侍郎謝深甫、太常少卿薛叔似、起居郎樓鑰、起居舍人陳傅良、侍御史張叔椿、左司諫章穎、右正言黄艾、監察御史曾三復、楊大灋、黄度、宗正丞兼權禮部郎官鄭公顯、太常博士鄧康、太常主簿張貴謨等集議於尚書省,請加上壽聖皇太后尊號曰壽聖隆慈備福皇太后。詔恭依。　二十四日,詔曰:「門下:朕纘紹洽之圖,遵愛欽之訓,躬修孝養,展誠意於重闈,各舉慶儀,介壽祺於八帙。爰輯僉辭之進,預中顯號之登。壽聖皇太后妙贊坤元,崇昭母道,克門啟瑞,明盛立極之勳,京室揚徽,懋迪思齊之行。方當沖漠,享延長於日御,於常珍瑚御陳於善頌,承聖父傳觀之樂,行皇家奕世之休。欲闡尊崇,敢攄褒讚,推慈是寶,隆寶冠於千齡,以福為名,備益彰於百禩。將還延長之吉,用伸奉上之恭,繫盛典之具,行諒歡心之感,得壽聖皇太后宜加上尊號曰壽聖隆慈備福皇太后。其令有司詳具儀注,朕當親帥群臣,詣慈福宮奉上冊寶。」　二十五日,禮部、太常寺言:「將來加上壽聖皇太后尊號,欲乞是日迎奉冊寶至重華宮,以俟內侍官舉冊寶入詣慈福宮行禮。」從之。　二十九日,禮部、太常寺言:「加上壽聖皇太后尊號,金寶一紐,欲以『壽聖隆慈備福皇太后寶』為文。」從之。　十一月八日,詔奉上冊寶,依禮例用鼓吹導引,更令臨安府差樂人一百人,自祥曦殿門外作樂導引冊寶至重華宮。　同日,詔今月二十日,車駕詣慈福宮奉上尊號冊寶,從駕臣僚并儀衛等並

並前從駕還內。　九日,詔加上尊號冊寶,差行禮官:押冊案,吏部侍郎一員,工部尚書趙彥逾;押寶案,禮部侍郎一員,翰林學士兼侍讀李巘;奏中嚴外辦,禮部侍郎二員,權兵部尚書羅點、權吏部尚書[illegible]、侍御史張叔椿;進接,奏解嚴一員,權刑部尚書兼侍講京鏜;導冊寶,太常卿、權工部侍郎兼給事中謝深甫;舉冊官二員,起居郎兼權中書舍人樓鑰、起居舍人兼權中書舍人陳傅良;舉寶官二員,右司諫章穎、右正言兼侍講黄艾;奏辭嚴,禮部郎中二員,監察御史曾三復、楊大灋;太常博士三員贊引太傅,太常丞兼權都官郎官呂[illegible];贊引前導禮儀使,太常主簿張貴謨;贊引太常卿,太常博士鄧康;押樂,太常卿、太常少卿詹體仁;協律郎,監察御史黄度;前導皇帝行禮,知閤門事兼客省四方館事兼樞密副都承旨吳琚、知閤門事兼客省四方館事譙熙載;進中嚴,知閤門事兼客省四方館事韓侂胄;進外辦,兼進解嚴,權知閤門事兼客省四方館事劉玫。　同日,詔差行禮內侍官:讀冊,王[illegible];讀寶,楊[illegible];尚宮奏請前導,謝[illegible];承旨宣答,王[illegible];司宮前導,劉信之;前導奏請皇帝行禮,黄[illegible]、陳[illegible]、蔣安常、楊崇;殿進接,太主[illegible];前導壽聖皇太后,[illegible];舉冊,何靖、羅元璋、[illegible]、諸嘉謨、張從政、劉世修;舉寶,[illegible]、陸洵、李[illegible];舉冊案,[illegible]、任邦彥、于忠正;舉寶案,吳惟忠、劉安祖;贊引,衣玠。　十七日,為加上壽聖皇太后尊號冊寶行禮前三日,奏告天地、宗廟、社稷、宮觀。　二十日,加上壽聖隆慈備福皇太后尊號冊寶。前一日,有司設御幄於大慶殿,御屏風於殿之西。行發冊寶之禮,儀注並見重華宮尊號門。其日早,慈福宮入壽聖隆慈備福皇太后座於慈福殿內向,儀大慶殿前發冊寶禮畢,禮部舉冊寶官捧冊寶進行,儀仗、鼓吹振作,儀衛等以次從衛。太常博士、太常卿、舉冊舉寶官、吏部、禮部侍郎步導,次衛侍中、中書令步從至和寧門外,太傅以下皆上馬導從至重華宮門外,步導從至重華宮殿門外權置定。儀仗、鼓吹、儀衛等分列於宮門之內外,樂工、歌工入,以次入。贊者引押樂太常卿、協律郎入就位,舉冊官舉冊興,中書令奉冊,舉寶官舉寶興,侍中奉寶,吏部侍郎押冊案,禮部侍郎押寶案,先詣殿上褥位,北向置定,少退立。太常博士、太常卿前導冊寶進行,入殿門,宮架作正安之樂。太常博士引太傅從至殿下,樂止,冊寶陞殿,宮架作聖安之樂,置冊寶於案訖,樂止。中書令、侍中、舉冊舉寶官、太傅以下並少立,舉冊寶內侍舉冊寶興,舉冊寶案內侍舉案先入,詣慈福宮壽聖隆慈備福皇太后座前東褥位,西向置定,太傅以下俱降階,歸幕次,以俟拜牋表。都大主管官前導冊寶進

行宮架作正安之樂舉冊寶內侍置冊寶於案樂止俟皇帝至重華宮殿
上降輦入詣慈福宮易服通天冠絳紗袍內侍跪進大圭皇帝執大圭詣
壽聖隆慈備福皇太后座前北向褥位立內侍引司言司言引尚宮尚宮
引壽聖隆慈備福皇太后出閤宮架作坤安之樂陞座樂止皇帝再拜躬
奏萬福又再拜訖退詣座之東褥西向褥位立舉冊內侍舉冊興宮架作
聖安之樂次舉冊案內侍舉案置於壽聖隆慈備福皇太后座前褥位北
向置定內侍跪進冊於案樂止次讀冊內侍北向立舉冊內侍跪舉冊讀
冊內侍跪讀冊冊文曰皇帝臣㥫謹稽首再拜言臣聞繼宋受乾命德茂
崇闈懿鑠以濟登弦肆皇祖紹隆炎運則有淑哲與聖作合積仁流澤燕
坤極咸以顯闡光配祖烈率時令範詒憲有家亦維累聖承緒章明孝治
及世嗣聖時休哉若昔文王大姜之孫大任之子詩美大任上嘉大姜列
在周雅傳誦不泯矧我大母壽躋八袠身見三世再逢偁遜四上寶冊稽
諸往牒邈無前聞衍徽稱舉褥儀於以侈大慶而章懿德其可已乎恭惟
壽聖皇太后莊正靜淵恭儉仁惠夙有全行儷尊匹休歐初中興外虞畧
平內治當飭時則助我皇祖躬帥九御祗奉慈寧夙夜輔佐訖底綏靖帝
勳已成神器有託時則贊我皇祖法堯禪圖脫屣萬乘高蹈少廣宴樂大

庭重華御邦日嚴至養調虞其間兩宮愉怡以恩以禮有慈有孝越我沖
人獲以菲質誕以舜禪尊若彝訓亦克用乂揆厥所元繄聖祖母保佑是
賴其曷敢弗欽永惟受萬者報宜厚道大者名必闡迺考國章率籲衆志
將以元日上萬歲壽於東朝先卜初陽奮揚馨烈庶以慰億兆人之望臣
不勝大願謹奉玉冊金寶加上尊號曰壽聖隆慈備福皇太后夫老氏三
寶慈居其先戴經百順福欲其備竊惟殿下與坤元合德而無一物之不
成不曰慈之隆乎與太極同體而無一事之不順不曰福之備乎萃厥二
美固已揭之宮名昭示天下矣今者申輯閣休增崇玉號又孰有大於此
者乎伏願殿下對越嘉會昭迪令猷協海宇之懽心襲宮闈之重慶永膺
壽祉綏於聖父以施於孫子同垂萬世無疆之休豈不韙歟臣誠歡誠忭
稽首再拜謹言讀訖俛伏興舉冊內侍奠冊舉冊興并冊案退各復位次
舉寶內侍舉寶興宮架作聖安之樂舉寶案內侍舉案置於壽聖隆慈備
福皇太后座前北向褥位置定內侍跪進寶於案樂止次讀寶內侍北向
立舉寶內侍跪舉寶讀寶內侍跪讀寶寶以壽聖隆慈備福皇太后之寶為文
讀訖皆如上儀退復位皇帝詣壽聖隆慈備福皇太后座前北向褥位立
尚宮奏請拜皇帝再拜俛伏跪奏皇帝臣㥫稽首言伏惟壽聖隆慈備福

皇太后殿下深仁衍慶顯號增崇家國均歡古今盛美俛伏興又再拜內
侍承壽聖隆慈備福皇太后旨宣答曰皇帝來陳寶冊昭衍尊名聖孝日
崇實增丕慶皇帝又再拜退詣座之東西向褥位立內侍詣壽聖隆慈備
福皇太后座前跪奏禮畢壽聖隆慈備福皇太后降座宮架作坤安之樂
入閤樂止內侍前導皇帝退釋大圭內侍跪受大圭訖皇帝易靴袍詣重
華宮賀至尊壽皇聖帝壽成皇后如宮中之儀次宰執率文武百僚詣重
華殿下橫西拜牋賀壽聖隆慈備福皇太后次移班拜表賀至尊壽皇聖
帝次移班拜表賀壽成皇后訖退儀仗鼓吹儀衛以次退應從駕臣僚俟
從駕還內　二十四日宰執率文武百僚詣文德殿拜表稱賀　二十九
日詔修製加上壽聖隆慈備福皇太后尊號冊寶禮畢依淳熙十二年紹
熙元年奉上尊號冊寶體例等推恩內白身人候有名目日特非轉官收
使都大主管官楊舜卿承受官張彥臣令轉兩官吏部奉以礙止法詔各
與轉行一官餘該冊寶特兩官人準此　五年六月十六日內降詔曰門
下朕纘列聖之緒罔敢弗欽奉重闈之尊惟懼不稱比以慈宸之孝未崇
祖后之隆名茲舉舊章實循大典壽聖隆慈備福皇太后功侔太極德配
高皇丕輔中興之勳母儀四海濟參內禪之烈福備三朝顧惟菲躬嘗加

徽稱敢揚玉几之命載藏瑤編之儀謹上尊號曰壽聖隆慈備福太皇太
后合行典禮令有司檢詳典故以聞　慶元二年十月三日恭上壽聖隆
慈備福太皇太后尊號曰壽聖隆慈備福光佑太皇太后冊文右丞相京
鏜書撰篆寶知樞密院事鄭僑詔曰朕躬修孝道務協禮經奉三朝母儀
之崇必極推尊之典合萬國人心之願少伸歸美之誠增衍鴻名預頒明
詔壽聖隆慈備福太皇太后道光太極德廣重坤胥宇同功丕贊中興之
業補天契妙襄參內禪之謨沖虛自適於性貞安樂方延於壽祉屬聖父
倦勤之際命菲躬嗣服之初率慈訓之熏承荷深仁之覆護雖殫至養念
莫報於隆恩茂闡徽音宜亟加於顯號以著燿光之盛以昭保祐之休尚
需吉制之行肯備縟儀之舉邦家之慶臣子攸同　同日奉上壽聖隆慈
備福光佑太皇太后壽成惠慈皇太后尊號冊寶前一日有司設御幄於
大慶殿御幄後之西行發冊寶之禮儀注備載于壽康宮奉號門其日早
慈福宮設壽聖隆慈備福光佑太皇太后座於本殿南向壽慈宮設壽成
惠慈皇太后座於本殿南向俟大慶殿行發冊寶禮畢禮部率輦官於大
慶殿門外擇擎壽聖隆慈備福光佑太皇太后壽成惠慈皇太后聖安壽
仁太上皇帝壽仁太上皇后冊寶進行儀仗鼓吹振作儀衛等從行太常

博士太常卿舉冊寶官吏部禮部侍郎步導太傅侍中中書令步從至
和寧門外壽康宮冊寶於和寧門外幄次權行安設訖內儀仗儀衛各分
一半於幄次前排立太傅以下皆導從慈福宮壽慈宮冊寶都太主管官
往來照管至慈福宮門外步導步從至慈福宮殿門外權置定儀仗鼓吹
儀衛等分列於慈福宮門之內外樂正師工人入押樂太常卿協律郎入
就位舉冊官跪舉壽聖隆慈備福光佑太皇太后冊興中書令奉冊吏部
侍郎押冊案外西階奉冊寶行禮等官外降皆自西階先詣殿上褥位北
向置定少退立舉寶官跪舉壽聖隆慈備福光佑太皇太后寶興侍中奉
寶禮部侍郎押寶案先詣殿上褥位北向置定少退立舉冊官跪舉壽成
惠慈皇太后冊興吏部侍郎押冊案先詣殿上褥位北向置定少退立舉
寶官跪舉壽成惠慈皇太后寶興禮部侍郎押寶案先詣殿上褥位北向
置定少退立禮直官太常博士太常卿前導冊寶進行入殿門作正安之
樂太常博士引太傅從從至殿下樂止冊寶外殿作聖安之樂至殿上跪
置冊寶於案訖樂止中書令侍中舉冊舉寶官與太傅以下並少立舉冊
寶內侍跪舉慈福宮冊寶興舉冊寶案內侍跪舉冊寶案興先入詣慈福
宮壽聖隆慈備福光佑太皇太后座前稍南在東褥位西向置定舉冊寶

卷一萬七千二百九十七　十二

內侍跪舉壽慈宮冊寶興舉冊寶案內侍跪舉冊寶案興先入詣壽慈宮
壽成惠慈皇太后座前稍南在東褥位西向置定太傅以下俱降階各歸
幕次以俟拜牋都大主管官前導冊寶進行作正安之樂冊寶入宮舉冊
寶內侍各置冊寶於逐殿冊寶案樂止興都大主管官往來照管俟皇帝
自後殿服靴袍出乘輦出和寧門將至慈福宮文武百僚迎駕奏聖躬萬
福訖權退如值雨露權免冊寶下行禮官免奏聖躬萬福以俟立班拜
牋俟皇帝至慈福宮殿上降輦入詣慈福宮服通天冠絳紗袍內侍前導
皇帝內侍跪進大圭皇帝執大圭詣壽聖隆慈備福光佑太皇太后座前
褥位北向立內侍引司言司言引尚宮尚宮引壽聖隆慈備福光佑太皇
太后出閤作坤安之樂升座樂止皇帝再拜訖奏萬福訖又再拜訖退詣
壽聖隆慈備福光佑太皇太后座之東褥位向立舉冊內侍跪舉冊興作
聖安之樂舉冊案內侍舉冊案置於壽聖隆慈備福光佑太皇太后座前
褥位北向置定立內侍跪進冊於案樂止舉冊內侍與少立讀冊內侍北
向立舉冊內侍跪舉冊讀冊內侍跪讀冊冊文曰皇帝臣擴謹稽首再拜
言曰臣聞章獻有保護仁皇之恩故尊稱上於明道臨政之始昭慈有
親立光堯之績故鴻名揭於建炎登極之初蓋不能忘者宗社蒙賴之訓

不容已者國家推崇之典矧我太母既拖於沖人者靡不備宜昕章獻昭
慈有光焉自紹熙至圖欲少伸報效而縟儀未舉顯號未增寧非今日之
曠禮興恭惟壽聖隆慈備福太皇太后德全淑哲性秉柔明沙麓儲靈風
行夢月之兆洽陽鍾氣爰示俔天之祥來嬪高宗為宋聖后方化龍渡江
時未底於寧謐則同濟於艱難及息馬論道邦已臻於嘉靖則相成於磬
戒逮三聖法堯蹈舜倦勤與子則又密贊內禪之謨迹其均苦洪更險夷
以不替中興則啟夏之塗山也謂滑甘承顏色以祇奉慈寧則媚姜之大
任也恭儉而寡嗜好謙肅而多誦讀則漢之光烈明德也獻規而有稚體
著論而抑外家則唐之太穆文德也至於平過八袞而福本彌固身歷四
朝而母儀益彰三逢揖遜之盛時六受尊崇之大典九州四海極其奉養
三宮四殿偉其調虞則又窮古亘今見所未有臣猥以眇質獲侍東闈誕
膺聖父神器之傳悉本太母慈訓之稟故踐位以來大懼涼薄無以欽承
畀付之重寡昧無以仰答生成之隆輒遵昭代之憲章博採羣工之頌述
發揚景鑠衍著徽稱以彈臣子之微誠以侈邦家之大慶雖洪造不容於
摹寫然鴻休或可以鋪張永惟高世懿行輝映簡編將赫赫明明而不泯
不曰光于啟後大功又安宗祐將繼繼承承而不替不曰佑于臣不勝大

卷一萬七千二百九十七　十三

願謹奉玉冊金寶加上尊號曰壽聖隆慈備福光佑太皇太后欽惟殿下
福兮方至之川壽兮不老之椿與乾坤以齊久居宇宙而獨尊億載萬年
永保我子孫黎民讀訖俛伏興舉冊內侍奠冊舉冊興升冊案退復位讀
冊內侍退復位舉寶內侍跪舉寶興作聖安之樂舉寶案內侍舉寶案置
於壽聖隆慈備福光佑太皇太后座前褥位北向置定立內侍跪進寶於
案樂止舉寶內侍與少立讀寶內侍北向立舉寶內侍跪舉寶讀寶內侍
跪讀寶寶以壽聖隆慈備福光佑太皇太后寶為文讀訖俛伏興舉寶內
侍奠寶舉寶與升寶案退復位讀寶內侍退復位次前導皇帝詣壽聖隆
慈備福光佑太皇太后座前褥位北向立尚宮奏請拜皇帝再拜俛伏跪
奏皇帝臣擴稽首言伏惟壽聖隆慈備福光佑太皇太后殿下燕治德遠
翼擁恩深疊賁號徽永綿福佑俛伏興又奏請拜皇帝再拜訖內侍詣壽
聖隆慈備福光佑太皇太后座前承壽聖隆慈備福光佑太皇太后旨退
西向答曰皇帝孝儀祇縟登號輝華備體愛欽益深喜懌又奏請拜皇帝
再拜訖退詣壽聖隆慈備福光佑太皇太后座之東褥位西向立內侍詣
壽聖隆慈備福光佑太皇太后座前俛伏跪奏禮畢奏訖俛伏興壽聖隆
慈備福光佑太皇太后降座作坤安之樂入閤樂止內侍前導皇帝退擇

大圭內侍跪受大圭訖皇帝詣壽慈宮內侍前導皇帝內侍跪進大圭皇
帝執大圭詣壽成惠慈皇太后殿行加上尊號册寶並如慈福宮之禮稱
賀致詞皇帝臣擴稽首言伏惟壽成惠慈皇太后殿下膺闈並壽鏤册肓
徽家國榮懷天人叶喜宣答詞曰壽成惠慈皇太后聖旨皇帝八鑾節衛
百禮崇容釆奉慈徽深嘉恭愛禮畢宰執率文武百僚常服詣慈福殿下
拜牋賀壽聖隆慈備福光祐太皇太后移班拜牋賀壽成惠慈皇太后如
拜表之儀訖太傅以下行禮官并儀仗鼓吹儀衛等先赴和寧門外幄次
前俟太傅以下行禮官與朝服訖導從册寶至壽康宮幄次權退應從駕
臣僚先奏萬福以俟從駕至壽康宮行奉上尊號册寶之禮　二十二日
詔壽聖隆慈備福光祐太皇太后加上尊號册寶禮畢本殿官吏并親屬
並特與轉一官資令先次開具職名申尚書省　三年三月十六日詔壽聖
隆慈備福光祐太皇太后册寶禮畢親屬內姪女咸安郡夫人吳氏咸寧
郡夫人姪婦新安郡夫人雷氏韓氏並加封國夫人妗淑人趙氏加封郡
夫人姪婦三人姪孫女一十三人曾姪孫女二人親屬韋氏潘氏陸氏張
氏左氏王氏周氏周氏張氏王氏吳氏吳氏內已有封號特與加封未經
封號並與初封　慶元二年十月三日恭上壽成皇太后尊號曰壽成惠

卷一萬七千二百九十七　十三

慈皇太后册文知樞密院事鄭僑書撰篆寶參知政事謝深甫　詔曰朕
祗膺慈訓嗣守慶基尊奉重闈務愛欽之備至增崇丕號在典禮以必嚴
矧協命辭茂揚懿鑠壽成皇太后德全博厚性本靜專佐內治於熙朝是
基王化贊親傳於奕世允賴母儀方安色養之榮罙介壽祺之永惕惟菲
質實荷深恩顧彈歸報之誠益盡推崇之美曰惠以顯乎至順曰慈以昭
乎至仁奉寶册以進登將行吉旦輯廷紳而播告爰用先期罄孝道以式
孚庶歡心之咸得　嘉泰二年十二月四日恭加上壽成惠慈皇太后尊
號壽成惠聖慈祐太皇太后册文右丞相謝深甫撰參知政事陳自強書
篆寶參知政事張巖　詔曰朕欽承聖緒獲奉重闈誦萬有千歲壽母之詩
仰孫謀之詒燕稽五三六經載籍之詛鏤寶牒以垂鴻軼邃古之彌文赫
丕天之大律嗣涓穀旦前詔多方壽成惠慈太皇太后衍慶曾沙怡神少
廣萬國咸蒙於予惠聖以何加三朝寅仰於母慈祐于我後進堯舜禹之
內禮邑姜任姒之徽音天地有美而不言詎可一詞而盡甲子既周而復
始有開七袠之祥顧眇躬夙荷於深恩極天下莫伸於美報若稽邦憲宜
衍號榮詔掌故以陳儀輯頌臺而訂議陋漢家長信之故事茂著於徽稱
闡慶元初載之隆名愈騰於茂實洛伸丹懇恭稟俞音洋洋乎帝者之上

儀亶增光於祖烈欣欣然百姓有喜色詠參穆於輿情以迎滋至之休以
篤無疆之祐咨爾眾庶體予愛欽壽成惠慈太皇太后宜恭上尊號曰壽
成惠聖慈祐太皇太后其令有司詳具儀注朕當親率群臣詣壽慈宮奉
上册寶　雜錄　紹熙五年八月十一日皇太后該遇大禮聖節生辰合
合得親屬恩澤令有司依格放行　慶元二年十月十三日奉上壽成惠
慈皇太后尊號册寶儀注載於慈福宮册文曰皇帝臣擴謹稽首再拜言
曰臣聞隆古之君曰堯舜禹同道相禪而不同姓宗周之后曰姜任姒同
德相繼而不同時書紀其盛詩詠其美後代仰望不可及已逮我國家遠
過於是中興以來父子揖遜今歷四朝姑婦並處今見四世皇乎哉視書
所紀為盛之極擬詩所詠為美之至者也顧惟沖菲親紹丕祚虔侍慈闈
方茲色養甫行鴻名以尊崇我重慶之懿昌敢不推原繫盛至美之所由
來哉恭惟壽成皇太后殿下道柔而正德靜而方膺慶華宗儷尊烈祖躬
節儉之本服澣濯之衣后家之恩法所宜優也力請裁削至於再三后膳
之品禮所宜備也深務抑損期於寢免惟是輔佐君子夙夜諶勤修陰教
以厚人倫倡內則以恭王化家齊國治大業升平首贊宸謀登傳聖嗣陪
重華之清燕承慈福之歡顏婦範母儀具全家法誠衷孝行動協禮經天

卷一萬七千二百九十七　十四

錫壽期如川方至臣初受內禪斷於太上成於太皇亦惟我太后同力是
保是佑恩隆德博盡萬物不足以報乃涓良月乃舉褘容徽稱載新庶幾
揚厲之萬一焉夫坤道尚順惟順故惠家道尚愛惟愛故慈廣書以惠為
吉豈非天下之所同慶乎老氏以慈為寶豈非天下之所同貴乎臣不勝
大願謹奉玉册金寶加上尊號曰壽成惠慈皇太后伏惟殿下對越熙洽
安於壽慈受四海之至養曆一時之上儀日奉皇姑雍睦愉怡萬有千歲
裕予孫其永賴之實曰壽成惠慈皇太后寶　二十二日詔壽成惠慈皇
太后加上尊號册寶禮畢本殿官吏并親屬並特與轉一官資令先次開
具職位姓名申尚書省　三年正月十八日宰執進呈內批壽成皇太后
外親盧璞等補承信郎謝氏等封恭人京鏜等奏壽聖外親止補進義校
尉婦人止該初封上曰如此則反重矣遂降旨依太皇太后外親例　四
年十二月十三日詔壽成惠慈皇太后親姊嘉國淑惠柔懿莊順夫人謝
氏特轉嘉國淑惠柔懿莊順恭溫夫人　五年正月九日詔安慶軍承宣
使提舉佑神觀吳回差充壽慈宮提舉　十月二十一日詔慈福宮提舉
所提點所并提轄造作兒祗應使臣人吏諸色人並係已經裁減人數將
來擬凡廷畢卷依元名色並就改差充壽慈宮祗應理任請給酬獎差取

並依德壽宮重華宮慈福宮前後已得指揮體例施行　六年閏二月二十六日車駕詣壽慈宮起居進香　三月六日壽成惠慈皇太后生辰車駕詣壽慈宮起居上壽　八月十五日內降詔曰朕仰承慶緒祇奉層闈道極愛敬本列聖相傳之懿禮嚴尊奉冠累朝昌盛之稱肆舉徽章式循天下壽成惠慈皇太后英娀媲德任姒傳音恭儉流風助重華之化慈仁垂裕密參太極之功熙顧衍慶於三宮贊禮增輝於再世比載瞻於壯內益加異於東朝愛稽長信之隆名玉顯壽康之來命庶崇彝訓益展孝誠謹上尊號曰壽成惠慈太皇太后合行冊禮令有司檢詳典故以聞　十月十一日禮部太常寺言奉詔壽成惠慈皇太后謹上尊號曰壽成惠慈太皇太后冊禮已依淳熙十四年禮例候三年喪畢行禮詔恭依　嘉泰元年六月三日詔壽成惠慈太皇太后姪女謝特封壽國夫人　十一月一日詔鎮江府顯親勝果寺係壽成惠慈太皇太后功德寺特與錮免科數借借及官員指占安泊仍關州縣不許差使擄寺占破擺鋪軍兵宣借兵士等人　二年八月二十八日詔壽成惠慈太皇太后加上尊號令有司前期參照典禮集議以聞先是慶元六年十月有上尊號之旨適以光宗尚在殯攢禮寺言國朝典故候三年之制畢行禮至是復有此詔

卷一萬七千二百九十七　十五

九月十三日宰執進呈次右丞相謝深甫等奏太皇太后加上尊號合以惠慈二字加作四字禮官所擬惟有惠聖慈祐四字可以形容太皇太后聖德上曰聖字為重深甫等奏誠如聖訓禮官擬到尊號已留中取聖裁次日深甫等奏昨日所擬太皇太后尊號未知孰合聖意上曰惠聖慈祐字既典重且便稱呼深甫等又奏臣等恭依聖旨集議加上壽成惠慈太皇太后尊號壽成惠聖慈祐太皇太后詔恭依令學士院降詔擇日宣布　十二月二日詔右丞相謝深甫撰冊參知政事兼知樞密院事陳自強書冊參知政事張巖篆寶　四日詔來加上壽成惠慈太皇太后尊號冊寶攝太傅奉上冊寶右丞相謝深甫攝侍中奉寶參知政事兼知樞密院事陳自強攝中書令奉冊參知政事張巖前導禮儀使并奏禮畢同知樞密院事袁說友押冊案吏部尚書兼給事中費士寅押寶案禮部侍郎吏部侍郎張伯垓奏中嚴外辦禮部侍郎祕書監兼權吏部侍郎曾煥御前奏中書舍人王容前導冊寶太常卿兵部侍郎廣傳舉冊起居郎兼權刑部侍郎林采起居舍人曾炎舉寶殿中侍御史張澤右正言鄧友龍押樂太常卿太常少卿薛紹奏解嚴禮部郎中監察御史李景和御前奏監察御史朱欽則太常博士贊引太傅宗正少卿顏棫贊引前導禮

儀使司農卿兼權戶部侍郎葉翥贊引太常卿太府少卿兼權戶部侍郎王遂協律郎單器少監兼知臨安府李澄大慶殿前導行禮進中嚴外辦兼進解嚴權知閤門事張時修　同日詔差壽慈宮內侍奉冊置於座前吳回奉寶置於座前王思誠讀冊宋安世讀寶何儼尚宮奏請前導楊旦　同日上帥文武百僚詣壽慈宮恭請如壽成惠慈太皇太后前一日設御幄於大慶殿御屏風後之西設冊寶幄於大慶殿當中南向設皇帝褥位三一於殿上冊寶幄之東一於殿下當中面冊一於殿下當中南向又設以冊寶授太傅褥位一於殿下當中太常設宮架樂於殿庭協律郎押樂太常卿有位於宮架之西設又設置冊寶褥位四二於殿下南向冊東寶西二於殿下東階之東西向冊南寶北太傅侍中中書令吏部侍郎舉冊舉寶官太常卿太常博士各有位於殿之東西階下是日儀仗鼓吹列於殿門外禁衛等列於殿庭前導官禮儀使閤門官太常博士分立於御幄前之左右皆自西階陞立於冊寶幄之西東向皇帝服靴袍入御幄易通天冠絳紗袍閤門官禮部侍郎奏請中嚴外辦太常博士引禮儀使奏請皇帝恭行發壽成惠聖慈祐太皇太后尊號冊寶之禮前導官導皇帝出幄殿中監跪進大圭皇帝執大圭殿中監進大圭訖指東階上西向少立

卷一萬七千二百九十七　十六

以俟禮畢授大圭詣殿上冊寶幄前褥位西向立舉冊官入幄舉冊中書令奉冊吏部侍郎押冊案次舉寶官入幄舉寶侍中奉寶禮部侍郎押寶案凡舉冊寶并置冊寶於案皆禮部職掌助舉太常博士太常卿前導冊寶侍中中書令奉冊寶降自西階皇帝步從至殿下褥位南向置定侍中中書令吏部侍郎舉冊舉寶官各詣東階下褥位西向立太常博士太常卿前導皇帝至殿下面冊褥位立禮儀使奏請皇帝再拜典儀曰再拜贊者承傳在位官皆再拜訖內應行事執事應奉官不拜舉冊官前舉冊吏部侍郎押冊案先詣皇帝褥位前置定中書令前奉冊進行置於案吏部侍郎中書令退復西向立舉冊官少立太常博士引太傅詣受冊褥位東南向側身俛伏跪舉冊官跪舉冊皇帝搢大圭跪捧冊授太傅受冊皇帝執大圭俛伏興太傅興舉冊官舉冊與太傅奉冊於殿東階下褥位西向跪置冊於案太傅受冊寶皆禮部先舉冊寶案詣殿東階下褥位西向置定舉冊官退立冊案之後太傅立於冊案之側西向次舉寶官舉寶禮部侍郎押寶案先詣皇帝褥位前置定侍中奉寶進行置於案禮部侍郎侍中退立於殿東階下西向立舉寶官少立太常博士引太傅詣受寶褥位東南向側舉寶官舉寶皇帝搢大圭跪捧寶授太傅太傅奉寶於東階西

向褥位置寶於案。太傅已下並退立於殿東階下褥位西向。皇帝詣殿下當中南向褥位少立，舉冊舉寶官舉冊寶，與吏部禮部侍郎押冊寶案，太常博士太常卿前導冊寶，太傅侍中中書令後從。冊寶出大慶殿正門，至殿門外，捧冊寶於腰轝。初冊寶出，禮儀使奏禮畢，皇帝陛自東階至御幄，禮儀使奏請皇帝釋大圭，殿中監跪受大圭，皇帝入御幄，簾降，閤門官禮部郎中奏解嚴，皇帝服靴袍還內，文武百僚以次退。內合導從冊寶官并從駕臣僚並俟導從冊寶并從駕訖，不該導從駕官並先赴壽慈宮次，詣壽慈宮奉上冊寶。前期，有司設壽成惠聖慈祐太皇太后座於壽慈殿南，設大小次於壽慈宮大門內及殿廊，又設權置冊寶幄於大門內，皇帝褥位二於殿上稍東北向，行禮官殿上下皆有位，宮架樂如大慶殿之儀。大慶殿禮畢，禮部率輦官捧轝冊寶進行，儀仗鼓吹振作，儀衛等以次援引從行，太常博士太常卿舉冊舉寶官吏部禮部侍郎步導，太傅侍中書令步從，至和寧門外，太傅以下皆上馬導從。都大主管官徒承照管至壽慈宮門外，步導步從至冊寶幄次，權設訖，儀仗鼓吹儀衛等分列於宮門之內外，文武百僚入就位，東西相向立。舉冊官舉冊，中書令奉冊，吏部侍郎押冊案，奉冊寶行禮等官皆陛自西階。舉寶官舉寶，侍中奉寶，禮部侍郎押寶案，並先詣殿上褥位北向置定，少退立。太常博士太常卿前導冊寶進行，入殿門，太傅後從，至殿下，冊寶陞殿，置冊寶於案，中書令侍中舉冊舉寶官太傅以下並少立，舉冊寶內侍舉冊寶，舉冊寶案內侍舉冊寶案，先入詣壽慈宮壽成惠聖慈祐太皇太后座前褥位西向置定，太傅已下俱降階各歸幕次，以俟拜牋。都大主管官前導冊寶進行，冊寶入宮，舉冊寶內侍置冊寶於冊寶案。皇帝至壽慈宮殿上降輦，入詣壽慈宮，服通天冠絳紗袍，內侍前導，皇帝跪進大圭，皇帝執大圭詣壽成惠聖慈祐太皇太后座前褥位北向立，內侍引司言，司言引尚宮，尚宮引壽成惠聖慈祐太皇太后陞座，皇帝再拜，稍前躬身奏萬福，又再拜，退詣西向褥位立。舉冊內侍舉冊，次舉冊案內侍舉案，置於壽成惠聖慈祐太皇太后座前褥位北向置定，內侍進冊於案，舉冊內侍舉冊，讀冊內侍跪讀冊。冊文曰：皇帝臣擴謹稽首再拜言曰：臣聞周稱賢后，太姜為冠，於昭文王，太姜之孫，原所以聖，積傳流遠，詩雅登載，思媚有光，傳誦嶶音，于今不泯。矧我大母，卓乎遠過，逮四朝父子之內禮，見四世婦姑之並處，身備衆美，壽開七袠，猗歟盛哉！顧惟冲人，欽紹鴻業，親奉燕謀，謹五日之朝，備四海之養，嘗僅舉於縟儀，未大彰於懿鑠，詎可不形容萬分一以推繹其所自乎？恭惟壽

卷一萬七千二百九十七

七七

成惠慈太皇太后性淑而行方，道大而德博，祥啟沙麓，慶占渭陽，天作之合，灑尊烈祖，歎順繇乎天稟，節儉本乎躬行，不侈爲姐之同匝，而惟澹泊之適，不矜褘褕之盛服，而惟澣濯之安，請損外家之優恩，務絕內朝之私謁，惟以警戒見於輔佐，閫則修而風勸，彤史煥而日章，家道既正，天下已平。當慈極之劬勤，贊謨謨而禪遜，神器有託，迺陪高蹈，齊大安之沖適，奉長樂之怡愉，上恭下惠，表裏邕穆，亦閑累閏，曾無間然，婦道母儀，畫昭著以全盡，神休帝祉，宜蕃衍以駢臻，申錫壽祺，從天難老，將巧歷不能定其筭數也。臣祇飭守文，居衛纘武，願繼承之德薄，戴保祐之恩隆，撫厥所元，圖爲效報，微踐新陽，載諏良日，循紹熙初舉之彝典，衍慶元再上之隆名，庶幾鋪張揚厲，以見歸美之意。爲夫聖盡倫也，必傳人倫以爲大，由惠以致聖，則惠廣而聖益盛，不曰惠而聖乎？祐者助也，必自天助以爲吉，由慈以護祐，則慈廣而祐益隆，不曰慈而祐乎？臣不勝大願，謹奉玉冊金寶，加上尊號曰壽成惠聖慈祐太皇太后。伏惟殿下安坐少廣之居，長受大慶之禮，與太極合德而尊尊莫尚，與坤元同功而生生不窮，聿懷多福，施於孫子，以永億萬年無疆之休。臣擴誠歡誠忭，稽首再拜謹言。讀訖，舉冊內侍奠冊，讀冊舉冊并冊案退，舉寶內侍讀寶等並如上儀。皇帝復詣北向褥位立，尚宮奏請皇帝再拜，俛伏跪奏：皇帝臣擴稽首言，壽成惠聖慈祐太皇太后殿下衍慶重闈，應榮顯冊，神人闓懌，福祉函蒙。俛伏興，又再拜。內侍承壽成惠聖慈祐太皇太后旨，退西向宣答曰：皇帝鳴鸞飭衛，鏤玉揚徽，勉觀褕容，第慚溢美。皇帝又再拜訖，內侍奏禮畢，壽成惠聖慈祐太皇太后降座，皇帝退釋大圭，內侍官跪受大圭，皇帝行禮畢。次御史臺閤門太常寺引宰執率文武百僚詣壽慈殿下拜牋賀壽成惠聖慈祐太皇太后訖，退，儀仗鼓吹儀衛以次退，應從賀臣僚免奏萬福，以俟從駕還內。

閏十二月十五日，詔壽成惠聖慈祐太皇太后加上尊號冊寶禮畢，壽慈宮提舉所等處并本殿官吏諸色人等及親屬并外宅已降指揮，各行推恩，內轉一官資礙止法人許令依條回授，白身人候有名目日特作一官資收使。

壽康宮　紹熙五年七月，詔以太上皇后宅為泰安宮，移寫有日。上以太上玉體未安，懼有勞動，迺於太內因太上常御之所建泰安宮，遂以東華門裏後苑臺方等益造殿廊五十有四，門入出東華門，改宮名為壽康。

卷一萬七千二百九十七

七八

宋會要　徽號

朝謁太清宮上玉皇聖祖徽號上皇地祇徽號　真宗大中祥符六年七
月十九日，亳州團練使高漢美遣判官李好問與父老僧道舉人趙永普
三千三百六十人詣闕請車駕朝謁太清宮，對于從政殿，賜酒食緡錢遣
之。二十七日，宰臣率文武百官上表陳請，詔答之。　八月一日，内出御製
曰：朕以眇躬纘承大寶，荷降康於穹壤，膺錫類于祖宗，明發之心，常增于
厲翼；大同之俗，獲固於隆平。蓋積累之善祥，豈涼薄之能致？而自欽承端
委，祗奉符珍，云岱而上對鴻禧，雅而大報，再臨鞏洛，躬祀圜天，益孔章
民和，旁洽豐太宮之歸格，乃亘室以疑神，屬以上真薦迎嘉貺，洪惟寶緒，
逖悟于有開，復念休期肇隆于無數，故將叶吉春序，卜勝神皋，恭建壇壝，
親謝天地。竊思三才之始，是謂道尊；百化之先，允推教父。顧瞻都之舊壤，
峙曲里之珍祠，爰渙溦民，屬兮馨而祇肅，有虔孝奉寶綬而尊崇，俾洪
宇之咸康，實上清之幽贊。當乘法馭，順拜殊庭，方冀詢謀，未遑誕告，而崇
惹耆耋，趨丹闕而獻封，外朝官師伏彤庭而抗疏，願修盛節，允契素懷。是
用祇考元辰，緬遵令典，彼渦之曲，既泰於齋鄉，在國之陽，復薦于圭幣。朕
來年春親詣亳州太清宮行朝謁之禮，咨示攸事及夫儀注，乃矯飭司

卷萬七千三百二

一

各揚乃職。祀禮所用，必極于豐潔；乘輿所須，務敦于簡儉。應干費用，並從
官給。一路但增修館驛，以備行宮所用；什物亦官自營辦，不得擾以科率
及差役丁夫。諸路長吏不得擅離本任，乘赴行在，及以修貢為名，輒有率
斂。兩京諸路起居章表，附驛以聞。　六日，詳定所言：皇帝親詣亳州太清
宮行朝謁之禮，回恭謝天地前，所有玉清昭應宮，合行朝謁。詔恭依。　八
日，以參知政事丁謂為奉祀經度制置使、判亳州，翰林學士陳彭年為副
使，權三司使林特計度糧草，命工部侍郎趙安仁、翰林學士晁迥、陳彭年、
王曾同詳定儀注，前監察御史薛田免持服通判亳州，太常博士劉綜、
殿中丞集賢校理宋綬並簽書亳州判官公事，綬兼掌表奏，以殿中丞邊
判亳州劉應知真源縣。　十一日，内出御製曰：二儀剖判，實本於鴻濛；
化弛張，聿崇於清淨。蓋體包於革有，遂功冠於三才。洪惟教父之尊，克總
帝先之妙，洞希夷之奧，挺參千之純精，自神降于靈區，乃慶流於遠裔。
皇圖是啟，天休斯隆，逮鐘累洽之期，益盛欽崇之禮。顧循菲德，夙纂丕
承穹厚之眷，懷恢祖宗之緒業。元符錫祚，薦振黃紫之文；妥祀潔誠，屢展
禋燔之制，丹懇來格，寶訓克昭。此皆上帝之所降衷，至真之所敷佑。載懷
逖陟，敢忘盛儀。祗田飭于庶工，命考儀於往册，俾涓令序，躬達明馨，重念

戩福炅膺徽章，可擧雖沖虛，不宰固絶於彊明，而盻蠁無方，豈忘於昭事？
式隆稱謂，以極推崇。宜令司擇大典，謹奉上真元皇帝號曰太上
老君混元上德皇帝，擇日備禮奉册。　十三日，詔禁奉同一路粘罕弹与
置網諸捕獵之具，太清宮園林五里内禁樵採，應修飭行宮橋道不得侵
占田疇，踐禾稼，犯者重真其罪。　十五日，詳定所言：朝謁太清宮于擬
逐旦薦籩豆祭饌物，請用去年十一月三日朝元殿恭謝玉皇儀例，太清宮
度并天書，權用登歌四架，玉清昭應宮太初殿下設宮架二十虞，太初殿
上及明慶殿上各設登歌二架。並從之。　十六日，詔亳州罪人至死當送
鄰州裁斷。　十七日，宴餞丁謂於長春殿，陳彭年預焉，各賜詩寵行。
又命相王元偓餞于都門外。　十九日，命趙安仁撰太上老君混元上德
皇帝册文及書寶。　二十四日，詔奉祀一路諸色人不得以傀巧雕繪貿
裝物來獻。　二十五日，禮儀院言：按唐太清宮今奠獻老君用幣同人
臺，故不用玉。今詳太上老君宜同天神用玉，若依昊天上帝例，合用四圭
有邸。昨薦獻聖祖文，都用四圭有邸，請用蒼璧，太清宮用竹册一副。　二
十八日，詔車駕所歷州縣，悉于城外經過，毋令毀坼門戶，遇墳冢則避之。
禁亳州婦人至真源縣及太清宮。　同日，禮儀院言：朝太清宮用一獻設

卷一萬七千三百二

二

福，詔特備三獻，以盡嚴恭。　三十日，詔奉祀從役卒二人日給緡錢，兩月
一給麻屨。　九月六日，丁謂言：圖城桐室宇，悉陋其偪，從羣官至時請依
東封朝覲頓舍而祀殿石螭例，於迎駕前先一日發付大康縣。從之。　十
六日，陳彭年言：太清宮行禮日，鄭州知州及亳州經省試舉人、本宮道士
望並令陪位。又本宮殿室内無奉安寶册之所，請于殿庭天寶臺下封藏，
仍令禮儀院詳定制度。又行禮日，諸宮觀薦饗，請遣官薦獻真源觀靈寶
天尊、三清、先天觀元始天尊，並用玉幣；洞霄宮聖母、太后用白幣，廣靈宮
玉皇大帝用蒼幣，仍用大祀禮。本宮元中大法師、經籍度三師、真武將軍、
張天師、洞霄宮龍女各用兩籩兩豆。又還京，謁玉清昭應宮，請依謁太廟
禮例，至外門勘契。並從之。　十七日，命入内都知鄧永遷齎詔撫問丁謂
已下，並賜茶藥。　十月，專遣副都知張繼能撫賜及軍校從夫緡錢衣物，
并賜輦運馬遞卒緡錢。　二十四日，丁謂等言：太清宮封藏太上老君寶
册，請用玉匱各一副，長廣一尺，高如之，檢厚一寸二分，長廣如匱，刻金繩
道五，封處深二分，方取容受命寶。請下中書門下省修製石匱三層，各長
五尺三寸，闊四尺三寸，下層高二尺，刻開道一，周闊四寸，深五分，中容玉
匱處鑿深一尺二寸，長二尺五寸，闊一尺三寸，中層高一尺，南北刻金繩

宋會要輯稿　第三十七冊　禮五一

道三相距各五寸澗一寸深五分鎸金縄處各深四分方取容天下同文寶四角安牙道上層爲盝頂蓋蓋下刻用帥虎請下三司製造　同日禮儀院言朝謁太清宮日老君殿内列子而下四真人唐明皇文宗二帝請依從祀例設位兩廊遣官分薦並從之　二十五日禮儀院言朝謁太清宮日薦獻飲福請用太安之樂其降聖已下樂並同朝元殿恭謝玉皇例從之　十月六日禮儀使言將來行事官有先詣太清宮者請令擇嚴潔公宇用官高一員攝太尉立班讀誓如儀人車駕前告太廟出京日太清宮行禮日並用鑾駕儀仗四千人周繞宮垣別用黄麾仗三千人至真源縣中路離真源縣日止中路頓並用鑾駕儀仗二千二十八太清宮前一日遣官奉上寶冊用黄麾仗二千人内鼓吹四百人寶冊安玉輅中太尉持節上冊寶用本路儀仗車輅車駕告宮廟及朝謁恭謝畫常飲福青令兩食奉御進上樽酒庶叶禮文並從之　七日詔曰朕款謁靈宮虔修真祀饗獻之禮備存於典章警蹕所經務崇於嚴肅屏兹繁樂庶極齋明朕宜離京奉祀以前不舉樂經州縣無令樂人迎候　八日詔定鑾駕内導駕官從人親王中書樞密院使相宣徽三司使已上四人學士尚書丞郎節度使已上三人給諫知制誥待制三司副使卿監金吾大將軍内職崇班已上二人少卿監已下供奉官以上一人　九日以宰臣王旦爲奉祀大禮使向敏中爲儀仗使樞密使同中書門下平章事王欽若爲禮儀使陳堯叟爲鹵簿使參知政事丁謂爲橋道頓遞使以王旦爲天書儀衛使王欽若爲同儀衛使丁謂爲副使兵部侍郎趙安仁爲扶侍使入内副都知張繼能爲扶侍都監詔朝謁太清宮天下禁屠宰十日以明年正月十四日爲始　十三日禮儀院言告玉清昭應宮日太初明慶殿親行禮二聖神御殿親焚香紫微已下諸殿遣官以素饌薦獻集靈殿翊聖閣遣官焚香著爲永式詔令近臣分獻　十六日朝謁玉清昭應宮　十七日命直入發院石中立初暐錢易集賢校理晏殊修車駕所過圖經以備顧問　二十一日詔扈從羣官諸色人不得蹂踐百姓廬舍什物傷踐苗稼仍各謹火禁無致他虞　二十八日命給事中知制誥錢惟演押當太上老君寶冊先車駕二日進發　同日禮儀院言車駕所經山川前代帝王名臣列士十里内神祠所歷橋梁並本處遣官祭之内有功德昭異者請命使致祭從之　二十九日詔改亳州太清宮洞玄真人號曰洞元真人　十一月六日賜真源縣行宮名曰奉元殿曰迎禧殿後亭曰觀妙　十九日詔車駕巡幸其近京州軍兵甲捉盜事令東京留守提舉之京東西

卷一萬七千三百二

三

江淮南諸路即以藩鎮知州領之　十二月五日令扈從諸軍分爲十番有司捐給春衣　十日以兵部尚書寇準權東京留守禮部侍郎馮起權判留司御史臺左諫議大夫陳象輿權判留司三館三司度支副使趙湘戶部副使李士龍權同管勾留司三司事内侍都知閻承翰崇儀使藍繼宗入内押班周懷政内殿崇班周文質同管勾大内公事權殿前都虞侯高翰爲京舊城内都巡檢使蔡州團練使荆嗣東染院使韓景祐爲同巡檢使權步軍都虞侯蔚昭敏爲新城内都巡檢使捧日左廂都指揮使張繼禮賓副使李保正爲同巡檢使翰昭敏仍權勾當留司殿前馬步軍司事　十二日以右諫議大夫權三司使事林特爲行在三司使殿前都指揮使曹璨馬軍副都指揮使張旻典行在馬步軍司事鹽鐵判官直集賢院楊侃權度支判官曾谷戶部判官袁成務並爲行在三司判官四方館使楊懷中樞密副都承旨張質爲車駕前後行宮四面都巡檢宮苑使郭崇仁内藏庫使劉贊明衣庫使楊崇勳莊宅使王懷節崇儀使梁昭信爲同都巡檢莊宅副使王丞祐禮賓副使郭守信侯紹隆内殿崇班閤門祗候劉美爲欄前收後巡檢入内都都知秦翰都知鄧永遷軍器庫使安守中爲行宮使翰仍同昭宣使趙承煦樞密院諸房副承旨尹德潤提舉往來頓遞事綾錦使楊保用洛苑使張景宗内侍省右班副都知竇神寶爲行在禁衛　十五日奉天書于崇德殿道場帝齋于殿之後閣翌日四鼓奉天書于朝元殿帝服衮冕行酌獻之禮質明扶侍使奉天書升玉輅出乾元門至玉清昭應宮奉安于太初殿帝服通天冠絳紗袍乘金輅出乾元門詣玉清昭應宮改服衮冕升殿薦獻又詣明慶殿告饗聖祖大帝改服靴袍朝拜二聖殿分遣近臣酌獻諸殿遂詣太廟薦告六室以亳州所貢靈芝列于宮廟之庭　二十一日帝謂輔臣曰向來封西祀皆遣使馳書諭契丹今朝謁太清宮去京師非遠更不遣使重於煩費宜令國信使晁迥以此意諭之　二十五日以翰林學士王曾攝御史大夫爲考制度使侍御史知雜段曄攝中丞副之知制誥錢惟演直史館姜嶼編排迎駕父老及州縣繫囚右諫議大夫慎從吉直史館劉鍇詳定詞狀　七年正月六日禮儀使言準禮例自東京至太清宮所經縣鎮先車駕三日禁止行市哭泣從之　十五日儀衛使等具鼓吹仗衛道門威儀坊教樂奉天書升玉輅少頃帝乘輦出乾元門留司百官京畿父老奉辭于南薰門外改御逍遙輦進發夕次咸平縣賜僧道父老時服茶絹自是所過皆然自咸平縣歷圍城太康縣鹿邑縣至真源縣凡五置頓　十六日命陳彭年

卷一萬七千三百二

四

赴太清宮醮告。十七日，王旦告至於太清宮。十九日至真源縣西五里大次，帝服鞾袍乘大輦至奉元宮。是夕，帝齋于迎禧殿。二十一日，帝服通天冠、絳紗袍，於迎禧殿庭奉太上老君混元上德皇帝加號冊寶，再拜，攝太尉王旦奉以陞玉輅，侍節乘車具本鹵簿詣太清宮，攝中書令丁謂讀冊文。冊文曰：嗣皇帝臣某謹再拜稽首言：伏以先天地母萬物，大道強名而混成，一希夷總衆妙，元聖無私而獨運，肆結繩之上世，遠凝旒而應期，必敦清淨之風，乃洽淳熙之化。伏惟太上玄元皇帝神凝氣祖，粹蘊帝先，絕學以闡真宗，襲明而開道輿，聖母發祥於夢日，宣父興歎於猶龍，儼言闡幽，大象垂教，二儀長久，本清淨而不居，兆庶樂康，資恬淡而自欲。肯出萬古，式是百王，天付烝民，運興有宋，烈祖之開創，神宗之治平，懲儉為永圖，遵禳景為常道，屢鍾長發，猥及眇躬，寶籙載惟新於元命，玉音照晰，親覿於神明，諭皇世之有聞，示萬真之幽贊，上帝克享，妙本是依，仰止靈區，虔申順拜，冏發徽稱，允表欽崇。夫恍惚無形，生三為大，強之謂混元；淵默守中，吹萬自化，強之謂上德。雖善貸常存，于不有而可名，恭薦於至誠，謹遣攝太尉、右僕射、兼門下侍郎、平章事王旦奉玉冊寶，上徽號曰太上老君混元上德皇帝。伏以因大成而由全，循遵道而貴德，諸祉是

卷一萬七千三百三

五

建，保鴻基之配天，降堅勤行，佑沖人之治國，萬方富壽，世祚千億，安衣蒸黎，永永無極。謹言。夜漏上五刻，天書扶侍使奉天書赴大清宮，自行宮至路設籠燈燎壇，左右執炬以間之，恭映儀衛照灼如晝。二鼓，帝服通天冠、絳紗袍，乘玉輅，具法駕，鑾進駐大次。二十三日三鼓，奉天書升殿，服袞冕行朝謁之禮，相王元偓為亞獻，榮王元儼為三獻，帝還大次。太尉奉加號冊寶于玉匱，纏以金繩，封以金泥，印以金寶命之寶，納於壇，石匱填以石泥，印以天下同文之寶，將作監領徒加石蓋其上，羣臣稱賀於大次。命輔臣薦獻諸殿，少頃，帝復詣先天觀元始天尊殿、廣靈宮玉皇大帝殿、洞霄宮先天太后殿焚香再拜，復至上清宮，周覽靈井瑞檜、玄真武殿，蛇見于龕閣。詔曰：恭惟祕館，式展慶祠，精意允孚，將薦總萃，乃恭齋以之宇，斯為集福之庭，是宜肅按沖科，改營仙室，法清都之偉制，增大壯之新規，庶延飈馭之游，用介蒼黔之祉，奉元宮宜改曰明道宮，奉安玉皇大帝像。又詔亳州、應天府各賜酺三日。公宇門樓，亳州以奉元均慶，應天府以重熙頒慶為名，賜丁謂以下襲衣、金帶、鞍勒有差。二十三日發衛真縣改真源縣，次亳州，州城之西設朝真迎躍樓，帝駐輦觀樂，賜物有差，即詣新立聖祖殿朝拜。二十五日，詔亳州士庶不得上太清宮老君殿、洞霄

宮先天太后殿、廣靈宮玉皇殿，周設欄楯，務存嚴肅，官吏非致祭亦如之。改亳州城西門曰朝真，北門曰均禧。又詔沿路置頓侵占民田者，並據頃畝之數免二年租稅，洞永占者厚給其直。二十八日次應天府，天書升輦，五色雲如花木，又黃雲如人，連袂狀，翊輅而行。扶侍使趙安仁請播為樂章，以備酌獻，從之。翌日，帝服鞾袍，朝拜聖祖殿，詔號鴻慶宮，仍奉安太祖、太宗聖像。二月一日，改南京南門曰崇禮，便門曰祥輝，外西門曰迴鑾。二日，皇子自上都來迎于襄邑縣。五日，帝至自亳州，權東京留守寇準率留司百官迎對于太一宮西之幄殿，有司以衛真靈芝二百輿，洎白鹿前導天書而入。帝服鞾袍，乘大輦，備儀衛還宮，賜扈從文武官休假三日，輔臣二日。八日，帝作奉祀禮成還京歌，賜近臣。三月十三日，丁謂、陳彭年請以奉祀沿路聖製刻石，分立於太清、明道二宮，洎亳州、南京，詔從之，仍命謂書。十月十六日，詔奉祀陪位官勒名于太清宮頌碑陰，天書儀衛使、奉使五使儀仗導駕官勒名於明道碑陰，扈從官勒名於南京頌碑陰。八年四月十五日，命王旦撰亳州明道宮記，向敏中撰太清宮頌，王欽若撰崇真橋記，陳堯叟撰靈津橋記，丁謂撰應天府迎躍橋記，王嗣宗撰陳留縣凝祥橋記，知亳州李迪撰明道宮觀妙亭記。上

玉皇聖祖徽號

真宗大中祥符五年十月二十四日，對輔臣於滋福殿，帝曰：朕此月十七日夜夢景德四年先降神人，復傳玉皇之命，云先令汝祖趙某授汝天書，此月二十四日再傳見汝，如唐朝恭奉玄元皇帝。翌日夜復夢神人言天尊將至，日當座西，當斜設六位以候。吾朕即依告於延恩殿，恭設道場。是日五鼓一籌，先聞異香，少頃黃光滿殿，掩蔽燈燭，俄見靈仙儀衛所執器物皆有光明，天尊至，朕再拜於殿下，俄黃霧氣漸濃，須臾霧散，由西陛以升，見侍從在東陛，天尊就坐，有六人揖天尊而後坐，朕欲拜此六人，天尊令揖不拜，揖訖，天尊令朕前，謂朕曰：吾人皇九人中一人也，是趙之始祖，有功於世，再降乃軒轅皇帝，凡世所知少典之子非也，母感電夢天人生於壽丘，後唐時奉玉皇帝七月一日下降，總治下方，主趙氏之族，今已百年。朕有所請問，皆悉答諭。朕因悉沸上聞太祖、太宗在天聖號，答云人世不可輕語。又云皇帝善為撫育蒼生，毋怠前志。朕再拜天尊，衆真皆離座乘雲而去。王旦等曰：陛下款奉上真，親承寶訓，茲殊異，簡冊所無，再拜稱賀，即召旦等至延恩殿，歷觀臨降之所。二十五日，內降御劄，以天尊臨降布告天下，命參知政事丁謂、翰林學士李宗諤、龍圖閣直學士陳彭年與太常禮院檢討官詳定崇奉儀制以聞。

卷一萬七千三百三

六

二十六日羣臣詣崇德殿稱賀賜酒五行而罷宴宗室諸親于萬歲殿
帝作九天司命天尊降臨七言詩賜近臣繼和　閏十月五日制曰先天
者大道總衆妙以為宗無方者至神感精衷而斯應朕嗣守丕業惕厲一
心祗贊殊休紹膺秘檢奉符云岱報本汾脽祀交修鴻儀克舉遠敷即
積顧誕非常遽奉真遊仰聞謨誨啟洪源於古始隆多祚於本支永惟長
發之許敢罄歸尊之志虔遵寶訓聿薦徽名咨示有司肅揚令典謹上九
天司命保生天尊聖號曰聖祖上靈高道九天司命保生天尊大帝擇日
備禮奉冊　六日命宰臣王旦撰聖祖冊文　九日詳定所言準制奉上
聖祖徽號按唐郊祀錄薦獻玄元皇帝青詞云嗣皇帝臣某今請應上聖
祖青詞並依稱謂伏緣聖祖居上真之位不用祝文自今除道場外非時
奏告止用青詞詔恭依又詔天下州府軍監並於天慶觀置聖祖殿其尊
像侍從令玉清昭應宮定式付之　十一日制曰大道之始肇本於混元
二儀之生肇從於太極伊先天之孕粹由太電以發祥靈感誕昭仙緣斯
啟進崇祖德已煥於徽章欽奉母儀敢宣於懿敎恭薦隆號式達至虔謹
奉上聖祖母懿號曰元天大聖后擇日備禮奉冊　十二日詳定所言聖
祖母未有宮殿望遣官於兗州曲阜縣壽丘奏告從之　十五日詳定所

言按唐天寶四年敕太清宮告獻行禮官用朝服改祀版為青詞自今玉
清昭應宮薦獻告聖祖除已奉敕用青詞外其奏告大事望服朝服常時
奏告則公服其青詞如設醮則令道士讀之薦獻則命太祝並從之　十
八日命宰臣向敏中撰聖祖母冊文　二十三日詔聖祖聖祖母徽號冊
寶法物並飾以金舊制皇帝冊寶飾以金宗廟飾以銀及是有司請聖祖
冊寶如宗廟之制帝崇奉聖祖志存謙於改有是詔　十一月八日詔聖
祖聖祖母冊寶文並令戶部侍郎參知政事丁謂書寶文曰天寶　十一
日中書門下言準制加上聖祖聖祖母徽號恭以清都錫佑紫禁延真述
聖胄之有開表簪纓之紛委鴻名仰漸聿申尊祖之心徽諡載增用達奉
先之志方崇令典俟舉鴻儀爰奉德音別營秘宇考室之制倘未畢於孱
功奉冊之辰慮難成于備禮臣等參詳聖祖寶冊欲望俟宮成備禮聖祖
母寶冊俟仙源縣太極觀成日命使奉上詔可聖祖寶冊朕親詣宮奉上
　六年二月四日帝御滋福殿召宗室近臣觀聖祖天尊大帝降延恩殿
及衆真列侍圖　七年九月一日對輔臣於滋福殿帝因自元符之降四
海安寧朕欲昭答羣貺與天下臣庶同上玉皇聖號來日壽辰止就此殿
謹聖像朕親授中書門下擇日降制王旦等曰陛下特出清衷仰答元貺

盛事稽古非啟司謀慮所及臣等不勝大慶因請奉聖號匣安於朝元殿
後天書刻玉幄次從之　一日帝詣滋福殿玉帝像焚香奉聖號匣再拜
以授輔臣王旦等奉置進遙輦安于朝元殿幄次　八日帝服靴袍奉三
聖號御劄于崇德殿庭設香案再拜授樞密使奉赴文德殿宣付中書門
下御劄曰穹昊蓋高允昭於下濟妙道為大實著于強名而況端拱穆極
裁成寶歷撫九陽之政令布萬民之福禧衍敉隆平方膺于駿蔭仰崇稱
謂洪闡于神功所以伸有國之至虔謝蒸黎之介祉伏維玉皇大帝宅尊
紫胄制治清都居二儀之先為萬物之主至仁不載覆冒于羣倫妙用無
方監觀于浹宇是謂冥覸其際爲得而論者顧以眇沖纘紹基緒元符載
錫祇受于眷懷總典昭揚欽隆于保佑勤封梁社報本郊丘百禮咸宜八
紘翊至億宗薦降諄誨密彰大庇家邦寵綏海域故得俗登仁壽歲洽順
成七政以齊百嘉益茂慶讓生之多幸感美應之有孚天造降衷難窺
之罔報夙興厲志庶遐翼之獲伸由是虔遵前聞肇新寶號將以祇率億
兆虔叩希夷內傾齋慄之心上達高明之聽與天下臣庶上玉皇大帝聖
號謹以來年正月一日躬申薦告其冊寶朕親撰文及天書下亦以此日
奏告仍定儀式頒下其奉上冊寶委中書門下命禮官參詳儀注別擇吉

年恭行大典咨爾有位體于朕懷宣詔左右正言孫奭禮部侍郎奉以出
安于朝元殿　十五日羣臣以上玉皇聖號詣閤門拜表稱賀　十二月
十八日以宰臣王旦為奉告大禮使向敏中為儀仗使樞密使同中書門
下平章事寇準為鹵簿使參知政事丁謂為禮儀使樞密副使王嗣宗為
橋道頓遞使政事禮儀使為四使之首贊導行事敏中以衰疾故易謂以
使於陟降　二十九日帝服靴袍奉玉皇聖號表案安于文德殿齋于長
春殿　八年正月一日帝詣玉清昭應宮率天下臣庶奉表奏告上玉皇
大帝聖號曰太上開天執符御歷含真體道玉皇大天帝又奉刻玉天書
業以寶符閣以皇帝御容侍立于側帝升閣酌獻復朝拜明慶二聖殿禮
畢還宮常服御崇德殿文武羣臣稱賀
九年五月一日制曰朕獲以菲德夙紹慶基法前王昭事之心荷穹昊維
新之命秘圖中錫靈浸鴻均封祀紹修誠明合答擧仙宗之降格示寶命
之綿長錫祚蕃滋翳祥紛沓兹於前歲特發精虔或時霈祗之尊虔上帝
真之號仍期奉冊別擇吉年屬鳴津之再更果殘辰而有極令以來歲元
日適叶上辛顧同億兆之誠共薦穹崇之稱信辭真遝遲懈于躬親金簡
玉文庶垂於永久歟宜朱行之事報高明洪覆之恩謹以來年正月一日

諸玉清昭應宮與天下臣庶恭上玉皇大帝聖號寶冊及四時朝獻伊契
鐵　八月四日詔諸州府繹奉來年正月一日奉上聖號誥諭釋衣冠至宮
服制者並預行禮罷將修服　十月一日詔曰乃者蒼昊翊保真符降格
聞於謳謠感悟仙源紀昭精衷之祥祠協帝徽之源宗攸蒙治越禰祠敬
是用率籲羣誠歸尊大帝俯首奉之號以尊禰于真宮遍祀先嗣之祀
誕告重念谷太霄之洪蔭既錫爾嘏崇聖祖之名合進嚴恭之國吾序
並展盛儀謹以來年正月二日詣景靈宮奉上聖祖天尊大帝徽號洛滿
中外體玆意焉　十二月十二日詔曰朕祗謁琳庭奉薦丕稱顧茲徽位
之號寓于玉冊之前方内藥于寶威圖莫適于寶座宜冲卻安用表欽崇
其玉清昭應宮太初殿奉上玉皇大天帝聖號寶冊將進陳位宜設于龍
墀並獻玉歆宜設于沙墀伏奉寶冊衮服即依儀制　二十八日有司
奏玉皇寶冊衮服聖祖寶冊仙衣二聖絳紗袍衮奉殿中書樞密院奉
修寶冊副使迎拜庭中道門威儀樂衛擁護安于崇德殿翌日奉天書置
天安殿玉皇寶冊衮服二聖絳紗袍于文德殿内出崇徽大帝絳紗袍七
元輔翊紅精衣翊聖保德真君皂袍安于滋福殿帝齋于崇德殿　二十
九日奉聖祖寶冊仙衣安于文德殿是夕帝齋于天安殿後宮望日四鼓

帝詣天安殿酌獻天書五鼓儀衛使奉以赴玉清昭應宮之集禧殿又奉
寶冊衮服仙衣赴玉清昭應宮之寶儀殿當宣之別殿大駕赴玉清昭
應宮　天禧元年正月一日儀衛使已下奉天書升太初殿中書令已下
奉聖號冊衮服升冊排之東樓百官朝服班于殿庭貢樂入偕道者左命
別于宮門外帝服衮冕升殿恭上玉皇大天帝聖號寶冊衮服冊文曰嗣
天子臣恒謹再拜稽首上言臣聞曰皇曰妙道之精也為昊天之大也
上德不德曷可以詳言而常名非名於是乎不闕所以居上者受之而府
相居下者奉之而歸尊蓋三才之至公總論之臣典也伏惟玉皇大帝剛
健純粹高明博臨主造化之先居正真之首凡物有命恭已而財成萬寓
無疆充仁而大庇若乃廣運之聖不測之神總占百靈統齋七政法從垂
土依若於監觀叢蠢流形欽承於覆冒是以自翕闢之始洪融結之區照
日月之輝沐雷雨之澤為物為變之類履天履地之壽道蓬誕數故諸其
茂德皆昭著尤極其高威宜乎有國者兢兢而不忘乾乾而内祭也臣
國惟聯幾祖紹府圖緒祖考之慶基守區宇之大器向以干戈創戢符瑞
交臻薦告休烈登鎮秘籙云從之岳紀號而勤崇河汾之丘省方而報本
承仙宗之降格述寶訓之開先由是庶則隆與純佑紛委嘉生並茂蓋

彌允咨遂於醇和將施于非德直玄養勝能致於昇平蓋由衛懷范彰于
保佑大者冥之況既兼于殊俗也建非躬之懷教兆於勸奨流慶所圖奉行
之事祇大紫而成之仁祗率爾民奉崇寶號太上者首出庶物開天者肖
始六合執符御歷為冠于司牧合真體道者契于自然昭玉宸之崇高思
儒書之尊極合為至稱歸于清都臣不勝大願謹奉天下臣庶奉玉冊玉
寶恭上聖號曰太上開天執符御歷含真體道玉皇大天帝伏惟允彰鴻
祐衍昭至精永流介福下逮懷生寅冀小心誕膺於乃昭昭嘉應永保
於歲寧臣恒皇恐再拜謹言奠玉幣薦饌三獻飲福答歡二舞望燎如紀
昊天上帝之儀禮畢詣二聖殿奉上絳紗袍奉幣進酒分遣攝殿中監上
紫微大帝絳紗袍七元輔弼真君紅綃衣翊聖保德真君皂袍遣官分獻
諸殿閣帝改服詣崇徽殿寶符閣焚香群臣詣集禧殿門拜表賀正旦
天書赴景靈宮大駕次至齋于明福殿　二日帝服衮冕詣天興殿奉上聖
祖天尊大帝冊寶仙衣冊文曰嗣皇帝臣恒謹再拜稽首上言曰粤以生
三為大寶本乎道德得一以靈寔資乎神教洪惟聖祖降自先天位冠真
階功宣民極施及中區再無庶邦係德振兵舉賢攝數順風而訪道迎日
以授時大數布昭淳化宣洽乘玉氣于五勝司命于元清陟降窅宸財成

品彙使臣帝命無克皇宗昭啟綿謀永錫天祿冀以秘文申錫靈符是將
協謀告期奉符拜貺今復賫于寶霖彰獻沐徽號乃奠軒庭于禁闥眾真
翊導尊儀猶和紛閣至言獲知洪緒衍衛沖菲祗荷顧懷欽膺錫羨之祥
丕闕莫京之胄璿源惟永寶歷無疆純嘏薦臻盛慶交集是用教求令典
申薦徽名涵眾妙之淵宗述無方之見施本支所系抑從德之所開天極
至宗體帝宸而增煥衣旒崇尚以答高明謹奉玉冊玉寶恭上徽號曰聖
祖上靈高道九天司命保生天尊大帝伏維鑒德寶垠昭休宗禋永隆孝
祐誕集禧祥不胄康衛會照蕃社謹言奉天書薦獻悉如玉清昭應宮之
儀帝又服靴袍詣保寧閣焚香乘駕還內群臣入賀于崇德殿賜酒五行
契丹使預焉　二十六日命宰臣王旦為兗州太極觀奉上寶冊使景靈
宮副使尚書右丞薛□宗正卿趙安仁副之龍圖閣待制李虛己押冊寶集
賢校理宋綬押仙衣　二月十七日帝齋于長春殿　十八日有司於文
德殿設聖祖母元天大聖后服依帝服通天冠絳紗袍行酌獻之禮拜授
冊寶于王旦仙衣于趙安仁旦等跪受奉以升輅具鹵簿儀衛夕次于瑞
聖園翌日捧護而行冊文曰嗣皇帝臣恒再拜稽首上言曰恭以大道無
形為一氣之祖至神航粹居二儀之先洪維靈毓照方祟明有赫總妙本

而資始啟真緒以肇基顧以沖人嗣守鴻構夙恃勤翼思致治平乃者曾宙監觀秘符中錫佑綿長之祚示清靜之方瑞命殊尤景貺紛屬由是勒封云岱展事汾脽既明欲以交修復依祺而存至仙馭告興于中禁睟儀來日于太霄法從藏其音容諱誨受于清容謝威徉于大霄聆育聖于高丘厚德浮光濬原長發保紹緒之慶散垂世荷之慰篤是休嘉永懷欽奉惟祖德之盛定上丕稱而母儀之尊未崇顯號斯所以順稽鉅禮式耀徽章允蠲精衷肅伸昭報謹奉玉冊玉寶恭上尊號曰聖祖母元天大聖后恭惟誕膺洪典丕赫殊祥垂佑後昆永錫繁祉謹言　三月九日兗州奉冊禮畢群臣入賀賜飲于崇德殿

徽宗政和六年四月二十九日詔曰朕德不類獲承至尊惟天之大微妙元通深不可識夙夜祇懼恐不足以體法而順承之永惟玉皇大天帝昊天上帝主宰萬化名殊實同而昔之論者析而言之不能致一故於徽稱闕而未備今輿建明堂以享以配而名實弗稱震于朕心大懼無以承天之休欽帝之命謹涓吉蠲明恭上尊號曰太上開天執符御曆含真體道昊天玉皇上帝其令有司備禮奉上玉寶玉冊以稱朕意　五月二八日詔已親製玉皇冊文書于玉冊以九月朔躬詣和陽宮奉上於本宮奉安不當更差冊寶使冊自內出奉

卷二萬七千三百三

十一

安在禁中無升輅恭謝致齋之禮可差官撰文前期奏告如常儀百官朝服奠獻登歌並如祀上帝儀（內奠鎮圭於繅藉改用元圭）素饌其儀注樂章令有司撰定禮畢次日稱賀　八月二十九日書藝局奉冊寶至延福宮權奉安守衛如儀　九月朔日黎明有司陳細仗于延福殿門之外軍將等護衛以次導引進行內侍捧舁至和陽宮門外以俟行禮前期尚舍設御幄于玉虛殿之東設皇帝位于東陛上西向設權置玉冊玉寶位於殿上聖像前近南稍東西向冊北寶南設黃帝上冊寶褥位于昊天玉皇上帝香案之南北向置冊寶褥位在前亞獻終獻及行事官各以次設位列陪祠文武官於執事官之南東西相向設玉幣（玉以蒼璧幣以蒼色）篚於昊天玉皇上帝香案前之左設籩豆簠簋尊罍于聖像前設道衆供奉盥洗盤匜位於皇帝之前北面匜居盤西吏部侍郎升執巾者位其北南向搢行事及陪祠官各服其服入就位皇帝服靴袍乘輿赴御幄禮儀使俛伏跪奏請（見服奏請皆俛伏跪皇帝執圭搢圭奠圭奠玉幣再拜盥帨執爵奠爵飲福前導行禮還位並禮儀使贊相真儀）皇帝行恭上昊天玉皇上帝尊號之禮皇帝服袞冕以出殿中監跪進大圭皇帝執圭宮架樂作至東階下樂止升自東階登歌樂作至位西向立樂止禮儀使奏請再

司謹具請行事宮架樂作文舞六成止皇帝再拜在位者皆再拜冊寶入門宮架樂作中書侍郎前引冊案中書舍人捧冊案右轄後從門下侍郎前引寶案給事中捧寶案右轄後從至殿東階下樂止登歌樂作升自東階權置褥位樂止左轄以下立於冊寶之後重行西向以北為上皇帝搢大圭盥手帨手執大圭詣昊天玉皇上帝香案前搢大圭三上香執大圭再拜在位皆拜右轄詣昊天玉皇上帝香案前奏言嗣天子臣佶謹以九月朔恭上昊天玉皇上帝冊寶御製冊文曰嗣天子臣佶謹再拜稽首上言臣聞太極之初希微混冥未始有象不可致詰蓋無得而名是生兩儀高卑以陳始制有名強而字之曰道道無乎不在形而上者曰天神而應物曰帝生而不有為而不恃長而不宰萬物作而不辭故莫神于天莫大于帝而皆同出而異名名雖不能盡道而道所由以顯則名其可不實于實臣獲以眇末嗣有今緒黃威寶命懼不足以輔相財成若古在昔惟典神天雖天子必有尊而尊無二上循考典禮有昊天玉皇之異嚴明夙夜於明神形於朕兆謂名稱不同實協于一謹與四海合生萬邦黎庶對越靈承亟稽天若循沿舊號合為一帝恭謂明威在上監觀在下臨而遂通神而不測非形容擬議可既然自我民視亦自我民聽聰以玉冊玉寶稽

卷二萬七千三百二

三

首再拜上聖號曰太上開天執符御曆含真體道昊天玉皇上帝惟天難諶惟德是輔蓋高聽卑昭格不違永保于無疆之休臣佶惶恐再拜謹言退復位中書舍人捧冊案右轄中書侍郎從至褥位皇帝搢大圭奉冊跪置褥位訖大圭俛伏興少退立中書舍人跪舉冊右轄詣冊案前俛伏側跪讀冊文訖中書侍郎前引右轄押當詣殿室奉安登歌樂作（每奉安冊寶至登歌樂作至奉安訖樂止）冊案將入殿室給事中捧寶案左轄門下侍郎從至褥位皇帝搢大圭奉寶跪置褥位訖俛伏興少退立給事中舉寶盝輔讀寶給事中捧寶案詣殿室奉安皆如上儀皇帝詣香案前褥位登歌樂作搢大圭詣昊天玉皇上帝香案前跪奠元圭於繅藉執大圭俛伏興搢圭奠玉幣執圭再拜內侍舉元圭以授殿中監禮部戶部尚書各奉俎豆宮架樂作奠訖樂止皇帝搢大圭盥手帨手洗爵拭爵訖執大圭登歌樂作詣昊天玉皇上帝香案前搢大圭執爵祭酒三執圭俛伏興再拜訖樂止亞獻盥帨訖武舞宮架樂作行禮畢樂止終獻行禮如上儀皇帝詣飲福位登歌樂作皇帝再拜搢大圭跪受爵祭酒三啐酒奠爵受摶黍豆再受爵飲福訖奠爵有司徹俎豆禮直官曰賜福酒行事陪祠官再拜送神宮架樂作一（成）止皇帝詣望燎位南向立禮直官曰可燎俟火祭

徽號二
真宗起

禮五一之一三

半裝樸儀仗衣禮畢皇帝還御帷宮架樂作揮大圭入帷樂止服靴袍乘
輿還內如來儀三清并列殿聖像並差官分詣燒香　九月一日詣玉清
和陽宮上昊天玉皇上帝尊號寶冊、上皇地祇徽號　徽宗政和六年
十一月二十四日詔曰王者父天而母地乃者祇事萬邦黎庶強為之名
以玉冊玉寶昭告於上帝至哉坤元萬物資生直方以大承有緝謂非所
以徽顯闡微道神明之德朕夙夜祗慄罔敢怠忽若稽在昔夏日之至于
國之北將求神於澤中之丘雖名不足以盡道而道隱于無名則名不可
已也夫順承于天效法于下厚德載物含洪光大地德也謹以是德上徽
號曰承天效法厚德光大皇地祇以盡祝號崇業無事之禮令有司擇日
恭上其儀注樂章並依奉上昊天玉皇上帝尊號例　二十五日詔已降
詔命恭上地祇尊號永惟地道上順承天皇天后土陰陽之理也舊地祇
未有后土之稱可以尊號內加后土二字　二十七日詔承天效法厚德
光大后土皇地祇一十三字未審徽號文以如何為上下之序詔依此序
為文
七年二月六日奉上地祇冊寶都大管勾所奏奉上皇地祇冊寶開壓坎
據禮直官高舒元狀勘會芳殿之西北別無空閑地步乞于殿西階之東

卷一萬七千一百二

開合於壓坎之南空留二丈已來設禱位所有擇日欲三月內其壓坎合
用方深四尺可容章範置幣詔用殿前坎壓　五月二日皇帝詣玉虛殿
奉上承效法厚德光大后土皇地祇徽號其所用之禮以壓坎易燔柴設
望瘞位玉以黃琮及兩圭有邸幣以黃色舞以八成其餘並同奉上昊天
玉皇上帝□之儀　迎奉聖像　真宗大中祥符五年七月五日修玉
清昭應宮使丁謂言本宮將來正殿設玉皇大天帝像又于別殿設聖祖
天尊大帝太祖皇帝太宗皇帝像欲候將就請命良工鑄造尊像詔江淮
發運使李溥於江浙訪□匠相度地位鎔範鐵而溥奏於杭越二州訪得
鑄匠已就建安軍西北小山鑄寫詔可　六年三月一十二日李溥言玉
皇大帝聖祖天尊大祖皇帝太宗皇帝四殿聖像鎔範已成　二十四日
以修玉清昭應宮使參知政事丁謂為迎奉聖像使修玉清昭應宮副使
翰林學士李宗諤副之北作坊使淮南江浙荊湖都大發運使李溥為都
監集賢校理宋綬業迎奉聖像使表奏　二十六日詳定所言迎奉聖像
合用儀仗鼓吹三千三百餘人從之　四月二十一日宰臣王旦為迎奉
像大禮使向敏中為禮儀使趙安仁為儀仗使陳堯叟為鹵簿使
參知政事丁謂為橋道頓遞使　二十六日詔聖像所經州府官吏賜宴

十三

禮五一之一四

設　五月七日詳定所言朝拜聖像皇帝服袞冕準月令孟夏初衣暑服
孟冬始裘尚衣庫袞冕皆仲冬親饗圜丘所服夾衣今方盛暑太稱禮容
欲望依袞冕制度改製單衣庶協時令從之　十一日詔曰欽承寶命慶
範晬容方涉遐塗即臨珍館特備車輿之飾用申迎奉之儀鑾創嘉名庶
彰欽則其玉皇大帝聖像車恭以迎真輅為名聖祖天尊大帝車恭以迎
聖輅為名太祖皇帝車以奉聖輅為名太宗皇帝車以奉宸輅為名　十
二日以聖像至京遣官告天地宗廟社稷　十四日有司具大駕鹵簿儀
仗鼓吹僧道威儀夾津奉迎聖像宗室班迎于故驛群臣班迎于通津門
外七里曲還詣昇平橋朝拜是日聖像降丹舟升輅奉安于帷殿帝齋于長
春殿　十五日帝服通天冠絳紗袍乘大輦備鑾駕出乾元門而西自右
掖門直南街東至帷殿降輦以聖像在昇平橋之幕殿故避御道而頃之
改乘小輦至開封府前之大次服袞冕詣幕殿酌獻玉皇聖祖太祖太宗
之聖像升歌飲福一如郊廟之禮而但用乳禮畢改服靴袍乘大輦由宮
城西出天波門至玉清昭應宮門外帷以俟有司奉聖像由宮城東出景
龍門至玉清昭應宮東門文武群臣班迎聖像入東門帝迎拜有司奉安
于綵殿帝徧詣焚香再拜禮畢還宮翌日群臣詣長春殿稱賀　二十七

卷一萬七千三百二

日以聖像至京命左司諫知制誥路振刑部郎中龍圖閣待制查道奏告
諸陵　二十八日賜大禮使已下休假三日　玉清和陽宮奉安聖像
徽宗政和三年四月二十四日以福寧殿東令上誕聖之地作玉清和陽
宮凡為正殿三挾殿六前曰玉虛以奉三清玉皇聖祖北極天皇元天大
聖后后土等凡位東挾曰三元以奉十一曜西挾曰宰御以奉南北斗中
曰泰時以奉太一東挾曰靈一以奉天蓬天猷翊聖真武西挾曰正一以
奉正一靜應真君後曰景命萬年以奉皇帝本命東挾曰暖輝以奉五岳
西挾曰三洞瓊文以奉道藏四年宮成總屋一百四十二區詔以四月一
日奉安神像于逐殿命太師蔡京充禮儀使保靜軍節度觀察留後楊戩
充都大主管官典曰設大祠禮料祭饌及道門威儀赴玉清樓權奉安處
陳教坊鈞容樂黃麾細仗於清陽門外俟時告遷神像升綵殿腰舁禮儀
使後從至玉虛殿下跪奉請降綵殿升玉虛殿側坐以俟奉安時皇帝前一
日皇帝齋于內殿尚舍預設御幄于玉虛殿東又設皇帝位于東階上西
向設望燎位于殿之東南向太常設燎柴于殿之東南大晟陳登歌之樂
於殿上前楹間稍南北向設宮架於庭中立舞表於酇綴之間設奉幣爵
受幣爵讀祝官位於殿上東西相向設協律郎位一於殿上前楹間稍西

十四

一於宮架西北俱東向大樂令位於登歌樂簴北大司樂位於宮架北良
醞令於酌尊所俱北向設陪位官位於殿庭東西相向設籩豆簠簋之位
於逐神像前左有十二籩右有十二豆俱爲三行俎二在籩豆之間簠二
簋二在籩豆外又設尊罍位于逐神像前又設內侍供奉皇帝盥洗盤匜
位于皇帝位前捧盤內侍在執匜內侍之西皆北向奉爵宮執巾內侍在
捧盤之北皆南向行禮前行事官及陪位望祭官各服其服光祿卿入實
籩豆簠簋俎良醞令入實尊罍樂工師工人二舞以次入陪位官入就位
禮直官并行事官入詣殿庭北向再拜訖各就行事位禮儀使太常博士
立于御幄前皇帝自內殿服靴袍乘輿入幄次俟時將至禮儀使詣神像
前俛伏跪奏神像升正座訖禮直官太常博士引禮儀使詣幄前奏請皇
帝行奉安之禮自是皇帝行禮拜跪執圭搢圭奠圭釋圭受爵奠爵祭酒望燎
禮畢及進止前導皆禮儀使贊相其儀皇帝服衮冕以出近侍從升禮儀
使前導殿中監跪進大圭少監副之皇帝執大圭宮架樂作至東階下樂
止升東階登歌樂作至位西向立樂止以俟時至還正位訖禮儀使前奏
有司謹具請行事宮架樂作六成止皇帝再拜在位皆再拜內侍奉盥匜
皇帝搢大圭盥帨執大圭登歌樂作皇帝搢大圭執元圭詣神像前北向
跪奠元圭於繅藉執大圭俛伏興搢大圭三上香有司進幣皇帝受幣奠
訖執大圭再拜樂止詣次位上香奠幣並如上儀皇帝還位登歌樂作至
位西向立樂止內侍奉盥匜皇帝搢大圭盥帨登歌樂作奉爵官進爵皇
帝洗爵拭爵樂止執大圭登歌樂作奉爵官詣尊所良醞令酌酒皇帝詣
神像前北向搢大圭跪奉爵官跪以爵酒進執爵三奠酒執大圭樂止內
侍舉祝版讀祝官東向跪讀皇帝再拜內侍奉祝版置于神像前詣次位
行禮並如上儀奉幣爵受幣爵讀祝版官並降西階東向立皇帝還位登
歌樂作至位西向立樂止送神宮架樂止一成止皇帝將詣望燎位登歌
樂作降自東階樂止宮架樂作至位南向立樂止皇帝還位禮直官曰可
燎東西各以炬火燎半禮畢皇帝還幄次宮架樂作釋大圭殿中監跪受
以還有司皇帝入幄次樂止皇帝服靴袍乘輿還內如來儀　四年正月
十九日詔識中及大禮開建道場日數並仍舊制天寧節七晝夜老君生
日年交保夏大禮前預告大禮畢恭謝各二晝夜　五月二十四日詔令
後遇旦望冬至年節天寧節車駕並詣宮燒香　五年二月四日詔二月
十五日太上老君誕日於玉清和陽宮設道士登歌樂皇帝行酌獻之理
其日早皇帝入玉清和陽宮歸小次俟設饌等畢讀祝道士詣殿庭北向

《卷一萬七千三百二

五

三禮升詣香案之右東向立自是前導及執事攝官並奏請行禮等並以道士充前導皇帝服靴袍登東階登歌乾安樂作詣殿上西向褥位立定
樂止降真誠安樂作一成止奏請皇帝再拜訖樂作皇帝盥帨詣香案前
褥位北向三上香執事者跪進幣皇帝跪受幣奠幣訖執事者受幣皇帝再
拜訖歸褥位樂止少頃真安樂作皇帝盥帨爵訖執事者受爵赴著尊所
攝太官令實爵皇帝詣香案前褥位北向立執事者以爵跪進皇帝跪
受執爵三獻酒執事者受爵皇帝俛伏興少立攝太祝東向讀祝文訖置
于案皇帝再拜訖還褥位西向立送真欽安樂作一成止皇帝詣望燎位
乾安樂作至南向褥位樂止執事者取祝文幣帛俟火燎半奏禮畢皇帝
還位　十八日詔今後降聖節可依太上老君生日例排辦行禮仍令本
宮一月前檢舉以聞　七年五月十六日詔改玉清和陽宮以玉清神霄
宮爲名　宣讀天書　真宗大中祥符元年正月三日對輔臣於崇政殿
之西序帝曰朕寢殿中帟幕皆用青絁旦暮非張燭莫能辨色去年十一
月二十七日夜將半方就寢忽光明滿室驚視之次見神人星冠絳衣告
朕曰來月三日宜於正殿建黃籙道場一月將降天書大中祥符三篇勿
泄天機朕竦然起對忽已不見命筆識之自十二月朔即蔬食齋戒于正
殿依道門科儀結綵壇九級建道場以佇神貺雖越月未敢罷去適皇城
司奏左承天門屋南角有黃帛曳于鴟尾之上即遣中使視之迴奏云帛
長二丈許緘一物如書卷纏以青縷三道封處隱隱有朕思之蓋神人所
謂天降之書也王旦等曰此蓋陛下至誠事天地大孝奉祖宗恭己愛人
夙夜求治以致殊鄰修睦獷俗請吏干戈偃戢年穀屢豐皆陛下赫赫業
業日愼一日之所致也臣等嘗謂天道不遠必有昭報今者神告先期靈
文果降實昭上穹佑德之應皆再拜稱賀又曰然未知天書所諭之事啟
封之際宜屏左右帝曰既有天命國當祇受適恐皇城司遂便收進已便
止之朕當躬詣焚香拜受朕自得神人所諭之言尋雕木爲輿殿飾之以
金寶將以奉安天書所云屏人以啟封雖神人言勿泄天機朕以上天所
貺當與衆共之旦復曰蓋未測書意不欲顯示於衆帝曰天若諭示闕政
當與卿等祇畏改悔若告戒朕躬朕亦當側身自修豈宜隱之而使衆不
知也當即啟讀但慮文莫能辨須訪明習篆籀者以從旦曰陛下顯奉天
命非臣等所能測也帝即步至承天門瞻望再拜內臣周懷政皇甫繼明
對捧而下王旦跪奉而進帝再拜受之親奉安於輿殿初輔臣請以道衆
前導帝曰朕齋戒既久止欲與卿等嚴尊以表精虔遂奉引而行帝却繖

卷一萬七千三百二

六

蓋徽攀躍至朝元殿之丹墀旦付與殿捧天書帝跪受訖付陳堯叟啟封
帛上有文曰趙受命興於宋付於恒居其器守於正世七百九九定既去
帛緘書甚密紙堅潤不與常類厥以利刀久而方啟啟訖跪進帝亦跪捧
讀受堯叟命讀之其書黃字二幅詞類尚書洪範老子道德經始言帝能
以致孝至道治世次諭以清淨節儉終述世祚延永之意讀訖帝復跪捧
以所緘之帛韞之藏以金匱置于輿殿再拜訖奉引升自東階安於道場
中復焚香再拜禮畢帝御殿之北廡召旦等謂曰朕德薄何乃天降明命
昭晰若此旦等曰昔龍圖授羲龜書錫禹非常之應惟聖主得之陛下應
天立極振古稱首上帝所以申錫秘檢示治國大中之道萬世一時也咸
再拜稱賀是夕命王旦宿齋中書晚詣道場上香旦趨往而帝已先至四
日文武百官諸軍將校諸方蕃客入賀是夕帝齋于長春殿輔臣宿于本
司道衆聲讚於朝元殿教坊奏發曲于庭翌日所司設大次于朝元殿之
西廊列黃麾仗自殿至閤門羣臣序立帝服靴袍太常卿贊導升殿焚香
酌獻於三清天書之前登歌作樂既畢執事者奉天書輿殿降自西階出
朝元門由昇龍門歷文德殿威儀樂部奉引帝步導入東上閤門避黃
道而行既入門從官皆退唯中官執事還官帝前導如初　四月一日天

書再降內中功德閣　天禧元年正月二十七日始下詔以四月一日天
書再降內中功德閣日為天祺節　六月八日封記制置使王欽若言六
日泰山西南垂刀山上有紅紫雲氣如橋梁之狀漸成花蓋至地而散其
日木工董祚於靈液亭北見黃素曳於林木之上有字而不能識遂言於
皇城吏王居正居正見其上有御名馳告李紳福曹利用等達於欽若欽
若遂率官屬以道門威儀迎置公舍七日早自公舍奉道至社首山欽若
跪授中使馳捧赴闕奏至帝御崇政殿從召輔臣謂之曰朕五月十七日
夜忽夢前所覩神人言來月上旬當賜天書於泰山宜齋戒祇受朕雖荷
降告亦未敢宣洩惟密諭王欽若等凡有祥異即上聞今得其奏果與夢
協上天眷佑丕應彰灼祇畏惕厲惟懼不稱王旦等曰陛下至德動天感
應昭著臣等不勝大慶再拜稱賀帝曰靈文非久到闕奉迎之禮宜加詳
定旦等曰正月奉迎天書已定儀注今望約而行之帝曰向者降於內庭
故不別設儀仗今自外而至禮當嚴至可且置于含芳園正殿擇日具儀
衛奉迎旦等復曰至日欲具黃麾仗道門威儀百官並救朝參出城班迎
入內日亦準是從之即命旦為奉迎天書導衛使丁謂為扶持使藍繼宗
為都監　十日天書至自泰山扶持使而下具儀衛奉迎安于含芳園之

西門命王旦詣園齋宿晨夕焚香道衆作法事　十一日羣臣詣含芳園
門迎導天書升園之正殿帝齋於長春殿翌日備鑾駕赴含芳園改服通
天冠絳紗袍百官朝服序班帝出大次於殿下北面再拜訖導衛扶持使
自殿上奉天書而下置帝前再拜而受付陳堯叟啟封跪讀其文曰汝崇
孝奉吾育民廣福錫爾嘉瑞黎庶咸知秘守斯言善解吾意國祚延永壽
歷遐歲讀訖召百官示之復奉以升殿焚香酌獻駕先還俟於朝元殿
之幄次導衛使等奉至帝迎拜前導避黃道而行由東上閤門入內　四
年正月二十一日奉聖製天書贊文赴玉清昭應宮先是帝謂王旦等曰
朕以上穹報佑靈文三錫夙夜兢勵盡志欽奉且慮歲月寖久子孫輕怠
故作此文刻石置于天書閣下　七年五月十一日詔摸刻天書奉安於
玉清昭應宮命宰臣王旦為天書刻玉使樞密使同中書門下平章事王
欽若為刻玉副使兵部侍郎趙安仁翰林學士陳彭年為同刻玉副使入
內押班周懷政為都監　八月七日有司備仗衛道門威儀教坊樂刻玉
都監自內中奉天書詣篆刻玉使已下班迎赴朝元殿帝服靴袍行酌獻
之禮百官陪位奉安于刻玉殿令刻玉使日赴焚香副使已下日一員涖
事　天禧元年正月六日詔曰顧以眇躬獲紹隆構仰慶靈之積累荷穹

昊之監觀祕籙垂文珍圖錫祚告卜世卜年之業諭時萬時億之祥載惟
涼薄之姿寅奉殊尤之貺每增夕惕祇荅天祺敘依眈以無爲巡覩雖而
有穀而又颺輪臨蹕濬發於仙源曲里朝修崇嚴於道陰曠典以之交舉
厚福由是咸懷遂同海域之心恭上紫清之號揆首春之穀旦陳藏冊之
威儀獲造殊庭薦珍神祖遵珍符而展采膺瑞曆以建元乃至潔祀大宮
升禋告上式罄奉先之孝克伸大報之忱福既來同感悅交集夙宵內省
當是靡遑思與宮師共遵天誨體清虛之妙本存悠永之真風是周順考
靈辰宣揚共守建中之道愈清皇極之規謹以今年正月十五日行宣讀
天書之禮緊爾寀府體兹意爲　十二日帝齋于長春殿親王近臣御史
中丞知雜尚書省四品諸司三品宗室團練使已上藩侯觀察使已上管
軍防禦使已上並齋於朝堂及本司以王欽若為宣讀天書禮儀使　十
三日有司于天安殿設次奉玉皇聖像于中位置寫本天書于東聖祖版
位于西命儀衛使王旦等建金籙道場三晝夜　十四日詔皇姪守節已
上駙馬都尉王貽清李遵勗並升殿陪位預聽　十五日三鼓四籌帝服
通天冠絳紗袍詣天安殿道場焚香再拜西向而立羣官朝服升殿攝中
書令任中正詣玉皇前跪奏嗣天子臣恒謹與宰臣等宣讀天書謹求聖

意慶思睿訓撫育生民儀衛使王旦跪取左承天祥符門天書置案上攝殿中監張景宗張繼能捧案攝司徒王曾攝司司張知白跪展天書攝太尉向敏中宣讀每句畢即詳思其指言上天訓諭之意攝中書令王欽若執筆抄錄宣讀畢攝侍中張旻跪奏嗣天子臣恒敢不虔遵天命儀衛使跪納天書于匣中又跪取功德閣天書泰山天書宣讀如上儀王欽若跪進所錄天書意帝跪受訖登歌酌獻禮畢奉萬帝天書還內　朝謁上帝祖宗聖容　國朝玉清昭應宮景靈宮太平興國寺啟聖院奉安祖宗聖容每歲正月十月望皇帝朝拜行酌獻之禮親祠前一日詣玉清昭應宮太初殿明慶殿景靈宮天興殿玉皇聖祖行薦獻之禮人奉先寺慶基殿宣祖聖容集禧觀崇禧殿祖宗聖容慈孝寺崇真殿真宗聖容彰德殿章獻明肅皇后聖容普安禪院隆福殿元德皇后聖容重徽殿明德皇后聖容萬壽觀廣愛殿章懿皇后聖容每大禮慶成恭謝或祈禱朝謁皆詣行禮　真宗咸平五年正月六日詣啟聖院永隆院朝拜太宗聖容詔自今逐爲定制其儀前一日有司設大次于殿之東序從官序班殿前北向太常卿于大次前跪奏請行朝謁之禮前導皇帝升殿詣東陛褥位再拜從官皆再拜皇帝三上香侍臣進酒皇帝跪三奠訖復再拜從官亦再拜禮官

卷一萬七千三百三

九

贊導歸大次復跪奏禮畢禮生引宰臣升殿酌獻訖降階與從官已下並再拜退從官就幕次賜蔬食　故事祖宗每歲上元悉幸佛寺然後御樓觀燈帝自畢諒陰以啟聖院太宗降誕之地聖容在焉不欲爲遊幸之地故前期恭請朝謁後定以正月十一日　大中祥符七年十月十日玉清昭應宮成詔自今每歲正月望詣宫行朝拜之禮皇帝親祠前二日行薦獻之禮　八年五月二十三日景靈宮成詔每歲十月望詣宮朝拜如玉清昭應宮正月望朝拜之儀皇帝親祠前二日行薦獻之禮其儀禮儀使一員贊導皇帝行事侍中二員一詣罍洗捧匜沃盥一捧盤承水門下侍郎一員請罍洗進帨巾太常博士一員引禮儀使尚食奉御一員酌酒侍臣二員一候尚食奉御酌酒畢捧盞跪進一候皇帝受盞訖接盞置聖像前　十月三日禮儀院言正月天書降用上元日朝拜玉清昭應宮十月聖祖降擇日朝拜景靈宮詔以下元日朝拜著爲定式　仁宗天聖元年正月十三日命參知政事魯宗道詣啟聖院太宗神御前行薦獻之禮時帝在諒闇故令近臣攝事自後不親朝謁皆如例　二年正月九日詔舊例每歲十月望詣景靈宮天興殿朝拜今後祗詣奉真殿朝謁真宗聖容八年十月十二日太平興國寺開先殿奉安太祖聖容詔每歲上元日

朝謁如啟聖院之儀　明道二年十月二十九日景靈宮廣孝殿奉安莊懿皇后聖容　英宗治平二年四月十七日景靈宮英德殿奉安仁宗聖容　熙寧二年正月二十五日景靈宮英德殿奉安英宗聖容每歲下元日朝謁如奉真殿儀　神宗熙寧元年正月十一日分命參知政事趙概趙抃朝拜太平興國寺啟聖禪院神御殿故事上元皆車駕朝詣時在諒陰故也　三年正月十日以秦國大長公主喪詔罷朝謁神御殿命輔臣行禮　四年正月十一日幸太平興國寺詣開先殿次幸啟聖禪院詣永隆殿皆行朝謁之禮賜從官食坐賜茶畢還宮　五年正月十一日詣太平興國寺啟聖禪院朝謁太祖太宗神御殿　六年正月十三日　七年正月十一日　八年正月十一日　九年正月十一日　十年正月十一日元豐元年正月十一日　二年正月十一日並如上儀　十年十二月十七日詔今後正月十一日依禮例詣太平興國寺等處朝謁及依例差行事公卿並只進擬施行　元豐三年正月十一日以太皇太后在殯詔罷朝謁祖宗神御遣參知政事蔡確詣太平興國寺知樞密院事馮京詣啟聖禪院行朝拜禮　十二月十四日以太皇太后喪服未除詔權罷來年正月十一日太平興國寺啟聖禪院神御殿十四日集禧觀朝謁並遣官

卷一萬七千三百三

辛

分詣行禮　四年十月八日以太皇太后喪服未除詔罷望日朝拜景靈宮依例差官分詣行禮　五年十月景靈宮成應宮觀帝后神御並迎奉入内奉安于天元等十一殿國朝玉清昭應宮奉玉皇聖祖及太祖太宗真宗聖容又景靈宮及諸寺觀奉帝后神御者皆以時親行朝拜酌獻之禮玉清昭應宮景靈宮太平興國寺啟聖禪院以正月或十月望餘並元日親祠前一日詣玉清昭應宮太初殿明慶殿景靈宮天興殿薦獻餘並以大禮畢恭謝或祈禱亦親至焉自天聖六年玉清宮火親祠前酌獻止詣天興殿及祖宗神御皆奉於景靈宮而他處朝謁悉罷　高宗建炎三年二月二十三日詔奉迎祖宗神御已到行在候奉安畢就西宮酌獻日親行朝謁之禮　閏八月十六日承議郎高元暉言自京師太廟迎奉藝祖以下神位九室前從杭州詔令軍頭率百從朝謁奠獻　十一月丁丑詔宗師迎奉到御容迎赴天慶宮　四年二月二十日太常寺言祖宗六忌係於溫州天慶宮設位行香今已迎奉到彰武殿會聖宮神御於本宮設祖殿禮奉安訖今從道忌辰並於神御殿行香從之　五月一日太常寺言欲令與親獻景靈宮東西宮真于溫州天慶觀竟安奉神御緣今車駕巡幸未依駐蹕已來逐州知通於正及朔望日逐處分詣行

禮從之　其後福州湖州亦有奉安神御每遇四孟入內內侍省取降御
封香知通分行朝獻之禮　九月六日中亮孫故鼎州兵馬都監秋熊女
趙氏進英宗皇帝御容一軸詔令繳進　紹興元年十一月十四日又進
太宗御容一軸係判南衙日服色伏乞宣取詔令赴內東門司投進　紹
興元年四月二十六日都大提領長事所言得旨傳寫大行隆祐皇太后
御容三軸內一軸天章閣一軸內中欽先孝思殿一軸下宮崇奉從之
十月二十五日詔開封府祥符縣進士徐濤進三朝御像令禮部支降兩
浙東路空名度牒五道濤自南京前來投進故有是命　十一月二十六
日武德郎兼閤門宣贊舍人權江西兵馬副都監李山進收得太祖太宗
真宗仁宗御容四軸詔令江西安撫大使李回差官保護赴行在　二年
二月十四日江南東路節制軍馬使司主管機宜文字周方平言迎奉信
州民間收到太祖太宗真宗仁宗四朝御容若到行在詔於天章閣奉安
五月十八日詔道君太上皇帝道貌御容令浙西安撫大使司差官迎
奉赴行在　時夔州遞傳報累於衢州得之至是來上見權安奉於鎮江
府故也　七月二日太常寺言樞密副承旨蔡暐迎奉太祖真宗御容欲
於天章閣安奉從之　八月二十八日使臣二人迎奉到太宗御容九月
九日南京駕子戴立迎奉到真宗御容十二年三月十四日江南西路馬
步軍副總管御前統制軍馬劉詔迎奉到太祖御容並送天章閣收奉
三年十二月十一日迪功郎凌瀚進太上道君皇帝御容詔送天慶觀收
奉　四年十月十八日詔令信安郡王孟忠厚迎奉昭慈聖獻皇后御容
前去德慶州軍差內侍官照應過歲時酌獻依循宮體例時以軍興權宜
已而事息復回臨安　六年三月三十日詔布衣孟端卿進太祖皇帝太
宗皇帝御容二軸已迎奉赴天章閣令戶部支賜絹五十疋　四月十四
日禮部言全州收得太祖皇帝御容已於天慶觀聖祖殿奉安不敢擅自
迎奉前去詔令本州專差武臣一員迎奉前來不得沿路搔擾　五月十
五日太常寺言辨驗蘇曄收到太祖皇帝太宗皇帝繪像乞依近例令天
章閣收奉從之　十一月二十五日江南西路都轉運使趙子直言故翰
林侍讀學士王洙孫男楚老進祖先在日有太祖皇帝太宗皇帝真宗皇
帝仁宗皇帝四聖御容繳納詔令江西轉運使於見管銀絹各支一百疋
兩　七年五月十八日行在龍圖天章寶文顯謨徽猷閣下降下道君太
上皇帝寧德皇后御容其崇奉禮儀欲依見崇奉祖宗神御每遇旦望諸
節序生忌辰令行酌獻之禮從之　九年五月十一日同簽書樞密院事

充東京留守兼權開封尹王倫等言東京天章閣欽先孝思殿御容見在
啓聖院權行安奉未審合與不合迎奉赴行在詔令留守司將畫像差官
迎奉赴行在所其雕塑木石聖像依舊安奉候汴水通日取旨　四月二
十三日親從承局邢道收得太祖皇帝太宗皇帝真宗皇帝御容親從頭
外指揮使王琪收得太祖皇帝御容前來投進詔令入內內侍省差天章
閣官辨驗如委是御容即御臨安府奉迎進入　九月五日左朝奉郎鄭
億年言昨被驅虜到東都自收得祖宗諸后御容五十六軸詔令臨安府
奉迎入內　十年三月十四日禮部太常寺言塑製徽宗皇帝顯恭皇后
顯肅皇后神御畢依例合詣神御前行朝獻之禮欲乞車駕自常御殿乘
輦詣天章閣兩神御殿行朝獻之禮從之　十二年八月十九日迎護徽
宗皇帝顯肅皇后懿節皇后梓宮禮儀使司言內見奉到祖宗御容三匣
係同梓宮船進行緣見服緦麻難以朝拜太常寺看定欲令禮儀使差屬
官先次迎奉赴天章閣收奉從之　十六年十二月十七日眉州穀思光
孝禪寺僧道求獻太祖皇帝御容詔令戶部支賜絹二十疋　十九年正
月二十九日從義郎趙子獻投進太祖皇帝御容一軸赴天章閣收奉詔
令戶部支賜絹二十疋　癸藥鼎 祀寶成宮奉安神霄飛雲霝鼎　徽宗崇
寧三年二月以隱士魏漢津言備百物之象鑄鼎九四年三月告成詔於
中太一宮之南為殿以奉安各周以垣上施睥睨墁以方色之土外築垣
環之名曰九成宮中央曰帝鼐其色黃祭以土王日為大祠幣用黃樂用
宮架北方曰寶鼎其色黑祭以冬至幣用皂東北方曰牡鼎其色青祭以
立春幣用皂東方曰蒼鼎其色碧祭以春分幣用青東南曰岡鼎其色綠
祭以立夏幣用緋南方曰彤鼎其色紫祭以夏至幣用緋西南曰阜鼎其
色赤祭以立秋幣用白西方曰晶鼎其色赤祭以秋分幣用白西北曰魁
鼎其色白祭以立冬幣用皂八鼎皆為中祠樂用登歌饗用素饌其樂舞
帝鼐奏嘉安之曲迎神送神奏景安初獻升降奏正安亞獻終獻奏文安
文舞帝臨嘉至之舞武舞曰神娛錫羨之舞八鼎皆奏明安之曲迎神奏
凝安初獻升降奏同安亞獻終獻奏成安　四年正月十七日詔於帝鼐
之宮立大角鼎星之祠以導迎景貺　八月二十日奉安九鼎翌日車駕
幸九成宮酌獻　大觀元年十一月十四日鄭居中等言奉詔亳州大清
宮王與之進黃帝崇天祀鼎儀訣令臣等參詳可與不可施行臣等竊考
其說皆本於天元玉冊九宮太一與魏漢津制度相合其間論五運六氣
盛衰勝復以五行相尅制亦合於漢津所授上帝錫夏禹隱文乞修為祭

象儀範時出而用之今修成鼎書十七卷祭鼎儀範六卷乞頒降每歲祀
鼎常典付有司施行內出手詔曰鼎之為物久矣其義莫傳比覽居中等
所上調羅遺失稽參制度合若符契燦然可觀其論易卦謂應鼎星之象
易莫非象也有取象於天有取象於地有取象於人皆象其一物而已至
鼎則備天地人之象故易於鼎獨曰象者此也可令改正餘依所請　先
是議者請用王與之所獻皇帝崇大祀鼎儀訣并上帝錫夏禹隱文同修
為鼎儀範內出手詔曰九鼎以奠九州以樂神休其用其法後失其傳
闕王與之所上祀儀推鼎之意施於有用蓋非今人所能作去古綿邈文
字雜揉可依所請擇其當理合經修為定制頒付有司乃命居中等刊修
至是書成來上故有是詔　十二月二十四日臣寮言陛下肇建九宮增
修祀典迎氣用律以召至和而逐鼎樂章尚未修定乞詔有司考四時之
氣候察五行之數衆撰請製詞各從其方以鎮九州內出手詔曰九鼎以
奠九州祀事所用樂曲亦當各隨其方不可概以一律可依所請命學士
院撰進　政和六年九月十三日以奉安定鼎詔差太師蔡京為禮儀使
提舉官楊戩兼充都大管幹　二十八日詔帝鼎神像依選定十月十三
日卯時上車出城宮門權行奉安　十月十九日赴天章閣西位奉安

卷一萬七千三百二

三三

二十四日詔誠感殿長生大君神像可遷赴天章閣西位鼎閣奉安　十
一月三日詔帝鼐改為隆鼐正南彤鼎為明鼎西南阜鼎為順鼎正西晶
鼎為蘊鼎西北魁鼎為健鼎正北寶鼎依舊東北牡鼎為鍊鼎正東蒼鼎
為育鼎東南岡鼎為翼鼎鼎閣為圜象徽調之閣閣上神像左周鼎星君
中帝席星君右大角星君閣下鼎鼐神像各守逐鼎排列　十二月二十
六日駕詣鼎閣奉安隆鼐等神像翌日車駕詣閣燒香百官陪位仍以其
日為休務假　七年正月二十一日手詔隆鼐八鼎舊九成宮逐時換水
用禮制大樂祭告隆鼐八鼎各有殿閣內隆鼐係大祠於閣下安設宮架
餘八鼎係中祠於殿上安設登歌今鼎鼐共置一閣令尚書省下有司參
定太常寺大晟府言每歲祠祭鼎鼐隨時更律各用章曲節奏今參酌宮
架樂仍舊列於殿庭其登歌樂虡欲並於殿上前楹之間北向安設逐鼎
各用樂章從之　五月六日太常寺言將來夏至依五禮新儀祀明鼎行
事官吏前一日早赴圜象徽調閣省牲至日行禮緣在皇城內車駕已赴
夏祭齋宮乞下皇城司經由門戶照會出入及將帶燈燭等物從之　重
和元年十二月二日手詔九鼎新名乃狂人妄有改革皆無稽據宜復舊
名圜象徽調閣仍舊祀寶成宮　大觀三年四月詔以鑄鼎之地作寶

成宮總屋七十一區中置殿曰神霄以祠黃帝東廡殿曰成功祀夏后氏
西廡殿曰持盈祀周成王及周公旦召公奭後置堂曰昭應祀唐李良及
隱士嘉成侯魏漢津　政和三年八月三日禮部太常寺言寶成宮特置
為祠黃帝夏后氏周成王周公旦召公奭唐李良及魏漢津每歲欲於大
樂告成崇政殿元進樂日秋八月二十五日舉祀事祀黃帝依感生帝神
州地祇為大祠犧牲用黃樂用宮架祀文依祀聖祖稱嗣皇帝臣名其樂舞
迎神泰寶安初獻升降奠幣泰正安復位泰肅安奉俎泰嘉安酌獻登歌
奏歆安亞終獻奏文安徹俎登歌奏豐安望燎奏正安文舞曰治安慶昌
之舞武舞曰丕顯神功之舞其成功持盈二殿禮用中祀幣各用白昭應
堂禮用小祀並以素饌從之　奉安神霄飛雲鼐　政和八年二月詔左
右街道錄院差威儀道士二百人於今月十日赴禮制製造所迎導神霄
飛雲鼎鼐赴上清寶籙宮神霄殿奉安　先是七年七月詔禮制製造所
鑄造太極飛雲洞劫之鼎蒼壺祀天貯醇酒之鼎山嶽五神之鼎精明洞
淵之鼎天地陰陽之鼎混沌之鼎浮光洞天之鼎靈光晃耀鍊神之鼎蒼
龜火蛇蟲魚金輪之鼎自十月十日始鑄至是奉安

卷一萬七千三百二

三四

　興幸

國朝之制車駕幸寺觀焚香園苑遊宴其日内客省使至通事舍人閤門
祗候並䄂笏祗候都承旨祗應諸司使以下並公服繫鞵與内侍都知已
下常起居班首奉聖躬萬福應起居者皆然次殿前馬步軍以下于内東
門廊南階下次執遂杖供奉官以下於内東門南對立次諸班並常起居
次舍人引宰臣以下應隨駕官並䄂笏一班常起居非從駕者請應常
起居曾起居止奏聖躬萬福執遂杖供奉官候引駕回於内東門南對立常起
居皇帝服靴袍出降座喝鞭出内至寺觀殿上焚香訖宣從臣喫茶舍人
引宰臣以下再拜就座喫茶訖復再拜退或宣道僧録以下喫茶舍人引
當御前躬三呼萬歲就座喫茶訖退皆躬三呼萬歲如賜茶顆或茶果即
舍人宣勅喝賜如常儀如宣隨駕官對御食進酒賜酒就座如大宴儀應
隨駕宰臣親王樞密使以下學士三司副使知開封府使相節度使至刺
史當直修起居注常從外知制誥待制觀察上將軍閤門祗候官中書觀
王撫容嗄宣徽使並禁衛内行馬餘官並禁衛後序行駕回並從至門內
方遣陞新授職官未朝謝特宣召者座次閤門臨時奏裁如視朝後非時
行幸宰臣親王以下並公服繫鞵除不赴内東門起居外餘如上儀

卷一萬八千五百八十六

朝謁　祈報　各見本篇

太祖

　興幸

建隆元年四月十六日幸玉津園八月五日二年閏三月六日四年七月
六日乾德二年六月十六日七月八日八月十二日開寶三年八月十九
日開寶六年五月十日八月六日七年五月十八日七月六日八年四月
二十六日九年五月十五日凡十三臨幸六月二十四日幸駕至濟州幸
延慶寺九月十一日幸宜春苑二年二月十七日三年二月十八日又臨
年二年正月七日幸造船務觀習水戰是月二十四日二月六日三年十
月二日四年正月十二日八月二十日乾德二年八月十二日五年二月
一日八年三月十三日凡八臨幸十八日幸[illegible]化門觀修河丁夫二月二
日幸[illegible]十日幸城南觀修水櫃八月二十日幸崇夏寺觀修
三門十月九日幸大相國寺乾德二年二月一日六月十六日六年八月
四日開寶六年三月二十二日人臨幸十二月十二日幸新修河倉　閱
寶三年三月九日幸大寺觀四月十一日十月二日人臨幸四年七月六
日幸教船池詔近臣觀習水戰是月十七日乾德二年二月一日三月五
月臨水[illegible]觀魚六月十六日七月八日四年九月十四日五年二月
三十日二月十七日開寶三年四月二十四日七月二十九日八月十八

卷一萬八千五百八十六

日四年三月九日五日二十七日五年三月十三日凡十四臨幸九月十
九日幸金明園五年十一月五日開寶二年十一月十一日二十三日又
臨幸乾德二年六月二十二日幸北郊觀稼二年九月二十一日幸西水
磑開寶二年七月二十七日十月二十四日八年四月二十八日又九月
日十月二十七日又臨幸五年六月二十四日幸造船開寶五年二月十
臨幸四年閏八月二十九日幸皇弟開封府尹北園開寶八年八月十六
九月臨幸六年七月二十五日幸鐵騎營賜軍士錢及羊酒有差八月七
日幸飛龍院九月二十九日十月十一日開寶二年正月十一日賜從臣
馬[illegible]令天駟監節度侍衛等十二人自擇之十月二十四日賜近臣名
馬四年二月十一日賜從臣馬九年正月十二日五月三日凡七臨幸潤
寶二年七月十一日幸封禪寺十月二十四日三年十一月十一日觀新
鑄四年四月十三日凡四八月十一日觀經藏凡四臨幸八月十八日幸
開封府三年二月十九日幸西茶庫五月十三日幸城北水磑六年八月
二十八日七年正月二十九日又臨幸六年七月十日幸都亭驛八年四
月十一日臨[illegible]亭閱新造戰船十八日臨汴水觀飛江兵士乘魚船習戰
凡再臨幸七年五月十九日幸講武池習水戰是月二十九日七月六日

太宗

八月十四日軍士萬人各賜緡錢二十九日八年四月二十六日九年五月四日凡六幸八年四月五日幸東水磑八月十六日觀魚九年五月三日又臨幸五月十三日幸新修談院十月二十七日九年八月十一日又臨幸十一月三日幸綾錦院賜錦工各有差二十八日幸新修龍興寺十二月十一日九年八月五日又臨幸九年二月二十日幸禮賢院宅先是命薰風門外起大第一區器用儲待之物悉備以待錢俶仍賜禮賢宅至是聞俶將至故先臨視焉及俶至三十日又臨幸九月二十七日再臨幸三月二十四日車駕往西京幸龍門廣化寺開無畏三藏塔七月三日幸晉王第觀水入新池先是命水工自左掖門按地形為大輪激金水河注晉王邸第帝自步出宮門相視改水通乃臨幸八月十一日幸[illegible]寺九月二十七日幸城南池亭八年十月將議從幸還莊宅使王仁珪供奉官李仁裕與知河南府閻繼勳同修洛陽宮究明年四月帝至分龍其上麗池數事並優進太平太宗興國元年十一月二十一日幸[illegible]閣寺九年五月七日端拱二年九月十五日又臨幸十二月二十七日幸玉津園四年十一月十三日再臨幸二年正月三十日幸講武池五[illegible]三月二十七日再臨幸觀樓船并習船二月十四日幸新鑿池賜從卒三萬五千人各千錢布一端二十日幸太平興國寺四年八月十七日五年九月十七日又臨幸同日幸造船務三年四月十七日八月二日又臨幸三月二十八日幸開寶寺六月二十六日三年三月二十八日登[illegible]樓九月十六日五年二月八日凡三臨幸五月五日幸新水磑是月二十三日九月十四日賜役夫錢帛有差十二月一日賜從官飲四年閏三月三日召近臣觀魚九年十二月十九日凡五臨幸六月二十六日幸飛龍院賜從臣馬各一匹三年六月二十九日宴從官六年十月二日雍熙二年九月十三日帝親選名馬賜近臣淳化三年九月二十四日閱馬賜從官馬一匹凡四臨幸閏七月十月幸白鶴橋臨金水河九月十六日幸造箭院賜工役人千錢布一端同日幸新修三館賜役夫錢有差三年二月十六日再臨幸十一月二十七日幸新修御龍弓箭直賜軍士錢帛三年正月二十八日幸乾明寺二月一日幸鄭國公主第賜駙馬都尉王承衍銀器百兩帛百匹十六日幸西綾錦院命近臣觀織室機杼賜工役人錢帛四年八月十七日再幸賜綾錦使襲衣銀帶錢十萬工人衣服　錢四月十七日幸建隆觀同日幸西染院二十六日出崇政門按節觀刈麥十月八日幸許王府賜銀萬兩絹萬匹十一月十九日再臨幸同日幸武功郡王第

卷一萬八千五百八十六

三

七年二月六日幸新修御廩十月十日幸瓊林苑十四日幸新尚書省八年三月四日幸安遠門賜修城卒人千錢九年正月六日幸景龍門外水磑帝臨水而坐召從臣觀之因謂曰此水出于山源清澄甘潔近河之地水味皆甘豈河關所及乎宋琪等曰亦猶人性善惡染習所就帝曰卿言是也四月十四日幸金明池習水戰帝御水殿召近臣觀之謂宰相曰水戰南方之事也今其地已定不復施用時習之示不忘戰耳因幸講武台閱諸軍都試軍中之絕技者遞加賞賚登瓊林苑樓樓前百戲皆作士庶闐咽擲金錢令樂人爭之極歡而罷雍熙二年四月二十二日再臨幸五月二日出南薰門觀稼召從官列坐于田中令民刈麥咸賜以錢帛過幸玉津園觀魚張樂習射終宴欲極歡而罷端拱二年五月二十日幸城南觀麥賜田夫布帛有差二年二月二十七日幸新修騏驥院過召近臣宴于機[illegible]帝臨池釣魚令侍臣賦詩飲從官酒盡醉而罷四年四月十五日幸金明池觀水嬉賜從官飲帝因雨霽天宇中外無事可勿惜醉也因登池中殿御金錢繒綵于樓下令人爭取極歡而罷淳化三年三月二十二日幸金明池觀水嬉命為競度之戲擲銀甌于波間俾軍人泳波取之因御樓船命奏教坊樂于池岸都人士女縱觀者億萬帝顧視高年皓首者命以白金器皿別賜之宴從官于瓊林苑帝作遊瓊林苑詩賜近臣九月二十四日幸洛龍園駐輦池東岸臨水謂近臣曰朕不至此已十年昔尹京日無事常縱飲池上所藏者無數今池邊之木已成喬林矣因顧教坊使郭守忠等數人曰汝等前日以樂童從我今亦皓首矣何光陰易得如此嗟嘆之久帝親引滿舉大白賜郡臣盡醉五年二月二十四日幸南御莊觀稼

卷一萬八千五百八十六

四

真宗

續會要

真宗咸平元年八月二十三日幸諸王宮九月二十六日四年四月六日以曹國公元偁將出閣臨視新宮景德二年六月七日大中祥符元年八月二日十二月二十四日寧王儼舒王元偁宮皆臨幸二年九月二十四日幸開寶寺福聖院四年八月十一日景德三年四月五日大中祥符元年十二月十七日二年二月十九日三年十二月十七日四年五月十七日六年十二月十八日七年三月十七日八年八月四日天禧元年五月十五日十一月十一日二年十月二十七日三年四月六日四年七月二十四日凡十四日臨幸

宋會要

咸平三年正月十七日，車駕駐北京，幸太安寺、紫微宮。五月十三日，幸金明池御水心殿，東向觀水嬉，又西向觀競渡，揚旗鳴鼓，分左右翼，植木擊綵，緣以為標，方舟疾進，先至者賜之。移幸瓊林苑，登露臺，鈞容直奏樂于台下，闌闠百戲競集，有戲熊令俳臺盤槊者，遂宴于前，縱內水殺泊苑中台。從臣坐者五，皆數行，帝勸甚，從臣皆醉，喜遊軍士及諸獻技者賜物有差。十一月，幸御龍營閱射弓，遂觀稼于北郊。四年四月十六日，景德元年幸天駟監。四年四月九日，帝作金明池習水戰詩，賜近臣，大中祥符三年三月十三日，帝作七言詩賜近臣和。六年四月十五日，帝作歌，近臣畢歌。四臨幸。九月十八日，幸大相國寺，升三門。四年十二月八日，六年十一月十六日，景德二年五月一日，三年五月四日，四年八月九日，大中祥符二年二月十九日，四年正月十七日，令近臣留飲行香院。九年正月十四日，天禧元年正月十六日，凡九臨幸。四年八月四日，幸左藏庫，賜主藏官吏器幣有差。大中祥符八年八月五日，再臨幸。十一日，幸御龍營閱射，勁弓賜緡錢有差。遂觀稼于北郊。五年二月二十三日，幸上清宮。景德四年八月八日，大中祥符元年十二月十七日，二年二月十九日，三年十二月十七日，四年正月十七日，五月十七日，六年十二月十八日，七年三月十七日，八年八月五日，天禧元年八月一日，十一月十五日，三年四月七日，凡十二臨幸。四月七日，幸玉津園觀刈麥。景德二年五月一日，三年五月四日，大中祥符二年五月六日，四年五月四日，觀刈麥、秋稻，賜從卒衣服緡錢。五年五月十七日，帝作觀稼詩，近臣繼和。六年四月二十五日，帝作觀稼詩，賜近臣，凡許五月七日。天禧元年五月二日，三年四月二十三日，帝作觀稼詩，群臣畢和。四年五月七日，凡十臨幸。七月十七日，幸三館祕閣，閱書久之，賜直官校理器帛，書吏緡錢有差。景德四年八月八日，再臨幸。

卷一萬八千五百八十六

真宗咸平五年七月二十一日，詔有司每行幸，翰林學士、侍講、侍讀、樞密直學士並從，不須臨時取旨。大中祥符二年八月十五日，車駕幸金明池，特詔御史中丞趙昌言預焉。還宮，從游宴日，昌言始也。十年正月十九日，中書門下上言：伏覩今月十四日，皇帝詣諸宮寺焚香，總三十餘處，過百軀以上，臣等侍從倍增憂灼。昨崇政殿已面奏，陳臣闕尊事為靈圖先精意，登用百禮，乃責時中，在經久之從宜，必裁正而惟久。伏望特命攸司載詳定式，自今車駕幸諸宮觀寺院，正殿再拜，及諸殿令群臣已下分拜，庶垂懇誠，允叶通規。不允。自是再上表懇請，乃詔禮儀院詳定，差減焉。景德元年正月七日，幸天駟監，賜從官馬。三年九月十五日，再幸，賜從官馬。

本監官吏、將士緡帛。十一月二日，車駕駐澶州，幸開福寺、城南臨河亭。景德二年三月十八日，幸軍器內弓箭庫，賜官吏兵健緡帛有差。九月二十五日，幸太平興國寺，至傳法院，觀新譯經，又至戒壇宅，召僧官譯經潤文殿垂龍茶錢有差。入自右掖門，幸殿前指揮使班，閱騎射，賜緡錢，與從官於宗和殿。三年四月五日，幸御龍直班院，閱弓刀技藝，賜緡錢。又幸左騏驥院，賜從官馬，群牧使已下賞帛有差。遂幸崇文院，觀四庫圖籍，及所編君臣事迹，論修官品帛、書吏等緡錢有差。遂宴從臣於崇政殿。四年正月二十九日，詔曰：朕以春路既降，時感歲深，祇為祕圖，躬申奠酹，盡達誠于鴻蕪，非致樂於豫游，涉山川時惟一宅，而守蕃之長，僚屬之臣，皆叢之祇縕黃之衆，刑以望幸，徇秩理章況，數舍之離，逆且所情之至，雖哉迴輿駕，言歷德都，慰其傒仰之心，舉此省巡之典。朕以來月二日暫幸西京，所司準式。二月二日，次西京，車駕由上東門，經畢於迎鑾綵樓少頃，入大內。三月二日，至西京。五月，幸天宮、崇德二寺，迴宴從臣於講武殿。七日，幸永芳園。戊上清宮，賜道士紫衣、茶帛。十二日，幸廣化寺，觀無畏三藏真身塔。又至龍門南望香山寺。還，御廣化寺，賜從官食。移幸傳溪寺，所至賜主寺首紫衣，賜民老疾者緡錢。十五日，幸廣愛寺、會節園，賜從官食。又幸能仁濟院。二十四日，車駕發西京，幸白馬寺，晚次偃師縣，幸紫雲寺，賜知寺僧紫衣，增衆茶綵，自是所至寺皆。二十五日，次鞏縣，幸永福勝果二院。二十六日，次滎陽，幸大海寺、王像院、浸聖院。一十七日，至鄭州，幸開元寺、保安院。二十九日，次中牟縣，幸智度寺。四月二日，幸秦國主公第。十二月二十四日，再臨幸。八月七日，幸贊相寺。四年八月八日，幸內藏庫，賜從點劉承珪以下器幣、官健緡錢。大中祥符八年八月五日，再臨幸。大中祥符元年四月十八日，幸晉國長公主第，並賜白金千兩、綵二千匹。五月二日，幸玉津園，閱新亭，觀刈麥。監園官吏、刈麥軍士賜物有差。先是每歲有司正設帳殿於南，主吏言旁有隙地，請構亭以備遊幸，及是亭成，始御焉。九月十八日，幸石騏驥院，賜從官馬一匹。十二月十七日，幸景德寺。二年二月十九日，三年十二月十七日，四年五月十七日，凡三臨幸。二年九月二十六日，幸崇真資聖院。三年六月三日，再臨幸。三年閏二月十七日，幸開封府射堂，帝謂從臣曰：朕昔尹京府，先帝為創此堂，俾之習射，周覽久之，多所感慕。又至西京，閱太宗御書圖數十軸，遂宴于射堂。帝作七言詩，從臣畢賦。十一月二十四日，幸太一宮，

卷一萬八千五百八十六

宋會要

大中祥符四年十二月十七日幸玉清昭應宮，四年五月十七日、八年八
月四日、天禧元年十一月十一日、二年七月二十七日、三年四月六日、四
年七月二十四日，凡六臨幸。五年九月七日，車駕臨視新作延安橋，因幸
大相國寺、上清宮。二十五日，幸故鄆王元份宮，奠其畫像，又宴相王元偓
宮，從臣宮僚畢預。帝作七言詩賜之，元偓等奉觴上壽，賜襲衣、命帶、器
幣、繒錢。又與宗室射于宮之西南亭中。時從官退，帝獨以中宮從，復幸元
偁、元儼宮，又宴元偓宮，夜三鼓而罷。六年八月十三日，幸瑞聖園觀稼，帝
作郊外觀稼詩，近臣皆和。八年七月二十九日再幸，帝又作觀稼五言詩，
近臣繼和。天禧元年八月六日又幸，帝作觀稼七言詩，近臣皆和。八年七
月十九日，幸相王元偓，表獻御衣、金器、銀、繒綿錢凡八十，詔迴賜之，別賚
襲衣、金帶、鞍勒馬、繒錢，逾加常數。又遣使賜城南諸王宮繒帛各有差。八
月五日，幸會靈觀，九年正月十四日、天禧元年八月一日、十一月十五日、
三年四月七日，凡四臨幸。二十四日，幸端王元儼新宮，賜元儼襲衣、金帶、
鞍勒馬、繒錢，還幸相王元偓宮。九年七月二十五日，幸天清寺。天禧二年
八月一日，幸景靈宮，三年四月六日、四年七月二十六日又臨幸。同日幸

卷一萬千五百八十六

六十

祥源觀，三年四月七日再臨幸。四年正月十四日，幸建隆觀、太平興國寺。
十七日，詣祥源觀，幸資善堂。

宋會要

天聖三年五月十二日，幸南御莊觀稼。翌日，帝諭宰臣曰：「昨親耀畔隴旁
舍，軋軋有機杼之聲，因召問，乃一貧婦人紡織耳，為令賜與茶帛。織造辛
苦，不免貧寒。」王曾等奏曰：「陛下深知耕織艱辛，由軫聖念，實天下生民之
幸。」五年五月三日再幸，賜宰臣刈麥穗、兵士等繒錢。同日幸玉津園，命殿
前指揮使射柳枝。五年五月三日、九年五月十一日，觀刈麥詩稻，賜耕者
錢絹衫幞。慶曆四年五月十一日，觀刈麥種稻，凡三臨幸。八月十七日，幸
瑞聖園觀稼亭，觀刈粟，賜衛田兵士錢有差。六年八月二十一日，御幄殿，
賜近臣酒五行，刈粟兵士帛有差。景祐三年八月十七日、寶元二年八月
二十八日、康定二年八月一日、慶曆二年八月二十八日、五年八月四日、
皇祐元年八月十五日，凡七臨幸。四年九月二十一日，幸玉清昭應宮。同
日幸建隆觀。五年十月八日，帝同皇太后幸御書院，御休院學士宋綬撰
記刻石院壁。六年五月八日，幸開寶寺靈感塔，八年十二月十五日、九年
八月二十五日、明道二年十二月八日、景祐二年三月九日、十二月十九

日、四年八月六日、寶元元年十二月八日，凡七臨幸。同日幸上清宮，八年
十二月十五日、九年八月二十五日、明道二年十二月八日、景祐二年十
二月十七日、四年八月六日、寶元元年十二月八日、二年八月八日，凡七
臨幸。十七日，幸顯聖寺天聖塔。九月十二日，幸新修西太一宮，路次觀農
民執耒種蒔，賜茶帛有差。十二月三日、九年九月八日又臨幸。同日幸晉
安禪院。十二月三日、明道二年三月八日又臨幸。八年四月三日，幸金明
池水心亭，觀水戲，移西幄觀櫂船爭標，又幸瓊林苑，登望波臺，宴從臣，賜
軍士繒帛。九年四月三日、景祐二年四月三日、五年四月七日、慶曆二年
四月一日、六年四月一日、八年四月六日、皇祐二年四月一日，凡七臨幸。
十月二十六日，幸洪福院，明道二年三月八日再幸，命從官遊覽山亭，賜
道傍耕者茶絹。十二月十五日，幸景德寺，寶元二年八月八日再臨幸。九
年九月八日，幸順天禪院，明道二年十二月八日，幸祥源觀，景祐二年十
二月九日、寶元元年十二月八日又臨幸。同日幸會靈觀，景德二年十二
月九日、寶元元年十二月五日、康定二年十二月四日、慶曆二年五月十
四日、二十三日，凡五臨幸。景祐元年九月十六日，幸萬壽觀，二年十二月
十七日、四年三月五日、寶元元年十二月八日、慶曆七年十二月十五日，

卷一萬千五百八十六

八十

凡四臨幸。仁宗景祐二年三月十七日，詔開封府：「車駕行幸，令後諸邑
人不得升屋登高觀看，如違犯，勘鞫嚴行斷遣。更有合行約轄事件，即仰
禰鑒集衛所纂畫條奏。」三年二月七日，詔：「今後車駕幸宮觀寺院，令閤門
依例喝賜茶酒。」四月十三日，閤門詳定到車駕幸宮觀寺院支賜茶絹羊
帛例，詔依奏：景靈宮、會靈觀、祥源觀、萬壽觀、上清宮、建隆觀、東西太一宮
道錄絹七疋、茶五斤，封道錄絹五疋、茶五斤，都監絹三疋、茶二斤，鑒儀、守
闕鑒儀各絹一疋、茶一斤，宮觀主、本宮觀都監各絹一十疋、茶五斤，逐宮
觀道衆共絹三十疋、茶二十斤，駕經過起居道衆共絹二十疋、茶一十斤。
延祥觀及諸道觀道衆共絹一十五疋、茶一十斤，駕經過起居道衆共絹
五疋、茶三斤。太相國寺、開寶寺、太平興國寺、啟聖院、景德寺、顯聖寺、太清
寺、顯寧寺、奉先禪院、普安禪院、慈恩寺僧錄絹七疋、茶五斤，副僧錄絹五
疋、茶二斤，講論、講經首坐各絹三疋、茶二斤，鑒義、守闕鑒義各絹二疋、茶
二斤，僧衆共絹三十匹、茶二十斤，駕經過起居僧衆共絹二十匹、茶一十
斤。啟聖院、普安禪院、奉先禪院、慈孝寺院各絹一十匹、茶五斤，開寶寺塔、
顯聖寺塔起居寺僧衆共絹一十疋、茶五斤。報恩院、息辯院、惠聖院、奉聖
院、水陸院、崇福院、法濟院、明穗院、法雲院、承天院并諸寺院僧尼衆逐院

神宗

共絹十匹茶五斤駕經過起居僧尼衆共絹五匹茶三斤太平興國寺譯經大師小師各絹七匹茶五斤同譯經僧各絹二匹茶二斤上元親登相國寺佛牙閣僧衆共絹一十匹茶五斤八月十七日閤門言準詔車駕幸宮觀寺院今閤門依例唱賜茶絹更不作傳宣其迎駕起居僧尼道士歎乞車駕親臨寺觀前後門經過即依例唱賜從之十一月一日詔今後除車駕幸宮觀寺院燒香及諸處遊宴即唱賜茶酒二年八月十五日幸奉先資福禪院十二月四日幸太平興國寺慶曆七年十月十五日再臨幸同日幸啓聖禪院寶元元年十二月五日康定二年十二月四日慶曆七年十二月十五日至和二年四月四日凡四臨幸九日幸大相國寺寶元元年十二月五日康定二年十二月四日慶曆三年五月十四日二十三日凡四臨幸三年九月五日幸睦親宅先詣祖宗神御殿次徧閱第舍賜帛有差宴宗室及兩制以上于都廳教坊作樂酒七行罷寶元元年十二月五日幸慈孝寺康定二年十二月四日皇祐三年九月一日人臨幸慶曆七年三月九日毁後苑龍船初有司請修以備幸御詔毁之至和三年七月二十八日幸景靈宮慈孝寺太平興國寺啓聖禪院景祐三年幸六親宅　神宗熙寧元年正月十九日幸集禧觀清天寺醴泉觀大相國

卷一萬八千五百八十六

寺二年八月二十日幸太平興國寺啓聖禪院景靈宮慈孝寺元豐二年正月十二日五年十一月凡兩幸太平興國寺啓聖禪院二十二日幸奉先禪院三年四月三日幸金明池觀水嬉移幸瓊林苑賜宴從官教坊作樂四年正月十四日幸集禧觀宴從臣于齋殿幸大相國寺二月十四日閤門言自來車駕幸宮觀寺院朝謁燒香迎駕僧道唱賜茶絹承例只告報祗候庫就賜欲乞今後依聖節南郊回賜例告報僧道等赴閤門差閤門祗候監散從之六年十月二十九日為步軍司言乞遇車駕出新舊城門諸軍正副指揮使內留一名在營部轄從之六年十一月十六日幸太一宮次詣凝祥池崇禧殿集禧觀奉神殿以太一宮成也九年七月四日中書門下奏中太一宮言皇帝今後正月十四日詣集禧觀燒香次崇真殿行禮訖乞自凝祥池山亭子西街道入本宮凝暉門入東偏門至御閤降輦從之九年十月十五日幸開寶寺福聖院慶壽崇因閣以閣新成也元豐元年正月十四日幸集禧觀中太一宮大相國寺二年正月十四日臨幸元豐二年正月十五日詔上元節車駕登門及行幸燕所并令樞密副都承旨張誠一提舉幾察四月三日幸金明池觀水嬉三年五月十六日幸蜀國公主第視疾因幸陳國長公主第五年正月十五日幸

哲宗

集禧觀凝祥池中太一宮大相國寺六年正月十四日幸集禧觀中太一宮醴泉觀大相國寺十一月九日恭謝萬壽觀乃幸凝祥池中太一宮集禧觀六年十一月二十四日宰臣王珪等言車駕幸尚書省自尚書以下並迎扶序等職在外朝其可使與諸曹例霑聖恩宿不自安乞寢罷上批君臣之際惟義而已尚書以下既以推恩卿等義所當得理固辭也哲宗元祐元年正月二十七日幸大相國寺祈雨五月十三日揚王顥荊王頵還第帝太皇太后皇帝幸其第詔顥二子郡七子並特轉一官六月十二日詔自來行幸職事官帶學士待制者許隨駕不帶職合隨駕者仍舊四年正月十四日六年六月十四日七年正月十四日十一月二十六日八年正月十四日紹聖三年正月十四日四年正月廿三日元符元年正月十四日五月八日凡九臨幸同日幸集禧觀五年正月十四日六年正月十四日七年十一月二十六日八年正月十四日紹聖三年正月十四日四年正月十二日元符元年正月十四日五月八日凡八臨幸同日幸大相國寺五年正月十四日六年正月十四日七年正月十四日十一月二十六日八年正月十四日紹聖三年正月十四日凡六臨幸五年三月二十七日工部言車駕幸瓊林苑金明池舊制三月下旬取旨詔令歲權罷仍

卷一萬八千五百八十六

依舊令支賜六年正月十四日幸醴泉觀八年正月十四日紹聖四年正月十二日元符元年正月十四日五月八日二年九月六日凡五臨幸九月十九日幸上清儲祥宮七年正月十四日元祐元年十一月二十八日二年九月五日凡三臨幸十月十五日朝獻景靈宮退幸國子監賜襃襖三品服本監官學官等賜帛有差六年八月二十七日詳定編修閤門儀制所言使舊制車駕行幸文臣侍例已上並隨駕自改官制後罷止以舊日兩制即令隨從看詳典故兩省常侍給舍諫議正係侍奉及備顧問之官理當隨從令欲乞將上件官于新儀內修入紹聖三年三月二十七日幸申王府又幸端王府元符元年三月二十一日幸申王府二十二日幸端王府紹聖三年十一月二十七日皇城司言車駕行幸諸處即本處官司預行檢察整肅排辦從來未著通用令文請今後並入內內侍省長立使臣二人管押禁衛并行門親從人員二人節級四人長行二十四人應車駕行幸處所即先往本處計會官司再行檢察從之四年三月八日詔自令遇車駕出新城令殿前馬步軍司取旨權差馬步軍赴新城外四面巡檢下祗應每鋪馬軍二百人並於城外巡警四年三月二十日幸金明池九月二十三日幸中太一宮為民祈福也元符元年四月六日幸東宮

徽宗

幸王簡王府因幸睿成宮二年四月八日止幸華王第二十二日幸睿成
官詔先朝從龍官並等第推恩而未有童輿白身子孫恩澤亡殁者賜銀
絹有差並付其家五月九日詔北幸睿成宮其先朝從龍官等已推恩外
其宮官責授崇信軍節度副使韓維特復左朝議大夫致仕乃與一子官
觀差遣故孫固邵亢王陶陳薦孫永孫家恭家各賜銀絹共三百匹兩二
年正月十四日幸開寶寺慶壽崇因閣四月八日幸懿親宅三年九月二
十三日幸潛邸徐勣何執中各轉一官　徽宗崇寧元年三月二十七日
幸懿親宅王偲第三年四月二十四日幸金明池大觀元年三月三日再
幸十一月四日幸太學遂幸辟廱詔國子司業吳絪等轉官該官循資賜
帛服文武學生授官免省試免文解賜帛有差宣和四年三月二日又幸
祭酒韋壽隆等轉官職諸生賜茶四年八月二十一日幸九成宮大觀元
年正月十一日幸興德禪院以英宗神考誕育之地濮安懿王子孫可特
與推恩三年正月二十三日幸佑神觀政和元年正月十三日宣和三年
正月十四日七年十二月九日凡三臨幸政和三年正月十四日幸醴泉
觀五年九月八日宣和元年七月二十三日三年正月十日凡三臨幸政
和三年正月十四日幸醴泉觀五年九月八日宣和元年七月二十三日

十二

卷一萬八千五百八十六

三年正月十日凡三臨幸三月三十日幸東太一宮九月一日幸延福宮
四年四月五日幸尚書省政和四年五月二十四日詔令後遇旦望冬年
寧節車駕並詣宮觀燒香八月十五日幸蕊珠五年二月十五日幸玉清
和陽宮四月六日幸秘書省在省官皆遷秩一等人吏轉一資卒從支賜
有差六年六月五日幸陽德觀宣和三年正月十日七年十二月十日凡
再臨幸八月二十六日幸建隆觀又幸太師魯國公蔡京賜第七年正月
十四日幸凝祥池宣和元年正月十四日三年正月十四日六年正月十
四日七年十二月十日凡四臨幸同日幸中太一宮宣和七年十二月十
日又臨幸三月三十日幸覺林苑宣和元年三月七日幸蕃衍宅十二月
十三日又幸景靈宮宣和三年正月十日景靈宮朝獻既畢詣陽德觀等
處燒香道過少保鄧洵武賜第時洵武在殯特令止樂

宋會要

宣和四年四月十八日五年三月十三日十九日凡五臨幸四年三月二
日幸秘書省御道山堂幄次侍班齊御右文殿羣臣起居畢移幸秘閣宣
群臣觀書及古器再御右文殿賜茶在省官轉官賜章服再御提舉廳宣
三公宰執親王使相從官觀御府書畫賜御書畫有差又出御墨分賜郡

欽宗

臣是日進早膳畢次幸太學八月十九日幸鄆王府賜諸王宴二十五日
幸太清儲慶宮及重芳貽慶寺五年正月十四日幸上清儲祥宮七年十
二月十一日又臨幸十一月十七日幸太傅王黼賜第觀芝草親屬並推
恩有差十二月九日幸神霄宮

宋會要

靖康元年四月二十五日左司諫陳公輔言竊觀陛下以孟夏享景靈東
西二宮遂幸陽德佑神觀夫誠心齋戒以薦明神體其厥靈如在其上退
而思之不忘于心豈容此日擁幘御具聲樂以肆游幸之樂耶伏望孟
享既罷即時還宮其餘行幸宜乞暫罷詔今後並享更不當過宮觀供帳
飲食已會減省可更令簡儉

高宗

建炎二年十二月二十二日詔擬群臣章疏請幸東南金賊狡詐難以便遽保報遠去中原
專倚一方可暫駐蹕往回廣四方有警皆易援應除河北河東已州縣設
兵及京師已應副運粮委指置防托外可分留精兵科撥錢物于應天拱
泗州等處防守準備使喚增重中原之勢應合行事務令三省樞密院同共
措置施行令來巡幸即非遷都捍禦稍定即還京闕以待二聖之復駐蹕

十二

卷一萬八千五百八十六

之地不為久計仰先次行下不得輒有興修改易以致勞費先是詔擇米處幸駐蹕揚州行下知揚州呂頤浩修治城池令駕部員外郎陳兆於縣頓遞行宮一行官吏將佐軍兵安泊去處虞部員外郎李撝特辦舟船絡驛糧草發運使李棁淮南轉運使李儔正并差隨軍轉運使十月一日
車駕登舟巡幸淮甸宰執侍從百官三衙禁旅御營使司五將軍從扈衛
以行十四日次泗州十五日詣普照寺塔下宰執從臣扈從二十七日至
揚州駐蹕詔應軍吏官兵等昨自應天府扈衛從至揚州道路勤勞並與
轉一官資合轉員者與員議載未盡者條具取旨十月十五日車駕巡幸
淮甸壽寧寺詣禧祖以下神主前燒香

宋會要

建炎三年二月三日詔宰執百司諸軍並扈衛車駕渡揚子江是日至鎮
江府十三日至杭州三月一日詔昨金人逼近倉卒南渡暫至錢塘勢非
得已每念中原未嘗終食敢忘今累據探報金人軍馬已離揚州錢塘非久
留之地便當稍進移駐江寧府經理中原可于四月上旬擇日進發應江
寧府合預排辦並沿路一行程頓等事有司疾速施行務要前期趁辦應副
諸軍外餘事盡簡便不得騷擾三日命尚書右丞相葉夢得專一提領戶

部肘用充車駕巡幸頓遞使二十八日詔曰國家厯運中微干戈未弭特
因巡省蓋順權宜以江寧府王氣龍盤地形繡錯據大江之險抗淮用武
之邦當各路之衝實有豐財之便將移前蹕暫駐夫邦外以控制于多方
内以經營乎中國尚慮有司排辦過于奉承百姓追呼疲于道路儻齊民
之或擾豈菲德之敢安將來巡幸緣路州郡及兩浙路江東監司江寧府
不得分毫騷擾以安人心四月二十日車駕進發自杭州幸江寧府五月
八日至建康府駐蹕舊江寧府是日改爲建康府

宋會要

閏六月二十六日詔車駕幸浙西二十七日詔戶部侍郎葉份先次點檢
沿路排頓去處知建康府湯東野充巡幸應辦事務官先次令往平江府
排辦事件二十八日次鎮江府九月四日次常州荊溪堂五日次無錫縣

宋會要

紹興元年十一月五日詔紹興府駐蹕日久漕運艱梗單兵薪水不便可
移蹕臨安府令徐康國日下前去權知臨安府措置移蹕事務候席益到
交割府事訖依舊同共措置十二月二十四日詔車駕移蹕臨安府留神
武右軍統制官劉寶張宗顏兩項人馬仍且在紹興府駐劄聽候朝廷指
揮起發令張俊統其餘兵並中軍將全裝軍兵結成隊伍準備扈從二十

〔奉一萬八千五百八十六〕　十三

三日尚書省言車駕用來年正月十七日移蹕臨安府所有侍從百司官
吏竊慮難以一併起發詔令侍從及百司官吏並自正月十日許逐旋從
便先次起發前去外留戶部侍郎並郎官一員左右司郎官各一員樞密
院檢詳官一員糧審院官各一員左藏西庫官一員量載見錢金銀隨從
進發二年正月一日閤門言駕移蹕臨安府正月十日發舟令比附舊例
畫一事件如一車駕登舟日更不視事至日禁衛行門等殿內排立皇帝
出禁禁衛等迎駕自贊常起居隨拜三呼萬歲皇帝坐閤門官已下帶御
器械官并祇應官等並一班起居次管軍一班起居官各宣名即宣名次
引宰臣宣名常起居訖宰臣并管軍閤門官已下并祇應官等並頭巾帽
衣帶子皇帝升輦至御舟降輦或乘馬臨時聽旨一沿路逐日往程處引
三省樞密院起居升舟奏事先應奉閤門官已下并管軍並赴起居如有
上殿臣僚并閤門官奏事并升舟奏事如侵早朝依例放一沿路州府縣
鎮現任官并就本處迎駕起居不許輒離本界一沿路遇忌辰日臣僚並
免起居一沿路如值雨雪泥濕臣僚等並免起居一車駕至臨安府其日
江岸禁衛閤門等並排立并應奉官已下立定皇帝出禁城衛等迎駕自

贊常起居隨拜三呼萬歲次閤門官並合應奉官迎駕常起居訖皇帝升
輦行宮或乘馬臨時聽旨侍從并百歲欲乞依例于行宮門外迎駕起居
詔依同太常寺言正月十日車駕進發移蹕臨安府令參酌到合行事件
一車駕自紹興府進發登舟日并至臨安府各合差侍從官一員詣天慶
觀聖祖殿燒香其香並令入內內侍省請降付紹興府臨安府本觀收掌
至日供燒一車駕巡幸沿路所過名山大川係逐州府差官致祭令來乞
令紹興府臨安府依例施行詔依十四日車駕至臨安府駐蹕四年十月
一日宰臣趙鼎等進呈韓世忠奏報番偽賊馬自淮陽軍犯承楚州上曰
朕爲二聖在遠及天下生靈久罹塗炭屈己請和而黠虜貪惏不已復肆
侵凌朕當親總六師往臨大江決於一戰遂詔先遣張俊統率所部軍馬
前去應援韓世忠及令劉光世移軍建康十一日殿中侍御史張致遠言
近緣警報車駕將親總六師往臨大江事屬機密恐合早降黃榜預行約
束每事簡省務在不擾而集如稍有配率許人陳告仍委侍從台諫官覺
察彈劾詔依同日詔已降指揮親總六師往臨大江其扈從臣僚從官可
差孫近梁汝嘉王居正劉岑台諫趙霈張致遠都司王綰檢詳陳昂郎汪
汪思溫李元瀹吳并百司官吏除侍從內祿官自合依例并三省樞密院
已選留人吏外百司留吏戶部祠部大理寺糧料院審計司左藏東西庫

〔奉一萬八千五百八十六〕　十四

省倉內藏庫榷貨務官告院駞坊閤門御廚御馬院禁衛所皇城司通進
司並量留官吏人兵外其餘三省樞密院諸房及應干曹部官司局所等
官吏并本管下人兵並令從便于諸州縣權暫寄居仍押逐州縣知在行
在日文曆已請終至候續批勘請給內見係行在就都曆批勘仍令戶部
依例分劈小曆前去合用錢米許與諸州縣應干見在儲司不以是何窠
名除朝廷日近樁辦下錢米不許支使外餘並許取撥應副稍有闕誤許
寄居官司官吏等徑赴尚書省陳訴具違戾當職官吏重制典憲仍並候
春暖逐旋般赴行在二十七日車駕至平江府五年正月十九日參知政
事行宮留守孟庾奏請車駕暫還臨安府詔依二十七日行宮留守司言
臨安府狀勘會前來車駕進發于臨橋章亭驛登舟出天聰水門念來車
駕回鑾未審于甚處登岸詔章亭驛登岸備儀衛還行宮二十八日詔可
于二月三日進發回臨安府劉與諸官司照會二月二日御史台太常寺
閤門言已降指揮暫回臨安駐蹕令具儀例條令故事下項一車駕省方
儀令車駕巡幸請還京及期出城百里外奉迎主管物務并監臨官免赴
臨京再于五里外起居次日入問聖体一儀制車駕臨京諸城外奉迎起

居依閤門儀内執政及兩省御史台官并尚書侍郎以上侍從官節度使候迎駕訖分左右前道入内一檢會因革礼太平興國五年太宗北面回礼院言鑾駕回京是日早留守文武百官並出城奉迎再拜起居如常儀退中書門下兩省常侍以下舍人以上御史中丞並引駕至龍門下馬分班序立駕至中書門下橫行餘官不橫行俱再拜三呼萬歲候駕過其餘引駕官先至丹鳳門外立班候駕至橫行起居再拜隨拜三呼萬歲分班候駕過次日中書門下文武百官内殿起居如常儀一今來前項儀令欲事比附参酌若依儀起居訖前導官前導緣今來車駕係乘御舟進發竊恐難以前導兼員數止有三兩員若依令除主當物務并監臨官不赴外餘官出城百里外奉迎其合赴官數目亦是不多兼候迎駕班退合赴近城五里外起居其經由道路窄隘或至日值雨處恐難以趨赴及百里外即非程頓去處若行倉造侍班幕次顯是勞費欲乞並行權免止依儀其應見任文武臣僚並寄居待闕官京官小使臣以上出城五里外立班奏迎起居一今擬定將來奉迎車駕節次其日留守率應見任文武臣僚并寄居待闕京官小使臣以上並依等内將校止窄衣執杖子出餘杭門五里分立定候御舟將至舍人揖躬喝拜兩拜起且躬留守奏聖躬萬福再喝

卷一萬八千五百八十六

十五

拜兩拜訖各祗候候御舟過並退内留守先入門赴章亭驛御幄下側立定候車駕降御舟入御幄坐管軍官僚並合從駕祗應官欲乞免奏萬福留守自赴幄殿下立定舍人揖宣名奏萬福喝祗候留守升幄殿當頭問聖躬訖兩拜如有宣諭又兩拜訖詣御座左側奏事如儀候奏事畢降階退皇帝升輦還内如宣馬臨時施行沿路官司並嚴飭迎駕起居應合從駕官并管軍臣僚祗應官等並從駕還内如儀一已降指揮車駕章亭驛登岸擔儀衛還行宫百官免前導所有城内前導官緣道路窄隘亦乞依城外礼例更不前導詔依三日車駕自平江府次吳江縣四日次平望鎮五日次秀州六日次崇德縣七日次臨平鎮七日御史台太常寺閤門言依修例合故事候車駕還内次日文武百官内殿起居問聖体如常儀所有今來車駕還内次日起居問聖体伏乞朝廷取旨施行勘合已降指揮車駕候到臨安府依例作歇泊假三日緣候歇泊假滿日依自來條例施行八日至臨安府上乘輦還行宫大内

宋會要

詔應昨日自臨安府扈從及隨逐官吏禁軍内諸司各與轉一官資餘人犒設一次内有該載不盡之人令有司取見詣實比類施行白身人候有

名目收使

宋會要

六年八月九日詔將來進發三省樞密院百司以紹興四年隨從人數三分為率差撥二分前去應辦旅非泛支降錢穀差除並隨行在所處分外其餘百司常程事務並留臨安府依舊行遣聽行宫留守司與決内事有不決者即申奏行在所令解潛于本司所管軍馬内揀選精銳一千人隨逐前去邊順留臨安府彈壓兼治殿前馬軍司事務侍從官更互赴行在所供職應一行事務並樁辦移運錢糧草料之類並令隨軍都轉運使梁汝嘉措置應辦合行事件仰疾速條具申尚書省

紹興　宋會要

十四年三月十八日幸太學祗謁先聖礼畢御敦化堂頒手詔命礼部侍郎秦熺執經国子司業高閌講周易泰卦賜閌三品服已而遂幸養正持志二齋太學国子監官各轉一官選人改合入官大職事已該永免解人與免省未該免解人與免解一次學生免賜束帛餘轉資犒設有差

十五年正月十八日車駕幸景靈宮朝獻礼畢次幸天竺寺燒香六月三

宋會要

卷一萬八千五百八十六

十六

日幸太師秦檜新第增降例加恩妻封兩国夫人新婦封郡夫人孫女封令人孫並除直秘閣賜紫章服幹辦使臣推恩有差十七年二月十三日親祀高禖礼畢幸龍翔壽聖院等處燒香十八年正月十四日車駕詣景靈宮朝獻礼畢幸天竺寺院燒香次幸玉津園十九年正月二十日二十年正月十八日二十一年正月十八日又幸三月二十二日以太一宮告成車駕親詣燒香十九年二月十六日親郊礼畢車駕詣太一宮恭謝燒香就西齋燒進早膳宣臣僚賜酒食自是郊礼畢並行此礼二十一年十月八日車駕詣景靈宮朝獻礼畢幸太傅清河郡王張俊第以俊為太師第保特轉遥郡防禦使男直敷文閣子顏直敷文閣子正直秘閣子仁並升兩職姪子儀子安子文姪孫元宗衡宗亮宗說宗益宗盛各轉内官内子儀除兩浙東路安撫司參議官宗元除大宗正丞女新婦姪新婦並封郡夫人幹辦府以下推恩有差二十二年正月十八日車駕詣景靈宮朝獻礼畢幸延祥觀等處燒香次幸玉津園二十三年二月四日二十四年正月十八日二十五年正月十八日二十七年正月十八日二十八年正月十八日二十九年正月十八日又幸

宋會要

孝宗

高宗紹興二十五年二月十日，御廚、翰林司言：自今後每遇車駕行幸去
處，從駕官合破器食、酒果，除宰執、親王、使相、侍從、台諫、三衙管軍、正任兩
省都知、押班、御帶、御藥、門司、鄉監郎官、宗室、遥郡、横行、五司官依舊供應，
其餘除米麵物件不給外，將合得豬羊酒果數關具牒臨安府，估定錢數
徑行曉示，合赴官等從人一面赴行在糧審院入歷批勘。從之。二十八年
十二月十九日，詔新知平江府陳正同、知鎮江府楊椿以侍從官補外，未
經朝辭，令赴太一宮隨班對御茶酒。十八日，詔軍頭司等子每遇乘駕行
幸，攔接唐突人，除宗室、宗女、宗子、宗婦外，餘人各行毆擊。比來諸色人亂
有詢問，急于得知，擅行止約，不得毆擊，理宜禁止。可自今後除親從快行
從表，當詢問入廟入殿御前祇應許毆擊，訖量罪事因，餘人不得詢問。如
尚敢違戾，及本司人漏泄，並依無故輒入禁進司法斷罪，仍令軍頭引見
司覺察聞奏。二十九年四月六日，詔車駕行幸，禁衛排立之後，尚有諸色
人從等坐卧喧譁，往還不已，甚失恪恭之禮。可令有司立法，斷罪止絕。皇
城司禁衛所如輒從容犯者，不行收執，從杖一百科罪。

宋會要

紹興三十二年八月十七日，孝宗皇帝已即位未改元。詔去年官吏扈從

卷一萬八千五百八十六　十七

太上皇帝巡幸建康者並已推恩，自今日以後凡扈從無券曆者更不推
恩。以殿中侍御史張震言：近因二府掾屬申請扈蹕從官吏不曾給券
之人，令扈官司保明剗報檢正、檢詳審度出給付身，各隨從官吏來有券
給券者。今有此指揮，則不係隨從之人例皆附會，賄賂公行，展轉相攀，源
源不已。且當時視師正為捍禦大敵，後死作人吏何緣從行？此一項推恩
已至一百十三人，以類推之，必皆非實。若更不為之限，則遷延歲月無有
了時，故有是詔。

乾道會要

九月十二日，幸秘書省。十三日，孝宗幸秘書省，如紹興十四年之儀。帝賦
詩，群臣皆屬和。十年七月四日，朝獻景靈宮，回幸明慶寺燒香祈雨。十四
年七月十四日，再幸。十一月十三日，幸龍山教場捌攜馬軍按閱，回幸玉
津園。十六年十月二十八日，進早膳畢，車駕幸候潮門外大教場閱兵。
宗乾道二年二月四日，車駕幸玉津園射，次幸龍井。凡車駕行幸出郊，皇
太子及管軍應從駕臣僚並戎服扈從。宰執已下免從駕，或宰臣及使相
許從至某所，臨時降旨。十一月二十四日，車駕幸候潮門外大教場，進
登膳畢，次幸白石教場閱兵。四年正月二十七日，車駕幸景靈宮朝獻

光宗　寧宗

畢，次幸天竺寺燒香，次幸天竺寺，晚幸玉津園。十月二十六日，車駕幸茅灘
袖攜諸軍人馬按教。六年十月三日，車駕幸大教場登臨，畢，次幸白石教
場按教。八年正月二十八日，車駕詣景靈宮明獻，畢，天竺寺燒香，次幸冷
泉亭，晚幸玉津園。九年閏正月二十八日，車駕幸天竺寺燒香，次幸玉津
園。

宋會要

紹熙二年四月八日，進早膳畢，車駕詣重華宮，恭請至尊壽皇聖帝、壽成
皇后同幸聚景園。四年三月二十六日如之。五年四月三日，進早膳畢，車
駕幸玉津園進晚膳。慶元元年十月二十九日，車駕幸候潮門外大教場閱
兵。六年三月十六日，進早膳畢，車駕詣壽慈宮起居，恭請壽成惠慈皇太
后同幸聚景園。嘉泰二年十二月十日，幸大教場按閱諸軍人馬。三年正
月二十八日，幸太學祗謁先聖先師至聖文宣王殿行禮，次幸太學講書
果賜茶，次謁照烈武成王殿行禮，次幸武學賜茶。三月十六日，幸聚景園。嘉
開禧二年三月十八日，車駕詣壽慈宮起居，恭請太皇太后幸聚景園。嘉
定元年閏四月二十七日，車駕詣太一宮祈雨燒香，次詣明慶寺禱感觀音
前燒香。二十四日，御筆：朕念常暘為沴，夕惕靡寧，雖已齋心致禱于宮中

卷一萬八千五百八十六　十八

外，命群臣徧走名祀，而精誠未至，雨澤尚愆。朕以二十七日親詣太一宮
及明慶寺燒香，仍令三省行下諸路監司守臣各體朕意，虔如祈求，務獲
通濟。八年四月六日，車駕詣景靈宮孟夏朝獻禮畢，又以禱雨詣太一
宮及明慶寺。

全唐文

宋會要 冊后

葉冊后宜在妃冊皇太子冊前

太祖建隆元年八月十九日制曰軒轅四星爰著上妃之象虞舜二女誕彰內治之功崇陰教而敦國風體坤儀而修壼政茲所以正人倫之大本也瑯琊郡夫人王氏代襲勳賢心游圖史肅雍可以奉禮祀勤儉可以率中闈賓鍾聞國之祥允賴宜家之助淑慧天賦英徽日隆既侔太姒之賢宜正長秋之號可立為皇后所司擇日備禮冊命 自後凡制書云冊命者多不行冊札 太宗雍熙元年十一月十七日制曰姬周之盛本自晏姒之烈虞舜之聖亦資皇英之助蓋化行于內而陰教以孚位正于中而人倫以叙始于宮閫造于家邦前典具存敢忘循舉隴西李氏柔嘉維則知順積中茂慶著于侯藩盛烈傳于勳閥須自作嬪帝室毓德椒塗象服垂風關雎播美服阿保之箴誠知臣下之勤勞固已績茂公桑道光彤管而造舟之禮尚稽于徽命褘翟之貴未正于中宮宜考舊章煥茲縟禮法軒星而踐位配皇帝以為尊可立為皇后有司擇日備禮冊命 自後冊命后妃皆寫告身用遍地塗金花龍鳳羅紙以金塗標袋有司進入 至道三年五月二十四日制曰王者法星軒之文正椒掖之號所以協宣陰

卷萬九千三百八

教敦厚人倫故嬀汭美嬪虞之賢塗山光翼夏之德著之典訓刑于家邦斯為大猷朕所祇尚秦國夫人郭氏生彼華胄歸于列藩婉嫕有儀柔嘉成性寅恭啓奉上之德慈仁待逮下之規景命維新純熙戴集俾用膺舊章宜立為皇后仍令所司備禮冊命 二十八日羣臣拜表稱賀又詣內東門奉牋賀皇后 真宗大中祥符五年十二月二十二日中書門下上言以中宮母儀萬國不可久虛位號詔允所請二十四日制曰朕仰承嘉運嗣守洪基思厚人倫聿崇王化眷惟中壼實有舊章宜得淑賢佐予懋聡袤敷明命誕告外庭德妃劉氏毓粹高門鍾英甲族載挺閑和之質茂昭婉嫕之風覽圖史之格言早揚惠問躬組紃之懿績實顯令猷自升冠于掖庭頗賢更于歲月肅雝之美表率于六宮敦睦之仁協和于九族事逮彤管兆協王衣邦教聿隆嬪則攸著允賴盈成之業敢忘勵翼之勤皇太后慈念素深誨辭斯至歷選門閥為求良善得人果協于聖心班詔以聞于列位擇茲吉旦乃降命書贈中書令郭崇孫女將相之家簪纓不絕漸仁義于宗黨播柔芳于閨闈誕生賢明武耀勳緒炳倪天之表實出常倫謹佩玉之聲率由懿範蓋已動中圖史言成矩模徽音靄聞慎簡贊協宜其廿訓九列統攝六宮秉椒極之舊章陟軒星之正位於戲上承宗廟

之重下契臣民之則夫惟匪懈克廣令猷蓋圖孝恭事于文母欽體膺以佐饋端縱笄而承顏守其靜方濟以純儉使四海之內九族之中仰樣程之禮容識朝廷之婦順傳芳永世豈不盛歟可立為皇后仍令所司擇日備禮冊命 仁宗景祐元年九月十八日制曰王者握符御宇繼體守文係于萬方允資外輔率乎六列實藉中闈是以塗山之興協禹功而彌遠有莘之騤贊湯祚以滋昌朕受命昊穹居尊袞夏念長秋之虛位覽上宰之數言且曰皇王之猷必端天地之本明關雎之風化美螽斯之衆多欲正邦基在求德閫詢于壼範斅此人倫誕告彤庭庸彰懿爍贈尚書令冀王配饗太祖廟庭曹彬孫女生于鼎族教自公宮眷乃祖之孫謀著允勳于廟祀慶流令淑望踰高華而性稟柔閑體含仁厚授圖史以自覽節環佩而有容宜登金屋之榮用表玉衣之瑞禪褕無闕蘊筐協從於戲立后之規建國所繫上承宗祏之重內憑輔佐之勤思進賢才以昭陰教修紘綖而降禮執圭瓚而訓恭肅奉徽章欽惟永命可立為皇后所陳嘉會仍俟吉辰所司擇日備禮冊命 二十九日詔太常禮院詳定冊皇后儀制以聞禮院言皇后玉冊如皇太子制度用珉玉五十簡匣隨冊之長短寶用金方一寸五分高一寸其文曰皇后之寶盤螭紐真綬并綿冊寶法物

卷萬九千三百十八

即比附舊制匣盝並朱漆以金塗銀裝又準令文皇后服首飾花十二株小花如大花之數並兩博鬢褘衣深青織成為之文為翬翟之形素質五色十二等 青紗中單黼領羅縠褾襈蔽膝隨裳色以緅為領緣用翟為章二等大帶隨衣色朱裏紕其外上以朱錦下以綠錦紐約用青組 以青衣革帶青襪舃舃加金飾白玉雙佩黑組雙大綬章綬尺寸與乘輿同從之 十一月三日行冊禮是日冬至文武百官稱賀禮畢復詣文德殿庭立班內臣二員自內中承旨降皇后冊寶出垂拱殿捧冊寶官俱搢笏舉執事人以次捧舉禮官通事舍人導中書侍郎押冊中書令後從門下侍郎押寶侍中後從由東上閤門出至文德殿庭權置禮官通事舍人引冊寶使副就位次引侍中于使前西向稱有制典儀曰再拜贊者承傳使副應在位官皆再拜訖宣曰贈尚書令冀王曹彬孫女冊為皇后命公等持節展禮使副再拜侍中還位門下侍郎歸主節者詣使東北主節者以節授門下侍郎執節授冊使跪受興付主節幡隨節立于使左次引中書令侍中詣冊寶使東北西向中書侍郎引冊案立于中書令右中書令取冊授冊寶使冊寶使跪受興置于案 冊文曰皇帝若曰天地定位陰陽相成人道貫之以調大倫后德配之以熙內治聖人有以端其本也故造舟之迎

言予備詩人有以美其化也故周南之風著乎始寧朕沖昧秖若丕構深惟承荷之重輔佐攸艱用簡納賢明協于八神之望咨爾贈尚書令冀王配饗太祖廟庭曹彬孫女惟乃祖克有武力勤勞王家保勲不伐饗厥終慶敎流後昆薰然慈和善神憑積生此邦媛其漸漬醇醲發聞馨香所從來遠矣越居祖習不待姆師之訓風容矩度自為宗黨之還長秋曠位陰教未序咨求訓範統正六列宗公鼎臣誦言于朝顧即嘉時肁申典禮朕以春秋之義必娶大國摯疇之家乃稱福稱謀及泰筮聘以穀圭惟吉之從有命既集今遣使工部尚書同平章事李迪副使户部侍郎參知政事王隨持節冊命爾為皇后欽哉夫惟肅恭可以事上夫惟謙裕可以接下泰而能約則驕弗至動而慎思則悔弗萌懋乃后德修乃嬪職奉承宗廟儀刑家國永綏無疆之祉不其體歟中書令與中書侍郎退復本班門下侍郎引寶案于侍中之右侍中跪取寶以授冊寶使跪受興置于案侍中興門下侍郎俱退復本班典儀曰再拜贊者承傳冊寶使副在位文武官皆再拜訖禮官通事舍人引使副押冊寶持節者前導捧冊寶官捧舁擾衛如式以次出朝堂門由右升龍門入大慶殿門次由宣祐門至內東門附內臣入進內臣引內外命婦俱入就位如儀內侍詣閤請皇后服褘衣

卷萬九千三百十五

冊寶至內東門外位使副俱東向內給事進南向位禮官通事舍人引使就內給事前向北向跪稱冊寶使李迪副使王隨奉制授皇后冊寶俛伏興退復位內給事入詣受冊寶殿閤皇后前跪奏訖俛伏興退內侍進詣使前面西跪受冊寶以授內謁者監使退復位內謁者監主當內臣持冊寶入內東門內侍從之以次入詣殿庭內侍贊引皇后降詣庭中北向內侍跪取冊次內侍跪取寶興進立皇后右少前西向內侍二員進立皇后左少前東向又內侍稱有制內侍贊皇后再拜：訖內侍奉冊進授皇后皇后受以授內侍內侍奉寶授皇后皇后受以授內侍受訖內侍贊皇后再拜：訖內侍前導皇后升座南向內臣引內外命婦稱賀如儀畢內侍進詣皇后前跪奏禮畢內侍前導皇后降座還閤內外命婦班退宰臣文武百官詣東上閤門拜表稱賀　英宗嘉祐八年四月二十八日英宗即位未改元制曰天子之有后如天之與地惠養萬物如日之與月臨照四方茍稱號之弗崇則臣民之安仰京兆郡君高氏生閥閱之微而不自矜大處富貴之習而能安素約服在藩邸宜于室家肆朕纘成嘉乃輔佐惟長樂之奉養左右不可不虔惟六宮之表儀晨夕不可不肅是正軒星之位以為國風之倡舉是典冊告于治朝於戲邦教所基人倫茲重塗山啓夏

太任興周勤勞一時焜燿萬世乃其繼荐禰職日侍慈顏衛紞紘綖晙承宗祀庶幾天下之俗知我門中之私可立為皇后其令有司檢詳典故以聞　治平二年九月十八日命參知政事趙槩撰冊文并書　十二月十六日郊祀禮畢帝御文德殿遣攝太尉宰臣曾公亮攝司徒樞密副使陳升之持節冊命皇后冊文曰皇帝若曰惟坤儀承天以亭育為物惟陰景配日以照臨四方惟后德佐王以化成天下蓋風乎遠者必始于近正其國者先齊其家有莘翼商塗山興夏肆以二女茂昭釐降之文周以大姒聿稱大明之詠此有國之成憲古今之常道也可不慎焉朕祗膺洪業獲奉皇圖思先帝之大基承長樂之慈蔭寧求內助率迪故常咨爾高氏惟乃祖休有丕烈顯于家邦勲昭前人慶洽後世眷乃淑哲雍和粹純貴而能去其驕勤而能約以禮自嬪藩邸肇正壼儀肆朕纘服輔予憂勤胡懋嗣徽音方資善繼六宮鮮範宜有宗師故率公卿士僉繹舊典遂加褕狄之飾允正長秋之位誕告有衆既顯外庭式契元龜協諏穀旦今遣攝太尉中書侍郎兼户部尚書同中書門下平章事集賢殿大學士曾公亮攝司徒樞密副使尚書禮部侍郎陳升之持節冊命爾為皇后夫家人正內易所以顯于家中關雎進賢詩所以為之風首惟其懋乃德迪

卷萬九千三百十八

厥善暢肅雍之化敎益斯之義尚猶美于彤史以光乎萬世豈不韙歟百官自文德殿移班閤門拜表稱賀又詣上表賀皇太后皇后于內東門

神宗治平四年二月六日即位未改元制曰王者制治當天法陰陽而布風化自家刑國正夫婦以穆人倫惟長秋之冠六宮首六教而充萬寓朕祇膺顧命獲荷丕基秩容典以敦睦稽禮經而必叙安國夫人向氏德教柔順遺義賢和鍾祖閥以挺生積善祥而襲慶自居藩邸輔佐朕躬肅行佩以興禕鑒圖史而有器屬纘承于寶祚用進陟于坤儀咨以僉諧重于國體於戲晨昏養之文思謹奉于兩宮粢盛祭之倫必虔恭于七廟薦雍睦為嬪則尚節儉為民彝茂宣鉛猷助我善教可立為皇后其令行冊禮令有司檢詳典故以聞　熙寧二年正月十四日命參知政事王安石撰冊文并書　四月二十六日上御文德殿遣攝太尉樞密使呂公弼攝司徒參知政事唐介持節冊命皇后冊文曰皇帝若曰自昔有天下必擇建厥配以承宗廟以御家邦肆朕受命奉循前烈考慎典冊以祈協于民神咨爾向氏懿柔淑恭舊有顯閥肇初惟祖翊亮帝室流德之澤聿延後嗣是産賢媛比賢任姒朕初載來嬪藩邸蹤纘在中舉禮無違以至祇承內事齋明夙夜罔有曠失宜崇位號表正宮庭今遣攝太尉樞密使檢校

太傅行尚書刑部侍郎呂公綽攝司徒右諫議大夫參知政事王安石持節冊命爾為皇后。夫惟興王隆盛，士女咸自內始，達于四海。朕克勤人用弗急，朕克儉人用弗奢，朕克正人用無敢側頗僻。爾勵相朕，乃濟登臻於戲，匪初惟艱，惟慎厥缺。爾悅念茲，朕以永饗天祿，爾亦豫有無疆之福，豈不韙哉！

哲宗元符二年九月七日，皇太后手詔賜宰臣章惇曰：「朕以卿等上表請建中宮，事稟于兩宮，皆以為莫宜于賢妃劉氏柔明懿淑，德冠後宮，誕育元良，為宗廟萬世之慶。中宮將建，非斯人其誰可當？所宜備舉典冊，以正位號，恭依慈訓，即頒禮命。」八日，制曰：「朕寢以菲質，紹承寶圖，廊覽王化之原，莫非內德之茂。惟時淑媛，祗事掖庭，生爾天材，立我國本。具涓數旦升，冠長秋章婦道于家人，嬪母儀于天下。賢妃劉氏，心容具善，德履參和，弓韣祠禖，登歆帝武之敏，肇寬考靈，遐占熊夢之禪，誕降元良，系待事會。屬中宮之虛位，適軍府之有言，以七廟祭祀，必有以共承；兩宮奉養，不可以無助朕躬。稟慈訓，欽聆玉音，謂其有柔明之姿，懿淑之德，載育長嗣，垂慶萬年，亮非斯人，誰可為后？宜舉典冊，以備以正位號之崇。猶告治朝，虔須休命。於戲！虞舜之隆，二女帝嬪之登四妃，冠德後宮，遐則貴人進冠于永平之歲，鍾英甲族，近則德妃禮命于祥符之年。匪朕私恩，具咨

缺　卷萬九千三百十八

故實，尚協于陰教，其篤叙于壺彝。勗若關雎之進賢，仁如樛木之逮下，成麟趾之信厚，致螽斯之衆多。燕及家邦，永綏福祚。可立為皇后，令所司備禮冊命。」先是，將立后，內出皇太后手詔曰：「非此人其誰可當？」翰林學士蔣之奇載其語于白麻，故有「亮非斯人誰可為后」之語。其後皇太后臨朝，以瑤華無辜被廢，遂治元符立后之因，詰之奇，徙所奉手詔驗其字畫，乃劉友端所書。之奇廉前奏曰：「當時降制用手詔語，皆得旨，不謂皇太后不知也。」皇太后諭曰：「當時實未嘗見，唯九月二日先帝來殿中，云章惇等乞立中宮，議已定，欲初七日降制。自後文字皆不嘗見，友端都隨輦，詳先帝多矣。」它日嘗布問惇：「立元符手詔是劉友端書，外間有人進入文字，皇太后亦嘗見聞，何也？」惇畫曰：「是惇進入，先帝云已得兩宮旨，今撰此詔意。」于是二府以惇語奏徽宗及皇太后，曰：「惇罪誠不可貸，然不可暴揚者，正為先帝爾。」是時章惇專政，結內侍郝隨以固權寵，劉友端助之，三人允彼相濟，故長樂手札，惇撰史進入，友端矯制書之。宮禁事秘，人莫得而辨也。同日，命尚書左丞蔡卞撰冊文，并書。　二十七日，上御文德殿，遣攝太尉宰臣章惇，攝司徒中書侍郎許將持節冊命皇后。冊文曰：「皇帝若曰：古之明王，天立厥配，以贊助其行事，御于家邦。朕嗣有令緒，撫綏萬方，若稽太

猷，嚴所登建，以奉宗廟。非朕敢私，圖惟其人。在帝所右，咨爾賢妃劉氏，懿柔淑哲，維德之行，自初叙御，率禮不越，震風之虐，協于聲詩，乃生元子，誕受帝祉，立我國本，世休無疆。朕率籲庶言，恭承慈訓，教在位莫如爾賢神人。允諧命爾于冀其屬典冊，正位宮庭。今遣攝太尉、金紫光祿大夫、守尚書左僕射兼門下侍郎章惇，攝司徒、右光祿大夫、守中書侍郎許將持節冊命爾為皇后。夫王化之美，必自內始，決于四海，凡厥攸行，罔不在初。爾為順，故能上承兩宮，化天下以婦道；爾惟明教，迪朕夙夜無怠，以懋爾德，毗于一人，綏民天其申命于我家，爾亦永膺多福。豈不韙歟！」禮畢，群臣詣東上閤門拜表稱賀，又賀皇太后、皇太妃、皇后于內東門。　元符三年二月二十八日（徽宗即位，未改元），制曰：「朕嗣守令緒，若稽前人，王假有家，所以始基邦教；天作之合，所以纘成治功。肆朕仰惟古時，憲咨爾萬方之有衆，聽予一人之告。猷順國夫人王氏，徽柔懿和，溫恭慈順，胄自勲閥，嬪于王藩，夙夜在公，克明其德，朝夕匪懈，淑謹其身，茲入紹于基圖，用申加于位號，以承九廟之祀，以刑四海之風。於戲！古先哲王肇修人紀，釐歟士女，御于家邦。惟克艱則罔有後艱，惟克正則罔敢不正。爾勵朕相，予惟汝嘉，膺其永孚于休，爾亦丕受其福。可立為皇后，令有司擇日備禮冊命。」

缺　卷萬九千三百十八

徽宗崇寧二年六月五日，上御文德殿，遣攝太尉、宰臣蔡京，攝司徒、中書侍郎趙挺之持節冊命皇后。冊文曰：「皇帝若曰：昔之制后，纘王之事，以聽天下之內治，其義配于乾坤。非有關雎之淑，則不足以帥六宮；非有樛木之仁，則不足以蓋衆善。王化之美，自其躬興，播之聲詩，後世承式。肆朕時若，以斷協于前人，咨爾王氏，徽柔靜專，夙蹈彝訓，惟乃顯祖服勞王家，慶鍾令人，聲大厥後，越朕初載，來嬪于藩，爰逮纘承，[illegible]相朕上帝恭[illegible]元子，挺生恪勤，祇修夙夜，靡懈，膺受冊典，神人允諧。今遣攝太尉、右光祿大夫、尚書左僕射兼門下侍郎蔡京，攝司徒、中大夫、中書侍郎趙挺之持節冊命爾為皇后。惟先哲王建用皇極，能使天下好于其家，爾克誠其膺不僭，爾克知其應不乖。爾尚輔予，惟以一德，無作善，任專美于國，則有宗惟時建無窮之基，爾亦與有無窮之聞，豈不韙歟！」　大觀四年十月二十一日，制曰：「天地定位，二氣合而萬物生；日月並明，四序時而百度正。朕祗膺先烈，嗣守丕圖，顧脩身而治家，將明家而齊外，稽關雎正始之義，致思齊嗣徽之音，用昭儀極之尊，是求碩德之媛，揚于路儇，正厥坤儀。貴妃鄭氏，婉淑柔明，謙恭靖懿，輔予內治，顧已歷年，懷卷耳之賤賢，體樛木之逮下，警戒有相成之道，憂勤無私謁之心，鑒圖史之訓以持身，謹珩瑀之節

以率下德高柔閑但極元妃属長秋之久虛致大臣之屢請遂惟良漢得
永平選建之公近則具皇有祥符壺制之比龜筮協吉褘翟有光歐勳續
于壺中貴儀刑于天下一人有慶萬世無疆於戲王假有家化光于陰
教天作之合理非待于人為靈承七廟之休表儀六宮之治往欽哉
勉其雜用燕及于家邦益永綏于福祿可立為皇后仍令有司擇日備禮
冊命　十二月十八日議禮局奉御筆據所奏皇后受冊儀制顯未詳備
比覽開元禮冊命皇后於皇后殿帳幄位設宮架樂進靈輿諸侍御
門列仗之類其禮詳盡宜精加討論重別議定本局看詳臨軒冊使皇帝
御文德殿服通天冠絳紗袍群臣並朝服陳黃麾細仗依古用宮架冊使
出殿門依近議不乘輅擁以導從殿為受冊殿其日皇后服褘衣具奉冊
寶授皇后皆用內侍受冊訖皇后上表謝皇帝內外命婦立班稱賀皇后
入殿賀皇帝于內東門上牋賀皇后其上禮儀注乞依近馬令施行其
會群臣及皇后會外命婦班賀班賀並乞並用開元寶禮從之又據開元寶禮
皇后受冊及內外命婦班賀皆于受冊之殿陳宮架用女工陞降行止並
以樂節乞添樂名別撰樂章及修皇后謁景靈宮儀注詔付議禮局　政
和元年正月二十五日皇后上表乞免受冊排黃麾仗及奏重程車輅小

卷萬九千三百十八

駕鹵簿等詔依所乞具延福宮受冊依已降指揮前期謁景靈宮止依近例
二月九日早一刻開內門文武百官未陞朝官由右掖門宗室及諸司
使副至殿直由東華門左掖門入赴朝堂內外幕次換朝服之官公
服赴殿庭立班候皇帝赴文德殿西閤皇后冊寶降出由東上閤門至文
德殿庭權置侍中奏中嚴外辦承旨索扇皇帝服通天冠絳紗袍以出宮架
作即御座樂止扇開太尉司徒入門奏正安之樂樂作至位樂止在位官
皆再拜侍中宣制曰冊貴妃鄭氏為皇后命公等持節展禮宣訖太尉司
徒再拜侍中退門下侍郎以節授太尉訖次中書令取冊授太尉訖興置
於案舉案進冊文曰皇帝若曰王者體象二儀憲法兩曜登建正后以臨
兆民蓋以端本人倫始基王化朕親承丕緒若稽前訓聽闕頌德以御邦
家咨爾貴妃鄭氏柔明之懿明賦燕婉之令猷襲慶儒宗俔天異表自
居藩邸寅輔朕躬感會雲龍之期浸膺褕翟之貴懷恩眷而有進賢之
志夙夜匪懈而無私謁之心深避外家之寵榮毋墜坤德屢被褒功之典
兼推以惠嘒無珠玉貝麗之翫惟詩書禮義之閱行高往籍德冠後庭曉
有長秋之久虛屬大臣之屢請朕考古以定命卜龜而見祥宜進正于中宮
俾爰聽于內治今遣攝太尉某攝司徒某持節冊命爾為皇后大上承九

劇之禮粲下際六經之來儀佳誕彰明旋魁尤懋盛副刑望世金山留
負太任經國風号六姓柔琴葛好爾其盛堅章蘊速配前人朕承寡無翁
之休爾六宮無窮之慶宜不避於太尉中書令中書侍郎復來班侍中聖
寶以授司徒說興置于案舉案退司徒侍中門下侍郎復本班在位官
再拜太尉押冊司徒押寶出大德殿門禮儀使奏禮畢皇帝降坐承旨索
扇宋作大宋房樂止所司承旨放仗在位官皆再拜說退歸幕次候太尉
司徒詣文德殿庭稱命說文武百僚常服赴東上閤門拜表賀皇帝內東
門司進賀皇太后　欽宗宣和七年欽宗即位未改元十二月二十五
日制曰進賢而王化基道光於資於家正家而天下定蓋總於嚴君朕
參職緒聞肇承寶歷伯遵聖訓當從建於長秋濟董人倫肆讚於異數
感爾良日數音具像皇太子妃朱氏性稟賢明心存婉嫕隸于德門素慕
折姬之風嬪我襄德夙陳儀之訪奉若親于凝定勸常誦于箴規節儉
為衆之功服聆德而無斁和平著之德樂別勝以成均齊史中觀之諭
編內史官之聽爰當線代不辭協心朕欲熙稽勸辨爾則供後熱之禮朕
致崇樽藏事適前備親蠶之衣可以遠邁于二南可以垂宣于幽歎是膺
表其顯號聲以徽塗娛將禮于金根謀令名于至度制階於古恩逐掬舉

卷一萬九千三百十八

於戲嬀汭興虞遂致五典克從之功塗山翊夏終成九功惟叙之歌勉思
徽音益光懿範可立為皇后其令行冊禮令有司檢詳典故以聞

淳熙十六年二月二日詔恭奉至尊壽皇聖帝聖旨皇太子妃李氏冊為
皇后　十一日制曰續女于莘三代必資於內助自家刑國二南寔首於
正風朕嗣守宗祧始基王化恭禀聖皇之命儀圖婦德之良粤在初潛得
君子好逑之配逮茲踐祚建長秋徽極之尊爰擇剛辰誕揚渙號妃李氏
柔嘉而莊秉仁儉而靜專箴規不待於姆師言動率循於法度表應俔天
之異謁著令猷慶鍾指李之祥宜為朕閫有來懿範作合朕躬吉占叶於
和鳴盛禮光於釐降纂蹈恭邸之跡定國之封洎正儲闈遂錫元妃之冊
就館早臨於甲觀抱孫久副於慈褱每燕侍於親庭實佐予于子職夙勤
在念警戒相成朕有斷文命之寶得遜欽承於堯舜爾能法思齊之徽音
徽嗣邑於姜任祇奉國章俾儀坤極於戲予治外而后治內所以明人倫
予親耕而后親蠶所以風天下予所奉三宮之孝養爾則助調於旨甘予
欲嚴九廟之蒸嘗爾宜躬祗於滌濯於宣陰教訓迪閫奠益昭不顯之光
長保無疆之祿可立為皇后令所司擇日備禮冊命　九月二十一日詔
書撰冊文并篆寶文差同知樞密院事葛邲　十一月四日詔李氏立為
皇后冊寶日分用正月十九日　十二月四日禮部太常寺言依儀皇帝

卷一萬九千三百十九

一

御文德殿發冊寶皇后受冊寶於穆清殿乞令都大主管官相視殿分權
作穆清殿受冊寶行禮詔以後殿權為穆清殿　十五日禮部太常寺言
皇后受冊合差內給事內謁者監并讀冊舉冊寶及夫主當內侍等官乞
依禮例令太常寺具冪目報內東門司取旨差尚宮司贊典贊等並係宮
人至日贊引行禮乞依禮例差內侍官三員取太常寺受冊儀範於禁中
教習從之　同日又言依儀皇帝御文德殿發冊其日尚輦陳大輦於西
階下東向乞依例權不陳設從之　二十一日詔奉冊寶使差右丞相留
正奉冊寶副使知樞密院事王藺奉冊取冊授奉冊寶使并從從冊同知
樞密院事葛邲奉寶取寶授奉冊寶副使并從從寶戶部尚書葉翥　二
十六日詔冊命皇后臨軒發冊寶禮儀使前導權吏部尚書鄭僑奏中嚴
外辦權兵部尚書兼知臨安府張杓御前奏中嚴外辦吏部侍郎余端禮
奏解嚴禮部侍郎李巘御前奏解嚴給事中胡晉臣承旨宣制中書舍人
羅點奉節右諫議大夫何澹舉冊官權吏部侍郎陳騤權戶部侍郎趙彥
逾舉寶官權吏部侍郎吳博古殿中侍御史范處義太常卿押樂右正言
黃掄太常博士引奉寶冊使監察御史許衡引奉冊寶副使監察御史林
大中引禮儀使太常少卿丘密協律郎舉麾詣文德殿下太常丞林湜詣

穆清殿門外太常博士兼實錄院檢討官汪逵　二十七日詔皇后受冊
外符寶郎二員倉部郎中趙伯逵太常寺主簿徐柟　紹熙元年正月十一
四日禮部太常寺言皇后受冊依禮例宰執率文武百僚詣文德殿次詣
重華宮拜表箋稱賀乞令禮部修撰俟拜表箋訖令本殿官進入從之
同日又言正月十九日發中宮冊寶欲前三日赴文德殿庭并穆清殿門
外習儀其日禮部冊寶下並用介幘緋衫從之　同日又言依五禮新儀
皇后受冊畢擇日乘重翟車有司陳小駕鹵簿儀仗朝謁景靈宮所有今
來皇后受冊畢欲乞先詣欽先孝思殿祖宗神御前行燒香之禮訖次詣
慈福宮朝謝壽聖皇太后次詣重華宮朝謝至尊壽皇聖帝壽成皇后其
朝謁景靈宮緣重翟車等未備今欲乞止用肩輿龍檐子從之　十九日
上御文德殿遣右丞相留正知樞密院事兼參知政事王藺持節冊命皇
后冊文曰皇帝若曰天地合德所以成陰陽之和君后齊體所以聽內外
之治朕以菲質膺壽皇付託之重嗣有令緒永惟伉儷之懿稽經諏律亦
惟其禮之稱而已肆承慈訓俾進位于長秋神人允諧朕躬敢弗祗若咨
爾妃李氏慈明正淑備有嘉德夢月之祥俔天之表生于勛閥早昭惠問
越自初載來嬪藩邸克相朕躬以御于家邦日宣令猷警戒不怠自家刑

卷一萬九千三百十九

二

國誠可以正坤極而母儀天下矣今詢考卜筮顯設容物遣使正議大夫
右丞相清源郡開國公食邑四千五百戶食實封一千二百戶留正副使
大中大夫知樞密院事兼參知政事廬江郡開國侯食邑一千二百戶食
實封三百戶王藺持節冊命爾為皇后於戲三代多內德之助二南為王
化之基洪惟我家代有壼則姜任並美千載一時嗣歌徽音惟后時克予
欲奉兩宮之養后則服勞膳以致于順予欲嚴太室之享后則助蒸嘗以
致乎欽無險詖私謁則可以輔佐君子能恭儉節用則可以化成婦道佑
我鴻圖光于彤管朕承休無斁后亦並受其福豈不韙歟寶以皇后之寶
為文　紹熙五年七月六日詔恭奉太皇太后聖旨皇子嘉王已即皇帝
位夫人韓氏冊為皇后　八月十四日制曰王者體元以居正方臨中夏之
朝君子治國先齊家爰舉長秋之禮乃眷菲涼之質仰承郅治之期肆尊
親親既隆于孝理夫夫婦婦式懋于人倫播告大廷用孚群聽崇國夫人
韓氏柔和而端敏肅靖而寬容居惟圖史之遵動中佩環之節頃奉重闈
之命肆求名閥之良作合潛藩充彰懿範輔佐于內形朝夕承勤之思警
戒不忘有夙夜相成之道惟爾祖一德格天之業為我家兩朝定策之勳
安社稷而勤功於鼎彝仍父子而配食于宗廟不有積慶曷生令姿顧予

入紹於基圖俾嚴申加於位號以應隆慈之旨以明正始之風於戲書稱
堯舜禹之傳朕實難於肩荷詩美姜任姒之聖凡惟謹于儀刑服澣濯以
躬儉則可以教行於宮中執蘋蘩以佐饒則以化成於天下助修治道益
顯家聲可立為皇后令所司擇日備禮冊命　慶元二年五月二十四日
禮部太常寺言皇帝御文德殿發冊其日尚輦陳大輦於西階下向東乞
依例權不陳設從之　七月十二日詔書撰冊文并篆寶文差發書樞密
院事葉翥　八月十五日禮部太常寺言依儀皇帝御文德殿發冊寶皇
后受冊寶於穆清殿乞令都大主管官相視殿分權作穆清殿受冊寶行
禮詔以後殿權為穆清殿　二十七日詔奉冊寶使太常左丞相京鏜奉
冊寶副使太保樞密院事鄭僑中書令奉冊取冊授奉冊寶使升後從冊
參知政事謝深甫侍中奉寶取寶授奉冊寶副使升後從寶參知政事何
澹禮儀使前導發書樞密院事葉翥　九月十二日禮部太常寺言依五
禮新儀皇后受冊擇日乘重翟車有司陳小駕鹵簿儀仗朝謁景靈宮今
來皇后受冊畢欲乞先詣欽先孝思殿祖宗神御前行燒香之禮訖次詣
慈福宮朝謝壽聖隆慈備福光祐太皇太后次詣壽慈宮朝謝壽成惠慈
皇太后次詣壽康宮朝謝聖安壽仁太上皇帝壽仁太上皇后其朝謁景

卷一萬九千三百十九　三

靈宮緣重翟車未備今乞止用肩輿龍檐子從之　十三日禮部太常寺
言十月六日皇后受冊畢宰執率文武百僚詣文德殿拜表賀皇帝次移
班稍東拜牋賀皇后次詣壽康宮殿下拜表賀聖安壽仁太上皇帝次移
班稍南拜牋賀壽仁太上皇后次詣慈福宮殿下拜牋賀壽聖隆慈備福
光祐太皇太后次移班稍東拜牋賀壽成惠慈皇太后其表牋乞令禮部
修撰所有慈福宮壽慈宮壽康宮牋表候拜牋表訖係本殿官進入從之
同日詔皇后受冊外符寶郎二員吏部郎中張釜太常丞張寔　同日
禮部太常寺言發中宮冊寶前三日赴文德殿庭并穆清殿門外習儀其
日禮部冊寶下並用介幘緋衣從之　十九日禮部太常寺言皇后受冊
合差內給事內謁者監并讀冊舉冊寶及主管內侍等官乞依禮例令太
常寺具職名報內東門司取旨差內所差尚宮司贊典贊等並係宮人至
日贊引行禮乞依禮例差內侍官三員取太常寺受冊儀範於禁中教習
從之　二十一日詔冊命皇后臨軒發冊寶中嚴外辦翰林院學士傅伯
壽御前奏中嚴外辦權吏部尚書許及之奏解嚴中書舍人謝源明御前
奏解嚴諫議大夫劉德秀承旨宣制起居郎兼刑部侍郎張孝伯參知政
事奉節起居舍人胡紘舉冊官太府少卿兼知臨安府王沇殿中侍御史

姚愈舉寶官監察御史張伯垓金部郎中趙師炳太常卿柳樂秘書丞黄
郯宣冊官曹士貢太常博士引奉冊寶使太常寺主簿張經引奉冊寶使
太府寺主簿周飛卿引禮儀使秘書郎陳宗召協律郎舉麾詣文德殿下
秘書丞曾炳詣穆清殿門外秘書省校書郎陳峴　九月二十八日詔
淑眷皇后受冊寶畢日命婦並免入賀　十月六日上御文德殿遣右丞
相京鏜知樞密院事鄭僑持節冊命皇后冊文曰皇帝若曰乾元之大必
有坤元以合其德外治之聽必有內治以輔其成朕祗奉燕詒紹休丕緒
藏考古昔王化有基關雎首於周南家人繇於羲易蓋所以明君后齊禮
宜崇伉儷以配宸極之尊是用遵隆慈之旨彰作合之祥正位長秋其爲
敬從咨爾大人韓氏淑哲自天靜專居體動中禮法丕勤姆師堂堂忠獻
寶隆國之舊門定策兩朝勳在王室濬源流光以大厥後宜其曾沙啓慶
俔天有子來嬪藩邸維德之行底于踐祚亦既發建分任陰教佐理初元
發令門而新冊堂之輝進群御而有金環之善適符宮會榮益典舉稱儀
春二三宮之徽號后乃母臨萬國風有稟命客物顯設豆組其時今遣使
攝太傅右丞相京鏜副使攝太保知樞密事鄭僑持節冊命爾為皇后於
戲念之哉有周之興任姒並美曰任思媚能嗣大姜之所行曰姒嗣徽能

卷一萬九千三百十九　四

纘太任之女事詩雅稱述克纘先后執婦道內則事姑又有二大姆在
上躬行禍則得於親承惟肅敬宗廟乃助予致孝享也惟欽奉重闈乃助
予嚴至養也予欲崇儉宜安服於練帛予欲省耕宜率職於繭館言不踰
閫則無私謁之心仁以逮下則有和平之樂并此眾善彰厥有常仰協令
司而無愧既予一人共承天命錫羨開統則百斯男我國家無疆惟休后
亦受福千萬年有永豈不韙歟　嘉泰二年十二月十四日制曰天下繫
一人之本治必始於齊家王者形四方之風化允資於后德朕方務蟬冥
於萬寓敦其專聽於六宮眷中壼之久虛屬重闈之有命陞賢妃擬作儷
宸居發跡路朝誕揚顯冊貴妃楊氏溫和而婉淑聰睿而敏明窈窕好逑
聲播雎河之遠恭儉節用志存葛各之延系遴綴於赤泉選亟充於紫禁
動皆合度無煩女史之規巧出自然不待天孫之乞惟時慈母念於文孫美
其冠於後庭使之見於內殿進止仰風容之盛動勞殫朝夕之思家既炳
於次星華遂參於褕狄秉心彌恪處貴益謙圖籍陳前覽古今而洞鑒所
璜在佩諧韶濩以鏘鳴占合壽房吳符俔表朕追懷良佐孰紹芳猷顧寧
居坐論以首陪必能追行事而躔及衆雖共屬事非椒房茲奉壽慈之訓
言俾正長秋之位號爰差殷日進處椒房夫合坤元者惟柔正之攸行而

在中饋者由巽順而無遂予欲嚴清廟之祀爾其躬織紞而奉盛予欲承
長樂之顏爾必勤侍膳而佐馂撫育則宜勞瘁之過厲逮則當寵禽之增
用開百世本支之祥以慰兆民父母之望於戲遵永平之事故已先令德
之登嗣大姒之徽音勉企思齊之聖內翊宣於陰教俯篤棐於民彝惟能
明章婦順之成斯保綏將福履之固可立為皇后令所司擇日備禮册命
十九日禮部太常寺言依儀皇帝詣文德殿發册寶皇后受册寶於穆
清殿乞令都太主管官相視殿分權作穆清殿受册寶行禮詔以後殿權
為穆清殿　二十七日又言依五禮新儀皇后受册擇日乘重翟車有司
陳小駕鹵簿儀仗朝謁景靈宮今來皇后受册畢乞先詣欽先孝思殿祖
宗神御前行燒香禮禮訖次詣壽慈宮朝謝壽成惠聖慈佑太皇太后其
朝謁景靈宮緣重翟車等未備乞止用肩輿龍檐子從之　三十日又言
將來皇后受册畢宰執率文武百僚詣文德殿拜表賀皇帝次移班稍東
拜牋賀皇后次詣壽慈宮殿下拜牋賀壽成惠聖慈祐太皇太后其表牋
乞令禮部修撰所有壽慈宮文德殿牋表侯拜牋表訖係本殿官進入從
之　同日又言皇后受册合差內給事內謁者監升舉册寶及主管內侍
等官乞依禮例令太常寺具窠目報內東門司取旨差所差尚宮司賛典

卷一萬九千三百十九　五

賛等並係宮人至時賛引行禮依禮例差內侍官三員取太常寺受册儀
範於禁中教習從之　同日又言發中宮册寶前三日赴文德殿庭并揖
清殿門外習儀其日册寶下並用介幘緋衫從之　閏十二月二十九日
詔命皇后臨軒發册寶中殿外辦中書舍人顏棫御前奏中嚴外辦權吏
部侍郎曾懷奏解嚴權工部侍郎兼國子祭酒李寅仲御前解嚴中書舍
人王客承旨宣制權禮部侍郎兼中書舍人林栗參知政事奉節權戶部
侍郎王遹舉册官殿中侍御史張洋左司諫宇文紹節舉寶官監察御史
李景和監察御史林行可太常卿押樂太常少卿薛紹太常博士引奉册
寶使將作少監兼權尚右郎官陳景思引奉册寶副使軍器少監兼知臨
安府李澄引禮儀使禮部郎官陳峴協律郎舉麾詣文德殿下太常博士
錢易直詣穆清殿門外太常寺主簿葉時　三年正月十一日詔撰册文
知樞密院事陳自強書册文參知政事許及之篆寶文參知政事張巖
二十五日詔奉册寶使太傅知樞密院事陳自強奉册寶副使太保參知
政事許及之中書令奉册取册授奉册寶使并後從册同知樞密院事袁
說友侍中奉寶取寶授奉册寶副使并後從寶權吏部尚書兼給事中費
士寅禮儀使前導吏部侍郎張伯垓　二月六日上御文德殿遣知樞密

院事陳自強參知政事許及之持節冊命皇后冊文曰皇帝若曰正二南
而始化基詩所以詠后妃之德立六宮而聽內治禮所以章家國之和朕
纘紹帝圖修明邦典椒壺虛位歷日彌長睠我哲媛當冠妃掖太妃有命
膺建爾於長秋神人協龢朕其敢不祇若咨爾貴妃楊氏徽猷端靖淑譽
日章維昔河洛之間受姓顯著綿綿系緒席慶延光懿德天成動合繩矩
自其名參宮掖益播管彤見于長樂進止有度遂登配次星之象亦既宣
內則之勤日者展禮東朝揚徽鏤玉榮懷之祉衍於我家是用虔稟慈音
趣正位號嬀璽采綬翬衣翟車縣合輿章昭陳容物於以承天祿而表坤
極也遣使宣奉大夫知樞密院事清源郡開國公食邑三千八百戶食實
封一千四百戶陳自強副使宣奉大夫參知政事同提舉編修敕令永嘉
郡開國公食邑三千九百戶食實封一千二百戶許及之持節冊命爾為
皇后於戲念之哉朕惟中興以來三聖授受母儀徽極家法相傳雖竟妃
齊嬪塗山配禹不是過也纘美嗣徽惟后時克予欲享九廟后共玉盛崇
吉蠲也予欲事重闈后備珍養奉怡愉也繭館親蠶相予耕藉示崇本也
練常絹飾賛予卑服昭尚儉也使私謁之謁不行而和予之美可輯則予
一人以擇后亦永有無疆之休不其韙歟　臨軒發冊儀注並如慶元二

卷一萬九千三百十九　六

年十月冊皇后之制皇后受冊儀注並如慶元二年十月冊皇后之制皇
后表謝皇后受內外命婦賀皇后會外命婦儀注並如慶元二年十月冊
皇后之制皇后還宮禮畢宰執率文武百僚詣文德殿拜表賀皇帝次移
班稍東拜牋賀皇后次詣壽慈宮拜牋賀壽成惠聖慈佑太皇太后

全唐文

宋會要 冊命皇太子妃

冊命皇太子妃徽宗政和五年三月二十九日御筆朕嗣有令緒惟懷永圖御于家邦預建太子若古之訓揚於大廷以薦君臣父子大倫之恩以立宗廟社稷萬世之本無疆之恤申命于休年既冠于阼階禮及時而有室必立之配以宜其家可令有司選皇太子妃仍討論典禮以聞六年五月九日命翰林學士承旨王黼書撰冊文禮部尚書白時中書篆印文後王黼丁父憂改命翰林學士劉嗣明書撰六月十三日制曰朕祇承天序懋建儲闈既假有家式厚人倫之本用求厥配助成王化之基眷乃懿親惟時淑女誕揚顯命敷告群工少傅恩平郡王朱伯材女孺人朱氏毓德粹温秉心淵靜以祇以順夙資天性之良有言有容允蹈公宮之教家風素紹祖澤覃延慶在後人譽聞當世出自欽成之裔來嬪上嗣之賢朕臨御治朝講明盛禮縉紳在列金石充庭爰覲飾於彌臣肆丕成於慶事耆龜既吉薦鴈甫期宜修閨休以佁異數燦然儀服之盛申以冊書之榮國典有期師言稚穆於戲合二姓之好是謂政先形四方之風率繇近始尚迪柔嘉之則往思盥饋之恭克稱龍麻永膺燕譽可特選充皇太子妃仍令所司備禮冊命十七日發冊闕冊大（卷一千二百六十七）

（以上續國朝會要）國朝中興會要無此門

孝宗

乾道元年九月八日制曰建元良而正萬國有嚴天序之承明內則以風四方斯迪人倫之厚迺睠儲闈之貴允資妃闥之賢宜懋舉於典章用申崇於位號廣國夫人錢氏氣鍾和粹性稟靚淵生忠孝之家襲將相侯王之慶通圖書之戒備言容功德之全擢秀外姻作嬪上嗣服飾盛笄珈之美起居循珩璜之音茲予肇啟於青宮惟爾增華於彤管盡堂甲觀既升鶴禁之華綺紱金章爰煥龍光之渥誥布綸言之寵載加冊命之優以篤邦彝且章婦順於戲受祉而施于子方隆懿麟之權治在齊其家尤賴肅雍之化祇承徽數益茂芳猷可立為皇太子妃令所司擇日備禮冊命辭不受冊七年三月二日（卷一千二百六十七）制曰門下御家邦而為治既茂於儲闈助已丕以寧親盡有資於內閫眷時淑媛夙著婦功方開二極之祥宜進元妃之貴肆頒顯命用播芳猷定國夫人李氏柔正而和靜專以肅望高閥閱系聯四姓之華行飾箴規久蹈二南之教惠問藹稱於冠笄盛年作合於嗣賢固非容蘭郁久疏定國之封福祿川增爰啟春宮之慶顧元良之克立斯伉儷之兼崇副珈昭象服之宜懿範應前星之燠是章明於櫝則益敬戒於彌儀庸篤恩徽聿隆風化於戲佩珩璜而中節益膺君子之逑事笄總以承顏宜示人倫之正其祇家訓以對寵光可立為皇太

子妃令所司擇日備禮冊命，辭不受冊。

卷一千二百六十七

全唐文

宋會要　親王娶

宋朝親王娶，初賜女家銀萬兩，以脩房從敵門。用羊二十口，酒二十瓶，紅絹四十匹。下定用羊二十口，酒三十瓶，紅絹六十匹，臘面茶五十斤，縛子茶五十斤，果六十盤，花罩六，花粉十二奩，眠羊卧鹿花餅千枚，頭須紅綾絹三十匹，塗金銀勝二十合，羅畫勝百合，小色金銀錢三十千，金釵釧四隻十兩，金纏一副一十兩，真珠琥珀瓔珞二項，真珠翠毛玉釵朵二副，銷金生色衣各一襲，塗金銀合二各百兩，錦綺綾羅共三百匹。其日女家獻象牙笏一，玉帶一金塗銀，匣盛；泥金綴珠衣一襲，真珠翠毛花釵十枝，戲花勝副之，金塗金銀鞍轡馬一，銀纓及絨毛座碍副之，紫絲席帽一，紫羅金袋衣副之，烏皮韡一，塗

卷一千二百六十八

金銀合一，銀錢千文，納財用函書一通，玄纁羅五匹，綾十匹，押函馬一匹，羊五十口，酒五十瓶，紅絹百匹，花粉十奩，果十盤，花罩六，塗金銀勝二十合，羅畫勝二百合，銷金生色繡衣共十襲，真珠翠毛玉釵朵三副，黃金器百兩，銀器千兩，衣着千匹，錢五百千，錦綺羅綾二百匹，生白綾絹六百匹。房從則真珠翠毛水精玉琥珀瓔珞瓏璁耳環面花釵梳冠朵共百二十七事，金釵釧纏𦁛具共百五十三兩，塗金銀器鞍轡等五十兩，綴珠銷金貼金戧金生色繡衣二十襲，又散衣百八十，鞋襪百緉，手巾百三十，裙簟十八，二畫勝十五合，緋羅繡匣銀泥帳幔圖鄣御額壁柱箱籠牀衣照帊粉夾共二百三十四，五色蠟燭百枚，錦繡被五十，檀褥簟席百四十五，卓倚什物百八十三，鎮檀錢銀絹各一百，馬四匹，鞍轡副之，又從人金釵五枚，銀鞭鞓具二百五十兩，衣三襲徹

禮五三之一九

衣二百三十帳幔禮褥子十二親迎日命親王夫人一人往迎賜塗金
銀裝檐子銀一千兩一檐子官十三人小殿侍二人又給行鄣二坐
鄣二方圓扇四引帳花十燭籠十釵插童子八人騎分左右前導
及成禮之翌日宰臣親王使相節度使以上各進馬或
銀稱賀女家兄弟亦或各獻馬稱賀

卷二千二百六十八

大典卷五千一百四十九又卷一萬六千九百二十四

禮
全唐文 嘉禮
改元 宋會要
太祖建隆元年正月五日詔曰五運推移上帝於焉眷
命三靈改卜王者所以膺圖朕早練龍韜常提虎旅當
周邦末造從二帝以征行洎喬嶽纏哀翊嗣君而纂位
罄一心而事帝諒四海以皆聞一昨北虜侵疆邊民受
弊朕長驅禁旅克日平戎六師纔發於近郊萬衆喧譁
而莫遏擁迴京闕推戴眇躬幼主以歷數有歸尋行禪讓
兆庶不可以無主萬幾不可以暫停勉徇羣心已登大
寶宜改顯德七年為建隆元年改國號為大宋　四年
十一月十六日詔曰朕自三靈眷命五讓興邦躬親罔

卷五千一百四十九

憚於萬幾德教將加於四海歲時屢稔華夏大同蓋上
穹垂祐於皇家非涼德自隆於昌運繇是率百王之舊
制遵千古之憲章墜典必修無文咸秩潔犧鎛而謁清
廟被大裘而郊上天明德既馨神心有答乃迴金輅載
御應門律且協於黃鐘日正臨於甲子順三元之更始
庶萬彙之咸亨宜覃曠蕩之恩用慰黎元之望可改建
隆四年為乾德元年　乾德六年十一月二十四日詔
曰國家受天景福率土咸賓聲明洞照於萬方德教咸
加於四海風雨順而歲稔干戈戢而刑清荷上帝之垂
休致中原之大定仰答自天之祐恭陳告謝之儀具物
薦誠神心昭格霏烟呈瑞嘉氣降祥宜與寰區同茲胥

禮五四之一
宋會要

大典卷五千一百四十九又卷一萬六千九百二十四

悦盡日月照臨之内罔間幽遐極車書混同之邦咸均雨露庶成端拱永洽提封宜改乾德六年為開寶元年

大典卷五千一百四十九

宋會要

開寶九年十二月二十二日太宗已即位詔曰朕猥以眇躬嗣守洪業託於人上奄宅域中常念王業之艱難勉副兆民之推戴神器大寶既負荷以維艱薄氷深淵實臨履而增惕自躬親庶政勵翼小心晦朔僅同中外胥悦義宗祖之垂貺非寡昧之克戡今者方國會朝無防風之後至公卿在列見考文之益恭及物之澤未孚戴予之心斯切改元發號宜表於自新肆赦責災聿彰於大賚可大赦天下改開寶九年為太平興國元年。太宗

卷五千一百四十九

二

太平興國九年十一月二十一日詔曰惟皇撫運建洪業於中區惟辟奉天表至誠於大報朕自祇膺眷命嗣守丕基夕惕晨興宵衣旰食九年於此罔敢怠荒而豐歲屢臻五兵不試符瑞昭應書軌大同顧惟冲人何能致此蓋昊穹之所降鑒宗社之所儲休所以躬事禋燔告謝天地文物以之大備聲明於是汎昭六變升聞百神降假純嘏之錫豈獨在予思與萬邦同茲大慶宜改紀元之號仍均作解之恩可大赦天下改太平興國九年為雍熙元年。　雍熙五年正月十七日詔曰王者握圖御極膺駿命於上穹務穡勸農庇蒸民於率土朕嗣臨大寶十有三年每思勤儉之風用洽雍熙之化民惟邦本雖無怠於輯寧食乃民天宜務敦於教導是用舉累朝之墜典藉千畝於近郊載陟青壇躬展接神之禮三推黛耜式隆敦本之風豈惟備郊廟之粢盛抑亦勵蒸黎之播殖萬國駿奔而述職千官星拱以在廷望宮闕城社之尊睹聲明文物之盛豈惟寡昧獨荷於洪休思與華夷同均於大慶宜革紀年之號仍覃作解之恩可大赦天下改雍熙五年為端拱元年　端拱三年正月一日詔曰朕司牧黎元對越穹壤小心祇慄明發不遑思以答上帝之眷懷躋羣生於仁壽而疆埸甫定京坻屢登閭閻臻乎小康金革至於不用去秋以驕陽孔熾青澤愆期分命近臣並走羣望徹縣減膳損抑斯甚

卷五千一百四十九

三

怙原橋祭祇畏彌深至誠上通靈應如響雲始膚寸已彰救旱之應雪復盈尺益表豐年之祥顧惟眇躬奉順天意宜革紀元之號用覃肆眚之恩可大赦天下改端拱三年為淳化元年。淳化六年正月一日詔曰朕以眇躬纘承丕構託於兆民之上二十載於茲矣夙興夜寐罔敢遑寧未嘗發一念不在於黎元舉一事不先於政教庶修人紀用答天工近歲已來荐逢災厲蜀土暴興於狂孽齊民頗遭於倉箱予心浩然罔知攸濟是用側身思道期合隆平彌增宵旰之憂果獲昊穹之祐祆氛漸弭禾稼咸登對越上天載深祇惕當惟新於大政庶克保於永圖發號改元與民更始宜改淳化六年為

至道元年

至道四年正月一日〔真宗已即位〕詔曰朕誕受皇圖紹承茂烈深惟抑畏豈敢遑寧歲阜民康邇安遠肅承上穹之眷命宅大寶以踰年四序復端萬物資始式遵古義俾易初元可改至道四年為咸平元年。真宗咸平七年正月一日詔曰國家皇天眷命四海歸仁太祖以神武定寰中肇基王業太宗以睿文化天下光闡洪圖朕以眇躬嗣承丕構仰荷餘慶俯臨萬邦夙夜憂勤不遑寧處五辰遷易七載于茲何嘗不寤寐賢良講求遺逸親決庶政期於小康永懷克恭式紹丕訓月正元日條風發春方賁在庭周行備列聿更元號用叶靈心宥罪布

卷五千一百四十九　四

和與物更始宜改咸平七年為景德元年　景德五年正月三日詔曰朕欽承命歷惠綏黎元撫御萬方憂勤一紀何嘗不順考古道惟欽永圖嚴紀事以奉神祇潔至誠以享宗廟刑政是恤茂育於羣生恩信所加同躋於壽域罔敢自逸期臻太和荷上帝之眷懷啓靈心而降鑒燭祥輝於內寢神告先期肅清醮於齋壇天垂寶籙誕敷謨訓垂諭眇姿清靜為宗濬發愛民之旨延洪儲祉遠踰〻〻世之期嘉應非常惕然增懼是用特均慶賜仰荅高明虔遵錫瑞之文用易紀年之號式均大賚普洽洪休可大赦天下改景德五年為大中祥符元年

大中祥符九年十一月十五日詔曰朕奄受元符克昭駿命示以延洪之旨誨其清靜之方爰建號紀年用垂鴻而流慶登封喬嶽禋瘞隆雅薦錫蕃禧彌思昭報是用率寰區之臣庶崇膏極之尊稱屬獻歲方初涓日惟吉詣眞居而致潔奉恭冊以陳儀將刊薦信之辭式舉建元之典歸尊之禮庶協於惟新誕告之文特申於先甲來年正月一日宜改為天禧元年　天禧六年正月一日詔曰朕祗荷慶靈嗣守洪業懼陟道之多昧念守文之惟艱未明求衣既昃忘食兢兢業業靡敢怠荒而天地儲休宗社垂祉嘉生屢降庶政斯和民俗阜康邊陲清謐興言致此益用愧懷屬歲律之肇新慶春禧之紛委式建紀年之號佇申及物之恩宜自正月一日

卷五千一百四十九　五

改元天禧六年為乾興元年

乾興二年正月一日〔仁宗已即位〕詔曰王者奉天子民握圖御宇率循彝憲式煥大猷肆予沖人獲嗣丕構兢兢業業罔敢怠荒曷嘗不念長世之善經思守文之格訓冀隆先烈以保至寧而穹昊眷懷宗社垂祐九圍嘉靖百穀豐登而又軒墀將相之臣告猷而休國表著簪紳之列勤職以循公刑政交修夷夏胥悅顧慙涼德饗是洪休屬萬彙發春三微戒序蕃禧載集景命惟新俾建號以紀元庶與民而更始宜自正月一日改乾興二年為天聖元年　〔仁宗〕天聖十年十一月六日詔曰朕紹膺駿命欽奉先猷繼累聖之成基為羣元之司牧內則慈闈申

誨叶叻於懿綱外則多士盡規億寧於百度穫保丕構
於兹十年念守文之至難思置器之攸重罔敢自逸期
臻太和居常應善納忠履勤於旰日務農勸穡敦厚於
時風戀逮永圖庶無闕政昨以仲秋在序炎燎挺災諒
戲戒之有繇顧眇沖之增懼伊禁闈之胥葺遂不日以
斯成感集事功聿新締搆戴安燕御之所斂忘修省之
懷是用答二儀並貺之仁荷九廟發祥之祉潔齋路寢
致明察之誠薦饗太宫伸僾肅之志精衷號展純嘏來
同因紀號以建元庶順時而布惠爰臨端闕大賚庶邦
可改天聖十年為明道元年　明道二年十二月二十
四日詔曰朕欽膺駿命臨御中區守三后之成基為庫
卷五千一百四十九
六
黎之司牧四隅底定一紀于兹乃至圖任忠良博詢讜
直罔敢暇逸務致隆平自明道之建元逮作噩之居歲
祲災荐起暵潦相仍人多癘疫之傷稼有螽螟之害亦
嘗去滋美之號損乘膳之珍宵旰不遑但廑於闕政推
澤雖勞徧禱於羣神然而豐澤尚慳和氣猶鬱物價騰
湧編氓阻饑常賦既蠲廪粟皆振豈恤隱之心弗至致
休若之應未臻側身内思其咎安在且夫陰陽之道亘
測變則能通天地之戒甚明順則成禍消災之理斯在
影響之振可期惟上春首祚之辰及萬物向榮之始因
舉授時之典載更紀歲之名祇若靈心庶迎丕貺式布
惟新之令先申誕告之文宜改明道三年為景祐元年

景祐五年十一月十八日詔曰升禋肦配誠孝所以
兼申擁祉肆青人靈由其交豫朕奉承丕歷欽率先謨
永惟置器之重浩若涉川之廣託在尊極弗敢遑寧幸
席成緒侵尋至治而疆陲賓款識物順蕃民罔時恫政
克用乂斯皆穹昊開佑之況宗祏燕貽之謀幽贊於兹
朕將何力内循涼寡期保顯存是用圖講舊義肇修大
報躬飾壇兆豐潔粢盛虔會迎長之辰躬陳合祭之典
至于前獻道祖歷謁顯昭蓋禮經必先之文庶悊王能
享之義揩事之日備物有嚴百執駿奔三聖參侑獲率
強功以底盛容居歆在上降鑒如答迪拜昨之吉敢曰
餘勤靈崇朝之澤方思衆共再念嚮循羣議許加徽名
卷五千一百四十九
七
深撥浮實之華如垂克己之訓宜因冠號俾易建元顧
無專享之福更示惟新之命可改景祐五年為寶元元
年　寶元三年二月二十一日詔曰朕紹膺駿命繼御
庶邦祗迪先猷甫浹章閏何嘗不稽探前載詢納遍言
克念永圖之安聿求小毖之助靡敢暇逸迨臻治康而
近歲以來眚災間作穹曠示象星舍舛期靈戒有開史
占攸著每惟涼德茂對鑒觀夙夜疚懷儆懼兼切企湯
乙在予之語慕周王側身之思屢省實勤厥咎非遠雖
復徹盛食之品躬旰朝之憂務鬌焦勞以佇消伏是用
推荚正本協紀求中庶迎嘉氣之和式新端[illegible]之授宜
改寶元三年為康定元年　康定二年十一月二十日

詔曰：朕繼膺寶命，嗣守洪基，荷上靈降鑒之祥，奉列聖紹庭之憲，撫寧興運，司牧黎元，謹保盈成之難，思隆久大之業，祇勤益畏，垂二十年，何嘗不中昃厲精，幽微博聽，慮一夫之不獲，期百志之惟熙，務湯銘之日新，效禹疇之時若。至於秉慈儉之訓，絕游畋之娛，器服屏彫文之功，刑政革煩苛之弊，雖未臻於淳古，庶無怠於始初。率以諸夏謐清，百嘉秉茂，民涵豐楙之樂，物弭疵癘之傷，玉燭四時，蕭勺羣慝，斯皆三神之所孚佑，九廟之所擁綏，豈繄眇眇之躬，克召穰穰之福。是用揆天元景至之序，定國陽郊廟之儀，皇穹地祇動聽嘉饗之厚，藝祖文考毖陳升侑之嚴，交集盛容，克成美報。禮繇衆舉，慶

卷五千一百四九　八

靡專承，當天地並況之仁，幸均大赦，法雷雨既解之施，用霈洪恩，仍建號以紀元，美受釐而布慶。宜改康定二年為慶曆元年。

慶曆八年十二月一日，詔曰：朕執象御民，稽古布度，顧幅員之至廣，常臨履以自持，莫不順人之心，奉天之道，慮一物之失所，期庶政之惟和。稼穡雖登，或未臻于豐稔；兵戈載戢，尚靡格於偃銷。惕場居懷，兢兢在念，惟茲黔庶，俾底樂康。而自春夏之交，霖雨作沴，傷暴禾麥，壇溢堤防，河北之民尤罹弊苦，粒食罄闕，廬室蕩空，流離鄉園，攜挈老幼，十室而九。自秋徂冬，嗷嗷道塗，溝壑為慮，愍其失業，彌甚納隍，當原究其由來，冀銷弭於災變，宜均霈澤，以召嘉祥。仍經紀歲之元，

用冀自天之祐。宜改慶曆九年為皇祐元年。

皇祐六年三月十七日，詔曰：朕以寡闇，守茲盈成，面念為君之難，深惟置器之重，罔敢怠忽，思致治平，而王澤未孚，治道多闕。皇天降譴，太史上言，豫陳薄蝕之災，近在正陽之朔，經典所忌，陰慝是嫌。尋災異之攸興，緣政教之所起，永思厥咎，在予一人。德不能綏，理有未燭，賞罰失序，聽納不明，庶政未協於中，衆宽或壅於下，有違萬物之性，以累三光之明。上穹動威，陽精示變，此皆彰朕過失，警予省修。畏天之威，慄慄危懼，若將隕於淵谷。茲用惕於夙宵，庶幾減損之誠，或蒙降鑒之眷。是用改避正寢，御去常珍，俾更元曆之名，冀召太和之氣。仍敷恵澤，益

卷五千一百四九　九

霈青恩，庶達眇冲之心，更回億兆之祐。宜改皇祐六年為至和元年，以四月一日為始。

至和三年九月十二日，詔曰：朕纘承基緒，繼御幅員，周視萬機，僅成三紀，念守文之尤重，念居上之至難，或未明而衣，或既旰而食，惟正人是訪，惟公論是稽，恬然過勤，舉不知困。此書云始乎履，或虧荷高明之博臨，膺厚順之丕擁，宗社降福，士民輸忠，眇眇之躬，遄臻於綏乂；便便之政，率遂於講修。雖屬水潦遘災，河流移道，眷言方國，咸克安安，邦經所繫，朕力何有。亶茲循省，彌用戰兢。秋涼戒期，農收畢務，誕詢故事，紬繹前文，約郊壇之儀，嚴路庭之制，工師虔舉，物品晏清，祇鑿誠慌，潔仲欵見，上以答垂元之開

右下以靳生聚之樂康寔通明靈交示蠻宜與兆庶
共均休嘉式覃渙汗之恩仍易紀年之號以孚神貺以
順物宜可大赦天下宜改至和三年為嘉祐元年
嘉祐九年正月一日時英宗已即位詔曰朕以眇躬獲承洪緒
涉道猶淺燭理弗明大懼菲沖罔克負荷深惟抑畏昌
敢荒寧然而仰憑社稷之靈俯賴股肱之助先帝至德
遺惠結於人心列聖重光流澤長於世祚所以自新庶
政甫陟逾年中外乂寧風雨時若惟春秋之正始蓋歷
代之通規獻歲發春方臨於吉旦開元易紀祗率於舊
章宜改嘉祐九年為治平元年
英宗治平五年正月一日神宗已即位詔曰朕膺憑几之遺音導

卷五千一百四十九

十

委裘之定業動則銘於周席處則見於堯墻深虞朽馭
之難持大懼菑田之弗獲恭思至道弛繼先猷永獲善
謀不敢忽負薪之諫數求吉人言庶幾成構廈之功白雲
未遠於遺弓馭景俄驚於過隙屬窮陰之畢歲肇蒼德
以建正茂惟春秋五始之文載考人君逾年之制不求
其端則不足以承天命不正其元則不足以法諸侯表
嘉靖之休辰揭熙寧之美號欲躋黎庶永底時雍王統
於此遂尊法家繇之乃出混齊六合敢期盡入於甄陶
鼓舞萬民將以一新其耳目宜自正月一日改治平五
年為熙寧元年
神宗熙寧十年十二月六日詔曰朕奉承
聖緒一紀於茲兢兢業業罔敢暇逸賴天之祐年穀順

成其因來歲之正以新元統之號式循舊典對越神休
宜自明年正月一日改為元豐元年
元豐九年正月一日哲宗已即位詔曰朕紹承大統適駿燕
謀於乎皇考永世克孝維予小子未堪多難業業兢兢夙
夜欽止尚賴親慈擁佑神保況臨年穀順成方內安乂
永惟春秋正始之義深見天人相與之符即位逾年改
元布政以侯屬景命以作新斯民顧惟守成敢忘繼序
宜自正月一日改元豐九年為元祐元年
哲宗元祐八年
四月十二日詔曰朕荷皇穹之眷命守列聖之丕基十
年於茲四海用乂日聽外朝之治躬勤萬務之微眇若
涉淵未知所濟顧念祗承上帝誕保受民惟駿惠於先

卷五千一百四十九

十一

猷以纘隆於下武力稽仁祖之成憲思大文考之烈光
其因盛夏之辰載新元統之號庶導迎於景貺用敷錫
於羣黎宜改元祐九年為紹聖元年
紹聖五年五月
十九日詔曰朕統承聖緒紹述先猷克享天心屢蒙嘉
貺甘露荐降靈光屬天中錫無疆神璽自出顧德菲薄
荷帝溥臨眷命之幾惟聖時憲嚴恭寅畏懼弗克勝思
答神休以協瑞應其易統年之號用昭受命之符宜自
紹聖五年六月朔改為元符元年
元符三年十一月十三日徽宗已即位詔曰朕丕承祖宗奉
若天命思建皇極嘉靖庶邦蓋嘗端好惡以示人本中
和以立政日謹一日期月於茲稽曆數在躬之文念齋

秩謹始之誼肇新元統國有常典見遵踰歲之期以易
紀年之號豈惟昭示朕志永綏斯民庶幾仰協靈心尊
迎景福宜自來年正月一日改為建中靖國元年　徽宗建
中靖國元年十一月二十三日制曰朕紹膺寶命祇適
洪圖躬勤儉以御邦本寬仁而歛政維先訓是式維師
虞是從永言繼序之艱克謹持盈之戒荷皇天之降祐
蒙列聖之詒謀方夏乂寧蠻夷賓服三時不害六府孔
修建皇極而王道明即康功而民志愜以迪純熙之運
以形平富之風豈朕德之能勝繄帝臨之下燭肇稱禋
祀祗荅閎休是用參酌上儀鋪昭曠典奉神考恭行之
志繹紹聖申講之文將蔵事於皇祇先致饗乎穹昊適

卷五千一百四十九　十二

候景涓日飭躬紹虔祼清廟以肅將款圜壝而拜享侑
我烈祖秩於百神禮嚴欽翼之荅樂備雍和之奏蒼璧
既奠柴煙其升于時乾象粹精靈心嘉嚮和氣洋溢景
光陸離瑞慶大來俾緝熙於純嘏膏澤並下用敷錫厥
庶民豫建新元誕揚渙號可大赦天下仍自來年正月
一日改為崇寧元年　崇寧五年七月十三日制曰朕
克謹天戒順受民時若稽前王適追先烈卜降年之有
永導新布之嘉祥宜因米歲之初是正紀元之號思與
萬國哀對神休可自明年正月朔改為大觀元年　大
觀四年十一月三日制曰朕奉承聖緒適追先猷荷穹
昊之休蒙宗廟之祐昭事翼翼夙夜惟寅中外靖綏年

穀豐稔禮樂明備自志用成嘉與多方布新顯號可以
來年正月一日改元政和　政和八年十一月一日制
曰得天之紀上帝所以申景命之休以道為門聖人所
以對高真之貺朕紹丕緒祇適先猷荷穹昊以降康
磬寰區而作乂法完令具禮備樂成迺追遂古之淳迺
發內經之隱順斗布合宮之政分方調文鼎之和修德
錫符維新九賓迎日推策載列三雍茲者氣應仲冬日
極南至當甲子之月朔旦逢己酉之會復元遂契史區
之言上同黃帝之世於時太一適次乾維基迹潛宮仰
熏紫微之象妥神熉幄下娭黃祕之庭叢祥並祚于邦
圖涵號肇更於年統與四時而合序以莫不增祭萬歲

卷五千一百四十九　十三

以成純終而復始肆颺大號溥宥多方可大赦天下其
令年十一月一日為重和元年　重和二年二月一日
詔曰農者天下之本朕躬執耒耜以勸天下賴天降康
禮成涓日用協惟新之政誕揚率土之休可於布政之
初用冠紀元之號宜以重和二年為宣和元年　大典卷五千一百四十九　又卷一萬六千九百三十四
宣和七年十二月二十九日欽宗已即位詔曰朕光膺眷祐
寅奉燕詒載惟菲薄之資獲撫盈成之運宵衣罔怠旰
食靡遑發政施仁懷日靖四方之志經文緯武圖永康
兆民之功式紀初元是新美號庶格神靈之助遂臻華
夏之和茂謹王春豈特遵齊史踰年之義適寧國步益
將紹周人過歷之期自宣和八年正月一日改為靖康

元年
高宗建炎元年五月一日詔曰：皇天祐宋，卜世過於漢
唐；藝祖承周受禪，同乎舜禹；列聖嗣無疆之歷，保邦隆
不拔之基。屬以朝姦稔成邊釁，恃中都之安富，忘外敵
之憑陵，馴致金人來犯京邑，初登城而不下，終邀駕以
偕行。痛念鑾輿遠征沙漠，宗族從而盡徙，宮闕為之一
空。仍抑臣僚，俾僭位號。朕以介弟之親，而受指開元帥
之府，以總師方輸敵愾之忠，並奉講和之詔，豈徒變故
終致阽危。蓋嘗指日以誓諸軍，使前迎而後請，不憚瀝
血而蹙率土。輿外撫而內親，而三事大夫與萬邦黎獻，
共致樂推之懇，靡容牢避之私。謂亹亹萬機，難以一日
而曠位；矧皇皇四海，詎可三月而無君。勉循羣情，嗣登
大寶，宵衣旰食，紹祖宗垂創之基；疾首痛心，懷父兄播
遷之難。顧號令久隔，衆罔繫心；軍旅荐興，農多失業。慰
民耳目之注，敷朕腹心之言，爰布湛恩，誕綏區夏，可大
赦天下。朕惟火德中微，天命未改，考光武紀元之制，紹
建隆開國之基，用赫丕圖，益光前烈。以靖康二年五月
一日改為建炎元年。　紹興元年正月一日詔曰：聖人
受命，以宅中莫大邦圖之繼；王者體元而居正，盍新年
紀之頒。朕遭時艱難，涉道寡昧，熟視斯民之荼毒，莫當
彊敵之侵陵。負此百憂，於今五載。曷嘗不未明求治，當
饋思賢，念兩宮之遠而菲陋是安，恐九廟之顛而艱危

是蹈。苟禍可弭，雖勞弗辭。然生靈久困於干戈，城郭悉
殘於煨燼，丁壯繫身於異域，旄倪暴骨於中原，田桑失
時，男女廢業，僅存常產者苦斗筲之斂，乍失故鄉者無
尺土之依，或逼飢寒，散為盜賊，始於莫之加恤，終而無
以自還。致汝於斯，皆予之過。幸高穹之未厭，哀否運之
已窮，戎馬雖來，邊防粗備，嘉與照臨之內，共圖休息之
期。紹奕世之閎休，興百年之丕緒，爰因正歲，肇易嘉名，
渙汗於治朝，需洪恩於寰海。其建炎五年可改為紹
興元年。
孝宗紹興三十二年十一月十六日即位，未改元。詔曰：朕仰
膺太上皇帝付托之重，夙夜圖回，務隆紹興之聖政，其
以來年正月一日改元為隆興。令學士院降詔曰：朕猥
以眇身，膺大寶，問安視膳，敢忘付托之恩；任賢使能，
底盡圖回之效。自臨宸極，荐閱朔辰，躬親雖總於萬機，
利澤未周於四海，而邇遐咸人，邊鄙粗安，豈涼德之克
堪，皆慈謀之所致。屬當正歲，肇易新名，惟建隆創業之
宏規，洎紹興中天之聖烈，繼高光之統，益謹丕承，合正
元之稱，用循故事。其以明年為興隆元年。　乾道元年
正月一日制曰：朕仰受燕謀，獲承洪業，刺六經之王制，
監百代之禮文，治壇燎以祭天，鬱邃氛而還日，蓋昌陵
始避於近畿，在太宗嘗改而用辛，誠意動而二儀適孚，
遣辭而九廟裕。致隣國講休兵之好，寶上穹開嶽禍之

期前事俱損弗念予薄物細故烝民咸乂廓分乎爾界此疆五辰循宣夜之躔三白示豐年之兆進玉巵而介親壽爰創縟儀俯徽屋以慶母慈有光徽躅祇荷博臨之況敢忘昭報之虔啓蟄而郊飭周人蕘秸之具奉牲以告協漢世竹宮之時式復孟陬之端遂涓先甲之吉靈心可卜帝武是繩輒裒四極之驩用潔一純之薦款閟宮而朝獻假太室以裸將酌沿襲不同之宜取齋戒自新之旨瑄璧填桌權火配黎高祝湞湞臚所求美光旁燭百官齊濟敬厥事熙典備成載惟我宋之肇禋洒當乾德之盛際法皇祖紀元之義采義文行健之辭誕易嘉名以寧大器宜推作解之宥益廣好生之仁可大赦天下其隆興三年改為乾道元年

（卷五千一百四十九）

乾道九年十一月九日制曰合二儀而䖍事聿嚴報本之誠假九廟以揭虔式表奉先之孝朕親承慈訓寅紹丕圖念創業守文之難有臨深履冰之懼宵旰將周於一紀幾康夙謹於萬微庶與黎元共臻嘉靖荷上穹之孚佑賴列聖之儲休威械戢而疆埸安農事卲而田疇闢氣順消乾溢之變政平亡愁嘆之聲顧非涼菲之堪敢罄齋明之報陽適亨於明復物正底於西成精肆類於虞書丕講精禋之禮考思文於周頌益崇侑配之儀是用修朝獻於郊宮裸將於太室廼肅青城之駕廼親紫時之祠多士駿奔執豆籩而顯相一純致恪奉珪幣以思誠神鶵吉而嘉虞樂寓和而奮豫美光旁燭宵然盼蠁之交馨德昭升紛若福祥之下周單四海之澤上接三靈之歡壽慈極以稱觴御端闈而肆青載惟年統仰體乾剛既用九以宅師將通貫變宜改元而發號茂介純熙肇易嘉名肆敷慶賚可大赦天下其乾道十年正月一日改為純熙元年

㨾下光宗

淳熙十六年十一月十四日（光宗已即位未改元）詔來年正月一日改元為紹熙令學士院降詔既而詔曰朕懋纘基圖丕膺歷數相受一道日親奉於燕謀繼照四方時適乘於亨會粵繇臨御莫敢追遑幸農穡之初登屬邊疆之咸謐凡修庶政實踵成功存推朔月之更寖告春朝之屆正歲序事宜先紀號之新欽天授時尤重體元之始肆當穀旦肇易嘉名惟紹興宏遠之摹不忘取法而淳熙明昌之運方務祗承用孚億載之休允穆萬邦之聽其以明年為紹熙元年

大典卷五千二百五十又卷一萬六千九百二十四

宋會要

光宗紹熙五年閏十月二十一日詔來年正月一日改元為慶元（寧宗已即位未改元）詔曰朕以眇身託于兆人之上惟日兢兢懼無以紹列聖之休而對揚上皇之慈訓也永惟當今之務何者為急豈非欲百官修輔而民力裕歟夫親君子遠小人慶歷元祐之所以尊朝廷也省刑罰薄稅斂慶歷元祐之所以惠天下也是彝是訓歷年彌長肆于中興舉偏補敝皆於此乎取法克至今日中外人寧朕幸蒙遺業繼祖武而敢一日忘乎擬取美號於以紀元詩云不愆不忘率由舊章蓋庶幾周成焉

卷五千二百五十

一

（寧宗）慶元六年十二月二十一日詔來年正月一日改元為嘉泰詔曰朕祗奉燕謀懋膺鴻業寅恭自度期克享於天心兢業惟幾陟丕釐於帝命粤臨大寶幸汔小康夫何降割於我家繼趣賓空於慈極痛念重憂之荐集敢言定數之莫逃用震于衷深求其故諒災祥之在德何後責躬凜夙夜之畏威力斡轉禍亶是三陽之協吉休茲七始之更華月窮星回旋啟亨嘉之會歲正事序誕迎交泰之期爰輯美稱肇新端朔遹武皇元光之紀有赫炎圖仰章聖景德之規益恢熙運率踐祚六年而後易顧流輝千載以相望肆惟沖人祇若前代方舉偏而補弊訖用咸和尚儲祉以垂恩其自今始匪獨覬一人之慶庶永均四

海之歡播告多方明聽朕志

嘉泰四年十二月十一日詔來年正月一日改元為開禧詔曰大易論變則通通則久莫如故以取新春秋謂正次王王次春尤重表年而首事朕猥漸涼德嗣守丕基無怠無荒每躬親於庶政何修何飾可坐致於隆平賴宗社之胡扶荷穹祇之貺施年穀屢書於中熟邊垂稍得於外虞汔可小康未知攸濟宵旰焦勞而治効愈邈夙夜寅畏而和氣未臻至於衆大之區間有鬱攸之變士鮮公忠經遠之操人懷媮墮自營之私聞見熟為謂當然風俗流失恬而不恠思欲洗凡而破陋宜先滌穢以蕩瑕矧庚申受命以至今踰二百載自甲子循環而復始又六十年茲迓續於方來期增光於既往爰因嗣歲載易美名法開寶肇造之初洎天禧全盛之日庶幾二祖之烈永底丕民之生既大號之渙乎宜洪恩之解作

卷五千二百五十

二

開禧三年十二月二十六日詔來年正月一日改元為嘉定詔曰朕嗣承大統勤撫庶邦更星紀之一周見曆元之三易頻年相繼寰宇多虞邊釁遽開顧生靈之何罪蟲蝗為孽與旱潦以相仍皆權臣誤國之致斯在菲質應天之敢慢今則典刑已正綱紀益張乃因正月之和適際三陽之泰誕揚大號亶告多方取商宗嘉靖之言暨周王者定之義用光嗣歲式迓休祥庶幾叶氣之薰太平可望行見萬民之集得所為期衍丕祚於無疆與斯人而更始

大典五千二百五十又一萬六千九百二十四

淵寶慶紹定端平嘉熙改元詔　其注更始下

大典卷一萬六千九百二十四

用爲期延丕祚於無疆與始人而更始　理宗嘉熙四年十月癸巳詔以
明年正月初一日爲淳祐元年勑門下春秋内夏外夷寔重三正之統王
者改元立號每因萬國之心朕猥以眇躬嗣膺大歷踐祚十有三載若涉
春冰臨朝一日萬機靡遑旰食蕨更張於鴻化期開際於多艱厲精雖勤
計効愈邈仰而觀諸天運未臻協氣之横流俯而驗諸人情但見澆風之
華競惟口興戎而民生遭藩身以貸而吏道寖疆場騷然戎狄驚甚心欲
庶邪之靖必圖百志之安若非罷法於前獻何以作興於群聽重念仁孝
兩朝之盛譪如唐虞成周之和節用愛人此嘉祐所以永天命維文緯武
此淳熙所以恢聖謨用表新年之名以達斯治之意期以明年正月朔爲
淳祐元年　淳祐十二年九月壬午詔以明年改爲寶祐元年十二月丙
子朔詔曰勑門下更化則可善治所以開平之期發號而定誥教所以膺
緝熙之慶朕昭承丕緒誕保受命荷上帝之降康紫列聖之垂祐既歷三
紀夙夜罔敢遑寧底綏四方淵冰未知攸濟每乾乾而行道期穆穆以迓

淵淵慶景定咸淳改元詔　其注寶祐元年下

卷一萬六千九百二十四

衡然察文審己而庶政靡齊務本重農而群生寡遂朝綱縈而積玩吏習
狃於懷私圖勢使定而未強邊機多虞而未靖思報以圖其易觽弊而繼
其漏惟三百年德澤之深式克至于今日而萬億載基圖之永用昭受於
天休欲通變於宜民乃取斯而凝命若稽成憲適廣闢法勢之宏規會
車書之一統踵仁祖之盛際致朝野之咸和爰易嘉名以興嗣歲導迎善
慶振起群心殺疑常久之功永底輯寧之福其以明年正月一日改爲寶
祐元年　咸淳十年七月癸未奉遺詔即皇帝位于柩前甲子詔以明年
爲德祐元年德祐二年五月乙未朔宜中等立昰于福州以爲宋主改元
景炎元年四月戊辰昰殂于碙洲其臣號之曰端宗庚午衆又立衛王昺
爲主以陸秀夫爲左丞相是月有黄龍現海中五月癸未朔改元祥興

請聽政御殿 太祖建隆二年六月二日昭憲皇太后崩五日宰臣范質等上表請聽政不允總三上表詔允九日始見百官于殿門 開寶九年十月二十日太祖崩太宗即位二十三日宰臣薛居正等上表請聽政詔答不允 二十四日成服於萬歲殿居正前跪奏固請可之 即日移御長春殿聽政群臣皆衰服就列 太宗至道三年三月二十九日太宗崩真宗即位四月二日宰臣呂端等上表請聽政不允總三上表詔允四日御崇政殿之西序群臣入謁帝號慟以見輔臣以次奏事 十四日端等復請御政殿三上表始允 五月三日御崇政殿視朝還御滋殿閱事如常儀 真宗景德元年三月十五日明德皇太后崩十七日宰臣李沆等上表請聽政不允十九日再上表二十一日沆等詣萬安宮門請對帝號泣見之沆曰軍國事繁不可暫曠願以天下為念早俞眾懇於是繼上四表猶不許沆等復請對言西北邊屯兵機務不可暫滯帝曰梓宮在殯四方之事各有司存所請聽政朕情所未忍沆等瞻仰聖顏毀瘠至甚因退復上言曰伏以先后升遐宸衷哀慕痛深創鉅擗擗傷摧殆此彌旬煢然在疚雖三日聽政備遺誥以丁寧四表叫閽發群情之懇禱而詔音敦諭刑於未忍朝野惶駭不知所圖竊以機務至繁不可暫曠詔命至重不可輒違況自先后聖體弗康載離寒暑陛下衣不解帶藥必先嘗躬禱神祇遍走群望親後安否至日侵門戍常膳之獻加然乃御食雖中夕而屢起靡敢寧居動靜承顏勤勞不匱天子之孝載籍所無及茲上仙追懷罔極無窮永感諒闇不言臣等覆造倚廬面陳至懇願以宗社為念少抑哀懷望遵顧命之文俯親庶政而易月之制聖情誓守於凡庭宅憂以來天顏殆至於欒棘臣等兢惶屏息不敢仰視伏望循祖宗之舊典稟母后之遺言節哀順變式叶前經兼拱嚮明躬決庶務以天下為大計俾群臣覿清光則長樂如在之靈實歆孝德有司各揚之職不素官常所繫非輕期於得請沆等又上奏曰伏奉詔諭誓守哀制陛下宅憂過禮中外不遑寧以歷代禮文三日聽政蓋於便坐視事俟易月始御前殿以示變禮之漸今俟易月方允聽政便升前殿即廢便坐視事之儀更於便殿視朝緣服制已然無此典禮伏望即衰順變俯就禮文庶安群心免滯機務沆等復詣宮門求見告以邊事軍機深慮有所曠闕帝泣謂沆曰勉依卿等所請有軍國急務即於便殿商量 二十四日帝林縡御萬安宮西偏對輔臣翌日有司設幄於崇政殿御帝去杖絰服縗裳近臣扶翊御座哀慟左右

沆等跪奏陛下毀瘠過甚伏望割哀強食以為宗廟社稷臣等不勝大願 四月七日始御崇政殿聽政九日群臣復請御正殿三上表始允 四年四月十六日莊穆皇后崩詔崇文院討尋皇帝視事故事檢討杜鎬言徧觀載籍歷代皇后上仙無群臣聽政表即皇帝無不視事之文明矣又唐德宗明德皇后以正元二年十一月丁酉上仙壬寅成服之日宣撫軍節度使劉元佐幽州節度使曲環鄂岳觀察使盧玄卿來朝詣延英門請見詔許自丁酉至壬寅六日已後見蕃臣明是服內聽政其延英是便座欲望皇帝依服朝例前殿不坐便殿視事如儀詔太常禮院詳定以聞禮院上言歷代無服內不視事之文欲請如鎬所議視事便殿俟釋服後即復常儀真宗殯及釋服日皆不視事從之 真宗乾興元年二月十九日真宗崩仁宗即位 二十一日宰臣丁謂等上表請聽政不允 二十二日詣內東門拜表請皇太后依遺制處分軍國事不許 二十三日皇帝表三上詔允 二十四日皇太后表三上批答宜許 二十五日皇帝聽政於崇政殿之西廡下有司設御座垂簾幕皆用縞素中書門下文武百僚諸軍將校於殿門外立班帝自宮中縗服去杖絰服布襴衫腰絰斜巾垂帽號慟而出侍臣扶侍升御座通事舍人引百僚入至殿庭西向合班俟簾捲百僚再拜宰臣班首奏聖躬萬福再拜三呼萬歲班首出並少前跪奏稱臣某等言請皇帝聽政復位宣徽使承旨稱制可百僚再拜隨拜三呼萬歲班退宰臣等升殿奏事軍頭司引呈雜公事並如舊儀是日宮中設祭大行皇帝而後赴聽政 三月四日謂等復請御正殿三日表始允 二十一日御崇政殿 明道二年三月二十九日章獻明肅皇太后崩 四月二日宰臣呂夷簡等上表請聽政不允繼五上表固請詔允 十三日聽政於崇政殿之西廂 十六日夷簡等復請御正殿表三上始允 二十日御紫宸殿 嘉祐八年三月二十九日仁宗崩英宗即位 四月五日宰臣韓琦等上表請聽政不允表三上初帝欲命琦攝冢宰躬行諒闇三年之禮執政皆以為不可乃止 八日詔曰朕承大行之遺命嗣列聖之丕基踐祚之初銜哀罔極遂罹疾恙未獲痊和而機政之繁裁決或壅皇太后母儀天下子育朕躬輔佐先朝練達庶務因請同於聽覽惟冀賜於允從俾緩憂勤冀速康復俟將來聽政日請皇太后權同處分軍國事文武臣僚並權放朝參俟平愈日依舊 帝感疾未瘳故有是詔禮院奏請自十一日皇帝同皇太后御內東門小殿垂簾中書樞密合班起居以次奏事而帝止服素幞[illegible]

輔臣日入東閤候問聖體因奏政事至五月二十七日帝初御延和殿垂
六月三日復不出是時惟輔臣得入對柔儀退詣内東門小殿簾帷之外
覆奏事於皇太后至七月十三日帝始間日御前後殿視朝聽政輔臣每
退朝入内東門小殿覆奏如初至治平元年五月皇太后降手詔還政小
殿簾帷不復處分軍國事（以上國朝會要）　英宗治平四年正月八日
英宗皇帝崩神宗皇帝即位十一日宰臣韓琦等上表請聽政不允繼三
上表固請詔允十七日始見百官二十一日御迎陽門幄殿二十四日琦
等復請御殿表三上始允二月六日御正殿　元豐二年十月二十日慈
聖光獻皇后崩二十六日宰臣王珪等上表請聽政不允繼七上表乃詔
候終易月之制有司定日御殿十一月十九日御崇政殿聽政上服素紗
襆頭淺黃衫黑犀帶於殿西廡幄次號哭見群臣西向起居畢中書樞密
院次使相至閤門副使次翰林學士至修起居注官並升殿奉慰二十八
日宰臣吳充等再上表請御正殿詔曰朕既逾易月即御便朝外雖横於
繁機内更深於悲慕何需章之來止祈路寢之親臨宜體至情勿為迫遽
所請宜不允至是五表乃從之至十二月二十三日始御垂拱殿　三年
二月二十二日上御崇政殿上自十六日以大行皇帝發引不視事是日

禮五五之三

始御便殿至祔廟乃御前殿　八年三月五日神宗皇帝崩哲宗皇帝即
位八日群臣上表請聽政又詣内東門請太皇太后聽政並三表從之二
十一日上御迎陽門聽政見百官睟神宗皇帝像于集英殿宰臣等及文
臣御史武臣横行已上以次升殿舉哭盡哀而退二十五日群臣復請御
正殿三上表乃從之四月三日上初御紫宸殿宰臣以下奏事諸司猶未
許對　元祐八年九月三日宣仁聖烈皇后崩七日宰臣呂大防等入見
上於崇慶殿之東楹奏稟拜表請聽政曰光獻上仙神宗皇帝七表而許
令依祖宗故事五表可也上曰朕有所不忍且先帝故事不敢損也八日
文武百官詣東上閤門拜表請聽政自是七表乃從之十月四日上御崇
政殿視政　七日文武百僚復請御正殿五上表始允十一月一日御拱
殿　元符三年正月十二日哲宗皇帝崩徽宗皇帝即位二十五日宰臣
章惇等上表請聽政凡五表從之至二月二日上御迎陽門幄殿宰臣請
聽政與親王宗室侍從管軍臣僚升殿面慰上慟哭久之三省樞密院奏
事訖同諸親王入慰皇太后對輔臣慟哭輔臣覆奏訖退自是以為常是
日以皇帝聽政奠告於大行皇帝四日宰臣章惇等請御殿三表從之至
十二日上御崇政殿　徽宗建中靖國元年正月十三日欽聖憲肅皇后

崩十九日宰臣韓忠彦等上表請聽政凡七表從之至二月十三日百官
進名慈德殿門奉慰上服素紗襆頭淺黃衫黑犀帶御迎陽門宰臣等起
居聽政訖次升殿奉慰上涕泣久之十四日宰臣韓忠彦等請御殿五上
表從之三月三日上始御紫宸殿群臣起居見謝辭如儀　高宗紹興元
年四月十四日隆祐皇太后崩遺誥皇帝服期以日易月仍不妨除服御
朝聽政勿以吾故妨廢軍國事務十七日成服二十三日宰臣范宗尹等
上表請聽政不允三上表固請批答卿等以四方未靖萬機不可久曠為
言所請宜允五月一日宗尹等復上表請御正殿五日三上表始允　七
年正月二十五日問安使何蘚至自金國得報道君太上皇帝紹興五年
四月二十一日崩寧德皇后相繼上仙宰臣張浚等入見於内殿後廡皇
帝號慟擗踊不勝哀内侍扶掖之二十七日成服於几筵殿二十九日浚
等上表請聽政不允二月五日五上表内批俟過小祥几筵之則權設素
幄許輔臣奏事又上表固請批答卿等以戎車方駕軍檄交馳朕不得已
為之俯從俟過小祥延見近輔宮中自行三年之喪凡六表始允十九日
復上表請御殿二十三日三上表宜允　二十九年九月二十日皇太后
崩於慈寧殿遺誥皇帝成服三日聽政二十三日成服二十四日宰臣湯

禮五五之四

思退等率百官上表請聽政不允二十八日五上表批答俟過小祥於梓
宮之側權設素幄令輔臣奏事十月五日復上表請御殿十四日三上表
批答俟過禫除勉遵遺誥十八日御前殿視朝如常儀　三十一年五月
二十二日金國人使報孝慈淵聖皇帝升遐詔朕當持斬衰三年之服以
申哀慕二十二日成服於几筵前六月一日宰臣陳康伯等上表請聽政不
允四日三上表始允八日復上表請御正殿十六日三上表宜允

朝會

全唐文

大朝會 宋會要 朝會 大朝會

其日準擇時刻陳布將士填街及左右金吾六軍諸衛
勒所部列黃麾大仗屯門及陳於殿庭如常儀文武百
寮及羣官客使等俱入朝（文武常參官朝服陪位官等公服）近仗就陳於
閤下太樂令樂工協律郎俱入就位中書侍郎以諸方
鎮表案給事中以所奏祥瑞案俱俟於大慶門外之左
右諸侍衛之官各服其器服符寶郎奉寶俱詣閤門奉
迎羣官客使陪位官俱入就位立定侍中版奏請中嚴
又奏外辦閤鳴鞭宮縣撞黃鍾之鐘右五鐘皆應殿上
承旨索扇皇帝服袞冕御輿以出曲直華蓋侍衛如常

卷五千三百五十一 一

儀協律郎舉麾宮縣奏乾安樂鼓吹振作皇帝服袞冕
執珪出自西房即御座南向扇開協律郎偃麾戛敔樂
止符寶郎奉寶置於御座前文武三品以上尚書省四
品自大慶門入（三品以上官初入門奏正安之樂至位樂）止中書侍郎給事中
押表案祥瑞案入詣東西階下相對立（侍郎給事置表瑞案訖各還侍）
（臣班俟起居還表瑞案位）訖中書門下學士兩省御史臺供奉官橫
行北向樂止典儀贊再拜在位官拜舞起居訖太尉將
升中書令門下侍郎俱降至兩階下太尉詣西階下（太尉）
（升降皆禮官通事舍人引餘官止通事舍人引之又太尉每行樂作至位樂止）解劍脫舄升殿
中書令門下侍郎各於案取所奏之文詣褥位解劍脫
舄以次升分東西立以俟太尉詣御座前北向跪奏稱

舄

賀云俛伏興降階佩劍納舄（餘官升降劍舄並準此）還位在位官
俱再拜舞蹈訖侍中進當御座前承旨稱制宣答橫行
官分班序立中書令門下侍郎升詣御座前各奏諸方
鎮表及祥瑞訖戶部尚書就承制位跪奏諸州貢物請
付所司侍中承旨稱制可退次禮部尚書奏諸蕃貢物
請付所司司天監奏雲物祥瑞請付史館皆如上儀侍
中進當御座前奏禮畢殿上承旨索扇宮縣撞蕤賓之
鐘左五鐘皆應協律郎舉麾宮縣奏乾安樂鼓吹振作
皇帝降座御輿入自東房扇開偃麾戛敔樂止侍中奏
解嚴文武百僚相次退還次諸州客使陪位官蕃客等
並退仗衛排列如舊以俟上壽中書門下文武百僚立

卷五千三百五十一 二

班如朝賀儀並朝服侍中版奏中嚴外辦閤鳴鞭撞鐘
殿上索扇皇帝服通天冠絳紗袍御輿以出舉麾奏樂
鼓吹皇帝即御座扇開偃麾戛敔中書門下文武百寮
橫行拜舞分班並如賀儀光祿卿詣橫街南奏請允群
官上壽侍中承旨稱制可文武百寮並橫行拜舞太尉
升殿詣壽樽所北向尚食奉御酌御酒一爵授太尉太
尉搢笏執爵詣御座前跪進皇帝執爵太尉執笏俛伏
興少退跪奏稱上千萬歲壽云降階在位官皆拜舞公
王詣東西階升殿（劍履者各解脫於階下）羣官升東西廊並立於
席後（群臣解劍脫舄並於席位）太樂令引歌者及琴瑟至階下升就
位坐其笙管者進階尚食奉御進酒殿中監省酒以進

皇帝舉第二爵登歌作甘露之曲飲訖樂止皇帝飲訖殿中監受虛爵中書門下殿上橫行通事舍人贊曰各賜酒上下群官拜呼萬歲就坐搢笏受酒宮縣作正安之樂飲酒巡周凡行酒訖並官令奏巡周太樂止尚食奉御進食升階以次置御座前又設群官食訖凡設食訖太官令奏食通太樂丞引武德之舞入作三變止殿中監進皇帝第三爵群官立席後登歌作瑞木成文之曲飲訖群官皆座又行群官酒作樂進食設群官食如上儀太樂丞引天下大定之舞作三變止殿中監進皇帝第四爵酒登歌奏嘉禾之曲如第三爵之儀皇帝四盞百僚三盞其食兩廡進設二舞各作三變即通事舍人曰可起百僚皆立於席後群官皆佩劍納履候升殿官降附降侍中進御座前跪奏禮畢俛伏興群官俟降階後位北向立班拜舞分班序立次殿上索扇太樂撞鍾聲麾奉乾安樂鼓吹振作皇帝降座御輿入自東序扇開還殿樂止侍中奏解嚴所司承旨放仗文武百僚再拜訖相次退文昌雜錄爲儀辛臣兩省學士待制至殿中侍御史先就丹墀位乘輿升御座方引諸司三品四品入大慶殿門正安之樂作按事禰格兩朝獻賛錄六毎遇正至興兩有宮侍立香案兩遏終颯會無拜賀之私宮奏請同令且立香案南侯扇閒賛拜再拜出班致詞賀又丹拜訖分香案東西侍立乃唐儀丹墀祇是兩有供奉官侍立之地宰相一員攝太尉與一品二品三品四品列子殿門樂作就位盞宮樂之樂本爲上公令元會新僕百官就位皇帝升座禮官乃引宰相親王使相押文武三品等官分東西門入王安定樂作雖列正謗說而兩有供奉官隋拜員于丹婦未後侍立之制詳定所上朝會儀注二奏令式四十恭其詳客如此恐尚來有立者爲太祖建隆元年五月朔有司請受朝時司天上言日當食故罷視

朔御殿非古也唐德宗以數術之學行斯禮憲宗元和中以其不經罷之後唐同光中復詔舉行至是猶循舊例十一月冬至帝親征揚州不受朝群臣詣行宮拜表稱賀自是凡正冬及五月朔皆太常禮院奏請其無事而罷會者下敕但云不御殿至日群臣文武百官詣閤門拜表稱賀五月朔亦無拜表之禮其無事而罷會不錄二年正月朔御崇元殿受朝賀服袞冕設宮懸仗衛如儀仗退常服御廣德殿群臣上壽用教坊樂通考仗退群臣詣皇太后宮門奉賀五月朔御崇元殿受朝帝服通天冠絳紗袍宮縣仗衛如式十一月冬至不受朝以昭憲皇太后始祔廟故也四年十一月冬至行郊祀之禮群臣詣齋宮拜表稱賀自後凡冬至日値行禮者皆拜表賀乾德二年正月朔不受朝以孝明皇后在殯故也十一月冬至不受朝三年正月朔不受朝皆以王師在蜀故也十一月冬至受朝賀於文明殿常服通天冠絳紗袍餘如元會之儀四年正月朔御文明殿受賀退詣崇德殿上壽十一月冬至御乾元殿退御大明殿群臣上壽始用雅樂登歌二舞賜群臣酒五行而罷玉海是年正月朔會攝二十四曲白龜甘露紫芝嘉禾玉兔開寶三年正月朔不受朝雨雪故也四年正月朔不受朝王師征嶺南故也五年正月朔不受朝雨雪故也七年十一月冬至不受朝八年正月朔不受朝十一月冬至不受朝皆以出師江南故也玉海開寶

驛

九年正月戊寅朔受朝乾元殿降王在列蠻客尤備知制誥扈蒙上聖功頌述其事詔褒之九年太宗即位改元十一月冬至不受朝以太祖梓宮在殯故也太平興國二年正月朔亦然十二月二十二日帝服袞冕御乾元殿百官朝服綴於位六軍諸衛殿中為仗服如元會之儀太常縣而不作百官稱賀大赦改元為太平興國宣制畢御大明殿上壽是年十月二十日帝即位至是始朝會改元太平興國二年十一月冬至御朝元殿受朝賀退御大明殿上壽後用教坊樂三年五月朔御朝元殿受朝如冬至之儀時以陳洪進錢俶來朝故也雍熙五年正月朔不受朝以將有事耕藉故也端拱二年正月丙寅朔御朝元殿受朝賀退御大明殿上壽淳化元年正月戊寅朔御朝元殿受朝賀下詔改元三年正月朔服

卷五千三百五十一

五

袞冕御朝元殿受朝賀禮畢改通天冠絳紗袍升座受群臣上壽帝即位以來每朝賀畢退御大明殿常服上壽奏教坊樂至是始命有司約開元禮定上壽儀皆以法服行禮設宮懸萬舞酒三行而罷從舊制也又取嗣位以來祥瑞作祥麟丹鳳白龜河清瑞麥五曲用之十一月冬至不受朝以許王薨日近故也五年十一月冬至詔以飭甸用兵罷朝會真宗至道三年十一月冬至不受朝以喪制中故也自是至咸平二年皆然咸平三年正月朔駐蹕天雄軍群臣詣行宮拜表稱賀五月朔前一日所司於朝元殿陳仗衛質明將受朝以雨霑服命閤門使宣放仗百僚常服起居於長春殿退詣正衙立班宣制

為十一月冬至御朝元殿受朝賀群臣上壽入詣萬安宮進名賀皇太后時宰臣張齊賢已下檢詳建隆二年正月朔受朝賀仗退百僚詣皇太后宮稱慶故事又詔禮官詳定而行之丘海景德元年春正月丙戌朔御朝元殿受朝改元大赦三年作祥麟丹鳳河清等十三曲四年正月己亥朔御朝元殿受朝賀群臣上壽諸道進奉契丹諸壽使在焉下詔畢青司天言日抱氣佳氣慶宮闕上作九日會朗詩賜近臣屬和祥符元年樊禮泉祥芝五幽大中祥符元年十一月冬至車駕次澶州群臣詣行宮拜表稱賀二年正月朔不受朝召輔臣至內殿朝拜天書自是歲以為常三年正月朔不受朝以晉國公主喪故也五年閏十月一日詔以來年正月一日御朝元殿受朝賀先是詔用冬至受朝賀將以聖祖降慶設道場一月於朝

卷五千三百五十二

六

元殿而冬至在恭謝玉皇致齋之內故有是詔八年正月朔帝詣玉清昭應宮上玉皇聖號禮畢還宮常服御崇德殿群臣稱賀乾興元年十一月仁宗即位改元冬至不受朝以喪制故也自是至天聖二年皆然仁宗天聖四年十二月十二日國信所言正旦朝會契丹使來當赴班否禮官請如舊儀設位於龍墀上次節度使之南升殿坐位如侍宴之儀從之王淫天聖三年四月閣五月一日御殿故事王欽若等以陰氣始盛設召臣相見之儀然近議未當行十六日帝諭宰臣曰元正御殿緣北朝人使自遠而來為皇太后上壽朕欲受時先率百官赴會慶殿上皇太后壽酒訖然後御天安殿皇太后曰元日御殿立仗之儀帝王舊式餘並不得輕議王曾等再拜

賀曰皇帝以孝治之德上奉母儀皇太后以謚尊之美深全國体中外聞之誰不感悅實宗社之休生民之福也翌日帝手詔付中書門下元日先率百官上皇太后壽酒訖然後赴天安殿仍令太常禮院依此修定儀制

宋會要

七年十月御史臺言冬至御殿舊儀公卿自殿門外叙班以入令緣文班三品四品以上並闕又左右金吾上將軍大將軍各二員將軍各四員分左右立班令同判左金吾張誠久病在假南班見止二員並望差官充攝詔樞密直學士李諮知制誥李仲容攝公卿左千牛衛將軍符承煦與西京左藏庫副使石孝孫等七人分攝

卷五千三百五十一　七

左右金吾慶曆六年十二月十五日管勾西驛所言夏國進奉人未經正月一日御殿稱賀未審赴班否詔首領等赴習儀稱賀嘉祐元年正月朔御大慶殿受朝前一夕殿庭設伏衛既具而大雨雪至墜宮架折帝於禁中跣而告天至是日雖開霽然帝暴感風眩促行禮而罷　英宗治平四年正月朔詔罷元會只受冊尊號先是詔會朝上冊尊號英宗不豫遂罷會　神宗熙寧二年三月二十五日詔罷五月一日御大慶殿受朝太常禮院今後無復申請十一月三十日冬至上御大慶殿受朝是日宰臣文武百官入詣內東門賀太皇太后皇太后三年十二月十六日右諫議大夫宋敏求言淳化

二年詔來年正月一日御殿皇帝更衣再坐執圭候太尉進酒差官受圭第四盞畢卻進圭後來有司失於奏請再坐上壽遂不執圭今欲乞並依舊儀又正冬御殿朝臣自太子中舍洗馬而上并攝南班官皆得赴坐賜酒惟皇親大將軍以上至率府副率獨不與坐亦無侍立明文當賜酒之時徘徊階陛班列不肅又緣其日宗室正任以上亦皆赴坐令欲乞令將軍以上並赴坐其率府副率以下隨班上壽訖先退並從之九年七月二十一日詔閤門道許上壽赴坐宗室大慶殿朝會亦令與元豐元年十一月十九日詔龍圖閣直學士右諫議大夫史館修撰修國史宋敏求右諫議大夫權御史中

卷五千三百五十一　八

丞蔡確西上閤門使樞密副都承旨張誠一太常博士集賢校理同修起居注直舍人院權同判太常寺李清臣詳定正旦御殿儀注

宋會要

先是令宋敏求同閤門御史臺看詳上批以逐處官多議論難一恐曠日持久不能畢宜於御史臺閤門太常禮院各差一員與敏求詳定既而詳定正旦御殿儀注所言周禮王執鎮圭繅以為祭天地宗廟及朝日夕月則執之若朝覲諸侯受玉於王但受玉撫玉而已考工記天子執冒四寸以朝諸侯蓋諸侯執圭以受天子天子以冒圭邪刻之處冒諸侯之圭以齊瑞信如後世之

合符然未有臨臣子而執鎮圭者唐興殿中監掌御服之事凡大祭祀則進大圭鎮圭若元正冬至大朝會止有進爵之禮開寶通禮始著元會執圭出自西房淳化中又以上壽進酒以内侍捧圭臣等遠稽周制近考唐禮皆向未合其元會受朝賀伏請不執鎮圭上壽準此從之二十三詳定正旦御殿儀注所奏正旦朝會用黄麾伏及以車輅輿輦充庭乞先須降以本所祇應職掌及諸司排儀仗班次等人赴大慶殿豫審度容布儀仗輦輅等地具圖以聞詔車輅未設餘依所請

宋會要

卷五千三百五十一

九

十一月冬至不受朝以慈聖光獻皇后喪制故也十二月六日詔元日御殿執儀仗人均差天武神衛三年五月二十八日詳定朝會儀注所言今定大慶殿之後門内東西設幄為閤又於殿東左右設帝為東西房以為乘輿出入所由之地又言朝會所陳平輦逍遥舊設於四朵殿今宗室一坐西朵殿賜酒欲移平輦等於東西龍墀上並從之（四朝志三年詳定所又言昨定非會圖於大慶殿橫街止陳大輦逍遥平輦而輿未成也當增腰於一改偏扇圓方扇為三等繡維製）五年十二月二十三日詔正旦朝會日引駕殿前左右班及人員候至殿閣即分立於殿東西夾行間立於龍墀東西勾欄内起居郎舍人左右巡使並就本位拜其起居舍人朔日視朝拜亦準此

宋會要

八年正月朔不受朝以上寢疾故也二月二十七日詔諸朝會殿中侍御史閤牒監察御史又閤牒在京職事官起居舍人閤牒著作秘書郎著作佐郎又閤牒中書舍人其餘執事官閤牒班内官攝並報閤門　哲宗即位禮部言冬至正旦在諒闇當罷朝賀欲令群臣於東上閤門内東門表賀從之十一月冬至不受朝以喪制故也（自是至元祐二年正月朔皆然）元祐八年四月六日禮部言秘書省正字兼權太常博士陳詳道言伏覩禮文有合改正按貴人賤馬古今所同故覲禮馬在庭而侯氏升堂致命聘禮亦馬在庭而賓升堂私覿今元會儀御馬立於龍墀之上而特進以下立於庭是不相尊賢才體群臣之意按元會儀車輅皆在庭中御輦御馬乃在龍墀之上輦馬不相須兼車輅已在庭中今以御馬在庭儀物別無未稱又公王侍從班在丹墀雖居馬上而特進以下皆在沙墀實居馬下若以御馬在庭以明尊賢賤馬之意於義為允從之十一月冬至不受朝以宣仁聖烈皇后制故也（自是至紹二年皆然）聖元符元年四月八日禮部太常寺言今五月朔於故事當大朝會乞就是日行受寶之禮依上尊號寶冊儀前一日上齋于内殿翌日上服通天冠御大慶殿降坐受寶群臣上壽稱賀從之十二月二十一日禮部言將來正旦御大慶殿朝會奉迎天

卷五千三百五十一

十一

授傳國受命寶從之仍著為令二年正月朔不受朝雨雪故也二年十一月冬至不受朝以喪制故自是至崇寧元年正月朔亦然徽宗崇寧元年十一月冬至不受朝以欽成皇后喪故也大觀元年十一月十一日詔來年元日御大慶殿恭授八寶二年十一月冬至不受朝以顯恭皇后喪故也政和二年十一月二十五日冬至受元圭于大慶殿三年十一月冬至不受朝以明懷皇后喪故也四朝志其年議禮局上大慶殿大朝會儀衛黃麾大仗五千二十五人文德殿視朝黃麾半仗二千二百六十五人文德殿發冊黃麾細仗一千四百二人五年十二月十四日太常寺言來年正月一日皇帝御大慶殿受文武百僚朝賀勘會五禮新儀大慶殿元正大朝會上壽係上公檢會去年十一月三十日敕皇太子在三公之上凡慶會上壽依天禧之制押百僚於外殿及昨皇太子受冊畢開宴日上壽係皇太子陞殿上壽詔上壽差上公皇太子內殿稱賀

卷五千三百五十一

十一

宋會要

八年正月一日御大慶殿受定命寶宣和三年十一月冬至不受朝以明節皇后喪故也六年正月一日皇帝御大慶殿受朝賀次詣明堂布政還大慶殿上壽

紹興三年十二月二十五日輔臣進呈金使李永壽等正旦入見故事百官俱入上曰全盛之時神京會同朝廷之尊百官之富所以夸示夷狄今暫駐於此事從簡便舊日禮數豈可盡行無庸俱入燕元日亦未嘗受賀也建炎之初鑾輿南幸庶事未備而朝會之儀未暇舉焉正至但循例宰臣率文武百官拜表稱賀而已紹興改元以道君皇帝淵聖皇帝北狩權宜皇帝躬率百僚遙拜畢次御常御殿朝參官起居至是臣僚建言詔命有司舉行之

卷五千三百五十一

十二

宋會要　皇帝朝德壽宮

淳熙元年九月四日宰執內殿奏事畢上顧謂曾懷等曰前日詣德壽宮太上皇帝飲酒樂甚太上皇帝年將七十而步履飲食如壯年時每侍太上皇帝行苑囿間

登降皆不假扶掖朕見太上皇帝壽康如此喜固不可言回顧皇太子在側曰時和歲豐中外無事人情熙熙三世同此安榮其樂有不可形容者懷等奏曰此皆陛下聖德聖孝昭格天地有以致之　二年十二月十七日皇帝帥文武百僚詣德壽宮行慶壽禮（十三年正月十日同此）

九年九月十三日皇帝詣明堂行禮畢帥文武百僚詣德壽宮起居上壽飲福稱賀（恭承太上皇帝聖旨爲免到宮）　十年十二月十六日皇帝詣德壽宮起居行太上皇后慶壽禮

卷五千三百五十六

宋會要（命婦內朝）

真宗大中祥符二年七月一日內東門司言皇親諸命婦應入宮庭覲見者承前未嘗豫奏不待報而入謁有司無由致詰自今望令前一日具奏待報詔長公主不須待報但令以隨從女僕人數具奏又言戚里及臣僚家尊長亡歿後其息女子婦忌音悉令入見自是承例於宮庭貢獻今請止令家長入謁從之其諸婦息女舊當入貢者並特賜時服

六

仁宗天聖三年三月詔皇城司自今內夫人并使臣及尚書內省文字於宮院宣喚人入內更不令下帖子便隨所宣指揮入內　寶元二年五月九日臣僚上言乞自今後除皇親國戚之家許奉朝請外其餘一切臣僚之家并女冠尼寺等人並不許入內如遇朔望命婦之家

只令進表起居詔入內內侍省除親王長公主依舊外餘皇親之家遇節序聖節南郊慶賀許依例進奉入內非次不得妄作名目告求入內永爲定式　十二月五日詔外命婦每歲並冬朔及因事工禮唯見任前任并薨歿執政之臣及節度使以上見任入內內侍省內侍都知押班妻許申參奉獻餘皆罷先是外戚疏遠之家因緣歲時並入宮掖有賞錫煩費干祈攸託之弊上封事者言其失乃勑三司使晏殊詳定至是從其請　康定二年九月二十七日贈武勝軍節度使任福妻王氏乞賜妻并子婦入內朝謁詔聽王氏及子懷亮婦將節入內　皇祐四年九月八日詔臣僚之家自外到闕入

卷五千三百五十六

內合進土儀物色者許依舊例皇親戚里遇節序慶賀及乾元節南郊方許入內進奉其朔望更不得入內臣僚命婦并命婦并女冠尼寺院等非遇乾元節南郊及慶賀毋得妄作名目告求入內　治平四年三月十九日（神宗即位未改元）太常禮院言檢會乾興元年乾元節以真宗梓宮在殯所有在京臣僚內外命婦等進奉並權罷詔如舊例

七

哲宗元祐元年二月二十九日禮部神宗皇帝小祥欲比附故事是日外命婦並請神御前奠酹及奉慰太皇太后皇太后詔從之　十一月一日禮部言將來冬年節命婦賀太皇太后合比附坤成節例改牋爲表從

之

宋會要輯稿　第三十九冊　禮五七

禮五六之一五

四　卷五千三百五十六

八

七年十月，御史臺言：「冬至御殿舊儀，公卿自殿門外叙班以入。今緣文班三品、四品以上並闕，又左右金吾上將軍、大將軍各二員，將軍各四員，分左右立班。今同判左金吾張試久病在假，南班見止二員，並望差官充攝。」詔樞密直學士李諮、知制誥李仲容攝公卿，左千牛衛將軍符承煦與西京左藏庫副使石孝孫等七人分攝左右金吾。　慶曆六年十二月十五日，管句西驛所言：「夏國進奉人未經正月一日御殿稱賀，未審赴班否？」詔首領等赴習儀稱賀。　嘉祐元年正月朔，御大慶殿受朝。前一夕，殿庭設仗衛既具，而大雨雪，至壓宮架折。帝於禁中跣而告天，至是日雖開霽，然帝暴感風眩，促行禮而罷。　英宗治平四年正月朔，詔罷元會，只受冊尊號。　先是詔會朝上冊尊號，英宗不豫，遂罷會。　神宗熙寧二年三月二十五日，詔罷五月一日御大慶殿受朝，太常禮院令揆無復申請。十一月三十日冬至，上御大慶殿受朝。是日，宰臣、文武百官文詣内東門賀太皇太后、皇太后。　三年十二月十六日，右諫議大夫宋敏求言：「淳化二年詔：來年正月一日御殿，皇帝更衣再坐，執圭俟太尉進酒，羣官受圭，第四盞畢，却進圭。後來有司失於奏請，再坐上壽，遂不執圭。今欲乞並依舊

卷一萬七千四百六十四

一

儀。又正冬御殿，朝廷自太子中舍、洗馬而上，并攝南班官，皆得赴坐賜酒，惟皇親大將軍以上至率府副率獨不與坐，亦無侍立明文。當賜酒之時，排細陞階，班列不肅。又緣其日宗室正任以上亦皆赴坐，今欲乞令將軍以上並赴坐，其率府副率以下隨班上壽訖先退。」並從之。　九年七月二十一日，詔閤門：近許上壽赴坐宗室，大慶殿朝會亦令預。　元豐元年十一月十九日，詔龍圖閣直學士、右諫議大夫、史館修撰、修國史宋敏求，右諫議大夫、權御史中丞蔡確，西上閤門使、樞密副都承旨張誠一，太常博士、集賢校理、同修起居注、直舍人院、權同判太常寺李清臣，詳定正旦御殿儀注。　哲宗即位，禮部言：「冬至、正旦在諒闇，當罷朝賀，欲令群臣於東上閤門、内東門表賀。」從之。　宣和六年正月一日，皇帝御大慶殿受朝賀，次詣明堂布政，還大慶殿上壽。

太祖建隆元年十一月冬至，帝親征揚州，不受朝，羣臣率百官詣行宮拜表稱賀。自是凡正、冬及五月朔皆太常禮院奏請，其無事而罷會者不録。　二年十一月冬至不受朝，以昭憲皇太后始祔廟故也。　四年十一月冬至行郊祀之禮，羣臣詣齋宮拜表稱賀。自後凡冬至日值行禮者皆拜表賀。　乾德二年十一月冬至不受朝，以王師在蜀故也。　三年十一月冬至受朝賀於文明殿，帝服通天冠、絳紗袍，餘如元會之儀。　四年十一月冬至御乾元殿，退御文明殿，群臣上壽，始用雅樂登歌二舞，賜群臣酒五行而罷。　開寶七年十一月冬至不受朝。　八年十一月冬至不受朝，皆以出師江南故也。　九年（太宗即位未改元）十一月冬至不受朝，以太宗祖梓宮在殯故也。　太平興國二年十一月冬至御朝元殿受朝賀，退御文明殿上壽，復用教坊樂。　淳化三年十一月冬至不受朝，以許王薨日近故也。　五年十一月冬至，詔以劍南用兵罷朝會。　真宗至道三年十一月冬至不受朝，以喪制中故也。　咸平三年十一月冬至御朝元殿受朝賀，群臣上壽，又詣萬安宮進名賀皇太后。時宰臣張齊賢已下檢詳建隆二年正月朔受朝賀，仗退，百僚詣皇太后宮稱慶故事，又詔禮官詳定而行之。　乾興元年十一月（仁宗即位未改元）冬至不受朝，以喪制故也。自是至天聖二年皆然。　天聖七年十月，御史臺言：冬至御

殿舊儀，公卿自殿門外叙班以入。今緑文班三品、四品以上並闕，又左右金吾上將軍、大將軍各二員，將軍各四員，分左右立班。今同判左金吾張斌久病在假，南班見止二員，並望差官充攝。詔樞密直學士李諮、知制誥李仲容攝公卿，左千牛衛將軍符承煦與西京左藏庫副使石孝孫等七人分攝左右金吾。　神宗熙寧二年十一月三十日冬至，上御大慶殿受朝，是日宰臣、文武百官又詣内東門賀太皇太后、皇太后。　元豐二年十一月冬至不受朝，以慈聖光獻皇后喪制故也。　八年十一月冬至不受朝，以喪制故也。（哲宗即位。禮部言：冬至止旦在諒闇，當罷朝賀，欲令群臣於東上閤門、内東門表賀。從之。）　元祐八年十一月冬至不受朝，以宣仁聖烈皇后喪故也。（自是至紹聖二年皆然）　元符二年十一月冬至不受朝，以喪制故也。　徽宗崇寧元年十一月冬至不受朝，以欽成皇后喪故也。　二年十一月冬至不受朝，以顯恭皇后喪故也。　政和二年十一月二十五日冬至受圭于大慶殿。　三年十一月冬至不受朝，以昭懷皇后喪故也。　宣和三年十一月冬至不受朝，以明節皇后喪故也。　高宗紹興十二年十月十六日，臣僚言：竊以元正一歲之首，冬至一陽之復，聖人重之，制為朝賀之禮，焉自上世以來，未之有改也。主上臨御十有六年，正至朝賀初未嘗講，蓋者太母還宮，國家大慶，四方來賀，亶惟其時。望自今冬至、元正舉行朝會之禮

依國朝故事冬至正旦有司前兩月中請取旨排辦昨
自艱難之際權寢未行欲依所請檢舉依議設黃麾大
仗車輅道遥平輦法物樂舞等百僚服朝服再坐上壽
宣公王等陞殿間飲三周詔依仍自來年正旦舉行
建炎之初鑾輿南幸庶事未備而朝會之儀未暇舉焉
正至但循例宰臣率文武百官拜表稱賀而已紹興改
元以道君皇帝淵聖皇帝北狩權宜皇帝躬率百僚遥
拜畢次御常御殿朝參官起居至是臣僚建言詔命有
司舉行之　十一月三十日禮部侍郎王賞言朝會之
制正旦冬至及大慶賀受朝係御大慶殿與文德紫宸
垂拱殿禮制不同月朔視朝則御文德殿謂之前殿正

[卷十四]

四

衙仍設黃麾半仗其餘紫宸垂拱皆係別殿不設儀仗
今來舉行朝會之儀緣元正在近所有大慶殿之禮事
務至多竊恐排辦不及欲乞先舉行文德殿視朝之制
其大朝會合服朝服并設樂上壽間飲祥瑞表案等並
乞候來年冬至前別行取旨從之

德壽宮太上皇帝慶壽　淳熙二年十一月六日詔以十二月十七日立春
行慶壽禮　十一月十三日執政進呈禮部尚書趙雄太常少卿顏度奏
恭奉詔旨太上皇帝聖壽無疆新歲七十立春日行慶壽禮依大禮慶成
上壽百官常服簪花用樂緣上件典禮檢諸載籍亘古未有自非禮文致
美無以彰盛典上曰朕當如何此正老萊子斑衣之意龔茂良等奏云禮
以義起殊甚合宜但至尊服御當令有司討論既而禮官言聖節大宴皇
帝再坐簪花今事體尤重欲乞是日皇帝自内服靴袍至德壽宮大次簪
花行慶壽禮從之　二十四日御史臺閤門太常寺言十二月十七日立
春行慶壽禮是日皇太子及從駕文武百僚應奉官禁衛等并德壽宮官
並常服簪花皇太子及從駕官禁衛等並簪花從駕往回條悉如天申聖
節之儀不從駕官並常服簪花先赴德壽宮門外迎駕起居訖以俟立班
從之　二十六日禮部太常寺言故事車駕出奏樂緣上件慶典亘古未
有非禮儀拜備無以副中外歡愉慶忭之心欲是日車駕往回並用樂從
之　十二月四日詔慶壽行禮受盞醆奉酒參知政事龔茂良　復受盞
醆參知政事李彥穎　承旨宣制簽書樞密院事王淮　奏禮畢户部尚

[卷一萬九千二百五十二]

一

書韓彥直　殿中監禮部尚書兼給事中趙雄　殿中少監權吏部尚書
蔡洸　前導太常卿太常少卿顏度　贊引太常卿太常博士太常博士
袁樞倉部郎官許蒼舒　十三年元日慶壽行禮官同　十三日詔立春
詣德壽宮慶壽從駕臣僚禁衛等往回並簪花外其百司及從人等亦許
令簪花仍並依郊祀大禮畢恭謝回體例淳熙十二年慶壽同　十七日
立春行慶壽禮前一日有司設大次於德壽宮門内南向小次於殿東廊
西向設皇帝褥位二一於太上皇帝御座之東西向一於御座之南北向
尚醞設御酒尊酒器於御座之東又設御茶牀於御座之西稍北其日皇
帝服靴袍升輦至德壽宮從駕應奉官禁衛等並簪花不從駕官並赴德
壽宮並簪花以俟迎駕起居　前導太常御閤門官太常博士禮直官及管
軍御帶環衛官詣大次前分班于左右文武百僚詣德壽宮殿下東西相
向立皇帝至大次降輦入次簪花服靴袍皇太子以下應從駕官入詣德
壽殿下東西相向立前導官導皇帝入小次太上皇帝升御座前導官導
皇帝升殿東階詣折檻前北向褥位立奏請皇帝再拜躬奏聖躬萬福又
再拜前導官導皇帝詣太上皇帝御座之東褥位西向立皇太子及文武
百僚北向立舍人贊皇太子以下再拜措笏舞蹈又再拜躬班首奏聖躬

萬福又再拜分東西相向立禮直官引奉盤醆參知政
事承旨宣答簽書樞密院事及參禮畢戶部尚書殿中監殿中少監升殿
內侍進御茶牀尚醖典御以盤醆酒注授殿中監殿中少監訖禮直官引
奉盤醆參知政事詣酒尊所北向搢笏立殿中監以盤醆授奉盤醆參知
政事捧盤醆西向立殿中監啓醆殿中少監以酒注于醆奉盤醆參知政
事奉酒詣皇帝前北向禮直官引受盤醆參知政事詣太上皇帝御座前
西向立皇太子及文武百僚北向立奉盤醆參知政事躬進皇帝皇帝奉
酒禮直官前導皇帝詣太上皇帝御座前躬進受盤醆參知政事躬接盤
訖復受奉盤醆參知政事奉盤於皇帝降位之北西向立禮直官等前導
皇帝詣太上皇帝御座前降位北向俛伏跪皇太子及文武百僚躬皇帝
致詞稱賀太上皇帝皇帝臣某稽首言天祐昌規錫茲難老維春之吉溥
德如新臣春與群臣等不勝大慶謹上千萬歲壽畢興皇帝再拜在位官
皆再拜禮直官引簽書樞密院事詣太上皇帝御座前稍東北向躬承旨
詣皇帝降位之北西向立皇帝躬皇太子及文武百僚躬簽書樞密院事
承太上皇帝聖旨宣答曰嗣兆春酺介予眉壽家邦盛事允愜慈懷與皇
帝并百僚內外同慶退復位皇帝再拜在位官皆再拜訖分東西向相立

禮直官前導皇帝詣太上皇帝御座東西向立奉盤醆參知政事以盤北
向躬進皇帝訖奉盤醆參知政事復位皇帝捧盤詣太上皇帝御座東西
向立樂作太上皇帝飲酒訖皇帝躬接醆樂止受盤醆參知政事躬受以
授殿中監殿中監以授尚醖典御各復位皇太子及文武百僚北向立前
導官導皇帝詣稱位北向奏請皇帝再拜在位皆再拜訖前導官導皇帝
詣太上皇帝御座之東稱位西向立皇太子以下躬典儀曰拜在位官皆
再拜搢笏舞蹈又再拜內侍舉御茶牀禮直官引戶部尚書詣太上皇帝
御座前北向跪奏禮畢退復位典儀曰拜在位官皆再拜太上皇帝駕興
皇帝從入宮文武百僚前導應奉官等以次退　皇帝皇太子入賀太上
皇后如宮中之儀執政率文武百僚再詣德壽宮上太上皇后牋　牋文
曰臣茂良等言恭覩光堯壽聖憲天體道性仁誠德經武緯文太上皇帝
今月十七日立春慶壽禮成謹帥文武百僚拜牋稱賀者壽祉衆隆天人
合契徽章聲擧懽聲實動於九重寶冊對揚叶氣雲蒸於四裔臣茂良等
誠惟忭頓首頓首恭惟壽聖齊明廣慈太上皇后殿下仁如太姒導備有
莘執慈寶以躬行儷皇明而下照周旋三紀規範六宮遠茲燕翼之安復
聞隆平之久雖當講未央之大典於長樂之上儀猶未洽於鴻稱以丕崇

於聖孝爰當朔旦茂展一陽測圭之景為舒鏡玉之文悟上天心而不踰
矩修齡方衍於天皇有德而必得名介福具臻於王母慶超逸古美冠未
令臣等叨預近司欣逢盛旦想內庭之供賀喜極怡愉拜列辟之威辭祭
聞抃蹈　駕興從駕官及應奉官禁衛等並簪花從駕還內致文曰太極
之功不宰其可賓者而儀之生大明之照無疆所施推者千歲之至欽惟
聖父誕保我家二百餘載而中天定神器於歆側艱虞之始三十六年而
宅位授朕師於康輕儆豫之時上穹綿有永之年下上洽無為之化興言
菲質日侍慈顏竭愊負之勤而未足伸至養之誠惟尊美之稱而亦足表
難名之德茲載新於歲律肅展慶於耆齡前殿奉卮企昌皇以躍武大安
進膳遍貞觀之彌文斷金奏以充庭儀臣工而在列和氣適周於宇宙盛
容創見於古今仍因奉於母儀肅備彈於子道為酒以介眉壽具齊純嘏
之常立春而下覽昌史屢康民之福可大赦天下　二十一日執政率文
武百僚詣文德殿上皇帝表　表文曰臣茂良等上表今月十七日立春
慶壽禮成謹帥文武百僚拜表稱賀者紱心物表璇穹介以修齡展慶觀
闡嬉與肇于令日恩涵發育既懋延洪臣茂良等誠懽誠忭頓首頓首竊
以黃帝二十推而授策無窮鴻名熟衍放勛七十載而在位彌永盛禮寧

聞仰惟皇帝之華備事親之道恭以光堯壽聖憲天體道性仁誠德經武
緯文太上皇帝德隆原受業衡中興謂逸樂必始於憂勤坐致無窮之始
而崇高莫大乎富貴視猶脫屣之輕宜安樂以延年盍優游而頤性壽聖
齊明廣慈太上皇后妙行慈賓盛贊聖謨諧任姒之徽音率循禮法及膺
慶之盛際共享尊榮恭皇帝陛下躬受丕基日嚴至養捷玉方迎於朔至
奉卮式撰於王春太極生而儀雖巧歷而莫計君子有三樂非至誠其孰
能事既非常禮多創見小與慶大夫之故事撫未央長樂之前聞條風應
而霈澤流叶氣符而頌聲作臣等忝陪近列欣頌樂觀斂福錫民固已稱
一人之慶因親教愛又將形四海之風　二十五日慶壽赦應歷事太上
皇帝曾任執政侍從官可特與轉一官內年七十以上特兩官礙止法人
依條回授仍令州軍長吏致禮存問緣武臣亦有曾任將帥歷事太上皇
帝之人令吏部將曾任三衙及都統制人依前項敕文一體推恩　十二
年十月二十七日詔元日行慶賀禮　三十日詔來歲太上皇帝壽登八
十慶典既行可令天下寺觀自元日為始啟建祝壽道場五日仍禁屠宰
務要嚴潔　十二月十七日御史臺閤門太常寺言已降指揮元日行太
上皇帝慶壽禮是日皇太子文武百僚先赴大慶殿立班稱賀正旦禮畢

其從駕官以僕常服簪花從駕詣德壽宮不係從駕官俟稱賀立班訖並常服簪花先赴德壽宮門外迎駕起居訖以俟立班皇太子并從駕禁衛等並簪花從駕注四廳合趁赴迎駕起居官赴幕次去花常服以俟迎駕從之　十三年正月一日行慶壽禮原注與二年慶壽同禮畢畢執師文武百僚再詣德壽宮上太上皇后牋　牋文曰臣淮等言恭覩光堯壽聖憲天體道性仁誠德經武緯文紹業興統明謨盛烈太上皇帝今月一日慶壽禮成謹帥文武百僚拜牋稱賀者玉皇行慶金母齊休禮式講於庭闈賀存伸於宮壺臣淮等誠歡誠忭頓首頓首恭惟壽聖齊明廣慈備德太上皇后殿下發祥渭涘協德河洲地承天而成厥載之功月遡日而廣照臨之運避東郊二氣之始占南極一星之明惟茲禁中尊臨太上受率從宮之闈未從前殿之朝臚宴英之初開指蟠桃之將實玉卮雙舉慶修子婦之恭銅狄屢摩益致舅姑之祝孟嚴溫凊祈奉長安臣等深功榮懷豈勝抃舞宜大夫庶士載賡燕喜之章拜天子萬年願續揚休之雅　同日文武百僚赴文德殿聽赦　赦文曰聖人得事親之道大四表之徽心君子推錫類之仁永萬年之景命朕慭遵至訓紹開令圖維慈皇德盛於中興辭上帝休申於多祜對昌朝之鳥奕登鴻美之延長且尊歸於父晉子之誠若美報其上者下之誼儆消嘉旦祇講彌文備物與象之儀贏數於九藻蕃祉老壽之祝益迓於善祥載臨獻歲之元適衍脩齡之帙詔警蹕於嚴駕班會朝於綴庭歡騰漢殿之呼歌協堯封之請荷神明之右序獲貺施之宣稱五福之曰壽康寧駢臻於備慨祝億載之爲父母祈並奉於亨嘉齊言比屋之民與揚康衢之頌適兹聖運介兹春祺新日新而又新將繼颺於慈謀老吾老以及老宜均養於群黎列敍古之難逢曾亙天之大慶特超異制用錫豐章可大赦天下於戲尊明號而同三皇彌孚方悟之祉廣德敎而加百姓務九傳慶之恩願通遐風被於休風在董父父蹈於淵澤會聲文之交暢詠鼓舞之咸和尚服隆寬共彰榮治　同日宰執先入內殿奏事上曰昨早風雪大作及晚便覆晴霽可喜王淮等奏自去歲每遇慶事無有不晴此皆陛下誠敬格天所致上曰昨日遣人諭北使云來日欲爲太上慶壽八十可早起朝賀使者云皇帝孝治慶太上皇帝聖壽古今罕有載之典冊然是好　四日宰執帥文武百僚詣文德殿上皇帝表　表文曰臣王淮等上表今月初一日慶壽禮成謹帥文武百僚拜表稱賀者皇帝陛下有扶之期吉叶新元式展無疆之慶對帝王而稱盛合華夏以交忻臣淮等誠歡誠忭頓首頓首稱以位在九五

而事父母於一堂年登八十而閱子孫於四世此國家之創見而今昔之罕聞矧當累治之時誕舉希逢之典消辰而陳寶冊既上鴻名獻歲而奉玉卮式介眉壽見旒綖衮衣之色警蹕巖萬呼之聲於是宣大號於路朝霈曠恩於褱宇宮花偕錫湛燕庭紳帶賞分頒沛露禁旅老老廣及人之思親親推愛物之仁嘉與臣民共爲喜樂恭惟皇帝陛下法舜業業踊堯巍巍積誠自得於心傳久大斯存於目擊遙陶唐有虞之懿並祝於兩宮廣乾道淳熙之儀迭行於千載修齡泰交縟禮彌嘉臣等和氣激於萬飛惟歡均於鼇抃天之經地之義曾莫贊於聖謨熾而昌壽而臧第願陳於嘉頌　太上皇后慶壽　淳熙十年九月十七日上謂輔臣曰太上皇后新歲七十欲行慶禮卿等可具來　十二月六日左丞相王淮等言西奉聖訓壽聖齊明廣慈太上皇后新歲七十將以立春日詣德壽宮行慶賀禮臣等恭惟皇帝陛下日奉親歡與天同久屬者太上皇帝書行慶典今茲太上皇后復舉盛儀介福萬年曠古未有臣等不勝抃蹈欲躬帥百僚拜表牋稱賀以彰聖朝尊養之永以攄臣之頌祝之誠　從之　九日禮部尚書兼侍讀張大經等言參照淳熙二年太上皇帝慶壽典禮車駕詣德壽宮行禮往回並用樂是日俟皇帝入宮行慶賀禮次宰執帥文武百僚詣德壽殿下拜表稱賀太上皇帝移班拜牋稱賀太上皇后翼日宰執帥文武百僚詣文德殿拜表稱賀皇帝移班拜牋稱賀皇后合用表牋之下禮部修撰從之　十日左丞相王淮等言臣等欲備上壽禮物詣德壽宮投進使相亦乞令進奉詔恭奉太上皇帝聖旨免投進　十六日皇帝詣德壽宮行慶壽禮詔朕荷太上之燕謀承至尊之休德順稽帝道丕迪皇華之徽典顧母儀修治二南之化惟天純佑俾國多祥皇年方衍於萬春甲歷義登於七帙奉卮介壽齊祇闈於閑休含飴保和茲熾符於昌算繄我家之景盛軼畎畝之前聞爰舉曠文躬伸慶禮上南山之祝永偕慈極之隆首東軼之辰肆推凱澤之恍式敦及老之義并彰錫類之仁豐愛庭闈成對歡嘉之旦均恩方夏豐形愛敬之風咨爾庶邦體予至意　同日宰執帥文武百僚詣德壽宮上太上皇帝表　表文曰臣淮等言恭覩壽聖齊明廣慈太上皇后無疆之壽新歲七十皇帝就宮中行慶賀禮臣等謹帥文武百僚拜表稱賀者禮崇金母七帙介祥喜溢玉皇萬年偕老惟宸極備全於至養乃慈闈覽講於慶儀臣淮等誠歡誠忭頓首頓首稱以燕處大庭外心形而自德坐臨少廣內根本以固存率探妙道之微皆享長生之歎恥乾坤而悠久齊日月以照臨粤若今茲曳無前比恭惟光先

壽聖憲天體道性仁誠德經武緯文太上皇帝陛下遊真物表玩意秘元
德邁遠於唐虞化久形於仁夫夫婦婦佑聖娛以益優子子孫孫肇皇
圖而益固臣等與觀盛事深切賀悰寔敬事親敢贊揚於群總富壽祝聖
同歌頌於堯封臣等無任瞻天望聖激切屏營之至謹奉表稱賀以聞次
移班上太上皇后牋　牋文曰臣淮等言恭覩壽聖齊明廣慈太上皇后
無疆之壽祈歲七十皇帝就宮中行慶賀禮臣等謹帥文武百僚拜牋稱
賀者玉卮介壽歡奉一觴金匱賜齡祈隆七十導至和於穹壤發盛美於
邦家臣淮言誠懽誠忭頓首頓首竊以語述微心禮嚴二膳二首六身之
歡益旅古之所稀萬有千歲之期將自今而以始恭惟壽聖齊明廣慈太
上皇后殿下母儀萬國子視群生立配慈皇夙成推於內助坐觀聖子兹
益舉於彌文臣等深切榮懷敬陳善禱置未央之酒群臣共壽於三呼侍
長樂之朝十載行觀於再謀謹奉牋稱賀以聞　十七日宰執帥文武百
僚詣文德殿上皇帝表　表文曰臣淮等言恭覩壽聖齊明廣慈太上皇
后無疆之壽新歲七十車駕詣德壽宮行慶賀禮臣等謹帥文武百僚拜
表稱賀者備慈皇共適縱心之樂慶崇壽母益彰養志之誠祥溢宮闈
惟均區宇臣淮等誠懽誠忭頓首頓首竊以愛及姜任古公俾並室家思

齊大任文王以受方國輔成大業積累王圖聖德萃於一家備福光於四
海恭惟皇帝陛下茂隆齊萬奉燕謀明有尊而有親廣敬致而教愛化
既行於盛典彌復講於英儀天仗肆陳陋東朝之數繹春臘定兩儕前戴
之奉匪臣等祇帥群工幸逢嘉會事父孝事母孝述繼禮之成與臣言
與子言咸聽頌聲之作臣等無任瞻天望聖激切屏營之至謹奉表稱賀
以聞次移班上皇后牋　牋文曰臣淮等言壽聖齊明廣慈太上皇后無
疆之壽新歲七十車駕詣德壽宮行慶賀禮臣等謹帥文武百僚拜牋稱
賀壽致七旬祥開千歲爰展娛親之慶誕申多祉之祈介萬乘以靈行事
六宮而星共蓋大母備康寧之福則慶嬪陪燕喜之私事冠古今賀均中
外臣淮等誠懽誠忭頓首頓首恭惟皇后殿下德凝坤載道配乾元以任
姒婦姑之賢見勤華父子之盛輔成孝治嗣續徽音臣等猥列庭紳深觀
邦典光動鈎鈐之色未詔汎芬椒幃冀之體並伸善頌謹奉牋稱賀以
聞　十八日左丞相王淮等奏前日行慶壽禮天氣甚好上曰中外懽悅
二親和氣不可形容所以回晚　慈福宮慶壽　紹熙四年八月十七日
詔壽聖皇太后聖壽無疆來歲八十用新歲元日行慶壽禮　十一月二
十六日詔將來慈福宮行慶壽禮就用十一月二十日上尊號所賜花朵

止令宮中照本禮畢更不簪戴　十二月五日禮部太常寺言已降指揮
元日行慶壽禮是日皇帝服靴袍至重華宮率文武百僚朝賀至尊壽皇
聖帝正旦禮畢皇帝入詣慈福宮簪花行慶壽禮如宮中之儀應入慈福
宮應奉官等並簪花應奉禮畢至尊壽皇聖帝壽成皇后詣慈福宮賀壽
聖隆慈備福皇太后皇帝就宮中賀至尊壽皇聖帝壽成皇后畢皇帝賀
壽聖隆慈備福皇太后壽成皇后正旦禮並如宮中之儀從之　五年正
月一日皇帝詣慈福宮行慶壽禮詔曰坤元之德光大同推厚載之無疆
高曦之福壽康有擇彝倫之攸叙欣欣承順運福侍重闈天地介祥金匱
方增於洪算子孫共祜絲衣並洽於懽心長消陽復之朝禰上號榮之册
言其儀備既崇文母之思齊俾庶識昌更邁晉邦之燕喜肆元日載歲令
儀詔清蹕以親行祝禁陪而備行群呼萬歲既還北內之尊慶飭樂珍旨
親東朝之樂惟當今之曠典示及民之均恩宜廣邦勢益彰孝治有福事
則慶賀共修達辰之休感人心而和平永孚錫類之誠尚資爾衆克體予
懷　四日為慶壽禮畢宰執率文武百僚詣文德殿拜表稱賀　六月詔
壽聖隆慈備福皇太后慶壽八十親屬并本殿官吏各轉一官　會慶節
上壽　紹熙元年十月二十二日會慶聖節皇帝帥文武百僚詣重華宮

上壽前期儀鸞司設御座於重華宮殿上當中南向設大次於重華宮門
內南向小次於殿東廊西向設皇帝褥位二一於御座之東西向一於御
座之南北向尚醞設御酒樽酒器於御座之東設御茶牀於御座之西俱
北其日文武百僚內不係從駕者並先赴重華宮門外以俟迎駕起居
質明從殿皇帝服靴袍出即御座從駕臣僚禁衛起居如常儀皇帝降御
座乘輦詣至重華宮文武百僚迎駕兩拜起居訖如值雨雪濕衣免陪指
揮先起居　前導官太常卿閤門官太常博士禮直官請大次前分左右立
定俟皇帝乘輦至重華宮大次降輦入次御史臺閤門太常寺分引文武百僚
入詣庭廷東西相向立定前導官導皇帝入小次簾降管軍知閤前導官御帶
環衛官請詣應奉官等陛下面北俟迎至尊壽皇聖帝四拜起居御史臺
閤門太常寺引文武百僚並橫行北向立俟至尊壽皇聖帝出宮陛御座
鳴鞭前導官起居訖小次簾卷前導官導皇帝陛殿東階詣殿上折檻前
北向褥位再拜訖躬奏聖躬萬福又再拜前導皇帝詣至尊壽皇聖帝御
座之東褥位西向立前導官於殿上閣地之宜立次舍人揖班首以下躬
興儀曰再拜賀者承傳在位官皆再拜搢笏舞蹈又再拜躬身班首不離
位奏聖躬萬福訖興儀曰再拜賀者承傳在位官皆再拜訖直身立分東

西相向立儀鸞官引奉盤盞官受盤盞官承旨宣答官屬檀舉官殿中監
少監陞殿東階奉盤盞官受盤盞官殿中監少監詣酒鐏所西稍北南向
立承旨宣答官於奏請舉官詣折檻東西向立合入通樂人姓名以下同押
起居前盞入稍前對上殿贊拜兩拜贊上殿祗候內侍進御茶牀殿侍御
酒訖尚醞典御以盤盞酒注授殿中監少監次禮直官引奉盤盞官詣酒
鐏所北向搢笏殿中監奉盤盞授奉盤盞官捧盤盞西向立殿中監欲盞
殿中少監以酒注于盞奉盤盞官奉酒詣皇帝前南向禮直官引受盤盞
官詣至尊壽皇聖帝御座前西向立御史臺閤門太常寺分引文武百僚
橫行北向立奉盤盞官躬進皇帝皇帝奉酒前導官奏請皇帝詣至尊壽皇
聖帝御座前躬進訖少後以盤授受盤盞官復授奉盤盞官奉盤盞南向
立定前導官導皇帝詣御座前稍西北向俛伏跪殿下百僚躬身皇帝奏
臣御名謹率文武百僚稽首言會慶令節臣御名與百僚等不勝大慶謹
上千萬歲壽奏訖伏興再拜典儀曰再拜贊者承傳在位官皆再拜訖直
身立禮直官引承旨宣答官詣御座前稍東北向躬承旨詣皇帝於位北
東望西向立皇帝躬身殿下百僚並躬身承旨宣答官宣曰得皇帝壽酒
與皇帝并百僚內外同慶承旨宣答官退復位皇帝再拜典儀曰再拜贊

卷一萬九千二百五十二

者承傳在位官皆再拜訖直身立分東西相向立前導官導皇帝詣
東西向立舉盤盞官以盤南向躬進皇帝跪奉盤盞官復位皇帝
指御座東西向立與作俱至尊壽皇聖帝飲酒訖皇帝躬接盞訖皇帝以
盞以盤盞授受盤盞官受盤盞官躬受訖以授殿中監殿中監以授尚醞
典御各復位立御史臺閤門太常寺分引文武百僚橫行北向立前導官
導皇帝詣御座北向皇帝再拜典儀曰再拜贊者承傳在位官皆再拜訖
直身立前導官導皇帝詣御座之東稍西向立揖班首以下躬興儀曰
再拜贊者承傳在位官皆再拜搢笏舞蹈又再拜訖直身立內侍張御禦
跪禮直官引奏禮畢官搢御座前北向俛伏跪奏具官臣某言禮畢奏訖
伏興退復位典儀曰再拜贊者承傳在位官皆再拜訖直身立分東西相
向立次合入贊樂人謝祗應酬拜訖至尊壽皇聖帝駕與皇帝從入文武
百僚前導應奉官等以次退每歲皆如此儀

壽成皇后生辰

紹興元年二月二十七日以壽成皇后生辰前皇帝詣重華宮起居進奉承至尊壽皇聖帝聖旨免到宮二年三年四年五年亦如之三月六日壽成皇后生辰皇帝詣重華宮上壽二年如之三年四年五年並承至尊壽皇聖帝聖旨免到宮

重明節上壽

紹熙五年重明節上詣壽康宮起居率

臣文武詣宮拜表賀時以年來服制免上壽慶元元年亦如之慶元二年重明節上率文武百僚詣壽康宮起居上壽是日恭承太上皇后聖旨為太上皇帝服未除權免拜也

三年重明節太上皇帝聖旨為臟腑皇帝免到宮是日宰臣率文武百僚詣壽康宮拜表賀

四年重明節太上皇帝詔皇帝免到宮是日宰臣率文武百僚詣壽康宮拜表賀

五年重明節上詣壽康宮起居上壽如宮中之儀宰臣文武百僚詣宮拜表賀

太上皇后生辰

慶元元年九月十三日太上皇后生辰車駕詣壽康宮進香　二十二日太上皇后生辰車駕詣壽康宮起居上壽　二年九月二十三日壽仁太上皇后生辰恭承壽仁太上皇后聖旨車駕免到宮上壽三年四年五年亦如之

卷一萬九千二百五十二

九

禮五七之一四

宋會要 誕聖節

國朝誕聖節日皇帝先垂拱殿座內侍都知已下翰林儀鸞御厨使帶御器械一班常起居內侍都知已下儀鸞御厨使並公服繫鞋翰林使雜等帶御器械官衣內殿起居班絕至行門指揮使起居訖舍人引樞密院已下大班入學士待制應內殿起居朝臣管軍指揮使已下更不起居並赴紫宸殿班立定通事舍人平身通某姓名已下庭諸唱拜常起居訖樞密使已下及三司使轉于殿下西面西立餘官並退客省使一員立進日閤門使一員並是日係進壽酒並升殿西向立不祇應客省已下至閤門祇候並殿下侍立次舍人通教坊使姓名已下拜再拜訖奏聖躬萬福又唱拜再拜隨拜萬歲唱各祗候次為盞二人進近前舍人唱拜再拜隨拜萬歲唱上殿祗候分立次舍人引親王班入常起居訖北向立舍人引上壽舍器散馬從西邊入對于親王後酒器在殿前文武官奏聖躬萬福如常儀殿上內侍進御茶牀殿下內侍酌酒訖閤門使殿上當御座前躬身奏某姓名已下進壽酒親王上捧上尊名舍人揖躬唱拜再拜隨拜萬歲唱各祗候翰林使二員捧御鐏及佽盤盞近前引親王二人同升殿一人捧盤一人捧酒訖進壽酒訖各以酒鐏及盤授翰林使訖降階歸位又唱拜再拜隨拜

【卷一萬六千七百四十九】

萬歲搢笏跪各出進奉上壽客省使進奉至御座東詳進日舍人殿下揖奏訖親王俛伏興又唱拜再拜隨拜萬歲再引班首升殿于御座東捧盤側立諸王殿下分班東西序立上壽西班依舊用殿人比並分立東西相向皇帝舉樂飲壽酒訖親王跪受盞以授翰林使訖却引降階諸王橫行唱拜再拜隨拜萬歲且躬躬客省使殿上唱進奉收訖又唱拜再拜搢笏舞蹈三拜唱各祗候奏班西出入馬御紫殿坐客省使殿上唱進奉出文武官應唱進奉物並貢儀引出教坊使唱進御酒入再拜隨拜萬歲近前進御訖退次引樞密使已下及三司使當殿北向立閤門使殿上當御座前鞠躬奏某姓名已下進壽酒搢班首一員升殿餘退如親王儀搢收進奉訖並揖升殿侍立次使相入次管軍節度留後觀察使入次節度留後觀察使入已上退班起居進壽酒搢班首一員升殿餘並同親王儀立殿下退班並舍人贊引殿上立閤門使揖引祗候班絕舍人唱教坊已下拜再拜隨拜萬歲閤門使近前側立奏無事皇帝降座還內樞密三司使赴紫宸殿侍立親王以下及不管軍節度使以下並赴紫宸殿立班三司副使坐拱殿起居兼求赴紫宸殿立班三司副使不座如與舟人使嗟班上壽或有婚官即座垂拱殿上壽將退御史進位班于紫宸殿庭分班立定

樞密三司內客省使殿上侍立閤門進班齊牌皇帝座鳴鞭通事舍人唱東西班殿侍再拜後奏聖躬萬福又唱班隨拜萬歲唱各祇候通事舍人引中書門下文武百僚並橫行典儀曰再拜在位官俱再拜舞蹈三稱萬歲又再拜起居訖又再拜分班東西序立教坊使已以入見如常儀訖少頃中書門下文武百僚並橫行典儀曰再拜在位官皆再拜隨拜三呼萬歲通事舍人引太尉自東階升詣酒鐏所北向西食奉御酌御酒一爵授太尉搢笏執爵跪進皇帝執爵太尉執笏俛伏興少退跪奏稱文武百官太尉具官臣某等稽首言誕聖令節臣等不勝大慶謹上千萬歲壽俛伏興退復階下位典儀曰再拜在位官俱再拜隨拜三呼萬歲宣徽使承旨退臨階西向宣曰得公等壽酒與公等內外同慶典儀曰再拜在位官俱再拜隨拜三呼萬歲中書門下分班東西序立太尉升殿侍立皇帝舉酒奏樂俟飲訖太尉受虛爵復于坫降階復位搢行典儀曰再拜在位官皆再拜舞蹈三稱萬歲又再拜宣徽使承旨退臨階西向宣曰群官升殿典儀曰再拜群官隨拜三呼萬歲通事舍人引中書門下升一品致仕官諸使平章已上及翰林學士文武二品衛尚書三品四品兩省常侍已下舍人已上御史中丞詣東西階升群臣各就席後立尚食奉御進酒殿中

【卷一萬六千七百四十九】

監省酒已進皇帝舉酒奏樂飲訖殿中監受虛爵中書門下橫行通事舍人曰各賜酒典儀曰再拜上下群官隨拜三呼萬歲通事舍人曰各就座太官令行群官酒太官令以常生酒近臣先群官搢笏受酒樂送巡周殿中監進皇帝第三爵群官立于席後奉樂飲訖殿中監受虛爵通事舍人曰各就座群臣皆座太官令又行群官酒樂送巡周殿中監進皇帝第四爵如第三爵之儀太官令又行群官酒樂送巡周通事舍人曰可起群官立于席後侍中進御座前跪奏稱攝事中具官臣某言禮畢俛伏興群官俟降立于殿庭北向立班典儀曰再拜群臣皆再拜舞蹈三稱萬歲又再拜訖相次退皇帝降座還內　國初上壽大樂令設登歌于殿上二舞立于懸南第一爵奏禧安之樂第二爵奏神風之樂群臣授酒正安之樂作尚食奉御進食于御座又設群官食訖太樂丞引文德升聞之舞入作三變皇帝第三爵奏甘露之樂群官授酒正安之樂作尚食奉御進食于御座又設群官食太樂丞又引文德升聞之舞作三變皇帝第四爵登歌奏紫芝之樂群官授酒如第二爵之儀尚食奉御進酒又設群官食太樂丞引天下大定之舞入作三變皇帝第五爵奏嘉禾之樂群官授酒進食並如第四爵之儀第六爵登歌奏玉兔之樂群官授酒亦如第四爵之儀餘

禮五七之一五

止用教坊樂　太祖建隆元年正月十七日宰臣范質等上言，請以二月十六日爲長春節，群臣上壽，百司休暇如式，從之。二月長春節，率太尉宰臣范質率文武百官詣廣政殿上壽，賜群臣衣各一襲。十九日大宴廣政殿，中書門下、端明翰林樞密直學士、文武常參官、見任前任節度觀察防禦團練使刺史、諸軍將校、諸道進奏使、外國蕃客皆預，酒九行而罷。　二年二月長春節，群臣詣萬春殿上壽，復召坐廣政殿賜酒，教坊作樂，三行而罷，文武近臣領皆有貢獻。二十日大宴廣政殿。　三年二月長春節，群臣詣廣政殿上壽，賜酒錫宴如儀。　四年、乾德三年上壽賜宴並如儀。　二年二月長春節上壽如儀，二十日大宴廣政殿，以孝明皇后在殯不舉樂。　四年二月長春節，群臣上壽于崇德殿，二十八日大宴大明殿。五年、六年、開寶二年、四年、五年、六年、七年、八年、九年上壽賜宴並如儀。　開寶二年二月長春節，群臣上壽如儀，以車駕北征罷宴。　太宗太平興國二年五月十四日，宰臣薛居正等上言，請以十月七日爲乾明節，從之。十月乾明節，群臣詣崇德殿上壽如儀，不舉樂罷宴。　三年十月乾明節，群臣上壽如儀，以郊祀近罷宴。　四年十月乾明節，群臣詣長壽殿上壽如儀，次御崇德殿延群臣賜酒三行，二十日大宴大明殿。　五年、六年、七年、

〔卷一萬六千七百四九〕

八年、九年、雍熙二年、三年、四年、端拱元年、二年、淳化二年、三年、四年、五年、至道元年、二年上壽錫宴並如儀。　淳化元年正月二日，詔以乾明節爲壽寧節。十月壽寧節，群臣上壽如儀，以魏國公主喪罷宴。　至道三年八月八日，真宗已即位未改元，宰臣呂端等上言，請以十二月二日爲承天節，從之。十二月承天節，群臣詣崇德殿上壽，不舉樂罷宴。　真宗咸平元年上壽如儀。　咸平二年十二月承天節，群臣上壽如儀，十二日大宴含光殿。　四年、五年、六年、景德四年、大中祥符元年、四年、五年、六年、七年、八年、九年、天禧元年、二年、三年、四年、五年上壽錫宴並如儀。　景德元年十二月承天節，車駕駐澶州，群臣上壽于行宮，罷宴。　二年十一月二十九日，契丹國母遣使來賀承天節，入見，宴于長春殿，酒五行而罷。十二月承天節，群臣上壽如儀，郢王喪不舉樂。五日宴尚書省五品、諸軍都指揮使以上、契丹使于崇德殿，不舉樂。時契丹初來賀承天節，擇膳夫五人齎本國異味，就尚食局造食，詔賜膳夫衣服、帶、器帛，以明德太后喪制故也。　三年十二月承天節，群臣上壽如儀，以將朝陵罷宴。　大中祥符二年十二月承天節，詔以晉國大長公主喪罷上壽，群臣詣閤拜表稱賀，行香齋會如儀。　三年十二月承天節，群臣上壽如儀，以將祀汾陰罷宴。　乾

興元年，仁宗已即位未改元，二月二十六日，宰臣丁謂等上言，請以四月十四日爲乾元節，從之。四月乾元節，詔以大行皇帝梓宮在殯，罷上壽，百官詣閤拜表稱賀，退詣大相國寺行香散道場。　十一月九日，詔以正月八日皇太后降誕日爲長寧節。　仁宗天聖元年正月長寧節，群臣詣內東門拜表奉賀，賜衣服有差。樞密使率三司使副、學士、內職，宰臣率百官，各就相國寺罷道場，會于錫慶院。二年亦如之。四月乾元節，親王、樞密使已下詣長春殿，宰臣、文武百官、契丹使詣崇德殿上壽，賜酒三行止。賜御筵于錫慶院，後三日復賜筵于錫慶院。二年上壽賜宴如儀。　三年正月長寧節，皇太后御崇政殿垂簾，宰臣、樞密、三司使、學士、知制誥、待制、節度使、留後、觀察使、契丹使班于殿庭，拜太尉王欽若于簾外進酒上壽，內臣宣答如禮，宰臣已下升殿賜酒三行而罷。尚書省百官詣內東門拜表稱賀，群臣並詣大相國寺行香罷散道場，赴錫慶院齋筵。　四年、五年、六年、七年、八年、九年、十年上壽賜酒錫宴並如儀。四月乾元節，群臣上壽如儀，十六日大宴會慶殿。四年、五年、六年、七年、八年、九年、景祐三年、四年、五年、開寶二年、康定元年、二年、慶曆二年、三年、四年、五年、六年、皇祐元年、二年、三年、四年、至和元年、嘉祐二年、三年、四年、五年、六年、七年上壽錫

〔卷一萬六千七百四九〕

宴如儀。　明道二年正月八日長寧節，皇太后御集英殿，中書門下率百官并契丹國信使上壽作樂，詔群臣就座，酒三行罷，仍集相國寺罷道場，退宴于錫慶院。四月乾元節，以章獻明肅皇太后喪罷上壽，百官詣紫宸殿門閤賜衣，集相國寺罷道場，賜契丹使宴于都亭驛。　景祐元年四月乾元節，群臣上壽于紫宸殿，宴賜如明道二年之儀，以章獻明肅皇太后喪未再朞罷大宴，二年亦如之。　慶曆四年四月乾元節，群臣上壽如儀，以望日宴，王薨罷，垂拱殿置酒，十七日以雨宴罷。　皇祐五年四月乾元節，群臣上壽如儀，以雨罷宴。　至和二年四月乾元節，群臣上壽如儀，祀不舉樂罷宴。　三年四月乾元節，群臣上壽如儀，以帝初康復罷宴。　嘉枯八年，英宗即位未改元，八月二十三日，宰臣韓琦等上言，請以正月三日爲壽聖節，從之。　英宗治平元年正月壽聖節，親王、樞密使、管軍、駙馬、諸司使副詣垂拱殿，宰臣、文武百官、大遼國使詣紫宸殿上壽，只獻一觴罷，復賜酒，不作樂。　二年正月壽聖節，群臣上壽如儀，復命座賜酒三行，不作樂。　三年正月壽聖節，群臣上壽如儀，六日大宴于集英殿。　四年正月壽聖節，帝不豫，群臣詣閤拜表稱賀。　神宗治平四年已即位未改元，二月十一日，宰臣韓琦等上言，請以四月十日爲同天節，從之。四月同

天節罷上壽群臣拜表稱賀　熙寧元年四月同天節親王樞密使管軍
駙馬諸司使副詣垂拱殿宰臣文武百官大遼國使詣紫宸殿上壽復坐
坐賜酒三行不作樂　二年四月同天節以災變罷上壽徹樂　三年四
月同天節群臣及遼使上壽如儀十三日宴集英殿　四年五年六年七
年八年十年元豐元年二年五年六年上壽賜宴如儀　九年四月同天
節以大遼國母卒特設上壽罷宴賜會如儀　元豐三年四月同天節宰
臣率百官及遼使詣閤門拜表賀以慈聖光獻皇后喪罷宴四年亦如之
元豐七年四月同天節群臣及大遼使上壽如儀宰臣言賜遼使御筵
于都亭驛以華國公主薨輟朝故也　八年五月五日時哲宗已即位宰
臣王珪等上言請以十二月八日為興龍節從之　上實七日生以避僖祖
以為十二月興龍節群臣及遼國高麗于闐使副詣東上閤門拜表稱賀
罷上壽及宴　哲宗元祐元年十二月興龍節群臣及遼使詣東上閤門
拜表稱賀罷上壽賜宴不作樂　二年十二月興龍節群臣及遼安詣紫
宸殿上壽如儀十一日大宴集英殿四年五年六年七年紹聖二年三年
四年元符元年二年同　八年十二月興龍節群臣詣東上閤門拜表稱
賀罷上壽并宴以宣仁聖烈皇后喪服故也　紹聖元年亦如之　徽宗
元符三年四月十一日尚書左僕射章惇等請以十月十日為天寧節從
之時已即位未改元十月天寧節群臣及遼夏使上壽于垂拱殿以祥閣
賜遼使宴于都亭驛建中靖國元年崇寧元年亦如之　崇寧二年三年
四年五年大觀元年二年三年政和三年四年五年並罷大觀四年十月
天寧節群臣上壽于紫宸殿宣和二年四年宴並罷　政和元年十月天寧
節群臣遼夏國使上壽于紫宸殿十二日大宴六年同二年十月天寧節
群臣上壽于紫宸殿十二日大宴宣和元年五年並同七年十月天寧節
十二日大宴上壽儀闕八年十月天寧節羣臣及遼使上壽于紫宸殿十
二日大宴　宣和三年十月天寧節群臣及遼使上壽于紫宸殿閤宴六
年十月天寧節群臣及高麗夏國使副上壽于紫宸殿十二日大宴　七
年十月天寧節群臣及金國使副上壽于紫宸殿十二日大宴　欽宗靖
康元年二月二十六日宰臣吳敏率文武百僚上表請以四月十三日為
乾龍節從之四月十三日乾龍節百官上壽賜宴于紫宸殿　高宗建炎
元年五月六日宰臣等上言請以五月二十一日為天中節從之五月天
中節群臣詣東上閤門拜表稱賀先是有詔曰朕承祖宗遺澤獲託士民
之上求所以狀危持顛之道未知攸濟念二聖之篤艱在遠而民失業將

士暴露百官有司靡所底寧夙夜痛悼幾廢寢食倘可以復二聖而保生
靈朕不愛身其敢自豐殖以重國禍況以眇躬之故聞樂飲酒以自為樂
乎非惟深拂朕志寔增感于朕心所有將來天中節百官上壽常禮可令
寢罷當体朕意毋復有請至是止就佛寺啓散祝壽道場詣閤門或後
殿拜表稱賀而已　二年三年四年紹興二年三年四年五年六年七年八
年九年十一年十二年並如儀　紹興元年五月天中節群臣拜表稱賀
如儀啓散道場祝香以隆祐皇太后初崩不舉樂　十年五月天中節群
臣拜表稱賀如儀啓散道場祝香以遣使迎護徽宗皇帝顯肅皇后梓宮
不舉樂　十三年五月天中節樞密已下詣垂拱殿次宰臣率百僚詣紫
宸殿上壽賜酒三行退次赴明慶寺滿散道場賜齋筵于尚書省後二日
大宴集英殿先是臣僚上言陛下圖濟中興而誕聖盛儀其可不舉行之
望詔有司一遵舊制百官得以修萬年之觴寔天下幸甚詔令禮部太常
寺討論故從其請至是始復上壽之礼　十四年五月天中節宰臣率文
武百僚金國使副並詣紫宸殿上壽賜酒齋筵錫宴並如前儀十五年十
六年十七年十八年十九年二十年二十一年二十二年二十三年二十
四年二十五年二十六年二十七年並如儀齋筵設于貢院人使就驛賜
宴以兩府押伴　二十五年五月天中節文武百僚金國使副上壽如儀二
十九年上壽賜酒齋筵如儀錫宴並以雨改垂拱殿　三十年五月天中
節文武百僚金國使副上壽如儀以顯仁皇后服制中罷齋筵錫宴就驛
賜人使御筵聞啓滿散不舉樂　三十一年五月天中節以欽宗皇帝訃
音免上壽拜表罷齋筵錫宴就驛賜人使御筵聞啓滿散不舉樂三十二
年以欽宗皇帝小祥並如此制　紹興三十二年孝宗已即位未改元八
月二十六日宰臣陳康伯等上言請以十月二十二日為會慶節從之十
月會慶節百官赴文德殿拜表稱賀以車駕詣德壽宮起居時以欽宗服
制免上壽隆興元年十月會慶節親王樞密使已下赴垂拱殿宰臣以下
赴紫宸殿上壽賜酒並如儀權不作樂免排宴　二年同上壽儀注已具中
興會要　乾道元年十月會慶節皇太子親王樞密使已下上壽垂拱殿宰
臣以下及金國賀生辰使副上壽紫宸殿作樂如儀二十六日大宴集英
殿自是至九年皆同惟三年以會慶節在郊祀大礼散齋之內上壽權免
作樂時已有旨二十四日賜宴以使人病不能赴改用二十六日自二年
至九年仍用二十四日

宋會要　節

紹熙五年重明節上詣壽康宮起居宰臣文武詣宮拜表賀時以孝宗服制免上壽慶元元年亦如之慶元二年重明節上率文武百寮詣壽康宮起居上壽是日恭承太上皇后聖旨為太上皇帝聖體未甚痊安特免三年重明節太上皇帝聖旨為臟痛皇帝免到宮是日宰臣率文武百僚詣壽康宮拜表賀　四年重明節太上皇帝聖旨皇帝免到宮是日宰臣率文武百僚詣壽康宮拜表賀　五年重明節上詣壽康宮起居上壽如宮中之儀宰臣文武百僚詣宮拜表賀　紹熙五年七月六日禮部太常寺言重明聖節以至尊壽皇帝喪制乞依典故三省樞密院官依舊分日開啓滿散道場常服黑帶立班不用樂從之　八月禮部太常寺言重明聖節依禮例止合開啓滿散道場即不合排宴作樂乞令有司下諸路州軍等處施行從之　二十三日禮部太常寺言已降指揮禫除後每遇朔望郡臣並以服參慰將來重明聖節內樞密院官於八月一日赴明慶寺開啓至九月一日滿散仰有相妨乞改用七月二十八日開啓至八月二十八日滿散從之　八月二十五日禮部太常寺言重明聖節上壽以大行至尊壽皇帝梓宮在殯依典禮免上壽宰執率文武百僚常服黑帶詣泰安宮拜表稱賀詔恭依　慶元二年二月五日禮部太常寺言將來重明聖節皇帝率文武百僚詣壽康宮上壽乞用九月一日行上壽之禮從之　四月六日禮部太常寺言已降指揮重明聖節皇帝率文武百僚詣壽康宮用樂上壽權用九月七日上壽儀乞令御史臺閤門太常寺參照修定施行從之　七月二十四日詔重明聖節後二日禮例就壽康殿排設大宴恭承太上皇帝聖旨權免三年亦如之八月二十七日殿中侍御史兼侍講姚愈言竊見宰執率文武百僚文德殿拜表請皇帝自九月七日因重明聖節詣壽康宮上壽舉樂此蓋仰體陛下事親盡孝之心俯竭臣子尊君敬上之義國家典禮之至大者也復準省劄文武臣權用九月六日赴齋筵於貢院臣檢照向來天申聖節五月二十一日上壽至二十二日賜御筵於貢院會慶聖節十月二十二日上壽至二十三日賜御筵於貢院皆用上壽之次日方始賜宴今來重明聖節係是用樂之始九月六日太上皇帝皇帝陛下猶未聽樂若於是日先賜宴用樂至初七日方始上壽則臣下聽樂乃在君父之先其於禮儀實為未便臣子之心踧踖不安乞將賜御筵日分照舊來體例改用上壽之次日從之　三年五月十八日禮部太常寺言重明聖節依禮例合用樂開啓滿散道場及排宴乞

令有司下諸路州軍等處依此施行從之　八月二十三日詔壽康宮上壽受盞並奏酒右丞相京鏜復受盞並參知政事兼知樞密院事謝深甫承旨宣制參知政事何澹奏禮畢薦書樞密院事葉翥殿中監吏部尚書兼給事中許及之殿中少監兵部尚書劉德秀　四年七月十三日禮部太常寺言重明聖節係在憲聖慈烈皇后服制之內是日皇帝詣壽康宮起居如宮中之儀次宰臣率文武百僚拜表稱賀從之　淳熙十六年二月二十一日宰臣等上言請以九月四日為重明節從之　五月十二日詔今年重明聖節並乞依會慶聖節禮例諸路州軍止開啓滿散道場不許排宴亦未合用樂自來年以後用樂　六月二十六日詔重明節依條宰臣執政官等合就進馬并誕辰奉上壽合酒器銀香合馬臣僚並與權免今歲進奉紹熙元年至四年同　七月五日禮部太常寺言已降指揮九月二日至五日並係不御前殿日分今乞用九月一日行上壽之禮從之　八月二十四日禮部太常寺言照得自來聖節使人到闕上壽係於集英殿作大宴今來重明聖節合於集英殿作大宴權不用樂簪花從之　九月四日重明聖節樞密使以下上壽垂拱殿宰臣以下及金國賀生辰使副上壽紫宸殿作樂如儀十一日大宴集英殿紹熙元年二年以值內改宴垂拱殿　紹熙元年七月二十一日詔重明節齋筵令年權免三省宮滿散改用九月六日令後準此　八月七日太常寺言九月十日季秋祀上帝依禮例前三日致齋皇帝不遊幸不作樂所有九月七日重明聖節上壽係在祠官致齋之內有妨作樂詔依治平二年典故作樂　十月一日詔臣僚等每遇會慶聖節可依格與令得恩賜其重明節更不給賜

宋會要

紹熙五年九月十七日學士院改撰聖節名曰瑞慶從之　先是宰臣請以天祐為名至是詔改焉　紹興五年八月二十三日樞密使趙汝愚言十月十九日天祐聖節是日係不御前殿日分乞用十八日行上壽之禮依禮例前一日三省樞密院官分日詣明慶寺啓建道場不作齋筵及不作樂從之　十月十八日詔應係諸州軍進瑞慶聖節功德疏香合並權免進奉　嘉泰二年七月三日禮部太常寺言今歲瑞慶聖節諸路州軍等處依例止合開啓滿散作道場即不合排宴亦不合作樂從之以光宗皇帝大祥內故也嘉定元年以成肅皇后大祥亦如之　八月二十六日詔將來金國賀瑞慶節使人到闕以光宗皇帝禫祭之內國樂未舉殿幄陳設等顏色照嘉泰元年體例排辦　二十八日禮部太常寺言瑞慶聖節

禮五七之二二

上壽乞權免大宴就驛賜人使御筵不用樂詔依仍免上壽 依典故文武百僚及使人並詣文德殿拜表 九月十四日詔瑞慶節宰臣執政官等合該進奉上壽金酒器銀香合馬臣僚並與權免今歲進奉 三年十月七日禮部太常寺言瑞慶聖節三省官赴紫宸殿上壽茶酒畢赴明慶寺滿散次赴貢院齋筵乞依天申聖節體例改就十月十九日賜御筵於貢院從之 四年十二月二十七日禮部尚書蕭逵禮部侍郎李壁言伏見瑞慶聖節賜宴伶工讀致語至皇帝陛下處群臣列坐自如直至口號方各起立揆之禮分深所未安乞今後聖節及賀正等錫宴遇讀致語至皇帝陛下處群臣並端笏起立從之 開禧二年十月十四日詔朕惟方此隆冬將士暴露有惻于心寧忍宴樂所有瑞慶節集英殿宴權免一次

嘉定十一年十一月四日臣僚言恭以瑞慶聖節賜宴百官於貢院臣備數檢察如廳上合赴坐正任西班除樞密外全成虛設廊廡之間御監郎曹以下多不預失處御筵雖止及正任武臣郎官以上而其間復有託故者其何以後君賜而重君恩乞下臣此章昭示百官凡今後遇有慶宴不得無故託疾求便己私以盡臣子愛敬之誠以全尊君親上之義從之 十三年九月二十八日臣僚言竊惟華封祝堯天保報上此殆臣子之至情而非君上之所容心也慶節茲臨善頌四起薄海內外瞻望南極歎詠南山特其沐浴膏澤仰荅洪施而欲效螻蟻之才誠耳當是之時州縣之間壽典畢舉歲有常儀費有常額無非取辦於公家邇年以來州縣胥吏上同其官下欺其民類多假借慶壽隆名乘時射利移文給引滋彰多事有籠山固所當建而乃追逮樵斧之微道場固所當啟而乃擾遍緇黃之衆放生本以示德而漁弋者或若於誅求錫宴本以寓禮而工技者或病於糾率百色科抑無一獲免殊失臣下歸報之美意欲望嚴飭州縣嚴行禁戢毋縱胥吏掊斂搔擾細民而於聖朝斂福錫民之道不為無補從之 十四年十月十八日詔瑞慶聖節集英殿御宴令南班宗室大將軍將軍赴座所有上壽茶酒令後令正副率府率以上並赴座

禮五七之二三

興龍節

天寧節

元豐八年六月八日詔興龍節諸處合試童行撥放並依舊例坤成節以大行皇帝梓宮在殯惟開封府度僧道比興龍節減三之二 仍禁屠決大辟罷餘依元豐令 時哲宗即位未改元 十二月詔興龍節以諒闇宜罷上壽

元符三年 徽宗即位未改元 正月十四日詔皇太后權同處分軍國事並依嘉祐治平故事三省檢會嘉祐治平故事皇太后不御殿百司不奏事不立生辰節名不遣使契丹詔恭依 八月十五日詔天寧節上壽賜宴並不作樂在京臣僚內外命婦等進奉並權罷僧尼道士女冠功德疏許令入遞通進候三年開樂即並仍舊諸道州府軍監進貢銀絹馬等建置道場行香依舊 十月八日三省樞密院奏夏國賀天寧節回賜銀絹依例於荅詔中稱降賜日誕辰所頒在歲賜二十五萬數中夏主生日禮物乃在數外詔如故事 建中靖國元年九月一日禮部太常寺狀天寧節係在欽聖憲肅皇后小祥之內檢會元豐三年同天節在慈聖光獻皇后小祥內其上壽賜宴并內外臣僚及命婦僧道等進奉並罷諸道州府軍監銀絹馬等進貢及在京在外僧道等功德疏文並聽依例投進詔依故事施行 右僕射曾布言去歲哲宗小祥已上壽賜宴北使皆赴座如不上壽北使問何以與去年不同將何以對頗詔上壽賜宴如去年故事

崇寧三年九月十六日廣南東路提舉司申乞依監司例每年天寧節用常平司頭子錢收買銀隨表疏上進詔除常平息免役寬剩錢不得支用外並於本司諸色錢內支充候到京於元豐庫送納自來年為始 大觀元年四月二十一日臣僚上言天寧節禁屠緣賜宴群臣理難菲薄可於節後增禁屠宰二日從之 二年九月二十一日臣僚上言伏見天寧節日京府軍縣鎮城寨並賜御筵烹宰野味不可勝計竊見春秋并聖節集英殿大宴上自玉食以及所賜食味皆係羊食伏望聖慈使天下州軍等處並依大宴體例如此則所減物命無慮十萬數上廣陛下好生之德下安臣子虔祝之誠詔依所奏 十月四日太常寺言有旨天寧節上壽在大行皇后未釋服內可罷按元豐三年三月慈聖光獻皇后祔廟四月十日同天節許臣僚拜表上壽退賜宴於尚書省不作樂餘乞恩依元豐三年故事從之 政和四年十一月十四日臣僚上言竊按政和斷獄令諸罪人遇天寧節并壬戌日杖以下情輕者聽免稍重者聽贖伏聞四方之吏奉法不虔是日例正停決刑反致留獄矣伏望申嚴法令故違者真以

乾龍節

違制之罪論依　五年六月十四日詔天寧節應罪人在禁量久飲食徒罪以下散禁一日　六年四月二十五日臣僚上言竊見祠部格令大禮恭謝畢及上元清明節並開寺觀放士庶燒香以答福祐而天寧節乃聖誕之辰壬戌為本命之日獨未著甲令事若有闕欲乞前件節辰並許開宮觀三日以聽士庶燒香仰祝君父無疆之壽其外州縣在城宮觀依此施行從之　七年八月十三日尚書祠部員外郎李楊言每歲天寧節內外臣僚各有祝聖壽道場多詣僧寺開建禮非所宜欲望聖慈許詣神霄玉清萬壽宮道觀開建詔除宰臣樞密已下依例大相國寺外餘並詣道觀違者以違御筆論　八年七月二十八日中書省言欲過天寧節日民間不許表葬哭泣衰絰之人自啟建道場至罷散日並不得至啟建道場觀寺從之　宣和元年十月七日詔天寧節道場諸路無道士宮觀去處許於德士宮觀開啟　五年十二月七日中書省言提舉道錄院狀伏見天下宮觀等處道官投進功德疏欲乞審旨許道錄院收接類聚進呈仍乞依在京例與度牒一道回賜以彰榮遇從之　六年十一月二十一日詔左右街道錄院每年天寧節賜度牒不得過五百道紫衣不得過一百道師號不得過五十道立為定制　七年八月十七日詔宰輔百僚此歲遇天寧節例於宮觀齋設道衆祝釐歸福誠雖報上然不經而近諛豈朕意哉可並罷　九月一日外路州軍遇天寧節監司及提總之官並合趍赴不得以本司錢別行排辦如違計贓計庸定罪　重和元年十一月一日禮部奏太常丞梁修祖言竊惟壬戌日天下並詣祝聖醮筵行禮之際其在州郡尚或未詳欲乞著為定制頒之四方下太常寺修立到儀注壬戌前七日郡守率在城官詣天寧萬壽觀殿下北向班首稍前餘官重行以東為上再拜訖班首陞殿上香候開啟訖降階復位再拜訖退如監司在本處亦赴以後每日輪知通已下至掾官一員詣本觀燒香壬戌日郡首赴並如上儀訖退次至壬戌日晚郡守率在城官詣天寧萬壽觀殿下北向再拜訖班首陞殿上香降階復位再拜訖權退次至請聖至讀青詞次至亞獻上香次至終獻上香次至過啟畢群守已下並復位北向立次至焚詞畢在位官皆再拜

欽宗靖康元年三月十三日詔道君皇帝聖節本命等道場並依道君聖旨乾龍節本命等並依祖宗法　四月一日詔朕祇奉慈訓獲承至尊戰戰兢兢懼不克任屬者道君皇帝南幸朕未獲躬晨昏之養乾龍上壽誠不遑安卿等乃力貢封章請如故事上皇還闕有日謹無以辭載惟忠勤良

用嘉歎請祝聖壽育恍堯仁謹報君賜始從漢制所請宜允以宰臣徐處仁率文武百僚詣東上閤門上表故有是詔也　七月五日禮部太常寺言討論到天寧節儀注在京於前一日文武臣僚就神霄玉清萬壽宮建置道場至初九日滿散更不作齋筵外路道場進奉宴設並罷至皇帝率百官詣龍德宮上壽畢就本宮賜侍從官以上宴道君皇帝坐以中福殿北之中皇帝坐於稍東並南向用金茶牀龍椅其合用儀注乞令御史臺閤門太常寺修定以聞中外於節日禁屠宰及禁決流以上罪詔並從之內上壽日惟道皇帝用龍牀　紹興元年二月十九日太常寺言四月十三日乾龍節依巡幸駐蹕禮例前一日宰臣率百僚詣佛寺開啟道場至乾龍節日拜表滿散更不作齋筵其表不入詞禮部收掌候問安使行日附行從之　二年二月二十一日詔乾龍節開啟滿散樞密院官已下各前二日三省官已下至日趍赴內三衙只就臨安府寶蓮寺起建道場其神武五軍統制官並免赴天竺寺開啟滿散今後遇聖節開啟滿散依此　三月六日太常寺言四月十三日乾龍節日樞密院官已下滿散日並係在昭慈獻烈皇后小祥前禁樂日內依禮例令所屬設樂不作大祥依此從之　四月十一日知臨安府宋煇言宰執百官並赴天竺寺滿散乾龍節道場所有新及第狀元以下未審合與不合趁赴詔雖祇受出身勑牒尚未注官未曾朝謝不合趁赴　紹興五年三月九日尚書左僕射趙鼎言今月十一日樞密院開啟乾龍節道場是日既為淵聖皇后祝壽開啟恐當崇重其禮欲權免常參六參官起居將來開啟滿散天寧節道場亦乞依此從之　六年八月二十日太常寺言遇聖節開啟滿散道場集處見任寄居待闕文武百僚更不分日並赴明慶寺立班行香從之　七年二月二十九日太常寺言二月二十七日車駕進發巡幸至建康過三月十三日乾龍節啟建道場至日宰執率應扈從文武百僚詣寺觀開啟至節日拜表滿散不作齋筵其表不入詞禮部收掌候問安使行日附進如來至建康府沿路上就所至州軍寺院依此啟建滿散依禮例並合作樂緣在道君皇帝寧德皇后禁樂之內更不施設從之　三月五日行宮太常寺言四月十三日乾龍節除作樂係在禁樂之內更不施設外禮例簡一月行宮留守率應行宮文武百僚詣明慶寺開建道場至拜表訖滿散仍作休務假一日從之　九年三月三日太常寺言三月十一日十三日乾龍節啟建係徽宗皇帝顯肅皇后禫制之內不合作樂外所有四月十一日十三日滿散日合行作樂又緣已遣使迎護徽宗皇帝顯肅皇后梓

宮在途欲乞權不作樂從之

二千五百五十

此條在上元節下

錢書史

宋會要

乾德五年詔朝廷無事區宇咸寧況年穀之豐豈宜士民之縱樂上元可更增兩夜起於十四止於十八自後十六日開封府以舊例奏請照放兩夜

卷五千二百三十一

宋會要　上元節

乾德五年詔朝廷無事區宇咸寧況年穀屢豐宜士民之縱樂上元可更增十七八兩夜東京夢華錄云元宵大內前自歲前冬至後開封府絞縛山棚立對宣德樓悉以綵結山沓上皆畫神仙故事或坊市賣藥賣卦之人工有大牌曰宣和與民同樂綵山置燈數萬盞正月十四日駕幸五岳觀至晚還內次駕入燈山輦前喝隨竿幅求御輦圍身一遭倒行觀燈山謂之鵓鴿旋十六日御座臨軒宣萬姓先到者得瞻見天表至三鼓車駕還內樓外擊鞭一聲則山樓上下燈燭數十萬盞一時滅矣至十九日收燈五夜城闉不禁鈔補元字夜字宵字

天慶節

真宗大中祥符元年十一月二十一日詔以正月三日天書降日爲天慶節休假五日兩京諸路州府軍監前七日選道流于長吏廨宇或禪宮觀建道場設醮所須之物並從官給仍令三司降例其身已斷屠宰吏不處分節日臣僚士庶特令宴樂其夕京師燃燈著在令式　十二月五日詔宣政使李神福內侍副都知竇神寶管勾天慶節道場前七日于上清宮起建罷散日一如承天節例賜文武官御筵並令條例以聞斷散道場日仍令教坊第一部祇應中書樞密院早赴行香訖賜御筵直閣府准敕所設齋醮命就壽寧宮排設一依三司定例支給舊例斷屠日御廚皆供蔬食瑞宮治內侍官閣奏定前令亦備素膳　二年正月天慶節百官行香于上清宮又行香于大相國寺退賜中書親王樞密百官諸司使副諸軍都虞候以上宴于錫慶院又命知制誥周起宴契丹賀正使于都亭驛　四月二十六日詔太常禮院詳定諸州天慶節道場齋醮儀式頒下　五月八日詔六月六日天書降泰山日令兗州長吏前七日請天慶觀建道場設醮永爲定式　二十二日詔自今遇天慶節五日內不得用刑　二十八日左右街道錄院上新定天慶節諸州設道場儀命崇文院摹印頒下　六月六日詔曰去歲將封岱嶽薦降元符當展禮之有期荷儲祥于是日況薰風謂暢朱夏清和宜稚休務之恩用慶自天之貺其六月六日在京百司及諸路並賜休假一日前一日遣中使諭宰臣王旦第特令中外賜飯是日賜中書樞密院翰林及侍讀侍講樞密直學士知制誥已上宴于中書殿前都指揮使洎諸司使已下酒食　七月十一日樞密直學士劉綜言六月六日天書再降日望令諸司皆設醮從之　八月十四日太常禮院言六月六日諸州設醮望令道錄院詳定科儀頒下詔如天慶節

卷一萬一千四百五十五

其青州委逐州選文學官修撰　二年四月十五日詔每歲天慶節及天書再降日令兗州會真宮建道場三晝夜　六月四日權知開封府周起言天書降泰山日本府欲不行刑詔是日京師諸司皆無得行刑　十一月十九日詔天慶節雖禁屠宰其內外筵設任用食　二年五月十四日詔天慶節天降聖節奉工壽及宴會并停其道場醮餘依舊用乞山茶水時菓藥苗供養及官吏行香外自來禁刑屠七日者止五日五日者止三日　六月十六日開封府言天慶先天降聖節徒流笞杖罪並節日權住行刑一日外其大辟罪即仍舊權住五日從之　十月八日知審刑院燕涉舍先天詔慶先天降聖乾元長寧節前後共十一日住奏大辟公案自餘公案住奏二日令請大辟公案前後共三日自餘只正節一日住奏從之　四年十二月二十二日中書門下言天慶等節上清宮道場宰臣已下並赴齋宿此乃初降靈文來修宮觀權立此制至後來宮觀道場宮使親詣逐處開啟罷散其上清宮今欲進止　七年十月十八日詔天慶等四節有司勿進刑殺文字

天祺節

天禧元年正月二十三詔曰大中祥符元年四月一日天書再降內中功德閣其建爲天祺節一如天貺之例　乾興元年二月禮儀院上四月一日詔以天祺節爲名詳見祺字　五年四月十五日御史中丞李虛己言天祺節宗室近臣准例並赴上清宮行香昨自宰臣已下止十一日預會望申戒飭詔宮觀副使通齋醮留一員餘悉赴會乾興元年仁宗即位未改元　二月二十三日禮儀院言四月一日天書降日節名下一字與御名同詔改天祺　三月三日禮儀院言天祺乾元天貺先天降聖節除起建道場及赴行香并乾元節進奉仍舊外其臣僚宴樂并先天等節進奉幣綵番合請節公主上壽並請權罷從之　十月十四日中書門下言十七日中書樞密院並赴上清宮宿齋開啟道場緣次日五更往板橋奉迎神主望並學士已下官兩員上清宮宿齋行禮其十八日已後仍舊番宿詔差翰林學士劉筠龍圖閣直學士馮元　天聖元年二月二十七日上封者言天慶天祺天貺先天降聖並飭費用尤廣而禮儀院亦言每歲醮祀散祀民間甚擾逐節詣宮觀同時開啟三清玉皇一日開祠者五七文泉設醮四十有九頗爲煩瀆欲自今五節并四季三元輪定宮觀設醮歲可省醮二十有七詔舊醮皆二千四百分令減其半餘並依奏官吏宿齋所有酒果蠟燭之類並令減省時汾州人上言天慶節醮四多以致廉庶橫生

卷一萬一千四百五十五

永樂大典卷四千四百五十四作一日

是不潔淨。又江陰軍道士許自然上言：星帝內傳云：玉帝時西王母降于帝宮，帝為母設食，王母止之曰：吾之仙衆不飲不食，豈欲人間飲食之饌乎？若以人間飲食向神仙，當知將世間不淨之物置于寶器之中。即猶太昝令請天慶等節醮，只備香燈花果、名山泉水、本莊草菌以致薦。禁禮院言：望自今諸醮州軍除共三十一處作醮舊除設，自餘州軍更不設醮，止以香燈花果、山泉藥菌供養，餅小蔬，仍不用供養節日臣僚吏不宴樂斷。定設醮州軍依舊賜宴外，餘如奏。從之。五月二十二日，太常禮院言：先天降聖節延壽帶、續命縷，欲望並依進奉，及宣賜。從之。

天貺節

大中祥符元年六月六日，天書降兗州泰山醴泉縣。二年五月八日詔曰：其六月六日天書降泰山日，宜令諸州在京諸州並賜休假一日。　四年正月詔：六月六日為天貺節，在京禁屠宰九日，詔諸路並禁從歐陽龍之請也。　六月六日詔：天貺節日宰臣親王于上清宮行香賜會，參知政事一員開寶寺塔行香，舉却復上清宮筵設，其從珠合飾監觀察使以上宗室座衡。九日詔：天貺節日諸路並禁屠宰，從殿中丞歐陽龍之請也。　五年三月二十六日詔：自今兩京諸路每遇天慶節七日，天貺節一日，毋得行刑。帝曰：令依天慶等節，並依天祺天貺節例，輔臣至日往彼燒香宿齋，文武百官亦不立班，其逐節道場即依舊開建。　三月二日詔：兗州奉符縣乾元觀每年天貺節道場，皆知州行禮，往來頗涉勞擾，自今該奉符縣會真宮例，只令知縣行禮。　八年六月天貺節，令玉清昭應宮太初殿建黃籙道場一月，本宮使副使代拜，其上清宮道場仍舊排設，宰臣親王樞密使至侍衛並赴。

先天節

大中祥符五年閏十月八日詔以七月一日聖祖下降日為先天節，十月二十四日降延恩殿日為降聖節，並休假五日，諸州府軍前七日建道場于長吏廨宇，或擇寺觀建道場設醮，所須之物並從官給，假內不得行刑，仍禁屠宰，節日並聽宴樂，著為定式。　十二月二十三日詔：天貺先天降聖承天節權止行刑，如關所在報以竅繫例，亦留禁，自今節日杖以下情輕者釋之，情重及須証左者責保知在，假開日區斷。　六年六月十一日詔：先天降聖節日除休假齋醮、斷屠宰、禁刑罰，一依定式，令天下以延壽帶、續命縷係生酒更相饋遺，著于令式。先是內出帶縷係示宰臣，舊言金銀羅繒為之，飾以綵緡金絲珠複，以畫本付有司，并榜坊市令人模

楳造，王旦等曰：陛下制此，美事，非僅昭示崇奉，益欲福及萬民也。十五日，中書樞密院上表，請以先天降聖節日許群臣行上壽，係進酒之儀，批答宜允。時翰林學士晁迥、李近臣兵部侍郎趙安仁等率百官並上表請獻壽，皆優詔答之。　二十六日，中書親王節度使以先天節並進金縷延壽帶、金絲續命縷各一兩，樞知開封府及諸閣三司判官文武百官及判史已上並進金縷銀延壽帶、銀絲續命縷各一副，以銀合。　二十八日詔：諸國公宇自今每遇天慶先天降聖節建道場，來禁刑日即權從他所。命左宮監斷。　二十九日詔：先天降聖節慶節前後一日並不視事。　七月先天節，宰臣率百官詣上清宮行香罷，散道場，就玉樞密使副使三司使殿前都指揮使已上至駙馬都尉各先詣長春殿進奉金縷延壽帶、金絲續命縷；上保生壽酒畢，改御崇德殿，宰臣百官上保生酒，還賜飲如誕節儀。又以金縷延壽帶、金塗銀結續命縷、緋羅綵羅延壽帶、綵絲續命縷分賜百官。前一日賜百官宴，次日賜以內復賜百官會于錫慶院。　九月二十九日，提舉校勘道藏王欽若言：天慶先天降聖節諸令諸州軍長吏已下前七日於大祠觀例建置道場，前三日應行事陪位官誦宿齋于長貳廳，天貺節齋一宿，罷散。從之。　十月七日詔：如聞諸州慶節宴會先一月名集樂工教習于司理院，著婦坊撮教，自今止得前七日按閱，違者當真其罪。從供奉官鄭雅之奏。　十一月八日，禮儀院言：諸節所禁刑罰，今請已前後詔旨類例頒下，應大辟罪遇天慶先天降聖承天節前七日、後三日，天貺天祺節一日，並權住決斷，其杖流已下犯在節前四日內，公廨開建道場則權移他所，遇當斷決，節前三日內犯者並過節次日施行，節日杖已下許本處裁量情輕者特放。從之。　四年六月二十五日，閤門言：新除太平太僕秘書先天節所賜延壽帶縷，望依僕射例頒賜。從之。

天應節

徽宗政和四年正月二十九日詔曰：朕修祀事，荷帝淳臨，旌旗笙路，燃服衛見于雲際，萬衆咸睹，可以十一月五日為天應節。　六月九日，禮部太常寺言：天應節內中排辦表文章卷，依天慶節內樂局令文施行，所有建置道場朝拜令敕，比附天慶節諸府節鎮于天寧萬壽觀，餘州軍于天慶觀建置道場，長吏率在城官吏朝拜，仍依天祺天貺節作休務假一日。從之。　五年三月二十一日，試刑部尚書慕容彥逢等奏：天應節開道場率百官朝謁，并不決大辟，並已依天慶先天節外，欲望申詔禁屠宰。從之。　五月七日，禮部奏乞禁屠宰天慶先天降聖天應節及壬戌日各一日

天寧節五日，從之。六月二十七日，起復朝請大夫、充集賢殿修撰、淮南江浙荊湖制置發運副使李偃言：應天下州府軍監不如建立天寧觀去處，凡過壬戌日，即于所在天慶觀三清殿並依節鎮例修設大醮，崇本壬戌本命之辰，仍許監司守臣率在職官僚開啓罷散，如禮。從之。六年閏正月十四日，詔天應節應縣鎮有天慶觀三清殿去處，依州府軍監例建置道場設醮，外其縣鎮壬戌日設醮，雖以更令監司守臣前去，詔逐處長吏寧餘官開啓罷散，餘依已降指揮。三月十六日，為書刑部員外何安中奏：臣伏覩陛下宸翰所紀天真示現及真聖神應之事，以仲冬五日為天應節，仍禁屠宰，用端命于上帝，而池示眷享彰表，未加天地合祭，其來久矣。陛下奮然破群議，於數千百年之後斷而行之，致難當歲暑，裘冕執圭，繖若冬服，而壇場時日，牲牢器幣，靡不祇虔，此方澤之靈所有呈露幽祕，利衛咸覩者也。臣願陛下依做天應名節之義，復下明詔，以仲夏十一日載為美名，其有所禁，如天應為詔，以五月十二日為寧覩節。五月十三日，詔斷屠宰，諸節上一日，依已得指揮，天寧節依舊三日。七年六月十八日，詔天下州軍道場可依旁通立定格法：三京、師府處一年三十一次：天慶五次，天慶節　天祺節　天寧節　上元節　中元節　下元節　壬戌日神霄玉清萬壽宮十五次，天慶節　寧覩節　元成節　每月上七節鎮每處一年十四次：天慶觀三次，天慶節　天祺節　天覩節　天寧萬歲觀八次，真元節　天寧節　壬戌日　神霄玉清萬壽宮三次，天慶節　寧覩節　元成節　上州并監司州軍輔州每州軍一年十一次：天慶觀兩次，先天節　降聖節　天寧萬壽觀七次，天寧節　壬戌日　神霄玉清萬壽宮兩次，天應節　元成節　中州望州雄州下州同下州每州一年四次：天慶觀一次，降聖節　天寧萬歲觀一次，天寧節　神霄玉清萬壽宮兩次，寧覩節　元成節。八月十三日，詔諸路天慶、天祺、天覩、先天、降聖、寧覩通作八節建置道場設醮，令學士院立式行下諸州軍，依式修寫，添入守臣名銜。

卷二萬一千四百六十六

亘

宣和元年二月二十一日，翰林院學士、朝散郎、知制誥兼侍讀王安中言：聞日者孟冬癸卯，屈萬乘之尊，以玉清神霄華瓊室集經祕籙，傳受成賜聞慶，又以仲冬乙卯開寶籙大陳法會，欲望以其日依天寧、天覩例製名紀節。詔以其日為天符節。二年四月十九日，太常寺言：應天府鴻慶宮係聖朝興王之地，乞將每年正月四日依降聖等節体例立一節名。詔以開基節為名。關在京合於景靈宮皇武殿，州軍於有太祖皇帝神御處燒

香。七月十一日，臣僚上言：臣聞辟以止辟，刑期于無刑，須歲誤獄，建明天慶節等日前後各一日停囚止決輕刑，還指日而為之，惠奸長惡，莫此之甚。伏望聖慈特詔有司，天寧及天慶、先天、降聖、天應、寧覩、天符、天覩、天祺節并元日等，歷不行決，情輕放免等事，并遵依元豐舊制，餘日及應續降申明，更不施行，庶幾使之無訟。從之。

宗長春節

建隆元年正月十七日，宰臣、文武百官于大相國寺開建道場，祝聖壽。二月十五日，習上壽儀于長春節。即日上壽，退赴寺行香，賜會還中，賜以香奩、上樽酒、時果，教坊樂賜之。二年二月十日，開封府上言：准舊制，左右街僧道合薦前賜紫衣師號者一十人。從之。其日僧錄引所奏僧入內，賜紫牒于閤門，遂賜紫牒，式命紫服。三月十三日，詔常參官、諸司使副、見任前任節度行軍副使并致仕官、僧道、百姓等，今後長春節及諸慶賀，毋得進奉。開寶三年二月，長春節上壽退，對知制誥盧多遜于長春殿，面賜金紫。先是每誕節，宿命中書舍人一員，俱殿中監進酒，多賜章服，後罷此例。五年二月四日，詔長春節自今更不設經六齋，在京僧道官以下壽業支賜。十五日，親王、樞密使、翰林學士、諸節度使、諸司使副使詣大相國寺行香，罷道場，訖齋會如儀。先是中書、樞密院同設道場，至是始分為，駙馬都尉、內侍三班亦各類聚設道場。是節，帝先御長春殿上壽，次御崇德殿，其後又定長春殿，初坐諸王上壽，次樞密使、徽使、三司使，次使相，次宮軍節度使、兩使留後、觀察使，次節度使、兩使留後、觀察使，次皇親[illegible]察使以下者各上壽，酒仍以金酒器、銀馬、袖表馬，飲既畢，並赴崇德殿侍立敘班。八年十月十四日，賜中書、樞密院人吏、翰林待詔緡錢有差。二十日，內出錢五十萬賜文武百僚，並以修齋祝聖壽故也。

卷二萬一千四百六十六

乾明節

太平興國二年十月，乾明節，親王、宰臣、文武兩班、諸司使副同設道場于相國寺，其後復如開寶五年之制。七年十月二十四日，中書門下言：乾明節遂二十三日大宴，二十日夜參知政事竇偁卒，翌日皇親幸其第，為哀慟，罷設宴。還言即命罷宴，伏以有司告備，六樂在懸，齋聖至仁，聞哀而罷，足以顯君父愛恵之道，臨臣子忠孝之心，伏請宣付司館，以彰聖德。從之。至十一月十六日始宴。九年十月，乾明節，崇德殿上壽，次延群官賜酒。帝顧御史中丞滕中正曰：三爵之儀，是為常禮，朕興臣僚更飲一盃，可乎？中正奏曰：陛下聖恩，隆厚臣僚，幸甚。即命取巨盃，帝飲訖，以盃辭示群

臣　十二日詔乾明節大明殿賜五臺僧淨業已下齋會

壽寧節

淳化四年正月二十二日詔壽寧節宴五宮京官並令赴座　至道二年十月壽寧節詔皇太子赴佛寺宴飲

承天節

咸平元年十二月承天節百僚上壽退行香賜宴帝謂閤門副使潘惟正四兩廂將校酒行多不偏所司自今切宜檢校　景德二年十二月承天節群臣上壽契丹國信使預班在上將軍之下大將軍之上舊制中書門下樞密院文武百僚內職既上壽詣大相國寺行香設會于資聖閣至是樞密使而下前一日罷道場赴會是日樞密與學士三司使副復舊遷以爲常　三年二月九日三司使丁謂上言伏覩國家以天慶節日不禁刑罰禁屠宰竊惟誕慶之日動植歡心雖均宴樂之私未頒斷屠之令伏見唐武德開元以來詔令皆節日不行刑禁屠釣慶成慶誕壽昌等節皆禁屠宰欲望承天節日准天慶節例前後禁屠宰斷刑罰著于甲令用爲常式從之　大中祥符八年十月二十九日宰臣王旦等言每歲中書建承天節道場相國寺行香畢就錫慶院會食左右丞侍郎舍人不及十員欲自今只就行香院賜會從之　十一月五日注輦使婆里三文等以承天節詣啓聖禪院會僧祝壽　天禧二年九月二十二日詔京城諸司囊神母用十月七日以太宗誕辰故也　四年十月十七日秘書郎館閣校勘王舉正等言上誕聖節及諸慶節日望許依京官檢討校理例赴奉上壽從之　五年一月十四日中書門下請凡慶會並皇太子押班奉觴上壽望令禮官別定儀注其日親王樞密使已下內職並隨皇太子赴崇政殿立班其長春殿更不設從之

乾元節

乾興元年仁宗即位未改元　三月八日禮儀院上言今月十三日百官起乾元節道場緣尚在禪制之中望許其日權以書職行香從之　四月乾元節詔以大行梓宮在殯惟譯經院獻經開封府僧道錄並罷之是月詔乾元節前後各一日禁喪葬屠宰哭泣權止行刑七日杖罪已下情輕特與免放如情理重並知在候假開日施行　天聖元年三月八日禮儀院言自來聖節親王樞密使已上長春殿上壽宰臣率百僚崇德殿上壽今乾元節尚在諒陰之內欲望其日宰臣親王樞密並只就崇德殿上壽餘依服滿從之　二年三月二十六日樞密院言今年乾元節後賜宴欲依

去年例就錫慶元賜不作樂不賜花從之　四月乾元節賜宴百官方入殿就班値大雨詔罷宴中書樞密兩制節度觀察防禦團練使刺使等各賜酒饌文武百官于朝堂賜酒食諸軍副指揮使已上許取便請食命樞密副使張士遜赴都亭驛押伴止朝人使御筵用教坊樂　六月二十八日荊湖北路轉運使孫沖言承天節禁屠七日其齋筵任設肉食即不得于假內宰殺乾元節正在孟夏南地稍熱慮成損惡禮儀院言乾元節御廚肉食並于十二日宰殺望令荊湖江浙淮南福建廣南路于聖節前一日預辦肉食從之　六年正月十四日詔每歲誕節西川進奉織成功德其先罷之　二月六日詔乾元長寧節華決大辟前各二日餘罪唯正節日權停　景祐元年三月十七日客省言先奉詔應諸處宮觀寺院今後香合山儀更不得進奉其功德疏許逐處收接入遞附進餘據五臺山僧正廣煙等不到進奉乾元節銀香合功德疏山儀物色未敢收接詔令客省依舊例收接內東門司進奉者不得爲例　二十二日詔諸處宮觀寺院乾元節進奉山儀并香合等更不令進功德疏入遞進納從之　四月十三日侍御史蔣堂言新差江東轉運使未曾朝辭遇乾元節乞隨班上壽詔許令陪位上壽應授差遣未辭謝人准此例　三年四月十三日詔乾元節聽休務三日　十一月一日詔曰國家每因誕節必錫宴私式均需食之恩用答華封之祝如聞州郡屬事炮燔在於犒飫而或宜于羔豚而爲甚宜中戒飭用懲過差當隱卹于含靈無窮極于厚味庶欽好生之德協誠示惠之方宜令三京及諸路州府軍監等今後每遇乾元節依敕命禁斷屠事所有節前宴設即許量事烹炮不得廣殺生命　寶元二年四月九日太宗正司言右衛率府率克修遇乾元節乞上壽更不赴錫慶院從之仍令大宗正司相度率者不許綴班　慶曆元年正月十九日詔乾元及天慶天祺天貺先天降聖節自今惟正節日禁刑外乾元節仍前後各一日停斷大辟　二年五月十二日詔乾元節減回賜皇后以下進奉物之半皇親并外命婦並權罷候邊事寧日取旨　四年三月七日帝謂宰臣章得象等曰每歲乾元節宮中先習新曲以備上壽今以親王在殯令更不習新曲上壽日止用舊樂　四月七日詔御史台臣僚言替未見已授差遣辭與未辭在京侍闕者今後如遇乾元節並許隨班上壽　五年二月二十七日詔乾元節合奏僧道紫衣師號人數自今聽如舊　皇祐元年四月十二日詔駙馬都尉李瑋垂拱殿上壽次楊景宗已下別班上壽畢卻赴百官班瑋起復雲麾將軍濮州團練使景宗建寧軍節度使觀察留

從。三年三月二十六日，詔以齊國獻穆大長公主薨，罷元乾節作樂。二十七日，中書門下上表請聽樂，詔答曰：「故齊國獻穆大長公主先帝同体，爲朕諸姑，宗黨所嚴，尊親莫貳，悉擬外館，增悼予衷。屬誕節之近期，有稱觴之舞制，得毋舉樂，用以稱情，乃援降服之文，請御在庭之奏。義之所厚，犢同難勝，所請宜不允。」表再上，始從之，猶詔報契丹使見日作樂。至和元年二月二十四日，詔乾元節度僧尼，自今兩浙、江南、福建、淮南、益、梓、利、夔等路率限僧百人度一人，尼五十人度一人；京師及他路僧尼率五十人度一人，道士女冠不以路分率二十人度一人。是月，詔京畿展選使自今遇乾元節許上壽，仍歲終一入奏事。嘉祐元年四月，閤門言：「垂拱殿上壽，舊皇親郡王從祠、樞密使副、宣徽使、三司使至管軍駙馬都尉共六班，今權請合爲四班，仍令減拜。」從之。五年四月十二日，詔閤門侍衛親軍馬軍副都指揮使張茂實乾元節上壽依王德用例進酒，只六拜。六年四月十三日，太子少傅致仕田況言乾元節乞依致仕龐籍、王子融例于内東門拱進功德疏，從之。七年三月十三日，管勾齋筵所言：「乾元節錫慶院十三日、十四日齋筵，文武百官并契丹人使立班謝恩，如遇陰雨立班不得，即乞放謝恩，使令赴坐。」從之。四月八日，太子太保致仕龐籍言乾元節乞陪班上壽，不赴習儀，從之。卷二萬一千四百卅六 十四日，樞密使張昇言：「乾元節上壽，臣爲患右臂頹弱，不敢進酒。」詔令以次進酒。八年四月十日，契丹賀乾元節使耶律穀等進香奠梓宮，見帝于東階。時英宗即位未改元。九

壽聖節

英宗治平元年正月七日，詔試壽聖節所賜師號、紫衣、祠部牒，故事聖節所賜三百道，而妃嬪公主猶別請，至是減爲二百，而別請者在數中。二年十二月十七日，太常禮院言：「正月六日上辛祀昊天上帝，致齋之内不作樂，緣正月三日壽聖節在上辛致齋之内，若依嘉祐七年正旦御殿受賀例改用正月十六日，舊例詣慈孝寺朝謁作樂，各有妨礙。參詳每遇元旦御殿、聖節上壽，雖在正月上辛祠官致齋日内，並當用樂，其大宴即乞移日或就賜。」從之。

乾興元年十一月九日，詔長寧節中書、樞密不得以金酒器爲獻，諸州亦罷貢奉，及不得奏請賜僧道紫衣、師名；三京諸州比試童行，比乾元節與度三分之一。中書門下上言：「請前一月文武官各就大相國寺建道場，罷散日錫慶院賜會；前三日内外命婦各進香合；至日入内上壽；在京禁刑罰屠宰共七日。」從之。其命婦進奉上壽、錫慶院賜會並俟喪制三年畢施行。十一日，禮儀院言：「準詔乾元等節並在服内，在京進奉、長寧節上壽並權罷，俟服滿開樂仍舊者。按至道三年太宗皇帝十一月三日祔廟畢，至十二月二日承天節，臣僚上壽，唯不作樂。此來皇太后雖示謙德，皇帝方切孝思，其如契丹使來，如値上壽之儀，深恐禮容不便，況有舊例，亦合遵行。其長寧節、乾元節望許在京臣僚進奉及上壽，長寧節亦望許令中書、樞密院臣僚及命婦進奉，節日命婦入内上壽，遇節並就錫慶院賜宴，並不作樂。」詔乾元節許臣僚上壽，不作樂；長寧節上壽權停，兩節進奉權罷，惟於錫慶院賜會。禮儀院復請長寧節群臣詣内東門拜表稱賀，命婦進表，從之。十二月，太常禮院撰定長寧節上壽儀注：其日皇太后垂簾，中書、樞密、學士、三司使、節度使、觀察留後、契丹使分班立，宰臣已下進奉上卷二萬一千四百三十壽。閤門使於殿上簾外引宰臣升殿，跪進酒於簾外，内臣跪接以入。宰臣跪奏曰：「長寧節，臣等不勝歡忭，謹上千萬歲壽。」復位，再拜，三呼萬歲。内臣承旨宣曰：「得公等壽酒，與公等同喜。」咸再拜。宰臣升殿，立於簾外，俟飲訖，内臣出簾外，跪授虛盞，班首跪接，復位，再拜，舞蹈，三稱萬歲。内臣承旨宣升殿，酌酒三行，餘如乾元節之儀。其日百官詣内東門拜表稱賀。内職高者一人爲班首。其外命婦嘗入内者即入内上壽，不入内者進表。其日前殿百官退，内臣先引内命婦上壽，次引外命婦，如百官儀。從之。三年正月五日，契丹遣使蕭從順、韓紹芳來賀長寧節，見于崇德殿。十二日，開封府言長寧節請如乾元節度僧道三百八十人，詔止度三百人。四月六日，殿前都指揮使王守斌言：「聖節合進壽觴，以臣在假多時，尤難拜跪，今欲隨班起居，後却令馬軍副指揮使楊崇勳代臣上壽，庶免失儀。」從之。十二月，詔長寧節皇親臣僚家命婦入内上壽者，進前一日入内。八年九月一日，詔長寧節賜群臣衣及天下州郡上慶作樂，並準乾元節例，准進奉章表附驛以聞。先是有上言者論其事，内列去姓名，付中書門下，至是宰臣等奉而行之。十二月十六日，詔長寧節百官上壽于崇政殿。初，帝諭輔臣曰：「昨郊禮畢，朕嘗率群臣賀皇太后於會慶殿，明年長寧

節宜定百官上壽儀下太常禮院議而請御會慶殿上壽皇太后不欲御會慶殿故降是詔

宋會要　坤成節

元祐元年六月十六日禮部言坤成節用乾興年故事權罷上壽其在京并諸州軍旅故事賜宴不作樂從之興龍節亦如之　二年五月八日詔坤成節聽臣僚進奉如興龍節例　二十四日開封府言坤成節請依長寧節故事度僧道共三百人爲額從之　六月十二日詔開啓坤成節道場齋筵許依例用樂　十八日詔坤成節依天聖三年長寧節故事文武百官諸軍將校於崇政殿上壽及許臣僚進奉内外命婦前三日各進香合至日入内上壽　七月二十三日詔還坤成節臣僚所進金酒器　三年六月二十二日詔坤成節崇政殿上壽皇親團練使以上並赴百官表賀於内東門　十二月七日詔宗室在式假興龍節許易常上壽　四年正月十八日詔坤成節進奉物色准天聖八年九月故事留本處止奉表附驛以聞　紹聖元年九月十三日詔興龍節上壽并進奉尚書省齋筵並罷開啓日仍不作樂其遼國使人就驛賜筵

壹萬一千四百三十

宋會要 謚

王公及職事官三品以上薨本家錄行狀上尚書省考功移太常禮院議定博士撰議考功審覆判都省集合省官叅議具上中書門下宰臣判準始錄奏聞敕付所司即考功錄牒以未葬前賜其家省官有異議者聽具議以聞蘊德邱園聲實名著雖無官爵亦奏賜謚曰先生

太宗太平興國八年八月二十八日詔增周公謚法五十五字美謚七十一字為一百字平謚七字為二十字惡謚十七字為三十字仍令翰林學士承旨扈蒙中書舍人王祐詳定蒙等奏議曰上所增五十五字皆可用其沈約賀瑒續廣謚請停廢從之

卷一萬三千三百四十七

雍熙四年五月直史館胡旦言舊制文武官臣僚皆以功行上下各賜謚法近朝以來遂成闕典皆須本家請謚而所費甚多今有建隆以後文武臣僚三品以上合賜謚者百餘人望令史館編錄文狀送禮官定謚付館收入國史今後臣僚薨卒至並令禮官取本家行狀定謚送考功詳覆仍令考功關送史館永為定式從之

真宗景德三年八月二十五日諸王府侍講孫奭言臣聞周公制謚法大行受大名小行受小名所以勸善而懲惡節惠而尊名也周禮卿大夫之喪太史賜謚讀誄皆於葬而舉謚故穀梁傳曰謚所以成德也於卒事乎加之矣言謚者行之迹所以表德人之終卒事畢於葬故於葬定稱

號也自唐喪亂不守典經乃有葬後定謚近者宰臣畢士安樞密使王繼英皆葬後議謚此於朝政恐或闕遺望令有司詳求典故如別無明據則請自今依舊葬前定謚於祖奠時遣官讀誄庶合禮文從之

大中祥符五年正月二十二日詔文武薨卒當定謚者自今如本家申請即準故事施行不須先具奏入俟報

唐制職事官三品以上散官二品以上亡者其佐吏錄行狀申考功考功責歷任勘校送太常禮院擬謚訖復送考功都堂集省官議奏聞贈官同職準無爵者稱子先是皆稟進止而議及降是詔乃議訖以聞

仁宗天聖五年十月四日直集賢院王皞言伏聞謚者行之表也善行有善謚惡行有惡謚蓋聞謚之行以為勸戒六典太常博士掌王公以下擬謚皆迹其功德而為之褒貶職事官三品以上散官二品以上佐吏錄行狀申考功下太常議謚訖申省議定奏聞近日臣僚薨卒雖官品合該擬謚其家子弟自知父祖別無善狀慮定謚之際斥其繆戾皆不請謚竊以謚法自周公以來垂為不刊之典蓋以彰善癉惡激濁揚清使其身歿之後是非較然用為懲勸令若任其還避則為惡者肆志而不悛欲乞今後凡有臣寮薨謝不必候本家請謚並令有司舉行如此則隱慝無行之人有所沮勸若謂須佐吏錄行狀申訖方行擬議臣略觀方冊別無明證惟春秋衛公叔文

卷一萬三千三百四十七

予卒其子戍請謚於君曰日月有時將葬矣請所以易其名者臣謂春秋之時周德下衰於時禮壞樂缺公叔之卒有司不能明舉舊典故至將葬始請謚於君且周制太史掌小喪賜謚小史掌卿大夫之家賜謚請誄以此知有司之職自當舉行明矣詔禮院詳定後如所請

景祐四年六月二十三日權判尚書都省宋綬言本省集官覆謚而請謚之家皆自具飲饌夫考行易名用申勸沮而饗其私饋頗非政體請自今官給酒食從之

乾興元年已即位未改元四月十七日詔太常禮院議改謚恭孝太子之號以聞按禮經既葬言謚蓋為陳其行迹錄以為名衛公叔文子卒其子請謚於君曰日

卷一萬二千三百四七

月有時將葬矣請所以易其名是皆考行於闔棺之後讀誄於會葬之際也恭孝薨逝僅三十年當時節惠尊名既定矣又恭孝之稱亦云美矣今乃易號為褒寵之恩非舊典也先朝臨御之初但加贈兄叔諸王官秩今循此制可矣掌禮者不能援古抗執時論惜之

嘉祐二年九月一日翰林學士承旨孫抃等言故翰林侍讀學士兼侍講學士尚書吏部郎中王洙陪侍講筵垂二十載欲望特於贈官外依馮元楊徽之楊億例賜謚號詔特贈給事中仍賜謚曰文敏而好學曰文既而御史吳中復等言洙官不應得謚及其子力臣等亦以非例辭不敢從之

五年十二月十八日太常禮院言自今文武臣

寮薨卒法當謚者考功於未葬前取索行狀移禮官考定如其家速葬集議不及則許賜之其有勲德既葬而未嘗請謚者亦聽取旨從之

六年十月三日詔以太常禮院見置局編纂禮書委本院編纂官以周公春秋廣謚沈約賀琛王彥威及雍熙中所編定謚法類聚詳酌取方今可行用者編定以聞於是判太常寺兼禮儀事翰林學士范鎮等與編纂官秘書丞姚闢霸州文安縣主簿蘇洵言謹按世之以謚著書而可以名家者止於六家其王彥威之徒皆祖述舊文無所增損六家之中其名周公者最無條貫同謚異條或分見數處紛紜雜亂難以省覽其餘春秋廣謚沈約賀琛扈蒙雖綱

卷一萬二千三百四七

目具存而脫謬已甚或當時之妄誤或傳寫之訛失有司行用實難依據臣等今已講求別本證之史傳別其同異去其重複刊繆補缺務令完正其有訛謬已久世俗承用不復疑如以壯為莊以僭為替如是者亦不敢輒改皆隨件加注凡注數十百條號曰六家謚法二十卷八年上之蘇洵既於此條注外又別撰謚注并上之下其書兩制看詳有言不可用者遂不用

神宗熙寧三年八月九日考功言故工部尚書李兌以八月三日葬葬之日行狀方上考功按治平編敕文武臣寮薨卒合定謚者本家於葬前陳請定謚在外州者本州據本家所請奏聞在京者具狀申考功仍並取索自出身

至贈官已來行狀三本繳連申考功即牒太常禮院即
日集官議謚下考功覆議判都省官即於都堂集合省
官議定聞奏牒本家及史館遵行贈官同職事無爵者
稱子或本家自不請謚者本州取索子孫請實文狀奏
聞下尚書省合太常禮院衆官議生平履行善惡依公
定謚並須葬前牒付本家并牒史館如謚不以實曲徇
私情或報仇儹忿橫加惡名即依選舉不以實論罪如
已葬方有奏請者更不定謚伏詳敕意蓋緣臣下薨卒
閒或有年祀久遠其子孫方為請謚則善惡之行傳聞
於人有所不及而聚官集議所憑者本家行狀而已虛
美隱惡緣是而起雖欲直筆何由辨明故近制限以葬
前請謚既葬而後陳請者更不定謚所以防歲久之易
誣也如唐郭知運既逾五十年矣而其子英乂乃以為
請若此者雖勿許可也顏杲卿盧奕輩忠烈在人既葬
賜謚則又有之今李充卒未逾年即葬其子幼弱未知
公家事體致行狀到省與葬同日竊謂亦宜定謚雖不
及事而賜之私家使告廟主及送史館以昭示善惡之
報伏況近制本家雖不請謚猶下尚書省依公合議蓋
主於勸懲善惡而已伏乞裁酌特賜依常法定謚并乞
今後應有臣寮薨卒合依謚之人如葬前曾請謚或本
家不請謚者雖葬後並與定謚從之　五年七月二十
四日六宅副使知丹州宋孟孫言外曾祖故贈僕射扈

卷一萬三千三百四十七　五

禮五八之五

蒙官列尚書殁未曾請謚乞特賜以謚禮院言蒙卒已
八十餘年其人行實與今之士大夫聞見不接難以考
議從之　哲宗紹聖四年二月六日新提點河東路刑
獄徐君平奏謚有美惡所以示勸沮也方今賜羣臣謚
定於太常覆於考功集議於尚書省非不重矣然集議
官聚於廡下考功吏方約所覆狀示之讀未終篇趣書
名而去至或漠然不知誰何雖欲建明而倉卒不暇矣
願詔有司凡集議前期三日以考功狀徧示當議之先
紬繹而後集於都堂詢之庶有所見者得以自伸從之
　元符元年三月二十五日權吏部尚書葉祖洽言伏
見太常寺定到韓縝謚議申吏部覆議按縝在垂簾之
初內則交結張茂則梁惟簡以取宰相外則附司馬光
革逐蔡確為自安之計至今更改法度縝嘗陰致其力
出處貪穢之迹暴著中外莊敏美謚非縝所宜詔更不
定謚　高宗紹興三年正月二十一日中書舍人陳與
義等言舊來百官謚不命詞至政和宣和以後有不經
太常考功議定百官集議而特賜謚者始命詞近來乃
一概命詞乞改正今後特恩賜謚命詞給告外餘給勅
從之　五年十一月四日詔文臣光祿大夫武臣節度
使以上身亡依條取索本家行狀方許定謚自軍興以
來因金賊侵犯守臣守禦臨難不屈死節昭著之人若
限以官品賜謚即節義之人其名不顯無以激勸應守

卷一萬三千三百四十七　六

禮五八之六

臣守禦臨難不屈死節昭著不以官爵上下取旨特賜謚

七年五月十一日太常博士黄積厚言竊見今太常寺禮部定謚據請謚之家所納行狀墓誌遂以名之夫行狀墓誌皆其親舊之厚善者所作虚美隱惡人情不免縱不虚美尚書隱惡有司信此以定謚果能得其實乎又古者將葬請謚今或徼倖之徒偶饕身寵自顧生無片善死有百責則誡其子孫不復請謚故惡謚遂不行於今惡謚不用則美謚人人得之亦不足貴矣昔李虞仲有言節土爵禄僇辱流放皆緣一時非以明示百代然而後之所以知其行者唯謚是觀可不愼而用之欲今後臣寮合得謚者俟陳乞恩數於朝廷即以姓名下禮部太常寺定謚仍許令關會史館以採其終始如此則名隨實得善惡俱張不惟可以垂信於無窮庶亦使士大夫平日知所畏慕焉詔依令吏部太常寺遵守

二十四日太常寺言國朝禮例諸后謚寶垂簾聽政用玉不曾垂簾聽政用金詔寧德皇后謚寶用金

二十六年六月二十二日宰執進呈次上曰陳瓘昔爲諫官甚有讜議近覽所著尊堯録無非明君臣之大分深有足嘉易首乾坤孔子作繫辭亦首言天尊地卑春秋之法亦無非尊王王安石號通經術而其言乃謂道隆德俊者天子當北面而問焉其背經悖禮甚矣瓘宜特令賜謚以旌表之

三十年正月十九日禮部太常

寺言大行皇太后謚曰顯仁皇后依禮例合行迴避兼諸路州軍縣鎮寺觀廟額封號如有上件稱呼亦合行改正祖宗朝迴避謚號稱呼如文明殿武定軍廣孝寺各專爲一處改正所以當時止換易一字今來顯仁皇后謚號如並行改正緣名項稍多若止改易一字又恐該括不盡欲乞諸路州軍縣鎮等有同稱者改爲顯政宫觀有同稱者改爲顯眞寺院有同稱顯者改爲顯慈廟額封號有同稱者改爲顯烈外有天下人名同者任令從便改易從之

乾道四年五月二十三日宰執進呈禮官擬故相趙鼎謚忠簡上曰此謚甚稱陳俊卿奏曰眞所謂正直無邪曰簡上曰近降賜謚指揮甚合衆論俊卿奏曰中外無不稱朝廷此舉得宜皆陛下聖明獎勵忠嘉爲天下後世勸蔣芾奏曰前日韓世忠封王趙鼎賜謚一將一相皆合公議

乾道五年七月二十三日禮部太常寺言故禮部侍郎贈延康殿學士譚世勣孫昭祖乞與祖世勣請謚世勣在靖康時虜立僞楚堅不稱臣及令直學士院力拒不受痛憤至死然所贈官序不該定謚又不應守臣守禦賜謚指揮若朝廷特旨賜謚旌褒守節即無定法詔特依所請

六年十月十一日吏部員外郎張拭言太常寺擬故兵部尚書司馬朴謚按法危身奉上曰忠執心決斷曰肅竊惟朴當國步傾危之際奉使讎虜陳義激切遂遭拘縻又以傳

建炎赦書致械繫既而虜亦義之逼授偽行臺左丞堅拒不受竟以從死守節終始不爲虜汙可謂之爲臣之義明詔賜謚實慰人心然太常所定美則美矣而危身奉上執心決斷恐未足以暴白公之事按謚法臨患不忘國曰忠不汙不義曰潔請改曰忠潔從之八年八月十二日太常博士楊萬里等言故右監門衛大將軍吉州團練使贈保寧軍節度使士跂當靖康間憤金虜之猘痛宗國之屯結豪傑三千人以赴京師在建炎中復結義士數千爲朝廷取河北竟以謀泄虜人執之斷腰於市生富貴安佚之中而能殺身成仁其孤忠耿耿使異方遐域知吾天族之有人亦足以挫其銳而奪之氣請謚曰忠果從之

〈卷一萬三千三百四十七〉

八年十一月十四日臣寮言請謚一事有法令相戾制度可疑者在法光祿大夫節度使以上定謚議於太常覆於考功給興間以守臣捍禦臨難不屈死節昭著而其官品或未該定謚於是有特賜謚指揮故以定謚者給敕而以賜謚者給誥竊惟法意蓋以定謚者惟其官品之應得故必太常議之考功覆之或過其實則許駁正必協於衆論然後降敕既不專於褒美宜無事於書贊其公具嚴如是乃若官品雖未應得謚而節義在所旌表既出君上之特恩斯有綸言之加寵是定謚賜謚給勅給誥各有攸當不得相亂近請謚之家有官品合該定謚而輒經朝廷陳乞賜謚不議於太常不覆於考功獨舍人命詞行下是太常考功二職皆廢而美謚乃可以幸得大凡命詞給誥皆三省官奉制宣行列名於其後今特恩賜謚禮命優重冠王言於其首而宰相參政給舍並不入銜獨吏部長貳考功郎官於後押字殊不類告體甚非所以尊王命嚴國制況舍人掌詞命之官獨不入銜而賜謚初不議於考功乃亦押字理有未安乞自今定謚一遵前後條制指揮所有誥命乞令禮官詞臣攷尋舊章詳議當否從之

明年三月中書舍人李彥穎檢照典故告命之制別無該載有旨給誥從舊式餘依

〈卷一萬三千三百四十七〉

宋會要　歷代帝謚

太祖建隆元年二月五日有司言追尊四廟合撰帝后謚號陵名詔翰林學士判太常寺竇儼撰進三月二十四日竇儼請上皇高祖文安府君謚曰文獻皇帝廟號僖祖陵曰欽陵皇曾祖中憲府君謚曰惠元皇帝廟號順祖陵曰康陵皇祖驍衛府君謚曰簡恭皇帝廟號翼祖陵曰定陵皇考太尉府君謚曰昭武皇帝廟號宣祖陵曰安陵詔恭依禮　議曰臣聞后王受命祖宗發祥尚禮以尊之奉先之道也靡不致誠清廟追謚鴻名塪空其墻垣倣像其宮室表誠莅止思孝齋如見稽考于前朝咸遵行于盛禮伏惟皇帝陛下應機御極惟德同

卷一萬二千三百四十八

元休氣榮光祚長于天墜赤文丹宇德兆于璽圖來運譬興變家爲國乾坤不能頓爲寒暑寒暑漸于陽秋君后不能驟作基扃基扃在乎祖考恭惟皇高祖文安府君履行高潔蘊德粹深宏闡英風遐鍾聖世惟克成之鴻烈自開始之長源謹按謚法道德博聞曰文聰明叡哲曰獻請上尊謚曰文獻皇帝廟號僖祖陵號欽陵恭惟皇曾祖中憲府君英秀虛元溫明惠哲貽謀錫羡奕世重光倚積聖以無窮寔先幾而有兆謹按謚法柔質慈明曰惠主義行德曰元請上尊謚曰惠元皇帝廟號順祖陵號康陵恭惟皇祖驍衛府君沖素無渝光謙是尚建基立本緯義經仁令亦詔之君尊自黃裳之襲吉

謹按謚法平易不煩曰簡正德美容曰恭請上尊謚曰簡恭皇帝廟號翼祖陵號定陵恭惟聖考太尉府君明允篤誠肅恭純懿武全七德排大敵而立豐功善降百祥保太和而御禔福美談同于萬口休詠播于八音燒耀耿光權輿丕命謹按謚法明德有功曰昭折衝禦侮曰武請上尊謚曰昭武皇帝廟號宣祖陵號安陵又按謚法行見中外曰懿容儀恭美曰明布德執義曰穆望高祖妣崔氏請上尊謚曰文懿皇后皇曾祖妣桑氏請上尊謚曰惠明皇后皇祖妣京兆郡太夫人劉氏請上尊謚曰簡穆皇后伏以謚也者行之丹青號也者言之表著非謚無以辨其名是以開創之君追崇其禮增數

卷一萬二千三百四十八

前烈恢闡令猷俾徽稱水流異世彌振以對天地以慶宗祧師師在位之庶官顒顒式瞻于盛典云爾　僖祖立道肇基積德起功懿文獻武睿和至孝皇帝初謚文獻大中祥符五年閏十月十八日加上睿和國書不載謚法大觀元年八月十四日再加上京號　建隆元年九月九日太常禮院言將來皇帝御崇元殿備禮冊四親廟按禮文天地宗廟之饗及出征巡狩大射養老皆博士引卿卿引皇帝惟追崇祖宗不載太常博士贊引之事唐大中初追尊順宗憲宗謚號皇帝于宣政殿授五冊遣宰臣以下持節奉冊赴太廟授冊日帝既御殿百僚拜訖乃降階跪授冊于太尉拜授訖禮官俟太尉

奉冊出宣政門然後升殿伏請自今凡皇帝親行禮皆
太常卿贊導禮事引奏可二十七日帝御崇政殿備禮
遣使奉冊上四廟謚號　僖祖冊文曰孝曾孫嗣皇帝
臣御名再拜稽首上言恭以昊天有命皇家勃興括厚
載以開階宅中區而撫運虔夏鑾輅因不獻議山川寵
神罔不受職非臣否德肇此丕圖寔賴先正儲休上元
降鑒既度膺于大寶乃眇觀于遐源敢遵歷代之規式
薦配天之號伏惟皇高祖府君昊穹淪粹翁闢資華慕
龍蟄以存神樂鴻冥之遂性藏名晦用不從四嶽之明
揚履素含貞自體兩儀之訢合積仁斯久與道而隆始
濬發于天潢果誕敷于帝業亦猶重華納麓慶寔自于
卷一萬三千三百四十八
窮蟬周發受圖功始因于后稷今鴻基既啓清廟斯崇
將嚴禘嚳之儀上報勤商之績爰詢典禮上正宗祧謹
遣使司空兼門下侍郎同中書門下平章事王溥副使
兵部尚書李濤奉寶冊上尊謚曰文獻皇帝廟號僖祖
天保初定祖德惟馨登歌合奏于陶匏祼祀畢陳其彝
斝孝誠惟潔休烈載揚億萬斯年永隆休祉謹言　真
宗大中祥符五年閏十月十一日詔曰猥以眇質夜
紹寶圖紀念聿修居懷若厲比者躬延真馭啓迪帝先
孚佑黎元積累功于上古保綏宗社垂鴻慶于後昆錫
羨聿昭感慰交集是敢揚祖禰之丕烈增典冊之徽稱
茂展孝思用光燕翼太廟六室大奉上尊謚二字擇日

備禮奉冊　初宰臣以太祖謚號有同聖祖名上字將
議易之帝曰真祖臨降皇家大慶也六室並當增謚號
乃下詔　十八日中書門下與禮官等參議請加上僖
祖曰文獻睿和順祖曰惠元睿明翼祖曰簡恭睿德宣
祖曰昭武睿聖太祖曰啓運立極英武睿文神德聖功
至明大孝太宗曰至仁應道神功聖德文武睿烈大明
廣孝詔恭依仍俟上聖祖冊禮畢奉上命樞密使王欽
若撰僖祖冊文陳堯叟撰順祖冊文參知政事丁謂撰
翼祖冊文宰臣王旦撰宣祖冊文向敏中撰太祖冊文
王欽若撰太宗冊文并書　天禧元年正月九日帝詣
文德殿備禮奉寶冊親授攝太尉向敏中持節奉冊升
卷一萬三千三百四十八
輅以赴大廟翌日敏中奉上六室僖祖冊文曰孝孫嗣
皇帝臣御名謹再拜稽首上言曰臣聞肇基王迹寔自
於上仁貽厥孫謀仰繫于至德矧茂先昌之烈誕彰錫
羨之靈佑寶緒之重熙感先游之來格用展遹追之禮
式昭駿惠之風伏惟熙祖文獻皇帝潛隱韜明廣淵藏
用稟元精而毓粹積純嘏以流輝陟降上天始恢于成
命儀形後裔大集于繁禧臣猥以眇沖獲膺嗣服奉宗
祧之重惟懷永圖䘏寓縣之勞敢忘丕則祇受貽訓馴
致治平屬禋瘞之交修荷穹昊之報降真期允協飈馭
載臨諭長發之遐源申聿懷之多福監觀攸接允謂于
凝祥罔奕有開寔資于累洽謹奉玉冊玉寶增上尊謚

曰僖祖文獻睿和皇帝道隆觀德孝極因心方期對越
之靈適播龐鴻之祐時萬時億永矢無疆謹言　徽宗
大觀元年六月七日內出手詔曰尊祖奉先孝饗爲大
僖祖皇帝積功累行肇基王迹卑及後嗣撫有四海尊
隆廟祐萬世不祧其徽號未足以顯功垂後可集官議
定于宗祀前備禮加上以稱嚴恭之意十二日有旨加
上僖祖文獻睿和皇帝謚號共爲一十六字令三省樞
密院官御史中丞雜學士太中大夫以上與太常寺同
共集議合增徽號仍令禮部詳具典禮以聞二十四日
命宰臣蔡京撰冊文并寶知樞密院事張康國書冊寶
翰林學士薛昂撰議文又詔于宗祀大禮初致齋日行

卷一萬八千四百四十六

行發冊寶及上徽號之禮如故事　八月四日宰臣蔡
京等奏請上僖祖皇帝徽號曰立道肇基積德起功懿
文獻武睿和至孝皇帝　議曰臣等聞商受天命續禹
舊服寔在成湯而推原所自乃肇於契故詩曰濬哲維
商長發其祥言有天下之祥自契而發也周受天命於
其代功寔在武王而推原所自乃肇于稷故詩曰厥初
生民時惟姜嫄言天下之民自后稷生也契稷未嘗有
天下而曰天下之祥自契時發天下之民自后稷生蓋
不以汪洋之流發于洪源挺特之幹作于大本歟我宋
寵受天命奄有九有太祖皇帝太宗皇帝削除禍亂混
一海宇建立綱紀爲萬世法　真宗皇帝仁宗皇帝含養

休息不務營罰海內又安衣食滋殖　英宗皇帝嗣承歷
服欲大有爲貽厥孫謀以燕翼子　神宗皇帝飭千載之
蠱追三代之隆大綱小紀本數末度截然齊一煥然可
述　哲宗皇帝繼志述事因敗失隆昭武嗣服大業用成
以至于今治極盛成民躋曼壽禮樂教化緣于太平九
夷八蠻罔不率俾光明盛大其有所自乎恭惟僖祖皇
帝稟濬哲之姿韜利用之器積善以躋盛德種德以基
王功精微之蘊洪于不言者上必有以合乎天忠澤之
施不責其報者下必有以合乎人天眷誠篤則福祿既
大而彌長人懷允孚則愛戴既久而愈固蕩蕩難名巍
可槩見發揚稱述言或未殫是宜明詔以謂可依議加

卷一萬八千四百四十八

上以稱嚴恭之意也臣等謹驗乎所已見推其所可知
蓋天下之所由以治者道以聖德體其妙此道之所以
立邦家之所因以興者基以王德闡其迹此基之所以
肇順其可欲而不遷修其可爲而不息所以爲積德之
之所存所因以圖帝王之所兆可述以趣成所以爲起
功以經爲體以緯爲用因時乘理爲之不暴而煥以光
大此之謂懿文以義爲體以威爲用匪棘其欲不自有
昭而貽謀方來此之謂獻武本于修爲而其明至于無
所不通之謂睿參于可否而其利至于與物無乖之謂
和上以順承天而得天意下以順化民而得民心宗廟
饗之子孫保之天下萬世莫不尊親焉此之謂至孝合

是眾美因寔生名擬諸形容言以昭寔伏請增上徽號曰僖祖立道肇基積德起功懿文猷武睿和至孝皇帝詔恭依宜以所上議詣太廟本室奏請　九月二十五日上詣文德殿備禮奉徽號冊寶授蔡京上于太廟室冊文曰孝曾孫嗣皇帝臣徽宗御名謹再拜稽首言臣聞在昔先王奄宅天下敷遺後人嗣有令緒推而上之逮厥本初惟我有宋藝祖文考顧諟明命撫綏萬邦道洽政治垂百五十年于茲社稷宗廟罔不祗肅遠邇內外罔不率俾原其所自本乎上世權輿萬事貽燕所及蓋惟我僖祖皇帝潛德訓行遵養時晦邁迹自身上帝顧歆克昌厥後貽厥子孫誕受多方率乃祖之攸行格于皇天以迄于今施及寡昧祗受休烈迪惟前人光施于幾罔敢過佚丕釐九廟之制若稽于古萬世不祧惟厥名稱率由故常未克丕顯夙夜祗慄惧弗克稱用請命于上帝誕揚興冊夫以真治身以緒應世由之以行因之以著之謂立道王之所成業之所興以有家邦以造區夏之謂肇基不顯乎世不成乎名始乎篤寔終以光輝此德之所積居而有之作邦作對佑我後裔無競維烈此功之所起經緯其道飾設其用隱而不輝以懿其文沉潛剛克戡用有嗣式遏亂略以憲其武致廣以明允執其中是謂睿和以假有廟保世滋大是謂至孝合是眾美以形容厥德肆冒聞于上下神祇謹遣開

叅萬年書四十八

寶使司空尚書左僕射門下侍郎上柱國魏國公食邑八千二百戶食實封二千六百戶蔡京奉玉冊玉寶加上徽號曰立道肇基積德起功懿文憲武睿和至孝皇帝以迪我祖考追孝奉先之心慰在天之神嚴廟祏之奉昭示萬世承天之休無斁謹言　順祖惠元睿明皇帝初謚惠元柔質慈民曰惠主善行德曰元後加上睿明國書不載謚法　太祖建隆元年上冊文曰伏以天命匪忱惟歸于有德人文設教必始于貽謀乘時既肇于興王報本敢稽于尊祖非隆徽稱則大饗何以配神匪鏤良珉則洪烈何由垂世方作衎那之頌永嚴昭穆之容伏惟皇曾祖府君濬慶遐源積仁上世纂金非寶立言常貴于中庸虹玉韞光不琢蓋全于大朴加以既明且哲窮理通推安莊老之靈和惟思後己持曾顏之德行克紹前修達其變則指掌寰瀛潔其身則錙銖軒冕如圭如璧但藏器于當年為龍為光竟垂休于後裔今則錄符禹革饗叶笙鏞六位乘時眇質勉思于肯構七世觀德洪名敢追于追尊今遣使王溥使副李濤奉寶冊上尊謚曰惠元皇帝廟號順祖惟天之命從民乘纘神器大寶冕服紘綖祝嘏告福金石在懸觀德宗廟儲英上元以燕以翼億萬斯年　真宗天禧元年正月九日帝詣文德殿備禮奉冊寶拜授攝太尉向敏中持節奉冊寶升輅以赴太廟翌日敏中奉上冊文曰伏以

叅萬年書四十八

無疆之序自積累以承基祇適之心仰開先而尊祖孝之大者禮其捨諸故列辟之所先大曩籍之攸尚恭惟順祖惠文皇帝儲精剛健累氣中和守素居真含輝隱耀冲襟默而自運盛德晦而彌彰笙鏞之音將從于丕變龍蛇之蟄固蘊于多奇思流千乘之邦道冠六藝之圃創業垂裕仰藉于慶靈資始守成緬欽于燕翼宜乎隆會昌之帝祉受丕變之尊名畧以眇妥昭膺元歷荷貽謀于按統成至治于洽平鉅禮交修真遊狎降邦家襲吉允載于發祥典禮考言敢忘于追遠稽合古訓濬發皇猷昭遺烈而益徽稱順元辰而奉恭冊謹奉玉冊玉寶加上尊謚曰順祖惠元睿明皇帝伏惟威神下濟

卷一萬二千五百四十八

福祿存臻克敷鴻鑒永庇後昆

翼祖簡恭睿德皇帝初謚簡恭平易不訾曰簡正德美容曰恭後加上睿德國書不載謚法　太祖建隆閏奉上冊文曰伏以人瞻烏止運叶龍飛非發源之長析派不能通上漢非積基之厚嗣孫不能有中區令人紀肇修孝思罔極酌百王之損益薦四廟之烝嘗伏惟皇祖驍衛府君上善難名大成若缺內韞動天之德不可階升陰施及物之功廣侔河潤加以服信行義奉神畏人修其家則慈儉為先于其位則爵祿相讓善行無迹至順莫能造其微與物同塵衆智莫能知乎隱括興嘆鳳來靡為于司農尼父傷麟生不伸于作聖係寧五福昭感百靈繄我祖之立

興門昌裔孫而成大業今則風行王化樂作頌聲將修對越之儀恭薦易名之典謹遣使王溥副使李濤奉寶冊上尊謚曰簡恭皇帝廟號翼祖禮備三代歌終九成群后助祭三恪趨庭皇極肇建祖德惟明享此孝誠是福蒼生　真宗天禧元年正月九日帝詣文德殿備禮奉冊寶拜授攝太尉向敏中持節奉冊寶升輅以赴太廟翌日敏中奉上冊文曰恭以肇基皇統寔本于累仁祇道孫謀克昌于來裔屬交修于鉅禮復遊悟于仙宗稽靈命以致虔方伸昭事述鴻徽而追孝敢竭精衷伏惟翼祖簡恭皇帝宅粹洪源澄神妙鍵茂岐邠之至德啓姚姒之丕圖道協維幾功歸不宰發祚垂世飛玉籙

卷一萬二千五百四十八

名歷已濟人踐朱幡之位開階列聖錫祚眇躬削五代之荒屯契三神之幽贊武臻銷偃文洽化成鑿稻承風混同而無外昆蚑浸澤衍溢而咸懷覩飆御之格思荷璿穹之眷佑銘靈長之業獲對真期奉尊極之稱式隆美報永惟覩德斯用存誠仰止太宮倫茲縟典外盡物而內盡志冀達明馨由大行而受大名益揚顯懿謹奉玉冊玉寶加上尊謚曰翼祖簡恭睿德皇帝群后在列六樂是陳祇若嚴祀刻以溫琚令聞不已禔福惟新

宣祖昭武睿聖皇帝初謚昭武明德有功曰昭折衝禦侮曰武後加上睿聖國書不載謚法　太祖建隆元年奉上冊文曰昔者流火開祥周發膺文王之號黃星應

運膺丕揚魏祖之功咸因教孝之誠式展尊親之義願
臣寡昧仰荷慶靈迪于人心奄有天下祀明堂而配上
帝方擁鴻庥假清廟以逵諸侯佚豐純嘏爰遵大典亟
上尊稱伏惟聖考太尉府君五緯鍾靈千年徙秀晦欽
明文思之德處適于帝期負彌綸經緯之才止修于臣
道遭霸王之大略樹將帥之英風奮武以佐時策勳以
就位屬炎剪暴力濟于黎元立極定傾功横于函夏人
衮以之受賜帝業于是有開遂俾眇躬虔膺大寶金銷
火盛當受命以惟寅霸降露濡御在天而罔極永懷懿
鑠頌正鴻名以覲耿光以揚大烈謹遣使王溥使副李
濤奉寶册上尊謚曰昭武皇帝廟號宣祖禮崇嚴配詩

卷一萬三千二百四十八

美擧禮七世可觀萬邦其訓天長地久子孫保之　真
宗天禧元年正月九日帝詣文德殿備禮奉册寶拜授
攝太尉向敏中持節奉玉册升輅以赴太廟翌日敏中
奉上册文曰臣聞天序丕承運膺于纘服祖功錫羨禮
重于歸尊純嘏鋪昭靈期以之協應徽名升薦慶典以
之宣明伏惟宣祖昭武皇帝醇粹在躬幾神周物總戎
昭以致用蘊德基而鴻厚勤王懋績而武由咸道濟于
三才慶垂于千億赤符啓祚黄圖宅中萬寓來同二聖
繼善慶詠綿瓞增茂于本枝濬發深源誕流于重潤肆
臣涼薄獲紹宗祐遐鄙不聳神人以和勤崇仙閣奉祇
紛典曠絶文繁聲文浸盛偉兆彰戒飛軿降輳悟開聖

禮五八之二一

系翕受禔福景命懷靡率由燕翼之謀榮號講求丕昭
積累之業惟睿通乎興賾齊聖兼乎哲明懿鑠誕敷休
烈惟大謹奉玉册玉寶加謚尊謚曰宣祖昭武睿聖皇
帝與紆沖鑒膺受玉稱曁欽如開數佑無極　太祖啓
運立極英武聖文神德元功大孝皇帝　初謚英武聖
文神德道德應物曰英除奸靜難曰武窮神知化曰聖
經緯天地曰文陰陽不測曰神功成民用曰德後加上
啓運立極英武聖文神德元功大孝謚議不載法再加
上啓運立極英武睿文神德聖功至明大孝國書不載
謚法　太宗至仁應道神功聖德文武睿烈大明廣孝
皇帝　初謚神功聖德文武應變無方不疾而速曰神

卷一萬二千二百四十八

施爲于民裁成萬物曰聖萬邦爲憲帝德廣運曰文保
大定功龕有九域曰武後加上至仁應道神功聖德文
武大明廣孝謚議不載法再加上至仁應道神功聖德
文武睿烈大明廣孝國書不載謚法　真宗大中祥符
元年六月五日詔曰朕以寡昧獲奉宗祧恭膺累洽之
祥汔致小康之理乾文昭錫瑞命存臻仰承孚祐之仁
上賴貽謀之慶迫于輿頌將議升中蓋以答三靈之眷
懷奉二聖之登配載期有秩請禮惟當且念建號施名
蓋率遵于典故奉先尊祖宜罄盡于追崇考于舊史之
文仍存加謚之制即當講求茂定蹈詠鴻徽備物典章
祇薦于寢廟侑神宗祀對越于高明庶盡沖人之心以

禮五八之二二

報昊天之德太祖英武聖文神德皇帝太宗神功聖德
文武皇帝宜令所司定加尊謚俟封禪畢擇日恭上
寶册七月八日詔宰臣王旦撰謚議參知政事馮拯撰
太祖謚册文并書趙安仁撰太宗謚册文并書拯又書
謚寶文初議加尊謚盡有司檢討撰文故事且言唐自
睿宗已前謚議皆命丞郎撰順宗憲宗所加尊謚太常
卿撰帝曰尊奉祖宗豈拘常例特命輔臣撰書以稱朕
孝思之志也　八月一日王旦上議請加謚太祖曰啓
運立極英武聖文神功元德大孝皇帝太宗曰至仁應
道神功聖德文武大明廣孝皇帝詔恭依遣官告天地
廟社仍命配座玉册并告廟文並載新號。議曰恭以
卷一萬二千三百四八
追遠之誠是伸大孝尊親之道斯謂鴻猷昭升儁于崇
封丕顯期于歸美節其一惠惟懿號而是崇法乎二儀
取強名而斯在用昭茂寔以導承懷伏惟太祖英武聖
文神德皇帝受瑞聖之符蘊神武之略兆民欣戴群后
駿奔顯龍顏日角之奇無黃鉞白旄之罰大勳克集神
器有歸列郡承風嚮政斯革四方竊號汙俗尚存于是
徽節制之兵遣折衝之將弔民代罪勢若風霆代虐以
寬惠如時雨與民休息務穡于先疇異類懷來委質于
重譯誕敷聖教震疊皇靈得猛士以守方式清牧圉擇
循良而共治俾撫柔黎咸震殊鄰化孚品彙增修人紀
丕變時風聖謨汪洋動探于理本帝德廣運高出于古

先復禹邦之貢浮芳累朝之濫李省官而修衆職法令
著明節用而養群生黎元滋殖憂勞勤于庶政恭儉過
于百王振經國之宏綱啓卜年之鴻緒王猷煥于方册
德澤浸于齊民焦思勞身同文命之底績雄材大度啓
天漢之美名濬哲紹興丕圖累洽元化溥博庶工緝熙
大貽厥之謀布惟新之命民躋仁壽之域史載符瑞之
書丕應昭格詳議僉同頌美之誠獻登封之奏慶形
謙拒難奪于臣誠乃示帝俞式洛于典故仍從諭旨圖
邇告成上報洪休奉揚先烈象功昭德庶禮樂以交修
紀禪勒封詠祖考之來格嚴配之儀具舉孝思之念滋
深發自宸衷誕垂詔旨慰霜露之感無大易名委廟朝
卷一萬二千三百四八
之臣式重其事表堯舜之行順天地之功寅奉靡皇發
明何極博詢清議載考前聞具啓運膺圖造邦立極大
德滋盛乾綱以正麗鴻錫祚立丕丕之功純王固心有
蒸蒸之孝合是具美茲其大名伏請加上尊謚曰啓運
立極英武聖文神德元功大孝皇帝又議曰恭以錫羨
儲祉啓無疆之休孺慕增懷申罔極之報猶從輿誦方
屬慶成封禪盛儀式揚于景鑠典章備物恭上于尊名
表讓德之至誠慰罔心之永感伏惟太宗神功聖德文
武皇帝撫同文之運鍾上聖之姿初創寶圖肇膺駿命
佑我烈祖登大寶之尊首進昌言下先庚之令京邑以
之安謐寰海由是底寧久符撫后之心已著動天之德

為宗社之鎮早洽于謳歌以天日之表自當于歷數所承末命式恢大業羈縻之國獻地貢圖之邦泥首霜露所墜文軌攸同黎庶有覆盂之安蠻貊走占風之貢俗用丕變時臻大和軒后治兵神武之功定矣帝堯稽古文思之化行焉由是廣典校之司增庠塾之制待賢良以不次班憲度以惟明咸秩無文允釐庶政革猶貪之弊布在寬之教霈勤恤之恩式洽民和盡衷矜之情幾致刑措長楊罷獵靈臺偃武示慈而好生也卑宮菲食黄收純衣節用而臨儉也中昃聽理而忘倦乙夜讀書而爲樂窮神知化將聖多能脗合真宗高宗治古盡哲王之能事煥王者之大猷詠歎聲詩汪洋汗簡咸神輝

卷萬二千五百四十八

赫曦雲馭以在天福祉靈長延龜圖于卜世早留成範爰柳升中條制具存講求斯備遺功有待垂裕無窮厲在欽明深惟纂服廣鴻猷而善繼敦至道以丕承修德錫符荐膺純嘏之貺展采錯事咸上登封之書瑞命下臨物情上迫勉思從欲仍亦好謙匪自告于豐功止奉成于先志茂對穹昊答孚佑之仁肅奉神宗展昭配之典尚形至任垂詔宰司極歸美之誠追崇斯至副顯親之重擬議何階祖述唐虞範圍覆載循惠之法存至公之議且思綏仁育道洽化成則太極之二儀奉元元之三寶皇明被于八表燭幽無私孝德邁于百王化民歸厚荐蠢顯號以永英聲伏請加上尊謚曰至仁應道神

禮五八之二五

功聖德文武大明廣孝皇帝　十一月二十七日帝于朝元殿備禮奉祖宗尊謚冊寶再拜授攝太尉王旦奉之以出安太祖冊寶于玉輅詣太廟奉上　太祖冊文曰孝子嗣皇帝臣御名謹再拜稽首上言臣聞長發光祥流芳于商頌克昌厥後播美于周詩慶以積善而綿長祖以有功而丕顯純熙之祉罔奕無疆由資始于景靈爰錫羨于來裔追崇盛典仰厲洪猷伏惟大祖英武聖文神德皇帝奮武開階膺圖構象神机天縱睿斷飈馳爰自五代荒屯四方剖裂號令競出文告靡宥興運有開王塗斯廓靈旗直指革輅親征多壘蕩平中區俾乂削去僭李蠲除苛虐敦劭農業欽慎刑書憲度章明

卷萬二千五百四十八

禮樂修舉偃五兵而不用謹百職以咸宜建皇極以敘倫振長策以馭遠民用丕變時臻大同遺列具存信書攸紀臣猥以沖眇逮茲纂承履大寶之尊奉神器之重寤寐思治旰昃忘勞動循燕翼之謀克致治平之化兵鋒載戢年穀順成琛賮來庭邊防罷警仰昊穹之敷祐繫宗社之儲休景貺荐臻寶符申錫將伸昭報祇事禋燔而臣庶相趨表章狎至顧遵時邁同請升中勉徇輿情用成先志上封喬嶽既畢于增高歸格太宮敢忘于尊祖粤若應期之康濟創業之艱難底績之基圖歸厚之風化垂于不朽可得而言欽奉威靈重揚徽懿謹遣攝太尉工部尚書平章事王旦奉冊寶謹加上尊謚曰

禮五八之二六

太祖啓運立極英武聖文神德元功大孝皇帝在天降
鑒錫祚有孚眷佑後昆永永無極謹言　太宗冊文曰
臣聞應期受命聖人所以致太平卜世其昌上帝所以
祚明德然則升中昭事既報本于圜方順美歸功當尊
崇于簡冊伏惟烈考太宗神功聖德文武皇帝丕功不
宰妙用無方若唐堯之聖神有周公之才藝在朱邸也
懸象集瞵珠之慶紹寶歷也長江出瑞石之文閩越瓯
寧汾陽遂定若乃得人而致治用文以立教經武以定
功信賞而愼罰講三王之禮備六代之樂躬肆類以享
帝尊二祖以配天百靈効祥重譯来貢和氣充塞德澤
涵濡然猶旰食勵精寢行慈儉除宮室之藻飾絶弋獵
卷一萬二千一百四十八
之嬉遊省除名稱抑罷封禪積德深厚垂慶綿長但溥
言躬誕膺丕錫守位一紀率土咸懷疊委祥符屢爲稔
歲徇黎庶之虔請循虞夏之舊章告成介立昭紀大號
奉揚前烈傳之無窮而陟配方嚴鴻名未稱敢不昭援
古道侔揣大猷上以協靈祇之心下以伸臣子之志再
章節忠永播英聲謹遣攝太尉工部尚書平章事王旦
奉冊寶謹加上尊謚曰太宗至仁應道神功聖德文武
大明廣孝皇帝恭惟至神俯歆令典延休萬葉介福兆
人　真宗天禧元年正月九日帝詣文德殿備禮奉冊
寶拜授攝太尉向敏中持節奉玉冊升輅以赴太廟翌
日敏中奉上太祖冊文曰臣聞闡大統者功侔于蒼昊

禮五八之二七

建皇極者德被于黎元膺歷數以在躬固天人之合契
若乃廓九圍而底定恢億載以熙隆長發其祥貽謀于
永世有秩斯祜儲慶于後昆禮莫大于易名孝莫大于
追遠率循令範丕顯鴻休伏惟太祖啓運立極英武神
文神德元功大孝皇帝凝命有孚惟睿作聖奮成湯烈
烈之武布周文赫赫之明天授寶圖運興淳耀登閎大
業震疊皇穫總八極以居尊乘六龍以行健平寅多壘
康靖群生混一車書救寧區夏復三古之憲度革五代
之荒屯至化淳元英聲載路垂無疆之茂烈固累盛之
鴻基臣猥以眇躬欽承聖緒獲鍾亨會允洽和平祇受
元符誕昭靈貺祿是升中喬嶽報本汾脽既盛哲之章
卷一萬二千一百四十八
明仰仙游之臨璧侍晬容于咫尺聞景命于希微斯蓋
穹厚之降祥宗祏之垂裕惟真祖之德爰奉尊稱而列
聖之靈載崇丕號于以述宣景鑠對越咸神稽節忠之
文導永懷之感謹奉玉冊玉寶加上尊謚曰太祖啓運
立極英武睿文神德聖功至明大孝皇帝恭惟昭升盛
禮允鑒至誠誕慶徽章永惟純嘏　太宗冊文曰臣聞
有秩之祏申錫無疆允文之功克昌厥後矧惟丕烈誕
降景靈對越皇天茂昭于道蔭肆于累葉克集于神休
御膺妙用之仁啟翕顯承之志伏惟太宗至仁應道神
功聖德文武大明廣孝皇帝二儀宅粹五緯儲精德宇
淵明威靈震疊黎民於變播陶唐惟大之功五典克從

禮五八之二八

柔虞彝慎徽之道惠和雖洽英武渙揚拯溺晉之民方陽底定納吳越之款天下同文爰偃節以建櫜每臨軒而旰食綴覺立制昭式于典章類帝禋宗發輝于禮樂登庸亮直體象清明報降有融尚抑封崇之事儀形是式誕彰通駿之聲宣哲貽謀積仁垂慶俾臣沖眇獲奉宗祧仰承燕翼之私日勵躬勤之志紹承景貺係集大和四氣凝祥嘉生茂育百工献頌毖祀交修荷上帝之鑒觀感高真之昭格晬容欽覿謨誨親聞諭寶胄之龐鴻悟洪基之遂遠廣敷純錫遐被群生載惟永世之祥寔賴在天之慶方嚴陟配合薦鴻名茂宣錫羡之祥用極寅威之至謹奉玉冊玉寶增上尊謚曰太宗至仁應

卷一萬三千三百四八

道神功聖德文武睿烈大明廣孝皇帝恭惟神超紫表化炳幾先混六合而一統恢大寶于億年簡絕越契際地浹天仰妙道之行矣寔無象以名焉增崇聖緒永祚仙源十一日帝行朝享之禮初中書門下上言準御札以來年正月十日親享太廟奉上寶冊臣等已嘗面奏如太廟躬上寶冊復行薦享慮成煩縟有爽寅威望准舊制先遣有司上奉寶冊後親行享禮三請乃許之

宋會要

真宗膺符稽古成功讓德文明武定章聖元孝皇帝初謚文明章聖元孝經緯天地曰文無幽不察曰明法度明大曰章通達先知曰聖主善行德曰元慈惠愛親曰孝後加謚武定克定禍亂威強睿德曰武大慮慈民安民法故曰定再加上膺符稽古成功讓德文明武定章聖元孝國書不載謚法　仁宗天聖二年八月十五日詔曰先皇帝臨御八紘旻勞萬務兩巡河朔親統戎師以櫛風沐雨之勤成展義省方之事蹤是殊鄰絕好中夏偃戈西裔稱藩三邊絕警牛馬休于林麓疆畝遂其耕耘路罕拾遺家無轉餉烝民老幼得全其生二十年間最為隆盛而謚號之内略其威武之稱中外之人咸有歎嗟之論斯至朕奉揚先烈、葳顯世功之意也始于前歲審議增加屬奉山陵因而稽緩今者類禋俯及孝享方伸瞻二聖之舊規有追崇之茂典用昭美稱式

卷一萬三千三百四九

播無窮宜于先帝謚號内用此意重詳定加二字為八字仍令兩制與太常禮院詳定以聞二十七日翰林學士承旨李維等請加上真宗謚號曰文明武定章聖元孝皇帝詔恭依　議曰恭以真宗皇帝君臨萬寓道冠百王經文以守成神武而不殺兩河巡狩大信感于殊鄰西土懷柔醜化浹于遐俗蹤是四鄙不聳黎民厚生偃師節于靈臺固邦基于德載功超復古冥得而名謹按謚法曰克定禍亂曰武威強敵德曰武又云大慮慈民曰定安民法故曰定王者統天育民表德定謚傳于冊府貽厥來世所以奉冥制而揚徽烈也伏請加上謚號曰文明武定章聖元孝皇帝　十一月十日帝偕禮

大慶殿庭奉册寶命宰臣王欽若持節上于廟室册文
曰孝子嗣皇帝臣御名謹再拜稽首言伏以古之王者
侔天地之覆載並日月以照臨功業臻乎盛隆謚號以
之尊顯蓋所以昭播景鑠貽于來世者也伏惟真宗文
明章聖元孝皇帝徽柔迪德英睿在躬昔自上嗣寶于
玉后事母儀以孝覺協宗戚以敦睦登賢擢儁去邪遠
佞卻壁馬以進道麗雲漢以爲章慎獄恤刑蠲徭削賦
尚卑宮而敦儉堯捐金而復朴政罔不舉澤無不洽疆
陲尚梗親御戎軒河朔再巡大揚武節風行電照陸慴
水慄殊鄰欽塞而修好西鄙稱藩而面内至于遐方叛
寇傲擾編民絶徼群蠻猖狂異域莫不持授成算指期
卷一萬三千三百四十八
掃定錄是要荒之衆連袂入朝盡納兵器警遵王化還
城要鑰戎部虛候遐琛遠賷月至風揚民富庶而知禮
節世鴻均而躋仁壽上靈降鑒萬祥畢臻錫珍符格灝
馭彰寶命悟仙階登封降禪講禮興樂太平之治洽盛
德之事備方且居穆清而靜拱體淵妙以無爲遽遺來
命奄棄萬國顧茲沖昧獲紹基圖旋考六籍博求群議
稽族文德虔易于尊名尚以武烈未昭于徽稱夙夜思
省惕然靡寧今禮享方伸孝感增極敢遵舊典載揚茂
寔謹遣攝太尉司徒兼門下侍郎昭文館大學士監修
國史臣王欽若奉玉册玉寶上尊謚曰文明武定章聖
元孝皇帝伏惟皇靈昭格睿聖幽贊膺是典禮介福無

疆謹言　仁宗慶曆七年七月八日詔曰先皇帝繼聖
御圖右文數化睦鄰講好封岱告成二紀之間三代可
復武惟謚號之册未殫善美之文夙夜靡遑人神攸望
屬肇修于元祀宜加上于徽名俾之無窮庶申永慕將
來南郊宜增真宗皇帝尊謚如先朝再上祖宗謚號之
儀其令兩制太常禮院詳定以聞八月十一日命宰臣
陳執中撰加謚册文樞密使夏竦書二十五日翰林學
士張方平請加上真宗謚號曰膺符稽古成功讓德文
明武定章聖元孝皇帝詔恭依　議曰恭以先皇帝奄
宅八區逮將三紀經文緯乎天地武震曜乎戎夷西土
慄德以稱藩朔漠畏威而講好于是包干戈于武庫息
卷一萬三千三百四十九
烽燧于邊庭含氣之類運乎休養戴白之老不見天瘥
乃登岱宗而薦成禪云亭而紀號汾脽修美報之典渦
曲舉仁風之行協氣旁流象物昭格禮交樂舉咸秩于
無文乾符坤珍荐蒙于上瑞高拱而覃清淨之教淵嘿
而臻治定之風可謂昭受珍圖而順考古道元功克成
而盛德能讓者矣臣等伏思陛下以先帝之丕鑠未極
美稱上配祖考猶有闕然迺降明詔發揚德音追崇烈
光排于麗億臣等得以奉承之伏請加上謚號曰膺符
稽古成功讓德文明武定章聖元孝皇帝　二十六日
召近臣觀御書真宗加謚位板于崇政殿初帝既設位
版書畢再拜涕泣久之十一月十五日詔學士院撰加

上真宗謚號樂章二十五日帝詣太慶殿備禮奉真宗
加謚册寶拜授攝太尉陳執中持節奉册升輅赴太廟
奉上册文曰孝子嗣皇帝臣御名再拜稽首上言曰臣
聞道侔圖覆者體一氣以統生德猶方載者遂萬物而
均育然括機微之妙周馳㬥象之先至若河洛謹其闓
「書星緯昭其憲度利澤漬肌骨感聲慴戎貊餘烈道恩
輝映千古而尊極之稱未煥于簡編在適追之誠靡遑
「于夙夜伏惟真宗大明武定章聖元孝皇帝紹丕顯之
聖大繼照之明翼翼小心兢兢御下惟孝塞于天地至
理通于神明衛物以慈化民以儉親賢厚傑踈佞邪
革車再駕而北狄乞盟羽檄未馳而西羌面內五兵偃

卷一萬二千三百四十九

息重譯會同祗受元符謹大中之訓交修盛則盡告成
之恭順祀隆睢欽真景亳騤游來格寔瑞畢臻𢊨國聳
瞻百王晦美天人攸贊運歷彌昌俾臣眇沖獲承重器
寤寐求治二紀于茲慮一善未仰愧清廟懼一言違道
下負群生高明之鑒聿回純陽之休允洽九土嘉靖四
氣凝和聲教誕敷華裔胥悅適揆天元之吉爰舉郊見
之儀且禮莫大于歸尊祭莫先于嚴配深惟功號之表
當殊節惠之文敢集鴻名克揚景鑠謹遣攝太尉工部
侍郎同中書門下平章事昭文館大學士陳執中奉玉
册玉寶上尊謚曰真宗膺符稽古成功讓德文明武定
章聖元孝皇帝恭惟皇靈下濟神聽惟聰縟禮寅奉精

誠沓通意容衛而可接服眷祐以斯隆茂本枝于永世
期億萬以無窮謹言

宋會要

仁宗體天法道極功全德神文聖武睿哲明孝皇帝
初謚一民無為曰神經緯天地曰文通達先知曰聖保
大定功曰武照臨四方曰明慈惠愛親曰孝元豐六年
五月二十五日加上今號

宋會要

神宗元豐六年三月二十五日詔仁宗皇帝尊謚宜加
上至十六字有司詳具典禮聞奏仍于大禮前擇日奉
上册寶五月二日詔加上仁宗皇帝尊謚改作奉上徽

卷一萬二千三百四十九

號仍令三省官雜學士以上與太常寺官同詳定以禮
部尚書撰議文閏六月四日詔改差翰林學士鄧潤甫
撰仁宗徽號議文二十五日宰臣王珪等請上仁宗皇
帝徽號曰體天法道極功全德神文聖武濬哲明孝皇
帝　議曰臣等聞名者寔之昭也寔著則名美號之功
之表也功駿則號隆此自然之符不易之道也故自古
濬哲之君臨制四海其道至于配神明亨天地其德至
于澤萬物和天下治侔往初功無與二然生必膺大名
終必崇徽號而後能揚對天之烈昭無窮之聞罔允蹈
而不昌疇或遺而能存夫冠德卓絕者莫崇于二帝收
功駕偉者莫隆于三王稽其所行率由茲道故興謨之

所載生適長發之所歸美濟廟執競之所詠歌赫于如日月震乎如雷霆傳之子孫與天無極唯宋有天下以聖繼聖以神繼神蓋未嘗易此也恭惟仁宗皇帝躬上聖之質宅丕平之期有聰明睿知之材有溫柔懿恭之德學自極乾符闡坤珍則儲思于極治垂鑒于太清馳仁聖之極摯蹈帝王之登閎若夫知落天地而不自慮辨同萬物而不自說虛己以延俊乂之策和顏以來直諒之諫拂心忤耳因不弃容此乃虞舜之察邇言也汎愛黎庶惟刑之恤建明察以官之擇慈惠以長之文疑者請讞罪疑者予民用法誤人亦而不復故微文巧詆之俗易勝殘去殺之化成此乃帝堯之哀庶戮也履三

卷一萬二千四百四十九

聖之重熙乘四海之既富貴與地侔廣貴與天比崇而克己循禮以先天下作侈靡示太素此乃文王之卑服即功也昭事上帝小心翼翼雨暘之不時天異之或見未嘗不潔誠齋戒側身修行以答塞咎應導迎福祉比乃高宗之寅畏天命也玉几聽斷至于日中黼帷訪覽逮于夜艾攬權綱核名實欲吏之勤也明賞信罰以勸以懲欲民之裕也蠲跂數患以俯徇之天子之下涵養理極薰以太和灑以時雨凡其所欲不竭而獲凡其所惡不祈而息戴白之老不識兵革澤浸而益深仁翔而益溥逖夫乘久安之基惆累積之弊則奮然進用大臣收斂豪俊欲變天下之治以還復三代之隆數開延閣

以訪其先務又降神翰以督其施為群臣承命震慴奔走發德音下明詔興學校勸農桑修廢官舉逸民破拘攣之例以厲進人才肄因循之法以旌别能否節用度而先之宮禁制財賦而歸之有司減任子之數設守宰之課于時四方拭目以觀太平緝熙之績過乎於穆盛德之頌續于猗那躬籍以率天下之耕祫祭以教天下之孝八見郊畤而拜貺肇禋之禋成再祀明堂而嚴父報本之志盡收遺佚理秘文以潤色鴻業定雅樂均鈞石以逆釐三神合大宗于外郎而惇睦辨章之化洽暢諸將以新書而攻守應敵之略具陪配三后並假二廟隆孝治也親屈乘駕臨幸太學崇儒術也制定六經罷

卷一萬二千四百四十九

黜百家揭正道也奮詞摛藻昭回雲漢明聖作也廢放鄭聲屏棄田獵抑損燕私以勞天下尊德性也秘殿之下錦几之上論經居前勸誦在後道開學也其禦戎也廹而後應其治兵也勤而必勝故靈旗西代而王關請盟天戈南揮而光渠就戮揚旌絶域之表勒功未垠之野雖詩之雷霆易之折首不能過也至于決大策建大本未嘗不圖萬世之安符四海之望揩天從人援立聖子而社稷以安凡有以寧雖禹之知啓文之立武不能踰也故四十二年表裏禔福綱紀完密易治也法度昭明易明也英才麟集易用也軌迹平夷易循也德澤之流川衍海浮旁魄四塞沾濡行葦澤被馬牛符瑞之衆

水湧山出聞見曆布編于史牒詠于樂歌莊周曰美成
在久信乎其久也孔子曰世後仁信乎其仁也觀之前
聖考之近古蓋未有殊尤絶跡善始善終于此其盛也
夫澤被天下民莫能名非體天乎為而不恃應而不藏
非法道乎兵寢不試刑措不用非極功乎六通四闢兼
濟萬物非全德乎制禮作樂備及天地非神文乎不怒
而威不殺而服非聖武乎故天與子以嗣大歷非濬哲
乎旁燭無疆萬物並照非至明乎茲惠受親刑于四海
非至孝乎卓哉昭爛真神明之表也非道備全美孰能
兼此伏請上徽號曰仁宗體天法道極功全德神文聖
武濬哲明孝皇帝　七月二十七日詔仁宗皇帝徽號

卷一萬二千三百四九

冊文命宰臣王珪撰門下侍郎章惇書十一月二日帝
詣大慶殿備禮奉徽號玉寶授左僕射王珪赴太廟奉
上仁宗室冊文曰孝孫嗣皇帝臣御名謹再拜稽首言
曰臣伏觀古先哲王莫不大名發于前而大忠昭于後
其法皆本于至公而不可易至後世臣子又欲盡歸上
之道以謂君德甚盛其言不足以包衆美于是有生部
加議之文夫欲推事存之禮述追遠之志則奉素尊之
榮號蓋新紀之鴻烈課群公請太室洋洋乎際天接地
而震顯之不亦當璽心而傳古誼乎恭惟仁宗神文聖
武明孝皇帝躬清明之資賦神睿之略乾行施之不息
仁性根于自然時乘六龍端御大器知窮八荒而不見

其迹澤及萬彙而不居其功而乃薾扶偽奮放遠邪佞
有怨刑獄懷保鰥寡賞不徇所私罰不失于理興衆祭
之本務緝禮樂之墜文有慘怛好生之心吏或誤入重
辟必終身見斥有寬裕從諫之度言者屢進狂直必曲
意見容念兵革之殤殘則不殺而服念稼穡之勤勞則
罔寧于逸豫履天下之尊而持之以抑畏享天下之富
而寶之以儉素輿馬不關于游盤鐘鼓不涉于閑燕宮
室亡奢靡之飾器服亡瑰奇之玩加以夙夜齋栗事天
之誠盡霜露怵惕念親之感深方朝廷之久安迺大革
因循而聖政又新為社稷之重計迺前定禍亂而皇嗣
蚤立故四十二年仁恩川流涵濡薰蒸格于上下日月

卷一萬三千三百四九

華風雨時四時和百穀蕃北有獷狄而不能驕西有黠
羌而不能軼虫魚遂性自安川藪之孕男女潔誠更趨
耕織之樂故有幽遐荒昧之俗不約而予來奇偉倜儻
之瑞不創而時見若矣至赫哉憲度鴻明聲文沛施自
載籍之傳蓋未有休功盛業可加于茲也重循涼菲永
念猷訓令將款清廟涉紫壇遂受厚福以浸黎元宜于
此時臨彤庭發玉版上不敢隳祖宗之典下不敢絜神
明之情如堯如舜如禹如湯豈不髙一世之聞而流萬
世之譽哉爰飭上儀載揚景鑠謹遣銀青光祿大夫尚
書左僕射兼門下侍郎上柱國太原郡開國公食邑七
千六百户食實封二千五百户王珪奉玉冊玉寶加上

徽號曰仁宗體天法道極功全德神文聖武濬哲明孝
皇帝恭惟明德在天臨受徽稱維億萬年永錫皇祉謹
言 英宗體乾膺歷隆功盛德憲文肅武睿神宣孝皇
帝 初謚聖能法天曰憲經天緯地曰文剛德克就曰
肅保大定功曰武重光麗日曰宣尊仁安義曰孝 元
豐六年五月二十五日加上今號 神宗元豐六年五
月二十五日詔英宗皇帝尊謚宜加上至十六字有司
詳具典禮聞奏仍于大禮前擇日奉上冊寶五月二日
詔加上英宗皇帝尊謚改作奉上徽號仍令三省官雜
學士以上與太常寺官同詳定以禮部尚書撰議大
閏六月四日詔翰林學士鄧潤甫撰英宗徽號議文二
十五日宰臣王珪等請上英宗皇帝徽號曰體乾膺歷
隆功盛德憲文肅武睿神宣孝皇帝 議曰臣等聞運
行無窮稟蓄萬物而其迹不可見者天也微妙不測化
育萬類而其功不可名者帝也大夫之迹雖不可見然
言其氣則謂之昊言其仁則謂之旻帝之功雖不可名
然稱其化則謂之聖稱其妙則謂之神亦道其可見與
其可名者而已矣故自五德初起以還聰明睿知之主
莫不參天人睽與詠歌之心紀祖宗殊尤卓偉之烈崇
徽號備典策以協大公之議以稱褒揚之誠炳之四方
傳之後世豈不盛與恭惟英宗皇帝受命穆清履道淵
懿秉乾之剛健體離之文明粵自潛隱宗藩出就庠序

其神靈之德粹美之行已顯然見于宗室之表篤于學
問明且不深究道德之高明原仁義之歸趣察古今之
變貫蹈聖賢之中庸斯乃高宗之學于河洲所不能方
也故養正聖功裕然自得於穆令問衆莫不聞譬夫應
龍之將飛也必文采著見而後能戢膠蔦騰九閎大明
之將升也必光氣前發而後能撤氛翳燭六合此神明
之祚自然之符也仁宗皇帝深見天命燭知至德斷之
聖心援以宗器而謙畢自守弗即承詔有于德不嗣淵
穆之對有確乎不拔中正之操逮乎越歲踰時迺始遷
思回慮以翼相邦家贊揚濬哲斯乃漢文之遜代邸所
不能恪也及夫膺當天之明命乘炎上之興運則抗意
卷萬壽上高亂
于闗眇儲思于泰寧念昭考之託也則違三年之戚而
不改其道念文母之慈也則極四海之養而不能竭其
誠拜況圜丘則制六經綴禮樂而肅祇羣臣之禮備登
裸清廟則合諸侯諧金石而顯相多士之德洽洪萬微
之務也踰于日昃覽四方之奏也至于夜艾其于政也
興同利而除同害其于民也予所欲而措所惡發廩以
賑窮乏抑末以勸農桑患吏之寬則濟之以嚴恚俗之
薄則矯之以厚施不次之賞用不測之罰明忠信以示
之振綱律以維之勵明明之志式昭昭之明秉翼翼之
心就赫赫之蹟體貌大臣肩禮故老悅色以開諫諍前
前以待後又數下明詔數求讜言至于日臨經幄以延

講儀隆學也開閞祕殿以諭獻納廣聽也置宗子之學以彊蕃衛洪業也增冊府之員以育英才盛觀也合兵于農而不牽浮論明斷也拔材于隐而不間踈親善馭也糾合諸侯而斥棄禁禦至仁也入繼大統而嚴于尊祖上德也躬定聖嗣以安天下光哲也若夫承富有之業而示之以敦朴宅丕平之期而莅之以勤毖絕邵聲色之好屏去游田之娛左右嬪嬙無椒風增成位號之授苑囿臺沼徹長楊属玉觀覽之靡克己以化民力行以率下左右齋慄懷金貂綦學之善貴戚循禮杜濯龍車駕之僭四方承風百僚仰法況復宣藝祖之重光襲神宗之遠畧信幣北栢匈奴畏恐以謹明輶軒西馳黠

卷一萬三千三百四十九

羌震懾而請命不頓一戟不煩尺組而三垂宴然矣是以五年之閒大勲允集環海之內含生之倫莫不蒙被潤澤其效祥荐瑞應圖合牒者馴擾惆收厲揭邦畿阜犖郡國洋溢要荒儀天開永命增錫壽祉則將度三王之軌踔歷二帝之登閎奮張德威所大疆土楊旌北户之野飲馬幽崖之水文加乎日域令爾乎河源包上聖之所不征盡至仁之所不服爛然竹帛不可殫紀者已臣謹稽之前古考之行事察搢紳之所傳究六藝之所趨夫剛健粹精不言所利非體乾乎繼天統極傳之無疆非膺歷乎丕承之烈盈塞天淵非隆功乎輝光日新格于上下非盛德乎華藻照爛經緯乾坤非憲文乎四

窮震疊莫不來庭非肅武乎窮理而通致一而明睿也鼓舞萬物民莫能名神也昭明義問不匿厥指宣也承顓安親惇叙九族孝也盛武鑠乎真帝王之極摯今昔之上儀足以爍耀四方踴莫十載非諮然無極衆美從之者孰能與于此伏請上徽號曰英宗體乾膺歷隆功盛德憲文肅武睿聖宣孝皇帝詔恭依宜以群臣所上議請太廟本室奏請　七月二十七日詔英宗皇帝徽號冊文命冊臣蔡確撰中書侍郎張某書　徽號寶文命尚書右丞王安禮書　十一月二日帝詣大慶殿備禮奉徽號授徽號寶冊于右僕射蔡確赴太廟奉上英宗室冊文曰孝子嗣皇帝御名謹再拜稽首言曰臣聞

卷一萬三千三百四十九

古之盛王有功有德施于四海燕及後昆追美之稱非一而止若商之先以除虐造邦其號為湯而本其業盛遺崇則曰烈祖曰高后若周之先以受命改制其謚為文而言其治安欽和則曰寧王曰穆考皇矣累聖循厥古憲率先徽冊至于再三典禮雖殊其揆一也肆及寡昧獲承其統永懷罔極敢忘斯義恭惟英宗憲文肅武宣孝皇帝道配天地德協祖宗生而神靈赫然顯著赤光照室應炎運之興黃龍蟠畧符真人之出粤在潛邸有偉令問以生知之上性天錫之大智而進德以修業緝熙于光明仁宗皇帝顧諟三靈之心將託九鼎之重勞謙虔鞏晏至歷年蔽志先定而莫之移眷命有開而

不可避及夫執大象建皇極，聖作而萬物覩，身修而天
下服，内則欽孝于泉朝，外則款睦于九族，圜丘禋帝則
協氣廓乎積晦，大饗享親則至誠見于思成，昧爽丕顯
惟懷永圖，紹庭上下，克篤前烈，當斯時也，收主威，奮剛
斷，飭法度，信令令，賞不私近，罰不異遠，擧偏補弊，而事
無遺慮，循名責實，而人靡遁情，撤邇蔽以屯務，而開昭
曠之原，戒庶工以戴采，而懲苟簡之習，宗室廣學而親
賢盛，兵農一籍而戎備修，進循良，斥貪暴，察冤滯，禁奇
衺，闢汚萊，勸耕稼，賑貧乏，恤煢獨，政事之純粹，仁恩之
深厚，此有生相與鼓舞，六合所頌歌者也。至于妙道淵
度則躋是以窺彷彿而望末光，其出如雲，黄帝之聖也，
卷一萬二千一百四九
其運如神，鼓勵之智也，其德巍巍，高年之化也，其明斥
斥姬武之界也。是故制大典，而後世無以議，決大政，而
異說不能搖，熙大業，而四方訓之，子孫保之，荒怒不爲
之俗，罔不來咸，生植蚑蟯之類，罔不遂字，鬱明而治，實
未再閏，巍巍蕩蕩如此，其盛也。若夫清閒之燕，訪納無
射澹泊之樂，藝文是玩，百金之費不加，館閣屬東之壁
不及遊田杜外戚之横恩，而正以禮法，裁王姬之淳用
而迪以肅雝，茲其前史所稱以爲帝王之高躅者，已在
我英考之道，猶江漢之一勺，山嶽之一簣也。今夫綱紀
文章，鬱于大備，非神人克新厥政，惟我英考之詒謀，日
月所照，神武協和，非神人克有敉功，惟我英考之餘澤

光靈如前，發啟奧閑，嚴明堂之宗祀，奉嘉壹以敬躋考
原廟之新宮，聽玉衣而横淚，戴惟崇報之典，尚惧請求
之闕，夫德高于假樂，聲繼乎猗那，而金匱所藏，玉板所
刻，始于稱謂，未究昭融，詢之師虞，稽之故事，迺以甫康
之日，既齋齊受與夫垂世之美，可得而形容者，于以增
鴻名，章偉績，邁振古，據無窮，庶幾乎慰中外之望，以致
孝思之萬一。謹遣大中大夫守尚書右僕射兼中書侍
郎上柱國清源郡開國侯食邑一千七百戶食實封七
百戶臣蔡確奉玉册玉寶，加上徽號曰英宗體乾膺歷
隆功盛德憲文肅武睿神宣孝皇帝，伏惟清明在天，鑒
觀乎下，享時茂典，於赫駿聲，流祉錫光，永綏厥後，謹言。
卷一萬二千一百四九
神宗體元顯道法古立憲帝德王功英文烈武欽仁
聖孝皇帝　初謚英文烈武聖孝，道德應物曰英，經緯
天地曰文，秉德尊業曰烈，保大定功曰武，窮神知化曰
聖，繼志述事曰孝。紹聖二年五月十八日加上紹天法
古運德建功英文烈武欽仁聖孝。　崇寧三年七月二
十三日再加上體元顯道帝德王功英文烈武欽仁聖
孝。　政和三年八月二十九日又再加上今號。　哲宗
紹聖二年正月二十一日，帝謂輔臣曰：祖宗謚號各加
至十六字，神宗皇帝今止初謚，尚未增加，宜考求典故
以聞。宰臣章惇等對曰：祖宗加謚，歲月不定，真廟初加
八字，是天聖二年，今神宗祔廟已十年，故事加徽號必

在南郊前謹如聖旨討閱以聞　三月四日詔曰朕恭
惟先皇帝經德秉哲君臨萬邦十有九年若古之道考
其政事功烈之茂邁休三王而謚號所紀當未足究以
宣萬一朕嗣有大業慎德不類無以光于前人蓋聖人
之在天下也神化獨運民無能名而盛德形容言可擬
象列是追崇之禮固存列聖之規其率舊章申加徽號
用揚顯烈垂之無窮先帝謚號見今宜增上徽號十字
如祖宗故事令三省樞密院官御史中丞翰學士已上
同太常寺集議聞奏仍令禮官詳具禮以聞　二十八日
命翰林學士蔡卞撰議文　四月二十七日詔加上神
宗皇帝徽號于大禮前三日行禮如故事　五月十一
叅萬年青冕
日尚書禮部言增上神宗皇帝徽號係大禮前三日皇
帝初齋日大慶殿為明堂欲乞文德殿行發册寶之禮
從之　十七日詔加上神宗皇帝徽號册文又命宰臣
章惇撰門下侍郎安燾書册寶中書侍郎李清臣書册
文　十八日宰臣章惇等請上神宗皇帝徽號曰紹天
法古運德建功英文烈武欽仁聖孝皇帝　議文曰臣
等聞功者德之緒名者實之賓時有隆替故事有先後
道有顯藏故言有微彰是故堯舜以帝而紹文武以王
而興皆聖人也而書稱其德或謂之俊或謂之元清廟
祀文而深妙眇冥以見文王之清執競祀武而宣著燁
燁以揚武王之烈非其不同稱實而已歷選列辟撰其

所成自周之衰道與世降秦漢隋唐之君見聞卑狹其
所講究不至三代以上天下之民不獲與被王澤之施
者千有餘年我宋受命克享天心睿哲相承與周同符
恭惟神宗皇帝躬上聖卓然之姿而輔之以緝熙光明
之學深智妙用有開于天蓋自伏羲之所畫黃帝之所
名箕子之所陳仲尼之所傳微詞奧義意會心徹而得
其所不言者故于立政造事操之以為驗稽之以為決
動皆合于先王而非俗學小道之所能察也自初嗣服
歷監前代法久而弊變而通之非常之元異意交沮公
聽並觀與神為謀信任同德卒圖康功用能抜舉一時
之才蠢飭難變之蠱本數末度無不畢陳文物聲明煥
叅萬年黃西元
乎可述加惠天下十有九年百姓蒙德四夷來賓此其
功在天下而常明較著者也若夫孝親之之盡其道睦
族之致其恩修身之謹齊家之飭從善之易聽政之勤
事天之嚴禮神之恭有後世欲治之主得一以為賢者
而身兼之萬行之士強勉以為難者而安行之可謂盛
然無極而衆莫從之者也然大而不有名顯而不居續
揚闡休寔在繼嗣是以明詔以謂乃者謚號所紀未足
以究宣萬一無以尊大訓繼無窮率循舊章增上徽稱
臣等謹考諸行事貫之先王蓋先之以合其幾後之以
參其時所以為紹天若之以經其常稽之以繹其變所
以為法古存諸內者天而神效諸外者動而化此德之

所以運作其大而小者述之立其本而末者從之此功之所以建撫道之餘以應物開物之理以明民比之謂英文惟剛也故立而莫競惟神也故感而不殺此之謂烈武不自以爲足而尊其所可尚之謂欽無利天下而己不與有之謂仁以道爲門兆于變化之謂聖而終始于人道以立天下之本者孝也合是衆美以爲之名各以廣寔莫之可誣擬其形容庶可槩見伏請增上徽號曰神宗紹天法古運德建功英文烈武欽仁聖孝皇帝詔恭依宜以群臣所上議諸太廟本室奏請　七月四日宰臣章惇上所撰增上神宗皇帝徽號冊文詔恭依

九月十六日帝詣文德殿陷禮奉徽號冊寶授宰臣

卷一萬三千一百四十九

章惇上于太廟神宗室冊文曰孝子嗣皇帝臣御名謹再拜稽首言臣聞帝莫盛于堯堯無能名也然頌其德則曰乃聖乃神乃武乃文莫賢于禹禹惟不伐也然稱其美則曰克勤克儉成允成功夫聖人精神之運道德之妙天下雖欲稱之蓋非言詞之所能諭然而善積而譽来功顯而名立則位號之至亦有所不可得而辭嗚呼惟我聖考在宥天下十有九年功德成就巍巍蕩蕩齊于堯之難名深執謙沖屏卻徽稱同乎禹之不伐澤流當時施及後世四方誦之萬世師之紳竹帛之載不足以敘述黎推頌之奏不足以形容然而清廟宗德之稱臣子歸美之報積崇累跡非止一再肆惟小子竊稽

大誼其敢苟且恭惟神宗英文烈武聖孝皇帝挺黄帝之神靈而服虞舜之大孝兼成湯之勇智而勵文王之小心紹列聖無疆之休當百年承平之久弗恃其安弗有其治望古以有爲愛日如不及憫自晚周以來王者之迹熄而言治者無復見古人之大體慨然以唐虞三代爲可復顧秦漢而下卑不足議臨御之初即引名世之士講明六經之文得于言意之表黜諸儒攣拘之論革千載抗弊之習興造事業作新人才當是時也民偷非常士守固陋溺朋比德環視竊起唱險詖之說以熒驚于天下合流俗之衆欲取必于人上然而曲學不能撓義理之正異意不能移委任之専闢正道于群枉必

卷一萬三千一百四十九

爭之際振孤忠于衆謗交毀之中屏黜乖邪而莫敢以浩徼爲異放遠憸佞而莫敢以附合爲同雖頑狠傲虐首革而遷聽天下曉然知德意志慮之所在以身爲度以稽爲決言必據經事以道揆探索其隱奥發揮其精華黙爲而天潛動爲而神會敘有典秩有禮章有德討有罪官正其名士興于學寓兵于民隸軍于將弛役以便農平估以抑末刊法令定律呂自熙寧之始迄于元豐之際文章制作樞機品式粲然一新覆載之内有耳有目者莫不延頸企踵奔走承聽相與乎其德樂其成是可謂大有爲之時曠然難逢之會也嗚呼其道妙矣不可得而言矣所可言者緒餘土苴應帝王之迹而已

迺者王公卿士逮蠻夷之長叩閽稽顙願上尊號者至于十數章詔有司毋復以言及夫升祔太室有請于郊人謀天同錫茲定命然尚慎弄色衆異未能髣髴十年于茲靡違夙夜爰卜季秋躬修宗祀而中外合辭祇通典方開明堂配上帝宜增紀徽名對越祖考赫然金聲鐫之玉版稽之度量天地莫測其高厚横寫日月徒髣其光明始述所知期于自竭于以彌古今之文申人神之願擬而象之舉亦無極謹遣左正議大夫守尚書左僕射兼門下侍郎上柱國豫章郡開國公食邑四千四百戶食實封一千一百戶臣京等奉玉冊玉寶加上徽號曰神宗紹天法古運德建功英文烈武欽仁聖孝皇帝伏維昭德在天降鑒于下於昭受之永綏厥後謹言

卷萬平書四九

徽宗崇寧三年三月二十八日詔曰恭惟神宗皇帝以道在天下而以政事治之若稽唐虞三代之隆無愧萬世無疆之統與天地造化相爲終始其功德之盛豈言之一二所能該徧而奉上徽號循用舊章必假丕揚著之典冊紹聖之詔竭意追崇著之典冊紹聖之詔竭意追崇當時議臣講求弗盡夫帝德廣運非運德也巍巍乎其有成功非建功也言既未安理亦隨失殆未足以御慰在天之神而昭示于後世哲宗皇帝屢欲更定未及修行肆予纘承安敢輒止宜令三省樞密院官御史中丞雜學士太中大夫以上與太常寺同共集議禮官詳具典禮以聞　五月六日命翰林學士承旨張康國撰神宗皇帝徽謚議文　六月六日命宰臣蔡京撰神宗皇帝徽號冊文并書　七月二十三日宰臣蔡京等上更定神宗皇帝徽號曰體元顯道帝德王功英文烈武欽仁聖孝皇帝議曰臣等聞天子之孝所以奉宗廟者莫大于率顯衆志發揚宏休故歷世之君皆有徽稱著在典冊以詔無窮然名止于寔必求其當擬之以理則協施之于言則信質之前聖而有合垂之後世而無憾然後可以慰在天之神而成孝思之美若乃鮮臣之議出于一時非不大也而理猶未稱非不盛也而言有未安則雖嘗請于太室薦于明神亦將審議度情以

卷萬平書四九

時更定蓋事之大爲可已哉恭惟神宗皇帝以聰明睿智莫可企及之姿精之以廣大悉備無所不通之學自初嗣服慨然遠覽當百年承平內外流弊之餘非大有爲則不能盡飭萬事之蠱憫秦漢而下卑陋狹促無足以論而斯民不與被先王之澤于是獨取堯舜三代之所爲見于詩書者舉而行之至于性命之微道德之妙則又自得于心術之閒而操以爲總揩以爲決者悉本于聖人之訓故內則孝養于兩宮惇敘于九族外則登用同德信任不疑拔擧賢能咸以類進異意咒沮不濟于成非常之元卒無所慎于是立政造事百度一新真經術以革取士之科明義訓以變俗學之弊務力從以

除差役之害時斂散以行補助之仁勸農桑舉賢明嚴
保伍均租賦修水土之官厚衣食之本以至立原廟以
燕祖考別二郊以事神祇酌六典以正官名制九軍以
飭戰法拔士于片言而拓河隴之境蔡城于邈徼而拊
蠻判之酋閑羅于西夏而師不踰時通使于東夷而仁
不異遠德意相向為無不成方且寅畏以奉天儉約以
率下卻尊號而不受有大美而不居十有九年海內豐
富民安其業物遂其性和氣充塞嘉祥薦臻自成周以
來未有若此之盛也雖然宜勞精神役慮于叢脞庶
務從事于末流也哉猶一氣于造化之初萬物賦形各
隨其分無不造其極者是謂體元體則體此而未始離

卷一萬三千五百四十九

也道藏乎無形不可以為象無乎不在亦無乎不為而
神之所降明之所出皆見于有為之跡是謂顯道顯則
顯此而未始散也得道以在我由神以應物所同者一
帝則總之曰帝德措于事業民以歸往所同者三王則
總之曰王功而兼首貫三才以為首通古今而無棄德
不可以先言運功不可以將言建皆者群臣之議曰紹
天法古所謂非不大而理猶未擇也其曰運德建功所
謂非不盛而言有未安也易而正之寔在今日若夫經
緯錯綜而聲明藻色見于數榮所以為英文沉潛不載
而威制強暴見于無競所以為烈武不自滿假敬以直
內之謂欽博施濟眾視民如傷之謂仁自睿而作大而

能化之謂聖始于愛敬刑于四海之謂孝昔者群臣之
議無得而易矣惟聖人并包眾用莫可形容強以名
皆非其至庶乎髣髴縣見于斯伏請更定徽號曰神宗
體元顯道帝德王功英文烈武欽仁聖孝皇帝　八月
十一日命中書侍郎趙挺之書神宗皇帝徽號寶文尚
書右丞吳居厚書哲宗皇帝徽號寶文初命門下侍郎
許將書神宗徽號寶文挺之書哲宗徽號寶文將出知
河南府故易之　十一月二十三日上詣文德殿備禮
奉更定神宗皇帝徽號冊寶授宰臣蔡京上于太廟至
冊文曰孝孫嗣皇帝臣佶謹稽首再拜言臣聞自古在
昔作之君師立政造事聖有所作王有所成盛德大業

卷一萬三千五百四十九

暴白當世或放于功而曰勳或協于帝而曰華或可名
于大或可名于小雖出人心亦天所命至若名不借于
功言不順于事過佚前人之光惟歟後嗣罔敢屬辭朕
予沖人奉承大統克篤先烈率時昭考念無以歆而乃
者群臣所上典冊所稱紹天之命法古而治功始建而
未盛于功德以運而非運于德大懼不足以驗應在天
之靈慰神明之心竊惟先王運量四海體元以統天顯
道以應世以德而帝以業而王非至神其孰能與于此
惟我神考以上聖之材接百王之緒興漢所載風雅所
歌本數末度述而作之放黜萬瑣與時變通作新斯人
更法定令正身齊家小大祇若外薄四海罔有不欽蕆

罔于容無能名焉然驗諸猷為形容擬議則而象之可考而言資始于乾資生于坤帝運于天而為之先合氣于漢而原其本育出庶物以體于元神而明之大而化之列而在事陳而為法緝熙光明以顯于道欽明文思濬哲溫恭以身為度表正萬邦帝德也九功為敘九敘為歌有典有則貽厥子孫王功也恭惟神宗皇帝備道全美其大若此追既往之未究伸孝思之罔極舉是四者丕揚顯烈合并舊章于是為稱今燎禋泰壇戒事有日率籲衆志申命自天對越祖宗昭示萬世謹遣司空尚書左僕射兼門下侍郎上柱國嘉國公食邑五千八百户食實封一千六百户蔡京奉玉册玉寶上徽號曰

卷一萬三千三百四十九

體元顯道帝德王功英文烈武欽仁聖孝皇帝伏惟靈德在上臨下有赫昭受明命綏我思成永世有辭克昌厥後謹言　哲宗憲元繼道顯德定功欽文睿武齊聖昭孝皇帝　初謚欽文睿武昭孝威儀悉備曰欽道德博聞曰文家方蓋平曰睿闢境作土曰武聖欽日躋曰昭繼志成事曰孝崇寧三年七月二十三日加上憲元繼道顯德定功欽文睿武齊聖昭孝政和三年八月二十九日改顯德定功為世德揚功　徽宗政和三年正月十一日內出手詔朕嗣承祖宗丕祚惧德弗類率時昭考永惟熙寧元豐盛德大業述而明之爭于四海故自纘緒以來循親疏悖敘之詔而為之建兩京敦宗之

令遵學校養士之法而申之以鄉舉里選之政追重正治官之志制名定位訓迪文武之秩給均輸裕國之制懋遷有無舉通山海之利東常平義餘以惠養鰥寡使民養生送死無憾嗣開拓武功以柔遠人闢牂牁積石列為郡縣一紀于茲迄用有成和足以廣樂富足以制禮聲名文物于是大備荷天之休諸福之物畢至錫以元圭告成厥功推原本始寔自我烈考弛張彌綸權與萬事以克用乂亦惟我哲宗繼志述事克篤先烈顧朕何德以堪之朕若稽古那祀成湯以衎烈祖雖清太平以告文王肆朕纘述緝熙先烈共成康功永言孝思不敢不告可差官册告永裕永泰陵神宗廟謚比祖宗已

卷一萬三千三百四十九

各十六字然不著稽古建立法度之意哲宗遵制揚功亦能昭顯蓋不足以慰在天之靈垂示萬世其令羣臣恭議加上神宗四字改定哲宗舊謚以聞俟將來冬祀享廟躬卜奉上以稱朕功成不居歸美顯親之心咨爾中外其體至懷　二月三日命翰林學士張閣撰加上神宗皇帝徽號議文翰林學士承旨白時中撰更定哲宗皇帝徽號議文　閏四月十一日張閣卒改命翰林學士強淵明撰神宗謚議　二十八日命太師魯國公蔡京撰神宗皇帝哲宗皇帝徽號册文并書少師太宰何執中書神宗皇帝徽號寶文門下侍郎余深書哲宗皇帝徽號寶文　八月二十九日太師魯國公蔡京等

上加上神宗皇帝徽號曰體元顯道法古立憲帝德王功英文烈武欽仁聖孝皇帝　議曰臣等聞帝有所生王有所成事業不同名聲異號其來尚矣自昔至治之君緣功發德數于四海垂裕後昆必有丕顯之號發揚而光大之著在簡冊揭若日月然後普天之下於萬斯年傳誦不絕嗚呼盛哉若乃歷選非常之業而未備非常之稱仰不足以慰在天之靈俯不足以厭兆民之情則在我嗣聖數前人率顯衆志弗敢已也恭惟神宗皇帝稟上聖之姿躡興王之運爰自初政慨然有爲遂鄙漢唐之因循近悼五季之卑陋解越拘攣追縱三代帝王之美巍巍煌煌光塞天地不可殫述姑摭其大略

卷萬三千五百四十九

而敷繹之惟我神考欽事兩宮孝思維則親睦九族和樂且孺旌別淑慝登崇俊良立原廟以燕祖宗而春秋并懈別二郊以事神祇而天地明察黜雕蟲篆刻之文以求經術之士改肩興賢能之法以革科舉之弊以先後息民而力有餘以青苗助民而用不匱賑恤鰥阨則有常平以理財懋遷有無則有市易以通貨乃勸農桑而千耦其耘百穀盈止乃嚴保伍而兵政以寓奇衮以察酌六典而正官名則分職率屬而百僚師師制九軍以飭戰法則有嚴有翼而征師烈烈乃議禮文以興制度而下土是式乃考鐘律以審音樂而先祖是聽至于西戎匪茹敢離大邦乃命將帥恭行天討蓋窮兵戈勤

恤民隱也東夷慕義來獻其琛乃遣使臣寵宣王靈亘好大哉澤及四海也是以十有九年之間天下均被其賜日星循軌川嶽效珍叶氣嘉生薰為太平至若精微之學表裏六經雲漢之章昭回萬物則天縱之能得乎自然功蓋天下謙以自牧屢卻尊號發于至誠則不居之聖無愧前哲洋洋乎大哉由三代以還信史所載未之聞也大勳既集泰陵紹統于斯時也群臣訂議請于太室薦于明神所以合國人之公願以鋪張對天之宏休匪曰後人之私也歲在崇寧明詔下頒以謂德不可以先言運功不可以特言建乃易大號于德曰帝德于功曰王功亦云至矣然議臣講求理有未盡則丕昭究

卷萬三千五百四十九

宣其有待于今日臣等聞之堯舜盛帝也而二典所書以若稽古為言文武顯王也而詩人歌之曰皇王惟辟惟神宗皇帝與堯舜文武相望于千百載之後道同而心契之是以先民是若舊章是由採以為驗稽以為決者有所謂法古權輿萬事綱紀四方有典有則有倫有要制而用之以為法舉而措之以為業者有所謂立憲而崇寧加號曾未之及固宜彰孝思發德音增長鴻烈著于徽稱若夫恭天之載順帝之則不言而四時行得一而天下正所以為體元降神出明探賾索隱形于五味列為九變所以為顯道如天之無不燾如地之無不載而達同乎二帝是之謂帝德六府孔修三事惟和而

上比乎三王，是之謂王功。藻色以明之，聲音以揚之，所以潤飾顯設者無所不備，是之謂英文。陽闢陰閉，雷動風行，所以震曜威服者無所不至，是之謂烈武。於穆不已，兼愛無私，非曰欽仁乎？大而化之，永言保之，非曰聖孝乎？則昔時之議無得而易矣。竊惟神人無名，不可以形容；大聖有作，或得而擬議。合而言之，庶幾道備德全，善兼義具。寫之琬琰，編之詩書，永永萬年，與爾無極。伏請增上徽號曰神宗體元顯道法古立憲帝德王功英文烈武欽仁聖孝皇帝。是日，又上更定哲宗皇帝徽號曰憲元繼道世德揚功欽文睿武齊聖昭孝皇帝。議曰：臣等聞自昔聖人體道應世，垂創典則，將以傳之無窮，施之罔極，必有繼體之君嗣前人，恭明德，必在乎緝熙而發其大功，熾休烈，鋪美光輝，日新有隆而無替。周之三后，文謨武烈，以顯以承，而成王受之，率循萬緒，戰戰兢兢，善始善終，編之詩書而無愧，垂之後世而不惑，卓乎不可尚已。恭惟哲宗皇帝承以元良，紹膺大統，臨御之初，恭默退託，而權臣擅政，朋黨蔽朝，肆為紛更，以逞私意，熙豐之良法善制掃蕩盡矣。爰自躬攬，震赫威斷，雷厲風飛，神明不測，投竄姦慝，大正典刑，舊臣遺焉，得開其忠，然後神考之盛德大業得以振復于隳壞委墜之後，閉者以守，曠者復起，譬猶氛曀開除而日月復照，前人之光無所遺佚，可謂盛矣。夫名正于實，義該

卷一萬三千三百四十九

于適，繼昭具崇號謚，將以鋪張宏休，垂示無極，而名弗究于當年，義不白于後世，顧豈足以慰上天之靈而稱今日歸美之意哉！此宜明詔之所申諭也。蓋聞聖人體神合變，藏用于密，蕩蕩乎民無能名焉。然其制行以人，應時而遣者，既以顯于云為，斯可得而擬象。故因其直心致道而天下之理得，則謂之德；因其與事造業而天下之務成，則謂之功。德積于躬，無為而治，有若二帝；功被于萬物，不勞而成，有若三王。此神考之所以啓佑後人者也。若乃體乾健以為制斷之剛，繼離明以蓋照臨之察，寅畏而奉天地，欽愛以事兩宮，學緝熙于光明，誠不章于好惡，親睦九族，隆惇敘之恩，惠康小民，躬儉勤之行，聲色弗邇而臨下以簡，貨利弗殖而理財以義，不貳于任賢，不惑于異志，凡一話一言，莫不敬忠我神考之訓。由是以觀，哲宗皇帝可謂能世德者矣。黜詞賦，尊經術，增師儒，崇學校，復常平之使，釐差役之權，修均輸之政，嚴保伍之令，左斷橫山率有指之疆土，右闢河隴撫願附之羌戎，申飭憲度，考訂星歷，訓兵務農，修禮嚴分，凡大綱小紀，罔不儀式刑神考之典。由是以觀，哲宗皇帝可謂能揚功者矣。夫狀然能基久安之勢，無長治之業，收龍受之遂用，有成于斯時也。九族既睦，四夷咸附，士興于學，吏稱其職，民安其業，物遂其性，富足以備禮，和足以廣樂，聲名文物粲然大備，諸福之祥莫不畢

卷一萬三千三百四十九

至天錫大寶告成厥功推原本始創法立制權輿萬事自我神考而繼猶述事光萬先烈亦惟我哲宗之達孝也前日群臣所上議顯德定功夬顯則顯其在我者而未足以昭世德之求定則定其在時者而不足以盡揚功之義然則以時更定發揮大美寔在今日若夫憲元以法天繼道以善世欽以直己而成經緯之文睿以所幾而致不殺之武惟精惟一之爲降大而能化之爲聖昭以察事物之情孝以通神明之德合并傳四中命上帝告于宗祏以輝無窮于是爲稱狀請更定徽號曰哲宗憲元繼道世德揚功欽文睿武齊聖昭孝皇帝詔恭依宜以所上議詣太廟本室奏請　十一月三日文武

卷萬三千二百四十九

侍從六參官以上宗室正任刺史以上禁軍都虞候以上並服朝服赴大慶殿立班皇帝御殿備禮奉神宗皇帝徽號冊寶授于魯國公蔡京奉哲宗皇帝徽號冊寶授于少師太宰何執中京奉神宗冊寶于玉輅執中奉哲宗冊寶于金輅並詣太廟幄殿權奉安以俟四日皇帝詣景靈宮行禮畢赴太廟宿齋五日文武百官各服朝祭服入就位以俟皇帝服衮冕服行奉上神宗皇帝冊寶于本室　冊文曰孝子嗣皇帝臣佶稽首再拜言聞道不可名其可名者迹遠然古我先王駿惠其光烈罔敢逼俟彊爲之名用祗命于上帝其道隆德壽永世有辭顧惟寡昧奉承聖緒夙夜基命宥密肆其所之惟

厥志是繼惟厥萬事是述十有四年道洽政治民用丕變六府三事孔修利用厚生惟和鰥寡孤獨有養什伍其丁壯肩與其賢能惟我神考睿知稽古有爲海隅萬里罔不率俾西至積石南至于䍧牱夜郎富以備禮和以廣樂亦惟我神考建法立制克和厥中盛德大業光于四海格于天地無遠弗屆大綱小紀本數末度有條而不紊若卜筮罔不是孚亦惟我神考于古其訓以克用乂永觀厥成盡逮于今民依滋至地不愛寶告成厥功錫以元圭未予沖人誕受厥命靡敢安居夙夜惟屬迪惟前人光施于我後嗣稽謨自天酌于師言謹以法古始立意度增厥徽稱今燦禮園壇大享祖廟躬以玉

卷萬三千一百四十九

冊玉寶加上曰體元顯道法古立憲帝德王功英文烈武欽仁聖孝皇帝夫顯名惟德顯德惟名率時昭考孝思惟則洞洞屬屬若在其上爰伸命于皇帝垂訓柔裔以光我烈考于無極謹言又躬行奉上哲宗皇帝冊寶于本室　冊文曰孝弟嗣皇帝臣佶謹再拜稽首言臣聞昔者先王寢顯其世德名階于功言順于事傳言萬世遠而益彰莫之能易顧德不類嗣承先業永惟大思畀付之重夙夜震懼弗知攸報恭惟哲宗皇帝英武剛健盛德大業著在典冊載于徽稱不可以加至于嗣政之始恭默不言蒙養聖功洗潛剛克爰自親政睿知濬發剛而騐赫然昭徹如日之升退念先烈明發永懷

震悼誣詆臨朝，出涕除悪，昭姦慝，有伏罰外擯竄狄以
復境土，內修法度，是正紛更，上定郊卯之制，下復省耕
斂征役之科，天下靡然喜于王化。復行熙寧元豐之政，
德意志慮，廢而復興，遵制揚功之美，繼志述事之孝，孚
于神明，昌于下土。以迄于今，地平天成，海內人安，萬邦
作孚，天錫之瑞，元圭自至。考循初終，寔惟前人光施後
裔。永惟盛美，罔敢居有，亦罔敢自功，參揆輿憲，僉協人
言：德莫大于世前人之德，功莫先于昭先人之功。而往
者所上徽稱，未究斯意，名以實寔，寔有餘而名不足，大
懼不足以彰顯丕烈。用伸命于上帝，令燎禋圜壇，荐享
太室，躬以玉冊玉寶改上曰憲元繼道世德揚功欽文
卷萬三千百四十
睿武齊聖昭孝皇帝。恭惟在天之靈，昭鑒于下，來格來
寧，歆此名寔，永孚于休無斁。次行朝享太廟之禮，畢，赴
南郊青城宮。　徽宗崇寧三年三月二十六日，詔曰：哲
宗皇帝聰明睿智，天性夙成，嗣服之初，遵養淵默，洎總
威柄，發揮權剛，黜除姦回，修復法度，熙豐之政，燦然再
新。十有六年，底于至治，而謚號所紀，未能究宣。朕自纘
承，同心則友，凡在典禮，必極其隆。御稽追崇之文，具存
祖考之訓，雖禮道之妙，莫顯于言聲，而御世之經，可求
于擬象，載揚丕烈，照示無窮。宜加上哲宗皇帝謚號，共
為一十六字。令三省、樞密院官、御史中丞、雜學士、太中
大夫以上與太常寺同共集議，合增徽號，仍令禮官詳

具典禮以聞。　五月六日，命翰林學士承旨張康國撰
更定神宗皇帝、增上哲宗皇帝徽號議文。　六月六日，
命宰臣蔡京撰神宗皇帝、哲宗皇帝徽號冊文并書。
七月二十三日，又上增哲宗皇帝徽號曰憲元繼道顯
德定功欽文睿武齊聖昭孝皇帝。　議曰：臣等聞聖人
無名，所謂必得其名者，應帝王而已；至教無文，所謂以
進為文者，行典禮而已。然帝王之名，垂于垂編者未嘗
絕，而典禮之文，行于宗廟者，致其顯則盡天下之至美，
以擬象命天下之公，顧以增崇，是惟舊章，宜其祇率。恭
惟哲宗皇帝清明剛健，有聞自天，淵默沉潛，發為英斷，
妙神履位，巍然若神，內見幾微，不動聲色，惟以誠孝事
卷萬三千三百四十
于兩宮，昭熙光明，他無所嗜，左右近習，罔吳察其喜怒
之色。蓋如是者九年，而無一日之異。及其總攬威柄，嚴
發至權，雷動風行，中外丕應，去姦慝如振槁，復法度如
轉圜，博收神宗所用之臣，聚于廟廷，以為紹述之助。于
是掃盡朋黨，委用才能，申嚴賞罰，明示好惡，而作人之
法，取士之制，理財之義，裕民之仁，禮樂廢興，刑之輕重，
始于朝廷，布在郡邑，凡元祐之所變亂者，次第而悉復
之。然後修我戎兵，震讋醜虜，選練將帥，恢拓土疆，橫山
天都，既入輿地，隴右酋長，稽顙請歸，執訊獻俘，指無虛
日。凡元祐之所棄捐者，盡取而廣有之，遠近之情，歡欣
鼓舞，再覩熙豐之盛。而所以致此者，蓋在于應天以實

臨下以簡敎知以察通言審聽以塈讒說苟麗于法一
視而無戚踈苟害于治畢除而無細大宵旰顧治十有
六年四方無虞動植咸若天不愛其道地不愛其寶風
雨時序日星順行神光發祥玉璽自至珍符異瑞史不
絶書至治之隆固非一言之所能盡今將圖上丕號闡
揚洪烈則亦因其應帝王之迹推本所自而昭彰之爾
夫皷一氣之自然成三才之妙用行乎至虛爲物之始
者元也惟聖時憲則效法于此無所異焉此之謂憲元
乾坤之所以闔闢日月之所以往來萬物並由莫見其
迹者道也繼之者善則運量酬酢無不承焉此之謂繼
道始則遵養時晦謹密而不出終則泛應曲當煇光而

卷一萬二千一百四十九

日新闡之廓然被于四表非顯德乎觀會通之宜御方
來之變應時而造者以莫不興爲國之利者舉無遺策
浮言不能惑異意不能沮畫定功乎不自以爲足不忘
其所恭達經緯之原順剛柔之用可謂欽文矣虛以致
其明思以合其幾運不測之神成無競之烈可謂睿武
矣有萬不同莫能一致自我總之之謂齊以天爲宗以
德爲本大通四闢之謂聖而昭則無小不察容光必照
孝則克爲前烈遹觀厥成合是數者雖未足以窺其緒
餘而至美之所存公願之所在冒昧自竭無餘蘊矣伏
請增上徽號曰哲宗憲元繼道顯德定功欽文睿武齊
聖昭孝皇帝詔恭依宜以所上議詔太廟本室奏請

十一月二十三日奉哲宗皇帝徽號冊寶授知樞密院
蔡卞上于太廟室　冊文曰孝弟嗣皇帝臣佶謹稽首
再拜言臣聞昔者明王崇德廣業舉而措之天下日見
之行于用則藏于仁則顯其稱名或小其取類則大故
令聞廣譽克有辭于永世無得而加焉乃若德有餘于
業名不稱其實未足以丕揚顯烈以端命于上帝則在
我後之人恭惟哲宗欽文睿武昭孝皇帝仁覆四海十
有六年非其即位越在沖幼沈潛剛克以蒙養正動靜
有度不大聲色左右僕御侍從之臣亦罔能知蓋不言
者九年爰及親政率時昭考永言孝思追悼先烈弗克
欽若潰于厥成放逐姦宄是正詆誣遵制揚功儀刑典

卷一萬二千一百四十九

則登用善良協于克一四方風動如日之中至于清靜
而寡欲體仁而繼善先後天時遇災而懼遵者貴德靡
所不欽南面而聽尊嚴若神癉惡雖弗容貸而好善常
若不及故小大祇若無侮無拂市無剖斗折衡之爭朝
無錯立族談之犯德故能勇外攘夷狄開闢境土克繼
前人卒其武功皇天眷佑諸福畢至地不愛寶神璽自
出英聲茂實奕可殫窮末于沖人祇奉顧託付以大業
夙夜祇慄懼弗能勝乃者姦臣乘隙竊出爲惡公肆抵
巇用正典刑無有佚罰顯謨丕烈既晦而明然其垂之
將來昭示無極其敢不虔爰卜日至禋于圜丘寢對明
神增備徽典稽諸故實協于師言自天申錫萬邦作孚

謹遣金紫光祿大夫知樞密院事上柱國南陽郡開國
公食邑五千三百戶食實封八百戶蔡卞奉玉册玉寶
上徽號曰哲宗憲元繼道顯德定功欽文睿武齊聖昭
孝皇帝恭惟在天之靈降鑒于下來燕來享膺受茲禮
於昭于天俾緝熙于純嘏謹言禮畢群臣拜表稱賀
徽宗體神合道駿烈遜功聖文仁德慈憲顯孝皇帝
初謚聖文仁德顯孝窮理盡性曰聖經緯天地曰文功
施于民曰仁有義可尊曰德受祿于天曰顯慈惠愛親
曰孝後加上體仁合道駿烈遜功憲慈十字

后謚

皇高祖大懿皇后崔氏　文同帝謚行見中外曰懿
冊文曰粤若天生萬物資坤載以順成日麗九華配陰
靈而合照人倫以之圖範王化於是權輿當駿命之有
歸盼洪源之所自濬川垂裕良因啟母之賢卜世延休
蓋自姜嫄之德永懷明烈是薦鴻名伏以皇高祖妣崔
氏夕月儲輝柔祇比義鳳鳴襲吉始成將育之占鸞墜
閒祥終啟成宜之祚在昔皇基未構帝籙猶緘肥家實
賴於正規開國誠因於內助慶隆中外福被雲來惟舜
懋之愛終自堯門之誕聖臣屬當主祭恭議薦嘉冀琰
年以潔誠方期有事緬玉衣之吉兆曾是貽謀敢旗旃維

卷一萬三千三百五十二

鵠之風上正翟龍之貴謹遣使王濬使副李濤奉寶冊
上尊謚曰大懿皇后寢廟奕奕磬莞鏘鏘酌禮於舊儀
從祀於先后庶歆備物永祐丕圖　皇曾祖惠明皇后
桑氏　惠同帝謚容儀恭美曰明　冊文曰臣聞丕星
入昴帝期雖顯於乘時朱草成序靈氣寧忘於發地令
十朋兆吉百姓與能思聖善之風若不基於上世則旋
樞之運何以齊於盼躬四縣將薦於登歌六服式尊於
懿號伏惟曾皇妣母桑氏慈修母訓學奉女師賦汝水
之條枚閱其君子闕漢宮之大練思齊古人誦詩則義
達王風肅閨則世傳家法順成聖祖昭著陰功沖人自
備於丕基無日不思於靈貺非含章之德素積於無疆

則闕統之孫寧昌於有後令則按與世之茂典舉配祖之明文克謹奉先雖廟以觀德恭思歸厚當立以正名謹遣使王溥使副李濤奉寶冊上尊謚曰惠明皇后宋室受命上應大辰淡郊太廟肇自沖人功由聖母施及孝孫告成之頌永播雲門　皇祖簡穆皇后劉氏　簡司帝謚布德執義曰穆　冊文曰昔者運膺金行女節感流虹之瑞天開土德皇軒承統極之祥感資妃后之賢終茂帝王之業紛乃年逾七百始自於關雎國感八遷實因於簡狄當圖之伊始思假廟之有期爰考舊章式崇尊謚伏惟皇祖母京兆郡太夫人劉氏炎靈聖緒沙麓祥符法厚載於含章體中和而毓粹彤雲配潤承

【卷一萬三千三百五十三】　二

帝胄於千齡朱第斯皇誕天資於一世自樂葛覃之詠宛符瓜瓞之言式是母儀光於祖德應四星於列象雖不逮於當年鍾百祿於後昆實有開於景運爰舉奉先之典載揚儷聖之風用表因心所期觀德謹遣使王溥使副李濤奉寶冊上尊謚曰簡穆皇后篆金以頌美冀王以薦誠庶施大母之芳猷用慰孝孫之精懇宗祧既正皇祚永昌　皇考昭憲皇后杜氏　昭同帝謚聖善周達曰憲照臨四方曰明　太祖孝惠皇后賀氏謚法闕　孝明皇后王氏初謚章順法度明大曰章慈和遍服曰順後改謚孝明不載謚法　孝章皇后宋氏慈愛忘勞曰孝溫克令儀曰章　太宗淑德皇后尹氏善行

不回曰淑富貴好禮曰德　懿德皇后符氏溫柔聖善曰懿富貴好禮曰德　明德皇后李氏無幾不察曰明中和純備曰德　元德皇后李氏茂德丕績曰元中和純淑曰德真宗祥符六年十月二日宰臣攝太尉王旦奉冊寶詣元德皇太后廟改上徽號曰元德皇后升祔太宗廟室冊文曰孝子嗣皇帝臣某謹再拜稽首上言德莫大於母儀隆歸厚之基率由於子道夫其實統百行漸被四海日用不遺天經為本內顧菲薄粵自沖幼夙膺皇訓允迪化源故得馨烝烝翼翼之心尚尊親親之教守國令典承家積慶函蒙博愛蘊結孝思永慕育慈章懷追遠伏惟元德皇太后星軒毓粹石文定祥鵲

【卷一萬三千三百五十二】　三

彤史之清芬耀白雲之懿族輔佐先帝誕生眇躬實之念深顧復之恩重惠和宮掖茂宣憲度周仁恕以樹隱盡箴規以達聰方流詠於河洲遽纏哀於風木為當嗣服弗逮承顏徒以尊長樂之稱恢儀坤之制成易名於懿實契節惠於前經有恤斯嚴惟馨致薦日月逾邁霜露增感劬勞罔報瞻言罔極是用廣因心之孝從有位之謀考明徽於舊章遵合饗於清廟庀職效揆日斯良式竭至誠恭行盛禮謹遣攝太尉尚書右僕射兼門下侍郎同中書門下平章事充玉清昭應宮使昭文館大學士監修國史臣王旦奉寶冊改上徽號曰元德皇后升祔于太宗皇帝殿室洪惟聖靈諒鑒勤懇仰膺

登格永中配侑叶符介福延施無疆之休謹言　真宗章懷皇后潘氏初謚莊懷復正志和曰莊懿仁哲行曰懷後改莊為章以從帝謚　慶曆四年七月二十二日詔俟南郊禮前改謚莊懷皇后曰章懷莊穆皇后曰章穆莊獻明肅皇太后曰章獻明肅莊懿皇太后曰章懿莊惠皇太后曰章惠八月二十五日太常禮院言故事只以冊寶告廟更不改題神主從之議具廟議十一月二十二日帝備禮大慶殿庭奉冊寶授太尉上于廟室

章懷皇后冊文曰孝子皇帝臣某謹再拜稽首上言曰伏聞周稱大母漢著光烈繫王之號與廟俱傳雖忠質遞變詳簡殊尚至於統尊無遂其誼一也恭以莊懷

卷一萬三千三百五十二　四

皇后挺俔天之粟率流行之恭作儷儲禁收華早世遠即洪祚追位長秋時推內範之懿厥有大名之受真室升遐天誄垂鴻攸司持循偶失參考今議者援述祖則執據舊章以謂后無外事法不專謚況陽秋之善大予復古聖哲之訓必也正名禮雖洪美神弗安饗是敢以章代莊中告典冊奉承聖考順迪母儀謹遣攝太尉樞密使檢校太傅行尚書工部侍郎賈昌朝奉玉冊玉寶改上尊謚曰章懷皇后伏惟光靈有赫鑒誤孔昭捨可改之權制安不遷之永憲錫類昌後以攄無窮謹言

章穆皇后郭氏初謚莊穆復正志和曰莊賢德信修曰穆後改為章以從帝謚　慶曆四年改謚冊文曰伏以尊母儀者功歸于聖淑配宸極者體同於稱謂稽夫漢有光烈唐有文德所以著大法示來葉也若乃飾鴻徽揚景鑠古今通誼也恭以皇妣莊穆皇后郭氏可汾甲族姜任令猷特治長秋在位坤掖輔佐聖考述宣陰教謙肅以居體慈喆以流譽靡臻曼壽永貽茂範升祔清廟垂裕彤管夫以宗祊之重有司定論僉以託母天下體無攸遂式遵先典仰圖懿實追正禮謚之美稽合稱宮之號順公議之協濟正徽名而允穆上以廣思齊之美下以伸通追之孝謹遣攝太尉工部尚書同中書門下平章事兼樞密使昭文館大學士監修國史章得象奉玉冊玉寶改上尊謚曰章穆皇后伏願昭格明靈具

卷一萬三千三百五十二　五

膺典冊祐蕃昌之緒易顯懿之稱數宣景輝攄之閫極

章獻明肅皇后劉氏初謚莊獻明肅復正志和曰莊聰明睿智曰獻無幽不察曰明威德克就曰肅後改莊為章以從帝謚　慶曆四年改謚冊文曰伏以奉宗祧遵聖緒者莫重于顯親正坤極母天下者匪專于殊號嘗講求因革參考遺墜昔藝祖佳御易昭憲之稱惟禮所以稱情惟名所以配德垂鴻萬葉敢不詳正伏惟莊獻明肅皇太后俔天稟粹曾沙膺慶輔佐文考正位內朝關雎之德賢才是進濯龍之識外戚咸勸顧惟菲質夙荷慈蔭保祐丕構億寧中夏長樂之訓淑聲無已令容臺定論援據纖悉謂東漢諸后法同常謚用章聖稱

天之謚冠夫德號臣工之所盡忠志典册之所正名著
之方來不可闕也謹遣攝太尉尚書吏部侍郎同中書
門下平章事兼樞密使集賢殿大學士杜衍奉玉册玉
寶改上尊謚曰章獻明肅皇太后伏惟徽音無極靈監
聿昭奄受丕稱幽贊鴻祉子孫千億垂休無疆　五年
十月九日攝太尉宰臣陳執中奉册寶詣奉慈廟改上
章獻明肅皇太后徽號曰章獻明肅皇后升祔真宗廟
室　章獻明肅册文曰孝子嗣皇帝臣某謹再拜稽首
上言曰恭聞宗廟之制昭穆有定位禘祫有常禮是故
婦緣姑次所以示恭順之大后從帝饗所以隆恩義之
至憲度昭而典經具訂伏以章獻明肅皇太后隆致純

卷一萬三千三百五十二　六

備寶慈炳迪膺荷顧託護康沖眇延洪積累之慶增國
盈成之守是以豐功溥博至德曼羨流之於廣宇浹之
於生民書之於簡編播之於金石卓乎徽懿高視往古
而採攸司之議遂崇別廟之薦瞻言閟祐尚隱大宮禮
典之所未宜神心之所未協至於霜露濡降春秋祼獻
惕然念慮亶無遑寧是用講配食之明文稽奉先之正
範上以率乎大誼下以徇乎群謀謹遣攝太尉某官某
奉玉册玉寶改上徽號曰章獻明肅皇后升祔真宗廟
室伏惟降格光靈昭孚顧禔丕佑聖考永嚴宗祊垂休
寶圖錫大生齒世世潔祀底于無疆謹言　章懿皇后
李氏初謚莊懿履正志和曰莊溫柔聖善曰懿後改莊

為以從帝謚
改上章懿皇太后升附真宗廟室册文曰恭以孝莫大
乎顯親尊莫大乎嚴配父以配天母以配父若稽先帝
推本禮意神宗三后並升祐室敢率成憲參用群議恭
祔昭主合食于位伏惟章懿皇太后儀德坤載融精寶
魂柔嘉齊衆靜淵粹和誕集慶靈克昌基祚維妙躬之
纘服悼慈顏之早隔緬懷鞠育哀哀罔極頃從權制就
饗別廟日月其邁昭穆未正爰稽舊典陟序禰宮庶伸
追養之誠以明欽報之志謹遣攝太尉某官某奉玉册
玉寶改上徽名曰章懿皇后升祔真宗廟室伏惟神鑒

卷一萬二千三百五十二　七

歆茲吉蠲永侑文考百世不遷流徽音於煒管鬯潔虔
於青編禴祠烝嘗期萬斯年　章惠皇太后楊氏初謚
莊惠維德端嚴曰莊慈哲速識曰惠後改莊為章以從
帝謚慶曆四年改謚册文曰恭聞先帝時懷穆二后早
世上仙崇告天謚用題廟主有為而作未從定制明肅
獻務容臺諫功囿仍前比遂使懿號弗繫於真聖不可
謂順異於祖法不可謂宜惕然深念思從詳正伏以章
惠皇太后靜婉柔嫕仁明厚博輔佐聖考知臣下之勞
擁衛眇質均母氏之愛向緣閟祐已易大名不當神心
未協禮意是以採攸司之執奏稽中古之成憲統尊則
有典據舊則易遵閟諸公議弗謀而叶謹遣攝太尉尚

書吏部侍郎門下平章事兼樞密使、集賢殿大學士杜
行奉玉冊玉寶尊謚曰章惠皇太后伏惟慈烈如在容
物是膺捨暫誤之華冑揭永孚之淑聲子子孫孫式克
欽承舊制　仁宗慈聖光獻皇后曹氏愛民好與曰慈
能以仁教曰慈通達先知曰聖窮理盡性曰聖和寧百
姓曰光格于上下曰光聰明睿智曰獻博聞多能曰獻　英
溫成皇后張氏德性寬柔曰溫齊聖廣淵曰成
宗宣仁聖烈皇后高氏聖善周聞曰宣施而不私曰宣
克己復禮曰仁功施於民曰仁窮理盡性曰聖裁成萬
物曰聖秉德遵業曰烈安民有功曰烈

宋會要

卷一萬三千三百五十二

八

神宗欽聖憲肅皇后向氏敬事節用曰欽威儀悉備曰欽
通達先知曰聖揚善賦謀曰聖刑政四方曰憲聖能法
天曰憲剛德克就曰肅執心決斷曰肅

宋會要

欽成皇后朱氏威儀悉備曰欽敬事節用曰欽婦德均
一曰成夙夜警戒曰成　欽慈皇后陳氏威儀悉備曰
欽敬事節用曰欽一心均愛曰慈能以仁教曰慈　哲
宗昭慈聖獻皇后孟氏初謚昭慈獻烈明德有功曰昭
視民如子曰慈聰明睿智曰獻安民有功曰烈後改昭
慈聖獻備物成器曰聖

宋會要

昭懷皇后劉氏初入宮為婕妤昭慈既廢立為皇后
徽宗立冊為元符皇后　徽宗顯恭皇后王氏初謚
靖和柔德教衆曰靖恭仁鮮言曰靖雍熙閫內曰和知
門有禮曰和大觀四年十二月十六日改惠恭紹興七
年六月一日改今謚　光堯壽聖七年四月六日太常
少卿吳表臣言侍從官議上惠恭皇后改謚俟敕下有
司合行製造冊寶檢照昨加上神宗皇帝哲宗皇帝謚
號係於政和三年冬祀大禮前一日皇帝行朝饗禮前
躬行奉上所以將來奉上惠恭皇后改謚冊寶合依加
上神宗謚號禮例將來大禮躬行奉上詔恭依　五月
二十三日命給事中胡世將撰謚議參知政事張守撰

卷一萬三千三百五十二

見七之

冊文知樞密院沈與求書冊文參政事陳與義篆寶文
七月五日給事中兼直學士院胡世將上顯恭皇后
謚議詔恭依　議曰惟天生覆萬物地以順承而代有
終惟帝臨涖四方后以靜專而修內則於皇母儀體坤
効法義貴有從事無佽遂周之文姒漢之光烈咸取嬡
德禮不專謚國朝之制監于前古粵自乾德推尊昭憲
御協宣祖著為丕範建我烈聖率循故典恭惟惠恭皇
后天稟柔明性鍾慈惠生於王公之族而志存謙下習
於富貴之養而躬行儉約尊儷宸極祇循婦順肅環佩
以中禮援圖史以自鑒櫛縰笄總建供養於東朝副褘
褕翟謹萬壽於時祀四德兼備六宮承式有樛木逮下

之仁有眷耳進賢之志桃夭宜其家室芣苢美其和平
用能夙歆帝武之敏誕膺長發之祥是生聖子丕承大
業雖省方巡狩遠邁於朔野而深仁厚德益昌於炎圖
宜有徽稱以彰貴範惟大觀誄行嘗紀於鴻名而烈考
上賓方嚴於升祔顯孝錫諡既命于天廟主易題宜繫
于帝則惠恭二美義難偏舉臣謹按諡法嚴欽事上曰
恭蓋孝合衆善節以一惠其大要佐崇觀宵旰之治盡
長樂溫清之禮齊肅之以承宗廟毖謹而絶私謁非嚴
欽事上乎仍此懿號仰配先烈則以顯易惠抑惟舊章
請改上惠恭皇后諡曰顯恭皇后　九月二十一日明
堂前一日奉冊寶上于廟室冊文曰孝子嗣皇帝臣某

卷一萬三千三百五十三　十

伏以生而繞德宸極寔賚於皇猷死而升侑宗祊必從
於帝后不專諡禮有故常在漢則光烈之於光武在唐
則文德之於文皇爰洎本朝垂宗室昭憲之規更定陵
五后之號蓋古今之通議也雖仙遊已邈而遺範具存
用詔方來丕昭景鑠恭惟惠恭皇后坤靈肖靜月體儲
精鍾慶勲門來儀潛邸翼六龍而御極正重翟以居中
肅雍之德本乎天成勤約之風行乎宇內協祐初政恪
恭東朝飭身刑家率禮不越進賢建下視古有光功既
茂於補天祥發聞於夢日誕育元司禪膺實圖豈期盛
年遽棄昭代顧以沖眇遠茲纂承雖莫覿於母儀尚欽
聞於內則向者已罔考實於彤史易名於閟宮踰三十

年禍發意表上皇帝厭世諱問奄聞復以梓宮隔於要
荒祐室稽於薦饗蔵鼎湖之弓劒殆未有期游高廟之
衣冠非所當後是宜卜日升祔因時正名盡推誄於皇
天既推崇於先烈而繫號乎常〔帝〕乃稽合於舊章載揚徽
音以顯易惠永嚴禋祀對越在天謹奉冊寶上尊諡曰
顯恭皇后伏惟明靈覲膺受典迪我昭考燕茲新宮益
綿鴻休施于罔極謹言　十二月十三日詔昭慈聖獻
皇后改諡冊寶命使發策告遷權安奉神御迎奉至溫
州太廟奉上冊寶景靈宮安奉神御禮畢禮儀使已下
并官吏等比擬除凡筵例各支銀絹有差　七年二月
十九日三省言已議上徽宗聖文仁德顯孝皇帝尊諡

卷一萬三千三百五十三　十一

所有惠恭皇后合易舊諡禮部太常寺今討論竊聞周
之文母唐之文德及東漢諸后皆同帝諡議者以為后
無外事法不專諡故繫於帝以為稱謂國朝以來烈聖
諸后悉遵此制至於昭憲皇后初諡明憲後改曰昭以
從宣祖昭武之諡也真宗皇帝五后初皆諡曰莊後皆
改莊曰〔章〕以從真宗章聖之諡也今徽宗皇帝已議上尊
稱曰聖文仁德顯孝皇帝寧德皇后已議尊諡稱曰顯
肅皇后伏請改惠恭皇后諡連顯字仍依故事集官議
諡既而吏部尚書孫近等集議易惠恭皇后諡曰顯恭
皇后詔恭依　議曰恭惟惠恭皇后稟坤德之至柔配
離明之淳耀鍾粹公侯之族發為宮掖之祥言則有常

禮五八之七七

克奉詩書之訓動而合禮無煩保傅之嚴用能正位居
室作賓于京綱紀人倫母儀天下行四教以興内朝之
治師六宮而親北郊之蠶服澣濯之衣崇節儉也有進
賢之志念艱難也無險詖無嫉妒不以燕私之意刑于
外也進賢才知勤勞不以外家之事請于朝也是以奉
神靈之統理萬物之宜配至尊作宗廟主而天下化之
乃若猗蘭夢日華渚流虹天祐下民是生淵聖以三善
之德重列聖之光雖逸駕鎗鸞方周流於八極而深仁
厚澤以滲漉於無垠然則推原内助之風上論繼明之
自必有嶶號永配宸極臣等按謚法嚴欽事上曰恭嚴
欽鬼神曰恭夙夜恭事曰恭接下不驕曰恭夫思媚諸
卷一萬二千二百五十二　十二
姑歸寧父母非嚴欽事上乎躬視滌溉爲豆孔庶非嚴
欽鬼神乎肅環珮之節謹雞鳴之戒非夙夜恭事乎有
逮下之言盡衆妾之心非接下不驕乎國家重規沓矩
比迹周漢昭憲之謚仰法乎宣祖五后之號並同於章
聖至乎宣孝之祔欽仁之配罔不由斯其意若曰婦無
遂事理不專美後順得常之道也臣等請上惠恭皇后
尊謚曰顯恭皇后臣等謹議　昭懷皇后劉氏容儀恭
美曰昭慈仁短折曰懷　明達皇后劉氏明達懿文貴
妃追册爲明達皇后謚法闕　明節皇后劉氏明節和
文貴妃追册爲明節皇后謚法闕

禮五八之七八

宋會要
欽宗仁懷皇后朱氏恭寬敏惠曰仁克己復禮曰仁德
禮不易曰懷執義揚善曰懷高宗憲節皇后邢氏初謚
懿節柔克有光曰懿能固所守曰節後改有善可紀曰
憲能固所守曰節憲聖慈烈皇后吳氏聖能法天曰憲
道達先知曰聖眎民如子曰慈安民有功曰烈
宋會要
成穆皇后郭氏初謚恭懷繼改安穆後改成穆秉德均
一曰成
宋會要
成恭皇后夏氏初謚安恭後改成恭夙夜警戒曰成
卷萬二千三百五十三
宋會要
光宗慈懿皇后李氏視民如子曰慈温柔聖善曰懿

金會文

宋會要

王號

兗王琰謚冲惠幼少短折曰冲遺愛在民曰惠　郕王
垣謚冲温幼少短折曰冲德性寬和曰温　郢王增謚
冲英幼少短折曰冲出類拔萃曰英　華王㢡謚冲穆
幼少短折曰冲敬明其德曰穆　順王圻謚冲懷幼少
短折曰冲慈仁短折曰懷　申王墲謚冲懿幼少短折
曰冲體和居中曰懿肅王玥謚冲質幼少短折曰冲名
實不爽曰質　邳王㧤謚冲美幼少短折曰冲令德不
忘曰美　太保侍中中書令韓王趙普謚武穆　揚武
翊運功臣太師鎮南武安寧國軍節度使充醴泉觀使

卷一萬三千三百五十四

咸安郡王追封蘄王韓世忠賜謚忠武　少保樞密副
使武勝軍節度使萬壽觀使追封鄂王岳飛謚武穆
故宣徽南院使贈尚書令追封譙王郭守文謚忠武
太師清源郡王何執中謚正獻　忠武軍節度使追封
衛王高瓊安民有功曰烈折衝禦侮曰武續要云初謚
烈武以校書郎王仲修言瓊謚與神考徽號字同太常
請改為武烈詔可　淳熙十四年八月二日御筆故太
師追封越王謚文惠史浩係孝宗皇帝舊學首躋相位
君臣一德始終三紀備罄忠誠輔成孝治侑食清廟久
未舉行賜謚易名弗稱厥實非所以仰副烈祖眷禮師
臣之意朕深念焉可配享孝宗廟廷特改謚忠定　武

勝軍節度使太師尚書令兼中書令秦王錢俶　危身
奉上曰忠履正志和曰懿時都省集議虞部郎中張泌
言考功狀内有亢龍無悔四字非臣子所宜言已於議
後請改四字免盡雷同無君伏乞特降詔旨令其修改
戶部郎中判考功張洎言秦國王明德茂勳格于天壤
處崇高之富貴絶纖芥之機嫌考功詳覆之時嘉其行
實故其議狀曰茲所謂受寵若驚居亢無悔者也謹按
易乾卦九三云君子乾乾夕惕若厲無咎王弼注云處
休之體極居上體之下履重剛之險因時而惕不失其機可以无咎處
下卦之極愈於上九之亢也易例云初九為元士九二
為大夫九三為諸侯正易之本理以二體為君臣九三
居下體之極是人臣之體也九四居上體之下是人君

卷一萬三千三百五十五

之體也九三處下封之上而免亢龍之咎者正義云九
三是人臣之極可以慎守蔚苘無其禍故云免亢極之
悔也不同上九居上體之上有驕亢之咎竊詳乾卦九
三處下卦之極為諸侯之位而愈於上九之亢諸侯人
臣爵位俱極履重剛之險危之甚者而能終日乾乾夕
惕若厲所以無悔今秦國王啓真王之賦錫維師之號
是居下卦之上人臣之極也東越南陽于疆于理是處
諸侯之位也因時而惕高朗令終是免亢極之悔也論
功譔德考行易名而曰居亢無悔不亦然乎竊覽前代
詞人用乾卦九三之義者畧舉一二而言之漢考載梁
商讃云順帝之代商㴱為賢輔豈不以其地居亢滿而

能以愿謹自終者乎又楊植許先生碑云錙銖九有亢極一夫唐宰相杜鴻漸免副元帥表云素以賤壓敢期貴達今禄位亢極過逾涯量又盧杞郭子儀碑云居亢無悔其心益降李翰書霍光傳云有伊周負荷之明無九三亢極之悔又漢書載陰興奏對云貴人不讀書記邪亢龍有悔張說撰祁國公碑云一無目牛之全一無亢龍之悔斯蓋引乾卦九三注義或有亢龍之悔或無亢龍之悔夫易者効法天地妙用無方錯綜以成文變通而定業自非識參繫表理會宗極則安能探其賾而遺其象乎茲漢史張說所以於九三人臣之位假亢宗龍之喻也此皆史臣墨客引用經文顧遺簡以俱存在

卷一萬三千三百五十四

斯言而可復且乾卦九三是人臣之位故不稱龍為能夕惕若厲故無悔為所以正義云居亢無悔上九是聖人之象故稱龍為以陽氣至盛故稱亢為所以繇詞云亢龍有悔九三上九内外之卦既分有悔無悔君臣之道斯革各從厥類其理昭然柲奏術是藩臣名不可稱龍洎昨詳覆禮院謚議狀詞云受寵若驚居亢無悔即本無亢龍無悔之語詔從洎議，繹柲罷謚忠懿　贈太師追封安王改封　王元桀謚文思　贈昭信節度南康郡王世永謚修孝贈太尉循王宗景謚思恪贈太尉永嘉郡王允迪謚思恪　贈太師中書令追封衛王史彌遠謚忠獻　贈太師平陽郡王允升謚懿恭　贈太

師尚書令追封魏郡王鄭清之謚文惠　贈開府儀同三司追封信王世開謚獻敏　嗣濮王贈太傅追封邠王仲御謚康孝　贈中書令追封南陽郡王惟吉謚康孝　贈中書令追封岐王德芳謚康惠　昭化軍節度使楊應詢謚康理　荆南節度使兼中書令南平王高保融謚正懿　保寧軍節度使贈少師追封咸寧郡王師皋謚昭肅　贈宣德節度同平章追封廣陵郡王德雍謚康簡　嗣濮王贈寧國節度同平章追封舒王宗懿謚良靖　嗣濮王贈少師追封恩王士伐謚温靖安定郡王贈少師令廌謚襄靖　特贈太師追封潤王師彌謚節惠　建雄軍節度使追封康王高繼勳謚穆

卷一萬三千三百五十四

武　嗣濮王贈太保追封欽王宗祐謚穆恪　太師嗣秀王追封崇王伯圭謚憲靖　太師吴郡王楊谷謚敏肅太師寧遠慶軍節度使和義郡王追封和王楊存中謚武恭　少傅永王師嵒謚敏惠　少師保康軍節度使嗣秀王贈太傅追封和王師禹謚端肅　奉國軍節度使同知大宗正事贈少師追封咸安郡王士銖謚敏靖　少傅吴興郡王贈太保追封沂王柄謚靖惠　贈太師追封崇王宗瑗謚孝温　贈武寧節度同平章追封濟王宗藎謚孝良　贈保寧節度同中書平章東陽郡王宗悌謚孝憲　贈太師尚書令兼中書令追封相王允弼謚孝定　安德節度使開府儀同三司贈太師

追封賀王士夵謚孝敏　嗣濮王贈太師追封榮王宗
綽謚孝靖　贈太尉博陵郡王承選謚孝靖　嗣濮王
贈太師追封惠王宗楚謚僖節　贈太尉北海郡王追
封秦王宗勝謚僖孝　昭化節度贈太師追封潤王宗
隱謚僖惠　鎮江節度封丹陽郡王守節謚僖穆　嗣
濮王贈太師中書令追封和王宗樸謚僖穆　贈太尉
信安郡王允寧謚僖簡　贈侍中追封同安郡王惟正
謚僖簡　太師鎮南軍節度使樂平郡王鄭紳謚僖僖
靖　贈保寧節度東陽郡王仲嘩謚榮順　嗣濮王贈
太師追封懷王宗暉謚榮順　贈太師韓王宗諤謚榮
思　贈太師尚書令追封定王允良謚榮易　贈開府

卷一萬三千三百五十四

濟陽郡王追封樊王宗輔謚榮孝　嗣濮王中書令追
封祁王宗誼謚莊孝　秦國公追封楚王孟昶謚恭孝
嗣濮王贈太傅追封儀王仲湜謚恭孝　贈太尉滕
王宗旦謚恭孝　太傅申王貴譓謚恭和　贈少師追
封新興郡王師垂謚恭良　興國軍節度使開府儀同
三司贈少師追封新安郡王師夔謚恭榮　特進少師
追封新安郡王師夔謚恭榮　贈太師尚書令追封鎮
王元偓謚恭孝　贈中書令追封吳王德昭謚恭榮
贈安化節度開府儀同三司追封虢王世清謚恭安
贈太尉中書令追封申王德文謚恭裕　贈開府楊惟
忠謚恭勇　追封齊王進封魏王元佐謚恭憲　岳陽

軍節度使開府儀同三司追封韶王士導謚恭靖　贈
靜難節度新平郡王宗保謚恭靖　贈太尉樂平郡王
承亮謚恭靖　贈太師尚書令追封陳王元份謚恭靖
贈昭信節度開府儀同三司追封蕭王宗博謚恭僖
贈天策上將軍徐兗二州牧追封周王元儼謚恭肅
武當軍承宣使贈太師追封永嘉郡王士程謚恭惠
開府儀同三司贈太傅追封盾王士儇謚忠恪　贈太
尉尚書令追封曹王改封察王元偁謚恭惠　贈司空
南陽郡王宗喬謚恭康　建武軍節度使知太原府追
封安化郡王王稟謚忠壯　追封和義郡王累贈太師
士琣謚忠靖　太傅護國鎮安保靜軍節度使贈太師

卷一萬三千三百五十四

追封鄜王劉光世謚武僖　太傅奉國軍節度使四川
宣撫使新安郡王追封信王吳璘謚武順　太尉忠武
節度衛國武烈王高瓊謚武烈　追封澧王師揆謚恭
惠　贈彰化節度安定郡王承簡謚和懿　保靜節
度王昭遠謚和惠　贈護國節度河東郡王承衍謚和
惠　少師會稽郡希遷謚和惠　檢校少保開府儀同
三司保平軍節度使漢東郡王向宗回謚榮綏　太師
秦王吳益謚恭惠　贈中書令博平郡王允初謚安恭
贈太尉中書令追封濮王允讓謚安懿　贈太師中
書令追封秀王子偁謚安僖　安定郡王追封榮王從
式謚安僖　太師靜江寧武靖海軍節度使追封循王

張俊　詔曰俊蚤以忠力屢經委任平寇捍難功勤尤著奉上恭順始終不渝可取危身奉上安民有功之義賜謚忠烈　太師尚書左僕射贈申王秦檜謚忠獻

卷一萬三千三百五十四

宋會要

崇信軍節度使贈侍中錢惟演　初博士張瓌議惟演幼名敏惠長工屬文始以父任累官至環衛咸平中獻文名試換為太僕少卿自爾歷更清華陞用宥密定陵之上尊謚也用有唐天寶之典雖重名複號而未盡聖美獨能援列前準顯備大功斯博學業文之効已此其所優也先是母后助治或專斷決晚歲稍任左右女謁寖行浮薄之徒因緣諂會惟演時以葭莩之近罷樞衛之委久處外服意頗不樂故其篇詠率多怨刺明道耕籍入侍大禮懇求中職得留轂下逮明肅違世主上躬

卷一萬三千三百六十

政英規獨運粹照畫神恣屏群邪再清百度惟附援求益迎合輕議為執憲所糾故左降偏郡夫位兼將相不為不達矣任意中外不為不用矣所宜引滿覆之誡保高明之寵貪慕權要興孽生不足此其所務也前書稱沈約昧於榮利有志台司元稹大為路岐經營相位負才好進正此儔矣謹按謚法敏而好學曰文貪而敗官曰墨請謚文墨惟演子曖等訴曰先臣遭遇三朝踐揚四紀本以文學遍歷兩制真宗朝曾任樞近暨陛下東宮日賓客先祖効順勳冠諸藩先臣昨以憲司彈劾坐擅議祔廟及連姻戚里數朝廷止解台司退守侯服亡歿之後贈官賻贈遣使護喪哀榮之恩並越彝等此乃聖

上追錄勳舊原宥過失之深意也而禮官定謚曲加惡名乞別令詳議詔送翰林學士判太常寺章得象與禮官詳議得象等議惟演始自降官逮于即世務專率職以趣自新悼功名不居之誠有惶懼可憐之意但以身在遐遠衆弗及知故後善雖勤而羣復未加前吝已彰而識議猶集環之所謚理或在茲今若更存其文則違降秩之典苟謂之墨又無瀆貨之狀推原本意似爽厥中謹按謚法追悔前過曰思惟演晚節脩省可謂過而知悔矣宜謚曰思詔從之惟演嘗謂章獻章懿二后祔真宗廟室由此左遷既謚曰思慶曆三年行升祔之禮其子曖等又訴於朝故改謚 翰林侍讀學士兵部侍

郎兼秘書監贈太子太師楊徽之謚曰文莊德美才秀曰文履正志和曰莊 初贈兵部尚書景祐二年以外孫參知政事宋綬言徽之嘗侍真宗藩邸故加贈太子太師及賜謚曰文 永興軍節度使司徒兼侍中尚書令韓琦謚忠獻 樞密副使給事中贈禮部尚書包拯謚孝肅 尚書右丞贈資政殿學士范純禮謚恭獻 護國軍節度使同中書門下平章事狄青謚武襄 校書郎霸州文安縣主簿編修太常因革禮蘇洵謚曰文 李璧興蘇洵定謚劄子臣竊見國朝故事臣僚三品以上方許賜謚其有抱道蘊德聲實俱高者官品雖未及而法亦得賜故邵雍官止校書郎元祐二年賜謚康節徐積宣德郎致仕政和六年賜謚節孝此祖宗尊賢尚德之意不專以品秩崇卑為間其去遠矣臣伏見故校書郎文安縣主簿編修太常因革禮蘇洵學綜六藝詞雄西

家通于王政達于權事方時燕安中外以兵為諱洵獨著書極論為國之大計與制虜之長策皆指事切理不為空言歐陽脩一見太息比之荀卿而韓琦亦奏雖賈誼不能過獨王安石惡其異己指為戰國縱橫之流天下不以為然也晚霑一命訂禮容臺湮鬱於用不幸齎志沒地獨其書偉然配況雄以傳而琦尤加器重以為文追典謨論極皇王自斯言之出學者益以尊信非若專門淺陋之士好高泛古於用則疏者之比也仰惟陛下恢洪遠猷崇尚實學如洵之賢宜在優表況載撤先已蒙恩並得美謚易名之寵止及其子尚遺其父推太而言予美為國臣子慶元元年任館職日書用賜對乞特范祖禹常安民孫覺堅等一處定謚即蒙聖慈開可付外施行今者恭戴秩宗實司邦禮懷有未盡不敢隱默茲本州守臣劉光祖見行陳乞欲望睿明特賜攸司參照邵雍徐積體例與洵定謚以示朝廷尊賢尚德之意其於治道不為無補 顯謨閣待制贈特進葛勝仲謚文康 葛立方歸愚集謝先人賜謚文康啟爵以馭貴既登二品之崇誥以尊名更被兩言之寵疏孤祗命潛德增輝仰推標榜之公實有陶鎔之自感深而骨則失泣盡而血繼之伏念先考早以英材浸躋膴仕雕龍擅價摛華國之文章紬贊流恩布宜民之遺弟三科中青錢之選四部

興五禮之謚傳是易名固非虛美白公掌制唐朝止著於文綱點子雖封賦圖僅加於康號獲恩二老實遇前芳而況神聖撫中興之朝賢儁逢上公之材樣勵世磨鈍之具提循名責實之綱固應實副其華豈俾浮於字行雅孟氏過某官庄言寤主一德格天以甚易而成天下之運難以至晴而息天下之至擾巨鼇鎮於海翻之後邑石鍊於天缺之時百六之運遂回千一之期立致自非體以道以在己關神化以及民安危究消長之宜文武得弛張之術則何以又皇家如反掌靜穹廬若發蒙至於理務推賢仁存錫類尤軫懷於平日猶勤善於將來致是醉儒特膺表行恩綸告第誥墨楊幽善之者枯馬已修閼贈之賜逝者已矣應圖結草之酬 正奉大夫守尚書戶部侍郎贈金紫光祿大夫張子顏謚僖敏 同簽書樞密院事贈通議大夫王倫謚節愍 參知政事范仲淹謚文正 寶文閣直學士左朝奉大夫知制誥贈左朝議大夫胡安國謚文定公 戶部侍郎贈兵部尚書蔡齊謚文忠 禮部尚書端明殿學士贈

資政殿學士蘇軾謚文忠（香山先生喻良能集讀邸報東坡追謚文忠一絶：禄位見輕揚執戟，履屐藏魯乘田。蓋世聲名家美謚，政應千載識眞賢。）龍圖閣學士贈光禄大夫劉甲請清忠　資政殿大學士智允中請清簡　端明殿學士光禄大夫贈開府儀同三司李大性謚清惠　通議大夫提舉江州太平興國宮致仕林栗謚簡肅　資政殿學士太中大夫致仕沈夏謚簡肅　宣德郎直龍圖閣鄒浩謚忠宣　崇信軍節度副使贈太傅曹利用謚襄悼　兵部侍郎知樞密院事贈右僕射李諮謚憲成　端明殿學士金紫光禄大夫贈特進鄭丙謚簡節　嗣濮王判宗贈太師岐王仲忽謚簡獻　禮部侍郎高閌謚憲敏　贈開府儀同三司沈樞謚憲敏

卷一萬三千三百六十

顯謨閣直學士通議大夫贈光禄大夫李偃謚敏肅　資政殿大學士太中大夫提舉江州太平興國宮王之望謚敏肅　資政殿學士贈左光禄大夫魏良臣謚敏肅　顯謨閣直學士通奉大夫胡宗回謚敏節　樞密副使追復資政殿學士王庶謚敏節　監察御史常安民謚敏節　康州防禦使内侍副都知梁從吉謚敏恪　資政殿學士左太中大夫致仕贈左宣奉大夫湯鵬舉謚敏肅　參知政事張璪謚簡翼　資政殿學士蔡挺謚敏肅　資政殿學士左通奉大夫贈左光禄大夫辛次膺謚簡穆　徽猷閣直學士太中大夫致仕贈光禄大夫韓彦質謚敏達　資政殿學士何鑄謚通惠段謚敏恭　特贈朝奉大夫直華文閣沈煥謚端憲　瀛海軍承宣使駙馬都尉贈慶遠軍節度使韓嘉彦謚端節　太尉彰化節度使贈開府儀同三司韓蚗謚端敏　禮部侍郎贈延康殿學士左太中大夫譚世勣謚端潔　威塞節度馮守信謚勤威　戸部侍郎贈銀青光禄大夫陳知質謚介敏　資政殿學士通奉大夫贈光禄大夫劉章謚靖文　祕書省正字籍溪先生胡憲謚靖文　延福宮使寧遠軍承宣使贈節度李珂（内侍）謚靖文　中大夫同知樞密院事趙瞻謚懿簡　彰德節度使檢校太師王拱辰謚懿恪　贈開府儀同三司世忞謚孝穆　廣州觀察使贈開府儀同三司贈少師

卷一萬三千三百六十

士慷謚孝莊　通奉大夫顯謨閣待制贈銀青光禄大夫孫謦謚通靖　集慶軍承宣使知大宗正事不流謚孝敏　奉政大夫祕書監賈翔謚孝懿（翔字冲霄，以醫術顯）　集慶軍節度觀察留後高公紀謚僖懷　入内内侍省内侍副都知贈保順軍節度使皇甫繼明謚僖良　入内内侍省内侍都知贈武康軍節度使王惟忠謚僖恭　入内内侍省都知贈振武節度使崇信謚僖勤　入内内侍省都知贈太尉昭德節度王守忠謚僖安　入内侍省内侍右班副都知贈大同軍節度使劉從愿謚僖恪　入内内侍省内侍副都知贈鎮江軍節度使鄧保吉謚僖温　樞密副使尚書左丞贈太子太保趙稹謚僖質

通奉大夫徽猷閣待制莊徽謚僖簡　景福殿使邕
州觀察使贈安德軍節度使藍繼宗謚曰僖靖　慶遠
軍節度使贈檢校少保張澄謚僖敏　延福宮使保康
軍承宣使贈保康節度黃昆謚僖靖　景福殿使贈安
德節度馬彥博謚僖靖　武泰軍節度使朱伯材謚僖
靖　岳陽軍節度使檢校少傅贈太尉蕭鷓巴謚榮順
檢校少保大同軍節度使提舉萬壽觀贈開府儀同
三司蒲察久安謚榮順　榮祿大夫昭文館大學士守
司徒大都留守張九思謚榮懿　駙馬都尉王詵謚榮
安　贈太尉陳守貴謚榮穆　宣政使金州觀察使贈
節度使康弼謚榮節　武成軍節度使同中書門下平

卷一萬二千三百六十

章事駙馬都尉柴宗慶謚榮密　保靜軍節度使鄂承
祐謚榮密　殿前都指揮使建雄軍節度使許懷德謚
榮毅　太子太師致仕張耆謚榮僖　入內內侍省副
都知贈保太軍節度使藍元用謚榮恪　康州防禦使
鄭皞謚榮僖　懷州防禦史張蘊謚榮毅　參知政事
贈兵部尚書魯宗道謚肅簡　寶謨閣待制李梓謚肅
簡　資政殿大學士左太中大夫贈開府儀同三司宇
文虛中謚肅愍　閬州觀察使贈寧遠軍節度使裴良
琮謚榮恪　檢校少保陸海軍節度使鄭翼之謚榮恭
中大夫同知樞密院事兼權參知政事贈光祿大夫
資政殿學士謝廓然謚榮敏　內客省使奉國軍節度

觀察留後知入內內侍省事郝隨謚榮恪　金紫光祿
大夫汝述謚榮虛　兵部尚書朱端常謚榮愿　宣政
使金州觀察使康弼謚榮節　敷文閣學士贈特進江
大猷謚文忠　利州都統曹友聞謚毅節　直秘閣知
濮州贈太中大夫藺中謹謚莊愍　節度使鄂承祐謚
保靜　同知樞密院事資政殿學士贈銀青光祿大夫
黃祖舜謚莊定　右衛上將軍宋偓謚莊惠　觀文殿
學士通奉大夫贈金紫光祿大夫汪澈謚莊敏　徽猷
閣直學士宣奉大夫贈特進顯謨閣直學士蔣猷謚莊
定　資政殿學士贈左銀青光祿大夫王存謚莊定
殿前副都指揮使保康軍節度使檢校司空苗授謚莊

卷一萬三千三百六十

敏　通議大夫張巽謚莊敏　太子太師致仕梁適謚
莊肅　少師安德軍節度使魯國公史嵩之謚莊肅
參知政事李光謚莊簡　太師秦王吳近謚莊簡　光
祿大夫贈開府儀同三司曹晙謚莊簡　參政兼樞密
知院費士寅謚莊簡　同知樞密章楶謚莊簡　參知
政事龔茂良謚莊簡　贈特進少師王師心謚莊簡
少師吳淵謚莊簡　端明殿學士薛叔似謚恭翼　步
軍副都指揮使贈武安節度張濬謚恭壯　贈少保甘
澤謚恭敏　正議大夫薛向謚恭敏　資政殿學士通
議大夫蒲宗謚恭敏　孟安德軍節度觀察留後李端
懿謚恭敏　彰化軍節度觀察留後致仕馮世寧內侍謚

恭節　四方館使贈保順軍節度使曹傳謚恭懷　禮
部尚書張存謚恭安　樞密使檢校太傅王繼英謚恭
懿　武功大夫榮州團練使贈明州觀察使程迪謚恭
愍　中大夫集英殿修撰知洪州贈通奉大夫錢歸善
謚恭愍　龍圖閣直學士永興軍路經畧安撫使贈資
政殿學士唐重謚恭愍　岳陽軍節度使贈太尉韓公
裔謚恭榮　檢校太保安德軍節度使龍神衛四廂都
指揮使兼淮南東路招撫使充鎮江度駐劄御前諸軍
都統制張子蓋謚恭壯　都指揮使贈武安軍節度使
張潛謚恭壯　石屯衛上將軍致仕高化謚恭壯　檢
校少保奉國軍節度使金房開謚恭毅　達州安撫使

卷一萬三千三百六十

鄧浩謚恭毅　太子太保致仕楊崇勳謚恭毅初有司謚恭靜及將葬詔改之謚恭毅　贈崇信軍節度使任澤謚僖恭　開府儀
同三司吳挺謚恭僖　右衛大將軍贈寧國軍節度使
杜審瓊謚恭僖　彰信軍節度使兼侍中李用和謚恭
僖　武信軍節度使觀察留後贈定武軍節度使石全
彬謚恭僖　贈安慶使節度使張去為謚恭靖　慶遠
軍節度使開府儀同三司致仕贈太師韓同卿謚恭靖
樞密副使給事中贈刑部尚書宋湜謚恭質　贈光
祿大夫劉賁謚恭簡　同知樞密院事贈左銀青光祿
大夫資政殿大學士王剛中賜謚恭簡　慶遠軍節度
使贈開府儀同三司邢煥謚恭簡　端明殿學士王巖

叟謚恭簡　護國軍節度使駙馬都尉王承衍謚恭肅
戶部尚書溫仲舒謚恭肅　崇慶軍節度使贈太尉
吳玠謚恭惠　端明殿學士贈光祿大夫揚輔謚恭惠
保信節度贈太師王公昌謚恭惠　檢校少保寧武
軍節度使李孝義謚忠壯　煥章閣直學士贈少傅閻
蒼舒謚恭惠　左驍衛上將軍致仕張羨謚恭惠　靜
難軍節度使杜審進謚恭惠　直祕閣趙訓之謚忠果
贈光祿大夫李百宗謚恭惠　通侍大夫奉寧軍承
宣使知恩州田祐謚恭惠　侍御知贈保順軍節度使
張惟吉謚忠安　清遠軍承宣使贈太尉清遠軍節度
王禧謚忠安　宣州刺史觀察使贈武泰軍節度使李

卷一萬三千三百六十

憲初謚敏恪後改忠恪　御史中丞贈禮部尚書李及
謚恭惠　太子少師致仕任布謚恭惠　知鄧州兼京
西南路安撫使贈太中大夫劉汲謚忠介　同知樞密
史宅之謚恭惠　刑部尚書贈觀文殿學士王雲謚忠
介　龍圖閣直學士滕茂實謚忠節　觀文殿學士贈
特進蔡確謚忠懷　直祕閣通判建康府贈朝議大夫
楊邦義謚忠襄　太尉威武軍節度使累贈太師李顯
忠謚忠安　徽猷閣待制陳隆之謚忠安　少保節度
孟珙謚忠安　黎州通判何充謚忠安　直寶文閣太
府少卿李植謚忠安　武功大夫知晉寧軍兼嵐石路
安撫贈晉州觀察使徐徽言謚忠壯　青州觀察使知

真定府贈昭化軍節度使李邈謚忠壯　御營右軍都
統制再贈武成軍節度使馬彥溥謚忠壯、江陵都統
知襄陽樊文彬謚忠壯　金紫光祿大夫席益謚忠清
馬軍副指揮使贈安化節度曹琮謚忠恪　贈晉州
觀察使徐徽言謚忠壯　資政殿學士贈太師宣繒謚
忠靖　觀文殿大學士左光祿大夫尚書右僕射贈特
進朱勝非處苗劉之變謚忠靖　昭信軍節度使開府
儀同三司贈太保曹勛謚忠靖　特贈右諫議大夫任
伯雨謚忠敏　入內內侍省都知贈保康節度張延慶
謚忠敏　樞密知院沈與求謚忠敏　兵部侍郎贈尚
書司馬朴謚忠潔　右武大夫寧州觀察使節制商虢

卷一萬三千三百六十

州軍馬同兼虢州制置使知陝州贈彰武軍節度使李
彥仙謚忠威　清溪主簿張舉謚正素　武寧軍節度
使同中書門下平章事陳洪進謚忠順　右武大夫贈
集慶軍節度使開府儀同三司姚興謚忠毅　和州防
禦使左武衛將軍贈太師孟宗政謚忠毅　馬軍副都
指揮使武昌軍節度使彭脅謚忠毅　馬軍都指揮使
贈忠武軍節度使周美謚忠毅　向子韶傳子韶知淮
寧府建炎二年金入范淮寧率諸弟城守城陷被執金
人坐城上欲降之酌酒於前左右抑令屈膝子韶直立
不動戟手責罵金人殺之闔門皆遇害事聞贈通議大
夫官其家六人後謚忠毅　慶遠軍節度使贈太尉李

道謚忠毅　通侍大夫昭慶軍節度觀察留後梁和謚
忠憲　贈右諫議大夫耿傳謚忠憲　武翼大夫榮州
刺史朱沖謚忠憲　金紫光祿大夫龍圖閣待制趙布
言謚忠憲　太師魏郡王楊石謚忠憲　太尉定江軍
節度使贈少師吳挺謚武穆　太尉威武節度贈開府
儀同三司劉錡謚武忠　殿前都指揮使安武節度使
郝質謚武莊　寧武軍節度使贈檢校少師王琪謚武
莊　建雄軍節度使王超謚武康　鎮安軍節度使崔
翰謚武毅　左千牛衛上將軍曹翰謚武毅　保平靜
難軍節度使開府儀同三司四川宣撫使吳介謚武安
忠武軍節度使同中書門下平章事王德用謚武恭

卷一萬三千三百六十

忠武軍節度使曹璨謚武懿　彰武軍節度使曹瑋謚
武穆　武勝軍節度使兼侍中高懷德謚武穆　鎮安
節度守中書令石守信謚武烈　敷文閣待制尹焞
謚和靖　太子少傅致仕王舉正謚安簡　宣慶使贈
寧國軍節度使王承勳謚安簡　資政殿學士禮部侍
郎贈刑部尚書邵亢謚安簡　禮部侍郎贈尚書周起
謚安惠　太子少師致仕任中師謚安惠　端明殿學
士王克仁謚安惠　右衛上將軍致仕鄭守忠謚安毅
保靜軍節度使開府儀同三司吳璘謚安恪　贈保
順軍節度使盧守勤謚安恪　贈安國軍節度使從賁
謚安恪　安遠軍節度使兼中書令錢惟濬謚安僖

贈太師尚書令兼中書令曹玘謚安僖　閬州觀察使
王殊謚安僖　入内内侍省副都知贈振武軍節度使
岑守素謚安僖　徽猷閣待制知鎮江府胡唐老謚安
愍　端明殿學士朝議大夫簽書樞密院事兼參知政
事致仕權邦彦謚質肅　給事中參知政事贈禮部尚
書唐介謚質肅　資政殿學士通議大夫知青州曾孝
序謚曰威　瀘州軍節度使累贈太師劉仲武謚威肅
鎮撫使特贈奉國軍節度使開府儀同三司趙立謚
忠烈　尚書左丞贈禮部尚書叅靖謚曰襄　觀文殿
學士禮部侍郎贈兵部尚書孫沔謚威敏　河北東路
提刑贈資政殿學士郭永謚勇節　贈威武節度陳廣

卷一萬三千三百六十

謚勇節　龍神衛四廂都指揮使建寧軍承宣使河東
路經畧安撫使知代州贈奉國軍節度開府儀同三司
王忠植謚曰義節　直祕閣知同州贈通議大夫鄭驤
謚威愍　内侍省都知贈武安節度使麥允言謚威勤
清遠節度贈太保王德謚威定　侍衛馬軍都指揮
使贈太尉趙樽謚威質　資政殿大學侍贈光祿大夫
黄洽謚定獻　寶文閣學士太中大夫贈光祿大夫顔
師魯謚定肅　密州觀察使贈昭德軍節度使向傳範
謚惠節　資政殿學士戶部侍郎贈兵部尚書薛奎謚
簡肅　端明殿學士中大夫致仕贈正議大夫黄中謚
簡肅　龍圖閣學士正議大夫致仕贈銀青光祿大夫

張大經謚簡肅　劉寧字平國以進士官至直顯謨閣
壽七十四而卒謚文清　吏部侍郎莫叔光謚文清
左通奉大夫敷文閣待制贈光祿大夫曾幾謚文清
端明殿學士贈光祿大夫章誼謚忠恪　章誼集謚勅尚書省牒吏部狀
准都省批送下臨安府奏據持服章騊狀乞父故端明
殿學士左通奉大夫致仕贈光祿大夫章誼定謚府司
保明詣實伏候勅旨今據太常寺擬到謹按謚法危身
奉上曰忠欽恭儉次曰恪請謚曰忠恪尋請考功員外
郎錢業覆謚一同伏乞朝廷詳酌
施行伏候指揮奉勅可謚曰忠恪　宣慶使蔡州觀察使
入内内侍省副都知宋用臣權工部尚書豐稷等言尚
書省集官定謚贈安化軍節度使宋用臣曰僖敏稷等
竊考謚法當取其人平生行事之實用以爲名今用臣
謚議雖辭語稱道過爲褒美而與僖敏二字全不相合

卷一萬三千三百六十

又允稱公者皆須耆老大臣與鄉黨有德之士而今用
臣謚議乃曰廣平宋公又曰公以才奮又曰天子擢公
爲承受聞望翕然遂稱天下又曰念公之勞久從于外
又曰新天子嗣位聞公之名此尤非所宜言其曰念公
之勞久徒于外斯乃古周公之事如此等語言顯有不
當稷等不敢回從斷會太常官屬朝廷所撰謚議若此
其人可知望賜詳酌詔止令賜謚　吏部郎侍贈吏部
尚書趙昌言謚景肅　耆意大圖曰景執心決斷曰肅公是先生集議曰昔仲尼之徒求
也藝由也果稱以爲政事夫興利除害圖功宜民肅給
而不急所謂藝也方物出謀先慮成務明察而不惑所
謂果也尚書在外則強家臣攝斂手就職思稱朝士在
内則兇徒禁戢敵角歸死咸勤徼外政事之幹兼藝與
果矣冉季偏能不足逸過
謚以景肅無謀爲宜謹議　贈太師中書令兼尚書令濟

河郡王張堯封謚景思（德行可仰曰景，念終如始曰思）　翰林學士追復龍圖閣學士贈少師錢勰謚文肅（博聞多見曰文，剛德克就曰肅）　宣徽北院使奉國軍節度使鄭戩謚文肅（德美才秀曰文，布德執義曰肅）　太子少傅致仕盛度謚文肅　資政殿大學士戶部侍郎贈兵部尚書吳奎謚文肅　端明殿學士彭方謚文定　起居舍人集英殿修撰楊邁謚文定　參知政事陳貴誼謚文定　少保觀文殿大學士致仕贈少師葛邲謚文定（道德博聞曰文，安民大慮曰定）　同知樞密院事丘崈謚文定　中丞尚書右丞兼宗正卿贈吏部尚書趙安仁謚文定　司空致仕張齊賢謚文定　參知政事張方平謚文定　司空太子太傅致仕李迪謚文定　徽猷閣直學

〈卷一萬三千三百六十〉

士左通議大夫贈左光祿大夫洪擬謚文定　檢校少保建武軍節度使開府儀同三司劉正夫謚文定　正議大夫延康殿學士强淵明謚文定　贈忠正節度開府儀同三司充愉謚文思　侍中左光祿大夫開府儀同三司王敬弘謚文貞　特進端明殿學士戴溪謚文端　給事中參知政事贈禮部尚書明鎬謚文烈　直祕閣荊湖轉運判官游九言謚文介　左正言陳禾謚文介　通奉大夫刑部尚書慕容彥逢謚文友　致仕張方平謚文友　奉國軍節度使許將謚文恪　觀文殿學士王陶謚文恪　觀文殿學士尚書左丞贈吏部尚書張觀謚文孝　左通奉大夫敷文閣待制贈光祿

大夫曾幾謚文清　贈寶謨閣學士楊簡謚文清　太子少傅致仕晁迥謚文元　觀文殿大學士左僕射賈昌朝謚文元　延康殿學士姚祐謚文僖　參知政事陳彭年謚文僖　參知政事呂惠卿謚文敏　資政殿學士左中大夫李邴謚文敏　資政殿大學士給事中贈工部尚書晁宗慤謚文莊　端明殿學士光祿大夫贈開府儀同三司洪邁謚文敏　工部尚書同中書門下平章事張知白謚文節　監察御史王嘉言奏：博士謝絳所議，以知白疾革之際，乘輿臨問，覩其寢處蕭簡，為之改容，故以知白廉財克己用節，副文以易其名。似累大錄小，臣按謚法，內外賓服曰正，劉熙曰：靖恭備位

〈卷一萬三千三百六十〉

正直，是與讒諂不行則內外威服，公正也。知白當官不撓，守道持正，請以文正易名。王曾等曰：節字亦是美意，不須改易，從之，謚文正　寶謨閣學士楊萬里謚文節　承議郎主管台州崇道觀劉子翬謚文靖　工部侍郎贈龍圖閣直學士左中大夫楊時謚文靖　觀文殿學士通奉大夫贈特進朱倬謚文靖　資政殿大學士左正議大夫張守謚文靖　贈金紫光祿大夫資政殿大學士胡晉臣謚文靖　資政殿學士左中大夫贈正奉大夫楊椿謚文安　參知政事魏了翁謚文靖　資政殿大學士中大夫贈宣奉大夫洪遵謚文安　翰林學士楊億謚曰文　右僕射兼門下侍郎同中書門下

平章事李沆謚文靖　右僕射王珪謚文恭　左諫議
大夫參知政事贈工部尚書李穆謚文恭　端明殿學
士中大夫知樞密院事贈光祿大夫陳誠之謚文恭
樞密副使太子少師致仕胡宿謚文恭　尚書左僕射
贈太師陳康伯謚文正　太保威武節度領樞密院事
鄭居中謚文正　檢校少保鎮東節度開府儀同三司
蔡卞謚文正　贈禮部尚書王曉追謚文朝　參知政
事李壁謚文懿　華文閣直學士正奉大夫贈金紫光
祿大夫陳居仁謚文懿　正議大夫權兵部尚書贈銀
青光祿大夫李幼學謚文懿　吏部侍郎參知政事贈
左僕射太師中書令王堯臣謚文安　侍中司空同中

書門下平章事陳堯佐謚文惠　彰信軍節度使同中
書門下平章事王隨謚文惠　尚書右僕射觀文殿學
士正議大夫贈特進洪适謚文惠　太宰李邦彥謚文
和　端明殿學士尚書右丞贈禮部尚書錢明逸謚修
懿　顯謨閣直學士贈光祿大夫鄭僅謚修懿　資政
殿學士通議大夫右丞吏部尚書胡宗愈謚修簡　翰
林侍讀學士尚書右丞贈禮部尚書李昭述謚修恪
武勝軍節度使兼侍中馮拯謚文懿　太子少傅致仕
孫抃謚文懿　同知樞密院事管師仁謚文懿　翰林
侍讀學士禮部尚書鄭獬謚文懿　太傅致仕張士遜
謚文懿　端明殿學士簽書樞密院事贈太師鄭穀謚

忠穆　節度使李寶謚忠勇　中書侍郎贈開府儀同
三司張慤謚忠穆　贈吏部尚書徐禧謚忠穆　贈昭
化節度李舜舉謚忠愍　贈寶謨閣直學士楊巨源謚
忠愍　檢校少傅保信軍節度使開府儀同三司汪伯
彥謚忠定　宣政使均州觀察使致仕入內侍省押班
贈保信軍節度使康誨謚忠定　觀文殿大學士趙汝
愚謚文忠　中大夫致仕贈開府曹誘謚忠定　少傅
威德軍節度使充萬壽觀使贈太傅高世則謚忠節
特進觀文殿大學士致仕贈太師右丞相李綱謚忠定
葉適撰故丞相李公綱謚忠定議曰公自起居郎
極論都城水災爲監當而抗直之聲震于天下矣乃
斡離不來寇在廷茫然將從衆與以出獨公請與執政
辨詰遂奪其議力守京師虜以退卻然其終割三鎮賂

書擊女真之歸而募兵以防其再至皆爲同列所排不
果用也高宗中興首命公自輔于是罷邦昌以僭逆誅
矣先事河北河東銀監首者建遣張所傅亮往撫接之
乞幸襄鄧以係人心而無走東南使周望傅雱通問二
聖而無踵和約時中原尚未潰也公方條東南亂政漸
復祖宗舊法奏請施行數十事多中機要使稍得數年
之酒則兩河不遂陷而虜不敢復鼓行入內地矣而讒
恥因可報也不幸又七十五日而罷去迄具後常陳外
攻壞雖僅免頹沛而曾不必保其意焉自是偶難百去
而南北竟以分裂此爲國家消者所以家公之志而踩
悲其柳之不終士至有未嘗識公面而坐論殺公以死
談道有所顧望附託而然成蓋公之賢自當時市井賤
敢英不喜爲之道說然而誚公著亦然矣其尤甚若羆
公將以詐取驅位而已京師之禍公實使之嗚呼當是
之時所謂謀國者豈有已遣哉避老而乞和譽賊虜而
罕中國爾以避走之和譽賊虜畢中國之人而識公之
得失哉其自許爲謀詳慮寄而謂公爲畧而踐自以爲
鎮重能有弭而謂公爲輕鋭而喜事其恃視君父之執
畏兆特祿甘爲世所賊悔而以公之能尊君以享尙國
爲人望所屬者謂爲朋黨要結以自營致主和者非致
危而守京師者爲失策矣則公之負謗于時固亦其理
之所宜得也何足辨哉顧猶有可恨者夫是非毀譽之

相蒙亦必至於久而後論定是從古以然者也公之殁五十載矣世之論公者卒亦未有以大異於前日也何歟孔子曰微管仲吾其被髮左衽矣考公之行事而深察其志使要其功烈之所成就則豈有愧于孔子之所稱者哉悲夫謹按謚法慮國忘家曰忠安民大慮曰定請以忠定為公謚 正奉大夫錢昂謚忠定 樞密知院孫傅謚忠定 特進觀文殿大學士贈少師余端禮謚忠肅 朝奉大夫寶謨閣待制贈寶謨閣直學士彭龜年謚忠肅 觀文殿學士通奉大夫吳興郡開國公致仕贈銀青光祿大夫錢端禮謚忠肅 端明殿學士贈少師趙方謚忠肅 端明殿學士鄜延路安撫使趙高謚忠肅 右僕射范宗尹謚忠肅 起居舍人鄭磊卿謚忠肅 贈太尉武康軍節度特贈少師王俞謚忠肅 同知樞密觀文殿學士太中大夫

〔卷一萬三千三百六十〕

贈光祿大夫劉珙謚忠肅 太子中舍贈太常少卿曹覲謚忠肅 資政殿學士太中大夫贈開府儀同三司陳過庭謚忠肅 右司員外郎贈右諫議大夫陳瓘謚曰忠 參知政事劉大中謚曰忠 太子少保致仕馮亮謚忠肅 河陽三城節度同平章事王顯謚忠肅 安遠節度觀察留後贈鎮江節度劉承規謚忠肅 觀文殿學士特贈少師劉摯謚忠肅 和州防禦使主管馬軍司周虎謚忠惠 參知政事贈太師余天錫謚忠惠 端明殿學士蔡襄謚忠惠 山南東道節度駙馬都尉吳元扆謚忠惠 參知政事程汝文謚忠惠 朝請大夫直祕閣滕膺謚忠惠 資政殿學士僉書樞密

宇文紹節謚忠惠 翰林學士王陶謚文恪 資政殿學士胡世將謚忠獻 資政殿大學士禮部尚書范雍謚忠獻 少師保信軍節度使魏國公贈太師張浚謚忠獻 太子少傅致仕韓億謚曰忠獻 龍圖閣學士左通奉大夫贈端明殿學士張闡謚忠簡 尚書右丞資政殿學士贈正奉大夫許景衡謚忠簡 資政殿學士朝奉大夫宗澤謚忠簡 追復特進觀文殿大學士少傅右丞相趙鼎謚忠簡 樞密副使禮部侍郎贈兵部尚書王疇謚忠簡 參知政事婁機謚忠簡 集英殿修撰贈寶文閣待制王介謚忠簡 龍圖閣學士贈開府傅伯成謚忠簡 鎮安軍節度使同中書門下平

〔卷一萬三千三百六十〕

章事石保吉謚忠武 山南東道節度使同中書門下平章事李繼隆謚忠武 利州觀察使贈少師郭 某謚忠武 侍制兵部侍郎徐誼謚忠文 端明殿學士洪咨夔謚忠文 觀文殿大學士中大夫張叔夜謚忠文 觀文殿學士光祿大夫致仕贈少保李彥穎謚忠文 資政殿學士黃裳謚忠文 端明殿學士范鎮謚忠文 通奉大夫宋喬年謚忠文 銀青光祿大夫范鎮謚忠文 龍圖閣學士左朝奉郎致仕贈正議大夫王十朋謚忠文 吏部侍郎鄒浩謚曰忠 司農薄呂祖儉謚曰忠 軍器簿知洋州游仲鴻謚曰忠 工部侍郎徐元杰謚曰忠 戶部侍郎劉漢弼謚曰忠 贈太

子少保致仕李東之謚懿安　端明殿學士工部尚書
王素謚懿敏　龍圖閣學士左通議大夫贈宣奉大夫
胡沂謚獻簡　敷文閣待制贈銀青光祿大夫史彌大
謚獻文　少師吳琚謚獻惠　宰相陳升之謚獻肅
秘監贈寶章閣待制柴中行謚獻肅　樞密使王藺謚
獻簡　集英殿修撰吏部侍郎孫逢吉謚獻簡　中書
侍郎傅堯俞謚獻簡　司空太尉韓絳謚獻肅　蔡州
團練使贈保寧軍節度使劉從德謚康懷　金紫光祿
大夫竇舜卿謚康敏　龍圖閣學士通奉大夫贈光祿
大夫吳芾謚康肅　太子太師致仕張昪謚康節　太
子少師致仕張昪謚康節　太子少師致仕辛仲甫謚
〔卷一萬三千三百六十〕
康節　武信軍節度使陳堯咨謚康肅　太子少師左
丞觀文殿學士趙槩謚康靖　太子少傅致仕李若容
謚康靖　資政殿學士通議大夫孫永謚康簡　端明
殿學士簽書樞密院事贈資政殿學士正奉大夫林大
中謚正惠　忠武軍節度使同中書門下平章事王審
琦謚曰懿　鎮江節度同平章事劉升之謚成肅　正
奉大夫尚書僕射同中書門下平章事兼樞密使贈特
進葉顒謚正簡　太子太保呂端謚正惠　彰德軍節
度觀察留後贈侍中馬知節謚正惠　觀文殿大學士
吳充謚正憲、兵部尚書袁甫謚正憲　資政殿學士
贈太師施師點謚正憲　贈華文閣待制吳柔勝謚正

肅　資政殿學士宣奉大夫致仕贈少傅蕭燧謚正肅
資政殿大學士尚書左丞贈吏部尚書吳育謚正肅
禮部侍郎袁燮謚正獻　中大夫參知政事贈光祿大
夫資政殿大學士鄭聞謚正獻　徽猷閣學士宣奉大
夫贈特進趙師羿謚宣敏　端明殿學士魏峻謚宣敏
武昌軍節度觀察留後贈平江軍節度使錢惟濟謚
宣敏　三司使戶部侍郎贈禮部尚書楊察謚宣懿
右僕射魏仁浦謚宣懿　中奉大夫徽猷閣待制李浦
謚宣簡　太師秦王吳近謚宣靖　參知政事兵部尚
書宋綬謚宣獻　資政殿大學士參知政事樓鑰謚宣
獻　太子少傅致仕田況謚宣簡　贈中書令楚昭輔
〔卷一萬三千五百六十〕
謚景襄　資政殿學士左中大夫贈左正奉大夫程克
俊謚章靖　龍圖閣直學士右光祿大夫滕甫謚章敏
資政殿學士左通議大夫致仕贈光祿大夫張綱謚
章簡　太子少保元絳謚章簡　樞密知院鄭昭先謚
元襄　參知政事鄒應龍謚元襄　宜州通判舒璘謚
元襄　禮部侍郎張宓謚元襄　贈少保史彌忠謚元
襄　資政殿學士左太中大夫致仕贈僉書樞密太師
韓肖胄謚元穆　右千牛衛上將軍李崇矩謚元穆
泰寧節度同中書門下平章事李昭亮謚良僖　嗣安
定郡王贈奉國節度世恩謚良僖　鎮潼節度觀察留
後贈威武節度使李端謚良定　相州觀察使贈昭慶

節度使劉從廣謚良惠　振武節度李璋謚良憲　武
寧軍節度使張永和謚良恪　成州防禦使入内内侍
省副都知馮宗道謚良恪　景福殿使湖州觀察使致
仕内侍省副都知贈保大軍節度使藍安石謚良恪
威塞軍節度使馮守信謚勤威　集慶軍節度使張孜
謚勤憲　贈安武節度宋守約謚勤毅　四川總領寶
謨閣待制陳咸謚勤節　昭武軍節度觀察留後贈昭
德軍節度使石全育謚勤傳　資政殿學士光禄大夫
中山府路安撫使贈特進陳亨伯謚愍節　左驍衛上
將軍贈昭信軍節度使杜審琦謚溫肅　保康軍承宣
使贈慶遠軍節度使張見道謚溫恪　右光禄大夫知

卷一萬三千三百六十

樞密院事孫固謚溫靖　皇城使海州團練使入内内
侍省副都知贈奉國軍節度使蘇利涉謚勤信　武康
軍節度使侍衛馬軍都指揮使贈太尉吳拱謚襄烈
知樞密院事太中大夫贈特進王綸謚章敏　徽猷閣
待制知黃州令崴謚襄毅　太尉武當節度贈開府揚
政謚襄毅　少保崇信軍節度使贈少傅趙密謚襄恪
僉書樞密累贈太傅樓炤謚襄靖　安遠軍承宣使
贈少師昭慶軍節度使王進謚襄愍　徽猷閣直學士
贈左光禄大夫席貢謚襄榮　知西和州特贈華文閣
待制陳寅謚襄節　雄武軍承宣使贈昭化軍節度使
龔師古謚毅勇　鬻德軍節度使簽書樞密院事贈少

保王淵謚襄愍　劉光傳處侯刺史卒謚曰襄　前殿
副都指揮使武康軍節度使劉昌祚謚毅肅　太常少
卿王萬謚節惠　建寧節度觀察留後贈安武軍節度
使楊景宗謚壯定　耀州觀察使贈昭信軍節度使夏
隨謚壯恪　馬軍副都指揮使贈彰武軍節度使王凱
謚壯恪　戶部尚書贈資政殿學士宣奉大夫梅執禮
謚節愍　尚書左丞贈禮部尚書余靖謚節愍　工部
侍郎贈顯謨閣學士丁騭謚節愍　瑩州防禦使贈定
江軍節度使郭鈞謚壯平　龍神衛四廂都指揮使保
寧軍承宣使贈檢校少保昭化軍節度使閻勍謚壯節
步軍都指揮使邕州觀察使燕權侍衛馬軍司劉永

卷一萬三千三百六十

年謚壯恪　贊善大夫知康州贈光禄少卿趙師旦謚
壯愍　奉寧軍承宣使追封鬻德軍節度使開府儀同
三司贈少師种師中謚壯愍　追復宣州觀察使曲端
謚壯愍　奉國軍承寧使贈奉國軍節度王資之謚溫
恭　延福宮使贈寧國節度陳永錫謚溫恭　靜江軍
節度觀察留後贈太尉劉平謚壯愍　馬軍都虞候贈
武勝軍節度使任福謚壯愍　寧遠軍節度使殿前副
都指揮使楊遂謚壯敏　武勝軍節度觀察留後王
舉謚壯敏　武信軍承宣使贈保靜軍節度使張宗顏
謚壯敏　捧日天武四廂都指揮使昭信軍承宣使贈
慶遠軍節度使王勝謚毅武　威武軍承宣使梁邦彥

謚清節　殿前都指揮使武信軍節度使燕達謚毅敏
徐州觀察使涇原路經畧安撫使劉舜卿謚毅敏
端明殿學士范之柔謚清敏　朝奉郎致仕曾思書謚
清孝　追復樞密直學士豐稷謚清敏　龍圖閣學士
贈左光祿大夫太傅子瀟謚清敏　軍器監直顯謨閣
范應鈴謚清敏　資政殿大學士中大夫贈正奉大夫
周癸謚簡惠　參知政事贈兵部尚書薛奎謚簡肅
中大夫門下侍郎溫益謚定簡　檢校太保建武軍節
度使捧日天武四廂都指揮使江南西路副部總管贈
開府儀同三司楊惟忠謚恭勇　贈推誠宣力功臣資
德大夫中書右丞上護軍石抹青山謚武定　宣徽南

卷一萬五千三百六十

院使內客省使武州團練使郭守文謚忠武　華文閣
直學士宣奉大夫致仕贈特進程叔達謚莊節　觀文
殿大學士左僕射賈昌朝謚文元　右監門衛大將軍
吉州團練使贈保寧軍節度使趙士跋謚忠果揚烏里識霽集
謚使趙忠果謚議　議曰身與義孰重曰義重志與功
孰難曰志難古人不以天下易兩賢蓋以身重于天下
致也然身不可殺乃有殺身以成仁生不可舍乃有舍
生而取義君于是以知天下至重之器在義而不在身
在人不以九舍易一死蓋以功難于濟世故也然以其
君竊者或有比之而不悅以其君躬者或有恥之而不
爲君于是以知天下至難之業不在功而在志故節使
趙公奮生難之志而不慎損甚重之身兩無變功難不
乾義則獨高矣制公神明之骨宗室之英乃與上古之
代節死之者爭日月之光委霜害之嚴是戰寒之松生
千高宗之景山狹風之章生于文王之靈國也詩不云
李豈無腕人不如我同姓議稷者當正也而謚之夫何
疑馬公在騎康之間憤金席之捌痛宗國之也結象陳
三千人以赴京師在建袁之間復結義士數千人欲爲

朝廷取河北竟以誅泄虜人執之斷腰于市嗚呼痛
譯按謚法殺身報國曰忠犯衆所懼曰果公之志缺
河北于既陷之後不亦死衆所懼于公之義能捐一
于衆人貪生之日不亦殺身報國中宜以忠果爲謚
徽猷閣直學士左朝散大夫洪皓謚忠宣賜洪遵謚劄
勅中書門下省左朝奉郎守起居舍人洪遵劄子奏
敵莊危悰仰于天總退首僭易甘代刑誅臣總者腔
濟光曲荻哀春幹念先世翻問再三謂臣兩任館職
攝書面命奉玉奇擢修記注而臣弟邁又棗叔召備
館閣雖陛下以臣華叨竊詞料相繼恩除而臣資浅
下不次握閑特緣先臣之敢于戴榮遇望遇所期隆
重地何以報塞臣追惟先臣銜命執而廿有五年鰥
萬死數以機事申奏南歸之初天語疑嘉錫予稠疊
皇太后以先臣在燕嘗獲朝觀持賜子見恩光卓赫
古所無而入朝見姨馴致作死遭値陛下躬攬在遜
中首復舊職于臣存沒已爲大章恒緣先臣元深儆
閣直學士當來有司矣哭歇止復敷文閣雖徽猷數
階品無珠臣竊慮天下後世無以秉見謂是駭黜未
潘班人子之心責不違屣故敢披遷昕膝歸命君父
望聖惡追復傳職仍乞情臣哀懇併古屠旨下太常
取袞先臣行代稽考平生錫以美疆崖特任一門文

卷一萬三千三百六十

之榮貫爲萬世忠義之勸臣冒瀆宸旒無任激切戰
待罪之至取進上　貼黃　稱臣伏覩紹明令諸光
天夫以上請謚其紹德丘圖暨閣顧肴雖無官肅讒
蜀奏賜臣竊惟先臣官雖未旻光祿大夫而忠義之
賁石在臨德丘圖之下魚前後臣條宜職甚微而賜
者市文狀望聖懸特賜情蔡三月二十八日三首問
聖肯欲所乞　左宣數郎太常隋士能扈撰　檢書
例賜議人起紹興元年自豐清敢宗忠簡而下二十
人並不載議文今常到洪尚書家行狀字教不大難
其上略疏知下　公天姿忠華性稟剛直吏治强明
自初載學問淵博找于華流狀公行治者數千言未
庫數也姑署其細摭其大得二美爲曰忠曰宣謹披
法慮國忘家曰忠善闇周達曰宣公之銜命出疆晨
自上知辭不獲命則毋子緗危以義切稚伓泣弗願
謝數行濱死者教矣至太原晴牢推僞命之官而以
鑊百甘號令山時建拄悟室之悉而以況淵自分其
歸也天語衰之曰殉忠貫日月雖蘇武不過復官之
又曰惟知忠力以衛上不顧除奧之在前是不曰愚
忘家者乎公之司嘉禾錄也會秋不雨祖冗塞遂毅
以荒政自任所全法九蔦五千人故都人以佛予目
至雲中睎糕罕之下編其忠止飯以甿其死議遠騎
溜守之副秦其忠易憤而護其行其二予中詞拜也

諡復之曰文在建節自立此忠義輔也覺宦之制又曰
誠貴川月贊實綱方是不回　善闕問遂者乎　有此二矣
故取知永明諡議之曰忠宣　賜謚忠宣制　斯見充
發命人臣何國之大忠定議易召王首旌賢之盛興盛
永懷於哲文嘗親義於殊謚追貪陳稱用中發法試徽
獻閣直學士左朝散大夫洪皓忠質日月忠懷堂宿堂
堂棟數之奏卓車注瓊之德抱至剛而參氣舊不顧以
致身銜命而有成功請行萬里代節而不可臣惟晝一
心傳二國之言而無私贊五利之和而不堡忠十五年
泳漢之外全節之歸為二千石柔辞之邪擁毫功治聲
獻並著智勇為全懷振生於傑才殊未究於大用偶晷
娟忌沒在讀詞雖優復職之恩尚欽叙熟之禮肆畸性
行定議曲臺浮參美於八元緊委芳子千古德忠之盛
而學亦至也發終義子德閣嗣具其而世有後戚辛契
才於子嘗特加異數益勵純臣謝賜典靈歆此後衣可
特賜謚忠宣　盤洲文集洪適臣謝起居先臣謚忠宣有請特
伏蒙聖恩以臣弟左朝散郎守大夫臣某人臣謚適者先
賜先父徽猷閣直學士左朝散大夫臣某謚忠宣來榮
臣銜使不忘向國之忠同產抗章仰拜易名之寵
終裕藏弟綴橫臣中謝鶴以六家所以成書斷自聞公
而下三品濡後節惠詳夫唐世以來褒咸決于君前
善惡不誣於身後來有傑出之迹安得殊禮之讀欣念

先臣當為編之敗盟以車東而降好聞諸夫子不辱命
子四方執我行人甘茹毛于窮海難備艱辛守節雖然
數其亂華之僭折役取蜀之聞及上介浮賊度之祿之
疏廢祀至同倫易虜帳之官從身不太屈臨白夕帝變
南歷至間道以奏祐陵自禁而朝太后慶祐臨旨屢適于
深帝危機當困于盡年流遯全山七八月而見聖駕衛將
充節十五載而入疆蒙神聖之簡知從郡之踐附迹
捉裔土冀駐穩齡幸建聚之甸張遂致祿閣之存出
賜之嘉諡章殿異恩獲甲令以顯褒達元年之善間諸
孤不得益揮戴辟之議幽壤有知必謝康司之無益遠
狀遇皇帝陛下躬行仁政心念功臣謂康節之辯抄陳
喝旨其私怨而忠州之謹遠隆贊恨不生逢隆曲澤以
飾終示清朝之彰善事之光譯存沒風勸適遂使忠貫日月
之綱在德蘊立之園之上臣謬家豹鴻之奉心雷揚地楚
黃五變松秋之色騰天上擯不勝犬馬之心臣無任
敢書先忠宣賜議制書殘上　不閑身再刖而臣顧其美
大百鍊而全知其精人臣之邪至身後之是乃也判發
潛德之幽光之誅奸說于既死孔子作春秋之旨始臣
當我馬紛紜之際使不可測之絕國十有五年然後歸
陸下謂蘇武不能過且許筆賜其傳會先臣處不愧而
逖弟獲藏璽之寶今又十有五年弟遊入對陛下褒
歎忠節復道前語恩德再三寵之令謚生雖奇剝界香

多矣臣請衛律李陵屢說而武不降先臣則為絆虜所
過三聯居而不受張勝事泄武有擬叛與窮之危之北
則不同聲轉任當穿蹈利泄武山無以興于窮海之杞
鈍口子悟通衣之于斷刑事今有無所異于窮海之北
歲至卷王篇訓聞明以幾戒我憤之朝長影衛間道書蔡嶽至有音九
潛見王人篇屬用而自為戶王樂于所閑蹤及真夫其時
詩文篇訓屬用而秦無功王聲此則武不聞武下書九不
能過豎興有常一用傳無功已不以罪之樹式書祀之之
得一興有兩特將一一遂之桂之所罷以遂紀聞無之
慈疑坐之有大錦相之嶽之武之愛無道武曰地光紀自
直致將脩踰遂之而之憲而不能以罷者流式閑調求
遠則撥遂有用秉遠呼意遂以不罷一敵以牽遂光不
概得鎮立之石麟禁庾燎遠直
其固宥常育以圖銅之之則致
文故半博於識畫既輸為得坐
不華內士茲異諸死至之杌石
既實而黃見垣孤吟嶽遠之有
其貴不瑞之泰不呼家瞻暗大
實乎飾謚　適而一傳胡特用
君猶乎議有遂成言強忠盡之
子舞外　候書叫筆最蘇子意
不表其謚射錫錄袁曲氏武而
由襄矣曰贈之用萬法頗武不
也貴也飾特秘恩世充以之逐
故乎固乎進區編不官家一終
恭相居外洪浸存刊非繼子之
相符子而遠九從易遷而黨流
洪吉以無疏東又君天臣叛放
公行為乎識之過崇日以久幽
宗貴與內　完蘇終清光而地
以乎真其奉鼓氏西羽臣錄乙
文相誣失議忠臣休則政漢平
章辭也也卿良黌麟亦履楚不

發身以絕寶頗行其亦華與寶穀表與裏精吉興行醜
昔數方忠宣公朝之再虜中也公乃地公能自刻鵲握
取異料忘遠家撥括時寧覓璩瘡來懸之術參一畫
傑出如壞瑩知朝雲洛中公私自則不軟前富而
于進意處受朝而入入中其為我晦與刻除審毫
有惠衛迫立知則出秦公外益心醫實群膽籌窮比
隆潛不算年問朝法大用其而其過主賢琊扇上以
其始來數究觀至法大江公而病私使不然耶嘗毀中
千戶均差而使下得以以受東邑方從田則業上
元之賁以賁而賁從得以從惠業降漁驥雖
園之公而士利無異增至於規胡之數之無
心則之而士利恤流宏增從於規劉歸附
而復後謝之而服柳亦異陵鎮祝數
而發鑒官之後衰私泊膺羆首鵬三
上前亦言其遏除書不流頹之
看閣登蹊政塗在相位無敢而頹
論事務理勝而無私怨所不為進先寒棄于求其失
舉也不敢自怒斷然無毫髮之私居閑十六年而福中
蔡狀惝驛綠野之適汲古今陶冶物態時寫于歌詠
紀述之閒榮利不入其心其進也若畏其退也若伏刪
公之平生大槩亦可睹矣世固有興除利害搜剔敏蠹

使實惠在民而遺愛及遠是其政也而或病其少文亦有摛藻掞庭舒文華國可以用世可以行遠是其文也而或病其無實乃公惠之擬諡法德美才秀曰文遺愛在民曰惠兼是二美則于公其有合矣

覆諡　朝散部考功員外郎鄭汝諧撰　議曰故忠宣洪公某以不辱命羈留虜庭一旦挺節來歸忠義之聲暴白於天下卒為時相所忌竄棄嶺外識者冤之是生二子皆能以文學世其家蓋天以是豐其報也丞相大觀文某生而俊邁未弱冠已為名公之所稱賞兄弟相踵俱中宏博之選洪氏家學遂名一世接武華貫亦相先後公獨登結主知致位宰輔惜其用不甚久其所抱者不能見之大施設大勳業然平日所居之官其最可觀外而佐州興藩持節總綱無非裕國便民之事內而論思獻納裨議於業亦皆關國家之大體其詳載於行實而太常亦舉其比曲言之茲不復云云以文為易名蓋撫其實也于義為稱

敷文閣直學士朝請大夫贈通奉大夫陳良翰諡獻肅孫應時燭湖集代請陳虞事良翰諡

伏臣等孤遠小臣微比螻蟻輒千萬死仰叩九閽汪竊以榮親者人子之至情章善者朝廷之令典冏逢際會敢從控陳伏念臣等先父敷文閣直學士左朝請大夫致仕臨海縣開國男食邑三百戶賜紫金魚袋贈左太

卷一萬三千三百六十

中大夫臣良翰早以儒生進陪國論頃乾道己丑歲任左諫議大夫方皇帝陛下潛德未郊而東宮虛位天下屬心惟先臣嘗手疏而陳願早定議以繫國本壽皇聖帝察其朴忠聞懷贊納以為人所難言越明年下詔建儲先臣已奉祠里居首與故從臣王十朋並齊妙禎除領虔事而降詔旨趣行仍令州郡禮遣暨入陛對懇論登陞寄委詞譙不煎色官先臣亦感激自幸每事罄竭仰蒙皇帝陛下禮接光重度越常等其冬以疾求去令詔特聽五日一參問雖可代御荷先臣即以故從臣詢訪閨楷為對奔即祠饗召用病劇告老閏職論詞庭使勞撫賜以衣帶累家踰年無復贈世遺奏贈扶其如藥章惟是易名之請限于再品未既上列燕荷恭遇皇帝陛下徒舜齋曾龍飛御天旅六大慶恩施閏普至若官客無尹並蒙超獎榮耀照屬為千載一時之會臣寄私自職念先臣於諸舊僚名在弟一萬述木未推前所陳已不及身見今日之感理勢隔絕萬無化覩唯精歸終一節猶可望賜九泉臣等不以此時籲天有請大懼先臣有善帝稱孤負聖明當時任過之憲燕臣文觀答令諸宦不應得諡而聳稱顯者者亦許足諡載念先臣下生正色位朝直道事主公論所與信史所載未可一二縷數初任言責論措淮防江之非許爭辟鄭海泗之下可擗辭張浚精忠老謀為湯思退姦邪誤國反復剴切天

下韙之太學諸生伏闕上疏請復召用去國未幾還陵從列封駁論諫排抑權倖益無所顧避進退去就截然明白壽皇聖帝眷加器遇書有物以正直為眾所知之發曉職端尹尤號待人至手事亂憲綿牧民察吏行誼風靖雍不可書於之聲稱斷著之文實亦無媿臣等不敢欺罔昧死以聞伏望皇帝陛下天地葉仁不遺細微日月委照罔闕幽潛推念舊之思可以示天下之厚暨勸賢之義亦以明天下之公使先臣蒙節惠之榮則臣等雖就戮不慨所有知淳州來書前任迪功郎日撰先臣行狀是適謹繕寫成冊隨狀投進欲乞聖慈降付有司特賜定諡旌行臣等無任瞻天望聖激切屏營之至

太師平章軍國重事文彥博先諡忠烈後奪諡政和五年賜恭烈

翰林學士追復龍圖閣學士范祖禹諡正獻

追封成國公林希懌諡正惠

卷一萬三千三百六十

宋會要 處士謚

宋承事郎贈宣教郎王庠謚賢節處士 庠正和中授處遯處士號，後求朝廷，雖與校官，並不就。孫淳熙九年緣其子進士杏陳乞，太常寺擬謚，體至義成曰賢，好廉自克曰節。

宋會要 僧謚

咸平三年八月，梵僧法賢卒，謚慧辨。四年，法天卒，謚元覺。其後施護卒，謚明悟。真宗實錄：大中祥符六年六月甲申，詔謚誌公真覺大師，宜加爲道林真覺大師。宋敏求東京記：祥符五年謚真覺大師。又曰：大中祥符六年六月，詔泗州僧伽大師加號普照明覺大師。

册命親王告詹

國朝開寶通禮載三師三公親王大臣臨軒册命儀凡
降制命宰相親王使相樞密使西京留守節度使及公
主制書皆有備禮册命之文多上表辭免而未嘗行其
制並翰林草詞夜中進入翌日自内置於箱二黄門對
擡立於御座之東内遲明退黄門捧箱降殿出殿門外宣
付閤門使降置案上俟文德殿立班閤門使引制案出
東上閤門横街南當殿宣付中書門下宰臣跪受捧制
歸位轉付通事舍人赴宣制位舍人唱其名宣訖復授
宰臣宰臣轉授堂後官若后妃親王公主即先稱有制
百官再拜宣畢復舞蹈如宰臣加恩制書即宣付通事

舍人引宰臣於宣制台東北向再拜立聽訖拜舞還位
如百官授制者即自班中引出聽麻文班在宣制右東
武班在西並如宰臣儀聽訖出赴朝堂其罷相者即引
出赴朝堂金吾仗舍如别無中書門下及參知政事其
制書並赴堂後官凡宰臣親王樞密使節度使告勑皆
閤門使於朝謝前一日從内出東上閤門外宣詞以賜
凡降麻者所施勑使相並列銜御如授節者仍交旌節授
賜者仍伏就旌節交於頸上者三凡參知政事宣徽使
樞密副使大兩省兩制秘書監上將軍觀察使以上其
授官告勑牒皆拜勑舞蹈於殿門上若止授勑或宣頭
者止再拜餘官於殿門階下止再拜若止勑或宣頭不

卷三千一百八十七

十三

拜御史大夫中丞拜殿授東上閤門使又引至殿門外
中龍門再拜凡親王使相節度使官誥並載以綵輿迎
歸第親王輿中設銀香師子香合輦官十二人並僕頭
緋衫寛衣旌節各二馬四襆稍官十六人執旌節儀馬
對引由乾元門西偏門以出至門外馬技騎士五十人
槍牌步兵六十八人教坊樂工六十五人及百戲蹴踘
鷄角觝次第迎引左右軍巡使其軍容前導至本宮使
相節度使輿中用銀香鑪輦官十二人金塗帽鈽絡縫
紫絁寛衣旌節各一馬二襆稍官八人馬技騎士二十
人槍牌步兵二十四人軍巡使不前導餘如親王之制
太宗淳化五年五月六日内降白麻以府州觀察使

析御卿為永安軍節度使加檢校太保食邑五百户以同討李繼捧之功也是日夏至假百僚不入御史臺未明追班序立於庭以宣制書非常也二十一日右僕射李昉以司空致仕令男宗諤齎詔書就第賜之　真宗景德二年二月三日武寧軍節度使同中書門下平章事石保吉馬軍都指揮使感德軍節度使葛霸上言奉制加恩舊例自閤門拜受出乾元門用鼓吹優樂前導歸第伏以聖上居大行皇太后心喪在假難迎受之儀望賜停罷從之　十月七日詔每遇降麻及宣御劄皇城司殿前司指揮把門人員不得放非立班人於殿庭聽宣如違並當重行朝典　大中祥符元年十二月

卷三千一百八十七　十四

十五日帝謂王旦等曰先帝每命宰臣親王降制則不御崇德殿視朝應有故事其旨以命宰臣親王視帝王不專耶是日以慶行宰臣親王節度使皆有制加恩故帝詢及於此　三年十二月詔刺史少御監已上在外任其加恩告勑如有親屬願齎送去者並聽自餘焉遞降下　四年六月寧王元偓等言昨承聖恩俱膺寵命以從弟惟存身亡顯有服式迎授之日合陳音樂有乖未便又緣諸鎮節度使各授麻制望頒朝旨先令迎授從之　八年四月十五日樞密院言新樞密使王欽若陳堯叟及武勝軍節度使寇準各上表辭恩命其允批答合差使臣六人齎賜詔樞密副承旨中書堂後官

主事齎送所得事例各令均分副承旨堂後官為一等主事守闕主事為一等內提點五房公事劉明認量與加賜自今並依此例　二十二日王欽若陳堯叟上言臣等欲以二十八日與寇準同入謝緣準二十七日私忌望許準先中謝訖別日迎受帝曰此非故事理亦不便不若各自謝也準又表請罷迎受可之　二十三日榮王元儼降封端王宣制於崇政殿門之外時榮王宮火延燔殿庭故也　十二月十七日禮儀院言皇子壽春郡王告勑望令中書進呈別擇良日閤門使押引詣內東門進納宮中給賜詔令閤門使就內東門俟降麻官告例賜　二十四日閤門言儀制宣賜親王告勑閤門

卷三千一百八十七　十五

使稱有敕再拜口宣訖搢笏跪授候捐過於有司訖伏興再拜搢笏舞蹈三拜退將來宣賜壽春郡王告勑再拜口宣應諾跪授後擬只再拜隨拜萬歲退詔可　九年八月十三日樞密使同平章事陳堯叟罷為右僕射表辭恩命答詔不允遣使臣齎賜第名堯叟子賜之　天禧二年二月四日樞密院言楚王加恩自來不遣使賜批詔望依例進內壽春郡王加恩合有迎授恩命詔罷迎授之禮凡告勑如八年例於內東門賜王餘如所請旌節令周懷政就元符觀內安置　八月五日王旦授太尉玉清昭應宮使時旦居疾在告不能赴朝謝特命其子大理評事雍就賜其謝恩日賜物亦令就第賜之　以上國

朝會要治平四年神宗即位未改元三月十九日皇弟
東平郡王顥言家恩授兩鎮節度使進封昌王仍令所
司擇日備禮冊命竊以臨軒冊命之禮國朝以來雖元
功鉅德之臣未嘗敢有當之者伏望收寢冊命從之
哲宗元祐三年四月五日尚書左僕射兼中書侍郎呂
公著除司空同平章軍國事一月三赴經筵二日一朝
因至都堂議軍國事令所司備禮冊命於是公著免冊
禮令學士院降詔從之 故事親王大臣例辭冊禮後
不復書以上續國朝會要 高宗紹興三十年三月二十七
日詔曰朕荷天祐序承列聖之丕業思所以垂裕於後
夙夜不敢康永惟本支之重疆固王室親親尚賢厥有
卷三千一百八十七 十六
古義晉安郡王孝宗舊名藝祖皇帝七世孫也自幼鞠
于宮闈嶷然不群聰哲端重閨誼有立克孚宗藩歷年
滋久厥德用茂建實之號中外所聞朕將考禮正名昭
示天下立愛之道始于家邦自古帝王以此明人倫而
厚風俗者也稽若前憲非朕敢私其以孝宗舊名為皇
太子仍改賜名孝宗舊名可特授寧國軍節度使開府
儀同三司進封建王仍令所司擇日備禮冊命制曰聖
人禮禮其垂百世之規君子篤親吴假有家之吉朕祗
膺景命寅奉丕圖思置天下於磐石之安必修公室於
維城之固思錄曾始國以宗疆聿資右序之休用協棠
懷之慶我有明命敬于大庭皇子檢校少保常德軍節

禮五九之五

度使晉安郡王孝宗舊名遴稟天成雋猷時敏體備五
行之秀氣兼四序之和問安蚤侍於宮闈學禮不煩於
師傅旋開郎第就升齋旄卓犖不群允矣神明之胄溫
良特重居然信厚之風顯才識以益充居富貴而不溢
游心典籍惟前言往行之師接席賓僚有春誦夏弦之
樂用是深存睠獎肆示褒嘉錫山與田冊王封之真命
雖衷及藩覲宰路之觶儀易宣城之巨藩疇是田之多
邑以壯本支之形勢以新中外之觀瞻於戲勉令德以
示子孫朕無忘於斷義蕃王室以和兄弟爾思能於爾
人勉服訓辭蕉克蕃衍辭免受冊降詔宜允以上中興
會要紹興三十二年孝宗即位未改元七月八日特進
卷三千一百八十七 十七
觀文殿大學士判建康府充江南東路安撫使馬步軍
都總管兼行宮留守專一措置兩淮事務兼節制淮東
西建康鎮江府江池州軍馬和國公張浚除少傅依前
觀文殿大學士充江淮東西路宣撫使建康府置司仍
節制建康鎮江府江陰軍江池州屯駐軍馬進封魏國
公令所司擇日備禮冊命 二十一日少保保康軍節
度使充萬壽觀使吳蓋除少傅進封太寧郡王充醴泉
觀使仍令所司擇日備禮冊命九月一日皇子蘄州防
禦使愭除少保永興軍節度使進封鄧王皇子貴州團
練使愷除雄武軍節度使開府儀同三司進封慶王皇
子榮州刺史惇除鎮洮軍節度使開府儀同三司進封

禮五九之六

恭王並令所司擇日備禮册命　二十八日少傅奉國軍節度使四川宣撫使領御前諸軍都統制職事充利州西路安撫使判興州充陝西河東路宣撫招討使成國公吳璘除少師餘如故令所司擇日備禮册命　孝宗隆興元年十二月三日特進尚書左僕射同中書門下平章事兼樞密使信國公陳康伯罷尚書左僕射授少保觀文殿大學士判信州進封福國公仍令所司擇日備禮册命　乾道元年五月二日少師奉國軍節度使四川宣撫使領御前諸軍都統制職事充利州西路安撫使判興州吳璘除太傅進封新安郡王餘如故仍令所司擇日備禮册命　六月十六日少傅保康軍節

度使充醴泉觀使大寧郡王吳益除少師餘如故寧武軍節度使開府儀同三司充萬壽觀使永嘉郡開國公吳蓋除少保餘如故並令所司擇日備禮册命　三年十二月十八日少師保康軍節度使充醴泉觀使大寧郡王吳益除太傅餘如故令所司擇日備禮册命　七月（年）二月八日皇子雄武軍節度使開府儀同三司慶王愷除雄武保寧軍節度使依前開府儀同三司判寧國府進封魏王餘如故令所司擇日備禮册命　八年九月十二日少傅觀察（文）殿大學士江淮東西路宣撫使虞允文除少保武安軍節度使充四川宣撫使進封雍國公令所司備禮册命　九年十二月十七日皇叔祖檢校

少保昭化軍節度使開府儀同三司判大宗正事嗣濮王士輵除少保餘如故令有司備禮册命同日皇兄檢校少保岳陽軍節度使開府儀同三司充萬壽觀使永陽郡王居廣除少保餘如故仍令所司備禮册命　以上無辭免册命降詔從之　以上乾道會要

淳熙元年八月十一日詔右丞相曾懷朝參日許肩輿
至殿門外令閤門差承受二人以備扶掖起居陞殿奏
事 五月三日詔少保觀文殿學士充醴泉觀使侍讀
史浩免從駕先是史浩言被旨令臣合班處於宰臣之
東一行歇空立班從駕日在少保永陽郡王居廣之東
行馬並在執政官之上臣竊執政大臣實佐天子出令
非歸班奉祠之比使居工列臣所未安欲援少傅嗣濮
王士㒟例特免從駕具立班乞只於執政一行近東別
作一班故有是命 九月十四日上謂輔臣曰每日常
朝可同後殿之儀不必稱承相名趙雄奏曰君前臣名

禮也臣豈敢當陛下欲少更朝儀須俟他日育碩德在
位行之未晚決不可自徹臣始上曰記得蘇洵亦嘗論
此謂名呼而進退之非體貌大臣丞相不須多辭於是
詔自今垂拱殿日參軍宰臣特免宣名舉詔陞朝員六
參并入使在庭儀具餘并免宣名內殿客使日參如遇
押班亦免宣名 十年十一月十一日詔史浩以藩邸舊
臣再登樞席力求休致已徇所請可特依曾公亮例令
赴闕入謝浩以病弱無力乞寬假別具陳乞入謝詔從
之 紹熙元年三月十六日詔榮陽郡
王伯圭到闕差內侍任邦俊傳宣撫問并賜銀合茶藥
六月十日詔太師魏國公史浩庚暑方隆宜加調養當

俟小愈可即造朝既而浩言蒙務賜宣召臣以老病未
瘳嘗三具辭免準詔不得更有陳請臣幽棲南里人所
不顧獨荷兩宮軫記疇昔不忘舊物俾趨闕庭綸言三
錫恩意鼎來又蒙親灑宸翰有曰至尊壽皇聖帝深念
舊學之臣見於慈訓而陛下亦以違去之久每懷遠想
令臣宜體眷遲遂為此來誠以抱病行及半年未有生
理正恐當此隆暑跋履三江賫命中途乞降敕旨許免
此行容臣一意調養故有是詔 二年二月二十一日
詔太師魏國公史浩候到闕朝見等許肩輿入至隔門
裹仍令子孫一人扶持同日又詔令學士院降詔座速
赴闕 四月三日太師魏國公史浩言昨自引年休致伏

蒙至尊壽皇聖帝擢臣為係攀附舊臣再曾入相許給
全祿請給人從恩數等並依前任少保至少師日已得
指揮臣既為閑人不管職事乞將俸賜止依致仕祿格
支破吏卒悉從罷遣詔賦祿給使比壽皇聖帝優佚故
老之恩朕惟子道先於養志當務增加豈應鐫削所乞
不允不得再有陳請七日詔太師魏國公史浩孫定之
特與循兩資以定之扶持浩朝見故有是命以上光
宗會要 慶元元年二月六日詔皇伯祖太師嗣秀王伯
圭可賜贊拜不名以伯圭齒爵俱茂特降是詔 六年五
月十九日詔左丞相京鏜權令乘轎入內趁赴朝參以
經瘡瘍特降是詔 嘉泰三年十一月十一日南郊赦應

文武陞朝官以上致仕者等第賜粟帛羊酒內曾任太
中大夫觀察使以上仍別作等差務從優厚開禧二年
以後明堂赦並同同日赦內應士庶男子婦人年九十
以上與依格給賜粟帛等令戶部庚速行下所在州縣
就賜於係省錢內支具給賜過姓名開奏不得追擾仍
仰監司檢察 開禧三年三月十三日詔項安世父奉
議郎致仕項溫恭教子以忠屢宣勞效特轉朝奉大夫
致仕仍賜紫章服以上寧宗會要

卷三千一百八十七 三

十八年監登聞鼓院徐建言國家遠稽三代肇建原廟
凡是佐命配享與夫當時輔弼勳榮之臣繪像於廟庭
以示不忘崇德報功之意累朝佐命配享功臣不過十
餘人今之臣僚與其家之子孫必有存其繪像者望詔
有司尋訪復摹於景靈宮廷之壁非獨假寵諸臣之子
孫所以增重祖宗之德業以為臣子之勸禮部討論欲
下諸路轉運司委所管州軍尋訪配享功臣之家韓王
趙普周王曹彬太師薛居正石熙載鄭王潘美太師李
沆王旦李繼隆王曾呂夷簡侍中曹瑋司徒韓琦太師
曾公亮富弼司馬光韓忠彥各令摹寫貌像投納繪畫
於景靈宮廷壁從之

卷三千一百八十四 一

真宗咸平二年二月十二日詔曰朕聽政之暇觀書盈
尊遂見國初始經王業我太祖皇帝將膺帝籙已肇人
謀當武躍之秋屬難艱之際周微呂望安能定不拔之
基漢匪蕭何無以左勃興之運時則有故太師贈尚書
令追封韓王謚忠獻趙普蘊負鼎之雄才畜經邦之大
畧首參密畫力贊沉機輔弼兩朝出入三紀茂嚴廊之
碩望分房翰之劇權正直不回始終無玷播為臣美勒
在豐碑實千載之偉人庶九原之可作烈魄未陪於嚴
祀彝章曷稱於有知遂俾縉紳詳求典故考行既闡於
餘裕出綸必叶於通規義著繼明道符今古宜以普配

饗太祖廟庭仍遣官奏告本室八月二十五日翰林學士承旨宋白等議請以故樞密使兼侍中贈中書令追封濟陽郡王曹彬配饗太祖廟庭故司空兼門下侍郎同中書門下平章事贈太尉中書令薛居正故忠武軍節度使同中書門下平章事贈中書令潘美故尚書右僕射贈侍中石熙載配饗太宗廟庭詔從之九月二十七日太常禮院言準詔定配饗功臣除祫一日祀儀請令有司先事設幄次布褥位於廟庭東門內道南當所配室西向設位板方七寸厚一寸半籩豆各二簠簋俎各一知廟卿奠爵再拜詔可仁宗乾興元年十一月二日翰林學士承旨李維等奏議曰伏以真宗文明章聖

卷三千一百八十四　二

元孝皇帝紹隆景業訓致治平睿聖之功協於邃古忠賢之佐亦協贊於大猷爰稽禮經用陪廟食有若尚書右僕射兼門下侍郎同中書門下平章事贈太尉中書令李沆位以碩望實予東朝納翊天飛肯登宰府咸平之治實著嘉謀以方正端朝以嚴重鎮俗始終侍遇冠於一時太尉贈太師尚書令王旦踐歷台輔將二十載贊殊兵之論興曠世之儀紀律用張方夏咸乂協然令德洽于民瞻忠武軍節度使同中書門下平章事贈中書令李繼隆舊勳之門克嗣前烈沉毅有勇倜儻好謀從章澶淵實總戎要奮威却敵厥功茂焉並宜列太室之庭預大烝之饗冀昭盛烈光叶儀彝伏請並配

饗真宗皇帝廟庭詔禮官參議詔可天聖元年二月樞密使錢惟演上言真宗皇帝將祔大宮有司議以功臣配饗臣先臣尚父秦國忠懿王俶勳隆奕葉位重累朝親率王徒平百年之僭偽躬持國籍獻千里之封疆忠誠格于天衷茂績標於惇史所以太祖太宗命無下拜賜以不名洎先聖之纂承念遺勳而益厚舉諸殊禮尊比一門在本皇朝誠為第一至今清廟之內未預配享況吳芮歸漢甲令書勳竇融入朝雲臺畫像隋唐而下僕王配食方冊之內往例甚明伏望依禮降詔配饗祖宗廟庭詔兩制與崇文院檢討禮官同共詳議以聞翰林學士承旨李維等奏議請錢俶配饗太宗廟庭奏入不下英宗嘉祐八年十月十九日翰林學士王珪等奏

卷三千一百八十四　三

准詔下兩制定議仁宗祔廟當以何人配享臣等伏以仁宗饗國長久勵精庶治以知人之明得馭臣之體是以衆英材傑樂為之用外宣威寧內經廟略至盛贊馴致太平輔相則有故尚書右僕射贈尚書令謚文正王曾忠允清亮履德經哲致位上宰燮和大政翊興之初輔翊兩宮仗正持重中外以安所謂以道事君無愧前哲故太尉贈尚書令謚文靖呂夷簡聰明亮達規模宏遠服在大僚歷登三事左右皇極勤勞王家二十餘年厥功茂焉將帥則有故彰武軍節度使贈侍中謚武穆曹瑋敦詩閱禮秉義經武參謀帷幄折衝萬里鎮綏

方面隱如長城加以恂恂循道有古名將之風焉皆有
功迹見稱於世伏請並配饗仁宗廟庭從之以上出國朝會要神
宗熙寧八年六月二十七日制曰功茂者賞惟其稱德
厚者報不可忘故命冊襃崇舊史有追封之典祀祧躋
配前書存與饗之文蓋君臣之義不獨欲榮寵之於其
生抑邦家之光寶亦冀顯揚之不朽惟時故老翼我前
朝式敷誥於治庭肆儀圖於典禮故永興軍節度使守
司徒檢校太師兼侍中魏國公贈尚書令韓琦才賢沈
偉守量恢宏勇義出於至誠朴忠可以大受盡瘁於國
利無如而不為任重於時事雖難而必濟惠澤有加於
四海謀猷實紀於三朝緬懷翊亮之勤重起淪亡之痛

卷三千一百八十四　四

是用進登列考之清祏俾序功臣於大烝上以慰祖宗
之靈下以為忠義之勸於戲為臣至此可無愧於前良
與國同休庶永傳於茂烈懿惟盛美以荅元勳可配饗
英宗廟庭十年十二月二十八日詔太常禮院講求親
祠太廟不及配饗功臣禮例以聞元豐元年閏正月七
日太常禮院言今講求到親祠太廟不及配享功臣非
所以稱國家褒錄祖宗功臣之意禘祫之外親祠太廟
並以功臣配饗從之二十八日詔贈太師中書令曾公
亮配饗英宗廟庭八月二十六日太常禮院言依與禮
今年十月八日孟冬薦饗太廟合改為祫饗并禘祫七
祀兼配饗功臣從之三年六月二十八日詳定郊廟奉

祀禮文所言謹按書盤庚曰茲予大饗于先王爾祖其
從與饗之周禮司勳凡有功者祭於大烝然則書之所
謂大饗即禮之所謂大烝也烝冬祭也謂之大者物成
眾多之時其祭比三時為大也方是時百物皆報焉答
有功宜矣禮記祭統衞孔悝之鼎銘曰勤大命施于烝
彝鼎後世烝祭不及功臣既不合禮而禘祫及之事不
經見梁初誤禘功臣何佟之以謂夏物未成而嘗功非
為非與禮至唐韋挺亦曰禘無配不可去臣理不可易
今禘祫以功臣配饗而冬烝不及與經不合蓋因仍之
誤也伏請每遇冬烝以功臣配饗其禘祫配饗罷之詔
凡冬饗禘祫及親祠功臣並配饗四年六月二十四日

卷三千一百八十四　五

太常禮院言詳定到太廟配饗功臣位版題號稽參故
事在漢史所圖名臣及二十八將事異配饗惟唐廟配
食功臣見於通典及會要既著立朝爵位仍題初贈官
以來唐典今兩看詳將檢校官刪除自趙普而下並令
一體外所有後來緣恩加贈官如以為然自恩禮義難
不著即乞自朝廷詳酌照送禮院如常書姓名有無典
據禮院言檢詳配饗功臣位版篆書姓名即無典據詔
用見贈官
崇寧元年二月九日詔觀文殿大學士贈太師蔡確配
饗哲宗廟庭政和會要載上謂韓忠彥等曰確於哲廟
甚有功方皇太后當從神宗靈駕出門確密有文字令

弟頑屬内臣關守懃逵太后請留保護太后請故報行保佑哲廟晨夕常與之俱食以銅匕箸至於飲水亦為之親嘗為德甚厚確文字今尚在故有是詔政和七年十二月十八日禮制局言配饗功臣位版尚用舊官並合除去止用所贈及封國爵謚如王安石稱太傅舒王謚文之類從之 以上續國朝會要 神宗皇帝實錄章惇撰舉修撰審有建立之功不應乃自刋削不載參考其事本末甚明可令國史院别差官據實刋修播告天下其蔡確蔡卞邢恕蔡懋三省取旨行遣仍不得刋用建炎元年五月一日赦文十七日蔡確追所贈太師汝南郡王責授武泰軍節度副使蔡卞追所贈太師衛國公

卷三千一百八十四　六

責授寧國軍節度副使邢恕追所贈少師責授常德軍節度副使蔡懋責授單州團練副使英州安置尋有詔以司馬光配饗哲宗廟庭 此據司馬光傳修入月日檢未獲 二年夏久陰不解詔百執事赴都堂給劄條具時政闕失司勳員外郎趙鼎言紹聖以來學術政事敗壞殘酷致禍社稷其源實出於安石今安石之患未除不足以言政於是罷安石配享神宗廟庭尋詔以富弼配饗神宗廟庭 此據王安石傳修入月日檢未獲 此二節續國朝會要内移入 八年三月十七日左朝奉大夫試刑部尚書兼侍讀胡交修翰林學士左朝奉大夫知制誥兼侍講資善堂翊善朱震左奉議郎試御史中丞

周秘右朝散大夫試戶部侍郎梁汝嘉左朝請大夫試工部侍朝散（郎兼侍）講趙霈左朝散大夫試給事中兼直學士院兼侍講胡世將左朝散郎試中書舍人張燾左朝奉大夫權戶部侍郎兼詳定一司勑令王俁左朝請郎權禮部侍郎兼侍講吳表臣左朝奉大夫權禮部侍郎陳公輔左朝請郎守起居郎兼權中書舍人樓炤狀准尚書省劄子奉聖旨令侍從官詳議徽宗皇帝祔廟配饗功臣伏以徽宗皇帝在位二十六年席盛大之時包富有之業虛中屈體以來天下之英聚精會神以成天下之務用能上下一心同底于道于時輔相有故左光祿大夫尚書左僕射兼門下侍郎贈太師魏國公謚文定

卷三千一百八十四　七

韓忠彥明懋篤成公忠亮達至仕上宰無愧前人建中之初左右厥辟招徠俊乂列于庶位除苛解嬈厥功茂焉雖居位日淺而始終無疵允所謂以道事君者歟實有顯效至今稱之伏請配饗奉聖旨依令學士院降詔曰古之有功於國者嘗於太常登於大烝凡與饗于先王則司勳詔之所以著於無窮也故左光祿大夫尚書左僕射兼門下侍郎贈太師魏國公謚文定韓忠彥純誠端亮終始如一德業之盛不忝前人建中之初入踐冢司損益施設成天下之務開不諱之門塞私邪之路選賢任能各當其職一時忠鯁之士遂能擊斷禦暴所向摧折當世人心後世稱之以克有濟朕覽舊史慨然

嘉歎允所謂世濟其美不指其名莫以忠彥配享徽宗皇帝廟庭先是禮部侍郎吳表臣言本朝自祖宗以來推擇將臣始終有令德者以配食列聖恭惟道君皇帝道恢在宥德合高明統御宸極二十有六載天下歸仁焉弼亮之賢固有其人矣望命官詳議取當時輔佐厚德重望為天下公論所屬者用配清廟序於大烝有旨令侍從官詳議聞奏二十七年五月二十五日太常博士張廷實言望依政和五禮新儀令後後宗廟祫饗設祀配饗功臣從之詳見緣事裁制 以上中興會要

五年九月十一日太常少卿林粟等言孟冬祫饗在近所有欽宗皇帝廟庭配饗臣寮尚虛其位當時遭值艱

難莫效淪胥臣寮罕可稱述而以身徇國名節暴著者不無其人雖生前官品不應配饗之科然事變非常難拘定制乞特詔侍從臺諫集議以聞預於十月三日祫饗以前降付有司施行從之已而吏部尚書汪應辰奏當時死事之臣前後非一建炎以後皆次第褒贈今若令配饗欽廟典故所無如創行之又當訪究本末差次輕重有所取舍尤不可輕易竊謂配饗功臣既無其人則當闕之乞特降旨令更不集議其議遂罷 以上乾道會要

續宋會要

章類上所撰劉岳李魏四人傳表言天扶昌運必生傑海之臣帝念舊功當有特書之史事關勸激跡貴昭明敢褒竹帛之藏仰徽冕旒之聽臣學若稽古誰能去兵執干戈以衛社稷者國所難能聞鼙鼓而思將帥則求之已晚欲厲有為之志當於無事之時仰惟國家之興尤得人材之盛開基創業旭將雲蒸復古中興虎臣角立率屬熊羆之士掃空虺豕之群名書旂常功耀天地或繪像於原廟或侑食於大烝爪牙宣勤項背相望當時稱誦姓名可止於兒啼後世傳聞貌畧尚驚於敵膽頃紛紜於議論稍變易於是非事實疑以湮微士氣為之

沮抑雖已加於襃典猶未快於輿情非假汗青何由暴白故太尉威武軍節度使贈開府儀同三司劉錡甚偽順昌之戰大摧兀朮之鋒誰其妨功而害能遂爾投閑而置散故少保武勝定國軍節度使贈太師岳飛兵方精而可用功竟沮於垂成既撓良謀更成奇禍事皆有證其書雖見於辯誣言出私家後世或疑於取信故太尉威武軍節度使贈開府儀同三司李顯忠家世諸李父子一忠縛撤里曷若鷄豚視偽齊頭豫如犬鼠遂吞逆虜志在本朝當其杖策之歸適近橐弓之隆降故右武大夫果州團練使贈寧國軍節度使魏勝為山東忠義之冠當清口冠掠之衝雖血戰於淮陰竟身膏於草野

况又皆忠未盡展時不再來失機一瞬之間抱恨九泉之下雖生未及盡伸於醜類其沒或能為厲於敵人宜有褒書以旌多伐况（大功）大規恢之畧所宜彰果毅之能恭惟皇帝陛下天運廟謨日開公道用宣昭於賞罰以駕馭於豪英代不乏人用則為虎西有梁洋之義士東多荆楚之奇材怒髮衝冠雄心撫劒懷在上有激昂之術則凡人懷奮發之心臣嘗忝史官獲觀舊載忠紀當時之實以歷乙夜之觀伏乞斷自宸衷付諸吏觀然後可傳於百世庶幾聳動於四方張大國家之威發舒華夏之氣事雖已往可為鑒於將來謀或有遺幾成功於今日臣所撰到劉岳李魏傳繕寫成計七冊謹隨表上

卷三千一百八十五

進

國朝循唐制宰相樞密使初拜必賜爲參知政事樞密副使初或未賜遇加恩乃有之刺史已上階勳高者亦

或得賜太平興國三年賜翰林使饒州防禦使杜彥珪推忠宣力大中祥符四年賜豐州防禦使王承美翊戴天禧二年賜富州刺史向漢通保順中書樞密則有推忠協謀同德佐理餘官則推誠保德奉義翊戴掌兵則忠果雄勇宣力外臣則純誠順化之名每以二字協意或造或因取為美稱掌相初加則六字餘並四字其進加則二字或四字多者有至十餘字天聖八年賜環忠明功臣凡二十字國家故事以臣非常勳也又有崇仁佐運守正忠亮保順宣德忠正保節宣忠亮節之號文武選用焉中書樞密院所賜名若罷免或出鎮則改之亦有不改者乾德二年范質王溥魏仁浦罷相淳化二

卷三千一百八十五　九

年呂蒙正罷相太平興國八年石熙載罷樞密使中祥符八年寇準罷樞密使皆不改賜功臣又有官不當賜而特賜者開寶四年秘書少監[illegible]州刺史王明太平國八年度支使陳從信戶部使郝正岳賜推誠翊戴其諸班直禁軍將校則賜拱衛翊衛聖諸號遇恩累加但改其名不過兩字其因舊名而始被賜及緣功寵而別為美名者咸畧記其人又國初功臣有扶天保慶致理竭忠翰誠効義忠力効忠毅勇保塞之號皆莫[illegible]時所賜今亦不錄元年錫王彥超推誠奉義順德翊戴正亮佐運開寶四年賜曹彬李進卿党進等推誠佐運同德宣力奉節開寶四年賜皇子德昭推誠奉節

同德保順　順節門開寶四年賜陳洪進推誠順節忠
正翊戴　保節　開寶四年賜李重勳推誠保節宣力
効忠　開寶四年賜白進超効忠宣力　開吳鎮越
崇文耀武宣德守道開寶五年以此十二字賜錢俶
推忠佐理建隆二年以此四字賜趙普　推誠奉義同
德翊戴　建隆二年賜王景推誠奉義同德翊戴　太
平興國初或改奉義爲奉國　守正保德　建隆二年
賜皇弟推忠守正保德　協謀　乾德元年賜趙普推忠
協謀佐理　保順　乾德元年賜皇弟協謀同德保順
宣力乾德元年賜李崇矩推忠宣力保保義　賜宋
延偓推忠宣力保義賜張永德等推忠保義同德　太

卷三千一百八十五　十

平興國元年或改爲保順　効節　乾德元年賜王全
德推忠効節　協力乾德元年賜高懷德推忠協力保
順　順化　乾德元年賜陳洪進推誠順化　承家保
國宣德守道忠正　正字避同仁宗廟諱　恭順　乾德元
年以承家保國等十二字賜吳越王錢俶　崇仁　乾
德元年賜符彥卿崇仁昭德宣忠保正翊亮　開寶六
年賜高麗王王昭推誠順化守節保義　翰誠　開寶
六年賜孟元喆翰誠保義翊戴　奉國　開寶六年賜
伊審徵、焦繼勳、吳虔裕推誠奉國翊戴　竭誠奉化
太平興國五年以此四字賜瓜沙州曹延祿　承天懷
忠　太平興國七年賜皇子衛王德崇承天佐運懷忠

守正　寧江鎮國太平興國三年賜寧淮鎮海　雍熙元
年賜漢南國王錢俶寧江鎮國崇文耀武宣德守道保
保運忠正　雍熙二年賜皇子陳王崇仁保運忠正
安時　端拱元年賜南陽國王錢俶安時鎮國崇文耀
武宣德守道　興邦　淳化三年賜趙普興邦佐運同
德翊戴忠正　効順　至道三年賜趙普保運推忠効
順　亮節　景德三年賜趙德明推忠保順亮節翊戴
忠亮　天禧二年賜王欽若推誠保德崇仁忠亮翊
戴　協恭昭順　天聖二年賜楚王元佐推誠協恭昭
順同德崇仁宣忠亮節守正保運翊戴　純誠　乾興
元年賜趙德明推忠宣德崇仁保順純誠亮節協恭守

卷三千一百十五　十一

正翊戴　經邦　天聖二年賜王欽若推忠協謀同德守
正經邦佐理　贊治　天聖八年賜德明推忠宣德崇
仁保順純誠亮節協恭贊治佐運守正翊戴　體寧仁熙七
年十二月賜皇子永國公俊體仁保運同德　宣仁　熙
寧八年四月賜皇子景國公僩宣仁翊運　雄勇　此
下賜武臣掌兵者　忠果衛聖扶衛　此下賜諸班直禁
軍衛士將軍校　翊衛衛聖　大中祥符元年二月詔諸
班已賜雄勇者各加衛聖以戊辰敵書從事也　忠勇
拱極英勇護聖奉慶　天祐元祐四月賜諸班衛奉使
果毅肅衛以上國朝會要　贊運　熙寧十年十二月
賜皇子傭崇仁贊運以上續國朝會要　推誠順化　昭

興五年閏二月加賜李陽煥（二年三月加賜李乾德男陽煥保節　紹興）揚武翊運　紹興六年
四月賜韓世忠　和衆輔國　紹興七年三月賜劉光
世　安民靖難　紹興九年正月賜張俊　順化　賜賜李
天祚　崇義　紹興十年十月加賜李天祚　懷忠
十三年正月加賜李天祚　保信　十四年十月加賜
李天祚　嚮德　十七年十一月加賜李天祚　安遠
二十一年二月加賜李天祚　承和　二十三年八月
加賜李天祚　秉禮　二十六年七月加賜李天祚
歸仁　八月加賜李天祚　協恭　二十九年三月加賜
李天祚　勵節　三十年加賜李天祚　繼美　三十
二年加賜李天祚　以上中興會要　遵美　乾道元年六

卷三千一百八十五　十三

月加賜李天祚　履正　乾道四年正月加賜李天祚
彰善　乾道六年十二月加賜李天祚　以上乾道會要
神宗元豐元年十一月二十九日宰臣吳充等言臣等
竊以功臣非古始唐德宗多難之餘乃賜奉天定難之
號不應盛世猶襲陳迹況於重複文意有至二十餘字
加賜未已甚亡謂也恭以陛下聖德神功推而不有即
位以來郡臣引祖宗故事上徽號至于數十而不許願
若臣等何功之有而例蒙恩數寔醜面顏乞並於結銜
細位中先行減罷詔答曰朕惟往古君臣咸有一德比
善戮力同寅協恭務先篤誠靡事誇詡唐之中世時屬
多虞制為功臣寵數將吏因仍弗革稱謂寔繁溢美過

情空名眩實踵習流弊務尚浮虛誼豈當然古誠無有
施之近世或適權宜襲於來今固匪通制卿等同予心
德任國疑丞悃愊無華惇大成裕覽觀露奏援據舊章
師先臣鄭顏寵功號深自退托弗居寵名嘉乃謙明可
即聽許式稽古典董正治官更賴交修共熙庶績宜如
所請知樞密院馮京等繼請從之於是又詔管軍臣僚以
下至諸軍班所帶功臣者並罷　功臣舊制自推忠佐
理至保運經邦二十二字以賜中書樞密院臣僚自推
忠保德至効順順化三十八字以賜皇子皇親文武官
外臣自拱衛翊衛至果毅莆衛二十字以諸賜班直將
士禁軍上自即位不受徽號於是悉罷功臣號　徽宗

卷三千一百八十五　十三

政和三年二月二十四日工部尚書修國史詳定鄭久
中劄子先奉朝旨將来經編排臣僚用史冊考定勲德
編類姓名聞奏今来已定列合編類勲德臣僚共一百
一十六人三朝二十八人兩朝六十六人神宗朝二十
二人緣上件人數並係用正史列傳節畧合取勲德編
類成書今若用姓名聞奏深慮不見得所取勲德事實
今欲將工件考定編節到逐朝勲德史傳以列傳先後
為序繕寫成冊分類條卷秩引用一冊錄姓名總數仍以
政和詳定國朝臣寮勲德為名投進以副朝廷褒舊念
功之意詔依　以上續國朝會要

全唐文

宋會要

太宗雍熙元年十二月十日詔曰王者賜酺推恩與衆共樂所以表昇平之盛事契億兆之歡心累朝以來此事久廢蓋逢多故莫舉舊章今四海混同萬民康泰嚴禋始畢慶澤均行宜令士庶之情共慶休明之運可賜酺三日酺飲起自秦秦法三人已上會飲則罰金故因事賜酺吏民會飲過則禁之魏音之後無聞焉唐景雲開元天寶間舉行之至是郊禋始畢大慶溥洽有是詔帝因謂宰臣曰朕讀書至睿宗已後賜酺或連夜至七日九日亦或彌月無乃太甚乎娛樂不可過度三日為得宜矣明皇令三百里內刺史縣令各率音樂集都下亦勞擾之甚也二十一日御丹鳳樓觀酺召侍臣賜飲自樓前至朱雀門張樂作山車旱船往來御道又集開封府諸縣及諸軍樂人列於御街音樂雜發觀者溢道縱士庶遊觀遷市肆百貨於道之左右召畿甸耆老列坐樓下賜之酒食二十二日賜宰臣樞密翰林學士文武官等宴於尚書省作詩二首以賜其日晚又降中使宣旨曰今日卿等宴會恐未盡歡其更賜來日宴樂群臣獻歌詩賦頌者數十人並付史館真宗景德四年二月七日特賜西京酺三日命宣政使李神福內侍省副都知閻承翰西上閤門副使曹璋同治其事十七日御五鳳樓觀酺近臣預座唯親王別教坊樂端門內為山車二每車前後設樂凡四部旱船四每船設樂一部以船翼車而進其進至樓前退至端門樓前東西街為棚各

三每車設樂一部凡六部樂作東西迭進召洛陽父老五百人座樓下賜飲十八日復御樓賜宗室百官宴於都亭驛翌日如之自是凡賜酺皆遣官主之事畢各賜契幣大中祥符元年正月四日詔以天書降賜東京大酺五日以二月初一日為始二十八日詔應致仕官並赴都亭驛酺宴其御樓日合預座者亦聽朝臣受命者已辭及到闕未見者並令預會二月一日御乾元門觀酺召從官及尚書丞郎給諫侍座兵部尚書致仕宋白預焉樓前築土為露臺半門廡上設教坊樂又駢繫方車四十乘上起綵樓者二分載釣容直開封府樂復為棚車二十四每車聯十二乘為之皆駕以牛被之錦繡縈以綵紉分載諸軍京畿伎樂又於衢中編木為欄處之徙坊市邸肆對列御道百貨駢布競以綵幄鏤牓為飾金碧綺繪照耀紛錯召京邑父老十五百人分為吾番列座樓下帝臨軒傳旨問其安否再拜連呼萬歲帝舉觴教坊樂作二大車自昇平樓西北又有旱船四挾之以進棚車由東西街交騖並往復日再焉東距望春門西連閶闔門百戲競作歌吹騰沸宗室諸親近列牧伯洎舊臣宗官為設綵棚於左右廊廡士庶觀者駢肩疊迹車騎塡溢歡呼震動有王太微者年僅百歲語諸吏曰不識兵戈將六十載今天子明聖海內清宴豈意垂老覩此太平皆林酪喜躍至感泣酣醉而去遣中使就尚書省賜知貢舉晁迥等酒食詔諸營教閱諸司工作各給假五日二日賜文武百官宴都亭驛命內侍就賜教坊樂御製荷天書降大酺五七言詩成令屬和中飲又命內侍賜上尊酒果予於花別作勸酒二韻詩賜之宗室宴於寧王元偓宮三日宴宗室內職於都亭驛近臣於宰臣王旦第都驛亭用樂賜詩及酒果等並如百官四日宴百官於都亭驛宗室於玉津園五日宴宗室內職於都亭驛近臣於宜春苑初有司定止賜百官都亭驛宴二日帝特命分就私第琪苑賜會自是凡賜酺

（五日皆用此制）自一日至五日皆令殿前都指揮使劉謙馬軍都指揮使曹璨步軍都指揮使王隱各會所部將校及賜諸班直茶酒（先是遣使臣押賜諸軍燕會多不從容即時而罷又其日使臣亦預坐自是令樞密院指揮不得赴座專切管勾務在豐衆仍令至晡晚而罷）又分遣中使六人往河北河東陝西諸路賜總管鈐轄等宴一應官吏並預而官給其費十月二十六日東封赦書應西京諸州府軍監並賜酺三日官給其費十月二十六日詔并代別賜酺三日時使臣言前設酺宴不豐軍校皆不預會故也二十八日詔兗州賜酺三日宜以十一月二日為始十一月二日御兗州之子城門樓觀酺凡三日（賜樓名曰回鑾畢慶）樓前起露臺列山車棚車綵船以載樂從臣侍座兗州父老諸道進奉使蕃客等宴於樓下賜父老綿袍茶帛有差三日並賜宰臣親王百官宴於延聖寺八日駐鄆州門樓賜樓名曰升中延福十五日駐澶州賜酺宴於行宮之南綵殿是州以行宮迫隘故當宮側結綵為殿賜名駐蹕延禧之殿十二月二十五日詔以封禪禮成賜東京酺五日以來年二月五日為始二年春京師愆雨右僕射張齊賢上言宴樂陽事也甫經上元將事酺飲請俟雨足乃詔權罷酺宴及降雨遂舉前詔仍以三月十六日為始二年三月十六日御乾元樓觀酺自是凡五日是日宴從臣於樓上父老蕃官樓下十七日宴文武百官於錫慶院臣僚有受官未謝者亦赴宗室於

寧王宮師臣於本司帝作大酺五言詩百官繼和又作勸酒二韻詩賜之十八日宴宗室內職於錫慶院近臣於王旦第十九日宴百官於錫慶院宗室於芳園二十日宴宗室於錫慶院近臣於玉津園帥臣於本司四年二月十八日分陰赦書西京諸道賜酺如東封之制十九日詔河中府賜酺三日以二月二十一日為始二十一日駐蹕河中府御鼓角樓觀酺凡三日（賜樓名曰駐蹕宣恩）是日宴羣臣於樓上諸蕃朝貢使父老於樓下二十二日賜親王輔臣百官酺宴於行在尚書省凡二日二十六日次華陽頓賜酺宴於行宮南垣之望仙亭賜亭名曰宣澤二十八日次湘城頓宴虢州父老於行宮門三月二日駐蹕陝州賜酺宴於州門樓賜樓名曰霈澤惠民八日詔西京賜酺三日以三月十六日為始十六日駐西京御五鳳樓觀賜酺十七日宴宰臣親王文武百官於河南府舍十八日復御樓觀酺初有司將改樓名帝以五鳳大祖賜名故不改二十六日駐鄭州宴父老於殿門外不作樂初將設酺宴於子城門賜樓名曰回鑾慶賜尋以甫近太宗忌日乃詔罷酺止宴犒四月七日詔京師賜酺五日以時漸炎燠宜以九月十四日為始後改以二十三日九月二十三日御乾元樓觀酺從臣侍座父老列於樓下又合樂如是者五日二十四日以雨輟二十五日復賜酺宴文武百官於錫慶院宗室於

相王宮帝作大酺五言詩賜群臣和二十六日宴宗室内職於錫慶院近臣於王旦第帝又作五言詩賜相王元渥已下和二十七日宴百官於錫慶院宗室瓊林苑二十八日宴宗室内職於錫慶院近臣於玉津園帥會於本司五年十月二十四日聖祖降詔東京賜酺五日西京諸路三日六年正月十七日詔東京賜酺宜以二月六日為始百官放朝參畿縣父老委開封府量地遠近取二月五日畢集毋先期呼擾二月六日御乾元門樓酺近臣咸預宴畿内父老於樓下自是凡五日七日宴文武百官於錫慶院宗室諸親於潛龍園帝作大酺七言詩群臣皆和八日宴宗室内職於錫慶院近臣於王旦第帥臣於本司九日宴百官於錫慶院修玉清宮使丁謂已下於本宮凡自修宮以来凡遇錫宴修宮使等洎使臣軍校兵匠皆別賜會十日宴宗室内職於錫慶院近臣於玉津園帥臣於本司其日又賜太常博士中書堂後官劉明悊等錢二十千羊五口酒十罇令賜酺日飲會時明悊等上言向来酺宴樞密院副承旨已下至大理寺法直官皆預堂後官各有正官望比類聞奏王旦言預宴非便故特有是命七年正月二十日詔以朝謁太清宮禮畢亳州應天門各賜酺三日羣臣仍賜會於佛寺門樓賜名亳州曰奉元均慶應天府曰重熙頌慶二十三日御奉元均慶樓觀酺從臣預座宴父

老於樓下賜時服茶絹設山車百戲聽民縱觀二十四日復御樓宴父老賜羣臣宴於咸平寺帝作大酺五言勸酒七言詩賜王旦等二十五日以順宗忌罷酺宴二十六日復觀酺凡三日二十九日御重熙頌慶樓觀酺召父老列座樓下翌日行十月十一日詔以玉清昭應宮成賜在京酺五日西京南京三日諸州一日京師以十一月十日始諸州並以十二月内擇日帝以景靈宮建瓶以来中外恊力因命徧頒飲宴十一月十日帝御乾元門觀酺者五日是日近臣咸預宴京畿父老於樓下賜緜袍茶絹十一日宴百官於錫慶院宗室於瑞聖園帝作七言詩群臣咸和十二日宴宗室内職於錫慶院近臣於王旦第十三日宴百官於錫慶院宗室於瓊林苑十四日宴宗室内職於錫慶院近臣於玉津園帥臣會於本司九年四月二十三日詔以景靈宮及兗州宮觀慶成賜在京酺五日西京南京三日諸州軍監一日並取八月内陳設諸縣父老有疾病及艱於步履不願赴者勿強之應赴酺者長吏躬親點閱姓名安酒給食無令失所七月十二日詔前詔賜酺宜俟来春行之天禧元年正月七日詔在京賜酺五日以二月三日為始十日詔以奉上聖號寶冊禮畢賜三京及諸道府軍監酺五日二月三日御正陽門觀酺大合樂京畿父老列座樓下賜茶帛衣服如是者五日是日從臣侍座四

日宴百官於錫院二十七日宴宗室内職於錫慶院賜輔臣果酒時將宴於苑中向敏中等懇辭故罷之四年九月二十三日詔曰朕祇若靈命撫臨庶邦荷宗稷之發祥洽清寧之並貺方隅底定表裏咸和屬袁律之協辰慶甫田之告稔稽於前典著合飲之明文乃眷上都實異方之交湊思延齯齒廣惠衢樽在京可賜酺五日京城兩赤縣父老並令赴其不願者亦聽恩賜如例二十四日詔開封府賜酺日罪人酗酒而不傷人者咸釋之酺假内再犯論如法後賜酺皆此詔十月三日詔應大酺已前授恩命及差遣臣僚並宜放謝辭拜正衙取便進發其合得例物仰閤門取索支賜五年賜酺亦如之五日御正陽門觀酺凡五日是日宴皇太子宗室近臣於樓上父老於樓下西南蕃進奉使咸預六日宴百官於錫慶院宗室於涇王宮帝作七言詩賜之七日宴宗室内職於錫慶院帥臣於步軍司八日宴百官於錫慶院宗室於瓊林苑九日雨輟酺宴帥臣於殿前司十日宴宗内職於錫慶院近臣於丁謂第帝自仲春不豫至是康復五日御闕門民庶瞻望威顏罔不懽忭五年二月二十一日詔曰朕每念烝民之重且思庶獄之繁中宵疚懷當食興歎屢申戒勵冀免滯淹春乃攸司克遵朝旨削封章而来述按牘之無留囹圄盡空憲令幾措而又青春在序玉燭揚明百卉芳華郡生茂遂降康

之慶豈獨於眇冲合飲之歡宜均於遠邇在京賜酺五日西京南京三日諸州一日先是審刑院奏無留按宰臣丁謂賀雨因上言聖躬康裕人情欣悦欲望賜酺所冀萬姓瞻仰天顏與人共樂帝可之乃下詔三月五日閤門言每遇大酺前後殿下座内客省使至閤門祇候内諸司使副宗室將軍已下公服繫鞋内東門起居宰臣親王已下應侍宴臣僚繫鞋於天安慶院帝作景靈宮慶成賜酺七言詩賜令繼和又宴宗室於相王宮五日宴宗室内職於錫慶院近臣於向敏中第六日宴百官於錫慶院宗室於瓊林苑七日宴宗室内職於錫慶院近臣於玉津園帥臣各於本司二年八月十四日詔前歲上聖號寶冊所賜酺今秋豐稔可追行之九月二十三日御正陽門樓觀酺自是凡五日是日皇太子泊從官侍座京畿父老列坐樓下賜緋袍茶帛有差二十四日宴百官於錫慶院宗室於通王宮帝作大酺七言七韻勸酒四韻詩分賜之二十五日復御樓宣賜父老後三日皆然宴宗室内職於錫慶院近臣於向敏中第帥臣於步軍司二十六日宴殿門外起居隨駕登樓皇親已下并駙馬都尉中筵後依例不座勾當賜酺諸司副於朝元門外次已獅未發合赴酺宴團練使已下別班起居執毬杖供奉官於靈臺北勾當賜酺内侍使臣於靈臺南次軍巡使巡檢廂都指揮使已下並常起居

次父老起居訖赴座從之三月六日御正陽門觀酺皇大子近臣並預賜父老衣服茶帛有差七日復御樓自是凡四日宴百官於錫慶院宗室於涇王宮八日宴宗室內職於錫慶院九日宴百官於錫慶院宗室於涇王宮十日宴宗室內職於錫慶院近臣於丁謂第帥臣各宴於本司

卷二千一百卅四　四千二百五十字

太祖開寶七年陳州項城民常真父母死廬墓終喪負土成墳不茹葷血詔旌表門閭先是周廣順中已賜旌表至是再有是命其後真妻病子晏割股肉以食母及死次子守規徒跣日一食廬墓三年太平興國八年又詔旌表之　太宗太平興國三年七月濟州言金鄉縣民李光襲十世同居內無異爨詔旌表門閭常稅外免其他役　四年十一月徐州言彭城縣民彭程四世同居旌表門閭常稅外免其他役　五年四月襄州襄陽縣民張巨源五世同居無異爨詔旌表門閭巨源嘗習刑名書特賜明法及第　又濟州言金鄉縣民李延通自唐武德以來同居內無異爨世世廬墓或父母病必割股肉以食詔旌表門閭　六年十一月詔冀州阜城縣義門戶李罕澄宜與旌表門閭　罕澄義居已七代居家百餘口漢乾祐三年詔改鄉里許立義門仍加旌表至是罕澄上言願別降恩旨故有是命　七年江州言德化縣民許祚八世同居長幼七百八十一口詔旌表門閭　五月陝州言湖城縣張文裕六世同居無異爨詔旌表門閭常稅外免其他役　雍熙元年京西轉運使言襄州民劉方五世同居宗屬凡百口詔旌表門閭　二年十二月洪州胡仲堯三世同居家屬百五十口以孝義聞詔旌表門閭　三年二月南劍州民張虔父死廬墓

卷一萬五千五百四十八

墓側瑞草生詔旌表門閭加賜粟帛　至道三年台州
黄巖縣民郭琮事母極恭順轉運使以聞詔旌表門閭
琮幼喪父及娶妻有子孫移居母室凡母之所欲必親
奉之居常不過中食絶飲酒茹葷者三十年以祈母壽
母年百歲耳目不衰飲食不減鄉黨異之詔書存恤而
有是命　八月南康軍建昌縣民洪文撫六世義居室
無異爨詔旌表其門閭　真宗咸平元年歙州普城民
張岫一七世守塋域有甘露降墓栢詔旌表門閭又江
陰軍民陳思道喪父事母兄以孝悌聞詔賜束帛仍旌
表其門閭　思道以鬻醯爲業母病思道衣不解帶者
數月雙目瘡爛食飲隨母必自母喪水漿不入口七日

卷一萬一千五百四十八

既葬盡取鬻醯之利得錢十萬奉兄結廬墓側日夜悲
慟思道妻時携兒女詣之思道拒不與見夏種瓜以待
過客晝則白兎馴狎夜則虎豹環其廬而卧本軍以聞
而有是命　景德二年池州言青陽縣民方綱八世同
爨家屬七百口居舍六百區每旦鳴鼓會食詔旌表門
閭　大中祥符元年資州民黄德輿葬父母負土成墳
甘泉湧其側詔旌門閭八月詔旌表門閭人自今税外
免其雜差役　天禧四年二月詔諸州旌表門閭户與
免户下色役自餘合差丁夫科配即准例施行　仁宗
天聖元年八月十四日洪州旌表門閭光禄寺丞致仕
胡仲容言爲州縣令同人户差配乞依江州義門陳氏

例蠲免詔本路轉運司契勘舊例施行　七年三月六
日試國子四門助教劉中正上言家本襄州以義居表
門昨授試秩今遇放選乞依鮮于播例注官從之　皇
祐二年五月十三日河北轉運司言定州安喜縣民李
能同居十世乞旌表門閭從之　嘉祐八年（英宗即位未改元）
八月二十五日河北轉運司言北京冠氏縣陳文翊九
世同居聚族百口閨門雍穆及子孫有因葬父負土成
墳者詔旌表其門閭　英宗治平三年十二月二十三
日詔應天下義夫節婦孝子順孫事狀灼然爲衆所推
者委逐處長吏按驗聞奏當與旌表門閭　哲宗元祐
元年四月二[illegible]日詔故太常寺太祝包億妻壽安縣君

卷一萬一千五百四十八

崔氏特封永嘉郡君仍旌表門閭以保信軍言其節行
著於鄉里也　六月二十二日禮部言太原府交城縣
民褚文自唐義聚九世二百餘年詔旌表門閭　八月
四日杭州民俞舉慶七世同居家園木連理州以聞詔
特旌表門閭　三年四月二十七日永監軍博野縣民
張永昌五世同居詔加旌表　七年三月九日唐州言
本州泌陽縣故江寧府録事參軍吳賁女年二十四
歸布衣王令未一年令卒獨有一子其兄欲嫁之號泣
弗許歸老于家今三十二年居于黄池陂每歲農隙躬
率田夫數千人治陂水灌田利及一方邑人服其教令
欲乞特賜旌表詔賜絹一十匹米一十石　六月七日

睦州言青溪縣百姓宋安世九代一門望旌奬以風四方詔賜米絹各五十石匹　九月二十六日岳州言前通判潭州黄誥廬父墓三年生芝草甚衆詔本州支賜絹五十匹仍以誥知歙州　八年十月十八日翰林學士兼修國史范祖禹言昨修神宗皇帝實録伏見元豐六年資州奏資陽縣民支漸熙寧中喪母因廬墓側諸祥備至詔賜粟帛臣修正史再牒資州會問支漸見年八十元祐五年内髮白再黑四齒落復生望授漸一長史助教名目旌其至行詔支漸與資州助教　紹聖元年十二月五日詔衞州王奎言本州節婦王氏少寡安時妻朞年而安時卒婦方孕後數月生男曰岸婦哀

其舅姑甘旨無奉且幸有子以爲之託乃自守弗嫁今十二年奉養舅姑無失教育訓子有方鄉人稱之請申賞典以勵志節詔賜米十斛絹十匹　元符二年四月二十三日詔賜前復州景陵縣主簿趙隨帛三十匹米三十石以本州言隨表母廬墓故旌之　徽宗崇寧元年五月二十九日處州言麗水縣童子周哥九歲喪母卧墳側二年有赤雀十數巢其旁皆可俯窺詔賜粟帛　四年十二月二十六日興元府言城固縣民周文縮妻父患次男周任割肝與母即日平安除已比附割股支與例物訖今後如有似此爲祖父母父母割肝乞遍下諸路依割股條支賞施行禮部檢准敕京畿轉運司

狀陳留縣王堅爲父割肝乞優加支賜詔支絹五匹米麪各一石酒二斗禮部勘當如有割肝之人欲依上件則例支給從之　五年八月十五日蘇州言崑山縣寄居前本州巡塘供奉官趙約之妻夏氏爲患日久有男公遹割股救母痊復禮部檢到潤州奏市易務監官供奉官趙叔鋭爲母患割股詔支賜絹三十匹米十石麪十石酒一石本部看詳法案檢到常人割股給賜條格無似此宗室之家支賜體例詔趙公遹依趙叔鋭例減半支給　大觀元年四月二十九日詔安化軍城縣民王文爲假將仕郎賜袍笏并帛米麪酒以文母病卧冰得魚也　閏十月十八日通仕郎繆潛言伏爲臣營葬

祖父母有鶴飛瑩上河北西路提舉常平司數奏蒙恩特循一資及賜絹五十匹米十石念父諫素行著於鄉里訓臣有方遂至叨忝科第臣禄養弗逮欲將今來循資恩命支賜米帛更不祗受乞回授臣父一官詔繆潛依已得指揮與循一資米帛更不支給繆諫特贈承務郎　二年三月十二日棣州言厭次縣申百姓蘇功成病重長男十三次男十四次男十五三人割股與父食當時安樂又功成妻阿杜患半月未安其男三人亦是割股與母食得安州司雖依條支賞賜緣童子無知能割兩股肉以愈親疾欲望别加旌賞乞降史館詔送祕書省其蘇十三等三人各支賜絹二十匹　三年七月

九日權知兖州王詔言檢准崇寧四年十二月二十六日敕節文今後如有為祖父母割肝之人支絹五匹米麵各一石酒二㪷竊見本州諸縣累申諸色人割肝官司驗視多見肋脇間微有瘢痕若果傷臟腑理無生全緣愚民無知利於給賜妄自傷殘欲乞朝廷詳酌刪去上條杜絶僞冒之弊詔崇寧四年十二月二十六日指揮更不施行　政和二年七月二十六日提舉永興軍等路學事施坰言顧考周書表厥宅里之義取行實之尤者旌其門閭以為一鄉之勸從之　三年三月六日江寧府言故諫議大夫天章閣待制王雱止有一女三歲而雱卒及長適通直郎呂安中生一女而安中卒時

王氏年方二十有七持喪如禮及服除即歸宗守義自誓正潔或諭以改嫁王氏獨毅然謝絶頃居母蕭氏喪哀毀過制宗族稱歎治閨門有法不妄笑語内外整肅至於追遠奉先皆可矜式故夫呂安中雖任通直郎緣未經大禮而安中卒王氏遂無封邑伏望朝廷特賜旌表加之封號非特上副聖時崇奬安石父子之意亦足為天節婦之勸從之　四年十一月仙井監言民樊譚母趙氏病割股以療母五月思橙譚泣橙木下得實以饋詔以譚為榮州助教　六年六月二十七日詔開封府東明縣民陳奉安尉氏縣民張師厚並令旌表門閭以奉安父歿廬墓衆遺妻子師厚兄弟同居三十餘年

故也　七月杭州言昌化縣民章欽妻何氏病長婦潘氏割股次婦盛氏割肝相繼食之而愈詔旌表門閭　八月詔贈吉州吉水縣項氏為孺人以殭民脅迫不從斷指而死故旌之　九月二十九日淄州言學生張祁狀父受八歲叔瀟三歲亡失祖父最受與祖母孀居自後祖母繼亡受幼孤立義居到今五十餘年乞依王權義居體例給賜旌表門閭詔張祁本家特賜旌表門閭　十月三日淄州言淄川縣稅户趙唐弟五人自元祐間父母亡殁居喪盡禮服闋之後誓不分居到今二十餘年其家六十餘口聚於一門兄友弟恭長慈少謹雖義居年深長幼無異言上下同一心緣此孝義家資數

倍然一户内累經重難差役諸子爭相為先乞立義門詔趙唐特賜旌表門閭　七年五月十二日翰林學士許光疑言臣前知河陽日伏見故大理寺丞陳芳家同居三百年一門十四世無異籍之親實聖朝美事詔陳芳旌表門閭　五月二十八日鄆州言平陰縣民楊岊四世同居鄉黨高其義詔旌表門閭　宣和元年二月二十八日興仁府言民宋端營產贍兄義節著顯詔旌表門閭　四年五月三十日開封尹王革言陳留縣民楊珪母亡廬墓後因屋仆出無所損衆謂孝感封丘縣民李從善與弟文元昌析居後文貧乏從善元昌復以財產同居故孟京傑妻王氏年二十二寡居男始四歲父

母俾再適王氏，剪髪自誓，鄉里不識面，節義卓然，乞並賜褒顯。詔楊珪、李從善旌表門閭，王氏特封孺人。 五年二月十八日，詔越州女子湯氏特封孺人，賜帛十匹，以守臣言其節操正潔，彊暴不能侵陵，故旌之。 七年正月二十九日，提舉京東東路常平劉敏才言：「巡歷至萊州膠水縣，訪聞得本縣百姓安平幼失父母，長能還葬，受顧得錢充食用之費，躬土為墳，二十六歲至今不已。獨自廬居守墳，無親戚無子孫者亦與安葬。其純孝卓行出於至誠，伏望優寵，激勸風俗。」詔安平支賜絹十匹。 十一月十九日，南郊制：「如有曾被旌表門閭者，仍依式建立，以示激勸。應天下義夫節婦、孝子順孫，委所

卷一萬一千五百四十八

在長史常加存恤，事狀顯著者具名奏聞。」 高宗建炎三年四月八日，赦：「應忠臣孝子墳墓所在，仰州縣檢照圖經驗實，量加封護，不得侵損。如有曾被旌表門閭者，仍依式建立，以示激勸。」 十一月三日，德音：「應天下義夫節婦、孝子順孫，委所長吏常加存恤，事狀顯著者具名聞奏。」 紹興元年十月十四日，詔寶文閣待制、廣州林遹當苗傅、劉正彥作過之時，首先致仕，可除龍圖閣直學士，以寵其節。 五年九月十七日，常州奏：「垂慶鄉民潘念八取肝救父，致疾痊損，乞加旌賞，以敦風化。」詔賜絹五匹、米五斗、麵五斗、酒一斗，仍令本縣常切存恤。 十月二十六日，楊珪母太宜人郭氏特贈郡夫人。郭

氏在偽齊，獨令男珪歸正，不從偽命，拘留偽地，死於國事，忠義可嘉，故有是命。 七年五月二十二日，南平軍奏：「據隆化縣化成鄉民戶言，稅戶羅紀妻李氏在姑王氏墳側結茆誦經，日負土積墳者三，晝夜號泣，孝道彰聞，遠近欽敬，乞賜旌賞，以崇風化。」詔令本軍量賜粟帛，仍常切存恤。 九年五月二十一日，處州言：「青田縣柔遠鄉民梅仲真死，其孫元眉方七歲，哭泣無時，每夜常抱棺木睡，不嗜肉味。逮至出葬，元眉即隨喪往葬所。將蓋棺，聞元眉哭之慟，即跳身入槨內，凡送喪人無不驚駭。及葬畢，親客俱散，元眉伏地不歸。是夜半，即有羣鵲喜噪，忽見祥光遍照壙所。童子孝行尤異，乞加旌賞。」詔

卷一萬一千五百四十八

令本州量賜粟帛。 六月八日，詔盛修己特贈武翼郎、閤門宣贊舍人，令本州守臣封表其墓，仍送史館。修己建炎三年十月以保義郎權通判宿州，拒賊不屈遇害，因州民請而有是命。 八月二十九日，詔賜成州同谷縣民趙清臣旌表門閭。以成州言清臣事父母至孝，事兄嫂至謹，母病則刲股以進，兄亡則恤孤甚恩，加耕以救貧乏，出穀以助軍須，而其長子廷彥、次子和皆孝弟異常，故有是命。 九月四日，簽書樞密院事樓炤言：「臣入陝西采問節義之士，有原州通判米璞，當劉豫僭竊，羣偽爭進之日，杜門謝病，終不受汙，關陝之人見璞則知有朝廷。前知隴州劉化源，建炎間守隴州，城既陷，

虜使人守視之不得死驅入河北販賣疏菜隱民間十年卒不屈辱以歸前博州簽判劉長孺當劉豫僭逆初萌之日嘗致書於豫勸其轉禍爲福豫毀除告命囚之而日後復起之以官終不屈三人皆老病乞並特除宮觀差遣仍與進官庶幾激勵風俗及有陷睥陷隔以來守節不仕已具奏乞差充鳳翔府教授[illegible]乞更賜褒擢從之　十年五月一日詔以達州文學睦昇爲修職郎權州言昇不仕金國僞齊故命之　十三日令本路帥司與陸等差遣

臣僚言乞倣漢及國朝故事詔諸路州縣長吏精加察舉所部内有孝行殊異卓然爲衆推服者皆以名聞士人擢用民庶表其門閭厚加賜予以旌別之或有其人

（卷一萬一千五百四十八）

而不舉或舉非其人者皆罰之庶幾中外孜孜欽愛之風無愧前古從之　閏六月十一日詔以右迪功郎王寵爲承務郎丹州言嘗有薦寵於僞齊令擢用寵託疾不行不受僞命故命之　八月七日權發遣廣德軍洪興祖言本軍廣德縣左迪功郎李彭年言行有常鄉里稱孝昨者賊兵入境彭年二親相繼被害冒犯白刃收斂營葬追慕哀慟人不忍聞除喪累年蔬食飲水誓終此身詔及其親悽愴泣下出於至誠委有顯迹可以激勵風俗詔賜旌表門閭　同日南平軍言隆化縣弓手吳沂事母至孝養生送死兩盡其節乞賜旌賞詔令本軍量賜粟帛　十一年正月二十九日徽州言林寧縣

缺字應旁寫下同

民程栢妻李氏病男程缺即割股以進之遂安詔令嚴州依格給賞仍令本縣常加存恤　三月二十一日詔賜中亮大夫缺州防禦使權發遣熈河蘭鞏路兵馬鈐轄缺都護右部同統制程俊旌表門閭　以鄜延安撫司言其孝於父母義於兄弟委有實跡乞賜旌表故有是命　五月六日詔賜成州同谷縣民缺澤家旌表門閭以澤家六世不分兄弟和睦澤存撫遺孤鞠養貧族行義異常植物見瑞成州言其實狀故有是命　六月二十九日詔賜全州葛全鄉免解進士蔣樂旌表門閭全州奏舉持喪盡節結茅守墓孝行感動十芝生於墳側乞賜旌表故有是詔　十二年九月十三日赦應孝

（卷一萬一千五百四十八）

子順孫義夫節婦所宜旌表以厚人倫事狀顯著仰長吏保明以聞　十二月十二日詔賜明州楊慶行旌表門閭　以本州言慶行累割肝乳以愈親疾乞賜旌表故有是詔　十三年三月六日詔信州鉛山縣民王小十刲腹取肝以愈母疾可旌表門閭易其鄉名爲旌孝仍宣付史館從本州請也　六月三日詔賜興化軍莆田縣國學進士郭義重旌表門閭　以本軍言義重事親至孝母死廬墓竭盡哀節感致瑞物乞加旌表故有是詔　十月二十五日湖州言長興縣民華小九取肝以療父疾孝行顯著乞賜褒加詔賜旌表門閭宣付史館

十八年閏八月二十五日潮州言保義郎林昌朝自

廣州主管廣
南東路經略
安撫司公事
龔茂良奏到
係之初布宣
德意
此段添詢問上

曾祖以來四世不析居異財一家長幼並循禮法紹興六年本州荒歉昌朝出米以濟貧民全活者甚衆詔賜旌表門閭　乾道五年四月二日權發遣詢問風俗有士民等陳狀稱仰惟朝廷孝治均被天下雖在遐陬民知觀感近年本州劉氏二女刲肝割股以療母疾州司具奏雖恩奬未下衆實欽慕[illegible]邇來有傷風敗教如陳植陳讜兄弟平日與其姊有間言一日姊死植讜訴其夫以為毆姊致死必欲陵辱其軀檢驗至四並無他故植讜致生虛妄閑風俗係教化莫大於此詔劉氏本家賜旌表門閭仍宣付史館令本州依格倍給支賜陳植陳讜疾速根勘具案聞奏令刑部立法申尚書省　六

（卷一萬一千五百四十八）

年十一月六日大禮赦應忠臣孝子墳墓所在州縣量加封護不得侵損如有曾被旌表門閭者仍依式建立以示激勸　九年二月十五日詔雅州榮經縣進士趙仝邵州邵陽縣學生聶致堯各以孝行節誼顯著并寧國府宣城縣百姓俞楫三世兄弟同居遵奉先訓保家勤儉並賜旌表門閭以邀州應赦保奏故也　十一月二十五日詔漢州什邡縣進士陳敏政家特賜旌表門閭自敏政高祖母王氏遺訓至今五世同居以孝友儒業著聞鄉黨推慕本州保明聞奏故有是命　淳熙二年十二月十七日慶壽赦應孝行節義著於鄉閭者令長吏保明以聞當議旌錄　三年十一月十二日南郊赦應義夫節婦孝子順孫委所在長吏常切存恤事狀顯著具名以聞（六年九年明堂赦同）　淳熙十六年二月四日登極赦應孝子順孫義夫節婦所宜旌表以厚人倫事狀顯著者仰長吏保明來上其間孝行卓異之士別項保奏　紹熙二年十一月二十七日南郊赦應義夫節婦孝子順孫委所在長吏常切存恤事狀顯著者具名以聞應忠臣孝子義夫節婦墳墓所在仰州縣檢照圖經驗實量加封護不得侵損如有曾被旌表門閭者仍依式建立以示激勸　紹熙五年七月七日登極赦應義夫節婦孝子順孫所宜旌表以厚人倫事狀顯著仰長吏保明來上其間孝行卓異之士別項保奏　嘉定四

（卷一萬一千五百四十八）

年九月六日詔真州揚子縣懷義鄉里居吳汝明賜旌表門閭令長吏致禮以守臣潘友文言汝明積世同居慈孝輯睦母病刲股全活所居舍側芝草發生蝗蝻犯境不食其家禾稼賑救飢困全活為多門首異木合生人皆稱義木照明堂赦文具名以聞故有是命　五年二月十四日江州言德安縣進士陳炎狀積世義居始自唐朝更歷五代皆曾旌表至于本朝累被聖恩因遭兵火家屬離散自建炎以來高祖至炎及孫委實七代同居有一百餘口自幼至長不蓄私財鄉里父老衆所共知乞加旌表詔與特賜旌表門閭仍令長吏致禮　七年十一月二十日江南西路轉運司言吉州安福縣

進士彭經與弟顥綱繼累世孝義居喪以及父喪十年卻酒肉每飯以盆置于庭畢集乃飯否則莫敢先私室惟藥爐外雖瓶罌亦不敢設其童稚皆有徐行後長之習高伯祖謨叔祖育具後不傳經等爲之經紀甚倫非忠信孝悌不出諸口不行諸身欲照赦書旌褒以爲天下之勸詔特旌表門閭仍令長吏致禮　淳熙三年三月十六日詔成州天水縣民胡公預家令本州倍賜束帛旌表門閭仍宣付史館既而成州言公預建炎初被金人虜至河中府公預與子璋告以父母垂白無人供侍虜愍而縱之得歸母李氏憂念哭泣將失明公預舐目復明其子璋又善承顏子孫世世義居故有是命

《卷一萬一千五百四十八》

九月三日詔吉州安福縣鄉貢進士劉承弼旌表門閭仍令長吏致禮既而吉州言承弼事父母至孝居母喪哀毀骨立孝行節義實宜旌録故有是命　十二月二十九日蘄州言黃梅縣民户甫三世同居詔旌表門閭

六年正月二十九日詔潼川府中江縣進士楊榆旌表門閭既而縣人言榆母病剔肝供饋潼川府上其事故有是命　九年十二月六日詔新筠州臨江軍巡轄馬遞鋪王忠直孝行俱聞世實希有特與陞等差遣令福州依格給賜仍宣付史館以父近任福州轄鈐因患危困忠直七刲股一取肝救父痊愈繼燃臂謝罪于天以福州奏聞故有是命　十二年十一月三十日平江

府言武功大夫英州刺史特添差浙西副總管趙閌取肝救父詔開趙昔忠於國今孝其親可特轉濮州團練使

《卷一萬一千五百四十八》

宋會要 賚賜

宋太祖建隆元年正月賜宰相樞密使諸軍倒校襲衣犀玉帶鞍勒馬有差七月宴侍衛親軍馬步軍都指揮使韓令坤等於禮賢講武殿賜襲衣器縏鞍馬有差以賞澤潞之功始十月始賜宰相樞密院宣徽三司使端明翰林樞密直學士見任前任節度觀察防禦團練使刺史諸軍列校冬服有差郡國長吏邊防將士遣使就賜之 二年三月賜王貽衣帶鞍馬十一月己卯上始獵於近郊賜宰相樞密使節度觀察使團練使統軍侍衛諸軍都校錦袍 慕容延釗為山南東道節度是冬大寒遣中使賜以貂裘百子氈帳 三年四月李奕興遣

卷一萬三千七百二十三

使貢馬上以玉帶賜之 十月始賜文武常參官冬服先是累朝以來止賜將相翰林學士諸軍大校至是太祖謂侍臣曰冬服不賜百官甚無謂也宜並賜之乃以冬十月乙酉朔賜文武常參官時服自後隨為定制郭進守雄州太祖令有司造第於御街之東欲以賜之使盡用甑瓦有司言非親王公主例不應用太祖大怒曰進為我捍契丹十餘年使我不憂西山豈不可比我兒女乎用之宅成以賜進進屢辭乃敢受太平興國中始别賜進宅或以為因展修相國寺併入為寺基也乾德二年十一月命王全斌等伐蜀冬暮大雪上設氈帷於講武殿衣紫貂裘帽以視事謂左右曰我被服如

此體尚覺寒西征將帥衝犯霜露何以堪處即解裘帽遣中黃門馳驛賜全斌且諭旨諸將以不能徧及也全斌感泣 太祖問雷德驤曰古者以官奴婢賜臣下遂與本家姓其意安在對曰古人制貴賤之分使不可濟恐後世譜牒不明有以奴主為婚者太祖曰卿還得古人立法意歎息久之詳雷德驤傳 三月正月命參知政事呂餘慶知成都府賜衣一襲金束帶一絹五百匹金鍍銀鞍勒馬一又命樞密直學士馮瓚知梓州賜衣一襲金束帶一絹百匹是歲召王昭素賜坐便殿講乾卦至九五飛龍在天曰此及正當陛下今日之事因風諫上悅三月辛亥以為國子博士

卷一萬三千七百二十三

宋會要

二年三月知江州周述言廬山白鹿洞學徒常數百人望賜九經書使之肄習詔國子監給以印本仍傳送之十月賜宰輔近臣刑統各一部仍詔書令中外臣僚於公事之外常讀律書使研究其義施之以斷事守之可以檢身是月賜百官諸軍校百夫長以上各服有差將校之在外者及藩鎮州郡悉遣使齎以賜之自是歲以為常 三年幸崇文觀書宰輔諸王檢閱問難賜飲中堂盡醉而罷 四年十一月詔賜沿邊戍卒衣服悉以綿遣使者護送之 八年六月辛亥賜宰相文明翰林樞密直學士中書舍人節度觀察使建州所貢新茶

九年五月賜臣僚時服自是歲以為常凡五月五
日賜服二府宰相至同簽書樞密院事親王三師三公使
相東宮三師觀文殿大學士僕射宣徽使殿前都指揮
使至馬步軍都虞候節度使駙馬都尉五事潤羅公服
繡抱肚黃縠汗衫熟線綾夾袴小綾勒帛銀裝扇子二
舊式大綾夾袴勒帛都尉須觀察使已上金吾將軍皇
親刺史已上九事扇子並同宰臣惟小綾勒帛兩使留
後觀察使四廂都指揮使忠佐鎮國練使五事扇子同
皇親刺史惟大綾夾無潤羅東宮三少尚書三司使至
權發遣使公事觀文殿學士至樞密直學士並同僕射
惟綾繡抱肚舊式尚書同待制三司使防禦團練使刺
史同留後惟綾繡抱肚舊式同三司使惟無潤羅御史
卷萬三千七百二十三
中丞閣直學士宮觀判官四事潤羅公服黃縠汗衫小
綾勒帛熟線綾夾袴銀裝小扇子二舊式大綾夾袴權
中丞如待制之例知審刑判檢院並同諸統軍四事同
中丞惟無潤羅扇子無銀裝諸衛上將軍同統軍惟增
綾繡抱肚又改小綾汗衫常侍賓客丞郎給諫舍人知
制誥待制卿監祭酒詹事三司副使至發遣公事五事
羅公服綾繡抱肚小綾衫衫勒帛大綾夾袴舊式三司
副使如宮觀判官內客省使延福宮景福殿使同防禦
使惟扇子無銀裝皇親大將軍將軍諸司使副使四事
羅公服小綾汗衫勒帛大綾夾袴銀裝小扇子二少卿

監知雜司業庶子諭德郎中樞密都承旨至諸房副承
旨橫行使宣慶宣政昭宣使諸司使大將軍入內省都
知押班四事羅公服小綾汗衫勒帛大綾夾袴無扇子
舊式三司判官判勾準此知雜入內都知並同員外郎
押班同承旨皇親崇班以上三事同諸司使而無袴舊
式有扇子而無銀裝起居郎至著作郎三院御史員外
郎少詹事率更領博士三丞大理正以上開封府判官
將軍橫行諸司副使樞密逐房副承旨皇親殿直以上
三事同少卿監而無袴通事舍人承制崇班及閤門祗
候二事同諸司副使而無勒帛中允至洗馬尚藥奉御
至五官正閤門看班三司勾當使臣京官任在京職事
卷萬三千七百二十三
者二事羅公服絹汗衫今選人充館閣職任同幕職州
縣官三班使臣任在京職事當賜者止羅公服監文思
院門紫絁衫內侍兩省使臣供奉官並紫羅公服內常
侍加小綾汗衫內侍至黃門入內殿頭至奉輦皆勾紫
羅窄衫絹襴內侍祗候高品至後皷散內品入內貼祗
候內品至雲韶部內品紫宮絁窄衫絹襴其內侍非宿
直及在京勾當不給入內後苑內品至散內品紫平絁
窄衫絹襴寄班祗候奉職借職羅公服殿直以上加絹
汗衫舊式帶器械高品以上並羅公服絹汗衫凡諸軍
捧日天武龍衛神衛拱聖驍勝宣武神勇虎翼步武龍
猛吐渾驍騎軍都指揮使諸班殿前指揮使遙郡都虞

候御前忠佐馬步都軍頭及遥郡副都軍頭五事羅公
服綾繡袍肚黄絁汗衫小綾勒帛大綾夾袴扇子二恩
有銀裝不遥郡副都軍頭五事並同都軍頭惟小綾汗
衫小扇子二捧日至神衛不遥郡虞候及諸班内員僚
御龍四直都虞候指揮使御前忠佐步軍副都軍頭已
上行門殿前散直鈞容直指揮使五事並同都軍頭惟
絹汗衫開封府馬步都指揮使四事羅公服小綾汗衫
勒帛大綾袴無扇子拱聖至驍騎及雲騎奉節歸聖効
忠武騎雄武渤海寧朔都虞候捧日至神衛指揮使殿
前都指揮都知四事羅公服絹汗衫大綾夾袴小綾勒
帛小扇子二内殿直散員散指揮散都頭散祗候龍旗

卷二萬三千七百二十三

金槍東西班内員僚外殿直都知三事羅公服絹汗衫
大綾夾袴小扇子一開封府馬軍步軍副都指揮使以
上牢城都指揮使三事同外殿直都知而無扇子拱聖
至寧朔及驍猛馬直步直揀中龍神衛契丹飛猛衛聖
威虎神威宣効横塞威猛廣勇鞭箭雲捷歸明雄武指
揮使捧日至神衛及御龍四直副指揮使教駿廣備忠
節威武都虞候殿前指揮使副都知二事羅公服絹汗
衫小綾夾袴小扇子一内殿直至外殿直副都知殿前
散直都知三事羅公服絹汗衫勒帛拱聖歸明雄武副
指揮使教駿騎御馬歸聖順聖勇捷步鬭雄勇廣德静
戎平塞歸化順化忠節橋道清塞廣備歸恩雄勝威武

懷勇効順懷愛指揮使六軍搭材都虞候殿前指揮使
押班二事同威武都虞候而無袴亦小扇子一御龍四
直都頭一事同殿前指揮使押班而無子子皇城司都
虞候二事羅公服小綾汗衫教駿至懷愛副指揮使内
殿直至外殿直押班押審御龍四直副都副新立内員
僚直行首副行首殿前散直副都知押班龍神衛剩員
保寧搭材藝務廣德指揮使開封府六軍副指揮使以
上羅公服殿前指揮使行門殿直及内殿直之進御弩
者鈞容直招箭班都知副都知紫羅旋襴小綾汗衫鈞
容直招箭班押班都部頭内園御輦翰林儀鸞八作綾
錦事材車營務諸司都虞候紫羅綾襴捧日至神衛軍

卷二萬三千七百二十三

使都頭龍神衛剩員至廣德副指揮使効節指揮使員
僚直行首押蕃已上軍頭司副兵馬使以上紫羅寛衫
旋襴捧日至神衛副兵馬使副都頭拱聖至鞭箭軍使
至副都頭軍頭司殭壯及散指揮使副指揮使以上契
丹渤海吐渾使以下赴起居者紫羅寛衫絹襴龍衛及
骨子桑直内殿直至内員僚直殿前散直招箭班及外
殿直散祗候東西班權管指揮者軍頭目散員至副兵
馬使殭壯副都頭散副都頭以上契丹渤海吐渾軍使
以上不赴起居者教駿騎御馬軍使副兵馬使歸明散
員僚諸司指揮使副指揮使以上軍頭司副都頭以上
紫羅窄衫絹襴御龍弓箭弩鈞容契丹吐渾等直歸聖

至懷愛龍神衛剩員至廣德都頭副都頭六軍喝探副
都頭以上開封府步軍副都頭及諸司軍使副都頭以
上紫官絁衫子御輦院供御輦官以上車子院將虞候
紫平絁衫子外仗使作坊前宿直者軍頭司承局御輦
院下都輦官車子院官健紫南細衫子凡增立諸軍並
准視名額等第給之凡在京諸色人中書堂後官樞密
主事二事羅公服小綾汗衫前諸司使二事羅公服絹
汗衫翰林天文知歷算御書待詔翰林醫學書藝書直
學御書祗候前防禦團練副使當直奉職以上宣詞令
左右軍巡使中書主事諸鎮節度進奏官教坊使羅公
服中書錄事守當官以上樞密院令史書令史宣徽院

卷一萬三千七百二十三

前行三司孔目官教坊副使色長監承進司高品學士
院書詔孔目客官省行首勾押官紫羅寬衫樞密院雜
事承進銀臺司帖房三司勾覆官以上宣徽院後行客
省閤門承受諸州進奏官檢鼓院糾察提舉司府吏後
行以上秘閣典書翰林醫人紫羅窄衫絹襴禮賓院客
省軍頭司譯語御輦院專典提舉司貼司紫官絁衫子
秘閣楷書御輦院曹司乳酪匠學士院親事官皇城鑠
鑰庫子紫平絁衫子內衣物庫專典二事小綾背子絹
汗衫軍頭司勾押官以下黃絹汗衫其品目均者準此
餘以青絹紬赤黃皂雜布衫袴黃絹等第給之凡十月
一日賜服二府宰臣至同簽書樞密院事親王三師三

公使相東宮三師觀文殿大學士僕射宣徽使殿前都
指揮使至步軍都虞候節度使駙馬都尉皇親正任團
練使以上寬對衣五事紫潤羅夾公服天下樂暈錦寬
錦袍小綾汗衫勒帛熟線綾夾袴舊式大綾夾袴都尉
任觀察使者方給潤羅皇親遙刺史以上並同正任團
練使惟簇四鵰寬錦袍舊式刺史以上並同親王東宮
三少尚書三司至權發遣使公事觀文殿學士至樞密
直學士內客省使紫潤羅夾公服簇四鵰寬錦袍小綾
汗衫勒帛熟綿綾夾袴舊式尚書同丞郎兩使留後觀
察使四廂都指揮使皇親大將軍將軍諸司使忠佐領
團練使紫羅夾公服川錦寬錦袍小綾汗衫勒帛大綾

卷一萬三千七百二十三

夾袴舊式簇四鵰錦統軍上將軍防禦團練使刺史皇
親諸司副使五事紫羅夾公服翠毛細錦寬錦袍小綾
汗衫勒帛大綾夾袴御史中丞閤直學士宮觀判官紫
羅夾公服師子大錦寬錦袍小綾汗衫勒帛大綾夾袴
舊式知通進銀臺司勾當三班知審刑判檢院準此常
侍賓客丞郎給諫舍人知制誥待制卿監祭酒詹事三
司副使至權發遣公事五事羅夾公服綾綿夾袍肚小
綾汗衫勒帛大綾夾袴舊式三司副使同宮觀判官延
福宮使景福殿使五事紫潤羅公服熟綿綾夾袴餘同
統軍金吾大將軍紫羅夾公服紅錦寬錦袍小綾汗衫
勒帛大綾夾袴舊式同統軍少卿監知雜司業庶子諭

德郎中橫行使宣慶宣政照宣使樞密承旨至諸房副
昭
承旨大將軍諸司使入內內侍省都知押班 羅夾公服
小綾汗衫勒帛大綾夾袴舊式三司判官判勾准此知
雜同員外郎內侍省都知入內都知副都知同橫行副
使內侍省副都知押班入內押班閤通事舍人 起居郎
至著作郎三院御史員外郎少詹事率更令傳士三丞
大理正以上橫行諸司副使將軍皇親率府率副樞密
院逐房副承旨 羅夾公服小綾汗衫勒帛舊式皇親崇
班以上同諸司使殿直以上同副使 通事舍人承旨崇
班率府率副率 紫羅夾公服小綾汗衫 中允至洗馬尚
藥奉御至五官正三司勾當使臣京官在在京職事者
卷萬三千七百二十三
羅夾公服絹汗衫令選人充館閣職任同舊式京官任
親正諸宮者惟無汗衫 幕職州縣官三班使臣任在京
職事當腸者 止羅夾公服 閤門看班軍巡使 以紫綾綿
旋襴為差 內侍兩省使臣 內常侍供奉官紫羅夾公服
小綾汗衫入內殿頭至奉輦當勾內侍殿頭至黃門紫
光色大綾綿旋襴祗候高班內品至入內品紫袍絁綿
旋襴入內貼祗候內品至後苑散內品內侍祗候高品
至後苑散內品紫小綾綿旋襴寧班祗候紫乾色大綾
綿旋襴舊式內常侍同宣事舍人內侍並紫大綾綿旋
襴殿頭以上帶器械紫羅綿旋襴 凡諸軍棒日至驍騎
都
軍指揮使諸班御龍四直遙郡都虞候忠佐馬步都軍

頭及遙郡副都軍頭 翠毛細錦綿旋襴 不遙郡副都軍
頭舊式方勝宜男細錦綿旋襴 不遙郡諸班及御龍四
直內員僚直棒日至神衛軍都虞候諸班至員僚直及
殿前散直行門鈞容直指揮使忠佐步軍副都軍頭以
上開封府馬步都指揮使 盤毬雲繡細錦綿旋襴 拱聖
神勇驍騎武騎宣武龍猛雄武虎 吐渾廣備渤海驍
勝寧朔都虞候捧日至神衛及員僚直指揮使 師子大
綿綿旋襴 拱聖至寧朔及順聖衛聖歸聖奉節廣德効
忠馬直步直威虎雲捷聲駿伴飯騎御馬內員僚直龍
神衛剩員指揮使捧日至神衛御龍四直員僚直神勇
吐渾渤海副指揮使忠佐都虞候開封府馬步副指揮
卷萬三千七百二十三
使供奉官以下權管軍者 方勝練鵲錦綿旋襴 飛猛橫
塞神威宣効威猛歸明雄武指揮使 紅團花大錦綿旋
襴 諸軍副指揮使勇捷歸化順聖清塞忠節橋道保寧
指揮使六軍搭材都虞候開封府馬步都虞候以上 紅
團花中錦綿旋襴 六軍廂虞候 細團花次中錦綿旋襴
殿前及行門都知 紫地紫花透身歌正綿旋襴 內殿直
散祗候散指揮使散都頭散員東西班金槍龍旗內員
僚殿前散直外殿直都知皇城都虞候 紫羅綿旋襴 內
殿直至外殿直及殿前行門副都知鈞容直招箭班都
知副都知諸班直押番押班皇城等諸司都虞候 紫乾
色大綾綿旋襴 內殿直以下及殿前節級十將捧日已

下軍使至都頭負償直行首押番伴鼓騎御馬軍使副兵馬使勇捷至保寧副指揮使六軍指揮使軍頭司都都指揮使至副都頭鈞容指箭押班東西班小底拔帶殿衛開封府本城指揮使皇城諸司等指揮使忠佐軍使副兵馬使紫大綾綿旋襴御龍弓箭弩手長行紫花絁綿旋襴東西班下茶酒殿侍之內宿者內員僚鈞容殿前散直長行紫羅大綾綿旋襴諸軍都頭副都頭以上內員僚契丹女真等長行軍頭司散副都頭以上教駿唱探伴飯軍使副兵馬使皇城等諸司副指揮使至副都頭紫小綾綿旋襴玉清昭應宮雜役十將皂紬綿旋襴牛羊司放牧軍士外仗作坊前宿直長行黃綢綿襖凡增立諸軍各隨名額等第給之

卷一萬三千七百二十三

凡在官諸色人前任防禦至刺史翠毛細綿旋襴供奉官以下皇城內監庫務及騏驥牧監文思院者二事黑公服小綾汗衫翰林天文知歷筭御書待詔翰林醫官醫學書藝書直藝學御書祗候樞密主事中書堂後官主事學士院錄事羅公服教坊使紫羅綿旋襴中書錄事至守當官樞密令史書令史三司孔目勾神官紫羅寬袍前諸司使教坊副使至色長紫乾色大綾綿旋襴宣詞令左右軍巡使供奉官以下當直者節度使進奏官秘閣典書三省監左藏庫文思院門及進奏店宅務者教坊都知紫大綾綿旋襴樞密院雜事承進銀臺司貼房宣徽院後行

以上三司勾覆官秘閣楷書客省閤門承受學士院書詔孔目官諸州進奏官客省禮賓院譯語軍頭司押司官檢鼓院糾察提舉司府史後行以上翰林醫人天文院節級御輦官節級以上紫小綾綿旋襴司天節級天文院學生理檢院令史秘閣通進銀臺司親事官契丹譯語大內鑰匙庫子乳酪匠御輦下都輦官輦子院官健皂細綿旋襴軍頭司承局以上儀鸞卓帳匠黃絹綿襖其品目均者準此餘以赤黃紬綿襖皂絹綿旋襴緋平二宜細襖子絹衫袴等第給之凡賜外任初冬衣襖使相節度使兩使留後觀察使五事暈錦旋襴大綾背子紗袴小綾汗衫勒帛尚書管軍四廂都指揮使以上

卷一萬三千七百二十三

及知益州五事次暈錦綿旋襴餘同觀察使學士直學士丞郎及知并州三事簇四鵰細錦旋襴小綾汗衫大綾夾袴給諫舍人待制橫行使以上翠毛細法錦綿旋襴防禦團練使及正副史知州者倒仙牡丹細錦綿旋襴若任總管鈐轄者及他官知廣州皆賜三事翠毛細法錦綿旋襴小綾汗衫大綾夾袴等邊郡諸司使及益州鈐轄方勝宜男細錦綿旋襴益州鈐轄仍加小綾汗衫諸司使橫行副使副都軍頭以上盤毬雲鴈細錦綿旋襴大御監至陞朝官諸司副使至供奉官大將軍至將軍內侍至高品以上紫獸正錦旋襴天聖年後改用紫羅京官侍禁至借職醫官及幕職知春州紫乾色大

綾錦旋襴河北河東陝西都轉運使舊非止賜紫歎正
景德元年賜方勝練鵲大錦綿旋襴其溪洞刺史例仙
牡丹細錦綿旋襴溪洞知州方勝宜男細錦綿旋襴溪
洞都巡檢使及陝西沿邊巡檢蕃官供奉官以上方勝
練鵲大錦綿旋襴溪洞首領及陝西緣邊蕃官刺史以
上知唐龍鎮紅團花大錦綿旋襴溪洞義軍指揮使及
陝西緣邊巡檢蕃官侍禁以下知豐州紅團花中錦綿
旋襴溪洞義軍副指揮使及蠻界邊寨指揮使把截寨
將以上紫小綾綿旋襴凡外任通判監監押巡檢駐泊
知城寨以上皆賜荆南杭益州監臨物務及眞州權貨
務雄州權場泗州守橋府界捉賊巡黃汴河皆賜之駐
卷萬三千七百二十三
泊就糧屯駐本城諸軍巡檢隨行者皆降勑書示諭第
賜衣襖　凡誕聖節賜服二府宰臣至同簽書樞密院
事親王三師三公使相東宮三師觀文殿大學士僕射
宣徽使殿前都指揮至步軍副都指揮使節度使皇親
遙刺史以上六事紫潤羅公服紅羅繡襜抱肚小綾汗
衫勑帛熟綿綾夾袴舊式大綾夾袴東宮三師僕射無
襜駙馬都尉任觀察使以上准此東宮三少尚書三司
使至權發遣使公事觀文殿學士至寶文閣直學士中
丞宮觀副使五事紫潤羅公服綾繡抱肚小綾汗衫勑
帛熟綿綾夾袴舊式大綾夾袴閣直學士無潤羅尚書
司丞郎殿前都虞候至步軍都虞候內客省使延福宮

使景福殿使五事同節度使而無襜兩使留後觀察使
四廂都指揮使皇親大將軍將軍忠佐領團練使紫羅
公服紅羅繡抱肚小綾汗衫勑帛大綾夾袴舊式同步
軍都虞候惟無潤羅金吾上將軍舊式同僕射上將軍
統軍同留後常侍賓客丞郎給諫舍人知制誥待制御
監宮觀判官三司副使至權發遣公事祭酒詹事率更
令防禦團練使刺史皇親諸司使副使大將軍同留後
惟綾繡抱肚舊式知審官院准此大將軍同統軍少卿
監知雜司業庶子諭德少尹郎中橫行使宣慶宣政昭
宣使樞密　旨至諸房副承旨諸司使將軍入內都知
押班皇親殿直以上羅公服小綾汗衫勑帛大綾夾袴
卷萬五千七百二十三
舊式知雜同員外郎兩省都知並准此押班無勑帛起
居郎至著作郎三院御史員外郎少詹事博士大理正
以上率府率橫行諸司副使樞密使逐房副承旨三事
羅公服小綾汗衫勑帛通事舍人承制崇班羅公服小
綾汗衫中允至洗馬尚樂奉御丞五官正閤門祇候三
司勾當使臣京官任在京職事者羅公服絹汗衫幕職
州縣官充館閣職任者准此舊式三司推官巡官並同
京官編修校勘者止羅公服幕職州縣官三班使臣任
在京職事當賜者止羅公服內侍兩省使臣內常侍同
崇班供奉官及寄班羅公服殿頭至黃門並紫羅窄
衫入內祇候殿頭至後苑散內品紫宮絁窄衫舊式當

直奉職內侍帶器械者並羅公服內帶侍加小綾汗衫
小底以上並紫羅窄衫四揆監祇候庫內品紫羅官絁
窄衫四揆凡諸軍捧日至驍騎軍都指揮使諸班及殿
前指揮使御龍四直遥郡都虞候御前忠佐馬步都軍
頭副都軍頭五事羅公服綾繡抱肚小綾汗衫勒帛大
綾夾袴諸班直及內員僚御龍四直不遥郡都虞候指
揮使鈞容行門散直指揮使忠佐步軍都軍頭以上五
事同遥郡都虞候惟絹汗衫開封府馬步都指揮使四
事同都軍頭惟小綾汗衫拱聖至寧朔都虞候捧日至
神衛及員僚直指揮使殿前都知伴飯指揮使四事羅
公服續汗衫小綾勒帛大綾夾袴開封府馬步副都指

卷萬三千七百二十三

揮使二事羅公服小綾汗衫大綾夾袴拱聖至寧朔及
雲捷雄武指揮使奉日至神衛員僚直副指揮使殿前
副都知內殿直至外殿直及鈞容招箭班都知三事同
馬步副都指揮使惟絹汗衫內殿直以下副都知御龍
都頭三事羅公服絹汗衫小綾勒帛皇城司都虞候二
事羅公服小綾汗衫拱聖至寧朔副指揮使搭材都虞
候教駿至騎御馬指揮使伴飯副指揮使二事羅公服
絹汗衫忠節至廣德指揮使教駿至騎御馬副指揮使
御龍直副都頭殿前及內殿直以下押班內員僚直行
首副行首龍神衛剩員保寧指揮使副指揮使伴飯軍
使止羅公服捧日至虎翼軍使副都頭以上御龍內僚

員僚直押番以上鈞容直都部頭軍頭司散兵馬使以
上忠節搭材副指揮使紫羅寬衫四揆招箭押班行門
殿直皇城等諸司都虞候紫羅夾旋襴皇城等諸司副
指揮使以上法酒庫都頭以上教駿騎御馬副兵馬使
以上紫羅窄衫四揆御龍直骨朶子內殿直至槍直行
門天武官軍頭司副押班副都頭以上宮觀雜役副指
揮使內宿殿侍招箭殿侍鈞容直紫花絁窄衫四揆御
龍弓箭弩直內員僚渤海軍頭至長行紫官絁窄衫四
揆樞密院大程官副都頭以上外仗作坊前宿直長行
紫南紬窄四揆凡增立諸軍各准視名額等第給之凡
在官諸色人諸鎮進奏衙內指揮使四事同諸司使樞

卷萬三千七百二十三

密主事中書堂後官主事諸州進奏衙內指揮使二事
同崇班翰林天文知歷筭御書待詔翰林醫官醫學書
藝書直藝學御書祇候左右軍巡使左藏監門奉職諸
州進奉判官節度使進奉官禮直官副禮直官學士院
錄事羅公服教坊使副使紫羅寬衫四揆小綾汗衫監
承進司內侍諸州進奏官諸州進奉軍將以上中書守
當官樞密書令史以上學士院孔目官宣徽院後行三
司孔目官客省閤門勾押官以上教坊色長以上紫羅
寬衫四揆諸州進奉人樞密通進司雜事客省閤門承
受紫羅窄衫四揆客省禮賓院譯語紫官絁窄衫四揆
三司勾覆官以上尚衣庫專典小綾背子絹汗衫軍頭

司承局以上絹汗衫其品目均著准此餘以紫花平絁
等第給之

宋會要

凡大臣生日及文武官内職中謝朝見受外任及出使
朝辭並於閤門支賜分物及諸州鎮蕃國進奉牙校人
從見辭皆有賜或駕出田獵從官賜紫羅綿旋襴腰䌫
等凡言賜衣五事者紫羅衫一小綾汗衫一七綾䌫頭
𧜟一勒帛一絹抹肚一无三事無勒帛抹肚賜羅衫者
紫羅窄衫一其所支賜錢物每於合屬庫務取索賜訖
閤門出憑由付遂受除破又有朝辭别賜並樞密院奏
定其數付入内内侍省差使臣押賜兩制以上有主錄

卷萬三千七百二十三

銀雖或數百它百有二三百十至數十千已上各有常
數凡親王宰相使相生辰並賜衣五事錦綵百匹金花
銀器百兩馬二匹金塗銀鞍勒凡宰相樞密使參知政
事樞密副使宣徽使簽書樞密院事初拜加恩中日謝
並賜衣五事金帶一舊荔枝渾化後宰相參知政事文
臣在樞密副使改賜方團胯毬路金事加以金束塗金
銀鞍勒馬一三司使學士御史中丞初拜中謝日賜衣
五事荔枝金帶一金塗銀鞍勒馬一文明殿學士以下
初賜金裝犀帶後改賜金帶中書舍人賜襲衣犀帶宰
相以下對御讌賜樞密直學士中書舍人謝訖中使押
賜再入謝於别殿中書舍人或告謝日已改賜章服則

罷中使押賜凡使相節度自鎮來朝入見日賜衣五事
金帶鞍勒馬朝辭日賜窄衣六事金束帶鞍馬一散馬
二節度使减散馬二為都總管者别賜帶甲鞍勒馬凡
觀察使為都總管副都總管赴本任知州賜窄衣三事
金束帶鞍勒馬防禦團練使刺史為總管鈐轄賜窄衣
三事金束帶諸司使為鈐轄賜窄衣金束帶凡僕射以
上知判州軍二月後支窄衣三事絹五十匹十月後欵
正綿旋襴一絹五十匹上將軍統軍尚書左右丞侍郎
學士給事諫議中書舍人知制誥待制大卿監諸司使
知判州府軍監通判轉運使副使都監都巡檢知軍知
監軍使監使二月後窄衣三事絹三十匹十月後欵正

卷萬三千七百二十三

綿旋襴一絹三十匹總管人夫修河修城巡河養馬止
賜絹三十匹大將軍以下至率府副率少卿監郎中以
下至贊善洗馬五官正諸司副使知通州判轉運使副
使判官知軍都監巡檢知軍知監軍使監使二月後窄
衣三事絹二十匹十月後大綾綿旋襴一絹二十匹總
管人夫修河修城巡河養馬止賜絹二十匹大將軍以
下至率府副率府及朝官充兵馬都監及知縣兼兵馬
都監監押監當兼兵馬都監監押二月後窄衣三事絹
二十匹十月後大綾綿旋襴一絹二十匹中郎將郎京
官內殿承制崇班內常侍閤門祗候供奉官侍禁殿直
三班奉職知州知軍通判軍使知監監使監押巡檢同

巡檢知縣兼都監監押監當兼都監監押及陝府河陽盧泗壽州守浮橋二月後羅衫一絹十匹十月後大綾綿旋襴一絹十匹總管人夫修河修城巡河養馬止賜絹十匹試大理評事恭職州縣官兔廣南西川諸州知州通判二月後羅衫一絹十匹十月後大綾綿旋襴一絹十匹防禦團練使刺史知州知軍知監都監巡檢知縣兼都監二月後支窄衣三事絹三十匹十月後欵正綿旋襴一絹三十匹總管人夫修河修城巡河止賜絹三十匹已上差遣如權差即不支賜新除防禦使赴本任二月後窄衣三事二十兩渾金渡銀束帶一條十月後欵正綿旋襴一二十兩渾金渡銀束帶一條

卷萬三千七百二十三

新除團練使刺史赴本任二月十月並十五兩金渡銀束帶衣服同上醫官醫學差隨軍諸州及駐泊者醫二月後支羅衫一絹十匹十月後大綾綿旋襴一絹十匹判司天監進新歷日支絹十疋兩五銀椀一口權任亦同內殿頭歷算同進支絹十匹三兩銀椀一口西京南京留司百官差官齋表到支色絹十匹車駕省方東京留司百官差官齋表到行在亦依此例支賜使臣朝臣京官差諸處推勘公事朝辭賜錢十千使相節度使差押衙齎賀勝捷及南郊禮畢皇親加恩表賜錢二千諸表奏狀賜錢二十兩使留後觀察防禦團練使刺史差軍將齎賀勝捷及南郊禮畢皇親加恩表賜錢二千諸表奏狀

賜錢一千諸處差押人押匹帛押省買羊馬并牛皮甲葉鏰毛箭幹并諸雜物等及齎圖到京者如使相節度使差押衙軍將千里外內者並賜錢二千兩使留後觀察防禦團練使刺史差人千里外內者賜錢一千如成都府梓州廣州差軍將並賜錢三千知昇州杭州及西川廣南知州府軍監縣差軍將並賜錢一千江南兩浙福建知州軍監縣差軍將及西川廣南散從步奏官並賜錢一千江南兩浙福建散從步奏官及西川廣南承符人院虞候手力弓手並賜錢五百江南兩浙福建承符人院虞候手力弓手賜錢三百荊湖并在北知州轉運司軍監知縣監押差軍將賜錢一千押省買羊軍將

卷萬三千七百二十三

三百口以上賜錢一千散從步奏官賜錢三百承符人院虞候手力弓手五百里外賜錢三百五百里內不賜靈州差軍將押省買馬賜錢三千牽馬衙官賜錢五百節度副使行軍司馬判官支使推官差軍將齎表奏賜錢一千夏州及廣內支郡押賣馬差押衙軍將及五十匹十月後賜錢五千滄錦夾旋襴十四兩銀腰帶一四十九匹已下至二十一匹十月後賜錢三千滄錦夾四袴十四兩銀腰帶一二十匹已上至十五匹支賜錢三千十四匹以下支賜錢二千並至二月後賜紫官絁袴一銀腰帶靜等州差軍將押到馬五十匹十月後腰錢二千滄錦夾四袴一四兩銀腰帶一四十九匹已下至

二十一匹錢減一千錦袄銀帶同二十匹以下止賜二千並至二月後賜官絁衫一凡諸道衙內都指揮使都虞候已下進誕聖節并南郊及大禮除客省定賜分物外朝辭日賜紫羅夾四袄窄四千一渾金渡銀腰帶如進奢朝見銀者加依數賜腰銀進馬者依騏驥院估到價銀每一千賜銀一兩如是銀價過錢一千以上即支本色錢一千石若銀腰不及錢一千即依原宣內所定支賜銀一兩不進者不賜如授官除客省定賜分物外所進對見物色並奏聞賜放謝衣服束帶更不賜節賜凡立春宰臣親王使相簽賜大饌餅中饌餅各三大棗飴餅一束饊餅二縒內膾白割內各二盤白熟三

卷一萬三千七百二十三

十法酒三斗樞密使知樞密院參知政事樞密副使簽書院事宣徽使三司使觀文殿大學士三師三公東公三司三少致仕曾任中書門下者亦賜僕射大夫侍衛馬步都指揮使至步軍都虞候節度使留後觀察使殿餅膾內並同上惟減法酒一斗資政殿大學士至龍圖閣直學士中丞權知開封府三司副使內客省使海外諸蕃進奏使副使大饌餅中饌餅各二束大饌餅各一膾內各二盤白熟二十法酒一斗觀察使以上改呈觀刺史副率以上統軍上將軍內客省使駙馬都尉又賜渾金渡銀帶二絹帶勝各資政殿學大士以下至待制及防禦團練使刺史廂都指揮至都虞候忠佐諸司

使之領都者知通進銀臺審官審刑糾察刑獄太子庶子三司判官橫行使副使樞密都承旨至諸房副承旨閤金渡銀幡勝二絹幡勝五凡正旦宰臣親王使相樞密使羊五口米二碩麪五碩米酒二斗知樞密院至宣徽使並同宰臣惟米減一石觀文殿大學士學士三司使三司至大夫管軍節度使羊三口米一石麪三石糯酒二斗殿前侍衛都虞候管軍留後觀察使統軍留後觀察使同節度惟減麪一石資政殿大學士至龍圖閣直學士同觀察使惟減羊一口四廂都指揮使至神衛廂都指揮使羊二口米五斗麪二石糯酒二斗中丞舍人權知開封府三司副使判三司句院知通進銀臺審刑院防

卷一萬三千七百二十三

禦使至刺史內客省使至諸司使諸班直諸軍頭忠佐之領郡者樞密都承旨海外諸蕃進奏使副使羊一口米五斗麪二石糯酒一斗凡春秋二社節賜並同立春凡寒食節料並同正旦又節賜宰臣親王使相連珠神餅五子糕粥一分白餳一斤法酒二斗樞密使至三司使觀文殿大學士學士三司至大夫管軍至步軍都虞候節度使留後觀察使同宰臣惟減酒一斗資政殿大學士至龍圖閣直學士中丞知開封府三司副使內客省使海外進奏使副使連珠神餅三子糕粥一分白餳二斤法酒一斗凡端午宰臣親王使相賜白團糉子各二百粉食一百法酒三斗樞密使至三司使觀文殿大

學士學士三師至大夫管軍至步軍都虞候節度使留後觀察使同宰臣惟減酒一斗資政殿大學士至龍圖閣直學士中丞知開封府三司副使內客省使海外進奉使副使白麪二百粽子一百粉食五十法酒一斗凡初伏日宰臣觀察使已上賜米麨麵麨各五升蜜一斤翰林學士承旨以下米麨麵麨各三升蜜半斤舊式資政殿大學士以下凡重陽宰臣親王使相賜百藥黃白龍總黃米格子糕獅水梔雲霞雪臆褐餻凡十一種法酒三斗樞密使至觀察使同宰臣惟減酒一斗翰林學士承旨已下餻減格子一種酒減二斗舊式資政殿大學士已下凡冬至節賜並同寒食　公用錢　公用錢

巻萬三千七百二十三

制使相節度使親王有至二萬貫者其次萬貫至七千貫節度使五千貫兩使留後觀察防禦團練使正副史皆第給之刺史亦有不給者觀察已下任革軍校者皆不給守在邊要或加給之罷日如故皆隨月給受如祿俸爲咸平五年冬河北河東陝西諸路皆逐季給京師給公用者中書宰臣月各給廚錢五十貫參知政事三十五貫又有添支錢百四十貫添廚錢五十貫制物樞密院堂後官已下共百七十二貫凡五百二十三貫昭樞密院每月東廚三百五貫西廚二百七十貫玉清昭應宮使每月百貫景靈宮使每月七十貫會靈觀使每月六十貫祥源觀都大管勾每月五十貫宣徽院每月

廚錢八十貫三司每月廚錢三百貫今每歲公用萬貫開封府每歲萬貫門下省每月五十貫學士院每月廚錢百貫舍人院每月三十貫崇文院每月七十貫祕閣每月二十貫審官兩院每月各三十貫三班院舊每月五貫後增十貫今三十貫通進銀臺司每年百貫理檢院每月五貫登聞檢院每月五貫鼓院每月五貫起居院每月十貫尚書都省舊每歲百貫今二百貫兵部每月五貫今每歲一千五百貫刑部每月蘄州茶三百八十四斤今每歲一千八百斤官告院每月五貫御史臺每月三百貫每至年終計支二百貫太常寺舊每月二十五貫今十貫禮院舊每月十貫今四十貫宗正寺每

巻萬三千七百二十三

月十五貫大禮寺每月二百六十三貫二百五十文舊給茶大中祥符二年八月計估給之國子監每歲一千貫增至一萬二千貫提舉諸司庫務司每給三十貫支盡續給不限年月司農寺每月十貫今每歲三千五百貫軍器監每歲二千貫將作監每歲二千貫都水監每歲二千五百貫都提舉市易司每歲二千貫太醫局每月十五貫三京及諸道州府軍監舊皆有常數其官高及曾任中書樞密院者悉時取旨加給並準宣定支計月均給知州通判或職官上歷同支歲終支不盡者納州庫若大兩省橫行使使以上充此差遣有添賜錢數皆繫特旨熙寧中特增定其類而分四季每季一支西

京南京各六十貫，舊西京二千貫，南京一千貫。北京八千貫，舊三十貫。京東路東路青州四千貫，舊五百貫。密州一千貫。齊州二千貫，舊二百貫。沂州八百貫。登州一千貫，舊二百貫。萊州五百貫。濰淄二州各一千貫，舊淄州二百貫。淮陽軍八百貫。西路襲（兖）州一千五百貫，舊五百貫。徐州二千五百貫。曹州二千貫，舊二百貫。鄆州四千貫，舊三百貫。濟州一千五貫。單州五百貫。濮州一千五百貫，舊三百貫。廣濟軍舊一百貫，今廢。京西路南路襄州二千貫，舊五百貫。鄧州三千貫。隨金房均郢五州各五百貫。唐州八百貫，舊二百貫。北路許州四十貫，舊五百貫。孟州三千貫。蔡州二千貫，舊三百貫。陳州三千

卷萬三千七百二十三

貫。潁州二千五百貫。汝州一千貫。信陽軍四百貫。滑鄭二州舊各一千貫，鄭後使相陳堯佐奏添一千貫，今並廢。河北路東路澶州五千貫，舊二千貫。滄冀二州各四千貫。瀛州六千貫。博州一千貫，舊百五十貫。州一千五百貫，舊二百貫。莫州三千貫，舊二千貫。雄州一萬貫，舊五十貫。霸州四千貫，舊一千貫。德濱二州各一千貫，舊各五百貫。恩州四千貫，舊二千貫。永靜軍一千貫，舊三百貫。乾寧信安保定三軍各二千貫，乾寧保定舊五百貫，信安舊四百貫。西路真定府七千貫，舊二千貫。相州二千貫，舊三百貫。定州八千貫。邢州一千八百貫，舊一千貫。懷州一千一百五十貫，舊二百貫。衛州一千三

百貫。洺州一千一百五十貫，舊五百貫。深州一千二百貫，舊七百貫，又比平寨五百貫。德清通利二軍各二百貫。磁州一千一百五十貫，舊二百貫。祁州三千貫，舊五百貫。趙州一千一百五百貫，舊五百貫。保州五十貫，舊二十貫，有沿邊巡檢都監五百貫在內。安肅軍二百貫，舊一千五百貫。永寧軍二千貫，舊五百貫。廣信軍二十貫，舊二千貫。順安軍二千貫，舊五百貫。陝西路永興軍路永興軍舊三千貫，今未定。河中府三千五百貫，舊七百貫。陝州　貫，舊　貫。延州舊二千貫，今未定。同州一千五百貫，舊三百貫。華州三千五百貫，舊三百貫。耀州一千貫，舊二百貫。邠州二千五百貫，舊一千貫。鄜州

卷萬三千七百二十三

三千貫，舊五百貫。解州一千貫，舊五百貫。慶州舊五百貫，今未定。虢州八百貫。商州六百貫。寧州二十貫，舊五百貫。坊州一千貫。丹州四百貫。環州一千貫，舊數同。保安軍州二千貫，舊四千貫。秦鳳路鳳翔府五千貫，舊一十五百貫。秦州舊一千貫，今未定。涇州二千五百貫，舊七百貫。熙州四萬二千貫。隴州二千貫。成州六百貫。鳳州二千貫，舊五百貫。岷州一萬四千貫。渭州舊一十貫，今未定。原州一千五百貫，舊七百貫。階州六百貫，舊一百貫。河州一萬三千貫。鎮戎軍五千貫，舊一千三百貫。德順軍四十貫。通遠軍一萬二千貫。河東路大原府舊三千貫，今未定。潞州三千貫，舊一千貫。晉州二十五百貫

舊三百貫府麟二州各二千貫舊府一千貫麟七百貫
絳州八百貫代州三千貫舊二千貫隰州一千貫舊二
百貫忻州一千二百貫舊五百貫汾州一千五百貫舊
二百貫澤州一千二百貫舊三百貫憲州一千貫舊二
百貫嵐州一千一百五十貫舊三百貫石州豐州各一
千二百貫舊各五百貫威勝軍一千貫舊三百貫平定
軍五百貫寧化火山保德三軍各一千二百貫舊寧化
保德各三百貫火山二百貫岢嵐軍二千五百貫舊五
百貫淮南路東路揚州五千貫舊五百貫亳州二千貫
舊七百貫宿州四千貫舊三百貫楚州五千貫舊三百
貫海州二州各八百貫泗州五千貫舊三百貫滁州一

卷萬三千七百二十三

千貫真州五千貫舊三百貫通州七百貫西路壽州一
千五百貫舊三百貫廬州一千九百貫舊三百貫蘄和
二州各八百貫舒州一千貫濠州八百貫光州七百貫
黃州八百貫無為軍七百貫兩浙路杭州七千貫舊一
千五百貫越州二千八百貫蘇州四十貫舊五百貫潤
州三千貫舊二百貫湖州二千貫婺州八百貫明州二
千六百貫常州三千貫溫台處三州各六百貫衢州一
千貫睦州八百貫秀州三十貫江南路東路江寧府四
千貫舊七百貫宣州一千四百貫舊二百貫歙州八百
貫江池二府各一千貫舊一百五十貫饒州一千二百
貫舊二百貫信州八百貫太平州一千貫南康軍八百

貫廣德軍五百貫西路洪州二千四百二十貫舊五百
貫虔州一千九百四十貫舊二百貫吉州一千九百貫
袁撫筠三州各四百八十貫興國軍三百貫南安軍六
百貫臨江軍七百貫建昌軍四百貫荊湖路南路潭州
四千貫舊七百貫衡州八百貫道州四百貫永州六百
貫郴州四百貫邵州一千五百貫舊二百貫全州九百
貫舊二百貫桂陽監二百貫北路江寧府四千貫舊一
千貫鄂安二州各七百貫鼎州八百貫舊一百貫澧州
一千貫舊二百貫峽岳二州各七百貫歸州五百貫舊
一百貫辰州一千貫舊二百貫沅州未定成都府路成
都府三萬貫足舊二萬貫又有鈐轄五千貫眉州二十

卷萬三千七百二十三

五百貫足舊五百貫蜀州二千貫足舊五百貫彭州一
千五百貫足舊五百貫綿州三十貫足舊一十貫足漢
州三千二百貫足舊二十貫又有貫驗旧都監錢一千
五百貫嘉州二千五百貫足舊五百貫邛州一千六百
貫舊五百貫黎州一十貫足雅州九百貫足茂簡二州
各二千貫足內茂州係米二十石鹽二百斤威州五百
貫足永康軍六百貫足舊五百貫陵井監八百貫足梓
州路梓州四千貫足舊二千貫遂州四千五百貫舊一
千五百貫又有梓夔鈐轄一千貫果資二州各一千貫
足舊五百貫普昌二州各八百貫足戎州一千五百貫
足舊一千貫瀘州三千貫足舊一千貫合州一千貫足

榮渠二州懷安恩安二軍富順監各八百貫足利州路興元府一千貫舊數同利州三千五百貫舊三千貫洋州七百貫閬州一千貫舊數同劍州一千貫舊一千五百貫巴州四百貫文州一千貫舊五百貫興州一千貫舊一千五百貫蓬州五百貫龍州四百貫三泉縣一百貫夔州路夔州二千五百貫足舊一千五百貫黔州七百貫足舊五百貫達州五百貫足施州一千貫足舊五百貫忠萬二州各五百五十貫足開州五百貫足涪州八百貫足渝州二千五百貫足雲安軍五百貫足梁山軍五百五十貫南平軍未定大寧監四百五十貫足福建路福州二千貫舊五百貫建州四百貫邵武興化二

卷萬三千七百二十三

軍各三百貫廣南路東路廣州四千五百五十貫舊六百貫韶州九百貫循州一百九十貫潮州二百貫連州一百九十貫賀州一百九十貫舊二百貫封端二州各二百五十貫新州一百九十貫康州二百五十貫南恩州一百九十貫南雄州五百貫英州四百貫惠州二百五十貫西路桂州四千貫舊四百貫容州三百二十貫邕州二千一百二十貫象州二百四十貫融州五百貫舊一百貫昭州一百二十貫梧州一百貫藤州一百二十貫龔潯貴柳四州各一百貫宜州一千二百貫舊五百貫賓州一百五十貫橫化高雷白五州各一百貫欽州五百貫舊一百貫鬱林州一百貫廉州四百貫舊一

百貫瓊州二百五十貫昌化萬安朱崖三軍各四百貫使相初賜七千貫加賜有至萬貫者親王有至二萬貫者節度使初賜二千貫加賜有至五千貫者樞密使咸、宗室管軍有初賜三千貫者兩使留後初賜一千貫加賜有至四千貫者觀察使初四千貫加賜有至三千貫者防禦使初賜千貫加賜有至二千貫團練使初賜十貫加賜有至千五百貫刺史初賜千貫並準宣定支本官自用若皇親及管軍任者或移鎮加恩皆添賜並繫特旨

卷萬三千七百二十三

宋會要
五月詔環州最近邊風土不佳難得井泉樵採稍遠薪
水之價倍於諸郡洪德淮安鎮尤甚其戍兵每月可別
給緡錢免令失所　七月庚戌幸三館祕閣閱四庫書
賜直官校理器幣　景德元年真宗幸河詔文思院南
北作坊仍製造春幡勝中丞侍郎宗正卿給事諫議並
賜間金鍍銀幡勝一并銷幡勝一紙五事　九月賜占
城良馬　河北轉運使劉綜言每歲朝廷遣使賜邊城
冬服諸軍將校皆給錦袍唯轉運使副止須皁花丁亥
并賜河東陝西三路使副方勝練鵲錦袍　閏九月五
日西上閤門副使李允則鎮定高陽關三路都監辭例

卷萬三千七百二十四

賜窄衣三件絹二十四匹特旨改賜紫羅窄衫金束帶
詔諸州兵在京執役者兩月一賜緡錢　二年正月工
部侍郎參知政事王欽若加階及封邑中謝日賜襲衣
金帶鞍勒馬故事輔臣加恩無頒賜之例以欽若守藩
之勞特寵異之　五月戊申幸國子監謁拜先聖既而
御講堂召從臣學官賜坐　六月賜殿前都指揮使高
瓊九經書疏諸史板本各一部從所請也十月賜宰執
近臣親王新印周禮儀禮公羊穀梁傳疏　三年二月
客省言樞密院陳堯叟見在河中所有立春節儀未委
賜與不賜詔賜有差　四月丙子崇文院觀四庫圖籍
及所編君臣事迹編閱門類詢其次序王欽若楊億悉

條對或未當者上立命改正因謂侍臣曰今編此書欲
爲將來曲法使開卷者有益也賜編修官器帛有差遂
宴百僚官于崇政殿八月壬寅幸崇文院觀所編君臣
事迹王欽若楊億以草本進御上編覽之又入四庫閱
視圖籍賜修書官器幣　四年六月丙辰賜編君臣事
迹官氷十匣以暑甚特賜之七月丙子賜黎龍廷九經
從其請也八月庚子蒲端國進貢使上言伏見占城使
蒙恩賜鞍勒馬二神旗二願依例審賚有司以蒲端在
占城之下請給雜采小旗五從之九月己巳鑄交趾郡
王印製安南旌節付廣南運司賜之　賜交州黎龍廷
佛經一藏從其請也八月詔近日外國人使并諸蕃酋

卷萬三千七百二十四

長入貢朝見所賜例物中有輕疎闇弱者可專委閤門
使副覺察檢校不得更然　八月壬寅幸崇文院觀書
賜修書官器幣　九月詔三司請給左藏次色金造帶
以備賜近臣國家寵待俊髦務存優異惜費敦儉宜在
于斯自今並以上色金造

宋會要
三年正月詔河東吐渾安慶軍校自今歲給錦襖二月
詔舊制自二月朔諸軍入見賜单袷服今以天氣尚寒
令賜錦衣　是月丙子知樞密院陳堯叟上泰山封禪
聖製頌詔答之上又以其詞有規切之意作歌以賜戊
寅作新製泰山銘記周備五言詩賜王旦三月十三日

李公蘊貢方物詔賜太宗御製御書一百卷軸　九月
詔自今每遇節賜臣僚喫食令内侍省差使臣就御廚
先點檢精細即付客省宣賜若有不便回换仍具以聞
九月十二日帝作宗室座右銘并注分賜寧王偓等
帝謂宰臣曰判宗正司趙湘請朕親著箴誡之文以示
宗室因製此銘以申誨導可付學士院降詔賜之寧王
等因此亦降詔諭意分賜十二月十六日内出南陽郡
王惟吉書蹟七卷并目録并御製序送祕閣　惟吉子
守節又獻其父真草書千字文石本詔付史館而賜守
節勑書　四年正月帝謂知樞密院王欽若等曰此月
二十四日寧王元偓生日其日方在祀汾陰途路中司

卷萬三千七百二十四

移就十七日仍依例差使臣押賜器幣等如例是日帝
又曰應祀汾陰一行白當并禮畢文武臣僚已下支賜
令後如遇南郊及别行祀事不得為例　七月辛巳賜
潚端國旗幟鎧　五年正月二十七日帝作七言詩賜
允寧等　先是允寧等誦易終篇習虞世南書頗有楷
法帝悦其向學故賜詩奬焉　十二月賜在京諸班直
諸軍廂主以下至剩員以上柴炭各有差先是真宗以
連日雪寒柴炭價貴故特有給賜其軍士外戍家屬在
營者半之凡柴五百七十八萬炭五百八十五萬　六
年十一月賜御史臺九經三史三國志晋書從所請也
七年二月給涇原路籠竿城公用錢歲二十萬時都

鈐轄曹瑋言本城鬻酒課二百三十萬請以其羨數給
公用故有是賜　八月詔河東轉運司以官物製韋裘
氈韈給代州沿邊廵警兵士恤其寒苦也

宋會要

十二月賜刑部尚書新授兼御史中丞馮拯襲衣金帶
鞍勒馬仍賜繡韉以拯嘗歷中書樞密院非常例也
八年正月賜玉清昭應宫國子監印本書各一部從判
官夏竦之請也　二月辛酉聖製文集賜玉清昭應宫
三月癸卯崇文檢討馮元講論語首篇賜緋　五月
三司言端午合賜臣僚時服以禁帑經大編排未得常
以時服不可後期仍令先給諸軍班及賜内侍　詔同

卷萬三千七百二十四

玉清昭應宫副使戸部侍郎林特給事中知制誥同知
審官院錢惟演冬服並依學士例給錦袍（時自三司使授惟演嘗知通進銀臺司因上言故給之）又詔賜注輦
使冬服錦袍（使方勝宜男錦副使盤毬雲鴈錦判官方勝練鵲錦仍賜八節饌羊法酒）　五月詔增鎮戎軍公用
錢歲二十萬初本軍歲給百三十萬地當極邊軍屯頗
衆故增焉仍賜銀千兩以備器用是月又賜邕州公使
錢歲二十萬以其地管蠻洞備犒設也　九月八日賜
知秦州兼涇原路沿邊安撫使曹瑋公用錢歲三百萬
仍詔自今不兼安撫使者給其半　十二月十八日閤
門言立春日内外文武百僚宣賜春幡勝門賜放謝逐

幕次各賜茶酒其日懿德皇后忌欲候文武百僚西上閤門進名奉慰退令戴𢃄勝依例唱賜從之　十二月癸酉高麗遣使郭元至闕下請賜歷日及登科記御製賜詩　九年正月丙寅郭元辭賜王詢詔書七函衣帶器幣鞍馬九經史記兩漢書三國志晉書諸子曆日聖惠方從其請也　九年十一月二十三日癸亥召近臣觀書龍圖閣楊億呂夷簡與上作詩五章分賜

續宋會要

天禧元年二月二十八日新授保平軍節度使同中書門下平章事駙馬都尉魏咸信判天雄軍召到來見亦賜新史　二月賜宗正寺本經史各一本以備修撰玉牒　七月賜中書樞密院兩制已上新印翊聖保德真君傳各一册

卷萬三千七百二十四

宋會要

十二月詔賜諸軍班直六軍修倉裝卸兵健已上柴炭以歲寒故也柴六百七十五萬炭七百二十七萬　二年四月上封者言歲遣使臣賜府州蕃部冬服悉召蕃部面給之其使臣頗成留滯望令麟府州駐泊石知顒及知府州折惟忠受之納于公庫召蕃部給付冀免從欺留滯從之　九月癸酉龍圖閣待制李虛己上奉詔集群臣所和御製詩爲明良集五百卷詔賜器幣　十一月辛未二十一日召近臣觀太宗御書及聖製羣書

賜宴樓下上作太清樓閣歌詩二首　三年九月丙子召宗室宰臣兩制以上對清景殿觀御製賜皇太子元良述六藝箴各一卷承華要略十卷授時要錄十二卷又以御覽國史兩朝實錄太宗御集綿書　秘書經史子集并御集覽群書賜太子令從臣編閱又作七詩十韻賜宰臣樞密逢宴于殿內　十二月辛卯賜輔臣元良述六藝箴各一卷承華要畧延說各十卷　要錄序賜總爲二十卷也　四年七月新除吏部侍郎兼太子少傅同平章事李迪等召謝日面賜襲衣金帶鞍勒馬非常例也　十月賜天下宮觀祥符降聖記各一本　五年二月十二日賜內客省使群牧使往州觀察使楊崇勳

卷萬三千七百二十四

新火內客省使賜新火自此爲例也　三月戊戌閤成會要二月平功癸酉上梁臨幸　庚子令具兩街僧道威儀教坊作樂奉御集御書自玉清昭應宮安于天章閣羣臣稱賀賜宴　五月賜翰林學士承旨學維册府元龜一部維上表陳乞帝以維嘗同編修此書故賜之　八月庚午詔以御集二十一本賜天下名山寺觀及賜輔臣一本　十二月賜權高麗國主王詢陰陽地理書聖惠方從所請也　乾興元年八月樞密院言河北戍兵故也每季賜銀鞵錢至道三年三月經先帝即位賞給至九月乃支又環慶戍兵兩月一賜薪草錢遇南郊即加至四月昨經御樓及皇帝即位賞給已及六月欲

知例加賜從之　仁宗　天聖元年四月詔自今三班使臣殿直以上雖未經差使見赴起居者並依例賜聖節公服　九月戊寅召輔臣觀馮元講論語賜御飛白書　二年二月乙丑召輔臣觀講孝經于崇政殿西廡六月己未講徹賜馬宗元三品服　三年三月己酉召輔臣于崇政殿西廡觀孫奭講曲禮仍賜御書古詩各一章　十一月七日召宰執聽講越二日賜宴　四年六月賜汴河禁卒緡錢凡汴水漲一丈即命殿前馬軍司禁卒緣岸列鋪巡護以防決溢及五晝夜即賜以緡錢　五年二月十七日樞密直學士劉筠知廬州迴到闕未朝見差知貢舉詔賜其家新火　四月賜親及第

卷萬三千七百二十四

進士王堯臣已下禮記中庸篇各一本　九月壬午邇英講書賜御書詩一首賜御筵于東宮　九月詔自今無得差朝臣押賜諸路衣襖仍令御史臺於朝堂牓諭　十月甲午八日上與皇太后幸御書院觀太宗真宗御書賜本院內臣等器幣　六年六月賜秀州城北門外荒田三頃召客耕種以為公用　八年四月賜新及第進士王拱辰已下禮記大學篇各一篇本自後登第者賜聞喜宴日必遣中使賜儒行或中庸大學篇一軸以為常

（宋會要）

九月二十九日詔曰朕紹承丕構懷撫懿親荷廟祧錫

羨之祥致藹感廣滋之慶並關邸第敢處都城念讌集之式睽加室居之多隘畢遷爽塏載易規摹示列次之有倫庶茬宗之胥樂宜以舊玉清昭應宮地修蓋潞王等宮院仍賜名睦親宅　三年九月五日以睦親宅成帝臨幸賜宗室器幣工匠役卒緡錢有差遂宴宗室及從官於都廳　七月十九日初置太宗正司以寧江軍節度使濮安懿王名知大宗正事彰化軍節度觀察留後守節同知大宗正事仍賜器幣襲衣金帶鞍勒馬　寶元二年六月詔曰朕猥奉鴻業深惟永圖恭己愛人勵精求理斲朴素形於天下必風化始於朝廷專命近臣議去浮費爰日衆與之所御以至宮掖之所須畫屏

卷萬三千七百二十四

紛華一　節儉若夫設官置吏分總事職經武制軍恭處營衛惟其儻少之給具載等差之常務為定規無或過議其文武百官及軍班等俸賜宜令詳定所不得輒行裁減初宰臣奏減節費用事仁宗曰國家擇人任官豈可減其祿賜況上下皆有定制今遽變更恐中外疑惑宜申諭之故降是詔　十一月癸巳宴輔臣宗室于樓觀三朝寶訓賜詩　十二月賜自京至鄜延路馬遞及急脚鋪卒緡錢及鄜延路戍兵緡錢　康定元年三月丁丑始遣中使存問劉平石元孫家屬加賜贈　九月辛酉賜陝西軍士羊裘言者以塞上苦寒謂以羊裘賜戰士一裘用五羊皮總軍士自製　十月朔賜翰林

學士對衣紅錦袍　十一月四日任宗親製風角集占三卷備古今之要仍鏤版印賜輔臣又面諭徧賜陝西都總管等　慶歷二年四月詔近令三司減省諸費其文武官及諸班諸軍粮錢粮衣賜賞給特支並聽如故　五月十日詔自今南郊支賜皇后及宗室婦各減舊數之半　四年正月賜德順軍太平聖惠方及諸醫書各一部是月詔取荆王元儼墨跡及所著賦詠分賜輔臣餘以藏祕閣　五年閏五月十六日賜新除宣徽北院使建武節度使李用和本任公使錢歲百萬　十月十三日詔彰信軍節度使同中書門下平章事李用和宣徽南院使河陽三城節度使夏竦升祔支賜準兩府

卷萬三千七百二十四

例　是年賜在京開浚城壕役卒特支錢　賜秦州修隴城川堡使臣役卒銀絹有差　以雪寒賜諸班諸軍薪　樞密使王貽永副使龐籍丁度奏司封員外郎分司西京趙希言常侍講禁中年八十而家貧上賜三品服仍賜錢十萬　六年四月二十一日賜北面戍兵特支銀鞋有差環州戍兵環慶巡檢諸軍柴草錢有差自京至益州擔遞物帛軍士各賜布衫　十一月十七日講詩徹宴近臣賜花作樂從官皆獻詩頌　七年三月丙申講於迩英己亥賜曾公亮三品服　七年九月二十二日賜北宅名曰廣親先是以秦王宗子蕃多而所居隘狹乃命以故宰臣王欽若第增修之及成而賜名

皇祐元年十二月乙丑盧士宗講泰卦賜紫数二年辛卯詔明堂禮畢並以襲金帶器幣鞍勒馬賜夏竦王德用程琳李昭亮將相在外遇大禮有賜自此始　四年三月十六日知制誥楷頴新除翰林學士未及謝辛詔賜明堂賚物　七月詔防河禁軍自今日支食錢五十文八作司并排岸司兵士日支三十文其罷五日特支　五年七月詔廣南西路安撫司比留禁軍四千戍邕其月給錢三百委給銀鞋錢千候桂州募足雄畧軍即代還之　十月五日判太宗正司濮安懿王名言宗室養子須五歲然後賜名授官毋得依長子不限年從之　十一月詔陝西轉運司自永興軍至益州遞鋪軍士

卷萬三千七百二十四

方冬苦寒挽運兵器不息其各賜緡錢有差　至和元年九月十五日右屯衛大將軍克継馮國子監論語石本五卷賜銀絹各五千　二年四月賜夏國大藏經十二月十一日大宗正司言故從善新婦張氏奏蒙宣以故仲郢男士朋充継嗣乞依例賜士朋依本宮從行名連令字稱呼從之　嘉祐二年七月賜諸軍雨壞營舍不出軍都虞候至十將軍士未五日一石其出軍及入營者半　三年十二月觀文殿大學士尚書左丞知定州龐籍朝辭詔賜物如節度使例　五年六月詔鏤新唐書頒行印賜二府下逮修書官　七年四月夏國主諒祚進馬五十匹上表求太宗御製真草國子監九經

册府元龜唐書并本朝賀正旦冬至二節儀詔止以九經賜之遂其馬　五月癸亥賜講讀官燕子資善堂以讀後漢書也司馬光有迩英閣讀畢後漢書蒙恩賜御製詩　八年四月　英宗　即位後以九經及正義孟子醫書賜夏國從所請也　五月賜鄭州公使錢五百貫以靈駕所過故也六月十八日賜西京公使錢千貫以山陵所在故也七月賜河北國信路公用錢雄州二千貫北京七百貫餘州軍各五百貫以契丹慶弔祭奠使人往來故也

宋會要

英宗治平二年十一月二十五日閤門言新除翰林

巻萬三千七百二十四　放

學士賈黯知陳州為病患已故辭謝所有中謝例物候指揮詔特賜　三年五月詔以七史依唐書例賜二府下逮編校官　四年正月詔前樞密副使吳奎父亡見持服特賜衣一襲笏頭金腰帶銀鞍轡馬以覃恩例賜也四年賜李日尊對衣金帶銀器銀鞍轡馬　是年二月七日山陵使言都護宋守約乞全給公使錢從之三月六日賜昌王顥公使錢歲萬緡半給之

續宋會要

神宗　熙寧元年六月十四日涇原路經畧使蔡挺賜詔書獎諭以其建議築熙寧寨工畢副都總管張玉特賜對衣金帶鞍轡馬以典護寨役故也九月十二日秦

鳳路經畧司言修甘谷等三城堡工畢護役官員乞與酬獎本路副都總管楊文廣賜對衣金帶銀鞍勒馬餘賜有差二十八日三司言天章閣待制王獵奏皇親月料嫁娶生日郊禮給賜乞檢定則例編附録令省司看詳其間頗有過當及不均一欲量行裁減從之十月詔河北流已閉斷賜翰林學士兼侍讀學士右諫議大夫司馬光對衣金帶鞍轡馬　昭宣使利州觀察使入內副都知張茂賜銀一百五十兩絹一百五十匹　二年五月一日命買涼笠雨衣賜河北修河兵士十四日詔中書河北諸役方當炎暑兵士不易為力朝廷宜用意照恤於是與特支有差

巻萬三千七百二十四

續宋會要 賚賜五
熙寧二年十月二十九日特賜淮南等路發運司每年
公用錢三百貫只得管設支用不得輒將饋送 十二月
十三日詔賜澤州防禦使宗愈睦親北宅地居止仍官
為計口修蓋 宗愈子孫人數未曾外居詔以先帝同
母弟餘人毋得援例 三年正月十七日詔定制皇族
非袒免以下更不賜名授官只令應舉今後其所生男
女及死亡者関報逐祖下襲公爵者置籍纂錄歲終上
玉牒所其未出官者依舊入大小學 祖宗袒免親外
兩世貧無官合量賜田者大宗正司今後體量有如此
即具諮定以聞 祖宗袒免男近制賜名授官與右班
卷一萬二千七百二十五
殿直年十五支請授裹頭穿執逐日喫食祔葬送殯盤
纏錢依舊時服南郊賞給依外官例至赴朝恭日賜馬
一匹價錢祖宗袒免女未出適日給食出適支料錢三
貫祖宗袒免親新婦日給食并夫亡無子孫食祿者料
錢衣賜依舊餘請給物皆罷 祖宗袒免及非袒免男
女新婦諸請給物係降勑已前合支者依舊例 四月七
日樞密院言河北河東諸軍三月支銀并麻鞵陝西環
州等駐泊并環慶州巡檢下諸軍兩月一賜薪芻錢詔
自今只擬進依例指揮 六月二十五日詔大宗正司應
袒免以下親勑前授副率已上者勑後合請裹頭穿執
逐日喫食送殯盤纏赴朝日支馬一匹依袒免授殿直

例支給 十二月十二日賜恩州防禦使宗晟芳林園宅
地一區 四年三月十八日德音兩路馬步禁軍并曾
因軍事搬運糧草材木修築堡寨等諸般差使廂軍從
自京至沿邊急腳馬遞鋪兵士除宣撫司日近已與特
支人外餘未經支賜者並等第與特支內曾經入賊界
攻討及曾與賊接戰並曾差捉殺慶州作過軍人者雖
已經宣撫司支賜宜更等第與特支 九月二十二日詔
賜濮王子通州防禦使宗隱芳林園宅一區仍計日給座
後宗偉宗境宗瑞宗蓋依此 五年八月十六日以衲袍
二萬領賜武勝軍征役軍人邊城早寒故也
宋會要
卷一萬二千七百二十五
三月四日賜塞決河役兵特支錢 五月七日賜戕、役
捕賊
荊湖北路徭役軍士土丁特支錢 十月八日上批澧
州軍前兵士皆自遠遣委韓永拭候討賊還日賜禁軍
等特支錢 十一月十四日上批捕虜過兵暴露日久
冒歷山險寒甚勞苦今賊已敗獲分屯歸所在宜各賜
特支錢諸效用人比類給 五月十四日詔權及權發
遣郡府推判官及職司等職任除依本資序奏薦外請
給錫賜並依正入資序例 十一月十六日檢校太尉
宣徽南院使西太一宮使王拱辰辭賜方團金帶特許
拱辰居西京辭日有是賜 二年二月一日詔保州作院
番氏為工匠其給銀鞋錢及南郊賞賜視廂軍 以諸

州軍作院所給舊並保甲軍數換故也　三月一日賜辰州捕從賊兵丁特支錢　四月十七日賜罔護黃河南岸卒特支錢　五月十二日詔歲增茶場司公用錢二百千　六月四日賜導洛通汴司開河築隄役兵特支錢　八月二十八日三司言發神騎等指揮戍桂州後止令駐湖南有多給路費特支錢萬六千九十五緡詔蠲之　二十九日經制熙河路邊防財用司言已拘收本路州軍公使醋坊歸本司資助請以遂處月收課利約定監官三等食錢月終紐計于醋坊淨利錢內給從之　十二月十二日詔增雄州公使錢二千緡以坊場錢給以知雄州苗授言熙寧中裁減公使錢為八十緡用度不足當國信往來頓舍之地非他郡比故也

四年七月九日鄜延太原環慶熙河麟府路各賜金帶十五條銀帶錦襖七百銀器萬兩交椅水罐手中簡水又五十副鞍轡纓二十副象笏三十面置輕疾步衆付逐路經畧司麟府路付王中正　二十三日上批出界諸軍支裝軍錢千氏兵廂軍剩員降一等　八月二十六日詔鄜延麟府兵士出界招納已回斬獲有勞並賜特支錢　十二月八日詔環慶深原路行營兵員未經王中正唱賜並賜特支錢先逃亡招撫到即不支　五年四月二十七日賜北提舉義勇保甲狄諮每年公使

錢千緡專給犒設　五月十五日詔應支給軍前漢蕃士卒特支犒設并鬻茶錢等如三日內不支其轉運司及合支官司並當除名　十月十四日詔自今歲賜諸軍錦襖官印提號押賜官所至州軍計會長吏兵官驗封號當官給　以麟府路走馬承受賈宗元言校衛官押賜衣襖匿其精好與諸軍為市故也　八月詔賜交阯郡王李乾德釋典一大藏　九月二十一日邇英講書讀寶訓賜御書詩一首　十月二十九日講書終篇賜宴東宮　六年二月十七日賜成州公使庫錢千緡從知州閻士隆請也　九月十五日上批付劉昌祚所進器械具悉令于京師見作軍仗賜卿金線烏梢弓一神臂弓二將官甲馬軍甲徧挨甲各二斧合竹馬槍馬軍刀步人刀各五欒竹步人排附排各一標二透蹋尾馬黃弩樁一以備出入御史首閱具便否以聞　先是上批聞鄜延路經畧司劉昌祚屢請戰鬭精于騎射而留心兵仗所用多窮要理委走馬承受霍丙諭昌祚令其所習閑馬步戰器械并目擊士卒禦賊可用利械入遞進入故有是賜　七年十月三日詔涇原鄜延兩路發赴城寨堡鎮防秋諸軍比諸路特早並與特支錢　十一月四日樞密院言準朝旨涇原路差赴城寨堡鎮防秋卒比之諸路早發並與特支其常例差發者不給　二十五日涇原路總管姚麟乞特給公使錢詔如更有

邊事出入給　八年正月十八日鄜延路經略司言第
二第四第五將出塞討賊獲級詔禁軍兵民蕃兵並與
特支錢　三月十日詔賜內直長上諸班緡錢有差
三月二十七日詔以登位賜致仕前宰相守太師潞國
公文彥博前執政宣徽南院使太子少師張方平觀文
殿學士知河陽馮京觀文殿學士提舉西京嵩山崇福
宮孫固資政殿大學士知揚州呂公著資政殿學士知
太原府呂惠卿資政殿學士知亳州蒲宗孟端明殿學
士知江寧府王安禮寬衣金帶銀帛有差

哲宗　元祐元年二月十二日詔河北路解發到保甲

卷一萬三千四百二十五

內高崇孟隆李贇與三班差使更減二年磨勘孔震與
三班借差並賜袍帶令歸吏部承差遣以試驗武藝出
等推恩也　十六日詔賜端明殿學士光祿大夫致仕范
鎮對衣鞍轡鞍馬

四月十二日詔揚王顥荊王頵遷外第歲各增公使緡
錢五千並特支與寒數仍給見錢　五月四日詔揚王
荊王外第各賜監書一本　五月賜高麗文苑英華
五月二十八日詔河州南川寨圍閉賊馬並已退散所
有因今來事宜曾因抽差部制應援漢蕃軍兵等並令
劉舜卿以勞佚輕重等第特支

十月十二日詔以大禮特賜左武衛大將軍郭逵銀絹
羊酒以逵嘗任同簽樞密院事故也　十二月七日以
大雪寒賜諸軍薪炭錢　十六日賜京師廂軍諸司人
及剩員薪炭錢其癃老凍餒者即營中計口給之　二
年正月二十八日以登極恩賜前宰相執政官及宗室
戚里衣帶器幣有差　九月十五日賜宴東宮賜詩
講論語賜宴及御書詩講尚書賜宴　三年五月六日
賜鄜延路第三第六將及塞門寨守禦軍兵特支有差
以西賊犯順牽制及守禦有勞也　六月十二日詔
賜北京恩冀州界修河役兵夏藥特支錢　十一月二

卷一萬三千四百二十五

十五日詔歲以十月給望火巡城兵衣裘　閏十二月
六日詔太中大夫以上知判州府添賜公使錢正任團
練使遙郡與使以上至觀察使並分大郡次郡初除次
郡俸錢各減四分之一移大郡全給留後節度使分大
鎮次鎮小鎮通減五萬刺史以下使相以上不減其刺
史至節度使公使錢依俸錢分數裁減　四年九月十
八日詔觀文殿大學士知永興軍韓縝觀文殿學士知
潁昌府范純仁並依大禮令賜物外加賜縝器幣三百
匹純仁半之　二十日詔太子太保致仕張方平依大
禮令賜器幣

五年五月二日詔陝西河東地界近已定議以觀文殿
學士知潁昌府范純仁知延安府樞密直學士中大夫
趙卨為端明殿學士仍遷一官知太原府特賜銀絹各
一千匹兩　六年八月四日賜朝奉郎直龍圖閣專切
措置荊湖北路邊事唐義問銀絹一百匹兩以渠陽貢
保罷戍護領居民出溪無虞也　七年七月二十八日
詔諸路安撫鈐轄司并西京南京各賜資治通鑑一部
十月二十六日以西賊出塞賜環州及被賊鎮寨策
應軍兵特支錢有差　紹聖元年六月一日詔故嗣濮
王宗暉令戶部以係官屋一百間賜本位居住　十月
十三日三省言滑州修河橋役兵艱勞上曰可遣使以
差賜錢　卷一萬三千七百二十五　京城冬浚濠兵士執鍤泥水中苦甚亦宜有
以卹之　二年十月十九日詔諸司使已下差新舊城
裏都同巡檢南郊宿衛依大禮令內管勾事加賜銀絹
御廚翰林儀鸞司應奉官武臣諸司使文臣朝奉郎以
上諸司副使通直郎以上內殿承制以下并小使臣宣
德郎至承務郎銀絹有差　三年十月八日熙河蘭岷
路經略司言西賊見侵鄜延路本路近移十將兵馬并
邊駐泊今來乘事机興修女遮四面併力半月可畢詔
特支入役人兵等錢有差　十一月二十四日環慶路
經略司言探得宥州界正名嘝等各帶領人馬于曲律
六掌等處駐劄欲寇塞安等寨鈐轄張存領兵將掩擊

斬首九百餘級詔賜出界軍兵特支有差　四年四月
十七日保安軍李沂申今月五日入西界獲首級一百
六十有五俘二人得牛馬駝畜甚眾詔賜出戰諸軍特
支錢有差　八月五日鄜延路經略使呂惠卿言近遣
將官王愍破蕩宥州燒燬族帳斬獲五百餘級牛羊以
萬數詔賜出界軍兵特支有差　十一月二十五日御
批日近沍寒諸軍班直等艱苦其令內藏庫給薪炭錢
有差　元符元年七月十九日禮部言講議玉璽官翰
林學士蔣之奇秘書省御史臺少府將作監官凡十三
員詔之奇賜銀絹各一百匹兩餘各賜二十匹兩　二
年八月十一日樞密院言熙河蘭廣路收復邈州講朱
等城并接納首領部族不少將佐仕卒暴露甚勞詔特　卷一萬三千七百二十五
支士卒錢有差　十二月二十九日詔應見在河北苗
履姚雄王愍王贍等下戍守蕃漢軍兵各更與特支有
差其以上諸軍暴露久特賜之　徽宗紀大觀元年三
月三日臣僚言伏覩諸路將敕節文公使錢內歲給胃
藥錢每五千人三十貫據一歲之久五六千人之多者
止以三千貫為率切恐有所未周況邊將公使錢除犒
設等支用外每歲各有餘剩乞指揮諸每歲量人數病
狀多寡相度于公使錢內量增藥錢用心均給詔將歲
給藥錢每將于公使錢內各添錢十貫文　二年正月
二十七日詔賜使相已上生日幣帛器物當遣人[illegible]命

令而故事止差親戚姻襲未改失寵過大臣之意自今並取旨差官　五月十一日戶部尚書詳定一司勅令左膚等劄子立定自學士至兵馬都鈐轄公使錢（水任給內曾任執政官以上不限內外並給）觀文殿大學士曾任宰相錢一千五百貫觀文殿學士資政殿大學士資政殿學士端明殿學士曾任宰相執政官錢一千貫餘七百貫龍圖天章寶文顯謨徽猷閣學士直學士待制樞密直學士及太中大夫以上五百貫已上兼安撫經畧使或馬步軍都總管兵馬都鈐轄各加錢一百貫乞從本所依此刊為定制仍乞不限內外并所領職任一等支給詔依所奏其資政殿學士可以七十貫別為一等

卷一萬三千七百二十五

建中靖國元年三月二十五日詔自刺史至節度使公使錢並減半使相以上不過五千貫紹聖中罷此令復用元豐舊制唯宗室公使及生日支賜依元祐條格　至是以覃恩遷正任者衆三省以為言故有是詔　崇寧元年四月一日客省使雄州防禦使涇原路兵馬鈐轄兼第十一將鄜城遣中使齎詔獎諭賜以禦府兵器袍帶金帛　四年十一月十日詔衛王定王公使錢各增三十貫通舊各作一萬三千貫　政和三年二月四日詔應在京內外修造作匠役兵並與支賜作匠五百文

已上役兵三百文已上人員各增上作匠不得過二貫役兵不得過一貫甚錢出于元豐庫錢內支撥　七年二月賜高麗雅樂及樂譜　三月賜籩豆十二簠簋四登一鉶一鼎二罍洗二尊二銘曰惟爾令德孝恭世稱東藩用錫寶尊以寧爾祖考子子孫孫其永保之　六年五月十四日詔賜太師蔡京出入金銀從物金鍍銀燎爐一副湯茶合子二具各匙子全大湯缾二隻中湯缾二隻湯茶托子一十隻廝羅一面唾盂鉢盂一副蓋全湯槃盤子二面好茶湯缾一隻煸提一隻熟水榼子一隻撮銚一隻水罐子手巾筒子一副湯茶盤各二十隻通裹裝釘交椅一張青羅涼扇二柄各袋全從人四襆

卷一萬三千七百二十五

紫絁衫二百領紅藍羅直繫二百條間金鍍銀太平花腰帶二百條　七年三月詔故宗室仲的濮安懿王孫年高官卑未嘗求進聚族百餘人無所依賴殊可矜憫其見居屋宇可特撥賜本位子孫永充己業其妻滕氏可特封康國夫人恩例請給並依仲館新婦例倍給

宣和三年八月十二日詔應自京至兩浙江東急腳馬遞鋪兵士並令轉運司量與特支

八月十日禮制局言被旨雕印御筆手詔共五百本詔賜宰臣執政侍從在京職事官外路監司守臣各一本

欽宗紀靖康元年正月十九日戶部言赦令所載諸

軍將士並將優賞慶諸路錢物不給欲依在京京畿去冬大禮合支賞賜之數以見緡增三分從之　三月二十一日詔扈從行宮將校軍兵齎銀絹前去等第支賜　五月八日詔河北軍兵暴露日久可與依度支第三等格特支一次　閏十一月三日上披甲登城以御膳賜士卒易火飯以進人皆感激流涕中宮以內庫幣帛雜作縣攤項及衣衾分賜將士　十一月二十日賜北道都總管趙野袍帶弓甲　閏十一月十一日車駕幸西壁張叔夜領兵起居于南薰門外軍容具肅上善之即城樓解何㮚毬文帶以賜　高宗紀紹興元年四月九日賜侍讀王綯胡直孺侍講汪藻胡交修侯延慶御

卷一萬三千一百二十五

書杜詩扇王綯曰霖雨思賢佐丹青憶老臣直孺曰文物多師古朝廷半老儒交修曰相門韋氏在經術漢臣須　七年閏十月十二日說書尹焞入見講衛靈公末章稱旨遂給筆札解論語以進　八年四月二十日上之五月四日賜緋魚袋復命解孟子　十一年四月九日賜侍讀吳表臣蘇得新茶二十七日賜復古墨　紹興中賜講讀官御書扇賜茶墨　十六年三月十九日辛卯講孟子終篇翌日賜講官鞍馬象笏金硯水瓶筆墨等越三日賜御筵于城隍司賜侍讀香茗初復故事也　二十三年十一月七日講尚書終篇賜侍讀侍講說書修注官金帶象簡鞍馬越二日乙巳賜御筵于秘

書省就賜香茗皆作詩以進自是為故事　二十五年四月二十三日講易終篇以犀帶象牙簡金鞍勒馬賜宰相賜侍讀已下金帶象簡鞍馬銀幣內王珉加賜金魚硯匣越二日御筵　七月賜李天祚襲衣銀器金御仙花帶鞍轡　二十六年八月乙未賜天祚襲衣金帶鞍馬器幣以其來貢也　二十七年十月十六日經筵讀三朝寶訓終篇賜侍讀王師心象簡金鞍勒良馬象管端硯檀香匣復古殿墨象牙粘板壓紙金研水瓶越二日乙巳賜御筵始用化成殿樂遣中使賜香茶　舊例春季賜茶墨隆興元年止賜茶

宋會要

卷一萬三千七百二十五

國家自南渡以來應文武臣初除正謝并及第出身人依格賜襲衣章服等並遵用有記崇寧看詳祇候庫格文多不復登載　建炎元年五月十六日樞密院言淮南東路鈐轄司發運司淮東諸司州軍統制勤王軍馬張憲今月一日在南京城下恭奉大冊禮畢得旨發回一行兵衆戮力向前無敢逃散若不少有所激無以獎勸乞候至元來州軍分差等級錢應副給散詔長行每名三貫文節級十將及軍員指揮使遞增二貫其錢候至元來軍州令所屬應副給散　六月十三日敕應河北河東守臣差往邀州幹辦海西敵寨未歸其家屬在京或寄寓他郡恐致失所許經所在官司自陳支賜銀

絹五十匹兩　二年九月詔外戍諸軍前賜緡錢減在
營者半今特全給　四年五月十二日詔戶部支降銀
三萬兩給付韓世忠犒設一行官兵　六月四日詔閤
門今後初除宰執王謝可依舊例擡賜對衣金帶鞍馬
仍依格全給　三十二日太尉奉國軍節度使劉光世
言隨臣部落蓄官並各闕久盤纏乞支給銀絹各二百
匹兩　八月二十八日詔差周虎臣往撫諭李成降敕
書賜成檐牌戰袍金束帶　十二月十四日詔行在禁
衛諸班直親從親事輦官宿衛親兵神武并神武副諸
樞密院三衙軍兵宰執下親兵並令戶部依年例特支
雪寒柴炭錢一次將校一貫文十將節級七百文長行
五百文

卷一萬三千七百三十五

宋會要

紹興元年三月十九日詔行在禁衛諸班直親從親事
輦官宿衛親兵神武諸軍樞密院三衙兵軍宰執下親
兵並令戶部依例犒設一次　六月一日詔劉光世下
招降女真漢兒等今見行措置增添錢糧外令劉寧止
于合起戶部米內先次支撥二千石椿管專一應副支
用　六月二十七日詔差睿思殿祗候羅亶賜兩浙西
路安撫大使劉光世玉帶金帶西番鞍提刀玉珠翠首
飾及新製纈帛仍令即日繫所賜玉帶具知稟　八月
十八日詔將來明堂禮畢例有給賜除掌兵官及諸軍

并禁衛諸班直親從親事官輦官等令戶部一切樁辦
給賜　十二月八日詔令張俊取見部轄所管的確人
數特行犒設一次仍每人支錢一貫文合用錢令李光
于戶部支給　二十二日權神武中軍統制巨師古言
中軍日近將全裝器甲下逐部串蹬欲赴皇城司教場
內呈機置籍拘上乞量支錢三二千貫至日支散激賞
詔令戶部支錢三十貫擇日呈機　二年閏四月七日
詔賜荊湖南路宣撫副使韓世忠金帶同日詔戶部支
金四十兩造金帶二條賜高麗奉表官　二十四日詔
忠訓郎趙子齊特添差臨安府兵馬監押令戶部賜錢
一百貫　七月十三日詔臣僚合賜衣帶已經賜者更

卷一萬三千七百三十五

不再賜如有遷除合加賜魚袋者許加賜　十月五日
詔今後見任及出使并前任宰臣執政官路由國門及
到闕並前五日報御藥院聞奏取旨差官傳宣撫問并
賜銀合茶藥　十一月三日詔今後宰臣報政初除并遷
轉合得支賜更不減半　十二日輔臣言韓世忠已授
太尉合依兩府恩數上曰朕令中使先賜世忠帶笏栽
坐等物以寵之昔周賞晉侯賜之大輅戎輅彤弓旅矢
秬鬯今世忠有有宜厚賜予　三年二月三日詔文思
院打造蕉葉酒器一副賜岳飛其金仰戶部支給　五
月五日參知政事席益奏辭昭慈獻烈皇后除几筵充
禮儀使所賜銀絹一百匹兩從之　九月十三日賜岳

飛金帶一條衣甲金裝一副纖金線戰袍一領手刀一口銀纏筍鞘一條戰馬一匹海馬皮鞍并弓箭一副馬甲一副飛子戰袍一領　十二月十三日迎奉奉安昭慈聖獻皇后神御兼奉上冊寶都大主管所言昭慈聖獻皇后改謚冊寶等事其禮儀使以下并官吏等各有禮畢支賜銀絹今依除凡筵例比擬下項　發冊寶奉寶侍中奉冊中書令各一員無例並不支賜禮儀使一員銀絹一百匹兩行事陪位官一十員禮部侍郎二員中書舍人一員各三十匹兩郎官五員太常博士二員各七百兩睿思殿祇應散祇候共二十一員各三匹兩告廟行事陪位官四員侍郎一員中書舍人一員各三十匹兩郎官二員各七匹兩神御進發大祝郎官一員

卷一萬三千七百二十五

七匹兩告廟禮直官五人各三四兩發冊寶并告遷權安奉諸司官二員各三十匹兩温州行事陪位官七員郎官二員各七匹兩温州官五員各五匹兩告遷權奉安沿路至温州奉安主管諸司官二員各三十匹兩扶侍內侍官三員昨扶護凡筵官各一十匹兩觀察照管官一員昨照管事務官七匹兩告廟發冊造遷神御治路至温州奉安禮儀使都大主管官一員一百匹兩承受奏報一員一十五匹兩都大主管所使臣人吏禮直官指揮官等共一十九人人吏二匹兩使臣禮直官各三匹兩指揮官五匹兩主管諸司提轄事務下人吏四人

各二匹使臣一名三匹贊者二人各二匹供官二人各一匹巡視等親事官一十八人各一匹發冊寶告遷權奉安諸司下行遣人吏四人各二匹親事官四人各一匹温州景靈宮主管官一員三十匹兩温州景靈宮太廟幹辦官三員各五匹兩　詔並依令戶部支給　四年三月二十二日神武右軍都統制張俊言擺撥本軍人馬于臨安府候潮門外教場內閱習陣隊詔令戶部支銀一萬兩錢三萬貫付張俊充教閱激賞　四月十二日詔岳飛下將佐王貴張憲徐慶各賜戰袍一領金束帶一條　十八日詔瞿宗遠來貢乏特令戶部支賜銀絹各一百匹兩仍支本色　五月五日樞密院言李

卷一萬三千七百二十五

橫牛皋董先李簡並自京西遠來不易詔李橫牛皋董先各特賜銀一千兩李簡五百兩牛皋董先已發回江西令本路帥司到日先次支給見到行在人令戶部支給　十六日中書門下省言李橫一行官兵已赴行在遠來暴露不易累年不曾支衣詔特令戶部支絹一萬匹付張俊等第俵散　七月二十八日中書門下省言神武中軍撥到張俊下統領將佐使臣等昨自川陝將帶前來行在道路日久詔特令戶部賜錢一萬貫付楊沂中等第支給

宋會要

紹興四年八月二十一日詔賜岳飛五十兩金束帶一

條　十月二十日川陝判襄都督府幹辦公事工部員外郎楊晨已差齎詔往川陝宣諭司等處詔令戶部日下支銀三百兩仍支本色　二十五日樞密院言劉光世奉御筆差發軍馬本軍見闕兵幕使用今來霖雨不止正當冬月暴露寒冷乞下所屬支降應副急闕使用詔令戶部支細絹共三千六百匹付本軍自遣仰劉光世差人前來請領　十月二十九日淮南東路宣撫使韓世忠言本司官兵見今因洞使趁戰逐退賊騎乞支降乾粮一百萬斤怒州縣徵造費力欲計價支錢付司自行做造詔令戶部先次支錢一萬貫仰本軍自遣　十一月二十一日入內內侍省言樞密院得旨差內侍官

卷萬三千一百二十六

諭劉光世韓世忠張俊岳飛王𤫉老小恭侍宣撫開娶洎去處暴露及疾病死亡之家仍賜錢付逐軍內劉光世韓世忠張俊各一萬貫岳飛五千貫王𤫉三十貫並支撥輕齎令逐軍差屬官將官各一員如有病患身亡闕乏仰即時隨宜周恤開具數申樞密院　詔劉光世岳飛差李肖韓世忠張俊王𤫉差汪浩　十二月二十一日詔陳猷兵書進士葉汝舟特賜絹二十疋　五年正月十九日詔韓世忠劉光世張俊各賜銀三千兩絹三千疋賞其入覲有卻敵之功故也　二十九日劉光世言近遣統制官酈瓊等攻取光州了當其一行軍馬跋涉千里興露日久乞賜犒設一次詔令戶部支錢一萬

貫充激犒　二月一日詔賜岳飛銀絹二十匹兩令戶部支給本色　閏二月二十八日後殿進呈次　上曰昨范溫帶來東京民兵比訪用請春秋特支衣絹一疋昨日令中軍引見頗有藍縷者朕出內帑絹二千匹賜之趙鼎等曰陛下內出縑帛之數非承平比每賜將士此盛德也上曰朕宮中未嘗妄費雖內帑所有不多專用以激犒將士而已　五月十三日詔諸軍教閱勞苦當此盛暑應有病患之人可令委屬官一員侍盲撫問仍各賜錢修合夏藥　十九日詔知台州陳橐清謹不擾治狀著聞令丁家難邦人頗惜其去諸關控陳誠可嘉尚特賜錢三百貫令所在州軍于上供錢內支給

卷萬三千七百二十六

十二月八日詔曰時雪夭寒戍邊士卒暴露不易可特賜柴炭錢韓世忠劉光世張俊岳飛軍各一萬五千貫楊沂中軍八千貫仰逐軍逐隊支散仍各就本軍見椿排月錢內日前先次借撥給散內韓世忠劉光世張俊楊沂中軍借過錢卻令建康府権貨務依數撥還　九日詔以雪寒特支行在禁衛諸班諸軍柴薪錢有差　六年十一月詔高麗國使侍牒官金稚珪劉待舉各賜絹一十三疋銀梳二隻重八兩　間金鍍銀雙鹿帶一條重八兩　紫綾袍襖小綾綿襖絹汗衫各一領軍士二人各錢三貫絹十疋從四人各錢二貫絹五疋令祇候庫支賜外更令戶部支賜金稚珪劉待舉銀絹各一百疋

兩餘人銀絹各三十匹兩是月賜張浚古端石硯筆墨
七年正月四日詔賜權發遣劍州王彥金帶以安撫
制置大使席益列其治最乞加褒異故也　三月十五
日詔廣東路鈐轄韓京禦寇有功特先賜金束帶戰袍
銀纏笴鎗其一行官兵支錢五千貫等第犒設　二十三
日詔宇文虛中朱弁奉使日久宜有支賜以慰忠勤宇
文虛中可賜金五十兩綾絹各五十疋龍鳳茶各五斤
朱弁可賜金三十兩綾絹各三十疋並令戶部支給
五月二十七日詔閻皐賜袍帶以四川安撫大使席益
言其訓練之勞乞加褒賞故也　六月十八日詔席益
鎮守川蜀治効著聞頗寬憂顧遣兵入衛忠誠可嘉特
卷一萬三千七百二十六
賜銀合茶藥笏頭金帶牙笏　十一月十七日昭化軍
節度使嗣濮王嗣輵奏祠堂官及臣合破馬下把笏祇
應六人書表客司通引官七人宣借兵士三十五人并
臣出入接見諸處投下文字並依外官法伏覩宗暉初
除嗣濮王日得旨男與王率女上三人與縣主令臣止
有兩女乞並封縣主其踏逐祠堂主管香火官理為資
任支破士輵等請給下所屬出給付身內知客一員依
例支破茶湯錢一十五貫並把笏祇應乞踏逐已未到
部小使臣校尉副尉或白身人代充內有官人理為資
任并書表客司通引官依例每月各人支破添給茶湯
錢一十二貫上件官吏乞隨祠堂香火官于紹興府給

勘所有臣本身應支給僖請支賜宣借等于行在帮勘
如遇臣生日乞令所屬取賜從之　九年正月五日內
降新復河南州軍赦應內外諸軍並與犒設一次　二
月六日詔陝西六路帥臣並賜銀合茶藥袍帶以差充
宣諭故也　十二日詔郭仲荀已除東京同留守士㒟
張燾祇謁陵寢周聿差陝西宣諭方庭實三京淮北宣
諭並特支賜銀絹士㒟郭仲荀各三百疋兩張燾周聿
各二百疋兩方庭實一百五十疋兩　十年六月十八
日詔李顯忠下將軍崔皐崔贇柘拔忠王全武世雄曹
高表可並賜金帶以有戰功勞其還也　九月二十九
日明堂大禮詔賜支郡王寬衣一對金帶一條銀鞍
卷一萬三千七百二十六
盛細衣著一百匹馬二[illegible]匹金花銀器二百兩衣著一
百疋金鍍銀鞍轡一副纓複全　十一年十月二日詔寶
文閣直學士樞密都承旨鄭剛中除寶文閣學士令戶
部賜銀絹二百匹兩秋皇叔祖右監門衛大將軍仲瑶
卒于臨安王無以斂判大宗正事齊王郡王吉㒟言于
朝詔緦麻親任環列以上亡者賜錢三百千袒免減三
之一　九月甲辰令以為例焉　十二年八月十八日詔
萬俟卨邢孝揚充大金報謝使副各支賜銀絹二百匹
兩萬俟卨賜錢一千貫邢孝揚賜錢八百貫充起發並
令戶部支給　十三年正月辛丑立春節學士院始進
貼子詞百官賜春幡勝自建炎以來久廢至是始復

二月一日詔今後宰臣執政轉官加恩正謝合賜衣帶
鞍馬並令全賜更不減半十九日詔宰臣以下過節序
客省合發賜節料自今後依格賜内酒麪並令臨安府
供應　四月四日詔殿前馬步軍司見趁赴朝參將校
二百七十五人並與支破三節全分時服　十二月二
十七日金國遣元顏畢馬諤等來賀是年和議方定始
令有司立每年金國賀正賀生辰使人錫賚格目到闕
使一百兩金花鈔鑼唾盂盂子一副副使八十兩金
花銀鈔鑼唾盂盂子一副朝見使衣八件紫春羅夾公
服淡黃羅綿襖子綿背子勒帛熟白小綾寬汗衫寬夾
袴紅羅軟繡夾抱肚三襜金二十二兩御仙花腰帶金

五兩數魚袋牙笏靴幞頭折馬銀五十兩銀一百兩鈔
鑼一面副使衣七件紫春羅夾公服淡黃羅綿襖子勒
帛熟白小綾寬汗衫寬夾袴紅羅軟繡夾抱肚三襜金
二十兩御仙花腰帶金五兩數魚袋牙笏靴幞頭折馬
銀五十兩銀一百兩鈔鑼一面都管各衣五件紫春羅
夾旋襴熟白小綾窄汗衫夾襪頭袴淡黃大綾綿襖子
小綾勒帛金鍍銀一十五兩荔枝腰帶銀二十兩盞椀
絲鞋上節各衣五件中谷紅錦葵花夾旋襴熟白小綾
窄汗衫夾襪頭袴淡黃大綾綿襖子小綾勒帛金鍍銀
一十五兩雙鹿兒束帶銀二十兩盞椀絲鞋中節各衣
四件小谷紅綿葵花夾旋襴熟白小綾夾襪頭袴淡黃

大綾綿襖子小綾勒帛金鍍銀一十兩雙鹿兒束帶銀
二十兩數椀絲鞋下節各衣五件紫小綾夾旋襴熟白
小綾窄汗衫絹夾襪頭袴淡黃小綾綿襖子勒帛金鍍
銀一十兩雙鹿兒束帶銀一十兩數椀節次賀正旦賜
使衣六件紫素羅夾公服淡黃小綾勒帛熟白小綾寬
汗衫寬夾袴紅羅軟繡夾抱肚三襜副使衣五件紫羅
夾公服淡黃小綾勒帛熟白小綾寬汗衫寬夾褌紅羅
軟繡夾抱肚都管各衣三件紫春羅夾旋襴熟白小綾
窄汗衫淡黃小綾勒帛三節人從各衣三件紫素羅夾
旋襴熟白小綾窄汗衫淡黃小綾勒帛射弓使衣五件
紫春羅窄夾四䙆黃羅襴熟白小綾窄汗衫夾襪頭袴

淡黃羅綿襖子紅羅軟繡夾抱肚金二十兩數御仙花
束帶折馬銀五十兩副使衣五件紫春羅窄夾四䙆黃
羅襴熟白小綾窄汗衫夾襪頭袴淡黃羅綿[illegible]綿襖子
紅羅軟繡夾抱肚金一十五兩數御仙花束帶折馬銀
五十兩伴射官衣五件紫羅窄夾四䙆淡黃大綾襴熟
白小綾窄汗衫夾襪頭袴淡黃小綾勒帛紅羅軟繡夾
抱肚金二十兩數腰帶以金料充節度使二十五兩銀
七十兩數鞍轡一副以銀料充折馬銀五十兩館伴副
使衣五件紫素羅窄夾四䙆淡黃大綾襴熟白小綾窄
汗衫夾襪頭袴淡黃小綾勒帛紅羅軟繡夾抱肚金二
十兩數腰帶以金料充館伴使不射弓賜七百兩數銀椀

一隻朝辭使衣八件紫春羅夾旋襴熟白小綾窄汗衫
夾襪頭袴淡黃羅綿袄子錦背子勒帛紅羅軟繡夾托
肚三襜金二十兩數御仙花束帶銀一百兩鈔鑼一面
副使衣七件紫春羅夾旋襴熟白小綾窄汗衫夾襪頭
袴淡黃羅綿袄子勒帛紅羅軟繡夾托肚三襜金一十
五兩御仙花束帶銀一百兩鈔鑼一面都管各衣五件
紫春羅夾旋襴熟白小綾窄汗衫夾襪頭袴淡黃大綾
綿袄子小綾勒帛銀二十兩盞梡絲鞋上節衣各五件
紫大綾綿旋襴熟白小綾窄汗衫夾襪頭袴淡黃大綾
綿袄子小綾勒帛銀二十兩盞梡絲鞋中節衣各四件
紫大綾綿旋襴熟白小綾夾襪頭袴淡黃大綾綿袄子

卷一萬三千七百二十六

小綾勒帛銀二十兩盞梡絲鞋下節各衣五件紫細細
綿旋襴熟白小綾窄汗衫絹夾襪頭袴淡黃、小綾綿袄
子勒帛銀二十兩盞梡容賜使一千兩内二百兩盆一
口一百兩數内瓶二隻鈔鑼二面合二具注梡二隻副
使五百兩内一百兩盆一口瓶二隻注梡一隻鈔鑼一
面　十四年七月二十七日詔賜秘書監游操緋章服
以車駕幸肴故也　十五年四月二日詔賜太師尚書
左僕射同中書門下平章事秦檜銀一萬兩絹一萬疋
錢一萬貫綵一千疋花一千四百朶金銀器皿綿綺帳
褥等六百八事　十月三日上遣中使賜太師尚書左僕
射同中書門下平章事秦檜御書閣牌曰一德格天之

閣就第賜御筵仍賜金鍍銀鈔鑼唾盂照匣手巾筒子
罐子裝釘頭龍茶爍子熟水榼子各一金鍍銀湯瓶二
厭匙大筯一黑漆桌子杌子各一銀絲劉柄青羅繖一
金鍍銀太平花腰帶紫羅單四褛衫真、經羅直繫各五
十事　二十年三月六日詔今後臣僚如遇朝辭合賜
衣帶鞍馬令依格撞賜　二十二年十一月五日詔崇
信軍節度使龍神衛四廂都指揮使主管侍衛步軍司
公事趙密禮支賜與衣節度使例支破　十七日詔天氣
寒凜應從駕諸班直親從親事官并諸軍軍兵將校等
柴炭並令增三分給賜如願請錢者聽　二十五年九
月三十日詔占城國進奉人支賜見使紫羅寬衫小綾

卷一萬三千七百二十六

寬汗衫大綾夾襪頭袴小綾勒帛一十兩金腰帶幞頭
絲鞋衣着三十疋紫綺被褥氊一副使紫羅寬衫小綾
寬汗衫大綾夾襪頭袴小綾勒帛七兩金腰帶幞頭絲
鞋衣着二十疋判官各羅寬衫絹汗衫小綾夾襪頭袴
一十兩金花銀腰帶幞頭絲、鞋衣着一十疋防援官各
紫官絁衫絹汗衫絹夾襪頭袴絹勒帛幞頭麻鞋衣着
七疋辭使紫羅窄衫小綾窄汗衫小綾勒帛銀器五十
兩衣着三十疋副使紫羅窄衫小綾窄汗衫小綾勒帛
銀器三十兩衣着二十疋判官各紫羅窄衫銀器一十
兩衣着一十疋防援官各銀器七兩衣着五匹　十一
月二十二日詔別賜占城國國信禮物翠毛細法錦夾

襖子一領二十兩金腰帶一條銀器二百兩衣着絹三百匹白馬一疋八十兩閙裝銀鞍轡一副所屬製造訖送祇候庫打角學士院封題請御寶付客省閣送押伴所施行因其還使入貢故以賜之　二十六年十一月十六日詔賜三佛齊國王初封禮物寬衣一對六件紫羅夾公服一領小綾寬汗衫一領勒帛一條熟白大綾襪頭袴一腰紅羅軟綉夾三襜一副抱肚一條二十兩金腰帶一條銀五十兩腰帶匣一具衣着二百疋（係雜色絹）金花銀器二百兩（係鈔鑼二面）馬一疋鞍轡一副賞其入貢之勤也　二十九日詔三佛齊入貢使副以下支賜並依占城例施行　二十七年七月十二日成都

卷一萬三千七百二十六

潼川府夔州利州路安撫制置使兼知成都軍府事蕭振以病亟乞致仕從之仍特賜銀絹五百疋兩　十月九日詔知金州王彥與賜夏臘藥其統制統領將佐官屬依例賜夏藥令賜川中夏臘藥官一就給賜仍傳宣撫問　二十九年二月十七日詔前降詔書士庶子婦人年八十以上給賜束帛令戶部行下諸路州軍如有縣間有闕乏未嘗給賜處仰于上供物帛內支給不得減裂違戾續有旨如闕本色可依市價折錢于上供錢內支給以太后年八十推恩故也　二十日昭化軍節度使嗣濮王吉輵奏乞生日支賜從之先是有旨權行住支士輵以為請故也　三十年九月十五日詔安德

禮六二之六七

軍節度使同知大宗正事士街特依士錢例每遇生日取賜　十八日詔諸軍出戍戰守軍兵効用天寒暴露不易各賜絹一疋令諸軍開具人數各于逐路摠領所支給如無見在即使差人前來左藏庫支請　三十一年正月二十一日詔雪寒異常特賜諸軍柴炭錢殿前司五萬貫馬軍司二萬五千貫步軍司一萬五千貫諸班直等五千貫　三十二年七月十七日皇帝登寶位饗太廟都大主管所言本司今于受誓戒習儀致齋宿齋行事數內先次裁減受誓戒習儀兩次更不支給外禮儀使一百匹兩欲支七十匹兩都大主管官一百匹匹兩欲支五十匹兩承受官七十匹兩欲支四十匹兩

卷一萬三千七百二十六

諸司官各六十匹兩欲支二十匹兩照管事務官三十匹兩欲支二十匹兩合該欲事執政官一百匹兩欲支七十匹兩侍從官并正任以上各五十匹兩內太尉七十匹兩欲各支三十匹兩橫行并卿[illegible]以上各三十匹兩欲各支二十匹兩內總轄儀仗郎官二十匹兩欲支一千五百兩寺監丞簿以下各二十匹兩欲各支一十五匹兩太廟幹辦官宮闈令官各[illegible]十匹兩欲各支十匹兩合該宿齋日排辦臨安府通判一十匹兩欲支七匹兩催促照管事務使臣主管文字諸司下使臣禮直官并承受諸司下人吏投送文字親事官快行親從官三省禮房提點職級行遣人支賜裁減有差　八

禮六二之六八

月一日詔皇子生日并諸節序各合取賜物色除端午
扇依已得指揮減半外餘並依元豐令取賜　王師至洮
州結往北界軍前李回包氏率官吏軍民來歸特封令
人見在西和州居趙彥博到宕昌買馬令包氏招誘洮
疊熙翠一帶蕃商以致歲額增羨宣撫司聞于朝上曰
可封郡夫人令宣撫司就給賜絹一百匹

[illegible]

孝宗隆興元年六月一日詔殿前步馬軍三司出戍淮
上官兵家屬可令左藏南庫特與給賜錢銀犒設一次
統制官銀五十兩統領官銀三十兩正副將銀二十兩
部隊將准備將訓練官等各錢二十貫使臣効用入隊
卷一萬二千一百十六
軍兵各錢五貫不入隊各錢三貫內無家屬人令各司
樁管候正身到日給散　二日御前忠勇軍都統制李擴
言契勘忠勇軍已蒙支降到銀一萬兩緣本軍剏置之
初緩急應付委是急闕乞賜支降錢三萬貫　詔令戶部
支降　六日戶部言今年三月內起發右軍後軍神勇
軍官兵合支起發犒設錢三萬四貫文本軍並稱樁管
在軍令訪聞得神勇軍于去年八月內先曾差出已請
起發犒設錢八千二百八十八貫文製辦行裝使用續
有指揮卻不起發今來同右軍後軍差出所有合支起
發犒設錢緣本軍將先已支散錢卻充今來折會窃見
逐人所請錢去年已是費用無餘今來若不依眾軍例

支破窃慮闕少支費本部今乞行下淮東總領所將神
勇軍官兵折會過起發犒設錢數照應已請則例于軍
前見樁管錢內照名支散所有本司中軍先已請過起
發犒設官兵將來若行差出亦乞依比支破從之　八
月二十四日忠義軍都統制魏勝申勝統押忠義人在
海州提舉四壁守禦措置合支激犒欲望支降錢一萬
貫應付犒賞之費　詔令總領所支降　十一月二十五
日詔三衙鎮江建康府江池鄂州荊南出戍官兵離家
日久雪寒暴露不易可依紹興三十二年九月二十三
日指揮體例犒設一次令逐路總領所支給　十二月
十七日中書門下省言諸處出戍忠勇軍并明州平江
卷一萬三千七百二十六
府江陰軍海州見屯出戍官兵及海舡差出梢桷離家
日久雪寒暴露不易詔依例犒設一次令逐州府及總
領所支給內已該今年十一月二十五日指揮犒設人
令所屬除豁　二年正月二十三日詔湯思退張浚新
除左右丞相合得取賜銀絹依所乞寢罷　十二月二
日詔沈介已除權兵部尚書可依例給賜衣帶令後在
外臣僚除授准此　七月十日皇叔祖檢校少保昭化
軍節度使嗣濮王士輵言臣叨冒聖恩襲封嗣濮王其
本身米麥并隨身縑糧乞依祿格全支本色并取賜生
日令入內內侍省依舊全支從之　三年四月二十三日
詔兩浙東路安撫使洪适福建路安撫使王之望四川

安撫制置使江應辰前宰執知寧國府汪澈知泉州周
葵並依例賜夏藥令户部打造一百兩銀合四具五十
兩銀合一具又四川宣撫使吳璘御前諸軍都統制戚
方時俊趙撙王宣王權陳敏任天錫苗定劉源知階州
節制本州屯駐軍馬吳挺并御前諸軍統制統領將佐
官屬並依例賜夏藥户部打造一百兩銀合一具三十
兩銀合十具赴御藥院送納降付進奏院附遞給賜其
逐軍依年例令近上統制官分賜仍傳宣撫問　四年
三月一日詔樞密院逐房副承旨見令閑借金帶服紫
趂赴朝叅等可令祗候庫依條例就賜令後轉至仍依
此取旨給賜　十二月十一日詔權主管殿前司公事
〔卷萬年吉実〕
王逵過立春日并冬年寒食節特與依見今主管馬步
軍公事例給賜旛勝簽賜　七年二月十八日内東門
司狀契勘取賜皇太子生日節次物色指揮比親王例
三分增一分令來皇子恭王爲皇太子所有合取物色
本司即未敢便行取賜詔依數取賜　二十三日詔皇
子魏王出鎮令左藏南下庫祗備金三千兩銀一萬兩
令承受取賜　三月二十八日詔四月二十四日皇子
判寧國府魏王生日特差内侍陸彥端取賜牲餼　四
月二十二日宰執進呈皇子魏王賜夏藥虞允文奏曰
前二府用百兩銀合親王易以金否上曰用金梁克家
奏曰自乾道初載雖前二府亦皆令進奏院遞賜令親

禮六二之七一

王領藩邸須還中使以示陛下恩意上曰甚好　八年九
年賜藥同　五月三日詔皇子判寧國府魏王愷到闕
入内内侍差使臣謝安道傳宣撫問并賜金合茶藥
十一月八日客省劄子奏本省見依格賚賜宰臣親王
已下正旦寒食冬至節料檢準本省格上有宰臣執政
官奉使出外取旨令有皇子魏王愷判寧國府取旨施
行詔依格賜自發付寧國府仍令本府依數排辦就賜
今後準此　八年五月七日詔居廣生日支賜依士輵
士得已得指揮　九年四月二十五日詔魏王合賜夏
藥令學士院降勑書一道户部打造一百兩金合一具
差内侍張詠給賜　乾道元年正月二十三日詔主管
〔卷一萬三千七百二十六〕
侍衛馬軍司公事張守忠一軍牽先赴都督府調撥據
守定山又自淮西往來應援道路遥遠委是勞苦即與
諸軍事體不同令户部支給錢三萬貫内庫支銀五
千兩勞賜本軍委守忠等第給散　九月六日詔御藥
院東門司皇太子合取賜生日等物色比親王例三分
增一分取賜　十一月十七日士輵言濮安懿王園令
士程在任恭奉神主神貌并躬親監督修造園廟龕室
屋宇並皆如法乞依士奇前任園令體例將兩次該遇
園令月日每一年與減一年磨勘仍許通理轉官後歷
過年月揍行收使于見今官上特與轉行詔從之　二
年四月二十九日詔于左藏庫取銀四千兩充犒設神

禮六二之七二

武軍使用　十二月十五日詔行在諸軍依年例支雪
寒錢　七月十二日士㒟言叨冒襲封每月請給止此
宗室正任防禦使令先乞依祿格全支本色仍免折支
及每歲生日令入内内侍省依舊全支取賜詔依　十
二月二十九日宰執内殿進呈都承旨龍大淵言已支
銀三千兩并茶引約計錢萬餘貫付權發遣楚州胡明
洪造等募白胡明元乞二萬緡昨已降旨令淮東總領
司支萬緡湊銀以其足數矣上曰總司錢令不須支
三年二月十六日詔降下武經龜鑑賜子各二十本令
樞密院差使臣一員給賜鎮江府駐劄御前諸軍都統
制戚方建康府駐劄御前諸軍都統制劉源仍令選擇
卷萬五千七百二十六
兵官各給賜一本　閏七月十三日詔王友直已除鎮
江都統令在藏南庫支錢一萬兩本軍吏支錢二萬貫
充犒賞以友直初除從其請也　十月四日詔士㒟已除
開府儀同三司其生日支賜并使臣依已降指揮外所
有應干恩數請給人從等並依居廣例施行　十一月
一日詔應從駕諸班直親從親事官并諸軍將校等為
寒凜令户部給賜柴炭並增三分願請錢者聽以後做
此　四年正月二十九日户部言侍衛步軍司得旨差
撥官兵三十人前去大合交替劉福所管人馬歸司詔
所差官兵依例犒設一次　三月十三日詔禮物局如將
來空閑令臨安府將上件屋宇同嗣濮王見住宅子一

併撥賜嗣濮王士㒟永遠居住仍與量行修葺　五月
十二日樞密院言殿前司差撥策選鋒軍全軍人馬前
去揚州看守城壁乞依例支給犒設等錢詔依其鎮江
府都統司合差官兵并日後兩司更替人並依此例繼
而十月三日樞密院言鎮江府駐劄御前諸軍差撥全
軍人馬前去揚州與殿前司策選鋒軍人馬前去同共
看守城壁乞依殿前司差撥前去揚州看守城壁官兵
比之鎮江府都統司所差官兵地里遥遠詔令淮東總
領所照殿前司差往揚州看守城壁官兵犒設則例支
三分之一　其後五年二月二十七日淮東總領所言鎮
江府駐劄御前諸軍都統制司申為差撥御前中軍人
卷萬五千七百二十六
馬前去揚州祗替前軍人馬歸軍乞依昨來差發官兵
前去揚州看守城壁支給犒設等錢從之　乾道五年
六月十日詔自初伏日賜學士氷一月　七月十四日
詔令左藏南庫支錢錢三十貫付御前忠銳軍統制張
師顔充揀到軍兵緊急支用　九月十一日户部言王
逵奉聖旨權主管殿前司公事所有請給供給券錢見
在步軍司歷内乞行下所屬分壁批勘施行行在諸司
粮料院中王逵即無給到自料錢文歷其請受不合
批勘外所有供給券錢昨差除主管步軍司公事日係
承指揮支破了當今來差權殿前司公事即未有許行
分擘依舊支破係給券錢指揮王宏權主管侍衛步軍

司公事每月供給券錢乞依例下所屬批勘施行院司
照得三衙主管官供給券錢並係寄降指揮支破今來
本官即無承降到指揮許行支破詔權主管殿前司公
事王逵權主管侍衛步軍司公事王宏並特與依例支
破供給券錢　十月十八日詔令四川宣撫司支錢二
十萬貫充買琦初到軍犒設使用　二十□日詔降銀
三百二十兩錢三萬七千四百七十貫七百會子萬八
百六十二貫三百付步軍司又降銀三百九十六兩六
錢錢四萬五千七百八十三貫六百會子萬二千八百
五十六貫付馬軍司充灘上親閱軍馬犒設使用　十
一月一日詔降錢四百四貫五百會子一百五貫五百
付馬軍司充灘上射生官兵犒設使用令差人付内藏
庫交撥　十八日詔支錢三萬貫應付楊欽犒軍使用
仍領湖廣總領所就支　十二月二日王友直除主管
步軍司執事言到任之初欲行點看諸軍應管人馬緣
步軍司闕之無以犒賞詔令左藏南庫支錢三萬貫以
會子支是年廷試始依文舉給黄牒同正奏名三十三
人榜首賜武舉及第餘並賜武舉出身　六年五月八
日詔于左藏南庫取會子一萬貫充賜忠銳軍犒設使用係降
合用降破限日下供納　八月二日總領兩淮浙西江
東財賦軍馬錢粮所申得旨郭振諸般請給可特支錢
俸戶部勘當合支統兵戰守臣諸般全分請給全俸料

卷一萬二千七百二十六

禮六二之七五

料錢四百貫禄粟一百五十石准細色九十石内米四
十五石小麦四十五石元随五十人各每月粮二石計
一百石每石折錢三百文詔依已降指揮支破全俸
七年正月二十八日軍執進呈三衙屬司禁軍人數上
曰祖宗時上四軍分止是支數百料錢虞允文奏曰今
不知幾倍矣梁克家奏曰秘閣中有太祖御札禁軍券
錢至親筆裁減一二百者上曰雖一麻鞋之微亦經區
處祖宗愛惜用度如此克家奏曰用度豈可不愛惜且
如非泛賜予尤不可輕韓昭侯非靳一獘袴也不以予
無功之人其意深矣上曰予及無功則人不知勸克家
奏曰豈非無功有不勸有功者解體矣上曰然因顧允
文昨遣内侍往江上欲就令撫問以卿言而止臣為此
也允文奏曰非陛下從諫如流臣豈敢冒言之郭子儀
所得上賜甘蔗幾條柑子幾顆人主以此亦恩意耳不
必在金帛之多也今諸將受陛下厚恩未有以報陛下
者上曰郭子儀有大功于唐今諸將孰有子儀功賜予
誠是不可輕也同日詔浙東諸州軍起發第三番弓弩
手並已到忠銳軍可特與依例犒設一次内將校一貫
五百文長行一貫文令都承旨張說前去傳旨閲視給
散其錢于左藏南庫支給見錢會子各一半　二月八
日詔三衙并外路諸軍揀汰官兵分撥諸州軍添差券
者道路送遞闕之盤費除支破合得請給外令本軍添

卷一萬二千七百二十六

禮六二之七六

照逐近等第更行量支盤費津遣　三月九日提舉御前弓馬子弟所兵健奏本所元承指揮差置幹辦官二員指教官十員押教官二員其所請職䕍乞每人逐月各添支三貫詔並與支破本等衙門券錢見請錢更不支給內幹辦官二員每月添支錢一十貫文無衙官人通見請添作一十五貫文甲長一十人每月各更添支三貫文　七月十六日詔馬軍司官兵連老小移屯建康訪聞有不伏水土身故之人其軍校請給低小令淮西總領所將身故軍校已請本月不該錢米並免回納仍更候展支一月日幾有似此之人依此令年終止有男兒少壯及等雖年十五歲以上二十歲以下或未及等仗並與揀板格刺一次亦至年終止幼孤家之家仰軍量支錢米養贍常加存恤　七年十一月六日士㒟言濮安懿王神主神貌見在紹興府光孝寺奉安每年四季仲享合差三獻官行禮其亞獻終獻依格合差子姪充已前係紹興府行司差南班官權充令來行司已併歸依在宗正司其紹興府並無南班官司差萬士㒟係襲封初獻官蒙先降指揮如遇士㒟忽患亦令差權攝行事欲望特降指揮每遇四仲享月就差嗣濮王位子姪或紹興府見任寄居待闕宗室依長次序許士㒟牒紹興府逐時權差行事庶得崇奉祖宗仲享不致闕誤詔依　十二月十一日詔浙東七州禁軍弓弩手並

年十二月十八日已後至來年正月二十四日終寒及一年合行支替發歸元來去處將來替回起發日合支犒設內將校一貫五百文節級一貫一百文長行一貫文一千里以下至五百里以上依前項則例支給五百里以下以十分為率支給七分令所屬依第二等例等第支降施行　八年正月十七日詔浙東七州府起發一半弓弩手並已到忠銳軍可特與依例犒設一次令王炸前去傳旨給散其錢于左藏南庫支給見錢會子各一半具已散并支過錢數申樞密院　七月十九日鄂州駐劄御前諸軍都統制秦琪言都統制到任例行犒設諸軍一次共錢六萬七千餘貫緣都統司激賞樁日實在錢五千二百餘貫逐急于軍器錢內借撥六萬二千貫支犒訖詔令湖廣總領所於鄂鹽會子內支還六萬二千貫　十一月十一日詔將兩浙路州軍已起到廂軍與支犒設一次內臨安府人支錢二貫一百里以上三貫二百里以上五貫並令左藏南庫支降會子其人盡數發回未起發人與免起發已起未到人令逐州拘收　九年三月二日主管侍衛步軍司公事郭　奏自來帥臣到任點看軍馬支散犒設一次用錢五萬貫文本司闕之乞依王友直到任體例支降錢五萬貫文詔支錢三萬貫　四月二十五日樞密院言兩浙路起到揀中禁軍權行發回依例支給犒設緣係兩番到行

在教閲之人理宜優恤詔令户部依已降回例更支犒
設一次六月三日宰臣梁克家等奏昨起發到福建路
禁軍赴行在忠鋭軍教閲已支給犒賞發回特更與犒
設一次上曰歸途既遠人又適大暑正要路中盤費從
容計其地理倍支犒設八月二十六日中書門下省勘
會内外諸軍有家累官兵士殁殿前馬步三司並請支
給一月其江上諸軍内有止支請受去處委是多寡不
同理宜一等詔今後江上諸軍有家累官兵遇有亡殁
之人令三總領所並與支請給一月仍劄下逐軍照會
十一月十一日楚州駐劄御前武鋒軍副都統制魯安
仁言到任依例點看軍馬合行犒設一次乞依成世明

例御前降錢二萬貫詔令鎮江府于樁管朝廷會子内
支撥十二月二十三日江州駐劄御前諸軍都統制皇
甫倜言得旨差撥官兵五十人于黄州麻城縣興國軍
大冶縣屯戍將帶器甲前去與累年差撥出戍人事體
一同乞下湖廣總領所照應自來體例勘支起發并内
有家累人添支錢米自起發日爲始批放日後差撥更
戍人亦乞依此施行從之　淳熙二年五月三日詔平
江府長洲縣金鵝鄉係官常平田九百三十八畝撥賜
蕭邈古　三年九月二十七日詔兩浙轉運司于秀州
官田内摽撥一十頃給賜蕭督里懶　十月二十六日
殿前副都指揮使王友直言諸軍見請雄威請給衣粮

子弟乞照應雄威軍額支破大禮賞給從之　十二月
二十九日詔敦武郎以下任閤門舍人大禮賞給與依
熊飛等體例支給　四年正月三日詔新除侍衛馬軍
都指揮使吴挾合得明堂禮畢支賜與依格支給户部
言挾舊係節度使環衛官今以馬軍都指揮使支賜減
半比舊職數少緣在法舊請多者從舊合止合破節度
使環衛官支賜緣挾係在降御劄後除授其禮畢支賜
依指揮合減半批放故有是命　四月十二日殿前司
言本司諸軍牧放馬軍十月時服已承指揮特與批放
緣無自今依此之文乞下所屬依步軍司已放行體例
特與批放日後年分依此施行從之　四月賜李龍翰

馬二匹金鍍銀鞍轡金帶銀匣　五年二月二十二日
詔殿前副都指揮使奉國軍節度使王友直除殿前都
指揮使正謝日特與依初除例權賜衣帶自今管軍遷
職準此　十一月八日詔賜少保右丞相史浩後洋街
宅一區　七年五月六日詔讀三朝寶訓終篇就秘書
省賜御筵宰執賜牙簡金帶鞍馬香茶侍讀金硯匣金
硯鞍馬香茶侍講説書修注官鞍馬香茶同日胡甯有
講畢周禮詔賜御筵詩西清閑綵帙東西授丹書　九
月十九日上謂輔臣曰六部侍郎在觀察使之上自今
正侍郎以上可依觀察使格賜綿襖　九年三月十八
日賜耶律适哩平江府宅一區　六月二十三日詔湖

廣總領所令湖要安撫司將飛虎軍官賜衣服分物
十二月四日詔嗣濮王士歆每遇生日特與全行取賜
入内内侍省言士歆昨任節度使日依居中例每生日
特與全行取賜今來除授開府儀同三司本官奏請到
指揮恩數諸般請給人從等並依士㒟前後已得指揮
其生日取賜合取旨故有是詔　十年二月二十五日
詔皇孫女安康郡主下嫁令臨安府踏逐空閑第宅添
修給賜　十二月十六日太上皇后慶壽詔曾任太中大
夫觀察使以上仍與倍賜長史致禮應給賜物並令長
吏差官寔行就賜不得呼集煩勞徒爲文具　十一年
十月二十四日詔兼權馬步軍司職事梁師雄遇立春
卷一萬三千七百二十六
日并冬年寒食節特與依翟安道權司體例給賜幡勝
簽賜遇合賜花朶特與依横行例支破　十六年八月
十九日詔今次明堂大禮權侍衛步軍司職事翟安道
特與依步軍都虞候合格支賜　二十九日詔明堂大禮
殿前司差充代班直并執擎儀仗獸巻使臣特與犒設
一次　光宗紹熙元年十一月十三日紅霞帔裳氏上
牋比承泰魏國夫人王氏遺詣闕庭躬進生辰香疏奏
乞特與仍舊放行歲賜米三千石來蒙處分竊緣當來
所賜米係隆興二年内蒙恩撥賜沒官田五千畝爲子
孫業至乾道年間拘上元田于紹興府湖田米内歲賜
三千石代租即與其佗恩賜不同乞特賜處分詔令紹

興府于上供米内自今年爲始每歲特賜一千石　二
年正月二十三日安穆皇后宅言先來安穆皇后追册
已蒙賜田二十頃今來宗廟推恩乞更賜田一十頃樁
三十頃詔令兩浙轉運司依所乞撥賜　二十八日户
部言將來大禮淮江駐劄諸軍合用賞給欲專委逐路
總領所將撥定窠名錢别用庫眼收盛並限今年七月
終樁辦數足如至期所科錢未到或欠闕數目先就于
大軍經常錢内樁數先撥到日却行撥還候將來支散
訖開具夾細帳狀供申朝省鎮江駐劄大軍并武鋒軍
諸軍乞劄下鎮江府于椿管見錢内取撥一十萬貫建
康池府駐劄諸軍并馬軍行司移屯官兵乞于寧國府
卷一萬三千七百二十六
徽州建康府廣德軍科撥共一十萬八千六百八十一
貫七百七十文無爲軍和州共科撥一萬六千六百六
十八貫二百三十文已上共科撥一十二萬五千三百
五十貫江鄂州江陵襄陽府駐劄諸軍乞于江州臨江
軍吉州　紹熙二年應副馬司官兵支遣錢内對兑一
十二萬貫却于寧國府今年合撥行在折帛錢内撥一十二萬
貫起赴淮西總領所理還對兑過上件馬司錢數從之
　二月五日詔敷文閣侍制四川安撫制置使兼知成
都府京鏜除寶文閣侍制再任特賜帶既而祇候庫申
每遇初除宰執侍從合賜衣帶依格移関粮料院勘旁
折色今來係特賜未審從例折色或令本庫打造給賜

詔令戶部支金二十兩下文思院打造給賜　四月二
日煥章閣學士新知襄陽府張杓朝辭六日詔于封樁
庫取金二百兩賜之　八月十日臣僚言平涼郡夫人
李氏近承指揮撥賜湖州縣下沒官田二千五百畝照
對乾道九年三月内指揮令後應有撥賜田畝令所屬
止將係官閑田標撥不許指占已佃之田今來李氏指
謝到湖州烏程德清長興三縣田二千五百畝據浙西
提舉奏内二百五十餘畝係給還徐通直等元典買及
逃戶唐齊安等歸業田非係沒官其餘田二千二百四
十餘畝雖是沒官緣見有一百九戶請佃在戶正礙乾
道九年指揮臣以為不若姑使之少待却令湖州幾有
沒官田產先次撥與如湖州猝未有沒官田產亦許于
鄰州指射年歲之間自然足數從之　十月五日宰執
進呈大禮支賜留正等言戶部方議論欲管兵官例皆
三分減一上曰管兵官及歸正官皆不要減三年一次
恩賞從軍所指望三衙却減一分不妨十匹兩以下免
減　二十一日詔宰執郊禮支賜並照逐郊體例減半
外仍依紹熙元年十月二十一日已降指揮三分減一
　十一月二十六日詔為天寒應從駕諸班直親從親
事官并諸軍指揮軍兵將校等並特依淳熙六年郊禮
例增三分給賜柴炭願依例折錢者聽　三年八月三
日幹辦御前忠佐軍頭引見司李孝純等言本家該遇

卷萬三千七百三十六

皇后受冊所有賜田欲乞依紹興十三年乾道元年則
例給賜三十頃令兩浙轉運司常平司于平江府諸縣
係官田内揀選良田標撥如不足于湖州管下縣分揍
數除苗稅外與免諸般科敷等詔特依所乞　四年四
月五日利州觀察使安定郡王子濤言嘗乞安奉燕王
影貌堂宇蒙劄下臨安府踏逐應副却每月支錢令臣
僦居竊見自來襲封安定並是朝廷撥賜居屋即無僦
賃體例乞許臣于臨安府見管官舍踏逐一所陳乞從
之　五年十月二十七日詔臨安府贍軍中酒庫相對
官舍一所并南隣張府房廊屋三間令臨安府日下支
錢于張府估計時直回買并官舍併賜與武德郎閤門
看班祗候邢汝楫永為己業　寧宗慶元三年三月十
八日詔臨安府前石版巷官廨舍一所元係知閤蔡必
勝居止見令韓同卿親屬在下安泊候遷移日可並撥
賜知閤譙令雍永為己業居住　太和八年十二月五
日四川安撫制置使董居誼奏西蜀立功之人惟楊巨
源李好義厥功尤大但好義抱恨而歿生計蕭然向來
帥臣吳獵累乞朝廷給賜田宅而事久未下物論猶鬱
巨源殞于非命尚此藁殯妻弱子幼惸然無依臣雖已
支錢物卹其家趣其辦葬而巨源家素貧終難贍給此
二人者乃褒卹有所未周者也欲乞各優賜田宅以贍
其家巨源葬事行下利路監司及所屬州郡如法應辦

卷萬三千七百三十六

使之早畢並從之　嘉定元年十一月二十七日皇太子奏伏見右丞相史彌遠丁所生母憂臣竊惟曩者權臣擅命妄開兵端幾危社稷陛下奮發英斷臣雖得與大議而彌遠能贊聖謨遂剪元惡自此繼好息民北虜退聽宗廟再安天下蒙福方彌遠密承聖旨投机之會間不容髮然猶有顧望欲避回其事者非彌遠忘其體命奉行天誅萬一泄謀必誤大計陛下軫念南北生靈肝腦塗地屈己就和量力相時初非得已今和好賴以堅定虜人特以信服由陛下獨斷于上而彌遠能祇承于下故人心安安無復疑慮如彌遠一旦去國誠恐無以係虜情慰民望以此觀之彌遠乃陛下腹心之寄社

卷一萬三千七百二十八

稷之臣其一身去留實天下重輕之所繫欲乞聖慈特賜睿旨賜第行在令其得以就第持服國有議論庶幾便咨訪而臣講學有疑亦可因而質問不勝區區至願臣冒昧奏陳惟陛下裁擇詔史彌遠有功社稷力贊和盟佐佑朕躬輔導元子委任方隆難便去國皇太子所奏甚合朕意可特賜第行在以便咨訪繼而修內司踏逐到本司見管大和樓南官屋一所詔令修內司臨安府轉運司日下併功修蓋彌遠繼以所生母之喪歸葬有詔起復候葬事畢前來賜第居止　十四年七月十一日詔皇子國公大禮賞給支賜并春冬折洗並依格一例全支本色令戶部供納

宋會要　姜炳

仁宗天聖三年正月詔裁造院自今所造賜臣僚衣服除端午十月一併特傳宣依造成送納外長寧乾元兩節並只料段支如欲請造成者亦聽　四年八月上封者言伏見每歲賜外郡中冬衣襖舊例差翰林使術官押賜近年皇親多陳乞骨肉或諸司使副閤門祗候京朝官亦充此使頗闕張皇過求事例欲望降敕止絕庶免騷擾州郡樞密院請下逐路轉運使覺察如有違犯具職位姓名實封聞奏仍每遣使先取知委文狀從之　五年十二月二十四日供奉官從質為兄從謹疾刲股肉以療帝頗以為純孝宰臣王曾等以為身體髮膚

卷一萬三千七百二十八

受之父母此雖出於孝友然在昔聖賢所不許閭里小民相倣為之未能止絕況在宗室不可嘉賞遂止給賜縑帛　七年四月三司言準詔以賜臣僚中冬衣內紫羅披襖袖節窄狹緣欵正限絲三十兩紫羅限絲二十五兩欵正雖重而不及羅今勒工匠計料每領添羅絹六寸製造從之　七月三司言每歲賜諸路州軍文武臣僚軍員中冬衣襖自京差驢騾駱駝兵士等搬赴逐處費用勞擾欲乞三京諸道州府軍監每年預先計度染練疋帛依降下名件尺丈就便製造候帳收管只差降使臣賫詔敕至逐處取索賜予具數申奏照會除破如無物帛染練裁造不得處即申轉運司於隣近州軍

禮六二之八七

製造赴本處或因上京衙前請領附帶往彼其合支細謹對衣處即令使臣將帶往彼仍自來年十月一日為始從之

卷一萬三千七百二十八

禮六二之八八

慶　國會要　賞賜

慶曆六年六月二十六日詔自今皇族之喪皆官為製服時諫官李京言皇叔德文卒而在宮緦麻以上親並不給服蓋因近歲減省致此甚非厚親飾哀之道遂下太常禮院議而復給　十月大宗正司言近制宗室子孫供一十五歲即令裹頭穿執赴起居每年及者即經本司奏陳乞賜例物內降憑由付內東門司關三司施行踰時方蒙支賜欲自今年一十四歲即令本司關赴所司依例支賜且令在宮教習朝儀次年即赴起居從之　嘉祐五年六月閤門編修條例所言諸賜與物等多是逐人自乞方得支給然賜與者乃人君所以優恤臣下有祗受之禮無自請之文今當賜者有司不即舉行必待自言或至援引此例章訴紛然殊失上下之體內文臣及軍員換右職者多是進狀乞賜公服鞾笏腰帶乞今後凡換右職者使令閤門舉例支賜文臣係放朝辭更不支賜分物看詳連值假故或有急速差遣方許放免有當賜分物例須自陳亦有近侍朝臣不免如此尤失事體乞今後臣僚放免朝辭非罪累被譴者使於特降指揮後著合得分物令閤門依例支給又使臣朝辭雖非親民差遣如宣命內理為親民資序並依監押例支朝辭分物如宣命不著本官稱合係親民資序即會同三班院支給則是使臣分物不以差遣高下乃

卷一萬三千七百二十八

繫本人之資序乞下三班院今後如使臣受差遣理為親民資序不是情願乞充監當者畫時關報閤門其知州折資充通判通判折資充僉判知縣非因過降授者並依資序支朝辭分物欲乞令審官院依三班院體例關報從之　至和三年八月五日樞密院言應文武臣僚因差遣合賜錢銀等欲令逐房置印歷一道發放所降宣頭劄子左藏庫監官親於印歷上書字收領次日令本房副承旨點檢印歷簽押從之

宋會要　賚賜

英宗治平四年十一月二十五日大宗正司言大將軍叔瀞檢之將軍克猛克勤叔慈叔劉脘之不赴太廟陪位詔各罰俸三月南郊更不賜賚

卷一萬三千七百二十八

密賜
辭賜

宋會要 謚賜

孝宗隆興元年十月十四日權中書舍人胡銓奏侍衛步軍司後軍統領王世祖援關德等例給賜金帶照得關德等三人係一時特恩給賜今王世祖所乞顯是澆濫上曰繳得是豈可援例

哲宗元年三年正月十五日密賜宰臣章惇金合三百兩小龍茶一斤知樞密院曾布中書侍郎許將尚書左丞蔡卞金合二百兩小龍茶一斤

英宗治平元年正月翰林學士賈黯言得入內供奉官李用希狀賜宰臣曾公亮宋庠生日物乞降詔錄竊惟大臣生日朝廷頒齎詔文須言資助家庭宴樂之意伏

卷一萬三千七百三十

見聖壽節日陛下但以夷使來會特以舉觴自餘慶礼率從損抑將相大臣同國休戚生日頒齎伏恐亦宜權寢於是曾公亮奏臣亦竊思朝廷向來止沿久例恐未經討論今黯所言寔於人情為順望賜允從詔以大臣有已經賜者令賜之如例　十一月二十六日宰臣曾公亮言乞寢罷生日器幣鞍馬等以皇帝在亮陰故也詔不許辭免　富鄭公為樞密使英宗初即位賜大臣永昭陵遺留器物已拜賜又例外獨賜鄭公如干鄭公力辭東朝遣小黃門諭云此微物不足辭雖家人亦以為不害大體屢辭恐違中旨公曰此固微物要是例外也大臣例外受賜不辭若人主例外作事何以上之竟

禮六二之九一

辭不受　神宗熙寧三年十一月新授河陽三城節度使守司徒兼侍中集禧觀使曾公亮言恩賜公使錢一分本職別無支費乞寢罷從之　高宗建炎二年正月十六日中書侍郎張慤言宰執支賜已有指揮減半舊例宰執遷除在一年內者支賜減半今合於見減半數內又減其半臣自同知樞密院事除尚書左丞未及一月又蒙恩遷授中書侍郎乞免除尚書左丞一次支賜從之　十一月七日同知樞密院事李回乞免初除合賜衣帶鞍馬詔減半支　紹興二十九年十月十二日尚書左僕射同中書門下平章事湯思退等言乞免初除僕射支賜銀絹二千匹兩優詔允所請減半支

卷一萬三千七百三十

三十二年十二月二十九日同知樞密院事張燾言臣辭免新除支賜銀絹詔不允臣仰惟朝廷賜賚雖存彝章有不可廢然而近歲減半之例事則從權可以依倣伏望特許依例減半從之　孝宗隆興元年正月十四日崇慶軍承宣使安定郡王令詪奏臣自紹興三十一年十二月至隆興元年正月諸色請給支賜及郊祀賞給等並不敢幫請少助軍須今至在所用度稍增不免幫行內生日支賜郊祀賞給乞行減半岳陽軍節度使權主奉益王祭祀居廣乞將諸般支賜及差破使臣併行裁減從之　二十一日入內內侍省奏檢准本省令諸宰執官一年內再有遷轉者支賜減半特旨全賜者依

禮六二之九二

特旨勘會史浩於去年八月內除參知政事今來轉右僕射支賜合行減半詔特與全賜浩尋奏乞減半從之二月一日安慶軍節度使士錢言邊場未寧調度尚繁臣今得生日支賜郊祀賞給銀絹例各千數乞各減半候邊事寧日依舊從之六月崇慶軍節度使士術乞將拜郊生日支賜減半從之　九年七月十二日試御史中丞姚憲辭新除銀絹各一百五十匹兩從之　淳熙十六年九月二十四日左丞相周必大知樞密院事黃洽參知政事兼同知樞密院事劉正參知政事蕭燧言臣等恭值大禮告成蒙恩各加封邑所有例賜衣帶鞍馬乞權許寢免一次從之　卷一萬三千六百三十　光宗紹熙元年十一月二十一日左諫議大夫何澹等言乞將拜郊支賜如宰執文武諸百司並與三分減去一分詔依如十匹兩以下並與免減

全唐文

宋會要　大駕五副輅

五副輅制如正輅並駕六馬駕士四十人神宗熙寧七年八月十二日太常寺言大駕鹵簿五輅之副謹按周禮車僕凡師共革車各以其萃釋者謂萃各從其元則諸輅之副宜次正輅又羊車本前代宮中所乘五牛旗蓋古之五時副車也以木牛載旗用人輿之失其本制二者宜省去並從之徽宗政和三年四月二十九日儀禮局上皇帝車輅之制製五輅凡玉輅用金塗銀裝象輅革輅木輅及五副輅並金塗銅裝詳輅

鹵簿法駕中有指南車

鹵簿法駕中有記里鼓車

〔卷一千六百八十七之一千六百八十八〕

一

鹵簿法駕中有白鷺車

鼓吹車制見前白鷺車下

鹵簿法駕中有鸞旗車赤質曲壁一轅上載赤旗繡鸞鳥駕四馬駕士十八人服繡瑞鸞

鹵簿法駕中有辟惡車

鹵簿法駕中有耕根車耕籍則以載耒耜玉海端拱元年耕籍有司議乘玉輅以耕車載耒耜先馳又請載於象輅以重其事明道三年制如玉輅而無飾駕士服繡鳳銜嘉禾紹興十五年將來春親耕閏十一月二十三日禮官言端拱親耕以耕根車載耒耜耕籍仗不乘車從之侍中奉耒耜載于耕根車耕籍使乘騎從行於仗內

鹵簿法駕中有進賢車即古安車也太祖乾德元年八

二條互移

月改今名制並詳見安車下

鹵簿法駕中有四望車

鹵簿法駕中有明遠車即古四望車也乾德元年八月改今名制並詳四望車下

漢制黃鉞車從輿建之在大駕後

鹵簿法駕中有黃鉞車赤質曲壁中設金鉞錦囊綢杠左武衛隊正一人在車中執鉞駕兩馬駕士十五人服繡對鸞

鹵簿法駕中有崇德車本秦辟惡車也太祖乾德元年八月改並詳見前辟車下

鹵簿中駕中有皮軒車

〔卷一千六百八十七之一千六百八十八〕

二

鹵簿法駕中有豹尾車一古者軍政建豹尾漢制最後車一乘垂豹尾豹尾以前即同禁中唐貞觀後始加此車於鹵簿內制同黃鉞車上載朱漆竿首綴豹尾右武衛隊正一人執之駕兩馬駕士十五人服繡元豹

全唐文

宋會要　皇后車輦

皇后車輦唐制六等一曰重翟二曰厭翟三曰翟車四曰安車五曰四望車六曰金根車國朝鹵簿惟用厭翟車其制箱上有平盤四角曲欄兩壁紗窓龜文金鳳翅前有虛櫃香爐香寶緋繡幰衣絡帶門簾三轅鳳首畫梯推竿行馬緋繒裹索駕六馬金銅面纓鑾鈴襻緋屜駕士三十八人武弁緋繡衫常出止用副金塗銀裝白藤輿各一上覆棧欄屋飾以鳳輦官服同乘輿平頭輦之制咸平中萬安太后輿上設行六龍制飾率有加焉藤宗政和三年四月二十九日議禮局上皇后車輿之制

卷一千七百六九

重翟車青質金飾諸末間以五采輪金根朱牙其箱飾以重翟羽四面施雲鳳孔雀刻鏤龜文丁輪上施金立鳳耀葉青羅幰衣一紫羅畫雲龍絡帶二青絲絡網二紫羅畫帷一青羅畫雲鳳夾幔二車內設紅褥及座橫轅上施立鳳八香櫃設香爐香寶香櫃飾以螭首前後施簾長轅三飾以鳳頭青繒裹索駕青馬六馬有銅面插翟羽鞶纓攀胸鈴拂青屜青包尾若受冊謁景靈宮則乘之　厭翟車赤質其箱飾以次翟羽紫幰衣紅絲絡網紅羅畫絡帶夾幔錦帷餘如重翟車駕赤騮四若親蠶則乘之　翟車黃質其車側飾以翟羽黃幰衣黃絲絡網錦帷絡帶餘如重翟車駕黃騮四　安車赤質

金飾間以五采刻鏤龜文紫幰衣錦帷絡帶紅絲絡網前後施簾車內設褥及座長轅三飾以鳳頭駕赤騮四凡駕馬鞶纓之質並從車質　四望車朱質青幰衣餘同安車駕三牛　金根車朱質紫幰衣餘同安車駕牛三自重翟車以下備鹵簿則皆以次陳設藤輿金塗銀裝上覆棧欄屋龍飾常行之儀則用之

宋會要　皇太子車輅

皇太子車輅至道初真宗為皇太子謁太廟乘金輅常朝則乘馬天禧中仁宗為皇太子亦同此制徽宗政和三年四月二十九日議禮局上皇太子車輅之制金輅赤質金飾諸末重較箱畫虡文鳥獸黃屋伏鹿軾龍輈

卷一千七百六九

金鳳一在軾前設鄣塵朱蓋黃裏輪畫朱牙左建旂九旒右載闟戟旂首金龍頭銜結綬及鈴緌八鸞在衡二鈴在軾駕赤騮四金鍐方釳插翟尾鏤錫鞶纓九就從祀謁太廟納妃則供之軺車金飾諸末紫油通幰紫油纁朱裏駕馬一四望車金飾諸末青油通幰青油纁朱裏朱絲絡網駕馬一軺車四望車以次列於鹵簿仗內

又詳見公侯大夫車制內

全唐文

宋會要　皇太子輅

孝宗乾道元年八月十四日禮部太常寺言討論到立
皇太子典禮依禮例皇太子受册朝謁景靈宮次朝謁
太廟別廟太廟合乘金輅設仗詔從之已而皇太子悖
奏竊惟五輅之制蓋備天子法駕雖至道天禧中皇太
子嘗有乘輅謁廟故事然施之臣子終不遑安乞免乘
金輅設仗庶幾少安分義從之　七年二月十一日禮
部太常寺言皇太子受册畢朝謁景靈宮次朝謁太廟
別廟宮僚導從如儀其謁太廟係合乘金輅設仗詔依
皇太子悖奏准已降指揮依討論令臣將來朝謁太廟

卷一萬四千五百六十

乘金輅設仗竊惟載輅以出天子威容儀物昭陳等威
斯在今陛下以臣初陞儲貳特示恩優雖典故之有稽
在觀瞻而可懼冒昧以受非分所安伏望眷慈聽其控
免詔從之　九年七月二十三日詔將來大禮依五禮
新儀皇太子從祀合乘金輅令有司排辦施行二十八
日皇太子悖奏竊惟從祀郊丘將謹駿奔之禮許乘金
輅遂頒優異之恩伏望聖慈俯從懇免豈獨全臣子之
分且不紊司存之常詔依所乞令學士院降詔詔曰朕
紹承聖緒茂建儲闈守器宗祧既夙聞於仁孝貳體宸
極必求稱於禮文矧親郊將事於紫壇則從祀當承金
輅茲典章之具在豈恩意之敢踰卿毓德粹溫挺資莊

重謂方修於大報期克謹於駿奔備陳私意之難安乃
加力請爰屈彝儀而俯徇用協雅懷勉中從欲之恩益
懋好謙之義所請宜允
金輅色以赤駕六赤馬駕士六十四人制同玉輅惟無
玉飾景祐五年禮制局討論重加修飾旂戟皆金塗銀
龍頭制飾並如玉輅唯無玉飾輪衣絡帶旂旒門簾駕
士服馬飾並以緋輪轅以朱馬以赤舊儀祀還不乘金
輅止進大輦

卷一萬四千七百六十一

照下方號碼排次

高宗紹興十三年七月二十二日御前忠佐軍頭引見司言今後遇車駕行幸乞輪本司官二員於駕前禁圍内行馬提轄等子祗應准備聽旨宣問如遇職事相妨並報所屬免從之十五年十月十七日詔自今後遇後殿坐日并駕出御馬權免入殿至於殿門外排立如遇射殿引公事依舊 孝宗隆興元年正月十五日有旨令後諸德壽宫起居可於見窠差隨後從禁衛班直親從内減一千人隨行 乾道三年十二月二十二日詔令後詣德壽宫其隨駕禁衛諸班直天武親從及齪巷官兵等合支折食錢並依前後已得指揮體例等第支散特免審奏四年五月十四日中書門下省奏契勘每遇車駕詣德壽宫起居逐處差撥祗應人殿前司六百二十九人皇城在内巡檢司三百九十一人崇政殿四百四十九人共計一千四百六十九人每遇四孟車駕詣景靈宫行禮逐處差撥祗應人殿前司八百七十五人皇城在内巡檢司五百二十八人崇政殿五百二十一人共計一千九百二十四人有旨於左藏南庫支絹二千匹令文思院製造從駕人衣服發赴所屬㩦管遇駕出閲請服着十月五日閤門狀契勘近來每遇駕出駕出路上諸色人公然服便休及乘馬坐轎并無色號人往来喧鬧欲乞今後遇駕出令臨安府差人於駕上

上編欄止約及齪巷軍兵依舊例約欄不得放行如有不伏止約諸色人并擡輪及馬下人即得收捉赴臨安府依條斷遣有官人止根問姓名具申朝廷取旨施行有旨依九年正月二十五日有旨令閤門自今後每過駕出御後殿坐宰執百官并儀衛等並赴後殿起居殿上登輦出後殿門駕迴入祥曦殿門 神宗元豐元年十一月一十三日詳定正旦御殿儀注所言正旦朝會用黄麾仗及以車輅輿輦充庭乞先頒降以本所祗應職掌及諸司排儀仗班次等人赴大慶殿豫審定[illegible]儀仗輦輅等地具圖以聞詔車輅未設餘依所請[illegible]四月二十三日詳定正旦御殿儀注所言按周制天子太常垂旒曳地諸侯入廟亦載龍旂弧韣故考工記曰於旌枉矢以象弧也鄭氏注旌旗之屬皆有弧以張縿之幅覲禮天子祀方明公侯伯子男皆就其旂而立漢諸侯羣臣朝十月設兵張旗幟若旒縿纏竿則彩章不著今正旦御殿旗幟不展恐失禮意伏請張旗幟以昭文物又按開元禮及開寶通禮朝日依時刻將士填街諸衛勒所部列黄麾大仗屯門及陳於殿庭今元會既設黄麾大仗于庭殿門外亦陳儀物而不闢殿門甚無謂也臣等請闢大慶殿門為得禮意從之 徽宗崇寧二年十二月二十七日三省言諸殿儀衛無總率之人雖管軍臣僚侍立兩朶殿然親從親事官屬皇城司馬軍

不隸步軍既非管轄則或有違犯難於按舉詔過御殿應左右儀衛人令侍立管軍臣僚兼提轄非御殿各隨所隸高宗紹興九年六月十八日詔令後後殿坐及射殿引呈公事日景已高令文思院依舊制製造衛士青涼傘十柄差儀鸞司指說劉付閤門施行　十四年十一月二十五日詔大朝會於常御殿權設垂拱殿權免駐輦設簾止設椅子稱賀班絕過大慶殿後幄　閤門言舊例正朝會垂拱殿設簾殿上駐輦候起居稱賀班絕乘輦樞密知閤門官樞密都副承旨諸房副都承旨前導管軍引駕至大慶後幄皇帝降輦入次更不令來垂拱殿過大慶殿經由道路與在京不同故降是詔

十二月二十六日閤門言正旦朝會大慶殿上壽皇帝出東閤殿上合鳴鞭令來殿上以設臣僚坐次委是窄隘乞權免鳴鞭詔可　孝宗乾道元年九月四日禮部太常寺狀已降御筆手詔皇子立為皇太子令具合行申請事件將來大慶殿行冊禮依儀其日尚輦陳輿輦於龍墀繖扇於沙墀其輿輦欲乞依隆興二年發冊體例權不張設所有繖扇乞於大慶殿下隨宜張設有旨依三十日兵部言已降指揮皇太子受冊畢十月十八日紫宸殿特坐引皇太子稱謝望參官令赴起居依儀制設仗本部契勘紹興十三年六月六日紫宸殿望參排設黃麾角仗一千五十六人令欲乞依前項指揮施

行緣見排辦使人到闕朝見黃麾角仗一千五日六人欲乞就用排設從之　七年二月十五日詔皇太子受冊日有司備黃麾仗列于大慶殿并設宮架樂令兵部及太常寺各行條具申請施行　九年十二月十四日兵禮部狀准都省批下白劄子為大朝會設仗送逐部同共討論申尚書省一兵部契勘所承批下前項儀仗一節本部照得紹興十四年大朝會已降指揮節文契勘自來合排設黃麾大仗五千二十七人緣大慶殿比之在京地步窄狹權減三分之一用三千三百五十人隨宜攞列外紹興十三年已降指揮視朝於文德殿排設黃麾半仗二千四百一十五人所有今來正旦朝賀節次本部今討論指定欲乞依紹興十三年指揮用黃麾半仗二千四百一十五人排設有旨依十七日禮部太常寺狀勘會將來正旦朝賀令欲比附正和五禮新儀月朔視朝儀皇帝御大慶殿服靴袍即御座皇太子文武百僚並服常服稱賀所有合設黃麾半仗乞令兵部排辦施行有旨依二十五日兵部狀左右金吾衛仗六軍儀仗司申今來正旦朝賀節次已降指揮依紹興十三年用黃麾半仗二千四百一十五人本司勘會昨紹興十三年已降指揮視朝合於文德殿排設黃麾半仗二千四百一十五人本司開具合行事件一合用部轄統制將官各二員請納儀仗旁頭一十人并執擎儀

伏人兵二千三百六十四人合於殿前司差撥一契勘儀仗並合於殿前隨宜排設所有大旗三十四口合於殿門外排設前一日卓立依例量留人兵三十四人部轄將官二員守宿看管其餘儀仗至日守麗正門入殿排立一合差庫部金吾司人吏共五人充職掌祗應所有法服係於祗候庫關請一應合用儀仗法服等係請納儀仗旁頭於祗候庫關請一執仗人兵職掌旁頭係入殿應奉之人合用敕入殿門號具數於皇城司關請一應奉依例於前二日報皇城司前一日關職掌旁頭入殿標認地分一金吾司合差本司官二員充攝上將軍一金吾司合差引駕排列四色官碧襴共三十人緣逐司無空閑人共差撥乞依例於本司閑慢廳分摘那差撥前來應奉候畢日依舊發還有旨並依

法駕

元年十一月九日兵部言將來冬至朝賀其儀乞黃麾角仗一千五十六人排設從之　十五年十月十六日閤門言生辰人使到闕見辭日行門禁衛諸班直親從等令殿門外分兩壁排立迎駕起居朝見日儀仗排設從之

元豐二年五月二日詳定正旦御殿儀注所言正旦御殿合用黃麾仗按唐開元禮冬至朝會及皇太子受冊加元服冊命諸王大臣朝宴蕃國皆用黃麾仗本朝故事皇帝受羣臣上尊號諸衛各帥其屬勒所部屯門殿庭列仗衛今獨修正旦儀注而餘皆未及欲乞冬會等儀注悉加詳定從之卷萬八千二百五十六　十月八日詳定朝會御殿儀注所請制大黃麾一當元會陳仗衛建於御座之前以為表識其當御座之後則建黃麾幡二上批黃麾制度考詳前誌終是可疑且闕之更俟討求黃麾幡仍舊詳見旗物制度

全唐文

宋朝會要　皇太后儀衛

仁宗天聖元年五月二十七日太常禮院言定皇太后出入導從儀式及諸班直寬衣天武人數及隨行諸司儀衛體式詔依　殿前指揮使每班四十四人如遇日輪當內宿不及元額人數即於御龍直并骨朵直長行內權差二十五人代殿前指揮使應內宿者隨從　七年二月二十五日拜日天武四廂都指揮使鄭守忠等請如殿前都指揮使例從皇太后駕從之　英宗治平元年五月十六日詔皇太后尊居母道躬邁家艱閔予衰荒勉同聽覽恭惟神德之至靜實厭事幾之久煩為國多虞則共濟天下之務惟時無事亦宜饗天下之安當極尊榮以稱朕意應合行儀範等事令中書門下樞密院參議以聞　十日詔皇太后今稱聖旨出入唯不鳴鞭他儀衛如章獻明肅太后故事　六月六日中書樞密院參詳列皇太后駕出合設護衛等御龍直至寬衣天武人數並同章獻明肅太后故事其擔從物擐衣箱差輦官打椅子踏床子傘差御龍官御燎子茶床御厨儀鸞司翰林司法酒庫內酒省入內內品入內院子尚衣庫合供扇臨時取旨定數祇候庫內衣物庫新衣庫香藥庫并入內都知押侍省都知

卷一萬五千三百十二

已下並隨行祇應內臣二人駕前引喝詔依　九月二十七日入內供奉官吳士安等言皇太后未尊號已前有鞍轡庫乳酪院翰林院化城殿果子庫內東門司並從又執擎從物椅子輦官內夫人車馬親事官車子官健教駿等欲定數送入內內侍省施行詔差供御輦官三番次供御五十人下都五十人車子五十量內金銅車五量并隨車子輦官官健等馬六十四左右院教駿七十人攏馬親事官百八十人餘悉依奏　二年四月九日太常禮院言皇太后駕出儀衛乞下皇城司添差行宮司人員百人祇應從之　四年四月七日詔太皇太后已定儀範皇太后合設儀衛御龍骨朵子直差都虞候都頭副都頭各一名十將長行各共三十人弓箭直弩直差指揮使都頭副都頭各一名十將長行各共二十人皇城司親從官一百人執骨朵寬衣天武官一百五十人充團子行宮司人員共一百人入內院子五十人充團子皇城司親事官八十人打金籠短燈馬攏馬親從官金銅車擔車隨車子祇應人擎椅子供御輦官執擎從物等供御次供御并下都輦官等人數不定都知一員御藥院使臣二員內東門司使臣二員內酒坊御廚法酒庫儀鸞司乳酪院翰林司翰林院車子院御膳素廚化成殿果子庫並從過出新城門添差帶器械內臣　五月十七

日詔皇太后出入用黃羅傘掌扇差入內使臣二人引喝準備取賜茶酒等　神宗元豐五年正月九日詔自今皇太后行幸百司儀衛宜依太皇太后萬歲日施行　八年正月十二日御輦院言太常禮院定皇太后儀衛御龍骨朵子直都虞候都頭各一人十將長行各三十人弓箭弩直指揮使都副都頭各一人十將長行各二十人內外諸司句格監官每遇皇太后出差官管押乞自今輪本院監官隨行從之　元豐八年六月十二日詔皇太后出入儀衛依治平四年四月內參定是年八月十五日宰臣又進呈皇太后行幸儀物禮例至是復有此詔　哲宗紹聖元年十月六日詔皇太后新增儀制內帶御器械內侍更增二人

宋會要　皇太妃儀衛

哲宗即位尊朱貴妃為皇太妃出入乘檐子有司請用牙魚鳳為飾傘用青元祐三年太皇太后詔有司詳擇典故於是檐子飾以龍鳳繖用紅九年群臣議改檐子為輿上設行龍五出入由宣德東偏門中以皇太后諭旨令太妃坐六龍輿出入進黃繖由宣德正門于是三省議皇太妃坐龍鳳輿繖紅黃兼用從皇太后出入止用紅

卷一萬五千三百十二

常行儀衛　仁宗康定元年九月七日參知政事宋庠上言車駕行幸非郊廟大禮具陳鹵簿外其常日導從惟前有駕頭後擁繖扇而已殊無典禮所載公卿奉引之盛其侍從及百官屬下至廝役皆雜行道中步輦之後但以親事官百許人執檛以殿謂之禁衛諸班勁騎頗與乘輿相遠而士庶觀者率隨扈從之人夾道馳走喧呼不禁所過有

旗亭市樓垂簾外蔽士民憑高下瞰了無忌憚遍司街使悕不呵止感令
馳閑玩習以爲常非所謂施頭先驅清道後行之慎也且自黃帝以神功
盛德猶儆師兵爲營衛則防微禁姦古今一體按漢魏以降有大駕小駕
之儀至唐又分殿中諸衛黃麾等仗名數次序各有施設國承五姓兵燹
之弊事從簡略每鳴鑾游豫盡去戈戟旌旗之制儀衛寡薄頗同藩鎮此
皆制度放失憚于改作之咎謂宜專委一二博學近臣討繹前代儀注及
鹵簿令與來輿常時出入之儀比之三駕諸仗酌取其中稍增儀物嚴其
法禁上以示尊極下以防未然革去因循宜在今日詔太常禮院與兩制
詳定逐會奏請班直禁兵步騎爲禁衛仍舊數復增清道馬百娖弓矢爲
五重騎而執罕畢者一騎而執衛門旗前後四騎而執緋繡鳳氅二十四
雉扇十有二皆分左右天武兵徒行者執柯舒親從兵增其數爲三百殿
前指揮使增爲二百並騎左右相對間二門間容二丈以禮闌禮之人門
凡前牙門旗後後爲衛門旗前爲禁衛執入者論以法禁亦高下瞰垂簾
外蔽矢遺喧呼馳走者顯著于令其儀嚴馳　凡街巷寬闊處儀衛並依
新圖排列如遇窄狹街巷禁衛只用親從官二重御龍直上重雉扇隨輦
其後前指揮使天武官並權分于駕前後隨行候至寬闊處亦與餘行儀
伏部依舊排列或駕幸園苑宮觀寺院并臣僚宅即清道馬儀仗殿前指
揮使天武官更不入部於外排立其隨駕臣僚及諸司人自依常例隨從
候駕行依次排列或臣僚宅在巷內前去不通人行處其儀仗殿前指揮
使等各於巷口排立絕行人餘並如故時詳定閱習既畢或言新制嚴整
應退犯者衆因不果行

輿服　卷萬八千二百五十六

鹵簿雜律儀仗　太祖建隆四年八月
六日南郊儀仗使劉溫叟言兵部取到唐明宗朝儀仗字圖導駕用三引
諸司法物人數極多周太祖用六引其數差少今請用六引其鹵簿準近
例不裕人定兵部儀仗五千一百人太常寺鼓吹儀仗八百五十人太僕
寺車輅四百八十人殿中省儀仗二百六十人司天監法物二十一人左
右金吾衛禁鼓及喝探二百五十人左右金吾仗執皂纛稍等六百七
十六人六軍執旗槍等五百五十二人宮苑司六人從之　十八日南郊
禮儀使陶穀言按禮令大駕車輅三十六乘今太僕寺見管只二十一乘
內玉輅等二十五乘本寺見修飾餘安車四乘望車辟惡車三乘望亦令
修飾所闕白鷺車一革車一屬車六又令文德有副車近代停廢望並下
有司修製又金吾將軍左右十二衛將軍引駕押仗自來只著紫衣今請
依開元禮各服本色繡袍金吾以辟邪左右衛以瑞馬驍衛以彫虎威衛
以赤豹武衛以瑞鷹領軍衛以白澤監門衛以獅子千牛衛以犀牛六軍
以孔雀爲文並下所司修製又儀仗內所著五色畫衣既法五行合依其
序望以五行相生之色爲次黑爲先青赤黃白次之又仗中有具裝人馬
甲自來止以帛從甲給之今請依式别造圍補塈與從之　九月二十八
日南郊大禮使范質言大駕儀仗除執持法物爲步兵隊計百八十五隊

輿服　卷一萬八千二百五

用騎軍大將軍六人郎將都尉九十人騎士四千四百四十六人步軍將
軍二十人郎將都尉八十二人校尉四人主帥二百九十八人並騎步人
六千二百七十六人白澤旗二隊九十騎夾道旗飛麟甲仗飛二隊七十
二騎左青龍旗一隊四十騎右白虎旗一隊四十騎朱雀旗一隊四十七
騎元武旗一隊五十七騎散手翊衛二隊六十騎親勳翊衛二隊四十八
騎翊衛二隊五十六騎鳳旗飛黃旗吉利旗六隊二百四十騎駐紋二十
四隊千五百三十六騎諸衛馬四十八隊千九百二十騎絨戟六隊二百
四十八夫殳二十隊三百六十八步甲四十八隊千四百四十四人貴麾
仗二十四隊二千二百九十二人殳仗二隊千人捧後　詔馬步兵隊以
上軍先其大將軍將軍以軍主都虞候充如不足即通用指揮使其中郎
將都尉以指揮使副指揮使充如不足即通用軍使都頭其校尉及主帥
以軍使副兵馬使都頭十將已下充　乾德四年五月九日帝親閱諸州
法物舊用彩繪者皆令易以文繡　六年十一月十七日詔節度使已下
除在京巡檢及押儀仗外並令服袴褶衣導引　太宗太平興國九年六
月十六日宰臣以東封議導駕儀衛帝曰此行蓋為告謝天地與蒼生祈
福廣陳儀衛即是勞擾非朕意也但一如令式　真宗咸平五年十月十

四　卷一萬八千二百五十六

四日詔南郊儀仗違宮苑使康仁寶內園使李神祐於御路分左右編排
引駕官不得多帶從人止以見任官為例俟至青城於御營四面巡警仍
給弓劍器械　十一月詔南郊引駕官中書樞密院一行在東親王一行
在西餘依官次　景德二年九月二日　封者言國家祀有儀仗衛司
天監十二神輿行漏殿中省芳亭鳳輦等舊制太重望減制稍輕詔鹵簿
使王欽若與內侍同詳閱修飾　大中祥符元年四月二十三日詳定所言
按唐明皇封禪備法駕請準故事告饗太廟及乘輿出京封泰山禪社首
御朝覲壇並用法駕其所過州縣即不排儀仗從之　五月九日詳定所
言皇帝出京日欲具小駕儀仗太常寺言三百二十五人兵部五百六十
六人殿中省九十一人太僕寺二百九十九人六軍諸衛四百六十八人
左右金吾仗各百七十六人司天監三十七人從之　初有司定告廟出
言泰山社首山並用法駕帝以前詔惟祀事豐潔餘從簡約乃再命詳定
而有此制　二十三日詳定所言天書出京至泰山日合用儀衛令禁詳
自出京日創新几得置玉輅中備儀仗導從七百五十人前後部鼓吹中
使二員或得仍遣官充使從之　九月十一日詔定儀仗內導駕官從人
之數親王輔臣並減三司使四人學士尚書丞郎節度使三人給諫知制

誥大御監三司副使樞密丞旨客省閤門使金吾大將軍押仗鴻臚內殿
崇班已上二人餘皆一人　仍命通事舍人焦守節西京左藏庫副使趙守
倫左右巡察之　鹵簿使上言鸞駕儀仗合使人馬兵部員僚三人步卒
五百五十六人職掌五人騎太僕寺駕士步卒百九十四人職掌五人騎
駕輅馬二十六匹殿中省員僚二人步騎卒八十九人職掌十人騎　六軍
司員僚六人騎步卒四百二十五人排列官六人左右金吾仗員僚二人
騎步卒九十七人帶金駕天武官一人職掌二十九人騎司天監員僚一
人騎步卒三十二人職掌四人騎太常寺禹軍樂官三百人職掌二十五
人騎詔並以殿前司天武神勇將軍充之　五年八月十七日詳定所言
告太廟祀后土並用法駕車駕出京還京初至及離祀所行宮半程往還
西京並同鸞駕又車駕經西京合用儀仗其留司太僕寺見管車輅法物
望令留司留臺先行修飾又朝覲壇仗衛請令諸司比御殿列於法駕內
量取戟架旗等陳設又二引內貢鴉令河中尹望令太僕別造車上題牌
並從之　二十一日詔定天書儀仗為一千六百人初止千人東封塗中
分法駕儀仗以中崇奉還至含芳園以仗衛前有遂盈人數至是始為定
式　昌靖年十二月十二日天書扶侍使趙安仁權三司使林特上天書車

卷一萬八千二百五十六

輅鼓吹儀仗帝御崇政殿召宗室輔臣觀之　八年正月一日玉清昭應宮
奏告上聖號用鸞駕儀仗舊制用二千一百二十二人詔添及三十人
仁宗明道二年二月三日御天安殿閱太僕寺新製車輅　景祐五年七
月十一日詔太常禮院詳定鹵簿儀物有未合典制者釐整正之仍令內
侍張永和等領工修飾既成帝親閱于大慶門外　九月天章閣侍講賈
昌朝言南郊鹵簿車駕出宮詣郊廟日令執繖供奉官於導駕官前分列
迎引至於齋宮切以繖伏非古蓋唐世尚之以資觀樂其執者皆褒衣錦
綉珠玉競為侈麗既不足以昭文物又不可以備軍容常時豫遊或宜施
用方今夙夜齋戒親奉大祀端冕顓昂鼓吹不作而乃陳戲賞之具參擂
鄉之列導迎法駕入於祠宮稽諸典儀未為允稱況導引官自有兩省員
數悉備不煩更有此色供奉官在前迎引欲乞今後乘輿出詣郊廟日權
令撤去繖伏候禮畢還宮鼓吹振作即依常式排列又大駕鹵簿有羊車
前列杖羊車本漢晉之代乘於後宮隋大業中增金寶之飾駕以小駟御
以丱童自是以來遂為法從唐制兼有輦車副車之名國朝因循尚未改
革伏以郊祭天地廟見祖宗車服所陳動必由禮至于四望耕根之類兼
包歷代皆或有因並容後宮所乘三倍玉輅欲望今後大駕鹵簿內不用

革車儀旄葉中自有前制又大駕鹵簿儀衛甚衆有司雖依輿禮名物次第兵仗數目預先分布及五使並行按閲其如彼差職掌吏員兵伍素不閑習行列先後多失次序所持名物亦或差互押當官但以行事爲名從使趨進失其處守切謂三載親郊國之大事旁陳象物仰法乾行四方之人觀禮於是望詳制度以顯光華欲乞今後大駕鹵簿前後仗衛次第於致齋前儀仗鹵簿使令有司執簿籍點押當官員人吏暨諸衛諸司執仗兵士爲將領者自殿門至郊廟分定行列之處詳視先後次序及器仗名品無令差忒嚴戒押當官職掌人吏等不得絶離位處所冀閲朝家稽古之法亦聖人饗帝之誠詔送禮儀使宋綬與太常禮院詳定以聞綬等言鹵簿內有諸司供奉並資備物以奉乘輿今昌朝所奏以齋宿之時不可陳設樂之句欲望祀前一日應供奉官等令宿于幕次候皇帝行禮畢降壇導引至青城由青城前引歸大內又按後漢劉熙釋名曰輦車羊車各以所駕名之也隋書禮儀志曰漢氏或以人牽或駕果下馬此乃漢代已有晉武偶取乘于後宮非特爲掖庭制也況歷代載于輿服志自唐至今著之禮令欲望且依舊陳列其鹵簿儀仗每遇南郊前五日預行點閲素隊名摠地方欲望下儀仗鹵簿使至時更切照撿務令整肅從之　皇祐

卷萬八千二百十六

五年十月二十一日御延和殿召輔臣觀指南車二十四日太常禮院言唐六典一曰神寶二曰受命寶將來南郊儀仗內請以鎮國神寶在受命寶之前從之　嘉祐二年八月太常禮院言大慶殿恭謝請如明堂故事用法駕儀仗從之　神宗熙寧七年八月十二日太常寺言准詔看詳兵部大駕鹵簿字圖切聞制器尚象故有其數者必有其義後世所用乘駕儀仗多雜秦漢以下制度蓋取一時之華觀而傳襲已久未易釐改今但擇尤非禮制者欲請減罷及排列次序略行更易五輅各有副陳列于後相去隔遠理有未順按周禮車僕凡師共革車各以其萃鄭氏以謂萃各從其尤則諸輅之副宜亦如此請副輅各移在正輅之後革車本宮中游幸行乘請減罷並從　元豐中大駕鹵簿仗下官一百四十六員執仗押引從軍員職掌諸軍諸司二萬二千二百八十一人禮儀使司差官一[illegible]二員尚書兵部諸司一萬三千一百四十三人門下省一百五十八人內侍省官四員殿中侍御官二十一員仗下五百八十三人太僕寺官一員車輅下一千一百二人太常寺鼓吹一千六百八十人司天監一百五十人殿前司將校長行四十八人左右金吾仗司官五員執仗四百四十七人左右街司本使下引從各十二人皇城司九人御輦院官一員醫官三

下接六月十六日條

百七十七員巷家所押象官一員騎家族引三十八人法駕比大駕減太常卿司徒兵部尚書白鷺車崇德車大駕車輅五副進賢車明遠車餘並三分減一鸞駕本名小駕大中祥符元年改此名又減縣令州牧御史大夫指南車記里鼓車鸞旗車象輅耕根車黄鉞車豹尾車小輦小輿餘並減半舊用一十祥符五年告太廟至七千人黃麾仗用大橫鼓吹部太僕寺金玉輅殿中省大輦其制無定然減于鸞駕　徽宗建中靖國元年十一月十四日中書省尚書省送到太常寺狀具到南郊一行儀仗人兵部計二萬一千五百七十五人從之　政和七年四月十八日禮制局言皇祐已來明堂當一郊故詣太廟景靈宮行禮陳法駕鹵簿回宿大慶殿即韓仗自宣德門陳列南至天漢橋今明堂郊饗後次年行禮故不詣太廟景靈宮即車駕不出皇城惟列仗于宣德門外所有鹵簿儀仗更不排設從之　高宗紹興十二年七月十八日太常寺言準詔詳定製造儀仗車輅等制度檢會國朝典故五輅之制惟玉輅以玉飾之玉輅以祀金輅以賓今依次序當先造玉輅所有儀仗按本朝文德殿視朝及大慶殿册命所有黃麾仗共二千二百六十五人制度之數最爲酌中今詳定欲依此製造從之　先是臣僚言國朝考定制度郊廟之禮具陳鹵簿則有三駕諸

卷萬八千三百五十六

仗之盛恭聞皇太后鑾輿還闕陛下方將奉迎于郊而儀衛弗講誠爲缺文乞詔大臣集禮官博士蒐舉往憲舉行舊章有詔車輅儀仗委工部尚書莫將戶部尚書張澄同內侍部詣製造既而將等語按周禮玉輅鍚樊纓十有再就建太常十有二旒以祀金輅鉤樊纓九就建大旂以賓鄭氏注曰以賓謂以會賓又按晉輿服志曰金輅建大旂九旒以會萬國之賓本朝文德殿視朝及大慶殿册命用黃麾仗二千三百六十五人陳設與于東西朵殿今檢照降到圖册內同黃麾仗又有紫宸殿黃麾角仗排設儀仗法物等用一千一百一十五人又照得所進册內黃麾仗係用一千二百四十五人并有御輦院左右金吾仗等處三百一十八人事下太常寺至是詳定上焉

高宗紹興十二年至詳定上馬已見上條此刪

此下廿頁有重文

宋會要 鹵簿 三

高宗紹興十二年七月十八日，太常寺言：准詔詳定製造儀仗車輅等制度，檢會國朝典故，五輅之制，惟玉輅以玉飾之；玉輅以祀，金輅以賓。今依次序，當先造玉輅。所有儀仗，按本朝文德殿視朝及大慶冊命所有黃麾仗共二千二百六十五人，制度之數最為酌中，今詳定欲依此製造。從之。先是臣僚言國朝考定制度郊慮三百一十八人，事下太常寺，至是詳定上焉。　九月十八日，上御射殿，臨軒再坐，令百官觀玉輅。畢，宣宰執賜茶。　十三年正月十五日，詔製造大安輦了畢，官屬特官減磨勘年有差，選人比類施行，餘並犒設一次。　二月十八日，兵部侍郎程瑀等言：將來郊祀大禮用國初大駕儀仗，總萬一千二百二十二人，除已有黃麾半仗二千四百八十三人，玉輅、腰輿、小輿、大輦、平輦、逍遙子、下一千九人，共三千四百九十二人，法物、儀仗外，見闕金輅、象輅、革輅、木輅、芳亭、鳳輦屬車、寶輿等一千二百七十三人，天武捧日奉宸隊等六千四百五十七人，共七千七百三十人，法物、儀仗望下所屬取會，應奉官司合用數目製造。詔依，合用文繡並以纈充代。廟大禮具陳鹵簿，則有三駕諸仗之盛。恭聞皇太后鑾輿還闕，陛下方將奉迎于郊，而儀衛弗講，識為缺文。乞詔大臣集禮官博士蒐舉往憲，舉行舊章。有詔車輅儀仗委工部尚

卷萬四千五百七

莫將、戶部尚書張澄同內侍部諤製造。既而將等言：按周輅玉輅，錫樊纓十有再就，建太常十有二旒，以祀；金輅，鉤樊纓九就，建大旂九旒，以賓。鄭氏注曰：以賓，謂以會賓客。又按晉輿服志曰：金輅建大旗九旒，以會萬國之賓。本朝文德殿視朝及大慶殿冊命，用黃麾仗二千三百六十五人，陳腰輿、小輿于東西朶殿。今檢照降到圖冊內，又有紫宸殿黃麾角仗排設儀仗、法物等，用一千一百一十五人；又照孫綫所進圖冊內黃麾仗，係用一千二百四十五人，并有御輦院左右金吾仗等。既而差兵部郎官錢時敏、軍器監劉才邵、主簿宋既寄一點檢催促，恭訂樣制造，製令本部長貳提舉。是年十月畢工，造車輅官屬第一等特轉一官，第二等減三年磨勘，第三等減二年；造儀仗官屬第一等減三年磨勘，第三、等減二年磨勘，第三等減一年。內選人並比類施行，餘各犒設一次。　八月二十三日，太常寺言：將來郊祀大禮，車駕前後部并六引合用鼓吹令丞已下至執色人共八百十四人，并指教使臣一名，前後擺拽導引作樂。在京並合騎導，切恐今來經由道路窄狹，相度欲乞止令步導從。

宋史：高宗初至南京，孟太后以乘輿服御及御輦儀仗來進。建炎初，詔東京所屬起發祭器、法服、儀仗赴行在所。十一月，帝郊于揚州，儀仗用一千三百三十五人。倉卒渡江，皆為金兵所焚。紹興十二年，有司言天子起

卷一萬四千五百八

居當備法駕況太母回鑾將奉郊迎逆令工部尚書要將第檢會本朝文慶大慶殿舊儀下太常定用二千二百六十五人于是始備黃麾仗鹵册親饗皆用焉是年冬五輅成明年郊準國初大駕之數一萬一千二百二十二人內舊用錦襖子者以纈繒代用銅革帶者以勒帛代而指揮使都頭仍舊用錦帽子錦臂䄂者以方勝練鵲羅代用絁者以紬代紫衛班真服色用錦綉金銀真珠北珠者七百八十人以頭帽銀帶纈羅衫代旗物用綉者以錯采代車路院香鐙案衣褥睥睨御輦院華蓋曲蓋及仗內幢角等袋用綉者以生色代殿前司仗內金鍍檐旗幟易以漆飾而拂扇坐褥以珠飾者去之

卷一萬四千五百六十七

帝曰事天貴質若惟事華麗非初意矣十月鹵簿器物及金象革木四輅大安輦皆成太常又奏前後六引鼓吹八百八十四人舊制騎今來狹擁遏欲止令步導從之十六年始增撥日奉宸隊合一萬五千五十人鹵簿之制備矣　紹興鹵簿　宋初大駕用一萬一千二百二十二人宣和增用二萬六十一人建炎初裁定一千三百三十五人紹興初用宋初之數十六年以後遂用一萬五千五十人明堂三分省一用一萬一十五人孝宗用六千八百八十九人明堂用三千三百十九人以後並用孝宗之數紹興用象六副象一乾道用象一淳熙用象六而不設副紹熙如乾道慶元後不設六引第

一引清道二人孝宗省之幰弩一人騎方繖一雜花扇二曲蓋一外　青衣二人車輻棒二告止傳教信幡各戟十第二引清道二人孝宗省之幰弩一人騎鼓一鉦一大鼓十節一矟二皆騎方繖一雜花扇四孝宗省爲二曲蓋一幢一麾一皆騎大角四鐃一簫二笳二橫吹二笛一簫一觱篥一笳一外仗青衣四人孝宗省爲二車輻棒四孝宗省爲二告止傳教信幡各二儀刀十戟二十弓矢二十孝宗皆省爲十六刀盾二十矟二十孝宗並省第三第四第五第六引並同第二引內花扇大角各二青衣二人孝宗朝第三第四第五第六引內大角省爲二餘並同第二引已省之數金吾纛矟隊纛

卷一萬四五百八七

十二孝宗省爲二押纛二人孝宗省爲一押衙四人孝宗省爲二上將軍四人將軍四人孝宗省之大將軍二人孝宗省爲一犦矟十二並騎孝宗省爲八朱雀隊朱雀旗一犦矟二弩四隊前後扌押各天武指揮使一人騎龍旗隊引旗一風師雨師雷旗電旗各一五星旗五攝提旗二北斗旗一護旗一左右衛大將軍一人金吾引駕騎神勇都指揮使次弩弓矢矟各四並騎太常前部鼓吹鼓吹令二府史四人管轄指揮使一人師兵官三十六人孝宗省十四人棡鼓十二金鉦十二孝宗鼓鉦並省爲十大鼓六十孝宗省作二十四小鼓六十孝宗省作三十節鼓一鐃鼓六羽葆鼓六歌工二十四振

簫二十四，孝宗歌工簫並省爲十八，笳二十四，長鳴六十，中鳴六十，孝宗朝並省十八，大橫吹六十，孝宗省爲二十四，笛十二，孝宗省爲十八，觱篥十二，桃皮觱篥十二。排仗前隊號騎都指揮使一人，將軍二人，軍使四人並騎，稍長一人，靈芝旗二，瑞麥旗二，瓊蓮花旗二，太平瑞木旗二，朱雀旗一，甘露旗二，嘉禾旗二，芝草旗二，絳引幡一，孝宗省之，黃麾幡一，青龍白虎幢各一，金節十二，罕畢各一，叉一，鈒戟五十，孝宗省爲四十八，六軍儀仗第一隊軍將二，卒長弓騎，貔虎旗二，赤豹旗二，吏兵旗二，吏兵旗力士旗二，弩六，矛四，戟四，鉞四，白柯摓五十，平列旗二十，在仗外分夾旗摓。第二隊軍將二，

卷一萬五千五百八十七

卒長二騎，龍君旗、虎君旗各三，黃熊旗四，赤豹旗二，吏兵旗、力士旗各一，弩六，矛四，戟四，鉞四，白柯摓四十，平列旗二十，分仗外。第三隊軍將二，卒長二騎，道真官二，吏兵旗、力士旗各一，熊虎旗二，龍君旗、虎君旗各一，天王旗四十二，辰旗各一，弩、矛、戟、鉞各四，白柯摓三十，平列旗二十，分夾仗外。孝宗朝第一隊軍將卒長各一，龍虎旗、赤豹旗、吏兵旗、力士旗各二，矛四，弩四，戟二，鉞二，白柯摓三十，平列旗十四，餘同。第二隊軍將卒長各一，龍君、虎君、黃熊、赤豹旗同，戟六，鉞六，弩四，矛四，白柯摓二十。第三隊軍將卒長各二，吏兵、力士、熊虎、龍君、虎君、天王旗並同，十二辰旗十二，通直官二，白柯摓十，平列

旗十二。龍墀旗隊：天下太平旗一，排仗大將二人夾之，五方龍旗各一，爲三重：赤在前，黃在中，黑在後，青左白右。次金鳥旗一在左，金鳳旗一在右，獅子旗二，君王萬歲旗一，日旗一在左，月旗一在右，御馬十疋，分左右爲五重。中道隊：左右衛大將軍一人，檢校騎，日月合璧旗一，慶雲旗二，五星連珠一，祥光旗、長壽幢各一。金吾牙門第一門，牙門旗四，次監門使五六分左右騎，孝宗省旗爲二，監門爲三。金吾細仗：青龍旗一左，白虎旗一右，五嶽神旗五，分前中後左右爲三列，五方神旗五，陳列亦如之。五方龍旗五十五，相間爲五隊，每隊赤前黃中，黑後，青左白右。五方鳳旗二十五，相間爲五隊，陳列亦

卷一萬四千五百八十七

如之。五嶽旗在左，五方旗在右；五龍旗在左，五鳳旗在右。四瀆旗：江、淮在左，河、濟在右。押左右分左右騎，孝宗五龍五鳳旗止各一隊，共省四十旗，餘同。八寶輿：鎮國神寶左，受命之寶右，皇帝之寶左，天子之寶右，皇帝信寶左，天子信寶右，皇帝行寶左，天子行寶右，爲四列，每寶一輿，每輿一香案，輿案前燭籠三十二，引寶職掌八人，侍寶官一人，內外符寶郎各二人，扈衛一百人，碧欄二十人，夾扈衛之外，孝宗省碧欄爲十二，餘同。殿中省繖輿輦方繖二，孝宗省爲一，朱團扇四，孝宗省爲二，金吾四色官六人，孝宗省爲二，押仗二人，騎金甲二人，執鉞。金吾官四人，騎，千牛衛大將軍一人，孝宗省之，千牛

衛將軍八人孝宗省爲二金吾引駕官二人導駕官四
人並騎導大繖二孝宗省爲一鳳扇四孝宗省爲二夾
繖而行同前腰輿一鳳扇十六夾輿孝宗省爲四華蓋
二排列官一人香蓋一大燭一小輿一逍遥子平輦駕
前諸班直駕頭當歡誕馬燭單三百三十人孝宗省爲
二百一十人前驅都下親從官一百五十人孝宗省爲
四十五人東西班六人孝宗省爲二十二人約攔殿前
指揮使四十人東第三班長入祗候五十二人班直主
首九人孝宗省爲三人茶酒新舊班一百六人孝宗省
爲四十四人聞道旗一纛十十二鈞容直二百七十人
駕四用作樂孝宗乾道元年省之乾道六年以後再用

卷一萬四千五百八十七

吉利旗五五方龍旗五龍旗二十孝宗省之門旗六十
孝宗省爲三十殿前指揮使引駕骨朵子直四十人分
左右夾門旗外駕頭駕頭下天武官二十二人孝宗省
爲十七人都下親從一十六人孝宗省爲八人茶酒班
執從物殿侍二十二人又都下親從二十二人孝宗省
爲十七人動六人孝宗省爲三人麾旗一人人員一孝
宗省之殿前指揮使行門二十二人鳴鞭十二人孝宗
增爲一十四人次御龍直百二十人孝宗省爲八十六
人快行五十人日用麟鳳旂各一青龍白龍赤龍黑龍
旗四人員二引駕十牛上將軍一人　玉輅奉宸隊分
左右充禁衛國子八重崇政殿親從國子二百人爲一

重從裹歡出御龍直二百五十人爲第二重崇政殿親
從外圍子二百五十人爲第三重御龍直骨朵子直二
百五十人爲第四重御龍弓箭直二百五十人爲第五
重御龍弩直二百五十人爲第六重禁衛天武二百五
十人爲第七重都下親從圍子三百人爲第八重孝宗
以上並同天武約攔二百人孝宗省作百八十八文在
禁衛圍子外編排禁衛行子二十一人快行五十九人
孝宗省爲四十二管押欄視御龍四直八人孝宗省爲
四人照管行子御龍四直二十四人孝宗省爲八人天
武六人孝宗省之禁衛內攔前崇政殿親從三十二人
孝宗省作二十五人駕後部扇筤大黃龍旗一駕後樂

卷一萬四千五百八十七

東西班三十六人鈞容直三十一人並騎孝宗此下增
招箭班二十四人扇筤扇筤下天武二十二人孝宗省
作一十七人都下親從十六人孝宗省作八人茶酒執
從物五十人騎孝宗省爲三十人大輦輦下應奉人
員合六百一十四人分五番孝宗乾道元年省之六年
以後復設御馬十疋爲五重持鈒後隊神勇都指揮使
二人騎重輪旗二人大繖二孝宗省爲一朱團扇八孝
宗省爲四鳳扇二小雉扇二十二孝宗省鳳扇而減雉
扇爲六華蓋二孝宗省爲一睥睨十二孝宗省爲六御
刀六元武幢一絳麾二叉細稍十二孝宗省爲六驍騎
都指揮使一人騎總領大角大角四十孝宗省爲二十

太常後部鼓吹鼓吹丞二典吏四人孝宗省為三人管
轄指揮使一人羽葆鼓六歌工二十四拱辰管十二簫
三十六笳二十四鐃鼓六小橫吹六十笛十二觱篥十
二師兵官十人孝宗歌工十八拱辰管十二簫十八笳
二十四鐃鼓六笛十八節鼓一小橫吹三十觱篥十八
桃皮觱篥十二羽葆鼓吹大師兵官八人黃麾幡一中
道金路象輅革輅木輅各一每路駕馬各六在前駕士
各百五十四人乾道元年省之六年以後復用掩後隊
中道宣武都指揮使二人大戟刀盾弓矢矟各十五
金吾牙門第二門中道牙門旗四分左右孝宗省之監
門使臣六分左右騎孝宗省為三元武隊並騎中道虎
卷一萬四千五百四十七
翼都指揮使一人矟二元武旗一矟弓矢各十孝宗
並省為五弩五　外仗分左右道以次中道儀仗清游
隊並騎白澤旗二捧日指揮使二弩四弓矢十矟十六
左右金吾十六騎天武都頭二人弩八弓矢十二矟
十二孝宗弩弓矢矟並省為六佽飛隊並騎拱聖指揮
使二虞候佽飛二十鐵甲佽飛十二　前隊殳仗都頭
六十騎殳又六十　後隊殳仗都頭四人騎殳又四十
前部馬隊第一隊捧日都指揮使二人角斗亢牛旗
各一弩四弓矢十矟八第二隊捧日都指揮使二人氐
女房虛旗各一弩弓矢矟如一隊第三隊天武都指揮
使二人心危旗各一弩弓矢矟如第二隊第四隊天武

廣勇都

都指揮使二人尾室旗各一弩弓矢矟如第三隊第五
隊拱聖指揮使二人箕畢旗各一弩弓矢矟如第四隊
第六隊拱聖都指揮使二人奎井旗各一弩弓矢矟如
第五隊第七隊神勇都指揮使二人婁鬼旗各一弩弓
矢矟如第六隊第八隊神勇都指揮使二人胃柳旂各
一弩弓矢矟如第七隊第九隊驍騎都指揮使二人昴
星旗各一弩弓矢矟如第八隊第十隊宣武都指揮使
二人畢張旗各一弩弓矢矟如第九隊第十一隊虎翼
都指揮使二人觜翼旗各一弩弓矢矟如第十隊第十
二隊都尉廣指揮使二參軫旗各一弩弓矢矟如第十
十隊孝宗省為七隊二十八宿旗每隊四弓矢矟每隊
卷一萬四千五百四十七
大餘同　步甲前隊第一隊捧日指揮使都頭各二人
騎下同鵰雞旗二青鍪甲刀盾二十孝宗刀盾省為十
二下並同第二隊捧日指揮使都頭鵕旗朱鍪甲刀盾
第三隊天武指揮使都頭馬年連理木旗黃鍪刀甲盾
第四隊天武指揮使都頭芝木並秀旗白鍪甲刀盾第
五隊拱聖指揮使都頭祥鶴旗黑鍪甲刀盾第六隊拱
聖指揮使都頭犀旗黃鍪甲刀盾孝宗改黃鍪甲青鍪
甲隊並同金吾左右道牙門第一門牙門旗四分左右
監門使臣八人並騎孝宗旗省為二使臣省為四人步
甲前隊第七隊神武指揮使都頭鵰雞旗青鍪甲刀盾
第八隊神武指揮使都頭麟旂朱鍪甲刀盾第九隊驍

騎指揮使都頭白狼旗黃鍪甲刀盾第十隊驍騎指揮
使都頭蒼烏旗次白鍪甲刀盾第十一隊虎翼指揮使
都頭鵔鸃旗黑鍪甲刀盾第十二隊廣勇指揮使都
頭太平旗黃鍪甲刀盾自至十二隊人旗刀盾數列如
第一隊孝宗內去鵕雞旗麟旗而用慶雲旗瑞麥旗金
吾左右道牙門第二門牙門旗四分左右監門校尉八
人並騎孝宗旗省為二監門省為四人前部黃麾仗第
一仗殿中侍御史二員騎下同餘引幡二十孝宗省為
十攝稍二捧日指揮使二都頭五並騎下同黃麾幡五十
孝宗省為二十鼓四爷十戟弓矢二十稍三十孝宗省
為二十弩十第二部殿中侍御史天武指揮使都頭青

卷萬四十五百全

鸞鼓爷戟弓矢稍弩第三部殿中侍御史扶聖指揮使
都頭緋鸞鼓爷戟弓矢稍弩孝宗省作三部第四部殿
中御史神勇指揮使都頭黃鸞鼓爷戟弓矢稍弩第五
部殿中御史驍騎指揮使都頭白鸞鼓爷戟弓矢稍弩
第六部殿中御史廣勇指揮使都頭黑鸞鼓爷戟弓矢
稍弩自二至六部數列並如初部　青龍白虎隊並騎
青龍旗一白虎旗一虎翼都指揮二弩四弓矢十稍八
班劒儀刀隊並衛武衛將軍二人掾日天武供聖神
勇指揮使各二人班劒六十儀刀六十次驍騎驍衛當
武虎翼指揮使各二人班劒六十儀刀六十親勳散手
驍衛翊衛隊並騎中衛郎四人翊衛郎二人親衛郎二

郎二人衛兵四十甲騎四十在衛兵外左右驍衛翊衛
三隊並騎第一隊左右驍衛大將軍二人還運花旗二
弩四弓矢十孝宗滅弓矢六六下同稍十六孝宗滅稍
為八下同第二隊廣勇指揮使二人吉利旗弩弓矢稍
數如初隊金吾左右道牙門第三門牙門旗四分左右
監門八人並騎孝宗旗滅為二監門滅為四人捧日隊
三十四隊左右各十七隊孝宗滅為十隊左右各五隊
每隊引一人押一人旗三人穗五人弓箭二十人後
部黃麾仗凡六部第一部至六部並同前部黃麾仗帷
無絳引幡稍孝宗滅為三部仗數亦同前部黃麾以滅
之數并去孫稍絳引幡絳引幡二十孝宗滅為十金吾

卷萬四千五百全

左右道牙門第四門牙門旗四監門八人騎孝宗旗滅
為二監門滅為四人出甲後隊第一隊捧日指揮使都
頭各二人騎鵕旗鵰旗雞旗各二青鍪甲刀盾二十孝
宗滅刀盾為十六逐隊並同第二隊天武指揮都頭芝
木並秀旗為年連理木旗朱鍪甲刀盾第三隊扶聖指
揮使都頭犀旗鶴旗黃鍪甲刀盾第四隊神武指揮使
都頭蒼烏旗白狼旗白鍪甲刀盾第五隊驍騎指揮使
都頭天下太平旗一鵔鸃旗黑鍪甲刀盾第六隊虎翼
指揮使都頭鶡鷄旗鴟旗黃鍪甲刀盾自二至六隊數
列並如初隊金吾左右道牙門第五門牙門旗四監門
八人騎孝宗滅旗為二減監門為四後部馬隊第一隊

捧日都指揮使二角端旂二弩四弓天十矟十六孝宗
弓天減爲六矟減爲八第二隊捧日都指揮使孝宗史
用天武赤熊旂弩弓矢矟第三隊天武都指揮使孝宗
史用拱聖兕旂弩弓矢矟第四隊天武指揮使孝宗時
史神勇天下太平旂弩弓矢矟第五隊拱聖都指揮使
屛旗孝宗用龍馬旂弩弓矢矟第六隊拱聖都指揮使
之本並旁旂孝宗用金牛旂弩弓矢矟第七隊神勇都
指揮使萬年連理旂弩弓天矟神勇都指揮使騶牙旗
弩矢矢矟第九隊驍騎都指揮使蒼烏旂弩弓矢旂第
十隊宣武都指揮使白狼旗弩弓矢矟第十一隊虎翼
都指揮使龍馬旂弩弓矢矟第十二隊廣勇都指揮使

卷萬四千五百八十七

金牛旗弩弓矢矟自二至十二隊數列並如初隊　中
興禮書建炎二年八月二十八日詔令東京所屬官司
般取起發儀仗法物赴揚州行在應副郊祀大禮十一
月二十二日郊祀大禮共用儀仗一千三百三十五人
紹興十三年二月九日詔將來郊祀大禮合排設鹵簿
并仗內六引令禮兵部太常寺討論合排設名件數目
申尚書省十四日試兵部侍郎兼侍讀資善堂翊善程
瑀等言勘會三駕鹵簿大駕以郊饗上天臨御九代法
駕以祭方澤祀明堂奉宗廟耤千畝小駕以恭園陵親
蒐狩將來郊祀大禮合用大駕緣宣和重修鹵簿圖大
駕係象六頭并六引儀仗鼓吹及前後部黃麾仗內設

車輿輦輅其駕士并檯擧人各有執著服色物件大段
數多今來創行製造竊慮不前兼有司見今度地修建
圓壇去處不遠難以排列禮兵部太常寺契勘昨建炎
二年揚州郊祀所用儀仗係于大駕鹵簿內從權裁定
總一千三百三十五人今討論欲參照祖宗舊儀及揚
州郊祀人數量別增損并將昨來親饗黃麾半仗分爲
二部及中道設輦輅腰輿等行列所貴隨宜添置前期
易爲辦集小貼子契勘漢祀天南郊用法駕三十六乘
亦用小駕十三乘未嘗有定制國初創立大駕鹵簿一
萬一千二百二十二人今來欲權約用國初大駕人數
之半詔依國初大駕鹵簿人數大駕三引中道象六中

卷萬四千五八十七

道分左右爲三重各持鐵鉤一名跨其上又准備象一
紹興十三年郊祀用象一頭象兵級旂槍等共二十九
人自十六年至二十八年用象六准備象一頭象兵級
旂槍等共五十七人乾道元年至九年如紹興十三年
之制淳熙三年如紹興二十八年之制執旂槍一名次
擊鑼一名次小鼓一十二人管押節級二人前引執鐵
鉤一名在中次執旂槍四人次執瑜石鉤二人次執鐵
鉤二人次執旂槍四人次執瑜石鉤二人次執旂槍二
人次執瑜石鉤二人次執鐵鉤二人次執旂槍四人並
分左右行象外爲一十二重　馬端臨通考高宗中興
後唯設大駕法駕及黃麾仗大駕鹵簿郊祀用之法駕

明堂用之黄麾大仗三千三百五十人大朝會用之視政
和儀減三之一黄麾半仗二千四百五十人正旦朝
會上尊號册寶親饗用之親饗太廟兵部設黄麾仗自
和寧門至太廟欞星門外鼓吹二百三十六人又黄麾
半仗一千四百九十九人册皇后皇太子用之黄麾角
仗一千五十六人冬至朝賀垂宸殿望恭金國使賀正
旦生辰受玉寶皇帝御正殿皇太子稱謝起居用之黄
麾細仗五百人奉迎册寶玉牒國史聖政會要日歷御
集寶訓用之細仗一百人進呈聖德事迹經武要畧及
獨進玉牒用之凡郊祀鹵簿用六千四百九十六人騎
立大旂十一并執儀仗官兵三千三百五十六人馬一

卷一萬四千五百八十七

千九十八匹押殿中侍御史諸衛將軍等五十一人御
輦院繖扇輿輦二百三十八人控御馬天武等四十四
人太常寺鼓吹樂工五百八十八人左右金吾司碧襴
等三十五人挑轄擯察儀仗兵部郎中各一人職掌十
二人輅下駕士等二百六十一人車輅院般法物十人
諸班直等一千八百四十六人馬執龍旗五十四人步
執龍旂三十三人擊鞭六人駕後大黄龍旗三人擁日
中馬隊三百人天武二百人奉宸隊一千二百五十人
翰林司兵士二人淳熙十二年八月樞密院言大輦子
前九十日入寳于前六十日繖扇于前四十日閱習並
差殿前司步軍司兵及輦官從之鹵簿明堂用四十一

百四十八人單立大旂十一步執儀仗官兵二千二百
五十八人押殿中侍御史諸衛將軍及繖扇輿輦等並
同郊祀之數唯逍遥輦下減十人諸班六百六人馬執
龍旂五十四人步執龍旂三十三人擊鞭十四人奉宸
隊五百人駕後大黄龍旂五人不設金象革木四輅及
大安輦　大駕鹵簿儀仗及六引用鼓吹八百八十四
人内鼓吹令丞二人府史典史各四人指揮使二人帥
兵官四十六人歌色四十八人金鉦十七人掆鼓十七
人大鼓一百一十人小鼓六十人中鳴六十人鐃鼓十
七人拱宸官三十六人羽葆鼓十二人觱篥二十九人
小横吹六十人簫八十七人笛二十九人節鼓一人此

卷一萬四千五百八十七

紹興十三年之制法駕三分減一鼓吹用五百八十八
人内令丞四人府典史指揮使帥兵官歌觱篥笳簫
拱宸管大小横吹節鼓四百三十八人金鉦掆鼓羽葆
鼓大小鼓中長鳴一百四十六人此乃紹興十三年之
制也嚴更警場舊制嚴鼓一百二十四金鉦二十四鳴
角一百二十紹興十三年以地狹於欞星門外止用
鼓角各六十金鉦二十六引服飾襆頭左右金吾將軍
金銅甲胄被時解結鞾左右金吾衛仗司花脚襆頭碧
羅襖紫緑羅袍金銅帶儀刀烏皮履執儀仗者幞頭武
弁平巾幘飾幘鶡彩抹額緋腰蛇銅革帶紫緋羅繡袍
紫紬寬衫緋紬袍青羅黄紬銀褐緋皂紬寳相花衫駕

前殿前指揮使細甲方勝練鵲纈衫緑羅甲弓箭銀劍
蒜瓣𣑽紅紫羅帽帶殿前左右班粉青緋紫三色大搭
纈羅衫長入祗候五十二人合色頭鬚鍍金帽環青紅
二色茶酒班殿侍紫羅印皂斜搭衫茶酒班十人内紅
拂扇二人御龍直執從物八十三人珠巾方勝鵲衫行
門二十四人金銀甲方勝鵲衫金束帛珠帽銀骨朶内
押行門纏枝袍行門花袍御龍直二百五十人員黄獅
子纈衫長行方勝鵲衫内殿直已下二百五十八人員亦
如之長行白師子纈衫殿前指揮使編排禁衛紫羅皂
花衫　駕頭扇筤下各大武三十一人白師子衫東西
班樂三十六人紫帽帶招箭班三十六人幞頭束帶親
從圍子行宮殿門中道左右壁帽鍍金束帶異衫皆以
白師子纈綵並方勝練鵲遥郡刺史衫以羅雲鴈都指
揮使以御仙花都虞候以蔟四金鵰御前忠佐以宜男
方勝正副使以黄師子正副都頭以方勝練鵲控馬親
從以青蓮執燭籠親從二百人以寶照綵從駕並以白
師子執燭二十二人衫亦如之鍍金帶匣頭引見司人
員四人帽子方勝練鵲衫等子八十三人帽子團花寶
照緋纈羅衫鍍金帶左右騏驥院御馬六時勒雕拳毛
騧佛耳赤騧黄青騅滴露騣控馬執七寶百節鞭杌子
御馬五十人纈衫皁紗帽金鍍銀師帶禁衛班直等緋
緑羅紅盤鵰背子　紹興三年正月造緋二千領緑一千

卷一萬四千五百八十七

領以絹代羅十三年又以纈代繡乾道四年五月文思
院製從駕人衣服慶元二年　皇后受册寳排設直
遥平輦人員各一人輦官二十七人人員帽子宜男纈
羅衫鍍金銀柘枝帶輦官幞頭白師子纈羅衫鍍金海
捷帶　紹興十二年皇太后回鑾上將躬迎于郊命有司
製常行儀仗先是右延慶請詔禮官參考康定中當行
儀衛酌取中制以正萬乘尊嚴之分工部尚書莫將等
請先造黄麾仗二千二百六十五人　三十一年四月
臣僚言天子之出清道而後行千乘萬騎稱警言蹕旗
頭前驅豹尾後殿其往來馳道與闌出入者皆有厲禁
自六飛南渡務為簡便唯四孟饗獻東輿躬行前為駕
頭後止曲蓋而爪牙拱扈之士或步或趨錯出離立無
復行列至有酌獻未畢已捨而歸士民觀者駢肩接袂
雜遝虎士之中而不聞有譏何之者望詔有司講求其
當凡車駕行幸從駕禁旅以若干人為一列相去各若
干步其乘馬前導者皆預上其數命有司繪為圖先一
日以聞别具副本報御史臺有不如令及不在圖中而
輒冒至者許有司舉之蔽而不言令御史臺覺察詔可
　王應麟玉海　紹興二十一年明堂五月十三日有司
陳法駕鹵簿視郊祀三分減一用一萬一千五人孝宗
隆興二年二月八日尚書禮部侍郎兼權兵部侍郎黄
中言伏覩聖旨指揮今歲冬日至郊見上帝用遵太祖

卷一萬四千五百八十七

皇帝典故除事神儀物外乘輿服御並從省約本部已
逐一條具外獨有五輅未敢輕議竊詳自來大禮雖五
輅並設然考之禮經玉輅以祀金輅以賓象輅以朝革
輅以即戎木輅以田而祭祀所用者一玉輅而已典路
之職雖曰凡會同軍旅以輅從而後鄭釋曰王乘一輅
以其餘輅行亦以華國然則金象革木四輅不過為一
時觀美非其所乘也方承平時五者並設固不為過今
聖主方欲隆儉德而戒勞民其乘輿服御之費又無大
於此四者有司敢不欽承所有今來郊禮欲乞用時之
宜止用玉輅其餘四輅權不以從庶幾有以仰副明詔
且於禮經無所背戾詔依將來郊禮除玉輅逍遙平輦
卷一萬四千五百八十七
外其餘車輦並從省約　九月兵部言契勘昨紹興十
三年郊祀大禮依政和五禮新儀排設國初大駕鹵簿
共一萬一千二百二十三人及紹興十六年至二十八
年郊祀大禮增添捧日奉宸隊共一萬五千五十人并
三十一年明堂大禮依二十八年例三分減一用一萬
一千五人今承指揮郊祀大禮乘輿服御中外支費宜
從省約續承指揮將來郊祀大禮除玉輅逍遙平輦外
其餘車輦並從省約本部今條具將來郊祀大禮除玉
輅平輦逍遙乞令依舊人數外所有大駕鹵簿儀仗內
六引前大象欲依昨紹興十三年例止用象一頭其餘
一行儀仗數內八寶下人數本部已牒門下後省裁擬

施行外除儀仗人數依今來指揮合從省約並乞依昨
紹興二十八年郊祀大禮人數內乞權行減半用六千
八百八十九人隨宜排設詔從之　五月五日禮部太
常寺言已降指揮大駕鹵簿儀仗依紹興二十八年郊
祀大禮人數權行減半隨宜排設施行今條具申請事
件一將來郊祀大禮奏嚴更警場并大駕鹵簿六引儀
前後部鼓吹振作比之儀仗人數稍少今從省約乞將
鼓吹八百八十餘人內三分減一止用八百八十八人
警場二百七十五人內三分減一止用一百八十三人
隨宜排設一合用鼓吹導引六州十二時奉禋歌降僊
臺詞從本寺具申學士院修潤降下教習一合借差軍
卷一萬四千五百八十七
兵依今來三分減一依例下所屬借差一教習日分支
破官錢依今來減定人數開具名色依例下糧審院於
本寺曆內批放一合差般擡奏嚴鼓軍兵及合破排方
號并提點一行事務所大禮五使於貢院按習幕次及
就殿前司教場擺拽至期逐處排設鼓吹警場宿頓排
辦等乞於例闕報所屬排辦一教習去處乞依例於懷
遠驛下臨安府辦截具鼓吹警場服着奏嚴鼓兩執色
樂器宣敕鼓等等經今六年不曾修飾脫落不堪乞依
今來人數開具報所屬斟酌抽換修飾施行詔並從之
十月三日太常少卿兼權禮部侍郎洪适等言伏覩
國朝典故皇帝服通天冠絳紗袍乘玉輅以祀天禮畢

乘輦合進金輅於端誠殿門外，而舊制皇帝降輿並乘大安輦還宮。近因臣僚奏請，不設四輅，而二月八日指揮除玉輅、逍遥、平輦外，其餘車輦並從省約。今歲郊壇禮畢，羣臣以朝服前導，皇帝以朝服而乘平輦，切恐禮容不相稱。若合用大安輦，即乞早降指揮，令有司從實修飾。詔郊祀回止乘平輦，冠服令禮官討論。适等竊考國朝典故，自建隆四年陶穀創建大輦，祀禮畢，皇帝朝服乘大輦還内，歷朝並無更改。政和四年，北郊畢，乘大輦還齋宫，解嚴，放仗，易常服，乘輦還内。按唐會要，明皇廢輦不用。開元十一年祀南郊畢，騎還。自是行幸郊祀皆騎於儀仗之内。又見行儀制，車駕朝獻日，閤門并諸

卷一萬四千五百八十七

司官並常服乘馬在駕前。适等參考古今沿革，唐制郊祀畢尚是乘馬，本朝北郊回曾用常服，即郊祀駕回亦可以不用朝服，兼唐制乘騎亦可用儀仗，見今朝獻亦有臣僚乘馬在駕前。今來郊祀回止乘平輦，所用冠服乞比附景靈宫、太廟、郊祀畢，皇帝自齋殿服靴袍乘平輦還内，令導駕官以常服前導，真奉迎及侍中奏請升輦、參知政事奏請進發，并傳敕、侍臣上馬等，並乞于見行儀注内修改，閤報施行。詔從之。同日，禮部、太常寺言：勘會逐次郊祀大禮，皇帝自青城至大次，并禮畢自大次還青城，並係服通天冠、絳紗袍，乘大輦。今來欲乞並服通天冠、絳紗袍，乘平輦。詔從之。乾道三年四月十一日，

兵部侍郎陳巖肖言：近者恭覩三月十七日聖旨，今歲冬日至郊見上帝，可令有司除事神儀物、諸軍賞給依舊制外，其乘輿服御及中外支費並從省約，仍疾速條具以聞。竊見紹興二十八年以前郊祀輿衛儀仗兵用一萬五千五十人，至乾道元年初行郊祀，比舊數十分減去其六，止用六千八百八十九人，今恭稿已減合用之數。今歲郊祀輿衛儀仗宜遵用乾道元年已減之數，今來更不增減，庶幾有合中制。從之。馬端臨通考：乾道四年，中書門下奏：車駕詣德壽宫用殿前六百二十九人，皇城在内巡檢司三百九十一人，崇政殿四百四十九人，凡一千四百六十九人。四孟詣景靈宫用殿前司

卷一萬四千五百八十七

八百七十五人，皇城在内巡檢司五百二十八人，崇政殿五百二十一人，凡一千九百二十四人。以左藏南庫絹二千匹下文思院製其衣服。六年九月一日，詔將來郊祀並用五輅、大安輦，一如舊儀。九年六月五日，禮部、太常寺言：勘會乾道元年并乾道三年郊祀大禮淳熙六年四月七日，禮部、太常寺言：今歲明堂大禮，檢照皇祐明堂記并政和五禮新儀，明堂大禮用法駕鹵簿，祀前一日，皇帝于太廟朝饗畢，乘玉輅至宣德門，入門降輅，乘輿歸文德殿。鹵簿中玉輅次大輦，次金輅，次象輅，次革輅，次木輅。今明堂大禮所用鹵簿大輦、車輅，欲依上件典禮施行。從之。十八日，太常寺言：今次明堂大

禮並排設大輦五輅祀前一日皇帝朝饗太廟畢乘玉輅入麗正門降輅乘輿用平輦歸文德殿宿齋所有大輦并其餘四輅止合從後詔除大輦免行排設餘依已降指揮　五月十二日禮部太常寺言今歲明堂大禮前一日皇帝于太廟朝饗畢乘玉輅赴麗正門所由道路乞是日朝饗太廟禮畢皇帝于太廟欞星門外乘玉輅經由皇城東新路入麗正門至南宮門外降輅乘輿至文德殿上降輿歸齋殿其儀仗法物合在車輅前排列從之　光宗紹興二年四月十七日禮部太常寺言淳熙十二年郊祀大禮皇帝自太廟欞星門外乘玉輅詣青城禮畢還內上乘大輦今年郊祀大禮乞依體例施行從之　七月十三日提點添修五輅大輦黃邁言得旨玉輅軸依例修換外其餘金象革木四輅亦不堪應奉乞行換造從之

卷萬四千五百八十七

政和七年正月二十七日禮制局言昨討論大駕六引開封牧乘墨車兵部尚書禮部尚書户部尚書御史大夫乘夏縵乞經冬祀陳設訖所有駕士衣服尚循舊六引之制宜行改正況天子五輅駕士之服各隨其輅之色則六引駕士之服當亦如之請墨車駕士衣皁夏縵駕士皂質繡五色團花於禮為稱從之　二月九日詔鹵簿圖籍當行改修令禮制局限一年進呈　先是兵部尚書蔣猷奏大禮鹵簿圖記天聖間宋綬撰集凡儀衛之物既圖繪其形又稽其制作之所自而叙之于後陛下頃以治定制禮如鹵簿儀制革而新之者多矣乞令有司取舊圖記考今之所革者依倣舊體別為一書傳之久遠故有是詔

卷萬四千五百八十六

政和宣和大駕鹵簿　六引中道

象六中道分左右為三重各持鐵鉤一名跨其上執轉光小緋旗一名前引次擊鐃一名節級二人為一列次

執七寶鈎二人在左執銀鈎二人在右行第一重象前次三人行象内爲三重執轉光小緋旗十四人分左右行象外爲七重執鍮石鈎二人行第三重旗前執朱漆鈎二人行第五重旗前執鍮石鈎二分行第七重旗前又二人分行旗後又執鐵鈎一名在第三重象後當中並服花脚幞頭緋絁袴衫若夏祭大禮則以纈衫凡六引及鹵簿内服飾以絁者並準此金鍍銀雙鹿帶法駕減象一以一象居前餘分左右爲二重執七寶鈎銀鈎人各減大駕一名行第二重象前次二人行象内爲二重第四第七重旗前執鍮石鈎各二人其大駕各行第七重旗後二人法駕無之餘同大駕

卷一萬四千五百八十六

六引法駕則開封令牧御史大夫爲三引第一引開封令中道清道二人重行次幰弩一人人騎諸引執幰弩人並騎次誕馬二控馬每疋各二人諸引控誕馬人準此次軺車一乘駕赤馬二駕士十八人次方繖一次朱團扇一次曲蓋一次傔佐四員外伏青衣二人爲一列次車輻棒二次告止旛二次傳教旛二次信旛二合爲一列執旛各一名絇二人謂引執絇旛人數準此戟三十爲十五重在車輻棒至信旛外並分左右扇以下外伏並分左右扇仗内清道服武弁緋絁繡雲鶴衫革帶執黑漆杖執幰弩人平巾赤幘緋絁繡辟邪衫赤袴革帶控誕馬人平巾幘緋絁繡寶相花衫大口袴革帶青衫人服平巾青

幘青絁衫革帶執仗仗袋以青綃執車輻棒人平巾赤幘緋絁繡白澤衫赤袴革帶執方繖扇戟執絇傳教幡信幡人並黃絁繡抹額寶相花衫行滕鞵韈革帶執朱團扇曲蓋執絇告止幡人並緋絁繡抹額寶相花衫大口袴革帶駕士武弁緋絁繡雄大袖勒帛法駕曲蓋後有傔佐四員戟減大駕十四爲八重餘同大駕　第二引開封牧中道清道二人次幰弩一次桐鼓一在左金鉦一在右次大鼓十爲二重次節夾矟二爲一列執人騎諸引執節夾矟人並騎次誕馬四二重次革車一乘駕赤馬四駕士二十五人次方繖一次朱團扇四爲二重次曲蓋一次傔佐四員次幢一在左麾一在右執人騎諸引執幢麾人並騎次大角六爲一列次鐃一吹簫二次笳二次大橫吹二各爲一列次鐵簫觱篥笳各一笛簫在左觱篥笳在右外伏青衣八人次車輻棒八爲爲四重次告止幡二次傳教幡二次信幡四爲二重次儀刀十四爲七重戟七十在車輻棒至儀刀外爲三十五重刀盾六十在戟外爲三十重盾在左刀在右次弓矢六十在刀盾外爲三十重每弓一箭二連戟矟六十在弓矢外爲三十重仗内執節夾矟幢麾大角儀刀人並平巾幘緋絁繡寶相花衫大口袴革帶執刀盾人錦帽絁繡抹額寶相花衫大口袴行縢鞵韈革帶執弓矢矟人並錦帽絁繡寶相花戎服大袍[illegible]袴革帶内執弓

卷一萬四千五百八十六

矢人䄂以青執矟人以紫執棡鼓金鉦人平巾幘緋繡
對鳳袄抹帶大口袴錦縢蛇執大鼓人黃繡雪花抹額
生色䄂抹帶袴執鐃簫笳笛觱篥人並平巾幘緋繡寶
相花䄂大口袴白抹帶執大橫吹人緋繡苣文抹額生
色䄂抹帶袴駕士武弁緋絁繡隼大袖勒帛其餘執人
行列重數并服飾並同第一引法駕大鼓減四大角信
幡減為二鐃後左簫右笳大橫吹各減一外仗青衣車
輻棒儀刀各減四戟減三十刀盾弓矢矟各減二十四
餘同大駕　第三引大司樂中道清道二人次幰弩一
次棡鼓金鉦各一次大鼓十次節一夾矟二次誕馬四
次革車一乘駕士駕馬並同第二引以下革車準此次

卷一萬四千五百八十六

方繖二次朱團扇二次曲蓋一次條佐二員次幢麾各
一次大角四次鐃一次簫笳大橫吹各二次笛簫次觱
篥笳各一外仗青衣六人次車輻棒六各為三重次告
止旛二次傳教幡二次信幡四次儀刀十二為六重戟
六十為三重重刀盾弓矢矟各五十各為二十五重駕
士服武弁緋絁繡鳳大袖勒帛其餘執人行列重數并
服飾並同第一第二引法駕以御史中丞為第三引自
第四引以下並減　第四引少傅中道清道四人次幰
弩一次棡鼓金鉦各一次大鼓十六次長鳴十六為二
重次節一夾矟二次誕馬六為三重次革車一乘府佐
四員夾革車次方繖一次朱團扇四次曲蓋二為一列

次幢麾各一次大角八次鐃一次簫四次笳四次大橫
吹四各為一列次節鼓一次笛簫觱篥笳各四各為一
列外仗青衣十人次車輻棒十各為五重次告止幡二
次傳教幡二次信幡六為三重次儀刀十六為八重次
戟九十為四十五重絳引幡六在戟外為一列分引刀
盾弓矢矟各八十各為四十重伏內執長鳴人服同執
大鼓人執節鼓人服同執鐃人執絳引幡人服同執
方繖人駕士服武弁緋絁繡瑞馬大袖勒帛其餘執人
行列重數并服飾並同第一第二引　第五引御史大
夫中道清道二人次幰弩一次棡鼓金鉦各一次大鼓
十次節一夾矟二次誕馬四次革車一乘次方繖一次

卷一萬四千五百八十六

朱團扇二次曲蓋一次條佐二員次幢麾各一次大角
四次鐃一次簫笳大橫吹各二次笛簫觱篥笳各一外
仗青衣六人次車輻棒六各為三重次告止幡二次傳
教幡二次信幡四次儀刀十二戟刀盾弓矢矟各六十
駕士服武弁緋絁繡獅子大袖勒帛其餘執人行列重
數并服色並同第一第二引法駕則為第三引大鼓減
四大角減一鐃後簫笳大橫吹各減一青衣車輻棒信
幡各減二儀刀減六戟減二十四刀盾弓矢矟各減半
餘同大駕　第六引兵部尚書革車一乘駕士服武弁
緋絁繡虎大袖勒帛其餘並同第五引　中道鹵簿
金吾本司纛矟左右皂纛各六為一列執析各一名紒

中道鹵簿

四人次押纛二人騎次押衙四人騎引褾稍次褾稍八為二重執褾稍各一名次本衛上將軍將軍各四人為二重次衛司褾稍本衛大將軍二人騎褾稍四夾上將軍執褾稍各一名夾二人並騎已上並分左右隊内上將軍將軍花腳幞頭緋羅繡抹額紫羅繡辟邪袍韡弩佩牙刀茁伏珂馬大將軍平巾幘紫絁繡辟邪袍錦縢蛇大口袴佩橫刀弓矢凡仗内大將軍將軍都尉校尉旅帥中郎將郎將並佩橫刀弓矢唯朝服并黄麾仗内帥官兵不佩執夾衛司褾稍平巾幘緋絁繡寶相花裲襠大口袴佩橫刀執柘紼皂纛人皂紗緆皂絁寬衫絹袴鞢韄押纛人幞頭皂絁繡寶相花寬衫緋袴革帶烏

卷萬四千五百八十六

皮韡押衙金鵞帽紫絁繡辟邪袍革帶佩儀刀執褾稍綿帽寶照錦袍錦臂韝革帶烏皮韡法駕減褾稍二為一列本衛上將軍將軍各減二人餘同大駕次朱雀旗隊並騎金吾衛折衝都尉一員引隊褾稍二夾都轢次朱雀旗執旗一名引二人夾二人凡仗内引夾執旗人數准此次弩四為一列次弓矢十六次稍二十各為二重次左右金吾衛果毅都尉二人押隊隊内折衝果毅都尉平巾幘紫絁繡辟邪袍大口袴錦縢蛇革帶執褾稍弩弓矢稍人並平巾幘緋絁繡寶相花袴大口袴革帶内執弩弓矢稍人加佩橫刀引夾執朱雀旗人並緋絁繡抹額寶相花袴大口袴革帶佩橫刀内引夾人加

佩弓矢凡中道仗外仗内旗引夾旗人并執旗人並佩橫刀引夾人並加佩弓矢法駕弩減二弓矢減六稍減八餘同大駕（宋史宣和引隊改天武都指揮使押隊改天武指揮使）次龍旗隊大將軍一員檢校騎次引旗十二人為二重並騎次風伯旗一在左雨師旗一在右次雷公旗一在左電母旗一在右次五星旗五為一列木星旗在左餘大星土星金星水星旗以次列于右次左右攝提旗二為一列次北斗旗一居後次護旗十二人為二重並騎次副竿二為一列執人並騎分左右隊内大將軍朝服引旗護旗人並黃絁繡抹額寶相花衫佩弓矢引夾執風伯旗等人五色絁繡抹額寶相花衫執

卷一萬四千五百八十六

副竿人錦帽黃絁繡寶相花衫大口袴革帶法駕引旗護旗各減四人餘同大駕（宋史宣和檢校改左右衛大將軍雷公電母旗去公母二字）次指南寺車指南車一次記里鼓車一駕士各三十人次白鷺車一次鸞旗車一次崇德車一次皮軒車一駕士各十八人並服武弁緋絁繡大袖勒帛指南車駕士服繡以孔雀記里鼓車以對鵝白鷺車以白鷺鸞旗車以瑞鸞崇德車以辟邪皮軒車以虎法駕無白鷺車崇德車餘同大駕（宋史宣和有青旌青雀鳴鳶飛鴻虎皮貔貅六車在記里鼓之下崇德之前減白鷺鸞旗皮軒三車駕士之數如前）次金吾引駕騎本衛果毅都尉二人分左右平巾幘緋絁

繡辟邪袍大口袴執儀刀次弩弓矢矟各八為四重每重弩二弓矢二矟二相間行分左右執人平巾幘緋絁繡寶相花裲襠大口袴革帶法駕儀刀弩弓矢矟各減二為三重餘同大駕宋史宣和改都尉為神勇都指揮使次大晟前部鼓吹令二人次府史四人各為一列分左右次管轄指揮使一名次㭼鼓金鉦各十二為四重鼓在左鉦在右部內㭼鼓金鉦並分左右師兵官八人領為一列在㭼鼓金鉦重內行次大鼓一百二十為十重師兵官二十八人領在大鼓重內行次長鳴一百二十為十二重師兵官六人領每二人領四重各在前一重內行次鐃鼓十二為二重師兵官四人領在鐃鼓內行

卷一萬四千五百卅六

次歌工次拱辰管次簫次笳各二十四各為二重次大橫吹一百二十為十重師兵官十人領每二人領二重各在前一重內行小鼓行次準此次節鼓二次笛次簫次觱篥次笳次桃皮觱篥各二十四各為二重次㭼鼓金鉦各十二為二重師兵官四人領次小鼓一百二十為十重次中鳴一百二十為十二重師兵官八人領每二人領三重各在前一重內行次羽葆鼓十二為二重師兵官四人領各在鼓內行次歌工次拱辰管次簫次笳各二十四各為二重部內鼓吹令本色服府史幞頭緑羅寬衫黃絹半臂管轄指揮使平巾幘紫繡寶相花袴錦螣蛇白抹帶師兵官并執㭼鼓金鉦拱辰管簫笳

節鼓笛觱篥桃皮篳篥歌工服平巾幘緋繡對鳶衫大口袴白抹帶執㭼鼓金鉦人加錦螣蛇執長鳴中鳴大鼓小鼓同第二引執大鼓長鳴服執鐃大橫吹人同第二引執大橫吹服執羽葆鼓人青繡苣文抹額生色袍抹帶袴法駕前後㭼鼓金鉦各減四為二重大鼓減四十師兵官減八人長鳴減四十為十重鐃鼓減四拱辰管後簫笳各減八大橫吹減四十師兵官減六人節鼓後笛簫觱篥笳桃皮觱篥各減八小鼓中鳴各減四十各為十重師兵官減四人每人押五重羽葆鼓減四最後簫笳各減八餘同大駕太史相風行漏等輿次太史令一員次書令史一名並騎次相風烏一輿士四人次

卷萬四千五百卅六

交龍鉦一在左交龍鼓一在右輿士各六人次司辰一名次典士一名並騎次刻漏生四人分左右為二重次鼓樓一在左鐘樓一在右次行漏輿一輿士各一百人次太史正一員騎次清道二人次十二神輿一輿士十四人太史令太史正朝服書令史錄公服司辰典士漏刻生並袴褶青絁大袖絹袴勒帛輿士并管押節級并武弁緋絁繡寶相花大袖白絹袴勒帛清道平巾幘青絁大袖白絹袴勒帛執黑漆仗管押相風烏等輿人員平巾幘紫絁繡寶相花大袖白絹袴勒帛錦螣蛇法駕行漏輿輿士減四十人神輿輿士多大駕二人餘同大駕宋史宣和鼓鐘樓並改為輿太史正前有捧日副指

揮使二人捧日節級十人神輿與上增十次持鈒前隊左右武衛果毅都尉二人引隊次左右武衛校尉二人並分左右次絳引幡一在中金節十二分左右夾幡執人騎內絳引幡加絳二人次罕一在左罼一在右次朱雀幢一次叉一次導蓋一在中青龍幢一在左白虎幢一在右次叉三為一列幢叉導蓋執人並騎次稱長一名次鈒戟二百八十八為四十八重次左右武衛將軍二人檢校次左右武衛校尉四人押隊並分左右隊內左右武衛將軍果毅都尉校尉並平巾幘紫絁繡瑞鷹袍大口袴錦螣蛇革帶執絳引幡金節罕罼朱雀幢叉導蓋叉鈒戟人并武弁緋絁繡寶相花衫大口袴白勒

卷一萬四千五百八十六

帛法駕金節減四鈒戟減七十二為三十六重餘同大駕宋史宣和引隊改驍騎都指揮使武衛校尉改驍騎軍使增朱雀旗幢之叉一玉龍虎旗之叉三餘校改用右驍騎將軍次黃麾幡一執幡一名紼二人服飾同持鈒前隊執絳引幡人內執人騎法駕同此法駕又省厭中侍御史二員分左右在黃麾前次六軍儀仗左右神武軍統軍二員分左右次都頭二人押仗在本軍旗內左右神武軍旗各一排闌旗二十在仗外分夾本軍旗槍棒仗每二人為一列執旗槍棒仗各一名前一重與本軍旗齊行次吏兵旗一在左力士旗一在右以下吏兵力士旗分左右同次白柯槍二次哥舒槍二次白柯

槍六次鐙仗二次白柯槍二次吏兵旗力士旗各一次白柯槍四次哥舒槍二次白柯槍八次鐙仗二次吏兵旗力士旗各一次白柯槍四次哥舒棒二次白柯槍四次吏兵旗力士旗各一次鐙仗二次白柯槍八次哥舒棒二次白柯槍二次吏兵旗力士旗各一次白柯槍二次鐙仗二次白柯槍四次哥舒棒二次白柯槍四次掩尾天馬旗二次左右羽林軍統軍二員次都頭二人次節鈒二人左右羽林軍旗各一排闌旗二十在仗外如神武軍分夾次赤豹旗一在左黃熊旗一在右以下赤豹黃熊旗分左右同其餘槍棒杖等行列重數並同神武軍左右龍武軍統軍二員次都頭二員左右龍武軍

卷一萬四千五百八十六

旗各一排闌旗二十在仗外如羽林軍分夾次龍君旗一在左虎君旗一在右以下龍君虎君旗分左右同其餘槍棒杖等行列人數並同羽林軍仗內神武羽林龍武統軍並花腳幞頭紫絁繡抹額孔雀衫鞶帶佩橫刀鞦轡靬珂馬押仗都頭幞頭紫絁繡寶相花大袖襖革帶引夾神武羽林龍武軍旗人能金帽執人錦帽并五色絁繡寶相花衫錦臂韝革帶其餘執旗人服飾准此執哥舒棒鐙仗人同夾旗人服飾執白柯槍人交腳幞頭五色絁繡抹額寶相花衫銀褐繡襆獸捍腰錦臂韝革帶法駕神武軍減排闌干旗十羽林龍武軍各減四大駕六軍吏兵力士旗各分五重法駕各減一重第

一重中節白椅㭬減二第二重第二節第四重第一節白椅㭬各減四第四重節二節減二法駕羽林軍又減大駕節級二人餘同大駕宋史宣和紘軍改軍將神武軍旗改熊虎排闌旗改平列哥舒捧改戈戟鐙杖改矛戟羽林隊無節級黃熊旗改黃羆龍武騎改熊虎次引駕旗天王旗二次排仗通直官二人押旗分左右次十二辰旗各一午未在前次巳申次辰酉次卯戌次寅亥次丑子午巳辰卯寅丑旗在左餘在右次天王旗二分左右押旗幞頭紫公服烏皮韡執旗人並同執神武軍旗人服飾法駕同此次龍墀旗天下太平旗一排仗大將二人夾太平旗次五方龍旗各一為二重赤龍旗在

卷一萬四千書矣

前次黃龍旗在中青龍旗在左白龍旗在右次黑龍旗在後次金鸞旗一在左金鳳旗一在右次獅子旗二次君王萬歲旗一次日旗一在左月旗一在右排仗大將同押引駕旗通直官服引夾執旗人同引夾執神武軍旗人服飾法駕減鸞鳳獅子旗餘同大駕次御馬二十四分左右為十二重控馬每匹天武二人服貂金帽紫繡寶相花大袖衫革帶騎御馬直二人皂紗帽青絹衫束帶部押天武節級錦帽紫繡寶相花寬衫管押騎御馬直人員節級紅錦襖法駕減八為八重餘同大駕次中道隊大將軍一員檢校朝服騎法駕同宋史宣和大將軍改為左右驍騎大將軍次日月合璧等旗日月合

壁旗一在中苣文旗二分左右為一列次五星連珠旗一在中祥雲旗二分左右為一列引夾執旗人各五色絁繡抹額寶相花衫錦臂韝次長壽幢一執人平巾幘緋絁繡寶相花衫大口袴革帶法駕同宋史宣和苣文改慶雲祥雲改祥光次金吾牙門旗左右各二為中道第一門執夾人青絁繡抹額寶相花寬衫白絹袴革帶內夾人執弓矢騎次監門校尉左右各三人為一列押旗幞頭緋絁繡抹額獅子裲襠烏皮鞾佩橫刀騎法駕第一門在龍墀旗之後次金吾細仗青龍旗一在左白虎旗一在右押旗二人分左右騎次五嶽神旗五為三重南嶽旗在前次中嶽旗在中東嶽旗在左西嶽旗在右

卷一萬四千五百六十八

次北嶽旗在後次五方神旗五如五嶽旗陳列五方龍旗各五相間為五隊為三重赤龍旗在前次黃龍旗在中青龍旗在左白龍旗在右次黑龍旗在後前一隊次北方神旗餘隊各次右伏黑鳳旗五方鳳旗各五如五方龍旗陳列各次左伏黑龍旗內執青龍白虎旗五嶽五方神旗各一名紼三人執紼人四色絁繡抹額寶相花寬衫執人黃紼人左青右銀褐後皂內紼人執弓矢執五方龍鳳旗人五色絁繡抹額寶相花寬衫押旗人並同押龍墀旗人服飾次江瀆旗河瀆旗各一次淮濟旗濟瀆旗各一並各為一列江淮旗在左河濟旗在右引夾執旗人並弋絁繡寶相花衫繡抹額革帶法駕五

方龍鳳旗各減二各為三隊餘同大駕宋史宣和改校尉為使臣五嶽神旗去神字次八寶為四重鎮國神寶在左受命寶在右皇帝之寶在左天子之寶在右皇帝行寶在左天子行寶在右皇帝信寶在左天子信寶在右香案八為四重每重列于寶輿之前碧襴二十四人為十二重夾受命等寶服弓脚幞頭碧襴塗金銅帶烏皮鞾後二重執長刀騎內外符寶郎行于碧襴之間法駕減碧襴八為八重餘同大駕宋史宣和增引職掌二人香案職掌六人授衛傳喝親從一百人奉寶簽官每寶二十八人節級一人奉寶一十二人舁香案行馬執燭籠各四人持席褥油衣共三人香案寶輿各九燭籠

卷一萬四千五百八十六

三十六碧襴之數同前次方繖二分左右大雄尾扇四夾方繖執各一名以下執繖扇人准此執人弓脚幞頭碧襴衫金銅帶烏皮鞾法駕同此次金吾四色官六人為三重每二人為一重幞頭緑公服白絹袴塗金銅帶烏皮鞾前二名執笏餘執金銅儀刀次押仗二人幞頭紫公服塗金銅帶烏皮鞾騎法駕減二人為二重餘同大駕次金甲二人分左右服金甲鳳翅兜鍪執鉞法駕同此宋史宣和改為銅甲次太僕寺進馬四人平巾幘紫絁繡辟牛裲襠大口袴革帶鞾又佩橫刀弓矢撲法駕同此次引駕千牛衛將軍一員乘珂馬服飾同太僕寺進馬人次千牛八人次中郎將二人並乘珂馬次千

牛二人騎並花脚幞頭緋絁繡抹額紫絁繡辟牛裲襠大口袴革帶鞾又佩橫刀弓矢法駕同此宋史宣和引駕改為千牛衛大將軍中郎將改為捧日御虞候次長史二人緑公服白袴金銅帶烏皮鞾並騎法駕同此宋史宣和無次金吾引駕官四人為二重並騎服同金吾押仗法駕同此次導駕官分左右法駕同此次繖扇輿輦大繖二分左右中雉尾扇四夾大繖小雉尾扇四夾腰輿執人並武弁緋絁繡寶相花大袖白絹袴白勒帛以下執傘扇華蓋人服飾並同腰輿一應奉人員一名指揮使以上宜男襖餘紅地黃盤獅子錦襖十將將虞候節級二人十將將虞候紅有勝練鵲錦襖節級紅地

卷一萬四千五百六十六

白獅子錦襖長行十六人紅地白獅子錦襖次排列官二人次中雉尾扇十二次華蓋二執各二人次香鐙一執輦八人服飾同尚輦執繖人次香匙在左火爐在右次小輿一應奉人逍遥平輦下人長行二十四人次逍遥子一應奉人十將將虞候節級共九人長行二十六人次平輦一應奉人員七人大輦下人十將將虞候節級共九人長行二十六人宋史平輦一應奉人員七人服飾與腰輿下同法駕則排列官後中雉扇減四餘並同大駕宋史宣和去小雉尾扇四腰輿一添管押人員二人都將四人兼押小輿排列官二人小輿一奉輿二十四人都將九人逍遥子改為逍遥輦奉輦一十六人

平輦一奉輦人同上後有上輦奉御二人騎小輿前人有大路一駕馬六大使御御駕士一百二十人駕前東第五班開道旗一皂纛旗一十二爲四行每行三人次引駕六十二人次鈞容直三百人引駕四作樂次東第五班五方色龍旗五次門旗四十次御龍四直步執門旗六十次天武駕頭下二十二人次下茶酒班內東門執從物一十一人次御龍直仗劍六人次天武把行門八人以上並分左右次東第五班麾旗一次殿前班擊鞭一十人次東第五班執䕶輦龍旗八並分左右次日旗一在左月旗一在右次麟旗一在左鳳旗一在右次青龍旗一在左白龍旗一在右赤龍旗一在左黑龍旗

卷一萬四千五百八十六

一在右次御龍直四人人踏路馬二次夾輅大將軍二員次進輅職掌二員次部押二人教馬官二員爲一列教馬官在部押官外法駕同此　宋史宣和無鈞容直開道旗內增押班一人殿侍二人皂纛旗十二殿侍十二人執引駕人員二人長行六十人五方色吉字旗殿侍三人管押十人門旗殿侍二人管押四十人又八門旗六十御龍直一十二人骨朵直一十二人御龍弓箭直弩直各十八人御龍直仗劍六人執麾旗殿侍二人管押龍人員二人都知副都知各一人執骨朵殿侍十六人內大將軍改爲千牛衛大將軍　朝服半佳將軍二人朝服佩束掌輦四人皇帝乘玉輅駕青馬六駕士一百

二十八人扶駕八人骨朵直一百三十四人行門一十八人在玉輅之左一十七人在右陪乘將軍二員在後法駕同　宋史宣和駕士增爲二百三十四人奉宸隊分左右充禁衛從裏第一重御龍直第二重左廂骨朵子直右廂弓箭直第三重弩直第四重御龍四直並以逐班直所管人數列成隊伍第五重天武骨朵大劍三百一十人分左右駕後東第五班大黃龍旗一次駕後樂東第四班三十一人次鈞容直三十一人次扇筤下天武二十人次茶酒班執䕶輦三十一人次招箭班三十二人奉宸隊人員服幘子十將以上戴兜鍪並服紅錦襖背子帶鈇甲劒內人員緋背子人員並弓箭手帶弓箭

卷一萬四千五百八十六

器械執骨朵十將以下帶弓箭帶弓箭器械執骨朵弩手扶弩帶弩箭鞠䩨子執骨朵槍刀手執骨朵至宣德門執槍刀天武步隊人員帽子錦袄背子袄子正副指揮使以黃獅子都頭以方勝練鵲背子正副指揮使以緋羅夾纈小團䕶花都頭以紅羅疊畫銀帶執骨朵十將以下至長行一百人服紫絁纈孔雀袄帶䕶四金雕硬帽金鍍銀帶執骨朵二百人服緋絁纈對鳳襖帶金鍍銀花末紅笠子金鍍銀帶執大劍天武扇筤下二十人錦帽紫絁纈對鳳花襖十人服紫十人服緋駕前御龍直執從物人員帽子紅錦袄十將以下裹直珠頭巾殿前指揮使擊鞭帽子紅錦袄執仗劒帽子紅錦袄背

子帶鉄甲弓劍箭器械骨朶玉輅下夾輅陪乘大將軍
並朝服骨朶直並帽子紅錦襖緋背子帶鉄甲弓劍箭
器械骨朶駕士平巾幘青繡鳳大袖絹袴勒帛鞵襪下
茶酒班執從物帽子碧錦襖紅背子御龍四直旗頭戴
兜鍪紅錦襖背子帶鉄甲劍執檑寨旗東第五班人員
帽子紅錦襖緋背子帶鐵甲弓劍箭器械執骨朶執旗
殿侍戴兜鍪紅錦襖背子帶鉄甲劍劍皂纛人黑漆鐵
笠皂絹衫袴皂皮甲殿前指揮使行門諸班直引駕人
員殿前指揮使引駕人帽子紅錦襖緋背子帶鐵甲弓
劍箭器械執骨朶駕後執大黃龍旗殿侍帶兜鍪紅錦
襖背子帶鉄甲劍東第四班鈞容直駕後樂人員以下

卷一萬四千五百八十六

並帽子紅錦襖背子內人員緋背子執骨朶㧚箭班茶
酒班人員帽子紅錦襖緋背子內殿侍碧錦襖紅背子
扶駕人本色服進輅職掌紫羅寬衫法駕並同此宋史
宣和止用黃龍旗餘並無次副玉輅一駕青龍六駕士
四十人武弁青繡對鳳大袖絹袴勒帛鞵襪法駕無副
輅宋史宣和駕士一百人內人減二人大輦一掌輦四
人在大輦前為二重武弁黃絁繡寶相花衫紫繡袒帶
行滕銀褐抹帶革帶應奉人員十二人七人集輦內一
名傳唱執骨朶餘從輦指揮使以上宜男錦襖餘紅地
黃獅子錦襖十將將虞候節級共十人十將將虞候紅
方勝練鵲錦襖節級紅地白獅子錦襖長行三百五十

五人武弁紅地白獅子錦襖黃絁繡寬衫紫羅生色雲
鳳袒帶白絹勒帛夾袴紫絹行滕次尚輦奉御二人次
殿中少監次供奉職官二員幞頭紫公服烏皮靴次令
史四人三人烏皮介幘緋絁衫白袴白勒帛一名幞
頭紫公服烏皮靴次書令史四人烏皮介幘緋絁衫
白袴白勒帛法駕同此宋史宣和增奉輦為九十人次
太僕御馬二十四為十二重分左右天武等服飾並同
次龍墀旗後控御馬等人法駕減八為八重宋史宣和
無太僕次持鈒後隊左右武衛旅帥二人騎服平巾幘
紫絁瑞鷹袍大口袴錦縢蛇革帶法駕同此宋史宣
和改為神勇都指揮使次重輪旗二分左右引夾執人

卷一萬四千五百八十六

各五色絁繡抹額寶相花衫執幢叉執絳麾人並武弁
絁繡寶相花衫執幢以皂絳麾叉以紫法駕同此次大
繖雉尾扇等大繖二大雉尾扇四夾大繖次大雉尾扇
四為一列次小雉尾扇十二次朱團扇十二各為三重
次華蓋二次叉二次睥睨十二為二重次御刀六為一
列次真武幢一在中絳麾二分左右為一列次叉一次
細矟十二為二重殿中省執朱團扇人黃絁繡抹額寶
相花衫行滕革帶太僕寺執叉人武弁緋絁繡衫白袴
錦縢蛇執睥睨人武弁緋絁繡寶相花大袖白絹袴勒
帛執御刀人武弁緋絁繡寶相花大袖大口袴白勒帛
絳麾加絳二人法駕小雉尾扇朱團扇睥睨矟各減四

各爲二重華蓋減一御刀減二餘同大駕宋史宣和具
武幢氏制元武 次左右金吾衛果毅都尉二人縂領大
角五騎次大角一百二十爲十重都尉服平巾幘紫絁
繡辟邪袍大口袴錦縢蛇革帶執大角人平巾幘緋絁
繡寶相花衫大口袴革帶法駕減大角四十爲八重餘
同大駕宋史宣和改都尉爲饒騎都指揮使次大晟府
後部鼓吹丞二人次典事四人次管轄指揮使一名次
羽葆鼓十二爲二重師兵官四人領在鼓內行下除小
橫吹外並爲二重次歌工次拱辰管次簫次笳各二十
四師兵官二人領在笳前一重內行次鐃鼓十二師兵
官四人領在鐃鼓內行次歌工次簫次笳各二十四次
參一萬四千五百八十六
小橫吹一百二十爲十重師兵官八人領第一第四第
七第十重各二人在橫吹內行次笛次簫次觱篥次笳
次桃皮篳篥各二十四丞本品服典事同前部府史服
其餘並同前部人服飾法駕羽葆鼓減四簫笳笛篳篥
桃皮篳篥各減八鐃鼓減四領鐃鼓師兵官減二人小
橫吹減四十爲十重領橫吹師兵官減二人餘同大駕
宋史宣和帥兵官改爲天武神勇宣武虎翼四都頭次
黃麾一執綍人數并服飾並同前部黃麾法駕有殿中
侍御史二員分左右在黃麾前次芳亭輦鳳輦芳亭輦
二奉輦六十人次鳳輦一奉輦五十人並武弁黃絁繡
寶相花衫袒帶行縢銀褐抹帶革帶法駕無鳳輦宋史

宣和芳亭奉輦六十二人 次金象革木等路金輅一踏
路赤馬二次副金輅一各駕赤馬六次象輅一次副象
輅一各駕赭白馬六次革輅一次副革輅一各駕騮馬
六次木輅一次副木輅一各駕黑馬六金輅駕士六十
人平巾赤幘緋繡鳳大袖絹袴勒帛其餘輅駕士各四
十人並武弁繡大袖絹袴勒帛韈襪其繡大袖皆對鳳
副金輅以緋象輅以銀褐革輅以黃木輅以皂法駕無
副輅宋史宣和駕馬之色又與金以騮象以赤革以騮
白木爲馬駕士正百五十人副一百人管押人員各二
人次耕根輦一駕青馬六駕士四十人服以青繡鳳銜
嘉木合穗法駕同此宋史宣和無 次進賢車明遠車進
參一萬四千五百八十六
賢車一駕士二十四人明遠車一駕士四十人法駕無
此二車宋史宣和各增駕馬四 次屬車十二乘每乘駕
牛三駕士十人法駕減四乘宋史宣和增衛官二人管
押節級一人 次四省局官門下省局官二員在左中書
省局官二員在右次秘書省局官二在左殿中省局官
二員在右法駕同此次黃鉞豹尾次黃鉞車一次豹尾
車一各駕赤馬二駕士十五人進賢車以下駕士並武
弁緋絁繡大袖勒帛進賢車駕士繡以瑞麟明遠車以
對鳳屬車以雲鶴黃鉞車以對鵝豹尾車以立豹餘進
賢明遠車外法駕並同此宋史宣和有黃鉞天武副都
頭及神勇副都頭各一 次掩後隊左右廂衛折衝都尉

二人領隊平巾幘紫絁繡飛麟袍大口袴錦縢蛇革帶次大戟次刀盾次弓矢次矟各五十各爲一列執人並黒甃甲錦臂韝皂袴行縢鞵韈法駕大戟刀盾弓矢矟各減十六餘同大駕（宋史宣和押隊改用宣武都指揮使二人）次金吾牙門旗左右各二爲中道第二門執夾人緋絁繡抹額寶相花寬衫白絹袴革帶騎次監門校尉左右各三人爲一列幞頭紫絁繡抹頭獅子（裲）襠爲皮鞾佩横刀騎法駕同此次真武隊金吾衛折衝都尉一名㩪矟一夾都尉爲一列次仙童旗一次真武旗一在中縢蛇旗一在左神龜旗一在右爲一列次矟二十五爲五重次弓矢二十爲四重次弩五爲一列隊内金

卷一萬四千五百八十六

吾衛折衝都尉服平巾幘紫絁繡辟邪袍大口袴錦縢蛇革帶執㩪矟及矟弓矢弩人平巾幘緋絁繡寶相花衫大口袴革帶引夾執仙童真武神龜縢蛇旗五色絁繡抹額寶相花衫法駕減矟六爲四重前三重各五人後一重四人弓矢減五爲三重弩減一餘同大駕（宋史宣和改爲元武隊改真武爲元武又去仙童龜蛇旗改都尉爲虎翼都指揮使）

大駕外仗（並左右廂）

清游隊次第六引外白澤旗二左右金吾衛折衝都尉二人分領行旗外並騎次弩八爲一列次弓矢三十二次矟四十各爲二重隊内折衝都尉平巾幘紫絁繡辟邪袍大口袴錦縢蛇革帶引夾執旗執弩弓天矟人並甲騎

冠具裝錦臂韝大口袴法駕則次第三引外弩減大駕之二弓矢減八矟減十餘同大駕（宋史宣和改都尉爲將日都指揮使）次左右金吾各十六騎帥兵官二人次弩八次弓矢次矟各十二各爲一列帥兵官及執弩弓矢矟人並平巾幘緋絁繡辟邪裲襠大口袴佩横刀帥兵官加佩弓矢法駕金吾騎及弓矢矟各減大駕之四餘同大駕（宋史宣和改金吾爲天武都頭）次佽飛隊左右金吾衛果毅都尉二人分領並騎服佩並同清游隊折衝都尉次虞候佽飛四十八人爲二十四人平巾幘緋絁繡寶相花衫大口袴佩横刀弓矢並騎鉄甲佽飛二十四人爲六重在虞候佽飛耒並甲騎具裝錦臂韝

卷一萬四千五百八十六

佩横刀弓矢法駕虞候佽飛減大駕十八人爲十五重佽飛減八人爲四重餘同大駕（宋史宣和改金吾衛爲拱聖都指揮使改都尉爲都指揮使）次前隊殳仗次金吾十六騎在佽飛伏最外行左右領軍衛將軍二人檢校並騎次㩪矟四爲二重騎佽左右領軍衛帥兵官四人爲一列以下帥兵官人數行列准此次殳又一百六十每二人爲一重殳又間列以下殳又並二人爲一重行列准此次左右威衛帥兵官次殳又八十次左右武衛帥兵官次殳又一百次左右驍衛帥兵官次殳又八十次左右武衛帥兵官次殳又八十隊内左右領軍衛將軍平巾幘紫絁繡白澤袍大口袴錦縢蛇革帶執㩪

帥

稍及帥兵官並平巾幘緋絁繡寶相花衫大口袴革帶執殳叉人並五色絁繡抹額寶相花衫行縢革帶法駕前殳叉第一隊減大駕之六十第二第三各減三十第四第五各減二十四餘同大駕次後隊殳仗左右衛殳兵官次殳叉八十次左右驍衛帥兵官次殳叉八十次左右武衛帥兵官次殳叉一百次左右威衛帥兵官次殳叉八十次左右領軍衛帥兵官次殳叉一百六十凡前後隊殳仗前接中道北斗旗後盡鹵簿後隊帥兵官人數行列服飾及執殳叉人行列服飾並同前隊法駕後殳叉第一第二隊各減大駕之二十四第三第四各減三十第五減六十餘同大駕宋史宣和殳叉各一百

卷一萬四千五百八十六

天武神勇宣武虎翼廣勇都頭次前部馬隊次佽飛隊第一隊左右金吾衛折衝都尉二人分領隊內都尉並分領次角宿旗一在左斗宿旗一在右次亢宿旗一在左牛宿旗一在右次弩十次弓矢二十各為一列次稍四十為二重第二隊左右領軍衛果毅都尉次氐宿旗一在左女宿旗一在右次房宿旗一在左虛宿旗一在右第三隊左右領軍衛果毅都尉次心宿一在左危宿旗一在右第四隊左右驍衛果毅都尉次尾宿旗一在左室宿旗一在右第五隊左右威衛折衝都尉次箕宿旗一在左壁宿旗一在右第六隊左右威衛折衝都尉次奎宿旗一在左井宿旗一在右第七隊左右武衛果毅都尉次婁宿旗一在左鬼宿旗一在右第八隊左右武衛果毅果毅都尉次胃宿旗一在左柳宿旗一在右第九隊左右武衛果毅都尉次昴宿旗一在左星宿旂一在右第十隊左右驍衛折衝都尉次畢宿旗一在左張宿旗一在右第十一隊左右驍衛折衝都尉次觜宿旂一在左翼宿旂一在右第十二隊左右衛折衝都尉次參宿旂一在左軫宿旂一在右自二隊至十二隊都尉及執弩弓矢稍人數行列並同第一隊隊內都尉並錦帽緋絁繡戎服大袍寶袴革帶繡文金吾衛以辟邪領軍衛以白澤威衛以飛麟武衛以瑞鷹驍衛以赤豹左右衛以瑞馬引夾執旗人並五色絁繡抹額寶相

卷一萬四千五百八十六

花衫執弩弓矢人並錦帽青絁繡寶相花袍大口袴革帶執稍人並錦帽緋絁繡寶相花袍大口袴革帶法駕分二十八宿旗為十隊每隊弩減大駕之四弓矢減六稍減二十餘同大駕宋史宣和捧日拱聖神勇驍衛宣武四都指揮使分領上十隊以虎翼廣勇都指揮使分領下二隊次步甲前隊第一隊至第六隊左右領軍衛將軍二人騎分撿校十二隊穰稍四在將軍內為二重第一隊左右領軍衛折衝都尉二人騎分領隊內都尉並騎分領鶡雞旗二次穰稍在都尉內次朱鍪甲弓矢六十人為三重第二隊左右領軍衛果毅都尉貔旗次朱鍪甲弓箭第三隊左右領軍衛折衝都尉玉馬旗次

青璧甲弓矢第四隊左右領軍衛果毅都尉三角獸旗次青璧甲刀盾第五隊左右武衛折衝都尉黄鹿旗次黑璧甲弓矢第六隊左右威衛果毅都尉飛麟旗次黑璧甲刀盾自第二隊以下每隊都尉及執旗刀盾弓矢人數行列並同第一隊隊內將軍及都尉並平巾幘紫絁繡袍大口袴錦縢蛇革帶繡文並同前部馬隊都尉服執𥎞矟人平巾幘緋絁繡寶相花衫大口袴革帶執旗人並五色絁繡抹額寶相花衫執刀盾弓矢人並錦臂韝行縢韈襪內行縢韈襪各隨璧甲本色第七隊至第十二隊內都尉執旗弓矢刀盾人並准此法駕止十隊自一至六在第一門之前自七至十次第一門每隊弓矢各减大駕之二十餘同大駕宋史宣和儀校改用左右衛將軍又去𥎞矟分領並改為都指揮使第一第二並捧日第三第四並天武第五第六並拱聖第七第八並神勇第九驍騎第十宣武第十一虎翼第十二廣勇次金吾牙門旗四為左右道第一門監門校尉左右各四人並騎執夾旗人服飾校尉服佩並同中道第二門法駕同此次步甲前隊第七隊至第十二隊第七隊左右武衛折衝都尉二人分領䮁騠旗次白璧甲弓矢第八隊左右武衛果毅都尉鳶旗次白璧甲刀盾第九隊左右驍衛折衝都尉麟旗次黄璧甲弓矢第十隊左右驍衛各毅都尉馴象旗次黄璧甲刀盾第十一隊左

卷一萬四千五百八十六

右衛折衝都尉玉兎旗黄璧甲弓矢第十二隊左右衛果毅都尉辟邪旗次黄璧甲刀盾次金吾牙門旗四為左右道第二門監門校尉左右各四人並騎執夾旗人服飾校尉服佩並同中道第二門法駕同此次前部黄麾仗絳引幡二十為一列次第一部左右威衛殿中侍御史二員騎分左右次本衛大將軍二人分极校次本衛折衝都尉二人分領次帥兵官二十人為一列次龍頭竿二十並掛青繡孔雀五角氅本部氅同次揭鼓二在仗外馬內諸部揭鼓排列同次儀鍠五色幡二十次龍頭竿二十次小戟二十次揭鼓二次龍頭竿二十次弓矢二十次龍頭竿二十次朱縢絡盾并刀二十次龍頭竿二十次弓矢二十次矟二十次揭鼓二次緑縢絡盾并刀二十並各為一重第二部左右領軍衛第三部左右威衛第四部左右武衛第五部左右驍衛第六部左右衛諸部內殿中侍御史大將軍折衝都尉帥兵官龍頭竿等人數行列並同第一部惟第二部龍頭竿則以緋繡鳳六角氅第三部以青繡孔雀五角氅第四部以皂繡鵞六角氅第五部以白繡鵞四角氅第六部以黄繡鵝四角氅仗內執絳引幡人武弁緋絁繡寶相花衫大口袴白勒帛大將軍都尉並平巾幘紫絁繡袍大口袴錦縢蛇革帶繡文並同前部馬隊都尉服帥兵官並執儀刀平巾幘緋絁繡寶相花衫大口袴執龍纛

卷一萬四千五百八十六

竿揭鼓五色幡小戟弓矢盾刀矟等人絁繡抹額寶相
花衫行縢鞵襪衫抹額並隨纛色法駕止五部絳引幡
帥兵官龍頭竿幡戟弓矢盾刀矟並減大駕之六第一
部龍頭竿掛緋繡鳳六角纛第二部龍頭竿以青繡孔
雀五角纛第三部以皂繡鵝六角纛第四部以白繡鵝
四角纛第五部以黃繡雞四角纛餘同大駕宋史宣和
六部騎衛武衛領軍衛監門衛十半衛皆左右上將軍
天武神勇宣武虎翼廣勇皆都指揮都頭逐部上將軍
都頭各一人次青龍白虎旗隊青龍旗一在左白虎旗
一在右引夾執旗人五色絁繡抹額寶相花衫錦臂褠
次左右衛果毅都尉二人分押旗兼領後七十騎平巾

卷一萬四千二百八十六

幘緋絁繡瑞馬袍大口袴革帶弩八為一重弓矢二十
二為二重前十後十二矟四十為四重執人平巾幘緋
絁繡寶相花衫大口袴革帶佩橫刀法駕後騎減大駕
之三十弩減二弓矢減八為一列矟減二十為二重餘
同大駕次班劍儀刀隊並騎左右衛將軍二人分領次
郎將二十四人為一列親衛在內餘以次外列左右親
衛四人勳衛四人每衛班劍二百二十人以四人為列
次郎將為五十五重諸翊衛左右衛六人領儀刀四百
八人以六人為列各次郎將在班劍外為六十八重左
右驍衛二人後領儀刀一百三十二人並以二人為列
各次郎將在左右衛外為六十八重下至金吾衛執人

為列次郎將並同所領儀刀并重數亦准此左右武衛
二人在左右驍衛外左右威衛二人在左右武衛外左
右領軍衛二人在左右威衛外左右金吾衛二人在左
右領軍衛外隊內左右衛將軍平巾幘紫絁繡瑞馬袍
大口袴錦縢蛇革帶郎將並緋絁繡衫餘同本隊內將
軍服繡文親勳衛以瑞馬諸翊衛左右衛以雕虎驍衛
以赤豹武衛以瑞鷹威衛以飛麟領軍衛以白澤金吾
衛以辟邪執班劍儀刀人平巾幘緋絁繡寶相花衫大
口袴錦縢蛇法駕親勳衛每衛班劍減大駕八十四人
郎將為三十四重翊衛儀刀減大駕百三十二人為四
十六重左右驍衛多大駕四人班劍儀刀九十二人為

卷一萬四千五百八十六

四十六重餘同大駕宋史宣和分領改左右武衛將軍
及捧日天武指揮四人拱聖六人神勇驍騎驍勝宣武
虎翼指揮使各二人案親勳散手驍衛翊衛隊並騎左
右衛扶奉中郎將四人為一列分領親勳翊衛隊內郎
將行列準此次親勳翊衛四十八人為十二重左右衛
郎將二人分領散手翊衛在中郎將外次散手翊衛六
十人為三十重在親勳翊衛外左右驍衛郎將二人分
領驍衛翊衛在左右衛郎將外次驍衛翊衛五十六人
在散手翊衛外為二十八重隊內中郎將郎將並同班
劍儀刀隊左右衛將軍服飾唯繡文驍衛以赤豹親勳
散手翊衛以瑞馬衫驍衛甲騎冠具裝錦臂褠佩橫刀

執矟法駕親勳衛減大駕一十六人散手衛驍衛各減二十人餘同大駕宋史宣和改爲中衛翊衛親衛隊中衛郎四人分領衛兵四十八人翊衛郎二人分領衛兵五十六人次左右驍衛翊衛三隊並騎第一隊本衛大將軍二人分領在旗外苑鳳旗二次弩十爲一列次弓「矢」二十爲二重次矟四十爲四重第二隊本衛將軍二人分領飛黃旗二第三隊本衛郎將二人分領吉利旗二第二第三隊弩弓矢矟數行列並同第一隊隊內大將軍將軍郎將並同班劍儀刀隊左右衛將軍服飾惟繡文以赤豹引夾執旗人銀褐絁繡抹額寶相花衫革帶執弩弓人矟人服飾並同執班劍儀刀人法駕弩減

卷萬四千五百八十六

大駕四弓矢矟各減半餘同大駕宋史宣和分引第一第二隊左右驍衛大將軍將軍大三廣勇指揮使以花鳳旗爲變速旗次兵數隊第一隊第四隊左右衛折衛都尉二人騎分撿校寶符旗二分左右次朱鍪甲刀盾每隊各六十人爲六重第四隊在第一隊外並行第二第五隊在左右衛果毅都尉二人分撿校次白鍪甲刀盾每隊各六十人爲六重第五隊在第二隊外並行第三第六隊左右衛果毅都尉二人分撿校次黑鍪甲刀盾每隊各六十人爲六重第六隊在第三隊外並行隊內都尉並同班劍儀刀隊左右衛將軍服飾引夾執旗人並五色繡抹額寶相花衫執刀盾人並行縢鞋襪各

隨鍪甲色法駕則每隊各減刀盾二十餘同大駕宋史宣和撿校改爲捧日天武拱聖三指揮使次金吾牙門四爲左右道第三門監門校尉左右各四人並騎執夾旗人服飾校尉服佩並同中道第一門法駕同此次捧日隊每隊人員三人內引隊一名押隊二人長行殿侍二十八人內旗頭三人槍手五人弓箭二十人並以逐班直所管人數結成隊伍左右廂天武約攔各一百五十五人在捧日隊外諸班直總領人員在捧日隊前內左廂五人右廂四人捧日隊人員并殿前指揮使只行服並帽子金鍍銀鋁戴鐵笠餘並兜鍪紅錦襖緋背子餘並紅背子帶鐵甲鈎人員帶弓箭器械執骨朵長行

卷萬四千五百八十六

殿侍旗頭執槍繫旗槍手執槍弓箭手帶弓箭器械執骨朵金槍銀槍並槍手東第四班二隊弩手挾弩帶弩箭鞠緑子執骨朵天武約攔人員以下帽子銀帶執骨朵正副指揮使黃獅子紅錦襖都頭方勝練鵲紅錦襖十將至長行白獅子紅錦襖法駕同此次後部黃麾仗第一部左右衛第二班左右驍衛第三部左右武衛第四部左右威衛第五部左右領軍衛第六部左右武衛部內殿中侍御史大將軍都尉帥兵官龍頭竿等行列服飾並同前部如後部左右衛並同前部左右衛其餘惟此次緋引幡二十執幡人武弁黃絁繡寶相花衫大口袴白勒帛執幡人數同前部緋引幡法駕減大駕第

六部絳引幡減六餘同大駕次金吾牙門旗四為左右道第四門監門校尉左右並四人並騎執夾旗人三色絁繡抹額寶相花寬衫執人黃夾人左青右銀褐並白絹袴革帶校尉服佩同中道第一門法駕同此宋史宣和六部第一次為左右驍衛大將軍自二至六改為天武神勇宣勇虎翼廣勇五指揮次步甲後隊第一隊至第六隊第一隊左右衛果毅都尉二人騎分領隊內都尉並騎分纛纛旗二在都尉內次黃鍪甲刀盾六十人為三重第二隊左右衛折衝都尉鶡鷄旗次黃鍪甲弓矢第三隊左右驍衛果毅都尉金仙鹿旗次黃鍪甲刀盾第四隊左右驍衛折衝都尉金鸚鵡旗次黃鍪甲弓矢第五隊左右武衛果毅都尉瑞麦旗次白鍪甲刀盾第六隊左右武衛折衝都尉孔雀旗次白鍪旗甲弓矢自第二隊以左每隊都尉及旗刀盾弓矢人數行列並同第一隊隊內都尉及引夾執旗人服飾並同步甲前隊執刀盾弓矢人並錦臂褠行縢鞵襪內行縢鞵襪各隨鍪甲本色第七隊至第十二隊內都尉旗弓矢刀盾人並准此法駕自第一至第四隊在第五門前第一隊左右驍衛果毅都尉分領仙鹿旗二刀盾四十人為二重第二隊左右驍衛折衝都尉金鸚鵡旗第三隊左右武衛果毅都尉瑞麦旗第四隊左右武衛折衝都尉孔雀旗餘同大駕宋史宣和自第七隊以下分領改用部

卷一萬四千五百六

指揮使七八並神勇九驍騎十宣武十一虎翼十二廣勇旗亦改其半七天王花瑞八四有戴承十翔鶴十一紅光十二文石次金吾牙門旗四為左右道第五門監門校尉左右各四人並騎執夾旗人服校尉服佩並同中道第二門法駕同此次步甲後隊第七隊至第十二隊第七隊左右威衛果毅都尉二人分領野馬旗次黑鍪甲刀盾第八隊左右威衛折衝都尉犛牛旗次黑鍪甲弓矢第九隊左右領軍衛果毅都尉甘露旗次青鍪甲刀盾第十隊左右領軍衛折衝都尉網子旗次青鍪弓矢第十一隊左右領軍衛果毅都尉祥光旗次朱鍪甲刀盾第十二隊左右領軍衛折衝都尉翔鶴旗次朱鍪甲弓矢

卷一萬四千五百六

法駕步甲後隊止十隊第五至第十共六隊在第五牙門之後旗服器械並同大駕第七至第十二次後部馬隊第一隊左右衛折衝都尉二人分領角端旗二為一列次弩十次弓矢二十次矟四十為二重第二隊左右衛折衝都尉赤熊旗第三隊左右驍衛果毅兕旗第四隊左右驍衛果毅都尉天下太平旗一第五隊左右武衛折衝都尉馴犀旗第六隊左右武衛折衝都尉鵕鸃旗第七隊左右武衛折衝都尉騄駬旗第八隊左右威衛果毅都尉騶牙旗第九隊左右威衛果毅都尉蒼烏旗第十隊左右領軍衛折衝都尉白狼旗第十一隊左右領軍衛折衝都尉龍馬旗第十二隊左右領軍衛折

此重文見卷三十二

立仗

衛御尉龍馬旗第十二隊左右領軍衛折衛都尉金牛
旗自第二隊至第十二隊都尉旗弩弓矢矟人數行列
並同第一隊內都尉服飾繡文引夾執旗執弩弓人矟
人服飾並同前部馬隊法駕止十隊弩減大駕四弓矢
減六矟減十二為一重餘同大駕宋史宣和改都尉為
指揮使一二並以絳日三四並以天武五六並以拱聖
七八並以神勇九以驍騎十以宣武十一以虎翼十二
以廣勇內有芝草並秀旗七有萬年連理木旗以上內
藻凡門有六十中道之門二第一居日月合璧等旗之
後法駕居龍墀旗之後第二門居攝幾隊之後法駕同
各有金吾衛門旗四監門校尉六人左右道之門四第

卷一萬四千二百八十六

一居步甲前隊第六隊之後第二居第十二隊之後第
三居夫戰隊之後第四居步甲後隊第六隊之後法駕
同各有監門校尉四人宣和改校尉為使臣

立仗

大黃龍負圖旗一執絜二百人陳于闕庭赤龍旗南少
西大黃龍旗之北大黃龍旗一執絜六十人陳于逐頭
宮門外宣德門次大黃龍負圖旗之南太廟在西櫺星
門外路南次赤龍旗少北青城在泰禋門外夏祭大禮
在明禋門外以下准此赤龍旗之南宗祀袷饗大禮不
設大黃龍負圖旗大黃龍旗大神旗六執絜各九十人
宣德門泰禋門並陳于大黃龍旗之南東西相對太廟
陳于西櫺星門外大黃龍之旗西少南視赤龍旗為列

小駕

南北相對龍墀執絜各十二人日旗一在左月旗一在
右次君王萬歲旗一宣德門泰禋門在路東太廟在門
外路南次獅子旗二分左右次金鸞旗一在左金鳳旗
一在右次五方龍旗各一宣德門泰禋門青龍旗黃龍
旗赤龍旗在東黑龍旗白龍旗在西太廟青龍旗黃龍
旗赤龍旗在南黑龍旗白龍旗在北次天下太平旗一
宣德門泰禋門在路西太廟在路北以上旗皆在車駕
前發伏內執絜人並錦帽五色絁繡寶相花衫錦臂韝
革帶　小駕　小駕鹵薄減大駕五禮新儀六開封令
開封牧大司樂御史大夫少傅兵部尚書六引指南車
記里車白鷺車鸞旗車崇德車皮軒車象輅木輅革輅

卷一萬四千五百八十六

五副輅耕根車進賢車明遠車黃鉞車豹尾車屬車小
輦小輿餘並減大駕之半馬端臨通考詳定官蔡攸等
又言六引開封令乘軺車開封牧大司樂司徒御史大
夫兵部尚書乘革車次之開封牧建繡隼旗大常卿繡
鳳旗司徒建繡瑞馬旗御史大夫繡以獬兵部尚書繡
以虎皆副之以闟戟其先後之序所乘之車所建之旗
撰書則不合駁今則有戾且大駕之出自漢光武時始
有三引先河南尹次執金吾次洛陽令先尊後卑也後
魏亦三引先平城令次司隸校尉次丞相先卑後尊也
唐兼用六引五代減為三後周復增為六皇朝開封
令居前終以兵部尚書然以前為尊則大司樂不當次

令狀以後為導，則兵部尚書不當從御史大夫，此先後之序未正也。輅車非縣令宜駕，革車非公卿宜用，是所乘之車未稱也。國爲之緒，無所經見，鬬戰之說，尤爲訛謬，是所建之旗未宜也。司徒三公，論道之官，車服非其所任，戶部主之可也。奉常掌禮，司樂典樂，皆寄于一事，禮樂之容，非其所專，礼部總之宜也。請改司徒用戶部尚書，改大司礼用礼部尚書，其儀仗依制視兵部尚書。御史大夫位亞三少，秩從三品，又尊于六尚書，其行宜以兵部次令狀，礼部、戶部又次之，終以御史大夫，則先後之序正矣。程氏演蕃露：自宣和間簿圖有纛馬，其制用色帛周裹一方，鐙蓋覆馬脊，更不施鞍，此具為制也。

〔卷一萬四千五百八十六〕

有古傳，非意刱矣。然名以為誕，則其義莫究也。蔡攸纂雖加辨識，終不協當。案通典，宋江夏王義恭為孝武所忌，憂懼，故奏革諸侯國制，但馬不得過二，其字則書為但，不書為誕也。但者徒也，徒馬者有馬無鞍，如人袒裼之袒也。述其義類，則古謂徒歌曰謠，是其比也。其所謂徒者，但有歌聲而無鐘鼓以將也，然則謂之誕馬，蓋散馬備用而不施鞍轡者也。又王瓊每見道俗，乞丐無已，遇逢太保廣平王懷，逢自言馬瘦，懷即以誕馬并乘具與之。蓋此書但為誕訛也。所與者但馬而無鞍勒，故以乘具與之，其理相貫也。又梁酉陽雜俎一卷：北齊迎南使，使主副各乘車，但馬在車後，鐵甲百餘人，其所書

自但馬而不曰誕馬，在車後而名但，知無乘具以備其也。馬端臨、田攷、宋史所載凡三：至道、政和、紹興皆有之。至道則國初草創之規，而文參以前代相承之制；紹興偏安杭都，未遑禮文，蒐輯舊典，多已失墜，其可見者此承平時不能以車獨致，知所定，則自元豐以來置立詳定禮文所、議礼局，考訂精審，其儀不惟而其文最詳，故具載之。

〔卷一萬四千五百八十六〕

此條移後　此條移後

鹵簿雜録 旗 實稿本輿輦旗物制與鹵簿法駕並列互引疑當時儀注之簿錄名今仍其舊彙類刪繁總題爲鹵簿雜錄

建隆四年太祖又詔別造五龍旗五南郊用之

鹵簿法駕中有甘露旗

建隆四年將郊祀禮儀使陶穀建議取天文列星之象作十二辰旗

建隆四年太祖詔別造金鳳旗一南郊用之

建隆四年太祖詔別造金鸞旗南郊用之

建隆四年太祖詔別造天（太）神旗六

建隆四年太祖詔別造萬歲旗一南郊用之其制赤質有力士旗五有吏兵旗五

卷一千四百九十七

建隆四年太祖又詔別造獅子旗二南郊用之

建隆四年時有貢黃鸚鵡白兔及馴象自後又作金鸚鵡等旗

元符二年制祥光旗見寶符旗下

元符二年制重輪旗見寶符旗下

鹵簿法駕步甲後隊中有瑞麥旗

元符二年八月三日兵部侍郎黃裳言南郊大駕諸旗名物除用典故制號外餘因時事取名伏見近者屢授

元符茅山之上日有重輪太上老君眉間發紅光武夷君廟有仙鶴臣請制爲旗號曰寶符重輪曰祥光曰瑞鶴從之

政和四年十二月二十九日詔製日有戴承旗（氣）是年二月日上生青赤黃戴氣後日下生青赤黃承旗（氣）故詔加此旗先是大觀中二月日有戴承氣遂作日有戴承旗

政和四年十二月二十九日詔製芝禾並秀旗先是大觀三年九月西京潁陽縣大慶觀聖祖殿東有嘉禾芝草並生其嘉禾一本四穗芝草葉圓而重起故詔加此旗

政和六年十二月三十日詔製瑞鶴旗先是元符二年武夷君廟有仙鶴迎詔又政和二年延福宮燕輔臣有羣鶴自西北來盤旋於睿謨殿徽宗又奏大晟樂而翔鶴屢至因加此旗

卷一千四百九十七　三

輿輦旗物制度上五牛旗依方色皆小輿上刻木爲牛皆插旗錯采爲牛旗竿上有小盤盤衣及輿衣亦並繡牛形輿士各四人服繡五色牛衣太祖詔用之

輿輦旗物制度上建隆四年太祖又詔別造天下（太平）旗一旗一南郊用之赤質

鹵簿法駕步甲前隊中亦有玉馬旗

鹵簿法駕步甲前隊中亦有駃騠旗

亦有騶牙旗

亦有黃鹿旗

鹵簿法駕前（步）甲前隊中亦有鶡鷄旗

鹵簿法駕步甲前隊中有馴象旗

鹵簿法駕步甲後隊中有瑞麥旗　移此

鹵簿法駕中有甘露旗　移此

鹵簿法駕步甲後隊中有龍馬旗

亦有小黃龍負圖旗

鹵簿法駕步甲後隊中有白狼旗

亦有兕旗

鹵簿法駕步甲後隊中亦有之

鹵簿法駕後部馬隊中有角端旗

宋亦有之　飛黃旗

鹵簿法駕後部馬隊中有騶犀旗

鹵簿法駕真武隊中有騰蛇旗

鹵簿法駕真武隊中有仙童旗

鹵簿法駕六軍儀仗中亦有赤豹旗

鹵簿法駕六軍儀仗中有左右羽林軍旗

鹵簿法駕六軍儀仗中有左右龍武軍旗

鹵簿法駕六軍儀仗中有神武軍旗

鹵簿法駕六軍儀仗中有本軍旗

鹵簿法駕六引中道中有轉光小緋旗

鹵簿法駕中亦有吉利旗

鹵簿法駕中有苣文旗

有五方鳳旗

亦有鵕鸃旗

亦有飛麟旗

亦有三角獸旗

鹵簿法駕中有龍墀旗

鹵簿法駕中有花鳳旗

鹵簿法駕中有麖旗

鹵簿法駕中有貓牛旗

鹵簿法駕中有族輦龍旗

鹵簿法駕中有皂纛旗

鹵簿法駕中有網子旗

鹵簿法駕中有開導旗

鹵簿法駕有引駕旗

全唐文

宋會要　蓋

鹵簿法駕中有華蓋

輿輦旗物制度上有花蓋導蓋皆赤質如繖而圓瀝水繡花龍又有曲蓋差小繡瑞草王公以下用之又云鹵簿法駕中有曲蓋

輿輦旗物制度上今有花蓋導蓋皆赤質如繖而圓瀝水繡花龍

鹵簿法駕中有蓋之

卷一萬五千四十

宋會要　旂

鹵簿左建太常右龍旂

卷一千五百

全唐文

宋會要　纛

鹵簿法駕中有青繡孔雀五角纛

鹵簿法駕中有白繡鵝四角纛

卷一萬一千八百三十七

青龍幢

宋會要　幢

鹵簿法駕中幢制如節而五層韜以袋繡四神隨方色朱漆柄取曲禮行前朱雀而後玄武左青龍而右白虎之義也

白虎幢

宋會要

鹵簿法駕中有白虎幢

卷六千五百二十六

全唐文

宋會要　鉦

鹵簿法駕中有交龍鉦　詳簿

金鉦

卷八千大八

角

宋會要　金吾大角

鹵簿法駕中有金吾大角

卷一萬一千八百十三

弩

全唐文

宋會要（中鳴）

鹵簿法駕中有中鳴

宋會要（𢡱弩）

輿輦旗物制度上𢡱弩其制每弩加箭二有穀畫雲氣

弓箭每弓加箭二有穀同𢡱弩（仗內弩皆同）

刀

全唐文　卷八千二百二十七

輿輦旗物制度上容本容刀也以木為之無稍有𤨏紫

絲條紛錔

輿輦旗物制度上御刀晉宋以來有之黑稍金花銀飾

靶尼紫絲條紛錔

輿輦旗物制度上儀刀制同御刀悉以銀飾王公亦給

之鹵簿法駕中有儀刀

宋會要（金節）

鹵簿法駕中有金節

盾

全唐文

宋會要（總敘）

盾（旁排也）

宋會要（朱縢絡盾）

朱縢絡盾制悉同盾（惟綠縢緩質）皆持執之

卷一萬一千二百九

宋會要 棒

柯舒黑漆棒也制同車輻以金銅釘飾

卷二千二百四十

宋會要 班劍

班劍本漢朝服帶劍晉以木代之亦曰象劍取裝飾班闌之義稍以黄質紫班文金銅紫絲縧紛錔又鹵簿法駕中有班劍

卷一萬九千五百八十五

全唐文

宋會要 輿駕象

輿輦旗物上象漢鹵簿最在前晉平吳後南越獻馴象作大車駕之以載黄門鼓吹數十人使越人騎之以試橋梁國朝鹵簿以象居先設木蓮花座金蕉盤紫羅綉襜絡腦當胷後鞦並設銅鈴杏葉紅犛牛尾拂跋塵每象南越軍一人跨其上四人引並花脚幞頭緋綉窄衣銀帶太平興國六年九月二十日兩莊養象所奏詔以象十頭於南郊日引駕檢開寶九年以南郊時其象止在六引前列詔鹵簿使領其事

卷一萬八千二百十六

宋會要 鼓吹

國朝鹵簿大駕六引官開封令無鼓吹開封牧二十三人棡鼓金鉦各一大鼓十鐃鼓一簫笳大横吹各二笛及簫篳篥及笳各一太常卿同上司徒六十四人棡鼓金鉦各一大鼓長鳴各十六鐃鼓一簫笳大鼓吹各四節鼓一笛及簫篳篥及笳各四御史大夫兵部尚書並同開封牧其大駕前部千六十四人鼓吹令二員府史四主帥八棡鼓金鉦各十二主帥二十長鳴一百二十主帥四鐃鼓十二歌拱宸管戲以篳篥充簫笳各二十四主帥十大横吹百二十節鼓二笛簫篳篥笳桃皮篳篥各二十四主帥四棡鼓金鉦各十二四主帥十小鼓中鳴各百二十主帥四羽葆鼓十二歌拱宸管戲以笛充簫笳各二十四後部四百八十八人鼓吹丞二員典事四主帥四羽葆鼓十二歌拱宸管戲以篳篥充簫各二十四主帥二笳二十四主帥四鐃鼓十二歌拱宸管以笛充簫笳二十四主帥八小横吹百二十笛篳篥笳桃皮篳篥各二十四若親祠與駕出宮則宣德門太廟南郊警場千百一十六人鼓吹令丞各二員職掌四府典史八都知一院官録事二歌篳簫笛共百八金鉦二十四奏嚴鼓鳴角大横吹小横吹各百二十歌笛各九十六節鼓三笳百四十四篳篥九十六桃皮篳篥四十八通主轄八共千二百七十五凡大駕鼓吹通五引用工千

五百三十法駕三分損一用二引開封牧御史大夫各十六工小駕八百一十六工初太祖受命承五代之後損省浮長而鼓吹局工多闕每舉大禮一切取於軍隸以足之（五一品以下葬應給者亦取於營隸）後遂為常大禮車駕宿齋所止夜設警場每奏先作金鉦四次大角四次金鉦二十四次大角鼓百二十次橫吹等作一曲如是者三疊謂之一奏三奏斷少止五分其夜而奏之乘輿至青城祀前一日御闕門觀嚴警亦勞賜爲若巡幸則夜奏於行宮前人數減於大禮用八百八十八　真宗祥符中親饗宗廟登歌始作闕外奏嚴因詔當郊廟行禮嚴警宜權止須禮畢聽作　神宗熙寧初親郊罷青

二

城闕門臨觀先是角工不足常取於州郡及營兵以充祥符中命籍兵二百餘工使長隸太常以閱習爲凡大樂充庭則鼓吹局設熊羆十二案於宮縣之外（率一案用十工龍鳳鼓一金錞一羽葆鼓一歌工三簫工二笳二）凡大角三曲警嚴用之（大梅花小梅花可汗）鼓吹五曲御製奉禋歌舊曲六州十二時導引降仙臺真宗崇奉真聖亦設儀衛改別有導引二曲也其餘大小鼓橫吹曲悉不傳唐末大亂舊聲皆盡國朝惟大角傳三曲而已其鼓吹四曲悉用教坊新聲車駕出入奏導引及降仙臺警嚴奏六州十二時皆隨月用宮仁宗既定雅樂并及鼓吹且謂警嚴一奏不應再用其曲親製奉禋歌

以備三疊又詔辭冠御李照造辭以配聲下本局歌之是年郊祀遂用爲皇祐親饗明堂製御製合宮歌熙寧親郊導引還青城增降仙臺曲　太祖建隆四年九月五日詔開封府選衆工八百三十人隸太常以習鼓吹十一月五日南郊鹵簿使張昭言准舊儀鑾駕將出宮入廟赴南郊齋宿皆有夜警晨嚴之制唐憲宗親郊時禮儀使高郢奏稱據鼓吹局中齋宿夜奏嚴是夜警恐與拒鼓版奏三嚴事不同況其時不作樂縣不鳴鼓吹務要清潔其致齋之夜奏四嚴請不行詳酌典禮奏嚴之設本緣警備事理與作樂全殊況齋宿之夜千乘萬騎宿於儀仗之中苟無鼓漏之徼巡何警衆多之耳目望依

三

舊禮施行從之　乾德六年十月二十七日判太常寺和峴言郊祀有夜警晨嚴六州十二時及鼓吹迴仗時駕前導引三曲見闕樂章望差官撰進下時教習應奉詔諸樂章令峴修撰教習供應　真宗景德三年八月五日詔太常鼓吹局見用三調六曲詞非雅麗令太常寺會音律人就學士院令晁迥以下依譜修正詞理降下本局教習　大中祥符元年六月六日詳定所言鼓吹舊用六州十二時曲將來導引封禪請下學士院增損舊詞付本局教習從之　二十二日太常寺言舊制南郊警場人並於大駕儀仗內分充車駕巡幸即於府縣選集樂工將來在路警場欲望令法駕鼓吹軍士分番祗應

詔選天武神衛神勇虎翼軍士充十月十六日詔登山夜警嚴警場　五年閏十月二十五日詔太常寺選角手二人於殿前司教軍士警場隸太常寺舊例行大禮皆於近州召鼓角匠大約皆資民動有勞費至是罷之七年二月十四日詔曰朕虔脩祀典祇儔靈禧對越祖宗肆類天地禋（誠）明之上達必致（祓）懍而內增尚念齋居每存嚴警當牲（鼙）鼙之貽薦乃金鼓而交音詢訪攸司雖云舊典勵精予志慮未協宜將表克恭宜須新令令後赴玉清昭應宮太廟俟行禮畢歸幄殿郊壇俟禮畢即警場奏嚴鼓吹音樂並振作仍令所司著為永制　仁宗天聖八年五月六日詔諸路轉運司揀選兩衛守兵四士昇立充武嚴指揮隸太常寺　九年四月十一日詔天武鳴角手自來止有節級二人部轄令立武嚴指揮已差指揮使正副都頭十將將虞候承局押官等內去有闕即揀精習鳴角長行送步軍司以次補填兵士如有年老疾患不堪祇應即依例放停節（卸）於本指揮內選鳴角精習子弟送步軍司充填闕額如有儀仗不用鼓角處止以武嚴兵士貼本處（寺）樂工祇應如人數少牒步軍司差諸軍會樂藝人祇應（諭）合要鞍馬牒郡牧司支借　皇祐二年八月一日帝諭輔臣曰明堂直端門而致齋於內奏嚴於外恐失靜恭之意應下太常禮院議而（言）警場本古之所謂夜戒守鼓者也故王者（師）施行吉行皆

用之今乘輿宿齋其儀衛本緣祀事則警場亦因以警衆非徒（徒）取觀聽之盛恐不可廢若以奏嚴之音去明靈近則請列於宣德門百步之外俟行禮時罷奏一嚴亦足以稱虔恭祀事之意帝復謂輔臣曰既不可廢則祀前一夕通於旋神宜罷之　徽宗政和七年三月一日議禮局奏曰古者王師克捷必奏愷所以雅武事旌勳伐昔黃帝涿鹿有功命岐伯作愷樂以勸士諷敵故其曲有靈夔競鵰鶚爭石墜崖壯士怒之名周官王師大獻則令奏愷樂樂師凡軍大獻則教愷歌漢有朱鷺等十八曲魏晉而下莫不沿尚皆謂鐃歌鼓吹曲各賜（易）其名以紀功烈今所設鼓吹惟備警衛而已未有鐃歌五之曲非所以彰休德而揚偉績也乞詔儒臣討論撰述因事命名審協聲律播之鼓吹俾工師習之凡王師大獻則令鼓吹具奏以聳羣聽從之七二月二十九日詔六州改名崇明祀十二時改名稱吉禮導引改名熙事備成六引內者備而不足大禮車駕宿齋所止夜設警場用一千二百七十五人奏嚴用金鉦大角大鼓樂用大小橫吹篳篥簫笳笛歌六州十二時每更三奏之高宗紹興十三年五月六日太常寺言將來郊祀大禮排設大駕鹵簿儀仗并六引共用鼓吹八百八十四人內鼓吹令丞二人昨在京本寺自有令丞如闕以次充攝目令並闕人又府史典史各四人舊係本寺人吏充

攝涿人吏將來並充贊者等以上乞並差殿司指揮使
以　充又指揮使二人舊係殿前司差撥又師兵官四
十六人舊係殿前馬步三司差受宣人充令乞並令逐
司依舊歌色四十八人金鉦十七人㭊鼓十七人大鼓
一百一十人小鼓六十人長鳴六十人中鳴六十人鐃
鼓十七人拱宸管三十六人羽葆鼓十二人觱篥二十
九人桃皮觱篥二十四人笳八十七人大橫吹七十人
小橫吹六十人簫八十七人笛二十九人節鼓一名已
上舊係差本寺鼓吹局樂工一百餘人不足並於逐司
貼差雜攢樂人充令鼓吹令局樂工即目並闕其前用
合用人數並乞令逐司依名色人數下諸軍及將下剗

六

刷稍諳樂藝之人從之先是太常寺言大駕鹵簿內鼓
吹前後部用執色樂工等一千五百餘人晝在仗內導
駕夜在警場奏嚴舊制本寺有鼓吹局置令丞錄事院
官局長引樂官色長引樂人共一百十九人為額遇大
禮用本局人餘不足係借差殿前馬步三司雜攢樂人
等充以鼓吹令丞以下教習腔詞樂藝前連後次陳棧
排立次序奏嚴節次時鼓吹局闕人至是申明詔上令
訪募舊大晟府及本局三五人教習餘合用鼓吹人數
並下三司差撥　十月十六日太常寺言郊祀大禮前
一日車駕詣太廟齋宿依儀於櫺星門裏排設嚴更警
場奏嚴切慮地步窄狹難已排設乞移於櫺星門外從

之先是在京排設嚴更警場用奏嚴鼓一百二十四面
金鉦二十四面鳴角一百二十隻時止用鼓角各六十
金鉦二十並差用殿前司中軍人物　三十二年五月
十三日禮部太常寺言將來明堂大禮依典各有司陳
法駕鹵簿擬郊祀大禮人數三分減一內鼓吹係用八
百八十四人若三分減一外合用五百八十八人內令
丞四人府典吏胥轄指揮使師兵官歌簫篳篥笳笛拱
宸管大小橫吹節鼓四百三十八人金鉦㭊鼓羽葆鼓
大小鼓中長鳴一百四十六人欲依例於殿前馬步三
司分差諸軍雜攢樂人充攝祗應從之　紹興三十二
年（孝宗未改元）六月二十日禮部太常寺言皇帝登寶

七

位車駕詣太廟別廟親行朝饗之禮合用鼓吹係儀仗
內排設導引祗應合用鼓吹二百三十六人本寺見管
令丞三人外其餘乞下殿前馬步三司差撥雜攢樂人
其合服着執色樂器乞下祗候庫揀選使用其所差借
人係是城外諸軍營寨合前期赴寺閱習排列導引次
序儀範從之　八月十日禮部太常寺言將來奉上太
上皇帝太上皇后尊號冊寶依禮例合用鼓吹乞差二
百三十六人除令丞三人外其餘人下殿前馬步三司
差撥各人係前期赴寺閱習排列導引儀範隨儀仗習
儀仗並前一日入赴大慶殿排立次日隨儀仗導引赴
衮赴德壽宮排列應奉其服着法衣執色樂器下祗候

隆興二年九月五日條移此

庫闕借施行詔從之乾道九年正月加上冊寶亦如此
例 十一月三日禮部太常寺言參酌將來追冊皇后
神主祔廟依國朝故事因太常鼓吹在右金吾仗導引
主太廟令欲乞依顯仁皇后神主祔廟禮例用細仗二
百人令兵部差撥其鼓吹乞令太常寺依昨顯仁皇后
祔廟例下殿前馬步軍司差撥雜攢樂人赴寺教習詞
曲自攢宮導引至太廟行祔廟之禮依禮例合設登歌
宮架樂舞所有合用樂舞樂章乞令太常寺條具申請
排辦施行有旨依禮部太常寺續具排辦申請事件一
神主祔廟合用鼓吹導引詞曲及添撰追冊皇后祔廟
合用鼓吹導引酌獻樂章乞依例從本寺申學士院修
十
撰降下本寺教習施行一合用鼓吹依昨顯仁皇后祔
廟日降指揮禮例係用一百三十一人內令丞職掌等
一十人係本寺人吏充攢歌舞簫篳篥笛鼓金鉦執色
一百二十一人係下殿前馬步三司差撥教習五人日
令來追冊皇后祔廟係用上件人數差撥內除本寺見
管令丞三人其餘鼓吹執色並乞下殿前馬步三司將
見在諸軍剗刷會解樂藝及識字之人前期差撥赴寺
依例教習五日所有合用服著執色樂器下祗候庫揀
選使用事畢拘收送納一合設登歌宮架樂舞依昨顯
仁皇后祔廟已降指揮禮例係用節奏樂正六人登歌
樂工七十二人宮架樂工九十九人二舞九十人教習

此條移前

十人令來追冊皇后祔廟亦是添撰樂曲比之常享事
體尤重令乞依前項已降指揮體例施行所有教習日
令乞止教習七日其合用般運大樂軍兵八十人及巡
護宮駕油幕蓆屋乞依例下所屬施行從之隆興二年
九月五日太常寺少卿兼權禮部侍郎洪适言勘會今
歲郊祀大禮依逐次典故用儀仗鼓吹內鼓吹已赴警
場振作所有禮畢車駕回鑾導引振作亦合用軍樂端
門肆赦所設鼓吹宮架係合用雅樂並與燕樂不同難
以一例不用有旨依以欽宗服未除故也 乾道六年
十二月十四日禮部太常寺言勘會已降指揮加上光
堯壽聖太上皇帝壽聖太上皇后尊號冊寶依禮例合
十一
用前後部鼓吹導引執色人二百三十六人除鼓吹令
二人外其餘人依例下殿前馬步司借差樣攢樂人充
攢應奉并各人係前期教習導引詞曲腔譜乞就貢院
擺攢教習前連後次欲乞教習五日詔從之其餘並如
紹興三十二年八月之制

宋會要　天子服

太祖建隆元年二月九日太常禮院言準敕追尊四廟皇帝御崇元殿命使行册禮衮龍服五月一日御殿受朝通天冠絳紗袍伏請下内中尚司與少府監計會修製詔可　十九日太常禮院言准少府監牒請具衮龍衣絳紗袍通天冠制度令式衮冕垂白珠十有二旒以組為纓色如其綬黈纊充耳玉簪導玄衣纁裳十二章八章在衣日月星辰山龍華蟲火宗彝四在裳藻粉米黼黻衣褾領如上為升龍皆織就為之山龍以下每章一行重以為等每行十二白紗中單黼領青褾襈裾蔽膝加龍山火三章革帶玉鉤䚢大帶素帶朱裏紕其外上下緑紐約用組鹿盧玉具劍大珠鏢首白玉雙佩元組雙大綬六采元黃赤白縹緑純元質長二杖四尺五寸首廣一尺小雙綬長二尺六寸色同大綬而首半之間施三玉環朱襪赤舄加金飾詔可

宋會要　皇太子服

皇太子之服衮冕青羅表緋羅紅綾裏塗金銀鈒花飾犀簪導紅絲組前後九旒二纊冠水晶珠青羅衣繡山龍雉火虎蜼五章紅羅裳繡藻粉米黼黻四章紅羅蔽膝繡山火二章白紗中單青褾襈革帶塗金銀鉤䚢瑜

卷一萬九千七百八十五

玉雙佩四采織成大綬結二玉環金塗銀鈒花飾青羅襪帶紅羅勒帛玉具劍金塗銀鈒花玉鏢首白羅襪紅朱履金塗銀扣從朝服之遠遊冠十八梁青羅表金塗銀鈒花飾犀簪導紅絲組博山朱明服紅花金條紗衣紅紗裏皁褾襈紅紗裳紅紗蔽膝並紅紗裏白花羅中單皁褾襈白羅方心曲領白羅襪黑舄帶劍佩綬如同衮服襪勒白受册謁廟朝會則服之常服皁紗折上巾紫公服通犀金玉帶　太宗至道元年八月二十五日册命皇太子太常禮院言周禮天子執鎮圭公執桓圭無太子執圭之文所謂公者三恪及上公也晉書太子出會在三恪之下三公之上請定制皇太子服遠遊冠朱明衣執桓圭以受册朝會謁廟亦如之詔可十二月二十五日太常禮院言將來南郊准禮例皇太子侍從皇帝充亞獻行禮合著祭祀服色準制度衮冕垂白珠九旒以組為纓色如其綬青纊充耳犀簪導元衣纁裳服九章每章一行重以為等每行五章在衣山龍華蟲火宗彝四章在裳藻粉米黼黻皆織成為之白紗中單黼領青褾襈裾革帶金鉤䚢大帶素帶不朱裏亦紕以朱緑紐約用組黼隨裳色火山二章玉具劍金寶為飾玉鏢首瑜玉雙珮朱組雙大綬四綬赤白縹紺純朱質長一丈八尺三百二十首廣九寸小雙綬長二尺六寸色同大綬而首半

之間施二玉環朱襪赤舄舄加金飾侍從皇帝祭祀及謁廟加元服納妃則服之詔令文思院製造　徽宗政和三年四月二十九日議禮局上皇太子冠服之制衮冕垂白珠九旒紅絲組為纓青纊充耳犀簪導青衣朱裳九章五章在衣山龍華蟲火宗彝四裳在裳藻粉米黼黻白紗中單青褾襈裾革帶塗金銀鉤䚢蔽膝隨裳色為火山二章瑜玉雙佩四采織成大綬間施玉環三白襪朱舄舄加金塗銀釦加元服從祀納妃釋奠文宣王服之其服遠遊冠十八梁塗金銀花飾博士附蟬紅絲組為纓犀簪導朱明服紅裳白紗中單方心曲領絳紗蔽膝白襪黑舄餘同衮冕受册謁太廟朝會服之詔頒行　政和三年四月二十九日又上皇太子妃冠服之制首飾花九株小花如大花之數并兩博鬢褕翟青織成為之文為搖翟之形青質五色九等素紗中單黼領羅縠褾襈褾襈皆以朱色蔽膝隨裳色以緅為領緣以搖翟為章二等大帶隨衣色不朱裏紕其外上以朱錦下以緑錦紐約用青組以青衣革帶白玉雙佩純朱雙大綬章采尺寸與皇太子同受册朝會服之鞠衣黃羅為之蔽膝大帶革帶隨衣色餘與褕翟同唯無翟從蠶服之詔頒行　孝宗紹興三十二年即位後未改元十月三日禮部太常寺言祇候庫申已降指揮新除皇子鄧王慶王恭王

卷一萬九千七百八十五　二

每遇行事治服朝服合服乞染顏花冠貂蟬籠巾金鍍銀立筆真玉佩綬金鍍銀革帶烏皮履若服祭服合服金鍍銀八旒冕真玉佩綬緋羅襪履乞下文思院各如法製造有旨依紹興二年十月二十九日詔王子鄧王愭慶王愷恭王光宗御諱將來大禮合用朝祭服玉佩綬令祇候庫供冕管真玉佩綬氣尊一橘管自後遇有禮依此供納　乾道元年八月十七日詔工部下文思院依禮部太常寺定到制度製造皇太子冠服禮部太常寺狀勘會依禮例皇太子服遠遊冠朱明衣執桓圭及合服冠冕等令討論申請桓圭檢會太常因革禮至道二年册命皇太子禮官上言周禮天子執鎮圭公執桓圭無太子執圭之文所謂公者三恪上公也晉書太子出會在三恪之下三公之上請定制皇太子服遠遊冠朱明衣執桓圭以受册朝會謁廟亦服之按禮玉人云命圭九寸謂之桓圭雙植謂之桓樽三寸厚半寸剡上左右各寸半玉也一依政和五禮新儀制度名件遠遊冠十八梁金鍍銀花飾博山附蟬紅絲組為纓犀簪導朱明服紅裳白紗中單方心曲領絳紗蔽膝白襪黑舄餘同衮冕垂白珠九旒紅絲組為纓青纊充耳犀簪導青衣朱裳九章五章在衣山龍華蟲火宗彝四章在裳藻粉米黼黻白紗中單青褾襈裾革帶塗金銀鉤䚢蔽膝隨色為火

山二章褕玉雙佩四采織成大綬間施玉環三白襪朱舄舄加金塗銀釦
從之仍令工部行下文思院照應上件冕服疾速修製二十九日有旨皇
太子桓圭用元降下見成玉圭時作一尺製造先是提點修製冊寶禮服
等都大主管所狀准工部侍郎王劇子文思院修製皇太子桓圭為無玉
材遂降下全成玉圭一長一尺三寸本部同太常寺看詳得雖與典故不
同緣已成之圭令隨宜礲造雙植刻上左右各半縛摭監宮鄭昺按典禮
鎮圭尺有二寸係天子守之命圭九寸謂之桓圭係公守之切於禮經未
安令來本部照得御前別降玉材頗大見今鮮製依典禮修製可及九寸
本所遂具奏聞故有是命七年二月十二日禮部太常寺言續討論到禮
例皇帝服通天冠絳紗袍御大慶殿冊皇太子皇太子受冊合服遠游冠
朱明衣執桓圭及謁太廟別廟行禮合服袞冕從之　三月七十禮部太
常寺言將來王太子受冊畢朝謁太廟別廟依典故係冠服外所有朝謁
景靈宮所服依故典即無該載今欲乞依禮例服常服有旨依

卷一萬九千七百八十五

三

皇后之服唐制有三等一曰褘衣朝會服之二曰鞠衣親蠶服之三曰禮
衣宴見服之國朝存其名常服龍鳳珠翠冠霞帔仁宗天聖二年正月十
一日中書門下言皇太后禮服按典禮具有明堂文望令所司預先修製詔
太常禮院檢詳典禮以聞禮院言按開寶禮首飾花十二株小花如大花
之數並兩博鬢褘衣素紗中單蔽膝大帶以青衣革帶青襪舄白玉雙珮
黝組雙大綬受冊親蠶朝會諸大事則服之又按開元禮麗羅曰隋朝置
后服四等其四曰朱衣緋羅為之宴見賓客之令參詳每遇朝謁聖容往
還於輦中服此朱衣加蔽膝革大帶珮綬襪金飾履並隨衣色如常經視
事則亦服朱衣用大帶綬金飾履或去綬只用大帶亦可即去蔽膝革帶
珮襪或用黃羅為衣如鞠衣之色亦無妨礙仍用大帶綬金飾履其首飾
依十二株花奏可仍命入內內侍省副都知周文質洎勾修製五月製成
上之　十年九月十五日太常禮院上言准詔出兩宮衣冠畫樣參詳製
造今請皇太后革帶襪舄並隨衣青色仍加金飾不用紅餘如畫樣修製
奏可　明道元年十二月三日詔將來皇太后恭謝宗廟有司製后妃禮
衣祭服及重翟等六車太常禮院言禮衣請准皇帝袞服減二章衣去宗
彝裳去藻不用劒九龍十六株花前後垂珠翠各二十旒以袞衣為名詔
冠名儀天　九日太常禮院言皇太后赴太廟乘玉輅服褘衣九龍花釵
冠行禮服袞衣儀天冠皇太妃皇后乘重翟車服鈿釵禮衣以緋羅為之
蔽膝革帶佩綬履其冠用十二株花釵太廟行禮並服褘衣詔可之敕有
司製禮衣及重翟以下六車太后遂以車服謁太廟

卷一萬九千七百八十六

神宗元豐八年八月八日禮部言皇太妃冠服之屬減皇后五分之一詔
翰林學士給舍禮部太常寺同詳定以聞後翰林學士鄧溫伯等言參詳
皇太妃冠服禮令不載亦無故事請參詳裁定損皇后五分之一詔依所
定內官祭用牙魚　徽宗大觀四年十一月十六日宰臣何執中奏皇后
受冊冠服當辦具者上曰比有司畫一來上內頭冠用珠子中言一冕
臧自陳曰方今朝廷未豐不當以服飾暫耗邦財頭冠用珠數多請以為
妃時所服冠命工改造增損三枝足矣朕甚嘉其能躬儉節用亦既許之
執中奏曰此陛下克勤克儉風化所及尚書右丞鄧洵仁請紀次其事宣
付史館從之

一詔字似有闕文

宋會要

輿服

太宗太平興國七年正月九日詔曰士庶之間車服之制至于喪葬咸有等差
近年以來頗成踰僭宜令翰林學士承旨李昉等詳定以聞既而昉等上言令
參詳伏請今後富商大賈乘馬漆素鞍者勿禁近年品官綠袍及舉子白襴下
皆服紫色亦請禁斷其私第便服許紫皂衣白袍舊制庶人服白今請通許服
皂又參詳近年工商庶人家乘檐子或用四人八人今請禁斷聽乘兜子舁不
得過二人並從之　端拱二年十一月九日詔曰國家先定車服制度如聞士
庶尚有奢僭令後庭文武升朝官及武臣內職禁軍指揮使諸班押班廂軍都
虞候防團副使以上並得乘銀裝絛子鞍轡其正五品以上即許鬧裝餘人悉
禁恩賜不拘此限京官充知州軍及通判者許權依六品以下升朝官例乘銀
裝絛子鞍轡迴日依舊其品官所服帶已有條制今後縣鎮場務諸色公子並
庶人商賈伎術不係官伶人只得服皂白衣鐵角帶不得服紫至道元年六月
後許庶人服紫帝以時俗所好冒法者眾故除其禁文武升朝官及諸司副使
禁軍指揮使廂軍都虞候之家子弟不拘此限幞頭巾子自今高不過二寸五
分婦人假髻並宜禁斷仍不得作高髻及高冠其銷金泥金及真珠裝綴衣服
除命婦許服外餘人並禁至道元年六月二十四日詔先定端拱二年十一月
卷一萬九千八百十五
乙酉詔書申明車服制度士庶工商先不許服紫自今許所在不得禁之餘悉
如前詔　真宗咸平二年正月詔曰服用之制典冊具存僭侈以不懲則耗
蠹之滋甚先禁士庶之家不得服銷金泥金如聞尚有踰越宜令御史臺街司
巡察斷絕犯者嚴斷違禁之物給與巡捉人充賞其鋪戶散製造者亦令捕捉
科罪諸道州軍準此　大中祥符元年二月十五日三司言準詔開封府民違
制造銷金泥金銷金已從別處分今申明舊制者竊以山澤之寶所得至難儻
縱銷鎔實為虛費今約天下所用歲不下十萬兩比上弊蠹於下民自今金銀
箔線貼金銷金泥金蹙金線貼什器土木玩用之物並請禁斷非命婦不得以
為首飾冶工所用器悉送官違者所由糾捕許人糾告並以違制論告者給賞
錢仍以犯人家財充諸州寺觀有以金箔飾尊像者據申三司聽自齎金銀工
價就文思院換給從之先是真宗謂輔臣曰近者士庶頗事侈靡衣服器玩多
鎔金為飾工人鍊金為箔者其徒日繁當令禁止據其數歲費用甚多壞不可
復實以成風此深可戒乃命條約焉　五月二十九日詔朕自薦膺纘服慎守貽
謀循法度以建中屏紛華弗御業修儉德以導化源而穹昊顧懷靈符表錫載
翼大中之道宜歸清淨之風姑務德先宜張理本眷言宗室爰暨寀寮當敦實
以華華庶上行而下效自今除宗室儀伏法服及宴會所設一依舊例外其宴

照下方歸碼排次

會陳設雖許依舊自今製造亦不得編地文綾其餘外朝官禁庭奏與服御供
帳并皇親臣僚之家進奉之物並不得用銷金金線文繡有司所須創造者
即許依創施行諸司不得專擅起樣進呈其常所御物有不如詔者令皇城使
劉承珪龍圖閣待制戚綸變製以聞其宴會陳設如重製造亦不得編地文繡
庶成敦朴漸復清淳先符上帝之靈心承奉混元之至寶帝謂宰臣王旦等曰
清淨節儉貴在躬行亦當自家刑國也此詔親王公主及貴戚等宜各賜一本
六月八日禁皇親諸甚工匠造侈靡服　二年正月十日詔申禁鎔金以飾
器服犯者重繩之　景祐元年五月一日詔曰織文之奢不鬻於國市纂組之
作寔害於女功朕稽若令猷務先儉化深為抑末緬冀還淳洪猶杼軸之家相
矜靡麗衣服之制弗戒紛華浮費居多踰侈斯甚宜懲俗尚用謹邦彝內自掖
庭外及宗戚當奉循於明令無毀犯於禁科其錦背繡背遍地密花透背段子
並從禁止見製造成者與限百日聽鬻如有違犯並根勘收禁奏裁衣服
沒官諸色人告捉賞錢五十貫以犯人家財充皇親宮院公主宅句當使臣覺
察無得違犯在京西川見織造上工者並停閏六月二十一日梓州轉運使張
從革乞申明條貫禁絕透背段子諸密地密花錦背透背段子織成遍地密花
錦背透背衣物並禁斷其稀花團窠離花不相連者更不禁止　二年五月七
卷一萬九千八百十五
日詔曰幣品之興金鎰為重制財蓋貴邦用類爲洪惟先朝深監治本特嚴塗
鏤之禁以杜奢僭之萌而宵人末工放利矜巧如聞比日潛冒舊防廉繳至珍
寶華首服寢相貿鬻塗長奇衺宜司因循曾未可糾宜申布於前令舁大革其
非心尚或弗悛罔有攸赦敦風遠罪當繇朕懷應市肆造作縷金為婦人首飾
等物並嚴行禁絕　三年二月廿三日詔曰夫儉守則固約失則鮮興繇之格
訓也貴不逼下賤不擬上臣庶之定分也如聞輦轂之間士民之眾罔遵矩度
爭尚僭奢服玩織華務極珠金之飾室居宏麗交窮土木之工儻懲革之弗嚴
恐因循而滋甚況歷代之制甲令備存宜命攸司參為宪式庶幾成俗靡蹈非
彝其令兩制與太常禮院同詳定制度以聞　六月十五日中書門下言士庶
之家多創鹿胎以為魅飾比來寖盛欲令刑部布告一切禁斷不得採捕鹿胎
製造冠子如違許人陳告奏可　八月三日詔曰天下士庶之家凡屋宇非邸
店樓閣臨街市之處毋得為四鋪作閙鬭八非品官毋得起門屋非宮室寺觀
毋得綵繪棟宇及朱黑漆梁柱窗牖雕鏤柱礎凡器用表裏毋得用朱漆金
漆下毋得襯朱非三品以上官及宗室戚里之家毋得用金棱器其用銀棱者
毋得鍍金玳瑁酒食器非宮禁毋得用純金器若經賜者聽用之凡命婦許以
金為首飾及為小兒鈴鋜釵以為釵篸釧纏珥環者聽之仍毋得為牙魚飛魚

奇巧飛動若龍形者,其用銀仍毋得鍍金。非命婦之家毋得以真珠裝綴首飾、衣服及項珠纓絡、耳墜、頭䰄、抹子之類。凡帳幔、繖蓋、承塵、柱衣、額道、項帕、覆旌、牀裙,毋得用純錦徧繡。宗室戚里茶檐、食合,毋得以緋紅蓋覆。豪貴之族所乘坐車,毋得用朱漆及五綵裝繪,若用黑漆而間以五綵者聽之。民間毋得乘檐子,及以銀骨朵、水罐引喝隨行。其用兜子者,所舁毋得過二人。違者物主、工匠並以違制論,工匠刺配池州,有陳告者,賞錢五萬,其違百日而不變改者坐之。宜令宣徽院、御史臺、閤門、左右金吾街仗司、開封府覺察以聞。 慶曆八年二月二十七日,詔:「聞士庶倣傚胡人衣裝,裹番樣頭巾,著青綠及乘騎番鞍轡,婦人多以銅綠兔褐之類爲衣,宜令開封府限一月內止絕。如違,並行重斷,仍仰御史臺、閤門彈糾以聞。」 皇祐元年十月十九日,詔婦人所服冠高毋得踰四寸,廣毋得踰一尺,梳長毋得踰四寸,毋得以角爲之。犯者重寘于法,仍聽陳告。先是,宮中尚白角冠梳,人爭倣之,至謂之內樣。冠名曰垂肩等,有長三尺者,梳長亦踰尺。議者以爲服妖,故禁止之。 四年五月一日,詔禁白角冠梳,限一月止絕。 嘉祐五年六月,詳定編勑所言:「皇親宮院有違禁衣服、首飾、器用之類,及雖係所賜或父祖所置者,聽百日改造之。如違,令本宮使臣覺察,申大宗正司施行。」從之。 七年十月二十二日,禁天下衣黑紫。初,皇親與內臣所

禋 卷一萬九千八百十五

衣紫,皆再入爲黝色,後士庶寖相倣,而言者以爲奇袤之服,寅禁絕之。 神宗元豐五年正月十七日,大宗正司言:「宗室高年抱疾,恩許私家乘無屬肩輿出入門,擁從稍多,驕不可長。欲乞許乘肩輿者量出從引籠燭照夜,毋得過兩對。如有違犯,從本司察舉。」從之。 哲宗紹聖二年六月二十六日,侍御史翟思言:「近者京城士人與豪右大姓出入,往來率以轎自載,四人舁之,甚者飾以椶蓋,徹去簾蔽,翼其左右,旁午於通逵之衢,甚爲僭擬。乞行止絕。」從之。 七年二月詔在京官出入不得令人執涼扇。 徽宗政和元年二月七日,詔:「元符雜勑,諸服用以龍或銷金爲飾,并服徧地密花透背錦、背繡、背纈及以純錦徧繡爲帳幕者,徒二年,工匠加二等,許人告捕。雖非自用,與人造作,同嚴行禁之。」 六月十四日,知樞密院事鄭洵武奏:「今文臣九品以三等之服,至於命婦,陛下親灑宸翰,釐爲八等,而服制未有所稱。」詔送禮制局。 宣和元年正月五日,詔:「先王之法壞,胡亂中華,遂服胡服,習尚既久,人不知耻,未之有禁,非用夏變夷之道。應敢胡服,若氈笠、釣墪之類者,以違御筆論。」 高宗紹興八年八月二十八日,宰執奏舉行禁止銷金鋪翠,造作服用及爲婦人首飾事。上宣諭曰:「宮中禁之甚急,又當民俗自化,不必過爲刑禁也。可令刑部檢坐前後累降罪賞條法指揮,申嚴行下,仍仰州縣守二令佐悉力奉行,毋致有犯。常切督責巡捕官用心緝

捕。如敢依前拖慢,縱令違戾,仰監司按劾以聞。」 九年八月十七日,臣僚言:「凡品服有章,貴賤以別,衣冠不易之法也。異時擾攘,未遑文治,上下大小例衣紫衫,以從簡便。至今循習,輿臺皂隸混爲一區,漢官威儀有時而廢。且賴自軍旅外,中外有司討論官帶之制,俾公卿大夫、監司、守令以臨吏民,有則象焉。」從之。其後二十五年十二月十八日,參知政事魏良臣言:「除諸將校許服紫衫之外,自餘並依承平服冠帶之制。」 二十六年二月九日,臣僚言:「乞申嚴紫衫之禁。」並從之。權尚書禮部侍郎王曮奏:「竊觀自古衣服所尚,載於史志,所載甚不可不謹也。漢光武爲司隸時,諸將過雒陽者數十輩,皆冠幘而衣婦人衣,諸于繡𡜊,見者莫不笑之,或有畏而走者。及見司隸僚屬,皆歡喜不自勝,或垂泣曰:不圖今日復見漢官威儀。由是識者皆歸心焉。光武所以奄有四海,紹開中興者,此之謂助多矣。然則聖王之興,豈可以爲此細故微事而不無意哉。切見近日士大夫皆服涼衫,比肩疊迹,習以成風,甚不足觀也。既以冠帶爲繁,而交際亦以居官制而總理處民物之上,而躬賈客之衣,有金珠之意而爲游士之飾,居平安之時而從征役之裝,至乃狠十而錯立,環一堂而團坐,色皆淺黃,極爲可憎。其詳則不敢悉言,恭惟陛下聖意有默喻者矣。然今之衣之非,不知惡之也。前者議臣以謂紫衫之設施於用武,故爲之禁,而人情狃於趨簡便,是以禁而至此。

禋 卷一萬九千八百廿五

且文武並同,本不偏廢,朝章之外,宜有便衣,仍存紫衫,未害大體。」故詔從之。 九年十二月十五日,詳定三司勑令所狀:「乾道重修儀制令:諸中書舍人、左右諫議大夫、龍圖天章寶文顯謨徽猷敷文閣待制、權侍郎,許服紅鞓排方黑犀帶,仍佩魚。改修下條:諸中書舍人、左右諫議大夫、龍圖天章寶文顯謨徽猷敷文閣待制、權侍郎,許服紅鞓排方黑犀帶,仍佩魚。諸狨毛座,職事官權六曹侍郎、寄祿官太中大夫以上及學士、待制,或經恩賜者許乘,二衛致御便曾任執政官者準此。諸出服不入公門,居喪而奪情從職者,照依本品,惟以淺色去金玉飾,在家即如喪制。改修下條:諸出服不入公門,居喪而奪情從職者服從本品,惟色淺去金玉飾,在家即如喪制。諸文武陞朝官及使衛官大夫以上,並用履。學生同。內朝請、武功郎以下減總,學生減綦。從義、宣教郎以下並用履,依衛官、翰林良醫以下及將校亦同。改修下條:諸文武及使衛官並同,將校同。朝請、武功郎以上減總,從義、宣教郎、使衛官、翰林良醫以下,將校各減總純,學生服者減綦。諸州職員及職級許履袍執笏,絲鞋,安撫總管鈐轄、發運監司職級準此。改修下條:諸州職員及職級許靴袍執笏,靴減總綦,安撫總管鈐轄、發運監司職級準此。乾道重修儀制式:履用黑革,以約總純綦飾之,各隨服色。學生履以綦純總純用青,減總者亦名履,減總純者名屨,約屨上飾,總飾底純

緣也。泰履帝改作下除靴用黑革，以麻底一重、皮底一重、白絹袜邐為裹，白底
至翻口高八寸，以絇、繶、純、綦飾之，各隨服色。學生絇、繶、純並用青。詔從之。　大中
祥符二年，詔中禁鎔金以飾器服。又太常博士、知溫州李邈言：兩浙僧求丐金
銀珠玉，錯末和泥以為塔像，有高袤丈者，毀碎珠寶，寖以成俗，望嚴行禁絕。違
者重論。從之。　七年，禁民間服銷金及鈸遮那纈。　八年，詔內庭自中宮以下
並不得銷金、貼金、間金、戭金、圈金、解金、剔金、陷金、明金、泥金、楞金、背影金、盤金、
織金、金線撚絲，裝著衣服，並不得以金為飾。其外庭臣庶家，悉得禁斷。自民庶
有者，限一月許回易。為真像前供養物、應寺觀裝功德用金箔，須具殿位真像
顯合增修創造數，經官陳狀，狀勘會詣實，聞奏方給公據，詣三司收買。其明金
裝假果、花板、㶲身之類，應金為裝彩物，降詔前已有者，更不毀壞，自餘悉禁。違
者犯人及工匠皆坐。是年，又禁民間服皂斑纈衣。　仁宗天聖三年，詔在京士
庶不得衣黑褐地白花衣服并藍黃紫地撮暈花樣，婦女不得將白色、褐色毛
段并淡褐色匹帛製造衣服，令開封府限十日斷絕。婦女出入乘騎，在路披毛
褐以禦風塵者，不在禁限。　七年，詔士庶、僧道無得以朱漆飾床榻。　九年，禁
京城造朱紅器皿。　神宗熙寧九年，禁朝服紫色近黑者。民庶止令乘犢車，聽
以黑色，間五彩為飾，不許呵引及前列儀物。　徽宗大觀元年，郭天信乞中外
卷一萬九千八百十五
並罷翡翠裝飾。帝曰：先王之政，仁及草木禽獸。今取其羽毛，用於不急，傷生害
性，非先王惠養萬物之意。宜令有司立法禁之。　政和二年，詔後苑造纈帛，蓋
自元豐初置為行軍之號，又為衛士之衣，以辨姦詐，遂禁止民間打造。令開封
府申嚴其禁，客旅不許興販纈板。　七年，臣僚上言：輦轂之下，競修靡侈，有未革
者。居室服用以壯麗相誇，珠璣金玉以奇巧相勝，不獨貴近，比比紛紛，日益滋
甚。臣嘗考之，甲令法禁雖具，其罰尚輕，有司玩習，以至於此。如民庶之家不得
乘轎，今京城內暖轎，非命官至富民倡優下賤，遂以為常。竊見近日有赴內禁
乘以至皇城門者，奉祀乘至宮廟者，坦然無所畏避，臣妄以為僭禮犯分，禁亦
不可以緩。於是詔非品官不得乘暖轎。　是歲，又詔敢為契丹服若氈笠、釣墪
之類者，以違御筆論。釣墪，今亦謂之襪袴，婦人之服也。中興，士大夫之服，大抵
因東都之舊，而其後稍變焉。一曰深衣，二曰紫衫，三曰涼衫，四曰帽衫，五曰襴
衫。淳熙中，朱熹又定祭祀、冠婚之服，時頒行之。凡士大夫家祭祀、冠婚，則具盛
服。有官者幞頭、帶、靴、笏，進士則幞頭、襴衫、帶，處士則幞頭、皂衫、帶，無官者通用
帽子、衫、帶。又不能具，則或深衣，或涼衫。有官者亦通用帽子以下，但不為盛服。
婦人則假髻、大衣、長裙，女子在室者冠子、背子，眾妾則假紒、背子。冠禮三加冠
服，初加緇布冠、深衣、大帶、納履，再加帽子、皂衫、革帶、繫鞵，三加幞頭、公服、革帶、

此條不錄，疑唐代事，須查

納鞵。具品官、嫡庶子初加折上巾、公服，再加二梁冠、朝服，三加平冕服，若以巾
帽、折上巾為三加者，聽之。用白細布，度用指尺，全四幅，其長過脇，下屬於裳，
交解十二幅，上屬於衣，其長及踝，圓袂方領，曲裾黑緣，大帶緇冠，幅巾黑履，士
大夫家冠婚、祭祀、宴居、交際服之。紫衫本軍校服，中興，士大夫服之，以便戎服。
紹興九年，詔公卿長吏復用冠帶，然迄不行。二十六年，再申嚴禁，毋得以戎服
臨民，自是紫衫遂廢。士大夫皆服涼衫，以為便服矣。涼衫甚非美觀，而以交際、
居官臨民，純素可憎，有似凶服。陛下方奉兩宮，所宜革之。詔以從戎
為之禁，而人情終趨簡便，靡而至此，文武並用，本不偏廢，朝章之外，宜有便衣，
仍存紫衫，未害大體。於是禁服白衫，除乘馬道塗許服外，餘不得服，若便服許
用紫衫。自後涼衫祇用為凶服矣。帽衫，帽以烏紗、衫以皂羅為之，角帶、繫鞵。東
都時，士大夫交際常服之。南渡後，一變為紫衫，再變為涼衫，自是服帽衫少矣。
惟士大夫家冠婚、祭祀猶服，若國子生常服之。襴衫，以白細布為之，圓領大
袖，下施橫襴為裳，腰間有襞積，進士及國子生、州縣生服之。紹興五年，高宗
謂輔臣曰：金翠為婦人服飾，不惟靡貨害物，而侈靡之習，實關風化。已戒中外
及下令，不許入宮門，今無一人犯者。尚恐士民之家未能盡革，宜申嚴禁，仍定
銷金及採捕金翠罪賞格。　淳熙二年，孝宗宣示中宮褘衣曰：珠玉就用禁中
卷一萬九千八百十五
舊物，所費不及五萬，革弊當自宮禁始。因問風俗，龔茂良奏：由貴近之家倣傚
宮禁，以致流傳民間。鬻簪珥者，必言內樣。彼若知上崇尚淳朴，必觀感而化矣。
臣又聞中宮服澣濯之衣，數年不易。請宣示中外，仍敕有司嚴戢奢僭。　寧宗嘉
泰初，以風俗侈靡，詔官民營建室屋，一遵制度，務從簡樸。又以中宮金翠燔之通
衢，貴近之家犯者必罰。　二年閏九月二日，中書門下省言：見今朝辭樣制不
一，得旨降下樣制，舄高九寸，翻口可改作四直。工部勘當欲參用履制度，絇唅
絲繶今履底純今緣綦今來，文武官各隨其服色。大夫以上具四飾，用絲口緣。
來義底朝請郎、武功郎以下去繶，用絲口緣。來從義郎、宣教郎以下至將校、伎
術官去繶、純，用休口緣。仍用麻底二重、皮一重，裏用白絹，納鐶表用皂皺革皮
底。舄口高八寸，準尺大小隨宜增減，各隨服色。詔工部畫樣頒下。

唐會

胡証，字啓中，為和親使，次漢南，虜人欲屈脇之，且言使者必易胡服，又欲主使
道疾驅，証固不從，以唐官儀自將，卒不辱命。

宋會要　輿服

仁宗景祐三年十月十九日御史臺言準詔皇親諸司使以下除西班官
百三十餘員並隸本臺班簿凡詩祠大朝會大將軍至副率各依本品朝
服宜下有司施行詔禮院檢詳典故報三司製造　康定二年十月少府
監言每大禮朝服法物庫定百官品位支給朝服今朝班內有官卑品高
及官高品卑者難爲臨時參定或恐差舛有違典禮望下禮院詳定百官
朝服等第令本庫依官品支給詔禮院參酌舊制禮院言準衣服令五梁
冠犀簪導珥筆朱衣朱裳白羅中單並皂褾襈方心曲領大帶革帶蔽膝
隨裳色玉裝劍玉佩錦綬間施二玉環白韈烏皮履一品二品侍祠大朝
會則服之中書門下則加籠巾貂蟬準官品令一品尚書令太師太傅太
保太尉司徒司空太子太傅太保二品中書令侍中左右僕射太子少師
少傅少保諸州府牧左右金吾衛上將軍又準閤門儀制以中書令侍中
同中書門下平章事爲宰臣親王樞密使留守節度使京尹兼中書令侍
中同中書門下平章事爲使相樞密使知樞密院事參知政事樞密副使
同知樞密院事宣徽南北院使簽書樞密院事並在東宮三師之上以上
品位職事請準上條給朝服宰臣使相則加籠巾貂蟬其散官勳爵不繫

是書　卷一萬九千七百九十　一

品位止從正官　後條餘品准此又準衣服令三梁冠犀簪導白紗中單銀
劍佩銀環餘同五梁冠諸司三品御史臺四品兩省五品侍祠大朝會則
服之　從制並有中單御史中丞則冠獬豸準官品令諸司三品諸衛上將
軍六軍統軍諸衛大將軍神武龍武大將軍太常宗正卿秘書監光祿衛
尉太僕大理鴻臚司農太府卿國子祭酒殿中少府將作司天監諸衛將
軍神武龍武將軍下都督三京府尹五大都督府長史親王傅御史臺三
品四品御史大夫御史中丞兩省三品四品五品左右散騎常侍門下中
書侍郎諫議大夫給事中中書舍人尚書省三品四品六尚書左右丞諸
行侍郎東宮三品四品太子賓客太子詹事太子左右庶子太子少詹事
太子左右諭德又準閤門儀制節度使文明殿學士資政殿學士三司使
翰林學士承旨翰林學士資政殿學士端明殿學士翰林侍讀學士侍講
學士龍圖閣學士樞密直學士龍圖閣直學士並次中書侍郎節度觀察
留後並次諸行侍郎知制誥龍圖天章閣待制觀察使並次中書舍人內
客省使次太府卿客省使次將作監引進使防禦團練三司副使並次左
右庶子以上品位職事請準上條給朝服又準衣服令兩梁冠銅劍佩環
餘同三梁冠四品五品侍祠大朝會則服之六品則去劍佩綬御史則冠

獬豸衣有單單準官品令諸司四品太常宗正少卿秘書少監光祿等七
寺少卿國子司業殿中少府將作司天少監三京府少尹太子率更令家
令僕諸衛率府率副率諸軍衛中郎將諸王府長史司馬大都督府左右
司馬內侍尚書省五品左右司諸行郎中諸司五品國子博士五經博士
太子中允左右贊善大夫都水使者開封祥符河南洛陽宋城縣令太子
中舍洗馬內常侍太常宗正秘書殿中丞著作郎殿中省五尚奉御大理
正諸王友諸軍衛郎將諸王府諮議參軍司天五官正太史令內給事諸
陞朝官六品以下起居郎起居舍人侍御史尚書省諸行員外郎殿中侍
御左右司諫左右正言監察御史太常博士通事舍人又準閤門儀制四
方館使次七寺少卿諸州刺史次太子僕　謂正任不帶使職者東西上閤
門使次司天少監客省引進閤門副使並次諸行員外郎以上品位職事
據令文但言四品五品亦不分班敘上下今請自尚書省五品以上及諸
州刺史以上準上條給朝服其諸司五品以上實有高高品卑及品高官
卑者合自諸司五品國子博士至給[illegible]事並依六品以下例去劍佩綬御
史則冠獬豸衣有中單其諸司使副使以下至閤門祗候如有攝事合請
朝服者並同六品詔從之　神宗元豐二年四月二十五日詳定正日御

卷一萬九千七百九十　二

殿儀注所言按周以上祭服無劍而有禮殳故周官司服之職悉不著劍惟
朝服則有容刀詩曰鞞琫容刀是也冬官桃氏爲劍止以共武士服若帶
劍以祠郊廟以朝天子非古也自秦及西漢艱危用武之時朝祭服皆佩
劍東漢大祭祀王佩緺綬以行事惟朝尚佩劍晉制服劍以木代之謂之
班劍東齊謂之象劍今冬正大朝會若服三代之冕服而用三代之禮則
去劍可也若服秦漢之服而用秦漢之禮則存劍可也然文武異容佩劍
之制不當施於朝事又周禮以不脫屨爲恭以脫韈爲相親少儀曰凡祭
於室中堂上無跣燕則有之注曰祭不跣者主恭也燕則有跣爲歡也特
牲少牢饋食之禮無脫屨而燕與鄉飲酒之禮則有脫屨升堂與少儀合
自秦以下冠服雖異于周猶坐于席夫坐于席則劍不可以不解屨不可
以不脫解劍脫屨于至尊之前則愈不恭矣故將升堂必解劍脫屨也其
後相承既久遂以解劍脫屨爲恭與古益異今冬至朝會若用周禮則服
當無劍而惟燕坐然後脫韈而升若止襲秦漢之故則因舊儀爲可又恐
佩劍而趨朝脫屨而示恭與三代禮意不合其冬正朝會欲乞約用周禮
不服劍不脫屨舄從之八月二十九日詳定朝會儀注所言周禮天子眡
朝則皮弁服十五升衣積素以爲裳記所謂皮弁素積是也諸侯眡朝則

委貌冠其服緇布衣亦積素以爲裳詩所謂緇衣之宜兮是也凡在朝君
臣同服漢氏承秦改六冕之制但玄冠絳衣而已魏以來名爲五時朝服
隋唐謂之具服一品以下九品以上皆絳紗禪衣其冠有五梁三梁二梁
一梁之別隋志曰梁別貴賤自漢始也綬則以組爲之本以貫佩玉相承
受戰國尚武而去佩但留其繫璲而秦乃以采組連於璲轉相結受因以
爲飾所謂綬也韋彤五禮精義曰綬以別尊卑彰有德故漢制相國至百
石吏綬有三采二采一采之等然則冠以梁之多少別貴賤綬以采之麤
縟異尊卑其來尚矣古者制禮上物不過十二天理之數也自上而下降
殺以兩議外諸侯遠於尊者而伸則以九以七以五從陽奇之數王朝公
卿大夫近於尊者而屈則以八以六以四從陰偶之數本朝衣服令通天
冠二十四梁爲乘輿服蓋二十四梁以應冕旒前後之數若人臣之冠則
自五梁而下與漢唐少異矣至於綬則乘輿及皇太子以織成諸臣用錦
爲之一品二品冠五梁中書門下加籠巾貂蟬諸司三品三梁四品五品
二梁御史臺四品兩省五品亦三梁而綬有暈錦黃師子方勝練鵲四等
之殊六品則去劍佩綬隋唐冠服皆以品爲定蓋其時官與品輕重相準
故也今之令式尚或用品雖因襲舊文然以官言之頗爲舛謬槩舉一二

卷一萬九千七百九十　三

則太子中允贊善大夫與御史中丞同品太常博士品卑於諸寺丞太子
中舍品高於起居郎內常侍纔比內殿崇班而在尚書諸司郎中之上是
品不可用也若以差遣則有官卑而任要劇者有官品高而處冗散者有
一官而兼領數局者有徒以官奉朝請者有分局莅職特出於一時隨事
立名者是差遣又不可用也以此言之用品及差遣定冠綬之制則未爲
允當伏請以官爲定庶名實相副輕重有准仍乞分官爲七等冠綬亦如
之貂蟬籠巾七梁冠天下樂暈錦綬爲第一等蟬舊以玳瑁爲胡蝶狀
今請改爲黃金附蟬宰相親王使相三師三公服之七梁冠雜花暈錦綬
爲第二等樞密使知樞密院至太子太保服之六梁冠方勝宜男錦綬爲
第三等左右僕射至龍圖天章寶文閣直學士服之五梁冠翠毛錦綬爲
第四等左右散騎常侍至殿中少府將作監服之四梁冠簇四雕錦綬爲
第五等客省使至諸行郎中服之三梁冠黃師子錦綬爲第六等皇城以
下諸司使至諸衛率府率服之內臣自內常侍以上及入內省內侍省內
東西頭供奉官殿頭前班東西頭供奉官左右侍禁左右班殿直京官祕
書郎至諸寺監簿主既預朝會亦宜朝服從事今參酌自內常侍以上冠
服各從本等寄資者如本官入內內侍省內東西頭供奉官殿頭三班使

按字上疑有闕佚

臣陪位京官爲第七等皆二梁冠方勝練鵲錦綬高品以下服色依古者
韠韍爲履並從裳色今制朝服用絳衣而錦有十九等其七等綬謂宜純
用錦錦以文采高下爲差別惟法官綬用青地荷蓮錦以別諸臣從漢制
法官一曰柱後執法者服之侍御史廷尉正監平也或謂之獬豸冠南齊
志亦曰法冠廷尉等諸執法者冠之今御史臺自中丞而下至監察御史
大理卿少卿丞審刑院刑部主判官既正定厥官真行執法之事則宜冠
法冠改服青荷蓮錦綬其梁數與佩準本官從之　按周禮司服王眂朝
則皮弁服鄭氏注視朝視內外朝之事王受諸侯朝覲於廟則袞冕賈公
彥曰覲禮天子袞冕負黼扆故知朝覲在廟王服袞冕若然春夏受贄在
朝則皮弁服故孔穎達曰天子朝服立於路門之外諸侯朝服執贄入應
門漢制百官賀正月天子服通天冠張衡東京賦曰冠通天佩玉璽韋彤
五禮精義曰通天冠朝會之正服猶古之皮弁也自晉以來天子郊祀天
地明堂宗廟元會臨軒介幘通天冠平冕皁表朱緣裏加於通天冠上衣
畫而裳繡爲日月星辰十二章自此元日受朝始用祭服梁及隋唐既以
因襲而本服之制亦用袞冕臣等看詳周禮朝覲若春夏受贄於朝則君
臣皆朝服秋冬受贄於廟則君臣皆祭服今元會行禮於朝而天子服祭

卷一萬九千七百九十　四

服諸侯服朝服未合禮意欲乞元日受朝賀服通天冠絳紗袍從之元
豐五年十二月十一日詔冬正朝會諸軍所服衣冠廂都軍都指揮使都
虞候須團練使刺史服第五等軍都指揮使都虞候服第六等指揮使副
指揮使服第七等並班於廷副都頭以上常服班殿侯門二十三日戶部
尚書李清臣奏詔檢閱朝會應奉事欲令執事高品以下並服介幘絳服
大常革帶繡履方心曲領從之六年九月二十八日尚書禮部言樞密都
承旨張誠一言伏見朝服法物庫有太常協律郎大樂丞新給袴褶冠令
檢諸書志唯袴褶之制未詳所起代車駕親戎中外戒嚴則服之唐制三
品以上紫褶五品以上緋褶七品以上綠褶九品以上碧褶九品以下通
用細綾七品以下通用小綾及檢會國簿記止有鼓吹令丞冠注漆皮爲
之兩耳鏤花形如三禮圖委貌冠今俗謂之袴褶冠狀載庫籍即無所據
乞下禮官考正下太常寺太常寺言袴褶乃是從戎之服以此名冠尤爲
所據今協律郎如押樂太常卿遇祠祭朝會各以本品朝祭冠服從事無
太學令丞令止服本品官服其袴褶並合不用從之曹尚書侍郎殿中監
大司丞散騎常侍特進金紫銀青光祿大夫太尉節度使左右金吾衛左
右衛上將軍服之

[illegible]元年正月七日祭官有故服既葬公除及聞哀假滿者許吉服赴宗廟之祭其同宮未葬雖公除者請依前禁之國家朝祭百官從服多用周制每大朝會侍祠助服之襪有帶履用皂袴衣中單勒帛裙蔽膝袍大帶革帶方心曲領佩則用石以代珠玉冠有三梁五梁之別言官刑法官則加獬豸所執各用其笏如導駕除御史大夫開封牧開封令出各乘車外他官員冠服而歸

宋會要

王公冠服唐制有袞冕九旒鷩冕八旒毳冕七旒絺冕六旒玄冕五旒爵弁朝服公服袴褶弁服國朝省八旒冕六旒冕弁服九旒冕塗金銀花額犀玳瑁簪導青羅衣繡山龍雉火虎蜼五章緋羅裳繡藻粉米黼黻四章緋蔽膝繡山火二章白花羅中單玉裝劍佩革帶暈錦綬二玉環緋白羅大帶緋羅襪履親王中書門下奉祀則服之九旒冕無額花玄衣纁裳悉畫小白綾中單師子錦綬二銀環餘同上三公奉祀則服之七旒冕犀角簪導衣畫虎蜼粉米三章裳畫黼黻二章銀裝佩劍革帶餘同九旒冕九卿奉祀則服之五旒冕無章銅佩劍革帶餘同七旒冕青羅為衣裳四品五品為獻官則服之六品以下無劍佩綬紫檀衣朱裳羅為之皂大綾綬銅劍佩御史博士服之平冕無旒青衣纁裳無劍佩綬餘同五旒冕大祝奉禮服之五梁冠塗金銀花額犀玳瑁簪導立筆緋羅袍白花羅中單緋羅裙緋羅蔽膝並皂褾襈白羅大帶白羅方心曲領玉劍佩銀革帶暈錦綬二玉環白綾襪皂皮履一品二品侍祠朝會則服之中書門下則冠加籠巾貂蟬籠巾繕藤漆之塗金銀飾玳瑁蟬一金蟬六銜五三梁冠犀角簪導無中單銀劍佩師子錦綬銀環餘同五梁冠諸司三品御史臺四品兩省五品侍祠朝會則服之御史大夫中丞則冠有獬豸角衣有中單兩梁冠犀角簪導銅劍佩練鵲錦綬銅環餘同三梁冠四品五品侍祠朝會則服之六品以下無中單無劍佩綬御史則冠有獬豸角衣有中單袴褶紫緋綠各從本服色白綾中單白綾袴白羅方心曲領本品冠導駕則騎而服之大駕鹵簿內中服之制金吾上將軍將軍六統軍千牛中郎將服花腳幞頭抹額紫繡袍佩牙刀珂馬諸衛大將軍將軍中郎將折衝果毅散手翊衛服平巾幘紫繡袍大口袴錦縢蛇銀帶佩橫刀執弓箭千牛將軍服平巾幘紫繡袍大口袴銀帶鞢韘橫刀執弓箭珂馬千牛服花腳幞頭緋繡抹額大口袴銀帶鞢韘前馬隊內折衝及執稍者服錦帽緋繡袍

卷一萬九千七百九十　一

銀帶監門校尉六軍押仗服幞頭紫繡裲襠隊正服平巾幘緋繡袍大口袴諸衛主率都尉引駕騎持鈒隊內校尉旅帥執衛司殳仗掾稍金五十六騎班劍儀刀隊親勳翊衛執大角人平巾幘緋繡裲襠大口袴佩橫刀執弓箭金吾押牙服金鸞帽紫繡袍銀帶儀刀金吾執纛者服烏紗帽皂衣袴鞢韘金吾押纛服幞頭皂繡衫大口袴銀帶烏皮鞾執金吾螺稍服錦袍帽臂鞲銀帶烏皮鞾清游隊佽飛執副仗稍服甲騎具裝錦鞢褠刀執弓箭白袴朱雀隊執旗及執牙門旗執降引幡黃麾幡者服緋繡衫抹額大口袴銀帶執殳仗前後步隊真武隊執旗前後步黃麾執日月合璧等旗青龍白虎隊金吾細仗內執旗者服五色綃袍抹額行縢銀帶執白幹棒人加銀褐捍腰執龍旗及前馬內執旗人服五色繡袍銀帶行縢大口袴執弓箭執龍旗副竿人服錦帽五色繡袍大口袍銀帶執弩弓箭人服錦帽青繡袍銀帶前後步隊人服五色鍪甲錦臂鞲鞾襪袴錦帶朱在隊內執弓箭弩稍麾侯飛執長壽幢寶輿法物人服平巾幘緋繡袍大口袴銀帶援寶執絳麾真武幢叉人服武弁紫繡衫持鉞隊殿中黃麾織扇腰輿香蹬華蓋指南進賢等車駕士相風鉦漏等輿輿士服武弁緋繡衫駕羊車童子服垂耳髻青頭巾青繡大袖衫袴勒帛青耳履執引駕龍墀旗六軍旗者服錦帽五色繡衫錦臂鞲銀帶引夾旗及執柯舒鏡仗者服帖金帽餘同上執花鳳飛黃吉利旗者服黑褐繡衫抹額銀帶夾轂隊服五色質鍪鎧錦臂鞲白行縢紫口韈殺駝衛相三隊服平巾幘緋繡袍大口袴錦縢蛇五輅副輅耕根車駕士服平巾幘青繡衫青履韈教馬官服幞頭紅繡抹額紫繡衫白袴銀帶掌輦主輦服武弁黃繡衫紫繡誕帶攏御馬者服帖金帽紫繡大袖衫銀帶執真武幢者服武弁皂繡衫紫繡誕帶五牛旗輿士服武弁五色繡衫大口袴銀帶掩後隊服黑鍪甲錦臂鞲行縢鼓吹令丞服綠袴褶冠銀褐裙金銅革帶緋白大帶履韈太常寺府史典事司天令史服幞頭綠衫黃半臂太常主帥棡鼓金鉦節鼓人服平巾幘緋繡袍大口袴抹帶錦縢蛇歌拱辰管簫笳笛篳篥無縢蛇太常太鼓長鳴小鼓中鳴服黃雷花袍袴抹額抹帶太常鐃大黃吹服緋苣文袍袴抹額抹帶太常羽葆鼓小橫吹服青苣文袍袴抹額抹帶緋列官令史府史服黑介幘緋衫白袴白勒帛司辰典事漏刻生服青袴褶冠革帶殿中少監奉御供奉排列官引駕仗內排列承直官大將金吾引駕押仗押旗服幞頭紫公服烏皮鞾尚輦奉御直長黃令丞千牛長史進馬四色官服幞頭綠公服白袴金銅帶烏皮鞾殿中執掌執繖扇人服幞頭碧襴金

卷一萬九千七百九十　二

銅帶烏皮鞾（舊衣黃，太平興國六年并內侍省並改服以君）。凡繡文：金吾衛以辟邪，左右衛以瑞馬，驍衛以雕虎，屯衛以赤豹，武衛以瑞鷹，領軍衛以白澤，監門衛以師子，千牛衛以犀牛，六軍以孔雀，樂工以鸞，耕根車駕士以鳳銜嘉禾，進賢車以瑞麟，明遠車以對鳳，羊車以瑞羊，指南車以孔雀，記里鼓、黃鉞車以對鳥，白鷺車以翔鷺，鸞旗車以瑞鸞，崇德車以辟邪，皮軒車以虎，屬車以雲鶴，豹尾車以立豹，相風烏輿士以烏，五牛旗以五色牛，餘皆以寶相花。六引內巾服之制：清道冠服武弁，緋繡衫，革帶，持幰弩、車輻持者服平巾赤幘，緋繡衫，赤袴，銀帶，青衣服平巾青幘，青袴，韜，持戟、繖、扇、刀、盾者服黃繡衫，抹額，行縢，銀帶，持幡蓋者服繡衫，抹額，大口袴，銀帶，內告止幡、曲蓋以緋，傳教幡、信幡、絳引幡以黃，執誕馬轡、儀刀、麾幢、節、夾矟、大角者服平巾幘，緋繡衫，大口袴，銀帶，大駕鹵簿內執轡並錦絡衫，帽，持弓箭、矟者服武弁，緋繡衫，白袴，駕士服錦帽，繡戎服大袍，銀帶，弓箭以青，矟以紫，持綱鼓者服平巾幘，緋繡對鳳袍，大口袴，白袜帶，錦縢蛇，鐃吹部內服平巾幘，緋繡袍，白袜帶，白袴，餘悉同大駕。前後部其繡衣文：清道以雲鶴，幰弩以辟邪，車輻以白澤，駕士、司徒以瑞馬，牧以隼，御史大夫以獬豸，兵部尚書以虎，大常卿以鳳，縣令以雉，樂工以鳶，餘悉以寶相花。（卷一萬九千七百九十一）三

太祖建隆四年八月十六日，宰臣范質與禮官議尊駕官服袴褶衣。按制度所起，先儒無說，惟開元雜禮五品以上通用細綾及羅，六品以下服小綾，褶衣之色，惟本品紋色，注：褶衣即襖衣也。又按諸王朱絕四采：赤、黃、縹、紺，赤即朱也，以純朱為地，更次第經入黃、白、青，付內染之，共為四采，亦謂之朱褶；一品綠綟綬四采：綠、紫、黃、赤，綟即綠也，是草之綠色，以純綠為地，亦謂之綠綟褶；二品、三品紫綬三采：紫、黃、赤，謂之紫褶。其衣并袴細袂，謂依今制。又按令文武弁，金飾平巾幘，簪導，紫褶，白袴，玉梁珠寶鈿帶，鞾，騎馬服之，金飾即金附蟬也，詳此即是二品、三品所服弁之制也。附蟬之數，蓋一品九蟬，二品八，三品七，四品六，五品五。又令文武弁平巾幘，侍中、中書令、散騎加貂蟬，侍左者左珥，侍右者右珥。又開元雜禮導駕官並朱衣冠履，依本品，此朱衣今朝服也。然自一品至二品用四入之朱為衣，乃協上下之文異絳縉之色。又令文三品以上紫褶，五品以上緋褶，七品以上綠褶，九品以上碧褶，並白大口袴，起梁帶，烏皮鞾。竊詳龍冠子巾與武弁大冠，其名雖殊，本是一物，制同而飾別，蓋以官品為差，其幘亦載在龍冠下。今請造袴褶，如令文之制，其起梁帶形制，檢尋未是，望以革帶代之。奏可。是歲造成而未用，乾德六年郊禋始服，而冠未造，乃服朝服進賢冠、大帶、革履，應依周禮為允。十月二日，宰臣范質等言：三公祭服，舊皆出升龍袍襦，有襦裳之制，請令禮官檢尋故事。按三禮，三公袞冕九旒，上公袞冕九旒，二品鷩冕。又開元禮言上公袞冕九旒，以五采繩貫五采珠，旒長九寸，每寸以珠玉瑱，其衣玄色五章：山、龍、華蟲、火、宗彝，畫於衣；其裳纁色四章：藻、粉米、黼、黻，繡於裳。又按令文，旒並貫青色珠，青纊其珠及紞纊。今請衣令文玄色之制。又按開元禮，武官陪立大仗，加螣蛇褐如袖，無身，以淺其螣路（音洛），蓋被下縫也，從肩領覆臂膊，共一尺二寸。又按釋文、玉篇相傳云：其一當胸，其一當背，謂之兩當。今詳兩襠之制，其領連所覆膊胳，其一當左膊，其一當右膊，故謂之兩膊。今請兼存兩說，擇而用之。詔改製祭服，以青色造裲襠，用畫禽獸之制。真宗咸平五年二月，大理寺丞李坦言：臣聞禮行於郊而百神受職焉，禮行於社而百貨可極焉。是故禮者治國之柄，服者飾身之儀，前代成規，後王不易。臣昨差郊壇助祭，竊見助祭之官所服六冕衣裳章繡之等，多不依古制，又慮後來增減不同。然按尚書皋陶云：予欲觀古人之象，日、月、星辰、山、龍、華蟲作會，宗彝、藻、火、粉米、黼、黻絺繡，此十二章也，六章畫於衣，象天也，六章繡於裳，象地也。夏商無文，至周三辰畫於旌旂，惟九章在於衣裳之上。周有六冕，按司服云：王祭昊天上帝則大裘而冕，祀五帝亦如之；享先王則袞冕；享先公則鷩冕；祀四望山川則毳冕；祭社稷五祀則絺冕；祭羣小祀則玄冕。鄭司農云：大裘，羔裘也。所以知羔裘者，祭天尚質，故用之，象天色也。袞冕之旒，天子則十二旒，升龍於山，升火於宗彝；若上公則九旒，自山龍而下九章；侯伯鷩冕七旒，自華蟲而下七章；子男即毳冕五旒，自宗彝而下五章；孤卿即絺冕三旒，三章無畫，皆繡。凡奇數在衣，偶數在裳。今具六冕祭服異同，乞行改正。詔送太常寺禮院詳定。禮院言：檢討如後。伏緣旒冕之制度、繡畫之等差，歷代以來屢有沿革，若循古制，須議酌中。改作之間，安敢輕議。周六冕皆玄上纁下，玄上法天，纁下法地，兼前後邃延。今觀冕板上下之色皆用玄青，亦無邃延，一失也。（卷一萬九千七百九十一）四（宋會要）

皇祐四年三月，太常禮院言：按禮曰：繡黼丹朱中衣，大夫之僭禮也。注云：此言諸侯之禮，繡讀為綃，綃，繒名也。繡黼丹朱，以為中衣領緣也。疏云：黼刺繒為黼文也。丹朱，赤色也。此中衣謂以素為冕服之裏衣，猶今中單衣也。又晉詩云：素衣朱襮。正義曰：釋器云：黼領謂之襮。孫炎曰：繡刺黼文以襮領，是襮為領也。中衣者，朝服、祭服之裏衣也，其制如深衣，故禮

紕深衣連衣裳而純之以采者有表則謂之深衣又曾詩云素衣朱綃綃為綺屬然則綃是刺繡別名於此綃上刺為繡文謂之綃黼也綃上刺黼以為衣領然後名之為襮故爾雅云黼領謂之襮襮為領之別名也開元禮天子服衮冕玄衣纁裳白紗中單皁官服衮冕青衣纁裳白紗中單今詳參古者服之中衣以素為之以朱為領緣而領刺以黼文故禮記云繡黼丹朱中衣詩云素衣朱襮是也今之祭服既有中單又別為裏非也然則中單之制宜用繒素而朱丹領緣領刺以黑文黼文可也禮云大夫之僭禮則諸侯之服也今五等祭服宜依此制詔可六月同知太常禮院部必言伏見監祭使監禮各冠五旒冕衣裳無章色以紫擅詳求古禮並無此服按周禮云冕之制凡有旒者衣裳皆有章上下之相應也惟大裘冕無旒衣裳無章一命大夫之冕無旒衣裳亦無常今監祭監禮所服冕五旒侯伯之冕也而衣無章深所不稱又色以紫壇蓋無經據故昨禮院所議止欲從五等以下子男之服而詳監祭本於周禮祭僕之職掌戒祭祀糾百官戒具誅其不恭者至漢史以御史監祠唐乃有監祭使之名且祭僕中士也御史執法官也又監禮則奉常博士之職其官與品則又差降皆所以監視察舉其不如禮者考其本末既非祠宮必也正名則御史博

八 卷一萬九千七百九十一 五

士爾而服用五等且非所宜況有旒無章服色非古此為失禮甚矣竊觀國家南郊大禮太常卿止服朝服前導皇帝若亞獻終獻及壇陛殿官乃服以祭服明太常卿非祠官而服朝服禮也又按唐開元禮朝服凡侍祠朝享拜表大事則服之欲乞今後監祭使冠獬豸監禮冠進賢各服以侍祠祭為得其當庶幾盛時典禮不至差謬詔不允 神宗元豐元年十一月二日詳定郊廟禮文所言周禮弁師掌王之五冕五采繅十有二就皆五采玉十有二鄭氏注謂五采繅為繩垂於延之前後各十二所謂邃延也賈公彥曰以青赤黃白黑五色玉貫於藻繩每玉間相去一寸十二玉則十二寸以一至為一成結之使不相并此據衮冕前後二十四旒孔穎達曰旒長尺二寸故垂而齊肩也至後漢明帝用曹褒之說乘輿服冕旒白玉珠為十二旒前垂四寸後垂三寸遂失古制國朝衣服令乘輿服衮冕垂白珠十有二旒廣一尺二寸長二尺四寸蓋白珠為旒用東漢之制而其冕廣長之度乃自唐以來率意為之無所稽考景祐中已經裁定以叔孫通漢禮器制度為法凡冕版廣八寸長尺六寸與古制相合更不復議今取少府監進樣如以青羅為表紅羅為裏則非弁師所謂玄冕朱裏者也上用金稜天板四周用金絲結網兩旁用真珠花索墜之類皆不

應禮伏請改用朱組為紘玉笄玉瑱以玄紞垂瑱以五采玉貫於五色藻為旒以青赤黃白黑五色備為一玉每一玉長一寸前後二十四旒垂而齊肩孔子曰麻冕禮也今也純儉吾從衆釋者曰純絲易成故從儉今不必績麻宜表裏用繒庶協孔子所謂純儉從衆之義古者祭服朝服之裳皆前三幅後四幅殊其前後不相連屬前為陽故三幅以象奇後為陰故四幅以象偶惟深衣中單之屬連衣裳而裳不殊前後然以六幅交解為十二幅象十二月其制作莫不有法故謂之法服自後漢晉宋後齊天子祭祀皆云前三幅後四幅今少府監乘輿衮服樣其裳乃以八幅為之不殊前後有違古義伏請改正祭服之裳以七幅為之殊其前後前三後四以今太常周尺度之幅廣二尺二寸每幅兩旁各縫殺一寸謂之削幅腰間辟積無數裳側有純謂之綼裳下有純謂之緆綼緆之廣各寸半表裏合為三寸群臣祭服之裳倣此從之又詳定郊廟禮文所言禮記曰大夫冕而祭於公弁而祭於己明是臣子助祭不當朝服也又曰年穀不登祭事不縣則於祭時既行古禮不當徹樂也本朝祠祭遇雨則望祀不為違禮然而服公服不設樂則非所以奉神伏請遇雨望冕服祭服乃詔樂又曰古之君子必佩玉所以比德也右徵角左宮羽先儒謂徵角在右事

卷一萬九千七百九十一 六

也民也宜勞宮羽在左君也物也宜逸此左右之異也又曰天子佩白玉而玄組綬公侯佩瓀玟而緼組綬先儒謂尊者玉色純而公侯以降則玉色漸雜此尊卑之異也佩玉之制必上繫於衡下垂三道穿以蠙珠其下之兩端則綴璜中央則綴衝牙牙居中央以為前後屬也而琚瑀又在組之中央下與衝牙相直故曰佩有琚瑀所以納閒者是也今佩上下則設三衡以銀銅獸面為之而璜又夾中衝不在下端其所謂衝牙亦異於古又上有銀鉤以屬大帶皆非古制爾雅曰佩衿謂之褑郭璞以謂衣小帶謂之衿而佩衿則佩玉之帶上屬者也今宜為小帶以屬於革帶而不用銀鉤伏請並如古制惟天子金玉餘猶瑉石略依其色以辨諸臣之等銀鉤獸面而其制不經伏乞除去古者祭服有佩韍無大綬小綬并玉銀銅環臣等飾詳自戰國以佩非兵器韍非戰儀於是解去韍佩而留其繫璲秦乃以采組連結於璲轉相結受而謂之綬漢承用之又加以雙印佩刀之飾至明帝始復制佩而組織之綬亦不廢焉故華彤五禮精義曰漢乘輿黃赤綬四采自後皆不合禮而又有大綬小綬之別臣等以謂綬者所以貫綬佩三國為之飾以別尊卑故諸侯朱組綬大夫緇組綬所謂綬者如斯而已取少府監皇帝衮冕進樣有六彩織成小綬三上有三小環及

一品祭服則錦綬雙玉環從一品則錦綬雙銀環三品四品則黽綬雙銅環皆非古制伏請改正古者祭服皆玄衣纁裳以象天地之色裳之飾有藻有粉米有黼有黻今祭服上衣則以青而其繡於裳者藻及粉米皆以五采圖花繡之而黻用深藍黼用碧與黃且虎蜼共一章粉米各一章今皆異章而畫殊非古制伏請改製古者皆以冕為祭服未有服朝服而助祭者也周官曰公之服自袞冕而下如王之服卿大夫之服自玄冕而而下如孤之服此助祭者服也今服章視唐尤為不備於今文祀儀有九旒冕七旒冕五旒冕今既無冕名而有司仍不制七旒冕乃有四旒冕其非禮尤甚又服之者不以官秩上下故分獻四品官皆服四旒冕博士御史則冕五旒而衣裳禮太祝奉禮則服平冕而無佩玉此因循不講之失也且古者朝祭服異服所以別事神與事君之禮今皇帝冬至及正旦御殿服通天冠絳紗袍則百官皆服朝服乃禮之稱至親祠郊廟皇帝嚴衮冕以事神而侍祠之官止以朝服豈禮之稱哉古者齊祭且猶異冠而況人禮之異禮朔祭之異事乎則百官雖不執事不當以朝服侍祠至於景靈宮分獻官皆服朝服尤為失禮伏請祠郊廟景靈宮除導駕贊引扶侍宿衛之官且侍祠及分獻者並服祭服如所考制度修製五冕及爵弁服

（卷一萬九千六百九十一）　七

各正冕弁之名禮曰天子玄冕朝日於東門之外又曰祀四望山川則毳冕祭社稷五祀則絺冕祭羣小祀則玄注羣小祀林澤墳衍四方百物之屬孔穎達謂此據地之小祀以血祭社稷為中祀埋沈以下為小祀也若天之小祀則司命司中風師雨師鄭雖不言義可知矣國朝祀儀祭社稷朝日夕月風師雨師皆服袞冕其蜡禘祭先蠶五龍亦如之祭司命户竈門厲行皆服鷩冕壽星靈星司中司寒中霤馬祭皆服毳冕皆非是今天子六服自鷩冕而下既不親祠廢而不用則諸臣攝事自當從王所祭之服伏請依周禮凡祀四望山川則以毳冕祭社稷五祀則以絺冕朝日夕月風師雨師司命司中則以玄冕若七祀禘祭百神先蠶五龍靈星壽星司寒馬祭蓋皆非羣小祀之比當服玄冕從之

宋會要

神宗元豐三年八月二十二日詳定郊廟奉祀禮文所言禮記曰三公一命衮則三公當服鷩冕詩曰毳衣如菼則上大夫卿當服毳冕周禮典命曰公之孤四命又曰王之大夫四命其衣服各視其命之數公之孤其服自絺冕而下則王之大夫當服絺冕諸侯卿大夫之服自玄冕而下則王之士當服玄冕所謂國人冕而祭也司服曰孤之服自絺冕而下卿大夫

之服自玄冕而下士之服自皮弁而下此諸侯之臣助祭服也然而不若王朝公卿大夫之服者蓋舉下以見上可比義而知也本朝官名雖與古不同以唐六典考之吏部尚書注曰周之天官卿也侍郎注曰周之小宰中大夫員外郎注曰周太宰屬官上士也今約之六典參以本朝班序伏請資政殿大學士以上侍祠服鷩冕觀察使以上服毳冕監察御史以上服絺冕朝官以上服玄冕選人服爵弁從之惟不用爵弁供奉官以下至選人皆服玄冕無旒

宋會要

徽宗大觀元年七月十六日議禮局劄子竊以國家祈穀社稷崇奉先聖上自京師下逮郡邑以春秋上丁社日行事然大社太學獻官祝禮皆以法服至於郡邑則用常服豈非因習已久而未知所以建明歟乞詔有司降祭服于州郡俾凡祭祀獻官祝禮各服其服如允所奏乞降付本局討論典禮具合頒名件諸以衣服制度頒之使州郡自製弊則聽其改造庶簡而易成

宋會要

政和二年八月十五日顯謨閣待制前知襄州軍州俞臬言伏見祭祀之

（卷一萬九千六百九十一）　八

服以圖冊下諸郡未有明降朝旨製造其社稷宣聖風師雨師服望早賜施行從之同日尚書省議禮局言契勘大觀四年四月八日被受御筆閣所上禮書并祭服制度頒見詳盡除改正外餘依所奏修定看詳侍祠攝祭之服除五等諸侯服飾已得御筆依本司所奏乞更不製造外今具群臣冕服乞依已得御筆修定有司依圖畫及看詳製造之　政和七年六月二十四日詔天下州縣歲祭社稷雷雨風師及釋奠文宣王冠服悉循其舊形制詭異在處不同可令禮制局造樣頒下轉運司令本司製造下諸州州下縣庶衣服不二以齊其民　十二月二十九日提舉利州路學事林晨言竊見廷被雅樂製為士服廷被之後雖大朝服用之而士服不常用今春秋兩學釋奠雖用士作樂衣服尚仍舊制臣愚欲乞春秋釋奠用士執樂陪位並服士服從之　八年十一月五日知永興軍席旦奏竊聞太學辟廱士人作樂皆服士服而外路諸生尚衣襴幞欲望下有司考議籍為圖式頒賜外郡禮制局狀今欲頒上件士服之式付之諸路學校凡作樂釋奠諸生皆服其服畫到已討論士服圖樣欲乞指揮下製造所每州造樣一副頒降依樣製造從之既而製造所每州造到頭冠角簪衣裳珠佩大帶銀帶履頒下　重和元年十一月二十九日詔令禮制局先自

冠服討論以聞其冕服輅先改用後禮制局奏履有約繶純綦請做古制皆隨服之色從之十二月三日編類御筆所禮制局奏今討論到履制度下項約履上飾也繶飾底也純緣也綦履帶也古者舄履各隨裳之色有赤舄白舄黑舄今履欲用黑革為之其約繶純綦並隨服色用之以做古隨裳色之意從之仍自来年正月一日改用在外自三月一日二十三日禮制局奏履隨其服色而武臣服色一等當議差别詔文武官大夫以上具四飾朝請郎武功郎以下去繶並稱履從義郎宣教郎以下至將校伎術官去繶純並稱履紹興四年五月國子監丞王普奏言臣嘗考諸經傳具得冕服之制蓋王之三公八命鷩冕八旒衣裳七章其章各八孤卿六命毳冕六旒衣裳五章其章各六大夫四命絺冕四旒衣裳三章其章各四上士三命玄冕三旒中士再命玄冕二旒下士一命玄冕無旒衣皆無章裳黻視其命數自三而下其縿至笄衡紘紞瑱纊帶佩芾舄中衣皆有等差近世冕服制度沿襲失真多不如古夫後方而前圓後昂而前俛玄表而朱裏此冕之制也今則方圓俛仰幾於無辨且以青為表而飾以金銀矣其衣皆玄其裳皆纁裳前三而後四幅此衣裳之制也今則衣色以青裳色以緋且以六幅而不殊矣山以章也今則以隤火以圜也今則以

卷一萬九千七百九十一

九

銳宗彝宗廟虎蜼之彝也乃畫虎蜼之狀而不為虎蜼彝粉米米而粉之者也乃分為二章而以五色間花為藉佩有衡璜琚瑀衝牙而已乃加以雙滴而重設二衡綬以貫佩玉而已乃別為錦綬而間以雙環以玉帶無紐約革無屑頸為無紛繶中衣無連裳臣伏請國朝會要郊廟奉祀禮文祖宗以來悉嘗講究第以舊服無有存者欲乞因茲改作是正訛謬一從周制以合先聖之言尋禮部契勘奏言衣服之制或因時王而為之損益事雖變古要皆一時制作不無因革或考之先王而有繆戾者雖行之已久不應承誤襲非憚於改正按周官自上公服袞王之三公服鷩以至士服玄冕凡五等唐制自一品服袞冕九旒至五品服玄冕亦五等國家承唐之舊初有五旒之名其後去三公袞冕及絺冕但存七旒鷩冕五旒毳冕無旒玄冕凡三等而已袞服非公所服去之可也乃併絺冕去之自尚書服毳冕以至光祿丞亦服焉貴賤幾無等此皆一時制作不無因革今合增鷩冕為八旒增毳冕為六旒復置絺冕為四旒并及無旒玄冕共四等庶幾稍合周制若冕之方圓俛昂於無辨則制造之差也以青為表飾不用玄也為玄而不至者也以緋為裳非不用纁也為纁而太過者也山止而靜者也今象其隤是得山之勢而不知其性圜而神者也今象其銳

是得火之形而不得其神也至於宗彝粉米佩綬帶紐芾舄之屬皆宜改正施行是時諸臣奏請討論雖詳然終以承襲之久未能盡革也鷩冕八旒每旒八玉三采朱白蒼角笄青纊以三色紞垂之紘以紫羅屬於武衣以青黑羅三章華蟲火虎蜼彝裳以纁表羅裏繒七幅繡四章藻粉黼黻大帶中單佩以珉貫以藥珠綬以絳錦銀環韍上紕下純繪二章山火華蟲緋羅表金塗銅裝犀舄並如舊制宰相亞終獻大禮使服之前明景靈宫太廟亞終獻明堂滌濯進玉爵酒亦如之毳冕六玉三采衣三章繪虎蜼彝藻粉米裳二章黼黻佩藥珠衡璜等以金塗銅帶韍繪以山革帶以金塗銅餘如鷩冕六部侍郎以上服之前朝景靈宫太廟進爵酒幣官奉幣官奉幣官受爵酒官薦俎官明堂受玉爵受玉幣奉徹籩豆進飲福酒徹俎祝腥肴引亞終獻禮儀使亞終獻爵并盥洗官四員並如之前二日奏告初獻社壇九宮壇分祭初獻亞獻亦如之絺冕四玉二采朱緑衣一章繪粉米二章繡黼黻綬以皂綾銅環餘如毳冕光祿卿監察御史讀冊官舉冊官分獻官以上服之前明景靈宮太廟奏奉神主宮明堂太府卿光祿卿沃水舉冊官讀冊官押樂太常卿東朵殿三員西朵殿二員東廊二十八員西廊二十五員南廊二十七員殿門祭獻官前二日奏告亞獻

卷一萬九千七百九十一

十

終獻官監察御史並如之社壇九宮壇分祭終獻官監察御史兵工部光祿寺卿丞亦如之玄冕無旒無佩綬衣純黑無章裳刺黼而已韍無刺繡餘如絺冕光祿丞奉禮郎協律郎進摶黍官太社令良醞令太官令奉俎饌等官供祠執事官內侍以下服之明堂光祿丞奉禮郎良醞令太祝摶黍官宮架協律郎登歌協律郎奉御官內侍供祠執事官武臣奉俎官殿門祭奉禮郎太祝令太官令社壇九宮壇分祭太社太祝太官令奉禮郎並如之紫壇冕四旒服紫壇衣博士御史服之外州軍祭服鷩冕八旒三都初獻服之毳冕六旒經略安撫鈐轄初獻服之絺冕四旒經略安撫鈐轄亞獻服之節鎮防團軍士初獻亦如之玄冕無旒節鎮防團軍事亞終獻服之

宋會要

高宗紹興十六年四月四日上謂輔臣曰比降下祭服更令禮官考古便可依式制造庶將來奉祀不闕令檢討郊祀錄皇帝祀天地神祇則服大裘冕按三禮義宗云祭天所以用大裘者是羊羔裘也黑者象天色玄大者擬覆燾無下故服大裘以祀天也冕者勉也所以勉人為高行凡六冕之服皆玄上纁下冕既大同無以為别故不謂冕為服但取畫章之異以

爲立名故用服名冕一六冕之旒數若大裘冕即無旒若衮冕天子十有
二旒前後邃延上公即九旒每旒五采就爲之每一寸安一玉王皆五色
先朱白蒼黄玄諸侯即三采夏商朱綠皆周而復始十二旒旒各一尺二
寸用玉二百八十八若上公九旒用玉百六十二今覩旒玉純用一色其
數不與昔同是二失也今檢詳凡享廟謁廟及遣上將征還飲至則服衮
冕按自衮冕而下服名冕者皆是畫衣章之首衮冕所以祭先王者爲服
以龍爲首龍德神異應時潛見象王者有神異之德也其冕垂白珠十有
二旒以組爲色如其綬玉藻云天子玉藻十有二旒前後邃延龍衮以祭
鄭玄云冕之旒以藻繩貫玉爲飾因以名也十有二就每一就貫一玉就
間相去一寸則旒長尺二寸垂齊肩也五采者依射侯之次從上而下初
以朱次以白次以蒼次以黄次以玄以五采正既貫徧周而復始此並周
制也至漢明帝用曹褒之說皆用白旋珠與古異也魏文帝好婦人飾改
珊瑚珠至晉江左又改漢制今用白珠之制自漢始馬大戴禮曰冕而加
旒以蔽明也隋牛宏云請以采縋貫珠爲旒後只言采不言五采周禮衮
冕九章升龍於山升火於宗彝以五章畫於衣一曰龍二曰山三曰華蟲
四曰火五曰宗彝今衣上不見宗彝又剩一藻文也下四章繡於裳上六

曰藻七曰粉米八曰黼九曰黻今又無藻文餘有三章亦不飾繡是三失
也今檢詳義纂云周禮衮冕九章尚龍置於山上謂之龍衮鄭玄謂衮者
卷也龍能變化舒卷因以名焉以五采絛綖貫玉前後各十二旒用玉二
百八十八也秦除古制皆服袀玄漢明帝始采舊法繫白玉珠爲旒以組
爲綬黈纊塞耳玄衣纁裳十二章自日月星辰山龍華蟲火宗彝八章畫
之於衣藻粉米黼黻四章繡之於裳織成爲之褾領皆升龍焉唐制白紗
爲中衣以黼爲領舄如金飾入廟踐祚加元服納后元日受朝及臨軒冊
拜公王則服之是參漢禮也又周禮天子衮冕十有二旒十有二就就貫
一玉就間相去一寸則旒長尺二寸各用十二玉也又按郊禮録云其服
玄衣纁裳十二章安易云黄帝堯舜垂衣裳而天下治蓋取諸乾坤韓康
伯注云上衣下裳取乾坤之象有上下也釋名上服曰衣衣者依也下服
曰裳裳者障也所以障蔽也夫衣用玄者象天色也裳用纁者法地色也
不法蒼黄之色者凡衣服悉明其身有章彩文物以蒼黄太質故用玄纁
耳纁者是朱之小別故周禮鍾氏云三入爲纁鄭注士冠禮云朱則四入
是與纁同類也十二章者法天之大數虞帝之服也聖朝之制法舜服也
日月星辰山龍華蟲火宗彝此八章在衣藻粉米黼黻此四章在裳裳衣

褾領爲升龍皆織成爲之按三禮義宗曰日月星辰三章直畫作其形欲
明王者有光照之功垂於下土山亦畫山形取其能興雲雨膏潤萬物象
王者之澤沾於下也龍亦畫龍形取其變化無方或潛或見適順王者之
德卷舒有時應機布道華蟲者畫作鷩雉之體有文飾故謂之華象其雉
身被五色有炳蔚之姿似王者體合五常兼文明之性宗彝者畫虎雉于
宗廟之器爲飾因而名之象虎雉以剛猛制物王者亦以威武定亂也藻
畫其形藻逐水上下似王者之德日新也大粉米亦直畫其形粉潔白故
以名之米者人恃之以生王者亦物之所賴以理也黼畫斧形象王者能
斷割臨事能決之也黻者兩已相背明民見善改惡也此皆聖人法象之意
周則畫九章又登龍於山登火于宗彝尊其神明故也按古禮皆衣畫裳
繡法陰陽之義衣數則奇裳數則偶今聖朝制令上八下四皆以偶而言
又王服自衮冕以下皆織成而爲之是王者相變也龍山以下每章一行
重以爲等每行十二按禮圖凡章文參錯滿衣裳而已不拘其數雜[illegible]
云各畫十二亦取則大之大數一鷩冕七章畫三章於衣繡四章於裳[illegible]
冕五章畫三章於衣繡二章于裳絺冕上下皆繡黻而已今等級不同是
四失也又檢詳郊祀云鷩冕八旒其服七章華蟲火宗彝此三章在衣藻

粉米黼黻此四章在裳按三禮義宗云雉言鷩者以爲禽鳥體具義不足
取故文采章著者以爲稱也祭先公者鷩冕以雉爲首雉有專介之志發
先公有賢才能守節度也故左傳云聖達節次守節餘同衮冕七旒其
服五章宗彝藻粉米三章在衣黼黻二章在裳按三禮義宗云凡章服之
中惟有龍雉虎雉並是禽獸龍能變化其體可尊故不隱其名鷩及虎雉
婉其體卑故沒其正體所以龍雉各自爲章者龍爲神化雉爲文明神化
文明理皆是陽虎雉山林之獸義皆是陰故龍雉各一而成章虎雉合而
而爲體故於陰陽之義也以毳冕祭四望者四望是五岳四瀆之神[illegible]
是山林所生故服以明象也然周禮之祭服止於六冕所祭之神其類甚
多但使理通便皆同用虎雉非水物山川氣通故同用毳冕則有所象之
理餘同鷩冕繡冕六旒其服三章粉米一章在衣黼黻二章在裳按三禮
義宗云粉米一章刺於衣黼黻二章繡于裳也祭社稷五祀者繡冕以粉
米爲首社稷者土穀之神此米由之而成故服之以象其功也五祀者古
之五官之神能平五官之政皆有水土之功故亦同服也所以獨衣刺者
凡畫繢之法以衆色而成一色則不足以成畫故宜直刺而已又此服是
臣服之首不畫衣以下於君是無陽之義也今皆織成焉是名存而制異

也餘同毳冕五旒其衣無章唯裳刺黻一章按三禮義宗云祭群小祀本百物之神其形難可徧擬故但取兩已相背以明其異餘同絺冕一猶黻未依制度按玉藻云下廣二尺上廣一尺又明堂云有虞氏之韍夏后氏以山商人以火周人以龍章注云天子備焉諸侯火而下卿大夫以山士韎韐而已今別畫粉米黼黻是五失也今檢詳義纂釋輿黻何殊禮云韠君朱大夫素士爵韋上廣一尺下廣二尺長三尺其頸五寸肩革帶博二寸注頸中央肩兩角皆上接革帶以繫之肩與革帶其廣周矣皆執事者黼其裳前示恭謹也於朝服謂之韠於冕服謂之蔽膝朝祭異名其實一也又按五禮精義問蔽膝對曰皆從裳色三品已上山火二章四品一章五品無章玉藻云韠君朱大夫素士爵韋鄭玄云此玄端服之韠也韠象裳色則天子諸侯玄端朱裳大夫素裳唯士玄裳黄裳雜裳也若祭服皆玄上纁下故云一命縕韍再命已上赤韍也又大帶制度玉藻云天子素帶朱裏終辟諸侯素帶終辟大夫素帶率下辟今覩等級不當是六失也今檢詳義纂云大帶何施禮云天子素帶朱裏終辟細約用組鄭玄云裨緣飾也以素為帶以朱為裏紕其外者上以朱下以緑則帶身在腰及垂皆飾之是以謂之終裨其制博四寸紐帶之交結處也約結其帶也執事

卷一萬九千七百九十　主十

者以黼黻裳前示恭謹之道天子之黼以半直方四角無圓殺上濶一尺象天下濶二尺象地數二也長三尺象三才也唐禮以繒為之朱質畫龍山火三章為飾以備三代之法也請按古今沿革敕行改正詔付有司依坦并禮院檢討名件制度改正務合先王禮意

公服唐制謂之常服色同袴褶曲領垂胡加襴折上巾今常服之太宗雍熙初郊祀慶成始許升朝官服緋綠二十年者敘賜緋紫真宗登極京朝官亦聽敘後東封西祀赦書京朝官並以十五年為限仁宗英宗神宗登極亦如例其特恩賜紫衣佩帶緋衣塗金寶瓶帶太宗太平興國二年二月二日詔朝官出知節鎮及轉運使副衣緋綠者並借紫知防禦團練刺史州衣綠者借緋衣緋者借紫其為通判知軍監止借緋後江淮發運使同轉運提點刑獄同知制史州七年正月九日翰林學士承旨李昉言準詔定車服制度禮部式三品已上服紫五品已上服朱七品以上服綠九品以上服青流外官及庶人並衣黃恭詳除服青服黃久已寢廢自今流外官及貢舉人庶人許通服皂衣白袍從之真宗景德三年六月十三日詔內諸司使以下出入內庭不得服皂衣違者論其罪內職亦許服紫袍仁宗明道二年十月九日詔審刑院詳議官尚府推判官舊例合賜緋者造謝日閤門取旨景祐元年六月十二日詔軍使曾任通判者借緋曾任知州者借紫慶歷元年二月二十八日龍圖閣直學士任布言欲望自今贈官至正郎者其畫像許服緋至卿監許服紫從之七年五月

卷一萬九千七百九十二　一一

十一日侍御史吳鼎臣言武班及諸執司人吏曾因觀喪出入禁門甚有裹素紗幞頭者殊失肅下尊上之體欲乞文武兩班除以官品起復許裹素紗外其餘臣僚并諸職司人吏雖有親喪服未除並須光紗加首不得更裹素紗詔送太常禮院而禮官言準令文凶服不入公門其遭喪被起在朝參處常服各依品服惟色以淺無金玉飾在家者依其服制其被起者及恭喪以下居式假者衣冠朝集皆聽不預令鼎臣所奏有礙令文詔依所定如遇筵宴其服淺色素紗人更不令祇應嘉祐三年三月十三日詔自後知雜御史衣緑者告謝日閤門取旨給與五年閏二月十九日右奉議郎葛與時言切見去歲九月明堂恩宣教郎以下父母年九十以上與官封與時父世長年九十五先已敘封宣教郎致仕乞將前項恩上與父改換五品服色特從之紹興三十二年孝宗已即位未改元六月十三日赦應承務郎以上服緑服緋及十五年並與改轉服色二十九日詔今後無出身人自年二十依今出官服綠日起理服緋人亦自年二十服緋日起理有出身人自賜出身人起理內除落下憂年月日不理外歷任無贓濫私罪至徒過犯至赦前及十五年依赦改轉施行殿中侍御史張震奏今日之弊在于人有僥倖之心能革其俗而後天下可治並改特服色

常故自陞朝官已上服綠大夫以上服緋滋事及二十年方得改賜今敕自承務郎以上服綠服緋及十五年便與改轉比之常敘不惟年限已減而又官品相絕蓋已為異恩矣今竊聞省部欲自補官日便理歲月即是嬰孩授命年纔十五者今遂服緋而貴近之子或初年賜緋年纔及冠者今遂賜紫朱紫紛然不亦濫乎竊聞靖康建炎恩數亦不曾以補官日為始若始於出官之日頗為折衷蓋比之滋事所減已多而比之初補粗為有節乞下吏部部叅酌施行禮部看詳奏聞故有是命隆興二年六月十八日詔少傅保康軍節度使充醴泉觀使大寧郡王吳益依韋淵例賜花羅公服許服著趂赴朝叅乾道四年正月十一日詔太學上舍生黃倫釋褐特與補左承務郎依唱名例給賜袍笏於國子監敎化堂祇受自後釋褐並如之　九年十二月十名詔太學上舍鄭鑑釋褐補左承務郎候太學錄有闕日取旨差下祇候庫依唱名例給賜袍笏令於國子監敎化堂祇受以上乾道會要　乾道四年十二月十三日詔大尉保信軍節度使充萬壽觀使鄭藻賜花羅公服許令著赴朝叅　嘉祐三年詔三品轉使使朝辭上殿日與賜章服諸路轉運使候及十年即與賜章服　徽宗重和元年詔禮制局自冠服討論以聞其冠服釋先改用履禮制局奏履有絇繶純

卷一萬九千七百九十一

綦古者舄履各隨裳之色有赤舄白舄黑舄今履欲用黑革為之其絇繶純綦並隨服色用之以倣古隨裳色之意詔以明年正旦改用禮制局又言履隨其服色武臣服色一等當議差別詔文武官大夫以上具四飾朝請郎武功郎以下去繶並稱履從義郎宣教郎以下至將校伎術官去繶純並稱履當時議者以釋不常用之中國實廢釋氏之漸云中興仍元豐之制四品以上紫六品以上緋九品以上綠服緋紫者必佩魚謂之章服非官至本品不以假人若官卑而職高則特許者有三自庶官遷六部侍郎自庶官為待制或出為奉使者是也又有以年勞而賜者有品未及而借者升朝官服綠大夫以上服緋莅事至今日以前改二十年歷任無過者許磨勘改授章服此賜者也或為通判者許借緋為知州監司者許借紫任滿還朝仍服本品此借者也又有出于恩賜者焉紹興十二年九月以皇太后回鑾詔承務郎以上服緋綠莅事至今日以前十七年者並改轉服色

宋會要　章服

嘉祐三年十二月十一日詔今後三路轉運使朝辭上殿日與賜章服諸路轉運使候及十年即與賜章服　神宗元豐五年四月二十七日詔六曹尚書依翰林學士例六曹侍郎給事中依直學士例朝謝日不以行守試並賜服佩魚罷職除他官日不帶行　高宗建炎元年七月二十八日詔借通直郎直龍圖閣河北西路招撫使張所上殿賜章服遣行四年六月三十日詔自庶官除侍郎如遇服緋綠依待制告謝日改賜章服　紹興五年三月十七日左通直郎周葵言乞將減三年磨勘恩例回授文裕章服特從之自後內外官係或以所得減磨勘無恩賞或賞歷磨勘或轉

輿服四之三一

一官及郊恩合改服色乞回授父改章服者皆特從其請六年八月五日詔三司諫陳公輔論奏深得諫臣之體可賜紫章服七年二月十六日詔范直方差充川陝宣諭特與賜紫章服二十九日詔比引封知無錫縣李德鄰訪以民間疾苦頗見留心可賜緋章服九年二月十三日詔方庭實差充三京淮北宣諭依轉運使例借紫章服回日依舊八月十三日詔權四川宣撫使司計議軍事賈暉賜紫章服以暉在任被檄赴行在稟議引對特賜之十二年九月十三日以太母回鑾赦應承務郎以上服綠服緋淮事至今日已前及十七年無贓濫若私罪徒以上情理稍輕者並與改轉服色十三年四月十八日吏部言承務郎以上過赦改過章服近有元係武臣後因試換文資并特恩換授文資者內自使臣淮事以後至換文資以前歷過月日即未曾申明許如何收使緣自來使臣換官者遇陳乞奏薦係以兩日比當一日至換授文資上再理年限通理止為奏薦今承務郎以上陳乞服色欲依奏薦已得指揮施行從之二十八年十二月二十七日詔吳搗特與轉承議郎除軍器監丞仍賜紫章服錄搗父之功故有是命隆興元年十一月七日詔右承務郎直秘閣江淮都督府主管書寫機宜文字張栻特賜紫章服二年三月二日詔右通直郎兩浙西路安

卷一萬九千七百九十

四

撫司准備差遣充奉使通問國信審議官胡昉賜緋章服二十三日詔右承事郎利州西路安撫司主管機宜文字吳挺賜紫章服九月二十一日詔右宣義郎權通判階州吳總特與轉右朝奉郎賜紫章服除太府寺丞乾道二年十一月十五日詔諸王宮大小學教授胡百能特賜章服以供職一考年老乞致仕也三年四月十八日詔右朝散大夫充秘閣修撰權發遣臨安府王炎特賜章服閏七月二十七日詔右中奉大夫直龍圖閣兩浙計度轉運副使姜詵賜紫章服十月二十三日詔右朝請郎直秘閣兩浙東路提點刑獄公事張津乞奉太上皇聖旨賜金帶特賜紫章服十一月二日大禮赦應見任并致仕陞朝官服綠大夫以上服緋淮事至今日以前及二十年歷任無贓濫若私罪徒以上情理稍輕者並許於所屬投狀磨勘改賜章服十四日詔右朝請大夫直龍圖閣權發遣臨安府周淙賜紫章服十二月七日詔右通直郎直徽文閣權發遣和州主管淮南路安撫司公事胡昉特賜紫章服四年二月十四日詔右承議郎直秘閣韋璞特賜紫章服十二月六日詔恭奉太上皇帝聖旨秀王夫人長孫師夔特賜紫章服六年十月十一日詔右朝散大夫直顯謨閣權發遣臨安府姚憲賜紫章服　淳熙元年十二月十七日慶壽赦應見任并致仕陞

輿服四之三二

朝官服綠大夫以上服緋及十年該今赦日年及七十以上並改賜章服十年太上皇后慶壽同十二年慶壽赦內年八十並致仕官大夫以上雖未及十年者與改賜四年二月五日詔國子祭酒林光朝賜紫章服以車駕幸大學光朝講禮記中庸篇故有是賜五年九月十三日詔秘書監陳騤少監鄭丙並賜紫章服以車駕幸省特賜七年三月二十八日詔敷文閣直學士韓彥直特令佩魚十年十月十六日詔權侍郎以上罷任不帶職名許服紅鞓排方黑犀帶仍佩魚十一月二日詔翰林郎任沖賜紫章服以潤州保奏沖自任處州通判不磨勘三十餘年先因母疾兵火路梗中奉母歸侍養十七年母死廬墓孝行顯著故有是命十二年十一月二十八日詔承議郎張宗尹可特與賜章服以宗尹係恩平郡王長女夫特有是賜十五年六月十八日詔直祕閣特添差兩浙轉運司主管文字賜緋魚袋吳琚改賜紫章服以琚係皇太后親姪特有是賜淳熙十六年二月四日登極赦承務郎以上服綠服緋及十五年並與改轉紹熙二年八月八日詔知潭州趙善俊特賜紫章服以善俊招軍數足特轉一官更減二年磨勘為役正未故有是賜十一月二十七日南郊赦見任並致仕陞朝官服綠大夫以上服緋及二十年並改賜章服三年七月二十四日詔

卷一萬九千七百九十

五

通直郎直秘閣特添差兩浙轉運司主管文字釐務吳錡特與賜紫章服以錡係壽聖皇太后親姪孫故有是賜五年正月一日慶壽赦文臣致仕官朝奉大夫八十以上與賜紫章服京朝官年八十以上服綠服緋各及十年與改賜章服嘉定十三年十月五詔淮東制置副使賈涉可特賜紫章服仍賜金腰帶一條許令服繫

宋會要　袞冕

真宗咸平五年二月，大理寺丞李坦言：臣聞禮行於郊
而百神受職，禮行於社而百貨可極焉。是故禮者治
國之柄，服者飾身之儀，歷代成規，後王不易。臣昨差郊
壇助祭，竊見助祭之官所服六冕多不依古制，又慮後
來增減不同。按《司服》云：王祭昊天上帝，則大裘而冕；祭
五帝亦如之；饗先王則袞冕；饗先公則鷩冕；祀四望山
川則毳冕；祭社稷五祀則絺冕；祭羣小祀則元冕。鄭司
農云：袞冕之旒，天子則十二旒；若上公則九旒；侯伯鷩
冕七旒；子男即毳冕五旒；孤卿即絺冕三旒。今具六冕
祭服異同，乞行改正。詔送太常寺禮院詳定。禮既言：檢

卷一萬一千四百二十九　一

討如後：伏緣冕旒之制度，繡畫之等差，歷代以來，屢有
沿革。若循古制，須議酌中，改作之間，安敢輕議。周六冕
皆元上纁下，元上法天，纁下法地，無前後邃延。今觀冕
板上下之色皆用元青，亦無邃延，一失也。今檢詳《郊祀
錄》，皇帝祀天地神祇則服大裘冕。冕者，勉也，所以勉人
為高行。凡六冕之服皆元上纁下，冕既大同，無以為別，
故不謂冕為服，但取畫章之異以為立名，故用服名冕。
一、六冕之旒數，若大裘冕即無旒；若袞冕，天子十有
二旒，前後邃延，上公即九旒。每旒五采，就為之，每一寸
安一玉，玉皆五色，朱白蒼黃元；諸侯即三采，夏商朱綠，
皆周而復始。十二旒，旒各一尺二寸，用玉二百八十八，
若上公九旒，用玉百六十二。今觀旒玉純用一色，其數
不與昔同，是二失也。今檢詳凡饗廟、謁廟及遣上將、征
還、飲至，則服袞冕。其冕無白珠十有二旒，以組為纓，色
如其綬，玉藻云：天子玉藻十有二旒，前後邃延，龍袞以
祭。鄭元云：冕之旒以藻，紃貫玉為飾，因以名也。十有二
就，每一就貫一玉，就間相去一寸，則旒長尺二寸，垂齊
肩也。五采者，依射侯之次，從上而下，初以朱，次以白，次
以蒼，次以黃，次以元，以五采正既貫徧，周而復始。此並
周制也。至漢明帝用曹褒之說，皆用白旋珠，與古異也。
魏文帝好婦人飾，改用珊瑚珠。至晉江左，又改漢制，今
用白珠之制，自漢始焉。大戴禮曰：冕而加旒，以蔽明也。

卷一萬一千四百二十九　二

隋牛引云：請以采縌貫珠為旒。後只言采，不言五采，是
三失也。今檢詳《義纂》云：周禮袞冕以五采絲紃貫玉，前
後各十二旒，用玉二百八十八也。秦除古制，漢明帝始
采舊法，繫白玉珠為旒，以組為纓，黈纊充耳，元衣纁裳
十二章。唐制入廟、踐祚、加元服、納后、元日受朝及臨軒
冊拜公主，則服之，是承漢禮也。又《周天子袞冕》十有二
旒，十有二就，就貫一玉，就間相去一寸，則旒長尺二寸，
各用十二玉也。又按《郊禮錄》云：其服元衣纁裳十二章
云云。詳服，請按古今沿革，特行改正。詔付有司，依坦并
禮檢討名件制度，改正務合先王禮意。大中祥符元
年四月二十五日，詳定所言：按《六典》，天子之服冕一曰

大裘冕無旒裘以黑羔皮為之祀天神地祇則服二曰衮冕垂白珠十有二旒黝衣纁裳十有二章饗廟謁廟告廟則服今參詳封禪祭天地準典禮皇帝服大裘又緣南郊合祭天地止服衮冕欲封禪日依南郊例從之

宋會要 衮冕

神宗元豐元年十一月二日詳定郊廟禮文所言周禮弁師掌王之五冕五采繅十有二就皆五采玉十有二玉鄭氏注謂合五綵絲為繩垂於延之前後各十二所謂邃延也賈公彥曰以青赤黃白黑五貫於藻繩每玉間相去一寸十二玉則十二寸以一玉為一成結之使不相并此據衮冕前後二十四旒孔穎達曰旒長尺二寸故

卷一萬一千四百二十九 三

垂而齊眉也至後漢明帝用曹褒之說乘輿服冕係白玉珠為十二旒前垂三寸遂失古制今之衣服令乘輿服衮冕垂白珠十有二旒廣一尺二寸長二尺四寸蓋白珠為旒用東漢之制而其冕廣長之度乃自唐以來率意為之無所稽考景祐中已經裁定以叔孫通漢禮器制度為法凡冕板廣八寸長尺六寸與古制相合更不復議今取少府監進樣如以青羅為表紅羅為裏則非弁師所謂元冕朱裏者也上用金稜天板四周用金絲結網兩旁用真珠花素墜之類皆不應禮伏請改用朱組為紘玉笄玉瑱以元紞垂瑱以五采玉貫於五色藻為旒以青赤黃白黑五色備為一玉每一玉長一寸前後二十四旒垂而齊眉孔子曰麻冕禮也今也純儉吾從衆釋者曰純絲易成故從儉今不必績麻宜表裏用繒帛協孔子所謂純儉從衆之義從之

卷一萬一千四百二十九 四

建隆 天聖
景祐 治平
元豐
照州沙序

全唐文

宋會要　冕冠

治平二年詔裁定袞冕制度禮院奏曰皇朝之制天子之服有袞冕前後十有二旒二纊並貫珠璣又十有二碧鳳啣翠旒在珠旒外板以龍鮮錦表上綴玉為七星旁施琥珀瓶犀瓶各二十四綴金絲網鈿以珠璣雜寶玉如紫雲白鶴錦衣四柱飾以七寶袞服間以雲朵飾以金鈒花鈿窠裝以珠璣琥珀雜寶玉祭天地宗廟朝享太清玉清昭應景靈宮等服之元豐四年臣僚言古者冕弁則用紘冠則用纓今衣服令乘輿服大裘冕以組為纓色如其綬袞冕朱絲組帶為纓冕而用纓不與禮合請改用朱組紘仍改平冕為元冕用纓不赤而織黑者又別圖上敕劄從之

卷三千九百二十七　一

宋會要

太祖建隆元年二月十九日太常禮院言請具通天冠制度令式二十四梁加金博山附蟬十二高廣各一尺青表朱裹首施朱翠黑介幘組纓翠緌玉犀簪導仁宗天聖二年南郊禮儀使李維言皇帝郊祀服通天冠絳上一字準勅迴避詔改為承天冠中興之制冠高九寸服用並同神宗元豐二年八月二十九日詳定郊廟禮文所言通天冠二十四梁為乘輿服蓋二十四梁以應冕旒前後之數至於綬則乘輿及皇太子以織成諸臣用錦為之詔依

宋會要

景祐二年八月二十七日續詔通天冠更不修製外平天冠天板元闊一尺二寸長二尺四寸今製造廣八寸長一尺六寸減翠旒并鳳子前後使二十四珠旒並合典制天板頂上元是織成龍麟錦為表紫雲白鶴錦為裏今製造使青羅為表彩畫出龍麟紅羅為裏絲畫出紫雲白鶴所有上面犀瓶子琥珀瓶子各二十四箇今減不用金絲結網子上舊別有金絲結龍八條今減四條亦減金絲今細天板四面花壂子素隆子依舊減輕製造冠身并天柱元是織成龍麟錦今用青羅彩畫出

卷三千九百二十八　二

龍麟金輪等七寶元造真玉碾成今更不用如補空却以雲龍細窠分旒玉鈎二枚今減不用天河帶組帶款慢帶依舊只減輕織造納言元使玉製造今來使青羅絲畫出龍麟錦依舊金稜上面稜道依舊使金即舊減輕制造黈纊玉簪

哲宗元祐元年太常寺言舊制大禮行事執事官並服祭服餘服朝服至元豐三年八月二十二日詳定郊廟奉祀禮文所言禮記曰三公一命衮則三公當服鷩冕詩曰毳衣如菼則上大夫卿當服毳冕周禮典命曰公之孤四命又曰王之大夫四命其衣服各視其命之數公之孤其服自希冕而下則王之大夫當服希冕諸侯卿大夫之服自元冕而下則王之士當服元冕所謂周人冕而祭也司服曰孤之服自希冕而下卿大夫之服自元冕而下士之服自皮弁而下此諸侯之臣助祭服也然而不著王朝公卿大夫士之服者蓋舉下以見上

卷一萬一千四百三十九　五

可比義而知也然今官名雖與古不同以唐六典考之吏部尚書注曰周之天官卿也侍郎注曰周之小宰中大夫也員外郎注曰周太宰屬官上士也今約之六典參以今之班序伏請資政殿大學士以上侍祠服鷩冕觀察使以上服毳冕監察御使以上服希冕朝官以上服元冕選人服爵弁從之惟不用爵弁供奉官以下至選人皆服元冕無旒徽宗大觀四年議禮局官宇文粹中上所編祭服制度曰古者冕以木版為中廣八寸長尺六寸後方前圓後仰前低染三十升之布元表朱裏後方者不變之體前圓者無方之用仰而元者升而辨於物俛而朱者降而與萬物相見後世以繒易布故純

儉今羣臣冕版長一尺二寸濶六寸二分非古廣尺之制以青羅為覆以金塗銀稜為飾非古元表朱裏之制乞下有司改正古者冕之名雖有五而繅就旒玉則視其命數以為等差合絲絲為繩用以貫玉謂之繅以一玉為一成結之使不相并謂之就就間相去一寸則九玉者九寸七玉者七寸各以旒數長短為差今群臣之冕用藥玉青珠五色茸線非藻玉三采二采之義每旒之長各八寸非旒數長短為差之義又獻官冕服雜以諸侯之制而一品服衮冕臣竊以為非宜元豐中禮官建言請資政殿大學士以上侍祠服鷩冕觀察使以上服毳冕監察御史以上服希冕朝官以上服元冕選人

卷一萬一千四百三十九　六

以上服爵弁詔許之而不用爵弁供奉官以下至選人盡服元冕無旒臣竊謂依此參定乃合禮制古者三公一命衮則三公在朝其服當鷩冕蓋出封則遠君而伸在朝則近君而屈今之攝事及侍祠皆在朝之臣也在朝之臣乃與古之出封者同命數非先王之意乞下有司制鷩冕八旒毳冕六旒希冕四旒元冕三旒其次二旒又其次無旒依元豐詔旨參酌等降為侍祠及攝祭之服長短之度采色之別皆乞依古制施行又按周禮諸侯爵有五等而服則三所謂公之服自衮冕而下侯伯自鷩冕而下子男自毳冕而下是也古者諸侯有君之道故其服以五七九為節今之郡守雖曰猶古之侯

伯其實皆王臣也欲乞只用羣臣之服自鷩冕而下分
為三等三都四輔為一等初獻鷩冕八旒經畧安撫鈐
轄為一等初獻毳冕六旒亞獻並元冕二旒終獻無旒
節鎮防團軍事為一等初獻希冕四旒亞終獻並元冕
無旒其衣服之制則各從其冕之等又曰今之紘組仍
綴兩繒帶而結於頤冕旁仍垂青纊而不以瑱以犀為
簪而不以玉笄象笄並非古制乞下有司改正從之政
和議禮局言大觀中所上羣臣祭服制度已依所奏修
定乞付有司依圖畫製造既又上羣臣祭服之制正一
品九旒冕金塗銀稜有額花犀簪親祠大禮使亞獻終
獻太宰少宰左丞每歲大祠宰臣親王執政官郡王充

卷一萬一千四百二十九

七

初獻服之奏告官並依本品服已下準此從一品九旒
冕無額花餘如正一品服親祠吏部戶部禮部兵部工
部尚書太廟進受幣爵奉幣爵宗室每歲大祠捧俎豆
大祠中祠初獻官服之二品七旒冕角簪親祠吏部侍
中殿中監大司樂光祿卿讀冊官太廟薦俎賛進飲福
宗室七祠配享功臣分獻官每歲大祀謂用宮架者大
司樂大祠中祠亞終獻大祀禮官小祀獻官朔祭太常
卿服之三品五旒冕親祠舉冊官大樂令光祿丞奉俎
饌籩豆簠簋官分獻官分獻壇壝從祀太廟奉瓚槃薦
香燈安奉神主毛血槃蕭蒿篚肝膋豆宗室每歲祭祠
大樂令大中祠分獻官服之無旒冕奉禮協律郎郊社

令太祝太官令親祠擡鼎官進搏黍官太廟供亞終獻
金斝供七祀獻官木爵官服之五旒冕紫檀絁衣餘如
三品服監察御史服之州郡祭服三都初獻八旒冕經
畧安撫鈐轄初獻六旒冕亞獻並二旒冕終獻無旒冕
節鎮防團軍事初獻四旒冕亞終獻並無旒冕中興之
後省九旒七旒五旒冕定為四等一曰鷩冕八旒二曰
毳冕六旒三曰希冕四旒四曰元冕無旒其義以公卿
大夫士皆北面為臣又近尊者而屈故其節以八以六
以四從陰數也先是紹興四年五月國子監丞王普奏
言臣嘗攷諸經傳具得冕服之制盖王之三公八命鷩
冕八旒衣裳七章其章各八孤卿六命毳冕六旒衣裳

卷一萬一千四百二十九

八

五章其章各六大夫四命希冕四旒衣裳三章其章各
四上士三命元冕三旒中士再命元冕二旒下士一命
元冕無旒其繅亞笄衡紘紞瑱纊皆有等差近世冕服
制度沿襲失真多不如古夫後方而前圓後昂而前俛
元表而朱裏此冕之制也今則方圓俛仰幾於無辨且
以青為表而飾以金銀矣其衣皆元其裳皆纁云云詳
服臣伏讀今之會要郊廟奉祀禮文祖宗以來屢常講
究第以舊服無有存者欲乞因茲改作是正訛繆一從
周制以合先聖之言尋禮部契勘奏言衣服之制或因
時王而為之損益事雖變古要皆一時制作不無因革
或考之先王而有繆戾者雖行之已久不應承誤襲非

悼於改正按周官自上公服袞王之三公服鷩以至士
服元冕凡五等唐制自一品服袞冕九旒至五品服元
冕無旒亦五等國家承唐之舊初有五旒之名其後去
三公袞冕及希冕但存七旒鷩冕五旒毳冕與無旒元
冕凡三等而已袞服非三公所服去之可也乃併希冕
去之自尚書服毳冕以至光祿丞亦服馬貴賤幾無差
等此皆一時制作不無因革 今合增鷩冕為八旒增毳
冕為六旒復置希冕為四旒并及無旒元冕共四等庶
幾稍合周制若冕之方圓低昂至於無辨則制造之差
也皆宜改正施行是時諸臣奏請討論雖詳然終以承
襲之久未能盡革也鷩冕八旒每旒八玉三采朱白蒼

卷一萬一千四百二十九　九

角笄青纊以三色純垂之紘以紫羅屬於武宰相亞終
獻大禮使服之前期景靈宮太廟亞終獻明堂滌濯進
玉爵酒官亦如之毳冕六玉三采六部侍郎服以上之服之
前官期景靈宮太廟進爵酒幣官奉幣官受爵酒幣官薦
俎豆明堂受玉爵受玉幣奉徹籩豆進飲福酒徹俎祝
腥贊引亞終獻禮儀使亞終獻爵并盥洗官四員並如
之前二日奏告初獻社壇九宮壇分祭初獻亞獻亦如
之希冕四玉二采朱綠光祿卿監祭御史讀冊官舉冊
官分獻官以上服之前期景靈宮太廟奏奉神主官明
堂太府卿光祿卿沃水舉冊官讀冊官押樂太常卿東
朶殿三員西朶殿二員東廊二十八員西廊二十五員

南廊二十七員戟門祭獻官前二日奏告亞獻終獻官
監察御史並如之社壇九宮壇分祭終獻官監察御史
兵工部光祿卿丞亦如之元冕無旒光祿丞奉禮郎協
律郎進摶黍官太社令良醞令太官令奉俎饌等官供
祠執事官内侍以下服之明堂光祿丞奉禮郎良醞郎令
太祝摶黍官宮架協律郎登歌協律郎奉御官内侍供
祠執事官武臣奉俎官戟門祭奉禮郎太祝令太官令
社壇九宮壇分祭太社太祝太官令奉禮郎並如之紫
檀冕四旒博士御史服之外州軍祭服鷩冕八旒三都
初獻服之毳冕六旒經畧安撫鈐轄初獻服之希冕四
旒經略安撫鈐轄亞獻服之節鎮防團軍事初獻亦如

卷一萬一千四百二十九　十

之元冕無旒節鎮防團軍事亞終獻服之 徽宗政和
三年議禮局上群臣祭服之制正一品九旒冕金塗銀
稜有額花犀簪親祠大理使亞獻終獻太宰少宰左丞
每歲太祠宰臣親王執政官郡王充初獻服之奏告官
並依本品服已下准此從一品九旒冕無額花親祠吏
部戶部禮部兵部工部尚書太廟進受幣爵奉幣爵宗
室每歲大祠捧俎官大祠中祠初獻官服之二品七旒
冕角簪親祠吏部侍郎殿中監大司樂光祿卿讀冊官
太廟薦俎贊進飲福宗室七祀配享公臣分獻官每歲
大祀謂用宮架者 大司樂大祠中祠亞終獻大祠禮官
小祠獻官朔祭大常卿服之三品五旒冕親祠舉冊官

太樂令光祿丞捧俎饌邊豆簠簋官分獻官分獻壇壝
從祀太廟奉瓚盤薦香燈安奉神主奉毛血槃蕭蒿膟
肝骨豆宗室每歲祠祭大樂令大中祠分獻官服之無
旒冕奉禮協律郎郊社令太祝太官令親祠擡鼎官進
搏黍官太廟供亞終獻金錞供七祀獻官執爵官服之
五旒冕監察御史服之州郡祭服三都初獻八旒冕經
畧安撫鈐轄初獻六旒冕亞獻並二旒冕終獻無旒節
鎮防團軍初獻四旒冕亞終獻並無冕旒

卷一萬二千四百二十九

土

諸色袍

照下方號碼排次

全唐文

宋會要 黃袍

高宗紹興五年四月二十九日禮部大常寺言得旨五月二日車駕詣廟別廟行款謁禮緣其日章懷皇后忌前一日皇帝合服黃袍祭酌禮例是日皇帝自內中先服紅袍詣大廟別廟行禮畢還內俟至宮中易忌前之服從之

宋會要 絳紗袍

乘輿服制天子絳紗袍以織成雲龍紅金條為之紅裏皂褾襈裾白羅中單蔽膝以紅紗紅羅裏飾與袍同紅羅裙紅紗裏白羅方心曲領餘同冕服大祭祀致齋出乘玉輅入乘金輅正冬大會五月朔受朝則服之　太祖建隆元年二月九日太常禮院言準敕追尊四廟皇帝御崇元殿命使行册禮衮龍服五月一日御殿受朝通天冠絳紗袍伏請下內中尚司與少府監計會修製詔可　十九日太常禮院言準少府監牒請具衮龍衣絳紗袍通天冠制度令式通天冠加金博山附蟬十二首施朱翠黑介幘髮纓翠緌玉簪導絳紗袍白紗中單朱領褾襈裾白裙襦絳紗蔽膝白假帶方心曲領其帶劔珮綬與上同白韈黑舄詔可　神宗元豐二年四月二十三日詳定正旦御殿儀注乞元日受朝賀服通天冠絳紗袍從之四年十月二十二日詳定郊廟奉祀禮文所言今

卷五千五百十四

一

儀注車駕赴青城服通天冠絳紗袍祀之日乃服靴袍
至大次服衮冕臨祭非尚質之義　哲宗紹聖三年十
月七日工部侍郎高遵惠言準朝旨祀北郊通天冠絳
紗袍應當暑月令行裁制接天聖衣服令衮冕大綬六
綬黑黄白縹緑小綬三色同大綬間施三玉環所有減
去損廻大綬一重只長二尺五寸即於禮典别無制度
伏乞量宜製造　徽宗政和三年四月二十九日議禮
局上皇帝冕服之制通天冠二十四梁加金博山附蟬
高一尺廣一尺犀簪導朱絲組帶為纓絳紗袍織成雲
龍皂羅縹襈紅羅為裏絳紗裙蔽膝如袍飾並皂縹襈
繡雲龍白羅方心曲領革帶餘同冕服大祭祀致齋詣
景靈宮大廟行宮禮畢還宮元正冬至大朝會臨軒冊
命皇后皇太后諸王大臣親耕籍田服之詔頒行　孝
宗紹興三十二年未改元七月十二日禮部太常寺言奉
上光堯壽聖太上皇帝聖壽太上皇后冊寶行禮日太
上皇帝合服通天冠絳紗袍皇帝亦服通天冠絳紗袍
續御藥院狀竊慮行禮日近製辦不及有旨將來上上
皇帝受冊寶禮日恭請服履袍　乾道七年二月十二
日禮部大常寺言續討論到禮例皇帝服通天冠絳紗
袍御大慶殿冊皇太子及詣大廟别廟行禮合服衮冕
從之晨祼皇帝服通天冠絳紗袍至大次　興隆二年
十月三日禮部大常寺言勘會逐次郊祀大禮皇帝自

蓋五千五百十四

二

青城至大次幷禮畢自大次還青城並係服通天冠絳
紗袍乘大輦今來欲乞並服通天冠絳紗袍乘平輦詔
從之　籍田大宗端拱元年正月十五日帝齋於乾元
殿翌日鑾駕出宮備大駕鹵簿於丹鳳門外帝服通天
冠絳紗袍執圭乘玉輅赴東郊行宮齋宿十七日親耕
禮畢解嚴還行宮百官稱賀帝改御大輦服通天冠絳
紗袍鼓吹振作而還御乾元門肆赦改元文武遞進官
有差　徽宗政和元年八月議禮所條具者八第一乞
躬耕之服止用通天冠絳紗袍百官並服朝服六年閏
正月二十七日詔親耕籍以玉輅載耒耜乘大輦用法
駕黄麾仗道駕官朝服結佩耕籍使以儀仗二千人護
衛耒耜質明先詣壇所詣籍田服鞾袍御平輦耕籍服
通天冠絳紗袍至思文殿進食後行禮畢教仗常服還
内今修定儀注　高宗十五年十一月禮部大常寺言
將來親耕籍田是日車駕服履袍乘平輦詣思文殿進
膳畢服通天冠絳紗袍行親耕之禮從之

宋會要　履袍

朝饗太廟行禮儀注車駕詣大廟前享一日皇帝於景
靈宮朝獻畢既還大次禮部郎中奏解嚴訖皇帝入齋
殿文武侍祠行事執事助祭之官非從駕者宗室先詣大廟
祠所其日禮直官宣舍人引禮部侍郎詣大次前奏請
中嚴少頃又奏外辦皇帝服履袍自齋殿詣大次出行

蓋五千五百十四

三

禁衛諸班親從等諸司祗應人員以下迎駕奏聖躬萬福車駕自齋殿詣太廟　其日文武侍祠行事執事助祭官宗室先詣太廟祠所其從駕臣僚並服常服就次有司進輦於齋殿其從駕臣僚並俟從駕次禮直官宣贊舍人引禮部侍郎奏請中嚴少頃又奏外辦皇帝自內服履袍詣齋殿即御座鳴鞭行門禁衛諸班親從等諸司祗應人員以下各自贊常起居

宋會要　韡袍

孝宗乾道九年十二月十七日禮部太常寺狀勘會將來正旦朝賀今欲比附政和五禮新儀月朔視朝儀皇帝御大慶殿服韡袍即御座皇太子文武百僚並服常服稱賀所有合設黃麾半仗乞令兵部排辦施行有旨依宮中導從

卷五千五百十四

宋會要　儀仗錦袍

鹵簿中通金吾本司纛稍佩儀刀執纛稍錦帽寶照錦袍錦臂韝革帶烏皮韡　大駕鹵簿內巾服之制執鉞吾纛稍服錦袍帽臂韝銀帶烏皮韡

宋會要　文繡袍

宮中導從唐以前無聞焉五代漢乾祐中始置主輦十六人捧足一人掌扇四人持踏牀一人並服文綾袍銀葉弓脚幞頭

宋會要　高髻青袍

宮中導從五代漢乾祐中始置新婦二人高髻青袍

宋會要　緋袍

宮中導從棒真珠七寶翠毛華株二人衣緋袍

卷五千五百十四

五

宋會要　繡袍

鹵簿三駕國朝之初將舉郊禮以五代草創官籍散落始命有司詳定制度惟得長興南郊鹵簿字圖校以令文頗有闕畧違戾者翰林學士承旨陶穀爲禮儀使建議鹵簿內金吾及諸衞將軍導駕及押仗舊服紫衣請依開元禮各服本色繡袍

宋會要　緋繡袍

大駕鹵簿內巾服之制　横刀執弓箭珂馬千牛服袍脚幞頭緋繡袍抹額大口袴銀帶鞾鞦前馬隊內折衝及執矟者服錦帽緋繡袍銀帶隊正服平巾幘緋繡袍大口袴　朱雀隊內執弓箭弩矟虞候佽飛執長壽幢寶輿法物人服平巾幘緋繡袍大口袴銀帶　驍衞翊衞三隊服平巾幘緋繡袍大口袴錦縢蛇大常主帥掆鼓金鉦節鼓人服平巾幘緋繡袍大口袴袜帶錦縢蛇

卷五千五百十四　六

六引內巾服之制鐃吹部內服平巾幘緋繡袍白袜帶白袴餘悉同大駕前後部

宋會要　緋繡袍

大駕鹵簿內巾服之制金吾上將軍將軍六統軍千牛中郎將服花脚幞頭抹額紫繡袍佩牙刀珂馬諸衞大將軍將軍中郎將折衝果毅散手翊衞服平巾幘紫繡袍大口袴錦縢蛇銀帶佩横刀執弓箭千牛將軍服平

巾幘紫繡袍大口袴銀帶鞾鞦　金吾押牙服金鵝帽紫繡袍銀帶　凡繡文金吾衞以辟邪左右衞以瑞馬驍衞以雕虎屯衞以赤豹武衞以瑞鷹領軍衞以白澤監門衞以師子千牛衞以犀牛六軍以孔雀衆工以鸑

宮中導從　太平興國初增主輦二十四人改服高脚幞頭輦一人衣紫繡袍持金塗銀仗以督領之　徽宗政和三年四月二十九日議禮局上皇后鹵簿之制護後衞各果毅都尉一員檢校平巾幘紫繡袍大口袴錦縢蛇革帶

宋會要　紫絁繡袍

大駕外仗次步甲前隊第一隊至六隊隊內將軍及部尉並平巾幘紫袍繡大口袴錦縢蛇革帶繡文並同次前部黃麾仗大將軍都尉並平巾幘紫袍繡袍大口袴錦縢蛇革帶繡文並同

卷五千五百十四　七

宋會要　黃繡袍

宮中導從執拂翟四人髻頭衣黃繡袍舊衣綾袍紫衣者悉易以銷金及繡復增司簿一人內增司簿一人內省一人司儀一人司給一人皆分左右前導凡十七每至冬御殿祀郊廟步輦出入至垂拱殿即用之

宋會要　綠繡袍

宮中導從捧金寶山二人衣綠繡袍

宋會要　青繡袍

大駕鹵簿內巾服之制執弩弓黹人服錦帽青繡袍銀
帶　宋會要
大駕鹵簿內巾服之制　後步隊真武隊執旗前後部
黃麾執日月合壁等旗青龍白虎隊金吾細仗內執旗
者服五色繡袍抹額行縢銀帶　執白幹棒人加銀褐
捍腰執龍旗及前馬隊內執旗人服五色繡袍銀帶行
縢大口袴執龍旗副竿人服錦帽五色繡袍大口袴銀
帶執引駕龍墀旗六軍旗者服錦帽五色繡袍臂韝銀
帶　宋會要
卷五千五百十四　三
六引內巾服之制　持掆鈹者服平巾幘緋繡封鳳袍
大口袴白袜帶錦縢蛇
宋會要　瑞鷹袍
鹵簿中道次持級前隊隊內左右武衛將軍果毅都尉
校尉並平巾幘紫絁繡瑞鷹袍大口袴錦縢蛇革帶
宋會要
徽宗政和三年四月二十九日儀禮局上大慶殿大朝
會儀衛次廂左右各三部第一部左右屯衛大將軍各
一員果毅各一員服飛麟袍同日儀禮局上文德殿視
朝儀衛之制次廂左右各三部次左右廂仗首之南東
西相向第一部左右屯衛大將軍各一員果毅各一員

次大將軍後服飛麟袍
宋會要　瑞馬袍
大駕外仗次青龍白虎旗隊次左右衛果毅都尉二人
分押旗兼領後七千騎平巾幘緋絁繡瑞馬袍大口袴
革帶　徽宗政和三年四月二十九日儀禮局上大慶
殿大會朝儀衛左右衛果毅各一名服瑞馬袍於玉輅
之前分左右並北向　左右廂各步甲十二隊第一隊
左右衛果毅各一員服瑞馬袍　同日儀禮局上文德
殿視朝儀衛之制左右廂各步軍六隊分東西在仗隊
後第一隊左右衛果毅各一員服瑞馬袍
宋會要　瑞馬大袍
卷五千五百十四　四
徽宗政和三年四月二十九日儀禮局上大慶殿大朝
會儀衛左右廂後部各十二隊第一隊左右衛折衝各
一員服錦帽緋繡戎服瑞馬大袍同日儀禮局上文德
殿視朝儀衛之制　左右廂後部各六隊每隊三十八
人在都下親從後東西相向第一隊左右衛折衝各一
員服錦帽緋繡戎服瑞馬大袍
宋會要
大駕外仗並左右廂次前隊殳仗　隊內左右領軍衛
將軍平巾幘紫絁繡白澤袍大口袴錦縢蛇革帶
宋會要
徽宗政和三年四月二十九日儀禮局上大慶殿大朝

會儀衛　第一部左右領軍衛大將軍各一員　服平巾幘紫繡白澤袍銀帶大口袴錦縢蛇

宋會要　獅子袍

仁宗康定元年九月七日參知政事宋庠上言車駕行幸六軍儀仗司供到儀仗法物內夾人執弓箭監門校尉二十八每門四人並服紫絁繡獅子袍抹額帶儀刀烏皮靴第七隊監門校尉六人並服紫絁繡獅子袍抹額帶儀刀烏皮靴

宋會要　赤豹袍

徽宗政和三年四月二十九日儀禮局上大慶殿大朝會儀衛次後廂左右各三部第一部左右驍衛將軍各一員服赤豹袍　同日儀禮局上文德殿視朝儀衛之志次後廂左右各一部次當御廂南左右驍衛將軍各一員服赤豹袍

（卷五千五百四）（五注）

宋會要　紫羅繡辟邪袍

鹵簿中道金吾本司纛稍自上將軍花腳幞頭緋羅繡抹額紫羅繡辟邪袍韡

宋會要　紫絁繡辟邪袍

鹵簿中道佩牙刀器仗珂馬大將軍平巾幘紫絁繡辟邪袍錦縢蛇大口袴押衙金鶡帽紫絁繡辟邪袍革帶　次朱雀旗隊　次右金吾衛果毅都尉二人押隊內折衝果毅都尉平巾幘紫絁繡辟邪袍大口袴錦縢蛇

革帶　次金吾引駕騎本衛果毅都尉二人分左右平巾幘緋絁繡辟邪袍大口袴次左右金吾衛果毅都尉二人總領大角並騎次大角一百二十為十重都尉服平巾幘紫絁繡辟邪袍大口袴錦縢蛇革帶

宋會要　紫繡辟邪袍

徽宗政和三年四月二十九日儀禮局上大慶殿大朝會儀衛真武隊金吾折衝都尉一員服平巾幘紫繡辟邪袍銀帶大口袴錦縢蛇　同日儀禮局上文德殿視朝儀衛之制真武隊五十七人在端禮門內中道北向金吾折衝都尉一員在隊前服平巾幘紫繡辟邪袍銀帶大口袴錦縢蛇

（卷五千五百四）（六）

宋會要　緋繡苣文袍

徽宗政和三年四月二十九日儀禮局上王公鹵簿制鐃鼓大橫吹服緋繡苣文袍抹額袜帶袴詔頒行

宋會要　緋苣文袍

大駕鹵簿內巾服之制大常鐃大橫吹服緋苣文袍袴袜額袜帶

宋會要　青苣文袍

大駕鹵簿內巾服之制大常羽葆鼓小橫吹服青苣文袍袴袜額袜帶

宋會要　青繡苣文袍

鹵簿中道第二引執大橫吹服執羽葆鼓人青繡苣文

抹額生色袍袜帶袴

大駕鹵簿內巾服之制大常大鼓長鳴小鼓中鳴服黃雷花袍袴抹額袜帶

宋會要　黃雷花袍

徽宗政和三年四月二十九日儀禮局上王公鹵簿之制大鼓長鳴小鼓中鳴服黃繡雷花袍抹額袜帶袴

宋會要　緋繡寶相花袍

大駕鹵簿六引中道執鐃簫笳笛觱篥人並巾幘緋繡寶相花袍大口袴白袜帶

宋會要　緋絁繡寶相花袍　闕　卷五千五百五十四　七

大駕外仗執稍人並錦帽緋絁繡寶相袍大口袴革帶

宋會要　青絁繡寶相花袍

大駕外仗執弩弓矢人並錦帽青絁繡寶相花袍大口袴革帶

宋會要　青繡寶相花袍

徽宗政和三年四月二十九日儀禮局上大慶殿大朝會儀衛執弩五人為一列弓矢十人為二重稍二十人為四重服錦帽青繡寶相花袍革帶大口袴

宋會要　紫繡寶相花袍

大駕鹵簿六引中道次大晟府前部鼓吹管轄指揮使平巾幘紫繡寶相花袍錦縢蛇白抹帶

宋會要　皂衣白袍

公服太宗太平興國七年正月九日翰林學士承旨李昉言準詔定車服制度禮部式三品以上服紫五品以上服朱七品以上服綠九品以上服青流外官及庶人並衣黃參詳除服青服黃久已寢廢自今流外官及貢舉人庶人許通服皂衣白袍從之

宋會要　賜進士袍

乾道四年十二月二十一日詔特賜同進士出身魏掞之補左迪功郎太學錄仍令有司給賜袍笏

宋會要　釋褐賜袍

乾道四年正月十一日詔太學上舍生黃綸釋褐特與補左承務郎依唱名例給賜袍笏於國子監敦化堂祗受自後釋褐並如之

卷五千五百五十四　十九

宋會要　戎服大袍

大駕鹵簿六引中道　第二引開封牧中道執弓矢稍人並錦帽絁繡寶相花戎服大袍窄袴革帶　大駕外仗次前步馬隊　隊內都尉並錦帽緋絁繡戎服大袍窄袴革帶　六引內巾服之制駕士服錦帽繡戎服大袍銀帶

宋會要　戎服大袍

徽宗政和三年四月二十九日議禮局上皇太子鹵簿之制次正道龍旗六各執旗一名前二人引後二人護並戎服大袍佩橫刀弓矢夾道單副竿二分左右執各一名騎佩服同執旗人決左右廂步隊十六隊每隊各

卷五千五百四　十八

果毅都尉一名領並戎服大袍次馬隊左右廂各十隊帥兵官以下三十一人旗一執旗一名引二人夾二人報稍十六人弓矢七人弩三人並戎服大袍佩橫刀執旗並引夾人如佩弓矢前第一隊左右清道率府果毅都尉各一員領第二隊第三隊第四隊左右司禦率府果毅都尉各一員領第五隊第六隊第七隊左右衛率府果毅都尉各一員領第八隊第九隊第十隊左右司禦率府果毅都尉各一員領並戎服大袍　親王鹵簿第三行廂執稍戎服大袍

宋會要　緋繡金袍

宮中導從捧龍腦合二人衣緋繡金袍並高腳幞頭

宋會要　帶制

凡新除恩慶宰臣樞密使知樞密院事參知政事樞密副使同知樞密院簽書同簽書樞密院事賜金笏頭二十五兩帶副以魚帶袋武臣御花仙帶無魚袋使相節度使宮觀使觀文殿大學士曾任宰相者即賜金笏頭二十五兩帶副以魚袋餘只賜御仙花帶無魚袋三司使（權及權使公事同）觀文殿學士資政殿大學士翰林學士承旨翰林學士資政殿端明殿翰林侍讀侍講龍圖天章寶文閣樞密直學士御史中丞（兼守並同）並賜金御仙花二十兩帶知制誥賜鈒鏤帶副以金魚凡出使見任中書樞密使曾任宰相並使相節度使賜金御仙花二十五兩

卷一萬五千二百十六　一

束帶宣徽使曾任中書樞密院充諸路都總管安撫使賜金御仙花二十兩束帶正任防禦使至刺史內客省使至閤門使延福宮使至昭宣使充諸路路分一州總管鈐轄沿邊知州軍安撫賜金御仙花二十兩束帶諸司使充者十五兩客省引進閤門副使諸司副使內侍省內侍押班充諸路沿邊路分鈐轄賜金御仙花十五兩束帶文臣換武臣並賜塗金銀寶瓶十五兩帶御前軍班換前班並賜塗金銀帶諸司使寶鉼二十兩副使至崇班寶鉼十五兩供奉官至殿直荔枝十兩奉職借職雙鹿八兩堂後官新除賜塗金銀寶鉼十五兩帶伎術官雖服紫綠皆給銀帶駙馬都尉初選尚賜白玉帶

高宗上添開禧元年二月一條

宗室許通服工夫金帶雕玉白玉通犀𥿂犀等帶。高宗紹興三年正月六日，詔自今年二月一日，侍從官依舊繫金帶，如製造不前，許權於左藏庫閲借，候製造了日回納。二十八日，詔管軍、百僚并帶御器械官朝謝日、武臣授差遣朝辭日，依格該賜金帶，并許繫。並宗室外正任依舊許繫金帶。已賜花犀帶及見繫花犀帶臣僚，除宗室臣僚（依條）外，餘不許服。二月十三日，詔神武右軍統制官楊沂中為收李成有功，曾經賜金帶，特令許繫赴朝參。其後提舉宿衛親軍張宗彥，詔特如沂中。五月十六日，詔應殿庭供職橫行依舊許繫金帶赴朝參。十八日，詔閤門官依舊許繫金帶赴朝，内闕者，令於左藏庫

卷萬五千十七十六

二

權借。六年八月十四日，三省、行首司言：「宰執奏檜昨係資政殿大學士，今來除觀文殿學士，到闕朝見，閤門稱不合繫笏頭毬文帶。」詔許服繫舊賜帶。宰執因降黜不帶職，並同廢官復職者，恩數並合依舊，以閤門誤認法意，有司申明，故降是命。九年四月七日，詔太常寺應奉兼祇應使臣，自今可特依閤門兼祇應例，服繫紅鞓帶。紹興三十一年六月十九日，孝宗已即位未改元。詔鄂州駐劄御前諸軍都統制郭振，並給賜金帶。九月十七日，詔差帶御器械梁珂前去賜吴璘玉帶，並傳宣撫問，唱賜立功將士，其合用錢物，令四川總領所應副，候見數具申尚書省取旨撥還。孝宗隆興元年八月十七日，池州

援

駐劄御前諸軍統制邵宏淵入見，服再單中日上遣人所賜帶。閤門奏：「宏淵官不該賜，既經特賜，閤門初無承受開報。」於是宏淵始申。詔會十月十四日，詔步軍司殿前司統制官外，不該賜金帶。指揮更不施行。令淮東總領所寄敦，以中書舍人胡銓奏：「世祖校閲德等例賜（給）賜金帶，照得閲德等三人係一特恩給賜。今世祖所乞依逐人例，顯是流濫。若例與給賜，切慮自餘五十餘人攀援浸多，僥求不已，難以止絶。」故有是命。乾道元年八月二十一日，詔皇太子繫通犀玉帶，不佩魚。先是有旨，皇太子合繫帶，令禮部、太常寺日下討論。續檢照典禮，皇太子合繫通犀玉帶，其典故所載通犀金

卷一萬五千六十二

三

玉帶，即無制度及佩魚之文，故有是命。九月二十三日，詔今後除環衛官如係小使臣任帶左右郎將，許繫紅鞓帶赴朝參。二年四月十九日，詔寧武軍節度使、開府儀同三司尤萬壽、觀使吴蓋乞賜玉帶，可依例繫赴朝參。等五月七日，詔閤門舍書王正臣、鄭立之為久在殿陛應奉有勞，逐人見閲借到左藏庫金帶，並與賜。令繫赴朝參。三年二月二十一日，權工部侍郎姜詵狀：「前任漕臣蒙恩賜金御仙花帶，許令繫赴朝參，令假攝之初，難以僭踰。」詔免繫赴朝參，等只依本班服帶。四年十二月十日，詔永陽郡王居廣三賜玉帶，許令繫赴朝參。等八年八月十九日，詔左諫議大夫姚憲元係六曹侍

以條移前頁高宗紹興三年上

郎已賜金帶，可令依舊繫赴朝參等，今後準此。九年正月二十五日，詔賜三士龢已賜玉帶，許令繫赴朝參等。十月十八日，詔恩平郡王璩已賜玉帶、金魚，許繫赴朝參等。十二月五日，詔中書舍人、左右諫議大夫、龍圖、天章、寶文、顯謨、徽猷、敷文閣待制、權侍郎許服紅鞓排方黑犀帶，仍佩魚。

宋會要　開寶元年二月十九日，皇弟晉王及吳越國王錢俶，其子惟濬射苑中，俶進御衣、金器、瑇瑁、通犀帶以謝。出傳見指史

卷一萬五千一十六

四

金帶　淳熙七年三月四日，詔新知明州范成大朝見，許服繫昨賜笏頭金帶。以成大曾任參知政事，今赴闕奏事，上舉黑帶、佩金魚，有司取旨，故有是命。九年九月十七日，詔趙伯圭除少保、封郡王，仍賜玉帶。十年十月十六日，詔權侍郎以上罷任不帶職名，許服紅鞓排方黑犀帶。十二年二

月二十三日，詔武臣知州軍官未陞朝者，可依文臣守倅借服色例，許權繫紅鞓角帶，候回日依舊。十三年二月四日，詔新授太傅、保寧軍節度使致仕魏國公史浩賜玉帶，令繫赴朝參。淳熙十六年七月十一日，詔閤門宣贊舍人帶玉器械霍漢臣昨任殿陛應奉日久，所有左藏庫元關借到金帶一條，特令就賜。紹熙元年正月閤門宣贊舍人張進之、十月閤門宣贊舍人湯師夔、三年六月閤門宣贊舍人帶玉器械郎抃並以應奉日久，亦有是賜。十六日，詔成忠郎吳曦特除閤門祗候，令祗候庫關金帶一條，許令服繫，仍與家便差遣。紹熙二年正月一日，宰執進呈四川制置使京鏜因任上，曰：「且與加寶文閣待制，令再任，特賜帶。」嘉定二年十一月十一日，樞密院劄子：勘會已降指揮，鎮江軍統制馮榯、盧彥各特賜金腰帶一條，許令服繫，所合具申取自指揮。詔令左藏封樁庫證應取撥給付。四年三月十五日，樞密院奏：檢會已降指揮，鎮江都統司統制官盧彥特賜金束帶一條。詔令封樁庫於見管金束帶內支撥給賜。七年二月十一日，樞密院奏：勘會鎮江都統司統制蔣世顯赴都堂稟覆職事訖。詔蔣世顯特改差楚州駐劄御前武鋒軍統制，填見闕，特賜金束帶一條，許令服繫，仍於封樁庫日下支給盤纏錢二千貫付蔣世顯，起發歸司，疾速前去本州管幹軍馬，各具知稟申樞密院。十二年正月十二日，樞密院關：檢會已降指揮節文，李全特賜金腰帶一條，許令服繫。詔令封樁庫日下取撥給賜，具知稟申樞密院。十二月二十六日，詔鄭莊孫昨任閤門看班祗候，嘗於戶部關借金腰帶一條，可特與就賜，許令服繫。十四年五月二十三日，奉直大夫、直寶謨閣、主管建康府崇禧觀趙不愧，詔以不愧行尊年高，中外屢更事任，自為司農卿，今已十二年，理宜優異，可特換授保康軍承宣使，提舉祐神觀，仍奉朝請，賜金帶一條，許令服繫。

卷一萬九千七百九十二

三

堯佐

徽宗大觀條移此

寶　宋會要　尊號寶

每上尊號有司製玉寶以尊號為文真宗大中祥符初
登封太山別製寶匣寶盝皆差小其制仁宗天聖元年
九月二十二日詔以宮城大重製皇帝受命寶尊號冊
寶參知政事陳佐堯晏殊書
高宗紹興三十二年七月一日孝宗已即位未改元禮
部太常寺言六月二十九日詔書節文太上皇帝宜恭
上尊號曰光堯壽聖太上皇帝太上皇后恭上尊號曰
壽聖太上皇后令先次討論條具禮儀一依禮例合差
撰冊文官二員光堯壽聖太上皇帝冊文係差宰臣撰
乞差尚書左僕射壽聖太上皇后冊文係差執政官撰
乞差知樞密院事一依禮例合差篆寶官二員係差執
政官乞差參知政事同知樞密院事一依禮例合差
篆寶官一員係差執政官充乞差參知政事兼並乞朝
廷降敕差官施行一合修製冊寶一副依禮例並係用
珉玉造寶二鈕光堯壽聖太上皇帝寶係禮例係用玉
造壽聖太上皇后係用金造并沿冊寶法物等並乞令
工部下文思院修製施行一寶二鈕乞以光堯壽聖太
上皇帝之寶十字為文壽聖太上皇后之寶八字為文
一今來修製冊寶及將來奉上之禮事體至重依禮例
合差禮儀使一員係差宰臣充并合差都大主管官一
員係差近上內侍官充朝廷取旨降敕差官施行詔並

卷一萬一千五百七十四

書冊

見

從之九日禮部太常寺言奉聖旨令文思院修製恭上
太上皇帝太上皇后尊號冊寶并沿冊寶法物等本院
契勘曰來即不曾經修製過尊號玉冊制度乞下禮官
討論合修製玉寶範樣大小寸制度尺沿冊寶法物下
院以憑遵守修製施行奉旨令禮部太常寺疾速討論
申尚書省禮部太常寺今討論下項修製光堯壽聖太
上皇帝尊號冊寶今檢准國朝會要奉上尊號冊寶制
度禮例冊用珉玉簡長一尺二寸闊一寸二分檢數從
字之多少聯以金繩首尾結帶前後四枚二枚刻龍鏤
金若捧護之狀藉以錦褥覆以紅羅泥金夾帊冊匣長
廣取容冊塗以朱漆金裝隱起突龍鳳金鏁分鍣匣上

卷一萬一千五百七十四

又以紅羅繡盤龍蹙金帊覆之承以金裝長竿牀金龍
首金魚鉤藉匣以錦被蓐褥鈕紅絲為條以紫匣冊案
塗朱漆覆之紅羅銷金衣寶用玉篆文廣四寸九分厚
二寸二分填以金盤龍鈕係以暈錦大綬赤小綬連玉
環玉檢高七寸廣二寸四分皆飾以金裹以紅錦加紅
羅泥金夾帕納於小盝盝以金裝內設金牀暈錦褥飾
以雜色玻璃碧鈿石珊瑚金精石瑪瑙又盝二重皆裝
以金覆以紅羅繡帊載以腰輿行馬並飾以金又有香
爐寶子香匙灰匙火筯燭臺燭刀皆以金為之以上冊
寶并沿冊寶法物制度乞令工部下文思院參照修製
施行一修製壽聖太上皇后尊號冊寶乞令工部下文

此二條移後

思院參照昨紹興十三年奉上慈寧殿册寶修製過册
寶并沿册寶法物制度修製施行詔依乾道七年正月
加上尊號册寶制度亦如此制十一日工部言將作監
文思院申會道太常寺檢照國朝會要奉上尊號玉寶
例廣四寸九分厚一寸二分填以金盤龍鈕係用皇祐
中黍尺令蒙降下玉二塊以黍尺打量其大塊可以修
製有旨令文思院依樣疾速製造　孝宗乾道六年十
一月十九日有旨玉寶玉環玉牌各一件令工部下文
思院修製施行二十四日工部據右朝奉大夫提轄文
在文思院朱周卿等申契勘本院修修製光堯壽聖太
上皇帝壽聖太上皇后尊號册寶等法物照得紹興三
（永樂大典卷一萬九千五百七十四）
十二年奉上光堯壽聖太上皇帝玉寶一鈕其寶用篆
文廣四寸九分厚一寸二分盤龍鈕並用皇祐中法尺
量度修製本院今將降下玉寶材璞一件用黍尺量度
得度分寸應得禮文可以修製其寶厚八分半比禮文
少厚三分五厘所有鈕合依盤龍今來降下玉寶材璞
其鈕係璃龍鈕高二寸四分五釐厚一寸一分五釐毅
透澗一寸難以依昨來禮文修製盤龍止堪改作蹲坐
龍鈕是致未敢興工修製乞下太常寺參詳指定以憑
遵守修製施行所是今來修製上件册寶并沿寶法物
其應合用工物亦乞參照紹興三十二年已修製過册
寶并沿寶法物體例支破施行並從之續太寺中令先

乾道七年正月及十一日兩條移此

次將降下玉材鈕乾樣徑寸就行改造蹲坐龍鈕草樣
伏乞詳酌降下以憑修製施行及玉寶樣有旨依樣製
造仍限半月畢工二十九日左中大夫參知政事兼同
知樞密院事梁克家進呈篆到光堯壽聖憲天體道太
上皇帝壽聖明慈太上皇后尊號寶樣詔依十二月二
日禮部太常寺言勘會已降指揮大禮慶成光堯壽聖
太上皇帝壽聖太上皇后加上尊號令先次討論條具
到申請事件一寶二鈕一鈕欲以光堯壽聖憲天體道
太上皇帝之寶一十四字為文一鈕欲以壽聖明慈太
上皇后之寶十字為文依禮例候書篆册寶文官書篆
寶文畢令文思院修製訖本院計會入内内侍省所差
（永樂大典卷一萬九千五百七十四）
内侍進請御書乞却降付本院修製候修製畢自文思
院援衛册寶赴大慶殿安設係發册寶前一日所有殿
上合設幄次乞令都大主管所行下儀鸞司排辦施行
仍乞將射殿作大慶殿一加上尊號册寶行禮日辰欲
乞令工部責限文思院約度修製册寶畢工期日申太
常寺關太史局選定報禮部太常寺中取朝廷指揮施
行詔並依
淳熙十六年八月九日禮部太常寺言將來正月一日
恭上壽聖皇太后至尊壽皇聖帝目成皇后尊號寶文
壽聖皇太后金寶一鈕乞以至尊壽皇聖帝之寶八字
為文壽成皇后金寶一鈕乞以壽成皇后之寶六字為

此條移前

文從之篆寶文知樞密院事王藺同知樞密院事葛邲寶廣四寸九分厚一寸二分塡以金盤龍鈕光宗紹熙二年九月二十七日詔高宗皇帝徽號寶文以高宗受命中興全功至德聖神武文昭仁憲孝皇帝之寶二十二字爲文篆寶文參知政事胡晉臣寶用玉廣四寸二分厚一寸三分坐龍鈕絛以暈錦大綬連象牙環金鍍銀稜睥裹以紅羅夾帊納於小盝以金鍍銀裝內設朱漆牀暈錦褥又盝二重皆以朱漆覆以紅羅夾帊並以暖舁四年九月二十九日禮部太常寺言將來壽聖皇太后加上尊號金寶一鈕乞以壽聖隆祐備福皇太后寶以十一字爲文從之篆寶文參知政事陳騤

《卷一萬一千五百七十四》

紹興七年二月十二日禮部太常寺言勘會今來道君皇帝寧德皇后升遐依故事合修製玉寶合用玉二塊各方二寸五分并鈕通約高三寸三分詳冊字

高宗紹興三十二年十一月十七日禮部言太常寺申勘會今來追冊皇后謚號已降勅下本寺除已申請修製謚號冊寶外內寶文乞以安穆皇后之寶六字爲文詔從之寧宗嘉定十三年九月六日中奉大夫試戶部尚書兼詳定敕令官兼權吏部尚書薛極言奉旨差篆景獻太子謚寶文官臣今恭依聖旨篆到寶樣速粘在前詔令所屬依樣製造

徽宗大觀元年十一月二日詔自昔有尚符璽官今雖

隸門下後省遇親祠則臨時具員訖事復罷八寶既備宜重典司之職可令尚書省置官如古之制八月詔永惟受命之符嘗有一代之制而尚循秦舊六璽之用度越百年之久或未大備自天申命地不愛寶獲全玉於異域得妙工於編氓八寶既成夐無前比殆天所授非人能爲可以來年元日御大慶殿恭受八寶十一日詔八寶初成可於來年正月二十三日後用之尚書省言請置符寶郎四員隸門下省二員以中人充掌寶於禁中按唐八寶車駕臨幸則符寶郎奉寶以從大朝會則捧寶以進今鎮國寶受命寶非常用之器欲臨幸則從六寶朝會則陳八寶皆夕納內符寶郎捧寶出以授外

《卷一萬一千五百七十六》

符寶郎外符寶郎從寶行於禁衛之內朝則分進于御座之前

宋會要 傳國寶

元符元年四月七日，禮部、太常寺言：「奉詔詳定泓寶法物禮儀，今五月朔於故事當大朝會，已就大朝會日行受寶之禮，依上尊號寶冊儀，有司豫製泓寶法物，寶進入，俟降出，權於寶堂安奉，前三日差官奏告天地宗廟社稷，前一日上齋于內殿，翌日上服通天冠，御大慶殿降坐受寶，羣臣上壽稱賀。」從之。十五日，詔龍圖、天章閣齋治平元年耀州所獻受命寶玉檢赴都堂參議。十八日，詔五月朔受傳國寶，命章惇書玉檢。十九日，詔國寶檢以「天授傳國受命之寶」為文。九朝長編紀事本末五月戊申朔，上御大慶殿受傳國寶，行朝會禮。己酉德音降天下死罪囚徒以下釋之。詔受寶畢，可就今月十一日宴于紫宸殿，內賓詔

卷一萬一千五百七十二

以六月朔改元為元符。初議改元，上謂輔臣曰：前代元號之類皆明白，如何？章惇曰：元符最好，其次有真符寶符，皆不及。真寶字皆先世未識所稱，如天賚皆是。上曰：如此即且作元符。曾布以為昔天書降嘗於承天門裏，作元符以觀。後以大祭則元符之號亦不甚佳。白云以書論奏，更不欲紛紛，故然而止。先是正月十七日，禮部言：「永興軍咸陽縣民段義斸地得古玉印，望委官講求典故。」詔尚書禮部、御史臺、學士院、秘書省、太常寺官講求定驗以聞。三月十六日，翰林學士蔡京等奏：「段義稱紹聖三年十二月內，於河南鄉劉銀村修造家舍，掘土得之，曾有光照滿室。邵氏後錄段義夏日雨後村中立門見隔得玉璽一方四寸，篆文如鳳鳥之狀。臣等按所獻玉璽色綠如藍，溫潤而澤，其文曰『受命于天，既壽永昌』，其背螭紐五盤，紐間有小竅，用以貫組。又得玉螭首一，白如膏，亦溫潤，其背亦螭

而　說貶既

鈕五盤，鈕間亦有貫組小竅，其面無文，與璽相合，大小不差毫髮。篆文工作皆近世所為。臣等以歷代正史考之，璽文曰『皇帝壽昌』者，晉璽也；曰『受命于天』者，後魏璽也；『有德者昌』，唐璽也；『惟德允昌』者，石晉璽也。則說『壽永昌』者，秦璽可知。今得璽於咸陽縣，其玉乃藍田之色，其篆與李斯小篆體合，飾以龍鳳鳥魚，乃蟲書鳥跡之法，於今所傳古書莫可比擬，非漢以後所能作明矣。今陛下嗣守祖宗大寶，而神璽自出，其文曰『受命于天，既壽永昌』，則天之所畀，烏可忽哉！漢晉以來，得寶鼎瑞物，猶告廟改元，肆眚上壽，況傳國之器乎！其泓寶法物禮儀，乞下所屬施行。」詔禮部、太常寺考按故事詳定以聞。至

卷一萬一千五百七十二

是行受寶之禮。七月十九日，禮部言講議玉璽官翰林學士蔣之奇與秘書省、御史臺、少府將作監官凡十三員。詔之奇賜銀絹一百匹兩，餘官各二十疋兩。

宋會要 承天受命之寶

太祖受命，傳周二寶，至太宗又別製承天受命之寶，用玉，篆文，廣四寸九分，厚一寸二分，填以金，盤龍鈕，繫以暈錦大綬，亦小綬，連玉環。玉檢高七寸，廣二寸四分，厚四分，乘斛方二寸四分，皆飾以紅錦金裝，裹以紅錦，加紅羅泥金夾帕，納於小盝，盝以金裝，內設金暈錦褥，飾以雜色瑟碧鈿石、珊瑚、金精石、瑪瑙。又盝二重，皆裝以金，覆以紅羅繡帕，載以腰輿，及行馬並飾以金。又

有香爐寶子香匙灰匙火筯燭刀皆以金為之朝會陳
於御座前大禮即列於仗衛中
宋會要天下合同之寶
太宗雍熙三年十月十一日詔以天下合同之印為天
下合同之寶御前之印為御前之寶書詔之印為書詔
之寶中書奏覆狀流内銓歷任三代狀用天下合用之
寶樞密院宣命諸司奏狀用御前之寶翰林詔敕別錄
敕榜用書詔之寶初三寶皆為印鑄以金又以鍮石各
鑄其一至是並改為寶別鑄以金舊六印皆毁之
宋會要御前之寶書詔之寶
徽宗政和六年十一月六日詔御寶自祖宗朝行用至
卷一萬一千五百七十三
今垂百五十餘年四角刓缺文篆暗訛幾不可驗恐無
足以示信天下舊有祖宗所藏御前金寶可自冬祀大
禮畢行用令降新舊二寶印文付外可照會仍連新舊
二寶印文高宗建炎二年八月一日詔新鑄天下合同
之寶書詔之寶自今八月三日行使
宋會要恭膺天命之寶
太宗至道三年十一月二十日時真宗即位未改元中書門下言
皇帝受命寶請以皇帝恭膺天命之寶為文詔可
真宗乾興元年三月十六日仁宗已即位未改元禮儀院言皇帝
登位所有受命之寶綬并緣寶法物請下文思院少府
監修製從之參知政事王曾書其文曰恭膺天命之寶

仁宗嘉祐八年六月十三日英宗即位未改元翰林學士范鎮
言伏聞大行皇帝受命寶及法寶物與平生衣冠器用
皆欲舉而葬之恐非所以稱先帝恭儉之意其受命寶
伏乞陛下自寶用之且示斯所傳者若衣冠器玩則請
陳於陵寢及神御殿歲時展視以慰思慕詔檢討官檢
尋典故及命兩制禮官詳恵議翰林學士王珪等奏議
曰受命寶者猶昔傳國璽也其為天子傳器不當改作
古者藏[illegible]用王衣服於廟寢至於平生器玩則前世既不
皆納於廟中亦不盡陳於陵寢謂今宜彼省約以稱先
帝恭儉之實其後帝別作受命寶而所議弗用宋史輿服志英
宗制恭膺天命之寶命參知政事歐陽修篆文八字曰皇帝恭膺天命之寶神宗元豐八年
卷一萬一千五百七十三
五月十二日時哲宗即位未改元門下侍郎章惇言奉詔篆皇帝
受命寶請以皇帝恭膺天命之寶為文從之
宋會要天下同文之寶
真宗大中祥符元年五月五日詳定所言按玉牒玉冊
用皇帝受命寶印之納玉匱於石䃈以天下同文之印
封之今封禪泰山請依舊制別造玉寶一枚方寸二分
文同受命寶其封石䃈用天下同文之印舊史元無制
度今請用金鑄大小同御前之寶以天下同文之寶為
文所有緣寶法物亦請依式製造其寶二枚候封玉匱
金匱石䃈畢日並進内從之
宋會要昭受乾符之寶

天禧元年十二月十八日召輔臣於滋福殿觀新刻五
嶽聖帝玉寶及皇帝昭受乾符之寶命擇日迎導赴會
靈觀奉安仍令禮儀院詳定儀注以聞寶並金神玉鈕
制作精妙帝以奏章上帝承前皆用御前之寶理亦非
便故改用乾符之寶四年閏十二月二十三日入內供
奉官朱允中言御製御書印三面請用金鑄從之玉海昭受
乾符之寶以印容詞

宋會要 欽崇國祀之寶

仁宗慶曆八年十一月三日詔刻皇帝欽崇國祀之寶
宰臣陳執中書天禧中真宗刻昭受乾符之寶而於醮
祠表章用之後經大內火寶焚止用御前之寶至是下
學士院定其文命執中書而刻之

卷一萬一千一百十三

宋會要 定命寶

又詔差官奏告宗廟社稷

宋會要 大宋受命中興之寶

紹興元年五月八日內殿宣示大宋受命中興之寶并
道君皇帝所獲元圭寶玉明潤無纖瑕追琢精巧上曰
此玉今不復得比道君皇帝定命寶猶大半分元圭映
日則色紅且白偶今日陰晦鄉等不見

宋會要 皇后之寶

孝宗隆興元年十月二十六日詔有司備禮冊命皇后
其寶文以皇后之寶四字為文撰冊文官一員篆寶文

官一員並降勑差宰執侍從禮部太常寺請撰冊文官
差尚書左僕射陳康伯書冊文官差尚書右僕射湯思
退篆寶文官差參知政事周葵淳熙十六年十二月二
十六日詔冊命皇后其寶文以皇后之寶四字為文篆寶
文同知樞密院事葛邲寧宗嘉泰二年閏十二月十三日詔令所
屬依樣造皇后之寶

宋會要 皇太子寶

至道元年八月二十一日命賈黃中撰冊文王旦呂祐
之書冊寶二十五日太常禮院言皇太子受冊金寶一
按禮儀羅寶以黃金為之其盝寶法物乞下文思院約
禮修製從之孝宗乾道元年八月十四日禮部太常寺

卷一萬一千五百七十三

言討論到立皇太子典禮依禮例寶文以皇太子寶四
字為文詔從之簽寶文簽書樞密院事葉　皇太子
受冊金寶按禮儀羅寶以黃金為之係龜鈕其盝寶法
物乞下文思院修製並從之仍令工部行下文思院疾
速修製七年二月十一日禮部太常寺言令討論到皇
太子受冊合行典禮下項一依禮例寶文合以皇太子
寶四字為文詔並依十六日詔皇太子冊寶差禮部尚
書劉章撰戶部尚書曾懷書工部侍郎胡銓篆先是虞
允文奏奏乾道元年洪适例乞差梁克家撰皇太子冊文
梁克家曰時與宰相故以命适上曰此却不比加上尊
號若命宰相恐失之太重耳虞允文奏曰容臣等退檢

典故取旨既而進呈國朝故事皇太子册文皆從官書撰上猶以命梁克家克家固辭虞允文奏曰洪适有近例非所當辭梁克家奏曰故事具在适失於檢照耳臣不敢奉詔上曰卿具取從官姓名來至是進呈故有是命

宋會要　親王之寶

「唐制諸司皆用銅印宋因之諸王印方二寸一分塗以金」

卷一萬一千五百七十五

全唐文

宋會要　鼎

祭鬲鼎篇云崇寧三年二月以隱士魏漢津言備萬物之象鑄鼎九四年三月告成與御製九鼎記年月不同蔡絛國史後補與記同與會要不同今以會要為據於三年二月末載始鑄九鼎并取御製九鼎記及蔡絛云云附此後御製九鼎記其略曰朕荷天顧諟相時揆事庶幾有成然世俗單見淺聞之士駭心愕聽胥動以言朕取成於心請命上帝屏斥邪言乃詔有司庀徒趨事以崇寧四年乙酉三月戊戌朔二十有一日戊午即國之南鑄之中曰帝鼐後改為隆鼐金二十二萬斤鎔冶之夕

卷一萬一千九百六十五

中夜起視炎光屬天一鑄而就上則日月星辰雲物中則宗廟朝廷臣民下則山川原隰墳衍承以神人盤以蛟龍飾以黃金覆以重屋既而群鶴來儀翔舞其上甘露感格於重屋之下不遷之器萬世永固萬物東作於時為春故作蒼鼎後改曰晉以奠齊魯萬物南訛於時為夏故作彤鼎後改曰明以奠荊楚平秩西成於時為秋故作晶鼎後改曰綏以奠秦陝平在朔易於時為冬故作寶鼎依舊以奠燕趙西北之區為乾物以資始鼎曰魁鼎後改曰健西南之區為坤物以資生鼎曰阜後改曰順東北之區為艮艮為終始鼎曰牡鼎後改曰獻東南之區為巽巽以申命鼎曰風鼎後改曰潔于以贊天地之化協乾坤之用道四時之和遂

品物之宜消水旱之變弭兵甲之患一天夏之心定世祚之永非上帝博臨宗廟眷祐何以臻此詔於帝鼐宮立大角鼎星祠以尊迎景貺（係正月丙戌）七月甲辰製造大樂局鑄帝鼐八鼎成宣成郎大司樂劉炳轉一官賜五品服沖顯處士大樂府師授大樂局製造官魏漢津為沖顯寶應先生八月甲申奉安九鼎于九成宮乙酉幸九成宮酌獻（蔡條五行篇崇寧四年三月鑄九鼎其制皆以九州水土內鼎中及奉安於九成宮畢日車駕幸之以禮焉至北方曰寶鼎者上方是香再拜而鼎忽漏其中水流於外然鼎金既厚數寸不又久在其中不應及上行禮而作故魯公私憚之殊不樂於是劉炳進言曰鼎之水土皆取九州之地中獨寶鼎取水土於雄州白溝之界北幽燕之正方也宜九為此乎當時尤以為神然其後終於北方致亂）月乙未朔以九鼎成御大慶殿受賀始用新樂已亥大

卷一萬一千九百六十五

敕天下制曰朕承祖宗之烈宅兆民之上任大守重靡敢違寧思持盈守成之至難念繼志述事之攸濟選用衆正共圖康功內則講脩憲章興熙豐既墜之典外則攘却戎狄復版圖已棄之疆恢廱泮以賓賢能招巖穴以收遺逸隆九廟以尊祖武五兵以阜民荷天降康方憂綏請星軌順序年穀屢豐南至夜郎牂柯西逾積石青海鬻風請吏稽首來庭永惟天命之至隆宜有靈承之至應若時夏后幽贊成能命九州之牧而貢金貫三才之命而制器是為大寶三代奉之千載已還百王敢議廼者得隱逸之士於草茅之賤窮制作之妙於範圍之先乃因天之機以身為度丕大象以立極興神物以

郡疑作群

前民上承天休下奠坤載以篤邦家之慶以協神人之和宜大澤之肆均興郡生而共慶可大赦天下於戲有興有則纘禹之功卜世卜年過周之歷惟天之所祚逮覃則澤之所施咨爾佈告遍遐宜體朕意乙巳沖顯寶應先生太樂府師授製造九鼎官魏漢津為虛和沖顯寶應先生秩比中散大夫賜宅一區田六十頃銀絹各五百疋兩大司樂兼同詳定大樂書劉炳轉三官承務郎張皋轉承事郎左藏庫使副俞隨等二十二人各轉一官大將王恂等六人授三班借職皆以九鼎成推恩故也政和六年九月癸卯詔奉安九鼎以太師蔡京為定鼎禮儀使提舉官楊戩就充都大管勾（蔡條云政和六年方士王仔昔獻議九鼎儀內之九重不宜處於外也一日出御筆曰還移神像大器可令疾速安排既已就行魯公曰何不擇日邪乃奏改日定焉）

卷一萬一千九百六十五

十月己卯天章閣奉安九鼎十一月甲午詔帝鼐改為隆鼐正南彤鼎為明鼎西南阜鼎為順鼎正西晶鼎為縕鼎西北魁鼎為健鼎正北寶鼎依舊東北牡鼎為鯀鼎正東蒼鼎為育鼎東南風鼎為潔鼎鼎閣為圜象徽調之閣閣上神象左圓鼎星君中帝鼐星君右大角星君閣下鼎鼐神像各守逐鼎排列用方士王仔昔建議也重和元年二月辛卯御筆左右街道錄院差威儀道士三百人赴禮制局製造所迎導神霄飛雲鼎赴上清寶籙宮神霄殿奉安先是七年七月詔禮制製造所造太極飛雲洞劫之鼎答靈祀天貯醇酒

之禺山獄五神之禺精明洞淵之禺天地陰陽之禺混沌之禺浮光洞天之禺靈光晃耀鍊神之禺蒼龜火蛇蟲魚金輪之禺自十月十日始鑄至是奉安十年月已而詔九禺新名乃狂人妄有改革皆無稽據宜復舊名圖象徽調閣仍舊狂人指王仔昔也

卷一萬一千九百六十五

宜

全唐文

中興禮書　洗制

三禮圖舊圖云洗高三尺口徑一尺五寸足徑三尺中身小疏中士以鐵為之大夫以上銅為之諸侯白金飾天子黃金飾案士冠禮云洗承盥洗者棄水之器也今既用木為洗以金飾口緣朱中其外油畫水文菱花及魚以飾之紹興制造禮器圖洗重八斤八兩通足高五寸七分口徑一尺三寸六分深二寸九分足口徑八寸九分罍洗之器所為設也有施於祭祀者有施於冠昏者罍以盛水勺以挹水以洗受弃水者恐其弃於地也三禮圖洗高三尺諸侯士大夫以銅鐵白金之飾為差

卷一萬一千四百二十一

洗畫水文菱花罍畫朵雲之象猶襲舊圖未知所據今博古圖所載罍為饕餮雷文而洗為龜魚之飾形製高古宜為定式

宋會要百官佩綬

神宗元豐二年詳定朝會儀注所言古者制禮上物不過十二天之數也自上而下降殺以兩畿外諸侯遠於尊者而伸則以九以七以五從陽奇之數王朝公卿大夫近於尊者而屈則以八以大以四從陰偶之數本朝衣服令通天冠二十四梁為乘輿服以應冕旒前後之數若人臣之冠則自五梁而下與漢唐少異矣至於綬則乘輿及皇太子以織成諸臣用錦為之一品二品冠五梁中書門下加籠巾貂蟬諸司三品三梁四品五品二梁御史臺四梁兩省五品亦三梁而綬有暈錦黃獅子方勝練鵲四等之殊六品則去佩綬今令之令式或尚用用品雖因襲舊文然以官言之頗為舛謬乞分官為七等冠綬亦如之貂蟬籠巾七梁冠天下樂暈錦綬為第一等蟬舊以玳瑁為胡蝶狀今請改為黃金附蟬宰相親王使相三師三公服之七梁冠雜花暈錦綬為第二等樞密院至太子太師服之六梁冠方勝宜男錦綬為第三等僕射至龍圖天章寶文閣直學士服之五梁冠翠毛錦綬為第四等左右散騎侍武殿中少府將作監服之四梁冠簇四鵰錦綬為第五等客省使至諸行郎中服之三梁冠黃獅子錦綬為第六等皇城以下諸司使至諸衛率府率服之今參酌自內常侍以下冠服各從本等寄資者如本官入內內侍省內東西頭供奉官殿頭三使臣陪位京官為第七等皆二梁　方勝練鵲錦綬高品以下服色依古者韠韍為屨並從裳色今制朝服用絳衣而錦有十九等其七等綬謂宜純用紅錦以文采高下為差別惟法官綬用青地荷蓮錦以別諸臣

卷二萬九千二百五十

全唐文

宋會要

魚袋　唐制散官二品京官文武職事五品已上及都督刺史皆佩　國初其制多闕太宗雍熙元年南郊罕內出以賜近臣由是內外陞朝文武官皆佩凡服紫者飾以金服緋者飾以銀庭賜紫者給金塗銀者賜緋亦有特給京官幕職州縣官賜緋紫者亦佩親王武官內職將校皆不佩　真宗大中祥符六年詔伎術官未陞朝賜緋紫者不得佩魚袋　仁宗天聖二年十月十四日翰林待詔太子中舍同正王文度因勒碑賜紫章服以舊佩銀色請佩金魚　帝曰先朝不許伎術人輒佩魚以別士類不令混淆宜却其請　景祐三年八月五日詔殿中省尚藥奉御賜紫徐安仁特許佩魚　至和元年十一月四日詔中書提點五房公事自今雖無出身亦聽佩魚舊制自選人入為堂後官轉至五房提點始得佩魚提點五房呂惟和非選人入授司天監五官正例求佩魚特許之以上國朝會要　神宗元豐二年五月二十六日蒲宗孟除翰林學士上曰學士職清地近非他官比而官儀未寵自今宜加佩魚遂著為令　三年十月十六日詔自今中書堂後官並帶賜緋魚袋餘依舊例　徽宗大觀三年六月十日詔昨降旨揮除學士待制舊班高者聽從高公佩魚乃許佩緣元豐品秩次序悉

卷一千六百十八

合其宜所有已降旨揮更不施行　政和元年十一月十七日尚書兵部侍郎王詔奏今監司守倅等並許借服色而不許佩魚卯是有服而無章殆與吏無別乞今後應借緋紫臣僚並許隨服色佩魚仍各許入銜候回日依舊服色從之以上續國朝會要中輿服乾道會要無此門

卷一千六百十八

二

宋會要 旌節

神宗熙寧五年詔新建節帥移鎮並降敕牧太常寺排比旌節下左右金吾街仗司騏驥院給執擎人自鞍馬　紹興三年正月十禾鄜劉光世兩鎮節度使即及別錫宰輔等旌節自是為例

乾道會要

凡命節度使有司給門旗二旌一節一麾鎗二豹尾二旗以梅紅絹上設耀崑鐵鐕並用鐶罷黑漆杠旌用銅螭頭黑漆杠梅紅絹畫白虎頂設黑漆圓盤周用塗金飾節亦用黑漆杠上設黑漆圓盤三層周用梅紅生絲裝釘以紫綾夾袋又加碧油絹袋麾槍各用黑漆杠上設黑漆圓盤周以塗金飾紫絹袋又加碧絹袋豹尾以黑漆杠用布彩畫豹之乾道會要題注

孝宗紹興三十二年未改元八月一日詔潘郎旌節令吧諳天章閣安奉從禮部太常寺請也

衛士帽

國朝會要

大駕鹵簿內執鑾者並錦絡衫帽駕士及王公以下折衝及執矟者副竿竿人執駕弩箭人執引駕龍墀旗六軍旗者俱服錦帽金吾押衙服金鵝帽金吾執纛者服烏紗帽金吾猔矟者服錦袍引夾旗及執柯舒鐙仗者服帖金帽　國朝會要

一萬七千二百七十五

全唐文　宋會要

鳴鞭唐五代有之周官條狼氏執鞭趨辟之遺法也內侍二人執之鞭矟用紅絲而漬以蠟行幸則前騎而鳴之祀禮畢還宮亦用焉視朝燕會則用於殿庭紹興十三年親饗太廟命去神位百步之內毋得鳴鞭十五年正旦朝會帝出東閤御大慶殿上鳴鞭以殿小非在京比乃免

卷四千七百二十一

全唐文　宋會要

馬珂之制銅面鵰翎鼻拂攀胸上綴銅杏葉紅絲拂入
胸前及腹下皆有攀綴銅鈴後有跋塵錦包尾獨鹵簿
中金吾衛將軍導駕者皆有之

卷五千六百二十六

全唐文　宋會要　徵

古張帛避雨之制今有方繖大繖皆赤質紫表朱裏四
角銅螭首（六引內者其制差小）蓋本黃帝時有雲氣爲花鶴之象
因而作也　繖凡人臣通用以青絹爲之國初京城內
獨親王得用太宗太平興國中宰相樞密使始用之其
後近臣及內命婦出入皆用眞宗大中祥符五年九月
十二日詔除宗室外其餘悉禁六年六月四日詔復許
中書樞密院用馬京城外則庶官通用高宗建炎三年
二月二十二日執政官張澂葉夢得顏岐盧益路允迪
言扈從車駕駐蹕杭州方在兵間禮宜簡便乞權免張
蓋候回鑾日依舊從之紹興六年十二月二十二日詔
今後前宰相到闕特許張蓋十四年十一月四日閤門
言每駕出或四孟朝獻沿路如遇雨雪得旨從隨駕臣
僚許用雨具禁衛內行馬者許告報皇城司差親從臣
轉接油衣報繖從之孝宗乾道八年五月六日詔新除
檢校少保大同軍節度使提舉萬壽觀蒲察久病方安
特許令張蓋孝宗乾道元年八月二十一日禮部太常
寺言皇太子府左右春坊申皇太子赴後殿謝次赴德
壽宮謝合與不合用繖扇圍子等今檢照典故下項一
繖人臣通用以青絹爲之國初京城內獨親王得用
一諸王儀物視宰相張青繖蓋繡鞍韉以親事官呵唉

卷一萬一千四百十九

孝宗乾道八年五月六日條移此

而已政和三年春二月乃賜二王三接青羅繖一紫羅
大掌扇二塗金花鞍韉若茶燎水罐凡儀物皆用塗金
以壯維城之固是後遂為故事舊諸王不施猊座宣和
末亦賜之令討論皇太子繖扇合見行供使繖扇外所
有團子即無典故該載尋據武功大夫張孝傑言皆記
欽宗為定王日出閤過東宮受皇太子冊繖用三簷青
羅掌扇四柄係紫花羅一行從物係依親王即不曾用
團子詔並從之九月二十四日皇太子府左右春防狀
契勘皇太子妃已受告畢所有出入合用乘座檐子并
繖扇等乞下有司討論令據張孝傑狀首記政和六年
皇太子妃每遇出入係乘檐子竿探係黑漆角獸白藤
卷一萬一千四百十九
織花面掌扇四柄係茜紅羅檐子前係小殿侍二人抱
鍍金銀香毬人從係皇太子府親事官輦官前抱從物
又近前係教駿兵士呵止繖用三簷青羅詔依令工部
製造淳熙十六年四月二十四日詔新除檢校少保依
前奉國軍節度使提舉萬壽觀夏執中特許令張蓋

全唐文
宋會要 用毛飾甲
元豐元年八月軍器監奏請將官皮甲以白絲染紅代
紅犛牛尾為飾上批絲可惜宜用他毛
宋會要 朱紅馬甲
徽宗政和三年閏四月十八日江南東路提點刑獄司
奏江寧府都作院歲額合造馬甲四百副舊係黑漆令
承降到朱紅馬甲工料法式樣製合用三朱為襯緣本
路民間不用三朱所以無人販到相度乞用碧朱代三
朱為襯顏色不甚相遠兼朱紅馬甲合用氈造澀水裙
襴其氈本路並不出產令據本院相度乞面用紬絹用 紅
卷二萬二千六百八十六
青布裏面更用熟白羊皮代氈結裹詔餘路准此
宋會要 三色甲
乾道四年三月十五日王琪進三色甲各一十副如得
允當其軍器所并馬步軍之數亦乞依此製造從之開
坐三色衣甲葉數片重如後槍手甲每一副皮線穿舉
全成重五十八斤一兩至五十三斤八兩甲身葉一千
八百一十片至一千六百一十片重三十六斤一十四
兩至三十一斤四兩披膊葉一千二百九十八片至一
千二十八片重十四斤至一十斤九兩四錢頭牟葉六
百七十四片至五百七片重十斤一十二兩至九斤弓
箭手甲每一副皮線穿舉全成重五十五斤至四十七

斤一十四兩。甲身葉一千八百一十八斤至一千六百一十二片，重三十六斤一十二兩至三十一斤一十二兩；披膊葉八百五十片至六百四十六片，重一十斤至七斤一十二兩；頭牟葉四百二十片至三百四十九片，重八斤半至六斤一十兩。弩手甲每一副皮線穿舉全成，重四十五斤半至三十七斤一十兩。甲身葉一千三百二十六片至一千一百七十八片，重二十五斤半至二十二斤一十兩；披膊葉八百三十六片至六百三十片，重九斤半至七斤半；頭牟葉四百二十片至三百五十五斤，重九斤至六斤一十二兩。

卷二萬二千六百八十六

按此門垂拱及下之文德而外尚有講武崇政崇德延和景德長春崇元紫宸等視朝蓋舉其大者如漢建章唐大明耳今仍其舊不為區分 此注視朝下

宋會要 垂拱殿視朝

國朝之制，垂拱殿受朝，先宰臣升殿奏事，次樞密使，次三司，次開封府，次審刑院，次羣臣以次升殿。大兩省以上領務京師者有公事許時請對，自餘授使出入事功者欲面奏事，先聽進止。既退，進食訖，易服，御崇政殿或延和殿。皇帝初出宮門，先帶御器械，次御龍親從官起居，次諸班都虞候已下奏聖躬萬福訖，前導駕至殿庭，分東西立。皇帝升座，軍員非導駕者四人逐班首奏聖躬萬福。容省使至閤門副使、樞密都承旨以下及祗候諸司使以下、內當軍頭、翰林儀鸞司、內弓箭庫、左右騏驥院至閤門祗候都一班，次殿前馬步軍以下奏聖躬萬福，舍人喝各祗候。嚴先庫軍四廂都指揮使以上告謝，如在京差遣則管衣執杖加恩，出使則揮笏，並依見謝引班次。次引改賜章服官各謝，次引應告謝官，次軍頭司祗候員僚起居，次軍頭司引公事，次三班、審官院、流內銓、刑部、羣官以次奏事訖，左右騏驥院呈馬。若呈試武藝諸色人，並雜次公事後，或令於三班院引對，羣官了呈試。諸司公事絕，內侍奏門外無公事，皇帝降座，或延和殿再座，復有內臣近職、諸路走馬承受奏，或閱館閣所進新修寫書籍、倉庫衣糧器物之式，謂之後殿再座。內則內侍省，公事閤門，公事則閤門祗候人祗應。如假日則早御崇政殿，閱前殿公事，既畢，移座臨軒閱後殿公事焉。

卷五千三百五十二

講武

太祖乾德六年九月十一日，詔自今每旬假日御講武殿，近臣更不赴晚朝，其節假及大祠並準令式處分。

開寶元年四月二十三日，詔自今後每旬假不視朝，百官賜修沐一日。 太平興國二年，旬休日復視事於講武殿。

太宗淳化四年十一月六日，金部員外郎謝泌上言：「陛下每留興即御前殿受朝聽政，日旰而熊復崇殿決事，比至將中尚未御食。望自今前殿聽政既畢，且進御食，闡釋焦勞之心。」疏奏不荅。時泌磨勘三班使臣功過日，詔後殿奏事，觀帝勤政而有是奏。又右諫議大夫張消上奏曰：「按舊史，中書門下、御史臺為三省，謂侍從供奉之官。今起居日侍從官先入殿庭東西立，定候正班入，一時起居，其侍從官東西列拜，甚失北面朝謁之儀。請準舊儀，侍從官先入起居畢，方行侍立於丹墀之下，謂之蛾眉班，然後宰相率正班入起居，雅合於禮。臣又聞古之王者躬勤庶務，其臨朝之疏數，視政事之煩簡。唐初五日一朝，景雲初始修正觀故事，自天寶兵興之後，四方多故，肅宗而下，咸隻日臨朝，雙日不坐。其隻日或遇大寒盛暑陰雨泥濘，亦放百官起居。雙日宰相當奏事，即特開延英召對，或蠻夷入貢、勳臣歸朝，亦特開紫宸殿引見。陛下自臨大寶，十有五年，未嘗一日不鷄鳴而起，聽天下之政。雖乾健不息，固天德之當然，而游息焉，亦聖人之謨訓。儻君父焦勞於上，臣子緘默於下，不能引大體以爭，則忠亮之心有所不至矣。臣欲望陛

卷五千三百五十二

崇政

下依前代舊規隻日臨朝雙日不坐其隻日遇大寒盛暑陰雨泥濘亦放百官起居其雙日太宮進食之後於崇德崇政兩殿名對羣臣常參官以下及非時蠻夷入貢勳臣歸朝亦時開上閤引見並請準前代故事處分奏入不報

真宗咸平元年十月二十七日崇政殿視事方午而罷真宗自即位勤勞庶政或閱軍事講習武藝多至巳午焉　六年十二月詔崇德長春殿門板障上縱節眼並令嚴密修補不得疏漏容人窺看其崇政殿逐日差祗候指揮使員僚二人押親從官十人各執骨朵遇崇政殿坐朝及長春殿再座並於門外排立約攔候公事退即依舊崇政殿內祗候候崇德長春殿坐輪差把行門指揮使殿直等人分殿門裏外祗候仍內侍省內侍班院差使臣四人更番於崇德長春殿板障門外觀步有輒窺覷及使坐起容具姓名聞奏其長春殿門更添差親從官二人其殿門裏指揮使殿直候軍員起居退辭見班絕即出門外排立直候長春殿起居歸逐處依舊祗候只仰本門親從官四人常在門祗候守把仰殿前司鈐轄依此排立大中祥符二年八月十四日閤門言詳定崇政殿未坐前合入殿內祗應臣僚不得用條床杌子於殿側廊下列坐其間靜處歇泊仍只得用氈條蓆候臨軒視事即赴侍立其假日羣臣樞密三司使管

崇德

軍節度以下房廊幕內坐物並依舊例從之　七年八月六日以天書在萬歲殿故不御長春殿於崇德殿視事如式　九年二月二十二日中書門下上言陛下撫御庶邦財成萬物未嘗不大昕視政端拱當陽逮至退朝再臨便坐注歲以時臻下武恩洽羣倫夙夜在公載矜於百執休澣之令俾舉於舊章而陛下雖偶假寧尚御禁殿伏見磨朝故事隻日視朝雙日不坐隻日若遇假亦不坐令歸沐徧及於具僚聽斷獨煩於君父欲望自今旬休及諸假并風寒雨雪特放朝日無乞後殿不坐詔答不允翌日再表固請詔自今上巳端午重陽社及大雨雪放朝更不視事自餘如舊其事須奏稟者即時請對後又表請令後旬休日後殿不坐詔可其日遇有合奏覆公事即不拘時候詣便殿請對　天禧元年十一月五日直集賢院祖士衡上言伏覩將相及遠方使辭見並與內殿特開曲宴比至罷會日已逾午百司各已還第而乘輿復御便座決事殆非君逸臣勞之旨欲望自今曲宴日特輟視事永為著令從　二年五月四日禮儀院上言每歲重午百官休務皇帝不御前殿惟羣臣樞密奏事於承明殿令邊警寧靜刑訟稀簡望令其日罷奏事不御後殿著為定式百官謝衣服扇子賜酒如常儀從之　六月一日禮儀院言先准御劄每月旬假及上巳春秋二社端午重陽三伏並休務一

卷五千三百五十二

承明

日內旬假皇帝前後殿不坐餘日百官不入中書樞密
院詣後殿起居又准近詔端午前後殿不坐令參詳欲
望凡遇上件休務日前後殿不視事中書樞密院及諸
司有急速公事須面奏者特取進止從之　四年十月
一日中書門下上言昔在堯舜優遊巖廊之上而萬機
允治漢宣帝循名責實最號勤政而五日一聽事丞相
以下數奏以言唐太宗正觀十三年房喬上言天下太
平萬機事簡請三日以臨朝高宗顯慶二年長孫無忌
等上言天下無虞請隔日視事詔並從之自後則有五
日一開延英隻日視事雙日不坐皆載在典冊垂為常
制方今獄訟頗清事機尤簡在羣司百執猶遂於寧居

卷五千三百五十二

而當宸垂旒尚勤於聽覽輿情公議咸所未安伏望伏
念舄言參行舊典或三日五日一臨軒聽政或隻日視
事雙日不坐至於刑章錢穀事務差遣承受臣僚除急
切大事須面對外其餘並令中書樞密院附奏詔禮儀
院詳定以聞禮儀院上言請自今雙日前後殿不坐隻
日視朝或於長春殿或於承明殿令入內內侍省臨時
取旨應內殿起居羣臣並依常日起居文武羣臣有急
切大事須面奏不知中書樞密院知者即許請對自餘
常事並送中書樞密院附奏其諸路承受使臣除內臣
內及後殿奏事外餘並准此從之　十一月二十四日
中書門下上言請隻日止於承明殿視朝遇五日起居

長春

即御長春殿或其日不坐即閤門傳宣放朝從之　十
二月二十五日禮儀院言請隻日御承明殿並依假日
例便服視事不鳴鞭從之　五年十月十日中書樞密
院言請准故事每五七日一御便殿或朔望坐朝如有
軍國大事即非時召輔臣參決其隻日資善堂商量公
事雙日中書樞密院早入並如舊制從之　十五日禮
儀院言請每坐朝日入內內侍省並前一日傳宣閤門
從之　乾興元年仁宗即位未改元二月二十八日中書門下
上言請依先帝近制隻日視事隻日不坐五日前殿起
居詔付禮儀院參詳禮儀院請自禫除後不以雙日隻
日百官依例常朝及五日一赴前殿起居外如遇隻日

卷五千三百五十二

皇帝視事雙日前後殿不坐自餘休務及假日並如舊
例其隻日如值假故只於崇政殿或承明殿視事詔曰
朕仰承先訓肇纘慶基思與忠賢日勤聽覽至於宵旰
非敢追遑卿等任重佐邦道隆體國協于僉論陳此奏
章稽舊典之攸中為視事之經制載惟明識諒合通規
然每屬於清閒亦靡國於暇逸當延侍從講習藝文勉
詢嘉謀用依來請所奏宜允其雙日不視事或過政務
稍暇即當宣召侍臣入侍講讀
仁宗天聖五年七月十三日詔以暑毒尤甚自今日不
御前殿止於崇政殿視事放百官起居至八月一日依
舊　明道二年五月二十三日權御史中丞范諷請日

視朝俾事務無壅詔從莊獻皇太后卒哭取旨時自太后崩帝且循故事隻日視朝羣臣見帝躬閱萬務人人進見欲有所言故諷因以是請　十月二十八日詔曰朕欽膺駿命寅紹慶基度遵簡易之風勉荷承平之業洪惟先聖丕顯大猷屬四方無事之辰有隻日視朝之制逮於眇質獲稟成規迨臻大寧垂茲一紀懼德弗類惟懷永圖念守文之固難思置器之尤重愊肙至廣豈務實繁儻或壅於下情安能名於和氣當憂勞而靡暇在旰昃而起進用詔近司載頒定式自十一月一日已後每日於前殿視事其餘休務並假日並依舊例一二萬機躬勤於聽覽股肱三事同罄於謨明惟文武之具

卷五千三百五十二

僚自中外之庶職厲乃首公之節副予求理之心　十二月一日閤門言准天聖五年詔旨十二月二日承明殿更不坐為真宗皇帝承天節令後永為定式又准傳旨令後十二月二日更不令引辭見公事令合奏稟詔依例常朝　景祐五年二月三日詔曰朕紹宅丕基撫臨函夏緬蹈持循之戒克敦勤約之風洪惟祖宗肅馭綱柄著聽朝之令範革分日之舊儀勉徇邇言聿圖簡政肆予菲德恪稟成謨迨臻大寧匪敢自暇然以萬機之務銳業不忘四近之臣諏詢罔後期下情之盡達雖中昃以弗遑特出朕懷載頒定式自今月五日以後每日於前殿視事咨爾宰府參寄國均當申儆於具寮尚

叶恭於庶治勉勵交修之節共遵無怠之規佇格時和以對靈意光是雙日不視朝特降是詔　寶元三年七月二十九日知諫院韓琦請自今雙日止御後殿視事帝問輔臣故事而張士遜對曰隻日視事已有成規唐朝五日一開延英蓋賢間燕以輔養聖神帝曰與夫宵衣旰食固不侔也前代帝王靡不初勤政事而後失於逸豫不可不戒也時帝感小疾太醫數進藥故琦有是請　康定元年五月一日詔前殿奏事自今不得過五班餘班聽對於後殿仍令御廚給食　六月三日詔自今假日御崇政殿亦如前殿毋得過五班辰漏入內進食俟再坐復對　二年二月十六日詔中書樞密院三司自今大節大日給假一日餘小節旬休並赴後殿奏

卷五千三百五十二

公事　慶曆五年三月十四日閤門言光州刺史曹佾句當頭軍引見司捡會康定舊制舒州團練使李端愿句當軍頭引見司逐日後殿繫鞋祇候假日等執起居詔如例　六年五月十六日中書門下言制令諸在京文武升朝官每日朝其有制免常朝者五日一參起居其內外諸司官長上者不在此限若雨雪霑服失容及泥潦祁寒盛暑並傳臨時聽旨詔令後內殿常朝并起居或遇雨雪霑服失容如未有傳宣故免即令閤門御史臺旋取旨其泥潦祁寒盛暑臨時取旨閤門言者詳如非時雨雪不止旋取旨即須伺候門開方始聞奏如是

得旨放免常朝武皇帝却御崇政殿視事況前後兩殿儀制各異深慮合赴後殿起居及祗應臣僚奔赴不及如以為遇紫宸殿起居恐雨雪霑服失容只乞自今後每遇朔望及合過前殿日或雨雪不止即令閤門旋取旨乞傳宣前殿不坐如旦循舊制每遇朔望須過前殿起居即乞令侍衛司指揮使員僚等先於紫宸殿門外東廊上排立候班到依次起居畢奏班西出其文武百官即依次第先於垂拱殿柱廊上排班內左右巡使及御史中丞知雜以下各於紫宸殿門外西廊上叙立候班到即分引文武兩班於紫宸殿東西門入起居畢依舊分班出東西殿門由垂拱殿柱廊歸朝堂如以為文

卷五千三百五十二

武臣僚遇雨雪於殿門上立班不合禮制設或得旨放免常朝皇帝却御崇政殿視事亦須自有合係後殿起居臣僚及上殿班次軍頭司公事復不免各在廊上起居況前後兩殿事體一同但遇常朝及起居日雨雪不止即乞臨時降旨前後殿不坐詔令後如遇大起居并百官起居值雨雪並作常朝　七年四月二十九日殿前赴都指揮使李昭亮言自來非時放朝參稍早即軍頭司有印劄子關報值晚只是繫書閤門承受姓名白劄子傳付逐司令行告報難以審實欲乞令閤門給印紙付當宿承受非次放朝參即填寫告報貴有准憑從之　皇祐四年七月閤門言准中書批下東上閤門副

使李惟賢狀假日崇政殿起居閤門諸司使副閤門祗候班未到間於東階下取便聚立語話交雜況儀制不載先詣殿庭立班欲乞依垂拱殿常朝起居候宰臣以下入殿庭以次序班仍添入儀制詔門詳定令相度假日崇政殿起居諸司使副閤門祗候等班次未到間於東階下便分東西班綴行序立冬須端謹候宰臣以下入班庭以次序班起居不得取便聚立語話交雜有違許閤門彈奏從之　嘉祐元年六月一日詔雙日不御殿止隻日御前殿或後殿至三伏終如舊制　七月一日詔三司開封府臺諫官審刑院復上殿奏事仍一日一班初帝不豫惟二府得奏事至是始引對近日　八

卷五千三百五十三

年三月二十一日中書言聖體初安未可日勞政事請每遇隻日且於後殿坐朝其正衙辭見並權放從之　英宗治平元年五月十一日詔十晋以後依先朝舊制每日前後殿視事　六月十八日步軍副都指揮使賈逵言自來軍員赴朝只據諸軍晚探兵士問當若是常朝即至次日五更鎖起到城門便開放入畫時鏁閉別無條貫欲乞將朝門各置鐵牌一面深鑿開朝門四字牌後各鑿逐門名降付鑰匙庫遇常朝及非時合入即與鑰匙牌一時降出假故及放朝參即更不降出其牌與鑰匙到門令監門使臣親監開門放入軍員却使鏁閉仍下閤門令後常朝及假故逐日關與鑰匙庫照會

從之　十九日閤門言定到上殿侍立臣僚客省引進四方館閤門使副樞密院都承旨已下入内内侍省内侍省都知押班修起居注帶御器械臣僚句當皇城翰林儀鸞司監官殿下祗應臣僚殿前馬步軍以下軍頭司如引公事在殿階下進讀奏日引撥公事如引呈射人即逐旋令内弓箭庫句當使臣依鬭力旋　弓弩階下進呈其提點軍器庫臣僚或内有都知押班御藥院使臣管勾多進呈殿上祗候掌記策子以備顧問左右騏驥院監官押御馬入在朶殿上祗候内衣物庫朝官并祗候庫使臣隨進衣物等在排立諸班之後詔可二年八月十三日詔自今月十三日後遇常朝日依例

卷五千三百五十二

常朝新城門外住營軍員並權放起居候水退道路通行依舊　神宗熙寧元年五月二十五日西上閤門使李評言後殿遂日御馬祗候每遇雨雪御崇政殿即循南廊於延和殿上過歷迎陽門邇英閣近北面東擺立伏思犬馬上堂禮經所戒況人主殿閣天步經由非路馬所宜登降欲乞每遇雨雪只令在崇政殿門内南邊東廊上擺立從之　三年二月二日詔令後遇風寒令閤門取旨放起居　六月一日編修閤門儀制所言觀文殿大學士學士舊制前殿侍立又赴假日後殿起居緣已有旨罷前殿侍立其假日後殿亦欲依資政殿端明殿學士例更不赴起居從之四年二月十三日樞密

院言都承旨如有假故即輪那逐房都承旨權過後殿祗應令有都副承旨二員供職欲乞今後都副承旨全闕即輪那逐房副承旨一員權行祗應從之　十二月五日閤門言審官三班院流内銓凡引人至主判官親即奏乞左右内侍代持奏目伏緣引對轉官差遣皆有司常法已有定議欲乞今後應有親屬只具姓名奏知不許乞左右人持文字從之　十三日閤門言在内監臨庫務京官遇本庫闕官合入殿祗應日於後臨時繫鞋別班起居除常朝已有體例外假日宰臣等班數稍多欲乞只令依監臨庫務二班使臣例繫鞋綴大班起居從之　六年九月十六日引進使李端慤言近來朔

卷五千三百五十二

望御文德殿視朝然祁寒盛暑數煩清蹕竊緣紫宸之朝欲乞朔日御文德即望坐紫宸貴正衙内殿朝儀並舉從之　八年五月二十四日詔以時熱更不御後殿視事候秋涼取旨　元豐三年五月三日閤門言每歲盛暑御後殿便於決事乞自五月一日至七月終當御前殿日閤門取旨如得旨御後殿即放朝參詔自今三伏内五日一御前殿　八年正月四日詔不視事五日三省樞密院問候福寧殿東寢閤宰臣言上未視事應合行事乞權作聖旨行出以聞事體稍重者進畫施行以上寢疾故也　元豐八年哲宗已即位未改元二月二十二日三省樞密院言按儀注未釋服已前遇隻日皇帝御迎

陽門日參官並赴起居依例奏事每五日遇雙日於迎
陽垂簾皇帝坐於簾內之北宰臣執政升殿奏事權
罷去左右侍衛有機速公事並許非時請對及賜宣名
禮部御史臺閤門奏討論故事詳定御殿及垂簾儀每
朔望六參皇帝御前殿百官起居三省樞密院奏事應
見謝辭退班各令詣內東門進牓子皇帝隻日御延和
殿垂簾日參官起居太皇太后移班少西起居皇帝並
再拜三省樞密院奏事三月以上四拜不舞蹈候祔廟
畢起居如常儀簾前事以內侍殿下以閤門凡軍頭司
引呈公事可以權付有司者續具條奏吏部磨勘奏舉
人垂簾日引應見謝辭臣僚遇朔望參日不坐並先詣

卷五千三百五十二

殿門次內東門應撞賜者並門賜從之　二十三日上
御迎陽門幄殿同太皇太后垂簾宰臣親王以下合班
起居常制分一十六班至是合班以閤門奏請故也
元祐三年二月十日詔自今御垂拱殿日如值放朝參
即取旨御崇政殿　元符三年十二月十六日以皇太
后服藥不視朝　崇寧五年十二月五日詔臣僚請對
雖遇休假特遇便殿聽納
高宗紹興元年九月十一日太常寺言得旨令後遇朔
朔合不視事日分御後殿坐止引百官并起居班三省
樞密院奏事令月十五日係明堂大禮前三日奏請宿
齋更不視事從之　二年十一月四日尚書左僕射同

殿日三字渭清據通考王禮三補

中書門下平章事呂頤浩言已曾面奏行宮南門遇朔
望及冬年節拜表日分若依時開門竊慮百官赴趁立
班不及欲依東京自來朝會例早開一刻從之　三年
九月四日詔為射殿窄隘百官起居權放候御後殿日
依舊　四年九月二十八日上以瘡瘍有妨久坐改坐
內殿引宰執奏事　十三年正月十二日閤門言依在京
禮令三元節前後各一日不視朝詔上元節前後各一
日不坐中元下元正節日作假前後各一日並後殿坐
二月七日詔今後遇假日坐後殿止就常御殿如有移
倚子公事亦就常御殿引遇射射公事射殿權作後殿
坐引　十四年四月十七日詔今後三省樞密院開啟

卷五千三百五十二

樞密院滿散天申節道場日並改作後殿坐
孝宗紹興三十二年（未改元）六月十五日詔令後宰執以
以詔德壽宮起居日特不視事（繼又詔過宰執以下得太上皇帝聖旨免到宮即改作後殿坐或降旨值夜及臨期方得旨集殿不又卯不視事）十八日上始御後殿（上自登極建詔德壽宮及奏告等不視朝至是始御殿）九月九日閤門言太上皇
帝遜章以來止御後殿繼朝廷復興舊典於紹興十三
年二月四日初御前殿特令四參官起居伏自皇帝登
寶位止係後僞殿日後分令已降旨九月十二日初御前殿
欲乞是日皇帝御垂拱殿四參官起居從之二十一日
閤門言每遇車駕詣德壽宮起居若太上皇帝降旨免
出乞改作後殿坐從之（乾德九年十一月二日又言若詣宮日係御前殿日分如前一）

日得旨免赴宫即改得殿坐如直夜或雖期方得旨即前後殿不坐如前一日得旨御殿如常制從之隆興
元年九月二十八日閤門言昨依年例自五月二十八
日並後殿坐至九月十二日當御垂拱殿繼以飛蝗避
正殿至今近文武百僚上表請御正殿已允所請詔以
十月四日垂拱殿坐二十九日詔慶會聖節前後各一
日不視事今後準此後又改用十九日習儀是日不御
朝準此　二年九月十六日閤門言在京及行在舊例
御前殿日分值雨雪及泥濘得旨放朝參即改後殿坐
今後乞依例取旨從之　乾道元年三月十一日閤門
言昨為霪雨不止有傷蠶麥詔避正殿減常膳近文武
百僚拜表請御正殿已允所請詔以三月十三日垂拱
卷五千三百五十二
殿坐　四年十二月十七日詔今後金國賀正旦使人
赴闕自二月二十一日至二十六日賀會慶節使人赴
闕自十月十五日至二十日並放朝參並後殿坐今後
準此　五年十月五日又詔賀會慶節使人赴闕自今
月十一日為始至二十五日並放朝參仍後殿坐今後
準此　五年六月十三日宰臣陳俊卿等言聖躬康復
視朝有日臣子之心咸欲瞻望清光欲乞是日令四參
官並赴後殿隨大班起居從之　七年四月二十三日
詔為暑熱依年例自五月十三日並後殿坐并放見謝
辭及參假官候秋涼日取旨令後准此逐年檢會施行以降旨立為定
例故附見於此　淳熙三年二月十五日閤門言三月三日進

垂拱

呈光堯壽聖憲天體道性仁誠德經武緯文太上皇帝
日歷其餘係工已假不視事詔特御垂拱殿次日不視
事　八月二十八日禮部太常寺言十月五日文德殿
發中官冊寶依禮例前後殿不視事　十年七月十三
日避正殿減膳不視事以季夏涉秋旱暵為害是月二
十三日以雨霖感應文武百僚拜表請御正殿凡三表
從之　十四年十月七日詔太上皇帝未御常膳可依
唐貞觀四年典禮自來日權不視朝宰執依時赴內殿
奏事候太上皇帝康服依舊　十五年三月二十六日
祕書省著作郎兼權禮部郎官倪思言檢準永昌陵神
主祔廟前三日不御殿永熙陵虞主至京至于祔廟皆
卷五千三百五十二
不御朝乞令比附上件典故其祔廟前三日乞皇帝特
不視事庶合祖宗禮意從之　淳熙十六年二月十三日
閤門言已降指揮今月十七日宰執以下赴重華宮起
居乞依例不視事如前一日恭奉至尊壽皇聖帝聖旨
免到宮起居乞作後殿坐如值夜及至日得旨免赴起
居竊慮集朝殿官起居不及是日亦乞依例不視事一
日詔依宰執以下赴重華宮起居準此

淳熙七年九月十四日詔自今垂拱殿日參宰臣特免宣名　既而閤門言得旨垂拱殿日參宰臣特免宣名所有駕出起居奏萬福及引呈射射公事後幄奏事御試舉人并唱名對御筵宴及諸處賜茶合與不合宣名詔除朝賀六參并人使在庭依議其餘日參宰臣並免宣名內樞密使日參如遇押班亦免宣名　八年正月十六日詔宜州觀察使安定郡王子楝除上壽六參郊祀外餘並免趍赴從其請也　九年八月二十日詔安德軍節度使開府儀同三司充萬壽觀使趙伯圭令趍赴從駕筵宴上壽六參外餘並免　十四年十一月十二日右監門衛大將軍沂州防禦使權知太宗正司不黯言乞依不息例趍赴六參起居從之　十五年七月八日中書門下省言垂拱殿四參起居官文臣監察御史以上武臣正任刺史以上趍赴已降指揮權令侍從官趍赴後殿起居其武臣觀察使以上未有該載照依文臣侍從官已得指揮　十二月四日詔少保嗣濮王士歆特與依士輵例除上壽六參郊禮外其餘並免趍赴

紹熙二年七月十一日皇伯太保安德軍節度使判太宗正事嗣秀王伯圭言昨任萬壽觀使日趍赴從駕筵宴上壽六參外餘並免兼照前知宗不息不黯亦係趍赴六參所有日後朝參欲依已降指揮從之　三年四

月二十七日詔皇姪永興軍承宣使許國公柄令趍赴朝參　嘉定十二年正月十一日臣僚奏竊見皇帝御正殿或御後殿固可間舉四參官亦有定日近者每見改常朝為後殿四參之禮亦多不講正殿後殿四參間免陛下臨朝之日固未嘗輟而外廷不知聖意或謂姑從簡便非所以肅百執事也常朝之禮止於從臣後殿之儀從臣不與四參止及卿郎而乃累月僅或一舉咫尺天威疎簡至此非所以尊君上而厲百辟也伏願陛下嚴常朝後殿四參之禮起臣下肅謹之心彰明時厲精之治豈不偉哉從之

紫宸

宋會要

文德殿視朝 入閤

宋沿唐制以月朔御紫宸殿羣臣行入閤之儀唐敬宗寶歷初始以月朔御紫宸殿入閤後唐明宗天成初又以月望閤朔但以月朔行之馬端臨曰入閤唐制起于天寶明皇以無為守成詔晏朝候仗百官從容至閤門入五唐前含元殿非正至大朝會不御次宣政殿謂之正衙每坐朝必立仗於正衙或御紫宸殿即喚正衙仗自宣政殿兩門入是謂東西上閤門故謂之入閤其後遂為常朔之儀五代以來既廢正衙立仗而入閤亦希闊不講至是復行之然御前殿非唐舊矣崇元殿即大慶殿前殿也待制候對者亦唐制也每正衙待制官兩員正衙退後又令六品以下於延英候對皆所以備顧問其後每入閤即有待制次對官後唐天成中廢至是後行之廊下食起唐貞觀其後常參官每日朔退賜食謂之廊餐唐末設廢但於入閤起居日賜食令備其制其儀閤門先期舉奏候詔可

即施行前一日有司供帳於文德殿是明既明先列文

武官於殿庭之東西次引有官軍校行軍副使等序班

卷五千三百五十二

於正衙門外次引御史中丞三院御史序立中丞獨穿

金吾班過揖兩班一揖歸本位次引監察御史兩員監

閤於衙門外北面分立次引中書門下翰林學士兩省

官分班序立次司天奏辰刻次閤門版奏班齊皇帝服

鞾袍乘輦上長春殿駐輦樞密使以下奉謁前導至文德

殿上承旨索扇卷簾皇帝升座扇卻次儀鸞使焚香次

文武官等拜次司天雞鳴次閤門勘契次閤門使承旨

呼四色官喚仗其南班有辭謝者再拜先退次引中書

門下班對揖序立於衙門外次引翰林學士兩省官中

丞侍御史殿中侍御史分立於衙門外次引左右金吾

將軍押細仗入正衙門後橫行拜訖分行上黃道仗隨

入金吾將軍至龍墀分班揖訖序立次引吏部兵部侍

郎執文武班簿入對揖立次引中書門下翰林學士臺

省官入北面拜訖上黃道將至午街斂鞾急趨赴丹墀

彈奏御史至吏部侍郎南便落黃道急趨就位起居郎

舍人至兵吏部侍郎後急趨而進飛至香案前皆揖訖

序立次金吾大將軍先對揖並鞠躬斂鞾行至折方石

位又對揖北行至奏事石位鞠躬一員奏軍國內外平

安訖行就位次引文武班至位揖訖鞠躬斂鞾急趨入

沙墀次引侍從班橫行宰臣祝月起居畢分班序立次

引文武兩班出軍校等亦隨出序立於衙門外刑法待

制官赴監奏位中書門下夾香案侍立次臺省官出次

卷五千三百五十二

翰林學士次兵吏部侍郎出次金吾將軍押仗出次監

閤御史出出者皆依殿就衙門外位唯翰林學士立門

側以俟宰相次中書門下詣香案前奏日中書公事臣

等已具文奏訖乃退揖殿出次刑法官奏事次待制官

奏事畢皆出就班次彈奏官出閤門有失儀者彈糾如

式次左右史出凡出者皆斂鞾急趨揖殿次中書門下

學士就位閤門使宣放仗皆再拜賜廊下食又再拜次

閤門使奏閤內無事文武官出殿上索扇垂簾輦還宮

其賜廊下食自左右勤政門北東西兩廊文東武西以

北為上立定中丞至本位西南一揖乃就坐食至臺吏

乃贊揖笏食將訖復贊食畢而罷閤內彈奏官自失儀

崇元

者起居郎閤門使宣徽使以次糾之

太祖建隆元年八月朔，帝常服御崇元殿（王應麟玉海：崇元殿即大安殿，太祖五行其禮，朕御前殿非唐舊矣），文武百官入閤，置待制、候對官，仗退，賜食廊下（王應麟玉海：廊下食起唐貞觀）。三年八月朔，御崇元殿，文武百官入閤，工部尚書竇儀待制，太常卿邊光範候對。十一月朔，御崇元殿入閤，宗正卿趙矩待制，知制誥張澹候對。四年四月朔，帝服通天冠、絳紗袍，御崇元殿視朝，設金吾仗，羣臣入閤，工部侍郎艾穎待制，給事中馬士元候對。八月朔，御崇元殿入閤，給事中劉載待制，左諫議大夫崔頌候對。乾德四年四月朔，御文明殿入閤（王應麟玉海：文明殿即文德殿，一云大明殿，國史云即文明）。

卷五千三百五十二

太宗太平興國二年閏七月二十八日，御史臺言：八月一日入閤，準舊儀，諸軍軍主、廂主以下及前任見任行軍副使等，只於朝堂序班陪位，不入殿庭起居。其文武官至本位，殿階候趨入，沙墀再拜，鞠躬，不呼萬歲。今請諸軍軍主、廂主及行軍副使並如冬正朝賀例，先赴殿庭陪位，序立，隨大班退，赴門外序立。其文武官起居舞蹈，並如中書門下班從之（制下會兩而止）。淳化二年十一月一日，詔以來月朔日御文德殿入閤，宜令史館修撰楊徽之、張洎與有司取舊圖校定儀注以聞。徽之等請設殿墀位於柙樂石南，其丹墀龍墀內羣臣自外入至午街，並廞釋，急趨就位，退時亦廞釋，急趨上黃道，急行至揖

殿位，文武班起居畢，亦倒廞釋就位，卷行，急趨出殿中省，細仗左右各加一百人，廊下食，自左右勤政門北列，文武兩班門南列，諸軍校殿庭班當退而未退者，有司輕語令出，勿致喧咋。詔悉從之。洎又上奏曰：謹按今之乾元殿，即唐含元殿也，在周為外朝，唐為大朝，冬至設仗衛，朝萬國在此殿也。今之文德殿即唐之宣政殿也，在周為中朝，在漢為前殿，在唐為正衙，凡朔望起居及冊后妃、太子、諸王、三公，對四夷君長，試制策，舉人在此殿也。今之崇德殿即唐紫宸殿也，在周為內朝，在漢為宣室，在唐為上閤，即隻日常朝之殿也。東晉太極殿有東閤閤，唐置紫宸上閤，法此制也。人君恭己南面，向明而

卷五千三百五十二

理紫宸黃屋，至尊至重，故巡幸則有大駕法從之盛，御殿則有鉤陳羽衛之嚴，雖隻日常朝，亦須立仗，所謂入閤者，蓋隻日御紫宸上閤之時，先於宣政殿前立黃麾金吾仗，俟契勘畢，喚仗自東西門而入，故謂之入閤。今朝廷以文德殿正衙權為上閤，甚非憲度也。竊見長春殿正與文德殿相對，伏請改創此殿，以為上閤，作隻日立仗視朝之所。其崇德殿、崇政殿即唐之延英殿是也，為雙日常朝聽斷之庭，庶乎臨合前規，永垂昭範。疏入不報（王應麟玉海：和上以入閤舊圖承五代草創，禮容不備，命徽之等討論故事，別為新圖）。十二月朔，御文德殿，羣臣李昉前跪致詞曰：伏以四序將周，北陸正嚴於寒氣，一陽已發，東郊即扃於和風，二儀當交

文德

泰之期三殿舉會朝之禮伏惟法天崇道皇帝陛下三
靈降命萬國來王膺歷數以紹洪基奄寰區而作元后
宵衣布政持競競翼翼之心負扆主陽顯赫赫威威之
德令者屬季冬之令旦列多士於彤庭煙歷永息於窮
邊文物重興於聖代臣等叨居祿位幸遇休明虔傾捧
日之心共祝後天之壽無任懽時樂聖歡呼忭蹈之至
王應麟玉海禮單賜百官廊下食唐制朔望天子御宣政殿受百官起居及諸司奏事仗衛如式敬宗始於紫宸殿入閣之儀

三年五月朔御文德殿入閣詔有司增設黃
麾仗二百五十人令文武官隨中書門下橫行起居從
翰林學士位於參知政事後與節度使分東西揖殿出
餘如舊制　舊制入閣惟殿中省細仗與兩省供奉官

卷五十三百五十二

班入陳於庭帝以為儀衛太簡故命增設仍先列於庭
中殿中省仗仍舊坦易黃衣執儀万人衣碧

真宗咸平二年八月朔御文德殿入閤右司諫直文館
孫何待制兵部員外郎直史館洪湛侯對　大中祥符
二年六月十六日帝常聞宰臣讀時令之禮何時可行
王旦等曰舊禮以四時首月讀之詔自今每入閣日即
行此禮其後亦不果行　三年閏二月朔御文德殿入
閣右司諫直史館李迪待制金部員外郎杜夢證侯對
七年四月二日閤門言入閣圖殿上侍立臣僚皆唐時
職官與今名品不同望依新儀別畫副本詔禮儀院詳
定餘從其請

仁宗景祐三年正月二十六日詔知制誥李淑等重修
閤門儀制其入閣儀注煩省去繁文前一日有司供帳
於文德殿入閣日殿庭立文武官等於東西各衣綉設殿
中省左右金吾仗於明堂階下東西對列文武百官節
度使留後觀察防禦團練使刺使軍校及正衙見謝辭
官各就班次引御史中丞知雜三院御史揖班如常儀
各就位次引監閤御史二員於正衙門外屏內北向揖
訖東西立分屏東西入次引兩省分班立次引文明殿
學士以下立左省前次引中書門下使相對立兩省前
分班立仗整班定司天奏時刻閤門版奏班齊皇帝服
鞾袍輦出樞密三司使副使內諸司使以下迎謁於垂

卷五十三百五十二

拱殿前導至文德殿鳴鞭升座索扇卷簾儀鸞使焚香
文武官等拜司天雞唱閤門勘契閤門使承旨喚仗謝
見辭官再拜先退引中書門下班對揖於屏外立於正
衙門外次引學士兩省御史臺殿中侍御史已上序立
次引左右金吾大將軍押細仗入金吾將軍先至揖殿
位拜訖分行上黃道伏隨至龍墀對揖序立次殿中省
仗下伏下官入次引吏部兵部侍郎執文武班簿對揖
於屏外由黃道就本院對揖序立吏部左兵部右中書
門下學士兩省御史臺官入至揖殿位重行拜訖由黃
道將至午街斂鞾急趨至丹墀本位對揖序立彈奏御
史二員至吏部兵部侍郎南下黃道歸本位起居郎起

居舍人至吏部兵部侍郎北急趨飛至香案前揖訖分立次左右金吾大將軍對揖鞠躬敵韡至折方石位又揖至奏事石位鞠躬左金吾大將軍奏軍國內外平安例行至折方石位對揖就班次文武班入軍校隨至對立於文武班南文武班至本位次中書門下學士兩省御史臺官金吾將軍文武兩班並橫行起居說月畢各急趨還位對揖立次文武班先退序立於衙門外軍校隨出序立刑法待制官赴彈奏御史位南立中書門下夾案侍立次兩省官至揖殿位揖訖出次學士節度使至揖殿位揖訖出次吏部兵部侍郎對揖至揖殿位揖訖出並就衙門外序立次左右金吾大將軍以下至揖

卷五千二百五十二

殿位揖訖出細仗殿中省仗仗下官隨出監閤御史北向揖訖出皆就本班中書門下詣香案前奏事畢宣徽使贊好去歸位使相卷班至揖殿位揖訖出次待制候對官並至奏事位再拜先待制官前奏事畢宣所奏知歸位次候對官如上儀歸位再拜舞蹈舍人贊好去分班至揖殿位揖訖出次彈奏御史至揖殿位揖訖出次起居郎起居舍人退至揖殿位揖訖出次閤門舍人朝堂內放仗百官對拜訖舍人宣贊賜酒食次閤門使至奏事石位鞠躬奏閤內無事次文武官出索扇扇垂鳴鞭輦還內仗出賜廊下食文武百僚待制三司副使同自左右勤政門北兩廊文東武西北上立定御史中丞

至本位南向一揖就坐食至臺吏乃贊揖筋食訖復贊食訖而罷諸軍校賜食於左右勤政門南兩廊其宰臣樞密使以下至龍圖閣直學士於中書親王使相節度使於賜食廳留後觀察使至刺史於客省廳管軍節度使至四廂都指揮使於幕次於舊儀詳略稍異故再錄之四年三月二十七日詔五月朔行入閤之儀仍讀食令付禮院詳定儀注以聞先是詔國朝時令委編修官約唐月令撰定以備宣讀於是賈昌朝等采國朝律曆與禮日度昏曉中星及祠祀配侑諸事當以歲時施行者改定為一篇上之遂詔因入閤行其禮　四月七日詔五月一日夏至假入閤於禮妨否禮官言按周易復

卷五千二百五十二

封先王以至日閉關商旅不行后不省方注方事也冬至陰之復也夏至陽之復也故為復則至於寂然大靜先王則天地而行者也又禮記仲夏之月日長至陰陽爭君子齋戒之處必掩身無躁止聲色毋或進薄滋味毋致和節嗜慾定心氣百官靜事勿刑以定晏陰之所成鄭康成注曰易及樂春秋說夏至人主與群臣從八能之士作樂五日令止之非其道也又蔡邕斷冬至陽氣始動夏至陰氣始起故寢兵鼓身欲寧志欲靜故不能事迎送冬至陽氣起君道長故賀夏至陰氣起君道衰故不賀又後漢志冬至夏至陰陰晷景長短之極微氣之所生太史令與八能之士坐於端門左塾大史具樂器

夏赤冬黑前殿之前乘輿親御臨軒安體靜居以听之夏至禮亦如之令參詳五月朔朝會合唐舊制其日雖是大祠假比冬至圓丘禮成受賀緣在質明以復於禮無嫌只緣是日夏至據易象月令及先儒蔡邕有閉關靜事不賀之説然鄭康成又據樂緯春秋説夏至有前殿從八能作樂後漢常行其儀著在史志亦存前準今來五月初一日入閤讀時令既届嘉禮在朔與作本無所礙其夏至則於經義有妨若因時變禮約用漢法即更繫朝旨詔改用七月一日入閤仍讀時令至朔亦殺

實元二年十二月十二日參知政事宋庠言近奉德音詢及入閤故事臣雖畧陳梗槩理有未詳退而講求歛此

卷五千三百五十二

條悉夫入閤者是唐家隻日於紫宸殿受常朝之儀也謹案唐有大内有大明宮宮在大内之東北世謂之東内謂大内為西内自高宗以後天子多在大明宮宮之正南門曰丹鳳門門内第一殿曰含元正制大朝會則御之對北第二殿曰宣政謂之正衙朔望大册拜則御之又對北第三殿曰紫宸謂之上閤亦曰内衙隻日常朝則御之據唐制凡天子坐朝必須立仗於正衙殿或乘輿止御紫宸殿即喚正衙仗自宣政殿西門入是謂東西上閤門也如以宋朝之制相為比則今之宣德門唐丹鳳門也大慶殿唐含元殿也文德殿唐宣政殿也紫宸殿唐紫宸殿也今或欲求入閤本意施于儀典即

須先立仗於文德之庭如天子止御紫宸殿即喚仗自東西閤門入如此則差與舊儀相合但今之諸殿比於唐制南北不相對但以此為殊耳故後來論議因有未明又按唐自中葉以還雙日及非時大臣奏事別開延英殿賜對若今假日御崇政延和是也乃知唐家每遇坐朝之日即與入閤而叔世離亂五朝草創大昕之制更從易簡立衙立仗因而遂廢其後或有行者常人之所罕見乃復謂之盛禮甚不然也今之相傳入閤圖者是官司記常朝之制如閤門有儀制勑合班雜坐類之類何足為布濩之事哉況唐開元舊禮本無此制至開寶中諸儒增附雜禮始載月朔入閤之儀又以文德殿

卷五千三百五十二

為上閤差舛尤甚當時編撰之士詩討求未至臣伏恐朝廷他日修復立衙立仗欲乞送付兩制使預加商榷改正舊儀詔兩制官詳定翰林學士丁度等奏令詳元起請入閤者是唐朝隻日於紫宸殿受常朝之儀若今來隔日行之煩頗為煩況今殿宇與舊制不同宜仍舊從之

慶曆七年三月十七日詔太常禮院權停所上立夏讀時令儀先是詔御史中丞高若訥與禮官定請時令儀將以四月五日就大慶殿行禮而言者謂未合典禮故權罷

神宗熙寧三年五月知制誥宋敏求等言奉詔重修定閤門儀制内文德殿入閤儀令儀制所謂載與國朝會

要及時人論議頗或異同按今文德殿唐宣政殿也紫宸殿唐紫宸殿也然祖宗朝皆曾御文德殿入閤唐制常設仗衛於宣政殿或遇只坐紫宸即喚仗入閤如此則當御紫宸閤入閤方協舊制乞下兩制及太常禮院詳定詔學士院議翰林學士承旨王珪等言按入閤者乃唐隻日紫宸殿受常朝之儀也唐宣政殿即今文德殿唐紫宸殿即今紫宸殿也唐制天子坐朝必立仗於正衙若止御紫宸即喚正御仗自宣政殿東西閤門入故為入閤五代以來遂廢正衙立仗之制今閤門所載入閤儀者止是唐常朝之儀非為盛禮不可遵行從之國文李淑傳議入閤曰唐寳歷後常以月朔御紫宸行入閤儀聖朝太祖五行其禮多御崇元殿備殿中金吾

卷五千三百五十二

諸仗設侍制侯對官崇元即今天安殿也乾德之後改御大明殿即今集英太宗三行其禮制定新儀就文德廷增設黃麾仗真宗亦三行之繪圖講習藏之禁閣藝文志景祐三年詔賈昌朝與丁度李淑采國朝律歷典禮日度昏曉中星祠祀配侑歲時施行者約唐月令定為時令一卷以備宣讀而淑定入閤儀異於通禮明年詔因入閤讀時令尋停

 文德殿視朝

神宗熙寧三年六月九日右諫議大夫編修閤門儀制宋敏求言本朝以來惟入閤乃御文德殿視朝今即不用入閤儀即文德遂闕視朝之禮欲乞下兩制及太常禮院約唐制御宣政殿裁定朔望御文德殿儀以備正衙視朝之制詔學士院詳定儀注學士韓維等以入閤圖增損裁定上儀曰朔日不值假前五日閤門關諸司排辦前一日有司供帳於文德殿殿庭東西左金吾引駕官一名四色官二人各帶儀刀帶金甲天武官一人判殿中省一名排列官一名扇二方繖一金吾仗碧襴一十二人各執儀刀兵部儀仗排列職掌一名押隊員

卷五千三百五十二

僚二人黃麾幡一告止幡八傳教幡八信幡八龍頭竿五十戟五十西面右金吾引駕官一名四色官二人各帶儀刀帶金甲天武官一名殿中省排列官一名扇二方繖一金吾仗碧襴一十二人各執儀刀兵部儀仗排列職一名押隊員僚二人黃麾幡一告止幡八傳教幡八龍頭竿五十戟五十天武官兩面共一百人門外東面青龍旗一五嶽旗五五龍旗十西面白虎旗一五星旗五五鳳旗十御馬每面五疋人員二人御龍官四人設御屋於殿之後閣及設中書親王皇親百僚等幕次於朝堂其日左右金吾將軍常服押本衛仗判殿中省官押細仗先入殿庭東西對列天武官等分東西排立

諸軍將校分入北向立朝堂引贊官引彈奏御史二員入殿門路道當下殿北向立次淮文武班分入（其判殿中省官本起居訖歸押仗位）次丞郎尚書兩使留後觀察防禦團練使刺入以次序位立次引兩省官待制御史中丞知雜三院御史入次引文武班一品二品入次學士幷節度使入並立於右省班前次分引羣臣王使相參知政事入並東西相向對立諸軍將校即於殿庭北向立定（其班次並御史臺祇應）皇帝服鞾袍垂拱殿座鳴鞭內侍省都知押班供奉官以下帶御器械等（其入內內侍省內侍省合公服窄衣各如儀）祇應諸司使副等並繫鞵一班四拜起居次進讀奏目客省閤門使次通喝對立覺察失儀引班舍人次宿衛諸衛諸

班次管軍臣僚以下行門指揮使依朔望常例起居（殿前都指揮使以下起居訖換窄衣祇候引駕）次引樞密宣徽使三司使副樞密直學士內客省吏以下至醫官待詔及修起居注官二員並大起居諸司使以下退排。立供奉赴文德殿於文武百僚班北東西排立有司進輦皇帝乘輦樞密宣徽使三司使副樞密直學士內客省使至閤門副使樞密都承旨至樞密院諸房副承旨前導至文德殿後閤各歸殿上侍立修起居注官夾香案相向立於螭陛之下舍人二員殿庭北向對立餘並於殿下稍東侍立司天監奏時刻閤門奏班齊皇帝自後閤出殿上索扇升榻鳴鞭扇開簾卷儀鸞使焚香喝文武官就位四拜起居鷄

人唱時舍人於彈奏御史班前西向喝大起居御史由文武班後至對立位次引左右金吾將軍合班於宣制石南大起居班首出班躬奏軍國內外平安歸位再拜各歸東西押班位通喝舍人於宣制石南北向立對立舍人退於西階次揖羣臣親王以下躬通文武百僚羣臣某姓名以下起居分引羣臣以下橫行諸軍將校仍舊立閤門使喝大起居舍人引羣臣至儀石北俛伏跪致詞祝月訖（其辭云：文武百僚羣臣全銜臣某姓名等言：孟春之吉，伏惟皇帝陛下膺受時祉，與天無窮。臣等無任歡呼忭蹈之至）歸位五拜閤門使揖中書由東階升殿樞密使帶平事以上由西階升殿侍立（五依圖）給事中一員（以知門下封駁事官充）歸左省位立於給事中之南（如充轉對官，每

遇御史臺前期牒請文官二員並依轉對官例先於閤門投進奏狀）吏部侍郎及刑法官立於轉對官之南兵部侍郎於右省班南與吏部侍郎東西相向立定搢笏各出班籍畳笏上（吏部兵部侍郎以以審官東西院官充，刑法以知審刑、大理寺官充）親王使相以下分班出引轉對官於宣制石南宣徽使殿上承旨宣達如儀次吏部兵部侍郎及刑法官對揖出（見辭班自從列儀）次彈奏御史無彈奏對揖出（如有彈奏，立如儀）引給事中至宣制石南揖躬奏殿中無事喝祇候揖西出次引修起居注官次引排立供奉官以下各合班於宣制石南躬喝祇候揖分班出喝天武官等門外祇候出索扇垂簾皇帝降座鳴鞭舍人當殿承旨放仗四色官殿鞾急趨至宣制石南稱奉敕放仗

金吾將軍並判殿中省官對拜訖隨仗出親王使相節度使至刺史學士臺省官文武百僚諸軍將校等並序班朝堂謝賜茶酒皇帝御垂拱殿座中書樞密及請對官奏事不引見謝辭班後殿座不座臨時取旨其日遇有德音制書御劄仍候退御垂拱殿座制廂出外應正衙見謝辭文武臣僚並依御史臺儀制喚班依序分入於文武班後以北為首分東西相向重行異位依見謝辭班序位餘押班臣僚於班稍前押班後刑法官對揖出分引近前揖躬舍人當殿宣班引轉官班見謝辭並如紫宸殿儀樞密事不帶平章事參知政事至同簽書樞密院事宣徽使並立於宣制石稍北宰臣親王樞密

使帶平章事使相係押班者立於儀石南餘官並立於宣制石南如合通喚閤門使引並如儀贊喝訖係中書樞密並揖升殿見謝辭揖兩出其合問聖體者並如儀餘官分班立謂奏御文陞見辭謝班絕對揖出其朝見如謝御城門外御筵及各赴官謝茶藥撫問之類不可合班者各依別班中謝對賜酒食等並門賜其係正衙見門謝辭亦門外喝放應正衙見謝辭臣僚前一日依例於閤門投下諸正衙榜子閤門依例上奏目其御史臺四方館正衙狀亦依例投下應朔日或得旨罷文德殿視朝止御紫宸殿起居其已上奏目正衙見謝辭班並放免依官品隨赴紫宸殿引或值改作常朝文德殿自有百官班日並如舊儀應外國蕃客見辭候喚班先引赴殿庭東邊依本國職次重行

異位立定候見謝辭班絕面向躬舍人當殿通班轉於宣制石南北向立贊喝如儀兩出其酒食分物並門賜如有進奉候彈奏御史出進奉入惟御馬及擔牀自殿西偏門入東兩門出其進奉出入天武官起居舍人通某國進奉宣徽使喝進奉出節次如紫宸殿儀候進奉出給事中奏殿中無事出其後殿再座合引出者從別儀其日賜茶酒宰臣樞密於閤子親王於本廳使相宣徽使觀於殿大學士至寶文閣直學士兩省官待制三司副使文武百官皇親使相以下至率府副率及廂都指揮使已下至副都頭並於朝堂如朝堂位次不見即於朝堂門外設次管軍節度使至四廂都指揮使節度使兩使留後至刺史並於客省廳賂從之。　四年五月初視朝於文德殿　元

豐五年五月十九日御文德殿視朝新除職事官未正謝者許立班　五年十二月二十三日詔正旦朝會日引駕殿前左右班及人員倓至殿閤即分立於殿東西夾行門立於龍墀東西勾欄內起居郎舍人左右巡使並就本位拜其起居郎起居舍人朔日視朝拜亦准此文昌雜錄後唐莊宗同光元年中書門下奏每日常朝百官宿拜獨兩省官不拜准本朝故事朝退於廊下賜食謂為廊下食百官遂有謝食拜惟兩省官本省有廚不赴廊飡故不拜伏自僖宗幸蜀回以多事之後遂廢廊食百官拜儀至今未改將五十載禮從難停惟西省官獨尚不拜豈可終日趨朝曾不一拜獨於班列有所異同君言官是近臣於禮又宜肅敬起今已後逐日常朝宣不坐其兩省官與東西兩班並齊拜從之至明宗天成元年五月內出御札一封賜宰臣曉示文武百僚每日正衙常朝外五日一度赴內殿起居其後遂以為常非欲事也　皇朝百餘年未遑列正謬誤今上熙寧五年方議朔日文德殿視朝立仗之儀

哲宗紹聖元年二月十四日禮部言閤門奏三月朔日
文德殿視朝緣元豐三年四月十八日有旨候過諒闇
依舊詔依元豐三年例
高宗紹興十二年十月二十七日臣僚言望詔有司講
求祖宗故實常朝視朝正衙便殿之儀舉而行之用稱
萬邦百辟尊君之心禮部太常寺閤門討在京日御殿
節次朔日文德殿視朝紫宸殿日參望參垂拱殿日參
四參假日崇政殿坐聖節垂拱紫宸殿上壽若依所請
欲乞先次宰臣率百僚拜表奏請皇帝御正殿視朝從
之既而御史臺請以射殿作崇政殿遇朔望權安置幕
帳門作文德紫宸殿或有相妨去處隨宜排立班次每
遇宣赦書德音麻制崇政殿就充文德殿集百官立班
聽宣及羣臣拜表聽御劄批荅以崇政殿權作文德殿
東上閤門立班其垂拱殿四參依儀即於殿門外鋪設
位版以駐蹕殿宇未備故有是請王應麟玉海天禧五年十月十日中書樞密院請準故事五日一御便殿皇祐編敕正衙常朝及橫行並宰臣立班常朝日輪宰臣一員押班祥符初敕宰臣依故事赴文德殿押班治平四年五月癸未詔春分秋分候辰正牌上垂拱殿視朝未退宰臣更不過文德殿押班初治唐故事百官日赴文德殿宰臣押班謂之常朝休假三日以上內殿起居官畢集謂之橫行宰臣以下應見謝辭者皆先赴文德殿謂之過正衙　宋楊傑奏請罷文德殿常朝官狀儒林郎守秘書省著作左郎充太常禮院主簿臣楊傑奏謹按周禮宰夫掌治朝之法以正王公三公六卿大夫羣吏之位王眡治朝則太宰贊聽治又崇禮記曰視朝於內朝臣辨色始入內朝及路寢門之外朝羣臣治事王者日於此以聽視之故亦謂之治朝也唐六典曰凡京司文武職事九品以上聽每朔望朝參五品以上及供奉官員外郎監察御

卷五千三百五十一

史太常博士每日參謂之常參官斯皆文武之有職事起于朝天子御宣政或御紫宸以視朝聽治蓋沿周制也其無聽職事則無常參班次故會要所載如本官不是常參官并憲官是稱者惟聽於御史班中雖見乃知辭見之日即入朝自餘不入朝矣今乘輿常日御紫宸或御垂拱見內朝之臣聽天下之治遵用周唐故事無不協于典禮而其文德常朝官考之載籍仰未為得於固則非公卿大夫羣吏治事者之比於居則異京司文武職事之官稱聞其間多是待次之人久在旅邸日趨闕庭勞乏可恤加之累歲以來常候羣臣奏事退赴押班或遇辰正牌上方得放班近者伏闕德音令今後御史臺候垂拱殿坐即一面放班中外相傳莫不稱頌嚮非陛下至仁盛德於察微隱何以及此以臣愚見其文德殿常朝官在京未有職事故禮可免常參伏乞朝廷特與放罷或祇令赴朔望起居其賀謝辭見及京司百官五日一赴起居者自依定制如此則於固唐舊儀兩以為得臣雖賤愚備員禮局有所聞見不敢不言謹具狀奏聞伏候敕旨

卷五千三百五十二

宋會要　常參起居

國朝之制，垂拱殿常朝，皇帝初座，內侍省都知押班率內供奉官以下及寄班等先起居，次客閤門使以下呈進目者，次三班使臣節度觀察防禦團練使刺史等子弟充供奉官侍禁殿直有旨令衹內朝起居者，次內殿當直諸班殿前指揮使左右都虞候以下內殿直散指揮散都頭金槍班頭，次長入祗候東西班殿侍，次御史忠佐，次殿前都指揮使率軍校至副指揮使，次駙馬都尉任刺史以上者綴本班，次諸王府僚，次殿前司諸軍軍使都使，次皇親將軍以下至殿直，次行門指揮使率行門起居以下並內侍皆喝。如傳宣前殿不座，即宰臣與樞密使、觀文殿大學士以下至寶文閣直學士、三司使、中書舍人、三司副使、直龍圖閣、侍講

卷五千五百五十二

諫官、修起居注如他官糾察在京刑獄、知東西審官勾當三班院、知通進銀臺司、審刑院、或三司開封府判官、推官、審刑詳議官當奏事者亦起、皇城內監庫藏、朝官橫行及東西班諸司使副、內殿承制、崇班、供奉官、侍禁、殿直、翰林醫官、侍御醫、學藝學等同班入中書舍人乾德後始令赴內朝，三司判官太平興國前赴內殿其後罷之止隨百官五日起居起居宰臣樞密宣徽使升殿侍立餘官並出，次親王，次侍衛親軍馬步軍都指揮使率軍校至副指揮使，次使相，次節度使，次統軍如大將軍上將軍特恩入赴內殿起居者次統軍而入，次兩使留後、觀察使兩使留後觀察使特恩令綴節度使班者即差後立，次防禦團練使、刺史，次侍衛馬步軍軍使都頭。起居訖，宰臣樞密宣徽使升殿，少頃，樞密宣徽使並退，宰臣奏事，次樞密又奏事。如其日百官五日起居，即宰臣、中書舍人、直

龍圖閣以下至知起居注、皇城內監庫藏官不入，並隨大班起居。侍衛馬步軍軍校都頭班退，次左右巡使入，次閤門使引宰臣文武班分東西入赴殿庭，起居訖，宰臣升殿侍立，侯巡使出，樞密宣徽使並退，宰臣奏事，餘如上儀凡內殿起居日止兩拜，朔望或連假三日皆舞蹈。自十月朔至二月朔，每大起居並賜茶酒。序班于殿門外，再拜訖，集于朝堂。凡紫宸殿常朝，則樞密使以下先就班，侯升座諸司使副以下至殿直分東西對立，餘並北向，起居訖，樞密宣徽使、觀文殿學士、樞密直學士、三司內客省使升殿侍立樞密宣徽升自西階三司客省升自東階初升殿再拜而後升熙寧三年罷觀文殿學士立殿者，餘官並出，次親王以下至侍衛軍使都頭，凡入班，次左右巡使，次宰臣率文武班入王如垂拱之儀，宰臣與樞密分東西侍立

卷五千三百五十二

次行門殿值入，侯皇帝降座，並退，後詣垂拱殿奏事如常儀如紫宸座日非百官起居即宰臣亦在後入。凡崇政殿假日，皇帝初座，內侍省都知以下起居勾當軍頭司禮賓院官亦同班，次客省閤門使以下呈進目者，次殿前馬軍步軍都指揮使至四廂都指揮使，次御前忠佐馬步都軍頭以下，次殿前指揮使都虞侯以下，次東西班都知以下，次軍頭司員僚，次皇親將軍以下，次行門殿直，次通事舍人引宰臣樞密使以下三司使副、觀文樞密直學士、知開封府、內客省使、知起居注官、客省使以下、樞密都承旨、通事舍人、皇城內監庫藏頭、臣諸使使臣等並同一班學士知制誥以下朝臣應有公事奏覆者復同此班，次親王並起居訖，奏事如常儀宰臣以下皆具鞾笏諸司使臣以下悉繫

𧪯凡晚朝宰臣樞密翰林學士當直者洎近侍執事之臣皆起國初用此制後罷之今惟太廟自城致齋日晚朝如故

卷五千三百五十二

宋會要 常參起居

太祖乾德二年正月十二日內殿起居與宰相太子太師侯章為班首前一日司徒侍中范質罷為太子太傅司空兼門下侍郎平章事王溥罷為太子太保樞密使右僕射同平章事魏仁浦罷守本官故也　八月五日詔百官內殿起居日兩省御史臺官分班於殿庭東西相向立金吾將軍各在本班之上中書舍人自今日赴內朝先是兩省官金吾將軍俱為侍從班每內殿起居橫行立於一品之前時王溥罷相為太子太保太祖見溥立於臺省官後謂左右曰溥故相為東宮一品安得在拾遺補闕之後乎遽命分之

卷五千三百五十二

宋會要　常參起居

太宗太平興國九年九月四日詔常參官廨宇及監臨處在新城外者及諸軍營在新城外者軍使都頭以下並五日一起居副指揮使以上即依舊　雍熙二年十二月十三日詔文武常參官以疾請告經三日以上者御史臺具名以奏當遣醫官診視如或妄託即行朝典

端拱元年閏五月閤門言準詔永清軍節度使駙馬都尉王承衍以下令赴前殿起居其鄭州觀察使駙馬都尉吳元扆自來與承衍長春殿一班起居取進止詔元扆承衍前殿一班起居　淳化元年五月二十六日詔中兩省官併帶職或監臨物務者自令疾病請假令於中書下假牒押日後送本省三日已上未朝參仰本省具

卷五千三百五十二

聞當遣醫診視如無假牒不赴常朝并五日起居橫行參假及非時進班慶賀不到即本省聞奏內殿起居不到閤門糾舉奏聞（先是三司度支判官李若拙不赴起居不到省商量公事下御史臺取勘）（乃下是詔）　七月十日詔右監門衛將軍柴嘉榮令預後殿起居（嘉榮頃自應州歸順尋授檀州刺史來化指揮使至是權於環衛許赴內朝蓋優之也）　二年六月十日詔應兼內外職務朝官等除逐日後殿起居外每遇內殿起居日並須隨宰臣赴本班各依官位資序排班　十三日詔文武百官在京監當及主判公事除合免得常朝外有內殿起居橫行參假入閤非時慶賀侍宴正冬仗御樓御殿承天節行香衆集議事城外立

班國忌行香並令赴班如實有公事急速赴班不及即具公文報臺或公然託故稍涉不恭臺司糾舉施行　二十日詔三司職官翰林侍讀侍講諸王府侍講諮議翊善記室及監左藏庫朝官等每遇五日起居及承天節冬正仗御樓御殿非時慶賀橫行參假國忌行香依舊儀並綴宰臣大班　二十九日侍御史知雜事張郁言內班起居百官皆無幕次止權歇於客省閤門使廳吏舍及衆立廊下欲望自令前一日於東上閤門內東北兩廊預設幕次從之

卷五千三百五十二

宋會要 常參起居

至道三年二月二十三日閤門言寒食假開文武百僚
只於崇政殿依常參起居宰臣太子親王樞密使見任
節度使內外馬步將校分為七班後過五日起居亦於
後殿從之時太宗不豫故也
真宗咸平二年六月詔文武官五日起居及國忌行香
橫行參假如有稱疾請令御史臺覈察實否如託故即
牒差醫官看驗以聞內監當倉場庫務滯人戶輸納者
即計臨時申狀　四年閏十二月二十日御史臺言舊
例假三日羣臣並赴文德殿橫行朝參近日以內殿起
居不赴望申舊制以肅朝儀詔自今並許彈奏　五年
卷五千三百五十二
十一月二十一日詔左衛將軍恩州刺史駙馬都尉柴
宗慶令赴內殿起居　六年右衛將軍駙馬都尉王貽
永大中祥符六年在龍武將軍駙馬都尉李遵勗並用
此例　十二月詔每日居賜臣僚茶酒日委御史一人
與中使閤門祇候同鈐轄翰林司盡所破料例供應
景德元年正月十三日御史臺言請百官內殿起居日
令引贊官一人於殿門裏伺候報班祗應從之　十二
月十日車駕駐澶州河北行宮充本州諸軍將校每日
起居以移軍河南使就使董率也二年九月八日詔應
三館秘閣主判尚書省諸司諸寺監朝官等除已赴內
殿起居外並令赴常朝其審刑院大理寺臺直官閤封

府判官推官知縣司錄判司天監五官正帶翰林天文
知算造并監在京倉場庫務勾當糧料院朝官等並依
舊免常朝先是光祿寺丞錢易上言請文武百寮並赴常參令有司詳定乃下是制　十一月
三十日左巡使艾仲孺言文武百官內殿起居日文班
先入殿門者只於階下近南立班遂致後下階者難為
排立臺司職掌人無例得至殿庭乞下閤門遇起居日
輪差閤門祗候一人於殿門階下排整班序從之　三
年八月十三日詔起居日所賜軍校茶酒如聞有司闕
於檢校宜令內侍副都知閤承差使臣監領省視其崇
政殿賜畨部酒食亦令監殿門使臣督領其事　九月
十六日詔修長春殿逐日皇帝於崇政殿坐臣僚依長
卷五千三百五十二
春殿例次第入起居宰臣知樞密院事已下依前殿不
坐例起居依奉官更不排立殿上祗應喝進奉依長春
殿例不祗應　十月二十九日詔長春殿修畢依舊於
前後殿起居　四年八月十四日御史臺言文武百官五
日內殿起文班丞丞郎及百官班次多立班不正或近
東或近南殿門階側逼隘甚有難為拜跪者臺司知班公
吏緣不得至殿庭祗應乞下閤門每遇起居專差通事
舍人一員排連班次鄉容近西立班所貴東西臣寮拜
舞稍便從之

宋會要 常參起居

大中祥符二年四月十一日詔朝堂立班及起居入長
春院立班御史臺差引接排班人吏及僕射以上差朝
堂人吏引就班列者一如舊制無得於所差人數外更
帶人入長春門　二十九日詔自今宰臣依故事赴文
德殿常朝立班　四年三月一日祀汾陰迴次陝州放
百官沿路起居令先赴西京　六月詔自今常朝并起
居臣寮七人以上不到者具官位姓名聞奏取旨仍於
朝堂告示百寮　八月詔應常參文武官每日趨朝並
令早赴待漏院候閣内門百官齊入委知班驅使官二
人常在正衙殿門視察如有日出後方入朝堂者以名

卷五千三百五十二

聞應稱病請假者令御史臺據自來多請病假者相度
得別無疾病具奏乞差醫官看治如顯託疾即具狀彈
奏　五年正月十九日詔每歲十月朔後内殿起居每
賜茶酒頒閤班至朝堂所由司並不宿設蓋御史閤門
曠職之故又禁軍負僚退日起居所給茶酒亦不豐潔
自今當切戒之（禁軍指揮使月給隨食酒故不賜茶酒都頭軍使而下無隨酒故因起居賜）
之　二十二日詔每遇起居唱賜軍員茶酒仰内侍省令
後具四十合賜茶酒日數預前一日告報翰林儀鸞司
令先備座物酒菓如遇喝賜便排當監散使臣點檢盡
料供給仍仰閤門皇城司覺察如敢違慢具事由聞奏
當議勘斷　二十八日詔自今每遇百官起居合賜茶

酒仰御史臺前一日牒報翰林儀鸞司令準備祇應
七年七月詔應臣僚合赴常參特令内殿起居及主判
職司特免常朝五日一綴本班起居外只有横行赴文
德殿前立班至日多以上殿奏呈公事及引見人為言
而不赴者自今凡遇横行拜表進名行香除宣臨及本
職合赴後殿祇應或急速公事外其餘並須赴本班如
常程合上殿奏事又引見人仍候次者違者御史臺彈
奏　八年四月二十七日詔百官自拱宸門入赴崇政
殿起居但不舞蹈其鳴鞭主殿文武班次一如長春殿
之儀（時大内火權折長春殿兩廊以絶大道也）六月九日御崇德殿百官起
居退輔臣詣長春殿奏事如舊儀　十一日詔開封府

卷五千三百五十二

自今應取勘文班并朝官以上使臣殿直以上罪犯不
計輕重從府司牒報閤門勒住朝參候公事斷遣了日
許令依舊　八月三十日詔自今文武臣僚為公事取
勘候罰放了日令元取勘處畫時關報閤門及曉示本
人限五日内謝恩如出限者具名聞奏　天禧四年三
月十四日右司諫直集賢院祖士衡上言常朝起居日
長春崇德殿假日後殿中書樞密文武合班而有閤門
祇候一員在班前隨班再拜側立贊喝欲請自今令通
班閤門祇候在前殿則與内殿供奉官已下同起居後
殿與軍頭司官同起居然後立殿庭贊喝從之　十月
十五日詔應軍使至副都頭自十月一日後三日一度

起居賜茶酒前後殿起居即依例喝賜遇雙日及放起居不坐並亦給賜至來年二月一日住賜其文武百官每五日所賜茶酒依舊例支給

卷五千三百五十二

宋會要　常參起居

仁宗天聖元年七月二十九日詔殿前都指揮使蔚昭敏今後與免前後殿起居只奏萬福以昭敏患脚膝故也　八月詔閤門應文武臣僚有服藥并假故不赴起居即時闕報入內內侍省　二年八月十六日上封言者諸司使副使以下起居多不整齊或樞密使再拜未畢後班先各舞蹈呼萬歲前後諠譁畧無次序無覺舉宣旨宜令閤門差人整肅仍曉示諸司使以下應內殿起居臣僚等每遇起居入殿門並須端謹不得喧嘩依班次排立同樞密使起居拜舞呼萬歲班退亦須整肅稍涉慢易仰閤門糾舉聞奏當行朝典閤門失於糾舉使副使等並勘罪施行

卷五千三百五十二

六年六月二十六日免常朝官屯田郎中閭丘夢松等七人稱疾不赴朝參罷詔御史臺復有七人以上不到者論如法　七年三月二十六日東上閤門使李昭亮等言今雙日不坐每月仍多假故赴起居者不過十日而臣僚請假不赴月有至五六次者欲乞除請將治假外請朝假過三度者依不赴起居例責罰其三班使臣之下宣徽院察舉從之　景祐二年十月二十七日御史臺言諸衛大將軍將軍並係三品一行序立諸衛率府率副率並係四品一行序立今新除皇親諸衛大將軍將軍八十五員諸衛率府率副率五十一員緣皇親大將軍以下並內殿起居員數

稍多殿庭難為排立及非次曲宴殿上官臨亦是一行
座次不得詔大將軍將軍率府率副率品序排立如殿
庭官臨即重行　寶元二年六月四日詔宗室遥郡并
大將軍以上遇朔望令其長一人入内叅起居　慶歷
三年八月六日詔諫官日赴内朝起居　皇祐三年八
月詔閤門自今如有雨雪便令上廊祇候及開殿門引
喝起居永為定式　至和元年八月十二日詔觀文殿
大學士兵部尚書晏殊五日一赴内殿起居　九月八
日彰德軍節度使兼侍中駙馬都尉王貽永奉詔許朝
朔望愚禮優絶令足疾漸損乞五日一奉朝從之　十
月二十五日詔樞密使王德用高年日入朝謁其特免

卷五千三百五十二

拜　嘉祐元年十一月二十三日樞密使王德用罷復
兼同羣牧制置使聽五日一詣崇德殿叅起居仍許其
子若孫扶掖之　四年六月二十四日御史臺言據左
右巡使邢夢臣等狀内殿起居文武百官雖於殿門外
令本臺引贊官依官位叙班立定及入殿庭引贊官無
例入殿庭引揖是致交雜並不依序立班次况殿庭立
班自係閤門管勾祗應并諸般失儀彈奏欲乞今後逐
次起居先以本臺知班三五名依次排定引撥入殿門
乞令閤門祗候三五員於殿庭裏管勾引接仍乞於紫
宸垂拱兩殿庭石位鐫定班次其諸般失儀即令巡使
同閤門官員覺察彈奏百官三次失宜乞與理為過犯

儀制二之一三

詔下閤門與御史臺同詳定以聞令同叅詳到下項文
武百官起居日本臺知班引贊官依官次排定即序班
入殿同令閤門祗候三員殿庭引揖各依官位從北為
首分定班次聽側宣訖揖就北面位並依上項序班就
立其引贊官一名只依閤門舊例至殿屏照管紫宸垂
拱兩殿比舊來起居并側宣位各鄉稍前逐班鐫定石
位閤門覺察舍人依左右巡使東西分立同覺察失儀
者其出班彈奏並依舊儀左右巡使與覺察舍人不糾
即依舊儀制閤門使彈奏百官起居班内諸班失儀欲
依慶歷七年八月内本臺起請據勘到情理分公私定
斷私罪即理為過犯文武百官起居儀制並依官品序

卷五千三百五十二

立緣承久例只例官位序班恐難更改令只依舊以官
位排定班次員多者即許重行員少者合作一班序立
從之　五年九月詔令後差下陝西河南河東總管駐
泊鈐轄都監并管勾兵甲知州等自授命後便罷在京
職務更不赴朝叅限半月内朝辭進發曾任中書樞密
院官令奏赴起居宣徽使管軍臣僚授外任差遣且赴
起居候朝辭即不赴已正衙辭雖未朝辭更不赴起居
應赴臺參謝臣僚内有臣赴内殿起居者先入起居訖
方赴朝堂參謝　八年二月十五日閤門言自來百官
五日一次起居如值放朝參以次隻日作起居欲乞令
後遇放朝之類以放日為始别實理五日從之

儀制二之一四

英宗治平元年五月二十一日詔曰夫尊尊而親親人道之極也有若諸父保有賢德以藩屏於王家朕承大統思廣骨肉之恩以風天下匪尊遇之何以見愛于皇伯東平郡王允弼皇叔襄陽郡王允良寧國軍節度使同中書門下平章事允初其免常朝五日一次起居

熙寧二年九月十一日閤門言知制誥吳充權三司使公事會勘三司使合綴樞密使班起居上殿侍立制誥遇紫宸殿起居綴中書門下班詔遇紫宸殿起居日三司使令侍班即綴樞密使班　三年八月二十五日閤門言自來兩制以上帶外任差遣時暫到闕朝見訖並並不赴起居諸司使副即却並赴起居體例不同詔並令赴起居　九日編修閤門儀制言中書臣僚行事畢並奏隨班起居自餘臣僚無文今參詳應祠祭及諸行事畢並令隨班起居并上奏從之　十一月樞密院言御史臺申舊制諸司使副承制崇班內差攝將軍二十人內有差遣者直申臺不赴立班是致武班闕官乞令後差攝將軍如授差遣便別差到官方得不赴常朝如急速差遣乞降指揮照會方能免罷詔今後係將軍使臣如授差遣須候別差到人替方得朝辭及不赴常朝仍令審官西院限五日內差官承替　四年五月六日詔今後百官起居令御史臺將帶引贊官并副引贊官共二人入垂拱殿依閤門承受體例板壁外祗應　七月二十一日閤門言勘會三班使臣供奉官以下至殿直並係逐日合赴起居竊緣近歲人數倍多趨就班列殿庭壅隘頗成喧冗欲乞除排立使臣依舊外餘供奉官以下至殿直並只令朔望并北朝人使見辭紫宸殿綴班起居

過文德殿坐朝繖樞密使以下大班垂拱殿起居畢先退從之　十月六日詔中書樞密院來日入東西府時辰有礙與免起居令以次官押班　十一月一日詔中書門下自今文德殿常朝俟垂拱殿坐令御史臺一面放班　十二月十八日詔諸伎術官除帶升朝官及諸司使副各隨所帶官赴朝會起居外餘依供奉官例並令令朔望并北朝人使見辭紫宸殿繖班起居　十年九月二十七日閤門言前後殿祗應臣僚兵吏等有執事御前並不起居者欲乞應諸班職掌各著起居之次詔條衛士者並行起居　元豐三年二月八日詔高麗進奉使五日一赴崇政殿起居班常起居後　五年四月

卷五千三百五十二

十八日殿前司言御龍骨朶直弓箭直弩直東西班招箭班日赴崇政殿祗候過放朝參改御延和殿諸班都虞候指揮使押班在東華門謻門權門排立距後殿且二里乞依御龍直例入拱宸門赴延和殿迎駕起居從之　五月二日御史臺閤門言開封府諸臺官左右軍巡兩廂官赤縣丞係比類附班得預朝參其秘書省校書初正字太常寺協律奉禮郎太祝郊社令三學博士五監主簿皆執事官雜壓亦在赤縣丞之上而獨不預欲自令並令朝參從之　七月七日詔開封府推判官以下至開封府祥符縣丞寄祿官未陞朝者比類在京職事官並赴起居朝會　十二月二十四日御史臺言

準詔遼使見辭日並特起居其前後三日內宜起居權罷　二十六日紫宸殿遼使見來年正月六日垂拱殿朝辭若各用本殿即見日望參班赴辭日六參班赴詔並用望參班　七年六月十四日詔戶部尚書王存言自官制行戶部尚書侍郎領晉三司長貳職事止赴前殿起居惟知開封府依舊赴後殿緣知府於後殿非供奉職司而實廢決事時刻詔自今知開封府免後殿起居　八年二月二十七日詔諸三司御史臺官寺監長貳開封府推判官六參職事官赤縣丞以上寄祿陞朝官在京釐務官望參不釐務者朔參　八月六日詔朔望皇帝御前殿合赴起居官次日赴延和殿垂簾起居從御史中丞黃履請也

卷五千三百五十二

哲宗元祐元年十一月二十六日詔自令北朝人使見辭日令朔望官起居　十二月二十八日中書省言元豐五年四月七日條契丹使見辭日並特起居其前後三日內合起居權罷詔令後人使見辭前後三日內除朔望參外起居權罷　四年十月十八日戶部尚書呂公孺言朝謁之制四日參六參望參朝參其未有差遣陞朝官並朝參係每歲朔參除假故外遇視朝日方赴其朝臣中頗有自元豐年出外近到京參部未久復授差遣出外者於朝儀元不知習乞以望參為六參朔參為望參別不增損儀制於職事不無妨廢詔禮部御史臺

閤門同共詳定以聞其後詔朔參官兼赴望參望參官並赴六參

儀制二之一九

卷五千三百五十二

宋會要　常參起居

徽宗崇寧二年五月二十一日詔殿中省官並赴內朝參假日亦赴　大觀元年十一月十四日臣僚上言伏見近日六參官及臺務望參官遇起居日輒以病免以致班列蕭疏欲乞今後六參及臺務望參官非在病假不妨入局止是爲免朝請假連三次及一歲通及五六次者本臺聞奏乞與外任差遣有因請免朝參假其日不廢看謁許本臺覺察彈奏從之

高宗紹興二年正月一日閤門言車駕移蹕臨安府沿路遇忌辰日臣僚並免起居　二十九日御史臺閤門言車駕移蹕臨安府百官赴起朝參若值雨雪殿內向無南廊其四參官係於南閤子內起居若更令百官立班委是窄隘令相度如值雨雪宰執使相前宰執太尉於簷下立班侍從兩省臺諫正任管軍橫行御帶閤門應奉官等於南面閤子內立班內文武卿監郎官以下文臣武功大夫以下並於殿門外立班詔文臣卿監郎官以下武臣武功大夫以下並於東西兩廊立班餘並依　十二月六日太尉定江昭慶軍節度使神武右軍都統制張俊言見係管軍職任望許依三衙管軍例每遇朝參內皇機北門入出奉御寶批依　五年閏二月二十五日詔管軍遇救大日免朝參　三月九日詔天寧節乾隆節啟滿散道場權免常參六參官起居從宰相趙鼎請也　九月五日詔御試唱名六參官免赴起居

卷五千三百五十二

儀制二之二〇

九年二月三日御史中丞句龍如淵言比來每遇朔望戒六參日令赴官類多託疾在告不赴小者因循大者偃蹇班列蕭踈甚非所以恭臣職隆朝序之意望申戒在位以肅定儀仍從本臺將在告最多之人劾實奏彈詔依奏仍出牓朝堂　二月二十六日御史臺言準條朔參用釐務不釐務通直郎望參用釐務通直郎以上宣制非時慶賀以望參官餘並以朔參官赴昨申請添用行在承務郎見任寺監主簿以上職事官緣即今殿庭窄狹及值雨上廊有擁阻拜跪艱難欲依條止告（集）釐務通直郎以上赴赴從之　五月十三日詔令殿後帶軍職非主管三衙公事遇合赴起居立班令履笏主本官班時以張中房帶龍神衛四廂都指揮使故有是詔

卷五千三百五十二

十二年三月二日詔普安郡王出外第朔望日赴起居於太尉後外官節度使前起居　八月十八日詔人使見辭不作常朝令後依此　十三年二月十一日詔張俊韓世忠韋淵並特令赴六參起居皆以在京宮觀奉朝請故也　十七日詔殿前司統制統領將佐使臣等係從軍差遣每日赴赴閱教多在城外置寨見謝辭已依議外應朝參特免赴赴拜表國忌行香開啟滿散等並同此制步軍司亦依此　十四年三月二十二日詔令後臣僚面上有判大字雙旗等武燒矢之人遇合朝參並許赴赴時以李用仕罷朝見元軍功出身面上書判雙旗閤門中書故有是命　十八年五月十八日詔令後遇集英殿宴其需雲

此條移德壽宮起居門內淳熙十二年上

殿起居班權移在集英殿後幄起居令後準此　二十年正月五日詔自令後使人朝辭並依見宴於後幄引起居班并上殿殿　十四日詔令後使人朝辭依見宴於後幄引起居班并上殿班權於知閤門官以下內侍知省御帶以下并諸司應奉官等一班起居訖次管軍一班次引宰執奏事次引上殿班次皇帝紫宸殿坐宰執以下赴坐官一班起居訖分東西相向立次館伴起居次引使人起居訖西序立次坐官并使人〻班謝坐兩拜訖引升殿次引三節人從起居謝坐餘起居班並權免赴　三十年二月六日詔軍頭司見赴赴後殿起居祗候軍員令後與忠佐作一班起居　三十一年十二月八日太常寺言車駕巡幸視師禮門行宮官僚五日一拜常參起居表欲乞權免其表文付遞投進從之

卷五千三百五十二

紹興三十二年九月十二日孝宗即位未改元上御垂拱殿四參官起居　十二月三日詔張燾年次膺許朝謁常朝等假依時入局治事如有面對於午後令內殿引見孝宗乾道元年十二月二十五日詔來年正月一日人使入賀畢車駕詣德壽宮起居應從駕臣僚祥曦殿免奏萬福內不該赴坐臣僚與免祥曦殿起居令後準此　二年八月三十日詔自九月六日垂拱殿坐遇四參日依舊制令四參官起居如值雨霑濕令閤門取旨改日參　九月七日閤門奏垂拱殿四參四參官謂宰執侍從武臣正任

（文臣卿監員郎監察御史以上）皇帝坐先讀奏目知閤以下次御帶環衛官已下次忠佐次殿前都指揮使已下次殿前司員僚次皇太子次行門已上逐班並常起居次樞密學士待制樞密都承旨已下知閤幷祇應武功大夫以下通班常起居（樞密升殿侍立）次親王次馬步軍都指揮使次使相次馬步軍員僚已上逐班並當居居次殿中侍御史入側宣大起居訖歸侍立位次宰執已下幷兩省官文武百官入相向立定通班面北立大起居訖（凡常起居兩拜大起居七拜）三省升殿侍立（餘官分立）次兩省官出次殿中侍御史對揖出（有彈奏如儀）三省樞密奏事次引見謝辭次引臣僚奏事訖皇帝起詔今後遇四參日分起居班次可移殿中

卷五十三百五十二

侍御史及宰執以下百官班令次樞密已下班起居卻令親王幷殿前都指揮使以下殿前司員僚逐班於宰執已下班後起居餘並從之　十二日詔合赴四參官於今月十七日赴垂拱殿習儀　淳熙三年始詔習儀於都亭驛　五年六月二十一日上御後殿四參官並隨大班起居（時聖體初康復）　十一月十七日臣僚言今後如遇四參等臨時稱疾不赴致班列蕭疏者當覆實彈奏從之　七年九月詔自今垂拱殿日參宰臣特免宣名　十月六日詔太尉曹勛落致仕提舉皇城司特令赴六參起居　十一月十三日詔左朝散大夫試太子詹事兼侍講陳良翰令止赴六參起居　九月正月二十五日詔自今每遇駕出御後殿宰執百官幷儀衛等並赴後殿起居

卷三十三百五十二

臣僚起居太常寺先奉詔脩定群臣朝太上皇帝儀注是日宰執率文武百僚詣德壽宮入班殿庭太上皇帝即御座殿下禁衛起居如常儀宰執以下再拜舞蹈又再拜班首不離位奏聖躬萬福又再拜卷班以出從之自後並同此制遇宰執除拜加恩正謝畢即其奏劄參本官狀進若許到宮或免到宮臨時聽太上皇帝聖旨

淳熙十二年九月二十八日太常寺言已降指揮十月二日皇帝帥百僚詣德壽宮奉表牋恭請加上尊號所有是日宰執已下詣德壽宮起居改用四日從之

卷一千六百八十一

作輯大典無卷數

全唐文　宋會要　朝儀班序

太祖建隆三年三月十八日詔翰林學士班位宜在諸行侍郎之下如官至丞郎即在常侍之上至尚書者依本班故事翰林學士侍從親密不列外朝每五日起居班於宰相之後會宴即座一品之前合班在尚書之上至是陶穀以尚書居學士之首同列王著李昉官並未至丞郎穀欲自尊大以軋著等乃因事白太祖故有是詔　二十三日有司上合班儀太師太傅太保太尉司徒司空太子太師太子太傅太子太保嗣王郡王左右僕射太子少師少傅少保三京牧大都督大都護御史

全唐文

大夫六尚書常侍門下中書侍郎太子賓客太常宗正卿御史中丞左右諫議大夫給事中中書舍人左右丞諸行侍郎秘書監光祿衛尉太僕大理鴻臚司農太府卿國子祭酒殿中少府將作監前任節度使開封河南太原尹太子詹事諸王傅司天監五府尹國公郡公中都督上都護下都督太子左右庶子五大都督府長史中都護下都護太常宗正少卿秘書少監光祿等七寺少卿司業三少監三少尹少詹事左右諭德家令率更令僕諸王府長史司馬司天少監起居舍人侍御史殿中侍御史左右補闕拾遺監察御史郎中員外郎太常博士五府少尹五大都督府司馬通事舍人國子博士

五經博士都水使者四赤令太常宗正秘書丞著作郎殿中丞尚食尚藥尚舍尚乘尚輦奉御大理正太子中允贊善中舍洗馬諸王友諮議參軍司天五官正凡雜座者以此為準詔曰尚書中臺萬事之本而班位率次兩省官節度使出總方面古諸侯也又其檢校兼守官多至師傅三公而位居九寺卿監之下甚無謂也其給事諫議舍人宜降於六曹侍郎之下補闕次郎中拾遺監察次員外郎節度使升於六曹侍郎之上中書侍郎之下餘悉如故　乾德元年閏十二月二十九日詔自今一品致仕官曾帶平章事者朝會宜綴中書門下班先是太子太師致仕侯益等來陪郊祀太祖優待之禮

全唐文

與丞相等乃降是詔　二年二月一日詔重定內外官儀制有司請令上將軍在中書侍郎之下大將軍在少卿監之下諸衛率副率在東宮五品之下內客省使視大卿客省使視大監引進使視庶子判四方館事視少卿閤門使視少監諸司使視郎中客省引進閤門副使視員外郎諸司副使視太常博士通事舍人從本品供奉官視諸衛率殿直視副率樞密承旨視四品朝官兼南班官諸司使者從本品副承旨視寺丞監諸房副承旨視南省都事凡視朝官者本品下視京官者在其上　四月十四日置參知政事班在宰相之後　五年正月一日詔升節度使班在龍墀內金吾將軍之上故事諸道

節度使不帶使相者皆位在卿監下至是特命升之
開寶六年九月二十一日詔曰周之宗盟異姓為後此
先王所以睦九族而和萬邦也晉王親賢莫二位望俱
崇方資夾輔之功俾先三事之列宜位宰相上　九年
十一月五日詔齊王廷美武功郡王德昭位在宰相上
太宗太平興國五年正月十五日以禮部侍郎程羽
為文明殿學士立樞密副使之下　後唐置端明殿學
士二員序立在翰林學士之上累朝因而不改國初在
樞密副使之上至是因殿名改為文明而移班在下
六年九月十八日皇弟秦王廷美乞序班在宰相趙普
之下詔從之　八年十一月三日詔曰並建子弟以蕃
全唐文
屏王室申命相輔以羽翼公朝藩邸之任雖崇鈞臺之
寄尤重聿分內外須正等威自今宰臣立位宜在親王
之上宋琪等頓首言宰衡之任止曰台司盤維之封實
承天緒漢法丞相在諸侯王之下唐制元子非百執事
之例典故昭晰載在策書伏望聖慈俯遵前軌帝不允
琪等叩頭固請久之帝曰宰相之任實總百揆與群官
禮絕藩邸之設奉朝請而已元佐等尚幼欲其知謙損益
之道卿等勿辭琪等拜舞稱謝　雍熙三年十月九日
陳王元僖為開封尹宰臣李昉上表乞立元僖之下詔
荅不允　帝謂昉曰宰臣班位不用改易亦不要上表
固辭　淳化元年三月九日中書門下上言乞序立於

原本亦寫損

寫損

親王之下詔荅不允　二年八月有司上重定合班儀
詔升尚書令於三司之上合班儀舊無此官時將晝正
伏圖欲備官故也　四年二月十日詔置昭宣使在皇
城使之上　六月詔金吾左右衛上將軍在尚書下六
統軍諸衛上將軍在中書侍郎下節度使在常侍之上
觀察使在秘書監之上防禦團練使在庶子之下刺史
在太子僕之下昭宣使視品同閤門使內殿崇班及閤
門祇候視贊善大夫侍禁視副率殿直視著作佐郎奉
職借職在幕職官上樞密承旨視少卿監副承旨視洗
馬餘如舊制有帶南班官及領郡者從品高序俄又升
金吾上將軍於節度使之上引進使於防禦使之上閤
全唐文
門使於諸衛將軍之上諸衛率副率樞密副承旨並在
洗馬之上供奉官在諸衛率之下侍禁在副率之下
五年六月二十二日詔曰翰林樞密直學士職參內禁
禮絕外司況品秩以既殊在等威而宜峻頃有改易深
未便安宜申明於舊章用遵行於故事自今序立班位
宜依舊在丞郎之上　自陶穀改易舊制至是因翰林
學士張洎禮部侍郎宋白同修國史班次未定乃詔復
舊制　八月十三日詔宣政使在昭宣使之上　九月
二十六日以左諫議大夫寇準參知政事翌日參知政
事呂端自右諫議大夫改左諫議大夫詔序位準上
至道元年正月二十日以禮部郎中集賢殿修撰王旦

知制誥仍令復班在知制誥之首。旦淳化初知制誥，以妻父趙昌言參政，引唐獨孤郁、權德輿故事請解職，帝重其識體，換集賢殿修撰。至是昌言出知鳳翔，即日復旦舊職，故優之。　二年十二月十九日，以工部郎中、直集賢院胡旦知制誥，詔序位馮起之上。故事，知制誥以先入者居上，不繫官次。至是馮起任祠部郎中，故命旦居上，非常例也。　三年正月十一日，詔升參知政事班在宣徽使之上。時命兵部侍郎温仲舒、戶部侍郎王化基並為參知政事，詔令依官位序立，仲舒、化基位宣徽使知樞密院趙鎔之上。　七月，詔節度觀察留後在給事中之上。　八月七日，以客省使、簽書提點宣徽樞密

院諸房公事、富州刺史周瑩為宣徽北院使，瑩請位樞密副使之下，從之。先是宣徽使位在樞密副使之上，自是遂以為例。　眞宗咸平元年十月十七日，宰臣張齊賢、李沆表請序位諸王之下，詔以先朝定制不許。　五年三月七日，命右諫議大夫宋太初權管勾御史臺事。本臺言：「右諫議大夫王化基先權中丞，正衙常參立中丞塼位，內殿起居日立本官班。令太初權臺事，望定班制。」詔如化基例。時中丞趙昌言、知雜御史范正辭以勘任懿納賂洪湛登第事不實被劾故也。　九月一日，刑部侍郎、權知開封府寇準言：「閤門傳旨，內殿常朝令臣立位在陳恕之上。緣恕見任吏部侍郎，兼五日百官起居

合依官序立，望且仍舊。」從之。　六年十一月，翰林學士梁灝等言：「詳定閤門儀制內三司副使，舊制崇德殿起居每從行幸，坐知制誥後，餘朝會合班朝服比品，素無定例。昨承天節齋設，依例坐知制誥後、郎中前。今請朝服比品同少卿監，班位在上；官至給諫、卿監者自依本品。朝會大宴隨判使赴長春殿起居，引駕侍立。」詔惟不令侍立，其朝會引駕至前殿日，與諸司使同退，餘依。　景德元年八月十二日，太常禮院言：「奉明德皇太后謚冊告廟，親王、百官並赴立班。」詔其日親王不赴。時無宰相，帝顧參知政事畢士安曰：「卿總率百僚，若親王立班，與卿位序非便。」遂令不赴。及告廟日，士安已相，乃令親

王復赴。　十月二十四日，詔起復右司諫、知制誥晁迥序班仍舊。迥時丁內艱起復，有司言故事合綴本班之末，特有是命。　二十五日，宴近臣於崇德殿，升光祿卿、權知開封府陳省華於兩省五品之南別設位。舊制卿監坐於東廂，不升殿，特命之。　二年四月二十七日，詔置資政殿學士，位翰林學士之下、侍讀學士之上。　五月十日，詔右諫議大夫、權三司使公事丁謂每內殿起居位知制誥上。　十二月十日，詔置資政殿大學士，位文明殿學士之下、翰林學士承旨之上。　十三日，詔駙馬都尉柴宗慶、王貽永同於內殿別班起居。　二十九日，閤門言：「殿前指揮使、節度使劉謙以下自來班位在

不管軍節度使之下未有定制詔仍舊例　三年二月
二十六日以刑部侍郎叅知政事馮拯進兵部如故資
政殿大學士兵部侍郎王欽若進尚書左丞刑部侍郎
簽書樞密院事陳堯叟進兵部並知樞密院事翰林學
士工部員外郎趙安仁進右諫議大夫叅知政事樞密
都承旨四方館使韓崇訓東上閤門使馬知節進檢校
太傅太保並簽書樞密院事詔序班以欽若拯堯叟安
仁崇訓知節為次　四年正月十四日詔皇姪武信軍
節度使惟吉立班宜在鎮安軍節度使石保吉之上惟
吉保吉俱帶平章事而惟吉宗室保吉先拜帝令史官
檢討故事凖唐武徳中詔宗室宜在同品官之上故從
全唐文
之　八月二十六日命龍圖閣待制杜鎬為右諫議大
夫充直學士令赴內殿起居位樞密直學士之下仍少
退時中書議班位將令就諫議大夫班帝以謂直學士
在龍圖閣故與三館直學士不同特有此命　二十八
日詔龍圖閣待制位知制誥之下遇行幸宴會直館之
上　二十九日詔翰林侍講學士工部尚書邢昺位翰
林學士之上用尚書班列也　九月四日大宴含光殿
升交州進奉副使安南掌書記殿中丞黄成雅位於尚
書省五品之次時樞密院定成雅為進奉使峯州刺史
黎明昶悉座本班帝以成雅班品稍遠俾還之且訪其
禮於輔臣王旦曰昔子産朝周王饗以上卿之禮子産

固辭受下卿之禮而還國家患綏遠方升其班序亦無
嫌也　十六日詔令閤門每起居日移宰相班於儀石
之北以群臣序位迫隘故也　十二月十二日御史臺
言內殿起居非時慶賀舊例兩省官並序御史中丞一
行立班除依班圖內有御史大夫散騎常侍御史中丞
後面别為頭立班見今無大夫常侍每朝會中丞合與
兩省一行立班詔自今每朝會並依入閤圖儀制排定
大中祥符元年正月二十八日有司上酺宴班位圖
皇姪孫內殿崇班守節與皇姪右衛將軍惟叙同為一
班帝曰族子諸父安可同列乃令重行設位　七月詔
自今慶賀朝會皇姪皇孫止於內殿立班各在本官之
全唐文
前更不赴文武兩班序立如非慶賀朝會並依舊例
八月十四日太子詹事慎從吉言詹事之官始自秦建
按六典及齊職儀品第三秩二千石擬尚書令又官品
令為正三品禮秩故事煥然具在侍宴本合升殿唯比
品者不升況又三品之官近例已曾升殿伏望正兹舊
位庶合典彝詔兩制與崇文院詳定以聞既而晁迥等
言若移詹事升殿則秘書監而下並為三品亦須同升
望且循近制從之　二十日詔升門下中書侍郎班在
常侍之上　十二月二十一日詔右諫議大夫知制誥
錢惟演班位依舊在知制誥孫僅之下先是知制誥班
序以先後不以官至是以諫議大夫班在中書舍人之

上故中明之　二十五日閤門言準詔宣慶使立班在
四方館使之上其四方館使係横行未審立班於横行
或於東班諸司使前宣政使之上詔於東班宣政使前
別行序立　二年正月九日置内殿承旨在崇班上視
殿中丞　三年七月二十二日詔龍圖閣學士在樞密
直學士之上　四年四月十日詔宗室將軍已下慶恩
轉官令御史臺不得分官高下止依弟姪次序立位
二十七日閤門言儀制臣僚班入三司使在文明殿學
士之前今資政殿大學士向敏中起居見在三司使丁
謂之上其謝班取旨詔敏中先入　七月五日詔今後
應差文武臣僚充安撫廵檢使副都監及提點刑獄之
全唐文
類但係同差帶職名者並令一班辭見合重行異位即
依常例　六年二月六日大酺時盛度路振除知制誥
未謝詔令赴會即依本班　四月一日閤門言儀制定
辭見叅知政事大班退親王起居後入翰林學士依辭
見班次入近準詔文武臣僚係同差帶職名者並令一
班辭見令丁謂李宗諤差充迎奉聖像使副朝辭班入
次第取旨詔丁謂李宗諤依儀制定班次今後除中書
樞密院外其餘臣僚並一班辭見　八年正月十一日
詔玉清昭應宫判官自今赴宴在龍圖閣待制之下
七月詔三司副使自今内殿起居依舊例升殿侍立自
依閤門儀制外如東上閤門拜表國忌行香即於右省

班後別立如殿庭慶賀叙班時殿中侍御史分班立三
司副使於右省班後殿中侍御史前次南立合班於右
省班後殿中侍御史之前次西立　八月十八日命戶
部侍郎林特為同玉清昭應宫副使班在翰林學士之
上帝以特久任三司高年勤瘁特置此職班於學士之
上以寵之　九年正月十九日詔御前忠佐馬步軍都
頭誠州團練使夏守恩差同勾當軍頭引見司令繫書
在勾當軍頭司昭宣使誠州團練使趙承煦之下　二
十三日興州團練使德文言男侍禁承顯等準詔赴起
居請在惟忠于從恪之上時從恪雖姪行而拜職在前
因命宗正寺定宗室班圖以聞宗正上言按公式令朝
全唐文
叅行立職事同者先爵爵同者先齒令以宗子官同而
兄叔次第姪者並虛一位而立德文復言爵同先齒當
叙尊卑之制　帝曰朝廷儀制以官次先後不可易也
五月二十九日以尚書右丞趙安仁為景靈宫副使
班如同玉清昭應宫副使例　八月四日命翰林學士
李廸為會靈觀副使止從本班宫觀副使皆在學士之
上廸止從本班馬　九月七日詔自今叅知政事樞密
副使宣徽使立位並以先後為次　十月二十九日詔
直龍圖閣序班於本官之上仍預内殿起居與修起居
注官同行依官次立　天禧二年十二月詳定御史臺
條制所言文武班有自來止以除官先後為次今請曾

任中書樞密院者不以除官先後並在同班之上曾任平章事者復在上俱曾任平章事即以除授先後為次從之　三年十一月六日詔翰林侍讀學士刑部侍郎張知白序班在玉清昭應宮副使尚書右丞林特之上知白自天雄軍徙應天府便道朝覲故也　九日閤門上大禮稱慶合班圖皇太子序位在宰相上太子懇辭帝以諭宰臣寇準等面陳儲副之重不可謙抑望遵儀制凡再請乃許　十二月詔令節度使班在中書侍郎之下　四年四月三日詔翰林學士楊億序班於錢惟演下盛度之上惟演言億景德中已為學士今並為丞郎望升億班在上從之　五月三日左正言知制誥張
全唐文
師德言奉詔知潁州皇弟德雍見任本州防禦使其書銜望降規式中書言據御史臺稱每大朝會立班皇親防禦團練刺史次節度使下稍退序立詔師德位德雍下　七月一日先天節群臣上壽涇王元儼攝太尉以宰臣寇準罷來命相故也　九月二十日詔太子太保王欽若入赴內殿起居班在玉清昭應宮副使林特之上從欽若之請　五年八月尚藥奉御直醫官院姚可久言閤門告報立位在贊善大夫同正直醫官院蘇文遂之下竊見閤門祗候不以帶職先後並叙官資令臣資序與崇班比品望比類立位詔可久立文遂之上

乾興元年三月二日蔡州團練使允升等言蒙恩授防

禦使望許與觀察使德雍已下一班起居又崇儀使守約言蒙恩轉內園使康州刺史自來在內園副使承慶之上今承慶授內藏庫使望許仍舊並從之　十月二十八日翰林學士晏殊李諮言天禧中楊億再授學士位錢惟演之上今劉筠復授學士舊位在上望依近例從之　十一月五日詔新保大軍節度使錢惟演序班在柴宗慶之上惟演宗慶並檢校太傅而宗慶先除時以惟演曾任樞密故升之　仁宗天聖三年十二月十二日詔自今後除授宰臣樞密使立班次序並依久來儀式國朝故事序班以宰臣為首親王次之使相又次之乾興中王曾拜平章事時曹利用以樞密使兼侍中
全唐文
曾充會靈館使遂令曾班在下覃恩降吉即俱次親王後唐時安重誨以太尉中書令樞密使權任至重然亦在列曹相之下咸平初曹彬以勳舊為樞密使兼侍中在戶部侍郎平章事李沆下若以利用帶正官則親王任三師尚書中書令者亦未嘗叙中外深以為失是歲王欽若卒王曾還玉清昭應宮使張知白為相兼會靈觀使制命既下詣便殿告謝偕集門廬候對閤門定班次王曾明當居首利用黙不言而恚形於色閤門依違不決帝意不欲特出指揮故但令有司裁定遣入內押班江德明監督焉久之承明殿已壓門司屢請班首姓名欲先啟奏曾乃抗聲曰但言王曾已下告謝班次始

定至是雖降是命而知白終讓利用居上焉　十三日閤門言刑部尚書林特差知永進銀臺司立位取旨詔一依先朝指揮位翰林學士上儀制知永進銀臺司三班院審官院審刑院糾察在京刑獄朝臣內殿起居立位臨時取旨而特祥符中任戶部侍郎同王清昭應宮副使內殿起居立位在翰林學士之上　四年十月二十三日詔應三班差使殿侍散直外殿直等往州軍勾當並立班在命官之下攝長馬之上州府軍監醫博士在攝長馬之下時審刑院言令式元無品秩故也　五年二月二日龍圖閣學士陳堯咨為翰林學士知開封府詔位蔡齊之上時學士有劉筠宋綬蔡齊章得象以堯

全唐文

咨先朝初榜狀元及第特令位齊之上　八月二十六日詔宿州觀察使知大名府陳堯咨每契丹使經過其座次權在丞郎之上堯咨自翰林學士工部侍郎特換觀察使故也　九月二十八日閤門言宗室防禦使已下自來與觀察使一班立位今除長寧節上壽重行坐外其餘宴並是一班詔自今應合預宴會坐次並依元定儀制既而復上言儀制官次不論宗室今依儀制遇遊宴令與外任防團刺史西面一行坐或遇崇德殿上壽及宴並合移過東面詔自今每遇遊宴行幸上壽及但係宴會令預坐者並於皇親觀察使後重行而坐

六年八月二十八日詔御史中丞薰刑部侍郎晏殊位

翰林學士宋綬之上　十一月六日以翰林侍講學士兵部侍郎孫奭兼龍圖閣學士位翰林學士馮元之上從元之請也時陳堯佐任翰林學士依舊在元下其後徐奭入翰林亦在元下　七年二月十一日閤門言新除資政殿學士晏殊準儀制位翰林學士下緣殊任御史中丞已奉詔立宋綬之上今欲依舊序立從之　九月二日詔入內內侍省內侍都知押班自今立班別作一行閤門言都知押班未審如何別作一行詔如帶昭宣使已上即與客省使等依使名為一班如帶皇城使副以下並在皇城使之前別作一行

八年四月十二日翰林學士章得象言伏覩召宋綬盛

全唐文

度入院充學士竊以綬天聖已為學士度在先朝即踐扃禁願遵近例升位在上從之　十八日翰林學士中書舍人宋綬言蒙恩充學士與右諫議大夫盛度並命度在先朝已為學士望升位在上從之　五月詔應閤門祗候在京者依舊以授職先後立位如差外勾當並依官品次序　十月九日閤門言給事中權三司使公事胡則立位取旨詔依舊例立知制誥之上　二十二日詔置天章閣待制立位令在龍圖閣待制之下　十一月五日詔刑部尚書張士遜立位在資政殿學士晏殊之上每從遊宴尚書班在學士後以士遜舊相故升之　九年閏十月十八日樞密直學士程琳言樞密直

學士李咨先朝已為翰林學士嘗總邦計並位臣上昨
自杭州歸朝復職故位臣下望許仍舊從之　二十四
日太清樓觀書召太子少保致仕晁迥赴會閤門定班
在尚書之上詔移於御史中丞之南中丞座與學士同
行故升迥居前以優之　十年八月七日以新除樞密
副使兵部侍郎晏殊為參知政事立位趙稹之上明道
元年十二月二十一日詔上御藥比內殿承制上御藥
供奉比崇班並在上　二年五月十七日詔新除武勝
軍節度使同中書門下平章事呂夷簡起居立位在泰
寧軍節度使同平章事錢惟演之下彰德軍節度使同
平章事駙馬都尉柴宗慶之上　九月二日詔升閤門
全唐文
使位昭宣使之上　十月三十日詔中書門下大赦後
繫書張士遜楊崇勳在王曾之下　十一月三日閤門
言新除龍圖閣學士右諫議大夫權三司使公事范諷
立位在龍圖閣直學士狄棐之下詔諷位程琳之下
景祐元年二月三日閤門言資政殿學士薛奎立位依
儀制在翰林學士之下詔奎位翰林承旨之上　七月
十七日詔新除樞密使吏部侍郎同平章事王曉勑後
繫書在張士遜之下　二年二月二十三日詔新除資
政殿大學士李迪立位在三司使之上　九月十一日
詔判司天監楊惟德座次在正郎之下立於四品班內
少退　十二月三日詔宗室德文允升授節度使令在

管軍節度使之前別作一班起居座次仍於管軍節度
使之南少出一位　四年三月二十七日詔司封員外
郎直集賢院賈昌朝祠部員外郎崇文院檢討王宗道
主客員外郎楊安國屯田員外郎趙希言並兼允天章
閣侍講立位在直館本官之上仍令內殿起居與修起
居注依官位序立　四月二十七日詔新除尚書左僕
射充資政殿大學士王曾立位起居在三司使之上用祥
符中向敏中例也　閏四月十六日翰林學士李淑言臣叨職
史闕十有一載拜命之始今翰林侍講學士馮元即是
同修國史其後並判禮院臣亦在下今忝恩命寔異班
儀欲望特許史院禮院依舊位元下從之　十九日龍
全唐文
圖閣待制權知開封府張逸言龍圖閣待制王舉正元
知制誥避親改授欲乞立班在上從之　十月二十五
日翰林學士李淑言父尚書工部侍郎若谷見任樞密
直學士臣聯升近職寔為榮遇制朝辨位雖不敢踰因
嚴訓恭思有以避欲望特降指揮下閤門遇有父子趂
班聽立父下庶以著定之際無爽親尊之規從之　五
年四月六日知制誥王堯臣等言伏覩龍圖閣待制王
堯臣等言伏覩龍圖閣待制王舉正再授知制誥竊以
舉正歸避親黨今復詞職望依王旦夏竦例令舉正復
在綸閣之首從之　五月十九日詔刑部尚書兼御史
中丞晏殊立位在翰林學士之上　八月閤門詳定合

班雜壓儀中書令侍中同中書門下平事（以上為宰相或謂之宰臣）
親王使相（樞密使留守節度京尹兼中書令侍中同中書門下平章事）尚書令太師
太尉太傅太保司徒司空（舊儀太師太傅太保為三師太尉司徒司空為三公太尉
在太保之下國朝以來自太傅除太尉令依此相壓其三師三公之稱如舊儀制）樞密使知樞
密院事參知政事樞密副使同知樞密院事宣徽南北
院使簽書樞密院事（大中祥符九年九月七日詔自今參知政事樞密副使宣徽使立位
並以先後為次序同知樞密院事亦同）太子太師太傅太保（次舊有嗣王郡王嗣王今
闕郡王今皆領使無特為者）左右僕射太子少師少傅少保州府牧
（冀州兗州青州徐州揚州荊州豫州梁州雍州開封河南應天大名真定京兆鳳翔河中江寧江陵興元又有
大都護大都護今皆領使無特為者）御史大夫六尚書左右金吾衛左右
衛上將軍門下中書侍郎節度使文明殿學士（學士官至尚書）
全唐文
（有特旨者從本班序）資政殿大學士三司使（與文明殿學士資政殿大學士班位臨時
取裁舊三部制置使亦使翰林學士上權三司使臨時取裁）翰林學士承旨翰林學
士資政殿學士端明殿學士翰林侍讀侍講學士龍圖
閣學士樞密直學士龍圖閣直學士左右散騎常侍六
統軍諸衛上將軍太子賓客太常宗正卿御史中丞（咸平
五年三月御史臺奏右諫議大夫王化基權中丞日正衙常參立中丞塼位內殿起居日止立本官班次右諫
議大夫宋太和權臺事請定班位詔如王化基例）左右丞諸行侍郎節度觀察
留後給事中左右諫議大夫中書舍人知制誥龍圖天
章閣待制觀察使祕書監光祿衛尉太僕大理鴻臚司
農太府卿內客省使國子祭酒殿中少府將作監景福
殿使客省使開封河南應天尹太子詹事諸王傅司天

監左右金吾衛以下諸軍衛大將軍（次舊有次府尹國公郡公今無單為
者又有中都督下都督皆有領使無特為者）太子左右庶子引進使防禦使
團練使（次舊有大都督府長史今皆領使無特為者又中都護副都護今皆闕）三司監鐵度
支戶部副使（官至諫議以上從本官）太常宗正少卿祕書少監光
祿等七寺少卿宣慶使四方館使國子司業殿中少府
將作少監開封河南應天少尹太子少詹事太子左右
諭德太子家令太子率更令太子僕諸州刺史諸王府
長史司馬司天少監樞密都承旨（知客省使以下充樞密都承旨亦依本職
同班如閤門使充即在閤門使之上如自見任內客省使以下轉南班官充樞密都承旨亦與同班仍在舊職
之上如自客省副使以下轉南班官充者並在閤門使之上）宣政使西上閤門使昭
宣使樞密承旨樞密副都承旨諸軍衛將軍起居郎起
全唐文
居舍人知雜御史諸行郎中皇城以下諸司使樞密院
副承旨樞密院諸房副承旨（如帶南班官者在諸司使之下不帶南班官者在皇
城副使之上）殿中侍御史左右司諫諸行員外郎客省引進
閤門副使左右正言監察御史太常博士皇城以下諸
司副使次府少尹大都督府司馬（兗徐洛陝揚杭越福）通事舍人
國子博士國子春秋禮記毛詩尚書周易博士都水使
者開封祥符河南洛陽宋城縣令太常宗正祕書丞著
作郎殿中丞內殿承旨（如帶閤門祗候即在本官之上）殿中省尚食尚
藥尚衣尚舍尚乘尚輦奉御大理正太子中允左右贊
善大夫內殿崇班（如帶閤門祗候即在本官之上）閤門祗候太子中舍
洗馬樞密兵房吏房戶房禮房副承旨太子諸率府率

左右衛左右司禦左右清道左右監門左右內東西頭供奉官太子諸率府副
率諸衛中郎將左右衛左右監門衛左右千牛衛郎將左右衛左右侍禁
諸王友諸王府諮議參軍官高者從本官司天春官夏官中官
秋官冬官正節度行軍司馬副使祕書郎左右班殿直
著作佐郎大理寺丞諸寺監丞大理評事太學廣文博
士太常寺太祝奉禮郎祕書省校書郎正字御史臺諸
寺監主簿國子助教廣文太學四門書學算學博士律
學助教書學算學無助教司天靈臺郎保章挈壺正三班奉職
借職防禦團練副使留守京府節度觀察判官節度掌
書記觀察支使防禦團練判官留守京府節度觀察推
官軍事判官防禦團練軍事推官軍監判官諸州別駕
全唐文
長史司馬司錄錄事參軍司理參軍三京府軍巡判官在諸曹參軍之下
諸曹諸司參軍諸縣令赤縣丞諸縣主簿尉諸州文學
參軍助教　寶元二年五月二十六日詔新授鎮海軍
節度使知樞密院事夏守贇立位在同知院陳執中之
上參知政事李若谷之下　十一月十八日詔端明殿
學士李淑立位在翰林學士晁宗慤之上先是以參知政事自翰
林學士換侍讀學士至是復進端明殿學士元位宗慤之次而特優之　閏十二月十六日
詔樞密院諸房副承旨仍舊在內殿崇班閤門祗候之
上　康定元年八月二十九日詔新授宣徽南院使天
平軍節度使判澶州夏守贇依周瑩例立位在樞密副
使之下　二年五月十四日閤門奏請以入內內侍省

都都知內侍省左右班都知比景福殿使入內內侍省
都知內侍省左右班都知比宣慶使入內內侍省副都
知內侍省左右班副都知比宣政使入內內侍省內侍
省押班如帶諸司使以上比昭宣使如帶諸司副使以
上並在皇城使上先是有旨令閤門升比班次故有是命　十月十八日詔
三司副使自今並以入省年月先後馬立班次序更不
遞遷在省繫書即依部分　慶曆二年五月十三日詔
諸路轉運使副馬按察之官其路分兵馬鈐轄並位其
下提點刑獄朝臣在州鈐轄之上與路分鈐轄敘官
七月二十一日詔樞密使刑部尚書同中書門下平章
事晏殊班護國軍節度使左僕射兼侍中張耆之上
八月十一日詔資政殿學士尚書禮部侍郎張觀立位
在翰林學士承旨之上用康定中陳執中例　三年四
月二十七日詔新除資政殿學士富弼依本班立位舊
例鄭戩罷樞密副使授資政殿學士位翰林學士承旨
之上弼除樞密副使不拜告勑納中書故有是命　八
月十五日詔知諫院王素等自今比直龍圖閣及修起
居注例赴內朝起居立位綴直龍圖閣以下班依官位
序立　四年七月二十二日詔閤門東平郡王德文等
十人並立本班之上少前　八月二日中書門下言親
王之子承嫡者為王封郡王又有封郡侯郡公者令郡
王皆領使并國公郡公無單為者其班序合從本官詔

令各在本班之上仍少近前序立　五年二月十四日
知制誥張方平言起居舍人知制誥楊察服闋還職班
著乞依先入名次從之　三月十九日大宗正司言汝
南郡王第十一男宗實見任大將軍宜州刺史有親兄
宗懿宗樸未帶遥郡乞依例令在兄宗懿宗樸之下立
班從之　十月二十五日翰林學士孫抃張方平言學
士蘇紳已復舊職緣紳位本在臣等之上望許仍舊從
之　六年二月十二日詔樞密使保寧軍節度使同中
書門下平章事王貽永依晏殊例在忠武軍節度使兼
侍忠德文之下鎮安軍節度使同中書門下平章事章
得象之上序立　八年四月初八日詔守司空致仕章
全唐文
得象每遇大朝會許綴中書門下班　七月十九日詔
翰林學士李淑立位在葉清臣之上淑知孟州還朝詔
特升舊位　九月二十六日沂州防禦使李端愿言臣
兄端懿近復防禦使與臣同班有司以新授官合在臣
下欲乞序立於端懿之下從之　十月五日知制誥楊
偉等言知制誥趙槩丁憂服闋赴職望仍舊立位在上
從之　十二月二十四日詔景福殿使武信軍節度觀
察留後入内内侍省内侍都知王守忠如正任班他不
得援例　皇祐元年四月五日詔駙馬都尉内殿起居
次殿前都指揮使班後宮僚班前　六月十二日御史
臺言準詔同閤門詳定景福殿使武信軍節度觀察留

後入内内侍省都知王守忠遇朝會班及集英等殿宴
并隨駕諸處筵會對御座可否以聞臺司勘會自來朝
會即無内臣綴正刺史觀察使已上班序及與閤門同
檢會自來亦無内臣對御赴座之儀看詳王守忠除恩
例依前降御批指揮外集英等殿宴并隨駕更不對御
赴座如遇朝會即合歸景福殿使班詔守忠為在左右
令依先降指揮排班立位不令移改即更不赴排立自
今内職應帶領使額遥郡並依御史臺所定施行　十
一月二十六日詔江南荆湖福建廣南等路提點鑄錢
公事與提點刑獄朝臣以官高下序之　三年三月十
三日詔新授刑部尚書觀文殿大學士宋庠令學士院
全唐文
取口宣於東上閤門賜告勑立班在觀文殿學士前別
作一行永為定制　四月二十一日詔太子太師致仕
王德用遇大朝會許綴中書門下班　五月二十一日
閤門言紫宸垂拱殿臣僚立班石位先準勑改文明殿
學士為紫宸殿學士近又準勑改為觀文殿學士新除
觀文殿大學士其閤門儀制合班儀内高下相壓并石
位乞改正添入詔在六尚書之上石位依例改正　九
月二十七日詔尚書兵部員外郎直史館曹穎叔差權
三司度支副使起居立依正三司副使　五年六月七
日詔觀文殿學士尚書左丞高若訥立位在新除觀文
殿學士禮部尚書王舉正之上閤門儀制六尚書在觀

文殿學士之上又觀文殿學士官至尚書有特旨者從本班序以若訥曾任樞密使故升之　閏七月九日户部侍郎新知鄆州龐籍遇正衙序百官班立在大卿之下籍罷相出鄆州序班無特旨御史臺檢儀制序位

十月一日詔新除尚書禮部侍郎充三司使田況起居立位在觀文殿學士高若訥王舉正之上皇祐初張堯佐以禮部侍郎三司使位觀文殿學士刑部侍郎丁度之上故用為例二日三司使尚書禮部侍郎田況言竊聞閤門定臣立位在觀文殿學士之上伏緣高若訥曾任樞密使王舉正官是尚書與前來張堯佐丁度立位事體不同望令臣位舉正之下詔況常朝起居並依石

位如殿門外序班并筵會座位並在舉正之下舊制三司使内朝班學士之右獨立石位門外亦班其上至是況以若訥舉正二府舊人故推之　至和元年七月二十四日龍圖閣直學士吕公弼言龍圖閣直學士歐陽修丁憂服闋緣修除學士在臣之前望令立位在上從之　八月二十二日詔觀文殿大學士晏殊遇賜茶并筵會令座杌子出入戴涼傘與中書樞密院臣僚同處下馬遇大朝會筵宴綴中書門下班　九月八日三司使王拱辰言閤門以臣班觀文資政學士之上今高若訥吴育皆二府舊臣望許依近例殿外序班於其下從之　二年三月九日詔修起居注自今每遇御邇英閣

立於講讀官之次　初修起居注賈黯請左右史入閤記事而賜座於御榻之西南至是修起居注石揚休言恐有宣諭及論推今古之事座遠而不聞因令立侍焉

七月八日詔凡宰相召自外者令百官班迎之自内拜者聽行上事儀國朝待宰相益有故事其後多承例辭至是文彦博富弼入相御史梁蒨請班迎於閤門范師道又請行上表禮然亦卒辭之　嘉祐三年六月九日詔新除宰臣富弼韓琦樞密使田況並依新官立位

四年五月四日天章閣待制錢象先盧士宗楊畋唐介言天章閣待制何郯除職在臣等之先服闋還朝望仍舊位從之　六月七日詔觀察使駙馬都尉李瑋令依

柴宗慶李遵勗例綴節度使班次起居於宗旦之前别作一班　八月十七日閤門使李端懿言近陞觀察使駙馬都尉李瑋班綴節度使見為雜壓班位閤門已具申明外復見宗室留後以上直綴親王班起居如據舊制合班座次盡當綴親王稍退令未有親王但宗室郡王使相比親王禮數不完正在親王使相之間檢會允弼守節先任留後援允寧例方得綴節度使班豈令留後便可直綴親王班乞下閤門取索自前宗室陞班座次文字釐正閤門言先令節度使允初留後承簡綴允良班其座次自来各依本官班座今既陞李瑋班綴節度使若依李遵勗舊儀座次合綴節度使稍退有此交

詔與端慤同詳定以閤門檢會華州觀察使允初奏
自来與承簡一班起居欲乞依舊立班慶歷八年七月
十六日特旨令緻允良班又金州觀察使徐國公承簡
奏乞隨允初一班大宗正司狀為允弼先任觀察留後
方緻節度使班　皇祐二年十一月十一日特旨承簡
是秦王後北宅最長特許緻允初班餘人不得援例令
看詳留後班前有皇親使相節度使兩班誠為隔驀緣
承簡緻汝南郡王已下班歲久欲乞自今後皇親留後
更不許緻親王班又檢會天聖十年五月内詔德文等
令在管軍節度使之南歇空出頭座後来閤門循例以
節度使允初留後承簡觀察使宗旦座次在管軍節度
全唐文
使之南即不奉朝旨令欲乞將皇親節度使留後觀察
使防禦團練刺史依議制班次移於管軍節度使之北
一行歇空并留後觀察使已下依官次重行排列駙馬
都尉李瑋亦依儀制座次如别奉恩旨並繫臨時詔依
所定十二月四日樞密副使陳升之言蒙恩授臣樞密
副使承前立位當在趙槩之上緣槩自翰林學士禮部
侍郎為御史中丞班列本高欲乞立班在槩之下從之
　五年正月二十二日知制誥劉敞范鎮王疇等言知
制誥賈黯丁憂服闋歸朝乞立班依舊從之　三月二
十八日翰林學士吳奎賈黯等言學士王珪位本在上
欲乞依舊在上從之　六年四月六日閤門言近準詔

入内都知至押班如帶昭宣使以上即與客省使等依
使名為一班帶皇城使副已下即在皇城使之前别為
一班將来　乾元節慶錫慶院齋設座次若依近降條
貫入内都知帶押班如帶皇城使以下即在皇城使之
前别為一行其内侍省都知押班只從本官赴坐舊例
錫慶院樞密使以下齋設座次入内内侍省内侍都知
押班座次在西南與客省引進四方館閤門使副一行
座今除法官叅詳到立班繫書及座次相壓依閤門條
貫外所有齋設座次取旨詔令依舊座次餘如近制
閏八月閤門言先準康定二年五月詔書閤門定奪中
書叅詳前後殿都知押班升比班次入内内侍省都都
全唐文
知内侍省左右班都知比景福殿使入内内侍省左右
班都知比宣慶使入内内侍省押班帶諸司使已上比
昭宣使帶諸司副使已下並在皇城使之上又準嘉祐
五年十一月九日中書劄子詳定編勅所奏準送下閤
門狀檢會皇祐一司編勅内與兩省都知押班繫書差
互方欲申明次據莊宅使端州刺史内侍省内侍押班
石全育狀準勅差管轄三司大將近差駕部郎中盧士
宏權發遣三司開拆司檢會皇祐編勅陛比班次内侍
省押班如帶諸司使以上比昭宣使即不見得今来繫
書相壓高下申乞指揮閤門即牒内侍省請具本省編
勅回報據牒到前後殿都知押班升比班次勘會皇祐

編勑內應皇祐二年以前專下一司宣勑除今來編載
外其不係編附者更不行用省詳兩司編勑交互中中
書門下伏乞裁定詔送編勑所詳定據刪定官張師顔
等狀檢會皇祐閤門一司編勑節文東西上閤門使並
在昭宣使之上又條入內都知至押班如帶昭宣使已
上即與客省使等依使名為一班帶皇城使副已下即
並在皇城使之前別為一班又條入內內侍省都知押
班如帶昭宣使以上已有定制若帶皇城使以下在皇
城使之上繫書帶皇城副使以下在皇城副使之上繫
書帶內殿承制崇班在本官之上繫書又準皇祐內侍
省一司編勑節文前後殿都知押班升比班次依下項
全唐文
入內內侍省都都知內侍省左右班都知比景福殿使
入內內侍省都知內侍省左右班都知比宣慶使入內
內侍省副都知內侍省左班副都知比宣政使入內內
侍省押班如帶諸司使以上比昭宣使如帶諸司副使
以下並在皇城使之上又條兩省都知押班如同勾當
去處其繫書官位各隨本職入內內侍省在內侍省之
上又條內內侍兩省內臣非次轉入都知及押班者更
不依官資高下只以新轉入職名先後相壓所據將前
項申請令衆官參詳其前後殿都知押班升比班次係
本省一司條貫如只是與內臣立班繫書及座次相壓
合依此指揮若與文武官立班繫書及座次相壓即合

依閤門條貫指揮其上項兩司勑條不係通使別無差
互詔從之　九月五日詔轉運判官其位於本路通判
及兵馬都監之上　七年五月二十三日入內內侍省
都知史志聰言蒙遣入內都知差勾當軍頭引見司勘
會西上閤門使陵州團練使李端慤見勾當本司伏覩
閤門新除條貫入內內侍省都知比宣慶使詳定編勑
所定到都知陞比班次如是與內臣立班繫書及座次
相壓合依此指揮若與文武等官立班繫書座次相壓
即合依閤門條貫指揮勘會內臣宣慶使在宣政使之
上武臣東西上閤門使在內宣政使之下臣看詳先降
編勑內入內都知比宣慶使今來編勑所詳定只是與
全唐文
內臣立班繫書及座次相壓臣見係左騏驥使嘉州防
禦使入內內侍省都知若與內臣宣政使武臣閤門使
三人合班或同勾當及同列座次未審如何相壓兼見
與李端慤同勾當軍頭引見司有此繫書疑慮欲望詳
酌明降指揮詔送詳定編勑所詳定編勑所奏據刪定
官張師顔等狀所據前項奏請并錄到儀制條貫勘會
前來閤門不曾聲說上件康定二年五月十四日中書
劄子遂只據錄到內侍省一司升比班次勑文定奪只
合於本司施行令再詳前項升比班次元降指揮合與
閤門儀制一處施行皇祐中編修一司條勑之時只編
入內侍省勑內於閤門勑內漏收遂致兩處指揮不同

其上件内侍省一司勑都知等升比班次條亦合下閤
門施行閤門一司勑内聲説都知押班在昭宣使以上
立班繫書條貫二件并嘉祐五年十一月九日中書劄
子更不行用詔送閤門依所奏　八月二十六日詔明
州觀察使昌國公承亮隴州防禦使邢國公世永起居
立位並令在本班之上　十一月二十九日太常禮院
言奉詔同閤門定皇子齊州防禦使班位請於皇　本
班之前别為一班殿門候班閤子在使相之下從之
八年四月一日英宗即位未改元殿前副都指揮使李璋鎮東
軍節度觀察留後李端愿同州觀察使李璋以外戚乞
隨宗室别班赴臨詔璋管軍同百官入端愿璋從所乞
全唐文
九月二十二日宿州觀察使宗懿進封和國公立位在
世永之上　十月八日皇子淮陽郡王上表乞序位於
叔祖允初之下三表不允　十一月八日翰林學士王
珪貫黜范鎮馮京等言伏見端明殿學士兼龍圖閣學
士禮部尚書張方平自應天府徙鄆州已乞朝見緣方
平践歷近列在臣輩之先乞許立班在上從之　英宗
治平元年三月十三日詔群牧都監判官位在有群牧
路分轉運使之下同群牧事知州軍員外郎之上與提
點刑獄序官　五月詔御史臺閤門舊十日一具文武
細書班簿以進自今大書為册月上之樞密院李一進
者亦為册　六月十二日宰臣韓琦等上表請序位在

潁王之下詔荅不允　十四日詔大勑繫位皇子頃在
富弼之上顥在宋庠之下　七月四日皇子潁王上表
乞序班於樞密使平章事富弼之下又言閤門請移東
平群王允弼等侯班閤位令在臣下乞且仍舊並詔不
允　二年六月二十六日涇州觀察使舒國公從式言
乞立班在叔承衍之下詔從式班於宗諤之上　八月
二十二日詔寧國軍節度觀察留後遂國公宗立位宗
諤之上　十月十九日宰臣曾公亮言先朝樞密使兼
侍中有在平章事集賢殿大學士之上者今文彦博至
乞序班如故事閤門奏天聖中樞密使兼侍中曹利用
領景靈宫使宰臣王曾領會靈觀使故利用在曾上其
全唐文
後樞密使兼侍中不領宫觀則宰臣在其上從之　三
年二月十七日皇子潁王言得閤門報國忌行香令臣
押皇親班乞改命允弼所貴尊卑有辨以寧私分詔令
允弼押班潁王先燒香退　五月十四日三司使韓絳
言序立雜座乞在觀文殿學士胡宿下從之　九月二
日殿中侍御史吳申言閤門引起居班多比至臣僚升
殿顧視日旰不敢從容敷奏乞依舊例併班合引詔閤
門詳定閤門言起居班次自來遵守儀制難議合併詔
再詳定以聞閤門乃請合併下項班次以内侍省都知
已下讀奏自閤門通喝引班通事舍人已下兩班合為
一殿前指揮使内殿直散員散指揮散都頭金槍班三

班合為一東西班忠佐殿前都指揮使已下駙馬都尉宮僚員僚皇親大將軍已下行門宰臣樞密使已下額王皇親郡王侍衛馬軍都指揮使已下皇親使相皇親節度使皇親觀察留後已下皇親防禦團練刺史三班合為一節度使觀察留後已下防禦團練刺史三班合為一並重行異位詔依所定既而武康軍節度使李端愿言使相亦當合為一班不當獨行尊異詔令閤門再定而閤門引儀制及以前議為是又從之端愿復伸前議自劾妄言乃詔太常禮院與御史臺同詳定禮院言叅詳常朝起居班次緣祖宗舊制今來乞不併合從之治平四年二月九日（神宗即位未改元）樞密副使呂公弼言新

全唐文

授樞密副使吳奎入院在臣先比以憂制今還舊職乞令序班在上從之　三月六日新除昭德軍節度使兼侍中曹佾大勅後繫書令在冨弼之上　閏三月十九日太常禮院閤門言准詔同詳定閤門使李端慇所奏閤門儀制宰臣與親王立班座位分左右各為班首宰臣樞密使帶使相或帶郡王并使相作一行總為中書門下班其親王獨作一班者準封爵令兄弟皇子皆封國謂之親王所以他官不可叅綴檢會坐次圖子宜將宗室使相軼親王益更張之時未見親王遂致失於講求近見朝拜景靈宮東陽郡王顥亦綴親王班竊恐未安今取到閤門儀制其合班宰臣使相在東親王在西

分班立又檢到祥符元年宴座次圖子宰臣王旦與使相石保吉在東寧王元偓舒王元偁廣陵郡王元儼節度使惟吉在西分班座其元儼惟吉是郡王與節度使許綴親王班竊慮當時出自特旨今來檢尋元初文字不見在先朝只依祥符元年宴座次圖子親王及帶使相郡王在西為一班臣等叅詳請依閤門儀制親王在西獨為一班宗室郡王帶使相及宗室使相許綴親王立班座次郎聚臨時特旨從之　二十一日保靜軍節度使虢國公宗諤言伏覩仁宗朝宗室任觀察留後至節度使者特許綴帶使相侍中郡王班今蒙恩授集慶軍節度使欲望比附前例綴班起居閤門檢會前例皆

全唐文

是特旨今宗諤乞綴郡王班難議詳定詔依儀制序班在侍衛馬步軍都指揮使下　九月二十八日詔新除樞密副使韓絳郡亢叅知政事張方平趙抃並依官序立位　十月十五日翰林學士呂公著言司馬光近除翰林學士緣光前入院在臣之先今乞班在光下從之　十一月二十五日閤門言準傳宣駙馬都尉王師約起居班次令依李瑋例令定師約在德州防禦使李珣之下從之　神宗熙寧元年三月六日知制誥宋敏求呂夏卿陳薦楊繪等言近復錢公輔知制誥緣公輔擢入西掖在臣等前乞令立班在上從之　七日審刑大理寺言準詔詳定知瀛州馬仲甫奏條例少卿監與發運

轉運使副分官次高下相壓又發運使副在轉運使之上如轉運係大卿監亦在發運使副員郎之下部内知州軍少卿監却在發運轉運使副正郎之上不惟次序錯亂况在統屬於理未便欲乞重行定奪應少卿監在本路發運轉運使副之下大卿監即分官次所貴稍重職司高下有分寺司為知州軍少卿監以下與本路發運使副依官次行之已久難議更改詔重行定奪聞奏檢會嘉祐編勑江淮制置發運使副在轉運之上轉運使副在提點刑獄之上并諸州總管本路分兵馬鈐轄之上若路分鈐轄係正刺史以上即依官次其正刺史以上充路分総管并少卿監以上知州軍者與本路制

全唐文

置發運轉運使副提點刑獄與提點銀銅坑冶鑄錢公事官員亦依官次其路分都監與本州都監同巡檢等並依官次相壓又條諸州官員及路分都監與本州都監同巡檢等並依官次相壓又條諸州縣官員以官品職任依令勑相壓若遇會集有高下相妨者如京官充通判諸司副使充監都監員外郎充簽判之類其簽判官雖高於都監緣職卑於通判合在都監之下又如京官充本州通判崇班充本州都監却與别州供奉官之類會集者緣供奉官合押京官其崇班雖高於供奉官合在京官通判之下其餘官局職任並依此例諸條官位相壓若權充職任者並與正同又準慶歷編勑制置

發運使轉運使副不以官品並在提點刑獄朝臣本路分兵馬鈐轄之上提點刑獄朝臣使臣在諸州兵馬鈐轄之上若路鈐轄即依官次序座其同提點刑獄使臣與轄下知州軍監並依官序叅詳欲乞今後江淮制置發運使副轉運副使提點刑獄朝臣並在本路知州軍光祿卿之上與秘書監以上各依官次其同提點刑獄使臣即依慶歷編勑舊條序座從之　二十六日權三司戶部副使榮諲言新除鹽鐵副使呂誨到省舊制只以先後立班不理權正詔諲立位在誨下　四月八日詔以權御史中丞滕甫借翰林學士館伴令差官權攝中丞中書門下勘會嘉祐二年權御史中丞張昪充迴

全唐文

謝北朝國信使借龍圖閣學士刑部侍郎未發間遇宴在所借龍圖閣學士行中座即不差官權攝中丞復詔依舊制　十八日翰林學士鄭獬言新授學士王安石入院舊制以先後供職為資次緣安石與臣同知制誥名在臣上及除學士臣草其制臣後方為學士安石緣江寧赴召入院在後望令立班在上從之　七月四日閤門言秘書監陳述古差權糾察在京刑獄立位取旨詔述古班於三司副使之上用祥符中衛尉卿慎從吉例也　九月六日詔集慶軍節度使譙國公宗諤令在見任節度使上立班　十七日詔新除彰化軍節度觀察留後安定郡王從式令在本班之上仍少近前序立

二年三月一日宣徽北院使王拱辰言準閤門告報立班在參知政事王安石之上緣近例序班皆在執政臣僚之下乞依近例從之　四月一日國信所言大遼賀同天節左番使耶律輿赴德文殿拜表言南使到北朝綴翰林學士班今來却在節度使之下館伴者諭之始就班時下御史臺閤門同詳定奏稱人使不知本朝翰林學士班自在節度使之下如遇合班即節度使在翰林學士之西差前别為一班其大遼國人使又在節度使之西别為一班立俱不相壓欲且依久來儀制體例詔依所定　四日御史臺閤門言為皇親正任班正刺史以上並綴節度使班人既多則節度使班不顯慮人

全唐文

使疑問今定奪皇親正任兩使留後至防禦團練使正刺史已上每遇合班依舊於西班内序立並於節度使後重行别作一班仍與東班同品官前後畧相照即不得綴節度使班序立從之　十月三日詔中書門下曰二府者政事之出也維是一二股肱之臣日謨謀於廟堂之上皆朕所尊禮之顧其勢豈有重輕哉伏覩仁宗實録天聖時二府之相猶以其職高下定位則知往者不若今制之拘也今文彦博蓋朝廷之宗臣朕方倚以疆埸之事雖用陳升之為宰相其令升之仍位彦博下以稱朕遇賢之意繼而閤門言儀制宰相班在親王上樞密使帶使相班在親王下今來陳升之班在樞密使

兼侍中文彦博下或遇親王相壓取旨詔送太常禮院詳定以聞未幾復詔中書門下曰朕惟國朝之制雖兵民分於二府然其委用者皆所謂執政之臣豈獨相樞密者以為使相耶朕嘗愍之故丙申之詔令彦博班升之上所以尊老成而均政体也今彦博數言武臣之例非可同於親王之班理有未便執謙處損情有莫回予思罔然雖拒勿得其令中書門下如所請施行　二十五日編修閤門儀制所言慶歷中改文明殿學士為觀文殿學士又置大學士换文明殿即今文德殿乃正衙前殿也後唐始置學士序位樞密副使之下每遇紫宸殿坐朝則升侍立蓋文德紫宸通謂之前殿故學士侍

全唐文

立為宜其觀文殿深在禁中乃與資政端明殿相類而資政端明學士並不侍立竊詳慶歷所改職名雖用舊之班著而殿之次序與舊義理不同其觀文殿大學士自今遇紫宸殿坐朝請更不升殿侍立從之　三年正月十三日編修閤門儀制所言準中書批送到閤門奏準詔令權發遣省府職司以上並與正權同其時暫發遣候正官者不在此限檢會儀制三司副使在太常少卿之上告謝宣名遇假日見謝辭並舞蹈内殿起居立位在待制之後即無權三司副使班位皇祐三年尚書兵部員外郎直史館曹穎叔權度支副使依正副使立位其餘禮數雜壓未有明制自來大兩省以上權三司

使公事只依本官立位相壓權知開封府本官少卿監以下假日不舞蹈今既無明降儀式即是權與權發遣副使便與正同却與權三司使及知開封府少卿監儀式頗有差異詔本所詳定以聞今叅詳三司副使係正職事官權與權發遣公事乃是權攝其名既異理難一同今欲定權三司副使權發遣副使公事隨駕與逐日內殿起居立位歲時恩賜班入次第在省相壓並同正副使其權副使告謝不宣名假日不舞蹈對御座次及雜壓在知雜御史之下係少卿監以上即從本官其權發遣副使公事惟雜壓以本官仍在同官之上餘並如權副使之儀詔依　四月二十六日御史臺言檢會儀制右諫議大夫王化基權中丞日正衙常叅立中丞塼位內殿起居日止立本官班其後宋太初權臺事如化基例今龍圖閣直學士陳薦權臺事若依宋太初例即內殿起居合却歸學士班取旨詔常叅正衙并內殿起居並權立中丞班位　五月二十一日編修閤門儀制所言準中書劄子閤門檢會右諫議大夫王化基權御史中丞宋太初權御史臺事具載儀制而自来相承不曽分異今来翰林學士兼端明殿學士禮部郎中知制誥馮京權御史中丞詔定奪聞奏今叅詳馮京帶學士職權御史中丞欲定常叅正衙并內殿起居並立中丞班位其雜壓即從學士之儀詔依　六月五日詔兵部

郎中同知審官西院韓縝與直龍圖閣一行序官立位　九月二十三日詔新除河陽三城節度使集禧觀使守司空兼侍中曽公亮大勑後繫銜在曹佾上　二十四日詔沿邊寨主不以官資並在監押之右　十月四日詔皇城使端州團練使新除樞密副都承旨李綬常朝立班令在都承旨之後宮苑使之前　十一月二十四日詔待制官係給諫者除權三司使外如遇起居日權於左右省班內序立所有直舍人院同知諫院見係兩省官職事亦令權綴小兩省班內同知諫院綴左省班分東西序立候兩省正官員數稍多即却依舊　十二月十七日御史臺言待制官係給諫并直舍人院同知諫院橫行及行香等處亦合依起居日例權立左右省班修起居注亦乞權綴左右兩小省班從之　二十七日三司使吳充言本省判官主判官與本轄庫務監官并權副使權發遣副使於監當少卿監除在朝廷自有條制其入省及諸處相遇點檢到庫務合存統攝之体座次相壓未有定制法寺檢會鹽鐵曹案轄南北作坊料物甆器庫御廚度支賞給案轄載造院西染院內衣物庫文思院雜物庫發運案轄諸排岸司斛㪷司轄百萬倉錢帛司轄左藏庫內香藥庫雜買務百官案轄藥蜜庫粮料案轄三粮料院戶部戶稅案轄斛㪷秤務修造案轄竹木務箔場都大提點寺務司衣粮案轄専勾司

麴案轄麴院叅詳上項局務皆係三司三部管轄欲乞
今後權與權發遣副使不須官序並在庫務監官之上
判官主判官在庫務監官正郎之上餘依官序從之
四年二月二十三日詔皇弟顥大勑繫銜在文彥博之
上　八月二十七日詔應兩制致仕不等職官遇朝會
上壽陪位立班並依舊職　五年七月十八日中書門
下言據貴州防禦使宗懿狀準閤門告報班位在姪世
滋下弟宗治上更有宗輔見係團練使亦壓却臣今只
乞依宗室尊卑相壓体例依舊立班檢會大宗正司慶
歷七年詔書皇族趍赴起居及出入行馬內有官位一
般者並以尊卑相次鴈序行馬如有官位高者依久來
全唐文
朝廷立班次序相壓即不得差越內有官高願在尊長
之下亦聽近宗愕牽復使相見立在舊使相宗樸之上
宗惠牽復防禦使立在舊防禦使克繼之上與宗懿牽
復事躰一類其立位合依宗愕宗惠例下閤門改正施
行詔依所定閤門官吏特放罪　七年正月二十八日
詔修起居注直舍人院今後並許綴兩省班初御史臺
奏起居日兩省班內闕官乞令待制官係給諫者除權
三司使外如遇起居日權於左右省班內序立直舍人
院同知諫院修起居注亦權綴小兩省班候正官員多
即仍舊詔從之至是中書申明兩省員數稍多乃降是
詔而同知諫院不預焉　八年閏四月二十四日詔今

後知州兼安撫著位並在本州路分兵官之上　九年
十月二十五日詔新除鎮南軍節度使尚書左僕射同
中書門下平章事判江寧府王安石大勑繫銜在陳升
之之上　十年二月一日御史臺言定到管勾國子監
太子中允兼天章閣侍講沈季長繫銜座次在同管勾
國子監知諫院太子中允崇政殿說書黃履之上從之
八日詔宗室新除崇信軍節度使同中書門下平章
事判大宗正事宗旦大勑繫銜在宗樸之下　十月二
十八日詔宗室新除昭化軍節度使同中書門下平章
事宗諠大勑繫銜在宗旦之下　元豐二年十一月一
日翰林學士蒲宗孟乞叙班章惇下從之以惇先除翰
全唐文
林學士丁憂故也　五年二月二十一日詔知樞密院
門下中書侍郎同知樞密院尚書左右丞班次以是為
差　五月十四日吏部尚書李清臣等言今月十二日
僕射上尚書省百官方就位臺吏相繼趍臣等就列三
院御史及中丞久不至臺吏復至臣等立班前贊云且
歸幕次在廷觀者亦或竊笑按御史中丞班品在學士
下合班即對引無先令學士尚書侍郎就列然後報引
中丞之儀况三院御史班品不同竊慮立班不應在尚
書之後乞送臺吏付有司根治詔吏人令御史臺勘罰
六年七月十七日詔同知樞密院班尚書右丞下　十
一月十二日中書舍人兼侍講蔡卞乞序班於兄起居

郎京之下從之　七年三月二十一日詔御史中丞雜
壓在六曹侍郎之上　四月十六日御史臺閤門言本
朝舊合班儀嗣王在郡王上宗姓又在同列之上近例
郡王領使相者得吏二人前引雖出特旨緣嗣王恩數
尤宜加隆令參詳嗣王若正臚本官立班當在本班之
上使相即用雙引從之詔嗣王雖著品分然自國初以
來未嘗除授故有司不能記其恩數近除宗暉嗣濮王
宜下御史臺閤門參定以聞故有是議　十月二十一
日詔應職事官以除授先後為序同日除者以寄祿官
哲宗元祐元年閏二月六日詔觀文殿學士資政殿
大學士班序雜壓並在六曹尚書之上資政殿學士曾
全唐文
任執政官準此　四月二十二日禮部言承旨司狀後
殿祗應閤門官起居郎舍人已準朝旨許令上殿侍立
其樞密都承旨未奉指揮令參詳遇有奏覆及傳奏公
事即許升殿如係供職横行使副兼領即本班侍立從
之　五月二十六日詔太師平章軍國重事文彥博已
降旨令獨班起居自今赴經筵都堂同三省樞密院事
並序位在宰相之上　十二月十日詔少府將作軍器
監都水使者今後在七寺少卿之上監丞在臺寺主簿
之上　二年正月二十五日端明殿學士吏部尚書孫
永為資政殿學士兼侍讀提舉中太一宮兼集禧觀公
事立班佩魚視資政殿大學士韓維例　七月四日詔

除中行侍郎如未歷大兩省及待制以上職者並帶權
字敘班在諸行侍郎之下雜壓在太中大夫之上　三
年八月四日詔文武官雜壓增冀兖青徐揚荆豫梁雍
州牧在御史大夫之上　閏十二月十八日置六曹尚
書權官敘班在試尚書之下雜壓在左右常侍之下
四年十月十八日新除吏部尚書傅堯俞言翰林學士
承旨兼侍讀蘇頌與臣班列頗同而臣冒居其上頌自
吏部尚書方除今任欲乞邇英進見許臣依舊居頌之
次從之　六年五月二日詳定編修閤門儀制所言三
師三公舊儀雜壓在使相下立班在文班僕射前見謝
辭與大卿監禮數一等自官制行立位雜壓在宰臣之
全唐文
上其見謝辭宴座未有定儀欲依宰臣例又百官起居
日宰臣遇假故即以次官高者押班今門下中書侍郎
係兩省分班先入立位相遠難以引揖欲遇宰臣假故
權移門下侍郎在尚書左丞之上押班從之　閏八月
二十八日詔集賢院學士如曾任權侍郎以上人充者
班列並在太中大夫之上　九月六日詔六曹尚書任
執政官者立班在六曹尚書之上少前　紹聖元年三
月二十三日殿中侍御史來之邵言集賢院學士之職
自先朝以來体制與諸直館頗同頃自李周以權侍郎
罷除集賢院學士出守外郡方有指揮曾任六曹侍郎
者立班在太中大夫之上其後奏薦班列並同待制望

賜詳酌詔今後除集賢院學士曾任權侍郎以上者立
班雜壓在中散大夫之上餘人立班雜壓在中散大夫
之下　元符三年三月二十七日詔少府將作軍器少
監雜壓並依元豐令其元祐指揮更不施行　徽宗崇
寧元年五月二十日以寶文閣待制知瀛州葉祖洽為
尚書吏部侍郎以嘗為權尚書序位令在吏部侍郎徐
鐸之上　十二月六日詔顯謨閣學士直學士待制雜
壓在寶文閣學士直學士待制之下　二年五月二十
一日詔應殿中省官並赴內朝閤門擬定在工部侍郎
西別班立少監以下各重行　四年九月五日詔提點
坑冶鑄錢官轉運判官提舉常平學事官並在知州朝
全唐文
議大夫之上　大觀元年七月七日詔宗子博士序位
立班並在國子博士之上　政和二年八月二十七日
詔京畿轉運副使提點刑獄序、、三路轉運副使之
上　三年閏四月二日禮部奏據沂州州學教授宣德
郎徐寶狀依條諸州學教授序位承務郎以上在簽判
之上未審知縣如何序官辟廱勘當若教授係選人合
在選人知縣之上如係承務郎以上即合在承務郎以
上知縣之上從之　九月二十二日保靜軍節度觀察
留後提舉龍德宮直睿思殿楊戩奏朝廷肇新直殿之
職其繫銜等次序安敢有議若止以帶職非帶職正任
轉官先後為次伏恐未稱朝廷肇新直殿職任之意伏

望詳酌立法施行詔帶直睿思殿人繫銜序位等在不
帶職人之上　二十三日詔朝請郎殿中監高伸立班
并諸般恩數並依龍圖閣學士例　十一月二十二日
詔皇太子慶會上壽押百僚班　四年六月八日詔殿
前都指揮使在節度使之上副都指揮使在正任觀察
留後之上馬步軍都指揮使副都指揮使在正任觀察
使之上殿前馬步軍都虞候在正任防禦使之上捧日
天武四廂都指揮使龍神衛四廂都指揮使在正任團
練使之上　八月三日詔改端明殿學士為延康殿學
士樞密直學士為述古殿直學士恩數品秩並依舊
五年四月二十四日詔宣和殿初建自紹聖中經毀廢
全唐文
其燕閒未始不居於此近置直殿以左右近侍官典領
吾士大夫有以處之宜置新班以彰榮近以承其謝可
置宣和殿學士班在延康殿之下以兩制充聽旨除授
凡厥恩數並依延康殿學士体例施行　九月十九日
詔皇太子遇天寧節赴垂拱殿上壽於親王前別為一
班　六年四月二十日詔宣和殿學士立班敘位在翰
林學士之下諸殿學士之上　五月七日比部員外郎
梅如禮奏修撰直閣其品甚高乞定班著雜壓從之
九月二十九日詔集英殿修撰雜壓在七寺少卿之上
右文殿修撰以下遞升一等　七年八月二十五日樞
密院言諸路廉訪使者之職一路事無巨細皆所按刺

朝廷耳目之任寄委非輕令欲乞叙位在轉運使副判
官提點刑獄提舉學士常平官之下内係橫行或内侍
官帶睿思殿許與提舉弓箭官序官如係武功大夫以
下即與提舉木栰坑冶茶塩序官無提舉弓箭手坑冶
茶塩官路分比類施行從之　宣和元年九月四日中
書舍人孫宗鑑等奏先奉詔曽楙孫宗鑑盧襄許翰並
召試中書舍人欲乞依給事中傅墨卿等依元降詔除
命先後序位從之六日詔軍器監鄧之綱已降指揮特
視待制今後應諸朝叅扈從筵宴等並綴待制班　十
六日詔鄭居中已除少傅威武軍節度使佑神觀使充
神霄玉清萬壽宮使進封崇國公朝堂立班在少宰之
全唐文
下　二年正月二日詔太中大夫將作監賈諲班綴恩
數可視待制宣和二年二月四日詔宣和秘殿名稱已
標紀元號所有見行帶領宣和殿職事易以保和殿為
名應干班綴叙位雜壓恩數等並仍舊　六年十一月
十一日領樞密院事蔡攸言乞今後押班稱賀奉觴上
壽等並同三省長官詔攸立班序位少宰之次　七年
二月二十七日詔諸州管轄宮觀道官官職雖高序位
在通判之下從之　高宗建炎三年六月二十六日詔
依祖宗朝置樞密院檢詳諸房文字序位在左右司之
下　八月七日詔劉珏令隨宰執班奏事以權同知洪
州三省樞密院事故也　四年六月三十日詔自廃官

除侍郎依舊例帶權字若除外任差遣即除待制未及
二年除修撰其立班雜壓並依元祐令如遇服緋綠依
待制告謝日改賜章服　七月八日詔非見任宰執到
都堂除正一品外序坐並在見任宰執之下餘依自來
條令　十一月十六日詔樞密院幹辦官並改作計議
官叙位在太常博士之下　十二月二十七日詔招討
使在宣撫使之下制置使之上永為定制　紹興元年
三月十三日閤門言自來職事官差權職任高者與寄
祿官差權人赴朝叅立班不一欲乞今後臣僚若係
得旨差權職任朝叅立班並權依正官議罷日依舊侍
從官已上權職任高者止立舊班從之既而臣僚言祖
全唐文
宗舊制應在京職事官兼權他職並止立本班若便依
閤門奏請即郎官以下被旨權卿監者須立卿監班卿
監以下被旨權侍從者須立侍從班顯見班列之中紛
然殽亂遂寢不行　二年五月二十六日閤門言昨准
朝旨六曹權侍郎立班叙坐並在侍郎之次依舊分東
西班令權侍郎雜壓在太中大夫之上其立班合依舊
在侍郎之次外所有坐次欲依雜壓從之　十一月二
十一日詔修注官赴起居殿陞侍立比之餘官權職不
同特令立起居郎舍人班其後侍御史謝祖信言職事
官兼權他職止立本班此祖宗舊制不可輕改遂寢之
三年七月二十八日給事中黃唐傳言新除給事中唐

事中詹義在宣和間已任給事中其年德望實俱出臣右雖令除授偶在臣後若依令爲序臣實不遑安望許叙位繫銜在臣之先詔依令　五年二月十七日詔尚書右僕射兼知樞密院事進呈三省密院文字並在西壁與左僕射對展陞降並由西階如遇押班等依舊制　四月七日詔諸王宮大小學教授舊係宗子博士序位合在國子博士之上　六年二月十七日勑令所言省詳到知閤門事同知閤門事序位入內內侍省副都知左武大夫知閤門事右武大夫同知閤門事入內內侍省押班觀察使已上除授即序官若武左大夫以上仕閤門職事與職事官序位以職事爲序與非職事官

全唐文

及外官序位以職事階官爲序從之　五月八日詔范沖除翰林侍讀學士其班序在翰林學士之下　七年二月九日詔新樞密使秦檜立班序依宰相例尋辭不允　二十五日詔岳飛已除太尉不候正謝令立新班　九年三月二十一日閤門言今後除權尚書立班依權侍郎係在正尚書之次如遇常朝假日立班仍舊分東西班如遇賜茶坐次高下依雜壓從之　七月十七日詔廣東提舉鹽事官序位在轉運判官之下提舉市舶官序位在提舉鹽事官之下以本路運司申明勑令所定不當論官序合以職事爲序故有是詔　九月十五日新除給事中劉一止言奉詔劉一止馮檝並除給

事中依條同日除以寄祿官爲序今馮檝係朝散大夫一止係朝奉郎乞以官序繫銜詔劉一止係自中書舍人除授序位合在馮檝之上　十年四月四日詔今後起居班三公三少帶節鉞者序班在宗室開府儀同三司不帶三公三少班前其外官不帶三公三少使相自合併入帶節鉞三公三少一班起居如無外官帶節鉞三公三少班其外官開府儀同三司依舊在宗室開府儀同三司後起居　八月二十三日詔勑令所刪定官立班序位在樞密院編修官之下　十一年二十八日詔樞密院編修官位在計議官之下　三月八日詳定一司勑令所言看詳到紹興雜壓今內樞密院計議官

全唐文

字下添入編修二字在官字上却於官字下添入詳定一司勑令所刪定官六字在陵臺令字上及於國子監丞字下添入諸王宮大小學教授八字在大理寺直字上爲雜壓之序從之　四月二十五日參知政事王次翁言近例王庶任樞密副使叙位在參知政事之下今岳飛階官係少保與王庶事體不同詔叙位在岳飛之下　十二年二月二十八日詔普安郡王出外第赴朝參起居等並立本官班　十三年四月二十九日詔宰執四參官赴垂拱殿習省石位　十四年十二月十八日詔皇太后皇后宅教授叙位班次並依諸王宮教授　二十六日詔今後遇人使在庭曾借官臣僚並依舊

例立借官班　十五年十月二十七日詔恭僖已除資政殿學士係提舉萬壽觀經筵侍讀官立班坐次綴叅政一行既而父太師尚書左僕射檜請辭改立簽書樞密院事之下　十八年四月十五日詔恭僖已除觀文殿學士立班令在右僕射之次　二十年二月三十日閤門言今後遇人使在庭不係侍從官曾經借官人免赴起居立班如見差充接送伴者依借官所服立班赴坐從之　三月十九日詔今後帶御器械官遇合班處横行令立班在本官之上餘官在横行之次　二十五年十二月二十五日詔金國賀正旦人使到闕為闕宰臣依舊例權移少傳信安郡王孟宗厚東壁押班　二

全唐文

十七年四月二日詔選人任删定官雜壓在太學博士之下以侍御史周方崇言雜壓令删定官在著作佐郎國子監丞之上既而改官除監檢鼓院等差遣則序位反在著作佐郎等之下乞重修立别為一等吏部看詳故有是詔　二十九年五月二十三日詔今後使人到闕伴射官自入使朝見日權令綴馬步軍管軍班侍立侍立　六月二十六日詔今後遇有任節度使充主管馬步軍司公事者令序官陞壓承宣使以下照舊例起居侍立國朝未有節度使主管馬步司時以趙密除太尉充馬帥令押本班稍前立故有是詔　三十年三月四日宰執進呈吏部檢照職制令諸王開府儀同三司

立班叙位在左右僕射同中書門下平章事之下知樞密院事之上閤門言親王赴垂拱殿後殿起居合於宰執大班後入遇合班處即立西班與宰臣相對遇景靈宫行香即合押宗室班宰臣湯思退奏曰雖著令諸王在左右僕射之下伏覩太宗朝除元佐等諸王宰臣宋琪奏請乞班楚王元佐等下臣等欲依故事上表上宣諭曰祖宗典故親王在左右僕射下舊矣卿等不必有請今建王立班序位並依所定先是有詔皇子已除開府儀同三司進封建王其序位立班令有司檢具條例至是吏部閤門具上宰執進呈故有此宣諭　十月一日詔文武臣合班處遇親王使相立西班令樞密院官

全唐文

權綴東班如遇親王使相請假之類樞密院官却依舊立西班　紹興三十二年九月一日（孝宗即位未改元）閤門言奉旨檢具皇子鄧王愭慶王愷恭王惇序位立班幕次條例以聞依儀制親王遇合班處及景靈宫行香立班合押宗室班如麗正及和寧門外待漏垂拱殿門外内及後殿門外侍班景靈宫行香門外待漏殿門外侍班其閤子並合在西壁與宰臣閤子相對或無設置去處即權設於宰臣閤子之次從之　孝宗隆興元年正月二十五日安慶軍節度使同知大宗正事士錢言宗司行移自來以官序高下列銜故臣序位在臣兄同知大宗正事令訳之上乞依士㒟推避今時体例許臣列銜

在令詪之下庻幾恊尊卑之序從之　乾道元年六月
二十七日檢校少保安慶軍節度使同知大宗正事士
籛又言乞援前例許臣列銜在臣兄士銖之下從之
九月二十二日閤門言今來除環衛官係兼帶即與正
環衛官不同兼已降指揮照御帶體例施行其環衛官
五等班次亦合分别今條具如後一副使帶中郎將以
下起居奏萬福與副使帶御器械序官並在上將軍大
將軍諸衛將軍橫行并正使帶御器械官之後重行立
在寄班祗候之前别行立班一五等環衛官立班依官
序在本等官之上在帶軍職官之次正使御帶及諸將
軍遇合班處依官序在橫行之次差後立如御帶環衛
全唐文
官階官遥郎一同即御帶在環衛官之上一副使帶御
器械官并中郎將以下遇合班處在橫行御帶環衛官
後重行依官序一行立如係小使臣帶左右郎將即在
副使中郎將之後重行立中郎將遇後殿於東朶殿侍
立從之　二年十月十三日詔金國入使到闕見辭上
壽大宴魏杞權攝尚書右僕射立班定次並依權攝官
制　三年正月二十一日吏刑部言近承指揮看詳修
立紹興職制雜壓條令照得樞密使依紹興十二年指
揮在宰相之下知樞密院之上緣雜壓條內宰相之下
又有王及開府儀同三司其元降指揮即無明文兼又
無樞密副使一節契勘樞密使立班係在知樞密院事

之上樞密副使係在同知樞密院事之次欲將樞密使
雜壓在王之下開府儀同三司之上樞密副使在同知
樞密院事之下修立從之　四月十四日詔閤門見今
條令宗室序位官同者以尊卑為次今後外官如係本
宗官職同者並依宗室尊卑條法　五年七月二日詔
虞允文已除樞密使立班恩數並依宰臣　十月十四
日詔今後使相遇立班坐次與親王一行　六年五月
二十八日常德軍承宣使同知大宗正事士銖言據定
武軍承宣使安定郡王令德言乞立班在臣之下尚書
省具條宗室序位官同以尊卑為序卑幼官高願在下
者聽劉令德照會臣年齒雖長其令德係是襲封郡王
全唐文
於臣分守有所未安乞止依官序令臣立班在令德之
下詔依令德所乞　八月二十五日敕令所看詳到帶
御器械立班在樞密院檢詳諸房文字之下中郎將在
副使之上左右郎將在奉議郎之上從之　九月十四
日中書門下省言已降指揮帶御器械立班在樞密院
檢詳諸房文字之下其雜壓叙位亦合一體詔帶器械
雜壓叙位在樞密院檢詳諸房文字之下遇合班處依
閤門元降指揮立班元降指揮帶御器械合班處橫行
立班在本官之上餘官橫行之次也　七年二月十六
日詔魏王愷出鎮置長史司馬各一人序位依兩省官
奉使法記室參軍事二人序位在諸州通判之上按職

制令兩省官奉使在發運監司之上與發運監司路分總管知州太中大夫觀察使以上叙官臨安府判官準此　三月二十六日詔太子賓客詹事立班座次等依雜壓次序在給事中之上遇日叅令立東班既而御史臺言遇大朝會聖節上壽并朔望四叅拜表及忌辰行香等乞令太子賓客詹事立班在臺官班東與六曹侍郎一行立遇宣麻立班日在侍郎班之次其趁朝行馬次序雜壓令在給事中之上從之　五月十二日宰執進呈除臨安府少尹以下官上曰判官與長史位序何如宰臣虞允文等奏曰臨安除從臣為少尹高長史一等則判官與長史雖均無嫌也上曰但與寧國府有差

全唐文

則善矣於是詔皇太子領臨安府尹少尹已差侍從官所有判官序位依兩省官奉使法推官序位在諸州知州之上任滿日仍理為知州一任既而臨安府言本府推官已降指揮位序在諸州知州之上令來朝叅等班次欲乞依開封府推官雜壓條例從之　六月十二日詔令後馬步軍帥前後殿起居於本班前立侍立賜茶依官序以主管馬軍司公事李顯忠時復太尉乞依楊存中恩例閤門為申請故也　十二月二十六日詔職制令雜壓內翰林侍讀學士删去承宣使改在給事中之下步軍都指揮使在馬軍都指揮使之下延福宮使在協忠大夫之下景福殿使在知閤門之下帶御器械在侍御史之下令勅令所依此修立

宋會要 正衙

宋制兩省臺官文武百官每日赴文德殿立班宰臣一員押班常朝官有詔旨免常朝及勾當吏審宿者不赴遇假併三日以上即橫行參假宰臣參知政事及免常朝者悉集（事務急速赴橫行不及者牒報臺如遇親王使相過正衙者取別日）羣官見辭謝者皆赴正衙其日文武班尚書上將軍以下並先叙立於殿門之外東西相向（文班一品二品不叙立）正衙見謝辭官立於大殿之南右巡使立正衙南北向臺官大夫中丞三院御史各就揖班位再揖（三院不全即不揖）揖訖臺官與左巡使先入各就位（左右巡使立鍾鼓樓下左巡使奏武班右巡使奏文班如只巡使一員即就文班南立彈奏如俱闕即於臺官或員外郎以下差攝）次兩班及右巡使入次

卷五千三百五十三

見謝辭官入次兩省官入（兩省官自殿西偏門入於右勤政門北偏門立俟文武班將至循午附就位）次文班一品二品入次宰臣出東上閤門就位通事舍人一員立於閤門外北向四色官立其後舍人通承旨奏敕不坐四色官應諾急趨至放班位宣勅在位官皆再拜而退其應橫行者班定通事舍人揖羣官轉班北向舍人揖再拜復位如常朝之儀（兩省官幕次舊在中書門外近副舊使權就朝堂門南上將軍幕次）凡見謝辭官（新授加恩出使封國者）宰臣親王使相（俟班定引贊官引出東上閤門至押班位西向立定先赴午陛南中書門下正衙位再拜却運班位）押樞密使副使知院同知院簽書院事參知政事宣徽使宗室節度使以下至刺使將軍（俟班定四方館吏引出東上閤門至殿庭由東黃道赴正衙位北向以西為首將軍以東為首正衙畢宰臣樞密出西便門親王宗室入東上）

（閤門）觀文殿大學士資政殿大學士觀文殿學士三司使翰林資政侍講讀閣學士直學士知制誥待制（直學士以上集丞郎幕次待制集上將軍幕次俟班定四方館吏引入殿西便門赴班於大夫中丞前出）門下中書侍郎至至言（四方館吏引先集勤政北門俟班定於一品二品官未就位前先就位放班乞由西便門出）御史大夫至御史（序班如常朝）三師三公僕射東宮三師三少（班入殿門朝堂吏引入殿東便門赴班於兩省臺官前出）尚書丞郎左右金吾上將軍至將軍（序班如常朝）節度使至刺史軍職四廂都指揮使以上三司副使文武京朝官武班郎將以上分司官樞密都承旨諸使副醫官帶正員官者（立文東武西相向重行敘立如常朝）除其權三司使開封府吏部銓秘書監修撰直館閣校理檢討三司判官主判官開封府判官推官

卷五千三百五十二

僚內職軍校領郎者內客省使至通事舍人節度行軍司馬至團練副使幕職上佐州縣官諸司勤留官新授者京朝官改賜章服者致仕貴授降授者並謝（行軍副使仍辭）京朝官貢舉發解畢者亦見（準儀制如貢舉官合謝辭近歲皆附時牒宿故謝辭皆侍）若僕射大夫中丞過正衙即常參官皆避尚書丞郎過正衙即本行郎中員外皆避（應過正衙者如催發及值假無班事干急速者牒報臺）其赴臺參謝辭者尚書侍郎則三院御史各一員中丞大夫皆對拜（三院仍班迎不全班即不赴）節度使賓客太常宗正卿則御史一員中丞大夫皆對拜兩使留後至刺史秘書監至五官正上將軍至郎將四廂都指揮使及內職軍校遥郎以上樞密都承旨及內職帶正員官者四

雜錄

畿縣令三京司錄節度使軍至團練副使幕職官任憲
銜者皆御史一員對拜中丞大夫對揖赤令揖記進言得參風憲再揖
而退若曾任中書門下及左右丞皆不赴加階勳食邑軍
服館閣三司開封府職事及內職轉使領軍額亦不赴
臺謝僕射過衙日臺官大夫以下與百官並詣幕次致
賀文官一品二品曾任中書樞密院者不赴大夫中丞則郎中少卿監大將
軍以下亦然本官約止則不赴僕射赴上都省者罷此儀
太祖乾德二年八月五日閤南總管張仁謙入朝時遇
值假五衙無班未得入對帝怪問其故有司以經正
衙為對詔自今文武官自外至者並先赴內殿對從赴
正衙或出使急速者仍免衙引　開寶九年十一月五
卷五千三百五十三
日詔曰外朝之設舊章不忘近年事出權宜多從沿革
凡除拜出入不由正衙有司既失於舉行經制遂成於
寖廢自今中外官除拜及假使出入並須於正衙辭謝
違者有司議其罰
太宗淳化二年六月二十九日侍御史知雜事張郁上
言正衙之設謂之外朝凡羣臣辭見及謝先詣正衙見
訖御史臺具官位姓名以報閤門方許入對此國家之
舊制也自乾德以後始詔先赴中謝後詣正衙至今有
司遵守此制而文武官中謝辭見之後多不即詣正衙
欲望自今內外官中謝後次日並赴正衙內諸司遥領
刺史及閤門通事舍人已上新授者皆同百官例並赴

正衙辭謝出使急速免衙辭者亦須具狀報臺違者罰
一月俸從之　四年六月七日詔自今五衙宣制及宣
御劄日非在殿庭立班之人敢輒闌入竊聽者以名聞
外門司不禁約亦當嚴斷
真宗景德四年二月七日車駕駐西京詔先免常朝及
西京見勾當事朝臣五日一次起居外並免常朝　閏
五月二十三日御崇政殿視朝放正衙百官及諸軍將
校常參以暑雨累日故也　天禧元年八月十六日秘
書監知禮儀院楊億請依判南曹國子監例權免常參
從之　四年四月二十八日兵部尚書判都省馮拯請
依知禮儀院例特免常朝從之
卷五千三百五十二
仁宗天聖四年六月二十五日御史臺言準宣以霖雨
泥濘特放朝參五日緣差出京朝官雖已辭無正衙班
進發未得臺司欲取七月四日已前辭朝官與放衙辭
從之　八月六月二十三日修國史院言太常寺直集
賢院李淑每日緣早赴供職所有常朝欲乞依例權免
從之　嘉祐三年六月十一日詔正衙連十日值假者
放一日
英宗治平元年三月十三日御史臺言昨為閣官西班
對立乞差諸司使副使承制崇班攝將軍立班自來攝
將軍權管勾金吾街司並依御史臺對班立今據如京
副使王澤左藏庫副使柴貽忠牒並為權勾當左右金

吾街仗司公事乞免常朝臺司詳王澤等不帶攝南班將軍是致乞免常朝乞令各攝一將軍依舊權管勾金吾司公事赴赴本臺叙班從之　二年七月二十七日御史臺言鑠院降麻合告報兩省臺官文武百官赴文德殿聽麻除中書進畫自有貼黃聲說追班外如遇非時宣台學鑠院次日如非常朝起居並從御藥院關報閤門追班詔如非時鑠院次日不是常朝起居仰監鑠院使臣與學士同關報閤門　治平四年（神宗即位未改元）閏三月十一日御史臺狀檢會皇祐編敕應正衙常朝及橫行並須宰臣立班常朝日中書門下輪宰相一員押班尋常多據引贊官稱宰臣更不過來竊慮上項編敕

卷五千三百五十三

儀制別有衝改更不行用伏乞明降指揮既而御史中丞王陶奏彈宰相韓琦曾公亮不赴文德殿押班琦公亮上表待罪詔答不允　二十三日琦公亮言近以御史中丞王陶彈奏不過文德殿押班尋上表待罪蒙降手詔不允臣等先曾面奏自來以前殿退晚及中書聚廳見客日有急速公事商量故不及輪往押班已是積有歲年即非自臣等始令檢詳有唐及五代會要每月凡九開延英對宰臣日表御內殿前便令閤門使傳宣不坐令放班朝退則可見宰臣更不赴五衙押班國朝自祖宗以來繼日臨朝宰臣奏事祥符初降勑令宰臣依故事赴文德殿常朝立班當日似未曾子細討論故

後來行之不久漸復隳廢若令後每遇前殿退晚須輪宰臣赴文德殿押班緣中書朝退後見客及商議公事動踰時刻必於常朝事務大有妨滯欲乞下太常禮院檢閱典故詳定議立常制貴得永遠遵行從之　五月七日手詔令後宰臣赴文德殿押班自春分後或遇辰牌秋分後辰正牌上垂拱殿視事未退止令傳報宰臣更不過來令御史臺一面放班餘日並依詳符勑令指揮永為定制其前降下太常禮院詳定更不施行　二十六日權御史中丞司馬光言準七日手詔如前竊見前來垂拱殿視事比至中書樞密院及其餘臣僚奏事畢春分以後少有不過辰初秋分以後少有不過辰正

卷五千三百五十三

自陛下臨御以來惟近因服藥曾於辰牌以前駕起入內自餘皆在辰牌以後然則自今以往無事之日宰臣永不赴文德殿押班臣竊惟文德殿為天子正衙宰臣為百僚師率百僚既在彼常朝則宰臣理當押班斯乃前世舊規自祖宗以來未之或改今陛下即政之始事非大有利害者恐未須更張伏望特降聖旨令宰臣一依國朝舊制押班若陛下以前者已降手詔必欲限以時刻者即乞春分遇辰正牌上秋分遇巳牌上並依今月七日指揮施行猶庶幾此禮不至遂廢詔今後春分秋分後並遇辰正牌上垂拱殿視事未退宰臣更不過文德殿押班餘依前降指揮　熙寧元年九月開封府

言自來每橫行推判官並赴文德殿至巳時以來方退在府公事闕官欲乞今後遇橫行橫留推判官一員在府從之　四年七月十七日詔自來幕職州縣官擬注差遣銓司具逐甲人數引見對敕守候班次住滯選人今後與免正衙　十月二十九日詔應合正衙臣僚無常朝即與放免　五年三月二十八日詔聖節及北使到闕假故移多應文武臣僚三班使臣幕職州縣官等見謝辭并正衙宜令閤門御史臺自四月三日後並權放至十七日即却依舊今後准此　元豐四年十一月二十七日侍御史知雜事滿中行言文德正衙之制尚存常朝之虛名襲橫行之謬例有司失於申請未能釐

卷五千三百五十三

正兩省臺官文武百官赴文德殿東西相向對立宰臣一員押班聞傳不坐則再拜而退謂之常朝遇休假并三日以上應內殿起居官畢集謂之橫行自宰臣親王以下應見辭者日先赴文德殿謂之過正衙然在京釐務之官例以別敕免參宰臣押班近年已罷而武班諸衛本朝又不常置故今之赴常朝者獨御史臺官與審官待次階官而已今垂拱內殿宰臣以下既已日叅而文德殿常朝仍優不廢舛謬倒置莫此為甚至於橫行參假與夫見謝辭官先過正衙雖沿唐之故事然必俟天子御殿之日行之可也有司失於申請未能釐正欲望特降指揮先次罷去下詳定官制所本所言令天子

日聽政於垂拱以俟執政官及內朝之臣而更於別殿宣敕不坐實為因習之誤兼有職事陞朝官五日一赴起居而未有職事者反日叅疏數之節尤為未當又辭見謝已入見天子則前殿正衙對拜自為虛文其違過朝假則百官自赴大起居不當復有橫行叅假中行乞罷常朝及正衙橫行為是從之文昌雜錄正衙常朝昔者省臺寺監應在京釐務官每日並集其後以姑廢事乃罷之獨待次官赴耳初無疏數之別方唐盛時正衙立仗百官廊食日以為常五日起居班始於明宗盖亦喚仗入閤之遺意春明退朝錄本朝文德殿日外朝凡不釐務官日赴是謂常朝垂拱殿日內朝宰臣以下弁武班日赴是謂常起居每五日文武朝官並赴內朝謂之百官大起居是謂三等蓋天子坐朝莫先於正衙於臣禮無一日不朝者故正衙雖不坐常叅官猶立班俟放朝乃還

卷五千三百五十三

宋會要門戟

神宗元豐五年九月二十三日修定景靈宮儀注所言儀注令諸廟社門宮門各二十四戟唐太清宮九門亦設晝戟竊惟景靈宮天興門及宮外門本以欽奉天神不應立戟神御諸殿既緣生禮以事祖宗宜依儀制令宮門之制每門立戟二十四從之　徽宗政和八年五月九日知太原府姚祐奏政和格臣僚私門經恩賜者許立戟二品以上十四一品十六乞應臣僚勳名顯著與祠廟功施於民者累功加封至二品以上並許立戟於門從之八月二日詔已降處分應天下神霄玉清萬壽宮視至聖文宣王立戟

卷二萬七百三十四

一

儀制四之九

全唐文

宋會要　朱衣吏引

凡宰相參知政事翰林學士御史中丞並朱衣吏雙引仍傳呼親王如宰相例而不傳呼宰相親王參知政事用中書直省吏餘用本司吏開寶中學士惟謝恩初上雙引傳呼餘日止一吏不傳呼宰相仍一吏引馬樞密使知院同知院簽書院事止本院紫衣吏一人前導使相僕射兩省五品以上一吏朱衣前引太宗淳化四年詔東宮三少丞郎入朝聽以朱衣吏前導二品以上用朝堂驅使官餘用本司驅使官真宗景德三年九月皇城司言先準詔文武官不得領從人至排班處其長春殿門未有條制近日中書樞密三司開封府多引從人出入望降處分詔自今長春門內親王宰臣樞密使許引從各五人知樞密院參知政事宣徽使以上各三人三司使開封府廣平郡公德彝各二人餘悉禁之既而學士晁迥等列狀請如三司使例又詔三司使開封府亦不得令人引接入殿內大中祥符五年十月詔樞密使帶檢校官平章事者不告引止於本廳贊喝時王欽若陳堯叟以檢校兼正官同平章事充樞密使請立常例有司言魏仁浦以宰相兼樞密使故告引曹彬以樞密使兼相不告引遂定此例九年十月三司言自來本司逐日帶吏人將緣邊糧草見在數及紙筆公案隨從人入殿門閤子前祗候準備取索近日約攔不放入門

卷一萬二千一百八十六

儀制四之一〇

下文言紹興此慶歷當是慶元之誤

緣三司常有進呈公事及祇候急速文字欲望依舊例
量帶司屬隨行入殿門詔每遇有公事上殿即將帶二
人入長春門天禧元年七月新除宰臣王旦守大尉御
史臺按議制僕射以上朝堂差知班驅使官一人引接
詔尚書省三人引接二年四月詔自今每有差出臣僚
合將帶引接人隨行者並令抽差正名仁宗天聖元年
閏九月三司開封府言皇城司告報不許將祇應人入
殿門伏緣錢帛刑禁取旨公事不欲漏露望許各將二
人入殿門詔許各帶一人寶元二年閏十二月九日閤
門言請自今或遇皇帝御宣德門宰臣親王樞密使使
相各許帶從者三人參知政事樞密副使知院同知院

卷一萬五千一百八十六

簽書院事宣徽使各帶二人並至第三重門止內外制
官已上節度使至觀察使宗室正刺史以上各帶一名
至第二重門止餘不許從之先是帝每御樓左右近臣
各挾所親上門關無定限時將及孟春觀燈之會知開
封府鄭戩上言天子所在當嚴其制及是施行慶曆四
年四月二日詔應隨從官僚下合入幕次人數宰臣親
王樞密使相各十八人兩府及宣徽使各七人御史知雜
觀察使望親正任已上各五人客司四人所有今來差
取並依紹興三十二年九月內已得旨揮施行其餘並
乞蠲免從之

全唐文

宋會要　導從

官中導從唐以前無聞馬五代漢乾祐中始置主輦十
六人捧足一人拿扇四人持踏牀一人並服文綾袍銀
葉弓腳幞頭尚宮一人寶省一人高鬟紫衣書省二人
紫衣弓腳幞頭新婦二人高鬟青袍大將二人紫衣弓
腳幞頭童子執紅絲拂二人高鬟髻青衣執犀盤二人
帶鬅頭黃衣執翟尾二人帶鬅頭黃衫鷄冠二人紫衣
執金灌器唾壺女冠二人紫衣執香鑪香盤分左右以
次奉引太平興國初增主輦二十四人改服高腳幞頭
輦頭一人衣紫繡袍持金塗銀仗以督領之捧真珠七

卷一萬三千二百三十七

寶翠毛華珠二人衣緋袍捧金寶山二衣綠繡袍捧龍
腦合二人衣緋銷金袍並高腳幞頭執拂翟四人鬅頭
衣黃繡袍舊衣綾袍紫衣者悉易以銷金及繡復增司
簿一人內省一人司儀一人司給一人皆分左右前導
凡十七行每冬至御殿祀郊廟步輦出入至垂拱殿即
用之真宗大中祥符三年九月十一日名輔臣於龍圖
閣觀繪宮中迎奉天書出入及行大禮畢入宮之儀王
圖帝因指所乘輿謂王旦等曰此應出唐制前代輿輦
制度未嘗有此每乘之則屈右足垂左手而凭几又指
內官近輿班次曰有散員周衛於四面此朕所加也非
此則班綴不整矣　太宗淳化四年詔東宮三少尚書

丞郎並許令從人通官呵止　真宗咸平二年三月詔節度觀察防禦團練使刺史如別知州府或掌兵處止許役使本任公人不得更於本使鎮處抽取　八月詔諸路節鎮知州都監給供身當直軍士各七十人通判十五人防團軍使知州都監各五十人通判十人河北河東陝西有駐泊兵處節鎮知州都監各百人防團軍事知州都監各七十人　景德元年五月詔諸州節度觀察防禦團練使刺史以本郡兵隨行給使者以三年為限　二年詔定在京諸司庫務監官當直人數諸司使領郡者十二人諸司使副使崇班及朝臣十人閤門祗候及內供奉官殿頭高品八人寄班祗候七人京官

卷一萬三千二百二十七

供奉官侍禁殿直高品及寄班奉職六人祗候內品內品奉職借職四人諸司庫務都虞候三人指揮使二人員寮一人二年四月三日詔節度觀察防禦團練使刺史所領郡在川廣者不得抽取公人以充給使十日詔文明殿學士資政殿大學士尚書給事從人各七人翰林學士侍讀侍讀樞密直學士丞郎各六人給諫舍人各五人諸司品各四人於開封府金吾差借每季代之如見勾當事公人數多不得重疊抽差中書先差金吾從人防團刺史閤門使副皇親率府副率以上并諸衛大將軍將軍至少卿監修起居注知太常禮院行事官樞密都副承旨各三人諸司使副樞密院諸房副承旨

通事舍人閤門祗候中書堂後官及伎術官外朝已上各一人　嘉祐二年五月二十四日詔殿學士侍讀侍講學士許於學院抽人雜學士給諫舍人許於本省抽人自來兩制於例於諸司或學士院等處奏帶接引公人　皇祐元年後只得隨官於本司奏帶學士舍人亦不得帶本司人故有此詔　神宗元豐七年四月十六日御史臺閤門言近例郡王領使相者得吏二人前引緣嗣王恩數尤宜加隆令參詳嗣王使相即用雙引從之詳見班序門　紹興三十二年孝宗已即位未改元九月十一日詔皇子愭愷府引接直省令三省行首司差撥　孝宗隆興二年三月二十六日尚書吏部侍郎

卷一萬三千二百二十七

充淮西宣諭使王之望奏旨差充上件職事條具事內照得汪澈係任　御史中丞合差贊引知班二人昨之望川陝宣諭日依虞允文已申畫一改作引接名目今乞依舊作引接差破從之　乾道元年八月十七日皇太子愭言奉旨合破人從比親王加倍臣見破官吏人從祖可從用除已蒙睿慈止令量行添置指使二員直省官二員人自今亦參用開封府散從官　大中祥符二年六月詔金吾街仗司從人自今不得假借時羣臣導從呵止行人京師軍民頗煩趍避呵止多踰式故有是詔　四年正月詳定所言昨朝陵封禪時沿路縣鎮管臨之處隨駕臣僚出入前驅呵喝節數頗多接續移

時防阻行路欲乞量官序次第差減馬前呵止之人每至州可以循舊詔親王中書樞密各三節至四節餘清望官在京合告官及喝止者止一節至二節相去五七步已下不得籠街呵喝每至州縣即依舊式　二月詔隨從巡檢及諸臣僚執擎從物近車駕左右者內殿崇班已上止許帶當直三人崇班已下二人不得更有剩數　五月命翰林學士李宗鄂龍圖閣直學士陳彭年與禮官詳定郡臣導從宗鄂等請中書密院宣徽使御史中丞知雜御史金吾并攝事清道如舊制呵導外僕射已上三司使知開封府四節文明資政太學士尚書三節學士丞郎以上三司副使二節大兩省卿監待制一

卷一萬三千二百二十七

節小兩省御史郎中員外諸司四品三司開封判官推官二人前引不得過五步應於金吾借從人者以諸軍剩員代之從之　七年五月詔臣僚在京勾當及受外官者不得占舊任公人在家役使　八年閏六月一日詔諸處駐泊忠佐遙領團練使刺史者定差當直兵士十人不領郡七人以巡邊駐泊忠佐多差軍人當直役役故條約之　三日詔開封府諸縣都監自今定差當直兵士五十人知縣十人本府言諸縣多占兵士當直故行條約　天禧元年二月給左右巡使常從三人臺直官二人主簿一人從臺司之請也九月詔諸司庫務監當命官使臣自今不得以當直兵士於危所役使致害

人命違者不以合破當直人數刑名區斷先是監駝坊內侍張仁恭私遣兵士於汴流放柂有溺死者仁恭贖銅降一資衝替故下詔條約之　二年九月流內銓言請自今軍監判官更不兼通判其當直公人更不差兵士止依元定幕職人數於本軍定差從之　五年七月給宰相樞密使軍士三十人參知政事樞密副使二十人皆以雄武兵充著為常例若指抽外郡兵卒亦聽

仁宗天聖四年五月左右巡使方慎言等言近日臣僚導從踰式亦有不合前導擅出踏引者願申約束詔御史臺左右街司覺察有不依條貫出節者收領從人送開封府本官具名聞奏　皇祐元年七月諫院言今諫

卷一萬三千二百二十七

官二員從人至少昨三院御史增添人數欲乞依例詔每員添差街司從人神衛剩員各二人　嘉祐六年五月十七日詔殿前馬步軍都指揮使副都指揮使除合破帶人數依舊人其不披帶剩員備軍等各特與添一倍今後不得更於額外私有勾抽役使如違重行朝典

治平四年閏三月六日神宗已即位未改元詔在京勾當官員待闕閒不得指抽新任公人當直七月二十二日河東轉運使呂公孺言準天聖令敕諸外州官合給當直兵士者節鎮長吏五十人餘州監長吏各四十人內河北河東陝西路有駐泊兵士者節鎮長吏七十人餘州軍監五十人惟是有馬步州軍文武長吏例更

差有馬兵士隨逐充馬直出入，其人騎數目不定，即無合破勅條。欲乞今後應係有馬軍州節鎮并其餘州軍文武長吏，許分兩等立定隨行馬直人騎數目，如闕即據數差撥，不得旋行收買。其三路安撫都總管所帶人騎，係備緩急應副，且乞仍舊存占。詔除三路路分安撫使總管依舊外，有馬軍處節鎮知州路分鈐轄二十人，其餘知州軍路分都監十五人，內本州軍總管鈐轄即不得過知州軍人數。 神宗熙寧二年六月十九日，提舉司言裁定宗室供身驅使吏人，各以官序爲差，從之。

閏十一月二十三日，詔應曾歷職司臣僚及大卿監到闕差權判寺監者，若舊當直人不及十人處，並差十人。

卷一萬三千二百二十七

五年七月十七日，詔白直人前任宰臣使相樞密使二十人，參知政事樞密副使簽書樞密院事十五人，在京在外同並兵士剩員中半差。致仕官曾任宰臣使相樞密使二十人，參知政事樞密副使簽書樞密院事節度使十五人，宣徽使已上兵士剩員中半差。諸行尚書留後觀察使十人，樞密直學士以上七人，待制以上防禦團練刺史四人，已上全差剩員。 六年七月，兵部言：衙司兵士差在官員下當直，止是時暫呵用祇應，即與正軍白直不同，難作當直人數。詔不作當直人數，餘悉仍舊。 高宗紹興四年正月二十四日，詔比行在百官所破人從已別立法，如遇闕人，即行勘請錢以充顧直。若

若於步軍司復借人兵，顯屬貪墨，可計贓論。如步軍司稟私借，令御史臺糾察以聞。 十一年五月二十四日，臣僚言：近歲大臣罷政及文武官視兩府恩數得宮祠者，陳乞差破隨行使臣等人，除依條合破人數外，又必援例差破直省官散祇候一二十人，及親兵將校等多至一二百人。如宣借人依條所破已多，又或於數外更乞添差。其視兩府恩數臣僚所差名色雖與執政官不同，亦是更相援例，節次陳乞，有增無減。欲乞應奉祠閑居大臣差破使令，除依紹興條格外，有條格所無而援例差破諸色人數，並行裁減，量留三分之一，將合減人數發還元處。如更不願量留，却聽盡遣。其有依條合格

卷一萬三千二百二十七

而願發遣者亦聽。此令一行，非特使大臣無冗占之嫌，凡在官者皆知守法畏謹，不敢冗占，而廩給無妄費矣。詔令有司遵守格法施行。 十四年正月十四日，大傅橫海軍武寧安化軍節度使充醴泉觀使咸安郡王韓世忠言：臣先蒙異恩，請給人從並依見任宰執，令乞將臣見今請給截日住支，并朝廷元撥到官兵五百人、親隨背嵬使臣三十人，除事故外見有四百餘人，令乞將親隨背嵬使臣三十人兼官兵七十人，通作一百人還赴朝廷使用外，有五百餘人乞留照管家屬。詔背嵬使臣三十人交割付殿前司，餘不允。初，朝廷以世忠有功，特加異禮，世忠心不安，故有是請。 三十年十月六日

詔令後勳臣之家令存留在家照管使臣將校軍兵各依所行指揮人數以五分之一差破使臣不許差横行正任人所差使臣不得過兩任其文臣亦差破五分之一　紹興三十二年孝宗以即位未改元八月十五日尚書左僕射陳康伯等奏左右僕射知樞密院府依自來體例各破三百五十人參知政事同知樞密院府各破二百五十人並係樞密院提轄親兵差撥前來非閒有係三衙軍兵人數今欲各減三分之一令逐司收管從之十月四日少傅保康軍節度使大寧郡王吳益言益先除少保日已降指揮恩數並依樞密使例今乞依例差破給使使臣所有先借人已經裁減外合減七人

一萬三千二百二十七

顧募再合減一十一人乞免行裁減　又寧武軍節度使開府儀同三司吳蓋言蓋先授太尉日已降指揮恩数並乞依吳益例今欲乞依例差賦給使使臣其宣借人已經裁減外合減八人并顧募再合減一十人亦乞免行裁減庶幾仰副朝廷優異戚里之意詔並依所乞同日詔已降旨揮内外兩府使相見破宣借兵士權行減半係為未經裁減其已經人自合依舊　隆興元年六月十二日太傅新差充御營使和義郡王楊存中奏昨令臣往建康府措置營寨點檢沿江一帶守備事務有合行事件内主管機宜文字破白直十五人幹辦公事各破十三人准備差遣各破十人詔從之　二年五月

八日兵部言步軍司契勘除還衛官無差破人從條法外武臣正任刺史以上至節度使兼領逐項衛官其人從止合依各帶正任官序上差撥今條具比擬見赴赴朝參正任官等差破人從下項左右金吾衛上將軍左右衛上將軍若節度使兼領上將旨衛官其人從止合依節度使差破四十六人左右驍衛武衛屯衛領軍衛監門衛千牛衛上將軍若承宣使并觀察使兼領上件衛官其人從止合依承宣使觀察使差破三十三人左右金吾以下諸位大將軍若防禦團練使刺史人差破二十人本司契勘武臣遥郡横行已下若兼領諸衛大將軍令比擬差破當直一十五人若兼領諸衛將軍差

卷一萬三千二百二十七

破當直一十人從之九月十八日吏部狀都省批下昭慶軍承宣使提舉萬壽觀郭瑊狀准尚書省劄子安穆皇后追冊並依懿節皇后宅推恩令來有依例陳乞内乞差破宣借兵處添破口食以致郡計闕多為害甚大故有是命十二月二十日詔閤門舍人顧募添作八人二十四日提領榷貨務都茶場所狀勘會提領務場所幹辦公事即無合破人數今欲破顧募六人從之　九年二月二十一日臣僚上言太尉威武軍節度使提舉江州太平興國宮李顯忠奏乞帶宣借人并馬軍司使臣軍兵等共一百五十人隨行奉旨依臣取到步軍司専條節度使在京合破宣借七十人依建炎三年二月

內減三分之一指揮只合破四十六人若在外則只許
帶隨行一十二人顯忠係是在外宮觀陛下降旨特與
五十人可謂異恩今乃乞一百五十人是三倍其數欲
望聖慈止與破五十人從之　紹熙元年正月二十七
日詔吳挺已除授太尉所有人從依楊存中楊政除授
太尉已得指揮體例施行　淳熙二年四月二十二日
嗣濮王士輵言濮王近屬不愕等已比換南班見行朝
參乞特破雇（募）五人從之　三年十二月七日詔每遇朝
會合赴立班官將帶人從宰執使相兩府合破引接直
省官抱笏人外大程官五名侍從兩省臺諫正任知閤
管軍從人四名御帶環衛卿監郎官三名其餘百官二

卷一萬三千二百二十七

名先是監察御史齊慶胄言比來官員朝謁及赴德壽
宮起居百司人從擁遏道路乞令閤門御史臺皇城司
條約至是條具來上故有是詔　十四年三月二十四
日步軍司勘會正任節度使裁減外破宣借兵士四十
六人具節度使致仕未有承降指揮詔令步軍司差破
二十三人以隨龍崇信軍節度使致仕張世興陳乞差
破至有是請　淳熙十六年三月二十四日詔士峴已
除少保人從依士歆除少保前後已得指揮

全唐文

宋會要　得替官遣還公人

太祖乾德二年三月詔訪聞使臣因遣及請假出入或
知州軍監押巡檢替回多有借本處兵士防送或津致
行李物色自今非准宣旨不得差借　太宗至道二年
三月詔聞川峽得替臣僚或勾當公事使臣回日多於
本處抽帶兵士公人隨行至京並令自備盤纏或即受
其傭直便即放回多致人戶破賣田產自今一切禁止
如違京朝官諸司使副內殿崇班幕職州縣官並除名
使臣決配仍委轉運使覺舉　三年詔外任得替文武
官各差公人送還丞郎給諫轉運使副使大卿監祭酒

詹事庶子大將軍防團刺史十五人諸司使帶遙郡及
諸行郎中少卿監少詹事司業諭德太子三寺令僕將
軍十人不帶遙郡諸司使副使至殿直及京朝官率府
率副率七人內品官奉職以下使臣幕職州縣官五人
移任丁憂亦準此若守任在合般家地分亦許依上項
數抽差般家其水路管船綱者各減元數三人內品以
下減二人所差公文並本官給在路日食　真宗咸平
三年七月詔川峽得替文武官差防送公人丞郎給諫
卿監祭酒詹事庶子大將軍防禦團練使刺史轉運使
副使十人領郡諸司使諸行郎中少卿監司業少詹事
諭德太子三寺令僕將軍七人不領郡諸司使以下至

殿直京朝官率四人内品以下至幕職州縣官三人仍並至鳳州界止　景德二年七月殿中丞趙稹言得替文武官給公人送還具載編敕而州郡本置散從官丞符以備驅使郡官罷任常率數人由此甚有占役其江淮兩浙荆湖福建廣南路並押水運請減送還公人之半詔元定十五人者減其五人七人者減其三五人者減其二　大中祥符三年九月詔諸路提點刑獄官得替並依轉運使副使例差公人送還　十一月詔得替官或至中路不用公人伴送者明具公文送本屬州縣收管時殿中丞譚巽言多於中路受所送公人錢物入己衷私放還請條約故也　天禧元年八月一日詔自今諸路得替官送還公人除轉運使副使提點刑獄及正郎以上知州依元制外餘官舊十五人減其九（五）人十人減其三七人五人減其二水路押綱運者十人又減其三七人五人減其二三人減其一縣尉給手力外餘官悉以本處雜色公人充　五年八月詔諸州官送還公人舉元年詔減省者並仍舊時有州縣任西蜀還路乏騶從經涉艱苦題詩驛舍者真宗聞之故有是命

仁宗天聖七年十月詔外任得替官各差公人送還依元敕定差人並令本官在路給食或不願公人送還即牒送本處不得取受顧直入己如公人願自顧替名即聽或舊例更量差人送至近處或赴任時差人遠接並

依例差應赴任罷任及家屬經過道途嶮阻去處令差防送者亦令量差人除弓手不得差出外並各於本轄處抽差如無人即並差本城軍士其見任官不得專差人出本界三百里外勾當私事其駐泊都副總管以下抽替或就移送還遠接並差軍人津置行李駐泊都總管禁軍四十人本城六十人駐泊副都總管本城禁軍各四十人駐泊總管副總管並差禁軍二十人本城四十人駐泊鈐轄知州軍監城管勾本處駐泊軍馬公事者本城禁軍各二十人駐泊都監及河北河東緣邊安撫使副使管勾沿邊安撫司安撫都監（等）軍十人本城二十人乘船者不得更帶本城軍隨行仍不得更差送還公人川廣福建路轉運知州軍同判都監監押巡檢監當使臣得替並依元定人數差本城軍士送還贑管諸州得替並差本城軍士送至桂州或虔洪州逐州別差本城軍士交替送至京其替下兵士却歸本處不得別有住滯若至水路州軍因便管押綱運前來者送還軍人更不得占留盡時發遣却歸逐處　十一月詔應差充外任文武臣僚等自今除依條差定人數送還遠接外更不得陳乞管押因便兵士　八年二月詔今後所差接送臣僚禁軍本城軍士並依王正平所奏選差十將節給部轄數内禁軍送還到京者殿前侍衛馬步軍司與限五日歇泊訖遣還其廂軍本城兵士步軍司依

此日限發遣　至和元年十一月詔諸路官代還者其護公人如聞已顧人為代而官司復令執役民甚苦之自今須計程滿日方得追呼　嘉祐三年四月詔臣僚赴任益梓利夔其遠接人陸路止於京師水路止於荆南若路不由京師即計其地里無得過六十驛若舊制不及者止於舊例初三司使張方平言西川迎送之役有經涉水路往復萬里之遠至有饑乏病死者不可勝數故著此條　四年五月十三日監察御史裏行沈起言三路安撫總管等才方授命逐處差遠近接兵士少不下千人緣條貫送還各有定數乞檢會天下遠近接送體例酌中限定逐官人數及地里遠近著為甲令免致勞擾煩費詔檢用舊制先是皇祐四年條貫定遠近接送還人數至是樞密院勘會行之　英宗治平二年正月二十四日詔命官尋醫待養許送還公人如例（以朝）

（國朝會要）神宗熙寧七年正月一日詔定知判州府使相五百五十人曾任二府并宣徽節度四百五十人待制觀察使已上二百五十人帶都總管者別差三百人帶安撫鈐轄者別差百人都轉運發運使待制已上如知州府例餘官二百人通引司吏共九人一路副都總管三百人總管二百人州總管路鈐轄沿邊安撫使副正任以上充都巡檢使一百五十人發運副使轉運副使知大藩同州總管通引等共六人提刑并知節鎮州一百

二十人發運使轉運判官知州百人通引等共五人安撫路分都監州鈐轄沿邊都巡檢使百人提舉常平倉知軍監八十人通引等共五人通判五十人客司書表司共二人都監都巡檢使承受管勾撿法官三十人監押巡檢寨主二十人簽判知縣十五人縣令十人監當及幕職州縣官七人六月四日詔應轉運使副判官提刑提舉同提舉常平倉官諸轄下諸州巡歷每員許帶人吏二人（公事繁多亦許總處暫差人吏行遣）當直人不得過十五人（將帶不盡當直人總留在家驅使）内轉運使副判官提刑逐州差送迎人通計隨行當直人不得過合破人數如本處無廂軍即官吏結罪保明許差近下禁軍陸路別差擔擊兵士一十五人節級一人水路乘船不得過赴任隻數仍破十分人牽駕並逐州交割　八年七月十九日詔官員合破諸軍迎接者計合到任日除往還驛程前一月發遣送還者除程占滯毋得過一月　元豐五年十一月十八日詔州縣官得替計程支顧錢而中道物故丁憂者程雖未滿其錢勿追　哲宗元祐元年閏二月二十八日詔八路知州通判簽判監司屬官承務郎以上知縣大小使臣員闕並歸吏部差注内接送人合支顧錢者並只差兵士内有專條并奏差及一時指揮及其餘闕并水土惡弱及自來差攝官處並依舊　八年十月一日尚書兵部奏請諸接官官員軍人公人當職官不得

使令隨從人寄附物色如違并所隨從人並以私役兵
防論從之　紹聖元年七月三日戶部看詳役法所言
幕職監當官披送舊差全請顧錢公人今來合支顧人
錢並依元豐令定人數支破其元祐敕所添人數並差
廂軍詔減罷元祐敕添人數餘從之　徽宗建中靖國
元年二月二十六日資政殿學士正議大夫提舉中太
一宮兼集禧觀公事黄履狀今准朝旨給假暫歸邵武
軍展省卯壠至秋還闕所是乘船路往來合要防護兵
級欲乞所經州郡量差五十名逐郡替換仍於往來出
陸州郡即乞添一百名亦每郡替換從之　政和六年
十二月十五日詔川陝多闕正官事因廢弛小臣遠官
艱於般挈理須措置政和令內諸自川陝之官罷任於
接送人外緣路差遞鋪兵該載未盡可令兵部看詳立
法限三日取旨頒降兵部今擬修下條諸川陝路之官
罷任（分司致仕尋醫侍養丁憂身亡同因犯姦贓而替罷若川陝路之官罷任不出本路者非）於接
送人外及服闋赴闕者緣路差遞鋪兵（由江陵府及荊門軍路者准此）
（州路官許來）不般家者減半（別條已差鋪兵者從一多）負擔者每人不得
過九十斤逐鋪交替不限官序止以到鋪先後為次如
或不足於所在州依數差廂軍不得過至京程數（以上續國朝會要）
高宗建炎二年二月四日詔許支係省錢顧人代
接送兵士旨揮勿行先是儒林郎馮迪德言昨降旨揮
應合差破接送兵士內廂軍闕許支係省錢顧人令州

郡更不差破兵士一縣以和顧為名並支係省錢暗損
財計欲望改正故有是詔　九月七日知揚州黄願言
在京官員赴任顧人錢依條係諸路起發上京於戶部
椿管今聖駕駐蹕揚州日有注受差遣赴任之人除勘
請合得本官料錢外別無寬剩役錢應副勘請在任顧
人錢乞令新任勘支從之　紹興元年十月二十五日
詔應諸州幕職官諸縣令丞簿尉合破接送并在任般
家顧人錢並權罷以臣僚言所在妄指川廣遠處多計
地里為錢不貲乞行裁省故也　七年九月十七日張
浚言臣荷陛下知遇出入總兵幾及十年其所施為不
無仇怨今奉親偕行還家萬里汎然舟寄未有定居除
依例合破使臣外乞許臣於都督府借差使臣四員存
留親兵五十人以備緩急從之　二十五年十一月十
九日南郊赦諸路官員任滿合差廂軍送還到住程處
依條限半月發遣從來多有妄作緣故占留既不依時
到營致本處便作逃亡事故開落名粮因而老幼失所
如有似此之人許經所在州軍自陳給據發遣歸元來
去處依舊收管　二十八年九月十九日詔應官員除
依條差破迎送人外不得違法支顧脚顧船錢　十一月
二十三日南郊赦勘會累降旨揮約束州縣差顧人夫
應副過往人訪聞州縣奉行滅裂循習舊弊甚者抑令
出顧錢仰監司常切覺察按劾以聞當重真典憲（以上中興）

會要孝宗隆興元年八月十七日，殿中侍御史周操言：臣
契勘監司郡守所破接送人載在令甲，各有定數。使相
知州五百人，前宰執知州四百人，大藩知州二百三十
人，節鎮知州一百二十人，餘州一百人，轉運使副一百
三十人，提刑一百二十人，轉運判官一百人，此其格也。
比緣監司郡守數多，接送頻繁，所破借請或至半年或
四五月，近者不下三月，所費不知其幾。加之公用什物
率皆創置，故一經接送，州縣倉庫為之枵然。臣愚欲望
令後監司郡守接送人除使相宰執知州人數太多，合
行減三分之一外，其他並不得過數添差。仍戒諭監司
郡守每事簡省，不得侈靡，並從御史覺察。若現接本任
就移他處不候待闕之人，止得於舊任破送還人，親任
更不得別發接人。如在五百里外者，其送還人就五百
里止，卻令新任接人於所止處交替，庶幾免致重疊費
耗，少寬州郡之力。乞附條令，永為定制。從之。以上乾道會要

全唐文

宋會要

接送

淳熙元年五月二十九日，詔諸路監司憲司州縣巡歷
只許帶本司公吏一名掌管按牘，及使令三二名隨行，
不得與外人交通，餘人並於所到州縣借差。如敢違戾，
令御史臺覺察，以違制論。其他監司出巡及通判季點之
類並皆准此。四年九月二日，詔自今監司郡守闕到赴
行在奏事，未得取索遠方人從，候闕近方許計程發遣。
五年十二月二十三日，臣僚言：應荒歉州縣當專以救
荒為務，所有迎新送舊兵卒公吏借請及供張從物之
屬，所糜不貲，自合裁減。乞令旱傷州郡守倅而下迎送

卷一萬二千二百十

並依近日楊布、錢象祖已得指揮，吏卒供張從物之屬
並從減省。從之。九年正月十三日，上謂輔臣曰：監司帥
守接送人借請等費用太多。宰臣王淮等奏：條格具存，
往往巧作名色，全在監司覺察。上曰：只為監司自犯法。
可令侍從等集議。於是集議來上：曰一監司守倅已依格
差接送人從外，又有將帶公使錢作隨行支用，係是重
疊破費，合行禁止。一人從借請不多，合依格外書表司
等人近來多是妄作名色，增添借請，及格外差都吏手
分等每名借請犒設至多，合行禁止。一供堂供張什物
陳設等多是增添過多，以致科擾行鋪，侵耗公庫，一任
之間有置兩三次者。自今不得再有添置，候得替日依

數逐一牒公庫交納，不得將帶前去及作名色銷破。一迎接轎乘，多是監司、州郡分下所屬科率。一接送如願乘船者，只合差破官船；如無官船，許和顧乘使，不得折支顧錢。一合破接官從物旗幟、艦劍及人從頭帽、衣衫之類，只許就界首等候，不許將帶出境迎接。一諸公人違法借兌，並白狀批請，已有見行條法及紹興二十六年指揮，合行申嚴行下。令措置公人遇節并經由州縣借請，及非時妄作名色犒設之類，亦合禁止。詔依集議到事理施行。是歲六月初八日，詔合破接官人從頭帽、衣衫之類，許依舊例。十四年八月八日，令應巡檢下土兵並不許差充接送，從廣東提刑管鑑請也。以上孝宗會要。淳熙

卷萬二千二百十

十六年七月十二日，臣僚言：「伏見諸路監司、帥守接送人數自有定法，令則不然，迎送之際，動以數百輩，如二廣、福建、湖南、江西尤為煩費。乞自令諸路監司、帥守接送人不得過數，借請不得過多，一行從物不令出境。如或過數差人迎留，不即赴上者，仰御史臺體訪覺察，重作施行。」從之。以上光宗會要。慶元元年六月十九日，監登聞檢院張叔振言：「方今之患，莫大於州郡之不富實；州郡之不富實，其弊莫大於將迎之虛費。今州郡將迎，大者千計，少者不下數百人，高牙鼓戟之外，不急之物無一不備。一兵而受一人之券，固所當得也；至其差出，則有借給，為遠者幾歲，近者數月，以千百人計之，為數不見。乞

中嚴法制，行之諸道，凡將迎之費一遵令甲，供張之具務從簡省，愛民體國，無以華侈相尚，則郡國其有瘳矣。」從之。嘉泰四年六月十九日，成都府路提點刑獄公事傅伯成言：「蜀之州郡迎新送故，地有遠近，塗有川陸，乘舟則省吏卒，遵陸則捨舟船，皆適於用而已，非可私其費也。臣訪聞州郡將迎之際，費既不貲，及其去也，未嘗赴中都而破吏卒浙西之借請，未嘗下荆江而破舟艦浙西之顧錢。乞特降指揮，除在任被召合破送還人船至臨安外，餘止許計其所居之程差顧人船，亦各隨其水陸之便。其虛作遠地名色，多破官帑歸於私家者，令監司按劾，併與當職官坐之。」從之。開禧元年正月二十

卷一萬二千二百十

一日，中書門下省言：「監司、守倅到罷迎送，合破吏卒、從物各有條例，日來所在州軍例外過有差置，吏卒借請殊無限制，理合禁約。」詔令諸路帥司、四川制置司、二廣經略司自今降指揮到日，日下取會所部州軍見今所破從物、吏卒並借請實數，攢類成冊，保明申尚書省。六月十一日，詔：「諸路監司并本司屬官凡是迎送從物，各從逐司支公使庫錢應辦，不得行下州縣。諸州知州、通判、幕職等官迎送從物，並從本州支公使庫錢置造。縣令、簿尉從物，令本縣支係省錢製造，知縣不得過一百貫，佐官以下不得過五十貫，並不得科之鄉司。吏敢妄作名色科擾百姓，許民戶越訴。」以上寧宗會要。福建提刑朱思遠使民五事內言知縣迎接科率鄉

書吏貼故有是詔

以上寧宗會要

卷二萬一千二百十

纘清据宋史禮志賓禮三改補

宋會要　羣官儀制

太祖乾德二年九月十二日詔曰國家職例肇分執儀
有序冀等威之斯辨在品式之惟明矧著位之庶官及
內司之諸使以至軒墀引籍州縣命官凡進見於宰司
或參候於長吏既爲總攝合異禮容稽於舊儀且無定
法或傳允揖之制或有沒階之趨既位貌之相殊復典
章之舛異若以內司諸使承前規例則朝官拜揖之制
不同若以儀制令遵守而行則古今沿革之制不等晋
天福周顯德中以庭臣內職賓從將校比其品數著爲
綱條載於刑統未爲悉宜令尚書省集臺省官翰林
學士秘書監國子司業太常博士等詳定內外群官諸

卷一萬三千五百七十三　一

司使副供奉官殿直及州縣官等見宰相樞密使及所
總攝正一品二品官東宮三師三少內外所屬長官及
品位相隔者以前後編敕故事參定儀制以聞翰林學
士承旨刑部尚書陶穀等共奏議自今兩省官除授假
使出入並參宰相起居郎以下參司舍五品以下官遇
於塗歛馬側立須其過常侍以下過三公師尚書令引
避值僕射引馬側立御史大夫中丞皆分路行起居郎
以下避僕射遇大夫引馬側立丞分路尚書丞郎郎中
員外並參三師三公令僕郎中員外郎兼參左右丞本
行尚書侍郎及本轄左右司郎中員外御史大夫以下
參三師三公尚書令僕中丞兼參大夫知雜事參中丞

三院御史兼參知雜及本院之長大夫避尚書令以上
遇僕射分路中丞引馬側立而避大夫中丞遇尚書丞
郎兩省官諸司三品以上金吾大將軍統軍上將軍皆
分路餘官悉引避知雜兼避中丞遇左右丞引馬側立
餘皆分路郎中及少卿監大將軍以下皆避之三院同
行如知雜之例少卿監並參本司長官丞參少卿監諸
司三品遇僕射於塗皆引避諸衛大將軍參本衛上將
軍東宮官參隔九品參者若遇於塗皆避公參之禮列
拜於堂上位高受參者答馬四赤令初見尹趨庭受拜
後升廳如客禮上將軍在中書侍郎之下大將軍在卿
監之下將軍在少監之下太子諸衛率府率在東宮五

卷一萬三千五百七十三　二

品官之下內客省使視七寺卿客省使視三監引進使
視左右庶子判四方館事視少卿閤門使視少監諸司
視郎中客省閤門引進副使視員外郎諸司副使視太
常博士供奉官視諸衛率殿直視副率樞密承旨視諸
司四品常參官副承旨視六品丞諸房副承旨視南省
七品都事凡視朝官者序於本品之下視京官者在上
內客省使謁宰相樞密使以客禮閤門使以上列拜皆
答客省副使至通事舍人諸司使樞密承旨不答焉自
樞密副使宣徽使皆差降其禮供奉官殿直教坊使詞
令官伎術官並趨庭俟受諸司副使參大使通事舍人
參閤門使防團刺史謁本道節帥度防團副使謁本使

並具軍容趨庭延以客禮少尹幕府於本使長官悉拜
防團判官謁本道節帥並趨庭天長雄武等軍使謁宰
相樞密使上佐州縣官見樞宰及本屬長官並拜於庭
參本府賓幕官及曹掾縣令簿尉參本府錄事簿尉參
令皆答拜王府見親王如賓職見長府縣官兼三舘職
者見大尹同四赤令六品以上未嘗參官見樞宰及本
司長官并拜階上流外見流内品官並趨庭諸司非相
統攝者皆移牒分路者不得籠街及占中道依秩序以
分左右胥遇於驛舍非相統攝及名位相隔先至者居
之臺省官當道官呵止者如舊式文武官不得借假呼
稱以祭朝制當避路者若被宣名及有所捕逐者許徑

卷一萬三百五百七十三　三

度馬詔從之　四月二十四日詔諸司副使通事舍人
見宰相樞密使升階連姓通職展拜不答拜其見參知
政事樞密副使宣徽使以客禮展拜他如舊儀　太宗
太平興國八年正月十五日詔曰浩穰之地民庶實繁
宜申明於舊章用澂清於薄俗儀制令云賤避貴少避
長輕避重宜令開封府及諸州府各村要害處設木牌
刻其字違者論如法從大理正孔承恭之請也　六月
十三日詔自今京朝官知錄事參軍及知縣事者見本
州長吏用賓主之禮宴集班位其升朝官在判官之上
京官在推官之上違者在所以聞當行責罰　淳化元
年四月二日國子祭酒孔維言竊覩中外文武官稱呼

之間多或假借殿直承旨差出者須邀司徒之稱京朝
官等不分品秩高下一例遞呼郎中伏乞今後員外郎
以下只可正呼五博至將作監丞得假員外之稱助教
以上只令正呼本官毋致僭越班制瀆亂典常詔翰林
學士宋白等詳議白等奏曰按官品令及内外職官名
目如並令只呼正官又緣官品之内甚有難為稱呼者
遷令改易皆從正名亦慮有所未便今欲且約孔維所
奏於過呼尤甚者重行條禁所貴庶官易為遵守文班
臺省官及御監郎中員外並只得呼本官升朝官自太
常博士以下并京官至大理評事並不得呼郎中諸司使
諸衛將軍不帶遙郡者并諸司副使並不得呼太保三

卷一萬三千五百七十三　四

班自供奉官以下並不得呼司徒京官自校書郎以下並不
得呼員外侍詔醫官等並不得呼奉御府司錄參軍縣
令等並不得呼員外京府司錄不在此限判司簿尉等
不得呼侍御文武職事州縣等如有檢校兼試同正官
者伏請並德呼之詔依詳定施行降敕牓示諭　二年
六月五日侍御史知雜事張郁言文武官常參内殿起
居露立廊廡望自今前一日預設幕次於閤門外尚書
省舊儀郎中員外郎見本曹尚書侍郎及丞郎尚書見
僕射皆有公禮及迴避之文邇來遂成寢廢望舉行之
違者加以責罰舊制御史大臺及出使並重戴近年廉
領他職及出使者輙廢其儀望自今違者罰一月俸料

並從之　四年六月十二日，有司言文武常參官在京
監管庶務並免常參外，其內殿起居橫行參假入閤門
非時慶弔侍宴冬正御殿御樓朝賀壽寧節國忌行香
都省朝堂議事城外立班並赴，違者以聞請行朝典。從
之　五年十一月二十四日，詔三司判官主判推官者
等見本使並如郎中員外見丞郎尚書之儀　至道二
年閏七月三日，詔今後中書門下只令宰臣押班知印，
其參知政事遇正衙橫行參假重行異位，非議軍國政
事即不得升堂，都祠祭行香押敕並以開寶六年六月
庚戌詔書從事　先是，呂端入相，因上言臣兄餘慶任
參知政事日，班制悉與宰相同，願舉行之。時從其請。至
是參知政事寇準坐除馮拯彭惟節官不平罷免，因令
閤門檢會參知政事見宰臣休例。閤門言：開寶六年六
月內敕，中書門下押班知印及祠祭行香，今後宜令宰
臣趙普與參知政事薛居正呂餘慶等輪知，繫書列銜
參知政事即低次。雍熙四年九月內，御史臺言文德殿
前來有參知政事塼位，欲乞依位排砌，依奏。至道元年
四月內敕，參知政事宜令與宰臣輪日知印，正衙押班
其塼位與中書門下一班，宰臣使相上事並應有公事
並升都堂及下。是詔　真宗咸平三年八月九日，御史
知雜范正辭言內外官稱多過資品，望行條制，以肅
紀綱。詔兩制集官詳定。翰林學士承旨宋白等言：今請

卷一萬三千五百七十三　五

尚書省門下中書省御史臺九寺三監東宮常參官京
官武班諸衛各呼本官，除臺省外，自有檢校兼官者從
高稱呼。兩京五府少尹並以本官稱呼。兩京留守判官
通判諸路侍運使副四赤令諸州知州通判監臨官並
是京朝官充職，並以本官稱呼。其兩京留守判官諸道
行軍副使各有檢校官者，以檢校官稱呼。節度觀察使
兩使兵馬留後官未至檢校太傅者，許通呼太傅，檢校
高者從高稱。內客省使客省引進四方館閤宣東西上
閤門使遙郡內諸司使官未至檢校太保者，許通呼太
保。客省引進東西上閤門副使未至遙郡內諸司使副
並許通呼司徒。內殿崇班供奉官侍禁殿直奉職借職
並只呼本職。其殿頭高品高班黃門並內品並以本職
稱呼，若銜命出外，即通呼天使。翰林待詔醫官並通呼
待詔奉御，如有同正檢校兼官者各呼本官。諸道幕職
錄事參軍縣令有檢校試御者呼本官，錄事參軍仍呼
都曹，縣令呼長官，簿尉許呼評事。仍望下御史臺宣徽
院閤門諸路轉運使覺察聞奏，請科違制之罪。從之
九月十三日，詔應帶職不帶職京官及中書堂後官帶
京朝官者，樞密院主事帶諸衛將軍同正者，並許於皇
城司內下馬　五年五月二十八日，詔開封府左右軍
巡使京官知司錄及諸曹參軍知畿縣，見知府並趨庭
設拜　六月十七日，御史中丞溫仲舒言兩省幕次不

六

合在朝堂乞依舊例移歸中書從之　大中祥符元年二月二十九日詔自今文武群臣内庭出入道路相逢據品秩迴避側立一依儀制命婦車擔與文武官相遇亦須迴避不得交雜導從仍令所由司揭示違者具名以聞當寘其罪

時供奉官閤門祗候劉文贊趍東華門衝宰相馬並崇政殿門宰相與親王對揖文贊又横絶而過為閤門所舉詔宣徽院劾之與遠小監當仍令御史臺遣吏監出故有是詔

八月十二日殿中侍御史趙湘言竊見含芳園迎天書日衢中布土馳道闕以横木止人踐履而群臣前驅者

卷一萬三千五百七十三　七

徹木行馬馳道上又每逢輅馬不止傳呵分路而過皆非人臣之禮今如依古制不絶馳道則恐京師浩穰阻滯車馬欲請每遇大禮布土馳道群臣非導駕不得於其上行馬及逢閱習輅馬不得衝過許令兩面行馬違者御史糾舉從之　二年五月十七日皇城司言皇親車馬入内多與臣僚行李相犯今請分定門戶出入詔自今如朝班未退並令西玄武門俟班退即聽從便

親王諸宫使李神福又言東宫諸院出入未有定制欲望自今朝班未退並令於東華門裏夾道内過入軍器庫東横門崇政殿東横門赴内東門如假日及朝班退後依舊於左承天祥符門出入亦從之

六月二十一日詔文武官非公事不得入京百司諸公廨如監臨官挈家居止者即許親故來往無得妨其公事

九月三日詔宗室供奉官承慶以下假日朝參許入玄武門

時管勾官宅事趙湘言承慶等兩處朝參不及請行按問承慶白言諸叔將軍等假日許由玄武門入唯承慶輩須合入東華門仍俟諸叔上馬始由東華門而入以故多就班後時故有是詔

五年七月十九日詔尚書丞郎兩省給諫知州府而本部郎中員外及兩省六品以下官充本路轉運使副者承前例須申報自今知制誥觀察使以上並止書案檢令通判以下繫銜供申如轉運使官秩在上者不在此

八

限九月十二日翰林學士李宗諤龍圖閣直學士陳彭年言准詔以群官導從不合品式與禮官詳定儀制以聞今除中書樞密宣徽御史中丞知雜御史左右金吾并攝事清道如舊制呵導外僕射以上不得過四節尚書以上文明殿學士資政殿大學士不過三節翰林學士樞密龍圖閣直學士尚書丞郎以上不過兩節給諫舍人知制誥卿監待制不過一節三司使權知開封府不過四節三司副使不過兩節應提印執挺者不在其數小兩省御史尚書郎中員外諸司四品見任三司開封府推判官許馬前一對踏引不過五步應出節者止

約衛突不得呵止衆官同行止從上一員出節有踰式
者委御史臺左右街司彈糾先准敕合於開封府金吾
抽借從人者内金吾從人悉還本司止於諸軍剩員開
封府從人中抽差其别局主判司分已有公人當直者
不得重疊又文武百官遇宰相樞密參知政事並避兩
省官侍郎常侍以下遇三師三公尚書令則避遇僕射
則給舍以上斂馬側立起居郎以下則避給舍以上遇
御史大夫中丞分路而行起居郎以下遇大夫給舍以
上斂馬遇中丞分路而行御史大夫遇三師三公尚書
令則避遇僕射東宫三師尚書丞郎兩省侍郎分路而
行中丞遇大夫避遇僕射斂馬尚書丞郎常侍以丁至
正言東宫三師三少太常卿金吾上將軍並分路而行
知雜御史遇中丞則避遇左右丞斂馬遇尚書侍郎諸
司三品金吾大將軍統軍諸衛上將軍分路而行尚書
省五品諸司四品以下諸衛大將軍皆避之三院同行
如知雜例不同行遇左右丞避尚書丞郎郎中員外遇
三師三公尚書令則避郎中員外遇丞郎則避太常博
士以下朝官遇本司長官三師三公僕射尚書丞郎大
夫中丞知雜御史並避權知判官不避遇兩省給舍以
上斂馬京官遇丞郎給舍大卿監祭酒以上本寺少卿
監司業並避諸位大將軍以下遇上將軍統軍亦避詹
事遇上臺官如卿監之例庶子少詹事至太子僕遇太

子三師三少並避遇上臺官如少卿監例中允以下遇
太子三師三少並避遇賓客詹事斂馬遇上臺官如太
常博士例應合避尚書者並避三司使權知開封府者
如本官品避其臺省官雖不合避而職分見在三司京
府統臨者避中書門下樞密院常朝有衛突者巡檢人
員具名送開封府京朝官牓報御史臺彈奏内諸司使
以下報宣徽院施行不即申舉者委御史臺左右街司
察訪以聞入皇城司及殿門外當避而不避者委親事
官報皇城司捕送開封府職官具名以諸色人當避臺
省官及斂馬側立而有違者街坊巡檢親事官止約固
違不伏者移牒官司及申奏如上制即不得凌辱命官
武班内職並依此品施行從之　六年三月十七日詔
應富民得試銜官者不得與本州縣官使臣接見如曾
應舉及衣冠之族不在此限　八月六日樞密直學士
禮部尚書知昇州張詠言當州每有祠部司事並申公
狀臣官忝六曹祠部即本行司局例申公狀似未合宜
欲望自今尚書丞郎知州除中都省外其本行官局並
止簽檢從之　七年七月二十日詔在京勾當官差出
外住程勾當不得帶在京名目出外稱呼　九月一日
詔自今制置發運使轉運使副更不以官品位次並在
提點刑獄官之上先是諸路提點刑獄朝臣與轉運使
副正以官序爲高下至是始定條約　八年閏六月五

日詔京官充刑部大理寺三司法官御史臺主簿不得
便服於市肆下馬委御史臺糾察　天禧二年十二月
二十六日詔文武官曾使契丹及接伴者自今戎使到
闕除兩省舍人外並令於左掖門出入　四年九月十
七日詔諸州縣尉見巡檢使臣供奉官以上並升階公
參寄拜如上佐州縣官見幕職之儀侍禁以下用客禮
時知利州閤門祗候張利用言縣尉與巡檢皆捕賊官
有公參客禮相見者請班定制故有是命　五年六月
五日詔自今諸州監當朝官殿直以上在通判都監之
下判官之上其通判與都監並依官次京官奉職借職
監當者即依知令錄列在判官之下

十一

先是知荆南府李諮言京朝官使臣監當場務與本州
通判位次未著定式故令禮官詳定下詔
乾興元年六月七日時仁宗即位後詔曰國家並建庶
官分領衆職當勵能勤之節且遵臨監之規如聞因念
風興幾將曠闕爰頒戒告用儆因循宜勉蓋於恪恭勿
自罹於悔咎洎爾有位體朕意焉宜令閤門御史臺遍
行告示應在京諸司勾當京朝官使臣及內有免常朝
者自今後並令早赴本司仍令宣徽院御史臺入內內
侍省常切覺察聞奏
時中書門下上言先准詔自三月十五日後每日百官
並赴常朝其內外諸句並合早入遞來多日晏方入本

司請行條約故有是詔
仁宗天聖四年十月二十一日上封者言諸州有三班
差使殿侍及殿中外殿直指使者每與命官共事望頒
定制詔法寺詳議法寺言殿侍令式元無品秩外殿直
本條單班望自今並在命官之下攝長馬之上如充權
管指揮自依元敕從之　五年三月二日皇城司言將
來崇政殿放牓據在內巡檢指揮使狀自來狀元承例
於軍器庫前東華門外上馬即無條貫其餘舉人並於
東華門上馬詔依舊例　六年十二月十四日詔應臣
僚聽下公人及本家親隨僮僕等出為班行者諸處相
遇並須迴避不得接坐如或同州郡勾當者閤門祗候

十二

內殿崇班已上并三班使臣充監押巡檢許令申奏於
鄰近州對換其三班使臣以下監當物務並令公參而
退更不接座　七年二月十六日詔中書樞密院自今
午後五刻出審官三班院流內銓並須早入其出在中
書樞密院之後　八年十二月八日中書門下言文武
臣僚加恩敕告檢會五年南郊例尚書敕史以上如有
骨肉願齎去許令乘遞馬往今欲依列從之　明道二
年十月四日詔自今節度使知州軍兼總管者即官借
人　骨鎗各五對　景祐元年六月九日中書門下言
應文武臣僚並京朝官使臣今後失儀依條責罰後欲
更不理為過犯從之　寶元二年閏十二月九日閤門

寶元僅二年此恐誤

儀制五之一三

言請自今皇帝御宣德門宰臣親王樞密使使相各許帶從者三人參知政事樞密副使知院同知院簽書院事宣徽使各帶二人並至第三重門止餘皆不許詔可
先是帝每御樓左右近臣各挾所親上門闕無定限時將及孟春觀燈之會知開封府鄭戩上言天子所在當嚴其制及是乃施行之
四年九月十一日詳定閤門儀制所言紫宸垂拱殿起居臣僚石位上欲鐫字記驗并立班圖欲用絹別寫四本進內二本付閤門收掌從之　慶曆三年六月十一日翰林學士承旨丁度等言比奉詔詳定帥臣見所部儀制請自今閤門祇候及路分都監以上見四路招

本

卷一萬三千五百七十三

主

討使廳上公參供奉官以下並庭參其走馬承受及非統轄者勿拘此制從之　五年六月二十八日詔彰信軍節度兼侍中李用和出入許張傘擊杖子及上下馬如二府儀餘無得援例
其後左僕射觀文殿大學士判都省賈昌朝鎮安軍節度使同中書門下平章事程琳太子太保致仕龐籍司空致仕宋庠皆用此例
七年正月十八日侍御史知雜事李東之言自來侍從官自起居郎至正言小兩省官并臺官南省正郎出入重戴執絲鞭其給舍丞郎侍制以上并三司副使更不重戴出入內庭臺省並執絲鞭近歲除中書樞密院依

儀制五之一四

舊出入執絲鞭其餘每日早辰只自漏舍略執絲鞭入內欲乞下御史臺其大兩省待制以上并三司副使知雜出入並依舊例執絲鞭如遇陰晦風雨方許執小鞭出入中門仍令臺司彈奏違犯從之　皇祐四年十二月二十二日詔令後常參官故作懈慢及行立失序不得作常時失儀施行仰具聞奏降敕斷遣　五年六月一日御史臺審刑院大理寺言乞自今趨朝臣僚入皇城門並依次序行馬違者減律條朝會應集告而不至罪一等仍理為過犯從之
初御史臺奏近日百司官入朝多不依次序或於兩府臣僚中門行馬法寺止坐失儀之罪為輕尋令參詳而降是詔

西

嘉祐三年十二月十五日翰林學士韓絳言中書門下宰相所職而以他官判省名不相稱請更定其制又曰百司常務多關二府請詳其輕重移付于下使大臣不為細故擾慮得以專講政事又服章所以別尊卑令走吏與公卿不殊請依唐制各以品數為等級其赦恩年考及階品合服之人須未嘗犯徒流罪者乃聽又臺閣省寺典章所由出也今獨存敕條文案而已本朝故事名臣遺範無所傳錄請依周禮唐六典著為一書詔翰林學士胡宿知制誥劉敞詳定以聞而宿等以為不足行尋罷之　五年六月二十六日閤門編纂條例所言

伏見臣僚以疾乞免大起居舞蹈之類竊以臣下見君當極恭肅一有不至罪罰及之以疾自言乞損拜伏人取其便非所以致恭肅尊朝廷也且有疾與告著令所容殺禮見君古訓無有自今敢干請者乞令閤門彈奏重致其罰惟勳德大臣朝廷特禮必藉任使自從特旨作崇政殿進呈大樂依觀雙竹例宣群牧判官檢會儀制游宴宣召之人皆著定式而群牧判官不與焉蓋當時有司之失遂開此例欲乞今從非次游宴觀看不復更召其帶館職充者自從館閣官例都知押班如越班不上令別作一班起居臣等以為朝廷之儀皆有著定苟不及禮謂之不恭不恭有罰未聞預設剔班以待不及禮者伏請蠲去三人內及第正權三司判官者並賜緋臣等以為古制有其官者服其服未聞一官之中吏以入仕之階為之輕重恐非聖朝平均奬勸之道伏請蠲去大朝會綴中書門下班座机子戴涼傘中書樞密院下馬處下馬之類皆是特恩異禮近歲大臣例多得之看詳前件禮數皆朝廷所以尊異執政大臣也非其人無其位者不當有也若人人得之則車服輕而不尊車服輕而不尊則賢者怠而不肖者有慢上之心矣其漸不可不慎也以別具編錄非以為例也蓋備天子發非常之詔加禮於老成勳德之臣訪故事於有司則以對也仍乞令閤門今後非詔者詢問不得輒自申舉並

從之　六年正月十一日權御史中丞王疇言比歲兩制臣僚不得與執政之臣相見及臺諫官往還議出一時初無典故當時論者即以為非今執政與諫官已弛其禁而臺官尚設科防臣愚以謂臺官主於議論以補天子之闕見豈一二人能周知天下事乎兩制侍從之臣皆國之選命偶或相見交自為疑其非所以示朝廷之大體也請自今兩制亦許與臺官相見從之　治平四年六月二十四日神宗即位未改元御史臺言檢會慶歷二年權御史中丞賈昌朝奏臣僚出節呵引已有條制右職臣僚舊無制度尋詔兩制同詳定以聞既而上言節度使在尚書下三節節度觀察留後在諸行侍郎下兩節觀察使在中書舍人下諸衛大將軍防禦團練使在大卿監下內客省使比諸司大卿景福殿使客省使比將作監引進使比庶子在防禦使上已上各一節諸州刺史諸衛將軍在少卿監下宣慶四方館使比少卿宣政昭宣閤門使比司天少監諸衛將軍工皇城以下諸司使比郎中客省引進閤門副使比員外郎樞密都承旨在司天少監下閤門使上副都承旨在閤門使下樞密院副承旨諸房副承旨在諸司使下已上並兩人呵引如違令御史臺左右街司糾察以聞尋詔施行而皇祐二年編一司敕刪去此條請復申明舉行從之　神宗熙寧二年二月八日刑部官御街上只言許

近上臣僚行馬即不指定品位職名，竊慮更有品位稍高有犯此者，有司臨時無由定奪，欲乞朝廷特降指揮指定品位職名得於御路行馬，以憑遵守。詔御史臺、太常禮院同共詳定以聞。既而上言：勘會自來近上臣僚及北朝人使并三節人到闕，並於御路上行馬，難以改更。檢會令文：臣寮道從呵止，除中書、樞密院執政官、宣徽院、御史中丞、知雜御史、左右金吾攝事官清道者依舊式外，三司副使已上亦許出節。欲自宣德門前至天漢橋北御路上，今後只許應合出節臣僚及正觀察使已上行馬，如從駕出入并宗室、內廷諸宮院車騎並不在此限。從之。　三年九月二十三日，詔樞密都承旨見

十七

樞密使副並如閤門使禮。

時閤門使李評爲承旨，首用士人，而議與使副接見之禮，手詔令編修院檢討故事。本院言止載班著職事，即不見接遇儀範，乃下是詔。

十一月三日，御史臺言：臺參辭謝臣僚自來於朝堂先赴三院御史幕次，又赴中丞幕次，得以體接老疾之人。今若只於御史廳一員對拜，不惟有失舊儀，兼恐不能公共參驗。乞依舊制朝堂拜揖，如過放常朝，即於御史臺。從之。　四年七月二十一日，詔罷供奉官至殿直日赴垂拱殿起居，惟朔望并人使見辭緩班于紫宸殿。

五年七月二十四日，閤門言：龍神衛四廂都指揮使貽

州防禦使張玉涇原路駐泊兵馬步軍副都總管，暫赴闕奏事。檢會儀制：應外任客省使至閤門祗候、入內內侍都知押班并帶御器械赴闕奏事，起居訖即退，更不供職。詔王赴起居，不供職，令依准例。　六年八月二十七日，詔宰臣、親王、使相、兩府、宣徽使過入樞密院門，許至從南第二重門外上下馬。

先是宣徽使以上凡出入皇城門上下馬處與三班使臣無以異，至是正之。

八年三月，詔今後每遇視朝起居失儀，坐公罪杖八十。

元豐二年二月十八日，詔成都府鈐轄寄任頗重，與他路不同，其知府處置鈐轄司職事，自今並須參議，於

卷一萬三千五百七十三

十八

接待儀範並依蔡延慶未到任以前体例，毋輒裁損。

先詔坐次與本路通判敘官，其罷之初，趙抃、馮京以前執政爲安撫使，故見鈐轄儀稍殺故也。

五年四月二十二日，詔百官見執政，三省給事中、中書舍人、侍郎以上，省寺監長官及待制、橫行以上，諸廳餘官並詣三省、樞密院聚廳處，即有所請召并屬官及親戚，不以服紀，不用此法。　五月一日，詔自今宰臣上馬，樞密院次之，諸司又次之，左右丞上下馬處並同兩省侍郎。　十四日，御史臺言：尚書左丞蒲宗孟、右丞王安禮賀僕射上尚書省，於都堂下馬。檢會三省執政官上下馬儀範：尚書左右僕射許至都堂，左右丞於本廳，令

官府雖寓居緣各有擬定廳事按宗孟安禮身為執政當朝廷董正名分之初宜身先百執遵行憲度乃率先違法犯分群工庶尹何以觀仰請付有司推科安禮爭論上前以為令日置左右丞為執政官不應有厚薄左右丞於都堂上下馬自此始　十五日詔樞密院自合應入進文字自來用押字者並依三省例書臣名　十九日詔翰林學士兩省官見執政官議事並繫鞵六曹尚書以下並鞾笏　二十三日應六曹寺監長二以下如有公事已見不同許獨至執政聚廳處具事狀申議

六月十九日詔尚書侍郎奏事郎中員外番次隨上殿不得獨留身侍郎以下仍不得獨乞上殿其左右選

十九

奏事非尚書通領者聽侍郎以下郎官自隨秘書殿中省諸寺監長官視尚書二丞以下視侍郎六曹於都省稟事亦准此侍郎以下仍日過尚書廳議事　八月六詔執政官退朝上馬宰臣於樞密院隔門內知樞密院以下於隔門外都堂聚議退左丞於門下侍郎廳右丞於中書侍郎廳　六年七月十四日詔陝西河東經畧司闕諸路蕃官雖轉大使臣並在漢官小使臣之下朝廷賞功轉資以為激勸如此畢抑則孰知遷官之榮可定漢蕃官序位以聞後河南東經畧司言蕃官部堡塞兵出戰常以漢官驅策恐難與漢官位尚書兵部言乞應漢蕃官非統轄者並序官從之　九月十一日詔品

官詣尚書省并六曹上下馬依雜壓詣尚書省太中大夫以上就第一廳廊監察御史以上就過道門詣六曹尚書侍郎即太中大夫以上就本廳監察御史以上就客位餘並過門外　七年八月十五日詔閤三省樞密院出常早妨六曹諸司結絶日務自令冬夏並以未初為限著于令　哲宗元祐五年八月十八日閤門言景德祥符寶元熙寧中朝廷委近臣梁顥李諮陳彭年張知白李淑宋敏求同閤門官修定儀制行之已久頗為詳備至元豐四年諸司敕令式所釐為儀式令敕比之舊儀殊甚闕畧請委官與閤門官以舊儀制圖策并見行儀式令敕同看詳修定不分儀式令敕仍舊為閤門

二十

儀制詔樞密都承旨王巖叟秘書少監王欽以同閤門官修定　紹聖二年十二月十日詔諸官司出入局不以時委統轄次第覺察舉劾　元符元年十月二十九日御史臺言按元豐法諸赴朝宴慶賀宣制拜表奉慰行香集議若臨時有急速公事或上殿守門趁赴不及并本處有條免赴者並報御史臺元祐法應免者不報乞依元豐法從之　徽宗建中靖國元年正月十八日刑部狀永興軍路安撫都總管司奏遂司契勘久來行遣文字除不係統攝及轄下州軍去處並行公牒外有管下縣鎮將領訓練官司之類並同劄子行下近觀文書令內無劄子式本部尋批送大理寺參詳經畧安撫

或都總管鈐轄等司事体稍重於管下縣鎮將分訓練
之類官司雖別無許用劄子條式其逐司自來舊例用
劄子去處欲依舊施行從之　崇寧二年十二月十四
日尚書右司員外郎充講議司參詳官林攄奏檢會元
符令諸命官不得容人過稱官名有兼官若檢校官者
聽從高稱其或有郡王稱大王正任稱太尉少卿稱判
寺郎中員外郎稱省判之類如此呵引既非檢校之官
即是過稱官名自合科罪再詳大王之稱止謂如親王
大尉即須節度使或係檢校官者郎中員外郎合以本
曹或本司之名少卿止合以本職稱呼欲乞申明行下
從之　政和三年八月十五日中書省言新提舉淮東　主
路常平應安道奏臣伏覩儀制令內有州縣官參知州
贊姓名致恭見通判階上受拜以至一簿尉參縣令亦
曰受拜此於臣下實為僭越竊以昔日諸州長官禮上
申陳論及官屬舉書案奉筆墨之類陛下悉皆禁之令
令獨贊姓名致恭受拜之令未聞講究非人情所協伏
望將州縣官贊姓名致恭受拜全文重行詳定從之
十二月十一日詔曰君視臣如手足則臣視君如腹心
君臣相與休戚一體則上下親而政治舉屬者時雪荐
降路滑馬蹶臣僚遣請或至墜傷朕甚憫焉可特許暫
乘車轎惟不得入宮門侯路通依常例　六年九月十
日刑部奏大理寺修立到諸命官應赴尚書省陳乞或

訴事而曾任郡守監司及職事官郎宮以上或見任五品
以上官者並免親詣聽遣人齎狀從之　七年二月二
十一日尚書省言修立到諸朝參臣僚行馬次序侯皇
城門開樞密入次三省執政官次一品二品文臣六曹
侍郎殿中監開封尹大司成侍從官兩省次百官御史
臺編欄依次入從之　八年四月十六日臣僚言朝覲
之儀不可不嚴令殿陛之下刻所止名位如侍從員數
至少至庶官序位不過數處而班列之員數百所以群
聚無辨錯立不整乞詣臺省寺監酌寄祿官中數各布
次序以肅朝儀從之　閏九月十一日臣僚言拜爵公
朝謝恩私門非人臣之節也而比來士夫有私第干謁　圭
卷一萬三千五百七十三
不憚寒暑既得之後獲舉者必謝受謝者不辭乞立法
禁止以破朋附詔省臺寺監官以公事見宰執者詣都
堂替赴參辭亦如之　宣和二年十一月十五日尚書
省言余深除鎮西軍節度使依前少傅知福州緣本官
係少傅於未朝辭以前合趁起居所有張蓋鳴杖子并
上下馬等事即未敢從宰臣體例詔特依宰臣例　六
年五月十一日臣僚上言伏覩內之省臺寺監外之監
司群縣文移往來皆有定體自下而上則用狀自上而
下則用帖非相統屬則用牒狀則書名牒則押字所以
正尊卑明分守各有所當也迺者官司不切遵奉忌公
家之體式任私意之重輕應用狀而移牒者有之應用

牒而書名者有之更相視傚習以為常恐非所以尊朝
廷正名分之意伏望在京委御史臺在外委監司常切
覺察敢或侵紊者彈劾以聞詔出牓朝堂仍令吏部遍
牒行下如違以違制論　高宗建炎元年七月十六日
詔御營使司屬官在外序官依寺監丞例　十一月一
日詔揚州道路磚滑自來不行車馬今來駐蹕雖合依
京城條例慮臣僚乘騎或致蹉虞可特許乘暖轎唯不
許入皇城
先是宰相進呈上宣諭曰君臣一體所當深念不忍使
群臣奔走危地故降是詔
三年十二月九日兩浙提舉市舶司言切見隆祐太后
前來杭州自來州僚出入並乘轎張蓋若不少為裁抑
則於禮有所未安詔不許乘涼轎三年閏八月二十二
日詔御營使司若勾差人馬即合用劄付逐處州縣如
遇與監司行移只用文牒往還
初劉光世為御營副使每事涉監司輒行劄付時臣僚
言不當用劄故降是詔
四年七月八日詔非見任宰執到都堂除正一品序坐
外並在見任宰執之下餘依自來條例　八月一日臣
僚言劉光世以公事移牒六曹承平之時雖宗室戚里
之為使相者莫敢用牒藩方大臣所宜尊奬王室若帶
儀同三司可牒六曹則亦可關三省樞密院矣光世不

知事體望申戒遵守法制從之　紹興二年閏四月二
日詔諸處分遣在州軍守戍兵官并餘統兵官等元係
朝廷遣使即依將副序位若止軍中或帥司一面差委
即與州都監序位其餘使臣與當部隊將序位
以軍興守戍將官與州縣官無序位統攝多在州縣欺
凌官屬從樞密院之請故降是詔
七月二日福建兩浙淮東沿海制置使仇愈言已得旨
敘位依發運使例所有本司屬官亦乞依發運司屬官
條例施行從之　九月十五日詔方今尚武之時訪聞
方面常日視事武臣一例庭趨文臣一例循廊甚失武
臣之心令後諸州武臣非緣教閱軍陣出師討賊若常
日見長吏職任與文臣等者並依文臣其不應趨庭者
勿庭趨著為令　三年二月二十九日三省樞密院言
御史臺牓示行宮南門令百官朝謁入出檢准政和四
年七月十九日指揮令後皇城門開先樞密院次三省
執政官次侍從官一品二品文官次百官次御史臺官
次侍御史次御史中丞次大夫上馬行馬失次序之官
徒二年控馬人杖一百緣舊制三省樞密院各班奏事
各廳治事令宰相兼知樞密院係同班奏事同堂治事
兼舊來遇前殿即樞密先上馬入右掖門於隔門外下
馬於密院過道門俟三省官同入過後殿即同三省官
上馬入東華門係分兩門入出令止係行宮南門一門

入出雖遇六參等止是後殿儀制班次並與舊例不同
詔三省樞密院官赴朝且依見行儀制回鑾日依舊
七年三月十一日詔監察御史以上出入並騎馬遇陰
雨滑即聽乘轎仍自十五日為始　九年四月六日詔
六部長貳今後朝退許出行宮北門　其後又詔兩後
省官如上儀　五月二十四日詔赴朝官於北門裏廊
上待班　十二年三月二日御史臺閤門言晉安郡王
出外第合趁赴朝參及非次慶賀拜表等待漏合於皇
城門外待班合於殿門外並在宗室正任幕次其忌辰
行香合於百官之前先入從之　十三年二月三日詔
三公三少親王使相趁赴常朝許帶直省官二人入殿
門至幕次止　先是太傅韓世忠張俊少保楊存忠開
府儀同三司潘正夫言乞將帶直省官散祇候各二人入殿趁赴朝參故
有是命
四月十二日詔令後赴朝臣僚及朝退出南皇城門於
百步外方許呵喝仍令御史臺閤門曉諭　三十日閤
門言今來垂拱殿內已安砌石位其字與石色一同百
官難以辨認乞行下有司將四參石位裝字以黃蠟日
參石位以紅蠟從之　同日閤門言在京自垂拱殿門
裏天井中有隔門如值兩開隔門臣僚起居今月二十
九日文武百僚赴垂拱殿習看石位切見今來垂拱殿

門作宮門其隔門却作殿門百官下從人皆帶入出宮
門欲依在京日作殿門從之　十月一日詔令後臣僚
未至合下馬處自宮門裏不得披凉衫出　十四年十
一月三日詔文武百僚詣景靈宮諸殿行香如值雨或
地濕潤分東西廊上立班宰執並就東廊立班僧道並
於東廊授香　十七年十二月二十日吏部言紹興令
雜壓從一高同者異姓為後次以貼職服色資序至改
官先後同方以出身切緣修上件令文之時文臣未分
左右今來有出身人帶左字無出身人帶右字即合官
同者先以左右為序帶左字人仍以及第出身同出身
為序從之　十八年三月二十六日詔御試舉人并武
舉人及唱名日並不鳴鞭　閏八月十五日詔今後任
副總管若非正刺史以上並合與轉運副使及轉運判
官依雜壓序官
先是鎮南軍言本路轉運判官曹戩見任右中大夫副
總管翟襄係武功大夫忠州團練使每遇朝拜行香立
班序位未有著令明文遂有是命
二十二年五月十七日詔今後筵宴贊喝殿後帝器械
班直喝謝茶酒舍人入出門戶依帶器械班直　五月
十七日詔今後人使見辭并燕所有權赴後幄起居班
及奏事及上殿班令入出射殿後門經由東壁便門入
出赴後殿起居　二十六年二月九日臣僚言先王患

賤之凌貴而下之僭上也故爵列稱謂皆有次序朝廷法令亦曲為之防無不備具切見邇來士大夫習尚澆薄爭為夸誕擬人不於其倫稱謂不以其實州縣之官不以高卑出言即白台旨士大夫公然為之恬不知愧恥自一命以上文臣即學士自居武臣亦以團練自處至有不曾任京局者必欲强名寺監丞郎中省幹之類以避本稱此皆名浮於實也安可不嚴其禁詔令刑部行下禁止　三十年三月四日閤門言奉詔皇子已除開府儀同三司進封建王其人從待班幕次令有司條具令討論親王趁赴起居其麗正和寧門外待漏閤子合在西廊與宰職閤子相對在見令使相之上如遇拜表慶賀等垂拱殿門外待班幕次合在宰執之次垂拱殿門內待班閤子合在西廊與宰職閤子相對緣殿門外東西廊別無設置去處乞將見今南廊上宰執閤子之西空閑閤子充若朝獻景靈宮并巳辰行香殿門外待班閤子合在西壁與宰執閤子相對並從之　續又詔建王赴朝參依宰臣上下馬　十月二日詔文武臣合班處遇親王使相立西班令樞密院官權綴東班如遇親王使相請假之類樞密院依舊立西班　紹興三十二年六月十四日孝宗即位未改元詔御史臺閤門每月宰臣率文武百僚於初二日十六日詣德壽宮緣內外窄隘或值雨霑濕百官別無立班去處今後遇立

班日本臺用文臣監察御史已上閤門用武臣橫行御帶已上趁赴起居如儀　二十四日詔軍器所添置提點官一員敘位在提轄幹辦官之上於入內都知押班內差　十一月二十五日詔開府儀同三司居廣遇趁赴朝參許令入出和寧門北宮門　隆興元年四月七日詔太傅寧遠軍節度使充醴泉觀使和義郡王楊存中應上下馬處令依宰臣親王　十月六日詔宰執以下退朝八局並乘馬遇陰雨許乘轎方今閑武之際應內外兵官并沿邊臣僚內地巡尉並令乘馬　乾道元年十二月十五日詔樞密使汪澈立班恩數並依宰臣遇立班處在右僕射之次其從駕行馬次序令依見行雜壓條令在親王之次

以澈奏准指揮立班恩數並依宰臣繼扈從車駕詣德壽宮其所定行馬以臣在親王之前一時猝然從其次序臣退而思之戰恐無限尋再三詢問閤門及御史臺雖據所引雜壓樞密使在親王之前臣遂檢照印本職令雜壓尚書右僕射下便有王字即無該載樞密使明文伏念臣寒微踈遠仰叨宸眷今此異除不獲辭避大支崇貴豈容越序而先之實所不遑故有是命

二年九月十二日詔今後三省樞密院遇赴常朝等畢許出南北門　十月十日詔今後修注官遇常朝等當赴侍立許入出皇城南北門　十二月十八日詔臣僚

辭免並令遵依舊制如過制及不合申陳者有司不得
收接施行　四年正月二十一日詔令後景靈宮行禮
宰執親王使相下人從行禮前不得入行禮殿門外階
子俟行禮畢方得放入　六年正月三十日詔臣僚導
從至太廟景靈宮墻並禁喝止張蓋非薦獻行事不得
由欞星門
太常少卿林栗劄子竊見自來車駕經由太廟前有司
預節音樂止警蹕稍近則却繖扇至尊撫式輦士趨進
以為常制誠得古禮式趨宗廟之儀而臣下經由呵導
張蓋未有條約竊聞在京日太廟不臨通衢竊慮自有
專法令來太常寺省記條内即無該載欲望朝廷明降

卷一萬三千五百七十三

指揮約束庶幾官吏軍民經由太廟前知所嚴敬仰副
聖明奉先祇肅之意得旨令本部條具申尚書省本部
檢准紹興重修在京通用儀制令節文諸臣僚導從至
景靈宮墻禁呵止緣儀制令内即無太廟二字令欲乞
朝廷劄下敕令所日下看詳於景靈宮字上添入太廟
二字俟敕令所報到本部以憑申請本所令看詳在法
臣僚出節喝引各有定式至景靈宮墻皆禁呵止令准
太常少卿林栗陳請臣下經由太廟呵導張蓋即未有
條約照得張蓋一節已降指揮令禮部條具外所是乞
禁呵正本所伏覩景靈宮太廟皆係崇奉祖宗去處理
當一體嚴敬止緣未有法禁是致經由呵導令來合於

在京法内臣僚導從至景靈宮墻呵止條内添入太廟
二字及墻字下添八並字庶得補圓法意又禁止張蓋
一節本寺令指定合修入條令於禁呵止字下添入張
蓋二字故有是命
七年四月二十九日詔皇太子領臨安府尹禮上日除
東宮講讀官以上自有立定儀制外其餘臨安府官趁
參仍拜冬年節乃到罷等准此少尹係太中大夫以上
依詹事例　五月九日詔朕惟禮容進止君子所宜留
心邇來中外之臣以趨進拜舞視為末節恬不加意非
所以示朝廷之敬也宜儆戒有位自今罔或情媮懔褻
常儀當寘于罰　十二日詔皇太子領臨安府少尹已
差侍從官所有判官序位依兩省官奉使法推官序位
在諸州之上任滿日仍理為知州一任　十七日詔皇
太子領臨安府尹已擇日開府其浙西諸司見趁赴天
申節上壽令俟開府日就臨安府庭賀　七月十六日
詔令後除授職事官並令不候授告先次供職　十一
月二十九日詔應百司有兼職官先赴本職治事畢次
諸廉職若本職簡少兼職繁劇即先赴兼職仍並依時
入出　十二月六日詔右選八品官若遇公參並不許
贊拜　八年八月一日詔令後不合辭免官有司不許
受接文字如有違令御史臺覺察聞奏
中書門下省奏檢會紹興元年十一月二日敕勘會臣

條辭免恩命名有定制紹興五年六月三日已降指揮遵依舊制比來不合辭免官亦具申陳委是妨廢職事理合申嚴有旨並令遵依舊制如過制及不合申陳者有司不得收接施行乾道二年十二月十八日再降旨揮令吏部申嚴行下近來各務虛文多不遵依故有是命

十二月八日詔今後有宰臣到闕如遇赴宴賜茶其合用坐墪禮舊有旨並依官品及今後遇筵宴等行門禁衛諸色祗應人與依紹興二十八年以前例並賜絹衫

九年正月二十五日詔令閤門自今後每遇駕出御後殿坐宰執百官并儀衛等並赴後殿起居俟登輦出後殿門駕迴入祥曦殿門 閏正月二日詔太中大夫觀察使以上許辭免外餘依乾道八年八月一日指揮

續宋會要

淳熙三年十一月二十七日詔自今管軍御帶環衛官并皇城司官如服窄衣束帶並令著黑靴 二十八日詔禁衛所將來太乙宮對御本宮便門作行宮殿門依垂拱殿門法六年十月三日詔對御賜酒合服錦襖子臣僚吏令服着一日 十二月七日監察御史齊慶胄言比來朝謁百司人從擁遏官員輿馬並驅又每赴德壽宮起居宮門之外街道狹隘百執奔趨於車馬之間乞令閤門御史臺與皇城司措置嚴行約束從之

既而四年二月二十五日閤門御史臺措置條具到事件一每遇朝會合赴立班官將帶人從宰執使相兩府合破引接直省官抱笏人外大程官五名侍從兩省臺諫正任知閤管軍從人四名御帶環衛官御監郎官三名其餘百官二名候皇城門開百官入排立行門班直等於應奉官後入不係入殿祗應人並控馬人及內宿諸色等人候朝官并祗應人入絕方許放行及牽生物人須管隨本官入一每遇車駕詣德壽宮並如朝會名數仍許乘馬至合下馬處一每遇忌辰行香除宰執使相兩府於合下馬處侍從兩省臺諫正任知閤管軍御帶環衛官御監郎官其餘百官並景靈宮欞星門外上下馬人從止許在思成門內外不許入過道門又皇城司條具到一每遇朝謁并赴德壽宮起居本司添差親從守把約攔如有爭先擁遏喧鬧之人許即收領從本司斷遣施行一每遇常朝後殿并拜表之類從人並不得上殿門及於殿廊上立如有事先擁遏之人許收領赴閤門御史臺送所屬斷罪一每遇車駕詣德壽宮起門至望僊橋下不許安頓轎馬

九年八月七日詔明堂大禮自宿殿日宰執使相郡王并前兩府於皇城南北門裏幕帳門外下馬文臣侍制武臣觀察使以上於皇城南北門為宮門外下馬行事陪祠執事官并觀察使以下於皇城南北門外蟬樂門

為皇城門外下馬　十月七日詔自今入使到闕伴射
官自入使朝見前十日令權綴馬步軍班起居侍立
十年正月十一日詔自今入使到闕見辭宴改垂拱殿
坐合赴後殿起居班次並令入垂拱殿新置便門赴後
幄起居　十二年二月二十三日詔武臣知州軍官未陞
帶者可依文臣守倅借服色例許權繫紅鞓角帶候回
日依舊　十三年四月十二日敷文閣待制洪邁言景
靈宮國忌陪位行香及四孟親饗在列之臣除宰執使
相外其百官從人帶入宮門號方得隨入櫺星門乃中
門即退不得踰閾從之　八月六日詔承旨司每遇柏
試兵將官自今可令上廳茶湯下階柏試　十四年五
月一日詔自今遇引呈射公事御馬依後殿坐日分令
殿門外排立迎駕起居　十五年五月十四日權禮部
侍郎尤袤等言檢準國朝會要嘉祐八年三月二十九
日仁廟之喪英宗七月十三日始御紫宸殿見群臣退
御垂拱殿中書樞密以次奏事蓋始御內朝猶未御正
衙也今外朝內朝皆入臨御竊詳後殿及延和殿乃祖
宗崇政延和之比緣今延和地步窄隘難以排立侍從
史官管軍衛帶環列禁衛等今參酌欲乞皇帝於後殿
視事所有儀制乞下閤門禁衛所條具申尚書省閤門
奏奉旨後殿坐起居班次並如假日儀遇西參日權令
侍從官趁赴起居其御後殿日分令太史局選日主管

三三

禁衛所照得日常後殿稟差班直親從共三百人排立
祇應詔裁減一百五十人餘依　以上孝宗朝　淳熙
十六年二月六日詔今後車駕詣重華宮除經過官司
起居外餘並免　十三日閤門言恭承至尊壽皇聖帝
聖旨令後車駕詣重華宮起居如遇忌辰并忌前一日
並免到宮并宰執以下合赴宮起居日分如遇忌辰亦
免今後準此　同日閤門言今月十七日宰執以下赴
重華宮起居乞依例不視事如前一日恭奉壽皇聖帝
聖旨免到宮赴起居乞作後殿坐如值夜雨及晝日得
旨免赴起居竊慮集朝殿官起居不及是日亦乞依例
不視事一日從之　閏五月九日詔太尉保大軍節度
使提舉萬壽觀郭師禹依吳益例賜花羅公服許令服
著趁赴朝參等　十一月十七日御史臺禮部太常寺
言將來迎奉高宗聖神武文憲孝皇帝憲節皇后神御
赴景靈宮奉安合用百官陪位乞從御史臺閤門申請
施行文臣集應釐務通直郎以上及行在見任寺監主
簿承務郎以上職事官趁赴奉迎及陪位立班從之
十二月三日詔嘉王出外第日令南班宗室自府門送
至第仍就賜御筵入內內侍省差內臣二員管幹　九
日御史臺閤門言已降指揮用正月一日恭上壽聖皇
太后至尊壽皇聖帝壽成皇后尊號參照禮例將來大
慶殿發冊寶及赴重華宮奉上尊號冊寶行禮用通直

三四

郎以上及行在見任寺監主簿承務郎以上職事官并武臣修武郎以上并三衙員僚以上趁赴逐處陪緣重華宮殿内地步窄隘乞宰執侍從兩省臺諫横行以上并應奉官於殿下立班餘官於殿門外隨地之宜攢那立班從之　同日閤門言十四日迎奉高宗皇帝憲節皇后神御詣景靈宮奉安令正任觀察使以上并管軍趁赴陪位騎導從之　十日御史臺言迎奉高宗聖神武文憲孝皇帝憲節皇后神御赴景靈宮萬壽觀奉安依禮例宰執親王使相侍從臺諫兩省官禮官閤門官南班宗室騎導合用儀衛儀仗鼓吹僧道等導引務要整肅乞令所屬預行告報鈐束各依次序行列如有違犯之人從本臺送所屬重作施行乞下皇城司差撥親從官三十人沿路隨行約攔從之　紹熙元年十月十四日三省檢會在京通用令諸駙馬都尉宗室南班官戚里之家並不許出謁及接見賓客詣禮部申嚴行下常切遵守　二年四月十九日刑部言大理寺丞陳㮚申奉旨兼勅令局刪修官伏覩淳熙十六年十月五日指揮大理寺官許休日出謁竊緣㮚前件兼職有無相妨詣遇有商議職事許令出入　十月十七日監察御史何異言伏覩淳熙十六年三月四日御筆廷尉天下之平日來官吏出入無時賓客日有請屬漏泄之弊無以隔絶日後不得接見賓客雖假日亦不得出謁此令一

出棘寺官吏知所警畏不敢踰禁至十月五日有旨大理寺官許休日出謁又有以仰見聖度涵容終不以法禁而廢人情夫既許以休日出則一月之内三日周施於人事恩亦優矣而後進晚至不識事體或遇假日往往並緣出謁甚至如七夕重九之類間有以節假為名攜具出城馳逐遊賞似若初無職守者又縱容畫工游謁之士褱袂出入門禁不敢誰何殊失天獄嚴重之意詔大理寺長貳遵依前項已降指揮申嚴禁止官屬非旬休日不得出謁其外人無故輒入依法施行委御史臺常切覺察　四年三月二十三日右丞相葛邲言伏見昨來周必大留正任右丞相日序位行馬乞在親王

卷一萬三千五百七十三

之下令來臣蒙恩除右丞相序位行馬亦乞在親王之下庶得少安奉御筆依禮例序位行馬合在親王之上更不必辭免　續宋會要

羣臣奏事　國朝舊制凡近臣
知制誥待制二司副使知雜御史以上武班上將軍以
上內職閤門副使以上及宣慶宣政昭宣使有事欲升
天者先奏取旨京朝官使臣大將軍以下任大藩及制
置茶鹽轉運提點刑獄安撫府界提點公事三門發運
使判官諸河催綱撥發見辭並聽上殿慶曆以來尚書
左右丞侍郎給事中諫議大夫秘書監及樞密副都承
旨諫院御史裏行考課院吏部流內銓尚書刑部大宗
正司司農寺群牧司監牧使提舉在京諸司庫務軍器
都水將作監都提舉市易司提舉常平廣惠倉并管勾

宮提舉制置屯田使國信使副館伴接伴送伴使副使
夏國回者亦許上殿舊制河南大名京兆鳳翔江陵河
中知府鎮定滄貝冀邢瀛保莫雄霸祁隰路并代忻嵐
麟府石憲邠涇延環原渭秦儀潭昇洪杭揚亳青徐登
益嘉彭漢蜀邛梓遂利夔廣桂邕宜容福知州乾寧信
安保定順安安肅廣信永足寧化岢嵐大山保德保安
鎮戎永康慶成知軍又瀛保定莫雄霸祁并代忻嵐麟
府石憲延環慶原渭秦儀益嘉彭漢蜀邛梓遂利夔廣
桂邕宜容福州乾寧等十四軍通判及兗州奉符河南
永安鈎州鈎門知縣並上殿其後又許應天真定知府
鄆曹孟許陳蔡鄧襄澶相晉陝同亳廬壽宣蘇越湖明

卷一萬三千三百九十六

泉熙岷河知州永寧知軍上殿石祁隰忻嵐憲邠涇義
嘉彭漢蜀邛容等知州永定寧化保德永康慶成知軍
及州軍通判三泉知縣諸河催綱撥發並許上殿舊制
總管至駐泊都監并內職閤門祗候以上差知州軍監
巡檢並令上殿慶曆以來諸路大提舉捉賊諸路安撫
副使都監亦聽上殿北平寨鎮州北寨定州軍城寨洪
德寨乜亭寨肅寧城淮安鎮制勝關鈎門沿邊巡檢雄
霸州分界河巡檢沿邊都同巡檢使益彭邛蜀黎雅忻
代維茂簡都巡檢使巡護黃河隄岸京朝官有緊要任
使及諸司使刻至閤門祗候亦許上殿其後鎮定祁趙
沿邊山東山西都巡檢使保州廣信安肅軍沿邊巡檢

亦上殿西北平寨鎮州北寨定州軍城寨洪德寨瓦亭寨龕寧城淮安鎮制勝關劍門沿邊巡檢並罷之知貢舉發解事畢亦令上殿諸被指出使者並閤門臨時取旨 開寶九年十二月二十三日太宗即位未改元詔自今內外群臣有所論列並許實封表疏詣閤以聞必須面奏者仰閤門吏即時引對太宗雍熙三年十月十八日詔閤門開封尹陳王元僖進呈文書俟樞密使奏事畢令上殿 淳化元年十月二十五日詔自今後諸路轉運使更不得以壽寧節輒獻文章其民間利害及合廢置釐革等事只令實封附傳置以聞必須面奏者別聽進止

卷一萬三千三百九十六

四年六月十二日詔自今京朝官充川峽廣南漳泉福建及緣邊知州通判朝辭日乞上殿即取旨其餘州郡差遣不令上殿大兩省以上升殿仍舊取旨時頗有受命出使以細務干聽覽者故條約之 十一月五日詔諸司非言要切事不得上殿其合取朝旨者具狀以聞時諸司事無巨細悉上殿取旨帝以謂臣僚自有職分不當如是會秘書丞孫冕上章極論不可故降是詔 六年十二月九日詔皇城司長春殿門裏板障外不得更排杭子其宰臣樞密使宣徽使三司使等未進呈文書閤並於殿門外閤子內祗候俟閤門報上殿奏公事臣僚已退則入殿門上殿奏事仰閤門日差通事舍人閤門祗候一人於殿門裏板章東頭侍立纔

候殿上臣僚退疾速報覆及引喚以次合上殿臣僚不得延遲 真宗景德三年五月十日樞密院言近日長春殿奏事官班次甚多欲望自今每日上殿奏事不得過五班仍下閤門著為定例詔從其請內事有急速者令詣崇政殿 八月十三日詔閤門自今河北河東陝西沿邊川峽廣南兵馬都監閤門祗候以上許上殿自餘有公事令實封以聞其恩賜準給之時有司言升殿官多徇私干求請行條制 九月十一日軍頭司言準詔內外百司遇旬假并上巳春秋二社重午重陽並休務一日請是日後殿更不引對公事從之 十一月十六日詔客省閤門長春門裏東廊從南第一第二閤子

卷一萬三千三百九十六

輪差承受武軍將一人朝未退間常在彼祗候閤子內奏事臣僚令於長春門外勾喚祗應人三司使御史中丞開封府所帶從人亦止在長春門外如有公事旋令承受軍將勾喚不得於長春門內引接 四年閏五月二十九日詔先是中書門下樞密院三司奏事得旨即日覆奏惟開封府得旨或即付外施行刑名決遣慮未詳審自今如三司例 八月八日詔審官院三班引對京朝官使臣奏課不得三人京朝官差遣不得過五人使臣差遣及吏部銓選人各不得過十人時候引對者頗多帝憫之故定其數 大中祥符元年十二月九日契丹使入辭賜宴帝遣中使諭中書樞密院許先奏事是月自

受册至大宴皆值休務舊制契丹使辭日亦不視事帝慮機務有壅故特令奏事　二年正月二十九日詔以官吏稍衆三班每引磨勘增至五人吏部銓每引十五人　六月十六日詔羣臣上殿劄子自今爲二本進内可行者一留中一付有司否者倶留不報　七月十七日帝諭宰臣曰京朝官諸司使副將赴外任有上殿者朕皆諭以當行之事期以舉職其不上殿者令後宜爲辭戒勵摹印賜之知樞密院陳堯叟言幕職州縣官亦望誡勵從之帝曰先朝嘗以儒行篇賜臣僚今當復賜之　三年二月十二日詔三司提舉庫務提點倉場管勾國信官應自來承準宣敕條貫並仰遵守不得將有

卷一萬三千三百九十六

條事件再具劄子上殿取旨若實有不便乞行改正者具狀以聞　十六日閤門言崇德殿群臣見謝辭及升殿奏事僅其亭午欲望自今朔望除三司開封府審刑院外自餘奏事官非有急切並令次日升殿從之　十二月二十日以將祀汾陰詔行在勾當官除常程公事依例申奏外如須上殿奏覆者並連書名銜同請對　四年正月二十八日詔臣僚上殿奏事多是偏詞未經有司檢會始末利害亦有挾情用事即批依奏施行洎於檢會多成妨礙宜行約束庶警異同自今如於進呈文字數内敢有增减者當正其罪　八月十六日詔文武官奏事者須時政得失人民疾苦刑獄寃濫軍馬未

便事涉機密即許上殿餘常程細務本司合行事宜並令具狀聞如閤門御史臺不切曉示致有違犯與所犯人同行朝典仍令中書樞密院舉劾聞奏　十二月十日太常博士江嗣宗言竊見臣下奏事取自宸斷令乞天下要務除禮樂征伐大事出自一人餘細務當委任詠之大臣帝曰嗣宗此奏深識大體即降詔褒諭之　五年四月二十一日詔文武臣僚出使還及以外任職事赴閤合上殿奏稟如因公事係取勘及曾經降敕斷遣責罰差替者中書樞密院具職位姓名劄與閤門並無得上殿　七年三月七日詔應臣上殿劄子奏事進呈後不得批依奏並批送中書樞密院三司等處

卷一萬三千三百九十六

别取進止　九年二月一日詔在京勾當庫務臣僚有以公事上殿取旨者並與同官參議平允具體例以聞違者坐之初監官上殿當以獨見奏稟進止而所陳非當故命條約　六日昨大中祥符四年十月嘗詔宣徽院三司群牧司提舉諸司庫務司入内侍省内侍省在京諸司庫務倉場院務坊監今後凡有公事並論量允當方得施行及連銜申奏或事須奏覆者應得條貫不得同乞上殿其本轄人犯罪亦同論量區分不得一面行遣及不連銜申奏并專獨上殿違者委同職官覺察當坐以違敕之罪同職失舉者當司同罪近日有司多違前詔宜令中書樞密院復申明之　三月一日詔

令後旬假更不（缺）　遇合奏覆公事即詣便殿請對
五月十五日詔黄汴廣濟石塘河催綱巡河京朝官使
臣每歲許一人奏公事三門白波發運使判官每歲許
二人更番入奏先是未有定制故條約之　九月二十
二日詔三司使副使自今同上殿奏事判官有大事亦
令上殿凡公事先須論定不得臨事異同舊制副使判
官皆對其後止使副使同之至是舉舊制也　天禧二
年七月十三日詔後殿進呈劄子並須子細書寫具官
爵印書報丞旨司無得函恭違者坐其罪　三年六月
一日禮儀院言欲今後凡遇上巳春秋二社重午重陽
三伏假日並依旬假例前後殿不視事如中書樞密院

卷一萬三千三百九十六

有急速須合面奏公事即取旨從之　四年二月十三
日詔祁州知州入辭日升殿奏事時命供奉官閤門祇
候張淡成知州事祁州舊無上殿之例淡成為請特有
是命　乾興元年二月八日詔三班院刑部殿前侍衛
馬步軍軍頭司騏驥院估馬司自今崇政殿引呈公事
支配鞍馬遞處具報承旨司　八月二十八日詔審官
三班院流內銓刑部今後不限班次並令引見公事
仁宗天聖元年四月八日中書門下請令河北河東陝
西總管鈐轄都監諸路轉運使副使及入契丹使辭見
並令上殿從之　五月十二日詔御史臺三司開封府
如有合奏公事每遇承明殿垂簾並令升殿閤奏　聞

九月二十二日詔審官院差知州軍知縣以上並令引
見　二年九月十四日閤門言舊制知瀛州合該上殿近
詔惟許路分鈐轄以上新知瀛州張昭遠緣兼高陽關
駐泊鈐轄不該新制詔高陽關自今並令上殿　三年
二月二十三日詔自今垂簾日上殿奏事并中書樞密
院不得過五班既而又詔不定班次　六年三月二十
六日詔審官三班院流內銓軍頭司並令主判官臣僚
引對公事前為皇太子令宰臣等於資善堂呈引諸司
公事及即位未改至是始還有司　七年五月十一日
詔閤門祇候以上任知州軍者迴日各上邊機民事三
五條時上封者請選崇班以上有武勇謀畧者三十二

卷一萬三千三百九十六

人知河陝川廣衝要州軍代還令上所任民事邊防利
害十條庶因敷納可見能否緩急任使免至乏人故有
是命　二十二日承明殿垂簾臣僚升殿奏事者十九
班至第九班日已過中詔賜輔臣食于崇政殿門頭之
在座奏事方午副罷　九年十二月二十一日詔河北
河東沿邊安撫使使都監并同管勾安撫司公事臣諸
路承受使臣今後到闕奏公事只得住十日令閤門內
侍省催促進發如遇急速不在此限　明道二年四月
十七日詔令後內中轉宣委逐處具實封覆奏其三司
開封府合係上殿之處仰次日審奏取旨　二十一
日中書門下言貴臣升殿奏事准詔書當於未批送中

睦

書門下若樞密院別取進旨比日奏事或直批制旨便
付有司請盡如詔書違者論罪從之　十二月二十三
日權御史中丞孔道輔司諫范仲淹率諫官御史十人
直詣垂拱殿門持榜子云為中宮動搖不協物議請對
閤門使張敏以聞詔押往中書宰臣呂夷簡等告諭而
而退二十四日道輔以本官右諫議大夫知泰州仲淹
以本官仍舊秘閣校理知越州餘各罰銅三十斤仍戒諭
知諫院孫祖德等今後言事依久來體例密具章疏直
言無隱不得糾率羣官直詣殿門取知委狀以聞　景
祐元年閏六月十三日詔閤門凡上殿臣僚各具鄉貫
年幾出身歷任過犯轉官章服年月文狀一本前一日
卷一萬三千三百九十六
進入　十月十三日詔諸處承準宮闈教旨未得施行
內有合該上殿處仰次日審奏取旨不該上殿處即當
日內具事由實封中中書樞密院取旨　三年九月十
七日淮南轉運司言近罷逐年上京奏事乞依舊赴闕
數奏詔每年以次赴闕奏事慶曆二年閏九月二十九
日詔今後非近上臣僚不得用劄子奏事　三年五月
二十七日詔中書門下近日御史中丞王拱辰奏乞遇
朔望日前殿視朝退御後殿名中書樞密院臣僚從容
賜座講議時政得失事朕祇嗣先構高處宸極夙夜寅
畏踰二十年永惟祖宗之鴻烈歷考皇王之令典猶東
漢之曩制勤每旦以臨朝廷見群臣講修庶政萬楷衆

舍己之論體納諫轉規之美下情盡達大猷是經而中
司之臣援古有請欲因朔望之視事仍許公卿之論道
朕數求至理思致大寧聽納之間孜孜靡倦眷惟台輔
之職實總幾微之繁倚屬所深諮詢無間且當世要務
經國顯謀詎止閒陳于其端所宜紬繹而乃已雖至中
昃朕罔怠焉自今中書樞密院臣僚除常程奏事外如
別有數陳政事及朕非次特有留對不限時刻並許從
容奏述仍不拘定朔望　九月八日詔京西轉運按察
使兼白波發運使自今歲輸一員入奏計事　十一月
二十七日起居院言自今應前後殿上殿臣僚或有詢
問指揮除機密外令少留殿門俟知記注官出而自寫
卷一萬三千三百九十六
錄或令閤報奏可　四年九月十二日三司戶部判官
殿中侍御史趙祐言近乞上殿奏事得旨尋牒閤門預
索中狀仍要出身文狀兩本比至引對已經七日竊緣
臺諫之官俱職言事臺官則具奏候旨諫官則直牒閤
門事體有殊欲許依諫官例直牒閤門詔免供家狀
五年六月七日詔審官三班院流內銓軍頭司詳定後
殿引對公事去甚繁細務　二十六日樞密院言準詔
殿前都指揮使李昭亮凡奏公事許免杖子窄衣升殿
欲請自今殿前與馬步軍應奏本司公案自如舊例若
條他事及在後殿祇應許免杖子窄衣升殿或別有奏
請公事先關報閤門依常例上殿從之　八年八月二

十六日詔臣僚坐罪罷還京師毋得輒求上殿奏事
皇祐二年閏十一月十五日御史中丞王舉正留百戶
班于朝堂欲言張堯佐有詔止之而復下詔曰近臺諫
官累乞罷張堯佐三司使及逵言親連宮掖不可用為執
政之臣若優與之官爵於體無妨遂除宣徽使淮康軍
節度使兼已指揮自今后妃之家毋得除兩府職任令
臺諫官重有章疏其言反覆及進退之時失於諠譁以
法便當責降朝廷特示含容且各戒諭之其下閤門自
今如臺諫官相率上殿並申中書門下取旨　三年八
月三日閤門言近日頻有臣僚陳乞上殿欲請除入內
內侍省合奏事外其餘侍立祇應及無特旨上殿臣僚
卷一萬三千五百九十六
令後不許約人奏事如有已見利便只許實封聞奏從
之　五年五月六日詔曰朕循三聖之法監百王之憲
永惟唐虞之世以及文武之時上有求教之勤下有告
猷之助憂勞旰昃罔敢自安日與輔臣裁決萬物雖極
辯之不倦當退公而益彊宜即燕閒同講治道自今中
書樞密院輔臣如有軍國大政邊防重事候前殿別請
對於後殿仍前一日先具所陳事以聞　二十六日臣
僚上言乞自兩制兩省等官言事不得朋私挾情決擿
陰細無益治道務在公實以副上意詔觀文殿以下學
士至待制合係直牒閤門上殿者許請對言事外餘官
令具奏章實封以聞　至和元年二月二十七日詔京

畿轉運使自今遇乾元節許上壽仍歲終一人奏事
二年二月二十三日閤門使李惟賢言禮賓副使郭逵
上殿奏事至巳刻尚未退請自今上殿臣僚春分前毋
得過辰正春分後毋得過辰初數陳未盡令實封進內
或須面對令後殿再引違者閤門揖下近臣臺諫即不
問從之　五月二十五日詔臺諫官不許相率上殿令
御史臺孫抃郭申錫毋湜范師道趙抃同乞上殿有違
近制其令輪日入對時宰臣陳執中家婢以過笞出就
外舍死而諫官欲合奏作之　七日知諫院范鎮言先
朝以御寶印紙給言事官使以時奏上所以知言者得
失而殿最之陛下雖喜聞諫爭然考於施用其實無幾
卷一萬三千五百九十六
豈大臣重因循而多廢格乎請據今御史諫官見責置
章奏簿於禁中時觀省之仍以中書舊所置簿具其言
行否每季錄付史官詔中書臺諫言事簿令以時勾銷
注之仍錄與樞密院　三年三月十七日侍御史梁蒨
言伏聞天聖條制河北河東沿邊安撫副使都監并同
管勾安撫司公事使臣等到闕奏事只得住十日近年
多不遵守每入奏妄作名目住滯或敢曲邀聖旨乞展
日展限留身京城幹辦私事經營岐路希望恩澤不惟妨
本任管勾兼亦紊煩朝廷請申明前制從之　嘉祐元年
七月一日詔三司開封府臺諫官審刑院復上殿奏事
仍日引一班初帝不豫惟二府得奏事至是始引對近

臣二年八月七日詔駙馬都尉李瑋自今有所見公事
許直牒閤門上殿　三年十二月十四日閤門言近例
上殿班除三司開封府臺諫官遇進辰牌不隔外其餘
並次日上殿或更有三司開封府并官高者臣僚亦於
辰牌隔下臣僚後引於理未便欲乞今後未進辰牌依
舊例引外其辰牌隔下者如至三次得旨許令特上者
即於自來不隔班之後引從之　五年五月十一日侍
御史陳經言竊見故知陳州劉沆子瑾以知制誥張瓌
撰父贈官告辭不當五狀詆理朝廷已黜瓌知黄州奪
瑾校勘之職風聞瑾所奏狀並於内東門進入瑾身居
草土名落班籍未知何緣得至於被處瑾陰結左右内

卷一萬三千三百九十六

臣諭令收接並乞根鞫情僞嚴行責降中書門下取到
御藥院狀昨準内降草土劉瑾奏爲父沆身亡所有本
家合具奏陳文狀欲乞依晏殊例於御藥院投進奉聖
旨令收接自後賫到奏狀即逐旋進呈詔今後臣僚乞
於入内内侍省御藥院内東門司投下文字者令逐處
申中書再取旨　六年九月十三日知諫院楊畋言故
事凡臣僚上殿奏事悉屏左右内臣今内臣不過去御
座數步對問之語可得而聞恐洩漏機事非便詔自今
止令御藥使臣及扶持四人升殿角以備宣喚餘悉屏
之　英宗治平元年正月二十一日同知諫院吕誨言
竊以君臣謀議戒於不密先帝朝兩府及臺諫官奏對

即左右近侍皆引避於兩廡故從容論義事無泄外者
臣近對丹扆其侍從中官皆不引避欲乞今後臣僚奏
事近侍之人並引避如故事從之　二年十一月三日
詔鄭兗曹蔡相刑同晉壽湖明宣河中等知州府辭見
者並許上殿先是侍御史知雜事吕誨奏乞除擬知州
人引見令上殿覩有所問又使中書閲其可否然後授
之故降是詔　三年二月十五日閤門使章希一言乞自
今上殿人至巳四刻則令次日上殿從之　十一月九
日中書樞密院初奏事于福寧殿以帝不豫也　治平
四年二月九日神宗已即位未改元詔入内内侍省皇
城司合覆奏事並執條覆奏以御史吳申劉庠言還司

卷一萬三千三百九十六

不遵詔令多不覆奏故也　神宗熙寧元年正月二十
二日考課院王珪滕甫言有本職公事上殿數奏從之
二月九日閤門言舊制中書樞密院奏事引三班上
殿假日兩班或隔過後殿更遇報巳正即取旨次日方
引伏緣再御後殿引雜公事畢已是巳時方再引上殿
臣僚僅及午刻遇開經筵即須至申未久勞聖躬非便
欲乞今後遇經筵日上殿班除中書樞密院外權只引
一班或有急速及言事官乞對即取旨候罷經筵仍舊
從之　十一日詔翰林承旨至知雜御史各舉文臣嘗
歷通判一人堪刑獄錢穀繁難任使候王珪等以尚書
虞部員外郎張諷等二十人應詔詔罷官及未赴任見

在閤下者並令上殿　五月十三日編修實錄院言修撰官三員欲同上殿奏禀公事乞下閤門許令同數奏仍令後著列從之　六月十三日閤門言假日御宗政殿每遇辰時隔上殿過（班）延和殿再座便引伏緣其日更不還內進食直至巳時正方隔班臨時取旨尚許引對欲望自今後假日御崇政殿依例辰時隔班過延和殿候進食畢再座以次引對遇寒暑大風雨雪即閤門取旨令次日上殿從之　十一月二十七日詔以英宗大祥中書樞密院諸司前二日止進呈急速公事　一年二月十八日詔河北陝西河東轉運使副有要切公事須面奏者許奏取旨那官一員乘驛赴闕住京毋（得不）

卷一萬三千二百九十六

過十日　十月二十三日監察御史裏行張戩程顥言每有本職公事欲上殿數奏必奏候朝旨既許上殿伺候班次動經旬日倘遇朝政或闕及外事有聞繫於機速不容後時者如此稽遲則已無所及況使往復待報必由中書萬一事干政府則或致阻滯耳目之司雖欲應急使（陳）聞安可得也伏覩天禧詔書或詔令不允官曹涉私措置失宜刑賞踰制誅求無節冤濫未申並委諫官奏論憲臣彈舉是蓋臺諫之職言責既均則進見之期理無殊別何獨憲臣隔絕疎異欲乞朝廷推原天禧詔書之意使依諫官例牒門（閤）即許登對或所言急速仍乞先次上殿所貴遇事入告無憂失時詔三班御史及

裏行有公事並許直申閤門上殿　十二月二十七日詔諸司官曾在假參者許便赴奏覆引呈公事　三年五月二十一日同修起居注直舍人院蔡延慶言蒙恩除直舍人院昨垂拱殿面奏欲候奏事訖下殿曲謝奏事訖未及趍庭聖駕已起欲乞正謝日因後殿侍直次許令面奏降殿曲謝從之　六月八日編修閤門儀制所言殿前馬步軍司有急速公事許於後殿免杖子上殿其不係本司公事別有陳奏即關報閤門依體例上殿欲乞如遇假日崇政殿座免杖子上殿即在已得旨上殿班後引從之　八月七日閤門言檢會編敕自入伏後審官院三班（院）流內銓只引一處秋涼仍舊詔曰引

卷一萬三千二百九十六

兩處　十二月三日詔閤門今後樞密都承旨還崇政殿坐日令於上殿班後（原本班）人奏事　四年六月十一日皇（原本缺）騏驥使邠州刺史許州兵馬都監令晏言合後每有差遣辭見並因事到闕並乞上殿或遇大禮亦乞陪位從之自後宗室領外任者悉用此例　七月二十八日同修起居注同知諫院張琥言竊以修起居注之職古之左右史也本以記錄人主言動書之與冊以示至公本朝止令後殿侍立人主言動無復與聞臣今所領修起居注兼知諫院即與其餘修注官事體不同既有言職且得侍立或有數奏便可面奏竊見樞密院承旨每於侍立處尚得論事亦不先行奏請欲乞每因

後殿侍立亦許奏事更不移牒閤門仍乞今後修起居注常令諫官一員兼領所責左右史之職稍不曠廢詔諫官兼修起居注者後殿侍立亦奏事更不移牒閤門令於樞密院承旨司奏事後內侍省公事前奏稟　五年七月二十二日知大宗正司宗旦宗惠言職事有當奏者乞上殿數奏如止合到中書樞密院商量亦乞許同見執政稟議詔知判大宗正司皇親遇有合奏公事許牒閤門上殿　六年十月二十七日詔都水監司農寺提舉在京諸司庫務今後並許直牒閤門上殿

七年九月詔兩制以上有公事合同上殿者令同上殿

元豐四年十一月二十一日詔尚書侍郎奏事郎官

卷一萬三千三百九十六

一員同上殿　五年五月十五日詔三省樞密院獨班奏事每日不得過三班　六月十九日詔尚書侍郎奏事郎中員外番次隨上殿不得獨留身侍郎以下仍不得獨乞上殿其左右選奏事非尚書通領者聽侍郎以上郎官自隨秘書殿中省諸寺監長官視尚書貳丞以下視侍郎六曹於都省稟事亦準此　七月四日詔三省樞密院獨班奏事日樞密院當亟聞更展一班　二十二日詔自今後臣僚上殿劄子並進呈取旨先是三省樞密院或不以進呈直寢之故有是詔　十二月二十日引對奉議郎權發遣府界常平等事張詢已下十人是日旬休上特御便殿延見踰午始罷　七年二月

九日社特御延和殿戶部司農以職事對也　哲宗元祐元年二月四日詔臣僚上殿劄子於簾前進呈訖並實封於通進司投進即不得直乞批降三省樞密院　八年九月二十九日詔上殿班合直牒并帥臣國信使副許依元豐八年以前儀制施行外其餘合上殿班並候祔廟了日取旨以三省樞密院進呈聽政後上殿班宰臣呂大防等奏曰陛下初見羣臣願對者必衆恐大煩勞欲少爲之節昨日垂簾日羣臣惟臺諫得對又必二人同上故不敢以不正之言輒干天聽今既人人得對人心不同善惡相雜故於采納尤難雖人君不可不博訪羣臣之言至於聽納尤當徐觀邪正參驗是非然後

卷一萬三千三百九十六

得實故降是詔　紹聖元年閏四月十八日詔在京官所受傳宣內降及內中須索并常行應奉隨事申尚書省或樞密院覆奏及類聚月終奏聞指揮可並令隨處覆奏得旨施行即本司官親承處分須索仍畫所得旨錄奏請寶奉行其官司奏請得旨非有司所可行者即仍舊申朝廷覆奏行下　五月九日詔自今除臺諫官章疏依條外其餘臣僚上殿劄子如事合進呈即取旨

六月八日三省樞密院言諸承受傳宣內降及內中須索並隨處覆奏得旨施行即本司官親承處分須索仍畫所得旨錄奏請寶奉行已上非有司所可行或事干他司奏請得旨者並申中書省或樞密院奏審從之

四年十二月二十三日，殿中侍御史陳次升言乞自今文臣帶兵鈐及監司職任者朝辭日並令上殿，不許援例不對。從之。　元符元年八月五日，詔今後三省樞密院進擬在京文臣開封府推判官、武臣橫行使副，在外文臣諸路監司、藩郡知州，武臣知州軍以上取旨名對。　八日，詔今後承旨司得聖旨應合覆奏者，並令本司申樞密院覆奏。　二年六月十七日，翰林學士承旨蔡京等言：「臣等每書（緣）職事請對，待次或踰旬日，遇有急速文字，深恐失事。乞今後許翰林學士依六曹、開封府例先次批班上殿，仍不隔班。」從之。　八月十八日，詔諸上殿進呈文書並批送三省樞密院，不得直批聖旨送

【卷一萬三千三百九十六】

諸處，違者承受官司繳連以聞。　十一月八日，監察御史石豫言：「請自今臣僚論事，如跡涉曖昧不根，先詢承傳之人，察實施行。」詔如遇有此事理，令三省取旨。　三年六月二十六日，詔上殿劄子侍郎以上進呈小事擬進，餘則否。　徽宗崇寧元年六月十九日，詔自今六曹尚書如有職事奏陳，許獨員上殿。　五年十二月五日，詔臣僚請對，雖遇休假，特御便殿聽納。　大觀二年六月二十日，詔：「外官正任陳乞上殿，多是不循分守，紊亂法度，或陳乞破格，以私害公，甚非肅戢戚里之意。可今後外官正任依宗室正任例，不許陳乞上殿，違者令御史臺彈奏。」　七月二十九日，詔自今正任及橫行以上無

職事不得上殿，有職事奏聽旨，若因而陳乞私事，以違制坐之。先是，容州觀察使李許上殿乞知趙州了婚葬，許因降授濮州團練使，故有是詔。　三年九月十七日，臣僚上言：「伏覩已降詔旨，凡命郎官必進對而後除，則濫進之徒不復覬其僥倖。近者楊鳳等未經進對，故特降旨並令上殿。今未對而各除開封府曹官，府曹秩視郎省，其選亦高，伏望令上殿進對而審用。」從之。　政和三年十二月十四日，都官外郎、提舉淮南兩浙路茶鹽事趙點奏：「昨往淮南兩浙路提舉茶鹽，又按察州縣監司失職，近已回程，已上殿奏稟職事訖。今來本司結局已見次第，有奏稟職事，伏望許依例不隔班先次上殿。」

【卷一萬三千三百九十六】

詔趙點罷都官員外郎，送吏部，懲其妄有奏請，徼倖萬一也。　五年八月十三日，詔今後臣僚因上殿別除差遣合再上殿者與免。　十一月六日，詔諸監司郡守在任不得陳乞赴闕奏事，違者委御史臺彈奏，尚書省互察。　六年五月七日，詔太師蔡京已降指揮令三日一造朝，今後遇有奏事非赴朝者亦許赴。　八年八月二十二日，臣僚言：「比年以來，二三大臣入侍君前，奏對之際，留身面奏，排斥已忿，讒疏善良，至于請求相繼，甚非朝廷至公之體。」詔自今除蔡京緣五日一朝許留身外，餘官非除拜遷秩因謝及陳乞解罷，並不許獨奏公事，違者東上閤門報御史臺彈劾。　宣和元年五月九

日祕書省校書郎王昂言乞今後除卿監未經上殿人並令上殿如郎官之法詔今後初除郎官以上職事官未經上殿人並令東上閤門引見上殿　三年四月六日詔元豐官制寺監職事上部部上省故得上下維持綱紀所出令後雖係視兩制職司寺監不許獨對　十一月七日詔內外許上殿奏事官除殿中省辟廱太中大夫以上知州都大提舉同提舉都大管幹茶事提舉學事提舉保甲官係合上殿及係增置許上殿餘並依元豐官制　十四日詔已降指揮上殿依元豐官制外其見行東上閤門大觀上殿格內不該載上殿並不許上殿其正任橫行依大觀二年遂次已降指揮推勘制

卷一萬三千三百九十六

勘公事雖結案〔提舉官吏不合上殿〕亦不許陳乞餘依見行條法　三年閏五月三日詔諸路學〔十一月十九日〕士已罷劉仲元申准令諸使者每歲春秋依格輪赴闕奏事獨員者以取索季奏文書入遞進納仲元為獨員所有季奏文書乞捲殺婺州等處賦徒了取索入遞進呈從之　四年十二月十日臣僚言乞詔諸路監司未經上殿者雖從外移並令赴闕引對方得之官庶幾仰副為官擇人之意從之　高宗建炎二年二月一日臣僚言次見陛下每對臣僚奏事從容紬繹而未聞以得聖語付史官者欲乞今後上殿臣僚被受睿訓除機密外關治體者悉錄付史官以備修纂從之　三年閏八月二十九日宰臣呂頤浩等言九

月朔日有食之禮不視事是日欲晚朝進呈詔可以車駕巡幸機務至繁故也　紹興元年十月二十六日詔中丞近日上殿奏事詳明特與轉一官　二年十月七日詔起居舍人王洋因奏事舉不急之務可降一官詳見存先代後　九日右司諫劉棐言昨上殿奏事劄子內用字鹵莽乞特賜嚴譴詔放罪　十二月十五日閤門言右諫議大夫徐俯得旨今後凡遇有合奏稟事不拘早晚及假日請對緣內殿奏事即不屬閤門引班詔令入內內侍省引　三年三月十二日詔今後臣僚上殿不得輒論私事及有僥求對畢並申閤門照會先是浙東沿海制置使呂源賜對輒奏私事希幸恩旨以臣僚

卷一萬三千三百九十六

彈劾故降是詔　五月八日詔奉使官入國門不以早晚服紫衫赴內殿奏事　十四日左中大夫新除徽猷閣直學士充淮南東路宣撫使司參謀官宋泊友言前任知處州名赴行在令閤門引見上殿緣道路中暑乞先次朝見乞伺候班次別日上殿從之　二十八日詔權監察御史兩浙西路宣諭胡蒙事畢回闕令閤門於六月三日引見仍不隔班先次上殿其御寶手歷令先請通進司投進先是遣使往諸路宣諭給御寶手歷令記事回日上殿面納皆以手歷所書事多卷軸稍大進對拜伏不便乞先次投進者並從其請　七月二十八日參知政事同都督江淮荊浙諸軍事孟庾言有軍期機

審利害欲暫詣行在奏事恭稟聖訓從之　十月十五
日詔諸上言臣僚不得留身奏事宰臣執政官非仍著
爲令　四年十一月二日詔御内殿止令宰執奏事從
官隨班赴起居以巡幸故也　五年五月十三日詔中
書舍人胡寅論奏使事辭旨剴切深得獻納論思之體
可令學士院降詔奬諭　十二月十一日詔侍從官以
論思獻納爲職如有已見勿拘以時勿限以數許令請
對從給事中呂祉請也　六年二月二十四日宰臣趙
鼎言李綱除江西帥請覲已到來日内殿引對偶是寒
食正節上曰朕宮中每日飯後整理些小家事了即觀
書寫字此外別無他事來日自可引對　五月六日詔
卷一萬三千三百九十六
今後上殿官合審察人如到行在所令吏部取索歷任
腳色并原得指揮申尚書省候審察訖閤門照會
八月五日詔左司諫陳公輔論奏深得諫臣之體令
尚書省將公輔奏疏修寫成圖上之　八年九月二十
一日右諫議大夫李誼言比年近以薦舉人材得旨引
對並蒙與改合入官或與陞擢差遣循沿之久遂以爲
例使奔競相傚無復廉恥望今後引對臣僚須數奏詳
明議論純一合於聖意即與改官或陞差遣倘非其人
不在此選詔依　十月十三日詔閤門令後應從官上
殿令次臺諫在面對官之上引　九年六月一日詔吳
偉明除應天府路提點刑獄公事曾緯除淮南東路提

舉茶鹽劉彥差權發遣徐州並免上殿令疾速前去之
任舊制監司守臣朝辭令上殿奏事訖之任偉明彥以
知新復州軍緯以淮東提鹽復置之初皆待正官緝治
故免臨遣　十一年七月十六日中書門下後省言内
殿非時引見臣僚望令各具所得聖語申省使修注者
有紀焉從之　十二年六月十三日御史中丞萬俟卨
言救差充殯宮按行使内侍宋唐卿副使遇有本司合
行奏稟職事欲與唐卿同班上殿數奏從之　十月十
六日資政殿學士左朝奉大夫知紹興軍府事樓炤言
已到任訖念臣久違軒陛切欲一望清光兼有本任職
事乞依張守孟忠厚例暫赴行在所奏事從之　十三
卷一萬三千三百九十六
年二月十二日詔閤門六參日依合引上殿一班止引
面對官如值假合後殿坐日分依合引上殿兩班　十
九年二月二十二日詔今後監司守臣替回上殿並令
以民事奏陳　二十七年四月十八日詔上殿臣僚進
呈劄子或在當頭及不近前奏事依例閤門官轉撥令
稍前奏事如轉撥不得令閤門官近前撥赴奏事位
二十九年五月四日詔今後六參日上殿班數已定遇
臺諫官乞對隔下面對官次日引　孝宗隆興二年五
月十二日詔今後應除監司須於闕期前具名取旨仍
令先次上殿不得在外及以資序差除立爲定式　九
月十五日詔依建炎間指揮今後應除郎官令先次上

殿然後供職以臣僚上言古者為郎出宰百里特以縣
令之任爾猶謂有非其人民受其殃以是難之況在今
日以其郎官出而補外者必為監司否亦得為郡守則
其待之當何如哉郎官雖諫司郡守之所從出而今選
授之間若有不得與監司郡守比者臣於上殿一事見
之蓋除知州軍見在行朝而闕次已及當即赴者皆令
上殿至如監司則近降指揮須於闕期具名取旨先次
上殿不得在外及以資序差除立為定式可謂其選欲
重而其擇欲精矣故有已除漕臣因是遽改郡守者獨
於郎官差除或在內而序遷或在外而初授皆未有上
殿指揮雖為郎不稱職不過一身僥倖而監司不得人

卷一萬三千三百九十六

必至一路被害然未有為郎官稱職而為監司不得人
者況建炎間凡除郎官即於所降指揮便帶如未經上
殿令閤門引見上殿此蓋祖宗舊制建炎之初猶循而
不改雖經兵火案籍散失而當時曾任郎官之家所除
省劄多有存者不知厥後於何年月始不帶行却有先
次供職之文此所謂郎官乃監司郡守之所從出而選
授之間反若甚輕蓋於上殿見之也故有是命　乾道
元年六月一日詔今後轉員引呈將校換官射射及御
試舉人唱名日并疏決罪人並依令不引上殿班先是有
旨防秋在即除旬假如舊外應國忌行香及小節者部
並不作假候將來解嚴日仍舊若皇帝御殿廷別有小
小公事閤門並聽收接目下上殿班次續以邊事寧息
有旨依令式作假閤門狀契勘閤門令諸轉員引呈將
校換官射射及御試舉人唱名日并疏決罪人等並不
引上殿班令來已降揮令式作假日分依舊所有前項
條令不合引上殿班日分故有是命　八月十八日詔
今後應文武知州軍諸路釐務總管副總管鈐轄都監
見辭並令上殿批入料錢文歷如托避免對並未得差
除赴任委臺諫監司常切接察以違制論　二年三月
十六日詔應除郎官先關報閤門上殿訖方得供職授
告立為永法　八月十七日詔今後遇垂拱殿坐日分
樞密都副承旨起居訖合赴朶殿侍立如有職事許令

卷一萬三千三百九十六

上殿奏事　九月二十四日詔今後臺諫侍從章奏各
置一簿隨所上錄之一以留禁中時備觀覽一以授大
臣使之詳閱有事已行而輙廢或行而於法有礙於民
未便及監司郡守言與事違者各以時糾之從秘書少
監汪大猷請也大猷奏臣聞兼聽廣覽人主之盛德盡
言無隱臣子之忠誠切惟陛下動於聽覽樂聞忠言內
之臺諫侍從外之監司郡守又有朝臣之轉對公車之
名見隆寬廣開殆無虛日凡州縣之積弊人情之利病
皆不下堂而周知甚盛德也疏遠之臣登玉陛奉清光
蓋千一之榮遇故其所陳雖事有大小利有久近孰不
願竭忠誠以補聰明之萬分其間仰契聖意者固已不

崇朝而頒行之然有事合討論迭涉迂緩下之有司未蒙施用往往不復再經天覽不唯間有可行者因而廢格兼亦無以考言者之是非而知人才之得失況監司太守所論民事大率可喜到官之後所行未必如所言朝廷無由察其果從違也其興利除害之事既已施行有司或謹於始而怠於終朝廷亦未嘗課其果行否也行之而孰為利孰為害亦無所稽考也如是則獻言者既不責其實効其流必務為文具徒美觀聽而已恐非陛下求言之本意臣伏聞真宗皇帝時嘗詔中書置籍記諫官御史之言事行與不行歲終具奏又范鎮在仁宗皇帝時亦嘗乞禁中并中書樞密院各簿上諫官御

卷一萬三千三百九十六

史所奏上以備觀覽之遺忘下以責大臣之銷注若此者蓋非特稽所言之當否亦用以知其人而防壅蔽也臣考之故事此實可行於今故詔從之　三年閏七月十五日詔今後監司郡守如授訖已上殿應赴在二年內者與免將來奏事候闕到前去之任其應赴在二年之外及在外除授未經上殿人依已降指揮闕到半年前赴行在奏事訖之任　十二月三日詔起居舍人洪邁令直前奏事令後修注官遇常朝日有奏稟職事依此　五年六月二十九日詔閤門上殿班為積壓班數稍多內見辭官該上殿者及闕到半年前赴行在奏事見待班次并續下到上殿文字曾經審察人並權免上

殿依例放見辭新除郎官等候引上殿班日上殿臺諫侍從有本職公事及已見之實封進入餘並候得旨引上殿班日依舊　八月二十日詔自今月二十三日後殿起居班次并引上殿班令依舊　六年七月八日詔川廣監司郡守未經上殿許先赴任之人令後任滿須赴行在奏事訖方得再有除授　十六日詔令後除授郎官不以曾未上殿並令上殿訖供職　八年十一月八日詔已降指揮文武臣已授監司郡守諸路釐務總管鈐轄都監應赴在二年之外闕到半年前赴行在奏事之人令展作四年餘依已降指揮　二十三日詔令後應文武臣監司知州軍諸務釐務總管副總管鈐轄

卷一萬三千三百九十六

都監見辭並令上殿批入料錢文歷如托避免對並未得差除赴任委臺諫常切覺察以違制論其已授未赴任人如已經上殿赴在四年內與免將來奏事候闕到前去之任其應赴在四年外及在外除授未經上殿人闕到半年前赴行在奏事如本貫川廣見在本鄉居住之人即仰逐州知通結罪保明詣實申取朝廷指揮川廣見闕正官去處許令一面先次之任聽候朝廷指揮及川廣未經上殿許先赴任之人令後任滿須赴行在奏事訖方得再有除授　九年五月十六日詔在外臣僚名赴行在或令赴行在奏事被旨日久往往遷延間有托故稽留起發令御史臺覺察以聞　八月七日詔

監司郡守諸路蠧務總管鈐轄都監任滿迴已經見上殿再除授在半年之内與免朝辭日奏事九日閤門奏勘會監司郡守諸路蠧務總管鈐轄都監因任滿回已經朝見上殿再除授今來差遣若朝辭更令奏事切慮煩瀆有旨如再除授在半年之内與免朝辭日奏事餘依已降指揮　淳熙四年二月十九日詔職事官以上各陳弊事凡事涉繁冗虛僞者（而不詳虛）悉條上之既而以秘書丞史彌大言今日之事繁冗而不實者甚衆願詔百官俾各陳弊事凡涉繁冗虛僞者悉條上之然後與二三大臣日夜講求所以去之之術磨以歲月使天下之事盡歸於簡實故有是命　七年三月九日詔監司郡守條

卷一萬三千三百九十六

具民間利病悉以上聞毋或有隱既而中書舍人鄭丙言昨詔監司郡守到任必以民間利病條奏而所在乃以細故塞責民之疾苦不以實聞如廣西因草窃之變陛下令諸司講求利害始有打筭歲計之請近日臣僚進對言諸路數酒捉酒之弊陛下始行約束皆非監司守臣所自言乞行申敕故有是命　八年八月八日詔朕謂侍從之臣當以論思獻納為任自今或事有過舉政有闕失卿等即宜盡忠極言或求對或入奏務在於當理而後已各思體此稱朕意焉　十年七月十二日詔可自今月十三日避殿減膳令侍從臺諫兩省卿監郎官館職各條具朝政闕失毋有所隱朕將親覽考求

其當以輔政理咎爾在位副朕志焉詔曰朕涉道日寡秉事不明政化失中以干陰陽之和迺季夏涉秋旱暵為虐大田失望民靡錯躬夕惕以思反己自咎意者聽斷弗燭厥理委任有非其人獄訟不得其平賦斂所共者大阿諛成習雷同順指者衆忠讜切直之言鬱於上聞致此青災下逮黎庶側躬祇畏憂心慘切退次貶食虛已求言仰荅天心庶迎善氣發朕至誠之慮匪事虛文之行　十四年七月七日詔政事不修旱暵為虐可令侍從臺諫兩省卿監郎官館職疏陳闕失及當今急務毋有所隱　十日詔夏秋之交旱暵為虐深慮州縣獘事民間疾苦壅於上聞致干和氣可令諸路監司各

卷一萬三千三百九十六

限半月條陳聞奏　淳熙十六年八月二十三日臣僚言侍從之臣皆極一時之選既無同對之拘又無越職之禁而猶承用近例率數月一請對又必以序進殆未足以盡論思獻納之義願陛下明詔近臣凡朝政闕失軍國利害苟有所見大則請對小則抗章直言無隱皆無須時如此則近臣畢情竭慮皆以國事為意獻可替否競致盡規之忠其於政治誠非小補從之　紹熙二年二月六日詔近日陰陽不和雷雪交作朕恐懼修省寐不遑寧深慮庶政或有闕失未能消弭可令侍從臺諫兩省卿監郎官館職各條具時政闕失聞奏　同日宰執進呈次留正等奏近日更有侍從臺諫因災異入

文字否上曰只是羅點陳騤(陳騤有文字)欲得講筵閒讀洪範政鑒留正奏此等書不可觀却不須専讀胡晋臣奏願陛下萬機之餘時觀此書　六月十六日詔宰臣執政正宜賓諸左右論道經邦而常朝殿庭之間不能盡從容今後不時内殿宣引奏事庶可講究治道廣求民瘼副朕意焉　嘉定八年四月十一日奉御筆朕為農閔雨沛澤未周方省厥愆與聞闕失可令學士院降詔布告中外使盡無隱以輔朕不逮

卷一萬三千三百九十六

數百以上五行與上條重複可節

全唐文

宋會要　拜表例

宋朝之制每正冬不受朝及郡國大慶瑞奉上尊號請行大禮宰臣率文武郡臣或并内諸司使三班諸軍將校蕃夷酋長僧道耆老等詣東上閤門拜表西京留守率留守司百官五日一上表起居車駕巡幸東宫留守司百官每五日一上表起居太祖乾德二年詔有司議定表首真宗景德三年正月朔宰臣率文武百官内職將校契丹使詣閤拜表故事中書章表皆舍人為之東封後朝廷多慶禮舍人或領他務宰臣議擇館閣官得識度路振劉筠陳越夏竦宋綬分撰表奏仍先奏聞自

大典卷一萬一千四百九十六

後中書表奏或多雜撰大中祥符元年十一月十九日禮部院言準詔參詳太祖太宗加謚禮畢百官拜表進名儀式者伏以慶成喬嶽歸美祖宗雖繫孝思實為盛禮比之初上廟號謚冊理有不同按唐朝修八陵及還懿獻二祖禮畢並皆稱賀欲望其日禮畢許百官詣上閤門拜表稱賀從之二年十二月承天節群臣詣門拜表獻壽時以晉國長公主薨罷會故也四年十七日車駕幸汾陰判天雄軍寇準遣官詣行在起居特命降詔答之其他州雄遣官至行在者亦然閏十月二十四日詳定所言冬至日樞密使以下春殿百官東上閤門拜表稱賀今月二十九日皇

齋於文德殿欲望其日並於文德殿門外行拜表之禮從之六年三月二十七日命殿中丞集賢校理宋綬隨迎奉聖象使修撰章表是年丁謂充奉祀制置使復命綬七年王旦充兗州朝修使臣命左正言直集賢院夏竦天禧元年王旦充兗州太極觀奉上寶冊向敏中西京奉安太祖聖容並命左正言集賢校理宋綬乾興元年馮拯充真宗山陵使天聖元年拯赴西京奉安真宗聖容並命大理評事館閣校勘李淑嘉祐八年韓琦充仁宗山陵使命桂州臨桂縣令曾炳治平四年韓琦充英宗山陵使命許州司理參軍王汝翼皆充修撰箴表十月二日元德皇后升祔太宗廟室百官拜表稱賀九日群

大典卷一萬一千四百九十六

臣詣東上閤門拜表稱賀亳州大清宮枯檜復生七年正月二十一日群臣詣東上閤門拜表賀亳州靈芝白鹿二月詔建南京知應天府馬元方請五日拜表如西京之制從之乾興元年九月十三日西京留司御史臺上言當京分司官太子賓客韓援近上表謝遷秩進奏院以無例通下欲望自今分司致仕官凡受國恩皆許上表稱謝從之十一月詔閤門日收臣僚表奏薄記發付承進司封進仍仰閤門據數開拆職位姓名奏狀事宜都為一目寫錄印書兩本一隨表奏入一令承進司收掌仁宗天聖五年十一月二日以滑州天臺埽成宰臣率百官班崇德殿拜表賀皇帝又詣内東門拜表賀

皇太后嘉祐元年二月二十四日以聖體康復宰臣率
百官詣東上閤門拜表稱賀神宗熙寧四年二月五日
詔中書門下罷上表賀老人星見十年二月二十五日
宰臣率文武百官詣東上閤門拜表賀克復交趾李乾
德元豐八年十二月二十九日哲宗即位未改元太常
寺言來年正月朔拜表賀太皇太后權同處分軍國事
遼國人使當赴內東門立班稱賀從之哲宗元祐元年
三月十八日禮部尚書韓忠彥等言今參詳如有祥瑞
邊捷宰臣已下紫宸殿稱賀皇帝畢赴內東門拜表賀
太皇太后從之徽宗崇寧二年正月二十二日宰臣蔡
京等上表稱賀收復荆湖南北路疆土三年四月二十

卷一萬二千四百九十六

四日收復鄯廓宰臣百官上表稱賀四年閏三月二十
一日御端門納趙懷德降群臣拜表稱賀三月三十日
以牂柯夜郎獻納王江古州一帶地群臣拜表稱賀六
月十一日以興復解池鹽寶宰臣以下拜表稱賀政和
四年二月二十七日皇帝御文德殿親行新定皇長子
冠禮方三加冠晃日有五色及帶氣冠氣承氣三月二
日太師魯國公蔡京等奉表稱賀六月二十一日以霸
州保清井監等處納土宰臣蔡京已下上表稱賀六年
正月三日太師蔡京等上表稱賀去年內無斷過十五
日湖南拯地得金有類靈芝祥雲太師蔡京等拜表稱
賀三月十日以開封尹奏上元之夕獄空及路不拾遺

太師蔡京等拜表稱賀七月十五日太師蔡京等拜表
賀破湖蠻北寇黃安俊十月二十八日太師蔡京等上
表賀九鼎成十二月三十日太師蔡京等上表賀討蕩
晏州夷賊七年二月十八日太師蔡京等上表賀三山
聖功橋大河澄清四月二十八日太師蔡京等以大理
寺擬斷天下奏案盡絕上表稱賀五月二日玉清和陽
宮奉上后土皇地祇徽號冊寶九日太師蔡京等上表
稱賀七月二十三日太師蔡京等上表稱賀工部直舍
後地芝草生八年五月十三日太師蔡京等拜表賀討
蕩綿茂州蕃賊九月十一日以上清寶籙宮有鶴踰數
千飛繞萬歲山艮嶽祥殿太師蔡京率百僚拜表稱賀

卷一萬二千四百九十六

閏九月二十四日以明堂大饗夜有鶴十六飛旋應門
之上蔡京以下拜表稱賀十月十八日以黃鍾太聲鍾
一鎛而成即與君聲相合鎛造時有黃雲若華蓋狀蔡
京以下拜表稱賀二十六日以十日上清儲祥宮天聖
節設戒有五鶴東來翔集殿壇宰臣以下稱賀同日以
廣武埽水勢湍急投御書鐵符即時水勢順流文武百
僚稱賀同日太師蔡京等上表賀宣示千葉仙芝二十
九日蔡京等上表賀神霄宮建天寧節道場日仙鶴翔
集神霄殿宣和元年三月四日蔡京等上表稱賀安州
獲商鼎六四月十五日蔡京等拜表稱賀破西賊五月
十二日宰臣蔡京上表賀討蕩西賊三年五月十四日

宰臣以下拜表賀生擒陸州方賊七月七日以兩年並無斷過大辟大宰兼門下侍郎王黼等上表稱賀四年十月二十二日太常王黼以下拜表賀收復涿易二州五年四月十二日以收復燕雲御文德殿受群臣上表稱賀二十三日太宰王黼等上表稱賀撫定燕城五月七日以收復燕山雲中兩路御文德殿受太宰王黼等上表稱賀七年五月十七日文武百僚太宰白時中等以在京神霄宮瑶壇本欒上甘露降上表稱賀高宗建炎元年五月十八日詔附近州縣率官吏百姓來賀非惟各有勞費亦重增感慕除令月十四日已到行在人許令稱賀外餘並行下無令起發以上登極故也

卷一萬一千四百九十六

禮書註凡遇大慶典禮奉上尊號册寶慶壽册命皇后皇太子修纂祖宗玉牒寶訓御集等成書幸太學秘書省宰臣率文武百僚拜表於文德殿下二年十月七日詔許令天下州郡依三京月旦故事率其屬拜表先是監察御史冦防宣諭江淮四路每到州軍集官吏以下詣香案於鼓角樓下伏跪受詔防請以其餘州軍依三京留司故事月旦率其屬拜表如宣布詔書之儀故有是詔紹興九年六月七日鄧州鄉貢進士李育等以新復河南州軍上表稱賀詔令學士院降詔書獎諭七月七日東京父老以復故疆上表稱賀是日上臨軒引見遣之先是耆老以久淪僞地謳吟思宋土疆歸復喜若更

生初耆老詣東京留司乞捧表詣闕稱賀降詔令留司接表以進耆老力請上留秦檜曰父老遠來誠意可嘉宜令入見於是詔表首河南府助教李茂松補右迪功郎百姓寇瑋曲衮郝瑋趙善道並補京府助教内趙善道賜名道餘九十九人並補諸州助教内進武副尉范逸補承信郎軍人劉青等八十三人並補守闕進義副尉仍賜逸人常服冠帶有差又詔應有似此欲詣行在捧表稱賀者雖忠義可嘉緣道路勞苦深可憫念仰新復諸路留司及帥臣並止令附表前來仍乞行所屬照會十二年閏四月二十一日禮部太常言檢准紹興儀制令節文諸大慶大禮發運監司官提舉主管茶事提

卷一萬一千四百九十六

點坑冶鑄錢官司諸州長吏三京知縣同奉表賀令來皇后受册畢係大慶典禮欲令進奏院遵依上條遍牒施行從之十二月二日以是月朔太陽交食陰雲不見宰臣率百僚拜謝表稱賀自後日食陰雲不見皆拜表賀至二十八年詔毋得稱賀八日太師尚書左僕射秦檜以臘雪應時率百僚於文德殿拜表稱賀自後雪降應時並拜表稱賀至三十年冬雪以顯仁皇后喪制詔特免稱賀隆興元年以後並依例拜表稱賀十四年二月九日賜近臣喜雪御宴于尚書省自是每歲遇雪即賜之宰執率赴坐官詣文德殿拜表稱謝十八日上幸太學越三日宰臣率百僚拜表稱賀廿月二十七日上幸

秘書省越三日宰臣率百僚赴文德殿拜表稱賀中興禮書紹興十六年三月十九日詔進讀孟子終篇越三日賜講讀官御筵于皇城司侍讀秦熺等翌日上表稱謝十八年四月六日禮部太常言檢照國朝會要淳化五年十二月一日司天監言其日當食雲陰不見占與不食同宰臣奉表稱賀詔付史館今據太史局申與勘四月一日太陽當食其日自早明蒼黑雲時時有雨至申時一刻後雲色遮映並不見虧食詠經即同不食除已拜表稱賀外合行宣付史館詔依二十年五月九日玉牒所進中興聖統畢宰臣率百僚拜表稱賀中興禮書紹興二十三年十一月七日詔進講尚書終篇特召

卷一萬一千四百九十六

宰執聽講進讀畢太師秦檜以下稱賀二十五年四月二十三日詔進講周易終篇越二日賜御筵于秘書省秦檜等各上表稱謝二十五年五月五日以太廟殿庭生芝草宰臣率百僚請文德殿拜表稱賀二十六年十月九日實錄院進呈皇太后回鑾事實宰臣率百僚拜表稱賀中興禮書紹興二十七年十月十六日紹詔經筵進讀三朝寶訓終篇越二日賜講讀并修注官以下御筵于皇城司侍讀王師心等上表稱謝二十八年三月一日詔日月薄食皆上穹垂戒有司乃以陰雨不見欲集班表賀甚非朕寅畏天戒之意其令百官毋得稱賀二十八年三月八日以國史日歷所進呈神宗皇帝寶

訓畢宰臣率百僚拜表稱賀時玉牒所同日上三祖仙源積慶圖亦拜表十一月十六日上以親製損齋記賜百官是日宰臣以下詣文德殿拜表稱謝十二月二十一日大學錄劉甄夫武學正葉懷忠等恭以皇太后聖壽八十率兩學諸生拜表稱賀繼以臨安府耆老全誠富亦率鄉老進表稱賀中興禮書紹興三十一年十月二十七日太常少卿王普等言勘會今來車駕巡幸行宮官僚遇旦望欲乞於和寧門外望行在拜慰表所有表文令禮部修撰拜表訖付進奏院入遞投進詔依十二月八日禮部太常寺言勘會依紹興七年車駕巡幸禮例行宮官僚五日一拜常參起居表今來車駕巡幸

卷一萬一千四百九十六

視師緣在恭文順德仁孝皇帝服制之內依已降指揮行宮官僚遇旦望日於和寧門外望行在拜慰表所有五日一拜常參起居表欲乞權免其旦望日如值雨雪或地面泥濕欲乞免拜表其表文入遞投進詔依紹興三十二年六月十三日孝宗即位未改元赦令來登寶位除監司郡守及在外侍從官以上許上表稱賀外餘令有司毋得輒受十月二十二日禮部太常寺言會慶節在欽宗皇帝服制內欲免上壽文武百官赴文德殿拜表稱賀詔從之十一月三日詔今月八日冬至已降指揮宰臣率文武百僚拜表稱賀是日拜表從駕文武百僚許入出麗正門和寧門令後遇駕出拜表准此等

宗隆興元年十一月三日爲立皇后文武百僚詣德壽宮拜表稱賀次詣文德殿拜表稱賀二年正月十六日禮部太常寺言文德殿發皇后册寶穆清殿皇后受册寶訖宰臣文武百僚赴德壽宮拜表箋稱賀從之閏十一月二十九日詔令後合立班處如宰臣請假依在京舊制移親王一員過東壁押班遇拜表令執政官一員轉表中興禮書乾道元年六月四日尚書省言皇嫡孫降誕宰執率文武百僚於六月五日詣文德殿拜表稱賀次詣德壽宮拜表稱賀乾道元年八月二十七日禮部太常寺言已降御筆手詔皇子立爲皇太子檢准紹興儀制令諸大慶大禮發運監司官提舉司管茶事提舉坑冶鑄錢官同諸州長史三泉知縣同奉表賀今來册皇太子係大慶典禮本部乞休上件令候皇太子受册畢令發運監司諸州長史等奉表賀皇帝并賀光堯壽聖太上皇帝候令降指揮下日令進奏院遍牒施行從之九月二十八日太常寺言已降指揮皇太子受册畢文武百僚拜表稱賀令照政和五年皇太子受册畢稱賀典禮改正令照得政和五年典禮該載皇太子受册于庭禮畢太師魯公蔡京率百官稱賀並如故事壽檢照至道元年故事册皇太子畢文武百僚即行稱賀之禮其日文武百僚并横行立定班首致詞稱賀侍中承旨宣答所有今來皇太子受册畢欲乞依上件典禮

卷一萬二千四百九十六

稱賀其稱賀儀範並乞從御史臺閤門太常寺一就於行册禮儀内修定申請施行所有德壽宮拜表牋稱賀乞依已降指揮其拜牋賀皇后緣典故未有該載今檢照昨中宮受册并進降制立皇太子禮制文武百僚詣文德殿拜表稱賀皇帝及移班拜牋稱賀皇后緣將來皇帝行册禮畢文武百僚就大慶殿稱賀更不拜表所有拜牋賀皇后今欲乞比附前項禮例俟行册禮并稱賀班退換常服詣内東門拜牋賀皇后從之二年七月五日太常寺言進呈安奉三朝帝紀光堯壽聖太上皇帝聖政禮畢執政率文武百僚詣文德殿拜表稱賀次詣德壽宮拜表稱賀詔從之四年八月二十八日四方館言進奏院繳申到仕臣僚九月旦表内武功大夫達州刺史鎮江府駐劄御前諸軍副都統制郭剛武功大夫建康府駐劄御前諸軍副都統制張榮契勘逐官官職並未應合上表章格法進奏院稱逐官職事係比將副以上今來本館未敢繳進詔令從都統制副都統制並與收接投進六年十二月二十五日禮部太常寺言檢准紹興儀制令節文諸大慶大禮發運監司官提舉司管茶鹽提舉坑冶鑄錢官同諸州長史三泉知縣同奉表賀所有今來光堯壽聖憲天體道太上皇帝壽聖明慈太上皇后加上尊號册寶禮畢係大慶典禮合依上條施行欲乞候令降指揮下日令進奏院遵依遍牒

卷一萬一千四百九十六

施行從之七年五月七日閤門言將來皇太子受册禮
畢宰執率文武百僚常服詣德壽宮拜表稱賀光堯壽
聖憲天體道太上皇帝次移班稍東拜牋稱賀壽聖明
慈太上皇后從之二十三日上御大慶殿行皇太子册
禮同日文武百僚赴德壽宮拜表牋稱賀淳熙二年三
月六日宰臣侍從兩省臺諫等爲觀太上皇帝宸翰并
御製跋語詣文德殿拜表稱賀十月十一日詔冬至百
官朝賀拜表爲行奉上太上皇帝太上皇后尊號册寶
典禮權免一次其合詣德壽宮拜表稱賀用前一日二
十七日臨安府耆老以太上皇帝慶壽乞詣登聞檢院
進表稱賀從之十一月十六日太學武學府學進士以

卷一萬一千四百九十七

太上皇帝慶壽詣登聞檢院進表稱賀十年十二月十
六日太上皇帝慶壽如之十二月五日以加上太皇皇
帝太上皇后尊號册寶執政率文武百僚詣文德殿拜
表稱賀十二年十二月四日加上同十七日以行太上
皇帝慶壽禮畢執政率文武百僚詣德壽宮拜牋稱賀
太上皇后次詣文德殿拜表十年十二月十六日太上
皇后慶壽十一年正月四日太上皇帝慶壽同四年二
月五日執政言車駕幸學合拜表稱賀州郡監司亦當
上表詔免十五日詔三月九日進呈徽宗皇帝實録免
拜表五年九月二十五日以車駕幸祕書省宰臣率文
武百僚詣文德殿拜表稱賀七年五月六日以進讀三

朝寶訓終篇賜御筵于祕書省翌日宰臣率經筵官詣
文德殿拜表稱謝八年五月五日真宗正説終篇十一
年十一月一日周易終篇十三年五月六日陸贄奏議
終篇同八年十月十四日宰臣王淮等言監司帥守等
謝上表之類自祖宗時至紹興間皆報行不特欲四方
知其到官之日是亦使人留意文字之端也近歲偶廢
令後欲擇稍佳者報行而去其不文者上曰不文在彼
皆與報行九年十一月十八日以冬至宰臣率文武百
僚詣文德殿及德壽宮拜表稱賀十年亦如之以免朝
賀故拜表廿年七月十三日上以旱暵避殿減膳至二
十三日宰臣率文武百僚詣文德殿拜表詣御正殿未

卷一萬一千四百九十七

允再上表從之十四年七月十一日上以旱暵避殿減
膳至八月一日宰執率文武百僚詣文德殿拜表奏請
御正殿未允再上表從之用初五日十月十二日宰執
率文武百僚詣德壽宮拜表奏請皇帝還内聽政凡五
上表從之十五年八月二十七日禮部太常寺言檢照
國朝典禮諒陰内遇大禮畢御殿羣臣稱賀緣祖宗朝
以日易月山陵後羣臣並純吉服禮畢稱賀於事爲宜
今來皇帝見服衣素羣臣未純吉將來明堂禮畢合依
紹興三十一年典禮免稱賀外其群臣拜表乞取旨詔
並免九月五日又詔外路帥臣監司州軍等稱賀上表
並權免九月二十一日禮部太常寺言檢會國朝典禮

元祐元年十二月八日興龍節群臣及遼使詣東上閤門拜表稱賀罷上壽賜宴其將來會慶節上壽文武百僚拜表稱賀合取旨詔免賀止就東上閤門拜表起居

十六年七月五日宰執率文武百僚詣東上閤門請以九月四日為重明節凡三表從之十二月八日禮部太常寺言已降指揮自十二月十八日民間開樂乞於是日以後從朝廷定日宰執率文武百僚先詣東上閤門拜表請皇帝自來年正月一日奉上尊號冊寶舉樂同日詣重華宮拜表請至尊壽皇聖帝聽樂受冊從之十二月禮部太常寺言檢準淳熙儀制令諸大慶大禮發運監司官提點坑冶鑄錢官同諸州長吏奉表賀來年

卷一萬一千四百九十六

正月十九日皇后受冊係大慶典禮合依上條施行從之二十日右丞相留正率文武百僚詣東上閤門拜表恭請皇帝自來年正月一日因奉上尊號冊寶舉樂

宋會要　拜表儀

國朝之制每正冬不受朝及郡國大慶瑞奉上尊號請行大禮宰臣率文武群臣或并內諸司使三班諸軍將校蕃夷酋長僧道耆老等詣東上閤門拜表其日班定知名表官奉表案於班前跪取表授於宰臣訖退次閤門使進前宰臣跪授表於閤門使乃由通進司奏御其降批答者亦拜受於閤門如降御劄之儀若所請不允則不舞蹈獲可奏者又奉表稱謝凡拜表若其三應橫

行或當朝者共並拜表訖再五拜正冬賜茶酒正冬樞密使率內職庭臣拜表於長春殿門外亦閤門使受之西京留守率留守司百官五日一上表起居賀明集長壽寺立班置表於案再拜以遣其春秋賜服及大慶瑞亦如之或令分司官齋詣行在或止附奏南京北京留守司約用此制車駕巡幸東宮留守司百官每五日一上表起居並集大相國寺又遣朝臣奉表一員首香藥一員賀禮單一員請還京一員若非次慶賀群臣皆集留守公府若有宣諭即望行闕再拜餘如西京太祖乾德二年六月二十日詔有司議定表首太常禮院言僕射南省官品第二太子三師官品第一品位雖高而司

卷一萬一千四百九十六

省上臺為重合以僕射充首如論下品高於二品專次品秩為定則諸行侍郎品第四列於諸司三品卿監之上固不可以品序為準按唐正元六年詔每有慶賀及諸上表並合上公為首如三公闕以令僕行之中書門下列貢章表又儀制令宮臣於太子稱臣百官自稱名則僕射是百僚師長非司宮臣之例事下御史臺主部名表郎官議共上奏曰僕射為中臺之師長官師乃東朝之師傅況僕射自唐武德以來是正宰相之任位望崇重禮秩有殊令若以言僚統率上臺恐未為允又詔令百官集議翰林學士承旨陶穀等議曰按唐制上臺東宮並是廷臣當時以左右僕射侍中中書令為正宰

相正觀末帶同中書門下三品者方為宰相又正觀中
太子太師長孫無忌太子太傅房玄齡太子太保蕭瑀
並兒師傅之任許之以蕭瑀同中書門下三品東宮三
師之為重明矣馬周為中書令兼左庶子高宗顯慶中
以中書令來濟為太子賓客崔敦禮為太子少師當時
僕射為正宰相猶居少師之下令僕射既非宰臣合任
太子三師之下理固不疑若以官儀非庭臣即宰相豈
當兼領令若先二品而後一品升後列而退前班紊其
等威事恐非順請以太子三師為表首翰林學士竇儀
等議曰令詳東宮三師為表首討論無證左右僕射援
引制敕合為表首者其事有六謹按周官先敘六官又

卷一萬一千四百九十六

准六典尚書為百官之本令自一品至六品常參官每
班以尚書省官為首則僕射合為表首一也又按唐會
要及禮閣新儀正元中御史臺奏每有慶賀及須上表
並令上公行之如無上公即尚書令僕已下行之其嗣
王合隨宗正若有班位合依王品此則嗣王雖一品不
得為表首二也又據故事僕射位次三公則僕射合為
表首三也又准故事僕射是百僚師長即無東宮一品
為師長之文是知上臺表章僕射當為首四也又准晉
天福二年敕節文令後凡有謝賀上表並令上公行之
如三公闕以令僕行之則上臺表章僕射當為首五也
又立班之制卑者先入後出尊者後入先出見東宮一

品立定僕射乃入僕射既退兩省班退後東宮一品方
出即輕重先後之禮較然可知則僕射合為表首六也
令御史臺檢討有憑事理甚允議者或引百僚起居之
日宰相偶不押班東宮一品在前不可卻過僕射臣等
答曰必合通前立之者則兩省官班在前如過最在前
班必求宰相之次為首則非上臺僕射而誰又曰一品
為尊二品為次臣等答曰班秩之內輕重是分或有自
四品入三品為黜官丞郎入卿監是也從四品入五品
為進秩少卿入郎中是也四品在三品之上諸行侍郎
於卿監是也七品八品在雜五品之上殿中侍御史補
闕拾遺監察於三丞五博是也若不以省臺輕重次第

卷一萬一千四百九十六

相準居此官者肯以品為定乎又大凡尊卑各有倫等
雖繫君臣之際可論父子之間上臺則君父之官也東
宮則君子之官也若或品位殊邈亦可尊卑各申其如
臺儀輕重不同實恐統攝不得假若輕重雖等亦須推
獎上臺議者又曰新定合班最可為準臣等答曰近敕
合班之位僕射與東宮三師不曾改移上件所引故實
敕文當時與令無異此乃仍舊不是新條又議者曰僕
射輕重不同往日臣等答曰此官崇重議亞三公上事
舊規與冊見在公參之禮立朝之儀見令可知何曾損
減又議者曰假如百僚同書一狀必須依次書名臣等
答曰此議只為表章獨以一人結銜為首且云文武百

僚臣某等言則是總統文武衆官見宵正衙重宫太子宫臣雖以為首若援引依次連書實又與此不同又議者云表首之人近亦曾有三少臣等答曰今為在朝見有僕射表首難定宫臣歷朝與褖分明都來不取近或重輕顛倒卻引為憑脫或不論官曹不取閑劇不以近尊為重但只據品而言則上來班位及於資品以至僕射出入令後並各改更若變舊章於時何益臣等今請依唐正元晉天福故事以僕射為表首從之太宗太平興國元年三月太常博士通判河南府張洎上言伏見西京莅事分司官五日一拜起居表並集於長壽寺佛殿東南欲望自今凡西京拜表並於皇城内正殿前列

卷一萬一千四百九十六

班奏入不報真宗咸平二年十一月二日車駕北巡詔部官郎中直史館劉蒙叟留京師知宫中名表景德三年正月朔宰臣率文武百官内職將校契丹使詣閤拜表稱賀舊制諸軍將校與樞密使内諸司使副使以下詣長春殿拜表是歲以戎使在列故悉就文武班為四年正月二十一日車駕朝陵詔著作佐郎直史館陳越掌留司名表大中祥符六年十一月四日詔自今朝會拜表及聽御札批答如集僧道士衆其應緣起居單員並令五班七年十一月二日詔西京自今行香拜表並以知府為班首先是左諫議大夫陳象輿權西京留守司御史臺趙湘以郎中知留府象輿自以位居湘右每

行香拜表輙倨慢不禮使左右掖而進上封者言之故改授象輿分司而有是命乾興元年二月二十一日仁宗即位未改元中書門下請内東門拜表差都知一員跪受傳進從之孝宗乾道六年十二月二十日禮部太常寺言勘會來年正旦大朝會已降指揮權罷欲乞是日宰執率文武百僚詣文德殿拜表稱賀其從駕官以俟從駕詣德壽宫不係從駕官拜表訖先詣德壽宫門外俟迎駕起居俟皇帝詣德壽宫大次降輦次輙宰執奉辭文武百僚詣德壽宫殿下立班定太上皇帝即御座殿下禁衛起居如常儀以俟皇帝升殿并宰執文武百僚朝見起居太上皇帝並如紹興三十二年六月十一

卷一萬一千四百九十六

日已降儀注指揮施行勘會來年正旦文武百僚趂赴文德殿拜表所有趂赴拜表官并應奉人入出門戶欲乞依昨乾道三年十二月二十七日已降指揮入麗正門出和寧門徑赴德壽宫立班詔從之七年二月十六日詔過百僚稱賀拜表等皇太子已行宫中之禮與免趂赴立班

文心雕龍小注疑錯誤於此條宜更詳定以闕下　真宗下疑脫咸平三字今據四年正月十一日改之

宋會要　書章奏

章奏條貫。太宗雍熙二年二月一日，詔曰：「朝廷選用賢能，分曆事任，必資公共，以副憂勤。向者觸事同僚多不連書奏牘，自今並須同書，永為定式。其不合連奏者，聽之。如事狀顯然，而同官固執不共連奏者，當行勘斷。」先是，帝覽諸路轉運使、副、知州、通判有不連書者，乃下是詔。　淳化元年十二月十八日，詔中外所上書疏及面奏事制可者，並須下中書、樞密院、三司，以其事申覆，然後頒行，著為定制。　二年六月十一日，詔應奏狀有差錯者，銀臺司副都進奏院令報本處勘當，罰千錢，人以聞。十七日，詔都進奏院點檢諸州府軍監遞到奏狀，內有稍改脫錯洗補不依體式處，送銀臺司，令本院準前詔施行。　四年四月二十二日，詔曰：「國家萬務至廣，蓋先於有司，舊章具存，必求於政府。近日中外官吏不守章程，凡有舉行，多稱特奉聖旨，鸞臺鳳閣既未降於敕書，金科玉條又靡干於律令，即有乖忤，無所辨明。自今諸司凡有奉行，不得輒稱聖旨，違者寘其罪。」　至道元年三月十四日，詔諸路轉運司指揮部內蒙職州縣官等，應公私利濟之事承例未經改正者，並仰具析擘畫，實封入遞聞奏。如能興利除弊，事件多者，當加昇奬，仍委舍人院看詳定奪，其可否送中書施行。　真宗文心雕龍咸平三年十一月壬子，詔舉行轉對，其未預次對群官許上章奏事。十二月壬子，詔轉對章疏別錄一本留中。四年正月十一日，詔內外官上封事者，委樞密直學士馮拯、陳堯叟詳定以聞。六月二日，命知制誥梁顥、薛映同詳定天下奏牘。先詔中外臣僚上章各陳便宜，命顥等詳定以聞。　五年七月二十五日，翰林學士梁周翰言：「今後稍關機密，乞下本院先具詔本進呈，取定可否，更不將付中書。本」　詔應中書取索詔敕草本，並先實封送中書，省詳定寫進。　景德三年六月十八日，知制誥朱巽言：「朝廷命令不可屢改，自今應陳述利害更易法制者，請先委有司議其可否，如經久可行者行之，不可者止之，茍用辨是非，一皆頒布，恐失重慎之道。」帝謂羣臣曰：「此甚識治體，卿等志之。且事有可否，執政者所宜盡言，無有隱也。」十一月二十一日，詔：「每宣敕下諸路，相度會問公事，多是稽留不即結絕，致煩催促。況稽緩制書，律有明禁，當諭轉運使告示，自今凡受宣敕，並須當日內施行，律限內結絕，若別行會問的實，限內未了者，亦須於限滿日具事由奏裁，如敢依前稽緩，官吏並當勘劾，依律科罪，仍委中門下樞密院置簿提舉。」　四年六月，詔臣僚上章，如係機宜刑獄急速公

卷一萬九千三百四十三　一

事，並令實封以聞。時帝覽殿中丞、知開封府司錄王諫奏劾長垣知縣朝臣請移司推勘者，其奏不實封，因條約之。　七月十八日，知制誥周起言：「諸司定奪公事，望令明具格敕律令條例聞奏，或事理不明，無條可援者，並須件析事宜，其從長酌中之道取旨，不得自持兩端，退遲行遣。如挾情旨，望許人告論，重行朝典，或止是畏避，亦量行責罰。」從之。　九月，詔外任官司臣僚實封通封奏狀，並令簡節事宜於奏狀前貼出，其封皮并內引單子上亦更畧書貼事宜，用印方得入遞。事係機密者，封皮上更下書貼。違者，銀臺司、都進奏院舉劾以聞。　大中祥符二年四月九日，詔：「進奏係機宜者，比來多不實封，頗乖慎密。自今並須實封以聞。」　十八日，詔中外表章文字有言玉皇者，並須平闕，黃帝故事，非聖祖、聖祖母文字不得引用。　二年五月九日，三司度支判官曹谷言：「內外群臣上封者衆，多務更改，宜敕徒成煩擾。欲望自今言錢穀者先檢會三司前後編敕，議刑名者引律令格式刑統詔條，論戶稅者須按農田敕文，定制度者並依典禮故事，各於章疏具言前後宣敕未曾條貫，如已有條貫，即明言雖有某年敕令，今來未合便宜，方許通進。」從之。　四年七月十三日，詔中書、樞密院：除改皇親檢行恩例，自今凡進卷草，並臣僚親封狀，當面拆之，即降處分。時皇親加恩制未出，有傳知者，帝慮內省見之，遂只令進名，付學士院草制。次日始進覆狀，又降此詔。　十月，詔諸司所奏公事，並須同官商議，無得各執異見，時以朝廷頒行詔命之後，多有改更故也。　七年六月一日，詔中書表疏不得指斥黃帝名號、故事。經典舊文，必不可避，則平空之。　十一月三日，禮儀院請自今中外所上表疏，不得連用玉皇聖號二字，如執符御歷之類，從之。　八年二月十七日，詔申禁諸司奏事取進止，而疑似兩取指揮者。先是，吏部銓引選人中書，以罪有論薦，勘事未行，生誤入入死罪，準赦原放，命與小處官。銓曹奏取進止，帝曰：「此自從後敕處分。」命中明舊敕禁之。　四月二十一日，禮儀院言：「臣僚所進章表文字，不許使闊幅大紙，條寫近日中外頗違約束，望令閤門、御史臺、進奏院申戒。除用常程表紙、三抄、西川麻紙外，更不得別用展樣大紙、錢紙、絹紙。」從之。　九年十一月二十七日，詔自今選人凡表疏文字，許銓司收受以聞。　天禧元年七月十三日，右正言劉燁、魯宗道等言：「每有奏疏，例於閤門投進，事頗非便，欲於通進司進入。」從之。　二年閏四月三日，詔中外申奏文字有不貼事宜，脫臣漏印，字數差錯，於文無害，但下如式者，一次違犯，特與免罪。委進奏院置簿記錄，再犯即依元敕，業關干繫官吏，如自述身事及謝恩

宋　卷一萬九千三百四十三　二

表狀止劾其人　七月二十五日，右正言劉煇、曾宗道言：「所上章例須手寫，伏緣筆札不精，慮瀆聖覽。」詔並令親書。　四年十二月　日，詔：「應求使傳宣并齎劄子、御寶文字赴中書、樞密院，凡干改轉官資及行恩澤等事，令後並先送都知司上曆，仍委自入內都知覆奏訖，繳連實封付元差內臣送中書、樞密院進呈，再取旨。」文心雕龍　真宗詔中書置籍，記諫官、御史之言事，行與不行，歲終具奏。　仁宗天聖元年十月十二日，中書門下言：「臣僚陳述利便，每送三司，多係改更事件，不復奏禀，直下諸路。如聞奉行之際，多有妨礙。望令三司自今雖所言有可行者，並是改更事，奏裁，無致行下。」從之。　四年十月六日，詔登聞鼓院：「令後應有合該條貫進狀人叙陳恩澤者，須是明言前後進獻月度數及妻實未曾經陳乞恩澤，即令詔命官一兩人委保，具結罪狀在內，方得投進。」從之。　六年十二月二十七日，詔：「令後應京朝官、選人、舉人家狀內，合具本貫，外寄貫別州者，仰更來書某州軍。」　七年五月十四日，中書門下言：「刑部上殿奏事，本部官批奏聖旨『依奏，送中書檢會』。大中祥符七年詔書，凡臣僚升殿奏事，不得批依奏，令刑部不詳舊規，望申明頒下。」詔可，刑部劄子特令改正，仍釋其罪。　六月四日，詔：「應內降群臣轉對章疏及諸色投進文字，但干陳述利便理訴冤枉者，已差資政殿學士晏殊、龍圖閣待制孔道輔、馬季良同共看詳，如所陳利便允當，并實有枉濫者，仰開析聞奏，乞降付中書、樞密院施行。國家廣開言路，博訪群倫，果與議之日，聞且囊封之，抑至其或事關機密，辭切指陳，或乞贖以留中，庶從害之無蹈。若乃建明邦憲，規益政經，須申飭於攸司，必刊名而付外。惟儁良之所述，應采擇之或遺，庚命信臣，俾專詳閱，其盡甄於片善，用深副於虛懷。咨兩官師，當體予意。宜令御史臺出榜朝堂，并都進奏院頒行諸路。」　九日，晏殊等言：「看詳章疏內有合條貫者，望下刑部、大理寺檢詳供報。」奏可。　八月八日，詔：「昨許諸色人指陳大事，詣檢院投進，近日多不應詔。宜令登聞檢院自今須顯應勅條，指陳名目，方得投進，仍先取審狀以聞。」　二十二日，太子少保致仕馬亮言：「伏見工部侍郎朱巽致仕荊南，先有聞奏，特許本府附遞，望依巽例。」從之。

明道二年五月十三日，閤門言：「命婦奏狀，乞於登聞鼓院、檢院投下；皇親奏狀，乞令本宮勾當使臣看詳無違條貫，具印狀繳連於閤門投進。」從之。

景祐二年正月十七日，中書門下言：「檢院、鼓院令後應有諸色人投進文字，依例取責當狀書寫賫文書人姓名，於實封上粘連進入，如與元狀異同，並行勘斷。」從之。　四月二十五日，詔：「應在京臣僚每遇劄子奏公事

卷一萬九千二百四十三

三

除中書、樞密院、學士院依久例外，令後並御鑿書銜位姓名。」初，知制誥丁度進牘只書名而不用姓，內中誤降於參知政事盛度故也。　四年十月十六日，知開封府張遠言：「準勅，臣僚、皇親、諸色人奏狀，不得因親戚入內於中投進。近見漸有違犯，望令承受官司未得施行，便仰糾舉勘斷。」從之。

寶元二年二月十一日，三司戶部判官郭積言：「近日上封論列邊事甚衆，乞差近臣看詳，有可采者，委中書、樞密院施行。」詔並送翰林學士於本院看詳，不得漏泄於外。

康定元年四月二十七日，詔：「臣僚及諸色人所上章表、邊事及朝廷降下制誥、宣敕文字等，令都進奏院不得傳寫，學士院不得漏泄於外。」　七月十六日，權御史中丞柳植言：「比來上封者所陳兩事軍機，皆送學士詳定，多致傳布，有害事機。望只委中書、樞密院詳酌施行。」詔學士院密狀掌，無致漏泄。　九月七日，詔開封府曉諭進邊事人，所陳方畧有可行者與恩澤外，無可采者已行告示，及給盤纏錢，令逐便者，自今毋復投寫進狀，市望恩澤。　十月六日，詔：「應今後降出內批臣僚違碍差遣文字，並行將元行條貫一處覆奏取旨。」　二年六月十六日，太常博士干房言：「竊謂官及內外臣僚所上實封章疏，輒敢漏泄及傳達草本示人，乞重行朝典。」從之。　十一月十五日，臣僚上言：「乞自今機宜文字宣頭，令樞密院拜三司緘密題記，付所差使臣齎下諸處。」詔樞密院、三司應添兵食業務、邊防機宜事，並實封下逐處，其河、陝三路州軍、轉運司並準此，違犯重罰。

慶曆元年三月六日，詔以羌寇平定，自今舉人並不得以進獻邊機及軍國大事爲名，妄希恩澤。　二年五月十五日，詔：「近日諸色人所上邊事，多是開書鋪人將他人文字改易首尾，鬻於此重疊進獻，僥望恩澤。宜令開封府嚴切止絶。」　月三日，詔登聞檢院：「諸色人除告陳密事即收接通進，言邊事者於開封府并隨處州軍投下，如有可採，附進以聞。」　三年四月五日，臣僚上言：「竊見近日臣僚將所上封章書疏令人抄錄出外，或密遣浮薄之輩傳誦稱揚，務取己名，欲彰君過。朝廷累行戒告，終未遵依，肩成澆風，無益聖化。六抵爲臣事主之道，務效忠厚，雍尚激昂，倘惟節行之自存，豈急功名之不立，苟爲詭慎，固有典章。乞曉示中外，更有違犯，密訪得知，重行貶降，以厲衆多。」從之，令御史臺出榜示朝堂。　五年九月二十五日，殿中丞李寔言：「令後臣僚上章疏迂誕詞語，乞不行下四方。」從之。　十年五月二日，知諫院王贄言：「臣僚章疏內有事合更張者，送兩制及臺諫官等同議，動經半年餘未見結絕。緣官員數少，遷移不定，其間若事或分寸有益，耶遲一日，有一日之損，蓋素無條約

卷一萬九千二百四十三

四

而務在因循欲乞今後應批狀下兩制及臺諫等官同定者乞限五日內
聚議半月內連書奏上如議論不同才識特異稽合禮法自有建明即許
別狀以聞從之仍詔已送下詳定文字亦依此日限詳定聞奏　十月九
日三司言準詔今後每有傳宣及內降指揮須候面奏訖方得施行緣有
係急速合即時應副者處面奏不及亦有體例分明者今相度除係入納
錢物并例外生事須候面奏施行外其餘體例分明及急速事乞依舊實
封覆奏從之　皇祐元年正月九日詔諸州軍不下司文字如州總管鈐
轄躬親書寫迴報或專委通判職官收掌行遣免致漏泄如違當行重責
六月二十四日御史陳升之言近有臣僚繳奏文親簡及朝廷推究事
近謀文武不繳奏又近請囑因事顯露悉皆科罪遂令聖世成告訐之俗
師三公僕射尚書丞郎大夫中丞知雜御史並避權知判官不避過兩省
給舍以上歛馬京官過丞郎給舍大卿監祭酒以上本寺少卿監司業並
避諸衛大將軍以下過上將軍統軍亦避詹事過上臺官如卿監之例庶
子少詹事至太子僕過太子王師三少並避過上臺官如少卿監例中允
以下過太子三師三少並避過賓客詹事歛馬過上臺官如太常博士例
應合避尚書者並避三司使權知開封府者如本官品避其臺省官雖不

卷一萬九千三百四十三

五一

合避而職分見在三司京府統臨者避中書門下樞密院常朝有衛定者
巡檢人員具名送開封府京朝官勝報御史臺彈奏內諸司使以下報宣
徽院施行不即申舉者委御史臺左右街司察訪以聞入皇城司及殿門
外當避而不避者委親事官報皇城司捕送開封府職官具名以聞諸色
人當避臺省官及歛馬側立而有違者街坊巡檢親事官止約回違不伏
者移牒官司及申奏如上制即不得淩辱命官武班內職並依此品施行
從之文心雕龍仁宗時范鎮請禁中及中書密院各置書奏簿上以備觀
覽之遺忘下以責大臣之續注　六年三月十七日詔應富民得試銜官
者不得與本州縣官使臣接見如曾應舉及衣冠之族不在此限　八月
六日樞密直學士禮部尚書知昇州張詠言當州每有祠部司事並申公
狀近官亦六曹祠部即本行司局例申公狀似未合宜欲望自今尚書丞
郎知州申除都省外其本行官司並以之留中無有文字留中者封御批
封降下從之　十月十六日侍御史林大年言伏見兩府近臣臺諫所言
事件多致通進司傳達出外乞今後通進司更不差內臣只於諸司使副
內選擇有當仍別差有行止內臣充承受司臣僚所進文字並須用印無
印表狀須與外封一手書寫所貴禁中易為點檢詔通進銀臺司相度如

何關防禁止具經久利害以聞既而本司乞應內外臣僚所進文字依常
手指實封訖別用紙摺角重封用印無印者臣名押字仍須一手書寫及
乞官員諸色人等不得輒入本司從之　三年八月七日詔中書門下近
日布求恩澤稍多今後須管次日覆奏取旨以上國朝會典　四年四月
十四日神宗即位未改元詔近許外任臣僚言事委翰林學士承旨張方
平學士司馬光看詳如有可採即進呈施行　五月二十四日翰林學士
承旨張方平等言諸封事但陳箴諫之言及汎論治體係所可取者發節
略編寫候成一冊逐旋奏御其指陳時務利害或數事內除只足採者更
不取錄外據可施行之事逐旋節錄聞奏乞降付中書樞密院看詳施行
所上封事其大意可採雖文辭鄙俗須至備錄其發明事理不盡者臣等
逐節後別立看詳一項所冀文理稍備其上封事人開陳政體時務大理
詳明顯見才識出衆者官員乞依詔書出自聖衷特加甄擢其次賜敕書
獎諭布衣乞下有司召問所上封奏內事節令逐一條對委有可取即與
量才錄用從之　七月十三日以御史中丞滕甫龍圖閣直學士趙抃天
章閣待制陳薦同共詳定前降手詔許中外臣庶所上差役利害章奏
神宗熙寧二年八月二十七日令知通進銀臺司翰林學士范鎮權監察

卷一萬九千三百四十三

六一

御史裏行程顥同看詳銀臺司所進文字數日定奪當進與不并令減罷
名件聞奏　閏十一月十四日看詳銀臺司文字所言諸路州軍奏雨雪
內有自成旬并逐時旋奏去處欲乞令逐月終一次具狀申中書候齊足
即具逐路分併與不得雨雪類聚作一狀聞奏詔令後諸處逐旬降雨雪
更不聞奏並只於次旬內申司農寺如有遲違亦仰催促常類聚收付準
備朝廷取索　十二月四日詔文武臣僚及內臣等進呈公事並批送合
屬中書樞密院別取進止不得輒批依奏及直送諸處行遣如違並當重
行朝典　二十四日詔今後中書樞密院宣敕劄子帶聖旨批狀除係機
密不送外其餘並送銀臺司封駁　三年六月三日詔司農寺令具五月
中諸路州軍所降雨澤聞奏仍仰今後常切照檢察諸如有旱潦特甚州
軍許具狀申奏　八月一日看詳銀臺司文字所言別無看詳減廢欲乞
罷局從之　四年四月二日詔內臣宮中凡有事當須稟聖旨者盡關中
中書樞密院別傳頒降或稽緩不及事可令入內內侍省具日來合依久
例施行事節開析以奏　八日吏部侍郎新知鄧州韓維請於通進司下奏
狀從之　六月四日罷看官看詳臣僚所上封章令中書門下看詳以聞
五年五月八日中書門下言西頭供奉官劉宗卿等乞今後遍封赴銀

臺司投下常程文字並依通進司例次日不以有無假故送中書施行自
來銀臺司文字於奏狀前貼寫事宜一行其奏狀前自來有貼黃亦乞減
罷銀臺司奏狀稱進奏院下到諸州軍奏狀自來作四日行遣今欲乞作
三日更不貼寫事宜當日便寫奏目發送及寫發歷照對第二日封卷印
押訖進呈第三日降出分配發放過中書樞密院早出及定引并非次等
假乞依通進司體例不理諸假故每日並入赴司校接投進發放從之
九年十一月二十一日中書門下言孔目房申熙寧八年七月四日條貫
諸內外官司奏狀并申牒衙位只書本處差遣令旨詳既不見得是何官
職緣急切須勘會欲自今應官司公文合書銜者令並書官職其兼領差
遣及散官勳賜等即依舊更不入銜從之　元年八月二十三日三司請
令後應御前及太皇太后皇太后傳宣旨并內降取索事干急速并當須
器用酒醴茶藥之類先次施行訖依條覆奏從之　十月三日閤門言
條經朝廷陳敘事理有不行者中書諸房直徹中書劄子體式送閤門告
示亦不知何官押字乞賜定奪當否詔今後應檢正中書五房公事送閤
門告示貼子並月日後書姓押送　元豐五年五月二日詔今後四方實
封奏除內降指定付三省樞密院及中書門下尚書省外餘並降付中書

卷一萬九千三百四十三　七

省可從本省分送所屬曹省　六月十七日詔近諸司妄以非應奏請事
輒奏者其以應申不申不應申而申及輒受之者罪法申明之　六年十
月十六日詔自今臣僚上殿劄子其事干條法者尚書省依條議奏如事
理難行送中書取旨　哲宗元祐六年九月二十八日刑部言文書應奏
有涉譏濫者並畧說事宜聞奏其深涉譏濫及毒藥厭魅呪詛事狀悉通
事中尚書省樞密院從之　紹聖元年閏四月十八日詔在京官司所投
傳宣內降及內中須索常行應奉隨事申尚書省或樞密院覆奏及類聚
月終奏聞指揮可並令隨處覆奏即本司官親承處分須索仍畫所得旨
錄奏請寶奉行其官司奏請得旨非有司所可行者仍申朝廷覆奏行下
五月九日詔自今除臺諫官章疏依條外其餘臣僚上殿劄子如事合
進呈即取旨　三年八月五日詳定重修勑令所言應奏事皆通封仍於
狀前及封面貼黃具事目若有機密災異及有所告言急速事合實對者
並摺角重封不貼黃具臣僚自陳意見及被旨條析事狀亦實封即陳述
已事不得實封違者繳奏從之　元符元年正月二十八日詔門下中書
後省立古司將已編類到臣僚章疏并續編類者修寫進入仍納三省先
是以臣僚章疏廢毀神宗法度紹聖元年五月詔三省各差人吏編排臣

僚章疏及朝廷政事自二年十二月二十三日命給舍都司官將元豐
八年五月至元祐九年四月十一日應臣僚章疏及申請事目編寫成冊
申納三省後又詔申納樞密院元祐中嘗為言官者毋得預至元符二年
六月又詔所編章疏申請並著所任姓名不得毀匿增減及漏泄至是編
類成政有是詔　三年六月徽宗未改元禮部言奉議郎吳時奏伏覩詔
書應中外臣僚以至民庶各許實封言事然應遠方臣庶封題未必如式
而有司拘文便行卻迴則恐所陳內有該涉邊防機密偶因卻迴則致漏
泄為害不細欲乞指揮應收接實封文字去處如有不依式者並許通奏
庶官司不敢妄生沮抑本部勘當欲乞下諸路州軍如有實封言事之人
題寫外封未依條式者即時指說使令改正當日內附奏從之　徽宗崇
寧元年五月二十二日臣僚上言勘會熙寧編勑諸臣僚不得因上表稱
謝妄有詆毀及文飾己過委御史臺糾奏臣竊惟自來諸處所上章表多
不到御史臺逐時雖有勑報或報或不報雖報或已過時陛下即位之初
嘗與天下鼎新一切率復元祐竄逐之臣其所謝表章但極意怨懟紹聖
年逐為過當語言甚者淋皆詆毀臣子不敬莫大於是不可不禁欲望於
上條文飾己過字下添入仍錄副本申御史臺八字犯者本臺即時彈奏

卷一萬九千三百四十三　八

重加黜削詔臣僚謝表令進奏院錄申御史臺　五月十六日中書省檢
會元符三年三月內詔書中外臣僚以至民庶各許實封言事在京令屬
處投進在外於所在州軍附遞以聞元符令諸上書言朝政闕失公私利
害者本州附奏膺降散官及安置編配之類言事者所屬審可採不兼他
事者聽收接不得實封及遣人進狀勘會自降上件詔旨已及二年已上
詔令所屬令後更不收接投進其上書言朝政闕失公私利害者自依元
符令施行　九月十九日中書省尚書省送到白劄子勘會元符勑令內
外奏報文字內事涉機密若要切急速或事干邊防軍政或臣僚自有所
陳或事體稍大而不漏泄理須實封或本條指定實封聞奏外自餘常程
小事於法只合通封者皆作實封開奏致御寶實封降出頗屬紊亂煩擾
令後三省六曹并所屬官司常切點檢如有違犯並舉劾施行從之　大
觀三年六月二十日上批國子監大學辟雍三舍生近來上書獻陳利害
或託以文詞覬倖恩賞有違學制殊無廉恥自令學生應有陳述所見若
利害灼然有補時政或進獻詩頌文詞優贍者仰經長式照檢看詳若無
違礙即連銜保明繳進如違御史臺彈糾以聞　政和四年十月二十二
詔令後命官案狀內令本處開坐干連有罪人吏姓名已未斷決罪犯

中奏　宣和四年十二月二十八日中書省言勘會近來諸處官司申請多以乞依前後已得指揮或再依某事年月日朝旨體例並不分明開坐所乞事理及所引指揮體例全文致遂旋取會動經月日不能結絶斷遣留滯詔令吏部遍牒內外官司今後應申請文字並據所乞逐一分明開坐如合引用條例及所用朝旨亦仰逐一開具全文即不得更似日前泛行指引如違徒二年人吏配千里外　七年二月三十日尚書省言臣僚陳乞不得言免執奏如違乞以違制論從之以上續國朝會要　高宗建炎元年六月十三日詔應士庶從獻章疏見委官看詳如有利害灼然可採令看詳官先次保明申尚書省議旌擢以為激勸　十一月十九日詔諸處凡有使臣等傳宣並畫時錄具職位姓名所傳宣旨實封覆奏如事有未便仍具未便事理執奏若所差使臣等不親赴逐處只令人賫到傳宣文字者並不得收接亦具因依聞奏　同日詔如傳宣或降指揮及官司奏請雖得旨依奏係元無條貫者並中書樞密院覆奏取旨內係非理干求恩澤及原減罪犯者仍奏劾犯人其上殿進呈文字批送中書樞密院不得直批聖旨送諸處如違所承官司未得施行並具事狀聞奏　二十日詔令後官司及臣僚奏請隨事奏乞降付三省樞密院施行先是檢校少保安德軍節度使鄭戌之差在外宮觀陳請支放請給等劄子內親乞直降有司從秦紀綱啟降是詔仍戒勵焉　十二月二十三日詔中書省自來年正月為首置籍將降出臺諫章疏批行訖次月宰執以合上簿者取旨編寫校進　二年七月二日詔入內內侍省如係經御覽御筆馬奏狀權許依舊收接外其餘並赴進奏院投下仍留角實封不得遞封　八月十一日詔諸路州軍日逐差人投下機密急速緊切文字赴通進司往往通封止有貼黃稱說事目慮恐未投進間因而漏泄深屬未便仰通進司自令後進文字用黃帕複包角本司監官書臣名封記赴內東門投進仍令刑部遍牒諸路州軍如奏機密文字並須實封兩遞機密文字不得貼說所奏事宜進奏院依自來條例施行　三年三月三日臣僚言宜倣唐制及祖宗舊制應獻陳章奏委翰林學士給事中中書舍人輪日於禁中看詳條陳具奏使是非予奪盡從公論在古小臣不得妄言利害既委臣僚乞不差內臣傳送只實封往復庶免鬻與交結之弊從之　八月十八日詔行在三省樞密院專行軍旅邊機令登聞鼓院通進司除實封并邊機文字外其餘應干常程文字並入遞發赴洪州三省樞密承行時邊事未寧上總師親征分百司扈從隆祐太后于江西常程事權聽處分

卷一萬九千三百四十三

九一

從左司郎中韓肖胄請也　紹興三年六月十八日詔常程上書人間有狂妄者朕多留中不欲置罪今歐陽澈士狂妄之甚若不懲戒且慮扇惑群聽亦害政之一端也可將澈士文字宣示侍從臺諫議罪來上當明坐事因以置典憲澈士尋送洪州編管　八月二十五日詔應自今上書言事毋有所諱惟不許因書告訐他人過失令鼓檢院曉諭先是下求言詔時封事有告諭州縣及訐人過者至是從給事中黃唐傳所請也　四年七月二十四日中書門下省言大理正胥介上殿奏陳劄子二件並不書名於法合行科罪詔特與放罪　二十八日詔二廣提發命官申奏院狀每季類聚再奏若程限稽遲不到并下沿路究治仍委本路提舉馬遞鋪及漸磨當職官之常切檢察若在路計囑私拆藏匿致稽遲不到者合干遞鋪者曹司兵級巡轄使臣正根勘具案聞奏重行斷遣　十一月九日左宣教郎太平州州學教授王言恭上書陳獄刺使事屬至密疏遠小臣不敢求對清光願許臣暫至行在見宰執委曲陳之詔令本州守臣取索實封繳奏　五年正月十五日詔淮南路今收復之初事有不便於民者許士庶實封經所屬投納附遞申本路監司擬定可否利害聞奏　十七日尚書省言諸州軍縣鎮等處申奏文字往往空日遞發是致無所稽考詔應奏狀並申三省樞密院等處並仰實填月日　二月二十六日宗正少卿兼直史館范仲言乞將近詔職事官陳對利害奏疏做治平故事編類進呈斷自聖意擇而行之詔令翰林學士孫近直學士院胡交修編類進入既而殿中侍御史謝祖言又言臣僚條畫利害既上御府願陛下留神省覽或宣付大臣俾之分門擇其可用顯奏行之詔可　六月三日三省言臣僚辭免恩命自宰執以下皆有定制近來或有過為遜避至於屢三當此多事之時實於職事妨闕詔並遵依舊制施行　十二月二日成都府潼川府夔州利州等路安撫制置大使兼知成都府席益言應奏禀探報急速事乞特許赴入內內侍省投進從之　六年五月十七日中書後省言看詳閻勅信所陳怪誕鄙惡不成文理緣被狂妄投進乞詳酌施行詔閻彰信特放罪　七年七月二十七日詔令後士庶獻陳利害令給舍子細看詳其可採者中書省取旨施行　十月二日上謂輔臣曰向緣亢旱許士庶直言時政闕失投進書疏者甚多雖皆經親覽猶恐未能詳究利病可令後省官子細看詳有可採者具申中書門下省條上取旨施行庶幾詔令不為虛文　九日又詔仍令中書籍記姓名以備採擇　十二月二十七日左朝奉郎試給事中兼史館脩撰傅崧卿言承詔舉古散郎

卷一萬九千三百四十三

十

知常州武進縣吳師直堪充郡守監司，其赴奏誤寫爲郡玉首，此謬誤之甚，降黜以爲在列不謹之戒，詔放罷。九年四月四日，詔應河南復諸路州軍民間利病，許監司守臣條陳，除宜及士庶上書，繳所在州軍繳奏。七月十五日，御史中丞廖剛等奏：伏覩近詔，臣僚上殿畢，具不曾輒論私事及僥求申聞，門切緣臺諫日逐上殿，數奏本職公事，即與其餘官奏對事體不同，欲乞今後臺諫官遇登對，止具所得旨歷記注者，依條關中書門下省外，免申閤門，别無僥求大狀所責得體，從之。八月六日，臣僚言：乞今州郡自今應管內去處，若不雨過十日至得通濟月及月內雨暘，以時並各具狀入遞申尚書省，水潦亦如之，令左右司置籍拘錄，以時檢察，仍令監司嚴行督責，其匿報與報而不以實，徒爲文具者，悉許按劾以聞。詔令後州郡須管以時申戶部，候到限當日繳奏。十一年五月二十四日，詔登聞檢鼓院令後有獻無益之言，不干政體者，不得收接。時有詔檢院繳獻無特者，即非政體，令還之，故有是命。二十五年十一月二十六日，宰臣言：區關天下之事，皆自人主，縱覽人臣不過奉行而已。近來諸路監司郡守以事達朝廷，止云由尚書省取指揮，殊失經意，自今事無巨細，皆須奏聞，如或准前違戾，許臣等具名銜進呈，當議黜責。詔可。時宰臣奏

卷一萬九千三百四十三

欲示權綱，悉歸于君上，非臣下所敢專也。上曰：此乃大臣任意所爲，不欲朕知天下事，此奏可即行下。二十六年七月十四日，詔士庶封事許詣登聞檢院投進，仍令諸路監司郡守條具便民寬恤事件聞奏，其言刑獄事委刑部，財計事委戶部，仍委吳秉言、王綸、湯景夏、賀允中分輪看詳，務得詳盡。八日，吏部侍郎張綱言：有司看詳群臣章奏，尚恐疏遠之人鋭於納忠，設意過當，有已出新意而致衝改祖宗舊法者，有取便一時而行之既久不能無害者，有會蠲復之名而不以用度較之，致州縣不免暗取於民者，若此之類，自非深思熟慮，實難遽見。望詔有司必須詳審究極事情，不得一切苟簡，更乞萬機之暇，躬垂省覽，惟不悖戾祖宗舊法，可以經久而實惠及物，乃聽施行。從之。二十四日，詔令後臣下奏陳故事，不許講筵所取索副本，只就令通進司進入。二十七年十月十八日，右正言朱倬言：近日陳利害者，或不深知朝廷之典常，或不洞究百姓之利病，得之口耳，即以上聞，爲害莫大。欲乞自今獻言者，必送有司精詳參照，既定然後大臣審究，至當果若前法有害不可經久，與夫不宜於民者，詳具本末，剖析利害，上取宸斷，付下有司，方可施行。從之。二十九年七月九日，臣僚言：內外官司文書期會，官吏因循偷惰之日久矣，又胥吏並緣爲

十一

姦，欲遲欲速，惟在其手，若不澄源，未易革也。望詔內外官司，今後應奏申文移並令實填月日，別爲之鉤考，胥吏雖欲巧爲遲速，亦無所容其姦。然後嚴常繁之限，於內驗地里日時之限，於外稍有稽違，重寘于法，庶有以革驕怠之弊。從之。其後吏部亦乞令後應內外官司凡申奏文字月日並書文字填寫實日，並從其請。三十年四月十七日，詔自令臣僚陳乞上殿，令具狀徑赴通進司投進，不許於都堂納劄子，永爲成法。十月三日，詔昨依故事，在內侍官承受內外諸軍奏報文字，慮恐稽遲，可並罷承受官，今後諸軍奏狀劄子並實封於通進司投進，三衙有公事即時上殿奏聞。三十一年四月二十四日，上宣諭宰臣曰：臣僚利害奏劄，士大夫自合親書，不須計較字畫工拙。以上中興會要。紹興三十二年七月二十六日，孝宗即位未改元，詔令後直言上書並付中書門下，後省看詳，有可採者，申尚書省取旨。孝宗隆興元年五月四日，詔自今以薦舉上書登對，真才實能無吝獎擢，其餘令籍記姓名，以俟選擇，無狀者罷之，仍追坐謬舉，從中書門下檢正諸房公事余時言請也。九月十五日，詔已降親劄付張浚、王彥，令逐處兵將官有奏報文字，及有陳乞，並不得倚托近侍進達，可徑赴行在通進司投進，仍劄下通進司照應收接。二年十一

卷一萬九千三百四十三

月十三日，詔學校之士久被教養，固知禮義，方今多事之日，必能愛君體國，如經檢鼓院有所獻陳，自當採用，或加旌賞。若輕薄喜亂之輩妄相鼓扇，不經檢鼓院輒行伏闕之人，不問是何名色，爲首者重寘典憲，餘人等第重行編配，事在必行，仍令尚書省出榜曉諭。乾道二年五月二十四日，詔令後看詳四方投獻書劄文字，擬定等第將上，以起居舍人陳良祐奏：仰惟陛下臨御以來，下詔求言，凡芻蕘有陳，必經御覽，又盡以付兩省臣僚使議其可行，惟是日積月累，奏牘益多，看詳去取，未能遍觀，間有可采，雖以申上，例無明降指揮，是致四方之人多懷不盡，以爲陛下求言而朝廷吝賞，省官不肯留意，有司不爲保明，甚者侍報客邸，旅食無資，徒有望望之心，不知朝省已爲看詳擬罷，欲望聖慈令兩省官取四方投進書劄文字同共考閱，議論可采者第爲三等，量與推恩，如上等有官人與減二年磨勘，選人候改官收使，士人免解一次；中下等有官人與減一年磨勘，士人賜束帛。此不過取其尤者十數人，以慰籍進言者之心，且以示陛下勤於聽覽，盡天下之美，其餘無可采者明日行報罷，且傚一舉之使出上意，則四方之士樂爲陛下獻言，而聰明不壅，亦裨於治道，故有是命。三年五月九日，詔依故事，在外惟前兩府，在內惟大兩省許用劄子奏事

十二

他官皆用表狀　臣僚奏通進司掌天下章奏案牘在京百司文武近臣表疏進御頒布之事職任為重是以在於祖宗時檢察甚備有譏察之戒有漏泄之禁有封題之式有輒入之罰雖舊任官高時領要職苟於格法不當者不得上達也伏見比來其制甚紊不當進而輒進者率爾得通且又越格惟以劄子十數累幅上瀆天聽褻慢違禮莫此為甚仁宗皇帝時有坐用劄子奏事降官如張學者則祖宗之維持法度何其嚴也伏望明詔飭司申飭條格不應進而輒進及越格以劄子奏事者各令拒而不納當刑罰者自從舊制監典官吏亦各有坐庶幾出入機要之地不致輕慢以體國章故有是命　七月四日詔自今沿邊州軍并監司帥臣主兵官並許用劄子奏陳既而淮南路轉運判官呂企中奏臣誤蒙使令即與其他路分不同欲望許臣到本路事干機密及臣有建明並乞依乾道三年七月四日已降聖旨用劄子實封奏陳直達宸扆之前詔從之　五年五月八日詔後省置籍看詳臣僚士庶言事詳擇其可行者條上　臣僚奏切惟陛下合己從人比迹唐堯好問察言並隆虞舜百職庶僚有輪對之章監司郡守有五事之疏以至公車之薦召士庶之投匭無不為陛下言之而累年以來言事者不知其幾人或以看詳而來上或以條具而

卷一萬九千三百四十五

不報者尚多有也縱可者不知其幾事或雖承受而廢格不行或雖施行而循習不省者皆是也如此言之是非將何所擇事之成否復何所稽哉昔司馬光乞以上書言事者求其理道切審各以貼黃節出更以聖意擇其善者施行仍籍記姓名遇有重難委以幹辦果有功效仍如進用臣謂由先之說則言事者知朝廷有芻言之意如若其言可行不敢誕謾上下無壅而言之是非於焉而可釋矣乞下三省詳議務令悠久遵行庶幾不負陛下孜孜求言之意故有是命　七月十二日宰執言近日上書論邊事者悉送兩編修官擇其可行者與可去者或可存留者各以其類相從置簿抄上以備他日採擇從之　九年十一月四日詔後省旋次擇摘取上書可採者總其樞要斷章取義立為篇目繕寫進呈從起居舍人趙師訓請也以上乾道會要　文心雕龍孝宗群臣章奏取其所當行者疏之小冊以示大臣或御便坐則寘于昔几群臣皆得就觀又有記事版書其要旨以備遺忘　淳熙二年十月十五日詔兩淮州軍及師臣監司并駐劄御前諸軍應有事干邊防軍機文字自今止得具奏并申尚書省樞密院不得泛申他處　四年十二月十二日詔沿邊帥臣監司守臣諸軍主帥應有邊機事宜除具奏外止許實封申樞密院四川仍申制置司毋得

泛行申發及用私劄牒報如有違戾重作施行內外諸軍所有兵馬帳狀自今止許具奏及申樞密院不得泛申發兵部等處　六年十一月十一日詔自今官司書判並用行字如有依其處行改作從字從吏尚書周必大請也　七年三月二十八日詔祖宗舊制諸路禁軍委兵鈐專一訓練教閱已降指揮遇有奏聞事如監司例具奏自今合具奏事務許徑赴進奏院通進司投進　九年正月十二日詔盱眙軍應有合發奏報文字并傳旨回奏知稟劄子等並令進奏院赴通進司投進　十一月三日宰執言臣僚章奏應帥漕郡守主兵官如事涉兵機許用劄子其餘僭越紀分有不如式則令所屬退還其間帥守監司實有利國便民等事若一例不許投進竊慮埋蔽詔淳熙六年七月二十九日指揮更不施行　先是六年七月二十九日臣僚言竊見舊制章奏凡內外官登對者許用劄子其餘則前宰執大兩省官以上許用劄子以下並用奏狀凡沿邊守臣與帥漕臣拜主兵官許用劄子自後他司內郡應因奏狀者或以劄子其間往往抵訐前政陳說己能欲望申嚴有司應帥漕郡守主兵官如事涉兵機許用劄子其餘僭越紀分其不如式則令所屬退還　十年六月十五日給事中宇文价言去年十二月臣僚劄子具載太上皇帝紹興之初嘗下

卷一萬九千三百四十四

詔守臣令到任半年以上具民間利病五事聞奏乾道修令著為定制而近年以來故事頗廢乞明降詔旨再行播告從之　同日詔諸路州軍申發章奏並要書填實日以給事中宇文价言欲計程驅磨故也　十五年十一月十四日臣僚言近者輪對之間辭見之際連章累牘及細微率皆常事自有成憲又有職分之所當為職位之所可為者且亦飭辭以為能獻說以為功往往悉關聖慮乞自今凡有輪對及辭見並不許過三劄若軍國利害事大體重者不拘於此從之先是十三日宰執進呈上曰輪對官說此甚當上殿官多是瑣不務大體以至瑣屑或事有成憲者一一奏陳以多為能無益於事自今只用三劄　十六年六月十六日詔祖宗成憲自當遵守日後或有臣僚奏請事涉改更者仰三省樞密院詳具以聞既而以大司直汪潚言竊見近來臣僚奏陳利害多是蔽於一己之私不顧事之可行利害之輕重將祖宗成法動輒輕改立為己說以競新奇甚者甲是於前乙非於後一歲之間紛然相疊民情物態其詎適從所以州縣之吏每每視為文具者無怪其不能一意奉行也望申嚴號令確守祖宗成憲無以一人之議而輒行無以一人之議而輒改使州縣之間知所遵承而遐邇之民均被實惠故有是詔　八月十三日宰執進呈李

信甫乞遵用天禧熙寧故事許六察言事上曰祖宗前後典故甚明宜且遵守不可輕易變更留正等奏六察臺格具在條目詳備若能舉職則事亦僃有可言者誠如聖訓不必更變舊制　十九日臣僚言陛下臨御以來序見百官靡有虛日而累月於此巡對將周凡議論之中否固已擇其善者而從之臣竊斷自聖裁盡取前後奏劄留中而未出者以付外廷使得公共詳酌芟夷弃剝採掇忠實凡可以裨益聖德佐助國政者以類相從裒集成編且各署其職位姓名於下正本進入副在三省自古以往亦繼此編附庶幾晨昏之暇朝夕省覽有以上淡聖聽而廟堂之議羅行因革亦將於此有攷焉從之　十一月二十八日右諫議大夫何澹言竊見近日以來有得旨而集議者有得旨而詳議者有得旨而看詳者有得旨而薦舉者往往多無限期聽其自遲而自速臣僚章奏不無可采而下之有司即不聞報況欲望其施行然則何責乎外路供報之稽緩哉乞今後有旨或集議或詳議或條具或薦舉與夫看詳相度稽考之類並令中書隨事斟酌以為期限之遲速使有考焉事干衆者御史臺先期催促勿使違限下有司者鄉司逐時檢舉不得愆期則詔令不為虛文而中外莫敢玩習矣從之　紹興三年三月二十六日宰執進呈之次上曰昨日莫叔

卷一萬九千二百四十二

光奏事乞令後臣僚上殿奏事不許過三劄但如外來曾作州郡人僅得一次上殿也要論些事若限以三劄恐不盡其所懷寧是數直截論事少作文不須限以數目　淳熙二年二月十四日詔自今文武臣已授監司郡守諸路釐務總管鈐轄都監上殿詭在半年之內改差合上殿差遣與管鈐轄因任滿回已經上殿再除校令來差遣在半年內與免朝辭日奏事其餘文武臣有已經奏事除授在半年內合上殿之人未有該載詔依已降指揮朝辭日免奏事　六年二月八日詔前宰執侍從帶觀文殿大學士至待制及大中大夫以上守郡奉祠之人自今如有已見利便聽非時聞達仰不得輒陳乞恩澤自述勞績之類其貴降官不在此限　九日詔每遇宣打打毬其諸軍正額額外統制官及賜酒之際非宣喚不得輒於馬上及鐙趨捐前奏事從殿帥郭棣請也　九年九月八日詔自今路分鈐轄將訓練職事令上殿　紹熙二年四月十二日臣僚言人主之聽言固欲致其詳當又當防其壅蔽欲望陛下聽納之際無不致其審而壅蔽之患每預為之防忠讜者益加招徠狂直者益務優假庶幾四方萬里咸知陛下導人使諫之意若小若大更相戒飭無有知而為言無有言而

弗盡實聖明之盛事從之　九月三日祕書監兼實錄檢討官兼權兵部侍郎耿秉言臣至愚極陋識見淺短十旬之間三蒙宣引在微臣可謂榮遇臣聞臣下之望人君如在天上夢寐所不能到一瞻龍顏人以為榮陛下度越常規屢召從臣不間權官雖旬休佳節庶幾皆不廢宣引陛下之於群臣可謂無負矣如臣等輩乃不能吐一奇謀陳一長策以動陛下大有為之志臣等有負於陛下臣則有罪上曰君臣之間正欲咨詢古人謂堂下遠於百里君門遠於萬里言情之難通也朕正欲通上下之情使無壅蔽秉奏陛下憂勤庶政不憚咨詢之勞為從臣者既蒙時宣對則朝夕之間無非為國家講究利病論予至情為政上曰馬綱倒斃之數至正緣綱馬在道不得飲餧又至論宕昌以東地險乞增置馬驛上曰朕曾理會來宕昌以東誠有合增去處秉奏陛下不因臣僚奏請萬幾之暇詢究及此又明見萬里之外曲盡事情上曰今歲郊祀朕務從節省如州郡科買亦令減節秉奏如鹵簿之內八寶不出又如五輅減其制輪於禮文無闕而實能寬民省費秉因奏近日行更出遞入之制上曰此正用人之法秉奏人之才能必試而後知其可用與否上曰任賢使能賢者當任之能者當使之不詳試無以知其能求去者雖多又斟酌其人可留則留之不盡聽其去也秉奏陛下深得人君之道

卷一萬九千二百四十三

宋會要集議

國初典禮之事當集議者皆先下詔都省吏以告當議之官悉集都堂設左右丞座於堂之東北南向御史中丞於堂之西北南向尚書侍郎於堂之東廂西向兩省侍郎常侍給事諫舍於堂之西廂東向知名表郎官於堂之東南北向監議御史於堂之西南北向又設左右司郎中員外於左右丞之後三院御史於中丞之後郎中員外於尚書侍郎之後起居司諫正言於諫舍之後如有僕射御史大夫即座於左右丞中丞之前如更集它官即諸司三品於侍郎之南東宮一品於尚書之前武班二品於諫舍之南皆重行異位卑者先就席左右丞升廳省吏抗聲揖羣官就座知名表郎官以所議事授所司捧詣左右丞（當以判都省官主席）猶右丞執卷展讀訖授中丞中丞授於尚書侍郎以次讀訖復授知名表郎官食將畢左右丞捧筆叩頭揖羣官以一幅書所議事節書字其下授於四座監議御史命史告　所見不同者請不書字以官高者為表首如止集本省官座如常儀其知名表郎官監議御史座仍北向僕射已上得乘馬至都堂他官雖同中書門下平章事止屏外　太宗太平興國七年四月七日以兵部尚書盧多遜下吏詔翰林學士承旨李昉翰林學士扈蒙衛尉卿崔仁冀祠部郎中知雜事滕中正雜治之仍詔文武常參官集議於都堂太子太師王溥等士十四人參議曰引進使梁迥奉傳詔旨以盧多遜與

卷一萬三千九百四十九

一

秦王廷美結搆姦謀情狀顯露已令鞫劾多遜具伏者臣等今詳盧多遜自言累遣堂吏趙白以中書機事密告秦王廷美去年九月中又令趙白言於廷美云願宮車早萬歲盡心事大王廷美又遣涓人樊德明報多遜曰丞相言正會我意亦願宮車早晏駕又多遜嘗受秦王廷美私遺弓矢等事臣等謹按兵部尚書盧多遜身處宰司心懷顧望潛遣親吏交結藩王通達語言咒詛君父大逆不道干紀亂常上負國恩下虧臣節宜行誅滅以正刑章其盧多遜伏請削在身官爵准法誅斬據賊盜律謀反大逆父子年十六已上皆絞十五已下及母女妻妾子妻妾祖孫兄弟姊妹部曲資財田宅並沒入官男年八十及篤疾婦人年六十及廢疾者並免伯叔父兄弟之子皆流三千里不限籍之同異其秦王廷美伏請並同盧多遜處分中書吏趙白廷美涓人樊德明並請處斬臣等謹具議定以聞詔盧多遜在身官爵及三代封贈妻子官封並宜削奪追毀一家親戚並配隸崖州充長流百姓終身禁錮縱更大赦不在量移之限其朞周已上親並配隸邊遠州郡禁錮部曲奴婢並縱之餘依百官所議施行　八年五月十一日御史知雜滕中正以鞫威塞軍節度判潁州曹翰私市弓弩槍劍長矛甲鎧具裝不以聞又於部內發民築烽臺諸縣有寇盜令舉烽火以應城中擅補置牙吏官責鹽所得

卷一萬三千九百四十九

二

錢銀民歲輸官綿及輸租並取其餘羨判官山玄羽掌
官酒歲所責麴又取其羨利錢五百萬緡百足獄具來
上法當死帝重難其事詔百官集議工部尚書李昉等
奏議曰謹案曹翰身備將壇職當郡寄而不守法度擅
賦閭閻盜取官錢隳紊國法設烽燧於部內搖編戶之
心藏刀劍於私家借尚方之制不法不道黷亂紀綱請
如有司所定寘于極典臣等謹議定以聞帝以其勞舊
未忍寘于法故止削奪官爵登州禁錮　真宗咸平元
年九月二日詔尚書省集文武常參官議戶部尚書張
齊賢監察御史王濟互陳刪定編敕利害十月十一日
齊賢言前與王濟互執刑名准詔集百官議定今臣在

卷一萬三千九百四十九　三

中書願寢其事許之　初齊賢與濟同刪定編敕齊賢
以小民犯盜者衆欲寬其贓冀多全宥濟以為寬則犯
者益衆以死懼之尚不畏況緩其死乎濟強抗詞氣甚
厲目齊賢為腐儒不知適時之要遂下都省詳議並劾
濟齊賢既知政事不欲與庶僚校曲直帝忻然嘉納濟
免劾　大中祥符元年九月十三日太子詹事判刑部
慎從吉與刑部尚書温仲舒等互陳試審刑詳議官彭
愈等刑名通粗詔問狀仲舒引礼部侍郎魏庠試慎鍇
通粗為比乃詔吏部尚書張齊賢百官議於朝堂且言
鍇等有不中程者直史館張復知礼部名表避事不草
議狀殿中丞丘雍代為之詔罰復金以懲之　仁宗明

道二年七月五日殿中侍御史段少連言國家每有體
大之事必集群官議於尚書省臣近准臺牒充監議官
於尚書省集官同礼官詳定莊獻明肅莊懿太后祔廟
事伏見尚書省官內有帶兩制職或無三司副使者多
移牒不赴欲望自今每尚書省議事其兩制以上帶尚
書省并任三司副使者並不得託以他事不赴集議如
有違犯乞以違制及不恭定罪從之　景祐四年三月
二十三日集賢校理兼宗正丞趙良規言伏見都省集
官議謚近制應本省官議學士知制誥待制三司使副
使者並令赴議其日帶職官入省者或在本官之次或
在本曹之上著位舛元有乖舊制謹按國朝故事及令

卷一萬三千九百四十九　四

敕儀制則別有學士知制誥待制三司副使著位視品
即與前朝制度不同固無在朝敘職入省敘官之理令
若全不論職假有工礼部侍郎兼學士者使不在帶職
兵部侍郎之下又如中行後行郎官兼學士在朝立丞
郎之上入省綴駕庫之次知制誥待制入朝與六行侍郎
同行入省郎分在郎官之下如員外郎任三司副使郎
中充判官者在三司為參佐入省卻在其上又如員外
郎兼學士郎中兼舍人待制在兩制自分職次入省亦
卻在其上即各綴本官班於理未便所以舊來議事除
別詔三省悉集則中書舍人知制誥與常侍給諫至左
右正言皆赴若內朝官悉集則學士待制三司使副使

皆赴若吏集他官則諸司三品武官二品各在本司長官之次若止是集尚書省官其帶職者並合不赴又按天聖編敕學士知制誥待制三司副使正官未至五品並同五品官例令若各綴本官班則是與編敕不同又按雜坐圖學士在兩省侍郎之下尚書丞郎之上中書舍人知制誥待制在留後之下秘書監之上三司副使若少卿監之上令若復綴本官班顯亦有違令文又按閤門儀制大宴學士座殿上與僕射同行知制誥亦座殿上與尚書丞郎同行若曲宴則三司副使預坐即在知制誥之後重行異位其三司副使又准咸平六年敕品與諸司少卿監同而班其上豈有親奉至尊於殿庭

卷一萬三千九百四十九 五

列座其禮如此暫入都省便卻降損著位殊無於理未順又按故事尚書省官帶知制誥者並中書省奏班簿即於尚書省御史臺並不著籍故有絕曹之語令若復綴本官班亦是有忝典故又伏見國朝以來凡定學士舍人兩省以上著位除先後入外若有升降皆是特稟朝旨方定著位豈有在朝之省迭為上下況省中會議皆左曹在右曹之上令來升降弗倫典故無據又伏見郎中員外兼侍御史起居舍人及任裏行者皆稱臺官不赴都省議事臣詳上件官並是本官兼任臺省即是與帶知制誥待制等事體無異豈有兼領若一赴集有異又按唐朝故事翰林學士有不知制誥者並無別占

壓著位只是與令來直館事體一般若國朝學士知制誥待制則顯有著位與唐朝不同其侍讀侍講龍圖閣樞密等學士及三司副使即是國朝新制唐朝三司者自尚書省之職自後唐别置使額令來顯是不同望委中書門下參酌舊規詳加審定自令除集三省官議事即依舊外若只是本省議事其學士知制誥待制三司使副使並依前項典故不更赴議庶使品位有序典故無違詔御史臺與太常禮院詳定太常禮院言臣等竊推禮意旁按國經且載有司咸著成式由議者之未悉故疑論之互興自非鋪陳奚能析衷令列唐制及國朝近例如左按唐李肇翰林志凡學士無定員皆兼他官

卷一萬三千九百四十九 六

充下自校書上至諸曹尚書皆得為之既入院與班行絕迹亦不拘本司不繫常參守官三周為滿歲則遷知制誥韋執誼翰林院舊事翰林學士自建置以來秩序未立庭覲之際各趨本列洎興元元年始有别敕令朝服班序與諸司官知制誥例同唐會要太中初敕翰林學士自令以後至郎中令知制誥其餘並依本官月限及准外制例處分五代史職官志天成初敕令後翰林學士入院並以先後為定唯承旨一員出自朕意不計官資先後在學士之上國朝天聖編敕學士知制誥龍圖閣待制三司副使官未至五品者並同五品官例附儀制令敕翰林學士侍讀侍講學士龍圖閣學士樞密直學

士龍圖閣直學士並在丞郎之上，龍圖閣待制在知制誥下，三司三部副使在少卿監之上。大中祥符五年五月，勅太常礼院奏：准勅，新授僕射於都省上事（御史臺儀制同），其日僕射、尚書丞郎、郎中員外、三司使副使、學士、兩省御史臺文武諸司常參官並集省內幕次，以俟僕射自正衙退，將至都堂門外下馬（上事後乘馬出入並於都堂府），朝堂差人着公衫前導，諸行尚書丞郎、郎中員外並於都堂門內分左右立班迎候（見帶內職及知制誥並不迎班）。俟僕射判案訖，知班引贊官報班定，礼生贊三司使前賀，又贊學士前賀，次贊兩省待制，次贊三司副使前賀訖，左右僕射降階就褥位南向立，引贊官通文武兩班相生言揖訖，班首出

卷一萬三千九百四十九　七

行致詞（以中丞充，闕即於班內取官高者充班首）。此六事自唐至國朝，翰林學士、知制誥、待制、三司副使與本官絕曹，不在南省官之例。　乾德三年十二月，以大理寺尹拙等奏稱婦人為夫家父母喪紀不定，詔尚書都省集翰林學士、三省官及御史臺官等詳定喪紀年限聞奏。　太平興國七年，以知開封府李符、法官查陶等狀，令尚書都省集翰林學士、三省官、御史臺官議定是非聞奏。　雍熙三年三月，南雄州司理參軍劉鼎等坐違制掠因，本州以勑與赦同日到，上請，下尚書都省集本省官及翰林學士、兩省、御史臺官會議。　咸平元年三月，太常礼院李宗訥等奏請事件，令尚書省集三省、御史臺官、翰林學士同檢討典故，詳議可否聞奏。　五年五月，知泉州諸德臻等言盜官銀處法不定，下其狀尚書都省，集翰林學士、本省四品以上官、兩省五品以上官、御史中丞、知雜御史定議以聞。此五事皆三省及翰林學士、御史臺同議，若詔語內不特言其官則不赴。　乾德二年二月，敕應內外文武職官儀制等，宜令尚書省集臺官、翰林學士、秘書監、國子司業、太常博士等詳議。　開寶九年十一月，敕太子太師王傅等奏中書劄子，諸道藩侯在京早要迎授恩命，其百官服式，令文武班班首及學士、舍人同共詳酌。　淳化三年十二月，許王元僖薨，時將南郊，在王喪戚之內，太宗疑之，命宰臣於中書省、尚書丞

卷一萬三千九百四十九　八

郎、翰林學士、中書舍人、御史臺礼官、學官等詳議可否。　咸平元年六月，太常礼院議每遇大祭之日，太祖與太宗昭穆同位，皇帝自稱曰孝子嗣皇帝，敕都省集兩制并尚書省四品以上官同參議。　大中祥符元年七月，為九宮貴神於封祀壇不合用玉，詔定吏部尚書張齊賢、刑部尚書溫仲舒集兩省給事舍人以上同議定。此五事則詔旨臨時指定其官，雖多少不同，然常别標翰林學士與知誥官，明知兩制待制不係兩省官。至道二年六月，勅太常礼院奏太宗皇帝祔廟，有淑德皇后符氏，未審以何后祔饗配食，勅尚書都省員外郎以上、諸司四品以上官集議。又其年八月，勑尚書都省集翰

林學士兩省御史臺知雜以上南省員外郎以上諸司
四品以上并判官院官詳定　景德元年七月太常禮
院奏請以懿德皇后明德皇后同祔太宗皇帝室以先
後次之勅尚書省集翰林學士兩省御史臺官尚書省
六品以上諸司四品以上同議定此二事則三省及翰
林學士御史臺及諸司四品以上並集明不因詔旨則
尚書都省止循常例集本省官議事建隆元年正月兵
部尚書張昭等奏建立廟恐未合禮例集文武百官於
尚書省定議此事止言百官則知兩省并學士等亦不
赴建隆三年三月詔尚書省集議徒流笞杖用常杖制
此事止令本省尚書丞郎郎中員外同議兩制及帶職

卷一萬三千九百四十九　九

明皆不赴唐六典凡議謚之法太常寺擬謚考功於都
堂集省內官議定然後奏聞此事自唐以來凡議謚止
集本省尚書至員外郎不集兩省官及翰林學士之明
據也臣等謹詳會議之文由來非一或出朝廷別旨或
徇官司舊規故言集本省者即南省官也集學士兩省
臺官者容有內制給舍中丞之類也集學士臺省及諸
司四品以上者容有卿監之類也集文武百官者容有
諸衛之流故謀事有大小則集官有等威率繫詔文乃
該餘職昨緣段少連以太常易名考功覆議誤謂群司
普當會席列為具奏嬰以嚴科遂使位敘頓差憲章交
戾而趙良規援求故寔采獲輿言事悉而可求理當而

難奪然前之建白非是蓋或失傳後之辨正可稽無容
憚改臣等參議欲乞自今以後每有臣僚擬謚止令南
省官詳定其帶兩制并侍制省副雜端職任郎中員外
更不赴會或事體大臨時敕判無召三省臺寺即並依
國朝舊例施行御史臺別奏曰有詳趙良規起請及檢
會尚書都省自來朝廷降勅議事或集尚書省五品以
上及知雜御史者或兩制兩省五品以上尚書省五品
以上御史臺知雜以上者或翰林學士丞郎大兩省御
史臺知雜以上或翰林學士兩省官御史臺官員外郎
以上者或兩制兩省及南省四品以上并御史臺官者或
知制誥以上并兩省侍郎以上者或兩制并秘閣三館

卷一萬三千九百四十九　十

官者或翰林學士本省五品已上兩省官知制誥以上
御史知雜以上者或尚書省官與太常禮院官者或百
官者若以翰林冠侍從之先西垣掌書之命重侍制參
內閣之序計庭領邦賦之繁班朝則與衆絕曹入省則
叙官為次朝省異位誠如良規之言然古人創議稽於
本不稽於末公朝立法期於遠不期於近且中臺設官
其來尚矣故書稱龍作納言詩載山甫出納王命定周
官之司會法文昌之六星所以宣尊政令總領紀綱居
萬事之元作百官之本泰漢而下臺閣增峻首之以令
僕次之以尚書丞郎又次之以侍郎郎中員外列為六
曹析為二十四司位有著定職有統維歷祀寖深尋原

不忝皇朝凝命立極垂八十年振起前規正在今日如
曰未暇則其舊事之體固可存而勿失今良規以謂固
無在朝叙職入省叙官之理復云中行後行員外郎無
學士在朝立丞郎之上又令之正言掌誥立班於待制
諫議大夫之間則是用在朝叙職之説若叙職惟允則
都省叙官不誣矣又云若只是集尚書省官故帶職者
不赴夫惟議事以制是將建中於民必在酌典刑之端
參礼法之變所期清要之器議以資折衷之討論豈可
不副朝廷慎重之意輕易臺省諮詢之體哉而又引雜
座圖閤門儀制此並非都堂序本省官儀也至於稱尚
書省官任外制者不著臺省之籍故有絶曹之語而以

卷一萬三千九百四十九　十一

為重則令尚書省官任内制者並係臺省之籍寧有座
曹之實而可謂輕乎然則論職官之言正為絶曹者設
豈有受禄則繫官為俸議事則絶曹為辭況列聖畀朝
名臣間出若王旦王化基趙安仁晁迥杜鎬楊億親嘗
預議於倉卒無變古之論故相李昉為主客郎中掌誥
曰屢經都省議事與故散騎常侍徐鉉言江南議事與
此畧同則其説評固可采據又議大事僕射御史大夫
入省唯僕射至廳下馬于令行之益所以重名器而守
品位也故都堂會議書狀以品就座以官亦已久矣忽
此更張恐非通理今與衆官詳定都省今後承准勑命
令集在省衆官會議者自知雜御史三司副使以上且

係南官官別帶兼官及帶職者並令依議預議所有殿
中侍御史段少連起請令後每遇議事其帶職尚書省
官不赴集者以違制及不恭定罪竊以議事必有大小
致罰須分重輕欲乞自今合赴集議之官而輙不赴者
如議國家典礼即從違制施行若議常程小事止依律
處分又直集賢院同知太常礼院吳育奏竊以趙良規
所請合臺閣定議是非不同一則曰汝省叙官一則曰
絶班不赴各持所見互據所長若但務引細文拘牽末
制皆未足以斷朝廷之大體作為彝章是必稽合人情
講求通誼以輕重本末折衷而言之臣以謂若從本省
叙官之誼有不可者二大凡國家自朝廷而制臺省自

卷一萬三千九百四十九　十二

臺省而制郡縣上下有次輕重有倫至上莫若君父之
前至重莫若朝廷之内上可以統下重可以臨輕舉重
則不可以輕者干舉止則不可以下者忝夫尚書省雖
制度雄大亦天子之有司官繫其中謂之本省相會須
存朝廷豈有君父之前朝廷之内班列殊隔一入省司
輙易尊卑而云在朝叙職入省叙官則是以一體為一
家以朝省為彼我上下異貫輕重不倫求之古先出何
經義此其不可一也官職之名本非二體官正其號職
供其事名實相繫豈有殊途只如庖人是官供庖是職
祝人是官致祝是職以何隔絶分官職為兩事蓋自唐
室以來臨事雖置遂有別帶職事之名厥後因循未歸

本務必欲振復則當一槩更張若即今而言須以隸名為輕供職為重儻云入朝叙職入省叙官則是官職相離遂有限絶推之於古益紊源流此其不可者二也若從絶班不赴之議有不可者三古者尚書為天下綱轄喉舌之地萬事所本臣細由之二十四司各有具品悉歸慎擇未嘗輕授皆用器識詳通之士以充其選蓋國有謀議取決其中今則不然推以叙遷而至其間拔擢英異又多歸待從之列若議論之際皆以絶班可以不赴本省只如翰林學士亦知制誥又却不絶班簿此皆因循之制参差不倫未可取為確據（勑文中亦有連稱兩制三巻似此之相務要分明致臨時文字重為即不是待立綱條可為執者也）縱絶班有例而絶官無

卷一萬三千九百四十九　十三

闡謹按唐六典中書舍人以他官兼者謂之兼制誥故白居易草楊嗣復授庫部郎中知制誥辭云前代制誥中書令侍郎舍人通掌之國朝以來或以他官兼領又授元稹中書舍人辭云元稹自祠曹員外試短制誥謂兼則豈絶本官謂之試則明不正職在皆章灼不疑之事也今縱有明文其官省若遇詳定猶當以體追而正之況無明文但引因循參差之事為據此其不可二也今兩制遷改其告身命辭必舉本省曹之務為之訓諭凡授一勑牒則下至府寺冗局猶供其職豈有一人命官三省連書而都無所繫盡是空言止為俸錢徒加官號命官之理其若是乎惟兩府大臣既為宰執明不可

更親有司之事況其俸祿亦不繫其官自餘臣僚豈得援此（若二司公事本自尚書省分出非別有或依兩制例不赴本省又何謂乎）凡搢紳遷次所主者官名俸給盡從本省居常既不復止會議又不一來則是自絶其官帶之何謂仲尼不去餼羊粗存告朔之礼若并羊一去寄礼無地則臺省之制自此益隳縱以絶班皆不可赴若有詔兩制臺省百司畢會則座次又如何為定此其不可三也此皆舉其大端決有不可臣伏謂是非之議至當歸一若又廣為採摭適足為煩今於國朝典故中取一最切最明之事足以質定准大中祥符五年五月勑新授僕射於都省上事（御史臺儀制同）其日僕射尚書丞郎郎中員外三司使副使學士兩省

卷一萬三千九百四十九　十四

御史臺文武諸司常参官並集省内幕次以俟僕射自正衙退將至都省堂門外下馬（上事後乘馬出入並於都堂前）朝堂差人着公彩前導諸行尚書丞郎郎中員外並於都堂門内分左右立班迎俟（見帶内職及知制誥並不近班）俟僕射判案訖知班引賛官報班定礼生賛三司使前賀又賛學士前賀次賛兩省行制次賛三司副使前賀訖請僕射降階就褥位南向立引賛官通文武兩班礼生言揖揖訖班首出行致詞（以中丞充闕即於文武次内取高官者充班首）此則雖赴本省自有甄明之例也臣竊詳前來兩奏各有未安須至折衷古今斷以大體用朝廷為重取著定為常臣子之心雖在本司如對君父則所存者大所處者安臣愚欲乞今後

凡尚書省會議如只集本省官則帶職者並赴唯其坐次則當甄明須依朝中兩制班列別作一行列座行綴自異亦非相壓春秋之義王人雖賤必叙乎諸侯之上所以尊王命而廣臣恭也今兩制為侍從近密之職皆是朝廷拔擢寵任(異)以待殊才既王命之所旌亦臣子之當奉雖在本省礼合表異況又自分行殊不相妨壓亦如僕射上事之儀凡帶絕班之官並赴而別爾贊引不與本省官同在迎班顯合本朝之典章亦非今日之臆斷若有詔兩制臺省諸司諸衛官畢會則各從其類自作一行其書議亦各如其座次而列如此則班聯區別事體詳明臺省之官自分朝廷之議有定時宜既合人

卷一萬三千九百四十九　十五

情亦安若遇國家盡復正官各從本務則不假復議自有尋倫臣忝備官司合以愚見所安者上對可否之斷鑿之朝廷詔曰自今後尚書省議事應帶職官三司副使並不赴如遇集議大事臨時指揮令赴者即別設座次其明道二年七月一日勑命更不行用(以諸議所執不同故用所宜而降詔)　慶歷三年五月二十三日詔自今兩制官詳定公事大事限一月小事半月其急速者勿拘　五年十一月二十日樞密院請自今進退管軍臣僚極邊長吏路分兵馬鈐轄以上並與宰臣同議從之　七年五月二十七日詔西北邊有大事自今令中書樞密院召兩制以上同議之　皇祐元年正月二十一日御史中丞張

觀言諸處起請文字中書樞密院批狀下兩制令與御史臺同共詳定學士院告報議事月日承例御史臺官盡赴學士院連書聞奏竊緣御史臺官務在彈奏朝廷班序座位不同蓋古者使異其局專其職欲乞今後免同兩制議事從之　嘉祐四年六月四日觀文殿學士兼侍讀學士礼部尚書王舉正言朝廷每有送兩制詳定事亦須臣預議念臣常參重任乞今後免預從之　八月二十五日翰林學士承旨孫抃等言准詔送下翰林學士王絳奏欲望慎擇名臣討論有唐官制參考本朝官職品秩事任量加裁定正其名體令兩制詳定乞依絳所請差官三兩員置局詳定官制為一代典章垂

卷一萬三千九百四十九　十六

之無窮詔差翰林學士胡宿知制誥劉敞同詳定聞奏(事具冠服篇)　英宗治平三年正月二十七日詔罷尚書省集議濮安懿王典礼初中書門下奏請議濮安懿王及三夫人合行典礼下礼官及待制以上議皆以為宜准先朝封贈朞親尊屬故事中書復請下尚書省御史臺官議而皇太后以手書詔執政於是罷議　神宗元豐六年六月四日詔集議大典礼令秘書省長貳與　哲宗元祐五年八月二十八日中書省言臣僚上言奉詔皇帝尚虛中壼令太常礼官參考古今典故著為成式竊見近歲議太皇太后皇太后皇太妃寶冊冠服儀衛等事皆令翰林學士兩省給舍與礼官同議今皇帝婚礼

其事甚重請令翰林學士已下共議詔翰林學士御史中丞兩省舍與礼部太常寺官同共詳議六年七月八日宰臣呂大防等言納后儀注昨制礼官集議各具所見皆有典據今日恐難盡行臣等尋已參酌修定進入太皇太后曰前議已曾省覽其間有可行者有不可行者蓋取其便於近事不必泥古昔也太防等曰誠如聖諭欲望明示可否八月八日三省樞密院言議到納后六礼詳見冊后門 欽宗靖康元年十一月七日詔朕曲意議和而金人必欲得三鎮與之及不與之反不與其利害各如何朕當從衆而行不敢自任令百百以明日於尚書省集議以聞宰執親戚不預若割三鎮或不割各如

卷一萬三千九百四十九 十七

何保無後患割之而來不割而來各如何備禦擇衆議是者行之八日集百官議三鎮于延和殿各給筆札文武分列廊廡凡百餘人惟梅執礼孫傅呂好問洪芻秦檜陳材等三十六人言不可與自范宗尹以下七十人皆欲與之不與者曰朝廷經三世得河東陵寢在焉河北天下之四支四支苟去吾不知其為人人民貢賦皆其末也況天下者太祖之天下非陛下之天下石敬塘故事豈可遵乎與者曰朝廷嘗許三鎮今反不與是中國失信於夷狄若姑且與之縱復猖獗則人怨神怒師出無名可不戰而屈也宗尹言最切至伏地流涕乞予之以紓禍已而黃門持宗尹章疏示衆曰朝廷已有定議

不得異論會李若水歸自粘罕所慟哭于庭必欲從其議何㮚謂若水曰三鎮之地割之則傷河外之情不割則太原真定已失矣不若任之但飭守備以固其勢維持執礼建清野尋召孫傅及執礼對議遂定 高宗建炎四年五月二十日詔侍從臺諫官並赴都堂議事殿中侍御史沈求言光為患脚氣在假趂赴不及臣有本職欲乞上殿數奏訖赴都堂稟議從之 六月四日臣僚言比年以來每至防秋未嘗不蒙召集群臣咨以計畫紛紛訖無定論況事有幾微難於遍曉而又積粟聚財屯兵拒守事節至繁皆不可以立談判頃刻聚議未必精詳欲望特下今來所議者宜許令侍從臺諫等各

卷一萬三千九百四十九 十八

以所見降畫直說利害限三日寔封投進詔依已降指揮赴都堂聚議如有未盡事件令條畫寔封聞奏 紹興三年四月十五日御史臺言考功報本臺除礼官外監察御史以上官並合赴令月十五日尚書省集議隆祐皇太后改謚令檢准本臺令諸尚書省集議輪御史一員監告而不赴及不委議意而書者並彈奏有異議者聽具狀論列今來集議全臺官未委合與不合趂赴詔依御史臺令施行 七年二月九日新除太常少卿吳表臣等言今集議道君太上皇帝寧德皇后謚號除礼部太常寺官依礼例合赴外所有集議日分并合令甚官以上趂赴乞指揮施行詔監察御史以上趂赴

八月二十九日詔比令侍從官詳議徽宗皇帝祔廟配
享功臣而刑部尚書胡交修等請以故光祿大夫尚書
右僕射兼門下侍郎贈太師魏國公謚文定傅忠彦配
享議狀來上緣有在假差出及新除到官未經詳議可
令一就詳議聞奏　紹興三十年年六月二十日（孝宗即位）
（未改元）詔有可集議太上皇帝太上皇后合上尊號續禮
部太常寺言用今月二十二日宰執侍從臺諫兩省官
禮官於尚書省集議從之至是尚書左僕射陳康伯知
樞密院事葉義問參知政事汪澈同知樞密院事黃祖
舜翰林學士洪遵尚書禮部侍郎黃中中書舍人史浩
敷文閣待制知臨安府趙子潚敷文閣待制樞密都承

卷一萬三千九百四十九　十九

旨徐嘉權尚書戶部侍郎吳芾權尚書禮部侍郎呂廣
問權尚書兵部侍郎陳俊卿權尚書刑部侍郎路彬權
尚書工部侍郎許尹權尚書工部侍郎張闡太常少卿
王普尚書禮部員外郎劉儀鳳太常寺吳龜年太常博
士林栗太常博士楊民望太常寺主簿嚴杭奏臣等竊
惟至德之世如容成大庭赫胥皆洪荒杳邈莫得而詳
自詩書所載其甚盛者必曰堯舜迹其所以致之之效
能以天下遜考之於古皆以耄期而倦勤天下後世猶
為美談恭惟太上皇帝撥亂反正身濟大業中興之功
煌煌乎不可掩已方時教寧國威復振上之五緯循度
下而百穀登衍大功崇成退却不居以春秋鼎盛之年

脫屣萬乘軼蘇唐虞古今一人而已夫五帝之壽唯堯
最高百王之聖唯堯獨冠今茲高世之舉視堯有光謂
宜以光堯壽聖為號庶幾揚鴻烈而章緝熙仰副太上
皇帝巍巍甚盛之德恭請上太上皇帝尊號曰光堯壽
聖太上皇帝太上皇后尊號曰壽聖太上皇后臣等謹
議二十三日有旨恭依令學士院降詔太上皇帝宜恭
上尊號曰光堯壽聖太上皇帝太上皇后宜恭上尊號
曰壽聖太上皇后仍令禮部太常寺疾速討論禮儀條
具申尚書省取旨孝宗隆興二年十一月二十一日詔
方今多事理宜博謀侍從兩省官每日一到都堂遇合
關臺諫者亦許會議　乾道三年七月一日禮部太常

卷一萬三千九百四十九　二十

寺言勘會國朝園陵故事尚書省集官擬謚係令侍從
臺諫以上并禮官集謚六曹郎官以上書謚所有今來
大行皇后集謚欲依上件故事施行乞降下集謚日分
施行詔用七月七日（議文見恭皇后）　五年四月十三日詔工部
侍郎薛良朋長到集議等指揮多與祖宗舊法相戾令
吏部長貳看詳將上取旨編入新勅　九月十一日太
常少卿兼皇子慶王府宣講林栗太常丞兼權倉部郎
官陳槓太常博士龔湪太常寺主簿馮仲夷劉子契勘
今歲孟冬祫饗在近所有欽宗皇帝廟庭配饗臣僚尚
虛其位欲望特降明詔令侍從臺集議以聞趁十月三
日祫享以前降付有司施行詔依（議文見配享功臣門）　六年十一月十一

月十一日礼部太常寺言已降指揮大礼慶成光堯壽聖太上皇帝壽聖太上皇后合加上尊號可令有司集議以聞今檢照紹興三十二年奉上光堯壽聖太上皇帝壽聖太上皇后尊號册寶礼例朝廷定日劄下礼部太常寺是日宰執侍從臺諫兩省官礼官於尚書省集議今來欲乞依上件礼例施行詔依仍用今月十三日（詳見册尊號門）淳熙三年六月一日詔凡集議當在尚書省御史臺比聞侍從兩省並就殿中侍御史家殊為失礼可以朕旨諭之（時因議安南國王李天祚子龍翰承襲封爵在侍御史柴謹家故有是命）四年七月十九日詔集議除朝廷合就尚書省外六曹就吏部尚書廳侍從兩省官就後省如臺諫預議即就御史臺（監察御史齊慶胄論繁冗虛偽等事有旨令侍御臺諫兩省官集議侍御史謝廓然具請故也）

卷一萬三千九百四十九

八年五月四日兵部侍郎芮煇言集議多惟彊有力者是從不若令各為議狀如論科舉則礼部秘書省國子監官皆預之類上曰如此則廢集議矣趙雄等曰煇所論乃漢所謂雜議也恐亦可從上曰今後遇事旋降指揮 十二年九月十一日詔太上皇帝聖壽無彊來歲八十邦家大慶載籍未聞可令有司討論典礼來上既而礼部太常寺言今檢照淳熙二年加上尊號及慶壽典礼朝廷定日劄下礼部太常寺是日宰執侍從臺諫兩省官礼官於尚書省集議今來欲乞依上件礼例施行詔依仍用今月十三日詳見册尊號 十四年十月十三

日詔令侍從臺諫礼官議金國賀會慶節使人入見既而吏部尚書蕭燧兵部尚書宇文价翰林學士洪邁權刑部尚書葛邲權工部尚書韓彥質户部侍郎葉翥刑部侍郎劉國瑞給事中王信中書舍人陳居仁李巘右諫議大夫謝諤權吏部侍郎章森權户部侍郎張杓權礼部侍郎顏師魯太常少卿尤袤起居舍人胡晉臣礼部郎中鄭僑殿中侍御史冷世光監察御史吳博古太常丞喻良能太常博士黄黼言目今車馬見留德壽宫衰次百官免上壽恐難以引見人使如人使必欲朝見乞用明道故事小祥兩日後於二十三日只就德壽宫素幄引見庶合典故從之

卷一萬三千九百四十九

十五年三月十七日詔令侍從臺諫礼官詳議 高宗聖神武文憲孝皇帝祔廟配饗功臣既而兵部尚書宇文价翰林學士洪邁權刑部尚書葛邲權工部尚書韓彥質户部侍郎葉翥刑部侍郎劉國瑞給事中王信中書舍人陳居仁李巘右諫議大夫謝諤敷文閣待制提舉佑神觀吳琚權吏部侍郎章森權兵部侍郎林栗起居舍人鄭僑議以故太師秦國公謚忠穆呂頤浩特進觀文殿大學士謚忠簡趙鼎太師蘄王謚忠武韓世忠太師循王謚忠烈張俊配饗從之四月十六日太常少卿尤袤等言竊考 祖宗典故既祔廟然後議配饗盖必先有廟而後有從祀之臣亦必詔礼官參議務盡衆言獨嘉祐八年議以王曾

吕夷簡配食　仁宗乃在山陵之前然亦必先降詔旨下兩制定議當用何人而王珪等始以王曾等姓名上之元祐元年裕陵復土已七閱月有司始援典故乞自兩制以上及太常寺祕書省長貳同議配饗又兩月而吏部尚書孫永等始以富弼應詔蓋宗廟至重必嚴其事也今来高宗猶未祔廟所議配饗少遲旬月固未為晚乃忽定於靈駕發引一日之先事出倉皇衆以為疑仰惟高宗皇帝受命中興一時將相依乘風雲勤功帝籍不出數人自有公論為之子孫皆以祖考得預為榮儻不按典故不集衆論則無以厭服其佗勳臣子孫之心消弭衆多之口而祖宗集議典礼將恐遂廢臣等備

卷一萬三千九百四十九

二十三

員礼官誠見議論紛紛以定配為速以不集議為疑既有前件典故儻不條陳是為失職乞候升祔礼畢别擇日下侍從兩省臺諫礼官及祕書省集議施行小貼子稱竊惟配食清廟係大典礼付之衆人則議論自公遲以歲月則名實自定公則人無異辭定則萬世不變今宜反覆熟議以盡衆言庶幾得預者無愧不預者無辭勘會宇文价葛邲葉翥劉國瑞王信陳居仁李巘謝諤吳琚章森林栗鄭僑各以集議及韓彥質妨嫌外詔未集議侍從兩省臺諫及太常寺祕書省依典礼詳議聞奏二十四日臣僚言配饗之議已有一定之論見於施行今忽降指揮再令詳議則二三之論又將紛紜而起

甲可乙否重惑朝聽詔更不再集議

卷一萬三千九百四十九

二十四

宋會要

弾劾

國朝儀制百官起居文班失儀右巡使弾奏武班失儀左巡使弾奏左右巡使失儀即互相弾奏如兩不弾則閤門使弾奏閤門使不弾奏則宣徽使弾奏見辭謝及通事舍人祇應失儀並閤門使弾奏閤門使不弾奏及自失儀則宣徽使弾奏長春殿起居如有墜笏失儀者除軍校不問餘並贊拜内侍報閤門依例施行若羣官交雜品位不依次序同班將出却顧軒墀執笏不端接武紛亂者並左右巡使弾奏出入使門語笑及不端笏並閤門宣徽使以次弾奏　太宗太平興國五年九月五日詔曰表著之設蓋有等威闕庭之儀所務恭肅方

卷四千三百八十二

屬承平之始宜申沿革之規應文武百官自今宜令有司徧行布告凡遇朝會皆務恭虔每内殿起居日即須蹴踏入門雍容就列稍涉不謹便同失儀此外朝堂素有典彝憲臺並須振舉恪居官次稱朕意焉淳化二年七月十三日詔自今内庭起居日或班内有官失儀本巡使予弾奏位先兩拜奏云班内有官失儀臣請出門外勘當聞奏如供奉班内有官失儀即奏請付所司宣徽使殿上承旨宣所奏又兩拜却歸本位對揖退　三年正月詔有司復舉十五條一朝堂行私禮二跪拜三待漏行立失序四談笑諠譁五入衙門執笏不端六行步遲緩七至班列行立不正八趨拜失儀九語言微喧

十穿班十一仗出閤門不即就班十二無故離位十三廊下食行坐失儀語諠十四入朝及退朝不從正衙門出入十五非公事入中書犯者罰一月俸有司振舉拒不伏者錄奏乞行貶降　四年六月十二日御史臺言文武官在京監管庶務並免常參外其内殿起居横行參假入閤非時慶弔侍讌正冬御殿御樓壽寧節國忌行香都省朝堂議事城外立班並赴違者望許弾糾以聞從之　真宗咸平三年七月十二日詔文武常參官入朝退朝不由正衙門非公事輙入中書委御史臺弾奏　四年三月二十二日御史中丞趙昌言知雜御史范正辭言内宴更衣百官有徑歸及過從于外者臣等

卷四千三百全

已于春宴前殿行戒勵望降敕委外弾奏特行懲戒從之　閏十二月二十日御史臺言舊例假三日群官並赴大慶殿横行朝參近日多以内殿起居不赴望申舊制以肅朝參儀詔自今並許弾奏　景德二年九月七日詔自今宴會宜令御史臺預定位次告示各令端肅不得喧譁違者殿上委大夫中丞朵殿委知雜御史侍御史廊下委左右巡使察視弾奏内職殿直已上赴起居入殿庭行私禮者委閤門弾奏軍員令殿前侍衛司各差都校一人提轄但虧失禮容即送所屬勘斷訖奏仍令閤門宣徽互相察舉敢蔽匿者糾之　四年九月詔御史臺左右巡使二員自今每遇内殿起居高者東

邊立彈西面供奉班并武班失儀官依者西邊立彈東
面供奉班并文班失儀或闕巡使權差官應奉亦依此
例　大中祥符二年八月十二日侍御史知雜事趙湘
言伏見常參文武官每日趨朝多不整肅請頒條制以
儆之舊制每日早赴待漏院候開內門齊入伏緣逐日
辰時以來放朝以故後時方入望許令知班驅使官二
人常在正衙殿門管勾有入晚者具名申奏遇風雨寒
暑稍甚即多稱疾請假望自今委御史臺酌度聞奏遣
醫診視如顯誑妄即具彈奏從之　四年六月八日詔
今後常朝并起居臣僚七人已上不到者具名位聞奏
取裁如旋稱病患請假者即差醫官看驗仍密切覺察

卷四千五百八十二

五年十二月廿日詔應文武臣僚趨朝立班及崇政
殿引見官員使臣今後更有違慢仰閤門御史臺彈奏
遂處或不彈奏亦當勘罪重行朝典先是臣僚上言近
年趨朝立班以至後殿引對奏事並不端笏行立怠惰
御史臺閤門軍頭司畧不振舉望降詔戒約故有是命
六年十二月二十三日御史臺言文武常參官失儀
凡十六條內十三條緣事有失仍舊為公罪外其語
笑喧譁入正衙門執笏不端至班行立不正情涉故違
赴宴言語交錯舉動不肅並請坐私罪從之　七年八
月二十二日閤門言崇政殿引對三班使臣有所祈恩
宣徽院承例勘其罪而諸司未有條約自今唐突者
唐突者請令所隸官司舉奏不舉奏者聽閤門軍頭司

彈奏從之　天禧二年二月御史臺言近內殿起居右
巡使廖安世執笏不端迎不知被彈復
彈安世拜起失儀本臺謹按故事知彈御史每遇入閤
凡有違失皆是伏下彈奏被彈者趨出于朝堂待罪如
知彈御史被彈即俟監奏畢趨出亦待罪于朝堂欲望
自今左右巡使內有失儀被彈者除見他官違失依例
舉行外如元彈奏者有僭犯委自閤門糺察被彈者不
得復有申舉仍委贊引閤門祗候告示被彈御史知委
從之　仁宗天聖元年十月二十八日右巡使監察御史
鞫詠言武班臣僚小可失儀望免彈奏宰臣王欽若奏
詠自授憲官百僚失儀多不彈舉累經罰俸令此陳述

卷四千三百八十二

將咸廢職詔詠免勘與換舊官小處同判　三年八月
十二日上封者言諸司使副使已下起居多不整肅請
詔閤門告諭內殿起居臣僚自今出入殿門並須端謹
不得喧譁殿庭依班排立視樞密使拜起舞蹈毋得先
後違者閤門使副糺舉從之　九月三日閤門言自來
輪差閤門祗候二人于殿庭覺察失儀臣僚緣並隨班
起居難于伺察今請令宣喝對立者于長春殿先起居
訖專切覺察奏從之　六年三月二十三日詔宴會座
朝左右侍立臣僚內有不務謹肅語言喧譁當職官司
並不彈舉自今如有上件違犯令宣使閤門御史臺內
侍省都知押班具名位以聞　七年五月詔今後便殿

視事令閤門祇候覺察臣僚失儀依例申舉垂簾日即
差內侍覺察彈奏祇候軍員等不得申報 慶歷二年
八月二十八日權御史中丞賈昌朝言臣僚起居失儀
請依唐制參定列為八節分十六事朝堂私禮及跪拜
待漏行立失序談笑喧譁入衙門執笏不端行立遲慢
至班列行立不正趨拜失儀言語微喧穿班仗出閤門
不即就班無故離位廊下食行坐失儀入朝退朝不從
正衙出入非公事入中書詔從之 皇祐元年正月二
十八日詔曰朕聞自古為治靡不以苛察為戒而近歲
風俗爭事傾危獄犴滋多上下暌急傷累和氣朕甚悼
焉自今臺諫官非朝廷得失民間利病更不許風聞彈
奏違者坐之 六月二十四日監察御史陳升之等言
比歲臣僚有緣奏交親往還簡尺者朝廷必推究其事
而行之遂使聖時成告訐之俗請自今請求非法自論
如律從之 二年九月十二日詔應選人正衙對敭失
儀令御史臺閤門牒報流內銓候責罰訖謝恩 四年
十二月二十二日殿中侍御史俞希孟言日近班列多
不整齊將來元會如有失儀除依例彈奏外或有故違
懈慢者乞從私罪定斷詔今後常參官故作懈慢及行
立失序不得作常時失儀施行仰具奏裁 五年十月
二十二日左巡使侍御史吳秘言內殿起居百官多不
成行列惟前班稍有次序自餘皆群進旅立甚非朝廷

齋肅之禮准太平興國詔中書文武百官每遇內殿起
居之日須屏氣隨班鞠躬就列班退不得回顧斯蓋後
來不見著令及條貫未甚申白臣按唐乾元中勅文如
有朝堂私禮淳化中除令文及跪拜待漏行立失序語笑喧譁
入衙入閤執笏不端行立遲慢立班不正趨拜失儀言
語微喧穿仗出入閤門無故離位廊下食行坐失儀諠
閙入朝及退朝不從正衙出入非公事入中書各有罰
五代題為十六條而脩補無取淳化中重舉舊儀改私
禮二字又衙入閤作衙門又添至班列一科穿班穿仗
出入閤門作穿班仗出為一節閤門不即就班為一事
諠閙作語閙又據令文跪拜去及字餘同後勅慶歷二
年權御史中丞賈昌朝以天聖三年牓示頗依唐詔而
失其句讀以穿班仗出為一事以廊下食為一總又合
行坐失儀語閙為一句遂依唐制參定列為八節十六
事以穿班為一事仗出閤門為一節雖甚精詳與古終
異且禮制沿革時代不同至于令文有存而不用之目
豈茲儀範是日行急用之制而須存無用之文徒使朝
士疑而不誠非信賞必罰之理宜以今朝言之待漏之
科却居朝堂之後況入衙入閤不宜刪去仗出閤門與
廊下食二節四條今無其事並可存而不用其所闕者
若儀制揔班分東西出不得回顧改並不在其間若以不
欲革于舊文則又逐度不同屢經屢易臣今參酌切于

用者循而序之以今之待漏宜居衆科之首行立失序
仍注儀制語笑喧譁請附朝堂之下私禮自為跪拜不
須重復入衙入閤至班列行立不正宜
作至班不成行列無故離位移次至班之科亦可以為
穿班之義請革穿班作朝退不捲班增回顧一條次之
入朝退朝不從正衙出入作入朝退朝不由正衙定為
六科十三條如違者依例彈奏劾罪或拒過飾非即録
奏貶降詔御史臺太常禮院同詳定既而上言檢會令
文武常參官朝堂儀已依賈昌朝奏依唐制參定列為
八節分十六事令參詳吴秘起請條件難為更改從之
嘉祐二年八月二十四日知諫院陳升之言比日内

卷一萬四千三百六十一

降營求恩賞者多雖許執奏而有司時有奉行自今請
令中書樞密院推劾以正干請之罪從之　三年十一
月五日陳升之言有司斷獄而事連權倖者多以中旨
釋之自今有干内降而得縱釋者請劾其干請之罪以
違制論從之　英宗治平元年五月八日閤門言檢會
儀制兩省常侍給諫舍人侍制中丞三司使副太子三
少尚書丞郎卿監上將軍延福景福宣慶宣政昭宣使
樞密都承旨奉使勾當迴賜酒食客省使並閤門副使
本廳就食庶子少卿監大將軍已下閤門祗候已上差
充轉運發運提點刑獄知州軍監通判總管路鈐轄都
同巡檢都監寨主駐伯廻命賜酒食並閤門賜閤門祗候

伴近来臣僚謝賜酒食訖多是不就閤門欲乞今後合
請賜酒食者並依儀制施行不許不就違者令閤門彈
奏從之　神宗熙寧四年十二月十七日閤門言内殿
起居官數不少向者諫官錢彦遠起請差官察視中間
漸亦廢去今欲乞復差通事舍人看班祗候二人察視
其無故不赴者並令依儀制彈奏分故失定斷如三次
不赴不以故失並勘罪取旨察視之官自敢容庇委閤
門舉劾詔逐日輪差通事舍人看班祗候二人察視
元豐七年二月三日詔外任官乞赴闕奏事如到闕無
所陳其事非不可形于文字者委御史臺彈奏　徽宗
政和七年二月二十一日尚書省言修立到諸入皇城

卷一萬四千三百六十二

門行馬不依次序控馬人杖一百約欄不止失序之官
仍加一等詔令御史臺覺察彈奏　宣和元年正月六
日臣僚上言窃見班列未至齊肅至駕已視朝廣廷唱
喝猶或離位往来不肯定立或切切笑語或蹺足以望
或整巾或抱笏比至合班則争趨前列以便觀看有拜
而不伏者有跪而不俯者其慢易不恭亦已甚矣又見
正月八日明堂受朝頒朔既畢輦御方興班列紛然離
次趨走逼近衆輿舉首觀望略無畏避失君臣之儀此
尤甚者臣願特降睿旨嚴立法禁每朝會之際廣加察
視有不如儀必罰無貸詔劄付東上閤門同御史臺措
置條畫以聞　六年二月十三日詔諸節朔謁稱賀宣

麻等稱疾請假不賀者以違制論應不告假不赴之人御史臺聞奏　先是臣僚上言切見景靈宮行香託疾在告已有法禁外諸節朝謁非時稱賀所以尊君父而奉上真也宣麻以詔臣工頒朔以布時政百官皆應祇赴而在廷之士多不過百餘員畏憚者尚以疾告于臺至于簡教自若者有不告也慢命不虔無甚于此故降是詔　十一月二十二日詔文武臣僚朝集皆有盧會位序所以正朝廷之容邇來廢禮失度交互讙笑無復恭肅逡巡趍引猶或扶護蓋不循分守寖失事體務狥謟瀆之私殊無正直之行可不革歟已降指揮閤門御史臺覺察彈奏尚慮狃于故常特申戒諭如敢弗率邦有常刑　高宗建炎四年九月二十一日詔令後應不以狀赴有司而輒待班處陳述者令御史臺覺察彈奏　紹興十三年正月二日詔令後應殿內失儀臣僚並令閤門具名彈奏務要整肅不得觀望　九月二十六日御史臺令後車駕遇大禮朝享行禮並行幸有導駕官欲乞文武官分左右步騎導本臺量差知班于禁衛內往來覺察從之　十四年十一月一日御史臺閤門上言禁衛所言四孟朝獻詣景靈宮行禮及遇車駕行幸自來閤門差舍人乘騎于扇筤後覺察臣僚行馬次序失儀具御史臺閤門係駕前後應奉報引班次人及沿路三省樞密院諸房行首司密院客省並除依例許

乘馬外其餘不合乘馬官司諸色人不得于駕路往來乘騎如違御史臺閤門覺察彈劾從之　十八年九月二十日詔每遇駕出駕前諸司官及駕頭法物等行列並不依次序可令閤門行下合屬去處令後須管各依次序接續擺拽務在整肅如違彈奏閤門失覺察仍令御史臺奏劾　十月一日詔隨駕諸司并庫務官諸司法物等自有貼定次序行列如或不依次序及輒有先往者令閤門彈奏　三十一年四月二十三日臣僚言天子之出清道而後行十乘萬騎稱警言蹕旄頭前驅豹尾後殿凡在屬車其往來馳道與夫闌出入者皆有厲禁自六飛時巡務為簡便唯是四孟享獻乘輿躬行前為駕頭後止曲蓋頃背相望僅千百步而爪牙拱扈之士或步或趍錯出雜立什什伍伍無復行列至有酌獻未畢已捨而歸士民觀者駕肩接袂雜遝虎士之中而不聞有誰何之者望詔有司講求其當凡車駕行幸從駕禁旅每以若干人為一列相去各若干步其乘馬前導者悉隊上其數命有司擊繪為圖先一日以聞列具副本報御史臺有不如令及不在圖中而輒冐至者許有司即糾之蔽而不言者令御史臺覺察論其罪從之　孝宗隆興元年六月十二日新叅知政事周葵奏事劄子墜地知閤鄭藻舉奏詔免彈　九月十一日詔宗室居廣起居手帕墜地特與同罪閤門彈奏上曰便

儀制八之三五

相難晴罰故有是命　乾道四年九月二十五日詔令後文武百官舞蹈不如儀並令閤門彈奏　五年正月二十三日詔閤門後次臣僚舞蹈不如法令即時彈奏　十一月十七日詔御史臺今後如遇四參等朝殿臨時稱疾不赴致班列稀踈並覈寔覆奏　臣僚上言恭惟國家自祖以來用漢儀凡朝會著為定制有大宴有稱賀有朔望參有四參有常朝千官百辟拜舞于堂下陛高九級若天地之相遠使小大之臣咸懷尊君親上之誠雖恭端謹罔敢怠忽所以為表正之本也詩曰夙夜匪懈以事一人為臣子者凡遇朝會起居合趨赴者其可稱疾頓免習常致但宴安不恭孰大焉恭聞仁祖

〔卷一萬三千三百八十二〕

天聖六年六月二十六日免常朝官屯田郎中閻叩夢松等七人稱疾不赴朝參罪詔御史臺復有七人以上不到者論如法臣職在殿中合舉不如儀令後如遇四參等朝殿臨時稱疾不赴致班列蕭踈者當覈寔彈奏故有是詔　六年八月十九日詔置閤門舍人十員專掌覺察諸殿失儀兼侍立駕出覺察失儀並行幸去處覺察兼侍立六參常朝後殿引親王起居　七年正月十日詔令後人使到闕朝見入賀宴辭百官並應奉人並入出寧門依御史臺閤門檢坐條令約束赴朝參并應奉官及諸色人入出次序劄下皇城司施行　御史臺閤門令檢舉下項一　紹興九年九月五日御史臺

儀制八之三六

狀契勘每遇朝參官守候皇城門開趨赴立班近來有不係入殿應奉人多爭先及有內宿諸色人并搭擊物色乘馬官員擁撞入門委是行步不得欲乞自今後每遇朔望遙拜并六參日起居除三省樞密院及隨從宰執趨赴朝殿祇應人外應諸色人不係殿內應奉者并內宿及搭擊人等各候趨赴朝參官入到幕次訖令逐地分合干人方得放行免致擁遏朝路立班後時奉聖旨依一　紹興十年閏六月二十四日御史臺狀准詔自來臣僚朝謁除應奉官先入外百官並合于宰執後序入遲者令御史臺彈奏仍檢舉舊例施行契勘昨在京日宰執侍從百官正任南班宗室等官各分門入出趁

〔卷一萬三千三百八十二〕

赴令來行宮止是一門即與在京事體不同令權隨宜參酌欲俟皇城門開先應奉官次管軍御帶次宰執侍從兩省官次百官次御史臺官次三公三少使相太尉次正任南班宗室遲者彈奏施行候回鑾日却依舊制奉聖旨依令來已降指揮自令後每遇人使到闕朝見入賀宴辭百官并應奉人並出和寧門令來若不措置檢舉委是使赴朝起居百官立班遲緩欲乞今後每遇人到闕見辭上壽入賀并宴及遇駕出應合入出和寧門赴起居官并應奉官等並乞依前項逐次已降指揮先應奉官次管軍御帶環衛官次宰執次親王次侍從兩省官次百官次御史臺次三公三少使相太尉次正

仕（南班）宗室僕入宮門訖次其餘不係趁赴朝殿祇應并
控拏及牽馬人等訖次放內宿等人乞令所屬照應前
項逐次已降指揮并令來措置到次序放令入出伏乞
朝廷劄下皇城司依所申施行故有是命　同日詔殿
庭立班及應奉朝參官諸色人等入出皇城門務要整
肅令御史臺閤門措置條具取旨　御史臺言今措置
條具下項一殿庭立班近來往往有交語相揖或行立
不謹之官致不整肅及有托疾在告不赴列班蕭踈令
檢坐見行條令及續降指揮下項一崇寧重修本臺令
諸朝會儀出入不由端禮門（紫宸垂拱參日兩省官及應差引接者非）入端
禮門不端笏朝堂行私禮（雖朝退在殿門內犯者同）交互幕次語笑

卷四千三百八十二

喧譁殿門內聚談行立失序立班不正交語相揖無故
離位（殿門外序班同）拜舞不如儀穿班仗出諸朝會不至及失
儀序并不赴臺參辭謝者（無故過十日同見謝辭日為始）人殿中侍御
史具姓名申臺取審狀中尚書省太中大夫侍御史以
上並奏餘官辨過飾非准此諸朝宴日稱疾（並假狀內聲說疾狀）
不赴者牒內侍省醫官局差內臣押醫診視不實者彈
奏（國忌行香准此）一在京通用敕諸朝會行立不謹（謂失序或穿班及無
故離位並班交語側身相揖之類）若不歸幕次及請引不行或竊窺未
宣麻制及宴集改易坐次者杖八十情重者奏裁若職
事官仗衛士及諸色人言辭諠譁乖違儀式及不依所
給朝服色衣或承告而不至者各杖一百（主司不告准此皆為公坐）

諸趁朝行馬失序者各杖一百控馬人減二等一紹興
九年二月四日臣僚上言比來每遇朔望或六參日合
赴官類多託疾在告不赴欲望申戒在位以肅違儀仍
令御史臺將所告最多之人核實彈奏有旨依紹興二
十七年十二月二十六日詔應在京宮觀人如託疾請
假不赴朝謁令御史臺閤門覺察奏劾　乾道五年十
一月十七日尚書省劄子臣僚上言今後如遇四參等
朝殿臨時稱疾不赴致班列蕭踈者當覈實彈奏有旨
依令措置欲乞檢坐上件條令指揮候令降指揮下日
從本臺出榜每遇立班處張掛曉諭應赴朝參官如有
違犯必定依條彈奏施行一應奉朝參官諸色人等出

卷四千三百八十二

入皇城門契勘昨于乾道三年十二月丙申降指揮非
不嚴備令措置欲將應付朝參官合破人從入出皇城
門者自今後並合量行帶入庶得整肅乞下皇城司措
置如係內宿并控拏人等自合遵依已降指揮施行如
有不依次序及奔走爭先擁遏喧鬧及從皇城守把約
攔人收領一面送所屬施行如守把人吏不止約從臺
牒皇城司依條施行閤門令條具下項一見行令諸朝
會臣僚失儀（謂立班交語側身相揖行立失序不端謹或穿班無故離位並殿內輒行私禮聚立
言語之類）並具名彈奏（將校直閤本轄內御史臺班應彈而本臺不彈者聽舉彈）若職事
官仗衛士及諸色人語言諠譁乖違儀式及不依所給
朝服或承告不至者准此諸殿內侍立臣僚次序已定

輙越次及離行失序者具名彈奏（祇應人奏知送所屬）諸臣僚朝
集輙交互兼次語笑諠譁或不依官職序坐者具名彈
奏諸臣僚趨朝不應入殿人即時檢察糾劾諸殿門外
見引謝辭非見謝辭臣僚及諸色人輙過往者臣僚具、
名彈奏諸色人送所屬諸宴會應奏事有不如法者聽
糾舉諸前後殿坐殿門側近不得聲高鬧及殿庭令來
前項條令係殿庭赴朝叅立班并應奉官及諸色人入
殿輙不整肅依上件條令彈奏施行有旨並依　五月
十一日閤門奏今月八日垂拱殿坐有新授右宣教郎
滿燾朝謝拜舞生疎舉止並不如儀詔燾可特放罷令
後臣僚趨赴起居及見辭等遇有舉止踈慢不合朝儀

卷四千二百全

者並仰即時具名彈奏以戒不肅　十一月二十一日
詔檢坐百司出入局條法指揮嚴行約束如有違戾依
累降指揮令御史臺覺察彈奏　先是宰執進呈百司
出入局條指揮一絡興在京通用令諸在任官（庫務官自依依）
（本條）日初出入局內官視門下省餘院尚書省次第出（執政）
（官早出省以未時自秋春至春分日前以未時二刻）日初出以開皇城門時門下
省尚書省令係三省次第出謂如先宰執早出或三省
樞密院作假其餘官並行未時出上因宣諭曰從來指
揮雖載御史臺覺察之文元不曾覺察卿等可類聚合
覺察事件預行措置令後應覺察而不覺察者並御史
臺官施行故有是命　八年二月七日詔御史臺覺察

儀制八之三九

彈劾事件分隸六察如有違戾去處監察御史許隨事
具狀覺察彈劾聞奏　御史臺狀令開具下項到國
都不曾朝見而輙見宰執干求差遣文臣托避免對官
員違戾條禁出謁受謁行在百司外路監司州縣違法
請謁接見違戾抑奔競指揮舉官非其人及責降未牽
復而薦舉百官親年已高而不迎侍及歸養觀察使以
上舉所知不許舉宰執管軍內侍親戚觀察以上舉所受
略監司銓量老病守臣容隱等運司違戾保明州縣差
權官等已除監司郡守乞祠未歸別有陳乞等部使者
具州縣臧否違戾觀察使以上舉所受賂除授邊地監
司郡守化近地爲加審訪聞糾察以上事屬吏部隸吏

卷四千五百全

察案凌餘罷權攝戰芭直節宴飲如監司官守臣違戾
錯支侵欺常平錢米過數支見任官供給諸縣借支侵
欺糴米委州縣預借人戶稅租州縣受納物帛之類拘
私兩浙漕司寄造酒不支本柄受納官作弊州縣催納
所放下絹諸州將未成丁之人拘催丁錢漕司州縣違
限催科諸路荒田令揀退人支請給耕種如奉行不虔
州縣違法支使案名所屬積壓不支鹽本錢沿淮州縣
起催二稅奉行不虔差役觀望不公等水旱災傷檢放
不以實兩浙江東西夏稅和買高價勒民納錢饒州江
州如措置賑濟減裂湖秀太平宣州守臣如救恤災荒
不虔州縣令保正副出備叅授等錢宣州太平州增科

儀制八之四〇

隨苗錢人户輸納疋帛退换揹污等輸官錢以見會予
中半如有違戾監司郡守歲考縣令之課不以實已上
事屬户部隸户察奉使三節人私行博易受餽送等奉
使接送使副輒赴筵會品官祖父母亡十年無故不葬
品官父母亡五年無故不葬巧圖牒試代筆轉義總管
通判以下用妓樂州軍發解差試官徇私奉使三郎人
推恩援例過有陳乞巡幸視師經由去處過為華飾違
戾貢獻果木飲食之類學官受理學生假限外旅取公
擬臨安府收買祠祭牲牢不支還價錢天申聖節筵宴
於例外因緣撿擾以上事屬禮部隸禮察白直人於置
司州被差如占留諸州抽差人帥司諸司屬官合破白
卷四千三百八十二
直人如依前占留監守（司郡）接送人過多等諸軍收買物色
場務衷私請托漏稅等三司違法借差軍兵諸軍私役
占破借使軍器所工匠諸百官司格外差占禁軍應差
破禁軍不放於舊司人內差撥諸州拖欠揀汰軍兵請
給諸軍合得犒設違戾支給未盡等行軍臨敵士不用
命致亡失掌兵官監司隱蔽已上事屬兵部隸兵察苞
苴賂遺辟（畔）臣輒受苞苴貴賄者受權要供饋等監司知
通隱庇用刑慘酷或入已贓州縣之獄守令決遣違戾
所屬透漏販海越界州縣奉行寬恤等事違慢縣官庇
姦而監司不覆誰何治獄檢法違限州軍大辟情法相
當實無可憫而具奏四川監司有違詔條等監司帥守

容庇州縣官出城迎送不接舉州縣奉行告訐盧安條
法不虔諸州奏案稽滯提刑催促結絕見禁罪人斷放
不當刑部郎官催促結絕見禁罪人奉行不虔州縣官
貪污不法監司不按治四方奏請送有司者照成法不
以實等監司巡歷所帶人吏過于州縣乞覓寬恤事件
隱匿不切奉行官司及在任官下行買物等州縣奉行
朝廷指揮弛慢違戾當職官拘留不決遣日生詞訟已
上事屬刑部隸刑察州軍違法差役工匠事屬工部隸
工察朝會賜酒食不如法朝會失儀臺參謝官有老病
昏昧赴宴不肅及未罷先退朝宴日稱疾不寔百司官
入出局不遵條法授外任已得告牒辭見進發過限已
卷四千三百八十二
上事屬本臺前司本臺契勘前件覺察彈劾事件日前
並係殿中與長貳通行風聞彈奏即不屬六察掌行其
六察係專一掌管取索所隸百司簿書公案等點檢稽
違差失行遣迂迴不當等事令依應指揮將覺察彈劾
事件令六察分隸並關坐在前切慮尚有未盡事件本
臺更切根刷盡行抄錄別行具狀供申勘會御史臺具
到合覺察彈劾事件各有已降指揮令來並分隸六察
故有是命

全唐文

宋會要　告謝

宋朝凡宰臣親王使相樞密使節度使降麻制日並詣崇政或延和殿辭免若不得請即告謝參知政事知樞密院以下宣徽使殿前侍衛馬步軍副都指揮使以上節度使新授或加恩並即日捧官告勑牒敘謝宰臣領使或自餘差遠並同貴近者或延壓賜茶中書樞密或再坐已起亦殿門使臣奏聞再坐餘官係次日觀文殿大學士至寶文閣直學士三司使三師三公東宮三師三少左右僕射尚書丞郎大夫中丞太常宗正卿賓客常侍給事諫議中書舍人知制誥待制三司副使知雜御史及三館秘閣校理檢討校勘編修京

卷五千三百五十六

一

朝官以上三司判官主判官開封府判官推官羣牧判官審刑院詳議官兩使留後至刺史駙馬都尉上將軍統軍大將軍任鈐轄以上升朝官判司天監及翰林天文直醫官院者內客省使至閤門祗候內常侍樞密都承旨至逐房副承旨新授加恩及諸般差遣並告謝其不帶職官如權知開封府通進銀臺司審官審刑三班羣牧使管勾景靈宮會靈祥源觀修起居注在京糾察刑獄提舉諸司庫務判刑部太常宗正司農大理太府寺國子監流內銓南曹登聞檢院鼓院諸三宮記室諮議翊善侍講開封府司錄兩赤知縣發運轉運使副提點刑獄府界提點公事巡撫經畧使押賜親王生辰

國使信契丹高麗交州夏州國信使副並特令告謝其日皇帝臨軒閤門使殿上口奏舍人引出當殿再拜稍前告謝又再拜退如已起居初出更不再拜內客省使及待制秘書監三司副使上將軍觀察使以上仍先過令後告謝餘官止引出不過名宣賜章服者謝恩再拜訖赴東廂服賜服再引出再拜又前告謝再拜退

真宗景德元年三月翰林學士梁顥等言詳定閤門儀制舊例皇城內監當庫務及在京鹽麴商稅榷貨務香藥榷易糧料院並告謝今請在內監臨如殿庭每日祗應庫務使臣初授命日並許告謝其餘在內庫務及鹽麴等院如京官不帶職供奉官以下不帶閤門祗候及左右軍巡使並不告謝如有特旨不在此例從之　四

卷五千三百五十六

二

年七月二十一日交趾進奉使黎明昶授峯州刺史副使黄成雅授殿中丞乞告謝從之　大中祥符四年六月九日閤門言臣僚授恩命差遣該告謝不拘時於崇政殿令勾當殿門使臣使臣奏入告謝殊乖體式自今惟降麻制及中書樞密院依舊例不拘時奏入其餘臣僚乞令中書樞密院劄送崇政殿門方得奏引其非時轉官授急速差遣便令辭發及有特旨令引者不限此制從之　天禧二年八月二十四日祕書監知禮儀院判祕閣楊億請比類三館直館校理例自今遇差遣許赴便殿告謝從之　四年四月詔應告謝臣僚自今令閤門並依官敘合班惟班首出班致詞舊制告謝皆各

有陳叙及合班悉如前殿之制　五年十一月二十四日詔自今羣臣受命免其告謝　乾興元年三月（仁宗即位未改元）閤門請自今告謝臣僚自後殿退將所授官告勅牒宣頭諸內東門閤門遣吏收接附內東門使臣進呈候皇太后聖旨放謝即再拜退從之
仁宗天聖元年八月閤門言準詔文武官告謝者並閤門供報承旨司及閤報入內內侍省緣告謝臣僚多候皇帝出宮即時赴班兩處供報深慮漏落今請應告謝官前一日計會閤門編排班次供報次日引赴崇政殿告謝所有合該儀制當日內告謝及急速差遣者不在此例從之　二年正月二十五日翰林學士權三司使事李諮言伏見閤門條制文武官該告謝者須隔日先申閤門竊緣在京監左藏庫三糧料商税麴院及司錄參軍兩赤知縣並皆告謝若以侍從近臣一例隔日關報實恐有傷國體欲望自今應大兩省以上三司使副知開封府凡受恩命差遣並許當日告謝從之其刺史閤門使以上亦如此例　九年六月二十二日詔文武臣僚除授差遣除依議制許當日告謝外其餘除假並限三日內告謝　神宗熙寧二年十月二十五日修定閤門儀制所言奉使契丹國信使副親王及臣僚生辰使並入謝竊詳景德通好之後務欲增重其儀故命使至今庭謝然自來不過正衙蓋是出於一時及親王臣

僚生辰使亦皆入謝竊恐未合事體況臣僚差遣只於後殿告謝者甚多今欲請契丹國信使副親王及臣僚生辰使並只令告謝從之　三年六月二十五日詔自今磨勘大使臣依審官東院例引見更不告謝　四年五月三日閤門言自來臣僚告謝並用劄子寫所授官職差遣奏知後通某人告謝惟中書樞密院宣徽使昇降磨官不寫劄子今閤門已一例用劄子奏知尋著爲例從之　八月十三日東頭供奉官李延遇等言奉宣差充閤門看班祗候乞告謝閤門看詳條新置欲乞令告謝其見謝辭並依內殿崇班體例從之　十月二十五日閤門言新定儀制樞密都承旨副承旨遙郡副承旨新授加恩及差遣並告謝詔中書檢正樞密院檢詳官新授加恩及差遣並告謝　五年二月十六日詔自今諫官新授加恩差遣並令告謝　元豐五年（正）月九日濟陽郡王曹佾告謝命坐上對之涕泣撫諭久之以慈聖光獻喪除故也
高宗紹興四年三月二十六日閤門言翰林學士綦崈禮差兼使（史）館修撰告謝禮部稱雖史館修撰與修國史事體一同與無立定條法詔依修國史官體例　六年五月九日閤門言范沖除翰林侍讀學士見乞朝謝見行雜壓儀制即不該載緣學士正謝日合賜魚袋鞍轡馬所有范沖正謝日未敢便依翰林學士恩數撞賜詔

范沖應干恩數並依翰林學士體例。八月二十七日，詔侍讀、侍講在法雖無詳告謝之文，多係前執政及從官兼充，理合正謝，令勅令所於閤門格內修入。時以前執政孟庾提舉萬壽觀兼侍讀，受告申審，故有是詔。

九年四月二十九日，閤門言：「權吏部侍郎范同兼實錄院修撰，會到實錄院稱，修撰與史館修撰事體一同，未敢依史館修撰官便令本官告謝。」詔依史館修撰體例。

十三年二月三日，詔令後宰臣執政官轉官加恩正謝合賜衣帶鞍馬，並令全賜，更不減半。詳見賜衣服分物

孝宗隆興二年六月二十一日，閤門言：「初除帶御器械官授宣命訖，合告謝正謝。令來除授係環衛官兼領，已降指揮朝參侍殿請假參假並依御帶體例，授告訖即未有許告謝正謝指揮。」詔令正謝。乾道七年五月二十七日，閤門言：「據新授臨安府推官陸之望下對榜子，乞朝謝。契勘開封府判官推官雜壓係在六曹郎中之下、直龍圖閣之上，其六朝（曹）郎中并直龍圖閣並該告謝正謝。令來臨安府判官推官依雜壓次序合該正謝，內告謝閤門條法即無該載。」詔依六曹郎中例告謝。

卷五千三百五十六

五

全唐文

宋會要　辭謝

國朝凡宰臣、親王、樞密、宣徽使、參知政事、樞密副使參假，一如起居之儀。使相亦然。親王、使相並西出，中書、樞密揖升殿。奉使朝辭及使迴，並如使相朝覲之儀。並升殿，問聖體。樞密使以下如節度使儀。謝恩則宰臣、親王、使相通喚，餘官皆側立候通起居畢，致辭，再拜舞蹈訖。有賜物者跪受，又再拜舞蹈訖退。如坐垂拱殿即不通喚。其日只引三班。三司使、副使、學士、兩省侍郎、文武升朝官、京官、內客省使至閤門祗候見者，喝賜酒食。假日崇政殿不通。官凡通判、部監、駐泊以上則賜，餘皆不賜。三司使、學士、東宮三師、大夫、內客省使並宣徽使伴；兩省常侍、給諫、舍人、待制、中丞、三司副使、東宮三少、尚書丞郎、大卿監、上將軍、統軍、宣慶宣政昭宣使並客省使伴；客省使至閤門副

全唐文

使就食本廳；大班底于以下武班大將軍、諸司使以下即通事舍人伴。謝如常儀。辭者致辭，三再拜，不舞蹈，賜物跪受，如中謝。二月以後賜窄衣或衫子分物，十月以後賜袷襖分物，亦只賜通判、駐泊以上。供奉官至奉職、監官、侍詔亦如上儀，惟奉職以下止門謝。使相朝覲者，有通喚，又致詞，又謝茶藥、御筵及賜衣物，又跪受訖，升殿問聖體。若有撫問，式收進奉物者，各拜舞稱，又升殿奏事，賜茶，拜舞訖退。節度使則不通喚，不謝御筵。使相賜酒食，樞密使伴；節度使、宣徽使伴；餘並客省使伴。謝如常儀。辭日，使相、節度使皆曲宴畢叙辭，賜衣物，跪受訖，服其服入謝，拜舞訖退。兩使留後、觀察使已下則不問聖體。防禦使至刺史止於致詞，拜舞訖退。留後以下無曲宴，餘如此儀。其進奉戀闕者並不謝。流內銓引對旨授幕職州縣官

者前一日以銓狀進呈至日判銓官引入起居致詞就
客省使侍立位俟幕職州縣官謝辭訖又引再拜而退
仍於殿門外宣詞戒勵（方鎮節度使遣子弟來見者亦附奏起居留後以下即否忠佐
以下差領放牧者又賜衫子食茶）僧尼道士入見有進香合等者皆通
事舍人接進父老入見者勑賜茶酒又傳宣撫問舉人
辭見者前一日習儀至日俟崇政殿奏公事退引見（舊以
國子監解元爲首後用開封府解元）其群官得假者皆門辭假回者待制
知雜御史上將軍刺史閤門祗候以上及三館祕閣三
司開封府官僚銀臺審刑審官糾察刑獄皇城司監當
庫藏官特令入見餘悉門見（請假三日內只隨班起居三日以上並叅假）其
門見謝辭者祕書監上將軍觀察使內客省使以上得
全唐文
拜殿門階上及升殿止拜御座前餘皆拜庭中凡班見
者先之謝次之辭又次之先宰臣次親王次樞密使帶
平章事者次樞密宣徽使叅知政事樞密副使次內職
班內客省引進四方館閤門使樞密都承旨（宣慶宣政昭宣使亦
同此班）次諸司使副使承旨崇班次橫行副使次樞密副
都承旨副承旨諸房副承旨逐房副承旨次通事舍人
閤門祗候次內常侍內供奉官殿頭次拱奉官次使相
班次三司班三司使副使次學士臺省班文明殿學士
次龍圖閣直學士中書舍人知制誥待制御史大夫中
丞次常侍給諫次起居郎至正言侍御史至監察次文
班三師三公東宮三師三少次僕射尚書次丞郎次節

四廂軍頭下
觀
帶團練使以上者別班次
廂都指揮使次軍頭都指揮使至諸軍副軍頭
太祖以下當是雜錄

度使次太常宗正卿及諸太卿監詹事次兩使留後觀
察使次庶子至五官正次防禦使至刺史次武班統軍
上將軍次大將軍至將軍次諸軍馬步都軍頭至副都
軍頭次雜班教坊使副使次翰林天文醫官書畫琴棋
待詔藝學次京官次中書樞密主事（堂後官帶京朝官者自如本班無正
官者入此班）次行軍副使次幕職州縣官次諸道牙內都指
揮使已下次三司孔目官至句押官次僧道父老百姓
其分司官詣闕者從本官班入宗室謝恩者各於本官
別班入　太祖乾德二年八月五日詔自今群臣見謝
辭並先赴內殿對後赴正衙（事見正衙）太宗淳化二年六月
五日知雜御史張郁言按令式每假日百司不奏事陛
全唐文
下憂勤萬機每遇旬假亦親決政事適來文武群官多
就假日辭謝貴就便坐以免舞蹈之儀欲望自今假日
除內職及將校外閤門不得引按辭謝其受急命者不
在此限從之　至道三年十月詔京朝官差充知府州
軍監通判知縣及監臨物務得替者限三日隨榜子於
閤門投納家狀方得引見其家狀閤門逐旋封付審官
院短使回者亦具名報審官院　真宗咸平元年十二
月詔京朝官差知州通判知軍監縣場及監臨物務者
差定後不得更赴朝叅限五日朝辭除程更與限一月
如違三日已上別具聞奏　景德元年七月二十九日
御史臺言檢會應文班朝官京官節度行軍司馬節度

防禦團練副使武臣將軍率府郎將已上並合請諸正衙謝及辭見內節度行軍司馬防團副使回不見使相諸道節度使及管軍節度使防禦使已上並合正衙謝及辭見幕職州縣官等只赴正衙謝無辭見準淳化二年勑節文文武官中見中謝及朝辭後次日須便詣正衙或急速差使雖放衙辭亦須具狀報臺如有違者奪一月俸應內諸司職官并管軍將校但授遙郡已上及閤門通事舍人已上凡授恩命並須詣正衙謝其中見朝辭更不詣正衙詔應文武臣僚合赴正衙謝并辭見者宜令閤門一依前後勑條曉示違者御史臺彈奏時工部員外郎朱台符差充陝西轉運使已朝辭不赴正

全唐文

衙辭乃下是詔　三年四月二十二日詔京朝官內殿崇班已上得替得先具民間條例利害實封於閤門通進後方許朝見　十一月十四日新授翰林學士楊億中謝於長春殿帝以億疾新愈特詔免舞蹈　四年正月十四日給事中梁周翰恭假兼門謝差醫官看候詔令後殿恭假免舞蹈　大中祥符二年六月二十七日詔知府州興州刺史折惟昌隨行蕃官首領等引見如不過殿候到坐殿公事退引見兼賜對見朝辭例物　三年二月十九日閤門言今月十五日崇政殿群臣見謝辭及上殿奏事僅及亭午欲望自今朔望除三司開封府審刑院外其餘非急速公事並令於別日敷奏所

者

有見謝辭臣僚并百官起居日欲只引兩班從之八月三十日河中府遣虞鄉縣令氏昭度部送進士薛南及父老僧道詣闕奉迎車駕對於崇政殿賜以緡錢即令辭還近制假日閤門無辭見之例以其衆遠來特引對而遣之　四年五月六日閤門言自今內職將校請依文武官例假日不許辭見從之六月十八日閤門言蕃部入見只御龍官四人排立緣蕃部數多望自今更增行門六人排立從之七月八日詔閤門自今文武臣僚充安撫使副都監及提點刑獄之類但係同差帶職名者並令一班辭見內有合重行異位者即依常例先是帝宣示宰臣曰朝廷每命臣僚充使副出外同勾當諸

全唐文

事辭見之際多以文武班例及資品高下閤門不令同列甚無謂也故有是詔　六年四月二十五日流內銓言今後應有選人引見已得聖旨不便謝恩及於劄子外妄稱別有勞績及唐突僥求恩澤者所犯人且未與改官仍乞令閤門軍頭引見司告示從之　八年五月三日榮王元儼降封端王謝恩於宣明殿舊例降封止門謝至是特許入謝七月三司言文武官差出朝辭賜絹者自今每疋給錢一千充直從之八月十八日閤門言文武臣僚為公事取勘勒住起居者罰放後勘所並不關報臣僚又不便謝恩亦有奏乞權且令起居者又為已赴起居亦不謝恩欲乞今後為公事勘罰者令勘

所盡時閑報曉示本人限五日內謝恩出限不赴依不
赴起居例責罰從之　天禧元年十月二日尚書右丞
兼宗正卿趙安仁言自今除前後殿臣僚依舊奏覆公
事其崇政殿承明殿及再坐諸司常務顯有條例只令
本司施行訖奏知更不引見其審官三班院流內銓亦
令分日引人詔閤門今後引見人日不得過兩司十一
月二十四日詔京朝官使臣辭見及謝並赴崇政殿
三年三月二十八日彰信軍節度使王能入辭以疾止
對於崇政殿仍命其子琪掖而升又乞免辭日御筵及
親王宴餞並從之　三年四月詔先令得替官員及轉
運使副兩省御史臺官出使還並具民間利害及採訪
全唐文
官員治迹善惡等事閤門過進方得入見訪問自是閤
門須令指陳事狀方許朝見其間事理不得精詳舉保
鹵莽或非本意出自他求宜令自今如有所聞見即依
前詔如無利害亦不須令投進文字便許朝見七月二
十一日新授三司使李士衡以足疾表求謝於長春殿
門從之四年四月二十七日閤門言請自今庶子以下
至京官閤門祗候至三班使臣並為一班文武群官值
假三日則朝見辭謝於崇政殿其酒食繒帛賜於門外
從之時帝不豫故從省約之制五月御史臺言三班使
臣先準詔諸處勾當迴限七日須得朝見如違即三班
申宣徽院勘問所有不帶職京官望依例如違即諸司

寺監申舉從之九月二十二日詔文武官辭見謝合過
正衙及幕職州縣官對敭衙謝在放朝假內者並放當
升殿奏事者實封以聞十二月三日承天節假放文武
群官幕職州縣官契丹使前後殿起居正衙辭謝其自
外到闕者並門見至十一日後仍舊二十二日詔應文
武官及京官使臣幕職州縣官遇雙日並令門見及辭
謝隻日依舊　乾興元年二月二十九日仁宗即位未改元中
書門下言新授恩命臣僚告謝後望令便赴本職勾當
候釋服後謝恩從之　三月十八日禮儀院言準詔自
令遇隻日視事雙日不坐辭見謝班令與閤門參議今
請文武官見謝辭並就隻日事干急速亦許就雙日自
全唐文
來合係門辭見謝者亦許就雙日三班使臣京官諸道
進奉衙前等並許不限雙隻日僧尼道士凡有進奉並
就隻日從之　四月二十六日閤門言雙日文武官望
並許見謝及辭從之　十一月皇城司言乞令後朝臣
使臣差使出入見辭日並以職位姓名報皇城外門人
員以憑奏聞從之　仁宗天聖元年三月詔閤門應差
遣出外臣僚如朝辭日合該上殿並令先五日報閤門
朝辭月日閤門候到即時申樞密院　三年六月八日
右巡使李紘言京朝官監當知縣及新除京官假告出
入多就殿門外辭見謝況幕職州縣官尚得對敭欲望
自今京朝官但是差遣除授假告出入並令入殿中書

門下請自今京朝官及內職殿直以上但係親民差遣授恩命並就隻日見謝辭自餘監當及短使差遣許於隻日殿門外放辭見從之十一月閤門言流內銓引見選人內前鳳翔府支使林茂先前慶化縣尉楊文敏不合唐突詔並特放仍令銓司自今戒勵選人引見不得唐突如違依條施行　四年八月十四日監察御史王沿言京朝官授差遣多不即入辭妄貢封章希求恩奬中書門下檢會舊條京朝官受勑後不得更赴朝參限五日朝辭除程與限一月又承明殿奏事官不得妄陳勞績僥求章服恩澤如違委入內內侍省申奏今請下御史臺應新授京朝官並以條勑曉諭違者彈糾聞奏

全唐文

從之　五年四月九日詔以併值假故應新注幕職州縣官與免對敭辭謝其再試進士及諸科賜出身試銜人等特放辭候假開依舊以新及第舉人率多寒士食貧京闕特降恩旨　六年四月二日詔令後幕職州縣官等磨勘宜令流內銓一依近例具節劄子并腳色前一日進內候降出仰主判官員看詳內有須合覆奏事件於前殿再審取旨後崇政殿引見其元進御批劄子候引見訖實封送中書其審官三班院亦準此例十二月二十七日中書門下言以假故多其見謝辭官并正衙並欲權放候上元假開仍舊從之　七年十一月詔閤門應三班審官院流內銓引見官員使臣內官品一

般者令一處謝恩　八年六月七日詔流內銓選人自今引見或謝辭有失儀者依條責罰後更不書於歷任狀內　景祐二年十二月十五日閤門言自除中書樞密院降麻臣僚當日一齊謝恩外餘班不引遇常朝假日見謝辭只引左班今後臣僚須前一日前下牓子皇親將軍已下有在假年小及臣僚年小降到告勑差承受送赴私第宣賜從之　四年七月二十五日詔今後如遇假日後殿坐京朝官不該辭見者內有急速事許令辭見餘依常例　慶曆二年五月十二日詔自今應臣僚入見并辭謝如值假故不御前殿即依舊制並放若事急速許令後殿見謝辭及放正衙並繫臨時特降

全唐文

朝旨即不得輒自上章陳乞時權御史中丞賈昌朝言護國軍節度使兼侍中張耆赴河陽武安軍節度使高化赴相州乞免衙辭河陽節度使楊崇勳復平章事乞免衙謝兼閤上件官等並乞只於後殿見辭者按近制臣僚見謝辭並合在前殿仍詣正衙除假故外若事急速或許於後殿或免過正衙並繫臨時特旨者等位為節制久去朝闕辭見不由前殿出入不詣正衙或扶以拜官或揖而受賜既稱衰疾且冒寵榮雖聖上眷待老臣特推異數猶宜避免以示恪恭豈可輒上奏封自求優便令國家外扞邊寇方任武臣所宜並示恩威不可專用姑息仍恐文武臣僚自此益更輕慢朝廷之儀乃

下是詔仍牓示朝堂　皇祐二年六月詔臣僚移任求朝見留京師毋得十日　四年六月詔武臣除喪者自今如文臣例先給告身然後入見　至和元年六月十九日閤門言臣僚叅假內官高者通官位卑者只通姓名勘會儀制並不載定並通班閤門祗候因循承例以致差互今後應叅假臣僚並令通官位姓名從之　八月七日詔自今將相遷拜見辭之禮令閤門以故事舉行初知制誥韓絳言比年以来國家多失故事且將相遷拜迎授見辭勞錢各有寵數或當行而輒罷或假予之非宜遂使恩禮所及頗失其稱請下有司申明舊制故下是詔　嘉祐八年四月六日（英宗即位未改元）　帝不豫應文

全唐文

武臣僚並權放朝叅正衙見辭謝候平愈日依舊至七月如故　十月九日詔前令閤門御史臺自九月二十五日權放臣僚見謝辭今宜如故　英宗治平元年六月二十五日樞密使張昇以遷吏部侍郎入謝詔減其拜數至受賜物又令勿跪以昇老疾故也　三年十一月詔三班院流內銓磨勘使臣選人權免引見所進文字令中書覆奏　十二月二十五日大遼賀正旦壽聖節國信使副見於紫宸殿門外明年正月辭於殿門外以帝不豫故也　神宗熙寧二年正月二十三日權監察御史裏行王子韶言伏覩朝廷以職事官年七十以上及疾病疲癃者付御史臺體量可否以臣觀之比宜委

宜有司豈可每煩朝廷又況內外職任頗有事繁務劇之處其不能勝任者豈獨老病至於孱懦庸闇之人亦能曠官敗事者也今必待朝旨然後體量則所察者少而所遺者衆恐未足以澄清簪笏也竊見得替赴任官亦有赴臺叅辭之制自来只於朝堂與丞雜御史拜揖而已徒襲舊儀殊無義理欲乞今後臺叅辭並須詣御史臺每日令御史一人接見詢察遇有老病昏懦之人即白丞雜再同審覈若委實不堪釐務者並許彈奏如是則不待巡行天下而能否粗別從之　閏十一月十九日閤門言準流內銓牒權同判銓龔鼎臣先患請假銓司於引見選人奏狀內龔鼎臣下已書假字今日朝叅

全唐文

訖為前奏內在假更不赴引見選人詔今後諸司在假如叅日便赴奏覆引呈公事　三年二月十三日權監察御史裏行王子韶言自来節假放見謝辭正衙亦不到臺叅辭其間頗有避見本臺體量多赴故冀幸免放欲乞今後除朝廷非汎差遣及請假依舊外其得替赴任並須赴臺叅辭從之　八月七日閤門言準編勅自入伏後審官三班院流內銓只許引一處候秋涼添上殿班依舊今月十日秋分詔自今後一日只許引兩處　十二日編修中書條例所言選人授差遣衙辭流內銓繳進家狀三代表別無行遺欲乞今後罷進從之　七年十一月十一日詔河北副將令依閤門班次入辭所賜

人馬甲冑弓箭佩刀等並令於後殿門賜謝　九年五
月四日以大遼國母卒賀同天節使於紫宸殿朝辭告
哀使未至未輟朝視故不辭於崇政殿　元豐五年十
二月二十四日御史臺言準詔遼使見辭日並特起居
其前後三日內當起居權罷二十六日紫宸殿遼使見
來年正月六日垂拱殿朝辭若各用本殿班即見日望
叅班赴辭日六叅班赴詔並用望叅班　六年四月十
九日詔自今見任官召赴闕上殿訖限次日朝辭回任
聽候指揮　七年正月四日文彥博言臣前辭闕下之
日嘗奏得致仕後當親辭天陛臣今得請欲赴闕廷降
詔從之　八年正月六日大遼賀正旦使副辭於紫宸
全唐文
殿門外以帝不豫故也二十八日以帝不豫執政官入
至福寧殿王珪言閤門見謝辭權放內不許隨放之人
令門見其上殿臣僚非召赴闕者有奏陳事權令進入
從之七月二日太常寺閤門言西人見辭儀制乞如嘉
祐八年見於皇儀殿門外所有朝辭緣太皇太后權同
軍國事乞許垂簾日朝辭或止令門辭詔見依嘉祐八
年朝辭詣垂拱殿　哲宗元祐元年四月十八日詔尚
書侍郎除改別曹免入謝及進馬仍不用初除恩例給
事中遷侍郎如在一年內除入謝外亦如之二十三日
新知潁昌府韓縝言故集賢校理同修起居注江休復
子懋相才質粹美能守家法皆因卑需轉官會足疾偶

稽朝謝遂踰百日之限然實未嘗在假有司不為申理
欲望許令朝謝及量其材質稍加擢用詔江懋相特許
朝謝六月十三日禮部言近制尚書侍郎除改別曹免
入謝郎官亦當免從之　二年六月八日樞密院言元
豐八年四月八日朝旨應見謝并軍迴過軍並權令門
見謝按乾興元年例軍迴人兵並係引見詔依舊引見
　元符三年正月六日遼國賀正旦使副辭於殿門外
以上服藥故也六月七日遼使辭於皇儀殿又赴紫宸
殿朝辭　徽宗崇寧二年五月九日臣僚上言竊見日
近師臣多是受命訖數以乞對為名不肯朝辭既朝辭
訖又不肯起發遲留都城動踰旬月只是謀為身計殊
全唐文
不體朝廷所以遣之之意欲乞今後除授遣師〔帥〕或身在
闕下或使路乞見欲乞與越班奏事限日朝辭訖限日
進發庶幾不至失事仍乞令御史臺糾察從之　欽宗
靖康元年五月十五日詔監司守臣見侍次朝辭上殿
人並免　高宗建炎四年十一月三日閤門言奉詔令
後臣僚投下見辭謝牓子如經隔年月違限令召本等
保識官二員委保正身甘伏除名結罪批鑿印紙方許
引見謝辭欲乞朝見自得替後限一年謝辭以授宣告
勑劄日限一月如出限即許召保從之　紹興元年四
月十七日閤門言故例臣僚見謝辭並權放候皇帝御
殿日依舊從之時隆祐皇太后上僊故也　二年正月

年十四日吏部侍郎李光言望檢舉見任郎中自建炎
以来未經上殿人並令引對從之八月九日輔臣進呈
左司諫吴表臣表乞應郡守初自行在除授及自外罷
任赴闕者並令引見上殿上曰郡守民之師帥若不得
其人千里受弊於是可其奏九月十二日工部員外郎
宣撫處置使司主管機宜文字張宗元言隨行將佐使
臣遠路從軍不曾將帶袍笏履朝日乞許着紫衫從之
　三年五月八日詔奉使官潘致堯高公繪回仰日下
入門不以早晚服紫衫赴内殿朝見　四年四月十八
日新除起居舍人王居正言被旨候到令引見上殿緣
見患喘渴登對未得望許令先次朝見候痊愈日即起
全唐文
赴上殿從之八月二十六日詔沿江帥守赴任道由行
在權免朝見奏事令取徑路之任時以防秋從臣僚請
也十一月三日詔監察御史田如鼇回自張浚軍前令
内侍省於内殿引見十二月二十二日詔丁憂服闋及
尋醫侍養假滿百日官如到行在並許朝見臺叅　五
年二月十一日御史臺閤門言車駕親征回請依條令
故事候還内次日文武百官内殿起居問聖體從之
七年二月九日都省言除授監司郡守合朝辭上殿人
緣見在易月服内皇帝未御正殿引對未得竊慮有妨
起發之任詔並權免如願伺候上殿者聽二十一日閤
門言將来御殿臣僚起居見謝等内有該舞蹈官欲權

免舞蹈叩頭候卒哭依儀制從之時以徽宗皇帝顯肅
皇后喪制故也三月十日知建康府葉宗諤言車駕移
蹕到府率本府應文武官朝見從之　九月二十二日
明堂大禮應命官犯罪依令赦合該原免如因結斷未
了未合朝見人特先次朝見　八年十月十一日詔今
後應從官上殿令次臺諫在面對官之上引　九年七
月四日詔東京耆老冦璋等詣闕上表令四方館引見
時復河南諸郡故也　十一年十月十三日詔御前統
制官等各以職次高下輪替入見　十三年正月十八
日閤門言將来御前殿合赴朝叅臣僚切慮朝集不知
儀範難以整肅自今後應在外臣僚兵將官等到行在
全唐文
見謝辭并應朝集等並依閤門儀制如請降到内殿或
放免見謝辭等指揮並令閤門執奏不行從之二月十
一日詔六叅日依令引一班上殿止引面對官如值假
合後殿坐日分依令止引兩班　四月五日兩浙西路提
點刑獄公事王鈇言本司官係在平江府置司每遇出
巡到臨安府亦係部内欲依兩浙轉運副使徐康國例
許免辭見從之　十一月二十一日詔臣僚已有差遣受
命訖違五日之限不即朝辭起發者令御史臺彈劾從
侍御史李文會請也　十四年三月十八日詔今後臣
僚有面刺大字或燒炙之人遇合見謝辭並許赴詳見
常叅起居十二月二十五日詔自今後每遇紫宸殿使人見

辭更不排設道遥平輦　十五年十二月十一日詔使人到闕朝見紫宸殿宴前一日朝辭前二日應奉官司並赴逐殿習儀　十七年六月三日詔金國使人見辭等如遇垂拱殿集英殿紫宸殿階下立班於拜處宰臣使使人令儀鸞司鋪氈令後準此　十八年十一月十三日禮部太常寺言來年正月六日人使朝辭使樂係在上辛詞官致齋之内欲依治平故事用樂從之　二十三年五月十九日使人朝見二十九年五月二十七日朝辭並在夏至祭皇地祇致齋之内亦引故事用樂　二十年三月二十二日詔令後人使見辭撻擊檐床等人令殿門外隨儀衛迎駕奏萬福　二十五年十二月

全唐文

十八日詔應召赴行在臣僚入國門日令即時具狀聞奏　二十六年十二月十五日詔三佛齊進奉人依儀從人門見可依舊例俱令入見　二十九年十二月十七日詔使人朝見後殿起居班絕垂拱殿座權令宰執侍從日參官一班次使相至刺史一班次馬步軍都指揮使以下一班次馬步軍員僚一班次館伴一班並令常起居次引使人　三十年五月六日詔朕以國使信至勉從羣臣上壽之請既未御純吉服儀仗難以盡飾人使朝見日可止量增禁衛更不設仗以顯仁皇后服制也十一月二十七日禮部太常寺言金國使人到闕朝見日依政和五禮新儀排設黃麾角仗一千五十六

人使朝見得旨未御純吉服止量增禁衛更不設仗今自十月朔純吉服所有儀仗合行排設從之　三十一年五月二十七日詔金國人使朝辭御後殿東廊素幄時聞欽宗皇帝訃音也十二月八日太常寺言車駕巡幸視師經由州府縣鎮官迎駕起居奉辭緣在恭文順德仁孝皇帝服制之内並乞常服黑帶去魚從之　三十二年三月十八日詔人使朝辭在京日經由垂拱殿過緣垂拱殿非係人使立班處可先後殿坐次紫宸殿引人使朝辭　孝宗隆興二年五月十三日臣僚劄子言朝廷除授當杜私謁令士風奔競廉恥汩喪宜明示告戒依已降旨以半月為限有既除授而不朝辭與夫

全唐文

至而不見辭而復留者令有司具名糾劾以聞從之

乾道元年八月十四日詔今後應文武知州軍諸路釐務總管副總管鈴轄都監見辭並令上殿批入料錢文歷如託故避免並未得差除赴任委臺諫監司按察以違制論已而又詔内殿見辭奏事訖亦令閤門批上本官料錢文歷照會　二年三月一日尚書吏部侍郎陳之茂言近者建議之臣欲以初政官人時出聖意臨軒引問觀其能否竊見選人改秩亡慮百員每班不下十人若盡令引對則一朝之頃不能遍及若止取一二則餘者幸免政恐其間又多碌碌盡棄之則非所以廣恩盡容之則又非躬親顧問之意乞止從都堂審察從

之既而吏部言竊見故事選人改官日皇帝臨軒引見政欲觀其人材今立班之地相去稍遠乞令立班移近軒陛逐一宣名其間聖意或有所疑即乞指名宣諭吏部侍郎令同到都堂審驗如不中選即別取旨免致一一奏瀆聖聽從之　四年五月二十四日臣僚上言自今如有身到國都不曾朝見而輒見宰執干求差遣者乞重寘典憲從之　五年六月二十九日詔吏部奏舉改官人並權免引見候引上殿班日依舊時上日疾故也　七年三月四日主管侍衛馬軍司公事李顯忠奏乞移屯諸軍統制統領將佐大小使臣與免朝辭從之

宋會要　賜服　告謝陛下引見賜衣服＊物此當作賜衣服　原批

凡五月五日賜服二府宰相至同簽書樞密院事親王三師三公使相東宮三師觀文殿大學士僕射宣徽使殿前都指揮使至馬步軍都虞候節度使駙馬都尉五事潤羅公服紅羅繡袍肚黃穀汗衫熟線綾夾袴小綾勒帛銀裝扇子二舊式大綾夾袴勒帛都尉洎觀察使以上金吾上將軍皇親刺史以上五事扇子並同宰臣惟小綾勒帛兩使留後觀察使四廂都指揮使忠佐領團練使五事扇子同皇親刺史惟大綾夾袴無潤羅東宮三少尚書三司使至權發遣使公事觀文殿學士至樞密直學士五同僕射惟綾繡袍肚舊式尚書同侍制三司使同節度使防禦團練使刺史同留後惟綾繡袍肚舊式同三司使惟無潤羅御史中丞閤直學士宮觀判官四事潤羅公服黃穀汗衫小綾勒帛熟線綾夾袴銀裝小扇子二舊式大綾夾袴權中丞如侍制之例如當刑判檢院並同諸統軍四事同中丞惟無潤羅扇子無銀裝諸衛上將軍同統軍惟綾繡抱肚又改小綾汗衫常侍賓客丞郎給諫舍人知制誥侍制卿監祭酒詹事三司副使至發遣公事五事羅公服綾繡抱肚小綾汗衫勒帛大綾夾袴舊式三司副使如宮觀判官內客省使延福宮景福殿使同防禦使惟扇子無銀裝皇親

卷一萬卆八百十七　一

大將軍將軍諸司使副使四事羅公服小綾汗衫勒帛大綾夾袴銀裝小扇子二少卿監知雜司業庶子諭德郎中樞密都承旨至諸房副承旨橫行使宣慶宣政昭宣使諸司使大將軍入內省都知押班四事羅公服小綾汗衫勒帛大綾夾袴無扇子舊式三司判官判勾單此知雜入內都知並同員外郎押班同承旨皇親崇班以上三事同諸司使而無袴舊式有扇子而無銀裝起居郎至著作郎三院御史員外郎少詹事率更令博士三丞大理正以上開封府判官將軍橫行諸司副使樞密逐房副承旨皇親殿直以上三事同少卿監而無袴通事舍人承制崇班及閤門祗候二事同諸司副使而無勒帛中允至洗馬尚藥奉御至五官正閤門看班三司句當使臣京官任在京職事者二事羅公服綾汗衫令選人充館閣職任同幕職州縣官三班使臣任在京職事當賜者止羅公服監文思院門紫綾衫內侍兩省使臣供奉官並紫羅公服內常侍加小綾汗衫內侍至黃門入內殿頭至奉輦皆同紫羅窄衫絹襴內侍祇候高品至後苑散內品入內貼祇候內品至雲韶部內品紫宮絁窄衫絹襴其內侍非宿直及在京句當不給至內後苑內品並散內品紫平絁窄衫絹襴寄班祇候奉職借職羅公服殿直以上加絹汗衫舊式帶器械高品以上並羅公服絹

汗衫。凡諸軍捧日天武龍衛神衛拱聖驍勝宣武神勇虎翼步武龍猛吐
渾驍騎軍都指揮使諸班殿前指揮使遥郡都虞候御前忠佐馬步都軍
頭及遥郡副都軍頭五事羅公服綾綿袍肚黄縠汗衫小綾勒帛大綾夾
袴扇子二舊有銀裝，不遥郡副都軍頭五事並同都軍頭，惟小綾汗衫小
扇子二。捧日至神衛不遥郡都虞候及諸班内員僚御龍四直都虞候指揮
使御前忠佐步軍副都軍頭已上行門殿前散直鈞容直指揮使五事並
同都軍頭，惟綃汗衫。開封府馬步都指揮使四事羅公服小綾汗衫勒帛
大綾袴，無扇子。拱聖至驍騎及雲騎奉節歸聖効忠武騎雄武渤海寧朔
都虞候捧日至神衛指揮使殿前都指揮使知四事羅公服綃汗衫大綾
夾袴小綾勒帛小扇子一。内殿直散員散指揮散都頭散祗候龍旗金槍
東西班内員僚外殿直都知三事羅公服綃汗衫大綾夾袴小扇子一。開
封府馬軍步軍副都指揮使以上牢城都指揮使三事同外殿直都知，而
無扇子。拱聖至寧朔及驍猛馬直步直揀中龍神衛契丹飛猛衛聖威虎
神威宣効横塞威猛廣勇鞭箭雲捷歸明雄武指揮使捧日至神衛及御
龍四直指揮使教駿廣備忠節威武都虞候殿前指揮使副都知三事羅
公服綃汗衫小綾夾袴小扇子一。内殿直至外殿直副都知殿前散直都

卷一萬九千八百十七　　二

知三事羅公服綃汗衫勒帛。拱聖歸明雄武副指揮使教駿騎御馬歸聖
順聖勇捷步鬬雄勇廣德静戎平塞歸化順化忠節橋道清塞廣備歸恩
雄勝威武懷勇効順懷愛指揮使六軍搭材都虞候殿前指揮使押班二
事同威武都虞候而無袴，小扇子一。御龍四直都頭二事同殿前指揮
使押班，而無扇子。皇城司都虞候二事羅公服小綾汗衫。教駿至懷愛副
指揮使内殿直至外殿直押班押番御龍四直副都頭新立内員僚直行
首副行首殿前散直副都知押班龍神衛剩員保寧搭材窑務廣德指揮
使開封府六軍副指揮使以上羅公服。殿前指揮使行門殿直及内殿直
之進御弩者鈞容直招箭班都知副都知紫羅旋襴小綾汗衫。鈞容直招
箭班押班都頭内園御輦翰林儀鸞八作綾錦事材車營務諸司都虞
候紫羅旋襴。捧日至神衛軍使都頭龍神衛剩員至廣德副指揮使効節
指揮使員僚直行首番已上軍頭司副兵馬使以上紫羅寬衫旋襴。捧日
至神衛副兵馬使副都頭拱聖至鞭箭軍使至副都頭軍頭司强壯及散
指揮使副指揮使以上契丹渤海吐渾軍使以下赴起居者紫羅寬衫絹
襴。龍衛及骨朶子直内殿直至内員僚直殿前散直招箭班及外殿直散
祗候東西班權管指揮者軍頭司散員至副兵馬使强壯副都頭散副都

皇親二字正寫

頭以上契丹渤海吐渾軍使以上不赴起居者教駿騎御馬軍使副兵馬
使歸明散員僚諸司指揮使副指揮使以上軍頭司副都頭以上紫羅寬
衫絹襴。御龍弓箭弩鈞容契丹吐渾等直歸聖至懷愛龍神衛剩員至廣
德都頭副都頭六軍唱探副都頭以上開封府步軍副都頭及諸司軍使
副都頭以上紫官絁衫子。御輦院供御輦官以上車子院將虞候紫平絁
衫子。外伏作坊前宿直者車頭司承局御輦院下都輦官車子院官健紫
南紬衫子。凡增立諸軍並準視名額第第給之。凡在京諸色人中書堂後
官樞密主事二事羅公服小絹汗衫。前諸司使二事羅公服絹汗衫。翰林
天文知曆算御書御詔翰林醫學書藝書直藝學御書祗候前防禦團練
副使當直奉職以上宣詞令左右軍巡使中書主事諸鎮節度進奏官教
坊使羅公服。中書錄事守當官以上樞密院令史書令史宣徽院前行三
司孔目官教坊副使色長監承進司高品學士院書詔孔目官客省行首
勾押官紫羅寬衫。樞密院雜事承進銀臺司貼房三司勾覆官以上宣徽
院後行客省閤門承受諸州進奏官檢鼓院糾察題舉司府史後行以上
秘閣典書翰林醫人紫羅寬衫絹襴。禮賓院客省軍頭司譯語御輦院專
典提舉司貼司紫官絁衫子。秘閣楷書御輦院曹司孔目匠學士院親事

卷一萬九千八百十七　　三

官皇城鏁鑰庫子紫平絁衫子。内衣物庫專典二事小綾背子絹汗衫。軍
頭司勾押官以下黄絹汗衫，其品目均者準此，餘以青絹紬赤黄早雜布
衫袴黄絹等第給之。凡十月一賜服，二府宰臣至同簽書樞密院事、親王、
三師三公使相東宮三師觀文殿大學士僕射宣徽使殿前都指揮使逕
步軍都虞候節度使駙馬都尉皇親正任團練使以上寬對衣五事紫潤
羅夾公服天下樂暈錦寬錦袍小綾汗衫勒帛熟線綾夾袴舊式大綾夾袴都付任觀察
使者方給潤羅皇親遥刺史以上並同正任團練使，惟簇四鵰寬錦袍。舊
式刺史以上並同觀王。東宮三少尚書三司至權發遣使公事觀文殿學
士至樞密直學士内客省使紫潤羅夾公服簇四鵰寬錦袍小綾汗衫勒
帛熟線綾夾袴，舊式尚書同丞郎。兩使留後觀察使四廂都指揮使皇親
大將軍將軍諸司使忠佐領團練使紫羅夾公服川錦寬綿袍小綾汗衫
勒帛大綾夾袴，舊式簇四鵰錦銳軍上將軍防禦團練使刺史皇親諸司
副使五事紫羅夾公服翠毛細錦寬綿袍小綾汗衫勒帛大綾夾袴御史
中丞閤直學士宮觀判官紫羅夾公服師子大錦寬綿袍小綾汗衫勒帛
大綾夾袴，舊式知通進銀臺司勾當三班知審刑判檢院准此。常侍賓客
丞郎給諫舍人知制誥待制卿監祭酒詹事三司副使至權發遣公事五

事羅夾公服綾纈夾袍牡小綾汗衫勒帛大綾夾袴舊式二司副使同宫
觀判官延福宫使景福殿使五事紫潤羅公服熟綫綾夾袴餘同親軍金
吾大將軍紫羅夾公服紅錦寬綿袍小綾汗衫勒帛大綾夾袴舊式同親
軍少卿監知雜司業庶子諭德郎中橫行使宣慶宣政昭宣使樞密承旨
並諸房副承旨大將軍諸司使入內內侍省都知押班羅夾公服小綾汗
衫勒帛大綾夾袴舊式三司判官判勾准此知雜同員外郎內侍省都知
入內都知副都知同橫行副使內侍省副都知押班入內押班同通事舍
人起居郎至著作郎三院御史員外郎少卿事率更令博士三丞大理正羅夾公
服小綾汗衫勒帛舊式皇親崇班以上同諸司副使殿直以上同副使通事
以上橫行諸司副使將軍皇親率府率副率樞密院逐房副承旨
舍人承旨崇班率府率副率紫羅夾公服小綾汗衫中允至洗馬內藥奉
御至五官正三司勾當使臣京官任在京職事者羅夾公服絹汗衫分遣
人充館閣職任同舊式京官任親王諸宫者惟無汗衫幕職州縣官三班
使臣任在京職事當賜者止羅夾公服閤門看班軍巡使以紫綾綿旋襴
為差內侍兩省使臣內常侍供奉官紫羅夾公服小綾汗衫入內殿頭至奉
輦皆勾內侍殿頭至貢門紫光色大綾綿旋襴衹候高班內品至入內內
品紫花絁錦旋襴入內貼祇候內品至後苑散內品內侍祇候高品至後

卷一萬九千八百十七

四

苑散內品紫小綾綿旋襴寒班祇候紫乾色大綾綿旋襴舊式內常侍同
宣事舍人內侍至紫大綾綿絁襴殿頭以上帶器械紫羅綿旋襴凡諸軍
捧日至驍騎軍都指揮使諸班御龍四直逐都都虞候忠佐馬步都軍頭
及逐都副都頭革七細錦綿旋襴不逐都副都頭舊式方勝宜男細錦
綿旋襴不逐都諸班及御龍四直內員僚直捧日至神衛軍都虞候諸班
至員僚直及殿前散直行門鈞容直指揮使忠佐步軍副都軍頭以上閑
封府馬步都指揮使盤雕雲鴈細錦綿旋襴拱聖神勇驍騎寶騎武騎宣
武龍猛雄武虎翼吐渾廣備渤海驍勝寧朔都虞候捧日至神衛及員僚
直指揮使師子大錦綿旋襴拱聖至寧朔及順聖衛聖歸聖奉節廣德効
忠馬步直威虎寨捷教駿牌飯騎御馬內員僚直龍神衛剩員指揮使
捧日至神衛御龍四直員僚直神勇吐渾渤海副指揮使忠佐都虞候閑
封府馬步副都指揮使供奉官以下權管軍者方勝練鵲錦綿旋襴飛猛
橫塞神威宣効威猛歸明雄武指揮使紅團花大錦綿旋襴諸軍副指揮
使勇捷歸化順聖清塞忠節橋道保寧指揮使六軍搭材都虞候閑封府
馬步都虞候以上紅團花中錦綿旋襴六軍廂虞候細團花次中錦綿旋

襴殿前及行門都知紫地紫花透背敕正綿旋襴內殿直散祇候散指揮
使散都頭散員東西班金槍龍旗內員僚殿前散直外殿直都知皇城都
虞候紫羅錦旋襴內殿直至外殿直及殿前行門副都知鈞容直招箭班
都知副都知諸班直押番押班皇城等諸司都虞候紫乾色大綾綿旋襴
內殿直已下及殿前節級十將捧日以下軍使至都頭員僚直行首押番
伴飯騎御馬都使副兵馬使勇健至保寧副指揮使六軍指揮使軍頭司
都指揮使至副都頭鈞容招箭押班東西班小底控帶殿侍閑封府本城
指揮使皇城諸司等指揮使忠佐軍使副兵馬使紫大綾綿旋襴御龍弓
箭弩子長行紫花絁綿旋襴東西班下茶酒殿侍之內宿者內員僚鈞容
殿前散直長行紫川大綾綿旋襴諸軍都頭副都頭以上內員僚員僚契
丹女真等長行軍頭司散副都頭以上教駿喝探伴飯軍使副兵馬使皇
城等諸司副指揮使至副都頭紫小綾綿旋襴玉清昭應宫雜役十將皁
細綿旋襴牟羊司故牧軍士外伏作坊前宿直長行黃絹綿襖凡僧立諸
軍各隨名額等第給之凡係官諸色人前任防禦使至刺史皁毛細綿旋
襴供奉官以下皇城內監庫務及騏驥牧監文思院者二事羅公服小綾
汗衫翰林天文知曆算御書待詔翰林醫官醫學書藝書直藝學御書祗

卷一萬九千八百十七

五

候樞密主事中書堂行首主事學士院錄事羅公服教坊使紫羅綿旋襴
中書錄事至守當官樞密令史書令史三司孔目勾押官紫羅寬袍前諸
司使教坊副使皇色長紫乾色大綾綿旋襴宣詔令左右軍巡使供奉官
以下當直者節度使進奏官秘閣典書三班監左藏庫文思院門及進奏官
店宅務者教坊都知紫大綾綿旋襴樞密院雜事承進銀臺司貼房宣徽
院後行以上三司勾覆官秘閣楷書客省閤門承受學士院書詔孔目官
諸州進奏官客省禮賓院譯語軍頭司押司官檢鼓院判察提舉司府史
後行以上翰林醫人天文院節級御輦官節級以上紫小綾綿旋襴司天
節級天文院學生理檢院令史秘閣通進銀臺司親事官契丹譯語大內
鑰匙庫子乳酪匠御輦下都輦官車子院官健皁紬綿旋襴軍頭司承局
以上儀鸞司幕帳匠黃絹綿襖具品目均者準此餘以赤黃細綿襖皁絹綿
旋襴綠平二宜細襖子絹夾袴等第給之凡賜外任初冬衣襖使相節度
使兩使留後觀察使五事暈錦旋襴大綾背子夾袴小綾汗衫勒帛尚書
管軍四廂都指揮使以上及知益州五事次暈錦綿旋襴餘同觀察使學
士直學士丞郎及知并州三事簇四雕細錦旋襴小綾汗衫大綾夾袴給
諫舍人待制橫行使以上皁毛細法錦綿旋襴防禦團練使及正刺史知

州者倒仙牡丹細錦綿旋襴若任總管鈐轄者及他官知廣州皆賜三事翠毛細法錦綿旋襴小綾汗衫十綾夫袴等遂都諸司使及益州鈐轄方勝宜男細錦綿旋襴益州鈐轄仍加小綾汗衫諸司使橫行副使副都軍頭以上盤毬雲鴈細錦綿旋襴大卿監至陞朝官諸司副使至供奉官八將軍至將軍內侍至高品以上紫歒正綿旋襴天聖年後改用紫羅京官侍禁至借職醫官及幕職知春州紫乾色大綾綿旋襴河北河東陝西都轉運使舊亦止賜紫歒正景德元年賜方勝練鵲大錦綿旋襴其溪洞刺史倒仙牡丹細錦綿旋襴溪洞知州方勝宜男細錦綿旋襴溪洞都巡檢使及陝西沿邊巡檢蕃官供奉官以上方勝練鵲大錦綿旋襴溪洞首領及陝西緣邊蕃官刺史以上知唐龍鎮紅團花大錦綿旋襴溪洞義軍指揮使及陝西緣邊巡檢蕃官侍禁以下知豐州紅團花中錦綿旋襴溪洞義軍副指揮使及鹽界邊寨指揮使把截寨將以上紫小綾綿旋襴凡外任通判都監監判巡檢駐泊知城寨以上皆賜荊南杭益州監臨物務及真州榷貨務雄州榷場泗州守橋府界捉賊巡黃汴河皆賜之駐泊就糧屯駐本城諸軍巡檢隨行者皆降勅書示諭第賜衣襖凡誕聖節賜服二府宰臣至同簽書樞密院事親王三師三公使相東宮三師觀文殿大

卷一萬九千八百十七　六

學士僕射宣徽使殿前都指揮使節度使至步軍副都指揮使節度使皇親遙刺史以上大事紫羅公服紅羅繡襠抱肚小綾汗衫勒帛熟線綾夾袴舊式大綾夾袴東宮三師僕射無襠駙馬都尉任觀察使以上准此東宮三少尚書三司使至權發遣使公事觀文殿學士至寶文閣直學士中丞宮觀副使五事紫羅公服綾襠抱肚小綾汗衫勒帛熟線綾夾袴舊式大綾夾袴閣直學士無襠羅尚書同丞郎殿前都虞候至步軍都虞候內客省使延福宮使景福殿使五事同節度使而無襠兩使留後觀察使四廂都指揮使皇親大將軍將軍忠佐領團練使紫羅公服紅羅繡抱肚小綾汗衫勒帛大綾夾袴舊式同步軍都虞候惟無襠羅金吾上將軍舊式同僕射上將軍統軍同留後常侍賓客丞郎給諫舍人知制誥待制卿監宮觀判官三司副使至權發遣公事祭酒詹事率更令防禦團練使刺史皇親諸司使副使大將軍同留後惟綾繡抱肚舊式知審官院準此大將軍同統軍少卿監知雜司業庶子諭德少尹郎中橫行使宣慶宣政昭宣使樞密承旨至諸房副承旨諸司使將軍入內都知押班皇親殿直以上羅公服小綾汗衫勒帛大綾夾袴舊式知雜同員外郎兩省都知並準此押班無勒帛起居郎至著作郎三院御史員外郎少詹事博士大理正以上

率府率副率橫行諸司副使樞密使逐房副承旨三事羅公服小綾汗衫勒帛通事舍人承制崇班羅公服小綾汗衫中允至洗馬尚藥奉御至五官正閤門祗候三司勾當使臣京官任在京職事者羅公服絹汗衫幕職州縣官充館閣職任者準此舊式三司推官巡官並同京官編修校勘者止羅公服幕職州縣官三班使臣任在京職事常賜者止羅公服內侍兩省使臣內常侍同崇班供奉官及寄班羅公服殿頭至黃門並紫羅窄衫入內祗候殿頭並後苑散內品紫官絁窄衫舊式當直奉職內侍帶器械者並羅公服內常侍加小綾汗衫小底以上並紫羅窄夾四䙆監祇[illegible]四䙆內品紫羅官絁窄衫四䙆凡諸軍捧日至驍騎軍都指揮使諸班及殿前指揮使御龍四直遙郡都虞候御前忠佐馬步都軍頭副都軍頭五事羅公服綾繡抱肚小綾汗衫勒帛大綾夾袴諸班直入內員僚御龍四直不遙郡都虞候指揮使鈞容行門散直指揮使忠佐步軍都軍頭以上五事同遙郡都虞侯惟無汗衫開封府馬步都指揮使四事同都軍頭惟小綾汗衫拱聖至寧朔都虞侯捧日至神衛及員僚直指揮使殿前都知伴飯指揮使四事羅公服絹汗衫小綾勒帛大綾夾袴開封府馬步副都指揮使三事羅公服小綾汗衫大綾夾袴拱聖至寧朔及雲捷雄武指揮使捧

卷一萬九千八百十七　七

日至神衛員僚直副指揮使殿前副都知內殿直至外殿直及鈞容招箭班都知三事同馬步副都指揮使惟絹汗衫內殿直以下副都知御龍都頭三事羅公服絹汗衫小綾勒帛皇城司都虞候二事羅公服小綾汗衫拱聖至寧朔副指揮使搭材都虞侯散駿至騎御馬指揮使伴飯副指揮使二事羅公服絹汗衫忠節至廣德指揮使散駿至騎御馬副指揮使御龍直副都頭殿前及內殿直以下押班內員僚直行首副行首龍神衛剩員保寧指揮使副指揮使伴飯軍使紫羅公服捧日至虎翼軍使副都頭以上御龍內員僚員僚直押番以上鈞容直都部頭軍頭使散兵馬使以上忠節搭材副指揮使紫羅寬衫四䙆招箭押班行門殿直皇城等諸司都虞侯紫羅夾旋襴皇城等諸司副指揮使以上法酒庫都頭以上教駿騎御馬副兵馬使以上紫羅窄衫四䙆御龍直骨朵子內殿直至金槍直行門天武官軍頭司副押班副都頭以上宮觀雜役副指揮使內宿殿侍銘前殿侍鈞容直紫花絁窄衫四䙆御龍弓箭弩直內員僚至員僚直教駿至喝探副兵馬使以上諸軍諸司副都頭以上契丹女真渤海軍頭至長行紫官絁窄衫四䙆樞密院大程官副都頭以上外仗作坊前宿長行紫南細窄四䙆凡增立諸軍各准規名頭等第給之凡在官諸色人諸鎮進

奏衙内指揮使四事同諸司使樞密主事中書堂後官主事諸州進奏衙
内指揮使三班奉班翰林天文知曆算御書待詔翰林醫官醫學書藝
書直藝學御書祇候在右軍巡使左藏監門奉職諸州進奏判官節度使
進奏官禮直官副禮直官學士院錄事羅公服教坊使副使紫羅寬衫四
褛小綾汗衫監丞進司内侍諸州進奏官諸州進奏軍將以上中書守當
官樞密書令史以上學士院孔目官宣徽院後行三司孔目官客省閤門
勾押官以上教坊色長以上紫羅窄衫四褛諸州進奏人樞密通進司雜
事客省閤門承受紫羅窄衫四褛客省禮賓院譯語紫官絁窄衫四褛三
司勾覆官以上尚衣庫專典小綾背子絹汗衫軍頭司承局以上絹汗衫
其品目均有准此餘以紫花平絁等給之太祖建隆元年二月長春節賜
羣臣衣各一襲十月始賜宰相樞密宣徽三司使端明翰林樞密直學士
見任前任節度觀察防禦團練使刺史諸軍列校冬服有差郡國長吏遣
防將士遣使就賜之三年十月始賜文武常參官冬服先是累朝以來止
賜將相翰林學士諸軍大校至是太祖謂侍臣曰冬服不賜百官甚無謂
也遂并賜之 太宗太平興國二年十月賜百官諸軍校百夫長以上冬
服有差將校之在外者及藩鎮州郡悉遣賚以賜之自是歲以為常 九

卷一萬九千一百十七

八一

年五月又賜文武臣僚時服 真宗景德元年九月賜河北河東陝西三
路轉運使副方勝練鵲錦袍先是河北轉運使劉綜言每歲朝廷遣使賜
邊城冬服諸軍將校皆錦袍惟轉運副使止頒皂花歎正拜賜之際頗用
厚顏故有是命 大中祥符三年九月詔自今每遇節賜臣僚喫食令内
侍省差使臣就御廚先點檢精細即付客省宣賜若有不堪使回換仍具
以聞 八年五月三司言端午合賜臣僚時服以禁節經史編排未得帝
以時服不可後期仍令先給諸軍班及賜内侍 九月詔同玉清昭應宮
副使戶部侍郎林特給事中知制誥同知審官院錢惟演冬服並依學士
例給錦袍特自三司使授惟演以知通進銀臺司因上言故給之又詔賜
注輦使冬服錦袍使方勝宜男錦副使盤球雲鴈錦判官方勝練鵲錦仍
賜八節濼羊法酒 天禧二年四月上封者言歲遣使臣賜府州蕃部冬衣服
悉召蕃部面給之其使臣頗成留滯望令麟府州駐泊石知顒及知府州
折惟忠受之納于公庫召蕃部給付冀免侵欺留滯從之 仁宗天聖元
年四月詔自今三班使臣殿直以上雖未經差使見赴起居者並依例賜
聖節公服未經差使不赴起居者不給仍令三班院勘會年小使臣及十
五歲以上者令赴起居 九月詔知舒州秘書監李迪冬服特依承郎例

支 二年二月殿中丞李丕緒請止絕皇親陳乞骨肉班行充 賜外郡
衣襖詔自今凡差衣襖使其内出姓名者具知委結罪狀以聞 三年正
月詔裁造院自今所造賜臣僚衣服除端午十月一并時傳宣依舊造成
送納外長寧乾元兩節並只料段支如欲請造成者亦聽 四年八月上
封者言伏見每歲賜外郡中冬衣襖舊例差翰林伎術官押賜近年皇親
多陳乞骨肉或諸司使副閤門祗候京朝官亦充此使頗聞張皇過求事
例欲望降勅止絕庶免攪擾州郡樞密院請下逐路轉運使覺察如有違
犯具職位姓名實封聞奏仍每遣使先取知委文狀從之 五年九月詔
自今無得差朝臣押賜諸路衣襖仍令御史臺於朝堂牓諭時上封者言
虞部員外郎李文晟國子博士陳宗憲充逐路俵散衣襖國家每歲遣使
術官將命賜服實欲同其賜之固不責於廉隅近年以來或差戚里及班
行使臣已為失體今文晟宗憲各居朝列豈可與伎術之輩爭利僭求伏
乞特行追寢故有是詔 七年四月三司言準詔以賜臣僚中冬衣内紫
羅披襖袖節窄狹緣款正限絲三十兩紫羅限絲二十五兩款正雖重而
不及羅合勤工匠計料每領添羅絹六寸製造從之 七月三司言每歲
賜諸路州軍文武臣僚軍員中冬衣襖自京差驢騾駱駝兵士等般赴逐

卷一萬九千八百十七

九一

處費用勞擾欲乞下三京諸道州府軍監每年預先計度染練匹帛依降
下名件尺丈就便製造係帳收管只差降使臣賚詔敕至逐處取索賜予
具數申奏照會除破如無物帛染練裁造不得處即申轉運司於鄰近州
運製造赴本處或因上京衙前請領附帶往彼其合支細錦對衣處即令
使臣將帶往彼仍自來年十月一日為始從之 三司又言今行條件内衣
襖每領用綿八兩天下每年約支一十九萬餘兩今並以本處係官綿支
賜如願請價錢每兩不得過八十五文其逐色錦旋欄令諸州軍每年春
初預具本處其年見管臣寮使臣軍員合支賜諸色錦衣襖數目因便綱
差人運賚狀上京計會般請回州凡天下州軍約支錦色數目盤球暈錦
十六領方勝宜男細錦二十五領翠毛細錦二十六領倒仙細錦一領盤
毬雲鴈細錦六十二領簇四鵰兒細錦四領黃獅子大錦五十七領以上
並在京織方勝練鵲大錦二百二十四領青州織紅團花大錦五百五十
五領真定府織紅團花中錦千二十二領在京及真定府織青荷蓮錦三
十三領在京織黃花錦七十四領西京及真定府織紫色羅及大小綾及
絹共 並令逐路就有物帛州軍供造仍從京封降逐件中等丈尺襖樣各
一領并所破物帛尺寸及妝剜子片數則例下逐州軍監永充式樣裁造

支賜紫羅旋襴每領羅三十五尺八寸絹三十五尺五寸紫乾色大綾旋襴每領綾三十四尺六寸絹三十三尺七寸半紫乾色大綾旋襴每領綾二十七尺五寸六分絹二十七尺三寸半紫光色小綾旋襴每領小綾二十八尺六寸絹二十七尺三寸半如有願請衣服段子者乞依例析除下剩子支與下項若或有請價錢者勒本州軍估計見賣價例如本處價與在京今來降去錢數不等即令就小價支給其紫羅及紫乾色光色大小綾旋襴各除折剩子表裏自四尺八寸有畸至二尺二寸凡四等外若支價錢即各并綿八兩共估錢自五貫四百八十至二貫三百八十凡四等餘並準所起請支給從之仍令諸州軍今後如有不依本官合破色額物帛越外揀選上好綾羅及出要添料加功織染大破錢絲染色并不依官定尺寸妝附剩子及所支價錢處有虛支大破官錢其所犯人並當嚴斷

九月上封者言近年差伎術人賜諸路衣襖徒勞傳門圖無益勸欲自今除皇親不差外以先朝忠義勳勞之家委的貧困子孫并父在閤門祗候宣贊不出外任臣僚與伎術官相兼差遣仍須自朝廷選差不得自有陳乞選者劾罪嚴斷從之

大典卷一萬九千八百十七

十

宋會要

官誥　與職官門官誥院互見

太宗淳化二年

十月詔官告院一品已下至四品綾紙褾軸各書三五通於舍人院封鎖準備使用

真宗咸平元年十二月詔敕一聽逐司存留使衙前職員請用中綾紙中錦褾牙軸青帶從之

神宗熙寧

六年六月十二日官告院言用原空殿承制無使紙條貫不以有無食邑例用大綾紙七張緣本官自在殿中丞下乞改正用中綾紙褾軸如有食邑者如舊從之

大典卷一萬七千二百八十入

國初於右掖門東廊置院四司告身案並集于此以備中書除改本司郎官各主其事淳化五年始專置官局於省內凡官告各以本司告身印以之文臣用吏部武臣用兵部王公命婦用司封加勳用司勳事文武官將校告身及封贈及朝官一員主判中書舍人一員提舉餘綾紙庫入內侍一員管勾

高宗紹興二年三月二十七日，詔四品以上官及職事官監察御史以上官告並用錦褾外，其餘官并封贈權用纈羅代充，仍令所屬依舊制楷樣開版製造，先裝背四軸申尚書省。先是，官告院供到格法：合用錦褾，太師至左僕八花暈錦褾，太宰至儀同天下樂錦褾，知樞密院至御史大夫用翠毛獅子錦褾，觀文殿學士至觀察使、宣奉大夫至太子

賓客詹事並暈錦褾，給事中至秘書殿中監用法錦褾，已上係四品以上官；中大夫至興樂用法錦褾，七寺少卿至知安大夫用盤毬錦褾，尚書諸員外郎至翰林醫正、奉議郎至太子率用中錦褾，校書郎正字至辟廱正錄、幕職州縣官至伎術官用黃䌫錦褾，遥郡刺史以上用法錦褾，都指揮使至藩方馬步軍副都指揮使、都虞侯用錦褾，諸軍指揮使以下用黃花錦褾。而金部郎官李曉言諸處買錦地遠未到，乞權將別色充代，故有是詔。

五年三月五日，工部言：「據文思院下界申，見承官告院牒，諸色官告萬數浩瀚，繫告青白絲線帶子係用機織造，闕少人匠，織造不前。令相度，乞將封贈并焚黃

十

叁萬七千一百零八

告除四品以上及職事官監察御史以上並用絲線帶子，其餘官依造空名官告料權用碧綠綾帶子充代，每五十條為一料，其合用工料令戶部量審支給，候將來告命稀空日依舊。」從之。

隆興無年

孝宗隆興五年三月四日詔文武
官誥身及僧道度牒並依舊式以文思院制勅六字織
造復行舊法以工部侍郎姜詵言自罷文思院制勅綾
用諸州雜貨綾假冒犯禁者多乞依舊法故有是詔
乾道三年二月七日主管官告院任紳羅筆言契勘應
文武陞朝官以上封贈毋妻告命昨於紹興二年七年
已前係用七張五色絹紙紅黃各二張青赤綠絹紙各
一張自紹興二十六年已降指揮文武官告式依大觀
格製造仍自紹興二十七年正月一日為始降到告式
内文武官封贈母妻用七張五色羅紙書寫紅青各二
張赤綠黃羅紙各一張數内黃紙舊係合用二張令卻

用一張青羅紙合用一張令卻用二張是致書寫告命
黑青一同不見字跡乞令文思院下界將見今封贈合
用羅紙數内青羅紙二張依紹興二十七年已前體式
用紅黃各二張青赤綠羅各一張以憑書寫告命及七
張銷金五色羅紙亦乞依此造作庶得書寫易辨認從
之
十月十三日兵部侍郎周操劄子契勘官告綾紙
自命官九品而上給降之式用五等葵花樣製品則具
在自紹興二十六年已後許用雜花鳳綾二色兼用已
造下制敕綾紙雜書填制度蕩然無復別識欲望睿斷
盡復制敕綾紙舊制將雜花鳳綾二色並行住罷詔令
文思院於左庫西庫雜花綾内且行閑取與見制敕綾

卷一萬七千三百零八

相兼使用候織到新制敕綾日住罷　四年八月十一
日官告院言本院出給文武官并諸軍都虞候御前忠
佐封贈父母妻告命數内母告命合用生色玳瑁軸頭
其文思院造納不繼恐致留滯欲乞將文武官母妻及
忠佐封母告依格支給生色玳瑁軸頭外其諸軍都虞
候封贈母告許用次等紅牙中軸充代從之　七年兩
朝國史志官告院提舉一人以知制誥充判院一人以
帶職京朝官充掌兵吏勳封官告各以本司告身印印
之文臣用吏部武臣用兵部王公及命婦用司封加勳
用司勳餘文武官將校告身及封贈兩朝國史十五人

國朝宰相使相正一品並贈曾祖祖父東宮三師僕射留守節度使並贈
祖父餘止贈父其後樞密使副使參知政事宣徽節度使並贈三世三司
使贈二世初拜宰相即贈三世其後簽書樞密院以上皆即將贈之他官
須經恩學士及刺史以上內侍都知押班皆中書奉行餘則有司奏請其
從觀文殿大學士學士資政殿大學士並同三司使例應父曾任中書樞
密使相并一品節度使其子官雖低不止定官品見任大兩省并待制及
大卿監諸衛上將軍正防禦團練觀察使景福殿使客省使已上者父不
以曾與不曾任官並贈至一品即不得過三公子官雖低其父曾任上項
文武官亦贈至三公止如不曾任官不至上項官者即許封贈至諸行尚
書諸衛上將軍節度使止待制以上特服經恩賜服闕許封贈父母文官
父不仕者初封大理評事致仕資封一資皆不給俸初贈亦然次贈兩資
武官父不仕者初封太子左清道率府副率致仕次封左司禦率府率次
左衛率府率次將軍初贈亦然次贈左監門衛將軍次贈將軍兩資
除中書樞密院外許兄弟列狀比常例優加叙封合封三代者父少師祖
少傅曾祖少保已三少者入東宮三太已三太入三師如官高即從高贈

封二代者並優贈百官並贈兩資至侍郎止一資內學士上並三資至侍
郎止兩省帶職者其父優入清名都知押班軍員封贈並贈三資宰相
使相正一品曾祖母祖母母封國太夫人妻封國夫人樞密院使副參知
政事宣徽節度使曾祖母祖母母封郡太夫人妻封郡夫人參知政事母
再經恩則加封國太夫人樞密副使母妻舊止郡君後加夫人天禧後再
經恩亦如參知政事然雖有此制不曾施行簽書樞密院事曾祖母祖母
母三司使祖母母並封郡太君妻封郡君太祖建隆元年正月十五日赦
書文武升朝官內諸司使副禁軍都指揮使以上及諸道行軍司馬節度
使副藩方馬步軍都指揮使父母妻未有官及未曾叙封者並與恩澤亡
父母未封贈者並與封贈　乾德元年十一月南郊赦書自開物以來諸
處征討有將校殁於王事者自軍使副兵馬使已上及使臣等各與贈官
已贈官者更與加贈　開寶元年十一月南郊赦書禁軍都指揮使及內諸
司使父母妻未經封贈者並與封贈　四年十一月南郊赦書內諸司使及
南禁軍都指揮使帶遥郡者都虞候月俸二十貫以上未經封贈並與封
贈　九年四月西京赦書亦然　太宗登極赦書始令應都虞候諸司副使已
上並與恩澤已有官封更與遷改已封贈者更與封贈　太平興國三年十

一月南郊赦書復限都虞候月俸二十千以上諸司副使亦及之而父母
妻亡殁者即與封贈　六年十一月南郊赦書同此制　雍熙元年十一月南
郊赦書復如登極之制文武常參官南郊日前升朝二及二周年及本品
未合叙封者不在此限　端拱元年正月籍田赦書如舊制　二年八月星變
赦書應沿邊將校臣僚没於王事者如未經贈官並與贈官　淳化四年十
一月南郊赦書添內殿崇班而無二周年限　至道二年正月南郊赦書改
亡父母即與追贈　真宗登極赦書添諸班諸軍都虞候諸班指揮使御前
忠佐馬步軍都軍頭副都軍頭　咸平二年十一月南郊赦書父母妻並與
官封追贈　五年十一月南郊赦書如舊　景德二年十一月南郊赦書唯亡
父母並與封贈　大中祥符元年十一月封禪赦書復如咸平之制　四年二
月祀汾陰赦書添諸軍班副都軍頭以上仍云如祖父母在該此恩例欲
回授者亦聽　七年二月東封天禧元年正月南郊三年十一月南郊赦書
並同　仁宗登極赦書如舊制　天聖二年十一月南郊五年十一月南郊赦書
同上　八年十一月南郊赦書添應京官幕職州縣官因年老授升朝官致
仕者父母妻並依見任陞朝官例特與叙封亡父母亦與封贈　明道二年
二月籍田景祐二年十一月南郊寶元元年十一月南郊慶曆元年十一

月南郊赦書並同　四年十一月南郊赦書添應陝西用兵以來將校殁于
陣者自軍使副兵馬司已上及使臣等未經贈官者特與贈官　七年十一
月南郊赦書如舊　皇祐二年九月明堂赦書添如明堂以後冬至以前轉
官合該得恩澤封贈者其父母亦許特與依例施行　五年十一月南郊赦
書如舊　嘉祐元年九月恭謝四年十月祫享赦書並如明堂之制　七年九
月明堂赦書如皇祐之制　英宗登極赦書如舊制　治平二年十一月南郊
赦書亦同　神宗登極熙寧元年十一月南郊赦書並如舊制　四年九月明
堂添父母妻亡殁未封贈者并與封贈餘如舊制　七年十一月南郊十年
十一月南郊赦書並同　三年二月六日詔內外臣僚母妻封號尚書令
三師三公中書令侍中平章事王母封國太夫人妻封國夫人並妾中書
門下施行　東宮三師三少左右僕射嗣王郡王國公三京牧御史大夫六
尚書兩省侍郎太常卿留守節度使諸衛上將軍統軍大都護郡公縣公
大都督母封郡太夫人妻封郡夫人並司封施行　左右常侍太子賓客中
丞左右丞諸行侍郎諸侍卿監國子祭酒太子詹事諸王傅諸衛大將軍
中都護副都護中都督防禦團練使母封郡太君妻封郡君給事中諫議
大夫中書舍人左右庶子諸寺少卿監諸行郎中國子司業三京少尹赤

令太子少詹事左右諭德諸衛將軍諸州刺史下都督下都督太子家令
太子率更令太子僕母封縣太君妻封縣君雖五品母妻並許第三任敍
封其伎值頭銜準舊例不在此限致仕官據官品與母妻同見任官品例
敍封五品以上母妻未敍封者便依夫子見任官品施行不論階爵亡母
亡祖母追贈亦依此　真宗咸平二年十一月七日南郊赦書應皇朝文
武臣僚有勳績灼然官品合至封贈而無子孫食祿封贈不及者並與封
贈　四年二月二十二日舍人院言奉詔再議定百官封贈請除見任將
相及正一品樞密使副參知政事特恩追封三代外其東宮一品以下官
雖曾任皇朝將相者請只依編敕本品封贈其曾祖母祖母母除中書門
下二品平章事及正一品官曾相封國太夫人餘請至郡太夫人止如舊
有國號者則依舊追封其位極將相勳業崇高襃謝之時特追封王爵者
請依舊施行如子孫追封雖功隆位極並請不封王爵應子孫追贈除祖
父先居高位累贈至一品外如子孫官高祖父官卑每遇恩例請今歷品
而贈勿得超越如已贈五品須歷四品方贈三品已贈四品須歷三品方
贈二品已贈三品須歷二品方贈一品應一品須歷從一品方贈正一品
其母妻所封郡縣依本姓望封從之　景德元年八月七日宣徽使王繼

卷一萬九千一百十

三

英為樞密使三代以恩例合行贈典詔繼英曾祖母祖母母正特追封國
太夫人　大中祥符五年八月十一日判官告院劉楷言準詔文武官赦恩封
贈住滯歲久委定奪以聞今請自汾陰赦已前東封南郊未曾封贈者並
令止絕不得陳乞止許敍汾陰恩例自今每遇覃恩立限二周年限外即
使止絕又據外州乞行封贈文狀多無元封官告錄白及妻禮係正室狀
并母妻累封縣君欲望自今委進奏院點檢須齊足方得發付當院從之
　天禧元年八月六日翰林學士晁迥等言準詔詳定敍封所生母及致
仕官封贈事請自今文武陞朝官無嫡母繼母者許敍封所生母致仕官
須曾任陞朝官則依例封贈如自京官幕職州縣轉授朝官致仕者不在
此限從之　三年十一月九日詔自今給事中諫議大夫中書舍人母封
郡太君妻封郡君　四年三月七日詔翰林學士以下龍圖閣直學士以
上比來官未至給諫者該恩敍封母妻並如給諫之例後天章閣直學士
亦如龍圖閣直學士例　仁宗天聖五年十月二十一日直集賢院王皞
言今後覃恩如有兄弟俱該封贈者除中書樞密院外欲望許令列狀陳
乞仍如官告內長兄弟職位特比常例優加封敍事下禮院既而請如皞
奏從之　十年五月十六日上封者言文武臣僚被赦封贈父母有子孫

官卑累經封贈其父官或至崇品全不相稱蓋緣未曾定制合止累官至
下兩制詳定遂行詔學士院集官詳定翰林學士盛度等言按咸平三年
十月學士院奏定封贈之制如父居高位身於庶僚官上加贈至一品止
更不繫於子品今詳封贈事體朝廷久已施行欲自今後如子官卑父雖
居官不是高位或不曾居官者贈官不得過子三資其後子轉官高及親
弟兄有官高者即隨子官封贈至一品每遇覃恩除見任官合該封贈三
代二代及子官雖卑父任中書樞密節度以上及一品官者並許依舊封
贈不定所止外見任大兩省大卿監上將軍防禦使遙郡觀察使景福殿
使客省使以上者父不以曾與不曾任官並許封贈至一品止即不得過
三公如子官雖低父曾任上項文武官亦許封贈至三公止如不曾任官
及雖曾任官不至上件官者即許封贈至尚書上將軍節度使止奏可
景祐三年三月十一日詔吏部侍郎知樞密院王隨為曾任參知政事令
除知樞密院曾祖母祖母母再經追封特與國太夫人

卷一萬九千一百三十

四

比上係諸王
原稿上闕勳
臣封贈自石
守信起

傳進封信王　石守信開封浚儀人事周祖得隸帳下
廣順初累遷親衛都虞候太祖即位遷侍衛馬軍副都
指揮使改領歸德軍節度後以功加平章事開寶中從
征范陽督前軍失律責授崇信軍節度兼中書令俄進
封衛國公　王晏徐州滕人家世力田晏少壯勇後唐
同光中應募隸禁軍累遷奉國小校後歷官至周世宗
即位加兼中書令太祖即位以功進封趙國公從北征
李筠師還改安遠軍節度乾德元年進封韓國公　武
行德并州榆次人身長九尺餘材貌奇偉晉天福初授
奉國都頭遷指揮使寧國軍都虞候歷官至周世宗封
邢國公恭帝嗣位進封宋國公宋初加中書令進封韓

卷三百七十　乂八

國公再授忠武軍節度改封魏國公　薛懷讓其先戎
人徙居太原少勇敢喜戰鬪後莊宗在鎮陽隸帳下累
歷軍職明宗時改神武右廂都校領獎州刺史歷官至
周恭帝即位封杞國公太祖開寶四年改鎮鄜州太宗
即位進封衛國公　張永德字抱一并州陽曲人家世
饒財周祖時授左衛將軍內殿直小底四班都知加駙
馬都尉領和州刺史逾年擢為殿前都虞候至恭帝嗣
位移忠武軍節度太祖即位加兼侍中入朝授武勝軍
節度太宗即位罷為左衛上將軍真宗即位進封衛國
公　潘美字仲詢大名人父璘以軍校戍常山少倜儻
太祖遇美素厚以功授泰州團練使太平興國初改南

院使加開府儀同三司後封代國公改忠武軍節度進
封韓國公　劉重進幽州人本名晏僧梁末隸軍籍晉
初為西頭供奉周廣順初從征兗州未幾封薛國公至
世宗時以功授武勝軍節度淮南平改鎮邠州世宗北
征為先鋒都指揮使恭帝即位加開府宋初進封燕國
公　張昭字潛夫本名昭遠自言漢常山王耳之後世
居濮州范陽縣後唐明宗署府推官同光初授真秩加
監察御史歷官至恭帝即位封舒國公宋初拜吏部尚
書乾德元年進封鄭國公後改封陳國公　張耆字元
弼開封人年十一給事真宗藩邸及即位授西頭供奉
官以功遷南作坊使昭宗朝史後進兼侍中封鄧國公

卷三百七十　八九

劉光世字平叔保安軍人延慶次子初以蔭補三班
奉職累升鄜延路兵馬都監以功遷護國鎮安保靜軍
節度使後拜少師充萬壽觀使奉朝請封榮國公卒賜
號和衆輔國功臣進封雍國公　呂頤浩字元直其先
樂陵人徙齊州中進士第頤浩以轉輸功為燕山府路
轉運使至高宗即位時除少保浙西安撫制置大使知
臨安府行宮留守明堂禮成進封成國公　趙汝愚字
子直漢恭憲王元佐七世孫居饒之餘干縣汝愚早有大
志擢進士第一簽書寧國軍節度判官歷官至吏部尚
書後病作為守臣錢鍪所窘暴薨後復資政殿學士大
夫已而贈少保復元官謚忠定贈太師追封沂國公理

宗詔祀享寧宗廟庭追封福王其後進封周王　留正字仲至泉州永春人六世祖從效事太祖為清遠軍節度使封鄂國公紹興三十年第進士授南恩州陽江尉清海軍節度判官積官至紹熙元年進左丞相後進封申國公嘉太元年又進封魏國公　趙善德字清臣濮安懿王五世孫善德以恩補義郎慶元十七年拜大理少卿進右文殿修撰知鎮江府祥符縣男賜食邑後進封子加食邑　董槐字庭植濠州定遠人少學於永嘉葉師雍聞輔廣者朱熹門人後往從廣廣歎其善學嘉定六年登進士第調靖安主簿丁父憂去官起為廣德軍録事參軍後積官至觀文殿大學士累進封至許國

公卒贈太子少師謚文清　游似字景仁利路提點刑獄仲鴻之子嘉定十四年進士歷官為大理司直升大理寺丞後拜端明殿學士同簽書樞密院事封南充縣伯又進爵郡公淳祐七年特授觀文殿大學士醴泉觀使兼侍讀進爵國公甍贈少師　趙葵字南仲京湖制置使方之子與兄范俱有志事功以戰功補承務郎知棗陽軍後授湖南路安撫使判潭州再辭依舊職醴泉觀使進少保寧遠軍節度使進封魏國公　吳潛字毅夫宣州寧國人秘閣修撰柔勝之季子嘉定十年進士第一授承事郎簽鎮東軍節度判官後積官至端明殿學士簽書樞密院事進封金陵郡侯淳祐十一年入為

參知政事拜右丞相進封崇國公後進左丞相進封慶國公又改封許國公　程元鳳字申甫徽州人紹定元年進士調江陵府教授淳祐元年遷禮兵二部架閣後授端明殿學士同簽書樞密院事又累拜特進依前職充醴泉觀兼侍讀度宗即位進少保三年拜少傅右丞相兼樞密院使進封吉國公　楊次山子石字介之乾道間以恭聖仁烈后貴賜第慶元中進封信安郡侯嘉定十五年以檢校少保進封開國公後進封魏郡王卒贈太師

陳請封贈

太宗淳化四年二月七日，右僕射同中書門下平章事李昉上言：臣先臣贈太子太師，詔追封陳國太夫人張氏，是臣叔父母。曾任工部郎中、集賢殿真學士超，陳留郡謝氏，是臣所生父母。臣當未生之時，臣叔未有繼嗣，臣母謝氏指腹謂叔妣曰：兒生是男，當與表叔妣為子嫡祿之。內閫不自知，臣叔父母鞠育之恩，慈愛兼備，至于成立，叨預官常。將臨壯室之年，始識所生之自。當時臣之父母皆已淪亡，臣更有兄，無祿早世，兩宗祭祀，獨臣主之。荏苒不陳，以至今日。臣犬馬之齒行近七十，祿仕過極，生涯無幾，懷因循顧慮，不敢上言。一旦蒙霧露，填溝壑，既不能報昊天之罔極，亦所以為名教之罪人。今郊祀覃恩，泉壤被澤，臣所生父母望與追榮。即日詔封超為太子太師，謝氏為鄭國太夫人。　至道二年六月十九日，詔故右僕射追封晉王魏仁浦進封齊王。其子駙馬都尉咸信上言所避，乞改封他國。帝以問宰臣呂端，奏曰：晉國之上，維秦國為大。寇準曰：自前中書不與朝廷執持紀綱，如魏仁浦生為郡王，死當用三等以次追叙，豈可便封晉國？況晉國是陛下舊封，舉為贈典，非允，乃致今來自晉封齊，殊不滿望。帝曰：因此下詔，以近世已來，天下多故，憲章隳壞，有不遵古道者若干事，自今並從釐改。有司不能遵守，許憲司彈劾。既而終不能奉行。

卷一萬九千一百三十一

真宗景德二年正月十七日，翰林侍講學士邢昺言：亡兄素嘗舉進士，願霑贈典。詔特贈大理評事。　大中祥符二年二月二十九日，太常博士陳從易以東封恩例當封母妻，請迴封祖母唐氏。詔封河間縣太君。　四年五月二十三日，左僕射張齊賢言兄昭度乞賜贈官，詔贈光祿寺丞。　天禧元年八月十一日，左騏驥使、澄州刺史、入內內侍都知張景宗請封贈所生父母，詔特從之，餘人不得為例。　五年七月五日，參知政事王曾上言：臣幼孤，育于季父，今改葬，乞賜追贈。詔故太子中舍致仕宗元贈工部員外郎，叔母嚴氏追封懷仁縣太君。　仁宗天聖元年二月八日，静難軍節度使、駙馬都尉柴宗慶言，舉慶乞賜亡兄嫂封贈，詔特從之。初尚主，以祖禹錫為父，故有是請。　九日，龍圖閣直學士馮元元乞授登位赦與父封贈。有司言元赦後授學士，詔特與依學士例。　十二月一日，宣州觀察使、駙馬都尉李遵勗言乞賜亡兄繼昌嫂郭氏封贈，從之。初尚主，以祖崇矩為父，故有是請。　三年四月五日，詔國子博士王惟正援赦書乞以妻恩迴授祖母永安縣太君高氏，從之，特進封昌樂縣太君。　十二月五日，侍禁、閤門祗候王化成言父侍禁、閤門祗候仁與先任歸峽等州

都巡檢使，與蠻賊鬪而歿，乞追賜贈典。中書門下以歲遠未敢行。帝曰：死於鋒鏑，人之所難，如無褒贈，何以激勸？當勿限年月。特贈崇義使。　五年十二月九日，起居郎、知制誥徐奭言：伏念臣父郁早緣叙封，猥黜表書，承榮東禁，已極於陛遷，授景西榆，樂傷於遲暮。乞迴臣所加恩命，特授臣父文散一階。詔郁特與朝散大夫階，奭仍依例加恩。　六年正月二十八日，建州觀察司康繼英乞將南郊加恩迴授先祖，再遇封贈一官，從之。　六月四日，晉州汾西縣令熊文雅言父任彭州永昌尉，歿於王事，乞以臣見任官迴贈父一官。詔特與贈官，文雅依舊。　二十六日，大理寺丞咸守舉言：修國史院取索先臣綸所著文集，尋以奏議十卷進納，乞賜褒贈。詔贈綸佐諫議大夫。綸於先朝曾歷此官，以事累左遷，終於太常少卿、分使南京，今特舉贈典，追復舊秩。　七月十七日，廣南西路轉運司王惟正言亡祖覿元無祿仕，願以合該轉官迴贈。詔特贈京官。　九年正月四日，直集賢院謝絳言：母南宮縣君許氏近歲棄背，臣父濤見任秘書監，准恩例妻合封郡君。臣預奉郊祀，當加階勳，望以加恩特許追封亡母郡君之號。詔特追封晉陵郡君。　四月二十七日，彰德軍節度觀察留後、駙馬都尉王貽永言恩慶，乞賜亡兄國子博士貽正、亡嫂鉅鹿縣君魏氏封贈，從之。祖尚主，以祖溥為父，故有陳請。

卷一萬九千一百三十二

十月二十一日，太常博士段少連言：臣父子昂進士及第，任陳州士曹參軍身亡，先蒙贈太子中允，昨再贈國子博士。念先臣嘗陟詞科，望改贈一官。詔子昂可贈太常博士。自今文武官請封贈祖父，並具析曾與不曾任官，文資仍具出身。　十年三月二十七日，宰相張士遜言乞賜故表兄學究全文秀一官，詔特贈太子贊善大夫。　七月二日，祠部員外郎、集賢校理陸軫言幼喪父母，育於伯父，乞以磨勘恩例，願迴贈伯仁旺一官。詔特贈光祿寺丞。　仁宗明道二年二月十六日，六宅使、康州刺史、知貝州劉承顏上言新授南作坊使，乞同贈亡祖父母官封，從之。　十月十九日，國子博士盧察言：臣父多遜位重成釁，福過生災，官秩削除，田園籍沒。先父前兵部尚書，亡母邢國夫人蘇氏，乞援贈典，俾遜官封。詔多遜特贈秘書少監，蘇氏追封郡君。　十二月二十二日，宰臣李迪言：昨遇籍田恩例，臣合該封贈三代，臣弟遜合該封贈父母，並未曾陳乞。望欲迴贈臣叔諲諫一官，叔母薛氏邑號。詔諲諫贈贊善大夫，薛氏追封縣君。　景祐元年正月十三日，駙馬都尉李遵勗、王貽永等乞依籍田赦文封贈三代并兄嫂，從之。　八月七日，駙馬都尉李遵勗言所生母席氏欲乞特加贈典，詔特追封郡太夫人。　十月十一日，詔內侍押班閻懷信

父母特與封贈二年正月五日詔新除景福殿使邕州觀察使藍繼宗父母令更特與封贈　四年三月一日水部員外郎盧察言臣父多遜前兵部尚書妣蘇氏前郇國夫人昨籍田赦恩亡父贈秘書少監妣追封京兆郡太君伏覩南郊赦望許復舊官詔多遜贈工部尚書蘇氏追封郡太夫人　康定二年三月二十五日端明殿學士翰林侍讀學士李淑言伏見近歲兩制官或以當延例換得封邑臣有女適大理評事韓宗彥身故欲求賜一追封名目如允具合奏子孫更不敢陳乞詔追封高邑縣君　慶曆五年四月四日資政殿學士右諫議大夫新知郇州范仲淹上言念臣遭家不造有生而孤惟母之從依之以立繼父故淄州長山縣令朱文翰既加養育復勤訓導此而或忘已將安處伏遇禮成郊廟澤被蟲魚伏望以臣所授功臣階勳恩命回贈繼父一官詔文翰特贈太常博士　皇祐二年二月十三日追封故宰臣王曾妻南陽郡太君蔡氏為莒國夫人繼室贊皇縣太君李氏為沂國夫人曾弟子融辭一官乞追封之　十月五日宰臣宋庠言亡男太常寺太祝華國乞賜贈官詔特贈秘書郎　十二月二十二日祠部員外郎知制誥胡宿言乞將轉兵部員外郎兩資迴贈亡祖微一官亡祖母龔氏一邑號詔許納轉官告敕特與追贈祖父母今微

《卷一萬九千一百三十一》

臣條不得援例　三年八月十四日龍圖閣直學士前知潁州孫祖德上言自去夏遘疾乞今致仕念臣之亡祖元匪仕進今臣既解官則永無贈典欲乞以致仕合轉官資迴授亡祖厚亡祖母范氏官邑詔特贈太子中允　嘉祐四年九月十三日翰林學士吳奎言亡祖文佑壯年夭閼不及官榮亡祖母李氏守義勤勞以持門緒欲乞以臣祫饗合加勳邑及後次磨勘更不遷轉回贈一官封并奎父太常丞致仕懷德言伏遇祫饗例當改官欲望許回授臣亡父母詔依所乞文祐贈太子中允李氏封縣太君　五年八月九日鎮潼軍節度觀察留後李端懿卒贈懿德節度使其弟端愿援蔡國公主子吳守禮例陳請詔再贈兼侍中　六年十一月二十九日新廣南東路兵馬鈐轄文思使康州刺史李樞願還所除官以封贈父母從之　八年八月八日環慶路經略司言蕃官供備庫副使梅重信內殿承制閤門祗候萌通等乞封贈父母妻詔許依漢官例施行　英宗治平二年十二月三日右司諫知制誥鄭獬為尚書兵部員外郎請回授母郡太君從之　三年正月二十一日樞密副使李公弼言乞以南郊封贈三代恩追贈亡子希迭希仁一官從之　以上國朝會要　神宗熙寧二年十月一日詔宣徽南院使判延州郭逵封贈三代及妻如王拱辰近比

例初逵自簽書樞密院除宣徽使判延州請如拱辰例封贈而中書以逵觀察留後頃宣徽前此無封贈近例乃用簽書樞密例止贈二代其祖父上將軍母妻郡君而逵以為言故有是命　元豐二年九月二十四日洮東安撫司言皇城使榮州團練使岷洮州蕃部都巡檢使包順乞用南郊赦書封贈父母　上批順自熙河開拓之初率衆來附又秉心忠義前後戰功為一路蕃羌之最雖舊無此例可特依所乞通并其妻封之　十一月二日文思使李諒母天水縣太君趙氏進封永嘉郡夫人以諒言趙氏韓王普之曾孫獻穆大長公主諸婦乞依伯父端懿妻加贈例也　六年十二月十四日入內供奉官哥內藏庫使慶州團練使宋用臣修尚書省勞遷一子官乞贈曾祖思恭從之　二十六日吏部侍郎陳安石等言乞以侍郎比類直學士例封贈父母從之著為令　七年七月四日四方館使榮州團練使涇原路總管姚麟乞以南郊奏子恩贈祖福一官詔以麟世有戰功特從之　哲宗元祐元年四月二十二日承侍郎薛紹彭言父向任同知樞密院事日因論例京城人戶養馬事謫知隨州得罪憂恐遂至亡殁欲乞依故執政官亡殁例贈官議謚詔薛向特贈銀青光祿大夫　八年正月二十六日尚書省言右通直郎李孝稱為父及之年八十四歲見

《卷一萬九千一百三十二》

任通議大夫致仕雖遇大禮緣拘吏部格不許敘封恐非朝廷推恩優老之意詔孝稱許敘封父一次仍令今後官員如父體太中大夫以上致仕未經敘封者許封一次即不得至三公　紹聖四年五月十五日崔尹弼言父台符在元祐中無罪降官詔故降授正議大夫贈左光祿大夫崔台符贈右銀青光祿大夫　元符二年十一月二十三日嗣濮王宗漢言編見故兄宗詠等六墳比諸王極有揭降望降處旨與追贈詔故贈寧海軍節度使沂國公宗詠特追封餘杭郡王照武軍節度使遂國公宗師特追封益州郡王建寧軍節度使成國公宗邈特追封同谷郡王鎮寧軍節度使同中書門下平章事陳國公宗治特贈開封儀同三司追封濮淵郡王武寧軍節度使同中書門下平章事楚國公宗益特贈開封儀同三司追封山陽郡王洛州防禦使廣平侯宗沔特贈崇信軍節度使追封漢東郡王　徽宗崇寧元年八月二十八日封華州觀察使姚雄并引進使成州團練使姚古皇城使姚宏東作坊使姚闢母安鄉太君史氏為仁壽郡太夫人先是雄等乞各以建中靖國元年郊祀任子恩併封其母上以雄等捍邊有勞特恩封之　政和三年六月十四日宣德郎知江陰縣李知元狀知元父假承務郎暉見年九十歲乞依赦封敘吏部言知元父暉緣見

儀制一〇之一八

係假承務郎即未見命官父係已入官人許依赦官封體例詔李煇與承奉郎上加一等官封　八月十日中大夫開封尹王詔言伏念先臣舉元致仕給事中天章閣待制贈臣祖故禮部尚書參知政事化基之庶子有祖母張氏乃先臣所生重念臣在襁褓中祖母親加鞠養慈愛備至其後先臣歷官侍從身故累經封贈南陽郡太君自先臣殁封贈遂絶而臣今皆竊冒通臣之寵敢忘鞠育之恩欲望聖慈許臣回授見任一官乞與臣祖母張氏特封一夫人名目幸當睿治之朝得致報親之願詔依所乞詔回授特封一夫人號　十二月二十八日武翼大夫榮州刺史朱中堯狀遇元聖赦恩以男勛見任武功大夫合州防禦使合該叙封父母未陳乞閤特落致仕提舉溫州元封觀緣所該恩在前合該叙封尚書省言朱中遇赦後致仕合該叙封後來已落致仕合依赦與叙封詔於見任上與轉一官可轉武經大夫　四年正月二十八日保靜軍節度觀察留後提舉龍德宮楊戩奏臣伏蒙聖恩差提舉皇城司備員再任已及三考舊例合轉一官伏念臣故祖父若振未曾以恩澤陳乞特加贈典伏見省官楊震曾將恩例回授與祖父自入內殿頭上贈右衛上將軍死臣祖父若蒙致仕皇城副使已贈左衛上將軍與楊震祖父故任官序不同伏望聖慈

卷一萬九千一百三十一

以臣合轉官恩澤特依楊震例許回授贈祖父在衛上將軍加贈一官祖母仁壽縣太君謝氏乞隨祖父今來贈官封贈次從之　四月十四日翰林學士朝散郎知制誥兼侍讀王黼奏臣家貧窶幼而多病臣父妾雷氏鞠臣備極艱苦臣不幸年二十有二遽失所恃終憂制即竊科第今合贈宜人臣伏被政和封贈令臣緣不許以加恩轉官服臣之願回授封贈太中大夫以上不拘此令臣見合磨勘伏望聖慈憫惻特許臣以見磨勘一官回授父妾雷氏一近上名稱詔依所乞仍免回授雷氏贈碩人　七年二月九日草土李懷奏昨奉詔皇子韓國公彌晬本閣官吏各轉一官內臣係管幹官令許回授乞回授亡父武功大夫威州防禦使宗立特賜贈典詔宗立可落階官贈奉州觀察使所乞回授不行　宣和二年六月十二日臣僚上言臣竊惟國家三歲一郊赦文所載文武陞朝官並許封贈父母此祖宗已來恩禮之常不可得而紊亂也臣切見邇來有見任監丞未陞朝者乞依例封贈其失蓋自近年有京官任校書郎正字者得之而監丞輒又引雜壓在校書郎之上可得之是無為也不獨如此日近有小使臣不自揆度偶因薄勞或磨勘轉官者遂乞回授封贈父母既係小使臣又非該遇郊恩乃敢更相引例攀援無止不亦太濫乎欲望特降

儀制一〇之一九

聖旨今後封贈乞並依舊法敢有擅更陳乞紊亂典章者寘之典刑庶幾僥倖者息而名分正矣從之　以上續國朝會要　高宗建炎元年十二月三日詔樞密院主事以下不得援副承旨例陳請封贈從臣寮請也　紹興元年七月十五日樞密院計議官顏為言先係樞密院幹辦官數放作計議官叙位在太常博士之下其雜壓令文太常博士叙官在通直郎之上即係陞朝職事官遇將來明堂大禮封叙合行申明詔依太常博士法許封贈　四年四月二十一日詔元祐石刻黨人未加贈典並許本家自陳　六月二十八日吏部侍郎劉岑言左儒林郎前建州觀察判官黄彧乞將致仕依格合該通直郎恩澤與白身欲父意回贈一官從之　七月二十九日中奉大夫守中書舍人致仕李公彦言乞將前來初除中書舍人恩例封贈父母妻司封謂係內不載致仕官封贈之文詔特許　八月二十五日和州防禦使同管客省四方館閤門公事張公裕言乞將合年明堂大禮合得蔭補保義郎恩澤依封贈父母格換贈伯父母詔特依所陳乞　九月八日江南西路提點刑獄公事張叔獻言故父於靖康間除簽書樞密院事合贈三代未曾放使乞給還從之　二十三日駙馬都尉充醴泉觀察使潘正夫言先父絳幼失所生父母出繼親伯考仁臣除

卷一萬九千一百三十一

節鉞以家已累經封贈祖養祖父母唯有所生祖父母未曾封贈伏覩明堂大禮赦文合該加恩望許與所生祖父母依臣合封贈三代條格特封贈一次從之　十二月十四日禮部尚書秦檜言昨任御史中丞遇登極覃恩又往者授資政殿學士經南郊大禮繼授禮部尚書未嘗作一次封叙詔逐件恩例可依赦給還先是檜出使金國有詔應干恩數候回日併還至是陳請　五年閏二月八日權發遣提點淮南西路刑獄公事張澄言亡母李氏自澄幼年再適程堂已封太恭人澄陞朝後拘礙條制不該封贈乞將轉一官賞特許回授於太恭人上加贈一等從之　十九日祕書省正字李公懋言伏覩校書郎許搏依林待聘用汪藻例以內殿宴食在通直郎之上遇明堂大禮已許叙封仍帶下令後依此緣祕書郎正字官序雜壓內殿宴食共係一班公懋見係承事郎與校事郎事體一同乞許依校書郎遇大禮叙封從之　二十四日右司諫趙霈言乞將應從轉一官回贈亡兄霈一官從之　二十五日起居舍人兼權中書舍人劉大中言前任祕書少監遇明堂大禮合該封贈內妻合封恭人號回贈祖母孫氏從之　三月十六日吏部言左奉議郎陳康伯乞將遇赦合贈父官回授祖父居仁於見今朝散大夫致仕上封叙從之　五月二日承節郎

余祐之言先洪州保奏奉新縣父老舉祐之祖母顧氏節義未蒙旌賞不幸身故今乞將祐之所得賞恩轉保義郎一官換贈一孺人封號從之　三日拱衛大夫忠州團練使馬歐叙陳該遇明堂合該封贈緣父堯俊生前任北界彰武軍節度使乞比附合換贈中原官品詔馬堯俊特贈右武大夫貴州團練使　六月二十八日忠訓郎李溫乞將故父庠先任權日天武四廂都指揮使洺州防禦使該宣和七年冬祀并淵聖皇帝登極赦恩合該封贈及見今忠訓郎一官與母馮氏隨故父官品封叙從之　十月二十一日吏部侍郎劉大中言乞將史館修書轉一官回授故祖謹初封一官詔特贈承務郎　六年正月十三日刑部侍郎廖剛言故祖父丕行修於鄉年八十有八稍纔見五世孫臣雖致身侍從無緣霑恩乞許將磨勘轉官回贈故祖父一官詔特與贈承務郎　四月十二日廣南東路兵馬鈐轄都督府摧鋒統制韓京言乞將捕賊轉兩官回贈亡祖楚一名因詔特贈承節郎　十一月十五日右朝奉郎致仕孫偉言該遇建炎元年登極赦恩合轉朝散郎至今未曾被受欲乞回贈曾祖故任朝議大夫諭從之　八年五月四日兩浙西路安撫司幹辦公事司馬偉言父兵部侍郎朴先因扈從二帝北狩至今未還該遇累次郊禮合行封贈未曾陳

卷一萬九千一百三十一

乞特望一併取使從之　十年四月三日知建康府溧水縣李朝正言奉旨以本路安撫使葉夢得奏舉政迹顯効特贈一官賜緋章服欲將服色與母乞一封號從之　十一年二月三日左宣教郎吳庭芬男濤言乞將故父致仕合轉一官回贈先祖迪功郎伺於階官上擬贈從之初有司謂雖無條法人子之心實可憫故有是命　八月十八日中書舍人李易言初任僉書江陰軍判官日適遭虜人入境知軍胡紡謂易曰吾曹有死城郭之義父母老宜勉之少避母曰我去則汝決不肯堅守願與汝同死生闔者感泣欲將揚州所得減年五年加贈母親仍乞命詞告以先存歿從之　十二年五月十七日廣南東路兵馬副總管兼知循州韓京言先因功合轉官蒙回贈故祖父承節郎祖母繼祖母並孺人今又有轉三官更乞回贈祖父母詔依所乞韓京祖楚特贈保義郎祖母馬氏繼祖母李氏各贈安人　六月七日詔王淵初除簽書樞密院封贈特許本家陳乞　十一日河南府路兵馬副都監御前同副統制梁興言家世農業自金人犯順與之百戰父母為賊殺戮乞將見任拱衛大夫忠州刺史減削另贈詔特與加贈　十月七日權樞密院編修官臧保衛乞用該遇赦恩依正官雖歷封叙封贈父母妻從之　十一日秘書省著作郎王揚英言遠事祖

母宋氏年九十八歲而終自幼鞠育恩意獨厚乞將赦恩合得妻封換贈祖母一初等封號從之　十三年二月十四日監登聞鼓院吳徽言嫡母彭氏昨以先父任給事中已封碩人自徽入仕二十餘年初未經加封乞將未收使轉一官嘗回授於見今封邑上加封詔特封太淑人　十四年正月十三日右通直郎致仕魏伯能言有長男右奉議郎行可於建炎二年借朝議大夫禮部侍郎充河北金國軍前通問使近聞奉使洪皓回稱男在虜中身亡望賜贈官詔特贈朝奉郎秘閣修撰與致仕恩澤一名　十七年正月二十七日主管台州崇道觀趙令衿言母李氏年九十一歲累封太宜人望許將見任左朝請大夫官誥繳納回授進封一等詔封大恭人　二十年二月一日領殿前都指揮使職事楊存中言故長女孺人楊氏出適而夫死還家奉道乞將大禮合得孺人封號追贈一道號詔與贈冲妙練師　十五年四月十三日右監門衛大將軍昌州防禦使提舉祐神觀趙不𢖍等言先父士碁昨任安德軍節度使開府儀同三司充萬壽觀使主奉濮安懿王祠事與一般主奉官士樽等差遣服屬恩數並同未蒙許依例封贈詔特許贈官封爵　二十六年十二月二十七日吏部言湖州進士莫庭替乞將故父份任左奉議郎日陳乞守本官致仕合

卷一萬九千一百三十二

得轉一官回贈故祖右承事郎振轉行階官從之　二十八年十月二十七日領殿前都指揮使職事恭國公楊存中言有弟進士居中執中靖康中隨父震於麟州建寧寨遇虜人同死於難乞將郊祀大禮合得恩澤門客文資恩澤兩資贈二官詔並特贈承事郎免投使恩例　十二月二十八日主管台州崇道觀張堅言見任左奉議郎合依赦封贈父并嫡母已陳乞外內妻丁氏初遇大禮亦合封叙緣堅嫡母亡歿已父所生母李氏見任於法未應陳乞今若先封妻於人子之心實有不安乞將妻合得封號回授於所生母從之　以上中興會要

宋會要 宋室外戚 內外臣僚 僞國王外臣等 叙封母妻
國朝之制皇太后三代外祖母皇太子三代外祖母宗
室郡國王曾祖母祖母亡母並追封國太夫人諸叙封
者祖母母追封亦同下準此宰相使相尚書令三師三公王母為國
太夫人曾祖母祖母亦同妻為國夫人並中書施行中書參知政事宣徽
使樞密副使東宮一品二品尚書省二品三品御史大
夫兩省侍郎太常卿留守節度使西班二品嗣王郡王
國公郡公縣公大都督大都護母為郡太夫人妻郡夫
人參知政事第二次叙封母特封國太夫人並司封施行如
夫子曾任將相已經封國者仍舊曾經封三代二代者
準此東宮一品尚書省二品不帶平章事留守節度使
卷三百六十五
祖母並許追封郡太夫人止左右常侍太子賓客御史
中丞左右丞諸行侍郎給事中諫議大夫正中書舍人
翰林學士以下龍圖閣直學士以上諸寺太卿監國子
祭酒太子詹事諸王傅諸衛大將軍中都護副都護中
都督防禦團練使並母封郡太君妻封郡君左右庶子
諸寺少卿監諸行郎中國子司業三京少尹赤縣令太
子詹事左右諭德諸衛將軍諸州刺史下都護下都督
太子家令太子率更令太子僕並母封縣太君妻封縣
郡諸母妻未封叙雖位至三品亦從初而叙諸任上州
刺史或帶使額都督并在京六軍諸衛將軍小將軍已
上任聽叙封母妻其自班行及遙郡除授中下州刺史

者已同兩任即便許叙封五府少尹大都督左右司馬
並許與母妻一次叙封　太祖開寶九年正月違命侯
李煜妻周氏封鄭國夫人　三月以錢俶妻賢德順睦
夫人孫氏為吳越國王妃女封彭城郡君時宰相言自
古異姓諸侯王妻無封妃之禮太祖曰行自我朝勿拘
舊典故有是命　太宗太平興國六年三月贈中書令
岐王德芳妻廣平郡夫人焦氏進封岐國夫人　至道
二年三月皇后母陳留郡太夫人吳氏進封衛國太夫
人三年六月楚王乳母劉氏封彭城郡君　真宗咸平
五年七月封供備庫使知麟州衛居實母郭氏為汾陽
郡太君居實扞寇有功母老寓潞州真宗聞之遣使存
卷三百六十五
問超加封號　景德四年十一月封兵部侍郎知樞密
院事陳堯叟母馮氏為上黨郡夫人初馮氏從夫之故
未加郡號堯叟父既卒至是帝欲褒封之以問宰臣王
旦旦曰雖私門禮制未闕然公朝降命亦無嫌也故有
是命　十二月封駙馬都尉石保吉庶女為樂陵郡君
初晉國長公主並為乞恩帝以無例令中書詳討故事
而特加郡號大中祥符五年正月知樞密院事王欽若
曾祖母王氏特封壽安縣君

宋會要

天禧四年正月大理寺丞齊嵩言自改京官四年半今當進秩母八十一歲願以今授官敍封從之　乾興元年（仁宗即位未改元）四月司徒兼侍中丁謂言有姊未有邑號司空兼侍中馮拯言妻早亡本家宜氏父主家事乞賜封邑參知政事王曾言乳母朱氏年七十三乞近下封邑名目並從之　仁宗天聖五年十一月十一月樞密院使張士遜言親妹孀居歲深年漸衰老令嚴禮乞將合奏兒孫恩例迴授臣妹封邑從之　二十五日太常少卿趙賀言臣先有親弟從則妻李氏弟亡之時年方

卷三百六十五

二十一歲唯有一女其李氏守志今近六十閨門之內婦禮如初今遇南郊臣見有孫男更不奏薦望將恩例迴授李氏邑號從之　七年十月左班殿直崔仲恩言臣先父遵度贈工部侍郎母舒城縣君何氏齒髮已衰臣今將合該磨勘轉官資例迴授臣母郡號詔何氏特封郡君仍許仲恩磨勘餘人不得為例　二十六日詔封太子少保致仕馬亮亡妻劉氏為彭城郡夫人從其婿宰臣呂夷簡之請也劉氏早亡亮雖歷尚書以妻亡不當封贈夷簡授張士遜任樞密副使乞封妻母例以為言故有是命　九年十月十四日詔故安遠軍節度觀察留後左驍衛上將軍劉承規妻宜春郡太夫人彭

氏追封淮陽郡餓又徙封中國太夫人皆特恩也　景祐二年二月故彰武軍節度使贈侍中曹瑋妻潘氏追封馮翊郡夫人從瑋妻沈氏之請也瑋先娶潘美女而沈氏將議卜葬以為言故有是命　九月五日殿中侍御史裏行蕭定基言乞今後朝臣每遇覃恩奏請敍封妻允出非類及立自女僕者不得一例陳乞詔御史臺常覺察以聞　康定元年十月五日審刑院言檢會令文諸婦人因夫子受邑號而夫子犯除名當免官者其妻邑號亦隨除因不法守不曾引用欲乞今後應婦人因夫子得邑號犯除名免官當事相干連情理稍重即除坐令文取旨裁斷詔內情理重者依此取旨　慶曆

卷三百六十五

四年十一月二十五日詔父母妻未有官及未曾敍封者並與恩澤已敍封及未有官者更與加恩亡父母未曾封贈者並與封贈已封贈者更與封贈如父母在願迴授者亦聽之

全唐文　宋會要

神宗熙寧二年二月詔以知衛州太常少卿田貽隣母
彭城縣君劉氏年一百一歲特封仁壽郡太君　三年
六月十四日詔今後封妻者並隨夫郡國　六年九月
西京左藏庫使趙餘慶母巢氏賜冠帔餘慶父明有力
量爲夏國所畏兄弟屢有戰功爲慶州柔遠寨大順城
蕃官已而相繼死會朝廷命諸路得力蕃官赴闕其母
對使者泣以被詔者多其夫子部曲感二子之不得見
至尊猶有畫像願使者以俱萬一得達朝廷雖死不朽
上憐傷其意故有是命　元豐元年四月九日詔西上
閤使使忠州團練使韓存寶聽已減三年磨勘回授其
母萬年縣君進封仁壽縣君賜冠帔非有戰功如存寶
者毋得援例二年正月六日封皇后妹大理評事程嗣
妻金華縣君爲永嘉郡君將作監主簿李慎妻秀容縣
君爲同安郡君　十四日進封皇上后乳母永嘉郡夫
人賈氏爲燕國夫人　八月二十六日詔封濮安懿王
子洋州觀察使宗晟所生母仁壽郡太君孫氏爲安定
郡太夫人

卷三百六十五

前之謎

全唐文　宋會要

五年三月十一日賜龍圖閣直學士知慶州曾布母仁
壽郡太君朱氏冠帔從布請也　四月七日上批范仲
淹新婦文安郡夫人曹氏昨以太皇太后遺恩進封增
給俸錢等有司自陳以爲誤支可依舊支破　八月六
日以文思院副使曹識女始興郡君封同安郡夫人以
上批先鞠於慶壽宮也　七年十一月詔故鄭王宗惠
妻江夏郡夫人鄭氏進封榮國夫人　哲宗元祐元年
四月二日詔故太常寺太祝包繶妻壽安縣君崔氏特
封永嘉郡君仍旌表門閭以保信軍言其節行著於鄉
里也　二十八日詔以權通判南劍州潘昂祖母劉氏
年九十一歲特賜冠帔　八年十四日楊州言大理丞
魯有儀妻孟氏夫亡守志能葺夫之屬凡七喪乞旌表
門閭及加以封號詔特封旌德縣君　二年五月二十
八日詔故武泰軍節度使宗勝遺表婦平昌郡夫人李
氏特封英國夫人四年正月二十七日詔溫溪心妻
瞎蘇南扶麻特封縣君月給綃絲茶名有差從權發遣
熙河蘭會路經畧司公事劉舜卿請也　六年六月八
日詔實錄院檢討官黃庭堅母壽光縣太君李氏特封
爲康安郡太君從庭堅乞以轉官恩回授也　元符三
年十月十三日吏部侍郎徐鐸言文武陞朝官母妻邑

卷三百六十五

夔一作瓊　二一作三　安一作夫

號萬年萬載縣、君皆非人臣母妻所宜稱，乞立法禁止所有已封者許改正。從之。　徽宗建中靖國元年二月十八日，給事中徐勣乞以所遷官回授母一郡封。從之。　崇寧二十一日，封皇后姊妹三人為縣君，仍賜冠帔。　崇寧二年十二月三十日，簡州文學張基母何氏年百歲，詔封孝感縣太君。　大觀二年八月十三日，內殿崇班閤門通事舍人向宗夔奏：「母安康郡太君來氏見年七十一歲，乞將臣今來所積下磨勘一十二年回授，封一郡太安人。」重念母像欽聖憲肅皇后親堂嬸，詔特封永嘉郡太夫人。　九月七日，詔盧阿任免勘，特放，封旌德縣君，仍支賜絹五十疋。以梓州路提點刑獄司狀：據昌州院勘到阿任夫死已經十年，守志不嫁，被亡夫別居親兄盧化鄰侵逼強姦，阿任倉卒之間無可逃免，拏攧盧化隣身死，故有是詔。　三年三月二十五日，定州奏婦人王氏年百三歲，已封長壽縣君，無子孫侍養，良可矜憫，乞月給常平司錢三貫。應男子婦人百歲以上無人侍養者，著為例。從之。　政和二年十二月二十二日，手詔：「古者妻隨其夫之爵服，今命婦猶封縣君、郡君，在昔元豐改作未就，小君之稱雖見於古，而裂郡縣以稱君，蓋非婦道，又等級既少，重輕不倫。可通直郎以上封孺人，朝奉郎以上封安人，朝奉大夫以上封宜人，中散大夫以上封恭人，太中大夫以上封令人，侍郎以上封碩人，尚書以上封淑人，執政以上封夫人，並為隨其夫之官稱。封之武臣依此。若封母，則隨其父官；若父祖爵至公、侯、伯、子、男者，則隨其爵，庶幾近古。」　二年二月二十五日，吏部尚書張克公奏：「準敕節文：今來命婦為隨其夫之爵秩所有特封之人，其夫無官或非通直郎以上者，則著姓名封贈。奉聖旨依。今勘會官員父并嫡繼母亡，合封贈所生母，自來以子官封贈。子至中散大夫、團練使以上，郡君、銀青光祿大夫、節度使，郡夫人。今降指揮，命婦隨夫之爵秩封贈，所生母封號未有該載。」詔所生母封號令從子官爵。　六年五月八日，詔特封開封尹王革母李氏晉安郡太夫人。　宣和元年七月五日，陝西、河北、河東路宣撫使童貫奏：「知府折可求前後出入累立戰功，乞將所得功賞回授與亡兄可大妻恭張氏一夫人名號。」詔依所乞。　八月二十四日，中書省言：「草土范致虛奏：母強氏隨班上壽及中宮親蠶，今其不幸，輒敢冒昧控告，欲望特賜臣母強氏一國封名號，永賁窀穸。又奏：臣年十餘歲喪母鮑氏，強氏繼母。緣臣母鮑氏與強氏並已封郡夫人，今來陳乞不敢獨遺臣母鮑氏，伏望聖慈憫臣哀苦之誠，俾以國封及臣母以為教忠之勸。」詔強氏、鮑氏並封贈國夫人。　三年十一月九日，南劍州奏：沙縣百姓朱吟妻李氏見年一百四歲，依赦令合該封號。詔特封孺人。四年五月十四日，詔

晉一作番

〔卷三百六十五〕

故孟京傑妻王氏特封孺人以開封府尹王革奏王氏年二十二喪夫有男方四歲守志不嫁父母以其年幼無所依屢俾再適王氏至剪髮自誓以明終身深居窮處二十餘年鄰里不識其面義節卓然故有是詔　五年二月二十三日詔越州女子湯氏可特封孺人仍令本州賜帛十匹以權發遣越州章縡奏節操正絜深可旌賞故有是詔　三月十八日承議郎充顯謨閣待制提舉萬壽觀王　奏先臣雱止有一女嘗嫁故通直郎呂安中守志三十餘年伏蒙聖恩以臣祖安石被遇神考輔政有爲例加官封伏望許臣更用去年合得冬祀大禮恩澤與臣姊於宜人上加官封詔特封令人　八月

卷三百六十五

南安軍奏大庾縣民婦黄氏一百二歲詔封孺人　七年二月二十九日開封府奏迪功郎黄清卿母吴氏見年九十八歲乞依赦封叙施行詔特封太孺人　高宗紹興二年四月十八日詔前承州鎮撫使薛慶忠義死事之節顯著已降指揮贈官與恩澤十資其妻靖氏未有封號許於見存恩澤内用兩資回授特封碩人以旌守志從淮南東路宣諭使傳崧卿請也　閏四月十七日御史臺檢法官晏敦復乞將見任承議郎一官換封曾祖母張氏爲孺人從之　三年六月五日詔韓肖冑母文氏可進國封以寵義方之訓文氏勉肖冑以勿辭使虜忠義可嘉故特有是命　十五日詔成忠郎前權

觀州提舉溪洞都巡檢羅宏母梁氏年九十以上依建炎二年十一月二十二日郊祀赦特封太孺人依舊給告更不命詞令後有似此之人准此　四年六月二十一日廣南西路提點刑獄司言歸明官故承信郎田承寛妻王氏遣家丁佃客自備糧餉助官軍討賊有功乞與封叙詔特封宜人　十一月十二日武城感德軍節度使開府儀同三司充鎮江建康府淮南東路宣撫使韓世忠言昨授太尉日得旨恩數並依兩府例令遇明堂大禮乞依見任兩府僚合將所得有服親封號與長女吏部言本官雖恩數並依兩府例施行難以比類見任宰執詔特依所乞　二十五日神武後軍統制充江

卷三百六十五

南西路舒蘄州兼制南鄂岳黄復州漢陽軍德安府制置使岳飛奏母姚氏以臣除節度使依格上合封郡夫人欲望特與封一國號從之　五年正月十九日賜韓世忠劉光世張俊有服親孺人封號三人冠帔五道　二月十七日劉光世請以所賜孺人誥與男堯佐等所生母吏部以爲非法詔特許之　二月二十一日太常博士陳確言確在襁褓時兄已壯有室養確爲子至二十一歲始經有司改正今兄亡嫂年逾七十待確情同己子乞用去年大禮恩霈妻合得封叙回授與嫂楊氏酬其平生撫養之恩從之　六月四日神武中軍前部統領軍馬王滋言祖母孟氏年九十二歲乞將隨駕往平江

府護衛恩賞封叙從之　二十四日詔張浚妻華原郡
夫人魏氏依韓世忠妻越國夫人梁氏例支破請給
七月一日大理評事李洪乞將去年扈從車駕至平江
府回躍合轉一官恩例封祖母林氏從之　十月二十
六日中書門下省言楊珪母太宜人郭氏昨在僞齊令
男珪還朝不從僞命其郭氏拘留僞地死於國事顯見
忠義理宜褒贈詔特封郡夫人　七年正月五日故贈
安化郡王王稟男忠訓郎王荘言父稟於靖康元年金
人侵犯太原自平陽應援即被攻圍堅守孤城僅及一
年勢窮力竭死不屈節蒙朝廷憫其忠義追贈王爵而
亡母未經加封乞朝廷矜憫施行詔王稟妻陳氏特與

卷三百六十五

贈郡夫人　九年八月十四日詔四川宣撫使司都統
制節制成鳳州楊政母特與封叙以政言自從戎不遑
恤家母氏自陷虜來歸積憂成疾乞歸侍養故有是詔
十年五月十一日詔武德郎樞密院都統制司第三
將王全母屈氏特封孺人以全結約攻虜不遂後虜掠
屈氏去不知所在乞行封叙故有是命　二十三日左宣
義郎知建康府溧水縣李朝正奏母年八十歲乞以特賜
章服恩例叙封從之　九月十日明堂赦應宣教郎以下
至承務郎使臣選人父母年九十以上許於所屬自陳保
明聞奏當議特與官封士庶百歲以上婦人與封號
十一年二月十三日禮部言新知紹興府餘姚縣朱伯臨
言母林氏今明堂赦恩合封孺人見年九十以上依條給

賜冠帔從之　八月一日荆南府奏監利縣長林村民
王全母吳氏年一百二十歲乞依赦恩封號從之　十
二年三月一日詔中亮大夫康州防禦使程俊母郜氏
特封恭人先是有旨程俊母特與叙封後言母自夏國
已封孺人兼該遇紹興十年明堂赦已於興元府陳乞
保明申朝廷訖未蒙給降誥明故有是詔　六月十六
日詔左武大夫忠州刺史特差充環慶路第一將御前同
副統制趙雲母加封以雲言與金虜戰虜囚其母於絳
州垣曲縣獄今已數年比以京西湖北宣撫司差往河
北幹事攻破其縣救出之乞減削見授官資加封其母
故有是命　九月三日詔皇太后姪女韋氏特與封信

卷三百六十五

安郡夫人依祿式破諸般請給　十三日赦應命官未
該封叙人父母年八十以上未有官封許令所屬自陳
具保明聞奏特與封叙　十七年十二月十六日太師
尚書左僕射秦檜乞免降制加恩從之仍詔長孫女秦
氏特封郡夫人　同日詔秦熺妻建康郡夫人曹氏特
封國夫人熺檜之子也　十九年六月二十七日詔太
太師尚書左僕射秦檜孫女孺人秦氏與封令人　二
十年六月八日太師尚書左僕射秦檜言乞免郊祀加
恩詔允所請次孫女令人秦氏可特封永嘉郡夫人
十月十一日太師尚書左僕射秦檜言乞將紹興十九
年該遇南郊大禮合得有服親封邑一名與長兒彬妻

合一作命

孺人潘氏增封詔特封令人　二十二年十月七日詔
臨安府勑教田潤妻李氏醫治有勞特與封孺人　十
二月三日詔才人劉氏祖母耿氏才人吳氏母裴氏並
封郡夫人　二十六日太師尚書左僕射秦檜奏乞加
食邑食實封恩命詔允所請次孫女永嘉郡夫人封初
等國夫人孫女夫將仕郎吳益改初等京官　二十三
年九月四日詔婉容劉氏母故永嘉郡夫人李氏可特
贈榮國夫人　二十五年九月四日詔將來大禮主管
馬軍司公事成閔母鄭氏特封郡夫人　二十七年正
月二十四日官誥院言乞將應内命婦遷轉并封贈及
外命婦封贈郡夫人以上並依格用綢袋外其餘以次
闕 卷三百六十五
並權不給其贈誥合用焚黄紙七張紅羅青裹褾碧綠
綾帶從之　二十八年七月九日詔故太尉武當軍節
度使致仕武功郡開國公贈開府儀同三司楊政妻永
寧郡夫人南氏可特封崇國夫人以政薨故加恩以恤
之也　二十九年正月二十六日試起居舍人兼權中
書舍人張孝祥言丙辰詔書以皇太后聖壽方增新歲
八十均福海内凡通籍於朝者皆馳恩其父母非常之
慶千載一時人子之心孰不鼓舞臣備數朝列奉承雙
親尤極欣幸緣父祁見任右承議郎母時氏以視父官
方封孺人乞特許依臣官叙引用令來恩詔加封庶霑
君父錫類之仁俯爲臣子家庭之寵詔特依所乞　二

月十八日權吏部尚書賀允中言準正月一日詔書應
陞朝官父母及宗婦宗女年八十以上與加封契勘父
依法每封進一官母宗婦宗女加封止合隨夫子之官
爵緣詔書有加封二字令欲於合得官封上加一等施
行從之　八月二日定江軍節度使開府儀同三司鄂
州駐劄御前諸軍都統制職事田師中奏准詔除開
府儀同三司恩數並依吳璘例施行妻蕭氏蒙恩特封
衛國夫人亦乞依例支破請給從之　同日詔右武郎
吳挺合得辭免恩例可特轉右武大夫妻李氏特封淑
人　二十日詔起復慶遠軍節度使龍神衛四廂都指
揮使主管侍衛馬軍司公事成閔故母建康郡夫人鄭
闕 卷三百六十五
氏可特贈衛夫人從閔請也　三十年十二月二十二
日詔右朝散郎秘閣修撰鄧珹妻安人趙氏可特封永
嘉郡夫人右太中大夫權尚書戶部侍郎兼樞密都承
旨兼權知臨安府錢端禮妻令人高氏可特封平樂郡
夫人　三十一年二月二十日皇子寧國軍節度使開
府儀同三司建王妾夏氏可特封齊安郡夫人翟氏可
特封咸安郡夫人　十月十七日詔知海州武翼郎閤
門宣贊舍人魏勝妻于氏可特封安人勝守海州與敵
力戰重傷以薨方病困時于氏割股以食之遂得小愈
至是主帥李寶爲之請故有是命　紹興三十二年孝宗
即位未改元　九月十四日右從政郎陳嗣宗狀乞以覃霈循

資恩例回授與母吳氏封叙吏部以嗣宗雖官不該回
授而嗣宗乃陳東之子東循國亡身已蒙追贈惟吳氏
未受封欲依所乞封吳氏太孺人以爲忠義之勸從之
二十八日保義郎陳懌龔鑒狀乞將章恩合該轉一
官懌回授與母羅氏鑒回授與所生母劉氏乞賜封號
吏部契勘依法臣僚不許轉官回授封贈有礙條法詔
特依所乞封孺人　十一月三日詔故追復左武大夫
忠州防禦使岳雲妻前恭人鞏氏特封恭人　十月二
十七日安德軍節度使士街上遺表乞特與臣男不陋
所生母牟氏依不微所生母張氏封恭人從之　隆興
元年二月二十五日詔起復右朝奉郎尚書比部員外
卷三百六十五
郎吳某除秘閣修撰知閬州妻〔趙〕氏特封淑人　二十九
日詔婉容翟氏親屬淑人張氏與特封郡夫人　五月
十八日詔皇弟少保靜江軍節度使判大宗正事恩平
郡王璩妻齊安郡夫人靳氏特進封慶國夫人　二十
三日詔寧國軍節度使開府儀同三司李顯忠妻安康
郡夫人周氏進封福國夫人　十一月二十三日詔故
楊政妻崇國夫人南氏獻助錢引可特封益國夫人
二年二月二十九日詔皇太子妃母高氏特封潤國夫
人　三月二十一日詔右朝請郎新知洋州吳總妻米
氏可特封淑人　八月十六日故武翼郎致仕劉漸妻
孺人王氏〔狀〕亡夫致仕合得恩澤别無子孫止有一女嫁

〔任一作仕〕

承節郎郝彥輝乞如條制改授邑號從之　九月二十
五日詔吳璘長男挺妻楊氏次男掖妻郭氏各特與封
淑人　乾道元年正月七日起復拱衛大夫邕州觀察
使御前馬軍統制蕭鷓巴妻耶律氏特封信安郡夫人
吏部勘當妻依條止得恭人緣父不棘故任偽太師〔日〕妻
乞封郡夫人令乞封於司封即無條法故有是命　〔校〕四
月二十八日吏部狀准都省批下少師奉國軍節度吳
璘申昨除太尉及續除開府儀同三司恩數並依楊存
中係見任執政官例陳乞二女封邑本部勘會依例係
見任使相執政官遇大禮許奏乞有服親一人封號緣
本官即非見任詔特依所乞並封孺人　五月三日入
卷三百六十五
詔璘女三人特各封淑人有服親趙氏特封碩人　四
日詔故贈寧國軍節度使魏勝妻于氏特封郡夫人以
勝死於國事忠義可嘉其妻于氏特依所乞封齊安郡
夫人今後不得援例　十三日少師奉國軍節度使四
川宣撫使吳璘狀契勘蕃官趙阿令結見隴北界本人
妻孺人包氏權洮州職事昨來官軍到洮州城下率本
州官吏軍民迎降歸投備見忠義欲望特與加封庶幾
有以激勸詔包氏特封令人　二年三月九日宗子左
從政郎趙不遜以進士舉出身合轉兩官乞以一官回
授封所生母尚氏詔特依　五月十二日恩詔平郡王
璩妻王氏特進封澤國夫人　六月四日宗子忠訓郎

趙善仁以進士舉賜出身合比換文資轉兩官乞以一官回授封母馬氏詔特依　十月五日太傅寧遠昭慶軍節度使充醴泉觀使和義郡王楊存中以郊祀條許陳請有服親一名封號乞與次孫女承受詔特依　三年四月十五日保義郎趙伯汰乞將磨勘轉成忠郎一官回授封母李氏詔特封太孺人　四年六月十六日承奉郎趙不龐狀昨因父遺表已降指揮依所乞特封所生母孫氏恭人未曾給誥不龐今更將父致仕遺表恩澤一名併與母孫氏乞放行封號詔特依　十二月二十七日詔耶律适哩女可封碩人　五年三月六日忠翊郎趙善學乞以覃恩轉官并今磨勘轉官併回授

卷三百六十五

母李氏加贈一次詔特依　八月十九日詔龍神衛四廂都指揮使明州觀察使蕭鷓巴女蕭氏等四人可並特封令人蕭鷓巴男從義郎殿前司忠毅軍正將從仁妻耶律氏可特封淑人　九月六日檢校少保崇慶軍節度使士衎上遺表乞男不圯所生母丁氏於合得遺表恩澤內將一資特賜封號從之　十一月二十六日詔入內內侍省東頭供奉官李彥妻張氏可特封安人從其夫年勞比換之請也　二十七日詔楊偰妻程氏特封咸寧郡夫人楊倎妻張氏特封咸安郡夫人楊安中妻趙氏特封令人第二女孫叔傑妻楊氏特封永嘉郡夫人第六女趙汝勑妻楊氏第七女周杞妻楊氏第八

女郭雲妻楊氏並封碩人從前中奉大夫充敷文閣待制楊倓乞推恩故也　十二月八日詔和義郡夫人蔡氏母金氏特與封碩人　六年五月六日詔故彰國軍節度使周大仁妻文安郡夫人張氏特與依蕭琦妻例特封康國夫人　閏五月五日右從事郎惠利民狀伏念利民幼而多難纔及三歲所生母趙氏為舅氏奪志它適經建炎兵火之後奔走南北各不相聞於紹興二十三年遂得蹤跡復獲侍養母子如初今利民考第舉主及格已到部合該磨勘宣義郎以所生母趙氏見年七十八歲情願乞改次第右承事郎將合得宣義郎一官轉封所生母趙氏為孺人詔特依所乞封太孺人

卷三百六十五

十九日左宣義郎祕書省正字趙汝愚劄子昨與修進四朝會要得旨推恩各轉一官伏念汝愚有祖母晁氏高年未受封號伏望朝廷敷奏將汝愚所得轉一官恩例回授祖母晁氏作封號詔依所乞特封太孺人　十二月三日殿前司選鋒軍統制趙良輔狀乞依蕭鷓巴耶律适哩等條封叙詔妻王氏特封孺人　七年四月一日吏部言文武陞朝官母已封孺人若子係文官未至朝奉郎武臣未至大夫其母並未合遷改并母已隨夫官高封叙訖或隨夫官亦未該遷改其赦文無加封字乞下本部各於見封號上再行加封一等施行從之　五月十一日詔蕭鷓巴妻信安郡夫人耶律氏特封英

國夫人中書舍人趙雄奏臣竊惟婦人之爵至國夫人極矣惟三公三師宰相親王使相之妻乃可得之今鷗已以向化來歸誠足嘉尚位以廉車亦云厚矣鷗已得廉車爲厚則妻從夫爵當得碩人已超轉至郡夫人厚於鷗已數等矣今更超封爲國夫人夫鷗已官爲觀察使止同侍從而其妻乃同二公三師宰相使相之妻不惟於法非宜而妻趣夫爵愈甚於理亦不當然也所有詞命臣未敢撰行有旨婦爵從夫固是常典然鷗已向化遠來耶律氏大遼金族理宜優異可依已降指揮特與撰行　二十八日詔西戎蕃部知洮州鈴轄阿令結之妻令人包氏加封郡夫人從宣撫司之請也　十一月十五日左文林郎冷世修狀欲依惠利民例乞改次等官合得宣教郎一官封母沈氏詔特封太孺人　八年七月八日右承奉郎新差知臨安府錢塘縣趙子方狀乞將子方昨任贛州興國縣尉日親獲彊盜一十人酬賞回授所生母馬氏封太孺人詔特依所乞　八月二十九日詔武泰軍節度使曹覲妻碩人楊氏特封信安郡夫人　九月十二日詔入內內侍省副都知趙志忠妻令人陳氏可特封淑人　十月十八日新差充鄂州駐劄御前諸軍都統制吳挺劄子奏臣兄拱任左武大夫中緫軍統制日於紹興三十二年隨姚仲軍馬收復鞏州軍前得病身亡今有母淑人張氏年近七十妻淑

卷二百六十五

人郭氏孀居一十餘年伏望矜憐將張氏郭氏特賜加封詔依所乞並與封郡夫人臣僚上言婦人無爵從夫之爵著在禮經故鵲巢之詩謂國君積行累功以致爵位夫人起家而居有之君子偕老之詩謂其服飾之盛與君子偕老詩人之意若是其嚴者以其從夫之爵而又德可以配之乃無忝焉且郡夫人者均係小君之稱在法節度使以上其妻方應此封吳挺本死於家舊其妻不應封此欲望聖慈特賜寢罷所有錄黃臣未敢書讀詔止與母張氏封新安郡夫人　九年六月八日奉國軍節度使士銖遺表陳乞男不謀所生母李氏於合得遺表恩澤內將一資與封恭人　七月二十八日吏部狀准左修職郎劉藩伏乞將合該改轉宣教郎一官改次等宣議郎具合轉一官乞回授封母闞氏本部勘當緣有礙條法難以施行詔特依所乞闞氏封太孺人

卷二百六十五

宰相追贈

宰相追贈司徒兼門下侍郎王欽若天聖三年十一月贈太師中書令
司空兼門下侍郎薛居正太平興國六年六月　右僕射兼門下侍郎李沆景德元年七月　左僕射兼門下侍郎向敏中天禧四年三月　以上贈太尉中書令　吏部侍郎畢士安景德二年十月　二部尚書張知白天聖六年三月　以上贈太傅中書令　左僕射王珪元豐八年五月以金紫光祿大夫尚書左僕射岐國公薨于位初贈太尉詔贈太師紹聖四年追貶萬安軍司戶至元符三年五月盡復故官贈謚　司馬光元祐元年九月以正議大夫尚書左僕射薨于位贈太師溫國公紹聖元年七月以國秩言詔追所贈官至靖康元年二月贈太師　司空平章軍國事呂公著四年二月贈太師申國公紹聖元年七月以國秩言詔追所贈官至紹興元年復贈官　太師尚書左僕射秦檜二十五年十一月追封申王　尚書右僕射萬俟卨二十七年四月贈少師　少保尚書左僕射同中書門下平章事兼樞密副使曾國公陳康伯乾道元年三月除少師觀文殿大學士致仕贈太師　前宰相觀文殿大學士正奉大夫大名尹兼北道都總管徐處仁建炎元年六月贈特進　責授建寧軍節度副使復特進李邦彥四年十月贈觀文殿大學士　司空同平章軍國事呂公著四十一月贈太師進封晉國公　觀文殿大學士左正議大夫呂大防十一月贈太師追封宣國公　觀文殿大學士左正議大夫范純仁十一月特贈太師追封許國公　正議大夫何㮚紹興元年五月贈觀文殿大學士追復觀文殿學士劉摯七月贈少師　摯元祐六年任右僕射　資政殿大學士左太中大夫提舉臨安府洞霄宮吳敏三年五月贈左銀青光祿大夫追復觀文學士　觀文殿學士左通議大夫提舉寧安府洞霄宮范宗尹六年八月贈故官　少保鎮南軍節度使成國公呂頤浩九年四月特贈太師　觀文殿大學士左金紫光祿大夫提舉臨安府洞霄宮李綱十年五月特贈少師　開府儀同三司檢校少傅保信軍節度使汪伯彥十一年六月特贈太師　觀文殿大學士左宣奉大夫提舉臨安府洞霄宮朱勝非十四年十二月贈特進　責授汝州團練使黃潛善二十六年九月贈左中大夫　觀文殿學士左通奉大夫致仕朱倬隆興元年七月贈特進　少師保信軍節度使魏國公致仕張浚二年九月贈太保　觀文殿學士左正奉大夫致仕葉顒乾道四年正月贈特進

三公追贈

三師贈官封王太師保國公趙普淳化三年七月贈尚書令真定王　三公三師前司徒越國公李穀建隆元年七月贈侍中　太尉王旦天禧元年九月贈太師尚書令　太傅魯國公曾公亮元豐元年閏正月贈太師中書令

宋會要

使相追贈

使相贈尚書令永興軍節度司徒兼侍中魏國公符彥卿開寶八年八月贈尚書令　以上贈官封王　武平軍節度使兼中書令周行逢建隆三年十月追封汝南郡王　鳳翔節度使守太保兼中書令太原郡王王景四年五月贈太尉岐王　山南東道節度使同中書門下二品慕容延釗乾德元年十二月贈中書令河南郡王　侍衛親軍馬軍都指揮使成德軍節度使兼侍中韓令坤六年四月追封南陽郡王　忠武軍節度使同中書門下平章事王審琦開寶七年八月贈中書令瑯琊郡王　武勝軍節度使兼侍中駙馬都尉冀國公高懷德太平興國十年七月贈中書令渤海郡王　鎮國軍節度使守中書令衛國公石守信太平興國九年六月贈尚書令衛王　安遠軍節度使兼中書令蕭國公錢惟濬淳化二年二月追封邠王　保靜難軍節度使開府儀同三司四川宣撫使吳玠紹興九年七月贈少師　定江軍節度使開府儀同三司致仕[illegible]隆興元年九月贈少保　使相贈三官　武勝軍節度使兼中魏國公馮拯天聖元年閏九月　武寧軍節度使兼侍中夏竦皇祐三年九月　章信軍節度左僕射兼侍中王貽永嘉祐元年三月　以上贈太師中書令　忠武軍節度使同中書門下平章事王德用嘉祐二年二月贈太尉中書令　武寧軍節度使檢校少師守司徒開府儀同三司韓國公富弼元豐元年閏六月贈太尉　鎮江軍節度使同中書門下平章事陳升之二年四月贈太保中書令　守司空開府儀同三司康國公韓絳元祐三年三月贈太尉　檢校少保鎮東軍節度使開府儀同三司蔡卞政和七年三月贈太傅　檢校少保建武軍節度使開府儀同三司劉正夫十月贈太保　寧遠軍節度使　開府儀同三司梁子美宣和五年五月贈少保　使相贈官　慶國軍節度使兼侍中趙國公楊承信乾德二年四月　武寧軍節度使同中書門下平章事岐國公陳洪進雍熙三年三月　忠武軍節度使同中書

門下平章事韓國公潘美淳化三年六月　河陽三城節度使同中書門
下平章事王顯景德四年正月　彰信軍節度使同中書門下平章事王
隨寶元二年正月　武成軍節度使同中書門下平章事駙馬都尉柴宗
慶慶曆四年二月　鎮安軍節度使同中書門下平章事程琳嘉祐元年
閏三月　護國軍節度使同中書門下平章事狄青三年三月　泰寧軍
節度使同中書門下平章事李昭亮八年三月　以上贈中書令　永興
軍節度使同中書門下二品吳廷祚開寶四年四月贈侍中　平盧軍節
度使兼中書令郭崇乾德三年五月　前保大軍節度使兼中書令祁國
公李洪義五年六月　以上贈太師　使相不贈官　前鳳翔節度使守太師
中書令魏王符彥卿開寶六年六月　執政參知政事兵部尚書宋綬康定
元年十二月贈司徒兼侍中　吏部侍郎王堯臣嘉祐八年八月贈左僕
射　兵部侍郎陳彭年天禧二年二月贈右僕射　禮部侍郎魯宗道天
聖七年二月贈兵部尚書　給事中明鎬慶曆八年六月　唐介熙寧二
年五月　以上贈禮部尚書　左諫議大夫竇偁太平興國七年十月
李穆九年正月　以上贈工部尚書　樞密使兼侍中曹彬咸平二年六
月贈中書令濟陽郡王　吏部侍郎檢校太傅同中書門下平章事王曙

《卷一萬九千一百二十七》　三

景祐元年八月贈太保中書令　檢校太傅王繼英景德三年二月贈太
保侍中　知樞密院同知院戶部侍郎知院事李諮景祐三年十二月贈
右僕射　給事中同知院事王博文五年四月贈吏部侍郎　樞密副使
工部侍郎楊礪咸平二年八月　禮部侍郎王疇治平二年二月　以上
贈兵部尚書　給事中包拯嘉祐七年五月贈禮部侍郎　姜遵天聖八
年九月　以上贈吏部尚書

宋會要

東宮官僚追贈

東宮一二太子太師祁國公王溥太平興國七年八月贈侍中　許國公
呂蒙正大中祥符四年四月贈中書令　太子太傅魯國公范質乾德二
年九月贈中書令　寇準明道二年十一月贈中書令萊國公

宋會要

尚書丞郎追贈

尚書觀文殿大學士兵部尚書晏殊至和二年二月贈司空兼侍中　觀
文殿大學士刑部尚書劉沆嘉祐五年三月贈右僕射兼侍中　撫州臨安
志殊字同叔臨川人七歲能文鄉里號神童真宗奇之除入秘閣讀書累

官至西京留守封臨淄公以疾歸京師留侍邇英殿明年薨贈司空諡元
獻　兵部尚書莒國公李濤建隆三年十二月　工部尚書李昊乾德三
年七月　翰林學士禮部尚書竇儀四年十月　翰林學士承旨戶部
尚書陶穀開寶三年十二月　戶部尚書劉熙古九年九月　工部尚
書扈蒙雍熙三年九月　張宏咸平四年三月　禮部尚書王化基大中
祥符三年二月　刑部尚書分司南京薛映天聖二年七月　以上贈右
僕射　翰林侍讀學士禮部尚書郭贄大中祥符三年六月　翰林侍講
學士禮部尚書邢昺六月　戶部尚書溫仲舒七月　吏部尚書致仕宋
白五年正月　樞密直學士禮部尚書張詠八年八月　戶部尚書林特
天聖四年五月　禮部尚書任中正八月　以上贈左僕射　資政殿大
學士禮部尚書范雍慶曆六年正月贈太子太師　翰林學士承旨工部
尚書宋祁嘉祐六年五月　工部尚書余靖治平元年十二月　以上贈
刑部尚書　觀文殿大學士吏部尚書吳充元豐三年四月贈司空兼侍
中　延康殿學士銀青光祿大夫王詔宣和五年二月贈特進　資政殿學
士　丞郎以下曾任中書樞密院尚書左丞呂餘慶開寶元年四月贈鎮南
軍節度使　觀文殿大學士兼翰林院侍讀學士尚書左丞高若訥至和

《卷一萬九千一百二十七》　四

三年八月贈右僕射　翰林侍讀學士戶部侍郎兼秘書監夏侯嶠景德元
年五月　尚書左丞集賢院學士陳恕六月　吏部侍郎趙昌言大中祥
符二年二月　御史中丞尚書右丞兼宗正卿趙安仁天禧二年五月
資政殿學士戶部侍郎薛奎景祐元年八月　觀文殿學士尚書左丞張
觀皇祐二年閏十二月　資政殿學士戶部侍郎范仲淹四年五月　觀
文殿學士翰林侍講學士尚書右丞丁度五年正月　資政殿大學士尚
書左丞吳育嘉祐三年四月　以上贈吏部尚書　戶部侍郎蔡齊寶元
二年四月　觀文殿學士禮部侍郎孫沔治平三年四月　資政殿大學
士戶部侍郎知青州吳奎熙寧元年八月　以上贈兵部尚書　戶部侍
郎王沔淳化三年十一月　御史中丞李惟清咸平元年三月　鄧州觀
察使錢若水六年十月　工部侍郎王鬷慶曆元年二月　以上贈戶部
尚書　刑部侍郎張洎至道三年正月　資政殿學士禮部侍郎邵亢熙
寧八年二月　以上贈刑部尚書　禮部侍郎兼秘書監賈黃中至道二
年正月　禮部侍郎蘇易簡十二月　周起天聖六年五月　以上贈禮
部尚書　工部侍郎劉昌言咸平元年二月　資政殿學士給事中晁宗
慤慶曆二年四月　以上贈工部尚書　秘書監致仕李昌齡大中祥符

元年二月不贈官　資政殿學士諫議大夫蔡挺元豐二年五月贈工部尚書　文殿學士正議大夫王韶四年六月贈金紫光祿大夫　資政殿學士中大夫曾孝寬元祐五年八月贈右光祿大夫　端明殿學士太中大夫趙禼元祐六年五月贈右光祿大夫紹聖四年四月追所贈官至元符三年五月復贈官　資政殿學士太中大夫范百祿紹聖元年閏四月贈銀青光祿大夫　資政殿學士通議大夫胡宗愈閏四月贈銀青光祿大夫　觀文殿學士右正議大夫蔡確六月贈特進　資政殿學士太中大夫王安禮三年九月贈右光祿大夫　觀文殿學士右正議大夫范純仁建中靖國元年正月贈開府儀同三司　資政殿學士通議大夫林希四月贈銀青光祿大夫　資政殿學士左正議大夫王存七月贈銀青光祿大夫　資政殿學士左正議大夫黃履十月贈金紫光祿大夫　資政殿學士右光祿大夫李清臣崇寧元年正月贈金紫光祿夫夫五月追所贈官　資政殿學士通義大夫章楶八月贈右銀青光祿大夫　資政殿學士中大夫管師仁大觀三年六月贈正奉大夫　左光祿大夫儀國公致仕韓忠彥八月贈太師魏國公　資政殿學士中大夫劉逵四年十一月贈光祿大夫　觀文殿學士光祿大夫呂惠卿政和元年十二月贈

開府儀同三司　太中大夫蘇轍二年十月贈宣奉大夫　資政殿學士光祿大夫侯蒙宣和三年三月贈開府儀同三司　觀文殿大學士通奉大夫張商英十一月贈少傅　祕書監丁謂五年六月贈少保十六日詔寢贈典　觀文殿大學士宣奉大夫林攄六月十一日贈特進　觀文殿學士光祿大夫曾布七年十一月贈太師魯國公　資政殿學士提舉杭州洞霄宮許景衡建炎二年五月贈正奉大夫　追復宣奉大夫耿南仲四年十月贈觀文殿學士　資政殿學士中大夫聶昌紹興元年三月贈觀文殿大學士　資政殿學士通奉大夫知昇州范致虛十月贈五官　資政殿學士大中大夫呂好問十月贈宣奉大夫　左通議大夫資政殿學士許翰三年七月贈五官　資政殿學士左中大夫知衢州謝克家四年七月贈左正奉大夫　中大夫傅堯俞五年五月贈光祿大夫元祐間任中書侍郎蒙竄貶削至是始贈也　資政殿大學士左中大夫提舉臨安府洞霄宮王綯七年閏十月贈七官　資政殿學士左大中大夫提舉臨安府洞霄宮陳與義八年十二月贈五官　資政殿學士左中大夫席益九年四月贈五官　資政殿學士左光祿大夫提舉鳳翔府上清太平宮宇文粹中十月贈少保　端明殿學士左通奉大夫提舉西京崇福宮

王孝迪十年二月贈左銀青光祿大夫　資政殿學士左太中大夫禹瀞八月贈五官　端明殿學士左中大夫徐俯八月贈四官　資政殿學士左中大夫顏岐八月贈左中奉大夫　資政殿學士左中大夫提舉臨安府洞霄宮翟汝文十月贈左正奉大夫　資政殿學士左中大夫提舉西京嵩山崇福宮張澂十三年六月贈五官　資政殿學士降授左通議大夫張守十五年二月贈左金紫光祿大夫　資政殿學士左中大夫提舉臨安府洞霄宮李邴十六年七月贈左正奉大夫　端明殿學士左朝散大夫胡松年十月贈左太中大夫　崇慶軍節度使葉夢得十八年八月贈檢校少保　資政殿學士左太中大夫知太平州范同閏八月贈左宣奉大夫　資政殿學士左太中大夫王次翁二十年二月贈左宣奉大夫　資政殿學士左太中大夫提舉臨安府洞霄宮韓肖胄九月贈左宣奉大夫　端明殿學士朝奉郎提舉江州太平興國宮何若八月贈五官　資政殿學士左朝奉大夫何鑄二十三年正月贈左中大夫　資政殿學士左朝奉郎知建康府兼行宮留守司公事楊愿二月贈五官　端明殿學士左中大夫富直柔二十六年閏十月贈官官　端明殿學士左朝奉郎成都潼川夔州利州路安撫使兼知成都府李文會二十七年八月贈

左朝請大夫　資政殿學士左中大夫程克俊九月贈左正奉大夫　端明殿學士左中奉大夫折彥質三十年十月贈左正議大夫　資政殿學士左中大夫提舉臨安府洞霄宮魏良臣三十二年四月贈左宣奉大夫　端明殿學士左中大夫致仕董德元隆興二年二月贈左正奉大夫　資政殿學士左太中大夫致仕湯鵬舉乾道元年二月贈左宣奉大夫　資政殿學士左通議大夫致仕黃祖舜三月贈銀青光祿大夫　資政殿學士左通奉大夫致仕張綱二年三月贈左銀青光祿大夫　資政殿大學士左中大夫致仕張燾五月贈左宣奉大夫　資政殿學士左中大夫致仕楊椿三年八月贈左正奉大夫　資政殿大學士左通議大夫致仕賀允中四年四月贈左光祿大夫　端明殿學士左中大夫致仕陳誠之五年九月贈左正奉大夫　資政殿學士通奉大夫致仕辛次膺六年閏五月贈左光祿大夫　端明殿學士左朝請大夫致士李文會八月贈左中奉大天文會先上遺表爲有司繳駮更不贈官至是其家自陳而有是命　資政殿學士左通奉大夫致仕葉義問八月贈左銀青光祿大夫　資政殿大學士左太中大夫致仕王之望七年四月贈左宣奉大夫　龍圖閣學士左朝散郎致仕巫伋九年五月贈左奉直大夫　丞郎以下

尚書兵部侍郎程羽太平興國九年七月贈禮部尚書　海州刺史
參維岳咸平二年十月贈兵部侍郎　翰林侍讀學士兵部侍郎兼秘書
監楊徽之三年正月贈兵部尚書景祐二年十二月外孫參知政事宋綬
言徽之嘗事真宗藩邸請加贈謚遂加贈太子太師謚曰文莊　齊州防
禦使王素至道三年十二月贈給事中　司封員外郎王幼英贈左諫議
大夫素幼英並自真宗藩邸出授外官故也　吏部郎中直史館兼太子
左諭德崔遵度天聖元年二月贈工部侍郎　樞密直學士兵部郎中知
秦州蔡抗治平四年九月贈禮部侍郎初抗嘗侍英宗藩邸上以先朝眷遇
深厚特優贈典　龍圖閣直學士工部郎中知渭州王廣淵熙寧八年十
二月贈右諫議大夫詔以被遇先帝特優贈典　三司使給事中權判三
司侯陟太平興國八年正月贈工部尚書　度支使左衞大將軍陳從信
九年九月贈太尉　鹽鐵使張平雍熙四年八月贈右千牛衞上將軍
三司使戶部侍郎楊察嘉祐元年七月贈禮部尚書　端明殿學士禮部
侍郎蔡襄治平四年十月贈吏部侍郎　戶部使右諫議大夫王子輿咸
平五年二月不贈官　御史中丞李及天聖六年八月贈禮部尚書　右
諫議大夫魚周詢慶曆八年四月贈工部侍郎　樞密直學士兵部郎中

卷一萬九千一百二十七

七

知秦州蔡抗治平四年九月贈禮部尚書抗嘗侍英宗藩邸上以先朝眷
遇深厚特優贈典　龍圖閣學士工部郎中知渭州王廣淵熙寧八年十
一月贈右諫議大夫詔以被遇先帝特優贈典　觀文殿學士正議大夫
王陶三年閏九月贈吏部尚書　刑部侍郎致仕李受十月贈工部尚書
工部侍郎致仕王獵贈兵部侍郎並以英宗宮僚故追贈之　右諫議
大夫天章閣待制盧恢贈工部侍郎　工部郎中天章閣待制孫思恭贈
右諫議大夫並以東宮官故贈之　資政殿學士通議大夫陳薦元祐元
年四月贈右光祿大夫　王岩叟言陳薦嘗事先帝東宮薦早發未敢先帝
升遐贈典未備詔特加贈　資政殿學士通議大夫孫永二年正月贈銀
青光祿大夫　寶文閣直學士太中大夫徐勣宣和六年十一月贈資政
殿學士正議大夫　丞郎以下曾侍讀侍講　翰林侍講學士兼龍圖閣學士工
戶部侍郎馮元景祐四年五月贈戶部尚書　翰林侍讀學士尚書右丞
李昭述嘉祐四年十月　端明殿學士翰林侍讀學士龍圖閣學士尚書
左丞錢明逸熙寧四年五月　以上贈禮部尚書　端明殿學士兼翰林
侍讀學士龍圖閣學士戶部侍郎集賢殿修撰李淑嘉祐四年四月贈尚
書右丞　翰林學士兼侍讀學士中書舍人楊偉嘉祐三年二月　翰林

侍讀學士給事中張揆四年四月　翰林侍讀學士給事中楊安國五年
九月　翰林侍讀學士給事中唐詢治平二年正月　翰林侍讀學士給
事中賈黯三年十月　以上並贈禮部侍郎　翰林侍讀學士右諫議大
夫張錫皇祐元年六月贈工部侍郎　翰林侍讀學士戶部侍郎葉清臣
皇祐元年六月　翰林侍讀學士刑部郎中呂公綽至和二年十一月
刑部郎中天章閣待制兼侍讀孫甫嘉祐四年正月　龍圖閣學士吏
部員外郎兼侍讀知諫院楊畋七年五月　右正言天章閣待制兼侍講
王雱熙寧九年六月　右正言天章閣待制常秩十年三月　以上並贈
右諫議大夫　樞密直學士給事中呂溱熙寧元年五月贈禮部侍郎
樞密學士尚書右司郎中兼侍讀陳襄元豐三年三月贈給事中　翰
林侍讀學士朝奉大夫知審官東院錢藻五年正月贈太中大夫　端明
殿學士光祿大夫致仕范鎮元祐三年閏十二月贈金紫光祿大夫　龍圖
閣學士光祿大夫滕甫五年十月贈銀青光祿大夫　樞密直學士朝
請郎左膚大觀三年正月贈中奉大夫　顯謨閣直學士朝請大夫鄧知
章政和元年十月贈通議大夫　翰林學士中奉大夫張閣三年六月贈
正議大夫　通議大夫吏部侍郎致仕霍端友五年七月贈宣奉大夫

卷一萬九千一百二十七

八

龍圖閣直學士中書大夫軒十月贈通奉大夫　通議大夫顯謨閣待制
汪澥六年正月贈宣奉大夫　顯謨閣直學士朝散大夫席旦二月贈太
中大夫　延康殿學士正議大夫強淵明九月贈資政殿學士金紫光祿
大夫　通奉大夫刑部尚書蔡居厚七年五月贈銀青光祿大夫　朝
散大夫吏部尚書張克公八年正月贈資政殿學士太中大夫　述古殿
學士朝散大夫錢遹宣和三年二月贈太中大夫　資政殿學士通議大
夫馮熙載五年二月贈金紫光祿大夫　保和殿大學士中大夫蔡翛六
年閏三月贈少保　朝奉大夫顯謨閣待制潘兌四月贈朝議大夫　朝
議大夫徽猷閣待制吳時七年十一月贈通議大夫　丞郎以下曾任三司
使　端明殿學士禮部侍郎蔡襄治平四年十月贈吏部侍郎　丞郎以下特
進　右散騎常侍歐陽迥開寶四年十二月贈工部尚書　膳部郎中知制
誥高冕雍熙二年十二月贈右諫議大夫　鴻臚少卿袁廓淳化二年三
月廓知溫州為吏部誣告被劾怏憤而卒帝追悼之特贈右諫議大夫
右諫議大夫史館修撰田錫咸平六年十二月詔以錫清勁素高直躬無
撓特贈工部侍郎官其三子仍令布告天下　翰林學士尚書工部侍郎
知制誥楊億景祐元年四月特贈禮部尚書賜謚曰文國朝故事非嘗任

二府及事東宮則四品皆無贈官樞密使王曉言德天禧中常奏與冦準
議請皇子親政爲憸人所傾不得志而没故特追寵之　工部侍郎致
仕楊偕皇祐元年十月贈兵部侍郎偕常歷侍讀學士至是遺奏兵論一
篇仁宗嘉之故特贈焉　禮部侍郎致仕蔣堂五年四月　刑部侍郎致
仕郭勸嘉祐元年七月　以上贈吏部侍郎　樞密直學士給事中呂溱熙
寧元年五月贈禮部侍郎　龍圖閣直學士右諫議大夫宋敏求元豐
二年四月贈禮部侍郎　右諫議大夫致仕呂誨元祐元年五月贈通議
大夫以右丞呂大防等言呂誨忠於先朝極諫論致忤時宰謫死外藩
請加贈典詔特贈　龍圖閣直學士正議大夫呂公孺五年三月贈右光
祿大夫　中散大夫王公圖紹聖四年十二月贈左中散大夫賞首建議
主回河也　朝議大夫吏部尚書徐鐸崇寧四年四月贈太中大夫　龍
圖閣直學士太中大夫李南公大觀元年九月贈光祿大夫　太中大夫
刑部尚書王祖道二年十月贈宣奉大夫　龍圖閣學士宣奉大夫杜常
三年六月贈太中大夫　龍圖閣學士正議大夫劉賡九月贈光祿大夫
顯謨閣學士中奉大夫曾孝廣政和元年九月贈正議大夫　顯謨
閣直學士通奉大夫胡宗回二年五月贈銀青光祿大夫　龍圖閣直學

卷一萬九千一百二十七

九

士正議大夫宋喬年三年六月贈龍圖閣學士金紫光祿大夫　顯謨閣
直學士通議大夫鄭僅十月贈光祿大夫　中奉大夫徽猷閣待制呂雖
十月贈正議大夫　龍　閣學士中奉大夫李孝壽十一月贈正議大夫
顯謨閣直學士朝議大夫賈偉節五年六月贈通議大夫　朝議大夫
顯謨閣待制陳暘七年正月贈通議大夫　降授太中大夫工部侍郎賈
炎四月贈銀青光祿大夫　龍圖閣學士宣奉大夫韓粹彥八年正月贈
特進資政殿學士　延康殿學士光祿大夫姚祐九月贈特進　中大夫
徽猷閣待制致仕曹調宣和二年二月贈正奉大夫　通議大夫顯謨閣
待制方會五月贈宣奉大夫　通奉大夫徽猷閣待制莊徽九月贈光祿
大夫　通議大夫徽猷閣待制周邦彥三年五月贈宣奉大夫　太中大
夫徽猷閣待制致仕范坦六月贈通奉大夫　通議大夫右文殿修撰何
常四年十月贈光祿大夫延康殿學士中大夫王漢之四月贈正奉大
夫　中奉大夫徽猷閣待制李浦十二月贈龍圖閣學士太中大夫　龍
圖閣學士正奉大夫錢即六年三月贈金紫光祿大夫　徽猷閣直學士
中大夫韓純彥四月贈正奉大夫　龍圖閣學士光祿大夫蔡安持四月
贈特進　延康殿學士光祿大夫馬防四月贈特進　通議大夫顯謨閣

待制李百宗六月贈光祿大夫　朝議大夫工部侍郎虞奕八月贈龍圖
閣學士中大夫　寶文閣直學士中大夫致仕王涣之八月贈正議大夫
寶文閣學士太中大夫李詩七年正月贈延康殿學士宣奉大夫　朝
議大夫徽猷閣待制張滲十月贈正議大夫　通奉大夫顯謨閣待制翁
彥靖二年正月贈銀青光祿大夫　都大京城四壁守禦使劉韐建炎元
年六月復銀青光祿大夫仍贈資政殿大學士　朝請大夫試尚書禮部
侍郎兼侍讀謝世勣六月贈延康殿學士　資政殿學士通議大夫京東
東路經略安撫使兼制置使兼知青州曾孝序十二月贈光祿大夫　龍
圖閣直學士知永興軍唐重二月贈資政殿學士　朝散大夫充徽猷閣
待制提舉南京鴻慶宮劉安上正月贈太中大夫　資政殿學士朝奉大
夫充京城留守兼開封尹宗澤七月贈觀文殿學士通議大夫　龍圖閣
學士朝請大夫周武仲八月贈太中大夫　禮部侍郎衛膚敏三年四月
贈太中大夫　中書舍人綦濤七月贈徽猷閣待制　朝議大夫徽猷閣
待制李釜四年八月贈四官　太中大夫顯謨閣待制知筠州商守拙九
月贈四官　端明殿學士正議大夫黄裳十一月贈四官　徽猷閣直學
士通奉大夫提舉嵩山崇福宮邢思十一月贈四官　徽猷閣直學士宣

十

奉大夫蔣猷紹興元年三月贈特進　通議大夫試兵部尚書兼侍讀胡
直孺十一月贈端明殿學士　樞密直學士通議大夫知遂寧府席益十
二月贈五官　右中奉大夫徽猷閣待制王昇二年正月贈右正議大夫
左中大夫徽猷閣待制宋伯友正月贈四官　左中大夫龍圖閣待制
洪仲孚二月贈四官　顯謨閣直學士宣奉大夫陳彥修三月贈特進
龍圖閣直學士左朝奉大夫耿延禧五月贈龍圖閣學士仍贈四官以嘗
任元帥府僚官也　右通奉大夫充顯謨閣待制提舉江州太平觀董正
封九月贈四官　顯謨閣直學士右通議大夫提舉亳州明道宮李偃三
年二月贈右光祿大夫　龍圖閣直學士左太中大夫提舉亳州明道宮
林通五月贈四官　左朝議大夫寶文閣待制陳戩六月贈左通奉大夫
左通奉大夫徽猷閣待制何志同九月贈左正奉大夫　左中大夫充
徽猷閣待制洪炎十一月贈左通奉大夫　端明殿學士左正議大夫川
陝宣撫副使盧法原五年三月贈五官　龍圖閣直學士左朝請大夫楊
時四月贈左太中大夫　左中奉大夫充集賢殿修撰提舉江州太平觀
王衣四月贈徽猷閣待制　左太中大夫充徽猷閣待制提舉亳州明道
宮李皓五年六月贈四官　右正議大夫充徽猷閣待制提舉臨安府洞

青宮趙𡺸七月贈四官　左朝請郎徽猷閣待制韓駒八月贈四官

宋會要

正郎以下特贈

正郎以下特贈尚書工部員外郎曹修古明道二年八月特贈右諫議大
夫修古嘗為御史知雜言事忤章獻太后旨被黜未復故官故特恤之
太常博士劉越九月特贈右司諫越嘗請章獻太后復辟至是將命以諫
官而越已卒故優䘏之　尚書兵部郎中張夏嘉祐六年十月贈太常少
卿以權御史中丞王疇言夏嘗守泗州取土石為城隄以捍長淮之暴故
也　度支員外郎范祥熙寧三年八月贈秘書少監以祥嘗經制古渭寨
拓土臨洮自古渭始也　宣德郎鍾世美崇寧元年八月贈右諫議大夫
以元符中任福建常平因日食上書乞復熙寧紹聖政事也　朝奉大夫
王彭年四月年閏二月特贈左諫議大夫以其家上元祐遺藁故也　朝
請郎顯謨閣待制董必閏二月贈龍圖閣學士太中大夫　朝奉大夫致
仕鄒材十二月贈右諫議大夫以元祐間任御史祗斥權要甚復先獻故
也　承議郎兵部侍郎許敦仁五年六月贈朝議大夫　丁憂人前朝
奉郎吏部尚書張康伯五年七月贈朝請大夫　龍圖閣直學士朝請郎
鍾傅大觀元年正月贈龍圖閣學士太中大夫　龍圖閣學士朝請大夫
虞策三月贈正議大夫無官人鍾志八月特贈承務郎以鍾傅卒得有服
親二名初品官鍾震言志生前無官職故特贈　顯謨閣直學士朝請大
夫王博聞三年八月贈正議大夫　朝奉大夫徽猷閣待制席震政和三
年三月贈中大夫　朝奉大夫寶文閣待制楊畏三年十二月贈太中大
夫　朝請大夫顯謨閣待制呂益柔七年四月贈太中大夫　朝請大夫
顯謨閣待制致仕蔣靜宣和二年八月贈通議大夫　朝奉郎中書舍人
張㯨四月贈朝散大夫　朝散大夫集英殿修撰陸蘊六月贈太中大夫
朝請大夫徽猷閣待制蔡居厚七年十月贈中大夫　右司員外郎陳
瓘靖康元年二月贈右諫議大夫以臣僚言瓘嘗說言極論明若蓍龜至
于今日無一不效終于竄死乞賜加贈故也　朝奉朗郎左正言虞白中
建炎元年十月贈左諫議大夫　布衣陳東歐陽澈三年二月並贈承事
郎　監察御史常安民司諫江公望四年八月贈左諫議大夫　朝請郎
兩浙提刑王覿九月贈三官　通判濠州國鳳卿紹興二年正月贈朝奉
郎直秘閣　溫州軍事推官呂諒卿六月贈宣教郎　朝奉大夫沈十四
年二月贈一官　通直郎高漸二月贈奉議郎　殿中試御史馬伸五年

正月贈左諫議大夫　進士趙霑三月贈承務郎　右朝奉大夫知澧州
黃琮五月贈兩官　左朝議大夫周中六年三月贈中奉大夫直秘閣
左迪功郎章之邵三年贈左宣議郎以給事中呂祉言之邵工舍釋褐操
守端方不求聞達被召而死故也　承議郎李新八年正月贈一官元符
三年任南鄭縣丞日上書論事卒其子時雨有請故也　左宣教郎幹辦
諸軍糧料院董國度十年五月贈朝奉郎國度先任萊州膠水縣主簿泛
海赴行在上利害得幹辦諸軍糧料院未幾卒故也　修職郎前登州黃
縣尉章珦十年五月贈宣議郎以躬親獲強盜恩賞未下身故至是其子
汝昭請于朝也　左朝奉郎權華陰縣事劉長孺十四年二月贈兩官
左朝散郎充右文殿修撰新知常州吳秉信二十七年正月贈左中奉大
夫　右朝請大夫直寶文閣張子儀三月贈右通奉大夫　右奉議郎何
彥猷隆興元年正月贈朝奉郎初彥猷任大理丞定岳飛獄事不阿徇為
言者論罷至是其家有請特贈之　左朝奉大夫夏承六月贈左朝議大
夫以其子言承于靖康初任開封少尹有護宗室之節乞行褒録故特贈
之　左奉議郎利州路轉運判官兼權四州川宣撫使司參議官孫叔
豹乾道八年二月贈左朝奉郎以宣撫使王炎言叔豹措置邊防宣力頗
多故有是命

宋會要

從官贈職

重

從官有職再贈職　戶部侍郎寶文閣待制范育紹聖二年四月特贈寶
文閣學士以元祐中議獨與衆異也　龍圖閣直學士朝奉大夫高遵惠
元符二年十二月贈樞密直學士　奉議郎龍圖閣待制舒亶崇寧二年三
月贈龍圖閣學士　朝請大夫寶文閣待制黃寔四年閏二月贈龍圖閣
直學士　太中大夫顯謨閣待制程之邵十二月贈龍圖閣直學士　寶
文閣直學士太中大夫孫路五年七月贈龍圖閣學士
左中散大夫路昌衡宣和五年六月贈龍圖閣學士以

從官有職再贈職　戶部侍郎寶文閣待制范育紹聖二年四月特贈寶
文閣學士以元祐中議衙與衆異也　龍圖閣直學士胡奉大夫高遵惠
元符二年十二月贈樞密直學士　奉議郎龍圖待制舒亶崇寧二年三
月贈龍圖閣學士　朝請大夫寶文閣待制黄寔四年閏二月贈龍圖閣直
學士　太中大夫顯謨閣待制程之邵十二月贈龍圖閣直學士　寶文
閣直學士太中大夫孫路五年七月贈龍圖閣學士　寶文閣直學士左
中散大夫路昌衡宣和五年六月贈龍圖閣學士以知開封府日具有治
聲忘嘉蔡著止緣上書得罪亡歿至今尚在責籍可特與復舊職贈龍圖
閣學士　既官贈職　朝散大夫直龍圖閣涇原路經略安撫使毛漸紹興三
年十月漸初以邊功章惇欲與修撰工不許但加直龍圖閣時漸卒已三
月矣尋特贈龍圖閣待制　左中散大夫致仕趙令鑠崇寧元年八月贈
寶文閣待制以令鑠太祖皇帝五世孫安定郡王世准子也　朝請大夫
集英殿修撰王子韶二年九月特贈顯謨閣待制以元祐中力排誣毁之
黨其子裀以遺稾來上故也　奉議郎宗正少卿姚舜仁大觀元年六月

特贈顯謨閣待制因判太宗正司嗣濮王宗漢為盜事勤敏甞有功于
宗學上知其才而未及用故特贈　朝散郎集賢殿修撰康位二年二月
贈顯謨閣待制　太中大夫太常少卿劉逵政和二年七月特贈龍圖閣
直學士以嘗造燕樂故也　奉議郎知池州范致明宣和元年十二月特
贈徽猷閣待制以監司言疾心職事力疾董督修建神霄宫殿宇疾劇加
重而卒故也　朝奉郎蔡碩二年正月贈徽猷閣待制詔以嘗宣力助睢
亦遣偶撫猶在罪籍未曾推恩故也　中奉大夫右文殿修撰張鞏[illegible]年
閏五月贈徽猷閣待制　朝奉大夫直秘閣蔣彝五年七月贈待制　朝
奉大夫秘閣修撰朱載上靖康元年八月贈徽猷閣待制　司農少卿史
徽建炎二年正月贈右文殿修撰　承議郎秘書少監李朴二月贈寶文
閣待制　朝散大夫徽猷閣待制胡唐老四年八月贈徽猷閣直學士
吏部員外郎黄庭堅朝散大夫晁補之宣德郎秦觀三月並贈直龍圖閣
朝請郎張耒三月贈右文殿修撰　黄寧十月贈直秘閣以其子溥言
寧崇寧五月應詔上書觸權臣之怒流竄海島未蒙贈雪故也　殿中侍
御史陳師錫紹興元年四月贈龍圖閣　朝散大夫提舉南京鴻慶宫畢
仲游五月贈直徽猷閣　右正言張庭堅八月贈直龍圖閣　殿中侍御

史龔夬八月贈直龍圖閣　追復端明殿學士蘇軾八月贈資政學士朝
奉大夫　左正言任伯雨八月贈直龍圖閣　太中大夫吏部侍郎青俊
橫海軍節度使均州安置張舜民八月贈寶文閣學士　通直郎崇政殿
說書程頤八月贈直龍圖閣　知廣州張工行八月贈集英殿修撰　知
岳州袁植九月贈直龍圖閣　朝散郎充閣校理知太平州梅灝二年二
月贈直龍圖閣元祐黨人也　監察御史沈畸四月贈直龍圖閣　承議
郎鄭考甫七月贈直秘閣　朝散大夫歐陽棐三年五月贈直秘閣　胡
端修三年六月贈直秘閣以元符上書石刻黨人秋青允子賦府　左通
直郎太常少卿唐恕四年正月贈徽猷閣待制　右奉直大夫提舉江州
太平觀邵伯溫五年七月贈秘閣修撰　奉議郎范孝中七月贈直秘閣
中奉大夫充集英殿修撰周鼎八月贈徽猷閣待制　通直郎范正平
十月贈直秘閣　朝請大夫充天章閣待制趙君錫六年四月贈徽猷閣
直學士　右朝請大夫直徽猷閣權知廬州趙康直七年閏十月贈徽猷
閣待制　朝散郎鄒忠臣十年五月贈直秘閣　敷文閣學士降授左朝
奉郎知廣州吳將十六年八月贈端明殿學士　左中奉大夫充秘閣修
撰提舉江州太平興國宫王賞二十年七月贈敷文閣待制　左朝散大

夫洪興祖二十七年贈直徽猷閣　追復顯謨閣學士左太中大夫汪藻二十
八年九月贈端明殿學士　左宣教郎守尚書祠部員外郎劉藻紹興三
十二年六月贈秘閣修撰以藻嘗任潛邸教授故有是命　左朝散郎知
衢州王悅乾道四年七月贈直龍圖閣悅在郡有忠政嘗禱雨憂勤致疾
既死百姓哀慟立祠祀之郡官列上其事故有是命　承議郎守司農少
卿劉克仁十月贈敷文閣待制詔以克仁除過予潛邸也　右朝散郎致
仕周闕八年五月贈直徽猷閣以郎官任總領年予官特贈之

武臣追贈

上將軍統軍左衛上將軍秦國公向拱雍熙三年正月贈中書令　右驍衛
上將軍楚昭輔太平興國七年十二月　右衛上將軍邢國公宋偓端拱三
年四月　左龍武統軍滕國公[illegible]淳化三年八月　左屯衛上將軍致
仕王嗣宗天禧五年正月　以上贈侍中　前右驍衛上將軍商州安置
祁廷瑔雍熙四年十月　左龍武統軍錢惟治大中祥符七年七月　以
上贈太師　右千牛衛上將軍李崇矩端拱元年二月　吳虔裕八月
曹翰淳化三年五月　左領軍衛上將軍戴興咸平三年二月　左屯衛
上將軍王漢忠五年九月　右屯衛上將軍致仕鄭守忠慶曆二年閏九

月　高化八年五月　以上贈太尉　左屯衛上將軍張鋒雍熙三年七
月贈太傅　右龍武統軍陳承昭開寶二年十月贈太子太師　右羽林
統軍孟仁裕開寶三年九月贈太子太傅　左驍衛上將軍李瓊建隆四
年四月贈太子太師　左龍衛上將軍米信淳化五年五月贈横海軍節
度使　左領軍衛上將軍致仕諱延美咸平六年六月贈建武軍節度使
左金吾衛上將軍判復州趙保忠景祐元年六月贈威塞軍節度使
不贈官　右領軍衛上將軍王暉建隆四年四月　左領軍衛上將軍致仕
郭瓊乾德二年正月　王祚六年　周景開寶五年六月　祁廷訓太平
興國六年正月　前左金吾衛上將軍許國公張從恩乾德四年正月
左屯衛上將軍薛可言五年正月　右千牛衛上將軍李廷珪三月　千牛
思道雍熙三年六月　李從善四年九月　鮮暉淳化二年七月　右監
門衛上將軍秦習乾道五年八月　左領軍衛上將軍忠國公劉重進六
年正月　左驍衛上將軍田景咸開寶三年三月　致仕李洪信八年八
月　張進雍熙二年九月　左千牛衛上將軍白重贊開寶三年四月
楊廷璋年四十月　左羽林軍統軍周保權雍熙二年五月　右龍武統
軍孟仁操三年八月　右屯衛上將軍伊審徵端拱元年正月　大將軍左

卷一萬九千一百三十八　三一

龍武軍大將軍潘行友太平興國六年九月贈左衛上將軍以其嘗任使
相故也　左衛大將軍知廬州侯贇淳化三年四月贈左衛上將軍　右
羽林軍大將軍昭州團練使郝正四年五月贈左龍武軍上將軍　右金
吾衛大將軍趙延義咸平二年十二月贈左武衛上將軍　左神武軍大
將軍康州團練使致仕王中正大中祥符九年十月贈鎮南軍節度使
左神武大將軍順州團練使王彥昇端拱元年三月贈洋州觀察使　右
驍衛大將軍張遜淳化五年七月贈桂州觀察使　武衛大將軍致仕王
得一咸平三年四月贈宣州觀察使　左龍武軍大將軍昭州防禦使張
昭遠景祐元年閏六月贈應州觀察使　左領軍衛大將軍康州團練使
田紹斌大中祥符四年九月贈衛州防禦使　左龍武軍大將軍韶州防
禦使分司西京韓崇訓大中祥符三年八月不贈官　右武衛大將軍郭
遵元祐[三]年十一月贈雄武軍節度使將軍右屯衛將軍高遵裕元豐八
年八月贈永州團練使　管軍節度使殿前都指揮使鎮寧軍節度使楊
信太平興國三年六月　感德軍節度使白進超五年正月　河西軍節
度使范廷召咸平四年正月　保靜軍節度使劉謙大中祥符二年八月
薛昭敏天聖三年三月　建雄軍節度使劉懷德嘉祐六年十二月

以上贈侍中　忠武軍節度使曹璨天禧三年七月贈
中書令時璨疾甚命翰林草制授璨河陽節度中書門
下平章事制入璨卒故特用使相例贈焉　都虞候泰
節軍節度使李重勳太平興國三年三月　馬軍副都
指揮使武昌軍節度使彭睿天聖六年正月　都虞候
彰國軍節度使張廷翰開寶二年二月　以上贈侍中
步軍都指揮使靜江軍節度使李進卿開寶六月十
月大同軍節度使李懷忠太平興國三年五月　保順
軍節度使王隱大中祥符二年九月　威塞軍節度使
馮守信天禧五年八月　以上贈太尉　殿前都指揮
使安武軍節度使郝質元豐元年六月贈侍中　武信

卷萬九千一百三十八　四

軍節度使燕達元祐三年七月贈開府儀同三司　副都
指揮使建武軍節度使賈逵元豐元年十二月　寧遠
軍節度使楊遂三年十二月　以上贈侍中　武泰軍
節度使盧政四年八月　武康軍節度使劉昌祚紹聖
元年正月保康軍節度使檢校司空苗授三年九月
以上贈開府儀同三司　定武軍節度使檢校司徒姚
麟崇寧四年二月贈司徒開府儀同三司　管軍留後
馬軍副都指揮使定國軍節度觀察留後曹琮慶歷五
年五月贈安化軍節度使兼侍中　保勝軍節度觀察
留後范恪嘉祐五年二月贈昭武軍節度使　武勝軍
節度觀察留後王凱六年八月贈彰武軍節度使　步

軍副都指揮使感德軍節度觀察留後王信慶歷八年
八月贈武寧軍節度使兼侍中　靜難軍節度觀察留
後馬懷德嘉祐八年六月贈寧遠軍節度使　威武軍
節度觀察留後宋守約熙寧八年二月贈安武軍節度
使　軍職觀察使　馬軍副都指揮使耀州觀察使周
美皇祐四年九月贈忠武軍節度使　步軍副都指揮
使桂州觀察使張潛寶元二年五月贈安武軍節度使
殿前都虞候忞州觀察使鄭誠大中祥符四年五月
贈定國軍節度使　馬軍都虞候宣州觀察使張玉熙
寧八年八月贈建雄軍節度觀察留後　步軍都虞候
豐州觀察使元達淳化四年四月贈昭化軍節度使

卷一萬九千一百三十八　五

龍神衛四廂都指揮使洋州觀察使皇甫繼明至道二
年三月贈彰武軍節度使　步軍都指揮使艷州觀察
使劉永年元豐七年二月贈崇信軍節度使　軍職防禦
使　殿前都虞候寧州防禦使張凝景德二年五月贈彰
德軍節度使　眉州防禦使王從政嘉祐三年二月贈
建武軍節度觀察留後　馬軍都虞候綿州防禦使王
達皇祐四年十一月贈容州觀察使　眉州防禦使蓋
元嘉祐三年十一月贈遂州觀察使　步軍都虞候英
州防禦使袁貴大中祥符五年二月贈雲州觀察使
王應昌景祐元年閏六月贈豐州觀察使　陵州防禦
使安俊嘉祐四年八月贈閬州觀察使　端州防禦使

趙滋治平元年九月贈遂州觀察使　眉州防禦使石
遇三月三月贈利州觀察使　步軍都虞候興州防禦
使楊文廣熙寧八年閏四月贈同州觀察使　龍神衛
四廂都指揮使象州防禦使劉謙康定元年十一月贈
永清軍節度觀察留後　龍捷左廂都指揮使江州防
禦使馬全乂建隆二年十二月贈大同軍節度使　捧
日天武四廂都指揮使溫州防禦使趙隆政和八年五
月贈鎮潼軍節度使　不贈官　捧日天武四廂都指揮
使鄭州防禦使王景雍熙六年七月　步軍都虞候韶
州防禦使張進景德元年正月　捧日天武四廂都指
揮使權步軍都虞候洋州防禦　使都曄大中祥符元
年十月　軍職團練使　步軍都虞候康州團練使和斌
元祐五年三月特贈寧州防禦使　濠州團練使竇岊
元符三年四月贈雄州防禦使　節度使　河陽三城節
度使張仁超開寶五年十月　武寧軍節度使王全斌
九年七月　彰信軍節度使李漢瓊太平興國六年十月
彰德軍節度使衛國公張永德咸平二年九月　鎮
國軍節度使駙馬都尉李遵勗寶元元年八月　以上
贈中書令　前彰德軍節度使樂元福建隆元年九月
永安軍節度使折德扆乾德二年九月　永清軍節
度使張光翰五年二月　建雄軍節度使趙彥徽六年
五月　鎮寧軍節度使張令鐸開寶三年正月　建武軍

卷一萬九千一百三十八　六

節度使何繼筠四年七月　保信軍節度使尹崇珂六
年六月　武寧軍節度使高繼沖十一月　彰德軍節
度使韓重贇七年七月　護國軍節度使陳思讓十二
月　保靜軍節度使楊重勲八年七月　泰寧軍節度
使折御勲太平興國二年七月　定國軍節度使梁國
公馮繼業九月　保大軍節度使衛國公趙贊十月
忠武軍節度使党進三年七月　武威軍節度使劉遇
雍熙二年三月　保靜軍節度使崔彥進端拱元年十
二月　鎮安軍節度使崔翰淳化三年三月　天雄軍
節度使劉廷翰三年六月　定武軍節度使張訓四年
二月　永安軍節度使折御卿至道元年十二月　永

卷一萬九千二百二十八　七

興軍節度使田重進三年正月　武勝軍節度使李至
咸平四年正月　忠武軍節度使高瓊景德三年十二
月　建雄軍節度使王超大中祥符六年正月　天平
軍節度使周瑩九年五月　永清軍節度使王守斌天
聖三年十一月　彰武軍節度使曹瑋八年正月　崇
信軍節度使錢惟演景祐元年七月　以上贈侍中
義武軍節度使昝居潤乾道四年五月贈太師　定難
軍節度使李克叡太平興國三年五月　彰德軍節度
使焦繼勲七月　保靜軍節度使王昭遠咸平二年十
二月　鎮寧軍節度使柴禹錫景德元年八月　昭德
軍節度使葛霸大中祥符元年十二月　彰信軍節度

使王能天禧三年五月　武勝軍節度使陳堯咨景祐
元年三月　保靜軍節度使郝承祐皇祐三年十一月
集慶軍節度使張孜治平元年正月　建雄節軍度使
高繼勲三年八月　以上贈太尉　河陽三城節度使
趙晁建隆元年七月　河西軍節度使桑贊景德三年
十月　以上贈太傅　大同軍節度使孟仁贄開寶四
年四月　安化軍節度使沈承禮太平興國八年七月
泰寧軍節度使孫承祐雍熙二年九月　以上贈太
子太傅　彰德軍節度使檢校太師王拱辰元豐八年
七月　奉國軍節度使許將政和元年八月　以上贈
開府儀同三司　淮康軍節度使折可適三年二月贈

卷一萬九千二百二十八　八

檢校少保　武康軍節度使吳居厚四年七月贈開府
儀同三司　瀘州軍節度使劉仲武宣和二年十月贈
校檢少保　鎮洮軍節度使檢校少傅河北河東宣撫
使种師道靖康元年十月贈開府儀同三司　檢校少保
建武軍節度使楊維忠紹興二月五月贈開府儀同三
司　保信軍節度使侍衛親軍馬軍都虞候解元十二
年十二月贈檢校少保　檢校少保奉國軍節度使充
侍衛親軍步軍都虞候僉房開達州安撫使郭浩十五
年十二月贈檢校少師　檢校少師岳陽軍節度使提
舉佑神觀王舜臣十七年八月贈太尉　慶遠軍節度
使知福州張澄二十三年十二月贈檢校少保　清遠

軍節度使侍衛親軍馬軍都虞候充荆湖北路馬步軍
副都總管王德二十四年十月贈檢校少保　太尉武
當軍節度使楊政二十七年六月贈開府儀同三司
太尉慶遠軍節度使充醴泉觀使郭仲荀三十一年六
月贈開府儀同三司　太尉威武軍節度使提舉萬壽
觀劉琦三十二年二月贈開府儀同三司　檢校少保
安德軍節度使龍神衛四廂都指揮使張子蓋隆興元
年正月贈太尉　檢校少保威塞軍節度使蕭琦二年
閏十一月贈太尉　隨龍兵陽軍節度使致仕韓公裔
乾道二年二月贈太尉　靖海軍節度使兩浙西路馬
步軍副都總管李寶四月贈檢校少保　保平軍節度

使龍神衛四廂都指揮使致仕王彥九月贈檢校少保
保平軍節度使龍神衛四廂都指揮使致仕王彥九
月贈檢校少保　寧武軍節度使龍大淵四年六月贈
太尉　彰國軍節度使提舉萬壽觀大國仁六年三月
贈太尉　武泰軍節度使侍衛親軍馬軍都指揮使郭
振十一月贈太尉　慶遠軍節度使捧日天武四廂都指
揮使李道七年七月贈太尉　清遠軍節度使致仕王
權九年二月贈檢校少保　不贈官　前山東南道節度
使王仁鎬建隆二年四月　前橫海軍節度使李萬全
六年六月　鎮國軍節度使羅彥瓌開寶二年四月
前保大軍節度使袁彥五年七月　感義軍節度使趙

文度七年四月　建武軍節度使檢校少師高敖復五
年正月贈太尉　偽後感德軍節度觀察留後安守忠咸平二
年六月贈太尉　彰德軍節度觀察留後馬知節天禧
八年八月贈侍中　安化軍節度觀察留後孔守正
景德元年九月贈泰寧軍節度使　安國軍節度觀察
留後郝崇天聖四年七月贈橫海軍節度使　武昌軍
節度觀察留後錢惟濟明道元年十二月贈臨江軍節
度使　建雄軍節度觀察留後楊景宗至和元年正月
贈安遠軍節度使　鎮潼軍節度觀察留後李端懿嘉
祐五年八月贈感德軍節度使　安德軍節度觀察留
後李端愨元符元年十二月贈昭德軍節度使　保平

軍節度觀察留後王師約崇寧元年閏正月贈保靜軍
節度使　武勝軍節度觀察留後王厚五年九月贈寧
遠軍節度使　昭信軍觀節度觀察留後郭獻卿十月
贈昭信軍節度使　通侍大夫安德軍節度觀察留後
楊震政和五年十月贈開府儀同三司　靜江軍承宣
使李宗振宣和七年七月贈節度使以中書舍人莫儔
言開府恩數悉眡宰相宗振胥吏何以得此詔先贈開
府儀同三司指揮不行故有是贈　不贈官　靜江軍節
度觀察留後鄭廷誨開寶五年八月　定難軍節度觀
察留後李繼筠太平興國四年四月　承宣使　中侍大夫
奉國軍承宣使李貫紹興九年八月贈檢校少保安化

華節度使　武信軍承宣使辛興宗八月贈檢校少保
安化軍節度使　武當軍承宣使王殖二年七月贈節
度使　武信軍承宣使知瀘州兼主管淮南西路安撫司
公事馬步軍都總管張宗顔九年八月贈節度使　龍
神衛四廂都指揮使瀘川軍承宣使劉寶十一年十月
贈寧武軍節度使　侍衛親軍馬軍都虞候雄武軍承
宣使閻師古十二年五月贈節度使　淮康軍承宣使
熙河蘭鞏路經略安撫使馬步軍都總管兼節制利閬
州屯駐行營右護軍馬隲涯六月贈節度使　龍神衛
四廂都指揮使平海軍承宣使兩浙東路馬步軍都總
管蘭整十二月贈保康軍節度使　捧日天武四廂指

揮使寧國軍承宣使牛皋十七年五月贈安德軍節度
使　靜江軍承宣使劉錫六月贈慶遠軍節度使　捧
日天武四廂都指揮使昭信軍承宣使江南東路馬步
軍副都總管鎮江府駐劄御前諸軍都統制王勝十九
年八月贈慶遠軍節度使　保寧軍承宣使藍公佐二
十年十月贈節度使　侍衛親軍步軍副都指揮使武
安軍承宣使充福建路馬步軍都總管王貴二十八年
八月贈寧國軍節度使　通侍大夫奉寧軍承宣使知
恩州充夔州路兵馬鈐轄兼恩珎州南平軍沿邊都巡
檢使田祐恭二十五年贈正任保康軍節度使　龍神
衛四廂都指揮使寧遠軍承宣使侍衛步軍司統制吳

斌六月贈寧武軍節度使　龍神衛四廂都指揮使建
武軍承宣使江南西路馬步軍都總管筠州駐劄董先
二十六年閏正月贈節度使　起復龍神衛四廂都指
揮使武當軍承宣使池州駐劄御前諸軍都統制李畊
四月贈昭化軍節度使　侍衛親軍步軍都虞候安遠
軍承宣使添差充福建路馬步軍副總管福州駐劄王
進四月贈昭慶軍節度使　奉國軍承宣使提舉台州
崇道觀韓世良三十年正月贈武當軍節度使　定江
軍承宣使致仕張振隆興元年十一月贈龍神衛四廂
都指揮使　感武軍承宣使主管侍衛馬軍司公事致
仕張守忠乾道元年二月贈保信軍節度使　龍神衛

四廂都指揮使武泰軍承宣使李捧八月贈奉國軍節
度使　安德軍承宣使興元府駐劄御前諸軍都統制
致仕李師顔二年十二月贈寧遠軍節度使

宋會要　觀察使追贈

觀察使贈二官　閬南巡檢應州觀察使李漢超太平興
國二年九月贈忠武軍節度使檢校太傅　石嶺關兵
馬総管雲州觀察使郭進四年四月贈安國軍節度使
檢校太傅　涼州觀察使判雄州劉福淳化二年三月
贈忠正軍節度使檢校太傅　贈三官　右武大夫果州觀
察使馬綮紹興十九年七月贈三官　贈節度使　湖
州觀察使判瀛州馬仁瑀太平興國七年正月贈河西

軍　蔚州觀察使趙延溥雍熙四年三月贈天德軍
容州觀察使鎮州兵馬總管劉又裕端拱元年十二月
贈寧遠軍　代州觀察使安萬進淳化五年八月贈河
西軍　安州觀察使靈州兵馬總管鄭襃至道二年二
月贈保順軍　誠州觀察使鎮州兵馬副總管趙瑫三
月贈歸義軍　容州觀察使傅思讓八月贈保順軍
壽州觀察使趙容咸平元年三月贈忠正軍　金州觀
察使判和州錢儼六年正月贈昭化軍　相州觀察使
高翰大中祥符九年六月贈保順軍　耀州觀察使曹
儀景祐三年二月贈永清軍　邠州觀察使張遵三年
五月贈威塞軍　雄州觀察使夏隨康定元年五月贈

昭信軍　鄜州觀察使魏昭昞慶曆八年三月贈昭武
軍　容州觀察使向傳範熙寧七年八月贈昭德軍
徐州觀察使劉舜卿元祐七年七月贈奉國軍節度使
秦州觀察使折克行大觀元年四月贈安武軍節度使
閬州觀察使王琳政和元年四月贈武泰軍節度使
徐州觀察使陳仲穆十一月贈安化軍節度使贈
僕射　相州觀察使李維景德元年二月贈右僕射贈
留後　黠州觀察使李浩紹聖二年正月贈安化軍節度
觀察留後　不贈官　金州觀察使錢儀太平興國二年
十一月　容州觀察使丁罕咸平二年閏三月　桂州
觀察使知滄州李斌三年二月　正侍大夫宣州觀察

使和詵宣和六年正月　贈承宣使　翊衛大夫泉州觀
察使神武軍統制陳思恭紹興元年十二月贈承宣使
宣州觀察使淮南東路馬步軍副總管董旼八年三
月贈承宣使　利州觀察使特添差江南東路兵馬鈐
轄翟琮十二年七月贈承宣使　融州觀察使知洋州
軍州事節制巴蓬洋州屯駐軍馬行營右護軍選鋒統
制兼四川宣撫使司統制王俊十五年正月贈鎮西軍
承宣使　福州觀察使知閤門事兼客省四方館事王
公亮十月贈慶遠軍承宣使　降授均州觀察使范訥
十一月贈昭化軍承宣使　隨州觀察使張思正十七
年九月贈承宣使　閬州觀察使知閤門事兼客省四

方館事何彥良十八年八月贈承宣使　夔州觀察使
提舉萬壽觀陳仲堅二十六年閏十月贈承宣使　捧
日天武四廂都指揮使房州觀察使江南西路兵馬鈐
轄馬立二十七年三月贈承宣使　龍神衛四廂都指
揮使洪州觀察使王彥二十九年三月贈昭化軍承宣
使　宜州觀察使提舉建昌軍仙田都觀王升三十一
年三月贈清遠軍承宣使　鄂州觀察使知成州向起
乾道二年九月贈光山軍承宣使　福州觀察使荆南
駐劄御前諸軍（都）統制王宣三年六月贈建武軍承宣使
利州觀察使吳挺五年五月贈武寧軍承宣使　提
光州觀察使致仕陳敏九年七月贈慶遠軍承宣使

防禦使以下沂州防禦使舒元太平興國二年二月贈
武泰軍節度使　州防禦使知瀛州楊贊淳化三年
正月贈雲州觀察使　端州防禦使靳懷忠元祐元年
十月贈誠州觀察使　四方館使端州防禦使魏昭高
二年九月贈安州觀察使　懷州防禦使王延德咸平
三年十月贈邕州觀察使　磁州防禦使郭崇仁景祐
二年八月贈彰德軍節度觀察留後　客省使眉州防
禦使張亢嘉祐六年十月贈遂州觀察使權御史中丞
王疇言亢有邊功故恤之　東上閤門使象州防禦使
趙從約治平三年二月贈博州防禦使　合州防禦使
趙思忠熙寧十年六月贈鎮洮軍節度觀察留後　磁

卷一萬九千一百二十八　十五

州團練使弭進越淳化二年六月贈容州觀察使　保
州團練使曹思退至道三年三月贈滄州觀察使　齊
州團練使何承繼景德三年十二月贈相州觀察使
慈州團練使程德玄大中祥符四年九月贈鄭州防禦
使　昭宣使誠州團練使趙承煦天禧元年三月贈高
州防禦使　淄州刺史李處耘乾德四年閏八月贈宣
德軍節度使　保州刺史高繼嵩康定元年十一月贈
隨州觀察使　東上閤門使榮州刺史李綽至和五年
五月贈引進使陵州團練使　太子左衛率府率致仕
李元亨寶元二年三月以章惠太后妹夫贈內殿崇班
供備庫使李端愿慶歷八年三月以駙馬都尉李遵

勗男贈澤州刺史　內藏庫副使焦從約皇祐元年三
月以魏國大長公主婿贈內藏庫使　西京左藏庫使
趙餘慶文思使趙餘德熙寧六年九月並贈團練使母
藥氏賜冠帔餘慶父明有力量為夏國所畏兄弟屢有
戰功為慶州柔遠寨大順城蕃官已而相繼死會朝廷
命諸路各遣得力蕃官赴闕其母對使者泣以被合者
多其夫子部曲感二子之不得見至尊獨有畫像願使
者以俱萬一得達朝廷雖死不朽上憐傷其意故有是
命　合州防禦使趙思忠熙寧十年六月贈鎮洮軍節
度觀察留後　榮州防禦使翟仲安政和六年六月贈
節度使　懷州防禦使張蘊宣和五年十一月贈感德

卷一萬九千一百二十八　十六

軍節度使　皇城使嘉州防禦使曹佺元豐元年十月
贈同州觀察使　引進使雄州防禦使李忠傑建中靖
國元年六月贈觀察使　四方館使忠州防禦使郭祖
德崇寧五年七月贈欽州防禦使　武功大夫成州防
禦使李宗立政和七年二月贈華州觀察使　中侍大
夫成州防禦使帶御器械孫悍宣和四年七月贈觀察
使　中亮大夫解州防禦使劉延壽宣和五年七月贈
華州觀察使　成州團練使李評元豐元年六月贈冀
州觀察使　通州團練使姚兕紹聖元年十二月贈忠
州防禦使　維州團練使王贍崇寧二年六月贈保寧
軍節度觀察留後　環州刺史時君卿元祐二年十二

月贈信州防禦使　東頭供奉官王克善元豐二年七
月贈成州團練使　右騏驥使張秉淵紹聖二年七月
贈瀛州團練使　降授東上閤門使劉安澤大觀元年
十二月贈建州觀察使　武功大夫閤門宣贊舍人充
西北路安撫制置使知河南府翟進建炎二年十月贈
左武大夫忠州刺史　右武大夫果州防禦使知滑州
張撝三年七月贈三官　武功大夫忠州團練使兼閤
門宣贊舍人河南府孟汝唐州鎮撫使翟興紹興三年
五月贈保信軍節度使　武翼郎白彥暉三年十二月
贈右武大夫忠州防禦使彥暉在僞雄千戶率三千餘
人歸朝繼有戰功至是身死四川宣撫使虞允文列其

卷一萬九千一百二十八　十七

狀故有是命　蘄州防禦使提舉佑神觀趙述乾道二
年十月贈昭信軍承宣使　武功郎秦泰八年八月贈
右武大夫泰向在虜中權鞏州同知欲結約歸朝事覺
父子縋城來歸其妻被戮至是身死特贈之　武功大
夫兼閤門宣贊舍人致仕田汝端十二月贈正任刺史
汝端世襲知思州宣撫使王炎言其恭順有勞特贈之

宋會要

外戚追贈　太祖開寶三年十月一日皇
姨京兆郡夫人杜氏卒詔追封齊國太夫人　杜先適奉國軍指揮使劉
遷早卒至是亦詔贈太保　七年四月六日詔贈昭憲皇太后曾祖杜蘊
太保祖遠太傅父爽太師追封曾祖妣劉氏衛國祖妣趙氏燕國妣范氏
齊國並為太夫人仍令所司擇日備禮冊命終不果行　時詔檢討典故
禮院言按開寶通禮有策贈外祖父母之文凡策贈之禮必因啓葬之節
而加焉如封贈次第禮文不載遂特降是詔時宰相率百官奉慰皇帝禮
院言策贈外祖父母遣使持節就本家行禮畢策使弔慰主人即兼百官

奉慰皇尊之禮遂罷　真宗景德三年正月十七日詔加贈昭憲皇太后
曾祖贈太保杜蘊太傅祖贈太傅遠太尉父贈太師爽中書令追封曾祖
妣劉氏安國祖妣趙氏魏國妣范氏晉國並太夫人皇舅贈太保寧國軍
節度使審瓊太傅追封妻吳氏陳留郡太夫人贈中書令審進京兆郡王
妻趙氏南陽郡夫人審瓊子贈歸義軍節度彥圭中書令是延秋審瓊改
葬晉陵特贈太師中書令又贈審進尚書令彥圭太師　大中祥符元年
五月二十一日詔元德皇后父乾州防禦使李英贈檢校太尉安國軍節
度使追封常山郡王母王氏追封魏國太夫人　七月十七日贈美人劉
氏父虎捷都指揮使嘉州刺史通穎川防禦使母龐氏追封京兆郡君才
人楊氏父崇儀使知儀州團練使母張氏追封清河縣君　五年閏十
月二十一日詔贈德妃父贈穎州防禦使劉通定國軍節度使兼侍中母
京兆郡君龐氏魯國太夫人　六年六月十一日詔贈皇后曾祖劉維嶽
忠正軍節度使檢校太傅祖右驍衛將軍延慶彰德軍節度使檢校太尉
父贈定國軍節度使兼侍中通永興軍節度使兼中書令追封曾祖母宋
氏吳國祖母元氏許國母龐氏徐國並太夫人　八年九月二十三日詔
皇后姨龐氏追封南安郡君姨夫龔知進贈衛尉卿　九年四月十一日

詔加贈淑妃楊氏贈州團練使知儀昭德軍節度使母清河縣君張氏
越國太夫人　天禧二年六月二十五日詔加贈皇后父贈永興軍節
度使兼中書令劉通太師尚書令時改葬父母故有是命　四年十二月詔
贈淑妃楊氏祖瑫寧州團練使祖母王氏太原郡太君父贈昭德軍節度
使知儀彰信軍節度使檢校太尉母越國太夫人張氏進蔡國叔天武
副指揮使知信永州刺史叔母孟氏河陽縣太君時遷葬故也　仁宗乾
興元年即位未改年三月十一日詔贈皇太后曾祖贈忠正軍節度使太
傅劉維嶽鎮寧軍節度使兼侍中祖贈彰德軍節度使太尉延慶建雄軍
節度使兼中書令父贈太師尚書令通追封彭城郡王進封曾祖母宋氏
陳國祖母元氏衛國母龐氏鄭國並太夫人姨龐氏武陵郡太夫人姨夫
贈衛尉卿龔知進工部尚書皇舅侍衛親軍馬軍都虞候武勝軍節度觀
察留後贈昭德軍節度使太尉劉美侍中贈皇太妃祖楊瑫安州觀察使
父知儀忠武軍節度使兼侍中祖母王氏河南郡君母張氏鄭國並太夫
人叔知信穎川防禦使叔母孟氏清河郡太君　天聖三年正月二十六
日詔加贈皇太后曾祖劉維嶽彰信軍節度使兼中書令祖延慶鎮安軍
節度使兼尚書令父通鄭王曾祖母宋氏楚國祖母元氏韓國母龐氏魏

國並太夫人　二十八日詔加贈皇后曾祖贈中書令郭崇尚書令兼中
書令祖贈左千牛制大將軍守璘寧國軍節度使太尉父崇儀副使允恭
安國軍節度使太傅曾祖母追封燕國夫人鄭氏曹國祖母江夏郡太君
李氏岐國母長安縣君杜氏安國並太夫人　二十九日崇儀使劉從德
父侍衛親軍都虞候武勝軍節度觀察留後贈侍中美特贈中書令母越
國夫人錢氏追封鄆國太夫人　諸司使當於尚書省從德以戚里故於
中書下告第　六年正月二十六日詔加贈皇太后曾祖劉維嶽天平軍
節度使兼尚書令祖延慶彰化軍節度使許國公父通開府儀同三司魏
王曾祖母宋氏安國祖母元氏齊國母龐氏晉國並太夫人皇太妃祖楊
瑫鎮寧軍節度使父知儀彰德軍節度使兼中書令叔知信華州觀察使
祖母王氏京兆郡太夫人母張氏韓國太夫人叔母孟氏河南郡太君皇
后曾祖郭崇英國公祖守璘永清軍節度使兼中書令父允恭忠武軍節
度使兼侍中曾祖母鄭氏陳國祖母李氏邠國母杜氏魯國並太夫人
八年十一月二十四日詔加贈皇太后曾祖劉維嶽燕國公祖延慶開府
儀同三司父通兼中書令曾祖母宋氏魯國祖母元氏越國母龐氏秦國
並太夫人　九年四月二十二日詔加贈皇太妃祖瑫安國軍節度使

太師父知儀兼尚書令祖母王氏隨國母張氏鄆國並太夫人叔知信宣
德軍節度使叔母孟氏永寧郡太夫人　五月三日詔加贈皇后曾祖郭
崇鄭國公祖守璘尚書令父允恭中書令曾祖母鄭氏楚國祖母李氏韓
母杜氏齊國並太夫人　十年三月四日詔贈宸妃曾祖進士李應已
光祿少卿曾祖母沈氏吳興縣太君祖婺州金華縣主簿延嗣光祿少卿
祖母汪氏新安縣太君父左班殿直仁德崇州防禦使母董氏高平太君
君　景祐元年二月九日殿直張師古言故妹美人先詔令爲臣祖守英
之女近蒙聖恩追冊充皇后祖守英未蒙封贈詔特贈鄧州觀察使　十
一月二十二日詔加贈皇后曾祖贈太師尚書令萊國公曹芸安國公祖
贈尚書令冀王彬魯王父虞部員外郎玘特進太傅兼侍中曾祖母追封
許國太夫人張氏韓國祖母追封陳國太夫人高氏秦國曹國太夫人唐
氏舒國楚國太夫人劉氏燕國母長安縣君馮氏徐國並太夫人　二年
三月二十八日皇后兄耀州觀察使曹儀贈永清軍節度使　四月八日
以皇太后尊上保慶殿名詔加贈祖贈太師兼中書令楊瑫尚書令父贈
彰德軍節度使中書令兼尚書令冀國公知儀太使叔贈昭慶軍節度使
兼侍中知信寧國軍節度使兼中書令祖母追封吳國太夫人王氏齊國

母追封魯國太夫人張氏楚國叔母追封榮國太夫人孟氏號國並太夫
人　六月十九日右班殿直許義全特贈左領軍衛將軍　三年七月五日
澤州團練使李用和言準修玉牒所取索莊懿皇后太二代封贈詔特
加贈曾祖贈太子少傅李應巳太傅祖贈太子少師延嗣太師父贈泰寧
軍節度使兼中書令仁德尚書令兼中書令曾祖母追封吳國太夫人沈
氏蔡國祖母追封江國太夫人汪氏徐國母追封越國太夫人董氏陳國
並太夫人　四年七月十九日齊國夫人許氏七兄開誠弟義真並贈左
衛率府率　八月十一日磁州防禦使郭崇仁贈彰德軍節度觀察留後
慶曆二年閏九月十八日詔修媛張氏曾祖供奉官文漸贈寧州刺史
祖誡秘書省校書郎續贈光祿少卿外祖應天府助教曹簡贈著作佐郎
五年正月四日皇后弟四方館使榮州刺史曹傳贈崇信軍節度使
四年十月章懿皇太后姪西頭供奉官李瑛贈如京使榮州刺史　五月
二十九日皇后叔侍衛親軍馬軍都指揮使定國軍節度觀察留後曹琮
贈安化軍節度使兼侍中　六月九日修媛張氏弟西頭供奉官閤門祗
候化基贈䕫州觀察使八年再贈安遠軍節度使　七年十二月二十一
日美人張氏伯進士堯卿贈太子中允八年再贈太常少卿　八年三月

六日駙馬都尉李遵勗男供備庫使端愿贈澤州刺史端愿拜魏國太長
公主拜出特加贈　六月八日皇后姪閤門通事舍人曹誥贈內藏庫使康
州刺史　十二月十一日以美人張氏進冊貴妃詔曾祖贈刑部侍郎文
漸太傅曾祖母追封樂平郡太君湯氏魯國太夫人祖贈吏部侍郎穎
太尉祖母追封安定郡太夫人錢氏韓國太夫人父贈刑部尚書堯封太
師外祖父贈著作佐郎曹簡祠部郎中　皇祐元年三月二十三日魏國
大長公主婿內藏庫副使蕭從約贈內藏庫使　二年六月十三日贈貴
妃張氏母越國夫人曹氏曾祖曙為秘書丞祖靖為尚書祠部員外郎
七月十九日皇舅彰信軍節度使兼侍中充景靈宮使李用和贈太師中
書令追封隴西郡王　八月追封皇后乳母榮國夫人周氏為魯國夫人
至和元年六月十三日追封皇后父圯為東海郡王溫成皇后父堯封
為清河郡王母曹氏為齊國夫人　嘉祐二年七月三日特贈賢妃苗氏三
代為東宮三少官　七年八月十一日詔贈婕妤周氏二代　初知制誥
張瓌言中書送下封贈婕妤三代詞頭然婕妤位正三品其封贈未應法
請下有司檢詳典故中書檢刑崇國夫人許氏美人張氏例送舍人院而
知制誥祖無擇又言許夫人張美人出一時之恩未為得禮於是吏下學

士院詳定而止致二代為　年五月九日贈皇后曾祖故忠武軍節度
使追封韓國公高瓊太師曾祖母故潘原縣太君李氏滕國太夫人隴西
郡夫人李氏舒國太夫人祖建雄軍節度使繼勳兼尚書令祖母會稽縣
君康氏祁國太夫人太原郡夫人郭氏鄆國太夫人金城縣太君王氏咸
國太夫人父北作坊副使遵甫檢校太傅保信軍節度使母鉅鹿郡君曹
氏沂國太夫人榮壽郡君李氏均國太夫人　神宗治平四年即位未改
元二月十三日詔加贈太皇太后曾祖芸太師尚書令兼中書令鄧王祖
彬太師尚書令兼中書令唐王父玘太師尚書令兼中書令韓王曾祖母
張氏周國祖母高氏唐國劉氏魯國劉氏商國母馮氏韓國並太夫人
皇太后曾祖瓊太師尚書令兼中書令秦國公祖繼勳太師中書令兼尚
書令代國公父遵甫太保兼中書令曾祖母李氏吳國李氏越國祖母康
氏秦國郭氏楚國郭氏魯國母曹氏燕國李氏魏國並太夫人　皇后曾
祖敏中太師尚書令兼中書令魏國公祖傅亮太保曾祖母梁氏周國張
氏楚國宋氏吳國王氏兗國祖母吳氏舒國並太夫人母李氏祁國張氏
蕭國並夫人　熙寧元年十二月十二日詔加贈太皇太后曾祖芸陳王
祖彬商王父玘越王曾祖母張氏唐國祖母高氏商國劉氏吳國劉氏漢

國唐氏周國母馮氏越國並太夫人　皇太后曾祖瓊大寧郡王祖繼勳
韓國公父遵甫太傅尚書令兼中書令曾祖母李氏越國李氏燕國祖母
康氏吳國郭氏秦國王氏吳國母曹氏魏國李氏吳國並太夫人　皇后
曾祖敏中越國公祖傅亮太傅曾祖母梁氏徐國張氏韓國宋氏陳國王
氏吳國祖母吳氏鄧國並太夫人母李氏祁國張氏鄭國並夫人　四年
九月二十一日詔加贈太皇太后曾祖芸吳王祖彬漢王父玘魏王曾祖
張氏楚國祖母高氏夏國劉氏[illegible]國劉氏周國唐氏漢國母馮氏魏國並
太夫人　皇太后曾祖瓊崇王祖繼勳燕國公父遵甫太師曾祖母李
氏韓國李氏吳國祖母康氏燕國郭氏魏國王氏楚國母曹氏陳國李氏
越國並太夫人　皇后曾祖敏中魯國公祖傅亮太師曾祖母梁氏魯國
張氏魏國宋氏韓國王氏秦國祖母吳氏鄭國並太夫人母李氏楚國張
氏越國並夫人　七年十二月三日詔加贈太皇太后曾祖芸齊王祖彬
夏王父玘燕王曾祖母張氏韓國祖母高氏晉國劉氏秦國劉氏魯國唐
氏吳國母馮氏陳國並太夫人　皇太后曾祖瓊衛王祖繼勳康王父遵
甫太師中書令兼尚書令武功郡王曾祖母李氏魏國李氏楚國祖母康
氏唐國郭氏陳國王氏周國母曹氏秦國李氏燕國並太夫人　皇后曾

祖敏中唐國公，祖傅亮太師中書令，曾祖母梁氏漢國張氏燕國宋氏周國王氏吳國，祖母吳氏晉國並太夫人，母李氏齊國張氏商國並夫人。

十年十二月十一日，詔加贈太皇太后曾祖芸夏王，祖彬周王，父玘燕王，曾祖母張氏夏國，祖母高氏周國劉氏周國劉氏夏國唐氏夏國，母偶氏夏國並太夫人。　皇太后曾祖瓊魯王，祖繼勳許王，父遵甫衛王，曾祖母李氏魯國李氏魯國，祖母康氏陳國郭氏韓國王氏陳國，母曹氏周國李氏周國並太夫人。　皇后曾祖敏中秦國公，祖傅亮兼尚書令，父經太傅兼中書令河間郡王，曾祖母梁氏秦國張氏秦國宋氏秦國王氏周國，祖母吳氏楚國，母李氏魏國並太夫人。　二十六日，封皇太后叔祖母故引進使陵州團練使高繼隆妻長安縣太君呂氏仁壽郡夫人。　元豐元年十正月六日，神宗乳母魏國安仁保祐夫人張氏乞依赦封二代，從之。　十月十七日，皇城使嘉州防禦使曹佺詔特贈同州觀察使，以駙馬都尉詩之父也。　二年七月二日，詔贈嘉王顥妻父故東頭供奉官王克善成州團練使，妻母張氏延安君夫人。　六年八月一日，詔嘉州刺史任澤贈崇信軍節度使，以澤乃仙遊夫人母弟也。　八日，詔濮安懿王任夫人父贈左監門衛將軍固贈寧國軍節度使，母仙源縣太君張氏封遂國夫人。兄

守政贈資州防禦使，守沂贈昭州防禦使。　八年四月二十四日，詔加贈太皇太后曾祖贈太師開府儀同三司冀王瓊漢王，祖贈太師開府儀同三司越王繼勳豫王，父贈太師開府儀同三司魯王遵甫兗王，曾祖母贈冀國李氏漢國，冀國李氏雍國，祖母贈越國康氏豫國，郭氏贈吳國，王氏贈冀國，母曹國曹氏贈兗國並太夫人。　皇太后曾祖故任尚書左僕射門下侍郎平章事贈太師開府儀同三司兗國公敏中文安郡王，祖故任駕部員外郎贈太師開府儀同三司衛國公傅亮韓國公，父故任定國軍節度觀察留後贈太師開府儀同三司河內郡王經益王，曾祖母兗國梁氏唐國，張氏荊國，宋氏楚國，王氏越國，祖母魏國吳氏韓國，母魯國李氏秦國，張氏吳國並太夫人。　皇太妃曾祖任百祥贈太子太保，祖士清贈太子太傅，父延和贈太子太師，繼父故洪備庫副使朱士安贈開府儀同三司，曾祖母孫氏贈鄭國，祖母康氏贈莒國，母唐氏崇國，王氏榮國，任氏昌國並太夫人。　哲宗元祐元年閏二月二十二日，詔章懿皇后父贈太師開府儀同三司越國公李仁德特追封京兆郡王，從泰寧軍節度觀察留後李珣等奏也。　四年十月八日，詔加贈太皇太后曾祖魏王瓊為吳王，祖楚王繼勳為兗王，父唐王遵甫為周王，曾祖妣燕國李

氏為邠國，衛國李氏為韓國，祖妣魯國康氏為楚國，豫國郭氏為楊國，秦國王氏為商國，妣吳國曹氏為越國，秦漢國李氏進封荊雍國並太夫人。　皇太后曾祖申王敏中為定王，祖榮王傅亮為衛王，父周王經為秦王，曾祖妣魏國梁氏為秦國，魯國張氏為陳國，唐國宋氏為豫國，陳國王氏為唐國，祖妣越國吳氏為吳國，妣豫國李氏為燕國，冀國張氏為韓國並太夫人。　皇太妃曾祖贈司空任百祥為太保，祖贈司徒士清為太傅，父贈太尉延和為太師，繼父贈和州團練使朱士安為萊州防禦使，曾祖妣衛國孫氏為秦國，祖妣曹國康氏為魏國，妣蘇國唐氏為魯國，鎮國王氏為周國，益國逯氏為漢國並太夫人。　七年十二月十六日，詔加贈太皇太后曾祖吳王瓊為韓王，祖兗王繼勳為秦王，父周王遵甫為陳王，曾祖妣邠國李氏為越國，祖妣楚國康氏為漢國，楊國郭氏為燕國，商國王氏為雍國，妣越國曹氏為鎮國，荊雍國李氏為豫陳國並太夫人。　皇太后曾祖定王敏中為秦王，祖衛王傅亮為燕王，父秦王經為冀王，曾祖妣荊國梁氏為韓國，陳國張氏為越國，豫國宋氏為荊國，唐國王氏為楊國，祖妣吳國吳氏為魯國，妣燕國李氏為周國，韓國張氏為陳國並太夫人。　皇后曾祖贈太師並元為溫國公，祖贈檢校太傅安化軍節度使隨為淮

康軍節度使開府儀同三司，父任見存，已入皇后雜錄。曾祖妣舒國恐氏為蔡國，祖妣漳國張氏為隨國，劉氏為潞國，妣榮國王氏為慶國並太夫人。　皇太妃曾祖贈太保任百祥為太傅，祖贈太傅士清為太師，父贈太師延和為康國公，繼父贈萊州防禦使朱士安為青州觀察使，曾祖贈秦國孫氏為陳國，祖妣魏國康氏為楚國，妣魯國唐氏為越國，周國王氏為吳國，漢國逯氏為冀國並太夫人。　紹聖四年正月五日，內批：皇太妃昔以任氏並繼父朱氏被禮制封贈，近訪求得的父崔傑，母李氏，皆已物故，可擬定始封初品秩。緣皇后妃姓氏已布告中外，今更不歸宗，止續來氏，其任氏三代雖非的父母之家，亦是皇太妃近戚，存亡已受恩命，更不追奪，遂年恩澤特許奏薦朱任二家。詔皇太妃故父崔傑特贈太尉，妣李氏特贈兗國太夫人。　元符三年徽宗即位未改元正月二十三日，追封皇太后曾祖太師開府儀同三司韓王敏中為燕王，祖太師開府儀同三司唐王傅亮為荊王，父太師開府儀同三司吳王經為越王，曾祖妣陳國梁氏為魏國，魯國張氏為楚國，豫國宋氏為越國，雍國王氏為燕國，祖妣兗國吳氏為荊國，妣荊國李氏為鄭國，張氏為吳國並太夫人。　皇太妃曾祖太子太保崔定為太保，祖太子太傅崔琳為太傅，父太師崔傑為崇國

年月移於各條之上

公繼父保寧軍節度使朱士安為太尉曾祖妣吳國柳氏為魏國祖妣秦國楊氏為燕國妣唐國李氏為楚國並太夫人　元符皇后曾祖太子少保劉𨱇為太保祖太子少傅劉謐為太傅父太子太師安成為太尉曾祖妣福國耿氏為徐國祖妣吉國時氏為梁國妣永國時氏為鄴國所生母康國王氏為鄭國並太夫人　四月十九日詔贈皇后父德州刺史王藻為彰化軍節度使　六月十一日詔皇太后曾祖敏中贈太師追封楚王祖傳亮追封楚王父經追封魏王、七月八日詔贈皇太后曾祖贈太師開府儀同三司燕王向敏中為尚書令兼中書令追封楚王祖贈太師開府儀同三司荊王向傳亮為尚書令兼中書令追封楚王考贈太師開府儀同三司魯王經為尚書令兼中書令追封魏王曾祖妣魏國梁氏為楊滕國張氏為雍唐國越國宋氏為漢越國燕國王氏為魯韓國祖妣荊國吳氏為燕冀國妣鄆國李氏為魏陳國秦國張氏為周荊國並太夫人以太后還政發贈也　八月一日詔追封皇太后曾祖敏中之曾祖贈開府儀同三司太師尚書令兼中書令秦國公貽孫為康王祖贈開府儀同三司太師尚書令兼中書令許國公載為德王父贈開府儀同三司太師尚書令兼中書令曹國公瑀為徐王曾祖妣韓國張氏為秦鄭國祖妣衛國

孫氏為兗徐國妣晉國史氏為邠孟國並太夫人　徽宗建中靖國元年十二月十一日詔元祐皇后曾祖贈太師溫國公孟元祖贈淮康軍節度使開府儀同三司孟隨元符皇后曾祖贈太保劉泳祖贈太傅劉謐父贈太師劉安成　皇后曾祖贈太子少保王世延祖贈太子太傅王克鈞父贈彰信軍節度使王藻　皇太妃曾祖贈太保崔寔祖贈太傅崔琳父贈太師崔傑繼父贈太尉朱士安及曾祖母媯母所生母並以並以郊禮追封所贈官並隨國　崇寧三年十一月詔美人喬氏曾祖仁慶特贈太子太保祖贈左屯衛將軍文質特贈太子少傅父任文思副使可特贈太子少師曾祖母贈永嘉郡祖妣仙居縣太君李氏贈晉寧郡壽昌郡太君華氏贈長樂郡母仙源郡君侯氏贈宜春郡長樂縣君康氏贈德陽郡並太夫人　政和五年五月一日詔修容胡氏父武節郎中立特依初遇大禮例贈右武衛將軍　外戚追贈均州觀察使謝寧特贈寧遠軍節度使淳熙元年五月二十二日曾祖謝忠正贈太保祖慶祖贈太傅父贈寧遠軍節度使寧太師曾祖母馮氏贈榮國祖母史氏嘉國母劉氏淑國並夫人三年十月二十三日立為皇后故也贈太保謝忠正追封永王祖贈太傅慶祖和王父贈太師寧惠王曾祖母贈榮國夫人馮氏贈魏國祖母贈嘉

國夫人史氏陳國母贈淑國夫人劉氏越國並夫人　三年十一月十六日贈太保追封永王謝忠正追封鄭王祖贈太傅追封和王慶祖隨王父贈太師追封惠王寧衛王曾祖母贈魏國夫人馮氏贈楚國祖母贈陳國夫人史氏齊國母贈越國夫人劉氏秦國並夫人　六年十月三日贈太保追封鄭王謝忠正追封秦王祖贈太傅追封隨王慶祖齊王父贈太師追封衛王寧吳王曾祖母贈楚國夫人馮氏贈魯國祖母贈齊國夫人史氏越國母贈秦國夫人劉氏吳國並夫人　九年九月二十六日贈太保追封秦王謝忠正特追封漢王曾祖母魯國夫人馮氏特贈漢國夫人祖贈太傅追封齊王謝慶祖特封周王祖母越國夫人史氏特贈周國夫人父贈太師追封吳王謝寧追封陳王母吳國夫人劉氏特贈陳國夫人　十二年十二月十五日　太保追封漢王謝忠正特追封魯王曾祖母漢國夫人馮氏特贈唐國夫人祖贈太傅追封周王謝慶祖特追封燕王祖母周國夫人史氏特贈燕國夫人父贈太師追封陳王謝寧特追封冀王母陳國夫人劉氏特贈冀國夫人親屬故贈大尉昭化軍節度使蔣世忠特贈少保　十五年九月六日　德壽宮貴妃劉氏曾祖贈太師追封秦國公宗特追封秦國公曾祖母秦國夫人陳氏特贈秦國夫人祖贈太師追封秦國公從遠

特追封秦國公祖母秦國夫人唐氏特贈秦國夫人父故任昭慶軍節度使致仕贈少師懋贈太師母秦國夫人李氏特贈秦國夫人　淳熙十二年十二月二十一日　德壽宮淑妃張氏曾祖武功大夫元遷特贈太子太保曾祖母安人李氏特贈通義郡夫人祖贈武義大夫顯道特贈太子太傅祖母淑人董氏特贈文安郡夫人父贈武節大夫恕特贈太子太師母淑人王氏特贈太寧郡夫人　淳熙十二年十二月二十一日武功大夫贈太子太保元遷特贈少保曾祖母通義郡夫人李氏特贈和國夫人祖贈太子太傅顯道特贈少傅祖母文安郡夫人董氏特贈榮國夫人父贈太子太師恕特贈少師母大寧郡夫人王氏特贈咸國夫人　十五年九月二十五日　貴妃張氏曾祖安特贈太子少保曾祖母閻氏特贈清河郡夫人祖任保義郎贈武義大夫鎮特贈太子少傅祖母淑人華氏特贈永嘉郡夫人父贈武節大夫昇特贈太子少師　淳熙十五年九月四日親屬贈武節大夫楊訥特贈衛州防禦使妻恭人王氏特贈令人　九月十八日親叔故任秉義郎張文特贈榮州刺史　十一月十五日婉容蔡氏親屬贈武節大夫霍端贈和州防禦使妻恭人孫氏贈令人　九年七月二十二日婕妤婁氏祖彥清贈武義大夫祖母林氏贈淑人父振贈武節大夫十一月

十四日　淳熙十六年十二月九日詔皇太后曾祖贈太師追封秦王吳
文誠特追封秦王曾祖母秦魏國夫人王氏特贈秦魏國夫人祖贈太師
追封秦王吳從亨特追封秦王祖母秦魏國夫人劉氏特贈秦魏國夫人
父贈太師追封秦王吳近特追封秦王母秦魏國夫人張氏特贈秦魏國
夫人　紹熙元年二月四日詔皇后曾祖李泰特贈太保曾祖母劉氏特
贈崇國夫人祖任東義郎致仕贈吉州刺史李能特贈太傅祖母碩人趙
氏特贈信國夫人父任倅日天武四廂都指揮使慶遠軍節度使致仕贈
少傅謚忠毅李道特贈太師母魏國夫人張氏特贈秦國夫人　二十三
日詔壽聖皇太后親弟太師保康軍節度使大寧郡王致仕追封順王吳
益追封衛王妻秦國夫人王氏特贈唐國夫人少傅寧武軍節度使新興
郡王致仕贈太師追封永王吳蓋追封鄭王　三月十日詔重華宮淑妃
陳氏親屬曾祖陳琛特贈太子少保曾祖母楊氏特贈咸寧郡夫人祖贈
武義大夫陳通特贈太子少傅祖母淑人時氏特贈信安郡夫人　二十
七日詔皇后親屬親兄故任閤門宣贊舍人李範特贈金州觀察使故任
閤門宣贊舍人李籌特贈宜州觀察使故任忠訓郎李巖特贈利州觀察
使　同日詔貴妃黃氏親屬曾祖黃顯特贈太子少保曾祖母孫氏特贈
永嘉郡夫人祖黃恩特贈太子少傅祖母楊氏特贈信安郡夫人　四月
二日詔貴妃黃氏母新安郡夫人楊氏特贈成國夫人　五月十一日詔
壽聖皇太后親屬太師順王吳益妻秦國夫人王氏加贈齊楚國夫人
六月二日詔貴妃張氏親屬贈榮州刺史李豊特贈保寧軍節度使妻
朱氏特贈咸安郡夫人　二年十二月二十九日詔皇后曾祖贈太保李泰
特追封永王曾祖母崇國夫人劉氏特贈唐國夫人祖贈太傅李能特追
封信王祖母信國夫人趙氏特贈周國夫人父贈太師李道特追封和王
母秦國夫人張氏特贈魯國夫人　同日詔淑妃張氏曾祖任武功夫人
贈太保張元逸特贈太傅曾祖母鄭國夫人李氏特贈魯國夫人祖贈太
傅張顯道特贈太師祖母慶國夫人董氏特贈吳國夫人父贈太師張忠
特追封永國公母福國夫人王氏特贈越國夫人　三年三月二十七日
詔重華宮淑妃陳氏親屬曾祖陳琛特贈太子太保曾祖母楊氏特贈和
政郡夫人祖陳通特贈太子太傅祖母淑人時氏特贈蘄春郡夫人　九
月二十日詔皇后曾祖贈太保追封永王李泰特追封衛王曾祖母唐國
夫人劉氏特贈衛國夫人祖贈太傅追封信王李能特贈鄭王祖母周國
夫人趙氏特贈秦國夫人父贈太師謚忠毅追封和王李道特追封福王

母魯國夫人張氏特贈商國夫人　紹熙五年九月十八日恭淑皇后曾
祖資政殿學士大中大夫贈少師韓肖胄追贈太師曾祖母秦國夫人王
氏追贈魏國夫人魯國太夫人文氏追贈齊國夫人祖承議郎贈中奉大
夫韓協追贈太傅祖母令人馮氏追贈信國夫人　慶元三年二月肖胄
追封陳王曾祖母魏國夫人王氏加贈燕魯國夫人文氏加贈
魏楚國夫人協加贈太師追封冀王祖母信國夫人馮氏加贈秦齊國夫
人父太尉慶遠軍節度使提舉佑神觀韓同卿慈母太令陳氏特贈淑人
嘉泰元年二月肖胄追封齊王同卿追封崇國公　閏十月十七日成肅
皇后親屬蔣堯卿贈安武軍節度使蔣世忠贈少師　慶元元年七月二
十四日憲聖慈烈皇后弟太師保康軍節度使太寧郡王致仕追封衛王
吳益追封吳王少傅寧武軍節度使新興郡王致仕贈太師追封鄭王吳
蓋追封荆王　三年三月益追封秦王蓋追封魏王宜州觀察使吳琚贈
靜江軍節度使　八月二十三日成恭皇后弟少傅奉國軍節度使夏執
中贈少師　五年十月六日成穆皇后弟太師永寧郡王郭師禹追封廣
陵郡王　嘉泰元年九月二十八日皇后曾祖贈太子少保楊舜元和贈
太子太保祖贈太子少傅楊全加贈太子太傅父贈太子少師楊漸加贈
太子太師　三年五月舜元加贈太保全贈太傅漸贈太師　四年正月舜
元加贈太傅全贈太師漸追封成國公開禧元年八月舜元追封祁王全
封永王漸封安王二年十月舜元追封魏王全封鄭王漸封慶王嘉定元
年閏四月舜元封鄭王全封魏王漸封秦王二年十月舜元全漸並追封
漢王　高宗紹興元年三月八日詔隆祐皇太后姪信安郡王孟忠厚母
福國太夫人李氏贈兩國夫人國名闕三年九月十二日詔昭慈獻烈皇
后親弟故贈太子少師孟彥弼特贈太師親姪故贈直龍圖閣孟忠亮特
贈秘閣修撰　十二月二日詔王后父慶遠軍節度使贈開府儀同三司
邢煥贈少師追封嘉國公以煥妻能氏上遺表陳請皇后受册當時未曾
加恩至是進呈上曰朕於外戚不敢有所私也况待遇后家又不敢與宣
和皇后家等前此官邢氏中外親已戚於韋氏矣今祈請不已故特贈焉
六年四月五日詔宣仁聖烈皇后弟故任保大軍節度使高士遜故任
保大軍節度使贈太師士林並追封郡王姪孫故任左武大夫達州防禦
使世賞贈遙郡承宣使故任供備庫副使閤門宣贊舍人世羨故任武節
郎閤門宣贊舍人世延各贈兩官　七年五月二十七日詔皇太后三代
特贈一次兄韋宗顏贈武功大夫遙郡防禦使宗閔贈武功大夫遙郡刺

史　八年十月二十九日詔才人吳氏父故武翼郎近三經大禮未曾贈
官特贈觀察使　十年九月十日詔皇太后曾祖任郊社齋郎贈太師追
封岐國公韋舜臣追封雍國公曾祖母唐國夫人段氏贈楚國夫人祖贈
太師追封新年郡王子華追封安康郡王祖母漢國夫人杜氏贈魏國夫
人父贈太師追封豫王安禮追封魯王母益國夫人宋氏贈秦國夫人
十一年正月二十一日詔才人吳氏故父任武翼郎贈宣州觀察使近贈
慶遠軍承宣使　十二年四月五日詔皇太后曾祖韋舜臣追封惠王祖
子華追封德王　五月二十四日詔貴妃吳氏故曾祖文誠贈太子少保
曾祖母王氏贈永嘉郡夫人祖數武郎從育贈太子少傅祖母孺人劉氏
贈咸安郡夫人父任武翼郎贈慶遠軍承宣使近贈太子少師母咸寧郡
夫人張氏贈大寧郡夫人　十月十九日詔皇太后曾祖任郊社齋郎贈
太師追封惠王韋舜臣追封廣王曾祖母楚國夫人段氏贈秦國夫人祖
贈太師追封德王子華追封福王祖母魏國夫人杜氏贈鎮國夫人父贈
太師追封魯王安禮追封兗王母秦越國夫人宋氏贈陳魯國夫人時因
鑾故也　十三年二月十九日詔貴妃吳氏故曾祖贈太子少保文誠贈
太子太保曾祖母永嘉郡夫人王氏贈同安郡夫人祖贈太子少傅從育

卷一萬九千一百二十六　十三

贈太子太傅祖母咸安郡夫人劉氏贈通義郡夫人父任武翼郎太子少
師近贈太子太師母咸寧郡夫人張氏贈永寧郡夫人　五月十六日詔
懿節皇后曾祖任右監門衛將軍贈太傅邢允廸追封恭王曾祖母蜀國
夫人李氏贈越國夫人曾祖母秦國夫人郭氏贈楚國夫人祖任中奉大
夫贈太師宗賢追封永王祖母韓國夫人侯氏贈楊國夫人父任慶遠軍
節度使充醴泉觀使贈太師追封楚國公煥追封安王母魏國夫人能氏
贈梁國夫人　二十七日詔皇后故曾祖贈太子太保吳文誠追封恭王
曾祖母同安郡夫人王氏贈益國夫人祖贈太子太傅從育追封和王祖
母通義郡夫人劉氏贈鎮國夫人父任武翼郎贈太子太師近追封榮王
母永寧郡夫人張氏贈楊國夫人　十一月二十五日詔皇太后曾祖任
郊祖齋郎贈太師追封廣王韋舜臣追封徐王曾祖母秦國夫人段氏贈
鄆國夫人祖贈太師追封福王子華追封楊王祖母鎮國夫人杜氏贈荊
國夫人父贈太師追封兗王安禮追封魏王母陳魯國夫人宋氏贈韓豫
國夫人　十二月七日詔皇后故曾祖贈太子太保追封恭王吳文誠贈
少保曾祖母益國夫人王氏贈秦國夫人祖曾太子太傅追封和王從育
贈少傅祖母鎮國夫人劉氏贈魏國夫人父任武翼郎贈太子太師追封

榮王近贈少師母楊國夫人張氏贈魯國夫人　十四年十月十四日詔
皇太后兄故贈武功大夫秀州刺史韋宗閔贈宗慶軍節度使故贈武功
大夫真州防禦使宗顏贈定國軍節度使婦故贈希元宣淨葆真太師惠
蒴贈十字師號　十五年二月十二日詔賢妃慕容氏曾祖贈太子左清
道率府副率德凝贈太子少保曾祖母安福縣君崔氏贈咸寧郡夫人祖
內殿承制惟明贈太子少傅祖母安福縣君符氏贈信安郡夫人父贈武
功大夫淡才贈太子少師母安人趙氏贈永嘉郡夫人　十月十五日詔
皇太后育母故榮國夫人許氏贈榮國柔嘉明淑恭勤慈惠育聖夫人
十六年十一月二十一日詔皇后曾祖贈少保追封恭王吳文誠贈太保
曾祖母秦國夫人王氏贈漢國夫人祖曾少傅追封和王從育贈太傅祖
母魏國夫人劉氏贈周國夫人父任武翼郎贈少師追封榮王近贈太師
母魯國夫人張氏贈吳國夫人　二十九日詔皇太后故曾祖任郊社齋
郎贈太師追封徐王韋舜臣追封韓王曾祖母鄆國夫人段氏贈吳國夫
人祖贈太師追封楊王子華追封楚王祖母荊國夫人杜氏贈周國夫人
父贈太師追封魏王安禮追封陳王母韓豫國夫人宋氏贈唐鄧國夫人
十八年八月十二日詔婕妤劉氏兩經進封未曾封贈祖父故贈修武

卷一萬九千一百二十六　十四

郎從遠特贈刺史　閏八月十一日詔皇后曾祖贈太保追封恭王吳文
誠贈太傅曾祖母漢國夫人王氏贈吳國夫人祖贈太傅追封和王從育
贈太師祖母周國夫人劉氏贈吳國夫人父任武翼郎贈太師追封榮王
近追封代王母已贈吳國夫人本家乞不敢贈　九年十二月十三日詔
皇太后故曾祖任郊社齋郎贈太師追封韓王韋舜臣追封冀王曾祖母
吳國夫人段氏贈冀國夫人祖贈太師追封楚王子華追封周王祖母周
國夫人杜氏贈潭國夫人父贈太師追封陳王安禮追封越王母唐鄧國
夫人宋氏贈吳越國夫人　三十日詔皇后故曾祖太傅追封恭王吳文
誠贈太師祖贈太師追封和王從育追封華王父任武翼郎贈太師追封
代王近追封吳王曾祖母祖母母孟已贈吳國夫人本家乞不改贈　二
十二年十二月二十七日詔皇太后故曾祖任郊社齋郎贈太師追封冀
王韋舜臣追封吳王曾祖母冀國夫人段氏贈魏國夫人祖贈太師追封
周王子華追封魯王祖母潭國夫人杜氏贈越國夫人父贈太師追封越
王安禮追封雍王母吳越國夫人宋氏贈陳魏國夫人　二十八日詔皇
后故曾祖贈太師追封恭王吳文誠追封慶王祖贈太師追封華王從育
追封吳王父已追封吳王本家乞不改封　二十四年二月二十一日詔

貴妃劉氏故曾祖琮贈太子少保曾祖母陳氏贈平樂郡夫人祖贈和州防禦使從遠贈太子少傅祖母永嘉郡太夫人唐氏贈蘄春郡夫人母崇國夫人李氏贈慶國夫人進封貴妃初封三代故也　二十五年十一月二十九日詔貴妃劉氏故曾祖贈太子少保琮贈太子太保曾祖母平樂郡夫人陳氏贈大寧郡夫人祖贈太子少傅從遠贈太子太傅祖母蘄春郡夫人唐氏贈彭城郡夫人母慶國夫人李氏贈蜀國夫人　十二月二十五日詔皇太后故曾祖任郊社齋郎贈太師追封吳王韋舜臣追封楚王曾祖母魏國夫人段氏贈楚國夫人祖贈太師追封雍王安禮追封魏王王祖母越國夫人杜氏贈荊國夫人父贈太師追封晉王子華追封荊母陳魏國夫人宋氏贈吳魏國夫人　同日詔皇后故曾祖贈太師追封慶王吳文誠追封吳王　二十八年十二月二十六日詔皇太后故曾祖任郊社齋郎贈太師追封楚王韋舜臣追封周王曾祖母楚國夫人段氏贈周國夫人祖贈太師追封楚王子華追封陳王祖母楚國夫人杜氏贈陳國夫人父贈太師追封晉王安禮追封韓王母魏國夫人宋氏贈韓魏國夫人　二十八日詔貴妃劉氏曾祖贈太子太保琮贈少保曾祖母太寧國夫人陳氏贈建國夫人祖贈太子太傅從遠贈少傅祖母彭城郡夫

千一百二十六　十五

人唐氏贈嘉國夫人母蜀國夫人李氏贈楚國夫人　三十一年九月二十五日詔國妃劉氏曾祖贈少保琮贈太保曾祖母建國夫人陳氏贈定國夫人祖贈少傅從遠贈太傅祖母嘉國夫人唐氏贈福國夫人母楚國夫人李氏贈魏國夫人以上中興會要　孝宗紹興三十二年未改元　八月三日詔加貴妃劉氏曾太保琮贈太傅曾祖母定國夫人陳氏贈益國夫人祖贈太傅從遠贈太師祖母福國夫人唐氏贈越國夫人母魏國夫人李氏贈秦國夫人以皇帝登極赦故也　十月六日詔加太上皇后妹故楚國夫人吳氏贈秦魏國夫人　十九日詔加太上皇后曾祖母吳國夫人王氏祖母劉氏母張氏並贈吳魏國夫人以吳益等遇皇帝登極赦故也　隆興二年正月二十一日詔加安穆皇后曾祖西京左藏庫副使贈開府儀同三司郭若節贈太保曾祖母德國夫人曹氏贈福國夫人祖秉直大夫贈金紫光祿夫夫直卿贈太子太傅祖母永寧郡夫人夏氏贈和國夫人　二月十七日詔加皇后曾祖儒林郎言吉州吉水縣主簿令吉贈太子少保曾祖母宜春郡夫人張氏贈榮國夫人祖贈太子少傅穀贈少傅祖母永嘉郡夫人孫氏贈惠國夫人父贈太子少師協贈少師母和義郡夫人趙氏贈淑國夫人　七月十六日詔以加貴妃翟氏進位

再贈官

親屬謝寧贈武義大夫遙郡團練使武翼郎蔣滉贈武功郎妻武氏贈孺人修武郎蔣堯輔贈武翼郎妻張氏贈孺人武節郎贈武義大夫蔣世忠加贈正任觀察使　十一月十四日詔加貴妃劉氏曾祖琮贈太師曾祖母陳氏贈鄧國夫人祖從遠追封榮國公祖母唐氏贈魏國夫人　閏十一月二十五日詔加皇后曾祖夏令吉贈太保曾祖母張氏贈衛國夫人祖穀贈太傅祖母孫氏贈蔡國夫人父協贈少師母趙氏贈福國夫人　二十八日詔貴妃翟氏曾祖世俊贈太子少保曾祖母孫氏贈齊安郡夫人祖思誠贈太子少傅祖母張氏贈和義郡夫人父益贈太子少師　乾道三年十一月二十六日詔加貴妃劉氏曾祖琮追封榮國公曾祖母陳氏贈楚國夫人祖從遠追封慶國公祖母唐氏贈秦國夫人　六年十一月二十三日詔加貴妃劉氏曾祖琮追封秦國公曾祖母陳氏贈魏國夫人祖從遠追封益國公祖母唐氏贈秦國夫人以遇郊祀赦也　同日詔加貴妃翟氏曾祖世俊贈少保曾祖母孫氏贈嘉國夫人祖思成贈少傅祖母張氏贈信國夫人父益贈少師母劉氏和國夫人以郊祀赦故也以上乾道會要

再贈官

太祖建隆元年七月二十七日河陽三城節度使贈太子太師趙晁再贈侍中晁周初與宣祖分掌禁兵有宗盟之分太

卷一萬　千一百二十六　十六

祖常優禮之故再加贈典　太宗至道元年四月七日尚書左丞贈鎮南軍節度使呂餘慶再贈侍中餘慶弟端時中為宰相故特贈之　三年真宗即位未改元　六月六日詔皇兄故魏王德昭贈太傅岐王德芳贈太保仍遣中使致祭　真宗咸平三年三月九日詔贈侍中呂餘慶加贈中書令餘慶妻商氏追封陳留縣夫人時端任子子太保疾甚車駕臨問特有是命　六月十三日詔宣徽南院使贈侍中郭守文特追封彭王　景德二年十二月二十一日樞密使給事中贈吏部侍郎宋湜再贈兵部尚書湜從幸大名卒於塗中帝追念之特有是命　大中祥符七年十二月九日贈左衛上將軍鎮江軍節度使劉承規再贈侍中承規修玉清昭應宮未畢而卒及是宮成有賜仍命謁墳致告　八年三月三日詔贈太傅劉熙古再贈太尉贈侍中楚昭輔再贈中書令熙輔並嘗事太祖藩府時幸南京制書並加追贈故也　九年正月十四日贈貝州觀察使秦翰加贈彰國軍節度使翰預修大內未成而卒至是功畢故也　天禧二年六月四日贈保信軍節度使追封中國公德恭加贈護國軍節度使兼侍中贈寧遠軍節度使追封臨沂郡公德隆加贈崇信軍節度使同中書門下平章事從其子承慶承訓之請也　仁宗乾興元年未改元　三月十一

日詔贈皇叔祖故秦王廷美太師尚書令皇伯贈中書令守太傅追封魏
王德昭贈中書令守太保追封岐王德芳並太師王惠如故皇叔贈太保
尚書令追封鄆王元份改封陳王皇叔贈太尉尚書令追封安王元傑贈
太尉尚書令追封曹王元偁並太師王惠如故皇叔贈太師尚書令追封
鄆王元儼改封密王皇兄追封周王祐贈太尉中書令王如故皇兄贈中
書令追封南陽郡王惟吉太尉王如故　寶元二年正月七日贈昭化軍
節度觀察留後廣平郡公允懷追封廣平郡王　允懷大中祥符五年卒善
武詩真宗多令賡和至是仁宗覽其詩惻然特加追封也　慶曆四年十一月
一日加贈皇弟　州防禦使承拱武勝軍節度觀察留後南陽郡公皇
姪懷州刺史從善瀛州防禦使河間侯保州刺史[illegible]磁州防禦使滏陽侯
刺史太子右衛率府率克平右領軍衛將軍　大宗正司言承拱等稱皆願
不出故特加贈其弋為　六年十一月二十七日加贈洺州防禦使廣平侯
左屯衛大將軍世宏蘄州防禦使蘄春侯宗宅副使從溥宮苑使陵州
承矩相州觀察使以其子克循上承矩所書真宗御詩石本也　八年三
月八日昭宣使眉州防禦使內侍右班都知劉從願贈崇信軍節度觀察
留後以舊侍東宮再贈大同軍節度使　皇祐二年二月六日再贈皇姪

卷一萬　十一百二十六

十七

齊州防禦使濟南侯從式為同州觀察使馮翊侯　嘉祐四年十二月六
日長子贈太傅追封襄懷靖王昉贈太師中書令追封魏王第二子贈太
師中書令追封舒悼穆王昕贈兼尚書令追封越王第三子贈太師中書
令追封鄧悼懿王曦贈兼尚書令追封陳王追封第二女楚國公主周國
第三女唐國公主漢國第四女越國公主秦國第五女鄂國公主魏國第
七女隨國公主吳國第八女韓國公主燕國　英宗治平元年閏五月十一
日詔贈皇伯祖贈太師尚書令尚書令吳懿王德昭追封越王贈太師
中書令尚書令潭康惠王德芳楚王天策上將軍守太師尚書令中書令
行雍州牧兼江陵尹贈河中鳳翔河南牧潞恭憲王元佐魏王贈崇信軍
節度使同中書門下平章事廣平郡恭肅王德隆兼侍中贈昭德軍節度
使兼中書令潁平郡安簡王德彝太師贈護國軍節度使兼侍中高密郡
王德恭兼中書令　叔祖贈太師中書尚書令行真定牧潤恭靖王元份
追封胥王贈太師中書尚書令行興元牧邢文惠王元傑陳王贈太師中
書尚書令行太名牧蘇恭懿王元偓韓王贈太師中書尚書令行江陵牧
華恭惠王元偁蔡王贈宣德軍節度使同中書門下平章事廣陵郡康簡
王德雍兼侍中贈保平軍節度使鄖國公德鈞贈中軍節度使江國公德

欽並同中書門下平章事贈太尉兼中書令中恭裕王德文太師贈武昌
軍節度使紀國公德存同中書門下平章事贈天策上將軍淮南湖南節
度大使守太師尚書中書令行荊揚兗徐州牧燕肅王元儼吳王贈博州
防禦使博平侯允熙滄州觀察使贈左衛將軍代國公元億左衛上將軍
追封安定郡王贈應州觀察使金城侯德潤保康軍節度觀察留後贈涼
州觀察使姑臧侯德愿昭化軍節度觀察留後　伯贈太尉平陽郡懿恭
王允叔太師贈安遠軍節度使密國公允言同中書門下平章事贈鎮江
軍節度使兼侍中郇國公允成兼中書令贈太尉信安郡僖簡王允寧太
師贈昭化軍節度觀察留後廣平郡王允懷保靜軍節度使　叔贈太尉
永嘉郡恩恪王允廸太師　弟贈太師中書令兼尚書令魏懷靖王昉周
王贈太師中書尚書令越悼穆王昕唐王贈太師中書令陳悼懿王
曦燕王追封第二妹周國公主唐國第三妹漢國公主吳國第四妹秦國
公主楚國第五妹魏國公主吳國第六妹魯國公主陳國第七妹吳國公
主燕國第八妹燕國公主秦國第九妹楚國公主韓國並加號長公主以
上國朝會要　神宗元豐二年六月二十四日贈鎮寧軍節度使同中書門
下平章事魏國公宗懿再贈舒王以濮安懿王元子也　八月四日贈防

卷一萬　十一百二十六

十八

禦使濟陰侯皇伯宗邈再贈建寧軍節度使越國公以其子仲覽等乞優
贈也　六日贈洺州防禦使廣平侯宗沔再贈武平軍節度使福國公贈
洪州觀察使豫章侯宗詠再贈寧海軍節度使沂國公贈密州觀察使高
密侯宗師再贈昭武軍節度使遂國公　三年閏九月二十六日贈太師
中書令兼尚書令劉沆再贈兗國公贈太尉王堯臣再贈太師中書令
六年五月四日皇伯祖贈保靜軍節度使蕭國公承幹再贈安定郡王以
其子克敦進父文集詔以承幹父子世以藝文儒學名於宗藩在朝廷極
善與能之義宜其寵褒　同日贈皇城使宋玠再贈英州刺史以其子滋言
玠有收復石壁城功未賞而死也　哲宗紹聖二年五月十五日贈左光祿
大夫崔台符再贈右銀青光祿大夫以子尹躬訴台符在元祐無罪降官
故命復之　十一月三十日贈特進蔡確贈太師加成衛二國公　元符
二年十一月二十三日贈寧海軍節度使沂國公宗詠再贈餘杭郡王贈
昭武軍節度使遂國公宗師再贈益州郡王贈建寧軍節度使成國公宗
邈再贈同谷郡王贈鎮寧軍節度使同中書門下平章事陳國公宗治再
贈開府儀同三司瀘淵郡王贈武寧軍節度使同中書門下平章事楚國
公宗蓋再贈開府儀同三司山陽郡王贈潞州防禦使廣平侯宗沔再贈

崇信軍節度使漢東郡王宗詠等並以親濮王宗漢言諸兄比諸王極有損降故有是贈。撫詔宗沔自洺州防禦使廣平侯上特贈不言元豐二年已贈節武國公階節二者必有一誤　三年徽宗即位未改元三月四日追贈邕王光濟已下三十三人並詳具贈官門　徽宗大觀元年正月二十一日贈太師尚書令兼中書令韓王似再贈楚王贈尚書令兼中書令徐州牧燕王俣再贈侍中追封吳王　政和三年正月十九日贈太師荊國公王安石追封舒王　五年三月十四日贈尚書令韓琦追封魏郡王　詔比覽元豐中訓詔及得故臣之子韓粹彥文及甫所奏明其父功審聞垂和嘉祐擁立之法定策之勳所謂功在社稷久而彌彰追往念功惻然永嘆琦以其子贈至其品止緣常格未加褒異彥博罪籍未除舊官未復琦可封郡王彥博可除罪籍復舊官與其所得恩例仍並付國史院記載其實以為盡忠任職者之勸　宣和二年正月二十三日贈太師成衞二國公蔡確追封清源郡王　詔蔡確力排異意輔立哲宗功在社稷元祐間遭讒被謗竄在遐荒五年終不得還雖經褒錄較無功有罪之人輕重未稱其弟碩宣力助確亦遭掊擊猶在罪籍未曾推恩比緣確子懋面對得其詳為之惻然可封郡王賜第一區百間長子懋除延康殿學士提舉醴

《永樂大典》卷一萬八千一百二十六

十九

泉觀兼除侍郎女與淑人婿二人各轉官一與堂除陞等差遣碩與落罪籍贈徽猷閣待制長次子改合入官並堂除陞等差遣次子子未有官與迪功郎女已有封號還二等未有封號並與封號婿白身者與初品官已有官轉一官燕達向宗回李嗣徽閻守懃皆詔建立謀議亦可嘉錄特與本宗有服親初品官一名　五年十二月二十二日贈感德軍節度使追封通義侯仲糾為開府儀同三司　六年閏三月二十九日贈忠州刺史劉蘄再贈正任觀察使　欽宗靖康元年二月六日贈太師追封楚國公范仲淹可特追封魏國公追復右正議大夫司馬光贈太師贈少傅張商英特贈太保　詔曰朕獲奉宗廟即正累日於四方賢材未暇遍有甄吕也永惟國家大政事已詔三省樞密院盡遵復祖宗法而近世名臣未有褒録何以示朕意為故有是命　以上續國朝會要　高宗紹興元年九月五日詔贈通奉大夫梁子能贈正奉大夫以元祐黨人贈恤也　二年四月詔觀文殿大學士宣奉大夫贈太師相國公韓忠彥追封魏國公　三年六月十六日詔承議郎贈朝請大夫胡端修贈直祕閣　四年十月詔贈承事郎陳東歐陽澈贈朝奉郎祕閣修撰以靖康間上書言事忠義可嘉故有是命　五年三月詔觀文殿大學士左正奉大夫贈特進徐處仁贈

少保　五月詔朝議大夫充寶文閣待制贈開府儀同三司馬默贈少傅　六月詔太尉　知樞密院事贈開府儀同三司神道贈少保　六年三月詔承議郎殿中侍御史贈直龍圖閣龔夬贈右諫議大夫　四月詔同知樞密院事贈右銀青光祿大夫趙瞻贈資政殿大學士銀青光祿大夫　五月九日詔贈少師劉摯贈太師　十一月二日詔尚書左丞贈延康殿學士范純禮贈資政殿學士　七年十一月詔殿中侍御史贈直龍圖閣陳師錫贈諫議大夫　九年贈直龍圖閣趙叔近贈集英殿修撰以建炎初秀州軍賊作過被害故也　十月詔左光祿大夫贈特進陳彥修贈開府儀同三司　十年八月詔左武大夫吉州刺史統領涇原路軍馬昭化軍節度使張達贈開府儀同三司　靖康二年間與金賊大兵鬬敵戰歿故也　十二年五月二十五日詔武信軍承宣使贈保靜軍節度使張宗顏龍神衛四廂都指揮使瀘川軍承宣使贈武寧軍節度使劉寶並贈檢校少保　十月二十七日詔入內內侍省高班贈率府副率李繼元贈武節郎入內內侍省東頭供奉官贈修武郎李僅贈武德郎時以皇太后回鑾繼元李嘗侍宮闈有勞也　三十年十一月六日詔贈左正議大夫曹輔贈左光祿大夫輔建炎元年五月七日辛未經贈官因郊恩贈左正議大夫至是始加贈焉　以上中興會要　三十二年孝宗即位未改元九月二十三日詔贈左宣奉大夫資政殿學士魏良臣贈左光祿大夫先是良臣知潭州因賣官田賞當轉一官至是收使特與再贈　十二月二十四日詔少師安武軍節度使附馬都尉康國公贈太師追封鄆國公錢景臻追封德陽郡王　孝宗乾道二年十二月十三日詔太師寧遠昭慶軍節度使追封蘄春郡王楊存中追封和王　四年五月十一日詔揚武翊運功臣太傅鎮南武寧國軍節度使通義郡王贈太師韓世忠追封蘄王詳見贈官雜錄　五年二月十一日詔少師保信軍節度使魏國公贈太保張浚贈太師　六年十一月二十一日贈宜州觀察使蔣世忠贈昭化軍節度使贈武義大夫高州團練使謝寧贈均州觀察使　八年十二月二十一日詔和衆輔國功臣太傅護國鎮安保靜軍節度使揚國公贈太師劉光世追封安城郡王　九年二月二十四日詔故禮部尚書端明殿學士贈資政殿學士蘇軾贈太師　以上乾道會要

《永樂大典》卷一萬九千七百二十六

二十

内侍追贈

内侍贈二官　左驍衛上將軍安遠軍節度觀察留後致
仕劉承規大中祥符六年七月贈左衛上將軍鎮江軍
節度使　宣慶使遂州觀察使入内内侍省内侍都知
麦允言皇祐二年八月贈司徒安武軍節度使　延福

宮使武信軍節度使觀察留後入内内侍省内侍都都
知王守忠至和元年正月贈太尉昭德軍節度使　左
藏庫使梓州觀察使入内内侍省内侍副都知藍元用
二年三月贈司徒保大軍節度使　延福宮使入内内
侍省内侍都都知武康軍節度觀察留後鄧保吉治平
四年十月贈鎮寧軍節度使守太尉　延福宮使武信
軍節度觀察留後石全彬熙寧三年十月贈定武軍節
度使守太尉　宣慶使昭武軍節度觀察留後石全育
四年十二月贈昭德軍節度使守太尉　入内内侍省
東頭供奉官任源九月以武顯大夫致仕贈右武大夫
内殿崇班李從約十二年十月贈武翼大夫以皇太

卷一萬九千一百二十八　十八

后回鑾從約嘗侍宮闈有勞也　贈使相特進附　内客
省使奉國軍節度觀察留後知入内内侍省事鄧隨大
觀三年十月　内客省使彰化軍節度觀察留後致仕
馮世寧政和七年七月　以上贈開府儀同三司　彰
德軍承宣使張祐宣和六年四月贈特進　贈節度使
左騏驥使英州團練使周懷政明道二年十一月贈安
國軍　景福殿使英州觀察使藍繼宗景祐三年正月贈
安德軍　右騏驥使象州防禦使入内内侍省内侍都
知王惟忠慶歷元年六月贈武康軍　皇城使眉州防
禦使入内内侍省内侍副都知岑守素五年閏五月贈
振武軍　皇城使象州防禦使入内内侍省内侍副都

知皇甫繼明七年十二月贈保順軍　昭宣使眉州防禦使內侍省內侍右班副都知劉從愿八年三月贈大同軍初崇贈崇信軍節度觀察留後以舊侍東宮故特贈之　昭宣使梓州觀察使楊懷敏皇祐二年三月贈昌化軍　如京使果州團練使入內內侍省內侍都知張惟吉至和元年十二月贈保順軍　延福宮使武信軍節度觀察留後石全彬熙寧三年十月贈定武軍　宣慶使昭武軍節度觀察留後石全育四年十二月贈昭德軍　皇城使海州團練使入內內侍省副都知蘇利涉元豐五年十月贈奉國軍　昭宣使康州防禦使入內內侍省副都知梁從吉元祐五年十一月贈感德軍

宣州觀察使李憲紹聖元年贈武泰軍　宣政使成州防禦使入內內侍省副都知馮崇道元符元年六月贈安德軍　宣慶使蔡州觀察使入內內侍省副都知宋用臣三年十月贈安化軍　通侍大夫昭慶軍節度觀察留後直睿思殿梁和政和六年三月贈安化軍　延福宮使奉國軍承宣使董懋紹興元年五月贈安化軍節度使　景福殿使湖州觀察使內侍省副都知藍安石九年正月贈節度使　延福宮使保康軍承宣使■覓二十三年五月贈保寧軍節度使　內侍省押班康諝二十六年二月贈保信軍節度使　宣政使保成軍承宣使宋唐卿二月贈清遠軍節度使　宣政使安慶軍承宣使陳瑛二十八年十二月贈建寧軍節度使　感德軍承宣使梁邦彥三十年十月贈節度使　延福宮使寧遠軍承宣使李珂隆興二年九月贈清遠軍節度使　武功大夫保寧軍承宣使致仕續理乾道元年六月贈清遠軍節度使　延福宮使德慶軍承宣使致仕衛茂實四年九月贈奉國軍節度使　延福宮使保康軍承宣使致仕林肇十月贈武寧軍節度使　保康軍承宣使致仕張見道八年十二月贈慶遠軍節度使　寧海軍承宣使邵諤八年正月贈武寧軍節度使　贈留後　延福宮使雅州防禦使入內內侍省都都知韓守英明道二年五月贈某軍　宣政使耀州觀察使張

若水熙寧九年六月贈天平軍　宣慶使內侍省副都知康州防禦使王守規十年三月贈昭武軍　皇城使入內內侍省副都知忠州防禦使藍元振四月贈鎮海軍　果州刺史內侍押班張允誠元豐六年四月贈奉國軍　宣慶使忠州團練使內侍省押班副都知趙世長紹聖二年三月贈崇信軍　昭宣使康州刺史入內內侍省押班劉維簡三年三月贈安化軍　贈承宣使　昭宣使榮州防禦使入內內侍省押班李珪十七年十二月贈正任承宣使　贈觀察使　宣慶使昭州防禦使句當皇城司李神福大中祥符三年四月贈潤州　昭宣使誠州團練使內侍省左右班都都知張崇貴四年

八月贈豐州　皇城使入内内侍省内侍都知恩州團
練使鄧永遷七年十一月贈宣州　昭宣使平州團練
使入内内侍省内侍都知秦翰八年閏六月贈具州
左藏庫使果州防禦使江德明景祐四年二月贈耀州
昭宣使嘉州防禦使閻文應寶元二年九月贈其州
皇城使達州團練使帶御器械程昉熙寧九年九月
贈耀州　文思使内侍押班張茂禮元豐三年五月贈
鄧州以嘗事東宮故也　内侍押班高居簡四年正月
贈耀州　成州團練使石得一紹聖三年贈隨州　贈
防禦使　南作坊使奬州團練使入内内侍省内侍都知
閻承翰大中祥符七年十一月贈㶑州　文思使昭州
卷一萬九千一百二十八　二十一
刺史入内内侍省内侍副都知鄧守恩天禧五年三月
贈淄州　六宅使崇州刺史入内内侍省内侍副都知
夏守恩天聖二年七月贈沂州　贈團練使　皇城使鑾
州刺史竇神寶天禧三年九月贈冀州　内園使張繼
能五年四月贈汀州　西頭供奉官郭世及元豐六年
十一月贈皇城司使　贈大將軍　左武衛將軍致仕任
守忠熙寧元年十月贈左千牛衛　贈内侍入内都知
洛苑副使王仁壽雍熙四年六月贈内侍省内侍非常
例也　奉使西上閤門使符惟忠與富弼使契丹至深
州武強縣卒慶歷三年五月贈客省使眉州防禦使
四方館使新州刺史王克忠使契丹感疾于幽州還第

偽國主
業宋史係
乾德

而卒皇祐元年四月贈引進使果州團練使　供備庫
使兼閤門通事舍人郭士遜送伴契丹使道卒四月贈
皇城使　司勳郎中判三司理欠憑由司李永德送伴
契丹使道卒五月贈太常少卿　朝散郎尚書吏部員
外郎傅察靖康元年五月贈徽猷閣待制以奉使金國
不屈節死之故也　刑部尚書王雲建炎三年贈觀文
殿學士以奉使金國至磁州為郡人所害　奉議郎守
尚書水部員外郎借工部侍郎滕茂實紹興二年二月
贈龍圖閣直學士靖康中遣往軍前議和虜人逼令改
易衣冠不從被拘留死于虜中　右朝奉大夫光祿卿
奉使金國陳通五年六月贈右文殿脩撰　右通直郎
卷一萬九千一百七十八　二十二
試兵部侍郎司馬朴十三年九月贈兵部尚書以靖康
閒奉使金國而沒忠蹟顯著故也　右奉議郎借朝議
大夫禮部侍郎充河北軍前通問使魏行可十四年正
月贈朝奉郎秘閣脩撰　左朝散郎徽猷閣待制河北
河東充和議副使張宇發三十一年五月贈左朝奉大
夫以靖康初奉使元于虜中其子介有請也　從義郎
閤門祗候充金國賀生辰國信副使趙應熊乾道三年
四月贈武翼郎以使事回病死于中道也　武德大夫
劉滁四年十二月贈武功大夫忠州刺史滁奉使出疆
道中病死其家有請故特贈之　偽國主　檢校太師蕭
中書令秦國公孟昶乾道三年七月贈尚書令楚王

外臣

右千牛衛上將軍李煜太平興國三年七月贈太師吳王　左監門衛上將軍衛國公劉鋹五年三月贈太師南越王　武勝軍節度使太傅師尚書令兼中書令鄧王錢俶端拱五年八月贈秦國公　保康軍節度使劉繼元淳化二年十二月贈中書令彭城郡王　偽蜀前山南節度使韓保正乾德四年六月贈右千牛衛上將軍保正自蜀入朝未及命官而卒　前朝臣　周天平軍節度使同平章事韓通建隆元年正月贈中書令　外臣　定難軍節度使太尉兼中書令西平王李彝興乾德元年八月贈太師夏王　西涼府上谷大首嶺朔方軍節度使潘羅支景德元年十月贈追封武威郡王　靜海

卷一萬九千一百二十八　二十三

軍節度使南平王黎桓四年七月贈中書令南越王　豐州防禦使王承美大中祥符五年十二月贈恩州觀察使　靜南軍節度使同中書門下平章使安南都護南平王李公蘊天聖七年四月贈侍中南越王　定難軍節度使守太尉尚書令兼中書令夏王趙德明明道元年十一月贈太師尚書令兼中書令　寧州團練使折惟忠景祐五年六月贈寧州防禦使再贈耀州觀察使　靜海軍節度使同中書門下平章事南平王李德政至和二年十一月贈侍中南越王　靜海軍節度使同中書門下平章事李日尊熙寧六年四月贈侍中南越王　推誠佐運保節忠亮同德崇仁宣力守正順化

隱逸

雜錄

懷躬贊治安信謹度承命濟美建勳率義郭禮揚休翊戴功臣靜海軍節度觀察處置等使開府儀同三司檢校太師守司空同中書門下平章事安南都護上柱國南平王李乾德紹興二年三月贈侍中追封南越王　遼國宣徽北院使崇祿大夫檢校太傅行左金吾衛大將軍兼御史中丞護國劉彥昇五年九月贈右武大夫貴州團練使　隱逸陝州處士魏野天禧四年正月河中府處士李瀆三月以上贈著作郎　光祿寺丞致仕孔旼嘉祐五年十一月贈太常丞　潁州團練使推官邵雍熙寧十年九月贈著作郎　魏漢津崇寧五年十二月贈太中大夫以嘗造九鼎作大樂故特褒贈　追贈　雜

卷一萬九千一百二十八　二十四

錄　太宗淳化三年七月十八日太師魏國公趙普薨贈尚書令追封真定王以新罷相仍用宰相例是後王旦馮拯皆如例　真宗天禧二年五月三日成德鎮寧軍節度使守太尉尚書令兼中書令徐王元偓薨贈太尉尚書令鄧王　仁宗天聖五年五月二十三日天策上將軍太尉尚書令雍州牧兼江陵牧楚王元佐薨贈鳳翔河中牧齊王　自咸平後親王例贈二官仍追封大國故徐王生為尚書令復贈是官楚王加二府牧皆以滿二官之數　慶曆八年三月供備庫使李端愿卒贈澤州刺史故事公主之子有特贈者端愿非魏國大長公主出有司之失也　皇祐元年六月二十七日太子少

傳致仕李若谷薨，詔以子在近侍，特贈太子太傅，不得爲例。　嘉祐四年四月二十四日，端明殿學士兼翰林侍讀學士、龍圖閣學士、戶部侍郎、集賢殿脩撰李淑卒于河中府，詔特贈官。　故事，學士四品官無贈典，唯侍經筵同列有請即詔可。至是，不緣奏請，特下詔加贈。以上國朝會要　神宗熙寧八年八月九日，右龍武衛大將軍、均州團練使宗制卒，中書擬贈華州觀察使、華陰侯。手詔：「宗室名連宗從字者，皆太祖、太宗諸王之後，今于皇家最爲行尊屬近，比歲淪亡相繼，存者無幾，送終之典，理宜加厚。可贈彰化軍節度觀察留後、北海郡公，著爲例。」　九年六月，右正言、天章閣待制兼侍講王雱

卷一萬九千一百二十八　二十五

卒，詔特加贈。　哲宗紹聖元年七月八日，詔宗室換授文官身亡者，通直郎以上，于見任寄祿官上加贈二官。　元符三年三月四日，詔祖宗諸子除存者以進封外，其亡歿已封贈者更與封贈，未及名者追賜名。以上續國朝會要　高宗紹興元年正月一日，德音：「元祐黨籍臣僚未經襃贈人，近降指揮，令吏、刑部限一月檢舉條具申尚書省，如內有無案牘可照者，仰逐部行下本家取索。今來尚慮無案牘可照黨籍臣僚子孫遠在四方，逐部取索艱于周遍，致有稽滯，未稱朝廷襃崇忠良之意。可令諸路州軍多方曉諭黨籍臣僚之家，錄白係籍人出身告敕或干照文字，經所在州軍驗寔保明，申尚

書省，當議優加襃贈。」　四年二月二十五日，左金紫光祿大夫、充龍圖閣待制、提舉華州雲臺觀王革上遺表，有司言寄祿官止有特贈，乞更不贈官，詔依特與合得恩澤。　十一年五月九日，詔應官員過恩該贈父祖，如係有官出身，與帶左字；無出身及白身，並帶右字。從臣僚請也。　二十四年八月二十六日，宰執進呈禮部擬定張俊贈典，欲依韓世忠例。上曰：「俊在明受間有兵八千屯吳江，朱勝非降指揮與秦州差遣，俊不受，進兵破賊，寔爲有功，可與贈一國一字王。」令禮部擬定，于是特封循王。以上中興會要　孝宗乾道元年七月二十一日，忠訓郎不礙言：「父士跂係濮安懿王下，向任右監門

卷一萬九千一百二十八　二十六

衛大將軍、吉州團練使，于建炎四年陷虜，居于邢州，自後欲結約歸朝，事覺遇害。有歸正官范邦彥備見，既而會到邦彥，言向在虜中，不記年月，有趙士跂自邢州收捕至京城，繼聞以巳戮死于市。」詔特贈節度使。　三年七月二十五日，臣僚言：「伏覩詔旨，沈該特贈少師，依條與遺表恩澤。謹按該廉聲不聞，汙迹素著，既爲宰相，賄賂公行，起知明州，復掛白簡，遂勒令致仕。今其死也，復以宰相恩數與之，可謂幸矣，豈可又以非常恩典加惠姦貪？乞寢罷贈官恩數，以協四海公議。」從之。　四年四月十八日，宰執進呈統制官張青言韓世忠之功，乞追封王。上曰：「事已歷年，又無所因。」宰臣陳俊卿曰：「張俊、楊存

中已封王則于韓世忠似有不及前此失于無人建白若聖意行之亦足勸有功而勵將士上可之遂封蘄王以上乾道會要

卷一萬九千一百二十八　二十七

全唐文

宋會要　帝諱　諱忌附錄

大中祥符九年正月九日供奉官承益請改名承炳避壽春郡王名也　天禧三年九月二十七日度支郎中兼御史知雜杜夢證以名下字與皇太子名近請改曰堯臣許之　仁宗明道二年八月十三日上封者言莊獻明肅皇太后上仙中外不當更避彭城郡王名從之　治平三年正月二十六日中書門下言請避濮安懿王名下一字從之　神宗元豐八年四月十九日禮部言高魯王名正字並迴避有難迴避者空點畫仍以黃紙覆之嫌名於禮不諱亦無迴避事故詔可仍自今進呈

卷一萬五千一百五十一

并入奏文字雖嫌名亦覆之政和五年七月八日詔姓氏犯濮安懿王諱者改為邍字金玉新書諸犯濮安懿王秀安僖王偉者改避注書籍及傳錄舊事有皆為字不成其濮安懿王在貞宗皇帝登號內有不避應奏者以黃紙覆之

宋會要　帝諱

乾興元年十一月十一日禮儀院言準遺制軍國事權取皇太后處分今參詳中外表章中有犯皇太后先代名諱並合迴避今或遇諱三代即緣正月三日天書降節及聖祖殿名外州名多須迴改如只諱彭城郡王名則表章合避如難避者即用黃紙蓋貼或空點畫其通進銀臺司近在禁中日夕封進文字望請改為承進銀臺司詔只避彭城郡王名餘從所請應改通判西為同判

遞利軍為安利軍通州為崇州大通監為交城監通奉大夫為中奉大夫通直郎為同直郎通事舍人為宣事舍人閤門通禮為正禮通天冠為承天冠諸縣鎮宮觀寺院在京諸城門倉庫之名並以義改易　紹聖元年二月二十三日三省樞密院言宣仁聖烈皇后同聽政之日天下章奏皆避高陳王名諱按國朝會要章獻明肅皇后上仙中外不復避彭城郡王名諱依章獻明肅皇后故事四月二十六日尚書左丞鄭溫伯言舊名潤甫昨避高陳王諱今請復舊名從之

宋會要廟諱

大中祥符二年六月二十四日詔曰太宗皇帝藩邸舊

卷一萬五千二百五十一

諱濟率成知雖先訓之具存俾臨文而不避近覩列奏或犯二名闕之豐然載增永慕自今中外文字有與二字相連及音同者並令迴避五年七月二日帝謂宰臣曰傳祖廟諱本是上聲諱避近見臣僚章奏文字多避去聲朓字當更令兩制詳定兆迥等言傳祖諱字從月按說文曰晦而月見西方也音土了切又朓從肉祭肉也土了切一作他弔切今請止從去聲於義無害又朓目不正也他弔切音義各異望不迴避從之閏十月八日詔聖祖諱上字曰玄下字曰朗公私文字不得斥犯詳定所言上字如遇仙道事即改為真如顏色即改為黝自餘並臨文取意或元或明字傍寫之時並空闕點

畫又按周禮孟冬祀司民唐朝避文皇諱改為司人今請改玄武為真武玄冥為真冥玄戈為真戈玄枵為真枵緣各配南郊及臘祭命行祭告又緣並無正壇常為配座今欲先擇日差官於南郊設昊天位及于本龕設玄武以下四位各用香幣酒脯告以改名之意從之詳定所請改玄中為元中幺都為真都玄元皇帝為太上若君玄極為元極洞玄為洞元左玄右玄為左元右元唐玄宗為唐明皇帝房玄齡為房喬鄆州為禺州蔡州為郎山縣為確山縣梓州玄武縣為中江縣太內玄武門為拱宸姓武為鄧氏　八年六月十五日詔改舍光殿名曰會慶以光字太宗舊名之上字故避之　天禧

卷一萬五千二百五十一

四年五月六日衛尉寺丞林湜言國子監經書印板字內有聖祖諱望令空闕從之　寶元元年四月四日翰林侍讀學士李淑言真宗藩邸舊名請令天下毋得連用有為名者令改易從之　皇祐五年四月二十一日詔毋得連用太宗真宗舊名　治平元年十一月三日翰林學士賈黯言仁宗初名受益請詔中外文字不得連用從之　元祐元年正月十二日禮部言翼祖皇帝奉祧夾室伏請依禮部例不諱謹依　元符二年十一月二十日太常少卿曾旼言黑帝配座名號帝顓下一字與神宗皇帝廟諱音同請改稱高陽氏從之　崇寧四年閏二月五日詔翼祖皇帝未應祧遷已還本室所

去王切三字大典作小注

有翼祖皇帝廟諱並依元豐公式諱字仍添入集韻所載　大觀元年十一月八日宣德郎范之純言竊謂周官小史詔王之諱所以遵宗廟示孝恩於四方也今祖宗廟諱著令當避天下宜曉然知之矣然邊鄙之民猶或沿襲舊姓仍因不改欲望下有司詳定姓氏犯祖宗廟諱者隨文更易如荀字、禹字之類詔申明行下四年五月十九日詔士庶姓軒轅者去轅字　政和元年九月二十六日太常寺言姓氏犯宣祖皇帝廟諱者乞作禹字從之二年五月二日詔姓氏犯聖祖名者改為明字八月一日禮部奏凡姓氏犯翼祖皇帝廟諱乞改作恭字從之三年九月二十九日禮部言知開德府觀城縣

卷一萬五千二百五十一

事張闓狀為母改姓去王切氏犯太祖皇帝廟諱乞擬定合改姓氏欲取聲音相近改作康字詔從之四年四月二十七日太常寺言軒轅星犯聖祖皇帝諱乞改為權星從之七月十四日詔承直郎宋敬可改名競應有似此偏傍全同廟諱者比附改賜詔奏五年二月八日禮部言博州高唐縣申本縣有高趙村一戶姓呼玉切係犯淵聖諱合行迴避詔改作五字○紹興二年十一月二十六日禮部尚書陳洪擬言禮部太常寺申伏覩淵聖皇帝御名見於經傳義訓者或以威武為義或以回旋為義又為植立之象又為亭郵表名又為圭名又為姓氏又為木名又為水名當各以其義類求之今謹按詩有曰桓桓武志也孔穎達曰有威武之義又按詩曰桓桓武王鄭康成曰

有威武之王又按詩曰玄王桓撥毛公曰桓大也又按書曰勗哉夫子尚桓桓孔安國曰武貌又按爾雅曰桓桓烈烈威也凡此皆以威武為義也若此之類今欲定讀曰威又前代帝王公侯謚法辟土服遠曰桓能成武志曰桓克敵服遠曰桓壯以有立曰桓克威成功曰桓凡此亦皆以威武為義其前代謚號亦當讀曰威又按易曰盤桓利居貞孔穎達曰盤桓不進之貌又按莊子曰鯢桓之審為淵郭象曰未始失其靜默凡此皆以回旋為義也若此之類今欲定讀曰旋又按禮記曰三家視桓楹孔穎達曰四植謂之桓又按周禮曰公執桓圭鄭康成曰雙植謂之桓又按說文曰桓亭郵表也又按

卷一萬五千二百五十一

集韻曰亭郵四角建大木貫以方板名曰桓表凡此皆以植立為義若此之類今欲定讀曰植若姓氏今欲定去木為亘從一從回思緣切如書曰西傾因桓水名也王篇曰桓木葉似柳桓木名也若此之類皆欲定作亘從二從回思緣切又緣漢法邦之字曰國盈之字曰滿止是讀曰國曰滿其本字見於經傳未嘗改易司馬遷漢人也作史記曰先王之制邦內甸服邦外侯服又曰盈而不持則傾於邦字盈字亦不改易今來淵聖皇帝御名欲定讀如前外其經傳本字即不當改易庶幾萬世之下有所考證今來看詳所議定推求義類別無未盡詔依　先是吏部尚書兼權翰林學士沈與求言自漢以來御名

皆有他字代之用為定制淵聖皇帝御名涉前代姓諡
最多而臣下還就迴避有可槩見者如魯公則謂為允
公齊公則謂為小白皆以名易其諡也周王則謂為莊
王漢帝則謂為昭帝或謂齊魯二公為安公他皆倣此
隨意更易無復質據至於姓則去木為亘而有司行移
有不可通曉者士人科舉程文枉被黜落往往有之竊
經筵讀春秋而稱諡稱名具存褒貶之例循用私說于
義未安乞詔禮官議以他字代之使姓諡名物義例相
通畧通如漢制幾庶四方臣子得以遵用桼下禮部太常
寺同共議定至是又詔令擬看詳故也　紹興三十二
年正月禮部太常寺言欽宗祔廟翼祖當遷於正月九
卷一萬五千二百五十一
日告遷翼祖皇帝簡穆皇后神主奉藏於夾室所有以
後翼祖皇帝諱依禮不諱詔恭依　淳熙七年五月十
一日大理少卿吳揔言得旨將刑統內有本朝聖祖名
廟諱各隨文義擬易他字繕寫為三冊乞下國子監刊
印從之　先是揔言校勘律文刑統竊見前代國諱皆
易以他字詳律文係古法書比擬經傳不當改易外其
刑統前後詳定不一既非古書兼建隆四年詳定廟諱
御名既曾易以他字止緣後來有司失於申明循習開
雕尚仍舊本得旨編類至是上之　十五年十月二十
六日禮部太常寺言文書式及國子監見令遵用韻畧
內所載高宗皇帝御名改為廟諱下刑部國子監改正

從之　紹熙元年四月九日詔令後臣庶命名並不許
犯祧廟正諱如名字見有犯祧廟正諱者並合改易
先是將作監倪思言祧廟不諱禮也然於文字之間不
諱可矣至若臣子命名亦不回避揆之人情有所未安
若不避嫌諱猶之可也至不避正諱則已甚矣竊見近
者有試揭牓士子之名有犯翼祖皇帝正諱者以是推
之恐天下用祧廟之諱命名者不止一人臣以為皆宜
使之改避既而禮官詳議來上故有是詔　慶元元年
正月二十一日禮部太常寺言文書式及國子監見行
遵用韻畧內所載孝宗皇帝御名合改為廟諱下刑部
國子監改正施行詔恭依　六年十一月十七日禮部
卷一萬五千二百五十一
太常寺言文書式及國子監見令遵用韻畧內所載大
行聖安壽仁太上皇帝御名合改為廟諱下刑部國子
監改正詔恭依　嘉定十三年十月五日司農寺丞岳
珂奏臣聞尊祖敬宗者帝王之達孝以諱事神者國家
之定規宗廟有諱刊之令式布之民庶昭如日星而有
司沿襲故常猶有條奏弗時之弊臣竊惑焉恭惟孝宗
皇帝盛德巍巍以華協勳而潛躍基命之始盛熛指紀
之名所以與天挈崇者尚未昭布于天下至乃舉其二
而廢其一即其新而忘其舊知一名之當避而不知二
字之不可連故今舊諱之從伯從玉從宗者形諸文書
則辯覈而不疑仕於官府則習讀而弗怪甚而下俚閭

闕之賤或得以命名而稱之尊避歟諱之典乞未得覩
祖宗以為兆甚非陛下措庱教孝之本意也臣嘗伏及
國朝之制　太宗　仁宗　英宗　神宗舊諱二字者
凡八皆着令不許並用改紹興文書令有曰廟諱正字
皆避之又令之注文曰舊諱內二字連用爲犯夫廟諱
之盡列嫌名舊諱則惟存其正列聖相授酌禮用中又
從而中制焉字之復者則勿連字之一者則盡避不闕
不苟情文叶稱弗可改已今累朝之已行者既極其名
備而祖廟之未舉者猶事於因循則何以光丕承之烈
於方來而慰奏假之孝於今日乞下之禮官討論訂議
亟頒明詔增附甲令盡孝治之美以宣示德萬世又言

卷一萬五千二百五十一

竊惟　欽宗皇帝舊諱二字其一從面從旦其一從犬
從亘雖享國日淺未遑頒下而改之　哲宗　孝宗舊
北皆合回避乞併下禮寺討論頒降施行從之　既而
禮寺討論所有　欽宗皇帝舊諱一從面從旦一從犬
從亘　孝宗皇帝舊諱一從伯一從玉從宗者二字連
用臨條並合回避指定欲從本官所請刊入施行詔依

宋會要　群臣名諱

雍熙二年六月二十八日詔曰名終將諱禮有舊章子
孫則難言公家則不避光二名之不偏是六籍之正文
復不諱於嫌名悉存之於古典如聞近日因其家諱致
忤物情後內外臣僚三代名字只得私諱州府長吏不
令得人於客次牓列新授職官除三省御史臺五品文
班四品武班三品以上許準式奏改其餘不在請改之
限　景祐二年七月十一日流內銓言選人改名勘會
過犯聞奏降朝旨行遣慮費文移復恐久遠差互欲乞
今後更名者更不施行內有稱與尊長同名若尊長不
在仕籍即令尊長任便改名免本人告勑名姓交加別
生偽濫詔無過犯者即許改名餘依奏　嘉祐六年五
月二十八日翰林學士知審官院賈黯言伏見大理寺
丞雷宗臣除太子中舍以父顯名忠乞迴避從其請臣
按曲禮曰不諱嫌名不偏諱釋者曰嫌名謂聲音相近
若禹與雨丘與區也偏謂二名不一一諱也㨿律文諸

卷一萬五千二百五十一

府號官稱犯祖父名而冒榮居之者徒一年釋曰府有
正號官有名稱府號者若父名衛不得於諸衛任官或
祖名安不得任長安縣職之類官稱者或父名軍不得
作將軍或祖名卿不得為卿之類又諸上書若奏事犯
祖廟諱者杖八十如嫌名及二名偏犯者不坐今按宗
臣父名顯忠而避中字於禮所謂嫌名臣謂既許避免
若後有如此而不避者豈得不謂犯冒榮之律如前代
故事東晉以王舒為會稽內史舒父名會求易他郡時
議以字同音異於禮無嫌得改會為鄶舒遂行後又以
舒子允之為會稽內史允之亦乞更授詔曰祖諱曷如
命之重下八座詳之給事中譙王無忌以春秋之義

不以家事辭王事通典是上之行字下也夫王命之重不得崇其
私又改事無以祖命辭命之制唐賈曾除中書舍人父
名忠固辭議者以中書是曹司之名又與曾父名音同
字別於禮無嫌至于國朝雖雍熙中曾下詔凡除官
內有家諱者除三省御史臺五品文班四品以上許用
式奏改餘不在此制然推尋國初迄於近年或小官許
改或大官不從雖二名嫌名而有許避者或正犯單諱
而有不許者如建隆初慕容延釗除同平章事以父名
章改為同中書門下二品吳廷祚以父名璋改為同中
書門下二品趙安進除起復雲麾將軍以父名暉改授
起復光祿大夫天聖中著作郎王溥父名著奉禮郎張

卷一萬五千二百五十一

子顏父名宗禮以溥為大理寺丞子顏為太祝皆請避
而許者如淳化中舉士安父名文林除翰林學士天聖
中韓億父名保樞除樞密直學士景德中王繼英父名
忠賜推忠功臣天禧初寇準父名湘除襄州節度使天
聖中劉筠父名繼隆除龍圖閣學士近年楊偉父名自
牧為羣牧使皆曾固辭此又雖請避而不許者前後許
與不許繫之一時蓋由未嘗稽詳禮律立為永制請約
雍熙詔書自幾品官以上每有除授若犯父祖名諱有
奏陳者先下有司詳定若於禮律當避者聽改授之餘
不在避免之限詔太常禮院大理寺同定奪而言父祖
之名為子孫者所不忍道不繫官品之高下並聽迴避

遂詔凡府號官稱犯父祖名而非嫌名及二名者不以
官品高下並聽迴避　宣和四年九月二十九日臣僚
言近以馬向為開封府工曹掾自陳父名開與府號相
犯乞迴避而本府乃奏令銜內不書府名昔吳中復守
判荊南帶提舉兵馬以父名舉乞改為提轄神考謂朝
廷官稱難以避守臣私諱令向之事類此為人屈法有
虧國體詔別與差遣　紹興四年四月五日都官員外
郎魏良臣言間有副尉陳狀名與遠祖名相犯乞依條
迴避者雖有許申請改易之文緣近年軍功及非泛補
授之人弊倖不一豈可臨時妄有改易貪冒之人得以
依法為姦乞應在籍者並不許改名從之乾道五年二

卷一萬五千二百五十一

月二十五日詔吏部應文武臣轉官礙父祖名合行寄
理人具因依給公據理作付身更不取旨給降　淳熙
三年七月四日禮部侍郎兼同修國史兼實錄院同修
撰李燾言該轉中奉大夫其中字犯父名今官名有所
避者往往於所授官上帶寄理字其條貫並不該載今
臣止合帶舊官朝議大夫更不帶寄理字吏部檢準令
諸官應稱避者擬以次官即願仍舊舊官者聽詔依為
係侍從仍特免帶寄理　羣臣名諱序生而制名殁而
是諱蓋孝子因心之道先王立禮之方然而君所無隱
奉至尊也臨文亦稱存大義也若乃畏冒榮之禁慮上
之名史家自變其例連職難與之俱理所未安事也改

作其或惡其聲近特以字行發乎智端無所廢事又若初不內出人肆凌犯形於諧玩深辱士風亦有封執沽名矯枉傷正是為過當殊非中禮至人德愛在民久而彌劭衆為之避不亦難乎

宋會要　家諱

翰林學士宋祁言臣鄉里耆舊言遠叔祖有與臣同名者雖昭穆已疎禮當迴避今改名庠從之　張瓌權三司度支副使太常寺丞集賢殿修撰以避五世祖嫌名乞改名璪從之　汪洋賜進士及第特賜名應辰　先是洋陳乞名與遠祖諱同音欲改名三省有司言依法承直郎以下及出官未及二考者不許改名故特賜名也

卷一萬五千二百五十一

宋會要　改地避諱

宋敏求以右諫議大夫史館修撰提舉萬壽觀公事敢求言觀名犯先臣嫌名詔改提舉醴泉觀　賈易左朝散郎改知宣州先是除易知壽州以犯祖名改知廬州易以廬帶一路共鈐不敢受故有是命　王崇拯為侍衛親軍步軍副都指揮使福州觀察使改為秦州觀察

使避祖諱也　邊順爲龍神衛四廂都指揮使忠州防禦使權主管侍衛馬步司公事言準告命除授忠州防禦使內忠字犯曾祖諱合行迴避詔改授萊州防禦使

張鎬爲左朝請郎言蒙恩差主管台州崇道觀緣道字係犯祖名詔改差江州太平觀　孔傳右中散大夫改差提舉建州武夷山冲右觀　先差提舉台州崇道觀緣傳自陳道字係祖名故也　馬騭爲左朝奉大夫言准勑差發遣衢州緣本州所管五縣內一縣係是安仁縣犯父名乞宮觀差遣一次詔差主管台州崇道觀

張時義爲右朝散郎言蒙差通判成都府緣時義父名成乞別換一班差遣詔與通判潼川府鮮于戭兩易

卷一萬五千二百五十一

其任　歐陽懋提舉江州太平觀改差提舉亳州明道宮以觀字係犯曾祖名也　王令誏新昭慶軍承宣使安定郡改除崇慶軍以令誏言昭字係高祖燕王名諱故也　草土楊倓言父存中追封信王緣父五世祖名信應合迴避改封和王　何俌所主管台州崇道觀改主管建寧府冲右觀以俌父名志寍從其請也　李椿新除知隆興府言曾祖名乞避詔改除湖南運副　郭棠敦武郎新差知成州與知階州家誠之兩易以曾祖名成乞避故也　余端禮朝議大夫提舉南京鴻慶宮以慶字犯曾祖名乞避詔改差提舉西京嵩山崇福宮

宋會要輯官避諱

宋慕容延釗鎮寧軍節度使加同中書門下二品以父名章故也　吴廷祚樞密使爲同中書門下二品以父名璋故也　趙延進右龍武軍將軍起復雲麾將軍以麾字與私諱音同改授起復光祿大夫　晁迥以翰林學士權判吏部流內銓知通進銀臺司兼門下封駁事迥以父名佺援前詔上言遂換其任　王溥爲秘書省著作佐郎言父名著乞改授大理寺丞從之　張子奭爲太常寺奉禮郎言父名宗禮乞換一官遂換太祝

薛奎爲參知政事上言蒙恩授金紫光祿大夫光字是先臣名願守舊階詔可仍賜推忠佐理功臣　徐處仁以資政殿學士新知青州改除端明殿學士以處仁自

卷一萬五千二百五十一

陳避祖諱故也　謝克家新除翰林學士詔以爲述古殿直學士提舉杭州洞霄宮　初克家除翰林學士以知制誥犯祖諱有詔權不繫知制誥三字克家言祖宗時翰林學士若兼領他官止與職名同元豐官制既行專典內制則必帶知制誥三字此不易之制也詎可緣微臣輒有改革乞除一宮觀故也　張俊新除樞密使以樞使稱呼俊自陳父名密乞迴避故也　詹猷新差主管官告院猷言高祖名告字乞易一般差遣詔與新監進奏院胡涓兩易其任　祝師龍詔新主管台州崇道觀改差主管建州武夷山冲佑觀以師龍自陳道字係父名也　董弅徽猷閣待制提舉江州太平興國宮

改差提舉台州崇道觀，以避祖名有請也。　沈該為尚書左僕射、同中書門下平章事，言準勅差提舉編修玉牒所，緣舉字係曾祖名，合行避免。詔改作提領。　湯思退為尚書右僕射、同中書門下平章事，言被旨差提舉實錄院、詳定一司勅令所，緣舉字係父名，合行避免。詔改作提領。　朱倬為尚書右僕射、同中書門下平章事，詔改提舉　三朝國史　先是倬提舉修三朝國史，緣修字係祖名，乞避免故也。　周葵為參知政事，詔兼權知樞密院事，以祖諱密乞避，除事閣本院外並免繫銜。　王剛中為敷文閣直學士，以除翰林學士官稱首係祖名，詔改除禮部尚書。　張永年為右朝請大夫，以徽

（卷一萬五千二百五十一）

避父閣遺文授直祕閣，緣犯父名請避，嫌被論列，該赦許令復職，乞以職名易一近下差遣，從之。　梁克家為右丞相，以國朝中興會要書成，轉左銀青光祿大夫，內元字犯父名，詔回授施行。　又觀文殿學士、宣奉大夫、新授醴泉觀使兼侍讀克家言：叨恩遷三官，內有元字係先臣名，當避。詔用舊官繫銜。　樓鑰以太府寺丞除太常博士，以常字犯曾祖名乞避，詔依舊太府寺丞。　奚商衡宣教郎、樞密院編修官，除太常丞，以祖名丞乞避，詔改除太常博士。　施師點新除簽書樞密院事，加食實封，緣實字犯父名，乞避免，詔免繫銜。　羅點朝散郎、新除起居舍人，以起字犯曾祖名，乞避，詔改除太常

少卿

卷一萬五千二百五十一

全唐文

宋會要 祀諱

李評任戒志郎建康府溧水縣管押巡檢路依斷特降
一官評祖名建被辟輒冒居之偶赦原止該杖罪也

宋會要 不諱

趙逵以國子司業為宗正少卿洙父名漢卿御史以其
冒寵授官欲糾之執政者舉禮文不偏諱之義乃止
單士安知制誥除翰林學士言父名文林請罷新命朝
議以二名不偏諱乃詔不避　王繼英新授樞密使言
蒙賜推忠佐理功臣其忠字與先臣名同詔不避　范
準新授襄州刺史山南東道節度使言臣父名湘今州

卷一萬五千二百五十二

名與父諱音同乞守舊鎮宰臣言景德中樞密使王繼
英父名忠而功臣有推忠號勅旨不避況湘襄纔名成
命已行不可追改遂詔諭之　劉筠為翰林學士承旨
授兼龍圖閣學士上言臣父繼隆與兼職音同詔不避
韓億以龍圖閣待制授樞密直學士上言父名保樞
與新授官稱同詔不避　宋祈為太常丞直史館言勅
差同修起居注緣臣父名玘詔更不迴避景祐五年差
修起居注亦然　李迪知徐州刑部尚書言蒙恩授户
部尚書臣父名與户字音同望許且守舊官詔迴除資
政殿大學士仍舊户部尚書知兗州纔名更不迴避
韓絳新除樞密副使言樞字是臣祖名下一字於禮合

從避免詔不許　吳中復以龍圖閣直學士新差知荊
南府充荊湖北路兵馬都鈐轄提舉本路兵馬巡檢等
事言銜內提舉字係先臣名乞改充提轄字手詔曰易
朝廷官稱避守臣私諱於義未安宜不行　先是中書
以忠復狀入奏請依上特批也

宋會要 不諱

趙雄禮部尚書言以韓世忠賜謚忠武得旨差書撰碑
額臣曾祖名忠適與世忠謚相犯秉筆之際實所未安
詔君前臣名臨文不諱不許辭避　史浩以太傅保寧
軍節度使充醴泉觀使衛國公除太師以先臣師仲與
今來官稱適同乞避吏部奏淳熙令諸府號官稱犯父
祖兼名及二名偏犯者皆不避違詔大臣合降詔不允
可坐熙熙令令學士降詔

卷一萬五千二百五十二

宋會要　私忌

太祖開寶九年九月三日詔應常參官及内殿起居職官等自今刺史郎中將軍已上遇私忌請準式假一日

真宗景德三年二月二日詔文武官私忌並給假一日忌前之夕聽還私第開寶勑文不載編勑然有司相沿遵用至是降詔遂溥及焉　大中祥符元年十一月二十四日龍圖閣待制陳彭年言今月二十七日上太廟尊謚册寶前夕宿齋其日私忌望下禮官詳定太常禮院上言唐貞元八年將作監元亘攝太尉薦饗昭德皇后廟以私忌不受誓戒為御史劾奏令假寧令雖有給假一日之文又緣春秋之義不以家事辭王事望令彭年依例宿齋從之

宋會要

慶曆五年六月五日詔輔臣自今私忌給假以纔事斷寧復舊制也

宋會要

熙寧元年十月二十八日太常禮院言參詳三司奏臣僚忌日諸神祠生日道場事無稽據誠為非禮伏乞寢罷從之　四年三月十八日太常禮院言檢詳令勑諸私忌給假一日忌前之夕聽還私第又按禮記祭義曰君子有終身之喪忌日之謂也忌日親亡之日看詳父母之忌則有禮記明文其餘親為忌於禮無聞今請凡子為父母為人後者為所後父母並與依令給假從之